CURSO de DIREITO PROCESSUAL PENAL

SÉRGIO REBOUÇAS

CURSO de DIREITO PROCESSUAL PENAL

2017

www.editorajuspodivm.com.br

www.editorajuspodivm.com.br

Rua Mato Grosso, 175 – Pituba, CEP: 41830-151 – Salvador – Bahia
Tel: (71) 3363-8617 / Fax: (71) 3363-5050 • E-mail: fale@editorajuspodivm.com.br

Copyright: Edições *Jus*PODIVM

Conselho Editorial: Dirley da Cunha Jr., Leonardo de Medeiros Garcia, Fredie Didier Jr., José Henrique Mouta, José Marcelo Vigliar, Marcos Ehrhardt Júnior, Nestor Távora, Robério Nunes Filho, Roberval Rocha Ferreira Filho, Rodolfo Pamplona Filho, Rodrigo Reis Mazzei e Rogério Sanches Cunha.

Diagramação: Marcelo S. Brandão *(santibrando@gmail.com)*

Capa: Ana Caquetti

R292c   Rebouças, Sérgio.
        Curso de direito processual penal / Sérgio Rebouças – Salvador: Editora Juspodivm, 2017.
        1504 p.

        Bibliografia.
        ISBN 978-85-442-1311-7.

        1. Direito processual penal. I. Rebouças, Sérgio. II. Título.

                                                                     CDD 341.43

Todos os direitos desta edição reservados à Edições *Jus*PODIVM.

É terminantemente proibida a reprodução total ou parcial desta obra, por qualquer meio ou processo, sem a expressa autorização do autor e da Edições *Jus*PODIVM. A violação dos direitos autorais caracteriza crime descrito na legislação em vigor, sem prejuízo das sanções civis cabíveis.

"Tudo em que insisto, e nada mais, é que deves mostrar ao mundo inteiro que não tens medo. Fica em silêncio, se assim escolheres; mas, quando necessário, fala – e fala de tal maneira que as pessoas depois se lembrem".

(Wolfgang Amadeus Mozart, em carta ao pai, de 1781)[1]

---

1. In: Anderson, Emily (ed., transl.). *The Letters of Mozart and His Family*. London: Palgrave Macmillan, 1989, L. 414, p. 749: "All I insist on, and nothing else, is that you should show the whole world that you are not afraid. Be silent, if you choose, but when it is necessary, speak – and speak in such a way that people will remember it".

> "

*Dedico este livro aos meus filhos, Cecília, João e Helena,
e à minha esposa, Roberta, que me ofereceram
as forças irradiadas em cada página.*

*Agradecimentos especiais reservo-os aos juristas e amigos
Nagibe de Melo Jorge Neto e Hugo de Brito Machado Segundo,
por razões diversas, mas de igual modo autênticas e essenciais.
São ambos, para mim, exemplos de cultura jurídica
e de generosidade.*

*Ainda especiais são os agradecimentos destinados a
Cândido Bittencourt de Albuquerque, digno professor, advogado
e amigo, além de grande referência, profissional e pessoal.*

*Agradeço também a Vauledir Santos e a Ricardo Didier,
pela confiança depositada neste trabalho.*

*Mais agradecimentos desprendem-se daqui aos meus pais,
Francisco e Zeuda Rebouças, e minhas irmãs, Sabrina e Larissa
Rebouças; aos meus amigos, colegas, monitores e alunos da
Faculdade de Direito da Universidade Federal do Ceará, assim
como, na mesma medida, aos amigos e colegas sócios, associados
e estagiários do escritório Cândido Albuquerque Advogados
Associados. Abstenho-me de nominá-los para não incorrer no
risco de imperdoáveis omissões. Não poderia, no entanto, deixar
de mencionar João Victor Duarte e Lara Teles Fernandes,
pelo incentivo que me prestaram.*

Apresentação

O Direito Processual Penal tem experimentado substanciais inovações nos últimos anos, com a assimilação recente do perfil de garantias traçado por normas internacionais, o sempre acelerado ritmo da reforma legislativa assistemática e a resposta jurisprudencial aos problemas extremos oferecidos pela natureza e pela amplitude de casos de grande repercussão. Provavelmente não se terá antes visto esta disciplina jurídica tão difundida, em suas nuanças técnicas, na vida diária e nas discussões correntes da mídia e do cidadão brasileiro.

Esse panorama impõe ao estudioso um permanente esforço reflexivo, sobretudo diante dos desafios que a prática opõe à compreensão do alcance das garantias processuais, assim como à racionalidade e à funcionalidade do processo. Mais que antes, o Direito Processual Penal entrega-se a um dinamismo intenso, agregando novos temas, incorporando hesitações doutrinárias e jurisprudenciais, desafiando a capacidade sistematizadora dos que dele se ocupam.

Neste trabalho, procurou-se oferecer a estudantes e a profissionais uma proposta de tratamento dos temas de Direito Processual Penal que alie uma perspectiva de caráter formativo a outra de nível informativo. Não há aqui redução a um plano abstrato de discussão doutrinária, nem à pura descrição esquemática e acrítica de julgados de tribunais superiores. O objetivo foi o de conciliar a *formação* jurídica, pelo rigoroso dimensionamento dos conceitos, com a *informação* acerca das posições da jurisprudência nacional, sempre, no último caso, por uma postura assumidamente construtiva e crítica. Com isso, buscou-se atender a estudantes iniciantes e iniciados, inclusive, em igual medida, a candidatos a concursos públicos.

Não se tome o *Curso* como obra estática e acabada. Sua construção pretende-se contínua, em seu potencial acolhedor do bom juízo e da rigorosa crítica de seus leitores.

Sérgio Rebouças
sergiobareboucas@gmail.com

Prefácio

O jovem professor e advogado Sérgio Rebouças, em momento importante de sua jornada pelo mundo do Direito, surpreende aos que não o conhecem, com a publicação da obra *Curso de Direito Processual Penal*. Trata-se de uma obra singular, cujo conteúdo, pela abordagem moderna e bem articulada, autoriza o título. É, de fato, um *curso* de Direito Processual Penal.

O nosso velho Código de Processo Penal, ainda da década de quarenta do último século, realmente reclama aperfeiçoamento, ou mesmo a sua substituição. Nesse contexto, e até que haja outras regras, será sempre positivo que novas interpretações busquem o aprimoramento da nossa prática processual penal, assegurando a pronta e eficaz ação do poder punitivo do Estado diante da demanda por soluções urgentes e modernas contra a criminalidade, mas sem negligenciar o devido processo legal, como pressuposto para a efetivação dos direitos fundamentais, ponderados, por óbvio, o contraditório e a ampla defesa.

É nesse contexto que se apresenta o professor Sérgio Rebouças, emprestando ao nosso já cansado processo penal uma visão moderna e eficiente.

Não é tarefa fácil, neste começo do século XXI, doutrinar em torno das nossas práticas processuais penais. De um lado, a sociedade exige firmeza e eficácia no combate à criminalidade, não raro reclamando das garantias processuais, que são, em muitos casos, acusadas, pelos menos avisados, como responsáveis pela demora dos julgamentos. De outro lado, a consciência jurídica impõe aos estudiosos a responsabilidade de defender os procedimentos processuais e suas garantias. Proclamar que não há Justiça sem o devido processo legal, como pressuposto da ampla defesa, é muitas vezes tarefa árdua e incompreendida.

E é aqui que se destaca a versátil e inteligente interpretação do professor Rebouças. Jovem, mas com larga experiência na lida forense e acadêmica, empenha-se o autor em contextualizar o trabalho com o que existe de mais moderno em termos de interpretação do Direito Processual Penal, preocupando-se, ainda, com uma visão dos novos institutos e textos legais internacionais, com os quais o nosso procedimento penal precisa conviver.

A moderna consciência democrática já não mais autoriza que os países mantenham práticas retrógradas e ineficientes, permitindo que formalismos atávicos dificultem ao Estado cumprir a sua missão de combater, na sua dupla função – reprimir e prevenir

–, e de forma legal, os atos que atentam contra a paz social. De igual modo, não se pode permitir que a ação do Estado se afaste do devido processo legal – garantia da efetivação dos direitos fundamentais.

Encontrar esse equilíbrio é a função do doutrinador moderno e da academia, notadamente nos cursos de Direito, que não podem fugir desta arena, onde o debate intelectual, dialético e construtivo fornece o combustível necessário para o aprimoramento do pensamento que constrói e aperfeiçoa a boa prática.

Esse é o perfil do livro que o professor Sérgio Rebouças apresenta ao mundo do Direito. Uma obra bem elaborada, na qual se percebe a preocupação com o aprimoramento das práticas processuais, com o objetivo de assegurar, ao processo penal brasileiro, eficiência, mas com segurança e respeito aos direitos fundamentais.

A obra, embora profunda na reflexão, é escrita em linguagem acessível e didática, o que permitirá que juristas já consagrados e alunos iniciantes possam, concomitantemente, penetrar nas suas ideias.

Por essas razões, estou certo da relevante contribuição que este livro representa para as letras jurídicas brasileiras, tanto na universidade, contribuindo para a formação de bacharéis, como no cotidiano forense, onde as suas reflexões serão recebidas como um contributo relevante para o aprimoramento do processo penal.

Acompanho o crescimento intelectual do autor há muitos anos. Primeiro como seu professor na Faculdade de Direito da UFC. Depois como orientador da sua bolsa de monitoria e como preceptor no escritório de advocacia onde estagiou. Hoje, como colega de escritório e Diretor da Faculdade de Direito da UFC, onde ingressou mediante concurso, estou autorizado a atestar a sua dedicação às letras jurídicas e o seu inabalável compromisso com a boa doutrina.

Trata-se, portanto, de uma obra de leitura obrigatória para os estudiosos do Direito Processual Penal.

Prof. Cândido Bittencourt de Albuquerque
Diretor da Faculdade de Direito – UFC

Sumário

CAPÍTULO I

FUNDAMENTOS DO DIREITO PROCESSUAL PENAL 45

Seção I – Compreensão Sistêmica do Direito Processual Penal 45

1. Conceito e Objeto 45
2. O Direito Processual Penal como parte do Sistema Penal 46
   - 2.1. O Sistema e a Relação Jurídica Processual Penal 46
   - 2.2. O processo penal como procedimento e como relação jurídica 50
3. O Direito Processual Penal como ramo do Direito Processual 52

Seção II – Sistemas do Processo Penal 53

1. O Sistema Acusatório e o Sistema Inquisitório 53
   - 1.1. Características teóricas e características tradicionais 53
   - 1.2. Notícia histórica 58
2. O pretenso "Sistema Misto" 60
3. Garantismo Penal e Modelo Acusatório: sistema de garantias do processo penal 61

CAPÍTULO II

SISTEMA PROCESSUAL PENAL BRASILEIRO 65

Seção I – Código de Processo Penal e Leis de Reforma 65

1. Histórico 65
2. Código de Processo Penal (Decreto-Lei n° 3.689/1941) 67

Seção II – Ordem Constitucional 69

Constituição de 1988

1. O paradigma garantista consagrado na ordem jurídica brasileira 69
2. As garantias constitucionais do processo penal brasileiro próprias do modelo acusatório 72

Seção III – Ordem Internacional incorporada ao Direito Brasileiro 75

1. A internacionalização dos direitos humanos 75
2. A perspectiva internacional da Constituição do Brasil 76

3. A jurisprudência do STF sobre o status normativo da Convenção Americana de Direitos Humanos (Pacto de São José da Costa Rica) e do Pacto Internacional de Direitos Civis e Políticos   78

4. As garantias processuais penais próprias do modelo acusatório na Convenção Americana de Direitos Humanos (Pacto de San José da Costa Rica) e no Pacto Internacional de Direitos Civis e Políticos 83

Seção IV – Modelo de Processo Penal adotado na Ordem Jurídica Brasileira **85**

CAPÍTULO III

Princípios do Processo Penal **89**

Seção I – Devido Processo Legal e Devido Processo Penal **90**

Seção II – Contraditório **92**

Seção III – Ampla Defesa **95**

Seção IV – Separação entre Jurisdição e Ação **100**

Seção V – Juízo Natural **102**

1. Conceito 102
2. Origens 102
3. Dimensões 104

Seção VI – Presunção ou Estado de Inocência (ou de Não Culpabilidade) **106**

1. Terminologia e breve notícia histórica 106
2. Conteúdo e dimensões 107
   2.1. Regra de tratamento 108
   2.2. Regra de julgamento 114

Seção VII – Garantia contra a Autoincriminação (Nemo tenetur se detegere) e Direito ao Silêncio **116**

Seção VIII – Inadmissibilidade das Provas obtidas por Meios Ilícitos **127**

Seção IX – Garantia contra a Revisão Criminal Pro Societate: Proibição do Duplo Processo pelos mesmos Fatos **128**

Seção X – Razoável Duração do Processo **133**

Seção XI – Legalidade e Controle Judicial da Prisão Provisória **136**

Seção XII – Duplo Grau de Jurisdição **136**

Seção XIII – Publicidade **138**

Seção XIV – Motivação das Decisões Jurisdicionais Penais **139**

CAPÍTULO IV

Interpretação, integração e aplicação da lei processual penal **143**

Seção I – Interpretação e Integração da Lei Processual Penal **143**

Seção II – Aplicação da Lei Processual Penal no Espaço **145**

Seção III – Aplicação da Lei Processual Penal no Tempo **147**

SUMÁRIO 15

CAPÍTULO V
Procedimentos de Investigação Criminal 151

Seção I – Inquérito Policial: Investigação pela Polícia Judiciária 151

1. Persecução Penal, Investigação e Inquérito Policial 151
2. Polícia Judiciária e Inquérito Policial 153
3. Autoridade Policial e Delegado de Polícia 155
4. Discricionariedade do Delegado de Polícia 156
   4.1. Presença no local do crime (*locus commissi delicti*) (art. 6º, I, CPP) 159
   4.2. Busca e apreensão dos instrumentos do crime e de outros objetos que interessarem à prova (art. 6º, II, CPP) 160
   4.3. Coleta de todas as provas que servirem para o esclarecimento do fato e de suas circunstâncias (art. 6º, III, CPP) 160
   4.4. Ouvida do ofendido (art. 6º, IV, CPP) e de testemunhas 161
   4.5. Ouvida do investigado ou indiciado (art. 6º, V, CPP) 161
   4.6. Reconhecimento de pessoas e coisas e acareações (art. 6º, VI, CPP) 163
   4.7. Exame de corpo de delito e quaisquer outras perícias aplicáveis (art. 6º, VII, CPP) 163
   4.8. Identificação do investigado (art. 6º, VIII, CPP) 164
   4.9. Averiguação da vida pregressa do investigado (art. 6º, IX, CPP) 167
   4.10. Reprodução simulada dos fatos (art. 7º, CPP) 168
   4.11. Informações sobre a existência de filhos do preso (art. 6º, X, CPP) 169
5. Incomunicabilidade do investigado preso durante o inquérito 169
6. Características do inquérito policial 170
7. Sigilo do Inquérito Policial e de outros Procedimentos de Investigação 173
8. Notícia de crime e início do inquérito policial 177
9. Indiciamento 183
10. Relatório 186
11. Prazos para o Encerramento do Inquérito Policial 187
12. Arquivamento do Inquérito Policial 191
    12.1. Aspectos gerais: promoção privativa do Ministério Público e decisão judicial 191
    12.2. Hipóteses de arquivamento 192
    12.3. Procedimento 195
       12.3.1. Justiça Comum Estadual de primeira instância e Ministério Público Estadual 195
       12.3.2. Justiça Comum Federal de primeira instância e Ministério Público Federal 197
       12.3.3. Justiça Eleitoral de primeira instância e Ministério Público Eleitoral 198
       12.3.4. Justiça Militar da União de primeira instância e Ministério Público Militar 198
       12.3.5. Ação penal de competência originária dos tribunais 198
    12.4. Decisão de arquivamento 200
       12.4.1. Arquivamento com coisa julgada formal 201
       12.4.2. Arquivamento com coisa julgada formal e material 203
    12.5. Recorribilidade da decisão de arquivamento 207
    12.6. Inadmissibilidade do Arquivamento Implícito 209
    12.7. Pedido indireto de arquivamento 210

Seção II – Procedimento de Investigação Criminal pelo Ministério Público 212

Seção III – Outros Procedimentos de Investigação 215

1. Inquérito Parlamentar: Investigação por Comissões Parlamentares de Inquérito 215
2. Inquérito Policial Militar 217
3. Inquérito Civil Público 219
4. Investigação por Agentes Fiscais do Poder Executivo 219
   4.1. Investigação por Autoridades Fazendárias 219
   4.2. Investigação por Agentes do Banco Central do Brasil e da Comissão de Valores Mobiliários 220
   4.3. Investigação pelo Conselho de Controle de Atividades Financeiras (Coaf) 222
   4.4. Investigação por Agentes Ambientais 222

CAPÍTULO VI

AÇÃO PENAL 223

Seção I – Conceito e Condições da Ação Penal 223

1. Conceito de Ação Penal 223
   1.1. A pretensão e a ação civil 223
   1.2. A pretensão punitiva e a ação penal 225
2. Condições essenciais da Ação Penal 227
   2.1. Considerações iniciais 227
   2.2. O regime específico das condições de admissibilidade da ação penal 228
        2.2.1. Legitimidade 229
        2.2.2. Justa causa em sentido estrito 231
        2.2.3. Mérito da ação penal: interesse 234
        2.2.4. Mérito da ação penal: impossibilidade jurídica da causa de pedir (ou do pedido) 235
   2.3. Consequências Jurídicas da Carência de Ação 236
3. Início da Ação e do Processo Penal 242

Seção II – Ação Penal de Iniciativa Pública 246

1. Classificação 246
2. Princípios da Ação Penal de iniciativa Pública 248
   2.1. Princípios da Obrigatoriedade e da Indisponibilidade 248
   2.2. Princípio da Intranscendência 249
   2.3. Princípio da Indivisibilidade? 249
3. Espécies de Ação Penal de iniciativa Pública: Incondicionada e Condicionada 253
   3.1. Ação Penal Pública Condicionada à Representação 254
        3.1.1. Exercício da representação: conceito, legitimidade, forma e prazo decadencial . 254
        3.1.2. Retratabilidade e Renúncia 257
   3.2. Ação Penal Pública Condicionada à Requisição do Ministro da Justiça 259
4. Atuação do Ofendido na Ação Penal de iniciativa Pública 260
5. Controle Especial da Inércia do Ministério Público: "Ação Penal Pública Subsidiária da Pública"? 260

SUMÁRIO   17

6. Denúncia 262

    6.1. Conceito e Características 262

    6.2. Imputação do Fato *(Imputatio Facti)* 263

        6.2.1.   Inadmissibilidade da imputação alternativa 264

        6.2.2.   Individualização de cada conduta na hipótese de pluralidade de imputados 266

    6.3. Identificação e Individualização do Denunciado 270

    6.4. Imputação ou Classificação Jurídico-Penal *(Imputatio Juris)* 270

    6.5. Ônus: Apresentação de Rol de Testemunhas Numerárias e Indicação de outros Meios de Prova 272

    6.6. Regularidade Formal da Denúncia e Aplicação Subsidiária do Código de Processo Civil   273

    6.7. Prazos 273

    6.8. Aditamento à Denúncia 276

Seção III – Ação Penal de Iniciativa Privada **277**

1. Conceito e Elementos Essenciais 277

    1.1. Legitimidade Ativa 278

    1.2. Hipóteses Especiais de Representação Legal e Judicial do Ofendido no âmbito da Ação Penal de iniciativa Privada 280

2. Espécies de Ação Penal de iniciativa Privada 280

    2.1. Ação Penal Privada Privativa ou Exclusiva 280

    2.2. Ação Penal Privada Personalíssima 281

    2.3. Atuação do Ministério Público na Ação Penal Privada Privativa e na Ação Penal Priva-da Personalíssima 282

    2.4. Ação Penal Privada Subsidiária da Pública 283

        2.4.1.   Conceito e elementos essenciais 283

        2.4.2.   Atuação do Ministério Público na ação penal privada subsidiária da pública 286

3. Queixa 289

    3.1. Conceito e Elementos Essenciais 289

    3.2. Prazo Decadencial e Termos Iniciais 290

4. Aditamento à Queixa 292

    4.1. Aditamento à Queixa pelo Ofendido 292

    4.2. Aditamento à Queixa pelo Ministério Público 293

5. Princípios da Ação Penal de Iniciativa Privada 295

    5.1. Princípio da Indivisibilidade 295

    5.2. Princípios da Oportunidade e da Disponibilidade 297

6. Causas de Extinção da Punibilidade associadas à Ação Penal de iniciativa Privada 298

    6.1. Decadência 298

    6.2. Renúncia 298

    6.3. Desistência 300

    6.4. Perdão 301

    6.5. Perempção 304

7. Legitimidade Alternativa 304

8. "Ação Penal Adesiva" 305

CAPÍTULO VII

Ação Civil *Ex Delicto* **307**

1. Conceito 307
2. A Ação Civil Ex Delicto como Ação de Execução (Art. 63, CPP) 308
   2.1. Independência Relativa entre Juízo Penal e Juízo Civil e Certificação do Dano na Sentença Penal Condenatória Definitiva 308
   2.2. Liquidação e Fixação de Valor Mínimo na Sentença Penal Condenatória (artigos 63, parágrafo único, e 387, IV, CPP) 310
   2.3. Legitimidade para a Ação Civil na hipótese de Hipossuficiência do Ofendido 314
   2.4. Execução da Sentença Homologatória de Composição Civil dos Danos no Procedimento Sumaríssimo 314
3. A Ação Civil Ex Delicto como Ação de Conhecimento (Art. 64, CPP) 315
4. Absolvição e ação civil: a coisa julgada da sentença penal absolutória perante o juízo cível (impedimento ou não da ação civil ex delicto) 316
   4.1. Absolvição criminal com coisa julgada na esfera civil 316
       4.1.1. Reconhecimento categórico da inexistência do fato ou da ausência de autoria ou participação do imputado 316
       4.1.2. Reconhecimento categórico de causa excludente da ilicitude 317
   4.2. Absolvição criminal sem coisa julgada na esfera civil 319
       4.2.1. Falta de prova da existência do fato ou da autoria ou participação do imputado 319
       4.2.2. Atipicidade penal 319
       4.2.3. Falta de prova suficiente para a condenação (in dubio pro reo) 320
       4.2.4. Exclusão da culpabilidade 321
   4.3. Outras Decisões Jurisdicionais Penais Sem Efeito de Coisa Julgada no âmbito Civil 321

CAPÍTULO VIII

COMPETÊNCIA PENAL **323**

Seção I – *Jurisdição e Competência* – *Conceito de Competência* **323**

1. Conceito de Competência 323
2. Princípio do Juízo Natural 324
3. Competência Absoluta e Competência Relativa 324

Seção II – *Competência pela Matéria (Ratione Materiae)* **326**

Subseção I – *Competência de Justiça em razão da Matéria* **328**

1. Considerações Iniciais 328
2. Competência da Justiça Comum Estadual 329
3. Competência da Justiça Comum Federal 329
   3.1. Estrutura da Justiça Comum Federal 329
   3.2. Competência Material da Justiça Comum Federal 330
       3.2.1. Crimes políticos (art. 109, IV, 1a parte, CF) 331

SUMÁRIO
19

3.2.2.	Crimes cometidos em detrimento de bens, serviços e interesse da União ou de autarquia ou empresa pública federal (art. 109, IV, 2a parte, CF)	332
3.2.3.	Crimes transnacionais previstos em tratados ou convenções internacionais (art. 109, V, CF)	342
3.2.4.	Crimes contra a organização do trabalho (art. 109, VI, 1a parte, CF)	345
3.2.5.	Crimes contra o sistema financeiro e contra a ordem econômico-financeira (art. 109, VI, 2a parte, CF)	348
3.2.6.	Crimes cometidos a bordo de navios ou de aeronaves (art. 109, IX, CF)	348
3.2.7.	Crimes de ingresso ou permanência irregular de estrangeiro (art. 109, X, CF)	349
3.2.8.	Crimes envolvendo disputa sobre direitos indígenas (art. 109, XI, CF)	350

3.3. Incidente de Deslocamento da Competência para a Justiça Federal 351

4. Competência pela Matéria da Justiça Eleitoral 353

5. Competência pela Matéria da Justiça Militar 354

5.1. Justiça Militar da União e Justiça Militar dos Estados 354

5.2. Competência pela Matéria da Justiça Militar da União 355

5.3. Competência pela Matéria da Justiça Militar dos Estados 356

5.4. Conexão entre Crime Militar e Crime Comum: Separação de Processos 357

Subseção II – Competência de Juízo em Razão da Matéria **357**

1. Competência de Juízo em Razão da Matéria estabelecida pelo Código de Processo Penal e pela Legislação Processual Penal Especial 358

1.1. Competência do Tribunal do Júri (Constituição e Código de Processo Penal) 358

1.1.1. Características e hipóteses de competência do Tribunal do Júri 358

1.1.2. Incompetência superveniente do Tribunal do Júri (art. 74, § 3o, CPP) 361

1.2. Competência dos Juizados Especiais Criminais (Constituição e Lei n° 9.099/1995) 362

1.3. Competência dos Juizados de Violência Doméstica e Familiar contra a Mulher (Lei n° 11.340/2006) 366

1.4. Competência de juízos colegiados no âmbito dos processos que envolvam organiza-ções criminosas (Lei n° 12.694/2012) 369

2. Competência de Juízo em Razão da Matéria estabelecida pelas Leis de Organização Judiciária 370

3. Competência de Juízo em Razão da Natureza da Infração: Resoluções de Tribunais 371

Subseção III – Incompetência Superveniente em Razão da Matéria: Desclassificação **372**

Seção III – Competência por Prerrogativa de Função (Ratione Muneris ou Ratione Personae) **375**

1. Regra da Atualidade 377

2. Competência por Prerrogativa de Função e Competência do Tribunal do Júri 381

3. Competência para a Supervisão de Procedimento Investigativo 381

4. Competência por Prerrogativa de Função no âmbito da Exceção da Verdade oposta em processo por Crime contra a Honra 383

5. Hipóteses Constitucionais de Competência Originária 384

5.1. Competência Penal Originária do Supremo Tribunal Federal 384

5.2. Competência Penal Originária do Superior Tribunal de Justiça 386

5.3. Competência Penal Originária do Superior Tribunal Militar 387

5.4.	Inexistência de Competência Penal Originária do Tribunal Superior Eleitoral	387
5.5.	Competência Penal Originária dos Tribunais Regionais Federais	388
5.6.	Competência Penal Originária dos Tribunais de Justiça	389
5.7.	Competência Penal Originária dos Tribunais Regionais Eleitorais	393

Seção IV – Competência Territorial **394**

Subseção I – Competência pelo Lugar da Infração (*Ratione Loci*) **394**

1. Critérios Gerais da Competência pelo Lugar da Infração 394
2. Competência pelo Lugar da Infração Penal no âmbito dos Juizados Especiais Criminais 399
3. Hipóteses de reconhecimento jurisprudencial da competência territorial pelo critério da atividade ou pelo da ubiquidade 400

Subseção II – Competência pelo Domicílio do Acusado (*Ratione Domicilii*) **400**

1. Ação Penal de Iniciativa Pública e Ação Penal de Iniciativa Privada Subsidiária da Pública: Subsidiariedade 400
2. Ação Penal de Exclusiva Iniciativa Privada: Alternatividade 401

Subseção III – Critérios Especiais de Competência Territorial **402**

Seção V – Competência por Distribuição **405**

Seção VI – Definição da Competência Segundo os Diversos Critérios Normativos, até o da Distribuição: Roteiro Analítico **407**

Seção VII – Competência por prevenção **411**

Seção VIII – Modificação de Competência: Conexão e Continência **412**

1. Conexão 413
2. Continência 415
3. Efeitos da Conexão e da Continência: Unidade de Processo e de Julgamento (Regra) 417
   - 3.1. Regra da Unidade e Foro de Atração 417
   - 3.2. Avocação de Processos e Limite Temporal para a Aplicação da Regra da Unidade 423
   - 3.3. Regra da Unidade e Absolvição ou Desclassificação Parcial 424
4. Exceções Impositivas (Art. 79, CPP) e Permissivas (Art. 80, CPP) da Separação dos Processos ... 426
   - 4.1. Separação Obrigatória 426
   - 4.2. Separação Facultativa 428

CAPÍTULO IX
Questões Prejudiciais **431**

1. Conceito e Classificação Doutrinária 431
   - 1.1. Delimitação Conceitual das Questões Prejudiciais 431
   - 1.2. Classificação Doutrinária 433
     - 1.2.1. Questões prejudiciais: homogêneas e heterogêneas 433
     - 1.2.2. Questões prejudiciais: devolutivas (absolutas ou relativas) e não devolutivas 433
2. Questões Prejudiciais Heterogêneas de Devolução Obrigatória (Art. 92, CPP) 434
3. Questões Prejudiciais Heterogêneas de Devolução Facultativa (Art. 93, CPP) 437

SUMÁRIO 21

3.1. Repercussão da controvérsia na própria existência da infração penal 439

3.2. Controvérsia sobre questão diversa da relativa ao estado civil das pessoas 442

3.3. Existência de ação civil que tenha por objéto a questão prejudicial 442

3.4. Controvérsia de difícil solução 442

3.5. Questão que não versa sobre direito cuja prova a lei civil limite 443

CAPÍTULO X
Incidentes Processuais **445**

Seção I – Exceções **445**

1. Exceção de Suspeição 445
   1.1. Conceito e Características Gerais 445
   1.2. Legitimidade Ativa e Passiva 446
   1.3. Oportunidade para a Arguição 447
   1.4. Procedimento 448
   1.5. Exceção de Suspeição de Magistrado Integrante de Tribunal 449
2. Exceção de Incompatibilidade e Exceção de Impedimento 450
3. Exceção de Incompetência 451
4. Exceção de Litispendência 453
5. Exceção de Coisa Julgada 455
6. Exceção de Ilegitimidade de Parte 457

Seção II – Conflito de Competência **458**

1. Conceito e Características Gerais 458
2. Iniciativa 460
3. Competência 460
   3.1. Competência do Supremo Tribunal Federal (art. 102, I, o, CF) 461
   3.2. Competência do Superior Tribunal de Justiça (art. 105, I, d, CF) 461
   3.3. Competência dos Tribunais Regionais Federais (art. 108, I, e, CF) 461
   3.4. Competência dos Tribunais de Justiça 462
4. Procedimento 462

Seção III – Conflito de Atribuições entre Órgãos do Ministério Público **464**

1. Conceito 464
2. Hipóteses de Conflito 464
   2.1. Conflito de Atribuições entre Órgãos da mesma Instituição do Ministério Público 464
   2.2. Conflito de Atribuições entre Órgãos de Diferentes Instituições do Ministério Público 465

Seção IV – Restituição de Coisas Apreendidas **468**

1. Sentido e Alcance 468
2. Aplicabilidade e Procedimento do Incidente de Restituição 469

Seção V – Incidente de Falsidade **471**

Seção VI – Incidente de Insanidade Mental 473

1. Sentido e Finalidades 473
2. Doença Mental ao tempo da conduta imputada: Inimputabilidade ou Semi-imputabilidade . 474
   - 2.1. Inimputabilidade por Doença Mental (art. 26, caput, CP) 474
   - 2.2. Semi-Imputabilidade por Perturbação Mental (art. 26, parágrafo único, CP) 474
3. Superveniência de Doença Mental 475
4. Oportunidade, Iniciativa e Procedimento 477

CAPÍTULO XI
Medidas Assecuratórias de Ativos 479

Seção I – Sequestro 480

1. Conceito e Finalidades 480
2. Requisitos 481
   - 2.1. Regime Jurídico Geral 481
   - 2.2. Requisitos do Sequestro no âmbito dos Crimes de Lavagem de Capitais (art. 4º, Lei nº 9.613/1998), no dos Crimes de Terrorismo (art. 12, Lei nº 13.260/2016) e no dos Crimes de Tráfico de Pessoas (art. 8º, Lei nº 13.344/2016) 482
3. Iniciativa e Oportunidade para o Sequestro 484
4. Impugnação cabível contra a Decisão que determinar o Sequestro e contra a que Indeferir o pedido de decretação do Sequestro 486
5. Execução do Sequestro de Bens Imóveis 487
6. Contraditório Prévio 488
7. Contraditório Diferido: Embargos 489
8. Levantamento do Sequestro 491
9. Destinação dos Bens Sequestrados 492

Seção II – Arresto e Hipoteca Legal 493

1. Conceito e Finalidades: Diferença entre Arresto e Sequestro 493
2. Arresto de Bens Imóveis e Hipoteca Legal 494
   - 2.1. Conceito, Legitimidade e Requisitos 494
   - 2.2. Especialização e Registro da Hipoteca 495
3. Arresto de Bens Móveis 497
4. Contraditório: Cabimento de Embargos no âmbito do Arresto e da Hipoteca Legal 499
5. Levantamento do Arresto ou da Hipoteca e Destinação dos Bens Arrestados ou Hipotecados 500

Seção III – Alienação Antecipada 501

CAPÍTULO XII
Prova 505

Seção I – Teoria Geral da Prova no Processo Penal 505

Subseção I – Conceito e Sistemas de Valoração da Prova 505

1. Acepções e Finalidades 505

1.1.	Prova como Atividade	506
1.2.	Prova como Instrumento	507
1.3.	Prova como Resultado	507
2.	Verdade e Certeza	508
3.	Prova Indiciária	510
4.	Sistemas de Valoração da Prova	512

4.1. Espécies 512

4.1.1. Sistema da íntima convicção 513

4.1.2. Sistema da prova legal ou da prova tarifada 513

4.1.3. Sistema do livre convencimento motivado ou da persuasão racional 515

4.2. Sistema do Livre Convencimento Motivado no Processo Penal Brasileiro 517

4.2.1. Prova e elemento informativo 517

4.2.2. Provas cautelares, provas antecipadas e provas irrepetíveis 519

Subseção II – Ônus da Prova **526**

1. Conceito e Natureza Jurídica 526

2. Ônus da Prova do Acusador e Garantia do Estado de Inocência: a Prova do Fato constitutivo de Crime e da Autoria ou Participação do Imputado 526

3. Ônus da Prova de Fatos relacionados a Excludentes de Ilicitude ou de Culpabilidade 529

Subseção III – Iniciativa Instrutória do Juiz **533**

Seção II – Provas Ilícitas e Provas Derivadas de Ilícitas **539**

1. Conceito e Regime Jurídico da Prova Ilícita Originária 539

1.1. Previsão constitucional e legal 539

1.2. Prova Ilícita e Prova Ilegítima 541

1.3. Fundamento da Regra de Inadmissibilidade (ou Regra de Exclusão): a Jurisprudência da Suprema Corte Norte-Americana e a do Supremo Tribunal Federal 542

1.3.1. O caso Boyd vs. United States 543

1.3.2. O caso Weeks vs. United States e o fundamento da regra de exclusão: efeito dissuasório contra práticas ilícitas 543

1.3.3. Limites da regra de exclusão no direito norte-americano 545

1.3.4. Limites à regra da inadmissibilidade na ordem jurídica brasileira 546

1.4. Desentranhamento e Inutilização da Prova: a Consequência Material da Inadmissibilidade das Provas Ilícitas e das Derivadas de Ilícitas 549

2. Prova Derivada de Ilícita 551

2.1. Conceito e Regime Jurídico 551

2.2. A Regra de Exclusão da Prova Derivada de Ilícita na Jurisprudência Norte-Americana: o caso Silverthone vs. United States 553

2.3. Limites à Regra da Inadmissibilidade das Provas Derivadas de Ilícitas na Jurisprudência Norte-Americana e na Ordem Jurídica Brasileira 553

2.3.1. Fonte independente (independent source) na jurisprudência norte-americana 554

2.3.2.	Fonte independente na ordem jurídica brasileira	557
2.3.3.	Descoberta inevitável (inevitable discovery) na jurisprudência norte-americana: o caso Nix vs. Williams (Williams II) (1984)	558
2.3.4.	A descoberta inevitável na ordem jurídica brasileira	560
2.3.5.	A doutrina da atenuação da causalidade (purged taint ou attenuated connection)	561

Seção III – Prova Emprestada ... 564

Seção IV – Provas em Espécie: Meios de Prova ... 567

Precisão terminológica: Fontes de Prova, Meios de Prova e Meios de Obtenção de Prova ... 567

Subseção I – Prova Pericial ... 569

1. Características Gerais da Prova Pericial ... 569
2. Exame de Corpo de Delito ... 570
   - 2.1. Conceito, Objeto, Aplicabilidade e Valor Probatório do Exame de Corpo de Delito ... 570
   - 2.2. Exame de Corpo de Delito Direto e Exame de Corpo de Delito Indireto ... 573
   - 2.3. Suprimento do Exame de Corpo de Delito pelo Corpo de Delito Indireto ... 574
3. Execução do Exame de Corpo de Delito e de Outras Perícias ... 576
4. Disciplina Normativa da Produção de Prova Pericial ... 578
5. Prova Pericial durante o Processo Penal ... 582
6. O Laudo Pericial ... 583
   - 6.1. Características Gerais ... 583
   - 6.2. Momento da juntada do Laudo de Exame de Corpo de Delito ... 584
7. Exame Cadavérico ... 586
   - 7.1. Objeto de Características Gerais ... 586
   - 7.2. Exumação do Cadáver ... 588
8. Exame Complementar no âmbito das Lesões Corporais ... 589
9. Exame do Local ... 591
10. Exame de Laboratório ... 591
11. Exame de Furto Qualificado ... 592
12. Exame de Avaliação ... 592
13. Exame de Incêndio ... 593
14. Exame de Reconhecimento de Escritos: Perícia Grafotécnica ... 593
15. Exame de Instrumentos da Infração ... 596

Subseção II – Declarações do Ofendido ... 598

Subseção III – Prova Testemunhal ... 600

1. Conceito de Testemunha: sentido, alcance e limitações probatórias ... 600
2. Espécies de Testemunhas ... 602
   - 2.1. Testemunhas Numerárias ... 602
   - 2.2. Testemunhas Extranumerárias ... 602
     - 2.2.1. Testemunhas extranumerárias indicadas pelas partes ... 602

	2.2.2.	Testemunhas extranumerárias do juízo	603
	2.2.3.	Testemunhas extranumerárias referidas	603

3. Obrigação, Dispensa e Proibição de Depor 604

3.1. Obrigação de Depor 604

3.2. Dispensa e Proibição de Depor 605

    3.2.1. Dispensa de depor 605

    3.2.2. Proibição de depor 605

4. Cautelas Legais Prévias à Audiência: Incomunicabilidade Relativa entre as Testemunhas 607

5. Inquirição da Testemunha em Audiência 607

5.1. A oralidade do depoimento 607

5.2. Antes do Depoimento: Qualificação e Contradita ou Arguição de Parcialidade ou Indignidade 610

5.3. Procedimento da Inquirição: o Método do Exame Direto e Cruzado 612

5.4. Presença do Acusado na Audiência reservada à Inquirição de Testemunhas 616

    5.4.1. Garantia de presença como forma de autodefesa 616

    5.4.2. Afastamento excepcional do acusado 618

5.5. Direito ao Confronto 620

5.6. Inquirição de Testemunhas Especiais 622

5.7. Inquirição por Carta Precatória e por Videoconferência 623

    5.7.1. Inquirição em sede de carta precatória 623

    5.7.2. Inquirição por videoconferência 624

6. Prova Testemunhal por meio de Carta Rogatória 624

7. Controle Judicial da Veracidade do Depoimento 625

8. Antecipação de Prova Testemunhal 626

8.1. Aplicabilidade da Antecipação de Prova Testemunhal em Geral 626

8.2. Aplicabilidade da Antecipação de Prova Testemunhal na Hipótese do Art. 366 do CPP . 627

8.3. Procedimento 629

Subseção IV – Acareação **629**

Subseção V – Reconhecimento de Pessoas e Coisas **631**

1. Conceito e Procedimento 631

2. Reconhecimento de Pessoa por Videoconferência 634

Subseção VI – Interrogatório **635**

1. Sentido e Alcance 635

2. Características do Interrogatório 637

3. Partes do Interrogatório: Abrangência e Procedimento 638

3.1. Aspectos Gerais 638

3.2. Qualificação e Identificação do Acusado no Interrogatório 640

3.3. Procedimento Judicial após a Qualificação e antes do Interrogatório 641

3.4. Procedimento Judicial durante o Interrogatório 642

3.5. Primeira Parte do Interrogatório 642

3.6.	Segunda Parte do Interrogatório	643
3.7.	Presença e Colaboração das Partes	644
3.8.	Participação da Defesa Técnica de um Acusado no Interrogatório de outro Acusado	644

4. Momento do Interrogatório 646
5. Lugar do Interrogatório e Interrogatório por Videoconferência 646
   5.1. Regime Jurídico Geral 646
   5.2. Interrogatório por Videoconferência 649
6. Interrogatório de Acusados Especiais 651

Subseção VII – Confissão 652

1. Conceito e Características da Confissão 652
2. Elementos Modificativos da Confissão 656

Subseção VIII – Prova Documental 657

1. Sentido e Alcance 657
2. Cartas Particulares 659
3. Documentos em Língua Estrangeira 660
4. Autenticidade do Documento Particular 660
5. Oportunidade para a Produção de Prova Documental pelas Partes 660
6. Iniciativa do Juiz para a Produção de Prova Documental 661

Seção V – Provas em Espécie: Medidas Cautelares Probatórias e Técnicas Especiais de Investigação 662

Subseção I – Busca e Apreensão 662

1. Sentido e Alcance 662
2. Busca Domiciliar 664
   2.1. Inviolabilidade Domiciliar e Limites da Busca 664
      2.1.1. Ingresso no domicílio e autorização judicial 664
      2.1.2. O consentimento do morador 667
   2.2. Busca em Escritórios de Advocacia 671
   2.3. Procedimento 673
      2.3.1. Iniciativa e procedimento de autorização 673
      2.3.2. Procedimento de execução 674
   2.4. Finalidades 677
      2.4.1. Prisão de criminosos 677
      2.4.2. Apreensão de coisas achadas ou obtidas por meios criminosos e de instrumentos do crime 678
      2.4.3. Descoberta de objetos necessários à prova de infração penal ou à defesa do acusado e coleta de qualquer elemento de convicção 679
      2.4.4. Apreensão de cartas particulares 679
      2.4.5. Proteção à vítima 682
   2.5. Ingresso no Domicílio em caso de Flagrante Delito 682

SUMÁRIO 27

2.6. Requisitos Intrínsecos do Mandado de Busca Domiciliar 684

2.7. Encontro Fortuito de Provas ou *Serendipidade* 686

3. Busca Pessoal 688

4. Cumprimento do Mandado de Busca após Seguimento do Imputado 690

Subseção II – Técnicas Especiais de Investigação **692**

Subseção III – Interceptação Telefônica e Telemática **693**

1. Afastamento excepcional da Inviolabilidade das Comunicações Telefônicas 693

2. Interceptação Telefônica, Escuta Telefônica e Gravação Telefônica 694

3. Interceptação Eletrônica e Telemática 698

4. Encontro Fortuito de Provas ou Serendipidade 699

5. Comunicação Telefônica, Eletrônica e Telemática mantida entre Advogado e Cliente 703

6. Iniciativa 706

7. Competência 708

8. Pressupostos da Interceptação Telefônica 709

9. Limites Formais e Temporais: Forma de Execução, Prazo e Prorrogação 711

    9.1. Limites Formais 711

    9.2. Limites Temporais 712

10. Procedimento de Execução da Medida pela Polícia 714

11. Inutilização da Gravação que não interessar à Prova 717

12. Interceptação das Comunicações Telefônicas e Quebra do Sigilo Telefônico 717

Subseção IV – Interceptação Ambiental **718**

1. Interceptação Ambiental, Escuta Ambiental e Gravação Ambiental 719

2. Aplicabilidade e Regime Jurídico 719

3. Meio Ambiente e Contexto de Intimidade 720

4. Interceptação das Comunicações entre Advogado e Cliente 722

Subseção V – Acesso a Registros Telefônicos e a Dados Cadastrais **724**

Subseção VI – Quebra do Sigilo Financeiro **727**

1. Sentido e Alcance da Proteção Constitucional ao Sigilo Financeiro 727

2. Afastamento Excepcional do Sigilo Financeiro: Reserva de Jurisdição? 728

Subseção VII – Colaboração Premiada **730**

1. Sentido e Alcance 730

1.1. Designação legal: Diferença entre Delação e Colaboração 731

1.2. Origens 731

1.3. Crítica de parte da Doutrina ao instituto da Colaboração Premiada 732

2. Previsão no Direito Brasileiro: Evolução da Disciplina Normativa da Colaboração Premiada no Ordem Jurídica Nacional 734

    2.1. Crimes contra o sistema financeiro nacional (Lei nº 7.492/1986) 734

2.2. Crimes contra a ordem tributária, contra a ordem econômica e contra as relações de consumo (Lei nº 8.137/1990)	735
2.3. Extorsão mediante sequestro (Lei nº 9.269/1996)	735
2.4. Crimes de lavagem de capitais (Lei nº 12.683/2012)	736
2.5. Lei nº 9.807/1999: programa de proteção a vítimas, testemunhas e colaboradores	737
2.6. Crimes de drogas (Lei nº 11.343/2006)	738
2.7. O "acordo de leniência" (Lei nº 12.529/2011)	739
2.8. Organizações criminosas (Lei nº 12.850/2013)	740
3. Aplicabilidade do Regime de Colaboração Premiada objeto da Lei nº 12.850/2013	740
4. Natureza e Valor Probatório da Colaboração Premiada	742
5. Resultados	743
6. Pressupostos e Requisitos	745
7. Prêmios Legais	746
7.1. Prêmios aplicáveis no Processo Judicial (de conhecimento ou de execução)	746
7.2. Ausência de Oferecimento da Denúncia	749
7.3. Síntese dos Prêmios Aplicáveis	750
8. Colaboração Premiada: Direito Subjetivo ou Discricionariedade do Órgão Judiciário?	751
9. Intervenção Judicial no âmbito da Colaboração Premiada: ausência de Intervenção Judicial nas Negociações e Controle Posterior	753
10. Acordo de Colaboração Premiada	755
10.1. Legitimidade	755
10.2. Procedimento	756
10.2.1. Negociação	756
10.2.2. Execução do acordo	758
10.3. Retratação	760
10.4. Aplicação do Prêmio Legal	761

Subseção VIII – Ação Controlada	**761**
Subseção IX – Infiltração	**765**
1. Sentido, Alcance e Aplicabilidade	765
2. Pressupostos e Requisitos	766
3. Iniciativa	767
4. Sigilo	767
5. Limites Temporais: Duração da Infiltração	768
6. Limites Materiais: Prática de Crimes pelo Agente Infiltrado	768

CAPÍTULO XIII
Sujeitos do Processo Penal 771

Seção I – Juiz	**771**
1. Conceito	771
2. Funções do Juiz no Processo Penal	772
3. Juízes integrantes do Poder Judiciário do Brasil	773

3.1.	Justiça Comum	774
	3.1.1. Justiça Comum Federal	774
	3.1.2. Justiça Comum Estadual	774
	3.1.3. Superior Tribunal de Justiça	774
3.2.	Justiça Militar	775
	3.2.1. Justiça Militar da União	775
	3.2.2. Justiça Militar dos Estados	775
3.3.	Justiça Eleitoral	753
3.4.	Supremo Tribunal Federal	775
4.	Impedimento e Suspeição de Juízes	775
4.1.	Impedimento de Juízes (artigos 252 e 253, CPP)	776
	4.1.1. Sentido, alcance e efeitos	776
	4.1.2. Hipóteses legais de impedimento	777
4.2.	Suspeição de Juízes (art. 254, CPP)	782
	4.2.1. Sentido, alcance e efeitos	782
	4.2.2. Hipóteses legais de suspeição	783
	4.2.3. Hipótese de não reconhecimento da suspeição (art. 256, CPP)	788
4.3.	Incompatibilidade	788
5.	Jurado do Tribunal do Júri	790
5.1.	Conceito e Regime Jurídico	790
5.2.	Alistamento e obrigatoriedade do serviço do júri	790
5.3.	Impedimento e Suspeição de Jurados (artigos 447 a 451, CPP)	793
5.4.	Recusa Imotivada de Jurados	795

Seção II – Ministério Público **796**

1.	Perfil Institucional do Ministério Público	796
2.	Atribuições dos Órgãos do Ministério Público	796
3.	Estrutura Orgânica do Ministério Público	797
3.1.	Ministério Público da União	797
	3.1.1. Ministério Público Federal	798
	3.1.2. Ministério Público Militar	799
3.2.	Ministério Público Estadual	799
4.	Princípio do Promotor ou do Procurador Natural	800
5.	O Ministério Público no Processo Penal	801
5.1.	Funções do Ministério Público na Fase Pré-Processual	801
5.2.	Funções do Ministério Público na Ação Penal	802
5.3.	O Ministério Público como Titular da Ação Penal Pública: Parte Imparcial?	803
5.4.	Impedimento e Suspeição de Membros do Ministério Público	805

Seção III – Acusado e Defensor **806**

Subseção I – Acusado **807**

1.	Sentido e Alcance	807

2. Identificação do Acusado 808
3. Condução Coercitiva do Acusado 809

Subseção II – Defensor **811**

1. Sentido e Alcance 811
2. Espécies de Defensor e Indisponibilidade da Defesa Técnica 812
   2.1. Defensor Constituído 813
   2.2. Defensor Dativo (ou Defensor Nomeado) 814
   2.3. Defensor *Ad Hoc* 816
3. Impedimento do Defensor (art. 267, CPP) 817

Seção IV – Ofendido e Assistente **818**

1. O Perfil Normativo tradicional do Ofendido 818
2. Novo Paradigma Normativo 819
3. O Regime Jurídico introduzido pela Lei nº 11.690/2008 821
   3.1. Ofendido a serviço da justiça (art. 201, *caput* e § 1º, CPP) 821
   3.2. Informação, Participação e Reparação (art. 201, §§ 2º e 3º, CPP; art. 6º, VII, Lei nº 13.344/2016) 822
   3.3. Proteção (art. 201, §§ 4º e 6º, CPP; Lei nº 11.340/2006; Lei nº 9.807/1999; art. 6º, II e IV, Lei nº 13.344/2016) 823
   3.4. Assistência (art. 201, § 5º, CPP; Lei nº 11.340/2006; Lei nº 9.807/1999; art. 6º, I, III, V e VI, Lei nº 13.344/2016) 825
4. Assistente 827
   4.1. Aplicabilidade da Habilitação do Ofendido como Assistente 827
   4.2. Aplicabilidade da Habilitação de Outros Sujeitos como Assistentes 828
   4.3. Oportunidade da Admissão do Assistente 829
   4.4. Faculdades Processuais do Assistente 830

Seção V – Serventuários da Justiça **832**

Seção VI – Peritos e Intérpretes **833**

CAPÍTULO XIV
Medidas Cautelares de Constrição Pessoal 835

Seção I – Teoria Geral das Medidas Cautelares Pessoais **835**

1. Sistemática 835
2. Princípios associados às medidas cautelares no processo penal 837
   2.1. Princípio da Necessidade 838
      2.1.1. Sentido e alcance 838
      2.1.2. Necessidade das medidas cautelares de constrição pessoal: desdobramentos ... 839
   2.2. Princípio da Adequação 841
   2.3. Princípio da Proporcionalidade em Sentido Estrito 843

Seção II – Medidas Cautelares Pessoais Diversas da Prisão **844**

SUMÁRIO   31

1. Aplicabilidade 844
    1.1. Medida Cautelar Pessoal Originária: Providência Autônoma 846
          1.1.1. Aspectos gerais 846
          1.1.2. Iniciativa 846
          1.1.3. Contraditório prévio 849
    1.2. Medida Cautelar Pessoal Substitutiva da Prisão em Flagrante, quando não cabível a
          Prisão Preventiva (art. 310, II, CPP) 849
    1.3. Medida Cautelar Pessoal Substitutiva da Prisão Preventiva (art. 316 e art. 282, § 5º,
          CPP) 850
          1.3.1. Aplicabilidade 850
          1.3.2. Hipótese de imposição de medida cautelar pelo tribunal que conceder liber-
                  dade em sede de *habeas corpus* 851
2. Substituição, Cumulação e Revogação de Medidas Cautelares Pessoais Diversas da Prisão 853
    2.1. Substituição 853
    2.2. Cumulação 854
    2.3. Revogação 854
3. Consequências do Descumprimento da Medida Cautelar Pessoal Diversa da Prisão 854
4. Espécies de Medidas Cautelares Diversas da Prisão 855
    4.1. Medidas destinadas à Garantia de Aplicação da Lei Penal (art. 319, I, VIII e IX, e art. 320,
          CPP) 856
          4.1.1. Comparecimento periódico em juízo (art. 319, I, CPP) 856
          4.1.2. Fiança (art. 319, VIII, CPP) 856
          4.1.3. Monitoramento eletrônico (art. 319, IX, CPP) 857
          4.1.4. Proibição de ausentar-se do país (art. 320, CPP) 858
    4.2. Medidas destinadas à Garantia da Investigação e da Instrução Criminal (art. 319, IV e
          VIII, CPP) 858
    4.3. Medidas destinadas à Prevenção da Prática de Infrações Penais (art. 319, II, V, VI e VII,
          CPP) 858
          4.3.1. Proibição de frequência a determinados lugares (art. 319, II, CPP) 859
          4.3.2. Proibição de contato com pessoa determinada (art. 319, III, CPP) 859
          4.3.3. Recolhimento domiciliar no período noturno (art. 319, V, CPP) 860
          4.3.4. Suspensão temporária de função pública ou de atividade econômica ou
                  financeira (art. 319, VI, CPP) 861
          4.3.5. Internação provisória (art. 319, VII, CPP) 862
5. Impugnação da Decisão Judicial que impõe Medida Cautelar Pessoal Diversa da Prisão 863

Seção III – *Medidas Cautelares Prisionais: Prisão Provisória* 864

1. Princípios e Regras Gerais aplicáveis à Prisão Provisória 864
    1.1. Estado ou Presunção de Inocência (ou de Não Culpabilidade): Regra de Tratamento 864
    1.2. Controle Judicial da Prisão e Motivação do Ato que Decreta a Medida 868
    1.3. Imediata Comunicação da Prisão e Presença perante o Juiz 869
    1.4. Dia e Horário da Prisão 869
    1.5. Limites Materiais ao Cumprimento da Prisão: o emprego de força e o uso de algemas . 870
    1.6. Mandado de Prisão: requisitos intrínsecos, cumprimento e registro 871

1.6.1.	Mandado de prisão: conceito e requisitos intrínsecos	871
1.6.2.	Cumprimento do mandado de prisão	872
1.6.3.	Registro e autenticidade do mandado de prisão	874
1.6.4.	Cumprimento do mandado após perseguição	876
1.6.5.	Cumprimento do mandado e inviolabilidade domiciliar	877
1.7.	Prisão Especial	878
1.7.1.	Contexto, conceito e alcance	878
1.7.2.	Beneficiários de prisão especial	880
1.7.3.	Sala de Estado Maior	882

ESPÉCIES DE PRISÃO PROVISÓRIA

Subseção I – Prisão em Flagrante e Liberdade Provisória **884**

1. Sentido e Alcance da Prisão em Flagrante 884
2. Hipóteses Legais de Flagrante: Estados de Flagrância Delitiva 884
   - 2.1. Flagrante Próprio (art. 302, I e II, CPP) 885
   - 2.2. Flagrante Impróprio (art. 302, III, CPP) 885
   - 2.3. Flagrante Presumido (art. 302, IV, CPP) 886
   - 2.4. Inadmissibilidade do Flagrante em caso de Apresentação Espontânea 887
   - 2.5. Flagrante nos Crimes Permanentes (art. 303, CPP) e nos Crimes Habituais 887
3. Legalidade e Ilegalidade da Prisão em Flagrante 888
   - 3.1. Flagrante Preparado ou Provocado 888
   - 3.2. Flagrante Esperado 890
   - 3.3. "Flagrante Forjado" 890
   - 3.4. Flagrante Diferido, Postergado ou Retardado 890
4. Auto de Prisão em Flagrante: Aplicabilidade, Formalidades e Procedimento 892
5. Comunicação da Prisão em Flagrante e Direito de Presença perante o Juiz 897
   - 5.1. Exigência de Comunicação Imediata: Sentido, Finalidades e Alcance do Controle Judicial 897
   - 5.2. Direito de Presença perante o Juiz: a Audiência de Custódia 898
6. Liberdade Provisória 891
   - 6.1. Conceito, Natureza, Sentido e Alcance 891
   - 6.2. Liberdade Provisória Sem Fiança 903
   - 6.3. Liberdade Provisória Com Fiança 907
     - 6.3.1. Regime jurídico 907
     - 6.3.2. Concessão de liberdade mediante fiança pela autoridade policial 908
     - 6.3.3. Inafiançabilidade originária: hipóteses constitucionais e legais 910
     - 6.3.4. Inafiançabilidade originária no âmbito extrapenal 912
     - 6.3.5. Inafiançabilidade superveniente 913
     - 6.3.6. Valor da fiança 915
     - 6.3.7. Oportunidade para a prestação de fiança 917
     - 6.3.8. Reforço da fiança 917
     - 6.3.9. Forma de pagamento do valor da fiança 919

SUMÁRIO

6.3.10. Competência jurisdicional e atribuição policial para a concessão de liberdade provisória mediante fiança 919

6.3.11. Procedimento da liberdade provisória mediante o pagamento de fiança 920

6.3.12. Quebra da fiança 921

6.3.13. Cassação da fiança 924

6.3.14. Perda do valor da fiança 925

6.3.15. Destinação do valor da fiança ao final do processo 925

Subseção II – Prisão Preventiva **927**

1. Conceito e Elementos Essenciais 927

2. Oportunidade e Iniciativa para a Decretação da Prisão Preventiva 928

3. Prazo 929

4. Espécies 932

4.1. Prisão Preventiva Originária (art. 312 c/c art. 313 c/c art. 282, § 6º, CPP) 932

4.1.1. Pressupostos e motivos: justa causa e necessidade específica da prisão preventiva 932

4.1.2. Garantia da ordem pública 935

4.1.3. Garantia da instrução processual penal 938

4.1.4. Garantia de aplicação da lei penal 939

4.2. Pressupostos de admissibilidade da Prisão Preventiva (art. 313, CPP) 941

4.2.1. Crimes dolosos com pena máxima superior a 4 (quatro) anos (art. 313, I, CPP) .. 942

4.2.2. Reincidência em crime doloso (art. 313, II, CPP) 945

4.2.3. Prisão preventiva derivada: crimes praticados no contexto da violência doméstica e familiar (art. 313, III, CPP) 946

4.2.4. Dúvida sobre a identidade civil (art. 313, parágrafo único, CPP) 946

4.3. Prisão Preventiva Derivada: descumprimento de medida cautelar (art. 282, § 4º, e art. 312, parágrafo único, CPP) e conversão de prisão em flagrante (art. 310, *caput*, inciso II, CPP) 947

4.3.1. Prisão preventiva na hipótese de descumprimento de medida cautelar pessoal alternativa (art. 282, § 4o, art. 312, parágrafo único, e art. 313, III, CPP) 947

4.3.2. Conversão da prisão em flagrante em prisão preventiva 951

5. Prisão Preventiva decretada ou mantida na Sentença Condenatória Recorrível ou na Decisão de Pronúncia 952

6. Motivação da Decisão que decreta a Prisão Preventiva (art. 315, CPP) 954

7. Revogação (art. 316, CPP) 957

8. Prisão Domiciliar 958

8.1. Sentido e Alcance: Forma Excepcional de Execução de Prisão Preventiva 958

8.2. Hipóteses de Prisão Domiciliar 959

Subseção III – Prisão Temporária **963**

1. Sentido e Alcance 963

2. Hipóteses 963

2.1. *Fumus Comissi Delicti*: o pressuposto indiciário quanto à prática de crimes considerados particularmente graves (art. 1º, III, Lei nº 7.960/1989) 965

2.2. *Periculum Libertatis*: a necessidade cautelar 969

3. Iniciativa para postular a Prisão 970

4. Controle Judicial e Execução da Medida Prisional 971

5. Prazos 972

    5.1. Aspectos Gerais 972

    5.2. Prazo da Prisão Temporária e Prazo do Inquérito Policial 973

Subseção IV – Prisão para Fins de Extradição **974**

CAPÍTULO XV
Comunicação dos Atos Processuais **977**

Seção I – Citação **977**

1. Sentido, Alcance e Efeitos 977

2. Formas de Citação 979

    2.1. Citação Real 979

        2.1.1. Citação por mandado diretamente expedido por ordem do juízo da causa 979

        2.1.2. Citação por carta precatória 982

        2.1.3. Citação por carta de ordem 984

        2.1.4. Formas especiais de citação pessoal 984

    2.2. Citação Ficta 988

        2.2.1. Citação com hora certa 988

        2.2.2. Citação por edital 991

Seção II – Intimação **995**

1. Intimação e Notificação 995

2. A Intimação do Ministério Público e a do Querelante 996

3. A Intimação do Ofendido na Ação Penal de iniciativa Pública 997

4. A Intimação do Acusado e a do seu Defensor 998

5. A Intimação da Testemunha e a do Perito ou Intérprete 999

6. Intimação na hipótese de Decisão Imediata 1000

CAPÍTULO XVI
Sentença Penal **1001**

Seção I – Sentença **1001**

1. Conceito e Partes 1001

    1.1. Conceito de Sentença Penal 1001

    1.2. Partes da Sentença Penal 1002

        1.2.1. Relatório (art. 381, I e II, CPP) 1002

        1.2.2. Motivação e Fundamentação (art. 381, III, CPP) 1003

        1.2.3. Dispositivo (art. 381, V, CPP) 1005

        1.2.4. Autenticação (art. 381, VI, CPP) 1005

2. Publicação e Registro da Sentença 1006

3. Intimação da Sentença	1007
4. Coisa Julgada	1010
4.1. Conceito: coisa julgada material e coisa julgada formal	1010
4.2. Coisa Julgada *Pro et Contra*, Coisa Julgada *Secundum Eventum Litis* e Coisa Julgada *Secundum Eventum Probationis*	1011

Subseção I – Sentença Penal Absolutória 1012

1. Conceito	1012
2. Fundamentos de Absolvição	1012
2.1. Existência Material do Fato (art. 386, I e II, CPP)	1013
2.2. Autoria ou Participação do Imputado no Fato (art. 386, IV, V e VII, CPP)	1014
2.3. Tipicidade Penal do Fato (art. 386, III, CPP)	1016
2.4. Exclusão da Ilicitude ou da Culpabilidade (art. 386, VI, CPP)	1016
3. Efeitos Imediatos da Sentença Penal Absolutória	1017
4. Absolvição Imprópria	1017

Subseção II – Sentença Penal Condenatória 1018

1. Conceito	1018
2. Elementos da Sentença Penal Condenatória	1019
2.1. Fixação da Pena-Base (art. 59, CP)	1020
2.2. Atenuantes e Agravantes	1024
2.3. Causas de Diminuição (Minorantes) e de Aumento (Majorantes) de Pena	1026
2.4. Fixação do Regime Inicial de Cumprimento da Pena	1027
2.5. Cômputo do Tempo de Prisão Provisória na fixação do Regime Inicial	1028
2.6. Substituição da Pena Privativa de Liberdade por Pena Restritiva de Direitos ou por Pena de Multa	1028
2.7. Suspensão Condicional da Pena	1029
2.8. Imposição de Medidas Cautelares na Sentença Penal Condenatória	1029
2.9. Fixação de Valor Mínimo a Título de Reparação do Dano	1030
2.10. Publicação sobre a Sentença Condenatória em Órgãos de Comunicação de grande circulação ou audiência	1031

Seção II – Correlação entre Acusação e Sentença 1031

1. A Regra da Correlação entre Acusação e Sentença	1031
2. Hipótese de Sentença Condenatória mesmo diante de Pedido de Absolvição formulado pelo Ministério Público (art. 385, CPP)	1034
3. Correção e Modificação da Acusação: *Emendatio Libelli* e *Mutatio Libelli*	1036
3.1. *Emendatio Libelli* (art. 383, CPP)	1037
3.1.1. Sentido e alcance	1037
3.1.2. Contraditório prévio	1038
3.1.3. Oportunidade	1041
3.1.4. Aplicabilidade em segunda instância	1045
3.2. *Mutatio Libelli* (art. 384, CPP)	1046
3.2.1. Sentido e alcance	1046

3.2.2. Mutatio libelli e correlação entre acusação e sentença	1048
3.2.3. Aplicabilidade da *mutatio libelli*	1050
3.2.4. Hipóteses especiais de *mutatio libelli*: modificação de crime culposo para crime doloso, de crime consumado para crime tentado, de autoria para participação, ou vice-versa	1051
3.2.5. Oportunidade e procedimento da *mutatio libelli*	1054
3.2.6. Inaplicabilidade da *mutatio libelli* na segunda instância	1056

CAPÍTULO XVII
Procedimentos Penais 1057

Introdução	1057
Procedimento Comum e Procedimento Especial	1058

Seção I – Procedimento Comum **1059**

1. Procedimento Comum: Aspectos Gerais	1059
1.1. Procedimento Comum e Procedimento Especial	1059
1.2. Aplicabilidade Geral dos Ritos do Procedimento Comum	1060
2. Procedimento Comum Ordinário	1061
2.1. Aplicabilidade	1061
2.2. Características e Etapas Procedimentais	1062
2.2.1. Características	1062
2.2.2. Fase postulatória	1062
2.2.3. Fase instrutória: audiência de instrução e julgamento	1075
2.2.4. Fase de debates e de julgamento: alegações finais e sentença	1081
2.3. Síntese de Procedimento Comum Ordinário	1086
3. Procedimento Comum Sumário	1086
3.1. Aplicabilidade	1086
3.2. Características e Etapas Procedimentais	1087
4. Procedimento Comum Sumaríssimo	1091
4.1. Contexto e Significado	1091
4.2. Aplicabilidade	1093
4.2.1. Aspectos gerais: infrações de menor potencial ofensivo e juizados especiais criminais	1093
4.2.2. Hipótese especial de aplicação do procedimento sumaríssimo: Lei nº 10.741/2003	1095
4.3. Fase Preliminar	1096
4.3.1. Termo circunstanciado de ocorrência	1096
4.3.2. Audiência preliminar, composição civil dos danos e transação penal	1098
4.3.3. Transação penal: natureza, aplicabilidade, oportunidade, procedimento	1101
4.3.4. Não oferecimento da transação pelo titular da ação penal ou recusa da proposta pelo imputado: oferecimento oral da denúncia ou da queixa e "citação"	1110
4.4. Síntese da Fase Preliminar	1112
4.5. Fase de Instrução	1113

SUMÁRIO

Seção II – Procedimentos Especiais **1117**

Subseção I – Procedimento do Júri **1117**

1. Princípios relativos à Instituição do Júri 1117
2. Competência do Tribunal do Júri 1120
3. Fases do Procedimento do Júri 1120
4. Procedimento da Fase do Juízo de Admissibilidade da Acusação (*Judicium Accusationis*) 1121
   4.1. Etapas Postulatória e Instrutória 1121
   4.2. Pronúncia 1124
      4.2.1. Sentido, alcance e efeitos 1124
      4.2.2. Providências sobre prisão e liberdade na pronúncia 1128
      4.2.3. Indícios de autoria ou participação contra terceiro 1130
      4.2.4. Intimação sobre a pronúncia 1130
   4.3. Impronúncia 1131
   4.4. Absolvição Sumária 1133
      4.4.1. Conceito 1133
      4.4.2. Oportunidade 1134
      4.4.3. Hipóteses 1135
   4.5. Desclassificação 1137
   4.6. *Mutatio Libelli* superveniente à Confirmação da Pronúncia 1139
   4.7. Desaforamento 1140
5. Procedimento da Fase de Preparação para o Julgamento em Plenário 1143
6. Procedimento da Fase de Julgamento em Plenário (*Judicium Causae*) 1145
   6.1. Organização da Pauta de Julgamentos 1145
   6.2. Sorteio e Convocação dos Jurados para a Reunião Periódica 1147
   6.3. Composição do Tribunal do Júri 1148
   6.4. Providências Prévias à Abertura da Sessão de Julgamento 1150
   6.5. Instalação da Sessão de Julgamento 1154
   6.6. Instrução em Plenário 1159
   6.7. Debates 1164
      6.7.1. Aspectos gerais 1164
      6.7.2. Regras do debate 1167
   6.8. Julgamento 1170
      6.8.1. Preliminares 1170
      6.8.2. Quesitos 1170
      6.8.3. Procedimento da votação 1178
      6.8.4. Sentença do juiz presidente 1181
   6.9. Ata da Sessão de Julgamento 1182

Subseção II – Procedimentos de Ação Penal por Crime Funcional **1185**

1. Procedimento da Ação Penal por Crime Funcional contra a Administração Pública 1185
2. Procedimento da Ação Penal por Crime Funcional imputado a Prefeito ou Vereador (Decreto-Lei nº 201/1967) 1189

Subseção III – Procedimento da Ação Penal por Crime contra a Honra **1189**

Subseção IV – Procedimento da Ação Penal por Crime contra a Propriedade Imaterial **1192**

1. Aplicabilidade 1192
2. Procedimento 1192
   2.1. Procedimento aplicável aos Crimes contra a Propriedade Imaterial de Ação Penal Privada 1192
   2.2. Procedimento para os crimes de violação de direito autoral definidos no 184, §§ 1º, 2º e 3º, do Código Penal, e demais Crimes de Ação Penal Pública 1193

Subseção V – Procedimento da Ação Penal de Competência Originária dos Tribunais (Lei nº 8.038/1990) **1195**

1. Aplicabilidade 1195
2. Procedimento 1196
   2.1. Fase Pré-Processual 1196
      2.1.1. Exigência de autorização e supervisão do tribunal competente para a ação penal 1196
      2.1.2. Procedimento da fase pré-processual: características da supervisão exercida pelo relator 1197
      2.1.3. Oferecimento da denúncia ou da queixa e resposta preliminar 1200
      2.1.4. Deliberação do colegiado sobre a admissibilidade da ação penal 1201
      2.1.5. Recebimento da denúncia e defesa prévia 1203
   2.2. Fase de Instrução 1205
   2.3. Alegações Finais e Sessão de Julgamento 1205

Subseção VI – Procedimento da Ação Penal por Crime praticado em contexto de Violência Doméstica e Familiar contra a Mulher (Lei nº 11.340/2006) **1208**

Subseção VII – Procedimento da Ação Penal por Crimes de Drogas (Lei nº 11.343/2006) **1210**

Subseção VIII – Procedimento da Ação Penal por Crime que envolva Organização Criminosa (Lei nº 12.850/2013) **1213**

CAPÍTULO XVIII

Nulidades 1215

Seção I – Conceito e Características Gerais **1215**

1. Invalidade dos atos processuais 1215
2. Inexistência jurídica, Nulidade e Irregularidade 1217
   2.1. Inexistência jurídica 1217
   2.2. Irregularidade 1219
   2.3. Nulidade 1221
3. Nulidade e Ilicitude 1223
4. Nulidade Absoluta 1224
5. Nulidade Relativa 1227

SUMÁRIO

Seção II – Princípios Gerais **1229**

1. Princípio do Prejuízo 1229
2. Efeitos da Invalidação e Princípio da Causalidade 1230
3. Princípio do Interesse 1234
4. Princípio da Convalidação 1237
   4.1. Sentido e Alcance 1237
   4.2. Hipótese Especial de Convalidação de Nulidade Absoluta 1238

CAPÍTULO XIX
Recursos e Ações Autônomas de Impugnação **1241**

Seção I – Teoria Geral dos Recursos e das Ações Autônomas de Impugnação **1241**

1. Conceito e Fundamentos 1241
   1.1. Fundamentos 1241
   1.2. Meio voluntário de Impugnação de Decisão Judicial 1242
   1.3. Interposição antes da Preclusão ou da Coisa Julgada 1243
   1.4. Continuidade de Relação Jurídica Preexistente 1244
   1.5. Objetivos possíveis: Reforma, Invalidação, Esclarecimento, Integração 1245
2. A voluntariedade como característica essencial dos recursos e suas atenuações 1246
   2.1. Necessidade do duplo grau de jurisdição (artigos 574 e 746, CPP) 1246
   2.2. Extensão dos Efeitos de Decisão proferida no Recurso de Corréu (art. 580, CPP) 1247
   2.3. Princípio do *Favor Rei* ou *Favor Libertatis* 1248
   2.4. Mitigação do Ônus Recursal pelo cabimento de Ação Autônoma de Impugnação 1248
3. Classificação 1249
   3.1. Extensão 1249
   3.2. Fundamentos: Fundamentação Livre e Fundamentação Vinculada 1249
   3.3. Recursos Ordinários e Recursos Extraordinários 1251
4. Princípios 1252
   4.1. Duplo Grau de Jurisdição 1252
   4.2. Taxatividade 1252
   4.3. Unirrecorribilidade 1253
   4.4. Variabilidade e Preclusão Consumativa 1255
   4.5. Complementaridade 1256
   4.6. Fungibilidade 1257
   4.7. Dialeticidade 1260
   4.8. Oportunidade e Disponibilidade 1263
   4.9. Personalidade e Proibição da *Reformatio in Pejus* 1267
       4.9.1. Personalidade e vedação da reformatio in pejus direta 1267
       4.9.2. Vedação da reformatio in pejus indireta, inclusive no âmbito do Tribunal do Júri 1269
   4.10. Irrecorribilidade das Decisões Interlocutórias 1271
5. Efeitos dos Recursos 1272
6. Pressupostos e Condições de Admissibilidade 1274
7. Decisões sujeitas a Recurso 1276

40 CURSO DE DIREITO PROCESSUAL PENAL – *Sérgio Rebouças*

Seção II – Recursos em Espécie **1278**

Subseção I – Apelação **1278**

1. Conceito e Cabimento Geral 1278
2. Cabimento da Apelação contra as Decisões do Júri 1280
   2.1. Nulidade posterior à pronúncia (art. 593, III, *a*, CPP) 1281
   2.2. Sentença do juiz presidente contrária à lei expressa ou ao veredicto dos jurados (art. 593, III, *b*, CPP) 1282
   2.3. Erro ou injustiça no tocante à aplicação da pena (art. 593, III, *c*, CPP) 1283
   2.4. Manifesta contrariedade à prova dos autos (art. 593, III, *d*, CPP) 1284
   2.5. A *reformatio in pejus* indireta no âmbito do recurso interposto contra a decisão do júri 1287
3. Legitimidade para Apelar 1288
   3.1. Legitimidade recursal plena das partes 1288
   3.2. Legitimidade Recursal Supletiva do Ofendido 1289
   3.3. Legitimidade Recursal autônoma do Defensor Técnico 1290
   3.4. Legitimidade Recursal do Ministério Público no âmbito da Ação Penal de iniciativa Privada 1291
   3.5. "Legitimidade Recursal do Curador" 1291
4. Interesse de Apelar 1292
5. Pressupostos de admissibilidade: regularidade formal e tempestividade 1295
6. Procedimento quanto à Interposição e ao Oferecimento de Razões 1298
7. Competência 1302
8. Procedimento no Tribunal 1303
   8.1. Procedimento Ordinário 1303
   8.2. Procedimento Sumário 1305
9. Efeitos 1306
   9.1. Efeito Devolutivo 1306
       9.1.1. Devolutividade quanto à extensão 1306
       9.1.2. Devolutividade quanto à profundidade 1308
   9.2. Efeito Suspensivo 1309

Subseção II – Recurso em Sentido Estrito **1310**

1. Conceito 1310
2. Condições e Pressupostos de Admissibilidade 1312
   2.1. Cabimento 1312
       2.1.1. Decisão de rejeição liminar da denúncia ou da queixa (art. 581, I / art. 395, CPP) 1312
       2.1.2. Decisão que concluir pela incompetência do juízo (art. 581, II, CPP) 1314
       2.1.3. Decisão que julgar procedentes as exceções, salvo a de suspeição (art. 581, III, CPP) 1315
       2.1.4. Decisão de pronúncia (art. 581, IV, CPP) 1316
       2.1.5. Decisão sobre fiança (art. 581, V, 1a parte, e VII, CPP) 1317

2.1.6.	Decisão sobre prisão preventiva, liberdade provisória sem fiança e relaxamento de prisão em flagrante (art. 581, V, parte final, CPP)	1319
2.1.7.	Decisão declaratória de extinção da punibilidade e decisão denegatória de pleito de extinção da punibilidade (art. 581, VIII e IX, CPP)	1320
2.1.8.	Decisão concessiva ou denegatória de *habeas corpus* (art. 581, X, CPP)	1323
2.1.9.	Decisão declaratória de nulidade (art. 581, XIII, CPP)	1324
2.1.10.	Decisão que incluir jurado na lista própria ou desta o excluir (art. 581, XIV, CPP)	1326
2.1.11.	Decisão que nega seguimento a recurso de apelação (art. 581, XV, CPP)	1327
2.1.12.	Decisão de suspensão do processo por questão prejudicial (art. 581, XVI, CPP)	1329
2.1.13.	Decisão de suspensão condicional do processo (art. 89, Lei nº 9.099/1995) e decisão de suspensão do processo e do prazo prescricional na hipótese do art. 366 do CPP	1330
2.1.14.	Decisão do incidente de falsidade (art. 581, XVIII, CPP)	1330
2.1.15.	Cabimento limitado do recurso em sentido estrito na hipótese do art. 581, XI, CPP – decisão que conceder, negar ou revogar a suspensão da pena. Cabimento do recurso em sentido estrito contra a decisão relativa à suspensão condicional do processo	1331
2.1.16.	Hipóteses tacitamente revogadas pelo art. 197 da Lei 7.210/1984 (Lei de Execução Penal): Art. 581, XI (parcialmente), XII, XVII, XIX, XX, XXI, XXII e XXIII, CPP... Cabimento atual do recurso de agravo na execução.	1333
2.1.17.	Hipótese revogada pela Lei nº 9.268/1996: "decisão que converter a multa em detenção ou prisão simples" (art. 581, XXIV, CPP)	1334
2.2.	Legitimidade e Interesse	1335
2.2.1.	Legitimidade	1335
2.2.2.	Interesse	1336
2.3.	Pressupostos de Admissibilidade	1337
3.	Efeito Suspensivo	1337
4.	Competência	1340
5.	Procedimento	1340

Subseção III – Carta Testemunhável **1345**

Subseção IV – Embargos de Declaração **1345**

1.	Conceito	1345
2.	Cabimento	1346
2.1.	Decisões Embargáveis	1346
2.2.	Hipóteses de Cabimento: vícios intrínsecos do julgado	1348
2.3.	Embargos de Declaração para fins de Prequestionamento	1352
2.4.	Embargos de Declaração nos Embargos de Declaração	1355
3.	Legitimidade e Interesse	1356
3.1.	Legitimidade	1356
3.2.	Interesse	1357

4. Competência	1357
5. Procedimento	1357
6. Efeitos da Oposição dos Embargos	1358
7. Efeitos da Decisão proferida nos Embargos	1360

Subseção V – Embargos Infringentes 1361

1. Conceito	1361
2. Embargos Infringentes em Tribunal de Segunda Instância (art. 609, parágrafo único, CPP)	1361
2.1. Cabimento	1361
2.2. Embargos Infringentes contra a Parte Não Unânime do Acórdão: Recurso Especial e/ou Extraordinário Imediato contra a Parte Unânime?	1363
2.3. Não Interrupção de Prazo na Hipótese de Recurso Inadmissível	1365
2.4. Legitimidade e Interesse	1366
2.5. Pressupostos Recursais: regularidade formal e tempestividade	1367
2.6. Competência	1367
2.7. Procedimento	1367
2.8. Efeitos	1368
3. Embargos Infringentes no Supremo Tribunal Federal	1368

Subseção VI – Agravo Interno ou Regimental 1372

Subseção VII – Recurso Extraordinário, Recurso Especial e Embargos de Divergência 1373

1. Considerações Iniciais	1373
2. Recurso Extraordinário	1373
2.1. Conceito e Regime Jurídico	1373
2.2. Condições e Pressupostos de Admissibilidade	1374
2.2.1. Cabimento	1374
2.2.2. A repercussão geral	1376
2.2.3. Exaurimento das instâncias ordinárias e prequestionamento	1377
2.2.4. Legitimidade	1378
2.2.5. Regularidade formal e procedimento	1378
2.3. Efeitos	1383
3. Recurso Especial	1384
3.1. Conceito e Regime Jurídico	1384
3.2. Condições e Pressupostos de Admissibilidade	1385
3.2.1. Cabimento	1385
3.2.2. Exaurimento das instâncias ordinárias e prequestionamento	1388
3.2.3. Legitimidade	1389
3.2.4. Regularidade formal e procedimento	1389
3.3. Efeitos	1391
4. Embargos de Divergência	1392

Seção III – Ações Autônomas de Impugnação 1394

Subseção I – Habeas Corpus 1394

1. Conceito e Previsão Constitucional	1394

SUMÁRIO

2. Natureza Jurídica 1395
3. Espécies 1395
   3.1. *Habeas Corpus* destinado à impugnação direta de medida de constrição pessoal 1396
      3.1.1. Liberatório 1396
      3.1.2. Preventivo 1396
   3.2. *Habeas Corpus* destinado à impugnação de procedimento ou de ação penal 1399
4. Condições da Ação de *Habeas Corpus* 1399
   4.1. Cabimento 1399
      4.1.1. Vertente negativa 1399
      4.1.2. Vertente positiva: a liberdade como objeto de proteção no *habeas corpus* 1400
      4.1.3. Hipóteses de Constrangimento Ilegal (art. 648, CPP) 1405
   4.2. Interesse de Agir 1413
   4.3. Legitimidade 1415
      4.3.1. Legitimidade ativa 1415
      4.3.2. Legitimidade passiva 1418
5. Relação Jurídica do *Habeas Corpus* e Intervenção de Terceiros 1419
6. Pressupostos Processuais 1421
7. Competência 1422
8. Procedimento (Características) 1426
9. Medida Liminar 1428
   9.1. Cabimento 1428
   9.2. Impugnação da Decisão de Indeferimento do Pleito de Medida Liminar 1430
10. Indeferimento Liminar do *Habeas Corpus* pelo Relator e sua Impugnação 1432
11. Concessão ou Denegação da Ordem em Decisão Monocrática do Relator 1434
12. Procedimento (Rito) 1436
13. Decisão Concessiva de *Habeas Corpus* e Coisa Julgada 1439
   13.1. *Habeas Corpus* Liberatório e *Habeas Corpus* Preventivo 1439
   13.2. Coisa Julgada da Decisão Concessiva de *Habeas Corpus* destinado ao Trancamento ou à Anulação do Processo Penal 1441
   13.3. *Habeas Corpus* de Ofício (*Ex officio*) 1442
   13.4. Extensão dos Efeitos da Decisão Proferida no *Habeas Corpus* 1442
14. Decisão Denegatória de *Habeas Corpus* 1443
15. Prejudicialidade do *Habeas Corpus* 1443
16. Recurso Ordinário em *Habeas Corpus* 1444
   16.1. Recurso Ordinário para o Superior Tribunal de Justiça (art. 105, II, *a*, CF) 1445
   16.2. Recurso Ordinário para o Supremo Tribunal Federal (art. 102, II, *a*, CF) 1448
17. *Habeas Corpus* Substitutivo de Recurso Ordinário 1451
18. *Habeas Corpus* "Substitutivo" de Recurso Especial? 1454
19. *Habeas Corpus* como Sucedâneo de Revisão Criminal 1456

Subseção II – Mandado de Segurança 1457

1. Considerações Iniciais 1457
2. Natureza Jurídica e Cabimento Geral do Mandado de Segurança 1457

3. Cabimento do Mandado de Segurança contra Decisão Judicial 1459
   3.1. Mandado de Segurança contra Ato Jurisdicional Irrecorrível 1459
   3.2. Mandado de segurança contra Ato Judicial sujeito a Recurso Sem Efeito Suspensivo .. 1462
4. Recurso Ordinário em Mandado de Segurança 1467
   4.1. Recurso Ordinário em Mandado de Segurança para o STJ (art. 105, II, *b*, CF) ... 1467
   4.2. Recurso Ordinário em Mandado de Segurança para o STF (art. 102, II, *a*, CF) 1468

Subseção III – Revisão Criminal **1469**

1. Coisa Julgada e Rescisão da Sentença 1469
   1.1. Justiça e Segurança 1469
   1.2. Coisa Julgada Material e Coisa Julgada Formal 1471
   1.3. Coisa Julgada Pro et Contra, Coisa Julgada Secundum Eventum Litis e Coisa Julgada Secundum Eventum Probationis 1472
   1.4. Desconstituição da Coisa Julgada 1472
   1.5. Proibição da revisão criminal *pro societate* 1473
2. Natureza jurídica 1474
3. Juízo Rescindente e Juízo Rescisório 1474
4. Condições e Pressupostos de Admissibilidade da Ação Revisional 1475
   4.1. Legitimidade 1475
      4.1.1. Legitimidade e capacidade postulatória 1475
      4.1.2. Legitimidade do Ministério Público? 1476
   4.2. Interesse de Agir 1477
   4.3. Cabimento 1478
      4.3.1. Revisão de sentença condenatória ou absolutória imprópria 1478
      4.3.2. Revisão do veredicto do Tribunal do Júri 1479
   4.4. Hipóteses de Cabimento 1481
      4.4.1. Contrariedade a texto expresso de lei ou à evidência dos autos (art. 621, I, CPP) 1482
      4.4.2. Prova falsa como fundamento da sentença rescindenda (art. 621, II, CPP) 1485
      4.4.3. Superveniência de prova em favor do condenado (art. 621, III, CPP) 1487
   4.5. Desnecessidade de Recolhimento à Prisão 1489
5. Competência 1489
6. Procedimento e Decisão 1492
7. Ônus da Prova 1495
8. Indenização por Erro Judiciário (art. 630, CPP) 1496

BIBLIOGRAFIA **1499**

CAPÍTULO I

Fundamentos do Direito Processual Penal

SEÇÃO I
Compreensão Sistêmica do Direito Processual Penal

1. CONCEITO E OBJETO

A expressão *direito processual penal* encerra duas acepções distintas: (i) *ordenamento jurídico processual penal*; (ii) *ciência do direito processual penal*.

A primeira diz respeito ao *conjunto de normas processuais penais* – princípios e regras – que integram a ordem jurídica de determinado Estado, o que se pode designar também, embora com abrangência mais restrita, por "legislação processual penal". É com este sentido que se fala em direito (ordenamento) processual penal brasileiro, direito processual penal norte-americano, direito processual penal espanhol etc. Nessa perspectiva, José Frederico Marques definia o direito processual penal como o "conjunto de normas e princípios que regulam a aplicação jurisdicional do Direito Penal, bem como as atividades persecutórias da Polícia Judiciária, e a estruturação dos órgãos da função jurisdicional e respectivos auxiliares"[1].

Já o outro significado traduz a *atividade científica* empreendida na construção de um *sistema* processual penal, a partir do estudo dos princípios e das regras inerentes a esse ramo do saber jurídico. Trata-se de atividade de compreensão e de interpretação que tem por base o ordenamento processual penal. Conforme essa vertente é o conceito de José Roberto Baraúna, que aponta como objeto do direito processual penal "a *exegese* das normas processuais penais, a sua construção *dogmática*, isto é, a formação dos institutos jurídicos dessa disciplina, e a *crítica* do direito vigente"[2]. Na mesma linha, tem-se a formulação do jurista espanhol Miguel Fenech: "O Direito processual penal, como ciência, tem por objeto de estudo e investigação desta atividade jurisdicional imparcial [atividade imparcial destinada a julgar e decidir em cada caso sobre a existência de responsabilidade criminal do imputado e a impor e executar a sanção criminal que legalmente corresponda], sem prejuízo de que entrem em seu âmbito as atividades dos demais funcionários públicos, a das partes e inclusive a de

---

1. MARQUES, José Frederico. *Elementos de Direito Processual Penal*. Rio de Janeiro: Forense, 1961, v. I, p. 20.
2. BARAÚNA, José Roberto. *Lições de Processo Penal*. São Paulo: José Bushatsky, 1978, p. 19.

terceiros, enquanto cooperam com esta atividade fundamental realizada pelo órgão jurisdicional penal"[3].

A expressão, portanto, pode significar tanto o conjunto de normas processuais penais quanto a atividade científica que as tem por objeto de estudo[4].

Por outro lado, a respeito de sua classificação sistemática, o direito processual penal pode ser situado nos seguintes âmbitos: (i) como parte do sistema jurídico-penal; (ii) como ramo do direito processual.

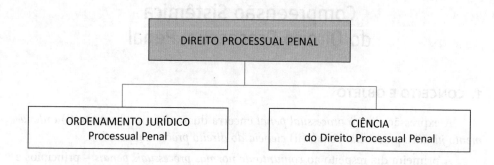

2. O DIREITO PROCESSUAL PENAL COMO PARTE DO SISTEMA PENAL

2.1. O Sistema e a Relação Jurídica Processual Penal

O conjunto uno e coerente de normas jurídicas processuais penais forma um subsistema vinculado ao sistema jurídico-penal, este integrado pelo direito penal e pelo direito processual penal.

---

3. FENECH, Miguel. *El Proceso Penal*. Barcelona: Bosch, 1956, p. 03: "El Derecho procesal penal, como ciencia, tiene por objeto de estudio e investigación esta actividad jurisdiccional imparcial [actividad imparcial destinada a juzgar y decidir en cada caso sobre la existencia de responsabilidad criminal en el imputado y a imponer y ejecutar la sanción criminal que legalmente corresponda], sin perjuicio de que entren en su ámbito las actividades de los demás funcionarios públicos, la de las partes y privadas e incluso la de terceros, en cuanto cooperan a esta actividad fundamental realizada por el órgano jurisdiccional penal".

4. Tome-se, para realçar a diferença entre as acepções, a definição de Alfredo De Marsico (De Marsico, Alfredo. *Lezioni di Diritto Processuale Penale Italiano*, 1952, p. 01), citada por Magalhães Noronha: "O direito processual penal estuda o conjunto das normas ditadas pela lei, para aplicação do direito penal na esfera judiciária, tendo por fim não só a apuração do delito e a atuação do direito estatal de punir em relação ao réu, mas também a aplicação das medidas de segurança adequadas às pessoas socialmente perigosas e a decisão sobre as ações conexas à penal..." Cfr. Noronha, Edgard Magalhães. *Curso de Direito Processual Penal*. São Paulo: Saraiva, 1978, p. 04. O conceito é oportuno porque abrange o ordenamento (conjunto de normas) e a atividade de estudo que o tem por objeto, podendo a expressão direito processual penal designar uma ou outra coisa. Ressalve-se, no conceito, apenas a obsoleta referência à finalidade das medidas de segurança.

A natureza do direito penal, de um lado, consiste essencialmente na *definição do desvio penal* – isto é, do crime ou da contravenção, considerando o direito brasileiro. As normas jurídico-penais, assim, regulam o poder punitivo do Estado pela definição de tipos de injusto, que são modelos de comportamento penalmente sancionáveis. Os princípios e regras não incriminadoras de direito penal, nesse contexto, destinam-se a estabelecer os limites de interpretação e de aplicação de normas penais incriminadoras, a saber, aquelas que definem tipos de conduta incriminados (pela previsão normativa) e penalmente sancionáveis (pela potencialidade de atuação de uma pena, vinculada à realização concreta do tipo incriminado).

O processo penal, por seu turno, é o fenômeno – complexo de atos ou relação entre sujeitos – juridicamente disciplinado que tem por finalidade precípua resolver sobre a atuação do direito penal, o que pressupõe a prática, ainda que hipotética, do crime ou da contravenção. Como expõe GIUSEPPE SABATINI, "o objetivo do processo penal é a concreta atuação da ordem jurídico-penal, em correspondência com o interesse geral do Estado em que tal ordem seja respeitada e atuada"[5].

Associa-se o processo à *função jurisdicional*, por ter como base uma situação de conflito: a prática do desvio faz surgir uma tensão concreta entre a pretensão estatal de atuar a pena cominada ao tipo penal (pretensão vinculada ao poder punitivo ou *jus puniendi*) e o indisponível direito de liberdade de quem supostamente seja autor ou partícipe da infração[6]. A potencial atuação da pena é que impõe previamente um processo no qual opere um poder decisório sobre a procedência ou a improcedência da pretensão estatal de punir[7].

Jurisdição e processo são, desta sorte, realidades estreitamente interligadas. Conforme FREDERICO MARQUES: "Se há necessidade de decisão prévia para ser imposta a pena, constitui esse julgamento o resultado do exercício, pelo Estado, da jurisdição ou função jurisdicional. E esta somente atua por meio do processo, que é o seu instrumento operacional. Não há jurisdição sem processo, nem processo sem jurisdição, visto que

---

5. SABATINI, Giuseppe. *Trattato dei Procedimento Incidentali nel Processo Penale*. Torino: Editrice Torinese, 1953, p. 17: "Scopo del processo penale è la concreta attuazione dell'ordine giuridico-penale, corrispondentemente all'interesse generale dello Stato a che tale ordine sia rispetatto ed attuato".

6. Como pontua FROSALI: "Ammesso – come à necessario ammettere – che lo Stato abbia un '*diritto soggettivo* di difendersi contro la criminalità' (così detto 'diritto di punire'...), in questo diritto, se inteso in senso ampio, possono distinguersi vari elementi (...) *nel periodo successivo alla emanazione delle norme penali*, occorre (...) distinguere: *prima che l'imperativo di condotta sia disatteso*, lo Stato ha il diritto di esigere il rispetto ad esso (e nei consociati si ha il correlativo dovere di rispettare l'imperativo); *se e quando l'imperativo stesso è stato disatteso*, nasce per lo Stato il diritto pubblico soggettivo di punire il reo (...) *diritto soggettivo statale di punire inteso in senso specifico*; ed è il suo attuarsi che determina la ragione del *diritto processuale* (...) *penale*, perché lo Stato, volendo contemperare l'interesse alla punizione dei rei, con l'interesse a salvaguardare le libertà dei cittadini, *si è autolimitato, condizionando* l'attuarsi della pretesa punitiva...". Cfr. FROSALI, Raul Alberto. *Sistema Penale Italiano – Diritto Processuale Penale*. Torino: Editrice Torinese, 1958, p. 04.

7. TOURINHO FILHO, baseado em Vicenzo MANZINI, aponta como finalidade do direito processual penal a "declaração de certeza, positiva ou negativa, do fundamento da pretensão punitiva derivada de um delito." Cfr. TOURINHO FILHO, Fernando da Costa. *Processo Penal*. São Paulo: Saraiva, 2003, v. 1, p. 29.

se trata de conceitos inseparáveis e incindíveis. A jurisdição é a força operativa, com que se exerce o *imperium* do Estado para compor um litígio"[8].

O ordenamento processual penal regula a atuação do poder jurisdicional no domínio penal, mediante um complexo de atos que vão normalmente culminar na solução judicial do litígio. Forma-se, assim, uma *relação jurídica* entre as partes disputantes – de um lado, o titular do direito de reclamar em juízo (direito de ação) a atuação do poder de punir e, de outro, a pessoa apontada como responsável pela prática da infração (imputado) – e o órgão judiciário (Estado-juiz). Cuida-se de uma *relação triangular*, tendo o órgão judiciário como sujeito imparcial, em posição de equidistância relativamente às partes em conflito.

Em um paralelo, pode-se dizer que o direito penal regula o *poder de punir* do Estado, pela definição dos limites de sua atuação, correspondentes à abrangência dos tipos penais legalmente descritos (ou seja, o Estado pode punir uma vez praticada tal ou qual infração), ao passo que o direito processual penal regula o *exercício da pretensão punitiva do Estado* (originada da prática concreta de uma das condutas típicas), pela sua jurisdicionalização em um complexo de atos, legalmente disciplinados, a que se chama processo.

Com a prática da infração penal, surge para o Estado o concreto poder de punir, que lhe é privativo. Transmuda-se este poder, uma vez praticado o desvio penal, do plano abstrato (*jus punitionis*) para o plano concreto, o *jus puniendi*, como o tem tradicionalmente chamado a doutrina, a despeito de não se tratar de direito, e sim de um poder-dever.

Correlata ao poder de punir, ainda no plano substancial e pré-processual, é a pretensão punitiva. *Pretender*, na clássica concepção de FRANCESCO CARNELUTTI, significa exigir a subordinação de um interesse alheio (a liberdade individual, no caso) ao interesse próprio (punição). Como o poder e a pretensão de punir assim conformados entram em confronto com o direito de liberdade, que é indisponível – e, portanto, não afastável pela renúncia de seu titular –, efetiva-se uma *pretensão resistida*, que constitui a lide ou litígio penal[9]. Na precisa formulação de HÉLIO TORNAGHI, "o conflito de interesses passa a ser lide em virtude do comportamento das partes; uma que pretende, outra que resiste à pretensão"[10]. A composição do litígio forma o objeto do processo penal, instaurado pela jurisdicionalização da pretensão de punir, em confronto com o direito de liberdade e com as garantias que lhe são instrumentais.

Não há dúvida de que tais noções foram desenvolvidas no âmbito da processualística civil, e sua inserção na teoria do direito processual penal encontra algumas dificuldades. Isso tem conduzido muitos doutrinadores a negar a existência de uma

---

8. MARQUES, José Frederico. *Tratado de Direito Processual Penal*. São Paulo: Saraiva, 1980, v. 1, p. 06.
9. CARNELUTTI definia *lide* como um *conflito de interesses qualificado por uma pretensão resistida*. Assim, pontuando que quando à pretensão se opõe uma resistência o conflito degenera-se em lide, confira-se: CARNELUTTI, Francesco. *Diritto e Processo*. Napoli: Morano, 1958, p. 54.
10. TORNAGHI, Hélio Bastos. *Instituições de Processo Penal*. Rio de Janeiro: Forense, 1959, v. I, p. 69.

Cap. I • FUNDAMENTOS DO DIREITO PROCESSUAL PENAL

lide penal[11], amparados especialmente no fato de que nem sempre há a resistência por parte do processado, além da difícil concepção de um *direito* estatal de punir, contraposto ao direito de liberdade.

Recorde-se, entretanto, que há um conjunto de garantias, além da indisponibilidade própria do direito de liberdade, que configuram efetivo obstáculo à pretensão estatal de punir. Valem menção, no particular, as garantias da ampla defesa e do contraditório, cuja ausência é causa de nulidade absoluta (abstraindo-se a possível renúncia por parte do seu titular), e que concretizam efetiva *resistência* (normativa) à pretensão estatal de impor a sanção penal.

Feito o esclarecimento, cumpre agora distinguir a relação jurídica penal da relação jurídica processual penal. A relação jurídica penal é composta: no polo ativo, pelo Estado, titular do *jus puniendi* ou poder de punir; no polo passivo, pelo agente do ilícito penal, titular do direito de liberdade. O conflito concreto entre um e outro interesse é que gera a necessidade de jurisdicionalizar a relação, para solucionar a controvérsia, fazendo prevalecer ou a pretensão de punir ou o direito de liberdade. O processo penal representa, no contexto, a jurisdicionalização da relação de direito penal, com o objetivo de verificar sua existência, abrangência e exequibilidade.

Instaura-se, dessa forma, a relação jurídica processual penal, entre: (i) no polo ativo, o Estado (pelo Ministério Público) ou o particular ofendido, titular do direito de ação (persecução penal, associado à pretensão punitiva), e (ii) no polo passivo, a pessoa apontada como responsável pela infração (imputado ou acusado), titular do direito de defesa (contraposto ao direito de ação), aos quais se superpõe (iii) o órgão judiciário (juízo ou tribunal), imparcial por natureza.

À diferença da relação de direito penal, que é bilateral, entre o Estado (sempre) e o agente do crime, a relação processual diz-se triangular, envolvendo o acusador, que pode ser o Estado (pelo Ministério Público) ou o particular (vítima), e o imputado, vale dizer, o acusado (réu), que corresponde ou não ao real agente do crime.

Pode-se concluir, de acordo com essa perspectiva, que o objeto do direito processual penal se traduz na *jurisdicionalização do desvio penal*, tendente a solucionar o conflito entre a pretensão de atuar a pena e o direito de liberdade de quem ao menos indiciariamente possa ser autor ou partícipe da infração. Este conflito deve ser composto por um agente de jurisdição, titular de poder jurisdicional (juízo ou tribunal).

Sob outro prisma, o direito processual penal representa a *jurisdicionalização da relação de direito penal*, para fins de verificação ou refutação de sua concreta existência. Orienta-se neste sentido ROGÉRIO TUCCI, para quem o objeto da jurisdição penal é a "verificação de uma *relação concreta de Direito Penal normativo* submetida à apreciação do juiz ou tribunal criminal, no âmbito de um processo penal"[12].

---

11. Assim, entre nós: TUCCI, Rogério Lauria. *Persecução Penal, Prisão e Liberdade*. São Paulo: Saraiva, 1980, pp. 12-14; JARDIM, Afrânio Silva. *Direito Processual Penal*. Rio de Janeiro: Forense, 2002, pp. 30-31; PACELLI, Eugênio. *Curso de Processo Penal*. São Paulo: Atlas, 2013, pp. 101-103.

12. TUCCI, Rogério Lauria. *Jurisdição, Ação e Processo – subsídios para uma teoria geral do direito processual penal*. Belém: CEJUP, 1984, p. 33.

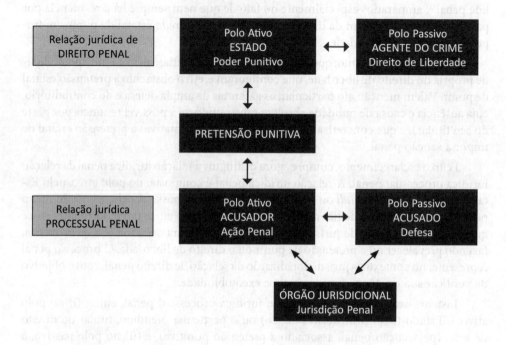

2.2. O processo penal como procedimento e como relação jurídica

Se o direito processual penal pode significar ordenamento ou ciência, o *processo penal*, fenômeno por ele regulado, expressa tanto um (i) *complexo de atos* (processo penal como atividade ou como procedimento) quanto uma (ii) *relação jurídica* (processo penal como relação jurídica processual penal).

A título de referência, definem o processo penal como complexo de atos VICENZO MANZINI, MIGUEL FENECH e, entre nós, MAGALHÃES NORONHA. Para MANZINI, "o conjunto de atos concretos previstos e regulados em abstrato pelo direito processual, cumpridos por sujeitos públicos ou privados, competentes ou autorizados, para o fim de exercício da jurisdição penal, de ordem a fazer valer a pretensão punitiva mediante a ação ou de ordem a outra questão legitimamente apresentada ao juiz penal, constitui a atividade judicial progressiva que é o 'processo penal'"[13]. FENECH, por seu turno, pontua que "processo penal é [...] aquela série ou sucessão de atos que se levam a cabo e se desenvolvem no tempo, com sujeição a algumas regras ou normas de procedimento,

---

13. MANZINI, Vicenzo. *Tratado de Derecho Procesal Penal*. Trad. de Santiago Sentís Melendo y Marino Ayerra Redín. Buenos Aires: Ediciones Jurídicas Europa-America, 1951, v. I, p. 108: "El conjunto de los actos concretos, previstos y regulados em abstracto por el derecho procesal penal, cumplidos por sujetos públicos o privados, competentes o autorizados, a los fines del ejercicio de la jurisdicción penal, en orden a la pretensión punitiva hecha valer mediante la acción o en orden a otra cuestión legítimamente presentada al juez penal, constituye la actividad judicial progresiva que es el 'proceso penal'".

e através da qual se realiza a atividade jurisdicional, mediante o exercício pelo órgão jurisdicional penal de seus diversos poderes e a realização pelas partes e terceiros da atividade cooperadora que aquela requer"[14]. Noronha, por fim, anota que o processo "como procedimento é o conjunto de atos ordenados para a apuração do fato, da autoria e da exata aplicação da lei"[15].

Em um conceito unificado, pode-se dizer que *o processo penal é a jurisdicionalização, em um complexo de atos, da hipotética relação jurídica de direito penal, constituindo uma relação processual (triangular) cientificamente autônoma entre acusador, acusado e órgão jurisdicional, destinada à verificação do aperfeiçoamento concreto da responsabilidade penal do acusado.*

Mas o objeto do direito processual penal abrange também as formas preliminares ou preparatórias da ação e do processo penal. As normas processuais, portanto, disciplinam igualmente o inquérito policial, como forma investigatória normal (mas não essencial) de preparação da persecução penal em juízo, assim como outros procedimentos de cunho investigativo.

Assim, o direito processual penal, compreendido como parte do ordenamento jurídico, é instrumental ao direito penal. O processo instrumenta, com efeito, a potencial atuação do direito penal. Essa circunstância, todavia, não lhe subtrai autonomia científica[16]. Tomado como ramo do saber jurídico, o direito processual penal reveste-se de natureza e de princípios próprios, vinculados, mas não subordinados, à construção científica própria do direito penal[17]. Com esta perspectiva, assinala Maria Fernanda Palma que "no quadro do sistema jurídico de um Estado de Direito, o Processo Penal é um instrumento de aplicação do Direito Penal que, no entanto, tem necessariamente de desempenhar finalidades autônomas do Direito Penal, relacionadas com as garantias de defesa e com a disciplina do Estado na prossecução punitiva"[18].

Como será oportunamente abordado, tanto a definição do desvio penal quanto a sua jurisdicionalização envolvem um conjunto de garantias, chamadas de garantias penais e de garantias processuais, respectivamente, umas instrumentárias às outras, mas inconfundíveis entre si. As garantias processuais, conformadas por princípios, é que essencialmente traduzem os fundamentos do direito processual penal em um sistema que se pretenda racional.

---

14. Fenech, Miguel. *El Proceso Penal*. Barcelona: Bosch, 1956, p. 16.
15. Noronha, Edgard Magalhães. *Curso de Direito Processual Penal*. São Paulo: Saraiva, 1978, p. 04.
16. Por essa razão, tem-se rejeitado a designação de *direito adjetivo* para os ramos do direito processual.
17. Assim, Muñoz Conde e García Arán: "La forma en que el Derecho procesal penal tiene que llevar a cabo esa tarea investigadora y decisoria es, sin embargo, autónoma y no viene prejuzgada por el Derecho penal. Por eso, a pesar de su interrelación, cada uno conserva su autonomía científica y académica". Cfr. Conde, Francisco Muñoz / Arán, Mercedes García. *Derecho Penal, Parte General*. Valencia: Tirant lo Blanch, 2010, p. 32.
18. Palma, Maria Fernanda. *O Problema Penal do Processo Penal*. In: Palma, Maria Fernanda (Coord.). *Jornadas de Direito Processual Penal e Direitos Fundamentais*. Coimbra: Almedina, 2004, p. 41-53.

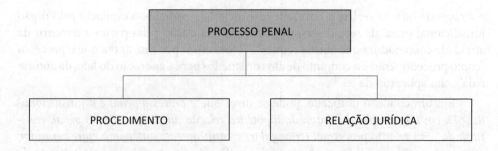

3. O DIREITO PROCESSUAL PENAL COMO RAMO DO DIREITO PROCESSUAL

Na segunda dimensão ao início apontada, o direito processual penal insere-se no ramo mais amplo do direito processual. Aqui é que se estabelecem as suas relações com o direito processual civil, havendo vários princípios e regras coincidentes.

Apesar disso, pela natureza do direito material a que se vincula o processo penal (direito fundamental de liberdade), sobressai no direito processual penal uma feição diferenciada, que se pode identificar no seu *caráter reforçadamente garantista*.

Por outro lado, a jurisdição penal e os princípios do processo penal têm contornos próprios, inconfundíveis com os fundamentos do direito processual civil. Daí que avultem as dificuldades de se efetivar uma proposta de unificação do direito processual[19].

Abstraindo essa questão, sobejamente debatida na doutrina de outro tempo, cumpre realçar uma vez mais a autonomia científica do direito processual penal, o que impõe estudo apartado de seus fundamentos. Sobre o tema, assinala Luso Soares que, "no que toca ao processo, os resultados de uma teoria geral em nada conseguiram esbater ou minorar as extensas divergências entre cada um dos principais tipos processuais, respeitantes ou à sua estrutura, ou, sobretudo, aos seus fundamentos e princípios e às suas formas concretas de realização"[20]. Mais adequada, assim, parece ser uma sistematização *própria* do direito processual penal, envolvendo os fundamentos e os princípios que o singularizam frente ao direito processual civil.

---

19. Confrontaram-se tradicionalmente, no ponto, as concepções de Niceto Alcalá-Zamora y Castillo, de um lado, e Vicenzo Manzini, de outro. Para o primeiro, que defendia a unificação, "existiendo, sin duda, hondas diferencias entre el proceso civil y el penal, no bastan a destruir la unidad esencial de todo el Derecho Procesal, porque al proclamarla, nadie pretende sostener que el Derecho Procesal Penal sea, se confunda o se reabsorba en el Derecho Procesal Civil, sino 'sencillamente' (un 'sencillamente' que, sin embargo, ha pasado inadvertido a los partidarios del dualismo) que el Derecho Procesal Penal, como el civil, es, ante todo y sobre todo, Derecho Procesal". Cfr. Alcalá-Zamora y Castillo, Niceto. *Derecho Procesal Penal*. Buenos Aires: Guillermo Kraft, 1945, v. 1, p. 41. Manzini, por sua vez, defendia a tese dualista, pela separação entre direito processual penal e direito processual civil. Vários juristas da maior envergadura sustentaram a unificação, como Francesco Carnelutti e, entre nós, Frederico Marques. Carnelutti, porém, segundo referência de Rogério Tucci, "redimiu-se do chiste, proclamando, há décadas, ter chegado 'o tempo em que tive que abrir os olhos'". Cfr. Tucci, Rogério Lauria. *Jurisdição, Ação e Processo Penal – subsídios para uma teoria geral do direito processual penal*. Belém: CEJUP, 1984, p. 34.
20. Soares, Fernando Luso. *O Processo Penal como Jurisdição Voluntária*. Coimbra: Coimbra Editora, 1981, p. 67.

SEÇÃO II
Sistemas do Processo Penal

Dos pontos de vista *histórico* e *teórico*, distinguem-se dois modelos de processo penal: o *sistema acusatório* e o *sistema inquisitório (ou inquisitivo)*. Explicitam-se a seguir as características tradicionais e teóricas de cada um dos modelos, inclusive daquele que se convencionou chamar "sistema misto". No Capítulo II, analisa-se em que categoria se insere o sistema processual penal brasileiro.

1. O SISTEMA ACUSATÓRIO E O SISTEMA INQUISITÓRIO

1.1. Características teóricas e características tradicionais

O modelo acusatório, segundo LUIGI FERRAJOLI, tem como mais importante característica, porque estrutural e pressuposta de todas as outras, a *separação entre juiz e acusação*[21]. A esta característica essencial vinculam-se os princípios da inércia da jurisdição (*ne procedat judex ex officio*) e do contraditório.

Com efeito, é a partir da separação entre julgamento e acusação, como funções processuais cometidas a sujeitos distintos, que se conforma, antes de tudo, a integridade da jurisdição, à qual está inerentemente associada a nota da imparcialidade. A função de acusar é de todo estranha à jurisdição. Para garantia da imparcialidade inerente à função jurisdicional, portanto, é que se exige a separação, em órgãos distintos, das funções de acusar e de julgar. Além disso, impõe-se, como corolário desse fundamento, que o órgão jurisdicional só atue quando provocado pelo acusador (*ne procedat judex ex officio*).

Separação, a propósito, é uma nota constante em todas as características e garantias associadas à jurisdição (imparcialidade, independência e naturalidade): a *imparcialidade* se efetiva com a *equidistância* do órgão jurisdicional relativamente às partes disputantes; a *independência* representa uma separação institucional do juiz perante os outros poderes estatais; e a *naturalidade*, por fim, expressa a separação frente a qualquer autoridade delegante, já que a competência jurisdicional tem predeterminação exclusivamente legal[22] (princípio do juízo natural).

---

21. FERRAJOLI, Luigi. *Diritto e Ragione: Teoria del Garantismo Penale*. Roma-Bari: Laterza, 2004, p. 579: "Di tutti gli elementi costitutivi del modello teorico accusatorio, quello più importante, perché strutturale e logicamente presupposto da tutti gli altri, à indubbiamente la separazione del giudice dall'accusa". No mesmo sentido: GRINOVER, Ada Pellegrini. *A Marcha do Processo*. Rio de Janeiro: Forense Universitária, 2000, pp. 77-78.

22. Nesse sentido, FERRAJOLI, Luigi. *Diritto e Ragione: Teoria del Garantismo Penale*. Roma-Bari: Laterza, 2004, p. 593: "Chiamerò *terzietà* l'estraneità del giudice all'interesse delle parti in causa; *indipendenza* la sua esternità al sistema politico e più in generale ad ogni sistema di poteri; *naturalità* l'estraneità della sua designazione e l'esternità delle sue competenze a scelte successive alla commissione del fatto sottoposto al suo giudizio. Tutti e tre questi profili dell'imparzialità del giudice richiedono *garanzie ordinamentali* consistenti in altrettante *separazioni*: la terzietà richiede la separazione istituzionale del giudice dalla pubblica accusa; l'indipendenza richiede la sua separazione istituzionale dagli altri poteri dello stato e per altro verso la diffusione della funzione giudiziaria in capo a soggetti non dipendenti

No processo penal de tipo acusatório, com a separação das funções processuais em sujeitos distintos, sobreleva a nota da imparcialidade do julgador, o que impõe que o órgão jurisdicional se encontre institucionalmente em posição de *equidistância* em relação às partes em conflito. A esse respeito, sustenta GUSTAVO BADARÓ que "sem um julgador equidistante das partes não há imparcialidade", acrescentando que "o juiz que formula a acusação liga-se psicologicamente à causa, perdendo a objetividade no julgamento"[23]. As funções próprias do processo (acusar, defender e julgar), portanto, não se podem achar enfeixadas em um único órgão.

Aqui desponta outro princípio basilar do modelo acusatório: o princípio do contraditório, conformando-se o processo como um *actum trium personarum*, no qual acusador e defesa se confrontam, e o juiz decide. É esta a perene concepção de ERNST BELING, que considerava o processo um *actus legitimus trium personarum: judicis, actoris et rei*.

Já séculos atrás, THOMAS HOBBES expressava a exigência de preservação da imparcialidade do julgador pela separação das funções, ao pontuar que, "para dirimir uma controvérsia, é preciso que uma e outra parte se remetam ao juízo de uma terceira pessoa"[24]. Assim também sustentava CESARE BECCARIA: "É necessário que um terceiro julgue acerca da verdade do fato"[25].

Refletindo a mesma noção, merece referência, na doutrina contemporânea, o conceito de KAI AMBOS: "O processo acusatório (da raiz latina *accusare*) pode ser definido como um processo contraditório (ou *adversarial*), contando com um órgão que tem por missão levar a cabo a instrução criminal e a acusação (Ministério Público e/ ou Juiz de Instrução, dependendo do sistema adotado no país respectivo) e no qual as partes se enfrentam perante um órgão que se incumbe de decidir (juiz ou tribunal)"[26]. Em igual sentido, realçando o princípio do contraditório, assinala GUSTAVO BADARÓ: "O processo acusatório é essencialmente um processo de partes, no qual acusação e defesa se contrapõem em igualdade de posições, e que apresenta um juiz sobreposto a ambas. Há uma nítida separação de funções, fazendo com que o processo se caracterize como um verdadeiro *actum trium personarum*. O contraditório deve informar todo o processo que, originariamente, se caracterizava como uma verdadeira luta de partes[27]. FREDERICO MARQUES também acentuava a separação entre as funções de acusar e de julgar, a isonomia entre as partes e a imparcialidade do órgão jurisdicional: "No sistema acusatório, autor e réu se encontram em pé de igualdade, sobrepondo-se a ambos, como órgão imparcial de aplicação da lei, o titular da jurisdição, o juiz, – tal como o consagra o direito brasileiro. A titularidade da pretensão punitiva pertence ao

---

l'uno dall'altro; la naturalità richiede la sua separazione dalla autorità committenti o deleganti di qualunque tipo e la predeterminazione esclusivamente legale delle sue competenze".

23. BADARÓ, Gustavo Henrique. *Correlação entre Acusação e Sentença*. São Paulo: Revista dos Tribunais, 2000, p. 24.

24. HOBBES, Thomas. *Do Cidadão*. Trad. de Renato Janine Ribeiro. São Paulo: Martins Fontes, 2002, p. 20.

25. BECCARIA, Cesare. *Dos Delitos e das Penas*. Trad. de Marcilio Teixeira. Rio de Janeiro: Editora Rio, 1979, p. 40.

26. AMBOS, Kai / LIMA, Marcellus Polastri. *O Processo Acusatório e a Vedação Probatória – perante as realidades alemã e brasileira*. Porto Alegre: Livraria do Advogado, 2009, p. 09.

27. BADARÓ, Gustavo Henrique. *Correlação entre Acusação e Sentença*. São Paulo: Revista dos Tribunais, 2000, p. 20.

Estado, representado pelo Ministério Público, e não ao juiz, órgão estatal incumbido tão-somente da aplicação imparcial da lei para dirimir os conflitos entre o *jus puniendi* e a liberdade do réu"[28].

Dessa principal característica de separação das funções de acusar e de julgar em órgãos distintos derivam os seguintes elementos *teóricos* do modelo processual de tipo acusatório: paridade entre acusação e defesa (*par conditio*, associada ao princípio do contraditório) e *limitação* da iniciativa probatória do juiz (para preservação de sua imparcialidade), aos quais se agregam os elementos – mais propriamente históricos – da publicidade e da oralidade do juízo.

Cumpre asseverar, no ponto, que muitas das características em geral apontadas como próprias do sistema acusatório fazem parte de sua tradição histórica, mas não lhe são teoricamente essenciais. A advertência é encontrada, por igual, em FERRAJOLI: "A distinção entre sistema acusatório e sistema inquisitório pode ter um caráter teórico ou simplesmente histórico. É necessário precisar que as diferenças identificadas no plano teórico não necessariamente coincidem com aquelas encontradas no plano histórico, não sendo sempre este último logicamente conexo ao primeiro"[29].

Assim, elementos como a *discricionariedade da ação penal*, a *eletividade do juiz*, a *vinculação do órgão acusador ao Poder Executivo* e a *exclusão da motivação do juízo do júri*, conquanto integrem a tradição histórica do modelo acusatório, não lhe são notas teoricamente fundamentais. Outra característica importante ligada à tradição histórica do sistema acusatório puro é, no que tange à produção de prova, o *exame direto e cruzado das testemunhas e do acusado* (a *direct examination* e a *cross-examination* do direito norte-americano).

Em síntese, são características do sistema acusatório: (i) separação, em sujeitos distintos, das funções de acusação e de jurisdição; (ii) iniciativa do processo conferida à parte acusadora, e não ao próprio juiz; (iii) ônus da prova reservado ao órgão de acusação; (iv) tratamento do acusado como sujeito de direitos, e não como objeto do processo; (v) aplicação do princípio do contraditório, como garantia política do indivíduo; (vi) igualdade de direitos e deveres entre as partes (*par conditio*); (vii) publicidade do processo (a restrição à publicidade é excepcional); (viii) processo oral; (ix) eletividade e possibilidade de recusa dos juízes; (x) restrição à iniciativa probatória do juiz; (xi) livre sistema de produção e de valoração de provas; (xii) liberdade do acusado como regra. Os elementos teóricos referidos integram-se fundamentalmente no significado e no alcance da separação entre acusação e jurisdição (i), da inércia da jurisdição (ii) e do contraditório (v).

Por sua vez, os elementos do contraposto *processo penal de tipo inquisitivo ou inquisitório* podem ser assim enunciados: funções de acusar, defender e julgar reunidas

---

28. MARQUES, José Frederico. *Elementos de Direito Processual Penal*. Rio de Janeiro: Forense, 1961, v. I, p. 65.

29. FERRAJOLI, Luigi. *Diritto e Ragione: Teoria del Garantismo Penale*. Roma-Bari: Laterza, 2004, p. 574: "La distinzione tra sistema accusatorio e sistema inquisitorio può avere un carattere teorico o semplicemente storico. È necessario precisare che le differenze identificabili sul piano teorico non necessariamente coincidono con quelle riscontrabili sul piano storico, non essendo sempre quest'ultime connesse tra loro logicamente".

em um único órgão; irrestrita iniciativa probatória do juiz; tratamento do acusado como objeto do processo, e não como sujeito de direitos; ausência de contraditório; processo escrito e sigiloso; verdade real como finalidade precípua e indeclinável do processo (*busca da verdade a todo custo*), caracterizando-se, por consequência, a confissão (inclusive a obtida sob tortura) como "a rainha das provas".

Segundo KAI AMBOS, "o modelo inquisitivo (do latim *inquirire* = inquirir, indagar) se caracteriza, em primeiro lugar, pelo fato de que o mesmo órgão que instrui e acusa também decide a causa (o inquisidor) e, em segundo lugar, porque o fim do processo se traduz na busca da verdade material (*veritas delicti*) e, também, porque na investigação vigora o princípio da oficialidade (*indagatio*)"[30].

O *traço distintivo essencial* em comparação com o sistema acusatório, portanto, é a *reunião das funções processuais em um único órgão*. Assim identificou HÉLIO TORNAGHI: "O que distingue a forma acusatória da inquisitória é o seguinte: na primeira, as três funções de acusar, defender e julgar estão distribuídas a três órgãos diferentes: acusador, defensor e juiz; na segunda, as três funções estão confiadas ao mesmo órgão"[31]. Por essa razão, ALCALÁ-ZAMORA chegou a considerar o modelo inquisitório não um "processo genuíno, mas uma forma autodefensiva de administração da justiça"[32].

A nota essencial desse modelo, como dito, é a concentração das funções processuais em um único órgão, à qual se devem acrescentar, como pilares fundamentais, o *início oficial do processo* e a *busca da verdade material*, daí derivando, em maior ou menor medida, os demais elementos, nem todos inerentes, do ponto de vista teórico, ao sistema estudado. Merece alusão, nesse particular, a ressalva de TORNAGHI, quanto à característica *processo escrito e sigiloso*: "Realmente, o processo inquisitivo era escrito e sigiloso, mas estas formas não lhe eram essenciais. Pode conceber-se o processo inquisitivo com as formas orais e públicas [...] O processo acusatório, por outro lado, em várias fases do Direito romano, foi escrito e sigiloso"[33]. Já FERRAJOLI entende de maneira diversa em relação ao *processo escrito e sigiloso*, mas salienta do mesmo modo as diferenças entre elementos teóricos e históricos: "se são *tipicamente próprios do sistema inquisitório* a iniciativa do juiz no campo probatório, a disparidade de poderes entre acusação e defesa *e o caráter escrito e sigiloso da instrução*, não o são de maneira exclusiva institutos que nasceram na *tradição* inquisitória: como a obrigatoriedade e a irrevogabilidade da ação penal, o caráter público do órgão de acusação, a pluralidade dos graus de jurisdição e a obrigação do juiz de motivar as suas decisões"[34].

---

30. AMBOS, Kai / LIMA, Marcellus Polastri. *O Processo Acusatório e a Vedação Probatória – perante as realidades alemã e brasileira*. Porto Alegre: Livraria do Advogado, 2009, pp. 10-11.

31. TORNAGHI, Hélio Bastos. *Instituições de Processo Penal*. Rio de Janeiro: Forense, 1959, v. I, pp. 200-201.

32. ALCALÁ-ZAMORA Y CASTILLO, Niceto. *Derecho Procesal Penal*. Buenos Aires: Guillermo Kraft, 1945, v. 1, p. 54.

33. TORNAGHI, Hélio Bastos. *Instituições de Processo Penal*. Rio de Janeiro: Forense, 1959, v. I, p. 200.

34. FERRAJOLI, Luigi. *Diritto e Ragione: Teoria del Garantismo Penale*. Roma-Bari: Laterza, 2004, pp. 574-575: "...se sono tipicamente propri del sistema inquisitorio l'iniziativa del giudice in campo probatorio, la disparità di poteri tra accusa e difesa e il carattere scritto e segreto dell'istruzione, non lo sono invece in maniera altrettanto esclusiva istituti che pure sono nati in seno alla tradizione inquisitoria: come l'obbligatorietà e l'irrevocabilità dell'azione penale, il carattere pubblico degli organi di accusa, la pluralità dei gradi di giurisdizione e l'obbligo del giudice di motivare le sue decisioni".

Sinteticamente, as características do sistema inquisitório ou inquisitivo são: (i) funções de acusar e julgar enfeixadas em um único órgão; (ii) início oficial do processo; (iii) acusado tratado como objeto do processo e não como sujeito de direitos; (iv) ausência de contraditório; (v) inexistência de regras de igualdade e liberdade processuais (disparidade de poderes entre acusação e defesa); (vi) processo escrito e sigiloso; (vii) juízes permanentes e irrecusáveis; (viii) irrestrita iniciativa probatória do juiz; (ix) busca da verdade material ou "real" como objetivo primordial do processo; (x) liberdade do réu como exceção.

No que diz respeito à valoração da prova, importante característica do modelo inquisitivo se identifica na aplicação do *sistema da prova legal*, em que o juiz está vinculado a critérios preestabelecidos, o que lhe subtrai o livre convencimento na apreciação do material probatório, conforme será abordado no Capítulo XII deste Curso.

Há que referir também os elementos históricos da obrigatoriedade da ação penal, do caráter público do órgão de acusação, da pluralidade dos graus de jurisdição e da exigência de motivação das decisões judiciais, traços solidamente incorporados aos modelos contemporâneos de processo, conquanto gestados na tradição inquisitória.

Podem-se resumir as principais diferenças entre os modelos acusatório e inquisitório no seguinte esquema comparativo:

SISTEMA ACUSATÓRIO	SISTEMA INQUISITÓRIO
(i) funções processuais atribuídas a órgãos distintos	**(i)** funções processuais enfeixadas em um único órgão
(ii) iniciativa do processo conferida à parte acusadora (*ne procedat judex ex officio*)	**(ii)** iniciativa oficial do processo, pelo próprio juiz
(iii) ônus da prova conferido exclusivamente à acusação	**(iii)** ônus da prova conferido ao acusado
(iv) presença do contraditório como garantia; acusado é sujeito do processo	**(iv)** ausência de contraditório; acusado é objeto do processo
(v) igualdade de direitos entre as partes	**(v)** não há regras de igualdade e liberdade processuais
(vi) processo público	**(vi)** processo sigiloso
(vii) processo oral	**(vii)** processo escrito
(viii) possibilidade de recusa do julgador	**(viii)** juízes permanentes e irrecusáveis
(ix) liberdade do réu como regra	**(ix)** liberdade do réu como exceção
(x) restrição à iniciativa probatória do juiz	**(x)** irrestrita iniciativa probatória do juiz
(xi) livre apreciação da prova pelo juiz (sistema do livre convencimento)	**(xi)** vinculação do juiz, na apreciação da prova, a critérios legais preestabelecidos (sistema da prova legal)

1.2. Notícia histórica

Analisou-se o processo de tipo acusatório em primeiro lugar não somente pelas suas afinidades com um regime racional, democrático e garantista, mas por sua precedência histórica. O modelo acusatório remonta à Antiguidade clássica, tendo sido praticado em suas formas puras no processo penal grego (séculos VI a IV a.C.) e no romano da República (510 a 27 a.C.).

Na Grécia, praticava-se um processo acusatório *privado* regido pelo princípio dispositivo, eis que o tribunal, composto por 501 até 6000 juízes, estava vinculado às petições formuladas pelas partes (acusação e defesa). Na Roma republicana, por seu turno, adotava-se um processo acusatório privado para os delitos ordinários, apreciados e julgados por uma assembleia popular (*judicium populum*); mas, para os delitos de alta traição, vigorava um processo de "instrução" oficial (*inquisitio*), embora não se possa falar ainda de sistema inquisitório, por não haver propriamente uma instrução no processo penal romano, já que os meios de prova eram irracionais, fundados em juramentos purgatórios ou expiatórios, ordálias ou juízos de Deus, segundo refere KAI AMBOS[35].

Na Roma imperial (27 a.C. a XI d.C.) é que, segundo alguns estudiosos, teria surgido o modelo inquisitório. Confira-se, a respeito, a referência histórica de AMBOS: "Segundo Biener, o direito romano já conhecia o processo inquisitivo. De acordo com Rofreddus, o direito de Justiniano (qualificado assim pelo Imperador Justiniano I, aproximadamente entre os séculos 482 a 565) já previa uma investigação e um ajuizamento de ofício para determinados delitos, sem necessidade de acusador particular". O jurista alemão, entretanto, discorda de que já houvesse, àquela época, processo inquisitório: "O que é certo é que, para os delitos mais graves, existia um processo regido pelo princípio da oficialidade, mas que, de qualquer forma, não podemos qualificar como processo inquisitivo *stricto sensu*, por não ser dirigido a uma busca da *veritas delicti*"[36].

Em sentido diverso orienta-se FERRAJOLI: "É pacífico que no processo penal da antiguidade, qual se configura na Grécia e na Roma republicana, há uma estrutura essencialmente acusatória, em virtude do caráter prevalentemente privado da acusação e a consequente natureza arbitral tanto do juiz quanto do juízo. Não por acaso *a primeira forma de processo inquisitório se desenvolveu na Roma imperial*, com o procedimento de ofício para os *delicta publica*, a começar pelos *crimina laesae maiestatis*..."[37]

---

35. AMBOS, Kai / LIMA, Marcellus Polastri. *O Processo Acusatório e a Vedação Probatória – perante as realidades alemã e brasileira*. Porto Alegre: Livraria do Advogado, 2009, pp. 10-13.

36. AMBOS, Kai / LIMA, Marcellus Polastri. *O Processo Acusatório e a Vedação Probatória – perante as realidades alemã e brasileira*. Porto Alegre: Livraria do Advogado, 2009, pp. 13-14.

37. FERRAJOLI, Luigi. *Diritto e Ragione: Teoria del Garantismo Penale*. Roma-Bari: Laterza, 2004, pp. 576-577: "É pacifico che il processo penale dell'antichità, quale si configura in Grecia e nella Roma repubblicana, ha una struttura essenzialmente accusatoria, a causa del carattere prevalentemente privato dell'accusa e della conseguente natura arbitrale sia del giudice che del giudizio [...] Non a caso le prime forme di processo inquisitorio si svilupparono nella Roma imperiale con le procedure d'ufficio per i *delicta publica*, a cominciare dai *crimina laesae maiestatis*..."

Cap. I • FUNDAMENTOS DO DIREITO PROCESSUAL PENAL

De toda sorte, não há dúvida de que ao menos rudimentos do processo inquisitório surgiram na Roma imperial. A completa instauração do modelo, no entanto, viria a ocorrer apenas a partir do século XIII, no direito canônico. Noticia KAI AMBOS, a respeito, que "com o Papa Inocêncio III (1161-1216), implanta-se, no direito canônico do século XIII, o processo inquisitivo *stricto sensu*". A partir de então, introduzia-se a *inquisitio* para o início do processo, animada pela finalidade de busca da verdade material. Esse modelo foi implantado num contexto de reforma dos costumes do clero, propiciando "maior controle disciplinar entre os clérigos infratores ou corruptos". Já a tortura foi instituída e legitimada na bula *Ad Extirpanda* do papa sucessor, Inocêncio IV, no ano 1252[38].

O tipo inquisitório, nos moldes em que conformado no direito canônico, só viria a sucumbir com o advento da Revolução Francesa, que adotou o sistema acusatório, baseado na ação popular, na instituição do júri, na publicidade e oralidade do juízo e na livre convicção do juiz[39].

Foi no modelo de processo penal do direito canônico que se firmou o tipo inquisitório puro, ao passo que o modelo acusatório *aproximadamente* puro tem suas características praticadas, inclusive nos dias atuais, no sistema adversarial anglo-saxão.

Feita esta singela referência história, é importante assinalar, por último, que o modelo de processo penal adotado em um determinado ordenamento jurídico vincula-se estreitamente ao tipo de regime político e à feição do Estado respectivo. Tem esse sentido a posição de DOMENICO PISAPIA, para quem "o processo de tipo acusatório vem considerado como expressão típica do Estado liberal-democrático, enquanto que o de tipo inquisitório vem considerado como congênito ao Estado autoritário"[40]. Interessante paralelo é também encontrado em construção de FIGUEIREDO DIAS. Associando o processo penal inquisitório ao Estado autoritário, assinala o autor português: "Numa concepção autoritária de Estado, o processo penal é então dominado, exclusivamente, pelo interesse do Estado, que não concede ao interesse das pessoas nenhuma consideração autônoma e, ligado a uma liberdade inteiramente discricionária do julgador (embora exercida sempre em favor do poder oficial), constitui o único vector processualmente relevante. O argüido, por seu turno, é visto não como sujeito co-actuante no processo, mas como mero objecto de inquisição, como algo que é afeito ao processo, mas que nele não participa ativamente". Já sobre a vinculação entre processo penal acusatório e Estado liberal: "No Estado liberal, no centro da consideração está agora o indivíduo autônomo, dotado com os seus direitos naturais originários e inalienáveis. Do que se trata no processo penal é de uma oposição de interesse (portanto de uma lide, disputa ou controvérsia) entre o Estado que quer punir os crimes e o indivíduo que quer afastar de si quaisquer medidas privativas ou restritivas de sua liberdade. Por seu lado, a lide, para que seja 'fair', supõe a utilização de armas e a disponibilidade, pelos contendores,

---

38. AMBOS, Kai / LIMA, Marcellus Polastri. *O Processo Acusatório e a Vedação Probatória – perante as realidades alemã e brasileira*. Porto Alegre: Livraria do Advogado, 2009, pp. 17-19.

39. FERRAJOLI, Luigi. *Diritto e Ragione: Teoria del Garantismo Penale*. Roma-Bari: Laterza, 2004, p. 578.

40. PISAPIA, Gean Domenico. *Apunti di Procedura Penale*. Milano: Cisapino-Goliardica, 1973, v. I, p. 53: "...il processo di tipo accusatorio viene considerato como espressione tipica dello Stato liberal-democratico, mentre il processo di tipo inquisitorio viene considerato come congeniale delloo Stato autoritario".

de meios tanto quanto possíveis iguais; por isso o indivíduo não pode ser abandonado ao poder do Estado; antes tem de surgir como verdadeiro sujeito de processo, armado com o seu direito de defesa e com as suas garantias individuais"[41].

Estudados os modelos acusatório e inquisitório de processo penal, analisa-se adiante o chamado "sistema misto", que reúne características dos dois primeiros.

2. O PRETENSO "SISTEMA MISTO"

O denominado "sistema misto" de processo penal tem origem no *Code de délits et des peines* francês, de 25 de outubro de 1795, e tomou suas formas modernas no *Code d'Instruction Criminelle*, de 1808, instituído sob o regime de Napoleão Bonaparte, e que teve vigência na França até 1959.

F. M. PAGANO o chamou de "monstruosa mistura entre os processos acusatório e inquisitório"[42]. G. CARMIGNANI, citado por Francesco CARRARA, assacou vigorosos ataques ao modelo instituído no código napoleônico, taxado por ele de "mecanismo político" e "engenhosa trapaça" pela qual, com o aumento "monstruoso" dos poderes dos procuradores imperiais, tornavam-se ilusórias as garantias do júri e da inamovibilidade dos magistrados[43]. Também o próprio CARRARA, segundo refere FERRAJOLI, chegou a criticar o modelo, realçando-lhe as "formas híbridas e perigosas" e sustentando sua "extirpação" como tarefa de sua geração[44].

Antes de tudo, esclareça-se que o dito "processo misto", na verdade, é um modelo que reúne algumas características do processo acusatório e outras do processo inquisitório. Seria mais próprio falar, assim, de *processo em parte acusatório e em parte inquisitório* ou, ainda melhor, *processo com fase inquisitória e com fase acusatória*. Bem situada a questão, não se trata de "mistura". Assim muito bem já advertia CARRARA, o maior penalista italiano: "O conceito geral de processo *misto* não é a *interpenetração* dos dois processos, de modo que surja um *terceiro* método inteiramente especial. Não é a *mixtio* em sentido próprio; é, antes, a *reunião* e a alternação de ambas as antigas formas [acusatória e inquisitória]"[45].

---

41. DIAS, Jorge de Figueiredo. *Direito Processual Penal*. Coimbra: Coimbra Editora, 1974, v. I, p. 58.

42. PAGANO, F. M. *Considerazioni sul processo criminale (1787)*. Napoli: 1799, v. I, pp. 92-101 e 119 *apud* FERRAJOLI, Luigi. *Diritto e Ragione: Teoria del Garantismo Penale*. Roma-Bari: Laterza, 2004, pp. 578 e 662-663.

43. *Apud* CARRARA, Francesco. *Programa do Curso de Direito Criminal*. Trad. de José Luiz V. de A. Franceschini e J. R. Prestes Barra. São Paulo: Saraiva, 1957, v. II, p. 275.

44. *Apud* FERRAJOLI, Luigi. *Diritto e Ragione: Teoria del Garantismo Penale*. Roma-Bari: Laterza, 2004, p. 593. Em consulta à obra de CARRARA, todavia, constatamos que mudou de orientação, manifestando fascínio com o processo misto. Com efeito, dizia ele, em comentário ao pensamento de CARMIGNANI: "De cabeça descoberta, combate ele [Carmignani] o conúbio do processo inquisitório com o acusatório; proclama que o sistema chamado *misto* do processo penal *(sistema que hoje tanto nos fascina)* é um *mecanismo político*" (destacamos). Cfr. CARRARA, Francesco. *Programa do Curso de Direito Criminal*. Trad. de José Luiz V. de A. Franceschini e J. R. Prestes Barra. São Paulo: Saraiva, 1957, v. II, p. 275.

45. CARRARA, Francesco. *Programa do Curso de Direito Criminal*. Trad. de José Luiz V. de A. Franceschini e J. R. Prestes Barra. São Paulo: Saraiva, 1957, v. II, p. 325.

O modelo estudado, nas linhas em que o constituíram os diplomas legislativos franceses, consiste essencialmente na divisão do processo em duas fases: uma instrutória, com procedimento secreto e escrito, exclusão da defesa, prisão preventiva e participação ativa do *juiz de instrução* e do Ministério Público[46]; e outra acusatória, com publicidade e oralidade, contraditório – fase desenvolvida *publiquement, oralement* e *contradictoirement* – e julgamento proferido por jurados (júri popular). Antes dessas duas fases, há ainda uma etapa de investigação preliminar, a cargo da Polícia Judiciária, mas já com atuação dos procuradores imperiais (Ministério Público).

Da França, o "processo misto" alastrou-se por toda a Europa, tendo sido conservado inclusive no Código Rocco italiano de 1930, no qual se inspirou o atual Código de Processo Penal brasileiro. Apesar disso, como será visto no Capítulo II, não se pode inserir o sistema processual penal brasileiro na categoria de "processo misto", malgrado as autorizadas opiniões nesse sentido.

3. GARANTISMO PENAL E MODELO ACUSATÓRIO: SISTEMA DE GARANTIAS DO PROCESSO PENAL

No processo penal, os ditames do *garantismo*, vinculado ao sistema acusatório, manifestam-se nas exigências de controlabilidade do juízo e nas correlatas limitações impostas à intervenção penal. Não se pode esquecer, por outro lado, da *funcionalidade* que se espera do sistema penal, o que, de todo modo, não pode chegar ao ponto de anulação ou redução do núcleo essencial protetivo das garantias processuais.

Sobre o tema, o regime constitucional de direitos e garantias individuais encerra destacada relevância. As garantias processuais penais, ditadas pela razão (histórica) e positivadas na ordem constitucional (e na internacional), são, em larga medida, derivadas da tradição jurídica da Ilustração ou Iluminismo, maturada no século XVIII.

Segundo FERRAJOLI, jusfilósofo italiano a quem se deve admirável e inédita concepção da teoria do garantismo penal, o modelo garantista clássico compõe-se dos seguintes princípios: legalidade estrita, materialidade e lesividade dos delitos, responsabilidade pessoal, contraditório entre as partes e presunção de inocência[47]. Os princípios garantistas, de modo geral, integram um esquema epistemológico de

---

46. Os juízes de instrução (*juges d'instruction*) atuavam em conjunto com os procuradores imperiais (*procureurs impériaux*, incumbidos da persecução criminal desde a investigação preliminar) e, em casos de flagrante delito, podiam até mesmo conduzir a instrução independentemente dos procuradores, como se vê no art. 59 do *Code d'Instruction Criminelle*: "Le juge d'instruction, dans tous les cas réputés flagrant délit, peut faire directement et par lui-même, tous les actes attribués au procureur impérial, en se conformant aux règles établies au chapitre des *Procureurs impériaux et de leurs substituts*. Le juge d'instruction peut requérir la présence du procureur impérial, sans aucun retard néanmoins des opérations prescrites dans ledit chapitre". Cfr. *Code d'Instruction Criminelle*, novembre et décembre 1808: n. 611, Bulletin des lois, n° 214 bis.

47. FERRAJOLI, Luigi. *Diritto e Ragione: Teoria del Garantismo Penale*. Roma-Bari: Laterza, 2004, p. 05: "Il diritto penale degli ordinamenti evoluti è un prodotto prevalentemente moderno. I principi sui quali si basa il suo modello garantista classico – la stretta legalità, la materialità e l'offensività dei reati, la responsabilità personale, il contraditorio e la presunzione d'innocenza – sono in gran parte, come è noto, il frutto della tradizione giuridica illuministica e liberale".

identificação do desvio penal (seja no plano abstrato, seja em juízo), com a limitação do poder punitivo, o máximo grau de confiabilidade do juízo penal e a tutela da pessoa contra a arbitrariedade.

Os elementos de tal esquema epistemológico constituem-se, no âmbito do direito penal (definição do desvio penal), pelo convencionalismo penal (caráter empírico ou fático, e não subjetivo, das hipóteses de desvio) e pela legalidade estrita (caráter formal ou legal do critério de definição do desvio).

Sobressai, no ponto, a garantia da reserva legal (*nullum crimen, nulla poena sine prævia lege*), compreendida como exigência de definição exclusivamente legal, prévia, taxativa e certa das hipóteses de desvio puníveis. Garante-se, assim, na abrangência do direito material, uma esfera intangível de liberdade em face do poder punitivo do Estado, que só pode atuar nas hipóteses precisa e previamente especificadas em lei formal[48]. As *garantias penais* são informadas, em última análise, pelo *princípio-garantia da reserva legal*.

As garantias processuais, por sua vez, são instrumentais às garantias penais, uma vez que a verificação da responsabilidade penal e a atuação da pena (domínio das garantias penais) devem ser objeto de um *juízo pretensamente imparcial, verdadeiro e controlável* (domínio das garantias processuais). A principal garantia processual, que constitui o pressuposto de todas as outras, é a *estrita submissão à jurisdição* ou, dito de outro modo, a *estrita jurisdicionariedade* (*nulla culpa sine judicio*)[49].

No que se refere ao direito processual penal, assim, o garantismo concentra-se no *cognitivismo processual* e na *estrita jurisdicionariedade*, ainda conforme a terminologia de FERRAJOLI. As condições em que se fundamentam as garantias processuais, neste contexto, são a verificabilidade ou refutabilidade das hipóteses acusatórias (cognitivismo processual) e a comprovação empírica (concreta e efetiva) das mesmas (estrita jurisdicionariedade). Garante-se, por esse meio, que o objeto do juízo penal seja formado por dados fáticos (empíricos) e, por isso mesmo, passíveis de verificação (demonstração concreta) ou de refutação e que, em concreto, tais dados sejam efetivamente verificados ou refutados.

Por outro lado, dados subjetivos mostram-se insondáveis, revestem o juízo de acentuada valoração discricionária, destituem-lhe o caráter garantista e tornam-no incontrolável. Elementos típicos como "ato obsceno" ou "desacato", por exemplo, revelam-se irrefutáveis, porque têm seu conteúdo definido por valorações, e não por provas. Sequer são passíveis de provas, aliás, pois sua conceituação depende exclusivamente de um juízo de valor. Por não serem demonstráveis, sujeitam o jurisdicionado ao critério

---

48. Sobre a feição garantista das normas penais incriminadoras, que delimitam o âmbito de atuação do poder de punir, refira-se a clássica formulação de NELSON HUNGRIA: "Os Códigos Penais modernos, segundo um conceito aparentemente paradoxal de Von Liszt, são a '*Magna Charta libertatum*' dos delinqüentes. O princípio central que os une é o da *legalidade rígida*: o que em seus textos não se proíbe é penalmente lícito ou indiferente. *Permittitur quod non prohibetur*". Cfr. HUNGRIA, Nelson. *Comentários ao Código Penal*. Rio de Janeiro: Forense, 1958, v. I, t. I, p. 14.

49. FERRAJOLI, Luigi. *Diritto e Ragione: Teoria del Garantismo Penale*. Roma-Bari: Laterza, 2004, p. 547: "La principale garanzia processuale, che forma il presupposto di tutte le altre, è quella della *giurisdizionalità*, espressa dal nostro assioma A7 *nulla culpa sine iudicio*".

subjetivo do julgador, esvaziando a forma garantista do juízo penal e dando azo ao arbítrio. Exigir o "cognitivismo" é garantir o conhecimento, e só se pode conhecer o que for passível de prova.

Na concepção de FERRAJOLI, quanto ao cognitivismo processual, "o pressuposto da pena [...] deve ser a comissão de um fato univocamente descrito e indicado como crime não apenas na lei, mas também na hipótese de acusação, *de modo que seja suscetível de prova ou de confrontação judicial*, segundo a fórmula *nulla poena et nulla culpa sine iudicio*". Já sobre a estrita jurisdicionariedade: "ao mesmo tempo, para que o juízo não seja apodítico, e sim baseado em controle empírico, exige-se também que as hipóteses acusatórias [...] *sejam concretamente submetidas a verificações e expostas à refutação*, de maneira que resultem convalidadas apenas se apoiadas em provas e contraprovas, segundo a máxima *nullum iudicium sine probatione*"[50].

Os fundamentos do garantismo processual penal, nesse sentido, estão afetos à construção de um *juízo penal objetivamente controlável, calcado tanto quanto possível menos em valorações discricionárias e mais em verificações e refutações empíricas*[51].

Percebe-se então que o garantismo, no processo penal, é uma noção acentuadamente ligada à de *formalismo*. É pelo respeito às formas que se garante um juízo imparcial, verdadeiro e controlável. Nessa perspectiva, garantias são antes de tudo *formas* às quais estão sujeitos os órgãos do Estado. Já MONTESQUIEU assinalava, com absoluta procedência e sabedoria, que *as formalidades, no juízo civil, são sempre demasiadas; no juízo penal, são sempre insuficientes*[52].

Nessa esteira, pontue-se que, para a efetivação de um juízo imparcial, verdadeiro e controlável, avultam em relevância as garantias processuais da *presunção de inocência (ou estado de inocência)*, da *separação entre juiz e acusação* (cerne do modelo acusatório),

---

50. FERRAJOLI, Luigi. *Diritto e Ragione: Teoria del Garantismo Penale*. Roma-Bari: Laterza, 2004, p. 09: "Il presupposto della pena [...] dev'essere conseguentemente la commissione di un fatto univocamente descritto e denotato come reato non solo dalla lege ma anche dalle ipotesi d'accusa, onde sia provabile o smentibile giudizialmente secondo la formula *nulla poena et nulla culpa sine iudicio*. Nel medesimo tempo, perché il giudizio non sia apoditico ma basato sul controllo empirico, occorre anche che le ipotesi accusatorie [...] siano concretamente sottoposte a verificazione ed esposte a confutazione, sicché risultino convalidate solo se suffragate da prove e controprove secondo la massima *nullum iudicium sine probatione*".

51. Em igual sentido já era a perene formulação de NUVOLONE: "Si vuole affermare che, là dove no può operare capillarmente il principio di legalità, la garanzia di libertà è rappresentata dal principio di giurisdizionalità, che opera essenzialmente nella prospettiva processuale. Ci sembra che quest'affermazione riposi, in un certo senso, sopra un mito fideistico della magistratura, come palladio della libertà del cittadino. La realtà è molto diversa: soprattutto se la legge è relativamente indeterminata, se lo spazio di discrezionalità libera, o sovranità in concreto, è molto ampio, i principi di certezza del diritto e di uguaglianza non sono salvaguardati per la semplice esistenza di un giudice; anzi, anche il giudice può aprire la porta all'arbitrio. La vera garanzia è rappresentata, quindi, sempre, in ultima analisi, dal principio di legalità e dalla subordinazione del giudice alla legge: il margine di discrezionalità libera dev'essere tale da assicurare il raggiungimento degli scopi della legge penale, senza lasciare il cittadino in balia del giudice sovrano". Cfr. NUVOLONE, Pietro. *Il Sistema del Diritto Penale*. Padova: Cedam, 1975, pp. 48-49.

52. A referência é de CARRARA. Cfr. CARRARA, Francesco. *Programa do Curso de Direito Criminal*. Trad. de José Luiz V. de A. Franceschini e J. R. Prestes Barra. São Paulo: Saraiva, 1957, v. II, p. 312.

do ônus da prova reservado à acusação, do contraditório e da ampla defesa. Todas constituem formalidades que garantem a esfera individual contra o arbítrio e o abuso.

Esclarece GOMES FILHO, em uma perspectiva semelhante à aqui sustentada, que há uma dupla dimensão "garantista inerente ao processo", uma de ordem pública, "como garantia do correto exercício do poder", e outra de cunho subjetivo, "como garantia dos direitos individuais"[53]. Identifica-se, assim, uma dimensão de limitação e controle do poder e outra de tutela dos direitos individuais. É de acordo com esses parâmetros que se dimensionam as garantias processuais: a separação entre juiz e acusação, por exemplo, destina-se a limitar o poder jurisdicional, assegurando-lhe a imparcialidade; o contraditório e a ampla defesa, por outro lado, fazem parte da tutela direta da esfera individual.

Essa é a lógica que anima, em maior ou menor grau, cada uma das garantias processuais componentes do sistema. Informadas pelo cognitivismo processual e pela estrita jurisdicionariedade, as garantias processuais mereceram consagração em diversas cartas (declarações) liberais de direitos e nas constituições contemporâneas. Todas se destinam a assegurar um processo justo e seguro, com o máximo grau de confiabilidade do juízo, além de estruturado e operado de forma a tutelar os direitos individuais contra os abusos do poder estatal. Merecem destaque, neste contexto, as garantias do estado (ou presunção) de inocência, do devido processo penal, do contraditório e da ampla defesa, dentre outras garantias e princípios estruturantes do processo penal contemporâneo.

O sistema brasileiro de garantias processuais, abordado no Capítulo III deste Curso, edifica-se no regime de direitos e garantias individuais especificados no art. 5º da Constituição da República, mas a tanto não se resume. Atualmente, têm adquirido relevo as convenções internacionais sobre direitos humanos, incorporadas ao direito interno, a exemplo da Convenção Americana de Direitos Humanos e do Pacto Internacional dos Direitos Civis e Políticos. A este respeito, a própria Constituição do Brasil dispõe que os direitos e garantias nela previstos não excluem outros decorrentes do regime, bem assim dos tratados e convenções em que a República Federativa do Brasil haja tomado parte (art. 5º, § 2º, CF). Além disso, em inovação introduzida pela Emenda Constitucional nº 45/2004, tornou-se possível conferir *status* de norma constitucional aos tratados ou convenções internacionais que versarem sobre direitos humanos, se forem aprovados pelo *quorum* especial constitucionalmente estabelecido (art. 5º, § 3º, CF). Ampliou a sua abrangência, portanto, o sistema brasileiro de garantias, inserindo-se na tendência mundial de internacionalização do direito processual penal[54].

---

53. GOMES FILHO, Antonio Magalhães. *A Motivação das Decisões Penais*. São Paulo: Revista dos Tribunais, 2001, pp. 26-30.

54. Sobre as principais tendências do direito processual penal brasileiro, tema ao qual voltaremos no próximo capítulo, vide FERNANDES, Antonio Scarance. *Processo Penal Constitucional*. São Paulo: Revista dos Tribunais, 2007, pp. 23-33.

CAPÍTULO II

Sistema Processual Penal Brasileiro

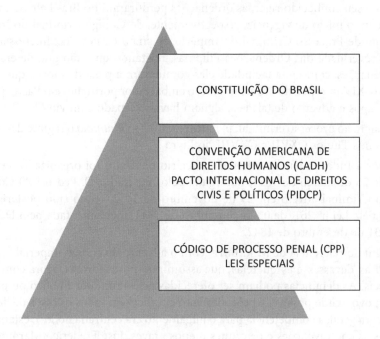

SEÇÃO I
Código de Processo Penal e Leis de Reforma

1. HISTÓRICO

As primeiras normas sobre direito e processo penal vigentes no período colonial do Brasil foram as ordenações do reino de Portugal, a começar pelas Ordenações Afonsinas, passando pelas Ordenações Manuelinas e finalizando com as Ordenações Filipinas.

As Ordenações Afonsinas vigiam em Portugal à época do "descobrimento" do Brasil, mas não chegaram a ter aplicação por aqui, em face da ausência de organização estatal. Seguiram-se as Ordenações Manuelinas, a partir de 1521, com escassa aplicação no território brasileiro. Nesse período, os processos criminais eram iniciados por *clamores* e, depois, por *querelas* (*delatio* feita por particulares, em interesse próprio ou no interesse público) e por *denúncias* (nos casos de *devassas*, em que o processo se fazia sem o concurso do acusado)[1].

Sobrevieram então as Ordenações Filipinas, em janeiro de 1603, com revalidação por D. João IV em 1643[2]. Entre as Manuelinas e as Filipinas, teve curta vigência o Código de D. Sebastião, até 1580, quando Portugal passou ao domínio espanhol.

No *Brasil Colônia*, assim, o diploma de maior importância foi o chamado *Codigo Philipino* (Ordenações Filipinas), de cujo Livro V consta a codificação penal do reino. Em todo o seu conhecido rigor, as ordenações perduraram no Brasil até os anos 1830 e 1832, com o início de vigência, respectivamente, do Código Criminal do Império e do Código de Processo Criminal do Império. BASILEU GARCIA faz interessante referência à severidade das Ordenações Filipinas, relatando que "tão grande era o rigor das Ordenações, com tanta facilidade elas cominavam a pena de morte, que se conta haver Luiz XIV interpelado, ironicamente, o embaixador português em Paris, querendo saber se, após o advento de tais leis, alguém havia escapado com vida"[3].

Quanto ao processo criminal, persistiu no *Codigo Philipino* o regime das *querelas*, regulado nos Títulos CXVII e CXVIII do Livro V[4].

Após a Independência, o Poder Judiciário brasileiro foi organizado na Constituição de 25 de março de 1824, outorgada pelo Imperador D. Pedro I. O Código de Processo Criminal adveio em 29 de novembro de 1832, tendo sido posteriormente alterado pela Lei n° 261, de 03 de dezembro de 1841, regulamentada pelo Decreto n° 120, de 31 de dezembro de 1842.

Segundo referência de MIRABETE, com o advento do código imperial "deixaram de existir as 'devassas' e as 'querelas', que assumiram novas formas, agora com o nome de 'queixas'. As denúncias podiam ser oferecidas pelo Promotor Público ou por qualquer do povo, sendo possível o procedimento *ex officio* em todos os casos de denúncia. Como regra geral, a competência para o julgamento era centrada no Júri, estando delas excluídas as contravenções e os crimes menos graves. José Frederico Marques considera o Código como a síntese dos anseios humanitários e liberais que palpitavam no seio do povo e nação naquele período. A Lei n. 261, de 3-12-1841, porém, procurou criar um aparelhamento policial altamente centralizado, fortaleceu o reacionarismo político e submeteu e absorveu o poder judiciário diante da organização política com que o disciplinou"[5].

Assim, o processo poderia ter início com a *queixa*, ato do ofendido (art. 72) ou, subsidiariamente, do promotor público ou de qualquer do povo, em caso de pobreza

---

1. MIRABETE, Julio Fabbrini. *Processo Penal*. São Paulo: Atlas, 2005, p. 39; AMBOS, Kai / LIMA, Marcellus Polastri. *O Processo Acusatório e a Vedação Probatória – perante as realidades brasileira e alemã*. Porto Alegre: Livraria do Advogado, 2009, p. 43.

2. TOLEDO, Francisco de Assis. *Princípios Básicos de Direito Penal*. São Paulo: Saraiva, 1991, p. 56.

3. GARCIA, Basileu. *Instituições de Direito Penal*. São Paulo: Max Limonad, 1952, v. I, t. I, p. 116.

4. *Código Filipino, ou, Ordenações e Leis do Reino de Portugal*: recopiladas por mandado d'el-Rei D. Filipe I. – Ed. fac-similar da 14ª ed., segundo a primeira, de 1603, e a nona, de Coimbra, de 1821 / por Cândido Mendes de Almeida. Brasília: Senado Federal, Conselho Editorial, 2004, t. 4, pp. 1272-1279.

5. MIRABETE, Julio Fabbrini. *Processo Penal*. São Paulo: Atlas, 2005, p. 40.

Cap. II · SISTEMA PROCESSUAL PENAL BRASILEIRO 67

(art. 73). Já a *denúncia* era ato do promotor público ou de qualquer do povo, nos casos especificados em lei (art. 74). A competência para o recebimento da denúncia ou da queixa era do juiz de paz (art. 77). O promotor público tinha competência para denunciar algumas espécies criminosas, como os "crimes públicos e policiaes", "accusar os delinquentes perante os Jurados", "solicitar a prisão, e punição dos criminosos, e promover a execução das sentenças e mandados judiciaes", conforme se lê no art. 37 do código. Já ao juiz de direito, de um modo geral, eram conferidas atribuições presidenciais (art. 46), cabendo a acusação e o julgamento, respectivamente, ao 1º Conselho de Jurados (*Jury de Accusação*) e ao 2º Conselho de Jurados (*Jury de Sentença*).

A Lei nº 261, de 03 de dezembro de 1841, por sua vez, estabeleceu a nomeação de delegados e subdelegados de polícia, juízes municipais, promotores públicos e juízes de direito pelo Imperador (artigos 1º, 13, 22 e 24). Reformando o código imperial, essa lei conferiu-lhe uma feição policialesca, além de submeter o Poder Judiciário ao controle do Imperador.

Com a proclamação da República e a Constituição que se lhe seguiu (1891), cada Estado passou a ter autonomia para editar a sua lei processual penal (competência subsidiária prevista no art. 63[6], relativamente à competência da União descrita no art. 34, nº 23[7], que abrangia a legislação sobre processo apenas no âmbito da Justiça Federal). Continuava em vigor, porém, a legislação federal remanescente do Segundo Império, em especial a Lei nº 2.033, de 20 de setembro de 1871, e o decreto que a regulamentava, nº 4.824, de 22 de novembro de 1871.

Adveio então a nova ordem jurídica introduzida pela Constituição de 1934, que unificou a legislação processual (art. 5º, XIX, *a*[8]). E, após a outorgada Constituição de 1937, foi providenciada a elaboração de um novo Código de Processo Penal, posteriormente instituído mediante o Decreto-lei nº 3.689, de 30 de outubro de 1941.

2. CÓDIGO DE PROCESSO PENAL (DECRETO-LEI Nº 3.689/1941)

O atual Código de Processo Penal, instituído pelo Decreto-Lei nº 3.689, de 30 de outubro de 1941, entrou em vigor a 1º de janeiro de 1942. Inspirou-se no Código Rocco italiano de 1930 e em seu caráter fascista, o que tem levado alguns autores a, equivocadamente, identificarem no processo penal brasileiro um modelo de tipo "misto".

A elaboração do projeto foi confiada a juristas do nível de NÉLSON HUNGRIA, ROBERTO LYRA, VIEIRA BRAGA, NARCÉLIO DE QUEIROZ, FLORÊNCIO DE ALMEIDA e CÂNDIDO MENDES DE ALMEIDA. O código, no entanto, imiscuiu-se do viés autoritário que lhe emprestou o regime político que o concebeu, o que já se pode antever na

---

6. Art. 63: "Cada Estado reger-se-á pela Constituição e pelas leis que adotar respeitados os princípios constitucionais da União".

7. Art. 34: "Compete privativamente ao Congresso Nacional: 23 – legislar sobre o direito civil, comercial e criminal da República e o processual da Justiça Federal".

8. Art. 5º: "Compete privativamente à União: XIX: legislar sobre: a) direito penal, comercial, civil, aéreo e processual, registros públicos e juntas comerciais".

Exposição de Motivos do então Ministro da Justiça Francisco Campos, datada de 08 de setembro de 1941.

Dentre as principais características presentes originariamente no código, pode-se destacar a *presunção de culpabilidade*, contraposta à chamada "presunção de inocência", visualizada em especial na feição conferida à liberdade provisória, cabível exclusivamente nos casos de infrações penais afiançáveis e naqueles em que fosse constatada de plano a existência concreta de causa de exclusão da ilicitude (legítima defesa, estado de necessidade, estrito cumprimento do dever legal ou exercício regular de direito). A prisão, portanto, era a regra, cabendo a liberdade provisória apenas em situações excepcionais. Apenas com a Lei nº 6.416, de 24 de maio de 1977, é que se acrescentou um parágrafo único ao art. 310 do Código de Processo Penal, ampliando o alcance da liberdade provisória aos casos de inexistência concreta dos motivos que autorizam a prisão preventiva. Hoje, desde o advento da Lei nº 12.403/2011, finalmente se consagra um regime jurídico mais incisivo de afirmação do estado de inocência e da correlata excepcionalidade das medidas cautelares (inclusive a prisão) restritivas de direitos fundamentais, em especial a liberdade de locomoção.

A característica originária da presunção de culpabilidade foi, sem dúvida, a mais decisiva influência – porque nega princípio de base do processo penal garantista – haurida no Código Rocco de 1930. O próprio Alfredo Rocco, a propósito, declarou que o código italiano[9] repelia "por completo a absurda presunção de inocência, que alguns pretendiam reconhecer ao imputado" e considerava-a "uma extravagância derivada daqueles conceitos antiquados, germinados pelos princípios da Revolução Francesa, que levam as garantias individuais aos mais exagerados e incoerentes excessos"[10].

Vicenzo Manzini, autorizado jurista sob cuja inspiração surgira o Código Rocco, também assacou à presunção de inocência o estigma de "estranho absurdo excogitado pelo empirismo francês" (*"strana assurdità escogitata dall'empirismo francese"*), reputando-a "grosseiramente paradoxal e irracional" (*"goffamente paradossale e irrazionale"*). E identificava o caráter paradoxal da fórmula no seguinte raciocínio: "Se si deve presumere l'innocenza dell'imputato, chiede il buon senso, perché dunque si procede contro di lui?" ("Se se deve presumir a inocência do imputado, pergunta o bom senso, por que então se procede contra ele?")[11].

---

9. O Código Rocco, hoje revogado, foi substituído pelo Código de Processo Penal italiano aprovado em 22 de setembro de 1988, em vigor desde 24 de outubro de 1989.

10. Rocco, Alfredo. *Relazione ministeriale sul progetto preliminare del códice di procedura penale*, in *Lavori preparatori del codice penale e del codice di procedura penale*. Roma, 1929, v. VIII, p. 22, *apud* Ferrajoli, Luigi. *Diritto e Ragione: Teoria del Garantismo Penale*. Roma-Bari: Laterza, 2004, pp. 561 e 655. No original: "in pieno l'assurda presunzione d'innocenza, che da taluni si vorrebbe riconoscere all'imputato"; "una stravaganza derivata da quei vieti concetti, germogliati dai principi della Rivoluzione francese, per cui si portano ai più esagerati e incoerenti eccesi le garanzie individuali".

11. Manzini, Vicenzo. *Tratado de Derecho Procesal Penal*. Trad. de Santiago Sentís Melendo y Marino Ayerra Redín. Buenos Aires: Ediciones Jurídicas Europa-América, 1951, t. I, p. 254: "Puesto que esta última [la imputación] tiene por presupuesto unos suficientes indicios de delincuencia (...), debería ella constituir, por lo menos, una presunción de culpabilidad. ¿Cómo admitir entonces que equivalga, en cambio, a lo contrario, esto es, a una presunción de inocencia? Por lo demás, la práctica de los juicios ha hecho y va haciendo justicia sumaria de tan extraño absurdo excogitado en Francia, donde, a la aparente

Foi consoante este paradigma básico que se concebeu o Código de Processo Penal brasileiro de 1941. Além da presunção de culpabilidade e da prevalência da segurança pública frente à liberdade individual[12], várias características inquisitórias permeavam as disposições originais do código, a exemplo da busca da "verdade real", legitimando ampla iniciativa instrutória ao juiz, possibilidade ampla de decretação *ex officio* de prisão preventiva, interrogatório como meio de prova e sem a participação da defesa técnica[13], dentre outras.

O Código de 1941, todavia, passou por substanciais alterações ao longo dos seus mais de 70 anos de vigência, que lhe flexibilizaram o rigor das restrições ao direito de liberdade. Ressalte-se, sem embargo, que muitas foram as reformas e inovações legislativas que representaram um retrocesso antigarantista.

Estudaremos oportunamente tais alterações, nos capítulos próprios deste Curso. Por ora, basta dizer que a grande inversão de paradigma, com plena assimilação do garantismo, operou-se desde o advento da ordem jurídica presente na Constituição da República Federativa do Brasil, promulgada em 05 de outubro de 1988. À luz da estruturação de nosso sistema efetivada por essa realidade normativa é que analisaremos em qual modelo de processo penal está ele inserido.

SEÇÃO II
Ordem Constitucional

Constituição de 1988

1. O PARADIGMA GARANTISTA CONSAGRADO NA ORDEM JURÍDICA BRASILEIRA

A Constituição do Brasil consagrou, como forma de limite, proibição e controle dos poderes punitivo e persecutório, um conjunto de garantias penais e processuais, componentes do modelo garantista a que já se fez referência no Capítulo I deste Curso.

A estrutura do ordenamento jurídico brasileiro, cuja base é a Constituição da República, conforma um Estado de Direito. Assim proclama o art. 1º ("A República Federativa do Brasil [...] constitui-se em Estado Democrático de Direito"), que

---

genialidad o perspicuidad de una frase expresiva se sacrifica gustosamente la exacta noción de la esencia íntima de las cosas. Si se presume la inocencia del imputado, pregunta el buen sentido, ¿por qué entonces proceder contra él?".

12. Esse era o espírito do código, não obstante expressasse o contrário o Ministro Francisco Campos, na Exposição de Motivos: "E se, por um lado, os dispositivos do projeto tendem a fortalecer e prestigiar a atividade do Estado na sua função repressiva, é certo, por outro lado, que asseguram, com muito mais eficiência do que a legislação atual, a defesa dos acusados".

13. No ponto, a Lei 11.792/2003 introduziu importante reforma na disciplina do interrogatório, prevendo, dentre outras medidas, a participação da defesa técnica no ato (artigos 185 e 188, CPP). Para a abordagem integral, consulte-se a Subseção VI da Seção IV do Capítulo XII deste Curso.

igualmente expressa, como um dos fundamentos da República, a dignidade da pessoa humana (art. 1º, III).

Estado de Direito, paradigma jurídico-político da cultura ocidental, constitui uma forma de organização política estatal cuja atividade é determinada e limitada pela ordem jurídica. O *Estado Democrático*, por sua vez, diferentemente da *liberdade negativa* própria do Estado de Direito (liberdade de defesa e de distanciamento relativamente ao Estado), conforma uma liberdade positiva (liberdade assente no exercício democrático – e, portanto, legitimado – do poder), segundo GOMES CANOTILHO[14].

Em conformidade com a estrutura do Estado de Direito, assim, o exercício de qualquer poder (Executivo, Legislativo e Judiciário) está sujeito a vínculos constitucionais formais e substanciais. Como elucida SCARANCE FERNANDES: "Na evolução do relacionamento indivíduo-Estado, houve necessidade de normas que garantissem os direitos fundamentais do ser humano contra o forte poder estatal intervencionista. Para isso, os países inseriram em suas Constituições regras de cunho garantista, que impõem ao Estado e à própria sociedade o respeito aos direitos individuais..."[15].

Inerente ao Estado de Direito, como se nota, é a rigidez da Constituição, no sentido de que a reforma constitucional está sujeita a um processo especial, de maior rigor que aquele próprio das leis ordinárias. Com isso, cria-se efetiva sujeição do Poder Legislativo ordinário à Constituição, especialmente no que concerne ao regime de direitos e garantias individuais, protegidos até mesmo da ação do Poder Constituinte reformador (art. 60, § 4º, IV, CF).

Nessa perspectiva, a legislação processual penal ordinária, em especial, deve adequar-se aos princípios garantistas estabelecidos na Constituição. E o poder judicante, por seu turno, deve ser exercido de forma a assegurar o respeito à norma superior.

Como em nenhum outro período, por força da estrutura de Estado conformada pela Constituição, o processo penal faz-se um processo constitucional, moldado por garantias revestidas da dignidade de sua origem e nível normativo. Por essa razão, a legislação processual penal ordinária tem hoje sua feição e espírito informados pelo paradigma da nova ordem constitucional: o *garantismo*. Assevera ADA GRINOVER, com absoluta procedência, que "o importante é *ler* as normas processuais à luz dos princípios e regras constitucionais" e "verificar a adequação das leis à letra e ao espírito da Constituição"[16]. Seria absurdo, assim, em vez de compreender o processo penal de acordo com a Constituição, delimitar o alcance das garantias pelo conteúdo da legislação processual ordinária, inversão que, infelizmente, ainda assola em grande medida a prática persecutória entre nós.

---

14. CANOTILHO, J. J. Gomes. *Estado de Direito*. Lisboa: Grávida Publicações Ltda., 1999. Destaca o constitucionalista português, quanto ao surgimento Estado de direito, as fórmulas: a) do *rule of law* ("regra do direito" ou "império do direito"), na Inglaterra; b) do *Estado constitucional*, gestada nos Estados Unidos; c) do État légale, sedimentada em França; d) e do *Rectsstaat*, surgida na Alemanha.

15. FERNANDES, Antonio Scarance. *Processo Penal Constitucional*. São Paulo: Revista dos Tribunais, 2007, p. 16.

16. GRINOVER, Ada Pellegrini. *Novas Tendências do Direito Processual Penal de acordo com a Constituição de 1988*. São Paulo: Forense Universitária, 1990, p. 14.

Mas, para além dos limites garantistas impostos ao legislador, é de se ver a função e o papel dos juristas, chamados a efetivamente promover a adequação crítica das normas legais ao regime garantista constitucionalmente edificado. Precisa e pedagógica, no ponto, mostra-se a observação de FERRAJOLI de que "juízes e juristas são institucionalmente chamados, dentro de um Estado de direito de constituição rígida, a ser por esta razão *reformadores por profissão*, no sentido de que é sua tarefa não apenas conservar o direito vigente como tal, mas analisá-lo e criticar-lhe os perfis de invalidade constitucional a fim de promover-lhe a progressiva adequação do ser efetivo ao dever ser normativo"[17].

Refira-se, a propósito, clássica formulação do jurista mexicano RECASENS SICHES, realçando a função do legislador e a do jurista: "O papel de servidor direto da justiça compete ao legislador. A função do legislador consiste em interpretar o que a justiça exige com respeito a algumas situações sociais concretas e, de acordo com isso, formular o direito positivo que deve reger. O jurista, diversamente, serve à inteligência e à aplicação do Direito positivo. Contudo, não se creia de maneira nenhuma que o jurista, enquanto tal, pode alhear-se aos pontos de vista de justiça. Pois se bem é verdade que se acha limitado, para aplicá-los, pelas normas positivas do ordenamento vigente, ao qual serve antes de tudo, pois essa é cabalmente a sua missão, não obstante, aquele, por fechado e organizado que possa ser, sempre oferece um espaço dentro do qual tem que se orientar por conta própria"[18].

Colhendo do ensinamento seu valor perene e inserindo-o em nosso contexto, dizemos que o jurista deve conferir a inteligência constitucional, por mais abertos que se mostrem os princípios, às normas legais ordinárias e, segundo esses parâmetros, conduzir a sua interpretação nas margens de liberdade que lhe assina a Constituição, principalmente toda vez que o legislador ordinário se desviar do espírito constitucional. Com o jusfilósofo mexicano, portanto, afirma-se aqui que o espaço de liberdade do magistrado, em nosso sistema, tem fundamento na missão institucional reformadora que o nosso tempo reservou à função jurisdicional.

Por certo, há um distanciamento entre prática e norma. Na verdade, vai-se arrefecendo a força do garantismo à medida que se descem os níveis do sistema penal – Constituição, legislação ordinária, prática judiciária e prática policial. Pondera FERRAJOLI, a respeito, que "visto dos planos mais altos, o edifício penal, como de resto todo

---

17. FERRAJOLI, Luigi. *Diritto e Ragione: Teoria del Garantismo Penale*. Roma-Bari: Laterza, 2004, p. 722: "Giudici e giuristi sono istituzionalmente chiamati, entro uno stato di diritto a costituzione rígida, ad essere per così dire dei *riformatoti di professione*, nel senso che à loro compito non già conservare il diritto vigente como tale, ma analizzarne e criticarne i profili d'invalidità constituzionale onde promuoverne il progressivo adeguamento dell'essere effetivo al dover essere normativo".

18. RECASÉNS SICHES, Luis. *Vida humana, Sociedad y Derecho: Fundamentación de la Filosofía del Derecho*. Mexico: Porrua, 1952, p. 26: "El papel de servidor directo de la justicia compete al legislador. La función del legislador consiste en interpretar qué es lo que la justicia exige con respecto a unas situaciones sociales concretas y, de acuerdo con eso, formular el derecho positivo que debe regir. El jurista, en cambio, sirve a la inteligencia y a la aplicación del Derecho positivo. Con todo, no se crea en manera alguna que el jurista, en tanto que tal, puede ser ajeno a los puntos de vista de justicia. Pues si bien es verdad que se halla limitado, para aplicarlos, por las normas positivas del ordenamiento vigente, al que sirve ante todo, pues esa es cabalmente su misión, no obstante, aquél, por cerrado y aprestado que pueda ser, siempre ofrece un margen de holgura dentro del cual tiene que orientarse por cuenta proprio."

edifício jurídico, ostenta induvidosamente uma imagem de racionalidade e de justiça bem diversa daquela de irracionalidade e de injustiça oferecida com frequência pelos seus planos mais baixos"[19].

O importante, neste contexto, é buscar a atuação da *racionalidade* nos níveis mais baixos, adequando-os ao paradigma garantista, e da *eficiência e funcionalidade* nos níveis mais altos, conferindo-lhes viável aplicação prática, de forma a reduzir o desencontro entre normatividade e efetividade.

O fundamento material que, em nosso sistema, promove o garantismo é a dignidade da pessoa humana (art. 1º, III, CF). O direito fundamental de liberdade, do qual todas as garantias processuais são instrumentárias, vincula-se em última análise à transcendente dignidade do homem. A noção consta em histórico e perene discurso de Nélson Hungria, pronunciado aos acadêmicos da Faculdade de Direito do Ceará: "*Pro libertate certabimus.* Pugnai pela liberdade a todo custo. Pelejai por ela até mesmo contra Deus, pois foi o próprio Deus que, orientando-nos no ódio ao cativeiro, nos imprimiu a nobre linha vertical e o semblante voltado para os astros"[20]. Eis a imagem inexcedível da dignidade da pessoa humana: a linha vertical e o semblante voltado para o céu.

Naturalmente, a extensa abrangência e fluidez que o conceito de dignidade humana comporta deve ser *densificada* nas normas que integram o sistema[21]. Não há dúvida, porém, de que é a consciência da transcendente dignidade – constituinte do fundamento da existência humana – que informa e fundamenta um sistema processual penal pretensamente voltado para o homem, como é o nosso, em suas bases normativas fundamentais.

2. AS GARANTIAS CONSTITUCIONAIS DO PROCESSO PENAL BRASILEIRO PRÓPRIAS DO MODELO ACUSATÓRIO

A Constituição do Brasil proclama, no âmbito do processo penal, garantias que situam o sistema processual penal brasileiro como um modelo de tipo acusatório, conforme se discute adiante. As principais delas, que irradiam sua força normativa em um conjunto de outros princípios e regras componentes do sistema, são:

---

19. Ferrajoli, Luigi. *Diritto e ragione: teoria del garantismo penale.* Roma-Bari: Laterza, 2004, p. 724: "Visto daí piani più altil'edificio penale, come del resto ogni edificio giuridico, presenta indubbiamente un'immagine di racionalità e di giustizia che à ben diversa di quella d'irrazionalità e d'ingiustizia offerta di solito dai suoi piani più bassi".

20. Hungria, Nelson. *Oração do Patrono.* Fortaleza: Separata da Revista da Faculdade de Direito da UFC, 1955.

21. Ingo Wolfgang Sarlet, a esse respeito, ressalta que "não há como negar [...] que uma conceituação clara do que efetivamente seja essa dignidade, inclusive para os efeitos de definição do seu âmbito de proteção como norma jurídica fundamental, se revela no mínimo difícil de ser obtida, isto sem falar na questionável (e questionada) viabilidade de se alcançar algum conceito satisfatório do que, afinal de contas, é e significa a dignidade da pessoa humana hoje. Tal dificuldade, consoante exaustiva e corretamente destacado na doutrina, decorre certamente (ao menos também) da circunstância de que se cuida de conceito de contornos vagos e imprecisos, caracterizado por sua 'ambiguidade e porosidade'..." Mas pondera o jurista que "mesmo assim, tal como consignou um arguto estudioso do tema, não restam dúvidas de que a dignidade é algo real, já que não se verifica maior dificuldade em identificar claramente muitas das situações em que é espezinhada e agredida, ainda que não seja possível estabelecer uma pauta exaustiva de violações da dignidade." Cfr. Sarlet, Ingo Wolfgang. *Dignidade da Pessoa Humana e Direitos Fundamentais.* Porto Alegre: Livraria do Advogado, 2002, pp. 38-39.

(i) **Submissão à jurisdição** (*nulla poena, nulla culpa, sine judicium*), refletida na figura do juiz independente, imparcial e cuja competência tem predeterminação exclusivamente legal. Pode-se encontrar esta garantia no conjunto de normas constitucionais que consagram: (a) a *universalidade* e a *inafastabilidade da jurisdição* (art. 5º, XXXV, CF[22]); (b) a *naturalidade do juízo*, expressa na predeterminação da competência (art. 5º, LIII, CF[23]), na reserva de lei para modificação da competência judiciária (art. 96, II, *d*, CF[24]) e na proibição de juízos ou tribunais de exceção (art. 5º, XXXVII, CF[25]); (c) o princípio do *devido processo legal* (art. 5º, LV, CF[26]); (iv) a *independência do Poder Judiciário* (art. 2º, CF[27]), à qual estão ligadas as garantias de vitaliciedade (art. 95, I, CF), inamovibilidade (art. 95, II, CF) e irredutibilidade de subsídios (art. 95, III, CF) e a autonomia administrativa do Poder Judiciário (artigos 93 e 96, I, CF); (d) o dever de *motivação das decisões jurisdicionais* (artigos 5º, LXI[28] e 93, IX, CF[29]) e (e) a *publicidade dos atos judiciais* (art. 93, IX, CF)[30].

(ii) **Separação entre juízo e acusação** (*nullum judicium sine accusatione*), refletida na *imparcialidade do juiz* e em todas as garantias a ela vinculadas (independência e naturalidade), na *privatividade da ação penal pública conferida ao Ministério Público* (art. 129, I, CF[31]) e nos princípios do *contraditório* e da *ampla defesa* (art. 5º, LV, CF[32]). Da conjunção desses princípios deriva a figura do juiz imparcial, equidistante em relação às partes em conflito (acusador e acusado). Este, como visto, é o elemento essencial do modelo de processo penal de tipo acusatório.

(iii) **Presunção, estado ou situação jurídica de inocência** do imputado até e sob a condicionante da condenação definitiva (art. 5º, LVII, CF[33]). Daí que só se legitimem formas de restrição à liberdade – anteriores ao trânsito em julgado de ato judicial con-

---

22. Art. 5º, XXXV, CF: "A lei não excluirá da apreciação do Poder Judiciário lesão ou ameaça a direito".

23. Art. 5º, LIII, CF: "Ninguém será processado nem sentenciado senão pela autoridade competente".

24. Art. 96, CF: "Compete privativamente: II – ao Supremo Tribunal Federal, aos Tribunais Superiores e aos Tribunais de Justiça propor ao Poder Legislativo respectivo: d) a alteração da organização e da divisão judiciárias".

25. Art. 5º, XXXVII, CF: "Não haverá juízo ou tribunal de exceção".

26. Art. 5º, LV, CF: "Ninguém será privado da liberdade ou de seus bens sem o devido processo legal".

27. Art. 2º, CF: "São Poderes da União, independentes e harmônicos entre si, o Legislativo, o Executivo e o Judiciário".

28. Art. 5º, LXI, CF: "Ninguém será preso senão em flagrante delito ou por ordem escrita e fundamentada de autoridade judiciária competente..."

29. Art. 93, IX, CF: "Todos os julgamentos dos órgãos do Poder Judiciário serão públicos, e fundamentadas todas as decisões, sob pena de nulidade..."

30. Sobre a obrigação de motivar, cumpre esclarecer que o modelo puro de processo acusatório adotava a figura do "juiz cidadão", sendo o julgamento regido pelo princípio da íntima convicção. Em sua feição moderna, porém, o modelo assimilou a motivação como elemento garantista do poder judicial, juntamente com as demais notas que lhe asseguram a imparcialidade, com sua separação frente ao poder de acusar.

31. Art. 129, CF: "São funções institucionais do Ministério Público: I – promover, privativamente, a ação penal pública, na forma da lei".

32. Art. 5º, LV, CF: "Aos litigantes, em processo judicial ou administrativo, e aos acusados em geral são assegurados o contraditório e a ampla defesa, com os meios e recursos a ela inerentes".

33. Art. 5º, LVII, CF: "Ninguém será considerado culpado até o trânsito em julgado de sentença penal condenatória".

denatório – em caráter estritamente cautelar (na medida da necessidade), invertendo-se aqui, portanto, o paradigma originariamente adotado pelo Código de Processo Penal de 1941 (presunção de culpabilidade)[34].

A liberdade do imputado durante o processo passa então a ser a regra. Corolário do princípio do estado de inocência é o ônus da prova conferido à acusação (*nulla acusatio sine probatione*): prevalece o estado de não culpabilidade, razão pela qual as causas de fato da responsabilidade penal devem ser provadas pelo acusador, não sendo ao imputado que se vai *exigir* a prova de sua inocência.

Também aqui deve ser situado o *direito ao silêncio* (art. 5º, LXIII, CF[35]), que constitui um aspecto da não autoincriminação, segundo o princípio-garantia de que ninguém está obrigado a produzir prova contra si próprio, este mais claramente enunciado, como veremos, nas cartas internacionais de direitos incorporadas ao nosso sistema. O princípio, de toda sorte, vincula-se igualmente à garantia da ampla defesa.

(iv) **Contraditório e ampla defesa** (art. 5º, LV, CF). O princípio do contraditório é assegurado a ambas as partes processuais (acusador e acusado) e deve ser efetivado pelo e perante o juiz. Diz respeito ao direito de participar dos atos processuais e de influir no convencimento do juiz, seja com alegações, seja com a produção de provas[36]. A ampla defesa, por sua vez, é garantida ao imputado nas dimensões de autodefesa e de defesa técnica, esta última essencial em qualquer grau de jurisdição (*nulla probatio sine defensione*), "com os meios e recursos a ela inerentes", consoante a dicção do art. 5º, LV, da Constituição do Brasil.

Esses princípios constituem o cerne do processo penal constitucional do Brasil. No próximo capítulo serão examinadas com mais detalhes as características próprias de cada um deles.

Na sequência, analisa-se em que medida o mesmo espírito vem consagrado nos diplomas internacionais sobre direitos humanos, nos quais tomou parte o Estado brasileiro. Após, será possível identificar, pelo conjunto do sistema que abrange a Constituição da República, o Código de Processo Penal e a ordem internacional incorporada ao direito brasileiro, qual o modelo de processo penal presente entre nós – se de tipo acusatório, de tipo inquisitório ou de tipo "misto".

---

34. Sobre a extensão protetiva da garantia do estado de inocência, sobretudo com a feição a ela atualmente conferida pelo Supremo Tribunal Federal, consulte-se a Seção VI do Capítulo III.

35. Art. 5º, LXIII, CF: "O preso será informado de seus direitos, entre os quais o de permanecer calado, sendo-lhe assegurada a assistência da família e de advogado".

36. O Código de Processo Penal, após a recente reforma introduzida pela Lei 11.689/2008, estabelece, em seu art. 156, que "o juiz formará sua convicção pela livre apreciação da prova produzida em contraditório judicial..."

SEÇÃO III
Ordem Internacional incorporada ao Direito Brasileiro

Na tendência de internacionalização do direito processual penal, o Estado brasileiro tem assumido compromissos internacionais na celebração de tratados e convenções sobre direitos humanos, dentre os quais se destacam a *Convenção Americana sobre Direitos Humanos*, objeto de pacto firmado na cidade de San José (Costa Rica), em 22 de novembro de 1969, e o *Pacto Internacional de Direitos Civis e Políticos*, adotado na XXXI Sessão da Assembleia Geral das Nações Unidas, realizada na cidade de New York, em 16 de dezembro de 1966.

1. A INTERNACIONALIZAÇÃO DOS DIREITOS HUMANOS

O movimento de internacionalização dos direitos humanos, sem dúvida, inaugurou-se já com a *Déclaration des Droits de l'Homme et du Citoyen*, de 1789, em um inovador esforço de fundamentação universal dos direitos ali expressos. As bandeiras revolucionárias *liberté*, *égalité* e *fraternité*, com efeito, representam a síntese das três "gerações" ou dimensões de direitos humanos e fundamentais atualmente reconhecidas. A importância que se empresta a tal documento reside no fato de que, ao contrário dos que lhe precederam, continha um valor universal, transcendendo o contexto político em que foi gestado[37].

No século XX, contexto do pós-guerra, com a internacionalização dos direitos fundamentais sucedendo a constitucionalização dos direitos humanos, despontou a *Declaração Universal dos Direitos do Homem*, aprovada na Assembleia das Nações Unidas, em 10 de dezembro de 1948[38]. Sobre o significado desse documento, observa NORBERTO BOBBIO: "É hoje fato inquestionável que a Declaração Universal dos Direitos do Homem, de 10 de dezembro de 1948, colocou as premissas para transformar os indivíduos singulares e não apenas os Estados, em sujeitos jurídicos de direito internacional, tendo assim, por conseguinte, iniciado a passagem para uma nova fase do direito internacional, a que torna esse direito não apenas o direito de todas as *gentes*,

---

37. Diversos artigos da *déclaration* denotam a sua feição eminentemente universal, a exemplo do art. 2º, dispondo que "o fim de toda associação política é a conservação dos direitos naturais e imprescritíveis do homem", e do art. 16, estabelecendo que "toda sociedade na qual a garantia dos direitos não é assegurada, nem a separação dos poderes determinada, não tem Constituição". Veja-se, no article 2º: "Le but de toute association politique est la conservation des droits naturels et imprescriptibles de l'homme. Ces droits sont la liberté, la propriété, la sûreté et la résistance à l'oppression". E no article 16: "Toute société dans laquelle la garantie des droits n'est pas assurée, ni la séparation des pouvoirs déterminée, n'a point de Constitution". Cfr. JAUME, Lucien (Org. e Pref.). *Les Déclarations des Droits de l'Homme (du Débat 1789-1793 au Préambule de 1946)*. Paris: Flammarion, 1989.

38. NORBERTO BOBBIO afirma que "a Declaração Universal dos Direitos Humanos pode ser acolhida como a maior prova histórica até hoje dada do *consensus omnium gentium* sobre um determinado sistema de valores". Cfr. BOBBIO, Norberto. *A Era dos Direitos*. Rio de Janeiro: Campus, 1992, p. 27.

mas o direito de todos os indivíduos. Essa nova fase do direito internacional poderia se chamar, em nome de Kant, de direito cosmopolita"[39].

No âmbito da Europa, seguiu-se o *Convênio Europeu para a Salvaguarda dos Direitos do Homem e das Liberdades Fundamentais*, aprovado em Roma, na data de 04 de novembro de 1950. Neste contexto, constituiu-se inclusive um Tribunal Europeu de Direitos Humanos, que atualmente tem destacada atuação[40].

O problema que se coloca, na tendência de internacionalização dos direitos humanos, é a aplicabilidade e a força normativa, *no direito interno*, dos compromissos assumidos no plano internacional. Aborda-se, no próximo tópico, a perspectiva adotada pela Constituição brasileira.

2. A PERSPECTIVA INTERNACIONAL DA CONSTITUIÇÃO DO BRASIL

É conhecida a contraposição entre teoria monista e teoria dualista nas relações entre direito interno e direito internacional. Consoante a primeira, direito interno e direito internacional formam um sistema único, pelo que os tratados e convenções celebrados no plano internacional passam a integrar automaticamente a ordem jurídica do Estado. De acordo com a teoria dualista, diversamente, direito internacional e direito interno constituem dois sistemas distintos, inconfundíveis entre si, razão pela qual a vigência interna de tratados e convenções está condicionada a uma "internalização" ou "incorporação ao direito interno"[41], cuja forma vem prescrita na Constituição.

Entre nós é adotada, ao menos em alguns de seus elementos essenciais, a teoria dualista moderada[42], embora presentes também aspectos da teoria monista[43]. A Consti-

---

39. Bobbio, Norberto. *A Era dos Direitos*. Rio de Janeiro: Campus, 1992, p. 132.

40. Em interessante estudo, Kai Ambos traça os lineamentos europeus para o processo penal alemão, com base na jurisprudência do Tribunal Europeu de Direitos Humanos, oferecendo importantes e avançados exemplos. Cfr. Ambos, Kai. *Processo Penal Europeu*. Trad. e com. de Marcellus Polastri de Lima. Rio de Janeiro: Lumen Juris, 2008.

41. Como pontua Francisco Resek, "para os autores dualistas – dentre os quais se destacaram no século passado Carl Heinrich Triepel, na Alemanha, e Dionísio Anzilotti, na Itália –, o direito internacional e o direito interno de cada Estado são sistemas rigorosamente independentes e distintos, de tal modo que a validade jurídica de uma norma interna não se condiciona à sua sintonia com a ordem internacional". Cfr. Resek, Francisco. *Direito Internacional Público*: Curso Elementar. São Paulo: Saraiva, 2014, p. 26.

42. Acerca do *dualismo moderado*, segundo referência de Paulo Portela, trata-se de sistema "pelo qual não é necessário que o conteúdo das normas internacionais seja inserido em um projeto de lei interna, bastando apenas a incorporação dos tratados ao ordenamento interno por meio de um procedimento específico, distinto do processo legislativo comum, que normalmente inclui apenas a aprovação do parlamento e, posteriormente, a ratificação do Chefe de Estado, bem como, no caso do Brasil, um decreto de promulgação do Presidente da República, que inclui o ato internacional na ordem jurídica nacional". Cfr. Portela, Paulo Henrique Gonçalves. *Direito Internacional Público e Privado*. Salvador: JusPodivm, 2013, p. 60.

43. Como adverte Portela, "a prática brasileira em relação aos conflitos entre as normas internacionais e internas herdará aspectos do dualismo e do monismo e (...) incorporará soluções próprias, que não permitirão, em nosso ponto de vista, definir qual a teoria que o Brasil adota, sendo mais pertinente afirmar que o Estado brasileiro recorre a elementos de ambas as teorias". Cfr. Portela, Paulo Henrique Gonçalves. *Direito Internacional Público e Privado*. Salvador: JusPodivm, 2013, p. 62.

tuição do Brasil, ao estabelecer a competência do Presidente da República para celebrar tratados e convenções internacionais (art. 84, VIII), dispõe estarem estes atos sujeitos a referendo do Congresso Nacional (a competência para referendar vem prevista no art. 49, I). Trata-se aqui de um *dualismo moderado*, em que a norma internacional deve ser submetida à aprovação congressional, mediante *decreto legislativo* (art. 59, VI, e 49, I), e à posterior promulgação presidencial, por *decreto*, ato que promulga, publica e confere executoriedade ao tratado ou convenção[44].

Assim, o diploma internacional só tem vigência no ordenamento jurídico brasileiro depois que for aprovado por decreto legislativo do Congresso Nacional e ulteriormente promulgado por decreto do Presidente da República (que, se dispõe de competência para celebrar o ato internacional, igualmente a tem para promulgá-lo, depois da aprovação do Legislativo). Cuida-se, portanto, de ato subjetivamente complexo, envolvendo a vontade do Presidente da República (art. 84, VIII, CF) e a do Congresso Nacional (art. 49, I, CF)[45].

Uma vez incorporado o tratado ou a convenção ao direito interno, põe-se a questão de sua força, no quadro da hierarquia de normas. Três são as correntes possíveis: (i) tratado com força de norma constitucional; (ii) tratado em posição hierárquica intermediária entre a norma constitucional e a lei ordinária; (iii) tratado com força de lei ordinária.

Em dois *leading cases*, o Supremo Tribunal Federal consagrou a orientação, hoje parcialmente modificada, no sentido de que os tratados estão no mesmo plano das leis ordinárias, em posição inferior, portanto, à Constituição: o da ADI 1.480/DF (STF, Tribunal Pleno, Rel. Min. Celso de Mello, julgamento em 04.09.1997, DJ de 18.05.2001) e o da CR 8.279/Argentina (STF, Tribunal Pleno, Rel. Min. Celso de Mello, julgamento em 17.06.1998, DJ de 10.08.2000). No primeiro caso, entendeu o STF que "os tratados ou convenções internacionais, uma vez regularmente incorporados ao direito interno, situam-se, no sistema jurídico brasileiro, nos mesmos planos de validade, de eficácia e de autoridade em que se posicionam as leis ordinárias, havendo, em consequência, entre estas e os atos de direito internacional público, mera relação de paridade normativa".

Em relação às normas internacionais sobre direitos humanos, todavia, a questão vem tomando rumos diversos, tendo havido inclusive mudança na orientação

---

44. Para parte da doutrina, a hipótese é de monismo, uma vez que os diplomas normativos (decreto legislativo do Congresso Nacional e decreto do Presidente da República) seriam apenas receptivos, e não constitutivos, de direito. Assim, Pedro Dallari, em Dallari, Pedro Bohomoletz de Abreu. *Tratados Internacionais na Emenda Constitucional 45*. In: Tavares, André Ramos / Lenza, Pedro / Alarcón, Pietro de Jesús Lora. *Reforma do Judiciário – analisada e comentada*. São Paulo: Método, 2005, pp. 83-98.

45. Assim entendeu o STF, no julgamento da ADI 1.480/DF (STF, Tribunal Pleno, Rel. Min. Celso de Mello, julgamento em 04.09.1997, DJ de 18.05.2001): "O exame da vigente Constituição Federal permite constatar que a execução dos tratados internacionais e a sua incorporação à ordem jurídica interna decorrem, no sistema adotado pelo Brasil, de um ato subjetivamente complexo, resultante da conjugação de duas vontades homogêneas: a do Congresso Nacional, que resolve, definitivamente, mediante decreto legislativo, sobre tratados, acordos ou atos internacionais (CF, art. 49, I) e a do Presidente da República, que, além de poder celebrar esses atos de direito internacional (CF, art. 84, VIII), também dispõe – enquanto Chefe de Estado que é – da competência para promulgá-los mediante decreto".

jurisprudencial do Supremo Tribunal Federal sobre o tema, conforme será abordado no próximo tópico.

Já parte da doutrina sustentava, com base no art. 5º, § 2º, da Constituição brasileira, que os tratados ou convenções que versassem sobre direitos e garantias individuais se revestiam de *status* constitucional. O dispositivo citado tem a seguinte redação: "Os direitos e garantias expressos nesta Constituição não excluem outros decorrentes do regime e dos princípios por ela adotados, *ou dos tratados internacionais em que a República Federativa do Brasil seja parte*" (destacamos). Parece claro, assim, que a Constituição brasileira conferiu força diferenciada às normas internacionais sobre direitos humanos, embora não se possa concluir daí que sejam *formalmente* constitucionais. O Supremo Tribunal Federal, aliás, mantém hoje orientação no sentido de que os tratados e convenções internacionais estão sujeitos ao controle de constitucionalidade, como veremos a seguir.

Sobreveio então a Emenda Constitucional nº 45, de 08 de dezembro de 2004, que acrescentou ao art. 5º da Constituição dois parágrafos que avançaram, mesmo de forma tímida, a perspectiva internacionalista do direito brasileiro. O art. 5º, § 3º, dispõe que os tratados e convenções internacionais sobre direitos humanos que forem aprovados em *quorum* especial (em dois turnos e por três quintos dos votos) nas duas casas do Congresso Nacional serão equivalentes às emendas constitucionais. O efeito inovador da Constituição, no particular, foi o de estabelecer a possibilidade de os atos internacionais serem submetidos ao *quorum* próprio das emendas constitucionais e, desta forma, adquirirem força normativa idêntica à da reforma constitucional. Já o art. 5º, § 4º, prescreve a submissão do Brasil à jurisdição de Tribunal Penal Internacional a cuja criação tenha manifestado adesão. A este respeito, o Estatuto de Roma – que instituiu o Tribunal Penal Internacional – foi promulgado pelo Decreto presidencial nº 4.388, de 25 de setembro de 2002, incorporando-se assim ao direito brasileiro.

Sobre o art. 5º, § 3º, da Constituição, em face de lacuna em que incorreu a reforma, passou-se a discutir o *status* das normas internacionais sobre direitos humanos *anteriores* à promulgação da Emenda Constitucional nº 45/2004.

É o caso da *Convenção Americana sobre Direitos Humanos*, também conhecida como *Pacto de San José de Costa Rica*, lugar onde foi aprovada em 22 de dezembro de 1969, vindo a entrar em vigor *na ordem internacional* apenas em 18 de julho de 1978. O Brasil, no entanto, só viria a promulgar a convenção, após aprovação do Congresso Nacional em maio de 1992, pelo *Decreto presidencial nº 678, de 06 de novembro de 1992.*

3. A JURISPRUDÊNCIA DO STF SOBRE O STATUS NORMATIVO DA CONVENÇÃO AMERICANA DE DIREITOS HUMANOS (PACTO DE SÃO JOSÉ DA COSTA RICA) E DO PACTO INTERNACIONAL DE DIREITOS CIVIS E POLÍTICOS

Em última análise, a discussão acerca do *status* normativo da Convenção de Costa Rica, em vigor por aqui desde 1992, chegou ao Supremo Tribunal Federal em 2008. A *quaestio* consistia em suposto "conflito" entre o art. 5º, inciso LXVII, da

Constituição do Brasil, e o art. 7º, número 7, da Convenção Americana de Direitos Humanos.

O dispositivo constitucional referido proíbe a prisão por dívida, permitindo-a excepcionalmente, porém, nos casos do devedor de pensão alimentícia e do depositário infiel[46]. O texto da Convenção, por seu turno, proíbe do mesmo modo a prisão civil como regra, mas excepciona apenas o caso do devedor de pensão alimentícia[47]. Qual norma deve prevalecer?

Com o advento, em nossa ordem interna, da Convenção de Costa Rica, expressivo setor da doutrina passou a sustentar que não mais subsistia na ordem jurídica brasileira a possibilidade de prisão civil do depositário infiel. Tratando-se de norma sobre direitos humanos, que proíbe a prisão civil excepcionando apenas o inadimplemento inescusável de obrigação alimentícia, teria nível de norma constitucional, por força do art. 5º, § 2º, da Constituição do Brasil. Proscrita estaria, assim, a prisão civil do depositário infiel, hipótese não excepcionada no texto da Convenção.

De igual modo, o art. 11 do *Pacto Internacional de Direitos Civis e Políticos* proíbe a prisão civil, dispondo que "ninguém poderá ser preso apenas por não poder cumprir com uma obrigação contratual". Este diploma foi adotado pela Resolução nº 2.200 da XXI Sessão da Assembleia Geral das Nações Unidas, em 16 de dezembro de 1966, e incorporado à ordem jurídica brasileira por meio do Decreto nº 592, de 06 de julho de 1992.

Operou-se então, a respeito do *status* interno das convenções internacionais sobre direitos humanos, importante mudança na jurisprudência do Supremo Tribunal Federal. Se antes entendia que os tratados e convenções internacionais situavam-se no mesmo patamar da legislação ordinária, hoje a Suprema Corte esposa a orientação no sentido de que os diplomas internacionais *sobre direitos humanos*, por força do art. 5º, § 2º, revestem-se de *status* supralegal e infraconstitucional, adotando, assim, posição intermediária em relação aos dois extremos anteriormente referidos (tratado com nível de norma constitucional e tratado com nível de lei ordinária).

O *leading case*, no ponto, foi o Recurso Extraordinário nº 466.343/SP, com julgamento pelo Plenário da Suprema Corte proferido em 03 de dezembro de 2008 (STF, RE 466.343, Tribunal Pleno, Rel. Min. CEZAR PELUSO, julgamento em 03.12.2008, DJ de 05.06.2009): "PRISÃO CIVIL. Depósito. Depositário infiel. Alienação fiduciária. Decretação da medida coercitiva. Inadmissibilidade absoluta. Insubsistência da previsão constitucional e das normas subalternas. Interpretação do art. 5º inc. LXVII, e §§ 1º, 2º e 3º, da CF, à luz do art. 7, § 7, da Convenção Americana de Direitos Humanos (Pacto de San José da Costa Rica). Recurso improvido. Julgamento conjunto do RE nº 349.703 e dos HCs nº 87.585 e nº 92.566. É ilícita a prisão civil de depositário infiel, qualquer que seja a modalidade do depósito". (destacamos)

---

46. Art. 5º, LXVII, CF: "Não haverá prisão civil por dívida, salvo a do responsável pelo inadimplemento voluntário e inescusável de obrigação alimentícia e a do depositário infiel".

47. Art. 7º, número 7, CADH: "Ninguém deve ser detido por dívida. Este princípio não limita os mandados de autoridade judiciária competente expedidos em virtude de inadimplemento de obrigação alimentar".

Adotou-se ali o mesmo entendimento da Segunda Turma do STF expresso no julgado do HC 95.967/MS (STF, HC 95.967, 2ª Turma, Rel. Min. ELLEN GRACIE, julgamento em 11.11.2008, DJ de 28.11.2008). Na situação concreta deste último, o *habeas corpus* foi impetrado, com invocação das normas internacionais, para resguardar o direito à liberdade de locomoção em face de ilegal constrangimento consubstanciado na prisão civil de depositário infiel. A Turma concedeu a ordem, nestes termos: "1. A matéria em julgamento neste habeas corpus envolve a temática da (in)admissibilidade da prisão civil do depositário infiel no ordenamento jurídico brasileiro no período posterior ao ingresso do Pacto de São José da Costa Rica no direito nacional. 2. Há o caráter especial do Pacto Internacional dos Direitos Civis Políticos (art. 11) e da Convenção Americana sobre Direitos Humanos - Pacto de San José da Costa Rica (art. 7º, 7), ratificados, sem reserva, pelo Brasil, no ano de 1992. *A esses diplomas internacionais sobre direitos humanos é reservado o lugar específico no ordenamento jurídico, estando abaixo da Constituição, porém acima da legislação interna. O status normativo supralegal dos tratados internacionais de direitos humanos subscritos pelo Brasil, torna inaplicável a legislação infraconstitucional com ele conflitante, seja ela anterior ou posterior ao ato de ratificação.* 3. Na atualidade a única hipótese de prisão civil, no Direito brasileiro, é a do devedor de alimentos. O art. 5º, §2º, da Carta Magna, expressamente estabeleceu que os direitos e garantias expressos no caput do mesmo dispositivo não excluem outros decorrentes do regime e dos princípios por ela adotados, ou dos tratados internacionais em que a República Federativa do Brasil seja parte. O Pacto de São José da Costa Rica, entendido como um tratado internacional em matéria de direitos humanos, expressamente, só admite, no seu bojo, a possibilidade de prisão civil do devedor de alimentos e, consequentemente, não admite mais a possibilidade de prisão civil do depositário infiel". (destacamos)

De tal forma, efetivou-se modificação da jurisprudência do STF, que antes admitia a prisão civil do depositário infiel, como se pode ver no HC 81.319/GO (STF, Tribunal Pleno, Rel. Min. CELSO DE MELLO, julgamento em 24.04.2002, DJ de 19.08.2005).

Observe-se que, apesar da referência expressa ao art. 5º, § 2º, da Constituição, para substanciar o entendimento de que os direitos e garantias individuais também constam dos tratados e convenções internacionais sobre direitos humanos, devendo ser assim reconhecidos na ordem jurídica interna, não chegou a Suprema Corte a conferir aos diplomas internacionais o *status* constitucional, o que dependeria de aprovação pelo *quorum* especial agora previsto no art. 5º, § 3º.

Assim, consagraram-se duas importantes orientações: (i) posição intermediária quanto ao *status* de atos internacionais *sobre direitos humanos*, que passam a ter nível *supralegal*, mas infraconstitucional; para os demais tratados, continua a valer o entendimento tradicional, que os situa no nível da legislação ordinária; (ii) por consequência, não mais se admite a prisão civil do depositário infiel em nosso direito, eis que proibida implicitamente pela Convenção de Costa Rica, incorporada à ordem jurídica brasileira com *status* supralegal, a prevalecer, portanto, sobre as disposições do Código Civil que disciplinam o assunto.

Pode-se perguntar, contudo, se não teria *efetivamente* prevalecido no caso o art. 7º, número 7, da Convenção internacional, sobre o art. 5º, LXVII, da Constituição brasileira, já que este último prevê a prisão civil do depositário infiel. A este respeito, entendeu o STF, como se pôde ver no julgamento plenário do já citado RE 466.343/SP, que o art. 5º, LXVII, apenas *autoriza* a prisão civil do depositário infiel, sem a impor ou, em outros termos, apenas confere autorização para que o legislador ordinário preveja e discipline a prisão nessa modalidade. No entanto, se norma de nível supralegal – no caso, convenção internacional sobre direitos humanos incorporada à ordem jurídica brasileira – proíbe a prisão, afastada resulta a previsão ordinária (Código Civil).

Acrescente-se, no particular, que o art. 7º, número 7, da Convenção de Costa Rica representa norma ampliativa de direito fundamental (o de não ser preso por dívida), ao passo que a norma constitucional (art. 5º, LXVII) contém uma restrição de direito individual, devendo prevalecer a primeira, por força do próprio dispositivo do art. 5º, § 2º, da Constituição do Brasil. Isto não confere, sem embargo, nível *formalmente* constitucional ao ato internacional. Se ambas as normas tratassem de direitos ou garantias individuais para consagrá-los ou ampliá-los, deveria, aí sim, prevalecer a feição e o alcance definidos na norma constitucional.

No julgamento do RE 466.343/SP – *leading case*, como dito –, ficou vencido o entendimento de quatro Ministros (CELSO DE MELLO, EROS GRAU, CEZAR PELUSO e ELLEN GRACIE), no sentido de que a Convenção de Costa Rica, como toda convenção sobre direitos humanos, tem *status* constitucional, compondo a noção de bloco de constitucionalidade[48].

De nossa parte, reputamos correta a orientação que prevaleceu no Plenário do STF, inclusive no que tange ao *status* supralegal, mas infraconstitucional, dos tratados e convenções internacionais *que não tiverem sido submetidos ao quorum especial previsto no art. 5º, § 3º, da Constituição*.

Alguns aspectos devem ser aqui levantados: (i) se todos os tratados e convenções internacionais sobre direitos humanos adquirissem *status* de norma constitucional em virtude do art. 5º, § 2º, que sentido teria o art. 5º, § 3º, da Constituição, que exige a aprovação em *quorum* especial para que assumam tal condição? (ii) é temerário admitir que tratados e convenções celebrados pelo Poder Executivo e aprovados por singela maioria simples no Congresso Nacional revistam-se formalmente da força normativa constitucional, ainda que tratem de direitos humanos.

Não há dúvida de que as normas internacionais sobre direitos humanos são *materialmente* constitucionais. Também algumas leis ordinárias o são. Fazê-las *formalmente* constitucionais, todavia, segundo a noção de bloco de constitucionalidade, arrefeceria a rigidez constitucional, banalizando-lhe a especial força normativa.

---

48. Entende-se por *bloco de constitucionalidade* o conjunto de normas constitucionais vigentes em vários outros diplomas normativos que não a Constituição, as quais adquirem, por seu conteúdo, um *status* constitucional. Vide, a esse respeito: FRANCISCO, José Carlos. *Bloco de Constitucionalidade e Recepção dos Tratados Internacionais*. In: TAVARES, André Ramos / LENZA, Pedro / ALARCÓN, Pietro de Jesús Lora (Coord.). *Reforma do Judiciário – analisada e comentada*. São Paulo: Método, 2005, pp. 99-105.

Estaria aberto, assim, espaço para subverter o controle de constitucionalidade, próprio de constituições rígidas e característica basilar do Estado de direito, como se viu.

Por essa razão é que se condicionou o *status* constitucional de tratados e convenções de direitos humanos à aprovação em *quorum* especial. Se fosse possível conferir nível formalmente constitucional a toda norma internacional sobre direitos humanos, por força do art. 5º, § 2º, por qual motivo então submetê-la ao *quorum* especial disposto no § 3º acrescentado ao art. 5º pela Emenda Constitucional nº 45/2004? Não seria preciso o trabalho do *quorum* especial nas duas casas do Parlamento brasileiro, se o ato internacional já se tornou formalmente constitucional pelo mero fato de sê-lo do ponto de vista material. Esvaziado estaria, desta forma, o sentido do art. 5º, § 3º, da Constituição da República.

Negaríamos, por esse caminho, o art. 5º, § 2º? Não, em absoluto. Os direitos e garantias expressos em normas internacionais, induvidosamente, agregam-se àqueles constantes do texto constitucional. Isso não quer dizer, porém, que as normas respectivas se revistam sempre e necessariamente, mesmo sem aprovação no *quorum* especial, da *forma* constitucional.

Por outro lado, andou muito mal o Poder Constituinte reformador ao não prever a situação dos tratados e convenções sobre direitos humanos anteriores à Emenda Constitucional nº 45/2004[49]. Não por isso, entretanto, se poderia negar aplicação ao art. 5º, § 3º, que exige *quorum* especial para conceder ao ato a estatura normativa constitucional.

A solução, portanto, só pode ser: (i) os tratados e convenções sobre direitos humanos anteriores à EC nº 45/2004, por força do art. 5º, § 2º, da CF, têm nível supralegal, mas infraconstitucional, o que não impede – antes impõe – que os direitos e garantias neles consagrados integrem o catálogo dos direitos e garantias fundamentais da ordem jurídica interna; (ii) qualquer ato normativo internacional sobre direitos humanos, anterior ou posterior à EC nº 45/2004, só terá a estatura constitucional se, em sua incorporação ao direito brasileiro, for aprovado pelo *quorum* especial previsto no art. 5º, § 3º, da Constituição da República.

Em especial, no caso do depositário infiel, não se pode dizer que o dispositivo da Convenção de Costa Rica haja prevalecido sobre a norma constitucional. Trata-se de direito fundamental que foi acrescentado ao rol dos direitos e garantias expressos na Constituição, consoante a exata previsão do art. 5º, § 2º. Não há incompatibilidade entre o texto do art. 7º, número 7, da Convenção e o do art. 5º, LXVII, da Constituição, que apenas *autoriza* a prisão civil do depositário infiel. Não se vá dizer que o texto constitucional, ao prever a prisão civil do devedor fiduciante, estaria fixando norma de direito fundamental... A Convenção, diversamente, institui disposição sobre direito fundamental, incorporado ao sistema brasileiro de forma vinculada ao regime de direitos e garantias (art. 5º, § 2º, CF), sem que, por isso, a norma de que deriva encerre nível constitucional. A diferença, enfatize-se, está em que, se ambas as

---

49. Semelhante emenda à Constituição argentina, em reforma de 1994, expressamente disciplinou a situação dos tratados e convenções anteriores à reforma, aos quais se conferiu *status* constitucional.

normas forem ampliativas de direitos ou garantias individuais, prevalecerá a norma constitucional, pela força especial que lhe é própria.

Há ainda uma questão interessante, que não aprofundaremos por fugir ao objetivo deste Curso. É que o Pacto Internacional de Direitos Civis e Políticos, incorporado ao direito brasileiro pelo Decreto nº 592/1992, não excepciona nenhuma hipótese de prisão civil. Aplicada a lógica acolhida pela jurisprudência do STF, assim, estaria abolida de nosso sistema toda forma de prisão civil, inclusive a do devedor de alimentos. Por certo, havendo dois diplomas (Constituição e Convenção de Costa Rica) excepcionando a prisão do devedor de alimentos, não se vai fazer prevalecer o Pacto Internacional de Direitos Civis e Políticos, até porque a promulgação do Pacto de San José de Costa Rica (Decreto nº 678/1992) é posterior à do Pacto de New York.

Feitas essas reflexões, passa-se ao exame do processo penal garantista emanado da Convenção Americana de Direitos Humanos e do Pacto Internacional de Direitos Civis e Políticos.

4. AS GARANTIAS PROCESSUAIS PENAIS PRÓPRIAS DO MODELO ACUSATÓRIO NA CONVENÇÃO AMERICANA DE DIREITOS HUMANOS (PACTO DE SAN JOSÉ DA COSTA RICA) E NO PACTO INTERNACIONAL DE DIREITOS CIVIS E POLÍTICOS

Em anterior tópico, indicamos dispositivos constitucionais que expressam as garantias basilares do processo penal brasileiro, conformando-o como um modelo de tipo acusatório. Procederemos da mesma forma quanto à Convenção de Costa Rica (promulgada pelo Decreto nº 678/1992) e ao Pacto Internacional de Direitos Civis e Políticos (promulgado pelo Decreto nº 592/1992), que ingressaram na ordem jurídica brasileira com estatura normativa supralegal, conforme o atual entendimento da Suprema Corte.

De início, a dignidade da pessoa humana, fundamento material do sistema, tem previsão no art. 5º da *Convenção Americana de Direitos Humanos (CADH)*, dispondo que "toda pessoa tem o direito de que se respeite sua integridade física, psíquica e moral", que "ninguém deve ser submetido a torturas, nem a penas ou tratos cruéis, desumanos ou degradantes" e que "toda pessoa privada de liberdade deve ser tratada com respeito devido à dignidade inerente ao ser humano". O art. 7º do *Pacto Internacional de Direitos Civis e Políticos (PIDCP)*, por sua vez, dispõe que "ninguém poderá ser submetido à tortura, nem a penas ou tratamentos cruéis, desumanos ou degradantes", e o art. 10, número 1, estabelece que "toda pessoa privada de liberdade deverá ser tratada com humanidade e respeito à dignidade inerente à pessoa humana".

Já as garantias básicas do processo penal de tipo acusatório identificadas na Constituição brasileira acham-se também insertas nos pactos internacionais. Vejamos em que medida:

(i) **Submissão à jurisdição** (*nulla poena, nulla culpa, sine judicium*): juiz independente e imparcial, com predeterminação exclusivamente legal de sua competência (art. 7º, número 5[50] e art. 8º, número 1[51], CADH / art. 7º, número 3[52], e art. 14, número 1[53], PIDCP).

(ii) **Separação entre juízo e acusação** (*nullum judicium sine accusatione*): art. 8º, número 1, da CADH, e art. 14, número 1, do PIDCP, ao garantirem o juiz imparcial à pessoa contra quem for formulada acusação penal. Também se reflete na garantia da defesa (art. 8º, número 2, *d* e *e*, CADH[54] / art. 14, número 3, *d*, PIDCP[55]).

(iii) **Presunção, estado ou situação jurídica de inocência** do imputado até e sob a condição da condenação definitiva (art. 8º, número 2, CADH[56] / art. 14, número 2, PIDCP[57]). Liberdade como regra e prisão como exceção (art. 7º, número 2, CADH[58] / art. 9º, número 1, PIDCP[59]). Direito ao silêncio e à não autoincriminação (art. 8º, número 2, *g*, CADH[60] / art. 14, número 3, *g*, PIDCP[61]).

(iv) **Contraditório e ampla defesa** (art. 8º, número 2, *d*, *e* e *f*, CADH / art. 14, número 3, PIDCP). Contraditório na vertente de conhecimento prévio e pormenorizado da acusação (art. 8º, número 2, *b*, CADH[62]; art. 14, número 3, *a*, PIDCP[63]). Ampla

---

50. Art. 7º, 5, CADH: "Toda pessoa detida ou retida deve ser conduzida, sem demora, à presença de um juiz ou de outra autoridade autorizada pela lei a exercer funções judiciais..."

51. Art. 8º, 1, CADH: "Toda pessoa tem direito a ser ouvida, com as devidas garantias e dentro de um prazo razoável, por um juiz ou tribunal competente, independente e imparcial, estabelecido anteriormente por lei, na apuração de qualquer acusação penal formulada contra ela..."

52. Art. 7º, 3, PIDCP: "Qualquer pessoa presa ou encarcerada em virtude de infração penal deverá ser conduzida, sem demora, à presença do juiz ou de outra autoridade habilitada por lei a exercer funções judiciais..."

53. Art. 14, 1, PIDCP: "Toda pessoa terá o direito de ser ouvida publicamente e com devidas garantias por um tribunal competente, independente e imparcial, estabelecido por lei, na apuração de qualquer acusação de caráter penal formulada contra ela..."

54. Art. 8º, 2, CADH: "...Durante o processo, toda pessoa tem direito, em plena igualdade, às seguintes garantias mínimas: d) direito do acusado de defender-se pessoalmente ou de ser assistido por um defensor de sua escolha e de comunicar-se, livremente e em particular, com seu defensor; e) direito irrenunciável de ser assistido por um defensor proporcionado pelo Estado, remunerado ou não, segundo a legislação interna, se o acusado não se defender ele próprio nem nomear defensor dentro do prazo estabelecido pela lei".

55. Art. 14, 3, *d*, PIDCP: "...de estar presente no julgamento e de defender-se pessoalmente ou por intermédio de defensor de sua escolha; de ser informado, caso não tenha defensor, do direito que lhe assiste de tê-lo e, sempre que o interesse da justiça assim exija, de ter um defensor designado ex-offício gratuitamente, se não tiver meios para remunerá-lo".

56. Art. 8º, 2, CADH: "Toda pessoa acusada de delito tem direito a que se presuma sua inocência enquanto não se comprove legalmente a sua culpa..."

57. Art. 14, 2, PIDCP: "Toda pessoa acusada de um delito terá direito a que se presuma sua inocência enquanto não for legalmente comprovada sua culpa".

58. Art. 7º, 2, CADH: "Ninguém pode ser privado de sua liberdade física, salvo pelas causas e nas condições previamente fixadas pelas constituições políticas dos Estados-partes ou pelas leis de acordo com elas promulgadas".

59. Art. 9º, 1, PIDCP: "Toda pessoa tem direito à liberdade e à segurança pessoais. Ninguém poderá ser preso ou encarcerado arbitrariamente. Ninguém poderá ser privado de liberdade, salvo pelos motivos previstos em lei e em conformidade com os procedimentos nela estabelecidos".

60. Art. 8º, 2, *g*, CADH: "...direito de não ser obrigada a depor contra si mesma, nem a declarar-se culpada".

61. Art. 14, 3, *g*, PIDCP: "...de não ser obrigada a depor contra si mesma, nem a confessar-se culpada".

62. Art. 8º, 2, *b*, CADH: "...comunicação prévia e pormenorizada ao acusado a acusação formulada".

63. Art. 14, 3, *a*, PIDCP: "...de ser informado, sem demora, numa língua que compreenda e de forma minuciosa, da natureza e dos motivos da acusação contra ela formulada".

defesa na dimensão de defesa técnica, irrenunciável e exercida em tempo hábil (art. 8º, número 2, *c*, *d* e *e*, CADH / art. 14, número 3, *b*, PIDCP), como direito à prova (art. 8º, número 2, *f*, CADH[64] / art. 14, número 3, *e*, PIDCP[65]) e como direito ao recurso (art. 8º, número 2, *h*, CADH[66]; art. 14, número 5, PIDCP[67]). Ampla defesa na dimensão de autodefesa (art. 14, número 3, *d*, PIDCP).

Abordaremos esses princípios no Capítulo III, com referência às disposições normativas pertinentes.

Como se nota, também as convenções internacionais sobre direitos humanos integradas ao direito brasileiro conformam um modelo processual penal de tipo acusatório.

Reunindo e integrando, assim, as vertentes normativas constitucional (Constituição do Brasil de 1988), internacional (Convenção Americana de Direitos Humanos e Pacto Internacional de Direitos Civis e Políticos) e ordinária (Código de Processo Penal e leis especiais), pode-se concluir que *o modelo de processo adotado pelo sistema brasileiro é o de tipo acusatório*. A questão, porém, não é pacífica na doutrina, conforme veremos na sequência.

SEÇÃO IV
Modelo de Processo Penal adotado na Ordem Jurídica Brasileira

A doutrina muito diverge sobre o modelo de processo penal em que se insere o sistema brasileiro. Por tudo quanto já declinamos, faz-se inabalável nossa convicção de que o sistema brasileiro é de tipo acusatório.

A característica principal do modelo acusatório, para começar, está presente entre nós: a separação entre juízo e acusação, refletida nas garantias constitucionais e legais de imparcialidade do juiz e na instituição do Ministério Público como titular privativo da ação penal pública (art. 129, inciso I, CF).

Assim é que FREDERICO MARQUES sustenta que o sistema brasileiro se revela acusatório, observando: "Não há, em nosso processo penal, a figura do juiz inquisitivo. Separadas estão, no Direito Pátrio, a *função de acusar* e a *função jurisdicional*. O impulso inicial ao processo, quem o dá é o Ministério Público, quando o caso é de *ação penal pública*, ou o particular, quando o caso é de *ação penal privada*"[68].

---

64. Art. 8º, 2, *f*, CADH: "...direito da defesa de inquirir as testemunhas presentes no tribunal e de obter o comparecimento, como testemunhas ou peritos, de outras pessoas que possam lançar luz sobre os fatos".

65. Art. 14, 3, *e*, PIDCP: "...de interrogar ou fazer interrogar as testemunhas de acusão e de obter o comparecimento e o interrogatório das testemunhas de defesa nas mesmas condições de que dispõem as de acusação".

66. Art. 8º, 2, *h*, CADH: "...direito de recorrer da sentença para juiz ou tribunal superior".

67. Art. 14, 5, PIDCP: "Toda pessoa declarada culpada por um delito terá direito de recorrer da sentença condenatória e da pena a uma instância superior, em conformidade com a lei".

68. MARQUES, José Frederico. *Elementos de Direito Processual Penal*. Rio de Janeiro: Forense, 1961, v. I, p. 70.

É inteiramente estranha ao nosso sistema, nesse sentido, a instauração do processo penal de ofício pelo juiz, cerne do modelo inquisitório, assim como outras características próprias desse sistema, a exemplo da ausência de contraditório, do tratamento do acusado como objeto do processo e da irrestrita iniciativa instrutória do juiz.

Parte da doutrina, entretanto, visualiza no inquérito policial uma fase inquisitória do processo penal brasileiro, considerando-o, portanto, um modelo de tipo "misto". Como sustenta Marco ANTÔNIO DE BARROS: "Pese todo o respeito que se devota aos nobres doutrinadores, entendo que nosso sistema de persecução penal continua sendo misto. Inquisitivo na sua fase primária, depositando no inquérito policial seu principal instrumento de perseguição do fato ilícito, sendo o procedimento resguardado pelo sigilo das investigações (art. 20 do CPP), não afeito ao princípio do contraditório e cercado pela discricionariedade da autoridade policial que o presidir (art. 14 do CPP). Acusatório, na segunda fase, porque a ação depende fundamentalmente da iniciativa do órgão da acusação, seja ele representante do Ministério Público (art. 129, I, da CF) ou o próprio ofendido ou seu representante legal, segundo a legitimação firmada em lei"[69].

Também em certos resquícios do modelo inquisitório, presentes em nosso sistema, identificam alguns autores a feição "mista" do processo penal brasileiro. Neste rumo, apontam-se, por exemplo, os resquícios do sistema da prova legal, a possibilidade de decretação *ex officio* de prisão preventiva, a iniciativa probatória do juiz, dentre outras. Confira-se a posição de GUILHERME NUCCI: "Nosso sistema é 'inquisitivo-garantista', enfim misto (...) Defender o contrário, classificando-o como acusatório é omitir que o juiz brasileiro produz prova de ofício, decreta a prisão do acusado de ofício, sem que nenhuma das partes tenha solicitado, bem como se vale, sem a menor preocupação, de elementos produzidos longe do contraditório, para formar a sua convicção"[70].

Preocupa-nos a análise do processo penal brasileiro com base nos vícios de sua prática. A nosso sentir, a doutrina que qualifica de "misto" o processo brasileiro toma por base elementos presentemente alheios ao nosso sistema, pela compostura que lhe conferiu o regime garantista emanado da Constituição da República e das cartas internacionais de direitos, ambas com força normativa superior à da legislação ordinária representada pelo Código de Processo Penal. Gradativamente, aliás, as sucessivas reformas têm, ainda que de forma assistemática, moldado essa mesma lógica também no plano ordinário.

De toda sorte, uma coisa é criticar o viés inquisitivo do processo penal brasileiro, em dispositivos remanescentes e em sua prática; outra, bem diversa, é qualificar de parcialmente inquisitório *o sistema*.

ROGÉRIO TUCCI oferece-nos interessante avaliação de nossa prática processual, afirmando que "o moderno processo penal delineia-se inquisitório, substancialmente, na sua essencialidade; e, formalmente, no tocante ao procedimento desenrolado na

---

69. BARROS, Marco Antonio de. *A Busca da Verdade no Processo Penal*. São Paulo: Revista dos Tribunais, 2002, p. 132.

70. NUCCI, Guilherme de Souza. *Manual de Processo Penal e Execução Penal*. Rio de Janeiro: Forense, 2014, p. 71. NUCCI reconhece, porém, que tal sistema "misto" não seria o "oficialmente" adotado entre nós: "O sistema adotado no Brasil, embora não oficialmente, é o misto".

segunda fase da persecução penal, acusatório"[71]. Mas não é esta, por certo, a feição normativa do sistema, a menos que se queira derivá-lo inteiramente da estrutura originária do Código de Processo Penal, ignorando tudo o que aconteceu depois.

Se tanto não bastasse, a fase de investigação traduz-se em mero procedimento administrativo de preparação da ação penal, não constituindo, de nenhum modo, processo, conquanto seu estudo esteja afeto, por razões óbvias, ao âmbito do direito processual penal. Conforme justamente observa EUGÊNIO PACELLI: "No que se refere à fase investigativa, convém lembrar que a definição de um sistema processual há de limitar-se ao exame do processo, isto é, da atuação do juiz no curso do processo. E porque, decididamente, inquérito policial não é *processo*, misto não será o sistema processual, ao menos sob tal fundamentação. De outra parte, somente quando a investigação for realizada diretamente perante o juízo (Juizado de Instrução) será possível vislumbrar contaminação do sistema, sobretudo quando ao mesmo juiz da fase de investigação for reservada a função de julgamento. Não é esse o caso brasileiro. A atuação judicial na fase de inquérito há de ser para fins exclusivos de tutela das liberdades públicas"[72].

Por outro lado, as características inquisitórias ainda presentes são atualmente secundárias, não chegando a desnaturar o caráter acusatório do sistema. Assim é, a propósito, na generalidade dos sistemas acusatórios contemporâneos, ao menos naqueles filiados à tradição romano-germânica. Somente no direito anglo-saxão se pode visualizar um modelo acusatório mais aproximadamente puro. Mesmo ali, porém, encontram-se incursões próprias do modelo inquisitivo.

O processo penal brasileiro apenas seria parcialmente inquisitório se um *juiz* iniciasse de ofício e conduzisse a fase inquisitiva, como, aliás, acontecia no modelo de tipo "misto" cujas bases modernas foram lançadas no *Code d'Instruction Criminelle* napoleônico, conforme já estudado.

Em tais condições, e abstraindo aqui o regime constitucional garantista, o próprio Código de Processo Penal não conforma em si mesmo um processo de tipo "misto". Não se adotou, por aqui, o sistema do *juizado de instrução*, inaugurado no Código napoleônico. Assim o disse o próprio Ministro Francisco Campos, na Exposição de Motivos: "Foi mantido o inquérito policial como processo preliminar ou preparatório da ação penal, guardadas as suas características atuais [...] O preconizado *juízo de instrução*, que importaria limitar a função da autoridade policial a prender criminosos, averiguar a materialidade dos crimes e *indicar* testemunhas, só é praticável sob a condição de que as distâncias dentro de seu território de jurisdição sejam fácil e rapidamente superáveis".

Convém não esquecer que o modelo de tipo "misto" napoleônico se estruturava, abrangendo investigação e processo, em três fases: investigativa, a cargo da Polícia Judiciária; inquisitória, com a participação do Ministério Público e a condução do juiz de instrução; e acusatória, com julgamento proferido por jurados. O que o caracterizava como "misto" não era, por certo, a fase de investigação, e sim a divisão do processo

---

71. TUCCI, Rogério Lauria. *Direitos e Garantias Individuais no Direito Processual Penal Brasileiro*. São Paulo: Saraiva, 2009, p. 44.

72. PACELLI, Eugenio. *Curso de Processo Penal*. São Paulo: Atlas, 2013, pp. 13-14.

propriamente dito em duas fases: uma inquisitória, conduzida por "juiz magistrado"; outra acusatória, com julgamento por "juiz cidadão". Hoje o sistema se modificou, mas permanece "misto" em alguns países da Europa, em que há uma fase instrutória, sob a presidência de um juiz de instrução, e uma fase de julgamento, a cargo de juiz diverso daquele que conduziu a primeira fase, circunstância esta que, ao preservar a imparcialidade do magistrado, confere ao sistema um teor muito mais acusatório do que inquisitório.

Assim, não se pode tomar a instrução policial como forma de processo, para o efeito de classificar nosso sistema como "misto".

Já no que se refere às características inquisitórias do processo penal brasileiro, reitere-se o quanto já dito: a prática de processo desafinada ao regime constitucional, em que se deve basear, não justifica a qualificação do sistema como parcialmente inquisitorial. Do contrário, seríamos tolerantes a práticas incompatíveis com o garantismo, tais a *irrestrita* iniciativa probatória do juiz e a fundamentação de juízo condenatório em elementos colhidos exclusivamente no inquérito policial. Não se confunda *ser* com *dever ser*, sob pena de redução ao puro *realismo*.

As reformas do processo penal – como dão conta, por exemplo, as leis nº 10.792/2003, nº 11.689/2008, nº 11.690/2008, nº 11.719/2008 e nº 12.403/2011 – e a jurisprudência brasileira, a propósito, vêm progressivamente adaptando, mesmo que não ainda da forma desejável, a estrutura obsoleta do Código de Processo Penal à ordem constitucional vigente.

CAPÍTULO III
Princípios do Processo Penal

A doutrina constitucional contemporânea distingue os *princípios* das *regras*, como duas espécies de normas[1]. Os princípios constituem normas abertas, de maior grau de abstração, generalidade e indeterminação – carecendo, para a sua aplicação, de mediações concretizadoras por parte do legislador e do juiz – e com caráter *estruturante* do sistema jurídico. As regras, por sua vez, são mais fechadas, com hipótese de incidência bem definida e, por isso, suscetíveis de aplicação direta, podendo ainda ter conteúdo meramente funcional, sem necessária vinculação com a ideia de justiça[2].

RONALD DWORKIN concebe os princípios como padrões (*standards*) juridicamente vinculantes e radicados nas exigências de justiça[3]. Encerram os princípios, nessa compreensão, força normativa fundamental, com idoneidade irradiante sobre as regras que integram o ordenamento jurídico. PAULO BONAVIDES refere o preciso conceito de CRISAFULLI, que encerra o aspecto da normatividade dos princípios: "Princípio é, com efeito, toda norma jurídica, enquanto considerada como determinante de uma ou de muitas outras subordinadas, que a pressupõem, desenvolvendo e especificando ulteriormente o preceito em direções mais particulares (menos gerais), das quais determinam, e portanto resumem, potencialmente, o conteúdo: sejam, pois, estas efetivamente postas, sejam, ao contrário, apenas dedutíveis do respectivo princípio geral que as contém"[4].

Dentre as *normas-princípios*, destacam-se aquelas definidoras de garantias, sendo estas as que formam, em especial, o objeto de nosso estudo. Como assinala CANOTILHO: "Há outros princípios que visam instituir directa e imediatamente uma *garantia* dos cidadãos. É-lhes atribuída uma densidade de autêntica norma jurídica e uma força determinante, positiva e negativa [...] Estes princípios traduzem-se no estabelecimento

---

1. Assim, por todos: CANOTILHO, José Joaquim Gomes. *Direito Constitucional e Teoria da Constituição*. Coimbra: Almedina, 2002, p. 1144; DWORKIN, Ronald. *Taking Rights Seriously*. Cambridge, Massachusetts: Harvard University Press, 1978, p. 53.
2. CANOTILHO, José Joaquim Gomes. *Direito Constitucional e Teoria da Constituição*. Coimbra: Almedina, 2002, pp. 1144-1148.
3. DWORKIN, Ronald. *Taking Rights Seriously*. Cambridge, Massachusetts: Harvard University Press, 1978, p. 22.
4. BONAVIDES, Paulo. *Curso de Direito Constitucional*. São Paulo: Malheiros, 2014, p. 262. O ilustrado constitucionalista faz referência também a interessante conceito firmado pela Corte Constitucional italiana, que, apesar de não conter a essencial nota da normatividade, bem reflete os demais aspectos inerentes aos princípios: "Faz-se mister assinalar que se devem considerar como princípios do ordenamento jurídico aquelas orientações e aquelas diretivas de caráter geral e fundamental que se possam deduzir da conexão sistemática, da coordenação e da íntima racionalidade das normas, que concorrem para formar assim, num dado momento histórico, o tecido do ordenamento jurídico".

directo de garantias para os cidadãos e daí que os autores lhes chamem 'princípios em forma de norma jurídica' (Larenz) e considerem o legislador estreitamente vinculado na sua aplicação"[5].

O legislador ordinário, nesse sentido, está vinculado a normas constitucionais que definem garantias do processo. São elas que informam as *normas-regras* relativas ao processo penal. Por sua natureza estruturante e fundamental, são esses princípios-garantias que conformam um determinado tipo de sistema, conferindo-lhe a estirpe própria[6]. Vamos a eles.

SEÇÃO I
Devido Processo Legal e Devido Processo Penal

O princípio-garantia do *devido processo legal* está assim enunciado no art. 5º, inciso LIV, da Constituição da República: "ninguém será privado da liberdade ou de seus bens sem o devido processo legal"[7]. Com mais detalhes sobre o conteúdo protetivo inerente à garantia em foco, dispõe o art. 7, número 2, da Convenção Americana de Direitos Humanos (Decreto nº 678/1992): "Ninguém pode ser privado de sua liberdade física, salvo pelas causas e nas condições previamente fixadas pelas constituições políticas dos Estados-Partes ou pelas leis de acordo com elas promulgadas". De maneira semelhante, fixa o art. 9, número 1, terceira parte, do Pacto Internacional de Direitos Civis e Políticos (Decreto nº 592/1992): "...Ninguém poderá ser privado de liberdade, salvo pelos motivos previstos em lei e em conformidade com os procedimentos nela estabelecidos".

As origens do princípio remontam à *Magna Charta* "das liberdades concedidas pelo Rei João", na verdade imposta pelos barões ingleses ao rei João Sem-Terra, no ano 1215[8].

---

5. Canotilho, José Joaquim Gomes. *Direito Constitucional e Teoria da Constituição*. Coimbra: Almedina, 2002, p. 1151.

6. Em outro trabalho, anota Canotilho, sobre "a repetida doutrina da *dupla dimensão* dos direitos fundamentais – dimensão subjectiva e dimensão objectiva", o seguinte: "A primeira aponta para a necessidade garantística de formulação de regras; a segunda postula o apelo a princípios-valor (dignidade da pessoa humana, liberdade, justiça). Não admira, assim, que algumas questões básicas de aplicação de normas (ex: solução de conflitos) trabalhem com esquemas dogmáticos mais adequados ao procedimento de aplicação hermenêutica de princípios (...) ou com propostas metodológicas mais familiares à aplicação de regras garantidoras de direitos subjectivos". Cfr. Canotilho, José Joaquim Gomes. *Estudos sobre Direitos Fundamentais*. Coimbra: Coimbra Editora. São Paulo: Revista dos Tribunais, 2008, pp. 158-159.

7. O enunciado é semelhante ao da Quinta Emenda à Constituição norte-americana: "No person shall be (...) deprived of life, liberty, or property, without due process of law..."

8. Há quem indique fontes mais antigas. José Maria Othon Sidou, a propósito, discorrendo sobre as origens da proteção à liberdade pessoal, aponta interessante referência em que podemos identificar um esboço do devido processo legal, ainda que de forma implícita: "Isto já estava presente numa constituição do imperador Constantino ao Prefeito do Pretório, do ano 354 (quase um milênio antes), recolhida no Código de Justiniano, livro IX, título IV, lei 2 (*de custodia reorum*), que traduzimos: 'O que cometa delito pelo qual deva ser detido e encarcerado numa prisão, primeiramente seja conduzido ante o juiz, para que seja ouvido, e se visivelmente parece que haja cometido o delito que se lhe imputa, seja conduzido a seguir à prisão, donde volverá à presença do juiz, a fim de que seja de novo interrogado. Dessa maneira as diligências para apurar a culpabilidade no processo se farão

Lê-se então no famoso artigo 39: "Nenhum homem livre será detido ou sujeito à prisão, nem terá confiscados seus bens, ou será tornado fora-da-lei, ou exilado, ou de alguma maneira molestado, e nós contra ele não agiremos nem mandaremos agir, *senão por julgamento legal de seus pares, segundo a lei da terra*"[9]. Na carta inglesa, porém, apenas se falava em *law judgement* e em *law of the land*, não havendo ainda a noção de *due process of law*, expressão que surgiria posteriormente, em Estatuto de 1354 atribuído a Eduardo III[10].

Consiste o princípio do *devido processo legal* em que ninguém poderá ser privado de seus direitos sem um processo desenvolvido segundo as formas legalmente estabelecidas e com o devido respeito a um conjunto de garantias processuais, como as do juízo natural, do contraditório e da ampla defesa[11]. Esse perfil está claro nas já referidas normas dos artigos 5º, LIV, da Constituição, 7.2 da Convenção Americana de Direitos Humanos (Decreto nº 678/1992) e 9.1 do Pacto Internacional de Direitos Civis e Políticos (Decreto nº 592/1992).

Como elucida ROGÉRIO TUCCI, a garantia do devido processo legal tem os seguintes desdobramentos: (i) *substantive process of law* (processo legal substantivo), entendido como a elaboração regular e correta da lei, que deve se adequar aos preceitos constitucionais; (ii) *judicial process* (processo judicial), compreendido como a aplicação judicial das normas jurídicas mediante instrumento hábil à sua interpretação e realização, que é o *processo*; (iii) paridade de armas entre as partes (igualdade substancial)[12].

Cumpre destacar, entre essas dimensões, as duas primeiras: uma de *caráter substancial*, em que as leis devem ser elaboradas de acordo com a Constituição (conteúdo legal do processo em conformidade com a ordem constitucional); e outra de cunho formal (*procedural due process*), em que a atuação do poder jurisdicional opera-se mediante as formas instrumentais do processo, preestabelecidas na lei ordinária.

---

quase públicas, do que resultará um certo freio que atenuará a severidade extremada dos juízes'". Cfr. SIDOU, José Maria Othon. *Habeas Corpus, Mandado de Segurança e Ação Popular: as garantias ativas dos direitos coletivos*. Rio de Janeiro: Forense, 1983, p. 91.

9.   Art. 39, *Magna Charta*: "No free man shall be seized or imprisoned, or stripped of his rights or possessions, or outlawed or exiled, or deprived of his standing in any other way, nor will we proceed with force against him, or send others to do so, *except by the law judgement of his equals or by the law of the land*". Versão em espanhol: ORFANEL, Germán Gómez. *Las Constituciones de los Estados de la Unión Europea*. Madrid: Centro de Estudios Constitucionales, 1996, pp. 197-302.

10. "None shall be condemned without trial. Also, that no Man of what State or Condition that he be, shall be put out of the Land or Tenement, nor taken or imprisoned, nor disinherited, nor put to the death, without brought to answer by *due process of law*." Cfr. GRINOVER, Ada Pellegrini. *Liberdades Públicas e Processo Penal*. São Paulo: Revista dos Tribunais, 1982, pp. 19-20.

11. Sobre as garantias do devido processo legal, assinala ADA GRINOVER: "A oportunidade de defesa deve ser realmente plena e o processo deve desenvolver-se com aquelas garantias, em cuja ausência não pode caracterizar-se o 'devido processo legal', inserido em toda constituição realmente moderna. Ou seja, é preciso que o julgamento se desenvolva com as indispensáveis garantias processuais, entre as quais o contraditório, o uso dos meios de prova garantidos em geral, a presença do juiz natural, a publicidade, o duplo grau de jurisdição". Cfr. GRINOVER, Ada Pellegrini. *Liberdades Públicas e Processo Penal*. São Paulo: Revista dos Tribunais, 1982, p. 19.

12. TUCCI, Rogério Lauria / CRUZ E TUCCI, José Rogério. *Devido Processo legal e tutela jurisdicional*. São Paulo: Revista dos Tribunais, 1993, pp. 18-19, e TUCCI, Rogério Lauria / CRUZ E TUCCI, José Rogério. *Constituição de 1988 e Processo – regramentos e garantias constitucionais do processo*. São Paulo: Saraiva, 1989, pp. 15-16.

A terceira dimensão apontada, por sua vez, é inerente ao contraditório, mas integra antes de tudo o *devido processo legal*, no sentido de que o processo, movimentado de acordo com as formas preestabelecidas em lei, só pode estar orientado pela igualdade substancial entre as partes: as próprias formas, em sua essência, são constituídas de maneira a atender à igualdade e à paridade de armas no processo.

No que concerne às garantias processuais penais, desenvolveu-se a noção de *devido processo penal*, que é justamente a expressão do princípio em estudo no domínio do processo penal. A designação foi pioneiramente empregada por PEDRO BERTOLINO, para quem "a denominação de 'penal' atribuída à garantia menciona, por certo, o modo corrente com o qual se indica o direito que no processo respectivo se atua"[13].

Trata-se do princípio-garantia em torno do qual gravitam as demais garantias processuais penais. Se o processo, como refere SCARANCE FERNANDES, é o "polo metodológico do direito processual" de que irradiam jurisdição, ação e defesa[14], o *devido processo* é, por certo, o princípio fundamental, para cuja realização se integram as outras garantias processuais do sistema penal[15].

DEVIDO PROCESSO LEGAL

(i) **processo legal substantivo** (*substantive process of law*): conteúdo da lei ordinária adequado à ordem constitucional.

(ii) **processo legal judicial** (*judicial process of law*): processo judicial em conformidade com as garantias e formas previamente estabelecidas em lei.

(iii) **paridade de armas entre as partes (igualdade substancial)**: dimensão do contraditório presente no princípio do devido processo legal.

SEÇÃO II
Contraditório

O princípio-garantia do *contraditório* tem assento constitucional no art. 5º, inciso LV: "aos litigantes, em processo judicial ou administrativo, e *aos acusados em geral* são assegurados *o contraditório* e a ampla defesa, com os meios e recursos a ela inerentes".

É clássica, sobre o tema, a concepção do jurista italiano SERGIO LA CHINA, que define o princípio do contraditório nas dimensões de *informação* e *possibilidade de reação*: "o princípio do contraditório se articula, nas suas manifestações técnicas, em dois aspectos ou momentos essenciais: informação, reação; necessária a primeira,

---

13. BERTOLINO, Pedro J. *El Debido Proceso Penal*. La Plata: Platense, 1986, p. 20.

14. FERNANDES, Antonio Scarance. *Processo Penal Constitucional*. São Paulo: Revista dos Tribunais, 2007, p. 35.

15. No sentido do texto, GUSTAVO BADARÓ: "O princípio do devido processo legal, em seu aspecto processual, é um *princípio síntese*, que engloba os demais princípios e garantias processuais assegurados constitucionalmente". Com algum exagero, acrescenta: "Assim, bastaria que a Constituição assegurasse o devido processo legal e todos os demais princípios dele defluiriam". Cfr. BADARÓ, Gustavo Henrique. *Direito Processual Penal*. Rio de Janeiro: Elsevier, 2008, t. I, p. 36.

eventual a segunda (mas necessário que seja esta possível!)"[16]. Em igual sentido, tem-se a definição de Joaquim Canuto MENDES DE ALMEIDA, para quem contraditório é a "ciência bilateral dos atos e termos processuais" e a "possibilidade de contrariá-los"[17].

ADA GRINOVER, destacando os mesmos dois aspectos, considera o contraditório um pressuposto da ampla defesa: "Num determinado enfoque, é inquestionável que é do contraditório que brota a própria defesa. Desdobrando-se o contraditório em dois momentos – a informação e a possibilidade de reação –, não há como negar que o conhecimento, ínsito no contraditório, é pressuposto para o exercício da defesa"[18].

Por outro lado, a doutrina tem destacado, no âmbito do processo penal, a exigência de um *contraditório pleno e efetivo*, como assinala SCARANCE FERNANDES: "No processo penal é necessário que a informação e a possibilidade de reação permitam um contraditório pleno e efetivo. Pleno porque se exige a observância do contraditório durante todo o desenrolar da causa, até seu encerramento. Efetivo porque não é suficiente dar à parte a possibilidade formal de se pronunciar sobre os atos da parte contrária, sendo imprescindível proporcionar-lhe os meios para que tenha condições reais de contrariá-los. Liga-se, aqui, o contraditório ao princípio da paridade de armas, sendo mister, para um contraditório efetivo, estarem as partes munidas de forças similares"[19].

A precisa exposição de SCARANCE nos põe, sem embargo, algumas dificuldades em aceitar a noção de "possibilidade de reação" no processo penal. Em princípio, parece-nos prescindível a designação "contraditório pleno e efetivo", eis que plenitude e efetividade são notas conceituais da garantia em estudo. Não haveria contraditório se não fosse pleno e efetivo.

Cumpre conceituar o princípio do contraditório, assim, já levando em conta os elementos *plenitude* e *efetividade*. Nesse sentido, parece-nos que a garantia do contraditório, no processo penal, expressa (i) o conhecimento dos atos e termos processuais, por ambas as partes (bilateralidade) e em todas as fases do processo (plenitude), e (ii) a efetiva reação, não bastando a mera possibilidade. Possibilidade de reação é possibilidade de contraditório, e não contraditório real.

Expressivo setor da doutrina processual civil, a propósito, costuma distinguir entre *bilateralidade* e *contraditório*, sendo o primeiro a mera ciência ao réu de que contra ele existe uma ação judicial, possibilitando-se-lhe, assim, o exercício do contraditório. O que se assegura, portanto, no processo civil, é a bilateralidade, e não o contraditório, já que se faz possível que o réu, mesmo ciente da ação, nada apresente para contraditá-la (configurando-se, na hipótese, a revelia ou a contumácia). No processo penal,

---

16. LA CHINA, Sergio. *L'Esecuzione Forzata e le Disposizioni Generali del Codice di Procedura Civile*. Milano: Giuffrè, 1970, p. 394: "Il principio del contraddittorio si articola, nelle sue manifestazioni tecniche, in due aspetti o tempi essenziali: informazione, reazione; necessaria sempre la prima, eventuale la seconda (ma necessario che sia resa possibile!)".

17. MENDES DE ALMEIDA, Joaquim Canuto. *Princípios Fundamentais do Processo Penal*. São Paulo: Revista dos Tribunais, 1973, p. 81.

18. GRINOVER, Ada Pellegrini. *Novas Tendências do Direito Processual – de acordo com a Constituição de 1988*. Rio de Janeiro: Forense Universitária, 1990, p. 04.

19. FERNANDES, Antonio Scarance. *Processo Penal Constitucional*. São Paulo: Revista dos Tribunais, 2007, p. 63.

diversamente, é necessária a reação pelo acusado e, em homenagem à isonomia processual, também pela acusação.

A esse respeito, bem observa ROGÉRIO TUCCI que, no processo civil, o réu tem o ônus, e não o dever, de se defender, enquanto que, no processo penal, "a contraditoriedade deve ser efetiva, real, em todo o desenrolar da persecução penal, a fim de que, perquirida à exaustão a verdade material, reste devidamente assegurada a liberdade jurídica do indivíduo enredado na *persecutio criminis*"[20].

Por outro lado, para que haja efetivo contraditório, é necessário que as partes se contraponham em *igualdade de condições*, não se permitindo que uma, de qualquer modo, se sobreponha à outra. Na busca de igualdade substancial, faz-se imprescindível a concessão de algumas prerrogativas ao acusado frente ao acusador público, este tendencialmente apto a prevalecer em forças, sobretudo por ter o controle da persecução do Estado.

Com base nessas noções, reformula-se o conceito de contraditório para nele identificar os seguintes aspectos, que o fazem conceitualmente pleno e efetivo: (i) *paridade de armas* entre acusação e defesa (*par conditio*); (ii) *conhecimento bilateral e pormenorizado* dos atos e termos do processo penal em todas as fases (plenitude); (iii) *efetiva reação*, mediante o oferecimento de razões e/ou de elementos de prova. Fora disso, apenas teríamos a bilateralidade, ou seja, o contraditório no plano apenas potencial, diversamente do que assegura a Constituição do Brasil.

O contraditório, no sentido de conhecimento da acusação, vem assegurado ao acusado no art. 8, número 2, *b*, da Convenção Americana de Direitos Humanos: "... Durante o processo, toda pessoa tem direito, em plena igualdade, às seguintes garantias mínimas: b) comunicação prévia e pormenorizada ao acusado da acusação formulada".

Ressalte-se, entretanto, que o contraditório é um princípio ligado a ambas as partes processuais, no que se diferencia da ampla defesa, privativa do acusado. Assim, deve ser assegurado o contraditório – mas não, por óbvio, como garantia individual – ao acusador. Tanto decorre do princípio da igualdade entre as partes e do primeiro aspecto acima apontado do contraditório, qual seja, a paridade de armas entre acusação e defesa. O teor garantista do princípio, de toda sorte, reserva-se ao acusado, que, aliás, é a parte mais fraca do processo, devendo ser adotados os meios compensatórios aptos a efetivar a *par conditio*, no confronto entre ele e o acusador público.

Por fim, observe-se que a *efetiva reação* inerente ao contraditório é exercida por meio: (i) do oferecimento de alegações e razões aptas a influir no convencimento do órgão jurisdicional; (ii) da produção de prova das alegações. Esse duplo aspecto atende tanto ao acusador quanto ao acusado.

---

20. TUCCI, Rogério Lauria. *Direitos e Garantias Individuais no Processo Penal Brasileiro*. São Paulo: Saraiva, 1993, p. 211. Igualmente em TUCCI, Rogério Lauria. *Direitos e Garantias Individuais no Processo Penal Brasileiro*. São Paulo: Revista dos Tribunais, 2009, p. 45: "...reclama o processo penal de conhecimento, especialmente o de caráter condenatório, na segunda fase da *persecutio criminis* – da *ação penal*, ou da *instrução criminal* –, o contraditório efetivo, real, a fim de que perquirida, com absoluto rigor, a verdade material, ou atingível, reste devidamente assegurada a liberdade jurídica do acusado. Além do que, o direito deste à *contraditoriedade real* assume a natureza de *indisponível*, dada, precipuamente, a *impessoalidade dos interesses em causa*; sendo, portanto, *indispositivo*".

Quanto ao ponto (ii), a produção de prova em juízo dá-se precisamente *em contraditório* (art. 155, *caput*, CPP), isto é, com a plena participação de ambas as partes do processo. Há múltiplos aspectos pontuais que traduzem o *aspecto adversarial*, próprio do contraditório, na formação da prova do processo: por exemplo, a adoção do método do exame direto e cruzado na inquirição de testemunhas (art. 212, *caput*, CPP), permitindo-se a uma parte obter informações (em respaldo à sua pretensão) por meio de perguntas (exame direto) à sua testemunha, e à outra, pelo exame cruzado, refutar o objetivo da parte adversa, surgindo deste embate dialético a *prova* a ser utilizada para a construção do convencimento do juiz.

Esse aspecto probatório da garantia do contraditório está bem refletido no art. 8, número 2, *f*, da Convenção Americana de Direitos Humanos (Decreto nº 678/1992): "... Durante o processo, toda pessoa tem direito, em plena igualdade, às seguintes garantias mínimas: f) direito da defesa de inquirir as testemunhas presentes no tribunal e de obter o comparecimento, como testemunhas ou peritos, de outras pessoas que possam lançar luz sobre os fatos".

Na mesma direção, fixa o art. 14, número 1, *e*, do Pacto Internacional de Direitos Civis e Políticos (Decreto nº 592/1992), o direito do acusado "de interrogar ou fazer interrogar as testemunhas de acusação e de obter o comparecimento e o interrogatório das testemunhas de defesa nas mesmas condições de que dispõem as de acusação". Na primeira parte da norma, tem-se bem enfatizado o aspecto do exame cruzado da testemunha da outra parte (direito de inquirir ou fazer inquirir as testemunhas de acusação), como algo próprio do exercício do contraditório.

Assevere-se, neste contexto, que decorre do contraditório a exigência de efetiva consideração, pelo juiz, das razões e provas oferecidas pelas partes. Com efeito, de nada adiantaria assegurar às partes o direito de apresentação de alegações e provas se o juiz pudesse simplesmente desconsiderá-las, na motivação de seu convencimento.

CONTRADITÓRIO NO PROCESSO PENAL

(i) **conhecimento**

(ii) **reação efetiva: (a) alegações; (b) provas**

(iii) **efetiva apreciação judicial das alegações e provas oferecidas pelas partes**

(iv) **paridade de armas entre as partes**

SEÇÃO III
Ampla Defesa

A previsão constitucional do princípio-garantia da *ampla defesa* consta também do art. 5º, LV, conforme o qual *aos acusados em geral é assegurada a ampla defesa, com os meios e recursos a ela inerentes*. Há também diversas normas na Convenção Americana de Direitos Humanos (CADH) e no Pacto Internacional de Direitos Civis e Políticos (PIDCP) prevendo garantias reconduzíveis, em maior ou menor nível, ao núcleo protetivo da garantia da ampla defesa.

Assim, por exemplo, em nível imediato e inicial, tem-se a norma do art. 8, número 2, *c*, da CADH (Decreto nº 678/1992), acerca da garantia de "concessão ao acusado do tempo e dos meios adequados ao exercício de sua defesa". A mesma garantia está prevista no art. 14, número 3, *b*, do PIDCP (Decreto nº 592/1992), que agrega a de comunicação com o defensor constituído: direito de "dispor do tempo e dos meios necessários à preparação de sua defesa e a comunicar-se com defensor de sua escolha".

A ampla defesa manifesta-se em duas dimensões: (i) *defesa técnica* e (ii) *autodefesa*. A primeira, garantia de defesa realizada por advogado ou defensor público, é indisponível; a segunda é *de exercício* renunciável, segundo a vontade do acusado, em face do direito ao silêncio, o que, sem embargo, não lhe subtrai a feição garantista, refletida na exigência de que seja ao menos assegurada a sua possibilidade.

Sobre as duas dimensões próprias da *ampla defesa*, assinala ADA GRINOVER, com absoluta procedência: "...a doutrina realça que defesa técnica e autodefesa são vertentes diversas e complementares da mesma garantia, conexa à fundamental exigência do contraditório, enquanto momento essencial e indisponível do processo. Mas não se pode evitar que o acusado, querendo, renuncie à defesa, em sua componente pessoal, ao passo que à defesa técnica não pode renunciar jamais. Todavia, a renunciabilidade da autodefesa, pelo acusado, não significa a sua dispensabilidade, pelo juiz. Como aspecto da própria garantia de ampla defesa, constitui ela um dos meios de seu exercício e ainda guarda uma relação de necessidade com a própria prestação jurisdicional. De sorte que o cerceamento de autodefesa, mutilando a possibilidade de o acusado colaborar com seu defensor e com o juiz para a apresentação de considerações defensivas, redunda no sacrifício de toda a defesa"[21].

Esse duplo aspecto encontra-se garantido no art. 8, número 2, *d*, da CADH (Decreto nº 678/1992), que declara o "direito do acusado de defender-se pessoalmente ou de ser assistido por um defensor de sua escolha e de comunicar-se, livremente e em particular, com seu defensor". Nesta norma, enfatiza-se a *garantia de defesa técnica* e, mais que isso, *em nível preferencial*, a *garantia do defensor constituído*: tem o acusado o direito de escolher o defensor de sua confiança. Quando não o faça o próprio acusado, a defesa técnica garante-se subsidiariamente por meio de um "defensor proporcionado pelo Estado", nos moldes do art. 8, número 2, *e*, da CADH, que fixa o "direito irrenunciável [do acusado] de ser assistido por um defensor proporcionado pelo Estado, remunerado ou não, segundo a legislação interna, se o acusado não se defender ele próprio nem nomear defensor dentro do prazo estabelecido em lei". Tem-se aí, *em nível subsidiário*, a *garantia do defensor dativo*.

Assim, a defesa técnica desdobra-se em: (a) *garantia do defensor constituído (preferencial)*; (b) *garantia do defensor dativo (subsidiária)*.

A defesa técnica está também contemplada nos dispositivos constitucionais que asseguram a *assistência de advogado*, inclusive aos necessitados (art. 5º, LXIII[22] e

---

21. GRINOVER, Ada Pellegrini. *Novas Tendências do Direito Processual – de acordo com a Constituição de 1988*. Rio de Janeiro: Forense Universitária, 1990, pp. 09-10.

22. Art. 5º, LXIII, CF: "O preso será informado de seus direitos, entre os quais o de permanecer calado, sendo-lhe *assegurada a assistência* da família e *de advogado*".

LXXIV[23], CF). Esse aspecto da assistência do defensor é de fundamental importância e assumiu perfil e extensão protetiva especiais com o advento da Lei nº 13.245/2016, que, acrescentando o inciso XXI ao art. 7º da Lei nº 8.906/1994, instituiu a *garantia da assistência por advogado inclusive durante a fase de investigação*. Garante-se atualmente, com efeito, o direito do advogado de "assistir a seus clientes investigados durante a apuração de infrações, sob pena de nulidade absoluta do respectivo interrogatório ou depoimento e, subsequentemente, de todos os elementos investigatórios e probatórios dele decorrentes ou derivados, direta ou indiretamente, podendo, inclusive, no curso da respectiva apuração: a) apresentar razões e quesitos".

Apesar de declarada a assistência como um direito do advogado, trata-se precipuamente de *garantia do imputado*, já na fase de investigação: assistência técnica efetiva por advogado, inclusive com a possibilidade do oferecimento de razões e quesitos. Há agora o *direito do imputado de ter a presença e a assistência técnica do defensor de sua escolha*.

Por outro lado, acerca da *garantia de autodefesa*, refira-se, além das normas já citadas, também a do art. 8, número 1, primeira parte, da CADH: "Toda pessoa tem direito a ser ouvida, com as devidas garantias e dentro de um prazo razoável, por um juiz ou tribunal competente, independente e imparcial..." O acusado tem, portanto, *direito de audiência*, que pressupõe o de *presença*, perante o juiz. Estes são os aspectos próprios da autodefesa: (i) presença e (ii) audiência do acusado perante o juiz. O direito de presença, em particular, está também expresso na primeira parte do art. 7, número 5, da CADH: "Toda pessoa detida ou retida deve ser conduzida, sem demora, à presença de um juiz..."

A vertente de *autodefesa*, exercitável sobretudo no interrogatório do acusado (cuja regulamentação consta dos artigos 185 e seguintes do CPP, capítulo III do título VII, com as significativas mudanças introduzidas pela Lei nº 10.792/2003), vem assegurada de igual modo no art. 14, número 1, do Pacto Internacional de Direitos Civis e Políticos: "Toda pessoa terá o direito de ser ouvida publicamente e com as devidas garantias por um tribunal competente, independente e imparcial..." Este mesmo complexo normativo (PIDCP) explicita ainda mais claramente, além disso, as vertentes de presença e de audiência, em seu art. 14, número 3, *d*, contemplando o direito do acusado "de estar presente no julgamento e de defender-se pessoalmente ou por intermédio de defensor de sua escolha..." A alternativa "ou por defensor de sua escolha", constante das normas internacionais, traduz apenas a possibilidade de renúncia do acusado *ao exercício* da autodefesa, que, de toda sorte, lhe deve sempre estar garantida, quando opte por comparecer e declarar.

A respeito particularmente do *direito de presença*, refira-se esta interessante posição de ADA GRINOVER, SCARANCE FERNANDES e GOMES FILHO: "Com relação à autodefesa, cumpre salientar que se compõe ela de dois aspectos, a serem escrupulosamente observados: *o direito de audiência* e *o direito de presença*. O primeiro traduz-se na possibilidade de o acusado influir sobre a formação do convencimento do juiz

---

23. Art. 5º, LXXIV, CF: "O Estado prestará assistência jurídica integral e gratuita aos que comprovarem insuficiência de recursos".

mediante o *interrogatório*. O segundo manifesta-se pela oportunidade de tomar ele posição, a todo momento, perante as alegações e as provas produzidas, pela imediação com o juiz, as razões e as provas"[24].

É em razão do aspecto de *direito de presença* que se discute sobre a constitucionalidade do interrogatório por videoconferência, inovação introduzida pela Lei nº 11.900/2009. Neste particular, parece-nos que o interrogatório por sistema *telepresencial* atende à garantia em foco, desde que, aplicada em caráter excepcional, envolva instrumentos aptos a assegurar a comunicação do acusado com seu defensor, viabilizando assim sua participação pessoal nos atos instrutórios.

O *direito de presença* destina-se a possibilitar que o acusado participe da produção de prova em instrução oral, sugerindo a seu defensor perguntas às testemunhas, por exemplo. Se houver mecanismos tecnológicos aptos a permitir essa participação à distância, em casos excepcionais, não cabe cogitar de ofensa à garantia aqui examinada.

Em todo esse contexto, percebem-se estreitas afinidades entre as garantias do contraditório e da ampla defesa. O contraditório, como garantia, constitui o núcleo da ampla defesa, isto é, o modo pelo qual se exercita a função defensiva. O sujeito se defende, com efeito, mediante o contraditório.

A ampla defesa abrange a possibilidade de o acusado levar ao processo ou nele produzir, em termos de alegações e prova, tudo o que possa interessar e conduzir ao convencimento judicial quanto à sua inocência, relativamente à hipótese acusatória que lhe é assacada (vide o art. 8, 2, *f*, CADH). Realiza-se a garantia pela atuação irrenunciável de um defensor técnico que, em nome do acusado, alega e prova, contraditando a acusação de forma viável, idônea e eficiente.

São desdobramentos da defesa ampla constitucionalmente assegurada, assim, o *direito à prova* e o *direito ao recurso*.

Em primeiro lugar, não se admitem restrições desarrazoadas à produção de prova pela defesa. Defende-se o acusado, e contradita a acusação, especialmente pela produção e pelo oferecimento de prova em tese capaz de refutar a hipótese acusatória e/ou demonstrar as alegações defensivas.

De outro vértice, a defesa ampla envolve também o direito de recorrer da sentença condenatória, possibilitando o reexame da decisão e o exercício do contraditório e da defesa em segundo grau de jurisdição. Assim é que a Constituição assegura a defesa "com os meios e *recursos* a ela inerentes" (art. 5º, LV). Aqui, a garantia da ampla defesa integra-se com a do duplo grau, que será oportunamente abordada.

Como *direito à prova*, o art. 8º, número 2, *f*, da CADH, consagra "o direito da defesa de inquirir as testemunhas presentes no tribunal e de obter o comparecimento, como testemunhas ou peritos, de outras pessoas que possam lançar luz sobre os fatos". E, como *direito ao recurso*, assegura o art. 8º, número 2, *h*, o "direito de recorrer da sentença para juiz ou tribunal superior".

---

24. GRINOVER, Ada Pellegrini / FERNANDES, Antônio Scarance / GOMES FILHO, Antônio Magalhães. *As Nulidades no Processo Penal*. São Paulo: Revista dos Tribunais, 2006, p. 88.

Sobre o direito à prova como inerência das garantias do contraditório e da ampla defesa, sustentam ADA GRINOVER, SCARANCE FERNANDES e GOMES FILHO: "Salienta-se, assim, o direito à prova como aspecto de particular importância no quadro do contraditório, uma vez que a atividade probatória representa o momento central do processo: estritamente ligada à alegação e à indicação dos fatos, visa ela a possibilitar a demonstração da verdade, revestindo-se de particular relevância para o conteúdo do provimento jurisdicional. O concreto exercício da ação e da defesa fica essencialmente subordinado à efetiva possibilidade de se representar ao juiz a realidade do fato posto como fundamento das pretensões das partes, ou seja, de estas poderem servir-se das provas"[25].

Apesar da feição constitucional e internacional de amplitude, plenitude e efetividade da ampla defesa, a jurisprudência do Supremo Tribunal Federal, com a edição da Súmula n° 523, consagrou o entendimento de que "no processo penal, a falta de defesa constitui nulidade absoluta, mas a sua deficiência só o anulará se houver prova de prejuízo para o réu".

Deficiência de defesa, não constituindo defesa efetiva, deveria ser causa de nulidade absoluta, com *prejuízo evidente*. A súmula, a propósito, encerra uma contradição interna: não se pode conceber defesa deficiente sem prejuízo para o acusado.

Na verdade, o que se exige (ou o que se deveria exigir) é (ou seria) a prova da própria deficiência da defesa vinculada a um vício processual, como pressuposto da declaração da nulidade, e não, como sugere o texto, a prova do prejuízo ante uma situação, caracterizada, de deficiência da defesa. A ser de outro modo, a contradição se mostra insuperável: entraríamos a conceber uma deficiência de defesa que não acarretasse prejuízo... Em absoluto. Defesa deficiente é, sempre, prejudicial ao acusado, assim como a falta de defesa.

Por fim, no âmbito do Tribunal do Júri, a Constituição da República afirma especificamente a garantia de *plenitude* da defesa, no art. 5°, XXXVIII: "é reconhecida a instituição do júri, com a organização que lhe der a lei, assegurados: a) a plenitude de defesa".

Em virtude do especial princípio da plenitude de defesa, assinala GUILHERME NUCCI, com acerto, a sua maior força em comparação com o princípio da ampla defesa: "*Amplo* quer dizer vasto, largo, muito grande, rico, abundante, copioso; *pleno* significa repleto, completo, absoluto, cabal, perfeito. O segundo é, evidentemente, mais forte que o primeiro [...] No tribunal do júri, onde as decisões são tomadas pela íntima convicção dos jurados, pessoas leigas, sem qualquer fundamentação, onde prevalece a oralidade dos atos e a concentração da produção de provas, bem como a identidade física do juiz, torna-se indispensável que a defesa atue de modo completo e perfeito – logicamente dentro das limitações impostas pela natureza humana"[26].

---

25. GRINOVER, Ada Pellegrini / FERNANDES, Antônio Scarance / GOMES FILHO, Antônio Magalhães. *As Nulidades no Processo Penal*. São Paulo: Revista dos Tribunais, 2006, p. 137.

26. NUCCI, Guilherme de Souza. *Manual de Processo Penal e Execução Penal*. Rio de Janeiro: Forense, 2013, p. 36.

Por fim, apresenta-se em seguida quadro esquemático que traduz a lógica sustentada nesta seção, segundo nossa perspectiva.

AMPLA DEFESA

Etapas e Formas

(i) direito de preparar a defesa

(ii) direito de alegar

(iii) direito de fundamentar

(iv) direito de provar

(v) direito de recorrer

Dimensões ou Vertentes

(i) autodefesa: (a) *direito de presença* (participação, inclusive na prova); (b) *direito de audiência* (oferecimento pessoal de versão sobre os fatos ao juiz)

(ii) defesa técnica: (a) *assistência técnica efetiva*, inclusive na fase de investigação; (b) *garantia do defensor constituído* (preferencial); (c) *garantia do defensor dativo* (subsidiária)

SEÇÃO IV
Separação entre Jurisdição e Ação

No Estado de Direito, a jurisdição constitui uma *garantia*. Como já abordado no Capítulo I, são atributos essenciais ao poder/função jurisdicional, segundo LUIGI FERRAJOLI, a *equidistância* (afastamento do juiz dos interesses das partes disputantes), a *independência* (exterioridade do juiz quanto ao sistema político e aos outros poderes) e a *naturalidade* (predeterminação exclusivamente legal da competência judiciária). Essas são as notas que asseguram a *imparcialidade* do órgão judiciário.

Em assemelhada orientação, EROS GRAU aponta, como cânones da ética judicial, a *neutralidade* (juiz em situação exterior ao objeto da lide), a *independência* e a *imparcialidade* (ausência de prevenção a favor ou contra alguma das partes)[27]. Faltou, aqui, apenas a *naturalidade*, referida na concepção de FERRAJOLI, que examinaremos na Seção V deste Capítulo, reservada ao princípio do juízo natural.

Garantir a jurisdição é assegurar, em última análise, a imparcialidade do órgão julgador. Tanto só é possível se o órgão incumbido da jurisdição for distinto daquele incumbido da função de acusar. A essência do modelo processual de tipo acusatório, assim, é imprescindível à realização da própria função jurisdicional. Sem imparcialidade não há jurisdição, e sim mero exercício de função administrativa no tratamento dos conflitos entre poder de punir e liberdade, como ocorre no modelo de tipo inquisitório.

---

27. GRAU, Eros Roberto. *O Direito Posto e o Direito Pressuposto*. São Paulo: Malheiros, 2008, pp. 297 e ss.

Cap. III · PRINCÍPIOS DO PROCESSO PENAL

No sistema brasileiro, estão bem separadas constitucionalmente as funções de investigar, acusar e julgar. A primeira é atribuída precipuamente à polícia judiciária, federal e civil (estadual), conforme a disciplina do art. 144, §§ 1º, I (polícia federal), e 4º (polícias civis), da Constituição Federal. A função de acusar, por sua vez, é atribuída privativamente ao Ministério Público no art. 129, I: "São funções institucionais do Ministério Público: I – promover, privativamente, a ação penal pública, na forma da lei". Excepcionalmente, a mesma função é conferida ao ofendido, nas ações penais de iniciativa privada; jamais, porém, ao juiz.

Por esse motivo, não foi recepcionado pela Constituição de 1988 o art. 26 do CPP, que contempla o "início da ação penal", no âmbito das contravenções, por "auto de prisão em flagrante ou por meio de portaria expedida pela autoridade judiciária ou policial". Em nosso sistema, é absolutamente inconcebível a instauração de processo penal por iniciativa do juiz.

A função jurisdicional, por fim, só pode ser exercida por órgãos de jurisdição constitucionalmente instituídos: os juízos e os tribunais. A eles não cabe iniciar o processo de ofício, segundo o princípio *ne procedat judex ex officio*. O juiz que investiga e/ou que acusa contamina-se de parcialidade e degenera-se em personagem do processo penal, transgredindo a equidistância institucionalmente afeta à sua função e, deste modo, convertendo-se em mero administrador da justiça penal.

Por isso é que o Supremo Tribunal Federal, em bom caminho, declarou a inconstitucionalidade do hoje revogado art. 3º da Lei nº 9.034/1995, na parte em que conferia poderes de investigação ao juiz na fase de inquérito. Confira-se, a respeito, o julgado do Plenário da Suprema Corte na ADI 1.570/DF (STF, Tribunal Pleno, ADI 1.570, Rel. Min. MAURÍCIO CORRÊA, julgamento em 12.02.2004, DJ de 22.10.2004): "Busca e apreensão de documentos relacionados ao pedido de quebra de sigilo realizadas pessoalmente pelo magistrado. Comprometimento do princípio da imparcialidade e consequente violação ao devido processo legal. 3. Funções de investigador e inquisidor. Atribuições conferidas ao Ministério Público e às Polícias Federal e Civil (CF, artigo 129, I e VIII e § 2º; e 144, § 1º, I e IV, e § 4º). A realização de inquérito é função que a Constituição reserva à polícia. Precedentes".

Ainda que concernente a dispositivo hoje revogado – a Lei nº 9.034/1995 foi expressamente revogada pela Lei nº 12.850/2013 (art. 26) –, o precedente do STF tem seu valor perene como fundamento impeditivo de qualquer forma de ativismo investigativo do juiz.

É princípio fundamental entre nós, portanto, a separação entre as funções de acusação e jurisdição em órgãos distintos, o que se expressa em todas as garantias de imparcialidade, independência e naturalidade presentes na Constituição, nas cartas internacionais de direitos e, ademais, no próprio Código de Processo Penal brasileiro.

Sem embargo dos influxos inquisitivos do sistema brasileiro, presentes no Código de Processo Penal (como a iniciativa probatória do juiz na fase do inquérito policial, objeto da reforma introduzida pela Lei nº 11.690/2008) e na legislação *de emergência* (como, por exemplo, a possibilidade de decretação *ex officio* de medidas assecuratórias mesmo na fase de investigação, tal qual previsto no art. 4º, *caput*, da Lei nº 9.613/1998), não se pode afastar, de nenhum modo, a separação entre as funções acusatória e jurisdicional. A propósito, os dispositivos legais que possam chancelar ativismo investigativo do juiz sujeitam-se a estrito controle de constitucionalidade.

SEÇÃO V
Juízo Natural

1. CONCEITO

Do atributo de naturalidade da jurisdição é que deriva o princípio-garantia do juízo natural.

Conforme Tourinho Filho, juízo natural ou juízo competente "é aquele cuja competência resulta, no momento do fato, das normas legais abstratas", acrescentando "que não haveria [...] independência da Justiça nem garantia para o cidadão, se não se reconhecesse o princípio de que ninguém pode ser subtraído do seu Juiz constitucional, ou natural"[28].

De início, não vemos sentido, embora seja a posição dominante na doutrina e na jurisprudência, em limitar o alcance do conteúdo da garantia do juízo natural ao juiz cuja competência tem sede *direta* na Constituição. Também a competência legalmente estabelecida integra (ou deveria integrar) o âmbito de proteção do princípio em estudo. Juiz natural, assim, é o juiz constitucional e legalmente competente, vale dizer, aquele cuja competência deriva da Constituição, imediata ou mediatamente, uma vez que a competência legal tem sede mediata no texto constitucional, por força também, em última análise, do princípio do devido processo legal.

A finalidade da garantia do juízo natural é evitar *definições* e *alterações* discricionárias da competência judiciária, o que prejudicaria a imparcialidade do órgão jurisdicional. Por esta razão é que a competência estabelecida em lei deve igualmente compor o objeto de proteção.

2. ORIGENS

A origem do princípio do juízo natural é correntemente identificada no sistema anglo-saxão, tendo se desenvolvido depois nos constitucionalismos norte-americano e francês.

Não se pode desvincular a gênese deste princípio da afirmação e consagração histórica da *independência do juiz*, o que ocorreu particularmente na França e na Inglaterra. De fato, foi em reação a atitudes absolutistas dos monarcas que os juízes opuseram a sua investidura oficial (juiz estável e legalmente investido nas funções judicantes) como forma de legitimar sua independência. O primeiro significado histórico do princípio do

---

28. Tourinho Filho, Fernando da Costa. *Processo Penal*. São Paulo: Saraiva, 2013, v. 1, p. 65.

Cap. III · PRINCÍPIOS DO PROCESSO PENAL

juízo natural extraía-se da afirmação de independência da magistratura permanente, que repudiava a investidura extraordinária de "comissários" designados pelo rei.

Contudo, a consagração normativa desse significado, traduzido na proibição de juízes extraordinários, firmou-se pioneiramente, como dito ao início, em ordenamento de tradição anglo-saxã, o direito britânico, derivando da *Petition of Rights*, de 1627, e do *Bill of Rights*, de 13 de fevereiro de 1689. Já na *Magna Charta* de 1215, entretanto, seria identificável um antecedente remoto, refletido na vinculação do processo ao *locus commissi delicti* (competência territorial)[29], evitando-se a interferência de outros juízes[30].

No pensamento iluminista francês, houve um dimensionamento mais aprofundado do princípio em estudo. A expressão "juiz natural" surgiu em 1766, na *Encyclopédie*, designando o "juiz ordinário", constituído legalmente, *ante factum*.

O reconhecimento normativo em nível constitucional se deu no art. 4º, capítulo V, título III, da Constituição Francesa de 14 de setembro 1791, dispondo que "os cidadãos não podem ser destituídos dos juízes que a lei lhes confere, por qualquer incumbência ou outras atribuições e avocações, salvo aquelas que as leis determinaram"[31]. Mas já antes da Constituição, e com o emprego pioneiro da expressão "juiz natural" em texto legislativo, dispunha o art. 17 de uma lei francesa de 16-24 de agosto de 1790[32]: "os jurisdicionados não podem ser afastados de seus *juízes naturais* por nenhuma comissão, nem por outras atribuições ou avocações, senão aquelas determinadas em lei".

Nas posteriores constituições francesas, o princípio foi esquecido, enfraquecendo-se a proibição de tribunais extraordinários e de derrogação da competência, o que se pode verificar no art. 204 da Constituição de 22 de agosto de 1795, nos artigos 61 e 62 da Constituição de 4 de junho de 1814, no art. 53 da Constituição de 1830 e no

---

29. Grinover, Ada Pellegrini / Fernandes, Antonio Scarance / Gomes Filho, Antonio Magalhães. *As Nulidades no Processo Penal*. São Paulo: Revista dos Tribunais, 2006, pp. 38-39.

30. Ferrajoli, todavia, assim critica a identificação das origens do princípio na *Magna Charta*: "Em todos os sentidos ilustrados, a garantia do juízo natural, não diversamente daquela de independência, é uma conquista moderna. Resultou de fato infrutífera a tentativa de remeter suas origens à *Magna Charta*, que, em seus arts. 20, 21, 39, 52 e 56, limita-se a estabelecer que, para a condenação de qualquer cidadão, é necessário um 'legale iudicium parium suorum', em que a condição de que os jurados sejam 'pares', ou 'homens probos da vizinhança', indica somente uma qualidade dos juízes, e no máximo um critério de competência territorial, mas não tem nada que ver com a proibição da instituição do juiz *post factum*". No original: "In tutti e ter i sensi ora illustrati la garanzia del guidice naturale, non diversamente da quella dell'indipendenza, è un'acquisizione moderna. È infatti risultato infruttuoso il tentativo di farne risalire le origini alla *Magna Charta*: questa, agli artt. 20, 21, 39, 52 e 56, si limita a stabilire che per la condanna di qualunque cittadino è necessario un 'legale iudicium parium suorum'; dove la condizione che i giurati siano 'pari', ovvero 'uomini probi del vicinato', indica soltanto una qualità dei giudici, e al più un criterio di competenza territoriale, ma non ha nulla a che vedere con il divieto di istituzione del giudice *post factum*". Cfr. Ferrajoli, Luigi. *Diritto e Ragione: Teoria del Garantismo Penale*. Roma-Bari: Laterza, 2004, p. 604.

31. No original: "les citoyens ne peuvent être distraits des juges que la loi leur assigne, par aucune commission, ni par d'autres attributions et évocations que celles qui sont déterminées par les lois". França. Constituição (1791). *Conseil Constitutionnel : La Constitution du 3 Septembre 1791*. Disponível em francês no sítio eletrônico: www.conseil-constitutionnel.fr.

32. No original: "les judiciables ne peuvent être distrait de leur *juges naturels* par aucun commission, ni par d'autres attribution ou évocations que celles qui seront déterminées par la loi". Cfr. Ferrajoli, Luigi. *Diritto e Ragione: Teoria del Garantismo Penale*. Roma-Bari: Laterza, 2004, p. 688.

art. 4° da Constituição de 1848[33]. Nesses diplomas, o princípio reduz-se à proibição da instituição de juízes *extraordinários post factum*, sem que se preveja de modo geral a proibição de avocação e de atribuição ou instituição de juízes especiais.

No Brasil, há referência ao princípio em todas as constituições: art. 179, XI, Constituição de 1824; art. 72, §§ 15 e 23, Constituição de 1891; art. 113, números 25 e 26, Constituição de 1934; art. 150, § 15, Constituição de 1967, renumerado para art. 153, § 15, na Constituição de 1969; e, como veremos a seguir, artigos 5°, XXXVII e LIII, e 94, II, *d*, Constituição de 1988.

As cartas internacionais de direitos consagram igualmente a garantia, como se vê no art. 10 da Declaração Universal dos Direitos do Homem, no art. 8, número 1, da Convenção Americana de Direitos Humanos e no art. 14, número 1, do Pacto Internacional de Direitos Civis e Políticos, todos expressando o direito de ser ouvido perante tribunal independente, *competente* e *imparcial, estabelecido anteriormente por lei*[34].

3. DIMENSÕES

A doutrina brasileira expressa comumente duas dimensões do princípio: (i) garantia do juízo constitucionalmente competente *ante factum* e (ii) proibição dos juízos ou tribunais de exceção.

A primeira vem prevista no art. 5°, inciso LIII, da Constituição da República: "Ninguém será processado nem sentenciado senão pela autoridade competente". A segunda, no art. 5°, inciso XXXVII: "Não haverá juízo ou tribunal de exceção".

A vertente de *juízo competente ante factum* (art. 5°, LIII, CF) traduz a noção de predeterminação constitucional ou legal das competências judiciárias. Trata-se da *garantia do órgão judiciário competente*, impeditiva de que a pessoa seja processada e julgada por órgão judiciário incompetente para a causa. Nesse sentido, é natural o juízo cuja competência, no momento do fato, deriva das normas jurídicas do sistema. Como pontuam ADA GRINOVER, SCARANCE FERNANDES e GOMES FILHO: "A expressão constitucional do art. 5°, LIII ('Ninguém será processado nem sentenciado senão pela autoridade judiciária competente'), deve ser lida, portanto, como garantia do juiz *constitucionalmente competente* para processar e julgar. Não será juiz natural, portanto, o juiz constitucionalmente incompetente, e o processo por ele instruído e julgado deverá ser tido como inexistente"[35].

Pela segunda vertente (art. 5°, XXXVII, CF), enunciado clássico da garantia do juízo natural, proíbe-se a designação de juízes ou tribunais especiais ou extraordinários, *posteriormente* ao fato objeto do processo, o que prejudicaria a imparcialidade

---

33. Todas disponíveis no sítio eletrônico: http://www.conseil-constitutionnel.fr/textes/constitu.htm.

34. A garantia vem prevista também nas constituições contemporâneas, valendo mencionar os artigos 25 e 102, § 1°, da Constituição italiana, em que se assegura o *giudice naturale precostituito*; o art. 22, 2, da Constituição espanhola; o art. 13 da Constituição belga; o art. 101, 1, da Lei Fundamental alemã; o art. 32, 4, da Constituição portuguesa; o art. 18 da Constituição argentina.

35. GRINOVER, Ada Pellegrini / FERNANDES, Antonio Scarance / GOMES FILHO, Antonio Magalhães. *As Nulidades no Processo Penal*. São Paulo: Revista dos Tribunais, 2006, p. 41.

Cap. III • PRINCÍPIOS DO PROCESSO PENAL

do julgador.Exige-se, assim, que a pessoa seja julgada por um órgão de jurisdição natural, preexistente, cuja competência já está discriminada em abstrato, e não por um órgão especialmente constituído após o fato, com a sua competência concretamente determinada.

Assim, que fique bem clara a distinção: (i) a garantia do juízo competente (art. 5º, LIII, CF) assegura o indivíduo contra o processo e o julgamento por órgão judiciário preexistente mas sem competência – de acordo com os critérios normativos aplicáveis – para a causa; (ii) a garantia de proibição de juízos ou tribunais de exceção (art. 5º, XXXVII, CF) protege o indivíduo contra o processo e o julgamento por órgão constituído apenas após a ocorrência do fato.

A despeito de a doutrina nacional apontar apenas as duas dimensões acima referidas como próprias do princípio do juízo natural, há ainda outra, também inerente ao sentido da garantia: (iii) a predeterminação *exclusivamente legal* das competências judiciárias ou, em outros termos, a *reserva de lei* para a definição e a alteração da competência jurisdicional.

Luigi Ferrajoli, com base na Constituição italiana, concebe estas três dimensões da garantia do juízo natural: "A garantia do 'juiz natural' indica essa normalidade, pré--constituída pela lei, da ordem das competências no juízo, entendido por competência a 'medida da jurisdição' de que qualquer juiz é titular. Isso significa, precisamente, três coisas diferentes, ainda que entre si conexas: a necessidade de que o juiz seja pré-constituído pela lei, e não constituído *post factum*; a impossibilidade de derrogação e a indisponibilidade das competências; a proibição de juízes extraordinários e especiais[36]. A segunda dimensão especificada (impossibilidade de derrogação e indisponibilidade das competências), segundo o jusfilósofo italiano, designa a *reserva absoluta de lei e a impossibilidade de alteração discricionária das competências judiciárias*[37].

É esta a dimensão que entendemos deva ser agregada às demais no direito brasileiro. Deriva ela com clareza do art. 96, inciso II, *d*, da Constituição da República: "Art. 96. Compete privativamente: II – ao Supremo Tribunal Federal, aos Tribunais Superiores e aos Tribunais de Justiça propor ao Poder Legislativo respectivo, observado o disposto no art. 169: d) a alteração da organização e da divisão judiciárias".

Ao conferir aos tribunais a *proposta legislativa* da alteração da organização e da divisão judiciárias, está a Constituição reservando absolutamente à lei a definição ("organização judiciária", que significa atribuição de competência a diferentes órgãos) e a alteração da competência judiciária.

Este aspecto do princípio do juízo natural visa a impedir que a competência seja determinada ou alterada discricionariamente, segundo a conveniência da Administração

---

36. Ferrajoli, Luigi. *Diritto e Ragione: Teoria del Garantismo Penale.* Roma-Bari: Laterza, 2004, pp. 603-604: "La garanzia del 'giudice naturale' indica questa normalità, pre-costituita dalla legge al giudizio, dell'ordine delle competenze: intesa per competenza la 'misura della giurisdizione' di cui ciascun giudice à titolare. Essa significa, precisamente, tre cose diverse anche se tra loro connese: la necessità che il giudice sia pre-costituito per legge e non costituito *post factum*, l'inderogabilità e l'indisponibilità delle competenze, il divieto di giudice straordinari e speciali".

37. "...la riserva assoluta di legge e la non alterabilità discrezionale delle competenze giudiziarie".

ou do Poder Judiciário, o que anularia a predeterminação *constitucional* ou *legal* da competência judiciária e a daí decorrente insegurança à imparcialidade do juiz[38].

Por fim, cumpre identificar outro reflexo do princípio do juízo natural: a *perpetuatio jurisdictionis*, cujo significado expressa a *preservação da competência* já concretamente fixada segundo os critérios constitucionais e legais. Perpetua-se, assim, a competência legalmente fixada, impedindo-se o afastamento *arbitrário* do juízo natural para o processo e julgamento do feito. Como anota VICENTE GRECO FILHO, "a *perpetuatio jurisdictionis* tem por fundamento o próprio princípio do juiz natural, que repele interferências estranhas na fixação do juiz competente, e, em especial, impede o afastamento do juiz eventualmente indesejável para as partes"[39]. Também a *modificação* da competência, assim, só pode ocorrer com base em *critérios legais preestabelecidos*.

JUÍZO NATURAL

(i) **garantia do juízo competente (art. 5º, LIII, CF; art. 8.1, CADH)**

(ii) **garantia de proibição de juízos ou tribunais de exceção (art. 5º, XXXVII, CF; (art. 8.1, CADH)**

(iii) **garantia de reserva de lei para a definição e alteração da competência jurisdicional (art. 96, II, *d*, CF)**

SEÇÃO VI
Presunção ou Estado de Inocência (ou de Não Culpabilidade)

1. TERMINOLOGIA E BREVE NOTÍCIA HISTÓRICA

O princípio do *estado de inocência* está assim definido no art. 5º, inciso LVII, da Constituição do Brasil: "Ninguém será considerado culpado até o trânsito em julgado de sentença penal condenatória".

Parece-nos impróprio o designativo *presunção* de inocência, derivado da concepção revolucionária francesa. Revela-se inexato dizer que a Constituição ou as leis presumam

---

38. É por essa razão que reputamos inconstitucionais as resoluções do Conselho da Justiça Federal e dos tribunais regionais federais que, a partir de 2003, vêm especializando juízos federais privativos para processar e julgar crimes contra o sistema financeiro nacional e de *lavagem* de capitais. As resoluções, além de ofenderem a predeterminação da competência (eis que tinham eficácia retroativa, por disposição expressa, quanto aos feitos já em andamento, efetivando-se a redistribuição de um juízo para o outro), afrontaram também a reserva de lei para a definição de competência. Em que pese isso, o Supremo Tribunal Federal considerou constitucionais esses atos normativos, sob o argumento de que o Poder Judiciário dispõe de autonomia organizacional, inclusive para o fim de especialização de varas em razão da matéria. Confira-se, a respeito, no julgado do Plenário no HC 88.660/CE (STF, Tribunal Pleno, HC 88.660, Rel. Min. CÁRMEN LÚCIA, julgamento em 15.05.2008, DJ de 06.08.2014).

39. GRECO FILHO, Vicente. *Manual de Direito Processual Penal*. São Paulo: Saraiva, 1991, p. 142.

que o indivíduo é inocente até prova em contrário, o que tornaria sem sentido a própria persecução penal ou qualquer medida constritiva no curso do processo. Neste ponto, não é despropositado o arguto raciocínio de MANZINI: "Se si deve presumere l'innocenza dell'imputato, chiede il buon senso, perché dunque si procede contro di lui?" ("Se se deve presumir a inocência do imputado, pergunta o bom senso, por que então se procede contra ele?")[40]. Ademais, como bem observa MIRABETE, baseado em CLARIÁ OLMEDO: "Se o princípio trata de uma presunção absoluta (*juris et de jure*) a sentença irrecorrível não a pode eliminar; se trata de uma presunção relativa (*juris tantum*), seria ela destruída pelas provas colhidas durante a instrução criminal antes da própria decisão definitiva"[41].

Apesar disso, o legado da Revolução Francesa foi mesmo a fórmula da *presunção* de inocência. O art. 9º da *Déclaration des Droits de l'Homme et du Citoyen*, a propósito, rezava: "Todo homem sendo presumido inocente até que tenha sido declarado culpado, se for julgado indispensável prendê-lo, todo rigor desnecessário deve ser severamente reprimido pela lei"[42]. Assim ingressou o princípio também nas cartas internacionais de direitos, a partir da Declaração Universal dos Direitos do Homem, de 1948, cujo art. 11 proclama que "toda pessoa contra quem for formulada uma acusação penal tem o direito de ser presumida inocente até que sua culpa tenha sido provada de acordo com a lei, em julgamento público no qual hajam sido asseguradas todas as garantias necessárias à sua defesa". No mesmo caminho, o art. 8, número 2, da Convenção Americana de Direitos Humanos (Decreto nº 678/1992) declara: "Toda pessoa acusada de delito tem direito a que se presuma sua inocência enquanto não se comprove legalmente sua culpa". Idêntica disposição consta do art. 14, número 2, do Pacto Internacional de Direitos Civis e Políticos (Decreto nº 592/1992).

Em muitas constituições contemporâneas, entretanto, abandonou-se o vocábulo *presunção*, favorecendo a noção mais técnica de *estado* ou *status* de inocência, ou de não culpabilidade, ao declarar-se que ninguém será considerado culpado enquanto não houver condenação definitiva. Expressa-se, no particular, um *estado jurídico formal de inocência ou de não culpabilidade* que só pode ser afastado após a declaração definitiva de culpa, em título judicial condenatório. Foi esta a orientação seguida pela Constituição brasileira (art. 5º, LVII, CF) e também pela Constituição italiana (art. 27, § 2º)[43].

2. CONTEÚDO E DIMENSÕES

Invertendo o paradigma do princípio da culpabilidade, que inspira o Código de Processo Penal em vigor, o art. 5º, inciso LVII, da Constituição proclama que "ninguém

---

40. MANZINI, Vicenzo. *Tratado de Derecho Procesal Penal*. Trad. de Santiago Sentís Melendo y Marino Ayerra Redín. Buenos Aires: Ediciones Jurídicas Europa-América, 1951, t. I, p. 254.

41. MIRABETE, Julio Fabbrini. *Processo Penal*. São Paulo: Atlas, 2005, p. 45.

42. No original: "Article 9: Tout homme étant presumé innocent jusqu'à ce qu'il ait été déclaré coupable, s'il est jugé indispensable de l'arrêter, toute rigueur qui ne serait pas nécessaire pour s'assurer de sa personne doit être sévèrement réprimée par la loi". Cfr. JAUME, Lucien (Org. e Pref.). *Les Déclarations des Droits de l'Homme (du Débat 1789-1793 au Préambule de 1946)*. Paris: Flammarion, 1989.

43. Art. 27, § 2º, Constituição italiana: "L'imputato non è considerato colpevole sino alla condamna definitiva".

será considerado culpado até o trânsito em julgado de sentença penal condenatória". A ordem constitucional brasileira, como referido no tópico anterior, não se valeu do termo *presunção de inocência*, universalizado pela Declaração Francesa dos Direitos do Homem e do Cidadão, de 1789, afirmando, em vez disso, *a ausência de culpabilidade* do imputado durante o processo penal.

Por esse motivo, alguns autores preferem falar em *princípio da não culpabilidade*. Não há, entretanto, diferença semântica essencial entre uma e outra designação, ocorrendo, se muito, uma tênue distinção de ênfase. Com efeito, tratar o imputado como *não culpado* é o mesmo, *do ponto de vista jurídico*, que tratá-lo como inocente.

De mais a mais, o art. 8º, número 2, da Convenção Americana de Direitos Humanos (Decreto nº 678/1992) expressa a garantia como presunção de *inocência*: "Toda pessoa acusada de delito tem direito a que se presuma sua inocência enquanto não se comprove legalmente sua culpa". A mesma fórmula, em idênticos termos, é adotada no art. 14, número 2, do Pacto Internacional de Direitos Civis e Políticos (Decreto nº 592/1992).

O princípio do estado ou da presunção de inocência tem dupla dimensão de garantia: (i) como *regra de tratamento*, impondo que toda forma de prisão anterior à condenação definitiva justifique-se a título exclusivamente cautelar, com a vedação de toda forma de execução provisória da pena; (ii) como *regra de julgamento* ou *regra probatória*, impondo que o ônus de provar a hipótese acusatória, desdobrada em materialidade do fato constitutivo de crime e na respectiva autoria, recaia exclusivamente sobre o órgão de acusação, não se permitindo qualquer forma de ônus negativo ao acusado.

2.1. Regra de tratamento

O imputado, segundo a primeira dimensão da garantia em estudo, deve ser *tratado* como inocente (*regra de tratamento*), e toda forma de privação ou restrição de liberdade durante a persecução penal só pode se justificar a título cautelar, por necessidade concreta e motivada de garantir determinados objetivos, tais a proteção da ordem pública, da efetividade do processo e da aplicação da lei penal.

Sobre a regra de tratamento, o art. 9º, número 3, segunda parte, do Pacto Internacional de Direitos Civis e Políticos (Decreto nº 592/1992) assim bem expressa seu significado: "...A prisão preventiva de pessoas que aguardam julgamento não deverá constituir a regra geral, mas a soltura poderá estar condicionada a garantias que assegurem o comparecimento da pessoa em questão à audiência, a todos os atos do processo e, se necessário for, para a execução da sentença".

Conforme esta primeira vertente, portanto, não se legitima a prisão como forma de antecipação de cumprimento de pena. O estado constitucional de inocência só pode ser elidido com a condenação definitiva, de sorte que toda forma de constrição de liberdade ou de bens anterior ao trânsito em julgado de título condenatório tem natureza estritamente cautelar. Como enfatiza CLARIÁ OLMEDO, "as medidas de coerção pessoal que contra o acusado se ditem só devem ter caráter cautelar e provisional, e estar limitadas ao estritamente necessário"[44].

A garantia em foco, ainda consoante a primeira vertente apontada, realça a distinção entre prisão-pena e prisão provisória: a primeira é a pena privativa de liberdade, fundamentando-se na responsabilidade penal reconhecida na sentença condenatória; a segunda tem por fundamento a necessidade cautelar, devendo estar baseada em motivos concretos (base empírica idônea), e não na possibilidade de futura condenação. O tema será detalhado no Capítulo XIII, reservado à prisão provisória e a outras formas de constrição cautelar pessoal.

A Lei nº 12.403/2011, a propósito, reforçou o matiz de cautelaridade da prisão antes da sentença condenatória transitada em julgado, afastando qualquer ideia – subsistente apesar do regime constitucional – de "execução provisória" de pena. A esse respeito, ficou estatuído no art. 283 do CPP que "ninguém poderá ser preso senão em flagrante delito ou por ordem escrita e fundamentada da autoridade judiciária competente, em decorrência de sentença condenatória transitada em julgado ou, no curso da investigação ou do processo, em virtude de prisão temporária ou prisão preventiva".

Não caberia mais sustentar, assim, a possibilidade de execução provisória de pena se pendente qualquer recurso, inclusive o especial e o extraordinário, interposto contra a sentença ou o acórdão. Nesse particular, porém, houve recente mudança de orientação do Supremo Tribunal Federal, como se discute em tópico especial, na sequência.

DISCUSSÃO ESPECIAL SOBRE A REGRA DE TRATAMENTO: *execução antecipada da pena aplicada em acórdão de tribunal de segunda instância, na pendência de recurso especial e/ou extraordinário*

Questão de particular relevância, concernente à regra de tratamento da garantia do estado de inocência, é a da possibilidade ou não de antecipada execução da pena quando pendente recurso especial e/ou extraordinário interposto contra acórdão condenatório de tribunal de segunda instância.

Até bem pouco tempo atrás, a resposta à questão estava assentada na jurisprudência do STF em sentido negativo, diante da clara norma constitucional estabelecendo a não culpabilidade *até o trânsito em julgado* da sentença penal condenatória. Assim, considerando que a interposição de recurso especial ou de recurso extraordinário obsta o trânsito em julgado do título condenatório, não haveria a possibilidade jurídica de execução antecipada da pena aplicada no acórdão recorrido de segundo grau. Este *era* o entendimento do Plenário da Suprema Corte, como revela o julgado proferido no HC 84.078/MG (STF, Tribunal Pleno, Rel. Min. EROS GRAU, julgamento em, DJ de 05.02.2009, DJ de 26.02.2010): "1. O art. 637 do CPP estabelece que '[o] recurso

---

44. OLMEDO, Jorge A. Clariá. *Bases Completas para Orientar en Latinoamérica la Unificación Legislativa en Materia Procesal Penal.* Córdoba: Universidad Nacional de Córdoba, 1978, p. 45: "las medidas que contra aquél [o acusado] se dicten sólo deben tener carácter cautelar y provisional, e estar limitadas a lo estrictamente necesario".

extraordinário não tem efeito suspensivo, e uma vez arrazoados pelo recorrido os autos do traslado, os originais baixarão à primeira instância para a execução da sentença'. A Lei de Execução Penal condicionou a execução da pena privativa de liberdade ao trânsito em julgado da sentença condenatória. A Constituição do Brasil de 1988 definiu, em seu art. 5º, inciso LVII, que 'ninguém será considerado culpado até o trânsito em julgado de sentença penal condenatória'. 2. Daí que os preceitos veiculados pela Lei n. 7.210/84, além de adequados à ordem constitucional vigente, sobrepõem-se, temporal e materialmente, ao disposto no art. 637 do CPP. 3. A prisão antes do trânsito em julgado da condenação somente pode ser decretada a título cautelar. 4. A ampla defesa, não se a pode visualizar de modo restrito. Engloba todas as fases processuais, inclusive as recursais de natureza extraordinária. Por isso a execução da sentença após o julgamento do recurso de apelação significa, também, restrição do direito de defesa, caracterizando desequilíbrio entre a pretensão estatal de aplicar a pena e o direito, do acusado, de elidir essa pretensão (...) 6. A antecipação da execução penal, ademais de incompatível com o texto da Constituição, apenas poderia ser justificada em nome da conveniência dos magistrados --- não do processo penal. A prestigiar-se o princípio constitucional, dizem, os tribunais [leia-se STJ e STF] serão inundados por recursos especiais e extraordinários e subsequentes agravos e embargos, além do que 'ninguém mais será preso'. Eis o que poderia ser apontado como incitação à 'jurisprudência defensiva', que, no extremo, reduz a amplitude ou mesmo amputa garantias constitucionais. A comodidade, a melhor operacionalidade de funcionamento do STF não pode ser lograda a esse preço"[45].

Esse julgado pacificava, em 2009, antiga controvérsia entre as turmas do STF, acerca do efeito suspensivo do recurso extraordinário (art. 637, CPP) em cotejo com a garantia do estado de inocência tal qual inscrita no art. 5º, inciso LVII, da Constituição do Brasil. De acordo com esta orientação, a privação de liberdade só poderia

---

45. Mais trechos do paradigmático acórdão (HC 84.078/MG): "....7. No RE 482.006, relator o Ministro Lewandowski, quando foi debatida a constitucionalidade de preceito de lei estadual mineira que impõe a redução de vencimentos de servidores públicos afastados de suas funções por responderem a processo penal em razão da suposta prática de crime funcional [art. 2º da Lei n. 2.364/61, que deu nova redação à Lei n. 869/52], o STF afirmou, por unanimidade, que o preceito implica flagrante violação do disposto no inciso LVII do art. 5º da Constituição do Brasil. Isso porque --- disse o relator --- 'a se admitir a redução da remuneração dos servidores em tais hipóteses, estar-se-ia validando verdadeira antecipação de pena, sem que esta tenha sido precedida do devido processo legal, e antes mesmo de qualquer condenação, nada importando que haja previsão de devolução das diferenças, em caso de absolvição'. Daí porque a Corte decidiu, por unanimidade, sonoramente, no sentido do não recebimento do preceito da lei estadual pela Constituição de 1.988, afirmando de modo unânime a impossibilidade de antecipação de qualquer efeito afeto à propriedade anteriormente ao seu trânsito em julgado. A Corte que vigorosamente prestigia o disposto no preceito constitucional em nome da garantia da propriedade não a deve negar quando se trate da garantia da liberdade, mesmo porque a propriedade tem mais a ver com as elites; a ameaça às liberdades alcança de modo efetivo as classes subalternas. 8. Nas democracias mesmo os criminosos são sujeitos de direitos. Não perdem essa qualidade, para se transformarem em objetos processuais. São pessoas, inseridas entre aquelas beneficiadas pela afirmação constitucional da sua dignidade (art. 1º, III, da Constituição do Brasil). É inadmissível a sua exclusão social, sem que sejam consideradas, em quaisquer circunstâncias, as singularidades de cada infração penal, o que somente se pode apurar plenamente quando transitada em julgado a condenação de cada qual".

acontecer, na pendência de recursos excepcionais, a título cautelar, quando existente motivo concreto (garantia da ordem pública ou da aplicação da lei penal).

Há certo tempo já se anunciava, entretanto, mudança de postura por parte de Ministros da Suprema Corte, sobretudo com base no direito comparado e na compreensão, ali assimilada, do sentido e do alcance da garantia da presunção de inocência ou de não culpabilidade.

Essa tendência culminou em efetiva modificação de jurisprudência, ocorrida no recente julgado do HC 126.292/SP (STF, Tribunal Pleno, Rel. Min. TEORI ZAVASCKI, julgamento em 17.02.2016, DJ de 22.02.2016). A decisão foi tomada por maioria de votos (7 a 4), resultando vencidos os Ministros CELSO DE MELLO, MARCO AURÉLIO, RICARDO LEWANDOWSKI e ROSA WEBER. Passou a Suprema Corte a entender, então, pela exequibilidade imediata da pena aplicada em acórdão de tribunal de segunda instância, não encerrando o recurso extraordinário efeito suspensivo, neste particular. Com isso, reativou-se a norma do art. 637 do CPP: "O recurso extraordinário não tem efeito suspensivo, e uma vez arrazoados pelo recorrido os autos do traslado, os originais baixarão à primeira instância, para a execução da sentença".

Desta vez, entretanto, verificou-se a preocupação de emprestar juridicidade aos argumentos de base para uma execução antecipada de pena no processo penal brasileiro, diante da garantia do estado de inocência. Isso nos dá a oportunidade de participar de uma discussão efetivamente jurídica sobre a matéria, sem mais as antigas referências à demora no julgamento dos recursos excepcionais pelos tribunais superiores, dentre outras dificuldades apenas operacionais.

No voto vencedor, do Ministro TEORI ZAVASCKI, encontra-se registrado o seguinte: "Realmente, a execução da pena na pendência de recursos de natureza extraordinária não compromete o núcleo essencial do pressuposto da não culpabilidade, na medida em que o acusado foi tratado como inocente no curso de todo o processo ordinário criminal, observados os direitos e as garantias a ele inerentes, bem como respeitadas as regras probatórias e o modelo acusatório atual. Não é incompatível com a garantia constitucional autorizar, a partir daí, ainda que cabíveis ou pendentes de julgamento de recursos extraordinários, a produção dos efeitos próprios da responsabilização criminal reconhecida pelas instâncias ordinárias (...) Não custa insistir que os recursos de natureza extraordinária não têm por finalidade específica examinar a justiça ou injustiça de sentenças em casos concretos. Destinam-se, precipuamente, à preservação da higidez do sistema normativo (...) E, mesmo diante das restritas hipóteses de admissibilidade dos recursos extraordinários, tem se mostrado infrequentes as hipóteses de êxito do recorrente. Afinal, os julgamentos realizados pelos Tribunais Superiores não se vocacionam a permear a discussão acerca da culpa, e, por isso, apenas excepcionalmente teriam, sob o aspecto fático, aptidão para modificar a situação do sentenciado".

O Ministro também referencia diversos modelos no direito comparado aplicando a execução da pena após o julgamento em duplo grau.

Pelo teor do julgado da Suprema Corte, adotou-se uma noção de *trânsito em julgado ordinário*, ocorrido após a decisão do tribunal de segunda instância, que exaure a discussão do mérito probatório da causa. Enfatizou-se também a finalidade precípua associada aos recursos excepcionais, de proteção imediata do direito objetivo e, assim, da higidez do sistema, apenas reflexa e excepcionalmente alcançando a esfera individual do acusado. Aludiu-se ainda à raridade da reforma dos julgados de segundo grau em sede de recurso extraordinário ou especial.

Sobre o último aspecto, é de nossa convicção que o dimensionamento do sentido e do alcance de garantia individual não pode estar sujeito a dados estatísticos a respeito do tempo de tramitação e dos resultados das impugnações de natureza extraordinária. Tomado este argumento empírico em tese, assevere-se que não haveria regime garantista se a minoria que expõe fundamentos idôneos e de êxito provável na impugnação excepcional ficasse sujeita ao cumprimento antecipado de pena, até que fosse reconhecida sua inocência, reflexamente ou não. O debate sobre o tema, assim, há de inspirar-se em outros parâmetros, discutidos amplamente, por sinal, no voto de Sua Excelência o Ministro Teori Zavascki.

Quanto a essa discussão jurídica, observe-se de início que a garantia do estado ou da presunção de inocência, na Constituição do Brasil, está expressa de maneira muito particular, no sentido de que ninguém será considerado culpado até o trânsito em julgado de sentença penal condenatória.

Na opinião pessoal deste autor, não deveria ser assim, pois até mesmo em virtude das demais garantias, particularmente a do *duplo grau de jurisdição*, assegura-se a toda a pessoa a revisão do julgado *por uma vez*.

Os *recursos extraordinário e especial* vinculam-se, efetivamente, à finalidade de preservar a integridade e a uniformidade de interpretação do direito federal. A matéria de fato, por seu turno, já é exaurida na segunda instância, por mais que o acusado, reflexamente, em virtude do sucesso de determinada posição sobre o direito federal, possa vir a ser absolvido (aliás, o condenado pode ser absolvido até mesmo depois do trânsito em julgado, em sede de revisão criminal). O exaurimento da discussão de prova opera-se, portanto, em segundo grau, não havendo razões para obstar a execução da pena diante de uma possibilidade excepcional – a de que, como reflexo de uma decisão de tribunal superior sobre o direito objetivo, venha o acusado a ter sua situação modificada.

Neste particular, a título ilustrativo, o Código de Processo Penal norte-americano contempla a garantia em termos diversos daqueles de nossa Constituição: presume-se inocente o acusado até que o contrário resulte de veredicto efetivo. Entende-se, por lá, que o julgamento em dupla instância já está apto à efetividade, não impedindo a execução a mera possibilidade de intervenção, em caráter excepcional, da Suprema Corte. Até entendemos, de nossa parte, que deveria ser assim no Brasil.

Na ordem internacional também se encontra a definição da garantia independentemente do parâmetro do trânsito em julgado, como no art. 8, número 2, da Convenção Americana de Direitos Humanos (Decreto nº 678/1992): "Toda pessoa acusada de delito tem direito a que se presuma sua inocência enquanto não se comprove legalmente sua culpa". Nestas condições, a comprovação legal da culpa poderia muito bem ser exaurida na decisão do tribunal de segundo grau a respeito. Aliás, quando a norma alude a uma "comprovação", tem-se mesmo o aspecto probatório, esgotado, entre nós, na segunda instância judiciária.

Apesar de tudo isso, a garantia, como antes pontuado, está expressa entre nós em termos muito claros. Modificá-la, com base no que o intérprete julga correto, é uma atitude de correção da norma constitucional, sob o pretexto de "relativização" de garantias individuais. Toma-se, mais uma vez, a simplista visão de que "nenhum direito é absoluto", podendo o intérprete relativizá-lo quando entenda adequado. Será que podemos mesmo aceitar um sistema assim?

Desta sorte, se a decisão concreta obedece a um parâmetro de tratamento internacional e comparado adequado, e pode até se mostrar (como creio que se mostra) pontualmente adequada, desatende a uma regra constitucional clara, criando assim perigoso precedente de enfraquecimento das garantias constitucionais. Permite-se, com isto, que a compreensão do intérprete, sobre o significado e o alcance da garantia, seja firmada com base em critérios estranhos àqueles pronunciados pela própria ordem constitucional brasileira. Se agora a decisão foi correta do ponto de vista jusfilosófico e político criminal, dá margem a que o intérprete se conduza dessa forma em toda oportunidade. Não podemos concordar com isso.

No contexto, se a garantia do estado de inocência tem dimensionamento mais restrito na ordem internacional, inclusive naquela incorporada à ordem jurídica brasileira (vide o art. 8, número 2, da CADH), seu sentido e alcance expressos na Constituição brasileira revelam-se mais amplos.

Aliás, neste ponto, o tratamento específico da matéria no sistema brasileiro pode estar justificado no caráter e na funcionalidade particulares dos órgãos jurisdicionais nacionais. Refira-se, por outro lado, o julgamento em grau único, nas hipóteses de foro especial por prerrogativa de função: ausência de duplo grau; execução imediata da decisão tomada. São realidades da Justiça Penal brasileira que poderiam justificar um regime muito particular.

De toda sorte, perante a nova orientação da Suprema Corte, cumpre cogitar de um regime minimamente garantista, compatível, a propósito, com a lógica geral do sistema processual penal brasileiro: uma solução intermediária, que atenda às exigências invocadas por cada lado do debate.

Sem dúvida, os recursos especial e extraordinário são excepcionais, destinando-se, imediatamente, ao resguardo do direito objetivo federal. Diante disso, como entende o STF, a pena aplicada em segunda instância pode desde logo ser executada, independentemente da tramitação dos recursos excepcionais. Aplica-se, a este âmbito, a regra de ausência de efeito suspensivo, inserta no art. 637 do CPP.

Ocorre que, a despeito dessa regra, poderá o relator, em hipóteses excepcionais, conferir efeito suspensivo ao recurso, quando menos com base no poder geral de cautela. Essa possibilidade, por final, é reconhecida em diversas esferas do processo penal, a exemplo da atribuição de efeito suspensivo à revisão criminal.

A analogia, no particular, mostra-se clara: a revisão criminal constitui meio de impugnação excepcional. Por isso, via de regra, não tem efeito suspensivo. Nada impede, porém, que o juiz, com fundamentos nos requisitos próprios das medidas cautelares (*fumus boni juris* e *periculum in mora*), empreste excepcionalmente tal efeito à revisão.

Na mesma perspectiva, *parece-nos que deva o relator, considerando a relevância da fundamentação objeto do recurso de natureza extraordinária, conferir-lhe excepcionalmente efeito suspensivo, em decisão motivada, com amparo no poder geral de cautela de que dispõe o juiz.*

Na espécie, é invocável o art. 995, parágrafo único, do Código de Processo Civil de 2015, passível de aplicação subsidiária ao processo penal: "A eficácia da decisão recorrida poderá ser suspensa por decisão do relator, se da imediata produção de seus efeitos houver risco de dano grave, de difícil reparação, *e ficar demonstrada a probabilidade de provimento do recurso*".

Aplica-se subsidiariamente também, quanto ao procedimento, o disposto no art. 1.029, § 5º, do CPC/2015: "O pedido de concessão de efeito suspensivo a recurso extraordinário ou a recurso especial poderá ser formulado por requerimento dirigido: I – ao tribunal superior respectivo, no período compreendido entre a interposição do recurso e sua distribuição, ficando o relator designado para seu exame prevento para julgá-lo; II – ao relator, se já distribuído o recurso; III – ao presidente ou vice-presidente do tribunal local, no caso de o recurso ter sido sobrestado, nos termos do art. 1.037".

Dessa forma, por um lado, não se impedirá a execução imediata da pena sob a base de recursos sem fundamentação consistente ou que discutam simples aspectos acessórios; e por outro, não se permitirá que o acusado que disponha de fundamentação relevante e consistente fique sujeito ao cumprimento imediato da pena.

Nota Final:

No julgamento das Ações Declaratórias de Constitucionalidade de números 43 e 44, o Plenário do Supremo Tribunal Federal reafirmou, se bem que em votação mais apertada, porém agora em nível vinculante, a orientação antes firmada no julgado do HC 126.292/SP. Nesses casos, a Suprema Corte declarou a constitucionalidade da norma do art. 282 do Código de Processo Penal, fixando a interpretação conforme a Constituição no sentido de que esse dispositivo não veda a execução provisória do acórdão condenatório de segunda instância.

De maneira mais contundente, em recente julgado proferido no ARE 964.246 RG / SP (STF, Plenário, ARE 964.246, Rel. Min. TEORI ZAVASCKI, julgamento em 10.11.2016, DJ de 25.11.2016), com repercussão geral reconhecida, a Suprema Corte consolidou esta tese: "1. Em regime de repercussão geral, fica reafirmada a jurisprudência do Supremo Tribunal Federal no sentido de que a execução provisória de acórdão penal condenatório proferido em grau recursal, ainda que sujeito a recurso especial ou extraordinário, não compromete o princípio constitucional da presunção de inocência afirmado pelo artigo 5º, inciso LVII, da Constituição Federal. 2. Recurso extraordinário a que se nega provimento, com o reconhecimento da repercussão geral do tema e a reafirmação da jurisprudência sobre a matéria."

2.2. Regra de julgamento

De acordo com a segunda vertente do princípio do estado de inocência, por sua vez, a garantia impõe que o ônus probatório quanto à materialidade e à autoria do fato recaia inteiramente sobre o acusador. Cuida-se da *regra de julgamento*, ou *regra probatória*, segundo a qual só a prova cabal e inequívoca, pelo acusador, dos fatos constitutivos de responsabilidade penal poderá elidir o estado de inocência do imputado. Nessa perspectiva, tem-se que o princípio *in dubio pro reo* emana precisamente, em última análise, da regra probatória da garantia do estado de não culpabilidade[46].

Sob o aspecto do ônus probatório, como há um *status* de inocência a resguardar o indivíduo, não seja deste que se vai exigir a prova de que não é culpado. Assim, *cabe* ao acusador provar a hipótese acusatória, *podendo* a defesa, de toda sorte, refutá-la, com alegações e contraprovas.

Intolerável, no contexto examinado, é o expediente de se formular hipótese acusatória com base em indícios hauridos no procedimento de investigação e se reservar ao acusado o ônus de demonstrar a inexistência da hipótese de fato. É desoladoramente comum o caso em que o órgão de acusação não apresenta nem produz prova em juízo da hipótese acusatória deduzida na inicial e, ao final, pede a condenação do acusado por não ter este provado que era inocente quanto aos fatos a ele imputados. Trata-se de expediente afrontoso ao princípio da inocência, na vertente probatória de que se cuida. Portanto, se o acusador não fizer prova da hipótese alegada, é imperativa a absolvição do acusado, reafirmando-se, assim, seu estado de inocência.

Importa compreender que a questão em exame é de ônus, vale dizer, de faculdade processual que, se não cumprida, acarretará consequência desfavorável à parte. O acusador deve desincumbir-se de seu ônus de provar a hipótese de fato deduzida na inicial e em eventual aditamento. Não se desincumbindo o acusador desse ônus, o acusado deve ser absolvido da imputação, *ainda que não produza qualquer contraprova às alegações objeto da hipótese acusatória*.

Naturalmente, poderá o acusado, no exercício de sua defesa, produzir prova da inexistência da hipótese acusada. Poderá, por exemplo, indicar álibi ou apresentar testemunhas que afirmem a inexistência do fato ou da autoria. Essa atividade, contudo, não é ônus da defesa e, por esse motivo, ainda que não exercida, por impossibilidade ou por desídia, não pode acarretar qualquer consequência desfavorável ao acusado[47].

Cumpre asseverar, por fim, que o ônus da prova do acusador abrange apenas a *hipótese fática acusatória*, em outros termos, a materialidade e a autoria da infração.

---

46. Conforme ZUGALDÍA ESPINAR: "La presunción de inocencia constituye un derecho fundamental de la persona vinculado básicamente *a la prueba de los hechos* durante el *proceso penal*. Dado que en él se parte de que el inculpado es, en principio, inocente (...), el fallo condenatorio contra el mismo sólo puede pronunciarse si de lo actuado en el juicio oral se deduce la existencia de prueba que racionalmente pueda considerarse de cargo como para desvirtuar dicho punto de partida, no bastando para condenar la simple duda en torno a si el inculpado realizó o no los hechos que se imputan – principio 'in dubio pro reo'". Cfr. ESPINAR, José Miguel Zugaldía. *Fundamentos de Derecho Penal*. Valencia: Tirant lo Blanch, 1993, p. 273.

47. Como bem enfatizado por JEFFERSON INGRAM: "As a strong general rule, no defendant has any duty to present any evidence, to introduce any witness, or to testify personally because a defendant has no burden to prove or disprove anything" ("como sólida regra geral, nenhum acusado tem qualquer dever de apresentar qualquer prova, de introduzir qualquer testemunha, ou de declarar pessoalmente, porque o acusado não tem nenhum ônus de provar ou de refutar o que quer que seja". Cfr. INGRAM, Jefferson L. *Criminal Evidence*. Waltham: Elsevier/Anderson Publishing, 2014, p.

O ônus de provar eventuais alegações de causas excludentes da ilicitude e/ou da culpabilidade recai, em princípio, sobre a defesa, conforme será estudado com mais vagar no Capítulo XII, reservado à prova. Isso decorre do próprio ônus de provar conferido a quem alega, conforme a disposição do art. 156, *caput*, primeira parte, do CPP, por mais que haja, neste particular, atenuações.

Presunção ou Estado de Inocência (ou de Não Culpabilidade)

(i) regra de tratamento: dimensão cautelar pessoal; constrição de liberdade antes da condenação definitiva possível apenas a título cautelar; ressalva da ausência de efeito suspensivo dos recursos de natureza extraordinária (STF, HC 126.292/SP)

(ii) regra de julgamento: dimensão probatória; ônus da prova (da materialidade e da autoria) exclusivo da parte acusadora

SEÇÃO VII
Garantia contra a Autoincriminação (Nemo tenetur se detegere) e Direito ao Silêncio

O princípio de que *ninguém está obrigado a produzir prova contra si mesmo*, equivalente à *proteção contra a autoincriminação*, é corolário das garantias da ampla defesa e do estado de inocência, abrangendo, por ser mais amplo, o direito de guardar silêncio.

Cuida-se da garantia da pessoa de não ser compelida a declarar contra si mesma nem a participar ativamente, mediante ato que equivalha a um testemunho, da produção de prova que a possa incriminar. Essa garantia tem expressão latina nas máximas *nemo tenetur se detegere, nemo tenetur se ipsum accusare* e *nemo tenetur se ipsum prodere*, todas com o mesmo sentido. A primeira delas é a mais conhecida, encerrando o significado literal de que *ninguém está obrigado a se descobrir*.

As origens do princípio não se mostram claras, mas sua elaboração conceitual identifica-se induvidosamente no direito anglo-americano. É nos sistemas próprios dessa tradição, por final, que a garantia tem assumido sua compostura clássica e destacada força normativa, a inspirar os demais sistemas, nem sempre com a compreensão adequada de seu sentido e limites. Tem-se, neste contexto, o famoso enunciado da Quinta Emenda à Constituição norte-americana: nenhuma pessoa "será compelida em qualquer acusação criminal a prestar testemunho contra si mesma"[48].

Por seu turno, o *direito ao silêncio* constitui uma das formas de que dispõe o indivíduo de não ser obrigado a se autoincriminar: direito de não declarar contra si próprio. Na verdade, o *fundamento* do direito de ficar calado é exatamente a proteção

---

48. No original: "*Amendment 5* (Criminal actions – Provisions concerning – Due process of law and just compensation clauses): No person (…) shall be compelled in any criminal case to be a witness against himself…"

contra a autoincriminação. Ao sujeito garante-se o direito de permanecer em silêncio porque não pode ser compelido a, com suas declarações, fazer prova contra si próprio[49].

Quanto à matéria sob exame, a ordem constitucional brasileira foi menos abrangente que a Convenção Americana de Direitos Humanos e que o Pacto Internacional de Direitos Civis e Políticos. Acerca do direito do preso, com efeito, dispõe o art. 5º, inciso LXIII, da Constituição da República: "o preso será informado de seus direitos, *entre os quais o de permanecer calado*, sendo-lhe assegurada a assistência da família e de advogado". Consagra-se, por esses termos, o direito ao silêncio, como forma de se não obrigar o imputado à própria incriminação.

Com isso, perdeu o sentido e não foi recepcionada pela ordem constitucional a segunda parte do art. 198 do CPP, conforme o qual "o silêncio do acusado não importará confissão, *mas poderá constituir elemento para a formação do convencimento do juiz*". A ressalva final está irrecusavelmente excluída de nosso sistema, tendo o legislador brasileiro, em sucessivas reformas, perdido a oportunidade da revogação expressa dessa norma.

Mais amplo, porém, é o dispositivo do art. 8, número 2, *g*, da Convenção Americana de Direitos Humanos (Decreto nº 678/1992): "...Durante o processo, toda pessoa tem direito, em plena igualdade, às seguintes garantias mínimas: g) direito de não ser obrigada a depor contra si mesma, nem a declarar-se culpada". Na mesma trilha, tem-se o art. 14, número 3, *g*, do Pacto Internacional de Direitos Civis e Políticos (Decreto nº 678/1992).

São as cartas internacionais de direitos incorporadas à ordem jurídica brasileira, assim, que expressamente asseguram o princípio de que ninguém está obrigado a produzir prova contra si próprio, sentido este assimilado a partir das expressões "não ser obrigada a depor contra si mesma" e "nem a declarar-se culpada".

Nessa perspectiva, há outras formas, diversas do silêncio, de não se declarar culpado ou de não fazer prova contra si mesmo. O imputado, sob esse fundamento, não está obrigado a participar ativamente do *exame de reconstituição do crime* (art. 7º, CPP), nem de perícia apta à comprovação de sua culpa, a exemplo do *exame grafotécnico* (art. 174, CPP). O Supremo Tribunal Federal já reconheceu a incidência da garantia nas duas hipóteses.

No primeiro caso, entendendo que o imputado não está obrigado a participar de diligência de reconstituição simulada do crime, refira-se o julgado da Primeira Turma da Suprema Corte no HC 69.026/DF (STF, 1ª Turma, HC 69.026/DF, Rel. Min. CELSO DE MELLO, julgamento em 10.12.1991, DJ de 04.09.1992): "A reconstituição do crime

---

49. Em rumo semelhante, observa POLASTRI DE LIMA, ao comentar texto de KAI AMBOS: "Apesar da tendência de equiparação do princípio da não auto-incriminação ou *nemo tenetur se detegere* ao direito ao silêncio, por causa da máxima de que 'ninguém é obrigado a declarar algo contra si mesmo', na verdade, em que o pese o *nemo tenetur detegere* e o direito ao silêncio serem indissociáveis, isto não significa dizer que o princípio da não auto-incriminação existe em decorrência do direito ao silêncio, como é comum se afirmar, pois, na verdade, este é apenas uma faceta daquele". Cfr. AMBOS, Kai. *Processo penal europeu*: preservação das garantias e direitos individuais (princípios processuais e análise da Convenção Européia de Direitos Humanos). Rio de Janeiro: Lúmen Juris, 2008, p. 53.

configura ato de caráter essencialmente probatório, pois destina-se – pela reprodução simulada dos fatos – a demonstrar o modus faciendi da prática delituosa (CPP, art. 7). O suposto autor do ilícito penal não pode ser compelido, sob pena de caracterização de injusto constrangimento, a participar da reprodução simulada do fato delituoso. O magistério doutrinário, atento ao princípio que concede a qualquer indiciado ou réu o privilégio contra a autoincriminação, ressalta a circunstância de que é essencialmente voluntária a participação do imputado no ato – provido de indiscutível eficácia probatória – concretizador da reprodução simulada do fato delituoso".

Quanto ao segundo caso, no sentido de que o imputado não está obrigado a fornecer padrões gráficos para fins de realização de exame grafotécnico, confira-se o julgado da Primeira Turma da Suprema Corte no HC 77.135/SP (STF, 1ª Turma, HC 77.135/SP, Rel. Min. ILMAR GALVÃO, julgamento em 08.09.1998, DJ de 06.11.1998): "Diante do princípio nemo tenetur se detegere, que informa o nosso direito de punir, é fora de dúvida que o dispositivo do inciso IV do art. 174 do Código de Processo Penal há de ser interpretado no sentido de não poder ser o indiciado compelido a fornecer padrões gráficos do próprio punho, para os exames periciais, cabendo apenas ser intimado para fazê-lo a seu alvedrio. É que a comparação gráfica configura ato de caráter essencialmente probatório, não se podendo, em face do privilégio de que desfruta o indiciado contra a autoincriminação, obrigar o suposto autor do delito a fornecer prova capaz de levar à caracterização de sua culpa. Assim, pode a autoridade não só fazer requisição a arquivos ou estabelecimentos públicos, onde se encontrem documentos da pessoa a qual é atribuída a letra, ou proceder a exame no próprio lugar onde se encontrar o documento em questão, ou ainda, é certo, proceder à colheita de material, para o que intimará a pessoa, a quem se atribui ou pode ser atribuído o escrito, a escrever o que lhe for ditado, não lhe cabendo, entretanto, ordenar que o faça, sob pena de desobediência, como deixa transparecer, a um apressado exame, o CPP, no inciso IV do art. 174".

Essa posição do Supremo Tribunal Federal, entretanto, impõe uma reflexão mais apurada.

Acerca da abrangência do núcleo protetivo da garantia do *nemo tenetur se detegere*, tem-se que o imputado, sob esse fundamento, não pode ser compelido: (i) a declarar; (ii) a declarar contra si mesmo; (iii) a confessar-se culpado. Efetivamente, este particular sentido garantista radica na proibição de que o imputado se sujeite a exteriorizar uma *declaração* que possa incriminá-lo, contribuindo, *por este meio*, para a produção de prova contra si próprio.

Não cabe assimilar do princípio, por esse prisma, a vedação de que o sujeito participe de *qualquer ato* que *possa* ter como resultado um conteúdo incriminador, mesmo aqueles destinados à mera identificação criminal, quando haja tal necessidade, pela falta ou deficiência da identificação civil[50]. *Tampouco* integra o âmbito protetivo

---

50. Assim, por exemplo, as impressões digitais podem ser coletadas, independentemente de concordância do sujeito, quando haja necessidade de identificação criminal, em face da ausência ou dubiedade da identicação civil (dentre outras excepcionalidades discriminadas em lei). Trata-se da *identificação datiloscópica*, abordada no Capítulo V deste Curso.

da garantia uma suposta exigência de que o imputado não pudesse *de qualquer forma* contribuir para a formação de prova contra si. Não é este o significado histórico nem a necessidade garantista, justificada por certo valor de proteção individual, apreendidos da máxima do *nemo tenetur se detegere*.

Parece-nos, assim, que somente as três referidas dimensões protetivas estão cobertas pelo sentido e alcance do princípio-garantia em foco: (i) *direito de não declarar*, previsto na Constituição e nas normas internacionais como *direito ao silêncio*, que se integra, em última análise, no próprio marco da ampla defesa – aqui se resguarda o indivíduo de qualquer declaração *sobre a hipótese acusatória*, evitando-se o mais remoto risco de que diga algo que lhe possa incriminar; (ii) *direito de não declarar contra si mesmo*, que expressa uma dimensão mais aproximada e diretamente referida à não autoincriminação; (iii) *direito de não se confessar culpado*, em que se identifica, de forma direta, a proibição de que o silêncio do imputado seja interpretado como confissão tácita ou tenha qualquer interferência sobre o convencimento do julgador – aqui se inclui a vedação de que o acusador faça referência, sobretudo perante jurados (leigos), ao silêncio do imputado como se fosse uma assunção de culpa.

Com esses parâmetros, tome-se o exemplo da participação em diligência de reconstituição simulada do crime (art. 7º, CPP), em que o imputado terá que *informar* a maneira como se deram os fatos objeto da persecução penal. Trata-se de ato inequivocamente *declaratório sobre a hipótese de acusação*. Com efeito, participando de uma diligência de reconstituição simulada, o imputado está prestando informações e, assim, reconstruindo fatos passados, da mesma maneira que faria ao depor sobre eles perante a autoridade. Cuida-se até de um depoimento qualificado em sua eficácia informativa, em face da presença do imputado no próprio lugar onde teriam se dado os fatos.

Fora disso, segundo nos parece, não há que se identificar marco protetivo para a garantia examinada, cuja existência se justifica apenas pela proibição de que o Estado chegue ao extremo de exigir do sujeito que exteriorize um depoimento que, em si mesmo, represente uma assunção de culpa.

Assim, a respeito do *fornecimento de padrões gráficos para fins de realização de perícia grafotécnica*, não se trata, a nosso juízo, de ato equiparável a uma declaração, no sentido de depoimento prestado pelo sujeito sobre a hipótese acusatória.

Para a realização da perícia, *o imputado é convidado a escrever o que a autoridade lhe ditar* (art. 174, IV, CPP), de modo que os *padrões preexistentes (forma)*, assim fornecidos, sejam comparados aos de um escrito objeto de reconhecimento, cuja autoria se atribui ao investigado. Na espécie, o conteúdo das palavras ditadas não diz respeito à hipótese acusatória e se destina apenas a uma coleta de perfis ou padrões gráficos. O escrito, portanto, *não* tem o significado de ato *declaratório* do sujeito sobre os fatos investigados, constituindo a mera reprodução mecânica de um texto ditado, para fins de simples *representação* de padrões gráficos individualizadores, que serão submetidos a um exercício pericial comparativo.

O aspecto protetivo da garantia contra a autoincriminação expressa o impedimento de que o Estado conduza o imputado a, *mediante um ato declaratório*, confessar diretamente a prática de um crime. Esta é a esfera individual que se convencionou digna de resguardo, não cabendo alastrar tal alcance protetivo para situações diversas, apreendidas por um sentido amplo de que ninguém estaria obrigado a de qualquer forma contribuir para a formação de prova contra si mesmo.

Na perícia grafotécnica, o que há é a coleta de referências gráficas, como base material para a realização de um exame de resultado incerto, e não a exigência estatal de que o imputado deponha contra si próprio. Dá-se a mesma lógica no caso do exame de alcoolemia, abordado em tópico especial, *infra*.

Com esses fundamentos, discordamos da orientação da Suprema Corte brasileira (julgado do HC 77.135/SP) no que tange à perícia grafotécnica e à norma do art. 174, IV, do CPP. A nosso juízo, a recusa do imputado em fornecer seus padrões gráficos, por não estar amparada pela garantia em foco, não se revela legítima e, portanto, poderia ser valorada contra ele. Por óbvio, não poderá haver coerção física, diante da liberdade pessoal de autodeterminação; mas, não podendo a recusa ser justificada pelo direito de não se autoincriminar, estaria admitida a valoração normativa contra o imputado (ainda que não suficiente, por si só, para um juízo condenatório). Atualmente, porém, o único julgado do STF sobre o assunto sustenta o contrário.

Dito isso, não há que se cogitar de vulneração à garantia estudada, em primeiro plano, quando a posição do sujeito seja meramente passiva. Por outro lado, mesmo havendo exigência de alguma intervenção ativa do imputado, a garantia não comparece quando o ato não se equipare a uma *declaração* ou *testemunho* contra si próprio, servindo apenas a propósitos de identificação do imputado, em vinculação com o fato investigado.

No contexto em foco, interessa considerar a posição da jurisprudência norte-americana. Em compreensão que nos parece adequada, firmou-se no direito norte-americano o entendimento de que a garantia contra a autoincriminação não proíbe a exigência de exibição do corpo, de amostras genéticas, para fins de identificação do imputado de forma vinculada ao fato. Como bem o expressa JEFFERSON INGRAM: "A proteção contra a autoincriminação da Quinta Emenda nem proíbe a exibição forçada de características físicas reconhecíveis, tais como tatuagens, cicatrizes corporais, ou deformidades que ajudem a identificar uma pessoa, nem protege a pessoa contra ter que fornecer saliva ou amostras de cabelo ao grande júri. Ecoando o caso *Schmerber*, a Suprema Corte de New Hampshire assentou em uma acusação de agressão sexual que nem a Constituição do Estado nem a Quinta Emenda Federal restaram violadas por se exigir do acusado o fornecimento de amostras de DNA que foram introduzidas com provas de sangue contra ele, *porque a prova foi "não-testemunhal" [não declaratória] por natureza*. Exigir uma amostra de manuscrito de um acusado não viola a Quinta Emenda ou uma proteção estadual similar, porque a amostra é um fato físico de identificação e nada mais"[51].

---

51. No original: "The Fifth Amendment self-incrimination provision neither prohibits the compelled display of identifiable physical characteristics such as tattoos, bodily scars, or deformities that help identify a person, nor does it protect against having to provide saliva and hair samples to a grand jury. Echoing the *Schmerber* case, the Supreme Court of New Hampshire held in a sexual assault case that neither the state constitution nor the Federal Fifth Amendment were violated by requiring a defendant to

Em conformidade com essa lógica, sempre que o acusado recusar a fornecer uma amostra de urina, por exemplo, em um caso de posse de drogas, a acusação pode comentar acerca dessa recusa perante o júri, o qual pode emprestar ao fato o peso que lhe parecer adequado, sem qualquer ofensa à garantia contra a autoincriminação[52]. Tanto se baseia no fato de que não é legítima a recusa do acusado em situações assim.

Já na realidade brasileira, quanto à identificação criminal pelo perfil genético, recentemente instituída pela Lei nº 12.654/2012, dá-se a mesma compreensão, diante da necessidade de coleta de material genético fornecido pelo imputado, para fins de composição de banco de dados.

Antes e independentemente de supostas implicações à garantia contra a autoincriminação, o problema se resolve na inadmissibilidade da coerção física do imputado quanto ao fornecimento de seu material genético. Essa impossibilidade diz respeito à própria autodeterminação pessoal, própria da liberdade de locomoção.

Diante disso, a solução encontra-se no plano normativo. Não estando amparada pela garantia contra a autoincriminação, a recusa do imputado *não é legítima nem juridicamente aceitável*. Compreenda-se, uma vez mais, que o fornecimento de amostras genéticas *não equivale a uma declaração*, no sentido protetivo objeto da garantia em foco. Desta sorte, a recusa, embora não possa ser tomada como presunção suficiente de culpabilidade, pode ser interpretada contra o imputado.

Estamos conscientes de todo o repúdio de boa parte da doutrina brasileira a essa lógica. Amparamo-nos, porém, na compreensão do sentido e do alcance da garantia contra a autoincriminação, que não pode ser reconduzida aos extremos identificados em diversas correntes de pensamento, alheados, a nosso sentir, do próprio referencial que ditou o estabelecimento normativo da proteção individual em exame.

De toda sorte, no caso particular do fornecimento do material genético, como discutido no Capítulo V deste Curso, poderá ser pelo menos utilizada amostra descartada pelo sujeito, para fins de composição do banco de dados, como vem sustentando a doutrina.

A seguir, ainda sobre o sentido e o alcance da garantia do *nemo tenetur se detegere*, discute-se o caso especial da recusa a testes de alcoolemia.

TÓPICO ESPECIAL – *Garantia contra a não autoincriminação e recusa a testes de detecção alcoólica: direito brasileiro e direito comparado*

---

provide DNA samples that were introduced with blood evidence against him, because the evidence was non-testimonial in nature. Requiring a handwriting sample from a defendant does not violate the Fifth Amendment or a similar state provision because the sample is an identifying physical fact and nothing more". Cfr. INGRAM, Jefferson L. *Criminal Evidence*. Waltham: Elsevier/Anderson Publishing, 2014, p. 735.

52. Como anota INGRAM: "...where a defendant refused to give a urine sample in a drug possession case, the prosecution may comment on the defendant refusal and the jury may give it whatever weight it chooses do give". Cfr. INGRAM, Jefferson L. *Criminal Evidence*. Waltham: Elsevier/Anderson Publishing, 2014, p. 736.

No direito brasileiro, tem-se discutido, desde o advento da Lei nº 11.705/2008 e depois o da Lei nº 12.760/2012, sobre um suposto direito individual de recusa de submissão a testes de detecção alcoólica, no que diz respeito à aferição da materialidade do crime de *embriaguez ao volante*, definido no art. 306 da Lei nº 9.503/1997 (Código de Trânsito Brasileiro).

Inicialmente, em regime hoje revogado, a Lei nº 11.705/2008 conferiu nova definição típica ao crime do art. 306, especialmente nos seguintes aspectos: nova caracterização como delito de perigo abstrato (antes era de perigo concreto) e condicionamento da tipicidade penal à existência concreta da quantidade mínima de 6 (seis) decigramas *de álcool* por litro de sangue. A definição legal conferida então ao tipo era a seguinte: "Conduzir veículo automotor, na via pública, estando com concentração de álcool por litro de sangue igual ou superior a 6 decigramas, ou sob a influência de qualquer outra substância psicoativa que determine dependência". A condução de veículo automotor sob a influência de álcool somente constituía crime se presente a quantidade mínima exigida pelo tipo penal; caso a graduação alcoólica fosse menor que 6 dg/l, configurava-se exclusivamente a infração administrativa, sujeita às sanções de multa e suspensão do direito de dirigir.

Ocorre que a mensuração da concentração alcoólica (testes de alcoolemia) no sangue apenas poderia ser atingida por intermédio do aparelho denominado etilômetro ou "bafômetro" (por propulsão de ar) ou pelo exame de sangue. O exame clínico, feito por médico a partir de sinais e reações do indivíduo, embora igualmente apto à constatação da embriaguez, não se presta à definição da quantidade de álcool.

Esse panorama provocou intensa controvérsia na doutrina e na jurisprudência: como o imputado não estaria juridicamente obrigado a participar ativamente de teste de alcoolemia por propulsão de ar nem de exame de sangue, bastava-lhe invocar o direito de recusa para, desta forma, inviabilizar a incidência do tipo penal, cuja elementar relativa à graduação alcoólica (6 dg/l) só era passível de materialização por meio de perícia, representada por um dos dois instrumentos indicados (etilômetro ou exame de sangue)[53].

---

53. Era assim, aliás, que entendia a 6ª Turma do Superior Tribunal de Justiça, como revela o julgado proferido no RESP 1113360 (STJ, 6ª Turma, RESP 1113360, Rel. Min. Og Fernandes, DJ de 10.10.2010): "1. Antes da edição da Lei nº 11.705/08 bastava, para a configuração do delito de embriaguez ao volante, que o agente, sob a influência de álcool, expusesse a dano potencial a incolumidade de outrem. 2. Entretanto, com o advento da referida Lei, inseriu-se a quantidade mínima exigível e excluiu-se a necessidade de exposição de dano potencial, delimitando-se o meio de prova admissível, ou seja, a figura típica só se perfaz com a quantificação objetiva da concentração de álcool no sangue, o que não se pode presumir. A dosagem etílica, portanto, passou a integrar o tipo penal que exige seja comprovadamente superior a 6 (seis) decigramas. 3. Essa comprovação, conforme o Decreto nº 6.488 de 19.6.08 pode ser feita por duas maneiras: exame de sangue ou teste em aparelho de ar alveolar pulmonar (etilômetro), este último também conhecido como bafômetro. 4. Isso não pode, por certo, ensejar do magistrado a correção das falhas estruturais com o objetivo de conferir-lhe efetividade. O Direito Penal rege-se, antes de tudo, pela estrita legalidade e tipicidade. *5. Assim, para comprovar a embriaguez, objetivamente delimitada pelo art. 306 do Código de Trânsito Brasileiro, é indispensável a prova técnica consubstanciada no teste do bafômetro ou no exame de sangue".*

Diante dessa realidade, sobreveio a Lei nº 12.760/2012, que conferiu a seguinte redação ao tipo penal do art. 306 da Lei nº 9.503/1997: "Conduzir veículo automotor com capacidade psicomotora alterada em razão da influência de álcool ou de outra substância psicoativa que determine dependência".

Manteve-se, dessa forma, o tipo de perigo abstrato, mas agora sem a elementar típica da quantidade mínima de álcool no sangue, eliminando-se, assim, o óbice da exclusividade da perícia como meio de constatação da existência material do crime. Sobre os meios de prova, a propósito, os §§ 1º e 2º acrescentados ao art. 306, sobretudo o último, detalhadamente os discriminam, sem restrição à perícia: "§ 1º. As condutas previstas no *caput* serão constatadas por: I – concentração igual ou superior a 6 decigramas de álcool por litro de sangue ou igual ou superior a 0,3 miligrama de álcool por litro de ar alveolar; ou II – sinais que indiquem, na forma disciplinada pelo Contran, alteração da capacidade psicomotora. § 2º. *A verificação do disposto neste artigo poderá ser obtida mediante teste de alcoolemia ou toxicológico, exame clínico ou perícia, vídeo, prova testemunhal ou outros meios de prova em direito admitidos, observado o direito à contraprova*".

Ainda que o imputado recuse submissão aos testes periciais, portanto, poderá a materialidade do fato típico ser constatada por outros meios de prova.

Persiste a discussão, entretanto, sobre se o imputado, ao recusar submissão aos testes, está ou não no exercício regular do direito de não se autoincriminar. Essa discussão é relevante sobretudo para fixar a aplicabilidade de sanções penais ou administrativas punitivas, em consequência da recusa.

Antes de tudo, cumpre asseverar que o imputado não pode ser *fisicamente* compelido a participar do teste de alcoolemia ou do exame de sangue. Isso, entretanto, nada tem que ver com a garantia contra a autoincriminação, dizendo respeito, na verdade, à própria liberdade pessoal de autodeterminação. A solução para a recusa, com a aplicação de eventuais consequências, está reservada, portanto, ao âmbito normativo. Aqui é que ingressa o dimensionamento protetivo da garantia em foco, pois a aplicabilidade de consequência normativa desfavorável depende de saber se o imputado, ao recusar, estava ou não no exercício regular de direito.

Interessa fixar, no contexto, o sentido e alcance da garantia do *nemo tenetur se detegere*, não abrangente, ao contrário do que se pensa, da hipótese cogitada.

Pressupondo-se a inadmissibilidade da coerção física, pode a recusa do sujeito em participar dos testes de alcoolemia acarretar-lhe alguma consequência normativa desfavorável?

A nosso juízo, a garantia examinada não resguarda o sujeito em sua negativa de submissão a tais testes. Assim, houvesse no direito brasileiro norma que *incriminasse* a conduta de recusa em submeter-se aos testes técnicos de alcoolemia, essa lei não poderia ser considerada inconstitucional (como não o é a norma referente à infração administrativa que pune a recusa), a pretexto de ofensa ao direito de não se autoincriminar.

De outro modo, a garantia contra a autoincriminação se prestaria aos maiores extremos, inviabilizando a persecução penal em muitas hipóteses críticas e até mesmo estimulando iniciativas incriminadoras amplas e desmesuradas: expressão disto é a própria reforma introduzida pela Lei nº 12.760/2012, contendo a incriminação da conduta de conduzir veículo automotor sob a influência de praticamente qualquer quantidade de álcool, de modo evitar a lacuna de punibilidade decorrente da orientação no sentido de que o sujeito poderia, *com base no direito à não autoincriminação*, recusar-se de forma legítima a participar dos exames periciais capazes de comprovar a existência ou não da medida alcoólica de 6 dg/l de sangue (ou de 0,3 mg/l de ar alveolar).

Anote-se que a garantia estudada impede, isto sim, que o indivíduo *declare* contra si mesmo (art. 8, 2, *g*, CADH). Participar de procedimentos administrativos de fiscalização, entretanto, não é conduta equiparável a uma "declaração". Orientações amplíssimas sobre a expressão "declarar contra si mesmo" têm identificado no princípio significados incontroláveis, ademais de estranhos ao próprio sentido e utilidade garantistas a ele vinculados.

Com a referência do direito norte-americano, sustentamos mais uma vez que a proteção contra a autoincriminação diz respeito à exigência estatal de intervenção do imputado de natureza declaratória (ou testemunhal). A proteção não alcança, portanto, a participação em perícias. A esse respeito, assinala JEFFERSON INGRAM: "Todos os acusados dispõem da prerrogativa contra a autoincriminação, baseada nas constituições dos estados e na Quinta Emenda Federal, mas ela só pode ser exitosamente invocada quando a prova seja considerada declaratória por natureza. Prova que envolva atributos físicos, características pessoais e dados científicos sobre o acusado podem implicar repercussões sobre a busca e apreensão objeto da Quarta Emenda, mas raramente envolve uma violação à Quinta Emenda"[54].

Neste contexto, a jurisprudência da própria *Suprema Corte norte-americana* já afirmou orientação no sentido da ilegitimidade da recusa ao exame de sangue para fins de teste de alcoolemia. Em particular, eis a tese firmada no caso SOUTH DAKOTA vs. NEVILLE, de 1983 (499 U.S. 553): "Sustentamos, portanto, que a recusa de se submeter a teste de álcool no sangue, depois que um agente de polícia legalmente o requisitou, não é um ato de coação da parte do oficial, não estando, assim, protegido pela prerrogativa contra a autoincriminação. A oferta do teste é claramente legítima, e assume não menos legitimidade quando o Estado oferece uma segunda opção de recusa ao teste, com as consequentes penas aplicáveis em decorrência dessa escolha"[55].

No caso, os agentes policiais exigiram do condutor a submissão ao teste, sob a advertência de que, em caso de recusa, poderia haver a perda de sua licença para dirigir.

---

54. "All defendants have the privilege against self-incrimination based on state constitutions or on the Federal Fifth Amendment, but it can successfully be asserted only when the evidence would be considered testimonial in nature. Evidence that involves physical attributes, personal characteristics, and scientific data about the defendant may implicate Fourth Amendment search and seizure issues, but rarely involves a violation of the Fifth Amendment". Cfr. INGRAM, Jefferson L. *Criminal Evidence*. Waltham: Elsevier/Anderson Publishing, 2014, p. 737.

55. No original: "We hold, therefore, that a refusal to take a blood alcohol test, after a police officer has lawfully requested it, is not an act coerced by the officer, and thus is not protected by the privilege against self-incrimination. The offer of taking the test is clearly legitimate, and becomes no less legitimate when the State offers a second option of refusing the test, with the attendant penalties for making that choice".

O acusado recusou-se então a fazer o teste, o que foi utilizado como prova contra ele no julgamento. Questionou-se também a falta de advertência do agente policial quanto à utilização da recusa ao teste como prova de culpa do imputado, o que de igual modo resultou rechaçado pela Suprema Corte: "Não seria fundamentalmente injusto, em violação ao devido processo, utilizar a recusa do acusado em submeter-se ao exame de sangue como prova de culpa, ainda que a polícia tenha falhado em adverti-lo de que a recusa poderia ser usada contra ele no julgamento (...) Essa falha em advertir não foi do tipo da promessa maliciosa de abster-se do uso de prova, que injustamente 'enganaria' o acusado quando a prova fosse depois apresentada contra ele no julgamento"[56].

Por outro lado, no direito penal espanhol encontra-se interessante referência acerca da condução de veículo automotor sob o efeito de álcool. O Código Penal da Espanha incrimina a conduta de *conducción bajo los efectos de drogas o alcohol* no art. 379, entre os *delitos contra la seguridad vial*, punível *em todo caso* (isto é, independentemente de qualquer resultado, de dano ou de perigo) se (i) a quantidade alcoólica em ar aspirado (detectada pelo etilômetro ou "bafômetro") for superior a 0,6 miligramas por litro, ou se (ii) a quantidade alcoólica no sangue for superior a 1,2 gramas por litro. Caso a quantidade seja inferior a essas medidas, haverá tipicidade condicionada a um resultado de perigo à coletividade (crime de perigo concreto).

Como se percebe, a tipicidade do crime, na forma de *perigo abstrato* (independente da produção de resultado), depende de mensuração pericial (prova técnica), por propulsão de ar (mediante o instrumento aqui chamado "bafômetro") ou por exame de sangue. Para a garantia da efetividade da lei penal, o sistema espanhol chega a tipificar, como delito autônomo, a recusa do sujeito em submeter-se aos procedimentos administrativos de detecção da quantidade alcoólica, nos termos do art. 383 do Código Penal: "O condutor que, solicitado por um agente de autoridade, negar submeter-se às provas legalmente estabelecidas para a comprovação das taxas de alcoolemia e a presença de drogas tóxicas, estupefacientes e substâncias psicotrópicas a que se referem os artigos anteriores, será castigado com penas de prisão de seis meses a um ano e privação do direito de conduzir veículos automotores e ciclomotores por tempo superior a um e até quatro anos". Trata-se, aliás, de penas mais severas que aquelas cominadas para o delito de condução sob o efeito de drogas ou álcool (prisão de três a seis meses ou multa de seis a doze meses ou trabalhos em benefício da comunidade por um a noventa dias, além da privação do direito de conduzir pelo tempo de um a quatro anos, nos termos do art. 306, 1 e 2, do CP).

Levada a questão ao Tribunal Constitucional da Espanha, por meio do denominado "recurso de amparo", sob a invocação de ofensa à garantia do *nemo tenetur se detegere*, a Corte denegou a pretensão, com base precisamente na ausência de correspondência

---

56. No original: "It would not be fundamentally unfair in violation of due process to use respondent's refusal to take the blood alcohol test as evidence of guilt, even though the police failed to warn him that the refusal could be used against him at trial. *Doyle v. Ohio*, 426 U. S. 610, distinguished. Such failure to warn was not the sort of implicit promise to forgo use of evidence that would unfairly 'trick' respondent if the evidence were later offered against him at trial".

entre (i) a submissão passiva a procedimentos administrativos de detecção alcoólica e (ii) o direito de não declarar contra si mesmo.

Destaca-se, a respeito, o seguinte trecho da Sentença (STC 161/1997): "...As provas para a demonstração da condução sob a influência de álcool ou de drogas tóxicas, estupefacientes ou substâncias psicotrópicas e, entre elas, as de aspiração de ar através de um etilômetro, não constituem a rigor uma declaração ou testemunho, pelo que não podem supor vulneração alguma aos direitos e não declarar, de não declarar contra si mesmo e de não se confessar culpado. Tampouco ofendem 'per se' o direito à presunção de inocência por inversão do ônus material da prova. As provas de detecção discutidas, quer consistam na aspiração de ar, quer na extração de sangue, na análise de urina ou em um exame médico, não constituem atos direcionados a obter do sujeito o reconhecimento de determinados fatos ou sua interpretação ou valoração, e sim simples perícias de resultado incerto, que, independentemente de sua mecânica concreta não reclamar só um comportamento exclusivamente passivo, não se podem catalogar como obrigações de autoincriminação, vale dizer, como aportes ou contribuições do sujeito que sustentem ou possam sustentar diretamente, no sentido referido, sua própria imputação penal ou administrativa"[57].

O último argumento é realmente decisivo: estar posto em uma situação passiva de controle administrativo para a detecção de álcool ou outra substância em seu organismo *não conduz o indivíduo* ao *reconhecimento de fatos contra si próprio*. Cuida-se de um procedimento de verificação e, como tal, de *resultado incerto*. Não está o indivíduo, assim, sujeito a declarar ou a reconhecer situações incriminadoras em seu prejuízo. A Administração é que, de forma ativa, realiza perícia capaz de detectar, ou não, um fato juridicamente relevante. Em última análise, ainda que o resultado lhe seja prejudicial, não se pode dizer, senão só artificialmente, que foi o sujeito quem reconheceu um fato, produzindo prova contra si.

Se não bastasse, o indivíduo que se insere no âmbito viário, pela condução de veículos automotores ou ciclomotores, está tacitamente concordando com os necessários procedimentos administrativos de fiscalização da regularidade viária, sem o que a segurança coletiva (bem jurídico coletivo) resultaria desamparada. Como bem assentado na referida Sentença do Tribunal Constitucional espanhol, "desde a ótica do cidadão e como contrapartida da própria permissão do risco circulatório, esta se

---

57. No original: "...las pruebas para la comprobación de la conducción bajo la influencia del alcohol o de drogas tóxicas, estupefacientes o sustancias psicotrópicas, y, entre ellas, las de espiración de aire a través de un alcoholímetro, no constituyen en rigor una declaración o testimonio, por lo que no pueden suponer vulneración alguna de los derechos a no declarar, a no declarar contra uno mismo y a no confesarse culpable. Tampoco menoscaban 'per se' el derecho a la presunción de inocencia por inversión de la carga material de la prueba. Las pruebas de detección discutidas, ya consistan en la espiración de aire, ya en la extracción de sangre, en el análisis de orina o en un examen médico, no constituyen actuaciones encaminadas a obtener del sujeto el reconocimiento de determinados hechos o su interpretación o valoración de los mismos, sino simples pericias de resultado incierto que, con independencia de que su mecánica concreta no requiera sólo un comportamiento exclusivamente pasivo, no pueden catalogarse como obligaciones de autoincriminarse, es decir, como aportaciones o contribuciones del sujeto que sostengan o puedan sostener directamente, en el sentido antes dicho, su propia imputación penal o administrativa".

traduz em um correlato dever de suportar os atos de indagação e de controle, e de colaborar com sua prática, dentro, naturalmente, do espaço já referido que demarcam suas garantias processuais essenciais"[58].

O direito brasileiro, ao contrário do espanhol, não contempla punição autônoma da recusa em submeter-se aos testes de verificação, a não ser no âmbito meramente administrativo (art. 277, Lei nº 9.503/1997). Dessa forma, como não se pode *compelir fisicamente* o sujeito a fazer o teste (liberdade individual), identifica-se aí evidente lacuna de punibilidade. Em nosso sistema, portanto, mais valeria uma proposta legislativa no sentido de incriminar a recusa aos testes de detecção do que aquela, já referida, na direção de ampliar desmedidamente a intervenção penal, possível na hipótese de condução sob a influência de qualquer quantidade de álcool.

Segundo nos parece, o ambiente normativo desejável, *de lege ferenda*, seria: (i) incriminação da conduta de conduzir sob o efeito de qualquer quantidade de álcool, mas condicionada, nessa hipótese, a um resultado de risco concreto à coletividade (crime de perigo concreto); (ii) incriminação da conduta de conduzir sob o efeito de quantidade de álcool superior a 6 dg/l de sangue, independentemente de qualquer resultado, de perigo ou de dano e (iii) incriminação autônoma da conduta de recusa de submissão aos testes de alcoolemia.

Garantia contra a Autoincriminação (*Nemo tenetur se detegere*)

(i) *direito de não declarar*: direito ao silêncio

(ii) *direito de não declarar contra si próprio*: direito de não exteriorizar declaração, ou ato a ela equiparável, que possa conduzir o imputado à produção de prova contra si mesmo

(iii) *direito de não se confessar culpado*: direito de não confessar, que tem como reflexo a proibição de que o silêncio seja interpretado como assunção de culpa pelo imputado

SEÇÃO VIII
Inadmissibilidade das Provas obtidas por Meios Ilícitos

O art. 5º, inciso LVI, da Constituição do Brasil declara que "são inadmissíveis, no processo, as provas obtidas por meios ilícitos". Aplica-se este princípio tanto ao processo penal quanto ao processo civil.

No processo penal, não se legitima a prova de culpa mediante o emprego de meios investigativos repudiados pelo direito. O resultado da atividade ilícita, assim, deve ser

---

58. No original: "desde la óptica del ciudadano y como contrapartida de la propia permisión del riesgo circulatorio, ésta se traduce en un correlativo deber de soportar estas actuaciones de indagación y control, y de colaborar con su práctica, dentro naturalmente del espacio ya reseñado que demarcan sus garantías procedimentales esenciales".

desconsiderado na formação do convencimento judicial. Em face do princípio da ampla defesa, no entanto, podem excepcionalmente ser utilizadas provas obtidas por meios ilícitos, para o exclusivo fim de demonstração da inocência do acusado.

Com o advento da Lei nº 11.690/2008, a matéria foi disciplinada na legislação ordinária, constando atualmente do art. 157 do CPP, razão pela qual reservamos o exame mais aprofundado das provas ilícitas ao Capítulo XII deste Curso, em meio à abordagem da teoria geral da prova no processo penal.

SEÇÃO IX
Garantia contra a Revisão Criminal Pro Societate: Proibição do Duplo Processo pelos mesmos Fatos

A *coisa julgada* constituída em *título judicial absolutório* do acusado, no processo penal, reveste-se de valor absoluto, não sendo passível de desconstituição. A sentença de absolvição, portanto, é irrescindível. Apenas a sentença condenatória sujeita-se à rescisão, em sede de revisão criminal, como será abordado no Capítulo XIX deste Curso.

Decorre daí que ninguém poderá ser julgado duas vezes pelos mesmos fatos, se houve absolvição na primeira vez. Só se admite a revisão criminal *pro reo*, nas situações previstas em lei (art. 621, CPP).

A garantia em foco não deflui senão implicitamente da Constituição do Brasil, mas encontra previsão expressa no art. 8, número 4, da Convenção Americana de Direitos Humanos (Decreto nº 678/1992): "O acusado absolvido por sentença passada em julgado não poderá ser submetido a novo processo pelos mesmos fatos". E também no art. 14, número 7, do Pacto Internacional de Direitos Civis e Políticos (Decreto nº 678/1992): "Ninguém poderá ser processado ou punido por um delito pelo qual já foi absolvido ou condenado por sentença passada em julgado, em conformidade com a lei e os procedimentos penais de cada país".

Segundo EUGÊNIO PACELLI, "a razão de ser da vedação da revisão *pro societate* fundamenta-se na necessidade de se preservar o cidadão sob acusação de possíveis desacertos – escusáveis ou não –, encontráveis na atividade persecutória penal, atuando o princípio, também, como garantia de maior acuidade e zelo dos órgãos estatais no desempenho de suas funções (administrativas, investigatórias, judiciárias e acusatórias)"[59].

Interessante aplicação do princípio vem ilustrada no filme *Fracture* – traduzido no Brasil por *Um crime de mestre* –, protagonizado por Anthony Hopkins. No enredo, um marido traído assassina a mulher e resolve astutamente confessar o crime, após ter eliminado as provas contra si, de sorte que não se consegue, por outro meio além da confissão, demonstrar o fato. Uma vez absolvido da acusação de homicídio contra a

---

59. PACELLI, Eugênio. *Curso de Processo Penal*. São Paulo: Atlas, 2013, p. 49.

Cap. III · PRINCÍPIOS DO PROCESSO PENAL

esposa, sobrevieram novas provas, mas não se pôde reabrir o feito, em face exatamente da garantia em estudo.

Cumpre asseverar que a coisa julgada do título absolutório se consolida em função dos limites da hipótese acusatória objeto de julgamento. Caso modificada a hipótese, ainda que somente sob o aspecto do grau de participação, tem-se fato diverso, que poderá constituir o objeto de nova persecução penal, sem ofensa ao princípio. Com efeito, a garantia em exame resguarda a pessoa contra novo processo *pelo mesmo fato*.

Com essa lógica, o Supremo Tribunal Federal já decidiu que, absolvido o sujeito da acusação de ter agido como *partícipe* de crime de homicídio, é admissível nova persecução penal sob a imputação da *autoria executória* do fato, e vice-versa (STF, 1ª Turma, HC 82.980/DF, Rel. Min. CARLOS BRITTO, julgamento em 17.03.2009, DJ de 23.10.2009): "1. A ofensa à coisa julgada exige a identidade de causa, caracterizada pela identidade do fato, sendo que esta não se verifica no caso de alteração de um dos elementos que o constitui (tempo, lugar, conduta imputada ao agente). 2. A absolvição, pelo Conselho de Sentença, da imputação de participação no crime de homicídio -- pela entrega da arma e auxílio à fuga -- não veda a possibilidade de nova acusação pela autoria material. Da mesma forma, a absolvição, pelo Júri, da imputação de autoria material do crime de homicídio não faz coisa julgada impeditiva de o acusado responder a nova ação penal (agora como partícipe) pelo mesmo crime cuja autoria material é imputada a outrem. Novas imputações que não passaram pelo crivo do Conselho de Sentença não configuram identidade de fato apta a caracterizar a coisa julgada (art. 110, § 2º, do CPP)".

A natureza da conduta imputada ao acusado é, com efeito, elemento da hipótese acusatória, a cujos limites se restringem os efeitos da coisa julgada absolutória. Se o sujeito foi absolvido da imputação de haver emprestado a arma do crime, isso não impede futura acusação de ter sido ele o próprio executor material.

Considerando o sentido e o alcance da garantia da vedação do duplo processo pelos mesmos fatos, importa referir a hipótese da *extinção da punibilidade declarada com base em certidão de óbito falsa*.

A morte do agente, como se sabe, é causa de extinção da punibilidade (*mors omnia solvit*), nos termos do art. 107, inciso I, do Código Penal. O art. 62 do Código de Processo Penal, por seu turno, determina que "no caso de morte do acusado, o juiz somente à vista da certidão de óbito, e depois de ouvido o Ministério Público, declarará a extinção da punibilidade".

A questão a ser discutida é: se a defesa consegue a declaração definitiva da extinção da punibilidade pela juntada aos autos processuais de certidão de óbito falsa, estará o réu amparado pelo princípio da vedação da revisão criminal *pro societate*?

A jurisprudência do Supremo Tribunal Federal respondeu negativamente, no julgamento do HC 84.525/MG (STF, 2ª Turma, HC 84.525/MG, Rel. Min. CARLOS VELLOSO, julgamento em 16.11.2004, DJ de 03.12.2004): "A decisão que, com base em certidão de óbito falsa, julga extinta a punibilidade do réu pode ser revogada, dado que não gera coisa julgada em sentido estrito". Em idêntico sentido, refira-se o julgado da Primeira Turma da Suprema Corte no HC 104.998/SP (STF, 1ª Turma, HC 104.998, Rel. Min. Dias Toffoli, julgamento em 14.10.2010, DJ de 06.05.2011).

Estamos de acordo com a conclusão prática, mas não com as premissas, desses julgados.

Conforme o entendimento da Suprema Corte, a decisão de extinção da punibilidade, sendo meramente declaratória, não faz coisa julgada material, o que possibilita a sua "revogação". Argumenta-se, assim, não ser invocável o princípio da vedação da revisão criminal *pro societate* para impedir a reabertura do processo na hipótese de extinção da punibilidade fundada em certidão de óbito falsa. Com efeito, o princípio consiste em que ninguém pode responder a novo processo, *se já foi absolvido definitivamente*. No caso particular, não se trata de absolvição, e sim de extinção da punibilidade.

Essa orientação conduz à negativa de aplicação da garantia em todos os casos de extinção da punibilidade, inclusive naqueles em que, por incidência da prescrição da pretensão punitiva em abstrato, fosse subtraída ao acusado a possibilidade de se ver declarado inocente por sentença.

Além disso, por força de imprópria inovação legislativa (Lei nº 11.719/2008), a extinção da punibilidade é atualmente classificada como causa de *absolvição sumária*, nos termos do art. 397, inciso IV, do Código de Processo Penal. Os efeitos seriam, assim, de coisa julgada material, ainda que tanto resultasse de imprópria ficção legal, considerando que não se pode falar propriamente de absolvição quando inexistente julgamento do mérito da causa (mérito em sentido estrito).

Por outro lado, alguns doutrinadores conferem tratamento especial à hipótese da certidão de óbito falsa, admitindo aqui a reabertura do processo, mas não nos demais casos de extinção da punibilidade. É interessante, no ponto, a posição de Eugênio Pacelli: "Nesse campo, o que deve orientar a aplicação do direito é a proteção do jurisdicionado contra a ineficiência e o abuso da atividade estatal. O princípio atua, pois, como norma de controle das atividades do Poder Público, de modo a garantir que somente uma persecução penal fundada em provas seguras possa ser instaurada [...] No caso da extinção da punibilidade pela apresentação de certidão de óbito falsa, não há qualquer reparo a ser feito na atuação dos órgãos estatais. A prevalecer o entendimento contrário, isto é, que mesmo em semelhante situação não se deveria alterar a decisão extintiva da punibilidade, os juízes, ciosos de seu dever, passarão a exigir a apresentação do cadáver para a prolação da aludida decisão"[60].

Em que pese a acuidade do raciocínio desenvolvido pelo eminente processualista, não podemos aceitar que o cerne do princípio diga respeito a uma forma "de proteção do jurisdicionado contra a ineficiência e o abuso da atividade estatal". Sua finalidade precípua, diversamente, radica na garantia do indivíduo de que não será novamente processado pelos mesmos fatos em relação aos quais já teve proferida em seu favor *decisão absolutória* com trânsito em julgado, independentemente da eficiência ou ineficiência da atividade estatal.

---

60. Pacelli, Eugênio. *Curso de Processo Penal*. São Paulo: Atlas, 2013, p. 50.

Conceber o contrário é dar azo a que, em todos os casos de absolvição nos quais o poder público tivesse atuado de forma eficiente, ficasse possibilitada a revisão do processo, o que fugiria a qualquer controle objetivo. Com efeito, uma vez que o princípio se destinasse à proteção contra a ineficiência ou o abuso, não seria justificável sua invocação nas situações em que a atividade estatal, conquanto incensurável, conduzisse a soluções errôneas pela absolvição do réu. Fato é que, por mais esmerada que haja sido a atividade estatal, não se pode revisar a absolvição definitiva.

Ademais, no que toca especificamente à certidão de óbito falsa, a apresentação do cadáver por certo não é o único meio de se aferir sobre a veracidade da informação exarada na "certidão de óbito". Trata-se de falsificação e uso de documento falso, ou seja, de atividades criminosas, e é inconcebível que o Estado não disponha de meios para preveni-las ou desvendá-las.

De outro vértice, a garantia em foco apenas alcançaria, em princípio, a absolvição definitiva, não abrangendo a extinção da punibilidade. No sistema brasileiro, entretanto, em face da já aludida inovação legal, a extinção da punibilidade constitui hipótese de absolvição sumária (art. 397, IV, CPP), a qual, por se tratar de garantia, há inevitavelmente que integrar o âmbito de proteção pessoal consistente na irrescindibilidade da sentença respectiva (sentença de absolvição sumária por reconhecimento de causa de extinção da punibilidade)[61]. Ainda que propriamente a extinção da punibilidade não seja uma absolvição sumária, há uma equivalência *normativa*, quanto aos efeitos, que não pode ser ignorada.

Não se pode olvidar, no entanto, a previsão do art. 62 do Código de Processo Penal de que o juiz, *somente à vista da certidão de óbito falsa*, deverá declarar a extinção da punibilidade, após ouvir o Ministério Público. Além disso, constituiria um prêmio ao expediente criminoso o impedimento de reabertura do processo no qual haja sido declarada a extinção da punibilidade com base em certidão de óbito falsa.

Sob que fundamento, então, *estaria possibilitada* a reabertura do feito, já que a revisão criminal é peça privativa do acusado? A nosso juízo, a razão encontra-se na *inexistência jurídica* do ato judicial lastreado em certidão de óbito falsa, pois, no caso, há uma afetação fundamental e apriorística do próprio *objeto* da decisão, inapto, por seu caráter criminoso, a ingressar no mundo jurídico.

Antes de tudo, observe-se que, como no processo penal brasileiro a impugnação de decisões judiciais transitadas em julgado somente é viável em sede de ação privativa do acusado, ou ao menos em seu exclusivo favor (a *revisão criminal*), não há previsão

---

61. Contra essa orientação, mais uma vez, Pacelli: "Um reparo: a Lei nº 11.719/08 modificou o trato da matéria. Com isso, a extinção da punibilidade, quando já proposta a ação, é causa de *absolvição sumária* (art. 397, IV, CPP). No entanto, embora alterado o *nomen juris*, cujos propósitos ainda veremos, a essência permanece a mesma: não há julgamento da questão discutida no processo, daí por que, em tais situações, não se poderá manejar a proibição de *vedação pro Societate*". Cfr. Pacelli, Eugênio. *Curso de Processo Penal*. São Paulo: Atlas, 2013. *Nossa posição*: no particular, parece-nos que, mais que simples modificação de *nomen juris*, trata-se de equiparação normativa da extinção da punibilidade à absolvição.

legal para a desconstituição, após o trânsito em julgado, do título judicial que declara a extinção da punibilidade.

Apesar disso, a decisão, sendo meramente declaratória, *não deveria* produzir os efeitos de coisa julgada material, pois inexiste apreciação do *meritum causae*, em sentido estrito. Embora a doutrina classifique a decisão de extinção da punibilidade como *decisão terminativa de mérito*, trata-se de julgamento do mérito *lato sensu*, sem conter o exame sobre o *mérito da pretensão punitiva*, consistente na conclusão pela existência ou não do crime e, em última análise, pela declaração de culpa ou de inocência do acusado.

Apenas o julgamento sobre a pertinência da hipótese acusatória, com a condenação ou a absolvição do acusado, é que teria aptidão para operar os efeitos da coisa julgada material. Este é o caminho acolhido pelo sistema processual civil brasileiro, como pontuam Luiz GUILHERME MARINONI e SÉRGIO ARENHART: "...é importante lembrar que, como fixação da *lei do caso* concreto que é, a coisa julgada somente se manifesta em relação às *sentenças definitivas*, ou seja, em relação às sentenças que efetivamente examinam o pedido do autor, acolhendo-o ou rejeitando-o (art. 269, I e IV, do CPC). Somente essa sentença *certifica* e estabelece a vontade concreta do direito em face do caso concreto. *Não se produz, portanto, coisa julgada material sobre as sentenças meramente terminativas, nem sobre as sentenças homologatórias (art. 269, II, IIII e V)"*[62].

No processo penal, entretanto, agora a própria lei estabelece a extinção da punibilidade como hipótese de absolvição sumária, o que muda a realidade técnica antes exposta, em nome da ampliação de um marco de proteção garantista, conforme já assinalado. Cuida-se de *equivalência normativa* entre a extinção da punibilidade e a absolvição, por força da norma do art. 397, IV, do CPP.

A nosso juízo, portanto, a decisão de extinção da punibilidade integra o âmbito protetivo da garantia individual contra a revisão criminal *pro societate*.

A questão concretamente discutida (extinção da punibilidade com base em certidão de óbito falsa) situa-se, entretanto, no plano da *inexistência jurídica*. Inexistente, no particular, é a decisão de extinção da punibilidade baseada em documento falso e em situação irreal, havendo ensejo, portanto, para a reabertura do processo. Não se trata de nulidade, que contra o acusado não poderia ser acolhida após o encerramento do processo, e sim de inexistência jurídica, *em virtude de se tratar de objeto inconciliável com qualquer efeito jurídico, eis que a irrealidade da situação de base deriva de uma prática criminosa*.

Há ainda duas hipóteses interessantes acerca do princípio examinado: a do ato judicial de arquivamento do inquérito policial por falta de justa causa e, no procedimento do júri, a da decisão de impronúncia. Em tais casos, não há o trânsito em julgado (coisa julgada material). Ambos os atos judiciais fazem coisa julgada apenas formal, sendo possível a reabertura do feito, com base em provas novas.

Ressalvam-se apenas, quanto ao arquivamento do inquérito policial ou de outro procedimento de investigação, as hipóteses em que seja fundamentado: (i) na *atipicidade*

---

62. MARINONI, Luiz Guilherme / ARENHART, Sérgio Cruz. *Processo de conhecimento*. São Paulo: Revista dos Tribunais, 2008, p. 651.

penal do fato investigado; (ii) na incidência de causa de *exclusão da ilicitude ou da culpabilidade*; (iii) na incidência de causa de *extinção da punibilidade*. Nessas hipóteses, o ato judicial de arquivamento tem conteúdo decisório e de mérito, operando os efeitos próprios da coisa julgada material. Esses temas serão melhor examinados no Capítulo V deste Curso.

SEÇÃO X
Razoável Duração do Processo

A *razoável duração do processo* adquiriu a dignidade do regime constitucional de direitos e garantias individuais com a reforma introduzida pela Emenda Constitucional nº 45/2004, que acrescentou o inciso LXXVIII ao art. 5º da Constituição da República, com a seguinte redação: "a todos, no âmbito judicial e administrativo, são assegurados a razoável duração do processo e os meios que garantam a celeridade de sua tramitação".

A garantia, contudo, já constava das cartas internacionais, como se verifica no art. 8, número 1, da Convenção Americana de Direitos Humanos ("toda pessoa tem direito a ser ouvida, com as devidas garantias e *dentro de um prazo razoável...*") e, com maior abrangência, no art. 14, número 3, *c*, do Pacto Internacional de Direitos Civis e Políticos: "Toda pessoa acusada de um delito terá direito, em plena igualdade, a, pelo menos, as seguintes garantias: c) de ser julgado sem dilações indevidas"[63].

Sobre a efetividade da razoável duração do processo no âmbito internacional, KAI AMBOS refere interessantes exemplos hauridos na jurisprudência do Tribunal Europeu de Direitos Humanos, que, em aplicação à Convenção Europeia de Direitos Humanos, impôs algumas condenações ao Estado alemão, por ofensa à garantia aqui discutida.

Segundo o jurista alemão, no caso *Metzer*, que durou mais de 09 anos, "o Tribunal lembrou sua jurisprudência já consolidada, segundo a qual os Estados membros estão obrigados a organizar seus sistemas de justiça de tal forma que os tribunais possam concluir os processos dentro de um prazo razoável", acrescentando o seguinte: "Com isso se conclui que o art. 6 (1) [que prevê a razoável duração do processo] não contém somente garantias protetoras de direitos individuais mas, também, uma pretensão dirigida aos Estados membros de prover os tribunais dos meios materiais e humanos suficientes para que possam levar a cabo os processos (civis e penais) dentro de um prazo razoável". A condenação, no caso referido, consistiu em indenização por danos morais, fixada em 10.000 marcos alemães, além de isenção de custas processuais, que passaram de 15.000 marcos[64].

---

63. Para um estudo detalhado da garantia da razoável duração do processo, consulte-se: ARRUDA, Samuel Miranda. *O Direito Fundamental à Razoável Duração do Processo*. Brasília: Brasília Jurídica, 2006.

64. AMBOS, Kai. *Processo Penal Europeu – preservação das garantias e direitos individuais (princípios processuais e análise da Convenção Européia de Direitos Humanos)*. Trad. de Marcellus Polastri de Lima. Rio de Janeiro: Lúmen Juris, 2008, pp. 04-14.

Ainda conforme referência de AMBOS, o Supremo Tribunal Federal alemão orienta-se no sentido de que as dilações processuais indevidas podem acarretar "solução da medição judicial da pena", o que se traduz nas possibilidades de atenuação da pena e até mesmo de encerramento do processo.

Entre nós, não se chegou a tal avanço. No domínio internacional, apesar da Corte Interamericana de Direitos Humanos (contemplada nos artigos 52 e seguintes da Convenção Americana de Direitos Humanos), não se conhecia – até o chamado caso "Maria da Penha" – nenhuma decisão sua envolvendo a República Federativa do Brasil.

Certo é que a competência da Corte, estabelecida no art. 62, número 3, da CADH, foi reconhecida como obrigatória, de pleno direito e por prazo indeterminado, no Decreto nº 4.463, de 08 de novembro de 2002. Ademais, o art. 63, número 1, da CADH, dispõe claramente: "Quando decidir que houve violação de um direito ou liberdade protegido nesta Convenção, a Corte determinará que se assegure ao prejudicado o gozo do seu direito ou liberdade violados. Determinará também, se isso for procedente, que sejam reparadas as consequências da medida ou situação que haja configurado a violação desses direitos, bem como pagamento de indenização justa à parte lesada". A provocação da Corte se dá por meio da Comissão Americana de Direitos Humanos.

Sem embargo deste panorama normativo, há apenas um precedente envolvendo Brasil, "mas podem ser citados os casos 'Gimenez contra a Argentina' e 'Brostein e outros contra a Argentina", como noticia POLASTRI DE LIMA, em comentário a ensaio de KAI AMBOS[65].

Passando para a aplicação interna, o princípio continua a soar no Brasil como novidade, apesar de sua previsão nas cartas internacionais incorporadas ao nosso direito desde 1992. Há o agravo de não se dispor por aqui de critérios seguros para definir o que seja *razoável* duração do processo. Algumas tentativas foram movimentadas nesse sentido, como a fixação do prazo de 90 (noventa) dias para a conclusão do procedimento do júri, por exemplo, além dos diversos prazos previstos para a realização de atos processuais. Não se trata, porém, de prazos *razoáveis*, como parâmetros de duração do processo, dada a sua evidente exiguidade.

Por outro lado, a Emenda Constitucional nº 45/2004, na redação que conferiu ao art. 93, II, *e*, da Constituição, trouxe ainda a novidade de que "não será promovido o juiz que injustificadamente retiver autos em seu poder além do prazo legal, não podendo devolvê-los ao cartório sem o devido despacho ou decisão".

A efetividade da garantia, entretanto, fica a depender da fixação segura, uniforme e *razoável* dos prazos na legislação ordinária. Nada que se compare, por certo, ao direito paraguaio, em cujo Código de Processo Penal hoje consta o prazo de 04 (quatro) anos para o encerramento da fase pré-processual, sob pena de extinção.

Em síntese, nosso direito ainda está em fase incipiente nos caminhos de efetividade da garantia da razoável duração do processo.

---

65. AMBOS, Kai. *Processo penal europeu* – preservação das garantias e direitos individuais (princípios processuais e análise da Convenção Européia de Direitos Humanos). Trad. de Marcellus Polastri de Lima. Rio de Janeiro: Lumen Juris, 2008, pp. 45-46.

De toda sorte, a Primeira Turma do Supremo Tribunal Federal proferiu recentemente paradigmática decisão, na AP 568/SP, com base no princípio da razoável duração do processo: diante do tempo já transcorrido de tramitação do processo penal e da verificação da atipicidade penal da conduta imputada, *a Suprema Corte resolveu declarar a absolvição do acusado mesmo quando já cessada a competência por prerrogativa de função*, em vez de reservar esse ato ao juízo comum competente, o que implicaria ainda maior demora. A decisão foi tomada como *habeas corpus* de ofício, concedido na sede da própria ação penal. Confira-se em STF, 1ª Turma, Rel. Min. ROBERTO BARROSO, julgamento em 14.04.2015, DJ de 15.05.2015: "...a instrução foi concluída e o voto do relator preparado quando o denunciado ainda era titular de mandato. Diante disso, o relator propôs a concessão de habeas corpus de ofício, já que seu voto era pela absolvição. A Turma concordou que vulneraria o mandamento da celeridade processual deixar-se de formalizar a extinção do processo com base no art. 386, III do CPP quando relator e revisor já haviam formado tal convicção"[66].

SEÇÃO XI
Legalidade e Controle Judicial da Prisão Provisória

A Constituição da República conferiu importante disciplina à prisão provisória, admitida apenas excepcionalmente e sempre sujeita ao controle judicial.

Além da garantia do estado de inocência, impondo que toda constrição da liberdade anterior à condenação definitiva se dê somente a título cautelar, o regime constitucional também estabelece uma série de limitações à prisão provisória, como se vê no art. 5º, incisos LXI, LXII, LXIII, LXIV, LXV, LXVI e LXVII.

De acordo com o texto constitucional (art. 5º, LXI), a prisão provisória somente é cabível: (i) nas situações de flagrante delito (que, na legislação ordinária, estão

---

66. Por sua descrição mais detalhada, o texto do Informativo sobre o julgado da AP 568/SP merece transcrição: "A Primeira Turma, por maioria, concedeu 'habeas corpus', de ofício, para extinguir ação penal, com resolução do mérito, e absolver o réu por atipicidade de conduta. O acusado, à época prefeito, fora denunciado por crime contra a Lei de Licitações (Lei 8.666/1993), e magistrado estadual recebera a inicial acusatória. Na sequência, o réu fora diplomado para o cargo de deputado federal e o juízo de origem declinara do processo para o STF. O Ministro Roberto Barroso (relator) destacou que, quando elaborara seu relatório e voto, no sentido da absolvição, o acusado ainda era titular de mandato, porém, não se reelegera e, por isso, não mais deteria o foro por prerrogativa de função no STF. Ademais, o próprio Ministério Público teria opinado no sentido da absolvição. Assim, sem negar a independência das esferas civil e penal, o Colegiado frisou que haveria pedido formulado em ação civil pública que fora julgado improcedente, além de uma decisão favorável ao paciente por parte do tribunal de contas estadual. Feitas essas considerações, a Turma concluiu estar caracterizada a atipicidade, nos termos do CPP ('Art. 386. O juiz absolverá o réu, mencionando a causa na parte dispositiva, desde que reconheça: ... III - não constituir o fato infração penal'). Por isso, deveria ser aplicado o princípio da duração razoável do processo, somado ao direito imanente do réu de se ver livre da acusação. Vencida a Ministra Rosa Weber, que declinava da competência para julgamento do feito pelo magistrado estadual. Aduzia que o STF não teria amparo constitucional para condenar ou absolver cidadão que não estivesse no gozo de prerrogativa de função. Apontava que apenas poderia conceder a ordem de ofício se tivesse havido alguma ilegalidade ou teratologia, o que não ocorrera".

descritas no art. 302 do CPP); (ii) por ordem escrita e fundamentada da autoridade judiciária competente. Por esta razão, já não haviam sido recepcionados pela ordem constitucional vigente os dispositivos do Código de Processo Penal que tratavam da famigerada *prisão administrativa* (artigos 319 e 320, CPP), até a sua revogação pela novel Lei nº 12.403/2011. Este último diploma legal, aliás, pelo novo art. 283, § 2º, do CPP, realçou a natureza cautelar de qualquer prisão anterior ao trânsito em julgado de sentença penal condenatória, como veremos oportunamente.

No regime constitucional, a prisão em flagrante, em particular, é de comunicação obrigatória ao juízo competente (art. 5º, LXII), a cujo controle estará submetida, devendo ser imediatamente relaxada, se ilegal (art. 5º, LXV).

Por fim, a Constituição assegura a "liberdade provisória", nos casos em que a lei a admitir: "ninguém será levado à prisão ou nela mantido, quando a lei admitir a liberdade provisória, com ou sem fiança" (art. 5º, LXVI).

No Capítulo XIV deste Curso, discutiremos com mais vagar o tema aqui adiantado.

SEÇÃO XII
Duplo Grau de Jurisdição

Conforme Jaques Penteado, "duplo grau de jurisdição é a garantia outorgada ao vencido de obter uma nova decisão, por órgão jurisdicional superior e dentro do mesmo processo, que substitui a primitiva resolução recorrida"[67].

A garantia do duplo grau de jurisdição não encontra previsão expressa na Constituição do Brasil, mas, segundo alguns doutrinadores, dela decorre implicitamente[68]. Ao estabelecer a estruturação dos órgãos do Poder Judiciário, instituindo alguns com competência recursal, estaria a Constituição resguardando o direito de recorrer a um órgão superior.

Além disso, a Constituição garante a ampla defesa com os meios e *recursos a ela inerentes* (art. 5º, LV). Aos acusados, portanto, e como aspecto da ampla defesa, é assegurado o direito ao recurso.

A Convenção Americana de Direitos Humanos e o Pacto Internacional de Direitos Civis e Políticos, por outro lado, estabelecem claramente a garantia do duplo grau. O art. 8, número 2, *h*, da CADH, dispõe: "...Durante o processo, toda pessoa tem direito, em plena igualdade, às seguintes garantias mínimas: h) direito de recorrer da sentença para juiz ou tribunal superior". Já o art. 14, número 5, do PIDCP, assim dispõe: "Toda

---

67. Penteado, Jaques de Camargo. *Duplo Grau de Jurisdição no Processo Penal – garantismo e efetividade.* São Paulo: Revista dos Tribunais, 2006, p. 41.

68. Há, contudo, quem sustente que nem mesmo implicitamente a Constituição garante o duplo grau. Neste sentido, Oreste Nestor de Souza Laspro, para quem "o duplo grau de jurisdição não é garantido no direito brasileiro a nível constitucional, estando somente regulado a nível ordinário". Cfr. Laspro, Oreste Nestor de Souza. *Duplo Grau de Jurisdição no Direito Processual Civil.* São Paulo: Revista dos Tribunais, 1995, p. 159.

pessoa declarada culpada por um delito terá direito de recorrer da sentença condenatória e da pena a uma instância superior, em conformidade com a lei".

Considerando que tais diplomas internacionais estão devidamente incorporados ao direito brasileiro, é interessante referir a orientação do Supremo Tribunal Federal adotada no julgamento do RHC 79.785/RJ (STF, Tribunal Pleno, RHC 79.785, Rel. Min. SEPÚLVEDA PERTENCE, julgamento em 29.03.2000, DJ de 22.11.2002). No caso, discutiu-se a aplicabilidade da garantia nos casos de ações penais da competência originária dos tribunais, em que os acusados detêm prerrogativa de foro assegurada constitucionalmente:

"1. Para corresponder à eficácia instrumental que lhe costuma ser atribuída, o duplo grau de jurisdição há de ser concebido, à moda clássica, com seus dois caracteres específicos: a possibilidade de um reexame integral da sentença de primeiro grau e que esse reexame seja confiado à órgão diverso do que a proferiu e de hierarquia superior na ordem judiciária. 2. Com esse sentido próprio - sem concessões que o desnaturem - *não é possível, sob as sucessivas Constituições da República, erigir o duplo grau em princípio e garantia constitucional, tantas são as previsões, na própria Lei Fundamental, do julgamento de única instância ordinária, já na área cível, já, particularmente, na área penal.* 3. A situação não se alterou, com a incorporação ao Direito brasileiro da Convenção Americana de Direitos Humanos (Pacto de São José), na qual, efetivamente, o art. 8º, 2, h, consagrou, como garantia, ao menos na esfera processual penal, o duplo grau de jurisdição, em sua acepção mais própria: o direito de 'toda pessoa acusada de delito', durante o processo, 'de recorrer da sentença para juiz ou tribunal superior'. 4. Prevalência da Constituição, no Direito brasileiro, sobre quaisquer convenções internacionais, incluídas as de proteção aos direitos humanos, que impede, no caso, a pretendida aplicação da norma do Pacto de São José: motivação. (...) III. Competência originária dos Tribunais e duplo grau de jurisdição. 1. *Toda vez que a Constituição prescreveu para determinada causa a competência originária de um Tribunal, de duas uma: ou também previu recurso ordinário de sua decisão (CF, arts. 102, II, a; 105, II, a e b; 121, § 4º, III, IV e V) ou, não o tendo estabelecido, é que o proibiu. 2. Em tais hipóteses, o recurso ordinário contra decisões de Tribunal, que ela mesma não criou, a Constituição não admite que o institua o direito infraconstitucional, seja lei ordinária seja convenção internacional*: é que, afora os casos da Justiça do Trabalho - que não estão em causa - e da Justiça Militar - na qual o STM não se superpõe a outros Tribunais -, assim como as do Supremo Tribunal, com relação a todos os demais Tribunais e Juízos do País, também as competências recursais dos outros Tribunais Superiores - o STJ e o TSE - estão enumeradas taxativamente na Constituição, e só a emenda constitucional poderia ampliar. 3. À falta de órgãos jurisdicionais ad qua, no sistema constitucional, indispensáveis a viabilizar a aplicação do princípio do duplo grau de jurisdição aos processos de competência originária dos Tribunais, segue-se a incompatibilidade com a Constituição da aplicação no caso da norma internacional de outorga da garantia invocada".

Como o atual entendimento do STF é de que a Convenção de Costa Rica, incorporada pelo Decreto nº 678/1992, tem no direito brasileiro *status* supralegal e infraconstitucional, não deve ser alterada a concepção da Corte no sentido da inexistência de uma *garantia constitucional* do duplo grau de jurisdição. Sob esta perspectiva, a norma internacional não prevalece sobre as disposições constitucionais que estabelecem o julgamento em única instância de pessoas que detêm foro por prerrogativa funcional.

Parece irrecusável a orientação da Corte na parte em que se afeiçoa ao entendimento sobre o nível infraconstitucional que adquirem as normas de direito internacional ao serem incorporadas ao ordenamento jurídico brasileiro.

Sustentamos, todavia, a existência de uma *garantia* do duplo grau de jurisdição integrante do sistema brasileiro, por força do art. 5º, § 2º, da Constituição Federal. Apenas tal garantia não poderá se sobrepor à previsão constitucional de julgamento em instância única de pessoas com prerrogativa funcional. Quanto a estas, a quem já é concedida a prerrogativa de julgamento pelo colegiado (normalmente o plenário ou o órgão especial do tribunal), não se estende o âmbito de proteção da garantia.

Se as próprias garantias consagradas no art. 5º da Constituição são passíveis de limitações em dispositivos constitucionais particulares, o que se dirá das garantias elencadas nos tratados e convenções internacionais. Conceber um direito de recurso aos detentores de foro por prerrogativa de função é elastecer a prerrogativa para além dos limites constitucionais.

Além de tudo, registre-se que as pessoas que não dispõem de foro por prerrogativa de função são julgadas em primeira instância por órgão judiciário monocrático e, em caso de recurso, por turmas ou câmaras dos tribunais, ao passo que os detentores da prerrogativa são julgados pelo plenário ou pelo órgão especial, composto por maior número de ministros ou desembargadores. Se ainda dispusessem de direito a recurso, estaria criado adicional privilégio, alheio à previsão e à finalidade emanadas da Constituição do Brasil.

SEÇÃO XIII
Publicidade

Em nosso sistema acusatório, a publicidade dos atos processuais é a regra. No sistema inquisitório, o sigilo do procedimento aliava-se à publicidade da execução penal. Na contemporaneidade, o paradigma inverteu-se: o processo é público; a execução, a mais discreta possível.

O art. 5º, inciso XXXIII, da Constituição do Brasil resguarda, em caráter geral, a publicidade das informações. As disposições específicas quanto ao processo constam dos artigos 5º, LX, e 93, IX, da Constituição. O primeiro estabelece que "a lei só poderá restringir a publicidade dos atos processuais quando a defesa da intimidade ou o interesse social o exigirem". O segundo declara a publicidade de todos os julgamentos do Poder Judiciário, sob pena de nulidade.

Como princípio-garantia constitucional, assim, a publicidade do processo é a regra, e o sigilo a exceção, aplicável apenas como forma de resguardo da intimidade ou do interesse social (art. 5º, LX, CF). Como assinala SCARANCE FERNANDES: "Trata-se de garantia relevante e que assegura a transparência da atividade jurisdicional, permitindo ser fiscalizada pelas partes e pela própria comunidade. Com ela são evitados excessos ou arbitrariedades no desenrolar da causa, surgindo, por isso, a garantia como reação aos processos secretos, proporcionando aos cidadãos a oportunidade de fiscalizar a distribuição da justiça"[69].

No que tange em particular ao inquérito policial, é no interesse das investigações que deve ser assegurado o sigilo necessário à elucidação do fato ou exigido pelo interesse da sociedade, nos termos do art. 20 do Código de Processo Penal. O dispositivo não ofende o princípio da publicidade dos atos processuais. Tratando-se o inquérito policial de procedimento administrativo pré-processual, nada obsta que as investigações se realizem sob o manto do sigilo, quando necessário.

Não se perca de vista, entretanto, que a finalidade do *sigilo do inquérito policial* é, precipuamente, o resguardo da intimidade dos investigados. Importa distinguir, na espécie, o sigilo do procedimento policial, por um lado, do sigilo das investigações, por outro. O sigilo do inquérito existe como forma de proteção à intimidade do investigado, ao passo que o sigilo das investigações existe no interesse da eficiência da apuração das infrações penais.

Decorre disso que o acesso aos autos do inquérito policial, ainda que sob segredo de justiça, não possa ser negado ao investigado nem a seu defensor. O sigilo do inquérito não é extensível ao investigado. Os autos do procedimento policial devem conter apenas o resultado de investigações, e não as diligências em curso ou por fazer. Estas sim devem ser mantidas em segredo inclusive para o investigado, como forma de garantia de eficiência da investigação.

Com a mesma conclusão é que o STF, no julgamento plenário do HC 95.009/SP (STF, Tribunal Pleno, Rel. Min. EROS GRAU, julgamento em 06.11.2008, DJ de 19.12.2008), adotou a orientação de que o sigilo do inquérito policial não obsta o acesso aos autos pelos investigados e seus advogados, resguardadas apenas as diligências em curso. Esta orientação foi posteriormente consagrada na Súmula Vinculante nº 14, que dispõe: "É direito do defensor, no interesse do representado, ter acesso amplo aos elementos de prova que, já documentados em procedimento investigatório realizado por órgão com competência de polícia judiciária, digam respeito ao exercício do direito de defesa".

O tema será aprofundado na seção própria do Capítulo V, reservado aos procedimentos de investigação criminal.

SEÇÃO XIV
Motivação das Decisões Jurisdicionais Penais

O art. 93, inciso IX, da Constituição do Brasil contém a exigência de fundamentação das decisões judiciais, sob pena de nulidade. O vocábulo *fundamentação*, utilizado no texto constitucional, inclui a *motivação* dos atos judiciais decisórios.

---

69. FERNANDES, Antonio Scarance. *Processo Penal Constitucional*. São Paulo: Revista dos Tribunais, 2007, p. 74.

Na verdade, a *motivação* tem por objeto fatos, ao passo que a *fundamentação* se vincula a aspectos jurídicos. A fundamentação, assim, seria uma "motivação de direito". No sentido garantista em que a fórmula vem consagrada na Constituição, porém, a exigida *fundamentação* abrange tanto a motivação de fato quanto a motivação de direito.

O conteúdo da garantia de motivação das decisões penais, em particular, reside na controlabilidade das conclusões judiciais. Assegura-se aos jurisdicionados, portanto, o conhecimento dos caminhos percorridos pelo julgador para que chegasse à conclusão exarada no ato decisório.

Vige em nosso sistema o princípio do *livre convencimento motivado*, em que o juiz poderá formar livremente a sua convicção a partir dos elementos de prova coligidos aos autos, mas com o dever de oferecimento dos motivos que o levaram a essa convicção (art. 155, *caput*, CPP). Ademais, a motivação há que ser idônea, sustentada em base empírica, e não em indemonstráveis juízos de valor, impassíveis de controle. Evitam-se, desta forma, decisões arbitrárias, degeneradas no puro *decisionismo*, com juízos apodíticos, indemonstráveis e, portanto, incontroláveis.

Neste contexto, fórmulas como "recebo a denúncia por considerar presentes os requisitos do art. 41 do CPP" ou "decreto a prisão preventiva por ser necessária, no caso concreto, como garantia da ordem pública" representam notória afronta à garantia de motivação das decisões penais. Trata-se de fórmulas genéricas, aplicáveis indistintamente a vários casos particulares e desamparadas de demonstração analítica de pertinência à situação concreta. Nelas, o juiz toma como pressuposto exatamente o que deveria motivar. Por exemplo, a garantia da ordem pública, cuja existência concreta deveria ser analiticamente demonstrada, vai tomada de maneira genérica como pressuposto para a decretação da prisão preventiva.

Na precisa formulação de GIUSEPPE BETTIOL: "Tratando-se de uma das matérias mais delicadas de todo o processo penal, é necessário sublinhar ainda o perigo de uma motivação *implícita*. Sendo a nota verdadeiramente típica da motivação tornar explícito o que é implícito, bem pode dizer-se que a motivação implícita não é uma motivação. Considerações idênticas merece a motivação *genérica* a que, dadas as amplas possibilidades de evasão, muitas vezes se acolhe a nossa jurisprudência. Também para ela se impõem reservas decisivas. Há uma motivação genérica sempre que a motivação é apodítica, axiomática, decisória; todas as vezes que o magistrado renuncia a examinar analiticamente os resultados da discussão e das provas, para se limitar a exprimir um juízo de caráter assertório e global, não procedendo à devida análise de cada elemento, momento, circunstância ou pedido emergentes no decurso do processo"[70].

A verdadeira nota da motivação das decisões judiciais, inolvidável exigência inscrita no art. 93, IX, da Constituição da República, é efetivamente tornar explícito o que é ou está implícito. Daí que o livre convencimento do magistrado, em um regime racional e democrático – como pretende, apesar de tudo, ser o nosso –, haja que se vincular, necessariamente, à *motivação explícita* (se quisermos ser redundantes).

---

70. BETTIOL, Giuseppe. *Instituições de Direito e de Processo Penal*. Trad. de Manuel da Costa Andrade. Coimbra: Coimbra Editora, 1974, p. 306.

São inadmissíveis, nesse sentido, as decisões axiomáticas, em que o magistrado toma como pressuposto ou fundamento de sua convicção exatamente aquilo que ele, por dever constitucional, está obrigado a demonstrar. "Motivação implícita" não é motivação, porque se exaure no convencimento insondável do juiz, insuscetível de compartilhamento com os jurisdicionados, especialmente aquele a quem resultam infligidos os pesados efeitos de uma decisão condenatória.

Ainda mais atenção e responsabilidade quanto à motivação existe no processo penal, em que está comprometido o direito fundamental de liberdade, ameaçado de privação com a mais grave das sanções oficialmente aplicáveis em nosso sistema. A liberdade individual, núcleo insuprimível da primeira conquista histórica de direitos fundamentais, não pode ser privada sem que se demonstre explicitamente a existência concreta das hipóteses excepcionais previstas pelo sistema.

Luigi Ferrajoli denuncia, a propósito, o *decisionismo processual* e o *subjetivismo inquisitivo*, manifestados no caráter subjetivo do tema processual e no caráter subjetivo do juízo. A esse respeito, assinala o jurista italiano: "O primeiro fator de subjetivação gera uma perversão inquisitiva do processo, dirigindo-o não no sentido da comprovação de fatos objetivos (ou para além dela), mas no sentido da análise da interioridade da pessoa julgada. O segundo degrada a verdade processual, de verdade empírica, pública e intersubjetivamente controlável, em convencimento intimamente subjetivo e, portanto, irrefutável do julgador"[71].

O convencimento do magistrado, nessa esteira, há de ser intersubjetivamente controlável, o que somente se viabiliza com base em uma motivação analítica da prova processual. É preciso, sobretudo aos juízes, ter em vista que *veritas, non auctoritas facit judicium – a verdade, e não a autoridade, faz a jurisdição*. O modelo democrático e garantista de juízo penal deve ser cognitivo, e não autoritário. O modelo potestativo e autoritário de juízo penal remete muito mais à autoridade do juiz do que à verificação empírica dos pressupostos típicos acusatórios.

Importa referir, também no ponto, a posição de Gomes Filho: "Sem pretender exaurir as hipóteses em que a motivação é apenas *aparente* (o que equivale a dizer *inexistente*, pois falta, na realidade, um documento com função justificativa), basta lembrar as fórmulas pré--fabricadas, em que o juiz reproduz afirmações genéricas e vazias de conteúdo, que podem ser aplicadas de modo indiscriminado a uma série de situações, independentemente da efetiva análise dos elementos concretos que se apresentam no caso decidido"[72].

A explicitação de um estudo analítico da prova dos autos, por conseguinte, como fundamento do dispositivo da decisão, é imperativo democrático, irrenunciável por parte do julgador, mormente no processo penal. Não se admitem juízos genéricos, apodíticos, axiomáticos, como se contivessem uma realidade já demonstrada, que apenas descansa na inalcançável subjetividade do magistrado.

São nulas de pleno direito, assim, as decisões judiciais baseadas em termos genéricos, expressões do arbítrio e do alheamento a toda forma de controle.

---

71. Ferrajoli, Luigi. *Diritto e Ragione: Teoria del Garantismo Penale*. Roma-Bari: Laterza, 2004, p. 46.
72. Gomes Filho, Antonio Magalhães. *A Motivação das Decisões Penais*. São Paulo: Revista dos Tribunais, 2001, p. 186.

CAPÍTULO IV

Interpretação, integração e aplicação da lei processual penal

SEÇÃO I
Interpretação e Integração
da Lei Processual Penal

Interpretar, na clássica definição de CARLOS MAXIMILIANO, significa *determinar o sentido e o alcance das expressões do Direito*[1]. Difere de *aplicar*, que "consiste no enquadrar um caso concreto em a norma jurídica adequada"[2].

A interpretação, portanto, precede à aplicação, podendo ser realizada no plano abstrato, independentemente de um caso concreto. A aplicação, por sua vez, envolve o caso real, inserível em âmbito normativo fixado após o processo interpretativo[3]. Quando se fala em "aplicação da lei processual penal no tempo e no espaço", assim, quer-se designar a aplicabilidade ou as condições de aplicação da lei, no tempo e no espaço. Trataremos desse tema nas próximas seções deste Capítulo.

Sobre a *interpretação*, cumpre realçar um aspecto pouco lembrado: está imbricada à própria *essência* da função jurisdicional. Como elucida RECASENS-SICHES: "É muito difícil, praticamente impossível, analisar o problema da interpretação jurídica sem estar fazendo referência quase constante à essência da função judicial. Por outro lado, quando se trata do tema da essência da função judicial, é imprescindível (…) estar-se referindo o problema da interpretação"[4].

---

1. MAXIMILIANO, Carlos. *Hermenêutica e Interpretação do Direito*. Rio de Janeiro: Forense, 1981, p. 01.
2. MAXIMILIANO, Carlos. *Hermenêutica e Interpretação do Direito*. Rio de Janeiro: Forense, 1981, p. 06.
3. Segundo pontua GIUSEPPE BETTIOL, com a acuidade que lhe é peculiar: "O drama da interpretação consiste em procurar *pôr de acordo a norma penal, por sua natureza geral e abstracta, com a concretação e a variabilidade do caso singular*. O legislador procede por *tipicizações abstractas*, ao passo que o juiz tem diante de si um caso particular: trata-se de ver se o facto concreto cabe no âmbito da norma; se a hipótese concreta se adequa, em todos os seus momentos, à previsão abstracta; se há coincidência entre o previsto e o que aconteceu; se – para empregar termos formalísticos – o facto pode considerar-se pressuposto de uma figura de qualificação jurídica". Cfr. BETTIOL, Giuseppe. *Direito Penal. Parte Geral*. Trad. de Fernando de Miranda. Coimbra: Coimbra Editora, 1970, t. I, p. 225. Este, entretanto, em nossa concepção, parece ser um drama ligado, na verdade, à *aplicação* da norma interpretada ao caso concreto, embora reconheçamos que a própria atividade interpretativa *do juiz* é de alguma maneira condicionada pelo caso posto sob análise.
4. RECASENS-SICHES, Luis. *Nueva Filosofía de la Interpretación del Derecho*. Mexico: Porrúa, 1973, p. 188. No original: "es muy difícil, prácticamente imposible, analizar el problema de la interpretación jurídica sin estar haciendo referencia casi constante a la esencia de la función judicial. Por otra parte, cuando se trata el tema de la esencia de la función judicial es imprescindible […] estar refiriéndose al problema de la interpretación".

Por isso é que, na teoria geral do processo – e também assim na teoria geral do processo penal –, o problema da interpretação assume uma feição peculiar: não se resume ao estudo da interpretação das normas processuais, estendendo-se ao da interpretação associada à função jurisdicional, que por meio do processo se realiza.

Neste tópico, abordamos a interpretação das normas processuais penais, sem cuidarmos ainda da interpretação na atividade jurisdicional penal, que será objeto de estudo em todos os temas ligados à jurisdição, particularmente no Capítulo XVI, reservado à sentença.

Os *métodos de interpretação*, que representam os instrumentos pelos quais se estabelece o sentido e o alcance das normas processuais penais, não diferem daqueles próprios das normas de direito em geral: semântico-gramatical, histórico, sistemático, lógico-teleológico etc. Quanto ao *alcance*, igualmente, a interpretação pode ser *declaratória, extensiva* ou *restritiva*.

No direito processual penal, de igual modo ao que acontece com os demais ramos do direito, não há óbice à aplicação da interpretação extensiva.

No que tange à *integração*, o mesmo se diga. Integração difere de interpretação: esta se destina, como dito, à fixação do sentido e do alcance da norma, não podendo, portanto, extrapolar o âmbito normativo; aquela, por seu turno, vem ao serviço do preenchimento de lacunas, em situações de carência normativa, ou seja, de ausência de previsão do fato cogitado pelas normas que integram o ordenamento.

Enquanto os métodos semântico e teleológico, assim como a extensão, constituem instrumentos de apreensão do significado e do alcance da norma, a analogia é um mecanismo criativo, destinado ao oferecimento de uma solução jurídica ante um problema de ausência de regulação. Daí que a *interpretação analógica* – que é uma forma de interpretação extensiva – seja algo diferente da *analogia*.

Se, no plano teórico, a diferença mostra-se clara, nem sempre é fácil discernir na prática uma hipótese de interpretação extensiva frente a uma de analogia. De toda sorte, o art. 3º do Código de Processo Penal declara que "a lei processual penal admitirá interpretação extensiva e aplicação analógica, bem como o suplemento dos princípios gerais de direito", o que atenua a importância da distinção no âmbito da nossa disciplina, diferentemente do que acontece no direito penal, em que a interpretação extensiva é sempre admissível, ao passo que o emprego da analogia só se faz possível *in bonam partem*.

Tomem-se alguns exemplos concretos. O art. 328 do CPP estabelece que "o *réu* afiançado não poderá, sob pena de quebramento da fiança, mudar de residência..." O dispositivo, que trata do instituto da quebra de fiança, por certo é aplicável não apenas ao réu – ou seja, ao acusado, condição que exsurge apenas com o início da ação penal –, mas também ao investigado ou indiciado em inquérito policial.

A aplicação desse dispositivo ao indiciado é fruto de interpretação extensiva ou de integração analógica? Por interpretação sistemática do Código de Processo Penal, constata-se que em diversas oportunidades a lei processual penal não contém a preocupação de distinguir o réu do indiciado, empregando o termo *réu* para significar uma coisa ou a outra. Desta sorte, pode-se afirmar, nos limites da finalidade objetivada na norma do art. 328 do CPP, que essa disciplina alcança o indiciado, e não apenas o "réu" (tecnicamente considerado), como expresso em sua literalidade. Por extensão do conteúdo literal do art. 328 do CPP, assim, é que se abrange na finalidade da norma a figura do indiciado. Trata-se de interpretação extensiva, portanto.

Já o mesmo não ocorria com a aplicabilidade ao *jurado* das hipóteses de suspeição previstas para o juiz no art. 254 do CPP. Antes mesmo do advento da Lei nº 11.689/2008, segundo a doutrina, as situações de suspeição do juiz *estendiam-se* ao *jurado*. Interpretação extensiva ou integração analógica? A nosso juízo, o caso aqui *era* de ausência de previsão e, portanto, de analogia (integração analógica). *Juiz* e *jurado* são figuras distintas, e a lei processual penal não emprega uma pela outra de forma indiscriminada. A ausência de previsão da suspeição do jurado no art. 254 do CPP caracterizava uma lacuna legal, passível de suprimento por integração analógica, como na hipótese discutida. Considerada a mesma *ratio juris*, aplicava-se a disciplina do caso previsto (suspeição do juiz) ao caso semelhante não previsto (suspeição do jurado). Desde o advento da Lei nº 11.689/2008, porém, ficou expressa, no art. 448, § 2º, do CPP, a aplicabilidade ao jurado das causas de impedimento e de suspeição próprias dos juízes togados. Isso só reforça que no regime anterior havia uma lacuna legal, agora preenchida pela norma do art. 448, § 2º, do CPP.

De qualquer modo, reafirme-se que, quanto à lei processual penal, a distinção entre interpretação extensiva e analogia não assume a mesma relevância que no âmbito da lei penal, já que o art. 3º do CPP afirma a aplicabilidade dos dois métodos.

SEÇÃO II
Aplicação da Lei Processual Penal no Espaço

A aplicação da lei processual penal no espaço é regida pelo *princípio da territorialidade*, inscrito no art. 1º, *caput*, do Código de Processo Penal. Não há casos de extraterritorialidade no processo penal, ao contrário do que acontece com o âmbito de aplicação da lei penal (art. 7º, Código Penal). Como pontua EUGÊNIO PACELLI: "As hipóteses de *extraterritorialidade* constituem matéria de Direito Penal, conforme previsto no art. 7º do nosso Código Penal. Nele são previstos os casos em que a lei *penal* ultrapassará os limites de nosso território para atingir determinadas pessoas e condutas praticadas no estrangeiro. Mas, do ponto de vista do *processo penal*, não há qualquer complexidade. *Processo* é instrumento da jurisdição. Assim, somente se aplica o nosso processo penal em sede da jurisdição brasileira"[5].

No território nacional – em sentido jurídico, significando os limites dentro dos quais se exerce a soberania do Estado –, o processo penal é regulado no Código de Processo Penal brasileiro, instituído pelo Decreto-Lei nº 3.689, de 03 de outubro de 1941. Mas o art. 1º, *caput*, do CPP ressalva: (i) os tratados e convenções de direito

---

5. PACELLI, Eugênio. *Curso de Processo Penal*. São Paulo: Atlas, 2013, p. 24.

internacional; (ii) as prerrogativas constitucionais do Presidente da República, dos Ministros de Estado e dos Ministros do Supremo Tribunal Federal, atualmente previstas nos artigos 52, *caput*, I e II, e parágrafo único, 85, 86, *caput* e § 1º, II, da Constituição do Brasil; (iii) os processos da competência da Justiça Militar; (iii) os processos por crimes de imprensa[6].

Além dessas ressalvas, várias outras leis – supervenientes ao Código – contêm disposições processuais específicas, valendo destacar que, em qualquer caso, tem aplicação subsidiária o Código de Processo Penal, conforme previsto no art. 1º, parágrafo único, apenas quanto aos processos por crimes de imprensa (art. 1º, V)[7], em disposição extensível, no entanto, a todas as leis especiais.

Sobre a aplicabilidade de tratados e convenções internacionais no direito brasileiro já tivemos a oportunidade de discorrer no Capítulo II, cumprindo lembrar que: (i) se os tratados e convenções não versarem sobre direitos humanos, podem ser incorporados ao direito interno com o *status* de lei ordinária; (ii) se versarem sobre direitos humanos, podem ingressar no direito brasileiro: (a) com *status* supralegal, mas infraconstitucional (caso da Convenção Americana de Direitos Humanos e do Pacto Internacional de Direitos Civis e Políticos), se a aprovação no Congresso Nacional for por *quorum* simples; (b) ou com *status* de norma constitucional, se a aprovação no Congresso Nacional se der pelo *quorum* especial previsto no art. 5º, § 3º, da Constituição do Brasil (acrescentado pela Emenda Constitucional nº 45/2004).

Vêm adquirindo progressiva importância entre nós as garantias processuais consagradas na Convenção Americana de Direitos Humanos (Decreto nº 678/1992) e no Pacto Internacional de Direitos Civis e Políticos (Decreto nº 592/1992), cujas disposições, integrantes do sistema processual penal brasileiro, serão sempre objeto de referência e análise no estudo dos diversos temas deste Curso.

Quanto às prerrogativas constitucionais do Presidente da República, dos Ministros de Estado e dos Ministros do Supremo Tribunal Federal, cumpre referir: (i) a competência do Senado Federal, após o juízo de admissibilidade da Câmara dos Deputados (art. 86, CF), para processar e julgar o Presidente da República por "crimes de responsabilidade", assim como os Ministros de Estado e os Comandantes da Marinha, do Exército e da Aeronáutica, por crimes da mesma natureza conexos com aqueles, nos termos do art. 52, I, da Constituição do Brasil (os crimes de responsabilidade do Presidente da República estão previstos no art. 85 da CF); (ii) a competência, também do Senado Federal, para processar e julgar os Ministros do Supremo Tribunal Federal, os membros do Conselho Nacional de Justiça e do Conselho Nacional do Ministério Público, o Procurador-Geral da República e o Advogado-Geral da União, por "crimes de responsabilidade", conforme o art. 52, II, da Constituição.

---

6. A ressalva dos "processos da competência do tribunal especial" refere-se à previsão do art. 122, nº 17, da Constituição de 1937, sem dispositivo correspondente na atual ordem constitucional.

7. A propósito, na ADPF 130, o STF declarou a Lei 5.250/1967, que define os crimes de imprensa, incompatível com a ordem constitucional vigente. Nessas condições, o art. 1º, *caput*, V, do CPP, funciona apenas como referência de ressalva da aplicabilidade das múltiplas leis especiais atualmente em vigor.

Cuida-se de *competência política* (extrapenal) do Senado, e o processo respectivo obedece a regras próprias, estabelecidas no próprio texto constitucional e na Lei nº 1.079/1950, que define os crimes de responsabilidade e regula o correlato processo de julgamento. Observe-se, no particular, que essa competência não integra o domínio do direito processual penal, na medida em que os ditos *crimes de responsabilidade*, apesar da designação, constituem, na verdade, *infrações político-administrativas*, sujeitas a sanções dessa natureza, e não infrações penais.

Os processos penais da competência da Justiça Militar, por seu turno, são obje-to de regulação no Código de Processo Penal Militar, instituído pelo Decreto-Lei nº 1.002, de 21 de outubro de 1969. A competência da Justiça Militar é para o processo e julgamento dos *crimes militares*, assim definidos em lei. A Justiça Militar, assim como a Justiça Eleitoral, constitui forma de Justiça Especial, conforme estudaremos com mais vagar no Capítulo VIII deste Curso, reservado à competência penal.

O processo penal eleitoral também tem regulação autônoma, nos artigos 355 a 364 do Código Eleitoral (Lei nº 4.737/1965), com a aplicação subsidiária do Código de Processo Penal, como reza expressamente o art. 364 da lei especial.

Assevere-se desde logo que, em caso de conexão entre crime comum e crime militar, impõe-se a separação de processos: a infração penal comum será julgada na Justiça Comum; a infração penal militar, na Justiça Militar. O mesmo, contudo, *não* ocorre no caso de conexão entre crime comum e crime eleitoral: nesta situação, todos os crimes serão julgados na Justiça Eleitoral, por força do disposto no art. 78, IV, do Código de Processo Penal. Detalharemos esse tema no Capítulo VIII, destinado à competência penal.

SEÇÃO III
Aplicação da Lei Processual Penal no Tempo

As normas da Lei de Introdução ao Código Civil, chamadas *normas de sobre-direito* por tratarem das condições de aplicação de outras normas, contêm as regras gerais de *direito processual intertemporal*. Segundo CARLOS MAXIMILIANO, "o Direito Intertemporal compreende a aplicação sucessiva das normas atinentes às diferentes ordens jurídicas, tantos às civis, como às penais, processuais, constitucionais ou administrativas"[8]. O problema do direito processual intertemporal é, assim, um problema de sucessão de leis processuais no tempo, regulando situações objetivamente idênticas, para o efeito de estabelecer qual a lei aplicável[9].

---

8. MAXIMILIANO, Carlos. *Direito Intertemporal ou Teoria da Retroatividade das Leis*. Rio de Janeiro: Freitas Bastos, 1955, p. 07.

9. Trata-se de problema que "em todas as épocas, se considerou como um dos problemas sérios, árduos e dos mais complexos da ciência do Direito", como refere MAXIMILIANO. Cfr. MAXIMILIANO, Carlos. *Direito Intertemporal ou Teoria da Retroatividade das Leis*. Rio de Janeiro: Freitas Bastos, 1955, p. 08.

A lei processual penal, uma vez em vigor (vigência adquirida 45 dias após a publicação, salvo disposição em contrário, nos termos do art. 1º da Lei de Introdução ao Código Civil – LICC), tem efeito geral e imediato, respeitados o ato jurídico perfeito, o direito adquirido e a coisa julgada (art. 5º, XXXVI, CF / art. 6º, LICC).

De acordo com essa perspectiva, as regras de aplicação da lei processual penal no tempo traduzem-se nas noções de *imediatidade* e de *tempus regit actum*. Quanto ao aspecto da imediatidade, significa dizer que a lei tem aplicação imediata, respeitando-se apenas a coisa julgada, o direito adquirido e o ato jurídico perfeito. Já o *tempus regit actum* consiste em que o ato processual é regulado pela lei vigente ao tempo da sua ocorrência. Os dois aspectos estão imbricados, um sendo decorrência do outro.

Em particular, está expresso no art. 2º do CPP: "A lei processual penal aplicar-se-á desde logo, sem prejuízo da validade dos atos realizados sob a vigência da lei anterior". Note-se bem: aplicação imediata e respeito aos atos processuais realizados sob a vigência da lei anterior. A lei processual penal que entra em vigor, portanto, aplica-se aos atos processuais futuros, respeitando aqueles já praticados (e os respectivos efeitos) sob a vigência de lei anterior. Não tem, assim, vigência retroativa, aplicando-se desde logo e *ex nunc*, para os atos processuais que ocorram no período de sua vigência.

Como se vê, mais uma vez não há coincidência de princípios entre o direito processual penal e o direito penal. Pelos princípios da reserva legal e da irretroatividade da lei penal mais severa, nem sempre vige no direito penal o *tempus regit actum*, eis que, se a lei for mais benéfica ao agente, terá vigência retroativa. Por outro lado, a lei de conteúdo meramente processual penal, *ainda que mais benéfica ao indiciado ou acusado*, não retroagirá, valendo apenas *ex nunc*.

Anote-se que a referência, para o efeito de definição da aplicabilidade da lei processual penal nova, são os atos processuais e os respectivos efeitos, e não o processo tomado em seu conjunto. Significa isso dizer que, se no curso do processo penal entra em vigor lei nova, esta terá aplicação imediata para os atos pendentes desse processo, respeitando-se os atos já praticados sob a vigência da lei revogada. Como bem expressa Espínola Filho, "firmado o princípio geral da imediata aplicação da lei nova, estende-se ela não só a todos os processos, que, após a sua entrada em vigor, se iniciaram, para apuração dos crimes cometidos antes da sua vigência, como até àqueles já então começados, correndo o seu curso, sem terem sido ainda definitivamente solucionados"[10].

Adotou-se entre nós o sistema do *isolamento dos atos processuais*, segundo o qual "a lei nova não atinge os atos processuais já praticados, nem seus efeitos, mas se aplica aos atos processuais a praticar, sem limitações relativas às chamadas fases processuais", de acordo com Carlos Cintra, Ada Grinover e Cândido Dinamarco[11]. Os outros sistemas existentes são: (i) o da *unidade processual*, conforme o qual o processo, representando uma unidade, somente poderia ser regulado por uma única lei, de sorte

---

10. Espínola Filho, Eduardo. *Código de Processo Penal Brasileiro Anotado*. Rio de Janeiro: Editora Rio, 1980, v. I, p. 166.

11. Cintra, Antonio Carlos de Araújo / Grinover, Ada Pellegrini / Dinamarco, Cândido Rangel. *Teoria Geral do Processo*. São Paulo: Revista dos Tribunais, 1991, p. 91.

Cap. IV · INTERPRETAÇÃO, INTEGRAÇÃO E APLICAÇÃO DA LEI PROCESSUAL PENAL   149

que a lei nova apenas teria aplicação para os processos iniciados a partir de sua vigência; (ii) o das *fases processuais*, em que se distinguem etapas processuais autônomas (postulatória, ordinatória, instrutória, decisória e recursal), cada uma suscetível de ser regulada por uma lei diferente.

Em nosso sistema, como dito, não se toma como base o processo em sua unidade ou a divisão em fases procedimentais, e sim o ato processual considerado isoladamente, assim como os efeitos que lhe são próprios.

A título de exemplo, no caso das reformas introduzidas no Código de Processo Penal sobre a disciplina da prova (Lei nº 11.690/2008), do procedimento comum ordinário e sumário (Lei nº 11.719/2008) e do procedimento do júri (Lei nº 11.689/2008), por força da regra estudada, as leis respectivas têm aplicação imediata, *inclusive aos processos em curso, respeitando-se apenas os atos processuais já praticados sob a vigência da lei anterior.*

Assim, no procedimento regulado pelas normas revogadas, a audiência de interrogatório do acusado era o primeiro ato que se seguia à citação. A reforma, norteada pelo aperfeiçoamento da ampla defesa, prevê o interrogatório como último ato da instrução. Para os processos em andamento com interrogatório já realizado, portanto, reputam-se válidos os atos praticados (recebimento da denúncia, interrogatório, inquirição de testemunhas, por exemplo), mas se aplica de imediato o novo procedimento, podendo inclusive haver novo interrogatório.

Cumpre referir, por último, a hipótese das *normas de conteúdo misto (penal e processual)*. Se o objeto de regulação pela norma encerrar conteúdo material, e não meramente processual, aplica-se o princípio da retroatividade da lei penal mais benéfica, com assento no art. 2º, parágrafo único, do Código Penal. Quanto à parte da norma que tenha conteúdo material penal, portanto, é invocável o princípio da retroatividade da *lex mitior* (lei mais benéfica), afastando-se a regra da aplicabilidade imediata e da irretroatividade (art. 2º, CPP), reservada apenas para as normas de conteúdo exclusivamente processual.

As normas que preveem causas de extinção da punibilidade e as que regulam institutos relativos à prisão do indiciado ou do acusado, a propósito, revestem-se de conteúdo material, reclamando a aplicação dos princípios próprios do direito penal, e não a regra do art. 2º do CPP. Desta sorte, uma norma que inclua ou exclua requisito para a decretação de prisão preventiva, por exemplo, não encerra conteúdo meramente processual (apesar de tratar de prisão processual), uma vez que tem reflexos no direito de liberdade de locomoção do sujeito. Todas as normas que impliquem reflexos diretos à liberdade, aliás, têm conteúdo material, e não apenas processual. Por essa razão é que, se forem mais benéficas ao imputado, aplicam-se retroativamente.

A propósito, o art. 2º da Lei de Introdução ao Código de Processo Penal (Decreto-Lei nº 3.931, de 11 de dezembro de 1941) é expresso quanto à aplicação dos dispositivos mais favoráveis ao imputado no que se refere à prisão preventiva e à liberdade provisória com fiança.

Suponha-se, hipoteticamente, uma norma processual nova que exclua, dentre os requisitos para a decretação da prisão preventiva (art. 312 do CPP), aquele relativo à garantia de aplicação da lei penal. Nesta situação, o sujeito que estiver preso sob tal motivo deverá ser posto em liberdade, por aplicação retroativa da lei nova mais favorável.

Do mesmo modo, se uma lei nova instituir hipótese de decadência antes não prevista, terá aplicação retroativa aos casos anteriores à sua vigência, por cuidar de causa de extinção da punibilidade e, assim, constituir norma não apenas processual (quando trata da decadência), mas também material (quando trata de causa de extinção da punibilidade, prevista no art. 107, IV, do Código Penal), devendo retroagir para beneficiar o imputado.

Em síntese, se a norma for puramente processual, incide a regra do art. 2º do CPP: aplicação imediata e irretroatividade. Mas se contiver parcial conteúdo substancial, terá incidência, *quanto a esta parte*, o disposto no art. 2º, parágrafo único, do Código Penal: retroatividade da lei penal mais benéfica.

CAPÍTULO V

Procedimentos de Investigação Criminal

SEÇÃO I
Inquérito Policial:
Investigação pela Polícia Judiciária

1. PERSECUÇÃO PENAL, INVESTIGAÇÃO E INQUÉRITO POLICIAL

A atividade estatal de *persecução penal* pode encerrar dois momentos essenciais: (i) a *persecução penal administrativa*, de natureza investigativa e preparatória; (ii) a *persecução penal em juízo*, de natureza processual, confundindo-se com a ação penal. Assim, a persecução penal é realizável por *investigação* (*informatio delicti*) e por *ação penal* (*persecutio in judicio*).

Uma vez praticada a infração penal, "o dever de punir do Estado sai de sua abstração hipotética e potencial para assumir existência concreta e efetiva", já que "a aparição do delito por obra de um ser humano torna imperativa sua persecução por parte da sociedade (*persecutio criminis*)", conforme ENRICO PESSINA[1].

O poder estatal abstrato de punir (*jus punitionis*), portanto, assume dimensão concreta, convertendo-se em *jus puniendi*, quando da prática de uma infração penal, a ensejar o momento inicial da *persecutio criminis*, traduzido nos atos de investigação tendentes à apuração da materialidade do fato e da respectiva autoria (persecução administrativa).

Essa atividade é reservada normalmente à *polícia judiciária*, nos âmbitos federal e estadual, mas há outras entidades com *poderes de investigação criminal*, a exemplo do próprio *Ministério Público*, como firmou a jurisprudência do Supremo Tribunal Federal, em que pesem as controvérsias ainda subsistentes a esse respeito.

Outros exemplos de procedimentos de investigação passíveis de fornecer elementos informativos da materialidade e da autoria de infrações penais, ainda que possam não ser especificamente destinados a essa finalidade, são os seguintes: *inquérito parlamentar*, conduzido por Comissão Parlamentar de Inquérito; *inquérito civil público*, conduzido pelo Ministério Público. No último caso, o procedimento tem outra

---

1. PESSINA, Enrico. *Elementi di Diritto Penale*. Napoli: Ricardo Magghieri di Gius., 1882, v. I, p. 40, *apud* MARQUES, José Frederico. *Elementos de Direito Processual Penal*. Rio de Janeiro: Forense, 1961, p. 129.

finalidade, voltada à esfera civil (subsídios para a ação civil pública), mas pode levar à coleta de elementos demonstradores da prática de infração penal.

O momento da persecução penal administrativa não é obrigatório, justificando-se apenas na medida da necessidade da obtenção de elementos instrutórios mínimos para o início de uma demanda judicial criminal contra o possível autor ou partícipe de uma infração penal.

Uma das condições essenciais para o exercício da ação penal, como oportunamente abordaremos, é a *justa causa* em sentido estrito, entendida como o conjunto de subsídios probatórios mínimos (materialidade e pelo menos indícios de autoria ou participação) que tornam viável e aceitável a instauração do processo.

Pode acontecer que esse lastro probatório mínimo seja alcançado sem a necessidade de investigação policial, com o que a inicial acusatória poderá ser ajuizada independentemente de prévio procedimento investigativo. Nesse caso, a denúncia ou a queixa será oferecida com base em *peças de informação*, suficientes para o aperfeiçoamento da justa causa.

Assim, há casos em que a persecução penal em juízo pode ser movimentada sem a exigência de prévio procedimento de investigação. A expressão crucial e sempre necessária da *persecutio*, portanto, dá-se no exercício da ação penal – vale dizer, da persecução penal em juízo – pelo sujeito legitimado para tanto, quer o Ministério Público, quer o particular ofendido.

Quando necessária, entretanto, a atividade de investigação deve ser objeto de procedimento formal, legalmente disciplinado. O objetivo deste Capítulo é estudar as formas de procedimento de investigação preliminar contempladas pelo direito processual penal brasileiro.

Entre essas formas, destaca-se o *inquérito policial*, como procedimento normal – mas não exclusivo – de apuração da materialidade e da autoria de infrações penais. No contexto dos diversos procedimentos de investigação, o inquérito policial é aquele conduzido pela *polícia judiciária*, a que incumbe precipuamente a apuração da prática de ilícitos penais, conforme preceituado no art. 144 da Constituição da República.

Pode-se definir o *inquérito policial*, consoante esses parâmetros, como o *procedimento administrativo-persecutório de investigação conduzido pela polícia judiciária e destinado à apuração da existência material de infrações penais e da respectiva autoria, como forma de preparação de eventual ação penal*.

Como procedimento normal preparatório da ação penal, o inquérito policial vem disciplinado no Código de Processo Penal e, concentrando em si a potencialidade de restrição a direitos e garantias individuais (por exemplo, a liberdade, a inviolabilidade domiciliar, o sigilo de dados), está sujeito a controle judicial.

De acordo com a Exposição de Motivos do Código de Processo Penal (nº IV), "o inquérito policial, como *instrução provisória*, antecedendo à propositura da ação penal, constitui uma garantia contra apressados e errôneos juízos, formados quando ainda persiste a trepidação moral causada pelo crime ou antes que seja possível uma exata visão de conjunto de fatos, nas suas circunstâncias objetivas e subjetivas".

O inquérito policial, em síntese, representa o momento pré-processual *típico* da *persecutio criminis*, de caráter preparatório e informativo, com o objetivo de oferecer ao acusador os elementos materiais necessários ao exercício da ação penal.

2. POLÍCIA JUDICIÁRIA E INQUÉRITO POLICIAL

A *polícia judiciária* compreende o conjunto de órgãos da Administração Pública a serviço da Justiça Penal, com funções de *investigação*, destinadas à coleta de elementos informativos que, consolidados em procedimento formal, sejam aptos a subsidiar o exercício da persecução penal em juízo.

A função essencial da polícia judiciária, assim, consiste na apuração da materialidade e da autoria de infrações penais. Nos termos do art. 4º, *caput*, do CPP: "A polícia judiciária será exercida pelas autoridades policiais no território de suas respectivas circunscrições e terá por fim a apuração das infrações penais e da sua autoria". Como visto no tópico anterior, entretanto, essa função não é exclusiva da polícia judiciária, podendo a lei reservá-la também a outras instituições (art. 4º, parágrafo único, CPP).

Trata-se, portanto, de *polícia eminentemente repressiva*, ao menos em sua feição essencial, com atribuições distintas, portanto, daquelas de prevenção reservadas à polícia militar (art. 144, *caput*, inciso V, e § 5º, CF).

A Constituição da República, nesse sentido, organizou a *polícia judiciária* como instituição destinada à apuração da prática de infrações penais. Essa instituição compreende os seguintes órgãos: *polícia federal* (art. 144, inciso I, CF) e *polícia civil* (art. 144, inciso IV, CF).

À polícia federal, como órgão de polícia judiciária, estão reservadas as funções especificadas nos incisos I, II (parcialmente) e IV do § 1º do art. 144 da Constituição: "Art. 144, § 1º. A polícia federal, instituída por lei como órgão permanente, organizado e mantido pela União e estruturado em carreira, destina-se a: I – apurar infrações penais contra a ordem política e social ou em detrimento de bens, serviços e interesses da União ou de suas entidades autárquicas e empresas públicas, assim como outras infrações cuja prática tenha repercussão interestadual ou internacional e exija repressão uniforme, segundo se dispuser em lei; II – prevenir e reprimir o tráfico ilícito de entorpecentes e drogas afins, o contrabando e o descaminho, sem prejuízo da ação fazendária e de outros órgãos públicos nas respectivas áreas de competência; (...) IV – exercer, com exclusividade, as funções de polícia judiciária da União".

Faz-se possível, desta sorte, a atuação *investigativa* da polícia federal nos seguintes âmbitos: (i) infrações penais contra a ordem política e social ou em detrimento de serviços e interesses federais (art. 144, § 1º, inciso I, parte inicial, CF), a serviço do Poder Judiciário federal (art. 144, § 1º, inciso IV, CF), o que abrange a esfera dos chamados *crimes federais*, isto é, aqueles de competência da Justiça Comum Federal, e ainda a esfera dos crimes eleitorais, de competência da Justiça Eleitoral, que integra a Justiça da União; (ii) infrações cuja prática tenha *repercussão interestadual ou internacional* e exija *repressão uniforme*, segundo disposto em lei (art. 144, § 1º, inciso I, parte final, CF); (iii) *tráfico ilícito de entorpecentes e drogas afins, contrabando e descaminho*.

Quanto à hipótese descrita em (ii), a norma regulamentadora do dispositivo constitucional é a Lei nº 10.446/2002, em cujo art. 1º se encontram especificadas as seguintes infrações penais, passíveis de investigação pelo Departamento de Polícia Federal do Ministério da Justiça, sem prejuízo da responsabilidade dos órgãos de segurança pública estaduais, sempre que haja repercussão interestadual ou internacional a exigir repressão uniforme: sequestro, cárcere privado e extorsão mediante sequestro (artigos 158 e 159, Código Penal), se o agente foi impelido por motivação política ou quando praticado em razão da função pública exercida pela vítima (I); formação de cartel (art. 4º, I, *a*, II, III e VII, Lei nº 8.137/1990) (II); infrações relativas à violação a direitos humanos, que a República Federativa do Brasil se comprometeu a reprimir em decorrência de tratados internacionais de que seja parte (III); furto, roubo ou receptação de cargas, inclusive bens e valores, transportadas em operação interestadual ou internacional, quando houver indícios da atuação de quadrilha ou bando em mais de um Estado da Federação (IV); falsificação, corrupção, adulteração ou alteração de produto destinado a fins terapêuticos ou medicinais e venda, inclusive pela internet, depósito ou distribuição do produto falsificado, corrompido, adulterado ou alterado (art. 273, Código Penal) (V); furto, roubo ou dano contra instituições financeiras, incluindo agências bancárias ou caixas eletrônicos, quando houver indícios da atuação de associação criminosa em mais de um Estado da Federação (incluído pela Lei 13.124/2015) (VI); outros casos, desde que a apuração seja determinada ou autorizada pelo Ministro da Justiça (art. 1º, parágrafo único, Lei nº 10.446/2002).

Além das atividades de polícia investigativa (polícia judiciária[2]), reserva-se à polícia federal também o exercício das funções de polícia marítima, aeroportuária e de fronteiras (art. 144, § 1º, inciso III, CF), inclusive em caráter preventivo. De igual modo, como visto no art. 144, § 1º, inciso II, acima transcrito, dispõe a polícia federal também de função preventiva no domínio dos crimes de tráfico ilícito de entorpecentes e drogas afins, descaminho e contrabando.

Por seu turno, à polícia civil reservam-se atribuições exclusivas de polícia judiciária, conforme o art. 144, § 4º, da Constituição: "Às polícias civis, dirigidas por delegados de polícia de carreira, incumbem, ressalvada a competência da União, as funções de polícia judiciária e a apuração de infrações penais, exceto as militares".

---

2. RENATO BRASILEIRO assim distingue a *polícia investigativa* da *polícia judiciária*: "...a própria Constituição Federal estabelece uma distinção entre as funções de polícia judiciária e as funções de polícia investigativa. Destarte, por funções de **polícia investigativa** devem ser compreendidas as atribuições ligadas à colheita de elementos informativos quanto à autoria e materialidade das infrações finais. A expressão **polícia judiciária** está relacionada às atribuições de auxiliar o Poder Judiciário, cumprindo as ordens judiciárias relativas à execução de mandados de prisão, busca e apreensão, condução coercitiva de testemunhas, etc. Por se tratar de norma hierarquicamente superior, deve, então, a Constituição Federal, prevalecer sobre o teor do Código de Processo Penal (art. 4º, *caput*)". Cfr. LIMA, Renato Brasileiro de. *Manual de Processo Penal*. Salvador: JusPodivm, 2015, p. 113. *A nosso juízo, as designações apenas enfatizam diferentes facetas das atividades dos mesmos órgãos policiais. A função de polícia investigativa está a serviço do Poder Judiciário, por isso designando-se por polícia judiciária, por mais que possa eventualmente desempenhar também outras funções, diversas da investigação. De outro lado, a distinção proposta não oferece qualquer funcionalidade.*

A polícia civil, assim, tem atuação investigativa no âmbito das infrações penais de competência da Justiça Comum Estadual, podendo haver investigação concorrente da polícia federal, como visto, sempre que, constando a infração do rol do art. 1º da Lei nº 10.446/2002 ou, de outro modo, havendo autorização ou determinação do Ministro da Justiça, a prática criminosa tenha repercussão interestadual ou internacional e exija repressão uniforme.

Por fim, no âmbito da Justiça Militar, a apuração dos crimes militares incumbe aos órgãos de polícia judiciária militar (polícias militares e do corpo de bombeiros, na esfera estadual, e forças armadas, na esfera federal), responsáveis pela instauração de inquérito policial militar.

3. AUTORIDADE POLICIAL E DELEGADO DE POLÍCIA

O Código de Processo Penal, em seus dispositivos originários, utiliza sempre a expressão *autoridade policial*, e assim também se procedeu na legislação de reforma, até bem recentemente. Desde o advento da Lei nº 12.830/2013, porém, consolidou-se, em melhor sintonia com a realidade presente, a figura do *delegado de polícia*, que corresponde, naturalmente, à autoridade policial. Aliás, isso está claro já ao início do art. 2º, § 1º, da Lei nº 12.830/2013: "*Ao delegado de polícia, na qualidade de autoridade policial*, cabe a condução da investigação criminal por meio de inquérito policial ou outro procedimento previsto em lei, que tem como objetivo a apuração das circunstâncias, da materialidade e da autoria das infrações penais".

Revela-se importante, no contexto, analisar algumas características do *delegado de polícia* enquanto órgão da polícia judiciária, responsável pela condução do inquérito policial. Optou-se por abordar o tema neste Capítulo, e não naquele reservado aos sujeitos do processo penal (Capítulo XIII), porque o exercício da atividade-fim do delegado de polícia ocorre exclusivamente na fase pré-processual.

Antes de tudo, na ordem constitucional vigente não há mais dúvida de que o cargo de delegado de polícia é privativo de bacharel em Direito, ao contrário do que sucedia antes do advento da Constituição de 1988. Isso está expresso agora no art. 3º da Lei nº 12.830/2013: "O cargo de delegado de polícia é privativo de bacharel em Direito, devendo-lhe ser dispensado o mesmo tratamento protocolar que recebem os magistrados, os membros da Defensoria Pública e do Ministério Público e os advogados". Essa igualdade de tratamento é salutar, evitando qualquer distinção entre as diversas funções operantes na prática da persecução penal.

Deve-se destacar, por força mesmo dessa feição, que a atividade exercida pelo delegado de polícia é eminentemente *jurídica*, não se limitando, portanto, ao aspecto empírico e operativo da investigação. Assim ficou propriamente assentado, a propósito, no art. 2º, *caput*, da Lei nº 12.830/2013: "*As funções de polícia judiciária e a apuração de infrações penais exercidas pelo delegado de polícia são de natureza jurídica*, essenciais e exclusivas do Estado".

Com isso, firma-se que o *delegado de polícia* pode e deve efetuar diversas *apreciações de ordem jurídico-penal na fase de investigação*, a exemplo: (a) da verificação de tipicidade formal e também de tipicidade material do fato (*apreciação penal substancial*), assim como da presença de estado de flagrância (*apreciação processual penal*), para o efeito de decidir pela lavratura de auto de prisão em flagrante; (b) da verificação dos requisitos legais necessários à concessão de fiança (artigos 323 e 324, CPP).

Por outro lado, tratando-se de *função administrativa de investigação*, vinculada ao Poder Executivo, não dispõe o delegado de polícia da inamovibilidade própria dos juízes e dos membros do Ministério Público. No particular, admite-se a remoção, exigido apenas ato motivado para esse fim, como prescreve o art. 2º, § 5º, da Lei nº 12.830/2013.

De toda sorte, assegura-se *independência funcional* ao delegado de polícia no exercício de suas atividades discricionárias, mediante a exigência de que avocações ou redistribuições sejam efetuadas apenas em hipóteses excepcionais, reconhecidas em atos motivados, como determina o art. 2º, § 4º, da Lei nº 12.830/2013: "O inquérito policial ou outro procedimento previsto em lei em curso somente poderá ser avocado ou redistribuído por superior hierárquico, mediante despacho fundamentado, por motivo de interesse público ou nas hipóteses de inobservância dos procedimentos previstos em regulamento da corporação que prejudique a eficácia da investigação".

Traçado esse perfil normativo do delegado de polícia enquanto sujeito da investigação oficial, cumpre em seguida detalhar a discricionariedade que lhe é própria.

4. DISCRICIONARIEDADE DO DELEGADO DE POLÍCIA

No exercício da função investigativa, a autoridade policial dispõe de discricionariedade para a realização de diligências destinadas à elucidação do fato em tese constitutivo de crime e da respectiva autoria. Este perfil caracteriza, assim, a atividade do *delegado de polícia*, na condição de autoridade policial (art. 2º, *caput*, Lei nº 12.830/2013). Como expresso no art. 2º, § 1º, da Lei nº 12.830/2013: "Ao delegado de polícia, na qualidade de autoridade policial, cabe a condução da investigação criminal por meio de inquérito policial ou outro procedimento previsto em lei, que tem como objetivo a apuração das circunstâncias, da materialidade e da autoria das infrações penais."

Assim é que o ofendido, de um lado, e o investigado/indiciado, de outro, podem meramente sugerir diligências, cuja realização, contudo, ficará a cargo de decisão discricionária da autoridade policial, de acordo com o art. 14 do CPP: "O ofendido, ou seu representante legal, e o indiciado poderão requerer qualquer diligência, que será realizada, ou não, a juízo da autoridade".

Nesse sentido, a pertinência sobre a determinação ou não de diligências, ou sobre quais diligências serão realizadas, está em princípio reservada à esfera da conveniência e oportunidade do delegado de polícia presidente do inquérito policial (art. 14, CPP), ressalvadas apenas aquelas objeto de requisição do Ministério Público ou do juiz (art. 13, II, CPP).

A atuação *vinculada* da autoridade, no exercício da atividade essencial da polícia judiciária, existe apenas nos âmbitos: (i) das diligências necessárias diretamente prescritas em lei, como, por exemplo, a realização do exame de corpo de delito nas infrações que deixam vestígios, conforme o art. 6º, VII, e o art. 158, do CPP; (ii) da requisição do juízo competente ou do titular da ação penal de iniciativa pública vinculada ao inquérito. Nos termos do art. 13, inciso II, do CPP: "Incumbirá ainda à autoridade policial: II – realizar as diligências requisitadas pelo juiz ou pelo Ministério Público".

No último caso, a atuação vinculada da autoridade policial não deriva de qualquer subordinação ao Poder Judiciário ou ao Ministério Público, e sim de uma prescrição legal, refletida na exigência de atendimento a uma requisição de diligência cuja necessidade foi identificada pelo titular da ação penal ou pelo juízo competente.

Com esta mesma perspectiva deve ser lido o art. 13, inciso I, do CPP, que fixa o dever da autoridade policial de "fornecer às autoridades judiciárias as informações necessárias à instrução e julgamento dos processos". De igual modo, o art. 13, inciso III, do CPP, que impõe à autoridade o dever de "cumprir os mandados de prisão expedidos pelas autoridades judiciárias".

Para o mais, tem-se atuação discricionária da autoridade. De toda sorte, não se entenda que, em nome da discricionariedade, possa a autoridade policial agir de maneira arbitrária quanto à escolha e à determinação de diligências. A discricionariedade supõe essencialmente atuação livre, mas *motivada*, não cabendo o indeferimento de diligência requerida pelo investigado ou pelo ofendido sob a base do puro capricho da autoridade policial.

Em conformidade com essa lógica, dispõe o art. 184 do CPP, por exemplo, que a autoridade, inclusive a policial, indeferirá a perícia requerida pelas partes[3] apenas *quando não for necessária ao esclarecimento da verdade*, o que contém clara exigência à autoridade de motivação sobre a necessidade da diligência postulada.

Nessas condições, o indeferimento arbitrário e imotivado de diligências investigativas pelo delegado de polícia está sujeito a controle de legalidade pela via do *habeas corpus* ou, para o ofendido, do mandado de segurança.

Ademais, a *atuação discricionária* da autoridade tem seu exercício condicionado à autorização judicial no âmbito das diligências invasivas a direitos individuais resguardados pela denominada *cláusula de reserva de jurisdição*. É o que ocorre na esfera das diligências cautelares probatórias, como a busca e apreensão, restritiva do direito à inviolabilidade domiciliar, e a interceptação telefônica, restritiva do direito à intimidade.

Nesse particular, toda a atividade cautelar invasiva, e não apenas a discricionariedade probatória (abrangente das diligências de coleta de elementos informativos), está sujeita à reserva de jurisdição. Assim é que a autoridade policial poderá meramente *representar* pela imposição: (i) de medidas cautelares de caráter pessoal (prisão preventiva, prisão temporária, medida cautelar pessoal alternativa) (art. 13, incisos III e IV, CPP[4]); (ii) de medidas assecuratórias de bens (arresto, sequestro).

---

3. O dispositivo ressalva o exame de corpo de delito, que, como visto, integra a atuação *vinculada* da autoridade policial e, por essa razão, é impassível de indeferimento, se configurada a hipótese de base (infração penal que deixa vestígios).

4. Art. 13, CPP. Incumbirá à autoridade policial: III – cumprir os mandados de prisão expedidos pelas autoridades judiciárias; IV – representar acerca da prisão preventiva.

A decretação de qualquer dessas medidas, porém, cabe ao órgão judiciário competente, por se tratar de restrição ao direito de liberdade (primeiro caso) e ao patrimônio (segundo caso). Assim, a efetivação de tais medidas pelo delegado de polícia depende de autorização judicial.

Ressalva-se apenas a prisão em flagrante (art. 8º, CPP), que poderá ser efetuada por qualquer pessoa, não estando sujeita à cláusula de reserva de jurisdição *no momento de sua efetivação* (art. 5º, inciso LXI, CF). Neste caso, o controle judicial dá-se *a posteriori*, pelo exame da legalidade da prisão, a partir do respectivo auto lavrado pela autoridade policial (art. 5º, incisos LXII, LXV e LXVI, CF).

Deve ser mencionado também, como mais um sinal de que discricionariedade não se confunde com arbitrariedade, o *controle externo da polícia judiciária* pelo Ministério Público, estabelecido no art. 129, inciso VII, da Constituição da República, além do poder correcional do órgão judiciário.

Mais uma vez, isso não significa qualquer forma de subordinação hierárquica da polícia ao Ministério Público ou ao Poder Judiciário, e sim o exercício de controle *externo* de legalidade, de modo que a função investigativa, invasiva por natureza, não opere por excessos, com ofensa a direitos individuais dos particulares envolvidos.

Esses aspectos, de toda sorte, não negam a liberdade investigativa própria da atividade policial, necessária à eficácia da apuração da prática de infrações penais.

Refletindo o caráter discricionário da função investigativa em foco, o art. 6º do CPP estabelece um *programa flexível* à autoridade policial, balizando-lhe a atuação em torno de parâmetros relevantes para o cumprimento das finalidades associadas à polícia judiciária, mediante a prática das diligências que se mostrarem adequadas, de acordo com as circunstâncias do caso concreto: presença da autoridade policial no local do crime (*locus delicti*), de modo a providenciar que não se alterem o estado e conservação das coisas, até a chegada dos peritos criminais (I); busca e apreensão dos instrumentos do crime e de outros objetos que interessarem à prova, após liberados pelos peritos criminais (II), devendo tais instrumentos e objetos integrar os autos do inquérito policial (art. 11, CPP); coleta de todas as provas que servirem para o esclarecimento do fato e suas circunstâncias (III); ouvida do ofendido (IV); ouvida do investigado/ indiciado, observando-se, no que couber, as regras legais relativas ao interrogatório judicial (V); reconhecimento de pessoas e coisas e acareações (VI); exame de corpo de delito e quaisquer outras perícias aplicáveis (VII); identificação do investigado, via de regra civil, cabendo a identificação criminal (VIII) apenas nas hipóteses excepcionais previstas em lei; averiguação "da vida pregressa do indiciado, sob o ponto de vista individual, familiar e social, sua condição econômica, sua atitude de ânimo antes e depois do crime e durante ele, e quaisquer outros elementos que contribuírem para a apreciação do seu temperamento e caráter" (IX).

Integra também o programa discricionário da autoridade policial a reprodução simulada dos fatos, objeto do art. 7º do CPP.

A discricionariedade do delegado de polícia, na condição de autoridade policial, ficou também assentada no art. 2º, § 2º, da Lei nº 12.830/2013: "Durante a investigação criminal, cabe ao delegado de polícia a requisição de perícia, informações, documentos e dados que interessem à apuração dos fatos".

É pertinente examinar em separado cada uma das hipóteses legais, não sem antes destacar que, para o cumprimento dinâmico de qualquer das atividades integrantes do programa discricionário, o delegado de polícia dispõe de *flexibilidade territorial regrada*, conforme a disciplina objeto do art. 22 do CPP: "No Distrito Federal e nas comarcas em que houver mais de uma circunscrição policial, a autoridade com exercício em uma delas poderá, nos inquéritos a que esteja procedendo, ordenar diligências em circunscrição de outra, independentemente de precatórias ou requisições, e bem assim providenciará, até que compareça a autoridade competente, sobre qualquer fato que ocorra em sua presença, noutra circunscrição".

4.1. Presença no local do crime (*locus commissi delicti*) (art. 6º, I, CPP)

Nos termos o art. 6º, inciso I, do CPP, incumbe à autoridade policial dirigir-se ao local do crime, "providenciando para que não se alterem o estado e conservação das coisas, até a chegada dos peritos criminais".

O local da prática criminosa constitui importante fonte de vestígios e outros dados necessários à identificação das características da conduta e da respectiva autoria. Revela-se essencial, então, que o ambiente onde aconteceu o crime seja preservado até a intervenção dos peritos, de modo a viabilizar, tanto quanto possível, a reconstituição técnica dos fatos, assim como a identificação da autoria a partir dos vestígios disponíveis.

A diligência, assim, faz-se adequada à investigação das infrações penais capazes de deixar vestígios em determinado ambiente, que deverá ser tecnicamente examinado de maneira imediata, para resguardo dos elementos informativos disponíveis, os quais com o tempo estão passíveis de perecimento e de modificação ou adulteração por ação humana.

Cabe à autoridade policial, como responsável pela investigação, zelar pela preservação da prova, mediante o comparecimento imediato ao local do crime, resguardando o acervo disponível para posterior exame pelos peritos.

A respeito do exame técnico do local do crime, dispõe o art. 169, *caput*, do CPP: "Para o efeito de exame do local onde houver sido praticada a infração, a autoridade providenciará para que não se altere o estado das coisas até a chegada dos peritos, que poderão instruir seus laudos com fotografias, desenhos ou esquemas elucidativos". Por seu turno, o parágrafo único do mesmo artigo acrescenta que "os peritos registrarão, no laudo, as alterações do estado das coisas e discutirão, no relatório, as consequências dessas alterações na dinâmica dos fatos". Para mais detalhes sobre esse dispositivo, confira-se a Seção IV do Capítulo XII deste Curso, reservada aos meios de prova em espécie[5].

---

5. Tópico 9 da Subseção I da Seção IV do Capítulo XII: *exame do local.*

4.2. Busca e apreensão dos instrumentos do crime e de outros objetos que interessarem à prova (art. 6º, II, CPP)

Incumbe à autoridade policial, se for o caso, proceder à busca e apreensão dos instrumentos do crime e de outros objetos que interessarem à prova (art. 6º, inciso II, CPP).

A busca e apreensão, disciplinada nos artigos 240 a 250 do CPP, pode ser *pessoal* ou *domiciliar*. Na última hipótese, diante da restrição à inviolabilidade domiciliar, a atuação discricionária da autoridade policial sujeita-se a (prévia) autorização judicial (art. 5º, *caput*, inciso XI, CF).

Assim, a discricionariedade do delegado de polícia traduz-se na identificação da oportunidade da medida, para fins de elucidação de fatos e de coleta de elementos de prova. A execução da diligência, no entanto, depende de ordem judicial, após a avaliação da pertinência jurídica e da necessidade cautelar da medida de busca e apreensão.

Fora do âmbito protetivo a certos direitos individuais, integrante da cláusula de reserva de jurisdição, poderá a autoridade policial proceder discricionariamente à execução da busca de objetos e à respectiva apreensão, consistindo esta última no apossamento estatal dos materiais encontrados, que em tese interessarem à elucidação da existência do fato constitutivo de crime e da respectiva autoria. Para ESPÍNOLA FILHO, "a apreensão de todos os objetos, relacionados com o caso, e, muito particularmente, dos instrumentos utilizados na execução do crime, é outro elemento de uma valia que logo se patenteia, sendo muito exigível (o que, na prática, tem sido assaz descurado pelos policiais) se fixe, com exatidão, o lugar preciso onde foram achados, com as circunstâncias em que se verificou o encontro"[6].

Em qualquer caso, os instrumentos do crime e os objetos que interessarem à prova deverão acompanhar os autos do inquérito policial, nos termos do art. 11 do CPP, até para que possam servir a posteriores exames periciais.

4.3. Coleta de todas as provas que servirem para o esclarecimento do fato e de suas circunstâncias (art. 6º, III, CPP)

O dispositivo do art. 6º, inciso III, do CPP bem traduz, em caráter geral e residual, a discricionariedade própria da atividade policial investigativa, ao conferir à autoridade a apreciação concreta da necessidade de diligências, mesmo aquelas que não sejam especificamente disciplinadas em lei, aptas ao esclarecimento do fato e de suas circunstâncias.

Como diz ESPÍNOLA FILHO, "atendendo à finalidade do inquérito, que é investigar a existência da infração penal, descobrir e apontar os responsáveis por ela, a autoridade policial deve promover toda e qualquer diligência, além das especialmente

---

6. ESPÍNOLA FILHO, Eduardo. *Código de Processo Penal Brasileiro Anotado.* Rio de Janeiro: Editora Rio, 1980, v. I, p. 281.

Cap. V • PROCEDIMENTOS DE INVESTIGAÇÃO CRIMINAL

161

mencionadas, uma vez que lhe pareça em ordem a fazer prova esclarecedora do fato e das suas circunstâncias"[7].

Essa perspectiva de discricionariedade geral, não limitada aos atos especiais descritos nos demais incisos, está refletida no art. 6º, III, do CPP.

4.4. Ouvida do ofendido (art. 6º, IV, CPP) e de testemunhas

A ouvida do ofendido mostra-se de particular importância na elucidação investigativa da existência e da autoria do fato. Cabe à autoridade policial, assim, proceder a esse ato sempre que possível, do mesmo modo aplicado para as declarações do ofendido em juízo (art. 201, *caput* e § 1º, CPP). O mesmo regime aplica-se à inquirição de testemunhas pela autoridade policial.

Em caso de necessidade de condução coercitiva do ofendido ou a testemunha, entretanto, parece-nos que tanto só possa ser determinado pelo órgão judiciário competente, em virtude da privação temporária de liberdade que a medida necessariamente implica, além da potencialidade de ofensa à inviolabilidade domiciliar. Como sustenta PAULO RANGEL, acerca da condução coercitiva de testemunhas, aplicando-se o mesmo ao ofendido: "...pode a autoridade policial conduzir coercitivamente a testemunha utilizando esse dispositivo [art. 218, CPP], analogicamente? A resposta negativa se impõe. A uma, porque as regras restritivas de direito não comportam interpretação extensiva nem analógica. A duas, porque a condução coercitiva da testemunha implica a violação de seu domicílio, que é proibida pela Constituição Federal. Destarte, deve a autoridade policial representar ao juiz competente, demonstrando o *periculum in mora* e o *fumus boni iuris*, a fim de que o juiz conceda a medida cautelar satisfativa probatória da ação penal. Porém, jamais realizar *manu militare* a referida condução coercitiva"[8].

4.5. Ouvida do investigado ou indiciado (art. 6º, V, CPP)

Pode a autoridade policial proceder à ouvida do investigado ou indiciado (art. 6º, inciso V, CPP).

Não se trata aqui de interrogatório, ato próprio do processo *em juízo*. Mesmo assim, aplicam-se à audiência do investigado na fase de investigação as normas que disciplinam o interrogatório judicial, no que couber.

A primeira pergunta relevante a esse respeito é a de se o investigado, chamado pela autoridade policial, está obrigado a comparecer para ser ouvido. Parece-nos que não, diante do direito ao silêncio a assistir ao investigado. A nosso juízo, não cabe aqui a condução coercitiva, mesmo que por ordem judicial, como entende parte da doutrina.

Não se justifica a condução coercitiva ao argumento de que o investigado deverá fornecer sua identificação antes de ser ouvido, podendo após isso exercer seu direito

---

7. ESPÍNOLA FILHO, Eduardo. *Código de Processo Penal Brasileiro Anotado*. Rio de Janeiro: Editora Rio, 1980, v. I, p. 284.

8. RANGEL, Paulo. *Direito Processual Penal*. São Paulo: Atlas, 2014, p. 159.

ao silêncio. Há meios idôneos para tanto, só podendo a autoridade policial exigir a presença do sujeito se, ausente ou suspeita a identificação civil, houver necessidade de identificação criminal.

Durante a fase de investigação, não se justifica, em princípio, a condução coercitiva do investigado, para meros fins de indiciamento. Ausente o investigado, portanto, poderá a autoridade policial proceder ao *indiciamento indireto* (vide tópico 9 desta Seção I).

A jurisprudência, entretanto, tem admitido a condução coercitiva do investigado em caso de recusa injustificada de comparecimento. Há recente julgado do Supremo Tribunal Federal, a propósito, reconhecendo a legalidade da condução coercitiva do investigado por ato da autoridade policial, independentemente de ordem judicial (cfr. STF, 1ª Turma, HC 107.644/SP, Rel. Min. Ricardo Lewandowski, julgamento em 06.09.2011, DJ de 17.10.2011).

Por outro lado, sempre discutiu a doutrina sobre a necessidade ou não da presença de defensor no momento da audiência do investigado pela autoridade policial. Essa discussão, entretanto, parece-nos atualmente superada, diante do advento da norma do art. 7º, inciso XXI, da Lei nº 8.906/1994, com redação conferida pela recente Lei nº 13.245/2016, assegurando o direito do defensor de "assistir a seus clientes investigados durante a apuração de infrações, sob pena de nulidade do respectivo interrogatório ou depoimento e, subsequentemente, de todos os elementos investigatórios e probatórios dele decorrentes ou derivados, direta ou indiretamente, podendo, inclusive, no curso da respectiva apuração: apresentar razões e quesitos".

Significa isso dizer que o investigado tem o direito de estar assistido por seu defensor durante a inquirição pela autoridade policial. Essa perspectiva reforça o entendimento no sentido de que constitui direito do investigado o de ser ouvido pela autoridade policial[9], agregando a isso, porém, a indispensabilidade da assistência técnica por advogado, neste e em outros atos.

Nesse particular, em sentido mais amplo, sempre nos pareceu exigida a presença da defesa técnica no ato de inquirição policial, diante da inadmissibilidade de que qualquer investigado prestasse declarações à polícia judiciária sem a assistência de advogado.

No contexto, agora o art. 7º, inciso XXI, da Lei nº 8.906/1994, situa a ouvida do investigado perante a autoridade policial como momento contraditório pleno. Neste ponto, a lei sujeita inclusive o ato respectivo à invalidação, inserindo-o assim no regime geral das nulidades processuais e excepcionando a regra de que os defeitos do inquérito não contaminam a ação penal respectiva.

Assim, diante da exigência de aplicação de garantia processual já nesse momento, incide excepcionalmente o regime de invalidação próprio do processo, inclusive com os reflexos de causalidade fixados no art. 573, § 1º, do CPP: "A nulidade de um ato,

---

9. Com essa orientação, Renato Brasileiro: "A nosso ver, a partir do momento em que a Constituição Federal dispõe que o preso será informado de seus *direitos, entre os quais o de permanecer calado* (CF, art. 5º, LXIII), subentende-se que o preso, aí compreendido o suspeito, investigado ou indiciado, tem o direito de ser ouvido pela autoridade policial. Afinal, alguém só pode permanecer calado se a ele for assegurado o direito de ser ouvido". Cfr. Lima, Renato Brasileiro de. *Manual de Processo Penal.* Salvador: JusPodivm, 2015, p. 133.

Cap. V • PROCEDIMENTOS DE INVESTIGAÇÃO CRIMINAL

uma vez declarada, causará a dos atos que dele diretamente dependam ou sejam consequência". É sob essa perspectiva que deve ser lida a norma especial em foco, ainda que o ato respectivo aconteça na fase de investigação.

4.6. Reconhecimento de pessoas e coisas e acareações (art. 6º, VI, CPP)

No *reconhecimento de pessoas e coisas* (art. 6º, inciso VI, CPP), a autoridade policial deverá observar a disciplina constante do art. 226 do CPP[10], quando menos para que a diligência investigativa revista melhor valor informativo ou eventualmente probatório, em caso de impossibilidade superveniente de repetição da medida em juízo.

Do mesmo modo, tem-se a referência à autoridade policial da disciplina sobre a acareação objeto do art. 229 do CPP, no que for aplicável. Assim, a acareação pode ocorrer entre indiciados, entre indiciado e testemunha, entre indiciado e ofendido, ou entre ofendidos, sempre que divergirem em suas declarações, sobre fato ou circunstância relevante. Advirta-se, porém, que o investigado não está obrigado a participar da acareação, em virtude de seu direito ao silêncio.

4.7. Exame de corpo de delito e quaisquer outras perícias aplicáveis (art. 6º, VII, CPP)

O exame de corpo de delito, como perícia destinada ao aperfeiçoamento da materialidade das infrações penais que deixam vestígios, bem assim as demais perícias aplicáveis, estão disciplinadas sobretudo no art. 159 do CPP.

Para detalhes a esse respeito, consulte-se a abordagem realizada na seção própria do Capítulo XII deste Curso[11], reservado à prova no processo penal. Como sustentamos também ali, deve ser admitida a participação do investigado na formação da perícia oficial, mediante o oferecimento de quesitos e a indicação de assistente técnico.

Quanto a esse ponto, mostra-se pertinente a advertência de Tourinho Filho no sentido de que "a perícia, entre nós, na maioria dos casos, é feita na fase pré-processual, e constitui grave ofensa aos direitos do indiciado o mau vezo de não se lhe permitir o direito de formular quesitos; (...) é de ponderar que, muitas e muitas vezes, os exames periciais não podem ser renovados na instrução criminal, porque os vestígios já desapareceram, e, assim, impossibilitada ficará a Defesa de insistir na feitura de novo exame"[12].

Assim, embora não seja exigida a intimação do investigado para participar da perícia oficial, não se lhe pode negar o direito ao oferecimento de quesitos e à nomeação

---

10. Assim, Espínola Filho: "O reconhecimento de pessoas e de objetos é um ato que se impõe, devendo ser feito com a maior seriedade e rigo técnicos, observadas as recomendações estabelecidas pelo Código de processo penal, nos arts. 226 a 228..." Cfr. Espínola Filho, Eduardo. *Código de Processo Penal Brasileiro Anotado*. Rio de Janeiro: Editora Rio, 1980, p. 283.

11. Subseção I da Seção IV do Capítulo XII.

12. Tourinho Filho, Fernando da Costa. *Processo Penal*. São Paulo: Saraiva, 2013, v. 1, p. 296.

de assistente técnico, sempre que se apresente para tanto, como, aliás, emana do próprio regime instituído pelo art. 159 do CPP, com redação conferida pela Lei nº 11.690/2008.

Não pode subsistir qualquer dúvida a esse respeito, considerando a já aludida norma do art. 7º, XXI, *a*, da Lei nº 8.906/1994, com redação conferida pela recente Lei nº 13.245/2016, a qual, em última análise, garante o direito do investigado de, por seu advogado, apresentar razões *e quesitos*.

De resto, quanto à pertinência sobre a realização ou não de determinada perícia, integra a discricionariedade da autoridade investigativa, como claramente disposto no art. 184 do CPP: "Salvo o caso de exame de corpo de delito, o juiz *ou a autoridade policial* negará a perícia requerida pelas partes, quando não for necessária ao esclarecimento da verdade".

Desta sorte, poderá o ofendido ou o investigado sugerir a diligência, de cunho pericial, "que será realizada, ou não, a juízo da autoridade" (art. 14, CPP). Reflete também essa discricionariedade a norma do art. 2º, § 2º, da Lei nº 12.830/2013: "Durante a investigação criminal, cabe ao delegado de polícia a requisição de perícia, informações, documentos e dados *que interessem à apuração dos fatos*".

Já o Ministério Público, porém, como titular da ação penal de iniciativa pública, tem a prerrogativa de requisição de diligências, a cuja realização se vincula a autoridade policial (art. 13, II, CPP).

4.8. Identificação do investigado (art. 6º, VIII, CPP)

Nos termos do art. 6º, inciso VIII, primeira parte, do CPP, cabe à autoridade policial "*ordenar a identificação do indiciado pelo processo datiloscópico, se possível*, e fazer juntar aos autos sua folha de antecedentes."

Entende-se por *identificação* o discernimento de um conjunto de dados e sinais aptos a caracterizar e a individualizar a pessoa.

A *identificação civil* pode acontecer pela mera apresentação de documentos como a carteira de identidade, a carteira de trabalho, a carteira profissional, o passaporte ou a carteira de identificação funcional (art. 2º, Lei nº 12.037/2009).

Constitui garantia do civilmente identificado a de não ser submetido a *identificação criminal*, salvo nas hipóteses previstas em lei, segundo expressa o art. 5º, inciso LVIII, da Constituição Federal. Restou superada, desta sorte, a antiga Súmula nº 568 do STF, no sentido da legalidade da identificação criminal mesmo já estando a pessoa civilmente identificada.

A *identificação criminal*, feita por fotografias, impressões digitais ou material genético, representa em qualquer caso *procedimento invasivo*, com maior nota de constrangimento à esfera individual do indiciado. Nessas condições, só excepcionalmente pode ser empregada, quando inexistente, duvidosa ou suspeita a identificação civil. E ainda quando utilizada a identificação criminal, a autoridade deverá tomar providências no sentido de evitar constrangimento (não inerente à própria medida) ao identificando (art. 4º, Lei nº 12.037/2009).

Cap. V • PROCEDIMENTOS DE INVESTIGAÇÃO CRIMINAL 165

Neste contexto, como anunciado na própria norma constitucional, é possível que a lei ordinária estabeleça hipóteses excepcionais de identificação criminal, independentemente da identificação civil.

A primeira legislação a esse respeito foi a Lei nº 9.034/1995, cujo art. 5º contemplava a identificação criminal de pessoas envolvidas com a ação praticada por organizações criminosas. Essa lei, entretanto, foi integralmente revogada pelo art. 26 da Lei nº 12.850/2013.

Com maior abrangência, seguiu-se à Lei nº 9.034/1995 a Lei nº 10.054/2000, cujo art. 3º especificava diversas hipóteses de identificação criminal, em função de aspectos como a natureza do crime investigado, a suspeita de falsificação ou de adulteração, o estado de conservação ou o extravio do documento civil e a multiplicidade de nomes e qualificações utilizadas pelo sujeito.

Esse regime, contudo, foi revogado pela Lei nº 12.037/2009, ainda em vigor, como instrumento de regulamentação da norma do art. 5º, LVIII, da Constituição Federal.

A lei em foco contempla as duas modalidades clássicas de identificação criminal: (i) a *fotográfica*, realizada mediante a apreensão instantânea, pelos instrumentos próprios, de imagens do identificando; (ii) a *datiloscópica*, realizada mediante a coleta de impressões digitais do identificando. Com efeito, nos termos do art. 5º, *caput*, da Lei nº 12.037/2009: "A identificação criminal incluirá o processo datiloscópico e o fotográfico, que serão juntados aos autos da comunicação da prisão em flagrante, ou do inquérito policial ou outra forma de investigação".

Sobreveio então a Lei nº 12.654/2012 introduzindo outra forma de identificação, pelo *perfil genético*. Assim, nos termos do parágrafo único acrescentado ao art. 5º da Lei nº 12.037/2009: "Na hipótese do inciso IV do art. 3º, a identificação criminal poderá incluir a coleta de material biológico para a obtenção do perfil genético".

As hipóteses excepcionais de identificação criminal estão relacionadas no art. 3º, *caput*, da Lei nº 12.037/2009: "Embora apresentado documento de identificação, poderá ocorrer identificação criminal quando: I – o documento apresentar rasura ou tiver indício de falsificação; II – o documento apresentado for insuficiente para identificar cabalmente o indiciado; III – o indiciado portar documentos de identidade distintos, com informações conflitantes entre si; IV – a identificação criminal for essencial às investigações policiais, segundo despacho da autoridade judiciária competente, que decidirá de ofício ou mediante representação da autoridade policial, do Ministério Público ou da defesa; V – constar dos registros policiais o uso de outros nomes ou diferentes qualificações; VI – o estado de conservação ou a distância temporal ou da localidade de expedição do documento apresentado impossibilite a completa identificação dos caracteres essenciais".

A aplicação dessas hipóteses é, como já dito, excepcional, impondo o art. 3º, parágrafo único, da Lei nº 12.037/2009, para fins de controle, a juntada aos autos das cópias de documentos civis eventualmente apresentados, "ainda que consideradas insuficientes para identificar o indiciado".

Em qualquer das hipóteses excepcionais, a identificação criminal poderá ocorrer pelos processos fotográfico e datiloscópico (art. 5º, *caput*, Lei nº 12.037/2009). A identificação por perfil genético, entretanto, só é aplicável mediante autorização judicial, quando a medida se revele essencial para as investigações policiais (art. 5º, parágrafo único, c/c art. 3º, *caput*, IV, Lei nº 12.037/2009, alterada pela Lei nº 12.654/2012).

Em primeiro lugar, a identificação fotográfica, quando excepcionalmente admitida, pode ser aplicada sem nenhum problema, eis que reclama mera postura passiva do identificando. Já a identificação datiloscópica envolve algum grau de coerção corporal, sem que isso represente, porém, restrição ilegal a qualquer garantia, desde que necessária a medida, pela falta ou deficiência da identificação civil. Nesse particular, aqui e alhures, é pacífico que a coleta de impressões digitais não afeta de qualquer maneira a garantia contra a autoincriminação, cujo âmbito protetivo diz respeito a uma declaração do sujeito ou conduta a ela equiparável.

Quanto à identificação pelo perfil genético, todavia, a doutrina vem indicando a exigência de sua leitura à luz do garantia do indivíduo de não ser levado a produzir prova contra si mesmo (*nemo tenetur se detegere*), o que não nos parece adequado, diante do que já expusemos e desenvolvemos na Seção VII do Capítulo III deste Curso, reservada ao estudo da garantia contra a autoincriminação.

A identificação genética está assim disciplinada no art. 5º-A, *caput*, acrescentado à Lei nº 12.037/2009 pela Lei nº 12.554/2012: "Os dados relacionados à coleta do perfil genético deverão ser armazenados em banco de dados de perfis genéticos, gerenciado por unidade oficial de perícia criminal".

Trata-se, portanto, da coleta de material biológico para a composição de *banco de dados de perfis genéticos*, de modo a possibilitar a *identificação criminal*, quando necessário, de acordo com a hipótese do art. 3º, *caput*, IV, da Lei nº 12.037/2009.

Conforme o § 1º do art. 5º-A, "as informações genéticas contidas nos bancos de dados de perfis genéticos não poderão revelar traços somáticos ou comportamentais das pessoas, exceto determinação genética de gênero, consoantes as normas constitucionais e internacionais sobre direitos humanos, genoma humano e dados genéticos". Por sua vez, prescreve o art. 5º-A, § 2º, que "os dados constantes dos bancos de dados de perfis genéticos terão caráter sigiloso, respondendo civil, penal e administrativamente aquele que permitir ou promover sua utilização para fins diversos dos previstos nesta Lei ou em decisão judicial".

Uma vez formado esse banco de dados sigiloso (art. 7º-B, Lei nº 12.037/2009), poderá a identificação ser realizada a partir dos elementos coletados no caso concreto. Nessa hipótese, como preceitua o art. 5º-A, § 3º, da Lei nº 12.037, "as informações obtidas a partir da coincidência de perfis genéticos deverão ser consignadas em laudo pericial firmado por perito oficial devidamente habilitado".

A identificação criminal, nesse contexto normativo, vincula-se à necessidade das investigações policiais, no sentido de elucidação da autoria do fato. Pela comparação dos padrões genéticos coletados junto ao indivíduo e os elementos colhidos no caso, poderá a autoridade investigativa obter dados probatórios quanto à autoria.

Não por outro motivo, a identificação criminal pelo perfil genético só cabe se "for essencial às investigações policiais" (art. 3º, *caput*, IV, Lei nº 12.037/2009), despontando aí seu prevalente caráter de *meio de obtenção de prova, para além do simples aspecto de mera identificação do sujeito*, já suficientemente cumprida pelos processos datiloscópico e/ou fotográfico.

Desta sorte, discute-se a respeito da possibilidade de se conduzir o sujeito a fornecer material biológico para fins de composição do banco de dados de perfis genéticos, diante da garantia contra a autoincriminação. Entende-se, sob esse prisma, que o identificando não poderia ser obrigado a fornecer seu material genético, que levaria potencialmente à formação de prova contra si próprio. Esta orientação emana da natureza eminentemente probatória da identificação genética, já antes realçada.

A nosso juízo, porém, a garantia contra a autoincriminação só protege o indivíduo contra o prestação forçada de um pronunciamento de cunho declaratório, e não contra qualquer forma de intervenção. Com efeito, o *nemo tenetur se detegere* traduz-se no direito de não ser compelido a declarar contra si próprio nem a confessar-se culpado. Estender isso para qualquer forma de participação ativa é conduzir a garantia a limites extremos, para muito além de seu sentido e alcance protetivos.

Assim foi que, como já referimos e sustentamos na Seção VII do Capítulo III, a jurisprudência da Suprema Corte norte-americana já consolidou orientação no sentido de que o fornecimento de material genético (DNA) não se insere na prerrogativa contra a autoincriminação. Disto resulta que inexiste recusa legítima do imputado a esse fornecimento.

Sabe-se, claro, que não é juridicamente admissível a coerção sobre o corpo do indivíduo, no sentido de arrancar-lhe material biológico, por afetar a própria liberdade pessoal de autodeterminação. A recusa, porém, não é legítima, por não estar abarcada pela garantia contra a autoincriminação, motivo pelo qual se faz possível atribuir peso normativo à atitude do imputado. Essa é a nossa orientação, afinada com os sistemas penais contemporâneos (apesar de ainda repudiada por boa parte da doutrina brasileira), como demonstramos na Seção VII do Capítulo III, para onde remetemos o leitor.

De toda sorte, independentemente da orientação adotada, o banco de dados pode ser formado a partir de material genético descartado pelo sujeito, ou ainda obtido junto a ele por mecanismos investigativos lícitos. Assim, obtido material biológico nos vestígios deixados pelo indivíduo em elementos como saliva ou esperma, ou objetos (roupas, acessórios, papeis etc.), é plenamente admissível a formação do banco de dados com base nisso.

Por fim, a exclusão dos perfis genéticos dos bancos de dados deverá ocorrer após o término do prazo de prescrição da pretensão punitiva quanto ao crime imputado (art. 7º-A, Lei nº 12.037/2009).

4.9. Averiguação da vida pregressa do investigado (art. 6º, IX, CPP)

Nos termos do art. 6º, inciso IX, do CPP, cabe à autoridade policial "averiguar a vida pregressa do indiciado, sob o ponto de vista individual, familiar e social, sua condição econômica, sua atitude e estado de ânimo antes e depois do crime e durante ele, e quaisquer outros elementos que contribuírem para a apreciação do seu temperamento e caráter".

Esses dados, coletados também por ocasião da ouvida do indiciado, destinam-se inclusive a subsidiar o juiz em eventual processo penal, sendo relevantes para a fixação da pena concreta, em caso de condenação.

4.10. Reprodução simulada dos fatos (art. 7°, CPP)

Conforme o art. 7° do CPP, "para verificar a possibilidade de haver a infração sido praticada de determinado modo, a autoridade policial poderá proceder à reprodução simulada dos fatos, desde que esta não contrarie a moralidade ou a ordem pública".

É perfeitamente aplicável, como técnica investigativa, a reprodução simulada dos fatos, com estas ressalvas legais: (i) contrariedade à moralidade; por exemplo, em caso de crimes contra dignidade sexual; (ii) contrariedade à ordem pública; por exemplo, em caso de risco à segurança, por efeito de comoção social.

O investigado, entretanto, não está obrigado a participar da reconstituição, por força da garantia contra a autoincriminação (*nemo tenetur se detegere*). Com efeito, não poderá o investigado ser compelido a, participando da reconstituição simulada, produzir prova contra si próprio, mediante a exteriorização de informações sobre como se dera o fato. Como sustentamos na Seção VII do Capítulo III, a intervenção do imputado na reconstituição do fato envolve necessariamente uma participação de cunho declaratório, protegida, portanto, pela garantia contra a autoincriminação.

Assim, ainda que em geral se admita a condução coercitiva (ponto do qual em particular discordamos), deve ser assegurado ao investigado o direito de não participar da diligência, sob pena de abuso de autoridade e de ilicitude da prova resultante.

Nesse sentido, confira-se o precedente da Primeira Turma do STF firmado no HC 69.026/DF (STF, 1ª Turma, Rel. Min. CELSO DE MELLO, julgamento em 10.12.1991, DJ de 04.09.1992): "A reconstituição do crime configura ato de caráter essencialmente probatório, pois destina-se – pela reprodução simulada dos fatos – a demonstrar o modus faciendi da prática delituosa (CPP, art. 7). O suposto autor do ilícito penal não pode ser compelido, sob pena de caracterização de injusto constrangimento, a participar da reprodução simulada do fato delituoso. O magistério doutrinário, atento ao princípio que concede a qualquer indiciado ou réu o privilégio contra a autoincriminação, ressalta a circunstância de que é essencialmente voluntária a participação do imputado no ato – provido de indiscutível eficácia probatória – concretizador da reprodução simulada do fato delituoso".

Não há óbice à realização da diligência em foco durante o processo penal, embora sua aplicabilidade típica aconteça na fase de investigação. Nesta etapa, porém, exige-se de forma qualificada o respeito ao contraditório, com a intimação do acusado e de seu defensor para que, querendo, possam acompanhar e fiscalizar o ato, assim como, o acusado, dele participar, caso assim deseje. Como decidiu o STF no mesmo julgado acima referido: "A reconstituição do crime, especialmente quando realizada na fase judicial da persecução penal, deve fidelidade ao princípio constitucional do contraditório, ensejando ao réu, desse modo, a possibilidade de a ela estar presente e de, assim, impedir eventuais abusos, descaracterizadores da verdade real, praticados pela autoridade pública ou por seus agentes".

4.11. Informações sobre a existência de filhos do preso (art. 6º, X, CPP)

A recente Lei nº 13.257/2016 inseriu, no programa discricionário do delegado de polícia, a *coleta de informações sobre a existência de filhos do investigado*. Com efeito, lê-se agora no inciso X acrescentado ao art. 6º do CPP: "colher informações sobre a existência de filhos, respectivas idades e se possuem alguma deficiência e o nome e o contato de eventual responsável pelos cuidados dos filhos, indicado pela pessoa presa".

Trata-se de inovação inserida no contexto da política pública de proteção à primeira infância, objeto da Lei nº 13.257/2016.

A mudança mostra-se salutar, em seu caráter protetivo, embora inadequadamente inserida no art. 6º do CPP, que trata de discricionariedade investigativa, para a obtenção de elementos probatórios. O desvio à sistemática poderia ter sido evitado pela previsão da mesma medida em dispositivo autônomo.

Em todo caso, durante o exercício de sua atividade investigativa, está a autoridade policial obrigada a buscar informações sobre a existência de filhos do preso, a fim de que dessa forma se viabilize a prestação da adequada assistência, nos termos da lei.

5. INCOMUNICABILIDADE DO INVESTIGADO PRESO DURANTE O INQUÉRITO

O art. 21, *caput*, do CPP prevê a *incomunicabilidade do indiciado preso*, nos seguintes termos: "A incomunicabilidade do indiciado dependerá sempre de despacho nos autos e somente será permitida quando o interesse da sociedade ou a conveniência da investigação o exigir".

Por seu turno, assim dispõe o parágrafo único do mesmo artigo: "A incomunicabilidade, que não excederá de 3 (três) dias, será decretada por despacho fundamentado do juiz, a requerimento da autoridade policial, ou do órgão do Ministério Público, respeitado, em qualquer hipótese, o disposto no art. 89, III, do Estatuto da Ordem dos Advogados do Brasil (Lei 4.215, de 27 de abril de 1967)".

Filiamo-nos à corrente doutrinária que sustenta a não recepção desse dispositivo pela Constituição de 1988[13].

Em primeiro lugar, os incisos LXII e LXIII do art. 5º da Constituição da República asseguram: (i) a imediata comunicação da prisão de qualquer pessoa e do local onde se encontre à família do preso ou à pessoa por ele indicada; (ii) a assistência da família e de advogado. A incomunicabilidade do preso é incompatível com essa assistência.

Ademais, considere-se que o art. 136, § 3º, inciso IV, da Constituição veda a incomunicabilidade até mesmo na vigência de regime de exceção, designadamente o

---

13. Em sentido semelhante, confira-se: Nucci, Guilherme de Souza. *Manual de Processo Penal e Execução Penal*. Rio de Janeiro: Forense, 2014, p. 124.

estado de defesa: "Na vigência do estado de defesa: IV – é vedada a incomunicabilidade do preso". Ora, se até mesmo em estado de exceção a norma constitucional veda a incomunicabilidade, o que se dirá da hipótese de prisão em período de normalidade.

Há quem objete, contudo, que a vedação de incomunicabilidade prevista no art. 136, § 3º, IV, da Constituição, só incide sobre os presos políticos, não alcançando os detidos por crimes comuns. Assentimos ao pressuposto, mas não à conclusão. A lógica constitucional, com efeito, é inequívoca quanto à vedação da incomunicabilidade, e se o faz expressamente quanto aos presos políticos, de igual modo o mesmo regime se impõe acerca de qualquer preso, como, aliás, emana do art. 5º, incisos LXII e LXIII. O que se quis expressar no art. 136, § 3º, é que *mesmo aos presos em estado de exceção* não se poderá impor a incomunicabilidade.

Seja como for, a superveniência do art. 7º, III, da Lei nº 8.906/1994 ao menos derrogou a norma do art. 21 do CPP, ao estabelecer o direito do advogado de "comunicar-se com seus clientes, pessoal e reservadamente, mesmo sem procuração, quando estes se achem presos, detidos ou recolhidos em estabelecimentos civis ou militares, ainda que considerados incomunicáveis".

Desta sorte, ainda que reputada subsistente a incomunicabilidade em caráter excepcional, só poderá ser oposta a familiares, e não ao advogado do preso, por força da norma do art. 7º, III, da Lei nº 8.906/1994.

6. CARACTERÍSTICAS DO INQUÉRITO POLICIAL

São características correntemente associadas ao inquérito policial: (i) *formalismo*; (ii) *dispensabilidade*; (iii) *sigilo*; (iv) *oficialidade*; (v) *oficiosidade*; (vi) *indisponibilidade*; (vii) *inquisitoriedade*.

O inquérito policial constitui (i) *procedimento formal e escrito*, que documenta as etapas e o resultado das investigações conduzidas pelo delegado de polícia. Refletindo esse aspecto, dispõe o art. 9º do CPP que "todas as peças do inquérito policial serão, num só processado, reduzidas a escrito ou datilografadas e, neste caso, rubricadas pela autoridade".

O *formalismo* também emana da integração dos instrumentos do crime e dos objetos relevantes para a prova aos autos do inquérito policial, como determina o art. 11 do CPP: "Os instrumentos do crime, bem como os objetivos que interessarem à prova, acompanharão os autos do inquérito".

Essa característica destina-se a emprestar transparência aos atos investigativos e, assim, possibilitar o acesso dos interessados a todas as peças, bem como o devido controle de legalidade das investigações.

A característica da (ii) *dispensabilidade* reflete a possibilidade de oferecimento de denúncia ou de queixa pelo legitimado independentemente do suporte do inquérito policial. A justa causa em sentido estrito, compreensiva dos subsídios probatórios mínimos necessários ao ajuizamento da ação penal, pode ser alcançada por diversos procedimentos e outros meios, não sendo sempre necessária, para tanto, uma investigação policial formal. Se houver, por exemplo, documentos bastantes à propositura da ação, aptos ao aperfeiçoamento da justa causa, poderá a inicial ser oferecida independentemente do inquérito. Refletindo essa característica, prescreve o art. 12 do CPP que "o inquérito policial acompanhará a denúncia ou queixa, sempre que servir de base a uma ou outra". Assim, os autos do procedimento policial só acompanharão a inicial quando a ela sirvam de lastro.

A característica do (iii) *sigilo*, em verdade, não é essencial ao inquérito policial. Na verdade, o sigilo é inerente à *investigação*, e não ao inquérito. Com efeito, é condição para a própria eficácia da investigação que esta se realize em caráter oculto e sigiloso. O inquérito, entretanto, como procedimento que documenta o resultado da investigação, tem publicidade, ao menos para os interessados, resguardando-se apenas, parcialmente, os elementos que digam respeito à intimidade de suspeitos, investigados e terceiros porventura alcançados pela apuração.

É sob essa luz, a nosso juízo, que se deve ler a norma do art. 20 do CPP, no sentido de que "a autoridade assegurará no inquérito o sigilo necessários à elucidação do fato ou exigido pelo interesse da sociedade". A própria redação do dispositivo já sugere que o sigilo não é uma característica invariável. A isso se deve agregar que o sigilo exigido é sobretudo aquele próprio *da investigação*, como mecanismo de elucidação do fato.

As *diligências sigilosas em curso*, portanto, não devem constar ainda dos autos do procedimento, e sim apenas as já concluídas, cujo acesso possa ser concedido aos investigados e a seu defensor, assim como ao próprio ofendido.

Em todo caso, com base na elucidação do fato e/ou no interesse social, pode ser conferido sigilo também ao próprio inquérito policial, mas esse caráter sigiloso não se estende aos investigados, nem a seu defensor, nem ao ofendido.

Por suas diversas implicações, o sigilo da investigação e do inquérito será abordado em tópico autônomo desta seção (vide o número 7).

Na sequência, têm-se as características da *oficialidade* e da *oficiosidade*.

Pela característica da (iv) *oficialidade*, o inquérito só pode ser conduzido pela *polícia judiciária*, enquanto órgão de investigação oficial. Não se admite, assim, a condução do inquérito por particulares. Refletindo essa característica, o art. 2º, *caput*, da Lei nº 12.830/2013 assim dispõe: "As funções de polícia judiciária e a apuração de infrações penais exercidas pelo delegado de polícia são de natureza jurídica, *essenciais e exclusivas do Estado*".

Já a característica da (v) *oficiosidade* traduz a atuação *de ofício* ou *ex officio* da autoridade policial – isto é, independentemente de provocação –, sempre que tomar conhecimento da prática de um fato em tese constitutivo de infração penal processável por ação pública. Neste particular, tem-se a hipótese de notícia de crime direta objeto do art. 5º, *caput*, inciso I, do CPP.

A (vi) *indisponibilidade* do inquérito implica a impossibilidade de seu encerramento por iniciativa da própria autoridade policial. Traduzindo essa característica, o art. 17 do CPP dispõe que "a autoridade policial não poderá mandar arquivar autos de inquérito".

Esse aspecto decorre em parte do próprio princípio da obrigatoriedade da ação penal de iniciativa pública, mas vai além disso, pois tampouco poderá a autoridade policial proceder ao arquivamento de inquérito policial instaurado para apurar crime de ação penal privada (exclusiva ou personalíssima). Neste caso, uma vez concluído o inquérito, aplica-se a norma do art. 19 do CPP: remessa dos autos ao juízo competente ou entrega ao ofendido, mediante traslado.

Por fim, refira-se a característica da (vii) *inquisitoriedade*. O inquérito policial tem caráter inquisitório, podendo a autoridade agir de maneira discricionária e unilateral, sempre nos limites da lei, mas sem a exigência de contraditório pleno. Assim, as etapas e os rumos da investigação ficam a critério da autoridade policial, em função de seu juízo de conveniência e de oportunidade, podendo o ofendido e o investigado meramente *sugerir* a realização de diligências. Com efeito, segundo o art. 14 do CPP, "o ofendido ou seu representante legal, e o indiciado poderão requerer qualquer diligência, que será realizada, ou não, a juízo da autoridade".

Por essa característica, diz-se também que o investigado seria *mero* "objeto de investigação". Esta nos parece uma noção ultrapassada. Sem dúvida, mostra-se elementar que a investigação está direcionada ao investigado ou indiciado. Isso não autoriza dizer, porém, que o investigado é apenas um objeto da investigação, justificando isto que o inquérito se conduza sempre de maneira unilateral. Em verdade, o investigado é sujeito de direitos e garantias no inquérito, inclusive no que concerne ao contraditório e à defesa, embora não com a plenitude da fase judicial.

O caráter investigativo próprio do inquérito implica que os atos se realizem de maneira unilateral, via de regra. Significa isso dizer que não há contraditório *pleno* no que tange à obtenção e à produção de elementos informativos. *Algum contraditório*, porém, há em diversas etapas, a exemplo da obtenção de acesso mesmo a dados sigilosos (Súmula Vinculante nº 14 do STF) e da possibilidade de oferecimento de quesitos e de indicação de assistente técnico no âmbito da perícia oficial.

Recentemente, fortaleceu-se essa noção pela (i) garantia de presença do defensor na audiência de inquirição do investigado perante a autoridade policial, assim como pelo (ii) direito de apresentar razões e quesitos no curso da apuração, sob pena de nulidade do ato, como agora determina o inciso XXI do art. 7º incluído na Lei nº 8.906/1994 pela Lei nº 13.245/2016: [direito do defensor de] assistir a seus clientes investigados durante a apuração de infrações, sob pena de nulidade absoluta do respectivo interrogatório ou depoimento e, subsequentemente, de todos os elementos investigatórios e probatórios dele decorrentes ou derivados, direta ou indiretamente, podendo, inclusive, no curso da respectiva apuração: a) apresentar razões e quesitos".

Diante de tal regime, não se há mais de cogitar da tradicional e equívoca noção de que inexistiria contraditório no inquérito policial. Com precisão, pode-se dizer apenas que o contraditório não é pleno, como aquele próprio da fase judicial. O caráter inquisitório da investigação, e sua feição normalmente unilateral, não descaracterizam esse perfil do investigado, nem suas respectivas garantias.

No sentido de que o investigado é sujeito de direitos, e não mero objeto de investigação, confira-se o julgado da Primeira Turma do STF no HC 73.271/SP (STF, 1ª

Turma, Rel. Min. CELSO DE MELLO, julgamento em 19.03.1996, DJ de 04.10.1996): "A unilateralidade das investigações preparatórias da ação penal não autoriza a Polícia Judiciária a desrespeitar as garantias jurídicas que assistem ao indiciado, que não mais pode ser considerado mero objeto de investigações. O indiciado é sujeito de direitos e dispõe de garantias, legais e constitucionais, cuja inobservância, pelos agentes do Estado, além de eventualmente induzir-lhes a responsabilidade penal por abuso de poder, pode gerar a absoluta desvalia das provas ilicitamente obtidas no curso da investigação policial."

De toda sorte, o caráter inquisitório do inquérito policial e a correlata unilateralidade das investigações imprimem aos elementos informativos alcançados *valor probatório meramente relativo*, eis que sua obtenção se dá sem contraditório pleno.

Ademais, eventuais vícios formais presentes na fase de investigação, ressalvada previsão legal específica – como a do antes referido art. 7º, XXI, da Lei nº 8.906/1994 –, não contaminam, via de regra, o processo penal oriundo do inquérito. O regime jurídico das invalidações, com efeito, é próprio do processo judicial, não se aplicando, *em princípio*, à fase investigativa. Com esse entendimento, refira-se outra vez o julgado da Primeira Turma do STF no HC 73.271/SP: "Eventuais vícios formais concernentes ao inquérito policial não têm o condão de infirmar a validade jurídica do subsequentes processo penal condenatório. As nulidades processuais concernem, tão-somente, aos defeitos de ordem jurídica que afetam os atos praticados ao longo da ação penal condenatória".

Em todo caso, devem ser ressalvadas as hipóteses especiais previstas em lei, determinando a observância de garantias como a do contraditório mesmo no curso da fase pré-processual investigativa. Já se viu, com efeito, que o art. 7º, XXI, da Lei nº 8.906/1994, em sua redação atual, assegura a presença do defensor em atos do inquérito, assim como garante o direito da defesa de apresentar razões e quesitos, *sob pena de nulidade*.

No mais, anote-se que a regra específica mencionada diz respeito à invalidade, e não, por óbvio, à *ilicitude*, que, por seu caráter material (ofensa a direitos de cunho substancial), afeta toda a cadeia probatória dela decorrente, ainda que ocorrida na fase de investigação preliminar.

7. SIGILO DO INQUÉRITO POLICIAL E DE OUTROS PROCEDIMENTOS DE INVESTIGAÇÃO

De acordo com o art. 5º, inciso LX, da Constituição da República, "a lei só poderá restringir a publicidade dos atos processuais quando a defesa da intimidade ou o interesse social o exigirem". Fica estabelecida, assim, a *publicidade* como regra, *no que tange ao processo*, inclusive o criminal.

Em linha semelhante, mas especificamente sobre o processo penal, dispõe o art. 8, número 5, da Convenção Americana de Direitos Humanos (Decreto nº 678/1992): "O processo penal deve ser público, salvo no que for necessário para preservar os interesses da justiça".

A respeito do inquérito policial, assim como dos demais procedimentos de investigação criminal, estabelece o art. 20, *caput*, do CPP, o seguinte: "A autoridade assegurará no inquérito o sigilo necessário à elucidação do fato ou exigido pelo interesse da sociedade".

Nesse âmbito, como regra, tem-se de igual modo a publicidade. A norma do art. 20, *caput*, do CPP expressa essa lógica, ao limitar o sigilo à *necessidade*, para elucidação do fato ou atendimento a interesse social. Deve-se acrescentar, naturalmente, o sigilo necessário ao resguardo da intimidade (art. 5º, XI, XII e LX, CF) dos investigados.

Seja como for, ao contrário do processo, o inquérito policial convive de forma mais frequente com a necessidade de sigilo, destinado a garantir a eficácia das investigações.

Nesse ponto, entretanto, cumpre distinguir a *investigação* do *inquérito*. A investigação consiste nos *atos e técnicas* utilizados para a descoberta da existência material de fatos em tese constitutivos de crime e da respectiva autoria. O inquérito policial, por sua vez, é o *procedimento* formal de concentração do resultado das investigações.

Essa lógica nos conduz à distinção entre o *sigilo da investigação* e o *sigilo do inquérito*. O sigilo da investigação justifica-se pela própria eficácia dos atos apuratórios, cujo resultado seria frustrado se lhes fosse dada prévia publicidade. É impensável, por exemplo, que uma diligência investigativa de interceptação telefônica se realize sem o necessário sigilo. A publicidade dos atos e técnicas investigativos levaria à sua própria ineficácia enquanto instrumentos de obtenção de prova.

Uma vez concluída a diligência, porém, os respectivos elementos deverão integrar os autos do inquérito policial, ou de outro procedimento de investigação criminal. A partir de então, não se justifica mais o sigilo em virtude da eficácia das investigações.

O *sigilo do inquérito*, portanto, só pode estar justificado pela intimidade dos investigados, e não pela exigência de eficácia das investigações, uma vez compreendido que o inquérito é procedimento que concentra apenas o resultado das diligências de apuração já encerradas.

Por essas razões, faz pleno sentido o teor da Súmula Vinculante nº 14 do STF, ao dispor que "é direito do defensor, no interesse do representado, ter acesso amplo aos elementos de prova que, já documentados em procedimento investigatório realizado por órgão com competência de polícia judiciária, digam respeito ao exercício do direito de defesa".

Assim, está assegurado ao defensor do investigado acesso amplo *a todos* os elementos já documentados no inquérito policial, sem qualquer ressalva quanto a "diligências em curso". Isso porque ditas diligências em curso não devem constar ainda dos autos do inquérito policial.

Efetivamente, devem ser resguardadas as diligências investigativas não concluídas, mas isso integra o *sigilo da investigação*, e não o *sigilo do inquérito*. Uma vez efetivada a formalização dos atos, garante-se o acesso do investigado *ao resultado* das diligências. Se não estão concluídas, que se as não documente ainda no inquérito, permanecendo as peças respectivas em poder do delegado de polícia (ou outra autoridade investigativa), enquanto estiverem em trâmite.

Com lógica semelhante, a Lei nº 13.245/2016 acrescentou, ao art. 7º da Lei nº 8.906/1994, um § 11 assim redigido: "No caso previsto no inciso XIV, a autoridade competente poderá delimitar o acesso do advogado aos elementos de prova relacionados a diligências em andamento e ainda não documentados nos autos, quando houver risco de comprometimento da eficiência, da eficácia ou da finalidade das diligências".

Em primeiro lugar, assegura-se ao advogado defensor "examinar, em qualquer instituição responsável por conduzir investigação, mesmo sem procuração, autos de flagrante e de investigações de qualquer natureza, findos ou em andamento, ainda que conclusos à autoridade, podendo copiar peças e tomar apontamentos, em meio físico ou digital", nos termos do art. 7º, inciso XIV, da Lei nº 8.906/1994, com redação determinada pela Lei nº 13.245/2016.

É direito do defensor, nesse sentido, examinar e extrair cópias dos autos de procedimentos investigativos, independentemente de seu caráter sigiloso, como garante também a já referida Súmula Vinculante nº 14 do STF. As restrições ficam por conta do *sigilo da investigação* em curso, antes, portanto, que as respectivas peças sejam documentadas nos autos do procedimento investigativo.

Quanto ao regime introduzido pela Lei nº 13.245/2016, temos desde logo a ressalva de que o acesso aos dados constantes dos autos do procedimento é direito *sobretudo* do investigado, inerente à ampla defesa, e não só do advogado. O tratamento da matéria no Estatuto da Advocacia e da Ordem dos Advogados do Brasil, por essa razão, não nos parece o mais adequado.

De toda sorte, à vista da redação do § 11 acrescentado ao art. 7º da Lei nº 8.906/1994, que esteja clara a possibilidade de limitação do acesso apenas quanto às peças ainda não documentadas nos autos do procedimento, por dizerem respeito a diligências em curso. A norma em foco refere-se ao momento mais oportuno, do ponto de vista da eficácia investigativa, para a instrumentalização de peças concernentes a diligências ainda não concluídas. O controle da autoridade sobre esse momento é que lhe permite restringir o acesso do investigado às informações próprias da investigação.

Por outro lado, a lei poderia, diante das confusões interpretativas comuns na prática, ter especificado a autoridade a quem cabe delimitar o acesso às diligências em curso, a saber: a autoridade *judiciária* competente. Mesmo assim, *a nosso juízo*, não há dúvida a esse respeito: *autoridade competente só pode ser a judiciária*. Isso *por duas razões simples*: (i) autoridade administrativa não tem competência, e sim atribuições – a competência é atributo exclusivo dos órgãos judiciários; (ii) não se pode reservar a decisão sobre restrição de direitos e garantias individuais (no caso a ampla defesa) à autoridade investigativa, exigindo-se controle judicial para tanto.

Nessas condições, entendemos que somente o juízo competente poderá, em decisão motivada, delimitar o acesso do investigado, permitindo a retenção de documentos pela autoridade policial e, portanto, a não instrumentalização imediata de peças nos autos, de maneira a preservar o sigilo da diligência, até que esteja concluída.

Por óbvio, como é a autoridade policial quem detém informações sobre as necessidades investigativas, poderá sempre o órgão judiciário competente consultá-la a esse respeito, antes de decidir sobre a postulação de acesso a ele dirigida. Caso o pedido seja formulado à autoridade policial, deverá esta, antes de permitir o acesso, representar ao juízo competente no sentido de preservar o sigilo de determinadas peças, cuja instrumentalização nos autos geraria risco à eficácia da investigação. A título de exemplo, se a autoridade policial tem em seu poder, ainda não instrumentalizada, a transcrição de diálogo telefônico com informações sobre o paradeiro de determinado objeto, que se pretende ainda buscar e apreender, poderá, mediante autorização do juízo competente, a quem cabe delimitar o acesso, preservar o sigilo, deixando de fornecer o documento (diálogo transcrito) ao defensor do investigado.

A restrição expressa ao direito de defesa, em qualquer caso, só poderá emanar de decisão *judicial* motivada pela *efetiva* pendência de ato investigativo ainda não documentado nos autos do procedimento. A apreciação judicial, portanto, recai sobre o próprio fato de a peça ser ou não referente a diligências ainda em curso. Não fosse assim, a autoridade *policial* poderia recusar o acesso, sob o pretexto de se tratar de peça relativa a diligência em trâmite, quando na verdade o ato investigativo respectivo já estava concluído. Esse tipo de controle sobre o exercício da defesa somente pode ser imposto pelo órgão judiciário. Naturalmente, concluindo ser o caso de diligência ainda em curso, deverá o *juiz*, na decisão, resguardar pleno sigilo quanto à existência e ao avanço do ato investigativo[14].

Ainda que se conclua, em sentido diverso, que cabe à autoridade *policial* a delimitação do acesso, resta sempre a possibilidade de ulterior responsabilização do agente, na hipótese de retenção indevida de peças. Cumpre observar, nesse contexto, que a recusa de acesso fora dos parâmetros legais sujeita a autoridade policial a responsabilidade criminal e funcional, nos moldes do art. 7º, § 12, da Lei nº 8.906/1994: "A inobservância aos direitos estabelecidos no inciso XIV, o fornecimento incompleto de autos ou o fornecimento de autos em que houve a retirada de peças já incluídas no caderno investigativo implicará responsabilização criminal e funcional por abuso de autoridade do responsável que impedir o acesso do advogado com o intuito de prejudicar o exercício da defesa, sem prejuízo do direito subjetivo do advogado de requerer acesso aos autos ao juiz competente".

Toda essa abordagem permite-nos a conclusão de que o *sigilo do inquérito*, diverso do sigilo da investigação, só se justifica em virtude da intimidade do investigado e de terceiros eventualmente alcançados pelos atos de apuração. A título de exemplo, deve ser resguardado o sigilo de dados oriundos de quebra de sigilo bancário ou fiscal ou de interceptação telefônica, por exigência da garantia da inviolabilidade do sigilo de dados e das comunicações telefônicas (art. 5º, inciso XII, CF). As demais restrições ao acesso justificam-se à luz do sigilo *da investigação* (não o do inquérito).

---

14. *Contra*, entendendo que cabe à *autoridade policial* a delimitação de acesso prevista no art. 7º, § 11, da Lei 8.906/1994, sustenta RENATO BRASILEIRO: "A nosso juízo, pelo menos em regra, uma vez concluída a oitiva de uma testemunha, o respectivo termo deverá ser juntado aos autos na sequência, salvo quando o Delegado de Polícia concluir que o acesso da defesa àquele depoimento, naquele momento, terá o condão de colocar em risco a eficácia da medida". LIMA, Renato Brasileiro de. *Código de Processo Penal Comentado*. Salvador: JusPodivm, 2016, p. 1628.

Ademais, a Lei nº 12.681/2012 fez inserir, no parágrafo único que acrescentou ao art. 20 do CPP, outro fundamento relevante para o resguardo do sigilo *do inquérito*, agregando à intimidade também o aspecto do estado de inocência ou da presunção de não culpabilidade: "Nos atestados de antecedentes que lhe forem solicitados, a autoridade policial não poderá mencionar quaisquer anotações referentes a instauração de inquérito contra os requerentes". A folha de antecedentes, assim, não poderá referir a instauração de inquéritos policiais contra o sujeito, o que se justifica pela finalidade de impedir que isso seja indevidamente considerado contra a pessoa interessada.

8. NOTÍCIA DE CRIME E INÍCIO DO INQUÉRITO POLICIAL

A *notícia de crime*, frequentemente designada pela expressão latina *notitia criminis*, consiste no conhecimento, obtido de forma espontânea ou provocada, a respeito da prática de um fato em tese constitutivo de infração penal. De acordo com FREDERICO MARQUES, "*notitia criminis* é a notícia da ocorrência de acontecimento enquadrável numa das figuras típicas com que a lei define e estrutura as infrações penais"[15].

Podem ser identificadas, no sistema processual penal brasileiro, as seguintes espécies de notícia de crime: (i) *notícia de crime direta*; (ii) *notícia de crime indireta*; (iii) *notícia de crime coercitiva*; (iv) *delação do crime* (*delatio criminis*). Estas são categorias desenvolvidas pela doutrina em correspondência com as hipóteses de instauração de inquérito policial previstas em lei.

Entende-se por (i) *notícia de crime direta* a informação obtida pela autoridade policial no exercício normal de suas atividades investigativas. Nessa hipótese, tratando-se de crime de ação penal pública, o inquérito policial pode ser instaurado de ofício pelo delegado de polícia (art. 5º, *caput*, inciso I, CPP).

A (ii) *notícia de crime indireta*, por sua vez, consiste na informação obtida pela autoridade policial a partir de: (a) *provocação do ofendido*, mediante requerimento (art. 5º, *caput*, II, CPP) ou representação (art. 5º, § 4º, CPP); (b) *comunicação de qualquer pessoa* (art. 5º, § 3º, CPP); (c) *provocação oficial*, por requisição do Ministério Público ou do órgão judiciário (art. 5º, *caput*, II, CPP). Trata-se, em qualquer caso, do conhecimento indiretamente obtido pelo delegado de polícia, em decorrência da iniciativa de terceiro.

A *notícia de crime coercitiva* é a derivada de prisão em flagrante. Cuida-se de notícia imediata e direta, a mais contundente forma de conhecimento acerca da prática de fato constitutivo de infração penal. No caso do flagrante, deverá a autoridade policial, após obter a notícia, observar o disposto no Capítulo II do Título IX do Livro I do CPP, lavrando o respectivo auto de prisão (art. 8º, CPP).

Configuram também notícia de crime coercitiva a detenção e a condução do indivíduo em estado de flagrância à presença da autoridade policial, na hipótese de prática de infração penal de menor potencial ofensivo. Apenas, nesse caso, a autoridade policial

---

15. MARQUES, José Frederico. *Elementos de Direito Processual Penal*. Rio de Janeiro: Forense, 1961, v. I, p. 132.

não lavrará auto de prisão em flagrante, substituído pelo procedimento simplificado do *termo circunstanciado de ocorrência*, com a posterior liberação do conduzido, desde que se comprometa a comparecer aos atos processuais (art. 69, parágrafo único, Lei nº 9.099/1995). De toda sorte, tem-se aí o aspecto coercitivo da notícia, pois o indivíduo, surpreendido em estado de flagrância, é *conduzido* à presença da autoridade.

A doutrina desenvolveu ainda a categoria da (iv) *delação do crime*, ou *delatio criminis*, que, na verdade, está inserida no âmbito da (ii) *notícia de crime indireta*, em que a autoridade obtém conhecimento acerca do fato a partir da iniciativa de terceiro. É a hipótese prevista no art. 5º, § 3º, do CPP, da (ii) (b) comunicação formulada "por qualquer do povo".

A respeito da (ii) *notícia de crime indireta*, tem-se a (a) *provocação do ofendido*. Essa provocação pode ocorrer na forma de *requerimento* e/ou de *representação*.

O *requerimento de instauração de inquérito policial* aplica-se nas hipóteses de inquérito por crime de *ação penal pública incondicionada* ou de *ação penal privada exclusiva*. Nos termos do art. 5º, *caput*, II, *segunda parte*, do CPP: "Nos crimes de ação pública o inquérito policial será iniciado: II – ...a requerimento do ofendido ou de quem tenha qualidade para representá-lo".

A norma diz respeito aos inquéritos policiais por crime de ação penal pública *incondicionada*, eis que, para o âmbito da ação penal pública *condicionada*, o art. 5º, § 4º, do CPP exige a *representação*: "O inquérito, nos crimes em que a ação pública depender de representação, não poderá sem ela ser iniciado".

Essa distinção, contudo, não é relevante, eis que o requerimento do ofendido, pela abertura do inquérito policial, constitui efetivamente uma *representação*, no sentido de manifestação de vontade do ofendido direcionada à persecução penal contra o imputado. A diferença é que a *representação* consiste em instituto jurídico dimensionado como *condição de procedibilidade para a ação penal pública*, em determinadas hipóteses legalmente previstas.

Ressalte-se também que a representação não reclama forma específica, como a prescrita no art. 5º, § 1º, do CPP, para o requerimento, podendo até mesmo ser efetuada oralmente (art. 39, § 1º, CPP).

Assim, se o requerimento sempre constitui uma representação, a última pode ocorrer independentemente do primeiro, entendido este como uma postulação escrita, como decorre do regime disciplinado no art. 5º do CPP.

O requerimento do ofendido, por outro lado, é necessário para a instauração de inquérito policial destinado a apurar crime de ação penal privada exclusiva ou personalíssima, como exige o art. 5º, § 5º, do CPP: "Nos crimes de ação privada, a autoridade policial somente poderá proceder a inquérito a requerimento de quem tenha qualidade para intentá-la".

Nos termos do art. 5º, § 1º, do CPP, o requerimento – a que se refere o art. 5º, *caput*, II, e também o § 5º – deverá conter, em princípio, os seguintes dados: narração circunstanciada do fato; individualização do noticiado; razões de convicção ou presunção de autoria ou participação; indicação de testemunhas.

Não se deve, entretanto, inviabilizar a instauração do inquérito pela falta desses dados, se o ofendido oferece elementos mínimos que permitam o início da ação policial investigativa e persecutória. Com efeito, é da própria essência do inquérito policial a investigação da materialidade e da autoria dos fatos em tese constitutivos de crime, não se exigindo do ofendido que já ofereça muitos dados a esse respeito. Do contrário, bastaria ao ofendido, já dispondo de elementos suficientes, provocar o Ministério Público (art. 27, CPP), para o oferecimento de denúncia direta, ou, em caso de ação penal privada exclusiva, oferecer desde logo a queixa (art. 38, CPP).

O requerimento de instauração de inquérito pode ser indeferido pelo delegado de polícia, caso não visualize elementos mínimos. Nessa hipótese, tratando-se de ação penal de iniciativa pública, dispõe o ofendido de duas opções:

(i) Interpor recurso administrativo para o "chefe de polícia", com fundamento no art. 5º, § 2º, do CPP. O chefe de polícia, no âmbito da polícia judiciária estadual, pode ser o Delegado-Geral de Polícia Civil e, em última instância, o Secretário de Segurança Pública; no da polícia judiciária federal, o respectivo Superintendente Regional e, em última instância, o Ministro da Justiça. Entendemos que poderá ser sucessivamente provocada, no plano recursal, cada uma dessas autoridades.

(ii) Provocar o Ministério Público, nos termos do art. 27 do CPP, para que órgão dessa instituição possa ou requisitar a instauração de inquérito policial (art. 5º, *caput*, II, primeira parte, CPP) ou instaurar procedimento de investigação criminal autônomo.

Cuidando-se, por outro lado, de crime de ação penal privada (art. 5º, § 5º, CPP), restará ao ofendido a via do recurso ao chefe de polícia (art. 5º, § 2º, CPP), ou ainda, se dispuser de – ou puder alcançar – elementos bastantes, o oferecimento direto de queixa (art. 38, CPP).

Na hipótese de instauração de inquérito policial, a requerimento do ofendido (art. 5º, § 5º, CPP), para apurar crime de ação penal privada (exclusiva ou personalíssima), o delegado de polícia, ao concluir o procedimento, deverá: (i) remeter os respectivos autos "ao juízo competente, onde aguardarão a iniciativa do ofendido ou de seu representante legal"; (ii) ou, alternativamente, providenciar a entrega dos autos ao próprio ofendido, mediante traslado, se houver pedido nesse sentido (art. 19, CPP).

Outra forma de notícia de crime indireta é a *requisição* da instauração de inquérito policial pelo Ministério Público ou pelo juiz. Como prescreve a primeira parte do art. 5º, *caput*, II, do CPP: "Nos crimes de ação pública o inquérito policial será iniciado: II – mediante requisição da autoridade judiciária ou do Ministério Público..."

A *requisição* implica um dever *legal* do delegado de polícia de instaurar o inquérito policial. Não se trata, assim, de qualquer forma de hierarquia entre a polícia judiciária, de um lado, e o Ministério Público ou o Poder Judiciário, de outro. O delegado está vinculado à requisição por força da lei, e não por ordem do órgão do Ministério Público ou do juiz[16].

---

16. Na precisa exposição de Hélio Tornaghi: "Não havendo subordinação da polícia judiciária ao Poder Judiciário ou ao Ministério Público, não poderiam estes *ordenar* à autoridade policial a instauração de inquérito. Devem, por isso, requisitá-la, pedi-la. Tal não significa, entretanto, que a requisição possa ser

Ressalva-se, por isso mesmo, a requisição manifestamente ilegal, passível, por isso, de recusa pelo delegado de polícia, que está vinculado à lei, e não à ordem do juiz ou do membro do Ministério Público.

Assevere-se que a *requisição* constitui ato próprio dos *juízes e membros do Ministério Público oficiantes no âmbito criminal*. A requisição ao delegado de polícia, assim, deverá emanar de órgão jurisdicional penal ou de órgão do Ministério Público com ofício na Justiça Penal[17].

Se a notícia de crime, por outro lado, partir de órgão jurisdicional ou do Ministério Público com competência e atribuições extrapenais, a hipótese é de mera comunicação, e não de requisição. Como exemplo, tome-se o caso em que juiz do trabalho, verificando a prática de falso testemunho em audiência de instrução, oficia à polícia judiciária e/ou ao Ministério Público, para fins de instauração de inquérito policial.

A requisição pelo órgão jurisdicional penal pode se dar a partir de conhecimento obtido pelo juiz no exercício de sua função. A título ilustrativo, refira-se a hipótese do art. 211 do CPP: "Se o juiz, ao pronunciar sentença final, reconhecer que alguma testemunha fez afirmação falsa, calou ou negou a verdade, remeterá cópia do depoimento à autoridade policial para a instauração de inquérito". Nesse caso, trata-se de ofício de requisição, pois emanado de juízo criminal.

A nosso aviso, não poderá o juiz requisitante julgar a ação penal que advenha do inquérito policial cuja instauração fora por ele próprio requisitada, em face da notória afetação da imparcialidade do julgador, de quem partiu a *iniciativa* da requisição. O mesmo, entretanto, não se aplica ao membro do Ministério Público, enquanto titular da ação penal, que requisita a instauração do inquérito justamente em busca de subsídios para, se for o caso, oferecer a denúncia.

Registre-se que *predomina* na doutrina mais recente a orientação de que o juiz não pode requisitar a instauração de inquérito policial, algo que seria incompatível com o sistema acusatório. Nesse sentido, sustenta Eugênio Pacelli o seguinte: "O art. 5º, II, do CPP autoriza o próprio juiz a *requisitar* inquérito policial. A nosso aviso, contudo, semelhante dispositivo somente tem pertinência com a ordem jurídica anterior à Constituição Federal, na qual se permitia aos magistrados até a *iniciativa* da ação penal (conforme o revogado art. 531, CPP) nos casos de homicídio e de lesões corporais *culposos*. Hoje, com a afirmação da *privatividade* da ação penal pública para o Ministério Público, pensamos ser absolutamente inadmissível a requisição de inquérito pela autoridade judiciária"[18].

---

desatendida (...) A lei não cria uma faculdade, mas estabelece um dever jurídico. Apenas *este* dever *não* decorre de qualquer *status subiectionis* da polícia ao juiz ou ao Ministério Público, mas de sujeição direta à própria lei (...) Requisitar tem conteúdo de exigência e significa mais que requerimento. Requisitar é pedir aquilo que *deve* ser feito, requerer é pedir aquilo que pode ser feito". Cfr. Tornaghi, Hélio Bastos. *Instituições de Processo Penal*. São Paulo: Saraiva, 1977, p. 258.

17. Com o mesmo entendimento: Nucci, Guilherme de Souza. *Código de Processo Penal Comentado*. São Paulo: Revista dos Tribunais, 2012, p. 90.

18. Pacelli, Eugênio. *Curso de Processo Penal*. São Paulo: Atlas, 2013, pp. 58-59. Com o mesmo entendimento, Lopes Jr, Aury. *Direito Processual Penal*. São Paulo: Saraiva, 2014, p. 292: "Em definitivo, não cabe ao juiz requisitar a instauração do IP, em nenhum caso. Mesmo quando o delito for, aparentemente, de ação

Cap. V · PROCEDIMENTOS DE INVESTIGAÇÃO CRIMINAL

De nossa parte, não identificamos a aludida incompatibilidade. Tomando conhecimento da prática de infração penal, nada obsta a que o órgão judiciário requisite a *instauração* de inquérito policial, que será conduzido por delegado de polícia, com a intervenção do Ministério Público. O argumento sobre a condição do Ministério Público de titular da ação penal não o impede, considerando que o inquérito policial pode até mesmo ser instaurado de ofício pela autoridade policial (art. 5º, I, CPP), independentemente de qualquer manifestação do ente legitimado para acusar. Por outro lado, não vemos como isso afete a imparcialidade do julgador, desde que se tenha claro que *a autoridade requisitante jamais poderá atuar na causa processual oriunda do inquérito por ela requisitado. Isto sim seria incompatível com o sistema acusatório*. Não há como, entretanto, recusar ao juiz titular de órgão com competência jurisdicional penal, em que mais frequentemente está sujeito a tomar ciência de fatos constitutivos de crime, a possibilidade de requisitar a instauração de inquérito à autoridade policial. Esta é a nossa posição, sem embargo dos respeitáveis argumentos em sentido contrário, que, aliás, refletem o entendimento dominante na doutrina atual.

Nas hipóteses de requisição, a autoridade precipuamente responsável pela instauração é a requisitante. Por essa razão, eventual *habeas corpus* destinado ao trancamento do inquérito policial deverá ser impetrado contra o ato de requisição, figurando como autoridade impetrada o requisitante, e não o delegado de polícia, que agiu de forma vinculada.

Assim, por exemplo, no caso de requisição de inquérito policial por Procurador da República oficiante na seção judiciária federal do Ceará, este, e não o Delegado de Polícia Federal, deverá figurar como autoridade coatora, firmando-se, dessa forma, a competência do Tribunal Regional Federal da 5ª Região para processar e julgar o *habeas corpus*.

Em se tratando, porém, de requisição manifestamente ilegal, são autoridades coatoras tanto a requisitante quanto o delegado de polícia, que não estava obrigado a atender ao ato. Desta sorte, se o *habeas corpus* contiver a *hipótese* de requisição *manifestamente* ilegal, o impetrante deverá indicar como impetrados o requisitante e o requisitado.

Na sequência, tem-se a *delação do crime* ou *delatio criminis*, uma espécie de notícia indireta, a nosso juízo. Trata-se da notícia formulada por qualquer pessoa, sobre crime de ação penal pública. Confira-se, a respeito, o disposto no art. 5º, § 3º, do CPP: "Qualquer pessoa do povo que tiver conhecimento da existência de infração penal em que caiba ação pública poderá, verbalmente ou por escrito, comunicá-la à autoridade policial, e esta, verificada a procedência das informações, mandará instaurar inquérito".

O termo *delatio* remete à figura do *delator*, que em princípio não tem interesse pessoal na causa, mas resolve comunicar o fato à autoridade policial, por se tratar de assunto de ordem pública. Anote-se que a delação poderá ocorrer inclusive no âmbito

---

penal privada ou condicionada, deverá o juiz remeter ao MP, para que este solicite o arquivamento ou providencie a representação necessária para o exercício da ação penal". Igualmente: BADARÓ, Gustavo Henrique. *Processo Penal*. Rio de Janeiro: Elsevier/Campus, 2012, p. 76. LIMA, Renato Brasileiro de. *Manual de Processo Penal*. Salvador: JusPodivm, 2015, pp. 125-126; NICOLITT, André. *Manual de Processo Penal*. São Paulo: Revista dos Tribunais, 2014, p. 193.

dos crimes de ação penal pública condicionada, apenas estando exigida, nesse caso, para a instauração do inquérito, a representação do ofendido (art. 5º, § 4º, CPP). Assim, recebendo a autoridade policial comunicação de qualquer pessoa sobre a prática de crime de ação pública condicionada, deverá, antes de instaurar o inquérito, ouvir o potencial ofendido.

Outra expressão legal da *delatio criminis* encontra-se no art. 27 do CPP, que permite a qualquer pessoa provocar a iniciativa do Ministério Público sobre crime processável por ação penal pública. Nesse caso, além da possibilidade de oferecimento direto de denúncia, com a dispensa de inquérito policial, poderá a notícia conduzir à instauração de procedimento de investigação criminal no âmbito do próprio Ministério Público, como se discute na Seção II deste Capítulo. Poderá essa delação ao Ministério Público também levar a uma requisição de instauração de inquérito policial (art. 5º, *caput*, II, primeira parte, CPP).

Uma última abordagem faz-se relevante: a admissibilidade ou não de *notícia anônima*, também designada por *notícia de crime inqualificada*, acerca da prática de infração penal.

Antes de tudo, tenha-se em conta que o art. 5º, *caput*, inciso IV, da Constituição da República veda o anonimato, ao assegurar a livre expressão do pensamento. Essa vedação associa-se principalmente às finalidades de desencorajar atos expressivos irresponsáveis e abusivos, praticados sob a proteção do anonimato, e de permitir ao afetado o manejo das ações necessárias à reparação dos prejuízos causados por eventuais excessos na expressão do pensamento.

No que tange em particular à persecução penal, a identificação do noticiante é essencial à posterior persecução penal, se for o caso, por comunicação falsa de crime ou por denunciação caluniosa.

Nessas condições, não deve ser admitida a instauração de inquérito policial como decorrência automática da notícia anônima.

É possível, sem embargo, o aproveitamento das informações contidas na notícia para a prática de atos preliminares de apuração, de modo a averiguar a procedência dos dados fornecidos. Nesse passo, caso verificada a existência de elementos mínimos, poderá o delegado de polícia, com essa base, proceder à instauração do inquérito policial. Na espécie, a atuação policial respalda-se nos elementos encontrados por meio das investigações preliminares, e não na notícia anônima, com a qual guarda apenas nexo de causalidade remoto.

Em sentido semelhante, consulte-se o julgado da Segunda Turma do STF no HC 99.490/SP (STF, 2ª Turma, HC 99.490, Rel. Min. Joaquim Barbosa, julgamento em 23.11.2010, DJ de 31.01.2011): "Segundo precedentes do Supremo Tribunal Federal, nada impede a deflagração da persecução penal pela chamada 'denúncia anônima', desde que esta seja seguida de diligências realizadas para averiguar os fatos nela noticiados (86.082, rel. min. Ellen Gracie, DJe de 22.08.2008; 90.178, rel. min. Cezar Peluso, DJe de 26.03.2010; e HC 95.244, rel. min. Dias Toffoli, DJe de 30.04.2010). No caso, tanto as interceptações telefônicas, quanto as ações penais que se pretende trancar decorreram não da alegada 'notícia anônima', mas de investigações levadas a efeito pela autoridade policial"[19].

9. INDICIAMENTO

Designa-se por *indiciamento* o ato formal, privativo do delegado de polícia (art. 2º, § 6º, Lei nº 12.830/2013), de imputação de fato em tese constitutivo de infração penal a determinada pessoa, contra quem pesem indícios de autoria ou de participação.

O indiciamento representa a eleição formal, por parte da autoridade policial investigadora, de determinada pessoa como autor ou partícipe do crime investigado. O *indiciado*, assim, é o investigado formalmente apontado pelo investigador como agente do fato objeto do inquérito policial.

Nos termos do art. 2º, § 6º, da Lei nº 12.830/2013, "o indiciamento, ato privativo do delegado de polícia, dar-se-á por ato fundamentado, mediante análise técnico-jurídica do fato, que deverá indicar a autoria, materialidade e suas circunstâncias".

Nessas condições: (i) o indiciamento é ato eminentemente policial, constituindo incumbência do delegado de polícia responsável pelo inquérito; (ii) o indiciamento, por representar nível expressivo de constrangimento à esfera individual do investigado, reclama motivação e fundamentação.

Do ponto (i) resulta que o indiciamento não pode ser requisitado pelo Ministério Público ou pelo órgão judiciário, estando a critério exclusivo do delegado de polícia responsável pelas investigações. O Ministério Público, em particular, pode até oferecer denúncia contra o investigado, independentemente de indiciamento, mas não obrigar a autoridade policial a indiciar.

Quanto ao órgão judiciário, a requisição de indiciamento seria algo ainda mais grave e intolerável, por afetar a própria imparcialidade inerente à função jurisdicional, convertendo-se o juiz em investigador. Nesse particular, confira-se o julgado da Segunda Turma do STF no HC 115.015/SP (STF, 2ª Turma, HC 115.015, Rel. Min. TEORI ZAVASCKI, julgamento em 27.08.2013, DJ de 12.09.2013): "1. Sendo o ato de indiciamento de atribuição exclusiva da autoridade policial, não existe fundamento jurídico que autorize o magistrado, após receber a denúncia, requisitar ao Delegado de Polícia o indiciamento de determinada pessoa. A rigor, requisição dessa natureza é incompatível com o sistema acusatório, que impõe a separação orgânica das funções

---

19. Essa já era a clássica lição de FREDERICO MARQUES, que assim bem dimensionava o problema: "Parece-nos (...) que nada impede a prática de atos iniciais de investigação da autoridade policial, quando delação anônima lhe chega às mãos, uma vez que a comunicação apresente informes de certa gravidade e contenha dados capazes de possibilitar diligências específicas para a descoberta de alguma infração ou seu autor. Se, no dizer de G. LEONE, não se deve incluir o escrito anônimo entre os atos processuais, não servindo ele de base à ação penal, e tampouco como fonte de conhecimento do juiz, nada impede que, em determinadas hipóteses, a autoridade policial, com prudência e discrição, dele se sirva para pesquisas prévias. Cumpre-lhe, porém, assumir a responsabilidade da abertura das investigações, como se o escrito anônimo não existisse, tudo se passando como se tivesse havido *notitia criminis* inqualificada". Cfr. MARQUES, José Frederico. *Elementos de Direito Processual Penal*. Rio de Janeiro: Forense, 1961, v. I, pp. 137-138.

concernentes à persecução penal, de modo a impedir que o juiz adote qualquer postura inerente à função investigatória. Doutrina. Lei 12.830/2013".

Sobre o ponto (ii), emanado da norma do art. 2º, § 6º, da Lei nº 12.830/2013, compreenda-se que o indiciamento, embora não constitua acusação em juízo, representa constrangimento à esfera pessoal do investigado. Assim, não se pode admitir qualquer ato de indiciamento com base em convicção íntima do delegado de polícia, exigindo-se circunstanciada motivação e fundamentação.

Mesmo antes do advento da Lei nº 12.830/2013, o STF já decidia pela nulidade do ato de indiciamento, à falta de elementos que o justificassem, a exemplo do julgado da Segunda Turma no HC 85.541/República Federal da Alemanha (STF, 2ª Turma, Rel. Min. CEZAR PELUSO, julgamento em 22.04.2008, DJ de 22.08.2008): "Indiciamento. Ato penalmente relevante. Lesividade teórica (...) Inexistência de fatos capazes de justificar o registro. Constrangimento ilegal caracterizado (...) Não havendo elementos que o justifiquem, constitui constrangimento ilegal o ato de indiciamento em inquérito policial".

No mesmo sentido, consulte-se o teor de decisão monocrática do Min. CELSO DE MELLO proferida nos autos do Inquérito nº 2.041/MG (DJ de 06.10.2003): "O indiciamento de alguém, por suposta prática delituosa, somente se justificará, se e quando houver indícios mínimos, que, apoiados em base empírica idônea, possibilitem atribuir-se, ao mero suspeito, a autoria do fato criminoso. Se é inquestionável que o ato de indiciamento não pressupõe a necessária existência de um juízo de certeza quanto à autoria do fato delituoso, não é menos exato que esse ato formal, de competência exclusiva da autoridade policial, há de resultar, para legitimar-se, de um mínimo probatório que torne possível reconhecer que determinada pessoa teria praticado o ilícito penal. O indiciamento não pode, nem deve, constituir um ato de arbítrio do Estado, especialmente se se considerarem as graves implicações morais e jurídicas que derivam da formal adoção, no âmbito da investigação penal, dessa medida de Polícia Judiciária, qualquer que seja a condição social ou funcional do suspeito".

Deve-se apenas individualizar, neste contexto, o chamado *indiciamento coercitivo*, decorrente de prisão em flagrante. Aqui, de igual modo, tem-se motivação e fundamentação idôneas, mas automaticamente oriundas do próprio estado de flagrância. Assim, não se exige do delegado de polícia, na hipótese, ato autônomo de indiciamento, já presente como inerência da própria autuação em flagrante e dos motivos que a determinaram.

O indiciamento pode ser *direto* ou *indireto*. Tem-se *indiciamento direto* quando o delegado de polícia o efetue na presença do investigado, ao tomar-lhe o depoimento. Por seu turno, o *indiciamento indireto* é aplicável quando, chamado pela autoridade para prestar depoimento, o investigado não compareça. Nesta hipótese, por óbvio, não é a simples ausência do investigado que levará automaticamente ao indiciamento, ato que reclama decisão fundamentada do delegado de polícia.

Quanto aos *efeitos do indiciamento*, tem-se o constrangimento à esfera individual do investigado, refletida também em uma série de restrições decorrentes de constar dos sistemas internos da polícia judiciária o registro do ato. Por exemplo, o art. 4º, I, da Lei nº 10.826/2003 estabelece, como requisito para a aquisição de arma de fogo, a apresentação de certidão "de não estar [o interessado] respondendo a inquérito policial..."

É bem verdade que o art. 20, parágrafo único, do CPP, com redação determinada pela Lei nº 12.681/2012, dispõe que a autoridade policial, nos atestados de antecedentes que lhe forem solicitados, "não poderá mencionar quaisquer anotações referentes a instauração de inquérito contra os requerentes". Potencializam-se, de toda sorte, atos de restrição, invocando-se a norma do art. 4º da Lei nº 10.826/2003 sob a base da constatação de indiciamento do interessado em adquirir arma de fogo.

A par disso, tem-se inequívoco constrangimento moral, sobretudo com a publicização do ato, pois a compreensão comum não faz distinção entre a figura do indiciado e a do acusado. Essa é a "lesividade teórica" a que se refere a 2ª Turma do STF no acórdão do HC 85.541.

O art. 17-D acrescentado à Lei nº 9.613/1998 pela Lei nº 12.683/2012 procurou instituir este efeito do ato de indiciamento do servidor público por crime de *lavagem* de ativos ilícitos: "Em caso de indiciamento de servidor público, este será afastado, sem prejuízo de remuneração e demais direitos previstos em lei, até que o juiz competente autorize, em decisão fundamentada, o seu retorno".

Essa norma, contudo, é manifestamente inconstitucional, a nosso juízo, por permitir o afastamento de servidor público sob a base do mero indiciamento, sem qualquer decisão judicial – controle prévio, e não apenas posterior, como previsto na norma questionada.

Afrontam-se, no particular, as garantias do contraditório e da ampla defesa, além da reserva de jurisdição. Pende de julgamento pelo Plenário do STF, a propósito, a ADI 4.911/DF, que tem por objetivo a declaração da inconstitucionalidade do art. 17-D da Lei nº 9.613/1998.

De resto, o afastamento cautelar de servidor público do exercício de sua função pode ser determinado por decisão do órgão jurisdicional competente, com fundamento no art. 319, III, do CPP: medida cautelar pessoal de suspensão temporária de função pública.

Em todo caso, voltando ao ponto, são os efeitos jurídicos e morais à esfera pessoal do investigado que exigem a devida motivação do ato de indiciamento pelo delegado de polícia.

Por outro lado, há situações particulares em que, conquanto privativo do delegado de polícia, o indiciamento depende de prévia autorização do tribunal competente para o processo e julgamento da ação penal. Cuida-se, como desde logo percebido, das hipóteses de foro especial por prerrogativa de função. Esse tema está detalhado na seção sobre o procedimento das ações penais originárias, no Capítulo XVII deste Curso, reservado aos procedimentos penais.

Nesse âmbito, cumpre fixar aqui que a autorização de indiciamento exigida (assim como a de abertura, além da supervisão) é a do *relator*, não havendo, a esse respeito, reserva de colegiado. Basta, assim, que o relator autorize o indiciamento, para que o delegado de polícia possa efetuá-lo. A jurisprudência do Supremo Tribunal Federal e a do Superior Tribunal de Justiça inclinam-se nesse sentido, conforme analisado no Capítulo XVII.

Por último, anote-se que o indiciamento não é cabível no âmbito das infrações penais de menor potencial ofensivo, caso em que a autoridade policial deverá simplesmente lavrar o termo circunstanciado e remetê-lo ao juizado especial criminal competente (art. 69, Lei nº 9.099/1995).

10. RELATÓRIO

Consiste o *relatório* no ato de conclusão do inquérito pela autoridade policial, com a descrição das etapas e do resultado das investigações. Segundo Tornaghi: "Relatório é a exposição escrita e abreviada dos resultados do inquérito. Não é nem a mera denunciação feita ao juiz por força do ofício, e nisto difere da *denunciatio* medieval e do *rapporto* italiano (Cód. Proc. Penal italiano, arts. 2º e 3º), nem a apreciação valorativa da autoridade policial. O relatório não deve conter opiniões nem julgamentos, embora possa exprimir impressões deixadas pelas pessoas que intervieram no inquérito: indiciado, testemunhas etc."[20].

Nos termos do art. 10, § 1º, do CPP, "a autoridade fará minucioso relatório do que tiver sido apurado e enviará os autos ao juiz competente".

No relatório, poderá a autoridade policial lançar eventuais sugestões, a partir do indiciamento que houver efetuado. Nenhuma dessas apreciações, por óbvio, vincula o titular da ação penal, servindo o relatório mais em sua funcionalidade descritiva e informativa.

O art. 10, § 2º, do CPP, por seu turno, prescreve que "no relatório poderá a autoridade indicar testemunhas que não tiverem sido inquiridas, mencionando o lugar onde possam ser encontradas". A aplicação dessa norma somente se justifica na hipótese de indiciado preso, em que a autoridade policial terá que exarar o relatório, encerrando o procedimento, sob pena de constrangimento ilegal à liberdade do investigado. Do contrário, estando o investigado solto, deverá a autoridade policial, em vez de emitir o relatório, pugnar pela concessão de mais prazo, para que possa inquirir as testemunhas faltantes.

Com a emissão do relatório, deverão os respectivos autos ser remetidos ao órgão judiciário competente, aplicando-se, nessa hipótese, o disposto no art. 23 do CPP: "Ao fazer a remessa dos autos do inquérito ao juiz competente, a autoridade policial oficiará ao Instituto de Identificação e Estatística, ou repartição congênere, mencionando o juízo a que tiverem sido distribuídos, e os dados relativos à pessoa do indiciado". Essas informações destinam-se ao registro do histórico do sujeito no âmbito criminal, não

---

20. Tornaghi, Hélio Bastos. *Instituições de Processo Penal*. São Paulo: Saraiva, 1977, p. 281. No mesmo sentido, Tourinho Filho: "Esse relatório não encerra, não deve nem pode encerrar qualquer juízo de valor. Não deve, pois, a Autoridade Policial, no relatório, fazer apreciações sobre a culpabilidade ou antijuridicidade. Deverá limitar-se a historiar o que apurou nas investigações". Cfr. Tourinho Filho, Fernando da Costa. *Processo Penal*. São Paulo: Saraiva, 2013, v. 1, p. 326.

podendo, porém, a mera instauração de inquérito ser usada como elemento restritivo, nem ser objeto de compartilhamento indevido.

Mesmo concluído o inquérito pela emissão de relatório, poderá o Ministério Público promover a devolução dos autos, para novas diligências imprescindíveis ao oferecimento da denúncia, nos termos do art. 16 do CPP. Nessa hipótese, deverá o órgão do Ministério Público indicar qual a diligência a ser realizada, pois, da parte do delegado de polícia, nada mais haveria a fazer.

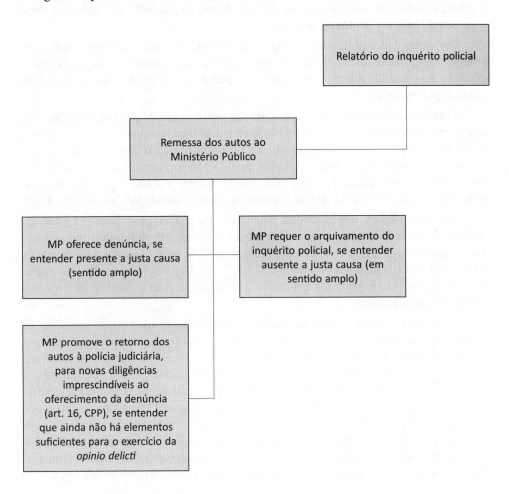

11. PRAZOS PARA O ENCERRAMENTO DO INQUÉRITO POLICIAL

O inquérito policial sujeita-se a prazos de conclusão legalmente fixados, não podendo a autoridade, portanto, conduzir as investigações por tempo indeterminado, sem controle externo a esse respeito. Segundo a necessidade das investigações, porém, o prazo de conclusão pode ser prorrogado sempre que necessário, desde que levantadas medidas cautelares de constrição pessoal, especialmente as prisionais, que incidam sobre o indiciado[21].

A prorrogação, tradicionalmente, dava-se *sempre* por decisão judicial. Aplicava--se, assim, a tramitação dos autos da polícia para o órgão judiciário, que, por sua vez, concedia vista ao órgão do Ministério Público, antes de decidir sobre a prorrogação.

Esse sistema só faz sentido, no entanto, caso esteja o acusado preso ou sujeito a outra medida cautelar de caráter pessoal, hipótese em que a prorrogação fica reservada à apreciação do juízo ou tribunal competente, diante de sua influência sobre o tempo da medida restritiva de direito individual.

Por outro lado, será sempre exigida a remessa dos autos ao órgão judiciário competente quando suscitada questão que só possa ser resolvida pelo juiz, como a extinção da punibilidade do investigado e o pedido de arquivamento do inquérito policial, por exemplo.

Fora dessas hipóteses, porém, para simples prorrogação do prazo do inquérito em que o investigado esteja solto, não se há de reclamar intervenção do juiz. O inquérito policial constitui peça informativa destinada a subsidiar o titular da ação penal. Inexiste interesse da Justiça, nesse contexto, senão quando haja a potencial afetação a direitos individuais do investigado. Por outro lado, ao Ministério Público é que cabe, nos termos do art. 129, inciso VIII, da Constituição, o controle externo da atividade policial.

Nessas condições, não havendo a potencialidade de afetação a direitos e garantias individuais que exija controle judicial, o inquérito policial deve tramitar diretamente entre a polícia judiciária e o Ministério Público, a quem cabe conceder a prorrogação, no exercício da atribuição objeto do art. 129, VIII, da Constituição, e enquanto titular da ação penal. Este é o regime que melhor se coaduna com o modelo de processo penal de tipo acusatório.

Em boa hora, nesse contexto, foi editada a Resolução nº 63/2009, do Conselho da Justiça Federal, *regulamentando* a tramitação direta dos autos do inquérito policial entre a polícia federal e o Ministério Público Federal, com a ressalva da remessa ao órgão judiciário competente apenas em determinadas hipóteses, que refletem justamente a já referida potencialidade de afetação a direitos individuais ou, de outro modo, a reserva de jurisdição quanto à apreciação de algum pleito ou incidente. Com efeito, assim dispõe o art. 1º da resolução: "Os autos de inquérito policial somente serão admitidos para registro, inserção no sistema processual informatizado e distribuição às Varas Federais com competência criminal quando houver: a) comunicação de prisão em flagrante efetuada ou qualquer outra forma de constrangimento aos direitos fundamentais previstos

---

21. Como elucida Hélio Tornaghi: "O prazo de 10 dias – para o encerramento do inquérito policial quando o indiciado esteja preso – foi fixado em homenagem à liberdade individual. O fato pode ser de difícil elucidação e exigir mais tempo para o inquérito. O remédio será libertar o indiciado e aproveitar o prazo maior, de 30 dias, ainda com a faculdade de pedir a devolução por novo prazo (§ 3º deste artigo). Excedido o prazo de 10 dias, a prisão se torna ilegal e enseja *habeas corpus* (...). O motivo de força maior pode determinar a interrupção ou a suspensão do prazo para a remessa dos autos a juízo (art. 798, § 4º), mas não justifica o prolongamento da prisão". Cfr. Tornaghi, Hélio Bastos. *Instituições de Processo Penal*. São Paulo: Saraiva, 1977, p. 280.

na Constituição da República; b) representação ou requerimento da autoridade policial ou do Ministério Público Federal para a decretação de prisões de natureza cautelar; c) requerimento da autoridade policial ou do Ministério Público Federal de medidas constritivas ou de natureza acautelatória; d) oferta de denúncia pelo Ministério Público Federal ou apresentação de queixa crime pelo ofendido ou seu representante legal; e) pedido de arquivamento deduzido pelo Ministério Público Federal; f) requerimento de extinção da punibilidade com fulcro em qualquer das hipóteses previstas no art. 107 do Código Penal ou na legislação penal extravagante".

Assevere-se que a resolução apenas regulamenta algo inerente ao *sistema acusatório*, não se tratando de inovação processual, que estaria reservada à lei.

Fixados esses parâmetros, passa-se na sequência ao exame dos prazos legais para o encerramento do inquérito policial.

Como regra, na hipótese de *investigado solto*, aplica-se o prazo de 30 (trinta) dias; na de *investigado preso*, o de 10 (dez) dias, tudo de acordo com a norma do art. 10, *caput*, do CPP: "O inquérito deverá terminar no prazo de 10 (dez) dias, se o indiciado tiver sido preso em flagrante, ou estiver preso preventivamente, contado o prazo, nesta hipótese, a partir do dia em que se executar a ordem de prisão, ou no prazo de 30 (trinta) dias, quando estiver solto, mediante fiança ou sem ela".

Na hipótese de fato de difícil elucidação, é admitida a prorrogação, se o investigado estiver solto, nos termos do art. 10, § 3º, do CPP: "Quando o fato for de difícil elucidação, e o indiciado estiver solto, a autoridade policial poderá requerer ao juiz a devolução dos autos, para ulteriores diligências, que serão realizadas no prazo marcado pelo juiz".

Como já destacado, esse dispositivo deve ser lido à luz do sistema acusatório e do regime instituído pela Constituição de 1988. Assim, estando o investigado solto, tem-se a tramitação direta do inquérito entre a autoridade policial e o órgão do Ministério Público, a quem cabe conceder a prorrogação. A intervenção do juiz dá-se apenas quando haja pleito ou incidente reservado à sua apreciação[22].

Estando o investigado preso, a prorrogação pode até acontecer, mas a medida prisional, no caso, deverá ser imediatamente relaxada, sob pena de excesso de prazo.

---

22. Contra essa orientação, entendendo que persiste a tramitação perante o juiz em todo caso, como estabelece a literalidade do Código de Processo Penal, Guilherme Nucci pontua o seguinte, amparando-se em julgado do Tribunal Regional Federal da 4ª Região: "O art. 10, § 3º, do CPP é claro no sentido de se exigir o deferimento do magistrado para a devolução dos autos do inquérito, com o objetivo de continuidade das diligências pela polícia judiciária. Entretanto, o Conselho da Justiça Federal aprovou resolução, em 24 de junho de 2009, determinando o trâmite direto entre o Ministério Público Federal e a Polícia Federal, quando houver pedido para a prorrogação de prazo para a conclusão do inquérito. A meta é a agilização dos trabalhos, uma vez que a participação do juiz, na maioria das vezes, é pro forma, sem qualquer relevo prático. O ideal, entretanto, seria a modificação do disposto no Código de Processo Penal, uma vez que resoluções não são mecanismos hábeis para alterar a legislação". Cfr. Nucci, Guilherme de Souza. *Código de Processo Penal Comentado*. São Paulo: Revista dos Tribunais, 2012, pp. 109-110. Como expusemos no texto principal, parece-nos que a disciplina legal não se compactua com o sistema acusatório, consagrado pela Constituição de 1988. Destra sorte, pensamos que a resolução aludida apenas regulamenta o sistema, afastando o juiz do simples controle formal do tempo de investigação, algo incompatível com o perfil da função jurisdicional em um modelo processual de tipo acusatório.

No âmbito da Justiça Comum Federal de primeira instância, tem-se prazo específico para o encerramento do inquérito policial, *na hipótese de investigado preso*: 15 (quinze) dias, prorrogáveis por igual período, conforme fixa o art. 66, *caput*, da Lei nº 5.010/1966: "O prazo para conclusão do inquérito policial será de quinze dias, quando o indiciado estiver preso, podendo ser prorrogado por mais quinze dias, a pedido, devidamente fundamentado, da autoridade policial e deferido pelo Juiz a que competir o conhecimento do processo". Na espécie, diante da previsão legal, não há excesso de prazo na prorrogação, por uma vez.

Tratando-se de investigado solto, aplica-se ao âmbito da Justiça Comum Federal o mesmo prazo de 30 (trinta) dias, objeto do art. 10, *caput*, do CPP, à falta de norma específica quanto a esse ponto.

No domínio dos crimes de drogas, o art. 51 da Lei nº 11.343/2006 contempla os seguintes prazos para a conclusão do inquérito policial: (i) 30 (trinta) dias, se o indiciado estiver preso; (ii) 90 (noventa) dias, se estiver solto.

Na Lei nº 1.521/1951, que define os crimes contra a economia popular, há também regime especial quanto ao prazo de encerramento do inquérito (art. 10): 10 (dez) dias, em qualquer caso, esteja o investigado preso ou solto.

Já no âmbito do inquérito policial militar, o art. 20, *caput* e § 1º, do Código de Processo Penal Militar, fixa os seguintes prazos de conclusão: (i) 20 (vinte) dias, se o indiciado estiver preso; (ii) 40 (quarenta) dias, prorrogáveis por mais 20 (vinte) dias, se estiver solto.

Especial atenção merece o tema da contagem do prazo do inquérito policial, quando incidente a prisão temporária. Alguns doutrinadores, como EUGÊNIO PACELLI, sustentam que o prazo para o encerramento do inquérito policial só terá início a partir da decretação da prisão preventiva, se for o caso, não incluindo o prazo da prisão temporária[23].

Não podemos concordar com essa orientação. A prisão temporária destina-se a garantir a eficácia das investigações. Assim, enquanto durar a prisão, a autoridade policial deverá conduzir as atividades investigativas, livre da potencial influêneia perniciosa do indiciado. O prazo fixado para a temporária constitui um período legalmente fixado de privação de liberdade, independentemente do lapso de que dispõe a autoridade policial para a conclusão de sua atividade investigativa.

Não há sentido, assim, em que o prazo para investigar fique suspenso por um período em que a autoridade policial está investigando, para fluir apenas após o transcurso do prazo da prisão temporária. De outro lado, a suspensão de prazo legal (no caso, para a conclusão do inquérito) depende de previsão expressa, não podendo ser

---

23. PACELLI, Eugênio. *Curso de Processo Penal*. São Paulo: Atlas, 2013, p. 548: "...o prazo para o encerramento do inquérito, de dez dias estando preso o acusado (e de 15 dias, prorrogáveis, na Justiça Federal), somente teria início a partir da decretação da preventiva, não incluindo, portanto, o prazo da prisão temporária. Se não fosse assim, uma vez decretada a prisão temporária e encerrado o seu prazo de cinco dias, acrescidos da prorrogação, teria início da contagem daquele (prazo) para o oferecimento da denúncia. Ora, por semelhante raciocínio, o tratamento então destinado a crimes mais graves seria idêntico à generalidade dos delitos (art. 10 c/c art. 46, ambos do CPP)".

simplesmente deduzida a partir da fixação de outro prazo voltado com exclusividade para a privação de liberdade, sem relação com a disciplina temporal da própria atividade de investigação.

Seja como for, pelo tempo legal da prisão temporária, a autoridade policial poderá solicitar a prorrogação do prazo do inquérito, sem que por isso a privação de liberdade se torne ilegal, por excesso de tempo. Por exemplo, em caso de investigação de crime hediondo, decreta-se a prisão temporária pelo prazo de 30 (trinta) dias. A autoridade policial dispõe de 10 (dez) dias para concluir o inquérito, mas poderá representar pela prorrogação, dentro do tempo legal da prisão, que se destina precisamente a garantir a eficácia investigativa.

Só nos parece inaceitável é que o prazo para o inquérito apenas vá correr depois de concluído o prazo da prisão temporária.

Em qualquer forma de prazo aplicável na hipótese de indiciado preso, a respectiva contagem opera-se de acordo com a regra do art. 10 do Código Penal, com a inclusão, portanto, do dia do começo. Efetivamente, diante da privação da liberdade – com reflexos materiais, portanto – tem-se, na espécie, *prazo penal*.

Por último, assevere-se que, apesar da existência de toda a regulamentação normativa acima analisada, a questão do prazo de encerramento do inquérito policial só assume relevância real se o investigado estiver preso. Do contrário, a própria complexidade e o número dos procedimentos policiais de investigação nos dias atuais reclamam o desenvolvimento das investigações por maior tempo, sendo comuns as sucessivas prorrogações de prazo.

O importante a assimilar, nesse contexto, é a inadmissibilidade da perduração indeterminada de medidas cautelares, quer as pessoais, quer as patrimoniais, sem que o encerramento do inquérito policial e o efetivo ajuizamento de ação penal.

Ainda sobre a temática do prazo de conclusão do inquérito policial, refira-se o art. 19-A, *caput*, acrescentado à Lei nº 9.868/1999 pela Lei nº 12.483/2012, que fixa a prioridade de tramitação do inquérito que envolva pessoa sob proteção especial: "Terão prioridade na tramitação o inquérito e o processo criminal em que figure indiciado, acusado, vítima ou réu colaboradores, vítima ou testemunha protegidas pelos programas de que trata esta Lei".

12. ARQUIVAMENTO DO INQUÉRITO POLICIAL

12.1. Aspectos gerais: promoção privativa do Ministério Público e decisão judicial

No âmbito dos crimes processáveis por ação penal pública, o arquivamento do inquérito policial apenas pode se efetivar por decisão judicial, a requerimento do Ministério Público. Como titular da ação penal, cabe ao Ministério Público resolver sobre o arquivamento do inquérito policial ou das peças de informação que poderiam servir de base para o oferecimento de denúncia.

Se fosse permitido o arquivamento a critério de órgão estranho ao Ministério Público, resultaria afetado o próprio exercício da acusação, que normalmente se lastreia nos elementos informativos propiciados pelo procedimento investigativo. Em última análise, estaria afetado o princípio da obrigatoriedade da ação penal de iniciativa pública, pelo qual está o Ministério Público obrigado a agir, se presentes as condições para tanto.

Diz-se, nesse sentido, que cabe ao Ministério Público promover o arquivamento, sempre que identificar a impossibilidade jurídica ou a insuficiência informativa para o exercício da ação penal, dirigindo-se essa iniciativa ao órgão judiciário, para fins de homologação ou de decisão de mérito.

Significa isso dizer que: (i) não é permitido à autoridade policial mandar arquivar autos de inquérito policial, como, a propósito, fixa claramente o art. 17 do CPP; (ii) não é permitido ao órgão judiciário, *de ofício*, determinar o arquivamento de inquérito policial; (iii) não se admite o denominado "arquivamento implícito" do inquérito policial, conforme detalhado em tópico próprio.

No sentido da impossibilidade de arquivamento determinado de ofício pelo juiz, confira-se o julgado do Plenário do STF no Inquérito nº 2.913/MT, em sede de agravo regimental interposto contra decisão monocrática do Min. DIAS TOFFOLI (STF, Tribunal Pleno, INQ 2.913, Rel. p/ acórdão Min. LUIZ FUX, julgamento em 01.03.2012, DJ de 21.06.2012): "O sistema processual penal acusatório, mormente na fase pré-processual, reclama deva ser o juiz apenas um 'magistrado de garantias', mercê da inércia que se exige do Judiciário enquanto ainda não formada a opinio delicti do Ministério Público (...) Deveras, mesmo nos inquéritos relativos a autoridades com foro por prerrogativa de função, é do Ministério Público o mister de conduzir o procedimento preliminar, de modo a formar adequadamente o seu convencimento a respeito da autoria e materialidade do delito, atuando o Judiciário apenas quando provocado e limitando-se a coibir ilegalidades manifestas. In casu: (i) inquérito destinado a apurar a conduta de parlamentar, supostamente delituosa, foi arquivado de ofício pelo i. Relator, sem prévia audiência do Ministério Público (...) O trancamento do inquérito policial deve ser reservado apenas para situações excepcionalíssimas, nas quais não seja possível, sequer em tese, vislumbrar a ocorrência de delito a partir dos fatos investigados. Agravo Regimental conhecido e provido".

Por outro lado, não pode o órgão do Ministério Público, de maneira autônoma, efetivar o arquivamento do procedimento de investigação. A iniciativa de promoção, assim, deverá ser apresentada ao órgão judiciário competente, para fins de controle do respeito ao princípio da obrigatoriedade da ação penal. Esse aspecto será examinado em detalhes no tópico reservado ao procedimento aplicável ao arquivamento, objeto do art. 28 do CPP e de normas correlatas na legislação especial.

12.2. Hipóteses de arquivamento

Inicialmente, cumpre abordar as hipóteses permissivas do arquivamento do inquérito policial (ou de outro procedimento de investigação).

Não há previsão legal de causas de arquivamento, de modo a orientar a formação da *opinio delicti* pelo Ministério Público. Nessas condições, tomam-se *como referências*, para tanto: (i) as hipóteses de rejeição liminar da denúncia, objeto do art. 395, incisos II e III, do CPP; (ii) as hipóteses de absolvição sumária, objeto do art. 397 do CPP.

Com efeito, se incidente causa de rejeição imediata da peça acusatória (art. 395, CPP), o Ministério Público deverá promover o arquivamento sob esse fundamento, em vez de oferecer a denúncia. Do mesmo modo, se presente causa de absolvição antecipada do acusado (art. 397, CPP), independentemente de qualquer necessidade probatória, há ensejo para o arquivamento, em lugar do exercício da ação penal.

Por óbvio, o ideal era que a lei especificamente previsse as hipóteses de arquivamento. A falta de disciplina a esse respeito, por sinal, é causa de restrições, relutâncias e cautelas na prática corrente, preferindo o órgão do Ministério Público, em determinadas situações, oferecer a denúncia ainda quando presente hipótese clara de arquivamento.

No contexto em foco, interessa referir o Regimento Interno do Supremo Tribunal Federal, que bem sistematiza, de maneira discriminada, as hipóteses de arquivamento do procedimento de investigação, em correspondência, aliás, com as causas de rejeição liminar e de absolvição sumária.

Nessa trilha, fixa o art. 21, inciso XV, do RISTF, como atribuição do relator, a de "determinar a instauração de inquérito a pedido do Procurador-Geral da República, da autoridade policial ou do ofendido, bem como o seu arquivamento, quando o requerer o Procurador-Geral da República, ou quando verificar: a) a existência manifesta de causa excludente da ilicitude do fato; b) a existência manifesta de causa excludente da culpabilidade do agente; c) que o fato narrado evidentemente não constitui crime; d) extinta a punibilidade do agente; ou e) ausência de indícios mínimos de autoria ou de materialidade".

À luz desses parâmetros, indicamos assim as hipóteses normativas de arquivamento: (i) falta de pressuposto processual; (ii) falta de condição para o exercício da ação penal, inclusive a justa causa em sentido estrito, contra o investigado; (iii) existência manifesta de causa de exclusão da ilicitude da conduta imputada ao investigado; (iv) existência manifesta de causa de exclusão da culpabilidade do investigado, ressalvada a inimputabilidade; (v) atipicidade penal em tese do fato objeto do procedimento de investigação; (vi) extinção da punibilidade do investigado.

Os (i) *pressupostos processuais* compreendem os *pressupostos de existência* e os *pressupostos de validade*. Na fase pré-processual interessam estes últimos: para evitar a instauração de um processo nulo, por falta de pressuposto de validade, o Ministério Público deixa de oferecer a denúncia, requerendo o arquivamento.

São exemplos de pressupostos de validade: ausência de litispendência ou de coisa julgada. Assim, verificando o órgão do Ministério Público a preexistência de outro processo (litispendência), ou sentença penal transitada em julgado (coisa julgada), versando sobre o mesmo objeto, postulará o arquivamento do inquérito policial.

A (ii) *ausência de condição para o exercício da ação penal* pode se configurar, por exemplo, pela falta de representação do ofendido no âmbito da ação penal pública condicionada. A representação, com efeito, é condição para o exercício da ação penal pública (condição de procedibilidade) em determinadas situações fixadas pela lei.

Já o exemplo da *falta de justa causa em sentido estrito*, enquanto condição da ação penal (art. 395, III, CPP), é o mais comum de arquivamento: ausência de subsídios probatórios mínimos para o oferecimento da denúncia, compreensivos da materialidade (comprovação da existência do fato em tese constitutivo de crime) e de indícios de autoria ou de participação do investigado. Para uma compreensão mais detalhada acerca da justa causa e das demais condições da ação penal, remete-se o leitor à seção própria do Capítulo VI deste Curso, reservado à ação penal.

Quanto à (iii) *existência manifesta de causa de exclusão da ilicitude* (*causa de justificação*), compreendem-se aí: (a) as *causas gerais de justificação*, quais sejam, a legítima defesa, o estado de necessidade, o estrito cumprimento do dever legal e o exercício regular de direito; (b) as *causas especiais de justificação*, como, por exemplo, a intervenção médica não consentida e justificada por iminente perigo de vida, como excludente da ilicitude da conduta de constrangimento ilegal (art. 146, § 3º, CP).

Entenda-se que a existência da causa, nesse momento de exercício da *opinio delicti* pelo titular da ação penal, há de ser manifesta e inequívoca, reclamando, portanto, juízo de certeza, sem margem para qualquer dúvida.

As (iv) *causas de exclusão da culpabilidade*, ou *causas exculpantes*, são as seguintes: obediência hierárquica, coação moral irresistível, erro de proibição inevitável e inexigibilidade de conduta diversa. Excluem-se as hipóteses de inimputabilidade (art. 26, CP) que ensejem a aplicação de medida de segurança, algo somente possível após o devido processo legal, com a final prolação de sentença absolutória imprópria, nos termos do art. 386, parágrafo único, III, do CPP.

Incluem-se de igual modo as *causas especiais de exclusão da culpabilidade*, como aquelas contempladas no art. 181 do Código Penal (prática de crime contra o patrimônio de cônjuge, de ascendente ou de descendente).

Da mesma forma que sucede com as causas de exclusão da ilicitude, a existência da causa exculpante, nesse momento de exercício da *opinio delicti* pelo titular da ação penal, há de ser manifesta e inequívoca, reclamando, portanto, juízo de certeza, sem margem para qualquer dúvida.

Em seguida, tem-se a (v) *atipicidade penal em tese do fato objeto de investigação*, correspondente à causa de absolvição sumária prevista no art. 397, III, do CPP. Trata-se da falta de correspondência entre a hipótese de fato investigada e qualquer tipo penal incriminador.

Por fim, refira-se a hipótese (vi) de *extinção da punibilidade*, configurada pela presença concreta de qualquer das causas do art. 107 do Código Penal, a exemplo da morte do agente, da *abolitio criminis*, da prescrição da pretensão punitiva e da decadência do direito de representação, dentre outras. Há também causas especiais de extinção da punibilidade, como o cumprimento das condições fixadas em acordo de transação penal judicialmente homologado.

12.3. Procedimento

12.3.1. *Justiça Comum Estadual de primeira instância e Ministério Público Estadual*

Nos termos do art. 28 do CPP: "Se o órgão do Ministério Público, ao invés de apresentar a denúncia, requerer o arquivamento do inquérito policial ou de quaisquer peças de informação, o juiz, no caso de considerar improcedentes as razões invocadas, fará remessa do inquérito ou peças de informação ao procurador-geral, e este oferecerá a denúncia, designará outro órgão do Ministério Público para oferecê-la, ou insistirá no pedido de arquivamento, ao qual só então estará o juiz obrigado a atender".

Esse dispositivo estabelece: (i) a *função judicial de controle*, junto ao Ministério Público, do respeito ao princípio da obrigatoriedade da ação penal de iniciativa pública; (ii) o *princípio da devolução*, pelo qual, no exercício dessa função de controle, o órgão judiciário competente devolve a formação da *opinio delicti* à chefia do Ministério Público, para que resolva sobre o exercício da ação penal.

Sobre o ponto (**i**), entende-se, apesar das críticas de parte da doutrina, que a iniciativa judicial de identificar elementos para a ação penal mesmo diante da promoção de arquivamento manifestada pelo Ministério Público não afeta a imparcialidade do órgão judiciário.

A nosso juízo, alinhando-nos à corrente crítica, o sistema acusatório moderno é incompatível com o controle jurisdicional sobre o próprio exercício de acusação pelo Ministério Público. Para preservar o controle, basta que se estabeleça, no próprio âmbito interno do Ministério Público, um sistema de dupla apreciação, de modo que a observância do princípio da obrigatoriedade da ação penal pública não fique a inteiro critério do órgão ministerial oficiante em primeira instância.

Não se deveria conferir ao órgão judiciário qualquer interferência dessa ordem. No entanto, pelo regime e pela posição jurisprudencial vigentes, remanesce aplicável o procedimento do art. 28 do CPP, reservando-se ao juiz a função de controle do exercício da acusação pelo Ministério Público, ainda que a este caiba a última palavra.

Quanto ao ponto (**ii**), no âmbito da Justiça Comum estadual, a devolução se dá ao Procurador-Geral de Justiça, de acordo com o art. 28 do CPP.

Assim, tem-se a seguinte situação, em caso de pedido de arquivamento formulado por Promotor de Justiça: (a) se o juiz concordar com as razões invocadas como base para o pedido, deverá determinar o arquivamento, por ato decisório; (b) se o juiz não concordar com as razões invocadas como base para o pedido, deverá devolver a apreciação do assunto ao Procurador-Geral de Justiça, chefe do Ministério Público Estadual.

Recebendo os autos, dispõe o Procurador-Geral de Justiça das seguintes opções: (b.i) caso concorde com a posição do órgão judiciário: oferecer denúncia ou designar outro órgão do Ministério Público para oferecê-la; (b.ii) caso concorde com a posição do Promotor de Justiça: insistir no pedido de arquivamento.

Importa asseverar que a manifestação do Procurador-Geral de Justiça é comumente reservada a órgãos delegados, inclusive no que diz respeito à apreciação acerca do exercício de uma das opções acima indicadas.

Na hipótese descrita em (b.i), o Procurador-Geral poderá ele próprio oferecer a denúncia, o que é bastante incomum, ou designar outro Promotor de Justiça para oferecê-la. Segundo a posição dominante, o promotor designado age por delegação do Procurador-Geral, na condição, portanto, de *longa manus*, não podendo se recusar ao oferecimento da denúncia sob a alegação de independência funcional[24].

Por outro lado, o Supremo Tribunal Federal já decidiu que a designação de Promotor de Justiça para o oferecimento da denúncia, por se dar nos termos de hipótese legal, não ofende o princípio do promotor natural. Nessa esteira, consulte-se: STF, 1ª Turma, HC 92.885/CE, Rel. Min. CÁRMEN LÚCIA, julgamento em 29.04.2008, DJ de 20.06.2008[25].

No mesmo âmbito em foco, a jurisprudência do Superior Tribunal de Justiça tem posição firmada no sentido de que a aplicação do art. 28 do CPP não gera impedimento nem suspeição do juiz para atuar na ação penal que vier a ser ajuizada a partir da manifestação da chefia do Ministério Público. Nessa linha, consulte-se: STJ, 5ª Turma, HC 58.502/PR, Rel. Min. LAURITA VAZ, julgamento em 12.08.2008, DJ de 08.09.2008[26].

Por seu turno, na hipótese descrita em (b.ii), o juiz estará, então, nos termos do art. 28 do CPP, obrigado a atender ao pedido de arquivamento. Parece-nos, contudo, que esse dever judicial de atender à manifestação final da chefia do Ministério Público restringe-se ao arquivamento fundado em causa de admissibilidade formal, não alcançando as hipóteses de mérito, pois o juiz não pode ser obrigado a proferir decisão com eficácia de coisa julgada material. Esse ponto será objeto de análise mais detalhada no tópico 12.4, *infra*, reservado à decisão judicial de arquivamento.

---

24. Assim, por todos, EUGÊNIO PACELLI: "...o órgão designado age por delegação (*longa manus*) do Procurador-Geral, razão pela qual não pode manifestar seu convencimento pessoal sobre a matéria, no que respeita, especificamente, ao âmbito estrito da delegação. E exatamente por isso os limites da delegação devem ser fixados expressamente na manifestação do órgão de revisão. Quanto ao mais, o membro designado atuará com inteira liberdade, mesmo em relação a fatos até então não apreciados". Cfr. PACELLI, Eugênio. *Curso de Processo Penal*. São Paulo: Atlas, 2013, p. 71.

25. "Nenhuma afronta ao princípio do promotor natural há no pedido de arquivamento dos autos do inquérito policial por um promotor de justice e na oferta da denúncia por outro, indicado pelo Procurador-Geral de Justiça, após o Juízo local ter considerado improcedente o pedido de arquivamento".

26. "Ao devolver os autos ao Parquet para reavaliação da opinio delicti não está o Juiz impedido de atuar no processo-crime que venha a ser instaurado, porque age como fiscal do princípio da obrigatoriedade da ação penal, sem malferir sua imparcialidade de julgador. Inteligência do art. 28 do Código de Processo Penal".

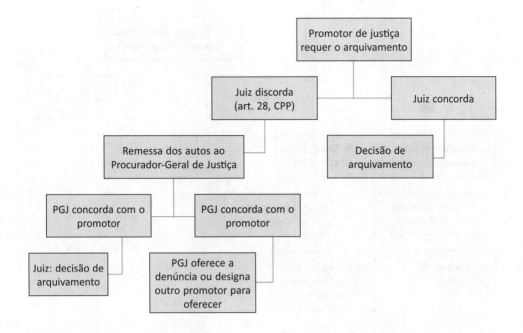

12.3.2. Justiça Comum Federal de primeira instância e Ministério Público Federal

Importa considerar, na sequência, o procedimento do arquivamento em esferas diversas da Justiça Comum estadual. Efetivamente, como visto, o art. 28 do CPP apenas se aplica ao âmbito da Justiça Comum estadual e, portanto, ao do Ministério Público estadual. A lógica de devolução à chefia do Ministério Público, porém, permanece inalterada, modificando-se apenas os órgãos incumbidos do exercício da manifestação da chefia, por força de disposições legais específicas.

No domínio da *Justiça Comum Federal* e do *Ministério Público Federal*, aplica-se o disposto no art. 62, inciso IV, da Lei Complementar nº 75/1993. Reserva-se, assim, *a uma das câmaras de coordenação e revisão criminal do Ministério Público Federal*, como órgão colegiado delegado do Procurador-Geral da República, a apreciação dos pedidos de arquivamento devolvidos pelo órgão judiciário competente. Em concreto, a análise do pleito está reservada à 2ª Câmara de Coordenação e Revisão Criminal do Ministério Público Federal.

Preserva-se, dessa forma, o aspecto de devolução à chefia do Ministério Público, no caso o Procurador-Geral da República, que, entretanto, nos termos da lei orgânica, exerce essa função por meio de órgãos colegiados delegados, quais sejam, as câmaras de coordenação e revisão criminal.

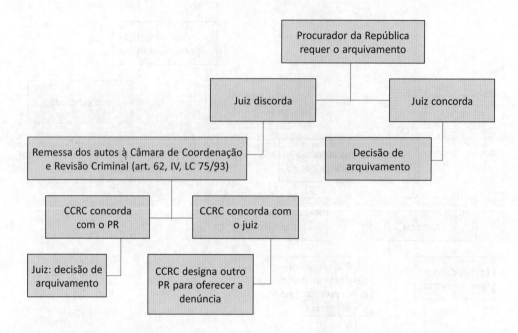

12.3.3. Justiça Eleitoral de primeira instância e Ministério Público Eleitoral

Na esfera da Justiça Eleitoral e do Ministério Público Eleitoral, aplica-se de igual modo a norma do art. 62, inciso IV, da Lei Complementar nº 75/1993, com devolução às câmaras de coordenação e revisão criminal – em concreto, a atribuição recai sobre a 2ª Câmara de Coordenação e Revisão Criminal do Ministério Público Federal.

Esse regime justifica-se em função do art. 72 da Lei Complementar nº 75/1993, que dispõe caber ao Ministério Público Federal o exercício das funções de Ministério Público junto à Justiça Eleitoral, "atuando em todas as fases e instâncias do processo eleitoral". Por essa razão, *não se aplica*, por tacitamente *revogada*, a norma do art. 357, § 1º, da Lei nº 4.737/1965 (Código Eleitoral), que reservaria a análise da questão ao Procurador Regional Eleitoral.

12.3.4. Justiça Militar da União de primeira instância e Ministério Público Militar

Na órbita da Justiça Militar da União e do Ministério Público Militar, aplica-se a norma do art. 136, inciso IV, da Lei Complementar nº 75/1993, com a devolução do pedido de arquivamento à Câmara de Coordenação e Revisão do Ministério Público Militar.

12.3.5. Ação penal de competência originária dos tribunais

Cumpre, neste item, examinar a hipótese de pedido de arquivamento formulado no domínio das ações penais de competência originária dos tribunais.

Em se tratando de pedido de arquivamento apresentado por Procurador de Justiça no âmbito de causa da competência penal originária de Tribunal de Justiça, seria cogitável a aplicação do art. 28 do CPP, caso o desembargador relator discordasse do pleito, devolvendo-se assim a apreciação da controvérsia ao Procurador-Geral de Justiça.

Ocorre que o art. 29, inciso X, da Lei nº 8.625/1993 (Lei Orgânica) fixa como atribuição do Procurador-Geral de Justiça o ajuizamento de ação penal originária do Tribunal. Nessas condições, toda vez que um Procurador de Justiça oficiar nesse âmbito, será por delegação do Procurador-Geral, devendo as manifestações do primeiro, inclusive quanto ao arquivamento, ser tomadas como atos do último.

Assim, formulado o pedido pelo próprio Procurador-Geral de Justiça ou por delegado seu, não se poderá aplicar, por óbvio, o art. 28 do CPP, na medida em que a manifestação partiu do próprio chefe do Ministério Público do Estado. No caso, cabe distinguir: (i) se o pedido de arquivamento estiver fundado na falta de prova mínima, não restará outra alternativa ao Tribunal de Justiça senão atender à promoção de arquivamento; (ii) se o pedido de arquivamento estiver fundado em hipótese de mérito, caberá ao Tribunal de Justiça apreciá-lo, inclusive com a possibilidade de indeferimento da pretensão, sem que isso possa obrigar o Ministério Público, de toda sorte, a acusar. Esse último ponto ainda será objeto de análise mais detalhada no tópico 12.4, *infra*.

Quanto à promoção de arquivamento pelo próprio Procurador-Geral de Justiça, o art. 12, inciso XI, da Lei nº 8.625/1993 contempla recurso do interessado ao Colégio de Procuradores de Justiça do Ministério Público Estadual. Com efeito, a norma dispõe caber a esse órgão colegiado "rever, mediante requerimento de legítimo interessado, nos termos da Lei Orgânica, decisão de arquivamento de inquérito policial ou peças de informação determinada pelo Procurador-Geral de Justiça, nos casos de sua atribuição originária".

Essa regra, entretanto, deve ser vista com cuidado: o requerimento do interessado só se mostra cabível antes da efetivação do arquivamento pelo Tribunal de Justiça. Depois disso, como o ato jurisdicional faz coisa julgada formal, o feito somente pode ser reaberto na hipótese de superveniência de prova nova.

Por outro lado, se o pedido for formulado por Procurador Regional da República em causa da competência penal originária de Tribunal Regional Federal, a questão poderá ser remetida, em caso de discordância do relator, à 2ª Câmara de Coordenação e Revisão Criminal do Ministério Público Federal. Nesse ambiente, não há hipótese de acolhimento obrigatório do pedido, já que o chefe do Ministério Público Federal é o Procurador-Geral da República, a quem cabe a solução da controvérsia, por meio do órgão colegiado delegado antes referido (câmara de coordenação e revisão criminal).

Diverso, no entanto, é o regime aplicável se o pedido de arquivamento for formulado no âmbito de causa da competência penal originária do Superior Tribunal de Justiça ou do Supremo Tribunal Federal.

No caso do Supremo Tribunal Federal, o pedido de arquivamento já parte do próprio Procurador-Geral da República, não havendo a possibilidade de aplicação do princípio da devolução. Assim, manifestando-se o Procurador-Geral da República pelo arquivamento, cumpre distinguir: (i) se o pedido estiver fundado na falta de prova mínima, não restará alternativa à Suprema Corte senão atender à promoção de arquivamento, homologando-a; (ii) se o pedido de arquivamento estiver fundado em hipótese de mérito, caberá à Suprema Corte apreciá-lo, inclusive com a possibilidade de indeferimento da pretensão, sem que isso possa obrigar o Ministério Público, de toda sorte, a acusar.

Refletindo essa orientação, confira-se o julgado do Plenário do STF no Inquérito n° 2.341/MT (STF, Tribunal Pleno, INQ 2.341, Rel. Min. GILMAR MENDES, julgamento em 28.06.2007, DJ de 17.08.2007): "A jurisprudência do Supremo Tribunal Federal assevera que o pronunciamento de arquivamento, em regra, deve ser acolhido sem que se questione ou se entre no mérito da avaliação deduzida pelo titular da ação penal (...) Esses julgados ressalvam, contudo, duas hipóteses em que a determinação judicial do arquivamento possa gerar coisa julgada material, a saber: prescrição da pretensão punitiva e atipicidade da conduta. Constata-se, portanto, que apenas nas hipóteses de atipicidade da conduta e extinção da punibilidade poderá o Tribunal analisar o mérito das alegações trazidas pelo PGR. No caso concreto ora em apreço, o pedido de arquivamento formulado pelo Procurador-Geral da República lastreou-se no argumento de não haver base empírica que indicasse a participação do parlamentar nos fatos apurados".

Não é diferente o regime aplicável no âmbito do Superior Tribunal de Justiça. Isso porque atuam perante esse tribunal superior órgãos delegados do Procurador-Geral da República, quais sejam, os Subprocuradores-Gerais da República. Assim, não há sentido em devolver a apreciação de pedido de arquivamento ao Procurador-Geral da República, se a promoção já partiu de órgão delegado seu.

Nessas condições, entendemos que, em caso de pedido de arquivamento formulado por Subprocurador-Geral da República, não resta ao STJ alternativa senão atender à promoção, homologando-a, ressalvada a hipótese de causa de mérito, como se discute no próximo tópico.

12.4. Decisão de arquivamento

Como já afirmado, a promoção de arquivamento cabe exclusivamente ao Ministério Público, dependendo sua efetivação, entretanto, de ato decisório do órgão judiciário competente.

É inexato afirmar que o ato judicial de arquivamento constituiria mero *despacho administrativo*. Cuida-se, propriamente, de *decisão judicial*, com efeitos de coisa julgada formal e material, ou apenas formal, a depender do fundamento de base para o arquivamento[27].

No último caso, o dever do juiz de atender ao pedido de arquivamento decorre de uma imposição legal, na hipótese de a chefia do Ministério Público insistir no pleito, conforme o disposto no art. 28 do CPP. Esse ato judicial tem, em tais condições, caráter homologatório da promoção ministerial, encerrando, portanto, conteúdo decisório.

---

27. Com a mesma lógica: PACELLI, Eugênio. *Curso de Processo Penal*. São Paulo: Atlas, 2013, p. 67.

Faz-se preciso, no entanto, considerar o fundamento de base para o arquivamento, de modo a verificar os limites desse dever judicial de atender ao pedido do Ministério Público.

À vista das hipóteses de arquivamento examinadas em tópico anterior, tem-se o seguinte panorama: (i) em se tratando de falta de pressuposto processual ou de condição para o exercício da ação penal, inclusive a justa causa em sentido estrito, a decisão de arquivamento faz coisa julgada apenas formal; (ii) em se tratando de atipicidade penal em tese do fato investigado, de existência manifesta de causa excludente de ilicitude ou de culpabilidade ou de extinção da punibilidade, a decisão de arquivamento faz coisa julgada formal e material.

12.4.1. Arquivamento com coisa julgada formal

Na hipótese de arquivamento por falta de pressuposto processual ou de condição de admissibilidade da ação penal, a decisão judicial é apenas homologatória, fazendo coisa julgada exclusivamente formal, com base nas provas disponíveis.

É o caso do arquivamento determinado com fundamento na falta de justa causa em sentido estrito para o exercício da ação penal, ou seja, ausência de suporte probatório mínimo (materialidade ou indícios de autoria ou participação do investigado). Nesse particular, em sobrevindo notícia de *prova nova*, faz-se possível o desarquivamento e, se for o caso, o oferecimento de denúncia.

Aplica-se a essa hipótese o art. 18 do CPP, que assim dispõe: "Depois de ordenado o arquivamento do inquérito pela autoridade judiciária, por falta de base para a denúncia, a autoridade policial poderá proceder a novas pesquisas, se de outras provas tiver notícia".

Nessas condições, a notícia quanto à superveniência de prova autoriza, da parte do delegado de polícia, a realização de "novas pesquisas". Permite-se, dessa maneira, o *desarquivamento* do inquérito policial. Se a notícia de prova nova e as "novas pesquisas" conduzirem à formação de elementos informativos bastantes, poderá ser ajuizada ação penal, mediante o oferecimento de denúncia em face do investigado. Encerra este sentido o entendimento consolidado na Súmula nº 524 do STF: "Arquivado o inquérito policial, por despacho do juiz, a requerimento do Promotor de Justiça, não pode a ação penal ser iniciada, sem novas provas". A alusão, na súmula, ao "despacho do juiz" é um indicativo de que o ato opera apenas coisa julgada formal, permitindo-se a reabertura do feito investigativo e, se for o caso, o exercício da acusação, com base em novas provas. De toda sorte, a natureza jurídica do ato judicial é, em verdade, a de decisão.

É importante compreender que a superveniência de *hipótese* de prova nova basta para o desarquivamento e a reabertura das investigações, que, por seu turno, poderão ou não conduzir ao oferecimento de denúncia, a depender da existência efetiva, nos novos elementos alcançados, de justa causa, vale dizer, de suporte probatório suficiente para o exercício da ação penal. Como elucida AFRÂNIO JARDIM: "...para o desarquivamento é suficiente a *notícia* de novas provas, legitimando o prosseguimento das investigações encerradas pela decisão de arquivamento. Já a propositura da ação penal dependerá do sucesso destas investigações, ou seja, na efetiva produção de prova nova"[28].

Entende-se por *prova nova* aquela que *modifica* a matéria de fato, inovando a realidade empírica[29], pouco importando se as fontes probatórias já existiam ao tempo do inquérito arquivado ou se apenas surgiram depois, desde que revelados *inéditos* os dados empíricos por elas fornecidos. Não basta, assim, a mera revaloração de provas já produzidas[30], exigindo-se a modificação *empírica*, propiciada por elementos inéditos.

Compreende-se no conceito tanto (i) a *prova originariamente nova*, isto é, aquela prova desconhecida ao tempo em que determinado o arquivamento, quanto (ii) a *prova supervenientemente nova*, no sentido de *fonte de prova já existente, mas com informações inéditas*, a saber, aquela já conhecida ao tempo em que determinado o arquivamento, mas que assumiu em momento posterior nova versão *fática* (e não apenas jurídica). Exemplo da primeira hipótese: testemunha presencial antes desconhecida aparece, depois do arquivamento, para oferecer suas declarações. Exemplo da segunda hipótese: testemunha já conhecida e ouvida durante o inquérito muda sua versão após o arquivamento, alegando que antes depôs em contexto de ameaça e de intimidação (outro exemplo seria a confissão do investigado, que antes negara o fato).

As duas hipóteses permitem o desarquivamento do inquérito e, se for o caso, o oferecimento de denúncia. Em sentido semelhante decidiu a Sexta Turma do Superior Tribunal de Justiça, no RHC 18.561/ES (STJ, 6ª Turma, RHC 18.561, Rel. Min. HÉLIO QUAGLIA BARBOSA, julgamento em 11.04.2006, DJ de 01.08.2006): "Entendem doutrina e jurisprudência que três são os requisitos necessários à caracterização da prova autorizadora do desarquivamento de inquérito policial (artigo 18 do CPP): a) que seja formalmente nova, isto é, sejam apresentados novos fatos, anteriormente desconhecidos; b) que seja substancialmente nova, isto é, tenha idoneidade para alterar o juízo anteriormente proferido sobre a desnecessidade da persecução penal; c) seja apta a produzir alteração no panorama probatório dentro do qual foi concebido e acolhido o pedido de arquivamento".

A expressão prova "formalmente nova", utilizada no julgado acima referido, pode gerar confusões terminológicas, considerando que a jurisprudência clássica do Supremo Tribunal Federal rechaçava hipótese assim nominada[31]. Desta sorte, preferimos enfatizar, na *prova nova*, os elementos essenciais de (i) *ineditismo das informações (não necessariamente da fonte)* e de (ii) *eficácia modificativa da prova sobre os fatos abrangidos pelo arquivamento*.

---

28. JARDIM, Afrânio Silva. *Direito Processual Penal*. Rio de Janeiro: Forense, 2002, p. 174.

29. Conforme NILO BATISTA: "...resulta cristalino que a prova nova, atenta à própria designação, deva *inovar* a matéria de fato: uma testemunha presencial que surge, uma confissão espontânea do indiciado que antes negara, um documento dado como perdido que aparece, um exame pericial só então possível, etc.". Cfr. BATISTA, Nilo. *Decisões Criminais Comentadas*. Rio de Janeiro: Liber Juris, 1984, p. 163.

30. Nesse sentido: MARQUES, José Frederico. *Elementos de Direito Processual Penal*. Rio de Janeiro Forense, 1961, v. II, p. 173.

31. Assim, o julgado da 2ª Turma do STF no RHC 57.191/RJ (STF, 2ª Turma, RHC 57.191, Rel. Min. DÉCIO MIRANDA, julgamento em 28.08.1979, DJ de 05.10.1979): "A nova prova há de ser substancialmente inovadora e não apenas formalmente nova".

Por fim, anote-se que o pedido de arquivamento emana da instituição Ministério Público, una e indivisível, em vontade manifestada pelo órgão próprio. Uma vez promovido o arquivamento com base na falta de prova, nesse sentido, não caberá qualquer retratação por parte do Ministério Público, a pretexto de discordância de outro órgão da instituição que venha a oficiar perante o órgão jurisdicional competente para a causa. Apenas a superveniência de prova nova poderá ensejar a reabertura do feito.

Com essa lógica, refira-se o julgado do Plenário do STF no Inquérito nº 2.028/ BA (STF, Tribunal Pleno, Rel. p/ acórdão Min. Joaquim Barbosa, julgamento em 28.04.2004, DJ de 16.12.2005): "À luz de copiosa jurisprudência do Supremo Tribunal Federal, no caso de inquérito para apuração de conduta típica em que a competência originária seja da Corte, o pedido de arquivamento pelo procurador-geral da República não pode ser recusado. Na hipótese dos autos, o procurador-geral da República requerera, inicialmente, o arquivamento dos autos, tendo seu sucessor oferecido a respectiva denúncia sem que houvessem surgido novas provas. Na organização do Ministério Público, vicissitudes e desavenças internas, manifestadas por divergências entre os sucessivos ocupantes de sua chefia, não podem afetar a unicidade da instituição. A promoção primeira de arquivamento pelo Parquet deve ser acolhida, por força do entendimento jurisprudencial pacificado pelo Supremo Tribunal Federal, e não há possibilidade de retratação, seja tácita ou expressa, com o oferecimento da denúncia, em especial por ausência de provas novas".

12.4.2. Arquivamento com coisa julgada formal e material

O arquivamento determinado pelo juiz com base na atipicidade penal em tese, excludente de ilicitude, excludente de culpabilidade ou extinção da punibilidade, faz coisa julgada formal e material. Opera-se, portanto, com base em causa de mérito, o trânsito em julgado da decisão de arquivamento, impedindo-se a rediscussão da causa, mesmo sob a alegação de superveniência de prova nova. Nesses casos, não se aplica o art. 18 do CPP nem a Súmula nº 524 do STF.

Na hipótese de *atipicidade penal em tese do fato investigado*, o STF já decidiu por reiteradas vezes pelo efeito de coisa julgada material da decisão de arquivamento, impeditivo da rediscussão da causa. Nesse particular, confira-se, a título de exemplo, o precedente firmado pela Segunda Turma da Suprema Corte no julgado do HC 84.156/ MT (STF, 2ª Turma, HC 84.156, Rel. Min. Celso de Mello, julgamento em 26.10.2004, DJ de 11.02.2005): "Não se revela cabível a reabertura das investigações penais, quando o arquivamento do respectivo inquérito policial tenha sido determinado por magistrado competente, a pedido do Ministério Público, em virtude da atipicidade penal do fato sob apuração, hipótese em que a decisão judicial – porque definitiva – revestir-se-á de eficácia preclusiva e obstativa de ulterior instauração da 'persecutio criminis', mesmo que a peça acusatória busque apoiar-se em novos elementos probatórios. Inaplicabilidade, em tal situação, do art. 18 do CPP e da Súmula 524/STF".

Por outro lado, em julgado isolado, no HC 95.211/ES, a Primeira Turma do STF resolveu que a decisão de arquivamento fundada na *existência manifesta de causa excludente da ilicitude* faz coisa julgada apenas formal, permitindo-se a reabertura do feito em caso de prova nova. Confira-se (STF, 1ª Turma, HC 95.211, Rel. Min. Cármen Lúcia, julgamento em 10.03.2009, DJ de 22.08.2011): "1. A decisão que determina o arquivamento de inquérito policial, a pedido do Ministério Público e determinada por juiz competente, que reconhece que o fato apurado está coberto por excludente de ilicitude, não afasta a ocorrência de crime quando surgirem novas provas, suficientes para justificar o desarquivamento do inquérito, como autoriza a Súmula 524 deste Supremo Tribunal Federal".

Não podemos assentir a essa posição. Na espécie, se dúvida havia sobre a incidência da causa de exclusão da ilicitude, cabia ao juiz recusar o arquivamento ou determiná-lo sem ingressar no mérito. Afirmada, entretanto, a existência manifesta da excludente, tem-se julgado de mérito, com trânsito em julgado, a impedir a reabertura do procedimento investigativo.

Nesse particular, pende de julgamento pelo Plenário do STF o HC 87.395/PR (STF, Tribunal Pleno, Rel. Min. Ricardo Lewandowski), já tendo sido proferidos três votos no sentido da formação de coisa julgada formal e material – com a impossibilidade, portanto, de reabertura – relativamente à decisão judicial de arquivamento fundada na existência manifesta de causa de exclusão da ilicitude.

Consulta ao sítio eletrônico da Suprema Corte revela que, em primeiro julgamento, realizado na data de 26.08.2010, manifestaram-se nesse sentido os Ministros Marco Aurélio, Joaquim Barbosa e Cezar Peluso. Os autos encontravam-se com vistas ao Ministro Roberto Barroso, que, porém, já os devolveu, em 07.10.2015, prontos para julgamento.

Muito em breve, portanto, o Tribunal Pleno da Suprema Corte firmará jurisprudência sobre o tema, a qual esperamos que acolha a solução jurídica adequada: a existência manifesta de causa excludente de ilicitude é hipótese de mérito, produzindo a decisão respectiva os efeitos de coisa julgada material, impeditivos da reabertura da investigação.

Discussão especial: *aplicação do procedimento do art. 28 do CPP na hipótese de pedido de arquivamento formulado com base em hipótese de mérito (atipicidade penal, excludente de ilicitude ou de culpabilidade, extinção da punibilidade)*

No que concerne à aplicação do procedimento do art. 28 do CPP em qualquer dessas hipóteses de mérito, temos posição bem particular, já anunciada no item 12.3.5, *supra*.

Na hipótese de discordância judicial do pleito de arquivamento formulado, por exemplo, com base na atipicidade penal em tese do fato investigado, caberá ao órgão judiciário devolver a questão à chefia do Ministério Público, nos termos do art. 28 do CPP. E se a chefia da instituição insistir no pedido de arquivamento? O que fazer?

De acordo com o art. 28 do CPP, deveria o juiz, nesse caso, atender ao pedido de arquivamento. Ora, mas não se pode obrigar o juiz a proferir decisão de mérito, com efeito equivalente ao de absolvição sumária do acusado, apenas porque o Ministério Público manifestou pretensão de arquivamento nesse sentido.

O dispositivo do art. 28 do CPP aplica-se plenamente, como já abordado, ao pedido de arquivamento formulado com base na falta de pressuposto processual ou de condição da ação penal, inclusive a justa causa, em que a decisão homologatória respectiva produz somente os efeitos de coisa julgada formal, permitindo-se o desarquivamento no caso de notícia de prova nova (art. 18, CPP).

Nesse ponto, o juiz não pode controlar o exercício da *opinio delicti* pelo titular da ação penal, no que tange especialmente à existência ou não de subsídios probatórios bastantes ao oferecimento da denúncia. Homologa-se então o arquivamento, ficando a reabertura do inquérito sujeita ao surgimento de prova nova.

Por outro lado, se a motivação diz respeito à atipicidade ou à licitude do fato investigado, a promoção de arquivamento reclama efetiva decisão judicial que aprecie o mérito da pretensão punitiva. No particular, a decisão jurisdicional transcende o aspecto meramente homologatório, equivalendo mesmo a uma sentença de absolvição antecipada.

Como proceder, assim, caso a posição final do Ministério Público seja pelo arquivamento? Segundo nos parece, deve-se aplicar o procedimento do art. 28 do CPP, já que o juiz não pode obrigar o Ministério Público a acusar, mas a decisão de arquivamento deverá restringir-se à mera homologação, nos termos da lei, da posição do Ministério Público, sem que o juiz ingresse no mérito do fato investigado.

Nessas condições, caso requerido o arquivamento por razão de mérito, deverá o juiz, se discordar, devolver a apreciação da matéria à chefia do Ministério Público, conforme o disposto no art. 28 do CPP. Insistindo o Ministério Público no arquivamento, deverá o juiz homologar a promoção, mas sem proferir decisão quanto ao mérito da pretensão punitiva.

Essa parece-nos ser a posição que melhor concilia dois pontos essenciais: (i) o juiz não pode obrigar o Ministério Público a acusar; (ii) o Ministério Público não pode obrigar o juiz a proferir decisão de mérito, de caráter equivalente ao absolutório.

Outra solução pode ser cogitada: a de o juiz recusar o arquivamento quando fundado em motivo de mérito. Nesse sentido, o art. 28 do CPP somente seria aplicável à hipótese de pedido de arquivamento formulado com base na ausência de pressuposto processual ou de condição da ação penal, inclusive a justa causa em sentido estrito.

De outro lado, fundamentando-se o pedido, por exemplo, na atipicidade penal em tese do fato investigado, caberia ao juiz apreciar o mérito da promoção ministerial, inclusive para o efeito de recusá-la, se for o caso, sem aplicar, nesse âmbito, a parte final do art. 28 do CPP.

Essa posição, entretanto, nega a disponibilidade do Ministério Público acerca do arquivamento do inquérito policial, objeto de disposição legal expressa (art. 28, CPP), qualquer que seja o motivo de base.

O Supremo Tribunal Federal não tem precedentes claros a esse respeito. Por um lado, os julgados da Suprema Corte proferidos no Inquérito nº 2.341/MT (STF, Tribunal Pleno, INQ 2.341, Rel. Min. GILMAR MENDES, julgamento em 28.06.2007, DJ de 17.08.2007) e no Inquérito nº 1.538/PR (STF, Tribunal Pleno, INQ 1.538, Rel. Min. SEPÚLVEDA PERTENCE, DJ de 14.09.2001)[32] acenam para a adoção do último entendimento acima referido, embora nenhum deles represente um caso de recusa à promoção ministerial.

De toda sorte, há a fixação do entendimento de que a promoção de arquivamento do Procurador-Geral da República fundada na atipicidade do fato ou na extinção da punibilidade reclama a "análise do mérito" do pedido, em regime diverso daquele aplicável se o fundamento do pedido for a falta de suficiente lastro probatório. Em julgado proferido no Inquérito nº 2.341/MT, pontuou a Suprema Corte, com efeito, "que apenas nas hipóteses de atipicidade da conduta e extinção da punibilidade poderá o Tribunal analisar o mérito das alegações trazidas pelo PGR".

Por outro lado, há julgado do Plenário do STF no sentido de que, mesmo fundado o pedido na atipicidade penal do fato, o arquivamento é irrecusável. Confira-se, no particular, o pronunciamento da Suprema Corte no Inquérito nº 1.884/RS (STF, Tribunal Pleno, INQ 1.884, Rel. Min. MARCO AURÉLIO, DJ de 27.08.2004): "Tratando-se de inquérito relativo a fatos ligados a possível ação penal pública, a manifestação do Chefe do Ministério Público – *pelo arquivamento, ante a inexistência de tipicidade* – é irrecusável".

A nosso juízo, como antes exposto, a melhor solução é assegurar o arquivamento em virtude da posição final da chefia do Ministério Público, nos termos dispostos no art. 28 do CPP (e nos dispositivos especiais correlatos), mas sem obrigar o órgão judiciário a proferir *decisão de mérito* definitiva sobre a questão objeto da promoção de arquivamento. Nessa hipótese, consolida-se assim, de todo modo, a posição do Ministério Público quanto ao não exercício da acusação, impedindo-se manifestação posterior em sentido diverso, *se inalterado o objeto de base*.

Caso, entretanto, proferida decisão jurisdicional de mérito determinando o arquivamento do inquérito com fundamento na atipicidade penal do fato investigado, na exclusão da ilicitude ou da culpabilidade, ou na extinção da punibilidade, o investigado estará protegido contra o desarquivamento, por força da formação de *coisa julgada material*, com equivalência à absolvição definitiva. Incide, na espécie, a garantia da vedação da revisão criminal *pro societate*.

---

32. No mesmo sentido, consulte-se STF, Tribunal Pleno, INQ 2.607/PR, Rel. Min. CÁRMEN LÚCIA, julgamento em 26.06.2008, DJ de 12.09.2008: 1. Firmou-se a jurisprudência deste Supremo Tribunal no sentido de que, quando fundado – como na espécie vertente – na atipicidade do fato, o pedido de arquivamento do inquérito exige 'decisão jurisdicional a respeito, dada a eficácia de coisa julgada material que, nessa hipótese, cobre a decisão de arquivamento' (v.g., Inquérito n. 2.004 - QO, de Relatoria do eminente Sepúlveda Pertence, DJ 28.10.2004; 1.538 - QO, Rel. Ministro Sepúlveda Pertence, DJ 14.9.2001; 2.591, Relator Ministro Menezes Direito, DJ 13.6.2008; 2.341-QO, Relator Ministro Gilmar Mendes, DJ 17.8.2007).

12.5. Recorribilidade da decisão de arquivamento

A despeito da natureza decisória do ato judicial que determina o arquivamento, de um modo geral tem sido sustentada pela doutrina a sua irrecorribilidade. A mesma posição já foi proclamada também pela jurisprudência do Superior Tribunal de Justiça, como revela o julgado da Sexta Turma no RMS 15.169/SP (STJ, 6ª Turma, RMS 15.169, Rel. Min. NEFI CORDEIRO, julgamento em 18.11.2014, DJ de 18.12.2014): "O mérito da suficiência de suporte probatório para a instauração da ação penal é juízo exclusivo do órgão acusatório, ainda que por reexame no efeito devolutivo ministerial (art. 28 do CPP), não cabendo do arquivamento do inquérito policial recursos judiciais, que tenderiam a indevidamente forçar o início da ação penal – prerrogativa exclusiva do constitucional representante da ação penal".

De nossa parte, ante a ausência de aprofundamento doutrinário sobre o assunto, reputamos necessárias algumas reflexões importantes.

Antes de tudo, como princípio, o arquivamento é promovido por iniciativa do próprio titular da ação penal pública. Por essa razão, apesar de o ato judicial de arquivamento constituir decisão com força de definitiva (normalmente impugnável por apelação, nos termos do art. 593, *caput*, inciso II, por não estar prevista no rol do art. 581 do CPP), falta interesse de recorrer à própria instituição que apresentou o pedido ao órgão judiciário.

Por outro lado, em princípio, faltaria legitimidade recursal ao ofendido, que não é sequer parte na ação penal cuja promoção seria a alternativa ao arquivamento.

Haveria, assim, três elementos essenciais conducentes, em conjunto, à conclusão pela irrecorribilidade da decisão de arquivamento: (i) cabimento, em tese, de recurso de apelação, por se tratar de decisão com força de definitiva não prevista no rol do art. 581 do CPP (art. 593, *caput*, II, CPP); (ii) ausência, no entanto, de interesse recursal do Ministério Público, responsável pela promoção do arquivamento; (iii) ausência de legitimidade do ofendido, que não é parte da ação penal pública e, ademais, só pode atuar como terceiro interessado, na condição de assistente, a partir do recebimento da denúncia, de acordo com o art. 268 do CPP. Sobre esse último ponto, não poderia o ofendido, ademais, sem ser parte, forçar o exercício da acusação pelo Ministério Público.

Correto? Não inteiramente. Aqui, é preciso distinguir.

Se o arquivamento tiver como fundamento a falta de condição ou pressuposto de admissibilidade da ação ou do processo penal, entendemos que a exposição acima aplica-se de forma plena. Corrobora com isso, a propósito, o não cabimento de recurso em sentido estrito supletivo, por parte do ofendido, contra a decisão de rejeição liminar da denúncia (art. 581, I, CPP).

Assim, se o ofendido não pode recorrer em sentido estrito contra a decisão de rejeição liminar da denúncia, a qual tem por fundamento justamente a falta de pressuposto processual ou de condição da ação (art. 395, II e III, CPP), mesmo em caso de inércia do Ministério Público, como poderia recorrer da decisão de arquivamento fundada em motivo da mesma natureza?

Caso, porém, a decisão de arquivamento fundamente-se em motivo de mérito, como a atipicidade penal em tese do fato investigado ou a existência manifesta de causa de exclusão da ilicitude, entendemos que assiste sim ao ofendido legitimidade para interpor recurso de apelação.

Considere-se, a esse respeito, que o ofendido tem legitimidade supletiva para interpor recurso de apelação, em caso de inércia do Ministério Público, contra a sentença penal absolutória (art. 598 c/c art. 593, *caput*, I, CPP). Elemento essencial, no particular, é que essa legitimidade assiste ao ofendido *independentemente de sua habilitação como assistente do Ministério Público* (cfr. art. 598, CPP). Assim, não há limitação dessa legitimidade à fase da ação penal.

De outro vértice, a decisão de arquivamento proferida com base em causa de mérito equivale a uma sentença de absolvição (de mérito), fundamentando-se, aliás, nas mesmas causas, previstas no art. 397 do CPP. Ora, se o ofendido, habilitado ou não como assistente, pode supletivamente apelar contra sentença de absolvição sumária durante a ação penal, por qual motivo não poderia apelar contra a decisão de arquivamento proferida com base em causa da mesma natureza?

De resto, admitir o contrário é impedir que o ofendido, mesmo com nítido interesse na causa, nada possa fazer diante de decisão de arquivamento que, tornada definitiva, encerra efeitos de coisa julgada formal e material, de caráter, portanto, imutável, por força da garantia da vedação da revisão criminal *pro societate*.

Não faz o menor sentido admitir que o ofendido possa recorrer da sentença de absolvição sumária proferida durante o processo e negar o exercício desse mesmo direito contra a decisão de arquivamento proferida na fase pré-processual com suporte em causa idêntica, tendo ambas as decisões os mesmos efeitos.

Agrega-se a isso a circunstância de que, quando a lei confere legitimidade ao ofendido para apelar, legitima-o *independentemente de estar habilitado como assistente*, o que exclui a objeção de que o exercício do direito de recorrer teria que se realizar no curso da ação penal.

Pergunta-se então: e se for provido o recurso do ofendido, o que acontece? Reforma-se o pronunciamento de mérito da decisão judicial de arquivamento, sem, porém, obrigar o Ministério Público a acusar, por óbvio. O recurso do ofendido, portanto, destina-se apenas à reforma do provimento jurisdicional concernente ao mérito da pretensão punitiva, no sentido de impedir a formação da coisa julgada. Não estamos sustentando, naturalmente, que o sucesso desse recurso possa obrigar o Ministério Público a acusar ou permitir que o ofendido substitua o titular da ação penal nesse exercício.

Nessas condições, entendemos, *a despeito da posição corrente na doutrina e na jurisprudência*, o seguinte:

(i) Em se tratando de arquivamento determinado com base na ausência de pressuposto processual ou requisito de admissibilidade da ação penal, como a falta de lastro probatório mínimo (justa causa em sentido estrito), a decisão respectiva é irrecorrível, já que nem mesmo no curso da ação penal poderia o assistente do Ministério Público, sequer supletivamente, interpor recurso em sentido estrito contra a correlata decisão de rejeição liminar da denúncia, fundada em hipótese da mesma natureza (art. 395, CPP);

(ii) Já na hipótese de arquivamento determinado com base em causa de mérito, correspondente a hipótese de absolvição sumária (art. 397, CPP), é cabível recurso de apelação, tendo como legitimado o ofendido, contra a decisão judicial respectiva, com fundamento no art. 593, II, do CPP (decisão com força de definitiva não prevista no rol do art. 581 do CPP) c/c art. 598, *caput*, do CPP. Na última hipótese, ausente já em tese a recorribilidade para o Ministério Público, o prazo do ofendido para recorrer é o de 15 (quinze) dias a partir da intimação (art. 798, CPP), adaptando-se, neste particular, o disposto no art. 598, parágrafo único, do CPP. Para mais detalhes sobre o início da contagem do prazo, confira-se a abordagem a esse respeito realizada no Capítulo XIX deste Curso.

(iii) Se provido o recurso do ofendido, reforma-se o mérito da decisão de arquivamento, impedindo-se a formação da coisa julgada material, sem que isso implique, todavia, exigência de que o Ministério Público ofereça a denúncia nem permissão de que o ofendido ofereça queixa subsidiária.

Apesar de não ser essa a posição corrente na atualidade, pensamos que há aí subsídios bastantes para uma discussão que nos parece necessária.

12.6. Inadmissibilidade do Arquivamento Implícito

Não se pode deduzir pedido de arquivamento a partir da ausência de manifestação, total ou parcial, do órgão do Ministério Público a respeito do fato objeto de investigação e da respectiva autoria. Em outros termos, é inadmissível o chamado "arquivamento implícito". Todo arquivamento, como visto de início, só pode ser efetivado por decisão judicial, a partir de ato expresso do Ministério Público.

Nessas condições, caso o órgão do Ministério Público, no âmbito de inquérito policial em que estejam indiciados três investigados, ofereça denúncia apenas contra um deles, silenciando quanto aos demais, não se opera arquivamento implícito para esses últimos, que podem ser futuramente denunciados, se ainda houver prazo para o exercício da pretensão punitiva.

Na hipótese, até poderá o juiz aplicar o art. 28 do CPP, instando a chefia do Ministério Público a suprir a omissão, no sentido de denunciar os demais investigados ou de requerer o arquivamento do inquérito em relação a eles. Ainda que a chefia do Ministério Público insista em não oferecer qualquer manifestação a esse respeito, porém, o arquivamento não se opera.

Assim, aplicado ou não pelo juiz o princípio da devolução objeto do art. 28 do CPP, a ausência de manifestação do Ministério Público impede a consumação do arquivamento. A propósito, emana da própria norma do art. 28 do CPP que o pedido deva ser expresso.

No sentido aqui sustentado, confira-se o julgado da Primeira Turma do STF no HC 104.356/RJ (STF, 1ª Turma, HC 104.356, Rel. Min. RICARDO LEWANDOWSKI, DJ de 01.12.2010): "I – Alegação de ocorrência de arquivamento implícito do inquérito policial, pois o Ministério Público estadual, apesar de já possuir elementos suficientes para a acusação, deixou de incluir o paciente na primeira denúncia, oferecida contra outros sete policiais civis. II – Independentemente de a identificação do paciente ter ocorrido antes ou depois da primeira denúncia, o fato é que não existe, em nosso ordenamento jurídico processual, qualquer dispositivo legal que preveja a figura do arquivamento implícito, devendo ser o pedido formulado expressamente, a teor do disposto no art. 28 do Código Processual Penal. III – Incidência do postulado da indisponibilidade da ação penal pública que decorre do elevado valor dos bens jurídicos que ela tutela. IV – Não aplicação do princípio da indivisibilidade à ação penal pública". No mesmo sentido: STF, 1ª Turma, RHC 95.141/RJ, Rel. Min. RICARDO LEWANDOWSKI, DJ de 22.10.2009.

Em amparo à mesma posição, o art. 569 do CPP permite que as omissões da denúncia sejam supridas a todo momento antes da sentença e, acrescentamos, antes da prescrição da pretensão punitiva. Entendemos que as *omissões*, a que alude a norma, correspondem justamente a hipóteses como a aqui enfocada, já que, de outro modo, omissões formais consistentes em defeitos geram inépcia da inicial, que é causa de rejeição liminar (art. 395, I, CPP).

Cumpre registrar, porém, a posição minoritária da doutrina, representada por AFRÂNIO JARDIM, que assim admite a incidência do arquivamento implícito: "Entende-se por arquivamento implícito o fenômeno de ordem processual decorrente de o titular da ação penal deixar de incluir na denúncia algum fato investigado ou algum dos indiciados, sem expressa manifestação ou justificação deste procedimento. Este arquivamento se consuma quando o juiz não se pronuncia na forma do art. 28 com relação ao que foi omitido na peça acusatória"[33]. Adotando a mesma corrente, tem-se a autorizada doutrina de AURY LOPES[34], assim como a de NILO BATISTA[35].

12.7. Pedido indireto de arquivamento

Suponha-se que determinado órgão do Ministério Público oficiante no Juízo da 12ª Vara Federal da Seção Judiciária do Ceará, após receber os autos de inquérito policial relatado, deixe de oferecer denúncia por considerar que a causa é da competência da Justiça Comum do Estado do Ceará. Nessa hipótese, o Procurador da República deverá postular ao juízo federal a remessa dos autos à Justiça Estadual.

Caso, porém, o juízo federal discorde do pleito, por se considerar competente para o processo e julgamento da causa, deverá tomar a manifestação *como se fosse um pedido*

---

33. JARDIM, Afrânio Silva. *Direito Processual Penal*. Rio de Janeiro: Forense, 2002, p. 170.
34. LOPES JR. Aury. *Direito Processual Penal*. São Paulo: Saraiva, 2014, pp. 315-316.
35. BATISTA assim sustentava, deixando claro, em suas referências, a admissão da hipótese pela jurisprudência de seu tempo: "Com relação à possibilidade de existir arquivamento implícito, tem-se, em primeiro lugar, o argumento lógico. Se se cogita de hipótese, no inquérito, de autoria coletiva, e a denúncia não abrange a todos os indiciados, qual a situação do indiciado não incluído nela? Acusado não é, pois não se dirigiu contra ele a pretensão punitiva. Indiciado também não é, pois o procedimento inquisitorial esgotou-se, findou-se, cumpriu seu ciclo de finalidade, ao propiciar ao MP elementos para instruir sua denúncia. Como não é concebível que se prorrogue a figura do indiciado, e como não pode existir uma espécie de semi-acusado, ou acusado-reserva, fantasticamente à espera de uma 're-ratificação', segue-se que é irrecusável ter havido arquivamento, em relação a ele, e isso, independentemente da existência de pronunciamento formal a respeito". Cfr. BATISTA, Nilo. *Decisões Criminais Comentadas*. Rio de Janeiro: Liber Juris, 1984, pp. 82-83.

indireto de arquivamento e, desta sorte, aplicar o disposto no art. 28 do CPP c/c art. 62, inciso V, da Lei Complementar n° 75/1993, devolvendo a apreciação da matéria ao chefe do Ministério Público, no caso à 2ª Câmara de Coordenação e Revisão Criminal do Ministério Público Federal.

Consiste o chamado "arquivamento indireto", assim, na recepção pelo juiz de um pedido de declinação de competência como se fosse um pedido indireto de arquivamento, por se considerar o juízo competente para a causa, aplicando-se, diante dessa situação, o art. 28 do CPP (ou as normas especiais análogas).

Em verdade, portanto, não há arquivamento indireto, e sim um suposto pedido indireto de arquivamento, que serve de base para a aplicação do princípio da devolução, isto é, do procedimento legal reservado ao arquivamento.

No exemplo acima citado, aplicado o princípio da devolução, a 2ª Câmara de Coordenação e Revisão Criminal poderá: (i) concordando com o juízo federal, designar outro Procurador da República para atuar no feito e, se for o caso, oferecer a denúncia; (ii) concordando com o Procurador da República, insistir no pedido de declinação de competência.

Na hipótese descrita em (ii), caso o juízo federal persista discordando, por reafirmar sua competência para a causa, tem-se um impasse. De fato, o juízo federal não pode obrigar o Ministério Público Federal a oferecer a denúncia, quando essa instituição se considera sem atribuições para o caso.

A solução, na espécie, é o Procurador da República providenciar cópias dos autos do procedimento policial, remetendo-as ao Ministério Público do Estado, para que o órgão próprio ofereça denúncia perante a Justiça Comum Estadual.

Nesse caso, poderá acontecer uma das três possibilidades seguintes:

(a) *Conflito negativo de atribuições* entre membros do Ministério Público, entre o Procurador da República, de um lado, e o Promotor de Justiça que receber as cópias dos autos do inquérito policial, de outro, caso este último considere competente para a causa o juízo federal. Essa divergência, entre o Ministério Público Federal no Ceará e o Ministério Público do Estado do Ceará, deverá ser solucionada, segundo a orientação atual do Supremo Tribunal Federal, pelo Procurador-Geral da República (vide o recente julgado da Suprema Corte proferido na ACO 924/MG[36]).

---

36. Esse julgado, cujo acórdão ainda não foi publicado, modificou a anterior orientação no sentido de que a competência para resolver a divergência é do Supremo Tribunal Federal, por se tratar de conflito entre a União e Estado-Membro da Federação. A nosso juízo, adequada era a posição anterior. Isso porque se aplica à espécie a norma do art. 102, I, *f*, da Constituição, como decidiu o Plenário do STF na PET 3.631/SP (STF, Tribunal Pleno, Rel. Min. Cezar Peluso, DJ de 06.03.2008): "...Conflito negativo entre MP de dois Estados. Caracterização. Magistrados que se limitaram a remeter os autos a outro juízo a requerimento dos representantes do Ministério Público. Inexistência de decisões jurisdicionais. Oposição que se resolve em conflito entre órgãos de Estados diversos. Feito da competência do Supremo Tribunal Federal. Precedentes. Inteligência e aplicação do art. 102, I, 'f', da CF. Compete ao Supremo Tribunal Federal dirimir conflito negativo de atribuição entre representantes do Ministério Público de Estados diversos". Idêntica lógica se aplica ao conflito de atribuições entre membro do Ministério Público Federal e membro do Ministério Público de Estado: conflito entre a União e o Estado, cuja resolução cabe ao Supremo Tribunal Federal, por força da mesma norma constitucional inserta no

(b) *Declinação de competência do juízo de direito para o juízo federal*, caso o juízo de direito, uma vez oferecida a denúncia pelo Promotor de Justiça, considere-se incompetente para a causa. No caso, contra o ato de declinação de competência proferido pelo juízo de direito, caberá para o Ministério Público estadual recurso em sentido estrito (art. 581, II, CPP).

(c) *Conflito positivo de competência*, caso o juízo de direito, após o oferecimento de denúncia pelo Promotor de Justiça, considere-se competente para a causa, do mesmo modo que fizera o juízo federal. Nesse caso, deverá o juízo de direito suscitar conflito positivo perante o Superior Tribunal de Justiça (art. 105, I, *d*, parte final, CF).

Para mais detalhes sobre essas hipóteses, confira-se a abordagem realizada no Capítulo X, reservado aos incidentes processuais, inclusive o conflito de competência e o conflito de atribuições.

SEÇÃO II
Procedimento de Investigação Criminal pelo Ministério Público

Muito já se discutiu, na doutrina e na jurisprudência, acerca do *poder de investigação do Ministério Público*, havendo variados argumentos em um e outro sentido.

A teor do disposto no art. 129, inciso I, da Constituição da República, cabe ao Ministério Público a promoção privativa da ação penal de iniciativa pública, na forma da lei. Por outro lado, *para o âmbito investigativo*: (i) contempla o inciso III do art. 129 a função de "promover o inquérito civil e a ação civil pública, para a proteção do patrimônio público e social, do meio ambiente e de outros interesses difusos e coletivos"; (ii) prevê o inciso VIII do art. 129 a função de "requisitar diligências investigatórias e a instauração de inquérito policial, indicados os fundamentos jurídicos de suas manifestações processuais".

Assim, quanto à investigação criminal, pareceria estar restrita a função do Ministério Público à requisição de diligências e de instauração de inquérito policial (art. 129, VIII, CF), não havendo contemplação específica de poder de investigação direto.

Ocorre que não se mostra adequada uma interpretação redutora dessa ordem, impeditiva de que o órgão do Ministério Público busque por si próprio, quando possível, os elementos necessários ao oferecimento da denúncia. Há, certamente, atividades

---

art. 102, I, *f*. Há ainda orientação doutrinária no sentido de que a solução do conflito de atribuições entre Ministério Público Federal e Ministério Público Estadual é do Superior Tribunal de Justiça, por se tratar de "conflito virtual de competência" entre juízo federal e juízo estadual. Nesse sentido, Eugênio Pacelli sustenta: "...continuamos insistindo que o conflito de atribuição entre Procurador da República e Promotor de Justiça *deveria* (mas não é!) ser solucionado, em última instância, pelo Superior Tribunal de Justiça, quando se tratar de divergência acerca de matéria a ser *submetida ao Judiciário*. E isso porque, uma vez proposta a ação (se não houver dissenso no *parquet*), eventual divergência entre os juízes acerca da competência jurisdicional seria solvida pelo mesmo Superior Tribunal de Justiça". Cfr. Pacelli, Eugênio. *Curso de Processo Penal*. São Paulo: Atlas, 2013, p. 75.

investigativas restritas aos órgãos de polícia judiciária, a exemplo da execução de interceptações telefônicas, por expressa disposição legal (art. 6º, *caput*, Lei nº 9.296/1996). Não se pode dizer, entretanto, que as atividades de investigação criminal em geral estejam restritas à polícia.

Nesse contexto, parece um despropósito recusar poderes de investigação criminal ao órgão do Ministério Público, na esfera de sua atuação funcional, como titular da ação penal de iniciativa pública.

É lamentável reduzir esse debate a uma questão de classe, uma disputa entre membros do Ministério Público, advogados e delegados de polícia, como infelizmente se tornou comum no Brasil em diversas searas, deixando-se de lado a juridicidade própria dos temas discutidos. Que prevaleça a racionalidade do sistema processual penal, com a lógica que lhe é própria, independentemente de disputas corporativistas.

O titular da ação penal de iniciativa pública pode investigar em busca dos elementos necessários ao exercício da persecução penal em juízo. A nosso sentir, este é um raciocínio linear, plenamente respaldado pelo sistema.

Reclama-se, no entanto, a devida regulamentação da atividade investigativa do Ministério Público, de modo que o exercício dos poderes não ocorra de maneira informal e ofensiva aos direitos individuais dos investigados. A atividade do delegado de polícia no inquérito é objeto de disciplina normativa detalhada. Com o Ministério Público não poderia ser diferente.

De toda sorte, embora inexistente disciplina legislativa específica, tenha-se clara a exigência de respeito aos direitos e garantias do investigado e às prerrogativas profissionais do defensor.

A jurisprudência do Supremo Tribunal Federal, antigamente, orientava-se no sentido da impossibilidade de exercício de investigação criminal pelo Ministério Público.

Já há certo tempo, no entanto, a Suprema Corte modificou essa orientação, como revela o julgado da Segunda Turma no HC 91.661/PE (STF, 2ª Turma, HC 91.661, Rel. Min. ELLEN GRACIE, julgamento em 10.03.2009, DJ de 03.04.2009): "É perfeitamente possível que o órgão do Ministério Público promova a colheita de determinados elementos de prova que demonstrem a existência da autoria e da materialidade de determinado delito. Tal conclusão não significa retirar da Polícia Judiciária as atribuições previstas constitucionalmente, mas apenas harmonizar as normas constitucionais (arts. 129 e 144) de modo a compatibilizá-las para permitir não apenas a correta e regular apuração dos fatos supostamente delituosos, mas também a formação da opinio delicti. O art. 129, inciso I, da Constituição Federal, atribui ao parquet a privatividade na promoção da ação penal pública. Do seu turno, o Código de Processo Penal estabelece que o inquérito policial é dispensável, já que o Ministério Público pode embasar seu pedido em peças de informação que concretizem justa causa para a denúncia. Ora, é princípio basilar da hermenêutica constitucional o dos 'poderes implícitos', segundo o qual, quando a Constituição Federal concede os fins, dá os meios. Se a atividade fim – promoção da ação penal pública – foi outorgada ao parquet em foro de privatividade, não se concebe como não lhe oportunizar a colheita de prova para tanto, já que o CPP autoriza que 'peças de informação' embasem a denúncia".

A consolidação dessa jurisprudência, porém, ocorreria só recentemente, pelo julgado do Plenário do STF no RE 593.727/MG, com repercussão geral reconhecida (STF, Tribunal Pleno, Rel. p/ Acórdão Min. GILMAR MENDES, julgamento em 14.05.2015, DJ de 08.09.2015): "O Ministério Público dispõe de competência para promover, por autoridade própria, e por prazo razoável, investigações de natureza penal, desde que respeitados os direitos e garantias que assistem a qualquer indiciado ou a qualquer pessoa sob investigação do Estado, observadas, sempre, por seus agentes, as hipóteses de reserva constitucional de jurisdição e, também, as prerrogativas profissionais de que se acham investidos, em nosso País, os Advogados (Lei 8.906/94, artigo 7º, notadamente os incisos I, II, III, XI, XIII, XIV e XIX), sem prejuízo da possibilidade – sempre presente no Estado democrático de Direito – do permanente controle jurisdicional dos atos, necessariamente documentados (Súmula Vinculante 14), praticados pelos membros dessa instituição".

Esse precedente foi também importante por fixar a exigência de respeito aos direitos fundamentais do investigado e do advogado e a de controle jurisdicional da atividade investigativa do Ministério Público.

Nessas condições, ganha força a norma do art. 27 do CPP, que versa sobre a notícia direta do fato em tese constitutivo de crime ao Ministério Público: "Qualquer pessoa do povo poderá provocar a iniciativa do Ministério Público, nos casos em que caiba ação pública, fornecendo-lhe, por escrito, informações sobre o fato e a autoria e indicando o tempo, o lugar e os elementos de convicção".

Se antes esse dispositivo servia à provocação do Ministério Público para fins de oferecimento direto de denúncia ou de requisição de inquérito policial, tem hoje ainda a funcionalidade de conduzir à instauração de *procedimento de investigação criminal* no âmbito do próprio Ministério Público.

Por outro lado, poderá o órgão próprio da instituição, na esfera de suas atribuições, instaurar de ofício o procedimento.

Assevere-se, no contexto, que a participação do membro do Ministério Público nas investigações não lhe acarreta o impedimento nem a suspeição para oferecer a denúncia e atuar na ação penal. Na verdade, em geral o membro do Ministério Público investiga precisamente para obter elementos que lhe permitam o exercício da ação penal. Orienta-se nesse sentido a jurisprudência do STF, como evidencia o julgado da Primeira Turma no HC 85.011/RS (STF, 1ª Turma, Rel. Min. TEORI ZAVASCKI, julgamento em 26.05.2015, DJ de 22.06.2015): "A jurisprudência do STF é no sentido de que a participação de membro do Ministério Público na fase investigatória não acarreta, por si só, seu impedimento ou sua suspeição para o oferecimento da denúncia, e nem poderia ser diferente à luz da tese firmada pelo Plenário [no RE 593.727], mormente por ser ele o dominus litis e sua atuação estar voltada exatamente à formação de sua convicção".

SEÇÃO III
Outros Procedimentos de Investigação

1. INQUÉRITO PARLAMENTAR: INVESTIGAÇÃO POR COMISSÕES PARLAMENTARES DE INQUÉRITO

As Comissões Parlamentares de Inquérito (CPI) podem ser instituídas no âmbito da Câmara dos Deputados e do Senado, em conjunto ou separadamente, para fins de apuração de fatos determinados, de caráter político, e por prazo certo. Nos termos do art. 58, § 3°, da Constituição Federal: "As comissões parlamentares de inquérito, que terão poderes de investigação próprios das autoridades judiciais, além de outros previstos nos regimentos das respectivas Casas, serão criadas pela Câmara dos Deputados e pelo Senado Federal, em conjunto ou separadamente, mediante requerimento de um terço de seus membros, para a apuração de fato determinado e por prazo certo, sendo suas conclusões, se for o caso, encaminhadas ao Ministério Público, para que promova a responsabilidade civil ou criminal dos infratores".

Trata-se de comissões investigativas de fatos afetos à esfera política, detendo, assim, os poderes próprios das atividades de apuração, como o de inquirir investigados e testemunhas e o de requisitar documentos.

Não se entenda, do trecho "poderes de investigação próprios das autoridades judiciais", que as comissões estariam fora do alcance da reserva de jurisdição. Em absoluto. O caráter desses órgãos, como pontuado, é eminentemente investigativo, sujeitando-se a execução dos atos respectivos a estrito controle judicial, sempre que potencialmente afetado direito ou garantia individual, como a intimidade de dados e a inviolabilidade domiciliar. Por outro lado, na coleta de declarações dos investigados, as comissões, do mesmo modo que a autoridade judiciária, devem obviamente respeitar o exercício da garantia contra a autoincriminação e correlato direito ao silêncio.

Entende-se, no entanto, que as comissões dispõem de poderes para a quebra de sigilo fiscal, bancário e telefônico, independentemente de autorização judicial. Com essa orientação, eis o julgado do Plenário do Supremo Tribunal Federal no MS 23.639/DF (STF, Tribunal Pleno, MS 23.639, Rel. Min. CELSO DE MELLO, julgamento em 16.11.2000, DJ de 16.02.2000): "A quebra do sigilo fiscal, bancário e telefônico de qualquer pessoa sujeita a investigação legislativa pode ser legitimamente decretada pela Comissão Parlamentar de Inquérito, desde que esse órgão estatal o faça mediante deliberação adequadamente fundamentada e na qual indique a necessidade objetiva da adoção dessa medida extraordinária. Precedente: MS 23.452-RJ, Rel. Min. CELSO DE MELLO (Pleno). PRINCÍPIO CONSTITUCIONAL DA RESERVA DE JURISDIÇÃO E QUEBRA DE SIGILO POR DETERMINAÇÃO DA CPI. – O princípio constitucional da reserva de jurisdição – que incide sobre as hipóteses de busca domiciliar (CF, art. 5°, XI), de interceptação telefônica (CF, art. 5°, XII) e de decretação da prisão, ressalvada a situação de flagrância penal (CF, art. 5°, LXI) – não se estende ao tema da quebra de sigilo, pois, em tal matéria, e por efeito de expressa autorização dada pela própria Constituição da República (CF, art. 58, § 3º), assiste competência à Comissão Parlamentar de Inquérito, para decretar, sempre em ato necessariamente motivado, a excepcional ruptura dessa esfera de privacidade das pessoas".

Quanto ao sigilo financeiro (que inclui o bancário), se antes do recente posicionamento do Supremo Tribunal Federal quanto às autoridades fazendárias (ADI 2.930/DF) já se reconhecia às comissões poderes de quebra, agora com muito mais razão. Efetivamente, se até mesmo as autoridades fiscais podem diretamente examinar informações bancárias sigilosas (art. 6º, LC nº 105/2001), com mais razão as comissões parlamentares de inquérito, às quais a Constituição Federal reservou poderes investigativos em caráter especial. A esse respeito, há mesmo previsão expressa no art. 4º, § 1º, da Lei Complementar nº 105/2001: "As comissões parlamentares de inquérito, no exercício de sua competência constitucional e legal de ampla investigação, obterão as informações e documentos sigilosos de que necessitarem, diretamente das instituições financeiras, ou por intermédio do Banco Central do Brasil ou da Comissão de Valores Mobiliários".

Sobre a quebra do sigilo telefônico, compreenda-se que a hipótese aqui abrange apenas as informações sobre chamadas efetuadas e recebidas. Não se trata, portanto, de quebra do sigilo do conteúdo das comunicações telefônicas (obtido por interceptação), o que, de sua parte, reclama autorização judicial (art. 5º, XII, CF). Acerca da diferença entre quebra do sigilo telefônico e interceptação de comunicações telefônicas, confira-se a Seção própria do Capítulo XII deste Curso, reservado à prova e, em particular, às técnicas especiais de investigação.

Embora não necessariamente voltadas para a apuração de crimes, eis que dirigidas de imediato a fatos afetos à órbita política (inclusive as infrações político-administrativas chamadas "crimes de responsabilidade"), as atividades investigativas das comissões parlamentares podem conduzir à obtenção de elementos informativos de interesse para a persecução penal.

Na hipótese, como previsto no próprio art. 58, § 3º, da Constituição Federal, as peças do inquérito parlamentar deverão ser remetidas ao Ministério Público, para a promoção das medidas adequadas, inclusive o ajuizamento de ação penal. Nesse particular, a Lei nº 10.001/2000 (art. 3º) estabelece a prioridade da tramitação e das providências relacionadas às conclusões das comissões parlamentares.

A recente Lei nº 13.367, de 05 de dezembro de 2016, alterando a Lei nº 1.579/1952, estabeleceu nova regulamentação dos poderes investigativos das Comissões Parlamentares de Inquérito, à luz do art. 58, § 3º, da Constituição da República.

Antes de tudo, a redação conferida ao art. 1º, *caput* e parágrafo único, da Lei nº 1.579/1952, pela Lei nº 13.367/2016, veio essencialmente atualizar o regime jurídico-legal ao teor da norma constitucional do art. 58, § 3º, da Constituição da República: "As Comissões Parlamentares de Inquérito, criadas na forma do § 3º do art. 58 da Constituição Federal, terão poderes de investigação próprios das autoridades judiciais, além de outros previstos nos regimentos da Câmara dos Deputados e do Senado Federal, com ampla ação nas pesquisas destinadas a apurar fato determinado e por prazo certo (*caput*); "A criação de Comissão Parlamentar de Inquérito dependerá de requerimento de um terço da totalidade dos membros da Câmara dos Deputados e do Senado Federal, em conjunto ou separadamente." (parágrafo único)

A mais significativa inovação, nesse particular, consiste na possibilidade de instauração da CPI por iniciativa de um terço da totalidade dos membros da Câmara dos Deputados e do Senado, em conjunto ou separadamente (art. 1º, parágrafo único). No regime anterior, a instauração dependia de deliberação plenária, se não fosse determinada por um terço da totalidade dos membros do Senado e da Câmara.

Encerra também caráter atualizador a nova redação dada ao art. 2º da Lei nº 1.579/1952, que alude essencialmente ao poder de requisição de informações e de documentos junto à administração pública direta ou fundacional, em lugar da anterior previsão de requisição junto a "repartições públicas e autárquicas".

No art. 3º, relativo à intimação e ao comparecimento de testemunha, a nova redação acrescenta a referência ao art. 219 do CPP (possibilidade de aplicação de multa à testemunha faltosa). O direito da testemunha de se fazer acompanhar de advogado já havia sido inserido na Lei nº 1.579/1952 (art. 3º, § 2º) pela Lei nº 10.679/2003.

Por seu turno, o art. 3º-A, acrescentado pela Lei nº 13.367/2016, traz a novidade da *iniciativa da Comissão Parlamentar de Inquérito para representar pela decretação de medidas cautelares*, nestes termos: "Caberá ao presidente da Comissão Parlamentar de Inquérito, por deliberação desta, solicitar, em qualquer fase da investigação, ao juízo criminal competente medida cautelar necessária, quando se verificar a existência de indícios veementes da proveniência ilícita dos bens".

Apesar da ausência de precisão, a "medida cautelar necessária" parece refletir, especificamente, uma *medida assecuratória*, algo sugerido pelo fundamento de base, qual seja, a prova mínima da *proveniência ilícita dos bens*. De toda sorte, a generalidade da norma comporta a inclusão das medidas cautelares pessoais, assim como a das probatórias, estas que já assistem normalmente à Comissão Parlamentar de Inquérito, enquanto órgão de investigação criminal. Naturalmente, o poder é de representação (de iniciativa), e não de decretação, na medida em que se trata de providências sujeitas à reserva de jurisdição.

Finalmente, o art. 6º-A, acrescentado pela Lei nº 13.367/2016 à Lei nº 1.579/1952, regulamenta a emissão de *relatório circunstanciado* com o resultado das investigações consolidadas no inquérito parlamentar, tendo como destinatários o Ministério Público e/ou a Advocacia-Geral da União, para a promoção, junto ao órgão jurisdicional competente, da responsabilidade civil e criminal de eventuais implicados na prática de infrações penais.

2. INQUÉRITO POLICIAL MILITAR

O Código de Processo Penal Militar disciplina o *inquérito policial militar*, conduzido por autoridade com atribuições de polícia judiciária militar (art. 7º, CPPM) e destinado à "apuração sumária de fato que, nos termos legais, configure crime militar, e de sua autoria" (art. 9º, *caput*, CPPM). Conforme GUILHERME NUCCI, "trata-se de um procedimento preparatório da ação penal, de caráter administrativo, conduzido pela polícia judiciária militar e voltado à colheita preliminar de provas para apurar a prática de uma infração penal militar e sua autoria"[37].

Cuida-se, portanto, do procedimento de investigação da materialidade e da autoria *crimes militares*, assim entendidos aqueles definidos no Código Penal Militar, com a finalidade de oferecer subsídios para o exercício de ação penal pelo órgão do Ministério Público Militar (art. 29, CPPM).

A natureza e as características especiais das infrações penais militares impõe que a respectiva apuração fique fora das atribuições da polícia judiciária civil. O próprio art. 144, § 4º, da Constituição Federal contém essa ressalva, ao dispor que "às polícias civis, dirigidas por delegados de polícia de carreira, incumbem, ressalvada a competência da União, as funções de polícia judiciária e a apuração das infrações penais, *exceto as militares*".

Assim, as atividades de investigação de crimes militares está reservada a autoridades específicas, discriminadas no art. 7º do CPPM: (a) Ministros da Marinha, do Exército e da Aeronáutica, em todo o território nacional e fora dele, em relação às forças e órgãos que constituem seus Ministérios, bem como militares que, neste caráter, desempenhem missão oficial, permanente ou transitória, em país estrangeiro; (b) Chefe do Estado-Maior da Forças Armadas, em relação a entidades sob sua supervisão; (c) Chefes de Estado-Maior e Secretário-Geral da Marinha, nos órgãos, forças e unidades que lhes são subordinados; (d) Comandantes do Exército e Comandante-Chefe da Esquadra, nos órgãos, forças e unidades compreendidos no âmbito da respectiva ação de comando; (e) Comandantes de Região Militar, Distrito Naval ou Zona Aérea, nos órgãos e unidades dos respectivos territórios; (f) Secretário do Ministério do Exército e Chefe de Gabinete do Ministério da Aeronáutica, nos órgãos e serviços que lhes são subordinados; (g) Diretores e Chefes de órgãos, repartições, estabelecimentos ou serviços previstos nas leis de organização básica da Marinha, do Exército e da Aeronáutica; (h) Comandantes das forças, unidades ou navios.

No exercício de suas funções investigativas, essas autoridades dispõem de um programa discricionário – semelhante ao do art. 6º do CPP –, estabelecido pelos artigos 12 e 13 do CPPM. Há outras normas correspondentes às do regime comum, sobre reconstituição dos fatos, incomunicabilidade, sigilo, relatório, arquivamento e dispensa de inquérito.

Quanto ao prazo, o inquérito policial militar deverá ser concluído em 20 (vinte) dias, se o indiciado estiver preso, ou em 40 (quarenta) dias, prorrogáveis por mais 20 (vinte), se o indiciado estiver solto (art. 20, CPPM).

---

37. NUCCI, Guilherme de Souza. *Código de Processo Penal Militar Comentado*. São Paulo: Revista dos Tribunais, 2013, p. 43.

Cap. V · PROCEDIMENTOS DE INVESTIGAÇÃO CRIMINAL   219

3. INQUÉRITO CIVIL PÚBLICO

Conforme o art. 129, III, da Constituição da República, é função institucional do Ministério Público a de "promover o inquérito civil público e a ação civil pública, para a proteção do patrimônio público e social, do meio ambiente e de outros interesses difusos e coletivos".

O inquérito civil público destina-se à apuração de subsídios para o exercício da ação civil pública, mas poderá conduzir à obtenção de elementos informativos quanto à prática de infrações penais, como, por exemplo: (a) em inquérito civil público destinado à apuração de atos de improbidade administrativa (artigos 10 e 11, Lei nº 8.429/1992), poderão ser alcançados elementos informativos sobre a prática de crimes funcionais definidos no Decreto-Lei nº 201/1967; (b) em inquérito civil público destinado à apuração de infrações ambientais, para fins de defesa do meio ambiente, poderão ser obtidas informações quanto à prática de crimes ambientais; (c) em inquérito civil público destinado à apuração de infrações contra direitos do consumidor, poderão ser obtidos elementos demonstrativos da prática de crimes contra as relações de consumo (artigos 61 a 74, Lei nº 8.078/1990, e art. 7º, Lei nº 8.137/1990).

Assim, também a atividade investigativa civil do Ministério Público poderá ter relevantes implicações penais.

4. INVESTIGAÇÃO POR AGENTES FISCAIS DO PODER EXECUTIVO

Na atualidade, há múltiplas hipóteses de investigações conduzidas ou auxiliadas por agentes incumbidos de fiscalização, como, por exemplo, os agentes fazendários (Receita Federal, Secretarias da Fazenda Estadual e da Fazenda Municipal), os agentes fiscais do Banco Central, os agentes fiscais do meio ambiente, os agentes fiscais do trabalho, dentre outros.

Ainda que não voltadas de imediato à apuração de crimes, certas atividades são particularmente propícias à obtenção de elementos informativos acerca da materialidade e da autoria de infrações penais. Examinaremos aqui as mais relevantes.

4.1. Investigação por Autoridades Fazendárias

As atividades fazendárias desenvolvem-se com o objetivo imediato de identificação da ocorrência concreta de fatos geradores da obrigação de pagar de tributos, normalmente para fins de arrecadação junto aos contribuintes e demais responsáveis tributários.

Ocorre que a atividade de supressão ou de redução fraudulenta do pagamento de tributo, além de ilícito fiscal, constitui crime contra a ordem tributária. O exercício da fiscalização nessa órbita pode conduzir, portanto, como frequentemente conduz, à reunião de subsídios sobre a prática de crime tributário. Na espécie, a fiscalização administrativa assumiu também a funcionalidade de investigação criminal.

Nesse cenário, o art. 83, *caput*, da Lei nº 9.430/1996 (redação conferida pela Lei nº 12.350/2010) preceitua o seguinte, acerca da *representação fiscal para fins penais*: "A representação fiscal para fins penais relativa aos crimes contra a ordem tributária previstos nos arts. 1º e 2º da Lei n. 8.137, de 27 de dezembro de 1990, e aos crimes contra a Previdência Social, previstos nos arts. 168-A e 337-A do Decreto-Lei n. 2.848, de 7 de dezembro de 1940 (Código Penal), será encaminhada ao Ministério Público depois de proferida a decisão final, na esfera administrativa, sobre a exigência fiscal do crédito correspondente".

Cuida-se, assim, de hipótese em que a administração tributária, em sua atividade investigativa quanto à ocorrência de ilícitos fiscais, fica a serviço do titular da ação penal, sempre que as infrações administrativas configurarem também crimes contra a ordem tributária.

A par disso, os agentes fazendários podem também exercer função auxiliar à polícia judiciária, no âmbito de inquérito policial destinado à apuração de crimes tributários.

Com o precedente da Suprema Corte firmado na ADI 2.390/DF (Tribunal Pleno, Rel. Min. DIAS TOFFOLI, julgamento em 24.02.2016, acórdão pendente de publicação), em que ficou reconhecida a constitucionalidade do art. 6º da Lei Complementar nº 105/2001, fortaleceu-se a amplitude investigativa dos órgãos fazendários, alcançando inclusive o exame de informações financeiras do investigado, independentemente de ordem judicial. Confira-se o teor da norma legal em referência: "As autoridades e os agentes fiscais tributários da União, dos Estados, do Distrito Federal e dos Municípios somente poderão examinar documentos, livros e registros de instituições financeiras, inclusive os referentes a contas de depósitos e aplicações financeiras, quando houver processo administrativo instaurado ou procedimento fiscal em curso e tais exames sejam considerados indispensáveis pela autoridade administrativa competente". O tema está melhor analisado na Seção II do Capítulo XII, reservado à prova, para onde remetemos o leitor.

Permite-se aos agentes fiscais, dessa forma, iniciativa investigativa típica da esfera jurídico-penal, abrangente do sigilo financeiro (art. 1º, § 4º, LC nº 105/2001), sem a reserva de jurisdição para tanto. As informações assim coletadas poderão então ser fornecidas, uma vez lançado o crédito tributário correspondente ao tributo objeto de crime, ao Ministério Público, nos moldes do art. 83, *caput*, da Lei nº 9.430/1996.

4.2. Investigação por Agentes do Banco Central do Brasil e da Comissão de Valores Mobiliários

No âmbito de suas respectivas atribuições, o Banco Central do Brasil e a Comissão de Valores Mobiliários podem obter informações sobre a materialidade e a autoria de crimes contra o sistema financeiro nacional e contra o mercado de capitais.

Com efeito, é incumbência: (i) do Banco Central do Brasil, a supervisão e a fiscalização das operações praticadas nos mercados monetário, de crédito e de câmbio (atividades afetas a instituições financeiras bancárias, instituições financeiras não bancárias e outros intermediários financeiros); (ii) da Comissão de Valores Mobiliários, a supervisão e a fiscalização das operações praticadas no mercado de capitais (atividades de bolsas de mercadorias e futuros, bolsas de valores e sociedades corretoras e distribuidoras de títulos e valores mobiliários).

No exercício da apuração de ilícitos administrativos, essas entidades supervisoras e fiscalizadoras podem alcançar – como frequentemente acontece – subsídios materiais em especial quanto à prática de: (i) crimes contra o sistema financeiro nacional, definidos nos artigos 2º a 23 da Lei nº 7.492/1986; (ii) crimes contra o mercado de capitais, definidos nos artigos 27-C a 27-F da Lei nº 6.385/1976 (acrescentados pela Lei nº 10.303/2001); (iii) crimes contra a ordem tributária, definidos nos artigos 1º a 3º da Lei nº 8.137/1990; (iv) crimes de *lavagem* de capitais, definidos no art. 1º da Lei nº 9.613/1998.

A atividade administrativa de investigação do Banco Central do Brasil e da Comissão de Valores Mobiliários, portanto, assume nítida relevância penal, pois significativa parte dos ilícitos administrativos apurados constituem crimes. Na hipótese, aplica-se o disposto no art. 9º, *caput*, da Lei Complementar nº 105/2001: "Quando, no exercício de suas atribuições, o Banco Central do Brasil e a Comissão de Valores Mobiliários verificarem a ocorrência de crime definido em lei como de ação pública, ou indícios da prática de tais crimes, informarão ao Ministério Público, juntando à comunicação os documentos necessários à apuração ou comprovação dos fatos". Essa comunicação deverá ser feita pelo Presidente da entidade, diretamente ou por delegação, no prazo de 15 (quinze) dias, "a contar do recebimento do processo, com manifestação dos respectivos serviços jurídicos" (art. 9º, parágrafo único, LC nº 105/2001).

Nesse cenário, o BACEN e a CVM dispõem de acesso a dados próprios do sigilo financeiro de instituição sujeita a regime especial, como disciplinado no art. 2º, §§ 2º e 3º, da Lei Complementar nº 105/2001: "§ 2º. As comissões encarregadas dos inquéritos a que se refere o inciso II do § 1º poderão examinar quaisquer documentos relativos a bens, direitos e obrigações das instituições financeiras, de seus controladores, administradores, membros de conselhos estatutários, gerentes, mandatários e prepostos, inclusive contas correntes e operações com outras instituições financeiras. § 3º. O disposto neste artigo aplica-se à Comissão de Valores Mobiliários, quando se tratar de fiscalização de operações e serviços no mercado de valores mobiliários, inclusive nas instituições financeiras que sejam companhias abertas".

Havendo, então, com essas atividades, a obtenção de indícios sobre a prática de crimes, aplica-se a comunicação objeto do art. 9º, assim como o fornecimento de informações e documentos ao Poder Judiciário, como prevê o art. 3º da Lei Complementar nº 105/2001.

No que concerne especificamente aos crimes de *lavagem* de capitais (art. 1º, Lei nº 9.613/1998), o art. 2º, § 6º, da Lei Complementar nº 105/2001 impõe a comunicação também ao Conselho de Controle de Atividades Financeiras (COAF), órgão vinculado ao Ministério da Fazenda: "O Banco Central do Brasil, a Comissão de Valores Mobiliários e dos demais órgãos de fiscalização, nas áreas de suas atribuições, fornecerão ao Conselho de Controle de Atividades Financeiras – Coaf, de que trata o art. 14 da Lei

9.613, de 3 de março de 1998, as informações cadastrais e de movimento de valores relativos à operações previstas no art. 11 da referida Lei".

Examina-se a atividade investigativa do COAF no próximo tópico.

4.3. Investigação pelo Conselho de Controle de Atividades Financeiras (Coaf)

O Conselho de Controle de Atividades Financeiras (COAF) é o órgão vinculado ao Ministério da Fazenda incumbido de disciplinar, regular e fiscalizar as atividades e operações que possam configurar *lavagem* de ativos ilícitos, aplicando as sanções administrativas adequadas e fornecendo subsídios para o exercício de ação penal pelo Ministério Público. Nos termos do art. 14, *caput*, da Lei nº 9.613/1998: "É criado, no âmbito do Ministério da Fazenda, o Conselho de Controle de Atividades Financeiras – Coaf, com a finalidade de disciplinar, aplicar penas administrativas, receber, examinar e identificar as ocorrências suspeitas de atividades ilícitas previstas nesta Lei, sem prejuízo da competência de outros órgãos e entidades".

Como reflete Marco Antônio de Barros: "Trata-se de órgão que goza de atributo de autoridade administrativa, mas não é autoridade financeira. Por outro lado, não goza de exclusividade na atribuição de baixar instruções de interesse preventivo e investigativo envolvendo operações típicas de 'lavagem'"[38].

As operações financeiras abrangidas pelas atribuições do COAF são aquelas objeto do art. 11 da Lei nº 9.613/1998.

Em sua órbita funcional, pode o COAF inclusive requerer informações bancárias e cadastrais, de pessoas envolvidas em atividades suspeitas, junto aos órgãos da Administração Pública, como prevê o § 3º acrescentado ao art. 14 da Lei nº 9.613/1998 pela Lei nº 10.701/2003. Tratando-se de autoridade fazendária, está atualmente chancelado esse exercício, independentemente da reserva de jurisdição.

As investigações promovidas pelo COAF, assim, eis que diretamente voltadas à apuração de crimes de *lavagem* de capitais, constituem relevante subsídio para o exercício da ação penal pelo Ministério Público, nessa esfera.

4.4. Investigação por Agentes Ambientais

No exercício de sua atividade de apuração da prática de infrações ambientais (art. 70, §§ 3º e 4º, Lei nº 9.605/1998), é frequente que a autoridade ambiental alcance indícios da existência material e da autoria de crimes ambientais, definidos nos artigos 29 a 69-A da Lei nº 9.605/1998.

Nessa hipótese, aplica-se a comunicação ao Ministério Público, para fins de exercício da ação penal ou de posteriores investigações, se for o caso.

---

38. Barros, Marco Antônio de. *Lavagem de Capitais e Obrigações Civis Correlatas*. São Paulo: Revista dos Tribunais, 2007, p. 351.

CAPÍTULO VI
Ação Penal

SEÇÃO I
Conceito e Condições da Ação Penal

1. CONCEITO DE AÇÃO PENAL

1.1. A pretensão e a ação civil

Antes do exame dos elementos integrantes do conceito de ação penal, cumpre refletir acerca de algumas noções básicas, desenvolvidas pela doutrina clássica do direito processual civil: *conflito de interesses, pretensão resistida* e *litígio ou lide*.

A vida social caracteriza-se essencialmente por múltiplos âmbitos de interação entre os indivíduos. Já o sistema jurídico, composto de normas de conduta disciplinadoras dessas relações, institui direitos e deveres vinculados às pessoas, de acordo com os valores presumivelmente dominantes no corpo social.

A relação jurídica material básica integra-se, nesse contexto, por uma posição ativa de titular de direito subjetivo e por uma posição passiva de titular de dever, correspondente este à satisfação daquele. Com frequência, cada pessoa é titular de um direito e de um dever na mesma relação, em correspondência satisfativa, respectivamente, com o dever e o direito do outro, aí despontando o aspecto de bilateralidade. Em uma relação de compra e venda, por exemplo, à posição do comprador, titular do direito de obter o bem comprado e do dever de pagar o preço, corresponde a posição do vendedor, titular do dever de entregar o bem vendido na forma ajustada e do direito de receber o preço.

No plano material, as relações firmadas de variadas maneiras entre pessoas naturais e jurídicas são normalmente satisfeitas com harmonia. A intervenção do Estado, pelo Poder Judiciário, só é então cogitável em uma situação de conflito. O conflito de interesses, entendido como divergência de qualquer natureza entre as partes da relação, é que gera uma turbação no corpo social que reclama composição/solução. Se essa composição não for alcançada de maneira amigável, por entendimento entre as partes, apresenta-se como última instância a recorrência ao Poder Judiciário, a fim de que um agente de jurisdição, a partir da adequada apreciação do conflito, resolva sobre quem tem razão e conceda a cada um o que juridicamente lhe caiba[1].

---

1. Conforme CÂNDIDO DINAMARCO e BRUNO CARRILHO: "O *processo* é uma *técnica para a solução imperativa de conflitos*, criada a partir da experiência dos que operam nos juízos e tribunais". Cfr. DINAMARCO, Cândido Rangel / LOPES, Bruno Vasconcelos Carrilho. *Teoria Geral do Novo Processo Civil.* São Paulo: Malheiros, 2016, p. 15.

Disso já se depreende que a recorrência ao Estado, por meio da instauração de um processo judicial, não é a única forma de solução lícita de conflitos. Em nosso sistema, pode-se falar da composição civil, da transação e da arbitragem como meios juridicamente possíveis de solução de um conflito de interesses. E há ainda os meios ilícitos, como o exercício arbitrário das próprias razões, que em verdade gera novo conflito, ensejando a resposta penal, por se tratar de comportamento típico (art. 345, Código Penal).

De toda sorte, se a ação judicial e o processo não são os únicos meios pelos quais se tenta a solução de divergências entre as pessoas quanto à existência e à extensão de seus direitos e deveres, está desde logo claro que o conflito de interesses representa um conceito central em nosso domínio de estudo.

Por outro lado, a mera existência do conflito, em si mesma, não explica o exercício de ação e a correlata instauração do processo. É preciso agregar que, em uma hipótese de conflito, pelo menos um dos integrantes da virtual relação pretende algo perante o outro e, ademais, que este resiste à pretensão.

Como concebeu FRANCESCO CARNELUTTI, *pretensão* significa a exigência de subordinação do interesse alheio ao interesse próprio. Em uma relação de compra e venda, por exemplo, o comprador pretende que o vendedor lhe entregue o bem objeto da avença na forma ajustada. Mas o vendedor, por qualquer motivo, aceitável ou não, pode resistir à pretensão: porque não recebeu o preço integral, porque desistiu da avença, porque quer se favorecer ilicitamente do negócio etc.

A *pretensão resistida* é que caracteriza o conflito entre *A* e *B*, na hipótese. É dessa formulação que advém o conceito de *lide ou litígio* como conflito de interesses qualificado por uma pretensão resistida[2]. Essa pretensão motiva e caracteriza o exercício do direito de ação.

Acerca desse direito, assimile-se antes de tudo que o titular da pretensão pode optar por compor o litígio mediante provocação do Estado, para fins de instauração de um processo judicial, independentemente de tentar ou não resolver o conflito por outro meio. O art. 5º, inciso XXXV, da Constituição do Brasil prescreve o direito subjetivo público de levar à apreciação do Poder Judiciário qualquer hipotética lesão ou ameaça a direito.

Assim, o titular da pretensão resistida pode (ou tem o direito de), por um ato postulatório (petição inicial de demanda), movimentar (tirar da inércia) um órgão de jurisdição (integrante do Poder Judiciário) para que este, dentro de um processo assim instaurado, resolva acerca da procedência ou não da pretensão deduzida em face de alguém.

Nessa formulação residem os fenômenos da *ação* e do *processo*. O exercício da ação, portanto, veicula-se por um ato postulatório apto a instaurar o processo, que, por seu turno, pode ser compreendido como procedimento ou como relação jurídica, como visto no Capítulo I deste Curso. Efetivamente, o exercício da ação instaura uma

---

2. CARNELUTTI, Francesco. *Diritto e Processo*. Napoli: Morano, 1958, p. 54.

relação jurídica e também um procedimento que conduzirá a uma decisão judicial acerca da questão deduzida pelo autor.

1.2. A pretensão punitiva e a ação penal

Compreendidos os parâmetros situados no tópico anterior, importa agora refletir sobre a *ação penal*. Referiu-se no Capítulo I que vários doutrinadores negam a existência de uma *lide penal*[3], ante a possibilidade de que o titular da posição passiva aceite, ou mesmo queira, sem qualquer resistência, o que pretende o titular da posição ativa.

Já se pontuou, no entanto, que a indisponibilidade do direito de defesa e a própria necessidade do processo configuram efetiva resistência – *resistência normativa* – a qualquer pretensão de caráter punitivo. Daí porque acolhemos, no processo penal, a noção de litígio tal qual formulada no tópico 1.1, *supra*.

Na *ação penal*, tem-se ato postulatório dirigido a um órgão jurisdicional penal, no sentido de que seja instaurado processo e finalmente aplicada pena a determinada pessoa. Esse ato postulatório consiste em uma peça inicial de natureza acusatória em que se deduz a pretensão de punir em face de um imputado.

A pretensão punitiva em alusão tem por base a *hipótese* de prática de infração penal (crime ou contravenção) por determinada pessoa. Trata-se, portanto, de *hipótese de fato*, que aqui denominamos *hipótese acusatória*, que se conforma pela existência material de fato em tese constitutivo de infração penal (materialidade) e pela respectiva autoria, atribuída ao acusado.

O ajuizamento da ação penal, de acordo com essa lógica, significa a dedução (descrição), em um ato postulatório, de hipótese acusatória contra alguém. Nesse sentido, há identidade entre a ação penal e a própria acusação. *Acusar* é deduzir contra alguém uma hipótese de fato constitutivo de crime e uma pretensão punitiva em juízo.

A figura do acusado, assim, só existe a partir do exercício válido da ação penal. Ao titular do direito de ação, que deduz a hipótese de fato e a pretensão de punir, chama-se *acusador*; à pessoa contra quem se deduz a hipótese e a pretensão, *acusado*; ao ato postulatório pelo qual se deduz a hipótese e a pretensão, *inicial acusatória*, que pode ser a *denúncia* (na ação penal de iniciativa pública) ou a *queixa* (na ação penal de iniciativa privada).

Costuma-se representar a ação penal como *persecução penal em juízo*, em um viés distintivo frente à persecução penal administrativa, representada pelos procedimentos pré-processuais de investigação.

Nesse contexto, importa asseverar que, no processo penal, o titular da pretensão não corresponde ao autor da ação. A pretensão punitiva é pretensão de caráter material emanada do poder de punir, privativo (exclusivo) do Estado. Com efeito, a partir

---

3. Assim, por todos, TUCCI, Rogério Lauria. *Jurisdição, Ação e Processo: subsídios para a Teoria Geral do Direito Processual Penal*. Belém: CEJUP, 1984, p. 20. No mesmo sentido: PACELLI, Eugênio. *Curso de Processo Penal*. São Paulo: Atlas, 2013, p. 101; LOPES JR, Aury. *Direito Processual Penal*. São Paulo: Saraiva, 2014, p. 127.

da prática de infração penal, surge para o Estado o poder (ou direito potestativo) de punir o agente do fato, e correlata a esse poder é a pretensão punitiva, entendida como a exigência de que o direito de liberdade do agente ceda à expectativa estatal.

O que há da parte do acusador (autor da ação), por seu turno, é o *direito de deduzir a pretensão punitiva perante um órgão de jurisdição*, vale dizer, o *direito de acusar*. O acusador, portanto, deduz em juízo uma pretensão material punitiva que é – sempre, porque vinculada ao poder de punir – do Estado. O Ministério Público, pela denúncia, e o ofendido, pela queixa, deduzem em juízo a pretensão *estatal* de punir.

Ao contrário de Aury Lopes, não identificamos nenhuma impropriedade no termo *pretensão punitiva*. O eminente doutrinador sugere o emprego do termo *pretensão acusatória*, que entende mais adequado, sob o seguinte argumento: "O poder de condenar o culpado é um direito potestativo, anterior ao processo, porque nasce do delito, conforme a lei penal. Por isso, o conteúdo da pretensão jurídica no processo penal é acusatório, e não punitivo (...) O titular da pretensão acusatória (acusador) exige que a Justiça Penal exerça o poder punitivo e não que se atribua a ele mesmo ou a um terceiro, como ocorre no processo civil. Não existe pedido de adjudicação alguma por parte do acusador, pois não lhe corresponde o poder de penar. Por isso, o acusador detém o poder de acusar, não de penar. Logo, jamais poderia ser uma pretensão punitiva"[4].

A nosso juízo, esse raciocínio deriva da confusão pontual entre poder de punir, pretensão de punir e acusação. O *poder punitivo* é a primeira situação material ativa do Estado, surgindo a partir da prática concreta da infração penal. Associada a esse poder, tem-se, *ainda no plano material*, a *pretensão punitiva*, também invariavelmente titularizada pelo Estado.

A pretensão punitiva tem caráter material, e não ainda processual, eis que deriva diretamente do poder de punir. Não por outro motivo é que essa pretensão está disciplinada pelo direito penal (por exemplo, quanto à prescrição da pretensão punitiva), e não pelo direito processual[5]. Ao direito processual cabe a disciplina do *exercício* da pretensão punitiva, por meio de ato postulatório do acusador.

Nessa trilha, o que se reserva ao Ministério Público ou ao ofendido, no plano processual, é o direito *de deduzir* a pretensão punitiva em juízo. Falar-se, assim, em uma *pretensão de conteúdo acusatório*, ou *pretensão acusatória*, supõe que a referência seja a algo *diverso* da pretensão punitiva. Isso porque dita pretensão acusatória é do acusador, ao passo que a pretensão punitiva a ela associada é (sempre) do Estado. São dois objetos distintos. Desta sorte, a "pretensão acusatória" não pode vir para substituir o termo "pretensão punitiva": trata-se a primeira apenas de outro nome para a própria acusação.

---

4. Lopes Jr, Aury. *Direito Processual Penal*. São Paulo: Saraiva, 2014, pp. 143-144.

5. Com lógica semelhante, no ponto particular discutido, anota Scarance Fernandes: "A pretensão punitive não pode ser o objeto do processo, pois existe antes dele, decorrendo da simples violação da norma penal. Pode haver pretensão punitive e inexistir processo, porque não se descobriu a autoria ou ocorreu a extinção da punibilidade". Cfr. Fernandes, Antônio Scarance. *A Reação Defensiva à Imputação*. São Paulo Revista dos Tribunais, 2002, p. 41.

Como afirma o ilustre processualista, o acusador "exige que a Justiça Penal exerça o poder punitivo", significando isso dizer: o acusador deduz a pretensão estatal de que a Justiça Penal exerça o poder punitivo. Tem-se, na hipótese, *pretensão punitiva (pretensão de punir) deduzida em juízo por meio de acusação.*

2. CONDIÇÕES ESSENCIAIS DA AÇÃO PENAL

2.1. Considerações iniciais

Conforme Frederico Marques, condições da ação penal são os elementos e requisitos para que o juiz decida do mérito da pretensão punitiva, aplicando o direito objetivo a uma situação contenciosa[6]. Trata-se, portanto, de condições de admissibilidade, cuja existência é prévia à apreciação do mérito da causa objeto da demanda judicial.

O Código de Processo Civil de 1973 contemplava as seguintes condições essenciais da ação: possibilidade jurídica do pedido, legitimidade *ad causam* e interesse de agir. Estas eram causas de extinção do processo sem resolução do mérito (art. 267, inciso VI, CPC/1973). Sob tal base, sempre se tentou, com escasso êxito e muitas imprecisões, a inserção desses conceitos no âmbito do direito processual penal.

O Código de Processo Civil de 2015, por seu turno, não mais utiliza a expressão "condições da ação". De toda sorte, o art. 17 do CPC/2015 dispõe que "para postular em juízo é necessário ter interesse e legitimidade". Já o art. 330, *caput*, incisos II e III, estabelece o indeferimento liminar da petição inicial quando: "a parte for ilegítima"; "o autor carecer de interesse processual". O art. 337, *caput*, inciso XI, de sua parte, deixa claro que tais categorias são de análise prévia ao mérito da causa ("incumbe ao réu, antes do mérito, alegar..."). Nesta mesma trilha, de maneira ainda mais clara, o art. 485, *caput*, inciso VI, assim preceitua: "O juiz não resolverá o mérito quando: verificar ausência de legitimidade ou de interesse processual".

Nessas condições, persiste um *regime de admissibilidade*, em caráter prévio ao mérito, mas agora *limitado ao interesse e à legitimidade*, além dos pressupostos processuais. A *impossibilidade jurídica do pedido*, por sua vez, passa a normativamente constituir *hipótese de mérito*, o que, aliás, atende à lógica de parte da doutrina manifestada já sob a égide do Código de Processo Civil de 1973. Com efeito, nos termos do art. 487, *caput*, inciso I, do CPC/2015: "Haverá resolução de mérito quando o juiz: I – acolher ou rejeitar o pedido formulado na ação ou na reconvenção".

No direito processual civil, a doutrina tem sustentado a superação da ideia de "condições da ação", diante do novo regime, acima delineado. Em todo caso, subsistem causas de admissibilidade, de apreciação preliminar, cujo reconhecimento implica o indeferimento liminar da inicial (art. 330, II e III, CPC/2015) ou a extinção do processo sem resolução do mérito, na sentença (art. 487, I, CPC/2015). A reforma substancial,

---

6. Marques, José Frederico. *Elementos de Direito Processual Penal*. Rio de Janeiro: Forense, 1961, v. I, p. 317.

a nosso juízo, traduz-se na nova compreensão da impossibilidade jurídica da causa de pedir (ou do pedido), como questão de mérito.

Por outro lado, no direito processual penal, subsiste a lógica de *condições da ação*. O regime normativo a esse respeito, entretanto, atualmente coincide, em certa medida, com o do direito processual civil. Efetivamente, com a entrada em vigor do Código de Processo Civil de 2015, a impossibilidade jurídica do pedido passa a receber o mesmo tratamento normativo (questão de mérito) reservado, já desde o advento da Lei nº 11.719/2008, à causa correspondente no processo penal.

O exame das condições essenciais da ação, por ser prévio ao mérito, realiza-se a partir de uma base hipotética, de acordo com a matéria de fato alegada na inicial, em tese, independentemente, portanto, da veracidade concreta da *hipótese* objeto da demanda.

Aplica-se, nesse âmbito, a *teoria da asserção*, vale dizer: toma-se como objeto, para a aferição da presença das condições essenciais de admissibilidade da ação, os limites objetivos e subjetivos da situação hipotética tal qual narrada pelo autor na inicial (*in statu assertionis*).

Situados esses parâmetros, cumpre proceder à análise do sistema aplicável às *condições de admissibilidade da ação penal*.

2.2. O regime específico das condições de admissibilidade da ação penal

No processo penal, a verificação da admissibilidade da demanda deve tomar por base a *hipótese* de fato (hipótese acusatória) deduzida e delimitada na denúncia ou queixa. De acordo com esses limites abstratos é que se examina, portanto, a viabilidade hipotética da acusação.

São duas as condições essenciais de qualquer ação penal: (i) a legitimidade; (ii) a justa causa em sentido estrito.

No âmbito da ação penal pública, há ainda a *possibilidade* de aplicação de uma das seguintes condições, ditas *de procedibilidade*: representação ou requisição do Ministro da Justiça.

Nesse contexto, a identificação das condições de admissibilidade da ação penal obedece a parâmetros diversos daqueles aplicados no direito processual civil. Isso porque a lei processual penal oferece regência normativa particular e diferenciada para a hipótese de *interesse de agir*, como detalhado no tópico 2.2.3, *infra*.

Assim, se no processo civil o interesse traduz causa de mera admissibilidade da demanda, no processo penal a hipótese correspondente tem natureza de mérito, em sentido amplo, por conduzir à extinção da punibilidade do imputado (art. 107, Código Penal).

Regime semelhante aplica-se à *impossibilidade jurídica da causa de pedir*, que, correspondendo à atipicidade penal em tese, constitui causa de absolvição sumária (art. 397, inciso III, CPP), a integrar o mérito da demanda, portanto. Apenas, nesse ponto, o Novo Código de Processo Civil instituiu regime em igual direção, como indicado no tópico 2.1, *supra*.

Têm aplicabilidade ao processo penal, nesse sentido, apenas a legitimidade e a justa causa em sentido estrito.

Para melhor discernimento, porém, abordam-se nos itens 2.2.3 e 2.2.4, *infra*, também as hipóteses de mérito correspondentes ao interesse de agir e à impossibilidade jurídica da causa de pedir.

Já a representação e a requisição do Ministro da Justiça, por constituírem condições de procedibilidade de aplicação limitada, serão examinadas nos tópicos 3.1 e 3.2 da Seção II, relativa à ação penal pública condicionada.

2.2.1. Legitimidade

A legitimidade *ad causam* refere-se à *hipotética* correspondência jurídica entre as posições ativa e passiva na ação e no processo, de um lado, e as posições ativa e passiva próprias da pretensão de direito material objeto da demanda.

Conforme ENRICO LIEBMAN: "*Legitimidade para agir (legitimatio ad causam)* (...) é a titularidade (ativa e passiva) da ação. Também a ação, como qualquer outro direito, pode via de regra se fazer valer unicamente por seu titular e, portanto, não é dado acolher em juízo aquele que não o seja"[7].

Compreende-se a legitimidade, nessa perspectiva, em função da *titularidade do interesse manifestado em juízo, diante da hipótese deduzida*. Assim bem o expressa LIEBMAN: "...dado o caráter instrumental, substitutivo da ação, esta não é conferida, via de regra, senão ao titular do interesse que ela tende a proteger, e contra o titular do interesse que com ele se acha em conflito"[8].

a) legitimidade no processo civil

Em uma ação civil que tenha por objeto negócio de compra e venda no qual o comprador formule pretensão material contra o vendedor, tem-se uma situação de fato em tese (causa de pedir) em que o hipotético comprador desempenha uma posição ativa (titular de direito) e o vendedor uma posição passiva (titular de dever). De acordo com esses parâmetros, o comprador é legitimado ativo; o vendedor, legitimado passivo.

Suponha-se, porém, o seguinte caso: o dito comprador, na inicial, narra um negócio de compra e venda em que, pela própria hipótese tal qual alegada, o vendedor haja descumprido uma cláusula do contrato; apesar disso, o comprador dirige sua pretensão também contra terceira pessoa (por exemplo, o sujeito que aproximou ou indicou o

---

7. No original: "*Legittimazione ad agire (legitimatio ad causam)* (art. 81 cod. proc. civ.) è la titolarità (attiva e passiva) dell'azione. Anche l'azione infatti, come ogni altro diritto, può essere di regola fatta valere soltanto dal suo titolare e perciò non è dato ascolto in giudizio a chi tale non sia". Cfr. LIEBMAN, Enrico Tullio. *Manuale di Diritto Processuale Civile*. Milano: Giuffrè, 1957, v. I, p. 40.

8. No original: "...dato il carattere strumentale, sostitutivo dell'azione, essa non è conferita di regola se non al titolare dell'interesse che essa tende a proteggere, e nei confronti del titolare dell'interesse che con esso si trova in conflitto". Cfr. LIEBMAN, Enrico Tullio. *Manuale di Diritto Processuale Civile*. Milano: Giuffrè, 1957, v. I, p. 41.

vendedor ao comprador), não responsável, em tese, segundo o ordenamento jurídico. Na hipótese, esse terceiro não é legitimado passivo.

Uma coisa é afirmar o autor da ação, declarando-se comprador, que o demandado fora o vendedor, sem que isso, no entanto, seja verdade. Nessa hipótese, *alegando* o autor que o demandado lhe vendera o produto, a ação deve ser admitida, ficando a veracidade do fato alegado reservada ao embate processual. Outra coisa, porém, é o autor, em suas próprias alegações, demandar contra terceiro, sem indicá-lo como vendedor ou responsável. Na hipótese, a ação não deve ser admitida, já que a própria hipótese apresentada não oferece responsabilidade em tese do demandado pela satisfação da pretensão autoral.

Com efeito, por qual razão instaurar um processo para verificar se o terceiro indicado para o polo passivo efetivamente aproximou ou indicou o vendedor ao comprador se, mesmo demonstrada a veracidade dessa hipótese, não se poderia impor responsabilidade civil a esse terceiro?

Do mesmo modo, se outra pessoa, diversa do comprador, ajuizar a ação para obter a satisfação do direito deste, não haverá legitimidade ativa, pois o titular em tese do direito, no negócio hipotético narrado, é o comprador, a quem cabe perseguir em juízo a defesa de sua pretensão material. A regra geral a esse respeito é a de que ninguém pode postular em nome próprio direito alheio, ressalvadas as hipóteses legalmente excepcionadas, vale dizer, as situações de substituição processual. Como expressa o art. 18, *caput* e parágrafo único, do CPC/2015: "Ninguém poderá pleitear direito alheio em nome próprio, salvo quando autorizado pelo ordenamento jurídico. Havendo substituição processual, o substituído poderá intervir como assistente litisconsorcial".

Nesses casos, portanto, a lei confere legitimidade ativa a sujeito(s) diverso(s) do titular do direito material objeto de discussão. O ordenamento jurídico é, em última análise, o parâmetro para identificar a admissibilidade de uma hipótese do ponto de vista subjetivo, nos planos ativo e passivo, informando se, em tese, o autor da ação pode postular e contra quem lhe cabe postular.

b) legitimidade no processo penal

No direito processual penal, não há qualquer dificuldade quanto à compreensão da *legitimidade ativa*, que, por sinal, é o critério único de distinção entre a ação penal de iniciativa pública e a ação penal de iniciativa privada.

O Ministério Público é o legitimado ativo na hipótese de crime processável por ação penal pública incondicionada, segundo a regra geral, ou condicionada à representação ou à requisição do Ministro da Justiça, em situações excepcionais legalmente contempladas.

Por seu turno, o ofendido (ou seu sucessor legal) é o legitimado ativo quando a ação penal tenha por objeto infração penal que se processe por ação penal de iniciativa privada, em situações excepcionais legalmente previstas.

Há dificuldades, no entanto, em se conceber a *legitimidade passiva*, uma vez que a ação penal sempre envolve uma questão de autoria ou participação em um ilícito penal, de modo que a legitimidade passiva se confundiria com o próprio mérito da hipótese acusatória.

Com efeito, é inerente a toda acusação estar fundada na materialidade de um fato em tese constitutivo de infração penal e em pelo menos indícios de autoria ou participação do imputado.

Seja como for, pode-se cogitar da relevância da legitimidade passiva na hipótese de equívoco do acusador quanto à identificação do acusado. Por exemplo: o Ministério Público pretende acusar José Ferreira da Silva, filho de Francisco José da Silva e Maria Ferreira e registrado civilmente sob o número *XX*, o qual foi investigado no inquérito policial e contra quem pesariam indícios de autoria; em vez disso, porém, o acusador oferece a denúncia contra José Ferreira da Silva, filho de Almir Franco da Silva e Joana Ferreira Pontes e registrado civilmente sob o número *YY*. No caso hipotético, o último José Ferreira da Silva não é legitimado passivo para a causa.

2.2.2. *Justa causa em sentido estrito*

A condição mais importante da ação penal é a *justa causa*, prevista como hipótese de rejeição liminar da inicial acusatória (art. 395, inciso III, CPP).

A *justa causa* pode ser compreendida (i) em sentido estrito ou (ii) em sentido amplo, mas o fundamento uniforme próprio dessa condição é a *exigência de justo motivo para a instauração de processo penal*, que por natureza representa grave constrangimento à esfera individual do imputado.

Trata-se de condição específica do processo penal precisamente porque o rigor quanto à admissibilidade da ação penal deve ser maior que aquele próprio da admissibilidade da ação civil. Assim é porque a mera existência de um processo penal já representa um pesado fardo na vida da pessoa, gerador de diversas restrições (em que pese a garantia do estado jurídico ou da presunção de inocência), de intranquilidade e até de humilhação[9].

Nesse sentido, a instauração do processo penal não pode ocorrer de forma graciosa, com base em simples suspeita, exigindo-se o justo motivo, vale dizer, a justa causa.

a) justa causa em sentido estrito: originária ou superveniente

Em primeiro plano, a instauração do processo penal, a partir da acusação, só é admissível se existentes *subsídios probatórios mínimos*, não bastando a mera suspeita. Esse suporte probatório mínimo, correspondente ao conceito de *justa causa em sentido*

---

9. Sobre essa feição degradante do processo penal, assim bem pontuou GOMES FILHO: "Como tem sido ressaltado em importantes estudos sociológicos, o processo penal é sobretudo um cerimonial de degradação do *status* social do indivíduo submetido à persecução. E os sistemas jurídicos frequentemente se utilizam da humilhação do acusado como uma sanção pouco custosa e, ao mesmo tempo, de grande força nos mecanismos simbólicos de repressão". Cfr. GOMES FILHO, Antônio Magalhães. *O princípio da presunção de inocência na Constituição de 1988 e na Convenção Americana sobre Direitos Humanos (Pacto de São José da Costa Rica)*. In: Revista do Advogado, n. 42. São Paulo: AASP, abr. 1994.

estrito, traduz-se: (i) na *materialidade do fato* em tese constitutivo de infração penal, significando isso a certeza probatória quanto à existência da hipótese *objetiva* de fato narrada na inicial; (ii) em ao menos *indícios de que o imputado foi autor ou partícipe do fato* em tese constitutivo de crime.

Quanto ao ponto (i), compreenda-se que, na órbita da materialidade, não entra em análise a discussão sobre se o fato é ou não em tese criminoso. A aferição, no particular, diz respeito à *prova da existência material* do fato alegado, independentemente de sua qualificação jurídico-penal. O juízo de tipicidade pertence ao domínio da possibilidade jurídica do pedido, traduzindo questão de mérito, objeto de análise no tópico 2.2.4, *infra*. Para a admissibilidade da ação, demanda-se a certeza quanto à existência do fato narrado.

Por outro lado, acerca do ponto (ii), não basta a suspeita ou a presunção de que o imputado foi autor ou partícipe do fato, exigindo-se *prova indiciária quanto à autoria ou à participação*, vale dizer, aquela que, com base em uma situação provada (fato conhecido), leva a uma inferência aproximativa a uma situação desconhecida.

Esse contexto é que explica a existência de procedimentos de investigação no âmbito do processo penal. O inquérito policial, assim como os demais procedimentos de investigação, destina-se à busca dessa base probatória mínima (materialidade e indícios de autoria ou participação), de modo a possibilitar ao acusador o exercício da ação penal.

O *suporte probatório mínimo* de que se trata conforma o *conceito restrito de justa causa*. A *justa causa em sentido estrito* consiste, assim, nos elementos probatórios mínimos, analiticamente desdobrados em materialidade e indícios de autoria ou participação, que tornem justificável a acusação e a correlata instauração de processo penal contra o imputado.

A *falta de justa causa* pode ser *originária* ou *superveniente*. No primeiro caso, já quando do oferecimento da denúncia ou da queixa inexiste o suporte mínimo necessário à admissibilidade da acusação. No segundo, a superveniência de alguma circunstância nova, do ponto de vista probatório, elimina a força mínima dos subsídios originários, tornando a ação penal sem justa causa.

Assim, por exemplo, na hipótese de declaração de ilicitude da prova durante o processo, a exclusão dos respectivos elementos pode esvaziar o suporte informativo mínimo que justificara a admissibilidade da acusação. Nesse caso, deve ser reconhecida a falta de justa causa, em caráter superveniente.

Por fim, sobre a justa causa em sentido estrito, interessa referir três situações especiais: (a) a justa causa para a ação penal por crime material contra a ordem tributária; (b) a justa causa para a ação penal por crime contra a propriedade imaterial que deixa vestígios; (c) a justa causa para a ação penal por crime de *lavagem* de capitais.

Na hipótese (a), a jurisprudência consolidou-se no sentido de que só ocorre a consumação de crime material (crime de resultado) contra a ordem tributária após o lançamento definitivo do crédito tributário pela autoridade fiscal. Nesse sentido, refira-se a Súmula Vinculante nº 24 do STF: "Não se tipifica crime material contra a ordem tributária, previsto no art. 1º, incisos I a IV, da Lei 8.137/1990, antes do lançamento definitivo do tributo".

Com isso, não há justa causa em sentido estrito, por falta de materialidade, para a ação penal que tenha por objeto crime material contra a ordem tributária, antes da consolidação definitiva do ato de lançamento do crédito fiscal. Assevere-se que, embora a súmula só especifique o tipo penal do art. 1º da Lei nº 8.137/1990, a mesma orientação alcança os demais tipos de crimes materiais, a exemplo do descaminho (art. 334-A, § 1º, II, Código Penal) e da sonegação de contribuição previdenciária (art. 337-A, Código Penal).

Na hipótese especial (b), o art. 525 do CPP condiciona a materialidade e, portanto, a justa causa para a ação penal por crime contra a propriedade imaterial à realização de perícia sobre o vestígio do fato: "No caso de haver o crime deixado vestígio, a queixa ou a denúncia não será recebida se não for instruída com o exame pericial dos objetos que constituam o corpo de delito". Exige-se, assim, *prova pericial pré-constituída*, como elemento de justa causa para a ação penal.

Por fim, quanto à hipótese especial (c), o art. 2º, § 1º, da Lei nº 9.613/1998 estabelece condições menos rigorosas para o aperfeiçoamento da justa causa em sentido estrito para a ação penal por crime de *lavagem* de capitais, dispensando a materialidade (certeza quanto à existência típica) do crime antecedente: "A denúncia será instruída com indícios suficientes da existência da infração penal antecedente..." Assim, a justa causa, neste âmbito, aperfeiçoa-se já com a mera prova indiciária quanto à existência do crime antecedente, não sendo necessária, portanto, a certeza.

Aqui, tem-se justa causa com (i) indícios da existência material do crime antecedente e, portanto, do próprio crime de *lavagem* de capitais e (ii) indícios de autoria ou participação do imputado. A potencialidade lesiva, a complexidade e a maior dificuldade probatória próprios dos crimes de *lavagem* de ativos justificam esse tratamento normativo especial.

b) justa causa em sentido amplo

Em uma segunda dimensão, pode-se conceber também um *conceito amplo de justa causa*, entendida agora como a *síntese das demais condições da ação penal, inclusive a justa causa em sentido estrito*. A *justa causa*, nesse sentido, é o conjunto de condições mínimas que tornam justificável o exercício de acusação e a correlata instauração de processo penal. Expressando um conceito amplo de justa causa, Maria Thereza de Assis Moura define-a como "o fato ou o conjunto de fatos que justificam determinada situação jurídica, ora para excluir uma responsabilidade, ora para dar-lhe certo efeito jurídico"[10].

---

10. A ilustre processualista não considera a justa causa uma condição autônoma da ação penal, e sim mera síntese das demais: "...a justa causa não constitui condição da ação, mas a falta de qualquer uma das apontadas condições [legitimidade *ad causam*, interesse de agir, possibilidade jurídica do pedido] implica falta de justa causa: se o fato narrado na acusação não se enquadrar no tipo legal; se a acusação não tiver sido formulada por quem tenha legitimidade para fazê-lo e em face de quem deva o pedido ser feito; e, finalmente, se inexistir o interesse de agir, faltará justa causa para a ação

A lei processual penal utiliza o termo "justa causa" em um sentido que nos parece ser o estrito no art. 395 do CPP, que discrimina as causas de rejeição liminar da denúncia e da queixa. Isso porque, no inciso II desse dispositivo, estabelece a lei que o juiz deverá rejeitar a inicial acusatória quando verificar a falta de condição da ação penal e, no inciso III, está fixado que o juiz deve adotar a mesma providência quando faltar justa causa[11].

Ora, se a lei trata em apartado da justa causa em inciso autônomo, só é cogitável aqui um conceito restrito (materialidade e indícios de autoria), uma vez que as demais condições (legitimidade e, quando exigida, representação ou requisição), integrantes do conceito amplo, estão autonomamente contempladas no inciso II do art. 395 do CPP.

Por outro lado, quando o art. 648, inciso I, do CPP prescreve como hipótese de constrangimento ilegal sanável por *habeas corpus* a "falta de justa causa", identifica-se aí um conceito amplo de justa causa. O *habeas corpus* que se destine, por exemplo, ao trancamento da ação penal por falta de justa causa pode ter por base hipótese de ilegitimidade ativa ou então de atipicidade penal em tese (impossibilidade jurídica da causa de pedir). Com efeito, falta justa causa em sentido amplo a uma hipótese juridicamente impossível ou em que se identifica a ilegitimidade do acusador.

2.2.3. Mérito da ação penal: interesse

O *interesse* reflete a exigência de que o Estado só pode ser movimentado para o exercício da jurisdição se houver necessidade e possibilidade de obtenção de um resultado útil ao final da demanda.

Dessa lógica emanam as dimensões próprias do interesse de agir, quais sejam, a necessidade, a utilidade e a adequação. A *necessidade* expressa a impossibilidade abstrata ou concreta de obtenção da proteção ao direito por meio diverso da jurisdição; a *utilidade* diz respeito à efetividade da satisfação, caso a demanda seja julgada procedente; e a *adequação* consiste na aptidão do provimento perseguido pelo autor para a satisfação do direito alegado.

No direito processual civil, há interesse-necessidade na hipótese em que a parte contrária se nega a voluntariamente a satisfazer ao direito (necessidade concreta de recorrência à jurisdição) ou naquelas em que a própria lei impõe a jurisdição como meio necessário para o exercício de alguns direitos (necessidade abstrata de recorrência à jurisdição).

---

penal". Cfr. Moura, Maria Thereza de Assis. *Justa Causa para a Ação Penal: doutrina e jurisprudência*. São Paulo: Revista dos Tribunais, 2001, p. 221. De nossa parte, como exposto no texto principal, compreendemos a justa causa como condição autônoma, no sentido restrito, de lastro probatório mínimo.

11. À primeira vista, esse tratamento literal da lei poderia favorecer também a lógica de que a justa causa constituiria algo diverso da condição da ação penal, expressando um sentido amplo de síntese. Fosse assim, porém, que sentido haveria em estabelecer uma previsão autônoma da falta de justa causa como causa de rejeição liminar da inicial, no art. 395, III, do CPP? Só pode tartar-se de condição essencial da ação penal, com significado e alcance autônomos.

Por outro lado, há interesse-utilidade quando o direito alegado puder ser *efetiva-mente* satisfeito, caso advenha uma tutela jurisdicional favorável ao direito do autor, o que falta, por exemplo, na hipótese de prescrição ou de decadência.

Por fim, há interesse-adequação quando a via escolhida pelo autor se presta juridicamente à proteção do direito material escolhido, o que falta, por exemplo, na hipótese em que o autor escolhe o mandado de segurança para buscar a satisfação de um fim pecuniário (via inadequada e, portanto, inútil). A ausência de adequação da via escolhida reflete a própria inutilidade da ação, motivo pelo qual as vertentes do interesse do agir podem, a nosso juízo, ser reduzidas à necessidade e à utilidade.

No direito processual penal, essas dimensões do interesse não se aplicam como categorias de admissibilidade.

Em primeiro lugar, o interesse-necessidade sempre existirá, pois não há hipótese de satisfação voluntária de qualquer pretensão material de caráter punitivo à margem do devido processo legal. Com efeito, a realização concreta da pretensão punitiva depende de ato judicial constitutivo de sua procedência, ainda que o titular do direito de liberdade aceite ou mesmo queira a imposição de uma pena vinculada à prática da infração penal. Trata-se, portanto, de necessidade abstrata de recorrência à jurisdição penal.

Já o interesse-utilidade, por sua vez, conduz sempre a uma apreciação de mérito, e não de admissibilidade. Falta utilidade quando, por exemplo, já estiver prescrita em abstrato a pretensão punitiva. De fato, que utilidade terá o processo se, mesmo ao final reconhecida a procedência da hipótese de acusação, não poderá ser aplicada qualquer pena ao acusado, pois sua punibilidade já está extinta (art. 107, IV, CP), em virtude da incidência da prescrição?

Nesse particular, como o interesse afeta diretamente a própria pretensão punitiva, que tem natureza material, seu reconhecimento concreto implica análise de mérito em sentido amplo (mérito *lato sensu*). Com efeito, a carência de interesse de agir conduz à incidência da extinção da punibilidade, cujas causas estão discriminadas no art. 107 do Código Penal. A falta de utilidade da pretensão punitiva, em última análise, traduz a extinção da viabilidade de seu exercício, isto é, da possibilidade de punir o agente (ou punibilidade).

Por isso, como já anunciado, o interesse de agir, no processo penal, não é condição de admissibilidade da ação penal, conduzindo, em vez disso, a uma apreciação de caráter meritório (mérito *lato sensu*), ainda que não do mérito estrito da causa (mérito *stricto sensu*).

2.2.4. Mérito da ação penal: impossibilidade jurídica da causa de pedir (ou do pedido)

Costuma-se associar a *possibilidade jurídica do pedido* à *tipicidade da hipótese de acusação* ou, em outros termos, à tipicidade em tese dos fatos narrados na inicial acusatória.

No plano da admissibilidade, não interessa saber se a hipótese é ou não verdadeira, mas se ela, como hipótese, configura ou não algum tipo de injusto criminal, vale dizer, alguma infração penal. Se a inicial acusatória contém a narrativa de fatos (hipótese de acusação) que nem mesmo em tese conformam qualquer tipo penal, tem-se que a causa de pedir é juridicamente impossível.

Com efeito, não haveria sentido em instaurar processo para apurar a veracidade ou não de uma hipótese acusatória se até mesmo no plano hipotético, por atipicidade, não há possibilidade de intervenção penal.

A título de exemplo, tome-se em consideração denúncia hipotética em que o Ministério Público narre a seguinte situação: "No dia 15 de fevereiro de 2013, o sujeito *X*, professor da Universidade Federal do Ceará, por notório descuido na utilização do projetor da Faculdade durante uma aula, causou prejuízo definitivo ao equipamento, que não mais funciona, estando os alunos privados desse recurso tecnológico até o presente. Diante da situação narrada, tem-se por configurado crime de dano, previsto no art. 163, parágrafo único, III, do Código Penal, e processável por ação penal pública de acordo com o art. 167 do mesmo código".

Tem-se aí atipicidade manifesta da hipótese de acusação, uma vez que o dano não é punível na forma culposa, por ausência de previsão legal. O dano culposo ("por descuido", como narrado na denúncia) configura apenas ilícito civil, e não ilícito penal, por falta de tipicidade. Na espécie, toma-se a hipótese tal qual narrada na denúncia (*in statu assertionis*), que contém uma acusação de "descuido", associável à negligência ou à imprudência, na utilização de um equipamento, como conduta causadora do resultado danoso. Não diz o acusador, em nenhum momento, que o dano foi causado intencionalmente pelo professor acusado.

Nessas condições, por qual razão instaurar um processo para verificar a hipótese, ou seja, para verificar se o professor realmente causou o dano e se atuou com culpa, se, mesmo provado que o professor agiu culposamente, nem assim a intervenção penal será possível? Já no plano antecipado, desse modo, conforma-se a improcedência em tese da hipótese de acusação.

Além da impossibilidade jurídica da causa de pedir, entendida como a atipicidade penal da hipótese de acusação, cogita-se também da impossibilidade jurídica do próprio pedido, quando, por exemplo, o acusador pretenda a aplicação de sanção penal não admissível em nosso sistema (pena perpétua, pena de morte, *verbi gratia*) ou ainda quando persiga pretensão diversa da pretensão de punir. Nesse particular, de igual modo, há juízo de mérito no reconhecimento da inviabilidade hipotética da postulação.

2.3. Consequências Jurídicas da Carência de Ação

Definidos os limites conceituais de cada uma das condições da ação penal, cabe na sequência analisar as consequências da falta de qualquer delas.

De início, importa deixar claro que as condições essenciais da ação penal constituem matéria de ordem pública, razão pela qual a verificação judicial de sua existência pode se realizar em qualquer tempo e independentemente de provocação das partes.

Diz-se, assim, que as condições da ação representam matéria cognoscível de ofício pelo órgão judiciário (independentemente de provocação) e não se sujeitam à preclusão temporal (são cognoscíveis em qualquer tempo e em qualquer grau de jurisdição). Aí desponta a *essencialidade* das condições da ação.

A falta de qualquer das condições da ação penal acarreta o que se convencionou chamar de *carência de ação*.

A depender, no entanto, do momento em que houver o reconhecimento judicial da carência de ação, distintas são as consequências jurídicas aplicáveis.

Caso o reconhecimento da carência ocorra na oportunidade inicial em que o juiz verifica se deve ou não receber a inicial acusatória (instaurando ou não o processo penal), a consequência jurídica será a *rejeição liminar*, nos termos do art. 395, incisos II e III, do Código de Processo Penal.

Nessa hipótese, o órgão judiciário, em vez de receber a inicial acusatória, rejeita-a liminarmente, com fundamento na norma em referência. O mesmo acontecerá se o juiz reconhecer a inépcia (inaptidão formal) da inicial, com fundamento no art. 395, inciso I, do CPP[12].

Pode ocorrer, entretanto, de o órgão judiciário receber a inicial acusatória e só depois, com o processo já instaurado, verificar a carência de ação (art. 395, II e III, CPP), ou a inépcia da inicial acusatória (art. 395, I, CPP). Se isso acontecer, ainda será possível a rejeição liminar?

A esse respeito, à vista do procedimento comum, nos ritos ordinário e sumário, é importante considerar o disposto no art. 399 do CPP: "Recebida a denúncia ou queixa, o juiz designará dia e hora para a audiência, ordenando a intimação do acusado, de seu defensor, do Ministério Público e, se for o caso, do querelante e do assistente".

No procedimento comum ordinário e no sumário, não há contraditório prévio ao recebimento da inicial acusatória. Oferecida a denúncia ou a queixa, o órgão judiciário seguidamente já efetiva o juízo de admissibilidade, para o efeito de receber a inicial ou rejeitá-la liminarmente (art. 395, CPP).

Recebida a inicial, ato com que se dá a instauração do processo, o juiz determina a citação do acusado para responder à acusação, no prazo de 10 (dez) dias (art. 396, *caput*, CPP), oportunidade em que, dentre outros aspectos, poderá a defesa suscitar preliminares (art. 396-A, CPP).

Segue-se então, após a resposta do acusado, a etapa prevista no art. 399 do CPP. Ocorre que esse dispositivo dá a entender que haveria outro recebimento da denúncia ou da queixa após a resposta à ação penal: "*recebida a denúncia ou queixa*, o juiz designará dia e hora..."

Para afastar qualquer confusão sugerida por uma ideia de "duplo recebimento da inicial", dizemos mais propriamente que, após a resposta do acusado, há uma fase de *juízo de ratificação ou não do recebimento da inicial*, sendo esse o significado da

---

12. No direito processual civil, o reconhecimento preliminar a falta de interesse ou de legitimidade acarreta o *indeferimento liminar da inicial*, nos termos do art. 330, *caput*, incisos II e III, do NCPC/2015.

expressão "recebida a denúncia ou queixa", empregada no início do art. 399 do CPP. Leia-se aí, portanto: "*ratificado* o recebimento da denúncia ou queixa, o juiz designará dia e hora..."

Identificar uma fase de juízo de ratificação do recebimento da inicial supõe admitir que, nesta etapa, possa o juiz deixar de ratificar ou, em outros termos, rejeitar a inicial. Trata-se ainda de rejeição liminar, pois a essa altura o processo não terá sequer ingressado na fase de instrução.

Por outro lado, se, a teor do art. 396-A do CPP, o acusado pode na resposta inicial "arguir preliminares", não faria o menor sentido que o juiz não pudesse logo na etapa seguinte apreciá-las e, quando fosse o caso, reconhecê-las.

Nesse sentido, assinala-se que, na fase do juízo de ratificação do recebimento da denúncia ou da queixa, poderá o órgão judiciário, em vez de ratificar o ato de recebimento, rejeitar liminarmente a inicial, se nesse momento identificar, de ofício ou apreciando questão preliminar suscitada pelo acusado na resposta à acusação, qualquer das causas discriminadas no art. 395 do CPP.

A jurisprudência mais recente dos tribunais nacionais tem assentado entendimento semelhante. Com essa orientação, refira-se o julgado da Sexta Turma do Superior Tribunal de Justiça no RESP 1.318.180/DF (STJ, 6ª Turma, RESP 1.318.180, Rel. Min. SEBASTIÃO REIS JÚNIOR, julgamento em 16.05.2013, DJ de 29.05.2013): "1. O fato de a denúncia já ter sido recebida não impede o Juízo de primeiro grau de, logo após o oferecimento da resposta do acusado, prevista nos arts. 396 e 396-A do Código de Processo Penal, reconsiderar a anterior decisão e rejeitar a peça acusatória, ao constatar a presença de uma das hipóteses elencadas nos incisos do art. 395 do Código de Processo Penal, suscitada pela defesa. 2. As matérias numeradas no art. 395 do Código de Processo Penal dizem respeito a condições da ação e pressupostos processuais, cuja aferição não está sujeita à preclusão (art. 267, § 3º, do CPC, c/c o art. 3º do CPP). 3. Hipótese concreta em que, após o recebimento da denúncia, o Juízo de primeiro grau, ao analisar a resposta preliminar do acusado, reconheceu a ausência de justa causa para a ação penal, em razão da ilicitude da prova que lhe dera suporte".

Na mesma trilha, tem-se elucidativo julgado do Tribunal Regional Federal da 4ª Região (TRF4, 7ª Turma, RSE 2009.71.02.000450-0, Rel. Des. TAADAQUI HIROSE, julgamento em 26.05.2009, DJ de 08.07.2009): "Nessa linha, a partir das alterações produzidas pela aludida Lei [Lei 11.719/2008], após o oferecimento da peça acusatória, não sendo caso de rejeição liminar (art. 395), cabe ao juiz propiciar a apresentação de resposta por escrito, oportunidade em que o denunciado poderá alegar tudo o que interesse à sua defesa (art. 396 e 396-A). Dessa forma, os fatos narrados na peça incoativa passam a ser examinados em cotejo com os argumentos apontados pela defesa (art. 396) para, somente assim, sob os auspícios do contraditório e da ampla defesa, aferir o julgador se, efetivamente, há justa causa para a ação penal, iniciando-a, se for o caso, com o recebimento da denúncia *[em verdade, a nosso juízo, ratificação do recebimento da denúncia]* (...) Portanto, não há mácula na decisão que, após a apresentação das respostas preliminares, realiza novo juízo de prelibação para, revendo decisão anterior, concluir pela ausência de justa causa ao exercício da ação penal. Até porque, inexiste utilidade no prosseguimento do feito quando não evidenciado um suporte probatório mínimo acerca da autoria e da materialidade..."[13]

Não se pode aceitar a antiga doutrina, ainda refletida em alguns julgados, no sentido de que, já tendo o juiz recebido a inicial, não poderia mais ele próprio rejeitá-la, restando apenas ao interessado a via do *habeas corpus* para ter reconhecida a carência de ação ou a inépcia da denúncia ou da queixa.

Como antes pontuado, as condições da ação penal, constituindo matéria de ordem pública, não se sujeitam a qualquer marco preclusivo. O fato de o órgão judiciário, em um juízo precário antes do aperfeiçoamento do contraditório, decidir pelo recebimento da inicial não impede que depois, melhor apreciando a questão por conta própria ou a partir do que lhe suscite qualquer das partes, reconheça e declare a carência de ação, não importando, para tanto, o estado em que se encontra o feito.

Com essa orientação, refira-se o julgado da Segunda Turma do STF no HC 69.531/ RS (STF, 2ª Turma, HC 69.531, Rel. p/ acórdão Min. MARCO AURÉLIO, julgamento em 27.10.1992, DJ de 05.08.1994): "Legitimidade. Queixa-crime. Apreciação de ofício em grau recursal. As condições da ação são apreciáveis de ofício, pouco importando que o processo esteja em fase de apelação interposta pelo querelante e que a legitimidade lhe diga respeito. Aplicação subsidiária do par. 3 do artigo 267 do Código de Processo Civil [referência a dispositivo do CPC de 1973]..."

Em seguida, cabe perguntar: e se o órgão judiciário só vier a reconhecer a carência de ação ou a inépcia em momento posterior, uma vez já ratificado o recebimento da inicial (art. 399, CPP): por exemplo, durante a instrução ou até mesmo já no momento da sentença?

Nessa hipótese, à falta de disciplina específica na lei processual penal, pode-se aplicar subsidiariamente (art. 3º, CPP) o art. 485, *caput*, inciso VI, do Novo Código de Processo Civil (2015), quanto à *justa causa em sentido estrito*, inserível na figura do "interesse": "O juiz não resolverá o mérito quando: VI – verificar ausência de legitimidade ou de interesse recursal".

Compreendendo a justa causa como interesse-adequação, a possibilitar assim a aplicação subsidiária acima proposta, eis o julgado da Primeira Turma do STF no Inquérito nº 3.393/PB (STF, 1ª Turma, INQ 3.393, Rel. Min. LUIZ FUX, julgamento em 23.09.2014, DJ de 14.11.2014): "...a ação penal deve ser proposta acompanhada de prova pré-constituída mínima ou apta a comprovar a imputação, posto não ser admissível apenas que a narrativa feita na denúncia ou na queixa seja abstratamente

---

13. Ainda na mesma esteira, confira-se este julgado do Tribunal Regional Federal da 1ª Região (TRF1, 3ª Turma, Rel. Des. TOURINHO NETO, julgamento em 15.02.2011, DJ de 28.02.2011): "A Lei 11.719/08 inovou no processo penal ao introduzir a possibilidade de absolvição sumária do réu. Em sendo assim, tornou-se perfeitamente factível que o Juiz reveja a decisão pela qual recebeu a denúncia, para rejeitá-la em seguida, quando sua convicção é modificada por algum elemento trazido pela defesa em sua resposta escrita".

possível, sob pena de carecer a postulação de interesse de agir na modalidade interesse-adequação".

Deve-se ressalvar, entre as condições da ação penal, a *ilegitimidade de parte*, hipótese em que, em vez da extinção do processo sem resolução do mérito, deverá o juiz declarar *nulidade processual*, por força da disciplina específica imposta pelo art. 564, inciso II, do CPP. Nesse sentido, consulte-se o julgado da Segunda Turma do STF no HC 65.556/RJ (STF, 2ª Turma, Rel. Min. FRANCISCO RESEK, julgamento em 23.02.1988, DJ de 25.03.1988): "...Hipótese de ação penal pública condicionada, e não de queixa-crime. Nulidade do processo por ilegitimidade de parte"[14].

Nesse contexto, mostra-se sempre possível tomar a falta de justa causa (sentido estrito) em comparação com a ilegitimidade de parte para, por analogia, estabelecer o mesmo efeito de *nulidade processual* na primeira hipótese, no lugar da já aludida aplicação subsidiária do art. 485, VI, do CPC/2015. Essa lógica configura tanto a justa causa quanto a legitimidade *ad causam* como *pressupostos processuais de validade*.

Também no caso da *inépcia* pode-se com mais propriedade cogitar da declaração de nulidade, pois o processo penal instaurado por inicial inepta (equiparável à própria falta da inicial) é absolutamente nulo, nos termos do art. 564, inciso III, *a*, do CPP.

No entanto, sobretudo desde a reforma introduzida no procedimento comum pela Lei nº 11.719/2008, há ressalvas relevantes à orientação acima exposta: (i) a manifesta atipicidade penal do objeto da hipótese acusatória, que se associa, como já visto, à impossibilidade jurídica da causa de pedir; (ii) a falta de interesse de agir como geradora de extinção da punibilidade.

É que a atipicidade penal em tese está prevista como causa de absolvição sumária (art. 397, III, CPP), assim como a falta de interesse gera a extinção da punibilidade (art. 397, IV, CPP), o que implica invariavelmente *juízo de mérito*, em sentido estrito, no primeiro caso, e em sentido amplo, no segundo.

Assim, se o órgão judiciário, após a resposta do acusado à ação penal, verificar que "o fato narrado evidentemente não constitui crime", ou que "está extinta a punibilidade", deverá julgar antecipadamente o processo penal, para o efeito de declarar a absolvição sumária do acusado (art. 397, III e IV, CPP).

Com efeito, há nessas hipóteses apreciação de mérito: (i) Não o mérito da veracidade dos hipotéticos fatos objeto da ação penal, mas o mérito concernente à tipicidade penal da hipótese de acusação formulada na inicial. Essa apreciação, por conseguinte, insere-se no plano da procedência ou improcedência da hipótese acusatória e da pretensão punitiva a ela associada (art. 397, III, CPP); (ii) O mérito, em sentido amplo, da existência de causa extintiva da punibilidade (art. 397, IV, CPP, c/c art. 107, CP).

---

14. No mesmo sentido: STF, Tribunal Pleno, RHC 40.314/PI, Rel. Min. EVANDRO LINS, julgamento em 20.11.1963, DJ de 19.03.1964.

Nessa perspectiva, é inegável que, independentemente do momento em que for reconhecida a atipicidade penal em tese, haverá juízo de mérito em tal apreciação. Por isso é que, se o órgão judiciário determinar o arquivamento do inquérito policial ou das peças de informação com base na atipicidade penal do fato investigado, a decisão respectiva será de mérito e, quando tornada definitiva, faz coisa julgada material, como já decidiu o Supremo Tribunal Federal.

Da mesma forma, se a rejeição liminar da inicial acusatória tiver por base a atipicidade penal da hipótese narrada na denúncia, a decisão será igualmente de mérito, ainda que sob a invocação do art. 395, II ou III, do CPP.

Cumpre ressaltar, nesse ponto, que em primeiro juízo de admissibilidade o órgão judiciário não poderá ainda absolver sumariamente o acusado, etapa procedimental aplicável apenas após a instauração do processo (com o recebimento da inicial), a citação e a resposta do acusado. De toda sorte, ainda que se trate de uma decisão de rejeição liminar, se o motivo for a atipicidade (impossibilidade jurídica da causa de pedir), o ato constitui decisão de mérito e, portanto, faz coisa julgada material, igualmente ao que acontece com a decisão de arquivamento do procedimento de investigação fundada na mesma hipótese.

Assim, entendemos que seja este o regime aplicável ao processo penal:

(i) Em *primeiro juízo de admissibilidade*, com o recebimento ou não da inicial acusatória oferecida ao órgão judiciário (art. 396, CPP):

(i.a) caso de inépcia da inicial ou carência de ação por ilegitimidade *ad causam* ou falta de justa causa em sentido estrito: *rejeição liminar da inicial acusatória* (art. 395, I, II e III, CPP), não havendo juízo de mérito, razão pela qual a decisão faz coisa julgada apenas formal; esse ato equivale ao indeferimento liminar da petição inicial, próprio do direito processual civil (art. 330, *caput*, I, II e III, CPC/2015).

(i.b) caso de impossibilidade jurídica da causa de pedir, isto é, atipicidade penal em tese da hipótese de acusação formulada na inicial, ou do próprio pedido (inadmissível em tese pelo ordenamento jurídico): rejeição liminar da inicial acusatória (art. 395, II, CPP), com juízo de mérito, fazendo a decisão coisa julgada material, em ato que equivale normativamente à absolvição sumária (art. 397, III, CPP).

(ii) Em *segundo juízo de admissibilidade*, com a ratificação ou não do recebimento da inicial, após a resposta do acusado (art. 399, CPP):

(ii.a) caso de *inépcia da inicial* ou *carência de ação* por ilegitimidade *ad causam* ou falta de justa causa em sentido estrito: *rejeição liminar da inicial acusatória* (art. 395, II ou III, CPP), não havendo juízo de mérito, razão pela qual a decisão faz coisa julgada apenas formal.

(ii.b) *impossibilidade jurídica da causa de pedir*, isto é, atipicidade penal em tese da hipótese de acusação formulada na inicial, ou do próprio pedido (inadmissível em tese pelo ordenamento jurídico): *absolvição sumária* (art. 397, III, CPP), com juízo de mérito, fazendo a decisão coisa julgada material.

(iii) Em momento posterior, após a ratificação (art. 399, CPP) do recebimento da inicial:

(iii.a) *inépcia da inicial*: *declaração de nulidade*, nos termos do art. 564, III, *a*, do CPP.

(iii.b) *carência de ação por ilegitimidade ad causam*: *declaração de nulidade*, nos termos do art. 564, II, do CPP.

(iii.c) *carência de ação por falta de justa causa em sentido estrito*: *extinção do processo sem resolução do mérito, na sentença (ou melhor: decisão com força de definitiva*[15]*)*, por aplicação subsidiária da norma do art. 485, *caput*, VI, do CPC/2015: a falta de justa causa em sentido estrito, para tais efeitos, pode ser compreendida como ausência de interesse-adequação; aceitável ainda, na mesma hipótese (iii.c), a *declaração de nulidade*, com base no art. 564, II, do CPP, tomando-se a falta de justa causa por analogia à ilegitimidade de parte, já que são ambas condições da ação penal.

(iii.d) *impossibilidade jurídica da causa de pedir*, significando a *atipicidade penal em tese da hipótese de acusação*: *absolvição do acusado, na sentença*, com fundamento no art. 386, III, do CPP.

À míngua de clara e completa disciplina legal do assunto, acreditamos serem essas as soluções mais adequadas, em correspondência com as hipóteses descritas.

Essa compreensão nos conduz a evitar o termo impossibilidade jurídica da causa de pedir ou do pedido, preferindo designar a hipótese como atipicidade penal em tese, por melhor expressar a dinâmica específica do direito processual penal.

Parece mais pertinente, assim, situar a atipicidade penal em tese no domínio da justa causa em sentido amplo, conferindo-lhe assim tratamento mais adequado à sua natureza, enquanto questão de mérito. Isso supõe que, seja qual for a fonte jurisdicional decisória em que se reconheça essa causa (arquivamento, rejeição liminar, absolvição sumária, trancamento da ação penal por falta de justa causa), o ato respectivo produzirá os efeitos próprios de coisa julgada material.

3. INÍCIO DA AÇÃO E DO PROCESSO PENAL

A parte legitimada para acusar pode ajuizar a ação penal mediante o oferecimento de denúncia ou de queixa (conforme o caso) ao órgão jurisdicional. Neste ponto, cumpre indagar: a instauração do processo penal opera-se com o oferecimento da inicial acusatória ou com o recebimento da peça pelo órgão judiciário?

Parece-nos claro que apenas a inicial judicialmente admitida tem o efeito de instauração do processo penal, buscando-se, a partir daí, o aperfeiçoamento da relação jurídica processual pela citação do acusado. O recebimento da inicial significa a sua admissão como instrumento apto a instaurar o processo penal, à base do reconhecimento da aptidão formal do ato postulatório, assim como da presença das condições essenciais da ação e dos pressupostos processuais.

---

15. No processo penal, o ato terminativo sem resolução de mérito constitui *decisão com força de definitiva*. Para mais detalhes, confiram-se as seções próprias do Capítulo XVI e do Capítulo XIX deste Curso.

Antes disso, há mera fase pré-processual, que só termina com a efetivação do juízo de admissibilidade da inicial acusatória. Com o oferecimento da denúncia ou da queixa, têm-se as figuras do *denunciante/querelante* e do *denunciado/querelado*, mas apenas com a admissão da inicial surge propriamente a figura jurídica do *acusado* (como preferimos designar) ou *réu*.

A título de exemplo, não é por acaso que, no âmbito das ações penais de competência originária dos tribunais (hipóteses de foro especial por prerrogativa de função), os feitos são classificados como "inquérito" até que advenha deliberação pela Corte, na sessão própria, pelo recebimento da inicial acusatória.

Nesse contexto, importa asseverar que o juízo de admissibilidade no processo penal é muito mais rigoroso e estrito que no processo civil, sobretudo por conta da justa causa em sentido estrito, como condição essencial. Assim, e por mais que na prática o expediente seja muitas vezes banalizado, reclama-se do juízo uma apreciação cuidadosa quanto à existência das condições da ação penal, particularmente a justa causa.

Se negativo o juízo de admissibilidade, a denúncia ou a queixa deverá ser liminarmente rejeitada, com o que sequer terá havido instauração do processo penal. Além das razões técnicas já expostas, não se admite que o pesado constrangimento representado pelo processo penal possa ser imposto por simples ato postulatório da parte acusadora (que inclusive pode ser um particular), sem prévio controle judicial.

Alguns doutrinadores, entretanto, consideram que o processo penal se instaura já a partir do oferecimento da denúncia ou da queixa. O argumento principal invocado é o de que, caso haja rejeição liminar da inicial, poderá o acusador interpor recurso em sentido estrito contra a decisão (art. 581, I, CPP), o que gera a exigência de intimação do denunciado ou querelado para apresentar resposta (contrarrazões) ao recurso, efetivando-se assim a relação jurídica e o contraditório, próprios do processo penal.

Com esse entendimento, GUILHERME NUCCI sustenta o seguinte: "Por vezes, há confusão entre o início da ação penal e seu regular exercício. Ao receber a denúncia ou queixa, o juiz – que não é titular do direito de ação, motivo pelo qual não poderá iniciá-la – nada mais faz do que reconhecer a regularidade do exercício desse direito, podendo-se, então, buscar, através da dilação probatória, a decisão de mérito (...) Rejeitada a peça acusatória, há a possibilidade de interposição de recurso em sentido estrito (art. 581, I, CPP), provocando o tribunal a *dizer* o direito igualmente. Ressaltemos, desde logo, que o *recurso* nada mais é do que o prolongamento do direito de ação..."[16]

Não nos parece que seja assim. A existência de contraditório na fase pré-processual é possível em diversos momentos, inclusive no curso do procedimento de investigação. Embora não se trate de contraditório pleno (próprio da fase processual), há de todo modo o exercício dessa garantia pelo investigado em diversas situações,

---

16. NUCCI, Guilherme de Souza. *Manual de Processo Penal e Execução Penal*. Rio de Janeiro: Forense, 2014, pp. 142-143.

como, por exemplo, na obtenção de cópias de inquérito policial sigiloso e na formulação de quesitos a peritos.

O contraditório, assim, não é critério hábil para, por si só, caracterizar o processo penal. De outra parte, há, pelo exercício de ações autônomas de impugnação (*habeas corpus* e mandado de segurança), o estabelecimento de relações entre polo ativo e polo passivo em combate a procedimentos de investigação ou a procedimentos cautelares, não havendo também de se estranhar o aperfeiçoamento de uma relação recursal na fase pré-processual. A existência de recurso ou de ação autônoma de impugnação na fase prévia, portanto, tampouco encerra aptidão para, por si só, supor a instauração do processo penal.

Assim, parece-nos que apenas a acusação admitida instaura o processo penal, dando-se, na sequência, a citação do acusado justamente para integralizar a relação jurídica básica do processo penal.

De toda sorte, o direito de ação já se tem por *exercido* por seu titular com o oferecimento da denúncia ou da queixa. Está-se aqui tratando, porém, do marco de início *do processo penal*, e não do exercício do direito de ação penal.

Finalmente, é relevante discutir a natureza jurídica do ato de recebimento da inicial acusatória. A questão consiste em saber se esse ato judicial tem ou não caráter decisório e se, correlatamente, deve ou não ser motivado. A nosso juízo, é irrecusável a natureza decisória do ato judicial de recebimento da denúncia ou da queixa, que se qualifica como decisão interlocutória simples.

Como já afirmado, no juízo de admissibilidade, o órgão judiciário deve fazer uma avaliação sobre a aptidão formal da peça acusatória e sobre a existência das condições essenciais da ação penal, para o efeito de receber a inicial (juízo de admissibilidade positivo – art. 396, *caput*, CPP) ou de rejeitá-la liminarmente (juízo de admissibilidade negativo – art. 395, CPP).

Já se disse também que a instauração de processo penal representa reforçado constrangimento à esfera individual do acusado, não se podendo simplesmente considerar o juízo de admissibilidade mera formalização do recebimento da inicial acusatória, como se tratasse de simples despacho, sem conteúdo decisório.

Com efeito, o órgão judiciário efetivamente resolve sobre a admissibilidade ou não da inicial, decidindo se a recebe ou se a rejeita, após análise preliminar quanto à aptidão formal da peça e às condições da ação penal. Tanto o recebimento quanto a rejeição liminar, portanto, constituem atos judiciais decisórios.

Em se tratando de decisão interlocutória, o ato judicial de recebimento da inicial acusatória reclama a devida motivação, nos termos do art. 93, inciso IX, da Constituição Federal. Todos os atos jurisdicionais, de teor decisório, sujeitam-se à motivação constitucionalmente exigida.

Entendemos impróprio atribuir a essa espécie, pelas razões indicadas, a natureza de despacho, que se entende como ato judicial de mero impulso oficial do processo, sem caráter decisório. Apesar disso, o Supremo Tribunal Federal é firme no sentido de que o ato de "formalização do recebimento da denúncia" não é equiparável, "para os fins a que se refere o art. 93, inciso IX, da Constituição, a ato de caráter decisório", dispensando-se, portanto, motivação e fundamentação. Confira-se, a respeito, o julgado da Primeira Turma do STF no HC 101.971/SP (STF, 1ª Turma, HC 101.971, Rel. Min. CÁRMEN LÚCIA, julgamento em 21.06.2011, DJ de 05.092011): "1. É firme a jurisprudência deste Supremo Tribunal no sentido de que o ato judicial que formaliza o recebimento da denúncia oferecida pelo Ministério Público não se qualifica nem se equipara, para os fins a que se refere o art. 93, inciso IX, da Constituição, a ato de caráter decisório. O juízo positivo de admissibilidade da acusação penal, ainda que desejável e conveniente a sua motivação, não reclama, contudo, fundamentação. Precedentes".

Perceba-se, nesse julgado, a preocupação em não atribuir expressamente ao ato a qualificação de despacho. Apenas se lhe recusa, na espécie, a natureza de ato equiparável a decisão, para fins de aplicação do art. 93, IX, da Constituição Federal. Adota-se, portanto, caminho algo diferente daquele próprio da tradição da jurisprudência do STF, no sentido de que o ato de recebimento da denúncia e da queixa seria mero despacho.

Em um e outro caso, todavia, reputamos inaceitável a orientação. O que seria o ato não equiparável a decisório para fins do art. 93, IX, da Constituição? Existiria ato judicial decisório não sujeito ao alcance da norma constitucional? Parece-nos claro que não, do mesmo modo que estamos convictos de não ser o ato judicial de recebimento da inicial um simples despacho.

Ocorre que parte da doutrina ainda cogita de uma terceira hipótese, a nosso juízo absurda: o ato judicial de recebimento da inicial seria decisão interlocutória, mas que reclamaria apenas uma "motivação implícita". Ora, se a nota intrínseca da motivação é precisamente a de explicitar o que está implícito, não se pode conceber essa figura da "motivação implícita".

A orientação do STF, mesmo que dela se discorde, ao menos encerra coerência interna, entre pressuposto (classificação do ato como despacho) e conclusão (inexigência de motivação). A ideia de que esse ato decisório estaria sujeito apenas a uma "motivação implícita", contudo, parte de um pressuposto absurdo e inconcebível, além de consagrar e legitimar a pura convicção íntima do magistrado quanto a suas decisões.

Independentemente da natureza jurídica atribuída à espécie, é incontroverso que se trata de ato não sujeito a recurso. Não se é de estranhar que o recebimento da inicial, como ato decisório (para os que aceitam essa posição), seja irrecorrível, pois no direito processual penal, como oportunamente abordaremos (vide Capítulo XIX), a regra é a irrecorribilidade das decisões interlocutórias, com as exceções previstas no art. 581 do CPP. De todo modo, o ato em foco está sujeito a impugnação por *habeas corpus* destinado ao trancamento da ação penal ou à declaração de nulidade do processo.

SEÇÃO II
Ação Penal de Iniciativa Pública

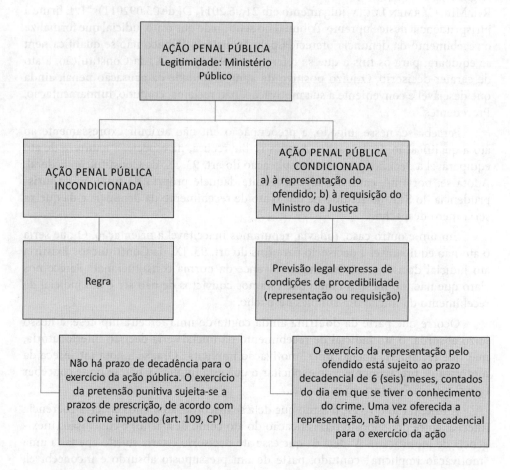

1. CLASSIFICAÇÃO

A legitimidade ativa é o critério essencial de distinção entre as espécies de ação penal. Por esse motivo, e considerando que toda ação, em sua essência, encerra caráter público (enquanto instrumento de provocação da jurisdição), pode-se dividir a ação penal da seguinte forma: (i) ação penal *de iniciativa* pública; (ii) ação penal *de iniciativa* privada. O tema da ação penal, segundo a tradição do direito brasileiro, tem disciplina também na Parte Geral do Código Penal.

Nesse sentido, entende-se por *ação penal de iniciativa pública*, ou simplesmente *ação penal pública*, a ação penal que tem por legitimado ativo o Ministério Público, como instituição do Estado.

O Ministério Público é então a instituição do Estado normativamente legitimada para o ajuizamento da ação penal de iniciativa pública. Com efeito, está proclamada como função institucional do Ministério Público, no art. 129, inciso I, da Constituição do Brasil, a promoção privativa da ação penal pública, na forma da lei. Firma-se, assim, o Ministério Público como titular privativo da ação penal de iniciativa pública.

Não há em nosso sistema, desde o advento da ordem constitucional de 1988 (art. 129, I, CF), hipótese de ação penal pública alheia à iniciativa do Ministério Público. Por essa razão, não foi recepcionado pela Constituição vigente o art. 26 do Código de Processo Penal: "A ação penal, nas contravenções, será iniciada por meio de portaria expedida pela autoridade judiciária e policial".

A iniciativa do Ministério Público, claro, poderá ser provocada, em caráter informativo, por qualquer pessoa, nos termos do art. 27 do CPP: "Qualquer pessoa do povo poderá provocar a iniciativa do Ministério Público, nos casos em que caiba a ação pública, fornecendo-lhe, por escrito, informações sobre o fato e a autoria e indicando o tempo, o lugar e os elementos de convicção". A provocação, com o mesmo sentido informativo, pode derivar também de juízos ou tribunais, nos moldes do art. 40 do CPP: "Quando, em autos ou papéis de que conhecerem, os juízes ou tribunais verificarem a existência de crime de ação pública, remeterão ao Ministério Público as cópias e os documentos necessários ao oferecimento da denúncia".

Estabelecido esse parâmetro conceitual, importa agora saber em que hipóteses se aplica a ação penal pública. Neste particular, dispõe desde logo o art. 100 do Código Penal que "a ação penal é pública, salvo quando a lei expressamente a declara privativa do ofendido".

Quando não haja previsão legal de processamento da ação por iniciativa do ofendido, o que ocorre normalmente pela fórmula "somente se procede mediante queixa", está-se diante de ação penal de iniciativa pública. Já o art. 24, § 2º, do CPP, em complemento, prescreve que "seja qual for o crime, quando praticado em detrimento do patrimônio ou interesse da União, Estado e Município, a ação penal será pública".

O fundamento da utilização da ação penal pública como regra radica na pretensão de direito material objeto da demanda (pretensão punitiva), exclusiva do Estado, e também na importância do direito individual ameaçado de privação (direito de liberdade).

Considerando, portanto, o caráter público da relação de direito penal material e o interesse social tanto do combate ao crime quanto da proteção da liberdade, a persecução penal pública, movimentada por uma instituição estatal, deve ser a regra geral.

Apenas excepcionalmente, nas situações em que se identifique a prevalência de interesses privados (circunstâncias associadas à intimidade da vítima) ou a necessidade de assegurar proteção contra a inércia do Estado, transfere-se ao ofendido a titularidade do direito de ação (persecução penal em juízo).

O art. 24, *caput*, do CPP institui relevantes elementos conceituais próprios da ação penal de iniciativa pública: "Nos crimes de ação pública, esta será promovida por denúncia do Ministério Público, mas dependerá, quando a lei o exigir, de requisição do Ministro da Justiça, ou de representação do ofendido ou de que quem tiver qualidade para representá-lo".

Desse dispositivo emanam dois aspectos importantes: (i) a ação penal pública promove-se por *denúncia*, sendo esse o ato postulatório inicial, privativo do Ministério Público, pelo qual se formula uma hipótese de acusação contra determinada pessoa; (ii) a ação penal pública, conquanto via de regra seja incondicionada, poderá ter seu exercício legalmente condicionado à representação do ofendido ou à requisição do Ministro da Justiça. Quanto a este último ponto, o art. 100, § 1º, do Código Penal contém idêntica disposição: "A ação pública é promovida por denúncia do Ministério Público, dependendo, quando a lei o exige, de representação do ofendido ou de requisição do Ministério da Justiça".

O conceito de ação penal pública pode então ser expresso como a *ação penal ajuizada por iniciativa e denúncia do Ministério Público, podendo seu exercício estar excepcionalmente condicionado à representação do ofendido ou à requisição do Ministério da Justiça.*

Os requisitos da denúncia enquanto peça processual de cunho acusatório serão examinados no tópico 6 desta Seção. A seguir, abordam-se os princípios regentes da ação penal de iniciativa pública.

2. PRINCÍPIOS DA AÇÃO PENAL DE INICIATIVA PÚBLICA

2.1. Princípios da Obrigatoriedade e da Indisponibilidade

A ação penal de iniciativa pública, em qualquer de suas espécies, rege-se pelos princípios da obrigatoriedade e da indisponibilidade.

O *princípio da obrigatoriedade* exige que, estando presentes as condições essenciais da ação penal, especialmente a justa causa, o Ministério Público não pode deixar de oferecer a denúncia. Claro que a *opinio delicti* (avaliação quanto à existência ou não de elementos suficientes ao exercício da ação penal) é incumbência do próprio Ministério Público, mas a lei processual penal estabelece mecanismo apto pelo menos ao controle, junto a essa instituição, por iniciativa do órgão judiciário, quanto ao respeito ao princípio da obrigatoriedade.

Esse mecanismo, questionável por significar indevida interferência judicial, está disciplinado no art. 28 do CPP e consiste na possibilidade de o juízo, discordando do pleito de arquivamento formulado pelo Promotor de Justiça ou Procurador da República, provocar a chefia do Ministério Público (Procurador-Geral de Justiça, no Ministério Público Estadual; Câmara de Coordenação e Revisão Criminal, no Ministério Público Federal), para que resolva acerca da questão.

A partir da provocação judicial, surge a possibilidade de a chefia do Ministério Público, discordando do pedido de arquivamento, designar outro órgão do Ministério Público para o oferecimento da denúncia, situação em que hipoteticamente estaria assegurado o princípio da obrigatoriedade da ação penal. De toda sorte, como abordado no Capítulo V deste Curso, a última palavra é sempre da instituição Ministério Público, por sua chefia.

O *princípio da indisponibilidade*, por sua vez, supõe a impossibilidade de desistência da ação penal, uma vez já exercida. É o comando expresso do art. 42 do CPP: "O Ministério Público não poderá desistir da ação penal".

Isso não impede, entretanto, que o Ministério Público, encerrada a instrução criminal, postule a absolvição do acusado, se identificar a ausência de elementos para a condenação. À vista de seu caráter público, de toda sorte, a persecução penal em juízo revela-se indisponível inclusive por parte de seu titular e, uma vez movimentada, deverá ser levada a termo, ainda que com resultado absolutório decorrente de provocação do próprio Ministério Público.

2.2. Princípio da Intranscendência

O *princípio da intranscendência* nada mais é que a expressão processual do princípio da personalidade da pena, consagrado no art. 5º, inciso XLV, da Constituição da República: "nenhuma pena passará da pessoa do condenado, podendo a obrigação de reparar o dano e a decretação do procedimento de bens ser, nos termos da lei, estendidas aos sucessores e contra eles executadas, até o limite do valor do patrimônio transferido".

Com efeito, se a pena não passará da pessoa do agente, do mesmo modo a ação penal não passará da pessoa que hipoteticamente haja sido autor ou partícipe do fato em tese constitutivo de injusto penal. Como dizia MIGUEL FENECH, a condição de *imputado* é personalíssima e, portanto, atribuível apenas a quem deva assumir esta carga no processo penal[17].

2.3. Princípio da Indivisibilidade?

O *princípio da indivisibilidade* é correntemente associado à ação penal de iniciativa privada, abordado no tópico 5.1 da Seção III deste Capítulo, *infra*. Discute-se, porém, sobre sua aplicabilidade à ação penal de iniciativa pública.

Antes de tudo, a indivisibilidade diz respeito à impossibilidade de limitação discricionária (conveniência e oportunidade), pelo acusador, da extensão objetiva e subjetiva passiva da ação penal nas hipóteses de pluralidade de fatos e/ou de autoria coletiva potencial.

Ilustrando: se despontam do procedimento de investigação os *fatos (A)* e *(B)*, o exercício da acusação teria que abranger todos eles desde logo, não cabendo ao autor demandar apenas pelo fato *(A)*, silenciando quanto ao fato *(B)* para, se for o caso, incluí-lo em futuro aditamento.

O mesmo se diga quanto à *extensão subjetiva passiva*, em que, havendo autoria coletiva em tese, a acusação teria que abranger o *sujeito (A)* e o *sujeito (B)*.

---

17. FENECH, Miguel. *Derecho Procesal Penal*. Barcelona: Labor, 1952, v. I, pp. 417-418.

O princípio, no entanto, pressupõe que haja elementos suficientes (justa causa) quanto ao fato (A) e ao fato (B), no primeiro ponto, assim como quanto ao sujeito (A) e ao sujeito (B), no segundo.

A indivisibilidade, assim, consiste propriamente na exigência de que haja manifestação de *opinio delicti* quanto a todas as vertentes disponíveis, as objetivas e as subjetivas, quer para o efeito de exercer a acusação, quer para o de promover arquivamento. O princípio não impede, portanto, que haja futuro aditamento, com base em prova nova, para incluir fato ou sujeito.

Fixados esses lineamentos conceituais, pergunta-se: o princípio da indivisibilidade aplica-se à ação penal pública? Significa isso indagar: o Ministério Público deve, já no momento da denúncia, incluir todas as vertentes objetivas e subjetivas disponíveis, ou poderá silenciar (por estratégia ou por descuido) quanto a qualquer delas, para só depois incluí-la em aditamento à denúncia?

Observe-se, inicialmente, que não existe a figura do arquivamento implícito, decorrente de ausência de manifestação do acusador (vide tópico 12.6 da Seção I do Capítulo V deste Curso).

Na ação penal pública, em caso de silêncio do acusador quanto a uma vertente objetiva (fato) ou subjetiva (sujeito potencialmente envolvido no fato), deverá o juiz aplicar o art. 28 do CPP, provocando a chefia do Ministério Público para promover a acusação ou postular o arquivamento.

Mas se o juízo não aplicar o art. 28 do CPP? Poderá o Ministério Público suscitar a questão silenciada em futuro aditamento à denúncia?

A jurisprudência do Supremo Tribunal Federal e a do Superior Tribunal de Justiça negam a aplicabilidade do princípio da indivisibilidade à ação penal de iniciativa pública. Confira-se, a respeito, o julgado da Segunda Turma da Suprema Corte no HC 96.700/PE (STF, 2ª Turma, HC 96.700, Rel. Min. Eros Grau, DJ de 13.08.2009): "O princípio da indivisibilidade não se aplica à ação penal pública. Daí a possibilidade de aditamento da denúncia quando, a partir de novas diligências, sobrevierem provas suficientes para novas acusações". Em igual sentido, tem-se o julgado da Corte Especial do STJ na AP 382/RR (STJ, Corte Especial, AP 382, Rel. Min. Teori Zavascki, DJ de 05.10.2011).

Essa orientação, no entanto, está fixada para o efeito específico de permitir ao Ministério Público o aditamento da denúncia se sobrevier prova permissiva de "novas acusações". Nessa lógica, mesmo não tendo denunciado indivisivelmente todos os fatos e todos os potenciais envolvidos, poderá o Ministério Público fazê-lo *a posteriori*, se surgir prova nova.

Estamos de pleno acordo, mas pensamos que não há aí afetação ao princípio da indivisibilidade. É que, como visto, a indivisibilidade do exercício da acusação pressupõe que exista justa causa quanto a todos os potenciais envolvidos no fato. O que se impede é que, estando os potenciais envolvidos em situação uniforme, com base em um critério discricionário (conveniência e oportunidade), o acusador possa resolver "deixar alguém de fora" do polo passivo da ação. Nesse sentido é que se cogita de indivisibilidade da ação.

Mesmo na ação penal de iniciativa privada, em que não há controvérsia quanto à aplicabilidade do princípio, a superveniência de prova nova contra terceiro não originariamente incluído no polo passivo autoriza o aditamento, não havendo que se invocar a indivisibilidade, impeditiva apenas de que, à base da autoria potencial conhecida, se construa discricionariamente a extensão subjetiva passiva da ação.

A questão em foco, assim, é a de se, independentemente do surgimento de prova nova, o Ministério Público poderá aditar a denúncia para incluir fatos e/ou sujeitos que poderia já ter incluído quando da denúncia. Em outros termos, o problema consiste em saber se, afinal de contas, a ação penal pública é ou não indivisível.

Mais uma vez, a jurisprudência do Supremo Tribunal Federal responde pela inaplicabilidade do princípio, permitindo a apresentação de aditamento ou o oferecimento de nova denúncia que tenha por objeto qualquer acusação, tudo como fundamento na inexistência de arquivamento implícito e na indisponibilidade da ação penal pública.

Com esse entendimento, refira-se o julgado da Primeira Turma do STF no HC 71.538/SP (STF, 1ª Turma, HC 71.538, Rel. Min. ILMAR GALVÃO, DJ de 15.06.1996): "O princípio da indivisibilidade não se aplica à ação penal pública, podendo o Ministério Público, como 'dominus litis', aditar a denúncia, até a sentença final, para inclusão de novos réus, ou ainda oferecer nova denúncia, a qualquer tempo (STF, HC 71.538/SP,1ª Turma, Rel. Min. Ilmar Galvão, DJ de 15/03/1996)".

Em igual sentido, mais recentemente, tem-se o julgado da Primeira Turma no RHC 95.141/RJ (STF, 1ª Turma, RHC 95.141, Rel. Min. RICARDO LEWANDOWSKI, julgamento em 06.10.2009, DJ de 23.10.2009): "I – Praticados dois roubos e oferecida a denúncia quanto a um deles, nada impede que o MP ajuíze nova ação penal quanto ao delito remanescente. II – Incidência do postulado da indisponibilidade da ação penal pública que decorre do elevado valor dos bens jurídicos que ela tutela. III – Inexiste dispositivo legal que preveja o arquivamento implícito do inquérito policial, devendo ser o pedido formulado expressamente, a teor do disposto no art. 28 do Código de Processo Penal. IV – Inaplicabilidade do princípio da indivisibilidade à ação penal pública".

AURY LOPES, na linha de boa parte da doutrina[18], discorda dessa orientação, afirmando: "Essa é a posição dos tribunais superiores, mas com a qual não concordamos, pois estabelece um paradoxo, principalmente quando interpretado de forma sistemática à luz dos princípios da obrigatoriedade e da indisponibilidade. Sendo obrigatória e indisponível a ação pública, não vemos como sustentar sua divisibilidade... No fundo, essa posição não é técnica, mas de política processual, pois o que se está a legitimar é a possibilidade de não denunciar alguém ou algum delito, neste momento, atendendo ao interesse e à estratégia do acusador"[19].

---

18. Assim, também, PAULO RANGEL: "O princípio da indivisibilidade da ação penal pública é uma consequência lógica da obrigatoriedade da ação, pois se ela deve ser proposta sempre que houver a ocorrência de um fato típico, ilícito e culpável, óbvio nos parece deve ser proposta em face de todos os genuínos autores do fato-infração, formando, assim, um litisconsórcio passivo necessário simples". Cfr. RANGEL, Paulo. *Direito Processual Penal*. São Paulo: Atlas, 2014, p. 245.

19. LOPES JR, Aury. *Direito Processual Penal*. São Paulo: Saraiva, 2014, p. 388.

É curioso notar que os princípios da obrigatoriedade e da indisponibilidade foram invocados, pela jurisprudência do STF, para afirmar a "inaplicabilidade do princípio da indivisibilidade à ação penal pública", e pela doutrina representada por AURY LOPES para sustentar precisamente a posição contrária. Isso nos conduz a refletir sobre se realmente o princípio da obrigatoriedade impõe a indivisibilidade da ação penal de iniciativa pública.

Parece-nos, no particular, que não existe correlação necessária entre o princípio da obrigatoriedade e o da indivisibilidade. O que exige o princípio da obrigatoriedade é que, havendo justa causa, a ação penal seja exercida, e não que seja exercida, necessariamente, de forma indivisível.

A propósito, a indivisibilidade é justamente associada à ação penal de iniciativa privada, regida pelos princípios da oportunidade e da disponibilidade, o que realça a autonomia do princípio em foco frente ao princípio da obrigatoriedade.

Nesse sentido, a norma do art. 28 do CPP reserva ao juízo competente uma função de controle do respeito ao princípio da obrigatoriedade, e não ao da indivisibilidade da ação penal pública. Assim, se não for aplicado o art. 28 do CPP quanto a alguma vertente objetiva ou subjetiva que poderia ser objeto de ação penal, não há óbice a que o Ministério Público, por aditamento ou nova denúncia, exerça a acusação posteriormente.

Não é aceitável, segundo pensamos, a figura do arquivamento implícito, precisamente em face do princípio da obrigatoriedade. O juízo poderá instar o Ministério Público a imediatamente acusar o fato ou o sujeito, mas isso do ponto de vista de que há um momento oportuno em que se pode provocar a instituição Ministério Público a pronunciar a *opinio delicti*.

Se então o juízo realizar a provocação quanto a um fato ou a um sujeito não contemplado na denúncia, e a chefia do Ministério Público sobre o ponto requerer o arquivamento, tem-se por manifestada a *opinio delicti* em sentido negativo, o que impossibilita acusação futura, por aditamento ou por nova denúncia (ressalva-se, claro, a superveniência de prova nova, se o arquivamento houver sido promovido por insuficiência probatória).

Mas se não houve essa provocação judicial (art. 28, CPP), o que impedirá o Ministério Público de agir futuramente? Na verdade, o Ministério Público, nessa hipótese, *continua* obrigado a agir.

AURY LOPES sustenta, de sua parte, o seguinte: "A ação penal de iniciativa pública é regida pelo princípio da indivisibilidade, disso não temos dúvida. Contudo, há que se destacar um problema de eficácia: se o MP não denunciar a todos, qual é a sanção processual? Nenhuma. Não existe, como na ação penal de iniciativa privada, a sanção prevista no art. 49 (extinção da punibilidade para todos)"[20].

Não podemos concordar com esse posicionamento. Em primeiro lugar, o juízo pode provocar o Ministério Público a agir quanto a todos os sujeitos, por aplicação

---

20. LOPES JR, Aury. *Direito Processual Penal*. São Paulo: Saraiva, 2014, p. 389.

do art. 28 do CPP. Ocorre que o Ministério Público é o titular da ação penal pública, a ele cabendo, como instituição, a última palavra quanto ao exercício da acusação, a teor do próprio art. 28 do CPP.

O que o juízo pode forçar, assim, é o *exercício* da *opinio delicti*, em nome do princípio da obrigatoriedade, e não em nome de qualquer pretensa indivisibilidade. Parece-nos irrelevante, portanto, cogitar aqui de "sanção processual" à inércia do Ministério Público, que, "por estratégia ou interesse", deixar de incluir pessoas no polo passivo da ação (ou deixar de incluir fatos).

Essa "estratégia ou interesse" pode ser impedida pelo controle judicial disciplinado no art. 28 do CPP, que força o acusador público a se manifestar sobre as vertentes objetivas e/ou subjetivas disponíveis.

De toda sorte, a se cogitar de "sanção processual", tampouco melhor razão assistiria a AURY LOPES, pois sim existe uma: a possibilidade de exercício de queixa subsidiária pelo ofendido, nos termos do art. 5º, inciso LIX, da Constituição da República, e do art. 29 do CPP. Há mecanismos processuais relevantes, desta sorte, para combater eventuais "estratégias" do acusador público (como os há, em outras esferas, para combater as da defesa).

Por outro lado, o princípio da indivisibilidade, quanto à extensão subjetiva passiva da ação, tem sua existência melhor inserida no contexto de uma acusação regida pelos princípios da oportunidade e da disponibilidade. Com efeito, é justamente porque se reserva ao ofendido a disponibilidade do direito de ação penal privada que se lhe impede de delimitar o polo passivo da demanda de forma voluntarista.

A lei processual penal, por ter conferido oportunidade e disponibilidade ao ofendido quanto aos fatos, não lhe deu disponibilidade quanto à extensão subjetiva da ação, reservando ao Ministério Público (art. 48, CPP), nesse ponto, a função de promover a indivisibilidade, quando haja justa causa. Apenas nestes sentido e âmbito, a nosso juízo, pode ser concebido e justificado o princípio da indivisibilidade.

Assim, pelas razões expostas, entendemos que: (a) o princípio da indivisibilidade não se aplica à ação penal pública; e que (b) no âmbito da ação penal de iniciativa privada, o mesmo princípio refere-se somente à extensão subjetiva passiva da ação, nos precisos termos delimitados no art. 48 do CPP.

3. ESPÉCIES DE AÇÃO PENAL DE INICIATIVA PÚBLICA: INCONDICIONADA E CONDICIONADA

O critério essencial de distinção entre as espécies de ação penal de iniciativa pública, como terá ficado claro no tópico anterior, radica na existência ou não de excepcionais ("quando a lei o exigir") condições de procedibilidade (art. 24, *caput*, CPP, e art. 100, § 1º, CP), vale dizer, condições de impulso e de movimentação da ação penal. A regra geral, portanto, é a aplicabilidade da ação penal pública incondicionada.

Assim, se não houver nenhuma disposição legal específica acerca da ação penal aplicável, está-se diante de crime processável por ação penal pública incondicionada.

Assevere-se que é a lei penal, e não a lei processual penal, que em cada caso pode dispor sobre a ação penal aplicável. A título de exemplo, confiram-se as disposições da lei penal sobre a ação aplicável ao crime de ameaça (art. 147, parágrafo único, CP) e aos crimes contra a honra (art. 145, parágrafo único, CP).

A previsão legal de qualquer das duas condições de procedibilidade, o que se expressa geralmente pelas fórmulas "somente se procede mediante representação" ou "somente se procede mediante requisição do Ministro da Justiça", conforma a ação penal pública condicionada. Cumpre então, a esta altura, examinar cada uma dessas condições.

3.1. Ação Penal Pública Condicionada à Representação

3.1.1. *Exercício da representação: conceito, legitimidade, forma e prazo deca-dencial*

A *representação*, inicialmente, consiste no direito do ofendido, transmissível a qualquer de seus sucessores legais, de manifestar vontade no sentido de movimentar a persecução penal. Como bem a define WALTER ACOSTA: "*Representação é o ato de vontade do titular do direito, ou de um de seus representantes, manifestado pessoal-mente, ou pelo respectivo procurador, nos casos previstos em lei, através do qual se dá à autoridade pública notícia circunstanciada da ocorrência de um crime, a fim de que, desobrigada de resguardar os escrúpulos da parte ofendida, promova a investigação preliminar, ou a ação penal pública, destinadas à apuração do mesmo fato delituoso e à punição de seu autor*"[21].

A lei exigirá a representação sempre que se identificar relevância do interesse do ofendido na avaliação sobre a pertinência ou não de se movimentar a persecução penal, sem descurar, por outro lado, do interesse público na repressão de crimes graves.

Cuida-se de uma situação intermediária, em que se entenda adequado, à vista da natureza do crime e/ou da ausência de meios e recursos da vítima, reservar ao ofendido disponibilidade apenas quanto à autorização da persecução penal, mas não quanto ao próprio exercício da acusação.

O *direito de representação*, ao contrário do que se poderia supor, não existe ape-nas no âmbito dos crimes processáveis por ação pública condicionada; no entanto, a representação só é exigida, como condição de procedibilidade da ação penal, nessa esfera. O ofendido pode representar pela instauração de inquérito policial e também pela movimentação da persecução penal em juízo inclusive no domínio da ação penal pública incondicionada; apenas, neste domínio, a ação do Ministério Público movi-menta-se independentemente de qualquer manifestação de vontade do ofendido.

Quando a lei penal imponha a condição – como acontece, por exemplo, para o crime de ameaça (art. 148, parágrafo único, CP) –, o direito de representação deverá ser exercido dentro do prazo decadencial de 6 (seis) meses, contado do dia em que o

---

21. ACOSTA, Walter. *O Processo Penal*. Rio de Janeiro: Editora do Autor, 1991, p. 159.

ofendido vier a saber quem foi o autor do fato típico em tese (art. 38, *caput*, CPP, c/c art. 103, CP). A representação do ofendido, quando exigida, condiciona não apenas a ação do Ministério Público, mas a própria instauração do inquérito policial (art. 5º, § 4º, CPP), como visto no Capítulo V deste Curso.

O prazo aludido é de natureza decadencial, não se sujeitando a qualquer marco interruptivo ou suspensivo. Não exercido o direito de representação no prazo, opera-se a decadência e a consequente extinção da punibilidade do agente (art. 107, IV, CP).

Quem poderá exercer o direito de representação? Já se disse que o ofendido (a potencial vítima da infração penal) é o titular do direito de representar. Na falta do ofendido, entendida como morte ou ausência judicialmente declarada, o direito de representação transmite-se aos sucessores, a saber, cônjuge, ascendente, descendente ou irmão, nos termos do art. 24, § 1º, do CPP.

Nessa situação, o sucessor do ofendido assume a titularidade do direito de representar. A ordem de preferência na sucessão obedece à enumeração do próprio art. 24, § 1º, do CPP: cônjuge, ascendente, descendente, irmão. Apesar de não haver dispositivo específico a esse respeito, reputamos aplicável, por analogia, a primeira parte do art. 36 do CPP, que versa sobre a ordem sucessória quanto ao exercício do direito de queixa: "Se comparecer mais de uma pessoa com direito de queixa, terá preferência o cônjuge e, em seguida, o parente mais próximo na ordem de enumeração constante do art. 31..."

Na hipótese de menoridade ou outra forma de incapacidade civil do ofendido, o direito de representação será exercido na forma da lei civil, pelo representante legal ou assistente do incapaz. É o que dispõe o art. 24, *caput*, parte final, do CPP: "...ou por representação do ofendido ou de quem tiver qualidade para representá-lo".

Nesse caso, o ofendido continua a ser o titular do direito de representação (diversamente da hipótese de morte ou ausência, em que os sucessores assumem a titularidade do direito), e apenas *o exercício* deste é que se dá por intermédio do representante legal ou do assistente.

Sendo essa a hipótese, o prazo decadencial computa-se independentemente: (i) para o representante ou assistente; (ii) para o ofendido, quando complete a maioridade, ou quando cesse a incapacidade civil. É a orientação que se depreende da Súmula nº 594 do Supremo Tribunal Federal: "Os direitos de queixa e de representação podem ser exercidos, independentemente, pelo ofendido ou por seu representante legal".

Em igual sentido, confira-se o julgado da Quinta Turma do Superior Tribunal de Justiça no RHC 39.141/SP (STJ, 5ª Turma, RHC 39.141, Rel. Min. FELIX FISCHER, julgamento em 25.11.2014, DJ de 10.12.2014): "Os prazos para o exercício do direito de queixa ou representação correm separadamente para o ofendido e seu representante legal (Súmula n. 594/STF). Escoado o prazo para o representante de uma das vítimas, conserva-se o direito de representação da ofendida, a ser contado a partir de sua maioridade (Precedentes)".

Assim, mesmo expirado o prazo decadencial contado do dia em que o representante legal do ofendido tomou conhecimento do fato tido por criminoso, poderá o próprio ofendido menor, quando alcance a maioridade civil, exercer o direito de representação, cujo prazo terá como termo inicial a data em que o ofendido completar seus 18 (dezoito) anos de idade.

A mesma lógica aplica-se aos demais casos de incapacidade civil, podendo o direito de representação ser exercido pelo representante legal do ofendido incapaz em 6 (seis) meses a partir do conhecimento do fato, ou pelo próprio ofendido, a partir da data em que cessar a incapacidade.

Em qualquer hipótese, no entanto, deverá ser considerado o prazo de prescrição da própria pretensão punitiva do Estado, o que, se acontecer, acarretará a extinção da punibilidade do agente (art. 107, IV, 1ª figura, CP), independentemente do início e do transcurso do prazo decadencial. Com efeito, a incapacidade do ofendido não impede nem suspende de qualquer forma o curso do prazo prescricional.

O prazo decadencial para o exercício do direito de representação aplica-se ao sucessor (cônjuge, ascendente, descendente ou irmão – art. 24, § 1º, CPP) na hipótese de morte – ou ausência judicialmente declarada – do ofendido, conforme dispõe o art. 38, parágrafo único, do CPP: "Verificar-se-á a decadência do direito de queixa ou representação, dentro do mesmo prazo, nos casos dos arts. 24, parágrafo único [art. 24, § 1º], e 31".

Quanto à *forma da representação*, o art. 39 do CPP dispõe o seguinte: "O direito de representação poderá ser exercido, pessoalmente ou por procurador com poderes especiais, mediante declaração, escrita ou oral, feita ao juiz, ao órgão do Ministério Público, ou à autoridade policial".

Há consenso doutrinário e jurisprudencial no sentido de que a representação não reclama qualquer formalidade, bastando a demonstração da vontade do ofendido de autorizar a movimentação da persecução penal. Neste exato sentido, eis o julgado da Quinta Turma do STJ no HC 253.555/SP (STJ, 5ª Turma, HC 253.555, Rel. Min. JORGE MUSSI, julgamento em 11.12.2012, DJ de 01.12.2013): "Doutrina e jurisprudência são uniformes no sentido de que a representação do ofendido nas ações públicas condicionadas prescinde de qualquer formalidade, sendo suficiente a demonstração do interesse da vítima em autorizar a persecução criminal".

De toda sorte, a lei estabelece alguns parâmetros para assegurar o registro, a autenticidade (art. 39, § 1º, CPP[22]), a efetividade e a completude de informações (art. 39, §§ 2º a 5º, CPP[23]) da representação. Destaque-se somente o último dos dispositivos referidos (art. 39, § 5º, CPP), que dimensiona a representação, para além de seu caráter de ato de autorização do ofendido quanto à persecução penal, também como peça de informação potencialmente substitutiva do inquérito policial: "O órgão do Ministério

---

22. Art. 39, § 1º, CPP: "A representação feita oralmente ou por escrito, sem assinatura devidamente autenticada do ofendido, de seu representante legal ou procurador, será reduzida a termo, perante o juiz ou autoridade policial, presente o órgão do Ministério Público, quando a este houver sido dirigida".

23. Art. 39, § 2º, CPP: "A representação conterá todas as informações que possam servir à apuração do fato e da autoria". Art. 39, § 3º, CPP: "Oferecida ou reduzida a termo a representação, a autoridade policial procederá a inquérito, ou, não sendo competente, remetê-lo-á a quem o for". Art. 39, § 4º, CPP: "A representação, quando feita ao juiz ou perante este reduzida a termo, será remetida à autoridade policial para que esta proceda a inquérito".

Público dispensará o inquérito, se com a representação forem oferecidos elementos que o habilitem a promover a ação penal, e, neste caso, oferecerá a denúncia no prazo de 15 (quinze) dias".

3.1.2. Retratabilidade e Renúncia

A representação, uma vez manifestada pelo ofendido, é retratável apenas até o oferecimento da denúncia, nos termos do art. 25 do CPP e do art. 102 do CP, ambos com idêntica redação: "A representação será irretratável depois de oferecida a denúncia". Não se considera como marco, para esse fim, a instauração do processo, mediante o recebimento da denúncia.

Se já ajuizada a denúncia pelo Ministério Público, mesmo que ainda não recebida pelo órgão judiciário, o ofendido não mais poderá se retratar da representação. A irretratabilidade da representação após o oferecimento da denúncia fundamenta-se no já estudado princípio da indisponibilidade da ação penal de iniciativa pública (art. 42, CPP).

Discute a doutrina, ainda nesse ponto, acerca da "retratabilidade da retratação". É admissível que o ofendido, em virtude de arrependimento por ter se retratado quanto ao exercício do direito, *represente* outra vez? A nosso juízo, a resposta é positiva, desde que respeitado, claro, o prazo decadencial para o exercício do direito de representação. Pode ocorrer, com efeito, que o ofendido manifeste: (i) representação, depois (ii) retratação e (iii) finalmente, nova representação, tudo antes do prazo decadencial de 6 (seis) meses.

Com esse entendimento, NESTOR TÁVORA e ROSMAR ALENCAR anotam: "Para a doutrina majoritária, a vítima pode retratar-se e reapresentar a representação quantas vezes entender conveniente. Tal significa que pode retratar-se da representação e, em se arrependendo, respeitando apenas o marco do oferecimento da denúncia e o prazo decadencial dos seis meses, pois, uma vez oferecida a peça acusatória, a representação passa a ser irretratável"[24]. Apenas observamos, quanto a essa exposição, que a retratabilidade cogitada ("retratação da retratação") só deve respeitar o prazo decadencial, e não o "marco do oferecimento da denúncia", pois, se não houver arrependimento da parte do ofendido (para o fim de representar outra vez), não poderá ser oferecida a denúncia, que depende justamente da representação.

Assevere-se que, no domínio da *violência doméstica e familiar contra a mulher*, há *regime normativo especial* acerca da *retratabilidade da representação*. Confira-se, a respeito, a norma do art. 16 da Lei nº 11.340/2006: "Nas ações penais públicas condicionadas à representação da ofendida de que trata esta Lei, só será admitida a renúncia à representação perante o juiz, em audiência especialmente designada com tal finalidade, antes do recebimento da denúncia e ouvido o Ministério Público".

---

24. TÁVORA, Nestor / ALENCAR, Rosmar Rodrigues. *Curso de Direito Processual Penal*. Salvador: *JusPodivm*, 2015, p. 225.

Identificam-se na norma especial duas diferenças fundamentais frente ao regime comum: (i) A retratabilidade pode ocorrer até o *recebimento* da denúncia, e não até o oferecimento. Assim, mesmo já oferecida a denúncia pelo Ministério Público, a ofendida ainda poderá se retratar da representação, se a inicial não houver sido ainda recebida pelo órgão judiciário; (ii) A retratação, para ser válida, tem que ocorrer em audiência específica, perante o juiz, ouvido o Ministério Público[25].

O procedimento do art. 16 da Lei nº 11.340/2006 aplica-se tanto à retratação quanto à renúncia da ofendida.

A retratabilidade, de toda sorte, conceitualmente não se confunde com a renúncia, embora os efeitos sejam comuns. A retratação sugere alguma sorte de arrependimento da parte do ofendido, ao passo que a renúncia pode ter outras motivações.

Na esfera específica do procedimento comum sumaríssimo, a composição civil dos danos celebrada entre o suposto agente e o ofendido, uma vez homologada judicialmente, acarreta a *renúncia* ao direito de representação, nos termos do art. 74, parágrafo único, da Lei nº 9.099/1995: "Tratando-se de ação penal de iniciativa privada ou de ação penal pública condicionada à representação, o acordo homologado acarreta a renúncia ao direito de queixa ou representação". Cuida-se de hipótese legal de renúncia automática como efeito do acordo civil, aplicável exclusivamente no domínio das infrações penais de menor potencial ofensivo.

Por fim, é relevante examinar a *consequência jurídica da falta da representação do ofendido*. Tratando-se de condição de procedibilidade para a ação penal, o órgão judiciário poderá rejeitar liminarmente a denúncia se faltar a representação do ofendido em crime processável por ação penal pública condicionada, com fundamento no art. 395, II, do CPP: rejeição liminar quando faltar condição para o exercício da ação penal.

Nesse particular, a expressão "condição para o exercício da ação penal" (art. 395, II, CPP) envolve tanto as condições essenciais de qualquer ação penal, já examinadas na Seção I deste Capítulo, quanto as condições de procedibilidade próprias da ação penal pública condicionada, quando assim o prever a lei. Assim, o órgão judiciário poderá rejeitar liminarmente a inicial por falta de representação, quando exigida, tanto no primeiro juízo de admissibilidade quanto na oportunidade do juízo de ratificação.

Se, entretanto, o reconhecimento se der em momento posterior ao do juízo de ratificação, a consequência deverá ser a declaração de nulidade processual, nos termos do art. 564, III, *a*, do CPP: nulidade por ausência de *representação*. Com efeito, processo por crime de ação pública condicionada a que falte a representação é processo nulo.

---

25. Anote-se que a aplicabilidade do art. 16 da Lei 11.340/2006 foi limitada pela decisão do Plenário do STF na ADI 4.424/DF, na qual se resolveu que a ação penal por crime de lesão corporal contra a mulher é pública *incondicionada*. A orientação tem por base a *inaplicabilidade* dos institutos despenalizadores próprios da Lei 9.099/1995 ao contexto da violência doméstica e familiar contra a mulher (Lei 11.340/2006), inclusive a exigência de representação para o exercício de ação penal pública por crime de lesão corporal leve (art. 88, Lei 9.099/1995). Sendo esse o caso, por óbvio, se não há nem a condicionante da representação, descabe falar em retratabilidade, pois a ação do Ministério Público não depende de qualquer autorização da ofendida. A norma do art. 16, entretanto, persiste aplicável aos *demais casos* de crimes que envolvam violência doméstica e familiar contra a mulher que se procedam mediante representação na forma da lei penal, a exemplo da ameaça.

3.2. Ação Penal Pública Condicionada à Requisição do Ministro da Justiça

A *requisição do Ministro da Justiça* constitui manifestação de vontade do Ministro de Estado cujas atribuições identificam-se tematicamente com a esfera processual penal, sempre que a avaliação quanto à autorização da persecução penal envolver a instituição Presidente da República e a respectiva competência, inclusive no que tange às relações presidenciais com outros chefes de Estado ou de Governo.

A ação do Ministério Público, nesse caso, depende de prévia requisição do Ministro da Justiça, como agente do Presidente da República. Assim como na representação, a aplicabilidade da hipótese de requisição depende de previsão legal, geralmente expressa pela fórmula "somente se procede mediante requisição do Ministro da Justiça". É o que sucede, por exemplo, com os crimes contra a honra do Presidente da República ou de Chefe de Estado ou de Governo estrangeiro (art. 145 c/c art. 141, I, CP).

Não há previsão legal de retratabilidade da requisição, o que conduz a doutrina a rechaçar a hipótese. Entende-se que a requisição do Ministro da Justiça, portanto, é irretratável. Como sustenta Tourinho Filho: "...no artigo 25, [a lei] declara a irretratabilidade da *representação* depois de oferecida a denúncia. Ora, se o legislador quisesse, também, tornar retratável a requisição ministerial, tê-lo-ia feito no próprio corpo do art. 25 ou em parágrafo. Silenciou a respeito, numa demonstração inequívoca de considerar a requisição irrevogável, irretratável, uma vez encaminhada ao Ministério Público"[26]. Sobre as supostas razões desse regime, entendem Nestor Távora e Rosmar Alencar que a requisição é "um ato de natureza política a cargo do Ministro da Justiça, que exige serenidade e ponderação antes de ser apresentada", razão pela qual a retratação, na espécie, "revelaria fragilidade do Estado brasileiro" [27].

Estamos de acordo com a irrevogabilidade da requisição, *de lege lata*. *De lege ferenda*, porém, dissentimos dos motivos apresentados. Em se tratando de manifestação voluntária acerca da conveniência ou não de autorizar a ação penal, parece-nos que *deveria a requisição ser retratável até o oferecimento da denúncia*. Haveria a exigência, no entanto, de devida motivação do ato retrativo, dado o caráter público da requisição. Ora, os atos discricionários da administração pública podem ser revistos, sempre de forma motivada. Assim, nada impediria que o Ministro da Justiça, justificadamente,

---

26. Tourinho Filho, Fernando da Costa. *Processo Penal*. São Paulo: Saraiva, 2013, v. I, p. 372.
27. Távora, Nestor / Alencar, Rosmar Rodrigues. *Curso de Direito Processual Penal*. Salvador: JusPodivm, 2015, p. 226. Na mesma esteira, Gustavo Badaró: "A requisição do Ministro da Justiça é ato político, que deve ser fruto de reflexão cuidadosa. Aliás, o CPP, no art. 24, *caput*, trata das duas espécies de ações condicionadas: a requisição do Ministro da Justiça e a representação do ofendido, e, no artigo seguinte (art. 25 do CPP), prevê a retratação apenas da representação". Cfr. Badaró, Gustavo Henrique. *Processo Penal*. Rio de Janeiro: Elsevier/Campus, 2012, pp. 124-125. *Contra esse entendimento*, admitindo a retratação, Guilherme Nucci: "Note-se que esta [a requisição] é apresentada em função de ato puramente discricionário e da conveniência política do Poder Executivo, razão pela qual, sob o mesmo argumento, poderia haver a retratação, desde que a denúncia não tenha sido oferecida e até que haja a extinção da punibilidade do agente. Se o particular pode retratar-se da representação já formulada, não há impedimento algum para que o Ministro da Justiça faça o mesmo". Cfr. Nucci, Guilherme de Souza. *Manual de Processo Penal e Execução Penal*. Rio de Janeiro: Forense, 2014, p. 155.

manifestasse a retratação, desde que até o oferecimento da denúncia. Não foi esta, contudo, a opção objetivada na lei processual penal.

Por outro lado, advirta-se que o exercício da requisição do Ministro da Justiça, ao contrário da representação do ofendido, não está sujeito a qualquer prazo decadencial, podendo a manifestação ocorrer a todo tempo, desde que respeitado, claro, o prazo de prescrição da pretensão punitiva.

Já quanto às *consequências*, a falta de requisição do Ministro da Justiça pode acarretar a rejeição liminar da inicial (art. 395, II, do CPP) ou, por analogia ao regime legal da representação, a declaração de nulidade do processo (art. 564, III, *a*, CPP), dependendo do momento em que for reconhecido o vício (antes ou após o juízo de ratificação – art. 399, CPP – do recebimento da denúncia). Não se pode cogitar, no entanto, de prazo decadencial para o exercício da requisição pelo Ministro da Justiça, à míngua de previsão legal, eis que as hipóteses de decadência são taxativas[28].

4. ATUAÇÃO DO OFENDIDO NA AÇÃO PENAL DE INICIATIVA PÚBLICA

Já se disse que o titular privativo da ação penal de iniciativa pública é o Ministério Público (art. 129, I, CF). Cuida-se, na verdade, de titularidade exclusiva: mesmo na hipótese de inércia do Ministério Público, o que o ofendido poderá fazer é exercer ação penal privada subsidiária (art. 5º, LIX, CF), e não ação penal pública no lugar do Ministério Público.

O ofendido, para além do exercício da representação nos casos em que a lei a exija como condição de procedibilidade da ação pública, poderá intervir como terceiro interessado no processo penal já instaurado por iniciativa do Ministério Público, o que se dá sob a condição de *assistente*, nos termos do art. 268 do CPP.

Nessa hipótese, o ofendido não ostenta a condição de parte, e sim a de terceiro interessado, com faculdades processuais limitadas, portanto. Essa hipótese será melhor estudada no Capítulo XIII deste Curso, reservado aos sujeitos do processo penal.

5. CONTROLE ESPECIAL DA INÉRCIA DO MINISTÉRIO PÚBLICO:"AÇÃO PENAL PÚBLICA SUBSIDIÁRIA DA PÚBLICA"?

Há hipóteses, previstas na legislação especial, de atuação subsidiária de outro órgão do Ministério Público, ou de outra instituição de Ministério Público, em caso de inércia do órgão originariamente oficiante.

Não se trata aqui de atuação subsidiária do ofendido, enquanto particular (pessoa natural ou pessoa jurídica de direito privado), o que conforma a hipótese da ação penal privada subsidiária da pública (abordada no Seção III deste Capítulo), mas de alguma forma de *subsidiariedade de iniciativa pública* em caso de inércia de órgão do Ministério Público.

---

28. Com esse entendimento: BADARÓ, Gustavo Henrique. *Processo Penal*. Rio de Janeiro: Elsevier/Campus, 2012, p. 124.

A própria Constituição da República contempla hipóteses especiais de intervenção subsidiária na hipótese de inércia do órgão do Ministério Público incumbido do exercício da ação penal.

É o que se verifica no caso de "grave violação de direitos humanos", em que a inércia do órgão do Ministério Público Estadual enseja o deslocamento do feito para a Justiça Federal, por decisão do Superior Tribunal de Justiça, a partir de provocação do Procurador-Geral da República, nos termos do art. 109, § 5º, da Constituição da República (incluído pela Emenda Constitucional nº 45/2004): "Nas hipóteses de grave violação de direitos humanos, o Procurador-Geral da República, com a finalidade de assegurar o cumprimento de obrigações decorrentes de tratados internacionais de direitos humanos dos quais o Brasil seja parte, poderá suscitar, perante o Superior Tribunal de Justiça, em qualquer fase do inquérito ou processo, incidente de deslocamento de competência para a Justiça Federal".

Na espécie, se a provocação do Procurador-Geral da República ocorrer no curso da fase pré-processual, poderá haver, caso o incidente de deslocamento perante o STJ seja exitoso, atuação subsidiária de órgão do Ministério Público Federal, diante da inércia do órgão do Ministério Público Estadual.

A legislação ordinária também prevê hipóteses de atuação subsidiária de órgãos do próprio Ministério Público. O art. 27 da Lei nº 7.492/1986, que trata dos crimes contra o sistema financeiro nacional, dispõe: "Quando a denúncia não for intentada no prazo legal, o ofendido poderá representar ao Procurador-Geral da República, para que este a ofereça, designe outro órgão do Ministério Público para oferecê-la ou determine o arquivamento das peças de informação recebidas".

Assim, por exemplo, o Banco Central do Brasil, quando figure como ofendido, poderá representar ao Procurador-Geral da República no sentido de que ofereça a denúncia ou designe outro órgão do Ministério Público para oferecê-la. Trata-se de regime semelhante àquele disciplinado no art. 28 do CPP, com a diferença de que aqui é o ofendido, e não o órgão judiciário, quem poderá provocar a chefia do Ministério Público.

Há também a previsão do art. 2º, § 2º, do Decreto-Lei nº 201/1967, que trata dos crimes de responsabilidade de prefeitos e vereadores: "Se as providências para a abertura do inquérito policial ou instauração da ação penal não forem atendidas pela autoridade policial ou pelo Ministério Público estadual, poderão ser requeridas ao Procurador-Geral da República".

Essas hipóteses excepcionais não constituem propriamente "ação penal pública subsidiária da pública", e sim mecanismos de controle da atuação de órgãos do Ministério Público, em nome do respeito ao princípio da obrigatoriedade da ação penal de iniciativa pública. Em última análise, a ação penal resulta promovida, se for o caso, pelo próprio Ministério Público, como, aliás, não poderia deixar de ser, dada a exclusividade constitucionalmente reservada à instituição (art. 129, I, CF), neste particular.

6. DENÚNCIA

6.1. Conceito e Características

Entende-se por *denúncia* a peça postulatória de caráter acusatório apta a promover a ação penal de iniciativa pública (art. 24, *caput*, CPP). A denúncia, portanto, é a peça inicial de dedução, perante órgão jurisdicional penal, de hipótese acusatória que tenha por objeto crime processável por ação penal de iniciativa pública.

Cuida-se do instrumento processual de ajuizamento da ação penal pública por seu titular privativo (Ministério Público), do mesmo modo que a queixa é a peça instrumental para o ajuizamento da ação penal de iniciativa privada.

Cumpre enfatizar que a denúncia constitui ato exclusivo do Ministério Público, além de peça inerente à ação penal de iniciativa pública, não alcançando qualquer esfera de ação penal de iniciativa privada, nem mesmo a subsidiária da pública. Com efeito, mesmo quando excepcionalmente o ofendido venha a formular acusação em juízo, por crime de ação pública, em decorrência da inércia do titular da ação (ação penal privada subsidiária da pública), ele o fará por meio de queixa.

A denúncia, como peça de acusação, sujeita-se aos requisitos fixados no art. 41 do CPP: "A denúncia ou queixa conterá a exposição do fato criminoso, com todas as suas circunstâncias, a qualificação do acusado ou esclarecimentos pelos quais se possa identificá-lo, a classificação do crime e, quando necessário, o rol de testemunhas".

Emanam desse dispositivo os seguintes requisitos: (i) *narração circunstanciada da hipótese de fato* constitutivo de infração penal, o que pode ser designado por imputação do fato ou *imputatio facti*; (ii) *individualização do acusado*; (iii) *classificação jurídica* do fato, o que pode ser designado por *imputação jurídica* ou *imputatio juris*; (iv) oferecimento de *rol de testemunhas*, quando for o caso.

Nem todos esses parâmetros são essenciais, e o último não constitui propriamente um requisito, mas a fixação do momento oportuno para o exercício de faculdade processual.

A *inobservância* a *parâmetro essencial* caracteriza *inépcia (inaptidão formal)* da inicial acusatória, que pode ser: (i) *causa de rejeição liminar* (art. 395, I, CPP), se reconhecida até a oportunidade da ratificação do recebimento da inicial; (ii) *causa de nulidade processual*, se reconhecida em momento posterior à ratificação do recebimento da peça acusatória.

A *inobservância* a *parâmetro não essencial*, entretanto, configura *nulidade relativa* ou *mera irregularidade*, sanável a qualquer tempo, nos termos do art. 569 do CPP: "As omissões da denúncia ou da queixa, da representação, ou, nos processos das contravenções penais, da portaria ou do auto de prisão em flagrante, poderão ser supridas a todo o tempo, antes da sentença final".

A *emenda à inicial* ou a *correção do vício* é a forma de suprimento de defeitos da peça. Apesar da ausência de previsão individualizada dessas hipóteses pela lei processual penal, aplica-se subsidiariamente a norma do art. 317 do Código de Processo Civil (2015): "Antes de proferir decisão sem resolução de mérito, o juiz deverá conceder à parte oportunidade para, se possível, corrigir o vício". A correção do vício deve ser aplicada, apenas *se possível*, desde que não haja qualquer prejuízo ao devido processo legal, ao contraditório e à ampla defesa.

Nos termos do art. 321 do CPC/2015, "o juiz, ao verificar que a petição inicial não preenche os requisitos dos arts. 319 e 320 ou que apresenta defeitos e irregularidades capazes de dificultar o julgamento de mérito, determinará que o autor, no prazo de 15 (quinze) dias, a emende ou a complete, indicando com precisão o que deve ser corrigido ou completado."

Nessa trilha, adaptada ao processo penal, a correção do vício opera-se mediante *aditamento* do acusador, oferecido por iniciativa própria ou a partir de provocação judicial, quando, por exemplo, faltem na inicial dados completos para a identificação do acusado.

6.2. Imputação do Fato *(Imputatio Facti)*

O primeiro requisito essencial é a narrativa da hipótese de fato penalmente típica, com todas as suas circunstâncias. Em uma acusação, alega-se a existência material de situação fática e, mais precisamente, de uma conduta (em tese penalmente típica), imputando-se a autoria desse fato (ou participação nesse fato) ao acusado.

A alegação do acusador configura uma *hipótese*, cuja efetividade integra o próprio mérito da ação penal. Ocorre que essa hipótese deverá ser formulada pelo acusador de maneira particularizada/individualizada, de modo que seja possível ao acusado o exercício do contraditório quanto ao mérito da acusação. Daí que a lei processual penal exija a narração do fato *com todas as suas circunstâncias*.

Essas circunstâncias incluem tempo, lugar, modo de execução e outras próprias do fato concreto. Uma narrativa vaga e genérica não permite ao acusado exercer o contraditório e a defesa de forma plena, com abrangência de todos os aspectos que integram a hipótese contra ele assacada.

A *imputação* a determinada pessoa, assim, deve ser deduzida por meio de descrição circunstanciada da hipótese de fato constitutiva de tipo penal. Apenas dessa forma é que se alcança: (a) a individualização da situação objetiva objeto de acusação, como algo distinto de qualquer outro fato que a ela possa se assemelhar; (b) a determinação e a delimitação dessa mesma hipótese acusatória, vale dizer, a possibilidade de exata compreensão dos fatos, em seu significado e em seus limites.

Suponha-se que, em uma denúncia, narre simplesmente o Ministério Público que o sujeito *A*, mediante o emprego de fraude, obteve em prejuízo de diversas pessoas vantagem ilícita no total de R$ 15.000,00, com isso tendo praticado crime de estelionato (art. 171, *caput*, CP). Nessa descrição, não se indicam todas as circunstâncias necessárias à individualização da hipótese e ao correlato exercício da defesa pelo imputado.

Sabe-se, por hipótese, que o sujeito *A* praticou fraude própria do crime de estelionato e que o prejuízo total causado foi de R$ 15.000,00, mas não se identificam circunstâncias essenciais como quando, onde e de que modo (e ainda contra exatamente quem) se praticou a conduta.

Naturalmente, a apreciação de mérito do órgão judiciário recairá sobre a hipótese, que está sujeita a prova na fase de instrução processual. A própria atividade probatória incide sobre uma situação de fato definida e individualizada, e não sobre uma hipótese vaga, que poderia se ajustar a diversos fatos concretos. Pela noção de estrita jurisdicionariedade (abordada no Capítulo I), a hipótese de acusação deve estar claramente formulada para que possa constituir objeto do debate processual, da atividade probatória e da final apreciação judicial, para o efeito de aferição de sua procedência.

Nesse contexto, a defesa do imputado, para se dizer ampla e plena, há que ser exercitável sobre todas as circunstâncias reais de um fato, de modo que por qualquer delas possa o indivíduo demonstrar-se "inocente", ou ainda evidenciar, em virtude de razão de direito eventualmente aplicável, a inviabilidade da hipótese.

Se, por exemplo, o acusador não diz quando nem onde o fato, por hipótese, teria ocorrido, não poderia o acusado, apontado como executor material da conduta, invocar um álibi; nem poderia, à falta da circunstância temporal, calcular e alegar a prescrição da pretensão punitiva. No exemplo cogitado, há apenas uma narrativa vaga do fato (fraude contra diversas pessoas, tendo como resultado prejuízo de R$ 15.000,00) e a classificação jurídica (art. 171, *caput*, CP).

Qual o efeito disso? A deficiência da formulação da hipótese acusatória, em ofensa à estrita jurisdicionariedade e à ampla defesa do acusado, por representar um vício ou inaptidão formal, caracteriza inépcia da peça de acusação (em nosso caso, a denúncia).

Assim, o desrespeito ao primeiro requisito do art. 41 do CPP significa inépcia – ou seja, inaptidão formal para a instauração de processo penal – da denúncia, que deve ser liminarmente rejeitada, nos termos do art. 395, I, do CPP.

Se a inépcia for reconhecida depois do recebimento da denúncia, mas ainda na fase de juízo de ratificação (art. 399, CPP), ainda poderá ser rejeitada liminarmente, com fundamento no mesmo art. 395, I, do CPP. Já se o reconhecimento for posterior à ratificação, entendemos que o órgão judiciário deva declarar a nulidade do processo, com base no art. 564, III, *a*, do CPP, eis que a *inépcia* se compreende como *falta de denúncia*.

Do mesmo modo, como abordado no Capítulo XIX deste Curso, se o reconhecimento ocorrer em sede de *habeas corpus*, a consequência será a invalidação do processo a partir da denúncia (art. 648, VI, CPP).

Não significa isso dizer que a denúncia deva ser uma peça rigorosamente pormenorizada, extensa e rica em detalhes. Basta que contenha, ainda que de forma direta e sucinta, os dados essenciais à individualização da hipótese e ao exercício da defesa. Só à luz desses parâmetros é que se pode admitir uma denúncia dita "sucinta".

6.2.1. Inadmissibilidade da imputação alternativa

A individualização clara e precisa da hipótese tem por objeto um fato definido e, em razão da justa causa em sentido estrito, materialmente certo. Por essa razão, entendemos não admissível a hipótese da "imputação alternativa", tema de tradicional controvérsia doutrinária.

Trata-se da possibilidade de o acusador, ante a certeza do cometimento de um fato criminoso e a incerteza sobre qual fato criminoso fora cometido, imputa um ou outro crime ao acusado. Por exemplo, diante da certeza quanto à prática de um crime contra o patrimônio, mas sem dispor de elementos completos que permitam concluir se o caso foi de furto ou de receptação, o acusador imputa um ou outro desses tipos penais, de modo que, ao final, o acusado seja condenado por um deles, o que for concretamente dimensionado após a instrução do processo[29].

FREDERICO MARQUES admite essa hipótese: "Será cabível, no juízo penal, a formulação de uma imputação alternativa? Nada há que a impeça, pois que em face de uma situação concreta, que se apresente equívoca, pode o acusador atribuir um ou outro fato ao réu. Não será motivo de escândalo – diz PASCUALE SARACENO – a citação 'de Tício como acusado de furto ou de receptação'"[30].

De nossa parte, entendemos que possa até haver algum tipo de equivocidade quanto a alguma circunstância não essencial – vale dizer, não penalmente típica – do crime imputado, mas sem que isso chegue ao ponto de gerar incerteza acerca do tipo penal aplicável.

Do contrário, está-se diante de fato indeterminado em seus elementos e/ou circunstâncias essenciais, o que representa ou inépcia da inicial acusatória (por deficiência descritiva) ou falta de prova mínima para o exercício da ação penal (falta de justa causa em sentido estrito), ou as duas coisas.

Com efeito, se há incerteza quanto ao fato de que a coisa "subtraída" ou "recebida" pelo imputado era ou não produto de crime antecedente, imputando-se diante disso furto *ou* receptação ao agente, há indeterminação (descritiva ou real) geradora de inépcia ou de falta de justa causa. Em sentido semelhante, confira-se a posição de GUSTAVO BADARÓ: "A possibilidade de oferecimento de denúncia alternativa deve ser rejeitada na medida em que, além de dificultar sobremaneira a defesa, representa uma clara hipótese de falta de justa causa para a ação penal. Se para o oferecimento é necessário, além dos indícios de autoria, que haja prova da materialidade delitiva, entendida essa expressão como certeza da ocorrência de um crime, não há como existir, simultaneamente, justa causa em relação a dois delitos excludentes entre si. Na medida

---

29. Como explica AFRÂNIO JARDIM: "Diz-se alternativa a imputação quando a peça acusatória vestibular atribui ao réu mais de uma conduta penalmente relevante, asseverando que apenas uma delas efetivamente terá sido praticada pelo imputado, embora todas se apresentem como prováveis, em face da prova do inquérito. Desta forma, fica expresso, na denúncia ou queixa, que a pretensão punitiva se lastreia nesta *ou* naquela ação narrada". Cfr. JARDIM, Afrânio Silva. *Direito Processual Penal*. Rio de Janeiro: Forense, 2002, p. 149. Não se considera imputação alternativa a alusão a dolo direto *ou* eventual, eis que esses dois elementos pertencem ao mesmo tipo incriminador (doloso), como decidiu o STF no HC 114.223/SP (STF, 2ª Turma, HC 114.223, Rel. Min. TEORI ZAVASCKI, julgamento em 27.10.2015, DJ de 12.11.2015): "Não se reputa alternativa a denúncia que descreve conduta certa e determinada, em imputação de tipo penal doloso, tanto o dolo direto quanto o eventual, porque cingidos naquela norma incriminadora".

30. MARQUES, José Frederico. *Elementos de Direito Processual Penal*. Rio de Janeiro: Forense, 1961, v. I, p. 154.

em que aumentam os elementos que apontam para a ocorrência de um dos crimes (p. ex.: o furto), na mesma medida e intensidade, diminuem os elementos que indicam a ocorrência do outro delito, alternativamente imputado (p. ex.: a receptação). Ou se tem certeza de um, ou do outro. Nunca, porém, dos dois simultaneamente"[31].

AFRÂNIO JARDIM, por seu turno, rechaça a imputação alternativa quando baseada em meras peças de informação: "Afastamos a possibilidade de imputação alternativa lastreada em simples peças de informação. Neste caso, se há dúvida relevante, deverá ser requisitada ou requerida a instauração de inquérito policial, a fim de que o estado de incerteza possa ser removido"[32]. Com efeito, seria o cúmulo admitir a imputação alternativa quando sequer exaurido o meio de investigação preliminar normal (inquérito policial).

6.2.2. Individualização de cada conduta na hipótese de pluralidade de imputados

Há que analisar também a exigência de *individualização*, na hipótese acusatória, das condutas de cada acusado (narrar, com todas as circunstâncias aplicáveis, o que cada acusado fez) em casos de *autoria coletiva*. Este tem sido um objeto muito discutido na doutrina e na jurisprudência.

A nosso juízo, não se admite a denúncia genérica quanto à participação de cada acusado, na hipótese de pluralidade de agentes. Exige-se, assim, a individualização da conduta de cada denunciado, especificando-se qual a natureza e a medida da contribuição de cada um na execução do crime. Só dessa forma se pode deduzir uma acusação que viabilize, para cada acusado, o exercício da defesa.

É inadmissível, portanto, que o acusador simplesmente deduza o fato objetivo, imputando-o a uma pluralidade de agentes, de modo que somente na instrução criminal se verifique o que cada um terá praticado na execução do suposto crime comum.

Não é raro encontrar, na prática, imputações assim formuladas, em particular no âmbito dos *crimes societários*, em que, ante a certeza da prática de um crime por ação da empresa, atribui-se o mesmo fato indistintamente a todos os sócios e demais representantes.

Trata-se aí de imputação puramente formal, em que se presume a participação do sujeito pelo mero fato de ser sócio da empresa. Esse expediente, além de prejudicar a defesa do acusado, representa ainda: (a) admissão hipotética da responsabilidade penal objetiva; (b) admissão de hipótese acusatória sem justa causa (prova mínima que justifique a instauração do processo contra o sujeito).

Essa conclusão decorre da própria lógica das condições de admissibilidade da ação penal e da denúncia enquanto peça acusatória. Quanto ao primeiro caso, se há a exigência de materialidade e indícios de autoria (justa causa em sentido estrito), a existência da prova mínima deve ser demonstrada pelo acusador em relação a cada acusado,

---

31. BADARÓ, Gustavo Henrique Righi Ivahy. *Processo Penal*. Rio de Janeiro: Campus/Elsevier, 2012, pp. 131-132.

32. JARDIM, Afrânio Silva. *Direito Processual Penal*. Rio de Janeiro: Forense, 2002, p. 149.

de forma individualizada. No segundo caso, só há hipótese de acusação determinada e particularizada no plano descritivo se for narrada, com todas as suas circunstâncias, a participação específica de cada indivíduo na execução do fato.

Antigamente, a jurisprudência da Segunda Turma do Supremo Tribunal Federal posicionava-se pela admissibilidade da denúncia genérica. Nesse sentido, confira-se o julgado da Turma no HC 85.579/MA (STF, 2ª Turma, HC 85.579, Rel. Min. GILMAR MENDES, DJ de 24.06.2005): "Tratando-se de crimes societários, não é inepta a denúncia em razão de mera ausência de indicação individualizada da conduta de cada indiciado. Configura condição de admissibilidade da denúncia em crimes societários a indicação de que os acusados sejam de algum modo responsáveis pela condução da sociedade comercial sob a qual foram supostamente praticados os delitos. Precedentes (HC no 80.812-PA, DJ de 05.03.2004; RHC no 65.369-SP, Rel. Min. Moreira Alves, DJ de 27.10.1987...)".

A Suprema Corte, entretanto, modificou sua jurisprudência, orientando-se atualmente no sentido da *exigência de individualização* da conduta de cada denunciado, na hipótese de crime societário – e, de resto, nas demais hipóteses de autoria coletiva.

A esse respeito, refira-se o julgado da Segunda Turma no HC 85.327/SP (STF, 2ª Turma, HC 85.327, Rel. Min. GILMAR MENDES, julgamento em 15.08.2006, DJ de 20.10.2006): "Mudança de orientação jurisprudencial, que, no caso de crimes societários, entendia ser apta a denúncia que não individualizasse as condutas de cada indiciado, bastando a indicação de que os acusados fossem de algum modo responsáveis pela condução da sociedade comercial sob a qual foram supostamente praticados os delitos (...) *Necessidade de individualização das respectivas condutas dos indiciados. Observância dos princípios do devido processo legal (CF, art. 5º, LIV), da ampla defesa, contraditório (CF, art. 5º, LV) e da dignidade da pessoa humana (CF, art. 1º, III) (...) No caso concreto, a denúncia é inepta porque não pormenorizou, de modo adequado e suficiente, a conduta dos pacientes.*"

No mesmo sentido, consulte-se: STF, 2ª Turma, HC 86.879/SP, Rel. p/ acórdão Min. GILMAR MENDES, julgamento em 21.02.2006, DJ de 16.06.2006).

A Primeira Turma do STF, por sua vez, tem decidido no sentido da *exigência*, *"no quanto possível"*, da *individualização de cada conduta*. Nesse sentido, confira-se o julgado da Turma no HC 95.156/AM (STF, 1ª Turma, HC 95.156, Rel. Min. RICARDO LEWANDOWSKI, julgamento em 06.10.2009, DJ de 20.11.2009): "Em crimes societários, a denúncia deve pormenorizar a ação dos denunciados no quanto possível. Não impede a ampla defesa, entretanto, quando se evidencia o vínculo dos denunciados com a ação da empresa denunciada".

Em julgados mais recentes, porém, a mesma Primeira Turma da Suprema Corte elucidou melhor a orientação, relativizando a exigência de individualização de condutas. Com efeito, lê-se o seguinte na decisão do RHC 117.173/DF (STF, 1ª Turma, RHC 117.173, Rel. Min. LUIZ FUX, julgamento em 18.02.2014, DJ de 07.03.2014): "A denúncia, na hipótese de crime societário, não precisa conter descrição minuciosa e pormenorizada da conduta de cada acusado, sendo suficiente que, demonstrando o vínculo dos indiciados com a sociedade comercial, narre as condutas delituosas de forma a possibilitar o exercício da ampla defesa".

Em última análise, a orientação atual da Primeira Turma da Suprema Corte aponta para a exigência de que o acusador individualize as condutas *na medida do possível*, bastando, de toda sorte, que demonstre o vínculo de cada denunciado com a ação da sociedade envolvida, ou, em outros termos, com a ação coletiva.

Significa isso dizer que, em caso de impossibilidade de individualização, o Ministério Público pode apenas demonstrar o vínculo do denunciado com a ação coletiva, ficando a verificação da conduta reservada à análise judicial no momento próprio. Em igual sentido, indique-se também o julgado da Primeira Turma no HC 97.675/SP (STF, 1ª Turma, HC 97.675, Rel. Min. RICARDO LEWANDOWSKI, julgamento em 10.11.2009, DJ de 03.12.2009).

Na doutrina, GUILHERME NUCCI tem posição semelhante: "Tem-se admitido ofereça o promotor uma denúncia genérica em relação aos co-autores e partícipes, quando não se conseguir, por absoluta impossibilidade, identificar claramente a conduta de cada um no cometimento da infração (...) Se vedássemos o ingresso da ação penal somente porque a conduta de cada coautor (ou partícipe) não ficou nitidamente demonstrada, haveria impunidade, o que não é desejável. Entretanto, se as condutas estiverem bem definidas no inquérito, cabe ao promotor individualizá-las na denúncia, para que esta não se torne inepta"[33].

Dissentimos dessa orientação. A dita impossibilidade de individualização traduz insuficiência de base probatória mínima, não quanto ao fato objetivo em si, mas quanto à autoria ou à participação do imputado. Mostra-se necessária, assim, a movimentação de diligências investigativas, destinadas à coleta de elementos informativos que permitam ao acusador dimensionar a conduta de cada investigado na execução do crime.

O processo penal não pode servir de instrumento para desvendar qual conduta praticou o denunciado, e sim para verificar se a conduta individualizada na hipótese de acusação ocorreu ou não. A atividade probatória inerente ao processo penal realiza-se sob a base de uma hipótese de acusação definida, o que inclui a delimitação da conduta de cada pessoa em um fato coletivo. Não se pode desvirtuar essa atividade probatória com a função de definir os próprios limites da acusação, o que, sem dúvida, prejudica a defesa dos acusados. A particularização da conduta de cada indivíduo integra a narrativa do fato *com todas as suas circunstâncias*, nos termos do art. 41 do CPP.

Por outro lado, se o conteúdo de cada conduta não foi alcançado na fase de investigação, como o será no curso da instrução processual? A própria admissibilidade da individualização das condutas durante o processo penal implica que a mesma finalidade poderia ser atingida na fase pré-processual. E se é realmente impossível alcançar isso na fase de investigação, o mesmo se diga quanto à instrução processual. Se a individualização for conseguida no processo penal, poderia ter sido antes

---

33. NUCCI, Guilherme de Souza. *Manual de Processo Penal e de Execução Penal*. Rio de Janeiro: Forense, 2014, pp. 172-173.

dimensionada pelo acusador na denúncia, bastando que antes fossem realizadas as diligências investigativas próprias.

Apesar disso, a jurisprudência da Quinta e da Sexta Turmas do Superior Tribunal de Justiça, em linha ainda mais permissiva que a da Primeira Turma do STF, admite expressamente a "denúncia genérica", ou a "denúncia geral", ficando a individualização da conduta de cada acusado reservada à instrução do processo.

Nessa direção, refira-se o julgado da Quinta Turma no HC 84.435/RS (STJ, 5ª Turma, Rel. Min. NAPOLEÃO MAIA, julgamento em 15.04.2008, DJ de 05/05.2008): "Admite-se a denúncia genérica, em casos de crimes de vários agentes e condutas ou que, por sua própria natureza, devem ser praticados em concurso, quando não se puder, de pronto, pormenorizar as ações de cada um dos envolvidos, sob pena de inviabilizar a acusação, desde que os fatos sejam delineados de forma clara, para permitir o amplo exercício do direito de defesa. Precedentes do STJ". No mesmo sentido, o julgado também da Quinta Turma no RHC 21.284/RJ (STJ, 5ª Turma, RHC 21.284, Rel. Min. JANE SILVA, julgamento em 13.09.2007, DJ de 01.10.2007): "É geral, e não genérica, a denúncia que atribui a mesma conduta a todos os denunciados, desde que seja impossível a delimitação dos atos praticados pelos envolvidos, isoladamente, e haja indícios de acordo de vontades para o mesmo fim. Em crimes plurissubjetivos, não há necessidade de individualização das condutas, na peça inicial, em virtude da manifesta impossibilidade de se compreender, de imediato, o alcance da ação de cada sujeito." Igualmente: STJ, 5ª Turma, AGARESP 257.232, Rel. Min. Laurita Vaz, DJ de 02.09.2014[34].

Na Sexta Turma do STJ, por seu turno, encontram-se julgados nos dois sentidos, o que mais uma vez demonstra a hesitação jurisprudencial sobre o tema. Na mesma trilha da orientação da Quinta Turma, confira-se este julgado da Sexta Turma: STJ, 6ª Turma, RESP 414.636, Rel. Min. MARIA THEREZA DE ASSIS MOURA, DJ de 13.05.2015.

Por outro lado, a jurisprudência da Turma orienta-se pela exigência de descrição mínima do conteúdo da conduta, rechaçando expressamente a figura da "denúncia genérica", como no julgado do HC 238.889/MG (STJ, 6ª Turma, HC 238.889, Rel. Min. SEBASTIÃO REIS JÚNIOR, julgamento em 21.05.2013, DJ de 01.07.2014): "É inepta a denúncia que não descreve a conduta criminosa praticada pelos pacientes, mencionando apenas a condição de sócios-gerentes da empresa autuada pela Previdência Social. Não se pode presumir a responsabilidade criminal daqueles que se acham no contrato social como sócios-gerentes somente por revestirem-se dessa condição. A peça acusatória deve especificar, ao menos sucintamente, fatos concretos, de modo a possibilitar ao acusado a sua defesa, não podendo se limitar a afirmações de cunho vago. Necessário

---

34. "Esta Corte Superior de Justiça, na linha do entendimento perfilhado pelo Supremo Tribunal Federal, tem decidido que, nos crimes de autoria coletiva, é prescindível a descrição minuciosa e individualizada da ação de cada acusado, bastando a narrativa das condutas delituosas e da suposta autoria, com elementos suficientes para garantir o direito à ampla defesa e ao contraditório. 6. A denúncia da hipótese dos autos é apta, reservando-se para a instrução criminal o detalhamento mais preciso das condutas dos acusados e a comprovação dos fatos a eles imputados, a fim de que se permita a correta e equânime aplicação da lei penal".

seria que estivesse descrito na denúncia, ainda que de forma breve, se a atuação dos pacientes, como sócios-gerentes da empresa denunciada, contribuiu para a prática do delito descrito. Denúncia genérica nesse aspecto."

Em todo esse panorama, a orientação mais adequada sobre o tema nos parece ser, induvidosamente, aquela acolhida pela jurisprudência atual da Segunda Turma do STF, conforme antes referenciado: exigência de individualização da conduta de cada denunciado, nas hipóteses de autoria coletiva.

Seja como for, não se requer que a conduta narrada para cada denunciado realize por si só os elementos do tipo penal imputado. Como se sabe, há graus de participação acessória que importam responsabilidade penal, conquanto com culpabilidade reduzida em comparação com a do autor do fato. Nesse sentido, refira-se o julgado da Primeira Turma do STF no HC 79.088/RJ (STF, 1ª Turma, HC 79.088, Rel. Min. SEPÚLVEDA PERTENCE, julgamento em 18.05.1999, DJ de 25.06.1999): "Cuidando-se de crime cometido mediante concurso de agentes, não é de exigir da denúncia que a conduta atribuída a cada um deles realiza por si só todos os elementos do tipo".

6.3. Identificação e Individualização do Denunciado

O segundo requisito do art. 41 do CPP é a individualização do acusado: *qualificação do acusado ou indicação de sinais pelos quais se possa identificá-lo*. A acusação deduzida na inicial tem como núcleo a imputação de um fato, em tese constitutivo de injusto penal, a determinada pessoa.

Exige-se, assim, além do preciso dimensionamento da imputação objetiva, também a individualização do imputado. A falta de elementos que permitam a identificação do imputado, seja pela sua qualificação, seja pela indicação de sinais característicos, gera a inépcia da inicial acusatória, vale dizer, sua inaptidão formal como instrumento de instauração do processo penal.

A norma do art. 259 do CPP, entretanto, relativiza a exigência de individualização completa e certa, ao permitir o suprimento da qualificação do imputado em qualquer tempo, desde que certa a identidade física: "A impossibilidade de identificação do acusado com o seu verdadeiro nome ou outros qualificativos não retardará a ação penal, quando certa a identidade física. A qualquer tempo, no curso do processo, do julgamento ou da execução da sentença, se for descoberta a sua qualificação, far-se-á a retificação, por termo nos autos, sem prejuízo da validade dos atos precedentes". Para mais detalhes a esse respeito, remetemos o leitor à Seção III do Capítulo XIII deste Curso.

6.4. Imputação ou Classificação Jurídico-Penal (*Imputatio Juris*)

A *classificação jurídica*, terceiro elemento emanado do art. 41 do CPP, é secundária relativamente à imputação fática. Por óbvio, a acusação deve conter uma hipótese de prática de infração penal. Não havendo tipicidade em tese dos supostos fatos descritos na inicial, tem-se a impossibilidade jurídica da causa de pedir, como já visto.

Espera-se do acusador, portanto, que confira uma classificação jurídico-penal à hipótese que descreve, indicando o tipo penal de injusto a ela correspondente. Como bem o expressa FREDERICO MARQUES, "sucede-se, pois, à exposição da base empírica do pedido, a dedução de sua base normativa"[35]. Espera-se, em última análise, que o acusador evidencie juridicamente, na inicial, que a hipótese (base empírica) constitui crime (base normativa), a reclamar, portanto, a intervenção penal punitiva, se vier a ser comprovada.

Não se pode conceber, nessa lógica, que o acusador deixe de indicar o tipo penal em tese correspondente à hipótese, até porque o pedido será o da procedência concreta da pretensão punitiva, vinculada à atuação de uma pena cominada a determinado crime ou contravenção.

Desde que efetivada a classificação jurídica, no entanto, não se exige, para a admissibilidade da inicial, que o tipo penal indicado pelo acusador seja aquele correto e adequado à hipótese de fato narrada. Se a descrição dos fatos expressa hipoteticamente *algum crime ou contravenção*, a inicial acusatória deve ser recebida, procedendo o órgão judiciário, no momento oportuno, à adequada classificação da causa de pedir.

Não implica inépcia, portanto, a errônea capitulação dos fatos narrados na inicial. Como pondera FREDERICO MARQUES: "Irrelevante, para isso, é que a classificação do crime esteja exata e certa. O perfeito enquadramento da espécie, nas normas legais que sobre ela incidem, é tarefa do magistrado: *narra mihi factum, dabo tibi jus*. Desde que os elementos do fato exposto possam fazer deste um fato criminoso, a qualificação legal adequada quem a dá, para tal fim, é o juiz, ao proferir a sentença"[36].

Na hipótese de inadequada imputação jurídica, poderá o juízo:

(i) Proceder desde logo à reclassificação jurídica da hipótese, para o fim de aplicação imediata de benefícios que assistam ao acusado. Suponha-se que o Ministério Público, na denúncia, narre a seguinte hipótese de fato (*imputatio facti*): o sujeito A, entre os meses de janeiro e junho de 2013, adulterou medidor de energia elétrica para que registrasse menor quantidade de energia do que a efetivamente consumida em sua residência, com isso causando prejuízo à concessionária Y. O acusador, entretanto, classifica o fato como furto mediante fraude (art. 155, § 2º, CP), em vez da imputação adequada, vale dizer, a de estelionato (art. 171, CP). Nesse caso, considerando que o furto mediante fraude tem pena mínima cominada de 2 (dois) anos, ao passo que a pena mínima do estelionato é de 1 (um) ano, o órgão judiciário deve desde logo proceder à reclassificação da hipótese, para assim permitir a aplicação do instituto da suspensão condicional do processo (art. 89, Lei nº 9.099/1995), cabível apenas para o âmbito das infrações a que seja cominada pena mínima de até 1 (um) ano. Adota-se a mesma providência quando, por exemplo, o Ministério Público classifique inadequadamente um fato como crime apenado com reclusão, que comporta prisão preventiva, quando a espécie aplicável fosse crime apenado com detenção, que não comporta prisão

---

35. MARQUES, José Frederico. *Elementos de Direito Processual Penal*. Rio de Janeiro: Forense, 1961, v. I, p. 154.

36. MARQUES, José Frederico. *Elementos de Direito Processual Penal*. Rio de Janeiro: Forense, 1961, v. I, p. 158.

preventiva[37]. Há ainda a exigência de reclassificação imediata para fins de fixação do procedimento aplicável, evitando-se assim prejuízo às partes, ante a afetação do devido processo legal[38].

(ii) Proceder à reclassificação, adequando a hipótese de fato ao tipo penal aplicável, na oportunidade da sentença condenatória, mediante o instituto da *emendatio libelli*, disciplinado no art. 383 do CPP. Aprofundaremos esses pontos na Seção III do Capítulo XVI deste Curso, reservado à sentença penal.

A emenda judicial à classificação jurídica apresentada na denúncia pode ocorrer a qualquer momento, revelando-se ultrapassada a orientação tradicional no sentido de que a providência só caberia no momento da sentença, com base no art. 383 do CPP. Para mais detalhes sobre esse tema, remetemos o leitor à Seção III do Capítulo XVI.

6.5. Ônus: Apresentação de Rol de Testemunhas Numerárias e Indicação de outros Meios de Prova

O art. 41 do CPP contempla ainda a apresentação do rol de testemunhas, se necessário. Trata-se aqui não de um requisito, mas da fixação da inicial acusatória como momento oportuno para a indicação das testemunhas numerárias pelo acusador, dentro do limite máximo definido em lei, a depender do procedimento aplicável, faculdade processual cujo não exercício, nessa oportunidade, acarreta preclusão temporal.

A falta de apresentação do rol de testemunhas na inicial acusatória, portanto, significa apenas que o acusador perdeu essa faculdade processual (indicação de testemunhas numerárias), pelo seu não exercício na oportunidade própria. Cada parte, no processo penal, tem a faculdade de indicar testemunhas até um limite máximo fixado em lei (até 8, no procedimento ordinário; até 5 no procedimento sumário), sendo essas as testemunhas ditas numerárias.

A oportunidade própria para esse exercício pelo acusador é a da denúncia ou da queixa, conforme o caso; pela defesa, a da resposta à acusação (artigos 396 e 396-A, CPP), após a citação do acusado. A apresentação de rol de testemunhas pelo acusador, em última análise, representa apenas a consumação do exercício de uma faculdade

---

37. Ainda sobre a exigência de imediata reclassificação, assinala SCARANCE FERNANDES: "Ora, se a análise da classificação está inserida no caminho a ser percorrido pelo juiz para resolver tais questões, torna-se impossível impedi-lo de corrigir [de imediato] a adequação do fato feita pelo promotor, embora o faça de maneira incidental e apenas para decidir o fato principal. São três os vícios principais que podem macular a classificação e eventualmente exigir a sua correção: ser atípica, errônea ou excessiva". Cfr. FERNANDES, Antônio Scarance. *A Reação Defensiva à Imputação*. São Paulo: Revista dos Tribunais, 2002, p. 220.

38. Conforme SCARANCE FERNANDES: "É muito importante a classificação do crime para a determinação do procedimento e, por isso, pode a reação dirigida ao erro na qualificação fundar-se no prejuízo ao direito de defesa decorrente da adoção de rito inadequado ao fato criminoso da imputação. Deve o juiz examinar a classificação e, se dela discordar, determinar que se adote o procedimento correto, evitando na sentença, após a desclassificação, a afirmação de nulidade por prejuízo ao direito de defesa". Cfr. FERNANDES, Antônio Scarance. *A Reação Defensiva à Imputação*. São Paulo: Revista dos Tribunais, 2002, p. 226.

processual, e não o respeito a uma condição de regularidade formal da petição inicial acusatória.

Além do oferecimento de rol de testemunhas, a inicial também é a oportunidade para a indicação de outros meios de prova, como, por exemplo, o requerimento de perícia.

6.6. Regularidade Formal da Denúncia e Aplicação Subsidiária do Código de Processo Civil

Entendemos, à falta de previsão mais completa na lei processual penal, que se aplicam subsidiariamente à denúncia e à queixa também alguns dos requisitos formais (de menor relevância que os requisitos essenciais e especiais contemplados no art. 41 do CPP) objeto do art. 319 do CPC/2015: (a) indicação do juiz ou tribunal a que é dirigida (I); (b) indicação dos nomes, prenomes, estado civil, profissão, domicílio e residência do autor e do réu (II), o que de toda sorte pode ser sintetizado na fórmula *qualificação do acusado*, empregada no art. 41 do CPP; (c) as provas com que o autor pretende demonstrar a verdade dos fatos alegados (VI), o que representa uma exigência ao acusador, no processo penal, de que demonstre a justa causa (sem sentido estrito) para a ação penal, a partir das peças informativas que lhe servirem de base.

A indicação dos fatos e dos fundamentos jurídicos do pedido (art. 319, III, CPC/2015) já se traduz na *imputatio facti* e na *imputatio juris* emanadas da norma do art. 41 do CPP, ao passo que a indicação do valor da causa (art. 319, V, CPC/2015) e a opção por audiência de conciliação ou de mediação (art. 319, VII, CPC/2015) não se aplicam à denúncia no processo penal.

6.7. Prazos

O oferecimento da denúncia pelo Ministério Público sujeita-se a prazos processuais, estabelecidos no art. 46 do CPP: (i) 5 (cinco) dias, em caso de investigado ou indiciado ("réu") preso; (ii) 15 (quinze) dias, na hipótese de investigado ou indiciado ("réu") solto.

Encontram-se na legislação especial, contudo, prazos diversos para o oferecimento da denúncia: (i) no âmbito do procedimento reservado aos crimes de drogas, incide o prazo de 10 (dez) dias (art. 54, III, Lei nº 11.343/2006), independentemente de prisão do investigado; (ii) no âmbito da ação penal por crime de abuso de autoridade, incide o prazo de 48 (quarenta e oito) horas (art. 13, *caput*, Lei nº 4.898/1965); (iii) no âmbito da ação penal por crime contra a economia popular, incide o prazo de 2 (dois) dias, esteja ou não preso o investigado (art. 10, § 2º, Lei nº 1.521/1951); (iv) no âmbito da ação penal por crime eleitoral, incide o prazo de 10 (dez) dias (art. 357, *caput*, Lei nº 4.737/1965 – Código Eleitoral).

O *termo inicial* do prazo, em qualquer caso, é a data do recebimento pelo Ministério Público dos autos do inquérito policial (art. 46, *caput*, CPP), das peças de informação ou da representação (art. 46, § 1°, CPP / art. 54, *caput*, Lei n° 11.343/2006 / art. 13, *caput*, Lei n° 4.898/1965).

Nos termos do art. 46, *caput*, do CPP: "O prazo para oferecimento da denúncia, estando o réu preso, será de 5 (cinco) dias, contado da data em que o órgão do Ministério Público receber os autos do inquérito policial, e de 15 (quinze) dias, se o réu estiver solto ou afiançado. No último caso, se houver devolução do inquérito policial à autoridade policial (art. 16), contar-se-á o prazo da data em que o órgão do Ministério Público receber novamente os autos". Por seu turno, dispõe o parágrafo único do mesmo art. 46: "Quando o Ministério Público dispensar o inquérito policial, o prazo para o oferecimento da denúncia contar-se-á da data em que tiver recebido as peças de informações ou a representação" (art. 46, § 1°, CPP).

Os prazos em foco, na verdade, regulam a manifestação do Ministério Público, e não apenas o oferecimento da denúncia. Dentro do prazo de 5 (cinco) dias ou de 15 (quinze) dias, deverá o Ministério Público pronunciar-se em uma das direções em geral possíveis, a saber: (i) oferecimento da denúncia (art. 24, CPP); (ii) promoção de arquivamento (art. 28, CPP); (iii) promoção do retorno dos autos do inquérito à esfera policial para novas diligências (art. 16, CPP); (iv) requisição direta de maiores esclarecimentos, documentos complementares ou elementos de convicção (art. 47, CPP); (v) pedido de declínio de competência pelo órgão jurisdicional.

Na hipótese (iii), o prazo para o oferecimento da denúncia conta-se da data em que o órgão do Ministério Público receber novamente os autos (art. 46, *caput*, parte final, CPP).

Já na hipótese (iv), entendemos que, de acordo com a mesma lógica, o prazo conta-se da data do recebimento, pelo órgão do Ministério Público, dos esclarecimentos, documentos complementares ou elementos de convicção requisitados.

Trata-se de prazo processual, sem qualquer natureza decadencial, ao contrário do prazo que incide sobre o exercício da queixa. A consequência invariável da inobservância do prazo aplicável, entendida como ausência de qualquer manifestação do órgão do Ministério Público após o transcurso do lapso temporal, é a abertura do prazo decadencial (6 meses) para o ajuizamento, pelo ofendido ou seu sucessor legal, da ação penal privada subsidiária da pública.

O decurso do prazo sem manifestação do Ministério Público, assim, enseja o oferecimento de queixa subsidiária (art. 29, CPP), no prazo de 6 (seis) meses, contado do dia em que expirar o prazo para a denúncia (5 dias ou 15 dias) fixado no art. 46 do CPP (art. 38, CPP).

Adicionalmente, no caso de investigado ou indiciado preso, o decurso do prazo de 5 (cinco) dias sem manifestação do Ministério Público caracteriza ainda constrangimento ilegal, ou seja, torna *ilegal* a *prisão*, *por excesso de prazo*.

Nesse sentido, refira-se o julgado da Quinta Turma do STJ no RHC 11.999/SE (STJ, 5ª Turma, RHC 11.999, Rel. Min. Felix Fischer, julgamento em 06.11.2001, DJ de 04.02.2002): "Ultrapassado o lapso previsto no artigo 46 do Código de Processo Penal, é de se reconhecer o constrangimento ilegal causado pelo excesso de prazo para o oferecimento da denúncia".

O mesmo STJ, no entanto, tem decidido que, se oferecida a denúncia, ainda que fora do prazo, resulta superado o constrangimento ilegal. Nesse rumo, afirmando também que o "mero" descumprimento do prazo do art. 46 do CPP não caracteriza por si só constrangimento ilegal (em sentido contrário ao decidido no RHC 11.999, acima citado), tem-se o julgado da Quinta Turma no RHC 16.326/PR (STJ, 5ª Turma, RHC 16.326, Rel. Min. Laurita Vaz, julgamento em 07.06.2005, DJ 01.08.2005): "Eventual extrapolação do prazo de cinco dias para o oferecimento da denúncia, em caso de réu preso, não se consubstancia, por si só, em constrangimento ilegal. De qualquer sorte, já tendo sido oferecida e recebida a denúncia, eventual constrangimento ilegal se encontra superado, restando prejudicado, nessa parte, o recurso".

De nossa parte, entendemos que há constrangimento ilegal no excesso de prazo para o oferecimento da denúncia. Não haveria sentido em que a lei (art. 46, CPP) fixasse prazo especial (5 dias) para a manifestação do Ministério Público na hipótese de investigado ou indiciado preso, e o órgão de acusação pudesse desrespeitar esse prazo sem qualquer consequência especial, além da abertura de prazo para o exercício da ação penal privada subsidiária pelo ofendido.

Ademais, a inobservância de prazo, sempre que importar prolongamento de prisão, caracteriza constrangimento ilegal, como reconhecido em diversas hipóteses, inclusive quanto ao desrespeito ao prazo (10 dias) de conclusão do inquérito policial.

Por outro lado, tampouco podemos aceitar que o exercício extemporâneo da acusação pública "convalide" o excesso de prazo. A prisão que se tornou ilegal deve ser imediatamente relaxada pela autoridade judiciária competente (art. 5º, LXV, CF), não havendo ato posterior que a possa converter em prisão legal.

Apenas um novo motivo, apreciado pelo órgão judiciário competente, ainda que esse motivo conste da própria denúncia, poderá ensejar a decretação de nova prisão; nunca, jamais, a convalidação do excesso da prisão anterior.

O Supremo Tribunal Federal já decidiu, se bem que por fundamentos autônomos, que a superveniência do recebimento da denúncia não convalida excesso de prazo. Com essa orientação, refira-se o julgado da Segunda Turma no HC 113.611/RJ (STF, 2ª Turma, HC 113.611, Rel. Min. Cezar Peluso, julgamento em 26.06.2012, DJ de 01.10.2012): "Custódia que perdurou por 1 (um) ano e 4 (quatro) meses sem recebimento da denúncia. Demora não imputável à defesa. Dilação não razoável. Superveniência do recebimento da denúncia. Não convalidação do excesso. Constrangimento ilegal caracterizado. HC concedido. Aplicação do art. 5º, LXXVIII, da CF. Precedentes. A duração prolongada, abusiva e não razoável da prisão cautelar do réu, sem julgamento da causa, ofende o postulado da dignidade da pessoa humana e, como tal, consubstancia constrangimento ilegal".

Advirta-se, contudo, que nesse caso a Suprema Corte considerou o excesso de prazo para a formação da culpa e o julgamento da causa, e não o mero descumprimento do prazo do art. 46 do CPP para o oferecimento da denúncia. Em todo caso, a decisão contém, em parte, o reconhecimento de que a instauração do processo, pelo recebimento da denúncia, não tem o efeito de "convalidar" excesso de prazo preexistente.

6.8. Aditamento à Denúncia

O Ministério Público poderá aditar a denúncia:

(i) Para corrigir elementos não essenciais, o que equivale à emenda à inicial acusatória (art. 569, CPP / artigos 317 e 321, CPC/2015). Essa hipótese é designada por *aditamento impróprio*, por não se tratar necessariamente de um aditamento, e sim de uma *retificação* ou *saneamento*, que pode se realizar pela correção, substituição, suprimento ou esclarecimento de pontos da inicial[39].

(ii) Para a inclusão de novos fatos em tese constitutivos de crime. Essa hipótese pode ser denominada *aditamento próprio real ou material*. Como assinalam PENTEADO, RIBAS e UZEDA, "o aditamento material inova os fatos, quer descrevendo outra infração penal, quer qualificando ou agravando o tipo anteriormente fixado, mediante acréscimo de circunstância que não estava contida explícita ou implicitamente na inicial..."[40].

No particular, cumpre então distinguir: (a) se o aditamento for para a inclusão, com base em prova superveniente, de novos elementos ou circunstâncias (objetivos) do crime originariamente denunciado, deve ser aplicado o procedimento previsto no art. 384 do CPP (*mutatio libelli*), objeto de análise no Capítulo XVI deste Curso; (b) se o aditamento for para a inclusão de fato novo e autônomo, embora conexo à hipótese originária, o aditamento pode ser apresentado, em princípio, a todo momento, mas poderá o juízo, estando a instrução em fase avançada ou já encerrada, receber o aditamento como nova denúncia, de modo a não prejudicar a tramitação do feito quanto aos fatos originariamente denunciados.

(iii) Para a inclusão de novos denunciados, hipótese que se pode chamar de *aditamento próprio pessoal*. No caso, o aditamento deve ser apresentado ainda na fase postulatória do processo, de modo a não prejudicar a defesa do novo denunciado. Se apresentado durante a instrução, poderá o juízo ou receber o aditamento como nova denúncia, instaurando-se assim processo autônomo, ou, acolhendo o aditamento no mesmo processo, reabrir a instrução.

Segundo a jurisprudência do STJ, que entendemos acertada, o recebimento do aditamento é o marco interruptivo do prazo prescricional (art. 117, I, CP) apenas no que se refere ao novo denunciado. Nessa linha, refira-se o julgado da Quinta Turma do STJ no RESP 722.157/RS (STJ, 5ª Turma, RESP 722.157, Rel. Min. GILSON DIPP, julgamento em 24.05.2005, DJ de 13.06.2005): "Se anteriormente ao aditamento da inicial não havia qualquer acusação contra o recorrido, o recebimento da denúncia, em sua versão original – sem o referido aditamento – não poderia ser considerado

---

39. Conforme JAQUES PENTEADO, JÚLIO RIBAS e CLÓVIS UZEDA: "Encontramos exemplos de retificação na correção de nomes ou datas; de ratificação nas hipóteses do art. 568 do Código de Processo Penal; de suprimento nas ocasiões em que se acrescentam dados para tornar a descrição do fato mais completa (data, local, meios etc.); de esclarecimento nos casos em que se precise o trecho histórico apurado com a fixação do rompimento de obstáculo à subtração da coisa ou o perigo de vida". Cfr. PENTEADO, Jaques de Camargo / RIBAS, Júlio César / UZEDA, Clóvis Almir Vital de. *O Aditamento no Processo Penal.* São Paulo: Saraiva, 1992, p. 4.

40. PENTEADO, Jaques de Camargo / RIBAS, Júlio César / UZEDA, Clóvis Almir Vital de. *O Aditamento no Processo Penal.* São Paulo: Saraiva, 1992, p. 4.

termo inicial para efeito de contagem de prazo prescricional relativamente a ele. O recebimento do aditamento da exordial acusatória, neste caso, configura-se causa interruptiva do curso da prescrição".

SEÇÃO III
Ação Penal de Iniciativa Privada

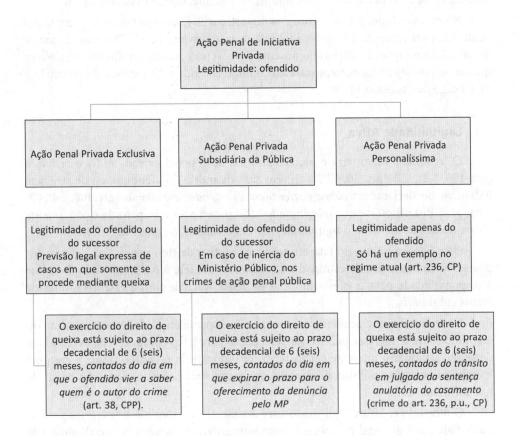

1. CONCEITO E ELEMENTOS ESSENCIAIS

Ação penal de iniciativa privada é a *persecução penal em juízo* que tem como *legitimado ativo* o *ofendido* – ou, na sua falta, quem legalmente o suceda (cônjuge, ascendente, descendente, irmão) –, exercida por meio de *queixa*, sempre que haja previsão normativa dessa modalidade, de modo exclusivo ou personalíssimo, ou ainda, em qualquer caso, como forma subsidiária à ação penal de iniciativa pública.

Dito mais sinteticamente, a ação penal de iniciativa privada é aquela em que o direito de acusar mediante queixa tem como titular, exclusiva ou subsidiariamente, o ofendido ou, na sua falta, quem tenha qualidade para sucedê-lo. Os elementos essenciais do conceito, abrangentes de todas as espécies de ação penal de iniciativa privada, são os seguintes: (i) legitimidade ativa do ofendido; (ii) exercício da acusação mediante queixa.

Essas noções estão claramente expressas no art. 100, §§ 2º e 4º, do Código Penal: "§ 2º. A ação de iniciativa privada é promovida mediante queixa do ofendido ou de quem tiver qualidade para representá-lo (...) § 4º. No caso de morte do ofendido ou de ter sido declarado ausente por decisão judicial, o direito de oferecer queixa ou de prosseguir na ação penal passa ao cônjuge, ascendente, descendente ou irmão."

No mesmo rumo, têm-se as normas dos artigos 30 ("Ao ofendido ou a quem tenha qualidade para representá-lo caberá intentar a ação privada") e 31 ("No caso de morte do ofendido ou quando declarado ausente por decisão judicial, o direito de oferecer queixa ou prosseguir na ação passará ao cônjuge, ascendente, descendente ou irmão") do Código de Processo Penal.

1.1. Legitimidade Ativa

O *legitimado ativo* para o ajuizamento da ação penal privada é: (i) o *ofendido* (art. 100, § 2º, CP / art. 30, CPP); (ii) em caso de morte do ofendido, ou de ausência judicialmente declarada, o *cônjuge, ascendente, descendente ou irmão* (art. 100, § 4º, CP / art. 31, CPP). Anote-se que o *legitimado ativo* para a acusação privada é comumente chamado de *querelante*, e o *legitimado passivo* (acusado), de *querelado*.

Ofendido é a vítima do fato em tese constitutivo de tipo penal. Em algumas hipóteses e com base em determinadas razões, a lei confere à própria vítima do crime a disponibilidade para o exercício da ação penal, quer de forma exclusiva, quer de forma subsidiária.

Isso normalmente acontece: (a) em função da prevalência do interesse íntimo do ofendido sobre o interesse público na persecução penal; (b) em função da necessidade de se salvaguardar o interesse (inclusive o reparatório) do ofendido frente a eventual inércia do acusador público no âmbito dos crimes processáveis por ação penal de iniciativa pública.

O ofendido é, assim, legitimado para acusar: (i) no domínio dos crimes para os quais haja previsão legal de processamento exclusivo ou mesmo personalíssimo por meio de queixa, sendo o que acontece, por exemplo, no crime de calúnia em sua forma básica (art. 138, *caput*, CP); (ii) subsidiariamente, no domínio dos crimes processáveis, segundo a regra geral, por ação penal de iniciativa pública, sempre que haja inércia do Ministério Público.

Para o exercício da queixa, o ofendido, se for incapaz, será representado ou assistido na forma da lei civil. É o que se depreende desta fórmula legal (art. 100, § 2º, parte final, CP / art. 30, parte final, CPP): "quem tenha qualidade para representá-lo". Na hipótese, o ofendido continua sendo o legitimado ativo para a acusação, cujo exercício se dá por representação ou, acrescente-se, por assistência, a depender da espécie de incapacidade.

Se o ofendido for pessoa jurídica, aplica-se quanto à representação o disposto no art. 37 do CPP: "As fundações, associações ou sociedades legalmente constituídas poderão exercer a ação penal, devendo ser representadas por quem os respectivos contratos ou estatutos designarem ou, no silêncio destes, pelos seus diretores ou sócios-gerentes".

Poderá o ente público ofendido exercer o direito de queixa, ainda que só subsidiariamente? A resposta é não, uma vez que aqui se trata de ação penal de iniciativa privada. Cumpre ressaltar que a hipótese cogitada diz respeito a ação penal *privada* subsidiária da pública, eis que, se o ente público for vítima de crime, a ação penal será sempre pública, nos termos do art. 24, § 2º, do CPP ("Seja qual for o crime, quando praticado em detrimento do patrimônio ou interesse da União, Estado e Município, a ação penal será pública").

Nesse ponto, importa dizer que o Ministério Público representa o interesse do Estado enquanto ente, não havendo hipótese de atuação subsidiária da própria pessoa jurídica de direito público (por exemplo, a União), em caso de inércia. Na espécie, recorde-se a exclusividade do Ministério Público na promoção da ação penal pública (art. 129, I, CF), impeditiva da atuação subsidiária de qualquer outro ente público. Devem ser observadas apenas as hipóteses anômalas de subsidiariedade (examinadas no item 5 da Seção II deste Capítulo, *supra*), que, em última análise, supõem meramente um controle dentro do próprio Ministério Público, enquanto instituição do Estado.

Assim, o ofendido legitimado para a acusação privada é apenas a pessoa natural ou a pessoa jurídica de direito privado em tese vitimada pela prática do fato constitutivo de infração penal.

Na hipótese de morte ou de ausência judicialmente declarada do ofendido é que o direito de queixa (direito de acusar por queixa) transmite-se, por sucessão, ao cônjuge, ascendente, descendente ou irmão (art. 100, § 4º, CP / art. 31, CPP), com a única ressalva da ação penal privada personalíssima, em que, como veremos, só o próprio ofendido poderá ser legitimado ativo.

De maneira geral, ocorrendo morte ou ausência, o ofendido deixa de ser o legitimado ativo, passando a titularidade da ação a recair sobre sucessor legal seu. A sucessão na legitimidade abrange tanto o exercício do direito de queixa quanto o prosseguimento na ação já exercida, caso o ofendido venha a falecer ou ser declarado ausente no curso do processo.

Relativamente à ordem de preferência na sucessão, aplica-se o disposto no art. 36 do CPP: "Se comparecer mais de uma pessoa com direito de queixa, terá preferência o cônjuge e, em seguida, o parente mais próximo na ordem de enumeração do art. 31 [ascendente, descendente, irmão], podendo, entretanto, qualquer delas prosseguir na ação, caso o querelante desista da instância ou a abandone".

Duas observações se impõem: (i) não há necessidade de que inexista o cônjuge para que o ascendente assuma a titularidade da ação, e assim por diante; a ordem de preferência deve ser obedecida apenas se comparecer mais de uma pessoa para exercer o direito de queixa; (ii) caso a pessoa que comparecer desista da instância ou a abandone, qualquer dos demais sucessores, independentemente de ordem de preferência, poderá prosseguir na ação.

1.2. Hipóteses Especiais de Representação Legal e Judicial do Ofendido no âmbito da Ação Penal de iniciativa Privada

A lei processual penal contém algumas disposições especiais acerca da forma pela qual deve o ofendido estar representado, civilmente por incapacidade e judicialmente por pobreza, no exercício da ação penal de que é titular.

A esse respeito, *em caso de pobreza*, o art. 32 do CPP assim dispõe: "Nos crimes de ação privada, o juiz, a requerimento da parte que comprovar sua pobreza, nomeará advogado para promover a ação penal".

Trata-se de regra geral apta a garantir a representação do ofendido por advogado na esfera da ação penal privada. No entanto, considerando a existência da instituição Defensoria Pública (art. 134, CF), deve-se asseverar que já está garantida a representação do hipossuficiente por advogado público, bastando que o sujeito recorra à instituição, sem a necessidade de nomeação judicial com fundamento no art. 32 do CPP, que, de toda sorte, poderá ser aplicado em caso de necessidade, no sentido de que deve, em primeiro plano, ser nomeado defensor público para promover a ação penal.

Já sobre a *representação do incapaz que não tiver representante ou assistente na forma da lei civil*, ou em caso de *colisão de interesses entre o incapaz e o representante*, dispõe o art. 33 do CPP: "Se o ofendido for menor de 18 anos, ou mentalmente enfermo, ou retardado mental, e não tiver representante legal, ou colidirem os interesses deste com os daquele, o direito de queixa poderá ser exercido por curador especial, nomeado, de ofício ou a requerimento do Ministério Público, pelo juiz competente para o processo penal". Impõe-se, portanto, nas situações anômalas descritas, a nomeação de curador para a representação do ofendido no exercício do direito de queixa.

Perdeu o sentido, em nosso sistema, o disposto art. 34 do CPP ("se o ofendido for menor de 21 e maior de 18 anos, o direito de queixa poderá ser exercido por ele ou por seu representante legal"), que entendemos revogado tacitamente (por incompatibilidade) pelo art. 5º do Código Civil vigente. Com efeito, o ofendido maior de 18 anos tem capacidade civil plena, para por si só (e não por meio de qualquer representante) exercer o direito de queixa. O dispositivo do art. 34 do CPP só tinha sentido no regime do revogado Código Civil de 1916, em que a maioridade civil só era alcançada aos 21 anos.

Por fim, se o ofendido for pessoa jurídica, deverá estar representado na forma de seus atos constitutivos, nos termos do art. 37 do CPP. Cuida-se aqui da forma normal e corriqueira de representação da pessoa jurídica.

2. ESPÉCIES DE AÇÃO PENAL DE INICIATIVA PRIVADA

2.1. Ação Penal Privada Privativa ou Exclusiva

A *ação penal privada exclusiva*, ou mais rigorosamente a *ação penal de privativa (ou exclusiva) iniciativa do ofendido*, é aquela que tem como legitimado ativo (i) o *ofendido* ou, em caso de morte ou ausência judicialmente declarada do ofendido, (ii) o *cônjuge, ascendente, descendente ou irmão*, além de (iii) aplicável a crime somente processável por queixa, conforme previsão legal específica.

Pode-se utilizar o termo *privativa*, no lugar de exclusiva, diante da possibilidade de, na falta do ofendido, o direito de queixa ser exercido por seus sucessores legais (art. 31, CPP).

O termo *exclusiva* faz referência à própria ação penal ou à queixa (*queixa exclusiva*), identificando-se, a partir daí, a *ação penal exclusivamente privada*. Preferimos, de toda sorte, enfatizar a *iniciativa*, que no caso é *privativa*, para o exercício do direito de queixa, já que assim se prestigia o critério de base para a individualização desta espécie de ação penal privada, frente às demais.

De resto, a exclusividade da queixa como forma de processamento de certos crimes é elemento presente também na ação penal privada personalíssima, que se quer distinguir da espécie de ação penal ora em foco.

Caracterizam a *ação penal privada privativa*, portanto, os seguintes elementos, cumulativamente: (i) possibilidade de transmissão, por sucessão, do direito de queixa, do ofendido para o cônjuge, ascendente, descendente ou irmão; (ii) exercício excepcional com base na materialidade e autoria de crimes somente processáveis mediante queixa, o que normalmente se expressa por esta fórmula legal: *somente se procede mediante queixa*.

São exemplos de crimes apenas processáveis por queixa do ofendido ou de quem legalmente o suceda: crimes de calúnia, difamação e injúria, via de regra (artigos 138, 139 e 140, c/c art. 145, *caput*, CP); crime de dano em sua forma típica básica (art. 163, *caput* e inciso IV, c/c art. 167, CP).

O fundamento da previsão legal de exclusividade da queixa – exclusividade do processamento de certos crimes por meio de queixa do ofendido ou de quem o suceda – radica, como ensinava Nelson Hungria, no fato de que, "em certos casos, em que o bem jurídico protegido tem caráter mais privado do que público, ou em que o *strepitus judicii* pode ser mais prejudicial ao interesse do ofendido do que a impunidade do ofensor ao interesse social", mostra-se "razoável que ao ofendido deve ser deixada a iniciativa da ação penal"[41]. O mesmo fundamento aplica-se à esfera da ação penal privada personalíssima, examinada a seguir.

2.2. Ação Penal Privada Personalíssima

A *ação penal privada personalíssima*, ou mais rigorosamente *ação penal de personalíssima iniciativa do ofendido*, tem como elemento diferencial a legitimidade exclusiva do ofendido para o exercício do direito de queixa, encerrando quanto ao mais os elementos próprios da ação penal privada privativa (ou exclusiva).

Assim, nesse tipo de ação penal privada, apenas o ofendido em pessoa pode exercer a acusação, não havendo a possibilidade de transmissão sucessória dessa legitimidade.

---

41. Hungria, Nelson. *Novas Questões Jurídico-Penais*. Rio de Janeiro: Nacional de Direito, 1945, p. 275.

Na hipótese de morte ou de ausência judicialmente declarada do ofendido, portanto, não haverá mais legitimado para o ajuizamento da queixa ou, se já oferecida a inicial, para o prosseguimento no processo.

Atualmente, o único exemplo dessa espécie de ação penal é aquele aplicável ao *crime de induzimento a erro essencial ou ocultação de impedimento*, crime contra o casamento tipificado no art. 236 do Código Penal ("Contrair casamento, induzindo em erro essencial o outro contraente, ou ocultando-lhe impedimento que não seja casamento anterior"). Para esse caso, dispõe o parágrafo único do art. 236 do CP: "A ação penal depende de *queixa do contraente enganado* e não pode ser intentada senão depois de transitar em julgado a sentença que, por motivo de erro ou impedimento, anule o casamento" (destacou-se).

Na espécie, apenas o contraente enganado em pessoa poderá exercitar o direito de queixa, que não se transfere, assim, por sucessão. Até 2005, contava-se também com o exemplo do crime de adultério, que não mais existe por força da revogação da norma incriminadora respectiva (art. 240, CP) operada pela Lei nº 11.106/2005.

2.3. Atuação do Ministério Público na Ação Penal Privada Privativa e na Ação Penal Privada Personalíssima

O Ministério Público pode atuar na ação penal privada privativa (ou exclusiva) e na personalíssima para aditamento da queixa, com o objetivo de garantir o respeito ao princípio da indivisibilidade (art. 45 c/c art. 46, § 2º, c/c art. 48, CPP). Essa hipótese é objeto de análise nos tópicos 4.2 e 5.1 desta Seção.

No particular, não há qualquer incompatibilidade entre as funções institucionais do Ministério Público delineadas no art. 129 da Constituição da República e o ato de aditamento à queixa para fins de resguardo ao princípio da indivisibilidade da ação penal de iniciativa privada.

Isso porque o controle da extensão subjetiva da ação penal, ainda que de iniciativa privada, constitui questão de ordem pública. Embora o ofendido disponha da oportunidade de exercer ou não o direito de queixa, não a tem quanto à extensão subjetiva da ação. Por mais que a oportunidade da persecução penal esteja cometida ao ofendido, não se pode reservar a este a conveniência quanto a quem poderá ou não ser objeto de responsabilização penal, o que geraria o risco de, sob a base do puro voluntarismo, dar tratamento penal diverso a pessoas em idêntica situação.

Nessa lógica, o Ministério Público, ao aditar a queixa, não está sustentando direito disponível do ofendido, e sim pugnando pela efetividade de questão de ordem pública, atinente à isonomia de tratamento processual, mas também à de tratamento penal, em caso de futura condenação.

Assim, a mesma lei de nível ordinário que institui a legitimidade do ofendido para a ação penal privada pode fixar a intervenção excepcional do Ministério Público, para, por exercício de caráter acusatório (aditamento à queixa), garantir a aplicação de princípio legal cuja existência obedece a razões de ordem pública.

Além dessa hipótese, o Ministério Público deverá intervir como *custos legis* ("fiscal da lei") em todos os atos e termos da ação penal privada exclusiva (e da personalíssima). O fundamento da intervenção do Ministério Público repousa essencialmente no caráter público da pretensão material ativa (decorrente do poder de punir do Estado) e na indisponibilidade do direito subjetivo material vinculado ao polo passivo (direito de liberdade do acusado/querelado).

2.4. Ação Penal Privada Subsidiária da Pública

2.4.1. Conceito e elementos essenciais

A *ação penal privada subsidiária da pública*, ou *ação penal de subsidiária iniciativa do ofendido*, é aquela que (i) tem por legitimado ativo o ofendido – ou, na sua falta, quem legalmente o suceda – e que (ii) se materializa por meio de *queixa*, (iii) *em caráter subsidiário (queixa subsidiária)*, na hipótese de (iv) *inércia do Ministério Público* quanto ao exercício de *opinio delicti* sobre crime processável por ação penal de iniciativa pública.

A ação penal privada subsidiária destina-se a garantir a efetividade da persecução penal na hipótese de prática em tese de crime de ação penal pública, tanto no interesse público quanto no do próprio ofendido, sempre que haja inércia do Ministério Público[42].

Os elementos próprios dessa espécie de ação penal são, cumulativamente: (i) titularidade subsidiária do ofendido para o exercício do direito de queixa: *queixa subsidiária* ou *queixa substitutiva*; (ii) aplicabilidade na hipótese de prática de crime processável por ação penal de iniciativa pública; (iii) inércia do Ministério Público quanto ao exercício da *opinio delicti*, no sentido de acusar, de promover o arquivamento ou de requisitar novas diligências investigativas.

A relevância do interesse do ofendido em uma situação de inércia do Ministério Público encerra inclusive o *status* de direito individual de caráter fundamental, nos

---

42. É interessante a referência histórica de Joaquim Canuto Mendes de Almeida, sobre o fundamento da ação penal privada subsidiária: "Qual a razão de o particular ofendido poder intervir no processo penal da ação pública para estimular o procedimento jurisdicional, se já existe o funcionário imparcial, especialmente incumbido de exercê-la? Por que deverá intervir esse aparente intruso, e parcial, no campo do seu processo? A resposta certa, mas que não tem sido dada com clareza, é a seguinte: desde 1841, Lei n. 261, de 3 de dezembro, a sentença penal não é, no Brasil, tão-só e apenas sentença penal: é também sentença civil, quanto ao fato e quanto a quem seja seu autor! Por isso mesmo, o processo de formação dessa sentença não é tão-só penal. É também civil, quanto ao fato e quanto a quem seja seu autor (...) Seria, pois, manifesta injustiça privar o ofendido da possibilidade de intervenção no processo penal, uma vez que ele tem direto interesse, o de reparação do dano privado, exclusivamente seu, na solução do litígio civil, se e enquanto operada em juízo penal". Cfr. Almeida, Joaquim Canuto Mendes de. *Processo Penal, Ação e Jurisdição*. São Paulo: Revista dos Tribunais, 1975, pp. 23-24. Atualmente, no entanto, os fundamentos da participação do ofendido no processo, inclusive por ação subsidiária, transcendem a dimensão meramente civil reparatória, como será discutido no Capítulo XIII deste Curso, reservado aos sujeitos do processo penal.

termos da norma do art. 5°, inciso LXI, da Constituição: "será admitida ação privada nos crimes de ação pública, se esta não for intentada no prazo legal".

Trata-se de notável e raro exemplo em que direito individual do ofendido foi erigido à categoria de fundamentalidade inerente ao regime jurídico dos direitos e garantias individuais, protegido inclusive contra a possibilidade de reforma, por se cuidar de "cláusula pétrea" (art. 60, § 4°, IV, CF).

A redação da norma constitucional do art. 5°, inciso LXI, entretanto, não foi das mais adequadas, particularmente no trecho "se esta não for intentada no prazo legal". Isso nos conduz a uma reflexão sobre o significado e o alcance da expressão *inércia do Ministério Público*, como base apta a justificar o exercício subsidiário da acusação privada.

Nesse particular, assevere-se que a inércia do Ministério Público não é propriamente quanto ao efetivo exercício da ação penal, pois não há, por óbvio, imposição ao titular da ação no sentido de que em qualquer caso ofereça a denúncia. A inércia, diversamente, é quanto ao exercício da *opinio delicti*, entendida como a apreciação sobre a existência ou não de elementos informativos suficientes (*fumus commissi delicti*) e de suporte jurídico-penal para o exercício acusatório, com manifestação do titular da ação penal pública sobre a viabilidade mínima da questão criminal que lhe foi confiada.

Sabe-se que o órgão do Ministério Público, ao receber os autos do inquérito policial ou as peças de informação, dispõe de prazo para se manifestar sobre a materialidade e a autoria do fato em tese constitutivo de crime, para o efeito de oferecer ou não a denúncia em face de alguém (indiciado ou investigado).

Entre as manifestações possíveis, destacam-se estas: (i) *oferecimento da denúncia* (artigos 24 e 41, CPP), se o titular da acusação pública identificar a existência concreta das condições da ação penal, sobretudo a justa causa em sentido estrito (suporte probatório mínimo) e dos pressupostos de constituição válida do processo (*opinio delicti positiva*); (ii) *postulação ou promoção de arquivamento* (art. 28, CPP), se o órgão do Ministério Público não identificar a existência concreta das condições para o exercício da ação penal (materialidade, indícios de autoria ou participação, tipicidade penal em tese do fato, dentre outras) e, adicionalmente, verificar a inviabilidade atual da obtenção de elementos bastantes ao oferecimento da denúncia (*opinio delicti negativa*); (iii) *manifestação pelo retorno dos autos à Polícia Judiciária*, com vistas à realização de novas diligências imprescindíveis ao oferecimento da denúncia (art. 16, CPP); (iv) requisição direta de maiores esclarecimentos, documentos complementares ou elementos de convicção (art. 47, CPP); (v) *postulação de declínio da competência pelo órgão jurisdicional penal*, se identificar que o juízo ou tribunal não é competente para a causa.

Essas são *diligências externas* ao Ministério Público. Em tais condições, o órgão do Ministério Público, dentro do prazo aplicável para o oferecimento da denúncia, deve se manifestar em uma das direções acima descritas, *todas diligências externas à instituição*. Os prazos aplicáveis são: (i) de 5 (cinco) dias, se o investigado ou indiciado estiver solto; (ii) de 15 (quinze) dias, se o investigado ou indiciado estiver preso; contado o prazo, num e noutro caso, do dia em que o Ministério Público receber os autos do inquérito policial (art. 46, *caput*, CPP), as peças de informação (art. 46, § 1º, CPP) ou, quando aplicável, a representação (artigos 46, § 1º, e 39, § 5º, CPP)[43].

A inércia do Ministério Público, de acordo com esses parâmetros, configura-se em caso de ausência de qualquer manifestação, uma vez transcorrido o prazo para o oferecimento da denúncia. O Ministério Público é o titular exclusivo da *opinio delicti* no âmbito dos crimes de ação penal pública, cabendo só a ele avaliar se existem ou não elementos suficientes para o exercício da acusação pública.

Não caracteriza inércia, portanto, o pedido de arquivamento ou a promoção de retorno dos autos à esfera policial para novas diligências, que representam alternativas legítimas adotáveis pelo Ministério Público, eis que derivam do resultado do exercício da *opinio delicti*.

Por essa razão, o dispositivo constitucional em foco, prevendo o ensejo para a ação penal privada subsidiária da pública "se esta não for intentada no prazo legal", deve ser compreendido nos limites acima fixados, vale dizer, não apenas como ausência de oferecimento da denúncia, mas como inércia do órgão do Ministério Público relativamente a qualquer outra manifestação, dentre aquelas que se lhe oferecem.

O mesmo se diga acerca do disposto nos artigos 100, § 3º, do Código Penal ("a ação de iniciativa privada pode intentar-se nos crimes de ação pública, se o Ministério Público não oferece denúncia no prazo legal") e 29 do Código de Processo Penal.

Assim, a decisão de arquivamento, efetivada a pedido do Ministério Público, não autoriza ao ofendido o exercício subsidiário de ação penal privada. Reitere-se: o titular exclusivo da *opinio delicti*, na esfera considerada, é o Ministério Público. O ofendido só poderá agir se a *opinio delicti* não for manifestada, e não quando manifestada em sentido negativo, para o efeito de arquivamento.

Com essa orientação, o Plenário do STF já resolveu pela inadmissibilidade da ação penal privada subsidiária na hipótese de parecer do Ministério Público em favor da rejeição liminar da inicial, o que equivale a uma manifestação de arquivamento. Confira-se: STF, Tribunal Pleno, INQ 2.242/DF, Rel. Min. Eros Grau, julgamento em 07.06.2006, DJ de 20.10.2006.

O fundamento de existência da ação penal privada subsidiária, como bem identificava Nelson Hungria, radica na exigência de que "não fique sem eficiente corretivo a possível desídia do Ministério Público, e a solução lógica, num regime democrático, é permitir que o ofendido, participando da atividade judiciário-penal, supra a omissão do órgão oficial". Nessa perspectiva, "pela participação subsidiária, ao ofendido somente se permite a ação penal quando da omissão ou negligência do Ministério Público"[44].

No contexto, *há inércia* do Ministério Público nas seguintes situações: (i) realização de meras diligências internas no âmbito da instituição; (ii) promoção de arquivamento após já exercido o direito de queixa subsidiária, em função da anterior inércia.

---

43. Recorde-se a existência de prazos específicos em certos âmbitos: art. 10, § 2º, Lei 1.521/1951 (crimes contra a economia popular); art. 13, *caput*, Lei 4.898/1965 (abuso de autoridade); art. 357, *caput*, Lei 4.737/1967 (crimes eleitorais); art. 54, III, Lei 11.343/2006 (crimes de drogas).

44. Hungria, Nelson. *Comentários ao Código Penal*. Rio de Janeiro: Forense, 1955, v. IV, pp. 15-16.

Esses pontos resultaram consolidados no paradigmático e lúcido julgado do Plenário do STF no ARE 859.251 RG/DF, com repercussão geral reconhecida (STF, Tribunal Pleno, ARE 859.251, Rel. Min. GILMAR MENDES, julgamento em 16.04.2015, DJ de 21.05.2015): "A promoção do arquivamento do inquérito, posterior à propositura da ação penal privada, não afeta o andamento desta. (...) Inquérito policial relatado remetido ao Ministério Público. Ausência de movimentação externa ao Parquet por prazo superior ao legal (art. 46 do Código de Processo Penal). Surgimento do direito potestativo a propor ação penal privada. Questão constitucional resolvida no sentido de que: (i) o ajuizamento da ação penal privada pode ocorrer após o decurso do prazo legal, sem que seja oferecida denúncia, ou promovido o arquivamento, ou requisitadas diligências externas ao Ministério Público. Diligências internas à instituição são irrelevantes; (ii) a conduta do Ministério Público posterior ao surgimento do direito de queixa não prejudica sua propositura. Assim, o oferecimento de denúncia, a promoção do arquivamento ou a requisição de diligências externas ao Ministério Público, posterior ao decurso do prazo legal para a propositura da ação penal, não afastam o direito de queixa".

Por fim, como já abordado, a legitimidade para a ação penal privada subsidiária é do ofendido pessoa natural ou pessoa jurídica de direito privado, não havendo legitimidade genérica para o exercício da ação penal por ente público em caráter subsidiário relativamente à ação do Ministério Público. Mesmo as já examinadas hipóteses legais de subsidiariedade refletem basicamente mero controle de atuação dentro da própria esfera institucional do Ministério Público, em cujos limites já se encontram as soluções, pela atuação da chefia da instituição.

Fixados esses pontos, cumpre na sequência meditar sobre a atuação do Ministério Público no domínio da ação penal privada subsidiária.

2.4.2. Atuação do Ministério Público na ação penal privada subsidiária da pública

Considere-se, inicialmente, o teor do art. 29 do CPP: "Será admitida ação privada nos crimes de ação pública, se esta não for intentada no prazo legal, cabendo ao Ministério Público aditar a queixa, repudiá-la e oferecer denúncia substitutiva, intervir em todos os termos do processo, fornecer elementos de prova, interpor recurso e, a todo tempo, no caso de negligência do querelante, retomar a ação penal como parte principal".

A *ação penal privada subsidiária* espelha hipótese de *substituição processual*, em que a acusação se formaliza por queixa substitutiva da denúncia que deveria (ou poderia) ter sido oferecida pelo Ministério Público.

Nessa lógica, o Ministério Público não perde a titularidade da ação penal pública. A existência da ação penal privada subsidiária justifica-se precipuamente pelo objetivo de solucionar a inércia do Ministério Público.

Uma vez exercitada a acusação privada, e desse modo resolvido o problema da inércia, poderá o Ministério Público reafirmar-se como titular abstrato do direito de ação penal pública, segundo as opções discriminadas no art. 29 do CPP: (i) aditamento da queixa; (ii) recusa (rechaço, repúdio) à queixa paralelamente ao oferecimento de denúncia substitutiva.

De acordo com essa opção inicial, poderá o Ministério Público, verificando que a queixa atende aos requisitos que lhe são próprios (art. 41, CPP), mas que está de alguma forma incompleta, poderá simplesmente aditá-la, quer para incluir novos fatos (aditamento próprio real), quer para incluir novos acusados (aditamento próprio pessoal).

Nessas hipóteses, o Ministério Público terá o prazo de 3 (três) dias para o aditamento da queixa, nos termos do art. 46, § 2º, do CPP: "O prazo para o aditamento da queixa será de 3 (três) dias, contado da data em que o órgão do Ministério Público receber os autos, e, se este não se pronunciar dentro do tríduo, entender-se-á que não tem o que aditar, prosseguindo-se nos demais termos do processo".

À vista desse dispositivo, parece-nos que o não aditamento da queixa subsidiária pelo Ministério Público dentro do prazo de 3 (três) dias acarreta preclusão temporal. Isso não exclui, porém, a possibilidade de o Ministério Público vir a aditar a queixa em momento posterior, por outro motivo, superveniente.

Na hipótese de superveniência de elementos novos, dispõe o órgão de acusação do mesmo prazo (art. 46, § 2º, CPP) para fins de aditamento em torno da questão específica. Por exemplo, se no curso da instrução processual surge prova nova do envolvimento de outra pessoa, não indicada como autor ou partícipe na inicial ou em eventual aditamento à queixa subsidiária, deve-se abrir vista dos autos ao Ministério Público para, no prazo do art. 46, § 2º, do CPP, aditar ou não a inicial, no que se refere à inclusão do imputado no polo passivo da ação.

Nesse contexto, havendo o ajuizamento de queixa subsidiária, o Ministério Público deve resolver desde logo, a partir da notícia que lhe for dada pelo recebimento dos autos, se vai ou não aditar a inicial, com fundamento no art. 29 do CPP, sob pena de preclusão, abrangente apenas da faculdade específica de aditamento contemplada no art. 29, perdida em virtude de seu não exercício pelo titular na oportunidade própria (art. 46, § 2º, CPP).

Pode o Ministério Público, de toda sorte, optar pelo rechaço à queixa subsidiária, para correlatamente oferecer denúncia substitutiva. Assevere-se que, nessa hipótese, o repúdio do Ministério Público à queixa implica, correlatamente, o oferecimento de denúncia substitutiva. Não pode o Ministério Público, portanto, simplesmente rechaçar a queixa, sem oferecer qualquer ato postulatório em substituição.

Apesar da falta de previsão legal de prazo específico para o exercício dessa alternativa, entendemos que se deva observar o mesmo prazo disposto no art. 46, § 2º, do CPP, na medida em que representaria tumulto processual e potencial prejuízo à defesa do acusado que o Ministério Público pudesse a qualquer tempo substituir a peça acusatória inicial do processo.

Assim, em nosso entendimento, recebidos os autos pelo Ministério Público na primeira oportunidade após o ajuizamento da queixa subsidiária, deverá ele, no prazo de 3 (três) dias, (i) aditar a queixa ou (ii) repudiá-la e correlatamente oferecer denúncia substitutiva. Não fazendo uma coisa nem a outra, entende-se que nada tem a aditar ou a substituir, prosseguindo o processo em seus ulteriores termos.

Ressalte-se, entretanto, que haverá sempre a possibilidade de aditamento com base em prova nova. Com efeito, se o Ministério Público, na hipótese, dispõe dessa faculdade na ação penal de iniciativa pública, não há sentido em que lhe seja negada no âmbito da ação penal de iniciativa privada.

Independentemente da opção adotada pelo Ministério Público, deverá ele "intervir em todos os termos do processo, fornecer elementos de prova, interpor recurso e, a todo tempo, no caso de negligência do querelante, retomar a ação penal como parte principal" (art. 29, CPP).

A intervenção do Ministério Público em todas as fases do processo, inclusive na atividade probatória e na interposição de recurso, decorre da persistência de sua condição de titular abstrato da ação penal pública. Diz-se que o Ministério Público *deverá* intervir porque a ausência de intervenção em todos os termos do processo é causa de nulidade, nos termos do art. 564, inciso III, *d*, parte final, do CPP: nulidade por falta da "intervenção do Ministério Público em todos os termos da ação por ele intentada e nos da intentada pela parte ofendida, quando se tratar de crime de ação pública".

Já a possibilidade de *retomada da ação penal* como parte principal pelo Ministério Público, *em caso de negligência do querelante*, expressa não apenas essa titularidade abstrata, mas também a própria inexistência de perempção (objeto do tópico 6.5 desta Seção) no domínio da ação penal privada subsidiária, em prestígio ao seu caráter público. Trata-se de medida destinada a impedir que o prosseguimento da ação fique à mercê da disponibilidade do ofendido (ou de seu sucessor). Por isso, a providência só é aplicável em caso de efetiva desídia do querelante.

Como elucida HÉLIO TORNAGHI: "...o órgão do Ministério Público não pode oferecer denúncia substitutiva se não repudiou a queixa quando dela teve vista. O contrário fraudaria o art. 29. E somente pode retomar a ação como parte principal para evitar a perempção. Ao permitir que o ofendido mova a ação privada subsidiária, a lei quis acobertá-lo contra a inação do Estado; mas não desejou dar-lhe disponibilidade do *ius puniendi* em crimes que ela considerou públicos. Não seria possível que ela abandonasse ao querelante, em tais casos, a repressão. Ao contrário, o que pretendeu foi assegurá-la. Por isso dispôs que, na hipótese de negligência do querelante, o Ministério Público pode retomar a ação como parte principal, isto é, prosseguir na ação que volta a ser pública"[45].

Há quem chame essa hipótese de retomada da ação penal pelo Ministério Público de *ação penal indireta*, por representar um exercício reflexo de acusação pública dentro da ação de iniciativa privada.

Outra reflexão que o dispositivo do art. 29 do CPP nos oferece é a respeito da situação do polo ativo na ação penal privada subsidiária da pública, quando haja intervenção do Ministério Público. Cuidando-se de hipótese de substituição processual, eventual superveniência de intervenção do Ministério Público, nos termos do art. 29 do CPP, significará a existência de dois sujeitos como partes ativas: o ofendido como "parte principal", na dicção da lei, e o Ministério Público.

---

45. TORNAGHI, Hélio Bastos. *Instituições de Processo Penal*. São Paulo: Saraiva, 1977, v. 2, p. 375.

Não se trata, em conformidade com essa lógica, de intervenção de terceiro por parte do Ministério Público, e sim de efetiva afirmação de titularidade abstrata da ação mediante sua inserção no polo ativo, em uma nítida hipótese de *litisconsórcio ativo* (*facultativo*, a teor do art. 29 do CPP).

De toda sorte, nos termos da lei processual penal, o Ministério Público só poderá retomar a ação como parte principal na hipótese de negligência do ofendido, sendo este um efeito da desídia do ofendido quanto à movimentação do processo instaurado por ação penal privada subsidiária, em vez da extinção da punibilidade pela perempção, como ocorre na esfera da ação penal privada privativa ou na personalíssima (art. 60, I, CPP).

3. QUEIXA

3.1. Conceito e Elementos Essenciais

Queixa é a peça postulatória de conteúdo acusatório que instrumentaliza o exercício da ação penal de iniciativa privada (art. 100, § 2º, CP) em qualquer de suas espécies.

A queixa, portanto, constitui a peça inicial pela qual o ofendido deduz perante o órgão judiciário uma hipótese de acusação sob a base da materialidade e da autoria: (i) de crime somente processável mediante queixa; (ii) ou, na hipótese de inércia do Ministério Público, de crime normalmente processável por ação penal pública.

Cuida-se do instrumento processual de ajuizamento da ação penal privada por seu titular, do mesmo modo que a denúncia é a peça instrumental para o ajuizamento da ação penal de iniciativa pública.

A queixa, como inicial acusatória, sujeita-se aos requisitos de admissibilidade do art. 41 do CPP, já examinados quanto à denúncia (item 6 da Seção II, para onde remetemos o leitor) e também às causas de rejeição liminar contempladas no art. 395 do CPP (examinadas no item 2.2 da Seção I, para onde remetemos o leitor).

Há, contudo, *requisito específico* aplicável à queixa, no que tange à forma da representação judicial do ofendido, de acordo com o art. 44 do CPP: "A queixa poderá ser dada por procurador com poderes especiais, devendo constar do instrumento de mandato o nome do querelante [*querelado*, na verdade] e a menção do fato criminoso, salvo quando tais esclarecimentos dependerem de diligências que devem ser previamente requeridas no juízo criminal".

A procuração a instruir a queixa, portanto, deve conter poderes especiais, inclusive com menção ao fato em tese constitutivo de crime e ao nome do querelado. Destina-se essa norma a garantir a responsabilidade pessoal e específica *do ofendido* pela acusação, com todas as repercussões aplicáveis (responsabilidade penal por comunicação falsa de crime ou denunciação caluniosa, além da responsabilidade civil por reparação de danos). A falta de procuração com poderes especiais para o exercício da queixa configura nulidade processual, nos termos do art. 564, IV, CPP (nulidade por omissão de formalidade essencial ao ato).

3.2. Prazo Decadencial e Termos Iniciais

Quanto aos *prazos*, não se aplicam à queixa aqueles fixados no art. 46 do CPP, que são próprios da denúncia. O exercício do direito de queixa, por outro lado, sujeita-se ao *prazo decadencial de 6 (seis) meses*, cujo termo inicial, via de regra, é a data em que o ofendido vier a saber quem foi o autor do fato em tese constitutivo de crime ou, na hipótese de ação penal privada subsidiária da pública, o dia em que expirar o prazo do Ministério Público (art. 46, CPP) para o oferecimento da denúncia, tudo conforme o art. 38 do CPP: "Salvo disposição em contrário, o ofendido, ou seu representante legal, decairá do direito de queixa ou de representação, se não o exercer dentro do prazo de 6 (seis) meses, contado do dia em que vier a saber quem foi o autor do crime, ou, no caso do art. 29, do dia em que se esgotar o prazo para o oferecimento da denúncia".

Têm-se então as seguintes hipóteses: (a) o prazo decadencial para a queixa privativa ou queixa exclusiva (ação penal privada privativa ou ação penal exclusivamente privada) é de 6 (seis) meses, contados do dia em que o ofendido vier a saber quem foi o autor do fato em tese constitutivo de tipo penal; (b) o prazo decadencial para a queixa subsidiária (ação penal privada subsidiária da pública) é de 6 (seis) meses, contados do dia em que exaurido o prazo do Ministério Público (5 dias ou 15 dias, conforme o caso, nos termos do art. 46 do CPP) para o oferecimento da denúncia.

A hipótese (b) é chamada por parte da doutrina de *decadência imprópria*, eis que a decadência do direito de queixa subsidiária não gera a extinção da punibilidade, podendo o Ministério Público posteriormente ajuizar a ação penal de iniciativa pública, desde que dentro do prazo de prescrição da pretensão punitiva[46].

Até por autorização geral na primeira parte do art. 29 (*"salvo disposição em contrário"*), poderá a lei dispor de forma diversa quanto ao prazo em si ou quanto ao termo inicial do prazo. É o que acontece, acerca do termo inicial do prazo, no único exemplo de queixa personalíssima (ação penal privada personalíssima) atualmente disponível em nosso sistema: a que tenha por objeto o crime de induzimento a erro essencial ou ocultação de impedimento (art. 236, CP). Neste âmbito, assim dispõe o art. 237, parágrafo único, do Código Penal: "A ação penal depende de queixa do contraente enganado e não pode ser intentada senão depois de transitar em julgado a sentença que, por motivo de erro ou impedimento, anule o casamento".

Além da fixação específica do caráter personalíssimo da ação, a lei estabelece também outro marco inicial para o prazo decadencial: o trânsito em julgado da sentença anulatória do casamento. Tem-se aqui (i) uma *condição*, no sentido de que a ação penal só pode ser intentada se anulado definitivamente o casamento, e (ii) o *termo inicial do prazo* para a queixa, qual seja, a data do trânsito em julgado da sentença anulatória.

Nas outras modalidades de ação penal privada (privativa ou exclusiva e subsidiária), o mesmo prazo decadencial para o exercício do direito de queixa aplica-se ao sucessor (cônjuge, ascendente, descendente ou irmão – art. 31 do CPP) na hipótese de morte, ou de ausência judicialmente declarada, do ofendido, conforme dispõe o

---

46. Assim, Lima, Renato Brasileiro de. *Manual de Processo Penal*. Salvador: JusPodivm, 2015, p. 254.

art. 38, parágrafo único, do CPP: "Verificar-se-á a decadência do direito de queixa ou representação, dentro do mesmo prazo, nos casos dos arts. 24, parágrafo único, e 31".

Do mesmo modo aplicável ao direito de representação do ofendido no âmbito da ação penal pública, o prazo para o exercício do direito de queixa computa-se independentemente para o ofendido e para o seu representante legal, de acordo com a orientação refletida na Súmula nº 594 do Supremo Tribunal Federal ("Os direitos de queixa e de representação podem ser exercidos, independentemente, pelo ofendido ou por seu representante legal") e, particularmente, em julgados do Superior Tribunal de Justiça como o do RHC 39.141, já antes citado (STJ, 5ª Turma, RHC 39.141, Rel. Min. FELIX FISCHER, julgamento em 25.11.2014, DJ de 10.12.2014)[47].

O prazo a que se sujeita a queixa não constitui mero prazo processual, encerrando natureza *decadencial*, cujo descumprimento acarreta a extinção da punibilidade do agente, nos termos do art. 107, IV, do Código Penal. Examina-se a decadência com mais detalhes no tópico 6.1 desta Seção.

Há, por fim, caso específico de *prazo decadencial de 30 (trinta) dias para o oferecimento de queixa*, no âmbito do procedimento especial reservado aos crimes contra a propriedade imaterial que deixam vestígios, quando a ação penal aplicável seja de privativa iniciativa do ofendido. Na hipótese, aplica-se a norma do art. 529, *caput*, do CPP: "Nos crimes de ação privativa do ofendido, não será admitida queixa com fundamento em apreensão e perícia, se decorrido o prazo de 30 (trinta) dias, após a homologação do laudo".

Além do prazo especial, há também um *termo inicial* particular: a homologação judicial do laudo da perícia sobre o vestígio do crime contra a propriedade imaterial, que deverá instruir a queixa (art. 525, CPP).

No sentido de que (i) a natureza desse prazo específico (de 30 dias) é mesmo a decadencial e de que (ii) esse prazo específico prevalece, no âmbito dos crimes contra a propriedade imaterial, sobre o prazo geral de 6 (seis) meses, refira-se o julgado da Quinta Turma do STJ no RESP 356.290/MG (STJ, 5ª Turma, RESP 356.290, Rel. Min. LAURITA VAZ, julgamento em 07.10.2003, DJ de 10.11.2003): "Nos crimes contra a propriedade imaterial, que deixam vestígios, o prazo decadencial do direito de queixa é de trinta dias, contados a partir da sentença de homologação do laudo pericial, consoante determina a norma do art. 529 do Código de Processo Penal, que, sendo especial, prevalece sobre a norma geral prevista no art. 38 do referido diploma processual".

Em sentido contrário à orientação de que a norma especial do art. 529 prevalece sobre a geral do art. 38 do CPP, NESTOR TÁVORA e ROSMAR ALENCAR sustentam a compatibilização entre as duas, desta forma: "Crimes contra a propriedade imaterial que deixem vestígios: o prazo, nestas hipóteses, é de trinta dias, contados da homologação do laudo, que ficará em cartório à disposição do ofendido para que, desejando, oferte a

---

47. "Os prazos para o exercício do direito de queixa ou representação correm separadamente para o ofendido e seu representante legal (Súmula n. 594/STF). Escoado o prazo para o representante de uma das vítimas, conserva-se o direito de representação da ofendida, a ser contado a partir de sua maioridade (Precedentes)".

sua ação (caput do art. 529, CPP). *Contudo, teremos que compatibilizar a referida regra com o art. 38, CPP, assim, conhecendo o ofendido o autor do crime contra a propriedade imaterial, deflagra-se o prazo decadencial de seis meses para o exercício da ação. Iniciadas as diligências investigatórias e concluído o laudo, passa, a partir daí, a dispor de trinta dias para ofertar a inicial acusatória*"[48].

Discordamos do posicionamento dos ilustres processualistas. Ora, se aplicada a norma do art. 38 do CPP antes da conclusão do laudo pericial específico, o prazo decadencial de 6 (seis) meses, uma vez deflagrado, poderá expirar antes da conclusão da perícia, ficando assim o ofendido impossibilitado de exercer o direito de queixa, cuja admissibilidade depende de prova pericial pré-constituída, nos termos do art. 525 do CPP: "No caso de haver o crime deixado vestígio, a queixa ou a denúncia não será recebida se não foi instruída com o exame pericial dos objetos que constituam o corpo de delito".

Na hipótese cogitada, como o prazo é decadencial, não se interrompe nem suspende por qualquer causa, ficando o ofendido a depender da agilidade da perícia oficial, se já conhecida a autoria, para que possa exercer o direito de queixa nas condições do art. 38 do CPP.

Por outro lado, não concebemos a razão de deflagrar um prazo de 6 (seis) meses a partir do conhecimento da autoria pelo ofendido, e depois, com a homologação do laudo pericial, aplicar outro, de 30 (trinta) dias. Nesse caso, que sentido haveria na aplicação do primeiro prazo?

Assim, na linha da orientação do STJ, o regime específico consiste mesmo em estabelecer como *termo inicial* do prazo decadencial, no âmbito específico em exame (crimes contra a propriedade imaterial que deixem vestígios), a *homologação da perícia*, segundo a norma do art. 529 do CPP. Cumprida essa condição, o ofendido deverá, em 30 dias, oferecer a queixa, instruída com o laudo já homologado (art. 525, CPP), sob pena de decadência.

4. ADITAMENTO À QUEIXA

4.1. Aditamento à Queixa pelo Ofendido

Assim como a denúncia, a queixa, como peça acusatória inicial, está sujeita a aditamento, quer para o acréscimo de fatos (*aditamento próprio real*), quer para a inclusão de acusado(s) (*aditamento próprio pessoal*).

O fundamento da admissibilidade do aditamento, como já exposto quanto à denúncia, prende-se ao objetivo de evitar decisões conflitantes, algo possível se a apresentação posterior de peça acusatória por fato conexo ao inicialmente acusado desse origem a processo novo e autônomo.

---

48. Távora, Nestor / Alencar, Rosmar Rodrigues. *Curso de Direito Processual Penal*. Salvador: *Jus*Podivm, 2015, p. 253.

Apenas excepcionalmente, portanto – quando, por exemplo, o feito já esteja em fase bastante avançada, com instrução encerrada –, o aditamento deve ser recebido como queixa autônoma, para o efeito de instauração de processo novo. Essa hipótese, porém, só é recomendável quanto ao aditamento real (inclusão de fatos novos), e apenas muito excepcionalmente seria aplicável para o aditamento pessoal, que apenas inclui novos acusados pelos mesmos fatos.

4.2. Aditamento à Queixa pelo Ministério Público

Expostos esses parâmetros, o aditamento à queixa apresenta a peculiaridade de poder ser realizado, em situações excepcionais legalmente fixadas, por sujeito diverso do legitimado ativo para a propositura da ação penal de iniciativa privada. Esse sujeito diverso é o Ministério Público, que pode proceder ao aditamento da queixa nas seguintes hipóteses:

(i) Mesmo em caso de ação penal exclusivamente privada, *o Ministério Público pode proceder ao aditamento pessoal da queixa*, incluindo novos acusados, para o fim específico de assegurar o respeito ao princípio da indivisibilidade, regente da ação penal privada, nos termos do art. 45 c/c art. 46, § 2º (prazo de 3 dias) c/c art. 48 do CPP.

No caso, a mesma lei que estabeleceu a legitimidade privativa do ofendido quanto ao direito de queixa possibilitou excepcionalmente ao Ministério Público exercício acusatório para o efeito específico de controlar a extensão subjetiva passiva da ação penal privada, em respeito ao princípio da indivisibilidade.

Ressalva-se, no ponto, entendimento doutrinário em sentido contrário, que consideremos *contra legem* – contra, designadamente, as normas dos artigos 45 e 46, § 2º, do CPP – sustentando que o Ministério Público não pode aditar a queixa na ação penal privada exclusiva.

Estaria reservada ao Ministério Público, segundo essa orientação, apenas a possibilidade de instar o querelante a promover o aditamento. Assim, se o querelante persistisse em não aditar a queixa para incluir os demais investigados, haveria extinção de punibilidade por renúncia tácita ao direito de queixa.

Renato Brasileiro assim sustenta essa vertente: "Há doutrinadores que entendem que, verificando a ausência deliberada de determinado coautor e/ou partícipe, deve o Ministério Público promover o aditamento da queixa-crime para inseri-lo no processo penal. A nosso ver, tal posicionamento apresenta-se equivocado, porquanto o órgão ministerial não é dotado de *legitimatio ad causam* para aditar queixa-crime com o objetivo de incluir coautores, partícipes e outros fatos delituosos em crimes de ação penal exclusivamente privada e de ação penal privada personalíssima. Com fundamento no art. 45 do CPP, o *Parquet* pode até corrigir ou complementar a queixa-crime, porém trabalhando apenas com os elementos trazidos pelo querelante, incluindo, por exemplo, circunstâncias relativas ao tempo, lugar ou *modus operandi* do crime"[49].

---

49. Lima, Renato Brasileiro de. *Manual de Processo Penal*. Salvador: JusPodivm, 2015, p. 234. Em idêntico sentido, refira-se a doutrina de Nestor Távora e Rosmar Alencar: "O Ministério Público, como fiscal do

Dissentindo da concepção do ilustre processualista, observamos o seguinte:

(a) A legitimidade *ad causam* do ofendido para o exercício da queixa é matéria objeto de lei ordinária. Assim, a própria lei ordinária, que a instituiu, pode validamente excepcioná-la em determinadas situações;

(b) O aditamento do Ministério Público é exclusivamente o *pessoal*, para inclusão de novos sujeitos, em respeito a princípio de ordem pública, ainda que regente de ação de iniciativa privada. Neste particular, a lei (artigos 45 e 48, CPP) reservou ao Ministério Público perfil especial de fiscal, no controle acusatório da extensão subjetiva passiva da ação penal, inclusive a de exclusiva iniciativa privada;

(c) O art. 45 do CPP dispõe claramente que o Ministério Público poderá aditar a queixa *ainda quando a ação penal for privativa do ofendido*. Nenhuma dúvida aí.

(d) O eminente processualista reconhece a possibilidade de correção ou de complemento da queixa pelo Ministério Público. Ora, o que é isso senão uma excepcionante da legitimidade ativa do ofendido para o exercício da queixa? Nesse ponto, entretanto, mais uma vez discordamos: não é dado ao Ministério Público corrigir a queixa exclusiva para incluir circunstâncias de fato, e sim, tão somente, aditá-la para incluir novos acusados, *em respeito ao princípio da indivisibilidade*;

(e) Não caberia ao Ministério Público, e sim ao juiz, instar o ofendido a aditar a queixa, sob pena de reconhecimento de renúncia tácita. Se fosse o caso de mera provocação, não haveria necessidade de a lei prever a atuação do Ministério Público, bastando que o juiz interviesse para resguardar o princípio legal. Havendo previsão específica de atuação do Ministério Público, isto só se justifica a título de intervenção postulatória, por meio de aditamento;

(f) Não há sempre que se cogitar de "renúncia tácita" do ofendido quanto ao exercício de ação penal contra todos os potenciais envolvidos, pois as razões da não inserção de determinada(s) pessoa(s) podem radicar em convicção própria de *opinio delicti*, da parte do ofendido.

(ii) Na ação penal privada subsidiária da pública, *o Ministério Público pode apresentar tanto aditamento real (para o acréscimo de fatos) quanto aditamento pessoal (para a inclusão de novos acusados)*, com fundamento no art. 29 do CPP, no prazo de 3 (três) dias, contado da data em que inicialmente receber os autos (art. 46, § 2º, CPP), ou, quanto a fatos supervenientes, a qualquer tempo.

Assim, além da possibilidade de aditamento pelo próprio titular da ação penal privada, há essas duas possibilidades excepcionais de aditamento pelo Ministério Público, a

---

princípio da indivisibilidade, não pode aditar a queixa crime, lançando novos réus ao processo, pois lhe falta legitimidade ativa ad causam. Tendo o Ministério Público vista dos autos na ação de iniciativa privada (art. 45, CPP), e percebendo o órgão ministerial que o particular omitiu-se dolosamente em processar todos os envolvidos, resta, em parecer, manifestar-se pela extinção da punibilidade, afinal, quando o querelante ajuíza a ação lançando no polo passivo apenas parte dos envolvidos, mesmo sabendo da existência de outros e tendo elementos para processá-los (justa causa), estará renunciando ao direito de ação quanto àqueles que deixou de processar, e como já visto, a renúncia beneficia todos os envolvidos". Cfr. Távora, Nestor / Alencar, Rosmar Rodrigues. *Curso de Direito Processual Penal*. Salvador: *Jus*Podivm, 2015, p. 233.

Cap. VI · AÇÃO PENAL

primeira fundada na garantia de respeito a um princípio próprio da ação penal privada (indivisibilidade), a segunda fundada na titularidade privativa e abstrata do Ministério Público para promover a acusação que tenha por objeto crime de ação penal pública.

5. PRINCÍPIOS DA AÇÃO PENAL DE INICIATIVA PRIVADA

5.1. Princípio da Indivisibilidade

O *princípio da indivisibilidade* impõe que o titular da demanda, na hipótese de autoria coletiva, exerça a acusação contra todos os sujeitos potencialmente envolvidos na prática do fato. Impede-se, assim, que o acusador discricionariamente deixe de incluir alguém no polo passivo da ação movimentada em torno da hipótese de autoria coletiva. O exercício de acusação contra um dos potenciais agentes, assim, obriga à persecução dos demais, desde que haja justa causa quanto a todos.

O fundamento do princípio foi assim expresso por FREDERICO MARQUES: "se as normas processuais transferem ao ofendido, em determinados crimes, o exercício do *jus accusationis*, incivil seria, no entanto, que lhe outorgasse, ainda, a faculdade de influir sobre a extensão subjetiva da acusação".

Nessa linha de pensamento, o princípio da indivisibilidade vem legalmente previsto apenas para o domínio da ação penal de iniciativa privada, como se verifica no art. 48 do CPP: "A queixa contra qualquer dos autores obrigará ao processo de todos, e o Ministério Público velará pela sua indivisibilidade".

Ocorre que, *para o efeito de indivisibilidade*, a lei processual penal reserva ao Ministério Público o controle, em peça acusatória, da extensão subjetiva passiva da demanda, mesmo na esfera da ação penal de iniciativa privada. É o que contém a parte final do art. 48 do CPP: o Ministério Público velará pela indivisibilidade da ação penal privada.

De que forma o Ministério Público "velará" pela indivisibilidade da ação penal de iniciativa privada? Já vimos a resposta, no item 4.2 desta Seção: por meio de aditamento à queixa, segundo a previsão do art. 45, § 2º, do CPP: "A queixa, ainda quando a ação penal for privativa do ofendido, poderá ser aditada pelo Ministério Público, a quem caberá intervir em todos os termos subsequentes do processo".

Ressalvamos a existência de corrente doutrinária contrária a essa orientação, representada especialmente pelos ilustres processualistas NESTOR TÁVORA, ROSMAR ALENCAR e RENATO BRASILEIRO, sustentando que não cabe ao Ministério Público aditar a queixa, e sim apenas instar o ofendido a fazê-lo, sob pena de extinção da punibilidade por renúncia tácita[50]. Para mais detalhes a respeito, confira-se o item 4.2 desta Seção, *supra*.

---

50. Como já indicado, parte da doutrina sustenta que a previsão legal de aditamento à queixa pelo Ministério Público apenas se aplicaria no âmbito da ação penal privada subsidiária da pública, e não na esfera da ação penal privada que somente se procede mediante queixa, a qual tem como privativo legitimado o ofendido ou, na sua falta, quem legalmente o suceda. Afirma-se, nesse contexto, que a ação penal privada (a exclusiva) é regida pelos princípios da oportunidade e da disponibilidade, cabendo apenas ao ofendido o aditamento, apesar da "interpretação literal" do art. 45 do CPP. Não

Anotada a ressalva, insistimos na aplicabilidade do aditamento pelo Ministério Público, que deverá ser apresentado dentro do prazo fixado pelo art. 46, § 2º, do CPP: "O prazo para o aditamento da queixa será de 3 (três) dias, contado da data em que o órgão do Ministério Público receber os autos, e, se este não se pronunciar dentro do tríduo, entender-se-á que não tem o que aditar, prosseguindo-se nos demais termos do processo".

Observe-se, nesse contexto, que se o Ministério Público (a) não se manifestar ou se (b) deixar de proceder ao aditamento por entender ausente a justa causa quanto a determinada pessoa, o órgão judiciário, em prestígio ao princípio da indivisibilidade e sempre que identificar a existência de justa causa contra pessoa não incluída no polo passivo da ação, poderá aplicar analogicamente o art. 28 do CPP, provocando a chefia do Ministério Público.

Assim, se o órgão do Ministério Público (Promotor de Justiça ou Procurador da República) se recusar a aditar a queixa, deverá o juízo competente, em aplicação analógica do art. 28 do CPP, determinar a remessa dos autos à Procuradoria de Justiça do Ministério Público do Estado ou à Câmara de Coordenação e Revisão Criminal do Ministério Público Federal, conforme o caso, para que resolva sobre a questão.

É que, como abordado no Capítulo V, (a) não existe a figura do "arquivamento implícito" de procedimento de investigação ou de peças de informação e (b) deve ser respeitada a indivisibilidade sempre que haja justa causa contra todos os envolvidos. Já expusemos nossa crítica ao regime do art. 28 do CPP, que potencializa prejuízo à imparcialidade do juízo. Seja como for, admitindo-se a aplicabilidade do regime, o juiz é que deve atuar nessas esferas de controle da obrigatoriedade e da extensão subjetiva da ação penal.

Por outro lado, tenha-se em conta que a imposição de indivisibilidade ao ofendido só está justificada na hipótese de existência de justa causa em sentido estrito (subsídios probatórios mínimos) *quanto a todos os imputados*. Do contrário, mostra-se justificada a omissão do querelante, incompatível com qualquer insinuação de "renúncia tácita".

---

pensamos que seja assim, diante do disposto nos artigos 45 e 48, que conferem ao Ministério Público a função de zelar pela indivisibilidade na hipótese de "queixa", sem restrição quanto a qualquer modalidade de ação penal de iniciativa privada. Em especial, o art. 45 possibilita claramente que o Ministério Público adite a queixa, "ainda quando a ação for privativa do ofendido". Realmente, por uma disposição específica, a lei processual penal limitou a legitimidade do ofendido, ao conceder ao Ministério Público o controle da extensão subjetiva passiva da ação penal privada, para fins de resguardo da indivisibilidade. O Ministério Público é que, a teor do art. 48 do CPP, participa do controle quanto à existência de elementos quanto a todos os potenciais envolvidos no fato objeto da queixa, para o fim de, quando for o caso, incluir pessoas no pólo passivo da ação. Ocorre que a legitimação privada para o exercício exclusivo de ação penal em determinados crimes, hipóteses nas quais somente se procede mediante queixa, assim como os princípios da oportunidade e da disponibilidade, foram instituídos pela própria legislação processual ordinária, não havendo repercussão constitucional a esse respeito. O único direito de persecução reservado ao ofendido que encerra dignidade constitucional é o de queixa subsidiária em crime de ação pública. Assim, o mesmo nível normativo que instituiu a legitimidade privada no âmbito da ação penal privada exclusiva pode validamente limitá-la em situações especiais (precisamente a do art. 48 do CPP), como é o caso da extensão subjetiva da acusação privada, para fins de zelo ao princípio da indivisibilidade.

Com essa lógica, refira-se o julgado da Quinta Turma do STJ no HC 34.764/SP (STJ, 5ª Turma, HC 34.764, Rel. Min. FELIX FISCHER, julgamento em 16.12.2004, DJ de 28.02.2005): "I – Se a queixa, fundada em elementos suficientes, permite a adequação típica, ela não é inepta e nem peca pela falta de justa causa. II – A impossibilidade de inclusão no polo passivo da demanda, em razão do desconhecimento por parte da querelante de outros envolvidos na conduta tida como delituosa, afasta eventual ofensa ao princípio da indivisibilidade da ação penal (arts. 48 e 49 do CPP)".

Finalmente, assinale-se que são *corolários lógicos* da indivisibilidade da ação penal privada a *indivisibilidade da renúncia* (art. 49, CPP) *e da oferta de perdão* (art. 51, CPP), institutos que serão analisados logo mais. Com efeito, se a queixa contra um dos autores obriga ao processo dos demais, a renúncia à queixa quanto a um estende-se a todos, assim como a oferta de perdão a um alcança a todos.

5.2. Princípios da Oportunidade e da Disponibilidade

A ação penal privada exclusiva e a ação penal privada personalíssima são regidas pelos *princípios da oportunidade e da disponibilidade*, antitéticos, respectivamente, aos princípios da obrigatoriedade e da indisponibilidade da ação penal de iniciativa pública.

No que tange à ação penal privada subsidiária da pública, o exercício da queixa subsidiária está também sujeito à oportunidade e à disponibilidade do ofendido, mas, à vista do caráter público da persecução penal, qualquer manifestação de desinteresse do ofendido não produzirá os efeitos próprios dos dois princípios, a saber, a extinção da punibilidade e a extinção do processo.

O *princípio da oportunidade* traduz a avaliação discricionária do ofendido quanto a exercer ou não o direito de queixa. Poderá o ofendido exercitar a oportunidade: (a) deixando de oferecer a queixa, dentro do prazo de 6 (seis) meses a partir da data em que teve conhecimento do fato em tese constitutivo de crime, hipótese em que se opera a decadência do direito de queixa (art. 38, CPP) e a consequente extinção da punibilidade do agente (art. 107, IV, CP); (b) renunciando ao direito de queixa, tácita ou expressamente, o que também conduz à extinção da punibilidade (art. 107, V, CP).

Por sua vez, o *princípio da disponibilidade* expressa a disposição discricionária do ofendido quanto ao *prosseguimento* na ação penal, uma vez já exercido o direito de queixa. Poderá o ofendido dispor do direito de queixa: (a) desistindo da ação penal já iniciada, o que, por analogia à renúncia e à perempção, conduzirá à extinção da punibilidade; (b) oferecendo perdão ao querelado depois de instaurado o processo penal, hipótese em que, caso aceito o perdão, opera-se a extinção da punibilidade (art. 58, parágrafo único, CPP / art. 107, V, CP); (c) negligenciando o andamento da ação penal, nas hipóteses legais (art. 60, I, CPP), caso em que se configura a perempção e, consequentemente, a extinção da punibilidade (art. 107, IV, CP).

As diversas causas associadas à oportunidade e à disponibilidade serão analisadas no próximo tópico.

6. CAUSAS DE EXTINÇÃO DA PUNIBILIDADE ASSOCIADAS À AÇÃO PENAL DE INICIATIVA PRIVADA

6.1. Decadência

Decadência é a causa de extinção da punibilidade (art. 107, IV, segunda figura, CP) configurada pelo não exercício, por parte do ofendido ou de seu representante legal – ou, na falta do ofendido, de seu sucessor – do direito de queixa (ou do direito de representação, no âmbito da ação penal pública condicionada) dentro do prazo legalmente estabelecido.

Trata-se de prazo que, uma vez iniciado, transcorre livre e desimpedido, sem sujeição a qualquer causa interruptiva ou suspensiva, como é próprio da decadência. Apesar de incidir sobre o direito à ação penal (direito de queixa, ou ainda sobre o direito de autorizar a ação penal, ou seja, o direito de representação), a decadência conforma causa material ou substancial, meritória quanto aos seus efeitos (extinção da punibilidade).

Aplica-se, na hipótese, o disposto no art. 38 do Código de Processo Penal. Expirado o prazo decadencial, portanto, deverá o órgão judiciário declarar a extinção da punibilidade, nos termos do art. 107, IV, do Código Penal.

A respeito do termo inicial do prazo decadencial, confira-se a análise particularizada do tema em cada modalidade de ação penal privada, já desenvolvida no tópico 3.2 desta Seção, *supra*.

6.2. Renúncia

Renúncia é o ato voluntário unilateral, pré-processual e irretratável pelo qual o titular de um direito resolve não exercê-lo.

Nesse sentido, a renúncia vincula-se à avaliação de *oportunidade* quanto exercício do direito. Na ação penal de iniciativa privada, regida precisamente pelo *princípio da oportunidade*, há a possibilidade de renúncia pelo ofendido (ou por seu sucessor legal) ao exercício do direito de queixa.

Na hipótese, o ofendido não exercerá o direito de queixa, vale dizer, não chegará a oferecer a queixa, porque previamente a isso (fase pré-processual) renunciou a esse exercício, ou pela mera inércia (*renúncia tácita*) ou por declaração (*renúncia expressa*).

De acordo com o art. 104, *caput*, do Código Penal, com efeito, "o direito de queixa não pode ser exercido quando renunciado expressa ou tacitamente". Já o art. 50 do Código de Processo Penal, por sua vez, dispõe que "a renúncia expressa constará de declaração assinada pelo ofendido, por seu representante legal ou procurador com poderes especiais".

Sobre a *renúncia tácita*, por sua vez, prescreve o art. 104, parágrafo único, do Código Penal: "Importa renúncia tácita ao direito de queixa a prática de ato incompatível com a vontade de exercê-lo; não a implica, todavia, o fato de receber indenização do dano causado pelo crime".

O só fato de o ofendido ter recebido indenização vinculada ao prejuízo causado pelo crime, portanto, não caracteriza renúncia ao direito de queixa. Deve-se ressalvar, porém, que, no âmbito das infrações penais de menor potencial ofensivo, a composição civil dos danos, celebrada em audiência preliminar e homologada pelo juízo, implica renúncia ao direito de queixa, nos termos do art. 74, parágrafo único, da Lei nº 9.099/1995: "Tratando-se de ação penal de iniciativa privada ou de ação penal pública condicionada à representação, o acordo homologado acarreta a renúncia ao direito de queixa ou de representação". Por força de disposição específica, assim, a celebração de acordo civil importa renúncia tácita ao direito de queixa.

O art. 50, parágrafo único, do Código de Processo Penal dispõe que "a renúncia do representante legal do menor que houver completado 18 anos não privará este do direito de queixa, nem a renúncia do último excluirá o direito do primeiro". Entendemos que esse dispositivo foi tacitamente revogado, por incompatibilidade, pelo art. 5º do Código Civil (início de vigência em 2003), que fixou o início da maioridade civil aos 18 anos.

Com efeito, o art. 50, parágrafo único, do CPP só fazia sentido durante o regime do Código Civil de 1916, em que a menoridade civil cessava apenas aos 21 anos, hipótese em que o representante do ofendido maior de 18 e menor de 21 anos poderia renunciar ao direito de queixa, o que, nos termos da lei processual penal, não privava o próprio ofendido do exercício desse direito. Atualmente, no entanto, maioridade penal e maioridade civil são ambas alcançadas aos 18 anos, perdendo todo sentido qualquer dispositivo estabelecendo regime especial para pessoas com idade entre 18 e 21 anos.

A renúncia aqui examinada, *como causa de extinção da punibilidade*, é cogitável apenas relativamente à ação penal privada exclusiva, existindo, portanto, razão relevante para situá-la fora do âmbito da ação penal privada subsidiária da pública: os efeitos da renúncia, a saber, a extinção da punibilidade do agente (art. 107, V, CP).

É certo que a avaliação quanto ao ajuizamento ou não de queixa subsidiária integra a órbita da oportunidade do ofendido, independentemente do caráter público da persecução penal, apto apenas a obrigar *o Ministério Público* a agir (princípio da obrigatoriedade da ação penal de iniciativa pública); mas a renúncia do ofendido quanto ao exercício da queixa subsidiária não gera o efeito de extinção da punibilidade, próprio do instituto da renúncia tal qual disciplinado na lei penal (art. 107, V, CP). Por isso, o instituto em foco é inaplicável, como causa extintiva da punibilidade, à ação penal privada subsidiária da pública[51].

De toda sorte, manifestada a renúncia à queixa subsidiária, o ofendido não poderá mais se valer desse direito, em caso de inércia do Ministério Público, que poderá

---

51. Com o mesmo entendimento, RENATO BRASILEIRO: "Nas hipóteses de ação penal privada subsidiária da pública, por mais que o ofendido resolva abrir mão de seu direito de queixa subsidiária, esta renúncia não terá o condão de produzir a extinção da punibilidade, já que, em sua origem, a ação penal é de natureza pública, subsistindo a legitimidade ativa do Ministério Público para oferecer denúncia enquanto não extinta a punibilidade pelo advento da prescrição". Cfr. LIMA, Renato Brasileiro de. *Manual de Processo Penal*. Salvador: JusPodivm, 2015, p. 258.

sempre, claro, exercer a ação penal pública, dentro do prazo prescricional da pretensão punitiva[52].

Finalmente, como corolário do já estudado princípio da indivisibilidade, "a renúncia ao exercício do direito de queixa, em relação a um dos autores do crime, a todos se estenderá", nos termos do art. 49 do CPP.

6.3. Desistência

Entende-se por *desistência* o ato processual voluntário pelo qual o ofendido resolve *não prosseguir* na ação penal, uma vez já exercido o direito de queixa. Assim como a renúncia vincula-se ao princípio da oportunidade, a desistência associa-se ao *princípio da disponibilidade*, significando isso dizer que é a voluntária disposição do ofendido sobre o direito de queixa que lhe permite decidir por não continuar a persecução penal, depois de já tê-la iniciado.

A desistência expressa, à primeira vista, não *constituiria* causa de extinção de punibilidade, como a renúncia, e sim causa de extinção do processo sem resolução do mérito, aplicando-se subsidiariamente ao processo penal (art. 3º, CPP), neste particular, o disposto no art. 485, *caput*, inciso VIII, do Novo Código de Processo Civil (2015). Ainda que não exista previsão específica na lei processual penal, a possibilidade de desistência emana do próprio princípio da disponibilidade, que rege a ação penal privada, nas modalidades exclusiva e personalíssima.

Objeta-se a esse entendimento, entretanto, que a desistência expressa é análoga à renúncia e tem o mesmo significado da perempção (art. 60, CPP), ao constituir manifestação de desinteresse do ofendido em prosseguir na ação penal. ESPÍNOLA FILHO assim elucida o problema: "...o razoável é admitir a desistência da ação de iniciativa exclusivamente privada, que tenha sido proposta, nas mesmas condições, por forma idêntica e produzindo, segundo os casos, efeitos iguais aos da renúncia prévia à instauração da ação penal (...) oferece GALDINO SIQUEIRA a seguinte lição: (...) 'Desistência é o abandono expresso ou presumido da acusação, neste último caso produzindo o que se chama perempção da ação ou perda do direito do autor de continuar no procedimento...' (...) não havendo, no Código de processo penal, semelhante limitação [condicionamento dos efeitos da desistência à aquiescência do querelado], e determinando a abstenção da acusação, afinal, a perempção da ação de exclusiva iniciativa da parte

---

52. Conforme ESPÍNOLA FILHO: "A renúncia ao exercício do direito de queixa pode ser manifestada em relação a qualquer crime, mesmo em se tratando dos que admitem a instauração de ação penal por iniciativa dos órgãos da justiça pública, de vez que (...) há sempre, a despeito da preferência reconhecida ao ministério público para promoção da ação penal, salvo quando esta é privativa da iniciativa particular, a possibilidade de caber a queixa da parte privada, se, no prazo legal, o órgão competente do poder público se não manifestou, como lhe cumpria. Está claro, nesses casos, que a renúncia ao direito de queixa nenhuma influência pode ter sobre a ação do ministério público, que não só não se subordina à vontade do ofendido, mas prepondera como representante do preponderante interesse social. Assim, a renúncia do direito de queixa apenas influi no impedimento de ser a ação penal promovida pela parte privada, se o ministério público não tiver oferecido a denúncia no prazo..." Cfr. ESPÍNOLA FILHO, Eduardo. *Código de Processo Penal Brasileiro Comentado*. Rio de Janeiro: Editora Rio, 1980, v. I, pp. 444-445.

privada (desistência tácita), sem o desejo contrário do querelado poder impedi-lo (...), é-se levado a concluir que, do mesmo modo, deve operar a desistência expressa"[53].

Não faz sentido, com efeito, que o não exercício da queixa por renúncia expressa e a perempção da ação por desinteresse tácito gerem extinção da punibilidade e que não suceda o mesmo com a desistência expressa da ação penal. Assim, forçoso é admitir a desistência, na linha defendida pela doutrina, como causa de extinção da punibilidade, do mesmo modo que a renúncia e a perempção.

Assevere-se que, do mesmo modo que a renúncia, o instituto em foco, *com o efeito de extinção da punibilidade*, não se aplica à ação penal privada subsidiária da pública. Efetivamente, o caráter público da ação penal privada subsidiária impede que, por negligência ou mesmo por desistência expressa do ofendido, *a punibilidade* seja extinta. Nada impede, porém, que o ofendido manifeste desistência, o que terá que significar a extinção *do processo*, sem prejuízo, contudo, da posterior ação do Ministério Público, caso desde logo não retome a ação *como parte principal*, nos moldes do art. 29 do CPP.

Nesse contexto, o art. 42 do CPP prescreve a inadmissibilidade da desistência *do Ministério Público*, quanto à ação penal pública. Nada se dispõe, porém, acerca da possibilidade ou não de desistência do ofendido, relativamente à ação penal privada subsidiária da pública. Assim, a desistência pode ser manifestada pelo ofendido e aceita como causa extintiva do processo sem resolução do mérito (art. 485, *caput*, VIII, CPC/2015, por aplicação subsidiária). Ainda que extinto o processo, porém, poderá o Ministério Público ajuizar ação penal pública em momento posterior, desde que respeitado o prazo de prescrição da pretensão punitiva. Nenhum prejuízo há, portanto, ao princípio da indisponibilidade da ação penal pública – aliás, aqui a hipótese é de ação penal *privada* subsidiária.

Ressalve-se apenas o caso em que o Ministério Público, com fundamento no art. 29 do CPP, retoma a titularidade da ação penal, hipótese que impedirá a extinção do processo sem resolução do mérito em virtude de desistência do ofendido. Isso porque, na espécie, a retomada da titularidade da ação pelo Ministério Público converte a persecução penal *de privada em pública* (*ação penal pública indireta ou exercício indireto de ação penal pública*), inscrevendo no feito a nota da indisponibilidade (art. 42, CPP).

6.4. Perdão

Outro instituto vinculado ao princípio da disponibilidade da ação penal de iniciativa privada é o *perdão*.

Assim como a desistência, o *perdão* representa forma de disposição do direito de queixa, quando este já tenha sido exercido. Isso diferencia ambos os institutos (perdão e desistência), ligados ao princípio da disponibilidade, da renúncia, ligada ao princípio da oportunidade.

---

53. Espínola Filho, Eduardo. *Código de Processo Penal Brasileiro Comentado*. Rio de Janeiro: Editora Rio, 1980, v. I, pp. 476-477.

Há um elemento essencial, no entanto, que diferencia o perdão da desistência: *o perdão é bilateral*, dependendo a produção dos efeitos que lhe são próprios da aceitação do querelado, ao passo que a *desistência é unilateral*.

O perdão consiste na iniciativa do querelante em oferecer ao querelado sua indulgência em relação aos fatos objeto da ação penal, depois de já tê-la iniciado. Caso aceito pelo destinatário, o perdão acarreta-lhe a extinção da punibilidade (art. 107, V, CP / art. 58, parágrafo único, CPP).

A *bilateralidade* do perdão radica na circunstância de que só produzirá seus efeitos (extinção da punibilidade) na hipótese de sua aceitação pelo querelado, conforme o art. 58, parágrafo único, do CPP: "Aceito o perdão, o juiz julgará extinta a punibilidade".

O perdão, por sua própria natureza, pressupõe o reconhecimento, pelo querelado que o aceita, de responsabilidade vinculada aos fatos objeto da ação penal. O querelado, assim, não está obrigado a aceitá-lo, tanto por motivos morais quanto por motivos jurídicos, de modo a prevenir futura demanda contra si, destinada à reparação civil dos danos causados pelo suposto crime e ainda de modo a possibilitar por ele mesmo, quando seja o caso, representação contra o querelante por denunciação caluniosa (art. 339, CP) ou comunicação falsa de crime (art. 340, CP) e/ou busca de indenização por danos decorrentes da ação penal privada contra ele ajuizada.

Pode não ser interessante para o querelado, portanto, aceitar o perdão, para que assim obtenha a extinção de sua punibilidade, se acredita ter plenas condições de conseguir sua absolvição ao final da demanda.

De toda sorte, ainda que o querelado não aceite o perdão, poderá sempre o querelante desistir da ação (art. 485, *caput*, VIII, CPC/2015, c/c art. 3º, CPP), o que, entretanto, não enseja qualquer juízo quanto ao mérito dos fatos objeto de acusação.

O *perdão* pode ser *tácito* (art. 57, CPP) ou *expresso*, *processual* ou *extraprocessual* (artigos 56 e 59, CPP / art. 106, *caput*, CP). Quanto ao perdão tácito, dispõe o art. 57 do CPP: "A renúncia tácita e o perdão tácito admitirão todos os meios de prova".

Segundo Espínola Filho, "tal como a renúncia (...), o perdão do ofendido pode ser outorgado sem uma declaração expressa, mas resultar, claramente, de atitudes do querelantes ou do seu representante legal, que tornem manifesto o seu propósito de não dar continuação à ação penal"[54]. O próprio art. 106, § 1º, do Código Penal oferece, nessa linha, o parâmetro para a identificação do perdão tácito: "Perdão tácito é o que resulta da prática de ato incompatível com a vontade de prosseguir na ação".

---

54. Espínola Filho, Eduardo. *Código de Processo Penal Brasileiro Anotado*. Rio de Janeiro: Editora Rio, 1980, v. I, pp. 458-459. O eminente processualista apresenta então exemplo próprio do tempo em que a maioria dos crimes sexuais somente se procedia mediante queixa: "*A* está sendo processado porque, usando de fraude, conseguiu ter conjunção sexual com *B*, moça honesta e senhora de recursos suficientes para oferecer a queixa, instaurando uma ação penal da sua privativa iniciativa (...), pelo que o seu perdão extinguirá a punibilidade do ofensor. Mas *A* é noivo de outra moça, que declara subordinar o seu casamento à absolvição dele. *B*, sabendo disso, procura a noiva de *A*, ou lhe manda uma carta, afirmando que consente no casamento, pois não quer efetivar a punição de *A*. Feita a prova dessa declaração, da qual resultou o matrimônio figurado, não se pode recusar a conclusão de que foi dado o perdão".

Aury Lopes refere, acerca do perdão tácito, o "hediondo exemplo do convite para padrinho de crisma do filho do ofendido (oferta de perdão tácito) que foi aceito pelo imputado (perdão tácito)"[55]. Essa forma de perdão admite prova por todos os meios em direito admissíveis. No caso, aplica-se a norma do art. 61, parágrafo único, do CPP, que dispõe sobre o procedimento do pleito de extinção da punibilidade, quando a demonstração da causa respectiva reclame dilação probatória: "No caso de requerimento do Ministério Público, do querelante ou do réu, o juiz mandará autuá-lo em apartado, ouvirá a parte contrária e, se julgar conveniente, concederá o prazo de 5 (cinco) dias para a prova, proferindo a decisão dentro de 5 (cinco) dias, ou reservando-se para apreciar a matéria na sentença final".

Já o *perdão expresso* é aquele oferecido por manifestação do querelante nos autos, de acordo com o procedimento disciplinado no art. 58 do CPP: "Concedido o perdão, mediante declaração expressa nos autos, o querelado será intimado a dizer, no prazo de 3 (três) dias, se o aceita, devendo, ao mesmo tempo, ser cientificado de que se silêncio importará aceitação".

A aceitação do perdão processual poderá ser manifestada por procurador com poderes especiais, nos termos do art. 55 do CPP.

Na hipótese de enfermidade ou retardo mental do querelado que não tenha representante legal, ou na de colisão entre os interesses deste com os daquele, a aceitação do perdão poderá ser manifestada por curador nomeado pelo juiz (art. 53, CPP). Na primeira hipótese cogitada, observe-se que a enfermidade ou retardo mental do querelado conduz à instauração de incidente de insanidade mental (artigos 149 a 154, CPP), o qual, se estiver em curso ou concluído, já leva à nomeação de curador, a quem caberá aceitar o perdão.

Sobre o *perdão extraprocessual*, constará de declaração assinada pelo ofendido, por seu representante legal ou procurador com poderes especiais (art. 56 c/c art. 50, *caput*, CPP), devendo sua aceitação ser igualmente declarada pelo querelado, por seu representante legal ou procurador com poderes especiais (art. 59, CPP).

Finalmente, como *corolário do princípio da indivisibilidade*, a *oferta* do perdão pelo querelante se estende aos demais querelados, em caso de pluralidade subjetiva no polo passivo da ação, mas o efeito de extinção de punibilidade só se produzirá para aquele(s) que aceitar(em) o perdão, conforme preceitua o art. 51 do CPP: "O perdão concedido a um dos querelados aproveitará a todos, sem que produza, todavia, efeito em relação ao que o recusar". O mesmo regime emana da norma do art. 106, *caput*, incisos I, II e III, do Código Penal.

Já no que tange à hipótese de *pluralidade de querelantes*, não há, por óbvio, qualquer extensão aos demais da oferta de perdão manifestada por um deles, como bem expressou Aloysio de Carvalho: "Se o crime feriu a vários indivíduos, irmanando-os na reação, não pode impor a lei que sejam, também, solidários na piedade para com o ofensor; o perdão não é mercê coletiva, e sim individual; quem quiser concedê-lo, é livre de o fazer, mas o benefício não afeta o direito de outros ofendidos"[56].

---

55. Lopes Jr, Aury. *Direito Processual Penal*. São Paulo: Saraiva, 2014, p. 414.
56. Carvalho Filho, Aloysio de. *Comentários ao Código Penal*. Rio de Janeiro: Forense, 1979, v. IV.

6.5. Perempção

A *perempção* é a causa de extinção da punibilidade (art. 107, IV, terceira figura, CP) decorrente da realização de qualquer das hipóteses típicas – e taxativas – discriminadas no art. 60 do Código de Processo Penal, reveladoras de ausência de interesse, real ou presumida, ou de negligência do ofendido (ou de seu sucessor) quanto ao prosseguimento da ação penal exclusivamente privada.

As hipóteses legais são: (i) iniciada a ação penal, o querelante deixa de promover o andamento do processo durante trinta dias seguidos (art. 60, I, CPP); (ii) em caso de morte ou ausência judicialmente declarada do ofendido querelante, o não comparecimento de qualquer de seus sucessores para prosseguir na ação (art. 60, II, CPP); (iii) ausência do querelante, sem motivo justificado, a qualquer ato do processo a que deva estar presente (art. 60, III, CPP); (iv) não formulação, nas alegações finais, de pedido de condenação (art. 60, III, CPP); (v) na hipótese de querelante pessoa jurídica, a extinção desta sem deixar sucessor (art. 60, IV, CPP).

Quanto ao ponto (i), a paralisação do processo por 30 (trinta) dias seguidos deve decorrer de culpa do ofendido, para que se reconheça a perempção. Com efeito, não se vai reconhecer a causa se a demora na movimentação é oriunda do próprio serviço judiciário. A lógica que rege a perempção radica no desinteresse ou na desídia do ofendido.

O ponto (ii) traduz o desinteresse dos sucessores do ofendido, que assumem a titularidade da ação penal em caso de morte ou ausência do titular originário.

Sobre o ponto (iii), pressupõe-se, por óbvio, que o ofendido haja sido regularmente intimado para o ato a que deixou de comparecer.

Já o ponto (iv) expressa a inviabilidade do prosseguimento da ação, diante da inexistência jurídica do ente e da ausência de sucessão.

Por fim, Aury Lopes entende que a desistência expressa constitui "causa supralegal de perempção"[57], algo por nós já analisado no tópico 6.3 desta Seção, *supra*. Essa noção, contudo, não nos parece exata, embora conduza à mesma consequência que reputamos aplicável. As hipóteses de perempção são – só podem ser – taxativas, não cabendo, nesta órbita, exercício ampliativo, ainda que com tentativa de inserção da figura (desistência) na hipótese do art. 60, I, do CPP ("deixar o querelante de promover o andamento do processo durante trinta dias seguidos"). O que há, a nosso sentir, é uma inserção analógica da desistência no âmbito dos *efeitos* próprios da renúncia e da perempção: extinção da punibilidade (art. 107, IV e V, CP). Vale dizer: algo conceitualmente diverso da perempção, mas que produz iguais efeitos, diante da semelhança.

7. LEGITIMIDADE ALTERNATIVA

Por certo, a lei penal poderá contemplar hipóteses de legitimidade alternativa para o exercício da ação penal. Nada há que o impeça. Assim, não é de causar arrepios que a lei penal estabeleça a procedibilidade de uma ação penal ou mediante representação ou

---

57. Lopes Jr, Aury. *Direito Processual Penal*. São Paulo: Saraiva, 2014, p. 416.

mediante queixa do ofendido, hipótese em que há a legitimidade do Ministério Público (ação penal de iniciativa pública), no primeiro caso, e a do ofendido no segundo (ação penal de iniciativa privada).

O Supremo Tribunal Federal entendeu ser este, embora sob o nome de "legitimação concorrente", o caso aplicável ao crime contra a honra de funcionário público no exercício de suas funções (art. 141, II, c/c art. 145, parágrafo único, CP). Assim o expressa a Súmula nº 714 da Suprema Corte: "É concorrente a legitimidade do ofendido, mediante queixa, e do Ministério Público, condicionada à representação do ofendido, para a ação penal por crime contra a honra de servidor público no exercício de suas funções".

Na verdade, a lei prevê apenas a ação penal pública condicionada à representação do ofendido como aplicável, a teor do art. 145, parágrafo único, segunda parte, do Código Penal: "Procede-se mediante requisição do Ministro da Justiça, no caso do inciso I do caput do art. 141 deste Código, e mediante representação do ofendido, no caso do inciso II do mesmo artigo, bem como no caso do § 3o do art. 140 deste Código". O STF entende, no entanto, que não se pode recusar ao ofendido o exercício direto da ação penal, como legitimado, por meio de queixa, incidindo para ele, portanto, também a regra geral quanto à ação aplicável aos crimes contra a honra (art. 145, *caput*, CP).

Pensamos que tanto seja cogitável apenas *de lege ferenda*. Em nosso regime, contudo, não parece adequado implantar causa *supralegal* que excepcione a legitimidade do Ministério Público para o exercício da ação penal pública, constitucionalmente fixada (art. 129, I, CF). Se o Ministério Público quedar inerte, poderá sempre o ofendido se valer da queixa-crime subsidiária, não sendo necessário nem aceitável deduzir-se uma atuação paralela alternativa. Seja como for, cuida-se mesmo de legitimação *alternativa*, e não concorrente, já que, na hipótese aceita pelo STF, ou o Ministério Público exerce a ação penal a partir de representação do ofendido, ou este o faz mediante queixa.

8. "AÇÃO PENAL ADESIVA"

Cogita a doutrina de instituto denominado "ação penal adesiva", definida por NESTOR TÁVORA e ROSMAR ALENCAR como "a possibilidade de militarem no polo ativo, em conjunto, o Ministério Público e o querelante, nos casos onde houver hipótese de conexão ou continência entre crimes de ação penal de iniciativa pública e de ação penal de iniciativa privada"[58].

Seria uma hipótese de litisconsórcio ativo entre o Ministério Público e o ofendido, ilustrado pelo termo *adesivo* por haver junção entre dois tipos de ação penal. Como cada ação penal tem a aptidão para instaurar um processo, não há aí, porém, propriamente um litisconsórcio, pois a hipótese é de duas iniciais acusatórias, e não de peça postulatória única, inaplicável em nosso direito processual penal, na hipótese.

---

58. TÁVORA, Nestor / ALENCAR, Rosmar Rodrigues. *Curso de Direito Processual Penal*. Salvador: JusPodivm, 2015, p. 244.

Em verdade, a dita "ação penal adesiva" nada mais representa que a exigência de julgamento conjunto de causas em conexão ou continência, segundo a regra do art. 79, *caput*, do CPP, não excepcionada pela hipótese em foco. Assim, havendo, de um lado, (a) processo iniciado por ação penal privada tendo por base crime conexo a (b) crime de ação penal pública, impõe-se, em princípio, a unidade de julgamento, desde que haja, claro, iniciativa de ambas as partes quanto ao exercício da acusação. Refira-se, como exemplo, a hipótese de conexão entre dano contra o particular (art. 163, *caput*, CP – ação penal privada) e dano contra o patrimônio público (art. 163, parágrafo único, IIII, CP – ação penal pública).

CAPÍTULO VII

Ação Civil Ex Delicto

1. CONCEITO

Designa-se por *ação civil ex delicto* a ação de natureza civil, quer de *conhecimento*, quer de *execução*, em que se pretende a *recomposição* do dano causado pelo fato em tese constitutivo de crime. O termo *recomposição* consiste, em sentido amplo, na reparação do dano, quer por *restituição* de coisa, quer por *ressarcimento*, quer ainda por *indenização*[1].

Por isso, a legitimidade para o ajuizamento da ação civil é do ofendido ou, na sua falta (morte ou ausência judicialmente declarada), do sucessor legal (cônjuge, ascendente, descendente, irmão). Confere-se legitimidade a quem experimentou o dano causado pela prática da infração penal, podendo o direito de ação transmitir-se aos sucessores.

Nesse contexto, observe-se que o ilícito penal consiste essencialmente em um ilícito civil objeto de tipificação em norma incriminadora. Dos elementos estruturais objetivos do crime, assim, aquele que singulariza, do ponto de vista conceitual, o ilícito penal frente ao ilícito civil é precisamente a *tipicidade*, vinculada à cominação de uma pena.

Salvo em hipóteses excepcionais que poderiam ser cogitadas, o ilícito penal é também um ilícito civil, vale dizer, aquele que, por sua especial gravidade, faz-se objeto de tipificação em norma incriminadora, como base para a aplicabilidade de uma resposta reforçada, a saber, a sanção penal.

Nessa lógica, o fato em tese constitutivo de crime, além de ensejar a intervenção penal, potencializa, em condições normais, também a resposta civil, pela recomposição (reparação, indenização) do prejuízo causado ao ofendido.

---

1. Com essa compreensão, EUGÊNIO PACELLI: "O objeto, ou conteúdo, da ação civil, que vem a ser precisamente a apontada recomposição patrimonial ou pecuniária decorrente da ilicitude também civil, pode se identificar em um pedido simples de *restituição* do bem subtraído ou apropriado indevidamente, ou, quando maior o dano, de *ressarcimento*, em que se buscará satisfazer, além do dano emergente, também aquilo que o ofendido deixou de receber com a fruição do bem (lucros cessantes) [...] Quando, porém, o dano causado pela infração penal atingir o patrimônio *moral* do ofendido, isto é, aqueles valores atinentes à dignidade, à individualidade e à personalidade da vítima, expressões culturais da própria comunidade social, dar-se-á a *reparação* civil do ilícito, tal como ocorre, por exemplo, nas chamadas ações de danos morais, seja em proveito do próprio ofendido, quando o dano é dirigido diretamente a ele, seja em favor de terceiros (filhos, cônjuge e sucessores), na hipótese de morte daquele. Ainda segundo a doutrina, o vocábulo *indenização* se prestaria a definir a modalidade de recomposição patrimonial do dano causado por ato ilícito do Estado (desapropriações etc.)". Cfr. PACELLI, Eugênio. *Curso de Processo Penal*. São Paulo: Atlas, 2013, pp. 185-186.

Desta sorte, é possível ao ofendido perseguir na esfera civil a recomposição do dano por ele supostamente experimentado, em decorrência da prática de conduta que em tese configura a um só tempo ilícito civil e ilícito penal. Essa possibilidade supõe a coexistência, concomitante ou sucessiva, do processo penal e do processo civil, o que deve ser objeto de disciplina normativa, diante da potencialidade de conflito entre decisões proferidas em uma e outra esfera.

O Código de Processo Penal, no Título IV ("Da Ação Civil"), entre os artigos 63 e 68, disciplina a ação civil (objeto de tratamento na lei própria) apenas em seu relacionamento com a ação penal e, particularmente, com os efeitos da sentença penal, seja a condenatória, seja a absolutória, seja a extintiva de punibilidade.

Cuida-se nesse âmbito, portanto, dos *efeitos civis da sentença penal* e de suas repercussões no relacionamento entre o processo penal e o processo civil que tenham por objeto os mesmos fatos.

2. A AÇÃO CIVIL EX DELICTO COMO AÇÃO DE EXECUÇÃO (ART. 63, CPP)

2.1. Independência Relativa entre Juízo Penal e Juízo Civil e Certificação do Dano na Sentença Penal Condenatória Definitiva

O princípio geral que rege as relações entre a responsabilidade penal e a responsabilidade civil é o da *independência* entre as esferas. Com efeito, os pressupostos e requisitos de configuração da responsabilidade penal são autônomos em relação àqueles próprios da responsabilidade civil, de modo que, como regra geral, a decisão proferida em um domínio não interfere no juízo do outro.

Considerando, no entanto, a unidade do Poder Judiciário e a correlata inadmissibilidade de decisões conflitantes, há âmbitos comuns em que a decisão jurisdicional penal terá efeitos vinculantes na esfera civil (e vice-versa): são os casos em que se diz que a decisão penal, uma vez tornada definitiva, faz coisa julgada na esfera cível.

Por isso, afirma-se que o sistema aplicável no direito brasileiro, quanto às relações entre juízo penal e juízo cível, é o da *independência relativa*. Como expressa Eugênio Pacelli: "No Brasil, adota-se o sistema da independência relativa ou mitigada, em razão da existência de uma subordinação temática de uma instância a outra, especificamente em relação a determinadas questões"[2].

Nesse cenário, a ação civil *ex delicto*, como anunciado no início do tópico anterior, pode encerrar *natureza cognitiva ou executória*. Isso depende de existir ou não sentença penal condenatória definitiva, tendo por objeto o mesmo fato hipotético veiculado na ação civil.

Caso haja sentença penal *condenatória* transitada em julgado, não há mais que se cogitar acerca da existência do dano e da respectiva autoria, bastando que o ofendido promova a execução do título jurisdicional penal no juízo civil. Não é pertinente, assim, o ajuizamento de ação civil cognitiva, com o objetivo de ver reconhecida a

---

2. Pacelli, Eugênio. *Curso de Processo Penal*. São Paulo: Atlas, 2013, p. 182.

responsabilidade civil, se a existência do dano e a respectiva autoria já foram declaradas certas como base inerente ao juízo penal condenatório.

Efetivamente, um dos efeitos da sentença penal condenatória é o de "tornar certa a obrigação de indenizar o dano causado pelo crime", nos termos do art. 91, inciso I, do Código Penal. Na hipótese, não se aplica a regra geral da independência entre as esferas penal e civil, eis que o reconhecimento do dano (e de sua autoria) na primeira tem efeito vinculante sobre a segunda.

Em coerência com essa lógica, o art. 515, *caput*, inciso VI, do Código de Processo Civil de 2015 fixa a sentença penal condenatória definitiva como *título executivo judicial*. Transitada em julgado a sentença penal condenatória, portanto, basta ao ofendido – ou, em caso de morte ou ausência, seu sucessor legal – promover a *satisfação* desse título no juízo cível, uma vez já declarada certa a obrigação de reparação do dano a recair sobre o condenado.

A matéria está disciplinada no art. 63, *caput*, do Código de Processo Penal: "Transitada em julgado a sentença condenatória, poderão promover-lhe a execução, no juízo cível, para o efeito de reparação do dano, o ofendido, seu representante legal ou seus herdeiros".

Há, todavia, uma exceção relevante a essa hipótese, no que tange ao responsável civil que não foi parte no processo penal. Seria absurdo, a nosso juízo, permitir que o ofendido promovesse diretamente a execução do título condenatório penal contra o responsável civil (por exemplo, o empregador) por conduta de terceira pessoa (o empregado), esta condenada na sentença criminal.

Com efeito, suponha-se que o empregado de determinada companhia tenha, no exercício de suas funções, dolosamente praticado dano contra o patrimônio de um cliente. Diante disso, o cliente opta por ajuizar ação penal de iniciativa privada imputando ao empregado a prática de crime de dano (art. 163, *caput*, CP, que no caso se procede mediante queixa – art. 167, CP). Sobrevém então sentença penal condenatória transitada em julgado em face do empregado. Poderá o ofendido promover a execução da sentença em face da empresa, responsável civil nos termos do art. 932, inciso III, do Código Civil (responsabilidade do empregador pelos atos do empregado)?

Parece-nos claro que não. A responsabilidade especial nos moldes do art. 932, inciso III, do Código Civil deve ser objeto de ação de conhecimento, pois contempla hipótese alheia à responsabilidade pela prática direta do ato ilícito, ensejando cognição própria quanto à sua procedência.

Significa dizer que o juiz deverá verificar, em ação cognitiva, o mérito da relação de trabalho, sua existência e seus limites, na medida em que essa forma de responsabilidade não emana diretamente da prática do fato, segundo os critérios gerais da responsabilidade civil.

Na hipótese, até mesmo para assegurar o devido processo legal, o contraditório e a ampla defesa ao terceiro em tese civilmente responsável, deverá o ofendido: (i) promover ação de conhecimento contra a empresa empregadora ou (ii) promover a execução do título contra o empregado[3].

Na sequência, calha referir outra questão relevante: e se sentença condenatória transitada em julgado vier a ser rescindida em sede de revisão criminal, significando isso a desconstituição do título executivo? Se a execução ainda não houver iniciado, não mais poderá sê-lo, à vista da desconstituição do título que a embasaria. Por outro lado, se estiver em curso a execução, não poderá continuar, devendo ser extinta sem resolução do mérito.

Caso, entretanto, já tenha sido concluída a execução, só restará ao prejudicado a obtenção de indenização junto ao Estado, na sede da própria ação de revisão criminal, nos termos do art. 630, *caput*, do Código de Processo Penal. Rescindindo o julgado, o tribunal poderá reconhecer direito à indenização (art. 630, *caput*, CPP), que deverá cobrir todas as repercussões do erro judiciário, inclusive o fato de o condenado haver tido seu patrimônio executado na esfera civil.

2.2. Liquidação e Fixação de Valor Mínimo na Sentença Penal Condenatória (artigos 63, parágrafo único, e 387, IV, CPP)

Sabe-se que, via de regra, a sentença penal condenatória definitiva, apesar de constituir título certo e exigível, não está ainda *liquidada*, isto é, o dano nela reconhecido não está *quantificado*, no que concerne à *extensão econômica* do que será exigido do condenado na ação civil executória.

Assim, previamente à dedução do dano no processo executório, o ofendido deverá promover a *liquidação do título judicial*. Trata-se de *fase meramente preparatória da execução*, já que destinada a tornar líquido o título executivo. A *liquidação de sentença* realiza-se conforme os procedimentos disciplinados entre os artigos 509 e 512 do Código de Processo Civil de 2015[4].

Essa realidade, contudo, antes presente no regime do Código de Processo Civil de 1973, já havia sido substancialmente modificada, no processo penal, com o advento da Lei nº 11.719/2008, que acrescentou ao art. 63 do Código de Processo Penal o seguinte parágrafo único: "Transitada em julgado a sentença condenatória, a execução poderá ser efetuada pelo valor fixado nos termos do inciso IV do *caput* do art. 387 deste Código sem prejuízo da liquidação para a apuração do dano efetivamente sofrido".

---

3.   Com esse entendimento, Gustavo Badaró: "É clara, portanto, a possibilidade da propositura de uma ação civil, objetivando a condenação do empregador por atos do seu empregado. Neste caso, o título executivo perante o empregador será a sentença civil condenatória, que poderá ensejar seu cumprimento também perante um juiz cível. Não é correto, porém, permitir que o empregador (p. ex.: uma empresa de transportes) sofra uma execução civil com base no título executivo judicial, decorrente da sentença penal condenatória que se formou no processo em que o empregado foi condenado (p. ex.: o motorista que é condenado por lesão corporal culposa de trânsito)". Cfr. Badaró, Gustavo Henrique. *Processo Penal*. Rio de Janeiro: Campus, 2012, p. 139.

4.   Art. 509, CPC/2015: "Quando a sentença condenar ao pagamento de quantia ilíquida, proceder-se-á a sua liquidação, a requerimento do credor ou devedor: I – por arbitramento, quando determinado pela sentença, convencionado pelas partes ou exigido pela natureza do objeto da liquidação; II – pelo procedimento comum, quando houver necessidade de alegar e provar fato novo".

A equivocidade da redação empregada nesse dispositivo impõe-nos algumas reflexões.

Em primeiro lugar, observe-se que a reforma introduzida pela Lei nº 11.719/2008 trouxe a *possibilidade* de o órgão jurisdicional, na sentença penal condenatória, fixar *valor mínimo a título de reparação do dano causado pelo crime*. É o que está disposto no art. 387, inciso IV, do CPP: "O juiz, ao proferir sentença condenatória: IV – fixará valor mínimo para reparação dos danos causados pela infração, considerando os prejuízos sofridos pelo ofendido".

As questões relevantes, no ponto, são: (i) em que condições poderá o juízo fixar valor mínimo a título de reparação do dano experimentado pelo ofendido em razão do crime; (ii) uma vez fixado o valor mínimo, nos termos do art. 387, inciso IV, do CPP, em que condições essa quantificação poderá ser questionada em processo preparatório de liquidação de sentença.

A primeira questão (i) deve ser respondida à luz do princípio da correlação entre acusação e sentença e da garantia individual do contraditório. Nesse sentido, o órgão judiciário só poderá fixar valor mínimo a título de reparação do prejuízo causado pelo crime se houver pedido expresso a esse respeito, na inicial acusatória, de modo que essa questão específica seja objeto da demanda e, portanto, da disputa processual contraditória.

Com efeito: (a) o órgão judiciário só pode apreciar e decidir nos limites da causa de pedir veiculada na inicial e em eventual aditamento, não podendo proferir decisão além do pedido formulado pelo autor; (b) o acusado não pode ser surpreendido pela fixação judicial de valor mínimo de indenização, se não teve a oportunidade de exercer o contraditório, inclusive pela produção de provas, quanto a pedido que nesse sentido haja sido formulado pelo acusador.

A jurisprudência do Superior Tribunal de Justiça consolidou-se nessa direção, como revela o julgado da Sexta Turma no AGARESP 311.784/DF (STJ, 6ª Turma, AGARESP 311784, Rel. Min. Sebastião Reis Junior, julgamento em 05.08.2014, DJ de 28.10.2014): "Para que seja fixado, na sentença, o valor.mínimo para reparação dos danos causados à vítima (art. 387, IV, do CPP), necessário o pedido formal, sob pena de violação dos princípios da ampla defesa e do contraditório"[5].

Em igual sentido tem-se posicionado a Quinta Turma do STJ, como no RESP 1.185.542/RS (STJ, 5ª Turma, RESP 1.185.542, Rel. Min. Gilson Dipp, julgamento em 14.04.2011, DJ de 16.05.2011), enfatizando a necessidade de se oportunizar o exercício de contraprova pelo acusado: "O art. 387, IV, do Código de Processo Penal, na redação dada pela Lei 11.719, de 20 de junho de 2008, estabelece que o Juiz, ao proferir sentença condenatória fixará um valor mínimo para a reparação dos danos causados pela infração, considerando os prejuízos sofridos pelo ofendido (...) Se a questão não foi submetida ao contraditório, tendo sido questionada em embargos de declaração após a prolação da sentença condenatória, sem que tenha sido dada oportunidade ao réu de se defender ou produzir contraprova, há ofensa ao princípio da ampla defesa".

---

5.   No mesmo sentido, confira-se: STJ, 6ª Turma, ARESP 389.234/DF, Rel. Min. Maria Thereza de Assis Moura, julgamento em 08.10.2013, DJ de 17.10.2013.

Não é necessário, contudo, que o Ministério Público – ou o ofendido, na ação penal de iniciativa privada – estabeleça na inicial a quantificação do valor mínimo que pretende ver fixado. Basta que o acusador formule pedido expresso de que haja a fixação de valor mínimo a título de reparação do dano causado pelo crime. Nessa trilha, refira-se o julgado da Sexta Turma do STJ no RESP 1.265.707/RS (STJ, 6ª Turma, RESP 1.265.707, Rel. Min. ROGÉRIO SCHIETTI CRUZ, julgamento em 27.05.2014, DJ de 10.06.2014): "A aplicação do instituto disposto no art. 387, inciso IV, do CPP, referente à reparação de natureza cível, quando da prolação da sentença condenatória, requer a dedução de um pedido expresso do querelante ou do Ministério Público, em respeito às garantias do contraditório e da ampla defesa. Neste caso houve pedido expresso por parte do Ministério Público, na exordial acusatória, o que é suficiente para que o juiz sentenciante fixe o valor mínimo a título de reparação dos danos causados pela infração. Assim sendo, não há que se falar em iliquidez do pedido, pois o quantum há que ser avaliado e debatido ao longo do processo, não tendo o Parquet o dever de, na denúncia, apontar valor líquido e certo, o qual será devidamente fixado pelo Juiz sentenciante".

Entendemos admissível que o ofendido, uma vez habilitado como assistente do Ministério Público na ação de iniciativa pública, possa formular o pedido de reconhecimento de valor mínimo de indenização nos termos do art. 387, inciso IV, do CPP, desde que ainda na fase postulatória, isto é, *antes do início da instrução processual*. Só assim poderá ser assegurado ao acusado o exercício da defesa, na vertente de direito à prova, também com abrangência da questão dos efeitos civis de eventual sentença penal condenatória. De acordo com a mesma lógica, não se admite a formulação do pedido apenas na fase de alegações finais, hipótese em que o juízo já não poderá aplicar o disposto no art. 387, inciso IV, do CPP.

Obedecidos esses parâmetros, não há como negar ao ofendido, enquanto legítimo destinatário da reparação do dano, o direito de postular a fixação judicial de valor indenizatório mínimo. A própria existência do instituto da assistência de acusação na ação penal pública encontra sua razão de ser, dentre outros aspectos, no interesse do ofendido em torno da reparação do prejuízo a ele causado pela prática do crime.

Por fim, cumpre analisar se o dispositivo do art. 387, inciso IV, do CPP tem aplicação para os processos em curso antes do início da vigência da Lei nº 11.719/2008. Para tanto, é preciso verificar se a norma aludida tem natureza exclusivamente processual ou, diversamente, se tem natureza híbrida (material e processual).

AURY LOPES considera que "somente é cabível tal condenação em relação aos fatos ocorridos após a vigência da Lei n. 11.719/2008, sob pena de ilegal atribuição de efeito retroativo a uma lei penal mais grave..."[6] Esta é a posição da Quinta Turma do STJ, como no RESP 1.193.083/RS (STJ, 5ª Turma, RESP 1.193.083, Rel. Min. LAURITA VAZ, julgamento em 20.08.2013, DJ de 27.08.2013): "A regra do art. 387, inciso IV, do Código de Processo Penal, que dispõe sobre a fixação, na sentença condenatória, de valor mínimo para reparação civil dos danos causados ao ofendido, é norma híbrida, de direito processual e material, razão pela qual não se aplica a delitos praticados antes da entrada em vigor da Lei n. 11.719/2008, que deu nova redação ao dispositivo".

---

6. LOPES JR, Aury. *Direito Processual Penal*. São Paulo: Saraiva, 2014, p. 435.

Discordamos dessa orientação. A norma do art. 387, inciso IV, do CPP não encerra natureza material que justifique a aplicação do princípio da irretroatividade da lei mais severa. Trata-se de norma processual, respeitante apenas à liquidação do dano causado pelo crime, e não à sua existência, o que já está fixado como efeito da condenação por força do art. 91, inciso I, do Código Penal.

Por essa mesma razão, a norma tampouco encerra natureza *penal*, eis que diz respeito à *quantificação* de um dano civil, para o efeito de reparação civil, embora sob a base da prática de um fato definido como crime, base esta, ademais, que a lei nova não modificou de qualquer maneira.

Em síntese, o que a lei nova fez foi possibilitar ao juízo criminal a quantificação mínima do dano, como mais uma consequência *processual* aplicável ao acusado, e não fixar parâmetros diversos para o reconhecimento do dano em si.

Em direção semelhante orienta-se a Sexta Turma do STJ, como no julgado do RESP 1.176.708/RS (STJ, 6ª Turma, RESP 1.176.708, Rel. Min. Sebastião Reis Júnior, julgamento em 12.06.2012, DJ de 20.06.2012): "A regra estabelecida pelo art. 387, IV, do Código de Processo Penal, por ser de natureza processual, aplica-se a processos em curso. Inexistindo nos autos elementos que permitam a fixação do valor, mesmo que mínimo, para reparação dos danos causados pela infração, o pedido de indenização civil não pode prosperar, sob pena de cerceamento de defesa". Lê-se ainda no mesmo julgado: "É possível a aplicação do artigo 387, IV, do CPP, com a redação da Lei 11.719/2008, ainda que o processo penal já estivesse em curso antes da vigência dessa lei que autorizou a fixação de indenização à vítima quando da prolação da sentença penal condenatória, pois a Lei 11.719/2008 não criou um direito da vítima, uma vez que a obrigação de indenizar o dano causado pelo crime já existia no ordenamento jurídico, conforme dispõe o artigo 91, I, do CP, havendo apenas modificação no momento de fixação do valor, tratando-se, claramente, de norma processual, cuja aplicação é imediata".

Acerca da (ii) segunda questão relevante de início lançada, cumpre meditar sobre as condições de questionamento do valor mínimo de reparação fixado na sentença penal condenatória. Tratando-se de *valor mínimo*, naturalmente poderá o dano, na sede própria, ser quantificado em montante superior àquele fixado pelo juízo penal.

Significa isso dizer que o ofendido, ou o sucessor, se considerar que o valor mínimo está aquém do prejuízo real que experimentou, e se pretender, nesse rumo, satisfazer montante superior no juízo cível, poderá promover a liquidação da sentença (artigos 509 a 512, CPC/2015) previamente à execução do título.

A sentença penal, uma vez tornada definitiva, faz coisa julgada na esfera cível quanto ao *valor mínimo de reparação*, de modo que esse valor está assegurado ao ofendido ou a seu sucessor. A possibilidade de liquidação do título previamente à execução, portanto, tem lugar apenas se o ofendido não estiver satisfeito com o valor mínimo fixado e pretender executar valor maior. A liquidação, contudo, não poderá conduzir a valor inferior àquele fixado na sentença penal.

Essa solução não representa qualquer prejuízo ao contraditório, de vez que o acusado poderá impugnar a sentença por recurso inclusive no que diz respeito ao montante do valor mínimo fixado pelo juízo penal.

2.3. Legitimidade para a Ação Civil na hipótese de Hipossuficiência do Ofendido

Se o pretenso ofendido pela prática de uma infração penal não tiver condições de custear o ajuizamento da ação civil sem prejuízo de seu próprio sustento, que solução deverá ser aplicada? Dispõe o art. 68 do Código de Processo Penal: "Quando o titular do direito à reparação do dano for pobre (art. 32, §§ 1º e 2º), a execução da sentença condenatória (art. 63) ou a ação civil (art. 64) será promovida, a seu requerimento, pelo Ministério Público".

Entendemos, no entanto, que esse dispositivo não se revela compatível com a ordem constitucional vigente, na medida em que comete ao Ministério Público função incompatível com seu perfil institucional, traçado nos artigos 127 e 129 da Constituição da República.

Com efeito, no art. 127, reserva-se ao Ministério Público a defesa do regime democrático e dos interesses sociais e individuais *indisponíveis*. Não se pode desvirtuar a atuação do Ministério Público para se lhe atribuir a defesa de interesses individuais *disponíveis*, ainda que de pessoas pobres. Por seu turno, o art. 129, inciso IX, da Constituição Federal prescreve que o Ministério Público poderá exercer outras atividades apenas quando *compatíveis com sua finalidade*, vale dizer, aquela orientada a partir das funções genericamente estipuladas no art. 127, *caput*.

A representação judicial do ofendido pobre, assim, deverá mesmo ficar a cargo da Defensoria Pública, instituição incumbida da defesa de direitos de pessoas em situação de carência financeira, na forma da lei. É a própria Constituição do Brasil que o fixa, no art. 134 (redação conferida pela Emenda Constitucional nº 80/2014).

À vista do regime jurídico-constitucional reservado ao Ministério Público, portanto, consideramos inaplicável o disposto no art. 68 do Código de Processo Penal, cabendo à Defensoria Pública a representação do ofendido pobre, no que diz respeito à promoção da ação civil *ex delicto*.

2.4. Execução da Sentença Homologatória de Composição Civil dos Danos no Procedimento Sumaríssimo

Finalmente, além da sentença penal condenatória definitiva, há um caso especial em que a sentença proferida na esfera penal poderá ser executada no juízo cível: a homologação judicial da composição civil dos danos no procedimento comum sumaríssimo, aplicado no âmbito das infrações penais de menor potencial ofensivo, de competência dos juizados especiais criminais.

Com efeito, de acordo com o art. 74 da Lei nº 9.099/1995: "A composição dos danos civis será reduzida a escrito e, homologada pelo Juiz mediante sentença irrecorrível, terá eficácia de título a ser executado no juízo cível competente".

Conforme se analisa na Seção I do Capítulo XVII, a fase pré-processual vinculada ao procedimento sumaríssimo, em se tratando de ação penal pública condicionada à representação ou de ação penal privada (exclusiva ou personalíssima), envolve antes de tudo a tentativa de composição civil dos danos entre o autor do fato e o ofendido.

Caso celebrada a composição, deverá ser homologada pelo juízo penal por sentença, que poderá ser executada no juízo cível, na hipótese de descumprimento do acordo.

3. A AÇÃO CIVIL EX DELICTO COMO AÇÃO DE CONHECIMENTO (ART. 64, CPP)

Conforme destacado no tópico 1, o princípio geral regente das relações entre juízo penal e juízo cível é o da independência entre as esferas, excepcionando-se algumas situações de interferência, de modo a prevenir julgamentos conflitantes. Nesse sentido, há algumas hipóteses especiais em que a sentença proferida pelo juízo penal faz coisa julgada no juízo cível, não apenas para o efeito de tornar certa a obrigação de reparar o dano, mas para o de impedir a propositura da ação civil.

Essas hipóteses só são cogitáveis porque, até mesmo sob o fundamento da independência entre as esferas, permite-se ao ofendido ajuizar a ação civil *ex delicto* independentemente da existência ou do estado do processo penal.

O ofendido, assim, pode ajuizar a ação civil com o objetivo de recomposição do dano causado pelo fato em tese criminoso independentemente da existência de sentença penal condenatória transitada em julgado. Se isso, por opção do ofendido, vier a acontecer, tem-se o exercício da ação civil: (i) antes e independentemente da instauração do processo penal; ou (ii) no curso de um processo penal já instaurado.

É o que disciplina o art. 64, *caput*, do Código de Processo Penal: "Sem prejuízo do disposto no artigo anterior, a ação para ressarcimento do dano poderá ser proposta no juízo cível, contra o autor do crime e, se for o caso, contra o responsável civil".

Essa situação potencializa a superveniência de decisões conflitantes entre os juízos penal e civil. Para dificultar essa possibilidade, o art. 64, parágrafo único, assim dispõe: "Intentada a ação penal, o juiz da ação civil poderá suspender o curso desta, até o julgamento definitivo daquela". Trata-se, no entanto, de *suspensão facultativa*, a ser avaliada pelo juízo civil em cada caso.

Ademais, mesmo que efetivada a suspensão, esta não poderá exceder a 1 (um) ano, nos termos do art. 313, inciso V, *a*, e §§ 4º e 5º, do Código de Processo Civil de 2015: "Art. 313. Suspende-se o processo: V – quando a sentença de mérito: a) depender do julgamento de outra causa, ou da declaração da existência ou inexistência da relação jurídica que constitua o objeto principal de outro processo pendente. § 4º. *O prazo de suspensão do processo nunca poderá exceder 1 (um) ano nas hipóteses do inciso V e 6 (seis) meses naquela prevista no inciso II. § 5º. O juiz determinará o prosseguimento do processo assim que esgotados os prazos previstos no § 4º*".

Em princípio, a ação civil *deveria* ser suspensa até a conclusão da ação penal, de modo a se prevenir a ocorrência de julgamentos conflitantes. Parte da doutrina, como TOURINHO FILHO, entende pela obrigatoriedade da suspensão[7], o que nos parece acertado apenas *de lege ferenda*. Não é esse, com efeito, o regime normativo vigente (art.

---

7. TOURINHO FILHO, Fernando da Costa. *Processo Penal*. São Paulo: Saraiva, 2013, v. 1.

64, parágrafo único, CPP / art. 313, § 4º, CPC/2015), segundo o qual a suspensão da causa pelo juízo cível é facultativa e temporalmente limitada.

Pode acontecer, assim, de a ação cível não suspensa – ou com o prazo de suspensão findo – terminar antes da ação penal. Sendo este o caso, o reconhecimento judicial categórico de ausência de responsabilidade civil por inexistência do fato, de autoria do fato, de culpa em sentido amplo ou de ilicitude vincula o juízo penal, pelo instituto da coisa julgada. É o que expressa, em sua parte final, o art. 935 do Código Civil: "A responsabilidade civil é independente da criminal, *não se podendo questionar mais sobre a existência do fato, ou sobre quem seja o autor, quando estas questões se acharem decididas no juízo cível*".

Não haveria sentido, com efeito, em o Poder Judiciário excluir a responsabilidade civil, que é a menos grave e de mais fácil configuração, e depois concluir pela existência de responsabilidade penal.

4. ABSOLVIÇÃO E AÇÃO CIVIL: A COISA JULGADA DA SENTENÇA PENAL AB-SOLUTÓRIA PERANTE O JUÍZO CÍVEL (IMPEDIMENTO OU NÃO DA AÇÃO CIVIL EX DELICTO)

4.1. Absolvição criminal com coisa julgada na esfera civil

Cumpre enfocar, na sequência, as hipóteses em que a absolvição pelo juízo penal vincula o juízo civil. São os casos em que o *fundamento* da absolvição tem o efeito automático de excluir também a responsabilidade civil, razão pela qual se diz que a sentença penal absolutória, tornada definitiva (trânsito em julgado), faz coisa julgada na esfera cível.

Isso supõe que nem sempre a absolvição pelo juízo penal tem o efeito de impedir a propositura pelo ofendido de ação destinada ao reconhecimento da responsabilidade civil do absolvido pelos mesmos fatos. É que, como já asseverado, a responsabilidade penal encerra pressupostos e requisitos mais rigorosos e, portanto, tem mais difícil configuração e reconhecimento judicial que a responsabilidade civil, à vista da particular e reforçada consequência (pena) a ela associada.

Assim, *pode* ser que, mesmo não reconhecida a responsabilidade penal, subsistam em tese elementos aptos ao reconhecimento da responsabilidade civil. Tudo dependerá do *fundamento* de base da sentença penal absolutória e de sua aptidão para caracterizar *induvidosamente* a ausência de responsabilidade civil.

4.1.1. Reconhecimento categórico da inexistência do fato ou da ausência de autoria ou participação do imputado

Em primeiro lugar, no que diz respeito à *materialidade* e à *autoria* do fato constitutivo de crime, faz coisa julgada na esfera civil a sentença penal absolutória que reconheça categoricamente: (i) a inexistência do fato (art. 386, I, CPP); (ii) a ausência de autoria ou participação do imputado no fato (art. 386, IV, CPP).

Cuida-se aqui de *juízo de certeza* de que o fato não aconteceu ou de que o imputado não concorreu para o fato. A prova de base, nessas hipóteses, é inequívoca quanto à inexistência do fato ou da autoria ou participação do acusado no fato. Com efeito, se o juízo penal firmou a certeza de que o fato não aconteceu ou a de que o acusado não foi autor nem partícipe, o juízo civil não poderá decidir em sentido diverso. O trânsito em julgado da decisão penal absolutória sob qualquer desses fundamentos, portanto, impede a propositura pelo ofendido de ação civil destinada à reparação de danos.

É o que, *a contrario sensu*, se depreende, quanto ao fato, do art. 66 do Código de Processo Penal: "Não obstante a sentença absolutória no juízo criminal, a ação civil poderá ser proposta quando não tiver sido, categoricamente, reconhecida a inexistência material do fato". No sentido inverso, se houver sido categoricamente reconhecida a inexistência do fato, a ação civil não poderá ser proposta. O mesmo se diga, por iguais razões de direito, quanto à autoria ou participação do imputado no fato.

Assim, do mesmo modo que a decisão categórica do juízo cível quanto à existência do fato e de sua autoria vincula o juízo penal (art. 935, Código Civil), a decisão do juízo penal, quer em sentido positivo (art. 91, I, CP, e art. 515, *caput*, VI, CPC/2015), quer em sentido negativo (art. 386, I e IV, CPP), faz coisa julgada no âmbito cível.

Significa dizer que: (i) a *decisão penal condenatória definitiva*, que firma a certeza da existência do fato e da respectiva autoria, faz coisa julgada na esfera cível pela constituição da obrigação de reparar o dano (art. 91, I, CP) e de título certo apto à execução (art. 515, *caput*, VI, CPC/2015), como visto no tópico anterior; (ii) a *decisão penal absolutória definitiva*, que firme a certeza negativa quanto ao fato (art. 386, I, CPP) ou quanto à respectiva autoria (art. 386, IV, CPP), faz coisa julgada na esfera cível no sentido de impedir a propositura ou o prosseguimento de ação civil destinada à reparação de dano vinculado ao fato objeto da ação penal encerrada (art. 66, CPP, *a contrario sensu*).

4.1.2. Reconhecimento categórico de causa excludente da ilicitude

Há outra hipótese em que a sentença penal absolutória definitiva igualmente faz coisa julgada na esfera civil: a de *reconhecimento pelo juízo penal de causa de exclusão da ilicitude*. Neste caso, o *fundamento* da absolvição do acusado radica na exclusão da ilicitude em face da incidência de uma das causas de justificação legalmente previstas, quais sejam: o estado de necessidade, a legítima defesa, o estrito cumprimento do dever legal e o exercício regular de direito, além das causas especiais.

É o que preceitua o art. 65 do Código de Processo Penal: "Faz coisa julgada no cível a sentença penal que reconhecer ter sido o ato praticado em estado de necessidade, em legítima defesa, em estrito cumprimento de dever legal ou no exercício regular de direito". Estende-se o mesmo regime às causas especiais de exclusão da ilicitude, previstas para determinados crimes.

Nesse sentido, conforme já observado, a diferença essencial entre o ilícito civil e o ilícito penal reside na *tipicidade*, entendida como a descrição do comportamento em um tipo penal incriminador. O ilícito penal é um ilícito civil *típico*, cuja realização concreta enseja a atuação de uma pena. De acordo com essa lógica, é a tipicidade e não a ilicitude que distingue o ilícito civil do ilícito penal.

Assim, a *ilicitude* do comportamento é única, entendida como a *contrariedade da conduta ao ordenamento jurídico*. Não há rigorosamente, portanto, uma *ilicitude civil* e uma *ilicitude penal*, na medida em que o "ilícito civil" distingue-se do "ilícito penal" apenas pela tipicidade do último. Ambos são condutas contrárias ao direito, além, no caso do ilícito penal, da tipicidade.

Nessas condições, se houver exclusão da ilicitude, que é única, isso produz efeitos tanto na esfera penal quanto na esfera civil, já que tal hipótese implica o reconhecimento de que a conduta foi conforme ao direito.

Na esfera penal, a ilicitude normalmente existe quando haja a tipicidade da conduta, mas pode ser excluída nas hipóteses excepcionais contempladas na lei penal: precisamente as causas de justificação já aludidas. Assim, se reconhecida qualquer delas, a conduta está *conforme ao direito*, não caracterizando nem ilícito penal nem ilícito civil.

Devem ser ressalvadas, entretanto, certas hipóteses de legítima defesa e de estado de necessidade como excludentes de ilicitude. Neste particular, o art. 65 do CPP há de ser compreendido em cotejo com a lei civil.

Dentre as excludentes de ilicitude, fazem coisa julgada no âmbito cível a legítima defesa própria, o estrito cumprimento do dever legal e o exercício regular de direito, que, até mesmo nos termos do art. 188, inciso I, do Código Civil[8], não caracterizam ilícito civil.

Já sucede diferente, porém, com: (a) o *estado de necessidade agressivo*, ainda que *próprio*; (b) a legítima defesa e o estado de necessidade *de terceiros*. No primeiro caso, se o estado de necessidade for defensivo, tudo bem, não há responsabilidade civil; mas se o estado de necessidade for agressivo (ativo), o ato enseja a obrigação de reparar o dano por parte do agente, conforme os artigos 929 e 930 do Código Civil.

Incidem, na hipótese (a), os artigos 188, inciso II, e 929 do Código Civil. O art. 188, II, do Código Civil dispõe que "não constituem atos ilícitos a deterioração ou a destruição da coisa alheia, ou a lesão a pessoa, a fim de remover perigo iminente", ao passo que o art. 929 prescreve: "Se a pessoa lesada ou o dono da coisa, no caso do inciso II do art. 188, não forem culpados do perigo, assistir-lhes-á direito à indenização do perigo que sofreram". Na espécie, cabe para o titular da propriedade indenização contra quem praticou o ato em estado de necessidade.

Se o *estado de necessidade agressivo* for *de terceiro*, na hipótese (b), para o agente cabe ação regressiva contra quem causou a situação de perigo que justificava a ação danosa, conforme o art. 930, *caput*, do Código Civil: "No caso do inciso II do art. 188, se o perigo ocorrer por culpa de terceiro, contra este terá o autor do dano ação regressiva para haver a importância que tiver ressarcido ao lesado".

A mesma disciplina aplica-se à *legítima defesa de terceiro*, a teor do disposto no art. 930, parágrafo único, c/c o art. 188, inciso I, do Código Civil.

Nessas hipóteses, cabe indenização contra quem praticou o ato, mesmo amparado pela causa de justificação; e para o agente, se o ato houver sido praticado em favor de terceiro, cabe ação regressiva contra o beneficiário.

---

8. Art. 188, Código Civil. "Não constituem atos ilícitos: I – os praticados em legítima defesa ou no exercício regular de um direito reconhecido".

4.2. Absolvição criminal sem coisa julgada na esfera civil

Importa agora examinar as hipóteses em que a absolvição criminal não faz coisa julgada no cível, isto é, aqueles fundamentos de absolvição que não excluem necessariamente a responsabilidade civil.

4.2.1. Falta de prova da existência do fato ou da autoria ou participação do imputado

Em primeiro lugar, quanto à materialidade e à autoria, não fazem coisa julgada na esfera civil: (i) a sentença absolutória fundada na ausência de prova de que o fato aconteceu (art. 386, II, CPP); (ii) a sentença absolutória fundada na ausência de prova de que o acusado concorreu (como autor ou partícipe) para a prática do fato (art. 386, V, CPP).

Em nenhuma dessas hipóteses há juízo de certeza sobre a existência do fato ou a respectiva autoria. A absolvição se deu por não haver prova do fato ou da autoria (ou participação); mas o fato pode ter acontecido ou, no outro caso, o acusado pode ter sido autor ou partícipe do fato.

À míngua de certeza que gere potencialidade conflitante no juízo civil, prevalece o princípio geral da independência entre as esferas. A demanda pode então ser proposta no juízo civil, e ali pode ser reconhecido quer que o fato aconteceu, quer que o sujeito concorreu para a prática do fato.

A esse respeito, é claro o disposto no art. 66 do Código de Processo Penal: "Não obstante a sentença absolutória no juízo criminal, a ação civil poderá ser proposta quando não tiver sido, categoricamente, reconhecida a inexistência material do fato".

4.2.2. Atipicidade penal

De igual modo, quanto à tipicidade penal em tese, a sentença absolutória em que se reconheça que o fato imputado não constitui crime (art. 386, III, CPP) faz coisa julgada na esfera penal, mas não na civil. Assim dispõe o art. 67, inciso III, do CPP: "Não impedirão igualmente a propositura da ação civil: a sentença absolutória que decidir que o fato imputado não constitui crime".

Como já destacado, o elemento estrutural objetivo que distingue o ilícito penal do ilícito civil é precisamente a *tipicidade*. Mesmo excluída esta, portanto, pode subsistir o ilícito civil, cuja existência será objeto de discussão na esfera própria.

Dentro da lógica exposta, subsiste a potencialidade de responsabilização civil quer se reconheça a atipicidade *objetiva*, quer a atipicidade *subjetiva*. A exclusão do dolo, assim, não impede a propositura da ação civil, já que a responsabilidade civil pode sempre subsistir sob a base do reconhecimento meramente da culpa em sentido estrito (negligência, imprudência ou imperícia).

Suponha-se, a título de exemplo, uma hipótese acusatória de dano culposo. No caso, o juiz, reconhecendo que, pela própria narrativa formulada na inicial acusatória, o dano imputado ao acusado teria sido praticado por imprudência, absolverá o acusado com fundamento no art. 386, inciso III, do CPP (absolvição por "não constituir o fato infração penal").

A absolvição, entretanto, não impede a propositura de ação civil pelo pretenso ofendido, sede em que se poderá discutir sobre a existência ou não de culpa em sentido estrito, elemento irrelevante para a tipicidade penal (o dano só é punível na forma dolosa – art. 163, c/c art. 18, parágrafo único, CP), mas bastante para a configuração da responsabilidade civil.

Do mesmo modo, refira-se a hipótese em que juridicamente se imputa ao acusado crime de apropriação indébita, mas pela própria narrativa em tese se apreende uma mera dívida civil. Em tal hipótese, a absolvição com base na atipicidade penal não faz coisa julgada na esfera civil, quando se poderá discutir a existência ou não da dívida.

Importa ressaltar que, em qualquer das situações cogitadas, o juízo penal simplesmente conclui pela atipicidade em tese da hipótese acusatória, sem apreciar a existência de elementos aptos à caracterização da responsabilidade civil, eis que ditos elementos mostram-se irrelevantes para o aperfeiçoamento, em tese, da responsabilidade penal.

Assim, mesmo que o juízo penal eventualmente declare que o acusado agiu com culpa em sentido estrito, e que isso estaria provado, tal conclusão não pode interferir na esfera civil, uma vez que, mesmo nesse caso, o fundamento da absolvição foi *prévio*, respeitante apenas à tipicidade da hipótese, tal qual narrada na inicial acusatória, o que prejudica a apreciação do mérito probatório.

Só a atipicidade em tese forma parte do dispositivo da sentença penal absolutória, integrando a coisa julgada. A apreciação dos elementos da responsabilidade civil, irrelevantes para a responsabilidade penal, cabem ao juízo civil que vier a ser provocado, por mais que o juízo criminal tenha sobre eles emitido algum pronunciamento, o que, a propósito, revela-se impróprio e alheio ao âmbito decisório.

4.2.3. Falta de prova suficiente para a condenação (in dubio pro reo)

Os fundamentos de absolvição associados ao princípio *in dubio pro reo* tampouco interferem na esfera civil. Trata-se: (a) da absolvição por "não existir prova suficiente para a condenação" (art. 386, VII, CPP); (b) da absolvição por haver fundada dúvida quanto à existência de causas excludente de ilicitude ou de culpabilidade (art. 386, VI, parte final, CPP).

Já se viu que a exclusão da ilicitude por decisão do juízo penal, em quase todos os casos, faz coisa julgada na esfera civil. Não assim, porém, a decisão que reconheça fundada dúvida sobre a existência de causa de exclusão da ilicitude, a qual, se impõe a absolvição no âmbito penal (art. 386, VI, parte final, do CPP), não faz coisa julgada na esfera civil, à falta de *certeza* quanto à efetiva exclusão da ilicitude.

Cuida-se, portanto, de questão eminentemente probatória, aplicando-se a orientação geral de que, se não houve juízo conclusivo e categórico quanto à existência do fato, a autoria do fato ou a ilicitude, aplica-se o princípio da independência entre as esferas, podendo o juízo cível, no particular, chegar a conclusão no sentido da existência de ilicitude.

4.2.4. Exclusão da culpabilidade

No que tange à exclusão da culpabilidade ("isenção de pena"), porém, quer a absolvição pelo reconhecimento categórico da causa exculpante (erro de proibição inevitável, coação moral irresistível, inexigibilidade de conduta diversa etc.), quer a absolvição pelo reconhecimento de dúvida sobre a existência da causa, não fazem coisa julgada na esfera civil.

No primeiro caso, tem-se que a configuração da responsabilidade civil prescinde de elementos subjetivo-normativos específicos da esfera penal, a ensejar o juízo de reprovação ou censura social (culpabilidade) necessário à responsabilidade penal, mas não à civil. A absolvição por exclusão da culpabilidade pressupõe a prática de um fato penalmente típico e ilícito, elementos bastantes à caracterização em tese da responsabilidade civil.

4.3. Outras Decisões Jurisdicionais Penais Sem Efeito de Coisa Julgada no âmbito Civil

Além das hipóteses de sentença penal absolutória que não fazem coisa julgada na esfera civil, há ainda outras decisões jurisdicionais penais com a mesma característica, quais sejam: (i) a decisão de arquivamento do inquérito policial ou das peças de informação (art. 67, I, CPP); (ii) a decisão de extinção da punibilidade (art. 67, II, CPP).

A decisão de arquivamento não faz coisa julgada no âmbito civil porque tem por razão jurídica a inexistência de justa causa em sentido estrito (suporte probatório mínimo: materialidade, indícios de autoria ou participação) ou a atipicidade penal em tese do fato investigado.

No primeiro caso, a decisão faz coisa julgada apenas formal (definitiva se considerados os elementos existentes e disponíveis), possibilitando a reabertura das investigações na hipótese de superveniência de prova nova. Ora, se nem mesmo na esfera penal existe coisa julgada material, o que se dirá na esfera civil.

No segundo caso, da atipicidade penal em tese, a decisão de arquivamento faz coisa julgada material na esfera penal, impossibilitando a rediscussão do assunto. Nesse caso, equiparável à absolvição por atipicidade penal em tese do fato, a decisão tampouco faz coisa julgada na esfera civil, pelos mesmos motivos já expostos quanto à absolvição com fundamento no art. 386, inciso II, do CPP.

A decisão de extinção da punibilidade tem por fundamentos possíveis as causas previstas no art. 107 do Código Penal: morte do agente, prescrição, decadência, peremptção, renúncia, perdão aceito etc. Nessas hipóteses, não havendo julgamento na esfera criminal do mérito em sentido estrito (procedência ou improcedência da pretensão punitiva), naturalmente o mérito a respeito do fato, da autoria e da ilicitude poderá ser objeto de discussão da esfera civil (art. 67, II, CPP).

Síntese

(i) Não fazem coisa julgada, possibilitando a ação cível

    (a) absolvição por não estar provada a existência do fato (art. 386, II, CPP).

    (b) absolvição em face de o fato não constituir infração penal (art. 386, III, CPP).

(c) absolvição por não existir prova suficiente de ter o réu concorrido para a infração penal (art. 386, V, CPP).

(d) absolvição por insuficiência de provas – *in dubio pro reo* (art. 386, VII, CPP).

(e) absolvição por excludentes de culpabilidade ou de ilicitude: estado de necessidade agressivo; estado de necessidade e legítima defesa de terceiro (art. 386, VI, CPP / c/c artigos 188, 929 e 930, CC).

(f) decisão de arquivamento do inquérito policial ou de peças de informação (art. 67, I, CPP).

(g) decisão de extinção da punibilidade (art. 67, II, CPP).

(ii) *Fazem coisa julgada, impossibilitando a ação cível:*

(a) absolvição por estar provada a inexistência do fato (art. 386, I, CPP).

(b) absolvição por estar provado que o acusado não concorreu para a infração penal (art. 386, IV, CPP – Lei nº 11.719/2008).

(c) absolvição por estar provado que o réu agiu em legítima defesa, em estrito cumprimento do dever legal, no exercício regular de direito ou em estado de necessidade defensivo, ou amparado por causa especial de exclusão da ilicitude (art. 65, CPP, c/c artigos 188, 929 e 930, CC).

Não fazem coisa julgada no cível	Fazem coisa julgada no cível
– absolvição por não estar provada a existência do fato (art. 386, II, CPP).	– absolvição por estar provada a inexistência do fato (art. 386, I, CPP)
– absolvição por não existir prova suficiente de ter o réu concorrido para a infração penal (art. 386, V, CPP).	– absolvição por estar provado que o réu não concorreu para a infração (art. 386, IV, CPP)
– absolvição em face do reconhecimento de causa de exclusão da culpabilidade ou, dentre as excludentes da ilicitude, do *estado de necessidade agressivo* ou do estado de necessidade ou legítima defesa de terceiro (art. 65, CPP, c/c artigos 188, 929 e 930, CC; art. 386, VI, CPP); *fundada dúvida sobre a existência de excludentes da culpabilidade ou da ilicitude (parte final do art. 386, VI, acrescentada pela Lei nº 11.719/2008).*	– absolvição por estar provado que o réu agiu em legítima defesa, em estrito cumprimento do dever legal, no exercício regular de direito ou em *estado de necessidade próprio defensivo* (art. 65, CPP, c/c arts 188, 929 e 930, CC; art. 386, VI, CPP).
– absolvição em face de o fato não constituir infração penal (art. 386, III, CPP).	
– absolvição por insuficiência de provas – *in dubio pro reo* (art. 386, VII, CPP).	
– decisão de arquivamento do inquérito policial ou de peças de informação (art. 67, I, CPP).	
– decisão de extinção da punibilidade (art. 67, II, CPP).	

CAPÍTULO VIII

Competência Penal

SEÇÃO I
Jurisdição e Competência

1. CONCEITO DE COMPETÊNCIA

Como bem expressa ROGÉRIO TUCCI, *jurisdição* "é uma função estatal inerente ao poder-dever de realização da justiça, mediante atividade *substitutiva* de agentes do Poder Judiciário – juízes e tribunais –, concretizada na aplicação do direito objetivo a uma relação jurídica, com a respectiva declaração, e o consequente reconhecimento, satisfação ou asseguração do direito subjetivo material de um dos titulares das situações (ativa e passiva) que a compõem"[1].

A função jurisdicional caracteriza-se pelos atributos da *unidade*, da *indeclinabilidade*, da *improrrogabilidade* e da *indelegabilidade*. A jurisdição é, portanto, o poder uno, indeclinável, improrrogável e indelegável.

O atributo da unidade, entretanto, não impede que *o exercício* da jurisdição seja repartido entre os diversos órgãos do Poder Judiciário, cada qual com aptidão para manifestar a vontade judiciária una, dentro de sua órbita legalmente delimitada.

A *competência*, nesse sentido, traduz precisamente a delimitação normativa do poder-dever jurisdicional de cada órgão integrante do Poder Judiciário. Para ENRICO LIEBMANN, "competência é a *quantidade de jurisdição* cujo exercício é atribuído a cada órgão, vale dizer, a 'medida da jurisdição'"[2].

Em formulação mais detalhada, assim expõe CANOTILHO, sobre o conceito em foco: "Por competência entender-se-á o poder de acção e de actuação atribuído aos vários órgãos e agentes constitucionais com o fim de prosseguirem as tarefas de que são constitucional ou legalmente incumbidos. A competência envolve, por conseguinte, a atribuição de determinadas tarefas bem como os meios de acção ('poderes') necessários para a sua prossecução. Além disso, a competência delimita o quadro jurídico de actuação de uma unidade organizatória relativamente a outra"[3].

---

1. TUCCI, Rogério Lauria. *Jurisdição, Ação e Processo – subsídios para uma teoria geral do direito processual penal*. Belém: CEJUP, 1984, p. 06.
2. LIEBMAN, Enrico Tullio. *Manuale di Diritto Processuale Civile: Principi*. Milano: Giuffrè, 2007, p. 51: "...la competenza è la quantità di giurisdizione assegnata in esercizio a ciascun organo, ossia la 'misura della giurisdizione".
3. CANOTILHO, José Joaquim. *Direito Constitucional e Teoria da Constituição*. Coimbra: Almedina, 2002, p. 1118.

Cuida-se do poder-dever cujo exercício está circunscrito a um determinado âmbito delineado segundo critérios estabelecidos na Constituição e na lei. Como dizia VICENZO MANZINI, embora a função jurisdicional seja em si mesma una e idêntica, o órgão dela investido não pode exercê-la indistintamente, do ponto de vista material, espacial, funcional e temporal[4]. Daí a distribuição de competências entre os órgãos judiciários que compõem o sistema.

2. PRINCÍPIO DO JUÍZO NATURAL

Em sua tripla dimensão de (i) garantia do juízo ou tribunal competente (art. 5º, LIII, CF / art. 8.1, CADH), (ii) garantia de proibição de juízo ou tribunal de exceção (art. 5º, XXXVII, CF / art. 8.1, CADH) e (iii) garantia de reserva de lei para a definição da competência do juízo ou do tribunal (art. 96, II, *a*, CF), o *princípio do juízo natural* encerra *proteção* à competência jurisdicional normativamente delimitada[5].

Para mais detalhes sobre a compreensão do sentido e do alcance do princípio-garantia do juízo natural, remete-se o leitor à Seção V do Capítulo III deste Curso.

3. COMPETÊNCIA ABSOLUTA E COMPETÊNCIA RELATIVA

Segundo a importância dos motivos determinantes e do critério de definição, a competência diz-se absoluta ou relativa.

A *competência absoluta*, de fonte constitucional, define-se de acordo com critério de ordem pública, não estando sujeita nem à prorrogação nem à preclusão.

A prorrogação consiste na aquisição de competência, pelo órgão jurisdicional originariamente incompetente, em virtude da aplicação de regra legal que imponha a reunião de processos (por exemplo: conexão, continência, desclassificação). Em virtude de sua fonte e natureza, a competência absoluta é improrrogável.

Ademais, a arguição de *incompetência absoluta* do juízo ou tribunal não se sujeita à preclusão temporal, eis que se trata de nulidade absoluta, podendo ser suscitada a todo tempo e por qualquer meio, além de cognoscível de ofício (art. 109, CPP).

Já a *competência relativa* é passível de prorrogação, nos casos legalmente previstos, e está sujeita à preclusão. A incompetência relativa do órgão jurisdicional é invocável por meio de *exceção* (art. 95, II, CPP), na oportunidade determinada pela lei (prazo para a defesa, nos termos do art. 108 do CPP), sob pena de preclusão.

---

4. MANZINI, Vicenzo. *Tratado de Derecho Procesal Penal*. Trad. de Santiago Sentís Melendo y Marino Ayerra Redín. Buenos Aires: Ediciones Jurídicas Europa-América, 1951, t. II, p. 46.

5. LÚCIA KARAM também identifica três desdobramentos do princípio do juízo natural, mas de maneira parcialmente diversa de nossa posição, ao não contemplar a reserva de lei como vertente essencial: "O princípio do juiz natural se desdobra (...) em três aspectos, que dão o teor de seu conteúdo legitimador do exercício da jurisdição: em primeiro lugar, só são órgãos jurisdicionais aqueles instituídos pela Constituição Federal; além disso, tais órgãos devem ser pré-constituídos, ninguém podendo ser processado ou julgado por órgão instituído após a ocorrência do fato ou especialmente escolhido para conhecer e decidir sobre determinada causa; e, terceiro, a jurisdição só pode ser exercida pelo juiz pré-constituído em âmbito previamente delimitado pela distribuição de competências constitucionalmente estabelecidas". Cfr. KARAM, Maria Lúcia. *Competência no Processo Penal*. São Paulo: Revista dos Tribunais, 2005, p. 67.

Observe-se, neste particular, que a competência relativa é passível de flexibilização apenas nas hipóteses legalmente discriminadas, em critérios que preexistem ao fato processado. Embora a doutrina costume sustentar que a competência relativa não integra o âmbito de proteção da garantia do juízo natural, a competência firmada segundo os critérios vigentes ao tempo do fato (e apenas prorrogável segundo estes) não pode ser afastada por critérios instituídos *post factum*. Mesmo a competência relativa, portanto, no sentido especificado, integra o círculo de proteção do princípio do juízo natural.

O próprio enunciado da *perpetuatio jurisdictionis*, a propósito, firma que, uma vez iniciada a ação penal perante o juízo competente, as modificações de competência só podem ocorrer de forma excepcional e, acrescente-se, nos limites dos critérios já vigentes, e não pela retroação de critérios *post factum* de definição ou alteração de competência.

A disciplina legal da arguição da *incompetência relativa* consta do art. 108, *caput*, do Código de Processo Penal, que trata da *exceção de incompetência do juízo*: A exceção de incompetência do juízo poderá ser oposta, verbalmente ou por escrito, no prazo de defesa". Já o reconhecimento de incompetência, absoluta ou relativa, pelo próprio juiz está disciplinado no art. 109 do CPP: "Se em qualquer fase do processo o juiz reconhecer motivo que o torne incompetente, declará-lo-á nos autos, haja ou não alegação da parte, prosseguindo-se na forma do artigo anterior".

Assim, pode-se concluir que: (i) na hipótese de *incompetência relativa*, a arguição pela parte há de ser oportunamente declinada, por meio de exceção, mas o juízo poderá reconhecê-la de ofício em qualquer fase do processo; (ii) na hipótese de *incompetência absoluta*, a parte poderá decliná-la em qualquer fase do processo (por requerimento simples, e não por exceção), cabendo também ao juízo reconhecê-la de ofício, já que se trata de matéria de ordem pública.

São formas de competência absoluta, por exemplo, a competência em razão da matéria (competência *ratione materiae*) e a competência por prerrogativa de função (competência *ratione personae* ou *ratione muneris*). Já a competência territorial e a competência pela prevenção representam formas de competência relativa.

Quadro Comparativo

incompetência absoluta	incompetência relativa
(a) critérios de ordem pública para a definição da competência	(a) critérios relativos, passíveis de flexibilização
(b) pode ser reconhecida de ofício pelo juiz ou arguida a qualquer tempo pelas partes	(b) em princípio, deve ser arguida por meio de exceção de incompetência, no prazo para a defesa (art. 108, CPP), mas pode ser reconhecida pelo próprio juiz, a qualquer tempo (art. 109, CPP)
(c) não se sujeita à preclusão temporal	(c) sujeita-se à preclusão temporal
(d) improrrogável	(d) prorrogável (pode perdurar, se não oportunamente arguida)

SEÇÃO II
Competência pela Matéria
(*Ratione Materiae*)

A competência jurisdicional penal define-se, em razão da matéria (*ratione materiae*) objeto da persecução penal, de acordo com os parâmetros estabelecidos sobretudo na Constituição, mas também no Código de Processo Penal, embora com características distintas em um e outro caso.

Com efeito, trata-se: (i) no plano constitucional (Constituição Federal), de *competência de Justiça*, pela qual, *conforme o objeto da persecução penal*, fixa-se a Justiça competente para o processo e julgamento da causa (Justiça Comum Estadual, Justiça Comum Federal, Justiça Eleitoral, Justiça Militar); (ii) nos planos constitucional e sobretudo legal (Código de Processo Penal, leis especiais e leis de organização judiciária), de *competência de Juízo*, pela qual, *conforme a natureza da infração penal*, delimita-se o(s) juízo(s) criminal(is) competente(s) para o processo e julgamento da causa.

Parte da doutrina costuma associar essa forma de definição da competência apenas à natureza da infração penal, o que não reputamos inteiramente adequado. Neste particular, considerando as normas constitucionais de delimitação da competência de Justiça, é mais próprio dizer que a matéria corresponde ao objeto da persecução penal, e não necessariamente à natureza do crime.

Com efeito, em relação à Justiça Comum Federal, não é apenas a natureza do crime que define a competência, e sim a circunstância de ter a prática criminosa afetado bens, interesses ou serviços da União (art. 109, IV, CF). Por mais que se revele comum o emprego da expressão *crimes federais*, não é a natureza da infração penal que justifica esse qualificativo. Efetivamente, um furto continua sendo um furto (natureza do crime), ainda que cometido contra entidade autárquica federal.

Já no que tange à competência das Justiças Eleitoral e Militar, aí sim a competência se define de acordo com a natureza da infração penal objeto de persecução: *crimes eleitorais* e *crimes militares*. Há também hipóteses específicas de definição da competência da Justiça Comum Federal em função da natureza da infração, como ocorre em relação aos crimes políticos (art. 109, IV, primeira parte, CF) e aos crimes contra a organização do trabalho (art. 109, VI, CF).

Por outro lado, na legislação ordinária, tem-se a definição de competência *de Juízo* em razão apenas da *natureza da infração penal*. Uma vez definida a competência de Justiça segundo os critérios constitucionais, pode ser que, por força de norma do próprio Código de Processo Penal em combinação com dispositivo de lei estadual de organização judiciária, resulte fixada competência de juízo em função da matéria, no caso pela natureza do crime. No ponto, o art. 74, *caput*, do CPP remete a disciplina da competência pela natureza da infração penal às "leis de organização judiciária, ressalvada a competência privativa do Tribunal do Júri".

Assim, a título de exemplo, pode ser que a lei local de organização judiciária estabeleça a competência de um ou dois juízos específicos para o processo e julgamento das causas que tenham por objeto *crimes de drogas*, objeto da Lei nº 11.343/2006. Nesse caso, definida a competência da Justiça Estadual (*competência de Justiça*) em razão da matéria conforme os parâmetros constitucionais (art. 125, *caput*, CF), fixa-se a *competência de juízo* em função da natureza da infração penal (crime de drogas) segundo a lei local de organização judiciária (art. 74, *caput*, CPP): juízo de direito da vara de crimes de drogas, por exemplo (havendo mais de uma vara, a competência específica será definida pelo critério da distribuição, como veremos na Seção V deste Capítulo).

A própria Constituição Federal, assim como o Código de Processo Penal, fixa a competência específica – forma especial de *competência de juízo* – do Tribunal do Júri em razão da natureza da infração penal: crimes dolosos contra a vida. A esse respeito, em harmonia com a competência constitucionalmente estabelecida no art. 5º, XXXVIII, *d*, da Constituição, o art. 74, § 1º, do CPP assim dispõe: "Compete ao Tribunal do Júri o julgamento dos crimes previstos nos arts. 121, §§ 1º e 2º, 122, parágrafo único, 123, 123, 125, 126 e 127 do Código Penal, consumados ou tentados".

Outra forma de competência de juízo definida de acordo com as características da infração penal é a competência dos juizados especiais criminais para o processo e julgamento das infrações penais de menor potencial ofensivo, assim entendidas aquelas com pena máxima cominada de até 2 (dois) anos de privação de liberdade, nos termos dos artigos 60, *caput*, e 61 da Lei nº 9.099/1995.

Em lógica semelhante, tem-se ainda a competência dos juizados de violência doméstica e familiar contra a mulher para o processo e julgamento "das causas decorrentes da prática de violência doméstica e familiar contra a mulher", nos termos do art. 14 da Lei nº 11.340/2006.

Essas duas últimas hipóteses, porém, representam competência definida em função de características (pena, vítima) da infração penal, e não propriamente de sua natureza.

Há também o exemplo recente do juízo colegiado em primeiro grau para o processo e julgamento de crimes praticados por organização criminosa, cuja competência está fixada no art. 1º da Lei nº 12.694/2012. Nesse âmbito, compreendem-se tanto as infrações penais de constituição de, participação em ou contribuição com organização criminosa (art. 2º, *caput* e § 1º, Lei nº 12.850/2013), quanto os crimes em geral praticados por organização criminosa.

Em virtude de suas características distintas, estudaremos separadamente, em duas subseções, a competência de Justiça e a competência de Juízo, como formas de competência em razão da matéria.

SUBSEÇÃO I
Competência de Justiça em razão da Matéria

1. CONSIDERAÇÕES INICIAIS

A Constituição Federal estrutura e organiza o Poder Judiciário em órgãos de diversas Justiças (Justiça Comum e Justiças Especiais), distribuindo os respectivos âmbitos de competência jurisdicional, em razão da matéria.

Trata-se, como visto, de critério de competência absoluta, fixado por razões de ordem pública, o que protege a competência assim definida contra a prorrogação e a preclusão.

Em conformidade com a organização constitucional, pode-se dividir o Poder Judiciário em: (i) *Justiça Comum*, compreendendo a *Justiça Comum Federal* e a *Justiça Comum Estadual*, estruturada esta em cada Estado-Membro da Federação; (ii) *Justiças Especiais*, compreendendo a *Justiça Eleitoral*, a *Justiça Militar* e a *Justiça do Trabalho*. No último caso (ii), têm competência jurisdicional penal em razão da matéria apenas a Justiça Eleitoral e a Justiça Militar. A Justiça do Trabalho não tem competência para processar e julgar ações penais[6].

A fixação da competência jurisdicional penal *de Justiça* opera-se, em primeiro plano, pela verificação da competência constitucional expressa das Justiças Especiais (Justiça Eleitoral e Justiça Militar) e da Justiça Comum Federal. Estas são as esferas em que a própria Constituição delimita, de maneira expressa, a competência em razão da matéria. Incidente em concreto determinada hipótese constitucional, já está assim fixada a competência da Justiça respectiva.

Por exemplo: tratando-se de crime contra o sistema financeiro nacional, define-se a competência material da Justiça Comum Federal de acordo com o art. 109, VI, da Constituição; tratando-se de crime definido no Código Penal Militar (crime militar), fixa-se a competência constitucional da Justiça Militar (art. 124, *caput*, e art. 125, § 4º, CF).

Por seu turno, a competência da Justiça Comum Estadual é residual, constitucionalmente reservada aos Estados-Membros (art. 125, *caput*, CF), respeitados os princípios estabelecidos na Constituição. Em última análise, significa isso dizer que, caso não incidente qualquer das específicas hipóteses constitucionais delimitadas para as Justiças Federal, Militar e Eleitoral, define-se residualmente a competência material da Justiça Comum Estadual.

---

6. Apreciando a ADI 3.684 (STF, Tribunal Pleno, Rel. Min. Cezar Peluso, DJ 02.08.2007), o Plenário do Supremo Tribunal Federal, pela fixação de interpretação conforme ao art. 114, I, IV e IX, da Constituição, com a redação que lhes conferiu a Emenda Constitucional nº 45/2004, resolveu pela inexistência de "jurisdição penal genérica" ou de competência da Justiça do Trabalho para processar e julgar ações penais.

Cap. VIII · COMPETÊNCIA PENAL

329

A seguir, aborda-se a competência constitucional material de cada uma das Justiças.

2. COMPETÊNCIA DA JUSTIÇA COMUM ESTADUAL

A competência da Justiça Comum é residual, abrangendo todos os casos criminais que não estiverem compreendidos na competência material penal da Justiça Comum Federal, da Justiça Eleitoral e da Justiça Militar. Essa lógica decorre da norma inscrita no art. 125, *caput*, da Constituição da República: "Os Estados organizarão sua Justiça, observados os princípios estabelecidos nesta Constituição".

De forma comparativa, aludiremos à competência da Justiça Estadual por diversas vezes sobretudo no estudo da competência da Justiça Federal, desenvolvida no próximo tópico.

3. COMPETÊNCIA DA JUSTIÇA COMUM FEDERAL

3.1. Estrutura da Justiça Comum Federal

A *Justiça Comum Federal de primeira instância* constitui-se de juízos federais integrantes de circunscrições denominadas *seções judiciárias*, cada qual correspondente ao território de um Estado da Federação. Assim, têm-se, por exemplo, os juízos federais da Seção Judiciária do Rio Grande do Sul, constituindo a Justiça Federal de primeira instância no âmbito daquela unidade federada. É hoje corrente a divisão da seção judiciária em *subseções judiciárias*, sediadas em alguns municípios do Estado. Tem-se, por exemplo, a Subseção Judiciária de Porto Alegre/RS.

As seções judiciárias distribuem-se em *regiões judiciárias*, sujeitando-se à jurisdição de um dos cinco Tribunais Regionais Federais.

De outro lado, cada *juízo* federal pode integrar-se de um ou mais juízes federais, com investidura para exercer a competência do órgão monocrático. Normalmente, para cada juízo federal, há um juiz federal titular e um juiz federal auxiliar. Por exemplo, no juízo federal da 32ª Vara da Seção Judiciária do Ceará há um juiz federal titular e um juiz federal auxiliar.

Por seu turno, a *Justiça Comum Federal de segunda instância* constitui-se de 5 (cinco) Tribunais Regionais Federais, distribuídos em regiões judiciárias: (i) Tribunal Regional Federal da 1ª Região, com sede em Brasília/DF e jurisdição sobre as seções judiciárias do Distrito Federal, do Acre, do Amapá, do Amazonas, da Bahia, de Goiás, do Maranhão, de Minas Gerais, do Mato Grosso, do Pará, do Piauí, de Rondônia, de Roraima e do Tocantins; (ii) Tribunal Regional Federal da 2ª Região, com sede na cidade do Rio de Janeiro/RJ e jurisdição sobre as seções judiciárias do Rio de Janeiro e do Espírito Santo; (iii) Tribunal Regional Federal da 3ª Região, com sede na cidade de São Paulo/SP e jurisdição sobre as seções judiciárias de São Paulo e do Mato Grosso do Sul; (iv) Tribunal Regional Federal da 4ª Região, com sede na cidade de Porto Alegre/RS e jurisdição sobre as seções judiciárias do Paraná, de Santa Catarina e do

Rio Grande do Sul; (v) Tribunal Regional Federal da 5ª Região, com sede na cidade de Recife/PE e jurisdição sobre as seções judiciárias de Alagoas, do Ceará, da Paraíba, de Pernambuco, do Rio Grande do Norte e de Sergipe.

3.2. Competência Material da Justiça Comum Federal

As hipóteses de competência penal da Justiça Comum Federal encontram-se delimitadas no art. 109, incisos IV, V, V-A, VI, IX, X e XII, da Constituição do Brasil[7].

Antes de tudo, deve-se esclarecer que a *Justiça Federal*, assim como a Justiça Estadual, é forma de *Justiça Comum*, e não de Justiça Especial, do Poder Judiciário. De maneira geral, a par de alguns crimes específicos, a competência da Justiça Federal abrange a prática de crimes em geral, mas cometidos contra bens, serviços ou interesses da União. Não se trata, portanto, de Justiça especializada em determinados crimes, de natureza especial, como os crimes eleitorais e os crimes militares.

Outro esclarecimento importante é o de que não há correspondência necessária entre as atribuições da polícia federal e a competência penal da Justiça Federal. Isso porque as atribuições da polícia federal são mais amplas, alcançando, por exemplo, a investigação de crimes com repercussão interestadual (art. 144, § 1º, I, parte final, CF), cuja competência de processo e julgamento, em condições normais, recai sobre a Justiça Comum Estadual.

Por fim, como será aprofundado na Seção VII deste Capítulo, reservada à conexão e à continência, em havendo conexão entre crime da competência da Justiça Comum Federal e crime da competência da Justiça Comum Estadual, opera-se a *unidade de processo e de julgamento perante a Justiça Comum Federal*, que é, na hipótese, o *foro de atração*, conforme a orientação jurisprudencial firmada na Súmula nº 122 do STJ: "Compete à Justiça Federal o processo e julgamento unificado dos crimes conexos de competência federal e estadual, não se aplicando a regra do art. 78, II, *a*, do Código de Processo Penal".

De outro lado, na hipótese de conexão entre crime da competência da Justiça Comum Federal e crime militar ou crime eleitoral, impõe-se a separação dos processos: (i) o crime federal deverá ser processado e julgado na Justiça Comum Federal; (ii) o crime militar, na Justiça Militar; o crime eleitoral, na Justiça Eleitoral, conforme o caso.

Não se aplica, a essa esfera, o disposto no art. 78, IV, c/c art. 79, do CPP, que estabelecem a unidade de processo e julgamento perante a jurisdição especial, "no concurso entre a jurisdição comum e a especial". Isso porque a competência da Justiça Comum Federal tem sede na Constituição da República e, portanto, deve ser assegurada aos órgãos jurisdicionais integrantes dessa Justiça, vedando-se, assim, a remessa do feito a

---

7. Deixa-se de mencionar a hipótese do art. 109, VII, da CF, que prevê a competência para processar e julgar *habeas corpus*, porque, como esclarecido ao início, este Capítulo tem por objeto a abordagem da competência para o processo e julgamento de ação penal (persecução penal com base em hipótese de prática de crime ou contravenção). O exame do art. 109, VII, é encontrado na Subseção I da Seção III do Capítulo XIX deste Curso, reservada ao *habeas corpus*.

órgão da Justiça Especial (Militar ou Eleitoral), por motivo de conexão, que é objeto de disciplina apenas na legislação ordinária[8].

No caso da Justiça Militar, porém, a norma específica do art. 79, I, do CPP, já impõe a separação dos processos. A inaplicabilidade do art. 78, IV, do CPP, para o efeito de unidade de processo e julgamento perante a Justiça Especial, assim, interessa apenas na hipótese de conexão entre crime federal e crime eleitoral, em que igualmente se impõe a separação dos processos, uma vez que a competência de ambas as Justiças (Federal e Eleitoral) encontra-se afirmada na própria Constituição[9].

Postas essas observações, cumpre em seguida examinar cada uma das hipóteses constitucionais de competência penal da Justiça Comum Federal.

3.2.1. Crimes políticos (art. 109, IV, 1ª parte, CF)

A primeira hipótese de competência penal da Justiça Federal diz respeito ao processo e julgamento de crimes políticos, conforme a primeira parte da norma do art. 109, inciso IV, da Constituição Federal: "Aos juízes federais compete processar e julgar: IV – os crimes políticos..."

Entende-se por *crime político* aquele que reúna os seguintes elementos: (i) *objetivamente*: afetação ao bem jurídico *segurança nacional*, pela prática de fato tipificado na Lei nº 7.170/1983 (crimes contra a segurança nacional, a ordem política e social)[10]; (ii) *subjetivamente*: prática da conduta com *motivação política*. Trata-se, portanto, de *crime contra a segurança nacional cometido com motivação política*.

A exigência de motivação especial, como elemento diferencial do crime político, emana claramente do art. 2º, inciso I, da Lei nº 7.170/1983: "Quando o fato estiver também previsto como crime no Código Penal, no Código Penal Militar ou em leis especiais, levar-se-ão em conta, para a aplicação desta Lei: I – a motivação e os objetivos do agente".

Já o critério fixado no art. 2º, inciso II, diz respeito ao próprio bem jurídico especificamente afetado com a prática da conduta, qual seja, a segurança nacional: "a lesão real ou potencial aos bens jurídicos mencionados no artigo anterior". A afetação à segurança nacional traduz-se na lesão ou no perigo de lesão: à integridade territorial e à soberania nacional; ao regime representativo e democrático, à Federação e ao Estado de Direito; à pessoa dos Chefes dos Poderes da União (art. 1º, I a III, Lei nº 7.170/1983).

Refletindo a aplicação desses critérios, confira-se o julgado da Segunda Turma do Supremo Tribunal Federal no HC 73.451/RJ (STF, 2ª Turma, HC 73.451, Rel. Min.

---

8. O art. 78, IV, do CPP, para o efeito de unidade de processo e julgamento, aplica-se apenas à conexão e continência entre crime comum da competência da Justiça Estadual e crime da competência da Justiça Eleitoral. Nessa hipótese, a unidade de processo e julgamento ocorrerá perante a Justiça Eleitoral (foro de atração). No caso da Justiça Militar, a separação de processos é imposta pelo art. 79, I, do CPP.

9. Nesse sentido, confira-se: STJ, Terceira Seção, CC 107.913/MT, Rel. Min. MARCO AURÉLIO BELLIZZE, DJ de 30.10.2012.

10. A Lei 7.170/1983 "define os crimes contra a segurança nacional, a ordem política e social, estabelece seu processo e julgamento e dá outras providências".

Maurício Corrêa, julgamento em 08.04.1997, DJ de 08.04.1997): "1.Subsume-se inconcebível a configuração de crime contra a segurança nacional e a ordem política e social quando ausente o elemento subjetivo que se traduz no dolo específico: motivação política e objetivos do agente. 2. É de repelir-se, no caso concreto, a existência de crime político, dado que não demonstrada a destinação de atentar, efetiva ou potencialmente, contra a soberania nacional e a estrutura política brasileira. 3. O disposto no parágrafo único do art. 12 da Lei nº 7.170/83 só pode ser compreendido com o elastério que lhe dá o art. 1º, complementado pelo art. 2º da mesma Lei. 4. Não se vislumbrando qualificação de crime de natureza política, ante os fatos pelos quais os pacientes foram acusados e que se resumem no extravio de material bélico fabricado exclusivamente para exportação, denota-se implicitamente contrariedade ao art. 109, IV, da Constituição Federal. 5. Ainda que admitido o crime de falsidade ideológica pelo pedido, à autoridade competente, para exportar material bélico a país diverso do real destinatário, seria o caso de absorção do crime-meio pelo crime-fim, que não é de natureza política. 6. 'Habeas corpus' deferido"[11].

Antes do advento da Constituição Federal de 1988, no período da ditadura militar, o processo e o julgamento de crimes políticos integravam a competência da Justiça Militar[12]. Assim é que, para arrostar a carga negativa desse aspecto, a primeira hipótese de competência da Justiça Comum Federal foi precisamente a relacionada aos crimes políticos.

Em função da natureza especial da hipótese, a Constituição estabeleceu um *regime diferenciado de competência recursal ordinária*, em duplo grau de jurisdição, conferida ao próprio Supremo Tribunal Federal, e não ao Tribunal Regional Federal. Assim, contra a sentença proferida por juízo federal (primeira instância) em processo que tenha por objeto crime político, cabe *recurso ordinário* para o Supremo Tribunal Federal (segunda instância), nos moldes do art. 102, II, *b*, da Constituição da República: "Compete ao Supremo Tribunal Federal, precipuamente, a guarda da Constituição, cabendo-lhe: II – julgar, em recurso ordinário: b) o crime político".

3.2.2. Crimes cometidos em detrimento de bens, serviços e interesse da União ou de autarquia ou empresa pública federal (art. 109, IV, 2ª parte, CF)

Nos termos da segunda parte do art. 109, inciso IV, da Constituição Federal, compete aos juízes federais processar e julgar: "IV – (...) as infrações penais praticadas em detrimento de bens, serviços ou interesse da União ou de suas entidades autárquicas ou empresas públicas, excluídas as contravenções e ressalvada a competência da Justiça Militar e da Justiça Eleitoral".

---

11. Perceba-se que, nesse mesmo julgado (item 5 acima), o STF fixou também o entendimento de que, quando haja absorção do crime político (crime-meio) por crime comum (crime-fim), a Justiça Federal não é competente para o processo e julgamento da causa.

12. Nesse particular, *não foi recepcionado pela Constituição de 1988 (art. 109, IV)* o art. 30 da Lei 7.170/1983: "Compete à Justiça Militar processor e julgar os crimes politicos previstos nesta Lei, com observância das normas estabelecidas no Código de Processo Penal Militar, no que não colidirem com disposição desta Lei, ressalvada a competência originária do Supremo Tribunal Federal nos casos previstos na Constituição".

Tem-se, portanto, a competência da Justiça Federal para o processo e julgamento dos crimes praticados: (i) em detrimento de bens, serviços ou interesse da União, como pessoa jurídica de direito público interno, da administração direta federal; (ii) em detrimento de bens, serviços ou interesse de autarquia federal ou de empresa pública federal, como pessoas jurídicas de direito público interno, da administração indireta federal.

a) crimes, não contravenções

Antes de tudo, a competência material da Justiça Federal restringe-se ao processo e julgamento *de crimes*, na medida em que a norma constitucional *exclui*, desse âmbito, *as contravenções*. Assim, ainda que praticada em detrimento de bens, serviços ou interesses federais, o processo e o julgamento da contravenção integra a competência da Justiça Comum Estadual. Nesse sentido, confira-se o teor da Súmula nº 38 do STJ: "Compete à Justiça Estadual Comum, na vigência da Constituição de 1988, o processo por contravenção penal, ainda que praticada em detrimento de bens, serviços ou interesse da União ou de suas entidades".

Indague-se, no ponto: e se houver conexão entre crime federal e contravenção? Na hipótese, considerando a delimitação constante do art. 109, inciso IV, da Constituição, impõe-se a *separação de processos*: o crime será processado e julgado pela Justiça Comum Federal; a contravenção, pela Justiça Comum Estadual. Nessa trilha, eis o julgado da Terceira Seção do STJ no CC 120.406/RJ (STJ, 3ª Seção, CC 120.406, Rel. Min. ALDERITA RAMOS DE OLIVEIRA, julgamento em 12.12.2012, DJ de 01.02.2013): "1. Apesar da existência de conexão entre o crime de contrabando e contravenção penal, mostra-se inviável a reunião de julgamentos das infrações penais perante o mesmo Juízo, uma vez que a Constituição Federal expressamente excluiu, em seu art. 109, IV, a competência da Justiça Federal para o julgamento das contravenções penais, ainda que praticadas em detrimento de bens, serviços ou interesse da União (...) 2. Firmando-se a competência do Juízo Federal para processar e julgar o crime de contrabando conexo à contravenção penal, impõe-se o desmembramento do feito, de sorte que a contravenção penal seja julgada perante o Juízo estadual".

Compreenda-se, no entanto, que a excepcionante é aplicável apenas ao âmbito da Justiça Federal de primeira instância. Na hipótese de competência originária de tribunal, em virtude de foro por prerrogativa de função, prevalece a norma constitucional especial de competência *ratione personae* (ou *ratione muneris*), fixando-se a competência do Tribunal Regional Federal, ainda que o objeto da persecução penal seja o processo e o julgamento de contravenção.

Esclarecido esse ponto, cumpre considerar os demais elementos da norma constitucional de competência.

b) ofensa direta, e não meramente reflexa

Em primeiro lugar, reclama-se que a hipotética ofensa a bens, serviços ou interesse federais seja imediata, não integrando a competência da Justiça Federal a ofensa meramente reflexa. Há copiosos casos na jurisprudência em que esse critério serviu de base, *ainda que tacitamente*, para o reconhecimento da competência da Justiça Comum Estadual, quando a ofensa a bens, serviços ou interesse federal apresentava-se, em tese, no plano apenas mediato ou indireto.

A título de exemplo, tome-se a jurisprudência consolidada do STJ no sentido de que o processo e julgamento de crime praticado em detrimento de empresa concessionária de serviço público federal integra a competência da Justiça Comum Estadual. Confira-se, a respeito, o julgado da Quinta Turma do STJ proferido no RHC 19.202/SC (STJ, 5ª Turma, RHC 19.202, Rel. Min. ARNALDO ESTEVES LIMA, DJ de 19.06.2008): "Compete à Justiça Estadual Comum julgar e processar crimes cometidos contra empresa concessionária de serviços públicos, por inexistir prejuízo a bens e/ou interesses da União. Precedente deste Tribunal".

Nesse caso, embora se afirme a inexistência de prejuízo a bens e/ou a interesses da União, *o que em verdade não há é prejuízo direto e imediato* ao interesse ou serviço federal, eis que o bem imediatamente afetado é o da empresa privada concessionária. Pode-se dizer que, mediata e reflexamente, há afetação ao serviço público prestado pela empresa privada, diante de um crime cometido em prejuízo desta, o que, no entanto, não basta à fixação da competência da Justiça Federal.

Assim foi que, de igual modo, mas desta vez de maneira expressa, o STJ já decidiu que a *afetação apenas mediata* a *serviço* da União, mesmo existente (como no caso julgado), não firma a competência da Justiça Comum Federal, exigindo-se, para tanto, a ofensa *direta*. Refira-se, no ponto, o julgado proferido pela Terceira Seção do STJ no CC 119.576/BA (STJ, 3ª Seção, CC 119.576, Rel. Min. MARCO AURÉLIO BELLIZZE, julgamento em 09.05.2012, DJ de 21.06.2012): "1. As Juntas Comerciais exercem atividades de natureza federal, portanto, embora sejam administrativamente subordinadas ao governo da unidade federativa em que se encontram localizadas, estão tecnicamente vinculadas ao Departamento Nacional de Registro do Comércio, órgão federal integrante do Ministério da Indústria e do Comércio, conforme preceitua o art. 6º da Lei nº 8.934/1994. 2. *Constatada a ausência de ofensa direta a bens*, serviços ou interesses da União, tendo em vista que o suposto delito de falsidade ideológica foi cometido contra particular e com a finalidade de fraudar eventuais credores da sociedade empresária, não havendo qualquer relação com a lisura dos serviços prestados pela Junta Comercial do Estado da Bahia, a competência para processar e julgar o feito é da Justiça Estadual".

Ainda a esse respeito, é interessante referenciar também a orientação firmada na Súmula nº 107 do STJ: "Compete à Justiça Comum Estadual processar e julgar crime de estelionato praticado mediante falsificação das guias de recolhimento das contribuições previdenciárias, quando não ocorrente lesão à autarquia federal".

Refere-se a súmula, a nosso juízo, à lesão direta. Na situação em foco, a falsificação tem a finalidade e o efeito imediato de lesão a um particular, ainda que praticada mediante falsificação de guia de recolhimento de contribuição previdenciária. Essa falsificação apenas reflexamente afeta um interesse federal, quando não haja lesão direta ao patrimônio da autarquia.

Compreendido esse primeiro parâmetro, importa em seguida apreciar a abrangência de cada elemento da norma do art. 109, inciso IV, segunda parte, da Constituição Federal.

Antes de tudo, ressalte-se que a competência da Justiça Federal abrange apenas as causas que tenham por objeto *crimes*, não alcançando, portanto, as contravenções penais, por força de disposição constitucional expressa. Assim, mesmo cometida contravenção penal em prejuízo direto a serviço da União, por exemplo, a competência para o processo e julgamento da causa é da Justiça Comum Estadual[13].

c) bens federais

Dizem-se *bens* federais os bens públicos integrantes do patrimônio da União ou de entidade da administração indireta: por exemplo, automóvel de Ministério da União, computadores de repartição pública federal (como a Secretaria da Receita Federal); mesas e cadeiras da Universidade Federal do Ceará (UFC) e computadores do Instituto Nacional de Seguridade Social (INSS), ambas autarquias públicas federais; caixas eletrônicos da Caixa Econômica Federal (empresa pública federal). Assim, integram a competência da Justiça Comum Federal, a título de exemplo: o furto de automóvel integrante do patrimônio da União, o esbulho possessório de imóvel pertencente à União, o dano a mesas e cadeiras da Universidade Federal do Ceará (UFC), o estelionato em prejuízo da Caixa Econômica Federal (CEF) ou da Empresa Brasileira de Correios e Telégrafos (ECT).

Acerca dos *bens* da União, cumpre referir as hipóteses de *desvio de verbas federais*, sobretudo no âmbito da administração municipal, em função de convênios firmados entre entes federais e municípios.

A lógica aqui é clara:

(i) Estando a aplicação das verbas ainda sujeita à fiscalização de órgão de controle federal, no caso o Tribunal de Contas da União, a competência para o processo e julgamento do crime de desvio de verbas (previsto no Decreto-Lei nº 201/1967) é da Justiça Comum Federal, já que os bens, nessa hipótese, ainda integram o patrimônio público federal, até o alcance de sua destinação legal. Nesse sentido é a orientação firmada na Súmula nº 208 do STJ: "Compete à Justiça Federal processar e julgar prefeito municipal por desvio de verba sujeita a prestação de contas perante órgão federal".

(ii) Por outro lado, se a verba já foi transferida e incorporada ao patrimônio municipal, antes do desvio, não há mais bens federais passíveis de afetação, de modo que a competência para o processo e julgamento do crime recai sobre a Justiça Comum Estadual. Com esse sentido, eis o enunciado da Súmula nº 209 do STJ: "Compete à Justiça Estadual processar e julgar prefeito por desvio de verba transferida e incorporada ao patrimônio municipal".

---

13. Também estão excluídos da competência federal o processo e o julgamento do chamado *ato infracional*, praticado por menor, conforme decidiu a Terceira Seção do STJ no CC 86.408/MA (STJ, 3ª Seção, Rel. Min. Maria Thereza de Assis Moura, julgamento em 22.08.2007, DJ de 17.09.2007).

Ainda na esfera dos bens da União, a jurisprudência do STJ firmou entendimento no sentido de que a Justiça Comum Federal é competente para o processo e julgamento de *crime ambiental* apenas quando afetado bem integrante do patrimônio federal[14]. Nessa trilha, confira-se o julgado da Terceira Seção no CC 116.447/MT (STJ, 3ª Seção, CC 116.447, Rel. Min. Maria Thereza de Assis Moura, julgamento em 25.05.2011, DJ de 02.06.2011), em que se firmou a competência da Justiça Federal para processar e julgar suposto crime de pesca ilegal de camarão praticado *no mar territorial*, que integra o patrimônio da União.

Não havendo afetação a bens federais, a competência para o processo e julgamento de crimes ambientais é da Justiça Comum Estadual. Tome-se como referência, nesse âmbito, especialmente a norma do art. 20 da Constituição Federal, que discrimina os bens da União.

d) serviços federais

Os *serviços* federais compreendem as utilidades organizadas e/ou prestadas por órgãos e repartições da União ou de entidade autárquica ou empresa pública federal. Assim foi que a Segunda Turma do Supremo Tribunal Federal já reconheceu a competência da Justiça Comum Federal para processar e julgar crime cometido em prejuízo *do serviço judiciário federal*.

Confira-se, a respeito, o elucidativo julgado proferido no RHC 79.331/RJ (STF, 2ª Turma, RHC 79.331, Rel. Min. Celso de Mello, julgamento em 24.08.1999, DJ de 29.10.1999): "A competência penal da Justiça Federal comum – que possui extração constitucional – reveste-se de caráter absoluto, está sujeita a regime de direito estrito e apenas deixa de incidir naquelas hipóteses taxativamente indicadas no texto da própria Carta Política: (a) nos crimes eleitorais, (b) nos crimes militares e (c) nas contravenções penais em geral. – Compete à Justiça Federal comum processar e julgar, dentre outros ilícitos penais, os crimes praticados contra os serviços organizados e mantidos pela União (CF, art. 109, IV), nestes incluídos os serviços judiciários federais. – O comportamento delituoso de quem usa documento falso, em qualquer processo judiciário federal, faz instaurar situação de potencialidade danosa, apta a comprometer a integridade, a segurança, a confiabilidade, a regularidade e a legitimidade de um dos serviços essenciais mais importantes prestados pela União Federal: o serviço de administração da Justiça. – A locução constitucional 'serviços (...) da União' abrange, para efeito de definição da competência penal da Justiça Federal comum, as atividades desenvolvidas pela magistratura da União nas causas submetidas à sua apreciação. Nesse contexto, o bem jurídico penalmente tutelado – cuja ofensa legitima o reconhecimento da competência da Justiça Federal – é o próprio serviço judiciário mantido pela União".

Em conformidade com essa lógica, compete à Justiça Comum Federal o processo e o julgamento de crime de falso testemunho cometido no âmbito de processo que tramite em qualquer das Justiças da União: Justiça Federal, Justiça Militar, Justiça

---

14. Restou cancelada, a esse respeito, a Súmula 91 do STJ, que reconhecia a competência da Justiça Federal para processar e julgar, em qualquer hipótese, crime contra a fauna.

Eleitoral e Justiça do Trabalho. Afeta-se, na hipótese, o serviço judiciário da União. No sentido exposto, confira-se o teor da Súmula nº 165 do STJ, relativamente ao processo trabalhista: "Compete à Justiça Federal processar e julgar crime de falso testemunho cometido no processo trabalhista".

Igualmente por afetar *serviço* da União, o crime cometido por ou contra funcionário público federal, desde que no exercício das funções, integra a competência penal da Justiça Comum Federal. Nesse rumo, tem-se a orientação consolidada na Súmula nº 147 do STJ: "Compete à Justiça Federal processar e julgar os crimes praticados contra funcionário público federal, quando relacionados com o exercício da função".

Ainda sob a referência da afetação a serviço federal, o STF firmou entendimento normativo, pela Súmula Vinculante nº 36, no sentido de que compete à Justiça Comum Federal processar e julgar o crime de falsificação e uso de carteiras de arrais-amador, o que tem como fundamento a ofensa ao *serviço de fiscalização naval*. Eis o enunciado da súmula: "Compete à Justiça Federal comum processar e julgar civil denunciado pelos crimes de falsificação e de uso de documento falso, quando se tratar de falsificação da Caderneta de Inscrição e Registro (CIR) ou de Carteira de Habilitação de Amador (CHA), ainda que expedidas pela Marinha do Brasil".

Por fim, a jurisprudência reconhece a competência da Justiça Comum Estadual quando haja afetação *apenas mediata* a serviço da União, como acontece no domínio dos crimes praticados contra empresa concessionária de serviços públicos federais, conforme já pontuado (cfr. STJ, 5ª Turma, RHC 19.202/SC, Rel. Min. ARNALDO ESTEVES LIMA, DJ de 19.06.2008).

e) interesse federal

Finalmente, por *interesse* da União ou de entidade autárquica ou empresa pública federal compreende-se a *relevância direta* do crime sobre alguma utilidade ou funcionalidade própria do ente federal.

Assim, o STJ já reconheceu a ofensa direta a interesse da União na prática do crime de moeda falsa (art. 289, Código Penal), despontando o interesse federal no fato de que compete à União emitir moeda nacional (a verdadeira), conforme o disposto no art. 21, VII, da Constituição[15]. Desta sorte, afeta-se imediatamente a fé pública da moeda, de direto interesse da União. Confira-se, a respeito, o julgado da Terceira Seção do STJ no CC 79.889/PE (STJ, 3ª Seção, CC 79.889, Rel. Min. JANE SILVA, julgamento em 23.06.2008, DJ de 04.08.2008): "1. 'A utilização de papel moeda grosseiramente falsificado configura, em tese, o crime de estelionato, da competência da Justiça Estadual' (Súm. 73/STJ). 2. Mutatis mutandis, a boa qualidade do falso, grosseira apenas do ponto de vista estritamente técnico, assim atestada em laudo pericial, é capaz de tipificar, em tese, o crime de moeda falsa. 3. Por lesar diretamente os interesses da União, o crime de moeda falsa deve ser processado e julgado perante a Justiça Federal. 4. Competência da Justiça Federal".

---

15. Art. 21, CF: "Compete à União: VII – emitir moeda".

A Súmula n° 73 do STJ, referida no julgado acima, diz respeito ao crime de estelionato praticado por meio de falsificação grosseira de moeda. Na hipótese, toma-se o crime-fim (estelionato) contra particular e a ausência de potencialidade lesiva a interesse da União representada pelo meio[16] (por conta do caráter grosseiro da falsificação) como bases para a fixação da competência da Justiça Comum Estadual.

Em geral, igualmente sob a base da afetação a interesse federal, a jurisprudência inclina-se no sentido de fixar a competência da Justiça Comum Federal para o processo e julgamento de *crime de falsificação* de documento quando o órgão emissor for a União, entidade autárquica ou empresa pública federal. Assim, a falsificação de diploma emitido por universidade federal, por exemplo, é da competência da Justiça Federal[17].

Por outro lado, em se tratando de *crime de uso de documento falso*, normalmente a competência é definida em função do *sujeito prejudicado* pelo uso, independentemente do órgão emissor do documento, desde que inexistente lesão direta ao ente federal. Reflete essa lógica, a propósito, o entendimento exposto na já referida Súmula n° 107 do STJ: "Compete à Justiça Comum Estadual processar e julgar crime de estelionato praticado mediante falsificação das guias de recolhimento das contribuições previdenciárias, quando não ocorrente lesão à autarquia federal".

Por fim, a jurisprudência reconhece a competência da Justiça Comum Estadual quando haja afetação *apenas mediata* a interesse da União, conforme espelha o enunciado da Súmula n° 104 do STJ: "Compete à Justiça Estadual o processo e julgamento de crimes de falsificação e uso de documento falso relativo a estabelecimento particular de ensino". Nesse particular, ainda que se trate de universidade privada, em que despontaria interesse da União como ente prioritariamente responsável pelo ensino superior (art. 211, CF), a afetação a interesse federal mostra-se remota na hipótese de falsificação e de uso de documento falso relativo apenas ao estabelecimento particular.

Tratando-se, porém, de falsificação do próprio diploma de conclusão do curso superior, ainda que emitido por instituição particular de ensino, a competência é da Justiça Comum *Federal*, em virtude da afetação a interesse da União, por haver, nesse tipo de documento, chancela do Ministério da Educação (MEC)[18].

---

16. Anote-se, no particular, que há também uma questão de direito penal material relevante na orientação fixada na Súmula 73 do STJ: a configuração do crime de estelionato mesmo quando grosseira a falsificação da moeda, quanto ao meio empregado para a prática da fraude patrimonial. Assim, ainda que o caráter grosseiro do *falsum* represente hipótese de crime impossível no que concerne à moeda falsa, ainda assim se tem por configurado o crime-fim de estelionato.

17. Do mesmo modo, a falsificação de carteira emitida por conselhos de fiscalização de classe, a exemplo do Conselho Federal de Medicina, e também a de carteira emitida pela Ordem dos Advogados do Brasil, como será examinado adiante.

18. A propósito, a Súmula 31 do extinto Tribunal Federal de Recursos reconhecia a competência da Justiça Estadual *apenas* quanto à falsificação de certificado emitido por instituições de primeiro e segundo graus (correspondentes aos atuais ensino fundamental e ensino médio): "Compete à Justiça Estadual o processo e julgamento de crime de falsificação ou de uso de certificado de conclusão de curso de 1° e 2° graus, desde que não se refira a estabelecimento federal de ensino ou a falsidade não seja de assinatura de funcionário federal". Em se tratando, portanto, de falsificação de certificado emitido por instituição de ensino superior, a competência é da Justiça Federal.

Ainda a respeito da falsificação documental, cumpre analisar com cuidado o teor da Súmula nº 62 do STJ: "Compete à Justiça Estadual processar e julgar o crime de falsa anotação na Carteira de Trabalho e Previdência Social, atribuído à empresa privada". Essa orientação restringe-se à hipótese em que a falsa anotação destina-se à obtenção de vantagem junto a particulares ou a entes públicos não federais. Caso a falsa anotação, por outro lado, vincule-se à potencialidade de lesão à Previdência Social, a competência é da Justiça Comum Federal, diante da afetação a uma autarquia federal, no caso o INSS. É a hipótese do crime (forma típica equiparada à *falsificação de documento público*) definido no art. 297, § 3º, inciso II, do Código Penal (parágrafo acrescentado pela Lei nº 9.983/2000): "§ 3º. Nas mesmas penas incorre quem insere ou faz inserir: II – na Carteira de Trabalho e Previdência Social do empregado ou em documento que deva produzir efeito perante a previdência social, declaração falsa ou diversa da que deveria ter sido escrita".

Com referência também ao *interesse da União*, devem ser inseridos, na competência material da Justiça Federal, os *crimes de terrorismo*, recentemente tipificados pela Lei nº 13.260, de 16 de março de 2016. Trata-se dos crimes definidos nos artigos 2º, 3º, 5º e 6º da Lei nº 13.260/2016.

A inserção de toda e qualquer forma de terrorismo na competência da Justiça Federal – de forma vinculada à hipótese do art. 109, IV, da Constituição da República e, em particular, à rubrica do *interesse da União* – deriva da disposição expressa no art. 11 da própria nova lei de regência (Lei nº 13.260/2016): "Para todos os efeitos legais, considera-se que os crimes previstos nesta Lei são praticados contra o interesse da União, cabendo à Polícia Federal a investigação criminal, em sede de inquérito policial, e à Justiça Federal o seu processamento e julgamento, nos termos do inciso IV do art. 109 da Constituição Federal".

Com efeito, pela própria natureza e abrangência dos crimes de terrorismo, há claro interesse da União em sua prevenção e repressão, eis que a potencialidade ofensiva desse tipo de criminalidade alcança o próprio Estado nacional e federal, como ente uno. Adicionalmente, e não menos importante, a prática do terrorismo, por força de sua própria definição legal, envolve agressões *graves* a direitos humanos, como emana da norma do art. 2º da Lei nº 13.260/2016: "O terrorismo consiste na prática por um ou mais indivíduos dos atos previstos neste artigo, por razões de xenofobia, discriminação ou preconceito de raça, cor, etnia e religião, quando cometidos com a finalidade de provocar terror social ou generalizado, expondo a perigo pessoa, patrimônio, a paz pública ou a incolumidade pública".

f) entidades federais

Na sequência, cumpre analisar as *entidades federais afetadas*, para efeito de definição da competência penal da Justiça Comum Federal.

Em primeiro plano, tem-se a hipótese mais comum, de ofensa a bens, serviços ou interesse *da União*. Compreendem-se aí os atos praticados contra órgãos da administração direta da União, como, por exemplo, os órgãos dos Ministérios e das Secretarias do

Poder Executivo federal, bem assim os órgãos do Poder Judiciário federal e os órgãos do Poder Legislativo federal.

Por entidades autárquicas e empresas públicas federais entendem-se os entes integrantes da administração indireta federal, com personalidade jurídica própria de direito público interno, para, respectivamente, a prestação de serviços públicos, próprios da União (autarquias) ou a prestação de serviços próprios da esfera privada (empresas públicas).

Integram-se aí, por sua pertinência à categoria da autarquia federal, as fundações públicas federais. Não se incluem aí, por constituírem pessoas jurídicas de direito privado, as sociedades de economia mista, que têm parte do capital social titularizado pela União.

Assim, compete à Justiça Comum Federal: (i) processar e julgar crime cometido contra *autarquias federais*, como, por exemplo, o Banco Central do Brasil (BACEN), o Instituto Nacional de Seguridade Social (INSS), o Instituto Brasileiro do Meio Ambiente e dos Recursos Naturais Renováveis (IBAMA), a Universidade Federal do Ceará (UFC) e o Departamento Nacional de Obras Contra as Secas (DNOCS); (ii) processar e julgar crime cometido contra *fundações públicas federais*, como a Fundação Nacional de Saúde (FUNASA); (iii) processar e julgar crime cometido contra *empresas públicas federais*, como a Empresa Brasileira de Correios e Telégrafos (EBCT), o Banco Nacional de Desenvolvimento Econômico e Social (BNDES) e a Caixa Econômica Federal (CEF).

Sobre a hipótese acima descrita em (i), assevere-se que os *conselhos de fiscalização de classe* têm natureza jurídica de autarquia federal, conforme entendimento consolidado na jurisprudência do STF, valendo citar, a esse respeito, o julgado proferido pela Primeira Turma no MS 28.469/DF (STF, 1ª Turma, MS 28.469, Rel. Min. Luiz Fux, DJ de 09.05.2013): "1. Os conselhos de fiscalização profissional têm natureza jurídica de autarquias, consoante decidido no MS 22.643, ocasião na qual restou consignado que: (i) estas entidades são criadas por lei, tendo personalidade jurídica de direito público com autonomia administrativa e financeira; (ii) exercem a atividade de fiscalização de exercício profissional que, como decorre do disposto nos artigos 5º, XIII, 21, XXIV, é atividade tipicamente pública; (iii) têm o dever de prestar contas ao Tribunal de Contas da União (art. 71, II, CRFB/88). 2. Os conselhos de fiscalização profissional, posto autarquias criadas por lei e ostentando personalidade jurídica de direito público, exercendo atividade tipicamente pública, qual seja, a fiscalização do exercício profissional, submetem-se às regras encartadas no artigo 37, inciso II, da CRFB/88, quando da contratação de servidores. Precedente: RE 539.224, 1ª Turma Rel. Min. Luiz Fux, DJe.- 18/06/2012. 3. A fiscalização das profissões, por se tratar de uma atividade típica de Estado, que abrange o poder de polícia, de tributar e de punir, não pode ser delegada (ADI 1.717), excetuando-se a Ordem dos Advogados do Brasil (ADI 3.026)".

Assim, os crimes cometidos contra bens, serviços ou interesse desses conselhos integram a competência penal da Justiça Comum Federal, como reiteradamente tem decidido o STJ. Consulte-se, a respeito, o julgado da Quinta Turma no HC 226.276/RJ (STJ, 5ª Turma, HC 226.276, Rel. Min. Laurita Vaz, julgamento em 15.08.2013, DJ de 26.08.2013), em relação ao Conselho Federal de Enfermagem: "CONSELHO FEDERAL DE ENFERMAGEM. PECULATO. (...) CRIMES COMETIDOS NO ÂMBITO DE

AUTARQUIA FEDERAL. ART. 109, INCISO IV, DA CF. COMPETÊNCIA DA JUSTIÇA FEDERAL. INTELIGÊNCIA DA ADIN N.º 1.717- 6/DF. REUNIÃO DE AÇÕES PENAIS. (...) 4. Pacífica a jurisprudência no sentido de que os conselhos de fiscalização de classe possuem natureza de Autarquia Federal (Vide ADIN n.º 1.717-6/DF). E cabe à Justiça Federal, como expressamente determina o texto constitucional, julgar as causas em que sejam partes à União Federal, autarquias, fundações e empresas públicas".

Seguindo a mesma lógica, é da competência da Justiça Comum Federal o processo e julgamento de crime cometido em detrimento de bens, serviços ou interesse da Ordem dos Advogados do Brasil (OAB), conforme decorre do entendimento firmado no julgado do STF no MS 28.469/DF (antes citado) e, especialmente, no da ADI 3.026/DF.

Relativamente à hipótese acima descrita em (ii), as fundações públicas federais equiparam-se às autarquias federais, de modo que os crimes praticados contra essas entidades integram a competência da Justiça Comum Federal.

Quanto à hipótese acima descrita em (iii), reclama-se especial atenção ao âmbito da Empresa Brasileira de Correios e Telégrafos (EBCT), empresa pública federal, no que tange a crimes praticados contra *agência dos correios*. Nesse particular, considere-se que a agência tanto pode ser organizada e mantida diretamente pela própria EBCT quanto por empresa privada, em regime de franquia. No último caso, a competência é da Justiça Comum Estadual, por não haver afetação imediata a bem ou serviço da empresa pública federal. Assim decidiu a Terceira Seção do STJ no CC 122.596/SC (STJ, 3ª Seção, CC 122.596, Rel. Min. SEBASTIÃO REIS JÚNIOR, DJ de 22.08.2012): "1. Nos crimes praticados em detrimento das agências da Empresa Brasileira de Correios e Telégrafos - ECT, esta Corte Superior já firmou o entendimento de que a fixação da competência depende da natureza econômica do serviço prestado. Se explorado diretamente pela empresa pública - na forma de agência própria -, o crime é de competência da Justiça Federal. De outro vértice, se a exploração se dá por particular, mediante contrato de franquia, a competência para o julgamento da infração é da Justiça estadual".

Por outro lado, considerando o significado e o alcance da norma do art. 109, IV, quanto ao ente federal afetado, *compete à Justiça Comum Estadual*, e não à Justiça Comum Federal: (i) processar e julgar os crimes cometidos em detrimento de bens, serviços e interesses de *sociedade de economia mista*, a exemplo do Banco do Brasil e da PETROBRAS[19]; (ii) processar e julgar os crimes cometidos contra fundação privada.

No sentido descrito em (i), tome-se a orientação jurisprudencial consolidada na Súmula nº 42 do STJ: "Compete à Justiça Comum Estadual processar e julgar as causas cíveis em que é parte sociedade de economia mista *e os crimes praticados em seu detrimento*".

Já na direção apresentada em (ii), refira-se o julgado da Quinta Turma do STJ no HC 150.450/DF (STJ, 5ª Turma, HC 150.450, Rel. Min. JORGE MUSSI, julgamento em 01.06.2010, DJ de 04.10.2010): "...COMPETÊNCIA. VÍTIMA. FUNDAÇÃO DE

---

19. Assevere-se que a persecução penal relativa à chamada "Operação Lava-Jato", no âmbito da PETRO-BRAS, foi cometida à competência da Justiça Comum Federal não por afetar sociedade de economia mista, mas sim por ter por objeto, dentre outros, crimes contra o sistema financeiro e a ordem econômico-financeira, cujo processo e julgamento está reservado aos juízos federais, a teor do art. 109, VI, parte final, da CF, conforme será analisado adiante.

DIREITO PRIVADO INSTITUÍDA PARA APOIAR FUNDAÇÃO PÚBLICA FE-DERAL DE ENSINO SUPERIOR. RELAÇÃO REGULAMENTADA PELA LEI N. 8.958/94. DIVERSIDADE DE RECEITAS E DESTINAÇÃO DE RECURSOS. AUSÊN-CIA DE RELAÇÃO EXCLUSIVA COM A INSTITUIÇÃO FEDERAL DE ENSINO SUPERIOR. 1. Não se tratando a vítima de fundação pública, já que não foi instituída a partir do destacamento de patrimônio público, imperioso o reconhecimento da sua natureza jurídica de direito eminentemente privado. (...) DENÚNCIA. FATOS OCOR-RIDOS NO ÂMBITO DE RELAÇÃO CONTRATUAL ESTABELECIDA COM PES-SOA JURÍDICA DE DIREITO PRIVADO. PREJUÍZO APENAS EM DETRIMENTO DA FUNDAÇÃO DE APOIO. AUSÊNCIA DE INTERESSE DA UNIÃO"[20].

3.2.3. Crimes transnacionais previstos em tratados ou convenções internacionais (art. 109, V, CF)

O art. 109, inciso V, da Constituição da República fixa a competência da Justiça Comum Federal para processar e julgar "os crimes previstos em tratado ou convenção internacional, quando, iniciada a execução no País, o resultado tenha ou devesse ter ocorrido no estrangeiro, ou reciprocamente".

Depreendem-se dessa norma de competência três elementos essenciais: (i) a *previsão do crime em norma jurídica internacional*, constante de tratado ou convenção internacional; (ii) a *incorporação da norma internacional ao direito interno*; (iii) a *transnacionalidade do crime*, entendida como: (a) o início de execução da conduta dentro do território nacional associado à potencialidade do resultado fora do território nacional; ou (b) o início da execução da conduta fora do território nacional com a potencialidade do resultado dentro do território nacional.

A respeito do elemento (i), a internacionalidade da fonte de previsão do crime, assim, é fundamental. Exige-se também, contudo, a (ii) incorporação da norma internacional ao direito brasileiro, mediante Decreto Presidencial, a partir de aprovação do Senado por Decreto Legislativo. Isso porque, ainda que o Brasil haja manifestado adesão ao tratado ou convenção, a norma internacional só adquire vigência no direito interno com o aperfeiçoamento do processo constitucional de incorporação. Nesse ponto, é inconcebível que órgão jurisdicional interno, da Justiça Comum Federal, possa exercer competência sem que a norma internacional tenha vigência no direito (interno) brasileiro.

Sobre o elemento (iii), revela-se mesmo mais adequado falar em *transnacionalidade*, em vez de internacionalidade do crime.

Entende-se por crime internacional aquele que, além de tipificado em norma internacional, sujeita-se à jurisdição de tribunal penal internacional: por exemplo,

---

20. O processo e o julgamento do crime cometido contra a fundação privada integrarão a competência da Justiça Comum Federal *se* incidente *outra hipótese* prevista no art. 109 da CF, como, por exemplo, se o caso for de crime contra o sistema financeiro nacional. Nesse sentido já decidiu a Sexta Turma do STJ, no HC 33.674/SP (STJ, 6ª Turma, Rel. Min. Hamilton Carvalhido, julgamento em 25.05.2004, DJ de 13.09.2004), em relação ao crime financeiro cometido em detrimento de fundação privada de previdência privada.

os crimes de genocídio, crimes contra a humanidade e crimes de guerra (definidos, respectivamente, nos artigos 6º, 7º e 8º do Estatuto de Roma e do Tribunal Penal Internacional, incorporado à ordem jurídica brasileira pelo Decreto nº 4.388/2002).

Independentemente de sua definição também no direito interno, os crimes internacionais, sob certas condições, podem ser processados e julgados por Corte Penal Internacional. Os crimes internacionais atentam contra valores universais de fundamental importância, sendo esse o critério decisivo para a tipificação, e não sua prática transfronteiriça. Nesse particular, o crime internacional pode inclusive ser cometido apenas dentro do território de um Estado específico (por exemplo, crimes contra a humanidade), estando sujeito, porém, à jurisdição internacional. Para os efeitos de nosso estudo, esse tipo de crime, portanto, insere-se no elemento (i) antes referido, eis que sua tipificação se faz em norma internacional.

O ponto adicional de exigência no elemento (iii) é a *transnacionalidade*, isto é, a prática transfronteiriça, ao menos no plano potencial, do crime plurissubsistente, envolvendo o território de dois ou mais Estados.

Assim, além de sua previsão em norma internacional incorporada à ordem jurídica brasileira, é preciso, para a fixação da competência da Justiça Comum Federal, que a prática do crime, em qualquer de suas etapas, transcenda ao território nacional: quer porque a execução da conduta iniciou-se aqui, mas com resultado ao menos projetado para fora do Brasil, quer porque o início da execução deu-se fora, mas com resultado ao menos projetado para cá.

Exemplo claro da hipótese em foco é o do *crime de tráfico internacional de drogas*, que não constitui crime propriamente internacional, e sim *crime transnacional*. Esse crime: (a) está previsto em tratado internacional (b) incorporado ao direito brasileiro, assim como na ordem jurídica interna, além de (c) ser praticado de maneira transnacional.

Nos termos da norma constitucional de competência, acerca do aspecto da transnacionalidade, não se exige que o resultado efetivamente aconteça, no Brasil ou no exterior. Basta que o resultado "devesse ter ocorrido" aqui ou fora, o que se afere de acordo com o caráter da conduta executada. Se determinada pessoa é presa em flagrante no Brasil transportando drogas destinadas ao exterior, tem-se que o resultado deveria ocorrer além das fronteiras nacionais (*resultado projetado para o exterior*).

Do mesmo modo sucede se a conduta foi executada no estrangeiro, mas o resultado se projetava para o Brasil. Nessa última hipótese, observe-se, quanto à configuração dos pressupostos para o exercício de competência pela Justiça Federal: (i) que a lei brasileira é aplicável, por força da norma penal de extraterritorialidade objeto do art. 7º, II, *a*, do Código Penal: sujeitam-se à lei brasileira, embora cometidos no estrangeiro, os crimes que, por tratado ou convenção, o Brasil se obrigou a reprimir; (ii) a execução de conduta no exterior com resultado projetado (tentado) para o Brasil configura pelo menos uma *tentativa de importação*, havendo, em tese, a prática do crime do art. 33 (primeira conduta) da Lei nº 11.343/2006, na forma tentada (art. 14, II, CP).

Se, entretanto, o tráfico repercute apenas nos limites do território nacional, ainda que em prática interestadual, a competência é da Justiça Comum Estadual.

Nesse ponto, observe-se que, caso haja *desclassificação do fato de crime transnacional para crime interno*, a competência da Justiça Comum Federal deverá ser declinada para a Justiça Comum Estadual, mesmo que isso ocorra após a instrução processual.

Aplicam-se a essa hipótese os artigos 383, § 2º e 384, § 3º, do CPP, pelos quais, caso superveniente a incompetência do juízo em virtude da realização de *emendatio libelli* (art. 383, *caput*, CPP) ou de *mutatio libelli* (art. 384, *caput*, CPP), os autos deverão ser remetidos ao juízo competente. Não se aplica, no particular, a *perpetuatio jurisdictionis*, objeto do art. 81 do CPP, na medida em que a hipótese é de competência absoluta, estabelecida pela Constituição Federal, improrrogável, portanto.

Com este sentido, refira-se o julgado da Segunda Turma do STF no HC 113.845/ SP (STF, 2ª Turma, HC 113.845, Rel. Min. TEORI ZAVASCKI, julgamento em 20.08.2013, DJ de 05.09.2013): "PROCESSO PENAL E CONSTITUCIONAL. AÇÃO PENAL. CONTRABANDO DE ARMA DE FOGO (CP, ART. 34, § 1º, C). DESCLASSIFICAÇÃO PARA RECEPTAÇÃO (CP, ART. 180). PRORROGAÇÃO DA COMPETÊNCIA DA JUSTIÇA FEDERAL. IMPOSSIBILIDADE. 1. A norma do art. 81, caput, do CPP, ainda que busque privilegiar a celeridade, a economia processual e a celeridade processuais, não possui aptidão para modificar a competência absoluta constitucionalmente estabelecida, como é o caso da competência da Justiça Federal. 2. Ausente qualquer das hipóteses previstas no art. 109, IV, da CF, ainda que isso somente tenha sido constatado após a realização da instrução, os autos devem ser remetidos ao Juízo competente, nos termos do § 2º do art. 383 do CPP".

Por último, uma reflexão se impõe, quanto à exigência ou não da dupla incriminação do fato pelos Estados envolvidos na prática transnacional. Na doutrina, sustenta-se a necessidade da dupla incriminação. Por exemplo, se o sujeito transporta determinada substância de uso e comercialização permitidos em certo país, mas proibido no Brasil, o crime de tráfico, inclusive quanto à conduta de transportar, só se configura quando esse agente ingressar no território nacional. Nesse caso, ingressando o agente no território nacional, aqui é que a conduta começa a assumir relevância penal, configurando-se, portanto, crime interno, sujeito à competência da Justiça Comum Estadual.

Discordamos dessa orientação. O crime de tráfico internacional (transnacional) de drogas, na situação particular, conforma-se pela conduta de *importar*, tipificada no art. 33, *caput*, da Lei nº 11.343/2006. Se o agente importa ou tenta importar substância proibida no Brasil, há a transnacionalidade do crime, independentemente de o fato estar incriminado também no país de origem. A norma constitucional de competência trata de "início de execução" no exterior ou no Brasil: entenda-se, *início de execução da conduta*. Independentemente da existência de crime no exterior, o direito brasileiro considera que o início da execução da conduta aqui incriminada se deu lá fora, projetando-se o resultado para cá. Isso basta para a fixação da competência da Justiça Comum Federal, se o crime está previsto em norma internacional.

Assevere-se que a dupla incriminação é requisito, por óbvio, da cooperação jurídica internacional entre os Estados, e não da transnacionalidade da prática da conduta incriminada no direito brasileiro e no direito internacional (tratado e convenção internacional), que é o critério de definição da competência da Justiça Federal, nos moldes do art. 109, V, da Constituição Federal.

A mesma lógica se aplica caso o início da execução ocorra no Brasil, com resultado projetado para o exterior. Pensemos, por exemplo, no crime transnacional de *lavagem* de ativos ilícitos. Se o agente recorre, para ocultar a origem de capitais ilícitos, a operações destinadas a países onde o mesmo fato não seja incriminado, isso não importa para o aperfeiçoamento da transnacionalidade do crime, nem para a fixação da competência da Justiça Federal, já que o delito em questão é objeto de previsão em tratados e convenções internacionais.

3.2.4. *Crimes contra a organização do trabalho (art. 109, VI, 1ª parte, CF)*

A primeira parte da norma do art. 109, inciso VI, da Constituição do Brasil fixa a competência da Justiça Comum Federal para processar e julgar os *crimes contra a organização do trabalho*.

Há um Título (IV) da Parte Especial do Código Penal precisamente com a designação "Dos Crimes contra a Organização do Trabalho". Trata-se dos fatos tipificados entre os artigos 197 e 207 do Código Penal. Em que pese a classificação legal, nem todos os crimes objeto desse Título podem ser considerados *crimes contra a organização do trabalho para os efeitos da fixação da competência da Justiça Comum Federal*, segundo a jurisprudência.

Nesse particular, sempre se considerou, em interpretação restritiva da norma constitucional de competência, que os crimes de competência da Justiça Comum Federal são apenas aqueles *que afetem as instituições do trabalho ou o direito dos trabalhadores coletivamente considerados*. A propósito, já era nesse sentido a jurisprudência do extinto Tribunal Federal de Recursos (TFR), anterior ao advento da Constituição de 1988, como revela o teor da Súmula nº 115 daquela Corte: "Compete à Justiça Federal processar e julgar os crimes contra a organização geral do trabalho ou direitos dos trabalhadores considerados coletivamente".

O Superior Tribunal de Justiça continuou a adotar a mesma orientação, como mostra o julgado da Terceira Seção no CC 135.924/SP (STJ, 3ª Seção, CC 135.924, Rel. Min. NEFI CORDEIRO, julgamento em 22.10.2014, DJ de 31.10.2014), na linha de numerosos outros em igual sentido: "1. Compete à Justiça Federal processar e julgar os crimes contra a organização do trabalho, quando tenham por objeto a organização geral do trabalho ou direitos dos trabalhadores considerados coletivamente (Súmula n. 115 do extinto Tribunal Federal de Recursos). 2. A infringência dos direitos individuais de trabalhadores, sem que configurada lesão ao sistema de órgãos e instituições destinadas a preservar a coletividade trabalhista, afasta a competência da Justiça Federal (AgRg no CC 64.067/MG, Rel. Ministro OG FERNANDES, TERCEIRA SEÇÃO, DJe 08/09/2008)".

Nessas condições, por exemplo, o crime de frustração fraudulenta ou violenta de direito assegurado pela lei trabalhista (art. 203, CP), praticado contra trabalhador individual, integra a competência de processo e julgamento da Justiça Comum Estadual. Do mesmo modo, tem-se a hipótese de prática do crime de atentado contra a liberdade individual de trabalho, definido no art. 197 do Código Penal.

Essa *dimensão de afetação coletiva às instituições do trabalho*, por sinal, foi decisiva para a consolidação do entendimento do STJ no sentido de que compete à Justiça Comum Federal processar e julgar o *crime de redução a condição análoga à de escravo* (art. 149, CP), embora inserido em capítulo do Código Penal denominado "Dos Crimes contra a Liberdade Individual". Na mesma linha de numerosos outros julgados, cite-se aquele proferido pela Terceira Seção no CC 113.428/MG (STJ, 3ª Seção, CC 113.428, Rel. Min. MARIA THEREZA DE ASSIS MOURA, julgamento em 13.10.2010, DJ 01.02.2011): "1. O delito de redução a condição análoga à de escravo está inserido nos crimes contra a liberdade pessoal. Contudo, o ilícito não suprime somente o bem jurídico numa perspectiva individual. 2. A conduta ilícita atinge frontalmente o princípio da dignidade da pessoa humana, violando valores basilares ao homem, e ofende todo um sistema de organização do trabalho, bem como as instituições e órgãos que lhe asseguram, que buscam estender o alcance do direito ao labor a todos os trabalhadores, inexistindo, pois, viés de afetação particularizada, mas sim, verdadeiro empreendimento de depauperação humana. Artigo 109, V-A e VI, da Constituição Federal. 3. Conflito conhecido para declarar competente o Juízo Federal da 11. ª Vara Criminal da Seção Judiciária do Estado de Minas Gerais/MG, ora suscitante".

3.2.5. Crimes contra o sistema financeiro e contra a ordem econômico-financeira (art. 109, VI, 2ª parte, CF)

O art. 109, inciso VI, da Constituição do Brasil estabelece a competência da Justiça Comum Federal para processar e julgar "os crimes contra a organização do trabalho e, nos casos determinados por lei, contra o sistema financeiro e a ordem econômico-financeira".

Perceba-se que, ao contrário do que sucede com os crimes contra a organização do trabalho, a norma constitucional limita a competência da Justiça Federal de processo e julgamento dos crimes contra o sistema financeiro e a ordem econômico-financeira *aos casos determinados por lei*.

Assim, não basta que o crime implique ofensa aos bens jurídicos *sistema financeiro* ou *ordem econômico-financeira*. É preciso que a lei, num e noutro caso, reserve a competência penal à Justiça Comum Federal. Há, portanto, remissão constitucional à lei quanto à definição da competência jurisdicional *ratione materiae*, no âmbito em foco.

Antes de tudo, refira-se a Lei nº 1.521/1951, que define os *crimes contra a economia popular*. Inexistindo determinação legal específica no sentido de fixar a competência da Justiça Federal, o processo e julgamento desses crimes, embora afetem a ordem econômico-financeira, compete à *Justiça Comum Estadual*. Nesse sentido é a orientação jurisprudencial consolidada pelo STF em sua Súmula nº 498: "Compete à Justiça dos Estados, em ambas as instâncias, o processo e o julgamento dos crimes contra a economia popular".

Em seguida, cumpre considerar os *crimes contra o sistema financeiro nacional*, objeto da Lei nº 7.492/1986 (artigos 2º a 23). Nesse âmbito, a *competência* material é da *Justiça Comum Federal, por força do disposto na norma específica do art. 26, caput, da*

Lei 7.492: "A ação penal, nos crimes previstos nesta Lei, será promovida pelo Ministério Público Federal, perante a Justiça Federal".

Por sua vez, a Lei nº 8.137/1990, que define os *crimes contra a ordem tributária, contra a ordem econômica e contra as relações de consumo*, não contém nenhuma norma de competência. Assim, não há competência da Justiça Comum Federal com base no art. 109, VI, da Constituição, de modo que, em regra, a competência *ratione materiae* recai sobre a Justiça Comum Estadual.

Pode ocorrer, entretanto, hipótese de competência da Justiça Federal se houver, pela prática desse tipo de crime, afetação a bem, serviço ou interesse federal, com fundamento no art. 109, IV, da CF. Por exemplo: crime material contra a ordem tributária (art. 1º, *caput*, Lei nº 8.137/1990) que implique supressão ou redução do pagamento de tributo federal. Nessa hipótese, a competência da Justiça Federal não se estabelece em função do bem jurídico afetado, no caso a ordem econômico-financeira (particularmente a ordem tributária), e sim da afetação a *interesse* da União (art. 109, IV, CF).

Crimes contra a ordem econômica estão também tipificados no art. 1º da Lei 8.176/1991, no contexto do *Sistema Nacional de Estoque de Combustíveis*. Nesse domínio, diante da inexistência de norma legal reservando o processo e o julgamento dos crimes à Justiça Federal, tem-se a *competência da Justiça Comum Estadual*. Sob outro prisma, ainda que haja afetação a bens como o petróleo, o gás natural, ou seus derivados, inexiste na hipótese lesão direta a interesse federal, que justificasse a fixação de competência nos moldes do art. 109, IV, da CF.

Por fim, recomenda-se especial atenção ao âmbito dos *crimes de lavagem de bens, direitos e valores ilícitos*, objeto da Lei nº 9.613/1998, cujo art. 2º, III, assim dispõe: "O processo e julgamento dos crimes previstos nesta Lei: III – são da competência da Justiça Federal: a) quando praticados contra o sistema financeiro e a ordem econômico-financeira, ou em detrimento de bens, serviços ou interesses da União, ou de suas entidades autárquicas ou empresas públicas; b) quando a infração penal antecedente for de competência da Justiça Federal".

Depreende-se desse dispositivo que, via de regra, a competência para o processo e o julgamento de crimes de *lavagem* de capitais ilícitos é da Justiça Comum Estadual, ressalvadas três hipóteses: (i) *crimes de lavagem de capitais praticados com afetação ao sistema financeiro e à ordem econômico-financeira*; (ii) *crimes de lavagem de capitais praticados com afetação a bens, serviços ou interesses federais*; (iii) *crime antecedente da competência da Justiça Federal*.

Sobre o ponto (i), o processo e o julgamento dos crimes contra o sistema financeiro nacional, como visto, são de competência da Justiça Federal, consoante o disposto no art. 26 da Lei nº 7.492/1986. Mostra-se lógico, assim, que a *lavagem* de capitais com a utilização do sistema financeiro integre de igual modo a competência da Justiça Comum Federal.

Para além disso, porém, a norma do art. 2º, III, *a*, da Lei nº 9.613/1998, estabeleceu a competência da Justiça Federal para o processo e julgamento de crimes de *lavagem* de capitais em qualquer hipótese de afetação ao sistema financeiro e à ordem econômico-financeira.

Nesse particular, considerando que a prática contemporânea da *lavagem* de ativos opera-se principalmente por meio do sistema financeiro, a amplitude da "exceção" acaba por convertê-la em regra, na prática. Com efeito, é raro encontrar causa de *lavagem* de capitais no âmbito da Justiça Comum Estadual, por mais que se tenha aí, teoricamente, a regra (regra de estreito alcance, por sinal, à vista das características contemporâneas do crime em foco).

Por outro lado, quanto ao ponto (ii) acima (segunda parte do art. 2º, III, *a*, da Lei 9.613/1998), se o crime é cometido em detrimento da União ou de duas entidades autárquicas ou empresas públicas, a competência da Justiça Federal já tem assento claro e inequívoco no art. 109, IV, da Constituição Federal. Nesse particular, o dispositivo legal (art. 2º, III, *a*, segunda parte, Lei 9.613/1998) é inteiramente desnecessário.

Sobre a alínea *b* do art. 2º, III, chancelam-se nesse ponto as regras legais de fixação da competência pela conexão, material ou teleológica (art. 76, II, CPP) e instrumental (art. 76, III, CPP), tendo como foro de atração o da Justiça Comum Federal, conforme pacificado na jurisprudência, particularmente na Súmula nº 122 do Superior Tribunal de Justiça. Se o crime antecedente é da competência da Justiça Federal, o mesmo se aplica quanto ao crime de *lavagem* dos capitais dele provenientes, pela razão adicional de que, nesse contexto, certamente existirá afetação a bens, serviços ou interesses federais.

3.2.6. Crimes cometidos a bordo de navios ou de aeronaves (art. 109, IX, CF)

O art. 109, inciso IX, da Constituição estabelece a competência *ratione materiae* da Justiça Comum Federal para o processo e julgamento dos "crimes cometidos a bordo de navios ou aeronaves, ressalvada a competência da Justiça Militar".

Entende-se por *navio* a embarcação de grande cabotagem apta à navegação de longo curso, em alto mar. No sentido de que só a embarcação *de grande porte* integra o conceito de navio, para os fins da norma de competência em exame, confira-se o julgado da Terceira Seção do STJ no CC 118.503/PR (STJ, 3ª Seção, CC 118.503, Rel. Min. ROGÉRIO SCHIETTI CRUZ, julgamento em 24.04.2015, DJ de 28.04.2015): "...Em razão da imprecisão do termo 'navio' utilizado no referido dispositivo constitucional, a doutrina e a jurisprudência construíram o entendimento de que 'navio' seria embarcação de grande porte o que, evidentemente, excluiria a competência para processar e julgar crimes cometidos a bordo de outros tipos de embarcações, isto é, aqueles que não tivessem tamanho e autonomia consideráveis que pudessem ser deslocados para águas internacionais".

Para a fixação da competência da Justiça Federal, o crime deve ter sido cometido *a bordo* do navio, vale dizer, *no interior* da embarcação. A expressão *a bordo*, ademais, sugere que o navio esteja se deslocando, ou prestes a se deslocar, o que transcende o mero significado de localização. Com efeito, tripulantes e passageiros vão a bordo numa perspectiva de deslocamento. Assim, se a embarcação está ancorada, para fins de carregamento, não há hipótese de crime "a bordo", ainda que praticado o fato no interior do navio. Nesse sentido decidiu a Terceira Seção do STJ no CC 116.011/SP (STJ, 3ª Seção, CC 116.011, Rel. Min. GILSON DIPP, julgamento em 23.11.2011, DJ de 01.12.2011): "I. Não basta, à determinação da competência da Justiça Federal, apenas o fato de que o eventual delito tenha sido cometido no interior de embarcação de grande porte. Faz-se necessário que este se encontre em situação de deslocamento internacional ou ao menos em situação de potencial deslocamento. II. Hipótese na qual a embarcação encontrava-se ancorada, para fins de carregamento, o qual, inclusive, estava sendo feito por pessoas - no caso as vítimas - estranhas à embarcação, visto que eram estivadores e não passageiros ou funcionários desta. III. Conflito conhecido para declarar a competência do Juízo da 3.ª Vara Criminal de Guarujá/SP, o suscitado".

De outro lado, estando a embarcação ancorada, *mas com potencial deslocamento*, a competência para processar e julgar o crime cometido a bordo é da Justiça Federal, como decidiu a Terceira Seção do STJ no já referido CC 118.503/PR: "...3. Restringindo-se ainda mais o alcance do termo 'navio', previsto no art. 109, IX, da Constituição, a interpretação que se dá ao referido dispositivo deve agregar outro aspecto, a saber, que ela se encontre em situação de deslocamento internacional ou em situação de potencial deslocamento. 4. Os tripulantes do navio que se beneficiavam da utilização de centrais telefônicas clandestinas, para realizar chamadas internacionais, pertenciam a embarcação que estava em trânsito no Porto de Paranaguá, o que caracteriza, sem dúvida, situação de potencial deslocamento. Assim, a competência, vista sob esse viés, é da Justiça Federal".

Por sua vez, o conceito normativo de *aeronave* é encontrado no art. 106 da Lei nº 7.565/1986 (Código Brasileiro de Aeronáutica): "Considera-se aeronave todo aparelho manobrável em voo, que possa sustentar-se e circular no espaço aéreo, mediante reações aerodinâmicas, apto a transportar pessoas e coisas".

Desta sorte, o aparelho manobrável em voo e capaz de se sustentar e de circular no espaço aéreo não precisa ser de grande porte para qualificar-se como aeronave.

Ademais, a competência da Justiça Federal conforma-se ainda que a aeronave esteja em solo, como decidiu a Quinta Turma do STJ no HC 108.478/SP (STJ, 5ª Turma, HC 108.478, Rel. Min. ADILSON VIEIRA MACABU, julgamento em 22.02.2011, DJ de 28.03.2011). No mesmo sentido: STJ, 5ª Turma, HC 40.913/SP, Rel. Min. ARNALDO ESTEVES LIMA, julgamento em 19.05.2005, DJ de 15.08.2005.

Nesse ponto, a expressão *a bordo* tem o significado mesmo de *no interior*, quaisquer que sejam as circunstâncias, já que as *aeronaves* sujeitam-se à orientação, controle e fiscalização do Ministério da Aeronáutica, órgão da União (vide art. 12, IV, da Lei nº 7.565/1986).

Por fim, a norma constitucional ressalva a competência da Justiça Militar. Tratando-se, assim, de navio ou aeronave militar, não há competência da Justiça Comum Federal.

3.2.7. Crimes de ingresso ou permanência irregular de estrangeiro (art. 109, X, CF)

O art. 109, inciso X, primeira parte, da Constituição do Brasil institui a competência da Justiça Comum Federal para processar e julgar "os crimes de ingresso ou permanência irregular de estrangeiro..."

O art. 125 da Lei nº 6.815/1980 (Estatuto do Estrangeiro) contém em seus incisos infrações administrativas e infrações penais. Em particular, os crimes, todos redutíveis à hipótese de ingresso ou permanência irregular do estrangeiro no Brasil, estão definidos nos incisos XI, XII e XIII desse art. 125: (i) infração ao disposto nos artigos 106 e 107 da Lei 6.815, punível com detenção de 1 (um) a três anos de detenção (art. 125, XI); (ii) introdução ou ocultação clandestina de estrangeiro, punível com detenção de 1 (um) a 3 (três) anos e, se o agente for estrangeiro, expulsão (art. 125, XII); (iii) declaração falsa para o fim de obtenção de passaporte para estrangeiro, *laisser-passer*, ou quando exigido, visto de saída, punível com reclusão de 1 (um) a 5 (cinco) anos e, se o infrator for estrangeiro, expulsão (art. 125, XIII).

Além dos crimes definidos na lei especial, têm-se ainda os seguintes, a título de ingresso ou permanência irregular do estrangeiro, previstos no Código Penal: (i) reingresso de estrangeiro expulso (art. 338, CP); (ii) três tipos penais de fraude de lei sobre estrangeiro, definidos no art. 309, *caput*[21] e parágrafo único[22], e no art. 310[23] do CP, desde que, no último deles, a conduta seja praticada com a finalidade de garantir a permanência irregular do estrangeiro no Brasil.

3.2.8. Crimes envolvendo disputa sobre direitos indígenas (art. 109, XI, CF)

A Justiça Comum Federal é competente para processar e julgar "a disputa sobre direitos indígenas", nos termos do art. 109, inciso XI, da Constituição da República.

Incluem-se aí os crimes praticados contra índio no contexto de disputa sobre direitos indígenas. Não basta, assim, que o índio seja o autor da ou o ofendido pela prática do crime. Mostra-se essencial, adicionalmente, que o fato se insira em um contexto de ofensa a elementos da comunidade indígena.

Os direitos indígenas, em uma dimensão coletiva, são aqueles enunciados no art. 231, *caput*, da Constituição: "São reconhecidos aos índios sua organização social, costumes, línguas, crenças e tradições, e os direitos originários sobre as terras que tradicionalmente ocupam, competindo à União demarcá-las, proteger e fazer respeitar todos os seus bens".

No sentido exposto, refira-se o julgado do Plenário do STF no RE 419.528/PR (STF, Tribunal Pleno, Rel. Min. Cezar Peluso, DJ de 09.03.2007): "Crime praticado por silvícolas, contra outro índio, no interior de reserva indígena. Disputa sobre direitos indígenas como motivação do delito. Inexistência. Feito da competência da Justiça Comum. (...) Inteligência do art. 109, incs. IV e XI, da CF. A competência penal da Justiça Federal, objeto do alcance do disposto no art. 109, XI, da Constituição da República, só se desata quando a acusação seja de genocídio, ou quando, na ocasião ou motivação de outro delito de que seja índio o agente ou a vítima, tenha havido disputa sobre direitos indígenas, não bastando seja aquele imputado a silvícola, nem que este lhe seja vítima e, tampouco, que haja sido praticado dentro de reserva indígena".

---

21. Art. 309, *caput*, CP: "Usar o estrangeiro, para entrar ou permanecer no território nacional, nome que não é o seu".

22. Art. 309, parágrafo único, CP: "Atribuir a estrangeiro falsa qualidade para promover-lhe a entrada em território nacional".

23. Art. 310, CP: "Prestar-se a figurar como proprietário ou possuidor de ação, título ou valor pertencente a estrangeiro, nos casos em que a este é vedada por lei a propriedade ou a posse de tais bens".

O julgado refere também o genocídio contra índios. Nesse caso, já há, como inerência da prática do crime, a vinculação a elementos étnicos e culturais indígenas. Os crimes de genocídio estão definidos na Lei n° 2.889/1956, podendo consistir em matar membros do grupo, causar-lhes lesão grave, submetê-los a condições destrutivas, adotar medidas destinadas a impedir nascimentos ou efetuar a transferência forçada de crianças, sempre com a intenção de destruir total ou parcialmente a comunidade étnica (art. 1°, Lei n° 2.889/1956).

Desta sorte, a competência material para processar e julgar crime de genocídio contra índio sempre recairá sobre a Justiça Comum Federal, na medida em que a prática desse crime envolve inerentemente elementos étnicos indígenas. Nessa hipótese, caso o genocídio consista em matar membros do grupo (art. 1°, *a*, Lei 2.889/1956), opera-se concurso formal impróprio entre esse crime especial e o crime de homicídio doloso (art. 121, CP), cabendo o julgamento de ambos, por força de conexão, ao *Tribunal do Júri* (foro de atração), *no âmbito da Justiça Comum Federal.*

Nessa direção decidiu o Plenário da Suprema Corte no RE 351.487/RR (STF, Tribunal Pleno, Rel. Min. CEZAR PELUSO, julgamento em 03.08.2006, DJ de 10.11.2006): "...CONCURSO DE CRIMES. Genocídio. Crime unitário. Delito praticado mediante execução de doze homicídios como crime continuado. Concurso aparente de normas. Não caracterização. Caso de concurso formal. Penas cumulativas. Ações criminosas resultantes de desígnios autônomos. Submissão teórica ao art. 70, caput, segunda parte, do Código Penal. Condenação dos réus apenas pelo delito de genocídio. Recurso exclusivo da defesa. Impossibilidade de reformatio in peius. Não podem os réus, que cometeram, em concurso formal, na execução do delito de genocídio, doze homicídios, receber a pena destes além da pena daquele, no âmbito de recurso exclusivo da defesa. 3. COMPETÊNCIA CRIMINAL. Ação penal. Conexão. Concurso formal entre genocídio e homicídios dolosos agravados. Feito da competência da Justiça Federal. Julgamento cometido, em tese, ao tribunal do júri. Inteligência do art. 5°, XXXVIII, da CF, e art. 78, I, cc. art. 74, § 1°, do Código de Processo Penal. Condenação exclusiva pelo delito de genocídio, no juízo federal monocrático. Recurso exclusivo da defesa. Improvimento. Compete ao tribunal do júri da Justiça Federal julgar os delitos de genocídio e de homicídio ou homicídios dolosos que constituíram modalidade de sua execução".

Não havendo (i) genocídio contra índio nem (ii) crime praticado em contexto de ofensa a elementos da comunidade indígena, compete à Justiça Comum Estadual processar e julgar as infrações penais praticadas por índio ou contra índio, individualmente considerado. Nesse sentido, além do já citado RE 419.528/PR do STF, eis o teor da Súmula n° 140 do STJ: "Compete à Justiça Comum Estadual processar e julgar crime em que o indígena figure como autor ou vítima".

3.3. Incidente de Deslocamento da Competência para a Justiça Federal

Além das hipóteses de competência propriamente originária da Justiça Federal, tem-se, desde o advento da Emenda Constitucional n° 45/2004, a possibilidade de *deslocamento de competência*, *em razão da matéria*, da Justiça Comum Estadual para a Justiça Comum Federal.

A hipótese de deslocamento está prevista no § 5° acrescentado ao art. 109 pela EC n° 45/2004: "Nas hipóteses de grave violação de direitos humanos, o Procurador-Geral da República, com a finalidade de assegurar o cumprimento de obrigações decorrentes de tratados internacionais de direitos humanos dos quais o Brasil seja parte, poderá suscitar, perante o Superior Tribunal de Justiça, em qualquer fase do inquérito ou processo, incidente de deslocamento de competência para a Justiça Federal".

Identificam-se, na norma de competência, dois requisitos essenciais para a aplicabilidade do deslocamento: (i) grave violação de direitos humanos; (ii) necessidade de assegurar o cumprimento de obrigações decorrentes de tratados internacionais de direitos humanos.

Os principais tratados internacionais de direitos humanos, em nosso âmbito, são a Convenção Americana de Direitos Humanos (CADH), também conhecida como Pacto de San José da Costa Rica, e o Pacto Internacional de Direitos Civis e Políticos (PIDCP), ambos incorporados à ordem jurídica brasileira pelos Decretos n° 678/1992 e 592/1992, respectivamente. Assim, para a identificação dos direitos humanos, deve-se tomar essa referência, além, naturalmente, daqueles objeto de previsão, como direitos fundamentais, na própria Constituição do Brasil.

A violação a direitos humanos há de ser grave (i), repercutindo na própria efetividade global dos sistemas estatais protetivos e, em particular, na eficácia do compromisso brasileiro em combater determinadas agressões. A ofensa, assim, há de ser extraordinária, transcendendo a dimensão individual do bem jurídico afetado.

A título de exemplo, tome-se o homicídio praticado por organização criminosa contra autoridade pública atuante no combate ao crime. Refira-se, nesse ponto, o julgado da Terceira Seção do STJ no IDC 2/DF (STJ, 3ª Seção, IDC 2, Rel. Min. Laurita Vaz, julgamento em 27.10.2010, DJ de 22.11.2010), em que a Corte considerou existente a grave lesão no seguinte caso: "o advogado e vereador pernambucano MANOEL BEZERRA DE MATTOS NETO foi assassinado em 24/01/2009, no Município de Pitimbu/PB, depois de sofrer diversas ameaças e vários atentados, em decorrência, ao que tudo leva a crer, de sua persistente e conhecida atuação contra grupos de extermínio que agem impunes há mais de uma década na divisa dos Estados da Paraíba e de Pernambuco, entre os Municípios de Pedras de Fogo e Itambé".

Ademais, alude a norma constitucional à "finalidade de assegurar o cumprimento de obrigações decorrentes de tratados internacionais". Identifica-se claramente, no ponto, o requisito da *necessidade* de assegurar o cumprimento de obrigações internacionais. Concretamente, essa necessidade existirá em função de dois elementos: (a) risco de responsabilização internacional do Brasil por descumprimento de obrigação assumida em tratado ou convenção; (b) inércia ou ineficiência dos órgãos de persecução penal estaduais.

Caso, mesmo presente a grave violação a direito humano, tenha havido pronta e eficaz ação por parte dos órgãos de persecução penal na esfera da Justiça Comum Estadual, não há hipótese de deslocamento de competência para a Justiça Comum Federal.

Confira-se, a esse respeito, mais uma vez o precedente da Terceira Seção do STJ firmado no julgamento do IDC 2/DF (Rel. Min. LAURITA VAZ, DJ de 22.11.2010): "A teor do § 5.º do art. 109 da Constituição Federal, introduzido pela Emenda Constitucional n.º 45/2004, o incidente de deslocamento de competência para a Justiça Federal fundamenta-se, essencialmente, em três pressupostos: a existência de grave violação a direitos humanos; o risco de responsabilização internacional decorrente do descumprimento de obrigações jurídicas assumidas em tratados internacionais; e a incapacidade das instâncias e autoridades locais em oferecer respostas efetivas."

A iniciativa para suscitar o incidente de deslocamento de competência está reservada ao Procurador-Geral da República. Ao Superior Tribunal de Justiça cabe apreciar o incidente (dentro do tribunal, a competência é da *seção*).

Acolhido o incidente pelo STJ, fixa-se a competência da Justiça Federal (art. 109, V-A, CF), em princípio a de primeira instância, ressalvadas as hipóteses de foro especial por prerrogativa de função. Assim, por exemplo, se o imputado for prefeito municipal, o deslocamento deverá ocorrer do Tribunal de Justiça (Justiça Comum Estadual) para o Tribunal Regional Federal (Justiça Comum Federal de segunda instância).

4. COMPETÊNCIA PELA MATÉRIA DA JUSTIÇA ELEITORAL

A Justiça Eleitoral é forma de Justiça Especial instituída, com quatro órgãos jurisdicionais, pelo art. 118 da Constituição de 1988. A respeito da competência da Justiça Eleitoral, dispõe o art. 121, *caput*, da Constituição: "Lei complementar disporá sobre a organização e competência dos tribunais, dos juízes de direito e das juntas eleitorais". Tem-se, portanto, remissão constitucional à lei complementar no que concerne à *organização e à competência* da Justiça Eleitoral.

O Código Eleitoral em vigor, no entanto, foi instituído, anteriormente ao advento da Constituição de 1988, por lei ordinária, a saber, a Lei nº 4.737/1965. Significa isso dizer que, onde inexista incompatibilidade material com a nova ordem constitucional, a Lei nº 4.737/1965 foi recepcionada pela Constituição de 1988, inclusive no que tange à organização e à competência da Justiça Eleitoral.

Ao contrário do que por vezes desavisadamente se afirma, a Lei nº 4.737 não foi recepcionada "como lei complementar", pois o fenômeno jurídico da recepção não tem a aptidão de modificar a natureza formal da lei. Apenas, na espécie, qualquer futura modificação da Lei nº 4.737, acerca de organização e de competência da Justiça Eleitoral, bem como qualquer outra disposição envolvendo essa matéria, deverá ser objeto de lei complementar, nos termos do art. 121, *caput*, da Constituição.

Decorre claramente da legislação em vigor a competência da Justiça Eleitoral para o processo e julgamento dos *crimes eleitorais*, que compreendem: (i) as infrações penais previstas no Código Eleitoral (Lei nº 4.737/1965); (ii) eventuais infrações penais que possam vir a ser definidas como crimes eleitorais em leis especiais[24]. Atualmente, contudo, todos os crimes eleitorais estão definidos na Lei nº 4.737/1965.

Nesse particular, importa referir, a respeito da competência da Justiça Eleitoral, o disposto no art. 355 da Lei nº 4.737/1965: "Todo cidadão que tiver conhecimento de infração penal deste Código deverá comunicá-la ao juiz eleitoral da zona onde a mesma se verificou". Tem-se aí fixada, portanto, a competência dos órgãos da Justiça Eleitoral para o processo e o julgamento dos crimes eleitorais, entendidos como aqueles definidos na Lei nº 4.737/1965, no Capitulo II do Título IV da Parte Quinta, entre os artigos 289 e 354.

Nas hipóteses de *conexão*, como aprofundado na Seção V deste Capítulo: (i) tratando-se de conexão entre crime eleitoral e crime da competência da Justiça Comum Estadual, prevalece a competência da Justiça Eleitoral (foro de atração), em que será fixada a unidade de processo e julgamento, de acordo com o disposto no art. 78, IV, c/c art. 79, *caput*, do CPP; (ii) tratando-se de conexão entre crime eleitoral e crime federal, impõe-se a separação de processos, já que tanto a competência da Justiça Eleitoral quanto a da Justiça Comum Federal emanam da Constituição, de modo que *não* se aplicam, a esse âmbito, as normas dos artigos 78, IV, e 79, *caput*, do CPP[25]; (iii) tratando-se de conexão entre crime eleitoral e crime doloso contra a vida, impõe-se de igual modo a separação de processos, pelas mesmas razões expostas em (ii), já que tanto a competência da Justiça Eleitoral quanto a do tribunal do júri emanam da própria Constituição, *não se aplicando*, a essa esfera, o disposto no art. 78, I, c/c art. 79, *caput*, do CPP (que *imporiam* a unidade de processo e julgamento perante o júri[26]).

5. COMPETÊNCIA PELA MATÉRIA DA JUSTIÇA MILITAR

5.1. Justiça Militar da União e Justiça Militar dos Estados

Antes de tudo, a Justiça Militar deve ser dividida em: (i) Justiça Militar da União; (ii) Justiça Militar dos Estados.

A competência da *Justiça Militar da União* está prevista no art. 124, *caput*, da Constituição Federal: "À Justiça Militar compete processar e julgar os crimes militares definidos em lei". O parágrafo único desse mesmo artigo, por sua vez, reserva à lei dispor "sobre a organização, o funcionamento e a competência da Justiça Militar". O complexo legislativo em questão é a Lei nº 8.457/1992.

---

24. Assevere-se que a definição futura de crimes eleitorais não integra a reserva de lei complementar estabelecida no art. 121, *caput*, da CF, restrita à organização e à competência da Justiça Eleitoral. A definição de crimes eleitorais, assim, continua a ser matéria própria de lei ordinária, mesmo na ordem constitucional vigente.

25. Nesse sentido decidiu a Terceira Seção do STJ no CC 107.913/MT (Rel. Min. Marco Aurélio Bellizze, DJ de 30.10.2012).

26. Esses dispositivos, fixando a unidade de processo e julgamento perante o tribunal do júri, apenas se aplicam à hipótese conexão entre crime doloso contra a vida e outro(s) crime(s) comum(ns) da competência da Justiça Estadual.

Por outro lado, o art. 125, § 3º, da Constituição Federal contempla a possibilidade de criação de Justiça Militar em cada Estado, por lei estadual, balizada por alguns parâmetros: "A lei estadual poderá criar, mediante proposta do Tribunal de Justiça, a Justiça Militar estadual, constituída, em primeiro grau, pelos juízes de direito e pelos Conselhos e Justiça e, em segundo grau, pelo próprio Tribunal de Justiça, ou por Tribunal de Justiça Militar nos Estados em que o efetivo militar seja superior a vinte mil integrantes".

Sobre a competência da Justiça Militar Estadual, dispõe o art. 125, § 4º, da Constituição: "Compete à Justiça Militar estadual processar e julgar os militares dos Estados, nos crimes militares definidos em lei e as ações judiciais contra atos disciplinares militares, ressalvada a competência do júri quando a vítima for civil, cabendo ao tribunal competente decidir sobre a perda do posto e da patente dos oficiais e da graduação das praças". Ainda quanto à competência, preceitua o art. 125, § 5º, da Constituição: "Compete aos juízes de direito do juízo militar processar e julgar, singularmente, os crimes militares cometidos contra civis e as ações judiciais contra atos disciplinares militares, cabendo ao Conselho de Justiça, sob a presidência de juiz de direito, processar e julgar os demais crimes militares".

Essa diferença de tratamento normativo da competência material da Justiça Militar da União, de um lado, e da Justiça Militar dos Estados, de outro, justifica abordagem separada de cada uma delas, o que se faz na sequência.

5.2. Competência pela Matéria da Justiça Militar da União

Em conformidade com o disposto no art. 124, *caput*, da Constituição Federal, compete à Justiça Militar da União o processo e o julgamento dos *crimes militares*, assim definidos em lei. Em razão da matéria, assim, a competência examinada restringe-se aos crimes militares.

Esses crimes especiais estão *tipificados no Código Penal Militar*, instituído pelo Decreto-Lei nº 1.001/1969. Compreendem-se aí: (i) os crimes militares praticados em tempo de paz (art. 9º, CPM); (ii) os crimes militares praticados em tempo de guerra (art. 10, CPM). Os crimes militares podem ser praticados: (a) *por militar*; (b) *por civil, desde que contra as instituições militares* (art. 9º, III, CPM), depreendendo-se daí o *propósito do agente de atentar contra as forças armadas*.

Na esfera específica da competência da Justiça Militar *da União*, a hipótese é de crime militar: (a) praticado por militar das forças armadas (Exército, Marinha e Aeronáutica), vinculado ao Ministério da Defesa; (b) praticado por civil contra as forças armadas.

Assevere-se que não há, em nosso sistema, crime militar além dos definidos no Código Penal Militar. Nessas condições, ainda que praticada por agente integrante das forças armadas, não há crime militar – nem, por conseguinte, competência da Justiça Militar da União – se a conduta não estiver definida como tal no Código Penal Militar.

De acordo com essa lógica, o STJ, em sua Súmula nº 172, firmou orientação no sentido de que compete à Justiça Comum (Federal ou Estadual, conforme o caso), e não à Justiça Militar, "processar e julgar militar por crime de abuso de autoridade, ainda que praticado em serviço". Assim, os crimes de abuso de autoridade, objeto da Lei nº 4.898/1965, integram a competência da Justiça Comum – Federal ou Estadual, em função da existência hipotética ou não de afetação a bem, serviço ou interesse federal.

Na mesma direção, compete à Justiça Comum, e não à Justiça Militar, o processo e julgamento de crime de tortura (objeto da Lei nº 9.455/1997) imputado a militar, conforme decidiu a Segunda Turma do STF no RE 407.721/DF (STF, 2ª Turma, RE 407.721, Rel. Min. GILMAR MENDES, julgamento em 16.11.2004, DJ de 03.12.2004): "Arquivamento de inquérito policial militar, por inexistência de crime militar. Correição parcial requerida pelo juiz-auditor corregedor da Justiça Militar da União. Alegação de ocorrência de crime de tortura. Crime comum. Incompetência da Justiça Militar. Inteligência do art. 124 da CF".

Em síntese, a competência material da Justiça Militar da União configura-se pela conjunção dos seguintes elementos: (i) hipótese de prática de crime militar (definido no Código Penal Militar); (ii) imputação do fato a militar *das forças armadas* (instituições militares federais) ou a civil, desde que, neste último caso, fique evidenciado na hipótese o propósito de atentar *contra as forças armadas*.

5.3. Competência pela Matéria da Justiça Militar dos Estados

A competência material da Justiça Militar dos Estados restringe-se também ao processo e ao julgamento *de crimes militares*, assim entendidos aqueles tipificados no Código Penal Militar. Sobre a exigência da prática de crime militar também na esfera em foco, refira-se à Súmula nº 75 do STJ, na qual se fixou a competência da Justiça Comum Estadual "para processar e julgar o policial militar por crime de promover ou facilitar a fuga de preso de estabelecimento penal", que constitui crime comum[27].

Há, entretanto, outra *condição essencial*, emanada do art. 125, § 4º, da Constituição da República, com redação conferida pela Emenda Constitucional nº 45/2004: crime militar imputado a *militar estadual*, aí compreendidos os agentes das polícias militares e dos corpos de bombeiros militares (art. 144, V, e § 4º, CF / art. 1º, Decreto-Lei nº 667/1969).

Significa dizer que, ao contrário do que sucede no âmbito da Justiça Militar da União, *a Justiça Militar Estadual não tem competência para julgar civis*. Isso decorre da disposição constitucional de que compete à Justiça Militar estadual processar e julgar "os militares dos Estados". Nesse sentido, eis a orientação consolidada na Súmula nº 53 do STJ: "Compete à Justiça Comum Estadual processar e julgar acusado de prática de crime contra instituições militares estaduais". Assim, a hipótese de cometimento *de crime militar por civil*, ressalvada a competência da Justiça Militar da União, integra a competência material da Justiça *Comum* Estadual.

---

27. Tratando-se, porém, de estabelecimento penitenciário militar, o caso é de crime militar (art. 178, CPM), devendo ser fixada a competência da Justiça Militar estadual, em hipótese de prática do fato por militar do Estado respectivo. Caso o fato se dê em estabelecimento penitenciário federal, a hipótese é de competência da Justiça Comum Federal, diante da afetação direta a serviço federal (art. 109, IV, CF).

A competência da Justiça Militar Estadual, nesse âmbito, é para o processo e o julgamento *do militar do Estado respectivo*, ainda que o crime militar haja sido cometido em outra unidade da Federação, conforme entendimento firmado pelo STJ em sua Súmula nº 78: "Compete à Justiça Militar processar e julgar policial de corporação estadual, ainda que o delito tenha sido praticado em outra unidade federativa".

Esse aspecto conduz à conclusão de que a competência da Justiça Militar Estadual, além de *ratione materiae*, é também *ratione personae* (ou *ratione muneris*), encerrando a feição de verdadeiro foro especial para o processo e julgamento do militar estadual, independentemente do lugar do fato.

Na hipótese de autoria do crime militar em concurso por militar estadual e por civil, impõe-se, diante dos parâmetros examinados, a *separação de processos*: à Justiça Militar Estadual cabe processar e julgar o militar do Estado respectivo; à Justiça Comum Estadual compete processar e julgar o civil, pelo mesmo fato.

5.4. Conexão entre Crime Militar e Crime Comum: Separação de Processos

Este é um aspecto de tratamento normativo uniforme, quer se trate da competência da Justiça Militar da União, quer da competência da Justiça Militar Estadual: na hipótese de conexão entre crime comum e crime militar, impõe-se a separação de processos, cabendo o julgamento do crime comum à Justiça Comum (Federal ou Estadual, conforme o caso) e o do crime militar à Justiça Militar (Federal ou Estadual, conforme o caso).

Esse regime está claro, *a contrario sensu*, na norma do art. 79, I, do CPP: "A conexão e a continência importarão unidade de processo e julgamento, *salvo*: I – no concurso entre a jurisdição comum e a militar". Refletindo esse tratamento, a Súmula nº 90 do STJ ficou assim consolidada: "Compete à Justiça Estadual Militar processar e julgar o policial militar pela prática do crime militar, e à Comum pela prática do crime comum simultâneo àquele".

SUBSEÇÃO II
Competência de Juízo em Razão da Matéria

A competência *de juízo* em razão da matéria define-se sempre pela *natureza da infração*, conforme previsto no art. 69, inciso III, do Código de Processo Penal.

A lei processual penal, como antes afirmado, remete a definição específica da competência, pela natureza da infração penal, às leis de organização judiciária, ressalvando a competência do tribunal do júri para o julgamento dos crimes dolosos contra a vida. Com efeito, nos termos do art. 74, *caput*, do CPP: "A competência pela natureza da infração será regulada pelas leis de organização judiciária, salvo a competência privativa o Tribunal do Júri".

A legislação especial, porém, poderá de igual modo estabelecer competência em função da natureza da infração penal. Cumpre, assim, discernir os diversos âmbitos de definição desse tipo de competência.

1. COMPETÊNCIA DE JUÍZO EM RAZÃO DA MATÉRIA ESTABELECIDA PELO CÓDIGO DE PROCESSO PENAL E PELA LEGISLAÇÃO PROCESSUAL PENAL ESPECIAL

1.1. Competência do Tribunal do Júri (Constituição e Código de Processo Penal)

1.1.1. *Características e hipóteses de competência do Tribunal do Júri*

A competência do Tribunal do Júri está, antes de tudo, fixada no art. 5º, XXXVIII, *d*, da Constituição Federal: "É reconhecida a instituição do júri, com a organização que lhe der a lei, assegurados: d) a competência para o julgamento dos crimes dolosos contra a vida".

O tribunal popular do júri reflete a expressão mais fiel da tradição histórica do sistema acusatório presente no direito brasileiro, sobretudo nas seguintes características: juízo colegiado leigo e sistema da íntima convicção.

Ao contrário do que sucede nos sistemas anglo-saxões, porém, a instituição do júri ficou entre restrita, entre nós, a um âmbito muito especial, o dos crimes dolosos contra a vida. Entendeu-se que, nessa órbita, está justificada a aplicação de um modelo que prestigie o senso de justiça de juízes leigos, os jurados, frente à apreciação propriamente técnica do aperfeiçoamento da responsabilidade penal.

Essa tradição encontra-se de tal forma arraigada no sistema brasileiro que a instituição do júri e a respectiva competência integram o núcleo de imutabilidade delimitado pela Constituição, por constituírem, os princípios expressos no art. 5º, XXXVIII, garantias individuais do acusado por crime doloso contra a vida.

No plano da legislação ordinária, a competência do júri encontra-se assim enunciada no art. 74, § 1º, do CPP: "Compete ao Tribunal do Júri o julgamento dos crimes previstos nos arts. 121, §§ 1º e 2º, 122, parágrafo único, 123, 124, 125, 126 e 127 do Código Penal, consumados ou tentados". Os dispositivos indicados correspondem precisamente aos tipos de crimes dolosos contra a vida.

Em primeiro lugar, a competência do Tribunal do Júri é de *julgamento*. A fase prévia de instrução, por outro lado, está reservada a um juiz togado (*juiz sumariante* ou *juiz da pronúncia*), a quem caberá a admissibilidade da acusação, para fins de sujeição ou não do acusado a julgamento perante o tribunal popular. Assim é que o procedimento do júri se estrutura em duas fases essenciais: (a) fase instrutória ou do juízo de admissibilidade da acusação; (b) fase de mérito ou de julgamento, perante o Tribunal do Júri. Esses pontos são objeto de abordagem na Subseção I da Seção II do Capítulo XVII deste Curso, reservado aos procedimentos penais.

O *Tribunal do* Júri é composto: (i) por um *juiz-presidente* (juiz togado); (ii) pelo *Conselho de Sentença*, constituído por 7 (sete) jurados, sorteados entre 25 (vinte e cinco) (art. 447, CPP) ou pelo menos 15 (quinze) jurados (art. 463, CPP) presentes na sessão de julgamento.

Esse Tribunal do Júri, cujo Conselho de Sentença é constituído a cada sessão de julgamento, reúne-se na periodicidade e da forma estabelecidas na lei local de organização judiciária (art. 453, CPP).

Advirta-se que o Tribunal do Júri poderá constituir-se tanto na Justiça Comum Estadual quanto na Justiça Comum Federal. Pode acontecer, de fato, que o crime doloso contra a vida afete diretamente serviços ou interesses da União ou de entidade autárquica ou empresa pública federal. É o que ocorre, por exemplo, no caso de homicídio doloso praticado contra servidor público federal durante o exercício da função e em razão dela (homicídio contra auditor da Receita Federal ou contra fiscal do trabalho, por exemplo). Nessa hipótese, o julgamento integra a competência do Tribunal do Júri federal ou Tribunal do Júri no âmbito da Justiça Comum Federal.

A respeito da extensão da competência do júri, cumpre individualizar os crimes por ela alcançados, de acordo com a norma do art. 74, § 1º, do CPP. Trata-se dos crimes dolosos contra a vida objeto do Capítulo I ("Dos Crimes contra a Vida") do Título I ("Dos Crimes contra a Pessoa") da Parte Especial do Código Penal: (i) homicídio simples (art. 121, *caput*, CP); (ii) homicídio privilegiado (art. 121, § 1º, CP); (iii) homicídio qualificado (art. 121, § 2º, CP); (iv) induzimento, instigação ou auxílio a suicídio, simplesmente designável por participação em suicídio (art. 122, CP), nas formas simples (art. 122, *caput*) e majorada (art. 122, parágrafo único); (v) infanticídio (art. 123, CP); (vi) aborto provocado pela gestante ou com seu consentimento (art. 124, CP); (vii) aborto provocado por terceiro sem o consentimento da gestante (art. 125, CP), nas formas simples (art. 125, *caput*) e majorada (art. 127); (viii) aborto provocado por terceiro com o consentimento da gestante (art. 126, CP), nas formas simples (art. 126, *caput*) e majorada (art. 127).

A competência de julgamento do júri abrange a hipótese de prática dolosa (art. 18, I, CP) de qualquer desses crimes, quer na forma consumada (art. 14, I, CP), quer na forma tentada (art. 14, II e parágrafo único, CP).

Não estão alcançados pela competência do júri, assim, os crimes culposos contra a vida; por exemplo: o homicídio culposo, definido no art. 121, § 3º, do CP. Tampouco integram a competência do júri, pelas mesmas razões, os crimes de conduta dolosa cujo resultado haja sido causado culposamente (crimes preterdolosos); por exemplo: lesão corporal seguida de morte (art. 129, § 3º, CP); abandono de incapaz com resultado morte (art. 133, § 2º, CP); omissão de socorro com resultado morte (art. 135, parágrafo único, CP); condicionamento de atendimento médico-hospitalar com resultado morte (art. 135-A, parágrafo único, CP); roubo com resultado morte (art. 157, § 3º, parte final, CP); extorsão com resultado morte (art. 158, § 3º, CP); extorsão mediante sequestro com resultado morte (art. 159, § 3º, CP); estupro com resultado morte (art. 213, § 2º, CP).

No caso do roubo seguido de morte, conhecido pelo termo *latrocínio*, o STF consolidou orientação, em sua Súmula nº 603, no sentido de que a competência para o julgamento do crime é do juízo singular, e não do Tribunal do Júri, o que se aplica *ainda que a morte haja sido causada dolosamente*: "A competência para o processo e julgamento de latrocínio é do juiz singular e não do Tribunal do Júri".

Este é induvidosamente um caso especial, já que o roubo seguido de morte, objeto do art. 157, § 3º, do CP, não constitui necessariamente um crime preterdoloso (dolo na conduta e culpa no resultado), segundo o entendimento dominante. Assim, praticada a subtração violenta com resultado morte, configura-se o tipo do art. 157, § 3º, do CP, mesmo que o evento haja sido causado dolosamente.

De nossa parte, não concordamos com essa orientação. Parece-nos que, da mesma maneira aplicável aos demais casos de resultado morte, a hipótese em foco, vale dizer, a do art. 157, § 3º, do CP, é de crime preterdoloso. Assim, em caso de dolo quanto ao resultado morte, haveria concurso entre roubo simples (art. 157, *caput*, CP) e homicídio qualificado pela conexão teleológica ou instrumental (art. 121, § 2º, V, CP). Isso firmaria a competência do júri para o processo e julgamento de ambos os crimes. Esse entendimento, no entanto, já foi rechaçado pela posição hoje prevalecente. Nessas condições, considerada a incidência do art. 157, § 3º, entende então o STF que a competência é do juízo singular, pois a figura típica em questão constitui, na sistemática do direito penal brasileiro, crime contra o patrimônio, por mais que afete também, de maneira dolosa, a vida.

Na hipótese de concurso entre crime da competência do juízo singular comum e crime doloso contra a vida, firma-se a competência atrativa do júri para o julgamento dos crimes conexos, como dispõe o art. 78, I, do CPP: "no concurso entre a competência do júri e a de outro órgão da jurisdição comum, prevalecerá a competência do júri". Nada mais lógico: a competência do júri tem fonte em norma constitucional (art. 5º, XXXVIII, *d*, CF), ao passo que a competência do juízo singular comum tem sede na legislação ordinária. Assim, em caso de concurso entre crime de estupro (art. 213, caput, CP) e crime de homicídio doloso (art. 121, CP), a competência para o processo e julgamento de ambos crimes (conexos) é do Tribunal do Júri (art. 78, I, CPP).

Caso, entretanto, haja concurso entre a competência de foro por prerrogativa de função e a competência do Tribunal do Júri, impõe-se a separação de processos, desde que a primeira tenha fonte na Constituição Federal.

Assim, por exemplo: em caso de prática de homicídio, imputa-se a autoria intelectual a um Deputado Federal e a execução da conduta a pessoa não titular de foro especial por prerrogativa de função. Na espécie, como a competência do STF para o processo e o julgamento de Deputados Federais por crimes comuns encontra-se fixada na própria Constituição (art. 102, I, *b*, CF), esta norma específica prevalece, *para o titular do foro especial*, sobre a norma mais geral referente à competência do júri (art. 5º, XXXVIII, CF). Ressalte-se que tal prevalência só acontece no que tange ao Deputado Federal acusado: quanto ao executor, a competência é do Tribunal do Júri[28].

---

28. Assevere-se que a separação de processos só existe se a conexão for entre duas formas de competência estabelecidas na própria Constituição. Na hipótese de concurso entre a competência por prerrogativa de função e a competência do juízo comum, haverá a reunião de processos perante o tribunal competente (foro de atração). Assim, tanto o titular do foro por prerrogativa de função quanto o corréu serão processados e julgados perante o tribunal. Nesse sentido, a Súmula 704 do STF: "Não viola as garantias do juiz natural, da ampla defesa e do decido processo legal a atração por continência ou conexão do processo do corréu ao foro por prerrogativa de função de um dos denunciados".

A separação de processos, portanto, é a solução entendida como apta a compatibilizar as aludidas normas *constitucionais* de competência. Se, no entanto, a competência por prerrogativa de função está exclusivamente fixada na Constituição Estadual, prevalece a competência do Tribunal do Júri, para o julgamento do crime doloso contra a vida. Nesse sentido, a Súmula Vinculante nº 45 do STF: "A competência constitucional do Tribunal do Júri prevalece sobre o foro por prerrogativa de função estabelecido exclusivamente pela Constituição Estadual"[29].

Na hipótese de concurso entre a competência do Tribunal do Júri e a competência da Justiça Militar, aplica-se de igual modo a separação de processos, incidindo nesse particular o art. 79, I, do CPP (*a contrario sensu*), na medida em que a competência da Justiça Militar também tem fonte em norma constitucional. Nesse rumo, tem-se a Súmula nº 90 do STJ, aplicável inclusive no que concerne à competência do Tribunal do Júri.

Havendo conexão entre crime militar (por exemplo, crime praticado por civil contra as instituições militares) e crime (comum) de homicídio doloso, caberá à Justiça Militar o processo e o julgamento do crime militar e ao Tribunal do Júri, na Justiça Comum, o julgamento do crime doloso contra a vida. Apenas fique advertido que o homicídio doloso praticado por militar contra civil é crime comum, e não crime militar, integrando, portanto, a competência de julgamento do Tribunal do Júri.

1.1.2. Incompetência superveniente do Tribunal do Júri (art. 74, § 3º, CPP)

Considere-se o disposto no art. 74, § 3º, do CPP: "Se o juiz da pronúncia desclassificar a infração para outra atribuída à competência de juiz singular, observar-se-á o disposto no art. 410 [atual art. 419]; mas, se a desclassificação for feita pelo próprio Tribunal do Júri, a seu presidente caberá proferir a sentença".

Cuida-se de hipóteses de *incompetência superveniente* do júri, em decorrência de *desclassificação*, isto é, da nova definição jurídica atribuída à hipótese de fato pelo órgão judiciário, de que resulte sua própria incompetência em razão da natureza da infração penal. Os efeitos da modificação variam de acordo com a fase do procedimento do júri em que se der a desclassificação.

Desta sorte: (i) caso a desclassificação advenha do "juízo da pronúncia" (presente por um juiz togado) ao final da fase instrutória (primeira fase) do procedimento do júri, deverá ser determinada a remessa dos autos ao juízo considerado competente (art. 74, § 3º, primeira parte, c/c art. 419, CPP); (ii) caso a desclassificação advenha de decisão do próprio Conselho de Sentença do Tribunal do Júri, o juiz presidente deverá, logo em seguida, proferir a sentença (art. 74, § 3º, segunda parte, c/c art. 492, §§ 1º e 2º, CPP).

Assim, por exemplo, se ao final da fase instrutória o juízo se convencer que a hipótese de fato objeto da ação penal configura em tese, na verdade, o crime de lesão corporal seguida de morte, e não o de homicídio qualificado, deverá proceder à desclassificação, determinando a remessa dos autos ao juízo singular comum.

---

29. Era esse o texto da Súmula 721 do STF, hoje transformada na Súmula Vinculante nº 45.

Por outro lado, caso pronunciado o acusado por homicídio qualificado, se a desclassificação para lesão corporal seguida de morte for decidida pelo Conselho de Sentença, ao juiz presidente do Tribunal do Júri caberá, logo em seguida, proferir a sentença.

Nessa última hipótese, se a nova classificação jurídica consistir em infração penal de menor potencial ofensivo, deverão ser aplicados os institutos despenalizadores objeto da Lei nº 9.099/1995 (art. 492, § 1º, CPP), a exemplo da transação penal e da exigência de representação do ofendido para determinados crimes. É o que acontece no caso de desclassificação de homicídio tentado para lesão corporal simples, em que o juiz presidente do Tribunal do Júri deverá instar o Ministério Público a formular proposta de transação penal, se presentes todas as condições aplicáveis.

Ainda voltaremos a esse tema no estudo do procedimento do júri, desenvolvido na Subseção I da Seção II do Capítulo XVII deste Curso.

1.2. Competência dos Juizados Especiais Criminais (Constituição e Lei nº 9.099/1995)

Antes de tudo, cumpre asseverar que a competência dos juizados especiais criminais *não é rigorosamente* uma forma de competência em razão da natureza da infração penal (art. 69, III, CPP).

A *infração de menor potencial ofensivo* é definida em função *da pena máxima cominada*, e não em face da natureza específica do tipo de injusto. Há, portanto, a delimitação de um conjunto de infrações de acordo com o nível ofensivo. Em todo caso, diante do conceito legal de uma modalidade nominada de infração penal, sujeita a regime específico, justifica-se examinar o assunto na esfera da competência em razão da natureza da infração, até por se tratar igualmente de *competência de juízo em razão da matéria*.

A competência dos juizados especiais criminais para o processo e julgamento de *infrações penais de menor potencial ofensivo* tem respaldo primário no art. 98, inciso I, da Constituição Federal: "A União, no Distrito Federal e nos Territórios, e os Estados criarão: I – juizados especiais, providos por juízes togados, ou togados e leigos, competentes para a conciliação, o julgamento e a execução de causas cíveis de menor complexidade e infrações penais de menor potencial ofensivo, mediante os procedimentos oral e sumaríssimo, permitidos, nas hipóteses previstas em lei, a transação e o julgamento de recursos por turmas de juízes de primeiro grau".

Sobreveio à Constituição da República a paradigmática Lei nº 9.099/1995, que instituiu os juizados especiais criminais sob a base precisamente do conceito de *infração penal de menor potencial ofensivo*, assim delimitado na *redação originária* do art. 61: "Consideram-se infrações penais de menor potencial ofensivo, para os efeitos desta Lei, as contravenções penais e os crimes a que a lei comine pena máxima não superior a um ano, excetuados os casos em que a lei preveja procedimento especial." (*modificado*)

Posteriormente, para o domínio específico dos *juizados especiais criminais federais*, o hoje revogado art. 2º, parágrafo único, da Lei nº 10.259/2001 estabeleceu conceito diverso de infração penal de menor potencial ofensivo: "Consideram-se infrações de menor potencial ofensivo, para os efeitos desta Lei, os crimes a que a lei comine pena máxima não superior a dois anos, ou multa". Fixou-se, portanto, patamar superior de pena máxima cominada, além da previsão alternativa da cominação de pena de multa, como base para a delimitação da infração de menor potencial.

Vivenciou-se, durante algum tempo, ambiente normativo injustificável, com dois conceitos diversos de infração de menor potencial ofensivo. Entendia-se acertadamente, nesse tempo, que o conceito do art. 2º, parágrafo único, da Lei nº 10.259/2001, era aplicável aos juizados especiais criminais em geral, e não apenas aos federais.

Para equalizar as situações no plano normativo, adveio a Lei nº 11.313/2006, que conferiu nova redação ao art. 61 da Lei 9.099/1995 (e também ao art. 2º, parágrafo único da Lei 10.259/2001), instituindo, dessa forma, um conceito unificado de infração penal de menor potencial ofensivo.

Assim, de acordo com a atual redação do art. 61 da Lei nº 9.099/1995, "consideram-se infrações de menor potencial ofensivo, para os efeitos desta Lei, as contravenções penais e os crimes a que a lei comine pena máxima não superior a 2 (dois) anos, cumulada ou não com multa".

Esse conceito, além de estabelecer o limite máximo adequado de pena privativa de liberdade, dissipou qualquer dúvida quanto à hipótese de cominação cumulativa da pena de multa, para o efeito de aperfeiçoamento da infração penal de menor potencial ofensivo.

Eliminou-se também a antiga ressalva atinente aos *procedimentos especiais*. Significa isso dizer que há infração penal de menor potencial ofensivo ainda que, para o processo e julgamento do crime ou da contravenção, esteja legalmente previsto *procedimento especial*, a menos que exista norma expressa em sentido diverso. Persiste a possibilidade, naturalmente, de que a lei especial estabeleça regime diferenciado, dispondo que não há infração de menor potencial ofensivo, em certo âmbito, ainda que a pena máxima cominada seja de até 2 (dois) anos, como acontece, a propósito, na Lei nº 11.340/2006 (vide art. 41), para o domínio dos crimes que envolvam violência doméstica e familiar contra a mulher.

As infrações penais de menor potencial ofensivo, assim, compreendem as contravenções penais e os crimes cuja pena privativa de liberdade máxima seja igual ou inferior a 2 (dois) anos, cumulada ou não com multa.

Se houver, em tese, causa de aumento de pena cuja aplicação implique a extrapolação do limite máximo de pena cominado, não há infração penal de menor potencial ofensivo.

Assim, por exemplo, na *hipótese* de lesão corporal culposa no trânsito *com a majorante da omissão de socorro* (art. 303, *caput* e parágrafo único, c/c art. 302, § 1º, III, da Lei nº 9.503/1997), inexiste infração penal de menor potencial ofensivo. Isso porque, embora a pena máxima cominada à lesão corporal seja de de 2 (dois) anos de detenção (art. 303, *caput*), a *hipótese* de omissão de socorro, em abstrato, pode conduzir ao aumento dessa pena no patamar de 1/3 (um terço) *até a metade*.

Deve-se considerar, para o efeito de identificação do crime de menor potencial ofensivo, o *quantum* que mais aumente a pena máxima da pena, isto é, o *quantum máximo de aumento de pena*. Essa é a pena abstrata máxima a que se pode chegar.

No exemplo citado, toma-se então o *quantum* de metade, chegando-se, assim, à pena abstrata máxima, incluída a majorante, de 3 (três) anos.

Por outro lado, na hipótese de minorante, deve-se considerar o *quantum mínimo de diminuição*, para o efeito de, a partir da pena máxima abstrata a que se poderia chegar, concluir se há ou não infração penal de menor potencial ofensivo.

A título de exemplo, refira-se a hipótese de *tentativa* de crime de *dano contra o patrimônio público* (art. 163, parágrafo único, III, CP). A pena máxima cominada ao crime é de 3 (três) anos de detenção, o que, em princípio, exclui esta espécie do âmbito das infrações penais de menor potencial ofensivo. Em virtude da hipótese de crime tentado (art. 14, II, CP), no entanto, incide diminuição de pena, que pode ser de 1/3 (um terço) a 2/3 (dois terços).

Assim, tomando-se o *quantum mínimo* de diminuição (1/3), o máximo de pena abstrata a que se pode em tese chegar, na hipótese de dano contra o patrimônio público na forma tentada, é o de 2 (dois) anos, correspondente ao resultado da redução da pena de 3 (três) anos em 1/3 (um terço). Desta sorte, tem-se, na hipótese, infração penal de menor potencial ofensivo.

Essa, portanto, é a abrangência conceitual do objeto em exame.

Fixados tais parâmetros, cumpre agora *precisar* a *competência material* dos juizados especiais criminais, *em torno desse objeto*.

Como regra geral, os juizados especiais criminais têm competência para processar e julgar as infrações penais de menor potencial ofensivo, nos termos do art. 60, *caput*, da Lei nº 9.099/1995: "O Juizado Especial Criminal, provido por juízes togados e leigos, tem competência para a conciliação, o julgamento e a execução das infrações penais de menor potencial ofensivo, respeitadas as regras de conexão e continência".

O primeiro aspecto a ser verificado para a definição da competência dos juizados especiais criminais, assim, é a existência ou não de *hipótese* de prática de infração penal de menor potencial ofensivo.

Nesse particular, ressalte-se que os crimes cometidos no contexto de violência doméstica e familiar, por força do especificamente disposto no art. 41 da Lei nº 11.340/2006, não constituem infração penal de menor potencial ofensivo, ainda que encerrem pena máxima cominada igual ou inferior a 2 (dois) anos. Por essa razão, aliás, é que a competência de processo e julgamento desses crimes compete ao juizado de violência doméstica e familiar contra a mulher (art. 14, *caput*, Lei nº 11.340/2006), e não ao juizado especial criminal.

A existência de hipótese de infração penal de menor potencial ofensivo, por outro lado, não é suficiente para a fixação da competência do juizado especial criminal.

Para começar, o próprio art. 60, *caput*, da Lei nº 9.099, em sua parte final, ressalva as hipóteses de *conexão* e *continência*. Assim, havendo conexão (art. 76, CPP) ou continência (art. 77, CPP) entre crime comum e infração penal de menor potencial ofensivo, impõe-se o julgamento uniforme, em processo único (art. 79, *caput*, CPP), perante o juízo comum.

Nesse caso, o art. 60, parágrafo único, da Lei nº 9.099 estabelece a aplicação dos institutos da transação penal e da composição civil dos danos à infração penal de menor potencial ofensivo, mesmo quando a competência para o processo e julgamento desta seja deslocada para o juízo comum ou para o Tribunal do Júri: "Na reunião de processos, perante o juízo comum ou o tribunal do júri, decorrente da aplicação das regras de conexão e continência, observar-se-ão os institutos da transação penal e da composição civil dos danos".

No particular, *a aplicação desses institutos consensuais e despenalizadores independe da competência dos juizados especiais,* bastando que se trate de infração de menor potencial ofensivo.

A propósito, outra hipótese de afastamento da competência dos juizados especiais criminais, por força da incidência de norma específica de competência, é a do *foro por prerrogativa de função.* Nesse âmbito, ainda que o objeto seja infração penal de menor potencial ofensivo, tem-se a competência ordinária de *tribunal* para o processo e julgamento do titular do foro especial, aplicando-se o procedimento da Lei nº 8.038/1990.

A competência por prerrogativa de função, portanto, prevalece sobre a competência dos juizados especiais criminais. Em virtude do caráter da infração penal objeto do processo, contudo, aplicam-se à esfera especial os institutos consensuais e despenalizadores, como a composição civil, a transação penal e a exigência de representação do ofendido para certos crimes, conforme decidiu o Plenário do STF em Questão de Ordem suscitada no Inquérito nº 1.055/AM (STF, Tribunal Pleno, INQ 1.055, Rel. Min. CELSO DE MELLO, julgamento em 24.04.1996, DJ de 24.05.1996): "O âmbito de incidência das normas legais em referência – que consagram inequívoco programa estatal de despenalização, compatível com os fundamentos ético-jurídicos que informam os postulados do Direito penal mínimo, subjacentes à Lei n. 9.099/95 – ultrapassa os limites formais e orgânicos dos Juizados Especiais Criminais, projetando-se sobre procedimentos penais instaurados perante outros órgãos judiciários ou tribunais, eis que a ausência de representação do ofendido qualifica-se como causa extintiva da punibilidade, com consequente reflexo sobre a pretensão punitiva do Estado".

A aplicação dos institutos da Lei nº 9.099/1995, assim, está associada à existência hipotética de infração de menor potencial ofensivo, e não necessariamente à competência dos juizados especiais criminais.

Em igual contexto, na hipótese de crime militar, afasta-se também a competência dos juizados especiais criminais, em virtude da fonte constitucional e da especialidade da competência material da Justiça Militar. De toda sorte, o Plenário do STF entendeu, no julgado do HC 99.743/RJ, pela aplicação *dos institutos despenalizadores* da Lei nº 9.099/1995 ao âmbito militar *na hipótese de crime militar imputado a civil.* Confira-se, nesse sentido: STF, Tribunal Pleno, HC 99.743/RJ, Rel. p/ Acórdão Min. LUIZ FUX, julgamento em 06.10.2011, DJ de 21.08.2012[30]. Mesmo assim, a aplicação desses institutos,

---

30. Nesse julgado, discutiu-se a constitucionalidade da norma do art. 90-A da Lei 9.099/1995 (acrescentado pela Lei 9.839/1999): "As disposições desta Lei não se aplicam no âmbito da Justiça Militar". O Plenário do STF entendeu pela restrição do alcance da norma à hipótese de crime militar imputado a militar. Se, entretanto, o crime militar for imputado a civil, aplicam-se as disposições da Lei 9.099/1995, referentes a institutos despenalizadores: transação penal, suspensão condicional do processo etc. Confira-se: "O

quando cabíveis, dá-se fora da competência dos juizados especiais criminais, sobre a qual prevalece a competência da Justiça Militar.

Há mais duas hipóteses de afastamento – nestes casos, de *deslocamento* – da competência dos juizados especiais criminais, a despeito de se tratar de infração penal de menor potencial ofensivo.

A primeira hipótese é a de *não localização do acusado para ser citado*, objeto do art. 66, parágrafo único, da Lei n° 9.099: "Não encontrado o acusado para ser citado, o Juiz encaminhará as peças existentes ao Juízo comum para adoção do procedimento previsto em lei". Essa disposição se justifica pelo fato de a simplicidade dos juizados especiais criminais não comportar a citação do acusado por edital.

Por seu turno, a segunda hipótese é a de *complexidade da causa*, objeto do art. 77, § 2°, do CPP: "Se a complexidade ou circunstância do caso não permitirem a formulação da denúncia, o Ministério Público poderá requerer ao juiz o encaminhamento das peças existentes, na forma do parágrafo único do art. 66 desta Lei".

Em qualquer das duas hipóteses, no juízo comum, deverá ser adotado o procedimento sumário (art. 538, CPP), como abordado na Seção I do Capítulo XVI deste Curso, sem prejuízo, naturalmente, da aplicação dos institutos consensuais e despenalizadores objeto da Lei n° 9.099/1995.

Em síntese, tem-se a competência dos juizados especiais criminais para (i) o *processo e o julgamento das infrações penais de menor potencial ofensivo*, com as seguintes ressalvas: (ii) *existência de norma especial de competência*, como a que fixa foro especial por prerrogativa de função (*competência ratione personae*) e a que fixa a competência da Justiça Militar; (iii) *existência de hipótese de deslocamento da competência dos juizados especiais criminais*, a saber, *conexão ou a continência, não localização do acusado para citação* ou *complexidade da causa*.

A rigor, a competência originária dos juizados especiais (i) só é excepcionada pela existência de norma especial de competência, conforme a hipótese (ii) acima. Pode acontecer, porém, de essa *competência* ser *modificada* pela incidência das hipóteses referidas em (iii) acima.

Para o estudo do procedimento (*sumariíssimo*) aplicado no âmbito dos juizados especiais criminais – mas também em outra esfera, a saber, a dos crimes previstos no Estatuto do Idoso –, confira-se a Subseção III da Seção I do Capítulo XVII deste Curso, reservado aos procedimentos penais.

1.3. Competência dos Juizados de Violência Doméstica e Familiar contra a Mulher (Lei n° 11.340/2006)

A competência em razão da matéria (natureza da infração penal) dos Juizados Especiais de Violência Doméstica e Familiar contra a Mulher é objeto do art. 14 da Lei

---

art. 90-A, da n. 9.099/95 – Lei dos Juizados Especiais Cíveis e Criminais –, com a redação dada pela Lei n. 9.839/99, não afronta o art. 98, inciso I, § 1°, da Carta da República *no que veda a suspensão condicional do processo ao militar processado por crime militar* (...) *Obter dictum: inconstitucionalidade da norma que veda a aplicação da Lei n. 9.099 ao civil processado por crime militar*" (destacamos).

nº 11.340/2006. Embora esse dispositivo reserve à lei de organização judiciária estadual a instituição, em cada unidade, do(s) juízo(s) especializado(s), a respectiva competência *ratione materiae* já vem estabelecida na lei federal.

Refira-se, antes de tudo, o disposto no art. 14, *caput*, da Lei nº 11.340: "Os Juizados de Violência Doméstica e Familiar contra a Mulher, órgãos da Justiça Ordinária com competência cível e criminal, poderão ser criados pela União, no Distrito Federal e nos Territórios, e pelos Estados, *para o processo, o julgamento e a execução das causas decorrentes da prática de violência doméstica e familiar contra a mulher*".

O elemento diferencial da natureza da infração apto a fixar a competência do juízo especializado, assim, é a prática do fato *em um contexto de violência doméstica e familiar contra a mulher.*

Antes de analisar os critérios normativos para a identificação desse contexto, convém brevemente apreciar alguns aspectos preliminares.

O primeiro deles diz respeito à auto-organização judiciária dos Estados-Membros da Federação. Isso porque o art. 33, *caput*, da Lei nº 11.340 estabelece que, em caráter transitório, enquanto os Estados-Membros não instituírem o juízo especializado objeto do *caput* art. 14, os juízos criminais comuns acumularão competência cível e criminal para processar e julgar infrações penais cometidas em contexto de violência doméstica e familiar contra a mulher: "Enquanto não estruturados os Juizados de Violência Doméstica e Familiar contra a Mulher, as varas criminais acumularão as competências civil e criminal para conhecer e julgar as causas decorrentes da prática de violência doméstica e familiar contra a mulher, observadas as previsões do Título IV desta Lei, subsidiada pela legislação processual pertinente".

Objetou-se, quanto à norma do art. 33, *caput*, da Lei nº 11.340, que a lei federal não poderia interferir na autonomia organizativa estadual, cabendo apenas aos Estados-Membros, em seus respectivos âmbitos, especializar juízos em razão da natureza da infração penal. Assim, enquanto não instituídos os juizados por lei estadual, não seria aplicável a norma de competência em exame, que se revelaria formalmente inconstitucional.

O Plenário do STF, porém, examinando essa questão na ADC 19/DF (STF, Tribunal Pleno, ADC 19, Rel. Min. MARCO AURÉLIO, DJ de 17.02.2012), declarou a *constitucionalidade do dispositivo do art. 33, caput, da Lei nº 11.340/2006*: "O artigo 33 da Lei nº 11.340/06, no que revela a conveniência de criação dos juizados de violência doméstica e familiar contra a mulher, não implica usurpação da competência normativa dos estados quanto à própria organização judiciária."

Outro ponto preliminar importante é o da designação reservada ao juízo especializado. Nesse particular, encontra-se na doutrina crítica à utilização do termo *juizado*, por potencializar confusão com os juizados especiais criminais. Propõe-se, como alternativa, a expressão *vara especializada*.

De nossa parte, não vemos maiores problemas na designação legal, por mais que prefiramos falar em *juízo especializado*, em razão da matéria. Em todo caso, há claramente esse exato perfil quando se alude a um *juizado de violência doméstica e familiar contra a mulher*. Reconhecemos, por outro lado, que o termo legal já deu margem a incompreensões em certas unidades da Federação.

Abordados esses pontos, passa-se agora ao exame da competência do juízo especializado ou juizado de violência doméstica e familiar contra a mulher (art. 14, *caput*, Lei nº 11.340) ou, na sua falta, da competência específica legalmente reservada ao juízo criminal comum (art. 33, *caput*, Lei nº 11.340).

Como antes afirmado, trata-se de *crimes* praticados em contexto de violência doméstica e familiar contra a mulher. De início, apesar da dicção legal, entende-se pela competência do juízo especializado também em relação às *contravenções penais* (por exemplo, a de vias de fato) praticadas no contexto de violência doméstica e familiar contra a mulher. Nesse sentido decidiu a Sexta Turma do STJ no HC 280.788/RS (STJ, 6ª Turma, HC 280.788, Rel. Min. ROGÉRIO SCHIETTI CRUZ, julgamento em 03.04.2014, DJ de 22.04.2014)[31].

Como identificar o contexto de violência doméstica e familiar contra a mulher, para o efeito de fixação da competência do juízo especializado?

O art. 7º da Lei nº 11.340/2006 especifica e define os tipos de violência aplicáveis contra a mulher: violência física (art. 7º, I); violência psicológica (art. 7º, II); violência sexual (art. 7º, III); violência patrimonial (art. 7º, IV); violência moral (art. 7º, V). Por seu turno, o art. 5º da Lei nº 11.340 fixa os *parâmetros para a identificação da violência, em qualquer dessas espécies, nos âmbitos doméstico, familiar e afetivo*. Confira-se: "Para os efeitos desta Lei, configura violência doméstica e familiar contra a mulher qualquer ação ou omissão baseada no gênero que lhe cause morte, lesão, sofrimento físico, sexual ou psicológico e dano moral ou patrimonial: I – no âmbito da unidade doméstica, compreendida como o espaço de convívio permanente de pessoas, com ou sem vínculo familiar, inclusive as esporadicamente agregadas; II – no âmbito da família, compreendida como a comunidade formada por indivíduos que são ou se consideram aparentados, unidos por laços naturais, por afinidade ou por vontade expressa; III – em qualquer relação íntima de afeto, na qual o agressor conviva ou tenha convivido com a ofendida, independentemente de coabitação".

Em primeiro lugar, observe-se que o contexto da violência contra a mulher é o doméstico, o familiar ou o *afetivo estável* (objeto do art. 5º, *caput*, III, da Lei nº 11.340),

---

31. Confira-se: "...Uma interpretação literal do disposto no artigo 41 da Lei n. 11.340/2006 viabilizaria, em apressado olhar, a conclusão de que os institutos despenalizadores da Lei n. 9.099/1995, entre eles a transação penal, seriam aplicáveis às contravenções penais praticadas com violência doméstica e familiar contra a mulher. 3. À luz da finalidade última da norma e do enfoque da ordem jurídico--constitucional, tem-se que, considerados os fins sociais a que a lei se destina, o artigo 41 da Lei n. 11.340/2006 afasta a incidência da Lei n. 9.099/1995, de forma categórica, tanto aos crimes quanto às contravenções penais praticados contra mulheres no âmbito doméstico e familiar. Vale dizer, a mens legis do disposto no referido preceito não poderia ser outra, senão a de alcançar também as contravenções penais. 4. Uma vez que o paciente está sendo acusado da prática, em tese, de vias de fato e de perturbação da tranquilidade de sua ex-companheira, com quem manteve vínculo afetivo por cerca de oito anos, não há nenhuma ilegalidade manifesta no ponto em que se entendeu que não seria aplicável o benefício da transação penal em seu favor..." No mesmo sentido: STJ, 5ª Turma, HC 184.863/MS, Rel. Min. JORGE MUSSI, julgamento em 06.03.2012, DJ de 20.03.2012.

embora a designação dos juizados só reflita os dois primeiros aspectos (doméstico e familiar).

Assim, a relação íntima de afeto, refletida na convivência atual ou pretérita, independentemente de coabitação, desde que de caráter estável, aperfeiçoa o contexto da violência sujeita ao regime especial da Lei nº 11.340/2006, inclusive no que tange à definição da competência do juízo especializado, tema que ora nos ocupa. Inclui-se aí o namoro estável, designado por alguns juristas do direito de família como "namoro qualificado", entendido como o namoro mantido por certo tempo, com relações próximas, estáveis, íntimas e duradouras, mas que não reúna as demais características aptas a conformar a união civil estável.

Por outro lado, as relações afetivas, de casamento, união estável ou outra relação íntima de afeto, independem de orientação sexual, para que se configure o contexto sujeito ao regime especial de proteção à mulher, conforme o disposto no art. 5º, parágrafo único, da Lei nº 11.340/2006: "As relações pessoais enunciadas neste artigo independem de orientação sexual".

Tenha-se em conta, porém, que *a mulher* é o gênero protegido pelo regime jurídico específico, em função de sua fragilidade e vulnerabilidade no contexto afetivo. Assim, entende-se, pela norma do art. 5º, parágrafo único, da Lei nº 11.340/2006, que o contexto de violência normativamente abrange a prática de infrações penais por homem ou mulher, *sempre contra mulher*. A independência da orientação sexual, portanto, diz respeito à abrangência da relação afetiva entre mulheres.

Do ponto de vista subjetivo, revela-se inerente às características da violência, enunciadas no art. 7º da Lei nº 11.340/2006, que o crime abrangido nesse âmbito seja necessariamente doloso. A prática de crime culposo contra a mulher, portanto, não está alcançada pela esfera especial de proteção disciplinada na Lei nº 11.340/2006.

1.4. Competência de juízos colegiados no âmbito dos processos que envolvam organizações criminosas (Lei nº 12.694/2012)

Forma de competência judiciária *sui generis*, definida não apenas por critérios abstratos, mas também em função de circunstâncias concretas, é aquela emanada do art. 1º, *caput*, da Lei nº 12.694/2012: "Em processos ou procedimentos que tenham por objeto crimes praticados por organizações criminosas, o juiz poderá decidir pela formação de colegiado para a prática de qualquer ato processual, especialmente..."

Assim, permite-se a formação de órgão jurisdicional colegiado, composto por três juízes (art. 1º, § 2º, Lei 12.694/2012), *para a prática de atos específicos no processo penal* que tenha por objeto crime praticado por organização criminosa.

Identifica-se, em primeiro lugar, um critério abstrato de especialidade, atinente à esfera das organizações criminosas. Incluem-se aí tanto (i) as infrações penais *de* organização criminosa, atinentes à sua constituição, ou à contribuição com suas atividades, objeto do art. 2º, *caput* e § 1º, da Lei nº 12.850/2013, quanto (ii) as infrações penais praticadas *por* organização criminosa.

Mas esse critério abstrato não basta ao cabimento da formação do colegiado. Exige-se a justificação sob a base de circunstâncias concretas, reveladoras de risco à integridade física do juiz, nos termos do art. 1º, § 1º, da Lei nº 12.694/2012: "O juiz poderá instaurar o colegiado, indicando os motivos e as circunstâncias que acarretam risco à sua integridade física em decisão fundamentada, da qual será dado conhecimento ao órgão correicional".

Outro aspecto *sui generis* é a limitação da competência à prática de certos atos, conforme o disposto no art. 1º, § 3º, da Lei nº 12.694/2012: "A competência do colegiado limita-se ao ato para o qual foi convocado".

Pode-se cogitar, em oposição à lógica por nós aqui adotada, que a hipótese seria de auxílio ao juiz mediante a convocação de outros magistrados, com limitação à prática de atos específicos, e não propriamente de órgão judiciário colegiado autônomo.

Observe-se, entretanto, que a lei institui *competência específica* do colegiado, ainda que limitada à prática de certos atos (art. 1º, § 3º, Lei nº 12.694/2013). Ora, apenas um órgão judiciário pode ter competência. Assim, a hipótese é mesmo a de constituição de órgão jurisdicional *colegiado* autônomo, que dispõe de competência *ratione materiae*, no caso em razão da natureza da infração penal.

As razões de direito vinculadas a esse regime especial podem ser facilmente deduzidas: a abrangência e a complexidade de organizações criminosas impõem um combate diferenciado, que resguarde a segurança do juiz e, dessa forma, a própria autoridade e a eficácia das decisões jurisdicionais.

A formação de colegiado dificulta as ações de represália e de intimidação praticáveis pelos diversificados ramos da organização envolvida, pois não individualiza qualquer restrição processual na pessoa de um juiz singular. Esse aspecto, a propósito, vai claramente refletido na norma do art. 1º, § 6º, da Lei nº 12.694/2012: "As decisões do colegiado, devidamente fundamentadas e firmadas, sem exceção, por todos os seus integrantes, serão publicadas sem qualquer referência a voto divergente de qualquer membro".

2. COMPETÊNCIA DE JUÍZO EM RAZÃO DA MATÉRIA ESTABELECIDA PELAS LEIS DE ORGANIZAÇÃO JUDICIÁRIA

Como visto, segundo o art. 74, *caput*, do CPP, a competência em razão da natureza da infração penal, via de regra (ressalvada a competência do júri), deverá ser objeto de lei de organização judiciária.

As leis de organização judiciária podem ser *federais*, para a organização da competência material dos juízos federais, dos juízos eleitorais e dos juízos militares, ou *estaduais*, para a organização da competência dos juízos de direito.

Essas leis emanam, portanto, do Poder Legislativo federal ou do estadual, *a partir de iniciativa legislativa do tribunal respectivo*, conforme o disposto no art. 96, II, *d*, da Constituição, que será melhor examinado no próximo tópico.

Na esfera da Justiça Estadual, leis de organização judiciária podem fixar juízos específicos para o processo e o julgamento de determinados crimes, por sua natureza: por exemplo, crimes de trânsito e crimes de drogas.

No âmbito da Justiça Federal, contudo, é corrente a organização da competência nas diversas seções judiciárias por meio de resolução do tribunal regional federal respectivo, e não por lei, como discutido a seguir.

3. COMPETÊNCIA DE JUÍZO EM RAZÃO DA NATUREZA DA INFRAÇÃO: RESOLUÇÕES DE TRIBUNAIS

A definição de competência judiciária é matéria constitucionalmente reservada à lei. A esse respeito, segundo o art. 96, inciso II, *d*, da Constituição, cabe ao Supremo Tribunal Federal, aos Tribunais Superiores e aos Tribunais de Justiça *propor ao Poder Legislativo respectivo* "a alteração da organização e da divisão judiciárias".

Assim, o regime constitucional é claro em estabelecer a *iniciativa* do Poder Judiciário para a disciplina legal da modificação da organização judiciária, o que se realiza precisamente pela definição de competência.

O art. 96 da Constituição do Brasil, que contém normas de competência, está dividido em três incisos, sendo que o número II contém matérias de reserva legal – entenda-se: reserva de lei em sentido formal.

Com efeito, ao discriminar as hipóteses do inciso II, teve o Constituinte o intuito de separá-las dos casos constantes do inciso I, em que não se exige, para o exercício da competência, a edição de lei em sentido formal. No enunciado do inciso II, está explícito que aos tribunais ali discriminados compete propor ao Poder Legislativo respectivo as matérias enumeradas nas alíneas. Como no inciso I não há nenhuma previsão especial incidente sobre as matérias presentes em suas alíneas, somente a preocupação do Constituinte em submeter determinados assuntos à exclusiva disciplina da lei formal explica a concentração de tais assuntos em inciso próprio, no qual se acha a exigência de proposta ao Legislativo.

Versa o art. 96, II, *d*, da Constituição, em particular, sobre a alteração da organização judiciária. Assim, a especialização de juízos para o processo e julgamento de determinadas matérias, em virtude da natureza da infração, implica alteração da organização judiciária.

Revela-se claro, no ponto, que a competência está compreendida na organização. Quando se vai atribuir competência, está-se, com isso, organizando. Como se vai organizar sem estabelecer as atribuições, os âmbitos de exercício do poder-dever, de cada órgão do sistema?

A própria Constituição da República utiliza-se do termo *organização* nos títulos em que se discriminam competências. Com efeito, a Constituição organiza o Estado (Título III – Da Organização do Estado) discriminando as competências da União, dos Estados-Membros e dos Municípios. No mesmo caminho, divide as competências dos três poderes da República num título denominado "Da Organização dos Poderes".

Assim, não se conclua que, quando o texto constitucional se reporta – no art. 96, II, *d* – à organização, não estaria abrangendo a competência.

Nessas condições, parece-nos fora de dúvida a *reserva de lei formal* para a definição de competência judiciária em virtude da natureza da infração penal. A propósito, isso está particularmente claro no próprio art. 74, *caput*, do CPP, segundo o qual "a competência pela natureza da infração será regulada pelas leis de organização judiciária".

Apesar disso, o Plenário do STF, no julgamento do HC 88.660/CE (STF, Tribunal Pleno, HC 88.660, Rel. Min. CÁRMEN LÚCIA, julgamento em 15.05.2008, DJ de 06.08.2014), decidiu que os tribunais podem, *mediante* a espécie normativa *resolução*, especializar juízos para o processo e o julgamento de determinados crimes, por estar isso compreendido na autonomia do Poder Judiciário. Legitimaram-se, assim, as iniciativas de diversos tribunais regionais federais no sentido da especialização de juízos federais para o processo e julgamento de crimes contra o sistema financeiro nacional e de *lavagem* de capitais[32].

Desta sorte, segundo a jurisprudência do STF, é possível que um tribunal defina competência em razão da natureza da infração penal (no caso objeto do HC 88.660, crimes contra o sistema financeiro nacional e de *lavagem* de ativos ilícitos) mediante *resolução*, sem a exigência, portanto, de que tenha, para o mesmo fim, de apresentar projeto ao Poder Legislativo, de modo que este, mediante lei de organização judiciária, organize a competência.

SUBSEÇÃO III
Incompetência Superveniente em Razão da Matéria: Desclassificação

Pode ocorrer, por força de *emendatio libelli* (art. 383, CPP) ou de *mutatio libelli* (art. 384, CPP) efetuada pelo órgão judiciário, a incompetência superveniente da Justiça ou do juízo ou tribunal, em razão da matéria. Confira-se:

(i) Hipótese de incompetência superveniente *da Justiça* em razão da matéria, por força de *emendatio libelli* (art. 383, CPP): O Ministério Público Estadual oferece denúncia perante Juízo de Direito imputando ao denunciado fato classificado juridicamente, pelo acusador, como crime contra a economia popular, da competência da Justiça Estadual (Súmula 498/STF). Ocorre que o Juízo de Direito, na sentença, verifica que o fato, tal qual narrado na denúncia, classifica-se juridicamente, em verdade, como crime contra o sistema financeiro nacional (competência da Justiça Federal, conforme o art. 109, VI, da CF, c/c art. 26, *caput*, da Lei 7.492/1986). Nessa hipótese, efetuada a *emendatio libelli* (art. 383, CPP), constitui-se a incompetência da Justiça Comum Estadual, o que impõe a remessa dos autos à Justiça Comum Federal de primeira

---

32. No HC 88.660, discutiu-se em particular a constitucionalidade da Resolução 10-A/2003, do Tribunal Regional Federal da 5ª Região, que especializou alguns juízos federais, no âmbito de algumas seções judiciárias abrangidas pela jurisdição daquele tribunal, para o processo e julgamento de crimes contra o sistema financeiro nacional e de *lavagem* de capitais.

instância, com fundamento no art. 383, § 2º, do CPP: "Tratando-se de infração penal de competência de outro juízo, a este serão encaminhados os autos". Do mesmo modo, aplica-se o art. 74, § 2º, do CPP, com idêntico efeito.

(ii) Hipótese de incompetência superveniente da Justiça em razão da matéria por força de *mutatio libelli*: O Ministério Público Estadual, em denúncia oferecida perante Juízo de Direito (Justiça Comum Estadual), imputa ao denunciado a prática de crime de estelionato, na forma simples (art. 171, *caput*, CP). Ocorre que, durante a instrução processual, sobrevém elemento de prova da existência de prejuízo à União em decorrência da prática da conduta fraudulenta. Trata-se de hipótese de *mutatio libelli*, dada a superveniência de circunstância da infração penal, qual seja, a causa de aumento de pena do art. 171, § 3º (*crime cometido em detrimento de entidade de direito público*), do CP. Seria o caso de aditamento à denúncia pelo Ministério Público Estadual. Como, entretanto, a entidade de direito público prejudicada é a União, firma-se a competência da Justiça Comum Federal (art. 109, IV, CF). Assim, opera-se a incompetência superveniente da Justiça Comum Estadual, a impor a remessa dos autos à Justiça Comum Federal, com a aplicação do art. 384, § 3º, c/c art. 383, § 2º, e do art. 74, § 2º, do CPP.

(iii) Hipóteses de incompetência superveniente *de Juízo* em razão da natureza da infração, por força de *emendatio libelli*: O Ministério Público Estadual oferece denúncia perante Juízo de Direito da Vara dos Crimes de Trânsito, classificando o fato objeto de acusação como crime de homicídio culposo na direção de veículo automotor. O Juízo da Vara do Trânsito, entretanto, verifica que, à vista da própria narrativa da hipótese de fato constante da denúncia, a classificação correta seria a de homicídio doloso (dolo eventual). Efetuada a *emendatio libelli*, opera-se o reconhecimento da incompetência do juízo da vara de trânsito, em razão da natureza da infração, a impor a remessa dos autos ao Juízo da Vara do Júri da mesma Comarca. Perceba-se que a mudança se deu em virtude de competência pela natureza da infração estabelecida pela lei local de organização judiciária, que instituiu vara especializada para crimes de trânsito e vara especializada para a fase instrutória do procedimento do júri. Do mesmo modo, a *emendatio libelli* poderia ser de lesão corporal no trânsito para lesão corporal leve comum, a impor o deslocamento da competência para os juizados especiais criminais. Aplica-se, a qualquer dos casos referidos, o disposto no art. 74, § 2º, e, em particular, no art. 383, § 2º, ambos do CPP.

(iv) Hipóteses de incompetência superveniente *de Juízo* em razão da natureza da infração, por força de *mutatio libelli*: O Juízo de Direito de Vara especializada do Júri, ao final da fase instrutória do procedimento, desclassifica a infração penal de homicídio doloso para roubo seguido de morte, por força de elemento de prova surgido apenas durante a instrução, a evidenciar a execução da morte em um contexto de subtração violenta de coisa móvel. No caso, tem-se a superveniência de prova de elemento da infração penal, que modifica a hipótese de fato objeto da acusação, tratando-se, portanto, de *mutatio libelli* (art. 384, CPP). Assim, impõe-se a remessa dos autos ao juízo criminal comum. Aplica-se, nesta situação particular, a norma específica do art. 74, § 3º, *primeira parte*, c/c art. 419, do CPP: "Se o juiz da pronúncia desclassificar a infração para outra atribuída à competência do juiz singular, observar-se-á o disposto no art. 410 [atual art. 419 do CPP]".

Na hipótese inversa, dá-se o mesmo: o juízo criminal comum verifica, por força de elemento de prova surgido apenas na fase instrutória, que não há contexto de subtração violenta de coisa móvel, ao contrário do narrado na denúncia. Assim, diante da hipótese da prática dolosa de morte violenta, sem contexto de roubo, impõe-se a remessa dos autos ao juízo do júri (art. 74, § 1º, e art. 384, § 3º, c/c art. 383, § 2º, do CPP).

Atente-se agora para a ressalva disposta na parte final da norma do art. 74, § 2º, do CPP: "Se, iniciado o processo perante um juiz, houver desclassificação para infração da competência de outro, a este será remetido o processo, *salvo se mais graduada for a jurisdição do primeiro, que, tem tal caso, terá sua competência prorrogada*". (destacou-se)

Seria, como sugerido pela norma, o caso de "incompetência" superveniente de tribunal, o que se sujeita a um regime normativo diverso, o de "prorrogação".

Aqui, cabe distinguir com muito cuidado, diante das hipóteses de foro por prerrogativa de função estabelecidas pela própria Constituição Federal. Caso se trate, por exemplo, de juiz de direito processado por crime contra a economia popular (competência da Justiça Comum Estadual) no Tribunal de Justiça, a desclassificação do fato para crime contra o sistema financeiro nacional (competência da Justiça Comum Federal) não modificará a competência, pois, a teor do disposto no art. 96, III, do CPP, tem-se competência penal originária do Tribunal de Justiça inclusive para crimes federais e para crimes militares, pois a norma constitucional ressalva apenas a competência da Justiça Eleitoral.

Nesse caso, não se trata de "prorrogação" da competência do tribunal. A questão é que o Tribunal de Justiça continua competente para o processo e julgamento da causa, com fundamento no art. 96, III, da Constituição Federal. No particular, a Constituição fixou um regime especial de competência do Tribunal de Justiça mesmo quanto a crimes federais, se o acusado for juiz de direito (ou promotor de justiça).

Caso haja, entretanto, desclassificação de crime comum para crime eleitoral, e o acusado seja juiz eleitoral, aí sim se tem a incompetência do Tribunal de Justiça, devendo os autos ser remetidos para o Tribunal Regional Eleitoral (consulte-se, no item 5.7 da Seção III deste Capítulo, a competência penal originária dos Tribunais Regionais Eleitorais).

Por outro lado, se o acusado, perante o Tribunal de Justiça, for prefeito municipal, a desclassificação de crime da competência da Justiça Comum Estadual para crime federal impõe a remessa dos autos ao Tribunal Regional Federal correspondente. Para o prefeito, a Constituição (art. 29, X, CF) estabelece regime diverso daquele reservado a juízes e promotores estaduais (art. 96, III, CF). Confira-se, a respeito, a Súmula nº 702 do STF (para mais detalhes, veja-se o item 5.6 da Seção III deste Capítulo, a respeito da competência originária dos Tribunais de Justiça).

Finalmente, se a desclassificação, feita por Tribunal, for de crime comum para infração penal de menor potencial ofensivo, aí se considera o disposto na parte final do art. 74, § 2º, do CPP. Por ser mais graduada a jurisdição do Tribunal, este continua competente para processar e julgar a infração penal de menor potencial ofensivo, não se dando, por óbvio, a remessa dos autos aos juizados especiais criminais.

Ressalte-se, entretanto, que não há rigorosamente "prorrogação" da competência do Tribunal (no sentido de convalidação de uma incompetência). A questão é que o Tribunal continua competente, como sempre foi, para julgar infrações penais de menor potencial ofensivo imputadas a autoridade sujeita à sua competência penal originária, por força de prerrogativa de função.

SEÇÃO III
Competência por Prerrogativa de Função (*Ratione Muneris ou Ratione Personae*)

Entende-se por competência *ratione personae* (em razão da pessoa) ou *ratione muneris* (em razão da função) a competência originária dos tribunais para o processo e julgamento de ações penais, fixada em virtude de prerrogativa funcional do imputado (investigado ou acusado).

Assim como a competência *ratione materiae*, a competência por prerrogativa de função (*ratione muneris* ou *ratione personae*) tem sede na Constituição da República, mas também nas constituições estaduais (como permite o art. 125, § 1°, da CF). Ademais, essa forma de competência pode ser disciplinada, desde que respeitados os parâmetros da Constituição Federal, no próprio Código de Processo Penal (artigos 69, VII, 85 e 86) e nos regimentos internos dos tribunais, neste último caso quanto ao órgão fracionário (na estrutura interna do tribunal) competente para o julgamento da ação penal.

Assim é que o art. 84, *caput*, do CPP (redação conferida pela Lei n° 10.628/2002) assim dispõe: "A competência pela prerrogativa de função é do Supremo Tribunal Federal, do Superior Tribunal de Justiça, dos Tribunais Regionais Federais e Tribunais de Justiça dos Estados e do Distrito Federal, relativamente às pessoas que devam responder perante eles por crimes comuns e de responsabilidade".

A fonte da definição de competência, entretanto, é a própria Constituição Federal, que estrutura os órgãos do Poder Judiciário, inclusive pela definição das respectivas competências originárias. Quanto aos Tribunais de Justiça, tem-se igualmente, como fonte de competência por prerrogativa de função, a Constituição Estadual, considerando a autonomia de organização conferida aos Estados-Membros pelo art. 125, § 1°, da Constituição Federal.

O art. 84, *caput*, do CPP, assim, serve apenas como referência genérica, sem utilidade normativa, pois a matéria é objeto de reserva e de tratamento constitucional[33].

Trata-se de *foro especial por prerrogativa de função*. Pela relevância da função que exercem, determinadas pessoas dispõem da prerrogativa de ser originariamente processadas e julgadas por tribunal, em regime diverso daquele reservado aos demais indivíduos.

---

33. No tópico sobre a *regra da atualidade*, a propósito, examinaremos a inconstitucionalidade dos §§ 1° e 2° desse mesmo art. 84 do CPP, já declarada pelo STF na ADI 2.797/DF e na ADI 2.860/DF.

Diz-se que não há aí *foro privilegiado*, uma vez que a prerrogativa existe e se justifica em face da importância da função, e não da pessoa. Conforme TOURINHO FILHO: "Há pessoas que exercem cargos de especial relevância no Estado e, em atenção a esses cargos ou funções que exercem no cenário político-jurídico de nossa Pátria, gozam elas de foro especial, isto é, não serão processadas e julgadas como qualquer do povo, pelos órgãos comuns, mas, pelos órgãos superiores, de instância mais elevada. Poderia parecer, à primeira vista, que esse tratamento especial conflitaria com o princípio de que todos são iguais perante a lei, inserto no limiar do capítulo destinado aos direitos e garantias individuais (art. 5º, CF), e, ao mesmo tempo, estaria em choque com aquele outro que proíbe o foro privilegiado. Pondere-se, contudo, que tal tratamento especial não é dispensado à pessoa (como aconteceria com os chamados foros especiais, ou profissionais, como quer Alcalá-Zamora), mas sim ao cargo, à função. Nessa lógica, cessada a função, desaparece o 'privilégio'. O que a Constituição veda e proíbe, como consequência do princípio de que todos são iguais perante a lei, é o foro privilegiado, e não o foro especial em atenção à relevância, do cargo ou função que esta ou aquela pessoa desempenhe"[34].

Como princípio, não somos contra a lógica do foro por prerrogativa de função, enquanto forma de melhor garantia, *em tese*, da independência dos órgãos judiciários no exercício da jurisdição sobre determinados âmbitos especiais, em que a relevância funcional poderia constituir fator de interferência ou de pressão sobre um juízo monocrático.

Efetivamente, se abstrairmos qualquer desvirtuamento da prática, órgãos judiciários colegiados, integrados por magistrados mais experientes, encerram melhores condições de defesa contra interferências indevidas, que pudessem ser movimentadas sob o respaldo da função pública titularizada pelo imputado.

Por outro lado, em virtude mesmo das razões expostas, o foro por prerrogativa de função só deveria ser aplicável em hipóteses excepcionalíssimas, nas quais de fato houvesse a potencialidade de interferências e de pressões. Do contrário, a expansão desmesurada do foro especial, como prerrogativa de inúmeras autoridades, soa mesmo como privilégio.

É o que acontece, infelizmente, no sistema brasileiro, em que, a par das hipóteses previstas na Constituição Federal, que já se mostram de considerável abrangência, ainda há outras contempladas na Constituição de cada Estado-Membro da Federação.

De toda sorte, em tempos mais recentes, tem-se verificado maior dinamismo dos tribunais na condução de ações penais da sua competência originária. Isso se deve, dentre outros fatores, à utilização de mecanismos processuais que melhor operacionalizam a condução da fase instrutória, como a convocação de juízes para fins de inquirição de testemunhas e a realização de outros atos da instrução (refira-se, por exemplo, o art. 21-A, *caput*, do Regimento Interno do Supremo Tribunal Federal[35]). De fato, sempre foi uma dificuldade a falta de estrutura dos tribunais para a prática dos atos instrutórios próprios da ação penal.

---

34. TOURINO FILHO, Fernando da Costa. *Processo Penal*. São Paulo: Saraiva, 2003, v. 2, pp. 129-130.
35. Art. 21-A, RISTF: "Compete ao relator convocar juízes ou desembargadores para a realização do interrogatório e de outros atos da instrução dos inquéritos criminais e ações penais originárias, na sede do tribunal ou no local onde se deva produzir o ato, bem como definir os limites de sua atuação".

Por outro lado, considere-se que o titular de foro por prerrogativa de função, em virtude mesmo do regime especial a que está sujeito, não dispõe de duplo grau de jurisdição[36], o que pode representar expressiva desvantagem contraposta.

Parece-nos, assim, que esses fatores pelo menos atenuam o aludido viés de privilégio amplamente associado ao foro especial.

1. REGRA DA ATUALIDADE

O foro especial encontra fundamento na função exercida pelo acusado. Assim, cessada a função, não subsiste a prerrogativa. É este o sentido da denominada *regra da atualidade*, pela qual a competência originária do tribunal tem sua fixação e subsistência condicionadas à atualidade do exercício da função pelo titular do foro especial.

A esse respeito, há já algum tempo o STF editou sua Súmula nº 451 estabelecendo a insubsistência do foro especial para crime cometido quando já definitivamente cessado o exercício da função: "A competência especial por prerrogativa de função não se estende ao crime cometido após a cessação definitiva do exercício funcional". Nessa trilha, *não se fixa* a competência por prerrogativa de função, por exemplo, quanto a crime posterior cometido por ex-juiz (aposentado) ou por ex-parlamentar.

Do mesmo modo, *não subsiste* a competência originária do tribunal sequer para os fatos cometidos na constância do desempenho da função, se já definitivamente cessado seu exercício. Essa é a expressão mais importante da regra da atualidade.

Assim, por exemplo, se Deputado Federal comete crime de peculato ou crime de homicídio (não interessa, portanto, a pertinência ao exercício funcional), fixando-se por isso a competência originária do STF para o processo e julgamento da ação penal, este foro especial deixa de existir quando cessado o mandato do parlamentar. Nessa hipótese, deverá o tribunal declinar da competência, determinando a baixa dos autos ao juízo comum. Trata-se de hipótese de *incompetência superveniente*, em virtude da cessação do exercício funcional que justificava o foro especial.

Com essa lógica, o Plenário do STF já decidiu que a renúncia de parlamentar implica a declinação da competência por prerrogativa de função, *se ausente abuso de direito*. Refira-se, no particular, o julgado de Questão de Ordem suscitada na AP 333/PB (STF, Tribunal Pleno, AP 333, Rel. Min. JOAQUIM BARBOSA, julgamento em 05.12.2007, DJ de 11.04.2008): "1. O réu, na qualidade de detentor do mandato de parlamentar federal, detém prerrogativa de foro perante o Supremo Tribunal Federal, onde deve ser julgado pela imputação da prática de crime doloso contra a vida. 2. A norma contida no art. 5º, XXXVIII, da Constituição da República, que garante a instituição do júri, cede diante do disposto no art. 102, I, b, da Lei Maior, definidor da competência do Supremo Tribunal Federal, dada a especialidade deste último. Os crimes dolosos contra a vida estão abarcados pelo conceito de crimes comuns. Precedentes da Corte. 3. A renúncia do réu produz plenos efeitos no plano processual, o que implica a declinação

---

36. Nesse sentido: STF, Tribunal Pleno, RHC 79.785/RJ, Rel. Min. SEPÚLVEDA PERTENCE, julgamento em 29.03.2000, DJ de 22.11.2002.

da competência do Supremo Tribunal Federal para o juízo criminal de primeiro grau. Ausente o abuso de direito que os votos vencidos vislumbraram no ato. 4. Autos encaminhados ao juízo atualmente competente".

Perceba-se que, no julgado, ficou afirmada a ausência de abuso de direito, a sugerir que, do contrário, não haveria declinação de competência. No caso objeto da AP 333/PB, a renúncia do parlamentar ocorreu cinco dias antes do julgamento da ação, circunstância em que alguns ministros identificaram abuso de direito, pronunciando-se, por isso, contrários à declinação da competência especial, no que, contudo, resultaram vencidos. De toda sorte, a posição vencedora foi no sentido da *ausência* de abuso de direito – do abuso de direito que, caso existente, justificaria a manutenção da competência.

Essa posição ficou mais clara no julgado da AP 396/RO (STF, Tribunal Pleno, AP 396, Rel. Min. CÁRMEN LÚCIA, julgamento em 28.10.2010, DJ de 28.04.2011): "1. Renúncia de mandato: ato legítimo. Não se presta, porém, a ser utilizada como subterfúgio para deslocamento de competências constitucionalmente definidas, que não podem ser objeto de escolha pessoal. Impossibilidade de ser aproveitada como expediente para impedir o julgamento em tempo à absolvição ou à condenação e, neste caso, à definição de penas. 2. No caso, a renúncia do mandato foi apresentada à Casa Legislativa em 27 de outubro de 2010, véspera do julgamento da presente ação penal pelo Plenário do Supremo Tribunal: pretensões nitidamente incompatíveis com os princípios e as regras constitucionais porque exclui a aplicação da regra de competência deste Supremo Tribunal".

Nesse caso, tendo a renúncia se dado às vésperas do julgamento, a Corte Suprema reconheceu o abuso de direito e, portanto, manteve sua competência.

Como se percebe, não há um critério objetivo nesse âmbito. A propósito, em julgamento de Questão de Ordem suscitada na AP 536/MG, o Plenário do STF resolveu por declinar da competência, com base na jurisprudência dominante (ressalvado apenas o julgado da AP 396/RO), mas reconhecendo a ausência de critério objetivo e deixando a solução do problema para outra oportunidade. Confira-se (STF, Tribunal Pleno, AP 536, Rel. Min. ROBERTO BARROSO, julgamento em 27.03.2014, DJ de 12.08.2014): "1. A jurisprudência dominante no STF é no sentido de que, cessado o mandato parlamentar por qualquer razão, não subsiste a competência do Tribunal para processar e julgar, originariamente, ação penal contra membro do Congresso Nacional. 2. A regra geral enunciada acima foi excepcionada na Ação Penal 396/RO, em que o Tribunal considerou ter havido abuso de direito e fraude processual. Neste caso específico, após seguidos deslocamentos de competência, o réu parlamentar renunciou ao mandato depois de o processo ter sido incluído em pauta para julgamento pelo Plenário. 3. Por maioria absoluta, o Plenário endossou a proposta de que se estabeleça um critério objetivo para servir de parâmetro no exame de eventual abuso processual. Não se verificou maioria, porém, quanto ao marco temporal sugerido pelo relator: uma vez recebida a denúncia, o fato de o parlamentar renunciar não produziria o efeito de deslocar a competência do STF para qualquer outro órgão. Tampouco houve maioria absoluta em relação a outros marcos temporais que foram objeto de debate. Diante do impasse, a Corte deliberou por deixar a definição do critério para outra oportunidade. 4. Seja pela orientação do relator, que não aplicava o critério que propunha ao presente caso, seja pela manutenção da jurisprudência que prevalece de longa data, a hipótese é de resolução da Questão de Ordem com determinação de baixa da ação penal ao juízo competente, para prolação de sentença".

De nossa parte, entendemos que a aplicação da regra em foco supõe a vinculação da competência especial à atualidade do exercício da função. Cuida-se de ônus de um Estado que prevê hipóteses de foro especial por prerrogativa de função. Faz parte da lógica processual dominante entre nós que a mudança do estado jurídico do objeto do processo, inclusive quanto à matéria, acarrete a incompetência superveniente, não se aplicando, no ponto, a *perpetuatio jurisdictionis*, por se tratar de competência absoluta.

Por outro lado, não há disciplina normativa de critério objetivo, não cabendo à jurisprudência, a nosso juízo, essa fixação. Em todo caso, havendo renúncia, o ex--parlamentar – como, de resto, qualquer ex-titular de foro especial – será submetido a julgamento perante o juízo comum, pois, tratando-se de incompetência superveniente, aproveitam-se os atos instrutórios anteriores.

A renúncia do parlamentar constitui renúncia ao próprio foro especial. Não vemos aí "fraude" processual, pois a hipótese foi de exercício regular de direito (o de renunciar ao exercício da função a qualquer momento), independentemente da motivação. De resto, se reconhecida dita fraude, que os órgãos de persecução penal sujeitem o agente a processo pelo crime do art. 347 do Código Penal. A competência, em todo caso, terá que ser declinada.

Opõe-se à regra da atualidade a denominada "regra da contemporaneidade", segundo a qual a competência especial subsiste para os fatos praticados durante o exercício da função, ainda que já definitivamente cessado seu exercício. Era esse o entendimento presente nas hoje *canceladas Súmulas 394 e 396 do STF*. A cancelada Súmula nº 394, a propósito, dispunha o seguinte: "Cometido o crime durante o exercício funcional, prevalece a competência funcional por prerrogativa de função, ainda que o inquérito ou a ação penal sejam iniciados após a cessação daquele exercício".

Nesse ponto, cumpre examinar o disposto nos §§ 1º e 2º acrescentados ao art. 84 do CPP pela Lei nº 10.628/2002, que representam tentativa do legislador ordinário de inserção da regra da contemporaneidade no direito brasileiro. Ambos os parágrafos, no entanto, foram declarados inconstitucionais pelo STF, sob o argumento de que a lei ordinária não pode estabelecer interpretação da Constituição, restaurando entendimento anteriormente adotado pela Suprema Corte (Súmula 394).

O art. 84, § 1º, do CPP, acrescentado pela Lei nº 10.628/2002, estabelecia o seguinte: "A competência especial por prerrogativa de função, relativa a atos administrativos do agente, prevalece ainda que o inquérito ou a ação penal sejam iniciados após a cessação do exercício da função pública". Verifica-se, portanto, a quase identidade até mesmo de texto em relação à cancelada Súmula nº 394 do STF.

Refira-se, então, trecho do julgado do STF na ADI 2.797/DF, em que se declarou a inconstitucionalidade desse dispositivo (STF, Tribunal Pleno, ADI 2.797, Rel. Min. Sepúlveda Pertence, julgamento em 15.09.2005, DJ de 19.12.2006): "1. O novo § 1º do art. 84 CPrPen constitui evidente reação legislativa ao cancelamento da Súmula 394 por decisão tomada pelo Supremo Tribunal no Inq 687-QO, 25.8.97, rel. o em. Ministro Sydney Sanches (RTJ 179/912), cujos fundamentos a lei nova contraria inequivocamente. 2. Tanto a Súmula 394, como a decisão do Supremo Tribunal, que a cancelou, derivaram de interpretação direta e exclusiva da Constituição Federal. 3. Não pode a lei ordinária pretender impor, como seu objeto imediato, uma interpretação da Constituição: a questão é de inconstitucionalidade formal, ínsita a toda norma de gradação inferior que se proponha a ditar interpretação da norma de hierarquia superior. 4. Quando, ao vício de inconstitucionalidade formal, a lei interpretativa da Constituição acresça o de opor-se ao entendimento da jurisprudência constitucional do Supremo Tribunal - guarda da Constituição -, às razões dogmáticas acentuadas se impõem ao Tribunal razões de alta política institucional para repelir a usurpação pelo legislador de sua missão de intérprete final da Lei Fundamental: admitir pudesse a lei ordinária inverter a leitura pelo Supremo Tribunal da Constituição seria dizer que a interpretação constitucional da Corte estaria sujeita ao referendo do legislador, ou seja, que a Constituição – como entendida pelo órgão que ela própria erigiu em guarda da sua supremacia –, só constituiria o correto entendimento da Lei Suprema na medida da inteligência que lhe desse outro órgão constituído, o legislador ordinário, ao contrário, submetido aos seus ditames. 5. Inconstitucionalidade do § 1º do art. 84 C.Pr.Penal, acrescido pela lei questionada e, por arrastamento, da regra final do § 2º do mesmo artigo, que manda estender a regra à ação de improbidade administrativa".

A Lei nº 10.628/2002, pelo acréscimo do § 2º ao art. 84 do CPP, fez ainda mais, estendendo o foro por prerrogativa de função, segundo a lógica da contemporaneidade, até mesmo para as ações de improbidade administrativa: "A ação de improbidade administrativa, de que trata a Lei 8.429, de 2 de junho de 1992, será proposta perante o tribunal competente para processar e julgar criminalmente o funcionário ou autoridade na hipótese de prerrogativa de foro em razão do exercício de função pública, observado o disposto no § 1º." Nesse particular, há motivos adicionais de inconstitucionalidade, como bem expressou o STF na referida ADI 2.797/DF: "IV. Ação de improbidade administrativa: extensão da competência especial por prerrogativa de função estabelecida para o processo penal condenatório contra o mesmo dignitário (§ 2º do art. 84 do C Pr Penal introduzido pela L. 10.628/2002): declaração, por lei, de competência originária não prevista na Constituição: inconstitucionalidade. 1. No plano federal, as hipóteses de competência cível ou criminal dos tribunais da União são as previstas na Constituição da República ou dela implicitamente decorrentes, salvo quando esta mesma remeta à lei a sua fixação. 2. Essa exclusividade constitucional da fonte das competências dos tribunais federais resulta, de logo, de ser a Justiça da União especial em relação às dos Estados, detentores de toda a jurisdição residual. 3. Acresce que a competência originária dos Tribunais é, por definição, derrogação da competência ordinária dos juízos de primeiro grau, do que decorre que, demarcada a última pela Constituição, só a própria Constituição a pode excetuar. 4. Como mera explicitação de competências originárias implícitas na Lei Fundamental, à disposição legal em causa seriam oponíveis as razões já aventadas contra a pretensão de imposição por lei ordinária de uma dada interpretação constitucional. 5. De outro lado, pretende a lei questionada equiparar a ação de improbidade administrativa, de natureza civil (CF, art. 37, § 4º), à ação penal contra os mais altos dignitários da República, para o fim de estabelecer competência originária do Supremo Tribunal, em relação à qual a jurisprudência do Tribunal sempre estabeleceu nítida distinção entre as duas espécies. 6. Quanto aos Tribunais locais, a Constituição Federal - salvo as hipóteses dos seus arts. 29, X e 96, III -, reservou explicitamente às Constituições dos Estados-membros a definição da competência dos seus tribunais, o que afasta a possibilidade de ser ela alterada por lei federal ordinária".

Além da inconstitucionalidade, declarada pelo STF na ADI 2.797/DF, esse particular § 2º do art. 84 ainda representou atentado à própria sistemática do Código de Processo Penal, inserindo aí disciplina de competência *civil*, para processo e julgamento de atos de improbidade, alheios à esfera jurídico-penal.

Por fim, advirta-se que o STF, em sede de embargos de declaração opostos na ADI 2.797/DF (STF, Tribunal Pleno, Rel. p/ acórdão Min. Ayres Britto, julgamento em 16.05.2012, DJ de 28.02.2013), modulou os efeitos da declaração de inconstitucionalidade, "para fixar a data de 15 de setembro de 2005 como termo inicial dos efeitos da declaração de inconstitucionalidade dos §§ 1º e 2º do Código de Processo Penal, preservando-se, assim, a validade dos atos processuais até então praticados e devendo as ações ainda não transitadas em julgado seguirem na instância adequada".

2. COMPETÊNCIA POR PRERROGATIVA DE FUNÇÃO E COMPETÊNCIA DO TRIBUNAL DO JÚRI

Como já abordado no tópico 1.1 da Subseção II da Seção II deste Capítulo, reservado à competência do Tribunal do Júri, prevalece a competência por prerrogativa de função, desde que estabelecida pela Constituição Federal, para o processo e julgamento do titular do foro especial pelo *crime doloso contra a vida*.

Na hipótese, tendo ambas as formas de competência sede na Constituição Federal, aplica-se a mais específica. Caso a competência por prerrogativa de função, porém, tenha fonte apenas na Constituição Estadual, prevalece a competência do Tribunal do Júri para o processo e o julgamento da pessoa por crime doloso contra a vida, a teor da Súmula Vinculante nº 45 do STF.

3. COMPETÊNCIA PARA A SUPERVISÃO DE PROCEDIMENTO INVESTIGATIVO

A competência originária do tribunal, em virtude de foro por prerrogativa de função, alcança a fase pré-processual, no que concerne à supervisão de inquérito policial ou de outro procedimento investigativo. Entende-se, assim, que a instauração do inquérito policial e o indiciamento do investigado dependem de autorização (prévia, portanto) do tribunal.

Não há, contudo, reserva de colegiado para essas finalidades. No âmbito interno do tribunal, portanto, a autorização de abertura e a supervisão do inquérito cabem ao relator, monocraticamente.

Refletindo todos esses pontos, eis o julgado do Plenário do STF em Questão de Ordem suscitada no Inquérito nº 2.411/MT (STF, Tribunal Pleno, INQ 2.411, Rel. Min. Gilmar Mendes, julgamento em 10.10.2007, DJ de 25.04.2008): "A prerrogativa de foro é uma garantia voltada não exatamente para os interesses do titulares de cargos relevantes, mas, sobretudo, para a própria regularidade das instituições. Se a Constituição estabelece que os agentes políticos respondem, por crime comum, perante o STF (CF, art. 102, I, b), não há razão constitucional plausível para que as atividades diretamente relacionadas à supervisão judicial (abertura de procedimento investigatório) sejam retiradas do controle judicial do STF. A iniciativa do procedimento investigatório deve ser confiada ao MPF contando com a supervisão do Ministro-Relator do STF. 5. A Polícia Federal não está autorizada a abrir de ofício inquérito policial para apurar a conduta de parlamentares federais ou do próprio Presidente da República (no caso do STF). *No exercício de competência penal originária do STF (CF, art. 102, I, 'b' c/c Lei nº 8.038/1990, art. 2º e RI/STF, arts. 230 a 234), a atividade de supervisão judicial deve ser constitucionalmente desempenhada durante toda a tramitação das investigações desde a abertura dos procedimentos investigatórios até o eventual oferecimento, ou não, de denúncia pelo dominus litis.* 6. Questão de ordem resolvida no sentido de anular o ato formal de indiciamento promovido pela autoridade policial em face do parlamentar investigado".

Perceba-se que o julgado ressalva o seguinte: (i) a *exigência de autorização para a instauração do inquérito* aplica-se ao STF, quanto aos parlamentares federais e ao Presidente da República. Relativamente aos demais pontos, para qualquer tribunal, são exigidas (ii) a *supervisão do relator* e (iii) a *autorização de indiciamento pelo relator*.

Isso permitiria supor que: (a) no âmbito do STF, exigem-se os três elementos, não havendo autonomia policial sequer para a instauração de inquérito que envolvesse titular de foro especial por prerrogativa de função; (b) no âmbito dos demais tribunais, seria exigida apenas a supervisão do inquérito pelo relator – especialmente para a apreciação de eventuais medidas cautelares – e a autorização para o indiciamento do investigado, mas não a autorização para a abertura do inquérito.

Inexiste razão, todavia, para tratamento diferenciado a esse respeito. Uma vez que o Estado reconhece o foro por prerrogativa de função, impõe-se, em qualquer hipótese, o exercício de atividade de supervisão judicial "desempenhada durante toda a tramitação das investigações desde a abertura dos procedimentos investigatórios até o eventual oferecimento, ou não de denúncia", conforme decidido pela Suprema Corte.

Não há autonomia da autoridade investigativa, portanto, para a abertura do procedimento nem para a realização de indiciamento.

A autorização, de toda sorte, cabe ao relator, e não necessariamente ao órgão colegiado competente para a ação penal. Nesse sentido, a propósito, decidiu a Sexta Turma do STJ no HC 208.657/MG (STJ, 6ª Turma, HC 208.657, Rel. Min. MARIA THE-REZA DE ASSIS MOURA, julgamento em 22.04.2014, DJ de 13.05.2014): "1 - Havendo indícios da prática de crime por parte de Magistrado, desloca-se a competência para o Tribunal competente para julgar a causa, prosseguindo-se na investigação. Trata-se, pois, de regra de competência. 2 - No Tribunal, o inquérito é distribuído ao Relator, a quem cabe determinar as diligências que entender cabíveis para realizar a apuração. 3 - Desnecessidade de prévia autorização do colegiado (Órgão Especial). Inteligência do parágrafo único do art. 33 da LOMAN. 4 - Nulidade dos atos de instrução presididos pelo Relator, no Tribunal Regional Federal da 1ª Região que não prospera".

A posição do STF é em igual sentido, como visto no acima referido INQ 2.411/ MT e também no julgado do HC 94.278/SP (STF, Tribunal Pleno, HC 94.278, Rel. Min. MENEZES DIREITO, julgamento em 25.09.2008, DJ de 28.11.2008), dentre outros: "Habeas corpus. Inquérito judicial. Superior Tribunal de Justiça. Investigado com prerrogativa de foro naquela Corte. Interpretação do art. 33, parágrafo único, da LOMAN. Trancamento. Ausência de constrangimento ilegal. Precedentes. 1. A remessa dos autos do inquérito ao Superior Tribunal de Justiça deu-se por estrito cumprimento à regra de competência originária, prevista na Constituição Federal (art. 105, inc. I, alínea 'a'), em virtude da suposta participação do paciente, Juiz Federal do Tribunal Regional Federal da 3ª Região, nos fatos investigados, *não sendo necessária a deliberação prévia da Corte Especial daquele Superior Tribunal, cabendo ao Relator dirigir o inquérito*. (...) Não se sustentam os argumentos da impetração, ao afirmar que o inquérito transformou-se em procedimento da Polícia Federal, porquanto esta apenas exerce a função de Polícia Judiciária, por delegação e sob as ordens do Poder Judiciário. Os autos demonstram tratar-se de inquérito que tramita no Superior Tribunal de Justiça, sob o comando de Ministro daquela Corte Superior de Justiça, ao qual caberá dirigir o processo sob a sua relatoria, devendo tomar todas as decisões necessárias ao bom andamento das investigações. 4. Habeas corpus denegado".

4. COMPETÊNCIA POR PRERROGATIVA DE FUNÇÃO NO ÂMBITO DA EXCEÇÃO DA VERDADE OPOSTA EM PROCESSO POR CRIME CONTRA A HONRA

No domínio bem particular dos crimes contra a honra, processáveis a partir de ação penal de iniciativa privada, sabe-se da possibilidade de oposição de exceção da verdade: (i) *como regra*, na hipótese de crime de calúnia, para fins de demonstração da veracidade do fato criminoso atribuído à suposta vítima, ressalvadas as exceções previstas no § 3º do art. 138 do Código Penal; (ii) *como exceção*, na hipótese de crime de difamação, para fins de demonstração da veracidade do fato ofensivo, sempre que recaia sobre funcionário público e diga respeito ao exercício das respectivas funções (art. 139, parágrafo único, CP).

Na hipótese (i), a demonstração da veracidade do fato criminoso conduzirá à responsabilização penal, em tese, do próprio querelante. Desta sorte, se o querelante for titular de foro especial por prerrogativa de função, ao tribunal originariamente competente caberá o processo e o julgamento da ação penal. Nesse sentido dispõe, a propósito, o art. 85 do Código de Processo Penal: "Nos processos por crime contra a honra, em que forem querelantes as pessoas que a Constituição sujeita à jurisdição do Supremo Tribunal Federal e dos Tribunais de Apelação, àquele ou a estes caberá o julgamento, quando oposta e admitida a exceção da verdade".

Assim, por exemplo, tem-se a situação em que governador de Estado oferece queixa contra jornalista, imputando-lhe a prática de crime de calúnia (art. 138, CP). Caso o jornalista oponha exceção da verdade, pretendendo comprovar que de fato o Governador praticou o fato criminoso a ele atribuído, o julgamento terá que ser declinado para o Superior Tribunal de Justiça, a quem compete originariamente o processo e o julgamento dos Governadores dos Estados e do Distrito Federal (art. 105, I, *a*, CF).

Entendemos que só se justifica a aplicação da competência originária do tribunal quanto à exceção da verdade oposta no processo penal por crime de calúnia. Isso porque, no caso excepcional da difamação, trata-se de fato ofensivo, mas não criminoso, à honra do funcionário público, inexistindo qualquer razão de direito que justifique o julgamento do processo pelo tribunal.

5. HIPÓTESES CONSTITUCIONAIS DE COMPETÊNCIA ORIGINÁRIA

Esclarecidos esses pontos iniciais, cumpre em seguida analisar a competência por prerrogativa de função de cada tribunal.

Está prevista na Constituição do Brasil a competência *ratione muneris* do Supremo Tribunal Federal (art. 102, I, *b*, *c*, *d* e *i*), do Superior Tribunal de Justiça (art. 105, I, *a* e *c*), dos Tribunais Regionais Federais (art. 108, I, *a*) e dos Tribunais de Justiça (art. 29, X e art. 96, III).

5.1. Competência Penal Originária do Supremo Tribunal Federal

O Supremo Tribunal Federal (STF) compõe-se de 11 (onze) Ministros, escolhidos dentre cidadãos com mais de trinta e cinco anos e menos de sessenta e cinco anos de idade, de notável saber jurídico e reputação ilibada (art. 101, *caput*, CF), nomeados pelo Presidente da República, depois de aprovada a escolha pela maioria absoluta do Senado Federal (art. 101, parágrafo único, CF).

As hipóteses de competência originária do STF constam das alíneas do art. 102, inciso I, da Constituição. Em particular, as alíneas *b* e *c* do inciso especificam as hipóteses de *competência penal originária* em virtude de prerrogativa de função do investigado ou acusado.

Assim, compete originariamente ao Supremo Tribunal Federal processar e julgar as *ações penais*, *tendo por objeto*, *portanto*, *infrações penais comuns*, movimentadas contra[37]: o Presidente da República, o Vice-Presidente da República, Senador e Deputado Federal (membros do Congresso Nacional), Ministro do próprio STF, o Procurador-Geral da República (art. 102, I, *b*, CF), Ministro de Estado, os Comandantes da Marinha, do Exército e da Aeronáutica, Ministro de Tribunal Superior (Superior Tribunal de Justiça, Tribunal Superior Eleitoral, Tribunal Superior do Trabalho e Superior Tribunal

---

37. O art. 86 do CPP também versa a respeito de competência originária do STF, de maneira parcialmente coincidente com a atual disciplina constitucional: "Ao Supremo Tribunal Federal competirá, privativamente, processar e julgar: I – os seus ministros, nos crimes comuns; II – os ministros de Estado, salvo nos crimes conexos com os do Presidente da República; III – o procurador-geral da República, os desembargadores dos Tribunais de Apelação, os ministros do Tribunal de Contas e os embaixadores e ministros diplomáticos nos crimes comuns e de responsabilidade". *Não houve recepção desse dispositivo pela ordem constitucional em vigor. A uma, porque a matéria já é objeto de disciplina na Constituição, sede própria para tanto. A duas, porque hipóteses de competência previstas no art. 86 do CPP hoje estão constitucionalmente reservadas ao Superior Tribunal de Justiça, como o processo e o julgamento dos Desembargadores dos Tribunais de Justiça.*

Militar), membro do Tribunal de Contas da União, chefe de missão diplomática de caráter permanente (art. 102, I, *c*, CF).

A competência penal referente ao Ministro de Estado abrange o Advogado-Geral da União, conforme decidiu o STF no Inquérito n° 1.660/DF (STF, Tribunal Pleno, INQ 1660, Rel. Min. SEPÚLVEDA PERTENCE, julgamento em 06.09.2000, DJ de 06.06.2003). Cuidando-se, por outro lado, de "crime de responsabilidade", a competência de processo e de julgamento é do Senado (art. 52, II, CF).

Como visto no tópico 3, a competência penal originária inclui o controle sobre procedimentos de investigação que envolvam as autoridades titulares do foro especial. Dependem a instauração do procedimento investigativo e o indiciamento, assim, de autorização do relator no STF.

No âmbito interno da Suprema Corte, a competência para o processo e julgamento de ação penal originária, em determinadas hipóteses, cabe *atualmente* à Turma, e não mais ao Plenário. A mudança foi introduzida pela Emenda Regimental n° 49/2014 ao Regimento Interno do Supremo Tribunal Federal, cujo art. 9°, inciso I, *j* e *k*, preceitua agora o seguinte: "Além do disposto no art. 8°, compete às Turmas: I – processar e julgar: j) nos crimes comuns, os Deputados e Senadores, ressalvada a competência do Plenário, bem como apreciar pedidos de arquivamento por atipicidade de conduta; k) nos crimes comuns e de responsabilidade, os Ministros de Estado e os Comandantes da Marinha, do Exército e da Aeronáutica, ressalvado o disposto no art. 52, I, da Constituição Federal, os membros dos Tribunais Superiores, os do Tribunal de Contas da União e os chefes de missão diplomática de caráter permanente, bem como apreciar pedidos de arquivamento por atipicidade da conduta".

Preserva-se a competência do Plenário, entretanto, para o processo e o julgamento, por crimes comuns, do Presidente da República, do Vice-Presidente da República, do Presidente da Câmara dos Deputados, dos Ministros do Supremo Tribunal Federal e do Procurador-Geral da República, conforme dispõe o atual art. 5°, inciso I, do Regimento Interno do Supremo Tribunal Federal, com redação conferida pela Emenda Regimental n° 49/2014.

Além das hipóteses de crimes comuns, há também a competência originária do STF para processar e julgar "crimes de responsabilidade" imputados a qualquer das pessoas especificadas no art. 102, I, *c*, da Constituição. Trata-se propriamente, entretanto, de infrações político-administrativas, sujeitas a sanções dessa natureza, e não de infrações penais, em que pese a designação *"crime* de responsabilidade". Não há aí, portanto, a incidência do processo penal comum. Nesse âmbito, relativamente às funções especificadas, o STF exerce jurisdição extrapenal.

Por outro lado, quanto ao Presidente da República, ao Vice-Presidente da República, a Senador e Deputado Federal, a Ministro do STF, ao Procurador-Geral da Republica, a membro do Conselho Nacional de Justiça e do Conselho Nacional do Ministério Público e ao Advogado-Geral da União, o processo e julgamento do crime de responsabilidade (jurisdição política) cabe ao Senado, conforme o art. 52, I e II, da Constituição. Do mesmo modo, compete ao Senado processar e julgar também os Ministros de Estado e os Comandantes da Marinha, do Exército e da Aeronáutica, por crimes de responsabilidade conexos a aqueles da mesma natureza imputados a qualquer das pessoas diretamente abrangidas por essa competência (art. 52, I, c/c art. 102, I, *c*, CF).

5.2. Competência Penal Originária do Superior Tribunal de Justiça

O Superior Tribunal de Justiça (STJ) compõe-se de 33 (trinta e três) Ministros (art. 104, *caput*, CF), nomeados pelo Presidente da República, segundo os parâmetros estabelecidos no art. 104, parágrafo único, da Constituição do Brasil.

As hipóteses de competência originária do STJ constam das alíneas do art. 105, inciso I, da Constituição. Em particular, a alínea *a* do inciso especifica as hipóteses de *competência penal originária* em virtude de prerrogativa de função do investigado ou acusado.

Assim, compete originariamente ao Superior Tribunal de Justiça processar e julgar as *ações penais, tendo por objeto, portanto, infrações penais comuns*, movimentadas contra: Governador de Estado-Membro e o do Distrito Federal[38], desembargador de Tribunal de Justiça, desembargador de Tribunal Regional Federal, desembargador de Tribunal Regional do Trabalho, integrante de Tribunal de Contas de Estado-Membro ou do Distrito Federal, membro de Conselho ou Tribunal de Contas dos Municípios, membro do Ministério Público da União que oficie perante tribunal (art. 105, I, *a*, CF).

Há também a competência originária do STJ para processar e julgar crimes de responsabilidade imputados a Desembargador de Tribunal de Justiça, Desembargador de Tribunal Regional Federal, desembargador de Tribunal Regional do Trabalho, integrante de Tribunal de Contas de Estado-Membro ou do Distrito Federal, membro de Conselho ou Tribunal de Contas dos Municípios, membro do Ministério Público da União que oficie perante tribunal (art. 105, I, *a*, CF). Não há aí, entretanto, a incidência do processo penal comum, eis que o objeto consiste na verdade em infração político-administrativa. Nesse domínio, relativamente às funções especificadas, o STJ exerce jurisdição extrapenal. Por outro lado, quanto aos governadores dos Estados e o do Distrito Federal, o processo e julgamento do crime de responsabilidade (jurisdição política) cabe à Assembleia Legislativa do Estado respectivo e à Câmara Distrital, respectivamente.

Como visto no tópico 3, a competência penal originária firma-se já para o controle de procedimentos de investigação que envolvam qualquer das autoridades titulares do foro especial. Dependem a instauração do procedimento investigativo e o indiciamento, assim, de autorização do STJ (ao relator no STJ).

No âmbito interno do Superior Tribunal de Justiça, a competência para o processo e julgamento de ação penal originária cabe atualmente à *Corte Especial*, conforme preceitua o art. 11, inciso I, do Regimento Interno do STJ: "Compete à Corte Especial processar e julgar: I – nos crimes comuns, os Governadores dos Estados e do Distrito

---

38. Não foi recepcionado pela Constituição de 1988, portanto, o art. 87 do CPP, que estabelecia a competência originária "dos Tribunais de Apelação" para o processo e o julgamento "dos governadores ou interventores nos Estados ou Territórios".

Federal, e, nestes e nos de responsabilidade, os Desembargadores dos Tribunais de Justiça dos Estados e do Distrito Federal, os dos Tribunais Regionais Federais, dos Tribunais Regionais Eleitorais e do Trabalho, os membros dos Conselhos ou Tribunais de Contas dos Municípios e os do Ministério Público da União que oficiem perante Tribunais".

5.3. Competência Penal Originária do Superior Tribunal Militar

O Superior Tribunal Militar (STM)[39], órgão jurisdicional superior da Justiça Militar (art. 122, I, CF), tem competência penal originária para processar e julgar os crimes militares imputados aos oficiais generais das forças armadas, de acordo com o disposto no art. 6º, I, *a*, da Lei nº 8.457/1992[40].

Nesse particular, o art. 124, parágrafo único, da Constituição reservou à lei a definição da competência dos órgãos da Justiça Militar, inclusive a do Superior Tribunal Militar. Por isso é que a competência desse tribunal tem sede direta na legislação ordinária, e não na Constituição Federal, que nada especifica a respeito.

5.4. Inexistência de Competência Penal Originária do Tribunal Superior Eleitoral

O art. 121, *caput*, da Constituição Federal reserva à lei complementar a definição da competência da Justiça Eleitoral. Isso inclui a competência do Tribunal Superior Eleitoral (TSE), a dos Tribunais Regionais Eleitorais e a dos Juízes das Zonas Eleitorais.

À falta de lei complementar sobre o assunto, recepcionou-se a Lei nº 4.737/1965, que institui o Código Eleitoral. Qualquer modificação futura das normas de competência, no entanto, terá que ser por lei complementar (art. 121, CF).

Ocorre que a Constituição Federal, *no que concerne à competência penal originária*, exauriu as hipóteses de foro por prerrogativa de função, inclusive quanto a crimes eleitorais, no Supremo Tribunal Federal e no Superior Tribunal de Justiça.

Não foi recepcionada pela Constituição de 1988, assim, a norma de competência objeto do art. 22, I, *d*, da Lei nº 4.737 (Código Eleitoral): "Compete ao Tribunal Superior: I – Processar e julgar originariamente: d) os crimes eleitorais e os comuns que lhe forem conexos cometidos pelos seus próprios juízes e pelos juízes dos Tribunais Regionais".

Isso porque: (i) a competência penal originária para processar e julgar os Ministros do Tribunal Superior Eleitoral é do Supremo Tribunal Federal, a teor do disposto no art. 102, I, *c*, da Constituição ("membros dos Tribunais Superiores"), que não contém qualquer ressalva quanto a crimes eleitorais; (ii) a competência penal originária para processar e julgar os juízes do Tribunal Regional Eleitoral é do Superior Tribunal de

---

39. Nos termos do art. 123, *caput*, da CF: "O Superior Tribunal Militar compor-se-á de quinze Ministros vitalícios, nomeados pelo Presidente da República, depois de aprovada a indicação pelo Senado Federal, sendo três dentre oficiais-generais da Marinha, quarto dentre oficiais-generais do Exército, três dentre oficiais-generais da Aeronáutica, todos da ativa e do posto mais elevado da carreira, e cinco dentre civis".

40. "Compete ao Superior Tribunal Militar: I – processar e julgar originariamente: a) os oficiais generais das Forças Armadas, nos crimes militares definidos em lei".

Justiça, a teor do disposto no art. 105, I, *a*, da Constituição (membros "dos Tribunais Regionais Eleitorais").

Assim, e ainda diante da ausência de previsão de outra hipótese de foro especial por prerrogativa de função no Código Eleitoral, inexiste competência penal originária do TSE para o processo e o julgamento de ações penais.

5.5. Competência Penal Originária dos Tribunais Regionais Federais

Os Tribunais Regionais Federais, órgãos jurisdicionais da Justiça Comum Federal (art. 106, I, CF) de segunda instância, dispõem de competência penal originária para processar e julgar (art. 108, I, *a*, CF): (i) os Juízes Federais da sua área de jurisdição, incluídos os da Justiça Militar e da Justiça do Trabalho (nos crimes comuns e nos de responsabilidade); (ii) os membros do Ministério Público da União, ressalvada a competência da Justiça Eleitoral.

Quanto à hipótese (i), têm-se, portanto: (a) *Juízes Federais*, oficiantes em juízos federais ou em turmas recursais de juizados especiais federais; (b) *Juízes do Trabalho*, oficiantes em juízos do trabalho; (c) *Juízes Militares da União*.

Sobre o ponto (b), recorde-se que a Justiça do Trabalho não dispõe de competência penal, de modo que os *Juízes do Trabalho* sujeitam-se à jurisdição penal do Tribunal Federal da região respectiva. Ressalte-se que os chamados *Desembargadores Federais do Trabalho*, que oficiam em Tribunais Regionais do Trabalho, têm foro especial por prerrogativa de função no Superior Tribunal de Justiça (art. 105, I, *a*, CF).

Relativamente ao ponto (c), os *Juízes Militares da União* incluem o juiz-auditor e os juízes militares de Conselho de Justiça da Auditoria Militar (órgão colegiado de primeira instância). Duas observações: a hipótese de competência originária inclui apenas os juízes militares *da União*, não abrangendo os juízes militares estaduais; a competência originária para os juízes militares dos Conselhos de Justiça da Auditoria Militar é do tribunal federal com jurisdição sobre a respectiva circunscrição judiciária militar, e não do Superior Tribunal Militar, que tem competência revisora, como órgão de segunda instância, das decisões daqueles Conselhos. Recorde-se que o STM só tem competência penal originária para processar e julgar oficiais-generais das Forças Armadas (art. 6º, I, *a*, Lei nº 8.457/1992).

Assim, por exemplo, compete: ao Tribunal Regional Federal da 4ª Região processar e julgar juiz federal da Seção Judiciária do Paraná/PR; ao Tribunal Regional Federal da 5ª Região processar e julgar juiz do trabalho (primeira instância) da 7ª Região (Ceará); ao Tribunal Regional Federal da 3ª Região processar e julgar juiz militar da circunscrição judiciária militar de São Paulo/SP.

Por seu turno, quanto à hipótese (ii) acima enunciada, tem-se a competência penal originária dos tribunais regionais federais para processar e julgar membros do Ministério Público da União, que incluem: (a) os *Procuradores da República*, que oficiam perante juízos federais (primeira instância) em cada seção judiciária; (b) os *Procuradores do Trabalho*, que oficiam perante juízos do trabalho (primeira instância); (c) os *Promotores da Justiça Militar da União* e os *Procuradores da Justiça Militar da União*, ambos oficiantes nas Auditorias Militares de cada circunscrição judiciária militar; (d) os *Promotores do Ministério Público do Distrito Federal e Territórios*, que oficiam perante o juízos federais da Seção Judiciária do Distrito Federal.

Ressalva-se a competência penal originária dos Tribunais Regionais Eleitorais para processar e julgar crimes eleitorais imputados a Promotores e a Juízes Eleitorais.

Sobre o ponto (a), os Procuradores da República integram o Ministério Público Federal, parte do Ministério Público da União, e oficiam perante juízos federais *de primeira instância*. Já os Procuradores Regionais da República, que oficiam perante os próprios Tribunais Regionais Federais, têm foro especial no Superior Tribunal de Justiça (art. 105, I, *a*, CF).

Do mesmo modo, relativamente ao ponto (b), observe-se que os Procuradores Regionais do Trabalho, que oficiam perante Tribunais Regionais do Trabalho, têm foro especial no Superior Tribunal de Justiça (art. 105, I, *a*, CF).

A respeito do ponto (c), incluem-se os membros das carreiras do Ministério Público Militar, que integra o Ministério Público da União: a dos Promotores da Justiça Militar (primeiro nível) e a dos Procuradores da Justiça Militar (segundo nível), na medida em que ambos oficiam perante órgãos jurisdicionais militares de primeira instância. Ressalte-se que o Procurador-Geral da Justiça Militar e os Subprocuradores--Gerais da Justiça Militar, que oficiam perante o Superior Tribunal Militar, têm foro especial por prerrogativa de função no Superior Tribunal de Justiça (art. 105, I, *a*, CF: membros "do Ministério Público da União que oficiem perante tribunais").

Por fim, quanto ao ponto (d), observe-se que o Ministério Público do Distrito Federal e Territórios integra o Ministério Público da União, razão pela qual seus membros, que oficiem em primeira instância, sujeitam-se à competência penal originária do Tribunal Regional Federal da 1ª Região, que abrange o Distrito Federal.

Assim, por exemplo, compete: ao Tribunal Regional Federal da 2ª Região processar e julgar Procurador da República no Estado (na Seção Judiciária) do Rio de Janeiro; ao Tribunal Regional Federal da 4ª Região processar e julgar procurador do trabalho oficiante em juízo do trabalho da 12ª Região (Santa Catarina); ao Tribunal Regional Federal da 1ª Região processar e julgar promotor militar oficiante em auditoria militar da circunscrição judiciária militar de Minas Gerais/MG.

5.6. Competência Penal Originária dos Tribunais de Justiça

O art. 125, § 1º, da Constituição Federal conferiu a cada Estado-Membro da Federação autonomia organizativa para, na Constituição Estadual, definir a competência do respectivo Tribunal de Justiça: "A competência dos tribunais será definida na Constituição do Estado, sendo a lei de organização judiciária de iniciativa do Tribunal de Justiça".

Nessas condições, as hipóteses de competência penal originária do Tribunal de Justiça deverão ser verificadas na Constituição do Estado respectivo. No particular, assevere-se que o Estado-Membro fica obrigado a observar os *preceitos constitucionais sensíveis*, segundo o *princípio da simetria*: o foro por prerrogativa de função há de recair sobre autoridade estadual correspondente (simétrica) à autoridade federal titular de foro especial por força da Constituição Federal.

Assim, por exemplo, admite-se que a Constituição Estadual confira foro por prerrogativa de função a Deputados Estaduais[41] (simétricos a Deputados Federais) e a Secretários do Governo Estadual (simétricos a Ministros de Estado), pois as autoridades correspondentes no plano da União dispõem de foro especial por força da Constituição Federal.

O STF, na ADI 2.587/GO (STF, Tribunal Pleno, ADI 2.587, Rel. p/ acórdão Min. CARLOS BRITTO, julgamento em 01.12.2004, DJ 06.11.2006), decidiu pela constitucionalidade da concessão de foro especial por prerrogativa de função a Procuradores do Estado e da Assembleia Legislativa e ainda a Defensores Públicos Estaduais e, por outro lado, pela inconstitucionalidade da atribuição de foro especial a Delegados de Polícia.

A orientação finalmente adotada, no julgado do mérito da ADI, modificou o entendimento de início manifestado pelo STF quando da apreciação de medida cautelar (Rel. Min. MAURÍCIO CORRÊA, DJ de 06.02.2002), oportunidade em que se afirmou o seguinte: "A Constituição Estadual não pode conferir competência originária ao Tribunal de Justiça para processar e julgar os Procuradores do Estado e da Assembléia Legislativa, os Defensores Públicos e os Delegados de Polícia, por crimes comuns e de responsabilidade, visto que não gozam da mesma prerrogativa os servidores públicos que desempenham funções similares na esfera federal. Medida cautelar deferida".

Ao final, porém, prestigiou-se a autonomia do Estado-Membro independentemente da simetria, para admitir o foro especial reservado às autoridades indicadas, à exceção do Delegado de Polícia, sob o argumento, nesse particular, de que se trata de autoridade subordinada ao Governador do Estado.

De nossa parte, discordamos dessa orientação. Admite-se a concessão de foro especial, por exemplo, ao Procurador-Geral do Estado, pela simetria com o Advogado-Geral da União. O que justifica, porém, estender isso a todos os Procuradores do Estado e da Assembleia Legislativa?

---

41. Parte da doutrina sustenta que a prerrogativa de foro de Deputados Estaduais constaria da própria Constituição Federal, no art. 27, § 1º, que tem a seguinte disposição: "Será de quatro anos o mandato dos Deputados Estaduais, aplicando-se-lhes as regras desta Constituição sobre sistema eleitoral, inviolabilidade, imunidades, remuneração, perda de mandato, licença, impedimentos e incorporação às Forças Armadas". Essa posição parece-nos insustentável. Constata-se claramente que a Constituição especifica em detalhes os pontos de aplicação, sem qualquer referência a foro especial por prerrogativa de função. Diante da discriminação constitucional, que, aliás, diz respeito a aspectos políticos próprios do cargo, não cabe ao intérprete ampliar. Assim, a prerrogativa de foro de Deputados Estaduais só pode encontrar sede na Constituição Estadual, como, aliás, de fato acontece, em todos os Estados-Membros da Federação, ao que se tem notícia. A divergência doutrinária é relevante porque, caso se conclua que há fonte de foro especial para Deputados Estaduais na própria Constituição Federal, essa competência por prerrogativa de função teria que prevalecer para o julgamento de crime doloso contra a vida, ao invés da competência do Tribunal do Júri, segundo a orientação dominante. Do contrário, constando o foro especial apenas da Constituição Estadual, como nos parece irrecusável, prevalece a competência do júri na esfera particular do crime doloso contra a vida, conforme a Súmula Vinculante 45 do STF.

No caso dos Defensores Públicos Estaduais, por mais que acreditemos firmemente que deveriam ter o mesmo tratamento reservado aos Promotores de Justiça, considere-se que a Constituição Federal não estabelece foro especial para os Defensores Públicos da União.

Por último, quanto aos Delegados de Polícia, mostrou-se correta a exclusão, mas não por serem "subordinados" ao Governador do Estado, e sim pela total falta de simetria relativamente à situação dos Delegados da Polícia Federal, quanto ao tema particular em foco, na Constituição da República.

Parece-nos perigoso admitir precedentes dessa ordem, como o da Constituição do Estado de Goiás, objeto da referida ADI 2.587/GO, que acabam por estender desmedidamente o foro especial por prerrogativa de função, sem qualquer razão de direito idônea, o que justifica, nesse ponto, a sensibilidade reinante de que se trata de inaceitável privilégio.

Assim, a nosso juízo, deverá ser respeitada a autonomia de organização dos Estados (art. 125, § 1º, CF), mas com a estrita observância da simetria com as hipóteses constitucionais relativas ao foro especial por prerrogativa de função.

A Constituição Federal, entretanto, já estabelece diretamente estas hipóteses de foro especial por prerrogativa de função no Tribunal de Justiça: (i) a competência penal originária dos Tribunais de Justiça para processar e julgar "os juízes estaduais e do Distrito Federal e Territórios, bem como os membros do Ministério Público" (art. 96, III, CF[42]); (ii) a competência penal originária do Tribunal de Justiça para o julgamento de Prefeitos Municipais (art. 29, X, CF)[43]. Essa última previsão consta como preceito de observância obrigatória pelos Municípios, em sua auto-organização por lei orgânica.

Acerca da hipótese (i), têm-se, como titulares do foro especial no Tribunal de Justiça, os *Juízes de Direito*, inclusive os do Distrito Federal, e os *Promotores de Justiça*, neste caso apenas os dos *Estados-Membros*, mas não os do Distrito Federal. Assim, perceba-se bem: os Juízes de Direito do Distrito Federal são processados e julgados criminalmente pelo Tribunal de Justiça do Distrito Federal (art. 96, III, CF), mas os Promotores de Justiça do Distrito Federal, por integrarem o Ministério Público da União, têm foro especial no Tribunal Regional Federal da 1ª Região, de acordo com a norma específica de competência inscrita no art. 108, I, *a*, da Constituição (competência dos Tribunais Regionais Federais para processar e julgar "membros do Ministério Público da União, ressalvada a competência da Justiça Eleitoral").

---

42. O dispositivo estabelece a competência dos Tribunais de Justiça para julgar as pessoas indicadas por crimes comuns (competência penal) e também por crimes de responsabilidade (infrações político-administrativas).

43. O art. 87 do CPP contempla a competência originária do Tribunal de Justiça inclusive para o julgamento de prefeito municipal, mas também o dos "respectivos secretários e chefes de Polícia". Esse dispositivo, entretanto, não foi recepcionado pela Constituição de 1988, que reserva a definição da competência originária dos Tribunais de Justiça aos Estados-Membros (art. 125, § 1º, CF). A possível existência de foro especial para o julgamento de secretário municipal e de chefe de polícia, assim, deverá ser verificada na Constituição do Estado respectivo.

Ainda sobre a hipótese do art. 96, III, da Constituição, ressalva-se a competência da Justiça Eleitoral. Assim, os Juízes de Direito de Zonas Eleitorais são processados e julgados, por crimes eleitorais, no Tribunal Regional Eleitoral do Estado respectivo.

Por fim, quanto à hipótese (ii), assevere-se que, caso haja competência da Justiça Comum Federal, da Justiça Eleitoral ou da Justiça Militar em razão da matéria, o Prefeito Municipal será processado e julgado perante o tribunal de segunda instância próprio de cada uma dessas Justiças, e não perante o Tribunal de Justiça do Estado. Dessa forma, combinam-se os critérios da competência em razão da matéria e da competência por prerrogativa de função, ambos com fonte normativa na Constituição Federal. Com essa orientação, eis a Súmula nº 702 do STF: "A competência do Tribunal de Justiça para julgar Prefeitos restringe-se aos crimes de competência da Justiça Comum Estadual; nos demais casos, a competência originária caberá ao respectivo tribunal de segundo grau".

Assim, por exemplo: compete originariamente ao Tribunal Regional Federal da 3ª Região processar e julgar crime contra o sistema financeiro nacional imputado a Prefeito de Município do Estado de São Paulo; compete ao Tribunal Regional Eleitoral do Ceará processar e julgar crime eleitoral imputado a Prefeito de Município do Estado do Ceará; compete ao Superior Tribunal Militar (órgão de segunda instância da Justiça Militar da União) processar e julgar crime militar contra as instituições militares federais imputado a Prefeito Municipal[44].

Essa lógica, entretanto, não se aplica à competência penal originária do Tribunal de Justiça para o processo e julgamento dos Juízes de Direito e dos Promotores de Justiça dos Estados, estabelecida no art. 96, III, da Constituição. Isso porque essa norma constitucional ressalva expressamente apenas a competência da Justiça Eleitoral. Confira-se: "Compete privativamente: III – aos Tribunais de Justiça julgar os juízes estaduais e do Distrito Federal e Territórios, bem como os membros do Ministério Público, nos crimes comuns e de responsabilidade, *ressalvada a competência da Justiça Eleitoral*".

Assim, se a Constituição excepcionou apenas a competência da Justiça Eleitoral (o que não fez no art. 29, X, quanto aos Prefeitos), não ao cabe ao intérprete ressalvar também a competência da Justiça Federal e a da Justiça Militar. Desta sorte, ainda que se trate de crime federal ou de crime militar, a competência penal originária para processar e julgar o Juiz estadual e o Promotor de Justiça estadual é do Tribunal de Justiça do Estado respectivo, e *não* do Tribunal Regional Federal nem do Superior Tribunal Militar.

Desta sorte, por exemplo, compete ao Tribunal de Justiça do Estado do Ceará processar e julgar Juiz de Direito de comarca desse Estado por crime contra o sistema financeiro nacional. Nesse particular, a norma do art. 96, III (competência do Tribunal de Justiça para processar e julgar Juízes de Direito), excepciona a do art. 109, VI, da Constituição (competência da Justiça Comum Federal para processar e julgar crimes contra o sistema financeiro nacional).

---

44. Recorde-se que a Justiça Militar dos Estados não tem competência para o processo e julgamento de civis, razão pela qual só fazemos referência ao órgão jurisdicional de segunda instância da Justiça Militar da União, que é o Superior Tribunal Militar.

Cap. VIII · COMPETÊNCIA PENAL

5.7. Competência Penal Originária dos Tribunais Regionais Eleitorais

O art. 121, *caput*, da Constituição Federal reserva à lei complementar a definição da competência da Justiça Eleitoral. Isso inclui a competência dos Tribunais Regionais Eleitorais e a dos Juízes das Zonas Eleitorais.

À falta de lei complementar sobre o assunto, recepcionou-se a Lei nº 4.737/1965, que institui o Código Eleitoral. Qualquer modificação futura das normas de competência, no entanto, terá que ser por lei complementar (art. 121, CF).

No que concerne à competência penal originária dos Tribunais Regionais Eleitorais, confiram-se os termos do art. 29, I, *d*, da Lei nº 4.737 (Código Eleitoral): "Compete aos Tribunais Regionais: I – Processar e julgar originariamente: d) os crimes eleitorais cometidos por juízes eleitorais".

Independentemente dessa norma legal, porém, a Constituição Federal ressalvou, no art. 96, III, a competência da Justiça Eleitoral no que tange ao foro especial por prerrogativa de função no Tribunal de Justiça reservado aos Juízes dos Estados e do Distrito Federal e aos Promotores de Justiça dos Estados. Desta sorte, para preservar o foro especial, deverá existir a prerrogativa de função no âmbito da Justiça Eleitoral, no órgão correspondente ao Tribunal de Justiça, isto é, o de segunda instância, precisamente o Tribunal Regional Eleitoral.

Nesse sentido, fica estabelecida a competência penal originária dos Tribunais Regionais Eleitorais para o processo e julgamento dos Juízes de Direito e dos Promotores de Justiça *eleitorais por crimes eleitorais*. Perceba-se bem: a norma de competência do art. 29, I, *d*, da Lei nº 4.737, contempla o processo e o julgamento (i) de crimes eleitorais por (ii) juízes eleitorais.

Não estão alcançados aí, portanto, os crimes eleitorais cometidos por Juízes de Direito não oficiantes em Zonas Eleitorais (vale dizer, juízes estaduais que não sejam juízes eleitorais). Por exemplo: juiz estadual, sem competência eleitoral, comete em tese o crime eleitoral de "promover desordem que prejudique os trabalhos eleitorais" (art. 296, Código Eleitoral).

Nessa hipótese, a competência penal originária é do Tribunal de Justiça do Estado respectivo. Isso porque, embora no art. 96, III, a Constituição Federal ressalve, quanto à competência do Tribunal de Justiça para o julgamento de juízes e promotores, "a competência da Justiça Eleitoral", esta competência, conforme o art. 121, *caput*, é aquela estabelecida na lei, no caso o Código Eleitoral. E o Código Eleitoral, em seu art. 29, I, *d*, contempla a competência do Tribunal Regional Eleitoral apenas para o julgamento de (i) crimes eleitorais (ii) *por juízes eleitorais*. Praticado o crime eleitoral por juiz não eleitoral, portanto, prevalece a competência originária do Tribunal de Justiça, objeto da norma do art. 96, III, da Constituição. A mesma lógica se estende aos Promotores de Justiça dos Estados.

Por fim, os Tribunais Regionais Eleitorais dispõem também de competência penal originária para o processo e o julgamento de Prefeitos Municipais *por crimes eleitorais*. Isso porque, inclusive a teor da orientação consagrada na Súmula nº 702 do STF, a competência penal originária dos Tribunais de Justiça para o processo e o julgamento de prefeitos (art. 29, X, CF) restringe-se aos crimes de competência da Justiça Comum Estadual. Tratando-se de crime eleitoral, a competência é do órgão de segunda instância da Justiça Eleitoral, precisamente o Tribunal Regional Eleitoral do Estado respectivo.

SEÇÃO IV
Competência Territorial

A rigor, a *competência territorial* é gênero que reúne as seguintes espécies: (i) *competência pelo lugar da infração* (artigos 69, I, 70 e 71, CPP); (ii) *competência pelo domicílio do acusado* (artigos 69, II, 72 e 73, CPP); (iii) *competência por outros critérios especiais* (artigos 88 a 90, CPP).

Em qualquer dessas espécies, o critério conduzirá à definição do foro territorial competente. Trata-se, portanto, de competência *de foro*, que fixa a circunscrição judiciária (comarca, seção judiciária, circunscrição judiciária militar, zona eleitoral) competente.

Contudo, normalmente se associa a competência territorial, ou *ratione loci*, à primeira espécie, isto é, à competência pelo lugar da infração (art. 69, I, CPP), que consiste na forma de *competência de foro* pela qual se fixa a *circunscrição judiciária competente* para o processo e o julgamento da infração penal, *de acordo com o lugar de consumação ou de última execução do fato em tese constitutivo de infração penal.*

Tenha-se em conta, de toda sorte, que a competência *ratione domicilii* (pelo domicílio do acusado), assim como os critérios especiais objeto dos artigos 88 a 90 do CPP, também constituem formas de competência *territorial*, por de igual modo servirem à fixação do foro competente.

Todas elas são também formas de competência relativa, significando isso dizer que, se não for oportunamente arguida (por meio de exceção – art. 108, CPP) a inobservância do critério legal, prorroga-se a competência do juízo do foro de início incompetente (por mais que a lei processual penal permita o posterior reconhecimento da incompetência territorial pelo próprio juiz, de ofício – art. 109, CPP).

SUBSEÇÃO I
Competência pelo Lugar da Infração
(*Ratione Loci*)

1. CRITÉRIOS GERAIS DA COMPETÊNCIA PELO LUGAR DA INFRAÇÃO

A competência pelo lugar da infração fundamenta-se essencialmente nas maiores facilidades de coleta do material probatório disponível no território da circunscrição judiciária em que se deu a prática criminosa[45].

---

45. ESPÍNOLA FILHO, em perspectiva diversa, apontava outro fundamento, o da "tranquilização" do meio social abalado pela prática do crime: "É, pois, o meio social, que foi ferido, na sua normalidade, o

Não havendo, assim, razões de ordem pública reitoras da fixação concreta da competência, a inobservância do critério legal deverá ser oportunamente arguida pela parte interessada, por meio de exceção de incompetência (art. 108, CPP), sob pena de preclusão e de prorrogação da competência do juízo.

Havendo arguição oportuna por meio de exceção, os autos deverão ser remetidos ao juízo do foro territorialmente competente, sempre que reconhecida a incompetência territorial do juízo processante.

Essa espécie encontra previsão inicial, como critério de determinação da competência judiciária, no art. 69, inciso I, do Código de Processo Penal. A disciplina normativa desse critério de definição da competência, por sua vez, consta do Capítulo I ("Da Competência pelo Lugar da Infração") do Título V ("Da Competência") do Livro I do Código de Processo Penal, nos artigos 70 e 71.

Nos termos do art. 70, *caput*, do CPP, "a competência será, de regra, determinada pelo lugar em que se consumar a infração ou, no caso de tentativa, pelo lugar em que for praticado o último ato de execução".

Entende-se por *lugar da infração* o âmbito territorial, correspondente aos limites de uma circunscrição judiciária, onde ocorreu a consumação do crime ou, na hipótese de crime tentado, onde foi praticado o último ato executório. Adota-se, nesse particular, a *teoria do resultado*, diversamente do regime do Código Penal, que consagrou, *para o efeito de definição da lei aplicável*, a teoria da ubiquidade (art. 6º)[46].

De maneira a prevenir qualquer confusão, a doutrina realça a diferença entre *lugar do crime*, objeto do art. 6º, para fins de definição da aplicabilidade da lei penal, e *lugar da infração*, objeto dos artigos 70 a 71 do CPP, para o efeito de definição do foro territorial competente. A primeira norma, fixando a aplicabilidade da lei penal, delimita a atuação *da jurisdição penal brasileira*; a segunda, por seu turno, define, sob o pressuposto da aplicabilidade da lei penal brasileira e, portanto, da jurisdição penal brasileira, *qual o foro jurisdicional (circunscrição judiciária) competente para o processo e julgamento da infração penal*.

Assevere-se que a designação *teoria do resultado* comporta uma ressalva técnica importante. É que, como se sabe, nem todos os crimes constituem crimes de resultado (crimes materiais). Rigorosamente, portanto, o critério aplicado é o do *lugar da consumação* (caso se trate, claro, de crime consumado). Assim, na hipótese de *crime de mera conduta*, o lugar da infração, para o efeito de definição da competência territorial, é o lugar onde praticada a conduta típica, suficiente para consumar o delito. O mesmo se diga quanto aos crimes formais, cujo resultado, embora existente, não interessa para a consumação. Esse é o significado que propriamente emana da norma do art. 70, *caput*, do CPP.

---

que necessita de ser tranquilizado com o conhecimento dos responsáveis pelo crime e a aplicação, a eles, da pena apta a readaptá-los a esse meio. Aí, portanto, devem ser julgados". Cfr. ESPÍNOLA FILHO, Eduardo. *Código de Processo Penal Anotado*. Rio de Janeiro: Editora Rio, 1980, v. I, p. 73.

46. Art. 6º, CP: "Considera-se praticado o crime no lugar em que ocorreu a ação ou omissa, no todo ou em parte, bem como onde produziu-se ou deveria produzir-se o resultado."

Uma vez identificado o lugar da infração, deve-se considerar *a circunscrição judiciária correspondente*. A esse respeito, têm-se: na Justiça Comum Estadual, as *comarcas*; na Justiça Comum Federal, as *seções judiciárias* e também as *subseções judiciárias*; na Justiça Eleitoral, as *zonas eleitorais*; na Justiça Militar da União, as *circunscrições judiciárias militares*. As comarcas correspondem ao território de um Município; as seções judiciárias e as circunscrições judiciárias militares, ao território de um Estado-Membro da Federação; as zonas territoriais, a regiões geograficamente delimitadas dentro de um Estado-Membro da Federação, podendo abranger mais de um Município ou apenas parte de um Município.

Assim, consumado em tese, na cidade de Fortaleza, crime da competência material da Justiça Comum Estadual, firma-se a competência territorial do foro da Comarca de Fortaleza/CE. Por outro lado, praticado, também na cidade de Fortaleza, o último ato de execução de crime tentado da competência da Justiça Comum Federal, firma-se a competência territorial do foro da Seção Judiciária do Ceará (mais especificamente, do foro da subseção judiciária de Fortaleza).

Caso a execução do crime haja sido iniciada no território nacional, mas a consumação ocorra no exterior, a competência será do foro territorial onde praticado o último ato executório no Brasil, conforme o disposto no art. 70, § 1º, do CPP. Esse caso corresponde também à hipótese de competência da Justiça Comum Federal objeto do art. 109, V, da Constituição, que abrange "os crimes previstos em tratado ou convenção internacional, quando, iniciada a execução no País, o resultado tenha ou devesse ter ocorrido no estrangeiro, ou reciprocamente".

A norma do art. 70, § 1º, do CPP, de toda sorte, abrange todos os chamados *crimes à distância*, que preferimos designar por *crimes transnacionais*, quer integrem a competência da Justiça Federal, quer não.

Assim, na remessa, partida do Brasil, de correspondência internacional ofensiva à honra de terceiro que se encontra no exterior, a competência é do foro do lugar onde praticado o ato de envio: postada a correspondência na cidade de São Paulo, firma-se a competência do foro da comarca de São Paulo para o processo e o julgamento do crime contra a honra, ainda que a consumação ocorra apenas no exterior. Outro exemplo: crime de estelionato em que a execução fraudulenta da conduta se dá no Brasil, na cidade de Natal/RN, ocorrendo a obtenção da vantagem ilícita em conta mantida pelo agente no exterior (digamos, anúncio fraudulento de produto à venda).

Em ambos os casos citados, aplica-se a lei penal brasileira, ainda que a consumação haja ocorrido no exterior, conforme a primeira parte do art. 6º do Código Penal: "considera-se praticado o crime no lugar em que ocorreu a ação ou omissão, no todo ou em parte, bem como onde se produziu ou deveria produzir-se o resultado" (teoria da ubiquidade).

Uma vez estabelecida a aplicabilidade da lei penal brasileira, o foro territorial competente será o do lugar em que praticado o último ato de execução (art. 70, § 1º, CPP). Tratando-se de crime previsto em tratado ou convenção internacional, a exemplo do tráfico internacional de mulheres, o foro territorial será o da seção judiciária federal correspondente ao lugar do último ato de execução.

Do mesmo modo, reciprocamente, "quando o último ato de execução for praticado fora do território nacional, será competente o juiz do lugar em que o crime, embora parcialmente, tenha produzido ou devia produzir seu resultado", nos termos do art. 70 § 2º, do CPP. Assim, iniciada a execução de crime de tráfico internacional de pessoa para fim de exploração sexual no estrangeiro, com a posterior entrada da pessoa no Brasil, consumando-se assim o tipo penal do art. 231 do CP, firma-se a competência do foro da seção judiciária federal correspondente ao território do Estado-Membro em que se deu o ingresso no País.

Por exemplo, se o ingresso ocorreu em Salvador/BA, fixa-se a competência do foro da Seção Judiciária da Bahia. Nessa hipótese, tem-se a aplicabilidade da lei penal brasileira (art. 6º, segunda parte, CP), a competência *ratione materiae* da Justiça Comum Federal (art. 109, V, CF, por estar o crime previsto em norma internacional) e a competência *ratione loci* do foro da Seção Judiciária do Estado da Bahia (art. 70, § 2º, CPP).

Subsidiariamente, caso incertos os limites territoriais entre duas circunscrições judiciárias, "ou quando incerta a jurisdição por ter sido a infração consumada ou tentada nas divisas de duas ou mais jurisdições [leia-se: nas divisas de duas ou mais circunscrições judiciárias], competência firmar-se-á pela prevenção", nos termos do art. 70, § 3º, do CPP. Havendo incerteza, portanto, aplica-se o critério da *prevenção* (que será abordado na Seção VI deste Capítulo), firmando-se a competência do juízo do foro territorial que primeiro tomar conhecimento do fato e praticar ato em procedimento afeto a esse objeto (art. 83, CPP).

O mesmo critério, da prevenção, aplica-se nas hipóteses de crime continuado e de crime permanente cuja prática transcenda o território de uma circunscrição judiciária. Assim, nos termos do art. 71 do CPP, "tratando-se de infração continuada ou permanente, praticada em território de duas ou mais jurisdições, a competência firmar-se-á pela prevenção". Por exemplo, praticado ato executório de sequestro nos limites do território da cidade de Fortaleza/CE, com a posterior transferência do sequestrado para a cidade de Belém/PA: tratando-se o sequestro ou a extorsão mediante sequestro, conforme o caso, de crime permanente, a competência territorial será do juízo do foro que primeiro tomar conhecimento do fato, tornando-se assim prevento.

Em síntese, devem ser seguidas estas etapas, até a determinação da competência territorial: (i) verificação da aplicabilidade da lei penal brasileira, inclusive segundo a teoria da ubiquidade (art. 6º, CP), firmando-se ou não a possibilidade de exercício da jurisdição brasileira; (ii) em caso positivo: verificação da competência *ratione materiae*, da Justiça Comum ou da Justiça Especial, tomando-se, para tanto, as hipóteses expressas de competência das Justiças Militar e Eleitoral; (iii) uma vez firmada a competência da Justiça Comum (por inexistência de crime militar e de crime eleitoral): verificação das hipóteses de competência da Justiça Federal (art. 109, CF), para o efeito de firmar a competência dessa Justiça, se presente hipótese específica (art. 109, CF), ou, residualmente, a da Justiça Comum Estadual; (iv) estabelecida a competência da Justiça em razão da matéria: verificação do foro territorial competente dentro dessa Justiça, em primeira instância (comarca, seção judiciária, circunscrição judiciária militar, zona eleitoral).

Embora tenhamos até aqui enfatizado a definição da competência territorial no âmbito da Justiça de primeira instância, as mesmas regras dos artigos 70 a 71 do CPP aplicam-se de igual modo aos casos de competência originária dos tribunais, *ratione muneris*. Assim, na esfera dos tribunais, o foro territorial competente será o do Tribunal com jurisdição sobre o lugar em que consumada – ou praticado o último ato executório – da infração penal.

Por exemplo: no caso de crime de peculato ocorrido na cidade do Recife/PE e imputado a Prefeito Municipal, firma-se a competência do Tribunal de Justiça do Estado de Pernambuco, que: (i) é originariamente competente para processar e julgar Prefeito Municipal do Estado respectivo (competência *ratione personae* ou *ratione muneris*); (ii) ademais, tem jurisdição sobre o foro da Comarca de Recife, em cujos limites ocorreu o fato (competência *ratione loci*).

Por outro lado, tratando-se de crime da competência da Justiça Federal, imputado ao Prefeito Municipal do Recife/PE, titular de foro especial por prerrogativa de função, a competência é do Tribunal Regional Federal da 5ª Região, combinando-se, nessa esfera, três critérios de definição: (i) competência da Justiça Comum Federal em razão da matéria (competência *ratione* art. 109, CF); (ii) competência originária de tribunal, em virtude do foro especial por prerrogativa de função (competência *ratione personae*); (iii) competência territorial do Tribunal Regional Federal *da 5ª Região*, que tem jurisdição sobre o foro da seção judiciária, no caso a de Pernambuco, em cujos limites ocorreu o fato.

Uma vez firmada a competência territorial, modificações posteriores do foro competente só podem ocorrer em hipóteses excepcionais, em face do princípio da *perpetuatio jurisdictionis*. A competência firmada deve, em regra, perpetuar-se, ressalvada a incidência de hipótese excepcional legalmente contemplada.

Assim, fixada a competência territorial do foro da Comarca de Fortaleza, *lugar da infração*, essa situação deve perdurar até o final do processo, ressalvada a incidência de critério modificativo, como, por exemplo: existência de processo por infração conexa mais grave em trâmite perante juízo do foro da Comarca de João Pessoa/PB, o qual funcionará, por força dessa circunstância, como foro de atração, nos moldes do art. 78, II, *a*, do CPP.

Estabelecido o foro territorial competente, a etapa seguinte é determinar *o juízo* competente dentro desse foro. Para tanto, aplicam-se outros critérios de definição (natureza da infração, distribuição, prevenção) e/ou de modificação (conexão, continência) da competência de juízo.

Por fim, ressalte-se que o critério de definição da competência pelo lugar da infração é também aplicado no âmbito da competência penal originária dos Tribunais Regionais Federais em relação a Prefeitos. Toma-se como referência, nesse particular, a consumação do crime federal (ou a prática do último ato executório, em caso de tentativa) na região abrangida pela competência do Tribunal Federal. Assim, caso o Prefeito do Município de Fortaleza cometa crime federal em São Paulo, será julgado pelo Tribunal Regional Federal da 3ª Região, segundo o lugar da infração (e não pelo da 5ª Região, que abrange a Seção Judiciária do Ceará).

2. COMPETÊNCIA PELO LUGAR DA INFRAÇÃO PENAL NO ÂMBITO DOS JUIZADOS ESPECIAIS CRIMINAIS

A Lei nº 9.099/95 (juizados especiais criminais) estabelece critério diverso de definição da competência territorial, adotando a *teoria da ubiquidade*, de maneira que pode a competência do juizado especial criminal ser fixada tanto pelo lugar da execução da conduta típica quanto pelo lugar do resultado. É o que reflete, a nosso juízo, o disposto no art. 63 da lei especial: "A competência do Juizado será determinada pelo lugar em que foi praticada a infração penal".

A competência territorial do juizado especial criminal, no entanto, não constitui competência de foro, e sim *competência de juízo*. O foro territorial (circunscrição judiciária) competente define-se na forma dos artigos 70 e 71 do CPP. Uma vez estabelecido esse foro, a competência *do juizado*, por seu turno, define-se na forma do art. 63 da Lei nº 9.099/1995. Isso se justifica pelo fato de os juizados especiais criminais serem distribuídos em diversas *unidades regionais (unidades territoriais)* dentro da circunscrição judiciária (comarca ou seção judiciária).

Assim, por exemplo, praticado crime de ameaça (art. 147, CP) contra particular em determinado bairro da cidade de Fortaleza, a competência é: (i) do foro territorial da Comarca de Fortaleza/CE, nos termos do art. 70, *caput*, do CPP, em virtude da circunscrição judiciária (comarca) em cujos limites se consumou a infração – *teoria do resultado*; (ii) do juizado especial criminal da unidade territorial correspondente ao (com jurisdição sobre) o bairro onde executada a infração penal, *ou* a do juizado especial criminal da unidade territorial correspondente ao bairro onde ocorrida a consumação (com o resultado, em se tratando de crime material) – *teoria da ubiquidade*.

Parte da doutrina, no entanto, entende que a dubiedade da redação do art. 63 da Lei nº 9.099 não refletiria a aplicação da teoria da ubiquidade, como sustentamos acima, e sim a *teoria da atividade*. De fato, a expressão "lugar *em que foi praticada*" a infração poderia refletir o lugar da *execução* do fato. No entanto, a lei alude à prática *da infração penal*, e não à prática da conduta própria da infração.

Nessas condições, e até mesmo para racionalizar a definição da competência do juizado em uma unidade territorial específica dentro de um mesmo Município, entendemos que a competência possa recair tanto sobre o juizado do lugar da execução quanto sobre o do lugar da consumação (ubiquidade). No sentido, ainda que ambíguo, da norma, a "prática da infração" pode significar tanto a execução da conduta quanto a respectiva consumação.

Com semelhante perspectiva, refira-se a posição de GUILHERME NUCCI: "...o que houve na Lei 9.099/95 foi uma dubiedade impossível de ser solucionada com posições radicalmente opostas, optando-se, a bel-prazer, pela teoria da atividade (lugar da ação ou omissão) ou pela teoria do resultado (lugar da consumação). Assim sendo, cremos não haver outra solução senão adotar a teoria mista: a infração deve ser apurada no lugar onde se deu a ação ou omissão, bem como no local onde ocorreu – ou deveria ocorrer – o resultado"[47].

---

47. NUCCI, Guilherme de Souza. *Leis Processuais e Processuais Penais Comentadas*. São Paulo: Revista dos Tribunais, 2013, v. 2, p. 436.

3. HIPÓTESES DE RECONHECIMENTO JURISPRUDENCIAL DA COMPETÊNCIA TERRITORIAL PELO CRITÉRIO DA ATIVIDADE OU PELO DA UBIQUIDADE

Mesmo fora da esfera dos juizados especiais criminais, há diversas propostas e hipóteses de reconhecimento jurisprudencial da aplicação da *teoria da ubiquidade* em nosso sistema, apesar das regras estabelecidas nos artigos 70 e 71 do CPP.

A esse respeito, importa referir o caso do homicídio em que a vítima vem a morrer na cidade para a qual se deslocara para fins de tratamento médico, hipótese em que o foro competente seria o do local da execução, e não o da consumação, o que se justifica pela maior facilidade probatória presente no lugar onde praticados os atos executórios.

Na espécie, efetivamente, se consideradas as finalidades próprias do critério legal de definição da competência territorial, tem-se maior efetividade na fixação da competência do foro onde praticados os atos de execução ou, pelo menos, na possibilidade de fixação da competência de qualquer dos foros (ubiquidade), de acordo com o juízo que primeiro atuar no caso, segundo o critério da prevenção.

Por outro lado, como hipóteses de reconhecimento jurisprudencial de critério diverso daquele instituído no art. 70 do CPP, refiram-se as seguintes situações especiais: (a) a do crime de fraude no pagamento por meio de cheque (forma especial de estelionato), hipótese em que, nos termos da Súmula nº 521 do Supremo Tribunal Federal, a competência é a do juízo do lugar onde ocorreu a recusa do pagamento pelo sacado, independentemente de onde tenha se dado o recebimento da vantagem ilícita; (b) a do estelionato mediante a falsificação de cheques, em que, conforme a Súmula nº 48 do Superior Tribunal de Justiça, a competência é do juízo do local onde ocorreu a obtenção da vantagem ilícita.

SUBSEÇÃO II
Competência pelo Domicílio do Acusado
(*Ratione Domicilii*)

Outra forma de definição da *competência de foro territorial* é a competência *ratione domicilli*, fixada de acordo com o domicílio do acusado (art. 69, II, CPP). Esse critério está disciplinado no Capítulo II ("Da Competência pelo Domicílio ou Residência do Réu") do Título V ("Da Competência") do Livro I do Código de Processo Penal.

A aplicabilidade do critério varia conforme a modalidade de ação penal incidente. É o que se aborda a seguir.

1. AÇÃO PENAL DE INICIATIVA PÚBLICA E AÇÃO PENAL DE INICIATIVA PRIVADA SUBSIDIÁRIA DA PÚBLICA: SUBSIDIARIEDADE

Antes de tudo, *no que concerne à ação penal de iniciativa pública e à privada subsidiária da pública*, trata-se de *critério excepcional e subsidiário, aplicável apenas quando desconhecido o lugar da infração*.

Assim, tem-se a fixação da competência em função do domicílio do acusado quando não for possível estabelecer o foro territorial competente com base nas regras dos artigos 70 e 71 do CPP (competência pelo lugar da infração). A esse respeito, confira-se o disposto no art. 72, *caput*, do CPP: "Não sendo conhecido o lugar a da infração, a competência regular-se-á pelo domicílio ou residência do réu".

Compreende-se no conceito de *domicílio*: (i) o lugar onde a pessoa (o acusado) estabelece sua residência com ânimo definitivo (art. 70, CC); (ii) qualquer das residências da pessoa (do acusado), se tiver mais de um lugar em que resida com ânimo definitivo (art. 71, CC); (iii) quanto às relações concernentes à profissão, o(s) lugar(es) em que esta for exercida (art. 72, CC); (iv) quando a pessoa (o acusado) não tiver residência habitual, o lugar onde for encontrada (art. 73, CC).

O conceito de domicílio, portanto, já abrange o de residência. Assim, pode-se simplesmente falar em *domicílio do acusado*.

Nessas condições, desconhecido o lugar da infração, firma-se a competência do foro territorial, isto é, da circunscrição judiciária (comarca, seção judiciária, zona eleitoral, circunscrição judiciária militar) correspondente ao lugar do domicílio do acusado.

Por exemplo: desconhecido o lugar da prática de crime de moeda falsa (competência da Justiça Comum Federal), mas tendo o acusado domicílio no Município de Itabira/MG, firma-se a competência do foro da Seção Judiciária do Estado de Minas Gerais; desconhecido o lugar da prática de crime de falsificação de documento particular, mas tendo o acusado domicílio no Município de Porto Alegre/RS, firma-se a competência do foro da Comarca de Porto Alegre/RS.

Nos termos do art. 72, § 1º, do CPP, "se o réu tiver mais de uma residência, a competência firmar-se-á pela prevenção". Essa regra aplica-se quando o acusado tiver residências situadas em territórios de circunscrições judiciárias distintas. Assim, desde que desconhecido o lugar da infração, firma-se a competência pelo critério da prevenção caso o acusado, por exemplo, tenha uma residência em Fortaleza/CE e outra em São Paulo/SP. A competência é, portanto, do foro territorial do juízo que houver antecedido ao outro na prática de algum ato do processo ou de medida a este relativa (art. 83, CPP).

A prevenção, em caráter específico, é também aplicada, como último critério, nas hipóteses de paradeiro ignorado ou da falta de residência certa do acusado, a teor do art. 72, § 2º, do CPP: "Se o réu não tiver residência certa ou for ignorado seu paradeiro, será competente o juiz que primeiro tomar conhecimento do fato".

Embora a hipótese seja de prevenção, perceba-se sua especialidade em comparação com a disciplina do art. 83 do CPP: a competência é do foro territorial do juízo *que primeiro tomar conhecimento do fato* (art. 72, § 2º, CPP), independentemente de sua antecedência na prática de ato do processo ou de medida a este relativa (art. 83, CPP).

2. AÇÃO PENAL DE EXCLUSIVA INICIATIVA PRIVADA: ALTERNATIVIDADE

No domínio da ação penal privada exclusiva (privativa ou personalíssima), o critério de competência territorial em razão do domicílio do acusado (art. 69, II, CPP) tem *aplicação alternativa*, e não subsidiária, ao critério de competência territorial pelo lugar da infração (art. 69, I, CPP).

Nesse particular, a lei reserva ao querelante a escolha do foro territorial, frente às alternativas do lugar da infração, de um lado, e do domicílio do querelado, de outro. A respeito, consulte-se a regra do art. 73 do CPP: "Nos casos de exclusiva ação privada, o querelante poderá preferir o foro de domicílio ou residência do réu, ainda quando conhecido o lugar da infração".

SUBSEÇÃO III
Critérios Especiais
de Competência Territorial

As *disposições especiais* objeto do Capítulo VIII do Título V ('Da Competência") do Livro I do Código de Processo Penal, objeto dos artigos 88 a 90, refletem critérios especiais de definição da competência territorial, em regime distinto daquele disciplinado nos artigos 70 e 71, por força de situações normativas excepcionais.

Antes de tudo, de acordo com o art. 7º, incisos I e II, do Código Penal, há a *aplicabilidade da lei penal brasileira* e, portanto, da jurisdição penal brasileira, nas seguintes hipóteses de *prática criminosa ocorrida no exterior*: (i) crimes contra a vida ou a liberdade do Presidente da República; contra o patrimônio ou a fé pública da União, do Distrito Federal, do Estado, de Território, de Município, de empresa pública, de sociedade de economia mista, de autarquia ou de fundação instituída pelo Poder Público; contra a administração pública, por quem estiver a seu serviço; de genocídio, quando o agente for brasileiro ou domiciliado no Brasil (art. 7º, I, CP); (ii) crimes que, por tratado ou convenção, o Brasil se obrigou a reprimir; crimes praticados por brasileiro; crimes praticados em aeronaves ou embarcações brasileiras, mercantes ou de propriedade privada, quando em território estrangeiro e aí não seja julgados (art. 7º, II, CP); (iii) crimes cometidos por estrangeiro contra brasileiro fora do Brasil.

Essas são hipóteses de *extraterritorialidade*, vale dizer, de incidência da jurisdição penal brasileira embora o fato haja sido praticado no exterior. As situações discriminadas em (i) acima constituem hipóteses de extraterritorialidade incondicionada (art. 7º, § 1º, CP); as especificadas em (ii) acima, de extraterritorialidade condicionada à presença conjunta das hipóteses objeto do art. 7º, § 2º, do CP (entrada do agente no território nacional, tipicidade do fato também no país de origem ou dupla tipicidade, crime incluído entre aqueles pelos quais a lei brasileira autoriza a extradição, ausência de absolvição ou de cumprimento efetivo de pena no exterior, ausência de extinção da punibilidade no exterior). Quanto à hipótese referida em (iii) acima, a aplicação da lei depende da presença conjunta das condições objeto do art. 7º, § 2º, e mais ainda daquelas do art. 7º, § 3º, do CP (não foi pedida ou foi negada a extradição; requisição do Ministro da Justiça).

Ora, uma vez que, sob tais parâmetros, se estabeleça a incidência da jurisdição brasileira, o passo seguinte é determinar qual órgão jurisdicional penal, aqui no Brasil, terá competência para processar e julgar o fato em tese constitutivo de crime segundo a lei brasileira.

Para tanto, há que se determinar, como sempre, (i) a Justiça competente, (ii) o foro judiciário competente dentro dessa Justiça e (iii) o juízo competente dentro desse foro.

Quanto ao aspecto territorial, veja-se inicialmente o disposto no art. 88 do CPP: "No processo por crimes praticados fora do território brasileiro, será competente o juízo da Capital do Estado onde houver por último residido o acusado. Se este nunca tiver residido no Brasil, será competente o juízo da Capital da República".

Assim, por exemplo, tome-se a hipótese em que agente diplomático brasileiro comete crime de dano contra bens de embaixada brasileira situada no Estado da Espanha. Nessa hipótese, aplica-se a lei penal brasileira, de forma incondicionada, a teor do disposto no art. 7º, *caput*, I, *b*, c/c § 1º, do CP: crime cometido contra bens da União. Incide, portanto, a jurisdição brasileira.

Indaga-se então: (i) Qual a Justiça competente no Brasil? Resposta: a Justiça Comum Federal, nos termos do art. 109, IV, da CF; (ii) Qual o foro territorial competente? Resposta: o foro da seção judiciária correspondente ao Estado-Membro em cujos limites territoriais haja o agente por último residido no Brasil, conforme o art. 88, primeira parte, do CPP. Se o mesmo crime for praticado por estrangeiro que nunca tenha residido no Brasil, firma-se a competência do foro da Seção Judiciária do Distrito Federal, conforme o art. 88, segunda parte, do CPP; (iii) Qual o juízo competente? Em condições normais, o juízo fixado, por sorteio, de acordo com o critério da distribuição automática, podendo eventualmente existir juízo especializado pela natureza da infração (conforme dispuser, se for o caso, lei de organização judiciária). Pode também ser aplicado o critério da prevenção do juízo.

Por outro lado, tome-se agora o disposto no art. 89 do CPP: "Os crimes cometidos em qualquer embarcação nas águas territoriais da República, ou nos rios e lagos fronteiriços, bem como a bordo de embarcações nacionais, em alto-mar, serão processados e julgados pela justiça do primeiro porto brasileiro em que tocar a embarcação, após o crime, ou, quando se afastar do País, pelo último em que houver tocado".

Já aqui não há hipótese de extraterritorialidade, e sim de *territorialidade para efeitos penais*, segundo a disciplina do art. 5º, §§ 1º e 2º, do CP.

Quanto à primeira parte do art. 89 (crimes cometidos *em qualquer embarcação* nas águas territoriais da República, ou nos rios e lagos fronteiriços), os objetos especificados (águas territoriais da República, rios e lagos fronteiriços) são bens da União, a teor do disposto no art. 20, III, da Constituição Federal. Nessa hipótese, há territorialidade normal, eis que a embarcação, de qualquer natureza, encontra-se nos limites do território nacional, aplicando-se, por isso, a lei penal brasileira (art. 5º, *caput*, CP).

A segunda parte da norma, por sua vez, refere as *embarcações nacionais, em alto-mar*. Nesse caso, tem-se a extensão do território para efeitos penais, estabelecida no art. 5º, § 1º, do CP: embarcações de natureza pública ou a serviço do governo brasileiro e embarcações brasileiras, mercantes ou de propriedade privada, em alto-mar, ambas compreendidas no termo *embarcações nacionais*, empregado pelo art. 89 do CPP.

Em qualquer dessas hipóteses, o foro territorial será o do lugar correspondente ao primeiro porto em que tocar a embarcação no Brasil, ou, quando estiver se afastando, ao do último porto em que houver tocado.

Assim, por exemplo: crime de lesão corporal praticado no interior de embarcação nacional de grande porte, que se encontrava em alto-mar ao tempo do fato, afastando-se do território do Brasil (último porto: Porto do Mucuripe/CE). Pergunta-se: (i) É aplicável a lei penal brasileira? Sim, a teor do art. 5º, § 1º, do CP; (ii) Qual a Justiça competente? A Justiça Comum Federal, a teor do art. 109, IX, da CF, por se tratar de navio; (iii) Qual o foro territorial competente? O da circunscrição judiciária correspondente ao Estado-Membro em que se situa o último porto brasileiro em que tocou a embarcação, a teor do art. 89 do CPP (no caso, o foro da Seção Judiciária do Estado do Ceará, já que o porto do exemplo está situado na cidade de Fortaleza/CE).

Por último, considere-se o disposto no art. 90 do CPP: "Os crimes praticados a bordo de aeronave nacional, dentro do espaço aéreo correspondente ao território brasileiro, ou ao alto-mar, ou a bordo de aeronave estrangeira, dentro do espaço aéreo correspondente ao território nacional, serão processados e julgados pela justiça da comarca em cujo território se verificar o pouso após o crime, ou pela comarca de onde houver partido a aeronave".

Cumpre diferenciar: (i) Quanto ao crime praticado a bordo de aeronave nacional, dentro do espaço aéreo correspondente ao território brasileiro e ao crime praticado a bordo de aeronave estrangeira, dentro do espaço aéreo correspondente ao território nacional, há territorialidade normal, aplicando-se a lei brasileira, nos moldes do art. 5º, *caput*, do CP. O espaço aéreo brasileiro faz parte do território nacional; (ii) Quanto ao crime praticado a bordo de aeronave nacional no espaço aéreo correspondente ao alto-mar, há extensão do território brasileiro para efeitos penais, nos moldes do art. 5º, § 1º, do CP (as aeronaves nacionais objeto do art. 90 do CPP incluem as aeronaves brasileiras, de natureza pública ou a serviço do governo brasileiro, e as aeronaves brasileiras, mercantes e de propriedade privada, em alto-mar, objeto do art. 5º, § 1º, do CP).

Assim, por exemplo: crime praticado no interior de aeronave brasileira que então se encontrava no espaço aéreo correspondente ao alto-mar, na direção do território brasileiro (em direção ao aeroporto de Curitiba/PR). Pergunta-se: (i) É aplicável a lei penal brasileira? Sim, a teor do art. 5º, § 1º, do CPP; (ii) Qual a Justiça competente? A Justiça Comum Federal, a teor do art. 109, IX, da CF, pelo mero fato de se tratar de aeronave; (iii) Qual o foro territorial competente? O da seção judiciária federal correspondente ao Estado-Membro em cujo território pousar a aeronave (no caso, o foro da Seção Judiciária do Estado do Paraná).

Embora o art. 90 do CPP refira-se à "justiça da comarca", não há hipótese de competência territorial da Justiça Comum Estadual nessa hipótese, pois todos os crimes cometidos a bordo de aeronaves integram a competência da Justiça Comum Federal (art. 109, IX, CF). Assim, por "justiça da comarca" deve-se entender, por força da ordem constitucional vigente, *foro da seção judiciária*.

Advirta-se ainda, quanto às hipóteses dos artigos 89 e 90 do CPP, que, caso a embarcação ou a aeronave seja militar, a competência de processo e julgamento do fato é da Justiça Militar da União.

Subsidiariamente, a própria lei estabelece, no art. 91 do CPP, que a incerteza concreta quanto à existência de qualquer das hipóteses objeto dos artigos 89 e 90 deverá ser resolvida pelo critério da *prevenção*. Firma-se a competência, nessa excepcionalidade, do juízo do foro que primeiro praticar ato processual ou medida relativa ao processo em função do fato criminoso (art. 83, CPP).

SEÇÃO V
Competência por Distribuição

O Capítulo IV do Título V do Livro I do Código de Processo Penal, no art. 75, disciplina a denominada *competência por distribuição* (art. 69, IV, CPP), como critério de definição de competência *de juízo*. Aplica-se também o mesmo critério no âmbito dos Tribunais, para a escolha do relator.

A competência pela distribuição designa o critério relativo de definição da competência de juízo *por meio de sorteio automático*, sempre que haja, dentro de uma mesma circunscrição judiciária (foro territorial), mais de um órgão jurisdicional competente em razão da matéria. É o que se depreende da norma do art. 75, *caput*, do CPP: "A precedência da distribuição fixará a competência quando, na mesma circunscrição judiciária, houver mais de um juiz igualmente competente".

A distribuição por sorteio, em caráter, portanto, aleatório, evita a escolha arbitrária de órgãos judiciários em função do juiz oficiante, conferindo, assim, isenção ao processo de definição da competência. De forma muito positiva estão atualmente implantados no Poder Judiciário brasileiro mecanismos de distribuição eletrônica, para sorteio automático, prevenindo-se assim a ocorrência de fraudes.

Assim, uma vez fixados a Justiça competente (competência de Justiça) e o foro territorial competente (competência de foro), se houver na circunscrição judiciária mais de um juízo competente em razão da natureza da infração penal, a competência concreta será definida por sorteio, o que se chama de distribuição.

Na verdade, a distribuição formaliza a competência inclusive se houver um só juízo competente na circunscrição judiciária. Por essa razão, preferimos enfatizar no instituto a característica de *sorteio*, para a fixação concreta da competência de um juízo frente à de outro(s).

Ademais, no processo penal, não apenas a distribuição por sorteio de denúncia ou queixa, como instrumentos da ação penal, fixa a competência do juízo. A distribuição de qualquer procedimento investigativo ou de procedimento penal cautelar já define a competência do juízo para o processo e o julgamento da eventual ação penal daí decorrente. É o que se assimila da norma do art. 75, parágrafo único, do CPP: "A distribuição realizada para o efeito de concessão de fiança ou da decretação de prisão preventiva ou de qualquer diligência anterior à denúncia prevenirá a da ação penal".

Nessa hipótese, combinam-se os critérios da distribuição e da prevenção. Distribuído o procedimento criminal na fase pré-processual, o juízo fixado estará prevento para o processo e o julgamento da ação penal respectiva. Revela-se muito comum, aliás, que isso aconteça na prática, já que em grande parte as ações penais são ajuizadas com base em elementos de informação e em provas cautelares (reserva de jurisdição) obtidas na fase investigativa.

Podem ocorrer, nesse contexto, as seguintes situações:

(i) Oferecimento direto de denúncia pelo Ministério Público (ou de queixa pelo ofendido), com base em peças de informação, sem a prévia instauração de inquérito policial (ou outro procedimento investigativo). Nesse caso, autuada a denúncia, será o feito distribuído para o juízo competente, se houver mais de um em função da matéria versada na inicial. Aplica-se, no particular, o disposto no art. 75, *caput*, do CPP.

(ii) Oferecimento direto de denúncia pelo Ministério Público com base em inquérito policial (ou outro procedimento investigativo) que não chegou a passar por jurisdicionalização. É o que acontece nos casos em que as investigações não envolveram nenhuma medida reforçadamente invasiva, que reclamasse controle prévio ou posterior do juiz. Por exemplo, não se identificou necessidade de prisão ou outra medida cautelar pessoal, nem de medida assecuratória, nem de busca e apreensão ou interceptação telefônica. O inquérito tramitou nos prazos legais, sob o controle do Ministério Público. Nesse caso, tem-se o mesmo regime especificado em (i) acima, aplicando-se o disposto no art. 75, *caput*, do CPP.

(iii) No curso do procedimento de investigação, houve representação do Ministério Público pela imposição de medida cautelar, de caráter pessoal (prisão preventiva ou temporária, medida cautelar pessoal alternativa), patrimonial (sequestro, arresto) e/ou probatória (busca e apreensão, quebra de sigilo bancário). Nessa hipótese, como o deferimento de qualquer dessas medidas reclama controle judicial, a postulação respectiva será distribuída para um juízo ou tribunal, ainda na fase pré-processual. Com isso, firma-se a prevenção desse órgão judiciário para o processo e julgamento da ação penal que vier a ser ajuizada posteriormente. O mesmo acontece no caso de prisão em flagrante, em que há controle judicial *a posteriori*, devendo o auto de prisão ser distribuído a um juízo, que de igual modo ficará prevento para a ação penal. Aplica-se, aqui, a norma do art. 75, parágrafo único, do CPP, não sendo necessária nova distribuição quando do julgamento da ação penal[48].

Ainda a respeito do art. 75, parágrafo único, do CPP, parece-nos que, para fins de preservação da imparcialidade do juiz, não deveria o magistrado que atuou no controle de medidas invasivas ser o mesmo a julgar a ação penal respectiva em momento posterior. Essa tendência está refletida na figura do juiz de garantias, para a

---

48. Confira-se, no particular, o julgado da Sexta Turma do STJ no HC 18.120/SC (STJ, 6ª Turma, Rel. Min. Hamilton Carvalhido, julgamento em 03.06.2002, DJ de 24.03.2003): "1. Verificar-se-á a competência por prevenção quando, havendo dois ou mais juízes competentes para o processo e julgamento de determinado feito, um deles houver antecedido ao(s) outro(s) na prática de algum ato do processo ou medida a ele relativa, ainda que anterior ao oferecimento da denúncia ou queixa. 2. A decisão que decreta a prisão temporária, bem como a que determina a quebra do sigilo das comunicações telefônicas, na fase inquisitorial realizam, de modo pleno, o suporte fático da norma de competência por prevenção. 3. Uma vez firmada a competência pela prevenção, faz-se desnecessária a distribuição subsequente do inquérito, não ultrapassando a falta precedente, neste caso, os limites da mera irregularidade."

fase pré-processual, diverso do juiz da ação penal, como fixado no último projeto de novo Código de Processo Penal.

No presente tópico se está a tratar, porém, de competência *do órgão jurisdicional*, independentemente do(s) magistrado(s) nele oficiante. A prevenção, assim, existe para o órgão jurisdicional, ainda que, por reforma futura, se possa fixar impedimento do magistrado que apreciou as medidas cautelares na fase pré-processual.

Por outro lado, assinale-se que a distribuição também se aplica para a definição da competência do órgão fracionário do Tribunal, no âmbito das ações penais de competência originária, por prerrogativa de função do investigado ou acusado. Nesse particular, a distribuição é disciplinada pelo regimento interno de cada tribunal. De maneira geral, distribui-se o procedimento ou a ação penal para um *relator*, com isso fixando-se, quando seja o caso, a competência de determinado órgão colegiado fracionário, se houver mais de um competente para a ação penal dentro do mesmo tribunal.

Assim, por exemplo, no STF, atualmente o processo e julgamento de ação penal originária (na maioria dos casos) cabe à Turma (art. 9º, I, *j* e *k*, RISTF), e não mais ao Plenário, como antes. Em tais condições, se a ação penal, ou o procedimento prévio, for distribuído para o Ministro TEORI ZAVASCKI, por exemplo, fixa-se, automaticamente, a competência da Segunda Turma do Supremo Tribunal Federal, de que faz parte aquele Ministro.

Por outro lado, no STJ, a competência penal originária recai sobre a Corte Especial, que é única. Nesse caso, resta apenas, pela distribuição, fixar o relator responsável pela condução do processo até seu julgamento pelo órgão colegiado.

SEÇÃO VI
Definição da Competência Segundo os Diversos Critérios Normativos, até o da Distribuição: Roteiro Analítico

Fixados os principais critérios, ilustremos agora as etapas de definição da competência, até a distribuição, com os seguintes *exemplos*:

Exemplo (i) Prática de crime de lesão corporal grave contra particular na cidade de Fortaleza/CE.

(a) *Competência de Justiça (Competência em Razão da Matéria)*: Fixa-se, de início, a competência em razão da matéria da *Justiça Comum Estadual*, já que: não se trata de crime militar nem de crime eleitoral, definindo-se por isso a Justiça Comum; não se trata de crime da competência da Justiça Comum Federal, definindo-se por isso a Justiça Comum Estadual.

(b) *Competência por Prerrogativa de Função*: Não sendo o fato imputado a autoridade titular de foro especial por prerrogativa de função, afasta-se a competência penal originária de qualquer tribunal.

(c) *Competência Foro (Competência Territorial)*: O passo seguinte é verificar o foro territorial, vale dizer, a circunscrição judiciária competente. Tratando-se de competência da Justiça Comum Estadual, tem-se a circunscrição judiciária denominada *Comarca*, correspondente ao território de um Município. Praticado o fato no território do Município de Fortaleza/CE, tem-se, como foro competente, a Comarca de Fortaleza/CE.

(d) *Competência de Juízo pela Natureza da Infração*: A partir das leis de organização judiciária do Ceará, e eventuais resoluções (como admite o STF), identificam-se os juízos competentes em virtude da natureza da infração penal. Na Comarca de Fortaleza há 18 varas criminais, sediando 18 juízos de direito com competência penal. Não existe juízo especializado para o processo e o julgamento de crime de lesão corporal grave.

(e) *Competência de Juízo pela Distribuição*: A definição do juízo criminal competente, dentre os vários possíveis na mesma circunscrição judiciária (comarca de Fortaleza), ocorrerá por meio de distribuição (sorteio). Digamos, em concreto, que a distribuição haja recaído sobre o Juízo de Direito da 9ª Vara Criminal da Comarca de Fortaleza. Tem-se, dessa forma, a individualização do juízo concretamente competente para o processo e o julgamento da causa.

Apliquemos na sequência a mesma lógica aos demais exemplos, de maneira mais simplificada.

Exemplo (ii): Prática de crime de lesão corporal culposa contra particular ocorrida no bairro Manoel Dias Branco da cidade de Fortaleza/CE.

(a) *Competência de Justiça (Competência em Razão da Matéria)*: Justiça Comum Estadual.

(b) *Competência por Prerrogativa de Função*: Inexistente.

(c) *Competência de Foro (Competência Territorial)*: Comarca de Fortaleza/CE.

(d) *Competência de Juízo pela Natureza da Infração*: Tratando-se de infração penal de menor potencial ofensivo, fixa-se a competência dos juizados especiais criminais.

(e) *Competência de Juízo (Competência Territorial)*: Tratando-se de juizados especiais criminais, a definição do juizado competente dá-se pelo critério territorial, e não pela distribuição. Assim, ocorrido o fato no bairro Manuel Dias Branco, em Fortaleza/CE, a competência será do juizado especial criminal da 4ª Unidade da Comarca de Fortaleza/CE.

Exemplo (iii): Prática de crime de homicídio doloso contra particular na cidade de Fortaleza/CE.

(a) *Competência de Justiça (Competência em Razão da Matéria)*: Justiça Comum Estadual.

(b) *Competência por Prerrogativa de Função*: Inexistente.

Cap. VIII · COMPETÊNCIA PENAL

(c) *Competência de Foro (Competência Territorial)*: Comarca de Fortaleza/CE.

(d) *Competência de Juízo pela Natureza da Infração*: Tratando-se de crime doloso contra a vida, fixa-se: a) a competência do Tribunal do Júri, e ainda, de acordo com a lei local de organização judiciária, (b) a competência possível, em razão da natureza da infração penal, de 6 (seis) Juízos de Direito da Vara do Júri da Comarca de Fortaleza/CE.

(e) *Competência de Juízo (Distribuição)*: Sorteio, digamos, para o Juízo de Direito da 2ª Vara da Comarca de Fortaleza/CE.

Exemplo (iv): Prática de crime de estelionato contra a Caixa Econômica Federal na cidade de Fortaleza/CE.

(a) *Competência de Justiça (Competência em Razão da Matéria)*: Justiça Comum Federal, por se tratar de crime cometido contra empresa pública federal (art. 109, IV, CF).

(b) *Competência por Prerrogativa de Função*: Inexistente.

(c) *Competência de Foro (Competência Territorial)*: Seção Judiciária do Ceará, na Subseção Judiciária de Fortaleza. Em se tratando de competência da Justiça Federal, a circunscrição judiciária competente é uma *Seção Judiciária*, correspondente ao território de um Estado-Membro da Federação. Ocorrido o fato em Fortaleza, tem-se a Seção Judiciária do Ceará.

(d) *Competência de Juízo pela Natureza da Infração*: A Subseção Judiciária de Fortaleza dispõe de 3 (três) juízos com competência penal: 11ª, 12ª e 32ª Varas Federais da Seção Judiciária do Ceará. Inexiste competência específica de juízo em decorrência da natureza da infração (estelionato).

(e) *Competência de Juízo pela Distribuição*: Sorteio, digamos, do Juízo Federal da 12ª Vara da Seção Judiciária do Ceará.

Exemplo (v): Prática de crime contra o sistema financeiro nacional na cidade de Fortaleza/CE.

(a) *Competência de Justiça (Competência em Razão da Matéria)*: Justiça Comum Federal (art. 109, VI, CF, c/c art. 26, *caput*, Lei nº 7.492/1986).

(b) *Competência por Prerrogativa de Função*: Inexistente.

(c) *Competência de Foro (Competência Territorial)*: Seção Judiciária do Ceará, na Subseção Judiciária de Fortaleza.

(d) *Competência de Juízo pela Natureza da Infração*: Tratando-se de crime contra o sistema financeiro nacional, o TRF5 especializou, por resoluções, dois Juízos Federais com competência penal pela natureza da infração: 11ª e 32ª Varas Federais da Seção Judiciária do Ceará.

(e) *Competência de Juízo pela Distribuição*: Sorteio, digamos, do Juízo Federal da 32ª Vara da Seção Judiciária do Ceará.

Exemplo (vi): Prática de crime contra as instituições militares federais na cidade de São Paulo/SP.

(a) *Competência de Justiça (Competência em Razão da Matéria)*: Justiça Militar da União.

(b) *Competência por Prerrogativa de Função*: Inexistente.

(c) *Competência de Foro (Competência Territorial)*: Circunscrição Judiciária Militar do Estado de São Paulo, que é a 2ª Circunscrição Judiciária Militar.

(d) *Competência de Juízo pela Natureza da Infração*: Inexistente. A competência pela natureza da infração (crime militar) é apenas a de Justiça, já definida em (a).

(e) *Competência de Juízo pela Distribuição*: Há, na Circunscrição Judiciária Militar de São Paulo, 2 (duas) Auditorias Militares. Sorteio, digamos, do Juízo Federal da 2ª Auditoria da 2ª Circunscrição Judiciária Militar.

Exemplo (vii): Prática de crime eleitoral no bairro Dionísio Torres da cidade de Fortaleza/CE.

(a) *Competência de Justiça (Competência em Razão da Matéria)*: Justiça Eleitoral.

(b) *Competência por Prerrogativa de Função*: Inexistente.

(c) *Competência de Foro e de Juízo (Competência Territorial)*: 112ª Zona Eleitoral do Estado do Ceará, considerando que o fato aconteceu no bairro Dionísio Torres da cidade de Fortaleza. Tem-se, automaticamente, também pelo critério territorial, a competência do Juízo (único) da 112ª Zona Eleitoral.

(d) *Competência de Juízo pela Natureza da Infração*: Inexistente. A competência pela natureza da infração (crime eleitoral) é apenas a de Justiça, já definida em (a).

(e) *Competência de Juízo pela Distribuição*: Inexistente. No âmbito da Justiça Eleitoral, a competência concreta do Juízo é fixada pelo critério territorial, como exposto em (c).

Exemplo (viii): Prática de crime de peculato por Deputado Federal

(a) *Competência de Justiça (Competência em Razão da Matéria)*: Inexistente. Foro por prerrogativa de função no Supremo Tribunal Federal.

(b) *Competência por Prerrogativa de Função*: Competência penal originária do Supremo Tribunal Federal.

(c) *Competência Territorial*: Inexistente.

(d) *Competência pela Natureza da Infração*: Inexistente.

(e) *Competência pela Distribuição*: Sorteio para um dos Ministros. Competência da Turma (art. 9º, I, *j*, RISTF) correspondente ao Relator sorteado. Digamos: distribuição para o Ministro Marco Aurélio, firmando a competência de julgamento da 1ª Turma do STF.

Cap. VIII · COMPETÊNCIA PENAL 411

Exemplo (ix): Prática de crime de peculato por Governador do Estado do Ceará.

(a) *Competência de Justiça (Competência em Razão da Matéria)*: Justiça Comum, e não Justiça Especial, por se tratar de crime comum (peculato). Foro por prerrogativa de função no Superior Tribunal de Justiça. Recorde-se que o STJ também disporia de competência penal originária para julgar a mesma autoridade ainda que se tratasse de crime eleitoral ou de crime militar.

(b) *Competência por Prerrogativa de Função*: Competência penal originária do Superior Tribunal de Justiça.

(c) *Competência Territorial*: Inexistente.

(d) *Competência pela Natureza da Infração*: Já aplicado em (a).

(e) *Competência pela Distribuição*: Sorteio para um dos Ministros integrantes da Corte Especial do STJ. Digamos, distribuição para a Ministra Laurita Vaz. A competência de julgamento sempre recairá sobre a Corte Especial (art. 11, I, RISTJ).

Exemplo (x): Prática de crime contra o sistema financeiro nacional por prefeito de Município do Estado de São Paulo.

(a) *Competência de Justiça (Competência em Razão da Matéria)*: Justiça Comum Federal (art. 109, VI, CF).

(b) *Competência por Prerrogativa de Função*: Competência penal originária de Tribunal Regional Federal, por se tratar de crime federal imputado a titular de foro por prerrogativa de função em tribunal de segunda instância (art. 29, X, da CF, e Súmula 702/STF).

(c) *Competência Territorial*: Competência do Tribunal Regional Federal da 3ª Região, abrangente do Estado de São Paulo.

(d) *Competência pela Natureza da Infração*: Já aplicado em (a). Inexistente quanto ao mais.

(e) *Competência pela Distribuição*: Sorteio para um dos Desembargadores Federais integrantes do Tribunal. A competência de julgamento recairá sobre o Pleno.

SEÇÃO VII
Competência por Prevenção

A prevenção é o critério subsidiário de determinação de competência relativa contemplado no art. 69, inciso VI, e disciplinado no Capítulo VI ("Da Competência por Prevenção") do Título V ("Da Competência") do Livro I do Código de Processo Penal.

Uma das acepções do termo *prevenir*, conforme o Dicionário Houaiss[49], é a de *preceder*, significando *adiantar-se, anteceder, antecipar-se*. A prevenção, como instituto

---

49. *Dicionário Houaiss de Sinônimos e Antônimos*, Instituto Antônio Houaiss de Lexicografia. Rio de Janeiro: Objetiva: 2003, p. 534.

processual, tem esse sentido de fixar a competência judiciária sob a base da *precedência* ou *antecedência* do órgão judiciário na prática de algum ato do processo. É o que expressa claramente a norma do art. 83 do CPP: "Verificar-se-á a competência por prevenção toda vez que, concorrendo dois ou mais juízes igualmente competentes ou com jurisdição cumulativa, um deles tiver antecedido aos outros na prática de algum ato do processo ou de medida a este relativa, ainda que anterior ao oferecimento da denúncia ou da queixa (arts. 70, § 3º, 71, 72, § 2º, e 78, II, *c*)".

Cuida-se de critério *subsidiário* de fixação da competência, incidindo, portanto, nas hipóteses de impossibilidade de aplicação de algum dos demais critérios legais. Além da previsão geral constante do art. 83 do CPP, nessa linha, a prevenção está também contemplada em caráter subsidiário à definição da competência pelo lugar da infração (art. 70, § 3º, e art. 71, CPP) e pelo domicílio do acusado (art. 72, § 2º, CPP), assim como à determinação do foro de atração no âmbito da conexão e da continência (art. 78, II, *c*, CPP). Como já estudado, contudo, a prevenção também está prevista como critério de aplicação cumulativa com a distribuição, na hipótese do art. 75, parágrafo único, do CPP: *distribuído* procedimento preliminar para o juízo, fica este *prevento* para o processo e julgamento da eventual ação penal que daí advenha.

Assevere-se que só há prevenção do órgão judiciário na hipótese de sua antecedência na prática de ato processual *de conteúdo decisório*. Simples atos de impulso oficial (despachos) não têm o efeito de prevenir o órgão judiciário. Só a prática de ato decisório pode estabelecer vinculação significativa do juízo com o feito, a ponto de lhe firmar a competência.

Por outro lado, não havendo razões de ordem pública vinculadas a esse critério, trata-se de forma de *competência relativa*. Assim, a inobservância do critério previsto nas normas processuais penais acima referidas produz nulidade apenas relativa, dependente, portanto, de arguição oportuna e de demonstração do prejuízo, sob pena de preclusão e de prorrogação da competência do outro órgão judiciário, em detrimento da competência do juízo prevento. Nesse sentido, confira-se o teor da Súmula nº 706 do STF: "É relativa a nulidade decorrente da inobservância da competência penal por prevenção".

A prevenção se aplica tanto para o juízo, em primeira instância, quanto para o relator e para o órgão colegiado fracionário do tribunal, em segunda instância, segundo o que dispuser o respectivo regimento interno.

SEÇÃO VIII
Modificação de Competência: Conexão e Continência

A conexão e a continência estão previstas no art. 69, inciso V, e disciplinadas no Capítulo V ("Da Competência por Conexão ou Continência"), entre os artigos 76 e 82, do Título V do Livro I do Código de Processo Penal, como critérios de definição da competência judiciária.

Em verdade, porém, trata-se de fatores potencialmente *modificadores* da competência, em virtude da relação de dependência que dois fatos em tese constitutivos de infração penal guardam entre si. Assim, embora esses dois fatos originariamente se inserissem cada qual na competência de um órgão judiciário diferente, a conexão e a continência, via de regra, *podem ter* o efeito de modificar a competência de um deles, impondo o julgamento conjunto dos fatos perante o outro.

Diz-se *podem ter* porque nem sempre a conexão e a continência efetivamente modificam a competência jurisdicional. Considere-se a hipótese da prática de infrações conexas no âmbito de um mesmo foro territorial, com distribuição de ambas as causas para o mesmo juízo: por exemplo, prática de furto e de receptação nos limites da Comarca de Fortaleza, com distribuição para o Juízo de Direito da 10ª Vara Criminal. Nesse caso, inexiste modificação de competência. Apenas se impõe, como regra, a unidade de processo e de julgamento perante o órgão judiciário competente. Vale dizer: as duas infrações serão objeto de um processo e, portanto, de um julgamento únicos.

Ressalvam-se, de toda sorte, algumas hipóteses excepcionais em que, conquanto presente a conexão ou a continência, impõe-se ou faculta-se a separação dos processos.

A regra da unidade vinculada à conexão e à continência, inclusive quando haja modificação de competência jurisdicional, justifica-se na conveniência do julgamento conjunto dos crimes interdependentes, quer para evitar julgamentos contraditórios entre si para objetos com características semelhantes e praticados no mesmo contexto, quer para facilitar a coleta probatória conjunta, de maneira concentrada e simultânea, sob a supervisão do mesmo órgão judiciário.

Essas são as questões que examinaremos neste tópico, a começar pela definição de cada um dos institutos em foco, para depois tratarmos de seus efeitos.

1. CONEXÃO

A *conexão* reflete a relação de dependência objetiva entre dois ou mais fatos em tese constitutivos de infração penal, com o efeito, em princípio, de fixar a unidade de julgamento de todos os objetos perante o mesmo órgão judiciário, ressalvadas as exceções legalmente previstas.

Advirta-se desde logo que é impróprio associar a conexão necessariamente ao concurso material (art. 69, CP) de infrações penais. Isso porque a hipótese de concurso, disciplinada no direito penal material, reflete apenas uma das formas de conexão processual, com aptidão para gerar o efeito normal de unidade de julgamento dos dois fatos perante o mesmo órgão judiciário.

Em geral, a doutrina reconhece as seguintes espécies de conexão, de acordo com a disciplina normativa encontrada no art. 76 do CPP: **(i)** *conexão intersubjetiva* (art. 76, I, CPP), que pode ser: (a) por simultaneidade; (b) por concurso; (c) por reciprocidade; **(ii)** *conexão material, objetiva ou teleológica* (art. 76, II, CPP); **(iii)** *conexão instrumental ou probatória* (art. 76, III, CPP).

A conexão intersubjetiva, como o nome sugere, expressa a prática de crimes dependentes entre si *em função* da concorrência *de diversos agentes* interagindo no mesmo contexto. São elementos inerentes à conexão intersubjetiva a *pluralidade de pessoas* e a *pluralidade de crimes*, haja ou não *concurso* (fator presente em uma das três espécies de conexão intersubjetiva).

Tem-se *conexão intersubjetiva por simultaneidade* na hipótese de contemporaneidade da prática dos crimes conexos pelos agentes, sem que haja cooperação entre eles. Nesse caso, ao invés da cooperação subjetiva dos agentes para a prática de um ou mais crimes, há atuação paralela, ao mesmo tempo, mas cada um dos agentes pratica o crime por si só, sem concurso. Essa é a hipótese do art. 76, I, primeira parte, do CPP: "A competência será determinada pela conexão: I – se, ocorrendo duas ou mais infrações, houverem sido praticadas, ao mesmo tempo, por várias pessoas reunidas".

Gustavo Badaró, a esse respeito, refere o exemplo dos "vários torcedores que assistem a uma partida de futebol e, descontentes com o resultado do jogo, praticam crime de dano nas dependências do estádio"[50]. Nesse domínio, identifica-se a atuação paralela e independente de cada pessoa na prática de cada crime, havendo a conexão, no entanto, em função do contexto circunstancial e temporal único em que ocorridos os diversos fatos.

A *conexão intersubjetiva por concurso* abrange cumulativamente as hipóteses de (i) concurso de pessoas (art. 29, CP) e (ii) concurso material de crimes (art. 69, CP) ou crime continuado (art. 71, CPP). Cuida-se, portanto, de pluralidade de pessoas e de pluralidade de crimes (a situação de concurso formal, por seu turno, integra o âmbito da continência, como abordado no próximo tópico). É a hipótese prevista no art. 76, I, segunda parte, do CPP: "A competência será determinada pela conexão: I – se, ocorrendo duas ou mais infrações, houverem sido praticadas (...) por várias pessoas em concurso, embora diverso o tempo e o lugar".

Parece-nos que o trecho "embora diverso o tempo e o lugar" deve ser lido como "ainda que diverso o tempo e o lugar". Inclui-se, dessa forma, a hipótese de crime continuado. Assevere-se que o crime continuado, como crime único, expressa uma ficção normativa para fins de tratamento quanto à aplicação de pena, aplicando-se, nesse particular, o sistema da exasperação (art. 71, CP). A realidade empírica, entretanto, é a de pluralidade de crimes, elemento que interessa do ponto de vista processual.

Assim, há conexão intersubjetiva por concurso de pessoas tanto no concurso material de crimes praticados em tempo e lugar diversos quanto na continuação delitiva, em que os crimes são praticados nas mesmas circunstâncias de tempo, lugar, modo de execução, dentre outras. Em qualquer caso, porém, ressalte-se a exigência de *concurso de pessoas (pluralidade de pessoas)*, além do concurso de crimes, eis que a hipótese é de conexão *intersubjetiva*.

Como exemplo dessa espécie, cite-se o caso da prática de vários crimes de estelionato pela mesma associação criminosa.

Por fim, a *conexão intersubjetiva por reciprocidade* está assim enunciada no art. 76, I, terceira parte, do CPP: "A competência será determinada pela conexão: I – se,

---

50. Badaró, Gustavo Henrique. *Processo Penal*. Rio de Janeiro: Elsevier/Campus, 2012, p. 173.

ocorrendo duas ou mais infrações, houverem sido praticadas (...) por várias pessoas, umas contra as outras". O exemplo clássico dessa espécie é o crime de rixa, tipificado no art. 137 do CP.

Essas são as três formas de conexão intersubjetiva, objeto do art. 76, I, do CPP.

Por outro lado, a *conexão material, objetiva ou teleológica* abrange o elemento da pluralidade de crimes, inerente à conexão, mas não necessariamente o da pluralidade de pessoas.

Nesse particular, o fator essencial é o da vinculação finalística ou consequencial entre um crime e outro. Confira-se, a respeito, a norma do art. 76, II, do CPP: "A competência será determinada pela conexão: II – se, no mesmo caso [ocorrendo duas ou mais infrações], houverem sido umas praticadas para facilitar ou ocultar as outras, ou para conseguir a impunidade ou vantagem em relação a qualquer delas".

Exemplos: crime de homicídio qualificado (art. 121, § 2º, V, CP) executado com a finalidade de ocultar a prática de crime de estupro (art. 213, CP); crime de *lavagem* de ativos (art. 1º, Lei 9.613/1998) decorrentes da prática de crime antecedente contra a administração pública (corrupção passiva).

Finalmente, refira-se a *conexão instrumental ou probatória*, assim expressa no art. 76, III, do CPP: "A competência será determinada pela conexão: III – quando a prova de uma infração ou de qualquer de suas circunstâncias elementares influir na prova de outra infração".

Aqui, como em toda forma de conexão, há o elemento da pluralidade de crimes. Já o fator diferencial da espécie é a influência da prova de uma infração na da outra, ainda que não exista concurso nem vinculação finalística. Essa é hipótese mais ampla de conexão e também a mais sujeita a uma avaliação discricionária no caso concreto.

Para limitar essa amplitude, a Primeira Turma da Suprema Corte, no HC 67.769/SP (STF, 1ª Turma, HC 67.769, Rel. p/ acórdão Min. SEPÚLVEDA PERTENCE, julgamento em 28.11.1989, DJ de 11.09.1992), já decidiu que a conexão instrumental só é aplicável se houver uma relação de prejudicialidade entre as infrações penais, no sentido de que, sem a prova de uma, não há a materialidade da outra.

O exemplo clássico referido pela doutrina é o da conexão instrumental entre o furto e a receptação. Não há aí, ao contrário do que acontece na prática do crime de lavagem de capitais, uma vinculação finalística; mas a prova da prática do crime de receptação inevitavelmente depende da prova da prática do crime anterior, de furto, que é elementar do primeiro, despontando aqui o fator da prejudicialidade.

2. CONTINÊNCIA

O termo *continência* expressa a inserção de uma infração no âmbito da outra, a ponto de formar uma realidade fática única, ainda que haja pluralidade normativa. Um fato contém o outro, por mais que isso, do ponto de vista normativo, possa ser compreendido como multiplicidade de infrações penais.

De acordo com essa lógica, há continência em duas situações: (i) *continência por cumulação subjetiva*, que tem os seguintes elementos: (a) pluralidade de agentes e (b) unidade de infração penal; (ii) *continência por cumulação (normativa) objetiva*, que tem estes elementos: (a) unidade de agente e (b) concurso formal de infrações penais.

A primeira hipótese, de continência por cumulação subjetiva, traduz *também* a situação básica de concurso de pessoas, *sem a pluralidade de crimes*. Há, assim, concurso de pessoas (cumulação subjetiva) para a prática de crime único. Esta é a hipótese do art. 77, I, do CPP: "A competência será determinada pela continência quando: I – duas ou mais pessoas forem acusadas pela mesma infração".

Acima se disse que a norma expressa *também* a hipótese de concurso de pessoas. Isso porque o fator de configuração da continência é a acusação de duas pessoas pela mesma infração, quer se trate de concurso, quer não.

Assevere-se que o concurso de pessoas só se configura, como estudado no âmbito do direito penal, quando haja o elemento subjetivo da consciência de cooperação entre os agentes. Inexistindo essa consciência, cada agente responderá por uma infração, de maneira autônoma, e não por infração única.

Do ponto de vista processual, entretanto, no domínio da continência, exige-se que as pessoas sejam acusadas "pela mesma infração", o que deve ser compreendido, à vista das finalidades do instituto em exame, como *o mesmo fato*, independentemente da consciência de cooperação mútua entre os acusados. Nesse sentido, embora mais comum seja mesmo a hipótese de concurso de pessoas, entendemos que a continência se configura em qualquer hipótese de atuação conjunta de duas ou mais pessoas, *no plano meramente objetivo*.

Por seu turno, a hipótese de continência por cumulação (normativa) objetiva está assim enunciada no art. 77, II, do CPP: "A continência será determinada pela continência quando: II – no caso de infração cometida nas condições previstas nos arts. 51, § 1º, 53, segunda parte, e 54 do Código Penal [atuais artigos 70, 73, segunda parte, e 74, segunda parte, do Código Penal]". Trata-se de unidade de agente associada ao concurso formal de crimes.

A cumulação, na espécie, dá-se no plano normativo, que considera a realidade empírica única como hipótese de concurso *formal* de infrações penais. Assim, por exemplo, o sujeito, conscientemente portador de doença venérea, pratica conjunção carnal violenta contra mulher. Há aí concurso de dois crimes, praticados, porém, por uma conduta única. É o que acontece também no caso em que o sujeito atira em um pessoa e acaba, culposamente, acertando outra que se encontrava por perto.

No primeiro caso exemplificado, tem-se concurso formal impróprio, com desígnios autônomos, aplicando-se o sistema da cumulação (soma das penas correspondentes a cada crime). No segundo, dá-se concurso formal próprio, com unidade de desígnio, aplicando-se a pena do crime mais grave, aumentada no *quantum* legalmente previsto (sistema da exasperação).

Em qualquer hipótese, tem-se que uma realidade fática contém a outra, aí despontando a continência, por mais que, do ponto de vista normativo, essa realidade única seja tratada como plural, conformando um concurso de crimes. Por óbvio, não há o menor sentido em separar, do ponto de vista processual e probatório, o julgamento de uma realidade empírica única.

3. EFEITOS DA CONEXÃO E DA CONTINÊNCIA: UNIDADE DE PROCESSO E DE JULGAMENTO (REGRA)

3.1. Regra da Unidade e Foro de Atração

Como regra, a conexão e a continência geram a unidade de processo e de julgamento (art. 79, *caput*, CPP). Trata-se do chamado *simultaneus processus*, a refletir a simultaneidade e a concentração do processo e do julgamento dos crimes interdependentes. Esse efeito traduz, por sinal, as próprias finalidades associadas aos institutos em foco: prevenir a ocorrência de julgamentos divergentes entre si para cada uma das causas conexas; racionalizar a coleta probatória de forma concentrada, em um só processo, e sob a supervisão de órgão judiciário único.

Uma vez fixada a regra da unidade de processo e de julgamento, resta saber qual o juízo competente para tanto, sempre que cada infração penal conexa, tomada isoladamente, integre a competência de um órgão judiciário diferente. É nesse âmbito que a conexão ou a continência modifica a competência de um juízo, para fixar o processo e o julgamento unificados no outro.

Como determinar o juízo competente para o processo e julgamento unificados? Despontam, nesse particular, (i) a *Justiça de atração*, (ii) o *foro de atração* (*forum attractionis*) e (iii) o *órgão judiciário de atração*, entendidos, respectivamente, como a Justiça, a circunscrição e o órgão judiciário em que se realizam o processo e o julgamento conjuntos, atraindo o caso interdependente, por relação de conexão ou de continência. É corrente a designação *foro de atração* para referir quer a Justiça, quer o foro territorial, quer o juízo ou o tribunal que concentra o processo e o julgamento unificados de causas conexas.

A regras para a identificação desse foro constam do art. 78 do Código de Processo Penal.

A primeira delas fixa o *júri* como *foro de atração*, nos seguintes termos (art. 78, I, CPP): "No concurso entre a competência do júri e a de outro órgão da jurisdição comum, prevalecerá a competência do júri".

Assim, havendo conexão ou continência entre crime doloso contra a vida e outro crime comum, o julgamento conjunto das causas deverá ocorrer no âmbito do júri. Por exemplo: conexão teleológica (art. 76, II, CPP) entre estupro (art. 213, CP) e homicídio qualificado (art. 121, § 2º, V, CP); conexão intersubjetiva por concurso entre homicídio simples (art. 121, *caput*, CP) e lesão corporal culposa (art. 129, § 6º, CP); continência por cumulação objetiva (art. 77, II, CPP) entre homicídio simples (art. 121, *caput*, CP) e homicídio culposo (art. 121, § 3º, CP). Em qualquer desses casos, os julgamento conjunto das infrações penais deverá ocorrer perante o Tribunal do Júri.

Nas hipóteses de conexão entre crime doloso contra a vida e crime da competência da Justiça Militar ou da Justiça Eleitoral, porém, aplicam-se regras específicas: (i) Caso a conexão seja entre crime doloso contra a vida e crime militar, impõe-se a separação de processos, a teor do disposto no art. 79, I, do CPP, que tem plena aplicabilidade na espécie, considerando que tanto a competência do júri quanto a da Justiça Militar estão definidas na Constituição Federal; (ii) Caso a conexão ocorra entre crime doloso contra a vida e crime eleitoral, de igual modo se aplica a separação de processos, cabendo ao júri o julgamento do primeiro e à Justiça Eleitoral o processo e o julgamento do segundo.

Na hipótese (ii), inexiste norma legal específica determinando a separação dos processos. Pelo contrário, dispõe o art. 78, IV, do CPP que, "no concurso entre a jurisdição comum e a especial, prevalecerá esta". A aplicação estrita do art. 78, IV, portanto, implicaria a reunião das causas perante a Justiça Eleitoral. Isso, contudo, representaria ofensa à competência do Tribunal do Júri para o julgamento dos crimes dolosos contra a vida, que tem sede na Constituição Federal (art. 5º, XXXVIII, *d*). Não se pode conceber, assim, que a Justiça Eleitoral disponha de competência para o julgamento de crime doloso contra a vida, só pelo fato de ser este conexo a crime eleitoral. Nesse particular, a competência da Justiça Eleitoral, ainda que por remissão constitucional, tem sua definição concreta confiada a lei de nível complementar. Não poderia, portanto, lei infraconstitucional (atualmente uma lei ordinária recepcionada) modificar a competência de fonte constitucional. Por outro lado, compreenda-se que o júri é instituição própria da Justiça Comum, Estadual ou Federal. Não por outro motivo, aliás, o art. 78, I, do CPP, alude a concurso entre a competência do júri *e a de outro órgão da jurisdição comum*. Assim, inexiste Tribunal do Júri no âmbito das Justiças especializadas, vale dizer, a Justiça Militar e a Justiça Eleitoral. Por essas razões, não concebemos o julgamento do crime doloso contra a vida conexo ao crime eleitoral por um Tribunal do Júri no âmbito da Justiça Eleitoral, como defendem alguns doutrinadores.

Nessas condições, a nosso juízo, a regra do art. 78, IV, do CPP, deve ser interpretada restritivamente, conforme a Constituição, excluindo-se de seu alcance, quanto à Justiça Comum, a esfera de competência do Tribunal do Júri.

De toda sorte, ao contrário do que sucede em relação à Justiça Militar, não há norma excepcional prevendo a separação de processos na hipótese de concurso entre crime comum e crime eleitoral. A propósito, nesse ponto, incide mesmo a regra geral da unidade de processo e de julgamento (art. 79, *caput*), fixando-se, como foro de atração, o da Justiça Eleitoral, conforme o art. 78, IV, do CPP. Desta sorte, havendo conexão entre crime comum e crime eleitoral, ambos serão processados e julgados perante a Justiça Eleitoral. Como exposto nos parágrafos anteriores, porém, ressalva-se a competência do Tribunal do Júri, por ter fonte na Constituição Federal.

Pergunta-se então: deverá prevalecer a competência do júri como foro de atração também para o processo e julgamento do crime eleitoral, conexo ao crime doloso contra a vida? A resposta só pode ser negativa. Mesmo inexistindo norma específica impondo ou facultando a separação dos processos, tem-se que a Justiça Eleitoral constitui justiça especializada, cuja competência está respaldada na Constituição, embora nela não diretamente prevista.

Nesse contexto, as normas concernentes ao foro de atração (art. 78, CPP), por terem nível legal (infraconstitucional), não podem modificar a competência da Justiça Eleitoral. É preciso resguardar as duas formas de competência objeto de tratamento constitucional.

Essa lógica nos conduz, portanto, à conclusão inevitável de que, na hipótese de conexão entre crime doloso contra a vida e crime eleitoral, separam-se os processos: ao júri o julgamento do primeiro; à Justiça Eleitoral, o processo e o julgamento do último.

Dentro da mesma linha, havendo conexão entre crime federal e crime eleitoral, de igual modo se aplica a separação de processos, o primeiro cometido à esfera da Justiça Comum Federal, o segundo à da Justiça Eleitoral. Isso porque a competência penal da Justiça Comum Federal igualmente tem sede na Constituição (art. 109, CF). Nesse sentido, confira-se o julgado da Terceira Seção do STJ no CC 114.311/RS (STJ, 3ª Seção, CC 114.311, Rel. ADILSON VIEIRA MACABU, DJ de 01.12.2011): "1. A jurisprudência desta Corte se posicionou no sentido de não ser possível a aplicação do art. 78, inciso IV, do Código de Processo Penal, no caso de existência de conexão de crimes de esferas de jurisdição especial e federal, eis que caracterizar-se-ia ocorrência de conflito entre normas constitucionais, o que não se admite no nosso ordenamento jurídico. 2. In casu, não podendo persistir a unidade processual, devem ser apreciados os crimes dos arts. 299 e 358, do Código Eleitoral pela Justiça Eleitoral e os crimes dos arts. 297, 299, 304 e 288, do Código Penal pela Justiça Federal".

Por outro lado, na hipótese de conexão entre crime da competência da Justiça Comum Federal e crime da competência da Justiça Comum Estadual, aplica-se a regra geral de unidade de processo e de julgamento, fixando-se como foro de atração o da Justiça Comum Federal. Por exemplo: conexão instrumental (art. 76, III, CPP) entre crime de estelionato contra empresa pública federal (competência da Justiça Comum Federal) e crime de estelionato contra sociedade de economia mista (competência da Justiça Comum Estadual). No caso, o processo e o julgamento de ambos os crimes conexos deverá ocorrer perante a Justiça Comum Federal (foro de atração).

Nesse particular, deve-se ter em conta, mais uma vez, a fonte constitucional da competência da Justiça Federal. Adicionalmente, tem-se a especialidade da competência da Justiça Federal em razão da matéria, e o caráter meramente residual da competência da Justiça Comum Estadual.

Por último, considere-se a inexistência de especialidade da competência da Justiça Comum Estadual que justificasse a separação de processos, que, por essa razão, não está excepcionalmente prevista no art. 79 do CPP. Tomadas essas razões em conjunto, a conclusão só pode ser no sentido da fixação da Justiça Comum Federal como foro de atração para o processo e o julgamento dos crimes conexos. Nesse sentido, a propósito, é a orientação consolidada na Súmula nº 122 do STJ: "Compete à Justiça Federal o processo e julgamento unificado dos crimes conexos de competência federal e estadual, não se aplicando a regra do art. 78, II, *a*, do Código de Processo Penal".

Cumpre, na sequência, examinar as regras de definição do *forum attractionis* constantes do art. 78, II, do CPP, referentes ao "concurso de jurisdições da mesma categoria". Referem-se as regras, em primeiro plano, à concorrência entre competências *de foro territorial*.

Nesse âmbito, há três parâmetros normativos: (i) prevalência do foro do lugar da infração a que for cominada a pena mais grave; (ii) prevalência do foro do lugar onde houver ocorrido o maior número de infrações, se as respectivas penas forem de igual gravidade; (iii) prevenção, nos demais casos.

Inicialmente, ressalte-se que todos esses casos traduzem o concurso entre foros territoriais da mesma natureza, sempre que as infrações conexas tiverem ocorrido (consumação ou prática do último ato de execução), cada qual, em um foro diferente *dentro da mesma Justiça*. Por isso, jamais se deveria cogitar que essa regra pudesse ser aplicável ao concurso entre a competência da Justiça Comum Federal e a da Justiça Comum Estadual.

Nessa esfera, antes de se verificar a concorrência entre foros territoriais, já está firmada a competência atrativa da Justiça Comum Federal para o processo e o julgamento unificado das infrações penais conexas, pelas razões já explicadas, independentemente da gravidade da infração penal.

Assim, nem seria necessária a afirmação constante do final do texto da Súmula nº 122 do STJ, dispondo sobre a inaplicabilidade da regra do art. 78, II, *a*, "aos crimes conexos de competência federal e estadual". Nesse particular, nem sequer poderia haver concorrência entre a competência territorial federal, que recai sobre uma seção judiciária (correspondente ao território de um Estado-Membro da Federação), e a competência territorial estadual, a cargo de uma comarca (correspondente ao território de um Município). O conflito já se resolve *antes*, entre as Justiças, e não entre os foros territoriais, firmando-se a Justiça Comum Federal como "foro" ou, mais precisamente, como *Justiça de atração*.

Uma vez definida a competência de Justiça, poderá haver conflito entre os foros territoriais que lhe são próprios. Tratando-se, porém, de foros pertencentes a Justiças diversas, a competência da Justiça firma automaticamente a competência do respectivo foro. Tomem-se, como referência, três elucidativos exemplos:

> (a) Conexão teleológica (art. 76, II, CPP) entre crime de obtenção fraudulenta de empréstimo em instituição financeira (art. 19, Lei nº 7.492/1986) cometido em Fortaleza/CE com crime de *lavagem* de capitais (art. 1º, Lei nº 9.613/1998) praticado em Curitiba/PR.

Em primeiro lugar: qual a Justiça competente? A Justiça Comum Federal, já no plano originário, pois ambas as espécies delitivas encontram-se previstas entre as hipóteses do art. 109 da Constituição. Em segundo lugar: qual o foro territorial competente? Para o crime contra o sistema financeiro, a Seção Judiciária do Estado do Ceará; para o crime de *lavagem* de capitais, a Seção Judiciária do Estado do Paraná. Ocorre que, como os crimes estão instrumentalmente conexos, aplica-se a regra da unidade de processo e de julgamento perante um dos foros. Qual, então, o foro de atração? Aplica-se, ao caso, a norma do art. 78, II, *a*, do CPP, considerando que ao crime de *lavagem* de capitais se comina pena mais grave (3 a 10 anos) que ao crime de obtenção fraudulenta de empréstimo em instituição financeira (2 a 6 anos).

> (b) Conexão instrumental (art. 76, III, CPP) entre crime de roubo consumado em Fortaleza/CE e crime de receptação consumado no Rio de Janeiro/RJ. Estabelecida a competência da Justiça Comum Estadual, o concurso entre os foros territoriais resolve-se pela fixação da competência atrativa da Comarca

Cap. VIII · COMPETÊNCIA PENAL

de Fortaleza/CE, lugar onde praticada a infração penal mais grave (crime de roubo).

(c) Conexão instrumental (art. 76, III, CPP) entre crime de furto contra a União consumado em Porto Alegre/RS (competência da Justiça Comum Federal) e crime de roubo contra particular consumado em São Paulo/SP (competência da Justiça Comum Estadual). Nesse caso, define-se, em primeiro plano, a competência da Justiça Federal para o processo e julgamento conjunto dos crimes conexos, independentemente de qual seja a infração penal mais grave (Súmula 122/STJ).

Uma vez estabelecida a competência da Justiça Federal (*Justiça de atração*), tem-se automaticamente a competência atrativa do foro territorial respectivo, qual seja, o da Seção Judiciária do Rio Grande do Sul, ainda que ali haja sido praticada a infração penal menos grave (furto).

Por outro lado, na concorrência entre foros territoriais diversos dentro da mesma Justiça, se as infrações conexas forem de igual gravidade, fixa-se como foro de atração aquele em cujos limites houver sido praticado o maior número de infrações penais, conforme o art. 78, II, *b*, do CPP. Assim, na hipótese de conexão entre três crimes contra o sistema financeiro nacional, dois ocorridos em São Paulo/SP e um em Salvador/BA, fixa-se como foro de atração a Seção Judiciária Federal do Estado da Bahia.

Por fim, caso cometido o mesmo número de infrações penais, da mesma gravidade, em cada um dos foros territoriais, fixa-se o foro de atração pelo critério da prevenção, por força da regra residual disposta no art. 78, II, *c*, do CPP. A título de exemplo, na hipótese de prática conexa de dois crimes de furto simples em Aracaju/SE e de dois crimes de receptação simples em Maceió/AL, tem-se prática do mesmo número de infrações penais, da mesma gravidade (reclusão de 1 a 4 anos, e multa). Nessas condições, o foro de atração será firmado pela prevenção (art. 78, II, *c*, CPP), conforme o foro territorial do órgão judiciário que primeiro houver praticado ato do processo ou de medida a este relativa (art. 83, CPP).

Aborde-se agora a hipótese de conexão entre infrações penais da competência de órgãos judiciários de diversa categoria. Trata-se do concurso entre a competência por prerrogativa de função e a competência fixada conforme critério diverso. Nessa hipótese, como é intuitivo, firma-se como órgão judiciário de atração aquele de maior categoria (art. 78, III, CPP), na hierarquia jurisdicional. Assim, por exemplo:

(a) Continência por cumulação subjetiva (art. 77, I, CPP) configurada na prática de crime de peculato em concurso por Deputado Federal e por empresário. No caso, firma-se o Supremo Tribunal Federal como foro de atração. Em princípio, portanto, cabe à Suprema Corte o julgamento tanto do titular do foro especial (Deputado Federal) quanto do particular (empresário).

(b) Conexão intersubjetiva por concurso entre crime de corrupção passiva praticado por Desembargador de Tribunal de Justiça (titular de foro por prerrogativa de função no STJ) e por Juiz de Direito (titular de foro por prerrogativa de função no Tribunal de Justiça respectivo). Nesse caso, firma-se o Superior

Tribunal de Justiça como foro de atração, ao qual cabe o processo e o julgamento conjuntos dos crimes conexos e das autoridades imputadas.

Isso poderá representar, em tese, prejuízo para o acusado não titular do foro especial por prerrogativa de função, que não disporá do direito de apelar (recurso ordinário) de eventual decisão condenatória (duplo grau de jurisdição), por força de uma norma ordinária de modificação da competência (art. 78, III, CPP).

Sendo, entretanto, o exercício de direitos, inclusive o de recorrer, algo próprio do procedimento e da disciplina legal respectiva (devido processo legal), não identificamos óbice a que a lei estabeleça, em caráter prévio e abstrato, hipótese de atração ao foro de maior hierarquia jurisdicional. Se a imputação é de que o particular praticou o fato em conexão, ou em continência, com titular de foro especial por prerrogativa de função, justifica-se que esteja sujeito a regime jurídico-procedimental específico, que encerra vantagens e desvantagens frente ao procedimento comum.

No particular, o próprio STF já consolidou, em sua Súmula nº 704, o entendimento de que "não viola as garantias do juiz natural, da ampla defesa e do devido processo legal a atração por conexão ou continência do processo do corréu ao foro por prerrogativa de função de um dos denunciados".

Em qualquer dos casos citados, de toda sorte, poderá haver a separação facultativa versada no art. 80 do CPP, como se examina no tópico 4.2, *infra*.

No entanto, caso a conexão ou a continência ocorra entre a competência especial por prerrogativa de função e a competência do júri, *impõe-se* a separação de processos (separação obrigatória), de modo a preservar ambas as formas *constitucionais* de definição da competência jurisdicional. Por exemplo, na hipótese de continência configurada na prática de crime de homicídio doloso por Governador de Estado e por particular, em concurso: ao Superior Tribunal de Justiça caberá o processo e julgamento do Governador do Estado; ao Tribunal do Júri, o julgamento do particular pelo mesmo fato.

Outra hipótese de interesse é a do possível conflito entre a competência constitucional da Justiça Comum Federal e a competência por prerrogativa de função. Por exemplo: prática, em concurso, de crime contra o sistema financeiro nacional por Juiz de Direito do Estado do Ceará e por particulares. O Juiz de Direito tem foro por prerrogativa de função no Tribunal de Justiça, afastando-se excepcionalmente, para ele, a competência da Justiça Comum Federal, por força do disposto no art. 96, III, da Constituição Federal.

O que dizer, no entanto, do co-acusado, não titular de foro por prerrogativa de função? Em que pese a compreensão corrente, parece-nos irrecusável que o particular deva ser processado e julgado perante a Justiça Comum Federal de primeira instância, cuja competência tem sede constitucional (art. 109, VI, CF). Unificar o processo e o julgamento da causa no Tribunal de Justiça do Estado é violar, por força de uma norma ordinária de modificação (art. 78, III, CPP), a competência constitucional da Justiça Federal.

O mesmo raciocínio deve ser aplicado no que respeita à Justiça Militar e à Justiça Eleitoral, por iguais razões.

Finalmente, retomando a hipótese do art. 78, IV, do CPP, atinente ao "concurso entre a jurisdição comum e a especial", com a prevalência da Justiça especial, tem-se que está restrita à conexão ou continência entre crime eleitoral e crime comum da competência da Justiça Estadual.

Nessa hipótese, firma-se a Justiça Eleitoral como foro de atração para o processo e o julgamento conjuntos do crime eleitoral e do crime comum da competência da Justiça Estadual. Nos demais casos, por força da fonte constitucional de definição (e, no caso da Justiça Militar, também em função do disposto no art. 79, I, do CPP), impõe-se a separação de processos, conforme já examinado.

3.2. Avocação de Processos e Limite Temporal para a Aplicação da Regra da Unidade

Como regra (art. 79, *caput*, CPP), impõe-se a unidade de processo e julgamento perante certo órgão judiciário (prevalente ou de atração) das causas interdependentes entre si por força de conexão ou de continência.

Para assegurar a aplicação dessa regra, o art. 82 do CPP prevê a *avocação* de processos pelo órgão judiciário que se considere foro de atração, sempre que instaurados feitos perante juízos diversos, apesar da conexão ou da continência: "Se, não obstante a conexão ou continência, forem instaurados processos diferentes, a autoridade de jurisdição prevalente deverá avocar os processos que corram perante os outros juízes, salvo se já estiverem com sentença definitiva. Neste caso, a unidade dos processos só se dará, ulteriormente, para o efeito de soma ou de unificação das penas".

Cabe ao órgão judiciário que afirme sua competência prevalente avocar o processo ou o procedimento em curso perante outro juízo. Caso este último se afirme de igual modo prevalente, tem-se conflito positivo de competência, a ser resolvido pelo Tribunal próprio.

Perceba-se que a norma do art. 82 do CPP institui um limite temporal para a avocação: a "sentença definitiva". A expressão legal sugere o marco temporal do trânsito em julgado da sentença penal. No entanto, em sentido diverso, o STJ firmou o entendimento de que o limite temporal se identifica na *prolação de sentença*, independentemente do trânsito em julgado. Consulte-se, a respeito, o teor da Súmula nº 235 do STJ: "A conexão não determina a reunião dos processos, se um deles já foi julgado".

Com mais clareza, refira-se o julgado da Sexta Turma no HC 216.887/SP (STJ, 6ª Turma, HC 216.887, Rel. Min. OG FERNANDES, DJ de 27.08.2012): "A providência de reunião dos processos, em virtude de conexão, sofre limitação no que tange à fase processual em que se encontram os feitos conexos, não podendo alcançar os processos já sentenciados, de acordo com o que preceitua o art. 82 do CPP. Apesar de constar do referido dispositivo o termo 'sentença definitiva', doutrina e jurisprudência são uníssonas em afirmar que basta, nessa hipótese, a prolação de sentença, ainda que pendente o trânsito em julgado."

A orientação parece-nos adequada, por ter como base critérios relativos de modificação de competência. Proferida a sentença, ainda que sujeita a recurso, exaure-se a jurisdição do órgão judiciário, tendo havido, portanto, exercício de competência, prorrogada em função da ausência de arguição oportuna. Não há sentido, assim, em modificar uma competência já validamente exaurida.

Apenas nas hipóteses de incompetência absoluta é que não há possibilidade de prorrogação nem, portanto, de exercício válido de poder jurisdicional. Não bastasse isso, considere-se que as hipóteses de conexão, em particular, vinculam-se à finalidade de racionalizar a administração da fase instrutória, não se justificando seus efeitos quando já concluída essa etapa, pela prolação de sentença.

3.3. Regra da Unidade e Absolvição ou Desclassificação Parcial

Nos termos do art. 81, *caput*, do CPP, "verificada a reunião dos processos por conexão ou continência, ainda que no processo da sua competência própria venha o juiz ou tribunal a proferir sentença absolutória ou que desclassifique a infração para outra que não se inclua na sua competência, continuará competente em relação aos demais processos".

Trata-se de hipótese especial de *perpetuatio jurisdictionis*, aplicável ao âmbito do foro de atração competente para o processo e o julgamento unificado das infrações penais em conexão ou continência. Mesmo que profira sentença absolutória ou decisão de desclassificação quanto ao crime de sua competência própria, o órgão judiciário perpetua sua competência penal para o processo e o julgamento da causa conexa.

Assim, por exemplo, em caso de conexão instrumental entre crime de roubo consumado em Fortaleza/CE e crime de estelionato consumado em Natal/RN, fixa-se como foro de atração para o processo e o julgamento unificados o foro da Comarca de Fortaleza/CE. Ainda que haja absolvição sumária (ou final) quanto ao crime de roubo, objeto da competência própria do foro de Fortaleza/CE, mantém-se esta competência quanto ao crime de estelionato. Do mesmo modo, se o crime de roubo for desclassificado para furto, menos grave que o estelionato, mantém-se a competência do foro de Fortaleza/CE relativamente às duas infrações penais.

A norma do art. 81, *caput*, do CPP assenta-se em razões de economia e de racionalidade processuais, não se justificando que, em etapa avançada do feito, seja modificada a competência por força de desclassificação, nem muito menos por absolvição. Nesse último caso, por sinal, o órgão judiciário exerceu sua competência, proferindo sentença de mérito. A rigor, nem seria necessário que a lei dispusesse a *perpetuatio jurisdiccionis* quanto ao crime conexo nessa hipótese, em que não se pode sequer cogitar de incompetência superveniente. Mesmo em caso de desclassificação (própria), de toda sorte, que implicaria um contexto de incompetência superveniente, opera-se a prorrogação da competência do foro de atração.

Advirta-se, todavia, que a desclassificação que repercuta na competência de caráter absoluto impõe, da parte do órgão judiciário de atração, o declínio de competência. Por exemplo, se em hipótese de conexão inicialmente entre dois crimes da competência da Justiça Comum Estadual, o juízo de direito desclassifica um deles para crime da competência da Justiça Comum Federal, os autos deverão ser remetidos para a seção judiciária federal correspondente, para o processo e o julgamento conjuntos de ambas as infrações penais. O art. 80, *caput*, do CPP, portanto, no que tange à desclassificação, insere-se em um contexto de incompetência relativa, única passível de prorrogação e, portanto, de perpetuação.

Por outro lado, tampouco se aplica a regra do art. 80, *caput*, do CPP, à esfera da competência do júri. Nesse sentido, confira-se o disposto no próprio art. 80, parágrafo único, do CPP: "Reconhecida inicialmente ao júri a competência por conexão ou continência, o juiz, se vier a desclassificar a infração ou impronunciar ou absolver o acusado, de maneira que exclua a competência do júri, remeterá o processo ao juízo competente".

Nesse domínio, portanto, não há perpetuação da competência do júri. Suponha-se, por exemplo, que em caso de conexão teleológica entre crime de homicílio qualificado e crime estupro, o juízo do júri, ao final da fase instrutória, impronuncie o acusado em relação ao crime doloso contra a vida, subsistindo apenas o crime contra a dignidade sexual. Nesse caso, a teor do disposto no art. 80, parágrafo único, do CPP, os autos deverão ser remetidos para o juízo criminal comum. Inexiste, assim, perpetuação da competência do júri. Aplica-se, no particular, também a norma do art. 74, § 2°, do CPP.

Assevere-se, porém, quanto ao caso da absolvição, que a hipótese inclui apenas a sentença absolutória sumária proferida pelo juiz ao final da fase instrutória do procedimento do júri. Por exemplo, havendo concurso entre homicídio doloso e lesão corporal leve, o juiz da instrução (juiz sumariante) absolve sumariamente o acusado quanto ao primeiro, hipótese em que o processo e o julgamento do crime subsistente deverá ser reservado aos juizados especiais criminais.

Se, de outro lado, a absolvição quanto ao crime de homicídio derivar de veredicto do próprio Tribunal do Júri, este terá exercido sua competência e deverá fazê-lo também, no mesmo ato, relativamente ao crime conexo.

O mesmo acontece na hipótese de desclassificação. Efetuada a desclassificação ao final da fase instrutória pelo juiz sumariante, devem os autos ser remetidos ao juízo reputado competente, nos termos do art. 81, parágrafo único, e também nos do art. 74, § 3°, primeira parte, c/c art. 419, do CPP. Na hipótese, o juízo para o qual forem remetidos os autos poderá, se assim entender, suscitar conflito negativo de competência, cabendo ao Tribunal competente resolvê-lo.

Caso, entretanto, a desclassificação ocorra por decisão do próprio Tribunal do Júri, firma-se a competência do juiz-presidente para o julgamento do fato objeto de desclassificação, assim como do crime conexo, a teor do disposto no art. 81, parágrafo único, e também em decorrência das normas do art. 74, § 3°, segunda parte, c/c art. 492, § 1°, do CPP. Por exemplo, em caso de conexão entre homicídio qualificado e lesão corporal leve, o Conselho de Sentença decide pela desclassificação do primeiro fato para lesão corporal seguida de morte. Nesse caso, caberá ao juiz-presidente proferir sentença quanto à lesão corporal seguida de morte e também quanto à lesão corporal leve. No ponto, ao contrário do que sucede com a absolvição, o Tribunal do Júri, ao desclassificar, não exerceu sua competência, o que desconstitui seu perfil de foro de atração, justificando que o juiz-presidente (juízo singular) profira o julgamento também do crime conexo. Na espécie examinada, inexiste espaço para conflito de competência, sendo o veredicto dos jurados, inclusive quanto à afirmação de sua incompetência, soberano.

Por fim, mais uma vez, advirta-se: na hipótese de absolvição quanto ao crime doloso contra a vida, ao contrário do que acontece com a desclassificação, há o exercício da competência própria do júri, mediante decisão do mérito da causa, justificando-se sua manutenção como foro de atração para o julgamento também do crime conexo. Assim, a absolvição a que se refere a norma do art. 81, parágrafo único, do CPP, que implica a declinação de competência pelo júri, é apenas aquela proferida pelo juiz da pronúncia, na primeira fase do procedimento.

4. EXCEÇÕES IMPOSITIVAS (ART. 79, CPP) E PERMISSIVAS (ART. 80, CPP) DA SEPARAÇÃO DOS PROCESSOS

A regra da unidade de processo e de julgamento está assim expressa no art. 79, *caput*, do CPP: "A conexão e a continência importarão unidade de processo de processo e julgamento, *salvo*..." O afastamento da unidade de processo e de julgamento, portanto, *deve* ocorrer nas situações excepcionais discriminadas no dispositivo.

As exceções previstas no art. 79 do CPP refletem a existência de razões de ordem pública impositivas da *separação dos processos*, apesar da conexão ou da continência. Cuida-se, desta sorte, de hipóteses excepcionais de *separação obrigatória* dos processos.

Por outro lado, o art. 80 do CPP prevê também excepcionantes à regra da unidade, mas em caráter facultativo. Nesse particular, a exceção não se justifica em razões de ordem pública, que seriam impositivas da separação, mas em motivo relevante concreto, concernente à racionalidade da administração judicial do processo. Trata-se, aqui, de causas excepcionais de *separação facultativa* dos processos.

4.1. Separação Obrigatória

Nos termos do art. 79, *caput*, do CPP, "a conexão e a continência importarão unidade de processo e julgamento, salvo: I – no concurso entre a jurisdição comum e a militar; II – no concurso entre a jurisdição comum e a do juízo de menores". Essas são as hipóteses de separação obrigatória originária, em que já desde o início se impõem o processo e o julgamento separados de cada uma das infrações penais em relação de conexão ou de continência.

A primeira hipótese é a de "concurso entre a jurisdição comum e a militar" (art. 79, *caput*, I, CPP). Nessas condições, havendo concurso entre crime militar e crime comum, cabem à Justiça Militar o processo e o julgamento do crime militar e à Justiça Comum (Federal ou Estadual, conforme o caso) o processo e o julgamento do crime comum. Refletindo essa lógica, tem-se o enunciado da Súmula nº 90 do STJ: "Compete à Justiça Estadual Militar processar e julgar o policial militar pela prática do crime militar, e à comum pela prática do crime comum simultâneo àquele". Assim, mesmo que se trate do mesmo imputado, é imperativa a separação dos processos, de modo a preservar a especialidade da Justiça Militar.

O art. 79, II, do CPP, por sua vez, impõe a separação dos processos na hipótese de "concurso entre a jurisdição comum e a do juízo de menores". Os "juízos de menores" correspondem aos atuais juizados da infância e da juventude. Essa situação, entretanto, tem um aspecto particular, por envolver competência extrapenal de órgão judiciário. Os menores de 18 (dezoito) anos, com efeito, são penalmente inimputáveis, não se sujeitando sequer a processo penal. Assim, só por isso, têm que ser processados, por ato infracional, no juizado especializado próprio. Não precisaria que uma norma processual, concernente ao concurso entre competências de órgãos jurisdicionais penais, dispusesse a respeito.

Há hipóteses também de separação obrigatória dos processos em virtude de circunstância superveniente, conforme a previsão constante do art. 79, §§ 1º e 2º, do CPP. Tais hipóteses, porém, ao contrário das outras até aqui estudadas, *não são aptas a modificar* a competência jurisdicional, impondo apenas a separação dos processos perante o mesmo órgão judiciário. Nessas situações, de toda sorte, existe unidade originária de processo, de acordo com a regra do art. 79, *caput*, o que, entretanto, cessa por força de motivo superveniente.

A primeira hipótese diz respeito à incapacidade superveniente de algum dos acusados, conforme dispõe o art. 79, § 1º, do CPP: "Cessará, em qualquer caso, a unidade do processo se, em relação a algum corréu, sobrevier o caso previsto no art. 152".

Trata-se da suspensão do processo em virtude de *insanidade* superveniente à prática da infração penal, até que o acusado se restabeleça (art. 152, *caput*, CPP), ressalvadas as diligências que possam ser prejudicadas pelo adiamento (art. 149, § 2º, CPP).

Assim, por exemplo, a hipótese de continência por cumulação subjetiva configurada na prática de crime de extorsão por dois agentes em concurso. Oferecida e recebida a denúncia contra ambos, no âmbito do Juízo da 10ª Vara Criminal da Comarca de São Paulo/SP, sobrevém dúvida sobre a integridade mental de um deles (art. 149, *caput*, CPP), o qual, submetido a exame (art. 149, § 2º, CPP), tem a sua insanidade confirmada. No caso, o processo deverá ficar suspenso até que esse acusado se restabeleça. No entanto, para não prejudicar o curso do feito quanto ao outro acusado, deverá ser determinada a separação dos processos (art. 79, § 1º, CPP). Como se vê, essa hipótese não modifica a competência jurisdicional, apenas impondo a quebra da unidade de processo, perante o mesmo órgão judiciário.

Por outro lado, se a incapacidade mental de um dos acusados já existia ao tempo da prática da infração penal, aplica-se a regra da unidade de processo e de julgamento, não havendo hipótese de suspensão do processo, a teor do disposto no art. 151 do CPP: "Se os peritos concluírem que o acusado era, ao tempo da infração, irresponsável nos termos do art. 22 [atual art. 26] do Código Penal, o processo prosseguirá, com a presença do curador". Nessa situação, poderá sobrevir sentença absolutória imprópria, com a imposição de medida de segurança ao acusado. Não se aplica, portanto, a separação de processos, que só poderia decorrer de uma suspensão, inexistente na espécie[51].

---

51. Como abordado no capítulo próprio, a lógica da lei está correta. Se o acusado era, ao tempo da infração, imputável, mas tornou-se incapaz durante o processo, este deverá ser suspenso até que o

Outra hipótese de separação obrigatória por motivo superveniente encontra-se no art. 79, § 2º, do CPP: "A unidade do processo não importará a do julgamento, se houver corréu foragido que não possa ser julgado à revelia, ou ocorrer a hipótese do art. 461 [atual art. 469]".

Cuida-se, na espécie, de quebra da unidade *de julgamento*, conquanto mantida a unidade de processo.

Inexiste, atualmente, caso de julgamento de corréu à revelia, devendo essa parte da norma ser desconsiderada. Tome-se, de toda sorte, a existência de "corréu foragido". Nesse particular, inclui-se na hipótese o acusado *ausente*, com a suspensão do processo nos termos do art. 366 do CPP. Suspenso o processo quanto a um dos acusados, impõe-se a quebra do julgamento unificado, embora mantida a unidade de processo. Na hipótese, o acusado presente será julgado independentemente da presença do outro.

O art. 469, § 1º, do CPP, por seu turno, contempla hipótese de "separação dos julgamentos" decorrente de recusas de jurados pela defesa de corréu, no âmbito específico do procedimento do júri. Consulte-se, a respeito, o disposto no art. 469, § 1º, do CPP: "A separação dos julgamentos somente ocorrerá se, em razão das recusas, não for obtido o número mínimo de sete jurados para compor o Conselho de Sentença".

Assim, por exemplo, se no início da sessão plenária do julgamento de dois acusados, a defesa de um deles, valendo-se da faculdade objeto do art. 468 do CPP, recusa três jurados, pode acontecer de não haver número suficiente para a formação do Conselho de Sentença para esse acusado, o que não repercute, porém, na composição do Conselho para o outro acusado, que aceitou os jurados. Nesse caso, julga-se logo o réu que aceitou os jurados, deixando para depois o que os recusou (art. 79, § 2º, c/c art. 469, §§ 1º e 2º, CPP). Opera-se, portanto, quebra da unidade de julgamento, embora mantida a unidade de processo[52].

Por fim, refira-se a hipótese de *suspensão do processo quanto ao colaborador*, na hipótese de emprego da técnica especial de colaboração premiada, no âmbito da investigação de crimes que envolvam organizações criminosas, conforme previsto no art. 4º, § 3º, da Lei nº 12.850/2013: "O prazo para oferecimento de denúncia ou o processo, relativos ao colaborador, poderá ser suspenso por até 6 (seis) meses, prorrogáveis por igual período, até que sejam cumpridas as medidas de colaboração, suspendendo-se o respectivo prazo prescricional". Na hipótese, haverá necessariamente, se aplicada a suspensão do processo para o colaborador, a separação dos processos, excepcionando-se a regra da unidade de julgamento.

4.2. Separação Facultativa

---

indivíduo se restabeleça, uma vez que não se pode aplicar pena (cabível para o imputável ao tempo prática delituosa) a pessoa que não possa compreendê-la. Por outro lado, se a inimputabilidade já existia ao tempo da infração penal, não é possível a aplicação de pena, mas o processo deve seguir, para fins de imposição de medida de segurança.

52. Nos termos do art. 469, § 2º, do CPP, "determinada a separação dos julgamentos, será julgado em primeiro lugar o acusado a quem foi atribuída a autoria do fato ou, em caso de coautoria, aplicar-se-á o critério de preferência disposto no art. 429 deste Código".

O art. 80 do CPP disciplina a *facultatividade da separação dos processos* nas hipóteses de conexão e de continência, excepcionando a regra da unidade de processo e de julgamento: "Será facultativa a separação dos processos quando as infrações tiverem sido praticadas em circunstâncias de tempo ou de lugar diferentes, ou, quando pelo excessivo número de acusados e para não lhes prolongar a prisão provisória, ou por outro motivo relevante, o juiz reputar conveniente a separação".

São, assim, exceções em que se faculta a separação dos processos: (i) infrações penais que, conquanto encerrem relação de conexão, foram praticadas em circunstâncias de tempo ou de lugar diferentes; (ii) conveniência da separação, pelo (a) excessivo número de acusados e para não lhes prolongar a prisão provisória ou (b) por outro motivo relevante.

Quanto à hipótese (i), só é concebível sua aplicabilidade à esfera da conexão (art. 76, CPP), já que a continência inerentemente ou envolve a prática de infração única (art. 77, I, CPP) ou a pluralidade de infrações praticadas nas mesmas circunstâncias de tempo e de lugar, em um mesmo contexto de unicidade fática (art. 77, II, CPP). A separação facultativa, sob o fundamento da primeira parte do art. 80 do CPP, pode ocorrer em qualquer espécie de conexão, desde que uniformes as circunstâncias de tempo e de lugar.

Sobre a hipótese (ii), verifica-se desde logo a amplitude da exceção legal, que atenua marcantemente a força normativa da regra da unidade de processo e de julgamento. Veja-se que a separação poderá ocorrer por qualquer motivo considerado relevante pelo juiz, bastando, para tanto, decisão fundamentada em circunstâncias concretas relevantes, a exemplo do elevado número de acusados e a complexidade do feito. Nesse particular, a Sexta Turma do STJ no HC 250.970/SP (STJ, 6ª Turma, HC 250.970, Rel. Min. JORGE MUSSI, julgamento em 23.09.2014, DJ de 30.09.2014) já considerou adequado e justificado o desmembramento em caso de "investigações de alta complexidade, envolvendo inúmeros acusados, o que poderia ensejar o arrolamento de mais de 2.400 (duas mil e quatrocentas) testemunhas".

Por outro lado, o Supremo Tribunal Federal, em reiteradas oportunidades, tem reconhecido e praticado a separação de processos no âmbito da competência por prerrogativa de função, para manter na Corte apenas o processo e o julgamento do titular do foro especial, reservando ao juízo comum o processo e o julgamento dos demais imputados.

Refletindo a amplitude da discricionariedade judicial na apreciação do desmembramento, sob a base da norma do art. 80 do CPP, confira-se o julgado do Plenário da Suprema Corte em Questão de Ordem suscitada no Inquérito nº 2.601/RJ (STF, Tribunal Pleno, INQ 2.601, Rel. Min. CELSO DE MELLO, DJ de 17.05.2013): "A cisão da causa penal, de caráter meramente facultativo, fundada em qualquer das hipóteses previstas no art. 80 do CPP (dentre as quais, a ocorrência de motivo relevante que tone conveniente a adoção de referida separação), pode efetivar-se, de modo legítimo, sempre a critério do órgão judiciário competente, ainda que configurada, na espécie, a existência de vínculo de conexidade ou de relação de continência e não obstante presentes, no procedimento persecutório, investigados detentores de prerrogativa de função. Precedentes".

Esse regime jurídico, emanado do art. 80 do CPP, não nos parece adequado à legalidade da definição da competência judiciária, ao sujeitá-la à pura discricionariedade judicial.

Estamos de acordo em que, por força da complexidade da causa e do elevado número de acusados, e até por outro motivo relevante não expresso, seja efetuada a separação dos processos. Nada há de inadequado nisso; muito pelo contrário.

No entanto, a discricionariedade do juiz para o desmembramento não pode chegar ao ponto de modificar a competência jurisdicional, sobretudo no domínio do foro especial por prerrogativa de função. Do contrário, permite-se que, sob a base de circunstâncias concretas, verificadas caso a caso, e não com fundamento em hipóteses legais abstratas, resulte casuisticamente definida a competência judiciária, contrariando os próprios parâmetros normativos específicos, sempre que isso for reputado conveniente.

Em todo caso, a prática judiciária tem multiplamente invocado o art. 80 do CPP para o desmembramento de processos, ainda que tanto importe a modificação da competência por prerrogativa de função.

CAPÍTULO IX
Questões Prejudiciais

1. CONCEITO E CLASSIFICAÇÃO DOUTRINÁRIA

1.1. Delimitação Conceitual das Questões Prejudiciais

Dizem-se *prejudiciais* as questões de *direito material*, penal ou extrapenal, de *apreciação prévia, autônoma e essencial*, cujo reconhecimento, por irradiar efeitos peremptórios, impedirá o exame do mérito principal e probatório da causa. O termo prejudicial deriva precisamente do fato de que o reconhecimento da procedência da questão prejudicará a análise do mérito da causa.

Por exemplo: (a) a extinção da punibilidade pela prescrição (art. 107, IV, CP) é questão prejudicial (direito material penal) porque, se reconhecida a sua incidência, implicará o encerramento da causa (efeito peremptório), prejudicando a análise do mérito da pretensão punitiva (já previamente fulminada pela prescrição); (b) a existência de ação civil discutindo a validade de um casamento é questão prejudicial (direito material civil) à análise do mérito de uma ação penal que tenha por objeto crime de bigamia, em que o primeiro casamento considerado seja justamente aquele cuja validade se questiona na esfera cível – se reconhecida a invalidade do primeiro casamento, tem-se o efeito peremptório do encerramento antecipado da causa, por atipicidade penal do fato; (c) a existência de discussão sobre a propriedade da coisa objeto de crime de furto é questão prejudicial (direito civil material) porque, se reconhecido que a coisa pertence ao próprio sujeito a quem se imputa a subtração, a análise do mérito *probatório* do furto fica prejudicada, diante da conclusão prévia pela atipicidade penal da conduta (subtração de coisa própria).

As questões referidas são de direito material, assim como as consequências associadas ao reconhecimento de sua procedência: extinção da punibilidade (art. 107, CP); absolvição sumária (art. 397, III, CPP).

Perceba-se, assim, que a questão prejudicial consiste, ela própria, em uma *questão de mérito*, dada a sua natureza substancial (material). Trata-se, no entanto, de mérito distinto do chamado mérito probatório, em sentido estrito, vale dizer, o mérito da pretensão punitiva, a ser apreciado a partir dos dados empíricos objeto da prova.

Quando o juiz previamente extingue a punibilidade, está apreciando questão substancial (direito penal material) de mérito *lato sensu*, e não o mérito estrito do conteúdo da pretensão punitiva, isto é, a sua procedência ou improcedência com base na prova.

Por outro lado, ainda quando o juiz absolve sumariamente (art. 397, III, CPP) o acusado, por atipicidade penal do fato, sem dúvida julga o mérito da própria pretensão punitiva, proclamando-lhe a improcedência, mas não a partir da prova da existência da hipótese acusatória, pois esta já está previamente considerada inadmissível. Por isso é que preferimos dizer que o que as questões aqui em foco prejudicam é a análise do *mérito probatório* da pretensão punitiva, por força do reconhecimento de causas substanciais de mérito prévias, de caráter peremptório, a impedirem a continuidade do processo.

Identifica-se bem, *quanto ao efeito peremptório* (impeditivo da continuidade do processo), a *semelhança entre as questões prejudiciais e as questões preliminares.*

A diferença entre essas espécies, entretanto, desponta no fato de que as *questões preliminares* têm *natureza processual*, ao passo que as *questões prejudiciais*, como visto, encerram *caráter substancial.*

Assim, a inépcia da inicial, o cerceamento de defesa, a incompetência do juízo, a suspeição do juiz e a carência de ação, por exemplo, constituem questões preliminares, à vista de sua natureza de direito processual. As consequências do reconhecimento de qualquer dessas questões, com efeito, são eminentemente processuais: rejeição liminar da inicial (art. 395, CPP); nulidade total ou parcial (art. 564, CPP); extinção do processo sem resolução do mérito (aplicação subsidiária do art. 485, *caput*, VI, CPC/2015).

O ponto comum com as questões prejudiciais é que as preliminares também devem ser previamente analisadas, dada a sua aptidão para, de igual modo, *prejudicar* o exame do mérito probatório da pretensão punitiva, ainda que seu efeito prejudicial possa se limitar a determinadas condições: por exemplo, reconhecida a incompetência do juízo ou a suspeição do juiz, a questão preliminar prejudica apenas a análise do mérito pelo juízo incompetente ou pelo juiz suspeito.

Tourinho Filho assim desdobra as diferenças entre questões prejudiciais e questões preliminares: "*a)* As prejudiciais são sempre de Direito Material, enquanto as preliminares, sempre questões processuais, de Direito Processual, portanto; *b)* As prejudiciais cingem-se ao mérito da principal (...) e as preliminares dizem respeito a alguns pressupostos processuais: Juiz competente e não suspeito, capacidade das partes, não litispendência nem coisa julgada (...) *c)* As questões prejudiciais (...) gozam de autonomia, isto é, podem existir sem que haja a questão principal, muito embora já não tenha o sainete da prejudicialidade (...) Mas, em se tratando de questões preliminares, não há aquela autonomia, aquela independência (...) *d)* As questões preliminares ou prévias são sempre e sempre decididas no juízo penal, enquanto as prejudiciais podem ser solucionadas quer na jurisdição penal, quer na jurisdição extrapenal, conforme sua natureza"[1].

Apesar da clara distinção, há casos excepcionais em que a mesma questão pode ser híbrida, vale dizer, a um só tempo prejudicial e preliminar, como bem observa Vicente Greco Filho: "Em situações bastante especiais, uma relação jurídica pode ser, ao mesmo tempo, preliminar e prejudicial. Assim, por exemplo, se está em julgamento crime de responsabilidade de funcionário público, essa qualidade, se elementar do

---

1. Tourinho Filho, Fernando da Costa. *Processo Penal.* São Paulo: Saraiva, 2003, v. 2, pp. 540-542.

crime, é prejudicial, mas pode ser também preliminar se o acusado tiver, em virtude dela, prerrogativa de função, colocando-se, portanto, também como preliminar de incompetência"[2].

Esclarecidos esses pontos iniciais, identificam-se as seguintes *características* como próprias das *questões prejudiciais*: (i) *anterioridade*, a situar a questão como antecedente lógico para o exame do mérito probatório da hipótese acusatória; (b) *autonomia*, a expressar a possibilidade de a questão também ser objeto de ação própria, na esfera penal ou na civil; (c) *essencialidade*, a expressar a exigência de exame da questão antes do mérito probatório da causa, eis que o reconhecimento da procedência da primeira tornará prejudicada a apreciação do segundo; (d) *conteúdo material*, a situar a prejudicial como questão substancial, de direito material (penal ou extrapenal), e não de direito processual.

1.2. Classificação Doutrinária

1.2.1. Questões prejudiciais: homogêneas e heterogêneas

Já se disse que as questões prejudiciais são de caráter substancial ou material, e não processual.

A depender do tipo de direito material, classificam-se as questões prejudiciais em: (a) *homogêneas*, quando versarem sobre matéria penal; (b) *heterogêneas*, sempre que disserem respeito a matéria extrapenal.

Exemplos de questões prejudiciais homogêneas: extinção da punibilidade (art. 107, CP); existência ou não do furto (crime antecedente) quanto ao mérito do crime de receptação (art. 180, CP) de coisa furtada.

Exemplos de questões prejudiciais heterogêneas: discussão sobre a validade do primeiro casamento, quanto ao crime de bigamia (as hipóteses de nulidade e de anulabilidade do casamento constam dos artigos 1.548 e 1.550 do Código Civil); discussão sobre a propriedade da coisa, quanto ao crime de furto.

1.2.2. Questões prejudiciais: devolutivas (absolutas ou relativas) e não devolutivas

Dizem-se *devolutivas* as questões prejudiciais que devem ou podem ser apreciadas pelo juízo extrapenal. Por outro lado, entendem-se como *não devolutivas* aquelas apreciadas pelo próprio juízo penal, em virtude da falta de qualquer dos requisitos que impõem (art. 92, CPP) ou autorizam (art. 93, CPP) a remissão da matéria à decisão do juízo civil.

Dentre as questões prejudiciais devolutivas, distinguem-se as *absolutas* das *relativas*: (a) *absolutas* são as *questões prejudiciais obrigatórias*, isto é, de obrigatória

---

2. Greco Filho, Vicente. *Manual de Direito Processual Penal*. São Paulo: Saraiva, 1991.

apreciação pelo juízo civil, conforme os parâmetros fixados no art. 92 do CPP; (b) *relativas* são as *questões prejudiciais facultativas*, isto é, de facultativa remissão à decisão do juízo cível, de acordo com os requisitos fixados no art. 93 do CPP.

Em princípio, as esferas judiciárias penal e civil são independentes uma da outra, havendo, porém, hipóteses em que a decisão tomada pelo juízo criminal repercutirá na causa civil, e vice-versa.

Como visto no Capítulo VII deste Curso: (a) a sentença penal condenatória tem o efeito de tornar certa a obrigação de reparar o dano causado pelo crime (art. 91, I, CP), constituindo título executivo (art. 515, *caput*, VI, CPC/2015); (b) a sentença absolutória, a depender de seu fundamento (art. 386, CPP), poderá fazer coisa julgada também na esfera civil. Nessas hipóteses, cuida-se da interferência da decisão do juízo penal no juízo civil.

No âmbito das *questões prejudiciais heterogêneas*, inversamente, do que se trata é da *interferência da decisão do juízo civil no objeto da ação penal*. Assim, em certas situações, a lei impõe (art. 92, CPP) ou ao menos autoriza (art. 93, CPP) a suspensão do processo penal até que a questão prejudicial heterogênea (extrapenal) seja resolvida pelo juízo civil. A finalidade dessa providência é a de evitar julgamentos conflitantes entre as esferas judiciárias, em torno da mesma questão.

Serão abordadas, na Seção II e na Seção III, as *questões prejudiciais heterogêneas devolutivas*, concernentes às relações entre o juízo penal e o juízo civil.

2. QUESTÕES PREJUDICIAIS HETEROGÊNEAS DE DEVOLUÇÃO OBRIGATÓ-RIA (ART. 92, CPP)

Nos termos do art. 92, *caput*, do CPP: "Se a decisão sobre a existência da infração depender da solução de controvérsia que o juiz repute séria e fundada, sobre o estado civil das pessoas, o curso da ação penal ficará suspenso até que no juízo cível seja a controvérsia dirimida por sentença passada em julgado, sem prejuízo, entretanto, da inquirição das testemunhas e de outras provas de natureza urgente".

Cuida-se de hipótese de *suspensão obrigatória* do processo penal, até que a *questão prejudicial*, acerca do *estado das pessoas*, seja definitivamente resolvida pelo juízo civil.

A suspensão, na hipótese do art. 92 do CPP, deverá ser determinada pelo juízo criminal, de ofício ou a partir de provocação de qualquer das partes (art. 94, CPP).

Na lógica adotada por nosso sistema, o estado das pessoas é matéria cuja prova está exclusivamente reservada à lei civil, assim como a controvérsia a esse respeito, quando tenha influência na configuração do crime, cabe somente ao juízo cível, com caráter vinculante ao juízo criminal.

Com efeito: (a) quanto ao primeiro ponto, ao processo penal se aplicam as res-trições probatórias da lei civil quanto ao estado das pessoas (art. 155, parágrafo único, CPP); (b) havendo controvérsia essencial à configuração do crime, sobre o estado das pessoas, a solução cabe exclusivamente ao juízo civil (art. 92, *caput*, CPP).

Os requisitos para a suspensão obrigatória, nos moldes do art. 92 do CPP, são os seguintes: (i) controvérsia sobre o estado civil das pessoas; (ii) repercussão da controvérsia na própria existência da infração penal; (iii) questão séria e fundada.

O estado civil das pessoas abrange questões afetas à existência civil, à individualidade, à cidadania, à capacidade e à família. Assim, o nome, a idade, a filiação, as condições de solteiro e de casado, por exemplo, dizem respeito ao estado civil da pessoa.

Conforme ESPÍNOLA FILHO, o *estado* deve ser compreendido em uma *tríplice relação*, "referentemente à pessoa em si, à ligação com o Estado e à ligação com a família". Na primeira vertente, denominada *estado pessoal*, têm-se as relações da pessoa consigo mesma, reunindo aspectos como nome, idade, sanidade mental e sexo, atinentes à natureza da pessoa, mas também estados jurídicos, a exemplo do ausente e do pródigo. Na segunda, a que se chama *estado de cidadania*, têm-se os atributos próprios da nacionalidade, abrangendo as condições de brasileiro, nato ou naturalizado, e estrangeiro. Por fim, na terceira, designada por *estado de família*, reúnem-se as qualidades de casado, solteiro e viúvo, bem como as relações de parentesco, por consaguinidade ou por afinidade[3].

Trata-se, portanto, de atributos inerentes à pessoa *natural*, não havendo que se cogitar de um estado civil da pessoa jurídica[4].

A prova do estado obedece às restrições da lei civil (art. 155, parágrafo único, do CPP), traduzidas na exigência do documento juridicamente apto a demonstrar a situação civil da pessoa (registro de nascimento, carteira de identidade, certidão de casamento).

Por outro lado, se houver controvérsia séria e fundada quanto ao estado civil, cuja solução repercuta na própria existência do fato em tese constitutivo do crime objeto do processo penal, deve-se aguardar decisão definitiva do juízo civil a esse respeito.

É o que ocorre, por exemplo: no âmbito da ação penal por crime de bigamia, quando exista discussão na esfera civil a respeito da validade do primeiro casamento; no âmbito de qualquer ação penal, quando haja discussão na esfera civil acerca da maioridade ou menoridade do acusado de cujo registro civil conste idade superior a 18 anos.

No primeiro exemplo, se o juízo civil decidir pela anulação do primeiro casamento do sujeito, a hipótese da bigamia resultará penalmente atípica (atipicidade penal

---

3. ESPINOLA FILHO, Eduardo. *Código de Processo Penal Anotado*. Rio de Janeiro: Editora Rio, 1980, v. I, pp. 244-245.

4. Nesse sentido, refira-se o julgado do Tribunal Regional Federal da 3ª Região no HC 16954 (Primeira Turma, Rel. Juiz Convocado FERREIRA DA ROCHA, DJ de 16.11.2005): "O artigo 92 do Código de Processo Penal refere-se a questão prejudicial que diz com o estado civil das pessoas. A fundação gerida pelos réus não é uma pessoa natural, é um patrimônio personalizado destinado ao fim imposto pelo instituidor, como diz o atual artigo 62 do Novo Código Civil, repetindo o artigo 24 do anterior. Não há como colocar a qualidade de entidade assistencial e filantrópica de uma fundação no âmbito do 'estado civil' a que alude o artigo 92 do Código de Processo Penal para o fim de vislumbrar uma prejudicial obrigatória, necessária para o reconhecimento do crime. A questão poderia ser colocada à luz do artigo 93 do Código de Processo Penal que trata de suspensão facultativa do processo quando o Juiz entender pela existência de questão cível outra – que não aquela referente ao 'estado das pessoas' – que possa influir na instância criminal."

superveniente), por falta da elementar normativa expressa no art. 235, *caput*, do CP: "*sendo casado*".

No segundo exemplo, em havendo dúvida séria e fundada quanto à idade do sujeito, se o juízo civil resolver pela retificação do registro de nascimento, para ali fazer constar, como idade correta, tempo de vida inferior a 18 (dezoito) anos, o crime resultará descaracterizado, desta vez por falta da imputabilidade penal (pressuposto de responsabilidade penal).

Na situação inversa, em que se pretenda retificar o registro do menor para fazer nele constar, como idade correta, tempo de vida superior a 18 (dezoito) anos, não há sequer a possibilidade de início do processo penal, pois, enquanto não for retificada a idade na esfera civil, a persecução penal, por óbvio, não poderá ser movimentada contra pessoa menor, de acordo com o registro vigente, por mais que existam evidências em sentido contrário. Assim já decidiu a Primeira Turma STF, no HC 77.278/MG (STF, 1ª Turma, HC 77.278, Rel. Min. SEPÚLVEDA PERTENCE, julgamento em 30.06.1998, DJ de 28.08.1998): "Menoridade penal: força probatória do registro civil de nascimento, só elidível no juízo cível. 1. A idade compõe o estado civil da pessoa e se prova pelo assento de nascimento, cuja certidão - salvo quando o registro seja posterior ao fato - tem sido considerada prova inequívoca para fins criminais tanto da idade do acusado quanto da vítima: precedentes. 2. Consequente incidência não só do art. 155 - que, quanto ao estado das pessoas, faz aplicáveis no juízo penal as restrições à prova estabelecidas na lei civil - mas também o art. 92 C.Pr.Penal, que, ao disciplinar as questões prejudiciais heterogêneas, tornou obrigatória a suspensão do processo penal para que se resolva no juízo civil a controvérsia sobre o estado civil da pessoa, de cuja solução dependa a existência do crime e, sendo este persequível por ação penal pública, legitimou o Ministério Público para o processo civil necessário. 3. Até que se obtenha, por decisão do juízo competente, a retificação do registro civil, a menoridade do acusado, nele assentada, prevalece sobre eventuais provas em contrário e impede, por ilegitimidade passiva, a instauração contra ele de processo penal condenatório".

Ainda que respeitante ao estado das pessoas, a questão prejudicial não ensejará a suspensão do processo se repercutir apenas na definição jurídica do tipo penal correspondente ao fato em tese criminoso, mas não na existência do crime.

Em se tratando de processo instaurado por ação penal de iniciativa pública ou por ação penal privada subsidiária da pública, o Ministério Público tem legitimidade para o ajuizamento da ação civil destinada à solução da controvérsia sobre o estado das pessoas, ou, se já ajuizada a ação civil, para intervir em todos os seus termos, podendo mesmo assumir a titularidade da própria demanda, em caso de desídia do autor. É o que se depreende do disposto no art. 92, parágrafo único, do CPP: "Se for o crime de ação pública, o Ministério Público, quando necessário, promoverá a ação civil ou prosseguirá na que tiver sido iniciada, com a citação dos interessados".

A legitimação do Ministério Público, nessa situação excepcional, existe ainda que a matéria não se insira nos casos ordinários de legitimidade da instituição, objeto do art. 129 da Constituição da República.

Isso porque, na hipótese do art. 92 do CPP, o prosseguimento da ação penal pública (ou o da privada subsidiária da pública) *depende* da solução da controvérsia na esfera cível, não podendo o titular da ação penal ficar à mercê da iniciativa do legitimado ordinário para o ajuizamento ou a movimentação da ação civil pertinente.

A legitimação extraordinária do Ministério Público quanto à ação civil, assim, justifica-se pela viabilização e pela efetividade do exercício do direito de ação penal. Está claro esse sentido quando a lei dispõe que a atuação excepcional do Ministério Público no âmbito civil ocorrerá "quando necessário", isto é, em caso de inércia da parte ordinariamente legitimada para a demanda cível.

Pelas mesmas razões de direito, deve-se conferir legitimidade extraordinária ao ofendido, ainda quando este ordinariamente não a tenha, no que se refere à demanda civil destinada à solução da controvérsia sobre o estado das pessoas com repercussões na existência de infração penal somente processável por queixa (a ação penal privada exclusiva ou a personalíssima).

Efetivada a suspensão do processo penal, poderá se revelar necessária, a título cautelar, a produção antecipada de prova. Assim, permite-se ao juiz determinar, após a suspensão processual, a inquirição de testemunhas e a produção de outras provas de natureza urgente (art. 92, *caput*, parte final, CPP), se houver necessidade. A propósito, a hipótese, quanto à inquirição antecipada de testemunhas, está expressamente contemplada no art. 225 do CPP: "Se qualquer testemunha houver de ausentar-se, ou, por enfermidade ou por velhice, inspirar receio de que ao tempo da instrução criminal já não exista, o juiz poderá, de ofício ou a requerimento de qualquer das partes, tomar--lhe antecipadamente o depoimento". Trata-se de espécie análoga à de suspensão do processo prevista no art. 366 do CPP, que será abordada no Capítulo XV deste Curso.

Nessas condições, em havendo perigo de perecimento da prova durante o período da suspensão do processo – por exemplo, no caso de idade avançada ou enfermidade grave de testemunha (art. 225, CPP) –, aplica-se o procedimento de produção antecipada de prova, que deverá ser realizado em contraditório judicial.

3. QUESTÕES PREJUDICIAIS HETEROGÊNEAS DE DEVOLUÇÃO FACULTATIVA (ART. 93, CPP)

De acordo com o art. 93, *caput*, do CPP: "Se o reconhecimento da existência da infração penal depender de decisão sobre questão diversa da prevista no artigo anterior, da competência do juízo cível, e se neste houver sido proposta ação para resolvê-la, o juiz criminal poderá, desde que essa questão seja de difícil solução e não verse sobre direito cuja prova a lei civil limite, suspender o curso do processo, após a inquirição das testemunhas e realização das outras provas de natureza urgente".

Cuida-se de hipótese de *suspensão dita facultativa* do processo penal, até que a *questão prejudicial*, a respeito de matéria de natureza diversa do estado das pessoas, seja definitivamente resolvida pelo juízo civil.

Nessa hipótese, a suspensão poderá ser determinada pelo juízo criminal, de ofício ou a partir de provocação de qualquer das partes (art. 94, CPP).

Depreendem-se do art. 93, *caput*, do CPP, os seguintes requisitos da devolutividade da questão prejudicial ao juízo cível: (i) repercussão da controvérsia na própria existência da infração penal; (ii) controvérsia sobre matéria civil de natureza diversa do estado das pessoas; (iii) existência de ação civil que tenha por objeto a questão prejudicial; (iv) controvérsia de difícil solução; (v) questão que não versa sobre direito cuja prova a lei civil limite.

É consenso na doutrina tratar essa hipótese como de suspensão *facultativa* do processo penal, no sentido de que ao juiz não se impõe suspender o processo quando a questão prejudicial disser respeito a matéria civil outra que não o estado das pessoas, ainda que a controvérsia seja decisiva para a configuração do crime.

Pensamos, entretanto, que rigorosamente não é esse o melhor tratamento. Pelo menos, *não se deveria compreender*, teoricamente, que o juiz tem *arbítrio* sobre a suspensão, sob quaisquer critérios. O que desponta do art. 93, na verdade, é que o juiz tem *discricionariedade* sobre a suspensão, à vista da natureza subjetiva de um dos critérios legais, a saber: a "questão de difícil solução".

Assim, quando se diz que a devolução é "facultativa", *propriamente o que se está a expressar* é a discricionaridade do juiz na apreciação do nível de complexidade da controvérsia, a justificar, ou não, a suspensão do processo penal até que a matéria seja solucionada no âmbito civil. Essa lógica impõe, assim, que o juiz aprecie *motivadamente* a questão, explicitando os elementos concretos de seu convencimento, sobretudo quanto à complexidade da matéria ("questão de difícil solução"), sempre que vá negar a suspensão do processo penal.

Nessa trilha, reunidos os requisitos objetivos do art. 93 (repercussão da controvérsia na própria existência da infração penal + controvérsia sobre matéria civil de natureza diversa do estado das pessoas + existência de ação civil que tenha por objeto a questão prejudicial + controvérsia sobre direito cuja prova a lei civil não limite), o juiz só poderá negar a suspensão do processo se motivadamente concluir pela ausência de complexidade na solução da matéria.

Com esse ponto de vista, pode-se dizer que, teoricamente, a suspensão é obrigatória, se reunidos os requisitos do art. 93 do CPP. Com efeito, apenas se permite ao juiz recusar a suspensão quando, em decisão fundamentada, conclua pela ausência de qualquer dos requisitos legais, inclusive aquele de caráter subjetivo.

Estamos conscientes, entretanto, que não é essa a compreensão prevalecente na doutrina e na jurisprudência, que entendem se tratar mesmo de uma faculdade do juiz, que pode optar por resolver sobre a questão prejudicial na própria esfera penal ou, suspendendo o processo, devolver sua apreciação ao juízo cível. Nessa linha, confira-se o julgado da Sexta Turma do STJ no RESP 1.066.641/SC (STJ, 6ª Turma, RESP 1.066.641, Rel. Min. Rogério Schietti Cruz, DJ de 25.04.2014), no sentido de que a questão prejudicial objeto do art. 93 do CPP poderá ocasionar a suspensão do processo "a critério do juiz natural da causa".

Esclarecido esse ponto inicial, examina-se a seguir cada um dos requisitos fixados no art. 93, *caput*, do CPP.

3.1. Repercussão da controvérsia na própria existência da infração penal

A solução da matéria civil, não referente ao estado das pessoas, deve influenciar decisivamente na própria existência da infração penal.

É o que ocorrerá, por exemplo, no caso em que se discuta na esfera civil a propriedade de coisa furtada, havendo controvérsia sobre se esta pertence ou não ao próprio imputado. Se a controvérsia for solucionada no sentido de reconhecer a propriedade do bem em favor do próprio imputado, inexistirá crime de furto, que consiste na subtração de coisa alheia (art. 155, *caput*, CP). A matéria civil, nesse caso, diz respeito à *propriedade* da coisa, objeto diverso do estado das pessoas, razão pela qual a suspensão do processo penal sujeita-se aos demais requisitos fixados no art. 93 do CPP.

Outro exemplo seria a discussão sobre a posse da coisa, como questão relevante para o aperfeiçoamento do tipo penal de exercício arbitrário das próprias razões (art. 345, CP), como decidiu a Primeira Turma do STF no HC 75.169/SP (STF, 1ª Turma, HC 75.169, Rel. Min. SEPÚLVEDA PERTENCE, julgamento em 24.06.1997, DJ de 22.08.1997): "Exercício arbitrário das próprias razões: inexistência: manutenção pelo agente de sua posse contra quem - conforme sentença civil transitada em julgado - jamais a detivera. 1. Constitui elemento normativo do tipo do exercício arbitrário das próprias razões (CPen., art. 345) o não enquadrar-se o fato numa das hipóteses excepcionais em que os ordenamentos modernos, por imperativos da eficácia, transigem com a autotutela de direitos privados, que, de regra, incriminam: o exemplo mais frequente de tais casos excepcionais de licitude da autotutela privada está na defesa da posse, nos termos admitidos no art. 502 C.Civil. 2. Desse modo, saber quem detinha a posse no momento do fato constitui questão prejudicial heterogênea da existência daquele crime atribuído ao agente que pretende ter agido em defesa da sua posse contra quem jamais a tivera. 3. A eficácia no processo penal de sentença civil transitada em julgado, que haja decidido questão prejudicial heterogênea, não depende de que, para aguardá-la, tenha havido suspensão do procedimento criminal".

Perceba-se, no final desse julgado, a alusão a que os efeitos da sentença civil no âmbito criminal independe de prévia suspensão do processo penal, que é apenas facultativa (art. 93, CPP).

Ainda outro exemplo cogitável é a discussão, na esfera extrapenal, acerca da validade do lançamento definitivo do crédito tributário, relativamente ao processo penal em curso por crime contra a ordem tributária. Como se sabe, a configuração da elementar normativa *tributo devido*, deduzida dos tipos penais de crimes contra a ordem tributária, depende do lançamento definitivo do crédito tributário pela autoridade fiscal. É essa a orientação consolidada na Súmula Vinculante nº 24 do Supremo Tribunal Federal: "Não se tipifica crime material contra a ordem tributária, previsto no art. 1º, incisos I a IV, da Lei 8.137/1990, antes do lançamento definitivo do tributo".

Assim, a existência de ação civil destinada à desconstituição do lançamento, por exemplo, por decadência do direito de lançar, constitui questão prejudicial heterogênea, sobre matéria diversa do estado das pessoas, a ensejar a suspensão do processo penal até que a controvérsia seja dirimida no âmbito extrapenal, se reunidos os demais requisitos do art. 93, *caput*, do CPP. Com efeito, se decidida na esfera civil a nulidade do lançamento, ter-se-á por atípica a conduta do crime material contra a ordem tributária, por ausência (de reconhecimento superveniente) da elementar normativa *tributo devido*.

No sentido de que a hipótese em foco aperfeiçoa questão prejudicial facultativa (art. 93, CPP), confira-se o julgado da Sexta Turma do STJ no já referido RESP 1.066.641/SC (STJ, 6ª Turma, RESP 1.066.641, Rel. Min. ROGÉRIO SCHIETTI CRUZ, DJ de 25.04.2014): "A constituição definitiva do crédito tributário é condição necessária para o ajuizamento da ação penal que verse sobre o crime de sonegação fiscal. Já a pendência de ação anulatória na esfera cível, quando muito, constitui questão prejudicial heterogênea facultativa que, a teor do artigo 93 do CPP, poderá ocasionar a suspensão do curso do processo, a critério do juiz natural da causa. É recomendável a suspensão do curso processual pela aplicação do art. 93 do CPP quando, diante das particularidades da causa, o julgador se convencer da existência de questão de difícil solução que interfira na materialidade delitiva e dependa da apreciação do juízo cível". Em igual direção: STJ, 6ª Turma, HC 277.970/PR, Rel. Min. MARIA THEREZA DE ASSIS MOURA, julgamento em 18.12.2014, DJ de 04.02.2015[5].

Por outro lado, a mera discussão civil sobre a *extinção* do crédito tributário lançado não configura questão prejudicial (nem sequer questão prejudicial facultativa) apta a suspender o processo penal, uma vez que a solução da controvérsia não repercute na existência da infração penal. Nessa hipótese, não há anulação do lançamento, e sim a extinção do crédito tributário por fato superveniente, por exemplo, o pagamento ou a compensação.

Assim, o reconhecimento da extinção do crédito tributário na esfera extrapenal não repercute na existência do crime material contra a ordem tributária. O que ocorrerá, na hipótese, é a extinção da punibilidade do agente (art. 9º, § 2º, Lei 10.684/2003), causa independente da existência do crime.

A esse respeito, confira-se o julgado da Quinta Turma do STJ no RHC 26.231/PR (STJ, 5ª Turma, Rel. Min. FELIX FISCHER, julgamento em 16.03.2010, DJ de 13.09.2010): "A teor do art. 93 do Código de Processo Penal, se o reconhecimento da existência da infração penal depender de decisão, na esfera civil, de questão diversa da do estado civil das pessoas (questão prejudicial obrigatória e neste houver sido proposta ação para resolvê-la, o juiz criminal poderá, presentes os requisitos exigidos no dispositivo legal em destaque, suspender o curso do processo penal. Na hipótese dos autos, contudo, o simples fato de a cooperativa relacionada com os recorrentes estar discutindo na via administrativa a possibilidade de extinção do crédito tributário a partir de eventual compensação não tem o condão de determinar a suspensão da ação penal instaurada para apurar a prática do crime de uso de documento falso, porquanto, ainda que se reconheça, por qualquer razão, em favor da referida cooperativa, tal direito, isso não seria suficiente para a descaracterização da infração penal em destaque (...) Além disso, não é de se aplicar a orientação firmada no Pretório Excelso, e posteriormente seguida

---

5. Embora ambos os julgados referidos tenham legitimado a negativa de suspensão, foi reconhecido o caráter de *prejudicial* (facultativa) à questão ("anulação do débito fiscal" discutida em ação civil).

por esta Corte, a partir do julgamento do HC 81.611/DF no sentido de se condicionar o início da persecutio criminis in iudicio pela prática do crime contra a ordem tributária previsto no art. 1º, incisos I e II, da Lei n. 8.137/90 a constituição definitiva do crédito tributário, a uma, porque de crime tributário não se trata *e, a duas, tendo em vista que, no caso, o crédito tributário, devidamente constituído não restou atingido pela simples discussão a respeito da possibilidade de sua extinção por meio de compensação*".

Efetivamente, o lançamento definitivo, como elemento de consumação do crime material contra a ordem tributária, não é afetado pela superveniente extinção do crédito, a repercutir apenas na esfera da punibilidade do agente. Assim, embora isso não esteja expresso no julgado acima referido, parece ter sido este também um fundamento relevante para recusar o caráter de *prejudicial* à discussão civil sobre a compensação e a consequente extinção do crédito tributário. Estamos de acordo, assim, com a lógica adotada pelo STJ, nesse particular.

De outra parte, no julgamento do RESP 973.641/RS, a Quinta Turma do STJ (STJ, 5ª Turma, RESP 973.641, Rel. Min. FELIX FISCHER, julgamento em 03.02.2009, DJ 20.04.2009) entendeu *não constituir* questão prejudicial a discussão, no STF, sobre a constitucionalidade da lei que instituiu o tributo tido por sonegado na ação penal, e nem mesmo a existência de decisão reconhecendo imunidade tributária ao agente: "PROCESSUAL PENAL. ART. 168-A, § 1º, INCISO I, DO CÓDIGO PENAL. HABE-AS CORPUS CONCEDIDO PELO E. TRIBUNAL A QUO PARA DETERMINAR A SUSPENSÃO DA AÇÃO PENAL DEFLAGRADA EM DESFAVOR DO RECORRIDO NOS TERMOS DO ART. 92 DO CPP TOMANDO-SE POR BASE A PENDÊNCIA PERANTE O SUPREMO TRIBUNAL FEDERAL DE DISCUSSÃO A RESPEITO DA INCONSTITUCIONALIDADE DO ART. 1º DA LEI N. 8.540/92 QUE, DISPONDO SOBRE A CONTRIBUIÇÃO DO EMPREGADOR RURAL PARA A SEGURIDADE SOCIAL – FUNRURAL – ALTEROU ALGUNS DISPOSITIVOS DA LEI N. 8.212/91, BEM COMO A EXISTÊNCIA DE DECISÃO CONCESSIVA DE MANDADO DE SEGURANÇA QUE ESTENDE AO RECORRIDO A IMUNIDADE TRIBUTÁRIA PREVISTA NO ART. 149, § 2º, INCISO I, DA CF. QUESTÕES PREJUDICIAIS HE-TEROGÊNEAS FACULTATIVAS QUE NÃO OBRIGAM A SUSPENSÃO DO PRO-CESSO CRIMINAL. INTEGRIDADE DO LANÇAMENTO AINDA NÃO AFETADA (...) Não se pode, na hipótese, contudo, tomar o fato de pender discussão perante o Supremo Tribunal Federal a respeito da constitucionalidade do art. 1º da Lei 8.540/92, que, dispondo sobre a contribuição do empregador rural para a seguridade social – FUNRURAL, alterou dispositivos da Lei 8.212/91 (artigos 12, V e VII; 25, I e II; 30, IV), bem como a existência de decisão favorável ao recorrido proferida nos autos de mandado de segurança que estende a ele a imunidade tributária prevista no art. 149, § 2º, inciso I, da Constituição Federal como questão prejudicial heterogênea facultativa (art. 93 do Código de Processo Penal) da questão penal, porquanto, até aqui, o lançamento do tributo não foi atingido. A prejudicial heterogênea não obriga a suspensão da ação penal. Vale dizer, não obsta automaticamente a persecutio criminis (art. 93 do CPP). Recurso provido".

Dizer que a suspensão é facultativa, a critério do juízo criminal, de fato reflete a posição dominante sobre o tema. Em trecho do acórdão, entretanto, refletido na ementa acima, afirmou o STJ que as discussões não configurariam questão prejudicial ("não se pode tomar o fato de pender discussão... como questão prejudicial heterogênea facultativa"), sob o argumento de que "até aqui, o lançamento do tributo não foi atingido".

Ora, o fato de não ter o lançamento sido ainda atingido não descaracteriza a prejudicialidade da questão; pelo contrário, confirma-a: o lançamento não foi atingido até o presente, mas o será se declarada a inconstitucionalidade da lei instituidora do tributo.

Em todo caso, a jurisprudência é firme quanto à facultatividade da suspensão.

3.2. Controvérsia sobre questão diversa da relativa ao estado civil das pessoas

Múltiplas são as controvérsias de natureza civil que podem repercutir na materialidade de infrações penais, a exemplo das situações examinadas no tópico anterior.

A lei processual penal, como visto, reserva um regime de obrigatoriedade da suspensão do processo penal apenas para as controvérsias a respeito do estado civil das pessoas (art. 92, CPP).

A suspensão do processo penal quando a controvérsia versar sobre outras questões cíveis, ainda que decisivas para a existência do crime, depende da constatação pelo juiz de que se trata de questão de difícil solução, presentes os demais requisitos (objetivos) do art. 93 do CPP.

3.3. Existência de ação civil que tenha por objeto a questão prejudicial

A suspensão obrigatória do processo penal independe da existência de ação civil discutindo a questão prejudicial heterogênea relativa ao estado das pessoas. Nessa hipótese, a lei confere legitimidade ao Ministério Público para promover a ação civil ou "prosseguir na que tiver sido iniciada" (art. 92, parágrafo único, CPP).

Na hipótese do art. 93 do CPP, entretanto, a suspensão depende da existência de ação civil em curso, tendo por objeto a questão prejudicial heterogênea.

3.4. Controvérsia de difícil solução

Este é o requisito de ordem subjetiva, que conduz a doutrina a concluir pela facultatividade da suspensão do processo penal.

Não se pode admitir, no entanto, que a suspensão fique simplesmente ao arbítrio do juiz. A negativa de suspensão quando presentes os requisitos objetivos previstos no art. 93 do CPP só pode se basear em decisão motivada do juiz quanto à inexistência do requisito da *controvérsia de difícil solução*.

Assim, poderá o juiz recusar a suspensão processual sob o motivo, demonstrado a partir das circunstâncias do caso concreto, de que a questão prejudicial heterogênea não é de difícil solução, podendo ser apreciada e decidida no âmbito do próprio processo penal.

3.5. Questão que não versa sobre direito cuja prova a lei civil limite

Para a aplicabilidade da suspensão do processo penal, a questão prejudicial heterogênea, diversa do estado das pessoas, não pode versar sobre direito cuja prova a lei civil limite. Isso porque, se a lei processual penal admite qualquer meio de prova para a questão, não há sentido em condicionar a análise da causa à decisão do juízo cível, cuja conclusão se dará sob limites probatórios estritos inaplicáveis ao processo penal. Por exemplo, se a questão prejudicial disser respeito à existência de obrigação da qual a lei civil exija prova escrita (art. 444, CPC/2015), não se aplica a suspensão, pois, ao passo que a prova do mesmo fato para efeitos penais pode se dar por qualquer meio lícito e idôneo, na esfera civil é inadmissível, para esse fim, a utilização exclusivamente da prova testemunhal, reclamando-se pelo menos o início de prova documental.

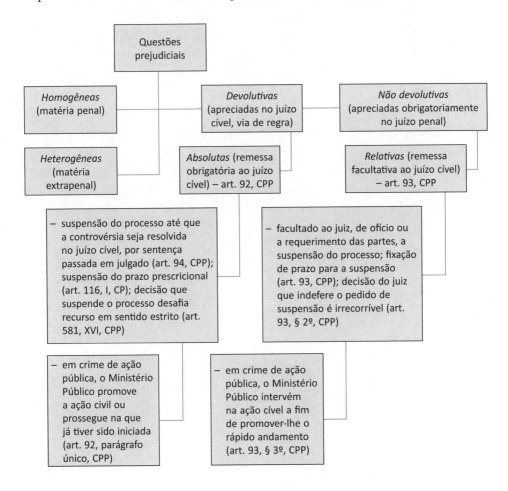

CAPÍTULO X

Incidentes Processuais

SEÇÃO I
Exceções

As *exceções* estão disciplinadas no Capítulo II ("Das Exceções") do Título VI ("Das Questões e Processos Incidentes"), entre os artigos 95 e 111, do Código de Processo Penal.

Distinguem-se aí: (i) a exceção de suspeição; (ii) a exceção de impedimento e de incompatibilidade; (iii) a exceção de incompetência; (iv) a exceção de litispendência; (v) a exceção de coisa julgada; (vi) a exceção de ilegitimidade de parte. Esses procedimentos de tipo *incidental* e da espécie *exceção* serão examinados nos tópicos a seguir.

1. EXCEÇÃO DE SUSPEIÇÃO

1.1. Conceito e Características Gerais

É próprio do modelo de processo penal de tipo acusatório que qualquer das partes possa recusar o juiz pelo menos uma vez, sem a necessidade de declinar as razões da recusa.

Essa característica, entretanto, acabou historicamente associada aos órgãos coletivos de julgamento, à figura do julgador leigo e ao sistema da íntima convicção, também características próprias da tradição acusatória, ainda presentes nos modelos anglo-saxões contemporâneos.

Assim é que, entre nós, a recusa imotivada ou íntima permanece aplicável apenas no âmbito dos julgamentos do Tribunal do Júri, em que mais genuinamente remanescem aquelas características gestadas na tradição do processo acusatório. Quanto às demais esferas, só há a possibilidade de recusa do julgador fundada em causa legal, tratando-se, portanto, de *recusa motivada*.

As hipóteses legais de suspeição, entendidas como situações extrínsecas (relações encontradas fora do processo) com aptidão para afetar a imparcialidade do juiz, estão discriminadas nos incisos do art. 254 do CPP. O exame analítico de cada uma delas é objeto da Seção I do Capítulo XIII deste Curso, em que se trata do juiz como sujeito do processo.

No presente tópico, aborda-se o processo incidental da exceção de suspeição, instrumento reservado às partes para o efeito de arguição de qualquer das hipóteses legais (art. 254, CPP) e, se for o caso, o afastamento do magistrado suspeito.

Independentemente de provocação de qualquer das partes, o juiz poderá declarar-se suspeito, indicando o motivo e determinando a remessa dos autos ao substituto legal, com a intimação das partes acerca dessas providências, nos moldes do art. 97 do CPP: "O juiz que espontaneamente afirmar suspeição deverá fazê-lo por escrito, declarando o motivo legal, e remeterá imediatamente o processo ao seu substituto, intimadas as partes".

O "motivo legal" encontra-se entre as hipóteses contempladas no art. 254 do CPP, que refletem a afetação da imparcialidade do juiz por motivos extrínsecos (amizade íntima ou inimizade capital com qualquer das partes; relação de crédito com qualquer das partes; aconselhamento prévio a qualquer das partes, por exemplo).

Embora a lei processual penal especificamente não o preveja, o juiz também poderá declarar-se suspeito por motivo de foro íntimo, por aplicação subsidiária do art. 145, § 1º, do Código de Processo Civil de 2015[1]. Nessa hipótese, sendo a motivação de fonte íntima, não se exige do juiz que declare nos autos o motivo de suspeição, como agora ficou expresso na nova lei processual civil (art. 145, § 1º, CPC/2015). A Resolução nº 82/2009 do Conselho Nacional de Justiça, entretanto, exige que o magistrado o faça em procedimento reservado e sigiloso, para fins de controle: "Art. 1º. No caso de suspeição por motivo íntimo, o magistrado de primeiro grau fará essa afirmação nos autos e, em ofício reservado, imediatamente exporá as razões desse ato à Corregedoria local ou a órgão diverso designado pelo seu Tribunal" [o mesmo procedimento aplica-se ao magistrado de segundo grau, conforme o art. 2º da mesma resolução].

Não havendo reconhecimento de suspeição pelo juiz de ofício, qualquer das partes poderá opor a recusa, conforme disposto no art. 254, *caput*, do CPP: "O juiz dar-se-á por suspeito, e, se não o fizer, poderá ser recusado por qualquer das partes..." O instrumento disponibilizado às partes para a recusa quando o próprio juiz não reconheça a causa legal é precisamente a exceção de suspeição, contemplada no art. 95, inciso I, do CPP.

Por se tratar de arguição de motivo de ordem pública, da maior seriedade (art. 254, CPP), por afetar a própria imparcialidade do julgador, a exceção de suspeição tem precedência a qualquer outra defesa incidental, nos termos do art. 96 do CPP: "A arguição de suspeição precederá a qualquer outra, salvo quando fundada em motivo superveniente". Ressalva-se, por óbvio, a exceção fundada em motivo superveniente, surgido ou encontrado em momento posterior do processo.

1.2. Legitimidade Ativa e Passiva

A legitimidade ativa para a exceção de suspeição é, portanto, conferida a qualquer das partes, isto é, Ministério Público, querelante ou acusado, conforme o disposto no art. 98, primeira parte, do CPP: "*Quando qualquer das partes pretender recusar o juiz, deverá fazê-lo em petição assinada por ela própria ou por procurador com poderes especiais, aduzindo as suas razões acompanhadas de prova documental ou do rol de testemunhas*".

---

1. Art. 145, § 1º, CPC/2015: "Poderá o juiz declarar-se suspeito por motivo de foro íntimo, sem necessidade de declarar suas razões".

Diverge a doutrina sobre a legitimidade ativa do assistente do Ministério Público. Entendemos que o assistente, mesmo na condição de terceiro juridicamente interessado, tem faculdades processuais limitadas à previsão do art. 271 do CPP. Não se confere ao assistente o exercício pleno de todas as faculdades processuais exercitáveis pelas partes. Diversamente, a lei, em cada âmbito particular, especifica, se for o caso, a legitimidade do assistente para a prática de atos, além da previsão geral (art. 271, CPP). No particular, o art. 98, primeira parte, do CPP dispõe claramente sobre a legitimidade *das partes* para a oposição de exceção de suspeição. A condição de parte é inconfundível com a de terceiro interessado. Reservou-se a específica faculdade de recusar o juiz por meio de exceção, assim, apenas às partes, e não a terceiro interveniente. De toda sorte, poderá sempre o assistente provocar o Ministério Público no sentido de que seja oposta a exceção, ou até mesmo o próprio juiz, por simples petição, diante da possibilidade de reconhecimento *ex officio* da causa de suspeição.

Por seu turno, a legitimidade passiva, no processo incidental da exceção de suspeição, é da pessoa do juiz, e não do órgão judiciário. As causas de suspeição, com efeito, são pessoais, inerentes ao magistrado que atua no processo, não afetando o órgão judiciário (juízo), cuja competência, aliás, mantém-se intacta.

1.3. Oportunidade para a Arguição

No caso do Ministério Público ou do querelante, a exceção de suspeição deverá ser oposta na primeira oportunidade que a parte (acusadora) tiver para se manifestar nos autos, após o recebimento da denúncia ou da queixa. Com efeito, oferecida a inicial acusatória, e efetivada a distribuição para determinado órgão judiciário, com a atribuição concreta do feito a determinado magistrado, que recebe a denúncia ou a queixa, terá então o acusador a oportunidade de recusar o juiz, com base em qualquer das causas previstas no art. 254 do CPP. Fixa-se como marco o recebimento da inicial por se tratar do ato de instauração do processo penal (segundo a doutrina dominante), pressuposto necessário para a oponibilidade de qualquer exceção.

A oportunidade para a oposição de exceção de suspeição pelo acusado, por sua vez, dá-se no prazo para a resposta à acusação. A esse respeito, confira-se o disposto nos artigos 396-A, § 1º, e 407, do CPP, que tratam da resposta à acusação no âmbito do procedimento comum e do procedimento do júri, respectivamente: "A exceção será processada em apartado, nos termos dos arts. 95 a 112 deste Código" (art. 396-A, § 1º, CPP). Por seu turno, os artigos 396, *caput*, e 406, do CPP versam sobre o prazo de 10 (dez) dias para resposta, o que inclui a oponibilidade de exceção, que, se apresentada, será autuada em apartado.

Em se tratando de motivo superveniente, a parte deverá alegar a exceção no primeiro momento que tiver para se manifestar nos autos, após a ocorrência da causa.

Tenha-se em conta, entretanto, que o ônus processual diz respeito à oposição de *exceção*, procedimento incidental com disciplina normativa específica (artigos 96 a 107, CPP), e não à alegação de suspeição, que pode se dar em outro momento, por simples petição.

Tratando-se de matéria de ordem pública e de causas de nulidade absoluta, não há preclusão quanto à alegação de suspeição do juiz. Com efeito, os atos do juiz suspeito são absolutamente nulos (art. 101, CPP), inexistindo preclusão temporal para essa arguição. O que preclui, assim, é apenas a oportunidade da *exceção*, enquanto processo incidente, com procedimento e efeitos próprios (suspensão do processo, fase instrutória etc.).

É possível a oposição de exceção de suspeição na fase processual? A resposta só pode ser negativa, já que a exceção constitui instrumento incidental a um processo penal, o que pressupõe, portanto, a admissão judicial da denúncia ou da queixa. Não por outro motivo, aliás, é que a oportunidade da exceção para o acusado se dá no prazo para a resposta à acusação (art. 396, *caput*, e art. 396-A, § 1º, CPP).

Como, no entanto, poderá o juiz praticar atos jurisdicionais na fase pré-processual, durante inquérito policial ou outro procedimento de investigação, reserva-se ao legitimado ativo para a ação e ao investigado ou indiciado a arguição da suspeição do magistrado, mas não por meio de exceção. Por simples petição, poderá o interessado suscitar a suspeição do magistrado atuante na fase de investigação, além da possibilidade de o próprio juiz reconhecer e declarar a causa de ofício.

1.4. Procedimento

A exceção deverá ser oposta por escrito, em petição assinada pela parte ou por procurador com poderes especiais, acompanhada de razões, de prova documental ou de rol de testemunhas, nos termos do art. 98 do CPP.

Apresentada a exceção, abrem-se duas opções para o juiz: (a) reconhecimento da suspeição; (b) não reconhecimento da suspeição.

Caso aceite a suspeição (a), o juiz fará juntar aos autos a petição da exceção, declarando-se suspeito e ordenando a remessa dos autos ao substituto legal, nos termos do art. 99 do CPP: "Se reconhecer a suspeição, o juiz sustará a marcha do processo, mandará juntar aos autos a petição do recusante com os documentos que a instruam, e por despacho se declarará suspeito, ordenando a remessa dos autos ao substituto".

Se não aceitar a suspeição (b), o juiz mandará autuar a exceção em apartado (art. 396-A, § 1º, do CPP, no caso da exceção oposta pelo acusado), para oferecer sua resposta no prazo de 3 (três) dias, podendo instruí-la com documentos e indicar testemunhas, e finalmente determinar a remessa dos autos ao tribunal competente, no prazo de 24 (vinte) e quatro horas, nos termos do art. 100, *caput*, do CPP: "Não aceitando a suspeição, o juiz mandará autuar em apartado a petição, dará sua resposta dentro em 3 (três) dias, podendo instruí-la e oferecer testemunhas, e, em seguida, determinará sejam os autos da exceção remetidos, dentro em 24 (vinte e quatro) horas, ao juiz ou tribunal a quem competir o julgamento".

A lei não impõe a suspensão do processo principal, tratando-se, portanto, de faculdade do tribunal. Em todo caso, recomenda-se a suspensão do processo principal, de modo a evitar a prática de atos inúteis, em sendo relevante a fundamentação.

Por outro lado, entendemos que a suspensão do processo torna-se obrigatória se a parte contrária àquela que opôs a exceção (i) reconhecer a causa de suspeição e, nesse passo, (ii) requerer a suspensão, consoante o disposto no art. 102 do CPP: "Quando a parte contrária reconhecer a procedência da arguição, poderá ser sustado, a seu requerimento, o processo principal, até que se julgue o incidente da suspeição".

Embora a doutrina em geral sustente a facultatividade da suspensão mesmo nessa hipótese[2], em virtude do emprego da expressão "poderá ser sustado", entendemos que a conjugação de vontades de ambas as partes processuais quanto à suspeição do julgador é motivo suficiente a impor a suspensão do feito principal. O termo "poderá" no dispositivo refere-se ao condicionante de *se houver* requerimento da parte contrária: em havendo o requerimento, a suspensão deverá ser determinada.

No tribunal, em juízo preliminar: (a) *se for reconhecida a manifesta improcedência da exceção*, o relator deverá rejeitá-la liminarmente, conforme o art. 100, § 2º, do CPP ("Se a suspeição for de manifesta improcedência, o juiz ou relator a rejeitará liminarmente"), em decisão que desafia agravo interno, na forma do regimento do respectivo tribunal; (b) *se for reconhecida a relevância da arguição*, o relator determinará a intimação das partes, marcando dia e hora para a inquirição de testemunhas, se for o caso, e para o julgamento da exceção, que ocorre independentemente da apresentação de alegações finais, de acordo com o art. 100, § 1º, do CPP ("Reconhecida, preliminarmente, a relevância da arguição, o juiz ou tribunal, com citação das partes, marcará dia e hora para a inquirição das testemunhas, seguindo-se o julgamento, independentemente de mais alegações").

A "manifesta improcedência da exceção", restritivamente, implica julgamento de mérito em sentido negativo à pretensão. Deve-se incluir no âmbito do juízo preliminar, contudo, também a negativa de seguimento à exceção manifestamente inadmissível (por ausência de pressuposto ou requisito de admissibilidade). Conforme a orientação consolidada na Súmula nº 322 do STF, aplicável no âmbito de qualquer tribunal: "Não terá seguimento pedido ou recurso dirigido ao Supremo Tribunal Federal, quando manifestamente incabível, ou apresentado fora do prazo, ou quando for evidente a incompetência do Tribunal".

Se julgada procedente a exceção, todos os atos do processo principal têm-se por nulos, impondo-se ainda, em caso de erro inescusável, a condenação do magistrado suspeito nas custas processuais, nos termos do art. 101, primeira parte, do CPP: "Julgada procedente a suspeição, ficarão nulos os atos do processo principal, pagando o juiz as custas, no caso de erro inescusável; rejeitada, evidenciando-se a malícia do excipiente, a este será imposta a multa de duzentos mil-réis a dois contos e réis". Quanto à segunda parte do dispositivo, por falta de atualização monetária, não se faz possível atualmente a aplicação da multa prevista ao excipiente que houver agido de má-fé.

1.5. Exceção de Suspeição de Magistrado Integrante de Tribunal

Se for oposta exceção de membro de tribunal (ministro ou desembargador), o próprio magistrado poderá declarar-se suspeito, por escrito, nos autos. Tratando-se

---

2. Nesse sentido: Nucci, Guilherme de Souza. *Manual de Processo Penal e Execução Penal*. Rio de Janeiro: Forense, 2014, p. 281.

do relator, os autos serão devolvidos para nova distribuição, na forma do regimento interno do tribunal. Já se o suspeito for o revisor, o processo seguirá para o substituto. É o que dispõe o art. 103, *caput*, do CPP: "No Supremo Tribunal Federal e nos Tribunais de Apelação, o juiz que se julgar suspeito deverá declará-lo nos autos e, se for revisor, passar o feito ao seu substituto na ordem da preferência, ou, se for o relator, apresentar os autos em mesa para nova distribuição".

Por outro lado, sendo o suspeito outro ministro ou desembargador, que não o relator ou o revisor (terceiro juiz ou vogal, no âmbito da apelação, por exemplo), deverá dar-se por suspeito oralmente, na oportunidade da sessão de julgamento, conforme dispõe o art. 103, § 1º, do CPP: "Se não for relator nem revisor, o juiz que houver de dar-se por suspeito, deverá fazê-lo verbalmente, na sessão de julgamento, registrando-se na ata a declaração".

Se houver declaração de suspeição por parte do presidente do tribunal, "competirá a seu substituto designar dia para o julgamento e presidi-lo", nos termos do art. 103, § 2º, do CPP.

Não havendo o reconhecimento da suspeição de ofício pelo membro do tribunal, qualquer das partes poderá opor exceção, aplicando-se, nesse particular, o procedimento disciplinado nos artigos 98 a 101, objeto de exame no tópico anterior, a que faz remissão o art. 103, § 3º, do CPP: "Observar-se-á, quanto à arguição de suspeição pela parte, o disposto nos arts. 98 a 101, no que lhe for aplicável, atendido, se o juiz a reconhecer, o que estabelece este artigo".

O julgamento da exceção de suspeição de ministro ou de desembargador compete ao Pleno do tribunal respectivo, de acordo com o art. 103, § 4º, do CPP: "A suspeição, não sendo reconhecida, será julgada pelo tribunal pleno, funcionando como relator o presidente". Já se o recusado for o próprio presidente do tribunal, "o relator será o vice-presidente" (art. 103, § 5º, CPP).

2. EXCEÇÃO DE INCOMPATIBILIDADE E EXCEÇÃO DE IMPEDIMENTO

O Capítulo III do Título VI do Livro II do Código de Processo Penal trata, em artigo único (art. 112), das "incompatibilidades e impedimentos" do juiz, do órgão do Ministério Público, dos serventuários ou funcionários de justiça e dos peritos ou intérpretes.

As hipóteses legais de impedimento e de incompatibilidade encontram-se nos artigos 252 e 253 do CPP, que enunciam motivos intrínsecos (identificados dentro do processo) de potencial afetação à imparcialidade do julgador (por exemplo, ter o magistrado de segundo grau oficiado como juiz de outra instância, pronunciando-se de fato ou de direito sobre a questão).

Não há distinção essencial entre impedimento e incompatibilidade, por mais que a doutrina associe o impedimento às hipóteses do art. 252 e a incompatibilidade à hipótese do art. 253 do CPP: "Nos juízos coletivos, não poderão servir no mesmo processo os juízes que forem entre si parentes, consanguíneos ou afins, em linha reta ou colateral até o terceiro grau, inclusive".

Embora a lei não aluda expressamente a uma "exceção de impedimento" nem a uma "exceção de incompatibilidade", o art. 112, segunda parte, do CPP determina a aplicação, às hipóteses respectivas, do mesmo procedimento disciplinado para a exceção de suspeição: "O juiz, o órgão do Ministério Público, os serventuários ou funcionários de justiça e os peritos ou intérpretes abster-se-ão de servir no processo, quando houver incompatibilidade ou impedimento legal, que declararão nos autos. Se não se der a abstenção, a incompatibilidade ou impedimento poderá ser arguido pelas partes, seguindo-se o processo estabelecido para a exceção de suspeição". Assim, depreende-se facilmente do dispositivo uma exceção de impedimento (art. 252, CPP) ou exceção de incompatibilidade (art. 253, CPP), processada nos mesmos moldes da exceção de suspeição, na forma dos artigos 96 a 103 do CPP.

3. EXCEÇÃO DE INCOMPETÊNCIA

A exceção de incompetência, prevista no art. 95, II, do Código de Processo Penal, constitui o instrumento incidental adequado à arguição de incompetência *relativa* do órgão judiciário. São formas de incompetência relativa, por exemplo, a incompetência definida pelo critério territorial ou pela prevenção.

Ao contrário do que sucede com a suspeição e o impedimento, a incompetência é do órgão judiciário (juízo ou tribunal), e não da pessoa do magistrado. Sobre os critérios de determinação da competência judiciária, consulte-se o Capítulo VIII deste Curso.

A arguição de incompetência absoluta não se sujeita à preclusão temporal, podendo ser suscitada a qualquer momento, por simples petição dirigida ao juiz. A incompetência absoluta não se alega, assim, por meio de exceção. Quando suscitada pelo acusado, a incompetência absoluta pode ser objeto de preliminar da resposta à acusação ou defesa prévia (arts. 396 e 396-A, CPP) ou, se em momento posterior, de petição ao órgão judiciário. De outro modo, a incompetência absoluta pode ser reconhecida e declarada de ofício pelo próprio órgão judiciário.

Por seu turno, a incompetência relativa deve ser suscitada pela parte na oportunidade própria, que é o prazo para a defesa, nos termos do art. 108, *caput*, do CPP: "A exceção de incompetência do juízo poderá ser oposta, verbalmente ou por escrito, no prazo da defesa". Entende-se por "prazo da defesa", de acordo com o regime procedimental estabelecido pela Lei nº 11.719/2008, o prazo de 10 (dez) dias para o oferecimento de resposta à acusação, previsto no art. 396, *caput*, do CPP.

Não arguida a causa nessa oportunidade, opera-se a preclusão temporal, prorrogando-se a incompetência do juízo relativamente incompetente. Este é o mesmo regime aplicável no âmbito do direito processual civil. Nesse particular, o Código de Processo Civil de 2015 eliminou a exceção como instrumento de arguição da incompetência do juízo. Segundo o novo regime, tanto a incompetência absoluta quanto a relativa deverá ser suscitada como preliminar da contestação (art. 64, *caput*, CPC/2015). De toda sorte, fixa-se a prorrogação da competência relativa como consequência da não arguição oportuna da incompetência pela parte, nos termos do art. 65, *caput*, do

CPC/2015: "Prorrogar-se-á a competência relativa se o réu não alegar a incompetência em preliminar de contestação".

No direito processual penal, entretanto, apesar da preclusão temporal, poderá o juiz, de ofício, reconhecer e declarar a incompetência, mesmo a relativa, a qualquer momento, por força do disposto no art. 109 do CPP: "Se em qualquer fase do processo o juiz reconhecer motivo que o torne incompetente, declará-lo-á nos autos, haja ou não alegação da parte, prosseguindo-se na forma do artigo anterior".

Assim, ainda que a parte não se haja desincumbido de seu ônus de suscitar a incompetência relativa por meio de exceção na oportunidade adequada (prazo para a defesa), poderá haver o reconhecimento da incompetência pelo próprio juízo em momento posterior. A incompetência, absoluta ou relativa, pode ser reconhecida de ofício pelo juiz, independentemente de exceção.

A exceção de incompetência está prevista apenas como meio de defesa do acusado, o que se explica facilmente: o acusador já oferece a denúncia ou a queixa perante o órgão judiciário que considera competente, não havendo sentido em que ele próprio pudesse, depois, recusar essa competência. Assim, a legitimação ativa para opor exceção de incompetência é apenas do acusado[3]. Parte da doutrina, no entanto, sustenta a legitimidade ativa do Ministério Público.

Quanto ao procedimento da exceção de incompetência: oposta no prazo de 10 (dez) dias (art. 396, *caput*, CPP) para a defesa inicial (art. 108, *caput*, CPP), será autuada em apartado (art. 111 e art. 396-A, § 1º, CPP), seguindo-se a intimação do Ministério Público para manifestação.

A oposição da exceção de incompetência, via de regra, não suspende o andamento da ação penal (art. 111, CPP). Em reconhecendo a relevância da fundamentação, porém, poderá o magistrado excepcionalmente sobrestar o andamento do feito principal, até que resolva sobre a exceção de incompetência.

Caso aceita a exceção, o juízo, declarando-se incompetente, determinará a remessa dos autos ao juízo competente, "onde, ratificados os atos anteriores, o processo prosseguirá", nos termos do art. 108, § 1º, do CPP. Tenha-se em conta, nesse particular, que a incompetência do juízo implica a nulidade (art. 564, I, CPP) dos atos decisórios, conforme o art. 567 do CPP: "A incompetência do juízo anula somente os atos decisórios, devendo o processo, quando for declarada a nulidade, ser remetido ao juiz competente". Somente os demais atos, portanto, serão ratificados (art. 108, § 1º, parte final, c/c art. 567, CPP)[4].

A decisão em que se julga procedente a exceção de incompetência, como qualquer ato decisório de reconhecimento de incompetência emanado de juízo de primeiro grau, desafia recurso em sentido estrito, com fundamento no art. 581, II, do CPP.

---

3. No sentido do texto, confira-se: BADARÓ, Gustavo Henrique. *Processo Penal*. Rio de Janeiro: Elsevier/ Campus, 2012, p. 228.

4. Assevere-se que, no âmbito da incompetência absoluta, não há qualquer possibilidade de ratificação, quer de atos decisórios, quer de atos não decisórios. A previsão legal de ratificação de atos, constante do art. 108, § 1º, parte final, do CPP, aplica-se mesmo apenas à incompetência relativa.

Se não acolhida a exceção de incompetência, "o juiz continuará no feito, fazendo tomar por termo a declinatória, se formulada verbalmente", nos termos do art. 108, § 2º, do CPP.

A decisão de improcedência da exceção de incompetência é irrecorrível, mas pode ser impugnada por *habeas corpus*, com fundamento na hipótese de constrangimento ilegal objeto do art. 648, III, do CPP.

4. EXCEÇÃO DE LITISPENDÊNCIA

A exceção de litispendência, prevista no art. 95, III, do Código de Processo Penal, é o meio de defesa incidental apto à arguição de preexistência de processo penal, ainda em curso, com o mesmo objeto fático (causa de pedir, hipótese acusatória). Segundo GUSTAVO BADARÓ, "a exceção de litispendência é um meio de defesa processual oposto em um segundo processo, quando ainda está pendente um primeiro processo, que tem o mesmo objeto do segundo"[5].

A *litispendência*, como objeto da exceção, existe "enquanto um litígio pende de julgamento do juiz", como pontua HELIO TORNAGHI[6]. Acerca do fundamento da litispendência, bem assinala ESPÍNOLA FILHO: "A declinatória da litispendência se justifica pela mesma regra que sustenta a da coisa julgada, e é porque 'bis de eadem re non sit actio'. É esse princípio, também, dominador da teoria da coisa julgada, por cuja força é proibida a reprodução da mesma demanda já solucionada, que veda a simultânea instauração, num só juízo ou em juízos diferentes, de mais de um processo sobre o mesmo fato"[7].

Deve-se fixar, então, o marco inicial apto a caracterizar a litispendência. A simples preexistência de um procedimento de investigação com base nos mesmos fatos não afeta o oferecimento de denúncia ou queixa fundada em outros elementos informativos. Apenas a existência de um processo penal tem o efeito de consolidar a litispendência, impeditiva de que se instaure novo processo com base na mesma hipótese de fato.

A mera instauração do processo, porém, já configura a litispendência? Diante do silêncio da lei processual penal a esse respeito, é de se aplicar subsidiariamente o art. 240, *caput*, do CPC/2015: "A citação válida, ainda quando ordenada por juízo incompetente, induz litispendência..." Ainda que fosse inaplicável essa norma, tem-se que a relação jurídica processual, de toda sorte, só está aperfeiçoada a partir da citação, sendo este o marco inicial de configuração da litispendência.

Por outro lado, a *exceção* de litispendência, constituindo meio de defesa incidental, só pode ser oposta nos autos de processo penal já instaurado, após a citação do acusado, no prazo para a resposta à acusação (art. 110, *caput*, c/c art. 108, *caput*, c/c art. 396-A, § 1º, CPP).

---

5.   BADARÓ, Gustavo Henrique. *Processo Penal*. Rio de Janeiro: Campus, 2012, p. 230.

6.   TORNAGHI, Hélio. *Curso de Processo Penal*. São Paulo: Saraiva, 1991, v. 1.

7.   ESPÍNOLA FILHO, Eduardo. *Código de Processo Penal Anotado*. Rio de Janeiro: Editora Rio, 1980, v. I, p. 294.

A exceção, com efeito, é forma de resposta *processual*. Isso não impede que a litispendência seja alegada, mas não por exceção, nos autos de procedimento de investigação que tenha por objeto a mesma hipótese de fato própria de processo penal já instaurado e com citação já realizada (art. 240, CPC/2015).

O art. 110, *caput*, do CPP assim dispõe: "Nas exceções de litispendência, ilegitimidade de parte e coisa julgada, será observado, no que lhes for aplicável, o disposto sobre a exceção de incompetência do juízo". Significa isso dizer que a exceção de litispendência deverá ser oposta no prazo para a defesa, conforme o art. 108, *caput*, do CPP. Trata-se do prazo de 10 (dez) dias, a partir da citação do acusado, para resposta à acusação (artigos 396 e 396-A, CPP). Esta é a oportunidade própria, portanto, para a oposição da exceção de litispendência. Como, no entanto, a litispendência constitui matéria de ordem pública, poderá ser suscitada a qualquer momento, por simples petição, independentemente do procedimento incidental em foco.

A doutrina reconhece também a legitimidade ativa do Ministério Público para a oposição de exceção de litispendência, o que só pode ser algo excepcional, já que, ciente a pendência de processo anterior com o mesmo objeto, o órgão de acusação não deverá sequer oferecer a denúncia.

De toda sorte, conhecendo a litispendência apenas em momento posterior, quando já recebida a denúncia, poderá o Ministério Público excepcionalmente opor a exceção, na primeira oportunidade que tiver para se manifestar nos autos.

Por outro lado, na ação penal de iniciativa privada, poderá igualmente o Ministério Público, como órgão de justiça, opor a exceção. Nessa esfera, porém, não se deve reconhecer a legitimidade ativa do *querelante* para a exceção de litispendência: caso oposta a exceção, a atitude deve ser tomada como desistência da ação, cabendo ao juiz, portanto, extinguir o processo sem resolução do mérito (art. 485, *caput*, VIII, CPC/2015), por esse motivo.

Oposta a exceção de litispendência, será autuada em apartado (art. 396-A, § 1º, CPP), seguindo-se a intimação do Ministério Público para manifestação (art. 110, *caput*, c/c art. 108, § 1º, primeira parte, CPP). Na hipótese de oposição conjunta de exceção de litispendência, de ilegitimidade e de coisa julgada, a arguição de cada um desses objetos deverá ser feita "numa só petição ou articulado", nos termos do art. 110, § 1º, do CPP. Em regra, a oposição da exceção de litispendência não suspende o andamento da ação penal (art. 111, CPP).

A exceção de litispendência é forma de exceção *peremptória* – e não dilatória, como a exceção de incompetência –, de modo que, se acolhida pelo órgão judiciário, implicará a extinção do processo sem resolução do mérito, aplicando-se subsidiariamente, nesse particular, o disposto no art. 485, *caput*, inciso V, do CPC/2015. O julgamento pela procedência da exceção, em decisão com força de definitiva (por se tratar de exceção peremptória), desafia recurso em sentido estrito, com fundamento no art. 581, III, do CPP.

É possível que o juiz reconheça a litispendência em outro momento, fora do procedimento incidental da exceção em foco, quer de ofício, quer sob provocação de qualquer das partes. Nesse caso, não há previsão legal específica de recurso contra a decisão.

Como se trata, porém, de decisão com força de definitiva, não prevista no rol do art. 581 do CPP, é cabível subsidiariamente o recurso de apelação, com fundamento no art. 593, II, do CPP. Perceba-se que essa decisão de reconhecimento da litispendência tem a mesma natureza (decisão com força de definitiva) e efeitos (extinção do processo sem resolução do mérito) que a decisão de procedência da exceção de litispendência, mas apenas esta última está prevista no rol do art. 581 do CPP (inciso III). As decisões com força de definitiva não contempladas no art. 581 desafiam apelação, conforme o art. 593, II, do CPP.

Por outro lado, julgada improcedente a exceção, o ato decisório é irrecorrível, mas se sujeita a impugnação por *habeas corpus*, diante da falta de justa causa para a segunda ação penal (art. 648, I, CPP), que tem o mesmo objeto fático de outra preexistente e ainda em curso.

5. EXCEÇÃO DE COISA JULGADA

A coisa julgada consiste na estabilidade adquirida pela decisão judicial não mais passível de recurso.

A exceção de coisa julgada, prevista no art. 95, V, do Código de Processo Penal, somente é cabível para a arguição de coisa julgada *material*, consistindo no meio de defesa incidental adequado a essa finalidade.

Nesse sentido, dispõe o art. 110, § 2º, do CPP que "a exceção de coisa julgada somente poderá ser oposta em relação ao fato principal, que tiver sido objeto de sentença". Tendo por objeto o fato principal, a coisa julgada só pode ser a material, incidente sobre o próprio mérito da causa, definitivamente julgado em sentença penal. Assim, opõe-se a exceção em determinado processo penal, com a alegação de que a mesma hipótese de fato já foi definitivamente julgada em um processo penal anterior.

A *exceção* de coisa julgada, constituindo meio de defesa incidental, só pode ser oposta nos autos de processo penal já instaurado, após a citação do acusado, no prazo para a resposta à acusação (art. 110, *caput*, c/c art. 108, *caput*, c/c art. 396-A, § 1º, CPP).

A exceção, com efeito, é forma de resposta *processual*. Isso não impede que a coisa julgada seja alegada, mas não por exceção, nos autos de procedimento de investigação que tenha por objeto a mesma hipótese de fato própria de processo penal já definitivamente julgado.

O art. 110, *caput*, do CPP assim dispõe: "Nas exceções de litispendência, ilegitimidade de parte e coisa julgada, será observado, no que lhes for aplicável, o disposto sobre a exceção de incompetência do juízo". Significa isso dizer que a exceção de coisa julgada deverá ser oposta no prazo para a defesa, conforme o art. 108, *caput*, do CPP.

Trata-se do prazo de 10 (dez) dias, a partir da citação do acusado, para resposta à acusação (artigos 396 e 396-A, CPP). Essa é a oportunidade própria, portanto, para a oposição da exceção de coisa julgada. Como, no entanto, a coisa julgada constitui matéria de ordem pública, poderá ser suscitada a qualquer momento, por simples petição, independentemente do procedimento incidental em foco.

A doutrina reconhece também a legitimidade ativa do Ministério Público para a oposição de exceção de coisa julgada, o que só pode ser algo excepcional, já que, ciente de que o mesmo objeto já foi definitivamente julgado em processo anterior, o órgão de acusação não deverá sequer oferecer a denúncia.

De toda sorte, conhecendo a coisa julgada apenas em momento posterior, quando já recebida a denúncia, poderá o Ministério Público excepcionalmente opor a exceção, na primeira oportunidade que tiver para se manifestar nos autos. De outra parte, na ação penal de iniciativa privada, poderá igualmente o Ministério Público, como órgão de justiça, opor a exceção.

Oposta a exceção de coisa julgada, será autuada em apartado (art. 396-A, § 1º, CPP), seguindo-se a intimação do Ministério Público para manifestação (art. 110, *caput*, c/c art. 108, § 1º, primeira parte, CPP). Na hipótese de oposição conjunta de exceção de litispendência, de ilegitimidade e de coisa julgada, a arguição de cada um desses objetos deverá ser feita "numa só petição ou articulado", nos termos do art. 110, § 1º, do CPP. Em regra, a oposição da exceção de coisa julgada não suspende o andamento da ação penal (art. 111, CPP).

A exceção de coisa julgada, assim como a de litispendência, é forma de exceção *peremptória* – e não dilatória, como a exceção de incompetência –, de modo que, se acolhida pelo órgão judiciário, implicará a extinção do processo sem resolução do mérito, aplicando-se subsidiariamente, nesse particular, o disposto no art. 485, *caput*, inciso V, do CPC/2015. O julgamento pela procedência da exceção, em decisão com força de definitiva (por se tratar de exceção peremptória), desafia recurso em sentido estrito, com fundamento no art. 581, III, do CPP.

É possível que o juiz reconheça a coisa julgada em outro momento, fora do procedimento incidental da exceção em foco, quer de ofício, quer sob provocação de qualquer das partes. Nesse caso, não há previsão legal específica de recurso contra a decisão.

Como se trata, porém, de decisão com força de definitiva, não prevista no rol do art. 581 do CPP, é cabível subsidiariamente o recurso de apelação, com fundamento no art. 593, II, do CPP. Perceba-se que essa decisão de reconhecimento da coisa julgada tem a mesma natureza (decisão com força de definitiva) e efeitos (extinção do processo sem resolução do mérito) que a decisão de procedência da exceção de litispendência, mas apenas esta última está prevista no rol do art. 581 do CPP (inciso III). As decisões com força de definitiva não contempladas no art. 581 desafiam apelação, conforme o art. 593, II, do CPP.

Por outro lado, julgada improcedente a exceção, o ato decisório é irrecorrível, mas se sujeita a impugnação por *habeas corpus*, diante da falta de justa causa para a segunda ação penal (art. 648, I, CPP), que tem o mesmo objeto fático de outra preexistente e ainda em curso.

6. EXCEÇÃO DE ILEGITIMIDADE DE PARTE

O art. 95, IV, do Código de Processo Penal institui uma *exceção de ilegitimidade de parte*. A doutrina inclui nesse âmbito tanto (i) a arguição da ilegitimidade *ad causam*, ativa ou passiva, como falta de condição para a ação penal, quanto (ii) a ilegitimidade *ad processum*, como falta de pressuposto processual.

Como visto no Capítulo VI, as condições da ação penal, em uma classificação mais extensiva, seriam as seguintes: (i) possibilidade jurídica da causa de pedir ou tipicidade em tese da hipótese de acusação; (ii) legitimidade *ad causam*, ativa e passiva; (iii) interesse de agir; (iv) justa causa em sentido estrito ou lastro probatório mínimo (materialidade do fato e indícios de autoria ou participação do imputado). Propusemos, entretanto, classificação mais restrita, à legitimidade e à justa causa em sentido estrito, uma vez que as demais conduzem a uma apreciação de mérito.

Destacar a falta de uma dessas condições, a *legitimidade de parte*, como matéria suscitável em procedimento incidental de exceção não parece ser o melhor regime, considerando a uniformidade ou equivalência dos efeitos da carência de ação ou da falta de pressuposto processual, por qualquer causa: rejeição liminar da inicial (art. 395, II e III, CPP), extinção do processo sem resolução do mérito (aplicação subsidiária do art. 485, VI, CPC/2015) ou declaração de nulidade do processo (art. 564, II, CPP).

Por outro lado, a matéria (ilegitimidade de parte) pode ser suscitada a qualquer momento, sem a necessidade de oposição de exceção.

De toda sorte, presente a disciplina legal, há de se aplicar a possibilidade de manejo da exceção de ilegitimidade de parte. Não se impede, porém, que o acusado suscite a mesma matéria como preliminar da resposta à acusação, como é possível para qualquer hipótese de falta de condição para o exercício da ação penal.

Julgando procedente a exceção ou reconhecendo a ilegitimidade no próprio feito principal, deverá o juiz: (i) se ainda antes da ratificação do recebimento (termo inicial da fase instrutória do procedimento), rejeitar liminarmente a inicial (art. 395, II, CPP); (ii) se após a ratificação do recebimento da inicial, declarar a nulidade do processo (art. 564, II, do CPP)[8].

Compreende-se a exceção de ilegitimidade de parte, assim, como o meio de defesa incidental oponível pelo acusado para arguir a falta de condição essencial para o exercício da ação penal, por ilegitimidade *ad causam* da parte ativa ou da parte passiva, ou ainda por ilegitimidade *ad processum*.

A legitimidade ativa para a arguição é do acusado, em qualquer modalidade de ação penal. Não se pode reconhecer a legitimidade ativa do Ministério Público para suscitar ilegitimidade de parte por meio de exceção, no âmbito da ação penal de iniciativa pública. O acusador, ao atuar, afirma tacitamente sua legitimidade e também

---

8. Existe previsão legal específica sobre os efeitos da ilegitimidade de parte, ao contrário do que acontece com as demais condições da ação penal: nulidade do processo, nos termos do art. 564, inciso II, do CPP. Assim, nesse particular, entendemos que não se pode invocar a aplicação subsidiária do art. 485, VI, do CPC/2015, para o efeito de extinção do processo sem resolução do mérito. Há, de toda sorte, equivalência entre esses efeitos.

dimensiona os limites subjetivos passivos da demanda, não havendo sentido em que, depois, venha invocar ilegitimidade, quer ativa, quer passiva. Por outro lado, no âmbito da ação penal de iniciativa privada, o Ministério Público poderá opor a exceção, como órgão de justiça.

A oportunidade da arguição dá-se no prazo para a defesa (art. 110, *caput*, c/c art. 108, *caput*, c/c art. 396-A, § 1º, CPP). Tratando-se de matéria de ordem pública, no entanto, poderá ser suscitada a qualquer momento e também reconhecida de ofício pelo juiz, independentemente do procedimento incidental da exceção.

O procedimento aplicável é o mesmo da exceção de incompetência (art. 110, *caput*, c/c art. 108, *caput* e §§ 1º e 2º, CPP).

Acolhida a exceção, deverá ser declarada a nulidade do processo, nos termos do art. 564, II, do CPP. Trata-se de providência equivalente à extinção do processo sem resolução do mérito, aplicável às demais hipóteses de carência de ação (falta de justa causa em sentido estrito), com fundamento no art. 485, *caput*, inciso VI, do CPC/2015 (por aplicação subsidiária, inserindo-se a justa causa em sentido estrito no conceito amplo de "interesse").

Sendo o caso de ilegitimidade *ad processum* – por falta de capacidade processual, por exemplo –, poderá haver a ratificação dos atos, conforme disposto no art. 568 do CPP.

A decisão que acolhe a exceção de ilegitimidade, por configurar rejeição liminar da inicial, é impugnável por recurso em sentido estrito, com fundamento no art. 581, I, do CPP. Caso o acolhimento da exceção, porém, se dê em momento posterior à ratificação do recebimento da inicial, cabe de igual modo o recurso em sentido estrito, mas agora com fundamento no art. 581, XIII, do CPP, pois a hipótese, nesse caso, é de decisão declaratória de nulidade do processo (art. 564, II, CPP).

Por outro lado, a decisão de improcedência da exceção é irrecorrível, cabendo, entretanto, a impetração de *habeas corpus*, fundado na falta de justa causa (em sentido amplo) para a ação penal (art. 648, I, CPP).

SEÇÃO II
Conflito de Competência

1. CONCEITO E CARACTERÍSTICAS GERAIS

O conflito de competência, na sistemática do Código de Processo Penal, pertence ao âmbito dos "processos incidentes", do mesmo modos que as *exceções* estudadas na Seção anterior, o que justifica a sua inserção como objeto de análise neste Capítulo X de nosso Curso.

Nesse contexto, o Capítulo IV do Título VI do Livro I do Código de Processo Penal, entre os artigos 113 e 117, disciplina o assim chamado "conflito de jurisdição".

Trata-se em verdade, no entanto, de *conflito de competência* entre órgãos jurisdicionais, e não de conflito entre jurisdições, como a terminologia legal sugere. Com efeito, o real objeto de disciplina normativa está claramente enunciado no art. 113 do CPP: "As *questões atinentes à competência* resolver-se-ão não só pela exceção própria, mas também pelo conflito positivo ou negativo de jurisdição".

Por outro lado, o conflito de competência só pode acontecer entre órgãos de jurisdição. A competência de que se trata, assim, é competência *jurisdicional*, e o conflito respectivo consiste em divergência a respeito de qual órgão judiciário tem o poder-dever de processar e julgar determinada causa.

Em outros âmbitos, as divergências entre unidades não caracterizam conflito de competência, e sim *conflito de atribuições*. Aí estão compreendidas as divergências: (a) entre órgãos administrativos; (b) entre órgãos do Ministério Público; (c) entre órgãos judiciários e órgãos administrativos.

Quanto ao ponto (c), a diferença entre conflito de competência e conflito de atribuições é bem ilustrada na definição constitucional da competência originária do Superior Tribunal de Justiça para processar e julgar: (i) os *conflitos de competência* entre quaisquer tribunais (ressalvada a competência do STF), bem como entre tribunal e juízes a ele não vinculados e entre juízes vinculados a tribunais diversos (art. 105, inciso I, *d*, CF); (ii) os *conflitos de atribuições* entre autoridades administrativas e judiciárias da União, ou entre autoridades judiciárias de um Estado e administrativas de outro ou do Distrito Federal, ou entre as deste e da União (art. 105, inciso I, *g*, CF)[9].

A incompetência judiciária poderá: (i) se absoluta, ser suscitada em qualquer momento por qualquer das partes ou reconhecida de ofício pelo juiz; (ii) se relativa, ser suscitada por meio de exceção de incompetência na oportunidade processual adequada ou, de outro modo, reconhecida pelo juiz em qualquer tempo, de ofício.

Revela-se possível, contudo, a existência de conflito ou divergência entre órgãos judiciários a respeito da competência jurisdicional, quando ambos se afirmarem competentes ou incompetentes para a mesma causa.

O conflito diz-se *positivo* quando dois ou mais órgãos jurisdicionais se declaram competentes para o processo e julgamento da causa. Por outro lado, tem-se conflito *negativo* sempre que dois órgãos jurisdicionais se afirmarem incompetentes para o processo e julgamento da causa. São as hipóteses contempladas no art. 114, inciso I, do CPP: "Haverá conflito de jurisdição: I – quando duas ou mais autoridades judiciárias se considerarem competentes, ou incompetentes, para conhecer do mesmo fato criminoso".

O conflito aperfeiçoa-se também quando houver entre órgãos jurisdicionais "controvérsia sobre unidade de juízo, junção ou separação de processos", nos termos do art. 114, inciso II, do CPP. São as hipóteses de separação e de reunião de processos em decorrência de conexão ou de continência, objeto dos artigos 80 a 82 do CPP.

---

9. A título também de exemplo, confira-se o disposto no art. 106 do Regimento Interno do STF: "O conflito de jurisdição ou de competência poderá ocorrer entre autoridades judiciárias; *o de atribuições, entre autoridades judiciárias e administrativas*". Apenas se observe que atualmente, desde o advento da Constituição de 1988, o STF não mais detém competência para processar e julgar conflitos de atribuições: a antiga competência do STF está hoje reservada ao STJ, conforme o art. 105, I, *g*, da CF.

A expressão "autoridades judiciárias", empregada no art. 114, I, do CPP, deve ser compreendida como órgãos jurisdicionais, na medida em que a competência constitui poder-dever da unidade judiciária, isto é, do juízo ou do tribunal, e não da pessoa do juiz. Assim, o conflito de competência pode se dar: i) entre *juízos* (órgãos judiciários monocráticos); ii) entre tribunais (órgãos judiciários colegiados); iii) entre juízo e tribunal.

Importa asseverar que o conflito só é cabível se não houver decisão definitiva proferida por qualquer dos órgãos jurisdicionais em dissídio. É essa a orientação consolidada na Súmula nº 59 do Superior Tribunal de Justiça: "Não há conflito de competência se já existe sentença com trânsito em julgado, proferida por um dos juízos conflitantes".

Assim, em havendo decisão transitada em julgado proferida por um deles, descabe suscitar o conflito, sem prejuízo da possibilidade manejo de outro instrumento processual destinado a arrostar a incompetência do órgão jurisdicional. Por exemplo: na hipótese de sentença penal condenatória definitiva proferida por juízo estadual em feito da suposta competência da Justiça Federal, não cabe a suscitação de conflito de competência, mas poderá o condenado valer-se da revisão criminal ou do *habeas corpus* para o fim de ter reconhecida a incompetência do órgão judiciário, com a consequente declaração de nulidade da sentença transitada em julgado.

2. INICIATIVA

A iniciativa para suscitar o conflito pode ser, nos termos do art. 115 do CPP: da "parte interessada" (inciso I); dos "órgãos do Ministério Público junto a qualquer dos juízos em dissídio" (inciso II); de "qualquer dos juízes ou tribunais em causa" (inciso III). O mais comum é que um dos juízos "em causa" provoque o conflito de competência, fazendo-se possível também, de toda sorte, a suscitação por requerimento da parte interessada, quer se trate de conflito positivo, quer de conflito negativo. Com efeito, verificando que dois órgãos judiciários declaram-se competentes ou recusam competência para a causa, sem que qualquer deles, porém, suscite o conflito, poderá fazê-lo o interessado, por meio de requerimento (art. 116, *caput*, CPP).

Entendemos que a "parte interessada" a que se refere o art. 115, I, não traduz somente a *parte* em sentido técnico. Efetivamente, o emprego do termo "interessada" sugere a predominância do interesse jurídico, pois, do contrário, bastaria a alusão a "qualquer das partes". Assim, o assistente do Ministério Público, na ação penal de iniciativa pública, poderá suscitar o conflito, por ser sujeito interessado, que é o significado que se depreende da norma do art. 115, I. O Ministério Público (art. 115, II), por seu turno, poderá suscitar o conflito quer como titular da ação penal pública (parte), quer como órgão de justiça.

3. COMPETÊNCIA

Em ocorrendo conflito entre órgãos do Poder Judiciário a respeito da competência jurisdicional, outro órgão judiciário, de graduação superior, deverá solucionar a controvérsia. A competência para a apreciação e solução do conflito é objeto de

Cap. X · INCIDENTES PROCESSUAIS

disciplina normativa na própria Constituição Federal, que institui os âmbitos de atuação jurisdicional, nos nichos originário e recursal, dos diversos tribunais integrantes do Poder Judiciário.

3.1. Competência do Supremo Tribunal Federal (art. 102, I, *o*, CF)

A competência do Supremo Tribunal Federal, de acordo com o art. 102, inciso II, *o*, da Constituição da República, tem a seguinte abrangência: (a) conflito entre o Superior Tribunal de Justiça e qualquer tribunal (por exemplo: STJ e TSE; STJ e STM; STJ e TJ/CE; STJ e TRF5); (b) conflito entre tribunais superiores (por exemplo: TSE e TST; TSE e STM); (c) conflito entre tribunal superior e qualquer outro tribunal (por exemplo: TSE e TRE/CE; STM e TJ/CE).

3.2. Competência do Superior Tribunal de Justiça (art. 105, I, *d*, CF)

O Superior Tribunal de Justiça é originariamente competente, nos termos do art. 105, inciso I, *d*, da Constituição, para processar e julgar os conflitos de competência: (i) entre quaisquer tribunais, ressalvada a competência do Supremo Tribunal Federal (art. 102, I, *o*, CF); (ii) entre tribunal e juízo não a ele vinculado; (iii) entre juízos vinculados a tribunais diversos.

Exemplos de (i): conflito de competência entre o Tribunal de Justiça do Rio Grande do Sul e o Tribunal Regional Federal da 4ª Região; conflito de competência entre o Tribunal Regional Federal da 1ª Região e o Tribunal Regional Federal da 3ª Região; conflito de competência entre o Tribunal de Justiça de São Paulo e o Tribunal de Justiça do Rio de Janeiro; (ii) conflito de competência entre Juízo Federal da Seção Judiciária do Ceará e o Tribunal de Justiça do Ceará; conflito de competência entre Juízo de Direito da Comarca de Fortaleza/CE e o Tribunal de Justiça do Rio Grande do Norte; conflito de competência entre Juízo de Direito da Comarca de São Paulo e o Tribunal Regional Federal da 3ª Região; (iii) conflito de competência entre Juízo Federal da Seção Judiciária de Pernambuco e Juízo de Direito da Comarca do Recife/PE; conflito de competência entre Juízo de Direito da Comarca de Curitiba/PR e Juízo de Direito da Comarca de Florianópolis/SC; conflito de competência entre Juízo Eleitoral e Juízo Federal ou Juízo de Direito.

3.3. Competência dos Tribunais Regionais Federais (art. 108, I, *e*, CF)

Compreende-se na competência originária dos Tribunais Regionais Federais o processo e julgamento dos "conflitos de competência entre juízes federais vinculados ao tribunal", nos termos do art. 108, inciso I, *e*, da Constituição.

Assim, por exemplo: compete ao Tribunal Regional Federal da 5ª Região processar e julgar conflito de competência entre o Juízo Federal da 32ª Vara da Seção Judiciária do Ceará e o Juízo Federal da 11ª Vara da Seção Judiciária do Ceará, ou entre o Juízo Federal da 12ª Vara da Seção Judiciária do Ceará e o Juízo Federal da 4ª Vara da Seção

Judiciária da Paraíba; compete ao Tribunal Regional Federal da 4ª Região processar e julgar o conflito de competência entre o Juízo Federal da 13ª Vara da Seção Judiciária do Paraná e o Juízo Federal da 2ª Vara da Seção Judiciária do Rio Grande do Sul.

3.4. Competência dos Tribunais de Justiça

Aos Tribunais de Justiça dos Estados e do Distrito Federal compete processar e julgar os conflitos de competência entre juízos de direito vinculados ao tribunal.

Assim, por exemplo: compete ao Tribunal de Justiça do Estado do Rio de Janeiro processar e julgar conflito de competência entre Juízos de Direito da Comarca do Rio de Janeiro ou entre Juízo de Direito da Comarca do Rio de Janeiro e Juízo de Direito da Comarca de Petrópolis/RJ; compete ao Tribunal de Justiça do Estado da Bahia processar e julgar conflito de competência entre Juízos de Direito da Comarca de Salvador, ou entre Juízo de Direito da Comarca de Salvador e Juízo de Direito da Comarca de Porto Seguro.

4. PROCEDIMENTO

O conflito de competência poderá ser suscitado mediante *representação*, se por órgão judiciário, ou por *requerimento*, se pela parte interessada, nos termos do art. 116, *caput*, do CPP: "Os juízes e tribunais, sob a forma de representação, e a parte interessada, sob a de requerimento, darão parte escrita e circunstanciada do conflito, perante o tribunal competente, expondo os fundamentos e juntando os documentos comprobatórios".

Tratando-se de conflito negativo, "os juízes e tribunais poderão suscitá-lo nos próprios autos do processo", como dispõe o art. 116, § 1º, do CPP. Assim, caso o último juízo ou tribunal recuse sua competência para a causa após declaração negativa de outro(s) órgão(s) judiciário(s), poderá suscitar o conflito, por representação *nos próprios autos*, que serão então remetidos ao tribunal competente. Isso se justifica em virtude do fato de que a declaração negativa de competência por todos os órgãos judiciários envolvidos impedirá que o processo tenha seguimento, de modo que a apreciação dessa questão prévia poderá realizar-se nos próprios autos principais, sem qualquer prejuízo. Do mesmo modo, poderá a parte interessada, por requerimento, provocar o conflito nos próprios autos principais.

Por outro lado, na hipótese de conflito positivo, o órgão judiciário que está com os autos e que se afirmou competente para a causa poderá dar seguimento ao processo, cabendo ao juízo ou tribunal, ou à parte interessada, suscitar o conflito em autos apartados, de modo a não prejudicar o andamento do feito. De toda sorte, considerando a relevância da fundamentação, poderá o relator do conflito determinar a suspensão do processo principal até que seja solucionada a controvérsia. É o que dispõe o art. 116, § 2º, do CPP: "Distribuído o feito, se o conflito for positivo, o relator poderá determinar imediatamente que se suspenda o andamento do processo".

No conflito negativo, não há necessidade de suspensão do feito, pois a recusa de competência por todos os juízos envolvidos já é fator de paralisação automática da marcha regular do processo. Há que se discutir, porém, a hipótese de pleito de urgência no feito principal. Com efeito, a necessidade de tutela cautelar ficaria sem remédio na hipótese em que todos os juízos se declaram incompetentes para a causa, se não reconhecida a viabilidade da adoção de providência imediata pelo relator do conflito negativo, apesar do silêncio da lei a esse respeito. Por óbvio, não se pode permitir o perigo de perecimento do direito alegado, em função da divergência entre os órgãos judiciários.

Qual a solução? Para arrostar esse problema, deve-se admitir que o relator do conflito, em decisão liminar, designe provisoriamente um dos juízos, para apreciação do pleito de medida cautelar formulado na ação principal. É nesse sentido, aliás, o disposto no art. 166, parte final, do Regimento Interno do STF, que pode ser adotado como referência: "Poderá o Relator, de ofício, ou a requerimento de qualquer das partes, determinar, quando o conflito for positivo, seja sobrestado o processo *e, neste caso, bem assim no de conflito negativo, designar um dos órgãos para resolver, em caráter provisório, as medidas urgentes*".

A mesma solução, como se verifica na primeira parte da norma regimental (art. 166, RISTF), deve ser adotada na esfera do conflito positivo, quando haja ordem de suspensão do processo principal em que se formule pedido de tutela urgente.

No conflito positivo, "expedida ou não a ordem de suspensão, o relator requisitará informações às autoridades em conflito, remetendo-lhes cópia do requerimento ou representação", conforme o dispõe o art. 116, § 3º, do CPP. Tratando-se de conflito suscitado por um órgão judiciário, deverão ser requisitadas informações ao(s) outro juízo(s) ou tribunal(is) que se afirma(m) competente(s) para a mesma causa. Sendo a parte interessada a suscitante, a hipótese é de requisição de informações aos dois ou mais órgãos judiciários que se declaram competentes para a mesma causa.

As informações, em qualquer caso, deverão ser prestadas no prazo assinado pelo relator (art. 116, § 4º, CPP).

No âmbito do conflito negativo de competência, por outro lado, em princípio não há a aplicabilidade da etapa de informações, pois os juízos, ao recusarem competência pela causa, já expõem suas respectivas razões. Entendemos, no entanto, que excepcionalmente poderão ser requisitadas informações aos órgãos judiciários envolvidos, se necessário.

Apresentadas as informações pelo(s) juízo(s) envolvido(s), deverá o relator determinar a intimação do órgão do Ministério Público, para fins de parecer. Segue-se então a fase de julgamento, "salvo se a instrução do feito depender de diligência", nos termos do art. 116, § 5º, do CPP.

Por fim, consoante o disposto no art. 116, § 6º, do CPP, "proferida a decisão, as cópias necessárias serão remetidas, para a sua execução, às autoridades contra as quais tiver sido levantado o conflito ou que o houverem suscitado".

SEÇÃO III
Conflito de Atribuições entre Órgãos do Ministério Público

1. CONCEITO

Diversa do conflito de competência entre órgãos judiciários é a hipótese de conflito de atribuição entre órgãos do Ministério Público.

Como já esclarecido em outros momentos deste Curso, as funções de caráter administrativo inserem-se em órbitas, círculos, plexos ou âmbitos de *atribuições*, e não de competência, esta inerente, por sua vez, ao exercício de poder jurisdicional.

Assim, o conflito entre órgãos da instituição Ministério Público não diz respeito ao conflito de competência, abordado na Seção anterior.

2. HIPÓTESES DE CONFLITO

Quais regras regem a solução dos conflitos entre órgãos do Ministério Público?

Antes de tudo, há que se analisar a hipótese de *conflito dentro da mesma instituição do Ministério Público*. Em seguida, tem-se a hipótese, mais problemática, de *conflito entre órgãos de instituições diferentes do Ministério Público*.

Consideremos os seguintes casos: **(i)** *conflito de atribuições dentro da mesma instituição do Ministério Público*: (a) conflito de atribuições entre dois órgãos do mesmo Ministério Público Estadual; (b) conflito de atribuições entre dois órgãos do Ministério Público Federal; (c) conflito de atribuições entre dois órgãos do Ministério Público Militar; (d) conflito de atribuições entre ramos diferentes do Ministério Público da União; **(ii)** *conflito de atribuições entre órgãos de diversas instituições de Ministério Público*: (a) conflito entre órgão do Ministério Público da União e órgão do Ministério Público Estadual; (b) conflito entre órgão do Ministério Público de um Estado e órgão do Ministério Público de outro Estado.

2.1. Conflito de Atribuições entre Órgãos da mesma Instituição do Ministério Público

Na hipótese (i)(a), o conflito deverá ser resolvido pela chefia do Ministério Público Estadual, vale dizer, pelo Procurador-Geral de Justiça. Isso está claramente fixado no art. 10, X, da Lei nº 8.625/1993[10]. Por exemplo: cabe ao Procurador-Geral de Justiça do Estado do Ceará dirimir conflito de atribuição entre o Promotor de Justiça oficiante

---

10. Art. 10, X, Lei 8.625/1993: "Compete ao Procurador-Geral de Justiça: X – dirimir conflitos de atribuições entre membros do Ministério Público, designando quem deva oficiar no feito".

na 10ª Vara Criminal e o Promotor de Justiça da 1ª Vara Criminal da Comarca de Fortaleza/CE.

No caso (i)(b), de conflito entre órgãos do Ministério Público Federal (ramo do Ministério Público da União), a incumbência para dirimi-lo é da *Câmara de Coordenação e Revisão Criminal do Ministério Público Federal*, como fixa o art. 62, VII, da Lei Complementar nº 75/1993[11]. Assim, compete à Câmara de Coordenação e Revisão resolver o conflito entre, por exemplo: Procurador da República no Estado do Ceará e Procurador da República no Estado de Pernambuco; dois Procuradores da República atuantes no Estado do Ceará; Procurador da República no Estado do Ceará e Procurador Regional da República da 5ª Região. Ainda nessa hipótese, caberá contra a decisão da Câmara recurso para o Procurador-Geral da República, como chefe do Ministério Público Federal, nos termos do art. 49, VIII, da Lei Complementar nº 75/1993.

A mesma lógica aplica-se à hipótese (i)(c), de conflito entre órgãos do Ministério Público Militar (ramo do Ministério Público da União), cuja solução cabe à *Câmara de Coordenação e Revisão Criminal do Ministério Público Militar*, conforme o art. 136, VI, da Lei Complementar nº 75/1993, com recurso para o Procurador-Geral da Justiça Militar, nos termos do art. 124, VI, da mesma lei.

Sobre a hipótese (i)(d), o conflito entre órgãos integrantes de ramos diversos do Ministério Público da União deverá ser resolvido pelo *Procurador-Geral da República*, como Chefe do Ministério Público da União, como fixa o art. 26, VII, da Lei Complementar nº 75/1993. Assim, por exemplo, cabe ao Procurador-Geral da República dirimir o conflito de atribuições entre órgão do Ministério Público Federal e órgão do Ministério Público Militar.

2.2. Conflito de Atribuições entre Órgãos de Diferentes Instituições do Ministério Público

As hipóteses até aqui apresentadas encontram simples solução em normas das leis orgânicas do Ministério Público.

Sobre os casos antes descritos em (ii)(a) e (ii)(b), entretanto, há certa controvérsia, embora com uma posição jurisprudencial dominante.

A hipótese (ii)(a) diz respeito ao conflito entre órgão do Ministério Público de um Estado e órgão do Ministério Público da União: por exemplo, entre Promotor de Justiça do Estado do Ceará e Procurador da República no Estado do Ceará. Já a hipótese (ii)(b) expressa o conflito entre órgão do Ministério Público de um Estado e órgão do Ministério Público de outro Estado: por exemplo, entre Promotor de Justiça do Estado do Ceará e Promotor de Justiça do Estado de São Paulo.

Como dirimir conflitos assim, em que cada órgão do Ministério Público está sujeito a uma chefia distinta? Não poderia prevalecer, a nosso juízo, a chefia do Procurador-Geral da República (Ministério Público da União) sobre a chefia do Ministério

---

11. Art. 62, VII, LC 75/1993:)"Compete às Câmaras de Coordenação e Revisão: VII - decidir os conflitos de atribuições entre os órgãos do Ministério Público Federal".

Público de um Estado; nem a chefia do Ministério Público de um Estado sobre a do outro.

Segundo a corrente dominante, deve ser considerado, então, o ente público federativo a que se vincula cada instituição do Ministério Público.

Assim, na hipótese (ii)(a), tem-se conflito entre a União (Ministério Público da União) e o Estado-Membro da Federação (Ministério Público do Estado). Com essa lógica, a divergência deveria ser resolvida pelo *Supremo Tribunal Federal*, a quem compete dirimir conflito de atribuições entre a União e Estado-Membro da Federação, nos termos do art. 102, I, *f*, primeira parte, da Constituição da República: "Compete ao Supremo Tribunal Federal, precipuamente a guarda da Constituição, cabendo-lhe: I – processar e julgar, originariamente: f) as causas e conflitos entre a União e os Estados, a União e o Distrito Federal, ou entre uns e outros, inclusive as respectivas entidades da administração indireta".

O próprio Supremo Tribunal Federal, até bem pouco tempo atrás, vinha adotando essa lógica, como revela o julgado da ACO 1.109/SP (STF, Tribunal Pleno, Rel. p/ acórdão Min. Luiz Fux, julgamento em 05.10.2011, DJ de 07.03.2012): "1. Conflito negativo de atribuições entre órgãos de atuação do Ministério Público Federal e do Ministério Público Estadual a respeito dos fatos constantes de procedimento administrativo. 2. O art. 102, I, f, da Constituição da República recomenda que o presente conflito de atribuição entre os membros do Ministério Público Federal e do Estado de São Paulo subsuma-se à competência do Supremo Tribunal Federal (...) 6. Conflito de atribuições conhecido, com declaração de atribuição ao órgão de atuação do Ministério Público Federal para averiguar eventual ocorrência de ilícito penal e a atribuição do Ministério Público do Estado de São Paulo para apurar hipótese de improbidade administrativa, sem prejuízo de posterior deslocamento de competência à Justiça Federal, caso haja intervenção da União ou diante do reconhecimento ulterior de lesão ao patrimônio nacional nessa última hipótese". Na mesma direção: STF, Tribunal Pleno, ACO 1.136/RJ, Rel. Min. Ellen Gracie, julgamento em 04.08.2011, DJ de 22.08.2011; STF, Tribunal Pleno, ACO 1.445/MG, Rel. Min. Marco Aurélio, julgamento em 11.05.2011, DJ de 25.05.2011.

Ocorre que, em recente julgamento, *o Plenário Supremo Tribunal Federal modificou sua jurisprudência, para entender que cabe ao Procurador-Geral da República dirimir conflito de atribuições entre órgão do Ministério Público Federal e* órgão do Ministério Público Estadual. Acabou por prevalecer, assim, a chefia do Ministério Público Federal sobre a do Ministério Público Estadual. O caso paradigmático dizia respeito a conflito de atribuições, suscitado perante o Supremo Tribunal Federal, entre órgão do Ministério Público Federal e órgão do Ministério Público do Estado do Paraná. No caso, o STF, por maioria de votos, não conheceu do conflito, determinando a remessa dos autos ao Procurador-Geral da República. Confira-se: STF, Tribunal Pleno, ACO 924/PR, Rel. Min. Luiz Fux, julgamento em 19.05.2016, acórdão ainda não publicado.

A Suprema Corte nada pronunciou de novo, porém, sobre o conflito de atribuições entre órgãos do Ministério Público de diferentes Estados da Federação. Como, no caso, seria mais que inusitado admitir qualquer interferência do Procurador-Geral da

República, há de se manter a posição no sentido da competência do Supremo Tribunal Federal para dirimir o conflito, com base na norma do art. 102, I, *f*, da Constituição Federal. Dessa norma constitucional, portanto, emana a solução para a hipótese (ii) (b), fixando-se competência da Suprema Corte para resolver o conflito entre órgão do Ministério Público de um Estado e órgão do Ministério Público de outro Estado. Esse conflito deve ser pensado entre um Estado-Membro e outro Estado-Membro, incidindo, assim, a hipótese do art. 102, I, *f*, da Constituição Federal (..."*ou entre uns e outros...*").

Assim já decidiu o Supremo Tribunal Federal, na PET 3.631/SP (STF, Tribunal Pleno, Pet 3.631, Rel. Min. CEZAR PELUSO, julgamento em 06.12.2007, DJ de 07.03.2008): "Atribuições do Ministério Público. Conflito negativo entre MP de dois Estados. Caracterização. Magistrados que se limitaram a remeter os autos a outro juízo a requerimento dos representantes do Ministério Público. Inexistência de decisões jurisdicionais. Oposição que se resolve em conflito entre órgãos de Estados diversos. Feito da competência do Supremo Tribunal Federal. Conflito conhecido. Precedentes. Inteligência e aplicação do art. 102, I, 'f', da CF. Compete ao Supremo Tribunal Federal dirimir conflito negativo de atribuição entre representantes do Ministério Público de Estados diversos".

Em sentido contrário a qualquer das posições expostas, EUGÊNIO PACELLI sustenta que haveria, na hipótese, um "conflito virtual de competência" entre os juízos perante os quais oficiam os órgãos do Ministério Público, o que fixaria a competência do Superior Tribunal de Justiça, com fundamento no art. 105, I, *d*, da Constituição[12].

Em que pese a exuberância do raciocínio do ilustre processualista, não nos parece aceitável esse entendimento. O art. 105, I, *d*, estabelece a competência para dirimir conflitos efetivos entre órgãos jurisdicionais, e não conflitos virtuais. Reconhecemos que nem sempre haverá significado *federativo* no conflito entre órgãos integrantes de diversas instituições de Ministério Público, mas assim mesmo a incidência da norma do art. 102, I, *f*, mostra-se mais direta e aceitável que a do art. 105, I, *d*, que se basearia em uma simples presunção. De toda sorte, a hesitação em torno da hipótese continua muito presente, como revela a mudança de orientação do STF manifestada no julgamento da ACO 924/PR, conforme antes referido. De nossa parte, continuamos firme no entendimento de compete ao Supremo Tribunal Federal, e não ao Superior Tribunal de Justiça ou ao Procurador-Geral da República (no caso de conflito entre MPF e MPE), dirimir conflito de atribuições entre órgãos de diferentes instituições do Ministério Público.

Atente-se, por último, que *se já houver acolhimento das manifestações dos órgãos do Ministério Público pelos respectivos juízos*, dá-se *conflito de competência*, a ser resolvido pelo Superior Tribunal de Justiça, nos termos do art. 105, I, *d*, da Constituição Federal. Nessa trilha, refira-se o julgado do Plenário da Suprema Corte no CC 7.104/BA (STF, Tribunal Pleno, CC 7.104, Rel. Min. SEPÚLVEDA PERTENCE, julgamento em 27.06.2002, DJ de 23.08.2002): "Competência: divergência entre membros do Ministério Público de diferentes Estados sobre a competência territorial para a ação penal por determinado fato:

---

12. PACELLI, Eugênio. *Curso de Processo Penal*. São Paulo: Atlas, 2013.

acolhidos os pronunciamentos do MP pelos respectivos juízes, há conflito de competência entre os últimos, cujo deslinde incumbe ao Superior Tribunal de Justiça e não, conflito entre Estados federados ou conflito de atribuição entre membros do Ministério Público, a ser decidido pelo Supremo Tribunal". Com a mesma orientação: STF, Tribunal Pleno, PET 623/RS (QO), Rel. Min. MAURÍCIO CORRÊA, julgamento em 11.12.1995, DJ de 27.09.1996.

SEÇÃO IV
Restituição de Coisas Apreendidas

1. SENTIDO E ALCANCE

No Capítulo V do Título VI do Livro I, entre os artigos 118 e 124, o Código de Processo Penal disciplina o procedimento de *restituição das coisas apreendidas*.

Como regra, as coisas objeto de apreensão não serão restituídas enquanto interessarem ao processo (art. 118, CPP).

A necessidade do bem apreendido identifica-se nas seguintes vertentes: (i) necessidade *probatória*, no sentido de que o bem encerra funcionalidade de demonstração ou de refutação de fatos relevantes; (ii) necessidade *repressiva*, expressando a finalidade de destruição do instrumento ou do objeto direto do crime; (iii) necessidade *assecuratória*, no sentido de que o bem serve à recomposição do dano causado pelo crime e/ou à eliminação do proveito ilícito obtido pelo agente.

Na hipótese (i), têm-se os bens objeto de busca e apreensão, enquanto medida cautelar probatória. Assim, apreendidos bens em diligência dessa natureza, a respectiva liberação só poderá ocorrer quando os objetos não interessem à prova, quer porque jamais interessaram, quer porque deixaram de interessar.

Quanto à hipótese (ii), o instrumento e o produto direto do crime não poderão ser restituídos, por sujeitarem-se à consequência de *perda* em favor da União. Como dispõe o art. 119 do CPP: "As coisas a que se referem os arts. 74 a 100 [atual art. 91, II] do Código Penal não poderão ser restituídas, mesmo depois de transitar em julgado a sentença final, salvo se pertencerem ao lesado ou a terceiro de boa-fé". Efetivamente, a perda dos instrumentos e produtos do crime, em favor da União, constitui efeito do juízo condenatório, nos termos do art. 91, II, *a* e *b*, do Código Penal: "São efeitos da condenação: II – a perda em favor da União, ressalvado o direito do lesado ou de terceiro de boa-fé: a) dos instrumentos do crime, desde que consistam em coisas cujo fabrico, alienação, uso, porte ou detenção constitua fato ilícito; b) do produto do crime ou de qualquer bem ou valor que constitua proveito auferido com a prática do fato criminoso".

Nessas condições, não haverá restituição, como, a propósito, deixa expresso o art. 124 do CPP, dispondo sobre o destino desses bens: "Os instrumentos do crime, cuja perda em favor da União for decretada, e as coisas confiscadas, de acordo com o disposto no art. 100 [atual art. 91, II] do Código Penal, serão inutilizados ou recolhidos a museu criminal, se houver interesse na sua conservação". Assim também o art. 122 do CPP: "Sem prejuízo do disposto nos arts. 120 e 133, decorrido o prazo de 90 (noventa) dias, após transitar em julgado a sentença condenatória, o juiz decretará, se for o caso, a

Cap. X • INCIDENTES PROCESSUAIS

469

perda, em favor da União, das coisas apreendidas (art. 74, II, *a* e *b*, do Código Penal) e ordenará que sejam vendidas em leilão público. Parágrafo único. Do dinheiro apurado será recolhido ao Tesouro Nacional o que não couber ao lesado ou a terceiro de boa fé".

Por fim, na hipótese (iii), têm-se os bens que foram objeto de sequestro ou de arresto cautelar. Trata-se não do instrumento ou do produto direto do crime, mas de bens adquiridos com o proveito da infração (caso do sequestro), ou de outros bens componentes do patrimônio do imputado (caso do arresto).

A respectiva liberação, portanto, sujeita-se ao parâmetros fixados nos artigos 131 e 133 (sequestro) ou do art. 141 (arresto) do CPP, como abordado no Capítulo XI deste Curso, não se aplicando, portanto, o procedimento próprio da restituição de coisas apreendidas, objeto dos artigos 118 a 124. Isso está expresso, aliás, no art. 121 do CPP, quanto ao sequestro: "No caso de apreensão de coisa adquirida com os proventos da infração, aplica-se o disposto no art. 133 e seu parágrafo". Nesses casos, o levantamento da medida assecuratória antes da sentença reclama, em geral, o oferecimento de garantia alternativa. Para mais detalhes sobre as medidas assecuratórias, consulte-se o Capítulo XI deste Curso.

Síntese da análise acima desenvolvida conduz-nos a concluir que o *incidente de restituição de coisas apreendidas* recai sobre bens objeto da medida cautelar probatória de busca e apreensão. O parâmetro que essencialmente deverá orientar a apreciação da autoridade quanto à pertinência da devolução, assim, é o *interesse do bem para a prova do processo*, postos à parte o próprio instrumento e o produto direto do crime, para os quais o interesse probatório é invariável e evidente, além da aplicabilidade futura, quanto a eles, da pena de perdimento, em caso de condenação.

2. APLICABILIDADE E PROCEDIMENTO DO INCIDENTE DE RESTITUIÇÃO

O art. 120 do CPP confere atribuição ao delegado de polícia e competência ao órgão judiciário para ordenar a restituição. Confira-se, no *caput*: "A restituição, quando cabível, poderá ser ordenada pela autoridade policial ou juiz, mediante termo nos autos, desde que não exista dúvida quanto ao direito do reclamante".

Como abordado no Capítulo V deste Curso, incumbe ao delegado de polícia buscar e apreender os objetos necessários à prova da existência e da autoria de infrações penais (art. 6º, II, CPP). Quando localizados em domicílio, a execução dessa diligência depende de autorização judicial.

No contexto da investigação objeto do inquérito policial, é intuitivo que deva a autoridade policial avaliar a necessidade de persistência da apreensão, justificando-se por isso a atribuição que lhe confere o art. 120, *caput*, do CPP. Por outro lado, desde que durante o inquérito, mostra-se relevante que o órgão judiciário, antes de resolver sobre o pleito de restituição a ele dirigido, ouça o delegado de polícia a esse respeito. Caso, porém, o incidente seja suscitado já com a ação penal em curso, a decisão do órgão judicial deverá ser precedida apenas de manifestação do Ministério Público (art. 120, § 3º, CPP), a quem cabe opinar sobre a necessidade do objeto para a prova do processo.

Como requisito, o art. 120, *caput*, do CPP exige que o *direito do reclamante seja induvidoso*. Para começar, quem pode ser o reclamante? O titular da propriedade do bem: o imputado ou terceiro atingido pela apreensão. Reclama-se, nesse cenário, que o suscitante demonstre seu direito sobre o bem apreendido.

Não se é de exigir sempre, porém, prova formal e específica do domínio, quando as circunstâncias demonstrem de forma inequívoca a propriedade. Não é razoável condicionar invariavelmente a restituição a uma prova de propriedade por meio de nota fiscal, por exemplo.

Caso, porém, o direito seja mesmo duvidoso, será instaurado o *incidente*, autuado em apartado, "assinalando-se o prazo de 5 (cinco) dias para a prova", nos termos do art. 120, § 1º, do CPP, que também prescreve que a decisão sobre o incidente é de exclusiva incumbência do órgão judiciário. Assim, no caso de certeza quanto ao direito do reclamante, o juiz deverá deferir de plano a restituição, de modo que a instauração do incidente só cabe se houver dúvida.

Na hipótese de bem apreendido em poder de terceiro de boa fé, aplica-se o disposto no art. 120, § 2º, do CPP: "O incidente autuar-se-á em apartado e só a autoridade judiciária o resolverá, se as coisas forem apreendidas em poder de terceiro de boa fé, que será intimado para alegar e provar o seu direito, em prazo igual e sucessivo ao do reclamante, tendo um e outro 2 (dois) dias para arrazoar".

Esse dispositivo é próprio para o caso de dúvida sobre a propriedade da coisa, se do reclamante ou do terceiro com quem foram apreendidos os bens. O só fato de ter sido o bem apreendido com o terceiro gera a necessidade do incidente e da intimação dessa pessoa para se manifestar, para fins de apuração da real titularidade do objeto. Mesmo que a apreensão não se tenha realizado assim, porém, igual procedimento deverá ser aplicado caso chegue ao conhecimento do juiz que o bem pode pertencer a terceiro de boa-fé.

A norma em foco aplica-se, portanto, à hipótese em que o suscitante (o imputado) reclama a restituição de bem que fora apreendido em poder de, ou que de outro modo possa interessar a terceiro de boa-fé.

Nada impede, porém, que o próprio terceiro suscite o incidente. Nesse caso, o procedimento se inverte, devendo o imputado ser intimado para se manifestar, na forma do art. 120, § 2º, do CPP.

Com essa lógica, Espínola Filho bem pontuava, em sua clássica obra: "Se for o terceiro de boa-fé, que pleitear a entrega, a situação se inverte, correndo o prazo para o lesado, depois de terminada a fase probatória concedida àquele. Está-se a ver, mesmo não tendo havido apreensão em poder de terceiro de boa-fé, mas, chegando ao conhecimento do juiz ou do ministério público, que falará obrigatoriamente (...), existir interesse de terceiro de boa-fé, será este chamado a, nos cinco dias sucessivos aos concedidos ao requerente, dizer sobre o seu direito e dar a prova, que tiver (...) Terminada a dilação probatória, se houver, além do requerente, terceiro de boa fé interessado na entrega, ou se for o acusado, terão eles, sucessivamente, na mesma ordem em que lhes foi assinado o prazo da prova, dois dias para oferecerem as suas razões finais"[13].

---

13. Espínola Filho, Eduardo. *Código de Processo Penal Brasileiro Anotado*. Rio de Janeiro: Editora Rio, 1980, v. I, pp. 367-368.

Persistindo essa dúvida, incide a norma do art. 120, § 4º, do CPP: "Em caso de dúvida sobre quem seja o verdadeiro dono, o juiz remeterá as partes para o juízo cível, ordenando o depósito das coisas em mãos de depositário ou do próprio terceiro que as detinha, se for pessoa idônea".

A norma aplica-se em caso de necessidade de dilação probatória que supere as potencialidades de um procedimento incidental. Trata-se dos "casos de alta indagação", segundo a expressão de Espínola Filho[14], em que o incidente exauriu suas possibilidades, sem que se chegasse a uma certeza quanto à propriedade da coisa apreendida.

Se os objetos apreendidos forem coisas facilmente deterioráveis, aplica-se o disposto no art. 120, § 5º, do CPP, com a imediata avaliação e venda em leilão, em procedimento semelhante ao da alienação antecipada de bens sequestrados ou arrestados (art. 144-A, CPP, examinado no Capítulo XI): "Tratando-se de coisas facilmente deterioráveis, serão avaliadas e levadas a leilão público, depositando-se o dinheiro apurado, ou entregues ao terceiro que as detinha, se este for pessoa idônea e assinar termo de responsabilidade".

Por fim, quanto à destinação dos bens apreendidos: (i) deverão ser restituídos a pedido ou, no caso de dúvida, em sede incidental, quando cumpridos os requisitos normativos aplicáveis, designadamente a falta de interesse para a prova e a demonstração da propriedade pelo suscitante; (ii) deverão ser restituídos com a superveniência de sentença penal, condenatória ou absolutória, ressalvados os objetos cuja perda se decrete em favor da União; (iii) na hipótese (ii), os bens deverão ser avaliados e leiloados se não forem reclamados no prazo de 90 (noventa) dias a partir do trânsito em julgado da sentença, ou se não pertencerem ao acusado, "depositando-se o saldo à disposição do juízo de ausentes" (art. 123, CPP).

Incidindo a restituição em foco sobre bens objeto de busca e apreensão, medida cautelar probatória, aplica-se ela mesmo na hipótese de superveniência de sentença condenatória, ressalvando-se apenas os próprios instrumentos e produtos diretos do crime, sujeitos à perda em favor da União (art. 91, II, CP). Já o mesmo não ocorre quanto aos bens objeto de sequestro e de arresto, que deverão cumprir sua inerente finalidade reparatória em caso de sentença de condenação.

SEÇÃO V
Incidente de Falsidade

O *incidente de falsidade* destina-se à apuração da autenticidade e da veracidade de documento presente nos autos processuais, quando haja controvérsia a esse respeito. A falsidade objeto do incidente, por seu turno, pode ser a material ou a ideológica.

---

14. Espínola Filho, Eduardo. *Código de Processo Penal Brasileiro Anotado*. Rio de Janeiro: Editora Rio, 1980, v. I, p. 369.

Na hipótese de documento público, observa WALTER ACOSTA: "Todo documento, quando expedido por órgão público, contém a presunção legal de autenticidade, até prova em contrário; e, tendo emanado de particular, produzirá efeitos, desde que não venha a ser contestado. O *incidente de falsidade* é a medida processual destinada a impugnar o documento viciado, fazendo prova capaz de retirar dita autenticidade". O procedimento incidental aplica-se também, contudo, ao documento particular cuja autenticidade se conteste[15].

Trata-se de instrumento de notória relevância para o efeito tanto de consolidar a autenticidade da prova documental quanto de excluir o documento inautêntico, de modo que não interfira no convencimento judicial. Ademais, identifica-se no instituto também o interesse de apuração da prática de crime contra a fé pública, de falsidade documental.

Nos termos do art. 145 do CPP: "Arguida, por escrito, a falsidade do documento constante dos autos, o juiz observará o seguinte processo: I – mandará autuar em apartado a impugnação e em seguida ouvirá a parte contrária, que, no prazo de 48 (quarenta e oito) horas, oferecerá resposta; II – assinará o prazo de 3 (três) dias, sucessivamente, a cada uma das partes, para prova de suas alegações; IV – se reconhecida a falsidade por decisão irrecorrível, mandará desentranhar o documento e remetê-lo, com os autos do processo incidente, ao Ministério Público".

A iniciativa para o incidente pode ser de qualquer das partes ou do assistente (na ação penal de iniciativa pública), assim como do próprio juiz, de ofício (art. 147, CPP). O interesse público na autenticidade e veracidade de documentos, sobretudo quando inseridos em processo judicial, reclama que não se oponha qualquer restrição à iniciativa.

Quando formulada a arguição de falsidade por intermédio de procurador, da parte ou do assistente, exige-se instrumento de mandato com poderes especiais para tal finalidade, conforme o art. 146 do CPP. Essa providência é destinada a permitir a responsabilização pessoal do arguente, em caso de má-fé ou de temeridade associadas à provocação, ao se imputar crime de *falsum* ao subscritor do documento. Com efeito, fosse o incidente suscitado por advogado com poderes gerais, não se poderia imputar comunicação falsa de crime ou denunciação caluniosa, nem se impor reparação de danos ao postulante, que pode não ter anuído com a arguição. Por outro lado, à vista da imunidade profissional, o advogado não responde pela improcedência do incidente.

De toda sorte, não se pense que o só fato de o incidente ser rechaçado já rende ensejo à responsabilidade do postulante. Isso representaria desestímulo à arguição de falsidade, o que não se pode aceitar. Apenas a clareza e inequivocidade da má-fé do postulante poderá permitir responsabilização penal. Por outro lado, se evidente imprudência na arguição, subsistirá a possibilidade de responsabilização do suscitante incauto.

O incidente deverá ser autuado em apartado, intimando-se a parte contrária para resposta, no prazo de 48 (quarenta e oito) horas (art. 145, I, CPP).

---

15. ACOSTA, Walter P. *O Processo Penal*. Rio de Janeiro: Editora do Autor, 1991, p. 216.

O ônus da prova caberá ao suscitante do incidente, a quem incumbe demonstrar a falsidade material ou ideológica do documento. Oportuniza-se à parte adversa, em todo caso, o exercício de contraprova (art. 145, II, CPP).

Independentemente da atividade probatória das partes, poderá o juiz, de ofício, ordenar as diligências que lhe parecerem necessárias e adequadas (art. 145, III, CPP), o que decorre, de maneira geral, da iniciativa instrutória do órgão judiciário para determinar providências destinadas ao esclarecimento de dúvida sobre ponto relevante (art. 156, II, CPP).

Na hipótese de procedência do incidente, o reconhecimento da falsidade do documento acarreta sua exclusão e desentranhamento dos autos, com remessa ao Ministério Público, para a adoção das medidas aplicáveis (art. 145, IV, CPP). Essa decisão, entretanto, faz coisa julgada limitada ao reconhecimento da ilegalidade da prova, mas não quanto ao mérito da responsabilidade penal ou civil, podendo haver, nesse último ponto, conclusão diversa nas esferas próprias. É o que se depreende da norma do art. 148 do CPP: "Qualquer que seja a decisão, não fará coisa julgada em prejuízo de ulterior processo penal ou civil".

O desentranhamento é a medida adequada à ilicitude da prova (art. 157, *caput*, CPP). Na espécie em foco, tem-se efetivamente ilicitude, e não simples nulidade, pois a falsidade é conduta material, ocorrida fora do processo e ofensiva a bem jurídico substancial (fé pública), a configurar inclusive crime.

A decisão que julgar o incidente, pela procedência ou pela improcedência, desafia recurso em sentido estrito, nos termos do art. 581, inciso XVIII, do CPP.

SEÇÃO VI
Incidente de Insanidade Mental

1. SENTIDO E FINALIDADES

O *incidente de insanidade mental* constitui procedimento destinado à verificação *pericial*, de caráter *médico-legal*, das condições e faculdades mentais do imputado, de modo a aferir-lhe a capacidade (no momento da conduta e na atualidade) de compreensão do caráter ilícito do fato objeto da ação penal e do significado da pena que possa advir ao final do processo.

Nos termos do art. 149, *caput*, do CPP: "Quando houver dúvida sobre a integridade mental do acusado, o juiz ordenará, de ofício ou a requerimento do Ministério Público, do defensor, do curador, do ascendente, descendente, irmão ou cônjuge do acusado, seja este submetido a exame médico-legal".

A sanidade mental do imputado encerra decisiva relevância: (i) quer para o aperfeiçoamento ou dimensionamento da própria responsabilidade, no momento da prática da conduta constitutiva de injusto penal; (ii) quer para a possibilidade *atual* de imposição da pena, no momento do processo penal.

2. DOENÇA MENTAL AO TEMPO DA CONDUTA IMPUTADA: INIMPUTABILIDADE OU SEMI-IMPUTABILIDADE

2.1. Inimputabilidade por Doença Mental (art. 26, caput, CP)

Se a hipótese é a de que, *no instante da conduta*, o imputado padecia de doença mental que lhe retirasse inteiramente a capacidade de compreensão ou de determinação, incide a causa de *inimputabilidade* objeto do art. 26, *caput*, do Código Penal: "É isento de pena o agente que, por doença mental ou desenvolvimento incompleto ou retardado, era, ao tempo da ação ou omissão, inteiramente incapaz de entender o caráter ilícito do fato ou de determinar-se de acordo com esse entendimento".

Na espécie, falta pressuposto da própria responsabilidade penal. De toda sorte, aplica-se, como *consequência jurídica do crime*, a *medida de segurança de internação* (art. 96, *caput*, I, CP), ou a de *tratamento ambulatorial* (art. 96, *caput*, II, CP), conforme o art. 97, *caput*, do Código Penal: "Se o agente for inimputável, o juiz determinará sua internação (art. 26). Se, todavia, o fato previsto como crime for punível com detenção, poderá o juiz submetê-lo a tratamento ambulatorial".

Nesse cenário, o processo penal suspende-se apenas até que seja realizado o exame pericial, nos termos do art. 149, § 2º, do CPP: "O juiz nomeará curador ao acusado, quando determinar o exame, ficando suspenso o processo, se já iniciada a ação penal, salvo quanto às diligências que possam ser prejudicadas pelo adiamento".

Uma vez realizada a perícia, e por ela constatada a insanidade mental do acusado *ao tempo do fato*, a ponto de lhe subtrair a inteira capacidade de compreensão ou de determinação, o processo deverá retomar seu curso normal, diante da aplicabilidade de medida de segurança (internação ou tratamento ambulatorial), como consequência jurídica do crime imputado. Assim, nos termos do art. 151 do CPP: "Se os peritos concluírem que o acusado era, ao tempo da infração, irresponsável nos termos do art. 22 [atual art. 26] do Código Penal, o processo prosseguirá, com a presença do curador".

Ao final do processo, concluindo-se pela materialidade, autoria e ilicitude do fato penalmente típico, e diante da constatação pericial da atualidade da doença do acusado, deverá o juiz proferir sentença de absolvição imprópria, nos moldes do art. 386, parágrafo único, III, do CPP: "Na sentença absolutória, o juiz: III – aplicará medida de segurança, se cabível".

Com efeito, a inimputabilidade impede a condenação a uma pena, mas impõe, associada à absolvição, a incidência da medida de segurança adequada à insanidade mental do agente ao tempo da conduta típica e ilícita.

2.2. Semi-Imputabilidade por Perturbação Mental (art. 26, parágrafo único, CP)

O exame de insanidade mental pode levar à constatação de doença mental que tenha não reduzido, mas apenas diminuído, a capacidade de entendimento ou de determinação do imputado no momento da conduta típica.

Nessa hipótese, incide a norma do art. 26, parágrafo único, do Código Penal: "A pena pode ser reduzida de 1 (um) a 2/3 (dois terços), se o agente, em virtude de perturbação de saúde mental ou por desenvolvimento mental incompleto ou retardado não era inteiramente capaz de entender o caráter ilícito do fato ou de determinar-se de acordo com esse entendimento".

Sendo esse o caso, tampouco se aplica a suspensão do processo, diante da possibilidade de superveniência de juízo condenatório, mesmo incidente a causa de semi-imputabilidade. Na espécie, com efeito, a responsabilidade penal está presente, inexistindo motivo para sobrestar o processo penal que possa conduzir a uma sentença condenatória, ainda que com diminuição de pena.

3. SUPERVENIÊNCIA DE DOENÇA MENTAL

Pode ocorrer de o sujeito, mentalmente são ao tempo do fato que lhe é imputado, vir a adquirir doença em momento posterior. Tem-se, assim, hipótese de superveniência de doença mental.

Na espécie, não há causa de inimputabilidade, sendo a responsabilidade penal, em tese, possível, pois ao tempo da conduta o imputado tinha a capacidade de entender o caráter ilícito do comportamento e de determinar-se de acordo com esse entendimento. Resta saber, no curso do devido processo legal, se a hipótese acusatória é ou não procedente.

A superveniente insanidade mental, entretanto, implica que o acusado, se condenado, não terá condições de compreender o significado da pena, prejudicando-se, assim, o aspecto de prevenção especial, de ressocialização, próprio da sanção penal. Com efeito, o aspecto pedagógico não terá nenhuma efetividade se o imputado não puder compreender o sentido da pena.

Não fosse isso, no plano do próprio processo penal, *não poderá haver exercício efetivo de defesa pelo acusado mentalmente incapaz.*

Por essas razões, o processo penal deverá ficar suspenso, até que o acusado se restabeleça, nos termos do art. 152, *caput*, do CPP: "Se se verificar que a doença mental sobreveio à infração o processo continuará suspenso até que o acusado se restabeleça, observado o § 2º do art. 149 [a ressalva diz respeito 'às diligências que possam ser prejudicadas pelo adiamento']".

Cuida-se de algo diverso da situação de inimputabilidade, em que o processo não fica suspenso, eis que a única consequência passível de advir, uma vez constatada a insanidade já no momento da conduta, é a imposição de medida de segurança, adequada justamente ao tratamento da doença mental.

Se, por outro lado, a doença é algo que surgiu apenas depois, poderá advir para o acusado um juízo condenatório, a implicar a imposição de uma pena, cuja compreensão só se exige de uma pessoa com faculdades mentais sadias. Nesse cenário, tem-se a potencialidade de superveniência de juízo condenatório após um processo penal em que o acusado não pôde se defender por não estar em condições mentais para tanto, aplicando-se pena, ademais, que tampouco poderia ser compreendida pelo sujeito. Enquanto o indivíduo não se restabeleça: o processo não poderá seguir sem notório prejuízo à ampla defesa; a pena não poderá ser aplicada, mesmo se fosse reconhecida a responsabilidade penal. Por isso é que se impõe a continuidade da suspensão do processo, até a mudança do quadro mental.

Durante o período da suspensão, prevê o art. 152, § 1º, do CPP, a possibilidade de internação provisória do acusado, nestes termos: "O juiz poderá, nesse caso, ordenar a internação do acusado em manicômio judiciário ou em outro estabelecimento adequado".

Essa norma deve ser lida à luz da ordem constitucional vigente. Antes de tudo, a hipótese de suspensão processual versada é a de superveniência de doença mental do acusado (art. 152, *caput*, CPP), e não a de prática do próprio crime em estado de insanidade (art. 151, CPP).

Ora, se é assim, não haverá a possibilidade de imposição de medida de segurança, de internação ou tratamento ambulatorial, ao final do processo. Ao acusado, uma vez mentalmente restabelecido, só poderá sobrevir condenação (a uma pena) ou absolvição. Como então admitir uma medida de internação *provisória* se a própria internação definitiva é inaplicável? Não se cogita, assim, de "antecipação", a título cautelar, pois não há a aplicabilidade de uma medida definitiva correspondente.

Por outro lado, na hipótese de perícia que constate a inimputabilidade do acusado *ao tempo do fato*, conforme o art. 151 do CPP, poderá haver, em caso de necessidade específica, a decretação, em ato judicial motivado, da medida cautelar pessoal de internação provisória, prevista no art. 319, inciso VII, do CPP: "internação provisória do acusado nas hipóteses de crimes praticados com violência ou grave ameaça, quando os peritos concluírem ser inimputável ou semi-imputável (art. 26 do Código Penal) e houver risco de reiteração". Nesse âmbito, a providência é aplicável a título cautelar, pois correspondente a uma medida de segurança definitiva, imponível ao final do processo e consistente na internação ou no tratamento ambulatorial.

Como regra, portanto, seria inadmissível conceber o mesmo para a hipótese de superveniência de doença mental, pois esse fato sequer poderá render ensejo a consequências penalmente relevantes, do ponto de vista do aperfeiçoamento da responsabilidade. Com efeito, o processo penal só fica suspenso, nesse caso, porque o acusado, padecendo de insanidade, não poderá exercer sua defesa nem entender o significado da pena que lhe sobrevenha. Apenas por isso.

Entretanto, poderá existir a necessidade concreta de decretação de prisão preventiva. Em tal caso extremo, não é aceitável a imposição de medida dessa natureza a uma pessoa em estado de insanidade mental pericialmente constatado. Assim, revela-se adequada a imposição da medida de internação objeto do art. 152, § 1º, desde que presentes os parâmetros normativos fixados no art. 319, VII, do CPP: pressuposto do crime praticado com violência ou grave ameaça; risco de reiteração.

A Sexta Turma do Superior Tribunal de Justiça já admitiu, no julgado do HC 72.800/RJ[16], a viabilidade da internação mesmo na hipótese de superveniência de doença mental, quando o acusado era imputável ao tempo do fato. Estamos de acordo com essa orientação, firmada em 2008, *mas desde que a internação ocorra com observância das condições expressas no art. 319, VII, do CPP, segundo o regime introduzido pela Lei nº 12.403/2011.*

Ocorrendo o restabelecimento mental do acusado, aplica-se o disposto no art. 152, § 2º, do CPP: "O processo retomará o seu curso, desde que se restabeleça o acusado, ficando-lhe assegurada a faculdade de reinquirir as testemunhas que houverem prestado depoimento sem a sua presença".

4. OPORTUNIDADE, INICIATIVA E PROCEDIMENTO

O incidente de insanidade mental poderá ser instaurado pelo juiz, de ofício ou por provocação do Ministério Público, ou do defensor, do curador, do ascendente, descendente ou irmão do acusado (art. 149, *caput*, CPP). Com esses limites de iniciativa, a oportunidade do incidente dá-se durante o processo penal, até porque de incidente *processual* se trata.

Apesar disso, o *exame pericial* poderá ser realizado já na fase pré-processual, a partir de representação do delegado de polícia (art. 149, § 1º, CPP). A nosso juízo, a iniciativa para postular o exame na fase pré-processual estende-se ao Ministério Público e ao defensor, assim como a qualquer das pessoas discriminadas no *caput* do art. 149 do CPP (curador, do ascendente, descendente ou irmão do acusado), mas não pode ainda ser determinada por iniciativa do próprio magistrado, a quem se veda qualquer ativismo nesse momento.

O exame poderá ainda ser realizado na fase de execução penal, como prevê o art. 154 do CPP. Nesse caso, aplica-se o art. 183 da Lei nº 7.210/1984 (Lei de Execução Penal): "Quando, no curso da execução da pena privativa de liberdade, sobrevier doença mental ou perturbação da saúde mental, o Juiz, de ofício, a requerimento do Ministério Público, da Defensoria Pública ou da autoridade administrativa, poderá determinar a substituição da pena por medida de segurança".

Poderá o acusado recusar submissão ao exame? Entendemos que não. Naturalmente, poderá a defesa impugnar o ato de determinação do exame médico, sob o argumento de que não há dúvida razoável a justificá-lo (art. 149, *caput*, CPP). Isso pode

---

16. STJ, 6ª Turma, HC 72.800, Rel. Min. Og Fernandes, julgamento em 16.10.2008, DJ de 03.11.2008: "PENAL E PROCESSUAL PENAL. HABEAS CORPUS. CRIME DE EXTORSÃO QUALIFICADA PELO CONCURSO DE PESSOAS E EMPREGO DE ARMA DE FOGO. PRISÃO PREVENTIVA. SUPERVENIÊNCIA DE DOENÇA MENTAL. INTERNAÇÃO. SUSPENSÃO DO PROCESSO ATÉ A RECUPERAÇÃO DO PACIENTE. AGENTE IMPUTÁVEL À ÉPOCA DA INFRAÇÃO. INEXISTÊNCIA DE CONSTRANGIMENTO ILEGAL (...) 1. Se a doença mental que acomete o paciente sobreveio à infração a ele imputada, o processo continuará suspenso até o restabelecimento de sua saúde psíquica, nos termos do § 2º do artigo 152 do CPP. 2. Estando o incidente de insanidade mental em regular andamento, não se configura constrangimento ilegal a ser sanado pela via do habeas corpus". Também admitindo a hipótese, cfr. STJ, 5ª Turma, HC 120.554/SP, Rel. Min. Laurita Vaz, julgamento em 14.05.2009, DJ de 08.06.2009.

se dar por meio de *habeas corpus*, fundado na falta de justa causa (art. 648, I, CPP). Uma vez consolidada a pertinência da realização do exame, porém, não há escusa legítima para o acusado.

Não se é de invocar, no caso, a garantia contra a autoincriminação, sobretudo porque o exame de insanidade não tem aptidão para incriminar o imputado. Trata-se apenas de verificar se, ao tempo da conduta, o acusado estava amparado por causa de *inimputabilidade*, ou se padece de doença mental supervenientemente adquirida. Por mais que essa causa possa conduzir a uma medida extrapenal privativa de liberdade, não se trata de *incriminação* da pessoa.

Suscitado o incidente, deverá ser autuado em apartado, apensando-se esse auto ao processo principal apenas depois da apresentação do laudo pericial (art. 153, CPP).

A execução do exame, por seu turno, opera-se na forma do art. 150 do CPP: "Para o efeito do exame, o acusado, se estiver preso, será internado em manicômio judiciário, onde houver, ou, se estiver solto, e o requererem os peritos, em estabelecimento adequado que o juiz designar. § 1º. O exame não durará mais de 45 (quarenta e cinco) dias, salvo se os peritos demonstrarem a necessidade de maior prazo. § 2º. Se não houver prejuízo para a marcha do processo, o juiz poderá autorizar sejam os autos entregues aos peritos, para facilitar o exame".

Durante a realização do exame, em qualquer caso, o processo estará suspenso (art. 149, § 1º, CPP).

Sobre o resultado do exame, já se tratou das hipóteses dos artigos 151 e 152 do CPP: (i) se a doença mental já existia ao tempo do fato, a ponto de anular ou reduzir a capacidade de entendimento ou de determinação do agente, o processo não ficará suspenso, devendo retomar seu curso até a sentença, que poderá ser absolutória imprópria (com medida de segurança, nos termos do art. 386, parágrafo único, III, CPP), no caso de inimputabilidade, ou condenatória com pena diminuída (art. 26, parágrafo único, CP), no de semi-imputabilidade; (ii) se a doença mental não existia ao tempo do fato, tendo surgido apenas depois, subsistindo na atualidade (superveniência de doença mental), o processo continuará suspenso, até que o acusado se restabeleça (art. 152, *caput*, CPP).

Na hipótese (ii), em caso de pluralidade de acusados, o processo deve ser desmembrado, para continuação quanto àqueles não alcançados pelo exame de insanidade (art. 79, § 2º, CPP).

Ainda sobre o ponto (ii), mesmo com a suspensão, poderá desde logo ser determinada a antecipação de provas consideradas urgentes e relevantes. Uma vez restabelecido o acusado, porém, assegura-se-lhe o direito de "reinquirir as testemunhas que houverem prestado depoimento sem a sua presença" (art. 152, § 2º, CPP).

CAPÍTULO XI

Medidas Assecuratórias de Ativos

Distinguem-se, no sistema processual penal, diversos tipos de medidas cautelares, segundo a finalidade: (i) *medidas cautelares pessoais*, de caráter privativo (prisão provisória) ou restritivo (medidas cautelares típicas do art. 319 do CPP) à liberdade de locomoção, em qualquer caso vinculadas aos objetivos de garantia da ordem pública, da investigação criminal, da instrução processual e/ou da aplicação da lei penal; (ii) *medidas cautelares probatórias*, de caráter restritivo a determinados direitos individuais (como a inviolabilidade domiciliar, a intimidade, o sigilo de dados, dentre outros), vinculadas ao objetivo de coleta de elementos informativos sobre a prática de infrações penais e a respectiva autoria; (iii) *medidas cautelares assecuratórias*, de caráter restritivo ao patrimônio, vinculadas ao objetivo de assegurar, para o caso de condenação definitiva, bens móveis e/ou imóveis suficientes à recomposição do dano causado pelo crime, ao pagamento de penas pecuniárias e/ou à dissolução do proveito patrimonial obtido com a prática do crime.

Essas medidas têm em comum os seguintes aspectos: (a) *caráter restritivo a direito individual*, razão suficiente para que sua efetivação dependa de autorização do órgão judiciário competente; (b) *natureza cautelar*, justificando-se pela existência concreta do pressuposto do *fumus comissi delicti*, traduzido em subsídios probatórios mínimos (justa causa) quanto à prática de infração penal por determinada(s) pessoa(s) (materialidade e indícios de autoria ou participação), e ainda essencialmente no da *necessidade*, compreendido como a imprescindibilidade de decretação urgente da medida para fins de resguardo da finalidade a ela associada.

Os tipos de medidas cautelares em referência integram o que se pode designar por *processo penal cautelar*, o que supõe que qualquer delas emane de um órgão jurisdicional penal, justificando-se concretamente em função da prática de um crime, ainda que possa estar vinculada apenas ao objetivo de reparação patrimonial ao ofendido.

As medidas cautelares objeto de disciplina no Capítulo VI ("Das Medidas Assecuratórias") do Título VI ("Das Questões e Processos Incidentes"), entre os artigos 125 e 144 do Código de Processo Penal, correspondem à terceira categoria acima explicitada.

As finalidades associáveis a essas providências, portanto, são as de: (a) *assegurar bens suficientes à reparação, ao ofendido, do dano causado pelo crime*; (b) *assegurar bens suficientes para garantir, em favor do Estado, a satisfação de pena pecuniária*; (c) *assegurar bens suficientes para desconstituir o proveito econômico obtido com a prática do crime (apossamento pelo Estado, cautelar e depois – se for o caso – definitivo, do produto ilícito auferido pelo agente com a prática criminosa).*

Em virtude de seu caráter eminentemente patrimonial, essas medidas assecuratórias designam-se também por *medidas cautelares reais*.

SEÇÃO I
Sequestro

1. CONCEITO E FINALIDADES

O *sequestro*, disciplinado nos artigos 125 e 132 do Código de Processo Penal, é a medida assecuratória de *bens imóveis e móveis adquiridos com os proventos da infração penal*, com o objetivo de (i) resguardar, para o ofendido, a recomposição do prejuízo causado pelo crime e/ou de (ii) impedir que o agente obtenha proveito com a prática do crime.

Nesse sentido, o sequestro objeto da lei processual penal tem significado e finalidade distintas da medida cautelar de mesmo nome disciplinada no art. 822 do Código de Processo Civil de 1973 – consistente, em essência, na apreensão de coisa litigiosa (ou de seus produtos), até que se resolva sobre a propriedade do bem[1]. O Código de Processo Civil de 2015 não traz disciplina autônoma do processo cautelar, mas ainda contempla a medida chamada *sequestro* no art. 301, como uma das tutelas de urgência, apta à "asseguração do direito"[2]. Conceitualmente, de toda sorte, preserva-se o mesmo significado antes expresso no art. 822 do CPC de 1973.

O *sequestro de bens imóveis* está previsto no art. 125 do CPP, que assim dispõe: "Caberá o sequestro dos bens imóveis, adquiridos com os proventos da infração, ainda que já tenham sido transferidos a terceiro". Já o *sequestro de bens móveis* é objeto de previsão no art. 132 do CPP: "Proceder-se-á ao sequestro de bens móveis se verificadas as condições previstas no art. 126, não for cabível a medida regulada no Capítulo XI do Título VII deste Livro".

Ainda que o bem seja considerado *de família*, está sujeito a sequestro. Isso porque o próprio art. 3º, inciso VI, da Lei nº 8.009/1990 ressalva, à regra da impenhorabilidade do bem de família, aquele adquirido com produto de crime. Com efeito, a teor do dispositivo em referência: "A impenhorabilidade é oponível em qualquer processo de execução civil, fiscal, previdenciária, trabalhista ou de outra natureza, salvo se movido: VI – por ter sido adquirido com produto de crime ou para execução de sentença penal condenatória a

---

1. Art. 822, CPC/1973: "O juiz, a requerimento da parte, pode decretar o sequestro: I – de bens móveis, semoventes ou imóveis, quando lhes for disputada a propriedade ou a posse, havendo fundado receio de rixas ou danificações; II – dos frutos e rendimentos do imóvel reivindicando, se o réu, depois de condenado por sentença ainda sujeita a recurso, os dissipar; III – dos bens do casal, nas ações de separação judicial e de anulação de casamento, se o cônjuge os estiver dilapidando; IV – nos demais casos expressos em lei".

2. Art. 301, CPC/2015: "A tutela de urgência de natureza cautelar pode ser efetivada mediante arresto, sequestro, arrolamento de bens, registro de protesto contra alienação de bem e qualquer outra medida idônea para asseguração do direito".

ressarcimento, indenização ou perdimento de bens". Com esse regime, estão os bens de família sujeitos tanto a *sequestro* quanto a *arresto*, para, neste último caso, garantia de execução de sentença penal condenatória a ressarcimento ou indenização (segunda parte da norma), ainda que *não* adquirido o bem "com produto de crime"[3].

2. REQUISITOS

2.1. Regime Jurídico Geral

De acordo com o art. 126 do CPP, "para a decretação do sequestro, bastará a existência de indícios veementes da proveniência ilícita dos bens".

Compreenda-se que o sequestro tem por objeto o proveito econômico obtido com a prática da infração penal, consistindo na constrição: (i) dos próprios bens diretamente auferidos com a prática criminosa (bens integrantes da própria materialidade do fato); (ii) de outros bens adquiridos por meio do lucro propiciado pela prática criminosa. Em qualquer caso, tem a medida a finalidade de assegurar a recomposição do prejuízo causado ao ofendido e/ou o pagamento de eventual multa e/ou ainda de impedir que o agente mantenha o benefício econômico decorrente do crime.

Em qualquer hipótese, é necessário que os bens objeto do sequestro tenham relação com a prática do fato constitutivo de infração penal. A medida assecuratória, portanto, não pode recair sobre bens adquiridos anteriormente à prática da conduta em foco. Pela via do arresto criminal ou em sede de ação civil *ex delicto*, poderá o ofendido perseguir outros bens do potencial agente, de modo a assegurar a reparação do dano causado. O *sequestro* como medida cautelar criminal, no entanto, por seu caráter particularmente invasivo ao patrimônio do investigado (ou do acusado), só pode alcançar bens que guardem relação direta ou indireta com a prática do fato objeto do procedimento de investigação ou da ação penal[4].

O art. 126 do CPP refere-se a *indícios veementes*. Trata-se de prova indiciária *reforçada* quanto à proveniência ilícita dos bens. Não bastam, assim, apenas os indícios, compreendidos nos moldes do art. 239 do CPP ("circunstância conhecida e provada que, tendo relação com o fato, autorize, por indução, concluir-se a existência de outra ou outras circunstâncias"). A exigência legal de que os indícios sejam *veementes* conduz a um contexto de *quase certeza* quanto à proveniência ilícita dos bens, como única base

---

3. Nesse sentido, NESTOR TÁVORA e ROSMAR ALENCAR: "...não há que se falar em impenhorabilidade do bem de família quando for o caso: (a) de bem adquirido com proveito da infração; (b) de bem destinado à execução de sentença penal condenatória, no bojo de ação civil *ex delicto* de execução (art. 63, parágrafo único, CPP), para fins de ressarcimento ou indenização; (c) para fins de ressarcimento ou indenização pelo dano causado pela infração penal (art. 91, I, do Código Penal); de bem declarado perdido nos termos do art. 91, II, do Código Penal, ou da legislação especial correlata". Cfr. TÁVORA, Nestor / ALENCAR, Rosmar Rodrigues. *Curso de Direito Processual Penal*. Salvador: JusPodivm, 2015, p. 499.

4. GIUSEPPE SABATINI referia significado semelhante no direito italiano: "Funzione del sequestro penale à quella di determinare la indisponibilità delle cose pertinenti al reato. Scopo del sequestro penale è quello di acquisire al processo le cose pertinenti al reato". Cfr. SABATINI, Giuseppe. *Trattato dei Procedimento Incidentali nel Processo Penale*. Torino: Editrice Torinese, 1953, p. 500.

a justificar a invasão do patrimônio do investigado por decisão do órgão jurisdicional penal. O emprego, no dispositivo legal (art. 126, CPP), do verbo *bastar* ("bastará a existência de indícios veementes") compreende-se como dispensa da *certeza*, o que está fixado, porém, ao lado da imposição da veemência da prova indiciária. Claro que o exame da questão supõe uma avaliação discricionária do órgão judiciário, a respeito do nível e da suficiência informativa da prova indiciária.

2.2. Requisitos do Sequestro no âmbito dos Crimes de Lavagem de Capitais (art. 4º, Lei nº 9.613/1998), no dos Crimes de Terrorismo (art. 12, Lei nº 13.260/2016) e no dos Crimes de Tráfico de Pessoas (art. 8º, Lei nº 13.344/2016)

A norma especial do art. 4º da Lei nº 9.613/1998, que disciplina o regime jurídico aplicável aos crimes de *lavagem* de capitais, dispõe o seguinte (redação conferida pela Lei nº 12.683/2012): "O juiz, de ofício, a requerimento do Ministério Público ou mediante representação do delegado de polícia, ouvido o Ministério Público em 24 (vinte e quatro horas), *havendo indícios suficientes de infração penal*, poderá decretar medidas assecuratórias de bens, direitos ou valores do investigado ou acusado, ou existentes em nome de interpostas pessoas, *que sejam instrumento, produto ou proveito dos crimes previstos nesta Lei ou das infrações penais antecedentes*".

Fixa-se especificamente a possibilidade de sequestro de bens oriundos direta ou indiretamente da prática de crime de *lavagem* de ativos ilícitos ou de crime antecedente. O art. 4º da lei de regência estabelece o pressuposto dos *indícios suficientes de infração penal*. Dispensa-se, assim, a materialidade do fato constitutivo de crime, entendida como a certeza quanto à sua existência típica, sendo este o elemento efetivamente diferencial do regime aplicável à *lavagem* de capitais, à vista da natureza e das repercussões particulares desse tipo de crime.

Por outro lado, o objeto da medida assecuratória especial confunde-se essencialmente, ainda que o dispositivo do art. 4º se revele mais detalhado, com aquele próprio do sequestro disciplinado no Código de Processo Penal: bens *que sejam instrumento, produto ou proveito* de crime, vale dizer, (i) bens integrantes da própria materialidade do fato, por terem sido utilizados na execução (*instrumento*) ou diretamente obtidos com a prática criminosa (*produto*) e/ou (ii) bens adquiridos com o lucro obtido pelo crime (*proveito*).

As finalidades também são as mesmas: assegurar bens para fins de recomposição do prejuízo causado ou de pagamento de eventual multa; dissipar o produto da prática do crime; impedir que o agente obtenha proveito com a prática do crime.

Essas finalidades, a propósito, estão parcialmente expressas (além de no art. 4º, *caput*) também no art. 4º, § 4º, da Lei nº 9.613/1998: "Poderão ser decretadas medidas assecuratórias sobre bens, direitos ou valores para reparação do dano decorrente da infração penal antecedente ou da prevista nesta Lei ou para pagamento de prestação pecuniária, multa e custas". Mesmo nessas hipóteses, enfatize-se a necessidade de que os bens objeto de constrição tenham relação direta ou indireta (produto ou proveito) com a prática de crime.

Entendemos, embora a lei especial não seja expressa a esse respeito, que, além do pressuposto específico dos indícios suficientes quanto à prática da infração penal, é necessária *prova indiciária veemente* da proveniência ilícita dos bens alcançados pela medida assecuratória, conforme dispõe o art. 126 do CPP.

Significa isso dizer que não só se reclama a existência da vinculação dos bens com a prática criminosa, tal qual expresso no art. 4º, *caput*, parte final, da Lei nº 9.613 ("instrumento, produto ou proveito"), como também se exige *prova indiciária veemente* dessa vinculação, em conformidade com o art. 126 do CPP.

Refletindo a existência dos requisitos e finalidades referidos, confira-se o julgado do Plenário do Supremo Tribunal Federal em Questão de Ordem suscitada nos autos do Inquérito nº 2.248/DF (STF, Tribunal Pleno, INQ 2.248, Rel. Min. AYRES BRITTO, julgamento em 25.05.2006, DJ de 20.10.2006): "Nos termos do art. 4º da Lei Antilavagem, somente podem ser indisponibilizados bens, direitos ou valores sob fundada suspeição de guardarem vinculação com o delito de lavagem de capitais. Patrimônio diverso, que nem mesmo indiretamente se vincule às infrações penais referidas na Lei n. 9.613/98, não se expõe a medidas de constrição cautelar, por ausência de prévia autorização legal. A precípua finalidade das medidas acautelatórias que se decretam em procedimentos penais pela suposta prática dos crimes de lavagem de capitais está em inibir a própria continuidade da conduta delitiva, tendo em vista que o crime de lavagem de dinheiro consiste em introduzir na economia formal valores, bens ou direitos que provenham, direta ou indiretamente, de crimes antecedentes (incisos I a VIII do art. 1º da Lei n. 9.613/98[5]). Daí que a apreensão de valores em espécie tenha a serventia de facilitar o desvendamento da respectiva origem e ainda evitar que esse dinheiro em espécie entre em efetiva circulação, retroalimentado a suposta ciranda da delitividade. Doutrina. Se o crime de lavagem de dinheiro é uma conduta que lesiona as ordens econômica e financeira e que prejudica a administração da justiça; se o numerário objeto do crime em foco somente pode ser usufruído pela sua inserção no meio circulante; e se a constrição que a Lei Antilavagem franqueia é de molde a impedir tal inserção retroalimentadora de ilícitos, além de possibilitar uma mais desembaraçada investigação quanto à procedência das coisas, então é de se indeferir a substituição, por imóveis, do numerário apreendido".

Por fim, perceba-se que, existindo a vinculação do patrimônio com a prática criminosa, os bens poderão ser objeto da medida assecuratória ainda que se encontrem em poder de terceiro, isso tanto no regime geral (art. 125, CPP: "Caberá o sequestro... ainda que já tenham [os bens] sido transferidos a terceiro") quanto naquele especificamente aplicável à *lavagem* de ativos (art. 4º, *caput*, Lei nº 9.613/1998: "...medidas assecuratórias de bens, direitos ou valores do investigado ou acusado, *ou existentes em nome de interpostas pessoas*").

Idêntico ao da *lavagem* de capitais foi o regime adotado para o domínio da persecução penal por *crime de terrorismo*. A esse respeito, assim dispõe o art. 12, *caput*,

---

5. Ressalte-se, *apenas quanto à referência aos incisos I a VIII do art. 1º da Lei 9.613/1998*, que o julgado citado é anterior ao advento da Lei 12.683/2012, que eliminou o regime do rol taxativo de crimes antecedentes, estabelecendo a possibilidade de prática de *lavagem* de ativos provenientes de qualquer crime anterior (vide o atual art. 1º da Lei 9.613).

da Lei nº 13.260/2016: "O juiz, de ofício, a requerimento do Ministério Público ou mediante representação do delegado de polícia, ouvido o Ministério Público em vinte e quatro horas, havendo indícios suficientes de crime previsto nesta Lei, poderá decretar, no curso da investigação ou da ação penal, medidas assecuratórias de bens, direitos e valores do investigado ou acusado, ou existentes em nome de interpostas pessoas, que sejam instrumento, produto ou proveito dos crimes previstos nesta Lei".

Reservou-se ainda o mesmo regime, em essência, para o âmbito da persecução penal por *crime de tráfico de pessoas*, como se verifica no art. 8º da recente Lei nº 13.344/2016: "O juiz, de ofício, a requerimento do Ministério Público ou mediante representação do delegado de polícia, ouvido o Ministério Público, havendo indícios suficientes de infração penal, poderá decretar medidas assecuratórias relacionadas a bens, direitos e valores pertencentes ao investigado ou acusado, ou existentes em nome de interpostas pessoas, que sejam instrumento, produto ou proveito do crime de tráfico de pessoas, procedendo-se na forma dos arts. 125 a 144-A do Decreto-Lei 3.689, de 3 de outubro de 1941 (Código de Processo Penal)".

Nos três casos especiais, trata-se *essencialmente* de remissão ao regime geral do *sequestro* e do *arresto*, disciplinado no Código de Processo Penal. As normas especiais, de toda sorte, justificam-se por sua abrangência, ao contemplar os ativos "existentes em nome de interpostas pessoas". Quanto à iniciativa, porém, ressalte-se que a previsão da decretabilidade das medidas "de ofício" pelo juiz não é compatível com a imparcialidade do órgão jurisdicional *na fase investigativa*, quando sequer existe acusação deduzida e delimitada. Assim, há de emprestar-se, às normas em análise, interpretação conforme a Constituição, para somente admitir a decretação de medidas assecuratórias *ex officio* pelo juiz na *fase processual*. Disso se cuida no próximo tópico.

3. INICIATIVA E OPORTUNIDADE PARA O SEQUESTRO

Nos termos do art. 127 do CPP, "o juiz, de ofício, a requerimento do Ministério Público ou do ofendido, ou mediante representação da autoridade policial, poderá ordenar o sequestro, em qualquer fase do processo ou ainda antes de oferecida a denúncia ou queixa".

A literalidade do dispositivo em foco possibilita a decretação judicial *de ofício* da medida de sequestro, inclusive na fase pré-processual ("ou ainda antes de oferecida a denúncia ou queixa"). Em face do sistema acusatório, e da correlata garantia de imparcialidade do órgão judiciário, entendemos que se deva conferir à norma examinada interpretação conforme a Constituição, de modo a permitir a determinação do sequestro *ex officio* pelo juiz apenas no curso da ação penal, quando já existe acusação deduzida e admitida. Não é dado ao juiz arvorar-se de interesse em assegurar bens para a satisfação de potencial prejuízo causado pelo crime ou para dissipar proveito ilícito, o que pode comprometer a imparcialidade do órgão jurisdicional. A intervenção judicial na fase de investigação justifica-se no âmbito das medidas invasivas a direitos fundamentais, para fins de controle, e não para permitir ao juiz, *por sua própria iniciativa*, o poder de identificar indícios de infração penal e da proveniência ilícita de bens, determinando medidas cautelares assecuratórias sem que o próprio órgão legitimado para a acusação haja pugnado por isso ou chancelado representação da autoridade policial.

Já na fase processual, em que existe acusação admitida, com o correspondente reconhecimento dos pressupostos da medida coercitiva, poderia o órgão judiciário determiná-la de ofício, embora nem mesmo isso se mostre recomendável ou desejável, diante da natureza do interesse associado ao sequestro. De toda sorte, havendo ação penal em curso, ao órgão judiciário, que admitiu a inicial, não se pode recusar a responsabilidade pela efetividade e eficácia do processo respectivo, inclusive para determinar, se for o caso, a constrição cautelar de bens.

Assim, na fase pré-processual, a determinação judicial da medida assecuratória em foco depende de provocação (i) do Ministério Público, (ii) do ofendido ou (iii) da autoridade policial.

Quando o pedido não seja formulado pelo próprio Ministério Público, deverá haver prévia manifestação do órgão próprio dessa instituição, antes que o juiz decida sobre o pedido ou representação.

O ofendido tem legitimidade para requerer o sequestro não apenas no âmbito dos crimes processáveis por ação penal de iniciativa privada, mas também no daqueles processáveis por ação penal de iniciativa pública. O ofendido, na esfera da ação penal de iniciativa pública, tem a condição de terceiro juridicamente interessado, podendo pugnar pela determinação de medidas assecuratórias dos bens necessários à recomposição do dano causado pelo crime. Nada mais justificável, aliás, que o titular do prejuízo experimentado em decorrência do crime postule ao juízo criminal medidas cautelares de reparação, que constitui uma das finalidades do sequestro, conforme já examinado.

A provocação do ofendido pode acontecer na fase pré-processual e também no curso do processo penal. A lei processual penal, em bom caminho, utiliza o termo "ofendido", em vez de "assistente de acusação", a nosso juízo por duas razões: (i) possibilitar ao ofendido a postulação do sequestro na fase pré-processual; (ii) possibilitar ao ofendido a postulação do sequestro na fase processual, independentemente de habilitação como assistente do Ministério Público.

Quanto à representação da autoridade policial, entendemos que: (i) restringe-se à fase pré-processual; (ii) deve ser chancelada pelo órgão do Ministério Público (ação penal de iniciativa pública) ou pelo ofendido (ação penal de iniciativa privada), ou seja, pelo sujeito legitimado para a acusação.

A respeito da oportunidade da medida em análise, desponta também da norma do art. 127 do CPP que o sequestro pode ser decretado em qualquer fase do processo *ou mesmo antes de oferecida a denúncia ou a queixa*. Significa dizer, relativamente ao último ponto, que a decretação da medida assecuratória independe da preexistência de inquérito policial.

Estando presentes os pressupostos e requisitos legais, o sequestro pode ser objeto de *procedimento criminal diverso*, de natureza cautelar, ao qual poderá estar vinculado um inquérito policial ou outro procedimento de investigação. A propósito da autonomia do procedimento criminal de sequestro, invoque-se o disposto no art. 129, primeira parte, do CPP: "O sequestro autuar-se-á em apartado"...

Por fim, no âmbito dos crimes de *lavagem* de ativos ilícitos, o art. 4º, *caput*, da Lei nº 9.613/1998 (redação conferida pela Lei nº 12.683/2012), contempla a decretação da medida assecuratória pelo "juiz, de ofício, a requerimento do Ministério Público ou mediante representação do delegado de polícia, ouvido o Ministério Público em 24 (vinte e quatro) horas".

Igual regime foi recentemente adotado para o domínio da persecução penal por crime de *terrorismo*, conforme dispõe o art. 12, *caput*, da Lei nº 13.260/2016: "O juiz, de ofício, a requerimento do Ministério Público ou mediante representação do delegado de polícia, ouvido o Ministério Público em vinte e quatro horas..."

Ainda o mesmo regime jurídico emana do art. 8º da recente Lei nº 13.344/2016, aplicá-vel à esfera dos crimes de *tráfico de pessoas*: "O juiz, de ofício, a requerimento do Ministério Público ou mediante representação do delegado de polícia, ouvido o Ministério Público..."

Aplicam-se a esses âmbitos normativos especiais as mesmas observações já pontuadas quanto à iniciativa judicial para a decretação de medidas assecuratórias, cabível (*ex officio*) *apenas na fase processual*. Ressalte-se ainda, nas normas especiais (art. 4º, *caput*, Lei nº 9.613/1998; art. 12, *caput*, Lei nº 13.260/2016; art. 8º, *caput*, Lei nº 13.344/2016), a exigência de manifestação do Ministério Público na hipótese de representação da autoridade policial, o que se aplica de igual modo ao regime geral (art. 127, CPP), conforme já observamos.

4. IMPUGNAÇÃO CABÍVEL CONTRA A DECISÃO QUE DETERMINAR O SE-QUESTRO E CONTRA A QUE INDEFERIR O PEDIDO DE DECRETAÇÃO DO SEQUESTRO

Não há previsão legal específica de recurso cabível contra a decisão que determinar o sequestro ou contra a que indeferir o pedido de imposição da medida.

A doutrina, de maneira geral, sustenta o cabimento do recurso de apelação contra qualquer desses atos jurisdicionais (classificados no tipo *decisão com força de definitiva*), com fundamento no art. 593, inciso II, do CPP. Há precedentes antigos do Supremo Tribunal Federal nesse sentido.

De nossa parte, entendemos que ambos os atos constituem decisão interlocutó-ria, e não decisão com força de definitiva. Em caso de decretação, o órgão judiciário poderá, em momento posterior, determinar o levantamento da medida de sequestro, nas hipóteses legais (art. 131, CPP), ou mesmo revogá-la, não havendo no ato qualquer nota de definitividade.

Do mesmo modo, tampouco a decisão de indeferimento do pedido de sequestro encerra caráter definitivo. Assim, parece-nos inaplicável o art. 593, II, do CPP. Tratan-do-se de decisões interlocutórias, não estão os atos sujeitos a qualquer recurso, ante a ausência de previsão legal (art. 581, CPP), de acordo com a regra geral da irrecorribi-lidade das decisões interlocutórias.

Contra os dois atos cabe, entretanto, mandado de segurança, para resguardar: (i) contra a decisão de deferimento, o direito líquido e certo, do investigado ou acu-sado, à propriedade dos bens constritos; (ii) contra a decisão de indeferimento, (a) o direito líquido e certo do Ministério Público de obter medida assecuratória destinada a resguardar o resultado da ação penal de que é titular ou (b) o direito líquido e certo do ofendido de resguardar o resultado do processo penal e os interesses jurídico-penais e jurídico-civis (reparação) que lhe assistem.

A posição dominante na doutrina e na jurisprudência, entretanto, é no sentido do cabimento do recurso de apelação, nos termos do art. 593, II, do CPP, sob o argumento de ambos os atos constituírem decisões com força de definitiva não previstas no rol do art. 581 do CPP.

Em caso de decretação do sequestro, porém, à vista do caráter imediatamente invasivo ao patrimônio, há de se resguardar ao investigado ou acusado o mandado de segurança como remédio apto à desconstituição urgente da medida, considerando que o recurso de apelação, na hipótese, não tem efeito suspensivo.

A vedação legal ao cabimento do mandado de segurança só existe se couber contra o mesmo ato recurso com efeito suspensivo (art. 5º, II, Lei nº 12.016/2009), o que não é o caso, apesar de esse impeditivo vir sendo com frequência invocado pela jurisprudência para o fim de inadmitir o mandado de segurança impetrado contra a decisão de decretação do sequestro.

Por outro lado, o cabimento de embargos (art. 130, CPP) contra a medida de sequestro representa exercício de defesa, a título contestatório, da parte do sujeito, e não impugnação recursal, motivo pelo qual não pode ser invocado como impeditivo ao cabimento do mandado de segurança.

Assim, se presentes, por hipótese, o direito líquido e certo e a urgência na desconstituição da medida assecuratória, deve ser admitido o mandado de segurança, por mais que se tenha como cabível o recurso de apelação contra o mesmo ato. A jurisprudência, de sua parte, vem admitindo o mandado de segurança em situações excepcionais, como se detalha no Capítulo XIX deste Curso.

5. EXECUÇÃO DO SEQUESTRO DE BENS IMÓVEIS

O sequestro de bens imóveis executa-se por inscrição da medida no Registro de Imóveis, conforme preceitua o art. 128 do CPP. A averbação da medida opera-se em conformidade com o disposto no art. 239, *caput*, da Lei nº 6.015/1973 (Lei dos Registros Públicos): "As penhoras, arrestos e sequestros de imóveis serão registrados depois de pagas as custas do registro pela parte interessada, em cumprimento de mandado ou à vista de certidão do escrivão, de que constem, além dos requisitos exigidos para o registro, os nomes do juiz, do depositário, das partes e a natureza do processo".

Trata-se de averbação da indisponibilidade do bem imóvel, feita no Registro de Imóveis em cumprimento a mandado judicial, de modo a propiciar o conhecimento do gravame por terceiros. Pelo sequestro, portanto, não há apossamento efetivo do bem por parte do Estado, e sim registro de gravame de indisponibilidade a recair sobre o imóvel.

Como observa HÉLIO TORNAGHI: "Destina-se o registro [do sequestro]: a documentar atos jurídicos, acautelando-lhes a autenticidade e cercando-os da fé pública, da credibilidade que o Estado empresta a tudo quanto passa pelo crivo de uma verificação formal; a assegurar a validade de certos atos; a permitir o conhecimento por terceiros, fazendo, inclusive, que determinados direitos valham *erga omnes*"[6].

Assim, em caso de negociação do bem sequestrado, o terceiro adquirente não poderá alegar boa-fé na hipótese de condenação final do vendedor, com a perda do bem, pela venda em hasta pública e a destinação final do proveito ao Estado ou à vítima. Com efeito, efetuado o registro, será possível o conhecimento do gravame a partir de simples certidão cartorária.

6. CONTRADITÓRIO PRÉVIO

Entendemos pela exigência, *como regra*, de observância do contraditório previamente ao deferimento da medida de sequestro.

Observe-se que, de acordo com o regime jurídico introduzido pela Lei nº 12.403/2011, até mesmo para o deferimento de medidas cautelares de caráter pessoal reclama-se em regra a manifestação prévia do investigado ou acusado, nos termos do art. 282, § 3º, do CPP: "Ressalvados os casos de urgência ou de perigo de ineficácia da medida, o juiz, ao receber o pedido de medida cautelar, determinará a intimação da parte contrária, acompanhada de cópia do requerimento e das peças necessárias, permanecendo os autos em juízo".

Embora a previsão legal só diga respeito às medidas cautelares de constrição pessoal, de caráter restritivo à liberdade individual, a mesma lógica deve ser adotada para o domínio das medidas assecuratórias, constritivas também de direito individual (patrimônio).

Trata-se, igualmente, de medidas invasivas, o que reclama, como regra, a concessão prévia de oportunidade de manifestação ao investigado ou acusado, que poderá ser afetado em caso de deferimento da cautela. Apenas quando haja urgência ou perigo de ineficácia *aptos* a justificar a concessão imediata do sequestro, poderá ser deferida a medida sem a prévia intimação da parte contrária. Não se pode adotar a ausência de contraditório como regra.

De outra parte, os embargos a que se refere o art. 130 do CPP conformam meio de defesa posterior, quando já constrangida a esfera individual, sem a oportunidade prévia ao afetado de indicar eventuais fatos desconstitutivos ou impeditivos da pretensão cautelar já efetivada.

Assim, há de se respeitar, sempre que possível, uma lógica preventiva no âmbito da restrição de direitos, sobretudo em prestígio à garantia do contraditório, assegurada também no domínio do processo penal cautelar. Naturalmente, quando a observância do contraditório implicar risco *justificado* à própria eficácia da medida, caberá ao órgão judiciário, mediante motivação adequada, deferir a cautela *inaudita altera parte*.

Só não se pode converter a exceção em regra, uma vez que o sequestro, ao contrário de medidas probatórias como a busca e apreensão e a interceptação telefônica,

---

6. Tornaghi, Hélio Bastos. *Instituições de Processo Penal*. São Paulo: Saraiva, 1978, v. 3, pp. 22-23.

não constitui providência cautelar que, inerentemente, reclame a falta de conhecimento prévio do investigado ou acusado, sob pena de ineficácia. O perigo de ineficácia, na espécie, é eventual e concreto, tal qual sucede na esfera das medidas cautelares de caráter pessoal (art. 282, § 3º, CPP).

7. CONTRADITÓRIO DIFERIDO: EMBARGOS

O sequestro poderá ser *embargado*: (i) *pelo investigado ou acusado*, "sob o fundamento de não terem os bens sido adquiridos com os proventos da infração", nos termos do art. 130, inciso I, do CPP; (ii) *por terceiro* estranho ao processo (art. 129, CPP) ou "a quem houverem os bens sido transferidos a título oneroso, sob o fundamento de tê-los adquirido de boa-fé", conforme o disposto no art. 130, inciso II, do CPP. Assim, o terceiro embargante pode ser: (ii.a) o *terceiro desvinculado, estranho ou alheio à imputação do crime objeto da persecução penal* (art. 129, CPP); (ii.b) o *terceiro de boa-fé*, que adquirira junto ao imputado o bem objeto de sequestro (art. 130, II, CPP).

Na primeira hipótese (ii.a), tem-se como exemplo o sequestro de determinado bem imóvel, pertencente a terceiro, por engano (v.g., bem pertencente a homônimo do investigado ou acusado). Na espécie, inexiste qualquer vinculação, objetiva ou subjetiva, entre o bem titularizado pelo terceiro e a imputação do crime objeto de investigação ou de ação penal. Trata-se do *terceiro senhor e possuidor do bem*[7].

No segundo caso (ii.b), o bem sequestrado, adquirido em tese com o proveito da infração penal, fora adquirido por terceiro, de boa-fé. Nesse ponto, a despeito da aquisição com boa-fé, o bem vincula-se objetivamente à infração penal investigada ou acusada.

Os *embargos* constituem meio de defesa, a título contestatório, do titular do bem sequestrado, ou de terceiro de boa-fé, ou ainda de terceiro estranho à imputação, não se tratando, portanto, de recurso. A existência desse instrumento, assim, não é impeditiva da impetração de mandado de segurança para impugnar a decisão que decretou o sequestro, quando haja teratologia e perigo de lesão grave ou de difícil reparação, conforme a jurisprudência dominante[8].

Quanto à oposição pelo investigado ou acusado (i), Tourinho Filho entende que a hipótese é de *contestação*, e não de embargos: "Pode, também, o indiciado ou réu opor embargos. Aqui, entendemos não se tratar de embargos, mas de contestação, nos termos do art. 802 do CPC [1973]. Nessa contestação, o indiciado ou réu poderá, apenas, quanto ao mérito, alegando não ter sido o imóvel adquirido com os proventos

---

7. Conforme Tourinho Filho: "Quando o art. 129 do CPP fala em terceiro, sem receio de contestação, afirmamos que a referência é feita ao terceiro senhor e possuidor do imóvel objeto do sequestro. Trata-se de pessoa completamente estranha ao delito. Assim, por exemplo, se, por equívoco ou má informação, sequestrou-se um imóvel não adquirido do indiciado ou réu, ou, se o foi, a aquisição ocorreu muito antes do crime que se lhe imputa, o seu proprietário e possuidor poderá opor embargos. Cfr. Tourinho Filho, Fernando da Costa. *Processo Penal*. São Paulo: Saraiva, 2013, v. 3, p. 50.

8. Para mais detalhes a esse respeito, consulte-se a Subseção reservada ao *mandado de segurança*, no Capítulo XIX deste Curso.

do crime"[9]. Em que pese a inadequação terminológica da lei processual penal, parece-nos que deva mesmo ser empregado o termo *embargos*, por mais que este meio de defesa, em seu conteúdo, encerre caráter contestatório. Não há razões para invocar a lei processual civil quando haja norma específica regendo a matéria no processo penal, ainda que não com os termos desejáveis.

Nos termos do art. 130, parágrafo único, do CPP, "não poderá ser pronunciada decisão nesses embargos antes de passar em julgado a sentença condenatória".

Sobre os *embargos de terceiro desvinculado da infração penal* (art. 129, CPP), entretanto, assim bem pondera Tourinho Filho, acerca da preferência na apreciação da demanda: "Os embargos de terceiro senhor e possuidor, a que se refere o art. 129 do CPP, oferecem uma particularidade: devem ser julgados logo, não se aplicando a regra contida no parágrafo único do art. 130 do mesmo diploma, mesmo porque: *a)* o parágrafo guarda estreita relação com o que o artigo prevê, e, portanto, a regra do parágrafo único do art. 130 é inaplicável aos embargos de que trata o art. 129; *b)* não seria justo perdurasse tamanha violência ao direito de alguém que nada tem que ver com a infração"[10].

Assim: (a) em caso de embargos do próprio investigado ou acusado e de embargos de terceiro de boa-fé, a decisão respectiva deverá ser proferida após o trânsito em julgado da sentença penal condenatória, não significando isso, por óbvio, a improcedência dos embargos, se comprovada a origem lícita dos bens; (b) em caso de embargos de terceiro alheio à infração penal (art. 129, CPP), não se aplica a norma do art. 130, parágrafo único, do CPP, podendo a demanda ser julgada desde logo[11].

Aplica-se subsidiariamente (art. 3º, CPP), aos embargos de terceiro estranho à infração penal, a disciplina normativa constante dos artigos 674 a 681 do Novo Código de Processo Civil (2015). Assim, nos termos do art. 674, *caput*, do CPC/2015: "Quem, não sendo parte no processo, sofrer constrição ou ameaça de constrição sobre bens que possua ou sobre os quais tenha direito incompatível com o ato constritivo, poderá requerer seu desfazimento ou sua inibição por meio de embargos de terceiro". O terceiro pode ser proprietário, inclusive fiduciário, ou possuidor do bem (art. 674, § 1º, CPC/2015).

A oportunidade da oposição é a qualquer momento do processo de conhecimento, até o trânsito em julgado de sentença (art. 675, *caput*, CPC/2015).

Quanto ao procedimento, incidem os artigos 676 a 681 do CPC/2015: (a) distribuição por dependência ao juízo ordenante da medida assecuratória e autuação em apartado (art. 676, CPC/2015); (b) na petição inicial, exigência de prova documental sumária da

---

9. Tourinho Filho, Fernando da Costa. *Processo Penal*. São Paulo: Saraiva, 2013, v. 3, p. 50. O eminente processualista expressa o mesmo entendimento quanto aos embargos do terceiro de boa-fé (art. 130, II, CPP).

10. Tourinho Filho, Fernando da Costa. *Processo Penal*. São Paulo: Saraiva, 2013, v. 3, p. 50.

11. No mesmo sentido, entendendo que a norma do art. 130, parágrafo único, do CPP se aplica a aos embargos do próprio imputado e aos embargos do terceiro de boa-fé, Gustavo Badaró: "Ambos os embargos [embargos do acusado e embargos do terceiro de boa-fé] – somente serão julgados, pelo juiz criminal, após o trânsito em julgado da sentença da ação penal condenatória, a teor do parágrafo único do art. 130 do CPP". Cfr. Badaró, Gustavo Henrique. *Processo Penal*. Rio de Janeiro: Elsevier/Campus, 2012, p. 801.

posse ou do domínio, assim como da qualidade de terceiro, com a indicação de meios probatórios – em particular o oferecimento de rol de testemunhas – (art. 677, *caput*, CPC/2015), facultando-se a prova da posse em audiência preliminar designada pelo juiz (art. 677, § 1º, CPC/2015); (c) citação do embargado, vale dizer, do "sujeito a quem o ato de constrição aproveita" (art. 677, § 4º, CPC/2015), tratando-se, no processo penal, do próprio titular da ação (Ministério Público ou ofendido), que é, portanto, o legitimado passivo dos embargos, ou o ofendido, quando tenha postulado o sequestro, ainda que em sede de persecução penal de iniciativa pública[12]; (d) contestação dos embargos, no prazo de 15 (quinze) dias (art. 679, CPC/2015); (e) instrução, na forma do procedimento comum, com oportunidade para memoriais; (f) se acolhido o pedido, "o ato de constrição indevida será cancelado, com o reconhecimento do domínio, da manutenção da posse ou da reintegração definitiva do bem ou do direito do embargante" (art. 681, CPC/2015).

8. LEVANTAMENTO DO SEQUESTRO

O art. 131 do CPP assim estabelece as hipóteses de *levantamento do sequestro*: "O sequestro será levantado: I – se a ação penal não for intentada no prazo de 60 (sessenta) dias, contado da data em que ficar concluída a diligência; II – se o terceiro, a quem tiverem sido transferidos os bens, prestar caução que assegure aplicação do disposto no art. 74, II, *b*, segunda parte [correspondente ao atual art. 91, II, *b*], do Código Penal; III – se for julgada extinta a punibilidade ou absolvido o réu, por sentença transitada em julgado".

Aplica-se o levantamento, portanto, nas hipóteses de: (i) excesso de prazo do sequestro (art. 131, I, CPP); (ii) substituição da garantia por caução idônea (art. 131, II, CPP); (iii) extinção da punibilidade ou absolvição (art. 131, III, CPP).

Na hipótese (ii), a substituição da garantia está vinculada à efetividade do efeito da condenação objeto do art. 91, II, *b*, do Código Penal, a saber, a perda dos bens em favor da União: "São efeitos da condenação: II – a perda em favor da União, ressalvado o direito do lesado ou de terceiro de boa-fé: b) do produto do crime ou de qualquer bem ou valor que constitua proveito auferido pelo agente com a prática do fato criminoso".

Como a lei penal ressalva o direito do lesado, tem-se a vinculação da garantia prestada tanto a assegurar, em primeiro plano, a recomposição do dano causado ao ofendido, quanto a transferência do remanescente à propriedade da União. Essa ordem de preferência fica clara na norma do art. 133, parágrafo único, do CPP: "Do dinheiro apurado [com a venda dos bens em leilão, será recolhido ao Tesouro Nacional o que não couber ao lesado ou a terceiro de boa-fé".

Com a exceção da primeira, as causas de levantamento não afetam a finalidade de garantia própria da medida, pois ou se mantém o caráter assecuratório da reparação (art. 131, II, CPP) ou se elimina a própria necessidade cautelar (art. 131, III, CPP).

---

12. Em linha semelhante, sustenta GUSTAVO BADARÓ, ainda sob a referência do Código de Processo Civil de 1973: "O legitimado passivo dos embargos será o ofendido, nos casos em que ele tenha requerido o sequestro. Se a medida foi decretada de ofício pelo juiz, ou foi determinada em face de representação da autoridade policial ou requerimento do Ministério Público, a este caberá contestá-la". Cfr. BADARÓ, Gustavo Henrique. *Processo Penal*. Rio de Janeiro: Elsevier/Campus, 2012, p. 800.

O excesso de prazo (art. 131, I, CPP), por seu turno, implica ilegalidade superveniente da medida, à esfera individual do titular dos bens, não podendo a constrição perdurar por tempo superior ao previsto em lei sem o aperfeiçoamento da persecução penal em juízo.

No âmbito dos crimes de *lavagem* de capitais, a lei contempla o levantamento total ou parcial do sequestro na hipótese de comprovação da origem lícita dos ativos, segundo a disciplina fixada no art. 4º, § 2º, da Lei 9.613/1998 (redação determinada pela Lei 12.683/2012): "O juiz determinará a liberação total ou parcial dos bens, direitos e valores quando comprovada a licitude de sua origem, mantendo-se a constrição dos bens, direitos e valores necessários e suficientes à reparação dos danos e ao pagamento de prestações pecuniárias, multas e custas decorrentes da infração penal".

Nessa esfera particular, condiciona-se a apreciação do pedido de levantamento ao comparecimento pessoal do imputado ou da "interposta pessoa" utilizada para a prática hipotética do crime de *lavagem* de capitais, conforme disposto no art. 4º, § 3º, da Lei 9.613/1998 (redação determinada pela Lei nº 12.683/2012): "Nenhum pedido de liberação será conhecido sem o comparecimento pessoal do acusado ou de interposta pessoa a que se refere o *caput* deste artigo, podendo o juiz determinar a prática de atos necessários à conservação de bens, direitos ou valores, sem prejuízo do disposto no § 1º".

O mesmo regime foi adotado, com idêntica redação: (i) para o domínio dos *crimes de terrorismo*, conforme o art. 12, §§ 2º ("O juiz determinará a liberação total ou parcial dos bens, direitos e valores quando comprovada a licitude de sua origem, mantendo-se a constrição dos bens, direitos e valores necessários e suficientes à reparação dos danos e ao pagamento de prestações pecuniárias, multas e custas decorrentes da infração penal") e 3º da Lei nº 13.260/2016 ("Nenhum pedido de liberação será conhecido sem o comparecimento pessoal do acusado ou investigado, ou de interposta pessoa a que se refere o caput, podendo o juiz determinar a prática de atos necessários à conservação de bens, direitos ou valores, sem prejuízo do disposto no § 1º"); (ii) para a esfera dos *crimes de tráfico de pessoas*, nos termos do art. 8º, §§ 2º ("O juiz determinará a liberação total ou parcial dos bens, direitos e valores quando comprovada a licitude de sua origem, mantendo-se a constrição dos bens, direitos e valores necessários e suficientes à reparação dos danos e ao pagamento de prestações pecuniárias, multas e custas decorrentes da infração penal") e 3º da Lei nº 13.344/2016 ("Nenhum pedido de liberação será conhecido sem o comparecimento pessoal do acusado ou investigado, ou de interposta pessoa a que se refere o *caput*, podendo o juiz determinar a prática de atos necessários à conservação de bens, direitos ou valores, sem prejuízo do disposto no § 1º").

9. DESTINAÇÃO DOS BENS SEQUESTRADOS

Quanto à *destinação dos bens sequestrados*, dispõe o art. 133 do CPP: "Transitada em julgado a sentença condenatória, o juiz, de ofício ou a requerimento do interessado, determinará a avaliação e a venda dos bens em leilão público". No plano especial da persecução por *crime de tráfico de pessoas*, tem-se a norma do art. 8º, § 4º, da Lei nº 13.344/2016, refletindo a mesma lógica do regime geral: "Ao proferir sentença de mérito, o juiz decidirá sobre o perdimento do produto, bem ou valor apreendido, sequestrado ou declarado indisponível".

Trata-se da efetivação da finalidade assecuratória da medida, diante da incidência da causa de perda dos bens constritos e de reparação do dano ao lesado (art. 91, I e II, *b*, CP). A condenação definitiva torna certa a obrigação de reparar o dano causado pelo crime (art. 91, I, CP), conduzindo também ao efeito de perda em favor da União, ressalvado o direito do lesado ou de terceiro de boa-fé (art. 91, II, *b*, CP).

Assim, aplicada a medida cautelar justamente para assegurar a efetividade desses efeitos, a condenação definitiva conduz naturalmente à avaliação e ao leilão dos bens constritos, de modo a garantir aos lesados, e residualmente à União, a correspondente satisfação financeira.

Assevere-se que só caberá à União o dinheiro apurado remanescente à quantidade necessária à reparação do prejuízo do ofendido ou de terceiro de boa-fé (art. 133, parágrafo único, CPP).

Em se tratando de alienação antecipada, no curso do processo, porém, aplica-se ao sequestro (assim como ao arresto e à hipoteca) a norma do art. 144-A, § 3º, parte final, acrescentado pela Lei nº 12.694/2012: "O produto da alienação ficará depositado em conta vinculada ao juízo até a decisão final do processo, *procedendo-se à sua conversão em renda para a União, Estado ou Distrito Federal, no caso de condenação*, ou, no caso de absolvição, à sua devolução ao acusado".

Basta ao juiz penal, assim, determinar a conversão do valor depositado em renda para a União, Estado ou Distrito Federal, conforme o caso, como decorrência da própria condenação definitiva. Esse efeito deverá ser registrado na própria sentença condenatória, condicionada a sua aplicação, porém, ao respectivo trânsito em julgado (se e quando ocorrer). Em caso de absolvição, o valor depositado deverá ser destinado ao acusado.

SEÇÃO II
Arresto e Hipoteca Legal

1. CONCEITO E FINALIDADES: DIFERENÇA ENTRE ARRESTO E SEQUESTRO

O *arresto*, como o sequestro, constitui medida assecuratória destinada à garantia da recomposição do dano causado pelo crime e do pagamento de prestações pecuniárias emanadas da condenação. Diversamente do sequestro, porém, o arresto recai sobre bens móveis ou imóveis de origem *lícita*.

Em sua redação original, o Código de Processo Penal (artigos 136 e 137) previa a hipótese com o nome de *sequestro*, de forma indistinta relativamente à constrição de bens de origem ilícita (artigos 125 e 132). Com a reforma introduzida pela Lei nº 11.435/2006, entretanto, conferiu-se à medida a designação mais adequada de *arresto*, conforme a sistemática do direito processual brasileiro.

Assim, ainda que inexistentes, indisponíveis ou inalcançáveis o produto e os proventos da infração penal, é possível a constrição do patrimônio licitamente adquirido pelo imputado, para o fim de garantir a efetividade de obrigação que a ele poderá ser imposta, como consequência da condenação.

Nesse sentido, revelam-se mais amplas as finalidades assecuratórias associadas ao sequestro do que aquelas próprias do arresto. Isso porque o sequestro visa também a impedir que o agente obtenha lucro ou proveito com a prática da infração penal, eliminando-lhe o produto ou os proventos. O arresto, contudo, por incidir apenas sobre bens de origem lícita, vincula-se apenas às finalidades de assegurar a efetividade de penas pecuniárias e de consequências reparatórias.

Independentemente de ter obtido lucro com a infração, assim, o imputado pode ter bens arrestados, que garantam a realização prática dos objetivos legais, em caso de condenação. Suponha-se, por exemplo, que a imputação diga respeito à prática de homicídio culposo contra diversas pessoas. Mesmo inexistentes proventos da infração, poderá haver a necessidade concreta de constranger o patrimônio lícito do imputado, para o fim de assegurar a reparação do dano à família das vítimas, caso o imputado venha a ser definitivamente condenado. Essa finalidade de reparação do dano ao ofendido tem proeminência sobre as de garantia do pagamento de prestações pecuniárias e de despesas processuais, como dispõe o art. 140 do CPP: "As garantias do ressarcimento do dano alcançarão também as despesas processuais e as penas pecuniárias, tendo preferência sobre estas a reparação do dano ao ofendido".

Assevere-se, desde logo, que o arresto não pode ser efetuado de maneira indiscriminada, com abrangência de todo o patrimônio do imputado. À vista do prejuízo dimensionado ou estimado, assim como da especificação de bens imóveis, é que caberá ao juiz deferir medida individualizada, incidente sobre bens determinados, sob pena de devassa patrimonial genérica, com ilegal e abusiva ofensa ao direito de propriedade.

Por fim, como já antes pontuado, o arresto pode recair sobre bem de família, pois sua finalidade é a de garantir a futura execução de sentença penal condenatória, a título de ressarcimento ou indenização, incidindo, assim, a exceção contemplada no art. 3°, inciso VI, segunda parte, da Lei n° 8.009/1990.

2. ARRESTO DE BENS IMÓVEIS E HIPOTECA LEGAL

2.1. Conceito, Legitimidade e Requisitos

O arresto de bens imóveis está previsto, de maneira preferencial frente ao de bens móveis, no art. 136 do CPP (redação conferida pela Lei n° 11.435/2006): "O arresto do bem imóvel poderá ser decretado de início, revogando-se, porém, no prazo de 15 (quinze) dias, se não for promovido o processo de inscrição da hipoteca legal".

A medida cautelar da *hipoteca legal* pode vincular-se, em caso de necessidade, ao arresto prévio de bens imóveis. Trata-se de *garantia real*, a assistir ao ofendido, da reparação do dano causado pelo crime. A hipoteca, quando for o caso, consolida o arresto dos bens imóveis, mantendo essa constrição. Nos termos do art. 134 do CPP, "a hipoteca legal sobre os imóveis do indiciado poderá ser requerida *pelo ofendido* em qualquer fase do processo, desde que haja certeza da infração e indícios suficientes da autoria".

A legitimidade para essa postulação é do ofendido, titular de preferência sobre os bens para fins de reparação (art. 140, CPP). Em caso de pobreza do ofendido, será representado por defensor público. Nesse particular, reputamos não recepcionada pela Constituição de 1988 a regra do art. 142 do CPP: "Caberá ao Ministério Público promover as medidas estabelecidas nos arts. 134 e 137, se houver interesse da Fazenda Pública, ou se o ofendido for pobre e o requerer". Ora, na ordem constitucional vigente, não cabe ao Ministério Público nem postular interesse da Fazenda Pública nem interesse individual de pessoa hipossuficiente. No primeiro caso, o ente público poderá fazer-se representar por sua respectiva procuradoria, uma vez intimado pelo juiz para tanto. No segundo, cabe à Defensoria Pública assistir ao ofendido pobre, como é de seu perfil institucional (art. 134, *caput*, CF).

De toda sorte, poderá o Ministério Público promover o procedimento da hipoteca legal, considerando que a garantia também serve à efetividade do pagamento de prestações pecuniárias imponíveis como pena. Isso se dá, entretanto, independentemente da regra do art. 142 do CPP, pois, na hipótese, o Ministério Público não representa "interesse da Fazenda Pública", e sim interesse jurídico-penal, próprio do titular da ação penal pública, de assegurar a efetividade da pena de prestação pecuniária por ele perseguida no processo.

Por outro lado, exigem-se, como *pressupostos* da aplicabilidade da medida assecuratória, a materialidade do fato e indícios suficientes de autoria. A decretação do arresto e sua consolidação com a hipoteca reclamam, portanto, *justa causa*.

Ademais, como *requisito*, tem-se a *necessidade* própria de toda medida cautelar. Obviamente, não será pelo mero fato de responder ao processo penal que o imputado poderá ter seu patrimônio lícito constrito, de modo a satisfazer pretensões de garantia. A exigência de garantia real não emana de uma cautela abstrata, mas da necessidade efetiva e concreta de constrição de patrimônio do imputado para assegurar o cumprimento futuro e eventual de suas obrigações. Essa necessidade traduz-se no *risco concreto* de que bens suficientes à reparação já não existam no futuro, para o caso de vir a ser imposta condenação criminal ao imputado. O risco, por sua vez, evidencia-se em circunstâncias como a dilapidação, a transferência ou a tentativa de ocultação de patrimônio pelo imputado, com o objetivo de furtar-se ao cumprimento de eventual obrigação que lhe venha a ser imposta.

Realizado o arresto dos bens imóveis, o ofendido dispõe de 15 (quinze) dias para requerer a hipoteca legal, sob pena de revogação daquela medida (art. 136, CPP). Esse *requerimento é de especialização dos bens imóveis necessários à garantia perseguida*, como condição para a inscrição e registro da hipoteca por ordem do juiz.

2.2. Especialização e Registro da Hipoteca

Antes de tudo, entenda-se o seguinte: o arresto é medida cautelar destinada à constrição prévia de bens para viabilizar a posterior especialização da hipoteca, o que não quer dizer, porém, que esse último procedimento dependa de prévio arresto. Em outros termos, o arresto de bens imóveis poderá ser utilizado quando necessário para assegurar a posterior hipoteca[13]. Quando não haja essa necessidade, portanto, a especialização da hipoteca poderá ser postulada pelo interessado, independentemente de prévio arresto.

Nesse contexto, deverá ser requerida a *especialização da hipoteca*, destinada à individualização do imóvel e do respectivo valor, em cotejo com o estimado valor da responsabilidade do imputado.

Nos termos do art. 135, *caput*, do CPP, "pedida a especialização mediante requerimento, em que a parte estimará o valor da responsabilidade civil, e designará e estimará o imóvel ou imóveis que terão de ficar especialmente hipotecados, o juiz mandará logo proceder ao arbitramento do valor da responsabilidade e à avaliação do imóvel ou imóveis".

Esse dispositivo não é salvaguarda para que o arresto de bens imóveis se realize de forma genérica e indiscriminada, como se a determinação dos bens só estivesse exigida em momento posterior, por meio de especialização da hipoteca. Em absoluto. O arresto e a hipoteca continuam a ser medidas passíveis de incidir sobre *bens determinados*. O que o art. 135, *caput*, do CPP disciplina é a designação dos imóveis que terão de ficar *especialmente* hipotecados. Assim, a partir da abrangência inicial (determinada) da medida, a especialização depura os bens realmente necessários à garantia perseguida, diante do prejuízo dimensionado pelo ofendido.

O procedimento de especialização da hipoteca, que deve tramitar em auto apartado (art. 138, CPP), é objeto de disciplina no art. 135 do CPP. O pedido de especialização, conforme o art. 135, § 1º, do CPP, será instruído "com as provas ou indicação das provas em que se fundar a estimação da responsabilidade, com a relação dos imóveis que o responsável possuir, se outros tiver, além dos indicados no requerimento, e com os documentos comprobatórios do domínio".

O arbitramento do valor da responsabilidade e a avaliação dos imóveis designados devem ser efetuados por perito oficial ou nomeado pelo juiz (art. 135, § 2º, CPP). De toda sorte, dispõe o juiz de liberdade para corrigir o arbitramento, se lhe parecer excessivo ou insuficiente (ou, como diz a lei, "deficiente"), após ouvir as partes, no prazo de 2 (dois) dias (art. 135, § 3º, CPP).

A inscrição da hipoteca pelo juiz, após esse procedimento, fica limitada aos bens imóveis estritamente necessários à garantia da responsabilidade (art. 135, § 4º, CPP).

A hipoteca legal pode ser substituída por *caução suficiente* oferecida pelo imputado, nos termos do art. 135, § 6º, do CPP: "Se o réu oferecer caução suficiente, em dinheiro ou em títulos da dívida pública, pelo valor de sua cotação em Bolsa, o juiz poderá deixar de mandar proceder à inscrição da hipoteca legal".

---

13. Conforme HÉLIO TORNAGHI: *"Finalidade do arresto do art. 136* é evitar o perigo que advirá com a demora da inscrição da hipoteca. O processo respectivo, como se viu no art. 135 e seus parágrafos, é um pouco longo e poderia o retardamento dar tempo à fraude. Permite, por isso, o Código que os bens sejam desde logo arrestados. Mas o arresto é, no caso, providência que visa simplesmente a acautelar bens especializáveis para, com isso, tornar possível a inscrição da hipoteca legal. Cumpre, pois, requerê-la desde logo..." Cfr. TORNAGHI, Hélio Bastos. *Instituições de Processo Penal*. São Paulo: Saraiva, 1978, v. 3, p. 49.

Com a condenação definitiva, deve-se realizar a garantia, por meio de *liquidação do valor da responsabilidade*, segundo a disciplina objeto do art. 135, § 5º, do CPP: "O valor da responsabilidade será liquidado definitivamente após a condenação, podendo ser requerido novo arbitramento se qualquer das partes não se conformar com o arbitramento anterior à sentença condenatória".

O regime abordado situa o arresto de bens imóveis como providência preparatória, em caso de necessidade, da garantia de hipoteca legal, inscrita por ordem do juiz após a devida especialização, a cargo do ofendido. Tem-se, assim, a sequência: arresto de bens imóveis (art. 136, CPP) > especialização da hipoteca (art. 135, *caput* e § 1º, CPP) > inscrição da hipoteca por ordem judicial (art. 135, § 4º, CPP), após o arbitramento pericial do valor da responsabilidade e da avaliação dos bens.

Não é cabível recurso contra a decisão de arresto de bens imóveis. Isso porque: (i) o art. 136 do CPP disciplina o arresto de bens imóveis como providência provisória e preparatória, dependendo a continuidade da respectiva constrição patrimonial de tempestiva iniciativa do ofendido no sentido de promover o processo de inscrição da *hipoteca legal*; (ii) essa provisoriedade caracteriza a decisão de arresto como interlocutória; (iii) não havendo previsão dessa decisão interlocutória no rol do art. 581 do CPP, incide a regra geral da irrecorribilidade.

Nessas condições, ausente recurso cabível, o ato pode ser impugnado por mandado de segurança.

Uma vez consolidada a hipoteca por ato do juiz (art. 135, § 4º, CPP), já se *teria* então a nota da permanência. Tratando-se de decisão terminativa quanto a uma questão incidental, a hipótese seria de *decisão com força de definitiva*, segundo a lógica do direito processual penal vigente, e não de decisão interlocutória. Ausente previsão legal dessa decisão (com força de definitiva) no rol do recurso em sentido estrito (art. 581, CPP), a impugnação recursal cabível seria a *apelação*, com fundamento no art. 593, *caput*, II, do CPP. Essa é a compreensão corrente, da qual discordamos, por considerar que a decisão de inscrição da hipoteca legal diz respeito a mera questão incidental, além de ser passível de revisão a todo tempo: trata-se, portanto, de decisão interlocutória, e como tal não sujeita a recurso, cabendo, porém, a sua impugnação por mandado de segurança.

De toda sorte, mesmo aceito o cabimento da apelação, deve ser admitido o mandado de segurança na hipótese de decisão teratológica e de perigo de lesão grave e irreparável, considerando a ausência de efeito suspensivo do recurso, no que se refere ao cumprimento imediato da medida cautelar.

3. ARRESTO DE BENS MÓVEIS

O arresto de bens móveis está assim disciplinado no art. 137, *caput*, do CPP (com redação conferida pela Lei nº 11.435/2006): "Se o responsável não possuir bens imóveis ou os possuir de valor insuficiente, poderão ser arrestados bens móveis suscetíveis de penhora, nos termos em que é facultada a hipoteca legal dos imóveis".

Trata-se de medida assecuratória de bens móveis de origem lícita. Esse arresto pode alcançar bens móveis como dinheiro, automóveis e jóias, por exemplo, desde que não constituam produto ou proventos da infração penal. Nos termos do art. 137, § 1º, do CPP, "se esses bens forem coisas fungíveis e facilmente deterioráveis, proceder-se--á na forma do § 5º do art. 120", ou seja: avaliação e leilão público, depositando-se o dinheiro apurado. A esse âmbito particular aplica-se atualmente o procedimento de *alienação antecipada* objeto do art. 144-A do CPP, abordado em tópico próprio. Das rendas oriundas dos bens móveis constritos, ou ainda da venda antecipada de bens móveis deterioráveis ou depreciáveis, "poderão ser fornecidos recursos arbitrados pelo juiz, para a manutenção do indiciado e de sua família", nos termos do art. 137, § 2º, do CPP. Esse dispositivo deve ser aplicado em caso de necessidade, de modo que a constrição cautelar de bens não afete a própria subsistência do imputado e a de sua família.

Uma forma comum de efetivação do arresto de bens móveis é por bloqueio de valores em contas bancárias, com a finalidade de garantia da reparação do dano causado pelo fato, assim como o pagamento de prestações pecuniárias imponíveis como pena. Se os valores bloqueados em conta forem de origem lícita – decorrentes, por exemplo, de atividades profissionais do imputado –, a hipótese é de arresto. Na espécie, a medida deve estar concretamente justificada pelo risco de desaparecimento dos bens necessários ao cumprimento de obrigações pecuniárias impostas ao imputado em caso de condenação definitiva. Por outro lado, se o dinheiro depositado em conta tiver proveniência em tese ilícita, como acontece no âmbito dos crimes de *lavagem* de ativos, a hipótese é de sequestro, associado às mesmas finalidades e, adicionalmente, à de eliminação do proveito obtido pelo agente com a prática da infração penal.

No sentido do art. 137, *caput*, do CPP, o arresto é medida *subsidiária*, cabível apenas *quando o responsável não possuir bens imóveis ou os possuir de valor insuficiente*. Como bem pontua Hélio Tornaghi: "Esse arresto não é, como o anterior, destinado a assegurar os imóveis que serão objeto de hipoteca. Não é preventivo da hipoteca. É subsidiário e complementar. Se o acusado tiver imóveis que bastem para responder pela obrigação, a hipoteca é suficiente e não precisa ser complementada por nenhuma outra providência..."[14]. A despeito disso, na prática é comum verificar a imposição cumulativa do arresto de bens imóveis e móveis, sob a base da pura especulação, deixando-se o levantamento da última medida para momento posterior, quando verificada a suficiência assecuratória da hipoteca dos imóveis constritos.

Uma vez cumprida a medida, "o depósito e a administração dos bens arrestados ficarão sujeitos ao regime do processo civil", nos termos do art. 139 do CPP. Aplicam--se, nesse particular, por força de remissão expressa, os artigos 159 a 161 do Código de Processo Civil de 2015: "*Art. 159.* A guarda e a conservação dos bens penhorados, arrestados, sequestrados ou arrecadados serão confiadas a depositário ou administrador, não dispondo a lei de outro modo. *Art. 160.* Por seu trabalho o depositário ou administrador perceberá remuneração que o juiz fixará levando em conta a situação dos bens, ao tempo do serviço e às dificuldades de sua execução. Parágrafo único. O juiz poderá nomear um ou mais prepostos por indicação do depositário ou do administrador. *Art. 161.* O depositário ou o administrador responde pelos prejuízos que, por dolo ou culpa,

---

14. Tornaghi, Hélio Bastos. *Instituições de Processo Penal*. São Paulo: Saraiva, 1978, v. 3, p. 49.

causar à parte, perdendo a remuneração que lhe foi arbitrada, mas tem o direito de haver o que legitimamente despendeu no exercício do cargo. Parágrafo único. O depositário infiel responde civilmente pelos prejuízos causados, sem prejuízo de sua responsabilidade penal e da imposição de sanção por ato atentatório à dignidade da justiça".

Do mesmo modo que o arresto de bens imóveis, o de bens móveis também reclama a individualização do patrimônio a ser atingido, não se admitindo medidas genéricas, de abrangência indiscriminada.

Ao contrário do que sucede com o arresto de bens imóveis, no entanto, o de bens móveis já se efetiva com base na própria decisão que o decretou, não havendo a necessidade de providência posterior no sentido de se consolidar a garantia real. Como visto, a continuidade do arresto de bens imóveis depende da posterior inscrição de hipoteca legal, após o procedimento de especialização de iniciativa do ofendido. O arresto de bens móveis, entretanto, já se consolida com a apreensão determinada pelo juiz.

Esse perfil conduz à compreensão corrente de que a decisão de arresto se classifica como *decisão com força de definitiva*, sujeita, portanto, a recurso de apelação, nos moldes do art. 593, *caput*, II, do CPP, por não estar contemplada no rol do recurso em sentido estrito (art. 581, CPP). Discordando dessa orientação, parece-nos que o arresto tem nítida nota de provisoriedade, podendo a decisão respectiva ser revista a todo tempo. Esse ato, portanto, tem na verdade natureza de decisão interlocutória, irrecorrível por não constar do rol do art. 581 do CPP. A única impugnação cabível, assim, seria, a nosso juízo, o mandado de segurança. A jurisprudência, entretanto, tem entendido pelo cabimento da apelação, podendo ser utilizado o mandado de segurança apenas em caso de decisão teratológica e de perigo de lesão grave e de difícil reparação. Para mais detalhes sobre o ponto, remete-se o leitor ao Capítulo XIX deste Curso.

4. CONTRADITÓRIO: CABIMENTO DE EMBARGOS NO ÂMBITO DO ARRESTO E DA HIPOTECA LEGAL

A lei processual penal só contempla expressamente o cabimento de embargos, como instrumento de defesa do imputado, no âmbito do *sequestro*, segundo a disciplina do art. 130 do CPP.

Aplicam-se subsidiariamente aos *embargos de terceiro*, entretanto, as normas dos artigos 674 e seguintes do Novo Código de Processo Civil. A respeito, dispõe o art. 674, *caput*, do CPC/2015: "Quem, não sendo parte no processo, sofrer constrição ou ameaça de constrição sobre bens que possua ou sobre os quais tenha direito incompatível com o ato constritivo, poderá requerer seu desfazimento ou sua inibição por meio de embargos de terceiro". Esse regime tem aplicabilidade ao arresto prévio de bens imóveis, à hipoteca legal e ao arresto de bens móveis.

Quanto à hipoteca legal, em particular, contempla-se meio de defesa do próprio imputado, por meio do oferecimento de caução suficiente, em dinheiro ou em títulos da dívida pública, para substituição da garantia, nos termos do art. 136, § 6º, do CPP. Embora a literalidade do dispositivo declare a possibilidade de substituição da garantia antes da inscrição da hipoteca legal pelo juiz, nada impede que o oferecimento de caução pelo imputado se dê após a inscrição.

5. LEVANTAMENTO DO ARRESTO OU DA HIPOTECA E DESTINAÇÃO DOS BENS ARRESTADOS OU HIPOTECADOS

Nos termos do art. 141 do CPP (redação conferida pela Lei nº 11.435/2006), "o arresto será levantado ou cancelada a hipoteca, se, por sentença irrecorrível, o réu for absolvido ou julgada extinta a punibilidade".

Esse dispositivo deve ser lido conforme a ordem constitucional e a própria sistemática do Código de Processo Penal. Sob essas luzes, o levantamento do arresto e o cancelamento da hipoteca são medidas imperativas na hipótese de absolvição, *independentemente de trânsito em julgado*. Ora, a absolvição em primeiro grau representa a reafirmação do estado de inocência, não podendo subsistir qualquer medida cautelar, ainda que impugnável a sentença por recurso da acusação. Por isso mesmo é que o art. 386, parágrafo único, II, do CPP, com redação determinada pela Lei nº 11.690/2008, determina a *cessação das medidas cautelares e provisoriamente aplicadas* como *efeito imediato* da sentença absolutória.

Assim, não é só a sentença absolutória "irrecorrível" que impõe o levantamento do sequestro e o cancelamento da hipoteca. A declaração judicial de absolvição, ainda que sujeita a recurso, já tem esse efeito imediato, por afirmar a falta de justa causa de qualquer medida cautelar, quer pessoal, quer patrimonial.

O mesmo se diga quanto à decisão de extinção da punibilidade. Assim, nas hipóteses de absolvição e de extinção da punibilidade, deverá o arresto ser levantado e a hipoteca cancelada, restituindo-se os bens à disponibilidade do titular.

Sobre a *destinação dos bens arrestados ou hipotecados na hipótese de condenação definitiva*, aplica-se o disposto no art. 143 do CPP: "Passando em julgado a sentença condenatória, serão os autos de hipoteca ou arresto remetidos ao juiz do cível (art. 63)". A remessa ao juízo cível destina-se à realização e à satisfação da garantia, em procedimento de execução. Trata-se, na espécie, de ação civil *ex delicto* em processo de execução.

Seguidamente, como dispõe o art. 144 do CPP, "os interessados ou, nos casos do art. 142, o Ministério Público poderão requerer no juízo cível contra o responsável civil, as medidas previstas nos arts. 134, 136 e 137". Ressalve-se nessa regra, porém, a alusão à possibilidade de o Ministério Público promover execução no juízo cível, o que é incompatível com a ordem constitucional vigente. Se o ofendido for pobre, caberá a assistência da Defensoria Pública para promover a execução da garantia no juízo civil. Se o ofendido for ente público, caberá o mesmo à respectiva advocacia ou procuradoria.

Esse regime, aplicável ao arresto e à hipoteca, difere daquele reservado ao sequestro, em que a destinação é resolvida no âmbito do próprio juízo penal, segundo a disciplina do art. 133 do CPP: avaliação e venda dos bens em leilão público; do dinheiro apurado, recolhe-se ao Tesouro Nacional o que não couber ao lesado ou a terceiro de boa-fé.

Em se tratando de alienação antecipada, porém, o regime é o mesmo para sequestro, arresto e hipoteca, realizando-se todo o procedimento perante o próprio juízo penal, segundo a forma disposta no art. 144-A do CPP, acrescentado pela Lei n° 12.694/2012.

Tendo havido alienação antecipada, o valor assim apurado estará depositado em conta vinculada ao juízo. Nessa hipótese, não se aplicam – nem mesmo ao arresto e à hipoteca – as normas dos artigos 143 e 144 do CPP, incidindo especificamente a do art. 144-A, § 3°, parte final, acrescentado pela Lei n° 12.694/2012: "O produto da alienação ficará depositado em conta vinculada ao juízo até a decisão final do processo, *procedendo-se à sua conversão em renda para a União, Estado ou Distrito Federal, no caso de condenação*, ou, no caso de absolvição, à sua devolução ao acusado".

Com efeito, se o produto da alienação antecipada já está depositado em conta remunerada, não há sentido na remessa dos autos ao juízo civil. Basta ao juiz penal, assim, determinar a conversão do valor depositado em renda para a União, Estado ou Distrito Federal, conforme o caso, como decorrência da própria condenação definitiva. Esse efeito deverá ser registrado na própria sentença condenatória, condicionada a sua aplicação, porém, ao respectivo trânsito em julgado (se e quando ocorrer). Em caso de absolvição, o valor depositado deverá ser destinado ao acusado.

SEÇÃO III
Alienação Antecipada

A Lei n° 12.694/2012 acrescentou ao Código de Processo Penal o art. 144-A, disciplinando a *alienação antecipada de bens*, para a preservação de seu valor, em caso de risco de deterioração ou de depreciação. Essa medida é aplicável tanto na hipótese de sequestro quanto na de arresto. O regime instituído pela Lei n° 12.694/2012 generalizou, para a persecução penal em princípio por qualquer crime, a aplicabilidade da medida pouco antes instituída pela Lei n° 12.683/2012 especificamente para a esfera dos crimes de *lavagem* de ativos ilícitos.

Trata-se da venda antecipada dos bens constritos, antes da sentença penal definitiva, para evitar sua depreciação ou deterioração. A medida é excepcional, dependendo de justificação concreta e idônea, pois implica a perda da propriedade por pessoa que pode, ao final, vir a ser absolvida da imputação.

Nos termos do art. 144-A, *caput*, do CPP: "O juiz determinará a alienação antecipada para preservação do valor dos bens sempre que estiverem sujeitos a qualquer grau de deterioração ou depreciação, ou quando houver dificuldade para sua manutenção".

Cuida-se, portanto, da venda antecipada de bens, em *leilão*, preferencialmente por meio eletrônico (art. 144-A, § 1°, CPP). Conforme o disposto no art. 144-A, § 2°: "Os bens deverão ser vendidos pelo valor fixado na avaliação judicial ou por valor maior. Não alcançado o valor estipulado pela administração judicial, será realizado novo leilão, em até 10 (dez) dias contados da realização do primeiro, podendo os bens ser alienados por valor não inferior a 80% (oitenta por cento) do estipulado na avaliação judicial".

Quanto ao dinheiro obtido com a alienação antecipada, "ficará depositado em conta vinculada ao juízo até a decisão final do processo, procedendo-se à sua conversão em renda para a União, Estado ou Distrito Federal, no caso de condenação, ou, no caso de absolvição, à sua devolução ao acusado", nos termos do art. 144-A, § 3º, do CPP. Esse ponto será melhor examinado nos tópicos reservados à destinação dos bens sequestrados, arrestados ou hipotecados.

Caso o produto da alienação consista em ativos estrangeiros ou diversos do dinheiro, aplica-se sua conversão em moeda nacional, antes do depósito em conta judicial, segundo o art. 144-A, § 4º, do CPP: "quando a indisponibilidade recair sobre dinheiro, inclusive moeda estrangeira, títulos, valores mobiliários ou cheques emitidos como ordem de pagamento, o juízo determinará a conversão do numerário apreendido em moeda nacional corrente e o depósito das correspondentes quantias em conta judicial".

Tratando-se de títulos da dívida pública, de ações de sociedades ou de títulos de crédito negociáveis em bolsa, o respectivo valor "será o da cotação oficial do dia, provada por certidão ou publicação no órgão oficial" (art. 144-A, § 6º, CPP).

Quando a alienação seja de veículos, embarcações ou aeronaves constritas, "o juiz ordenará à autoridade de trânsito ou ao equivalente órgão de registro e controle a expedição de certificado de registro e licenciamento em favor do arrematante, ficando este livre do pagamento de multas, encargos e tributos anteriores, sem prejuízo de execução fiscal em relação ao antigo proprietário", nos termos do art. 144-A, § 5º, do CPP.

No domínio dos crimes de *lavagem* de capitais, há um regime especial de *alienação antecipada* dos bens constritos, introduzido pela Lei nº 12.683/2012, semelhante, porém, em sua essência, ao regime geral, instituído pela Lei nº 12.694/2012. Confira-se, a respeito, o teor da norma do art. 4º, § 1º, da Lei nº 9.613/1998 (redação determinada pela Lei nº 12.683/2012): "Proceder-se-á à alienação antecipada para preservação do valor dos bens sempre que estiverem sujeitos a qualquer grau de deterioração ou depreciação, ou quando houver dificuldade para sua manutenção".

Essa alienação antecipada tem procedimento disciplinado no art. 4º-A da Lei nº 9.613/1998 (acrescentado pela Lei nº 12.683/2012). O *caput* do dispositivo assim prescreve: "A alienação antecipada para preservação de valor de bens sob constrição será decretada pelo juiz, de ofício, a requerimento do Ministério Público ou por solicitação da parte interessada, mediante petição autônoma, que será autuada em apartado e cujos autos terão tramitação em separado em relação ao processo principal".

Como já tivemos a oportunidade de sustentar, não se admite ativismo judicial na decretação de medidas assecuratórias, algo incompatível com a imparcialidade da função jurisdicional, sendo inconstitucional, portanto, a parte inicial do art. 4º, *caput*, da Lei nº 9.613/1998, que contempla a possibilidade de decretação judicial *de ofício* dessas cautelares.

O mesmo se deve dizer da alienação antecipada dos bens constritos. O juiz não pode ter a *iniciativa*, típica do interesse parcial, de providenciar a venda antecipada de bens, para preservar-lhes o valor, em benefício do potencial ofendido e da União, sem que o próprio titular da ação ou o interessado o tenha pretendido. Nada justifica esse ativismo judicial, incompatível com a inércia própria da função. Cabe ao juiz apenas, portanto, analisar a pertinência normativa da provocação do Ministério Público ou do interessado, de modo a tutelar-lhe o interesse, se for o caso, em um ambiente de imparcialidade.

O requerimento de alienação, como expressa o art. 4º-A, § 1º, da Lei nº 9.613/1998, "deverá conter a relação de todos os demais bens, com a descrição e a especificação de cada um deles, e informações sobre quem os detém e local onde se encontram". Eis mais um sinal da inadmissibilidade de que o próprio juiz, de ofício, tome a iniciativa de promover a alienação, a ponto de buscar informações nesse nível de detalhe, o que revelaria nítido interesse na causa.

A tramitação do incidente de alienação antecipada deve dar-se em autos apartados, de modo a não prejudicar o andamento do processo principal. Deferida a medida de alienação, deverá ser intimado o Ministério Público (art. 4º-A, § 2º, Lei nº 9.613). O apensamento do incidente aos autos principais só ocorre, porém, depois de efetivada a venda, em leilão ou pregão, e o depósito do valor assim apurado (art. 4º-A, § 8º, Lei nº 9.613).

Efetivada inicialmente a avaliação, "e dirimidas eventuais divergências sobre o respectivo laudo, o juiz, por sentença, homologará o valor atribuído aos bens e determinará sejam alienados em leilão ou pregão, preferencialmente eletrônico, por valor não inferior a 75% (setenta e cinco por cento) da avaliação", nos termos do art. 4º-A, § 3º, da Lei nº 9.613/1998. Cuida-se, assim, de autêntica antecipação cautelar do leilão a que se refere o art. 133 do CPP, aplicável na esfera particular dos crimes de *lavagem* de ativos.

A destinação do dinheiro apurado, entretanto, não pode ser desde logo ao lesado ou à União, diante da ausência de condenação definitiva. A alienação antecipada não é um instrumento de execução provisória da garantia, e sim de *transformação em dinheiro do bem sujeito a deterioração ou depreciação*, para preservar o valor assegurado. A pecúnia apurada, nesse contexto, só beneficiará a seus destinatários em caso de condenação definitiva, que firme judicialmente a existência do fato criminoso e a responsabilidade penal do imputado.

Nessas condições, o que a lei disciplina é a guarda dos valores, em depósito, até que lhes sobrevenha o destino adequado, de acordo com a sentença finalmente proferida no processo penal por crime de *lavagem* de capitais.

Assim, nos termos do art. 4º-A, § 4º, da Lei nº 9.613/1998: "Realizado o leilão, a quantia apurada será depositada em conta judicial remunerada, adotando-se a seguinte disciplina: I – nos processos de competência da Justiça Federal e da Justiça do Distrito Federal: a) os depósitos serão efetuados na Caixa Econômica Federal ou em instituição financeira pública, mediante documento adequado para essa finalidade; b) os depósitos serão repassados pela Caixa Econômica Federal ou por outra instituição financeira pública para a Conta Única do Tesouro Nacional, independentemente de qualquer formalidade, no prazo de 24 (vinte e quatro) horas; e c) os valores devolvidos pela Caixa Econômica Federal ou por instituição pública serão debitados à Conta Única do Tesouro Nacional, em subconta de restituição; II – nos processos de competência da Justiça dos Estados: a) os depósitos serão efetuados em instituição financeira designada em lei, preferencialmente pública, de cada Estado ou, na sua ausência, em instituição financeira pública da União; b) os depósitos serão repassados para a conta única de cada Estado, na forma da respectiva legislação".

A instituição financeira deverá manter controle dos valores depositados (art. 4º-A, § 6º, Lei nº 9.613), inclusive com a devida aplicação.

Com a superveniência da sentença definitiva, então, aplica-se a norma do art. 4º-A, § 5º, da Lei nº 9.613/1998, esta sim concernente à destinação do dinheiro apurado com o leilão ou pregão dos bens constritos: "Mediante ordem da autoridade judicial, o valor do depósito, após o trânsito em julgado da sentença proferida na ação penal, será: I – em caso de sentença condenatória, nos processos de competência da Justiça Federal e da Justiça do Distrito Federal, incorporado definitivamente ao patrimônio da União, e, nos processos de competência da Justiça Estadual, incorporado ao patrimônio do Estado respectivo; II – em caso de sentença absolutória [ou] extintiva de punibilidade, colocado à disposição do réu pela instituição financeira, acrescido da remuneração da conta judicial".

Esse regime permite que o valor apurado seja mantido em depósito com rendimentos financeiros, que beneficiarão aos particulares afetados e ao ente público envolvido, em caso de condenação, ou ao imputado, em caso de absolvição. De toda sorte, ressalte-se que a alienação antecipada é medida excepcional, sujeita à presença concreta das causas (efetivo risco de deterioração ou depreciação) objeto do art. 4º, § 1º, da Lei nº 9.613/1998, pois, no fim das contas, o acusado pode ser privado de seus bens e, posteriormente, resultar absolvido da imputação, o que sem dúvida representa um gravame à sua esfera individual, nem sempre reparável pelos rendimentos auferidos com o dinheiro apurado no leilão ou pregão (art. 4º-A, § 3º, Lei nº 9.613).

Na hipótese de trânsito em julgado de sentença penal condenatória, o juiz decretará, nos termos do art. 4º-A, § 10, da Lei nº 9.613/1998: "I – a perda dos valores depositados na conta remunerada e da fiança; II – a perda dos bens não alienados antecipadamente e daqueles aos quais não foi dada destinação prévia; e III – a perda dos bens não reclamados no prazo de 90 (noventa) dias após o trânsito em julgado da sentença condenatória, ressalvado o direito do lesado ou terceiro de boa-fé". Trata-se de *efeitos especiais da condenação definitiva* por crime de *lavagem* de capitais, aplicáveis haja ou não alienação antecipada de bens constritos.

Conforme o § 11 do art. 4º-A da Lei nº 9.613/1998, os bens não alienados ou não previamente destinados, assim como os bens não reclamados no prazo legal, "serão adjudicados ou levados a leilão, depositando-se o saldo na conta única do respectivo ente".

Por fim, refira-se a existência de previsão especial sobre a alienação antecipada, em moldes semelhantes aos da *lavagem* de capitais: (i) para o âmbito dos *crimes de terrorismo*, nos termos do art. 12, § 1º, da Lei nº 13.260/2016 ("Proceder-se-á à alienação antecipada para preservação dos bens sempre que estiverem sujeitos a qualquer grau de deterioração ou depreciação, ou quando houver dificuldade para sua manutenção"); (ii) para o domínio dos *crimes de tráfico de pessoas*, conforme o art. 8º, § 1º, da Lei nº 13.344/2016 ("Proceder-se-á à alienação antecipada para preservação dos bens sempre que estiverem sujeitos a qualquer grau de deterioração ou depreciação, ou quando houver dificuldade para sua manutenção").

CAPÍTULO XII

Prova

SEÇÃO I
Teoria Geral da Prova no Processo Penal

SUBSEÇÃO I
Conceito e Sistemas de Valoração da Prova

1. ACEPÇÕES E FINALIDADES

Conforme ADA GRINOVER, SCARANCE FERNANDES e GOMES FILHO, *prova* é o "instrumento por meio do qual se forma a convicção do juiz a respeito da ocorrência ou inocorrência de certos fatos"[1]. Essa concepção reflete uma das acepções do termo, qual seja, a de *instrumento*.

No mesmo sentido, JEFFERSON INGRAM define prova, ou *evidence*, como "os meios empregados com a finalidade de demonstrar um fato desconhecido ou controverso, podendo ser judicial ou extrajudicial"[2]. Individualizando mais o conceito, o jurista norte-americano concebe a *prova legal*, ou *legal evidence*, como "o termo geral que significa toda prova admissível, tanto oral quanto documental, de tal caráter que tende razoável e substancialmente a demonstrar o ponto, e não a levantar simples suspeita ou conjetura"[3].

Em um conceito analítico e especificamente voltado para o processo penal, pode-se dizer que a *prova*, como *atividade*, como *instrumento* e como *resultado*, traduz-se na demonstração: (i) da ocorrência ou não da hipótese acusatória, quanto à existência material do fato e à concorrência (autoria ou participação) do imputado no fato; (ii) da ocorrência ou não das demais situações de fato relevantes para a apreciação da

---

1. GRINOVER, Ada Pellegrini / FERNANDES, Antônio Scarance / GOMES FILHO, Antônio Magalhães. *As Nulidades no Processo Penal*. São Paulo: Revista dos Tribunais, 2006, p. 135.

2. INGRAM, Jefferson L. *Criminal Evidence*. Waltham: Elsevier/Anderson Publishing, 2014, pp. 23-24: "Evidence has been defined as *the means employed for the purpose of proving an unknown or disputed fact*, and it is either judicial or extrajudicial".

3. "Legal evidence: general term meaning all admissible evidence, both oral and documentar, that is of such a character that tends reasonably and substantially to prove the point, not to raise a mere suspicion or conjecture". Cfr. INGRAM, Jefferson L. *Criminal Evidence*. Waltham: Elsevier/Anderson Publishing, 2014, p. 25.

responsabilidade penal do imputado (por exemplo, pressupostos de fato de causas de justificação, como a legítima defesa).

Já o destinatário da demonstração de fatos, com essa abrangência, é o juiz, cujo convencimento se forma empiricamente a partir do resultado da atividade probatória desenvolvida em contraditório pelas partes e excepcionalmente por iniciativa do próprio órgão jurisdicional.

Dessa lógica se desprende que a prova só pode ter por objeto *fatos*. Daí que seja impróprio falar-se em "prova da tipicidade" ou "prova da legítima defesa". Do que se trata propriamente é de prova da existência material do fato em tese constitutivo de crime, o que se designa por *materialidade*, e de prova da situação de fato constitutiva da legítima defesa (agressão atual ou iminente, por exemplo). *Materialidade*, assim, é a prova da existência *do fato* em tese constitutivo de tipo penal.

A prova, entretanto, nem sempre conduz à certeza, podendo produzir efeitos, ao menos em determinadas fases da persecução penal, apenas por aproximação. É o que acontece quanto à justa causa em sentido estrito para o exercício da ação penal, em que se exige apenas *prova indiciária* acerca da autoria ou participação do imputado (vide tópico 3 desta Subseção, *infra*).

A certeza da existência do fato em tese criminoso (*materialidade*) e a prova aproximativa (*indícios*) sobre a autoria ou a participação do imputado já conformam os elementos mínimos necessários (justa causa) para o exercício da ação penal. Para o juízo de condenação, porém, exige-se a certeza judicial, de modo que a *incerteza* quanto à prova deve conduzir à absolvição, como desponta claramente das hipóteses dos incisos II, V, VI (parte final) e VII do art. 386 do Código de Processo Penal.

Ainda de acordo com o conceito examinado, identificam-se três acepções do termo *prova*: (i) *atividade*; (ii) *instrumento*; (iii) *resultado*.

1.1. Prova como Atividade

No primeiro caso, a prova é compreendida como a (i) *atividade* desenvolvida pelas partes no sentido de fornecer elementos destinados a formar a convicção do órgão judiciário acerca da hipótese de acusação e das demais questões empíricas relevantes para a apreciação do mérito da causa (a hipotética relação de direito penal material discutida).

Para o jurista espanhol MARTÍN OSTOS: "Prova é a atividade realizada no processo para obter a convicção do julgador sobre a discussão da causa, sobre o que constitui o objeto processual (os fatos alegados pelas partes em seus escritos). Na ordem jurisdicional penal, persegue-se a convicção do Tribunal de sentença sobre os fatos puníveis imputados a uma ou a várias pessoas"[4].

---

4. No original: "la prueba es la actividad realizada en el proceso para lograr la convicción del juzgador sobre lo discutido en el mismo, sobre lo que constituye su objeto procesal (los hechos alegados por las partes en sus escritos). En el orden jurisdiccional penal, se persigue la convicción del Tribunal

A *atividade probatória* desenvolve-se no contexto do *direito à prova* titularizado pela parte. Na concepção de SCARANCE FERNANDES, esse direito desdobra-se nas seguintes vertentes: (a) direito de requerer a produção da prova; (b) direito a que o juiz decida sobre o pedido de produção da prova; (c) direito a que, deferida a prova, esta seja realizada, tomando-se as providências necessárias para sua produção; (d) direito de participar da produção da prova; (e) direito a que a produção da prova seja feita em contraditório; (f) direito a que a prova seja produzida com a participação do juiz; (g) direito a que, realizada a prova, possa manifestar-se a seu respeito; (h) direito a que a prova seja objeto de avaliação pelo julgador[5].

Esses desdobramentos traduzem relevantes *expectativas* das partes quanto à *atividade probatória* desenvolvida no contexto adversarial do processo.

1.2. Prova como Instrumento

Como (ii) *instrumento*, a prova abrange os *meios* de que se valem as partes para a demonstração de suas alegações, a saber: testemunhas (prova testemunhal), perícias (prova pericial), documentos (prova documental) etc.

A perspectiva instrumental, portanto, radica na eficácia dos mecanismos disponíveis e juridicamente admissíveis, típicos ou atípicos, com a finalidade de demonstrar ou refutar fatos relevantes para o objeto do processo.

1.3. Prova como Resultado

Finalmente, a prova pode ser dimensionada como o (iii) *resultado* da atividade desenvolvida pelas partes. Incluem-se na espécie: (a) um *viés objetivo*, consistente na materialização do resultado alcançado, em um documento (por exemplo, o depoimento testemunhal, o laudo de transcrição de diálogos telefônicos gravados); (b) um *viés subjetivo*, que considera a convicção emanada da análise do conteúdo veiculado pelos instrumentos probatórios utilizados pelas partes e excepcionalmente pelo próprio órgão judiciário[6].

---

de sentencia sobre los hechos punibles imputados a una o varias personas". Cfr. OSTOS, José Martín. *Manual de Derecho Procesal Penal*. Sevilla: Astigi, 2011.

5. FERNANDES, Antônio Scarance. *Processo Penal Constitucional*. São Paulo: Revista dos Tribunais, 2007, p. 75.

6. Refletindo sobre a interação entre as vertentes de instrumento e de resultado, associadas às finalidades próprias da prova, GOMES FILHO pontua que "os mecanismos probatórios servem à formação do convencimento do juiz e, concomitantemente, cumprem uma função não menos relevante de *justificar* perante o corpo social a decisão adotada; assim, considerar a prova como a '*alma do processo*' tanto pode significar a exaltação do seu valor *interno* – de instrumento pelo qual o juiz se esclarece sobre os fatos –, como a identificação de um elemento vivificador através do qual a atividade processual assimila valores e símbolos vigentes na sociedade, propiciando, em contrapartida, adesão do grupo ao pronunciamento resultante". Cfr. GOMES FILHO, Antônio Magalhães. *A Motivação das Decisões Penais*. São Paulo: Revista dos Tribunais, 2001, p. 13.

2. VERDADE E CERTEZA

As noções de *verdade* e de *certeza* revelam-se essenciais para a compreensão do fenômeno da prova.

Segundo clássica formulação de NICOLA MALATESTA, *verdade* é a conformidade da noção ideológica com a realidade, enquanto *certeza* é a crença, a convicção quanto a essa conformidade[7], provocando um estado subjetivo ligado a um fato, ainda que a crença não corresponda à verdade objetiva. E acrescenta o pensador italiano, individualizando o conceito de *certeza*: "Considerada a certeza em si mesma, como estado da alma, é simples e indivisível; e portanto, sempre idêntica a si mesma. Não podem por isso deduzir-se os critérios diferenciais, determinantes da espécie, da natureza intrínseca da certeza; esta, como tal, é sempre, e para todos, a crença na conformidade entre a noção ideológica e a verdade ontológica; é sempre e para todos, em outros termos, a *crença na posse da verdade*"[8].

O objetivo racional do processo, e da atividade probatória nele desenvolvida, é a *busca da verdade*[9], embora a convicção do juiz forme-se a partir da *certeza*. Como bem expressou o processualista italiano GIOVANNI BRICHETTI: "...o escopo do direito processual em geral e do direito processual penal em particular é de reconhecer e verificar uma verdade jurídica; e tal fim se alcança por meio das provas coletadas e valoradas segundo as normas prescritas nas leis de processo. As provas são os meios, e o procedimento o método, isto é, o complexo de regras, com base nas quais a ação judicial se desenrola (...) Provar, com efeito, significa dar conhecimento aos outros acerca de uma verdade por nós conhecida, e os meios de prova são precisamente os meios que nos oferecem a cognição real dos fatos: ora a verdade já é conhecida pelo homem ou com um ato imediato do observador, ou então passando do conhecido ao desconhecido, por meio da dedução e da indução"[10].

Do ponto de vista da busca da verdade, a concepção *racional* do processo só pode ser a *formalista*. Significa isso dizer que o convencimento judicial há de se fundar na

---

7. "Como a verdade em geral é a conformidade da noção ideológica com a realidade, dizemos, por isso, que a crença da percepção desta conformidade é a certeza". Cfr. MALATESTA, Nicola Framarino dei. *A Lógica das Provas em Matéria Criminal*. Trad. de Alexandre Augusto Correia. São Paulo: Saraiva, 1960, v. I, p. 26.

8. MALATESTA, Nicola Framarino dei. *A Lógica das Provas em Matéria Criminal*. Trad. de Alexandre Augusto Correia. São Paulo: Saraiva, 1960, v. I, p. 24.

9. No caso FUNK vs. UNITED STATES, julgado em 1933, afirmou a Suprema Corte norte-americana (290 U.S. 371, 1933): "The fundamental basis upon wchich all rules of evidence must rest – if they are to rest upon reason – is their adaptation to the successful development of the truth".

10. No original: "...lo scopo del dritto processuale in genere e del diritto processuale penale in particolare, è di riconoscere ed accertare una verità giuridica; e tale fine si raggiunge col mezzo delle prove che si assumono e si valutano secondo le norme prescritte dalla legge di procedura. Le prove sono i mezzi, e la procedura è il metodo, ossia il complesso delle regole, in base alle quali l'azione giudiziaria si svolge (...) Provare, invero, significa fare conoscere ad altri una verità da noi conosciuta, ed i mezzi di prova sono appunto in mezzi che ci somministrano la cognizione vera dei fatti: ora la verità si conosce dall'uomo o con un atto immediato dell'osservatore, oppure procedendo dal noto allo ignoto, col mezzo della deduzione e della induzione". Cfr. BRICHETTI, Giovanni. *L'Evidenza nel Diritto Processuale Penale*. Napoli: Casa Editrice Dott. Eugenio Jovene, 1950, p. 7.

verdade formal, entendida como a *base empírica* objeto da *prova*, única apta a compor o plano da *cognição* do juiz.

A hipótese fática acusatória só é resolúvel a partir de *dados probatórios*, formalizados no processo. Se o juiz constrói sua convicção a partir de dados empíricos de caráter probatório, há efetiva cognição ou conhecimento, ao invés da pura autoridade do decisionismo subjetivista.

Uma noção de verdade substancial ou material, ao contrário, permite a prevalência do decisionismo sobre o cognitivismo, uma vez que legitima que o juiz vá buscar o fundamento de sua convicção fora dos dados empíricos objeto da prova formal. Isso tornaria incontrolável o convencimento judicial.

Como claramente sistematizou LUIGI FERRAJOLI, a respeito de uma concepção racional e garantista do sistema penal: (a) no plano do *direito penal* material, tem-se o *voluntarismo legislativo*, no sentido de que a autoridade do legislador é que estabelece tipos de injusto, sob a base da estrita legalidade; (b) no plano do direito processual, tem-se o *cognitivismo jurisdicional*, no sentido de que a comprovação judicial encerra caráter empírico, e não potestativo.

A inversão dessa lógica é própria dos modelos anti-garantistas: cognitivismo normativo, em que a verdade substancial fundamentaria a existência do crime, dando-se margem, assim, ao voluntarismo judicial, isto é, à autoridade do juiz, e não a da lei, na identificação do desvio penal. Como exposto pelo próprio jusfilósofo italiano: "O cognitivismo jurisdicional (*veritas, non auctoritas facit judicium*) supõe, em suma, necessariamente o voluntarismo legislativo (*auctoritas, non veritas facit legem*); ao passo que o pretenso cognitivismo legislativo (*veritas, non auctoritas facit legem*) comporta de fato o mais completo voluntarismo judicial (*auctoritas, non veritas facit judicium*)"[11].

O *conhecimento* à base da *verdade formal*, assim, constitui a essência da convicção judicial. A verdade substancial é rigorosamente inalcançável, apenas servindo para permitir o voluntarismo do juiz na verificação da existência concreta da hipótese acusatória. Não se pode permitir que o juiz, subjetivamente, expresse uma "verdade" alheia ao processo. A verdade substancial é, em última análise, uma ilusão. O convencimento traduz-se na *certeza* judicial fundamentada em base empírica formal – verdade formal. Na linha de KARL POPPER, dizemos que a certeza formal não guarda correspondência com a verdade pura e objetiva, constituindo, em vez disso, uma verdade por *aproximação*[12].

---

11. No original: "Il cognitivismo giurisdizionale (*veritas, non auctoritas facit iudicium*) suppone insomma necessariamente il volontarismo legislative (*auctoritas, non veritas facit legem*); laddove il preteso cognitivismo normativo (*veritas, non auctoritas facit legem*) comporta di fatto il più totale volontarismo giudiziario (*auctoritas, non veritas facit iudicium*)". Cfr. FERRAJOLI, Luigi. *Diritto e Regione – Teoria del Garantismo Penale*. Bari: Laterza, 2004, p. 17.

12. Cfr. POPPER, Karl. *Conjectures and Refutations: the growth of scientific knowledge*. New York: Routledge, 2002, p. 240: "Assuming that the truth-content and the falsity-content of two-theories $t1$ and $t2$ are comparable, we can say that $t2$ is more closely similar to the truth, or corresponds better to the facts, than $t1$, if and only if either: (a) the truth-content but not the falsity-content of $t2$ exceeds that of $t1$, or (b) the falsity-content of $t1$, but not its truth-content, exceeds that of $t2$".

Nessa trilha, a verdade extraída da forma constitui garantia individual, ao permitir o controle racional do convencimento judiciário. A verdade formal é conhecimento, não autoridade, traduzindo a objetividade do conhecimento alcançável, em nível aproximativo e de verossimilhança, a partir da comparação entre proposições de verdade, de um lado, e falsas consequências, de outro. A convicção assim alcançada deverá então estar suportada por esse exercício, incidente sobre a prova disponível no processo.

Uma vez formado o convencimento a partir de dados empíricos formais, o juiz emitirá sua decisão, que encerra caráter potestativo. Por isso é que se diz constituir o juízo penal uma combinação de saber e poder: saber quanto ao convencimento; poder quanto à decisão imposta de acordo com o convencimento.

Não se admite que a autoridade do juiz venha antes do tempo, já na própria verificação empírica da hipótese acusatória. Só uma noção de verdade formal poderá pôr a autoridade do juiz em seu devido lugar, após a configuração do saber ou conhecimento racional (cognitivismo), apenas para impor (decidir) a solução legal adequada ao que foi empiricamente verificado.

3. PROVA INDICIÁRIA

Nos termos do art. 239 do CPP, "considera-se indício a circunstância conhecida e provada que, tendo relação com o fato, autorize, por indução, concluir-se a existência de outra ou outras circunstâncias".

A despeito de o Código de Processo Penal tratar dos indícios (Capítulo X do Título VII do Livro I) entre os meios de prova em espécie, a matéria concerne à teoria geral. Com efeito, qualquer meio de prova pode, em princípio, constituir um indício.

Nicola Malatesta concebia o indício como "aquele argumento probatório indireto que deduz o desconhecido do conhecido por meio da relação de causalidade"[13].

Como refere Camargo Aranha: "A palavra indício tem a sua origem etimológica no termo latino *indicium*, que significava o que é apontado, o que é indicado, isto é, aquele que, pelos elementos colhidos, pelas circunstâncias fáticas assinaladas, é o provável autor do fato. É sempre um fato ligado ao crime que aponta e indica o possível autor. O indício é o sinal demonstrativo do crime: *signum demonstrativum delicti*. É a conjetura provável de uma coisa incerta"[14]. O mesmo doutrinador define então o indício como "o fato provado que, por sua ligação com o fato probando, autoriza a concluir algo sobre este último"[15].

Há uma gradação informativa entre a *suspeita*, o *indício* e a *certeza*. Nesse cenário, a *prova indiciária* conduz a uma avaliação de *probabilidade*, e não de certeza. É mais que a mera suspeita, porém menos que a certeza. Com essa perspectiva do provável, Mittermaier assinalava, com precisão: "Dá-se probabilidade quando a razão,

---

13. Malatesta, Nicola Framarino dei. *A Lógica das Provas em Matéria Criminal*. Trad. de Alexandre Augusto Correia. São Paulo: Saraiva, 1960, p. 220.

14. Aranha, Adalberto José Q. T. De Camargo. *Da Prova no Processo Penal*. São Paulo: Saraiva, 1987, p. 157.

15. Aranha, Adalberto José Q. T. De Camargo. *Da Prova no Processo Penal*. São Paulo: Saraiva, 1987, p. 158.

apoiando-se em graves motivos, considera um fato verdadeiro, sem que, entretanto, os motivos sérios em contrário estejam completamente aniquilados. Resulta ela de que as provas, que deveriam por si mesmas estabelecer a verdade, se não apresentam na espécie com todas as condições requeridas, ou que, em face dos motivos que fornece, outros se erguem em sentido inverso e também muito fundados, ou, enfim, de que a convicção repousa apenas sobre dados, que, apesar de sua reunião, não são ainda bastante poderosos para gerar a certeza. Em todos estes casos a probabilidade não, pose servir de base para a condenação, pois que há sempre ensejo para a dúvida, e a consciência só ficaria satisfeita quando desaparecesse a possibilidade do contrário"[16].

A probabilidade, portanto, convive com a incerteza, entendida como a possibilidade do fato contrário àquele presumido, por mais fortes que se mostrem os elementos probatórios (indiciários).

O indício, nessa lógica, tem caráter de prova apenas aproximativa, na dimensão do provável e do incerto, depreendida, porém, de um fato certo. O fato probando é aquele incerto cuja probabilidade se deduz de um fato certo. Cumpre asseverar que essa probabilidade é diversa da certeza alcançável, segundo a noção de verdade por aproximação, a que nos referimos no tópico 2, *supra*. Isso porque no indício há um reconhecimento do caráter *incerto* da prova, algo diferente da convicção obtida dentro do que se pode alcançar em termos de verdade – o que se designa por *certeza*.

Por exemplo, suponha-se que determinada pessoa seja encontrada, instantes depois de um furto, na posse do objeto furtado. Mostra-se certo que o indivíduo, de fato, foi encontrado com o bem (certeza do fato provado). O fato probando, porém, é a efetiva autoria da subtração, o que ainda não está certo. Em virtude da ligação do fato provado com o fato probando, no entanto, diz-se que este último mostra-se *provável*. Deduz-se então, no plano da probabilidade, a autoria do furto, a partir da circunstância conhecida e provada.

Isso basta para o início do processo penal, de acordo com o conceito de justa causa em sentido estrito: materialidade e indícios de autoria ou participação. A condenação criminal, entretanto, reclama a *certeza* (a certeza alcançável), não bastando a prova indiciária. Pode ser, na hipótese, que outros elementos forneçam subsídios quanto à possibilidade de a autoria ser de outra pessoa. O sujeito surpreendido na posse do bem, por exemplo, pode tê-lo encontrado ou, inadvertidamente, comprado.

Aludiu-se, acima, a uma *dedução* do fato probando, a partir do fato provado. A norma do art. 239 do CPP, contudo, fala em "indução". Será adequado esse designativo? A dedução traduz a operação lógica que parte do geral como antecedente e chega ao particular como consequente. Na indução, dá-se o contrário: particular como antecedente e geral como consequente, o que se aplica sobretudo nas ciências naturais.

Nesse sentido, o que ocorre na avaliação de probabilidade própria do indício é um *raciocínio dedutivo*: o fato provado é geral; o fato probando, por seu turno, é o que particularmente se busca. Como esclarece CAMARGO ARANHA: "Ora, se a indução é o

---

16. MITTERMAIER, C. J. A. *Tratado da prova em matéria criminal*. Trad. de Herbert Wüntzel Heinrich. Campinas: Bookseller, 1997, pp. 66-67.

método pelo qual se chega ao geral, partindo-se do particular, não é o caso da prova indiciária, como consta no referido art. 239, pois esta é uma resultante do método inverso: partindo-se do geral (fato provado) chega-se ao particular desejado (fato probando). Logo, a prova indiciária não é indutiva, mas dedutiva. É um silogismo puro em que a conclusão, que é o fato probando, é uma resultante da comparação entre o fato indiciário (premissa menor) e uma lei da experiência ou da razão (premissa maior)"[17].

Advirta-se que o indício é inconfundível com a pura presunção a partir da experiência, sem qualquer base empírica certa. A experiência naturalmente concorre na identificação do indício, mas faz isso mediante uma convicção de probabilidade *amparada em um fato certo*. Daí que o indício seja algo mais forte que a suspeita ou a suposição, que, por sinal, não encerram caráter probatório.

Mais forte que a suspeita ou presunção, o indício não vale menos que a certeza, embora possa a ela conduzir, em condições normais. Ponderando o valor probatório do indício, eis a acurada reflexão de Nicola Malatesta: "Os indícios não merecem certamente uma apoteose, mas também não merecem a excomunhão maior. É preciso ter cautela na sua afirmação; mas não se pode negar que a certeza pode muitas vezes provir deles. E isso é claro, quando se pensa que entre os indícios se encontram os necessários. Suponhamos que Tício tenha estado por um ano na América, longe da sua mulher, que ficou na Itália; suponhamos que ao fim desse período, regressando, encontra-a grávida. Não lhes parece que Tício deve estar legitimamente certo do adultério da sua mulher? Não vos parece que outra pessoa, sabedora do afastamento de Tício durante todo aquele tempo, deve legitimamente ter a mesma certeza? E atendei a que nem todos os indícios de certeza se apresentam como tais no princípio do julgamento; há indícios de probabilidade que no decurso do juízo, pela superveniência de outras provas, tornam-se certeza. E isto tem lugar quando as provas supervenientes excluem todas as hipóteses, exceto uma, que se refere ao indício de probabilidade, caso em que aquela hipótese fica sendo a única e necessária hipótese do indício"[18].

Os indícios têm aptidão para se desdobrar em certeza, quando agregam mais proposições de verdade em cotejo com a ausência de dados de refutação, eliminando-se assim qualquer *dúvida razoável*.

4. SISTEMAS DE VALORAÇÃO DA PROVA

4.1. Espécies

A experiência normativa de diversos Estados oferece-nos três sistemas de apreciação ou valoração da prova pelo órgão jurisdicional: (i) *sistema da íntima ou da livre convicção*; (ii) *sistema da prova legal* ou da *prova tarifada*; (iii) *sistema do livre convencimento motivado* ou da *persuasão racional*.

---

17. Aranha, Adalberto José Q. T. De Camargo. *Da Prova no Processo Penal*. São Paulo: Saraiva, 1987, p. 159.

18. Malatesta, Nicola Framarino dei. *A Lógica das Provas em Matéria Criminal*. Trad. de Alexandre Augusto Correia. São Paulo: Saraiva, 1960, p. 233.

4.1.1. Sistema da íntima convicção

Pelo (i) *sistema da íntima convicção*, a prova é livremente apreciada e valorada pelo julgador, sem a motivação das decisões. Não há, assim, controle acerca dos motivos que levaram o juiz a um determinado convencimento. Nesse modelo, só a decisão é exteriorizada; o convencimento remanesce na intimidade insondável do juiz.

Ao contrário do que se poderia pensar, o sistema da íntima convicção é próprio da tradição do processo acusatório e está ali associado à colegialidade de juízes leigos. Com efeito: (a) o juiz leigo, não podendo oferecer uma motivação técnica, decide com base em sua convicção íntima e seu próprio senso de justiça; (b) para contrabalançar a falta de controle das razões, o convencimento se constrói em um colegiado de juízes. Ademais, (c) reserva-se ao acusado o direito de recusa imotivada do juiz ou, em outros termos, o direito à recusa também por motivo íntimo.

Não por acaso, modelo com esse perfil aplica-se amplamente nos sistemas contemporâneos de tradição anglo-saxônica, edificados segundo a lógica do sistema acusatório. Apenas na tradição inquisitória é que se firmou a figura do juiz técnico, obrigado a motivar suas decisões.

Naturalmente, essas não são características teoricamente essenciais a cada um dos modelos de processo penal, integrando, em verdade, sua *tradição histórica*. Pode perfeitamente um sistema de tipo acusatório ter a preponderância de juízes técnicos e a motivação como exigência racional, como, aliás, é o nosso. Para mais detalhes sobre o tema, remetemos o leitor ao Capítulo I deste Curso.

Na ordem jurídica brasileira, o sistema da íntima convicção é ainda adotado no domínio específico do *Tribunal do Júri*, instituição regida pelo *sigilo das votações*, conforme o art. 5º, inciso XXXVIII, *b*, da Constituição Federal.

A íntima convicção imotivada é a do julgador popular, que integra o Conselho de Sentença do Tribunal do Júri. O veredicto do tribunal popular, respeitante ao mérito da hipótese de crime doloso contra a vida, não contém motivação, exercício imposto apenas ao juiz técnico nos demais âmbitos.

4.1.2. Sistema da prova legal ou da prova tarifada

No (ii) *sistema da prova legal*, próprio do modelo processual de tipo inquisitório, a valoração da prova dá-se de forma taxada ou tarifada, com a vinculação do julgador a critérios aprioristicamente estabelecidos pela lei. Impede-se – ou restringe-se –, assim, o livre convencimento do julgador, pela imposição de critérios abstratos vinculantes quanto ao valor e ao peso de cada tipo de prova no processo.

Há resquícios desse sistema no direito brasileiro especialmente em dois domínios particulares:

(a) A *exigência do exame de corpo de delito* (prova pericial) para a configuração da materialidade das infrações penais que deixam vestígios (art. 158, CPP). Nessa hipótese, a lei processual penal, abstratamente, fixa a prova pericial chamada *exame de corpo de delito*, via de regra, como única apta ao aperfeiçoamento da materialidade (demonstração da existência concreta) das infrações penais que deixam vestígios, excluindo assim o valor dos demais meios de prova para a mesma finalidade, a não ser em situações excepcionais (desaparecimento dos vestígios, conforme o art. 167 do CPP).

Significa isso dizer que o julgador só pode se convencer da materialidade de um crime de homicídio, por exemplo, a partir do resultado positivo (quanto à morte violenta) da perícia própria, corporificada em um "laudo de exame cadavérico", a não ser que os vestígios do fato hajam desaparecido, caso em que só então poderá ser utilizada a prova testemunhal (art. 167, CPP).

Não há, nesse particular, livre convencimento judicial quanto à existência do fato com base em qualquer meio de prova idôneo (por exemplo, testemunhas, fotografias, filmagens etc.). Em persistindo os vestígios da infração, a lei tarifa a prova pericial específica como único meio idôneo.

Como oportunamente detalharemos, porém, a jurisprudência brasileira tem relativizado a exigência legal do exame de corpo de delito, prestigiando assim o sistema do livre convencimento motivado. Nesse sentido, eis o julgado da Quinta Turma do Superior Tribunal de Justiça no RESP 1.392.386/RS (STJ, 5ª Turma, RESP 1.392.386, Rel. Min. Marco Aurélio Bellizze, julgamento em 03.09.2013, DJ de 09.09.2013): "Estando devidamente demonstrada a existência de provas referentes à utilização de escalada para realizar o furto, por meio de filmagem, fotos e testemunhos, ainda que não tenha sido realizado exame de corpo de delito – o qual pode ser suprido pela prova testemunhal, nos termos do que disciplina o art. 167 do Código de Processo Penal –, não há se falar em violação ao art. 155, § 4º, inciso II, do Código Penal, encontrando-se, dessarte, legalmente comprovada a materialidade. Não pode o processo penal andar em descompasso com a realidade, desconsiderando-se elementos de prova mais modernos e reiteradamente usados. Com efeito, atualmente existem inúmeros recursos aptos a registrar imagens, as quais, na maioria das vezes, podem revelar de forma fiel a dinâmica delitiva e as circunstâncias do crime praticado"[19].

(b) As *restrições da lei civil quanto ao estado das pessoas* (art. 155, parágrafo único, CPP). O art. 155, parágrafo único, do CPP, dispõe que "somente quanto ao estado das pessoas serão observadas as restrições estabelecidas na lei civil".

Sabe-se que a lei civil e a processual civil contêm algumas restrições à prova de determinadas situações de fato, como, por exemplo, a exigência de início de prova documental para a demonstração de dívidas a partir de determinado valor. As únicas restrições aplicáveis ao processo penal, no entanto, são aquelas referentes ao estado das pessoas: filiação, menoridade, estado civil, cidadania etc.

A prova do casamento, assim, só pode ser feita pelo documento idôneo fixado na lei civil: a certidão de casamento. O julgador, portanto, só pode se convencer da existência do casamento, sempre que esta condição seja relevante na apreciação da causa penal (por exemplo, para a materialidade do crime de bigamia ou para o reconhecimento da causa de isenção de pena do art. 181, I, do Código Penal, aplicável aos crimes contra

---

19. Na mesma direção: STJ, 6ª Turma, HC 334.953/AL, Rel. Min. Maria Thereza de Assis Moura, julgamento em 02.02.2016, DJ de 19.02.2016.

o patrimônio), a partir da prova documental específica fixada pela lei civil, de acordo com o art. 155, parágrafo único, do CPP. Trata-se então de prova tarifada, a limitar o livre convencimento do julgador.

Refletindo a presença dessas restrições probatórias como excepcionantes do sistema do livre convencimento motivado, tem-se a decisão da Primeira Turma do STF no HC 123.779/MG (STF, 1ª Turma, HC 123.779, Rel. Min. ROSA WEBER, julgamento em 03.03.2015, DJ de 19.03.2015): "HABEAS CORPUS. PROCESSO PENAL. CORRUPÇÃO DE MENORES. ARTIGO 244-B DO ESTATUTO DA CRIANÇA E DO ADOLESCENTE. ARTIGO 155, PARÁGRAFO ÚNICO, DO CÓDIGO DE PROCESSO PENAL. COMPROVAÇÃO DA MENORIDADE DO ADOLESCENTE. CERTIDÃO DE NASCIMENTO. 1. A regra do art. 155 do Código de Processo Penal não é absoluta. Em seu parágrafo único, com o intuito de resguardar as garantias do acusado e do devido processo legal na busca da verdade dos fatos, prevê a mitigação do princípio do livre convencimento quando a questão abrange o estado das pessoas, hipótese de prevalência das restrições estabelecidas na legislação civil. 2. Inexiste nos autos prova específica, idônea e inequívoca, para fins criminais, da idade do adolescente envolvido no delito, nos termos do parágrafo único do art. 155 do Código de Processo Penal, de modo a justificar a condenação quanto ao crime de corrupção de menores. 3. A jurisprudência deste Supremo Tribunal Federal é no sentido de que o reconhecimento da menoridade, para efeitos penais, supõe prova hábil (certidão de nascimento). Precedentes. 4. Ordem de habeas corpus concedida para restabelecer o juízo absolutório do acórdão da Corte Estadual quanto à prática, pelo paciente, do crime de corrupção de menores tipificado no art. 244-B da Lei 8.069/90".

Nesse julgado, reconheceu-se interessante viés garantista da norma do art. 155, parágrafo único, do CPP, inserindo a exigência da prova tarifada em um contexto mais afinado com a racionalidade esperada do processo penal contemporâneo.

4.1.3. *Sistema do livre convencimento motivado ou da persuasão racional*

Ressalvado o âmbito específico do Tribunal do Júri, em que há aplicação plena do sistema da íntima convicção, e os reflexos do sistema da prova legal (hoje em larga medida mitigados), aplica-se na ordem jurídica brasileira o *sistema do livre convencimento motivado*, também conhecido como *sistema da persuasão racional*.

Por esse modelo, a convicção do julgador forma-se pela livre apreciação da prova, mas sujeita à exigência de motivação. Assim, o julgador é livre para se convencer, mas deve oferecer subsídios de persuasão aos jurisdicionados quanto ao acerto de seu convencimento, mediante a apreciação motivada e fundamentada da prova.

Isso supõe que cabe ao julgador, no caso concreto, e não à lei em abstrato, conferir o valor e o peso adequados a cada meio de prova utilizado na formação do convencimento. Para GOMES FILHO, "como antítese do superado sistema da prova legal, em que a eficácia das provas vinha determinada a priori pelo legislador, o livre convencimento permite ao juiz determinar discricionariamente o valor das provas, para estabelecer a verdade dos fatos em que se assentam as pretensões das partes"[20].

A motivação exigida do julgador envolve a análise da prova, dizendo respeito, portanto, à *apreciação dos fatos* discutidos na causa penal. É válida, neste particular, a distinção entre *motivação*, que incide sobre os fatos objeto da prova, e *fundamentação*, que envolve os aspectos jurídicos aplicáveis à situação concreta.

Quando o juízo penal, pela análise dos elementos de prova disponíveis (perícias, testemunhas, documentos etc.), conclui que o fato objeto da hipótese efetivamente ocorreu e que o imputado foi o autor da conduta, está realizando motivação. Por outro lado, sempre que conclua o juízo penal que o fato assim delimitado corresponde ao tipo penal da lesão corporal leve (art. 129, *caput*, CP), por exemplo, está efetivando fundamentação.

Na mesma lógica, quando o juízo analisa que o imputado estava em situação de agressão atual a que reagiu, está em exercício de motivação (pressuposto de fato da legítima defesa como causa de justificação); quando conclui que a agressão era injusta e que a reação foi moderada (pressupostos jurídicos da legítima defesa), está em exercício de fundamentação. E assim por diante.

Não é demais asseverar que a motivação consiste na *exposição* analítica dos elementos de prova consolidados nos autos que conduziram o julgador a determinado convencimento. É nota inerente desse exercício, assim, a *explicitação*. Não há que se falar, portanto, de "motivação implícita", verdadeiro absurdo lógico, que apenas existe na tentativa disfarçada de legitimar o sistema da íntima convicção. Importaria isso dizer não que os motivos estão "implícitos", mas que apenas descansam, em última análise, na subjetividade insondável do julgador, em ofensa ao princípio do livre convencimento motivado.

Sabe-se que isso só é cogitável no modelo de julgamento popular coletivo, próprio da *tradição* do sistema acusatório de processo, como ainda persiste nos sistemas anglo-americanos contemporâneos, mais aproximados do tipo de processo acusatório tradicional e puro. Nessa esfera, há temperamentos idôneos à ausência de motivação: coletividade dos julgamentos; possibilidade de recusa imotivada do juiz.

Por outro lado, num modelo em que se aplica o julgamento por órgãos judiciários integrados por magistrados técnicos, no qual a atividade probatória concentra-se perante um juízo singular, não se pode conceber qualquer forma de irresponsabilidade na formação dos pronunciamentos judiciais e na exibição dos respectivos motivos.

Por fim, o sistema da persuasão racional relaciona-se à valoração da prova pelo julgador, tendo pertinência, assim, especificamente com a *motivação*. Em todo caso, é inerente à função jurisdicional, adicionalmente, o exercício de fundamentação, aplicando o direito adequado à situação concreta.

A adoção desse sistema no ordenamento jurídico brasileiro encontra-se claramente no art. 93, inciso IX, da Constituição Federal, que alude de maneira geral à

---

20. Gomes Filho, Antônio Magalhães. *Provas. Lei 11.690, de 09.06.2008*. In: Moura, Maria Thereza de Assis (Coord.). *As Reformas no Processo Penal*. São Paulo: Revista dos Tribunais, 2008, p. 248.

Cap. XII • PROVA

517

fundamentação (em sentido amplo, incluindo a motivação), e no art. 155, *caput*, do Código de Processo Penal, que trata em especial da motivação (análise da prova). É o que se examina no próximo tópico.

4.2. Sistema do Livre Convencimento Motivado no Processo Penal Brasileiro

Já se percebeu que o sistema de valoração da prova adotado na ordem jurídica brasileira é o do *livre convencimento motivado* ou da *persuasão racional* (art. 93, IX, CF), ainda que excepcionado pelo sistema da íntima convicção no âmbito do Tribunal do Júri.

De toda sorte, há resquícios, em nosso sistema processual penal, do sistema da prova legal, como se verifica na exigência do exame de corpo de delito (prova pericial) para a aferição da materialidade de infrações penais que deixam vestígios (art. 158, CPP), por mais que a jurisprudência venha mitigando esse aspecto, e na aplicação de restrições probatórias da lei civil quanto ao estado das pessoas (art. 155, parágrafo único, CPP).

Fixado esse ponto, analisa-se em seguida a conformação específica do sistema do livre convencimento motivado no processo penal brasileiro, de acordo com o regime jurídico introduzido pela Lei nº 11.690/2008.

4.2.1. Prova e elemento informativo

O art. 155, *caput*, do CPP, com redação conferida pela Lei nº 11.690/2008, assim dispõe: "O juiz formará sua convicção pela livre apreciação da prova produzida em contraditório judicial, não podendo fundamentar sua decisão exclusivamente nos elementos informativos colhidos na investigação, ressalvadas as provas cautelares, não repetíveis e antecipadas".

Na primeira parte do dispositivo, fica clara a adoção do sistema do livre convencimento motivado quanto à valoração da prova: *o juiz formará sua convicção pela livre apreciação da prova produzida em contraditório judicial*.

Há, no entanto, características especiais relativamente ao *objeto informativo* que pode servir de base para a formação do convencimento do juiz. Nesse particular, o art. 155, *caput*, do CPP prescreve que o juiz deve alcançar seu convencimento a partir da *prova produzida em contraditório judicial*.

Significa dizer que o órgão judiciário, em princípio, só pode motivar seu convencimento com base nos elementos empíricos formados pela participação de ambas as partes, no exercício da atividade probatória que lhes é assegurada no processo penal. Elementos informativos unilateralmente produzidos, assim, não podem interferir na convicção do julgador.

Esse tratamento normativo conduz-nos à clássica distinção entre *prova* e *elemento informativo da investigação*. Entende-se por *prova* o objeto informativo *em regra* (i) produzido em contraditório e (ii) caracterizado pela judicialidade, a menos que a natureza do meio ou a imprevisibilidade das circunstâncias justifiquem a atribuição normativa desse valor a elementos unilaterais e pré-processuais. Por outro lado, o *elemento informativo da investigação* caracteriza-se sempre pelo (i) caráter unilateral e (ii) pré-processual.

Quanto às finalidades, as duas espécies distinguem-se também pelo fato de que a prova destina-se a formar o convencimento judicial, ao passo que o elemento investigativo direciona-se a subsidiar o exercício de acusação pelo titular da ação penal. Dessa lógica se desprende que a convicção judicial forma-se pela prova, não pelos elementos investigativos. A *opinio delicti* é que se forma, para o exercício da ação penal, em elementos investigativos, que, durante o devido processo legal, sob o contraditório supervisionado pelo juiz, tentará o acusador transformar em prova.

A literalidade da norma do art. 155, *caput*, do CPP, todavia, afasta-se parcialmente do sentido acima pontuado, ao expressar que não pode o juiz fundamentar sua decisão *exclusivamente* nos elementos informativos colhidos na investigação.

A redação do artigo revela que o juiz deve formar sua convicção pela prova produzida em contraditório judicial, *mas pode se utilizar de elementos informativos obtidos de forma unilateral, desde que o convencimento não se ampare exclusivamente nesses subsídios*. Esse regime chancelaria, portanto, a formação do convencimento judicial com base em elemento unilateral da investigação, ainda que de maneira acessória.

A regra, em sua literalidade, merece as críticas que a autorizada doutrina de GOMES FILHO lhe reservou. De nossa parte, parece-nos que possibilitar ao juiz a motivação de seu convencimento com base, ainda que parcialmente, em elementos informativos produzidos de maneira unilateral representa ofensa ao princípio do contraditório, inclusive na exigência de paridade de armas.

Com efeito, dessa forma se está conferindo benefício à parte acusadora, pela possibilidade de sua hipótese vir a ser reforçada – para dizer o mínimo – a partir de elementos em seu favor obtidos na fase pré-processual. De resto, a finalidade precípua do procedimento de investigação é a de fornecer os elementos mínimos (justa causa em sentido estrito) para a formulação em juízo de uma hipótese acusatória apta a iniciar processo penal contra alguém. Não se pode conferir a tais elementos informativos a finalidade de contribuir para o convencimento de mérito do juiz.

A nosso juízo, portanto, em face do princípio do contraditório como paridade de armas, revela-se inadmissível permitir que o juiz forme sua convicção, ainda que parcialmente, com base em elementos informativos unilateralmente obtidos, *ressalvadas apenas as provas cautelares, não repetíveis e antecipadas*.

Fora dessas hipóteses, não poderá o juízo invocar elementos informativos unilaterais da investigação. Com essa perspectiva, entendemos que se deva conferir ao termo *exclusivamente* interpretação conforme a Constituição, para restringi-lo às hipóteses excepcionais das provas cautelares, não repetíveis e antecipadas, que são todas unilateralmente obtidas, conforme abordado no próximo tópico. Incidindo qualquer dessas hipóteses, o juiz pode formar sua convicção com base em prova unilateral, *mesmo que seja exclusivamente*.

Nesse sentido, o termo *exclusivamente*, segundo nos parece, só pode ser aceito para autorizar a formação do convencimento do juiz, se for o caso, sob a base única de uma prova cautelar, não repetível ou antecipada, e não para autorizar que o juiz recorra também a outros elementos informativos unilaterais da fase pré-processual (por exemplo, depoimento de uma testemunha ouvida pela autoridade policial), além da prova formada em juízo.

Desta sorte, o juiz poderá invocar como base para a sua convicção: (i) a prova produzida em contraditório judicial; (ii) as provas cautelares, as provas antecipadas e as provas não repetíveis (elementos unilaterais), ainda que com exclusividade.

Estamos conscientes, entretanto, de que não é essa a orientação predominante da doutrina e na jurisprudência. Entende-se, assim, que o juiz poderá invocar elementos investigativos unilaterais de maneira complementar, juntamente com os dados colhidos em contraditório, para formar a seu convencimento. Só não lhe é permitido construir sua convicção exclusivamente com base nesses elementos.

De toda maneira, GOMES FILHO propõe interpretação que igualmente nos parece adequada, nesta linha: "...para se ter como *provada* – no sentido de *demonstrada, verificada* – uma afirmação sobre um fato, com base nos dados de conhecimento existentes no processo, é possível utilizar informações obtidas na investigação, mesmo sob a condição de que existam também – para confirmá-las – provas (*elementos* de prova) produzidos em contraditório judicial. Assim, ao contrário do que se poderia supor, não basta a existência de *qualquer* prova judicial para permitir a utilização das informações trazidas pela investigação. É essencial que o elemento de prova produzido em contraditório seja *convergente* com o dado de conhecimento obtido no inquérito. E só haverá *convergência* dos diversos elementos – os da investigação e os produzidos em contraditório – quando, em relação à mesma hipótese, tendam eles a produzir o mesmo resultado"[21].

Nessa esteira, então, pode o juiz utilizar os elementos informativos unilaterais para formar seu convencimento? Sim, desde que haja convergência entre o subsídio invocado e a prova produzida em contraditório.

Qualquer que seja a orientação acolhida, há ressalvas justificadas: *as provas cautelares,* as *provas antecipadas* e as *provas não repetíveis,* conforme a parte final do dispositivo em foco. Em nossa concepção, porém, esses elementos integram o próprio conceito de *prova,* ainda que sejam – ou possam ser – unilaterais e pré-processuais. Não se trata rigorosamente, portanto, de exceções. Examina-se esse objeto no próximo tópico.

4.2.2. Provas cautelares, provas antecipadas e provas irrepetíveis

No tópico anterior, definiu-se *prova,* em oposição aos meros elementos unilaterais da investigação, como o objeto informativo *em regra* (i) produzido em contraditório e (ii) caracterizado pela judicialidade, (iii) *a menos que a natureza do meio ou a imprevisibilidade das circunstâncias justifiquem a atribuição normativa desse valor a elementos unilaterais e pré-processuais.*

---

21. GOMES FILHO, Antônio Magalhães. *Provas. Lei 11.690, de 09.06.2008.* In: MOURA, Maria Thereza de Assis (Coord.). *As Reformas no Processo Penal.* São Paulo: Revista dos Tribunais, 2008, pp. 251-252.

A definição proposta, em seu ponto (iii), contempla a existência *normativa* excepcional de *prova* mesmo em uma base informativa unilateral e pré-processual. Esse reconhecimento efetiva-se por equiparação ou equivalência *normativa*, no sentido de se conferir valor probatório a um elemento pré-processual e unilateral, *por força da natureza do meio ou da incidência de circunstâncias excepcionais*.

A excepcionalidade reflete-se precisamente nas noções de (a) provas cautelares, (b) provas irrepetíveis e (c) provas antecipadas.

Nos dois primeiros casos, trata-se daqueles *elementos* que, apesar de obtidos *unilateralmente na fase de investigação*, revestem-se de *valor probatório*, justificado: (a) pela urgência de sua obtenção imediata, sob pena de risco de frustração de sua eficácia – *provas cautelares*; (b) pela impossibilidade de sua repetição em juízo, em virtude de sua própria natureza ou de evento imprevisível – *provas não repetíveis*.

As provas cautelares e as não repetíveis sujeitam-se ao chamado *contraditório diferido (postergado ou adiado)*: embora em sua obtenção não haja contraditório, quanto a seu resultado se asseguram o pleno conhecimento e a possibilidade de reação pelo acusado, para a discussão de sua admissibilidade, regularidade e idoneidade.

Considerados esses pontos, passa-se à análise individualizada de cada uma das hipóteses legais.

a) provas cautelares

Antes de tudo, *prova cautelar* é aquela cuja produção imediata e unilateral, quer na fase de investigação, quer na judicial, justifica-se pelo risco temporal de desaparecimento de seu objeto, aí despontando sua nota de urgência. A prova tem que ser produzida de imediato, sob pena de desaparecimento de sua base material, com o decurso do tempo. Têm-se aí os elementos de *necessidade* e de *urgência*. Adicionalmente, a prova tem que ser produzida de forma *unilateral*, sob pena de frustração de sua eficácia.

Cuida-se, na espécie, das *medidas cautelares probatórias*, isto é, daqueles elementos de informação obtidos como resultado de diligência que se determinou em caráter de urgência, justificada pela necessidade imediata da demonstração de fatos de interesse jurídico-penal. Podem ser citadas, como exemplos dessa espécie, a busca e apreensão domiciliar (disciplinada nos artigos 240 e seguintes do Código de Processo Penal) e a interceptação telefônica (disciplinada na Lei nº 9.292/1996).

A medida cautelar de cunho probatório justifica-se concretamente pela necessidade, entendida como a imprescindibilidade da diligência para a obtenção da materialidade e/ou da autoria de infração penal, e pela urgência, identificada na imprescindibilidade da antecipação, sob pena de perecimento dos elementos informativos almejados.

Do ponto de vista temporal, essa prova pode ser unilateralmente produzida durante a fase de investigação ou durante a fase processual.

Em qualquer caso, os elementos unilateralmente obtidos devem ser confirmados em juízo, pela sua submissão ao contraditório diferido.

Em síntese, têm-se os seguintes *elementos das provas cautelares*: (i) necessidade; (ii) urgência, em virtude do risco de desaparecimento de seu objeto; (iii) produção durante a fase de investigação ou durante a fase processual; (iv) unilateralidade *na produção*, ainda que ocorra durante a fase judicial; (v) sujeição ao contraditório diferido.

b) provas irrepetíveis

As *provas irrepetíveis (ou não repetíveis)* são aquelas unilateralmente obtidas na fase de investigação e cuja repetição em contraditório judicial não se faz possível (i) pela própria natureza da prova ou (ii) por força de evento imprevisível.

Nesse âmbito, não é só a urgência que caracteriza a prova (do contrário, teríamos a primeira espécie, a "prova cautelar"), mas também, adicionalmente, a *impossibilidade de repetição em juízo*. A prova irrepetível constitui uma forma de prova cautelar, mas especificamente caracterizada pela impossibilidade de repetição em juízo.

As chamadas "provas cautelares" podem, em tese, ser determinadas durante a fase judicial – por exemplo, a busca e apreensão e a interceptação telefônica. Mesmo durante o processo, contudo, essas provas, por sua natureza, são *produzidas* unilateralmente, sob pena de frustração de sua eficácia. A *produção* da prova irrepetível, por outro lado, dá-se *invariavelmente* durante a fase de investigação.

A título de exemplo da primeira hipótese (i) de prova irrepetível, concernente à *impossibilidade de repetição em virtude da própria natureza da prova*, tem-se o *exame de corpo de delito*. Realizado unilateralmente na fase de investigação, sua repetição em juízo não se faz possível, diante do desaparecimento dos vestígios. Em uma lesão corporal, por exemplo, o natural desaparecimento das evidências corporais impede a repetição da prova pericial em juízo.

Como exemplo da segunda hipótese (ii) de prova irrepetível, relativa à *impossibilidade de repetição por força de circunstâncias imprevisíveis*, tem-se o *depoimento de testemunha em condições normais de saúde perante a autoridade policial*, cuja repetição em juízo não foi possível em virtude do falecimento da testemunha em – digamos – um acidente de trânsito (evento imprevisível).

Nesse caso, confere-se valor probatório ao depoimento unilateralmente obtido na fase pré-processual, uma vez que sua repetição em contraditório resultou impossibilitada por força de um acontecimento excepcional e imprevisível.

Ressalte-se, no particular, que a *previsibilidade* do evento não permite a aplicação do regime excepcional da prova irrepetível. Se testemunha com idade avançada ou doença grave é ainda assim ouvida unilateralmente, não se pode alegar irrepetibilidade da prova em juízo, caso a testemunha venha a falecer.

Nessa hipótese, a previsibilidade de que a repetição em juízo poderá não ser possível impõe a aplicação do art. 225 do Código de Processo Penal, devendo o depoimento ser tomado pelo juiz em contraditório. Trata-se aí de *prova antecipada*, produzida por antecipação na fase pré-processual, mas de forma *bilateral*, isto é, em contraditório.

Com a mesma compreensão, GOMES FILHO pondera o seguinte: "...o art. 225 do CPP permite a antecipação do depoimento, se qualquer testemunha tiver de ausentar--se ou, por enfermidade ou velhice, houver receio de que já não exista ao tempo da instrução. Além disso, também o art. 366, na redação da Lei 9.271/1996, que trata da suspensão do processo em caso de citação por edital, prevê a produção antecipada de provas urgentes. Sendo assim, se for *previsível* que a prova não possa ser repetida na instrução judicial, o procedimento correto, até porque ajustado às garantias constitucionais – será o dos artigos citados, perante o juiz e com a presença das partes. (...) Somente quando tiver sido *imprevisível* a impossibilidade de renovação da prova será possível utilizar os elementos anteriormente obtidos sem o contraditório"[22].

Mesmo no caso da impossibilidade de repetição da prova por força de evento imprevisível, porém, tem-se um elemento unilateral movediço, que poderia ser tomado em contraditório, diversamente da prova pericial, que por sua própria natureza deve ser efetuada de imediato, sob pena de perecimento da matéria de base.

Desta sorte, as declarações unilaterais da testemunha podem ser levadas em conta no convencimento judicial, revestindo-se, assim, de valor probatório, mas não, a nosso juízo, de maneira exclusiva. O juiz haverá de cotejar esse elemento irrepetível, normativamente equiparado à *prova* por força da imprevisão da irrepetibilidade, com as provas produzidas em contraditório, de modo a formar, pelo conjunto, seu convencimento.

Não é justo, com efeito, que o acusado seja penalizado, quanto a seu direito ao contraditório, em virtude de um evento imprevisível. O mesmo se diga, ainda que em menor medida e importância, a respeito do órgão de acusação, que também tem direito à prova.

A equiparação normativa do elemento unilateral à prova (irrepetível), nessas condições, dá-se sob bases *relativas*, preservando-se na medida do possível ambos os interesses: o da acusação de ter reconhecido algum valor probatório ao elemento cuja repetição se tornou inviável, em virtude de evento imprevisível (não tendo havido ensejo, portanto, para a aplicação do incidente de antecipação de prova testemunhal, em contraditório); o do acusado de não ser condenado com base exclusiva em elemento unilateral, senão quando a unilateralidade seja algo inerente ao próprio meio de prova (como é o caso do exame de corpo de delito).

Da mesma forma que as provas cautelares, as não repetíveis, obtidas unilateralmente, sujeitam-se de toda sorte ao contraditório diferido, a ser exercitado no curso do processo. Conforme GOMES FILHO, "também em relação à prova *não repetível* aplica-se o que ficou dito a respeito das *cautelares* e *antecipadas*: sua eventual utilização no processo não afasta a necessidade de submetê-la ao contraditório diferido, permitindo-se às partes discutir a sua admissibilidade, regularidade e idoneidade"[23].

Por fim, em síntese, identificam-se os seguintes *elementos* como próprios das *provas irrepetíveis*: (i) necessidade; (ii) produção durante a fase pré-processual de investigação; (iii) unilateralidade; (iv) impossibilidade de repetição de sua produção em contraditório judicial, por força da própria natureza da prova ou da incidência de circunstância imprevisível; (vi) sujeição ao contraditório diferido.

---

22. GOMES FILHO, Antônio Magalhães. *Provas. Lei 11.690, de 09.06.2008.* In: MOURA, Maria Thereza Rocha de Assis (Coord.). *As Reformas no Processo Penal.* São Paulo: Revista dos Tribunais, 2009, p. 254.
23. GOMES FILHO, Antônio Magalhães. *Provas. Lei 11.690, de 09.06.2008.* In: MOURA, Maria Thereza Rocha de Assis (Coord.). *As Reformas no Processo Penal.* São Paulo: Revista dos Tribunais, 2009, p. 255.

c) e a prova antecipada?

De acordo com a perspectiva já exposta, parece-nos que as três figuras legais (provas cautelares, irrepetíveis e antecipadas), ao menos para as finalidades do art. 155, *caput*, do CPP, são redutíveis a duas: as provas cautelares e as provas não repetíveis.

Isso porque as (c) *provas antecipadas*, com o sentido que lhe tem emprestado a doutrina, encerra as *notas ordinárias* da (i) produção em contraditório e da (ii) judicialidade. Trata-se de identificar, na prova antecipada, o sentido de *antecipação da prova*, por meio de incidente especial, perante o juiz, em contraditório, antes do início do eventual processo penal ou da instrução.

Pelo menos dois são os âmbitos normativos que expressam essa realidade: (i) a antecipação de prova testemunhal em contraditório, objeto do art. 225 do CPP, aplicável na hipótese de "receio de que ao tempo da instrução criminal [a testemunha] já não exista"; (ii) a antecipação das provas consideradas urgentes e relevantes na hipótese de não comparecimento do acusado citado por edital (art. 366, CPP).

Essas hipóteses expressam a produção antecipada de prova perante o juiz, antes da fase instrutória do processo penal.

A única excepcionalidade das provas antecipadas é a sua produção em fase *pré-processual*, por força de circunstâncias excepcionais. Isso, entretanto, não lhes subtrai *valor probatório ordinário*, decorrente de sua produção *perante o juiz, em contraditório*. Somente as provas cautelares e as irrepetíveis, por outro lado, assumem *valor probatório extraordinário*, por serem unilaterais e extra-judiciais, em sua produção.

No sentido da norma do art. 155, *caput*, do CPP, a *prova antecipada* compreende-se melhor como gênero abrangente das espécies *prova cautelar* e *prova irrepetível*, que representam, por motivos diferentes, a *antecipação* de produção de prova, frente à normalidade que é a formação probatória em contraditório judicial.

Ou então, sob outro enfoque, como entende Gomes Filho, a diferença entre prova cautelar e prova antecipada "não tem importância prática, pois o que o procedimento cautelar propicia é justamente a antecipação da formação da prova". Segundo o ilustrado processualista, "a diversidade tem sua raiz na consideração do meio ou resultado: a medida acautelatória é o instrumento para a antecipação da produção da prova"[24].

Por outro lado, mesmo para o fim específico de interpretação da regra do art. 155, *caput*, do CPP, há quem sustente que a prova antecipada ali contemplada é aquela produzida em contraditório, mas anteriormente à oportunidade processual própria para a sua efetivação.

Nesse sentido, tem-se a doutrina de Renato Brasileiro, para quem "provas antecipadas são aquelas produzidas com a observância do contraditório real, perante a autoridade judiciária, em momento processual distinto daquele legalmente previsto, ou até mesmo antes do início do processo, em virtude de situação de urgência e

---

24. Gomes Filho, Antônio Magalhães. *Provas. Lei 11.690, de 09.06.2008*. In: Moura, Maria Thereza Rocha de Assis (Coord.). *As Reformas no Processo Penal*. São Paulo: Revista dos Tribunais, 2009, p. 253.

relevância"[25]. Como exemplos, o autor cita precisamente as hipóteses (já acima aludidas) objeto dos artigos 225 (antecipação do depoimento de testemunha que esteja em grave estado de saúde, por exemplo) e 366 (produção antecipada de provas consideradas urgentes e relevantes, em caso de suspensão do processo após citação do acusado por edital) do CPP.

Em ambas as hipóteses, a produção antecipada da prova é feita em contraditório, perante o juiz, ainda que seja, como possível na hipótese do art. 225 do CPP, durante a fase de investigação.

Estamos de acordo, *numa perspectiva geral*, com o conceito expresso por RENATO BRASILEIRO, até porque antes já o expusemos no mesmo rumo. Ocorre que essa definição não se contextualiza com a lógica específica da regra específica do art. 155, *caput*, do CPP, que contempla a prova antecipada em um sentido de *unilateralidade*.

Assim, não é esse sentido geral que se pode depreender da parte final do art. 155, *caput*, ao referir as provas antecipadas. É que as "provas cautelares, não repetíveis e antecipadas" constituem *objetos excepcionais* a partir dos quais o juiz poderá formar seu convencimento, mesmo fugindo à regra geral da convicção judicial construída à base da prova produzida *em contraditório judicial*.

Esses institutos, portanto, só se justificam como exceções *se forem diversos da regra geral*, qual seja, a da *prova produzida em contraditório judicial*, sobre a qual, via de regra, deve estar fundado o convencimento do juiz. Nessa linha, que sentido teria considerar "prova antecipada" aquela produzida por antecipação *em contraditório judicial*, se essa realidade já integra a regra geral?

As "provas cautelares, não repetíveis e antecipadas", portanto, são aqueles elementos de informação que, *embora produzidos unilateralmente*, podem influir, mesmo que seja com exclusividade, na formação do convencimento do juiz, desde que sejam *a posteriori* submetidos ao contraditório diferido, destinado à sua confirmação em juízo.

Reafirmamos, assim, nossa posição de que *a prova antecipada de que trata o art. 155, caput, do CPP* é elemento de informação unilateralmente produzido que melhor se compreende como gênero abrangente das espécies prova cautelar e prova não repetível, ambas constitutivas de antecipação do momento normal de produção (em contraditório), tanto que sujeitas, para sua confirmação, a um contraditório *a posteriori, adiado*.

De toda sorte, reconhecemos que poderá haver, em determinadas formas de produção antecipada de prova, caráter restritivo ao contraditório, quando esteja ausente o acusado, hipótese em que o exercício da garantia terá que partir meramente de defensor nomeado pelo juiz. Trata-se do caso previsto no art. 366 do CPP, em que a lei permite a antecipação das provas consideradas urgentes e relevantes, quando o acusado, citado por edital, não compareça nem constitua advogado.

Por isso mesmo, aliás, foi que a Suprema Corte, em decisão recente, considerou que a antecipação de prova só pode ocorrer em caráter excepcional, mediante a demonstração concreta de sua necessidade, não bastando a alusão a fórmulas genéricas.

---

25. LIMA, Renato Brasileiro de. *Manual de Processo Penal*. Salvador: JusPodivm, 2015, p. 574.

Refira-se, no particular, o julgado da Segunda Turma no HC 130.038/DF (STF, 2ª Turma, HC 130.038, Rel. Min. Dias Toffoli, julgamento em 03.11.2015, DJ de 14.12.2015): "Produção antecipada de prova testemunhal (art. 366, CPP). Inexistência de demonstração da necessidade concreta da medida. Invocação de fórmulas de estilo genéricas aplicáveis a todo e qualquer caso. Inadmissibilidade. Flagrante ilegalidade caracterizada. Writ concedido. 1. A decisão que determina a produção antecipada da prova testemunhal deve demonstrar a presença dos requisitos previstos no art. 225 do Código de Processo Penal. 2. Firme a jurisprudência deste Supremo Tribunal no sentido de que '[s]e o acusado, citado por edital, não comparece nem constitui advogado, pode o juiz, suspenso o processo, determinar produção antecipada de prova testemunhal, apenas quando esta seja urgente nos termos do art. 225 do Código de Processo Penal'. Precedentes. 3. Na espécie, o juízo de primeiro grau valeu-se de fórmulas de estilo, genéricas, aplicáveis a todo e qualquer caso, sem indicar os elementos fáticos concretos que pudessem autorizar a medida. 4. Ausente a indicação de circunstância excepcional que justificasse a antecipação da produção da prova testemunhal, há que se reconhecer a ilegalidade da colheita antecipada da prova oral na hipótese em exame".

A posição do Supremo Tribunal Federal é salutar em atender: (i) à ampla defesa na dimensão de autodefesa, abrangente do direito de presença do acusado no momento da inquirição de testemunhas; (ii) ao direito do acusado de constituir o defensor técnico de sua confiança. Nesse aspecto, sem dúvida desponta um caráter de excepcionalidade da prova antecipada, por ser produzida em contraditório técnico (defensor dativo), mas não em contraditório pleno. Em tais condições, levando em conta que mesmo assim a prova poderá influir no convencimento do juiz, a antecipação só poderá ser determinada a título excepcional, em caso de necessidade imediata estrita e concretamente demonstrada, em ato jurisdicional motivado[26].

Nem sempre, de todo modo, a antecipação de prova acontecerá na ausência do acusado. Isso somente ocorrerá na hipótese de suspensão do processo pela causa contemplada no art. 366 do CPP. De resto, bastando para tanto o risco de perecimento da prova, a antecipação poderá ser determinada com fundamento no art. 225 do CPP, tomando-se o depoimento na fase pré-processual em contraditório pleno, com a participação do acusado e de seu defensor.

---

26. O Superior Tribunal de Justiça, por outro lado, tem atenuado essa exigência ao permitir a antecipação da prova para fins de inquirição de agentes policiais, em função da própria natureza das declarações. Alude-se à possibilidade de esquecimento do agente policial se tiver de ser ouvido apenas em juízo, bem posteriormente, identificando-se aí risco de perecimento da prova. É o que revela o julgado da Sexta Turma no RHC 48.073/DF (STJ, 6ª Turma, RHC 48.073, Rel. Min. Nefi Cordeiro, julgamento em 30.06.2015, DJ de 07.08.2015): "1. Não há constrangimento ilegal quando verificado que o Juiz singular fundamentou, de maneira concreta, a produção antecipada da prova testemunhal no fato de todas as testemunhas serem policiais, agentes que diariamente se deparam com situações semelhantes a dos autos, que estão envolvidos nos mais diversos tipos de investigação". Anote-se, porém, que este foi precisamente o julgado reformado pela Suprema Corte no HC 130.038/DF, referido no texto principal, o que bem revela qual a posição prevalecente.

SUBSEÇÃO II
Ônus da Prova

1. CONCEITO E NATUREZA JURÍDICA

De um modo geral, o ônus não expressa um dever nem uma obrigação, mas o *encargo de cumprir certa faculdade processual, para conseguir certa vantagem ou para não suportar desvantagem.* Nesse sentido, o ônus não pode ser *imposto* à parte; apenas esta não alcançará o resultado almejado se não se desincumbir do encargo a ela atribuído pela ordem jurídica processual[27].

Entende-se por ônus da prova o *encargo* normativamente assumido pela parte de cumprir a demonstração empírica da hipótese por ela alegada, na profundidade e na extensão exigidas pela lei, sob pena de ter de suportar a sucumbência[28].

Pode-se desdobrar o ônus da prova em: (i) ônus de persuasão, entendido como o encargo de persuadir o juízo acerca da veracidade da prova produzida, consistindo, portanto, em convencer o juiz a assimilar os fatos de maneira favorável à parte que invoca a prova; (ii) ônus de produção, compreendido como o encargo da parte de produzir e de apresentar provas para a demonstração de suas alegações[29].

2. ÔNUS DA PROVA DO ACUSADOR E GARANTIA DO ESTADO DE INOCÊNCIA: A PROVA DO FATO CONSTITUTIVO DE CRIME E DA AUTORIA OU PARTICIPAÇÃO DO IMPUTADO

No modelo de processo penal de tipo acusatório, o ônus da prova quanto à hipótese de fato em tese constitutiva de infração penal (materialidade e autoria) é conferido exclusivamente ao órgão de acusação. Do ponto de vista objetivo, o acusador tem o ônus de demonstrar cada um dos elementos *materiais* constitutivos do tipo penal imputado.

---

27. Com essa perspectiva, pontuam Cândido Dinamarco e Bruno Carrilho: "Consiste [o ônus] no encargo de assumir determinada conduta comissiva ou omissiva, conforme o caso, como condição para obter certa vantagem ou para não suportar certa desvantagem. Diferentemente do cumprimento das obrigações e dos deveres, que se realiza em benefício de outro sujeito, o cumprimento dos ônus traz um benefício àquele que os cumpre, sempre em seu próprio interesse. Por isso o cumprimento dos ônus não pode ser *exigido* por quem quer que seja e seu descumprimento não é um ilícito, porque a ninguém prejudica, senão ao próprio sujeito que não os cumpre". Cfr. Dinamarco, Cândido Rangel / Lopes, Bruno Vasconcelos Carrilho. *Teoria Geral do Novo Processo Civil*. São Paulo: Malheiros, 2016, p. 166.

28. Como define Ingram, "burden of proof is the duty upon one party to establish the truth of an issue that is important to the case by the quantum of evidence demanded by law". Cfr. Ingram, Jefferson L. *Criminal Evidence*. Waltham: Elsevier/Anderson Publishing, 2014, p. 50.

29. Esse desdobramento é assim afirmado por Ingram, de uma maneira que reflete as peculiaridades do sistema norte-americano: "*Burden of persuasion*: the burden of persuading the fact finder of the truth of the evidence produced by one side or the other; one party must convince the judge or jury to see the facts in a manner that favors the party who introduced the evidence. *Burden of production*: the party has a duty to introduce evidence to attempt to prove a particular point or issue. Cfr. Ingram, Jefferson L. *Criminal Evidence*. Waltham: Elsevier/Anderson Publishing, 2014, pp. 50-53.

Adicionalmente, sob o viés subjetivo, tem o acusador que provar que o acusado foi autor ou partícipe do fato objeto do processo. Segundo JEFFERSON INGRAM, "em uma acusação criminal, o investigador deve compilar prova suficiente para convencer o júri não apenas de que o acusado é culpado em virtude de uma 'preponderância probatória', mas ainda para 'além de dúvida razoável' – isto é, a acusação ou o Estado tem o ônus de provar a existência de cada elemento do crime imputado"[30].

Como visto no Capítulo III deste Curso, a vertente probatória (*regra de julgamento*) do princípio-garantia do estado de inocência (art. 5º, LVII, CF) traduz-se justamente na exigência de que o ônus de demonstrar a materialidade e a autoria de infração penal recaia com exclusividade sobre o acusador.

Com efeito, o indivíduo é inocente (ou não culpável) até que se prove contrário, vale dizer, até que se prove que foi ele autor ou partícipe de fato constitutivo de tipo penal. Não havendo prova em contrário, cabe ao julgador simplesmente declarar a absolvição do acusado, reafirmando-se assim o *status* constitucional de inocência. Por isso é que a sentença penal absolutória encerra natureza meramente declaratória, limitando-se a proclamar o estado normal de inocência, que não foi desconstituído pela hipótese de acusação, julgada improcedente[31].

Por outro lado, independentemente do sistema acusatório e da garantia do estado de inocência, essa situação emana, em caráter geral, do próprio princípio regente do ônus de provar, a saber, o de que *a prova da alegação incumbirá a quem a fizer* (*onus probandi imcumbit ei qui asserit*), conforme expresso no art. 156, *caput*, do CPP.

Ora, se é o acusador quem formula a hipótese acusatória – importa dizer, uma hipótese de prática por determinada pessoa de fato em tese constitutivo de infração penal –, sobre ele é que recai o ônus de demonstrar a veracidade de sua alegação: (a) que o fato aconteceu (materialidade); (b) que o imputado foi autor ou partícipe do fato (autoria ou participação).

Isso supõe que não se pode *exigir* do acusado prova negativa, no sentido de demonstrar que o fato não aconteceu ou que não foi ele autor ou partícipe do fato. Nesse sentido, assinala INGRAM que, "como sólida regra geral, nenhum acusado tem qualquer dever de apresentar qualquer prova, de introduzir qualquer testemunha, ou de declarar pessoalmente, porque o acusado não tem o ônus de provar ou refutar o que quer que seja"[32].

---

30. No original: "In a criminal case, the investigator must compile evidence sufficient to convince the jury not only that the accused is guilty by a 'preponderance of evidence' but 'beyond a reasonable doubt' – that is, the prosecution or the state has the burden of proving the existence of every element of the crime charged". Cfr. INGRAM, Jefferson L. *Criminal Evidence*. Waltham: Elsevier/Anderson Publishing, 2014, p. 50.

31. Conforme José MARTÍN OSTOS, trata-se da "inocencia de la que se partía y que, si no ha resultado afectada por la práctica de los medios de prueba de las acusaciones, se mantiene inalterable, por lo que judicialmente sólo resta proclamarla". Cfr. OSTOS, José Martín. *Manual de Derecho Procesal Penal*. Sevilla: Astigi, 2011.

32. INGRAM, Jefferson L. *Criminal Evidence*. Waltham: Elsevier/Anderson Publishing, 2014, p. 64: "As a strong general rule, no defendant has any duty to present any evidence, to introduce any witness, or to testify personally because a defendant has no burden to prove or disprove anything".

Por certo, é normal e corrente que a defesa do acusado se exercite sob a base da negativa do fato ou da negativa de autoria. Não tem o acusado, entretanto, ônus quanto a essa negativa, significando isso dizer que, mesmo que não consiga ele demonstrar sua inocência, nem por isso será condenado.

Ao contrário, recaindo o ônus sobre o acusador, se este não demonstrar a existência material do fato e a respectiva autoria, conforme a hipótese deduzida na inicial acusatória, o acusado deverá ser absolvido, ainda que não tenha produzido qualquer prova em seu favor.

Não se desincumbindo do ônus que lhe é próprio, o acusador deve suportar a consequência processual daí adveniente, qual seja, a improcedência da hipótese de acusação e a correlata absolvição do acusado. Essa lógica é assim bem expressa por MARTÍN OSTOS: "O acusado não tem que demonstrar sua inocência (o que em muitos casos seria verdadeiramente difícil, senão impossível, e que constituiria um atentado contra a concepção racional do processo), e sim os que formulam o pedido de condenação é que devem demonstrar sua responsabilidade na comissão ou omissão do fato punível imputado"[33].

Assevere-se que o ônus do acusador recai sobre os fatos integrantes da hipótese deduzida na peça de acusação. Daí que seja impróprio dizer que cabe ao acusador provar a tipicidade. Ora, *tipicidade* é um conceito normativo, significando a correspondência entre o fato hipotético ou efetivo e o tipo penal definido em norma incriminadora.

A atividade probatória, de sua parte, só pode incidir sobre situações de fato. É incumbência do acusador, assim, provar que o fato alegado aconteceu e que o imputado concorreu para ele. A partir da hipótese é que o órgão judiciário fará o juízo de tipicidade penal, que tem caráter normativo, encerrando autonomia frente à análise da prova.

Com essa lógica é que pode o juízo absolver sumariamente o acusado (art. 397, III, CPP) independentemente da prova do fato e de sua autoria, com base só na hipótese, quando esta não apresente interesse penal, por ser atípica. De igual modo, ainda que provada a hipótese, poderá o juízo absolver o acusado ao final, pela mesma razão de atipicidade (art. 386, III, CPP).

Nessas condições, diz-se que ao acusador cabe a prova *do fato* típico, e não a "prova da tipicidade".

Por outro lado, do ponto de vista *subjetivo*, integram o ônus do acusador: (i) a prova do *dolo* do imputado; (ii) a prova das situações de fato correspondentes às modalidades de culpa em sentido estrito (imprudência, negligência e imperícia).

Tenha-se em conta que (i), na perspectiva da teoria finalista da ação, o dolo integra o próprio tipo penal, em um sentido de *tipicidade subjetiva*. Assim, tratando-se de elemento subjetivo atrelado à conduta imputada, cabe ao acusador empiricamente demonstrar a consciência e a intencionalidade do imputado na prática do fato.

---

33. No original: "El acusado no tiene que demostrar su inocencia (lo que en muchos casos sería verdaderamente difícil, si no imposible, y que constituiría un atentado contra la concepción racional del proceso), sino que son los que mantienen la solicitud de condena los que deben demostrar su responsabilidad en la comisión u omisión del hecho punible imputado". Cfr. OSTOS, José Martín. *Manual de Derecho Procesal Penal*. Sevilla: Astigi, 2011.

Como o dolo está afeto à própria tipicidade, reserva-se ao acusador provar as situações empíricas correspondentes a esse aspecto normativo, dos pontos de vista objetivo e subjetivo.

Rechaçamos, assim, a doutrina que sustenta ser o dolo presumido a partir da demonstração do fato e da autoria, algo inteiramente incompatível com a realidade empírica representada pelo elemento subjetivo, em sua integração com o fato e com o tipo de injusto correspondente. Transferir o ônus de desconstituição do dolo à defesa representa inadmissível inversão, que transgride a garantia do estado de inocência em sua dimensão probatória[34].

Adotando essa *lógica*, eis o julgado da Sexta Turma do Superior Tribunal de Justiça no RESP 1.414.303/RS (STJ, 6ª Turma, RESP 1.414.303, Rel. Min. ROGÉRIO SCHIETTI CRUZ, julgamento em 05.06.2014, DJ de 25.06.2014): "A presunção de dolo eventual, tão somente pela troca de tiros com a polícia, é contrária a outra presunção constitucionalmente garantida ao acusado, a da inocência. Em um processo penal orientado pelo princípio do favor rei não é viável estabelecer tal ilação, sem analisar as outras provas dos autos, deslocando para o acusado o ônus de comprovar sua intenção"[35].

Por fim, (ii) decorre dessa mesma lógica que incumbe ao acusador a prova das situações empíricas correspondentes às modalidades de culpa em sentido estrito – imprudência, negligência e imperícia –, na hipótese de imputação de crime culposo. A culpa, de igual modo, integra a própria conduta do agente, objeto da prova processual.

3. ÔNUS DA PROVA DE FATOS RELACIONADOS A EXCLUDENTES DE ILICITUDE OU DE CULPABILIDADE

Outras situações empíricas, além da materialidade e da autoria do fato constitutivo de tipo penal, podem ser relevantes para a apreciação da responsabilidade penal aplicável ao acusado.

É o caso dos pressupostos de fato de causas de exclusão de ilicitude e de culpabilidade. Por exemplo, a existência de agressão atual ou iminente e de reação do acusado pelos meios necessários, como pressupostos de fato da legítima defesa, integram o

---

34. Com o mesmo entendimento, pondera GUSTAVO BADARÓ: "O dolo não é presumido. Não basta a prova dos elementos objetivos do delito, para que deles se presuma o dolo. Por ser um estado anímico, o dolo não é um fato que possa ser objetivamente demonstrado. Assim, para a sua demonstração, parte-se de elementos objetivos exteriores que permitirão inferir o elemento subjetivo. São os fatos e, principalmente, a forma pela qual o autor cometeu o delito que indicam o elemento subjetivo do agente. A presunção do dolo representa flagrante violação da presunção de inocência". Cfr. BADARÓ, Gustavo Henrique. *Processo Penal*. Rio de Janeiro: Campus, 2012, p. 294.

35. Na mesma linha, o STJ tem diversas decisões reconhecendo, ainda que implicitamente, o ônus *do acusador* de provar o dolo do imputado, a exemplo do julgado da Sexta Turma no RHC 27.002/MG, quanto ao elemento subjetivo do crime de abandono material (STJ, 6ª Turma, RHC 27.002, Rel. Min. SEBASTIÃO REIS JÚNIOR, julgamento em 15.08.2013, DJ de 18.09.2013): "O Superior Tribunal de Justiça já decidiu que, para a imputação do crime de abandono material, mostra-se indispensável a demonstração, com base em elementos concretos, de que a conduta foi praticada sem justificativa para tanto, ou seja, deve ser demonstrado o dolo do agente de deixar de prover a subsistência da vítima. Precedentes".

objeto da prova do processo, se isso for alegado pelo acusado. A quem cabe o ônus de provar a existência de situações de fato que materializem causas de exclusão de responsabilidade penal?

A posição corrente é no sentido de que as hipóteses de fato referentes à ilicitude e à culpabilidade constituem ônus da defesa. Ao acusador cabe apenas demonstrar fatos atinentes à tipicidade: materialidade e autoria do fato típico. Demonstrando a efetividade desse primeiro elemento estrutural do crime, a situação normal é que o fato típico seja também ilícito[36] e culpável.

Se o acusado, todavia, invoca causa que desconstitua a ilicitude ou a culpabilidade, ou de outro modo a responsabilidade penal, a ele cabe provar a existência do objeto de sua alegação[37]. Pondo isso de forma bem clara: por incidir a atividade probatória sobre dados empíricos, (i) cabe ao acusador demonstrar a existência de um fato em tese constitutivo de tipo penal e a participação do imputado nesse fato – *prova de elementos de fato respeitantes à tipicidade penal (ônus da acusação)*; (ii) e à defesa cabe demonstrar a existência de fatos constitutivos de causa de justificação, de causa exculpante ou de outra causa excludente de responsabilidade que venha a alegar – *prova de elementos de fato respeitantes à ilicitude, à culpabilidade ou à punibilidade* (ônus da defesa).

Em outros termos, tratando-se de *defesa afirmativa*, portanto, o ônus de provar recai sobre o acusado. Este é o modelo identificado em diversos sistemas contemporâneos, inclusive naqueles mais aproximados do processo acusatório puro, como o norte-americano[38].

Ocorre que, se efetivamente existe um ônus da defesa com a abrangência antes delimitada, há que se individualizar, na ordem jurídica brasileira, o sentido e o alcance desse encargo processual. Com efeito, o art. 386, inciso VI, parte final, do CPP impõe a *absolvição* do acusado *quando haja fundada dúvida sobre a existência de causa de exclusão da ilicitude e da culpabilidade*.

Assim, mesmo que a defesa não se desincumba por inteiro de seu ônus de provar o fato constitutivo da causa de exclusão do crime, ainda assim deverá ser declarada a absolvição do acusado, sob a base da dúvida, não quanto à existência do fato e à autoria, mas quanto à existência concreta do motivo empírico justificador ou exculpante.

---

36. Pela teoria da *tipicidade indiciária*, do fato típico já se deduz via de regra a ilicitude, salvo a incidência excepcional das causas de justificação (legítima defesa, estado de necessidade, estrito cumprimento do dever legal, exercício regular de direito).

37. Nesse sentido, por exemplo, o STJ já consolidou orientação no sentido de que cabe ao acusado demonstrar a existência da causa exculpante da ilegitimidade de conduta diversa, se a alegou, no âmbito do crime de apropriação indébita previdência. Cfr. STJ, RESP 906.458/MG (AgR), Rel. Min. Vasco Della Giustina, julgamento em 23.08.2011, DJ de 08.09.2011:"Conforme jurisprudência sedimentada nesta Corte Superior, não cabe à acusação demonstrar e comprovar elementares que inexistem no tipo penal, de forma que o **ônus da prova da** impossibilidade de repasse das contribuições previdenciárias apropriadas ante às dificuldades financeiras da empresa, a evidenciar, assim, a inexigibilidade de conduta diversa – causa supralegal de exclusão da culpabilidade –, é da defesa, a teor do art. 156 do CPP".

38. Com efeito, segundo refere Jefferson Ingram: "When pleading an affirmative defense, such as coercion, self-defense, entrapment, statute of limitations, or mistake, all of which would absolve a defendant of liability, the defendant generally has the responsibility of 'going forward with the evidence'". Cfr. Ingram, Jefferson L. *Criminal Evidence*. Waltham: Elsevier/Anderson Publishing, 2014, pp. 65-66.

Trata-se da aplicação do princípio *in dubio pro reo* ao âmbito específico das causas normativas de exclusão do crime, o que ficou expresso no art. 386, inciso VI, parte final, do CPP, com a reforma introduzida pela Lei nº 11.719/2008. Essa vertente particular do princípio tem o efeito de *mitigar* ou ao menos *atenuar* o ônus probatório da defesa quanto a causas de exclusão da ilicitude e da culpabilidade.

Em princípio, a defesa tem o ônus de provar a existência da causa normativa excepcional que alegue, mas se conseguir pelo menos produzir dúvida fundada sobre a existência da hipótese, já assim será beneficiada pela absolvição[39].

Desta sorte, se o ônus em princípio existe, pode ser mitigado ou atenuado pela dúvida. Em outros termos, cuida-se de ônus de menor intensidade que aquele próprio do acusador, incidente sobre a materialidade e a autoria do fato. Dito ainda de outro modo, a defesa tem o ônus não de demonstrar cabalmente a existência da causa excepcional, mas o de demonstrá-la de tal maneira que gere dúvida séria e fundada: ônus de produzir prova séria de suas alegações, a título aproximativo, sem a exigência de certeza[40].

A aplicação do princípio *in dubio pro reo* no processo penal conduz alguns autores a mesmo negarem a existência de ônus da prova em matéria criminal. Outros, em face dos princípios do estado de inocência e do *in dubio pro reo*, entendem que o ônus substancial da prova é exclusivo da acusação, inclusive quanto à inexistência de causas de exclusão do crime[41].

---

39. Como ensinava FREDERICO MARQUES: "Ao réu (...) incumbe provar a existência dessa causa excludente da ilicitude, para que demonstre ter agido *secundum jus*. Não lhe cumpre, porém, como lembra ROBERT VOUIN, trazer 'uma prova plena e completa em apoio de sua defesa', porquanto a prova insuficiente pode mostrar ser provável a existência da causa excludente e justificar assim a absolvição *'pour la raison que le doute profite a l'inculpé'*, ao reverso do que se dá com a acusação, que somente pode ser procedente com provas decisivas, *'pour la raison que l'inculpé est presumé innocent'"*. Cfr. MARQUES, José Frederico. *Elementos de Direito Processual Penal*. Rio de Janeiro: Forense, 1961, v. II, p. 289.

40. GUSTAVO BADARÓ objeta o seguinte à orientação por nós exposta no texto principal: "Há também uma corrente intermediária: para ser absolvido, o acusado não tem o ônus de demonstrar plenamente a ocorrência da excludente de ilicitude, mas tem o ônus de gerar uma dúvida razoável no espírito do juiz, quanto a sua ocorrência (...) Haveria para a defesa, portanto, um ônus probatório diminuído, em seu aspecto quantitativo, bastando gerar uma dúvida razoável, impedindo que o juiz tivesse certeza da inocorrência da excludente (...) Contudo, afirmar que, para ser absolvido, o acusado tem o encargo de gerar uma dúvida sobre a excludente equivale a dizer que o Ministério Público tem o ônus de comprovar plenamente que não ocorreu a excludente, para que o acusado seja condenado (...) Os defensores da teoria intermediária, ao considerarem que o acusado tem o ônus de gerar dúvida no juiz, também devem reconhecer que, no tocante à mesma excludente, o acusador tem o ônus de trazer ao juiz a certeza da sua inocorrência". Em nossa concepção, a defesa tem o ônus de provar suas alegações sobre excludentes. Se, entretanto, o cotejo final entre os elementos por ela oferecidos gerar dúvida, a absolvição impõe-se como consequência, apesar do não cumprimento do encargo, que se diz, assim, atenuado. A absolvição é a consequência da dúvida. Para o acusador, claro, resta comprovar demonstrar a base empírica da responsabilidade para além de qualquer dúvida razoável. Isso não quer dizer, porém, que se reserve ao acusador demonstrar a inocorrência da causa. Em última análise, como reconhece o ilustre processualista, trata-se de divergência meramente terminológica: "De qualquer forma, a divergência parece ser apenas terminológica, pois afirmar que o acusado tem o ônus de gerar uma dúvida razoável equivale a dizer que, na dúvida, o juiz deve absolvê-lo". Cfr. BADARÓ, Gustavo Henrique. *Processo Penal*. Rio de Janeiro: Elsevier/Campus, 2012, p. 296.

41. Essa já era a clássica posição do notável GIUSEPPE BETTIOL, para quem: "Mentre i fatti costitutivi della pretesa punitiva devono essere positivamente accertati ai ni di una sentenza di condanna, per ammettere

Nessa esteira, conforme GOMES FILHO: "Não existindo no processo penal uma repartição formal do ônus da prova, é ao Ministério Público que cabe o ônus substancial da prova, no sentido de que deve provar a presença de todos os elementos de fato sobre os quais se funda a pretensão punitiva e também a inexistência de qualquer elemento que obste o surgimento dessa mesma pretensão. Seja como for, através da negação completa do ônus da prova no criminal, ou pela atribuição integral do encargo ao órgão da acusação, resulta que no processo penal a dúvida acerca da existência de qualquer fato deve sempre favorecer o acusado (....) O legislador de 2008 não se preocupou em modificar a redação da parte inicial do art. 156 – que aparentemente atribui um ônus da prova também para a defesa –, mas, ao estender explicitamente o *in dubio pro reo* para os casos em que a prova sobre a existência de causas de exclusão da antijuridicidade ou culpabilidade é duvidosa, inovou de forma a adequar a lei ordinária ao mandamento constitucional (....) Sendo assim, é preciso interpretar a cláusula inicial do art. 156 do CPP à luz da Constituição e do modelo acusatório que ela consagra, entendendo-se que, ao dizer 'a prova da alegação incumbirá a quem a fizer', o legislador dispõe tão-somente sobre a *iniciativa* das provas, sem atribuir qualquer encargo para as partes – muito menos para a defesa – nem estabelecer uma regra de julgamento diversa do *in dubio pro reo*"[42].

Com a mesma lógica, assinala GUSTAVO BADARÓ: "Na prática, exigir que o acusado prove a existência de eventual causa excludente da ilicitude ou culpabilidade é inverter o ônus da prova. Em consequência, a sentença penal condenatória exige, ao lado da prova dos elementos que integram o tipo penal (fato constitutivo positivo), também a demonstração da inocorrência das excludentes de ilicitude e de culpabilidade, para que possa surgir o direito de punir estatal (fato constitutivo negativo)"[43].

De nossa parte, entendemos que a defesa tem sim ônus de provar suas alegações, conquanto se trate de ônus atenuado pela incidência do princípio *in dubio pro reo*. Se o acusado alega que agiu em legítima defesa, mas não consegue demonstrar que se encontrava, no momento da ação, em agressão atual ou iminente, a consequência normal é a condenação baseada na materialidade e na autoria de fato criminoso. Isso porque, na hipótese, o acusado não se desincumbiu de seu ônus de demonstrar a alegação de legítima defesa. Não se exige aí, do órgão de acusação, provar que o acusado não agiu em legítima defesa. Seria isso exigir da parte acusadora uma prova negativa, o que atenta contra a racionalidade do processo.

As partes são responsáveis pela prova de suas próprias alegações, ou seja, *acontecimentos, ocorrências* penalmente relevantes, e não sobre *não acontecimentos, não ocorrências* de eventos alegados pela outra parte. A prova negativa pode ou não ser possível no caso concreto.

---

la presenza di un fatto impeditivo o estintivo non occorre che il fatto sia positivamente accertato, ma basta che sia fallita la prova della sua inesistenza". Cfr. BETTIOL, Giuseppe. *La Regola 'In Dubio Pro Reo' nel Diritto e nel Processo Penale*. In: Rivista Italiana di Diritto Penale, 1937. In: Scritti Giuridici, v. I, Padova, 1966, p. 308.

42. GOMES FILHO, Antônio Magalhães. *Provas. Lei 11.690, de 09.06.2008*. In: MOURA, Maria Thereza de Assis (Coord.). *As Reformas no Processo Penal*. São Paulo: Revista dos Tribunais, 2008, pp. 256-257.

43. BADARÓ, Gustavo Henrique. *Processo Penal*. Rio de Janeiro: Campus, 2012, p. 295.

A parte pode até, e o faz com frequência, dirigir sua atividade probatória no sentido de demonstrar a inexistência de eventos alegados pela outra parte. *Não se pode*, entretanto, reclamar da parte, como ônus processual, a prova negativa, sob pena de lhe sobrevir uma consequência desfavorável.

Nesse sentido, se a defesa não se desincumbiu do ônus de provar ter o imputado agido em situação de fato caracterizadora de estado de necessidade, por exemplo, quando isso haja sido alegado, a consequência normal, como dito, é a condenação. Pode ser, entretanto, que a atividade de prova desenvolvida em contraditório por ambas as partes, sobre qualquer questão relevante (inclusive as causas de exclusão do crime), produza dúvida no julgador *quanto à suficiência* dos pressupostos de fato constitutivos da responsabilidade penal. Nesse caso, a absolvição se impõe.

Sem dúvida, prestigia-se a situação do acusado frente à do acusador no processo penal; mas esse prestígio decorre do estado de inocência e do *in dubio pro reo*, que conferem ao acusado o benefício da dúvida, e não da alardeada inexistência de ônus da prova para a defesa.

SUBSEÇÃO III
Iniciativa Instrutória do Juiz

O tema da iniciativa probatória do juiz no processo penal está disciplinado no mesmo dispositivo que versa sobre o ônus da prova, qual seja, o art. 156 do Código de Processo Penal: "A prova da alegação incumbirá a quem a fizer, sendo, porém, facultado ao juiz, de ofício: I – ordenar, mesmo antes de iniciada a ação penal, a produção de provas consideradas urgentes e relevantes, observando a necessidade, adequação e proporcionalidade da medida; II – determinar, no curso da instrução, ou antes de proferir sentença, a realização de diligências para dirimir dúvida sobre ponto relevante".

Como bem assinala Marcos Zilli, "...a iniciativa [do juiz] estará voltada à busca e ao recolhimento de elementos úteis para o melhor acertamento fático, tomando por base uma afirmação inicial delineada pela acusação. Não se trata, pois, de tarefa investigativa, mas sim, instrutória, razão pela qual será doravante denominada de iniciativa instrutória"[44].

A iniciativa instrutória, ou probatória, assim, admite-se estritamente em torno desse objetivo de "acertamento fático", sob a referência prévia de uma hipótese de acusação bem delimitada. Nessa medida, a iniciativa judicial não degenera em ativismo investigativo.

Já se disse que, no sistema processual de tipo acusatório, a *iniciativa probatória do juiz* é pelo menos *restrita*. Isso porque a atividade probatória, no processo, desenvolve-se em torno de uma hipótese de acusação, disputando as partes quanto à sua existência concreta e quanto a fatos que a possam desconstituir.

---

44. Zilli, Marcos Alexandre Coelho. *A Iniciativa Instrutória do Juiz no Processo Penal*. São Paulo: Revista dos Tribunais, 2003, p. 117.

Ao juiz cabe, nesse contexto, resolver sobre a procedência da hipótese e do pedido de condenação a partir dos elementos de prova que lhe forem oferecidos pelas partes, que são as reais interessadas no sucesso de suas respectivas pretensões. Cada parte pugna por sua situação subjetiva, produzindo e apresentando provas que a sustentem e pugnando por um pronunciamento resolutivo do órgão judiciário acerca de sua procedência.

Se o juiz irrestritamente pudesse se imiscuir na atividade probatória, teria que pender para a situação subjetiva que essa atividade concretamente favorecesse. Por exemplo, se o juiz chama de ofício testemunha por visualizar que seu depoimento é relevante para a demonstração de que o acusado concorreu para o fato, está pendendo para o interesse acusatório. Se, ao contrário, visualiza que determinada testemunha, não arrolada pelo acusado, pode ter presenciado uma situação que o favoreça, e toma a iniciativa de chamá-la para depor, está pendendo para o interesse defensivo. Numa ou noutra hipótese, afeta-se a imparcialidade inerente ao órgão judiciário.

Como ponderam CARLOS CINTRA, ADA GRINOVER e CÂNDIDO DINAMARCO: "Tanto para o processo penal como para o civil, a experiência mostra que o juiz que instaura o processo por iniciativa própria acaba se ligando psicologicamente à pretensão, colocando-se em posição propensa a julgar favoravelmente a ela. Trata-se do denominado processo inquisitivo, o qual se mostrou sumamente inconveniente pela constante ausência de imparcialidade do juiz. E assim, a ideia de que *tout juge est procureur général* acabou por desacreditar-se, dando margem hoje ao processo de ação que, no processo penal, corresponde ao processo acusatório"[45]. Não permitir o ativismo judicial para iniciar o processo significa negar ao juiz a *iniciativa* para a prática de atos nessa direção.

No sistema acusatório, há clara separação das funções de acusar, defender e julgar em sujeitos distintos, justamente para preservar a imparcialidade do julgador. Não por acaso, a característica basilar do sistema inquisitório é a irrestrita iniciativa probatória do juiz, inexistindo imparcialidade.

Não quer isso dizer, todavia, que não disponha o juiz de qualquer iniciativa instrutória no processo penal. *Mesmo no sistema acusatório, o juiz pode se movimentar de ofício para a prática de atos instrutórios*, restrita, entretanto, a determinadas situações, que não importem menoscabo à imparcialidade própria da função jurisdicional.

Na redação original do art. 156 do Código de Processo Penal, a iniciativa probatória do juiz estava limitada às diligências destinadas a dirimir dúvida sobre ponto relevante. Com efeito, justifica-se plenamente que o juiz possa, de ofício, determinar diligências para o esclarecimento de alguma dúvida, o que não representa qualquer ofensa à imparcialidade.

Trata-se, diversamente, de uma *atividade suplementar do juiz*, para o saneamento de situação duvidosa gerada pelo cotejo dos elementos de prova apresentados e produzidos pelas partes. Não se pode, sob o manto da inércia da jurisdição, impor ao juiz

---

45. CINTRA, Antônio Carlos de Araújo / GRINOVER, Ada Pellegrini / DINAMARCO, Cândido Rangel. *Teoria Geral do Processo*. São Paulo: Revista dos Tribunais, 2002, p. 58.

que julgue ante uma situação de dúvida passível de ser esclarecida por meio de uma diligência determinada independentemente de provocação das partes.

Com a reforma introduzida pela Lei nº 11.690/2008, entretanto, instituiu-se outra hipótese de iniciativa probatória do juiz, a quem se possibilita "ordenar, mesmo antes de iniciada a ação penal, a produção de provas consideradas urgentes e relevantes, observando a necessidade, adequação e proporcionalidade da medida", conforme o art. 156, I, do CPP.

No inciso II do art. 156, manteve-se a hipótese de iniciativa do juiz para "determinar, no curso da instrução, ou antes de proferir sentença, a realização de diligências para dirimir dúvida sobre ponto relevante", o que, como já pontuado, não representa qualquer ofensa à inércia e à imparcialidade do órgão jurisdicional.

A inovação expressa no art. 156, inciso I, do CPP, de sua parte, suscita suspeita de inconstitucionalidade, o que reclama adequada reflexão. No sistema processual penal brasileiro, já existia, antes mesmo do advento da Lei nº 11.690/2008, a aplicação de regime semelhante, estabelecido pelo art. 3º da Lei nº 9.034/1995, hoje revogada (art. 26, Lei nº 12.850/2013). Esse dispositivo previa a iniciativa pessoal do juiz, independentemente de provocação, para a decretação de quebra de sigilo de dados fiscais, bancários, financeiros e eleitorais.

Já havia também o regime, embora restrito às medidas assecuratórias, vigente no âmbito particular dos crimes de *lavagem* de ativos, conforme previsto no art. 4º, *caput*, da Lei nº 9.613/1998, mantido, no essencial, pela Lei nº 12.683/2012: "O juiz, de ofício, a requerimento do Ministério Público ou mediante representação do delegado de polícia, ouvido o Ministério Público em 24 (vinte e quatro) horas, havendo indícios suficientes de infração penal, poderá decretar medidas assecuratórias de bens, direitos ou valores do investigado ou acusado, ou existentes em nome de interpostas pessoas, que sejam instrumento, produto ou proveito dos crimes previstos nesta Lei ou das infrações penais antecedentes"[46].

Trava-se, nesse ponto, o mesmo debate atinente à questão geral de poder o juiz decretar *de ofício* medidas cautelares, probatórias ou não, no curso da fase de instrução.

A tendência das reformas mais recentes no processo penal brasileiro aponta para a exclusão dessa possibilidade, de modo que o juiz, *no curso da fase de investigação*, só pode decretar medida cautelar quando provocado, não estando autorizado a fazê-lo de ofício.

No caso da medida cautelar não probatória, pode-se mencionar a autorização legal de decretação de prisão preventiva *de ofício* pelo juiz *apenas no curso da ação penal*, conforme o art. 311 do CPP, com a redação dada pela Lei nº 12.403/2011: "Em qualquer fase da investigação policial ou do processo penal, caberá a prisão preventiva

---

46. A redação original do art. 4º, *caput*, da Lei 9.613/1998 era: "O juiz, de ofício, a requerimento do Ministério Público, ou representação da autoridade policial, ouvido o Ministério Público em vinte e quatro horas, havendo indícios suficientes, poderá decretar, no curso do inquérito ou da ação penal, a apreensão ou sequestro de bens, direitos ou valores do acusado, ou existentes em seu nome, objeto dos crimes previstos nesta Lei, procedendo-se na forma dos arts. 125 a 144 do Decreto-Lei n. 3.689, de 3 de outubro de 1941 – Código de Processo Penal".

decretada *pelo juiz, de ofício, se no curso da ação penal,* ou a requerimento do Ministério Público, do querelante ou do assistente, ou por representação da autoridade policial". Assim, a reforma eliminou a possibilidade, constante da redação original do art. 311 do CPP, de decretação de prisão preventiva de ofício pelo juiz na fase de investigação. O mesmo regime é aplicado para a decretação de prisão temporária (art. 2º, Lei nº 7.960/1989) e também de medidas cautelares diversas da prisão (art. 282, § 2º, CPP).

Para as *medidas cautelares probatórias,* no entanto, as reformas mais recentes efetivaram ampliação da iniciativa do juiz, estendendo-a até mesmo à fase de investigação, com poderes de ordenar diligências independentemente de qualquer provocação. Foi o que aconteceu com o advento da Lei nº 11.690/2008, que deu abrangência geral à iniciativa probatória judicial nessas condições.

Esse panorama inspira-nos assombro. Isso porque a determinação *ex officio* de medidas cautelares *probatórias* (busca e apreensão, interceptação telefônica), no curso da fase pré-processual (investigação) tem muito mais aptidão de prejuízo à imparcialidade do julgador do que a mesma possibilidade aplicada às medidas cautelares não probatórias (prisão preventiva, prisão temporária, medidas cautelares alternativas etc.).

Com efeito, a iniciativa do juiz para a determinação de diligências destinadas a *provar* a existência de crimes e a respectiva autoria tem potencialidade decisiva de vinculação prévia, anterior a qualquer acusação individualizada, do espírito do julgador com o resultado da prova, valendo ressaltar que tais elementos (bens apreendidos, diálogos telefônicos interceptados), como *provas cautelares,* podem até mesmo influir *com exclusividade* na convicção futura do julgador, quando da sentença, nos termos do art. 155, *caput,* do CPP.

Convém pôr as coisas bem claras. O juiz atua na fase de investigação para fins de *controle* da pertinência de medidas potencialmente ofensivas a direitos e garantias individuais. Toda vez que uma diligência investigativa repercutir na esfera individual protegida do sujeito investigado – em seu direito à intimidade de dados ou domiciliar, por exemplo –, o órgão judiciário deve ser provocado para fins de verificação da existência de motivos relevantes e aptos a excepcionar, no caso concreto, o regime constitucional de direitos e garantias individuais.

O juiz, nesse ponto, atua como instância de proteção, na defesa do respeito aos direitos individuais e na aferição da pertinência de se excepcionar sua esfera protetiva, em nome do interesse social na apuração da prática de infrações penais.

Nesse sentido, não é própria do juiz nem da função jurisdicional a atividade de *investigar* a prática de crimes. Essa tarefa é cometida à autoridade policial, ao Ministério Público e a outras autoridades *funcionalmente interessadas* na persecução penal. Cabe à autoridade policial, ou a outra autoridade investigadora, conforme o caso, avaliar as medidas pertinentes à apuração, aptas a alcançar a prova da prática do crime e da respectiva autoria. Ao juiz, por seu turno, cabe controlar excessos investigativos e conferir autorização excepcional para a restrição de direitos e garantias individuais, sempre sem qualquer compromisso com os objetivos *concretos* vinculados à investigação.

Daí porque, em diversos ordenamentos processuais, e no sistema proposto no recente projeto de Código de Processo Penal brasileiro, há a figura do *juiz de garantias,* cuja designação aponta para a real finalidade da atuação judicial nesse momento pré--processual.

Assim, ao conceder-se ao juiz iniciativa para, de ofício, determinar diligências probatórias, está-se conferindo ao magistrado um componente funcional de caráter investigativo. Com efeito, o juiz só pode determinar diligências sem ser provocado para tanto quando ele próprio *investigou* e a partir daí *identificou* elementos e motivos para decretar uma medida de busca e apreensão ou de interceptação ambiental, por exemplo.

Nesse caso, nem a autoridade policial nem o Ministério Público mostraram ao juiz elementos supostamente permissivos da restrição de direitos e garantias: o próprio juiz, investigando, encontrou-os, e determinou diligências à margem de qualquer postulação do investigador ou do titular da ação penal.

Há outros fatores intervenientes aí. É que a fase de investigação não se destina a fornecer elementos para a convicção do juiz, e sim a oferecer subsídios mínimos para o exercício da acusação por seu titular. Entretanto, se o próprio juiz tem iniciativa para determinar diligências de investigação nessa fase, funciona ele concretamente como mais um investigador fornecendo elementos para a formulação de uma hipótese de acusação, com a agravante de que esta será julgada por ele mesmo.

Não é preciso muito esforço para compreender que o juiz que tomou a iniciativa de determinar diligências, independentemente de qualquer provocação, tem já em seu espírito uma ideia ou suspeita prévia quanto à materialidade e à autoria de crime, quando nem mesmo há formulada uma acusação, sujeita, em um processo, à apreciação jurisdicional.

As potencialidades dessa vinculação apriorística do juiz com os fatos, em uma fase de apuração, são incontroláveis, representando prejuízo à imparcialidade própria da função jurisdicional. Até mesmo quando o juiz determina essas medidas provocado pela autoridade policial ou pelo Ministério Público há tal potencialidade, embora em menor grau. O que se dirá quando ele próprio toma a iniciativa...

Perceba-se bem: não se está tratando apenas da iniciativa do juiz para, *sob os pressupostos* da materialidade e da autoria de infração penal, decretar uma prisão preventiva, por exemplo, concretamente motivada por questões alheias ao mérito da própria prática da infração (necessidade de resguardar a ordem pública, a regularidade do processo ou a aplicação da lei). Nesse particular, a vinculação psicológica do juiz dá-se apenas quanto aos pressupostos, mas não quanto aos motivos da medida cautelar. E mesmo assim a legislação processual, atualmente, veda a decretação de prisão preventiva de ofício pelo juiz *no curso da fase de investigação*. A lógica aplicável aí é a de que o papel do juiz na fase de investigação é apenas o de controle da proteção a direitos individuais, conforme já salientado.

Ora, e o que se dirá de quando a iniciativa do juiz na fase de investigação concerne diretamente aos próprios motivos da diligência por ele, de ofício, determinada? Ao determinar de ofício uma diligência de busca e apreensão, o juiz o faz *motivado diretamente* pela necessidade de provar a existência de um crime e a respectiva autoria.

Não se trata de motivação para resguardar o processo ou a aplicação da lei, e sim para provar fatos que serão objeto de futura ação penal. Parece-nos que o interesse de apuração de delitos não pode chegar a tal ponto, que viola inclusive a paridade de armas que se espera no processo, ao situar até mesmo a função potestativa (e não postulatória) do juiz ao serviço da atividade de investigação e de acusação. A ofensa ao sistema acusatório e à imparcialidade do juiz é muito clara. Só em um modelo inquisitório se poderia pensar em tal regime.

Nessas condições, entendemos que o juiz não pode, de ofício, determinar diligências probatórias no curso da fase de investigação, apesar da leitura que se possa depreender do art. 156, inciso I, do CPP. O juiz tem iniciativa instrutória, podendo determinar diligências de ofício, inclusive as cautelares, *no curso do processo penal*, quando já há hipótese acusatória individualizada e sujeita à apreciação jurisdicional.

Inamissível o mesmo, porém, na fase de investigação, quando a diligência se destinaria não ao esclarecimento de dúvida do julgador vinculado à acusação, mas à coleta de subsídios para a dedução da própria hipótese acusatória, que futuramente estará sujeita à apreciação do mesmo órgão jurisdicional.

Subsiste, claro, a possibilidade de decretação de tais medidas pelo juiz na fase de investigação, desde que provocado (pelo ofendido, pelo Ministério Público, pela autoridade policial), pois aí já estará o órgão judiciário atuando como órgão de controle e de autorização excepcional para fins de restrição a direitos individuais, e não como órgão investigativo.

Seria, nessa lógica, inconstitucional, em parte, o art. 156, I, do CPP? Entendida como autorização de decretação *ex officio* pelo juiz de diligências probatórias no curso da fase de investigação, sim, a norma padece de irrecusável inconstitucionalidade[47].

Propõe-se, entretanto, interpretação conforme a Constituição apta a "salvar" o dispositivo do art. 156, inciso I, do CPP, como bem identificou GOMES FILHO: "...o novo texto do inc. I do art. 156 do CPP só pode ser lido à luz da Constituição e, em especial, no quadro do modelo acusatório que ela consagra. E isso afasta, sem dúvida, a figura do juiz investigador. Ademais, para uma interpretação sistemática da Lei 11.690/2008, cabe retomar aquilo que ficou dito a propósito da redação dada ao art. 155: o legislador sublinha uma nítida e apropriada distinção entre o que *é prova* e aquilo que constitui *elemento informativo* da investigação. Ao dizer, assim, que o juiz pode determinar a produção antecipada de *provas consideradas urgentes e relevantes*, a lei não contempla outra coisa senão a iniciativa judicial para a antecipação de atos tendentes à formação de *provas* – não de elementos de investigação –, diante do risco de desaparecimento ou deterioração das *fontes* de informação. São, por exemplo, os casos de depoimentos antecipados, perícias urgentes etc. – que até mesmo podem resultar

---

47. É o que sustenta parte da doutrina, como EUGÊNIO PACELLI: "...inconstitucional a mais não poder a regra do art. 156, I, CPP, e tal como ocorreu com o art. 3º da Lei no 9.034/95 (organização criminosa), deverá ter a sua invalidade afirmada na Suprema Corte (ver ADI 1.570. Rel. Min. Maurício Corrêa, em 12.4.2004)". Cfr. PACELLI, Eugênio. *Curso de Processo Penal*. São Paulo: Atlas, 2003, p. 335. Assim, também, ANDRÉ NICOLITT: "O inc. I do art. 156 é uma das mais sombrias manifestações da inquisição em plena era digital globalizada. O juiz agora não só é parte (quando produz prova no processo) como também passa a ser investigador (quando produz provas no curso do inquérito policial). Sendo assim, não há alternativa senão reconhecer a cristalina inconstitucionalidade do art. 156 do CPP, notadamente do seu inc. I". Cfr. NICOLITT, André. *Manual de Processo Penal*. São Paulo: Revista dos Tribunais, 2014, p. 634.

em provas destinadas a demonstrar teses defensivas –, que, de outro modo, estariam comprometidos pela ação do tempo"[48].

Assim, a iniciativa judicial para, de ofício, determinar diligências probatórias só alcança aqueles casos de antecipação de produção de prova *em contraditório*, não abrangendo diligências unilaterais de cunho investigativo. Trata-se das hipóteses de antecipação de prova testemunhal se houver risco de perecimento (art. 225, CPP) e de antecipação de provas consideradas urgentes e relevantes em caso de não comparecimento do acusado citado por edital (art. 366, CPP).

Se não acolhida a interpretação conforme proposta, o caminho deverá mesmo ser o da declaração de inconstitucionalidade. Anote-se, a esse respeito, que o Plenário do Supremo Tribunal Federal, na ADI 1.570/DF (STF, Tribunal Pleno, ADI 1.570, Rel. Min. MAURÍCIO CORRÊA, julgamento em 12.02.2004, DJ de 22.10.2004), declarou a inconstitucionalidade do hoje revogado dispositivo do art. 3º da Lei nº 9.034/1995, já antes referido, que conferia ao juiz iniciativa probatória quanto à quebra do sigilo de dados, por transgressão ao princípio da imparcialidade e ao devido processo legal[49]. Pelas mesmas razões de direito, igual destino deverá ser reservado ao dispositivo do art. 156, inciso I, do CPP, com redação dada pela Lei nº 11.690/2008, em sua compreensão literal.

SEÇÃO II
Provas Ilícitas e Provas Derivadas de Ilícitas

1. CONCEITO E REGIME JURÍDICO DA PROVA ILÍCITA ORIGINÁRIA

1.1. Previsão constitucional e legal

Entende-se por *prova ilícita* aquela obtida diretamente por meio de violação a direito individual de natureza material ou substancial. Trata-se das *provas originariamente ilícitas*, das "provas obtidas por meios ilícitos" objeto do art. 5º, inciso LVI, da

---

48. GOMES FILHO, Antônio Magalhães. *Provas. Lei 11.690, de 09.06.2008*. In: MOURA, Maria Thereza de Assis. *As Reformas no Processo Penal*. São Paulo: Revista dos Tribunais, 2008, p. 261.

49. "EMENTA: AÇÃO DIRETA DE INCONSTITUCIONALIDADE. LEI 9034/95. LEI COMPLEMENTAR 105/01. SUPERVENIENTE. HIERARQUIA SUPERIOR. REVOGAÇÃO IMPLÍCITA. AÇÃO PREJUDICADA, EM PARTE. 'JUIZ DE INSTRUÇÃO'. REALIZAÇÃO DE DILIGÊNCIAS PESSOALMENTE. COMPETÊNCIA PARA INVESTIGAR. INOBSERVÂNCIA DO DEVIDO PROCESSO LEGAL. IMPARCIALIDADE DO MAGISTRADO. OFENSA. FUNÇÕES DE INVESTIGAR E INQUIRIR. MITIGAÇÃO DAS ATRIBUIÇÕES DO MINISTÉRIO PÚBLICO E DAS POLÍCIAS FEDERAL E CIVIL. 1. Lei 9034/95. Superveniência da Lei Complementar 105/01. Revogação da disciplina contida na legislação antecedente em relação aos sigilos bancários e financeiro na apuração das ações praticadas por organizações criminosas. Ação prejudicada, quanto aos procedimentos que incidem sobre o acesso a dados, documentos e informações bancárias e financeiras. 2. Busca e apreensão de documentos relacionados ao pedido de quebra de sigilo realizadas pessoalmente pelo magistrado. Comprometimento do princípio da imparcialidade e consequente violação ao devido processo legal. 3. Funções de investigador e inquisidor. Atribuições conferidas ao Ministério Público e às Polícias Federal e Civil (CF, artigo 129, I e VIII e § 2º; e 144, § 1º, I e IV, e § 4º). A realização de inquérito é função que a Constituição reserva à polícia. Precedentes. Ação julgada procedente, em parte."

Constituição Federal. Desde sua origem, a prova diz-se ilícita, por ter sido obtida por meios contrários ao direito material. A rigor, porém, a ilicitude é do *meio* de obtenção da prova – o que há é a *inadmissibilidade* da prova obtida por *meio ilícito* ou, em outros termos, a prova faz-se inadmissível por ter sido alcançada por meio contrário ao direito material, conforme aprofundaremos adiante.

São *exemplos* de *prova originariamente ilícita* ou *prova ilícita originária*: (a) a confissão (prova) obtida sob tortura (meio ilícito); (b) a busca e apreensão (prova) obtida por invasão desautorizada de domicílio (meio ilícito); (c) o resultado de quebra de sigilo das comunicações telefônicas (prova) efetuada por grampo desautorizado e clandestino (meio ilícito). Em todos esses casos, a obtenção da prova operou-se com violação a direitos individuais materiais, respectivamente: (a) a liberdade individual e a incolumidade física e psicológica; (b) a inviolabilidade domiciliar; (c) a intimidade telefônica.

A consequência juridicamente associada à declaração de ilicitude da prova é a *inadmissibilidade*, conforme expressam o art. 5º, inciso LVI, da Constituição ("são inadmissíveis, no processo, as provas obtidas por meios ilícitos") e o art. 157, *caput*, do CPP. Esse último dispositivo agrega a consequência material (física) vinculada à *inadmissibilidade*, qual seja, o *desentranhamento* da prova declarada ilícita: "São inadmissíveis, devendo ser desentranhadas do processo, as provas ilícitas, assim entendidas as obtidas em violação a normas constitucionais ou legais".

O conceito enunciado na parte final do art. 157, *caput*, entretanto, não se mostra adequado à individualização da espécie em exame. Com efeito, não é a contrariedade a "normas constitucionais ou legais" que caracteriza a prova ilícita, mas a ofensa ao *direito material*. Assim, se a ofensa for ao direito processual, emanado quer de norma constitucional, quer de norma legal, a hipótese não é de ilicitude da prova, mas de *ilegitimidade*.

A imprecisão e amplitude do conceito legal conduziram alguns doutrinadores a considerar prova ilícita tanto aquela produzida com violação de normas materiais quanto a obtida com transgressão de normas processuais[50].

A nosso juízo, não se pode aceitar tal critério, de acordo com a própria sistemática do direito processual – e em particular a do direito processual penal –, que reserva à violação de normas processuais o regime jurídico das nulidades.

Isso impõe, por certo, interpretação restritiva da expressão "normas constitucionais ou legais", para dela se depreender apenas a transgressão a normas de direito material. Não fosse isso, bastaria a nota particular de gravidade própria da ofensa a direitos materiais, para justificar que essa ilicitude tenha como resposta o regime mais rigoroso da inadmissibilidade, em vez da mera invalidação associada aos vícios processuais, por mais que digam respeito a garantias processuais.

---

50. Nesse sentido, GUILHERME NUCCI: "A reforma de 2008 acolheu, claramente, a ideia de que provas produzidas ao arrepio da lei processual penal também geram ilicitudes, aptas a acarretar o desentranhamento da respectiva prova. Esse é o quadro ideal para a lisura ética na produção de provas, consentâneo ao Estado Democrático de Direito. O cenário das nulidades deve ser reservado a outros vícios, longe do âmbito das provas". Cfr. NUCCI, Guilherme de Souza. *Manual de Processo Penal e Execução Penal*. Rio de Janeiro: Forense, 2014, p. 338.

De resto, o termo *ilicitude* sempre se compreendeu, em direito, em um contexto extraprocessual, traduzindo-se em ofensa a direitos individuais de ordem substancial.

1.2. Prova Ilícita e Prova Ilegítima

Nesse contexto, à luz da clássica distinção do processualista italiano PIETRO NU-VOLONE, pode-se definir o seguinte:

(a) *Prova ilícita* é o resultado de violação ao direito material, e a ilegalidade se configura no momento da *obtenção* da prova. A consequência jurídica da ilicitude da prova, por sua vez, é a inadmissibilidade, devendo a prova ser desentranhada dos autos processuais.

(b) *Prova ilegítima* é aquela produzida ou inserida no processo por ofensa a normas processuais[51]. A consequência jurídica da ilegitimidade é a *nulidade* do ato, devendo-se renovar a produção da prova, com a observância das normas incidentes, de acordo com o art. 573, *caput*, do CPP: "Os atos, cuja nulidade não tiver sido sanada, na forma dos artigos anteriores, serão renovados ou retificados".

Assim, quanto à consequência, a *ilicitude* (material) acarreta a *inadmissibilidade* e o correlato *desentranhamento* da prova, ao passo que a *ilegitimidade* (processual) gera a *nulidade* e a correlata exigência de *renovação* da prova pela forma processual adequada.

O vício de ilicitude ocorre fora do processo, no momento da obtenção da prova, revestindo-se de particular gravidade, a ponto de impor o desentranhamento da prova resultante, para que de nenhuma forma, mesmo remotamente, possa influir no convencimento do julgador. Nesse ponto, seria até salutar considerar impedido ou suspeito o juiz que tenha tomado contato com a prova ilícita. O projeto de reforma que redundou na Lei nº 11.690/2008 contemplava um § 4º ao art. 157 nesse sentido, o qual, contudo, acabou vetado.

Já o vício de ilegitimidade ocorre dentro do processo, no momento da produção ou da inserção da prova, por inobservância da forma procedimental correta e/ou ofensa a garantia de caráter processual, gerando a exigência de invalidação do ato, por declaração de nulidade. Essa invalidação, no entanto, não acarreta o desentranhamento, impondo apenas a necessidade de renovação do ato processual probatório (art. 573, *caput*, CPP), para o devido saneamento do vício.

A título de exemplo, mencione-se a inversão arbitrária, pelo juiz, da ordem de inquirição de testemunhas, fora das exceções contempladas em lei: o juiz resolve, por conveniência, ouvir testemunha de defesa antes da inquirição das testemunhas de acusação, em desobediência à ordem legal fixada no art. 400, *caput*, do CPP.

---

51. Cfr. NUVOLONE, Pietro. *Le Prove Vietate nel Processo Penale nei Paesi di Diritto Latino*. In: Rivista di Diritto Processuale, v. XXI, s. II, Padova, 1966, pp. 442-475, esp. 470: "Un divieto ha natura esclusivamente processuale, quando è posto in funzione di interessi attinenti unicamente allá logica e alle finalità del processo; un divieto ha natura sostanziale, allorché, pur servendo mediatamente anche interessi processuali, à posto essenzialmente in funzione dei diritti che l'ordinamento riconosce ai singoli, independentemente dal processo. La violazione del divieto costituisce in entrambi i casi un'illegalità; ma mentre, nel primo caso, serà solo un atto illegittimo, nel secondo caso serà anche un atto illecito".

Nessa hipótese, a inversão na ordem de inquirição configura desrespeito à forma do art. 400 do CPP, mas também às garantias da ampla defesa e do contraditório, que ditaram aquela forma. De toda sorte, em se tratando de garantia *processual*, o vício é de ilegitimidade, gerador de nulidade. A consequência, assim, é a renovação do ato (inquirição de testemunhas) pela forma correta, com o respeito à ordem legal de inquirição, de modo a assegurar a efetividade das garantias processuais incidentes.

Alguns autores referem o suposto fenômeno da "prova ilícita e ilegítima", simultaneamente, quando haja transgressão, ao mesmo tempo, a normas materiais e processuais. Como pontua RENATO BRASILEIRO, "é o que ocorre, a título de exemplo, com uma busca e apreensão domiciliar cumprida por uma autoridade policial, independentemente de prévia autorização judicial, nem tampouco situação de flagrante delito", caso em que "haverá violação de norma legal, na medida em que a conduta é prevista como crime de abuso de autoridade (Lei n. 4.898/65, art. 3º, 'b'), assim como norma processual que prevê os requisitos para a realização de busca e apreensão domiciliares (CPP, art. 240 a 250, c/c art. 5º, XI, da Constituição Federal"[52].

Discordamos da orientação do eminente processualista. No exemplo citado, em particular, não se trata de violação de norma *processual* atinente aos requisitos da busca e apreensão, mas de ofensa ao direito material à inviolabilidade domiciliar.

Os requisitos próprios da diligência de busca e apreensão, por mais que constem do Código de Processo Penal, obedecem à exigência de proteção contra excessos a esse direito fundamental de ordem material. Ademais, a diligência realiza-se fora do processo, no momento da *obtenção* da prova, de modo que o vício correspondente à inobservância de requisitos da busca e apreensão atinge a inviolabilidade do domicílio, e não qualquer garantia processual. O caso cogitado no exemplo, assim, é exclusivamente de prova ilícita, como tal sujeita ao regime de exclusão.

Dois elementos, diante dessas considerações, podem ser discernidos no conceito de prova (originariamente) ilícita: (i) prova obtida por ofensa ao *direito material*; (ii) prova obtida por ofensa *direta e imediata* a direito de natureza material.

1.3. Fundamento da Regra de Inadmissibilidade (ou Regra de Exclusão): a Jurisprudência da Suprema Corte Norte-Americana e a do Supremo Tribunal Federal

Qual o fundamento de base da *inadmissibilidade* como consequência da ilicitude da prova? Em outros termos, por que o sistema estabelece a inadmissibilidade da prova à vista do meio de obtenção, independentemente do conteúdo por ela expressado?

Cumpre referir, a propósito, a existência do contraposto princípio da *veracidade da prova*, que durante muito tempo vigorou no Brasil. Por esse princípio, não interessa o modo de obtenção da prova, mas o seu conteúdo, isto é, se este expressa ou não a verdade que se pretende elucidar.

---

52. LIMA, Renato Brasileiro de. *Manual de Processo Penal*. Salvador: JusPodivm, 2015, p. 609.

Atualmente, no entanto, a Constituição do Brasil fixa com precisão a inadmissibilidade da prova *obtida por meio ilícito*, independentemente de seu conteúdo. Por que é assim?

Nessa reflexão, interessa apresentar uma referência histórica ao direito jurisprudencial norte-americano, no qual pioneiramente se reconheceu a exigência de declaração de ilicitude da prova, fixando-se como consequência disso a chamada *regra de exclusão*.

A esse respeito, cumpre assinalar que os institutos vinculados à prova ilícita e à prova derivada de ilícita atualmente aplicáveis no direito brasileiro derivam de construção da jurisprudência norte-americana em casos paradigmáticos, cuja análise auxilia a compreensão do contexto e do significado de cada um daqueles fenômenos.

1.3.1. O caso Boyd vs. United States

O *leading case* em que primeiro se reconheceu a ilicitude de certos meios de produção de prova foi BOYD vs. UNITED STATES, de 1886 (116. U.S. 616, 1886), julgado pela Suprema Corte norte-americana.

O caso dizia respeito à suposta prática de fraude fiscal consistente na falsificação de documentos, com o objetivo de elidir o pagamento do tributo devido pela importação de placas de vidro ingressadas no porto de New York.

No curso do processo, os acusados foram obrigados, com base em atos normativos de 1863, 1867 e 1874, a apresentar documentos revelando a quantidade e o valor das mercadorias.

Apesar do protesto dos acusados quanto a serem compelidos a produzir prova contra si próprios, o pedido foi negado, resultando todos condenados pela fraude. A Suprema Corte norte-americana, no entanto, entendeu que os atos normativos em alusão, e a concreta exigência de que os acusados exibissem papeis privados, violavam a Quarta e a Quinta Emendas à Constituição dos Estados Unidos. Com efeito, a Quarta Emenda declara a inviolabilidade dos documentos privados[53], e a Quinta Emenda assegura o direito à não autoincriminação[54].

1.3.2. O caso Weeks vs. United States e o fundamento da regra de exclusão: efeito dissuasório contra práticas ilícitas

Já no início do século XX, o caso WEEKS vs. UNITED STATES, de 1914 (232. U.S. 383, 1914), foi paradigma para o aperfeiçoamento da *regra de exclusão* (*exclusionary rule*) da prova declarada ilícita e, portanto, inadmissível.

---

53. Eis o teor da Quarta Emenda: "The right of the people to be secure in their persons, houses, papers, and effects, against unreasonable searches and seizures, shall not be violated, and no warrants shall issue, but upon probable cause, supported by oath or affirmation, and particularly describing the place to be searched, and the persons or things to be seized".

54. Dentre outras garantias, a Quinta Emenda declara: "...no person shall be compelled in any criminal case to be a witness against himself".

O caso concreto versava sobre a invasão, pela polícia, da residência de Fremont Weeks, com a execução de busca desautorizada em diversos locais, que alcançou prova posteriormente utilizada para condenar o sujeito pela conduta de remeter bilhetes de loteria pela via postal. Invocou-se, na hipótese, violação ao direito de inviolabilidade de documentos privados, assegurado pela Quarta Emenda à Constituição norte-americana.

Nesse caso, firmou-se a *inadmissibilidade*, no processo, das provas obtidas mediante violação de direitos constitucionais. Um dos grandes marcos desse precedente radica em fixar não apenas a obtenção ilícita da prova como *inconstitucional*, mas também a própria admissão da prova no processo – a inserção da prova ilícita no processo, portanto – é em si mesma inconstitucional. Assim, o princípio de exclusão, a partir da inadmissibilidade, deve imperar.

Foi aí também que despontou, pioneiramente, o *fundamento de base da inadmissibilidade de provas ilícitas*: a ineficácia das sanções penais, civis e administrativas para o fim de prevenir a atuação ilegal da polícia na obtenção da prova.

Considerou-se que não há *efeito dissuasório*, quanto à atividade ilegal dos investigadores oficiais contra direitos fundamentais, a partir da mera possibilidade da resposta punitiva individual, independente do resultado probatório obtido pela conduta ilícita.

A declaração de imprestabilidade e a consequente exclusão da prova, assim, reclamam-se como medidas imprescindíveis para que se alcance a dita eficácia dissuasória e, portanto, preventiva, em nome da efetividade do direito, no caso o de inviolabilidade dos documentos privados, assegurado na Quarta Emenda à Constituição dos Estados Unidos.

Como expresso no precedente em referência: "a tendência daqueles que executam as leis penais do país de obter elementos de convicção por meio de apreensões ilegais e de confissões forçadas, as últimas com frequência obtidas depois da sujeição de acusados a injustificáveis práticas destrutivas de direitos assegurados pela Constituição Federal, provavelmente não encontram nenhuma sanção nos julgamentos das cortes, encarregadas a todo tempo da defesa da Constituição, e às quais pessoas de todas as condições têm o direito de recorrer para a proteção de tais direitos fundamentais"[55].

---

55. "The effect of the Fourth Amendment is to put the courts of the United States and Federal officials, in the exercise of their power and authority, under limitations and restraints as to the exercise of such power and authority, and to forever secure the people, their persons, houses, papers, and effects, against all unreasonable searches and seizures under the guise of law. This protection reaches all alike, whether accused of crime or not, and the duty of giving to it force and effect is obligatory upon all intrusted under our Federal system with the enforcement of the laws. The tendency of those who execute the criminal laws of the country to obtain conviction by means of unlawful seizures and enforced confessions, the latter often obtained after subjecting accused persons to unwarranted practices destructive of rights secured by the Federal Constitution, should find no sanction in the judgments of the courts, which are charged at all times with the support of the Constitution, and to which people of all conditions have a right to appeal for the maintenance of such fundamental rights". E, com referência ao caso específico objeto do julgado: "If letters and private documents can thus be seized and held and used in evidence against a citizen accused of an offense, the protection of the Fourth Amendment declaring his right to be secure against such searches and seizures is of no value, and, so far as those thus placed are concerned, might as well be stricken from the Constitution".

Assim, o fundamento da regra de exclusão, no sistema norte-americano, traduz-se no efeito dissuasório frente à obtenção de provas por meios ilícitos, o qual tem como destinatários os agentes oficiais (*those who execute the criminal laws of the country*).

1.3.3. Limites da regra de exclusão no direito norte-americano

Cumpre então perguntar: e se a prova houver sido ilicitamente obtida por um particular? A jurisprudência da Suprema Corte norte-americana firmou o entendimento de que não se aplica a regra de exclusão quando a prova ilícita foi obtida em uma investigação privada, conforme decidido no caso BURDEAU VS. MACDOWELL, de 1921 (256 U.S. 465, 1921): "A proteção da Quarta Emenda contra buscas e apreensões ilegais *refere-se à ação governamental*[56].

Existem outras hipóteses, no direito norte-americano, em que se firmou a inaplicabilidade da regra de exclusão: (i) *prova obtida de boa-fé* (*good faith rule*), como decidido em UNITED STATES VS. LEON (1989) ou por "erro honesto" (*honest mistake rule*), como resolvido em MARYLAND VS. GARRISON (1987), ainda que seja objetivamente ilícita; (ii) prova obtida por um agente oficial que disponha de competência para a sua obtenção, por mais que concretamente se haja verificado a ilegalidade; (iii) prova obtida a partir do consentimento do interessado quanto à restrição do direito; (iv) ausência de expectativa de privacidade pelo abandono da propriedade da coisa (*abandoned property*) por parte do acusado, como decidido em UNITED STATES VS. THOMAS, de 1989 (por exemplo, abandono de bagagem em aeroporto, abandono da propriedade/posse de um apartamento, abandono da propriedade de coisas no lixo etc.). Determinadas hipóteses, como se percebe, não caracterizam ilicitude sequer objetivamente, à falta de transgressão do direito individual cogitado.

Além disso, há ainda algumas limitações no direito norte-americano: (v) a regra de exclusão só se aplica em processos criminais, como decidido no caso UNITED STATES VS. JANIS (1976) e também no caso O. J. SIMPSON (1995) [57]; (vi) a regra de exclusão só se aplica ante a demonstração pelo acusado de que seu próprio direito individual, e não o direito de terceira pessoa, foi violado.

---

56. "1. *The United States may retain for use as evidence in the criminal prosecution of their owner incriminating documents which are turned over to it by private individuals who procured them, without the participation or knowledge of any government official*, through a wrongful search of the owner's private desk and papers in an office. 2. *The provision of the Fourth Amendment forbidding unreasonable searches and seizures refers to governmental action*; the Fifth Amendment secures the citizen from compulsory testimony against himself by protecting him from extorted confessions and examinations in court proceedings by compulsory methods".

57. A lógica adotada foi a de que a exclusão da prova ilícita dos processos civis não encerra a probabilidade de desestimular a conduta do agente policial, de maneira que prevaleça sobre os custos sociais impostos pela exclusão. Como fixou a Suprema Corte norte-americana: "We conclude that exclusion from federal civil proceedings of evidence unlawfully seized by a state criminal enforcement officer has not been shown to have a sufficient likelihood of deterring the conduct of the state police so that it outweighs the societal costs imposed by the exclusion. This Court, therefore, is not justified in so extending the exclusionary rule". O mesmo foi reconhecido no caso O. J. Simpson, em que, excluídas provas no processo criminal, foram as mesmas admitidas em ação civil que levou a uma condenação indenizatória de $ 34 milhões contra o atleta Simpson, como referem GARDNER e ANDERSON. Cfr. GARDNER, Thomas J. / ANDERSON, Terry M. *Criminal Evidence: Principles and Cases*. Belmont: Wadsworth, 2012, p. 240.

1.3.4. Limites à regra da inadmissibilidade na ordem jurídica brasileira

No direito brasileiro, a inadmissibilidade da prova ilícita está proclamada, como visto, no art. 5º, LVI, da Constituição Federal, e a regra de exclusão vinculada a esse princípio já tinha extensa aplicação na jurisprudência antes que resultasse expressa no art. 157 do CPP, o que ocorreu com o advento da Lei nº 11.690/2008.

Em nosso sistema, à luz da generalidade do princípio inserto no art. 5º, LVI, da Constituição Federal, não existe a limitação da ilicitude à atuação de agentes oficiais. São inadmissíveis, no processo, as provas obtidas por meios ilícitos, não importando quem as obtenha.

Nesse ponto, RENATO BRASILEIRO sustenta que, no direito brasileiro, "a vedação à admissibilidade das provas obtidas por meios ilícitos tem como objetivo precípuo a tutela dos direitos e garantias individuais", razão pela qual, "no ordenamento pátrio, pouco importa quem tenha sido o agente responsável pela produção da prova ilícita – autoridade policial ou particular – em ambos os casos a prova deve ser considerada ilícita"[58].

Concordamos com a conclusão do ilustre processualista, mas digamos algo mais sobre o fundamento. Ora, no direito norte-americano, a vedação à admissibilidade das provas ilícitas *também* tem por objetivo precípuo a tutela dos direitos e garantias individuais, só que contra a ação de agentes estatais, que dispõem de um aparato com maior potencialidade ofensiva.

A nota particular da ordem jurídica brasileira é, portanto, a do *efeito dissuasório à produção de provas por meios ilícitos*. Entre nós também há a finalidade de desestimular, de dissuadir, só que dirigida a todos, e não apenas aos agentes estatais.

Nessa perspectiva, se no direito norte-americano o objetivo é o de proteger direitos constitucionais exclusivamente contra o arbítrio (ilícito) do Estado, no direito brasileiro a finalidade é a de resguardar tais direitos frente a qualquer forma de ilicitude.

Pode-se sempre meditar sobre a extensão com que o direito brasileiro trata o problema da inadmissibilidade da prova ilícita. A nosso juízo, é extrema a medida de excluir do processo uma prova em virtude do meio de sua obtenção, independentemente de seu conteúdo. Assim, só uma *motivação particular e especial* poderia levar a esse extremo.

A experiência norte-americana identificou essa necessidade no âmbito da ação estatal persecutória, que tem como atividade-fim e rotina a busca de provas incriminadoras – exige-se dos agentes, assim, que conduzam sua atividade habitual de maneira a respeitar os direitos fundamentais dos investigados. Não a identificou, porém, no âmbito da ação de particulares, que é episódica e circunstancial. Por que então excepcionar a admissão da prova, em detrimento do interesse social punitivo, nessa hipótese? Que se considerasse ilícita a prova para os demais fins, mas não com a aplicação da regra de exclusão no processo penal. Esse, a nosso sentir, é o melhor regime, embora não sustentável entre nós, à luz da Constituição Federal.

---

58. LIMA, Renato Brasileiro de. *Manual de Processo Penal*. Salvador: JusPodivm, 2015, p. 625.

De toda sorte, mesmo no direito norte-americano, aplica-se a regra de exclusão se tiver havido alguma forma de participação estatal na busca privada.

No Supremo Tribunal Federal, em decisão monocrática proferida no RE 251.445/GO, o Ministro CELSO DE MELLO resolveu pela inadmissibilidade da prova obtida por um particular, registrando o seguinte (STF, RE 251.445, Rel. Min. CELSO DE MELLO, julgamento em 21.06.2000, DJ de 03.08.2000): "Qualifica-se como prova ilícita o material fotográfico, que, embora alegadamente comprobatório de prática delituosa, foi furtado do interior de um cofre existente em consultório odontológico pertencente ao réu, vindo a ser utilizado pelo Ministério Público, contra o acusado, em sede de persecução penal, depois que o próprio autor do furto entregou à Polícia as fotos incriminadoras que havia subtraído. No contexto do regime constitucional brasileiro, no qual prevalece a inadmissibilidade processual das provas ilícitas, impõe-se repelir, por juridicamente ineficazes, quaisquer elementos de informação, sempre que a obtenção e/ou a produção dos dados probatórios resultarem de transgressão, pelo Poder Público, do ordenamento positivo, notadamente naquelas situações em que a ofensa atingir garantias e prerrogativas asseguradas pela Carta Política (RTJ 163/682 – RTJ 163/709), mesmo que se cuide de hipótese configuradora de ilicitude por derivação (RTJ 155/508), *ou, ainda que não se revele imputável aos agentes estatais o gesto de desrespeito ao sistema normativo, vier ele a ser concretizado por ato de mero particular*".

No mesmo sentido, refira-se o julgado da Segunda Turma do STF no HC 82.862/SP (STF, 2ª Turma, HC 82.862, Rel. Min. CEZAR PELUSO, julgamento em 19.02.2008, DJ de 13.06.2008), decidindo por declarar inadmissível prova ilicitamente obtida por ex-empregado de empresa: "...Papéis confidenciais pertencentes a empresa. Cópias obtidas, sem autorização nem conhecimento desta, por ex-empregado. Juntada em autos de inquérito policial. Providência deferida em mandado de segurança impetrado por representante do Ministério Público. Inadmissibilidade. Prova ilícita. Ofensa ao art. 5º, LVI, da CF, e aos arts. 152, § único, 153 e 154 do CP. Desentranhamento determinado. HC concedido para esse fim. Não se admite, sob nenhum pretexto ou fundamento, a juntada, aos autos de inquérito policial ou de ação penal, de cópias ou originais de documentos confidenciais de empresa, obtidos, sem autorização nem conhecimento desta, por ex-empregado, ainda que autorizada aquela por sentença em mandado de segurança impetrado por representante do Ministério Público".

Outra singularidade do direito brasileiro frente ao norte-americano é que aqui a vedação à admissibilidade das provas obtidas por meios ilícitos é geral, não restrita ao processo penal, embora a regra de exclusão só esteja regulamentada na lei processual penal.

Esse último aspecto (ausência de previsão legal), contudo, não é relevante quando se considera que a regra da inadmissibilidade já estava consagrada na jurisprudência brasileira muito tempo antes do advento da Lei nº 11.690/2008, que trouxe a disciplina de uma matéria eminentemente jurisprudencial, não sem alguns problemas, para o plano da legislação ordinária.

Assim, independentemente de previsão na legislação processual civil, a regra de inadmissibilidade, como expressa no art. 5º, LVI, da Constituição, é geral, aplicável a todas as esferas, penal e extrapenal.

De resto, examinemos se as outras hipóteses de inaplicabilidade da regra de exclusão cogitadas na jurisprudência norte-americana adéquam-se ou não a nosso sistema.

Para começar, pensamos que não deve ser excluída do processo a prova obtida de *boa-fé* ou por *"erro honesto"* e escusável do agente público, *desde que num ou noutro caso inexista culpa em sentido estrito.*

Trata-se de orientação diversa, portanto, daquela acolhida no sistema norte-americano, cuja lógica traduz-se em dissuadir condutas desviadas de agentes públicos na obtenção da prova, hipótese em que a mera negligência ou imprudência não seriam suficientes para justificar a aplicação da regra de exclusão. A Constituição do Brasil, no entanto, fala em *prova obtida por meio ilícito*, isto é, meio contrário ao direito, e a responsabilidade pelo ato ilícito tem por base dolo ou culpa. A violação de direitos fundamentais por culpa, assim, justifica a inadmissibilidade da prova ilícita, *de lege lata*, à luz de nosso sistema, embora consideremos, *de lege ferenda*, que só se justificaria a exclusão da prova em caso de dolo e má-fé do agente.

Por fim, não se diga que, por ser a responsabilidade civil do Estado objetiva (art. 37, CF), a inadmissibilidade da prova independe de o agente ter atuado com dolo ou culpa. Isso porque a aplicabilidade da regra de exclusão diz respeito ao afastamento ou não da própria ilicitude na produção da prova, e não à responsabilidade reparatória do Estado diante da mera ocorrência objetiva do dano, o que independe da licitude da ação do agente público.

Por outro lado, na ordem jurídica brasileira não há a limitação de que o acusado deve demonstrar que seu próprio direito, e não o de terceira pessoa, foi violado (*ilicitude por ofensa a direito próprio* ou *limitação da infração constitucional alheia*). No sistema norte-americano, como visto, se o direito transgredido quando da obtenção da prova for o de terceira pessoa, e não do próprio acusado, a regra de exclusão não se aplica.

No sistema brasileiro, entretanto, a prova é inadmissível independentemente de quem seja o titular do direito do violado, uma vez que a inadmissibilidade recai genericamente sobre a prova obtida por meios ilícitos (art. 5º, LVI, CF).

A exceção do *consentimento*, por seu turno, não tem pertinência no direito brasileiro, porque, em nosso sistema, se o morador consente quanto a que alguém ingresse em seu domicílio, não há violação domiciliar. É assim inclusive quanto ao consentimento do ingresso no domicílio de agentes públicos investigadores, conforme já decidiu o STF, no HC 79.512/RJ (STF, Tribunal Pleno, HC 79.512, Rel. Min. SEPÚLVEDA PERTENCE, julgamento em 16.12.1999, DJ de 16.05.2003): "Prova: alegação de ilicitude da obtida mediante apreensão de documentos por agentes fiscais, em escritórios de empresa – compreendidos no alcance da garantia constitucional da inviolabilidade do domicílio – e de contaminação das provas daquela derivadas: tese substancialmente correta, prejudicada no caso, entretanto, pela ausência de qualquer prova de resistência dos acusados ou de seus prepostos ao ingressos dos fiscais nas dependências da empresa ou sequer de protesto imediato contra a diligência (...) Não supre a ausência de prova da falta de autorização ao ingresso dos fiscais nas dependências da empresa o apelo à presunção de a tolerância à entrada ou à permanência dos agentes do Fisco ser fruto do *metus publicae potestatis*, ao menos nas circunstâncias do caso, em que não se trata das famigeradas 'batidas' policiais no domicílio de indefesos favelados, nem sequer se demonstra a existência de protesto imediato".

A hipótese do consentimento, assim, só é cogitável no direito norte-americano, em que, mesmo diante do consentimento do titular do domicílio, exige-se autorização judicial para a realização da busca.

De toda sorte, no direito brasileiro, há de se investigar a efetividade e a validade do consentimento, diante de eventuais posturas ameaçadoras de poder que paralisam qualquer ação do morador.

Aplica-se no ordenamento jurídico brasileiro, por outro lado, a regra da *abandoned property*. Ora, nessa hipótese, o titular renuncia ao direito à privacidade, ao abandonar o objeto. Abandonar voluntariamente bagagem em aeroporto, desfazer-se de pertences atirando-os à rua ou ao lixo, abandonar veículo durante a fuga, dentre outras atitudes, denotam renúncia à privacidade, permitindo a busca e a investigação sobre o objeto, sem qualquer ilicitude.

Na mesma trilha, não há ilicitude nas hipóteses da *assunção de risco* e da *visão aberta*.

Segundo a lógica da assunção de risco, normalmente designada por *teoria do risco*, afasta-se a ilicitude da conduta quando o titular do direito material à intimidade, por sua própria conduta e atitude, assume a potencialidade de divulgação de sua esfera íntima.

Assim: (a) quem pratica certos atos em público, com a possibilidade de ser visto e ouvido, não pode depois invocar direito à intimidade; (b) quem faz revelações em mesa de bar, diante de várias pessoas, não pode depois invocar direito à intimidade quanto ao conteúdo das informações propagadas e eventualmente gravadas; (c) quem faz revelações a pessoa que não tem a obrigação legal de guardar segredo depois não pode invocar direito à intimidade quanto ao conteúdo das informações propagadas e eventualmente registradas. Em qualquer desses casos, o indivíduo assume o risco de afastamento de sua intimidade, causado por sua própria ingerência prévia.

Por fim, a chamada doutrina da *visão aberta* expressa a possibilidade de o agente policial, no curso de diligência investigativa judicialmente autorizada com base em objeto específico e determinado, apoderar-se de material alheio aos limites autorizados, mas que se encontra *visível* no lugar da operação.

Essa hipótese corresponde à noção de *encontro fortuito de provas*, cuja licitude depende de que o objeto seja apreendido em decorrência do desdobramento normal da operação, sem qualquer desvio de finalidade. Para mais detalhes sobre o ponto, confira-se a Subseção I da Seção IV deste Capítulo.

1.4. Desentranhamento e Inutilização da Prova: a Consequência Material da Inadmissibilidade das Provas Ilícitas e das Derivadas de Ilícitas

O art. 157, *caput*, declara a inadmissibilidade da prova ilícita, estendida à prova derivada de ilícita pelo § 1º, vinculando-se a essas hipóteses o *desentranhamento* como consequência material. Já o § 3º desse mesmo artigo assim dispõe: "Preclusa a decisão de desentranhamento da prova declarada inadmissível, esta será inutilizada por decisão judicial, facultado às partes acompanhar o incidente".

A prova direta ou indiretamente obtida por meios ilícitos encerra particular gravidade, por afetar a esfera jurídica material da pessoa, objeto de proteção constitucional reforçada.

Assim, exige-se mesmo a exclusão material da prova, por seu desentranhamento, *para que não possa exercer qualquer influência oculta sobre o convencimento do juiz*.

De toda sorte, esse regime não evita que o juiz possa intimamente considerar a prova inadmissível para a formação de seu convencimento. Nesse particular, a redação do projeto que originou a Lei nº 11.690/2008 contemplava um § 4º ao art. 157 do CPP com o seguinte teor: "O juiz que conhecer do conteúdo da prova declarada inadmissível não poderá proferir a sentença ou acórdão".

Por razões lamentáveis, porém, que sequer consideram o sentido da norma, essa proposta foi assim vetada (Mensagem de Veto nº 350, de 9 de junho de 2008): "O objetivo primordial da reforma processual penal consubstanciada, dentre outros, no presente projeto de lei, é imprimir celeridade e simplicidade ao desfecho do processo e assegurar a prestação jurisdicional em condições adequadas. O referido dispositivo vai de encontro a tal movimento, uma vez que pode causar transtornos razoáveis ao andamento processual, ao obrigar que o juiz que fez toda a instrução processual deva ser, eventualmente substituído por um outro que nem sequer conhece o caso. Ademais, quando o processo não mais se encontra em primeira instância, a sua redistribuição não atende necessariamente ao que propõe o dispositivo, eis que mesmo que o magistrado conhecedor da prova inadmissível seja afastado da relatoria da matéria, poderá ter que proferir seu voto em razão da obrigatoriedade da decisão coligada".

É impossível, em muitas situações, que o juiz que tomou conhecimento da prova imprestável não vá buscar outros elementos para justificar sua convicção formada a partir dela. Somente em uma entidade muito elevada se poderia esperar tamanha isenção.

Desta sorte, tem-se um efeito informal da prova obtida por meios ilícitos que acaba por enfraquecer as finalidades associadas à regra de exclusão. A norma proposta era salutar, destinando-se a prevenir influências inevitáveis sobre a convicção judicial, que há de se pautar na legalidade.

De todo modo, em que pese o veto, sustentamos com veemência que os jurados integrantes do Conselho de Sentença formado para julgar a causa, no âmbito dos crimes dolosos contra a vida, jamais podem ter tido contato com prova declarada inadmissível. Se isso acontecer, o Conselho deve ser dissolvido, com a designação de data para sessão de julgamento, por novo júri. Não se pode chegar ao ponto de imaginar que juízes leigos, que valoram a prova com base em sua íntima convicção, terão o discernimento necessário para desconsiderar a prova inadmissível em seu convencimento, manifestado no voto.

Por fim, tem-se previsto, no art. 157, § 3º, do CPP, o incidente de *inutilização* da prova desentranhada, por decisão judicial. Como bem observa GOMES FILHO, essa não é a melhor solução, uma vez que a prova deverá servir de base para a apuração da responsabilidade dos agentes que ilicitamente a produziram[59]. Nessa linha, parece-nos que, havendo necessidade, o incidente deverá ser postergado até o momento em que a prova imprestável realmente esgote sua utilidade. Desentranhada a prova, assim, deverá ser remetida, com as cautelas de sigilo adequadas, ao órgão de persecução próprio, para a adoção das providências cabíveis contra os responsáveis pela obtenção ilícita da prova.

2. PROVA DERIVADA DE ILÍCITA

2.1. Conceito e Regime Jurídico

Entende-se por *prova derivada de ilícita*, também denominada por alguns *prova ilícita por derivação*, aquela (derivada) que, conquanto em si mesma haja sido diretamente produzida por meios lícitos, guarda nexo de causalidade com uma prova ilícita (originária). Distinguem-se, assim, (i) a *prova originariamente ilícita*, como causa, e (ii) a *prova derivada*, como efeito.

A título de exemplo, suponha-se esta situação: mediante tortura, agentes policiais obtêm confissão sobre a prática de crime de roubo por determinado indivíduo, alcançando-se a partir daí informação acerca do paradeiro do objeto roubado, que se encontrava no interior da residência de terceiro; diante disso, a autoridade policial, sem indicar a origem da informação (p. ex., afirmando tê-la obtido em diligências investigativas normais), representa ao juízo competente pela decretação de medida cautelar de busca domiciliar, diligência que, regularmente efetivada, conduz à apreensão do objeto do crime.

No caso cogitado, tem-se a *confissão* como *prova ilícita originária*, e a *apreensão* como *prova derivada de ilícita*. A confissão foi obtida diretamente por meios ilícitos (tortura, com ofensa ao direito à integridade física e psicológica); a apreensão, por sua vez, foi alcançada, em si mesma, por meio ilícito, porquanto judicialmente autorizada, mas encerra nexo de causalidade com a prova ilícita, uma vez que a informação que a tornou possível fora ilegalmente obtida.

Qual a consequência jurídica associada à prova derivada de ilícita? Conforme será mais detidamente analisado, a lei processual penal fixa, como princípio, o mesmo efeito associado à prova ilícita originária, qual seja, a *inadmissibilidade*, aplicando-se, portanto, a *regra de exclusão*, com o desentranhamento da prova. É o que dispõe a parte inicial do art. 157, § 1º, do CPP: "São também inadmissíveis as provas derivadas das ilícitas..."

O problema da inadmissibilidade da prova *derivada* de ilícita encontra fundamento, desde suas origens, na mesma exigência de desestímulo à obtenção de provas de maneira ilícita, imediata ou mediatamente. Nessa lógica, as mesmas razões por que se deve excluir prova diretamente obtida de forma ilícita conduzem à exclusão, de igual modo, da prova derivada, de modo a não se permitir a criação *a posteriori* de expedientes destinados a "validar" o vício originário.

---

59. GOMES FILHO, Antônio Magalhães. *Provas. Lei 11.690, de 09.06.2008*. In: MOURA, Maria Thereza de Assis. *As Reformas no Processo Penal*. São Paulo: Revista dos Tribunais, 2008, pp. 270-271.

Com efeito, tendo obtido prova por meio ilícito, o investigador poderia utilizar mecanismos para extrair daí uma consequência em si mesma lícita, conferindo assim ao vício inicial um aproveitamento eficaz. Como no exemplo que antes mencionamos, a prova da prática do crime obteve-se na diligência de busca e apreensão, ainda que não se vá utilizar a confissão ilicitamente alcançada.

Ocorre que a busca e apreensão só foi possível por força da confissão ilícita. Assim, que efeito de desestímulo haveria se a prova derivada pudesse ser aproveitada? Bastaria que o investigador construísse um caminho de prova derivada, para assim, de forma indireta, aproveitar a eficácia informativa do vício originário.

Como bem o expressa GOMES FILHO, "é impossível negar *a priori* a contaminação da prova secundária pela ilicitude inicial, não somente por um critério de *causalidade*, mas principalmente em razão da *finalidade* com que são estabelecidas as proibições em análise"[60]. E essa finalidade é a de desestimular a atuação ilícita na obtenção de provas, mediante a declaração de imprestabilidade e a consequente exclusão dos resultados probatórios, diretos e indiretos.

Essa lógica foi fixada pelo Plenário Supremo Tribunal Federal no julgamento do HC 69.912/RS (STF, Tribunal Pleno, HC 69.912, Rel. Min. SEPÚLVEDA PERTENCE, julgamento em 16.12.1993, DJ de 25.03.1994): "Vedar que se possa trazer ao processo a própria *degravação* das conversas telefônicas, mas admitir que as informações nela colhidas possam ser aproveitadas pela autoridade, que agiu ilicitamente, para chegar a outras provas, que sem tais informações não colheria, evidentemente, é estimular e, não, reprimir a atividade ilegal da escuta e da gravação clandestina de conversas privadas".

Como já anunciado, parte da doutrina designa o instituto em foco como *prova ilícita por derivação*, realçando o efeito de *contaminação* da prova derivada pela ilicitude originária. Ha aí, por certo, influência decisiva da expressão metafórica *fruits of the poisonous tree* ("frutos da árvore envenenada"), cunhada pela jurisprudência norte-americana.

Mesmo assim, "prova ilícita por derivação" não nos parece ser a melhor forma de designar a prova derivada. Isso porque a prova derivada não é uma prova ilícita. Trata-se, na verdade, de prova à qual, por ser decorrente de prova ilícita, se aplicam as mesmas consequências de *inadmissibilidade* e de *exclusão*. Significa dizer: mesmo lícita a prova, mas por ter sido derivada de ilícita, a prova secundária diz-se inadmissível, devendo ser excluída. A prova derivada é lícita, porém inadmissível.

A nosso juízo, portanto, *prova inadmissível* é o *gênero* que abrange as *espécies prova ilícita* e *prova derivada de ilícita*. Apenas como *imagem* para compreensão do fenômeno, assim, é que se pode aludir a uma "prova ilícita por derivação". O efeito de contaminação, em última análise, funciona como motivo de inadmissibilidade, e não propriamente da ilicitude. O regime processual penal brasileiro não foge dessa lógica, ao dispor que "são também inadmissíveis as provas derivadas das ilícitas" (art. 157, § 1º, CPP).

---

60. GOMES FILHO, Antônio Magalhães. *Provas. Lei 11.690, de 09.06.2008*. In: MOURA, Maria Thereza de Assis. *As Reformas no Processo Penal*. São Paulo: Revista dos Tribunais, 2008, p. 267.

2.2. A Regra de Exclusão da Prova Derivada de Ilícita na Jurisprudência Norte-Americana: o caso Silverthone vs. United States

O caso paradigmático, na jurisprudência da Suprema Corte norte-americana, em que se aplicou a regra de exclusão para a prova derivada de ilícita, com a lógica originariamente formulada do *fruit of the poisonous tree*, foi o SILVERTHONE VS. UNITED STATES, de 1920.

Nesse caso, agentes estatais ingressaram sem autorização no escritório de uma empresa, onde recolheram diversos documentos e livros. Diante da situação de ilegalidade, foi postulada a devolução dos papeis apreendidos, o que levou os agentes oficiais a produzirem fotografias dos documentos, com base nas quais deduziram nova acusação.

A Suprema Corte considerou então que, se os investigadores obtiveram os documentos da empresa por meios ilícitos, não poderiam utilizar o *conhecimento* assim adquirido para deduzir nova acusação e usar a prova em uma persecução penal. A prova derivada (fotografias e cópias), assim, foi declarada imprestável, de modo a se resguardar o direito à inviolabilidade dos documentos privados, assegurado na Quarta Emenda à Constituição, eliminando-se todas as repercussões da informação ilicitamente alcançada. Ponderou a Suprema Corte, no caso, que "a essência de uma cláusula proibindo a aquisição de prova de determinada maneira é que não somente a prova assim obtida não será usada perante a Corte, mas que ela não será usada de nenhuma forma"[61].

2.3. Limites à Regra da Inadmissibilidade das Provas Derivadas de Ilícitas na Jurisprudência Norte-Americana e na Ordem Jurídica Brasileira

A jurisprudência norte-americana, no entanto, desenvolveu exceções à regra da inadmissibilidade da prova derivada de ilícita. Identificam-se, nesse particular, três hipóteses, nas quais, conquanto a prova encerre nexo de causalidade com prova ilícita, poderá mesmo assim ser utilizada: (i) *fonte independente* (*independent source*); (ii) *descoberta inevitável* (*inevitable discovery*); (iii) *atenuação do vício* (*attenuation of the taint*)[62].

Antes de tudo, assevere-se que as exceções à incidência da regra de exclusão têm aplicabilidade restrita à prova derivada de ilícita, mas alcançando a prova ilícita originária.

---

61. É interessante notar que, nesse precedente, já alude Suprema Corte à exceção da fonte independente, que seria aplicada em casos posteriores, conforme analisaremos no tópico próprio. Confira-se: "The essence of a provision forbidding the acquisition of evidence in a certain way is that nor merely evidence so acquired shall not be used before the Court, but that it shall not be used at all. Of course, this does not mean that the facts thus obtained become sacred and inaccessible. If knowledge of them is gained from an independent source they may be proved like any others, but the knowledge gained by the Government's own wrong cannot be used by it in the way proposed (...) But the rights of a corporation against search and seizure are to be protected even if the same result might have been achieved in a lawful way".

62. Para referências detalhadas, consulte-se, além dos próprios julgados da Suprema Corte norte-americana: GARDNER, Thomas J. / ANDERSON, Terry M. *Criminal Evidence: Principles and Cases*. Belmont: Wadsworth, 2012, pp. 222-224.

Trata-se de situações excepcionais que justificam a admissão, no processo, de prova em si mesma lícita, ainda que decorrente de prova ilegal. O motivo justificador próprio de cada uma delas, entretanto, não é apto a validar nem a permitir a admissão de uma prova *diretamente* produzida por meios ilícitos, a qual se reveste de maior gravidade e, portanto, em princípio não comporta exceções dessa ordem.

Na experiência jurisprudencial norte-americana, refira-se a reflexão de Jessica Forbes sobre esse ponto: "Reconhecendo o custo imposto à sociedade pela regra de exclusão, a Suprema Corte tem desenvolvido exceções que se aplicam quando o objetivo dissuasório não seria alcançado. Tal exceção, a regra da descoberta inevitável, admite provas ilicitamente obtidas em relação às quais a Corte constate em última análise que teriam sido obtidas por meios lícitos. Recentemente, tem surgido certa confusão quanto à finalidade dessa regra de exceção. A exceção claramente se aplica ao fruto da árvore envenenada, ou prova derivada, mas os tribunais divergem quanto a se ela também é aplicável à prova originária. Embora a Suprema Corte haja sugerido que a exceção está limitada à prova derivada, não esclareceu se a prova ilícita originária pode alguma vez ser admissível sob a exceção da descoberta inevitável"[63].

A jurista registra então que a Suprema Corte aplicou a exceção apenas à prova derivada, mas não à prova originária, embora outros tribunais norte-americanos divirjam quanto à incidência da situação excepcional também nessa última hipótese[64].

No sistema brasileiro, o art. 157, § 1º, do CPP contempla de forma clara a hipótese da *fonte independente* como exceção à regra de inadmissibilidade apenas da prova derivada de ilícita: "São também *inadmissíveis as provas derivadas das ilícitas*, salvo quando não evidenciado o nexo de causalidade entre umas e outras, ou *quando as derivadas puderem ser obtidas por uma fonte independente das primeiras*". Não há dúvida, portanto, quanto à *inaplicabilidade* dessa hipótese excepcional – *fonte independente* – ao domínio da *prova ilícita originária*.

Esclarecido esse ponto inicial, examinam-se a seguir as exceções concebidas na experiência norte-americana, assim como a sua aplicabilidade no direito brasileiro.

2.3.1. Fonte independente (independent source) na jurisprudência norte-americana

A exceção da *fonte independente* (*independent source*), no direito norte-americano, traduz a obtenção efetiva, por meio autônomo e legítimo, do mesmo resultado expresso na prova derivada de ilícita.

---

63. Forbes, Jessica. *The Inevitable Discovery Exception, Primary Evidence, and the Emasculation of the Fourth Amendement*. In: 55 Fordham L. Rev. 1221 (1987), pp. 1222-1225.

64. "Apesar de a Suprema Corte ter aplicado a exceção da descoberta inevitável apenas à prova derivada, alguns tribunais inferiores estenderam a exceção à prova originária. Outros tribunais expressamente recusaram a aplicabilidade da exceção da descoberta inevitável à prova originária". No original: "Although the Supreme Court has applied the inevitable discovery exception only to derivative evidence, some lower courts have extended the exception to primary evidence. Other courts have expressly refused to apply the inevitable discovery exception to primary evidence". Cfr. Forbes, Jessica. *The Inevitable Discovery Exception, Primary Evidence, and the Emasculation of the Fourth Amendement*. In: 55 Fordham L. Rev. 1221 (1987), pp. 1228-1229.

Nesse particular, embora seja comumente apontado, como paradigma, o caso BYNUM vs. UNITED STATES, julgado pela Suprema Corte em 1960, o precedente do caso SILVER-THONE vs. UNITED STATES, de 1920, antes referido como pioneiro no reconhecimento da doutrina do *fruits of the poisonous tree*, já contém ressalva quanto à aplicabilidade da fonte independente, enquanto excepcionante à regra de exclusão da prova derivada de ilícita.

Naquele longínquo julgado, com efeito, a Suprema Corte já fixava o seguinte: "A essência da proteção vedando a aquisição de prova de determinada forma é que não apenas a prova assim adquirida não seja usada perante a Corte, mas que não seja usada de nenhuma maneira. Naturalmente, isso não significa que os fatos assim obtidos tornam-se sagrados e inacessíveis. *Se algum conhecimento deles for alcançado por fonte independente, podem ser provados como qualquer outro, mas o conhecimento obtido por ação ilegal do próprio Estado não pode ser utilizado da maneira proposta* (...) De toda sorte, os direitos de uma empresa contra a busca e apreensão devem ser protegidos inclusive se o mesmo resultado pudesse ter sido alcançado de maneira lícita"[65].

a) O caso *Bynum vs. United States* (1960)

O caso paradigmático de *efetiva aplicação* da hipótese, de toda sorte, foi mesmo BYNUM vs. UNITED STATES, julgado quatro décadas depois, em 7 de janeiro de 1960. A questão discutida consistiu na seguinte: aplica-se a regra de exclusão a arquivos públicos *preexistentes* (fonte independente), mas obtidos e apresentados após *prisão alegadamente ilícita* (prova originária), em que o único vínculo entre as duas provas é o conhecimento da polícia acerca da *identidade do imputado* (prova derivada) *em consequência* da prisão?

Nesse caso, BYNUM, após prisão ilegal, teve coletadas suas impressões digitais por agentes da polícia, comprovando-se, por esse meio, sua participação em crime de roubo. As impressões digitais assim obtidas, portanto, configuram prova derivada de ilícita (da prisão), o que em princípio lhes vincula a consequência da exclusão (*exclusionary rule*), segundo a doutrina dos *fruits of the poisonous tree*.

Essa foi a aplicação concreta, a propósito: exclusão das impressões digitais. Ocorreu, entretanto, o oferecimento posterior de *impressões digitais preexistentes*, mantidas nos arquivos do FBI, as quais foram utilizadas para fins de *comparação* com aquelas obtidas na cena do crime. A ausência de conexão entre a prova preexistente e a prova obtida no contexto da prisão ilegal qualifica a primeira como *fonte independente*.

Um fator essencial a merecer ênfase, para a adequada compreensão da doutrina, é que os agentes policiais só buscaram os arquivos públicos preexistentes após a prisão

---

65. No original: "The essence of a provision forbidding the acquisition of evidence in a certain way is that nor merely evidence so acquired shall not be used before the Court, but that it shall not be used at all. Of course, this does not mean that the facts thus obtained become sacred and inaccessible. *If knowledge of them is gained from an independent source they may be proved like any others, but the knowledge gained by the Government's own wrong cannot be used by it in the way proposed* (...) But the rights of a corporation against search and seizure are to be protected even if the same result might have been achieved in a lawful way". Perceba-se, na parte final do julgado, que a Corte rechaça a doutrina da descoberta inevitável, que viria a ser consagrada bem depois.

ilegal e a exclusão das impressões digitais por ela alcançados. Assim, a *fonte independente* assumiu, no contexto, um aspecto de *confirmação da identidade*, cujo conhecimento já fora obtido no curso da prisão ilegal, pela coleta de impressões digitais.

Apesar dessa causalidade quanto à busca do mesmo resultado nos arquivos públicos preexistentes, algo só possível diante da prisão ilegal, aquela *fonte independente*, justo mesmo por *preexistir*, não encerrava, em sua formação, qualquer relacionamento com a diligência ilícita originária. Por isso, sua utilização foi plenamente admitida no caso.

b) O caso *John Bacall Imports vs. United States*

Segundo a *lógica de preexistência*, a Corte de Apelação do Nono Distrito norte--americano reconheceu a aplicação da exceção da fonte independente no caso JOHN BACALL IMPORTS VS. UNITED STATES.

Na espécie, agentes da alfândega norte-americana apreenderam ilegalmente (ingresso domiciliar sem mandado judicial) bens do imputado, os quais foram confiscados. Posteriormente a isso, obteve-se mandado de busca e apreensão, que por óbvio não legitimou a diligência ilegal.

Em paralelo, entretanto, desenvolveu-se investigação por agentes norte-americanos e franceses, com a descoberta de documentos conducentes à incriminação do investigado. Desvendou-se então que BACALL instruía seus fornecedores estrangeiros a proverem faturas separadas cobrindo diferentes custos de processamento dos materiais. O imputado apresentava à alfândega, então, apenas uma dessas faturas, dessa forma declarando a menor o custo da mercadoria.

Nesse caso, os documentos descobertos na investigação paralela foram considerados *fontes independentes*, dada a sua preexistência e ainda a ausência de causalidade *específica* relativamente aos bens apreendidos na diligência ilegal. Considerou-se, no ponto, que, embora a investigação paralela tenha genericamente derivado da apreensão ilegal de bens, a pesquisa por elementos específicos e preexistentes assume uma característica de independência. Desta sorte, decidiu-se pela inadmissibilidade da prova oriunda do confisco e pela admissibilidade, por constituir fonte independente, da prova consolidada nas faturas descobertas.

Como expressou a própria decisão da Corte: "Nenhuma das provas genericamente discriminadas acima [faturas descobertas na investigação posterior] foi de qualquer maneira fruto da busca e apreensão. Além disso, essas provas não estão de nenhuma maneira conectadas ou relacionadas a essa busca e apreensão"[66].

c) O caso *Murray vs. United States* (1988)

Por outro lado, não se cogita de independência da fonte se o conhecimento obtido acerca da prova derivada adveio não de um desdobramento natural de diligência lícita, mas de avanço investigativo autônomo e ilegal a partir daí.

---

66. No original: "None of this evidence recited generically above [faturas descobertas na investigação posterior] was in any way the fruit of the search and seizure. Moreover this evidence was in no way connected with or related to such search and seizure".

Assim foi que, em MURRAY VS. UNITED STATES, julgado em 1988, a Suprema Corte resolveu pela inaplicabilidade da exceção da fonte independente no seguinte caso:

O imputado, MURRAY, estava sob investigação e vigilância de agentes federais, que o observaram conduzir veículo em direção a um depósito, assim como um co-investigado, em outro carro. Dentro, os agentes observaram dois outros indivíduos e um trator-reboque. Os dois investigados entregaram então seus respectivos veículos para as outras pessoas. Baseados nisso, os agentes federais forçaram a entrada no lugar, sem mandado de busca e apreensão. Apenas já dentro do depósito, os agentes constataram a existência ali de pacotes de maconha. Com isso, resolveram sair e manter o lugar em observação até que conseguissem um mandado de busca e apreensão, o que efetivamente aconteceu depois[67].

Na espécie, a Suprema Corte entendeu que os agentes não poderiam se aproveitar da diligência ilícita (ingresso no domicílio sem mandado) para a obtenção de qualquer benefício probatório. Não há que se cogitar, no caso, de fonte independente, pois a informação sobre a existência do objeto apreendido no interior do depósito, a justificar o mandado judicial de busca, derivou do ingresso ilícito, sem a existência de qualquer fator autônomo quanto à descoberta dos materiais.

2.3.2. *Fonte independente na ordem jurídica brasileira*

No direito brasileiro, o art. 157, § 1º, do CPP alude a uma *fonte independente* como exceção à regra da inadmissibilidade da prova derivada de ilícita. O conceito legal dessa fonte independente, entretanto, não corresponde àquele próprio do direito norte-americano.

Com efeito, nos termos do art. 157, § 2º, do CPP, "considera-se fonte independente aquela que por si só, seguindo os trâmites típicos e de praxe, próprios da investigação ou instrução criminal, *seria capaz de conduzir ao fato objeto da prova*".

A diferença está em que a fonte independente do direito brasileiro é aquela *hipoteticamente* capaz de gerar o mesmo resultado obtido pela prova derivada de ilícita. Os casos que antes referimos, no entanto, versam sobre fontes que *efetivamente* geraram resultado diverso.

O que ocorreu, na verdade, foi a "importação" de uma doutrina denominada *fonte independente*, própria do direito norte-americano, com uma conceituação diversa, mas que corresponde, em última análise, a outra doutrina desenvolvida, também como exceção à inadmissibilidade da prova derivada de ilícita, pela jurisprudência da Suprema Corte dos Estados Unidos: a da *descoberta inevitável*.

De toda sorte, assevere-se que, admitindo o direito brasileiro a excepcionante sob bases *hipotéticas*, com mais razão se aplica entre nós a doutrina norte-americana da fonte independente, que tem eficácia probatória autônoma.

---

67. Informe-se que, no direito norte-americano, não é permitido o ingresso domiciliar sem mandado judicial, nem mesmo na hipótese de flagrante, como no caso MURRAY VS. UNITED STATES, tratando-se de regime diverso daquele vigente no Brasil, a teor do art. 5º, XI, da Constituição.

Nesse sentido, aliás, já reconheceu o Supremo Tribunal Federal, independentemente da previsão do art. 157, §§ 1º e 2º, do CPP, em decisões anteriores ao advento da Lei nº 11.690/2008, com base na experiência jurisprudencial norte-americana. Confira-se, no particular, o julgado da Segunda Turma do STF no HC 93.050/RJ (STF, 2ª Turma, HC 93.050, Rel. Min. CELSO DE MELLO, julgamento em 10.06.2008, DJ de 01.08.2008): "A doutrina da ilicitude por derivação (teoria dos 'frutos da árvore envenenada') repudia, por constitucionalmente inadmissíveis, os meios probatórios, que, não obstante produzidos, validamente, em momento ulterior, acham-se afetados, no entanto, pelo vício (gravíssimo) da ilicitude originária, que a eles se transmite, contaminando-os, por efeito de repercussão causal. Hipótese em que os novos dados probatórios somente foram conhecidos, pelo Poder Público, em razão de anterior transgressão praticada, originariamente, pelos agentes estatais, que desrespeitaram a garantia constitucional da inviolabilidade domiciliar. (...) *Se, no entanto, o órgão da persecução penal demonstrar que obteve, legitimamente, novos elementos de informação a partir de uma fonte autônoma de prova - que não guarde qualquer relação de dependência nem decorra da prova originariamente ilícita, com esta não mantendo vinculação causal -, tais dados probatórios revelar-se-ão plenamente admissíveis, porque não contaminados pela mácula da ilicitude originária.* - A QUESTÃO DA FONTE AUTÔNOMA DE PROVA ("AN INDEPENDENT SOURCE") E A SUA DESVINCULAÇÃO CAUSAL DA PROVA ILICITAMENTE OBTIDA - DOUTRINA - PRECEDENTES DO SUPREMO TRIBUNAL FEDERAL (RHC 90.376/RJ, Rel. Min. CELSO DE MELLO, v.g.) - JURISPRUDÊNCIA COMPARADA (A EXPERIÊNCIA DA SUPREMA CORTE AMERICANA): CASOS "SILVERTHORNE LUMBER CO. V. UNITED STATES (1920); SEGURA V. UNITED STATES (1984); NIX V. WILLIAMS (1984); MURRAY V. UNITED STATES (1988), v.g.."

Em igual direção: STF, 2ª Turma, RHC 90.376/RJ, Rel. Min. CELSO DE MELLO, julgamento em 03.04.2007, DJ de 18.05.2007.

2.3.3. Descoberta inevitável (inevitable discovery) na jurisprudência norte-americana: o caso Nix vs. Williams (Williams II) (1984)

A *descoberta inevitável* (*inevitable discovery*) traduz a excepcional admissibilidade da prova derivada de ilícita que seria encontrada de qualquer maneira. À diferença da fonte independente, inexiste na espécie um dado probatório efetivo que conduz ao mesmo resultado da prova derivada de ilícita. O fator essencial da doutrina em foco radica na *hipótese, deduzida sob a base de circunstâncias concretas, de que o mesmo resultado seria inevitavelmente alcançado*, ainda que suprimida a prova derivada de ilícita.

É essencial perceber, nesse âmbito, que a fonte independente constitui *fonte probatória efetiva e lícita*, cuja existência se aproveita, por mais que sua obtenção haja sido *genericamente* motivada pela prova derivada de ilícita. Na descoberta inevitável, diversamente, o que há é o *aproveitamento da própria prova derivada de ilícita*, justificado pela *hipótese* real de que seria obtida de qualquer maneira, mais cedo ou mais tarde.

Tome-se, por exemplo, o caso Bynum vs. United States. Não houve, nesse particular, aproveitamento das impressões digitais colhidas no curso de prisão ilegal. Perceba-se que as impressões digitais em questão constituem prova derivada de ilícita, originária da prova consistente na própria prisão a pretexto de flagrante.

A existência da fonte independente, representada pelas impressões digitais pre-existentes mantidas pelo FBI, serviu de maneira autônoma à prova, sem a utilização da prova *diretamente* derivada de ilícita (digitais derivadas da prisão ilegal). Isso por mais que os arquivos públicos tenham sido buscados como consequência *genérica e mediata* da prisão ilegal.

A *fonte independente* é, assim, uma fonte autônoma de *prova efetiva genérica e mediatamente derivada de prova ilícita*, mas que se faz admissível por seus aspectos de *preexistência* e de *suficiência probatória*.

O mesmo aconteceu em Bacall vs. United States, em que não foi aproveitada a prova diretamente derivada da prova ilícita, vale dizer, a apreensão de bens executada de forma ilegal, ainda que depois respaldada por mandado judicial. Nesse particular, o objeto de aproveitamento foram as faturas preexistentes e independentes encontradas em investigação posterior, por mais que sua descoberta tenha apenas *genericamente* derivado da diligência ilegal.

Na *descoberta inevitável*, por outro lado, não há fonte independente a ser aproveitada. O aproveitamento é da própria prova diretamente derivada de ilícita, diante da *hipótese contundente* de que seria encontra de uma maneira ou de outra, mais cedo ou mais tarde.

O caso paradigmático de reconhecimento da exceção da descoberta inevitável foi Nix vs. Williams (Williams II), julgado pela Suprema Corte norte-americana em 1984.

Na espécie, o imputado havia matado uma criança e ocultado o cadáver. Depois de já iniciadas as buscas conduzidas por agentes policiais com a ajuda de 200 (duzen-tos) voluntários, o imputado fez uma confissão, obtida com violação à Sexta Emenda (direito à assistência de advogado), indicando, na oportunidade, o paradeiro do corpo.

A Suprema Corte considerou ilícita a confissão (prova originária), mas admissível a descoberta do corpo (prova derivada), por ser inevitável, diante das circunstâncias concretas (início das buscas pela polícia e por diversas pessoas). Com efeito, as cir-cunstâncias do caso permitem concluir, *por hipótese*, que o corpo seria encontrado de qualquer maneira, mais cedo ou mais tarde.

O mesmo se pode dizer do caso de *encontro fortuito* de cadáver no interior de domicílio, após o ingresso forçado de agente policial sem mandado de busca. O corpo seria encontrado de qualquer maneira, mais cedo ou mais tarde.

Situação diferente, porém, é aquela objeto do caso Murray vs. United States, já analisado no tópico reservado à fonte independente (2.3.1, *c, supra*): ali não se pode dizer que os pacotes de maconha seriam encontrados de qualquer maneira; em verdade, só foram encontrados porque os agentes policiais invadiram ilicitamente o lugar, e tanto estavam conscientes dessa ilicitude que saíram do domicílio até que conseguissem o mandado judicial. Excluída a entrada ilegal, a prova não teria sido alcançada, da forma como aconteceu.

2.3.4. A descoberta inevitável na ordem jurídica brasileira

No direito brasileiro, como já antes pontuado, a doutrina da descoberta inevitável acabou sendo adotada com o nome de *fonte independente*. Nos termos do art. 157, § 1º, do CPP: "São também inadmissíveis as provas derivadas das ilícitas, salvo quando não evidenciado o nexo de causalidade entre umas e outras, ou quando as derivadas puderem ser obtidas por uma fonte independente das primeiras". Por seu turno, o art. 157, § 2º, define a fonte independente como *aquela que por si só, seguindo os trâmites típicos e de praxe, próprios da investigação ou instrução criminal, seria capaz de conduzir ao fato objeto da prova.*

A fonte objeto da norma seria, portanto, uma *linha de investigação paralela*, mas que não constitui um dado probatório efetivo, e sim um fator que *pode conduzir* ao mesmo resultado da prova derivada de ilícita. Tem-se, assim, mais propriamente uma *descoberta inevitável* da prova, a partir de uma *linha autônoma de investigação.*

Suponha-se o seguinte caso: no curso de inquérito policial, o juízo competente determina a interceptação das comunicações telefônicas de determinado investigado. No curso interceptação, obtêm-se informações que levariam, depois de analisadas, à descoberta de objetos de crime no interior de determinado domicílio. Entretanto, antes disso, linha paralela de investigação consegue que o próprio imputado, sob tortura ou manipulação desassistida, indique o paradeiro do objeto. Com base nessa informação ilicitamente obtida, e ainda com desconhecimento dos resultados da investigação paralela, o delegado de polícia representa ao juízo competente pela decretação de busca domiciliar, valendo-se do argumento de que obtivera o dado por notícia anônima. A busca e apreensão assim realizada constitui prova derivada de ilícita, eis que a informação a ensejar o deferimento judicial da medida adveio de confissão ilegalmente obtida. Apesar disso, a prova derivada deverá ser admitida, diante da inevitabilidade da descoberta, pois a mesma informação resultou alcançada em linha de investigação paralela, plenamente lícita.

Outro exemplo: a autoridade policial representa, também a partir de confissão ilicitamente obtida, pela busca domiciliar, quando o Ministério Público, em procedimento investigativo autônomo, já obtivera a mesma informação sobre o paradeiro do objeto, por meios idôneos (por exemplo, depoimento de testemunha).

Assevere-se, sobre o ponto em foco, a *inadmissibilidade de emprego da hipótese sob meras bases abstratas*, sem a existência de circunstâncias concretas contundentes, indicadoras de que efetivamente o mesmo resultado seria alcançado. Do contrário, elimina-se o efeito dissuasório sobre os agentes investigativos, próprio da vedação da obtenção de provas por meios ilícitos e da respectiva regra de exclusão.

Com efeito, no plano abstrato, sempre se identificará alguma hipótese no sentido de que a prova poderia ser encontrada de qualquer maneira. Exigem-se, assim, elementos concretos nessa direção, não bastando a mera especulação abstrata.

2.3.5. A doutrina da atenuação da causalidade (purged taint ou attenuated connection)

A jurisprudência norte-americana construiu outra exceção à regra de exclusão da prova derivada de ilícita: a doutrina metaforicamente designada por *purged taint*, a significar a "mácula purgada", a "nódoa" ou a "mancha purificada" ou "removida".

A expressão *purged* em inglês conduz a um significado mesmo de purga ou de remoção, mas a doutrina em foco expressa, na verdade, uma *atenuação de causalidade*, ocorrida por força de circunstâncias concretas. Por esse motivo, designa-se também essa hipótese por *attenuated connection* ou, no vernáculo, *conexão atenuada*. De toda sorte, cogita-se figurativamente de um *desaparecimento da mancha por força dessa atenuação ou diminuição da causalidade*.

a) O caso *Nardone vs. United States* (1939)

A adoção dessa lógica remonta ao caso NARDONE VS. UNITED STATES, julgado pela Suprema Corte norte-americana em 1939 (308 U.S. 338): "Na prática, essa generalizada afirmação [a da regra de exclusão das provas derivadas de ilícitas] pode ocultar concretas complexidades. Um argumento sofisticado pode provar a conexão causal entre a informação obtida em uma escuta telefônica ilícita e a prova obtida pelo Estado. Por uma questão de bom senso, porém, *essa conexão pode se tornar tão atenuada a ponto de dissipar a mancha*. Uma maneira sensata de lidar com essa situação (...) deve estar ao alcance de juízes experientes. O ônus, claro, é do acusado, na primeira instância, de provar de modo satisfatório que a escuta telefônica fora ilicitamente empregada. Uma vez isso estabelecido – como ocorreu plenamente aqui – o juiz deve dar a oportunidade ao acusado, ainda que em caráter restrito, de provar que substancial parte da acusação contra ele foi um fruto de árvore envenenada. Isso permite ampla oportunidade ao Estado de convencer a Corte de que a prova teve uma origem independente" [destacamos][68].

Esse precedente empregou de forma pioneira a ideia metafórica da *mancha dissipada em virtude da atenuação da causalidade*, mas não a desenvolveu como doutrina distinta da fonte independente, o que somente viria a ocorrer no caso WONG SUN VS. UNITED STATES, julgado pela Suprema Corte norte-americana em 1963 (371 U.S. 471).

---

68. No original: "In practice, this generalized statement may conceal concrete complexities. Sophisticated argument may prove a causal connection between information obtained through illicit wiretapping and the Government's proof. *As a matter of good sense, however, such connection may have become so attenuated as to dissipate the taint.* A sensible way of dealing with such a situation – fair to the intendment of 605, but fair also to the purposes of the criminal law – ought to be within the reach of experienced trial judges. The burden is, of course, on the accused in the first instance to prove to the trial court's satisfaction that wiretapping was unlawfully employed. Once that is established – as was plainly done here – the trial judge must give opportunity, however closely confined, to the accused to prove that a substantial portion of the case against him was a fruit of the poisonous tree. This leaves ample opportunity to the Government to convince the trial Court that its proof had an independente origin".

b) O caso *Wong vs. United States* (1963)

O caso pode ser assim sintetizado:

Algumas pessoas, dentre elas Toy e Wong, foram ilegalmente presas sob a acusação de conspiração (correspondente a uma associação criminosa) e finalmente condenados por transporte fraudulento de heroína importada. Considerou-se ilegal a prisão por não estar fundada em "causa provável", no sentido da Quarta Emenda à Constituição norte-americana, nem em "bases razoáveis", no sentido do Ato de Controle de Narcóticos de 1956.

Nessas condições, reconheceu-se a inadmissibilidade, como prova, das declarações feitas pelo imputado Toy no momento de sua prisão ilegal ("the statements made by Toy in his bedroom at the time of his unlawful arrest were the fruits of the agents' unlawful action, and they should have been excluded from evidence").

Toy, em sua confissão, incriminou outras pessoas, inclusive Wong. Também foi considerada inadmissível a prova correspondente aos narcóticos apreendidos com um terceiro (Yee) em consequência das declarações prestadas por Toy ("The narcotics taken from a third party as a result of statements made by Toy at the time of his arrest were likewise fruits of the unlawful arrest, and they should not have been admitted as evidence against Toy"). Com isso, não subsistiram provas incriminadoras contra Toy.

Entretanto, quanto ao imputado Wong, incriminado pelas declarações de Toy, houve um desfecho diferente. Isso porque esse acusado, após liberado sob fiança, compareceu voluntariamente para confessar a prática do crime. Embora remotamente essa confissão só tenha acontecido em consequência da prisão ilegal, a sucessão de eventos e a distância temporal entre a origem ilícita e a final declaração atenuaram a causalidade a ponto de dissipar a mácula que a primeira pudesse gravar sobre a última.

Nesse sentido, a Suprema Corte reafirmou, agora para aplicá-la, a lógica já enunciada em Nardone vs. United States, décadas antes: "Analisamos agora o caso do outro peticionante, Wong Sun. Não discordamos da conclusão da Corte de Apelação no sentido de que a prisão de Wong, também, ocorreu sem causa provável ou bases razoáveis. Em todo caso, as consequências probatórias não dependem dessa questão. Pois a confissão não assinada de Wong Sun não foi o fruto de sua prisão... Ante a evidência de que Wong Sun fora liberado condicionalmente após uma acusação legal e retornou voluntariamente vários dias depois para prestar sua declaração, sustentamos que a conexão entre a prisão e a confissão 'tornou-se tão atenuada a ponto de dissipar a mancha.' Nardone v. United States, 308 U.S. 338, 308 U.S. 341"[69].

---

69. No original, com mais texto: "We now turn to the the case of the other petitioner, Wong Sun. We have no occasion to disagree with the finding of the Court of Appeals that his arrest, also, was without probable cause or reasonable grounds. At all events, no evidentiary consequences turn upon that question. For Wong Sun's unsigned confession was not the fruit of that arrest, and war properly admitted at trial. *On the evidence that Wong Sun had been released on his own recognizance after a lawful arraignment, and had returned voluntarily several days later to make the statement, we hold that the connection between the arrest and the statement had 'become so attenuated as to dissipate the taint.'* Nardone v. United States, 308 U.S. 338, 308 U.S. 341. The fact that the statement was unsigned, whatever bearing this may have upon its weight and credibility, does not render it inadmissible; Wong

A única fonte de prova adotada contra Wong Sun, contudo, foi a emanada de suas próprias declarações, distanciadas da prova originariamente ilícita, com a qual guardou causalidade apenas remota. As declarações de Toy contra Wong Sun foram, por outro lado, excluídas, por derivarem diretamente da prisão ilegal. Subsistiu, entretanto, o efeito de *confirmação* das declarações de Wong no que concerne à existência, à posse e ao tráfico da droga apreendida[70]. A Suprema Corte norte-americana reconheceu, de toda sorte, a ausência de certeza sobre se os elementos inadmissíveis *também* efetivamente não exerceram influência sobre o julgador[71].

O precedente bem ilustra a noção de causalidade remota, essencial à doutrina da *purged taint*. Havendo essa distância causal, por efeito do tempo ou de outras circunstâncias, a nódoa da prova ilícita originária perde sua eficácia de contaminação sobre o evento a ela remotamente vinculado.

c) Mancha purgada e atenuação da causalidade no direito brasileiro?

Na ordem jurídica brasileira, não há previsão legal expressa acerca da doutrina da *attenuated connection*, ou *purged taint*. Nem no direito norte-americano, aliás. Como antes já asseverado, trata-se de matéria eminentemente jurisprudencial, na medida em que a análise dos efeitos indiretos da ilicitude na obtenção das provas deve ser realizada, por sua própria natureza, caso a caso, de acordo com as finalidades dissuasórias da regra de exclusão ou, entre nós, regra da inadmissibilidade.

Assim, se em concreto a admissão de uma prova lícita apenas remotamente vinculada a uma prova originária ilícita não encerra aptidão para estimular a obtenção ilegal de elementos probatórios pelos agentes investigativos, não deve ser aplicada a regra da inadmissibilidade.

Independentemente de alusão expressa, portanto, a doutrina da *purged taint* tem aplicação no direito brasileiro, como, a propósito, já tinham a da fonte independente e a da descoberta inevitável (assim reconhecido em pelo menos dois julgados do STF) antes mesmo do advento do regime instituído no art. 157 do CPP pela Lei nº 11.690/2008.

Apenas fique observado que o art. 157, § 1º, do CPP, em sua primeira parte, excepciona, à regra da inadmissibilidade, a falta de *evidência quanto ao nexo de causalidade*

Sun understood and adopted its substance, though he could not comprehend the English words. The petitioner has never suggested any impropriety in the interrogation itself which would require the exclusion of this statement.

70. Como registrou a Suprema Corte: "Our holding, *supra*, that this ounce of heroin was inadmissible against Toy does not compel a like result with respect to Wong Sun. The exclusion of the narcotics as to Toy was required solely by their tainted relationship to information unlawfully obtained from Toy, and not by any official impropriety connected with their surrender by Yee. The seizure of this heroin invaded no right of privacy of person or premises which would entitle Wong Sun to object to its use at his trial.However, for the reasons that Wong Sun's statement was incompetent to corroborate Toy's admissions contained in Toy's own statement, any references to Wong Sun in Toy's statement were incompetent to corroborate Wong Sun's admissions. Thus, the only competent source of corroboration for Wong Sun's statement was the heroin itself".

71. "We cannot be certain, however, on this state of record, that the trial judge may not also have considered the contents of Toy's statement as a source of corroboration". Este é um problema próprio da regra de exclusão.

entre a prova ilícita originária e a prova dela derivada ("quando não evidenciado o nexo de causalidade entre umas e outras).

Antes pontuamos a inutilidade dessa disposição, já que a ausência de nexo de causalidade significa, em última análise, a própria ausência de prova *derivada* de ilícita. Nesse contexto, entretanto, para o aproveitamento da norma, pode-se compreender a falta de *evidência* do nexo de causalidade como a *ausência de relação direta e imediata*, em uma lógica de atenuação conectiva, apta a dissipar a mácula.

SEÇÃO III
Prova Emprestada

Designa-se por *prova emprestada* aquela produzida em determinado processo e posteriormente transplantada, "de empréstimo", para os autos do processo penal. Conforme GUILHERME NUCCI, prova emprestada "é aquela produzida em outro processo e, através da reprodução documental, juntada no processo criminal pendente de decisão"[72].

Há intensa discussão na doutrina e na jurisprudência sobre a admissibilidade desse "transplante", à vista sobretudo de suas repercussões na garantia do contraditório.

Refira-se, antes de tudo, a posição de AURY LOPES: "A prova produzida em um processo está vinculada a um determinado fato e réu (ou réus). Daí porque, ao ser trasladada automaticamente, está-se esquecendo a especificidade do contexto fático que a prova pretende reconstruir. É elementar que uma prova sirva para reconstruir (ainda que em parte, é claro) diferentes faces de um mesmo acontecimento. Em outras palavras, o diálogo que se estabelece com a prova é vinculado ao fato que se quer apurar ou negar. Logo, diferentes diálogos são estabelecidos com uma mesma prova quando se trata de apurar diferentes fatos. É uma relação semiótica completamente diversa. A prova emprestada desconsidera isso e causa sérios prejuízos para todos no processo penal"[73].

A nosso juízo, a concepção de AURY LOPES é irrepreensível em sua essência. A atividade probatória desenvolvida pelas partes no processo vincula-se a *finalidades específicas*, afetas ao objeto particular que justificou o desencadeamento do meio de obtenção da prova. O transplante da realidade objetiva assim produzida e a sua inserção em outro contexto, com finalidades diversas, pode conduzir a um desvirtuamento, com tentativas de releituras artificiais da prova em benefício das versões particularmente discutidas no processo penal.

Nesse cenário, diante da realidade pronta trazida para o processo, já não haverá oportunidade para a reconstrução da prova, pela participação do acusador e do acusado, em conformidade com os fins vinculados ao objeto da ação penal. Mostra-se ineficaz, no particular, simplesmente a oportunidade de manifestação das partes sobre o resultado

---

72. NUCCI, Guilherme de Souza. *Manual de Processo Penal e Execução Penal*. Rio de Janeiro: Forense, 2014, p. 337.

73. LOPES JR, Aury. *Direito Processual Penal*. São Paulo: Saraiva, 2014, p. 594.

objetivo transportado, sem que qualquer delas, ou a parte diretamente afetada, haja participado da formação da prova, pelo oferecimento de perguntas (prova testemunhal) ou de quesitos (prova pericial), por exemplo.

O resultado objetivo pode até ser questionado, mas não modificado enquanto instrumento de prova. Tenha-se em conta, nessa linha, que o juiz deverá formar sua convicção pela prova produzida em contraditório judicial (art. 155, *caput*, CPP), vale dizer, em contraditório desenvolvido no processo penal, pela atividade integrada das partes *na produção da prova*.

Enfatizando o aspecto de ofensa ao contraditório, por ausência de participação das partes do processo penal na formação da prova, pondera Tourinho Filho que "se a prova, para ser válida, deve passar pelo exame das partes, é induvidoso que a prova colhida em um processo e transferida para outro não pode ter o menor valor"[74].

A consequência jurídica cogitada, entretanto, não nos parece sustentável em caráter invariável. Isso porque, apesar do contexto diverso de produção, a prova transportada pode ter sido produzida em outro processo com a participação das mesmas partes da relação jurídica processual penal, com vinculação, ademais, a objeto fático e a finalidades análogas.

Por exemplo, se a prova foi produzida, em contraditório judicial, nos autos de ação de improbidade administrativa ajuizada pelo Ministério Público contra o *sujeito X*, seu transporte para os autos de ação penal de iniciativa pública em curso contra o mesmo imputado não representará qualquer prejuízo. Nesse particular, como bem expõe Ada Grinover: "O princípio constitucional do contraditório (auditur et. altera pars) exige que a prova somente tenha valia se produzida diante de quem suportará seus efeitos, com a possibilidade de contrariá-la por todos os meios admissíveis. Daí porque a prova emprestada somente poderá surtir efeito se originariamente colhida em processo entre as mesmas partes ou no qual figure como parte quem por ela será atingido. Em hipótese alguma, por violar o princípio constitucional do contraditório, gerará efeitos contra quem não tenha figurado como uma das partes no processo originário"[75].

De outro modo, se não houver coincidência entre as partes, a prova deverá ser produzida no processo penal, em contraditório, não bastando o mero transplante do resultado objetivo alcançado em outro feito, movimentado por partes diversas. Assim, na hipótese de prova testemunhal, deverá ser designada audiência para a inquirição da

---

74. Tourinho Filho, Fernando da Costa. *Processo Penal*. São Paulo: Saraiva, 2013, v. 3, p. 236.

75. Grinover, Ada Pellegrini. *Prova Emprestada*. In: Revista Brasileira de Ciências Criminais, v. 1, n. 4. São Paulo: Revista dos Tribunais, out/dez 1993, pp. 60-69. Guilherme Nucci tem a mesma orientação: "O juiz pode levá-la [a prova emprestada] em consideração, embora deva ter a especial cautela de verificar como foi formada no outro feito, de onde foi importada, para saber se houve o indispensável devido processo legal. Essa verificação inclui, naturalmente, o direito indeclinável ao contraditório, razão pela qual abrange o fato de ser constatado se as mesmas partes estavam envolvidas no processo em que a prova foi efetivamente produzida. Ex: o depoimento de uma testemunha pode ser extraído de um feito e juntado em outro, mas torna-se indispensável saber se se tratavam das mesmas partes envolvidas, pois, do contrário, deve a testemunha ser novamente inquirida, permitindo-se a parte promova as suas reperguntas. Solução diversa iria ferir o devido processo legal". Cfr. Nucci, Guilherme de Souza. *Manual de Processo Penal e Execução Penal*. Rio de Janeiro: Forense, 2014, pp. 337-338.

mesma testemunha no processo penal, oportunizando-se assim que as partes possam formular suas perguntas, de acordo com o objeto e com as finalidades particulares da causa penal, e dessa forma produzir de maneira idônea a prova adequada e válida[76].

Em que pese essa postura da doutrina, a jurisprudência tem admitido a prova emprestada, desde que não sirva como único elemento de convicção do juiz no processo penal. Refletindo essa orientação, confira-se o julgado da Sexta Turma do STJ no HC 47.311/SP (STJ, 6ª Turma, HC 47.311, Rel. Min. OG FERNANDES, julgamento em 11.12.2009, DJ de 22.03.2010): "1. Ao contrário do que sustenta o impetrante, a extensa sentença condenatória está amparada em farto conjunto probatório produzido sob o crivo do contraditório, não prosperando a alegação de que estaria baseada unicamente em prova emprestada (...) 3. Não se olvide que esta Corte tem se manifestado pela admissibilidade da prova emprestada quando agregada a outros elementos de convicção produzidos no processo, sob o crivo do contraditório". No mesmo sentido: STJ, 5ª Turma, HC 293.577/MG, Rel. Min. JORGE MUSSI, julgamento em 19.08.2014, DJ de 27.08.2014[77].

Em igual direção, tem-se o julgado da Primeira Turma do STF no HC 95.186/SP (STF, 1ª Turma, HC 95.186, Rel. Min. RICARDO LEWANDOWSKI, julgamento em 26.05.2009, DJ de 10.06.2009): "...o acórdão atacado assentou estar o édito condenatório fundado em vasto conjunto de evidências e não apenas na prova emprestada, o que afasta a alegação de sua nulidade".

Por outro lado, no âmbito do processo civil, mas em lógica de igual modo aplicável ao processo penal, o STJ fixou detalhadamente que a aplicabilidade da prova emprestada não se limita aos casos de identidade de partes, devendo ser admitida desde que respeitado o contraditório, entendido isso como a mera oportunidade de manifestação das partes sobre o resultado probatório transportado. Confira-se, nesse particular, o julgado da Corte Especial nos ERESP 617.428/SP (STJ, Corte Especial, ERESP 617.428, Rel. Min. NANCY ANDRIGHI, julgamento em 04.06.2014, DJ de 17.06.2014): "Em vista

---

76. PAULO RANGEL tem a mesma posição: "Tratando-se de partes diferentes, a prova emprestada não tem a mesma eficácia que tinha no processo original e, por isso, deve se submeter, no processo para o qual foi transferida, ao crivo do contraditório. Se a prova for testemunhal, o juiz deve marcar audiência para a oitiva da mesma testemunha para que as partes possam contraditá-la, pois o contraditório que houve no processo original (de onde foi transferida) não foi entre as mesmas partes. Do contrário, servirá apenas como indício". Cfr. RANGEL, Paulo. *Direito Processual Penal*. São Paulo: Atlas, 2014, pp. 493-494.

77. "1. No caso em apreço, diante da não localização do paciente, a ação penal foi desmembrada quanto a ele, sendo que, no curso da instrução processual sua defesa dispensou a oitiva de algumas testemunhas, que já haviam sido inquiridas no feito em trâmite contra os demais corréus, tendo o magistrado singular se utilizado de tais depoimentos para fundamentar a decisão de pronúncia. 2. Como o paciente e sua defesa técnica não participaram da produção das referidas provas, é inviável que estas, por si sós, sejam utilizadas como fundamentos para a formação do juízo de admissibilidade da acusação para a submissão do acusado a julgamento perante o Tribunal do Júri. 3. Contudo, verifica-se que togado de origem, ao pronunciar o paciente, não se limitou a fundamentar suas razões nos referidos depoimentos prestados na ação penal em trâmite contra os corréus, utilizando-se, também, dos demais elementos de prova colhidos durante a fase inquisitorial, bem como dos produzidos no âmbito do contraditório instituído na instrução criminal, baseando-se, portanto, em conjunto probatório idôneo a sustentar a admissibilidade da denúncia."

das reconhecidas vantagens da prova emprestada no processo civil, é recomendável que essa seja utilizada sempre que possível, desde que se mantenha hígida a garantia do contraditório. No entanto, a prova emprestada não pode se restringir a processos em que figurem partes idênticas, sob pena de se reduzir excessivamente sua aplicabilidade, sem justificativa razoável para tanto (...) Independentemente de haver identidade de partes, o contraditório é o requisito primordial para o aproveitamento da prova emprestada, de maneira que, assegurado às partes o contraditório sobre a prova, isto é, o direito de se insurgir contra a prova e de refutá-la adequadamente, afigura-se válido o empréstimo".

Essa posição ganha atualmente respaldo legal expresso, no art. 372 do Novo Código de Processo Civil (2015): "O juiz poderá admitir a utilização de prova produzida em outro processo, atribuindo-lhe o valor que considerar adequado, observado o contraditório". A nosso juízo, essa norma deve ser interpretada no sentido da exigência de contraditório tanto na origem, no momento da produção da prova, quanto no destino, após a inserção da prova emprestada no processo penal[78].

Assevere-se que, independentemente da posição adotada quanto à admissibilidade da prova emprestada no processo penal, não pode haver controvérsia acerca da hipótese em que, já no feito de origem, não era exigido o contraditório para a formação da prova.

Assim, por exemplo, no caso de exame de corpo de delito produzido em um procedimento investigativo, pode haver transporte para outro feito, inclusive para fins de embasamento de ação penal, na medida em que a prova pericial em referência é produzida de forma unilateral, por sua própria natureza. Na espécie, aí sim, admite-se a aplicação do *contraditório diferido*, com a oportunidade de manifestação apenas sobre o resultado, no processo de destino.

SEÇÃO IV
Provas em Espécie: Meios de Prova

Precisão terminológica:
Fontes de Prova, Meios de Prova
e Meios de Obtenção de Prova

Antes de tudo, há que se distinguir entre *fontes de prova, meios de prova* e *meios de obtenção de prova*, segundo a terminologia proposta por GOMES FILHO[79].

---

78. Nessa trilha foi a posição firmada pelo Fórum Permanente de Processualistas Civis, em seu Enunciado n. 52: "Para a utilização da prova emprestada, faz-se necessária a observância do contraditório no processo de origem, assim como no processo de destino, considerando-se que, neste último, a prova mantenha a sua natureza originária". A ressalva da parte final diz respeito ao pressuposto do transporte da prova com o mesmo valor originário: por exemplo, a prova pericial na origem só poderá ser emprestada ao processo de destino, com essa mesma natureza (prova pericial), se observado o contraditório.

79. GOMES FILHO, Antônio Magalhães. *Notas sobre a terminologia da prova (reflexões no processo penal brasileiro*. In: YARSHELL, Flávio Luiz / MORAES, Maurício Zanoide de (Org.). *Estudos em Homenagem à Professora*

Entende-se por *fonte de prova* a pessoa ou o objeto que oferece o dado informativo, apto a demonstrar ou a refutar uma hipótese de fato. Nesse sentido, a testemunha e o documento, por exemplo, constituem fontes probatórias.

Os *meios de prova*, por seu turno, traduzem o *instrumento* pelo qual a prova é introduzida ou produzida no processo, refletindo também a *atividade* desenvolvida pelos sujeitos processuais no sentido de formar e de consolidar a prova e o respectivo *resultado*. Caracterizam-se esses meios, portanto, pela judicialidade. Como exemplos, têm-se a produção de prova testemunhal na fase instrutória do processo, mediante o depoimento da testemunha, a produção de prova documental, mediante a apresentação de um documento nos autos, e a produção de prova pericial, mediante o oferecimento de exame técnico oficial (inclusive com base nos quesitos formulados pelas partes).

Por fim, os *meios de obtenção de prova* constituem instrumentos extraprocessuais destinados à identificação de fontes de prova e à coleta de objetos e elementos probatórios (coleta de meios de prova). São exemplos de meios de obtenção de prova a busca e apreensão e a interceptação telefônica.

Gomes Filho realça a importância da distinção sobretudo entre meios de prova e meios de obtenção de prova, para fins de identificar o efeito jurídico da inobservância das regras legais regentes da produção[80]. Assim, nessa perspectiva, a contrariedade a uma regra legal disciplinadora da efetivação de *meio de obtenção de prova*, fora do processo, afeta direitos substanciais do imputado, gerando *ilicitude* e, portanto, inadmissibilidade da prova resultante (art. 157, *caput*, CPP). Por outro lado, a ofensa a um modelo legal próprio da produção ou da inserção de *meio de prova* no processo, por repercutir apenas na esfera processual (prova ilegítima), gera *nulidade*, impondo-se a renovação do ato viciado e dos que dele forem dependentes ou consequentes (art. 573, § 1º, CPP).

Nesta *Seção IV* examinamos os *meios de prova* disciplinados no ordenamento jurídico brasileiro, ficando reservada à *Seção V* o estudo dos *meios de obtenção de prova*. Ainda na Seção V, aborda-se, em particular, uma *fonte de prova*, representada pelo instituto da colaboração premiada (*Subseção VII da Seção V*).

Ada Pellegrini Grinover. São Paulo: DPJ, 2005, pp. 303-318.

80. "Na prática, essa diversidade terminológica também serve para identificar as possíveis repercussões das irregularidades identificadas em relação aos meios de prova e aos meios de investigação. No primeiro caso, a consequência do vício será a nulidade dos elementos de prova produzidos, enquanto no segundo tratar-se-á de prova inadmissível no processo, diante da violação de regras relacionadas à sua obtenção..." Cfr. Gomes Filho, Antônio Magalhães. *Notas sobre a terminologia da prova (reflexões no processo penal brasileiro.* In: Yarshell, Flávio Luiz / Moraes, Maurício Zanoide de (Org.). *Estudos em Homenagem à Professora Ada Pellegrini Grinover*. São Paulo: DPJ, 2005, pp. 303-318, esp. 310.

SUBSEÇÃO I
Prova Pericial

1. CARACTERÍSTICAS GERAIS DA PROVA PERICIAL

A primeira das espécies de prova disciplinadas no Código de Processo Penal é a *prova pericial*, objeto do Capítulo II ("Do Exame de Corpo de Delito e das Perícias em Geral") do Título VII ("Da Prova") do Livro I.

Trata-se da prova obtida a partir de *exame técnico*, realizado por peritos oficiais ou particulares sob compromisso, sobre elementos materiais associados à prática de fato constitutivo de crime. As perícias objeto do capítulo referido vinculam-se ao objetivo de verificação da materialidade de infrações penais. Perícias associadas a finalidades diversas estão disciplinadas em outros âmbitos da lei processual penal, como é o caso da perícia própria do incidente de insanidade mental (artigos 149 a 154, CPP).

A eficácia informativa de determinados objetos materiais só pode ser alcançada a partir de elucidação técnica, oriunda do exame de *vestígios*. Por exemplo, a causa da morte de certa pessoa somente pode ser certificada e individualizada em suas características depois de exame técnico do corpo, efetuado por profissional médico legista. Por outro lado, a identificação da natureza de uma substância apreendida, como sendo a de *droga*, depende de avaliação de perito com habilidades técnicas nesse nicho. De igual modo, tem-se o mesmo na verificação da falsidade de um documento, da potencialidade lesiva de uma arma ou da extensão de lesões corporais causadas à vítima.

A perícia constitui meio de prova de maior complexidade e, à vista da natureza em tese científica do exame e das respectivas conclusões, reveste-se de valor informativo reforçado, por mais que, em última análise, vigore entre nós, com predominância, o sistema do livre convencimento motivado, permissivo de que o juiz realize a ponderação dos diversos meios probatórios de acordo com as circunstâncias do caso concreto, sem submissão a critérios apriorísticos e abstratos de supremacia de uma espécie de prova sobre as demais.

De toda sorte, a exigência de corpo de delito para a constatação da materialidade das infrações penais que deixam vestígios (art. 158, CPP), um resquício do sistema da prova legal, é uma amostra relevante do especial caráter reservado à prova pericial, por mais que a jurisprudência venha mitigando essa exigência.

A complexidade da perícia, em particular, torna-a em princípio incompatível com procedimentos simplificados, tal o procedimento sumaríssimo dos juizados especiais criminais, reservado às infrações penais de menor potencial ofensivo. Se, nessa esfera de criminalidade, houver a necessidade de realização de perícia, a própria lei impõe o deslocamento do feito para o juízo comum (art. 77, § 2º, Lei nº 9.099/1995).

Nesse contexto, a persecução penal deve dispor de um serviço auxiliar de perícia apto a fornecer subsídios técnicos, de eficácia investigativa e probatória, a partir dos vestígios da infração penal. Esse serviço auxiliar corresponde à chamada *polícia técnica* ou *polícia forense*, destinada à realização dos diversos tipos de perícia reclamados pela investigação criminal.

Do mesmo modo, a perícia deve (ou deveria) estar a serviço da necessidade probatória também do investigado, de maneira a viabilizar a adequada elucidação do fato, independentemente do interesse persecutório.

Os órgãos de polícia técnica estão estruturados conforme a disciplina própria de cada unidade da Federação. Esses órgãos agem a partir de requisição da autoridade investigativa, conforme o disposto na primeira parte do art. 178 do CPP: "No caso do art. 159, *o exame será requisitado pela autoridade ao diretor da repartição*, juntando-se ao processo o laudo assinado pelos peritos".

De maneira geral, têm-se estruturados órgãos de polícia técnica desvinculados da polícia judiciária, como o Instituto de Criminalística e o Instituto Médico-Legal, em cada Estado-Membro da Federação.

Os institutos de criminalística normalmente estão incumbidos de perícias como a grafotécnica, o exame do local e a que envolva vestígios de crimes patrimoniais, dentre outras em geral não vinculadas, de maneira direta, à análise corporal da pessoa. Por seu turno, os institutos médico-legais, de maneira geral, incumbem-se de exames de casos de morte violenta e de vestígios de crimes sexuais e de lesões corporais, dentre outros associados à violência contra a pessoa. A vinculação desses institutos dá-se diretamente à Secretaria de Segurança Pública, e não à Polícia Civil, permitindo-se assim que outras autoridades investigativas requisitem a realização de exames técnicos. Ressalte-se, porém, que as referências aqui expostas são meramente indicativas, havendo que se verificar a disciplina de cada Estado da Federação, para a identificação das características particulares da atuação da respectiva polícia técnica.

Por outro lado, no âmbito da Polícia Federal, normalmente se estruturam órgãos próprios de perícia, vinculáveis a delegacias especializadas.

O Código de Processo Penal, como anunciado ao início, disciplina, quanto à prova pericial, o *exame de corpo de delito*, de maior aplicabilidade, e também algumas *perícias especiais*, realizáveis apenas na esfera de certos tipos de infração penal. Além disso, pode haver também na legislação especial a disciplina de outras perícias, como acontece no âmbito da investigação por crime de drogas, objeto da Lei nº 11.343/2006.

Iniciamos nossa abordagem pela forma mais geral de perícia, qual seja, o exame de corpo de delito.

2. EXAME DE CORPO DE DELITO

2.1. Conceito, Objeto, Aplicabilidade e Valor Probatório do Exame de Corpo de Delito

Entende-se por *exame de corpo de delito* a perícia (*exame*) realizada direta ou indiretamente sobre os vestígios de um fato em tese constitutivo de crime (*corpo de delito*), para fins de constatação da respectiva *materialidade* (comprovação da existência material do fato).

Cuida-se, assim, de *prova técnica* que tem por *objeto* o *corpo de delito*, entendido este como o conjunto dos vestígios materiais sensíveis associados ao fato constitutivo de crime. Compreendem-se aí os elementos e circunstâncias definidos no tipo penal, os instrumentos utilizados na prática da conduta e demais dados correlatos, que ajudem na reconstrução do fato[81].

Acerca da natureza do instituto, e de seu objeto, ROGÉRIO TUCCI pontua o seguinte: "é o exame de corpo de delito, em nosso processo penal, uma espécie de prova pericial constatatória da materialidade do crime investigado, realizada, em regra, por peritos oficiais, ou técnicos, auxiliares dos agentes estatais da *persecutio criminis* (...) corpo de delito é o conjunto dos elementos físicos ou materiais, principais ou acessórios, permanentes ou temporários, que corporificam a prática criminosa"[82].

Não se há de confundir, portanto, o *exame de corpo de delito*, espécie de prova pericial, com o *corpo de delito*, objeto dessa prova, que consiste nos vestígios aptos à constituição da *materialidade* do fato em tese criminoso. A perícia, nesse sentido, é realizada sobre o corpo de delito para a constatação da materialidade do fato penalmente relevante.

A materialidade do fato, sem dúvida, pode de maneira empírica ser alcançada por outros meios de prova, e não necessariamente por perícia. Quando o fato deixe vestígios, no entanto, a lei exige, como regra, a realização do exame técnico para a constatação da respectiva existência material, de acordo com a norma inserta no art. 158 do CPP: "Quando a infração deixar vestígios, será indispensável o exame de corpo de delito, direto ou indireto, não podendo supri-lo a confissão do acusado".

Essa exigência normativa representa, entre nós, um resquício do sistema da prova legal, em que a própria lei estabelece, no plano abstrato, a prevalência de um meio de prova sobre os demais, ao menos como regra. Desta sorte, a materialidade de infrações penais que deixam vestígios sensíveis só pode ser normativamente alcançada, em princípio, pela prova pericial denominada *exame de corpo de delito*, ainda que pudesse ser obtida, do ponto de vista apenas empírico, por outros meios, como a prova testemunhal.

Em outros termos, no momento da admissibilidade da ação penal, o juiz só *poderia* se convencer da materialidade da infração que deixa vestígios a partir da prova pericial. O juiz, em todo caso, não está vinculado à conclusão expressa no laudo pericial que corporifica o exame de corpo de delito, podendo rejeitá-lo. Com efeito, nos termos do art. 182 do CPP, "o juiz não ficará adstrito ao laudo, podendo aceitá-lo ou rejeitá-lo, no todo ou em parte".

A partir dessa redação, não se compreenda que o juiz poderá arvorar-se de experto, substituindo o perito oficial na conclusão de ordem técnica. Caso o juiz discorde

---

81. Conforme ROGÉRIO TUCCI: "...a percepção do *corpo de delito*, em processo penal, equivalente à comprovação procedimental do sucesso delitivo, reclama, em prol de seu aperfeiçoamento, a apuração, também, dos dados correlatos aos demais elementos da infração penal, que se verifica nas mais variadas circunstâncias, e, certamente, numa tentativa de reconstrução do crime praticado; além da concernente aos instrumentos nesta utilizados, aos objetivos que lhe constituam, de qualquer forma, resultado, e aos vestígios que, porventura, tenham ficado". Cfr. TUCCI, Rogério Lauria. *Do Corpo de Delito no Direito Processual Penal Brasileiro*. São Paulo: Saraiva, 1978, p. 14.

82. TUCCI, Rogério Lauria. *Do Corpo de Delito no Direito Processual Penal Brasileiro*. São Paulo: Saraiva, 1978, pp. 180-181.

do laudo, deverá determinar o esclarecimento ou a complementação da perícia (art. 181, *caput*, CPP) ou, rechaçando-o, a realização de outro exame (art. 181, parágrafo único, CPP). É inconcebível, no particular, que o juiz ingresse no mérito da perícia, para adotar conclusão técnica contrária àquela expressa no laudo. A norma do art. 182 do CPP significa apenas que o juiz não se vincula à conclusão do laudo, podendo determinar seu suprimento ou rejeitá-lo para ordenar novo exame.

De toda sorte, nos moldes do regime legal, para se convencer da existência da materialidade, terá o juiz que motivar essa convicção exclusivamente a partir da perícia. O exame de corpo de delito constatatório da materialidade, assim, não evita o convencimento judicial negativo, mas condiciona de maneira exclusiva o convencimento judicial positivo. Essa é a regra.

Reforçando a indispensabilidade do exame de corpo de delito nessa esfera (infrações penais que deixam vestígios), a norma estabeleceu até mesmo a impossibilidade de suprimento da prova pericial pela confissão do acusado (art. 158, parte final, CPP), tradicionalmente compreendida como o mais contundente meio de prova.

Em que pese esse tradicional regime normativo, *a jurisprudência vem relativizando a exigência do exame de corpo de delito*, sobretudo quando a materialidade possa ser alcançada por evidências mais modernas, aptas a não deixar qualquer dúvida quanto à existência do fato. Foi o que resolveu a Quinta Turma do STJ no RESP 1.392.386/RS e a Sexta Turma da mesma Corte no HC 334.953/AL. Colhem-se do primeiro julgado os seguintes termos (STJ, 5ª Turma, RESP 1.392.386, Rel. Min. Marco Aurélio Bellizze, julgamento em 08.09.2013, DJ de 09.09.2013): "Estando devidamente demonstrada a existência de provas referentes à utilização da escalada para realizar o furto, por meio de filmagem, fotos e testemunhos, ainda que não tenha sido realizado exame de corpo de delito – o qual pode ser suprido pela prova testemunhal, nos termos do que disciplina o art. 167 do Código de Processo Penal –, não há se falar de violação ao art. 155, § 4°, inciso II, do Código Penal, encontrando-se, dessarte, legalmente comprovada a materialidade"[83].

A jurisprudência vai, por certo, em bom caminho. Não há sentido em se impor tal formalismo apriorístico ao convencimento do juiz, independentemente das evidências. A exigência legal de um exame de corpo de delito já era, aliás, objeto da acerba crítica de Frederico Marques, assim expressa: "Na verdade, fora do sistema da prova legal,

---

83. Já conforme o julgado do HC 334.953/AL (STJ, 6ª Turma, HC 334.953, Rel. Min. Maria Thereza de Assis Moura, julgamento em 02.02.2016, DJ de 19.02.2016): "1 - Havendo laudo médico, embora não oficial, atestando que a vítima sofreu politraumatismos, fratura exposta no fêmur esquerdo e teve parte do pênis amputado, não há falar em ausência de materialidade pela simples falta do exame de corpo de delito de que trata o art. 158 do Código de Processo Penal, até porque o pedaço do órgão genital fora encontrado em via pública, na presença de vários populares, de policiais e do corpo de bombeiros acionado para o salvamento da vítima que fora achada dentro de uma fossa sanitária. 2 - O quadro que se mostra no caso concreto supre, pelas particularidades que encerra, qualquer dúvida acerca da materialidade do delito de tentativa de homicídio. Concluir de modo contrário é dar exagerado valor à forma em detrimento do conteúdo, até porque, ainda que já pronunciados os réus, o processo ainda não encontrou termo e até que haja sentença final pode ser juntado exame de corpo de delito que, na espécie, pode ainda ser direto, por óbvios motivos (mutilação de órgão genital), ou indireto, pela análise do mencionado laudo médico".

só um Código como o nosso, em que não há a menor sistematização científica, pode manter a exigibilidade do auto de corpo de delito sob pena de considerar-se nulo o processo. Que isso ocorresse ao tempo da legislação do Império, ainda se compreende. Mas que ainda se consagre tal baboseira num estatuto legal promulgado em 1941, eis o que se não pode explicar de maneira razoável"[84].

Claro que, quando possível, a perícia deve ser realizada, como princípio, para evitar compreensões equivocadas acerca dos elementos empíricos disponíveis. A exigência formal, no entanto, não pode ser oposta quando existam dados probatórios contundentes, que bastem à demonstração do fato[85].

2.2. Exame de Corpo de Delito Direto e Exame de Corpo de Delito Indireto

O exame de corpo de delito pode ser feito de maneira direta ou, subsidiariamente, indireta. Entende-se por *exame de corpo de delito direto* aquele efetuado a partir de *contato direto e imediato do perito oficial com os vestígios do crime*. Por exemplo, o exame do cadáver feito pelo perito oficial legista.

Já o *exame de corpo de delito indireto* consiste na *avaliação do perito oficial feita de maneira mediata, a partir de análise e descrição técnicas feitas por outros profissionais, que por sua vez tomaram contato direto com os vestígios*. Não há nessa última hipótese, portanto, contato direto do perito oficial com os vestígios do fato. Como exemplo, tem-se o exame realizado por perito oficial sobre prontuário médico descritivo do quadro de vítima de crime violento.

Ambas são formas *periciais* de prova, somente a primeira propiciando maior segurança e fidelidade na apreciação técnica dos vestígios. À vista de sua mediatidade, o exame indireto só deve ser empregado de forma subsidiária, quando impossível a realização do exame direto pelo perito oficial.

Nisto consiste, então, a regra do art. 158 do CPP, para as infrações que deixam vestígios: (i) exame de corpo de delito direto; (ii) subsidiariamente, exame de corpo de delito indireto.

Para as infrações penais que não deixam vestígios, *a contrario sensu*, não se exige o exame de corpo de delito, até mesmo por incompatibilidade empírica. É o caso, por exemplo, de uma calúnia ou injúria verbal, cuja existência há de ser comprovada por outros meios, como a prova testemunhal e também a captação ambiental feita pela vítima.

---

84. Cfr. MARQUES, José Frederico. *Elementos de Direito Processual Penal*. Rio de Janeiro: Forense, 1961, v. II, pp. 364-365.

85. Nessa esteira, como disse, ainda nos anos 1920, COSTA MANSO, citado por FREDERICO MARQUES: "Qual o efeito da falta ou da nulidade do auto de corpo de delito? Parece-me claro que esse document não constitui uma formalidade substancial do processo. É simples meio de prova, que, como acima ficou ditto, pode ser suprido por provas de outro gênero. A falta ou defeito do auto, portanto, deve dar lugar, não a que o processo seja *anulado*, mas que recorra o juiz a outros elementos de convicção, e, não os encontrando suficientes, declare *não provado* o crime". *Apud* MARQUES, José Frederico. *Elementos de Direito Processual Penal*. Rio de Janeiro: Forense, 1961, v. II, p. 365.

Por outro lado, com maior incidência, têm-se as condutas *imateriais* próprias da criminalidade contemporânea, a exemplo *de alguns* crimes contra o sistema financeiro nacional, crimes contra a ordem tributária e crimes de *lavagem* de capitais. Induvidosamente, a prática da conduta até poderá estar refletida em um elemento material sensível, mas a individualização da essência do fato dá-se em nível imaterial.

Por exemplo, a prática de apropriação indébita previdenciária (art. 168-A, CP) consiste na realização de um desconto meramente contábil, a título de contribuição previdenciária, junto à remuneração dos empregados, com a ausência de seu recolhimento à entidade de previdência social. A existência do fato constata-se pela ausência do recolhimento do valor contabilmente descontado. Este é um crime, portanto, imaterial. Por essa razão é que não se exige perícia (no caso, perícia contábil) para a constatação da materialidade desse crime, bastando o lançamento da dívida previdenciária pela autoridade fiscal[86].

2.3. Suprimento do Exame de Corpo de Delito pelo Corpo de Delito Indireto

A exceção à regra do art. 158 do CPP aplica-se na hipótese de *desaparecimento dos vestígios*, em que o exame de corpo de delito pode ser suprido pela prova testemunhal, nos moldes do art. 167 do CPP: "Não sendo possível o exame de corpo de delito, por haverem desaparecido os vestígios, a prova testemunhal poderá suprir-lhe a falta".

Fora dessa situação excepcional, a ausência do exame de corpo de delito, direto ou indireto, sobre os vestígios da infração penal é causa de nulidade absoluta, como expressa o art. 564, III, *b*, do CPP: "A nulidade ocorrerá nos seguintes casos: III – por falta das fórmulas ou dos termos seguintes: b) o exame de corpo de delito nos crimes que deixam vestígios, ressalvado o disposto no art. 167".

O suprimento do exame de corpo de delito, direto ou indireto, pela prova testemunhal, segundo a previsão do art. 167 do CPP, designa-se por *corpo de delito indireto*. É o corpo de delito, vale dizer, a materialidade do fato, obtida por meio diverso da perícia, *indiretamente*, portanto. Em outros termos: *obtenção indireta de corpo de delito, pela prova testemunhal, e não pela pericial*.

Não se confunda, portanto, o *corpo de delito indireto* com o *exame de corpo de delito indireto*. O exame indireto, como visto, é forma de perícia subsidiária ao exame direto. Aí, o qualificativo *indireto* diz respeito ao contato do perito oficial com os vestígios: a perícia é realizada de maneira indireta, a partir de outros laudos técnicos, e não por exame imediato dos vestígios.

O corpo de delito indireto, por seu turno, é forma de prova diversa da perícia, servindo como suprimento do exame de corpo de delito (direto ou indireto), aplicável

---

86. Nesse sentido, confira-se o julgado da Quinta Turma do STJ no HC 41.975/SP (STJ, 5ª Turma, HC 41.975, Rel. Min. Laurita Vaz, julgamento em 13.09.2005, DJ de 10.10.2005): "...É dispensável para configurar a materialidade do crime de apropriação indébita previdenciária a realização de perícia contábil, sobretudo se fundar-se a denúncia em processo administrativo apto à caracterização do crime. 4. Precedentes do STJ".

quando já não existam os vestígios do fato. Nesse particular, o qualificativo *indireto* diz respeito à forma de obtenção da prova, por meio diverso da prova pericial.

A distinção em foco foi assim formulada por HÉLIO TORNAGHI: "O exame indireto não se confunde com o mero depoimento de testemunhas, o qual pode suprir o exame de corpo de delito (CPP, art. 167). Nele, no exame indireto, há sempre um juízo de valor feito pelos peritos. Uma coisa é afirmarem as testemunhas que viram tais ou quais sintomas, e outra é os peritos concluírem daí que a *causa mortis* foi essa ou aquela"[87].

Esse é o regime aplicável, portanto, à prova pericial obtida a partir do exame de corpo de delito, no âmbito das infrações que deixam vestígios, excepcionalmente suprível pela prova testemunhal (corpo de delito indireto), quando houverem desaparecido os vestígios.

Confira-se, a respeito, a posição da Primeira Turma do STF refletida no julgado do HC 69.174/RJ (STF, 1ª Turma, HC 69.174, Rel. Min. CELSO DE MELLO, julgamento em 07.04.1992, DJ de 14.08.1992): "O exame de corpo de delito pode ser suprido, quando desaparecidos os vestígios sensíveis da infração penal, por outros elementos de caráter probatório existentes nos autos da 'persecutio criminis', notadamente os de natureza testemunhal ou documental. Os postulados da verdade real, do livre convencimento do magistrado e da inexistência de hierarquia legal em matéria probatória admitem e legitimam – consoante orientação jurisprudencial firmada pela Suprema Corte – a utilização da prova testemunhal, da prova documental e, até mesmo, da confissão do próprio réu, como elementos hábeis ao válido suprimento da ausência do exame pericial de corpo de delito (...) O magistrado sentenciante pode, em consequência – e desde que não mais subsistam os vestígios materiais da infração penal – recorrer, para efeito de prolação de seu ato decisório, a outros meios de convicção, não obstante a ausência do exame pericial". Na mesma linha, mais recentemente, tem-se o julgado da Segunda Turma do STF no HC 111.118/SP (STF, 2ª Turma, HC 111.118, Rel. Min. CÁRMEN LÚCIA, julgamento em 13.11.2012, DJ de 11.12.2012)[88].

Exige-se a maior cautela, todavia, para a aplicação subsidiária do corpo de delito indireto. O suprimento da perícia por outros meios de prova (testemunhal, documental) pode constituir fator de vulnerabilidade quanto à certeza da existência material do fato constitutivo de crime.

A aplicação da excepcionalidade legal, portanto, depende em princípio do efetivo desaparecimento dos vestígios, a impossibilitar o exame de corpo de delito. Apenas assim se pode reduzir a incidência de graves casos de erro judiciário, em que pessoas chegaram a ser condenadas por homicídio, sem que jamais houvesse aparecido o corpo da suposta vítima, que, depois, vinha a surgir viva (assim o famoso caso dos irmãos Naves, que ilustra um dos mais lamentáveis exemplos de erro judiciário da história do Brasil).

---

87. TORNAGHI, Hélio Bastos. *Curso de Processo Penal*. São Paulo: Saraiva, 1991, v. 1, p. 319.

88. "O exame de corpo de delito direto pode ser suprido, quando desaparecidos os vestígios sensíveis da infração penal, por outros elementos de caráter probatório existentes nos autos do processo-crime, notadamente os de natureza testemunhal ou documental".

3. EXECUÇÃO DO EXAME DE CORPO DE DELITO E DE OUTRAS PERÍCIAS

Para fins de garantia de veracidade da prova, o art. 159 do CPP impõe a observância de alguns procedimentos e formalidades, concernentes à realização do exame e também à confirmação da perícia em contraditório judicial. No que tange à execução do exame pericial, deve ser observada a forma estabelecida no art. 159 do CPP, sob pena de invalidade da prova respectiva, ao menos no que respeita a seu valor específico de *prova pericial*.

Nos termos do art. 159, *caput*, do CPP, com redação determinada pela Lei nº 11.690/2008, "o exame de corpo de delito e outras perícias serão realizados por perito oficial, portador de diploma de curso superior".

Antes de tudo, essa regra se aplica não só ao exame de corpo de delito, mas às perícias oficiais em geral.

Duas modificações relevantes foram introduzidas pela Lei nº 11.690/2008: (i) a suficiência de um perito oficial para a efetivação do exame, no lugar da antiga exigência de dois profissionais; (ii) a exigência de que o perito tenha formação de nível superior.

Quanto ao ponto (i), a inovação foi salutar, considerando que a antiga exigência de um segundo perito apenas servia a título de formalidade: a perícia era de fato realizada por apenas um experto, subscrevendo o laudo um segundo profissional meramente para cumprir a forma prescrita em lei.

Por outro lado, não há necessidade, salvo em casos excepcionais, da concorrência de dois peritos para a realização de um exame técnico. Diante da reconhecida carência de profissionais em diversos âmbitos, não há sentido em exigir que dois estejam ocupados de uma mesma perícia.

De toda sorte, havendo necessidade concreta de mais de um perito, diante da complexidade do exame, subsiste sempre a possibilidade de designação de outro(s) profissional(is), nos termos do art. 159, § 7º, do CPP: "Tratando-se de perícia complexa que abranja mais de uma área de conhecimento especializado, poder-se-á designar a atuação de mais de um perito oficial, e a parte indicar mais de um assistente técnico".

Esta é a lógica adequada: *perito oficial único*[89] para os casos ordinários, sem prejuízo da multiplicidade de profissionais concretamente justificada pela complexidade da perícia.

De outro lado, não havendo qualquer perito oficial no lugar, "o exame será realizado por duas pessoas idôneas, portadoras de diploma de curso superior preferencialmente na área específica, dentre as que tiverem habilitação técnica relacionada com a natureza do exame", nos termos do art. 159, § 1º, do CPP.

Persiste a exigência de dois peritos, se forem particulares, à falta de perito oficial. Ambos os peritos, diante da função pública para cujo exercício foram convocados, devem prestar o "compromisso de bem e fielmente desempenhar o encargo", como prescreve o art. 159, § 2º, do CPP.

---

89. Diante da reforma legal, não mais se aplica a orientação expressa na Súmula 361 do STF, firmada na vigência do regime revogado: "No processo penal, é nulo o exame realizado por um só perito, considerando-se impedido o que tiver funcionado, anteriormente, na diligência de apreensão". Subsiste, de toda sorte, a hipótese de impedimento.

Cuida-se de regra geral: sempre que particulares forem chamados ao desempenho da função de perícia oficial, deverão fazê-lo sob compromisso (vide, a propósito, a norma do art. 275 do CPP). Nessa hipótese, de laudo subscrito por peritos particulares, "o escrivão lavrará o auto respectivo, que será assinado pelos peritos e, se presente ao exame, também pela autoridade", na forma do art. 179, *caput*, do CPP.

Diante da regra de perito oficial único (art. 159, *caput*, CPP), a hipótese do art. 180 do CPP, referente à divergência entre os expertos, tem sua aplicação hoje limitada às exceções em que se estabelece a multiplicidade de profissionais para a realização do exame (art. 159, §§ 1º e 7º, CPP). Confira-se: "Se houver divergência entre os peritos, serão consignadas no auto de exame as declarações e respostas de um e de outro, ou cada um redigirá separadamente o seu laudo, e a autoridade nomeará um terceiro; se este divergir de ambos, a autoridade poderá mandar proceder a novo exame por outros peritos".

Assim, na hipótese de exame realizado por dois peritos particulares, por falta de perito oficial (art. 159, § 1º, CPP), a divergência entre eles será resolvida na forma do art. 180 do CPP: emissão de laudos separados e nomeação de terceiro para chancelar um ou outro; se a posição do terceiro for diversa das duas análises divergentes, determina-se a realização de novo exame, por outros peritos.

O mesmo procedimento aplica-se em caso de divergência entre peritos oficiais, na hipótese de perícia complexa que envolva mais de uma área de conhecimento (art. 159, § 7º, CPP). Nesse âmbito, porém, a divergência será mais rara, pois se supõe que cada um dos peritos atuará apenas na respectiva área de especialidade.

Em qualquer dessas hipóteses, parece-nos inaplicável, como alternativa ao procedimento referido, a norma do art. 182 do CPP, dispondo que o juiz não está adstrito ao laudo. É que a divergência entre dois peritos não permite ainda uma posição derradeira quanto à perícia oficial, ultimada em um laudo definitivo – a cuja conclusão, em todo caso, *não* está vinculado o juiz.

Faz-se necessária, antes do aperfeiçoamento da perícia oficial, a solução da divergência entre os profissionais dela incumbidos. O juiz não pode simplesmente, assim, adotar um dos laudos parciais separados como melhor posição, rechaçando o outro. Até porque se trata aí de uma discussão técnica, a ser resolvida por um perito, como prescreve o art. 180, e não pelo juiz.

Agora, uma vez resolvida a divergência, dando-se com isso a constituição de um laudo pericial definitivo, o juiz terá a liberdade para adotar ou não a respectiva conclusão e, se for o caso, determinar ainda novo exame, para esclarecer ou complementar o primeiro[90].

Contra essa posição, GUILHERME NUCCI entende que o juiz poderá ou adotar um dos laudos divergentes (art. 182, CPP) ou nomear um terceiro perito para resolver a divergência (art. 180, CPP).

---

90. NUCCI, Guilherme de Souza. *Código de Processo Penal Comentado*. São Paulo, Revista dos Tribunais, 2012, p. 418.

A orientação do ilustre processualista, todavia, parece conferir ao juiz um poder de solução de divergência *técnica* absolutamente incompatível com a natureza da função jurisdicional. A mais, se fosse esse o regime aplicável, a norma do art. 180 do CPP o teria disposto expressamente, oferecendo ao juiz a alternativa de adotar um dos laudos divergentes, em vez de estabelecer, como faz, a nomeação de terceiro perito.

Essa, aliás, é a solução recomendada pela lógica, já que uma divergência técnico-científica só pode ser resolvida por um técnico. O fato de o juiz, no exercício de seu livre convencimento, poder discordar da solução técnica uniforme finalmente apresentada não muda esse quadro.

A respeito da inovação antes descrita em (ii) – exigência de que o perito tenha formação de nível superior –, mostra-se igualmente salutar a exigência de *formação superior* do perito oficial. Nos dias atuais, não mais se justifica que o exame técnico seja realizado por pessoas com nível médio. Por outro lado, a crescente complexidade da investigação criminal, abrangente de áreas específicas como a financeira e a ambiental, exige que os peritos oficiais tenham formação técnica adequada ao exame dos elementos materiais objeto da criminalidade contemporânea, de modo a bem cumprir seu papel de elucidá-los com eficácia probatória.

Para o tratamento de situações consolidadas sob a égide do regime anterior, porém, o art. 2º da Lei nº 11.690/2008 estabelece o seguinte: "Aqueles peritos que ingressaram sem exigência do diploma de curso superior até a data de entrada em vigor desta Lei continuarão a atuar exclusivamente nas respectivas áreas para as quais se habilitaram, ressalvados os peritos médicos".

Induvidosamente, a perícia de natureza médica sempre reclamou execução por profissional de nível superior. Não se pode conceber, assim, que pessoa sem formação vá realizar exame de cadáver, para a emissão de laudo cadavérico apto a consubstanciar a materialidade de crime de homicídio.

Quanto aos demais exames, a partir da vigência da Lei nº 11.690/2008, não se admite a investidura nas funções de perito oficial de pessoa sem nível superior, resguardando-se, porém, os profissionais de nível médio investidos nos cargos específicos sob a égide do regime normativo anterior, em que não se exigia aquela qualificação formal. Não se é de estranhar, portanto, a realização de perícia grafotécnica ou de perícia contábil por perito com formação de nível médio, investido no cargo antes da entrada em vigor da Lei nº 11.690/2008.

Por fim, em princípio, o exame de corpo de delito, assim como qualquer outra perícia para a qual não se aplique regime específico em sentido diverso, poderá ser realizado em qualquer dia e a qualquer hora (art. 161, CPP), de acordo com a necessidade concreta.

4. DISCIPLINA NORMATIVA DA PRODUÇÃO DE PROVA PERICIAL

Já se percebe com nitidez a particular relevância da prova pericial no âmbito da persecução penal, por dizer respeito à constatação técnica e oficial da materialidade do fato em tese constitutivo de crime. Em muitas situações, por sinal, já não subsistirá, durante o processo penal, margem viável de desconstituição desse resultado técnico preliminar.

Nesse contexto, embora a perícia oficial seja realizada na fase de investigação preliminar, caracterizando-se ordinariamente, portanto, pela unilateralidade, deve-se oportunizar sobretudo ao investigado participação na formação da prova respectiva, mediante o oferecimento de quesitos ao perito. A mesma oportunidade deve estar disponível também ao ofendido, no domínio dos crimes de ação penal pública.

Com efeito, a virtualidade da condição de parte (passiva), para o investigado, e de assistente (do polo ativo), para o ofendido, justifica a participação ativa de ambos no aperfeiçoamento da prova pericial na fase preliminar. Quanto ao imputado, a exigência constitui mesmo garantia da efetividade da defesa futura, no curso do processo penal.

Em conformidade com essa lógica, o regime jurídico introduzido pela Lei nº 11.690/2008 permite que o investigado e o ofendido indiquem assistente técnico e formulem quesitos, participando, dessa forma, da constituição da prova técnica (exame de corpo de delito ou outra perícia), corporificada em laudo subscrito pelo perito oficial.

A esse respeito, dispõe o art. 159, § 3º, do CPP que "serão facultadas ao Ministério Público, ao assistente de acusação, ao ofendido, ao querelante e ao acusado a formulação de quesitos e indicação de assistente técnico".

Trata-se de norma geral, aplicável à realização de perícia oficial em qualquer fase da persecução penal, quer na de investigação preliminar, quer na do processo penal. Essa nossa conclusão deriva dos seguintes elementos:

(i) O art. 159, § 3º, do CPP, refere o assistente de acusação, o ofendido e o querelante, sugerindo não só que o ofendido dispõe das faculdades especificadas independentemente de estar habilitado como assistente de acusação durante a ação penal de iniciativa pública, mas também que o exercício dessas faculdades pelo ofendido poderá acontecer na fase preliminar, em que ainda não se faz possível a figura do assistente do Ministério Público. Nesse ponto, se a faculdade estivesse limitada à fase judicial (processual), bastaria que a lei referisse o assistente e o querelante, sem mencionar, além disso, o "ofendido".

(ii) O art. 159, § 5º, do CPP, adiante examinado, versa especificamente sobre a perícia *durante o processo judicial*, com regras específicas, deixando claro que as demais normas são de caráter geral, aplicáveis em qualquer fase da persecução.

(iii) Nessas condições, o termo *acusado*, objeto do art. 157, § 3º, deve ser compreendido extensivamente como *imputado*, abrangendo as figuras do investigado e do indiciado, como, aliás, faz o Código de Processo Penal em diversas outras esferas.

Parte da doutrina, entretanto, tem-se inclinado no sentido de admitir a formulação de quesitos e a indicação de assistente técnico apenas na fase processual, diante da ausência de contraditório e de ampla defesa na fase preliminar de investigação. Na fase pré-processual, assim, a elaboração de quesitos caberia à própria autoridade policial e ao Ministério Público.

Essa orientação, pelas razões que expusemos acima, não nos parece ser a sugerida pelo novo regime legal, objetivamente considerado. Ademais, mostra-se prejudicial à própria perspectiva de efetividade da defesa quanto à perícia, cuja consolidação, diante do caráter perecível dos materiais examinados, opera-se nesse momento preliminar. Por que recusar, nessa linha, a participação dos interessados? Não se está aqui a sustentar a existência de contraditório e de defesa técnica plenas na fase de investigação. Trata-se apenas de garantir um mínimo de participação, quando o investigado apareça para tanto em momento hábil.

Com o advento da Lei nº 13.245/2016, parece-nos definitivamente insustentável a corrente referida. É que o novo art. 7º, inciso XXI, da Lei nº 8.906/1994 passa a garantir ao menos a oportunidade de participação do investigado, *por meio de seu defensor técnico*, durante a fase de investigação, *para o fim específico de apresentar quesitos, o que se reporta diretamente à prova pericial*. Fixa a norma, com efeito, o direito do advogado defensor de "assistir a seus clientes investigados durante a apuração de infrações, sob pena de nulidade absoluta do respectivo interrogatório ou depoimento e, subsequentemente, de todos os elementos investigatórios e probatórios dele decorrentes ou derivados, direta ou indiretamente, podendo, inclusive, no curso da respectiva apuração: a) apresentar razões *e quesitos*".

Embora essa regra esteja inserida no âmbito das prerrogativas profissionais do advogado – o que nos parece inadequado –, trata-se induvidosamente de um direito do investigado, cujo exercício se dá por meio de sua defesa técnica.

Nessa perspectiva, entenda-se como aplicável à fase de investigação também a norma do art. 176 do CPP: "A autoridade e as partes poderão formular quesitos até o ato da diligência". Os interessados, partes virtuais, durante o inquérito policial, poderão formular quesitos à autoridade, de modo a contribuir para a formação da perícia oficial irrepetível, sempre que intervenham para tanto.

Em particular, a possibilidade de indicação de *assistente técnico* para a perícia oficial representou importante inovação trazida pela Lei nº 11.690/2008. Entende-se por *assistente técnico* o profissional designado ou contratado pela parte ou interessado para intervir no aperfeiçoamento da perícia oficial. Essa faculdade, assim, possibilita que os interessados prestem colaboração efetiva para a complementação da perícia, inclusive mediante a elaboração adequada dos quesitos técnicos pertinentes, ainda que após a conclusão do exame oficial.

A atuação do assistente técnico opera-se especialmente pelo exame dos próprios materiais que serviram de base para a perícia oficial, na forma do art. 159, § 6º, do CPP: "Havendo requerimento das partes, o material probatório que serviu de base à perícia será disponibilizado no ambiente do órgão oficial, que manterá sempre sua guarda, e na presença de perito oficial, para exame pelos assistentes, salvo de for impossível a sua conservação".

Um ponto importante diz respeito à previsão da possibilidade de indicação de assistente técnico pelo Ministério Público, emanada da norma do art. 159, § 3º, do CPP. O Ministério Público, portanto, em qualquer fase da persecução penal, poderá dispor de órgãos técnicos integrantes de sua própria estrutura institucional para servirem como assistentes.

Ainda que indicado na fase pré-processual (o que a nosso juízo é possível), o assistente só poderá ser admitido *pelo órgão judiciário competente*, incumbido da supervisão do procedimento investigativo. Ademais, deverá o assistente atuar depois da conclusão dos exames e da elaboração do laudo pelos peritos oficiais. Nessa trilha, a norma do art. 159, § 4º, do CPP prescreve que "o assistente técnico atuará a partir de sua admissão pelo juiz e após a conclusão dos exames e elaboração do laudo pelos peritos oficiais, sendo as partes intimadas dessa decisão".

Desta sorte, não há a exigência de atuação do assistente na fase preliminar antes da conclusão dos trabalhos da perícia oficial. Inexiste obrigação de o perito oficial esperar a intervenção de qualquer assistente para que possa concluir os trabalhos. Em todo caso, se o investigado intervém oportunamente no feito apresentando quesitos, cuja formulação se dê sob assistência técnica, pensamos ser irrecusável a contemplação pelo perito oficial das questões suscitadas.

Por fim, para qualquer forma de perícia, o exame poderá realizar-se por meio de carta precatória, sempre que o material a ser examinado estiver em circunscrição judiciária diversa da do juízo da causa. Nessa hipótese, incumbe ao juízo deprecado a nomeação do perito. Conforme o art. 177, *caput*, do CPP: "No exame por precatória, a nomeação dos peritos far-se-á no juízo deprecado. Havendo, porém, no caso de ação privada, acordo das partes, essa nomeação poderá ser feita pelo juiz deprecante".

Sobre a primeira parte do dispositivo, observe-se que a norma alude à nomeação *no* juízo deprecado, *e não pelo* juízo deprecado. Parece-nos isso significar que a nomeação deverá ser feita no âmbito da circunscrição judiciária deprecada, inclusive, se for o caso, *por autoridade policial atuante nessa circunscrição*. Nessas condições, poderá a própria autoridade policial, independentemente de intervenção judicial, deprecar a realização do exame para outra comarca ou seção judiciária, de modo que o delegado de polícia deprecado proceda à nomeação do perito. Essa, aliás, é até a realidade mais comum, considerando que os exames periciais oficiais, em sua maioria, são realizados na fase de investigação.

Na segunda parte do dispositivo, a lei possibilita, para o âmbito da ação penal de iniciativa privada, que as partes ajustem a nomeação do perito pelo próprio juízo deprecante. O ajuste, entretanto, não pode vincular o juízo deprecado, sob cuja jurisdição se encontre o perito a ser nomeado.

Ainda na hipótese de exame deprecado, "os quesitos do juiz [ou da autoridade policial] e das partes serão transcritos na precatória", nos termos do art. 177, parágrafo único, do CPP.

À vista dos meios modernos de comunicação oficial segura, espera-se que também a realização de exames periciais seja objeto de procedimentos mais dinâmicos, bastando a simples requisição, com o abandono do burocrático e demorado rito da carta precatória.

Refira-se ainda, sobre as perícias em geral, que a realização de exame oficial no âmbito da ação penal de exclusiva iniciativa privada implicará a aplicação da norma do art. 183 c/c art. 19 do CPP: os autos, com a perícia oficial, "serão remetidos ao juízo competente, onde aguardarão a iniciativa do ofendido ou de seu representante legal, ou serão entregues ao requerente, se o pedir, mediante traslado".

5. PROVA PERICIAL DURANTE O PROCESSO PENAL

A norma do art. 159, § 5º, do CPP estabelece o seguinte: "Durante o curso do processo judicial, é permitido às partes, quanto à perícia: I – requerer a oitiva dos peritos para esclarecerem a prova ou para responderem a quesitos, desde que o mandado de intimação e os quesitos ou questões a serem esclarecidas sejam encaminhados com antecedência mínima de 10 (dez) dias, podendo apresentar as respostas em laudo complementar; II – indicar assistentes técnicos que poderão apresentar pareceres em prazo a ser fixado pelo juiz ou ser inquiridos em audiência".

Essa regra reflete e disciplina o contraditório diferido no tocante à prova pericial. Trata-se de participação das partes, portanto, na *confirmação da prova pericial em juízo*, e não no momento de sua constituição, ocorrido na fase preliminar.

Nesse cenário, permite-se às partes a formulação de quesitos destinados ao *esclarecimento da perícia*, inclusive pela convocação do perito oficial para comparecer em juízo e prestar depoimento a esse respeito ou, alternativamente, apresentar resposta aos questionamentos em laudo complementar.

Como abordado na Seção I do Capítulo XVII deste Curso, relativa ao procedimento comum ordinário, há uma etapa da audiência una de instrução e julgamento reservada à tomada de esclarecimento dos peritos. Essa etapa só é aplicável se tais esclarecimentos houverem sido oportunamente postulados pela parte interessada, com fundamento no art. 159, § 5º, I, do CPP.

Qual a oportunidade para o exercício dessa faculdade processual? Embora a lei não o expresse, tem-se claro que, para o titular da ação penal, a oportunidade desse requerimento é a do oferecimento da inicial acusatória, momento em que o acusador deverá indicar as provas que pretender produzir em juízo (art. 41, CPP); para a defesa, a oportunidade adequada é a da resposta à acusação, em que o acusado deverá "especificar as provas pretendidas" (art. 396-A, *caput*, CPP).

Não postulado o esclarecimento dos peritos nesse momento, opera-se a preclusão temporal. Ressalva-se a hipótese de a necessidade do esclarecimento do perito oficial surgir apenas na fase instrutória, em virtude, por exemplo, de documento ou de declaração testemunhal, o que possibilita o pedido a título de diligência complementar, nos moldes do art. 402 do CPP (faculdade de *requerer diligências cuja necessidade se origine de circunstâncias ou fatos apurados na instrução*).

Além da formulação de quesitos ao perito oficial, poderá a parte aperfeiçoar ou impugnar a prova pericial em juízo, sob a base do laudo oficial preexistente, mediante a atuação de assistente técnico que a represente, o qual poderá inclusive apresentar parecer ou ser inquirido em juízo (art. 159, § 5º, II, CPP), a partir do exame que realizar sobre o material que serviu de base à perícia oficial (art. 159, § 6º, CPP).

Admite-se também a qualquer das partes a efetiva produção de nova prova pericial em juízo, acerca de questão considerada relevante para a elucidação da causa. Assim, além da perícia oficial atinente à materialidade do fato, outros exames técnicos podem mostrar-se relevantes para o deslinde da controvérsia, oportunizando-se às partes, no exercício de seu direito à prova, a realização de perícia sobre ponto de seu interesse.

Nesse âmbito, "salvo o exame de corpo de delito, o juiz ou a autoridade policial negará a perícia requerida pelas partes, quando não for necessária ao esclarecimento da verdade", nos termos do art. 184 do CPP. *A contrario sensu*, apreende-se que, sendo pertinente e relevante a perícia, deverá sua produção ser determinada pelo órgão judiciário competente, inclusive durante o processo penal.

Por exemplo, em ação penal que tenha por objeto a prática de crime de apropriação indébita: apesar de não exigido qualquer exame para a constatação da materialidade, como já antes pontuado, a perícia contábil pode se mostrar necessária para a prova de alegação do acusado relativa à impossibilidade financeira da empresa, no que diz respeito ao recolhimento da contribuição previdenciária. No caso, a perícia mostra-se relevante como única forma de verificação técnica e segura da efetiva situação de dificuldades financeiras da empresa, o que, se comprovado, configura causa de exclusão da culpabilidade do acusado, a saber, a inexigibilidade de conduta diversa.

6. O LAUDO PERICIAL

6.1. Características Gerais

O resultado de qualquer perícia oficial deverá consolidar-se em laudo técnico, com a descrição de todas as etapas do exame e a respectiva conclusão, inclusive, se for o caso, com as devidas respostas aos quesitos formulados. É o que se encontra na norma do art. 160, *caput*, do CPP, com redação determinada pela Lei nº 8.862/1994: "Os peritos elaborarão o laudo pericial, onde descreverão minuciosamente o que examinarem e responderão aos quesitos formulados".

Esse dispositivo aplica-se tanto à perícia oficial realizada na fase de investigação quanto àquela efetuada no curso do processo penal.

Assim, o laudo, como documento que instrumentaliza a perícia oficial, deve conter descrição detalhada do exame, de modo a propiciar segurança técnica às conclusões lançadas, assim como a possibilidade de impugnação.

Por outro lado, do instrumento deverá constar resposta aos quesitos, de modo a conferir completude à perícia, de acordo com as questões relevantes identificadas pelas partes. Nesse particular, compreenda-se que o perito é o profissional adequado à elucidação das questões técnicas associadas ao fato constitutivo de crime, mas poderá não ter o discernimento jurídico para identificar todos os pontos penalmente relevantes, assim como a respectiva extensão. Assim, como instrumento de serventia à persecução penal, é preciso que o laudo contenha respostas objetivas aos questionamentos formulados pelos interessados.

Eventuais imprecisões, omissões ou deficiências do laudo, no entanto, não o invalidam necessariamente, se o defeito for suprível. Nessa hipótese, aplica-se o disposto no art. 181, *caput*, do CPP, com redação determinada pela Lei nº 8.862/1994: "No caso de inobservância de formalidades, ou no caso de omissões, obscuridades ou contradições, a autoridade judiciária mandará suprir a formalidade, complementar ou esclarecer o laudo".

Dito esclarecimento poderá ser feito *inclusive* a partir de postulação oportuna de qualquer das partes, nos moldes do art. 159, § 5º, I, do CPP, no sentido de que o perito subscritor compareça em juízo para prestar declarações sobre a perícia, possibilitando-se a ele, como alternativa, a emissão de laudo complementar. Está-se aí no plano da irregularidade sanável, em que o defeito de forma não chega ao ponto de interferir na validade do laudo.

Tratando-se, entretanto, de omissão de formalidade que constitua elemento essencial do ato, opera-se nulidade processual, nos termos do art. 564, III, do CPP. A nulidade em foco é, de toda sorte, relativa, convalidando-se o ato em caso de falta de arguição oportuna do interessado ou, por outro lado, de alcance da finalidade legal (art. 572, CPP).

Em qualquer caso, não sendo suprível a omissão, deverá ser determinada nova perícia, como previsto no art. 181, parágrafo único, do CPP: "A autoridade poderá também ordenar que se proceda a novo exame, por outros peritos, se julgar conveniente". Por "se julgar conveniente" deve ser entendido: *se necessário*, isto é, se não for suprível o defeito, por esclarecimento ou por complementação, na forma do *caput* do art. 180. Não se pode mais conceber, no processo contemporâneo, que a realização de atos processuais esteja condicionada à "conveniência" de quem quer que seja.

O laudo pericial deverá ser elaborado no prazo de 10 (dez) dias, a contar da conclusão do exame técnico, podendo esse lapso ser prorrogado pelo juiz, em casos excepcionais, a partir de requerimento do perito, conforme o disposto no art. 160, parágrafo único, do CPP. Entende-se, porém, que a inobservância desse prazo configura mera irregularidade, sem interferência, portanto, na validade do ato.

Quanto à elaboração e à autenticação do instrumento técnico, dispõe o art. 179, parágrafo único, do CPP, o seguinte: "No caso do art. 160, parágrafo único, o laudo, que poderá ser datilografado, será subscrito e rubricado em suas folhas por todos os peritos". Atualmente, diante das ferramentas tecnológicas disponíveis, é impensável a elaboração de laudo de maneira manuscrita.

No contexto em foco, tenha-se clara a *imprescindibilidade da juntada do laudo aos autos processuais*, como determina o art. 178 do CPP: "No caso do art. 159, o exame será requisitado pela autoridade ao diretor da repartição, *juntando-se ao processo o laudo assinado pelos peritos*". Essa providência destina-se a possibilitar o controle e a impugnação do conteúdo da perícia.

6.2. Momento da juntada do Laudo de Exame de Corpo de Delito

No âmbito do exame de corpo de delito, cabe uma reflexão especial, quanto ao *momento da juntada do laudo.*

Como visto, o exame de corpo de delito é, via de regra, indispensável para o aperfeiçoamento da materialidade das infrações penais que deixam vestígios. Nesse sentido, era de se exigir a consolidação da materialidade do fato no laudo pericial como condição de admissibilidade da ação penal.

A materialidade, a propósito, integra a *justa causa em sentido estrito*, compreensiva dos subsídios probatórios mínimos necessários à admissibilidade da ação penal. Se a lei exige prova técnica para a constituição da materialidade do fato constitutivo de crime, só há, *via de regra*, justa causa para a ação penal respectiva se já presente o resultado do exame de corpo de delito em laudo pericial.

Não é essa, entretanto, a orientação corrente na jurisprudência, que, conquanto possa reconhecer como regra a imprescindibilidade da prova pericial, admite a realização do exame e a juntada do laudo respectivo apenas no curso do processo penal, desde que já haja outros elementos indicativos da materialidade.

Nesse caminho, entendendo possível *a juntada do laudo* mesmo após a decisão de pronúncia, refira-se o julgado da Quinta Turma do STJ no HC 137.163/SP (STJ, 5ª Turma, HC 137.163, Rel. Min. LAURITA VAZ, julgamento em 13.12.2012, DJ de 02.02.2012): "...o entendimento consagrado desta Corte é no sentido de que o laudo de corpo de delito pode ser juntado posteriormente à pronúncia, desde que hajam elementos probatórios suficientes à formação da convicção do magistrado, garantindo-se às partes prazo razoável para se manifestarem a respeito do documento. Precedentes".

Admitindo também *a realização do exame de corpo de delito a qualquer tempo*, mesmo após o ajuizamento da ação penal, confira-se o julgado da Quinta Turma do STJ no RHC 29.321/SP (AgR) (STJ, 5ª Turma, RHC 29.321, Rel. Min. MARCO AURÉLIO BELLIZZE, julgamento em 24.02.2012, DJ de 21.05.2012): "1. De acordo com a jurisprudência do Superior Tribunal de Justiça, a ausência do exame de corpo de delito não retira a admissibilidade da demanda, porquanto a despeito de a perícia ser realizada, em regra, antes do oferecimento da denúncia, tal não se apresenta como exigência intransponível, capaz de determinar a anulação de toda a ação penal, pois o mencionado exame, além de poder ser realizado a qualquer tempo, pode ser suprido pelo exame de corpo de delito indireto. Precedentes. 2. No caso, apesar de o mencionado exame não ter sido realizado antes do recebimento da inicial acusatória, em consulta ao endereço eletrônico do Tribunal de Justiça de São Paulo, observou-se que o feito foi convertido em diligências para a realização de procedimento administrativo ético-profissional, bem assim de laudo de exame necroscópico, oficiando-se o Instituto Médico Legal, inexistindo prejuízo à defesa".

Não se deve esquecer, porém, que *em função da necessidade técnica* o exame de corpo de delito deve ser efetuado, tanto quanto possível, logo em seguida à notícia da prática do fato. Não recusamos que evidências contundentes possam suprir em concreto o exame de corpo de delito, não sendo o simples formalismo da exigência legal que vai gerar nulidade do processo, conforme antes analisado. Havendo, contudo, a necessidade de elucidação técnica do fato constitutivo de crime, de maneira a traduzir-lhe o adequado valor probatório, o exame de corpo de delito é indispensável e, nesta hipótese, somente terá efetividade se realizado desde logo, de imediato à prática do fato, aí depontando seu caráter eminentemente cautelar.

Como bem pontuado por Rogério Tucci, "tal atividade probatória e cautelar de constatação e documentação do cometimento criminoso deve ser realizada pelos agentes estatais da persecução penal, integrantes da Polícia Judiciária ou da Polícia Militar, imediatamente em seguida à *notitia criminis*, ou seja, ao conhecimento, espontâneo ou provocado, pela autoridade pública, da prática de um fato penalmente relevante"[91].

Atentos a essa lógica, vemos com reserva a admissão indistinta de que o exame seja realizado "a qualquer tempo". Parece-nos que a efetivação posterior da perícia é admissível apenas se esse meio de prova não se mostrar a única forma adequada de aperfeiçoamento da materialidade do fato. Existindo desde logo outros elementos contundentes, o exame de corpo de delito pode ser feito depois. Presente a necessidade técnica, entretanto, impõe-se a realização *imediata* da perícia, a menos que hajam desaparecido os vestígios (art. 167, CPP).

7. EXAME CADAVÉRICO

7.1. Objeto de Características Gerais

No âmbito dos crimes contra a vida, é essencial a realização de perícia sobre o corpo, de modo a atestar com segurança a efetiva ocorrência de morte violenta e a determinar a *causa mortis*.

Adicionalmente, além da verificação do próprio evento essencial à materialidade do crime contra a vida, a perícia sobre o cadáver pode mostrar-se relevante para a prova de circunstâncias qualificadoras do homicídio doloso, como o emprego de veneno ou de asfixia.

Há ainda a importância dessa perícia especial no domínio dos crimes que, embora não diretamente praticados contra o bem jurídico *vida*, tenham a morte como resultado qualificador ou majorante, a exemplo da lesão corporal seguida de morte (art. 129, § 3º, CP) e da extorsão mediante sequestro seguida de morte (art. 159, § 3º, CP).

O *laudo de exame cadavérico* é o instrumento da perícia sobre o corpo, essencial à prova da existência material do fato constitutivo de crime e das respectivas circunstâncias penalmente relevantes.

O exame e o respectivo laudo ficam a cargo de peritos com formação médica específica, os chamados *médicos legistas*, incumbidos da *autópsia* ou *necropsia*, quando necessário, e das demais pesquisas necessárias à verificação segura da morte violenta e de sua causa.

Antes da identificação pericial da *causa mortis*, deve-se verificar a ocorrência efetiva do evento. Em muitas situações, não é simples a obtenção da certeza quanto à morte da pessoa. Há estados físicos que podem oferecer perigosos e enganosos *sinais* de morte, sem que esta, no entanto, tenha acontecido.

---

91. Tucci, Rogério Lauria. *Do Corpo de Delito no Direito Processual Penal Brasileiro*. São Paulo: Saraiva, 1978, p. 171.

O conceito tradicional de *morte* associa-se à permanente cessação das funções críticas do organismo como um todo. Mais recentemente, porém, o conceito tem sido objeto de redefinição, desde a perspectiva cardiorrespiratória até o diagnóstico neuro-cêntrico, buscando-se, assim, a verificação da chamada *morte cerebral.*

De toda sorte, o diagnóstico da morte de pessoas ainda vivas é tema que sempre aterrorizou a humanidade[92], por muitos séculos e até o presente, ainda que em menor intensidade.

Exige-se extrema cautela, assim, na certificação da morte da pessoa. Para tanto, a medicina legal oferece uma diversidade de métodos, cujo emprego conjunto sem dúvida reduzirá expressivamente as chances de engano.

Não por outra razão, nesse ponto, é que o art. 162, *caput*, do CPP prescreve que a *autópsia*, via de regra, só poderá realizar-se pelos menos 6 (seis) horas após o suposto

---

92. O genial EDGAR ALLAN POE, em seu estilo científico, eloquente e detalhista, de extrema verossimilhan-ça, construiu uma descrição aterrorizante do enterramento de pessoa viva, no conto *The Premature Burial*, de 1844. Permitimo-nos transcrever, inclusive por seu valor formativo, alguns trechos desta obra de grandioso horror: "Ser enterrado vivo é, fora de qualquer dúvida, o mais terrífico daqueles extremos que já couberam por sorte aos simples mortais. Que isso haja acontecido frequentemente, e bem frequentemente, mal pode ser negado por aqueles que pensam. Os limites que separam a Vida da Morte são, quando muito, sombrios e vagos. Quem poderá dizer onde uma acaba e a outra começa? Sabemos que há doenças em que ocorre total cessação de todas as aparentes funções de vitalidade, mas, de fato, essas cessações são meras suspensões, propriamente ditas. Não passam de pausas temporárias no incompreensível mecanismo. Certo período decorre e alguns princípios mis-teriosos e invisíveis põem de novo em movimento os mágicos parafusos e as encantadas rodas (...) (...) De parte esta consideração temos o testemunho direto da experiência médica e da experiência comum a provar que grande número de semelhantes enterros se tem realizado. Se fosse necessário, poderia referir-me imediatamente a uma centena de casos bem autenticados. Um dos mais famosos, e cujas circunstâncias podem estar ainda frescas na memória de alguns de meus leitores, ocorreu, não faz muito, na vizinha cidade de Baltimore (...) A esposa de um dos mais respeitáveis cidadãos, advogado eminente e membro do Congresso, foi atacada de súbita e estranha moléstia que zombou completamente do saber de seus médicos. Depois de muitos sofrimentos veio a falecer, ou supôs-se que houvesse falecido. Ninguém suspeitava, na verdade, nem tinha razão de suspeitar, que ela não estivesse realmente morta. Apresentava todos os sinais habituais de morte. O rosto tomara o usual contorno cadavérico. Os lábios tinham a habitual palidez marmórea. Os olhos estavam sem brilho. Não havia calor. A pulsação cessara. Durante três dias o corpo foi conservado insepulto, adquirindo então uma rigidez de pedra. Afinal, o enterro foi apressado, por causa do rápido avanço do que se supunha ser a decomposição. A mulher fora depositada no jazigo da família, que não foi aberto nos três anos subsequentes. Ao expirar esse prazo, abriram-no para receber um ataúde; mas, ai!, que pavoroso choque esperava o marido que abrira em pessoa a porte. Ao se escancararem os portais, certo objeto branco caiu-lhe ruidosamente nos braços. Era o esqueleto de sua mulher, ainda com a mortalha intata. Cuidadosa investigação tornou evidente que ela recuperara a vida dois dias depois de seu enterramento; que sua luta dentro do ataúde fizera-o cair de uma saliência ou prateleira, no chão, onde se quebrara, permitindo-lhe escapar. Uma lâmpada que fora, por acaso, deixada cheia de óleo dentro do jazigo foi encontrada vazia; contudo, poderia ter sido esgotada pela evaporação. No alto dos degraus que levavam à câmara mortuária, havia um grande fragmento do caixão, com o qual, parecia, tinha ela tentado chamar a atenção batendo na porta de ferro. Enquanto assim fazia, provavelmente desfaleceu ou possivelmente morreu tomada de terror completo e, ao cair, sua mortalha ficou presa a algum pedaço de ferro saliente no interior. E assim ela permaneceu e assim apodreceu, erecta." Cfr. POE, Edgar Allan. *Ficção Completa, Poesia & Ensaios*. Trad. de Oscar Mendes. Rio de Janeiro: Nova Aguilar, 2001, pp. 322-334, esp. 323-324. Para uma notável edição no idioma original, recomendamos: POE, Edgar Allan. *Tales of Mistery and Imagination by Edgar Allan Poe with Illustrations by Harry Clarke*. New York: Calla, 2008, pp. 360-373, esp. 360-361.

óbito: "A autópsia será feita pelo menos 6 (seis) horas depois do óbito, salvo se os peritos, pela evidência dos sinais de morte, julgarem que possa ser feita antes daquele prazo, o que declararão no auto".

Essa regra justifica-se pelo fato de que muitos dos sinais investigados pelos diversos métodos somente começam a manifestar-se quando já passado algum tempo desde a morte. De toda sorte, sempre que os peritos identificarem evidências inequívocas de morte, poderão proceder à autópsia antes do lapso de 6 (seis) horas.

Entende-se por *autópsia* ou *necropsia* o exame das partes internas do cadáver, com o objetivo de certificação da morte e de identificação da respectiva causa, de modo a materializar, do ponto de vista probatório, fatos e circunstâncias penalmente relevantes.

Nessa lógica, ainda que se trate de morte violenta, dispensa-se a autópsia, no sentido de exame interno, sempre que não haja infração penal a apurar, ou sempre que o exame externo se revelar suficiente para identificar a causa da morte.

Efetivamente, de acordo com a norma do art. 162, parágrafo único, do CPP: "Nos casos de morte violenta, bastará o simples exame externo do cadáver, quando não houver infração penal que apurar, ou quando as lesões externas permitirem precisar a causa da morte e não houver a necessidade de exame interno para a verificação de alguma circunstância relevante".

Além do estado interno do cadáver, a configuração do ambiente onde encontrado o corpo é de essencial importância para o exame pericial. Por esse motivo é que o art. 6º, inciso I, do CPP reserva à autoridade policial a incumbência de "dirigir-se ao local, providenciando para que não se alterem o estado e a conservação das coisas, até a chegada dos peritos criminais". Idêntica disposição consta do art. 169 do CPP.

Essas regras aplicam-se à perícia no local do crime, em caráter geral. No que tange particularmente aos crimes que envolvam morte violenta, dispõe o art. 164 do CPP que "os cadáveres serão sempre fotografados na posição em que forem encontrados, bem como, na medida do possível, todas as lesões externas e vestígios deixados no local do crime".

Independentemente do exame do local do crime, o perito legista deve fotografar partes do cadáver indicativas das lesões nele encontradas. Nessa perspectiva, uma vez pericialmente constatada a ocorrência da morte e identificadas suas causas e características, assim como eventuais circunstâncias relevantes, o perito deve proceder à elaboração do laudo de exame cadavérico, instruído com fotografias, esquemas e desenhos aptos à demonstração visual das conclusões lançadas. Consulte-se, nesse ponto, o disposto no art. 165 do CPP: "Para representar as lesões encontradas no cadáver, os peritos, quando possível, juntarão ao laudo do exame provas fotográficas, esquemas ou desenhos, devidamente rubricados".

7.2. Exumação do Cadáver

Por força de circunstâncias supervenientes ou de deficiência do primeiro exame, pode vir a ser necessária a *exumação* do cadáver para fins de realização de perícia.

Entende-se por *exumação* a diligência de desenterramento do cadáver. É o contrário de *inumação*, que consiste no sepultamento do corpo.

Conforme o art. 163, *caput*, do CPP, "em caso de exumação para exame cadavérico, a autoridade providenciará para que, em dia e hora previamente marcados, se realize a diligência, da qual se lavrará auto circunstanciado".

A autoridade referida no dispositivo é a *policial*, a quem cabe "determinar, se for o caso, que se proceda a exame de corpo de delito *e a quaisquer outras perícias*", nos termos do art. 6º, inciso VII, do CPP.

A diligência de exumação deverá seguir a forma prescrita no art. 163, parágrafo único, do CPP: "O administrador de cemitério público ou particular indicará o lugar da sepultura, sob pena de desobediência. No caso de recusa ou de falta de quem indique a sepultura, ou de encontrar-se o cadáver em lugar não destinado a inumações, a autoridade procederá às pesquisas necessárias, o que tudo constará do auto".

Tratando-se de providência delicada, cujo emprego indevido inclusive configura infração penal (art. 67, Lei das Contravenções Penais), deverão ser adotadas todas as cautelas adequadas à verificação de imprescindibilidade e à execução da medida de exumação do cadáver.

Após a exumação, na hipótese de dúvida sobre a identidade do cadáver, aplica-se o disposto no art. 166, *caput*, do CPP: "Havendo dúvida sobre a identidade do cadáver exumado, proceder-se-á ao reconhecimento pelo Instituto de Identificação e Estatística ou repartição congênere ou pela inquirição de testemunhas, lavrando-se auto de reconhecimento e de identidade, no qual se descreverá o cadáver, com todos os sinais e indicações".

A lei estabelece, portanto, a verificação *pericial* ou, subsidiariamente, a testemunhal da identidade do cadáver exumado. Os métodos periciais empregáveis são o da identificação datiloscópica e o exame de arcada dentária, dentre outros, inclusive a perícia sobre material genético, se necessário.

Por fim, ainda quanto à identificação, dispõe o art. 166, parágrafo único, do CPP que, "em qualquer caso, serão arrecadados e autenticados todos os objetos encontrados, que possam ser úteis para a identificação do cadáver".

8. EXAME COMPLEMENTAR NO ÂMBITO DAS LESÕES CORPORAIS

O art. 168 do CPP contempla duas hipóteses de *exame pericial complementar* aplicáveis no âmbito dos crimes de lesão corporal: (i) *aplicação condicionada: para qualquer crime de lesão corporal, apenas se o exame de corpo de delito tiver sido incompleto*; (ii) *aplicação incondicionada: especificamente para o crime de lesão corporal grave de que potencialmente resulte incapacidade da vítima para as ocupações habituais por mais de 30 (trinta) dias* (art. 129, § 1º, I, CP).

Assim, *para os crimes de lesão corporal em geral (i)*, a aplicação do exame complementar está condicionada à incompletude do exame de corpo de delito. É a hipótese expressa no art. 168, *caput*, do CPP: "Em caso de lesões corporais, se o primeiro exame pericial tiver sido incompleto, proceder-se-á a exame complementar por determinação da autoridade policial ou judiciária, de ofício, ou a requerimento do Ministério Público, do ofendido ou do acusado, ou de seu defensor".

Nesse ponto, o exame complementar tem caráter integrativo, de suprimento, ou corretivo do exame de corpo de delito, quando haja essa necessidade. Há que se ter sempre presente, portanto, uma lógica relacional e comparativa entre os dois exames, de modo que o segundo integre ou retifique o primeiro. Nos termos do art. 168, § 1º, do CPP, "no exame complementar, os peritos terão sempre presente o auto de corpo de delito, a fim de suprir-lhe a deficiência ou retificá-lo".

Tem-se, por outro lado, a hipótese (ii) de aplicação invariável e incondicionada do exame complementar no âmbito específico do crime de lesão corporal grave objeto art. 129, § 1º, I, do Código Penal, isto é, a lesão corporal qualificada pela incapacidade para as ocupações habituais por mais de 30 (trinta) dias.

Nesse caso, aplica-se a perícia complementar independentemente da integridade do exame de corpo de delito. Isso porque o exame complementar, na espécie, destina-se à verificação de uma causa superveniente à prática da lesão corporal, concernente ao resultado do crime.

É essa a hipótese disciplinada no art. 168, § 2º, do CPP: "Se o exame tiver por fim precisar a classificação do delito no art. 129, § 1º, I, do Código Penal, deverá ser feito logo que decorra o prazo de 30 (trinta) dias, contado da data do crime".

Nesse sentido, a lei estabelece, como regra, a exigência de verificação pericial da qualificadora objeto do art. 129, § 1º, I, do Código Penal (incapacidade para as ocupações habituais por mais de 30 dias). O exame complementar, portanto, não se condiciona, no ponto, à incompletude ou deficiência do exame de corpo de delito, de modo que, havendo possibilidade em tese do resultado qualificador especial, aplica-se sempre essa perícia.

Por fim, dispõe o art. 168, § 3º, do CPP, que "a falta de exame complementar poderá ser suprida pela prova testemunhal". Parece-nos que essa norma se aplica a qualquer das duas hipóteses de exame complementar, por mais que parte da doutrina sustente sua incidência apenas para o caso do art. 168, *caput*, do CPP. Isso porque, onde a lei não distingue, não cabe ao intérprete distinguir.

De toda sorte, o *suprimento* da perícia pela prova testemunhal dá-se apenas de maneira excepcional, quando não mais possível, por haverem desaparecido os vestígios, a realização do exame complementar. Do contrário, não haveria sequer sentido na exigência legal de integração ou de verificação pericial das causas especialmente enunciadas. O suprimento por prova indireta, assim, há de ser concretamente justificado, sob pena de nulidade.

Nesse sentido, confira-se a seguinte decisão do Tribunal de Justiça de Minas Gerais (TJ/MG, HC 1.0000.09.492606-0/000(1), Rel. Des. JANE SILVA, julgamento em 28.04.2009, DJ de 17.07.2009): "O exame complementar para caracterização da lesão corporal de natureza grave é imprescindível, e não pode ser suprido pela prova testemunhal na ausência de justificativa plausível de sua não realização".

9. EXAME DO LOCAL

Uma das medidas essenciais de incumbência da autoridade policial, logo ao tomar conhecimento da prática de crime, é a de "dirigir-se ao local, providenciando para que não se alterem o estado e a conservação das coisas, até a chegada dos peritos criminais", nos termos do art. 6º, inciso I, do CPP.

Essa providência destina-se a assegurar, nas condições ambientais mais aproximadas daquelas presentes no momento da prática do fato, a realização da perícia especial prevista e disciplinada no art. 169, *caput*, do CPP, denominada *exame do local*: "Para o efeito de exame do local onde houver sido praticada a infração, a autoridade providenciará imediatamente para que não se altere o estado das coisas até a chegada dos peritos, que poderão instruir seus laudos com fotografias, desenhos ou esquemas elucidativos".

São conhecidas as dificuldades estruturais e operacionais dos órgãos de investigação brasileiros quanto ao cumprimento da providência referida, o que sem dúvida acarreta a completa ineficácia da perícia sobre o local do fato.

A propósito, se os peritos examinarem local do fato já alterado por intervenções posteriores, o exame poderá conduzir até mesmo a um resultado diverso da verdade buscada.

Infelizmente, a investigação criminal no Brasil ainda está longe, inclusive do ponto de vista cultural, do modelo adequado à garantia do trabalho pericial em condições propícias, sob uma base material preservada, na medida do possível.

Já à vista dessa realidade desvirtuada, por sinal, é que sobreveio a previsão constante do parágrafo único acrescentado ao art. 169 do CPP pela Lei nº 8.862/1994: "Os peritos registrarão, no laudo, as alterações do estado das coisas e discutirão, no relatório, as consequências dessas alterações na dinâmica dos fatos".

Obviamente, alterações naturais e inevitáveis deverão sempre ser consideradas no exame pericial, independentemente de qualquer disposição legal específica a esse respeito. A mudança em referência, portanto, parece mesmo vir no propósito de assegurar a realização do exame mesmo sob condições adversas, que lamentavelmente se tornaram a regra na prática da investigação criminal entre nós.

10. EXAME DE LABORATÓRIO

O exame pericial de laboratório é aquele realizado em lugar equipado para o exercício de atividade científica, sempre que isso se revele necessário em virtude da natureza do estudo.

Alguns elementos e circunstâncias penalmente relevantes, com efeito, só podem ser constatados e elucidados mediante exame científico realizado em local adequado, o *laboratório*, estruturado com os instrumentos propícios à realização da atividade profissional especializada, de acordo com o campo de conhecimento concretamente exigido.

Assim, tem-se perícia de laboratório, por exemplo: para o *exame toxicológico*, destinado à identificação de substâncias legalmente classificadas como drogas; para o *exame de produto destinado a fins terapêuticos ou medicinais*, de modo a verificar possível adulteração; para o *exame de dosagem alcoólica*; para o *exame granulométrico*, destinado à verificação de danos ambientais penalmente relevantes.

Conforme o art. 170 do CPP: "Nas perícias de laboratório, os peritos guardarão material suficiente para a eventualidade de nova perícia. Sempre que conveniente, os laudos serão ilustrados com provas fotográficas, ou microfotográficas, desenhos ou esquemas".

A parte inicial do dispositivo, concernente à guarda de material, tem por finalidade possibilitar a realização de perícia de *contraprova*, quando necessário, para confirmar o primeiro exame.

Já a exigência de ilustração do laudo destina-se a oferecer melhores subsídios para a compreensão, sobretudo por leigos, das etapas do exame, que levaram à conclusão lançada pelo perito, e ainda para a demonstração visual dos materiais utilizados. A extensão ilustrativa do laudo dependerá, na verdade, da natureza da perícia realizada, embora no geral todo exame de laboratório comporte esse tipo de referência.

11. EXAME DE FURTO QUALIFICADO

De acordo com o art. 171 do CPP, "nos crimes cometidos com destruição ou rompimento de obstáculo essencial à subtração da coisa, ou por meio de escalada, os peritos, além de descrever os vestígios, indicarão com que instrumentos, por que meios e em que época presumem ter sido o fato praticado".

Assim como a perícia objeto do art. 168, § 2°, trata-se de exame especificamente reservado à verificação da existência concreta de circunstâncias qualificadoras, no caso aquelas vinculadas ao crime de furto e definidas no art. 155, § 4°, I e II, do Código Penal: (i) destruição ou rompimento de obstáculo à subtração da coisa (art. 155, § 4°, I, CP); (ii) escalada (art. 155, § 4°, II, terceira figura, CP).

A natureza particular dessas circunstâncias conduziu o legislador à previsão de perícia especial para a sua avaliação, o que deverá ser adotado como meio primário de prova, já que a infração penal assim praticada deixa vestígios.

A norma em foco exige a descrição pericial dos vestígios encontrados, dos instrumentos e meios utilizados, assim como, nesse caso em apreciação de probabilidade, o tempo da prática do fato. Esse último aspecto é relevante sobretudo para a aferição da contemporaneidade entre a subtração e o rompimento ou destruição do obstáculo, de modo a se verificar a relação efetiva e finalística entre um e outro, relevante para a configuração da circunstância qualificadora.

12. EXAME DE AVALIAÇÃO

Nos termos do art. 172, *caput*, do CPP, "proceder-se-á, quando necessário, à avaliação de coisas destruídas, deterioradas ou que constituam produto do crime". Trata-se do *exame de avaliação*, apto ao dimensionamento do valor de coisas relevantes para o objeto do processo penal.

A perícia será aplicada *em caso de necessidade*, quando, pelos meios ordinários, não for possível alcançar o valor da coisa objeto ou produto do crime. Na hipótese de imprescindibilidade da prova pericial, o exame deverá ser realizado ainda que impossível a avaliação direta da coisa, devendo os peritos, nesse caso, proceder "à avaliação por meio dos elementos existentes nos autos e dos que resultarem de diligências", conforme dispõe o art. 172, parágrafo único, do CPP.

O exame de avaliação aplica-se no âmbito dos crimes contra o patrimônio em geral, sempre que necessário, destinando-se à quantificação do prejuízo causado pelo crime, para fins penais e extrapenais, como, por exemplo: verificação da aplicabilidade da causa de diminuição objeto do art. 16 do Código Penal (arrependimento posterior), caso se trate de bem de pequeno valor; verificação da aplicabilidade das causas de diminuição de pena previstas nos artigos 155, § 2º (furto privilegiado) e 171, § 1º (estelionato privilegiado) do Código Penal; dimensionamento das consequências do crime, como circunstância judicial de aplicação da pena (art. 59, CP); recomposição à vítima do dano causado pelo fato, possibilitando-se inclusive que o juízo criminal fixe, na sentença condenatória, valor mínimo a título de reparação (art. 387, IV, CPP).

13. EXAME DE INCÊNDIO

O *exame de incêndio* destina-se precipuamente à avaliação do caráter delituoso ou acidental, doloso ou culposo, da potencialidade lesiva e da extensão danosa da conduta que envolva esse método, quer como crime de perigo autônomo (art. 250, CP), quer como meio de execução de crime de dano (art. 121, § 2º, III, CP).

Conforme expressa o art. 173 do CPP: "No caso de incêndio, os peritos verificarão a causa e o lugar em que houver começado, o perigo que dele tiver resultado para a vida ou para o patrimônio alheio, a extensão do dano e o seu valor e as demais circunstâncias que interessarem à elucidação do fato".

Desprendem-se daí algumas finalidades claras: (i) verificação da causa do incêndio, isto é, se decorreu de caso fortuito ou de dolo (art. 250, *caput*, CP) ou culpa (art. 250, § 2º, CP) de alguém; (ii) verificação da potencialidade lesiva do incêndio à vida, a integridade física ou ao patrimônio alheio, o que constitui o resultado de perigo concreto próprio do crime do art. 250 do Código Penal ("Causar incêndio, *expondo a perigo a vida, a integridade física ou o patrimônio de outrem*"); (iii) verificação da extensão do dano, para fins de recomposição à vítima; (iv) verificação de outras circunstâncias relevantes, inclusive aquelas fixadas como causas de aumento de pena no art. 250, § 1º, do Código Penal.

14. EXAME DE RECONHECIMENTO DE ESCRITOS: PERÍCIA GRAFOTÉCNICA

O art. 174 do CPP disciplina o procedimento a ser aplicado ao *exame para o reconhecimento de escritos*, que corresponde à *perícia grafotécnica*. Esse exame destina-se à verificação científica, a partir de métodos comparativos, de se a letra constante de determinado escrito pertence ou não ao imputado.

Conforme o disposto no art. 174 do CPP: "No exame para o reconhecimento de escritos, por comparação de letra, observar-se-á o seguinte: I – *a pessoa a quem se possa atribuir o escrito será intimada para o ato*, se for encontrada; II – para a comparação, poderão servir quaisquer documentos *que a dita pessoa reconhecer* ou já tiverem sido judicialmente reconhecidos *como de seu punho*, ou sobre cuja autenticidade não houver dúvida; III – a autoridade, quando necessário, requisitará, para o exame, os documentos que existirem em arquivos ou estabelecimentos públicos, ou nestes realizará a diligência, se daí não puderem ser retirados; IV – quando não houver escritos para comparação ou forem insuficientes os exibidos, *a autoridade mandará que a pessoa escreva o que lhe for ditado*. Se estiver ausente a pessoa, mas em lugar certo, esta última diligência poderá ser feita por precatória, em que se consignarão as palavras que a pessoa será intimada a escrever".

Antes de tudo, observe-se, quanto aos trechos por nós destacados no texto legal, que o investigado, intimado para o ato, não está obrigado a reconhecer escritos como de seu punho (art. 174, II) nem a fornecer seus padrões gráficos para fins de comparação (art. 174, IV), segundo a jurisprudência do Supremo Tribunal Federal.

Entende a Suprema Corte, no caso, pela incidência da *garantia contra a autoincriminação* (*nemo tenetur se detegere*), refletida no direito ao silêncio constitucionalmente assegurado e assim expressa no art. 8, número 2, alínea *g*, da Convenção Americana de Direitos Humanos (Decreto nº 678/1992): "...Durante o processo, toda pessoa tem direito, em plena igualdade, às seguintes garantias mínimas: g) direito de não ser obrigado a depor contra si mesma, nem a declarar-se culpada". A mesma garantia está contemplada no art. 14, número 3, alínea *g*, do Pacto Internacional de Direitos Civis e Políticos (Decreto nº 592/1992).

O reconhecimento de escritos pelo próprio imputado, objeto do art. 174, II, do CPP, realmente só pode ocorrer mediante uma manifestação verbal. Trata-se aqui de efetiva *declaração* com potencialidade incriminadora, incidindo, assim, a garantia em foco, em sua particular expressão de *direito ao silêncio*. Pode o imputado, portanto, recusar a conduta *declaratória* de reconhecer escrito como seu, sem que isso possa ser interpretado (valorado) contra ele.

Por outro lado, o fornecimento de padrões gráficos pelo imputado, *mesmo não constituindo ato equiparável a uma declaração ou depoimento*, poderá conduzir à formação de provas contra o próprio sujeito, caso o resultado da perícia seja positivo, razão pela qual o STF considera aplicável, também aqui, a garantia contra a autoincriminação[93].

Os órgãos de investigação dispõem de outros mecanismos para a realização do exame grafotécnico, pela requisição: (i) de documentos já judicialmente reconhecidos como do próprio punho do imputado ou sobre cuja autenticidade não houver dúvida (art. 174, II, CPP); (ii) de documentos existentes em arquivos ou estabelecimentos públicos (art. 174, III, CPP). Se inexistirem escritos para comparação, a perícia só poderá

---

93. Dessa orientação discordamos, conforme desenvolvido na Seção VII do Capítulo III deste Curso, para onde remetemos o leitor.

ser efetuada se houver concordância do investigado quanto à adoção do procedimento disciplinado no art. 174, inciso IV, do CPP.

Nesse sentido, eis o julgado da Primeira Turma do Supremo Tribunal Federal no HC 77.135/SP (STF, 1ª Turma, Rel. Min. Ilmar Galvão, julgamento em 08.09.1998, DJ de 06.11.1998): "Diante do princípio nemo tenetur se detegere, que informa o nosso direito de punir, é fora de dúvida que o dispositivo do inciso IV do art. 174 do Código de Processo Penal há de ser interpretado no sentido de não poder ser o indiciado compelido a fornecer padrões gráficos do próprio punho, para os exames periciais, cabendo apenas ser intimado para fazê-lo a seu alvedrio. É que a comparação gráfica configura ato de caráter essencialmente probatório, não se podendo, em face do privilégio de que desfruta o indiciado contra a auto-incriminação, obrigar o suposto autor do delito a fornecer prova capaz de levar à caracterização de sua culpa. Assim, pode a autoridade não só fazer requisição a arquivos ou estabelecimentos públicos, onde se encontrem documentos da pessoa a qual é atribuída a letra, ou proceder a exame no próprio lugar onde se encontrar o documento em questão, ou ainda, é certo, proceder à colheita de material, para o que intimará a pessoa, a quem se atribui ou pode ser atribuído o escrito, a escrever o que lhe for ditado, não lhe cabendo, entretanto, ordenar que o faça, sob pena de desobediência, como deixa transparecer, a um apressado exame, o CPP, no inciso IV do art. 174".

Para mais detalhes sobre a garantia contra a autoincriminação, consulte-se a Seção VII do Capítulo III deste Curso.

Quanto ao procedimento da perícia grafotécnica, havendo concordância do investigado, caberá à autoridade adotar a forma disposta no art. 174, inciso IV, do CPP: *solicitar* que a pessoa escreva o que lhe for ditado.

Nesse ponto, é pertinente a advertência de Tourinho Filho sobre a impropriedade do procedimento de se mostrar o escrito ao suspeito, determinando-lhe que o reproduza por escrito, tanto quanto possível. Não é essa a forma prescrita em lei. Deve-se ditar ao imputado um texto, para que o escreva, e não mostrar a ele o próprio escrito a ser reconhecido, prática que possibilita ao sujeito imitar letra diversa, com eventual sucesso, a depender de sua habilidade e das circunstâncias. Ademais, como ainda assinala Tourinho Filho: "Deverá a autoridade ter o cuidado de não ditar o mesmo nome, a mesma frase, de cuja autenticidade se duvida, mas palavras diferentes, contendo sinais gráficos idênticos aos do nome ou expressão que vai ser objeto do exame. Assim, se Mévio falsificar o nome de Tício, quando da colheita do material para o exame grafológico, deverá a autoridade determinar-lhe que escreva, em uma lauda, por várias vezes, a palavra *Tibério*, ou, então, as palavras *Tribuna*, *Tartaruga* (...) É que, nessas palavras, os peritos vão, apenas, confrontar o 't' de Tício com o 't' de tartaruga. Convidado a escrever a palavra Tício, seria bem capaz de tentar burlar a perícia, tentando grafá-la de modo diferente"[94].

Por fim, advirta-se que a perícia grafotécnica em foco é, obviamente, a *oficial*, produzida por perito de instituto de criminalística, especializado nesse tipo de exame.

---

94. Tourinho Filho, Fernando da Costa. *Processo Penal*. São Paulo: Saraiva, 2012, v. 3, p. 293.

Eventuais exames particulares não substituem a perícia oficial, a não ser a título de corpo de delito indireto (art. 167, CPP), quando já desaparecidos os vestígios e a possibilidade de intervenção pericial pública.

15. EXAME DE INSTRUMENTOS DA INFRAÇÃO

O *exame de instrumentos da infração penal* destina-se à verificação de sua potencialidade lesiva, sempre que necessário. Essa é a lógica expressa no art. 175 do CPP: "Serão sujeitos a exame os instrumentos empregados para a prática da infração, *a fim de se lhes verificar a natureza e a eficiência*".

A hipótese mais comum é a de crime que envolva a posse, o porte ou o emprego de arma de fogo. Pode-se mostrar concretamente relevante, para a configuração do crime, a verificação da efetiva potencialidade lesiva do instrumento.

A respeito do *porte de arma de fogo*, o Superior Tribunal de Justiça tem jurisprudência consolidada no sentido da *prescindibilidade da perícia* sobre o instrumento, por se tratar de crime de mera conduta e de perigo abstrato. Nesse sentido, confira-se, por todos, o julgado da Terceira Seção do STJ nos ERESP 1.005.300/RS (STJ, 3ª Seção, ERESP 1.005.300, Rel. p/ acórdão Min. Laurita Vaz, julgamento em 14.08.2013, DJ de 19.12.2013): "O legislador, ao criminalizar o porte clandestino de armas, preocupou-se, essencialmente, com o risco que a posse ou o porte de armas de fogo, à deriva do controle estatal, representa para bens jurídicos fundamentais, tais como a vida, o patrimônio, a integridade física, entre outros, levando em consideração que o porte, usualmente, constitui ato preparatório (delito de preparação) para diversas condutas mais graves, quase todas dotadas com a relevante contingência de envolver violência contra a pessoa. Assim, antecipando a tutela penal, pune essas condutas antes mesmo que representem qualquer lesão ou perigo concreto. 3. *Tratando-se de crime de perigo abstrato, é prescindível a realização de laudo pericial para atestar a potencialidade lesiva da arma apreendida e, por conseguinte, caracterizar o crime de porte ilegal de arma de fogo*".

Cumpre, entretanto, registrar o voto vencido, nesse julgado, da Ministra Maria Thereza de Assis Moura: "É necessária a realização de perícia para a confirmação da potencialidade lesiva do instrumento e configuração do crime de porte ilegal de arma de fogo. Isso porque, no que se refere especificamente ao delito de porte de arma de fogo, deve-se ter em mente que, para restar tipificado referido delito, é preciso estar diante de armamento bélico apto à sua finalidade. Necessária é a constatação da materialidade, por meio da adequada perícia, apta a demonstrar que o objeto apreendido se encaixa na definição de arma de fogo, sob pena de se estar punindo alguém por crime impossível. Ademais, não se pode relegar a segundo plano formalidade essencial contida no artigo 25 do Estatuto do Desarmamento, segundo o qual as armas de fogo apreendidas, após a elaboração do laudo pericial e sua juntada aos autos, quando não mais interessarem à persecução penal serão encaminhadas pelo juiz competente ao Comando do Exército. Não se pode ter por inócuo o preceito legal, sendo inevitável a conclusão de que dita formalidade se presta a comprovar a potencialidade da arma de fogo, encontrando-se, portanto, diretamente ligada ao próprio tipo penal".

Aderimos, no particular, à posição vencida. Não se pode cogitar de intervenção penal sob bases meramente abstratas, independentemente da aptidão, ainda que potencial, do instrumento do crime. Nesse contexto, a prova pericial é a única adequada a certificar a existência ou a completa ausência de potencialidade lesiva da arma. Caso se constate daí alguma potencialidade, ainda que só relativa, por estar o instrumento desmuniciado ou com algum defeito, tanto será suficiente para a materialização do crime de porte ilegal de arma de fogo. A se constatar, porém, a ineficácia absoluta do instrumento, tem-se crime impossível, independentemente de considerações genéricas e vagas sobre a potencialidade lesiva apenas formal da conduta, algo incompatível com o princípio da intervenção penal mínima.

A jurisprudência do Supremo Tribunal Federal, entretanto, é a mesma da corrente majoritária consolidada no Superior Tribunal de Justiça. Nesse sentido, confira-se o julgado da Primeira Turma da Suprema Corte no HC 96.922/RS (STF, 1ª Turma, HC 96.922, Rel. Min. RICARDO LEWANDOWSKI, julgamento em 17.03.2009, DJ de 17.04.2009): "I - Para a configuração do crime de porte de arma de fogo não importa se a arma está ou não municiada ou, ainda, se apresenta regular funcionamento. II - A norma incriminadora prevista no art. 10 da Lei 9.437/97 não fazia qualquer menção à necessidade de se aferir o potencial lesivo da arma. III - O Estatuto do Desarmamento, em seu art. 14, tipificou criminalmente a simples conduta de portar munição, a qual, isoladamente, ou seja, sem a arma, não possui qualquer potencial ofensivo. IV - A objetividade jurídica dos delitos previstos nas duas Leis transcendem a mera proteção da incolumidade pessoal, para alcançar também a tutela da liberdade individual e de todo o corpo social, asseguradas ambas pelo incremento dos níveis de segurança coletiva que ele propicia. V - Despicienda a ausência ou nulidade do laudo pericial da arma para a aferição da materialidade do delito".

Em igual direção, mais recentemente: STF, 1ª Turma, HC 104.347/RS, Rel. p/ acórdão Min. LUIZ FUX, julgamento em 28.05.2013, DJ de 13.08.2013.

A Suprema Corte tem precedente, entretanto, no sentido de que, *quando apreendida a arma*, deverá ser efetuada a perícia. Com essa orientação, veja-se o julgado da Primeira Turma no HC 97.209/SC (STF, 1ª Turma, HC 97.209, Rel. Min. MARCO AURÉLIO, julgamento em 16.03.2010, DJ de 23.04.2010): "A teor do disposto no artigo 25 da Lei nº 10.826/2003, apreendida arma de fogo, acessório ou munição, cumpre proceder-se a perícia elaborando-se laudo para juntada ao processo. O abandono da formalidade legal implica a impossibilidade de ter-se como configurado o tipo".

O STF também orienta-se pela desnecessidade de apreensão e de perícia sobre o instrumento para fins de comprovação da qualificadora do crime de roubo, atinente ao emprego de arma de fogo, objeto do art. 157, § 2º, I, do Código Penal. Nessa direção, refira-se o julgado da Primeira Turma no RHC 111.434/DF (STF, 1ª Turma, Rel. Min. CÁRMEN LÚCIA, julgamento em 03.04.2012, DJ de 17.04.2012): "São desnecessárias a apreensão e a perícia da arma de fogo empregada no roubo para comprovar a causa de aumento do art. 157, § 2º, inc. I, do Código Penal, pois o seu potencial lesivo pode ser demonstrado por outros meios de prova. Precedentes".

No mesmo sentido: STF, 1ª Turma, HC 108.225/MG, Rel. Min. Roberto Barroso, julgamento em 19.08.2014, DJ de 11.09.2014; STF, 2ª Turma, HC 94.236/RS, Rel. Min. Teori Zavascki, julgamento em 03.09.2013, DJ de 19.09.2013; STF, 1ª Turma, HC 100.910/SP, Rel. Min. Cármen Lúcia, julgamento em 09.03.2010, DJ de 30.04.2010.

Em todo caso, quando constatada pericialmente a total ineficácia da arma, não se materializa o crime de posse ou de porte ilegal, como decidiu a Sexta Turma do STJ no RESP 1.451.397/MG (STJ, 6ª Turma, RESP 1.451.397, Rel. Min. Maria Thereza de Assis Moura, julgamento em 15.09.2015, DJ de 01.10.2015): "1. A Terceira Seção desta Corte pacificou entendimento no sentido de que o tipo penal de posse ou porte ilegal de arma de fogo cuida-se de delito de mera conduta ou de perigo abstrato, sendo irrelevante a demonstração de seu efetivo caráter ofensivo. 2. Na hipótese, contudo, em que demonstrada por laudo pericial a total ineficácia da arma de fogo (inapta a disparar) e das munições apreendidas (deflagradas e percutidas), deve ser reconhecida a atipicidade da conduta perpetrada, diante da ausência de afetação do bem jurídico incolumidade pública, tratando-se de crime impossível pela ineficácia absoluta do meio".

Diante dessa posição, é de se exigir a perícia sobre o instrumento, ao menos quando haja fundada suspeita sobre a ausência de potencialidade ofensiva da arma. Com efeito, não nos parece cogitável a prescindibilidade de perícia destinada a verificar a existência de causa penalmente relevante, afeta à própria consumação do crime.

SUBSEÇÃO II
Declarações do Ofendido

Antes de tudo, assevere-se que o ofendido não se confunde com a testemunha, por mais que suas declarações possam encerrar valor aproximado ao da prova testemunhal. As *declarações do ofendido*, assim, constituem um dos meios de prova disciplinados de forma autônoma pelo Código de Processo Penal.

O ofendido não presta o compromisso de dizer a verdade nem está sujeito à incriminação por falso testemunho (art. 342, CP), ante a ausência de tipicidade, por falta da elementar típica *testemunha*.

Por mais que haja algumas afinidades e finalidades comuns entre o regime jurídico próprio das testemunhas e aquele reservado ao ofendido, não se podem confundir as duas espécies processuais. Expressão inequívoca disso é que o Código de Processo Penal disciplina as declarações do ofendido, de um lado, e a prova testemunhal, de outro, em dois capítulos distintos do Título VII do Livro I.

Não se pode sujeitar o ofendido, portanto, ao regime de obrigação de dizer a verdade, objeto do art. 203 do CPP. Essa é a posição majoritária da doutrina[95].

---

95. Confira-se, por todos: Fernandes, Antônio Scarance. *O Papel da Vítima no Processo Criminal*. São Paulo: Malheiros, 1995. Defendendo até mesmo o direito ao silêncio do ofendido, Tourinho Filho: "Certo que o ofendido não presta compromisso, nem pode ser sujeito ativo do crime de falso testemunho. Tem, inclusive, direito ao silêncio. Quando se fala em 'direito ao silêncio', obviamente se faz referência à circunstância de a pessoa não ser obrigada a responder às perguntas formuladas pela autoridade.

Ademais, no regime específico que lhe reserva o art. 201, *caput*, do CPP, o ofendido deverá ser indagado sobre circunstâncias da infração, sobre quem presuma ser o autor e sobre as provas que possa indicar, tomando-se por termo suas *declarações*. As finalidades depreendidas dessa regra traduzem um perfil normativo distinto acerca da contribuição probatória da palavra do ofendido.

Não prestando compromisso de dizer a verdade, nem sequer *testemunho*, no sentido técnico do termo, inexiste possibilidade de responsabilização penal do ofendido pelo crime do art. 342 do Código Penal.

Como vítima em tese, podendo até mesmo habilitar-se no processo de forma vinculada ao polo ativo da ação penal, não há a exigência de imparcialidade nem de isenção do ofendido, por mais que este possa concretamente demonstrar essas qualidades.

Desta sorte, o valor probatório da palavra do ofendido deve ser dimensionado pelo juiz caso a caso, em cotejo com os demais elementos de prova constantes dos autos. Inexiste aqui, em abstrato, a força própria da prova testemunhal, construída sob compromisso do depoente, mas a feição concreta das declarações do ofendido, a depender das circunstâncias e elementos de corroboração, *pode* assumir o mesmo ou até mais reforçado valor informativo. É o que acontece, em particular, na esfera dos crimes contra a dignidade sexual, em que a jurisprudência tem reiteradamente reconhecido a suficiência probatória da palavra do ofendido, ainda que como elemento único, desde que não infirmada pelos demais dados empíricos. Com essa orientação: STF, 2ª Turma, HC 102.473/RJ, Rel. Min. ELLEN GRACIE, julgamento em 12.04.2011, DJ de 02.05.2011; STF, Tribunal Pleno, INQ 2.563/SC, Rel. p/ acórdão Min. CÁRMEN LÚCIA, julgamento em 14.05.2009, DJ de 28.05.2010[96].

Ainda que inconfundível com a testemunha, caso, intimado para o ato, o ofendido deixe de comparecer sem motivo justo, poderá ser conduzido à presença da autoridade (art. 201, § 1º, CPP), do mesmo modo que as testemunhas em geral. Nesse particular, há coincidência de tratamento, como em alguns outros aspectos.

No mais, o ofendido, quando possível, será "qualificado e perguntado sobre as circunstâncias da infração, quem seja ou presuma ser seu autor, as provas que possa indicar, tomando-se por termo as suas declarações", nos termos do art. 201, *caput*, do CPP. Essas declarações constituem o primeiro ato da instrução oral, em audiência una de instrução e julgamento, conforme se verifica na ordem disposta no art. 400, *caput*, do CPP, cujo exame está detalhado no Capítulo XVII deste Curso, reservado aos procedimentos penais.

As demais normas do Capítulo V ("Do Ofendido") do Título VII do Livro I do CPP, inscritas entre os §§ 2º e 6º do art. 201, todos acrescentados pela Lei nº 11.690/2008,

---

Assim, como o ofendido, ante as perguntas que lhe forem feitas, pode permanecer calado (sendo imune a qualquer sanção penal), não vemos enormidade jurídica em dizer que ele goza do direito de permanecer calado". Cfr. TOURINHO FILHO, Fernando da Costa. *Processo Penal*. São Paulo: Saraiva, 2012, v. 3, p. 332.

96. "A jurisprudência deste Supremo Tribunal Federal consolidou-se no sentido de que, nos crimes sexuais, a palavra da vítima, em harmonia com os demais elementos de certeza dos autos, reveste-se de valor probante e autoriza a conclusão quanto à autoria e às circunstâncias do crime".

dizem respeito ao *ofendido como sujeito do processo*, e não como fonte de prova. Por essa razão, remete-se o leitor à análise desses dispositivos empreendida na Seção IV do Capítulo XIII deste Curso, reservada aos sujeitos do processo penal, que incluem o ofendido.

SUBSEÇÃO III
Prova Testemunhal

1. CONCEITO DE TESTEMUNHA: SENTIDO, ALCANCE E LIMITAÇÕES PROBATÓRIAS

Entende-se por *testemunha* qualquer pessoa chamada a juízo para oralmente depor sobre fatos, de potencial relevância para o processo, que presenciou ou de que por outra forma tomou conhecimento, através de seus sentidos[97].

GUILHERME NUCCI adota conceito mais restrito de testemunha, compreendendo-a como "a pessoa que declara ter conhecimento de algo, podendo, pois, confirmar a veracidade do ocorrido, *agindo sob o compromisso de ser imparcial e dizer a verdade*"[98].

Em nossa concepção, porém, o compromisso de dizer a verdade, embora imposto, *via de regra*, às testemunhas (art. 203, CPP), não é essencial ao conceito examinado, dada a existência de situações excepcionais em que não se aplica esse compromisso às testemunhas (art. 208, CPP)[99].

Nesse particular, a lei não cria uma nova figura, diversa da testemunha, para os casos de ausência de compromisso, limitando-se a estabelecer exceções (art. 208, CPP) à regra geral de que a testemunha "fará, sob palavra de honra, a promessa de dizer a verdade" (art. 203, CPP). *Prestar compromisso de dizer a verdade*, assim, é uma obrigação imposta, em regra, às testemunhas, e não elemento inerente ao próprio conceito.

Distinguimos, assim, as testemunhas *compromissadas* das testemunhas *não compromissadas*. A entender-se, porém, como parte da doutrina, que o compromisso integra a essência do conceito em foco, deve ser particularizada a figura do *informante*, como categoria diversa da testemunha. *Informante*, assim, é a testemunha que não presta compromisso.

---

97. Essa perspectiva de realce da apreensão sensorial de fatos pela testemunha resgata antiga noção de VON KRIES, citado por FREDERICO MARQUES: "Prova testemunhal é a aque se obtém com o depoimento oral sobre fatos que se contêm no litígio penal. As pessoas que prestam esse depoimento têm o nome de *testemunhas*, as quais, segundo definição de VON KRIES, são terceiros chamados a depor, *sobre suas percepções sensoriais*, perante o juiz". Cfr. MARQUES, José Frederico. *Elementos de Direito Processual Penal*. Rio de Janeiro: Forense, 1961, v. II, p. 335.

98. NUCCI, Guilherme de Souza. *Manual de Processo Penal e Execução Penal*. Rio de Janeiro: Forense, 2014, p. 405.

99. Acolhendo também um conceito amplo de testemunha: BADARÓ, Gustavo Henrique. *Processo Penal*. Rio de Janeiro: Campus, 2012, p. 318: "A testemunha é o indivíduo que, não sendo parte nem sujeito interessado no processo, depõe perante um juiz sobre fatos pretéritos relevantes para o processo e que tenham sido percebidos pelos seus sentidos". Na mesma esteira: NICOLITT, André. *Manual de Processo Penal*. São Paulo: Revista dos Tribunais, 2014, p. 667.

A testemunha consubstancia a instrução *oral* por excelência, sendo o meio de prova mais antigo de que se tem notícia. É também dos mais frágeis e falíveis, por estar sujeito a manipulações, interesses e equívocos, o que reclama particular cuidado na apreciação (valoração) judicial.

De toda sorte, o fundamento da prova testemunhal radica na presunção de fé depositada na palavra das pessoas, em condições normais. Conforme NICOLA MALATESTA: "A presunção (...) de que os homens em geral percebem e narram a verdade, presunção que serve de base a toda a vida social, é também base lógica da credibilidade genérica de toda a prova pessoal e do testemunho em particular. Esta credibilidade genérica, pois, que se funda na presunção da veracidade humana, é em concreto aumentada, diminuída, ou destruída pelas condições particulares, inerentes ao sujeito individual do testemunho, ou à sua forma individual..."[100] Há, portanto, uma *expectativa geral de credibilidade* da palavra da pessoa, afastável, porém, em circunstâncias individualizadas.

Justamente em razão desse último aspecto é que a lei institui algumas *cautelas*, de modo a assegurar tanto quanto possível a *credibilidade* e a *veracidade* do depoimento. Assim acontece, por exemplo, no art. 203 do CPP, dispondo que a testemunha deve declarar quais suas relações com qualquer das partes e explicar *sempre* "as razões de sua ciência ou as circunstâncias pelas quais possa avaliar-se de sua credibilidade".

Na mesma linha, o art. 213 do CPP veda a *manifestação de opiniões pessoais por parte da testemunha*, cujo depoimento deve se ater a fatos por ela conhecidos: "O juiz não permitirá que a testemunha manifeste suas apreciações pessoais, salvo quando inseparáveis da narrativa do fato".

Da mesma forma, refira-se o *controle judicial sobre a veracidade do depoimento da testemunha*, quer pela determinação de prisão em flagrante por falso testemunho nos casos manifestos, quer pela remessa, determinada no momento da sentença, de cópia do depoimento à autoridade policial para a instauração de inquérito (art. 211, parágrafo único, CPP).

Há ainda a cautela legal de *inquirição individualizada das testemunhas*, "de modo que umas não saibam nem ouçam os depoimentos das outras", conforme disposto no art. 210 do CPP.

A disciplina normativa da prova testemunhal consta do Capítulo VI ("DAS TESTEMUNHAS") do Título VII ("DA PROVA") do Livro I, entre os artigos 202 e 225 do Código de Processo Penal. O regime jurídico reservado a esse meio de prova teve substancial modificação com o advento da Lei nº 11.690/2008, sob a inspiração dos sistemas anglo-americanos, sobretudo quanto ao método de inquirição, até então inédito na ordem jurídica brasileira.

---

100. MALATESTA, Nicola Framarino dei. *A Lógica das Provas em Matéria Criminal*. Trad. de Alexandre Augusto Correia. São Paulo: Saraiva, 1960, v. II, pp. 18-19.

2. ESPÉCIES DE TESTEMUNHAS

As testemunhas dizem-se (i) *numerárias* ou (ii) *extranumerárias*. As numerárias são sempre *compromissadas*, isto é, aquelas obrigadas a depor, sob a promessa de dizer a verdade, nos termos dos artigos 206, parte inicial, e 203 do CPP. As extranumerárias, por sua vez, podem ser compromissadas ou *não compromissadas*.

2.1. Testemunhas Numerárias

Testemunhas *numerárias* são aquelas (a) arroladas pelas partes, na oportunidade procedimental adequada, e que, (b) antes de sua inquirição em juízo, prestam o compromisso de dizer a verdade (art. 203, CPP).

Cada uma das partes dispõe do ônus de indicar testemunhas no momento próprio: o acusador, na inicial acusatória, conforme o art. 41 do CPP; o acusado, na resposta à acusação, conforme o art. 396-A, *caput*, do CPP. Para cada procedimento, há um limite máximo de testemunhas numerárias para cada parte: 8 (oito) no procedimento comum ordinário; 5 (cinco) no procedimento comum sumário. Não exercitada a faculdade no momento próprio, opera-se a preclusão temporal.

Nos termos do art. 202 do CPP, "toda pessoa poderá ser testemunha". Pela regra geral do art. 203 do CPP, por seu turno, "a testemunha fará, sob palavra de honra, a promessa de dizer a verdade do que souber e lhe for perguntado, devendo declarar seu nome, sua idade, seu estado e sua residência, sua profissão, lugar onde exerce sua atividade, se é parente, e em que grau, de alguma das partes, ou quais suas relações com qualquer delas, e relatar o que souber, explicando sempre as razões de sua ciência ou a circunstâncias pelas quais possa avaliar-se de sua credibilidade". Nem todas as testemunhas, contudo, estão obrigadas a depor ou prestam o compromisso de dizer a verdade.

As testemunhas *numerárias*, entendidas como aquelas incluídas no limite numérico de que dispõe cada parte (o acusador na inicial e o acusado na resposta), são sempre as compromissadas. As testemunhas não compromissadas estão fora desse cômputo.

2.2. Testemunhas Extranumerárias

Por outro lado, as *testemunhas extranumerárias* abrangem: (a) as *testemunhas indicadas pelas partes*, mas que não prestam compromisso de dizer a verdade; (b) as denominadas *testemunhas do juízo*, cuja inquirição seja determinada no exercício da iniciativa judicial instrutória (art. 156, II, e art. 209, *caput*, CPP); (c) as *testemunhas referidas*.

As testemunhas extranumerárias podem ser compromissadas ou não compromissadas.

2.2.1. Testemunhas extranumerárias indicadas pelas partes

As (a) *testemunhas indicadas pelas próprias partes* na oportunidade da inicial acusatória e na da resposta à acusação *que não prestam compromisso* dizem-se *extranumerárias*, pois não são computadas no limite legal. Estas são testemunhas extranumerárias não compromissadas.

Em conformidade com o art. 208 do CPP, não prestam compromisso de dizer a verdade: (i) os doentes e deficientes mentais; (ii) os menores de 14 (quatorze) anos; (iii) as pessoas a que se refere o art. 206, a saber: o ascendente ou o descendente, o afim em linha reta, o cônjuge, ainda que separado judicialmente ("desquitado"), o irmão e o pai, a mãe, ou o filho adotivo *do acusado*. As testemunhas que não prestam compromisso são chamadas por parte da doutrina, como já dito, de *informantes*.

Naturalmente, o valor probatório das declarações prestadas por testemunha sem compromisso é, em princípio, menor que o do depoimento prestado sob a promessa de dizer a verdade (art. 203, CPP). Entretanto, trata-se assim mesmo de meio de prova e, por certo, prova testemunhal, cujo peso será verificado em concreto pelo juiz no exercício do livre convencimento motivado (art. 155, *caput*, CPP).

As pessoas discriminadas no art. 206 do CPP são aquelas *dispensadas* de depor, significando isso dizer que podem se recusar a prestar declarações em juízo, "salvo quando não for possível, por outro modo, obter-se ou integrar-se a prova do fato e de suas circunstâncias". Quando se dispuserem a depor, ou quando não for possível a obtenção da prova por outro meio, essas testemunhas não prestam compromisso de dizer a verdade (art. 208, CPP). São elas: o ascendente ou o descendente, o afim em linha reta, o cônjuge, ainda que separado judicialmente ("desquitado"), o irmão e o pai, a mãe, ou o filho adotivo *do acusado*.

A lógica subjacente à dispensa de depor (art. 206, CPP) e à ausência de compromisso (art. 208, CPP) radica na impropriedade de se *exigir* do próprio parente do acusado que produza prova que o possa incriminar.

Não há, entretanto, dispensa para o *parente do ofendido*, que está obrigado a depor (art. 206, primeira parte, CPP) e presta compromisso de dizer a verdade (art. 203, CPP).

2.2.2. Testemunhas extranumerárias do juízo

As (b) *testemunhas do juízo* são aquelas determinadas por iniciativa judicial, *ex officio*, nos termos do art. 156, II, e especialmente do art. 209, *caput*, do CPP: "O juiz, quando julgar necessário, poderá ouvir outras testemunhas, além das indicadas pelas partes". Essas testemunhas podem ou não prestar compromisso, a depender da incidência ou não da norma do art. 208 do CPP.

2.2.3. Testemunhas extranumerárias referidas

Por sua vez, as testemunhas *referidas* são aquelas mencionadas no curso da instrução processual, quer por testemunha ouvida em audiência, quer em documento ou outro meio de prova, e cuja inquirição pode ser determinada pelo juiz, de ofício ou a partir de provocação de qualquer das partes.

Nos moldes do art. 209, § 1º, do CPP: "Se ao juiz parecer conveniente, serão ouvidas as pessoas a que as testemunhas se referirem". Essas testemunhas, do mesmo modo, podem ou não prestar compromisso, a depender da incidência da norma do art. 208 do CPP.

Por fim, a lei exclui do regime reservado à testemunha e, portanto, do limite legal de indicação por cada parte (testemunhas numerárias), a pessoa que nada puder elucidar de interesse para a causa, conforme o art. 209, § 2º, do CPP: "Não será computada como testemunha a pessoa que nada souber que interesse à decisão da causa".

3. OBRIGAÇÃO, DISPENSA E PROIBIÇÃO DE DEPOR

3.1. Obrigação de Depor

A testemunha compromissada tem a obrigação de depor, conforme a regra geral inserta na parte inicial do art. 206 do CPP: "A testemunha não poderá eximir-se da obrigação de depor". De acordo com essa lógica, na hipótese de não comparecimento injustificado, a testemunha deverá ser coercitivamente conduzida, na forma do art. 218 do CPP: "Se, regularmente intimada, a testemunha deixar de comparecer sem motivo justificado, o juiz poderá requisitar à autoridade policial a sua apresentação ou determinar seja conduzida por oficial de justiça, que poderá solicitar o auxílio da força pública".

Além disso, é aplicável a imposição judicial de multa à testemunha faltosa, nos termos do art. 219 do CPP: "O juiz poderá aplicar à testemunha faltosa a multa prevista no art. 453, sem prejuízo do processo penal por crime de desobediência, e condená-la ao pagamento das custas da diligência".

Mesmo as pessoas impossibilitadas de comparecer em audiência, por enfermidade ou velhice, estão sujeitas à obrigação de depor, mas *devem ser inquiridas, à vista de sua condição, no lugar onde estiverem*, conforme o art. 220 do CPP.

Estão igualmente sujeitas à obrigação legal as autoridades (as que ainda existirem no sistema atual) especificadas no art. 221, *caput*, do CPP, a saber, "o Presidente e o Vice-Presidente da República, os senadores e deputados federais, os ministros de Estado, os governadores de Estados e Territórios, os secretários de Estado, os prefeitos do Distrito Federal e dos Municípios, os deputados às Assembléias Legislativas Estaduais, os membros do Poder Judiciário, os ministros e juízes dos Tribunais de Contas da União, dos Estados, do Distrito Federal, bem como os do Tribunal Marítimo". Essas autoridades, porém, dispõem da prerrogativa funcional de ajustar com o juiz local, dia e hora para a inquirição (art. 221, *caput*, CPP).

Os militares, por sua vez, devem ser requisitados à autoridade superior (art. 221, § 2º, CPP), ao passo que os funcionários públicos sujeitam-se ao regime normal de intimação para comparecimento sob pena de condução coercitiva, só devendo o juiz, adicionalmente, comunicar a expedição do mandado ao chefe da repartição em que servir a testemunha, "com indicação do dia e hora marcados" (art. 221, § 3º, CPP).

3.2. Dispensa e Proibição de Depor

3.2.1. Dispensa de depor

Tendo a obrigação de depor, a testemunha presta, antes do início do depoimento, o compromisso de dizer a verdade (art. 203, CPP). Há, entretanto, as exceções dispostas no art. 206 do CPP, que reúne as pessoas *dispensadas* de depor: o ascendente ou descendente (incluindo o filho adotivo), o afim em linha reta, o cônjuge, o pai e a mãe do acusado.

Caso essas pessoas, a despeito da dispensa legal, disponham-se a prestar depoimento, isso ocorrerá sem a prestação do compromisso de dizer a verdade (art. 208, parte final, CPP). O mesmo acontece quando qualquer dessas pessoas seja obrigada a depor, em virtude de não haver outro meio de obtenção da prova (art. 208, parte final, CPP).

Com efeito, sempre que as pessoas dispensadas queiram mesmo assim prestar depoimento, deverá ser considerada a falta (em tese) de imparcialidade e de isenção do declarante, motivo da causa legal de dispensa. Assim, não se toma o compromisso de dizer a verdade, de modo a não exigir imparcialidade do parente do próprio acusado, o que, além de desarrazoado, representaria uma ficção. Disso decorre que o valor probatório do depoimento não equivale ao da testemunha compromissada. Esse é o regime aplicável ainda que excepcionalmente afastada a dispensa, impondo-se à pessoa a obrigação de depor, por não haver outro meio de alcançar a prova (art. 208, CPP).

3.2.2. Proibição de depor

Por outro lado, há as *pessoas proibidas de depor*, consoante a previsão do art. 207 do CPP: "São proibidas de depor as pessoas que, em razão de função, ministério, ofício ou profissão, devem guardar segredo, salvo se, desobrigadas pela parte interessada, quiserem dar o seu testemunho".

Identificam-se, no particular, duas situações: (i) a proibição de depor por motivo de sigilo, quando não haja autorização do interessado; (ii) a dispensa de depor por motivo de sigilo, quando haja autorização do interessado.

Determinadas atividades, por sua natureza, ao envolverem conversas privadas, implicam a exigência de sigilo, objeto de proteção legal. É o caso, por exemplo, do sigilo profissional do advogado com seu constituinte e o do médico com seu paciente. Já quanto ao *ministério*, pode-se citar o sigilo do padre com o confessor.

No primeiro caso, a intimidade do cliente, normalmente em situação de vulnerabilidade, não pode ser devassada por ato do profissional, com quebra da confiança de quem lhe confiou o segredo. Como bem observam Mário Sobrinho e Thaís Lacava: "O sigilo profissional é absolutamente indispensável no exercício da advocacia. A confiança se faz por meio do segredo, e o advogado precisa ganhar a confiança do seu cliente. No escritório de um advogado, confissões das mais perturbadoras são feitas, e a defesa se realiza com muito mais eficiência se o advogado tiver contato com a verdade"[101].

Por essas razões, a conduta de violação do sigilo profissional configura o crime do art. 154 do Código Penal: "Revelar alguém, sem justa causa, segredo, de que tem ciência em razão de função, ministério, ofício ou profissão, e cuja revelação possa produzir dano a outrem".

Não faria sentido, assim, que se impusesse ao profissional, nessa hipótese, a obrigação de depor, reservada via de regra às testemunhas. Na verdade, constituindo crime a violação do sigilo, o profissional está impedido de depor.

Ressalva-se a hipótese de levantamento da obrigação pela própria parte interessada no sigilo[102]. Mesmo nesse caso, porém, não se impõe ao profissional o dever de depor, tratando-se aqui de hipótese de dispensa de depor, ou seja, ainda que desobrigado pelo interessado, o profissional pode se recusar a depor, à maneira das pessoas especificadas no art. 206 do CPP. Com efeito, não se pode obrigar o profissional a tratar de fatos dos quais teve conhecimento no exercício de sua atividade, essencialmente reservada.

Assevere-se que o sigilo profissional, em particular o do *médico*, não pode ser invocado para recusar o fornecimento de dados necessários à realização de exame de corpo de delito, destinado ao aperfeiçoamento da materialidade de fatos constitutivos de crime.

Nesse caso, a intimidade do cliente deve até ser tanto quanto possível preservada, sem que isso possa representar impedimento à revelação de dados e de vestígios sobre a objetividade do fato. O sigilo resguardado diz respeito à intimidade do cliente, e não à própria existência do fato criminoso[103].

Quanto aos demais pontos, impõe-se ao médico o dever de sigilo, inclusive quanto a fatos de conhecimento público, desde que não notórios. Por outro lado, caso o paciente venha a falecer, persiste o sigilo, cujo levantamento, contudo, poderá ser autorizado pelo sucessor legal[104].

---

101. SOBRINHO, Mário Sérgio / LACAVA, Thaís Aroca Datcho. *Sigilo Profissional e a Produção de Prova*. In: FERNANDES, Antônio Scarance / ALMEIDA, José Raul Gavião de / MORAES, Maurício Zanoide de (Coord.). *Sigilo no Processo Penal – Eficiência e Garantismo*. São Paulo: Revista dos Tribunais, 2008, pp. 171-202, esp. 182.

102. Coaduna-se com a previsão da lei processual penal o dispositivo do art. 27, *caput*, do Código de Ética e Disciplina da Ordem dos Advogados do Brasil (Lei 8.906/1994): "As confidências feitas ao advogado pelo cliente podem ser utilizadas nos limites da necessidade da defesa, desde que autorizado aquele pelo constituinte".

103. Nesse sentido, ROGÉRIO TUCCI: "Parece-nos inadmissível a ocultação, a que título seja, pelas pessoas indicadas nos artigos 207 (...), de seu conhecimento sobre a materialidade do fato investigado". Cfr. TUCCI, Rogério Lauria. *Do Corpo de Delito no Direito Processual Penal Brasileiro*. São Paulo: Saraiva, 1978, p. 239.

104. Nesse sentido, MÁRIO SOBRINHO e THAÍS LACAVA: "A proibição (...) permanece se o fato for de conhecimento público, mas não notório, ouu o paciente morrer. No caso de morte do paciente, é possível entender que o direito de decidir acerca da concessão de autorização para liberação de documento protegido por sigilo professional pode ser exercido mediante manifestação do cônjuge, ascendente, descendente ou irmão". SOBRINHO, Mário Sérgio / LACAVA, Thaís Aroca Datcho. *Sigilo Profissional e a Produção de Prova*. In: FERNANDES, Antônio Scarance / ALMEIDA, José Raul Gavião de / MORAES, Maurício

4. CAUTELAS LEGAIS PRÉVIAS À AUDIÊNCIA: INCOMUNICABILIDADE RELATIVA ENTRE AS TESTEMUNHAS

Nos termos do art. 210, *caput*, primeira parte, do CPP: "As testemunhas serão inquiridas cada uma de *per si*, de modo que umas não saibam nem ouçam os depoimentos das outras, devendo o juiz adverti-las das penas cominadas ao falso testemunho".

A regra destina-se a prevenir a influência das declarações de uma testemunha sobre o ânimo e a convicção da outra, o que prejudicaria a veracidade esperada do depoimento. Assim, a inquirição deverá ser feita separadamente, aguardando as demais fora da sala de audiências, durante o depoimento de cada testemunha.

Isso não evitará, por óbvio, que as testemunhas possam entrar em contato e conversar entre si sobre o objeto do depoimento, antes da data da audiência. Não há meios eficazes, assim, de assegurar uma "incomunicabilidade" entre as testemunhas fora da sede do juízo.

De toda sorte, buscando minimizar os efeitos de possível influência oriunda do contato prévio entre testemunhas, a Lei nº 11.690/2008 introduziu um regime de incomunicabilidade ao menos na própria sede do juízo, nos instantes que antecedem a realização da audiência, assim como durante o ato.

Dessa forma, evita-se pelo menos que testemunhas sem condições de contato prévio entre si possam conversar sobre o caso na oportunidade proporcionada pelo encontro no fórum. Confira-se, a respeito, o disposto no atual art. 210, parágrafo único, do CPP: "Antes do início da audiência e durante a sua realização, serão reservados espaços separados para a garantia da incomunicabilidade das testemunhas".

A efetividade desse regime, porém, ainda está a depender de condições estruturais idôneas na sede do juízo. Para garantir a incomunicabilidade, ademais, pode-se até admitir, como alternativa, um regime de fiscalização, a cargo de algum servidor, na sala única de espera. A incomunicabilidade existe como exigência, devendo ser adotados todos os meios juridicamente admissíveis para prevenir contatos prévios entre as testemunhas.

5. INQUIRIÇÃO DA TESTEMUNHA EM AUDIÊNCIA

5.1. A oralidade do depoimento

A produção da prova testemunhal realiza-se pela *inquirição de testemunhas em audiência* conduzida por juiz, oportunizando-se a cada uma das partes o exercício do contraditório, pela formulação sucessiva de perguntas, segundo o método do exame direto e cruzado.

A *oralidade* é, com efeito, elemento inerente ao próprio conceito de testemunha, como bem dimensionava NICOLA MALATESTA: "O caráter fundamental do testemunho,

---

Zanoide de (Coord.). *Sigilo no Processo Penal – Eficiência e Garantismo.* São Paulo: Revista dos Tribunais, 2008, pp. 171-202, esp. 187.

aquele que o especifica como uma das formas particulares da afirmação de pessoa, diferenciando-o de outra forma particular chamada documento, o caráter fundamental, repito, do testemunho se baseia na oralidade; oralidade efetiva, em regra, ou também potencial, por exceção. Esta é a forma essencial, sem a qual a afirmação de pessoa não é testemunho"[105].

A inquirição em audiência reflete precisamente esta característica, situada no art. 204, *caput*, do CPP: "O depoimento será prestado oralmente, não sendo permitido à testemunha trazê-lo por escrito". A regra legal visa justamente a assegurar a participação ativa das partes na produção do depoimento testemunhal, ao invés da mera possibilidade de questionamento do conteúdo de declaração já pronta. Isso não exclui, porém, a possibilidade de breve consulta a apontamentos, por parte da testemunha durante a inquirição (art. 204, parágrafo único, CPP).

A formação do próprio depoimento, assim, opera-se com a participação ativa do acusador e do acusado, mediante a resposta oral da testemunha às perguntas que lhe forem formuladas, havendo também a intervenção suplementar do juiz.

Nesse contexto, o acusador tem a faculdade de indicar testemunhas na tentativa de demonstração da verdade da hipótese deduzida na inicial, ao passo que o acusado, no exercício da ampla defesa, poderá indicar as suas, para demonstrar a inexistência da hipótese de fato (embora isso não lhe seja imposto como ônus), assim como outros dados relevantes para a descaracterização da responsabilidade penal.

Em virtude do contraditório, poderá o acusado intervir, pela formulação direta de perguntas, na formação da prova, a partir do depoimento da testemunha indicada pelo acusador; e vice-versa. Assim, primeiro pergunta a parte que arrolou a testemunha (exame direto); depois, a parte contrária (exame cruzado), resguardando-se dessa forma o princípio do contraditório, em um modelo adversarial. Do mesmo modo, ambas as partes concorrem para a formação da prova a partir do depoimento de testemunha cuja inquirição haja sido determinada por iniciativa do próprio juiz.

Sobretudo por essas razões é que não se admite a prestação de depoimento por escrito, em declaração assinada pela testemunha, o que violaria o contraditório e o direito ao confronto direto do depoente. A esse respeito, o art. 8, número 2, *f*, da Convenção Americana de Direitos Humanos (Decreto nº 678/1992) assegura "o direito da defesa de inquirir as testemunhas presentes no Tribunal e de obter o comparecimento, como testemunhas ou peritos, de outras pessoas que possam lançar luz sobre os fatos".

A efetividade do direito de produzir prova testemunhal, portanto, garante-se com a formulação oral de perguntas à testemunha em juízo. Assegura-se, no particular, o direito de produzir prova testemunhal *de determinada forma, qual seja, a inquirição da testemunha em juízo*, de maneira que esta oralmente forneça informações de interesse para o processo, vedada a mera entrega ou a reprodução do conteúdo de escritos, conforme a parte final da norma inserta no art. 204, *caput*, do CPP.

---

105. MALATESTA, Nicola Framarino dei. *A Lógica das Provas em Matéria Criminal*. Trad. de Alexandre Augusto Correia. São Paulo: Saraiva, 1960, v. II, p. 22.

Com essa perspectiva, o Superior Tribunal de Justiça já reconheceu a inadmissibilidade da simples leitura, pelo juiz, de anterior depoimento prestado na fase policial, instando-se a testemunha meramente a confirmá-lo. Com efeito, mitiga-se, por esse meio, a própria oralidade do depoimento, uma vez que a testemunha, na hipótese, está apenas ratificando anterior declaração escrita, ainda que pessoalmente perante o juiz. Esse expediente inviabiliza a aferição, possível apenas por um depoimento original formado em audiência, da credibilidade das informações prestadas. Consulte-se, sobre o ponto, o julgado da Sexta Turma da Corte Superior no HC 183.696/ES (STJ, 6ª Turma, HC 230.195/RS, Rel. Min. MARIA THEREZA DE ASSIS MOURA, julgamento em 27.06.2014, DJ de 04.08.2014): "(2) COLHEITA DE DEPOIMENTO. LEITURA DAS DECLARAÇÕES PRESTADAS PERANTE A AUTORIDADE POLICIAL. RATIFICAÇÃO. NULIDADE. RECONHECIMENTO (...) 2. A produção da prova testemunhal é complexa, envolvendo não só o fornecimento do relato, oral, mas, também, o filtro de credibilidade das informações apresentadas. Assim, não se mostra lícita a mera leitura pelo magistrado das declarações prestadas na fase inquisitória, para que a testemunha, em seguida, ratifique-a. 3. Ordem concedida para para anular a ação penal a partir da audiência de testemunhas de acusação, a fim de que seja refeita a colheita da prova testemunhal, mediante a regular realização das oitivas, com a efetiva tomada de depoimento, sem a mera reiteração das declarações prestadas perante a autoridade policial". Ademais, identifica-se também aí, a nosso juízo, técnica destinada a induzir a testemunha a determinadas respostas, algo vedado pela regra do art. 212, *caput*, do CPP.

Por outro lado, igualmente em virtude da exigência de oralidade do depoimento, pensamos que não mais vige em nosso sistema a regra do art. 221, § 1º, do CPP: "O Presidente e o Vice-Presidente da República, os presidentes do Senado Federal, da Câmara dos Deputados e do Supremo Tribunal Federal poderão optar pela prestação de depoimento por escrito, caso em que as perguntas, formuladas pelas partes e deferidas pelo juiz, lhe serão transmitidas por ofício".

A aludida norma do art. 8, número 2, *f*, da Convenção Americana de Direitos Humanos (Decreto nº 678/1992), garantindo o direito de inquirir a testemunha em audiência, é de nível superior à do art. 221, § 1º, do CPP, assim já tendo sido em caráter geral reconhecido pelo Supremo Tribunal Federal, que firmou orientação no sentido de que os tratados e convenções internacionais sobre direitos humanos aprovados antes do advento da Emenda Constitucional nº 45/2004 têm *status* infraconstitucional, porém *supralegal*.

Preserva-se, assim, o direito da parte de inquirir a testemunha em juízo, seja quem for o depoente, não se admitindo regime especial para qualquer autoridade, estabelecido na legislação ordinária para excepcionar garantia declarada em diploma de superior nível normativo.

Não há, por outro lado, razão de direito idônea a justificar o tratamento especial previsto no art. 221, § 1º, do CPP, como exceção ao regime fixado na norma geral superior, inclusive considerando que o art. 221, *caput*, já estabelece a prerrogativa, esta sim justificável em virtude da natureza e importância das funções envolvidas, de inquirição das mesmas autoridades "em local, dia e hora previamente ajustados entre eles e o juiz".

5.2. Antes do Depoimento: Qualificação e Contradita ou Arguição de Parcialidade ou Indignidade

Antes do início da inquirição em audiência, dá-se a *qualificação* da testemunha, pelo fornecimento de seus dados pessoais: "seu nome, sua idade, seu estado e sua residência, sua profissão, lugar onde exerce sua atividade" (art. 203, CPP). Na hipótese de dúvida quanto à identidade da testemunha, aplica-se o disposto no art. 205 do CPP: "Se ocorrer dúvida sobre a identidade da testemunha, o juiz procederá à verificação pelos meios ao seu alcance, podendo, entretanto, tomar-lhe o depoimento desde logo".

Ademais, deverá a testemunha declarar "se é parente, e em que grau, de alguma das partes, ou quais suas relações com qualquer delas" (art. 203, CPP), para que possa o juiz, dessa forma, avaliar a eventual incidência das causas legais de dispensa de depor (art. 206, CPP) e de ausência do compromisso (art. 208, CPP), assim como das de proibição de depor (art. 207, CPP).

Se a testemunha nada disser a esse respeito, qualquer das partes poderá, *imediatamente*, contraditá-la ou arguir circunstâncias que a tornem suspeita de parcialidade ou indigna de fé, nos termos do art. 214 do CPP: "Antes de iniciado o depoimento, as partes poderão contraditar a testemunha ou arguir circunstâncias ou defeitos, que a tornem suspeita de parcialidade, ou indigna de fé. O juiz fará consignar a contradita ou arguição e a resposta da testemunha, mas só excluirá a testemunha ou não lhe deferirá compromisso nos casos previstos nos arts. 207 e 208".

Distingue a lei, portanto, duas figuras: (i) a *contradita* da testemunha; (ii) a *arguição de circunstâncias de parcialidade ou de falta de credibilidade* da testemunha. Embora parte da doutrina trate ambas as hipóteses como contradita[106], entendemos que há aí dois institutos claramente individualizados pelo art. 214 do CPP[107].

A *contradita* consiste na alegação de motivos de *proibição* (art. 207, CPP) ou de *dispensa* (art. 206, CPP) de depor, que conduzem, respectivamente, à exclusão da testemunha (arts. 207 e 214, CPP) ou ao não deferimento do compromisso de dizer a verdade (arts. 208 e 214, CPP).

Contraditar a testemunha, assim, supõe o objetivo de excluir a obrigação de depor, pela exclusão ou pela não aplicação do compromisso legal. Como exemplo, refira-se a alegação do Ministério Público de que a testemunha é parente afim em linha reta do acusado, o que, se aceito, levará à não aplicação do compromisso de dizer a verdade (art. 208, parte final, CPP); ou a alegação do acusado de que a pessoa chamada a depor foi

---

106. Nesse sentido, GUSTAVO BADARÓ: "Contradita é a forma processual adequada para se arguir a suspeição ou a inidoneidade da testemunha (...) O legislador não estabeleceu um rol de hipóteses ou motivos que autorizem a contradita. Preferiu valer-se de expressões com conteúdo jurídico indeterminado, permitindo que sejam contraditadas as testemunhas 'suspeitas de imparcialidade' ou 'indignas de fé'". Cfr. BADARÓ, Gustavo Henrique. *Processo Penal*. Rio de Janeiro: Campus, 2012, p. 324.

107. Em caminho semelhante, GUILHERME NUCCI: "A suspeição ou indignidade não deixam de configurar, também, uma contradita, isto é, uma impugnação à testemunha a ser ouvida. Entretanto, os elementos são diversos. Chamou o art. 214 de *arguição de defeitos* a contestação à imparcialidade ou à confiabilidade da testemunha. Cfr. NUCCI, Guilherme de Souza. *Manual de Processo Penal e Execução Penal*. Rio de Janeiro: Forense, 2014, p. 425.

seu advogado em vinculação com os fatos objeto da causa, o que, se aceito, conduzirá à exclusão da testemunha (art. 207, CPP).

Por seu turno, a *arguição de circunstâncias de parcialidade ou de indignidade* diz respeito a outros motivos, diversos das causas legais de proibição ou de dispensa, mas influentes na imparcialidade e na credibilidade esperadas do depoimento testemunhal. A título de exemplo, tem-se a arguição de que a testemunha é amiga íntima ou inimiga capital do acusado. Essas circunstâncias não conduzem à exclusão da testemunha, nem à dispensa do compromisso de dizer a verdade.

Não se trata, assim, propriamente de contradita. A *arguição* será reduzida a termo, consignando-se as razões apresentadas pela parte que a fizer, assim como a resposta da testemunha, para que possam constituir objeto de apreciação judicial quando do julgamento da causa.

Esse instituto, portanto, não se destina a excluir a testemunha nem a dispensar--lhe o compromisso; ao contrário, deve-se reforçar o compromisso da testemunha tida por suspeita ou indigna de fé. A arguição destina-se, diversamente, a oferecer razões relevantes para o momento em que, pela apreciação da prova, de acordo com o sistema do livre convencimento motivado (art. 155, *caput*, CPP), for o magistrado emprestar ao depoimento testemunhal o peso que considerar adequado.

Desta sorte, revela-se impróprio o expediente de "indeferir a arguição", ainda que formulada como "contradita", sob o argumento de que o motivo alegado não traduz qualquer das causas dos artigos 206 e 208 do CPP. Apresentado o motivo de imparcialidade, deve o juiz simplesmente consignar as razões da arguição (e não contradita) e a resposta da testemunha, para apreciar sua pertinência, procedência e extensão quando for valorar e sopesar os diversos elementos de prova disponíveis, como base para o julgamento da causa.

É o que contém, à margem de qualquer dúvida razoável, a segunda parte do art. 214 do CPP: "O juiz fará consignar a contradita *ou arguição*, mas só excluirá a testemunha ou não lhe deferirá compromisso nos casos previstos nos arts. 207 e 208". Em outros termos, mais claros: o juiz, em caso de contradita, se a deferir, deverá excluir a testemunha ou deixar de lhe aplicar o compromisso de dizer a verdade, conforme o caso; por outro lado, em caso de arguição (de circunstância de parcialidade ou de falta de credibilidade), consignará as razões do suscitante e a resposta da testemunha, tomando-lhe, em seguida, o compromisso de dizer a verdade, na forma do art. 203 do CPP.

A contradita ou a arguição devem ser apresentadas, em princípio, "antes de iniciado o depoimento", como disposto no início do art. 214 do CPP. Na qualificação da testemunha, esta deve declarar seus dados pessoais e suas relações com as partes (art. 203, CPP). Caso não declare motivo que a parte considere relevante, esta deve imediatamente contraditá-la ou arguir circunstâncias de parcialidade ou de indignidade, conforme o caso, antes da fase do compromisso. Não apresentada a contradita ou a arguição nessa oportunidade, opera-se a preclusão temporal, ressalvada a hipótese de conhecimento superveniente da causa, quando, por exemplo, esta seja desvelada no curso e a partir do próprio depoimento testemunhal[108].

Nada obsta que a contradita ou a arguição seja formulada pela própria parte que arrolou a testemunha[109]. Por exemplo, a parte pode ter indicado, como testemunha, parente do acusado, mas com a intenção de que as declarações respectivas fossem tomadas, como é próprio, sem o compromisso de dizer a verdade. Do mesmo modo, é possível que a parte tenha indicado testemunha que considere suspeita, mas mesmo assim pretenda sua inquirição em juízo, para a revelação de fato relevante, hipótese em que arguirá a suspeição para que fique consignada e seja oportunamente apreciada pelo juiz[110].

Ao tomar o compromisso de dizer a verdade, nos termos do art. 203, deverá o juiz advertir a testemunha das penas cominadas ao falso testemunho (art. 342, CP), conforme dispõe a parte final do art. 210 do CPP: "As testemunhas serão inquiridas cada uma de *per si*, de modo que umas não saibam nem ouçam os depoimentos das outras, *devendo o juiz adverti-las das penas cominadas ao falso testemunho*".

5.3. Procedimento da Inquirição: o Método do Exame Direto e Cruzado

Tomado ou não o compromisso de dizer a verdade (art. 203, CPP), conforme o caso, tem-se em seguida o início do depoimento. Quanto às testemunhas indicadas pelas partes, o juiz passará a palavra, em primeiro lugar, à parte que arrolou a testemunha, para a formulação de suas perguntas, e em seguida à parte contrária. Por fim, o juiz poderá fazer suas próprias perguntas, a título suplementar.

A Lei nº 11.690/2008 instituiu, como sistema de inquirição, o *método do exame direto e cruzado*, inspirado no modelo adversarial anglo-saxão. Por esse método, as partes formulam suas perguntas diretamente às testemunhas, e não mais por intermédio do juiz, que passa a ter atuação apenas complementar, ao final do depoimento.

A essência do método radica no contato direto entre as partes e as testemunhas: primeiro a parte que indicou a testemunha, para a produção de prova, pelo exame direto (*direct-examination*); depois a parte contrária, para o exame cruzado

---

108. Com o mesmo entendimento, GUSTAVO BADARÓ: "O momento para se arguir a contradita, segundo o art. 214 do CPP, é 'antes de iniciado o depoimento' (CPP, art. 214, primeira parte). Excepcionalmente, contudo, é possível que a contradita seja realizada após o encerramento do testemunho, quando somente durante a narrativa tornarem-se conhecidos os motivos que indiquem a parcialidade (p. ex.: a testemunha é amásia do acusado) ou a indignidade (p. ex.: a testemunha já foi condenada várias vezes por falso testemunho). Cfr. BADARÓ, Gustavo Henrique Righi Ivahy. *Processo Penal*. Rio de Janeiro: Elsevier, 2012, p. 324.

109. Nesse sentido: TORNAGHI, Hélio Bastos. *Curso de Processo Penal*. São Paulo: Saraiva, 1991, p. 416.

110. Com essa orientação, ainda que sob outro enfoque, GUILHERME NUCCI: "Nada impede que, excepcionalmente, a parte que arrolou a testemunha apresente contradita ao juiz. Exemplo disso é a atuação do Promotor de Justiça, arrolando, na denúncia, para prestar depoimento, o médico que cuidou do réu, embora outro representante do Ministério Público compareça à audiência. Constatando a irregularidade do depoimento, que está em vias de se realizar, nada obstaculiza a apresentação da contradita ao magistrado para excluir a testemunha, dentro da independência funcional, regente da sua atuação e visando a não produção de prova ilícita, em face do sigilo imposto". Cfr. NUCCI, Guilherme de Souza. *Manual de Processo Penal e Execução Penal*. Rio de Janeiro: Forense, 2014, pp. 424-425.

(*cross-examination*), na tentativa de desconstituir a prova anterior, o que reflete, assim, o exercício do contraditório na produção da prova testemunhal.

Como bem observa GOMES FILHO: "Na *cross-examination* evidenciam-se as vantagens do contraditório na coleta do material probatório, uma vez que, após o exame direto, abre-se à parte contrária, em relação à qual a testemunha é presumidamente hostil, um amplo campo de investigação. No exame cruzado, é possível fazer uma reinquirição a respeito dos fatos já abordados no primeiro exame (*cross-examination as to facts*), como também formular questões que tragam à luz elementos para a verificação da credibilidade do próprio depoente ou de qualquer outra testemunha (*cross-examination as to credit*)"[111].

Segundo o jurista norte-americano JEFFERSON INGRAM, o exame cruzado (*cross-examination*) traduz "o direito de *confrontar* e de *inquirir* testemunhas adversas"[112]. Cumpre ter claro, nessa perspectiva, que o direito ao confronto, abordado em tópico próprio (*infra*), pode envolver questionamentos respeitantes à credibilidade da testemunha, não se limitando aos fatos objeto do processo penal.

É importante enfatizar que a maior efetividade do método do exame direto e cruzado, quer quanto à elucidação do fato, quer quanto à observância do contraditório, cumpre-se pelo contato direto da acusação e da defesa com a testemunha, pois só assim haverá a oportunidade do emprego de técnicas de questionamentos mais eficazes, rápidas e imediatas, por mais que isso possa representar um risco de humilhação, de intimidação ou de manipulação da testemunha, algo, porém, que está sujeito a rigoroso controle judicial.

De outro modo, pelo intermédio do juiz na formulação da pergunta à testemunha, perde-se a dinamicidade da inquirição, deixando a testemunha mais confortável para, convenientemente, quando for o caso, deixar de fornecer a informação.

Abandonou-se, assim, o denominado "sistema presidencialista", ainda vigente na esfera extrapenal, em que as perguntas são feitas por intermédio do juiz que preside a audiência. Persiste, naturalmente, o controle judicial sobre as perguntas formuladas pelas partes, como, aliás, é próprio também do modelo do exame direto e cruzado.

A nova redação conferida ao art. 212, *caput*, do CPP, a consagrar o método em foco, é a seguinte: "As perguntas serão formuladas pelas partes diretamente à testemunha, não admitindo o juiz aquelas que puderem induzir a resposta, não tiverem relação com a causa ou importarem na repetição de outra já respondida".

Esse dispositivo consagra a inquirição direta, sem o intermédio do juiz. Já a atuação judicial complementar, *depois das perguntas das partes*, está disposta no art. 212, parágrafo único, do CPP: "Sobre os pontos não esclarecidos, o juiz poderá complementar a inquirição".

---

111. GOMES FILHO, Antônio Magalhães. *Provas. Lei 11.690, de 09.06.2008*. In: MOURA, Maria Thereza de Assis (Org). *As Reformas no Processo Penal*. São Paulo: Revista dos Tribunais, 2008, pp. 246-297, esp. 286.

112. No original: "The right to confront and question adverse witnesses". Cfr. INGRAM, Jefferson L. *Criminal Evidence*. Waltham: Elsevier/Anderson Publishing, 2014. Com essa lógica, na realidade do direito norte-americano: "Cross-examination is generally limited in scope to the subject matter of the direct examination of the witness, but also extends to matters affecting the credibility of the witness".

Não há mais, portanto, o regime em que o juiz inicia a inquirição, passando depois a palavra às partes, para a formulação de suas perguntas. Em coerência com o modelo adversarial próprio do processo penal de tipo acusatório, a iniciativa probatória, via de regra pelo menos, recai sobre as partes, sendo a atuação do juiz meramente complementar.

Caso o juiz inicie a inquirição, quebrando a ordem legalmente fixada, opera-se nulidade processual, ainda que apenas relativa, como entendeu a Sexta Turma do Superior Tribunal de Justiça no HC 183.696/ES (STJ, 6ª Turma, HC 183.696/ES, Rel. Min. MARIA THEREZA DE ASSIS MOURA, julgamento em 14.02.2012, DJ de 27.02.2012): "PROCESSO PENAL. HABEAS CORPUS. ROUBO. AUDIÊNCIA DE TESTEMUNHAS DE ACUSAÇÃO. (1) ART. 212 DO CPP. ORDEM DAS PERGUNTAS. MAGISTRADO QUE PERGUNTA PRIMEIRO. NULIDADE RELATIVA. AUSÊNCIA DE DEMONSTRAÇÃO DE PREJUÍZO. ILEGALIDADE. NÃO RECONHECIMENTO (RESSALVA DE ENTENDIMENTO DA RELATORA) (...) 1. O entendimento que prevaleceu nesta Corte é de que, invertida a ordem de perguntas, na colheita de prova testemunhal (CPP, art. 212, redação conferida pela Lei n. 11.690/2008), tem-se caso de nulidade relativa, a depender de demonstração de prejuízo – o que não se apontou. Ressalva de entendimento da Relatora". No mesmo sentido: STJ, 6ª Turma, HC 230.195/RS, Rel. Min. MARIA THEREZA DE ASSIS MOURA, julgamento em 27.06.2014, DJ de 04.08.2014. O Supremo Tribunal Federal tem adotado idêntica orientação. Consulte-se, por todos, este julgado: STF, 2ª Turma, RHC 122.467/SP, Rel. Min. RICARDO LEWANDOWSKI, julgamento em 03.06.2014, DJ de 04.08.2014[113].

Apresenta-se, a seguir, quadro comparativo entre as disposições de antes e depois da reforma introduzida pela Lei nº 11.690/2008, para melhor visualização da mudança de regime.

Quadro comparativo

Antes da Lei 11.690/2008	Após a Lei 11.690/2008
Art. 212. As perguntas das partes serão requeridas ao juiz, que as formulará à testemunha. O juiz não poderá recusar as perguntas da parte, salvo se não tiverem relação com o processo ou importarem repetição de outra já respondida.	Art. 212. As perguntas serão formuladas pelas partes diretamente à testemunha, não admitindo o juiz aquelas que puderem induzir a resposta, não tiverem relação com a causa ou importarem na repetição de outra já respondida.

---

113. "I – Não se pode aferir da leitura dos Termos de Depoimento que o juízo deprecado tenha adotado o sistema presidencialista de inquirição de testemunhas, em detrimento das alterações promovidas pela Lei 11.690/2008. II – Não é de se acolher a alegação de nulidade em razão da não observância da ordem de formulação de perguntas às testemunhas, estabelecida pelo parágrafo único do art. 212 do CPP, com redação conferida pela Lei 11.690/2008. Isso porque a a defesa não se desincumbiu do ônus de demonstrar o prejuízo decorrente da inversão da ordem de inquirição das testemunhas. III – Esta Corte vem assentando que a demonstração de prejuízo, de acordo com o art. 563 do CPP, é essencial à alegação de nulidade, seja ela relativa ou absoluta, eis que "(...) o âmbito normativo do dogma fundamental da disciplina das nulidades pas de nullité sans grief compreende as nulidades absolutas" (HC 85.155/SP, Rel. Min. Ellen Gracie). Precedentes. IV – A decisão ora questionada está em perfeita consonância com o que decidido pelas duas Turmas desta Corte, no sentido de que a inobservância do procedimento previsto no parágrafo único do art. 212 do CPP pode gerar, quando muito, nulidade relativa, cujo reconhecimento não prescinde da demonstração do prejuízo para a parte que a suscita. V – Recurso ordinário ao qual se nega provimento".

Para as testemunhas do próprio juízo (art. 209, § 1º, CPP), no entanto, é natural que este inicie a inquirição, passando depois a palavra às partes acusadora e acusada para, sucessivamente, formularem suas respectivas perguntas.

De todo modo, em condições normais, tem-se a seguinte ordem: (i) exame direto (*direct-examination*) da parte que indicou a testemunha; (ii) exame cruzado (*cross-examination*) da parte contrária; (iii) intervenção suplementar do juiz, para o esclarecimento de pontos abordados na inquirição conduzida pelas partes.

Embora a lei não o contemple, devem ser admitidos o *reexame direto (redirect examination)* e o *reexame cruzado (recross-examination)*. Trata-se da possibilidade de, após o exame cruzado da defesa, a acusação retomar o exame direto, seguindo-se novo exame cruzado. Com isso, garante-se em maior extensão o debate *adversarial* do processo, durante a inquirição da testemunha. Na prática, aliás, não é incomum permitir o juiz novas perguntas do Ministério Público à testemunha de acusação, depois que a defesa concluiu a suas. Nada há de impróprio nisso, desde que assegurada, claro, nova intervenção da defesa.

Em tais condições, reformula-se o procedimento, desta forma: (i) exame direto da parte que indicou a testemunha; (ii) exame cruzado da parte adversa; (iii) reexame direto; (iv) reexame cruzado; (v) intervenção suplementar do juiz.

Nada obsta que a parte peça a palavra após a intervenção do juiz, sobretudo quando nesta haja a abordagem de ponto novo, antes não perguntado à testemunha. O importante é sempre assegurar, à parte adversa, intervenção subsequente à da parte que indicou a testemunha, de maneira a prestigiar o contraditório, no sentido adversarial.

Ainda sobre a norma do art. 212 do CPP, cumpre enfatizar a inadmissibilidade da pergunta que possa induzir a resposta. Nesse caso, o juiz deverá intervir. Não se admite que a testemunha possa ser induzida a responder de determinada maneira. Mais grave ainda é se tal expediente for praticado pelo próprio juiz, o que gera inequívoca nulidade processual.

Quanto ao registro do depoimento testemunhal, dispõe o art. 215 do CPP: "Na redação do depoimento, o juiz deverá cingir-se, tanto quanto possível, às expressões usadas pelas testemunhas, reproduzindo fielmente as suas frases".

O emprego do discurso indireto, no relato do conteúdo do depoimento testemunhal, mostra-se limitado no que diz respeito à fidelidade da prova, por maior que seja a habilidade do juiz.

Assim, revela-se salutar a utilização de recursos tecnológicos de registro audiovisual do depoimento, de modo a preservar a exatidão do conteúdo das informações, assim como a forma, o tom e a expressão com que foram fornecidas pela testemunha. Nesse sentido, dispõe o art. 405, § 1º, do CPP: "Sempre que possível, o registro dos depoimentos do investigado, indiciado, ofendido e testemunhas será feito pelos meios ou recursos de gravação magnética, estenotipia, digital ou técnica similar, inclusive audiovisual, destinada a obter maior fidelidade das informações". Por seu turno, o art. 405, § 2º, prescreve que, "no caso de registro por meio audiovisual, será encaminhado às partes cópia do registro original, sem necessidade de transcrição".

Entendemos que, atualmente, não se justifica mais o emprego do registro antigo pelo "ditado" do juiz ao escrivão, no discurso indireto, como ainda emana dos artigos 215 e 216 do CPP. Na lógica do art. 415, §§ 1º e 2º, do CPP, com a redação que lhes conferiu a Lei nº 11.719/2008, há que se adotar o meio audiovisual, que, aliás, é de simples implantação, já estando difundido em diversas unidades judiciárias brasileiras.

De acordo com o art. 216 do CPP: "O depoimento da testemunha será reduzido a termo, assinado por ela, pelo juiz e pelas partes. Se a testemunha não souber assinar, ou não puder fazê-lo, pedirá a alguém que o faça por ela, depois de lido na presença de ambos".

Pensamos que esse dispositivo deve ser atualmente lido em consonância com o disposto no art. 415 do CPP, com redação determinada pela Lei nº 11.719/2008, em cujo *caput* está disposto que "do ocorrido em audiência será lavrado termo em livro próprio, assinado pelo juiz e pelas partes, contendo breve resumo dos fatos relevantes nela ocorridos" e cujos parágrafos, como visto, consagram a implantação de sistemas de registro mais modernos, inclusive o audiovisual.

Assim, basta que o juiz mande lavrar termo de audiência com o resumo dos fatos relevantes nela ocorridos, determinando, quanto ao depoimento testemunhal registrado por meio audiovisual, a gravação na mídia própria para consolidação nos autos processuais e para disponibilização às partes (art. 415, § 2º, CPP). Nesse caso, a testemunha assinará o termo de audiência atestando a realização do depoimento registrado por meio audiovisual, conforme a mídia de gravação que passará a integrar os autos.

5.4. Presença do Acusado na Audiência reservada à Inquirição de Testemunhas

5.4.1. *Garantia de presença como forma de autodefesa*

A *autodefesa*, como dimensão da garantia da ampla defesa, compreende por seu turno as seguintes vertentes: (i) *direito de presença*; (ii) *direito de audiência*.

Segundo a compreensão corrente, a aplicabilidade desses desdobramentos é normalmente associada ao momento do interrogatório, em que o acusado tem o direito de estar presente perante o juiz e de, nessa oportunidade, declarar sua versão acerca do fato objeto da ação penal.

O *direito de presença*, entretanto, manifesta-se em outros âmbitos da instrução criminal, em que se deve assegurar ao acusado participação na produção da prova, embora não com as mesmas características reservadas a seu defensor técnico. O acusado é o titular da garantia da ampla defesa, cabendo a ele, sempre que possível, propor vertentes explicativas, participando assim da formação da prova. Não se pode simplesmente relegar o acusado a um plano decorativo, sob o argumento de que seu defensor técnico já está lá para identificar e produzir tudo o que possa interessar à defesa.

No domínio da prova testemunhal, garante-se então ao acusado, como regra, presença na audiência de instrução, para que possa sugerir perguntas a seu defensor. O acusado, em condições normais, tem abrangente conhecimento dos fatos objeto da causa, em bem maior extensão da que possa alcançar seu defensor. A amplitude do exercício da defesa, assim, impõe a concessão de oportunidade ao acusado para ao menos fornecer dados a seu defensor no momento da inquirição e de sugerir perguntas a serem formuladas às testemunhas.

Essa garantia de presença emana do art. 8, número 2, alíneas *d* e *f*, da Convenção Americana de Direitos Humanos (Decreto n° 678/1992), que consagram o direito do acusado de defender-se pessoalmente (em sentido amplo, e não apenas no interrogatório) e de inquirir as testemunhas presentes (não apenas por meio de seu defensor técnico). Em igual direção prescreve o art. 14, número 3, alínea *d*, do Pacto Internacional de Direitos Civis e Políticos (Decreto n° 592/1992).

Nessa perspectiva, a Primeira Turma do STF, no HC 94.216/RJ (STF, 1ª Turma, HC 94.216, Rel. Min. MARCO AURÉLIO, julgamento em 12.05.2009, DJ de 19.06.2009), já decidiu que o acusado, mesmo preso, deverá estar presente na audiência destinada à inquirição de testemunhas: "Estando preso o acusado, cumpre requisitá-lo para a audiência de oitiva de testemunhas, pouco importando encontrar-se em unidade da Federação diversa daquela na qual tramita o processo. PROCESSO - NULIDADE - CUSTÓDIA PROVISÓRIA - PROJEÇÃO NO TEMPO. Uma vez anulado o processo e verificada a projeção no tempo de custódia do acusado, impõe-se o relaxamento da prisão".

A mesma Primeira Turma da Suprema Corte resolveu, por outro lado, que a nulidade decorrente da ausência do acusado é apenas relativa, dependente, portanto, de arguição oportuna e de demonstração do prejuízo. Nesse sentido, refira-se o julgado da Turma no HC 95.549/SP (STF, 1ª Turma, HC 95.549, Rel. Min. CÁRMEN LÚCIA, julgamento em 28.04.2009, DJ de 29.05.2009): "A jurisprudência majoritária deste Supremo Tribunal assenta-se no sentido de que não ser obrigatória a presença do réu na audiência de instrução, o que configuraria apenas nulidade relativa a depender arguição em tempo oportuno com a demonstração do dano efetivamente sofrido".

Entretanto, a Segunda Turma do STF tem preciso e recente julgado no sentido de que a ausência do acusado à audiência de inquirição de testemunhas é causa de *nulidade absoluta*, e não apenas relativa. Consulte-se, a respeito, a decisão da Turma no HC 111.567/AM (STF, 2ª Turma, HC 111.567, Rel. Min. CELSO DE MELLO, julgamento em 05.08.2014, DJ de 30.10.2014): "O DIREITO DE COMPARECIMENTO E PRESENÇA DO RÉU NOS ATOS INERENTES À 'PERSECUTIO CRIMINIS IN JUDICIO' COMO EXPRESSÃO CONCRETIZADORA DA GARANTIA CONSTITUCIONAL DO 'DUE PROCESS OF LAW'. – O acusado tem o direito de comparecer, de presenciar e de assistir, *sob pena de nulidade absoluta*, aos atos processuais, notadamente àqueles que se produzem na fase de instrução do processo penal, que se realiza, sempre, sob a égide do contraditório. São irrelevantes, para esse efeito, as alegações do Poder Público concernentes à dificuldade ou inconveniência de proceder ao custeio de deslocamento do réu militar, no interesse da Justiça, para fora da sede de sua Organização Militar, eis que razões de mera conveniência administrativa não têm – nem podem ter – precedência sobre as inafastáveis exigências de cumprimento e de respeito ao que determina a Constituição. Doutrina. Jurisprudência. – O direito de audiência, de um lado, e o direito de presença do réu (civil ou militar), de outro, esteja ele preso ou não, traduzem prerrogativas jurídicas essenciais que derivam da garantia constitucional do 'due process of law' e que asseguram, por isso mesmo, ao acusado o direito de comparecer aos atos processuais a serem realizados perante o juízo processante, ainda que situado este em local diverso daquele da sede da Organização Militar a que o réu esteja vinculado. Pacto Internacional sobre Direitos Civis e Políticos/ONU (Artigo 14, n. 3, 'd'); Convenção Americana de Direitos Humanos/OEA (Artigo 8º, § 2º, "d" e "f"); e Decreto nº 4.307/2002 (art. 28, inciso I). – Essa prerrogativa processual reveste-se de caráter fundamental, pois compõe o próprio estatuto constitucional do direito de defesa, enquanto complexo de princípios e de normas que amparam qualquer acusado em sede de persecução criminal, seja perante a Justiça Comum, seja perante a Justiça Militar. Precedentes".

A avaliação sobre a pertinência dessa forma de participação ficará, naturalmente, sempre a cargo do defensor técnico, no exercício de seu mister. Não haverá oportunidade, claro, para que o próprio acusado, sem formação técnica, intervenha diretamente perante o juiz ou a testemunha sob inquirição, o que, por sinal, poderia representar grande prejuízo à efetividade de sua defesa.

Por outro lado, casos haverá de desnecessidade da participação do acusado, perante seu defensor, durante a audiência. O que se deve assegurar, entretanto, é a *oportunidade* dessa forma de exercício da autodefesa, de maneira que o acusado possa, quando julgar necessário, oferecer seu contributo. Não pode o exercício do direito, portanto, ser recusado sob a base de argumentos de mera conveniência pessoal ou operacional de quem quer que seja.

5.4.2. Afastamento excepcional do acusado

Foram examinados no tópico anterior os parâmetros que, a nosso juízo, orientam o regime jurídico objeto do art. 217 do CPP, acerca da presença ou da ausência do acusado na audiência de instrução, em particular durante a inquirição de testemunhas. Nesse ponto, a Lei nº 11.690/2008 instituiu relevantes modificações, no sentido de conferir maior efetividade à garantia de presença do acusado, somente afastável sob circunstâncias excepcionais.

Nos termos da atual redação do art. 217, *caput*, do CPP, conferida pela Lei nº 11.690: "Se o juiz verificar que a presença do réu poderá causar humilhação, temor, ou sério constrangimento à testemunha ou ao ofendido, de modo que prejudique a verdade do depoimento, fará a inquirição por videoconferência e, somente na impossibilidade dessa forma, determinará a retirada do réu, prosseguindo na inquirição, com a presença do seu defensor".

Antes de tudo, considere-se que somente a *humilhação*, o *temor* e o *sério constrangimento* à testemunha poderão justificar a adoção dos regimes excepcionais, quais sejam, a inquirição por videoconferência ou, em último caso, a retirada do acusado. Não basta, assim, a simples conveniência ou conforto pessoal da testemunha.

Nessa perspectiva, não se pode aceitar que o acusado seja retirado da sala de audiências simplesmente porque a testemunha declarou *preferir* prestar depoimento dessa forma. O juiz deverá exigir, portanto, a indicação de motivos concretos e avaliar a respectiva pertinência para justificar a excepcionalidade.

Por óbvio, casos haverá em que a própria natureza do crime objeto da ação penal já é motivo bastante para a configuração das hipóteses do art. 217, *caput*, do CPP: por exemplo, a imputação de crime contra a dignidade sexual já é suficiente ao aperfeiçoamento da humilhação ou do sério constrangimento ao ofendido; a imputação de crime de roubo já é suficiente à imposição de temor ao ofendido ou à testemunha.

Não havendo, porém, essas características próprias da natureza do feito, somente a indicação de motivos claros justificará a restrição do direito de presença do acusado. A propósito, o art. 217, parágrafo único, do CPP, exige que "a adoção de qualquer das medidas previstas no *caput* deste artigo deverá constar do termo, *assim como os motivos que a determinaram*".

De toda sorte, especialmente onde haja a inquirição por videoconferência, o juiz deverá adotar esse regime na hipótese de dúvida sobre a existência do motivo excepcionante, sempre na perspectiva de prevenção de qualquer prejuízo à verdade que se espera do depoimento testemunhal.

A inquirição por videoconferência pode ocorrer: (i) pela tomada do depoimento da testemunha em outro lugar, em que presentes o juiz, o acusador e o defensor, transmitindo-se os sons e imagens para o acusado na sala de audiências; (ii) ou pela transferência do acusado para outro lugar, em que de igual modo recebe os sons e imagens do depoimento, tomado na própria sala de audiências. Esse segundo formato é o mais viável. Em todo caso, garante-se ao acusado o acompanhamento telepresencial do depoimento, assegurando-se-lhe também comunicação com seu defensor, de modo que possa, quando necessário, participar da inquirição.

Diante desse formato, reflita-se sobre a eficácia da videoconferência em sua função de meio alternativo destinado a evitar que a presença do acusado possa infligir temor ou sério constrangimento à testemunha. Pergunta-se, nesse contexto, se a testemunha, sabendo que o acusado assiste à inquirição em outra sala, estaria de fato em condições de prestar seu depoimento com tranquilidade, pressupondo-se a existência concreta dos motivos determinantes da adoção da videoconferência (humilhação, temor, ou sério constrangimento).

Nesse particular, pensamos que a videoconferência é efetiva no âmbito do motivo da humilhação ou até no do sério constrangimento, mas não no do temor. Isso porque a humilhação acontece diante do próprio contato visual da testemunha com o acusado durante o depoimento. O mesmo se pode dizer, ao menos na maioria dos casos, quanto ao constrangimento. O temor, porém, subsistirá mesmo se o acusado estiver ausente, assistindo ao depoimento de outra sala.

Essas circunstâncias, entretanto, são inevitáveis, na medida em que, sendo gravada inquirição, como hoje já está amplamente consolidado na estrutura judiciária brasileira, o acusado mais ou cedo ou mais tarde assistirá (ou poderá assistir) ao depoimento. A videoconferência funciona, assim, como meio alternativo de garantia da autodefesa do acusado em condições mínimas, propiciando à testemunha um ambiente tanto quanto possível adequado para depor, sem influências visuais potencialmente humilhantes, constrangedoras ou intimidantes, sempre que existam circunstâncias concretas indicadoras desse risco.

De qualquer maneira, *em casos extremos*, pelo motivo do *temor*, poderá o juiz determinar a retirada do acusado da sala de audiências, sem adotar o método da videoconferência, tomando o depoimento também de forma que não aconteça reconhecimento visual do acusado em relação à testemunha (depoimento reduzido a termo, em vez de gravado, ou com registro apenas de áudio), como ocorre no regime aplicável ao reconhecimento de pessoa (art. 226, *caput*, III, CPP).

5.5. Direito ao Confronto

Como terá ficado claro pela abordagem desenvolvida no tópico anterior, o *exame cruzado* realiza-se por efetivo *confronto* da testemunha pela parte adversa à que a indicou. Assiste a cada uma das partes, portanto, um *direito ao confronto* da testemunha em inquirição.

Na verdade, esse confronto faz-se possível já em momento prévio, pela contradita ou a arguição de circunstâncias de parcialidade ou de indignidade da testemunha. Dispondo de informações a respeito da testemunha indicada, ou alcançando-as no curso do depoimento, poderá a parte confrontá-la com o objetivo de exclusão, de levantamento do compromisso ou de enfraquecimento do valor probatório das declarações.

Da parte do acusado, o *direito ao confronto* é exercido por sua defesa técnica, pela: (i) possibilidade de levar a testemunha a juízo, para depor; (ii) possibilidade de contradita ou arguição de suspeição; (iii) *exame cruzado*, mediante perguntas destinadas a esclarecer ou refutar fatos, ou ainda a aferir a credibilidade do depoente; (iv) possibilidade de exercício dessas faculdades em pessoa, em face do direito de presença; (v) exigência de exercício dessas faculdades por defensor técnico. É o que emana, além do regime legal de inquirição direta e cruzada (art. 212, CPP), particularmente do art. 8, número 2, alíneas *d* e *f*, da Convenção Americana de Direitos Humanos (Decreto nº 678/1992) e do art. 14, número 3, alínea *d*, do Pacto Internacional de Direitos Civis e Políticos (Decreto nº 592/1992), garantindo ambos o direito do acusado de defender-se pessoalmente e de inquirir as testemunhas presentes.

Interessante aspecto do direito ao confronto radica no direito de levar a testemunha a juízo (i), para o fim de, pelo exame cruzado, expor sua memória, seu comportamento e, em última análise, sua credibilidade ao juiz. Como elucidou a Suprema Corte norte-americana no caso MATTOX vs. UNITED STATES, de 1895 (156 U.S. 237, 1895): "No exame pessoal cruzado da testemunha, tem o acusado a oportunidade não apenas de testar a memória e de esquadrinhar a consciência da testemunha, mas também o de compeli-la a pôr-se face a face com o júri, de modo a que possam os jurados observá-la e julgar, por seu comportamento no salão e pela maneira com que dá seu testemunho, se é ou não digna de fé"[114].

---

114. No original: "Personal examination and cross-examination of the witness in which the accused has an opportunity, not only of testing the recollection and sifting the conscience of the witness, but of

Conforme os aspectos (iv) e (v) acima indicados, o exercício do direito ao confronto, portanto, independe da presença ou da ausência do acusado na sala de audiências, tema discutido no tópico 5.4 desta Subseção.

Ainda que retirado da sala de audiências, acompanhando ou não o depoimento por meio de videoconferência, o acusado terá assegurado seu direito ao confronto, participando de seu exercício pela comunicação telepresencial com seu defensor, eventualmente sugerindo perguntas.

Questão de especial relevância, entretanto, é aquela concernente às testemunhas anônimas, sob proteção aplicada nos termos da Lei nº 9.807/1999.

Antes de tudo, é possível, em situações especiais, o acompanhamento à distância do depoimento testemunhal pelo acusado, com a adoção de cautelas destinadas a impedir qualquer forma de reconhecimento visual, ou até mesmo da voz, da testemunha.

Ainda que adotada, na forma do art. 217 do CPP, a alternativa da videoconferência, poderá ser preservada a imagem e a voz real da testemunha, mediante o emprego dos recursos tecnológicos disponíveis. Mesmo nesses casos, porém, assegura-se a presença do defensor técnico na sala de audiências, para o exercício do direito ao confronto, sobretudo pelo exame cruzado da testemunha.

Há situações ainda mais extremas, porém, em que até mesmo a identidade da testemunha deverá ser posta sob sigilo, quanto ao acusado. Nesses casos – por exemplo, no âmbito das organizações criminosas –, não só a imagem e a voz da testemunha são preservados contra o reconhecimento do acusado, mas os próprios dados pessoais do depoente, de forma a impedir qualquer potencial forma de retaliação ou vingança.

Pergunta-se, então: esse sigilo quanto à identidade da testemunha estende-se ao defensor do acusado?

A resposta só pode ser negativa, sob pena de notória transgressão às garantias da ampla defesa e do contraditório: direito à prova e direito ao confronto, exercidos pela defesa técnica do acusado.

Desconhecendo a identidade da testemunha, o defensor não poderá contraditá-la, nem arguir-lhe a suspeição nem sequer exercer o exame cruzado com a extensão necessária. Ter-se-ia, desta sorte, uma prova absoluta em benefício da acusação, em ofensa clara à paridade de armas no processo penal, inerente ao princípio do contraditório.

Haverá sempre a objeção de que o defensor, sabendo da identidade da testemunha, poderia revelá-la ao acusado. Nesse particular, contudo, já se está no plano da prática de *crime* pelo defensor, com a violação de sigilo que lhe é imposto por força da profissão.

O direito ao confronto pode ser exercido independentemente da ciência do acusado quanto à identidade da testemunha, por se tratar de ato precípuo da defesa técnica. E, por isso mesmo, ficaria prejudicado caso se estendesse o sigilo quanto à identidade da testemunha ao próprio defensor.

---

compelling him to stand face to face with the jury in order that they may look at him, and judge by his demeanor upon the stand and the manner in which he gives his testimony whether he is worthy of belief".

Tem-se, na espécie, apenas *limitação* ao direito ao confronto, em hipóteses excepcionais, diante da impossibilidade de o acusado, desconhecedor da identidade da testemunha, participar da inquirição, sugerindo perguntas a seu advogado. Essa limitação está plenamente justificada pela excepcionalidade do caso, devendo-se preservar a integridade física e a tranquilidade da pessoa legalmente obrigada a depor. Levar a excepcionalidade ao ponto de recusar a informação sigilosa ao próprio defensor do acusado, porém, é um extremo inadmissível, que converteria o processo em claro instrumento inquisitivo.

5.6. Inquirição de Testemunhas Especiais

Nos termos do art. 223, *caput*, do CPP, "quando a testemunha não conhecer a língua nacional, será nomeado intérprete para traduzir as perguntas e respostas".

Entende-se por *intérprete* o profissional conhecedor de linguagens especiais e com habilidades para a prática de tradução simultânea[115]. O intérprete não traduz, assim, apenas a língua estrangeira, mas também algumas linguagens especiais, como a língua brasileira de sinais.

Nesse particular, entretanto, a lei reserva *regime específico* à inquirição do mudo, do surdo e do surdo-mudo, fazendo o art. 223, parágrafo único, remissão à disciplina constante do art. 192, *caput*, do CPP, com o seguinte procedimento: (i) ao surdo serão apresentadas por escrito as perguntas, que ele responderá oralmente; (ii) ao mudo as perguntas serão feitas oralmente, respondendo-as por escrito; (iii) ao surdo-mudo as perguntas serão formuladas por escrito e do mesmo modo dará as respostas. Se o deficiente não souber ler nem escrever, "intervirá no ato, como intérprete e sob compromisso, pessoa habilitada a entendê-lo", nos termos do art. 192, parágrafo único, do CPP.

O regime disposto no art. 192, *caput*, do CPP excepciona a oralidade do depoimento testemunhal (art. 204, *caput*, CPP), mediante um procedimento escrito de declaração. Esse viés escrito, nos dias atuais, parece-nos impróprio, diante da existência reconhecida da linguagem brasileira de sinais, que não pode ser confundida com simples mímica.

O surdo-mudo dispõe, assim, de uma forma de comunicação padronizada, com efetiva linguagem, não fazendo sentido em submetê-lo a um procedimento escrito quanto às suas declarações, quando bastaria a nomeação de um intérprete, sob compromisso legal (art. 281 c/c art. 275, CPP) que pudesse traduzir a língua especial para a compreensão comum.

Afiguram-se-nos ultrapassadas, nessas condições, as correntes que sustentam a imprescindibilidade do procedimento formal disciplinado no art. 192 do CPP para os surdos, os mudos e os surdos-mudos. Esse procedimento só se justifica, a nosso juízo, caso haja fundada dúvida sobre a fidelidade da interpretação.

Por outro lado, ainda que fluente na língua estrangeira, o juiz não poderá substituir-se ao intérprete. As atividades de tradução e de interpretação reclamam habilidades

---

115. Para mais detalhes a esse respeito, confira-se a Seção VI do Capítulo XIII deste Curso, sobre peritos e intérpretes.

específicas, que só poderão ser exercidas por profissional com essa formação, independente, ademais, do titular da função jurisdicional. Naturalmente, o juiz que detenha conhecimentos sobre a língua estrangeira poderá sempre exercer controle sobre a atividade desenvolvida pelo intérprete no curso do depoimento testemunhal.

5.7. Inquirição por Carta Precatória e por Videoconferência

5.7.1. Inquirição em sede de carta precatória

Em regra, o lugar do depoimento da testemunha é a sede do juízo da causa, conforme dispõe o art. 792, *caput*, do CPP: "As audiências, sessões e os atos processuais serão, em regra, públicos e se realizarão nas sedes dos juízos e tribunais, com assistência dos escrivães, do secretário, do oficial de justiça que servir de porteiro, em dia e hora certos, ou previamente designados".

As pessoas, entretanto, que, por idade ou velhice, estejam impossibilitadas de comparecer ao fórum para depor, serão ouvidas onde se encontrarem, nos termos do art. 220 do CPP. Por outro lado, a lei confere a algumas autoridades a prerrogativa de marcar o local, o dia e a hora do depoimento, como já visto (art. 221, *caput*, CPP).

Residindo a testemunha fora do território correspondente à circunscrição judiciária competente para a causa, deverá, em princípio, ser inquirida por carta precatória, na forma estabelecida pelo art. 222, *caput*, do CPP: "A testemunha que morar fora da jurisdição do juiz será inquirida pelo juiz do lugar de sua residência, expedindo-se, para esse fim, carta precatória, com prazo razoável, intimadas as partes".

O juízo da causa, portanto, deprecia a inquirição para órgão judiciário do foro do lugar de domicílio da testemunha. As partes deverão ser intimadas *da expedição* da carta precatória, como expressa a parte final do art. 222, *caput*, do CPP. A exigência de intimação é apenas acerca da expedição da carta, não se estendendo à data da audiência designada pelo juízo deprecado. Nesse sentido, eis o entendimento consolidado na Súmula n° 273 do STJ: "Intimada a defesa da expedição da carta precatória, torna-se desnecessária intimação da data da audiência no juízo deprecado".

Assim, realizada a intimação pelo juízo deprecante a respeito da expedição da carta, caberá à defesa técnica acompanhar e verificar junto ao juízo deprecado a designação de audiência, caso pretenda pessoalmente participar do depoimento. No juízo deprecado, se não estiver presente na audiência o defensor constituído do acusado, deverá ser nomeado defensor *ad hoc*, isto é, para o ato.

Quanto à *expedição da precatória*, a ausência de intimação constitui nulidade relativa, cujo reconhecimento, portanto, depende de arguição oportuna, sob pena de preclusão, assim como de demonstração do prejuízo. Nessa direção, confira-se o entendimento expresso na Súmula n° 155 do STF: "É relativa a nulidade do processo criminal por falta de intimação da expedição de precatória para inquirição de testemunha".

A expedição da carta precatória não suspende a instrução criminal (art. 222, § 1°, CPP), além do que, *expirado o prazo marcado*, poderá o juiz inclusive julgar a causa (art. 222, § 2°, CPP). Toda carta precatória é expedida com prazo de cumprimento, normalmente fixado, pelo juízo deprecante, em 60 (sessenta) ou em 90 (noventa) dias. Antes do decurso desse prazo, o juiz não poderá julgar o processo, a pretexto da ausência de efeito suspensivo da carta precatória.

Por outro lado, entendemos que, apesar da ausência de suspensão da instrução processual, o interrogatório do acusado não poderá ser realizado antes do transcurso do prazo fixado para o cumprimento da precatória. Isso porque o exercício da autodefesa, especialmente após o advento da Lei nº 11.719/2008, deverá ocorrer de acordo com as bases da prova testemunhal já produzida. Com efeito, o interrogatório é atualmente o último ato da instrução. Não há sentido, desta sorte, em fixar o juiz um prazo de cumprimento de carta precatória e proceder ao interrogatório do acusado antes do fim desse lapso. Expirado, porém, o prazo, o juiz poderá concluir a instrução, com o interrogatório do acusado, e inclusive julgar o processo. Nessa hipótese, retornando a precatória depois do prazo (e do julgamento), "será junta aos autos", nos termos da parte final do art. 222, § 2º, do CPP. Ocorrendo essa excepcionalidade, deverá ser oportunizada às partes manifestação sobre o teor do depoimento.

5.7.2. Inquirição por videoconferência

Em que pese a subsistência entre nós do procedimento burocrático, demorado e restritivo da carta precatória, a tendência é a de consagração exclusiva do modelo da videoconferência, para fins de tomada do depoimento pelo próprio juízo da causa, à distância, com a participação direta das partes, sempre que a testemunha tenha domicílio em foro territorial diverso. Considere-se, a esse respeito, o disposto no § 3º acrescentado ao art. 222 do CPP pela Lei nº 11.900/2009: "Na hipótese prevista no *caput* deste artigo, a oitiva de testemunha poderá ser realizada por meio de videoconferência ou outro recurso tecnológico de transmissão de sons e imagens em tempo real, permitida a presença do defensor e podendo ser realizada, inclusive, durante a realização da audiência de instrução e julgamento".

Possibilita-se, dessa forma, a inquirição da testemunha sob a presidência do próprio juízo da causa, com a participação plena das partes, sem as limitações próprias do procedimento da carta precatória.

Ademais, o formato proporciona plena economia de meios da parte do juízo do lugar do domicílio da testemunha, que não precisa mobilizar o próprio tempo e o de órgãos do Ministério Público e eventuais defensores públicos para a realização formal de ato em torno do qual não detém competência nem conhecimento. No procedimento de videoconferência, há a necessidade apenas de estruturação operacional na sede do juízo do lugar do depoimento, prescindindo-se até mesmo da atuação do magistrado. Esse modelo vem sendo amplamente praticado no âmbito da Justiça Comum Federal de primeira instância, o que tem proporcionado dinamismo na inquirição e efetividade no exercício do contraditório.

6. PROVA TESTEMUNHAL POR MEIO DE CARTA ROGATÓRIA

A Lei nº 11.900/2009, acrescentando o art. 222-A ao Código de Processo Penal, instituiu um regime de *excepcionalidade* quanto à produção de prova testemunhal por meio de carta rogatória. Passou-se a exigir, assim: (i) a demonstração prévia de imprescindibilidade da prova; (ii) o custeio da expedição pela parte requerente. Confira-se, nesse particular, o disposto no art. 222-A, *caput*, do CPP: "As cartas rogatórias só serão expedidas se demonstrada previamente a sua imprescindibilidade, arcando a parte requerente com os custos de envio".

A constitucionalidade dessa norma foi reconhecida pelo STF em questão de ordem suscitada na AP 470/MG (STF, Tribunal Pleno, AP 470, Rel. Min. Joaquim Barbosa, julgamento em 10.06.2009, DJ de 02.10.2009), nos seguintes termos: "A expedição de cartas rogatórias para oitiva de testemunhas residentes no exterior condiciona-se à demonstração da imprescindibilidade da diligência e ao pagamento prévio das respectivas custas, pela parte requerente, nos termos do art. 222-A do Código de Processo Penal, ressalvada a possibilidade de concessão de assistência judiciária aos economicamente necessitados. A norma que impõe à parte no processo penal a obrigatoriedade de demonstrar a imprescindibilidade da oitiva da testemunha por ela arrolada, e que vive no exterior, guarda perfeita harmonia com o inciso LXXVIII do artigo 5º da Constituição Federal. Questão de ordem resolvida com (1) o deferimento da oitiva das testemunhas residentes no exterior, cuja imprescindibilidade e pertinência foram demonstradas, fixando-se o prazo de seis meses para o cumprimento das respectivas cartas rogatórias, cujos custos de envio ficam a cargo dos denunciados que as requereram, ressalvada a possibilidade de concessão de assistência judiciária aos economicamente necessitados, devendo os mesmos réus, ainda, no prazo de cinco dias, indicar as peças do processo que julgam necessárias à elaboração das rogatórias..."

A expedição da carta rogatória não suspende o curso da instrução criminal (art. 222-A, parágrafo único, c/c art. 222, § 1º, CPP). Deve-se aguardar, entretanto, o decurso do prazo fixado para o cumprimento da carta, antes da realização do interrogatório (nossa posição) ou ao menos antes do julgamento do feito. Expirado o prazo de cumprimento, aí sim poderá acontecer o julgamento, devendo a rogatória, uma vez devolvida, ser juntada aos autos, a todo tempo (art. 222-A, parágrafo único, c/c art. 222, § 2º, CPP). Sobre esses dois pontos, confira-se a abordagem feita no tópico 5.7.1, reservado à prova testemunhal produzida por carta precatória.

7. CONTROLE JUDICIAL DA VERACIDADE DO DEPOIMENTO

A lei processual penal contempla medidas adotáveis pelo juiz para fins de controle da veracidade do depoimento da testemunha, sempre que identificados indícios de declaração falsa ou de ocultação da verdade. Nessas hipóteses, permite-se a tomada de providências imediatas no sentido de assegurar a eficácia do compromisso e de apurar a responsabilidade penal da testemunha que pretenda ludibriar a Justiça.

Nessa perspectiva, dispõe o art. 211, *caput*, do CPP, que "se o juiz, ao pronunciar sentença final, reconhecer que alguma testemunha fez declaração falsa, calou ou negou a verdade, remeterá cópia do depoimento à autoridade policial para a instauração de inquérito".

No âmbito particular do julgamento em plenário do Tribunal do Júri, assim preceitua o art. 211, parágrafo único, do CPP: "Tendo o depoimento sido prestado em plenário de julgamento, o juiz, no caso de proferir decisão na audiência (art. 538, § 2º), o tribunal (art. 561), ou o conselho de sentença, após a votação dos quesitos, poderão fazer apresentar imediatamente a testemunha à autoridade policial". Os dispositivos do art. 538, § 2º, e do art. 561 foram ambos revogados, o primeiro pela Lei nº 11.719/2008 e o segundo pela Lei nº 8.658/1993, de modo que a aplicação *direta* do art. 211, parágrafo único, do CPP restringe-se ao domínio do julgamento em plenário do Tribunal do Júri.

De toda sorte, persiste a possibilidade de remessa das peças necessárias à apuração de crime de falso testemunho, por ordem do juiz, quando profira sentença em audiência, ou do tribunal, na oportunidade da sessão de julgamento.

8. ANTECIPAÇÃO DE PROVA TESTEMUNHAL

8.1. Aplicabilidade da Antecipação de Prova Testemunhal em Geral

É possível, por meio de procedimento incidental, a *antecipação cautelar do depoimento de testemunhas*, justificada por situações especiais de vulnerabilidade. A antecipação dá-se relativamente ao momento da instrução oral, em audiência de instrução e julgamento (art. 400, *caput*, CPP), que é a oportunidade normal adequada à tomada de depoimento das testemunhas arroladas pela acusação e pela defesa.

Nos termos do art. 225 do CPP, "se qualquer testemunha houver de ausentar-se, ou, por enfermidade ou por velhice, inspirar receio de que ao tempo da instrução criminal já não exista, o juiz poderá, de ofício ou a requerimento de qualquer das partes, tomar-lhe antecipadamente o depoimento".

Esse regime assume especial relevância na *fase pré-processual*, de investigação, em que se mostre necessário, diante das circunstâncias concretas, antecipar o depoimento da testemunha, sob pena de risco sério de perecimento da prova esperada.

Já se tratou, em outro momento deste Capítulo, das denominadas *provas não repetíveis*, contempladas no art. 155, *caput*, do CPP. Cuida-se daqueles elementos produzidos unilateralmente na fase de investigação, cuja repetição em juízo não se fez possível por força da própria natureza da prova ou de circunstâncias imprevisíveis. Por exemplo, testemunha em perfeito estado de saúde presta declarações ao delegado de polícia na fase de investigação. Quando da instrução criminal do processo respectivo, entretanto, a testemunha já está falecida, impossibilitando-se, assim, a produção da prova respectiva em contraditório judicial. Nessa hipótese, considerando a imprevisibilidade do evento impeditivo, confere-se eficácia probatória ao elemento unilateral.

Por outro lado, referiu-se também o conceito geral de *prova antecipada*, entendida como aquela produzida em contraditório perante o juiz, em momento pré-processual. Essa hipótese aplica-se quando for *previsível* a impossibilidade de repetição da prova em juízo, em virtude de determinadas circunstâncias especiais de vulnerabilidade, impositivas da antecipação cautelar do depoimento.

Nessa trilha, se for previsível a impossibilidade de repetição, tem aplicabilidade o disposto no art. 225 do CPP, instaurando-se *incidente para a antecipação do depoimento da testemunha, em contraditório judicial*. Caso não seja empregado esse procedimento, o elemento unilateral não se considera prova irrepetível, não revestindo, portanto, eficácia probatória, a ponto de poder fundamentar, com exclusividade, a convicção judicial.

Desta sorte, se a testemunha já tem idade avançada, por exemplo, a parte virtual deverá suscitar perante o órgão judiciário competente a antecipação da prova, em contraditório. Assim, durante a fase de investigação, o juiz, em sede incidental, designa audiência, com a intimação dos interessados, isto é, das partes virtuais (inclusive o investigado), para a inquirição da testemunha. Por essa forma, tem-se efetiva *prova testemunhal*, produzida em contraditório (acusador e defesa técnica), ainda que fora do tempo adequado em condições normais. Esse incidente tem natureza *cautelar*, destinando-se, portanto, à formação de prova em caráter de urgência e de imprescindibilidade.

8.2. Aplicabilidade da Antecipação de Prova Testemunhal na Hipótese do Art. 366 do CPP

A *necessidade* de antecipação da prova testemunhal pode ocorrer no cenário da aplicação do art. 366 do CPP: suspensão do processo e do prazo prescricional, com a produção imediata, *se for o caso*, das provas consideradas urgentes e relevantes, quando o acusado, citado por edital, não comparecer nem constituir advogado.

Nesse caso, a situação é mais delicada, ante a *ausência* do acusado. Mesmo com a nomeação de defensor dativo para a audiência destinada à coleta da prova antecipada, não há contraditório *pleno*, pois, na espécie, afasta-se o direito de presença e restringe-se o direito de confronto titularizados pelo acusado.

Diante disso, a decisão do juiz que determinar a antecipação da prova reclama *estrita e circunstanciada motivação*, que demonstre *concretamente* a necessidade da medida, sob pena de constrangimento ilegal, por ofensa às garantias do contraditório e da ampla defesa. Por certo, motivação se exige em qualquer forma de providência antecipatória, já que se trata de medida cautelar. Na espécie, entretanto, a ausência de motivação encerra prejuízo evidente e mais grave à esfera individual do imputado, por restringir com maior intensidade o alcance protetivo das garantias envolvidas.

O Superior Tribunal de Justiça tem julgados relativizando essa exigência, ao admitir a antecipação de prova sob bases mais genéricas, como o simples fato de se tratar de depoimento de agentes policiais, identificando-se aí risco de esquecimento caso a inquirição fosse reservada ao momento normal, na fase instrutória do processo. Com esse entendimento, eis o julgado da Quinta Turma da Corte Superior no RHC 51.232/DF (STJ, 5ª Turma, RHC 51.232, Rel. Min. JORGE MUSSI, julgamento em 02.10.2014, DJ de 10.10.2014): "1. O atuar constante no combate à criminalidade expõe o agente da segurança pública a inúmeras situações conflituosas com o ordenamento jurídico,sendo certo que as peculiaridades de cada uma acabam se perdendo em sua memória, seja pela frequência com que ocorrem, ou pela própria similitude dos fatos, sendo inviável a exigência de qualquer esforço intelectivo que ultrapasse a normalidade para que estes profissionais colaborem com a Justiça apenas quando o acusado se submeta ao contraditório deflagrado na ação penal. 2. Este é o tipo de situação que justifica a produção antecipada da prova testemunhal, pois além da proximidade temporal com a ocorrência dos fatos proporcionar uma maior fidelidade das declarações, possibilita o registro oficial da versão dos fatos vivenciada pelo agente da segurança pública, o qual terá grande relevância para a garantia à ampla defesa do acusado, caso a defesa técnica repute necessária a repetição do seu depoimento por ocasião da retomada do curso da ação penal".

Em idêntico sentido, tem-se o julgado da Sexta Turma do STJ no RHC 48.073/DF (STJ, 6ª Turma, RHC 48.073, Rel. Min. NEFI CORDEIRO, julgamento em 30.06.2015, DJ de 07.08.2015): "Não há constrangimento ilegal quando verificado que o Juiz singular fundamentou, de maneira concreta, a produção antecipada da prova testemunhal no fato de todas as testemunhas serem policiais, agentes que diariamente se deparam com situações semelhantes a dos autos, que estão envolvidos nos mais diversos tipos de investigação".

Não é essa, contudo, a posição da Segunda Turma Supremo Tribunal Federal, que inclusive reformou o último julgado do Superior Tribunal de Justiça acima referido, ao decidir o HC 130.038/DF (STF, 2ª Turma, HC 130.038, Rel. Min. DIAS TOFFOLI, julgamento em 03.11.2015, DJ de 14.12.2015): "Habeas corpus. Processual penal. Produção antecipada de prova testemunhal (art. 366, CPP). Inexistência de demonstração da necessidade concreta da medida. Invocação de fórmulas de estilo genéricas aplicáveis a todo e qualquer caso. Inadmissibilidade. Flagrante ilegalidade caracterizada. Writ concedido. 1. A decisão que determina a produção antecipada da prova testemunhal deve demonstrar a presença dos requisitos previstos no art. 225 do Código de Processo Penal. 2. Firme a jurisprudência deste Supremo Tribunal no sentido de que '[s]e o acusado, citado por edital, não comparece nem constitui advogado, pode o juiz, suspenso o processo, determinar produção antecipada de prova testemunhal, apenas quando esta seja urgente nos termos do art. 225 do Código de Processo Penal'. Precedentes. 3. Na espécie, o juízo de primeiro grau valeu-se de fórmulas de estilo, genéricas, aplicáveis a todo e qualquer caso, sem indicar os elementos fáticos concretos que pudessem autorizar a medida. 4. Ausente a indicação de circunstância excepcional que justificasse a antecipação da produção da prova testemunhal, há que se reconhecer a ilegalidade da colheita antecipada da prova oral na hipótese em exame".

Parece-nos adequada a orientação da Suprema Corte. O mero fato de se tratar de agentes policiais não pode, por si só, constituir motivo idôneo para a antecipação, sem outra incidência justificadora. Do contrário, a antecipação será aplicada indiscriminadamente em todo caso que envolva o testemunho de agente policial, o que constitui objeto genérico, inapto para gerar, sozinho, a necessidade de produção imediata de prova. Cuida-se, na espécie, de motivo abstrato, e não de circunstância concreta. Tenha-se em conta que a ausência do acusado não pode permitir a limitação da defesa sob bases dessa ordem.

8.3. Procedimento

Quanto ao procedimento do incidente de antecipação de prova, aplica-se subsidiariamente (art. 3º, CPP) o disposto no art. 382 do Novo Código de Processo Civil (2015): "Art. 382. Na petição, o requerente apresentará as razões que justificam a necessidade de antecipação da prova e mencionará com precisão os fatos sobre os quais a prova há de recair. § 1º. O juiz determinará, de ofício ou a requerimento da parte, a citação de interessados na produção da prova ou no fato a ser provado, salvo se existente caráter contencioso. § 2º. O juiz não se pronunciará sobre a ocorrência ou a inocorrência do fato, nem sobre as respectivas consequências jurídicas. § 3º. Os interessados poderão requerer a produção de qualquer prova no mesmo procedimento, desde que relacionada ao mesmo fato, salvo se sua produção conjunta acarretar excessiva demora. § 4º. Neste procedimento, não se admitirá defesa ou recurso, salvo contra decisão que indeferir totalmente a produção da prova pleiteada pelo requerente originário".

A regra do art. 382, § 4º, do CPC/2015, em particular, deve ser adaptada à realidade do direito processual penal. Assim, inexistindo recurso criminal apto a impugnar a decisão de indeferimento do pedido de antecipação de prova, restará: (i) para o Ministério Público, a impetração de mandado de segurança; (ii) para o imputado (virtual acusado), a impetração de *habeas corpus*.

Por fim, aplica-se também subsidiariamente (art. 3º, CPP) a norma do art. 383 do CPC/2015: "Art. 383. Os autos permanecerão em cartório durante 1 (um) mês para extração de cópias e certidões pelos interessados. Parágrafo único. Findo o prazo, os autos serão entregues ao promovente da medida".

SUBSEÇÃO IV
Acareação

Consiste a *acareação* no ato probatório de confronto oral entre sujeitos que prestaram declarações contraditórias entre si. Trata-se de tentativa de esclarecimento e de elucidação de pontos contraditórios ou divergentes, diante das declarações desencontradas de duas ou mais pessoas sobre a mesma questão.

Com esse perfil, a acareação é objeto de disciplina no Capítulo VIII do Título VII do Livro I, entre os artigos 229 e 230, do Código de Processo Penal. A previsão é reservada ao instituto como ato *processual*, embora o mesmo método possa também ser empregado pela autoridade policial na fase de investigação, como dispõe a parte final do art. 6º, inciso VI, do CPP.

Nos termos do art. 229, *caput*, do CPP, "A acareação será admitida entre acusados, entre acusado e testemunha, entre testemunhas, entre acusado ou testemunha e a pessoa ofendida, e entre as pessoas ofendidas, sempre que divergirem, em suas declarações, sobre fatos ou circunstâncias relevantes".

Pode haver acareação, portanto: (i) de acusados entre si; (ii) de acusado com testemunha; (iii) de acusado com o ofendido; (iv) das testemunhas entre si; (v) dos ofendidos entre si; (vi) do ofendido com testemunhas.

Nessa perspectiva, o instituto da acareação transcende o mero aspecto probatório, por mais que seja este o objetivo a ela vinculado, dada a sua utilidade também como meio de defesa dos acusados, quando acareados entre si.

A doutrina tem realçado, de maneira crítica, a ineficácia da acareação como meio de prova. Com efeito, dificilmente qualquer dos sujeitos acareados voltará atrás em sua versão[116]. De toda sorte, poderá o método, com melhor propriedade, servir como mecanismo de esclarecimento de versões equívocas lançadas por depoentes, na condição de testemunhas.

Por outro lado, deve-se reservar crítica especial à acareação entre acusado e testemunha. O acusado exerce defesa no processo, não se mostrando razoável que seja submetido a confronto perante pessoa na condição de auxiliar da Justiça, que presta compromisso de dizer a verdade. Em todo caso, poderá sempre o acusado invocar o direito ao silêncio, no ato da acareação.

A acareação diz sempre respeito a declaração já prestada, nas quais se identifique ponto divergente frente a outra declaração. Não poderá ser acareada, assim, pessoa ainda não inquirida.

Desta sorte, diante do regime procedimental introduzido pela Lei nº 11.719/2008, torna-se mais difícil a acareação entre acusado e testemunha, na medida em que: (i) a oportunidade da acareação dá-se como quarto ato da instrução oral, após declarações do ofendido > inquirição de testemunhas > esclarecimento de peritos; (ii) o interrogatório do acusado é o último ato da instrução oral, após a acareação e o reconhecimento de pessoas e coisas (art. 400, *caput*, CPP). Em todo caso, poderá a acareação, na hipótese, ser postulada como diligência complementar, "cuja necessidade se origine de circunstâncias e fatos apurados na instrução" (art. 402, CPP).

Quanto ao procedimento da acareação, dispõe o art. 229, parágrafo único, do CPP que "os acareados serão reperguntados, para que expliquem os pontos de divergências, reduzindo-se a termo o ato de acareação". Trata-se da pura reprodução das perguntas sobre o ponto de divergência, na esperança de que algum dos acareados modifique ou esclareça sua anterior declaração.

Considerando seu perfil de meio de prova em geral, e ainda sua natureza invasiva particular, confrontando pessoas que antes prestaram depoimento sob compromisso (testemunhas) ou titulares de direito de defesa, o emprego do método de acareação só se justifica diante de *divergência relevante*.

Por fim, o art. 230 do CPP estabelece a aplicabilidade e o procedimento da acareação inclusive em caso de ausência de uma das testemunhas a ser acareada: "Se ausente alguma testemunha, cujas declarações divirjam das de outra, que esteja presente, a esta se darão a conhecer os pontos da divergência, consignando-se no auto o que explicar ou observar. Se subsistir a discordância, expedir-se-á precatória à autoridade do lugar

---

116. Como refere Frederico Marques: "Muito acertada a crítica de Herotides da Silva Lima de que a acareação 'dificilmente dá resultado', pois muito pouca gente 'retira aquilo que referiu em juízo', preferindo cada qual sustentar o que disse". Cfr. Marques, José Frederico. *Elementos de Direito Processual Penal*. Rio de Janeiro: Forense, 1961, v. II, p. 344.

onde resida a testemunha ausente, transcrevendo-se as declarações desta e as da testemunha presente, nos pontos em que divergirem, bem como o texto do referido auto, a fim de que se complete a diligência, ouvindo-se a testemunha ausente, pela mesma forma estabelecida para a testemunha presente. Esta diligência só se realizará quando não importe demora prejudicial ao processo e o juiz a entenda conveniente".

Cuida-se de procedimento de *acareação à distância*, em que uma testemunha é confrontada com as declarações escritas da outra. A própria lei, entretanto, manifesta preocupação quanto à imprescindibilidade da medida, para evitar demora prejudicial ao andamento regular do processo[117].

Nesse contexto, cumpre referir a possibilidade de *acareação por videoconferência*, dinamizadora do burocrático e lento procedimento da carta precatória.

Essa possibilidade foi instituída, se bem que de maneira restrita, e sob finalidades específicas, pela Lei nº 11.900/2009, no § 8º acrescentado ao art. 185 do CPP: "Aplica-se o disposto nos §§ 2º, 3º, 4º e 5º deste artigo, no que couber, à realização de outros atos processuais que dependam da participação de pessoa que esteja presa, como acareação, reconhecimento de pessoas e coisas, e inquirição de testemunha ou tomada de declarações do ofendido".

A norma aplica-se na hipótese de acusado preso, para que este possa acompanhar os atos processuais, no caso a acareação. De toda sorte, nada impede que o mesmo mecanismo seja empregado para a aplicação da hipótese do art. 230 do CPP, de modo a dinamizar o procedimento da carta precatória, quando haja estrita necessidade, considerando que a inquirição por videoconferência já é amplamente praticada para a produção de prova testemunhal.

SUBSEÇÃO V
Reconhecimento de Pessoas e Coisas

1. CONCEITO E PROCEDIMENTO

Entende-se por *reconhecimento de pessoas e coisas* o ato formal, sujeito a rito específico, de *identificação* de pessoa ou de *individualização* de coisa. Segundo GUSTAVO BADARÓ, "o reconhecimento de pessoa ou coisa é um meio de prova formal, pelo qual alguém é chamado para descrever uma pessoa ou coisa por ele vista no passado, para verificar e confirmar a sua identidade perante outras pessoas ou coisas semelhantes às descritas"[118].

---

117. GUILHERME NUCCI assaca justificada crítica à previsão legal da acareação à distância: "Segundo cremos, se algum valor pode haver na acareação é justamente a colocação de duas pessoas, cujos depoimentos são contraditórios, frente a frente, para que o magistrado tenha a oportunidade de perceber, inclusive através de pequenos gestos corporais e faciais, frases e estado de espírito, quem está mentindo e quem fala a verdade. Realizado o atop or precatória, a prova é esvaziada em grande parte, restando pouca chance de ter sucesso". Cfr. NUCCI, Guilherme de Souza. *Manual de Processo Penal e Execução Penal*. Rio de Janeiro: Forense, 2014, pp. 443-444.

118. BADARÓ, Gustavo Henrique. *Processo Penal*. Rio de Janeiro: Elsevier/Campus, 2012, p. 328.

O reconhecimento de pessoas e de coisas, como meio de prova, está disciplinado no Capítulo VII do Título VII do Livro I, entre os artigos 226 e 228, do Código de Processo Penal. O procedimento próprio desse meio aplica-se no âmbito do processo penal, em juízo, mas também na própria fase de investigação – como, a propósito, é mais comum –, por iniciativa da autoridade policial, como prevê a primeira parte do art. 6º, VI, do CPP.

O art. 226, *caput*, do CPP, estabelece o rito aplicável ao *reconhecimento de pessoa*: "Quando houver necessidade de fazer-se o reconhecimento de pessoa, proceder-se-á pela seguinte forma: I – a pessoa que tiver de fazer o reconhecimento será convidada a descrever a pessoa que deva ser reconhecida; II – a pessoa, cujo reconhecimento se pretender, será colocada, se possível, ao lado de outras que com ela tiverem qualquer semelhança, convidando-se quem tiver de fazer o reconhecimento a apontá-la; III – se houver razão para recear que a pessoa a ser chamada para o reconhecimento, por efeito de intimidação ou outra influência, não diga a verdade em face da pessoa que deve ser reconhecida, a autoridade providenciará para que esta não veja aquela; IV – do ato de reconhecimento lavrar-se-á auto pormenorizado, subscrito pela autoridade, pela pessoa chamada para proceder ao reconhecimento e por duas testemunhas presenciais".

Antes de tudo, observe-se que, como acontece com toda prova ritual, a inobservância do rito não conduz necessariamente à invalidade da prova. Apenas, nesse caso, a prova não revestirá o valor próprio de *reconhecimento* da pessoa, devendo ser tratada como prova testemunhal[119].

Nesse particular, por mais que se aplique entre nós o sistema do livre convencimento motivado quanto à apreciação judicial da prova, em que o juiz tem a liberdade de sopesar os diversos elementos probatórios de acordo com as circunstâncias do caso concreto, não se pode negar que o *reconhecimento* realizado com as cautelas legais tem um valor intrínseco particular, de maior segurança informativa.

De toda sorte, como adverte HÉLIO TORNAGHI: "...não se deve exagerar o valor da certeza afirmada por um reconhecimento. Experiências mostraram que um aluno de psicologia, ao ver a pessoa que lhe era mostrada afirmou: 'tenho certeza absoluta de que é ele'. Em seguida confrontaram-no com outra pessoa e a certeza já cedeu lugar à dúvida. Terceira pessoa lhe foi apresentada e a certeza se transferiu para o reconhecimento dela"[120].

A respeito do ato objeto do art. 226, inciso I, do CPP, exige-se que a pessoa chamada a reconhecer em primeiro lugar descreva a pessoa que deva ser reconhecida. Essa *descrição inicial* é providência ativa destinada a evitar qualquer indução quanto ao reconhecimento. Não se pode, com efeito, iniciar o procedimento já exibindo a pessoa *reconhecenda*, para que o informante, posto em posição passiva, simplesmente diga se a identifica ou não como tendo sido autor ou partícipe do fato.

---

119. Conforme FREDERICO MARQUES: "Cumpre consignar (...) que se de outra forma efetuar-se o reconhecimento de pessoa ou coisa, nem por isso deve o juiz *a priori* recusar-lhe qualquer valor probatório. Tal orientação não condiz com os princípios aceitos em nossa legislação sobre o livre convencimento. Cfr. MARQUES, José Frederico. *Elementos de Direito Processual Penal*. Rio de Janeiro: Forense, 1961, v. II, p. 334.

120. TORNAGHI, Hélio Bastos. *Instituições de Direito Processual Penal*. São Paulo: Saraiva, 1978, v. 4, p. 123.

Com isso, objetiva-se diminuir as chances de que o reconhecedor, por má-fé ou engano, se limite a apontar determinada pessoa, sem antes ter fornecido qualquer referência aproximativa a seu respeito. Exige-se, desta sorte, que o informante, chamado a reconhecer, trace uma órbita aproximativa mínima, mediante descrição, da figura da pessoa reconhecenda. Se essa descrição inicial divergir marcantemente do perfil físico do reconhecendo, não se poderá prosseguir no procedimento legal.

Há, no entanto, quem admita o reconhecimento por fotografias, em caráter substitutivo da descrição inicial. Nesse sentido, tem-se o julgado da Quinta Turma do STJ no HC 136.147/SP (STJ, 5ª Turma, HC 136.147, Rel. Min. ARNALDO ESTEVES LIMA, julgamento em 06.10.2009, publicação em 03.11.2009): "A jurisprudência do Superior Tribunal de Justiça admite a possibilidade de reconhecimento do acusado por meio fotográfico desde que observadas as formalidades do art. 226 do Código de Processo Penal".

Ultrapassada essa etapa, nos moldes do art. 226, inciso II, do CPP, o reconhecendo, *se possível*, deverá ser posto ao lado de outras pessoas que com ele tiverem qualquer semelhança, de modo que o reconhecedor o identifique entre todos.

Como bem assevera TOURINHO FILHO, a expressão *se possível* diz respeito apenas à *semelhança* entre o reconhecendo e as demais pessoas postas a seu lado: "A expressão 'se possível' refere-se à exigência de serem colocadas pessoas que guardem certa semelhança com a que deve ser reconhecida. Não havendo, far-se-á com outras pessoas, nunca com a só presença do que vai ser reconhecido"[121].

Com efeito, pode ser extremamente difícil encontrar, em um determinado local, pessoas que tenham semelhança física com o reconhecendo. Não se pode cogitar, porém, de liberalidade quanto à providência de colocação do reconhecendo ao lado de outras pessoas, algo inerente ao próprio ato de reconhecimento, que supõe a identificação de alguém entre diversas pessoas. Assim, deverá o reconhecendo sempre estar ao lado de outras pessoas, parecidas ou não com ele (isto é, *se possível* parecidas com ele), de modo que o reconhecedor o aponte, ou não.

Acerca dessa etapa do reconhecimento, estabelece o art. 226, inciso III, do CPP a adoção de providência destinada a evitar contato visual entre o reconhecendo e o reconhecedor, sempre que haja suspeita de intimidação ou outra influência. Em certos âmbitos de criminalidade violenta, a propósito, é inerentemente necessária a aplicação dessa reserva quanto ao contato visual.

Nesse ponto, o art. 226, parágrafo único, do CPP fixa a inaplicabilidade da providência "na fase da instrução criminal ou em plenário de julgamento". Entendemos, na linha da doutrina de HÉLIO TORNAGHI, que essa disposição é insustentável e injustificável, em seu significado literal. Isso porque as razões de intimidação ou outra influência persistem na fase judicial, não sendo a presença do juiz bastante para eliminá-las[122].

---

121. TOURINHO FILHO, Fernando da Costa. *Código de Processo Penal Comentado*. São Paulo: Saraiva, 1996, v. I, p. 381.

122. TORNAGHI, Hélio Bastos. *Instituições de Processo Penal*. São Paulo: Saraiva, 1978, v. 4, p. 121: "A lei procura evitar que o reconhecedor sofra a influência do reconhecendo e por constrangimento, medo, piedade, ou qualquer outro motivo, não diga a verdade. Por isso manda que a autoridade providencie para que o último não veja o primeiro (...) Inexplicavelmente não adota a mesma cautela para a fase judicial:

Não se pode submeter o reconhecedor ao constrangimento do contato visual com o imputado, quando existam razões idôneas a recomendarem o contrário, ainda que já em juízo.

Propõe-se, nessas condições, interpretação alternativa da norma, no sentido de compreendê-la como a *não exigência*, por *motivos estruturais*, da providência de separação visual. A finalidade que parece associada à regra é a de não exigir que a estrutura judiciária esteja equipada com salas adequadas a evitar o contato visual entre o reconhecedor e o imputado, de modo que isso não sirva de motivo para que se deixe de aplicar o procedimento próprio do reconhecimento de pessoa.

Não se trata, portanto, de vedação à aplicabilidade da providência, o que, aliás, não faria o menor sentido. De outro lado, existindo salas adequadas, a providência poderá e deverá ser aplicada, em certos âmbitos, sob os motivos enunciados no art. 226, III, do CPP. Nesse particular, é bem sabido que os fóruns criminais na atualidade estão estruturados com salas próprias à preservação do reconhecedor quanto ao contato visual com o imputado.

Na sequência, para fins de controle da observância do rito formal prescrito, impõe o art. 226, inciso IV, do CPP que o ato seja descrito em *auto pormenorizado*, subscrito pela autoridade, pelo reconhecedor e por duas testemunhas presenciais.

O cumprimento das etapas do procedimento deve acontecer de maneira individualizada, quando várias forem as pessoas chamadas a reconhecer o imputado, de forma a preservar a influência da apreciação de uma sobre a da outra, em prejuízo da eficácia do reconhecimento enquanto meio de prova. É o que prescreve o art. 228 do CPP: "Se várias forem as pessoas chamadas a efetuar o reconhecimento de pessoa ou de objeto, cada uma fará a prova em separado, evitando-se qualquer comunicação entre elas".

Por fim, quanto ao *reconhecimento de coisas*, aplica-se, no que couber, o procedimento disciplinado no art. 226, conforme disposto no art. 227 do CPP: "No reconhecimento de objeto, proceder-se-á com as cautelas estabelecidas no artigo anterior, no que for aplicável".

Assim, para fins de adequada individualização do objeto material pela pessoa chamada a reconhecê-lo, aplicam-se as etapas de descrição inicial (art. 226, I) e de disposição da coisa ao lado de outras semelhantes (art. 226, II), além da exigência de lavratura de auto pormenorizado (art. 226, IV).

2. RECONHECIMENTO DE PESSOA POR VIDEOCONFERÊNCIA

O § 8º acrescentado ao art. 185 do CPP pela Lei nº 11.900/2009 contempla a possibilidade de reconhecimento de pessoa por videoconferência, nos seguintes termos: "Aplica-se o disposto nos §§ 2º, 3º, 4º e 5º deste artigo, no que couber, à realização de outros atos processuais que dependam da participação de pessoa que esteja presa, como

---

como se ali o reconhecedor não pudesse deixar-se influenciar. A lei brasileira, neste passo, seguiu um pouco servilmente a italiana (Codice de Procedura Penale, art. 36, *fine*)".

acareação, reconhecimento de pessoas e coisas, e inquirição de testemunha ou tomada de declarações do ofendido".

Parte da doutrina sustenta, entretanto, a inconstitucionalidade da previsão, por ofensa à ampla defesa, apontando ainda a inexistência, nesse âmbito, das formalidades legalmente exigidas para o ato de reconhecimento. Nesse rumo, assim bem sustenta GUILHERME NUCCI: "Parece-nos (...) medida inadequada e inconstitucional, por ferir a ampla defesa. Se já não bastava admitirmos o reconhecimento informal, que, pelo menos, era realizado face a face (testemunha e réu), não se pode passar a um reconhecimento totalmente informal, vale dizer, reconhecer o agente do crime por uma tela de computador ou aparelho de TV. Se os erros judiciários avolumam-se com reconhecimentos informais, imagine-se o que pode advir com os integralmente informais?"[123]

De nossa parte, aderimos a essa corrente, sustentando a impossibilidade de emprego das cautelas dispostas no art. 226 do CPP em um ato de reconhecimento à distância, no qual a pessoa a ser reconhecida encontra-se presa, ao passo que a testemunha acha-se na sala de audiências.

Não se pode pensar na fidelidade típica do ato de reconhecimento, realizado sob estritas cautelas formais, na hipótese em que a testemunha simplesmente declarar, pelo que vê na tela, se reconhece ou não o imputado. Por outro lado, indague-se: como, em um presídio, dispor o acusado ao lado de outras pessoas semelhantes, para que o reconhecedor o indique?

Nessas condições, entendemos que a indicação até poderá ser feita pela testemunha, o que terá, porém, valor de mera prova testemunhal, e não de reconhecimento efetivo, diante da ausência de cumprimento do rito estabelecido no art. 226 do CPP.

SUBSEÇÃO VI
Interrogatório

1. SENTIDO E ALCANCE

A garantia individual da ampla defesa abrange as dimensões de *defesa técnica* e de *autodefesa*, consistindo esta última no exercício defensivo realizado pessoalmente pelo próprio acusado. A autodefesa reflete a dimensão disponível da garantia, podendo o acusado renunciar ao oferecimento de sua versão de defesa contra a hipótese acusatória, pelo exercício do direito ao silêncio[124].

---

123. NUCCI, Guilherme de Souza. *Manual de Processo Penal e Execução Penal*. Rio de Janeiro: Forense, 2014, p. 440.

124. No sistema brasileiro, ao contrário do que sucede, por exemplo, no sistema norte-americano, o direito de não se autoincriminar é compreendido não apenas na perspectiva do direito ao silêncio, possibilitando até mesmo que o acusado crie versões inverídicas para encobrir os fatos. Como não é obrigado a se autoincriminar, o acusado pode se valer da mentira em sua defesa. De nossa parte, não estamos de acordo que a mentira manifestada perante um órgão judiciário possa constituir uma indiferença jurídica, ainda que a título de defesa do acusado. Parece-nos indesejável, como um todo, um sistema em que a mentira seja tolerada, o que, no ponto particular, além de favorecer um ambiente de desconfiança e até de estímulo ao ludíbrio dirigido a um órgão de justiça, ainda

Optando o acusado por defender-se pessoalmente, contudo, devem lhe ser assegurados o direito de estar presente perante o juiz e o de apresentar sua manifestação oral sobre o mérito da causa. Trata-se do *direito de presença* (estar presente) e do *direito de audiência* (ser ouvido), como desdobramentos da autodefesa.

Nesse contexto, o *interrogatório* traduz a oportunidade processual de exercício, pelo acusado, de sua autodefesa perante o órgão judiciário, o que inclui, portanto, o direito de presença e o de audiência perante o juiz[125]. *Interrogatório*, assim, é o ato judicial pelo qual se ouve o acusado a respeito de uma hipótese acusatória e, portanto, de uma imputação de crime contra ele formulada.

Não se trata de meio de prova, por mais que possa encerrar *repercussões* informativas, com valor probatório. Pode-se dizer que, *no plano imediato*, o interrogatório constitui *meio de defesa* do acusado, embora *reflexamente* ofereça, ou possa oferecer, elementos probatórios, a título de prova testemunhal. Acerca dessa dimensão reflexa, é interessante referir a Súmula nº 65 das Mesas de Processo Penal da Universidade de São Paulo – que consolida o resultado de discussões doutrinárias travadas naquela escola –, no sentido de que a palavra do corréu no processo penal tem valor de prova testemunhal.

Em que pese essa compreensão, cumpre advertir que o interrogatório, na ordem jurídica brasileira, não é prestado sob compromisso de dizer a verdade, além do que as declarações nele prestadas encerram finalidade defensiva, regida, portanto, pelo interesse do acusado. Quando se fala em valor de prova testemunhal, portanto, não se está aludindo a uma certeza, nem a uma suficiência probatória, mas a simples indício, oferecido a título de informação (como se partida, assim, de um informante), descompromissada. Tratando especificamente dos efeitos da confissão sobre terceiro, NICOLA MALATESTA já o asseverava, nestes termos: "A confissão, enquanto se refira, não somente ao confitente, senão também a outras pessoas, e consista no chamamento de co-réu mantém o mesmo caráter de indício e não de testemunho. Quando o imputado assume para si toda a responsabilidade, livrando dela os demais, sua declaração constitui mero indício a favor de terceiro"[126].

---

enfraquece o valor informativo do interrogatório. Deve-se permitir ao acusado, claro, o direito de calar, para não ser forçado a produzir provas contra si próprio, mas autorizar a ele o exercício da mentira para tentar ludibriar o juiz que o vai julgar mostra-se um duro golpe ao próprio sistema constituído e a seus valores. O direito brasileiro, porém, só pune criminalmente o falso *testemunho*, não havendo incriminação para a mentira exercitada pelo próprio acusado (nem mesmo para a mentira do ofendido, ademais). Estamos conscientes de que a doutrina pouco discute essa opção do legislador brasileiro, tomando-se o indiferente penal da mentira como se fosse algo inerente ao direito à autoincriminação e à ampla defesa. Isso não. Aliás, no próprio sistema norte-americano, referencial no resguardo do direito de não se autoincriminar, inexiste tal associação. De toda sorte, o extremo a que não se pode chegar é o de conceber um "direito de mentir" do acusado. Aí já alcançamos o plano da alucinação, perdendo qualquer referência.

125. O direito de presença e o de audiência não se limitam ao momento do interrogatório do próprio acusado, abrangendo também outros atos de exercício de autodefesa, como o interrogatório de outro acusado e a inquirição de testemunhas, oportunidades em que se assegura a presença para que possa o acusado participar do ato, inclusive sugerindo perguntas a seu defensor.

126. MALATESTA, Nicola Framarino. *A Lógica das Provas em Matéria Criminal*. Trad. de Alexandre Augusto Correia. São Paulo: Saraiva, 1960, v. I, p. 291.

Em suma, concebemos as repercussões probatórias do interrogatório no sentido de *prova indiciária testemunhal descompromissada.*

Sobre o interrogatório *como meio de defesa,* confira-se relevante precedente da Suprema Corte firmado no julgado do HC 111.567/AM (STF, 2ª Turma, Rel. Min. CELSO DE MELLO, julgamento em 05.08.2014, DJ de 30.10.2014): "O INTERROGATÓRIO JUDICIAL COMO MEIO DE DEFESA DO RÉU. – Em sede de persecução penal, o interrogatório judicial – notadamente após o advento da Lei nº 10.792/2003, aplicável ao processo penal militar (CPPM, art. 3º, 'a') – qualifica-se como ato de defesa do réu, que, além de não ser obrigado a responder a qualquer indagação feita pelo magistrado processante, também não pode sofrer qualquer restrição em sua esfera jurídica em virtude do exercício, sempre legítimo, dessa especial prerrogativa".

Em virtude da sistemática do Código de Processo Penal, que disciplina o interrogatório no Capítulo III do Título VII, reservado à *prova,* tratamos desse instituto no presente Capítulo, conquanto a *finalidade imediata* seja o exercício de defesa. Cuida-se dos artigos 184 a 196 do CPP. Considerando, porém, o interrogatório em sua feição e significado *procedimentais,* há que se referir igualmente o art. 400, *caput,* o art. 411, *caput,* e o art. 531, *caput,* do CPP, de acordo com a reforma introduzida pela Lei nº 11.689/2008 e pela Lei nº 11.719/2008.

O interrogatório de que se trata é exclusivamente o *judicial,* inconfundível com a ouvida do investigado na fase pré-processual, em um procedimento de investigação. A *judicialidade* do interrogatório desponta claramente no art. 185, *caput,* do CPP: "o acusado que comparecer *perante a autoridade judiciária,* no curso do processo penal, será qualificado e interrogado na presença de seu defensor, constituído ou nomeado".

A propósito, é tecnicamente impróprio designar-se por interrogatório a audiência do investigado ou indiciado realizada pela autoridade policial ou por outra autoridade investigativa. O que há, na espécie, é a aplicação subsidiária, à inquirição do investigado na fase pré-processual, das regras legais próprias do interrogatório judicial (artigos 185 a 196, CPP), quando possível, conforme prescreve o art. 6º, inciso V, do CPP.

A disciplina legal do interrogatório foi substancialmente modificada pela Lei nº. 10.792/2003. Adicionalmente, deve-se considerar o advento da Lei nº 11.900/2009, que instituiu e disciplinou a possibilidade de realização de interrogatório por meio de *videoconferência.*

2. CARACTERÍSTICAS DO INTERROGATÓRIO

São as seguintes as características correntemente associadas ao interrogatório, as quais desdobram os conceitos pontuados no tópico anterior:

(a) *caráter personalíssimo:* o ato de interrogatório é personalíssimo, realizado com a pessoa do acusado, sem a possibilidade de qualquer forma de representação para esse fim.

(b) *udicialidade* (art. 185, *caput,* CPP): o ato de interrogatório é realizado em juízo e perante a autoridade judiciária, de acordo com a disciplina dos artigos

185 a 196 do CPP; a audiência do indiciado em sede de procedimento de investigação (art. 6º, inciso V, CPP) é inconfundível com o interrogatório.

(c) *oralidade*: o acusado, submetido a interrogatório perante o órgão judiciário, declara sua versão oralmente, não se prestando aos mesmos efeitos uma mera declaração escrita e assinada; o interrogatório realiza-se em audiência, não cabendo ao acusado responder às perguntas por escrito.

(d) *realização a qualquer momento*: embora haja uma oportunidade procedimental para a realização ordinária do interrogatório, é possível sua concretização a qualquer momento, sempre que o acusado compareça (art. 185, *caput*, CPP); ademais, ainda que já realizado o interrogatório na oportunidade processual própria, poderá o juiz, a qualquer tempo, proceder à realização de novo ato (art. 196, CPP).

(e) *obrigatoriedade*: a autodefesa constitui garantia do acusado, única pessoa que pode renunciar à declaração, pelo exercício do direito ao silêncio; não cabe, portanto, qualquer forma de dispensa judicial do interrogatório, se o acusado deseja estar presente e ser ouvido[127].

3. PARTES DO INTERROGATÓRIO: ABRANGÊNCIA E PROCEDIMENTO

3.1. Aspectos Gerais

O interrogatório divide-se em duas partes (art. 187, *caput*, CPP), de acordo com a disciplina introduzida pela Lei nº 10.792/2003: (i) o *interrogatório de individualização*, "sobre a pessoa do acusado", vale dizer, a respeito de características e aspectos pessoais do imputado (art. 187, *caput* e § 1º, CPP); (ii) o *interrogatório de mérito*, "sobre os fatos", isto é, acerca do mérito da hipótese acusatória (art. 187, *caput* e § 2º, CPP). Ademais, antes do interrogatório propriamente dito, há uma etapa preliminar de *qualificação*.

Importa anotar, nesse ponto, que o direito ao silêncio é exercitável na segunda parte do interrogatório, que efetivamente trata da prática de infração penal imputada ao acusado, a repercutir, portanto, na esfera de seu direito de não produzir prova contra si próprio (direito de não se autoincriminar). Nos momentos preliminar e inicial, abordam-se apenas aspectos da qualificação e da vida pessoal e social do indivíduo, sem potencialidade ofensiva, assim, à proteção contra a autoincriminação.

Por esse motivo, a maioria da doutrina sustenta a possibilidade de *condução coercitiva do acusado* na hipótese de não comparecimento injustificado à audiência em que será realizado seu interrogatório: o acusado teria que comparecer ao menos para

---

127. Com igual entendimento, Renato Brasileiro: "A nosso ver, como o interrogatório é a concretização do direito de audiência, desdobramento da autodefesa, é óbvio que o juiz deve assegurar ao acusado a possibilidade de ser ouvido. Porém, como o acusado pode se valer do direito ao silêncio, dúvida não há quanto à possibilidade de o acusado abrir mão do seu direito de tentar formar a convicção do magistrado. Afinal de contas, diversamente da defesa técnica, que é irrenunciável (CPP, art. 261), a autodefesa é plenamente renunciável". Cfr. Lima, Renato Brasileiro de. *Manual de Processo Penal*. Salvador: JusPodivm, 2015, p. 661.

responder às perguntas de qualificação, assegurando-se-lhe o direito ao silêncio, de todo modo, na segunda parte do interrogatório.

Em que pese ser essa a posição dominante, não podemos com ela concordar. Em primeiro lugar, a qualificação do sujeito, no tocante a dados como nome, estado civil e endereço, já estará alcançada, pelos meios legais próprios, na oportunidade do interrogatório, atualmente situado como último ato da fase de instrução oral. Não há sentido, assim, na condução coercitiva do acusado para fins de fornecimento desses dados.

Em segundo lugar, o interrogatório é meio de autodefesa do acusado, e não meio de prova a ser produzido pela acusação (por mais que possa reflexamente encerrar valor probatório), de modo que o titular desse direito disponível pode a ele renunciar.

Em terceiro lugar, os pontos referentes à vida pessoal e social do sujeito destinam--se a fornecer elementos ao juiz para a avaliação de circunstâncias relevantes quando da fixação da pena, de modo a, se for o caso, favorecer ao interrogando, mostrando-se inconcebível que um ato destinado ao exercício de autodefesa pelo acusado tenha sua existência justificada pela coleta de dados pessoais e sociais potencialmente prejudiciais ao próprio titular do direito.

De outra parte, os dados relativos aos antecedentes podem ser obtidos por consulta nos sistemas próprios, não se podendo exigir do acusado que forneça informações a esse respeito.

Por último, no âmbito do Tribunal do Júri, já se dispõe especificamente pela dispensa do acusado ao comparecimento na sessão de julgamento em plenário, na qual há uma fase instrutória com oportunidade para interrogatório.

Essa lógica há de irradiar-se para todos os procedimentos. Em verdade, tenha-se em conta que o interrogatório é uma *oportunidade* para o acusado de fornecimento de elementos relevantes para a sua defesa, pessoal e de mérito.

Se o sujeito renuncia a essa oportunidade, isso significa que não agregará elementos potencialmente favoráveis em seu benefício, nem sua recusa em comparecer e em depor poderá implicar qualquer consequência desfavorável. Há um *direito* de presença e um *direito* de audiência, podendo o acusado deixar de exercer qualquer deles.

De toda sorte, como já anunciado, a posição dominante na jurisprudência orienta-se pela admissibilidade da condução coercitiva para fins de interrogatório, o que, por sinal, é extensível à ouvida do investigado pelo delegado de polícia, na fase pré-processual[128].

---

128. Nesse particular, sustentamos que, a admitir-se a possibilidade de condução coercitiva, a medida só pode ser decretada pelo órgão judiciário competente, em decisão motivada na recusa de comparecimento do investigado ou do acusado, conforme o caso. Isso porque a condução coercitiva envolve privação temporária da liberdade de locomoção, fora do estado de flagrância delitiva. É inadmissível que a própria autoridade policial, portanto, determine a medida, para assegurar o comparecimento pessoal do investigado (art. 6º, V, CPP). Nessa hipótese, deverá a autoridade representar ao juízo competente, para autorização da providência, *quando necessário*. Apesar disso, a 1ª Turma do STF tem julgado isolado no sentido da possibilidade de condução coercitiva por ato da própria polícia judiciária, independentemente de ordem judicial (STF, 1ª Turma, HC 107.644/SP, Rel. Min. Ricardo Lewandowski, julgado em 06.09.2011, publicado em 17.10.2011), o que se fundamentou genericamente nas

3.2. Qualificação e Identificação do Acusado no Interrogatório

Antes do início das perguntas, o acusado será qualificado, devendo fornecer seus dados pessoais, algo suprível pela já existência de identificação civil ou criminal devidamente consolidada nos autos.

A doutrina distingue a *qualificação* da *identificação*[129]. De toda sorte, a ausência de qualificação completa, a partir da identificação civil ou de outros dados, poderá ser suprida pela identificação criminal, apta a individualizar o acusado.

Entende-se que, nesse âmbito, o acusado não poderá *falsear* sua identidade, sob pena de responder pelo crime de falsa identidade, definido no art. 307 do Código Penal: "Atribuir-se ou atribuir a terceiro falsa identidade para obter vantagem, em proveito próprio ou alheio, ou para causar dano a outrem".

A posição jurisprudencial corrente é no sentido de que o falseamento da própria identidade não está amparado pela garantia contra a autoincriminação. Essa garantia respalda que o sujeito não seja compelido a produzir prova contra si mesmo ou a confessar-se culpado. O falseamento *da identificação* do imputado, porém, não pode estar inserido nesse âmbito protetivo. Com efeito, seria o cúmulo considerar que o acusado, além de poder mentir à Justiça quanto aos fatos a ele imputados (indiferente penal), ainda pudesse falsear sua própria identidade, a pretexto de não fornecer elementos incriminadores.

A proteção garantista incide sobre a hipótese acusatória, e não sobre a própria identidade do imputado, no sentido de amparar sua tentativa de ludíbrio à Justiça, quanto a esse ponto. Com essa perspectiva, o Superior Tribunal de Justiça recentemente modificou sua jurisprudência para consolidar a orientação de que a mentira do sujeito à autoridade no que concerne à própria identidade e qualificação configura o crime do art. 307 do Código Penal. Confira-se, sobre o ponto, a Súmula nº 522 do STJ: "A conduta de atribuir-se falsa identidade perante autoridade policial é típica, ainda que em situação de autodefesa".

Por outro lado, não se poderá compelir o imputado a declarar sua identidade, o que está inserido no âmbito da própria liberdade individual de autodeterminação. Não há meios coercitivos possíveis, portanto, para compelir fisicamente o imputado a uma declaração nesse sentido.

Em verdade, ninguém está obrigado a declarar o que quer que seja. A ausência de declaração deve, assim, ser resolvida no plano normativo. No particular, se o silêncio impossibilitar a identificação civil do imputado, deverá este ser submetido à identificação criminal, pelos métodos datiloscópico e fotográfico (o da identificação pelo perfil genético não será possível, diante da recusa do sujeito, senão na hipótese em que houver descartado material genético)[130].

---

atribuições da polícia para a investigação de crimes. Acreditamos que essa posição é insustentável e deverá ser revista. Para mais detalhes a esse respeito, confira-se a seção própria do Capítulo XIII, reservado às medidas cautelares de constrição pessoal.

129. Assim, cfr. SOBRINHO, Mário Sérgio. *A Identificação Criminal*. São Paulo: Revista dos Tribunais, 2003.

130. Para mais detalhes sobre a identificação criminal, confira-se o tópico 4.8 da Seção I do Capítulo V.

Advertimos, entretanto, que a impossibilidade de obrigar o indivíduo a declarar não se relaciona propriamente ao direito ao silêncio nem à garantia contra a autoincriminação. Isso está claro inclusive na norma do art. 186, *caput*, do CPP, dispondo que o juiz informará ao acusado sobre seu direito de permanecer calado apenas *após* a devida qualificação.

A impossibilidade de obrigar a declaração do sujeito quanto a seus dados, portanto, obedece a outro fundamento. Trata-se da própria liberdade fundamental do sujeito de autodeterminação e da impossibilidade natural, além da inadmissibilidade jurídica, de se compelir o indivíduo a um movimento físico dessa ordem (o de declarar). Desta sorte, a solução está reservada ao âmbito normativo. Para mais detalhes a esse respeito, remete-se o leitor à abordagem sobre a identificação criminal pelo perfil genético, objeto do tópico 4.8 da Seção I do Capítulo V deste Curso.

De todo modo, no momento do interrogatório, como ato judicial, e além disso última etapa da instrução oral em juízo, essas questões já estarão normalmente resolvidas. De fato, é raro que, já na fase de interrogatório, o acusado não esteja devidamente identificado. Pode acontecer, entretanto, de, ao comparecer para ser interrogado, o acusado pretenda atribuir-se outra identidade, mostrando-se relevantes, nessa hipótese, os pontos acima examinados.

3.3. Procedimento Judicial após a Qualificação e antes do Interrogatório

Antes ainda do início das perguntas, deverá o juiz:

(i) Cientificar o acusado do inteiro teor da hipótese de fato a ele imputada, conforme a parte inicial do art. 186 do CPP: "Depois de devidamente qualificado *e cientificado do inteiro teor da acusação...*" Essa providência cumpre a garantia assim enunciada no art. 8, número 2, alínea *b*, da Convenção Americana de Direitos Humanos (Decreto nº 678/1992): "...Durante o processo, toda pessoa tem direito, em plena igualdade, às seguintes garantias mínimas: b) comunicação prévia e pormenorizada da acusação formulada".

(ii) Informar ao acusado a possibilidade de invocação do *direito ao silêncio* (art. 5º, LXIII, CF / art. 8, 2, *b*, CADH), que poderá ser exercido relativamente a todas as perguntas ou somente a parte delas. Consulte-se, a respeito, a norma do art. 186, *caput*, do CPP: "Depois de devidamente qualificado e cientificado do inteiro teor da acusação, o acusado será informado pelo juiz, antes de iniciado o interrogatório, do seu direito de permanecer calado e de não responder perguntas que lhe forem formuladas".

(iii) Informar ao acusado que o exercício do direito ao silêncio não significa confissão nem poderá acarretar qualquer prejuízo à sua defesa, nos termos do art. 186, parágrafo único, do CPP: "O silêncio, que não importará em confissão, não poderá ser interpretado em prejuízo da defesa".

(iv) Dar ciência ao acusado do direito de entrevista reservada com seu defensor, antes e durante a audiência de interrogatório, conforme assegura o art. 185, § 5º, do CPP (acrescentado pela Lei nº 11.900/2009): "Em qualquer modalidade de interrogatório, o juiz garantirá ao réu o direito de entrevista prévia e reservada com o seu defensor;

se realizado por videoconferência, fica também garantido o acesso a canais telefônicos reservados para comunicação entre o defensor que esteja no presídio e o advogado presente na sala de audiência do Fórum, e entre este e o preso". O direito de entrevista reservada com o defensor também está assegurado na parte final da alínea *d* do art. 8, número 2, da Convenção Americana de Direitos Humanos (Decreto nº 678/1992): "direito do acusado (...) de comunicar-se, livremente e em particular, com seu defensor".

3.4. Procedimento Judicial durante o Interrogatório

Além de apresentar as orientações prévias, o juiz deverá guardar postura compatível com a higidez de sua função, durante o interrogatório. Não pode ser tolerado o emprego de artifícios intimidantes ou expedientes de manipulação destinados a confundir o acusado ou a levá-lo ao erro ou à confissão.

Considere-se, nesse contexto, que o interrogatório é meio de autodefesa, e não uma oportunidade para que o Ministério Público e, pior, o juiz, possam manipular o acusado com sugestões sorrateiras, como se fossem de seu melhor interesse. A confissão induzida pela própria autoridade titular do poder de julgamento é um expediente ilegal, merecendo veemente combate.

Trata-se, em última análise, de odiosa manifestação de prejulgamento, adotando o juiz subterfúgios para conseguir a confissão do acusado ou para engendrar contradições de maneira artificial. Por afetar também o próprio direito substancial de autodeterminação, que assiste ao acusado, a coação e a manipulação implicam a *ilicitude* de eventual prova daí resultante, algo mais grave, portanto, que a mera invalidação do ato de interrogatório.

3.5. Primeira Parte do Interrogatório

Na primeira parte do interrogatório, relativa a aspectos pessoais, "o interrogando será perguntado sobre a residência, meios de vida ou profissão, oportunidades sociais, lugar onde exerce a sua atividade, vida pregressa, notadamente se foi preso ou processado alguma vez e, em caso afirmativo, qual o juízo do processo, se houve suspensão condicional ou condenação, qual a pena imposta, se a cumpriu e outros dados familiares e sociais", nos termos do art. 187, § 1º, do CPP.

A primeira parte designa-se por *interrogatório de individualização*. Esse momento é inconfundível com o da qualificação e o da identificação do acusado, que ocorrem anteriormente ao início do interrogatório.

A etapa em foco traduz propriamente uma *individualização social* do acusado, e não a sua identificação. Trata-se de histórico da vida pregressa do sujeito e de descrição de sua vida presente, do ponto de vista social. Esses dados são relevantes como circunstâncias judiciais (art. 59, CP), incidentes em caso de condenação, para o dimensionamento da pena privativa de liberdade, a definição do regime inicial de cumprimento, a aplicabilidade da substituição por pena restritiva de direitos ou da suspensão condicional da pena, assim como para a dosimetria de eventual pena de multa.

3.6. Segunda Parte do Interrogatório

Na segunda parte do interrogatório, referente ao mérito da hipótese acusatória e da correspondente imputação de crime, o acusado será perguntado, nos termos do art. 187, § 2º, sobre: "I – ser verdadeira a acusação que lhe é feita; II – não sendo verdadeira a acusação, se tem algum motivo particular a que atribuí-la, se conhece a pessoa ou pessoas a quem deva ser imputada a prática do crime, e quais sejam, e se com elas esteve antes da prática da infração ou depois dela; III – onde estava ao tempo em que foi cometida a infração e se teve notícia desta; IV – as provas já apuradas; V – se conhece as vítimas e testemunhas já inquiridas ou por inquirir, e desde quando, e se tem o que alegar contra elas; VI – se conhece o instrumento com que foi praticada a infração, ou qualquer objeto que com esta se relacione e tenha sido apreendido; VII – todos os demais fatos e pormenores que conduzam à elucidação dos antecedentes e circunstâncias da infração; VIII – se tem algo mais a alegar em sua defesa".

Essa especificação funciona como mero referencial para o juiz, não sendo algo exauriente, portanto. Na verdade, afigura-se desnecessária tal discriminação, diante da natureza do ato de interrogatório e de sua flexibilidade e extensão dependentes das circunstâncias concretas do fato imputado.

Em última análise, deverá o juiz recorrer às perguntas adequadas ao caso objeto do processo penal, sem qualquer sujeição a fórmulas preestabelecidas, com aplicabilidade limitada a âmbitos muito particulares, a exemplo da pergunta concernente aos instrumentos da infração (art. 187, § 2º, VI, CPP).

A respeito da segunda parte do interrogatório, como já pontuado, tem-se a oportunidade para o pleno exercício do direito ao silêncio, quanto à hipótese acusatória.

Optando por responder às perguntas, o acusado tem a oportunidade de negar a acusação contra ele assacada e de, nesse passo, prestar esclarecimentos e indicar provas, como expressa o art. 189 do CPP: "Se o interrogando negar a acusação, no todo ou em parte, poderá prestar esclarecimentos e indicar provas".

A redação atual desse dispositivo foi conferida pela Lei nº 10.792/2003. Posteriormente a isso, adveio o regime instituído pela Lei nº 11.719/2008, situando o interrogatório como último ato da instrução oral, após, portanto, a produção da prova em audiência (inquirição de testemunhas, esclarecimento de peritos, acareações, reconhecimento de pessoas e coisas).

Com isso, a norma do art. 189 do CPP assume o relevante significado de propiciar ao acusado o pleno exercício da indicação de provas, já produzidas, em seu favor. Essa é uma dimensão *perspectiva* inexistente no regime anterior, em que o interrogatório se realizava como ato inicial, em uma audiência autônoma, hipótese na qual o acusado só poderia indicar provas ainda a produzir, com a ressalva, claro, de documentos eventualmente já constantes dos autos.

De toda sorte, subsiste ainda essa dimensão *prospectiva*, pois eventuais provas indicadas no momento do interrogatório pelo acusado poderão ensejar, em cotejo com a instrução já concluída, a realização de diligências complementares.

Caso, no interrogatório, o acusado confesse a autoria do fato, "será perguntado sobre os motivos e circunstâncias do fato e se outras pessoas concorreram para a infração, e quais sejam", nos termos do art. 190 do CPP. Sobre a confissão, confira-se a abordagem realizada na Subseção V.

3.7. Presença e Colaboração das Partes

O acusado que comparecer em juízo deverá ser interrogado na presença de seu defensor, constituído ou dativo, perante a autoridade judiciária (art. 185, *caput*, CPP). É essencial, portanto, a presença do defensor, diversamente do que previa o texto originário do art. 185 do CPP.

O defensor poderá inclusive, ao final do interrogatório, formular perguntas, para esclarecimento de ponto relevante, nos moldes do art. 188 do CPP (redação conferida pela Lei nº 10.792/2003): "Após proceder ao interrogatório, o juiz indagará das partes se restou algum fato para ser esclarecido, formulando as perguntas correspondentes se o entender pertinente e relevante".

De acordo com essa disciplina, após as perguntas do juiz, o acusador e sucessivamente o defensor do acusado poderão formular as suas, em regime semelhante àquele aplicável à inquirição de testemunhas.

Elimina-se, assim, qualquer ideia de interrogatório como ato exclusivo entre o juiz e o acusado, com dispensa da presença do defensor. Mais que isso, fica assegurada a ambas as partes processuais efetiva participação no ato.

3.8. Participação da Defesa Técnica de um Acusado no Interrogatório de outro Acusado

Nos termos do art. 191 do CPP (redação conferida pela Lei 10.792/2003), "havendo mais de um acusado, serão interrogados separadamente".

O interrogatório de cada acusado, assim, deverá ser feito de forma separada, não se admitindo a realização desse ato de forma conjunta, para todos.

Por mais que o interrogatório, como já multiplamente pontuado, constitua primordialmente meio de defesa, há *repercussões probatórias* desse ato, sobretudo no que tange à *defesa* de outros acusados. É até entendimento corrente, a propósito, que o depoimento de co-acusado tem valor de prova testemunhal quanto aos demais. Nesse sentido, tem-se a já referida Súmula nº 65 das Mesas de Processo Penal da Universidade de São Paulo.

Desta sorte, dispor o art. 191 do CPP sobre a realização em separado do interrogatório de cada co-acusado não pode significar que o ato seja exclusivo desse sujeito, a ponto de não se exigir ou obrigatoriamente se oportunizar a participação da defesa técnica dos demais acusados.

Como meio de autodefesa, o interrogatório é um ato próprio do acusado que depõe. Subsistem, porém: (i) a defesa *técnica* dos demais acusados, como garantia individual; (ii) as *repercussões probatórias* do interrogatório de um dos acusados sobre os demais.

Nessas condições, é exigida a intimação da defesa dos demais acusados para que possa, querendo, participar do interrogatório do corréu, inclusive pela formulação de perguntas, na forma do art. 188 do CPP. No particular, a norma dispõe que o juiz indagará *das partes* se restou algum ponto para ser esclarecido". Entenda-se: *de todas as partes do processo*, representados os acusados por seus respectivos defensores.

Não supre essa intimação dos defensores de todos os co-acusados a simples nomeação de defensor *ad hoc*, o que só evidencia, aliás, a imprescindibilidade da defesa técnica no ato de interrogatório. Com efeito, se o juiz nomeia defensor para os demais acusados quanto ao ato de interrogatório de um deles, é porque reconhece a impossibilidade da ausência de defesa técnica. E se é assim, a defesa deverá ser exercida pelo defensor constituído ou dativo do acusado, só cabendo a nomeação de defensor *ad hoc* quando o defensor principal, regularmente intimado, não comparecer à audiência.

Naturalmente, essa discussão só terá relevância se forem designadas datas distintas para o interrogatório separado de cada um dos co-acusados, ou se pelo menos um deles residir em circunscrição judiciária diversa daquela em que se processa a causa.

Nesse último ponto, mesmo que expedida carta precatória para a realização do interrogatório de um dos acusados, a defesa técnica dos demais tem que ser intimada *da expedição*, não suprindo essa exigência a simples nomeação de defensor *ad hoc*, o que somente poderá ocorrer em caso de não comparecimento injustificado do defensor principal.

A jurisprudência do Supremo Tribunal Federal orienta-se no sentido aqui sustentado, como revela o julgado do Plenário na AP 470 AgR/MG (STF, Tribunal Pleno, AP 470, Rel. Min. JOAQUIM BARBOSA, julgamento em 16.12.2007, DJ de 14.03.2008): "É legítimo, em face do que dispõe o artigo 188 do CPP, que as defesas dos co-réus participem dos interrogatórios de outros réus. Deve ser franqueada à defesa de cada réu a oportunidade de participação no interrogatório dos demais co-réus, evitando-se a coincidência de datas, mas a cada um cabe decidir sobre a conveniência de comparecer ou não à audiência".

Na mesma trilha, refira-se o julgado da Quinta Turma do STJ no HC 198.668/SC (STJ, 5ª Turma, HC 198.668, Rel. Min. JORGE MUSSI, julgamento em 04.09.2012, DJ de 18.09.2012): "2. O interrogatório é também um meio de prova, e para que seja validamente introduzido no processo deve atender às garantias constitucionais instituídas em favor do acusado. 3. Para o interrogatório nas ações penais com pluralidade de réus, o Código de Processo Penal prevê apenas que estes devem ser interrogados separadamente, o que não significa, por si só, que a inquirição complementar seja feita apenas pelo próprio defensor e pelo órgão acusatório, sob pena de ofensa ao contraditório e à paridade de armas que deve ser resguardada no processo penal. 4. Não há no Código de Processo Penal nenhum comando proibitivo à participação do defensor do corréu no ato do interrogatório, estabelecendo o seu artigo 188, com a redação dada pela Lei n. 10.792/03, que 'Após proceder ao interrogatório, o juiz indagará as partes se restou algum fato para ser esclarecido, formulando as perguntas correspondentes se o entender pertinente e relevante', razão pela qual não é dado ao intérprete restringir esse direito, que tem assento em princípios constitucionais. 5. Ordem concedida para anular a ação penal desde o interrogatório dos acusados, inclusive, ficando prejudicada a análise dos pleitos remanescentes".

Na doutrina, essa também é a autorizada posição de SCARANCE FERNANDES: "Ressalta-se que, em virtude de recente reforma do Código, o advogado do co-réu tem direito a participar do interrogatório e formular perguntas"[131].

4. MOMENTO DO INTERROGATÓRIO

Com o advento da Lei nº 11.719/2008, a oportunidade do interrogatório foi deslocada para o momento final da instrução, o que sem dúvida prestigia a garantia da autodefesa, eis que o acusado poderá depor com o pleno conhecimento da prova já produzida, cabendo-lhe inclusive a indicação de elementos em seu favor (art. 189, parte final, CPP).

De toda sorte, apesar dessa oportunidade normal, no contexto do procedimento, o interrogatório poderá realizar-se a todo tempo, bastando, para tanto, idônea motivação, nos termos do art. 196 do CPP: "A todo tempo o juiz poderá proceder a novo interrogatório de ofício ou a pedido fundamentado de qualquer das partes".

Suponha-se, por exemplo, que o interrogatório do acusado seja realizado antes do retorno de carta precatória destinada à inquirição de testemunha, se já houver expirado o respectivo prazo de cumprimento. Nessa hipótese, retornando a carta precatória antes do julgamento, poderá a relevância da prova testemunhal assim produzida evidenciar a necessidade de novo interrogatório.

Da mesma forma, na hipótese de superveniência de prova relevante, após o interrogatório em sua fase normal, justifica-se a realização de novo ato, para que o acusado possa se manifestar sobre o elemento novo levado aos autos processuais.

Outra hipótese é a de interrogatório realizado por magistrado que depois se afasta do processo, por força de suspeição ou de promoção, por exemplo. Nessas condições, em face do princípio da identidade física do juiz (art. 399, § 2º, CPP), está justificada a realização de novo interrogatório (art. 196, CPP).

5. LUGAR DO INTERROGATÓRIO E INTERROGATÓRIO POR VIDEOCONFERÊNCIA

5.1. Regime Jurídico Geral

Como regra, o lugar do interrogatório é a sede do juízo (art. 792, *caput*, CPP), ainda que o acusado esteja preso. Nessa hipótese, "o acusado preso será requisitado para comparecer ao interrogatório, devendo o poder público providenciar sua apresentação", nos termos do art. 399, § 1º, do CPP (redação determinada pela Lei nº 11.719/2008).

---

131. FERNANDES, Antônio Scarance. *Prova e Sucedâneos da Prova no Processo Penal*. In: Revista Brasileira de Ciências Criminais, n. 66. São Paulo: Revista dos Tribunais, mai/jun 2007, pp. 193-239.

Assim, adota-se em regra, no caso do preso, a *requisição judicial, devendo o poder público providenciar a apresentação do acusado na sede do juízo*. O art. 185, § 1º, do CPP, entretanto, contempla a realização do interrogatório do preso *no próprio lugar onde estiver recolhido*: "O interrogatório do réu preso será realizado, em sala própria, no estabelecimento em que estiver recolhido, desde que estejam garantidas a segurança do juiz, do membro do Ministério Público e dos auxiliares bem como a presença do defensor e a publicidade do ato".

Atente-se, no particular, que essa redação foi determinada pela Lei nº 11.900/2009, posterior à Lei nº 11.719/2008, que acrescentara o § 1º ao art. 399 do CPP, com o texto transcrito ao início.

Claramente, o regime objeto do art. 399, § 1º, do CPP coaduna-se com o perfil procedimental conferido ao interrogatório pela Lei nº 11.719/2008, como último ato da instrução, em audiência una, via de regra. Nenhum sentido haverá, portanto, em que o juiz e as partes, depois da inquirição de testemunhas, desloquem-se ao presídio para fins de realização do interrogatório do acusado preso, como preconiza o art. 185, § 1º, do CPP, fracionando-se assim a unidade *normal* da audiência. Nesse ponto, a Lei nº 11.900/2008 representou mais um dos lamentáveis exemplos de assistematicidade das reformas ao processo penal brasileiro.

Diante desse regime, em uma exigência de interpretação sistemática, parece-nos um completo despropósito simplesmente dizer que o art. 185, § 1º, com redação dada pela Lei nº 11.900/2009, revogou de maneira tácita a norma do art. 399, § 1º, do CPP, com texto determinado pela Lei nº 11.719/2008. Há de se considerar, nesse contexto, a lógica do procedimento em geral introduzido pela Lei nº 11.719/2008, em pleno vigor.

Como então conciliar essas realidades normativas desencontradas? Em nossa percepção, *como regra*, o interrogatório do preso deverá ser realizado na sede do juízo, a partir de requisição judicial do acusado, cuja apresentação fica a cargo do poder público, na forma determinada pelo art. 399, § 1º, do CPP.

Apenas em caráter excepcional, quando haja risco à segurança em decorrência do deslocamento do preso pelo poder público, aplica-se o disposto no art. 185, § 1º, do CPP, com o comparecimento do juiz e das partes ao lugar da prisão.

Com isso, preservam-se os seguintes parâmetros: (i) a unidade da instrução criminal como regra, em condições normais, ficando o interrogatório como último ato (art. 400, *caput*, CPP); (ii) a regra do interrogatório a ser realizado na sede do juízo (art. 792, *caput*, CPP); (iii) o respeito ao direito de presença do acusado, para fins de inquirição das testemunhas, na mesma audiência; (iv) a excepcionalidade da prática de atos processuais fora da sede do juízo, o que se observa na lógica geral que anima o direito processual penal brasileiro.

Quanto a esse último ponto, com efeito, só em caráter excepcional há o juiz de deslocar-se para fora da sede, não fazendo sentido que isso ocorra pelo só fato de estar preso o acusado. Nessas condições, o § 1º do art. 185 do CPP deve ser compreendido como a exigência de que o interrogatório do preso seja realizado *em sala própria, quando* tiver de ser realizado no estabelecimento em que estiver recolhido. A regra, assim, não é a de que o interrogatório do preso seja realizado no estabelecimento prisional, e sim a de que se realize em sala própria, preservando-se a segurança do juiz e das partes, quando excepcionalmente tenha de acontecer fora da sede do juízo.

Confirma plenamente esse entendimento o fato de o art. 185, § 2º, do CPP prever o *interrogatório por videoconferência* como exceção à hipótese de deslocamento do preso até a sede do juízo, como fica claro no seguinte ponto do inciso I: "...quando exista fundada suspeita (...) de que (...) possa [o acusado preso] fugir *durante o deslocamento*". Do mesmo modo, o inciso II alude à "relevante dificuldade para seu [do acusado preso] comparecimento em juízo" como justificadora da exceção do interrogatório por videoconferência.

Assim, em que pese a falta de clareza pontual, a hipótese do art. 185, § 1º, do CPP, como emana da lógica geral da própria Lei nº 11.900/2009, fica reservada à excepcionalidade de realização do interrogatório em ato único, posterior à audiência de inquirição de testemunhas, e sempre que concretamente isso se mostre necessário, diante das condições de segurança para o ato de deslocamento à sede do juízo.

Outra exceção, mais viável, instituída pela própria Lei nº 11.900/2009, é a do interrogatório por videoconferência, que será examinado ainda neste tópico.

A dispensa da presença do preso, e do respectivo interrogatório, por qualquer impossibilidade operacional de sua apresentação ao juízo pelo poder público, *quando incidente a regra do art. 399, § 2º, do CPP*, é causa de nulidade. Assim, ou a requisição do preso ou a presença judicial na prisão (ou ainda, como será visto, a aplicação da videoconferência) mostra-se imprescindível, em caráter alternativo.

Em qualquer caso, a requisição do preso é necessária para lhe assegurar o direito de presença *quanto à inquirição das testemunhas* na audiência (em regra una), como emana deste precedente da Primeira Turma do STF, firmado no HC 94.216/RJ (STF, 1ª Turma, HC 94.216, Rel. Min. Marco Aurélio, julgamento em 12.05.2009, DJ de 19.062009): "Estando preso o acusado, cumpre requisitá-lo para a audiência de oitiva de testemunhas, pouco importando encontrar-se em unidade da Federação diversa daquela na qual tramita o processo. PROCESSO - NULIDADE - CUSTÓDIA PROVISÓRIA - PROJEÇÃO NO TEMPO. Uma vez anulado o processo e verificada a projeção no tempo de custódia do acusado, impõe-se o relaxamento da prisão".

Significa isso dizer que, ainda quando aplicável a hipótese do art. 185, § 1º, do CPP, para o interrogatório em ato posterior único, subsiste exigível a presença do preso no ato de inquirição de testemunhas, por força do direito de presença, inerente à autodefesa[132].

Uma última observação sobre a hipótese de requisição judicial do preso: caso este manifeste nos autos o desejo de não comparecer à audiência, não se aplica a requisição

---

132. Anote-se, nesse ponto, que o STF também já decidiu que a ausência do acusado (preso ou solto) à audiência de inquirição de testemunhas é causa de nulidade apenas *relativa*, cujo reconhecimento depende de arguição oportuna e de demonstração do prejuízo. Confira-se, a respeito, o julgado da 1ª Turma no HC 95.549/SP (Rel. Min. Cármen Lúcia, julgamento em 28.04.2009, DJ de 29.05.2009). Há, de toda sorte, julgados *mais recentes* da Segunda Turma no sentido da configuração de nulidade absoluta na hipótese. Nesse rumo, cfr. STF, 2ª Turma, HC 111.567, Rel. Min. Celso de Mello, julgamento em 05.08.2014, DJ de 30.10.2014.

Cap. XII • PROVA   649

e a apresentação em juízo. Deve o acusado, no caso, ser dispensado, inclusive quanto a seu interrogatório. Se tem o direito ao silêncio, assiste-lhe de igual modo o direito de não comparecer. A posição dominante, entretanto, orienta-se pela admissibilidade da condução coercitiva do acusado, como já abordado no tópico 3.1.

5.2. Interrogatório por Videoconferência

Exposto o regime jurídico geral aplicável ao lugar do interrogatório, observe-se que o § 2º do art. 185 do CPP, acrescentado pela Lei nº 11.900/2008, contempla a excepcionalidade do *interrogatório por videoconferência, o que poderá substituir tanto a requisição judicial do preso à sede do juízo (art. 399, § 2º, CPP) quanto o comparecimento do juiz ao estabelecimento prisional (art. 185, § 1º, CPP).*

Confira-se o teor da norma em foco: "Excepcionalmente, o juiz, por decisão fundamentada, de ofício ou a requerimento das partes, poderá realizar o interrogatório do réu preso por sistema de videoconferência ou outro recurso tecnológico de transmissão de sons e imagens em tempo real, desde que a medida seja necessária para atender a uma das seguintes finalidades: I – prevenir risco à segurança pública, quando exista fundada suspeita de que o preso integre organização criminosa ou de que, por outra razão, possa fugir durante o deslocamento; II – viabilizar a participação do réu no referido ato processual, quando haja relevante dificuldade para seu comparecimento em juízo, por enfermidade ou outra circunstância pessoal; III – impedir a influência do réu no ânimo de testemunha ou da vítima, desde que não seja possível colher o depoimento destas por videoconferência, nos termos do art. 217 deste Código; IV – responder à gravíssima questão de ordem pública".

Muito já se discutiu sobre a constitucionalidade do interrogatório por videoconferência, em função da garantia da ampla defesa. O próprio STF, aliás, antes do advento da Lei nº 11.900/2009, teve a oportunidade de rechaçar a utilização desse meio[133].

De toda sorte, disciplinado esse objeto no plano normativo, *em caráter excepcional*, não concebemos qualquer inconstitucionalidade da adoção do método. A propósito, a jurisprudência anterior do STF, de 2007, rechaçava o método precipuamente em face da ausência de previsão na ordem jurídica brasileira. Assim, a partir do advento da Lei nº 11.900/2009, e desde que justificado por circunstâncias excepcionais, o interrogatório

---

133. Nesse sentido, confira-se: STF, 2ª Turma, HC 88.914/SP, Rel. Min. Cezar Peluso, julgamento em 14.08.2007, DJ de 05.10.2007: "EMENTA: AÇÃO PENAL. Ato processual. Interrogatório. Realização mediante videoconferência. Inadmissibilidade. Forma singular não prevista no ordenamento jurídico. Ofensa a cláusulas do justo processo da lei (due process of law). Limitação ao exercício da ampla defesa, compreendidas a autodefesa e a defesa técnica. Insulto às regras ordinárias do local de realização dos atos processuais penais e às garantias constitucionais da igualdade e da publicidade. Falta, ademais, de citação do réu preso, apenas instado a comparecer à sala da cadeia pública, no dia do interrogatório. Forma do ato determinada sem motivação alguma. Nulidade processual caracterizada. HC concedido para renovação do processo desde o interrogatório, inclusive. Inteligência dos arts. 5º, LIV, LV, LVII, XXXVII e LIII, da CF, e 792, caput e § 2º, 403, 2ª parte, 185, caput e § 2º, 192, § único, 193, 188, todos do CPP. Enquanto modalidade de ato processual não prevista no ordenamento jurídico vigente, é absolutamente nulo o interrogatório penal realizado mediante videoconferência, sobretudo quando tal forma é determinada sem motivação alguma, nem citação do réu."

por videoconferência poderá ser empregado, garantindo-se ao acusado a devida comunicação com seu defensor, *inclusive em caráter reservado*, sem interferências exógenas.

Há casos extremos, de fato, em que o transporte do presídio à sede do juízo poderá afetar gravemente a segurança pública ou a do próprio acusado preso. Assim, havendo hipótese de organização criminosa ou risco concreto de fuga, com potencialidade ofensiva à segurança pública, o acusado deve ser mantido no presídio, realizando-se seu interrogatório por videoconferência (art. 185, § 2º, I, CPP). De outro lado, para a preservação da própria segurança do acusado, por enfermidade ou outra circunstância pessoal, recomenda-se a adoção do mesmo método (art. 185, § 2º, II, CPP).

A hipótese do art. 185, § 2º, inciso IV, do CPP, entretanto, mostra-se bastante criticável. Não se pode adotar um método excepcional, restritivo de direito, sob a vaga base de uma "gravíssima questão de ordem pública". Trata-se de fórmula apta a converter a exceção em regra. Assim, diante do caráter aberto da expressão, deve-se interpretá-la da forma mais restrita possível, tomando-a como abrangente de casos extremos, em que se mostre impossível ou marcantemente arriscado o deslocamento do acusado à sede do juízo.

Quanto à hipótese do art. 185, § 2º, III, do CPP ("impedir a influência do réu no ânimo de testemunha ou da vítima, desde que não seja possível colher o depoimento destas por videoconferência, nos termos do art. 217"), revela-se também criticável, mas aqui pela falta de clareza e de precisão. Ora, está-se a tratar de *interrogatório* do acusado preso, momento em que não poderá exercer qualquer tipo de influência sobre o ânimo de testemunha.

Assim, em primeiro lugar, deve-se compreender a hipótese como abrangente da *audiência* reservada ao interrogatório, na qual, *antes*, serão ouvidas testemunhas. Desta sorte, se presente o acusado preso na sede do juízo, poderá exercer influência negativa sobre o ânimo da testemunha.

Nesse caso, nos termos da norma em foco, *em primeiro lugar*, deverá ser adotado, nos moldes do art. 217 do CPP, o método da inquirição *da testemunha* por videoconferência, em outra sala (presentes o juiz, o acusador e o defensor), transmitindo-se o depoimento ao acusado preso, que se encontra na sede do juízo.

Se isso, entretanto, não for possível, ou não recomendável diante da natureza do fato e dos riscos concretos, o acusado deve permanecer no presídio, para que não possa exercer influência, na sede do juízo, sobre as testemunhas, realizando-se o interrogatório, nesse caso, por videoconferência (art. 185, § 2º, III, CPP).

Em qualquer hipótese de interrogatório por videoconferência, o acusado deverá, do presídio, acompanhar os demais atos de instrução oral, *por esse mesmo método*, assegurando-se-lhe dessa forma, portanto, um direito de "telepresença", inclusive pela comunicação com seu advogado, para que possa, se for o caso, sugerir perguntas a serem formuladas às testemunhas. Nesse particular, dispõe o art. 185, § 4º, do CPP que "antes do interrogatório por videoconferência, o preso poderá acompanhar, pelo mesmo sistema tecnológico, a realização de todos os atos da audiência única de instrução e julgamento de que tratam os arts. 400, 411 e 531 deste Código".

Como sustentamos na Subseção III, especialmente quando da análise da norma do art. 217 do CPP, *em casos excepcionais*, poderá ser preservada a testemunha de qualquer forma de reconhecimento visual com o acusado, a exemplo do regime aplicável ao reconhecimento de pessoas e coisas (art. 226, III, CPP). Nesse caso – como, por exemplo, pode acontecer no âmbito de organizações criminosas ou de crimes violentos tais quais o roubo –, entendemos pela aplicabilidade de mecanismos como a transmissão apenas de sinais sonoros para o acusado.

Em face de sua excepcionalidade, a realização do interrogatório por videoconferência determina-se em ato judicial motivado, do qual "as partes serão intimadas com 10 (dez) dias de antecedência", nos termos do art. 185, § 3°, do CPP.

Essa providência destina-se não só a possibilitar a preparação da defesa em tais condições excepcionais, como também a permitir a impugnação da decisão judicial. Embora não caiba recurso contra o ato, poderá sempre ser impugnado por *habeas corpus*, impetrado sob o fundamento da inexistência de motivo excepcional de base para a determinação do interrogatório por videoconferência.

Para fins de garantia dos direitos do acusado, inclusive o de comunicação telepresencial reservada com seu defensor (art. 185, § 5°, CPP), "a sala reservada no estabelecimento prisional para a realização de atos processuais por sistema de videoconferência será fiscalizada pelos corregedores e pelo juiz de cada causa, como também pelo Ministério Público e pela Ordem dos Advogados do Brasil", nos termos do art. 185, § 6°, do CPP.

Por fim, a teor do art. 185, § 7°, do CPP, "será requisitada a apresentação do réu preso em juízo nas hipóteses em que o interrogatório não se realizar na forma prevista nos §§ 1° e 2° deste artigo". Como já sustentamos ao início desta exposição, ao contrário do que sugere a norma específica do art. 185, § 7°, a *regra é precisamente a requisição do acusado preso à sede do juízo*, e não o comparecimento do juiz ao estabelecimento prisional (excepcionalidade contemplada no art. 187, § 1°).

As exceções a essa regra, adotáveis quando impossível ou extremamente dificultoso o deslocamento, são: (i) o comparecimento do juiz, do Ministério Público e do defensor ao estabelecimento prisional, na forma do art. 187, § 1°, do CPP, desde que existam adequadas condições de segurança; (ii) não existindo tais condições, o interrogatório por videoconferência, nos moldes da norma do art. 187, § 2°, do CPP.

6. INTERROGATÓRIO DE ACUSADOS ESPECIAIS

A lei reserva *regime específico* ao *interrogatório do mudo, do surdo e do surdo-mudo*, sujeito à disciplina constante do art. 192, *caput*, do CPP, com o seguinte procedimento: (i) ao surdo serão apresentadas por escrito as perguntas, que ele responderá oralmente; (ii) ao mudo as perguntas serão feitas oralmente, respondendo-as por escrito; (iii) ao surdo-mudo as perguntas serão formuladas por escrito e do mesmo modo dará as respostas. Se o deficiente não souber ler nem escrever, "intervirá no ato, como intérprete e sob compromisso, pessoa habilitada a entendê-lo", nos termos do art. 192, parágrafo único, do CPP.

O regime disposto no art. 192, *caput*, do CPP excepciona a oralidade do interrogatório, mediante um procedimento escrito de declaração. Esse viés escrito, nos dias atuais, parece-nos impróprio, diante da existência reconhecida da linguagem brasileira de sinais, que não pode ser confundida com simples mímica.

O surdo-mudo dispõe, assim, de uma forma de comunicação padronizada, em uma *efetiva linguagem*, não fazendo sentido em exigir que se o submeta a um procedimento escrito quanto às suas declarações, quando bastaria a nomeação de um *intérprete*, sob compromisso legal (art. 281 c/c art. 275, CPP), que pudesse traduzir a língua especial para a compreensão comum.

Afiguram-se-nos ultrapassadas, nessas condições, as correntes que sustentam a imprescindibilidade do procedimento formal disciplinado no art. 192 do CPP para os surdos, os mudos e os surdos-mudos. Esse procedimento só se justifica, a nosso juízo, caso haja fundada dúvida sobre a fidelidade da interpretação.

Por outro lado, quanto ao *interrogatório de acusados estrangeiros*, dispõe o art. 193 do CPP: "Quando o interrogando não falar a língua nacional, o interrogatório será feito por meio de intérprete".

É o mesmo regime que julgamos deva aplicar-se ao interrogatório do surdo, do mudo e do surdo-mudo, diante da mesma base de necessidade de tradução de linguagem estranha à compreensão comum. Entende-se por *intérprete* o profissional conhecedor de linguagens especiais e com habilidades para a prática de tradução simultânea. O intérprete traduz, assim, não só a língua estrangeira, mas também algumas linguagens especiais, como a língua brasileira de sinais.

Assevere-se que, mesmo fluente na língua estrangeira, o juiz não poderá substituir-se ao intérprete. As atividades de tradução e de interpretação reclamam habilidades específicas, que só poderão ser exercidas por profissional com essa formação, independente, ademais, do titular da função jurisdicional. Naturalmente, o juiz que detenha conhecimentos sobre a língua estrangeira poderá sempre exercer controle sobre a atividade desenvolvida pelo intérprete no curso do interrogatório do estrangeiro.

SUBSEÇÃO VII
Confissão

1. CONCEITO E CARACTERÍSTICAS DA CONFISSÃO

A *confissão*, como meio de prova, está disciplinada no Capítulo IV do Título VII do Livro I, entre os artigos 197 e 200, do Código de Processo Penal.

Entende-se por *confissão* o ato pessoal, voluntário, expresso e formal em que o acusado assume a prática da conduta criminosa a ele imputada. Conforme NICOLA MALATESTA, "a confissão consiste em qualquer declaração ou admissão voluntária que um imputado faça da verdade dos fatos ou circunstâncias que importem sua responsabilidade penal, ou que se refiram à responsabilidade ou irresponsabilidade de outros por esse mesmo delito"[134].

São características essenciais da confissão, em seu perfil normativo: (i) a pessoalidade; (ii) a voluntariedade; (iii) o caráter expresso; (iv) a oralidade; (v) a formalidade; (vi) a judicialidade; (vii) a assistência por advogado.

A (i) *pessoalidade* significa que a confissão deverá ser manifestada pelo próprio imputado, não cabendo sua aplicação por intermédio de terceiro, nem mesmo pelo defensor.

A (ii) *voluntariedade* significa que o imputado deverá manifestar a confissão livremente, sem qualquer intimidação ou influência. A confissão não precisa ser espontânea, no sentido de que o propósito de confessar tenha que partir do próprio imputado. Exige-se apenas que o ato seja voluntário, podendo o imputado eventualmente ter sido aconselhado a confessar, decidindo a partir daí fazê-lo, por conta própria.

A exigência de voluntariedade da confissão constitui garantia individual do imputado, assim expressa no art. 8, número 3, da Convenção Americana de Direitos Humanos (Decreto nº 678/1992): "A confissão do acusado só é válida se feita sem coação de qualquer natureza". A mesma garantia emana da norma do art. 14, número 3, alínea *g*, parte final, do Pacto Internacional de Direitos Civis e Políticos (Decreto nº 592/1992): "Toda pessoa acusada de um delito terá direito, em plena igualdade, a, pelo menos, as seguintes garantias: g) de não ser obrigada a depor contra si mesma, nem a confessar-se culpada".

Se a confissão estiver viciada por qualquer forma de coação, tem-se a inadmissibilidade da prova respectiva, por ilicitude, sujeitando-se os responsáveis às medidas criminais, civis e disciplinares aplicáveis. Não se trata, portanto, de simples questão de invalidade, mas de efetiva ilicitude, por transgressão ao direito material de liberdade de manifestação, o que impõe o desentranhamento da prova.

O (iii) *caráter expresso* do ato significa a não admissão de qualquer forma de "confissão implícita", deduzida de alguma postura do imputado. A assunção quanto à prática do crime, portanto, deverá ser feita de forma expressa e inequívoca pelo acusado.

Essa exigência do caráter expresso depreende-se da primeira parte da norma do art. 198 do CPP, a proibir que o silêncio do imputado seja tomado como confissão: "O silêncio do acusado não importará confissão..."

A segunda parte desse dispositivo (art. 198, CPP), entretanto, não foi recepcionada pela Constituição de 1988, por significar ofensa ao próprio exercício regular do direito ao silêncio (art. 5º, LXIII, CF): "...mas poderá [o silêncio] constituir elemento para a formação do convencimento do juiz". Essa regra, que já não havia sido recepcionada pela ordem constitucional vigente, acabou de toda sorte revogada pela Lei nº 10.792/2003, que conferiu esta redação ao parágrafo único do art. 186 do CPP: "O silêncio, que não importará em confissão, não poderá ser interpretado em prejuízo da defesa".

---

134. MALATESTA, Nicola Framarino dei. *A Lógica das Provas em Matéria Criminal*. Trad. de Alexandre Augusto Correia. São Paulo: Saraiva, 1960, p. 291.

Antes da audiência de interrogatório, portanto, o acusado deverá ser advertido pela autoridade investigativa ou pelo juiz não só quanto à aplicabilidade do direito ao silêncio, mas também quanto à impossibilidade de que esse exercício represente qualquer prejuízo à defesa.

Pela característica da (iv) *oralidade*, entende-se que a confissão não poderá simplesmente ser manifestada em documento assinado pelo sujeito. É necessário que o juiz ouça a confissão, de modo a aferir o ânimo do sujeito e os limites da declaração oral. Do contrário, haveria margem para que outros redigissem o ato, sem a necessária fidelidade e sem condições, ademais, de verificação judicial da efetiva voluntariedade da confissão.

Igualmente em virtude da oralidade é que a confissão deverá ser ouvida pelo próprio juiz da causa. Assim, se manifestada a confissão em outro processo, a inserção, por empréstimo, do respectivo termo escrito só terá valor de prova documental. Como adverte Espínola Filho: "Está-se a ver que só se atende, como confissão, à que é dada no próprio processo. Se há referência a confissão feita noutros atos, poderá requisitar-se cópia autêntica, mas esta, junta aos autos, terá apenas o valor que é possível atribuir a um documento particular de tal ordem"[135].

Mesmo manifestado oralmente, o ato de confissão deverá ser reduzido a termo, aí despontando a característica da (v) *formalidade*. Essa providência destina-se a propiciar segurança ao aperfeiçoamento do ato, permitindo ao juiz que o aprecie como meio de prova. Nos termos do art. 199 do CPP, "a confissão, quando feita fora do interrogatório, será tomada por termo nos autos, observado o disposto no art. 195".

Se o imputado não souber ler nem escrever, ou não puder assinar, "tal fato será consignado no termo" (art. 195, CPP) a que estiver reduzido o ato de confissão.

Em sequência, tem-se a característica da (vi) *judicialidade*. A confissão, para ter valor como prova, deverá ser manifestada perante o juiz[136]. Se admitida a prática da conduta perante a autoridade policial, isso somente poderá representar *indício*, como elemento da investigação, e não efetivo meio de prova.

A produção de prova tão contundente como a confissão, dadas as repercussões do ato sobre a esfera individual do imputado, somente se aperfeiçoa em um ambiente de garantias plenas, sob controle do órgão jurisdicional. A "confissão" perante o delegado de polícia, ainda que assistida por advogado, não tem o valor normativo reservado à confissão, no art. 197 do CPP. Naturalmente, se o imputado admitir a prática do fato perante a autoridade policial, poderá depois apenas ratificar essa manifestação, a título de real confissão, perante o juiz.

Não se objete que o art. 199 do CPP estaria a admitir a confissão extrajudicial com o mesmo valor probatório da confissão judicial, ao contemplar a possibilidade de

---

135. Espínola Filho, Eduardo. *Código de Processo Penal Anotado*. Rio de Janeiro: Editora Rio, 1980, v. III, p. 48.

136. Como já dizia F. P. Gabrieli, citado por Loredana Garlati: "La confessione perché possa funzionare come circostanza indiziante dev'essere giudiziale". Cfr. Gabrieli, F. P. *Istituzioni di Diritto Processuale Penale con le Recenti Modificazioni Legislative*. Roma, 1946, 90, p. 277, *apud* Garlati, Loredana. *'Contro il Sentimentalismo'. L'Impianto Inquisitorio del Sistema delle Prove nel C.P.P. del 1930*. In: Criminalia – Annuario di Scienze Penalistiche (2012), 2013, pp. 181-227.

exercício do ato "fora do interrogatório". Essa previsão significa apenas que a confissão poderá ser manifestada em outro momento do processo, e não apenas na oportunidade do interrogatório. Nesse caso, de toda sorte, será a confissão "tomada por termo nos autos"[137].

Isso não elimina, portanto, a judicialidade da confissão, como meio de prova direto. A chamada *confissão extrajudicial*, nessa perspectiva, constitui meio de prova apenas indireto, não se lhe reservando o tratamento normativo disposto no art. 197 do CPP. Como assinala FREDERICO MARQUES: "...a confissão proferida *coram judicem* é que tem os caracteres de meio específico de prova, ou que se apresenta como prova autônoma. Feita de outra forma, ou está contida em documento (e então se aplicam as normas sobre a prova documental), ou se operou oralmente, caso em que constitui fato a ser provado em juízo. Todavia, em uma e outra hipótese, sobre essa confissão extrajudicial o réu é sempre ouvido, quando do interrogatório..."[138]

Por fim, a característica da (vii) *assistência por advogado* cumpre-se pela própria judicialidade do ato. Com efeito, na prática de qualquer ato pessoal em juízo, inclusive no interrogatório, o acusado deverá obrigatoriamente estar assistido por defensor. Essa providência revela-se essencial para que o imputado compreenda, com a devida extensão, as repercussões incriminadoras de seu ato voluntário de confissão.

Nesse particular, entendemos que a denominada confissão extrajudicial só terá o valor que lhe é próprio, de meio indireto de prova (indício), se assistida por advogado. Não se pode admitir qualquer peso probatório, *nem mesmo de indício*, para a assunção de prática do fato pelo próprio suspeito ou investigado, sem a devida assistência do defensor.

No modelo de processo penal de tipo acusatório, a confissão, *judicial*, ainda como meio direto, tem valor probatório apenas relativo, sem aptidão para desconstituir o ônus, a recair com exclusividade sobre o órgão acusador, da prova da existência material e da autoria do fato.

Em outros termos, a confissão manifestada em juízo pelo imputado não desincumbe o acusador do ônus de provar a hipótese de fato objeto da acusação deduzida em juízo. Apenas no modelo inquisitório de processo penal a confissão se reveste de valor absoluto.

---

137. Conforme FREDERICO MARQUES: "A confissão pode ser feita, fora do interrogatório, em qualquer momento do processo. Possível é que o réu assim proceda, ou por escrito, ou fazendo a narrative a terceiros. De uma forma ou de outra, cumpre ao juiz aplicar o citado preceito do art. 199 do Cód. de Proc. Penal". Cfr. MARQUES, José Frederico. *Elementos de Direito Processual Penal*. Rio de Janeiro: Forense, 1961, v. II, p. 330. Assim, também, ESPÍNOLA FILHO: "Se, em outra ocasião, o réu quiser confessar, o juiz o ouvirá, tomando a confissão por termo, tal como se fosse obtida no interrogatório". Cfr. ESPÍNOLA FILHO, Eduardo. *Código de Processo Penal Anotado*. Rio de Janeiro: Editora Rio, 1980, v. III, p. 48.

138. MARQUES, José Frederico. *Elementos de Direito Processual Penal*. Rio de Janeiro: Forense, 1961, v. II, p. 330. No mesmo sentido, GUSTAVO BADARÓ: "A confissão extrajudicial, para ser valorada, deverá ser introduzida no processo mediante um document escrito. Neste caso, porém, não será uma confissão, mas um documento. A chamada confissão extrajudicial verbal, ouvida e reproduzida por um terceiro não é confissão, e sim testemunho de alguém sobre o que lhe teria dito o acusado". Cfr. BADARÓ, Gustavo Henrique. *Processo Penal*. Rio de Janeiro: Campus, 2012, p. 312.

Quanto a esse ponto, mesmo no ambiente inquisitivo que inspirou a edição do Código de Processo Penal brasileiro, a confissão jamais foi considerada um meio de prova absoluto. No particular, o art. 197 do CPP prescreve que "o valor da confissão se aferirá pelos critérios adotados para os outros elementos de prova, e para a sua apreciação o juiz deverá confrontá-la com as demais provas do processo, verificando se entre elas e esta existe compatibilidade ou concordância". Revela-se claramente aí, portanto, um *valor probatório relativo* da confissão.

Observe-se, nesse contexto, que em não raras oportunidades a confissão manifestada pelo sujeito não corresponde à verdade, obedecendo a variados motivos, como a intenção de livrar alguma pessoa querida. O Estado não pode tomar como verdade absoluta a declaração feita pelo imputado, devendo aferir se os demais elementos de prova conduzem à demonstração efetiva do quanto confessado.

Caso subsistente ao final do processo apenas a confissão, sem qualquer outro elemento de prova que a respalde, o acusado deverá ser absolvido, uma vez que, nessa hipótese, o acusador não se desincumbiu do ônus de demonstrar a autoria ou a participação do imputado no fato.

2. ELEMENTOS MODIFICATIVOS DA CONFISSÃO

Quanto ao regime normativo reservado à confissão, resta analisar, como *elementos modificativos* do ato, a *divisibilidade* e a *retratabilidade*, nos termos dispostos no art. 200 do CPP: "A confissão será divisível e retratável, sem prejuízo do livre convencimento do juiz, fundado no exame das provas em conjunto".

A *divisibilidade* expressa a possibilidade de consideração judicial apenas de parte do quanto confessado pelo sujeito. Pode acontecer, por exemplo, de o imputado confessar atribuindo a autoria conjunta do fato a outra pessoa. O juiz, nesse caso, poderá considerar, pela avaliação dos demais elementos disponíveis, apenas a prova de que o acusado praticou, sozinho, o fato.

Outro exemplo: o acusado pode confessar a autoria do fato, mas dizer que agiu em legítima defesa. Essa é a hipótese chamada de *confissão qualificada*, em que "a parte reconhece fatos que lhe são prejudiciais em íntima conexão com acréscimos e limitações tendentes a reforçar o seu direito de liberdade", como pontua FREDERICO MARQUES[139]. Na espécie, poderá o juiz acolher a confissão, mas desconsiderar, por falta de prova ou por prova em sentido contrário, a afirmação de legítima defesa.

Essa última hipótese é mais controversa, havendo na doutrina quem a recuse como efetiva confissão, ideia, entretanto, que não se justifica. De nossa parte, entendemos que a confissão diz respeito à prática do fato em tese constitutivo de tipo penal. Se o acusado agrega a isso o ter agido sob excludente de ilicitude ou de culpabilidade, tanto não elimina a voluntariedade da confissão acerca da conduta típica. Cuida-se precisamente da categoria doutrinária da confissão *qualificada*.

---

139. MARQUES, José Frederico. *Elementos de Direito Processual Penal*. Rio de Janeiro: Forense, 1961, v. II, p. 329.

Por último, acerca da *retratabilidade*, mostra-se plenamente possível que o imputado volte atrás no que respeita à confissão. Com efeito, se o ato não tem valor absoluto, devendo ser cotejado com os demais elementos de prova, é perfeitamente possível que o acusado se arrependa de ter assumido o fato.

Nessa hipótese, deverá o juiz considerar as *razões da retratação* e ainda os demais elementos de prova, para concluir, de forma motivada, sobre o valor e a veracidade da anterior confissão. O juiz poderá entender, no particular, que a retratação não descaracteriza a evidência do fato antes confessado, diante da prova disponível nos autos[140].

SUBSEÇÃO VIII
Prova Documental

1. SENTIDO E ALCANCE

A *prova documental* está disciplinada no Capítulo IX ("Dos Documentos") do Título VII do Livro I do Código de Processo Penal, entre os artigos 231 e 238.

Trata-se da prova produzida por *documentos*, isto é, pela base material ou imaterial apta a concentrar informações, servindo para demonstrar ou refutar hipóteses de fato relevantes para a apreciação judicial do objeto da ação penal.

Conforme HÉLIO TORNAGHI, "a palavra *documento* pode ser tomada em sentido amplo, para significar qualquer objeto que contém a expressão de um fato, e em sentido estrito, para designar os escritos, isto é, aquilo que abriga a expressão gráfica de um fato"[141].

Nos termos do art. 232, *caput*, do CPP, "consideram-se documentos quaisquer escritos, instrumentos ou papéis, públicos ou particulares". A lei processual penal, portanto, adota *conceito amplo de documento*, compreensivo não apenas dos *escritos*, mas também de outros *instrumentos* que contenham informações sobre fatos. O *instrumento* pode ser, assim, uma base de armazenamento de dados, como arquivos de documentos digitais ou de mídias audiovisuais.

Como expressa GUSTAVO BADARÓ, "em sentido amplo, documento é todo suporte material que represente um fato juridicamente relevante", vale dizer, "é todo e qualquer objeto que serve para demonstrar a verdade de um fato, como escritos, fotografias, pinturas, filmes..."[142]

---

140. ESPÍNOLA FILHO assim elucida o ponto discutido, sobre a retratabilidade da confissão e seus efeitos: "Tendendo, exclusivamente, a alcançar o conhecimento da verdade, o processo criminal não poderia, evidentemente prevalecer-se dos efeitos de uma confissão, que o acusado fez, mas veio a revogar, convencendo da sua falsidade. Está-se a ver, porém, que, doutra parte, a retratação nenhuma significação tem, se se evidenciar ser o efeito do mero capricho; deve o acusado fundamentá-la em forma a convencer o julgador de ter sido fantasista a confissão". Cfr. ESPÍNOLA FILHO, Eduardo. *Código de Processo Penal Anotado*. Rio de Janeiro: Editora Rio, 1980, v. III, p. 49. No mesmo sentido: TOURINHO FILHO, Fernando da Costa. *Processo Penal*. São Paulo: Saraiva, 2013, v. 3, p. 326.

141. TORNAGHI, Hélio Bastos. *Instituições de Processo Penal*. São Paulo: Saraiva, 1978, v. 4, p. 132.

142. BADARÓ, Gustavo Henrique. *Processo Penal*. Rio de Janeiro: Campus, 2012, p. 332.

Expondo a respeito do sentido e do alcance do termo *instrumento*, por sua vez, Guilherme Nucci pontua que se trata de "algo mais do que um simples escrito (como recibos, procurações, termos etc.), tendo em vista que, atualmente, há várias bases materialmente dispostas para receber sinais, expressando pensamentos e ideias, tais como arquivos de computador, passíveis de serem abertos em equipamentos de informática, comprovando nitidamente situações e fatos relevantes"[143].

Entende-se por *documento*, assim, a base física ou digital que contenha a expressão de pensamentos, ideias, informações e fatos de interesse para a prova no processo penal: escritos, papeis, fotografias, pinturas, arquivos de armazenamento de dados com documentos digitais, filmes e sons.

Cuida-se de uma das formas mais contundentes de prova de fatos relevantes para a causa, sobretudo na hipótese de documento público. À vista do sistema do livre convencimento motivado, no entanto, não se deve estabelecer, no plano abstrato, um valor probatório preponderante da prova documental sobre, por exemplo, a prova testemunhal, ficando a análise do peso do documento a cargo do juiz no caso concreto, de acordo com a natureza do instrumento e as circunstâncias especiais do fato em debate.

A prova documental deverá ser apresentada no processo penal, em princípio, pelo documento original que reflita o fato juridicamente relevante que se pretende demonstrar ou refutar. Admite-se, entretanto, a fotocópia ou fotografia do original devidamente autenticada, como dispõe o art. 232, parágrafo único, do CPP: "À fotografia do documento, devidamente autenticada, se dará o mesmo valor do original".

A esse respeito, prescreve ainda o art. 237 do CPP que "as públicas-formas só terão valor quando conferidas com o original, em presença da autoridade". Entende-se por *pública-forma* a fotocópia autenticada do documento original. Segundo Tourinho Filho, "pública-forma é a cópia de documento avulso, extraída por oficial público, e de nada vale sua exibição em juízo se não coincidir, integralmente, com o documento original"[144]. Na espécie, a autenticação é lançada na cópia a partir da conferência desse documento com o original. Se o juiz considerar necessário, poderá exigir a apresentação do original, para fins de verificação.

Caso juntado o próprio original, entretanto, seu resgate poderá ser reclamado depois do fim do processo pela parte que o produziu, na forma prescrita no art. 238 do CPP: "Os documentos originais, juntos a processo findo, quando não exista motivo relevante que justifique a sua conservação nos autos, poderão, mediante requerimento, e ouvido o Ministério Público, ser entregues à parte que os produziu, ficando traslado nos autos".

---

143. Nucci, Guilherme de Souza. *Código de Processo Penal Comentado*. São Paulo: Revista dos Tribunais, 2012, p. 537.

144. Tourinho Filho, Fernando da Costa. *Código de Processo Penal Comentado*. São Paulo: Saraiva, 1996, v. 1, p. 390.

A devolução do documento, assim, deve acontecer a partir de simples requerimento da parte ao juiz, desde que justificado. Não há, portanto, aplicação do procedimento incidental reservado à restituição de coisas apreendidas, disciplinado nos artigos 118 a 124 do CPP. Esse procedimento, no entanto, persiste aplicável quando terceiro, e não a parte, reclame a restituição do documento por ele produzido.

Na hipótese de indeferimento judicial do pedido objeto do art. 238 do CPP, não há previsão legal de recurso contra esse ato. Admite-se, nessas condições, a impetração de mandado de segurança, para assegurar o direito líquido e certo, em tese, à restituição.

2. CARTAS PARTICULARES

Nos termos do art. 233, *caput*, do CPP, "as cartas particulares, interceptadas ou obtidas por meios criminosos, não serão admitidas em juízo".

Trata-se de expressão concreta da inadmissibilidade das provas obtidas por meios ilícitos, objeto do art. 5º, inciso LVI, da Constituição Federal, e do art. 157, *caput*, do CPP. Na espécie, a interceptação ou a obtenção de cartas privadas transgride o direito individual à inviolabilidade do sigilo das correspondências, assegurado pelo art. 5º, inciso XII, primeira parte, da Constituição. Nem mesmo por decisão judicial, a nosso juízo, poderá haver interceptação de correspondências privadas, senão quando estas constituam instrumento de crime, em virtude, nesse caso, do estado de flagrância.

Assim, não se poderia admitir como prova documental, por óbvio, um elemento material obtido de forma ilícita, e até criminosa (artigos 151 e 152, CP).

Excepciona-se, contudo, a exibição em juízo da correspondência *pelo destinatário*, independentemente de consentimento do emissor, *para fins de defesa de direitos*, conforme dispõe o art. 233, parágrafo único, do CPP: "As cartas poderão ser exibidas em juízo pelo respectivo destinatário, para a defesa de seu direito, ainda que não haja consentimento do signatário".

Nessa hipótese, não há qualquer forma de interceptação, que só pode ser praticada por terceiro. É o próprio destinatário quem exibe a carta, inexistindo aí qualquer ilicitude, desde que a restrição à intimidade do emissor se justifique pela defesa de direito próprio do destinatário da correspondência. Inexiste, na hipótese, conduta criminosa *sequer do ponto de vista objetivo*, pois o tipo de injusto do art. 151 do Código Penal diz respeito à devassa indevida de correspondência *dirigida a outrem*, exigindo a prática do fato, portanto, por pessoa diversa do destinatário.

No caso, todo emissor deve ter a consciência de que a carta, quando recebida pelo destinatário, passa voluntariamente à esfera deste, que terá, sem dúvida, o dever de zelar pela intimidade inerente ao meio de comunicação, mas que, como documento de sua propriedade, poderá utilizar sempre que necessário para o resguardo de seus próprios direitos. Assim, por exemplo, o acusado poderá exibir em juízo carta que demonstre a veracidade de alegação apresentada em sua defesa.

3. DOCUMENTOS EM LÍNGUA ESTRANGEIRA

Nos termos do art. 236 do CPP, "os documentos em língua estrangeira, sem prejuízo de sua juntada imediata, serão, se necessário, traduzidos por tradutor público, ou, na falta, por pessoa idônea nomeada pela autoridade".

Cuida-se da atividade principal do perito *tradutor*, público ou particular sob compromisso (art. 275, CPP). No âmbito de cada circunscrição judiciária, há *tradutores juramentados*, incumbidos do trabalho de versão de textos escritos para o vernáculo, com cunho de oficialidade.

A ressalva "se necessário", constante da norma em foco, está justificada pela existência de idiomas aproximados ao português, como o espanhol, a dispensar a tradução. Em geral, pode-se considerar que os idiomas próprios do MERCOSUL presumem-se de compreensão recíproca entre os Estados membros do bloco. Mesmo nessas hipóteses, entretanto, pensamos que, *normalmente*, se faz necessária a tradução do espanhol para o português, de modo a evitar qualquer dúvida, especialmente quanto a termos técnicos ou próprios da tradição ou da cultura do país em que expedido o documento.

4. AUTENTICIDADE DO DOCUMENTO PARTICULAR

Os documentos públicos presumem-se verdadeiros, salvo prova em sentido contrário. Assim, a mera contestação de assinatura, sem motivação idônea, não é apta a pôr o documento público sob suspeição de autenticidade. Nesse caso, se necessário, basta uma consulta ao agente público subscritor do documento.

Quanto aos documentos particulares, entretanto, se houver contestação da letra e da firma, já não há o manto protetor da fé e da presunção de veracidade públicas. Nesse caso, deverá ser realizada perícia para a confirmação da autenticidade do documento, como dispõe o art. 235 do CPP: "A letra e firma dos documentos particulares serão submetidas a exame pericial, quando contestada a sua autenticidade". Trata-se, no particular, de perícia grafotécnica, a ser realizada na forma do art. 174 do CPP.

5. OPORTUNIDADE PARA A PRODUÇÃO DE PROVA DOCUMENTAL PELAS PARTES

Nos termos do art. 231 do CPP, "salvo os casos expressos em lei, as partes poderão apresentar documentos em qualquer fase do processo".

Assim, como regra, o oferecimento de documentos pelas partes para juntada aos autos processuais transcende a fase instrutória do processo penal, podendo excepcionalmente acontecer na fase de julgamento, ou até em sede recursal. Exige-se, contudo, em qualquer fase, o estrito respeito ao princípio do contraditório, intimando-se para manifestação sobre o documento a parte contrária àquela que o apresentou.

A lei processual penal, em casos especiais, limita a oportunidade de juntada de documentos a um certo momento do processo, sob pena de preclusão. É o que acontece na hipótese do art. 479 do CPP, aplicável ao procedimento do júri, em que a juntada de documentos passíveis de leitura em plenário de julgamento deverá ocorrer "com a antecedência mínima de 3 (três) dias úteis, dando-se ciência à outra parte".

6. INICIATIVA DO JUIZ PARA A PRODUÇÃO DE PROVA DOCUMENTAL

Na Subseção III da Seção I deste Capítulo, pontuou-se que o juiz dispõe de iniciativa instrutória no curso do processo penal, no que tange à "realização de diligências para dirimir dúvida sobre ponto relevante", nos termos do art. 156, inciso II, do CPP.

Essa mesma lógica está assim expressa para o âmbito específico da prova documental, no art. 234 do CPP: "Se o juiz tiver notícia da existência de documento relativo a ponto relevante da acusação ou da defesa, providenciará, independentemente de requerimento de qualquer das partes, para sua juntada aos autos, se possível".

Com vistas a evitar qualquer inclinação do juiz em favor de interesse de alguma das partes do processo, deve-se restringir a iniciativa judicial ao *esclarecimento de dúvida sobre ponto relevante* da acusação ou da defesa. Não se cogite que possa o juiz substituir-se ao órgão de acusação, mesmo no curso do processo penal, para providenciar a produção de prova documental, de modo a demonstrar algum ponto da hipótese acusatória.

A norma do art. 234 do CPP, assim, não respalda – ao menos em uma interpretação afinada com o modelo de processo penal de tipo acusatório, que preserve a imparcialidade do órgão jurisdicional – qualquer forma de *ativismo do juiz* na obtenção de prova em benefício de algum dos interesses polarizados na causa. De nossa parte, ao contrário do que sustenta parte da doutrina, entendemos que não poderá haver ativismo judicial nem mesmo em favor do acusado, o que de igual modo prejudicaria a imparcialidade do órgão jurisdicional.

Por outro lado, não se pode exigir do juiz que vá apreciar e julgar a causa mesmo com dúvida sobre ponto considerado essencial. Assim, havendo *dúvida* sobre ponto relevante da acusação ou da defesa, o juiz poderá movimentar-se independentemente de provocação da parte de imediato interessada. Nesse caso, não estará o juiz atuando para a demonstração de ponto da acusação ou da defesa, mas para a elucidação de questão de fato nebulosa e relevante para a apreciação da causa.

Inexistindo, porém, essa dúvida, não é dado ao juiz, sob a base da pura inércia da parte quanto à demonstração de alegação sua, determinar a produção de prova documental, de ofício.

SEÇÃO V
Provas em Espécie:
Medidas Cautelares Probatórias
e Técnicas Especiais de Investigação

SUBSEÇÃO I
Busca e Apreensão

1. SENTIDO E ALCANCE

O Código de Processo Penal disciplina a busca e apreensão, como espécie de prova, no Capítulo XI ("DA BUSCA E DA APREENSÃO") do Título VII ("DAS PROVAS"), entre os artigos 240 e 250.

A *busca e apreensão*, enquanto realidade normativa unitária, entende-se como *meio de obtenção de prova*, e não meio direto de prova, segundo a classificação doutrinária apresentada ao início desta Seção. Com efeito, há aqui movimentos de caráter investigativo destinados à identificação de fontes de prova e à obtenção de elementos que, por sua vez, sirvam à demonstração ou à refutação de fatos. Nessa linha, para FREDERICO MARQUES, "a busca e apreensão constituem providências cautelares para garantir a produção de provas referentes aos vestígios do crime"[145].

Entende-se por *busca* o movimento coercitivo de perquirição, procura ou revista desencadeado sobre pessoas ou coisas, com o objetivo de encontrar ou desvelar elementos informativos relevantes[146]. A *apreensão*, por sua vez, consiste no ato coercitivo e assecuratório de apossamento ou tomada dos elementos materiais encontrados ou descobertos[147]. Como bem o expressa ROGÉRIO TUCCI, trata-se de "meio de obtenção de prova, de natureza acautelatória e coercitiva, consubstanciado no apossamento de elementos instrutórios, quer relacionados com objetos, quer com

---

145. MARQUES, José Frederico. *Elementos de Direito Processual Penal*, v. II. Rio de Janeiro: Forense, 1961, p. 317.

146. Conforme HÉLIO TORNAGHI: "Busca (*perquisizione, perquisition, search, Durchsuchung*) é a procura, a cata de alguma coisa. Não é mero exame, investigação, pesquisa. Difere, pois: – da vistoria judicial (*ispezione oculare, Augenschein*), ato por meio do qual o juiz aplica os próprios sentidos para receber uma impressão pessoal de um ser ou de um fenômeno; – da perícia (*perizia, Sachverständigen-Gutachten*), exame feito por experts com a finalidade de informar o juiz; – do reconhecimento (*ricognizione, Anerkennung*), seja de pessoas, seja de coisas". Cfr. TORNAGHI, Hélio Bastos. *Curso de Processo Penal*. São Paulo: Saraiva, 1991, v. 1, pp. 458-459.

147. De acordo com TORNAGHI: "A *finalidade da busca* é sempre (...) apreender algo. A apreensão (*saisie, sequestro, Beschlagnahme, seizure*) é o ato pelo qual a autoridade ou seu agente retira a pessoa ou coisa da esfera de quem a detém. É providência acautelatória e, como tal, é meio de não fim". Cfr. TORNAGHI, Hélio Bastos. *Curso de Processo Penal*. São Paulo: Saraiva, 1991, v. 1, pp. 468-469.

as pessoas do culpado e da vítima, quer, ainda, com a prática criminosa que tenha deixado vestígios"[148].

Em linhas gerais, a busca e a apreensão entre si guardam uma relação de meio e resultado, no sentido de (i) buscar, (ii) encontrar, (iii) assegurar.

Mesmo diante dessa compreensão conjunta, é importante discernir conceitualmente, como feito acima, as duas espécies. Nesse contexto, cumpre esclarecer que a *prova* se consolida, rigorosamente, com a *apreensão*, sendo a busca o meio de obtenção dos elementos materiais potencialmente incriminadores.

A distinção entre a busca e a apreensão é relevante, de outro lado, porque a invasão coercitiva sobre os direitos individuais à inviolabilidade domiciliar e à intimidade opera-se propriamente com a busca, não com a apreensão. É o movimento de perquirição no domicílio (busca domiciliar) ou no corpo do sujeito (busca pessoal) que lhe afeta esferas de intimidade. A apreensão, por sua vez, repercute apenas no âmbito do direito de propriedade.

Enfatizando esse aspecto restritivo próprio da *busca*, MIGUEL FENECH anota que se trata do "ato processual cuja função limita as garantias normais da liberdade individual, mediante o emprego de meios coercitivos"[149].

A verificação da pertinência e necessidade da medida cautelar em foco, assim, recai especificamente sobre a busca. Por certo, claro, a ilicitude da busca (meio) implica a da própria apreensão (resultado). A prova como resultado (apreensão) tem sua legalidade dependente da licitude da prova como meio (busca).

De toda sorte, o controle judicial, necessário diante da repercussão restritiva de direitos individuais própria da medida cautelar, toma por base primariamente a busca, por mais que de igual modo possa ser apreciada a regularidade formal da apreensão. Note-se, no particular, que até mesmo o excesso ou o abuso de poder na apreensão terá refletido, previamente, excesso e abuso da própria busca.

Como medida cautelar probatória, a *busca e apreensão* pode ser realizada no curso do procedimento de investigação ou, menos comum, durante o processo penal. Ainda que realizada na fase de investigação, a medida tem caráter probatório, qualificando-se como prova cautelar, nos moldes do art. 155 do CPP, sujeita ao contraditório diferido.

Trata-se de prova a ser constituída unilateralmente, sem a aplicação do contraditório no momento de sua produção, sob pena de ineficácia da medida. Assim, desde que sujeita ao contraditório diferido (ou postergado), poderá essa prova fundamentar o convencimento judicial, mesmo exclusivamente, se for o caso, apesar de constituir elemento unilateral. Consulte-se, para mais detalhes, o exposto sobre provas cautelares, não repetíveis e antecipadas, no tópico 4.2.2 da Subseção I da Seção I deste Capítulo, *supra*.

De acordo com o regime legal, há duas formas de busca (art. 240, *caput*, CPP): busca domiciliar (art. 240, § 1º, CPP) e busca pessoal (art. 240, § 2º, CPP).

---

148. TUCCI, Rogério Lauria. *Busca e Apreensão (Direito Processual Penal)*. In: Enciclopédia Saraiva do Direito, v. 12. São Paulo: Saraiva, 1978, pp. 287-295, esp. 288.

149. FENECH, Miguel. *Derecho Procesal Penal*. Barcelona: Labor, 1952, t. I, p. 148.

2. BUSCA DOMICILIAR

2.1. Inviolabilidade Domiciliar e Limites da Busca

2.1.1. *Ingresso no domicílio e autorização judicial*

Antes de tudo, sobre a *busca domiciliar*, há um balizamento constitucional relevante, consagrando, com a dignidade do regime de direitos e garantias individuais, o direito à inviolabilidade domiciliar. Nos termos do art. 5°, inciso XI, da Constituição: "A casa é asilo inviolável do indivíduo, ninguém nela podendo penetrar sem consentimento do morador, salvo em caso de flagrante delito ou desastre, ou para prestar socorro, ou, durante o dia, por determinação judicial".

Nessas condições, o ingresso no domicílio e a realização de busca não consentida estão condicionados, durante o dia: (i) à presença concreta das situações de urgência constitucionalmente especificadas; (ii) independentemente dessas situações, à autorização do órgão judiciário competente.

A inviolabilidade domiciliar, portanto, só pode ser excepcionalmente afastada, dispensando-se o consentimento do titular do domicílio (art. 5°, XI, CF): (i) independentemente de ordem judicial e a qualquer hora do dia, nas hipóteses de (a) flagrante delito, (b) desastre e (c) necessidade de prestar socorro; (ii) por ordem judicial, executável apenas durante o dia.

A ordem judicial consubstancia-se no instrumento do *mandado*, que será executado normalmente pela autoridade e por agentes policiais, acompanhados ou não de outros agentes investigativos (por exemplo, agentes fiscais). Não há caso, em nosso sistema, de mandado de busca expedido por autoridade policial. A realização da busca domiciliar, fora das hipóteses excepcionais indicadas, depende de *mandado judicial*, sob pena de responsabilidade dos invasores e de inadmissibilidade da prova resultante da diligência ilícita. A única hipótese de dispensa do mandado dá-se quando a própria autoridade judiciária estiver presente no momento da execução policial da busca.

Nessas condições, a norma do art. 241 do CPP não foi – pelo menos em parte – recepcionada pela Constituição de 1988 (art. 5°, XI): "Quando a própria autoridade policial ou judiciária não a realizar pessoalmente, a busca domiciliar deverá ser precedida da expedição de mandado".

Não se permite, em primeiro lugar, que o delegado de polícia realize a diligência independentemente de mandado judicial, senão nas situações excepcionadas no art. 5°, XI, da Constituição.

A respeito da norma do art. 241 do CPP, RENATO BRASILEIRO argumenta que não foi recepcionada pela Constituição de 1988 nem mesmo quanto à autoridade judiciária, "porque não se pode permitir que o magistrado execute diretamente uma busca domiciliar, sob pena de ressuscitarmos a figura do juiz inquisidor, comprometendo a garantia da imparcialidade e o sistema acusatório"[150].

---

150. LIMA, Renato Brasileiro de. *Manual de Processo Penal*. Salvador: JusPodivm, 2015, p. 716.

Estamos de pleno acordo com essa lógica, apenas observando que nada impede que a autoridade judiciária acompanhe a diligência policial de busca, sob circunstâncias excepcionais, para exclusivos fins de controle, sem qualquer ativismo na obtenção da prova.

Induvidosamente, a norma do art. 241 do CPP não pode ser lida, na ordem constitucional vigente, como permissiva de que a autoridade judiciária realize pessoalmente a diligência de busca. Nesse particular, não pode haver dúvida de que o dispositivo, com esse sentido (o literal), não foi recepcionado pela Constituição Federal.

De todo modo, não se pode recusar a dispensa de mandado quando a própria autoridade judiciária esteja presente, não para realizar a busca, mas para acompanhá-la, com o objetivo de controle da ação policial, quando circunstâncias excepcionais do fato (complexidade, número de envolvidos, natureza da investigação) o recomendem. Para esse caso, porém, não há qualquer necessidade de norma prevendo a desnecessidade de mandado judicial, de modo que, efetivamente, não há mais espaço entre nós para a norma do art. 241 do CPP.

Nesse ponto, o Plenário do Supremo Tribunal Federal já teve a oportunidade de fixar a impossibilidade de realização de busca domiciliar pessoalmente pelo juiz, no julgado da ADI 1.570/DF (STF, Tribunal Pleno, ADI 1.570, Rel. Min. MAURÍCIO CORRÊA, julgado em 12.02.2004, publicado de 22.10.2004): "...Busca e apreensão de documentos relacionados ao pedido de quebra de sigilo realizadas pessoalmente pelo magistrado. Comprometimento do princípio da imparcialidade e consequente violação ao devido processo legal. 3. Funções de investigador e inquisidor. Atribuições conferidas ao Ministério Público e às Polícias Federal e Civil (CF, artigo 129, I e VIII e § 2º; e 144, § 1º, I e IV, e § 4º). A realização de inquérito é função que a Constituição reserva à polícia".

Na hipótese de busca domiciliar judicialmente determinada por mandado, torna-se relevante dimensionar o momento possível para a execução da ordem. A Constituição Federal estabelece a expressão "durante o dia" no que diz respeito ao cumprimento da determinação judicial. O que se deve compreender, no entanto, por "dia"?

Alguns autores, afeitos a critérios objetivos – por todos, AFONSO DA SILVA[151] – fixam como dia o período de 6 (seis) horas da manhã até 6 (seis) horas da noite. Outros aludem, como referências, aos estados naturais da alvorada (ou aurora) e do crepúsculo (o anoitecer), ou o nascer e o pôr-do-sol. É este último chamado de *critério físico-astronômico*[152].

Sabe-se que em algumas localidades e em certos períodos do ano a noite chega mais tarde, o que pode gerar problemas de identificação. De nossa parte, entendemos

---

151. SILVA, José Afonso da. *Curso de Direito Constitucional Positivo*. São Paulo: Malheiros, 2008, p. 437.

152. Aludindo aos dois critérios, mas com ênfase no aspecto objetivo, ROGÉRIO TUCCI: "...a ordem judicial, como também explicitado na preceituação constitucional, deve ser cumprida *durante o dia*, isto é, no período entre 6 e 18 horas, lapso temporal que, 'entre a aurora e o crepúsculo', é, como tal, definido, para a prática de atos processuais, na legislação infraconstitucional em vigor". Cfr. TUCCI, Rogério Lauria. *Direitos e Garantias Individuais no Processo Penal Brasileiro*. São Paulo: Revista dos Tribunais, 2009, p. 332.

que *dia*, do ponto de vista natural, significa mesmo o período compreendido entre a alvorada e o crepúsculo.

No entanto, para melhor controle da ação do Estado, de caráter invasivo à esfera individual, é preferível o *critério objetivo*, compreendendo-se o *dia* como o período normal de trabalho, e a *noite* como o período normalmente reservado ao descanso e ao repouso domiciliar. Têm-se, assim, os parâmetros rígidos das 6 (horas) da manhã e das 6 (seis) horas da noite como marcos referenciais. Nesse mesmo sentido já sustentava Espínola Filho, após detalhada referência ao direito comparado: "Essa insegurança de doutrina, apegando-se a uma consideração incerta, porque deixada, inteiramente, à apreciação, subjetiva, da claridade ou da escuridão, faz nos inclinemos a, no tocante à realização das buscas, aceitar a praxe de que se fazem tais diligências durante o dia, entre as seis horas da manhã e as seis da tarde[153].

Por seu turno, o termo *casa* compreende, nos moldes do art. 150, § 4º, do Código Penal, utilizado como referência pela doutrina: (a) qualquer compartimento habitado; (b) aposento ocupado de habitação coletiva; (c) compartimento não aberto ao público, onde alguém exerce profissão ou atividade.

O art. 246 do CPP também fornece parâmetros na mesma trilha, ao estabelecer a aplicação do procedimento da busca domiciliar no âmbito de "compartimento habitado ou em aposento ocupado de habitação coletiva ou em compartimento não aberto ao público, onde alguém exercer profissão ou atividade".

Trata-se de critérios referenciais, devendo o conceito de casa, a nosso juízo, ser compreendido com a maior amplitude possível, de modo a conferir eficácia à proteção da intimidade, como essência do direito à inviolabilidade domiciliar. O domicílio, assim, significa o lugar habitado pelo sujeito, ainda que a título provisório e passageiro, em um contexto de intimidade, pessoal ou laboral, resguardado da visão ou de outras formas de interferência pública, a não ser quando haja consentimento do titular.

Incluem-se aí, além da residência do indivíduo, o quarto de hotel por ele momentaneamente ocupado, o compartimento utilizado para consulta médica privada, o local de trabalho, dentre outros semelhantes. Como diz Rogério Tucci, o conceito "não se restringe à casa habitada pelo destinatário da norma constitucional, com sua família, mas diz, também, com qualquer compartimento habitado, seja de habitação individualizada, seja de coletiva (pensão, hotel etc.); e, ainda, com o local de trabalho"[154]. A inclusão da habitação coletiva e do local de trabalho no procedimento normativamente balizado da busca e apreensão, a propósito, é objeto de disposição expressa no art. 246 do CPP: "Aplicar-se-á também o disposto no artigo anterior [procedimento executório da busca], quando se tiver de proceder a busca em compartimento habitado ou em aposento ocupado de habitação coletiva ou em compartimento não aberto ao público, onde alguém exercer profissão ou atividade".

---

153. Espínola Filho, Eduardo. *Código de Processo Penal Anotado*. Rio de Janeiro: Editora Rio, 1980, v. II, pp. 223-224.

154. Tucci, Rogério Lauria. *Direitos e Garantias Individuais no Processo Penal Brasileiro*. São Paulo: Revista dos Tribunais, 2009, p. 400.

O estabelecimento empresarial, assim, insere-se na proteção constitucional à inviolabilidade domiciliar, como decidiu a Segunda Turma do STF no HC 106.566/SP (STF, 2ª Turma, HC 106.566, Rel. Min. GILMAR MENDES, julgamento em 16.12.2014, publicação em 19.03.2015): "1. Habeas corpus. 2. Inviolabilidade de domicílio (art. 5º, IX, CF). Busca e apreensão em estabelecimento empresarial. Estabelecimentos empresariais estão sujeitos à proteção contra o ingresso não consentido. 3. Não verificação das hipóteses que dispensam o consentimento. 4. Mandado de busca e apreensão perfeitamente delimitado. Diligência estendida para endereço ulterior sem nova autorização judicial. Ilicitude do resultado da diligência. 5. Ordem concedida, para determinar a inutilização das provas".

Deve-se observar, também em relação ao julgado acima referido, que a autorização judicial para a busca domiciliar está restrita a objeto e domicílio delimitados, não podendo a diligência ser estendida para outro lugar, sem nova determinação judicial.

Ainda quanto à busca no local de trabalho, aplica-se regime jurídico especial para a busca em escritório de advocacia, como examinado em tópico próprio, *infra*.

Fixados esses parâmetros, cumpre agora analisar a relevante questão do consentimento do morador.

2.1.2. *O consentimento do morador*

Nos termos do art. 245, *caput*, do CPP, "as buscas domiciliares serão executadas de dia, salvo se o morador consentir que se realizem à noite, e, antes de penetrarem na casa, os executores mostrarão e lerão o mandado ao morador, ou a quem o represente, intimando-o, em seguida, a abrir a porta".

A norma em referência permite, assim, o ingresso domiciliar e a realização de busca inclusive durante a noite, se houver consentimento do morador (*invito domino*). Aliás, havendo consentimento do morador, o ingresso no domicílio e a busca podem realizar-se inclusive sem mandado judicial, de acordo com o sistema aplicável no direito brasileiro. Com regime diverso, a título de referência, tem-se o sistema norte-americano, em que o ingresso de agentes estatais no domicílio, inclusive nas hipóteses de flagrante e de consentimento do morador, depende de autorização judicial.

Nesse contexto, não nos parece adequado o regime legal permissivo do ingresso estatal no domicílio sob consentimento do morador. Nenhuma pessoa, em consciência adequada sobre seus direitos e garantias individuais, autoriza agente investigativo a ingressar em sua própria intimidade domiciliar, com o objetivo de buscar elementos incriminadores.

É imprópria a aplicação ao caso da lógica do "não ter nada a dever", pois a própria presença do Estado policial ou fiscal no domicílio do particular já significa invasão à intimidade, potencializando o encontro de elementos aptos a servir a um interesse persecutório.

O regime em vigor apenas dá margem ao emprego de expedientes intimidantes e manipulativos por parte dos agentes de investigação, no sentido de obter do morador um consentimento viciado, movido pelo medo ou pelo engano, em transgressão, portanto, não só ao direito individual à intimidade domiciliar, mas também à garantia contra a auto-incriminação.

O controle da ação estatal resulta, desta sorte, mitigado, reduzido ao exame de declarações formais em auto circunstanciado (art. 245, § 7º, CPP), lavrado sob a condução dos próprios agentes interessados na diligência. Por isso, aliás, é que se mostram tão comuns os artifícios persuasivos fraudulentamente empregados por agentes policiais inescrupulosos, para convencer o morador a abrir suas portas, sob promessas ilusórias e impossíveis de ajuda, algo que jamais constará, por certo, de um auto descritivo da diligência. Não se pode aceitar qualquer relação de "camaradagem" entre um agente policial investigativo e o próprio investigado.

A hipótese em foco implica, ademais, manifesta violação à garantia de assistência do imputado por um advogado, antes de ter invadida sua esfera privada em uma diligência de cunho incriminador.

Não por outra razão é que a jurisprudência da Suprema Corte norte-americana rechaça qualquer forma de ingresso policial não consentido no domicílio do particular, sem que haja ordem judicial para tanto.

No direito brasileiro, deveria aplicar-se o mesmo, especialmente como forma de prevenção e resguardo de direitos e garantias fundamentais contra o abuso de poder.

Nessas condições, sustentamos o seguinte: (i) durante o dia, o ingresso no domicílio e a diligência de busca domiciliar só podem ser realizados no estrito cumprimento de mandado judicial, independentemente do consentimento do morador; (ii) durante a noite, o ingresso no domicílio, inclusive para buscar elementos de prova, só é possível nas hipóteses de flagrante delito, desastre ou necessidade de socorro, não cabendo a realização de busca domiciliar, mesmo com o pretexto de consentimento do morador, sob pena de transgressão à inviolabilidade domiciliar e à garantia contra a auto-incriminação.

A nosso juízo, a restrição objeto do art. 5º, inciso XI, da Constituição, assimila-da *a contrario sensu*, de que pode haver ingresso com o consentimento do morador aplica-se apenas aos particulares, em condições naturais, não se estendendo à ação estatal investigativa, em que o consentimento naturalmente se tem por viciado, por erro espontâneo ou provocado do morador. O sentido de proteção individual contra todos, inclusive em face da ação investigativa do Estado, emana apenas do significado direto (e não daquele *a contrario sensu*) do preceito constitucional, concernente ao impedimento de ingresso no domicílio sem o consentimento do morador.

Não é essa, entretanto, a orientação jurisprudencial do STF sobre a matéria. Nesse particular, o Plenário da Suprema Corte brasileira já firmou precedente considerando lícito o ingresso de agentes fiscais no domicílio do particular – e admissível, portanto, a prova assim obtida – quando não haja resistência do titular ou de seu representante relativamente a essa ação invasiva. Confira-se, no julgado do HC 79.512/RJ (STF, Tribunal Pleno, HC 79.512, Rel. Min. SEPÚLVEDA PERTENCE, julgamento em 16.12.1999, publicação em 16.05.2003): "Prova: alegação de ilicitude da obtida mediante apreensão de documentos por agentes fiscais, em escritórios de empresa – compreendidos no alcance da garantia constitucional da inviolabilidade do domicílio – e de contaminação das provas daquela derivadas: tese substancialmente correta, prejudicada no caso, entretanto, pela ausência de qualquer prova de resistência dos acusados ou de seus prepostos ao ingresso dos fiscais nas dependências da empresa ou sequer de protesto imediato contra a diligência. 1. Conforme o art. 5o, XI, da Constituição – agora as exceções nele taxativamente previstas ('em caso de flagrante delito ou desastre, ou para prestar socorro') só a 'determinação judicial' autoriza, e durante o dia, a entrada de alguém – autoridade ou não – no domicílio de outrem, sem o consentimento do morador. 1.1. Em consequência, o poder fiscalizador da administração tributária perdeu, em favor do reforço da garantia constitucional do domicílio, a prerrogativa da auto-executoriedade. 1.2. Daí não se extrai, de logo, a inconstitucionalidade superveniente ou a revogação dos preceitos infraconstitucionais de regimes precedentes que autorizam a agentes fiscais de tributos a proceder à busca domiciliar e à apreensão de papeis; essa legislação, contudo, que, sob a Carta precedente, continha em si a autorização à entrada forçada no domicílio do contribuine, reduz-se, sob a Constituição vigente, a uma simples norma de competência para, uma vez no interior da dependência domiciliar, efetivar as diligências legalmente permitidas: o ingresso, porém, sempre que necessário vencer a oposição do morador, passou a depender de autorização judicial prévia. 1.3. Mas, é um dado elementar da incidência da garantia constitucional do domicílio o não consentimento do morador ao questionado ingresso de terceiro: malgrado a ausência da autorização judicial, só a entrada invito domino a ofende, seja o dissenso presumido, tácito ou expresso, seja a penetração ou a indevida permanência, clandestina, astuciosa ou franca. 1.4. Não supre ausência de prova da falta de autorização ao ingresso dos fiscais nas dependências da empresa o apelo à presunção de a tolerância à entrada ou à permanência dos agentes do Fisco ser fruto do metus publicae potestatis, ao menos nas circunstâncias do caso, em que não se trata das famigeradas 'batidas' policiais no domicílio de indefesos favelados, nem sequer se demonstra a existência de protesto imediato. 2. Objeção de princípio – em relação à qual houve reserva de Ministros do Tribunal – à tese aventada de que à garantia constitucional da inadmissibilidade da prova ilícita se possa opor, com o fim de dar-lhe prevalência em nome do princípio da proporcionalidade, o interesse público na eficácia da repressão penal em geral ou, em particular, na de determinados crimes: é que, aí, foi a Constituição mesma que ponderou os valores contrapostos e optou – em prejuízo, se necessáriao da eficácia da persecução criminal – pelos valores fundamentais, da dignidade humana, aos quais serve de salvaguarda a proscrição da prova ilícita: de qualquer sorte – salvo em casos extremos de necessidade inadiável e incontrolável – a ponderações de quaisquer interesses constitucionais oponíveis à inviolabilidade do domicílio não compete a posteriori ao juiz do processo em que se pretenda introduzir ou valorizar a prova obtida na invasão ilícita, mas sim àquele a quem incumbe autorizar previamente a diligência".

Em que pese a densidade, a ponderação e a exuberância argumentativa do julgado, própria de um dos maiores ministros que já integraram a Suprema Corte brasileira, não nos parece que essa solução atenda à exigência de máxima efetividade dos direitos individuais objeto de proteção constitucional, em particular o direito à inviolabilidade do domicílio.

O julgado é impecável em destacar a inadmissibilidade do ingresso domiciliar mesmo na hipótese de dissenso tácito, assim como a penetração ou permanência clandestina, astuciosa ou franca. Assim mesmo, porém, temos como princípio que nenhuma pessoa, consciente da proteção constitucional que lhe assiste, franqueará validamente acesso a agentes investigativos à sua esfera de intimidade domiciliar, ainda menos quando isso possa conduzir à coleta de elementos incriminadores.

Por outro lado, adicionalmente, a proteção constitucional à intimidade, frente ao Estado, destina-se de igual modo a desestimular ações intimidantes ou manipulativas na obtenção da prova. Permitir, nesse sentido, que agentes estatais ingressem no domicílio do particular sob o pretexto de consentimento do morador, refletido na ausência de protesto, significa dar margem à prática de expedientes incontroláveis, pois a diligência tem condução material e expressão formal reservadas aos próprios investigadores.

Ademais, nenhum interesse público poderá justificar esse regime, pois basta ao agente investigativo representar ao órgão judiciário competente pela autorização para a execução da medida, de modo que a legalidade e a necessidade desta possa ser previamente avaliada e ponderada.

Essa solução, de resto, resguardaria os próprios agentes executores do mandado de busca, contra quaisquer alegações de intimidação, de manipulação ou de simulação no que se refere ao consentimento do morador.

Seja como for, tem-se entre nós a prevalência, por óbvio, da orientação atual do STF sobre a matéria.

Entende-se por *morador* a pessoa que, presente no lugar, apresente-se como responsável pelo domicílio, não sendo razoável exigir que os agentes investigativos obtenham prova de título de propriedade ou de posse para que possam ingressar na casa, exibindo o mandado judicial.

Além disso, na hipótese de relação familiar (casamento ou união estável), são moradores ambos os cônjuges ou companheiros, podendo a apresentação do mandado e o esclarecimento da natureza e das finalidades da diligência ser dirigidos a qualquer deles.

O mesmo não se diga, porém, quanto aos descendentes, ainda que maiores. Nesse caso, embora inequivocamente moradores do lugar, os descendentes não podem ser tidos como responsáveis pelo domicílio, para os efeitos próprios da busca domiciliar. Impõe-se, assim, uma compreensão restrita do termo morador objeto do art. 245, *caput*, do CPP.

Ausente o morador, de toda sorte, pode a busca domiciliar ser formalizada junto a um representante, como permite a norma em exame. Por outro lado, se não houver ninguém no domicílio, aplica-se, conforme o disposto no art. 245, § 4º, do CPP, o procedimento legal reservado às hipóteses de desobediência e recalcitrância do morador, com o arrombamento da porta e a entrada forçada (art. 245, § 2º, CPP), permitindo-se ainda "o emprego de força contra coisas existentes no interior da casa, para o descobrimento do que se procura" (art. 245, § 3º, CPP). Nessa situação, deve ser "intimado a assistir à diligência qualquer vizinho, se houver e estiver presente", nos termos do art. 245, § 4º, do CPP.

2.2. Busca em Escritórios de Advocacia

A *comunicação entre o acusado e seu advogado*, desde que referente ao exercício da defesa, é *indevassável*, mesmo por força de decisão judicial. O sigilo das comunicações entre o advogado e seu constituinte, nesse particular, constitui prerrogativa do exercício da advocacia, como função essencial à Justiça, e também garantia da intimidade do titular da pretensão.

Adicionalmente, no processo penal, o exercício da defesa técnica não pode estar sujeito a interferências, injustificáveis sob qualquer pretexto. O advogado exerce, no âmbito da persecução penal, atividade de ordem pública, na defesa técnica de direito indisponível.

O Estado, por outro lado, dispõe de diversos mecanismos investigativos da prática de crimes, não sendo permitidas intervenções sobre a comunicação do acusado com seu defensor, nem mesmo com autorização judicial. Revela-se inconcebível, por exemplo, a interceptação judicialmente autorizada de conversa mantida entre o preso e seu advogado no interior de um presídio.

Nesse sentido, é direito do advogado o de "comunicar-se com seus clientes, pessoal e reservadamente, mesmo sem procuração, quando estes se acharem presos, detidos ou recolhidos em estabelecimentos civis ou militares, ainda que incomunicáveis", nos termos do art. 7º, inciso III, da Lei nº 8.906/1994. Do mesmo modo, não se admite a interceptação de conversa telefônica entre o acusado e seu defensor relacionada ao exercício da defesa.

Em conformidade com essa lógica, dispõe o art. 243, § 2º, do CPP que "não será permitida a apreensão de documento em poder do defensor do acusado, salvo quando constituir elemento do corpo de delito". Destina-se a norma a resguardar os documentos próprios da comunicação do defensor com o acusado e concernentes ao exercício da defesa.

Essa garantia protege o advogado, assim, contra a busca pessoal que tenha por objeto documentos relacionados ao exercício da função. Caso o documento, entretanto, constitua objeto material de crime, já não haverá o contexto de estrito exercício da função por parte do defensor, que fica, assim, sujeito à ação invasiva do Estado.

Por outro lado, quanto à inviolabilidade domiciliar do advogado, há regramento especial de proteção ao lugar e aos instrumentos de exercício da função. A esse respeito, o art. 7º, inciso II, da Lei nº 8.906/1994, com redação determinada pela Lei nº 11.767/2008, estabelece como direito do advogado "a inviolabilidade de seu escritório ou local de trabalho, bem como de seus instrumentos de trabalho, de sua correspondência escrita, eletrônica e telemática, desde que relativas ao exercício da advocacia".

A norma veio em resguardo à efetividade do exercício da advocacia como função essencial à Justiça. Não haveria liberdade de exercício profissional, nem efetividade da defesa técnica, se o advogado não estivesse protegido contra interferências investigativas em seu lugar de trabalho e nas comunicações mantidas com seus clientes[155].

---

155. Sobre o ponto, revela-se perene a exposição de João Mendes de Almeida Júnior, citada por Frederico Marques: "Se se trata de busca, examinar e apreender cartas e outros papéis, confiados ao advogado ou

É odioso admitir ou tolerar, nesse contexto, que o advogado possa servir de instrumento para que os agentes investigativos obtenham elementos incriminadores contra o imputado. A vulnerabilidade do ambiente comunicativo entre o acusado e seu defensor deve ser resguardada, por constituir o exercício de garantia fundamental, a de defesa técnica. Inexistiria legalidade nem racionalidade se o próprio Estado fraudasse o regime constitucional garantista a ponto de ilicitamente instrumentalizá-lo em benefício do interesse persecutório, alcançável por diversos outros meios.

Em particular, o escritório ou outro lugar de trabalho do advogado, como ambiente que concentra o registro das comunicações, a intimidade de diversas pessoas e a atividade rotineira de defesa técnica, está especialmente resguardado pela inviolabilidade.

Isso não impede, em absoluto, a realização de diligência de busca domiciliar no escritório ou outro lugar de trabalho. A garantia protege a função advocatícia, em seu ambiente (escritório ou outro lugar de exercício) e em seus instrumentos. Se o advogado utiliza esse lugar para a prática de crimes, em concurso com alguns de seus constituintes, já não haverá exercício da função advocatícia nesse particular, fazendo-se possível a busca domiciliar judicialmente autorizada. Trata-se da mesma lógica que anima a garantia do advogado contra a busca pessoal, expressa no art. 243, § 2º, do CPP.

O regime protetivo especial justifica-se pelo fato de haver, no escritório de advocacia, informações e documentos de diversas pessoas, em particular as não investigadas, o que reclama o adequado dimensionamento dos limites da operação policial.

Em síntese, a busca e apreensão em escritório de advocacia é possível, mas há de obedecer a fundamentação específica (art. 7º, II, Lei nº 8.906/1994), sob rígido controle judicial, inclusive quanto à sua extensão, diante das especiais garantias afetáveis. Nesse sentido, refira-se o julgado da Segunda Turma do STF no HC 91.610/BA (STF, 2ª Turma, HC 91.610, Rel. Min. GILMAR MENDES, julgamento em 08.06.2010, DJ de 22.10.2010): "HABEAS CORPUS. BUSCA E APREENSÃO FUNDAMENTADA. VERIFICAÇÃO DE QUE NO LOCAL FUNCIONAVA ESCRITÓRIO DE ADVOCACIA. NECESSIDADE DE FUNDAMENTAÇÃO ESPECÍFICA. AUSÊNCIA DE COMUNICAÇÃO AO MAGISTRADO ANTES DA EXECUÇÃO DA MEDIDA. IMPOSSIBILIDADE DE EXECUÇÃO EM SITUAÇÃO DISTINTA DAQUELA DETERMINADA NA ORDEM JUDICIAL. NULIDADE DAS PROVAS COLHIDAS. ORDEM CONCEDIDA. 1. O sigilo profissional constitucionalmente determinado não exclui a possibilidade de cumprimento de mandado de busca e apreensão em escritório de advocacia. O local de trabalho do advogado, desde que este seja investigado, pode ser alvo de busca e apreensão, observando-se os limites impostos pela autoridade judicial. 2. Tratando-se de local onde existem documentos que dizem respeito a outros sujeitos não investigados, é indispensável a especificação do âmbito de abrangência da medida, que não poderá ser executada sobre a esfera de direitos de não investigados. 3. Equívoco quanto à

---

procurador, em sua qualidade de patron do acusado, o seu escritório deve estar ao abrigo de buscas que tenham por objeto descobrir aí indícios ou provas dos delitos imputados a seus clientes; não há justiça sem liberdade de defesa; e esta plenitude de defesa é um direito garantido pela Constituição". ALMEIDA JÚNIOR, João Mendes. *O Processo Criminal Brasileiro*. 1959, v. II, p. 64, *apud* MARQUES, José Frederico. *Elementos de Direito Processual Penal*. Rio de Janeiro: Forense, 1961, v. II, pp. 316-317.

indicação do escritório profissional do paciente, como seu endereço residencial, deve ser prontamente comunicado ao magistrado para adequação da ordem em relação às cautelas necessárias, sob pena de tornar nulas as provas oriundas da medida e todas as outras exclusivamente delas decorrentes."

Esclarecidos esses parâmetros, examinemos com mais detalhes o sentido e o alcance da norma do art. 7°, inciso II, da Lei n° 8.906/1994.

Em primeiro lugar, tem-se como ambiente de inviolabilidade domiciliar especial o escritório ou local de trabalho. Compreenda-se que o objeto de proteção é o exercício da advocacia, em particular no viés de defesa técnica. Assim, a inviolabilidade é do ambiente onde exercida a função advocatícia, quer se trate de escritório, quer de outro lugar.

Nessa perspectiva, a sala de estabelecimento empresarial onde atuam os advogados internos insere-se na proteção especial objeto do art. 7°, II, da Lei n° 8.906, e não apenas no âmbito da inviolabilidade domiciliar em geral. Trata-se de local de trabalho do advogado.

Por outro lado, resguarda-se o exercício da função advocatícia em qualquer seara, pública ou privada. Compreendem-se na advocacia as atividades (art. 1°, *caput*, Lei n° 8.906/1994) de (i) postulação perante órgão do Poder Judiciário, na defesa de pretensões e (ii) consultoria, assessoria e direção jurídicas.

Exercidas por particular ou por servidor público, essas atividades estão especialmente resguardadas pela inviolabilidade declarada no art. 7°, II, da Lei n° 8.906, sobretudo quanto ao local de trabalho. Nesse sentido, o local de trabalho do defensor público é inviolável no que diga respeito ao exercício da defesa técnica.

2.3. Procedimento

2.3.1. Iniciativa e procedimento de autorização

A busca e apreensão, como medida cautelar probatória, tem sua aplicação condicionada a prévio controle judicial, ressalvadas as exceções constitucionais, como já visto.

O deferimento judicial da medida, na fase pré-processual, depende de provocação do interessado, a partir representação do delegado de polícia, ouvido o Ministério Público, ou por requerimento do titular da ação penal.

Não se pode admitir ativismo judicial na determinação da medida de busca, sob pena de prejuízo à imparcialidade do órgão judiciário. O modelo de processo penal de tipo acusatório, caracterizado pela separação das funções processuais em sujeitos distintos, exige que a iniciativa da ação penal e a prática de atos tendentes ao seu exercício esteja exclusivamente reservada à parte. Ao órgão judiciário, por seu turno, cumpre examinar a aplicabilidade excepcional da medida, diante de seu caráter restritivo e potencialmente ofensivo a direito individual, no caso a inviolabilidade domiciliar. Permitir que o próprio juiz examine a pertinência da medida, quando nem sequer existente uma acusação deduzida, é dar margem a que o *interesse*, incompatível com a função jurisdicional, paute a iniciativa. Por outro lado, *durante o processo penal*, pode ser que o juiz determine de ofício a diligência, desde que com a finalidade exclusiva de esclarecer dúvida sobre ponto relevante, conforme o art. 156, II, do CPP.

É em conformidade com essa lógica que deve ser lida a norma do art. 242 do CPP: "A busca poderá ser determinada de ofício ou a requerimento de qualquer das partes". À luz de interpretação conforme a Constituição, entenda-se que a determinação judicial de ofício restringe-se à fase processual e, ademais, à estrita finalidade expressa no art. 156, II, do CPP, que é a de esclarecimento de dúvida. Jamais se poderá admitir que o juiz determine de ofício busca e apreensão na fase investigativa.

2.3.2. Procedimento de execução

Acerca do procedimento executório da busca domiciliar, tem-se o seguinte:

(i) Se a própria autoridade judiciária for pessoalmente autorizar e acompanhar a busca, deverá declarar previamente sua qualidade e o objeto da diligência, como prescreve o art. 245, § 1º, do CPP.

Assevere-se que a autoridade judiciária não pode *realizar* a busca, como previsto no art. 245, § 1º, e sim apenas, excepcionalmente, acompanhá-la para fins de controle. Por outro lado, a autoridade policial que realizar a busca deverá exibir e ler o mandado ao morador ou ao representante, na forma do art. 245, *caput*, do CPP, ficando com isso esclarecida a qualidade e o objeto da diligência.

(ii) Durante o dia, caso o morador ou o representante recuse a autorizar o ingresso, mesmo diante da exibição de mandado judicial, "será arrombada a porta e forçada a entrada", nos termos do art. 245, § 2º, do CPP. Nesse caso, poderá o morador responder pela prática de crime de resistência (art. 329, CP).

A possibilidade de responsabilização penal por resistência, e até de detenção em flagrante, existe mesmo se o morador for o próprio imputado (investigado, indiciado ou acusado), não estando amparado, na espécie, pelo direito de não se autoincriminar. Isso porque, já tendo havido resolução judicial a respeito do afastamento excepcional da inviolabilidade do domicílio, *o imputado* não tem o direito de ativamente resistir à sua execução, investindo contra os agentes executores.

Por outro lado, acerca da responsabilidade por crime de desobediência, parece--nos insustentável. Na espécie, ao contrário do que ocorre com a resistência, não há na desobediência qualquer investida ativa contra os executores da ordem. A desobediência é passiva. Não se pode obrigar, nem mesmo sob ordem judicial, o titular do domicílio, desde que seja investigado ou acusado, a tomar ações – como indicar compartimentos e objetos etc. – que possam levar à produção de prova contra si próprio.

Da mesma maneira que o órgão judiciário não pode, no interrogatório, obrigar o acusado a declarar, não poderá, por mandado, fazê-lo contribuir com as investigações, fornecendo subsídios aos investigadores, pela prestação de informações e pela entrega de objetos e documentos.

O que não se permite é a resistência. Já a desobediência passiva, pela omissão do morador imputado em contribuir, integra a sua liberdade de autodeterminação pessoal e ainda o direito de não se autoincriminar: com efeito, dá-se, na hipótese, algo equivalente a uma *declaração*, pois a exigência cogitada é de que o imputado *informe* às autoridades o paradeiro de objetos e de documentos, entregando-os.

Nessas condições, acontecendo a recusa, a própria lei estabelece o arrombamento e a entrada forçada, assim como, em caso de recalcitrância, o emprego de força contra coisas existentes no interior do domicílio (art. 245, § 3º, CPP). Eis aí a solução normativa.

A mesma lógica aplica-se, portanto, à hipótese prevista no art. 245, § 5º, do CPP: "Se é determinada a pessoa ou coisa que se vai procurar, o morador será intimado a mostrá-la". Sendo o morador o próprio investigado, não se pode forçá-lo a revelar o paradeiro nem a mostrar qualquer objeto.

Claro, do que aqui se trata é de eventual exigência de que o morador investigado indique a localização de objetos e os forneça aos executores do mandado. A simples atitude de franquear acesso aos executores, porém, não oferece nenhuma repercussão ao âmbito protetivo da garantia contra a autoincriminação, devendo o morador investigado, nesse particular, cumprir a ordem judicial, sob pena de, aí sim, responder por desobediência, além de ter que vicenciar o arrombamento[156].

Por outro lado, se o morador não for investigado, responderá criminalmente *inclusive* em caso de recusa à indicação do paradeiro de objetos e documentos dos quais tenha conhecimento, por desobediência ao cumprimento da ordem judicial e também, se for o caso, por resistência. Nessa esfera, efetivamente, já não haverá o amparo da garantia contra a autoincriminação, que só pode ser invocada por seu próprio titular, vale dizer, o morador investigado.

(iii) Se o morador estiver ausente, aplicam-se os procedimentos de arrombamento, entrada forçada e emprego de força contra objetos, intimando-se qualquer vizinho, se houver, para assistir à diligência (art. 245, § 4º, CPP).

(iv) Nos termos do art. 248 do CPP, "em casa habitada, a busca será feita de modo que não moleste os moradores mais do que o indispensável para o êxito da diligência". Com efeito, a diligência de busca, que já encerra marcante caráter invasivo, não pode degenerar-se em instrumento de devassa, sob pena de responsabilidade dos agentes por qualquer excesso. A intimidade deve ser preservada, sem qualquer viés de espetáculo na condução da diligência. Como bem pondera HÉLIO TORNAGHI: "Por mais criterioso e avisado que seja o executor, a busca, por si mesma, estorva, importuna, incomoda os

---

156. Refira-se, quanto ao ponto particular, a posição de GUILHERME NUCCI: "Poder-se-ia argumentar que o morador, quando for o próprio suspeito, indiciado ou acusado, estaria no seu direito de não se autoacusar, como faria ao recusar-se a fornecer material para exame de sangue ou grafotécnico, ou mesmo calando-se. Ocorre que a situação é diferenciada: justamente porque o Estado não pode obrigar o indiciado/acusado a produzir prova contra si mesmo, tem obrigação – e o poder para isso – de buscar os elementos de formação da culpa por sua conta. Dessa forma, ainda que o sujeito investigado não queira colaborar, não tem o direito de impedir a entrada no seu domicílio, quando a ordem foi regularmente expedida por juiz de direito". Cfr. NUCCI, Guilherme de Souza. *Manual de Processo Penal e Execução Penal*. Rio de Janeiro: Forense, 2014, p. 477.

moradores. Mas a lei exige que o transtorno seja o menor possível; apenas o suficientemente necessário para que a busca logre sua finalidade"[157].

(v) Se exitosa a busca, no sentido da descoberta dos objetos procurados, deverá ser efetuada a respectiva *apreensão*, na forma do art. 245, § 6º, do CPP: "Descoberta a pessoa ou coisa que se procura, será imediatamente apreendida e posta sob custódia da autoridade ou de seus agentes".

Nesse particular, impõe-se a pormenorizada descrição, no auto próprio, dos objetos apreendidos. Essa providência destina-se a garantir a eficácia da ação estatal investigativa[158], com o inventário dos elementos que depois servirão à apreciação e ao exame dos investigadores, e também a assegurar o direito de propriedade do investigado ou de terceiro, que depois poderá, a partir do auto de apreensão, reclamar a devida restituição dos bens que não mais interessarem à prova. Nesse contexto, considere-se que hoje em dia é muito comum a apreensão de computadores, servidores e mídias eletrônicas, por exemplo, cujo inventário de apreensão mostra-se essencial como garantia ao proprietário desses bens.

(vi) Se não for encontrado qualquer dos objetos buscados, "os motivos da diligência serão comunicados a quem tiver sofrido a busca, se o requerer", nos termos do art. 247 do CPP. Nesse ponto, compreenda-se que os motivos da diligência deverão sempre ser esclarecidos ao início, inclusive pela apresentação do mandado, independentemente de requerimento do morador. A hipótese do art. 247 do CPP aplica-se sempre que o morador reclame mais esclarecimentos sobre os motivos da busca que não conduziu à apreensão de qualquer objeto. Tratando-se de erro grave e injustificável, caberá inclusive reparação ao morador pelos dados causados em função da ação estatal invasiva.

(vii) Como forma de garantia (tanto quanto possível) da legalidade e da regularidade da busca, sobretudo no que concerne à observância dos balizamentos constitucionais aplicáveis ao ingresso domiciliar, impõe-se aos executores a lavratura de auto circunstanciado, descritivo da diligência, o qual deverá ser assinado também por duas testemunhas presenciais, e por um vizinho em caso de ausência do morador, na forma do art. 245, § 7º, do CPP.

---

157. Tornaghi, Hélio Bastos. *Curso de Processo Penal*. São Paulo: Saraiva, 1991, v. 1, p. 467. Em sentido semelhante, assinala Cleunice Pitombo: "As autoridades e seus agentes limitam-se a procurar o objetivo, o alvo da medida, nada mais. Devem evitar o varejamento inútil. Devem molestar e importunar o morador o mínimo possível, ao bom sucesso da porcura. Necessitam respeitar o recato das pessoas e segredo; e, também, tudo que desinteresse à persecução penal". Cfr. Pitombo, Cleunice Bastos. *Da Busca e da Apreensão no Processo Penal*. São Paulo: Revista dos Tribunais, 2005, p. 220.

158. Com esse enfoque, Espínola Filho: "Enfim, são medidas [o arrolamento minucioso dos objetos arrecadados] que a clarividência, a sagacidade, a experiência, o espírito de minúcia dos encarregados da importante diligência adotarão, cônscios de que o laconismo dos autos de apreensão (infelizmente de uma frequência prejudicialíssima nos inquéritos policiais) e a impossibilidade de identificação posterior dos objetos, como os realmente arrecadados, sacrificam esse importantíssimo meio de obtenção de elementos indiciantes preciosos, que constituem, para os processos criminais, as buscas e apreensões". Cfr. Espínola Filho, Eduardo. *Código de Processo Penal Anotado*. Rio de Janeiro: Editora Rio, 1980, pp. 217-218.

2.4. Finalidades

Nos termos do art. 240, § 1º, do CPP, é cabível a busca domiciliar para: "a) prender criminosos; b) apreender coisas achadas ou obtidas por meios criminosos; c) apreender instrumentos de falsificação ou de contrafação e objetos falsificados ou contrafeitos; d) apreender armas de munições, instrumentos utilizados na prática de crime ou destinados a fim delituoso; e) descobrir objetos necessários à prova da infração ou à defesa do réu; f) apreender cartas, abertas ou não, destinadas ao acusado ou em seu poder, quando haja suspeita de que o conhecimento do seu conteúdo possa ser útil à elucidação do fato; g) apreender pessoas vítimas de crimes; h) colher qualquer elemento de convicção".

Antes de tudo, trata-se de *rol exemplificativo*, e não taxativo. É possível, assim, a ampliação analógica, para alcançar objetivos semelhantes aos expressamente contemplados. De toda sorte, a amplitude das causas enunciadas nas alíneas *e* ("descobrir objetos necessários à prova da infração ou à defesa do réu") e *h* ("colher qualquer elemento de convicção") do § 1º do art. 240 já representa fórmula residual suficiente, a tornar desnecessário o emprego de instrumentos integrativos. A analogia serve apenas à identificação de objetivos específicos, semelhantes àqueles descritos nas alíneas *c* e *d*, por exemplo.

Fixado esse ponto, proceda-se na sequência ao exame individualizado de cada uma das hipóteses expressas.

2.4.1. Prisão de criminosos

A primeira delas diz respeito à *prisão de criminosos* (art. 240, § 1º, *a*, CPP). Cuida-se do caso em que o imputado está no interior de algum domicílio. Tratando-se de estado de flagrância delitiva, o ingresso no domicílio independe de mandado judicial, como já visto. Na hipótese de prisão preventiva, basta a expedição do respectivo mandado judicial, que pode ser cumprido, durante o dia, no interior do domicílio onde se encontrar o sujeito. Nesse caso, não é necessária, portanto, a expedição de mandado de busca e apreensão, podendo o ingresso no domicílio respaldar-se somente no mandado judicial de prisão preventiva.

Pode ocorrer, no entanto, que inexista certeza quanto ao paradeiro do imputado. Na espécie, havendo pelo menos indícios de que o imputado se acha em determinado domicílio, deverá o ingresso dos executores respaldar-se em mandado de busca domiciliar.

Sobre esse último ponto, a ausência de certeza quanto ao paradeiro do imputado torna imperativa apreciação judicial específica no que respeita à inviolabilidade domiciliar, não se admitindo que os agentes policiais, munidos apenas de mandado de prisão, saiam invadindo diversos domicílios em busca da pessoa que tiver de ser presa.

Só a certeza, portanto, pode autorizar o ingresso policial no domicílio, em cumprimento a mandado de prisão, independentemente de mandado de busca domiciliar. O mesmo se aplica, por sinal, na hipótese de prisão em flagrante.

2.4.2. Apreensão de coisas achadas ou obtidas por meios criminosos e de instrumentos do crime

O segundo possível objetivo da busca domiciliar consiste na *apreensão de coisas achadas ou obtidas por meios criminosos* (art. 240, § 1º, *b*, CPP).

Coisas achadas são as que interessam à prova do processo, o que reflete o objetivo informativo próprio da busca e apreensão. Já as *coisas obtidas por meios criminosos* consistem no *produto do crime*. Entenda-se que o alcance da norma restringe-se ao *produto direto da prática do crime*, isto é, a seu objeto material. *Proventos* alcançados com os rendimentos proporcionados pelo crime podem ser objeto de *sequestro*, mas não de busca e apreensão.

Nesse particular, ressalte-se a *finalidade imediatamente probatória* da apreensão do produto, por mais que este possa eventualmente servir também à recomposição do prejuízo causado pelo crime. O que justifica a invasão do domicílio, portanto, é o objetivo de obtenção de subsídios informativos para a persecução penal, e não a finalidade de assegurar bens para a reparação à vítima do dano experimentado em decorrência da prática do fato, o que pode ser alcançado por outros meios.

A busca e apreensão, ao contrário do sequestro e do arresto, constitui medida cautelar probatória, ainda que reflexamente possa servir a um interesse assecuratório. O afastamento excepcional da inviolabilidade domiciliar justifica-se em virtude do interesse público associado à persecução penal. Os bens apreendidos na diligência, de toda sorte, podem eventualmente servir à recomposição do dano.

Por outro lado, se a finalidade for apenas assecuratória à vítima e/ou desconstitutiva das vantagens (proventos) proporcionadas pela prática delituosa, caberá ao órgão judiciário decretar a medida adequada, qual seja, o sequestro de bens, na forma dos artigos 125 a 144-A do CPP. Para mais detalhes sobre o tema, remete-se o leitor ao Capítulo XI deste Curso, reservado às medidas assecuratórias.

Dentro da mesma lógica de obtenção do corpo de delito, a busca domiciliar é cabível para "apreender instrumentos de falsificação ou de contrafação e objetos falsificados ou contrafeitos" (art. 240, § 1º, *c*, CPP). Desponta aí muito clara, igualmente, a finalidade probatória, pela apreensão dos instrumentos e do objeto material de crimes contra a fé pública.

Na mesma linha, tem-se a *apreensão de armas e munições* e, residualmente, de *instrumentos utilizados na prática de crime ou destinados a fim delituoso* (art. 240, § 1º, *d*, CPP).

Nesse sentido, a busca domiciliar pode servir, por exemplo, à apreensão de instrumentos e objetivos vinculados a outros delitos, como os de tráfico de drogas: busca e apreensão de petrechos (matéria-prima, insumo ou produto químico destinado à preparação de drogas, conforme a norma incriminadora do art. 33, § 1º, I, da Lei nº 11.343/2006) e do próprio objeto material (droga).

Em qualquer caso, para a apreensão do objeto material do crime, não há a necessidade de mandado judicial para o ingresso no domicílio, diante do estado de flagrância.

Por outro lado, a apreensão de objetos provenientes do crime, quando não aplicável a busca e apreensão, pode ocorrer a título de sequestro de bens móveis (art. 132, CPP), medida assecuratória que se destina também à eliminação do provento gerado pela prática do crime.

Nesse particular, cumpre distinguir com cuidado: (i) os instrumentos e o objeto material do próprio crime, compondo o corpo de delito, assim como os recursos diretamente obtidos com prática da infração (*produto do crime*), interessam à prova do processo penal, devendo ser objeto de *busca e apreensão* (medida cautelar probatória); (ii) os *proventos do crime*, vale dizer, os objetos adquiridos com os rendimentos (produto) gerados pela prática delituosa, devem ser objeto de *sequestro*, que constitui medida cautelar assecuratória, destinada, portanto, à recomposição do dano e à eliminação das vantagens proporcionadas pelo crime.

Distingue-se, portanto, o *produto direto do crime*, objeto de *busca e apreensão*, dos *proventos do crime*, objeto de *sequestro*. O próprio art. 132 do CPP, a propósito, estabelece a aplicabilidade do sequestro quando não cabível a busca e apreensão.

Assim, por exemplo, caberá: (i) a busca e apreensão de drogas (produto do crime), no sentido de coisas obtidas por meios criminosos (art. 240, § 1º, *b*, segunda parte, CPP) e também no de objeto material do crime; (ii) o sequestro de ativos, em bens móveis e imóveis, obtidos com os rendimentos gerados pelo tráfico de drogas, objeto de *lavagem* de capitais.

Sobre o ponto (ii), compreenda-se, porém, que os ativos ilícitos, por constituírem objeto material do próprio crime de *lavagem* de dinheiro, podem igualmente ser alcançados por busca e apreensão. Tudo dependerá da finalidade precípua que justifica em concreto a medida cautelar.

2.4.3. Descoberta de objetos necessários à prova de infração penal ou à defesa do acusado e coleta de qualquer elemento de convicção

Na sequência, tem-se a hipótese de *descoberta de objetos necessários à prova de infração ou à defesa do réu* (art. 240, § 1º, *e*, CPP), o que só traduz, de maneira geral, a finalidade legal vinculada à busca domiciliar.

Trata-se aqui de fórmula residual, estendida, no art. 240, § 1º, *h*, ao *objetivo de coleta de qualquer elemento de convicção*, análise que, entretanto, deve ser feita de maneira rigorosa e individualizada, para que não se permita uma diligência genérica de busca.

2.4.4. Apreensão de cartas particulares

Refira-se, neste tópico, a hipótese de maior complexidade enunciada no art. 240, § 1º, *f*, do CPP, que diz respeito ao objetivo de "apreender cartas, abertas ou não, destinadas ao acusado ou em seu poder, quando haja suspeita de que o conhecimento de seu conteúdo possa ser útil à elucidação do fato".

Há intensa controvérsia na doutrina a respeito da recepção ou não desse dispositivo pela norma do art. 5º, inciso XII, da Constituição Federal de 1988, que consagra a *inviolabilidade epistolar*, nos seguintes termos: "é inviolável o sigilo da correspondência e das comunicações telegráficas, de dados e das comunicações telefônicas, salvo, no último caso, por ordem judicial, nas hipóteses e na forma que a lei estabelecer para fins de investigação criminal ou instrução processual penal".

Perceba-se que a norma constitucional excepciona apenas a inviolabilidade das comunicações telefônicas – a nosso juízo, a expressão *no último caso* envolve, na verdade, as comunicações de dados e das comunicações telefônicas –, passível de afastamento por ordem judicial. A inviolabilidade do sigilo da correspondência e das comunicações telegráficas, assim, não seria afastável nem mesmo por força de ordem judicial.

Parte da doutrina, em consonância com a interpretação literal da regra, sustenta a *inviolabilidade absoluta do sigilo epistolar*. Outro setor, porém, defende que não há direito de caráter absoluto, cabendo a aplicação, no caso, de postulados como o da proporcionalidade e da harmonização prática, de modo que a proteção à intimidade não funcione como salvaguarda à prática criminosa, em prejuízo do interesse público.

Em posição particular, ADA GRINOVER chega a sustentar a inconstitucionalidade formal do dispositivo, ao argumento de que a Assembleia Nacional Constituinte aprovara texto diverso para a norma, depois indevidamente modificada, com a inserção dos restritivos em foco, pela Comissão de Redação[159].

Antes de tudo, parece-nos inadmissível invocar, no caso, a aplicação de postulados interpretativos como a proporcionalidade. A uma porque esse postulado não pode servir de ferramenta para que o juiz corrija o legislador e o conteúdo expresso da lei, no caso a própria Constituição. A duas porque os mecanismos de ponderação aplicam-se aos conflitos entre direitos ou garantias individuais objeto de proteção constitucional na forma de princípios, objeto de normas de caráter aberto.

No particular, está-se apenas invocando o interesse público na persecução penal, o que não constitui elemento excepcionante de direitos e garantias individuais, declarados justamente como delimitação do exercício daquele genérico interesse. Ora, se o interesse público pudesse ser sempre invocado para reduzir o alcance normativo da proteção constitucional, mesmo quando esteja esta claramente delimitada, resultaria esvaziado o próprio aspecto garantista e protetivo que se visa a estabelecer.

Na discussão enfocada, está-se diante de *regra* constitucional, de sentido e alcance nítidos, com hipótese de incidência fechada: caberá o afastamento da inviolabilidade por ordem judicial "no último caso", isto é, a nosso juízo, na previsão conjunta da inviolabilidade telefônica e de dados. Se a regra excepcionou, *delimitando*, o "último caso", é irrecusável e linear que, quanto aos demais casos, não há a possibilidade de afastamento nem mesmo por decisão judicial.

Por outro lado, veja-se que a própria Constituição, no regime de direitos e garantias individuais, excepciona o estado de flagrância delitiva como elemento apto a

---

159. GRINOVER, Ada Pellegrini. *O Regime Brasileiro das Interceptações Telefônicas*. In: Revista do Conselho da Justiça Federal, v. 3, p. 113.

afastar a proteção. É o que acontece, precisamente, com a inviolabilidade domiciliar, objeto do art. 5°, inciso XI.

Assim, a inviolabilidade epistolar – como, por sinal, qualquer outro direito – não pode ser invocada como mecanismo de proteção por quem se encontra em flagrante delito. Inexiste proteção constitucional à intimidade no momento do flagrante.

De tal sorte, o que se veda, a nosso juízo de maneira incontornável, é que o órgão judiciário autorize a quebra da inviolabilidade epistolar sob a base do objetivo de busca de provas da prática de crime. Nesse ponto, a norma constitucional estabeleceu a lógica clara de que o interesse probatório não justifica a quebra da intimidade da correspondência.

Exige-se, assim, que o Estado busque a prova da prática por outros meios. Pensar o contrário é admitir que a razoabilidade e a proporcionalidade possam sempre ser empregadas pelo intérprete e aplicador mesmo quanto a regras de conteúdo fechado, sempre que considere que o legislador não adotou o melhor caminho.

Não significa isso dizer, porém, que a inviolabilidade epistolar possa servir de instrumento ou de salvaguarda à prática de delitos. Havendo a utilização desse mecanismo para a prática de crimes, é cabível a interceptação por ordem judicial, pois os atos executórios delitivos, em estado de flagrância delitiva, afastam a intimidade, inclusive na forma de inviolabilidade epistolar.

Nesse sentido, aliás, decidiu a Primeira Turma do STF no HC 70.814/SP (STF, 1ª Turma, HC 70.814, Rel. Min. CELSO DE MELLO, julgamento em 01.03.1994, publicação em 24.06.1994): "A administração penitenciária, com fundamento em razões de segurança pública, de disciplina prisional ou de preservação da ordem jurídica, pode, sempre excepcionalmente, e desde que respeitada a norma inscrita no art. 41, parágrafo único, da Lei n. 7.210/84, proceder a interceptação da correspondência remetida pelos sentenciados, eis que a cláusula tutelar da inviolabilidade do sigilo epistolar não pode constituir instrumento de salvaguarda de práticas ilícitas".

Em síntese, adotando posição intermediária, entendemos que a inviolabilidade epistolar pode ser afastada se estiver sendo utilizada como instrumento facilitador da prática de crimes. Não poderá, entretanto, diante da regra constitucional inscrita no art. 5°, XII, ser ordinariamente afastada pelo órgão judiciário, em nome apenas do objetivo de prova da prática de crimes, sem que haja indícios de que a correspondência, em si, consubstancia ou instrumentalmente executa ou facilita a execução de infrações penais.

Sob essa luz, segundo nos parece, a norma do art. 240, § 1°, *f*, do CPP, não foi recepcionada pela Constituição de 1988 na parte em que permite a abertura de cartas "quando haja suspeita de que o conhecimento de seu conteúdo possa ser útil à elucidação do fato". Existindo, porém, indícios de que a carta é elemento de crime ou facilita a sua execução, permite-se o afastamento da inviolabilidade epistolar, que não pode servir como salvaguarda para a prática delitiva.

Em todo caso, reconhecemos que está a prevalecer na jurisprudência, embora sob pressupostos duvidosos, a corrente contrária.

2.4.5. Proteção à vítima

O precípuo objetivo probatório vinculado à busca, de toda sorte, pode sempre trazer junto um fim protetivo, como ocorre na hipótese do art. 240, § 1º, *g*, do CPP, concernente à *apreensão de pessoas vítimas de crimes*. Nesse caso, diante do estado de flagrância delitiva, não há a necessidade de mandado judicial de busca domiciliar.

2.5. Ingresso no Domicílio em caso de Flagrante Delito

Observou-se já que a *inviolabilidade do domicílio* somente pode ser excepcionalmente *afastada, quando não haja consentimento do morador*: (i) por *ordem judicial motivada, executável durante o dia*; ou (ii) por força de circunstâncias anômalas, impositivas de ação imediata, tais o *flagrante delito*, o *desastre* e a *necessidade de socorro* (art. 5º, XI, CF). Nesses últimos casos, a quebra excepcional da inviolabilidade pode ocorrer a qualquer hora do dia, independentemente de ordem judicial.

Cumpre, neste tópico, meditar algo mais sobre a hipótese do *flagrante delito* como causa de autorização do afastamento da inviolabilidade domiciliar.

Em nosso sistema, como está claro, o ingresso no domicílio em caso de flagrante não depende de autorização judicial. Adota-se no Brasil, portanto, regime diverso daquele vigente no direito norte-americano, em que, mesmo havendo a flagrância delitiva, só poderá ocorrer intervenção policial na intimidade domiciliar sob estrita ordem judicial.

A inexigência de ordem judicial, porém, potencializa uma série de problemas, como a prática nos tem revelado, por múltiplos exemplos. É que, com isso, há margem para que agentes policiais, *a pretexto de arrostar situação de flagrância*, invadam a intimidade domiciliar meramente para a realização de pesquisas e buscas ilegais. Após consumada a ilicitude, engendra-se então o argumento da suspeita do flagrante, a justificar a ação, ainda que não encontrada a situação empírica de base.

Por óbvio, nem sempre poderá haver *certeza* dos agentes policiais quanto à efetiva existência de estado de flagrância delitiva. Não é tolerável, por outro lado, que o investigador possa invadir o local para verificar se existe ou não esse estado, o esvaziaria por completo o direito individual à inviolabilidade domiciliar.

Nesse cenário, a ausência de autorização judicial exige a verificação estrita, sob a base dos *fundados elementos indiciários*, do estado de flagrância, para que se tenha por justificada a ação imediata de ingresso no domicílio. Exige-se, assim, *justa causa* para o ingresso domiciliar, no sentido de subsídios probatórios mínimos, existentes no momento da ação policial.

Significa isso dizer que: (i) a mera suspeita não autoriza a invasão; (ii) a eventual efetividade do estado de flagrância não descaracteriza a ilegalidade de ação, se esta não estava justificada por lastro probatório mínimo, quando decidida.

Sobre o ponto (ii), pode ser que os agentes policiais, sem qualquer base indiciária, resolvam ingressar no domicílio alheio. Lá, casualmente, acabam por efetivamente encontrar uma situação de flagrância. Mesmo nessas circunstâncias, a ação não se pode ter por lícita, porque não estava justificada, ante a inexistência de subsídios probatórios que a amparassem. A polícia terá agido, na espécie, com base em simples suspeita, por mais que, por eventualidade, haja encontrado uma situação de flagrância ao ingressar no domicílio.

Recorde-se que a finalidade associada à regra de exclusão da prova ilícita é de desestímulo à obtenção ilegal de provas pelos agentes investigativos. Se for admitida a prova fortuitamente encontrada, estará chancelada a iniciativa ilegal da polícia em todo caso, com a invasão de domicílios em busca de estados de flagrância, podendo, aqui e ali, encontrar algum.

Não se invoque, no particular, a exceção da descoberta inevitável ou, na lógica do direito brasileiro, da fonte independente. A uma porque essas exceções só se aplicam à prova derivada de ilícita, e não à prova ilícita originária, como no caso, em que a prova é obtida por direta transgressão à inviolabilidade domiciliar. A duas porque a mera existência de um estado de flagrância não faz pensar que a prova seria encontrada de qualquer maneira, pois tal estado pode cessar no momento seguinte.

Em última análise, o encontro do estado de flagrância, por eventualidade, não chancela a ilicitude da transgressão desautorizada da inviolabilidade domiciliar, se a ação policial, quando efetuada, não se amparava em justa causa (fundadas razões ou prova indiciária mínima).

O regime só pode ser esse, se o que se quer é preservar a intimidade domiciliar contra pesquisas e buscas ilegais, realizadas sob a simples suposição de agentes, sem justo motivo. Nesse particular, não se está pensando na proteção do sujeito em estado de flagrância quando teve seu domicílio ilegalmente invadido. Está-se pensando é na pessoa que, não se encontrando em estado de flagrância, tem seu domicílio invadido apenas porque o agente policial supôs que poderia haver uma prática de crime em curso. Se não se protege, porém, o primeiro, igualmente desamparado estará o último.

Que controle poderá ser aplicado quanto à efetiva existência de justa causa no momento da ação policial? Nesse particular, o art. 245, § 7º, do CPP exige o seguinte: "Finda a diligência, os executores lavrarão auto circunstanciado, assinando-o com duas testemunhas presenciais, sem prejuízo do disposto no § 4º".

No auto circunstanciado, portanto, deverão constar as razões da diligência, descrevendo-se os elementos indiciários que a autorizaram e justificaram. Não assim, tem-se a ilicitude da invasão e da prova por meio dela obtida.

Com a lógica exposta, o Plenário do Supremo Tribunal Federal, no paradigmático julgado do RE 603.616/RO (STF, Tribunal Pleno, RE 603.616, Rel. Min. GILMAR MENDES, julgamento em 05.11.2015, ainda sem publicação), entendeu que "a entrada forçada em domicílio sem mandado judicial só é lícita, mesmo em período noturno, quando amparada em fundadas razões, devidamente justificadas a posteriori, que indiquem que dentro da casa ocorre situação de flagrante delito, sob pena de responsabilidade disciplinar, civil e penal do agente ou da autoridade, e de nulidade [*rectius*: ilicitude] dos atos praticados".

Nesse lúcido precedente, assentou a Suprema Corte que a constatação, posterior ao ingresso domiciliar, do estado de flagrância não justifica a medida invasiva. Fixou-se, como registrado no Informativo de Jurisprudência nº 806, a necessidade de "fortalecer o controle 'a posteriori', exigindo dos policiais a demonstração de que a medida fora adotada mediante justa causa, ou seja, que haveria elementos para caracterizar a suspeita de que uma situação a autorizar o ingresso forçado em domicílio estaria presente". Por último, assinalou-se que o modelo probatório aplicável à espécie é "o mesmo da busca e apreensão domiciliar – apresentação de 'fundadas razões', na forma do art. 240, § 1º, do CPP –, tratando-se de exigência modesta compatível com a fase de obtenção de provas".

Essa é a referência protetiva adequada, que prestigia o direito individual à inviolabilidade domiciliar e a segurança da ação policial, em um regime, como o nosso, que admite o ingresso no domicílio em estado de flagrância independentemente de ordem judicial.

2.6. Requisitos Intrínsecos do Mandado de Busca Domiciliar

O art. 243 do CPP discrimina os *requisitos intrínsecos* do mandado de busca e apreensão, os quais atendem essencialmente às exigências de individualização dos objetivos da diligência. Destinam-se esses requisitos a evitar que a busca domiciliar (ou a pessoal, examinada em tópico próprio, *infra*) converta-se em instrumento de devassa à intimidade e, portanto, de constrangimento ilegal.

O caráter inerentemente invasivo da diligência, portanto, reclama a imposição de limites à ação investigativa, de modo que a restrição ao direito individual envolvido opere-se na estrita medida da necessidade, sem excessos e dentro da órbita delimitada pelo órgão judiciário competente.

Nesse contexto, conforme o art. 243, *caput*, do CPP, o mandado de busca deverá: (i) "indicar, o mais precisamente possível, a casa em que será realizada a diligência e o nome do respectivo proprietário ou morador; ou, no caso de busca pessoal, o nome da pessoa que terá de sofrê-la ou os sinais que a identifiquem"; (ii) "mencionar o motivo e os fins da diligência"; (iii) "ser subscrito pelo escrivão e assinado pela autoridade que o fizer expedir".

Impõe-se de início, assim, a individualização do domicílio objeto da diligência (art. 243, *caput*, I, primeira parte, CPP). Significa dizer que os executores não poderão estender a diligência para outros domicílios, ainda que em virtude de informações obtidas no lugar autorizado, ressalvados, naturalmente, os casos de flagrante.

Por exemplo, se, no curso da busca domiciliar realizada em certa residência, o delegado de polícia obtém informações de que a prova buscada pode se encontrar em um escritório do mesmo imputado, deverá representar ao órgão judiciário competente no sentido da autorização de nova busca. Não cabe simplesmente estender a abrangência da busca autorizada, sob o pretexto de que estaria na mesma linha de desdobramento investigativo.

Claro, caso a informação obtida seja a de que objeto de crime (por exemplo, armas ou drogas) encontra-se no outro domicílio, caberá a invasão independentemente de ordem judicial, diante do estado de flagrância delitiva, desde que haja fundados indícios a esse respeito.

Exige a lei também a individualização do motivo e dos fins da diligência (art. 243, II, CPP). Não se admite a busca e apreensão genérica, destinada a alcançar todo e qualquer elemento que possa remotamente constituir prova da prática de infração penal. Infelizmente, têm-se observado na prática diligências de extrema amplitude, em que os executores apreendem grande quantidade de documentos, na esperança de que algum possa levar à elucidação de fato constitutivo de crime.

Essa atitude ofende não apenas a inviolabilidade domiciliar, em evidente devassa, e ainda o direito de propriedade, mas também a própria eficácia da investigação, que fica paralisada em função do volume imenso de informações sem a menor relevância.

O órgão judiciário deverá, tanto quanto possível, delimitar rigorosamente os fins da diligência de busca, de maneira a impedir que os executores a realizem com amplitude descontrolada. Sabe-se que nem sempre é possível especificar com riqueza de detalhes qual objeto deve ser buscado e apreendido. Há diversos elementos que podem conduzir à elucidação do mesmo fato, sem que se possa sempre precisar toda a tipologia, sobretudo nos feitos mais complexos. Impõe-se, porém, a descrição exaustiva das finalidades, para evitar excessos, não sendo admissíveis fórmulas como "buscar e apreender todo e qualquer objeto que constitua prova de crime".

Em particular, se a obtenção de dados probatórios envolver outra esfera de intimidade constitucionalmente protegida, além do âmbito domiciliar, reclama-se autorização judicial específica, não estando o ato invasivo respaldado pelo só fato de de sua prática no curso ou como decorrência da diligência de busca realizada no domicílio. Deverá constar do mandado de busca, portanto, tal autorização judicial específica. A propósito, o afastamento da esfera especial de intimidade reclama apreciação autônoma do órgão judiciário, não suprível pelo estado de flagrante delito, nem pela autorização judicial concedida para fim diverso, inclusive o ingresso domiciliar.

Nesse contexto, a Sexta Turma do Superior Tribunal de Justiça resolveu que o acesso a dados, inclusive conversas de *whatsapp*, contidos no interior de aparelho celular apreendido na oportunidade de prisão em flagrante delito, não pode ocorrer sem autorização judicial (STJ, 6ª Turma, RHC 51.531/RO, Rel. Min. Nefi Cordeiro, julgamento em 19.04.2016, DJ de 09.05.2016): "1. Ilícita é a devassa de dados, bem como das conversas de whatsapp, obtidas diretamente pela polícia em celular apreendido no flagrante, sem prévia autorização judicial. 2. Recurso ordinário em habeas corpus provido, para declarar a nulidade das provas obtidas no celular do paciente sem autorização judicial, cujo produto deva ser desentranhado dos autos".

Embora o julgado do STJ se refira ao aparelho apreendido *no flagrante*, vale o mesmo, por iguais razões de direito, quanto ao *celular apreendido no curso de diligência de busca domiciliar*. Isso porque o acesso aos dados presentes no aparelho envolve a esfera da intimidade das *comunicações telemáticas*, cujo conteúdo só está acessível pelo investigador após específica autorização judicial concedida com base nos particulares pressupostos e requisitos próprios do regime jurídico estabelecido pela Lei nº 9.296/1996 (art. 1º, parágrafo único). Nessas condições, a só autorização judicial para o ingresso no domicílio não supre o controle judicial exigido para a invasão de outra esfera da intimidade do sujeito, objeto de regulamentação normativa especial. Se for o caso, deverá então o juiz, no mandado de busca, autorizar especificamente o acesso da autoridade policial a dados constantes de aparelho celular que venha a ser apreendido.

Por fim, exige-se a garantia de *autenticidade do mandado judicial de busca*, que deve ser assinado pela autoridade judiciária responsável pela expedição e pelo servidor responsável pela lavratura (art. 243, III, CPP).

Nos termos do art. 243, § 1º, do CPP, "se houver ordem de prisão, constará do próprio texto do mandado de busca". Havendo apenas ordem prisional, assevere-se que é possível o ingresso no domicílio independentemente de ordem específica de busca, se isso for essencial ao cumprimento do mandado de prisão. Poderá, de toda sorte, ser determinada a busca juntamente com a prisão em um só mandado, quando haja pelo menos indícios de que a pessoa a ser presa encontra-se no lugar objeto da busca domiciliar.

2.7. Encontro Fortuito de Provas ou *Serendipidade*

Questão de especial interesse, com referência ao requisito intrínseco do mandado relativo à precisão dos motivos e das finalidades da diligência de busca (art. 243, *caput*, II, CPP), é a da admissibilidade do *encontro fortuito de provas*, também designado pelo termo *serendipidade*. Segundo referência de Luiz FLÁVIO GOMES, *serendipidade*, "essa estranha palavra (como nos informa Ethevaldo Siqueira – O Estado de S. Paulo de 15.02.09, p. B10) significa 'algo como sair em busca de uma coisa e descobrir outra (ou outras), às vezes até mais interessante e valiosa. Vem do inglês *serendipity* (de acordo com o Dicionário Houaiss), onde tem o sentido de descobrir coisas por acaso. Serendip era o antigo nome da ilha do Ceilão (atual Sri Lanka). A palavra foi cunhada em 1754 pelo escritor inglês Horace Walpole, no conto de fadas 'Os três príncipes de Serendip', que sempre faziam descobertas de coisas que não procuravam"[160].

Consiste a discussão em saber se é admissível, e em que medida, a prova fortuitamente encontrada no curso de diligência de busca domiciliar, sem que estivesse abrangida nos limites da diligência autorizada no mandado judicial.

Antes de tudo, advirta-se que a matéria diz respeito ao encontro de elementos de prova relativos a fatos passados, independentes do objeto de investigação vinculado à diligência de busca domiciliar. Não se trata do encontro fortuito de elementos caracterizadores de flagrante delito, pois, nesse caso, o ingresso no domicílio está autorizado independentemente de mandado judicial.

Assim, se o delegado de polícia, no curso de investigação por crime contra o sistema financeiro nacional, encontra no domicílio do imputado armas proibidas ou drogas, deverá efetuar a apreensão, assim como a prisão em flagrante do responsável, caso identificado e presente.

Por outro lado, se os executores, em cumprimento a mandado de busca domiciliar de determinados objetos relacionados a crimes contra o sistema financeiro nacional,

---

160. GOMES, Luiz Flávio. *Natureza Jurídica da Serendipidade nas Interceptações Telefônicas*. Disponível em http://www.lfg.com.br. 18 de março de 2009.

encontra fortuitamente documentos relativos à prática pretérita de crime de estupro, cumpre refletir sobre a admissibilidade da apreensão desses últimos elementos, não alcançados pela especificação constante do mandado nem pelo respectivo procedimento de investigação.

Em outros termos: admite-se a apreensão de prova no interior do domicílio com exorbitância aos limites da autorização judicial expressa no mandado de busca?

Em princípio, tenha-se claro que os agentes executores não podem extrapolar a órbita de busca domiciliar delimitada no mandado. A autorização judicial não é apenas para o ingresso no domicílio, mas para a realização da busca de determinados tipos de elementos, delimitados em função do objeto da imputação penal. Por mais que não se possa precisar, em muitos casos, quais específicos elementos devem ser buscados e apreendidos, mostra-se certo que a autorização judicial está limitada a um objeto de investigação criminal.

De toda sorte, está-se tratando, na espécie, de *encontro fortuito*. Deparando com objetos de interesse persecutório, deverão os agentes policiais simplesmente desprezá-los? Não é bem assim.

O que se veda, com a delimitação judicial do objeto da busca, é que os agentes executores aproveitem a oportunidade para promover devassa genérica e descontrolada a diversas esferas da intimidade domiciliar, à procura de elementos que possam constituir prova da prática de crime.

Desta sorte, não se pode admitir, como princípio, uma "liberdade de perscrutar" aos executores, sob pena de transgressão clara à inviolabilidade domiciliar. O agente executor tem que estar consciente de que, se for deliberadamente além da esfera de autorização judicial, ingressará no campo da ilicitude, não se admitindo a apreensão daí resultante.

Caso, entretanto, no estrito cumprimento da ordem e sem qualquer desvio de finalidade, o agente encontrar, por acaso, de maneira fortuita, elementos relacionados à prática de crimes diversos daqueles que ensejaram a busca, a apreensão mostra-se legítima, eis que ausente, na hipótese, qualquer ilicitude.

Em síntese, tratando-se efetivamente de encontro fortuito, e não de encontro provocado por desvio de finalidade, é admissível a prova resultante.

Essa lógica ampara-se também na doutrina da *visão aberta*, pela qual o agente pode se apossar de elementos de interesse probatório, ainda que alheios à finalidade específica da diligência, quando estejam à vista, no curso do desdobramento normal da operação de busca.

Por fim, admitindo o encontro fortuito de provas, refira-se o julgado do Plenário do STF em Questão de Ordem suscitada no Inquérito nº 4.130/PR (STF, Tribunal Pleno, INQ 4.130, Rel. Min. Dias Toffoli, julgamento 23.09.2015, DJ de 03.02.2016): "Crimes de organização criminosa, lavagem de dinheiro, falsidade ideológica e corrupção passiva. Colaboração premiada. Delação de crimes não conexos com a investigação primária. Equiparação ao encontro fortuito de prova. Aplicação das regras de determinação, de modificação e de concentração da competência (...) Os elementos de informação trazidos pelo colaborador a respeito de crimes que não sejam conexos ao objeto da investigação primária devem receber o mesmo tratamento conferido à descoberta fortuita ou ao encontro fortuito de provas em outros meios de obtenção de prova, como a busca e apreensão e a interceptação telefônica."

A doutrina, porém, distingue algumas situações:

(i) Caso o encontro fortuito seja de prova de infração penal vinculada ao crime investigado, por relação de conexão ou de continência, há plena admissibilidade dos elementos casualmente alcançados, desde que decorrentes da linha de desdobramento normal da investigação, sem desvio de finalidade. É o que se chama de "serendipidade de primeiro grau".

(ii) Caso, entretanto, o encontro fortuito seja de prova relativa a crime totalmente diverso, não conexo ao originário, diz-se que a prova fortuitamente alcançada só vale como "fonte de prova", isto é, enquanto notícia de crime. Chama-se a isso "serendipidade de segundo grau".

(iii) Do mesmo modo, se fortuitamente encontrada prova relativa a crime diverso praticado por outra pessoa, não investigada ou titular de foro por prerrogativa de função, sem que haja relação de conexão ou de continência com o crime originário, diz-se que os elementos assim encontrados só valem como "fonte de prova".

Não vemos razão para tratamento normativo diferenciado entre essas hipóteses. Desde que o encontro fortuito ocorra na linha de desdobramento normal da invstigação, sem abuso nem excesso, a prova casualmente alcançada mostra-se plenamente admissível.

3. BUSCA PESSOAL

A *busca pessoal* realiza-se sobre o corpo da pessoa, atingindo os materiais a ele vinculados, como as roupas e os itens de transporte de bens. Como expressa Gustavo Badaró, "a busca pessoal incide sobre a pessoa humana, abrangendo seu corpo, suas vestes (que é um provável meio de ocultação da coisa) e outros objetos ou coisas que estejam em contato com o corpo da vítima ou que por ela sejam transportados (bolsas, mochilas, malas etc.)"[161].

A respeito das finalidades da diligência, nos termos do art. 240, § 2º, do CPP, "proceder-se-á à busca pessoal quando houver fundada suspeita de que alguém oculte consigo arma proibida ou objetos mencionados nas letras *b* a *f* e letra *h* do parágrafo anterior". Os objetivos da busca pessoal confundem-se essencialmente, portanto, com aqueles próprios da busca domiciliar, no que for compatível: (a) apreender coisas achadas ou obtidas por meios criminosos; (b) apreender instrumentos de falsificação ou de contrafação e objetos falsificados ou contrafeitos; (c) apreender armas e munições, instrumentos utilizados na prática de crime ou destinados a fim delituoso; (d) descobrir objetos necessários à prova da infração ou à defesa do acusado; (e) apreender cartas,

---

161. Badaró, Gustavo Henrique. *Processo Penal*. Rio de Janeiro: Campus, 2012, p. 344.

abertas ou não, destinadas ao acusado ou em seu poder, quando haja suspeita de que o conhecimento do seu conteúdo possa ser útil à elucidação do fato; (f) colher qualquer elemento de convicção. Remete-se o leitor, nesse particular, ao quanto já exposto no tópico 2.4 desta Subseção.

Ao passo que a *busca domiciliar* afeta a *inviolabilidade do domicílio*, objeto do art. 5º, inciso XI, da Constituição, a *busca pessoal* atinge o direito à *intimidade em geral*, declarado no art. 5º, inciso X: "são invioláveis a intimidade, a vida privada, a honra e a imagem das pessoas, assegurado o direito a indenização pelo dano material ou moral decorrente de sua violação".

A realização de busca pessoal, diante de seu caráter restritivo a direito individual, reclama ordem judicial de autorização, mas não no nível e na extensão exigidas relativamente à busca domiciliar.

Isso porque, ainda que constitucionalmente resguardada a intimidade em geral (art. 5º, X), não há aí o aspecto de inviolabilidade especial reservado ao domicílio, a impor prévio controle judicial, ressalvadas apenas estritas hipóteses excepcionais, como está expresso na norma inscrita no art. 5º, XI, da Constituição.

Nesse contexto, existe na busca pessoal maior margem excepcionante do controle judicial prévio, sob a base de parâmetros mais flexíveis, como a fundada *suspeita* de que a pessoa se encontra na posse de objeto de crime. Para a busca domiciliar, como visto, o ingresso no domicílio sob a base de flagrante depende de fundados *indícios* quanto à existência concreta dessa situação excepcional, sob pena de ilicitude do ato. Quanto à busca pessoal, realizada de maneira mais dinâmica, em diversas situações impositivas de intervenção imediata, já não se pode ter o mesmo rigor.

De acordo com essa lógica, prescreve o art. 244 do CPP que "a busca pessoal independerá de mandado, no caso de prisão ou quando houver fundada suspeita de que a pessoa esteja na posse de arma proibida ou de objetos ou papeis que constituam corpo de delito, ou quando a medida for determinada no curso de busca domiciliar".

Em todo caso, subsiste a estrita necessidade de controle judicial quanto a documentos (elementos de prova) detidos pelo sujeito, que possam servir à elucidação de fato constitutivo de crime. Vale dizer: se por um lado está admitida, sob a fundada suspeita de ocultação de objeto de crime, a realização de busca sobre a pessoa, por outro, aplica-se o mesmo regime de estrito controle judicial prévio quanto à busca pessoal destinada à coleta de elementos de prova (fora de contexto de flagrante) detidos pelo imputado ou por terceiro.

Em síntese, da mesma forma que na inviolabilidade domiciliar, a intimidade do sujeito está resguardada contra intervenções em seu corpo, ressalvada a hipótese de flagrante delito, em que não se pode invocar a eficácia protetiva do direito individual.

De outra parte, observe-se que são plenamente legítimos os procedimentos de revista corporal como instrumentos preventivos, correntemente praticados em casas e clubes noturnos, bem assim em estádios de futebol. No particular, não se trata de busca pessoal com base em fundada suspeita, e sim de mera revista corporal preventiva. Nesses casos, a própria pessoa abre mão de parcela de sua intimidade ao querer participar do evento, com o que se sujeita aos procedimentos de verificação preventiva, para fins de segurança. Quem não quiser se submeter à revista pessoal, por julgá-la inerentemente constrangedora e invasiva, basta não pretender ingressar no lugar do evento. A revista pessoal, em todo caso, deve guardar as exigências de moderação e de proporcionalidade, sendo punível qualquer excesso.

Sobre os requisitos intrínsecos do mandado de busca pessoal, têm-se: (i) a individualização da pessoa ou os sinais que a identifiquem (art. 243, *caput*, I, segunda parte, CPP); (ii) a individualização do motivo e dos fins da diligência (art. 243, *caput*, II, CPP); (iii) a autenticação, com a assinatura do juiz do órgão judiciário expedidor e do servidor que houver lavrado o instrumento (art. 243, *caput*, III, CPP). Aplicam-se a essa esfera as mesmas restrições próprias da busca domiciliar.

Por outro lado, quanto à execução da diligência, o cumprimento do mandado de busca pessoal pode acontecer a qualquer hora do dia, ressalvada a hipótese de se encontrar, o sujeito buscado, no interior de domicílio. A exigência de cumprimento de mandado judicial durante o dia justifica-se, com efeito, apenas em função da inviolabilidade domiciliar (art. 5º, XI, CF), não dizendo respeito, portanto, à intimidade em geral (art. 5º, X, CF).

Se realizada durante diligência de busca domiciliar judicialmente autorizada, não há a necessidade de específico mandado de busca pessoal, a teor da norma do art. 244, parte final, do CPP. A busca pessoal, desde que restrita aos objetivos da busca domiciliar delimitados no mandado judicial, fica já autorizada, diante da providência extrema de afastamento do mais alto nível de intimidade, que é a do domicílio[162].

Por fim, dispõe o art. 249 do CPP que "a busca em mulher será feita por outra mulher, se não importar retardamento ou prejuízo à diligência". Essa norma destina-se a resguardar a dignidade e a intimidade da mulher, contra o constrangimento inerente à ação masculina forçada sobre o corpo, ainda que executada dentro dos limites da proporcionalidade. Desta sorte, impõe-se, como regra, que outra mulher faça a busca pessoal. Em casos de urgência, porém, para não prejudicar a eficácia da medida, poderá o homem fazer a busca pessoal na mulher, guardando, porém, moderação e proporcionalidade no ato, sob pena de abuso de autoridade, sem prejuízo de outras espécies delitivas eventualmente incidentes, a depender da feição objetiva e subjetiva da intervenção corporal realizada.

4. CUMPRIMENTO DO MANDADO DE BUSCA APÓS SEGUIMENTO DO IMPUTADO

É possível, e em algumas esferas até comum, que os agentes executores vão em *seguimento* de pessoa ou de coisa, para fins de cumprimento do mandado de busca pessoal. Assim, pode acontecer que, após o seguimento empreendido contra a pessoa

---

162. Como dizia Espínola Filho: "...considera-se implícita no mandado de busca domiciliar a autorização, aos executores, de, achando fundadas razões para antender que, nas vestes ou no corpo de uma pessoa presente, se encontram os objetos procurados ou outros de interesse para o esclarecimento do caso, submetê-la a busca pessoal, com observância das devidas formalidades". Cfr. Espínola Filho, Eduardo. *Código de Processo Penal Anotado*. Rio de Janeiro: Editora Rio, 1980, v. III, p. 213.

ou a coisa, a busca tenha de efetuar-se fora dos limites do foro territorial do juízo que a decretou.

Na hipótese, aplica-se o disposto no art. 250, *caput*, do CPP: "A autoridade ou seus agentes poderão penetrar no território de jurisdição alheia, ainda que de outro Estado, quando, para o fim de apreensão, forem no seguimento de pessoa ou coisa, devendo apresentar-se à competente autoridade local, antes da diligência ou após, conforme a urgência desta".

Não haveria sentido, com efeito, em exigir que os executores do mandado, ao transporem os limites territoriais da competência do órgão judiciário expedidor, tivessem sempre, para o cumprimento da diligência, que pedir autorização ao juízo do foro territorial em que for alcançada a pessoa ou a coisa buscadas.

Assim, a busca pode efetuar-se no lugar onde o sujeito ou a coisa seguida seja alcançado(a), exigindo-se, nesse caso, que os executores apresentem-se antes à autoridade local, se não houver urgência, ou apenas depois, em caso de urgência (art. 250, *caput*, CPP).

Para a aplicação da hipótese legal, no entanto, exige-se a ocorrência de efetivo seguimento à pessoa ou à coisa buscada. Como forma de propiciar segurança nesse aspecto, o art. 250, § 1º, do CPP estabelece parâmetros objetivos em torno dos quais se pode identificar o seguimento: "Entender-se-á que a autoridade ou seus agentes vão em seguimento da pessoa ou coisa, quando: a) tendo conhecimento direto de sua remoção ou transporte, a seguirem sem interrupção, embora depois a percam de vista; b) ainda que não a tenham avistado, mas sabendo, por informações fidedignas ou circunstâncias indiciárias, que está sendo removida ou transportada em determinada direção, forem ao seu encalço".

Fora desses parâmetros, não há seguimento, devendo a autoridade judiciária titular da ordem fazer expedir carta precatória para que o órgão judiciário do território a cumpra ou, em caso de urgência e em havendo também ordem de prisão, requisitá-la ao órgão judiciário do foro onde se encontre o imputado, por qualquer meio de comunicação (art. 289, § 1º, CPP), sem prejuízo de que qualquer agente policial local efetue a prisão, se o mandado estiver registrado no sistema unificado mantido pelo CNJ (art. 289-A, § 1º, CPP), ou, não estando registrado, efetuá-la assim mesmo, com a adoção das precauções necessárias para averiguar a autenticidade do instrumento, inclusive a comunicação ao juízo expedidor, que providenciará o devido registro (art. 289-A, § 2º, CPP).

Havendo dúvida sobre a legitimidade da pessoa do executor ou sobre a legalidade do mandado, aplica-se o disposto no art. 250, § 2º, do CPP: "Se as autoridades locais tiverem fundadas razões para duvidar da legitimidade das pessoas que, nas referidas diligências, entrarem pelos seus distritos, ou da legalidade dos mandados que apresentarem, poderão exigir as provas dessa legitimidade, mas de modo que não se frustre a diligência". Nessa hipótese, poderá ser verificada a autenticidade do mandado mediante consulta à autoridade expedidora, por qualquer meio idôneo de comunicação.

Na mesma hipótese de dúvida sobre a legitimidade dos executores, se houver também ordem de prisão, deverá o preso ser posto em custódia, até que se esclareça o ponto nebuloso, nos termos do art. 290, § 2º, do CPP. Como já observamos, não se trata de custódia ilícita para averiguação, e sim de medida de proteção ao próprio imputado, para resguardá-lo de execução ilegítima de prisão ou de mandado inautêntico. No último caso, se não houver qualquer ordem de prisão, caberá para a pessoa presa indevidamente a adequada reparação, de responsabilidade do Estado.

SUBSEÇÃO II
Técnicas Especiais de Investigação

As *técnicas especiais de investigação*, do ponto de vista probatório, são mecanismos investigativos típicos (previsão legal), excepcionais e subsidiários (insuficiência dos meios tradicionais), além de sujeitos a controle judicial prévio ou posterior, de obtenção direta ou indireta de elementos informativos acerca da materialidade e da autoria de determinadas infrações penais de particular gravidade e complexidade.

Identificam-se nesse conceito os seguintes elementos: (i) caráter investigativo; (ii) exigência de previsão legal da técnica (tipicidade); (iii) exigência, para o emprego da técnica especial, de insuficiência dos meios tradicionais (proporcionalidade na dimensão de necessidade e subsidiariedade); (iv) transcendência probatória, direta ou reflexa, em qualquer caso não exclusiva; (v) aplicação a esferas restritas de criminalidade (excepcionalidade).

Embora no geral constituam *meios, ainda que reflexos, de obtenção de prova*, as técnicas especiais de investigação podem associar-se a diversos outros objetivos, como a prevenção da prática de infrações penais, a recuperação do produto ou proveito do crime e a localização da vítima. É o caso da *colaboração premiada* no domínio das infrações penais praticadas por organizações criminosas.

A existência dessas técnicas, que encerram particular caráter invasivo a direitos individuais, justifica-se em função das características da criminalidade contemporânea, cada vez mais organizada e multifacetada. Diante dessa nova realidade, os instrumentos tradicionais têm-se mostrado insuficientes, quer nas tarefas de apuração e de repressão, quer na de prevenção de certas práticas criminosas.

O emprego dos mecanismos especiais, entretanto, há de ser particularmente limitado, diante de sua feição invasiva, a realizar a presença do aparato estatal persecutório em esferas antes inteiramente invioláveis.

Assim: (i) apenas âmbitos restritos de criminalidade, por sua gravidade, especialização ou complexidade, justificam o acionamento de técnicas especiais; (ii) em concreto, o emprego dos mecanismos especiais normalmente deve estar justificado na insuficiência dos métodos tradicionais.

O direito processual penal brasileiro apenas instituiu um regime mais abrangente e efetivo de técnicas especiais de investigação pela Lei nº 12.850/2013, para o âmbito das organizações criminosas, por mais que leis anteriores tenham previsto e/ou disciplinado um ou outro desses métodos. No estudo de cada instituto, serão abordados os diversos regimes jurídicos disponíveis.

Desde logo, observe-se que a aplicabilidade do regime de técnicas especiais de investigação reservado às organizações criminosas (Lei nº 12.850/2013) foi expressamente estendido à persecução penal: (i) por *crime de terrorismo*, conforme o art. 16 da Lei nº 13260/2016 ("Aplicam-se as disposições da Lei n. 12.850, de 2 de agosto de 2013, para a investigação, processo e julgamento dos crimes previstos nesta Lei"); (ii) por *crime de tráfico de pessoas*, consoante o art. 9º da Lei nº 13.344/2016 ("Aplica-se subsidiariamente, no que couber, o disposto na Lei n. 12.850, de 2 de agosto de 2013").

A diferença sutil entre esses dois regimes especiais é a de que, no último (*crimes de tráfico de pessoas*), a aplicação é *subsidiária*, ao passo que no primeiro a aplicação faz-se direta. Justifica-se essa distinção pelo fato de a Lei nº 13.344/2016 contemplar, ela mesma, duas técnicas especiais de investigação, que serão oportunamente analisadas: a *requisição policial ou ministerial direta de dados cadastrais* (art. 13-A, CPP); a *localização da vítima ou dos suspeitos do crime em curso por meios técnicos (sinais, informações e outros)* (art. 13-B, CPP).

A aplicabilidade das técnicas da Lei nº 12.850/2013, assim, seria subsidiária à daquelas duas especialmente previstas nos artigos 13-A e 13-B do Código de Processo Penal, ambos acrescentados pela Lei nº 13.344/2016, para a esfera da investigação de crime de tráfico de pessoas.

SUBSEÇÃO III
Interceptação Telefônica e Telemática

1. AFASTAMENTO EXCEPCIONAL DA INVIOLABILIDADE DAS COMUNICAÇÕES TELEFÔNICAS

O art. 5º, inciso XII, da Constituição da República declara o direito individual ao sigilo das comunicações telefônicas, nos seguintes termos: "é inviolável o sigilo da correspondência e das comunicações telegráficas, de dados *e das comunicações telefônicas, salvo, no último caso, por ordem judicial, nas hipóteses e na forma que a lei estabelecer para fins de investigação criminal ou instrução processual penal*".

A consagração desse direito traduz, no âmbito específico da comunicação telefônica, a proteção constitucional à intimidade. As pessoas têm o direito de se comunicar, pela via telefônica, sem a interferência indevida de qualquer sujeito, sobretudo de autoridades públicas, a quem não se permite invadir a intimidade privada sem justo motivo e sem prévio controle judicial.

Apenas para a finalidade de apuração e repressão de infrações penais é que se permite o afastamento extremo do direito à intimidade telefônica, após rígida e restritiva apreciação do órgão judiciário competente, com base na lei própria de regulamentação da norma constitucional.

O direito ao sigilo telefônico, assim, poderá ser judicialmente afastado, *em caráter excepcional*, somente para fins de prova da prática de infrações penais e da respectiva autoria, nas hipóteses regulamentadas em lei. A norma regulamentadora é a Lei n° 9.296/1996.

A *investigação policial* tem se valido com cada vez maior frequência de recursos tecnológicos associados à captação e ao registro do conteúdo de diálogos telefônicos, de modo a propiciar a obtenção de dados penalmente relevantes e, dessa forma, oferecer subsídios para o exercício de ação penal.

Em se tratando de medida invasiva, de cunho restritivo a direito individual, sua realização prática reclama autorização judicial, a título cautelar: a partir de elementos sérios e contundentes dando conta da prática de crimes (*fumus comissi delicti*), o órgão judiciário competente determina o afastamento do sigilo das comunicações, por tempo determinado, para assim permitir que elementos de prova sejam coletados de imediato, sob pena de desaparecerem (*periculum in mora*). Por isso é que a medida de interceptação das comunicações telefônicas constitui medida cautelar probatória, assim como a busca e apreensão, já abordada.

Fixados esses parâmetros, cumpre refletir sobre a extensão da cláusula constitucional de proteção à intimidade telefônica. Em outros termos: o que significa e qual a abrangência da inviolabilidade do sigilo das comunicações por telefone?

O afastamento judicial do sigilo em foco opera-se, em conformidade com a Lei n° 9.296/1996, por meio de *interceptação telefônica*, vale dizer, a captação e o registro, *realizados por terceiro*, do conteúdo de diálogos telefônicos mantidos entre duas ou mais pessoas, *sem que do ato tenham conhecimento qualquer dos interlocutores*.

É esse ato investigativo cujo emprego excepcionalmente permite a norma constitucional. A interceptação deve ser feita por agentes estatais policiais, sob estrita ordem judicial. A interceptação ilícita é aquela realizada por particular ou por agente policial sem autorização do órgão judiciário competente.

Importa distinguir, nesse contexto, o procedimento de interceptação (lícita ou ilícita) de outras formas de captação e registro do conteúdo de diálogos telefônicos.

2. INTERCEPTAÇÃO TELEFÔNICA, ESCUTA TELEFÔNICA E GRAVAÇÃO TELEFÔNICA

O direito expresso no art. 5°, inciso XII, da Constituição Federal é o de *inviolabilidade* das comunicações telefônicas, com a ressalva da ordem judicial, nos termos da lei (Lei n° 9.296/1996). Mas a norma constitucional protege a intimidade telefônica contra que tipo de ato?

A *violação* do sigilo das comunicações telefônicas ocorre pela reunião dos seguintes elementos: (a) *ato de interceptação* + (b) *ausência de autorização judicial*. A autorização judicial aplica-se, assim, ao ato investigativo de *interceptação*, compreendido como a captação e o registro, feitos por terceiro, do diálogo telefônico mantido entre duas ou mais pessoas, sem o conhecimento de qualquer delas.

Nos termos do art. 1°, *caput*, da Lei n° 9.296/1996, "a interceptação das comunicações telefônicas, de qualquer natureza, para prova em investigação criminal e em instrução processual penal, observará o disposto nesta Lei e dependerá de ordem do juiz competente da ação principal, sob segredo de justiça".

O objeto de regulamentação da lei, portanto, consiste precisamente na *intercep-tação* das comunicações telefônicas. A realização desse ato é que reclama autorização judicial, sob pena de ilicitude e de imprestabilidade da prova resultante. A propósito, a interceptação desautorizada está até mesmo tipificada como crime no art. 10 da Lei nº 9.296/1996.

Ocorre que existem outras formas, *diversas da interceptação*, de captação e registro de conversas telefônicas. Trata-se da *escuta telefônica* e da *gravação telefônica*. Esses atos não compõem o objeto de regulamentação da Lei nº 9.296/1996 nem integram o âmbito da proteção constitucional de inviolabilidade do sigilo, por mais que ainda existam, a esse respeito, controvérsias na doutrina e na jurisprudência.

Entende-se por *interceptação telefônica*, como já pontuado, a captação e o registro de conversa *alheia*, sem o conhecimento de qualquer dos participantes do diálogo. São notas inerentes a esse ato, portanto: (i) a sua realização por um terceiro, não participante da conversa interceptada; (ii) o desconhecimento de qualquer dos interlocutores da conversa a respeito do ato de captação e de registro.

Essas noções derivam do próprio significado do termo *interceptar*, que guarda essencialmente a conduta de interferir em uma esfera alheia, de maneira oculta, isto é, sem o conhecimento dos interlocutores. Nos termos do art. 1º, *caput*, da Lei nº 9.296/1996, esse tipo de ato investigativo depende de autorização judicial.

Assim, se um *particular* (terceiro) gravar a conversa telefônica mantida entre duas pessoas, sem o conhecimento de qualquer dos interlocutores, a prova resultante é ilícita, não só, aliás, pela falta de autorização judicial, mas também porque a interceptação deverá ser conduzida por autoridade *policial*, nos termos do art. 6º, *caput*, da Lei nº 9.296/1996. De igual modo, se *agente policial* (terceiro) grava, sem autorização judicial, conversa telefônica mantida entre duas pessoas, sem o conhecimento de qualquer dos interlocutores, a prova resultante padece de ilicitude, por violação à intimidade (art. 5º, XII, CF).

A *escuta telefônica*, por seu turno, consiste na captação e no registro realizados por um terceiro, mas *com o conhecimento e a anuência de um dos participantes do diálogo telefônico*. É o que ocorre, por exemplo, quando alguém, pretendendo obter a confissão de determinada pessoa, seu interlocutor telefônico, quanto à prática de um crime, pede a terceiro que grave a conversa.

Nesse caso, reputa-se necessário o controle judicial prévio, por mais que a escuta, assim realizada, não se qualifique como interceptação (no sentido da lei), diante da ciência e anuência de um dos interlocutores da conversa telefônica captada e gravada. Entende-se que o terceiro, mesmo que autorizado por um dos interlocutores, não pode licitamente interferir na intimidade alheia.

No sentido da ilicitude da escuta telefônica desautorizada, eis o julgado da Primeira Turma do STF no HC 80.949/RJ (STF, 1ª Turma, HC 80.949, Rel. Min. Se-púlveda Pertence, julgamento em 30.10.2001, DJ de 14.12.2001): "Escuta gravada da comunicação telefônica com terceiro, que conteria evidência de quadrilha que integrariam: ilicitude, nas circunstâncias, com relação a ambos os interlocutores. A hipótese não configura a gravação da conversa telefônica própria por um dos interlocutores – cujo uso como prova o STF, em dadas circunstâncias, tem julgado lícito – mas, sim, *escuta e gravação por terceiro de comunicação telefônica alheia, ainda que com a ciência ou mesmo a cooperação de um dos interlocutores: essa última, dada a intervenção de terceiro, se compreende no âmbito da garantia constitucional do sigilo das comunicações telefônicas e o seu registro só se admitirá como prova, se realizada mediante prévia e regular autorização judicial. 6. A prova obtida mediante a escuta gravada por terceiro de conversa telefônica alheia é patentemente ilícita em relação ao interlocutor insciente da intromissão indevida, não importando o conteúdo do diálogo assim captado (...) A ilicitude da escuta e gravação não autorizadas de conversa alheia não aproveita, em princípio, ao interlocutor que, ciente, haja aquiescido na operação; aproveita-lhe, no entanto, se, ilegalmente preso na ocasião, o seu aparente assentimento na empreitada policial, ainda que existente, não seria válido. 8. A extensão ao interlocutor ciente da exclusão processual do registro da escuta telefônica clandestina – ainda quando livre o seu assentimento nela – em princípio, parece inevitável, se a participação de ambos os interlocutores no fato probando for incindível ou mesmo necessária à composição do tipo criminal cogitado, qual, na espécie, o de quadrilha*[163].

Por último, tem-se a *gravação telefônica clandestina*, na hipótese em que *a conversa telefônica é captada e gravada por um dos interlocutores do diálogo*. Apesar do qualificativo *clandestina*, reputa-se *lícita* essa forma de apreensão do conteúdo do diálogo. A clandestinidade, no particular, reflete apenas a ausência de conhecimento do outro interlocutor da conversa, e não a ilicitude do ato de gravação.

Entende-se que cada um dos interlocutores de um diálogo tem o direito de gravar a conversa de que ele próprio participa, não havendo que se cogitar, apenas em virtude desse ato (registro), de violação à intimidade. A jurisprudência tem amplamente reconhecido a *licitude da gravação da conversa feita por um dos interlocutores, sem o conhecimento do outro*. Nessa trilha, eis o julgado da Segunda Turma do STF no RE 402.717/PR (STF, 2ª Turma, RE 402.717, Rel. Min. Cezar Peluso, julgamento em 02.12.2008, DJ de 13.02.2009): "Como gravação meramente clandestina, que se não confunde com interceptação, objeto de vedação constitucional, é lícita a prova consistente no teor de gravação de conversa telefônica realizada por um dos interlocutores, sem conhecimento do outro, se não há causa legal específica de sigilo nem de reserva da conversação, sobretudo quando se predestine a fazer prova, em juízo ou inquérito, a favor de quem a gravou".

---

163. Diverso é o regime aplicado no direito norte-americano, como refere Ingram: "In addition, some evidence obtained by means of wiretapping and eavesdropping is admissible if one party to the conversation consents. Section 2511(2)(c) authorizes federal law enforcement officers to intercept wire, oral, or electronic communications with the consent of one party without a court order unless a state statute prohibits such interception". Cfr. Ingram, Jefferson L. *Criminal Evidence*. Waltham: Elsevier/Anderson Publishing, 2014, § 16.4, p. 721.

Cumpre anotar, nesse contexto, que não descaracteriza a gravação telefônica a circunstância de um dos interlocutores se valer do mero *auxílio técnico de terceiro* para efetuar o registro. Nesse caso, não há *escuta*, e sim *gravação telefonica clandestina*, ainda que o terceiro realize a operação técnica do ato, sob as ordens e a ingerência do interlocutor. Assim, por exemplo, se o interlocutor contrata um detetive particular para que efetue a gravação, nem por isso haverá aí escuta telefônica, no sentido antes explicitado. Isso porque a intervenção do terceiro não se dá em caráter autônomo, representando, em verdade, mera ajuda técnica, a operacionalizar o ato de gravação movimentado por iniciativa e vontade do interlocutor. Não há, portanto, na hipótese, necessidade de autorização judicial para a realização do ato.

Com essa perspectiva, em interessante julgado, a Sexta Turma do Superior Tribunal de Justiça entendeu pela licitude da gravação efetuada pela mãe de vítima *menor* de crime contra a dignidade sexual, mediante o *auxílio técnico de terceiro*, um detetive particular. No caso, ainda que a interlocutora haja sido o menor, e não a mãe, entendeu-se que a incapacidade absoluta do primeiro conduz a fixar *juridicamente* a segunda como se fosse participante do diálogo, em situação análoga à da gravação clandestina. Confira-se (STJ, 6ª Turma, RESP 1.026.605/ES, Rel. Min. ROGÉRIO SCHIETTI CRUZ, julgamento em 13.05.2014, DJ de 13.06.2014): "No caso concreto, a genitora da vítima solicitou auxílio técnico a terceiro para a gravação de conversas realizadas através de terminal telefônico de sua residência, na qualidade de representante civil do menor impúbere e investida no poder-dever de proteção e vigilância do filho, não havendo ilicitude na gravação. Dada a absoluta incapacidade da vítima para os atos da vida civil – e ante a notícia de que estava sendo vítima de crime de natureza hedionda – a iniciativa da genitora de registrar conversa feita pelo filho com o autor da conjecturada prática criminosa se assemelha à gravação da conversa telefônica feita com a autorização de um dos interlocutores, sem ciência do outro, quando há cometimento de delito por este último, hipótese já reconhecida como válida pelo Supremo Tribunal Federal".

Estamos de acordo com essa orientação. A apreciação da hipótese deve obedecer ao dimensionamento de seu significado *jurídico*, em torno de duas referências essenciais: (i) a ingerência do interlocutor no ato de gravação, ainda que ele próprio não o tenha fisicamente executado, valendo-se, para tanto, do auxílio técnico de terceiro; (ii) a capacidade civil do interlocutor, cuja ausência pode equiparar, à ingerência *do interlocutor*, a intervenção do terceiro por ele civilmente responsável (o representante civil do interlocutor absolutamente incapaz). Por força do ponto (i) é que a hipótese em foco aperfeiçoa gravação clandestina, e não escuta telefônica; já em virtude de (ii) é que o ato configura gravação clandestina, e não interceptação telefônica.

Ainda no âmbito da gravação telefônica clandestina, porém, advirta-se que o ato deve estar justificado em razão de direito idônea, não só o exercício de defesa, mas o próprio interesse público na persecução penal de crimes de certa gravidade. Não se admite a gravação indiscriminada de conversas de grande amplitude, sem justificação relevante, sob pena de se sujeitar o outro interlocutor, sob a base da confiança, a uma transgressão maciça de sua individualidade, em um contexto de intimidade e de sigilo.

Deve-se ter em conta, nesse particular, que a própria interceptação telefônica sujeita-se a delimitações legais objetivas quanto à sua aplicabilidade (art. 2º, Lei nº 9.296/1996): (i) subsídios probatórios mínimos quanto à prática de (ii) crime apenado com reclusão e (iii) insuficiência de outros meios. Não haveria sentido, por exemplo, em proibir a interceptação telefônica para apurar a prática de crime punido com detenção e admitir a licitude de gravação clandestina explicada sob essa mesma base.

Além disso, não se admite a gravação clandestina feita por agente policial, em "conversa informal" com o imputado, pois a atuação do investigador sujeita-se a controle de legalidade, em função das garantias individuais contra a auto-incriminação, não podendo isso ceder a trapaças ou manipulações investigativas, direcionadas a conseguir uma confissão do investigado. Nessa direção, cita-se mais uma vez o lúcido precedente firmado pela Segunda Turma do STF no HC 80.949/RJ: "Gravação clandestina de 'conversa informal' do indiciado com policiais. Ilicitude decorrente – quando não da evidência de estar o suspeito, na ocasião, ilegalmente preso ou da falta de prova idônea do seu assentimento à gravação ambiental – de constituir, dita 'conversa informal', modalidade de 'interrogatório' sub-reptício, o qual – além de realizar-se sem as formalidades legais do interrogatório no inquérito policial (C.Pr.Pen., art. 6º, V) –, se faz sem que o indiciado seja advertido do seu direito ao silêncio. O privilégio contra a auto-incriminação – nemo tenetur se detegere –, erigido em garantia fundamental pela Constituição – além da inconstitucionalidade superveniente da parte final do art. 186 C.Pr.Pen. – importou compelir o inquiridor, na polícia ou em juízo, ao dever de advertir o interrogado do seu direito ao silêncio: a falta da advertência – e da sua documentação formal – faz ilícita a prova que, contra si mesmo, forneça o indiciado ou acusado no interrogatório formal e, com mais razão, em 'conversa informal' gravada, clandestinamente ou não".

Por outro lado, ainda que lícito o ato de gravação clandestina, por haver sido praticado com justa causa, *sua divulgação* pode se revelar ilícita, sujeitando os responsáveis, inclusive o próprio interlocutor, à reparação dos danos causados.

3. INTERCEPTAÇÃO ELETRÔNICA E TELEMÁTICA

Por expressa disposição legal, o mesmo regime jurídico reservado à interceptação (e à escuta) telefônica aplica-se às *comunicações informáticas e telemáticas*. Assim prescreve o art. 1º, parágrafo único, da Lei nº 9.296/1996: "O disposto nesta Lei aplica-se à interceptação do fluxo de comunicações em sistemas de informática e telemática".

Designamos por *interceptação eletrônica* a captação e o registro de comunicações havidas por meios informáticos, com transmissão pela rede mundial de computadores, como o correio eletrônico (*e-mail*). De outro lado, por *interceptação telemática* entende-se a captação e o registro de comunicação havida mediante a transmissão de escritos e de mídias audiovisuais (áudio, vídeo, fotografia) pela utilização de instrumentos telefônicos, associados a sinais da rede mundial de computadores.

Assim, sujeita-se ao mesmo regime de autorização judicial a interceptação de comunicações mantidas por intermédio de: (i) mensagens de *e-mail* e demais mensagens *privadas* transmitidas pela rede mundial de computadores (*internet*), a exemplo das comunicações individuais mantidas por sistemas como o *facebook* (no nicho *inbox*) e o *messenger*; (ii) mensagens transmitidas por sistemas e tecnologias de telefonia celular, do tipo *sms* ou ainda em redes como o *whatsapp* e o *telegram*.

Já se aludiu, no tópico 2.6 da Subseção I da Seção V deste Capítulo, acerca dos requisitos do mandado de busca domiciliar, à exigência de autorização judicial específica para o fim de acesso a dados relativos a comunicações telemáticas. Assim, a só circunstância da apreensão de aparelho celular no flagrante delito ou no curso de diligência de busca domiciliar não permite que o investigador tenha acesso automático ao conteúdo de diálogos travados por *whatsapp* (por exemplo), mediante consulta aos dados contidos no aparelho. Para tanto, reclama-se *autorização judicial específica*, como decidiu a Sexta Turma do Superior Tribunal de Justiça, em caso de apreensão durante o flagrante delito, no RHC 51.531/RO (STJ, 6ª Turma, RHC 51.531, Rel. Min. Nefi Cordeiro, julgamento em 19.04.2016, DJ de 09.05.2016): "PENAL. PROCESSUAL PENAL. RECURSO ORDINÁRIO EM HABEAS CORPUS. TRÁFICO DE DROGAS. NULIDADE DA PROVA. AUSÊNCIA DE AUTORIZAÇÃO JUDICIAL PARA A PERÍCIA NO CELULAR. CONSTRANGIMENTO ILEGAL EVIDENCIADO. 1. Ilícita é a devassa de dados, bem como das conversas de whatsapp, obtidas diretamente pela polícia em celular apreendido no flagrante, sem prévia autorização judicial. 2. Recurso ordinário em habeas corpus provido, para declarar a nulidade das provas obtidas no celular do paciente sem autorização judicial, cujo produto deve ser desentranhado dos autos".

Como abordaremos em subseção própria (*infra*), apesar da ausência de previsão legal, o regime jurídico da Lei nº 9.296/1996 aplica-se, quando compatível, também ao domínio da *interceptação ambiental*.

4. ENCONTRO FORTUITO DE PROVAS OU SERENDIPIDADE

Admite-se a prova de fato diverso fortuitamente captada, ainda que alcance pessoa não investigada e não sujeita à competência do órgão judiciário que autorizou a interceptação, segundo a lógica da *serendipidade*: admite-se a hipótese desde que os elementos casualmente encontrados o hajam sido dentro da linha normal de desdobramento da investigação, sem desvio de finalidade.

Nesse contexto, *não adotamos a distinção de tratamento normativo* entre (i) o encontro fortuito de prova referente a crime conexo àquele objeto de investigação, (ii) o encontro fortuito da prova de crime conexo praticado por pessoa não investigada (co-autor), inclusive o titular de foro por prerrogativa de função, e (iii) o encontro fortuito de prova relativa a crime inteiramente diverso (não conexo).

Exemplo da situação **(i)**: interceptada a comunicação telefônica do *sujeito X* para investigar a prática de crime de corrupção passiva, encontra-se a prova da prática de crime de evasão de divisas, conexo ao primeiro.

Exemplo da situação **(ii)**: juiz federal autoriza a interceptação das comunicações telefônicas do *sujeito X*. Na execução da diligência, capta-se conversa mantida entre esse sujeito e Deputado Federal, titular de foro por prerrogativa de função no Supremo

Tribunal Federal. Com esse diálogo interceptado, obtém-se a prova da prática de crime pelo titular do foro especial. Admite-se a prova assim obtida? A resposta é positiva, diante da casualidade do encontro da prova, dentro da linha normal de desdobramento da investigação.

Em virtude do foro especial, parece-nos que a prova deve ser imediatamente encaminhada ao tribunal competente, para fins de controle de legalidade, concedendo-se vista dos elementos ao órgão do Ministério Público ali oficiante.

A respeito desse aspecto, entretanto, o Superior Tribunal de Justiça já decidiu pela não exigência de remessa imediata, antes da avaliação sobre a efetiva presença de elementos incriminadores contra o titular do foro especial por prerrogativa de função. Nesse sentido, refira-se o julgado da Sexta Turma do STJ no HC 307.152/GO (STJ, 6ª Turma, HC 307.152, Rel. p/ acórdão Min. ROGÉRIO SCHIETTI CRUZ, julgamento em 19.11.2015, DJ de 15.12.2015): "A descoberta não planejada da prática de crime, in thesis, por pessoa que detém foro especial, no natural desdobramento da investigação iniciada em primeiro grau, enseja a necessidade de se pontuar qual ou quais os elementos de informação colhidos em encontro fortuito seriam capazes de impor ao magistrado de primeiro grau o envio desses elementos ao Tribunal competente. De fato, conversas, encontros casuais ou mesmo sinais claros de amizade e contatos frequentes de indivíduo sob investigação com uma autoridade pública não podem, por si sós, importar na conclusão de que esta última participa do esquema criminoso objeto da investigação. Nem mesmo a referência a favores pessoais, a contatos com terceiros, a negociações suspeitas implica, de per si, a inarredável conclusão de que se está diante de práticas criminosas implicadoras de imediata apuração, notadamente quando um dos interlocutores integra um dos Poderes da República e que, portanto, pode ter sua honorabilidade e imagem pública manchadas pela simples notícia de que está sob investigação. 3. Aquilo que se imagina constituir prerrogativa e proteção ao agente político – comunicação formal da existência de notícia de possível prática de infração penal – pode, a depender da situação, consubstanciar precipitada conclusão nefasta ao patrimônio moral da autoridade. Ou seja, a simples captação de diálogos de quem detém foro especial com alguém que está sendo investigado por práticas ilícitas não pode conduzir, tão logo surjam conversas suspeitas, à conclusão de que tal autoridade é participante da atividade criminosa investigada ou de outro delito qualquer, sendo mister um mínimo de avaliação quanto à idoneidade e à suficiência de dados para desencadear o procedimento esperado da autoridade judiciária responsável pela investigação. 4. A existência de proximidade espúria da autoridade pública com a pessoa investigada somente ganha contornos claros de ocorrência de ilicitudes penais na medida em que a investigação caminha, porquanto nem sempre é possível à autoridade delimitar, de pronto, a extensão e as implicações desse relacionamento. A lógica dessa conclusão decorre da circunstância de que a interceptação telefônica, ao monitorar diretamente a comunicação verbal entre pessoas, necessariamente acaba por envolver terceiros, de regra não investigados, no campo de sua abrangência. E é, eventualmente, a continuidade por determinado período, razoável, das interceptações telefônicas que permite se alcançarem resultados mais concludentes sobre o conteúdo das conversas interceptadas, dado que somente os olhos de um observador futuro dos fatos – munido do conjunto de informações já coletadas, que autorizem a análise, conjunta e organizada, de todas as conversas – podem enxergar, com clareza, o que um apressado e contemporâneo observador, diante de diálogos desconexos e linearmente apresentados, terá dificuldades para perceber. (...) 9. Se, aos olhos de um observador não contemporâneo aos fatos, a autoridade judiciária responsável pelas investigações poderia ter agido com maior celeridade, no exame do conteúdo das conversas telefônicas interceptadas, ao propósito de, de forma mais expedita, determinar o encaminhamento dos autos apartados assim que concluída a análise sobre o material, é de observar-se que, além de a lei não estabelecer prazo peremptório para tal providência – o que já afastaria, objetivamente, a afirmação de ilegalidade da atuação judicial –, não há qualquer sinal de que esse atraso tenha decorrido de deliberado propósito de atentar contra direitos e prerrogativas do então parlamentar (...) 10. Sob diversa perspectiva, a remessa imediata de toda e qualquer investigação, em que noticiada a possível prática delitiva de detentor de prerrogativa de foro, ao órgão jurisdicional competente não só pode implicar prejuízo à investigação de fatos de particular e notório interesse público, como, também, representar sobrecarga acentuada dos tribunais, a par de, eventualmente, engendrar prematuras suspeitas sobre pessoa cujas honorabilidade e respeitabilidade perante a opinião pública são determinantes para a continuidade e o êxito de suas carreiras políticas"[164].

Exemplo da situação **(iii)**: interceptada a comunicação telefônica do *sujeito X* para investigar a prática de crime de gestão fraudulenta de instituição financeira, encontra-se a prova da prática de homicídio.

Segundo a maior parte da doutrina, apenas nas hipóteses (i) e (ii) haveria a admissibilidade, *como prova*, dos elementos fortuitamente encontrados, diante da *conexão* entre o crime neles expresso e o crime investigado. Trata-se da denominada "serendipidade de primeiro grau". Na hipótese (iii), porém, os elementos fortuitamente alcançados só seriam admitidos como *fonte de prova*, notícia de crime, ou base preliminar para ulteriores investigações, em face da ausência de vínculo entre os dados obtidos e o objeto da investigação. Há também quem sustente a inadmissibilidade da prova em qualquer hipótese, mesmo na de conexão.

Como já referiam FLÁVIO GOMES e RAÚL CERVINI, pouco após a entrada em vigor da Lei nº 9.296/1996: "Na doutrina nacional, neste assunto, já se entrevê divergência:

---

164. No julgado em referência, registrou o voto divergente o relator originário, Ministro SEBASTIÃO REIS JÚNIOR, neste sentido: "...já decidiu o Supremo Tribunal Federal que, no exercício de sua competência penal originária, a atividade de supervisão judicial deve ser constitucionalmente desempenhada durante toda a tramitação das investigações, desde a abertura dos procedimentos investigatórios até o eventual oferecimento, ou não, de denúncia pelo Ministério Público [...]. A partir do momento em que surgem indícios, simples indícios, de participação de detentor de prerrogativa de foro nos fatos, cumpre à autoridade judicial declinar da competência, e não persistir na prática de atos objetivando aprofundar a investigação. É a organicidade e a dinâmica do Direito. É o respeito irrestrito às instituições pátrias, ao sistema judicial estabelecido na Lei das leis - a Carta Federal. Tempos antes do envio dos respectivos autos ao Pretório Excelso, já havia a presença de indícios da participação do ex-parlamentar em práticas supostamente ilícitas. Por isso, o julgador de piso, ao insistir no aprofundamento das investigações, acabou por imiscuir-se em competência que não era sua".

Damásio E. de Jesus entende que o encontro fortuito não é válido como prova em nenhuma hipótese. Vicente Greco Filho adota o critério da conexão, continência e concurso de crimes. Como vimos, cremos que o critério da conexão seja válido para resolver a questão. Mas só nas hipóteses de conexão e continência (estritamente interpretadas) é que a prova seria válida. No nosso entendimento, não parece acertada a ampliação para qualquer hipótese de concurso de crimes. Em muitas ocasiões, no concurso material, por exemplo, não contaremos com nenhum tipo de conexão"[165].

Não pensamos assim. Nas situações cogitadas, quer se trate de serendipidade de primeiro grau (conexão ou continência entre o crime descoberto e o crime investigado), quer de serendipidade de segundo grau (crime descoberto sem relação de conexão nem de continência com o crime investigado), a prova é plenamente admissível, com esse valor, e não apenas enquanto fonte.

O ponto crucial é se há ou não desvio de finalidade. Alcançados casualmente outros elementos na linha de desdobramento normal da interceptação, executada dentro dos limites formais, temporais e finalísticos impostos ordem judicial, não há porque tomá-los como ilícitos e inadmissíveis. O aperfeiçoamento de um *ilícito*, no sentido de *contrariedade ao direito*, *pressupõe* a prática de uma conduta dolosa ou culposa. Do ponto de vista penal-material, aliás, a ilicitude é o segundo elemento estrutural do crime, apreciado quando já previamente fixada a tipicidade, inclusive a subjetiva, do comportamento.

Não se mostra admissível, portanto, conceber a ilicitude da prova no plano puramente objetivo, desconsiderando os demais aspectos a ela associados. É impróprio, em nossa concepção, apenas tomar o dado fortuitamente interceptado como contrário ao direito e, portanto, ilícito, pela única razão de que não estava abrangido nos limites materiais objetivos da ordem judicial nem guardava conexão com esse objeto. Haverá responsabilidade do agente que casualmente interceptou esses dados imprevistos e inesperados? Se não houve desvio de finalidade, ninguém responderá positivamente a essa pergunta. Desta sorte, como então taxar de *ilícita* a prova fortuita?

Haverá, claro, a indicação de que se ingressou assim em uma esfera de intimidade cuja invasão não fora autorizada pelo juiz. Esta, no entanto, é uma premissa falsa. A intimidade já foi excepcionalmente afastada na ordem judicial, com vistas, sem dúvida, à investigação de espécies criminosas particulares, mas se os executores não

---

165. GOMES, Luiz Fávio / CERVINI, Raúl. *Interceptação Telefônica*. São Paulo: Revista dos Tribunais, 1996, p. 195. Semelhante é a posição de VICENTE GRECO, assim fundamentada: "...no momento em que a interceptação foi autorizada, não se tinha o requisito dos indícios razoáveis da autoria da infração conexa ou em concurso, mas a interceptação incide sobre pessoas, é uma exceção ao resguardo da intimidade, de modo que, uma vez legitimamente autorizada em face de alguém em virtude de fato criminoso, admite sua utilização em outros delitos (punidos com reclusão) relacionados com o primeiro. É fato notório que a atividade criminosa, especialmente a organizada, não se limita a uma especialidade, ramificando-se do tráfico de entorpecentes para o sequestro, o contrabando de armas, etc. E seria uma limitação excessiva não se permitir que, uma vez autorizada legitimamente a interceptação, não pudesse ela abranger toda a atividade criminosa dos interceptados no âmbito da continência ou conexão a partir do fato que a justificou. Toda investigação envolve um certo grau de incerteza e de abrangência, incompatível com uma delimitação rigorosa de pessoas e fatos". Cfr. GRECO FILHO, Vicente. *Interceptação Telefônica*. São Paulo: Saraiva, 1996, p. 22.

extrapolaram, de maneira indevida, a captação normal dos diálogos, não há que se cogitar de ilicitude. A finalidade estava sendo cumprida, esperando-se certo resultado, mas outros dados, por acidente, acabaram por comparecer. Acresce que, nas hipóteses aqui cogitadas, os elementos casualmente encontrados estariam sujeitos a interceptação por ordem judicial, não havendo, assim, um impedimento apriorístico e abstrato.

Ademais, não se pode perder de vista o fundamento da regra de exclusão de provas obtidas por meios ilícitos: o desestímulo a ações investigativas ilegais na coleta de provas. Por que considerar inadmissível uma prova fortuitamente obtida, durante a execução da diligência de interceptação telefônica, sem desvio de finalidade, ainda que os dados alcançados não guardem conexão com o objeto investigado? Honestamente, não concebemos outra solução aceitável senão admitir como lícita a prova casual, sob as condições descritas, independentemente de conexão[166].

Diversa, porém, é a situação da conversa mantida entre o advogado e seu constituinte, cujo sigilo não se sujeita a afastamento nem mesmo por decisão judicial. Por seu caráter particular, trata-se da hipótese em tópico autônomo, a seguir.

5. COMUNICAÇÃO TELEFÔNICA, ELETRÔNICA E TELEMÁTICA MANTIDA ENTRE ADVOGADO E CLIENTE

A comunicação entre o advogado e seu representado, que diga respeito ao exercício da função, é indevassável, mesmo por autorização judicial.

O art. 7º, inciso II, da Lei nº 8.906/1994 estabelece a inviolabilidade da correspondência escrita, eletrônica, telefônica e telemática do advogado, desde que relativa ao exercício da advocacia. Por seu turno, o art. 7º, inciso III, da mesma lei fixa o direito do advogado de comunicar-se pessoal e *reservadamente* com seus clientes, quando se acharem presos. Esse último ponto interessa à esfera da interceptação ambiental da comunicação entre o advogado e o cliente no presídio, já que, estando o imputado preso, está vedada (por óbvio) a comunicação por *e-mail* e por telefone.

Esse regime não se justifica apenas como prerrogativa do advogado, tendo sido instituído, em verdade, no interesse do cliente titular de pretensões jurídicas, que confia sua intimidade a um profissional em um contexto de vulnerabilidade. No processo penal, ademais, dita vulnerabilidade traduz-se na potencial privação do direito de liberdade de locomoção e na correlata garantia da defesa técnica.

---

166. Com o mesmo entendimento, EUGÊNIO PACELLI assim muito bem analisa o problema: "...não é a conexão que justifica a licitude da prova. O fato, de todo relevante, é que, uma vez franqueada a violação dos direitos à privacidade e à intimidade dos moradores da residência, não haveria razão alguma para a recusa de provas de quaisquer outros delitos, punidos ou não com reclusão. Isso porque uma coisa é a justificação para a *autorização* da quebra de sigilo; tratando-se de violação à intimidade, haveria mesmo de se acenar com a gravidade do crime. Entretanto, outra coisa é o aproveitamento do conteúdo da intervenção autorizada; tratando-se de material relativo à prova de crime (qualquer crime), não se pode mais argumentar com a *justificação* da medida (interceptação telefônica), mas, sim, com a *aplicação* da lei". Cfr. PACELLI, Eugênio. *Curso de Processo Penal*. São Paulo: Atlas, 2013, p. 367.

Por essas razões, a propósito, é que a lei impõe mesmo um dever absoluto ao advogado de guardar sigilo quanto ao exercício de sua profissão. A violação desse sigilo configura o crime do art. 154 do Código Penal. Não haveria sentido, assim, em que a lei, incriminando a violação de sigilo, para a proteção do interessado (constituinte, cliente, assistido), ao mesmo tempo permitisse interferência nessa esfera privada por parte de agentes do Estado, sob qualquer pretexto.

Os agentes investigativos dispõem de uma série de instrumentos para a apuração de infrações penais graves, inclusive a interceptação dos diálogos telefônicos mantidos entre os investigados. Não se pode chegar ao ponto, portanto, de interferência estatal na comunicação relativa ao exercício de defesa, em um contexto de vulnerabilidade e confiança, próprio da relação profissional estabelecida entre o advogado e seu representado. Nem mesmo a autorização judicial poderá justificar esse tipo de invasão, sob pena de ilicitude e ainda de responsabilização penal, civil e administrativa dos agentes.

Naturalmente, se o advogado estiver em tese participando das atividades criminosas investigadas, já não haverá, nesse particular, exercício da função advocatícia. A proteção do sigilo justifica-se *pela função*, e não pela pessoa do advogado. É preciso preservar um ambiente de conversa franca e livre entre o advogado e o cliente, para que a defesa seja construída em um ambiente de plenitude, havendo aí claro interesse público. O advogado fica resguardado, assim, enquanto estiver no exercício da função protegida. Exorbitando desse domínio, contudo, está sujeito aos mecanismos invasivos de investigação aplicáveis a qualquer imputado[167].

Se a hipótese, portanto, for de prática de *lavagem* de capitais com a concorrência de advogado, não há aí, em tese, exercício de advocacia, e sim concurso de pessoas para a execução de conduta penalmente típica. Essa hipótese poderá então ser investigada inclusive com a interceptação de conversas mantidas entre os imputados, inclusive o advogado que, no particular, não está exercendo sua atividade resguardada.

Dito isso, assevere-se que pode acontecer de, no curso de investigação direcionada a alguns imputados, *reflexamente* se alcançar uma comunicação telefônica reservada entre o advogado e seu cliente, acerca do exercício da defesa. Assim, por exemplo, autorizada judicialmente a interceptação das comunicações telefônicas mantidas por A, investigado pela prática de crimes contra o sistema financeiro nacional, capta-se inclusive o diálogo mantido entre ele e seu advogado, tendo por objeto o exercício da defesa ou outro dado íntimo próprio da relação profissional. Qual a solução?

Nessa hipótese, o registro das comunicações sigilosas acidentalmente alcançadas deve ser desentranhado de imediato e inutilizado por ordem do juiz, isso se chegar a

---

167. Aplica-se a mesma lógica no direito norte-americano, como refere JEFFERSON INGRAM: "In a 1981 case, the United States Supreme Court clarified the reason for the privilege and the extent of the privilege in federal courts. According to the Court, the attorney-client privilege encourages 'full and frank communication between attorneys and their clients and thereby promote(s) broader public interests in the observance of law and administration of justice' (...) This privilege has limitations and is not absolute and only extends to confidential communications between the two individuals when made for the purpose of seeking legal advice and counsel". Cfr. INGRAM, Jefferson L. *Criminal Evidence*. Waltham: Elsevier/Anderson Publishing, 2014, § 10.4, p. 372.

ser disponibilizado pela autoridade investigativa. A captação, na espécie, não poderia ser efetuada de nenhuma maneira, nem sequer por ordem judicial, o que justifica o tratamento diferenciado da hipótese, ainda que o encontro da prova haja acontecido fortuitamente, sem desvio de finalidade.

De toda sorte, havendo má-fé ou negligência *na manutenção* do diálogo nos autos, de modo a oferecer algum subsídio ilícito à persecução penal, tem-se a inadmissibilidade não só da comunicação resguardada, mas de todos os elementos a ela correlatos. Não se pode admitir que a comunicação resguardada, relativa ao exercício da defesa, possa exercer qualquer influência, sobretudo no convencimento judicial. Nesse ponto, aliás, é de se defender até mesmo a suspeição do juiz que houver tomado contato direto com a comunicação mantida nos autos, desde que concernente a dados relevantes para o convencimento judicial sobre a responsabilidade penal do imputado.

Na hipótese em exame, não se pode aplicar a lógica da *serendipidade*, pois eventual prova extraída de conversa profissional entre advogado e cliente jamais poderia ter sido obtida, de nenhuma forma, nem mesmo sob autorização judicial. Há aqui uma vedação normativa apriorística, face ao caráter indevassável da conversa, a impedir que se aproveitem elementos fortuitamente encontrados, ainda que sem desvio de finalidade.

Sobre a captação acidental de conversa entre o advogado e o cliente, interessa referir o julgado da Segunda Turma do STF no HC 91.867/PA (STF, 2ª Turma, HC 91.867, Rel. Min. GILMAR MENDES, julgamento em 24.04.2012, DJ de 20.09.2012): "3. Ilicitude da prova das interceptações telefônicas de conversas dos acusados com advogados, ao argumento de que essas gravações ofenderiam o disposto no art. 7º, II, da Lei n. 8.906/96, que garante o sigilo dessas conversas (...) 3.2. Na hipótese, o magistrado de primeiro grau, por reputar necessária a realização da prova, determinou, de forma fundamentada, a interceptação telefônica direcionada às pessoas investigadas, não tendo, em momento algum, ordenado a devassa das linhas telefônicas dos advogados dos pacientes. Mitigação que pode, eventualmente, burlar a proteção jurídica. 3.3. Sucede que, no curso da execução da medida, os diálogos travados entre o paciente e o advogado do corréu acabaram, de maneira automática, interceptados, aliás, como qualquer outra conversa direcionada ao ramal do paciente. Inexistência, no caso, de relação jurídica entre cliente-advogado. 3.4. Não cabe aos policiais executores da medida proceder a uma espécie de filtragem das escutas interceptadas. A impossibilidade desse filtro atua, inclusive, como verdadeira garantia ao cidadão, porquanto retira da esfera de arbítrio da polícia escolher o que é ou não conveniente ser interceptado e gravado. Valoração, e eventual exclusão, que cabe ao magistrado a quem a prova é dirigida".

A interceptação acidental da conversa entre o advogado e o cliente, assim, não configura ilicitude, cabendo a exclusão ao juízo competente, *a posteriori*, como reconhecido ao final do julgado acima transcrito. Não há dúvida, portanto, quanto à imprestabilidade da prova fortuitamente encontrada. A lógica é que, apesar da licitude da captação fortuita, a manutenção da conversa indevassável seria ilícita, o que impõe a imediata exclusão dos dados respectivos.

6. INICIATIVA

Sobre a iniciativa para a aplicação da medida, assim dispõe o art. 3º da Lei nº 9.296/1996: "A interceptação das comunicações telefônicas poderá ser determinada pelo juiz, de ofício ou a requerimento: I – da autoridade policial, na investigação criminal; II – do representante do Ministério Público, na investigação criminal e na instrução processual penal".

Antes de tudo, reputamos inconstitucional a previsão normativa de deferimento da interceptação telefônica *de ofício* pelo juiz. Nesse ponto, não se pode conferir ao órgão judiciário qualquer *iniciativa investigativa*, no sentido da coleta de elementos incriminadores contra o imputado, sob pena de degeneração da função jurisdicional com a nota da parcialidade, algo inteiramente incompatível com o modelo acusatório de processo penal.

A figura do *juiz-investigador* elimina a natureza jurisdicional da função exercida, convertendo-a em mero exercício de poder, a partir do interesse judicial refletido na iniciativa apuratória. Uma coisa é o juiz analisar uma representação do delegado de polícia ou do Ministério Público a respeito da aplicabilidade da medida de interceptação telefônica. Dessa forma, está o juiz atuando como órgão de controle da restrição do direito fundamental à intimidade das comunicações telefônicas, sopesando o interesse público persecutório e a esfera individual privada. Outra coisa, bem diferente, é permitir ao juiz que vá à busca de elementos indiciários, ou que os perceba por si próprio, para, em nítida manifestação de interesse, determinar uma diligência investigativa, de exclusivo interesse persecutório. Esse ativismo investigativo torna o magistrado inequivocamente parcial para julgar a ação penal que advenha da mesma investigação[168].

Por outro lado, pode-se objetar que basta conferir à norma do art. 3º, *caput*, primeira parte, da Lei nº 9.296/1996 interpretação conforme a Constituição, para permitir ao juiz deferir de ofício a medida de interceptação apenas na fase processual, quando já deduzida acusação em juízo. Essa orientação, aliás, é a que sustentamos quanto a outras medidas, sob os parâmetros do art. 156, inciso II, do CPP, que permite ao juiz deferir diligências para o esclarecimento de dúvida sobre ponto relevante.

Entretanto, se essa solução poderia sem dúvida aplicar-se a outras esferas, pensamos que o mesmo não se pode dizer quanto à interceptação telefônica. Isso porque aqui se trata de medida eminentemente *investigativa* quanto à materialidade e à autoria

---

168. Com orientação semelhante, Lenio Streck: "Desnecessário lembrar que, mesmo sendo o princípio da imparcialidade uma ficção, tem este a função de garantir às partes que o juiz não se compromete, de antemão, com nenhum dos contendores (Luhmann) (...) Interessante notar que, enquanto no art. 3º consta que a interceptação poderá ser determinada inclusive de ofício pelo juiz, no art. 4º, *caput* consta que 'o pedido de interceptação de comunicação conterá a demonstração de que a sua realização é necessária (...)' É dizer, a autoridade policial e o Ministério Público devem instruir seus pedidos com uma série de requisitos. Cabe, então, a pergunta: *quais os requisitos para uma determinação de ofício?* Tudo isso reforça a tese de que a determinação da escuta *ex officio* macula a instrução processual". Cfr. Streck, Lenio Luiz. *As Interceptações Telefônicas e os Direitos Fundamentais*. Porto Alegre: Livraria do Advogado, 1997, pp. 65-66.

de crimes, ainda quando deferida no curso da instrução processual penal. O próprio art. 2º, *caput*, inciso III, da Lei nº 9.296/1996, aliás, alude a um "fato *investigado*".

Mesmo em curso um processo penal, pode tramitar, em paralelo, procedimento de investigação destinado à apuração de outras infrações correlatas àquela objeto da ação penal. A existência de processo penal, portanto, não subtrai o caráter investigativo inerente à interceptação telefônica, como técnica destinada à obtenção de subsídios probatórios que poderão conduzir a nova ação penal ou a aditamento da inicial no processo já em curso.

Não se pode conceber, nesse contexto, que o juiz defira de ofício interceptação telefônica "para esclarecer dúvida sobre ponto relevante" (art. 156, II, CPP), até porque essa não é uma finalidade associável à medida em foco. É impossível cogitar, com efeito, que uma interceptação telefônica vá se prestar a um mero esclarecimento de dúvida. E ainda que o fosse no plano medidativo, as finalidades expressamente vinculadas à interceptação não a incluem.

Desta sorte, segundo nos parece, a medida de interceptação das comunicações telefônicas só é aplicável pelo órgão judiciário a partir de representação do delegado de polícia ou do Ministério Público (art. 3º, I e II, Lei nº 9.296/1996). Tratando-se de ação penal de iniciativa pública, a representação policial deverá contar com a chancela do órgão do Ministério Público, diante da finalidade eminentemente probatória da medida, de interesse invariável, portanto, do titular da acusação.

A respeito dos requisitos formais da representação ou do requerimento, aplica-se a norma do art. 4º, *caput*, da Lei nº 9.296/1996: "O pedido de interceptação de comunicação telefônica conterá a demonstração de que a sua realização é necessária à apuração de infração penal, com indicação dos meios a serem empregados". Independentemente do mérito do pleito, portanto, a manifestação deverá conter a demonstração analítica da necessidade específica da medida, sob os parâmetros fixados no art. 2º da Lei nº 9.296.

Ademais, exige-se a indicação dos meios a serem empregados. Essa providência destina-se a possibilitar ao órgão judiciário a imposição dos limites formais (*forma de execução da diligência*) previstos no art. 5º da Lei nº 9.296. Verifica-se, assim, um regime de controle judicial não só sobre a autorização do emprego da técnica, mas também sobre sua execução pelos agentes policiais.

Emana claramente do art. 4º, *caput*, da Lei nº 9.296 a exigência de requerimento *escrito*, que contenha os requisitos especificados. A inobservância dessas regras gera a inépcia da postulação, que deve ser preliminarmente rechaçada pelo órgão judiciário competente.

Em caráter excepcional, porém, admite-se o pedido verbal, "desde que estejam presentes os pressupostos que autorizem a interceptação, caso em que a concessão será condicionada à sua redução a termo", nos termos do art. 4º, § 1º, da Lei nº 9.296. Atualmente, julgamos inconcebível que alguma autoridade investigativa se preste a formular pedido oral ao juiz no sentido do deferimento de medida tão invasiva e sujeita a rigorosos pressupostos de admissibilidade. A análise judicial deve recair sobre exposição fundamentada quanto à existência concreta dos parâmetros normativos. Admitir que isso seja feito verbalmente pelo interessado é dar margem ao descontrole quanto à efetiva iniciativa para a decretação da medida. A mais, se a lei ainda condiciona o deferimento da medida à "redução a termo" do pedido, não há urgência que justifique sua formulação verbal. Não se pode, na espécie, fazer concessões à conveniência de quem quer que seja.

Por fim, diante da urgência de uma medida de natureza cautelar e finalidade probatória, o art. 4º, § 2º, da Lei nº 9.296 exige que o juiz resolva sobre o pleito no prazo máximo de 24 (vinte e quatro) horas.

7. COMPETÊNCIA

O art. 1º, *caput*, da Lei nº 9.296/1996 estabelece que a interceptação de comunicações telefônicas deverá partir de "ordem do juiz competente da ação principal".

A competência firma-se, então, de acordo com os critérios constitucionais e legais aplicáveis. Distribuído o inquérito policial, ou qualquer diligência anterior à denúncia ou à queixa, tem-se firmada a competência do juízo para a ação penal respectiva (art. 75, parágrafo único, CPP).

Independentemente de inquérito policial, pode o Ministério Público requerer a decretação da medida (art. 3º, II, Lei nº 9.296), que depois de concluída formará procedimento cautelar autônomo (art. 8º, Lei nº 9.296). Nesse caso, a distribuição da diligência já previne o juízo para o processo e o julgamento da ação penal que dela advenha (art. 75, parágrafo único, CPP).

Pode acontecer, porém, que a competência de juízo inicialmente firmada seja desconstituída depois por força da superveniente revelação de circunstância essencial a esse respeito. Por exemplo, o juízo estadual defere a medida de interceptação para apurar a prática de crime de supressão do pagamento de tributos estaduais (art. 1º, Lei nº 8.137/1990), mas no curso da diligência se desvela que a sonegação envolvia exclusivamente tributos federais. Do mesmo modo, deferida a medida por juiz estadual para apurar tráfico interno de drogas, descobre-se que o tráfico era em verdade internacional. Ambos os casos citados impõem a fixação da competência da Justiça Comum Federal. A interceptação determinada pelo juiz estadual, entretanto, tem-se por lícita.

Na espécie, adota-se a lógica do *juízo aparente*. Se, pelos dados disponíveis ao tempo do deferimento da medida, o juízo que a determinou pode ser fixado como competente, a prova oriunda da interceptação é plenamente válida, ainda que a investigação respectiva desvele fato modificador da competência judiciária. Diversamente, se já havia elementos aptos à fixação da competência adequada, a determinação da medida por juízo incompetente constitui nulidade absoluta (art. 564, I, CPP).

No sentido da aplicação da *teoria do juízo aparente*, refira-se o julgado do Plenário do STF em Questão de Ordem suscitada no Inquérito nº 4.130/PR (STF, Tribunal Pleno, INQ 4.130, Rel. Min. Dias Toffoli, julgamento 23.09.2015, DJ de 03.02.2016): "Crimes de organização criminosa, lavagem de dinheiro, falsidade ideológica e corrupção passiva. Colaboração premiada. Delação de crimes não conexos com a investigação primária. Equiparação ao encontro fortuito de prova. Aplicação das regras de determinação, de modificação e de concentração da competência. Inexistência de prevenção, pelas mesmas razões, tanto de Ministro da Corte quanto de juízo de origem. Crimes que, em sua maioria, se consumaram em São Paulo. Circunstância que justifica a sua atração para a Seção Judiciária daquele estado. Ressalva quanto à posterior apuração de outras infrações conexas que, por força das regras do art. 78 do Código de Processo Penal, justifiquem conclusão diversa quanto ao foro competente. Remessa do feito desmembrado à Seção Judiciária de São Paulo para livre distribuição, independentemente da publicação do acórdão. *Intangibilidade dos atos praticados na origem, tendo em vista a aplicação da teoria do juízo aparente.* Precedente."

8. PRESSUPOSTOS DA INTERCEPTAÇÃO TELEFÔNICA

A interceptação telefônica, como já terá ficado claro, constitui medida de particular caráter invasivo, interferindo de maneira profunda e intensa na intimidade da pessoa. O emprego dessa técnica como instrumento investigativo, assim, reclama parâmetros objetivos claros, de cunho excepcional, de modo a não se permitir sua difusão indiscriminada, em transgressão ao direito à intimidade das comunicações telefônicas (art. 5º, XII, CF).

O objetivo primário da interceptação, genericamente enunciado, é o de obtenção de "prova em investigação criminal e em instrução processual penal" (art. 1º, *caput*, Lei nº 9.296/1996). A excepcionalidade da medida, entretanto, impõe o condicionamento de sua aplicação a esferas de maior gravidade.

Nesse contexto, a delimitação legal das hipóteses de interceptação telefônica dá-se em sentido negativo, na forma da vedação da técnica em certas situações, concretas (art. 2º, *caput*, I e II, Lei nº 9.296/1996) ou abstratas (art. 2º, *caput*, III, Lei nº 9.296/1996). Dessas vedações se depreendem os pressupostos e requisitos positivamente condicionantes da autorização judicial de emprego da técnica de interceptação telefônica, eletrônica ou telemática. Nos termos do art. 2º, *caput*, da Lei nº 9.296/1996: "Não será admitida a interceptação das comunicações telefônicas quando ocorrer qualquer das seguintes hipóteses: I – não houver indícios razoáveis da autoria ou participação em infração penal; II – a prova puder ser feita por outros meios disponíveis; III – o fato investigado contituir infração penal punida, no máximo, com pena de detenção".

Incidente *qualquer* dessas vedações, a técnica de interceptação telefônica não poderá ser utilizada, devendo o juiz indeferir eventual representação a esse respeito. Com isso, assimilam-se os seguintes *pressupostos cumulativos* da autorização judicial: (i) existência de indícios razoáveis de autoria ou participação (inciso I) em infração penal punida com reclusão (inciso III); (ii) inexistência de outro meio menos invasivo de obtenção da prova (inciso II).

No plano abstrato, tem-se a exigência de persecução penal cujo objeto seja crime punido com reclusão (art. 2º, *caput*, III, Lei nº 9.296). Caso a pena privativa de liberdade cominada à infração investigada seja no máximo a de detenção, é inaplicável a interceptação telefônica. Encontra-se aí o objetivo legal de restringir o emprego da técnica invasiva a infrações penais de maior gravidade, de acordo com a natureza da pena privativa de liberdade aplicável.

De toda sorte, é possível que, no curso de interceptação telefônica judicialmente autorizada para apurar crime apenado com reclusão, venha-se a obter, de maneira reflexa, prova da prática de infração penal punível no máximo com detenção. Por exemplo: no curso de interceptação telefônica destinada a apurar a prática de crimes de corrupção ativa (apenada com reclusão – art. 333, CP), obtém-se, no registro de diálogos, a prova da prática de crime de fraude processual (apenado com detenção – art. 347, CP); no curso de interceptação telefônica destinada a apurar a prática de homicídio doloso contra certa pessoa, obtém-se a prova também da prática (conexa) de lesão corporal contra outra.

Nessa hipótese, aplica-se a lógica do *encontro fortuito de provas*, também conhecido por *serendipidade*. Assim, revela-se lícita a descoberta reflexa da prova do crime apenado com detenção, desde que ocorrida dentro na linha de desdobramento normal da investigação, sem qualquer desvio de finalidade. A casualidade do encontro da prova elimina qualquer viés de ilicitude, ainda que seja esse, em última análise, o único êxito da investigação.

Desta sorte, se a investigação destinava-se a apurar corrupção passiva (apenada com reclusão – art. 317, *caput*, CP), mas a interceptação telefônica conduziu apenas à prova da prática de crime de prevaricação (apenado com detenção – art. 319, CP), os elementos informativos devem ser admitidos.

Do mesmo modo, o encontro fortuito de prova de natureza inteiramente diversa do objeto da investigação deve ser admitido, desde que não haja desvio da linha de desdobramento da investigação. Assim, em interceptação destinada à apuração de crime de redução a condição análoga à de escravo (apenado com reclusão – art. 148, CP), pode-se chegar fortuitamente à prova da prática de crime ambiental (conexo ou não) apenado com detenção.

A exigência, em qualquer dessas hipóteses, é a de que o encontro seja efetivamente *fortuito*, sem desvio de finalidade, adstrito ao desdobramento normal da linha inicial de investigação. A ressalva se justifica para impedir que agentes investigativos maliciosamente utilizem a técnica, sob o pretexto impossível de apuração do crime apenado com reclusão formalmente delimitado, para investigar infrações de menor gravidade (real foco), fraudando assim a exigência expressa no art. 2º, *caput*, III, da Lei nº 9.296/1996.

Havendo em tese, no plano abstrato, o objeto da infração penal apenada com reclusão, exige-se, em concreto, prova indiciária razoável quanto à autoria ou à participação do investigado no fato correspondente (art. 2º, *caput*, I, Lei nº 9.296, *a contrario sensu*).

Assim, não bastam subsídios informativos mínimos quanto à existência de crime apenado com reclusão, reclamando-se ainda indícios suficientes de autoria ou participação a pesarem contra a pessoa cuja comunicação telefônica será objeto de interceptação.

Por último, tem-se o pressuposto da *subsidiariedade*, objeto da norma do art. 2º, *caput*, II, da Lei nº 9.296: a interceptação telefônica deve ser utilizada como *ultima ratio*, quando insuficientes os demais meios de obtenção de prova, menos invasivos, à disposição da autoridade investigativa.

Na motivação da medida, portanto, o órgão judiciário deverá demonstrar a insuficiência dos outros meios disponíveis de obtenção de prova e, portanto, a necessidade específica da interceptação telefônica para o alcance dessa finalidade.

Ademais, a lei exige a individualização clara e precisa (i) da situação objetiva autorizadora e (ii) dos investigados alcançados pela medida, impondo-se assim um regime de rígido controle da observância dos parâmetros normativos, o que mais uma vez realça a excepcionalidade da interceptação telefônica. A esse respeito, confira-se, no art. 2º, parágrafo único, da Lei nº 9.296/1996: "Em qualquer hipótese deve ser descrita com clareza a situação objeto da investigação, inclusive com a indicação e qualificação dos investigados, salvo impossibilidade manifesta, devidamente justificada".

Esses são os balizamentos legais condicionantes da *motivação judicial* do deferimento do emprego, pelos agentes policiais investigativos, da técnica de interceptação telefônica.

A propósito, a *motivação específica* da medida cautelar probatória de interceptação telefônica é elemento imprescindível, sob pena de nulidade da ordem, diante do caráter restritivo ao direito individual envolvido. A exigência de motivação específica, já inerente à natureza e à extensão da medida, é até objeto de disposição expressa, na primeira parte da norma do art. 5º da Lei nº 9.296/1996: "A decisão será fundamentada, sob pena de nulidade, indicando também a forma de execução da diligência, que não poderá exceder o prazo de quinze dias, renovável por igual período uma vez comprovada a indispensabilidade do meio de prova".

9. LIMITES FORMAIS E TEMPORAIS: FORMA DE EXECUÇÃO, PRAZO E PRORROGAÇÃO

O órgão judiciário, ao deferir o pedido de interceptação das comunicações telefônicas, deverá fixar (i) limites formais e (ii) limites temporais à execução da medida. Confira-se, a respeito, o disposto no art. 5º, segunda parte, da Lei nº 9.296/1996: "A decisão será fundamentada, sob pena de nulidade, *indicando também a forma de execução da diligência, que não poderá exceder o prazo de quinze dias, renovável por igual tempo uma vez comprovada a indispensabilidade do meio de prova*".

9.1. Limites Formais

A respeito dos limites formais, deverá o juiz, na decisão de deferimento, fixar *a forma de execução da diligência*. Para possibilitar essa individualização é que o art. 4º, *caput*, da Lei nº 9.296/1996 exige, da parte do postulante, "a indicação dos meios a serem empregados".

O controle judicial se exerce, portanto, não apenas quanto à aplicabilidade da medida, em sua necessidade e adequação, mas também quanto ao modo de execução, de maneira a preservar tanto quanto possível a esfera individual contra possível excesso.

Mesmo deferida a interceptação, assim, esta não pode ser efetuada de qualquer maneira. No pedido, a própria autoridade já deve descrever de que modo pretende aplicar a interceptação, cabendo ao juiz avaliar a legalidade da forma proposta. Assim, a instalação de instrumentos de captação e de gravação em telefone fixo (o chamado "grampo telefônico") e o emprego de métodos eletrônicos aptos à captação de sinais sonoros emitidos por aparelhos de telefonia móvel são exemplos de formas de execução da medida.

O art. 7º da Lei nº 9.296/1996, para assegurar a operacionalidade da medida, permite à autoridade policial "requisitar serviços e técnicos especializados às concessionárias de serviço público".

Em todo caso, a *forma* de execução fica sujeita a controle judicial *prévio*.

Nesse contexto, o Supremo Tribunal Federal já reconheceu a admissibilidade da captação ambiental de sinais em escritório de advocacia, mesmo quando o ingresso no domicílio tenha ocorrido durante a noite, para o fim exclusivo de instalação aparelhos necessários à operacionalização da medida. Confira-se, a respeito, a decisão do Plenário no Inquérito nº 2.424/RJ (STF, Tribunal Pleno, INQ 2.424, Rel. Min. CEZAR PELUSO, julgamento em 26.11.2008, DJ de 26.03.2010): "PROVA. Criminal. Escuta ambiental e exploração de local. Captação de sinais óticos e acústicos. Escritório de advocacia. Ingresso da autoridade policial, no período noturno, para instalação de equipamento. Medidas autorizadas por decisão judicial. Invasão de domicílio. Não caracterização. Suspeita grave da prática de crime por advogado, no escritório, sob pretexto de exercício da profissão. Situação não acobertada pela inviolabilidade constitucional. Inteligência do art. 5º, X e XI, da CF, art. 150, § 4º, III, do CP, e art. 7º, II, da Lei nº 8.906/94. Preliminar rejeitada. Votos vencidos. Não opera a inviolabilidade do escritório de advocacia, quando o próprio advogado seja suspeito da prática de crime, sobretudo concebido e consumado no âmbito desse local de trabalho, sob pretexto de exercício da profissão".

Esse precedente envolve a excepcionalidade do ingresso docimiliar durante a noite, sob autorização judicial, como único meio apto a conferir efetividade à execução da medida, já que seria impossível a instalação oculta dos aparelhos durante o dia, quando presentes diversas pessoas no local.

Nesse particular, porém, enfatiza-se aqui a necessidade de controle judicial sobre a forma de execução da medida de interceptação, telefônica ou ambiental. Se a instalação de aparelhos houver de se dar durante a noite, tanto há de ser feito sob estrita autorização judicial, e não por iniciativa do delegado de polícia, sem que esse formato tenha sido objeto do pedido e dos limites da autorização partida do órgão judiciário.

9.2. Limites Temporais

Além das limitações atinentes à forma, há ainda a imposição judicial de limite temporal à execução da medida, nesse caso em montante já fixado pela própria lei: o prazo de 15 (quinze) dias, prorrogável em caso de estrita necessidade e indispensabilidade do meio de prova.

Em primeiro lugar, advirta-se que a licitude da interceptação está vinculada ao estrito respeito ao prazo judicialmente fixado. Expirado o lapso temporal, os agentes não poderão continuar a interceptar as conversas, sem respaldo em decisão judicial motivada de prorrogação, sob pena de inadmissibilidade da prova assim obtida, por ilicitude da restrição à intimidade das comunicações telefônicas.

De outra parte, sabe-se bem da incidência concreta de interceptações ilegais, fora da esfera judicialmente autorizada, por serem anteriores a ela ou posteriores ao fim do prazo. Nesse caso, pode ocorrer o crime do art. 10 da Lei nº 9.296/1996, punível com reclusão, de dois a quatro anos, e multa: "Constitui crime realizar interceptação de comunicações telefônicas, de informática ou telemática, ou quebrar segredo da Justiça, sem autorização judicial ou com objetivos não autorizados em lei".

Deve-se exigir, assim, estrita demarcação temporal da data das conversas interceptadas, de modo a possibilitar um controle mínimo. Esse ponto, aliás, deve também ser objeto do auto circunstanciado, com o resumo das operações realizadas, de que trata o art. 6º, § 2º, da Lei nº 9.296/1996.

Há intensa crítica na doutrina à exiguidade do prazo de interceptação, considerado insuficiente, em condições normais, para a eficácia das investigações. Não pensamos exatamente assim. Na medida da necessidade, o prazo pode ser prorrogado, se indispensável a continuidade da medida. E nos parece que pode ser prorrogado mais de uma vez, enquanto exista necessidade probatória, sempre de forma motivada. Sem dúvida, o prazo poderia ser estabelecido no patamar de 30 (trinta) dias, por exemplo, mas não se pode conceber que a polícia mantenha interceptação de todas as comunicações telefônicas de uma pessoa, *sem supervisão judicial*, por período de 6 (seis) meses, digamos.

Tenha-se em conta a abrangência da medida: todas as esferas da vida privada da pessoa, considerando o uso maciço do telefone nos dias atuais, estarão alcançadas pela investigação. Impõe-se, assim, controle judicial contínuo, de forma periódica, entre lapsos curtos, como forma de aferir se, de fato, há a necessidade de perduração. Existindo a necessidade, que se prorrogue a execução da medida. Não existindo, diante da ausência de indicativos de eficácia ou do encontro de circunstâncias diversas daquelas projetadas, que o juiz negue a prorrogação. O montante do prazo, assim, não parece constituir elemento de ineficácia ou de embaraço à investigação, por mais que, de fato, o lapso pudesse ser um pouco maior.

O art. 5º estabelece a prorrogação do prazo "uma vez comprovada a indispensabilidade do meio de prova". Entenda-se por isso a necessidade *da manutenção da medida*. Se as investigações estão produzindo frutos, nada mais natural que a interceptação continue. E deve continuar na medida da necessidade, não fazendo sentido, a nosso juízo, que se limite a prorrogação a uma única vez, algo que, por sinal, a lei (art. 5º, Lei nº 9.296) não diz.

No sentido de que a prorrogação pode acontecer por mais de uma vez, na medida da necessidade, refira-se o julgado da Primeira Turma do STF no HC 106.244/RJ (STF, 1ª Turma, HC 106.244, Rel. Min. Cármen Lúcia, julgamento em 17.05.2011, DJ de 19.08.2011): "O tempo das escutas telefônicas autorizadas e o número de terminais alcançados subordinam-se à necessidade da atividade investigatória e ao princípio da razoabilidade, não havendo limitações legais predeterminadas. Precedentes". Em igual direção: STF, Tribunal Pleno, INQ 2.424/RJ, Rel. Min. Cezar Peluso, julgamento em 26.11.2008, DJ de 26.03.2010.

Por outro lado, entendendo que o juiz pode até mesmo, em função da necessidade, fixar prazo contínuo superior ao de 15 (quinze) dias, tem-se a decisão da Segunda Turma do STF no RHC 88.371/SP (STF, 2ª Turma, RHC 88.371, Rel. Min. GILMAR MENDES, julgamento em 14.11.2006, DJ de 02.02.2007): "1. Crimes previstos nos arts. 12, caput, c/c o 18, II, da Lei nº 6.368/1976. 2. Alegações: a) ilegalidade no deferimento da autorização da interceptação por 30 dias consecutivos; e b) nulidade das provas, contaminadas pela escuta deferida por 30 dias consecutivos. 3. No caso concreto, a interceptação telefônica foi autorizada pela autoridade judiciária, com observância das exigências de fundamentação previstas no artïgo 5º da Lei nº 9.296/1996. Ocorre, porém, que o prazo determinado pela autoridade judicial foi superior ao estabelecido nesse dispositivo, a saber: 15 (quinze) dias. 4. A jurisprudência do Supremo Tribunal Federal consolidou o entendimento segundo o qual as interceptações telefônicas podem ser prorrogadas desde que devidamente fundamentadas pelo juízo competente quanto à necessidade para o prosseguimento das investigações. Precedentes: HC nº 83.515/RS, Rel. Min. Nelson Jobim, Pleno, maioria, DJ de 04.03.2005; e HC nº 84.301/SP, Rel. Min. Joaquim Barbosa, 2ª Turma, unanimidade, DJ de 24.03.2006."

Estamos de acordo com essa orientação. Do que não se prescinde é do controle judicial motivado e fundamentado, no que concerne aos limites temporais impostos à ação policial investigativa.

10. PROCEDIMENTO DE EXECUÇÃO DA MEDIDA PELA POLÍCIA

Estabelecidos os limites formais e temporais pelo órgão judiciário, caberá à autoridade policial, sob essas bases, conduzir "os procedimentos de interceptação, dando ciência ao Ministério Público, que poderá acompanhar a sua realização", nos termos do art. 6º, *caput*, da Lei nº 9.296/1996.

Antes de tudo, tem-se a exigência legal de *condução* dos procedimentos *por autoridade policial*, isto é, por delegado de polícia. Ainda que reconhecidos poderes de investigação ao Ministério Público (questão atualmente pacificada na jurisprudência), há uma *reserva de condução policial* no que especificamente se refere à interceptação telefônica. O órgão do Ministério Público poderá apenas acompanhar a execução da diligência, nos termos claros do art. 6º, *caput*, da Lei nº 9.296/1996.

Por outro lado, veda-se a condução dos procedimentos por qualquer particular, exigindo-se a atuação *policial*, ainda que a autoridade possa requisitar, para tanto, o serviço auxiliar de técnicos especializados às concessionárias de serviços públicos, nos moldes do art. 7º da Lei nº 9.296/1996.

Uma vez concluída a diligência, "a autoridade policial encaminhará o resultado da interceptação ao juiz, acompanhado de auto circunstanciado, que deverá conter o resumo das operações realizadas", na forma do art. 6º, § 2º, da Lei nº 9.296/1996. O auto circunstanciado com a descrição das operações destina-se a possibilitar o controle judicial, *a posteriori*, da legalidade da execução da medida invasiva.

De acordo com a norma do art. 6º, § 1º, da Lei nº 9.296/1996, "no caso de a diligência possibilitar a gravação da comunicação interceptada, será determinada a sua transcrição". Em verdade, este representa a generalidade dos casos, consubstanciando-se a prova precisamente no registro (gravação) das comunicações telefônicas interceptadas. Juntamente com o auto circunstanciado, portanto, o delegado de polícia remeterá ao órgão judiciário competente a transcrição das comunicações telefônicas.

Uma reflexão importante se impõe nesse ponto. A *transcrição* é a do conteúdo fiel dos diálogos interceptados. Trata-se da expressão escrita das palavras utilizadas pelas partes na comunicação oral captada e registrada. Na prática, entretanto, é corrente encontrar descrições de agentes policiais, normalmente peritos, a respeito do conteúdo das conversas, no *discurso indireto*.

Esse expediente agrega à prova objetiva a inevitável apreciação pessoal, de cunho interpretativo, do perito que a descreveu. Por mais que as gravações dos diálogos constem de mídias disponíveis às partes, a inicial acusatória lastreia-se basicamente, inclusive por maior comodidade, na expressão indireta dos agentes policiais, acerca dos diálogos que ouviram. Isso pode prejudicar a fidelidade da prova, na medida em que, por mais isento que o agente investigativo possa se mostrar na descrição dos diálogos, é inevitável a interveniência da subjetividade, sobretudo quando já bem presente uma linha de investigação a direcionar a busca por tais e quais elementos.

Assim, a prova deve ser oferecida em "estado natural" às partes e interessados, como transcrição de discurso direto, isto é, dos próprios diálogos mantidos entre os interlocutores. Por isso, aliás, é que o art. 6º, § 1º, da Lei nº 9.296/1996 determina a *transcrição* das comunicações, algo muito diferente da mera narrativa policial do conteúdo dos diálogos. Essa expressão escrita fiel por certo auxiliará as partes na avaliação da prova, podendo ambas sempre recorrer, sempre que necessário, à escuta das gravações, para verificação de aspectos como tom e contexto do diálogo.

Sobre esse último aspecto, está claro que nem sempre a expressão escrita, mesmo a transcrição, revelará o exato tom e contexto em que as palavras foram pronunciadas. A título de exemplo, a mesma frase poderá oferecer ou não, a depender da entonação, um contexto de seriedade. Em geral, o significado das expressões depende muito da forma como os interlocutores se conduzem na linguagem oral.

Além disso, faz-se necessária a recorrência à oralidade dos diálogos até mesmo para que o interessado possa verificar a correspondência entre a voz gravada e a sua, no exercício da defesa. Jamais se poderá prescindir, assim, das próprias gravações dos diálogos, que devem permanecer disponíveis às partes, independentemente da respectiva transcrição.

Por fim, recebidos pelo órgão judiciário competente os elementos formais que materializam a interceptação, aplica-se o disposto no art. 8º, *caput*, da Lei nº 9.296/1996, de tudo ciente o Ministério Público (art. 6º, § 3º): "A interceptação de comunicação telefônica, de qualquer natureza, ocorrerá em autos apartados, apensados aos autos do inquérito policial ou do processo criminal, preservando-se o sigilo das diligências, gravações e transcrições respectivas".

Antes de tudo, a autuação dos elementos obtidos na diligência de interceptação telefônica opera-se, portanto, após a finalização da medida, por ordem do juízo competente. Enquanto as diligências estiverem em curso, a formalização em autos de procedimento cautelar não se mostra adequada, até mesmo para resguardo do sigilo próprio da investigação.

Como abordado no Capítulo V, relativo à investigação preliminar, o próprio inquérito policial deverá concentrar apenas as peças referentes a diligências concluídas, ficando os elementos próprios de medida em andamento sob a guarda do delegado de polícia, até que as operações sejam finalizadas. Uma vez formalizados os elementos nos autos do inquérito policial, devem ser disponibilizados inclusive aos investigados, preservando-se apenas o sigilo necessário ao resguardo da intimidade de dados, contra terceiros.

Essa mesma lógica aplica-se ao âmbito da interceptação telefônica, enquanto procedimento cautelar de natureza investigativa. Durante as operações (art. 6º, *caput*), os elementos respectivos devem estar sob a guarda do delegado de polícia e dos agentes envolvidos, para estrita preservação do sigilo *da investigação*. Concluídas as operações, lavra-se o auto circunstanciado (art. 6º, § 2º), reúnem-se as mídias de gravação, determina-se a trancrição dos diálogos gravados (art. 6º, § 3º) e remetem-se todos esses elementos ao juízo competente (art. 6º, § 2º), que determinará a sua autuação em apartado, como procedimento cautelar de interceptação, apenso ao inquérito policial (art. 6º, § 3º, e art. 8º, *caput*).

Constata-se, assim, que a formalização do procedimento só ocorre depois da finalização das operações, o que se justifica pelo sigilo *das diligências*.

Esse procedimento tem também caráter sigiloso (art. 8º, *caput*), agora justificado, porém, pela intimidade dos investigados, e não mais pela eficácia da investigação, que já está concluída.

Assim, na mesma lógica aplicável ao inquérito policial, uma coisa é o *sigilo da investigação* e outra, diversa, é o *sigilo do procedimento formal investigativo*. Uma vez autuadas as peças, o "sigilo das diligências, gravações e transcrições respectivas" justifica-se no resguardo à intimidade das comunicações telefônicas (art. 5º, XII, CF) dos investigados.

Para preservação do sigilo, o art. 8º, parágrafo único, determina ainda que "a apensação somente poderá ser realizada imediatamente antes do relatório da autoridade, quando se tratar de inquérito policial (Código de Processo Penal, art. 10 § 1º) ou na conclusão do processo ao juiz para o despacho decorrente do disposto nos arts. 407, 502 ou 538 do Código de Processo Penal".

A respeito do inquérito policial, a apensação antes do relatório permite que o delegado de polícia considere o conteúdo desse procedimento quando da manifestação final. Para melhor resguardo do sigilo, nesse caso, a apensação fica retardada até o momento imediatamente anterior ao relatório.

Quanto ao processo penal, os artigos indicados foram revogados ou modificados pela Lei nº 11.689/2008 e pela Lei nº 11.719/2008. Trata-se, de toda sorte, da conclusão dos autos para sentença, após as alegações finais, com a possibilidade de que o juiz determine a conversão do julgamento em diligência. A lógica, portanto, permanece a mesma.

11. INUTILIZAÇÃO DA GRAVAÇÃO QUE NÃO INTERESSAR À PROVA

Como já pontuado, a continuidade da interceptação telefônica, pelo tempo fixado em lei, alcança múltiplas esferas da individualidade e da intimidade da pessoa investigada, diante do uso cada vez mais difundido de aparelhos telefônicos nos dias atuais.

Expressiva parte dos diálogos captados e gravados, assim, integram a vida íntima do sujeito, sem qualquer interesse jurídico-penal, ainda que, como reflexo da investigação, tivessem inevitavelmente que chegar ao conhecimento dos agentes policiais incumbidos da medida. Por outro lado, terceiros absolutamente estranhos à investigação são reflexamente alcançados em sua intimidade, sem a menor justa causa, chegando fatos relativos à sua esfera íntima à ciência de agentes do Estado.

Desta sorte, para minimizar o caráter invasivo da diligência de interceptação, a lei, além de impor absoluto sigilo (art. 8°), sob pena de responsabilidade penal (art. 10), estabelece a *inutilização, por ordem judicial, da gravação que não interessar à prova*. Consulte-se, a esse respeito, o teor da norma do art. 9°, *caput*, da Lei n° 9.296/1996: "A gravação que não interessar à prova será inutilizada por decisão judicial, durante o inquérito, a instrução processual ou após esta, em virtude de requerimento do Ministério Público ou da parte interessada".

Esse incidente de inutilização "será assistido pelo Ministério Público, sendo facultada a presença do advogado ou de seu representante legal", nos termos do art. 9°, parágrafo único, da Lei n° 9.296.

O mesmo incidente deverá ser aplicado à hipótese, já examinada em outro tópico, da captação indevida de conversa, entre o investigado e seu advogado, que envolva o exercício da defesa.

12. INTERCEPTAÇÃO DAS COMUNICAÇÕES TELEFÔNICAS E QUEBRA DO SIGILO TELEFÔNICO

A *interceptação das comunicações telefônicas* não pode ser confundida com a *quebra do sigilo telefônico*, medida menos invasiva de investigação.

A interceptação, como visto, consiste na captação e no registro, por terceiro, *de comunicação mantida por telefone entre duas ou mais pessoas*. Nesse caso, portanto, a captação é do conteúdo da conversa, do diálogo travado entre as pessoas.

Por seu turno, a *quebra do sigilo telefônico* diz respeito às ligações telefônicas efetuadas e recebidas por determinada pessoa em um certo período. Incide a medida, portanto, não sobre o conteúdo da comunicação, mas sobre o registro do histórico das ligações de determinada pessoa, com a revelação dos números de origem e de destino.

A quebra do sigilo telefônico, desta sorte, cumpre-se pela requisição de informações às operadoras de telefonia, ou mesmo por consulta em aparelho celular apreendido.

Como o art. 5°, inciso XII, da Constituição protege em verdade o sigilo *das comunicações telefônicas*, afastável apenas por decisão judicial motivada, o entendimento corrente é o de que as informações sobre o histórico das ligações efetuadas e recebidas não estaria sob reserva de controle judicial. Esta, a propósito, é a orientação da Segunda

Turma do Supremo Tribunal Federal, como revela o julgado do HC 91.867/PA (STF, 2ª Turma, HC 91.867, Rel. Min. GILMAR MENDES, julgamento em 24.04.2012, DJ de 20.09.2012): "2. Ilicitude da prova produzida durante o inquérito policial – violação de registros telefônicos de corréu, executor do crime, sem autorização judicial. 2.1 Suposta ilegalidade decorrente do fato de os policiais, após a prisão em flagrante do corréu, terem realizado a análise dos últimos registros telefônicos dos dois aparelhos celulares apreendidos. Não ocorrência. 2.2 Não se confundem comunicação telefônica e registros telefônicos, que recebem, inclusive, proteção jurídica distinta. Não se pode interpretar a cláusula do artigo 5º, XII, da CF, no sentido de proteção aos dados enquanto registro, depósito registral. A proteção constitucional é da comunicação de dados e não dos dados. 2.3 Art. 6º do CPP: dever da autoridade policial de proceder à coleta do material comprobatório da prática da infração penal. Ao proceder à pesquisa na agenda eletrônica dos aparelhos devidamente apreendidos, meio material indireto de prova, a autoridade policial, cumprindo o seu mister, buscou, unicamente, colher elementos de informação hábeis a esclarecer a autoria e a materialidade do delito (dessa análise logrou encontrar ligações entre o executor do homicídio e o ora paciente). Verificação que permitiu a orientação inicial da linha investigatória a ser adotada, bem como possibilitou concluir que os aparelhos seriam relevantes para a investigação"[169].

Nesse ponto, para o âmbito das organizações criminosas, o art. 3º, inciso IV, primeira parte, da Lei nº 12.850/2013 contempla, como técnica de investigação especial, o "acesso a registros de ligações telefônicas e telemáticas..." Diz-se então que, à falta de proteção constitucional e de disciplina normativa específicas, está dispensada autorização judicial para a quebra do sigilo telefônico dentro desses limites. O tema será melhor analisado na Subseção IV, ficando já adiantada, no entanto, a posição do STF, acima assentada.

SUBSEÇÃO IV
Interceptação Ambiental

---

169. No caso Riley vs. California (573 U.S.), julgado em 2014, a Suprema Corte norte-americana adotou caminho diverso, ao declarar a *ilicitude* da prova obtida por agentes policiais a partir de consulta a registros de números constantes de aparelho celular do investigado. Naquele caso, os agentes policiais, ao perceberem, *já no departamento de polícia, duas horas após a diligência*, que o aparelho apreendido estava recebendo chamadas de uma fonte chamada "my house", resolveram, abrindo o telefone, consultar o número de origem, com o que puderam rastrear determinado local, onde ingressaram mediante autorização judicial, apreendendo certa quantidade de drogas. A Suprema Corte resolveu que o telefone móvel só pode ser examinado dentro da área de imediato controle do detido, na medida do necessário para a preservação da segurança dos próprios agentes policiais ou para evitar a destruição de provas. Por outro lado, para o acesso a dados, ainda que a meros registros sobre números de chamada, reclama-se *autorização judicial*: "...he police generally may not, without a warrant, search digital information on a cell phone seized from an individual who has been arrested. The exception for searches incident to arrest does not apply; such searches must be limited to the area within the arrestee's immediate control, where it is justified by the interests in officer safety and in preventing evidence destruction".

1. INTERCEPTAÇÃO AMBIENTAL, ESCUTA AMBIENTAL E GRAVAÇÃO AMBIENTAL

A *interceptação ambiental* consiste na captação dissimulada e no registro, efetuados por terceiro sem o conhecimento de qualquer dos interlocutores, de comunicação mantida no meio ambiente. Desprendem-se dessa noção os seguintes elementos: (i) o ato de captação é realizado por pessoa não participante da comunicação; (ii) nenhum dos interlocutores tem conhecimento acerca da captação; (iii) a comunicação realiza-se no meio ambiente, quer em lugar público, quer em lugar privado.

Assim, em primeiro plano, distingue-se a interceptação ambiental: (a) da *escuta ambiental*, que consiste na captação da conversa por terceira pessoa, mas com o conhecimento de um dos participantes da comunicação; (b) da *gravação ambiental*, consistente na captação da conversa por um dos participantes da comunicação. Essa distinção faz-se em paralelo com aquela estabelecida entre *interceptação telefônica*, *escuta telefônica* e *gravação telefônica*.

Ademais, o objeto da captação é a conversa travada *no meio ambiente*, de que deriva a denominação *ambiental*. Distingue-se o instituto em foco da interceptação telefônica, portanto, em função do objeto do ato investigativo: a comunicação telefônica é aquela mantida por meio telefônico (diálogos falados ou escritos, transmitidos por meio de sinais telefônicos); a comunicação ambiental, por seu turno, é a mantida em determinado ambiente, sem a utilização de qualquer tecnologia de transmissão de sinais.

A par dessa distinção quanto ao objeto, contudo, as duas técnicas de investigação revelam-se semelhantes, inclusive em seu aspecto invasivo à intimidade. Apenas, no caso da interceptação telefônica, o ato investigativo afeta o direito ao sigilo das comunicações telefônicas, declarado no art. 5°, inciso XII, da Constituição Federal, ao passo que, na interceptação ambiental, o direito precipuamente afetado é a *intimidade*, com o sentido mais geral que lhe empresta o art. 5°, inciso X, da Constituição.

2. APLICABILIDADE E REGIME JURÍDICO

Como técnica investigativa especial, a interceptação ambiental tem previsão normativa, atualmente, no art. 3°, inciso II, da Lei n° 12.850/2013, aplicável ao âmbito das organizações criminosas: "Em qualquer fase da persecução penal, serão permitidos, sem prejuízo de outros já prescritos em lei, os seguintes meios de obtenção da prova: II – captação ambiental de sinais eletromagnéticos, ópticos ou acústicos"[170].

Ao contrário do que oferece às demais técnicas enunciadas no art. 3°, porém, a Lei n° 12.850/2013 não disciplina a medida de interceptação ambiental, limitando-se a contemplá-la como possível meio de obtenção de prova. Acerca da interceptação telefônica, em particular, a Lei n° 12.850/2013 (art. 3°, V) faz remissão, quanto ao procedimento, à legislação específica, isto é, a Lei n° 9.296/1996.

---

170. Antes do advento da Lei n° 12.850/2013, já existia previsão da técnica de interceptação ambiental na revogada Lei n° 9.034/1995 (art. 2°, IV), que antes disciplinava a investigação relacionada às organizações criminosas.

Por outro lado, o art. 1º, parágrafo único, da Lei nº 9.296/1996 expressamente estende a aplicabilidade do regime nela instituído apenas para a "interceptação do fluxo de comunicações em sistemas de informática e telemática", não incluindo, portanto, a interceptação ambiental.

Uma primeira pergunta relevante, assim, é a de se há a possibilidade de emprego da técnica de interceptação ambiental fora da esfera das organizações criminosas, diante da falta de previsão legal. Entende-se que sim. A ausência de previsão legal *específica* não é impeditiva da utilização da técnica, se há disciplina normativa de procedimento investigativo análogo, qual seja, a interceptação telefônica, objeto da Lei nº 9.296/1996.

De outro vértice, a restrição a direito individual é algo que impõe prévio controle judicial, e não que impede a utilização da técnica. Trata-se, portanto, de meio investigativo idôneo, cujo emprego, no entanto, por seu caráter invasivo ao direito à intimidade, reclama controle jurisdicional prévio, na forma de autorização judicial, sob pena de ilicitude da prova resultante.

Mesmo no âmbito das organizações criminosas, entretanto, não há disciplina procedimental da técnica de interceptação ambiental, existindo apenas sua previsão no art. 3º, II, da Lei nº 12.850/2013. Nessas condições, deve-se de igual modo recorrer à aplicação analógica do regime jurídico disciplinado na Lei nº 9.296/1996, referente à interceptação telefônica.

Nessas condições, diante do caráter invasivo assemelhado, pensamos que a aplicabilidade da interceptação ambiental deve obedecer, inclusive quanto a seus pressupostos (art. 2º), ao regime jurídico instituído pela Lei nº 9.296/1996, no que for compatível.

Não pode a técnica ser empregada para qualquer caso, portanto, exigindo-se a cumulação destes pressupostos: (i) indícios razoáveis de autoria ou participação do imputado; (ii) inexistência de outro meio menos invasivo; (iii) crime apenado com reclusão. Para mais detalhes a respeito, confira-se a Subseção II deste Capítulo, reservada à interceptação telefônica.

3. MEIO AMBIENTE E CONTEXTO DE INTIMIDADE

Dentro da perspectiva de compreensão do instituto examinado em paralelo com a captação de diálogos telefônicos, tem-se a mesma realidade normativa quanto à *exigência* de controle judicial prévio, a recair apenas sobre a interceptação e sobre a escuta, mas não sobre a gravação.

Como examinado detalhadamente na Subseção II, a jurisprudência do Supremo Tribunal Federal tem-se orientado no sentido de que a gravação telefônica (gravação clandestina), e assim também a gravação ambiental, prescinde de autorização judicial. Significa dizer que um dos interlocutores da conversa pode efetuar a gravação ambiental independentemente de autorização judicial. Apenas a interceptação ou a escuta, feita por terceiro sem o conhecimento de qualquer dos interlocutores, reclama, em princípio, autorização judicial (prévia). Para mais detalhes sobre as discussões e controvérsias a esse respeito, confira-se a abordagem realizada na Subseção II (*supra*), reservada à interceptação telefônica.

Superado esse ponto inicial, em que o tratamento normativo é idêntico àquele aplicável às comunicações telefônicas, cumpre examinar questões especificamente afetas à interceptação *ambiental*.

Tome-se como parâmetro, para tanto, o direito envolvido na comunicação ambiental, isto é, o direito à intimidade. Aqui desponta uma diferença relevante entre a interceptação telefônica e a interceptação ambiental.

É que, na comunicação telefônica, há inerentemente, como princípio, o caráter sigiloso. O conteúdo do diálogo travado entre determinadas pessoas pela via telefônica encerra uma feição reservada, restrita aos comunicadores, por mais que estes possam eventualmente abrir mão disso. A especificidade da proteção constitucional atinente à inviolabilidade *das comunicações telefônicas* (art. 5º, XII, CF) bem expressa a presunção apriorística de sigilo, oriunda do só fato da utilização da via telefônica para a realização do diálogo.

O mesmo não acontece na comunicação ambiental. Nesse âmbito, a conversa *pode* assumir caráter sigiloso, a depender do contexto. A Constituição Federal (art. 5º, X) protege em geral a intimidade, significando isso dizer que a inviolabilidade recai, relativamente à esfera que ora nos ocupa, sobre um *ambiente reservado*, que traduza intimidade entre os interlocutores. Vale dizer: a intimidade não é inerente ao fato de ser a conversa travada no meio ambiente (como é inerente ao meio telefônico), havendo que se identificar, nesse meio, um elemento adicional de privacidade e reserva entre os interlocutores.

Disso resulta que nem sempre a interceptação ambiental reclamará autorização judicial, ao contrário do que ocorre com a interceptação telefônica. Ainda que mantida no meio ambiente, a conversa poderá ser licitamente captada por terceiro, sem o conhecimento dos comunicadores, se não houver um contexto de intimidade e de privacidade.

De acordo com essa lógica, cumpre discernir três situações de interesse, para o efeito de em cada uma delas se identificar a exigência ou não de autorização judicial para a realização do ato de captação ambiental: (i) interceptação de comunicação mantida em lugar público, sem contexto de intimidade; (ii) interceptação de comunicação mantida em lugar público, mas em caráter reservado; (iii) interceptação de comunicação mantida em lugar privado.

Antes de tudo, porém, importa esclarecer que se está aqui a tratar da interceptação ambiental como meio de obtenção de prova de fatos pretéritos ou em acontecimento fora da esfera da comunicação. Se a própria comunicação, porém, já caracteriza em si mesma a prática de crime, tem-se presente estado de flagrância, não havendo, por esse motivo, proteção à intimidade.

É o que ocorre, por exemplo, na hipótese de interceptação de conversa em que servidor público solicita a um particular vantagem indevida para deixar de praticar certo ato (corrupção passiva), ou em que um particular oferece vantagem a servidor público (corrupção ativa). Nesse caso, o estado de flagrância delitiva excepciona a inviolabilidade constitucional à intimidade, permitindo-se, assim, a captação ambiental, independentemente de autorização judicial. Não existe proteção à intimidade no momento do flagrante delito, como bem revela, por sinal, a norma do art. 5º, XI, da Constituição, que permite, nessa hipótese, o ingresso excepcional no domicílio sem o consentimento do morador.

Esclarecido esse ponto, passa-se ao exame das três hipóteses antes cogitadas.

A (i) *captação de sinais em lugar público*, para começar, pode ser feita independentemente de autorização judicial. Por lugar público entende-se o local de livre acesso e trânsito das pessoas em geral, sem qualquer nota de reserva. É o caso, por exemplo, de praças públicas, calçadas, vias, salas de espera de repartições públicas, mas também de centros de convivência privados, como *shopping centers*, de livre acesso público.

A publicidade do ambiente é incompatível com qualquer expectativa de intimidade, a menos que haja um caráter reservado e sigiloso da conversa mantida entre os comunicadores. Em condições normais, quem pratica atos em público não pode invocar direito à intimidade. Assim, revela-se plenamente lícita a captação de sinais feita por câmeras de segurança instaladas em sítios públicos, em condomínios ou em *shopping centers*. Essas câmeras podem captar tanto o momento do flagrante delito (hipótese em que a interceptação é lícita mesmo em local privado e reservado), quanto situações e diálogos mantidos entre pessoas, que possam servir como prova.

Se inexistir caráter sigiloso na conversa, não há exigência de autorização judicial para a captação. É o que ocorre, por exemplo, no caso em que o sujeito, diante de várias pessoas em uma mesa de bar, revela detalhes sobre determinado fato, de que participou. Aplica-se, nesse ponto, a lógica da *teoria do risco*: como o indivíduo se presta a declarar dessa maneira, não pode depois invocar ofensa à intimidade.

Caso, no entanto, (ii) a *conversa* seja mantida em *caráter reservado*, ainda que em *lugar público*, há proteção jurídica à intimidade, não podendo ser efetuada a interceptação ambiental. Pode ocorrer, com efeito, que duas pessoas se ponham em um contexto de intimidade e de sigilo ao conversarem, mesmo que se encontrem em lugar de livre acesso público. Nessa hipótese, a interceptação dependeria de autorização judicial.

Por fim, a respeito da (iii) *captação em lugar privado*, incide a proteção constitucional à inviolabilidade domiciliar (art. 5º, XI, CF), o que reclama autorização judicial para a prática do ato investigativo. Na espécie, aplica-se subsidiariamente o quanto disposto no art. 1º, *caput*, da Lei nº 9.296/1996, referente à interceptação telefônica: "A interceptação de comunicações telefônicas, de qualquer natureza, para a prova em investigação criminal e em instrução processual penal, observará o disposto nesta Lei e dependerá de ordem do juiz competente da ação principal, sob segredo de justiça".

4. INTERCEPTAÇÃO DAS COMUNICAÇÕES ENTRE ADVOGADO E CLIENTE

Assevere-se que o sigilo da comunicação havida entre o advogado e o cliente, a respeito de dados referentes ao patrocínio da causa, é inviolável, não estando a conversa sujeita a interceptação, telefônica, telemática ou ambiental, *nem mesmo mediante autorização judicial*.

O sigilo, no contexto do exercício da advocacia, só pode ser afastado na hipótese de envolvimento do advogado na prática de infração penal. Nesse último caso, já não haverá exercício de advocacia, e sim a prática de atos constitutivos de crime, o que justifica o afastamento do sigilo, em esfera diversa do exercício profissional.

Assim decidiu o Plenário do Supremo Tribunal Federal no Inquérito nº 2.424/RJ (STF, Tribunal Pleno, INQ 2.424, Rel. Min. CEZAR PELUSO, julgamento em 26.11.2008, DJ de 26.03.2010): "Escuta ambiental e exploração de local. Captação de sinais óticos e acústicos. Escritório de advocacia. Ingresso da autoridade policial, no período noturno, para instalação de equipamento. Medidas autorizadas por decisão judicial (...) Suspeita grave da prática de crime por advogado, no escritório, sob pretexto de exercício da profissão. Situação não acobertada pela inviolabilidade constitucional (...) Não opera a inviolabilidade do escritório de advocacia, quando o próprio advogado seja suspeito da prática de crime, sobretudo concebido e consumado no âmbito desse local de trabalho, sob pretexto de exercício da profissão."

Note-se que, no julgado citado, o STF considerou lícito inclusive o ingresso domiciliar no período noturno, para a instalação do equipamento necessário à efetivação da interceptação ambiental. De toda sorte, tem-se contexto alheio ao exercício da profissão, eis que a hipótese é de participação do advogado nas infrações penais investigadas.

Tratando-se exclusivamente de exercício da profissão, a inviolabilidade é plena. No âmbito da interceptação ambiental, portanto, há a inviolabilidade do sigilo profissional, quer se trate de lugar privado, quer de lugar de acesso público, sempre que, nesse último caso, a comunicação assuma uma expectativa de intimidade.

Nesse sentido, a Sexta Turma do Superior Tribunal de Justiça já decidiu o seguinte, no HC 59.967/SP (STJ, 6ª Turma, Rel. Min. NILSON NAVES, julgamento em 29.06.2006, DJ de 25.09.2006): "Advogado. Sigilo profissional/segredo (violação). Conversa privada entre advogado e cliente (gravação/impossibilidade). Prova (ilicitude/contaminação do todo) (...) 2. Conversa pessoal e reservada entre advogado e cliente tem toda a proteção da lei, porquanto, entre outras reconhecidas garantias do advogado, está a inviolabilidade de suas comunicações. 3. Como estão proibidas de depor as pessoas que, em razão de profissão, devem guardar segredo, é inviolável a comunicação entre advogado e cliente. (...) 6. Na hipótese, conquanto tenha a paciente concordado em conceder a entrevista ao programa de televisão, a conversa que haveria de ser reservada entre ela e um de seus advogados foi captada clandestinamente. Por revelar manifesta infração ética o ato de gravação – em razão de ser a comunicação entre a pessoa e seu defensor resguardada pelo sigilo funcional –, não poderia a fita ser juntada aos autos da ação penal. Afinal, a ilicitude presente em parte daquele registro alcança todo o conteúdo da fita, ainda que se admita tratar-se de entrevista voluntariamente gravada, a fruta ruim arruína o cesto".

Assim, a conversa entre o advogado e o cliente é resguardada de interceptação em qualquer lugar, e não apenas no ambiente do escritório de advocacia, por exemplo. Isso porque haverá sempre, em tal comunicação, um contexto reforçado de intimidade, protegido pelo sigilo legal.

SUBSEÇÃO V
Acesso a Registros Telefônicos e a Dados Cadastrais

O art. 3º, inciso IV, da Lei nº 12.850/2013 contempla, como meio de obtenção de prova aplicável em qualquer fase da persecução penal, o "acesso a registros de ligações telefônicas e telemáticas, a dados cadastrais constantes de bancos de dados públicos ou privados e a informações eleitorais ou comerciais".

Disciplinando, na Seção IV ("Do acesso a registros, dados cadastrais, documentos e informações") do Capítulo II da Lei nº 12.850/2013, a utilização desse método, dispõe o art. 15 que "o delegado de polícia e o Ministério Público terão acesso, independentemente de autorização judicial, apenas aos dados cadastrais do investigado que informem exclusivamente a qualificação pessoal, a filiação e o endereço mantidos pela Justiça Eleitoral, empresas telefônicas, instituições financeiras, provedores de internet e administradoras de cartão de crédito".

Em primeiro lugar, trata-se do acesso administrativo, por autoridade investigadora, a *dados meramente cadastrais* do investigado. Entende-se por dados cadastrais, nos termos da lei, aqueles relativos à *qualificação pessoal*, à *filiação* e ao *endereço*.

Nesses limites, o acesso do investigador independe de autorização judicial. Sabe-se, a propósito, que tais dados são de livre compartilhamento entre diversas empresas, como telefônicas, instituições financeiras, provedores de *internet* e administradoras de cartão de crédito.

Por mais que se critique esse compartilhamento no âmbito privado, não se trata de acesso invasivo a ponto de justificar controle judicial, por não afetar esferas individuais de proteção fundamental, como a intimidade e a vida privada da pessoa. Assim, no interesse da investigação, é possível o acesso direto pelo delegado de polícia e pelo Ministério Público, sem a exigência de autorização judicial.

Regime idêntico foi disciplinado pelo art. 16 da Lei nº 12.850/2013 quanto aos *bancos de dados de reservas e registro de viagens*, nos seguintes termos: "As empresas de transporte possibilitarão, pelo prazo de 5 (cinco) anos, acesso direto e permanente do juiz, do Ministério Público ou do delegado de polícia aos bancos de dados de reservas e registro de viagens".

Diante da relevância corrente dessas informações para a eficácia investigativa e instrutória no âmbito do processo penal, associada à ausência de caráter invasivo reforçado a esferas especiais de proteção, instituiu-se regime de acesso direto inclusive do Ministério Público e do delegado de polícia. Adicionalmente, nesse domínio particular, fixou-se o dever legal das empresas de transporte de manutenção de banco de dados pelo prazo de 5 (cinco) anos.

Por fim, o mesmo regime de acesso independente de autorização judicial foi instituído, pelo art. 17 da Lei nº 12.850/2013, também para a esfera dos *registros de identificação dos números dos terminais de origem e de destino de ligações telefônicas*, nos seguintes termos: "As concessionárias de telefonia fixa ou móvel manterão, pelo prazo de 5 (cinco) anos, à disposição das autoridades mencionadas no art. 15, registros de identificação dos números dos terminais de origem e de destino das ligações telefônicas internacionais, interurbanas e locais".

A exemplo do que sucede com os registros de transporte, estabeleceu-se dever legal às concessionárias de telefonia (fixa e móvel) de manutenção de bancos de dados de registros telefônicos, igualmente pelo prazo de 5 (cinco) anos.

Não se trata aqui, por óbvio, do conteúdo dos diálogos telefônicos, cuja interceptação reclama controle judicial prévio, nos termos da Lei nº 9.296/1996. A hipótese é de acesso a registros que informem os números de origem e de destino, os quais, por sinal, constam das próprias faturas telefônicas. Por mais que haja aí algum caráter invasivo, não há afetação à esfera constitucionalmente protegida da intimidade das comunicações telefônicas.

Acerca do registro de ligações telefônicas e telemáticas (*quebra do sigilo telefônico ou telemático*), já se tratou no tópico 11 da Subseção II, inclusive com referência à posição do Supremo Tribunal Federal, no sentido de sua admissibilidade, independentemente de autorização judicial. Nesse sentido, consulte-se: STF, 2ª Turma, HC 91.867/PA, Rel. Min. GILMAR MENDES, julgamento em 24.04.2012, DJ de 20.09.2012).

Essa medida é inconfundível, portanto, com a interceptação das comunicações telefônicas ou telemáticas, em que se capta o próprio conteúdo dos diálogos. O acesso aos registros, por seu turno, só conduz a informações sobre chamadas efetuadas e recebidas, o que pode ser feito pela autoridade policial mediante requisição a operadoras de telefonia, conforme o art. 17 da Lei nº 12.850/2013.

Em qualquer hipótese de acesso a dados cadastrais, registros e documentos, nos limites da disciplina constante dos artigos 15, 16 e 17 da Lei nº 12.850/2013, a recusa ou a omissão do fornecimento das informações pela empresa responsável configura o crime definido no art. 21 da mesma lei, punível com reclusão, de 6 (seis) meses a 2 (dois) anos, além de multa: "Recusar ou omitir dados cadastrais, registros, documentos e informações requisitadas pelo juiz, Ministério Público ou delegado de polícia, no curso de investigação ou do processo".

Por outro lado, como forma de resguardo da pessoa afetada contra a divulgação indevida dos dados, documentos e registros, tem-se a definição do crime do art. 21, parágrafo único, da Lei nº 12.850/2013: "Na mesma pena incorre quem, de forma indevida, se apossa, propala, divulga ou faz uso dos dados cadastrais de que trata esta Lei".

No âmbito especial da persecução por crime de tráfico de pessoas, o art. 13-A do Código de Processo Penal, acrescentado pelo art. 11 da Lei nº 13.344/2016, contempla um regime de *requisição direta de dados cadastrais pelo delegado de polícia ou pelo Ministério Público*, nestes termos: "Nos crimes previstos nos arts. 148, 149 e 149-A, no § 3º do art. 158 e no art. 159 do Decreto-Lei nº 2.848, de 7 de dezembro de 1940 (Código Penal), e no art. 239 da Lei nº 8.069, de 13 de julho de 1990 (Estatuto da Criança e do Adolescente), o membro do Ministério Público ou o delegado de polícia poderá requisitar, de quaisquer órgãos do poder público ou de empresas da iniciativa privada, dados e informações cadastrais da vítima ou de suspeitos".

Sobre os requisitos de tal requisição, dispõe o parágrafo único do mesmo artigo (art. 13-A, CPP): "A requisição, que será atendida no prazo de 24 (vinte e quatro) horas, conterá: I – o nome da autoridade requisitante; II – o número do inquérito policial; e III – a identificação da unidade de polícia judiciária responsável pela investigação".

Segundo a lógica já vigente desde o advento da Lei nº 12.850/2013, não há aí afetação expressiva à intimidade, a ponto de se exigir autorização judicial para a mera obtenção de dados cadastrais da vítima ou de investigados. Assim, a providência pode ser adotada a partir de requisição ministerial ou policial, sem a necessidade de autorização judicial.

Por seu turno, o art. 13-B, *caput*, do Código de Processo Penal, também acrescentado pela Lei nº 13.344/2016, institui um peculiar regime de *requisição policial ou ministerial, porém mediante autorização judicial, a empresas prestadoras de serviços de telecomunicações e/ou telemática, de meios técnicos (sinais, informações e outros) permissivos da localização da vítima ou dos suspeitos do crime em curso*: "Se necessário à prevenção e à repressão dos crimes relacionados ao tráfico de pessoas, o membro do Ministério Público ou o delegado de polícia poderão requisitar, mediante autorização judicial, às empresas prestadoras de serviço de telecomunicações e/ou telemática que disponibilizem imediatamente os meios técnicos adequados – como sinais, informações e outros – que permitam a localização da vítima ou dos suspeitos do delito em curso".

Cuida-se de *técnica especial autônoma*, que se pode designar por *localização da vítima ou do suspeito do crime em curso mediante sinais ou outros meios técnicos*. Entende-se por *sinal* o "posicionamento da estação de cobertura, setorização e intensidade de radiofreqüência", nos termos do art. 13-B, § 1º, do CPP.

A técnica em exame envolve o fornecimento de informações e de registros de sinais sobre o paradeiro da vítima ou do imputado. É exigido, no *caput* do art. 13-B do CPP, *controle judicial prévio*, consistente na *autorização* para a *requisição*. Significa dizer: obtida a autorização judicial, o investigador pode requisitar as informações junto às empresas próprias. Trata-se de uma linguagem confusa e destoante da sistemática da lei processual penal, visto que uma *requisição* normalmente *implicaria*, em si mesma, um ato direto, sem a dependência de ordem judicial. O designativo natural, assim, seria o de uma *representação* do Ministério Público ou da autoridade policial, que é o que efetivamente se dá na espécie (e não propriamente uma "requisição"). Mostra-se inequívoca, em todo caso, a exigência de autorização judicial.

Nesse ponto, entretanto, o § 4º do art. 13-B, a *nosso juízo de forma inconstitucional, dispensa a autorização judicial caso não seja dada no prazo de 12 (doze) horas*: "Não havendo manifestação judicial no prazo de 12 (doze) horas, a autoridade competente requisitará às empresas prestadoras de serviço de telecomunicações e/ou telemática que disponibilizem imediatamente os meios técnicos adequados – como sinais, informações e outros – que permitam a localização da vítima ou dos suspeitos do delito em curso, com imediata comunicação ao juiz". Dá-se aí regime atípico e inaceitável, que permite o exercício de nítida autotutela por parte de autoridades investigativas, sempre que haja demora na tutela jurisdicional. Ora, ou a autorização judicial é necessária, diante do nível de invasão à intimidade, e então a medida não pode ser movimentada sem isso, ou a autorização não é necessária, e pode a medida ser operada sem controle jurisdicional prévio. O fator tempo não pode servir como dispensa de tutela jurisdicional – nem, portanto, da cláusula de reserva de jurisdição – para o afastamento excepcional de direitos individuais, quando essa necessidade, como no caso, seja reconhecida na própria norma jurídica (art. 13-B, *caput*, CPP).

Ainda que fosse admitido tal inusitado e inconstitucional regime, a lei, em todo caso, exige a apresentação de autorização judicial (prévia, portanto) relativamente ao fornecimento de sinais por *período superior a 30 (trinta) dias, renovável por igual período*, conforme o disposto no art. 13-B, § 2º, III, do CPP: "Para períodos superiores àquele de que trata o inciso II [30 dias + 30 dias = 60 dias], será necessária a apresentação de ordem judicial". Assim, mesmo na hipótese de obtenção direta das informações, em virtude de demora na tutela jurisdicional (art. 13-B, § 4º, CPP), o fornecimento dos sinais não pode exceder o prazo máximo de 60 (sessenta) dias, senão quando sobrevenha decisão jurisdicional autorizando o emprego da medida.

Contempla-se ainda prazo especial de instauração do inquérito policial, dentro de 72 (setenta e duas) horas, "contado do registro da respectiva ocorrência policial" (art. 13-B, § 3º, CPP), de maneira que a diligência invasiva não possa ser movimentada sem o respaldo de um procedimento investigativo, permissivo também de que os afetados tenham acesso, inclusive para fins de controle, aos resultados das diligências. A não instauração do inquérito no prazo implicará a ilegalidade da medida de localização, objeto do art. 13-B, *caput*.

Por outro lado, em qualquer hipótese, a lei veda expressamente o acesso das autoridades administrativas ao *conteúdo das comunicações*, o que dependerá de autorização judicial específica, na forma da lei (art. 13-B, § 2º, I, CPP). Assim, ainda que fornecidos – na forma do *caput* do art. 13-B do CPP – *sinais* para o fim específico de localização da vítima ou do imputado, o acesso ao *conteúdo* das comunicações telefônicas ou telemáticas, reveláveis por tais sinais, depende de controle judicial prévio, sob pena de ilicitude da prova obtida sem essa autorização.

SUBSEÇÃO VI
Quebra do Sigilo Financeiro

1. SENTIDO E ALCANCE DA PROTEÇÃO CONSTITUCIONAL AO SIGILO FINANCEIRO

A proteção ao *sigilo financeiro* emana do art. 5º, incisos X e XII, da Constituição Federal, que consagram a intimidade em caráter geral e a intimidade de dados. Com essa perspectiva, para SCARANCE FERNANDES, "proteger o sigilo bancário é resguardar o indivíduo contra a divulgação indevida de sua vida privada, sendo, assim, manifestação essencial da garantia constitucional da vida privada (art. 5º, X) e dos dados (art. 5º, XII)"[171].

Entende-se por *sigilo financeiro*, assim, a proteção contra a divulgação de dados referentes à vida da pessoa em seus relacionamentos com instituições financeiras bancárias (v.g.: bancos comerciais, bancos múltiplos com carteira comercial, cooperativas de crédito), com instituições financeiras não bancárias (v.g.: bancos de investimento, bancos de câmbio, sociedades de crédito, financiamento e investimento), com outros intermediários financeiros (v.g.: sociedades administradoras de consórcios, sociedades de arrendamento mercantil, sociedades corretoras de câmbio), com instituições operadoras do mercado de capitais (v.g.: bolsas de valores, sociedades corretoras de títulos e valores mobiliários) e com instituições operadoras do mercado de seguros privados (v.g.: sociedades seguradoras, sociedades de capitalização, entidades abertas de previdência complementar). Em síntese, o sigilo de dados financeiros diz respeito a operações pessoais praticadas nos mercados monetário, de crédito, de câmbio, de capitais e de seguros.

Nesse sentido, o sigilo financeiro é mais amplo que o *sigilo bancário*, expressão de uso mais corrente para designar a intimidade de dados com a abrangência acima delimitada, que, em última análise, corresponde essencialmente à discriminação objeto do art. 1º, § 1º, da Lei Complementar nº 105/2001.

Pela divulgação de dados como movimentação bancária, aquisição de moeda estrangeira ou de títulos e valores mobiliários, compra e venda de créditos e contratação de seguro de vida, por exemplo, a própria vida privada da pessoa, em múltiplos aspectos, está sendo revelada.

Em condições normais, portanto, o sigilo deve ser preservado, para o resguardo da intimidade e da privacidade. É o que determina, por sinal, o art. 1º, *caput*, da Lei Complementar nº 105/2001: "As instituições financeiras conservarão sigilo em suas operações ativas e passivas e serviços prestados".

2. AFASTAMENTO EXCEPCIONAL DO SIGILO FINANCEIRO: RESERVA DE JU-RISDIÇÃO?

Excepcionalmente, o sigilo financeiro pode ser afastado, no interesse da persecução penal, para a obtenção de dados probatórios acerca da existência material e da autoria de infrações penais. É aí que desponta o aspecto de *medida cautelar probatória*, próprio da *quebra do sigilo financeiro*.

Como preceitua o art. 1º, § 4º, da Lei Complementar nº 105/2001: "A quebra do sigilo poderá ser decretada, quando necessária para apuração de ocorrência de qualquer ilícito, em qualquer fase do inquérito ou do processo judicial, e especialmente nos seguintes crimes: I – de terrorismo; II – de tráfico ilícito de substâncias entorpecentes ou

---

171. FERNANDES, Antônio Scarance. *O Sigilo Financeiro e a Prova Criminal*. In: SILVA, Marco Antônio Marques da / COSTA, José de Faria (Coord.). *Direito penal especial, processo penal e direitos fundamentais*. São Paulo: Quartier Latin, 2006, p. 459.

drogas afins; III – contrabando ou de tráfico de armas, munições ou material destinado a sua produção; IV – de extorsão mediante sequestro; V – contra o sistema financeiro nacional; VI – contra a Administração Pública; VII – contra a ordem tributária e a previdência social; VIII – lavagem de dinheiro ou ocultação de bens, direitos e valores; IX – praticado por organização criminosa".

Há, portanto, um claro caráter de excepcionalidade da medida de quebra do sigilo financeiro, justificada apenas em hipóteses normativamente delimitadas, que justifiquem o afastamento da intimidade em nome do interesse da apuração de ilícitos penais.

A enumeração legal, de toda sorte, como anuncia o próprio § 4º do art. 1º da Lei Complementar nº 105/2001 é meramente indicativa de âmbitos especiais de criminalidade, em que a medida se faz decretável mediante motivação apenas de concreta necessidade probatória. Nos demais casos, além desse fator, há que se justificar também a pertinência da medida diante da natureza e da gravidade da infração penal investigada.

Mesmo decretada a quebra em procedimento criminal, contudo, os dados assim obtidos devem ser resguardados de divulgação a terceiros, preservando-se a intimidade do investigado ou acusado, revelada apenas na medida da necessidade cautelar probatória.

Sempre houve intensa discussão na doutrina sobre a existência ou não de *reserva de jurisdição* para o afastamento do sigilo financeiro.

A Lei Complementar nº 105/2001, de sua parte, permite a *quebra de sigilo financeiro por iniciativa de autoridades e agentes fiscais, independentemente de autorização judicial*. Refira-se, no particular, o art. 6º, *caput*, da lei: "As autoridades e os agentes fiscais tributários da União, dos Estados, do Distrito Federal e dos Municípios somente poderão examinar documentos, livros e registros de instituições financeiras, inclusive os referentes a contas de depósitos e aplicações financeiras, quando houver processo administrativo instaurado ou procedimento fiscal em curso e tais exames sejam considerados indispensáveis pela autoridade administrativa competente". Preserva-se, de toda sorte, o sigilo em face de terceiros, conforme o art. 6º, parágrafo único: "O resultado dos exames, as informações e os documentos a que se refere este artigo serão conservados em sigilo, observada a legislação tributária".

Expressiva parte da doutrina há muito critica esse regime[172].

A lógica da posição contrária à reserva de jurisdição é a de que não há, na hipótese, real quebra de sigilo, e sim simples transferência de informações entre entidade (instituição financeira) com dever de sigilo para a autoridade fiscal, que permanece com o dever de sigilo. Essa noção já vinha sendo adotada em alguns julgados do Supremo Tribunal Federal, antes do último, bem recente.

---

172. Assim, por exemplo: Moraes, Maurício Zanoide de. *Crônica de uma Inconstitucionalidade Anunciada: Análise Crítica da LC 105, de 10.01.2001, que institui as hipóteses de quebra do sigilo financeiro*. In: Boletim do Instituto Brasileiro de Ciências Criminais, v. 100, n. 8, pp. 1-4. São Paulo: Revista dos Tribunais, mar. 2001. A inconstitucionalidade anunciada pelo ilustre processualista, todavia, infelizmente não se consumou, diante da recente jurisprudência da Suprema Corte.

Parece-nos que a intervenção estatal sobre a esfera privada do indivíduo configura irrecusável quebra de sigilo, ainda que restrita a um âmbito público particular, preservado contra a difusão ampla. Uma coisa é a quebra do sigilo para a obtenção de dados pela autoridade investigativa: aqui já houve o afastamento da intimidade, ainda que restrito a uma órbita investigativa bem delimitada. Outra coisa é a divulgação desses dados a terceiros, o que representaria mais uma violação, de maior abrangência, à intimidade – a primeira quebra, porém, já houve.

Diante da afetação à intimidade, portanto, era de se aplicar a reserva de jurisdição para qualquer hipótese de quebra do sigilo financeiro.

O Plenário do Supremo Tribunal Federal, porém, com os votos vencidos dos Ministros Celso de Mello e Marco Aurélio, reconheceu a constitucionalidade do art. 6º da Lei Complementar nº 105/2001, ao julgar improcedente a ADI 2.386/DF, que impugnava essa norma. Confira-se, a esse respeito: STF, Tribunal Pleno, ADI 2.386, Rel. Min. Dias Toffoli, julgamento em 24.02.2016, ainda sem publicação do acórdão.

Em todo caso, no processo administrativo objeto do art. 6º da Lei Complementar nº 105/2001, devem ser minimamente asseguradas estas garantias, como fixado, para o âmbito do fisco federal, na Lei nº 9.784/1999 e no Decreto nº 3.724/2001: (a) notificação do contribuinte quanto à instauração do processo e a todos os demais atos; (b) sujeição do pedido de acesso a um superior hierárquico do requerente; (c) existência de sistemas eletrônicos de segurança certificados e com registro de acesso; (d) estabelecimento de mecanismos efetivos de apuração e correção de desvios.

SUBSEÇÃO VII
Colaboração Premiada

1. SENTIDO E ALCANCE

Entende-se por *colaboração premiada* a prestação voluntária, por autor, co-autor ou partícipe, de informações relevantes e eficazes, que conduzam à realização de objetivos como a apuração ou a prevenção da prática de infrações penais, a desestruturação de associação ou organização criminosa, a perseguição do produto ou proveito obtido com o crime e a localização da vítima.

Nesse sentido, a colaboração supõe, da parte do *colaborador*, uma *confissão* quanto à prática de infração penal. O prêmio legal, assim, destina-se ao autor ou partícipe da infração penal, que, em autoincriminação, presta informações relevantes para a eficácia da persecução penal.

A *premiação* consiste, de acordo com essa lógica, em *compensação ao colaborador*, em virtude de sua autoincriminação, sempre que isso implique a realização de um objetivo persecutório relevante. Se o indivíduo presta informações relevantes sem se autoincriminar, a hipótese é de mero depoimento testemunhal, não sujeito ao regime jurídico específico de premiação.

1.1. Designação legal: Diferença entre Delação e Colaboração

O designativo *colaboração premiada* foi pioneiramente empregado na Lei nº 12.850/2013, que disciplina a aplicação do instituto no âmbito das investigações de infrações penais vinculadas a organizações criminosas.

Trata-se de expressão eufemisticamente concebida para arrostar a carga negativa associada à designação "delação premiada", que antes (do advento da Lei nº 12.850) era de uso corrente na doutrina e na jurisprudência, e assim continua sendo nos meios de comunicação.

Delação, efetivamente, encerra um significado de *traição*, que se pretendeu afastar de um instituto legal, que hoje tem realçado seu aspecto de contribuição do agente com a atividade investigativa, em lugar do viés de incriminação voluntária do comparsa em troca de um prêmio legal.

A doutrina, de toda sorte, preocupa-se em distinguir *delação premiada* de *colaboração premiada, quanto à abrangência*. Nesse sentido, a delação conceitualmente envolve a incriminação de terceiros. Por esse motivo, a propósito, a delação tem sido igualmente designada por "chamamento de corréu". Com maior abrangência, no âmbito da colaboração se compreendem, além da possibilidade delatória, outras informações relevantes para a persecução investigativa e/ou para a prevenção ou repressão da prática criminosa, como a localização de instrumentos ou do produto do crime e a localização da vítima A *delação*, de acordo com essa perspectiva, constitui *espécie de colaboração*.

1.2. Origens

A colaboração premiada encontra suas origens na *crown witness* do direito britânico e na *plea bargaining* do direito norte-americano, desenvolvida a primeira no século XVIII e a última no século XIX.

Identificam-se, porém, algumas distinções relevantes entre esses dois institutos, como bem pontuado por John H. LANGBEIN, Professor da Universidade de Yale: (i) a *crown witness* ("testemunha da Coroa"), de ordinário, escapava inteiramente à persecução e à sanção, ao passo que a convencional *plea bargain* impõe a condenação e uma pena reduzida ao acusado que confessar; (ii) o objeto de permuta não era, como na *plea bargaining*, a autoincriminação, mas a condenação de outros acusados cujas ações fossem vistas como mais hediondas que aquelas da *crown witness*; (iii) não era a disfunção no processo de julgamento que levava a persecução penal a perdoar a *crown witness* da punição, mas a inadequada coleta de provas na fase processual de pré-julgamento (*pretrial process*), o que explica por qual motivo a *crown witness* já era proeminente na primeira metade do século XVIII, quando o julgamento do júri ainda se dava por procedimento sumário e a verdadeira *plea bargaining* ainda era desconhecida[173].

---

173. LANGBEIN, John H. *Understanding the short story of plea bargaining*. In: Yale Law School Scholarship Repository, Faculty Scholarship Series, Paper 544, 1979, pp. 261-272, esp. 267: "There are, however, major distinctions. (1) The crown witness ordinarily escaped prosecution and sanction altogether, whereas the conventional plea bargain imposes conviction and (reduced) sentence on the culprit

O contexto do surgimento da *plea bargaining* associa-se à consolidação do julgamento do júri como um sistema adversarial, o que implicou a maior complexidade dos processos e maior demora nos julgamentos, a estimular o emprego de mecanismos e alternativas pré-processuais. Como exposto por LANGBEIN: "No século XVIII, o julgamento ordinário do júri na *common law* ainda era um procedimento dominado pela figura do juiz e sem a presença de advogado, conduzido tão rapidamente que a *plea bargaining* se mostrava desnecessária. Depois disso, o surgimento do processo adversarial e a lei da prova injetaram vasta complexidade no julgamento do júri e o tornaram impraticável como um procedimento dispositivo de rotina. Uma variedade de fatores, alguns bastante fortuitos, levaram o processo da *common law* do século XIX a canalizar a instalação dos casos para o procedimento de não julgamento da *plea bargaining*, em vez de aperfeiçoar o processo de julgamento, como os sistemas legais Continentais estavam fazendo"[174].

Há, até o presente, larga aplicabilidade da hipótese, com ampla autonomia do órgão de acusação, nos sistemas anglo-americanos. A propósito, refletindo a lógica pragmática identificada no surgimento do instituto, a Suprema Corte norte-americana, no caso SANTOBELLO VS. NEW YORK, de 1971, já declarou a *plea bargaining* "um componente essencial da administração da justiça" ("an essential component of the administration of justice") (404 U.S. 257, 260, 1971).

1.3. Crítica de parte da Doutrina ao instituto da Colaboração Premiada

É bem conhecida e antiga a aversão da doutrina brasileira ao instituto da delação premiada, e atualmente ao da colaboração premiada.

Alude-se a um estímulo estatal à "traição", com ofensa a um dos valores éticos e morais consagrados na sociedade e que deveria ser protegido pelo próprio Estado.

Sem dúvida, há uma aversão, profundamente entronizada no seio social, à figura do "delator". Desde a mais tenra infância, todos temos sido estimulados a não "delatar" o próximo, algo visto como uma conduta desviada, merecedora de censura social. E a conduta, certamente, assumirá ainda maior caráter abjeto quando o delator agiu em troca de uma recompensa.

---

who con- fesses. (2) The object of the exchange was not, as in plea bargaining, self- incrimination, but rather the conviction of others whose actions were regarded as more heinous than those of the crown witness. (3) It was not dysfunction in the trial process that caused the prosecution to excuse the crown witness from punishment, but rather inadequate evidence-gathering capacity in the pretrial process, which is why the crown witness was already prominent in the first half of the eighteenth century when jury trial was still a summary proceeding and true plea bargaining still unknown."

174. LANGBEIN, John H. *Understanding the short story of plea bargaining.* In: Yale Law School Scholarship Repository, Faculty Scholarship Series, Paper 544, 1979, pp. 261-272, esp. 267: "As late as the eighteenth century, ordinary jury trial at common law was a judge-dominated, lawyer-free procedure conducted so rap- idly that plea bargaining was unnecessary. Thereafter, the rise of adversary procedure and the law of evidence injected vast complexity into jury trial and made it unworkable as a routine dispositive procedure. A variety of factors, some quite fortuitous, inclined nineteenth- century common law procedure to channel the mounting caseload into nontrial plea bargaining procedure rather than to refine its trial procedure as contemporary Continental legal systems were doing."

Estamos conscientes dessa estrutura e inclusive concordamos que, em geral, não se há de estimular uma conduta de traição em troca de prêmios.

Transportemos, no entanto, essa realidade para o âmbito da investigação de infrações penais de particular gravidade e complexidade. O instituto da colaboração premiada é aplicável a nichos especiais: determinados crimes e/ou prática coletiva estável e organizada.

O crime constitui uma conduta objeto de extremo desvalor normativo, por atentar de forma grave contra um bem jurídico relevante. O Estado, por outro lado, dispõe de diversos mecanismos de investigação, repressão e prevenção da prática criminosa, o que deve ser realizado com respeito às garantias materiais e processuais dos envolvidos, como forma de contenção de poder e de resguardo de certos valores, individuais e coletivos.

Nesse contexto, uma primeira pergunta surge: na hipótese de concurso para a prática de crime, é possível tolerar uma "ética" de fidelidade entre os agentes? Ora, se a própria prática é incriminada, todas as suas características ingressam no âmbito do desvalor normativo. A prática em concurso supõe, necessariamente, uma *affectio* entre os agentes, consistente na consciência e vontade de cooperar. Esse elemento subjetivo, inerente ao concurso (necessário ou eventual) de pessoas, é normativamente desvalorado.

Assim, como aceitar que sua quebra por um ato de colaboração voluntária possa representar ofensa a um valor social? O combate a um ato desvalorado deve mesmo estimular a traição entre os agentes, pois a reação do Estado recai justamente sobre um elemento da incriminação, que é a vontade consciente de cooperar para a prática do crime. Não se pode conceber "ética" ou "moral" no ambiente de um ato normativamente desvalorado.

Nessas condições, não identificamos uma "imoralidade" inerente à colaboração premiada. Trata-se, portanto, de uma técnica válida e aceitável de investigação.

Por outro lado, tenha-se em conta que a colaboração premiada pode conduzir a manipulações indevidas, excesso de poder por parte das autoridades que a estimulam, distorção eficaz de fatos na ânsia de obter prêmio, dentre outros fatores absolutamente inaceitáveis.

Tudo isso não deriva necessariamente de mal emprego da técnica de colaboração, constituindo algo, na verdade, inerente à natureza do instituto: como método mais fácil de investigação, a tendência da autoridade é partir para o seu emprego em lugar de outras técnicas, e a busca natural da utilização eficaz passa pela sedução do ato manipulador. Como forma de obtenção do prêmio, a tendência é que o colaborador tente manipular as informações. Esses elementos nos dão conta do caráter particularmente *invasivo* da colaboração premiada.

Em face dessas razões, entendemos que: (i) não há inidoneidade, nem imoralidade inerente à técnica de colaboração premiada, que pode, portanto, ser empregada; (ii) o caráter invasivo da técnica, porém, impõe seu emprego limitado a certas esferas de particular gravidade e complexidade.

Criticamos com veemência, assim, o emprego generalizado da colaboração premiada, para qualquer crime. Não nos parece aceitável um regime como aquele instituído pelos artigos 13 e 14 da Lei nº 9.807/1999, que contemplam a possibilidade da colaboração premiada em caráter genérico.

O Estado dispõe de diversos mecanismos para a investigação de crimes, devendo a técnica da colaboração premiada ficar reservada a domínios especiais, como o do concurso para a prática de crimes de *lavagem* de capitais e o das organizações criminosas. Mesmo nesses domínios, ademais, há de se impor a aplicação subsidiária da técnica, quando os outros meios se mostrem ineficazes.

2. PREVISÃO NO DIREITO BRASILEIRO: EVOLUÇÃO DA DISCIPLINA NORMATIVA DA COLABORAÇÃO PREMIADA NO ORDEM JURÍDICA NACIONAL

2.1. Crimes contra o sistema financeiro nacional (Lei nº 7.492/1986)

A primeira previsão do instituto da delação premiada ou da colaboração premiada, embora sem o emprego de qualquer desses designativos, deu-se na disciplina normativa reservada aos *crimes contra o sistema financeiro nacional*, objeto da Lei nº 7.492/1986, cujo art. 25, § 2º, assim dispõe: "Nos crimes previstos nesta Lei, cometidos em quadrilha ou coautoria, o coautor ou partícipe que através de confissão espontânea revelar à autoridade policial ou judicial toda a trama delituosa terá sua pena reduzida de 1 (um) a 2/3 (dois) terços".

Esse pioneiro regime surgiu em um contexto de necessidade de combate reforçado a uma forma mais complexa e organizada de criminalidade, a reclamar mecanismos diferenciados de investigação.

Prevê-se, assim, a aplicabilidade do instituto nas hipóteses de concurso permanente ou concurso eventual de pessoas para a prática de crime contra o sistema financeiro nacional. No primeiro caso, tem-se atualmente o *nomen juris* de *associação criminosa*, e não mais de "quadrilha", para o tipo do art. 288 do Código Penal.

Por "confissão espontânea", de sua parte, deve-se entender a confissão *voluntária*, vale dizer, não se exige que a ideia de delatar haja espontaneamente partido do agente ("coautor ou partícipe"), bastando que a delação se revele livre, por ato de vontade, ainda que o colaborador tenha sido convencido para tanto.

Quanto ao *prêmio legal*, contempla-se somente a redução de pena, no *quantum* de 1/3 (um terço) a 2/3 (dois terços). Trata-se, portanto, de causa especial de diminuição da pena. Apenas com a Lei nº 12.850/2013 o direito brasileiro viria a instituir um regime mais amplo de colaboração premiada, especialmente no que diz respeito aos prêmios legais aplicáveis.

2.2. Crimes contra a ordem tributária, contra a ordem econômica e contra as relações de consumo (Lei n° 8.137/1990)

Ainda na esfera do *direito penal econômico*, a Lei n° 8.137/1990, disciplinando os *crimes contra a ordem tributária, contra a ordem econômica e contra as relações de consumo*, prevê o instituto em foco no art. 16, parágrafo único: "Nos crimes previstos nesta Lei, cometidos em quadrilha ou coautoria, o coautor ou partícipe que através de confissão espontânea revelar à autoridade policial ou judicial toda a trama delituosa terá a sua pena reduzida de 1 (um) a 2/3 (dois terços)". Cuida-se de previsão idêntica, portanto, à do art. 25, § 2°, da Lei n° 7.492/1986.

Pouco antes, com maior abrangência quanto ao âmbito material de aplicação, a Lei n° 8.072/1990 instituiu a delação premiada para a associação criminosa ("quadrilha") destinada à prática de crimes hediondos ou equiparados a hediondos, conforme o disposto no art. 8°, parágrafo único: "O participante e o associado que denunciar à autoridade o bando ou quadrilha [leia-se: associação criminosa, de acordo com o atual art. 288 do Código Penal], possibilitando seu desmantelamento, terá a pena reduzida de 1 (um) a 2/3 (dois terços)".

A previsão restringe-se, portanto, à hipótese de concurso permanente de pessoas (*associação criminosa*), não alcançando o concurso eventual, diversamente do regime instituído pela Lei n° 7.492/1986 e pela Lei n° 8.137/1990. Por outro lado, há no dispositivo a exigência clara da eficácia da delação, que deve *possibilitar o desmantelamento da associação*. Esse aspecto, de toda sorte, integra a aplicabilidade da delação em qualquer domínio.

2.3. Extorsão mediante sequestro (Lei n° 9.269/1996)

Posteriormente, a Lei n° 9.269/1996 incorporou ao Código Penal a aplicabilidade de delação premiada no âmbito do crime de extorsão mediante sequestro. De acordo com a nova redação conferida ao art. 159, § 4°, do Código Penal, "se o crime é cometido em concurso, o concorrente que o denunciar à autoridade, facilitando a libertação do sequestrado, terá sua pena reduzida de 1 (um) a 2/3 (dois terços)".

Depreende-se do dispositivo a aplicabilidade do instituto na hipótese de concurso permanente (associação criminosa) ou eventual de pessoas, com vinculação à prática de extorsão mediante sequestro. A hipótese de concurso permanente, no entanto, já estava contemplada no art. 8°, parágrafo único, da Lei n° 8.072/1990, aplicável à extorsão mediante sequestro, que é crime hediondo (art. 1°, IV, Lei n° 8.072). O art. 159, § 4°, do Código Penal, com redação determinada pela Lei n° 9.269/1996, assim, inovou apenas na aplicabilidade da delação também ao concurso eventual para a prática de extorsão mediante sequestro.

Encontra-se no dispositivo também referência expressa à eficácia causal da delação, ao exigir que o ato *facilite a libertação do sequestrado*. Quanto ao prêmio, nenhuma inovação, restringindo-se à redução de pena, no mesmo patamar de 1/3 (um terço) a 2/3 (dois terços).

2.4. Crimes de *lavagem* de capitais (Lei nº 12.683/2012)

Paradigmática na disciplina do instituto foi a Lei nº 9.613/1998, alterada pela Lei nº 12.683/2012, que tem por objeto os crimes de *lavagem* de capitais. Com o advento desse novo regime, a aplicabilidade do instituto assumiu efetivamente a feição de colaboração no que diz respeito à extensão dos objetivos, não mais limitados à delação de terceiros e ao desmantelamento de uma associação criminosa.

Por outro lado, estabeleceu-se um rol mais amplo de prêmios legais aplicáveis, sem mais a anterior restrição à redução de pena no patamar de 1/3 a 2/3. Confira-se, a respeito, o disposto no art. 1º, § 5º, da Lei nº 9.613/1998, com redação determinada pela Lei nº 12.683/2012: "A pena poderá ser reduzida de 1 (um) a 2/3 (dois terços) e ser cumprida em regime aberto ou semiaberto, facultando-se ao juiz deixar de aplicá-la ou substituída, a qualquer tempo, por pena restritiva de direitos, se o autor, coator ou partícipe colaborar espontaneamente com as autoridades, prestando esclarecimentos que conduzam à apuração das infrações penais, à identificação dos autores, coautores e partícipes, ou à localização dos bens, direitos ou valores objeto do crime".

Persiste o aspecto da aplicabilidade a hipóteses de concurso, necessário ou eventual, de pessoas, para a prática de crimes de *lavagem* de ativos ilícitos (art. 1º, Lei nº 9.613/1998).

Quanto aos objetivos, o dispositivo discrimina as hipóteses de *colaboração*, não limitadas, como em outros âmbitos objeto de regimes normativos pretéritos, à simples delação de terceiros. Assim, o "autor, coautor ou partícipe" pode colaborar prestando esclarecimentos que conduzam: (i) à apuração das infrações penais; (ii) à identificação dos autores, coautores e partícipes, despontando aqui o aspecto delatório da colaboração; (iii) à localização dos bens, direitos ou valores objeto do crime.

Identifica-se, assim, além de uma finalidade mais amplamente relacionada à apuração da materialidade de infrações penais, também um objetivo de caráter assecuratório e reparatório, relativo à apreensão e à desconstituição dos instrumentos do crime e/ou do proveito por ele causado.

A colaboração, portanto, transcende o mero objetivo probatório. Com efeito, ao versar a lei sobre a localização dos ativos, o faz não apenas na finalidade de demonstração da materialidade do tipo da *lavagem* de capitais, algo já abrangido no primeiro objetivo antes descrito (apuração das infrações penais), mas também sob o propósito de facilitar a atividade estatal de sequestro e de final (se for o caso) desconstituição do proveito obtido com o crime.

Observe-se, ainda acerca dos objetivos, que pela primeira vez se emprega o termo *colaborar*, que viria a ser posteriormente consagrado, em um instituto denominado *colaboração premiada*, com o advento da Lei nº 12.850/2013.

Do mesmo modo que nos regimes legais anteriores, a colaboração deve ser eficaz, o que agora está mais precisamente fixado no art. 1º, § 5º, da Lei nº 9.613: "prestando esclarecimentos *que conduzam...*" De forma inequívoca, assim, fica estabelecida a exigência de eficácia causal da colaboração. Exige-se, efetivamente, relação de causa e efeito entre a atuação do colaborador, em seus esclarecimentos prestados, e a realização de qualquer dos objetivos descritos (apuração de infrações penais; identificação de agentes; localização dos ativos ilícitos).

No que diz respeito aos prêmios legais aplicáveis, a Lei nº 9.613/1998, com as alterações operadas pela Lei nº 12.683/2012, foi igualmente paradigmática, conferindo ao instituto em foco a relevância que nos dias atuais a ele se associa, embora ainda limitada à esfera dos crimes de *lavagem* de capitais ilícitos.

Os prêmios legais são os seguintes: (i) redução de pena, no *quantum* de 1/3 (um terço) a 2/3 (dois terços), o que corresponde ao único benefício objeto dos regimes normativos anteriores; (ii) cumprimento da pena em regime aberto ou semiaberto; (iii) perdão judicial, o que se deduz da expressão "facultando-se ao juiz deixar de aplicá-la [deixar de aplicar a pena]"; (iv) substituição da pena privativa de liberdade por pena restritiva de direitos.

Sem dúvida, a principal inovação desse regime normativo radica na possibilidade de perdão judicial, o que efetivamente representa um estímulo qualificado à colaboração prestável por um dos agentes do crime e a seu emprego pelos órgãos de investigação.

Observe-se que, nos termos da lei, a substituição por pena restritiva de direitos pode se dar "a qualquer tempo", o que inclui a fase de execução penal, sendo esse também mais um aspecto de relevante inovação trazida pelo art. 1º, § 5º, da Lei nº 9.613/1998, em sua redação atual.

Não há ainda, entretanto, a previsão de aplicabilidade de benefícios como a redução da pena e o perdão judicial na fase de execução penal. Nesse sentido, o dispositivo é claro em vincular a atemporalidade ("a qualquer tempo") especificamente à substituição da pena privativa de liberdade por pena restritiva de direitos: "...facultando-se ao juiz deixar de aplicá-la *ou substituí-la, a qualquer tempo,* por pena restritiva de direitos..."

A respeito dos prêmios de cumprimento da pena em regime aberto ou semiaberto e substituição da pena privativa de liberdade por pena restritiva de direitos, assevere-se que tanto poderá ocorrer independentemente da existência concreta dos requisitos legais da progressão de regimes prisionais (art. 33, CP) e da substituição por pena restritiva de direitos (art. 44, CP).

Aliás, a previsão de tais prêmios só tem sentido justamente no caso de não existência concreta dos requisitos próprios desses benefícios. Trata-se de hipótese legal especial, que precisa efetivamente servir de estímulo ao colaborador. Se a progressão de regimes ou a substituição por pena restritivas de direitos já é cabível nos termos ordinariamente previstos em lei (artigos 33 e 44, CP), por qual motivo se disporia o agente a colaborar?

2.5. Lei nº 9.807/1999: programa de proteção a vítimas, testemunhas e colaboradores

O termo "colaborar" foi também empregado, posteriormente, pela Lei nº 9.807/1999 (que versa sobre a proteção de testemunhas e de réus colaboradores), cujo art. 13, *caput*, assim dispõe: "Poderá o juiz, de ofício ou a requerimento das partes, conceder o perdão judicial e a consequente extinção da punibilidade ao acusado que, sendo primário, tenha colaborado efetiva e voluntariamente com a investigação e o processo criminal, desde que dessa colaboração tenha resultado: I – a identificação dos demais coautores ou partícipes da ação criminosa; II – a localização da vítima com a sua integridade física preservada; III – a recuperação total ou parcial do produto do crime".

A Lei nº 9.807/1999 estabeleceu, assim, um regime de aplicação geral e irrestrita da colaboração premiada. Não há, a esse respeito, qualquer limitação, quanto à natureza do crime, para a aplicabilidade do instituto, por mais que alguns doutrinadores hajam sustentado, pelo contexto da edição da lei, a aplicação da norma apenas ao crime de extorsão mediante sequestro.

Um ponto de importância é o condicionamento do perdão judicial, como prêmio, à primariedade do acusado. Ademais, para a concessão desse prêmio, o juiz levará em conta ainda "a personalidade do beneficiado e a natureza, circunstâncias, gravidade e repercussão social do fato criminoso", nos termos do art. 13, parágrafo único, da Lei nº 9.807.

Caso ausente a primariedade ou se desfavoráveis as circunstâncias, o agente colaborador poderá, de toda sorte, ser beneficiado com redução de pena, de 1/3 (um terço) a 2/3 (dois terços), conforme o disposto no art. 14 da Lei nº 9.807: "O indiciado ou acusado que colaborar voluntariamente com a investigação policial e o processo criminal na identificação dos demais coautores ou partícipes, na localização da vítima com vida e na recuperação total ou parcial do produto do crime, no caso de condenação, terá a pena reduzida de 1/3 (um terço) a 2/3 (dois terços)".

A aplicação geral e irrestrita da colaboração premiada não nos parece adequada, pelas razões que já expusemos no tópico 1.3 desta Subseção, *supra*. De todo modo, sustentamos, diante da opção legislativa pelo emprego generalizado de técnica de investigação invasiva, sua aplicação subsidiária, quando insuficientes ou ineficazes os demais meios de investigação.

Por fim, em que pese a previsão geral de aplicabilidade da técnica, a Lei nº 9.807 não disciplinou qualquer procedimento.

2.6. Crimes de drogas (Lei nº 11.343/2006)

No âmbito dos crimes de drogas, a Lei nº 11.343/2006 também previu a aplicação do instituto da colaboração premiada, estabelecendo apenas, porém, o benefício da redução da pena. Confira-se, a respeito, o disposto no art. 41 da Lei nº 11.343/2006: "O indiciado ou acusado que colaborar voluntariamente com a investigação policial e o processo criminal na identificação dos demais coautores e partícipes do crime e na recuperação total ou parcial do produto do crime, no caso de condenação, terá a pena reduzida de 1/3 (um terço) a 2/3 (dois terços)".

Em função do critério cronológico e sobretudo do critério da especialidade, ao domínio dos crimes de drogas deve ser aplicado o art. 41 da Lei nº 11.343/2006 (lei posterior e especial), e não o art. 13 da Lei nº 9.807/1999 (lei anterior e geral). Assim, diante do tratamento especial conferido a essa esfera de criminalidade, não há possibilidade de aplicação do perdão judicial *nos termos do* art. 13 da Lei nº 9.807.

Considerando, porém, o advento da Lei nº 12.850/2013, que prevê a aplicabilidade do perdão judicial no âmbito das organizações criminosas, o que a nosso aviso inclui as infrações penais praticadas por organizações criminosas, pode ser aplicado, ao domínio dos crimes de drogas praticados por organizações criminosas, qualquer dos prêmios fixados na Lei nº 12.850, inclusive o perdão judicial, se reunidas as condições legais (art. 4º, Lei nº 12.850).

O mesmo, porém, não se estende às infrações penais praticadas fora do contexto das organizações criminosas, órbita em que remanesce aplicável o art. 41 da Lei nº 11.343: vale dizer, apenas a redução de pena.

Não identificamos aí qualquer incoerência. O colaborador pode ser beneficiado pelo perdão judicial em função de informações que conduzam ao desbaratamento da organização criminosa, por exemplo (art. 4º, II, Lei nº 12.850). O prêmio é proporcional, também, à eficácia oferecida pelo colaborador a uma investigação mais complexa, por envolver organização criminosa (art. 4º, § 1º, Lei nº 12.850). Por isso, se for o caso, que se aplique o perdão judicial como prêmio. Não é assim, contudo, em uma investigação por crime de tráfico de drogas, praticado fora do contexto de organização criminosa, que envolve uma investigação menos complexa, justificando que a colaboração prestada só possa ser retribuída, no máximo, com uma redução de pena (art. 41, Lei nº 11.343). Isso se deve, de resto, ao regime especificamente reservado a infrações que o legislador considerou merecedoras de regime repressivo especial.

Pode-se objetar, por outro lado, que o art. 13 da Lei nº 9.807/1999 permite a aplicação do perdão judicial para qualquer crime. Três observações, entretanto, são relevantes nesse ponto: (i) o art. 41 da Lei nº 11.343/2006 reservou, posteriormente, regime específico aos crimes de drogas, prevendo a aplicação apenas da redução de pena na hipótese de colaboração premiada; (ii) esse regime só pode ser excepcionado pela esfera da organização criminosa, âmbito ainda mais específico, em que a concessão do perdão judicial, nos termos do art. 4º da Lei nº 12.850/2013, ou mesmo a ausência de oferecimento da denúncia, justifica-se em função do grau de eficácia da colaboração em um contexto de maior gravidade e complexidade; (iii) a aplicação do perdão judicial previsto no art. 13 da Lei nº 9.807 para os demais crimes é medida extrema, cabível apenas para hipóteses excepcionais e se reunidos, cumulativamente, os requisitos passíveis de aplicação no caso concreto, de acordo com a natureza da infração penal (o que a doutrina chama de "cumulatividade temperada").

2.7. O "acordo de leniência" (Lei nº 12.529/2011)

A Lei nº 12.529/2011 estabelece, no âmbito do sistema brasileiro de defesa da concorrência, um programa de colaboração premiada que pode acarretar "leniência" da administração quanto à aplicação de penalidade administrativa, para o efeito de extinção da ação punitiva ou de redução de 1/3 (um terço) a 2/3 (dois terços) da sanção aplicável, de acordo com o disposto no art. 86, *caput*, da lei em referência.

Nessa hipótese, há repercussões penais da leniência administrativa, com a suspensão do curso do prazo prescricional e a impossibilidade de oferecimento de denúncia contra o agente beneficiário (art. 87, *caput*, Lei nº 12.529/2011), até o final do período de cumprimento do acordo. E, se cumprido o acordo, opera-se a extinção da punibilidade (art. 87, parágrafo único, Lei nº 12.529/2011).

2.8. Organizações criminosas (Lei nº 12.850/2013)

Chega então o tempo de examinar o regime introduzido pela Lei nº 12.850, de 2 de agosto de 2013, para o âmbito das infrações penais praticadas por organizações criminosas. Essa lei revogou expressamente (art. 26) a famigerada Lei nº 9.034, de 3 de maio de 1995, que antes versava sobre organizações criminosas.

Pela primeira vez, tem-se disciplina normativa detalhada do instituto da *colaboração premiada*, fixado também com aplicabilidade mais ampla, por abranger as atividades de qualquer organização criminosa – definida no art. 1º, § 1º, da Lei nº 12.850 –, e não apenas hipóteses de concurso de pessoas limitadas a esferas bem específicas (crimes contra o sistema financeiro nacional, crimes contra a ordem tributária, contra a ordem econômica e contra as relações de consumo, crimes hediondos e equiparados, crime de extorsão mediante sequestro, crimes de *lavagem* de capitais e crimes de drogas).

A legislação em referência inova, essencialmente: (i) na previsão do instituto como técnica especial de investigação e "meio de obtenção de prova", em caráter típico e nominado (art. 3º, inciso I); (ii) na fixação de procedimento vinculado à aplicação do instituto (art. 4º, §§ 2º, 3º, 6º, 7º, 8º, 9º, 10, 11, 12, 13 e 15, art. 6º e art. 7º); (iii) na previsão de aplicabilidade *a qualquer momento* também do prêmio de perdão judicial (art. 4º, § 2º); (iv) na previsão de circunstâncias judiciais relacionadas ao prêmio aplicável (art. 4º, § 1º); (v) na previsão da possibilidade de não exercício da ação penal pública, em virtude da colaboração; (vi) na previsão de direitos do colaborador (art. 5º).

Todos esses aspectos serão objeto de tratamento detalhado nos tópicos a seguir.

3. APLICABILIDADE DO REGIME DE COLABORAÇÃO PREMIADA OBJETO DA LEI Nº 12.850/2013

O regime específico da Lei nº 12.850/2013, inclusive no que tange à colaboração premiada, somente se aplica à persecução que tenha por objeto: (a) infrações penais de constituição de organização criminosa; (b) infrações penais praticadas por organizações criminosas.

Entende-se por organização criminosa, nos termos do art. 1º, § 1º, da Lei nº 12.850, "a associação de quatro ou mais pessoas estruturalmente ordenada e caracterizada pela divisão de tarefas, ainda que informalmente, com o objetivo de obter, direta ou indiretamente, vantagem de qualquer natureza, mediante a prática de infrações penais cujas penas máximas sejam superiores a 4 (quatro) anos, ou que sejam de caráter transnacional".

Não nos cumpre, neste estudo, examinar detalhadamente a adequação do conceito em foco ao princípio-garantia da reserva legal, na dimensão de lei certa. Nesse particular, sabe-se que o conceito de organização criminosa sempre foi alvo de pesadas críticas da doutrina, sobretudo à vista do regime estabelecido na revogada Lei nº 9.034/1995.

Atualmente, entretanto, o dispositivo do art. 1º, § 1º, da Lei nº 12.850 contempla critérios objetivos (associação de quatro ou mais pessoas, prática de infração com pena máxima superior a 4 anos etc.), que permitem delimitar o alcance da incriminação com adequado grau de segurança.

Nesse sentido, a organização criminosa distingue-se claramente da associação criminosa (antiga "quadrilha ou bando") objeto do art. 288 do Código Penal: "Associarem-se três ou mais pessoas, para o fim específico de cometer crimes".

Identificam-se os seguintes elementos distintivos: (a) a organização criminosa integra-se por pelo menos 4 (quatro) pessoas; a associação criminosa, por pelo menos 3 (três) pessoas; (b) a associação criminosa destina-se à prática de quaisquer crimes; a organização criminosa, à prática de crimes com pena máxima superior a 4 (quatro) anos; (c) a organização criminosa caracteriza-se por estrutura concatenada, com divisão de tarefas, ainda que informalmente, não sendo esse um elemento essencial para o aperfeiçoamento da associação criminosa, eis que basta, para esta, o ânimo conjugado de constituição de um grupo estável, sem a necessidade de divisão de tarefas, por mais que isso possa ocorrer; (d) a organização criminosa tem o objetivo de obtenção de vantagem de qualquer natureza, algo não necessário à associação criminosa, que poderá ser constituída com o objetivo de praticar crimes cujo aperfeiçoamento independa de qualquer finalidade *específica* de obter vantagem.

A aplicabilidade do regime específico de colaboração premiada disciplinado na Lei nº 12.850 apenas se justifica na esfera especial, de maior gravidade e complexidade, das organizações criminosas. Para as associações criminosas, persistem aplicáveis os regimes específicos estabelecidos em certas leis, desde que o grupo seja destinado à prática de determinadas infrações penais: por exemplo, aplica-se o regime de colaboração (delação) da Lei nº 8.072/1990 (art. 8º, parágrafo único) para a associação criminosa, composta por apenas 3 (três) pessoas e destinada à prática de crimes hediondos ou equiparados a hediondos; aplica-se o regime da Lei nº 9.613/1998 (art. 1º, § 5º) para a associação criminosa, composta por 3 (três) pessoas, destinada à prática de crimes de *lavagem* de capitais.

Nesses exemplos, por não haver agrupamento de pelo menos 4 (quatro) pessoas, não se configura a organização criminosa, razão pela qual não se pode aplicar o regime de colaboração objeto da Lei nº 12.850. Não se perca de vista que o tema em exame constitui técnica especial de investigação, com características particulares e excepcionais, inclusive maior caráter invasivo e liberatório, não se aplicando a esferas de criminalidade não inseríveis nos pressupostos especificamente exigidos pela Lei nº 12.850.

Fora esse aspecto, claro, aplicam-se subsidiariamente as *normas procedimentais* da Lei nº 12.850 às demais esferas de colaboração premiada, não havendo, a esse respeito, qualquer incompatibilidade. Como visto, as leis anteriores silenciam quanto ao procedimento aplicável à colaboração, o que impõe, atualmente, a aplicação subsidiária, para suprimento dessa lacuna, do regime da Lei nº 12.850, o qual confere maior segurança à aplicação do benefício.

4. NATUREZA E VALOR PROBATÓRIO DA COLABORAÇÃO PREMIADA

A colaboração premiada está prevista como técnica especial de investigação e como "meio de obtenção de prova" no art. 3º, inciso I, da Lei nº 12.850/2013 (Capítulo II – "Da Investigação e dos Meios de Obtenção de Prova"): "Em qualquer fase da persecução penal, serão permitidos, sem prejuízo de outros já previstos em lei, os seguintes meios de obtenção de prova: I – colaboração premiada".

Ocorre que o instituto da *colaboração premiada* tem um caráter diferencial relevante, frente às demais técnicas especiais de investigação, a ser desde logo realçado: não constitui meio de obtenção *direta* de prova, e sim meio de *identificação de fontes de prova*.

Trata-se, portanto, de meio apenas *indireto* de obtenção de provas. Identifica-se, nessa perspectiva, algo diverso de uma interceptação telefônica ou ambiental, ou de uma busca e apreensão, ou mesmo de uma ação controlada, por exemplo, que genuinamente representam meios diretos de obtenção de provas. O exercício da atividade investigatória, em qualquer desses casos, pode conduzir diretamente ao elemento informativo almejado: buscar e apreender objetos; captar e registrar sinais de diálogos mantidos por meio telefônico ou no meio ambiente; acompanhar atos para intervir no momento oportuno e assim obter a prova.

O colaborador, por outro lado, não produz prova com suas declarações, e sim presta informações, *sem suficiência probatória por si mesmas*, pela identificação de fontes que, a seu turno, constituirão a prova. Por exemplo, o colaborador indica o paradeiro do objeto do crime e, partir daí, a autoridade policial representa ao juiz competente pela autorização de diligência de busca e apreensão, conseguindo, dessa forma, obter a prova.

Seria diferente se as declarações do colaborador encerrassem suficiência probatória, hipótese em que a colaboração constituiria meio autônomo de prova. O art. 4º, § 16, da Lei nº 12.850, porém, claramente dispõe que "nenhuma sentença condenatória será proferida com fundamento apenas nas declarações de agente colaborador".

Trata-se da chamada *regra da corroboração*, pela qual as declarações do colaborador devem ser confirmadas por efetivos elementos de prova. Em verdade, porém, pensamos que a função própria da colaboração é a de proporcionar uma persecução eficaz, pela indicação de fontes informativas, sendo que estas, e não as declarações do colaborador, é que constituirão a prova.

Tenha-se em conta que as declarações do colaborador encerram caráter inerentemente interessado, à vista do prêmio legal a elas associável, não podendo ser equiparadas, assim, à prova testemunhal. Assim, a *colaboração* deve ser compreendida não como um meio de prova, nem sequer como meio (direto) de obtenção de prova, mas apenas como instrumento investigativo excepcional de identificação de fontes e meios de prova.

O aspecto *probatório* da colaboração, por ser reflexo e indireto, tem menor relevância que seu caráter eminentemente *investigativo*, de auxílio à atividade de desvendamento própria dos órgãos de persecução. Nesse sentido, a colaboração guarda similitude, se bem que encerrando muito maior eficácia, com as pesquisas preliminares realizadas pela polícia judiciária, no sentido de identificar e reconhecer fontes de prova.

Não por acaso, a propósito, a colaboração vincula-se a outras finalidades, além da probatória: prevenção de infrações penais decorrentes das atividades da organização criminosa (art. 4º, inciso III, Lei nº 12.850/2013); recuperação total ou parcial do produto do crime (art. 4º, inciso IV, Lei nº 12.850/2013); localização dos bens, direitos e valores objeto de crime de *lavagem* de capitais (art. 1º, § 5º, Lei nº 9.613/1998); localização da vítima com a sua integridade física preservada (art. 4º, inciso V, Lei nº 12.850/2013). Os objetivos associáveis à colaboração serão abordados no próximo tópico.

5. RESULTADOS

Como já pontuado, a Lei nº 12.850/2013 instituiu abrangentes objetivos e resultados associáveis à colaboração premiada, transcendendo a finalidade probatória, embora esta desponte com proeminência, como revela a designação do Capítulo II da lei ("Da Investigação e dos Meios de Obtenção de Prova"), no qual se insere a Seção II ("Da colaboração premiada"), inaugurada pelo dispositivo que contempla os objetivos/resultados do instituto.

Nesse particular, sendo a relevância objetiva um requisito da aplicabilidade da colaboração *premiada*, isto é, da aplicação de um prêmio legal vinculado à técnica, mostra-se mais próprio falar em *resultados*, em vez de objetivos, da colaboração premiada.

Esses resultados estão discriminados nos incisos do art. 4º da lei em foco, consistindo nos seguintes: (i) identificação dos demais co-autores e partícipes da organização criminosa e das infrações penais por eles praticadas (art. 4º, I); (ii) revelação da estrutura hierárquica e da divisão de tarefas da organização criminosa (art. 4º, II); (iii) prevenção de infrações penais decorrentes das atividades da organização criminosa (art. 4º, III); (iv) recuperação total ou parcial do produto ou do proveito das infrações penais praticadas pela organização criminosa (art. 4º, IV); (v) localização de eventual vítima com a sua integridade física preservada (art. 4º, V).

Somem-se a esses objetivos aqueles previstos para certas esferas específicas: (vi) revelação de "toda a trama delituosa" (finalidade probatória da materialidade e da autoria) vinculada à prática em concurso (necessário ou eventual) de crime contra o sistema financeiro nacional (art. 25, § 2º, Lei nº 7.492/1986); (vii) "desmantelamento" de associação criminosa (art. 288, CP) destinada à prática de crimes hediondos ou equiparados a hediondos (art. 8º, parágrafo único, Lei nº 8.072/1990); (viii) revelação de "toda a trama delituosa" (finalidade probatória da materialidade e da autoria) vinculada à prática em concurso (necessário ou eventual) de crime contra a ordem tributária, contra a ordem econômica ou contra a relações de consumo (art. 16, parágrafo único, Lei nº 8.137/1990); (viii) libertação do sequestrado no âmbito do crime de extorsão mediante sequestro (art. 159, § 4º, CP); (ix) apuração das infrações penais, identificação de autores, co-autores e partícipes ou localização dos bens, direitos ou valores objeto de crime de *lavagem* de capitais ilícitos (art. 1º, § 5º, Lei nº 9.613/1998).

Em qualquer caso, os objetivos legalmente previstos não são cumulativos, e sim alternativos. Significa dizer que, para a concessão do prêmio legal, basta que um dos objetivos previsto seja realizado, em decorrência das informações prestadas pelo colaborador. Esse aspecto tem relevância: (a) no âmbito das organizações criminosas, em que a realização de qualquer dos cinco objetivos contemplados nos incisos do art. 4º em consequência da colaboração acarreta a concessão de um dos três prêmios legais aplicáveis (cfr. art. 4º, *caput*, parte final, Lei nº 12.850/2013); (b) no âmbito dos crimes de *lavagem* de capitais, em que de igual modo a realização de qualquer dos três objetivos previstos no art. 1º, § 5º, da Lei nº 9.613/1998, em consequência da atividade do colaborador, impõe a concessão de um dos quatro prêmios legais aplicáveis.

No domínio das organizações criminosas, a alternatividade dos objetivos/resultados, *para o efeito de concessão do prêmio legal*, emana claramente da parte final do art. 4º, *caput*, da Lei nº 12.850/2013: "O juiz poderá, a requerimento das partes, conceder o perdão judicial, reduzir em até 2/3 (dois terços) a pena privativa de liberdade ou substituí-la por restritiva de direitos daquele que tenha colaborado efetiva e voluntariamente com a investigação e com o processo criminal, *desde que dessa colaboração advenha um ou mais dos seguintes resultados...*"

Reclama-se, assim, *para a concessão de qualquer dos prêmios legais*, a realização de *pelo menos um* dos resultados legalmente contemplados (art. 4º, I a V, Lei nº 12.850), e não de todos eles em cumulação.

Do mesmo modo, o art. 1º, § 5º, da Lei nº 9.613/1998 estabelece a concessão do prêmio pela realização de pelo menos um dos objetivos previstos, mediante o emprego da conjunção alternativa *ou*: "...se o autor, coautor ou partícipe colaborar espontaneamente com as autoridades, prestando esclarecimentos que conduzam à apuração das infrações penais, à identificação dos autores, coautores ou partícipes, *ou* à localização dos bens, direitos ou valores objeto do crime".

Naturalmente, a realização de mais um dos objetivos influirá na escolha do prêmio legal aplicável. Quanto mais relevante e eficaz for a colaboração, melhor poderá ser o prêmio a ela associado, o que, a propósito, deverá ser considerado como circunstância judicial, nos moldes do art. 4º, § 1º, da Lei nº 12.850/2013: "Em qualquer caso, a concessão do benefício levará em conta a personalidade do colaborador, a natureza, as circunstâncias, a gravidade e a repercussão social do fato criminoso *e a eficácia da colaboração*".

Por "eficácia da colaboração", *como circunstância judicial*, deve-se entender, em verdade, o *grau de eficácia da colaboração*, a servir como parâmetro para a definição ou avaliação do prêmio a ser concedido, na medida em que a eficácia objetiva, em si, já constitui requisito para a própria aplicabilidade da colaboração premiada. Assim, caso a eficácia da colaboração seja maior, por haver sido realizado mais de um dos objetivos contemplados no art. 4º da Lei nº 12.850, o juízo levará isso em conta na aplicação do prêmio legal *adequado*.

6. PRESSUPOSTOS E REQUISITOS

A aplicabilidade da colaboração premiada sujeita-se aos seguintes pressupostos: (a) incidência em um dos âmbitos especiais de criminalidade objeto de regime legal específico: crimes contra o sistema financeiro nacional (artigos 2º a 23, Lei nº 7.492/1986); crimes hediondos ou equiparados a hediondos (artigos 1º e 8º, *caput*, Lei nº 8.072/1990); crimes contra a ordem tributária, contra a ordem econômica e contra as relações de consumo (artigos 1º, 2º, 3º, 4º e 7º, Lei nº 8.137/1990); crimes de extorsão mediante sequestro (art. 159, *caput*, §§ 1º, 2º e 3º, CP); crimes de *lavagem* de ativos ilícitos (art. 1º, Lei nº 9.613/1998); infrações penais vinculadas a organizações criminosas (artigos 1º e 2º, Lei nº 12.850/2013); (b) *fumus comissi delicti*, no sentido de prova indiciária quanto à prática de qualquer dessas específicas infrações penais.

Interessa compreender que, naturalmente, não se exige prova, no sentido de certeza, da existência material de infração penal. A colaboração premiada constitui técnica especial de investigação preliminar, não havendo sentido em condicionar seu emprego à comprovação da existência material do crime. A propósito, um dos objetivos associáveis à colaboração é justamente o de apuração (art. 1º, § 5º, Lei nº 9.613) ou identificação de infrações penais (art. 4º, I, parte final, Lei nº 12.850). É preciso, entretanto, que existam ao menos indícios da prática de algum dos tipos penais especiais, de modo a se identificar a aplicabilidade dessa técnica de investigação de característica anômala e de feição particularmente invasiva.

O requisito essencial, por sua vez, diz respeito não à aplicabilidade da técnica de colaboração, mas à concessão de prêmio legal a ela associado. Nesse sentido, exige-se, como requisito, a eficácia ou, mais precisamente, a *relevância objetiva da colaboração*. É o que se identifica na parte final do disposto no art. 4º, *caput*, da Lei nº 12.850, que assim condiciona a aplicação do prêmio legal: *desde que dessa colaboração advenha um ou mais dos seguintes resultados.*

A exigência de eficácia causal não é nova, por mais que esteja fixada com maior precisão na Lei nº 12.850/2013. A esse respeito, o art. 1º, § 5º, da Lei nº 9.613/1998 de igual modo condiciona a aplicação do prêmio legal como consequência da eficácia da colaboração, desta forma: *se o autor, coator ou partícipe colaborar espontaneamente com as autoridades, prestando esclarecimentos que conduzam à apuração...*

Leis anteriores adotam fórmulas em última análise conducentes à mesma conclusão: por exemplo, "facilitando a libertação do sequestrado", no crime de extorsão mediante sequestro (art. 159, § 4º, CP).

Compreenda-se que por *relevância objetiva da colaboração* designamos não a eficácia objetiva da investigação, e sim a eficácia *da colaboração*. Isso supõe a exigência de *nexo de causalidade* entre o resultado alcançado e a colaboração prestada. Se o resultado derivou de outra fonte, o colaborador não poderá ser beneficiado com qualquer prêmio legal. Nesse sentido, assim decidiu a Sexta Turma do STJ no HC 90.962/SP (STJ, 6ª Turma, HC 90.962, Rel. Min. HAROLDO RODRIGUES, julgamento em 19.05.2011, DJ de 22.06.2011): "O instituto da delação premiada consiste em ato do acusado que, admitindo a participação no delito, fornece às autoridades informações eficazes, capazes de contribuir para a resolução do crime. Todavia, apesar de o paciente haver confessado sua participação no crime, contando em detalhes toda a atividade criminosa e incriminando seus comparsas não há nenhuma informação nos autos que ateste o uso de tais informações para fundamentar a condenação dos outros envolvidos, pois a materialidade, as autorias e o desmantelamento do grupo criminoso se deram, principalmente pelas interceptações telefônicas legalmente autorizadas e pelos depoimentos das testemunhas e dos policiais federais".

Dá-se então, nesse contexto, a exigência da imprescindibilidade da colaboração para o resultado probatório alcançado, como condição para que se aplique o prêmio legal correspondente.

7. PRÊMIOS LEGAIS

7.1. Prêmios aplicáveis no Processo Judicial (de conhecimento ou de execução)

Conforme já abordado, a Lei nº 12.850/2013 instituiu inovador regime quanto aos prêmios legais aplicáveis como estímulo à colaboração eficaz. A inovação radica não propriamente nos tipos de prêmios possíveis, já antes previstos na Lei nº 9.613/1998 (modificada pela Lei nº 12.683/2012), mas na extensão de sua aplicabilidade, a ponto de se permitir o perdão judicial *a qualquer momento* (art. 4º, § 2º, Lei nº 12.850/2013). Ademais, fixou-se a possibilidade de não exercício da ação penal na hipótese de colaboração eficaz, desde que cumpridos certos requisitos (art. 4º, § 4º, Lei nº 12.850/2013).

Antes de tudo, consulte-se o disposto no art. 4º, *caput*, da Lei nº 12.850: "O juiz poderá, a requerimento das partes, conceder o perdão judicial, reduzir em até 2/3 (dois terços) a pena privativa de liberdade ou substituí-la por restritiva de direitos daquele que tenha colaborado efetiva e voluntariamente com a investigação e com o processo criminal, desde que dessa colaboração advenha um ou mais dos seguintes resultados..."

Os prêmios aplicáveis são, assim, os seguintes: (i) redução da pena privativa de liberdade, no *quantum* de até 2/3 (dois terços); (ii) substituição da pena privativa de liberdade por pena restritiva de direitos; (iii) perdão judicial.

Discute a doutrina a respeito do *quantum* mínimo de redução de pena, já que o dispositivo legal em foco contempla diminuição *de até* 2/3 (dois terços), ao contrário das leis anteriores, todas prevendo diminuição de 1/3 (um terço) a 2/3 (dois terços), como visto.

Não nos parece razoável nem aceitável que a quantificação mínima do prêmio fique a inteiro critério do órgão judiciário, o que permitiria a redução de pena somente em poucos meses ou mesmo dias. Assim, aderimos à corrente doutrinária que sustenta a aplicação do *quantum* mínimo de 1/6 (um sexto) da pena privativa de liberdade, que é a menor fração prevista no Código Penal. Nesse sentido, a redução da pena pode ser de 1/6 (um sexto) a 2/3 (dois terços).

Acerca da substituição da pena privativa de liberdade por pena restritiva de direitos, anote-se que isso pode acontecer independentemente da presença concreta dos requisitos do art. 44 do Código Penal. Trata-se de hipótese legal especial, em regime que excepciona a disciplina normativa geral da aplicabilidade das penas restritivas de direitos. Nesse particular, a aplicação do prêmio assume relevância precisamente por *não* estarem presentes os requisitos legais ordinários para a substituição. Do contrário, se já puder haver ordinariamente a substituição por pena restritiva de direitos em caso de condenação, melhor será que o agente, em vez de colaborar, responda ao processo penal, com a possibilidade de ser absolvido ou de ter extinta a sua punibilidade. O estímulo premial à colaboração só existe se consistir em algo que o colaborador não poderia obter em condições normais.

Por fim, sobre o perdão judicial, pode ser aplicado a qualquer momento, *exceto após o trânsito em julgado de sentença penal condenatória*, por força da restrição imposta pelo art. 4°, § 5°, da Lei n° 12.850. Confira-se, nesse ponto, o disposto no art. 4°, § 2°, da Lei n° 12.850: "Considerando a relevância da colaboração prestada, o Ministério Público, *a qualquer tempo*, e o delegado de polícia, nos autos do inquérito policial, com a manifestação do Ministério Público, poderão requerer ou representar ao juiz pela concessão de perdão judicial ao colaborador, ainda que esse benefício não tenha sido previsto na proposta inicial, aplicando-se, no que couber, o art. 28 do Decreto-lei 3.689, de 3 de outubro de 1941 (Código de Processo Penal)".

A respeito do perdão judicial no âmbito da persecução penal de organizações criminosas, anote-se que: (a) pode ser aplicado a qualquer momento, com exceção da fase executória (art. 4°, § 2° c/c § 5°); (b) pode ser aplicado em momento posterior, ainda que não tenha sido constado em proposta inicial de colaboração.

O perdão judicial, como prêmio à colaboração, foi pioneiramente instituído no direito brasileiro pelo art. 1°, § 5°, da Lei n° 9.613/1998. Esse último dispositivo, no entanto, com a redação que lhe conferiu a Lei n° 12.783/2012, prevê a aplicabilidade "a qualquer tempo" somente da substituição da pena privativa de liberdade por pena restritiva de direitos: "...a pena poderá ser reduzida de um a dois terços e ser cumprida em regime aberto ou semiaberto, *facultando-se ao juiz deixar de aplicá-la ou substi-tuí-la, a qualquer tempo, por pena restritiva de direitos...*" A restrição permite concluir que apenas a substituição por pena restritiva de direitos, mas não os demais prêmios, pode ser aplicada a qualquer momento.

A Lei n° 12.850/2013, contudo, estabeleceu regime que permite a aplicabilidade de determinados prêmios mesmo após a condenação definitiva, durante a execução da pena privativa de liberdade. A esse respeito, dispõe o art. 4°, § 5°, da Lei n° 12.850: "Se a colaboração for posterior à sentença, a pena poderá ser reduzida até a metade ou será admitida a progressão de regime, ainda que ausentes os requisitos objetivos". Não se contempla aí, ao contrário do que acontece no âmbito dos crimes de *lavagem* de capitais, a possibilidade de substituição da pena privativa de liberdade por pena restritiva de direitos.

Nessas condições, apreende-se que os prêmios da redução de pena e da progressão de regime, ainda que em extensão mais limitada, são aplicáveis durante a execução penal. É difícil, por óbvio, que apenas no tardio momento da execução penal ainda possa o agente fornecer alguma informação útil, a título de colaboração. Trata-se, contudo, de hipótese plenamente realizável, valendo lembrar que a colaboração poderá acontecer, por exemplo, para o fim de propiciar a recuperação total ou parcial do produto ou proveito oriundo da infração penal (art. 4º, IV, Lei nº 12.850), algo não muito improvável, em um contexto de organização criminosa, mesmo após o trânsito em julgado de sentença penal condenatória.

Quanto à redução da pena, pelas mesmas razões já antes expostas, pensamos que o *quantum* mínimo de diminuição é o de 1/6 (um sexto), a menor fração prevista no Código Penal. Assim, a redução da pena, quando a colaboração se der na fase de execução ("posterior à sentença", nos termos do art. 4º, § 5º, da Lei nº 12.850), poderá ser de 1/6 (um sexto) até a metade.

Discute a doutrina sobre a forma de aplicação do prêmio legal durante a execução da pena privativa de liberdade. Suponha-se, por exemplo, que o agente, cumprindo pena, revele informações úteis, que conduzam à localização do proveito obtido com a prática da infração penal no âmbito de organização criminosa. Como aplicar o benefício da redução de pena (1/6 até a metade) ou o de progressão de regime?

Parte da doutrina sustenta que o agente deverá ajuizar ação de revisão criminal para que, nesta sede, possa ser efetivada a concessão do benefício, já que existe sentença penal condenatória transitada em julgado. A posição majoritária, entretanto, orienta-se no sentido de que qualquer dos prêmios poderá ser aplicado mediante simples incidente da execução. Argumenta-se que a revisão criminal seria destinada apenas à correção de erro judiciário, algo inexistente na hipótese cogitada.

Entendemos que essa última posição é a adequada, *considerando a natureza dos prêmios aplicáveis*. Ora, tratando-se de redução de pena ou de progressão de regime, nada obsta à sua aplicação por parte do próprio juízo da execução penal. A Lei nº 7.210/1984 (Lei de Execução Penal), a propósito, contempla diversos mecanismos de administração judicial do tempo de cumprimento da pena, dentre os quais a própria progressão de regimes e a detração. Não há nisso, portanto, qualquer ofensa à coisa julgada, inexistindo necessidade de desconstituição da sentença definitiva para que possa ser aplicado o prêmio legal.

Outra seria nossa posição caso se tratasse de perdão judicial, hipótese em que a concessão do prêmio passaria necessariamente pela prévia desconstituição da coisa julgada em ação de caráter rescisório. Não nos convence o argumento de que a revisão só possa se prestar a corrigir erro judiciário, devendo prevalecer, a nosso juízo, a feição rescisória dessa ação, como única forma de desconstituir o julgado para fazer possível a aplicação de benefício legal. Não há, contudo, aplicabilidade de perdão judicial após o trânsito em julgado, diante do disposto no art. 4º, § 5º, da Lei nº 12.850.

Por essas razões, somos levados a conclusão diversa no que diz respeito à aplicabilidade da substituição da pena privativa de liberdade por pena restritiva de direitos no âmbito dos crimes de *lavagem* de capitais, consoante o disposto no art. 1º, § 5º, da Lei nº 9.613/1998.

Compreenda-se que a Lei nº 12.683/2012 modificou o regime originário, no art. 1º, § 5º, da Lei nº 9.613/1998, para estabelecer que, a qualquer tempo, poderá haver a substituição de pena privativa de liberdade por pena restritiva de direitos. Significa isso dizer, embora não esteja especificamente expresso, que a medida poderá ocorrer inclusive após o trânsito em julgado de sentença condenatória, durante a execução penal, como já adiantamos.

Quanto à forma de aplicação, considerando que a pena privativa de liberdade a ser substituída está fixada no título judicial condenatório definitivo, entendemos que a substituição só pode ocorrer após rescindida a sentença nesse particular. Considere-se que o juízo da execução penal poderá alterar *a forma* de cumprimento de penas restritivas de direitos, para adequá-la às condições pessoais do condenado (art. 148, LEP), mas não poderá chegar ao ponto de modificar a própria *aplicação* da pena privativa de liberdade, substituindo-a por restritiva de direitos.

Admitida a aplicabilidade desse prêmio legal (art. 1º, § 5º, Lei nº 9.613) durante a execução penal, portanto, a concessão do benefício reclama prévia rescisão da sentença condenatória, em sede de revisão criminal. Tenha-se em conta, porém, que o argumento da doutrina majoritária de que a revisão só seria adequada para corrigir erro judiciário conduz a conclusão diversa da que aqui sustentamos. De toda sorte, parece-nos insustentável que por simples incidente da execução possa ser modificado título consolidado pela coisa julgada. Aqui se está diante de algo diverso da simples redução da pena a cumprir ou da mera progressão de regime, que são matérias ordinariamente apreciáveis pelo juízo da execução.

7.2. Ausência de Oferecimento da Denúncia

Outra relevante inovação da Lei nº 12.850/2013 quanto ao prêmio foi a possibilidade de não exercício da ação penal pelo Ministério Público, desde que, adicionalmente aos pressupostos e requisitos próprios da colaboração (art. 4º, *caput*), reúnam-se as condições fixadas nos incisos do art. 4º, § 4º, que assim dispõe: "Nas mesmas hipóteses do *caput*, o Ministério Público poderá deixar de oferecer denúncia se o colaborador: I – não for o líder da organização criminosa; II – for o primeiro a prestar efetiva colaboração nos termos deste artigo".

A ausência de liderança e o pioneirismo do colaborador são, assim, consideradas condições relevantes para excepcionar o princípio da obrigatoriedade da ação penal, permitindo-se que o Ministério Público deixe de oferecer a denúncia. Não identificamos aí qualquer menoscabo ao princípio. A ação penal de iniciativa pública poderá ser exercida pelo Ministério Público, *na forma da lei*, de acordo com o art. 129, inciso I, da Constituição da República. Poderá a lei excepcionar o exercício da ação sob certas condições objetivas, sendo essa a hipótese examinada.

De outro lado, poderá sempre o juiz aplicar o art. 28 do CPP, sempre que considerar que o não exercício da ação penal pelo Ministério Público deu-se à margem das hipóteses legais permissivas, com o que estará exercendo a função de controle do respeito ao princípio da obrigatoriedade da ação penal. Como titular da acusação, porém, caberá ao Ministério Público a última posição a esse respeito. Deixando o Ministério Público de oferecer a denúncia, por manifestação positiva de aplicação do art. 4º, § 4º, da Lei nº 12.850, inclusive pela chefia da instituição (Procurador-Geral de Justiça ou

Câmara de Coordenação e Revisão Criminal, conforme o caso), deverá o juiz extinguir a punibilidade do colaborador e arquivar o procedimento de investigação.

Sustenta-se a extinção da punibilidade por aplicação subsidiária da norma do art. 87, parágrafo único, da Lei nº 12.529/2011, que assim disciplina o resultado do denominado "acordo de leniência" celebrado no âmbito dos crimes contra a ordem econômica (Lei nº 8.137/1990) e dos demais crimes relacionados à prática de cartel: "Cumprido o acordo de leniência pelo agente, extingue-se automaticamente a punibilidade dos crimes a que se refere o *caput* deste artigo".

A propósito, a Lei nº 12.529/2011 estabelece, no domínio do sistema brasileiro de defesa da concorrência, um programa de colaboração premiada que pode acarretar "leniência" da administração quanto à aplicação de penalidade administrativa, para o efeito de extinção da ação punitiva ou de redução de 1/3 a 2/3 das sanções aplicáveis, de acordo com o disposto no art. 86, *caput*, da lei em referência. Nessa hipótese, há repercussões penais da leniência administrativa, com a suspensão do curso do prazo prescricional e a impossibilidade de oferecimento de denúncia contra o agente beneficiário (art. 87, *caput*, Lei nº 12.529/2011), até o final do período de cumprimento do acordo, que, caso cumprido, acarreta a extinção da punibilidade (art. 87, parágrafo único, Lei nº 12.529/2011).

Cuida-se, portanto, de regime semelhante, quanto à suspensão do prazo prescricional e do prazo para a denúncia, àquele fixado no art. 4º, § 3º, Lei nº 12.850, de modo que, no silêncio desta última quanto à consequência jurídica aplicável após o cumprimento do acordo, mostra-se invocável subsidiariamente o disposto no art. 87, parágrafo único, da Lei nº 12.529/2011: extinção da punibilidade do colaborador.

Para assegurar a aplicação da hipótese do art. 4º, § 4º, quando seja o caso, o § 3º do mesmo artigo assim preceitua: "O prazo para o oferecimento de denúncia ou o processo, relativos ao colaborador, poderá ser suspenso por até 6 (seis) meses, prorrogáveis por igual período, até que sejam cumpridas as medidas de colaboração, suspendendo-se o respectivo prazo prescricional".

Destina-se essa disposição a garantir a aplicabilidade eficaz tanto da hipótese de não oferecimento da denúncia pelo Ministério Público quanto, durante o processo, dos prêmios contemplados no art. 4º, *caput*, antes de qualquer sentença condenatória. Nesse último caso, aguarda-se o exaurimento da colaboração para que o juiz possa, ao proferir sentença, aplicar o prêmio adequado, se for o caso.

7.3. Síntese dos Prêmios Aplicáveis

Uma avaliação sistemática dos diversos prêmios contemplados na legislação processual penal, como resposta à colaboração do autor, coautor ou partícipe, conduz-nos ao seguinte panorama normativo:

(i) durante a fase de investigação preliminar ou durante o processo penal, antes do trânsito em julgado de sentença penal condenatória: (i.i) no âmbito das organizações criminosas (art. 2º c/c art. 4º, *caput* e § 4º, Lei nº 12.850/2013): (a) perdão judicial; (b) redução de pena de 1/6 (um sexto) a 2/3 (dois terços); (c) substituição da pena privativa de liberdade por pena restritiva de direitos (d) ausência de oferecimento da denúncia pelo Ministério Público, se reunidas as condições do art. 4º, § 4º, da Lei nº 12.850/2013 (colaborador pioneiro e não líder da organização); **(i.ii)** no âmbito do concurso necessário (associação criminosa, art. 288, Código Penal) ou eventual vinculado à prática dos crimes de *lavagem* de ativos ilícitos (art. 1º, § 5º, Lei nº 9.613/1998): (a) perdão judicial; (b) redução de pena de 1/3 (um terço) a 2/3 (dois terços); (c) fixação do regime aberto ou do semiaberto para o cumprimento da pena privativa de liberdade; (d) substituição da pena privativa de liberdade por pena restritiva de direitos; **(i.iii)** no âmbito da associação criminosa (art. 288, Código Penal) (concurso necessário) destinada à prática de crimes hediondos e equiparados a hediondos (art. 8º, parágrafo único, Lei nº 8.072/1990): redução de pena de 1/3 (um terço) a 2/3 (dois terços); **(i.iv)** no âmbito do concurso necessário (associação criminosa, art. 288, Código Penal) ou eventual vinculado à prática de crimes de extorsão mediante sequestro (art. 159, Código Penal), de crimes contra o sistema financeiro nacional (Lei nº 7.492/1986) ou de crimes contra a ordem tributária, contra a ordem econômica ou contra as relações de consumo (Lei nº 8.137/1990): redução de pena de 1/3 (um terço) a 2/3 (dois terços).

Note-se que a aplicabilidade mais ampla de prêmios legais associados à colaboração só ocorre nas esferas da organização criminosa e da *lavagem* de capitais. Em se tratando de associação criminosa, definida no tipo do art. 288 do Código Penal, não há a aplicabilidade do regime da Lei nº 12.850, podendo haver aplicação de normas específicas, com o prêmio somente de diminuição de pena (de 1/3 a 2/3), caso o grupo seja destinado à prática de determinados crimes (hediondos, inclusive a extorsão mediante sequestro, equiparados a hediondos, contra o sistema financeiro nacional, contra a ordem tributária, a ordem econômica e as relações de consumo).

8. COLABORAÇÃO PREMIADA: DIREITO SUBJETIVO OU DISCRICIONARIEDADE DO ÓRGÃO JUDICIÁRIO?

A *aplicação do prêmio*, desde que reunidos os pressupostos e requisitos previstos em lei, é *direito subjetivo do colaborador*, não cabendo ao órgão judiciário, nessa hipótese, recusar a concessão do benefício, quando exitosa a colaboração. Inexiste discricionariedade do juiz *no que diz respeito à concessão* do prêmio em correspondência com a colaboração eficaz e voluntária. Nesse sentido, assim corretamente decidiu a Quinta Turma do Superior Tribunal de Justiça no HC 84.609/SP (STJ, 5ª Turma, HC 84.609, Rel. Min. LAURITA VAZ, julgamento em 04.02.2010, DJ de 01.03.2010): "...ao contrário do que afirma o acórdão ora objurgado, preenchidos os requisitos da delação premiada, previstos no art. 14 da Lei n.º 9.807/99, sua incidência é obrigatória".

Naturalmente, o juiz tem o livre convencimento motivado para resolver sobre a existência concreta ou não dos pressupostos e requisitos da colaboração premiada. Por essa razão, é incorreto dizer que, apresentado o acordo de colaboração premiada, o juiz estaria obrigado a homologá-lo. Caso o órgão judiciário recuse a homologação (art. 4º, § 8º, Lei nº 12.850/2013) por considerar, por exemplo, indevida a colaboração nos termos propostos, caberá ao interessado impugnar a decisão pela via adequada, no caso o *habeas corpus* impetrado em favor do colaborador, ou ainda o mandado de segurança impetrado pelo Ministério Público, para resguardo de seu direito líquido e certo, *em tese*, de obter a homologação de acordo celebrado nos termos da lei.

Uma vez homologado o acordo, porém, a realização *integral* das condições objetivas e subjetivas previstas em lei impõe a concessão do(s) prêmio(s) ajustado(s). A *concessão* do prêmio legal é, portanto, direito subjetivo do colaborador, se reunidas as condições legais, sobretudo a eficácia da colaboração.

Pode haver, por outro lado, discricionariedade do juiz apenas no tocante *a qual prêmio aplicar*, na hipótese de cumprimento *parcial* das condições. É o que se depreende do disposto no art. 4º, § 1º, da Lei nº 12.850/2013: "Em qualquer caso, a concessão do benefício levará em conta a personalidade do colaborador, a natureza, as circunstâncias, a gravidade e a repercussão social do fato criminoso e a eficácia da colaboração".

A redação desse dispositivo mostra-se equívoca e criticável, por comportar a noção de que existiria a possibilidade de o juiz negar a concessão do prêmio, sob a base de circunstâncias como a personalidade do colaborador e a gravidade do fato criminoso, ainda que cumpridas as condições objetivas de efetividade fixadas no acordo de colaboração premiada. Nesse particular, não deixa de ser problemático que a negociação do acordo se dê entre o Ministério Público e o colaborador, ao passo que a aplicação do prêmio legal fique reservada ao juiz. Com isso, paira a impressão de que o colaborador, mesmo havendo negociado determinadas vantagens legais com o Ministério Público em troca de atos informativos, possa ter frustrada sua legítima expectativa ainda quando cumpra sua parte no ajuste, de forma eficaz. Por óbvio, pensar isso seria negar o próprio estímulo legal ao ato da colaboração, pela recusa de segurança jurídica ao colaborador.

Em tal contexto, a norma do art. 4º, § 1º, deve ser interpretada, a nosso juízo, da seguinte forma: (i) no acordo de colaboração premiada, o ajuste do prêmio entre o Ministério Público e o colaborador deverá levar em conta algumas circunstâncias objetivas e subjetivas, tais a personalidade do colaborador, a gravidade e a repercussão social do fato criminoso, levadas à apreciação judicial no momento da homologação; (ii) uma vez integralmente realizadas as condições, em particular a eficácia do ato de colaboração, o juiz deverá aplicar o prêmio ajustado no acordo; (iii) caso realizadas apenas parcialmente as condições, dá-se a discricionariedade judicial, sempre motivada, quanto à definição do prêmio aplicável, sobretudo de maneira proporcional ao nível de êxito da colaboração; (iv) caso não cumpridas as condições pelo colaborador, o juiz não aplicará o prêmio ajustado.

Nessa esteira, as circunstâncias judiciais objeto do art. 4º, § 1º, orientam o *dimensionamento* do prêmio aplicável essencialmente com base no acordo homologado e no resultado efetivo da colaboração. No que tange à "eficácia da colaboração", observe-se que o sentido é de *grau* de eficácia, a repercutir na escolha do prêmio adequado e justo. Isso porque a eficácia constitui requisito para a própria aplicação do prêmio, já estabelecido no art. 4º, *caput*, da lei de regência. Em etapa posterior, sob os referenciais do art. 4º, § 1º, o juiz examinará qual o prêmio adequado, devendo levar em conta, para tanto, o nível de eficácia da colaboração, dentre outros fatores. Nada obsta, assim, a que o juiz aplique prêmio diverso daquele pactuado no acordo de colaboração premiada homologado, proporcionalmente ao nível de eficácia prestado pelo colaborador, sempre que a realização do ajuste ocorra apenas de maneira parcial.

9. INTERVENÇÃO JUDICIAL NO ÂMBITO DA COLABORAÇÃO PREMIADA: AUSÊNCIA DE INTERVENÇÃO JUDICIAL NAS NEGOCIAÇÕES E CONTROLE POSTERIOR

A participação do órgão judiciário no âmbito da colaboração premiada justifica-se como forma de controle de legalidade, por se tratar de técnica de investigação de características especiais. Cuida-se, portanto, de controle *a posteriori*, exercido após a celebração do acordo de colaboração entre o Ministério Público e o agente.

Nesse sentido, dispõe o art. 4º, § 6º, da Lei nº 12.850/2013: "*O juiz não participará das negociações realizadas entre as partes para a formalização do acordo de colaboração*, que ocorrerá entre o delegado de polícia, o investigado e o defensor, com a manifestação do Ministério Público, ou, conforme o caso, entre o Ministério Público e o investigado ou acusado e seu defensor".

Com efeito, o ativismo judicial nas negociações do acordo é incompatível com a imparcialidade inerente ao órgão jurisdicional, sobretudo durante a fase de investigação. Andou muito bem o legislador, assim, em estabelecer essa vedação expressa.

Concluídas as negociações e apresentado o acordo, caberá ao juiz proceder conforme o disposto no art. 1º, § 7º, da Lei nº 12.850: "Realizado o acordo na forma do § 6º, o respectivo termo, acompanhado das declarações do colaborador e de cópia da investigação, será remetido ao juiz para homologação, o qual deverá verificar sua regularidade, legalidade e voluntariedade, podendo, para este fim, sigilosamente, ouvir o colaborador, na presença de seu defensor".

O órgão judiciário, portanto, deverá verificar a *regularidade*, a *legalidade* e a *voluntariedade* do acordo, nisso consistindo o controle *a posteriori* exercido. Para a verificação da voluntariedade, poderá o juiz inclusive considerar necessário ouvir o colaborador, na presença de seu defensor.

Intervém o juiz também, contudo, mas sempre depois do momento das negociações, na escolha do prêmio aplicável e concretamente adequado, de acordo com as circunstâncias especificadas no art. 4º, § 1º, da Lei nº 12.850. É importante ressaltar que o juiz não está adstrito aos termos da proposta formulada pelo Ministério Público, *no que diz respeito ao prêmio aplicável*. Poderá o órgão judiciário, assim, entender que a redução de pena, e não o perdão judicial proposto pelo Ministério Público no acordo sujeito a homologação, seria a medida mais adequada ao caso. Nessa hipótese, dispõe o art. 4º, § 8º, da Lei nº 12.850: "O juiz poderá recusar homologação à proposta que não atender aos requisitos legais, *ou adequá-la ao caso concreto*".

Parte da doutrina, com justa razão, enxerga aí indevida interferência judicial na negociação do acordo. De nossa parte, parece-nos que a adequação diz respeito exclusivamente ao prêmio legal ajustado à natureza e às características do acordo proposto, uma vez que, nesse âmbito, há discricionariedade de escolha do juiz, nos moldes do art. 4º, § 1º, da Lei nº 12.850. Assevere-se, porém, que o juiz não poderá, claro, impor aos pactuantes (Ministério Público e potencial colaborador) a aceitação do prêmio alternativo. A melhor solução, a nosso sentir, é que o juiz recuse a homologação, fixando na decisão o prêmio que lhe parecer adequado (art. 4º, § 1º), de modo que as partes, se for o caso, cheguem a novo acordo.

Nesse particular, é inaceitável que o juiz homologue a proposta e, após cumprido o acordo, resolva aplicar prêmio diverso, a pretexto de avaliação das circunstâncias do art. 4º, § 1º, da Lei nº 12.850. Isso subtrairia a segurança jurídica do acordo, para o colaborador. Quando o dispositivo (art. 4º, § 1º) alude à "eficácia da colaboração" como circunstância judicial, isso deve ser compreendido como um condicionamento da aplicação *do prêmio adequado* ao grau de eficácia proposto no acordo homologado.

Significa isso dizer que: (i) apresentado o acordo de colaboração premiada, caberá ao juiz, sob os parâmetros do art. 4º, § 1º, avaliar se o prêmio proposto é adequado ao grau de eficácia objeto do acordo; em caso positivo, homologa a proposta; em caso negativo, recusa a homologação, fixando o prêmio legal que reputa adequado ao nível de eficácia que se espera, de modo que os pactuantes, se for o caso, celebrem novo acordo nessas bases; (ii) homologado o acordo, se (a) cumprida a colaboração pelo agente, mediante a prestação das devidas informações e se (b) for a colaboração eficaz, no nível especificado no acordo, caberá ao juiz conceder o prêmio legal nos termos ajustados, não podendo conceder outro prêmio, menos favorável, ao colaborador, a pretexto de só agora ter avaliado as circunstâncias judiciais do art. 4º, § 1º; poderá o juiz, no entanto, (c) se a colaboração for eficaz, mas em grau menor ao ajustado no acordo ("possíveis resultados", nos termos do art. 6º, I, da Lei nº 12.850), aplicar outro prêmio legal, adequado à eficácia concreta da colaboração. O ideal, naturalmente, é que no próprio acordo fiquem especificados, na medida do possível, os prêmios legais aplicáveis, segundo o nível de eficácia da colaboração.

De toda sorte, tendo-se em conta que o acordo formal não é condição essencial para a aplicabilidade dos prêmios legais, poderá o juiz, na sentença condenatória, aplicar o prêmio adequado (art. 4º, § 1º) em conformidade com a eficácia da colaboração prestada sem qualquer ajuste prévio. Era o que acontecia com frequência, aliás, nos regimes anteriores ao advento da Lei nº 12.850/2013, em que não havia qualquer disciplina de acordo formal.

Assim, a título de exemplo, a Sexta Turma do Superior Tribunal de Justiça já decidiu, em um caso de extorsão mediante sequestro, pela inadequação concreta do perdão judicial, objeto de previsão na Lei nº 9.807/1999, por considerar que a conduta do delator era merecedora de maior reprovabilidade, eis que se tratava de agente policial, mas, diante da eficácia da colaboração, concedeu ao agente redução de pena, no patamar de 2/3 (dois terços). Confira-se em STJ, 6ª Turma, HC 49.842/SP, Rel. Min. HÉLIO QUAGLIA BARBOSA, julgamento em 30.05.2006, DJ de 26.06.2006: "1. Não preenchimento dos requisitos do perdão judicial previsto no art. 13 da Lei n. 9.807/99. Paciente investigador de Polícia, envolvido com extorsão mediante sequestro. Circunstância que denota maior reprovabilidade da conduta, afastando a concessão do benefício. 2. A delação do paciente contribuiu para a identificação dos demais co-réus, ao contrário do entendimento esposado pelo Tribunal de origem, pois, inclusive, exerceu papel essencial para o aditamento da denúncia. 3. Ordem concedida, aplicando-se a causa de diminuição de pena prevista no artigo 14 da Lei n. 9.0807/99, reduzindo a reprimenda imposta em 2/3, tornando-a, em definitivo, em quatro anos de reclusão, em regime inicial fechado".

10. ACORDO DE COLABORAÇÃO PREMIADA

A celebração do acordo de colaboração é objeto de disciplina procedimental estabelecida pela Lei nº 12.850/2013. Esse procedimento aplica-se subsidiariamente às demais esferas de colaboração premiada previstas na legislação processual penal, diante da ausência de regulamentação específica a esse respeito. Não identificamos, nesse particular, qualquer óbice à aplicação subsidiária, eis que se trata de normatização exclusivamente procedimental, destinada a conferir segurança ao acordo celebrado, inclusive para o colaborador.

Essa questão, claro, não tem interesse para os que entendem que todo o regime jurídico de colaboração premiada objeto da Lei nº 12.850 aplica-se às demais esferas de investigação, ainda que fora do âmbito das organizações criminosas. Mais uma vez, registramos nossa discordância frente a essa orientação. Não há sentido que a lei estabeleça uma técnica *especial* de investigação, com um regime jurídico diferenciado, para um âmbito de particular complexidade e gravidade, e o intérprete generalize esse regime, para aplicá-lo a toda e qualquer esfera. Quanto ao procedimento, no entanto, nada há que obste à sua aplicação a todo e qualquer âmbito de colaboração premiada.

10.1. Legitimidade

Como visto, o órgão judiciário não pode participar de qualquer negociação de acordo de colaboração premiada, cabendo-lhe apenas o controle *a posteriori*, tudo em conformidade com o disposto no art. 4º, §§ 6º e 7º, da Lei nº 12.850/2013.

A quem cabe, então, a iniciativa para movimentar e conduzir essas negociações?

Em consonância com os ditames legais, entendemos que a *iniciativa* cabe ao delegado de polícia ou ao Ministério Público. A condução das negociações, porém, necessariamente deverá envolver o órgão do Ministério Público, como titular da ação penal de iniciativa pública (art. 129, I, CF).

Considere-se, inicialmente, a norma do art. 4º, § 6º, da Lei nº 12.850: "O juiz não participará das negociações realizadas entre as partes para a formalização do acordo de colaboração, que ocorrerá entre o delegado de polícia, o investigado e o defensor, com a manifestação do Ministério Público, ou, conforme o caso, entre o Ministério Público e o investigado ou acusado e seu defensor".

O dispositivo legal sugere que o delegado de polícia poderia conduzir as negociações para a formalização do acordo, bastando a manifestação do Ministério Público. A compreensão do sentido e do alcance da norma, entretanto, deve ser feita de maneira sistemática.

O Ministério Público é o titular da ação penal pública, não fazendo sentido que o delegado de polícia realize de maneira autônoma negociações que podem conduzir ao não exercício da acusação. Por *manifestação do Ministério Público*, assim, deve-se entender a participação ativa de órgão dessa instituição nas negociações, por mais que estas hajam sido movimentadas *por iniciativa* do delegado de polícia.

A nosso juízo, o dispositivo legal, ainda que com redação ambígua, estabelece na verdade a previsão de que a iniciativa para movimentar as negociações pode partir do delegado de polícia, devendo a condução dos atos, entretanto, dar-se em conjunto com o titular da ação penal pública.

Interpretar o dispositivo como autonomia policial, com simples parecer do Ministério Público, conduziria à sua inevitável inconstitucionalidade. O acordo não pode ser apresentado ao juiz sem a prévia participação ativa e a chancela do órgão do Ministério Público.

Por outro lado, o art. 4º, § 2º, da Lei nº 12.850 assim dispõe: "Considerando a relevância da colaboração prestada, o Ministério Público, a qualquer tempo, e o delegado de polícia, nos autos do inquérito policial, com a manifestação do Ministério Público, poderão requerer ou representar ao juiz pela concessão de perdão judicial ao colaborador, ainda que esse benefício não tenha sido previsto na proposta inicial, aplicando-se, no que couber, o art. 28 do Decreto-lei 3.689, de 3 de outubro de 1941 (Código de Processo Penal)."

Do mesmo modo, a representação perante o órgão judiciário, pela aplicação do perdão, não pode prescindir da manifestação ativa, chancelando a iniciativa policial, do Ministério Público, por se tratar de benefício apto a acarretar, durante a fase de investigação, o não exercício da ação penal.

Para fins de controle da atuação do Ministério Público, porém, na hipótese de identificar a autoridade policial a aplicabilidade e a pertinência do acordo de colaboração premiada, a lei contempla a possibilidade de recorrência ao art. 28 do CPP, em havendo recusa do Promotor de Justiça ou Procurador da República em chancelar a proposta de aplicação do perdão partida da autoridade policial. Como titular da ação penal, de toda sorte, a última palavra cabe à chefia da instituição do Ministério Público.

10.2. Procedimento

10.2.1. Negociação

As negociações do acordo, sempre com a participação do Ministério Público, devem ocorrer na forma do art. 4º, § 6º, da Lei nº 12.850/2013, sem qualquer interferência do juiz. Em todos os atos de negociação, o colaborador deverá estar assistido por seu defensor, nos termos do art. 4º, § 15, da lei de regência.

Se exitosas as negociações, o termo de acordo da colaboração premiada, feito por escrito, deverá conter os seguintes elementos, nos termos do art. 6º da Lei nº 12.850: (i) o relato da colaboração e seus possíveis resultados (inciso I); (ii) as condições da proposta do Ministério Público ou do delegado de polícia (inciso II); (iii) a declaração de aceitação do colaborador e a de seu defensor (inciso III); (iv) as assinaturas do representante do Ministério Público ou do delegado de polícia, do colaborador e de seu defensor (inciso IV); (v) a especificação das medidas de proteção ao colaborador e à sua família, quando necessário (inciso V).

A respeito da previsão do art. 6º, inciso V, tenha-se em conta que um dos direitos do colaborador é o de "usufruir das medidas de proteção previstas na legislação específica", nos termos do art. 5º, I, da Lei nº 12.850. A "legislação específica", no caso, é a Lei nº 9.807/1999, cujo art. 15, inserido em capítulo denominado "Da Proteção aos Réus Colaboradores", assim dispõe: "Serão aplicadas em benefício do colaborador, na prisão ou fora dela, medidas especiais de segurança e proteção a sua integridade física, considerando ameaça ou coação eventual ou efetiva". A regulamentação desse programa ficou a cargo do Decreto presidencial nº 3.518/2000.

Igualmente como medidas de proteção, são direitos do colaborador: "ter nome, qualificação, imagem e demais informações pessoais preservados" (art. 5º, II, nº Lei 12.850); "ser conduzido, em juízo, separadamente dos demais coautores e partícipes" (art. 5º, III, Lei nº 12.850); "participar das audiências sem contato visual com os outros acusados" (art. 5º, IV, Lei nº 12.850); "não ter sua identidade revelada pelos meios de comunicação, nem ser fotografado ou filmado, sem sua prévia autorização por escrito" (art. 5º, V, Lei nº 12.850[175]); "cumprir pena em estabelecimento penal diverso dos demais corréus ou condenados" (art. 5º, VI, Lei nº 12.850). Esses direitos, como bem se percebe, transcendem ao momento das negociações, abrangendo as fases de cumprimento e de execução do acordo.

Uma vez celebrado o termo de acordo de colaboração, será apresentado ao juiz competente, para fins de homologação. Se celebrado durante a fase de investigação, o acordo de colaboração é sigiloso e nessa condição deverá ser distribuído o respectivo pedido para o juízo competente. A respeito, confira-se o disposto no art. 7º, *caput*, da Lei nº 12.850: "O pedido de homologação do acordo deverá ser sigilosamente distribuído, contendo apenas informações que não possam identificar o colaborador e o seu objeto".

O juiz, recebendo o pedido, deverá decidir em 48 (quarenta e oito) horas, conforme o art. 7º, § 1º, da Lei nº 12.850: "As informações pormenorizadas da colaboração serão dirigidas diretamente ao juiz a que recair a distribuição, que decidirá no prazo de 48 (quarenta e oito) horas".

Nesse caso, "o acesso aos autos será restrito ao juiz, ao Ministério Público e ao delegado de polícia, como forma de garantir o êxito das investigações, assegurando-se ao defensor, no interesse do representado, amplo acesso aos elementos de prova que digam respeito ao exercício do direito de defesa, devidamente precedido de autorização judicial, ressalvados os referentes às diligências em andamento", como dispõe o art. 7º, § 2º, da Lei nº 12.850.

---

175. A Lei 12.850, em seu art. 18, tipifica como crime, punível com pena de reclusão de 1 (um) a 3 (três) anos, a conduta de "revelar a identidade, fotografar ou filmar o colaborador, sem sua prévia autorização, por escrito".

Esse dispositivo repete a lógica da Súmula Vinculante n° 14, do STF, que assegura o acesso do advogado aos autos de procedimento de investigação sigiloso. A ressalva quanto às diligências em curso justifica-se, mas é relevante observar que as operações pendentes não devem constar dos autos do procedimento, que devem consolidar informações apenas acerca de atos já concluídos. Para mais detalhes sobre o tema, consulte-se a abordagem realizada no Capítulo V, especificamente no tópico sobre o sigilo das investigações e do procedimento investigativo.

Caso realizado o acordo de colaboração premiada no curso do processo penal, não há sigilo, como dispõe o art. 7°, § 3°, da Lei n° 12.850: "O acordo de colaboração premiada deixa de ser sigiloso assim que recebida a denúncia, observado o disposto no art. 5°".

A norma aplica-se tanto ao acordo celebrado sob sigilo durante a investigação, o qual deixa de sê-lo com o recebimento da denúncia, quanto, por extensão, ao acordo celebrado durante o processo penal. A ressalva quanto ao disposto no art. 5° diz respeito aos direitos do colaborador de preservação do sigilo de seus dados pessoais (art. 5°, I e V, Lei n° 12.850), o que, portanto, subsiste na fase processual.

Em qualquer hipótese, poderá o juiz (i) homologar o acordo, ou (ii) recusar a homologação, se verificar irregularidade, ilegalidade ou ausência de voluntariedade, podendo antes, nesse último caso, ouvir sigilosamente o colaborador, na presença de seu defensor (art. 4°, §§ 7° e 8°, Lei n° 12.850). Sob a referência das circunstâncias previstas no art. 4°, § 1°, poderá o juiz ainda (iii) adequar a proposta ao caso concreto, de acordo com o art. 4°, § 8°, significando isso, como já abordado, recusa de homologação com a correlata fixação do prêmio adequado, de modo que os pactuantes possam ou não chegar a novo ajuste nessa base.

A eficácia do acordo nos termos consolidados em documento escrito, assim, depende de homologação judicial, em conformidade com o regime instituído pela Lei n° 12.850. Isso não impede, porém, a aplicação do prêmio adequado em caso de colaboração voluntária e efetiva prestada independentemente de qualquer acordo formal prévio.

10.2.2. Execução do acordo

Uma vez homologado o termo de acordo de colaboração premiada, "o colaborador poderá, sempre acompanhado pelo seu defensor, ser ouvido pelo membro do Ministério Público ou pelo delegado de polícia responsável pelas investigações", nos termos do art. 4°, § 9°, da Lei n° 12.850/2013.

Da parte do colaborador, a execução do acordo dá-se pela prestação de informações, em depoimento. O art. 4°, § 13, da Lei n° 12.850 assim dispõe sobre o registro das declarações: "Sempre que possível, o registro dos atos de colaboração será feito pelos meios ou recursos de gravação magnética, estenotipia, digital ou técnica similar, inclusive audiovisual, destinados a obter maior fidelidade das informações".

A colaboração, mediante depoimento, não se restringe à fase pré-processual de investigação, podendo o colaborador ser ouvido em juízo, "a requerimento das partes ou por iniciativa da autoridade judicial", "ainda que beneficiado por perdão judicial ou não denunciado", nos termos do art. 4º, § 12, da Lei nº 12.850. Não há qualquer problema quanto à "iniciativa da autoridade judicial" para a inquirição do colaborador, por se tratar de hipótese aplicável *durante o processo penal*, permitindo-se a determinação de diligências de ofício pelo juiz com base no art. 156, II, do CPP, para o esclarecimento de dúvida sobre ponto relevante.

Questão relevante encontra-se na norma do art. 4º, § 14, da Lei nº 12.850: "Nos depoimentos que prestar, o colaborador renunciará, na presença de seu defensor, ao direito ao silêncio e estará sujeito ao compromisso legal de dizer a verdade".

Não se valeu de boa técnica o legislador ao expressar uma "renúncia" ao direito ao silêncio. Em verdade, o que há é o não exercício do direito ao silêncio por parte do colaborador. O direito ao silêncio constitui uma das formas de não autoincriminação do investigado ou do acusado. Integra a autodefesa, uma das dimensões da garantia da ampla defesa. Inexiste forma de renúncia a esse direito, podendo o sujeito, entretanto, optar por declarar, em vez de calar, algo possível em qualquer declaração prestada perante autoridade investigativa ou judicial: a renúncia é, pontualmente, *ao exercício* do direito, e não ao próprio direito.

Ora, na hipótese em foco, é inerente ao ato de colaborar o não exercício do direito ao silêncio. Na colaboração, o sujeito opta por confessar a prática de crime e por fornecer informações aptas à consecução de pelo menos um dos objetivos legais (art. 4º, I a V, Lei nº 12.850). O que se exige é que a confissão, inerente ao instituto da colaboração, seja voluntária e assistida, de acordo, aliás, com o regime ordinariamente disciplinado na lei processual penal.

Por outro lado, o art. 4º, § 14, da Lei nº 12.850 dispõe que o colaborador sujeita-se ao compromisso legal de dizer a verdade. Objetiva-se com isso, a nosso juízo, *garantir a eficácia das investigações*, a partir de informações reais, e não emprestar valor probatório à colaboração, já que, nos próprios termos do art. 4º, § 16, "nenhuma sentença condenatória será proferida com fundamento apenas nas declarações de agente colaborador".

Não há qualquer óbice, em nossa ordem constitucional, a que o colaborador preste compromisso de dizer a verdade. Aliás, *a nosso juízo, de lege ferenda*, até mesmo o acusado *deveria*, quando optasse por declarar, sujeitar-se a compromisso de dizer a verdade. Não é inerente à garantia contra a autoincriminação a possibilidade de prestar informações falsas ao Estado, no exercício da defesa. Dispõe o sujeito do direito ao silêncio, para não ser levado à própria incriminação com as declarações que prestar. Optando, porém, por falar, não há sentido em que se aceite a mentira como um indiferente jurídico, justificado pela ampla defesa e pelo direito de não se autoincriminar.

Ilustre-se isso com o exemplo dos sistemas anglo-americanos, que consagram o direito à não autoincriminação ao mesmo tempo em que impõem, *ao acusado*, o compromisso com a verdade quanto ao que disser em juízo. No direito brasileiro, porém, inexiste compromisso legal do investigado ou do acusado com a verdade, nem incriminação da mentira contada no exercício da defesa. Poderá sempre haver, de todo modo, lei prevendo dita incriminação, sem que isso represente qualquer ofensa ao direito de não produzir prova contra si mesmo.

Regime diverso, por outro lado, emana da Lei nº 12.850/2013, que em boa hora vem acolher, ao menos para o âmbito da colaboração, a lógica adequada. Assim, o art. 4º, § 14, impõe ao colaborador o compromisso de dizer a verdade, ao passo que o art. 19 da mesma lei assim incrimina a prestação de informações falsas: "Imputar falsamente, sob pretexto de colaboração com a Justiça, a prática de infração penal a pessoa que sabe ser inocente, ou revelar informações sobre a estrutura de organização criminosa que sabe inverídicas".

10.3. Retratação

A lei contempla a possibilidade da *retratação* de qualquer dos pactuantes quanto à proposta de colaboração premiada, nos seguintes termos (art. 4º, § 10, Lei nº 12.850/2013): "As partes podem retratar-se da proposta, caso em que as provas autoincriminatórias produzidas pelo colaborador não poderão ser utilizadas exclusivamente em seu desfavor".

Antes de tudo, observe-se que a norma alude à retratação *da proposta*, algo a fixar que o acordo já homologado não está sujeito à hipótese[176]. Após a homologação, portanto, o arrependimento de qualquer das partes carece de efeito jurídico, podendo eventualmente representar o inadimplemento de alguma obrigação assumida no acordo. Na espécie, caberá ao juiz dimensionar o prêmio aplicável de acordo com o nível de eficácia da colaboração, eis que ausente, a esta altura, a possibilidade de retratação.

De outro vértice, pontue-se que, embora a norma trate da possibilidade de retratação "das partes", só se pode aceitar o exercício dessa faculdade pelo Ministério Público, mesmo em relação apenas à proposta, antes do oferecimento de dados informativos relevantes pelo colaborador. Por mais que o momento normal de fornecimento das informações só ocorra a partir da homologação judicial do acordo, pode isso acontecer antes, como, aliás, a prática já nos mostra. Caso apresentadas as informações já na etapa de negociação, portanto, não mais se admite a retratação pelo Ministério Público, ainda que antes da homologação do acordo. Do contrário, já de posse dos dados prestados, poderia o Ministério Público simplesmente se retratar da proposta e então perseguir os elementos obtidos, aproveitando-se do ato, sem qualquer contrapartida premial ao colaborador.

Cumpre, em seguida, distinguir a retratação do *descumprimento* do acordo. Pela retratação, o colaborador se arrepende do que disse, voltando atrás e, assim,

---

176. Como assinala Renato Brasileiro: "Fosse possível a retratação após sua homologação judicial, o Ministério Público poderia celebrar um *falso* acordo de colaboração premiada, obtendo, por consequência da homologação judicial, todas as informações necessárias para a consecução de um dos objetivos listados nos incisos do art. 4º da Lei n. 12.850/13 para, na sequência, retratar-se do acordo, privando o colaborador da concessão do prêmio legal associado". Cfr. Lima, Renato Brasileiro de. *Manual de Processo Penal*. Salvador: JusPodivm, 2015, p. 785. Advirta-se, porém, que a hipótese cogitada pelo eminente processualista pode ocorrer, conquanto de maneira anômala, ainda antes da homologação, quando o Ministério Público aproveite informações já prestadas pelo colaborador na etapa da negociação. A nosso juízo, portanto, como observamos no texto principal, deve-se impedir o exercício de retratação pelo Ministério Público depois de já prestadas as informações, ainda que antes da homologação do acordo.

desconstituindo o valor autônomo de suas declarações; ou se arrepende das condições do ajuste. Por outro lado, a retratação do Ministério Público implica arrependimento quanto aos termos da proposta. Difere isso do não cumprimento de obrigação assumida no acordo já homologado, o que significará, para o Ministério Público, a contrapartida da não obtenção das informações, ou, para o colaborador, a não obtenção do prêmio (ou a obtenção de prêmio mais modesto que aquele objeto do ajuste).

Mesmo com a retratação, nos termos da lei, preserva-se o colaborador contra a incriminação propiciada pelos elementos por ele próprio já indicados ("...as provas autoincriminatórias não poderão ser utilizadas exclusivamente em seu desfavor"). A *redação* do dispositivo legal (art. 4°, § 10, Lei n° 12.850/2013) mostra-se *ambígua*, dando mesmo margem a entender, literalmente, também o seguinte: as provas autoincriminatórias só não poderão ser utilizadas em exclusivo desfavor do colaborador, vale dizer, não servem para incriminar apenas o colaborador, como se fosse uma confissão isolada; acaso eficazes também contra terceiros, por outro lado, poderiam tais provas ser utilizadas em desfavor de todos, incluindo o colaborador.

Entretanto, o real significado da norma, alcançado com o auxílio dos planos lógico e teleológico, é o de que as provas *só não poderão ser utilizadas contra o colaborador, mantendo sua eficácia, porém, contra terceiros*. Assim, apreende-se que as provas, quando eficazes, poderão ser utilizadas contra eventuais terceiros delatados, mesmo na hipótese de retratação. Dá-se aí o significado de *valoração parcial* das provas, contra os terceiros delatados, mas não contra o colaborador, que as forneceu. Eis um exemplo de relativização ou aproveitamento apenas parcial da prova.

10.4. Aplicação do Prêmio Legal

A aplicação do prêmio legal pelo juiz deve se dar no momento da sentença, de acordo com o art. 4°, § 11, da Lei n° 12.850/2013: "A sentença apreciará os termos do acordo homologado e sua eficácia".

A sentença é a sede própria de apreciação judicial sobre o mérito do acordo e a eficácia da colaboração, para o efeito de definição do prêmio aplicável e adequado, em conformidade com os critérios já abordados nesta Subseção.

SUBSEÇÃO VIII
Ação Controlada

A ação controlada encontra *previsão* no art. 3°, inciso III, e *disciplina* nos artigos 8° a 9° da Lei n° 12.850/2013, para a esfera das organizações criminosas. Há também previsão da aplicabilidade da mesma técnica nas investigações relacionadas a crimes de drogas (art. 53, II, Lei n° 11.343/2006) e, desde o advento da Lei n° 12.683/2012, nas que tenham por objeto crimes de *lavagem* de capitais (Lei n° 9.613/1998).

Consiste a *ação controlada* no retardamento da intervenção policial ou administrativa de maneira que aconteça no momento mais eficaz do ponto de vista da obtenção da prova almejada. Cuida-se de técnica de investigação de *caráter reforçadamente invasivo*, apenas aplicável a certos âmbitos especiais.

A ação controlada supõe, assim, o *retardamento de um ato de prisão em flagrante*. Mesmo encontrando-se o sujeito em estado de flagrância, a autoridade investigativa, diante das características do crime e das circunstâncias concretas, resolve postergar o momento da prisão, para executá-la em melhor oportunidade, quando então poderá obter mais informações e, dessa forma, maior eficácia probatória. É a hipótese do chamado *flagrante retardado*.

Suponha-se, por exemplo, que certo indivíduo seja detectado a transportar drogas em um aeroporto. A polícia teria, em condições normais, o dever de agir de imediato, diante do estado de flagrância, efetuando a prisão do sujeito. A depender das circunstâncias, porém, o cumprimento desse dever poderá se revelar, embora eficaz quanto ao ato isolado, inoportuno e ineficaz do ponto de vista do contexto maior de criminalidade em que aquele ato delituoso estava inserido.

Assim, tratando-se de investigação de atividades de organização criminosa especializada em tráfico de drogas, será mais eficaz para a polícia monitorar o itinerário do sujeito, para que possa conseguir maior extensão informativa e, dessa maneira, chegar à prova da prática de outros crimes, da existência de outros agentes, da estrutura e do funcionamento da organização criminosa responsável, dentre outros dados.

O controle, porém, há de ter justificada potencialidade de sucesso, pois o Estado, ao optar por agir dessa forma excepcional, sujeita-se ao risco de perder até mesmo a oportunidade que teve de efetuar o flagrante.

Consoante a norma do art. 301 do CPP, as autoridades policiais e seus agentes têm o dever legal de efetuar a prisão de "quem quer que seja encontrado em flagrante delito".

A ação controlada representa, portanto, uma exceção à imediatidade do flagrante ou, em termos mais claros, uma postergação do cumprimento do dever legal de efetuar a prisão em flagrante. Por esse motivo, o emprego da técnica sujeita-se a estrito controle judicial. Como se aborda a seguir, a legislação nacional evoluiu no sentido de converter esse controle de prévio em posterior.

A primeira previsão normativa do instituto da ação controlada deu-se, para o domínio das investigações relacionadas a organizações criminosas, na hoje revogada Lei nº 9.034/1995, cujo art. 2º, II, assim dispunha: "Em qualquer fase de persecução criminal são permitidos, sem prejuízo dos já previstos em lei, os seguintes procedimentos de investigação e formação de provas: II – a ação controlada, que consiste em retardar a interdição policial do que se supõe ação praticada por organizações criminosas ou a ela vinculado, desde que mantida sob observação e acompanhamento para que a medida legal se concretize no momento mais eficaz do ponto de vista da formação de provas e fornecimento de informações". Não havia exigência, para o emprego da técnica, de autorização judicial.

Posteriormente, a Lei nº 11.343/2006 estabeleceu a aplicabilidade da técnica para o âmbito dos crimes de drogas, no art. 53, II: "Em qualquer fase da persecução criminal relativa aos crimes previstos nesta Lei, são permitidos, além dos previstos em lei, mediante autorização judicial e ouvido o Ministério Público, os seguintes procedimentos investigatórios: II – a não atuação policial sobre os portadores de drogas, seus precursores químicos ou outros produtos utilizados em sua produção, que se encontrem em território brasileiro, com a finalidade de identificar e responsabilizar maior número de integrantes de operações de tráfico e distribuição, sem prejuízo da ação penal cabível".

Exige-se, assim, para o emprego da ação controlada na esfera dos crimes de drogas, autorização judicial (prévia). Nesse particular, o art. 52, II, da Lei nº 11.343/2006 fixa inclusive uma condição para a autorização judicial: "Na hipótese do inciso II deste artigo, a autorização será concedida desde que sejam conhecidos o itinerário provável e a identificação dos agentes do delito ou de colaboradores".

Essas restrições, diante da necessidade de imediata atuação, resultam por dificultar sobremaneira o emprego da técnica em estudo.

No âmbito dos crimes de *lavagem* de capitais, a Lei nº 12.683/2012 acrescentou o art. 4º-B à Lei nº 9.613/1998, com a seguinte redação: "A ordem de prisão de pessoas ou as medidas assecuratórias de bens, direitos ou valores poderão ser suspensas pelo juiz, ouvido o Ministério Público, quando a sua execução imediata puder comprometer as investigações".

Contempla-se, portanto, a hipótese de *suspensão da ordem de prisão*, para execução no momento mais oportuno, o que corresponde precisamente ao instituto da ação controlada. Do mesmo modo que nas previsões normativas pretéritas, exige-se autorização judicial para o emprego da técnica, já que a lei estabelece a suspensão da ordem de prisão *pelo juiz*, ouvido o Ministério Público.

A Lei nº 12.850/2013, por seu turno, instituiu um regime inovador, de controle judicial *a posteriori* da ação controlada. A técnica pode então ser empregada pela autoridade investigadora independentemente de ordem judicial. De acordo com o art. 8ª, *caput*, da Lei nº 12.850: "Consiste a ação controlada em retardar a intervenção policial ou administrativa relativa à ação praticada por organização criminosa ou a ela vinculada, desde que mantida sob observação e acompanhamento para que a medida legal se concretize no momento mais eficaz à formação de provas e obtenção de informações".

Há, entretanto, a exigência de *prévia comunicação* ao órgão judiciário competente, que poderá estabelecer limites materiais e/ou temporais à medida investigativa. Confira-se, a respeito, o disposto no art. 8º, § 1º, da Lei nº 12.850: "O retardamento da intervenção policial ou administrativa será previamente comunicado ao juiz competente que, se for o caso, estabelecerá os seus limites e comunicará ao Ministério Público".

Essa disciplina propicia maior eficácia à técnica, que por sua natureza deve ter execução imediata, sob pena de frustração dos objetivos que lhe são próprios. Assim, a espera por uma autorização judicial, ao menos na grande maioria dos casos, acabaria por resultar na própria ineficácia da ação. Isso explica, a propósito, a escassa utilização dessa medida com amparo nos regimes normativos anteriores à Lei nº 12.850/2013.

Por outro lado, para preservar o rigoroso controle judicial sobre a execução da medida, exige a lei *prévia comunicação ao juiz*, com a possibilidade de imposição, *a posteriori*, de limites, tanto materiais (crimes passíveis de investigação por meio de ação controlada) quanto temporais (prazo para a execução da medida sem a efetivação de prisão em flagrante).

Nessas condições, se a autoridade investigadora identificar a pertinência e a necessidade de emprego da ação controlada, para realizar a prisão em flagrante somente no momento mais oportuno, deverá comunicar o emprego da técnica ao órgão judiciário competente e, desde logo, dar início à execução do ato. Recebendo a comunicação, poderá o juiz fixar limites à ação investigativa. A comunicação deverá ser distribuída em caráter sigiloso, "de forma a não conter informações que possam indicar a operação a ser efetuada", nos termos do art. 8º, § 2º, da Lei nº 12.850.

Em qualquer caso, o juiz deverá dar ciência da ação controlada ao Ministério Público (art. 8º, § 1º, Lei nº 12.850). Para assegurar o sigilo da ação controlada, dispõe o art. 8º, § 3º, da Lei nº 12.850 que "até o encerramento da diligência, o acesso aos autos será restrito ao juiz, ao Ministério Público e ao delegado de polícia, como forma de garantir o êxito das investigações".

Ainda a respeito do sigilo, o art. 20 da Lei nº 12.850 tipifica como crime, punível com pena de reclusão de 1 (um) a 4 (quatro) anos, a conduta de "descumprir determinação de sigilo das investigações que envolvam a ação controlada e a infiltração de agentes".

Por seu turno, o art. 8º, § 4º, da Lei nº 12.850, inclusive como contrapartida ao sigilo, impõe a elaboração de *auto circunstanciado* acerca da medida, de modo a possibilitar o devido controle posterior.

Outra inovação introduzida pela Lei nº 12.850 foi a possibilidade de utilização da técnica por autoridade investigadora diversa dos órgãos de polícia judiciária. Com efeito, o art. 8º, *caput*, versa a respeito do retardamento da "intervenção policial *ou administrativa*". Não há, portanto, reserva de atuação policial, podendo a ação controlada ser executada por órgão administrativo que disponha de atribuições investigativas, como o Ministério Público, por exemplo.

Por fim, cumpre observar que muitas vezes a ação controlada reclama atuação da autoridade investigativa para além das fronteiras nacionais, como é comum, por exemplo, na esfera das organizações criminosas especializadas em tráfico de drogas. O art. 9º da Lei nº 12.850 trata dessa hipótese, nos seguintes termos: "Se a ação controlada envolver transposição de fronteiras, o retardamento da intervenção policial ou administrativa somente poderá ocorrer com a cooperação das autoridades dos países que figurem como provável itinerário ou destino do investigado, de modo a reduzir os riscos de fuga e extravio do produto, objeto, instrumento ou proveito do crime".

Identifica-se claramente aí a justificada preocupação do legislador em não permitir que o emprego da ação controlada acabe por frustrar a oportunidade que o Estado teve de desde logo efetuar a prisão em flagrante e reprimir a prática do crime em execução, sob a expectativa de conseguir algo maior.

Assim, o retardamento só poderá ser realizado se houver potencialidade real de consecução dos objetivos almejados, o que, no domínio da criminalidade transnacional, apenas existirá caso haja mecanismos eficazes de cooperação, considerando o provável país de trânsito ou de destino do investigado.

SUBSEÇÃO IX
Infiltração

1. SENTIDO, ALCANCE E APLICABILIDADE

A técnica investigativa de *infiltração* consiste na introdução dissimulada de um agente policial no seio de uma organização criminosa, para que possa obter informações e identificar fontes de prova.

Trata-se, portanto, de técnica extremamente delicada e arriscada para o agente infiltrado, que deverá angariar a confiança dos membros da organização criminosa, sujeitando-se com isso inclusive à prática de infrações penais, com o objetivo de coleta de informações relevantes para a persecução penal.

A primeira previsão legal do método ocorreu no art. 2º, V, da revogada Lei nº 9.034/1995, que não estabeleceu, porém, qualquer disciplina a respeito de pressupostos e requisitos de aplicabilidade, nem de procedimento.

Posteriormente, também ainda apenas como simples previsão genérica, o art. 53, I, da Lei nº 11.343/2006 fixou a aplicabilidade do instituto no domínio dos crimes de drogas: "Em qualquer fase da persecução criminal relativa aos crimes previstos nesta Lei, são permitidos, além dos previstos em lei, mediante autorização judicial e ouvido o Ministério Público, os seguintes procedimentos investigatórios: I – a infiltração por agentes de polícia, em tarefas de investigação, constituída pelos órgãos especializados pertinentes".

Com o advento da Lei nº 12.850/2013, finalmente instituiu-se, além da previsão da possibilidade de seu uso (art. 3º, VII), disciplina normativa detalhada (Seção III do Capítulo II) sobre a aplicabilidade da técnica. Os artigos 10 a 14 da Lei nº 12.850 refletem claramente a preocupação de estabelecer condições efetivas de utilização do método de infiltração, preservando-se as exigências de segurança e de sigilo adequadas a seu caráter invasivo e arriscado.

O art. 10, *caput*, da Lei nº 12.850 dispõe o seguinte: "A infiltração de agentes de polícia em tarefas de investigação, representada pelo delegado de polícia ou requerida pelo Ministério Público, após manifestação técnica do delegado de polícia quando solicitada no curso de inquérito policial, será precedida de circunstanciada, motivada e sigilosa autorização judicial, que estabelecerá seus limites".

Exige-se, portanto, para a aplicação da técnica, *circunstanciada, motivada e sigilosa autorização judicial*. Esses qualificativos acenam para a excepcionalidade da utilização desse método investigativo e para a rigidez de seu caráter sigiloso, como condição, nesse último caso, não só para a eficácia das investigações, mas também para a segurança do agente infiltrado.

Diversamente do que sucede com a ação controlada, a infiltração só pode ser executada por *agentes de polícia*. Diante do caráter particularmente arriscado da técnica, entendeu-se por restringir sua utilização à *polícia judiciária*, que dispõe de preparo técnico para lidar com situações dessa ordem.

A propósito, o art. 10, *caput*, da Lei nº 12.850 reforçou esse aspecto ao exigir que, na hipótese de requerimento do Ministério Público, a autorização judicial deverá ser precedida de "manifestação técnica do delegado de polícia quando solicitada no curso de inquérito policial". Não é cabível, em consonância com esses parâmetros normativos, a execução da infiltração por agentes investigativos alheios aos órgãos de polícia.

Alguns autores, porém, sustentam a possibilidade de execução da medida *por particulares*. De nossa parte, parece-nos que se trata de posição doutrinária defensável apenas *de lege ferenda*. O art. 10, *caput*, da Lei nº 12.850, como visto, claramente restringe a execução do instituto investigativo da infiltração aos agentes *policiais*.

O que pode ocorrer, *de acordo com o regime normativo em vigor*, é a emissão de prova testemunhal por particular que se encontre no seio da organização criminosa, ou, a depender do caso, colaboração premiada, em que o colaborador ainda se encontre vinculado à organização criminosa. Não se reserva a esse âmbito, assim, a disciplina própria da infiltração, com pressupostos, requisitos e limites específicos, assim como direitos específicos do agente infiltrado. Poderá sempre a testemunha ou colaborador, de toda sorte, beneficiar-se das medidas legais de proteção estabelecidas na Lei nº 9.807/1999.

2. PRESSUPOSTOS E REQUISITOS

Constitui pressuposto para a aplicabilidade da infiltração o *fumus comissi delicti*, entendido, na espécie, como *prova indiciária* da existência de infração penal que envolva *organização criminosa*. Como requisito, a título cautelar, tem-se a *subsidiariedade*, compreendida como *necessidade específica* ou *indispensabilidade* da medida, ante a insuficiência dos demais métodos investigativos, despontando aqui o caráter de *ultima ratio* da infiltração.

É o que expressa o art. 10, § 2º, da Lei nº 12.850/2013: "Será admitida a infiltração se houver indícios de infração penal de que trata o art. 1º e se a prova não puder ser produzida por outros meios disponíveis". A respeito da necessidade da medida, eis a norma do art. 11 da Lei nº 12.850: "O requerimento do Ministério Público ou a representação do delegado de polícia para a infiltração de agentes conterão a demonstração da necessidade da medida, o alcance das tarefas dos agentes e, quando possível, os nomes ou apelidos das pessoas investigadas e o local da infiltração".

Presentes essas condições de admissibilidade, a execução da medida depende, como visto, de autorização judicial, a partir de representação da autoridade policial ou de requerimento do Ministério Público, nos termos do art. 10, *caput*, da Lei nº 12.850.

Outro ponto indicado por parte da doutrina como requisito é a *anuência do agente policial designado para a infiltração*, fixada pelo art. 14, I, da Lei nº 12.850, que contempla como direito do agente "recusar ou fazer cessar a ação infiltrada".

Parece-nos, entretanto, que não se trata aqui propriamente de um requisito para a aplicabilidade, e sim de uma condição de eficácia da medida. A recusa de um agente policial conduzirá à designação de outro. De toda sorte, não havendo quem se disponha, ou se pelas circunstâncias concretas apenas um agente específico pudesse ser designado, e este recusar participação, dá-se a inexequibilidade da medida investigativa, cujos pressupostos e requisitos de admissibilidade, porém, remanescem presentes.

3. INICIATIVA

A *iniciativa* para o emprego da técnica de infiltração cabe à autoridade policial (delegado de polícia) ou ao Ministério Público, que podem, respectivamente, representar ou requerer autorização ao órgão judiciário competente (art. 10, *caput*, Lei n° 12.850/2013).

Partindo a provocação do Ministério Público durante o inquérito policial, deverá a autorização judicial ser precedida de manifestação técnica do delegado de polícia (art. 10, *caput*, Lei n° 12.850). Por outro lado, se a provocação partir da autoridade policial, deverá o juiz, antes da decisão, ouvir o Ministério Público, conforme o disposto no art. 10, § 1°, da Lei n° 12.850.

Não é cabível a decretação da medida de ofício pelo juiz, o que representaria ativismo investigativo incompatível com a imparcialidade do órgão judiciário.

O requerimento do Ministério Público ou a representação da autoridade policial deverá conter (art. 11, Lei n° 12.850): (i) a demonstração da necessidade da medida; (ii) a especificação do alcance das tarefas dos agentes; (iii) sempre que possível, os nomes ou apelidos das pessoas investigadas e o local da infiltração.

4. SIGILO

Nos termos do art. 12, *caput*, da Lei n° 12.850/2013, "o pedido de infiltração será sigilosamente distribuído, de forma a não conter informações que possam indicar a operação a ser efetivada ou identificar o agente que será infiltrado".

Essas cautelas legais quanto ao sigilo destinam-se não apenas a garantir a eficácia possível da infiltração, mas também a segurança do agente infiltrado.

Nesse sentido é que a lei: (i) incrimina a conduta de "descumprir determinação de sigilo das investigações que envolvam a ação controlada e a infiltração de agentes", punível com pena de reclusão, de 1 (um) a 4 (quatro) anos (art. 20, Lei n° 12.850); (ii) estabelece, como direitos do agente infiltrado, o de "ter sua identidade alterada, aplicando-se, no que couber, o disposto no art. 9° da Lei 9.807, de 13 de julho de 1999, bem como usufruir das medidas de proteção a testemunhas" (art. 14, II), o de "ter seu nome, sua qualificação, sua imagem, sua voz e demais informações pessoais preservadas durante a investigação e o processo penal, salvo se houver decisão judicial em contrário" (art. 14, III) e o de "não ter sua identidade relevada, nem ser fotografado ou filmado pelos meios de comunicação, sem sua prévia autorização por escrito" (art. 14, IV).

Outras cautelas procedimentais, refletindo essa dupla dimensão de resguardo do sigilo para (i) a eficácia das investigações e (ii) a segurança do agente infiltrado, encontram-se nos §§ 1° e 2° do art. 12 da Lei n° 12.850.

O art. 12, § 1°, dispõe que "as informações quanto à necessidade da operação de infiltração serão dirigidas diretamente ao juiz competente, que decidirá no prazo de 24 (vinte e quatro) horas, após manifestação do Ministério Público na hipótese de representação do delegado de polícia, devendo-se adotar as medidas necessárias para o êxito das investigações e a segurança do agente infiltrado".

O sigilo cessa com o recebimento da denúncia e a correlata instauração do processo, quando então todas as informações relativas à diligência devem ser submetidas ao contraditório e à ampla defesa. Mantém-se, de toda sorte, mesmo após a instauração do processo penal, o sigilo quanto à identidade do agente infiltrado. É o que se depreende do art. 12, § 2º, da Lei nº 12.850: "Os autos contendo as informações da operação de infiltração acompanharão a denúncia do Ministério Público, quando serão disponibilizados à defesa, assegurando-se a preservação da identidade do agente".

Por fim, refletindo preocupação específica com a segurança do agente infiltrado, prescreve o art. 12, § 3º, da Lei nº 12.850 que, "havendo indícios seguros de que o agente infiltrado sofre risco iminente, a operação será sustada mediante requisição do Ministério Público ou pelo delegado de polícia, dando-se imediata ciência ao Ministério Público e à autoridade judicial".

5. LIMITES TEMPORAIS: DURAÇÃO DA INFILTRAÇÃO

A respeito da duração da medida, dispõe o art. 10, § 3º, da Lei nº 12.850/2013: "A infiltração será autorizada pelo prazo de até 6 (seis) meses, sem prejuízo de eventuais renovações, desde que comprovada sua necessidade". Assim, ao contrário do que sucede na disciplina reservada à ação controlada, há a fixação legal de um prazo para a operação de infiltração. A prorrogação desse prazo orienta-se pela *necessidade* probatória, aspecto comum às medidas cautelares.

Transcorrido o prazo total de duração da medida, "o relatório circunstanciado será apresentado ao juiz competente, que imediatamente cientificará o Ministério Público", nos termos do art. 10, § 4º, da Lei nº 12.850. Há uma exigência invariável, assim, de apresentação de relatório circunstanciado ao final da medida.

Por outro lado, em caso de necessidade, poderá o delegado de polícia determinar a seus agentes, ou o Ministério Público requisitar, relatório parcial de atividades, conforme dispõe o art. 10, § 5º, da Lei nº 12.850: "No curso do inquérito policial, o delegado de polícia poderá determinar a seus agentes, e o Ministério Público poderá requisitar, a qualquer tempo, relatório da atividade de infiltração".

Em qualquer caso, destina-se a emissão de relatório circunstanciado ao fornecimento de informações que permitam o controle policial, ministerial e judicial: (i) da observância dos limites materiais fixados para a execução da medida; (ii) da eficácia investigativa da infiltração; (iii) da necessidade de persistência da medida; (iv) da existência ou não de risco iminente ao agente infiltrado.

No próximo tópico, aborda-se a questão dos limites materiais impostos à ação do agente infiltrado.

6. LIMITES MATERIAIS: PRÁTICA DE CRIMES PELO AGENTE INFILTRADO

Um dos aspectos mais delicados a respeito da medida de infiltração é, sem dúvida, o da prática de crimes pelo agente infiltrado, como integrante fictício da organização criminosa. Este é um aspecto que impõe todo o regime rigoroso de controle judicial prévio sobre a aplicabilidade e posterior sobre a execução da medida.

De acordo com a parte final do art. 10, *caput*, da Lei nº 12.850/2013, o juiz, ao autorizar a infiltração, estabelecerá seus limites. Trata-se tanto de limites de ordem temporal, referentes à duração da medida (objeto de abordagem no tópico anterior), quanto de *limites de ordem material*, relativos à ação lesiva praticável pelo agente infiltrado, para fins de angariar a confiança dos membros da organização e, dessa maneira, conseguir informações relevantes para a persecução penal.

Por óbvio, não se pode permitir, da parte do agente infiltrado, a prática de crimes que lesem efetivamente bens jurídicos da maior relevância, como a vida, a integridade física e outros relacionados à esfera pessoal. Por isso é que se exige decisão judicial motivada e circunstanciada, com a fixação de limites claros e objetivos, que não permitam a prática de excessos pelo agente infiltrado, a pretexto de generalidade da autorização ou de desconhecimento.

É reconhecida, assim, a possibilidade da prática, pelo agente infiltrado, de fatos constitutivos de crime, quando necessário e inexigível conduta diversa, sempre em caráter excepcional e de nenhuma maneira por iniciativa do próprio agente infiltrado.

Quais, então, os critérios de limitação material à conduta do agente infiltrado?

Para começar, a própria existência do instituto da ação infiltrada exclui automaticamente a responsabilidade penal do agente infiltrado pela prática de conduta descrita no tipo penal do art. 2º, *caput*, da Lei nº 12.850: "Promover, constituir, financiar ou integrar, pessoalmente ou por interposta pessoa, organização criminosa".

A que título se dá essa exclusão de responsabilidade? Embora a doutrina aluda correntemente a uma exclusão de culpabilidade por inexigibilidade de conduta diversa, pensamos que esse raciocínio não é preciso, no que tange em particular à incidência da norma incriminadora do art. 2º, *caput*, da Lei nº 12.850.

Nesse ponto, é inerente ao próprio instituto da infiltração que o agente infiltrado integre a organização criminosa. Não há sentido, assim, que o ordenamento jurídico incrimine uma conduta e depois estabeleça um instituto que, *objetivamente*, gere responsabilidade penal, a título de fato típico e ilícito (injusto penal), de forma inerente.

A exclusão da responsabilidade, no caso, não pode se dar meramente a título subjetivo, com referência à culpabilidade do agente, por inexigibilidade de outra conduta. A existência de um instituto legal que conceitualmente envolve a participação de um agente de polícia em uma organização criminosa não pode conduzir, nem mesmo objetivamente, ao aperfeiçoamento do crime do art. 2º, *caput*, da Lei nº 12.850, já que a hipótese é de conduta autorizada.

Nessas condições, entendemos que se trata de causa especial de exclusão da ilicitude do comportamento, *no que concerne especificamente à imputação do tipo do art. 2º, caput, da Lei nº 12.850, vale dizer, da conduta de integrar organização criminosa*. Para os adeptos da doutrina da *tipicidade conglobante*, aliás, a hipótese envolveria mesmo uma exclusão da tipicidade do comportamento.

Por outro lado, *quanto às infrações praticadas pela organização criminosa*, aí sim se pode falar em exclusão ou não da culpabilidade do agente infiltrado, por inexigibilidade de conduta diversa. É para essa esfera que se aplica o disposto no art. 13, parágrafo único, da Lei nº 12.850: "Não é punível, no âmbito da infiltração, a prática de crime pelo agente infiltrado no curso da investigação, quando inexigível conduta diversa".

Em havendo excesso, porém, há responsabilidade do agente infiltrado, nos moldes do art. 13, *caput*, da Lei nº 12.850: "O agente que não guardar, em sua atuação, a devida proporcionalidade com a finalidade da investigação, responderá pelos excessos praticados".

Assim, uma coisa é a ausência de responsabilidade pela prática do crime de integrar organização criminosa, o que se dá, a nosso juízo, a título de justificação especial da conduta, do ponto de vista objetivo, isto é, de exclusão da ilicitude; outra coisa, diversa, é a ausência de responsabilidade do agente infiltrado por infrações penais praticadas pela organização criminosa, o que deve ser apreciado caso a caso, para o efeito de verificar: (i) se houve ou não excesso na conduta, considerando especialmente os limites materiais da autorização judicial e as finalidades da investigação; (ii) se era ou não inexigível conduta diversa, dentro dos mesmos parâmetros.

Nesse âmbito das infrações praticáveis pela organização criminosa, alguns referenciais mostram-se especialmente importantes.

Em primeiro lugar, o agente infiltrado há de guardar postura passiva, apenas participando da prática quando estritamente necessário, vale dizer, quando seja convocado a participar, não podendo agir de outro modo, sob pena de frustrar a confiança dos membros da organização, de ser expulso ou descoberto como agente disfarçado, com risco pessoal, prejudicando-se assim as finalidades associadas à persecução e a própria segurança do infiltrado.

Não se admite, nessas condições, que o agente infiltrado de alguma forma provoque ou estimule a prática do crime, por meio de induzimento, instigação ou auxílio material. Nesse caso, aliás, tem-se a figura do agente provocador e a do flagrante provocado, que gera crime impossível, por ineficácia absoluta do meio, consoante a orientação consolidada na Súmula nº 145 do STF.

Em segundo lugar, o agente infiltrado não poderá participar de crimes que suponham a lesão efetiva a bens jurídicos fundamentais da pessoa, como a vida e a integridade física. Nesse sentido, a autorização judicial deverá ser rigorosa ao fixar limites substanciais à ação.

Em verdade, entendemos que a atuação do agente infiltrado deve estar materialmente limitada a: (i) crimes de perigo *a bens coletivos*, como, por exemplo, o de tráfico de drogas (crime contra a saúde pública), e não crimes de lesão contra bens individuais da pessoa; (ii) na hipótese de crimes de lesão, apenas os que não envolvam ofensa à pessoa, e sim a outro bem jurídico, como, por exemplo, os crimes de *lavagem* de capitais (crime contra a administração da justiça). O Estado não pode jamais condescender, a pretexto de pragmatismo investigativo, com a prática supervisionada de crimes contra a pessoa.

CAPÍTULO XIII

Sujeitos do Processo Penal

O Título VIII do Livro I do Código de Processo Penal diz respeito aos *sujeitos ou participantes do processo penal*, designadamente: Juiz, Ministério Público, Acusado e seu Defensor, Assistentes e Auxiliares da Justiça.

Assevere-se que o presente estudo abrange não apenas os sujeitos da relação jurídica processual penal, mas todos aqueles que, de algum modo, participam do processo. Acolhemos, neste particular, a lógica do Código de Processo Penal.

SEÇÃO I
Juiz

1. CONCEITO

O sujeito *juiz* integra o órgão imparcial do processo, titular de função jurisdicional, com aptidão resolutiva do objeto da demanda. No sentido de "sujeito do processo", segundo a disciplina do Título VIII do Livro I do Código de Processo Penal, compreende-se em especial a *pessoa* do magistrado, e não diretamente o órgão de jurisdição.

Com efeito, o título aqui analisado regula as funções do juiz no processo – as jurisdicionais, mas também as administrativas – e as causas de impedimento, suspeição e incompatibilidade vinculadas à *pessoa* do magistrado, titular de órgão monocrático ou integrante de órgão colegiado de jurisdição.

No sistema judiciário brasileiro, há diversas designações para o juiz, a depender da hierarquia jurisdicional do órgão em que o magistrado desempenha suas funções. Assim, designa-se por: (i) *juiz*, o magistrado integrante de órgão (monocrático ou colegiado[1]) de primeira instância ou de turma recursal de juizados especiais; (ii) *desembargador*, o magistrado integrante de tribunal de segunda instância; (iii) *ministro*, o magistrado integrante de tribunal superior.

Todas as pessoas em desempenho desses cargos, de toda sorte, são *juízes*, titulares de função jurisdicional dentro de um âmbito de competência normativamente delimitado. Aplicam-se a elas, portanto, as hipóteses legais de impedimento, suspeição

---

1. A Lei 12.694, de 24 de julho de 2012 (art. 1º, *caput*), instituiu a possibilidade de formação de juízos colegiados de primeira instância no âmbito da persecução por infração penal relacionada a organização criminosa. Para mais detalhes a esse respeito, consulte-se o Capítulo VIII, reservado à competência penal.

e incompatibilidade objeto das normas do Capítulo I ("Do Juiz") do Título VIII do Livro I do CPP.

De maneira geral, como algo próprio da *tradição* inquisitória de processo penal, o juiz brasileiro é magistrado técnico, togado, investido em suas funções jurisdicionais nos termos da lei orgânica própria (Lei Complementar nº 35/1979). Trata-se de regime diverso, por exemplo, daquele próprio dos modelos contemporâneos da tradição anglo-saxônica, como o britânico e o norte-americano, em que, para expressiva parte das causas penais, a competência de julgamento recai sobre órgãos integrados por *juízes leigos*.

Esses modelos aproximam-se da tradição acusatória pura de processo penal, em que o julgamento cabe a órgãos colegiados de juízes leigos, com a aplicação do sistema da íntima convicção, associado à multiplicidade e à formação de consenso quanto aos votos. Nesse âmbito, para muitos casos o juiz togado desempenha, no processo, funções diversas da de julgamento do mérito da persecução penal.

Na tradição romano-germânica, por seu turno, a figura do magistrado técnico, integrante de órgão monocrático de jurisdição, a que cabe inclusive o julgamento do mérito da causa, convive com o sistema do livre convencimento motivado.

Há entre nós, no entanto, resquícios da tradição do juiz leigo no âmbito dos crimes dolosos contra a vida, cuja competência de julgamento está constitucionalmente reservada ao tribunal popular do júri (art. 5º, XXXVIII, *d*, CF), composto por jurados, isto é, juízes leigos. O exercício de função jurisdicional por essas pessoas, assim, justifica sua inserção no regime jurídico instituído no Capítulo I ("Do Juiz") do Título VIII do Livro I, sobretudo no que tange a causas de impedimento e de suspeição.

2. FUNÇÕES DO JUIZ NO PROCESSO PENAL

As funções do juiz no processo penal não se restringem às jurisdicionais. Diversamente, logo no dispositivo do art. 251 do Código de Processo Penal, que inaugura o capítulo, confere-se ao juiz *a função administrativa de controle da regularidade e da ordem no processo*, desta forma: "Ao juiz incumbirá prover à regularidade do processo e manter a ordem no curso dos respectivos atos, podendo, para tal fim, requisitar a força pública"[2].

Esta é uma função comumente reservada aos juízes togados em todos os modelos e tradições de processo penal. É bem conhecida a figura do juiz togado nas cortes norte-americanas e nas britânicas, socorrendo-se de um martelo para a manutenção da ordem no recinto. Em caráter semelhante, tem-se a figura do juiz de instrução dos sistemas europeus continentais, mais afeitos ao modelo misto de processo penal.

---

2. Segundo HÉLIO TORNAGHI, essa função administrativa de regulamentação conferida ao juiz traduz-se em uma dimensão positiva e em outra negativa: "Cabe ao juiz prover à sua [do processo] *regularidade*. Ele o faz com dupla ação: positiva, ao determinar o que há de ser feito; negativa, ao desfazer o mal feito por seus auxiliares, pelas partes ou por terceiros que intervenham no processo". Cfr. TORNAGHI, Hélio Bastos. *Curso de Processo Penal*. São Paulo: Saraiva, 1991, v. 1, p. 475.

No sistema brasileiro, o juiz togado de primeira instância, incluindo o juiz-presidente do Tribunal do Júri, tem a função administrativa objeto do art. 251 do CPP. Do mesmo modo, têm-na os juízes (desembargadores ou ministros) presidentes de órgãos fracionários (turmas, câmaras, seções, órgãos especiais) e do plenário dos tribunais.

Por outro lado, no que tange às funções jurisdicionais, o juiz pode detê-las: (i) *em caráter pleno e integral*, com autonomia resolutiva de todas as questões objeto da competência do órgão jurisdicional respectivo, o que ocorre no âmbito dos juízos monocráticos; (ii) *em caráter limitado*, quer porque a autonomia e suficiência decisória se restringem a algumas matérias legalmente especificadas, quer porque, quanto às demais matérias, a função jurisdicional se exerce de maneira parcial, por voto, como contributo para a formação da decisão colegiada.

Na hipótese (i), têm-se os juízes de primeira instância titulares de órgão jurisdicional monocrático. Já na hipótese (ii), têm-se os juízes, desembargadores e ministros integrantes de órgãos jurisdicionais colegiados.

3. JUÍZES INTEGRANTES DO PODER JUDICIÁRIO DO BRASIL

A estrutura do Poder Judiciário brasileiro é também objeto de abordagem no Capítulo VIII deste Curso, reservado à competência jurisdicional.

De toda sorte, cumpre aqui tecer algumas considerações precipuamente relacionadas aos *cargos integrantes da carreira da magistratura*, de acordo com a respectiva lei orgânica, isto é, a Lei Complementar nº 35/1979, além de algumas leis especiais. Para detalhes acerca da competência dos órgãos indicados, remete-se o leitor ao Capítulo VIII. Neste momento, o objetivo principal é o de enfatizar a identificação do tipo de magistrado (pessoa) em atuação nos diversos órgãos, de modo a facilitar, diante da multiplicidade de designações, a compreensão da complexa estrutura do Poder Judiciário brasileiro.

De início, importa esclarecer, como já adiantado no tópico anterior, que todos os cargos aqui mencionados são cargos de *juiz*, no sentido de titular de poder jurisdicional. O direito brasileiro, entretanto, adota designações diversas, de maneira a enfatizar a hierarquia jurisdicional.

O magistrado de primeira instância e alguns magistrados de segunda instância são designados pelo termo *juiz*. Esse magistrado normalmente corresponde a um órgão monocrático de jurisdição, com atuação em primeira instância. O juiz, no entanto, pode integrar também órgãos colegiados de jurisdição, como acontece com os juízes de turmas recursais dos juizados especiais.

Por seu turno, os magistrados atuantes em tribunais são normalmente designados pelo termo *desembargador*, embora ainda haja alguns poucos casos de tribunais que utilizam o termo *juiz* com referência a seus integrantes.

Por fim, o termo *ministro* é reservado aos magistrados do Supremo Tribunal Federal e dos tribunais superiores.

Em conformidade com a estrutura do Poder Judiciário brasileiro, aplicam-se então estes designativos:

3.1. Justiça Comum

3.1.1. Justiça Comum Federal

(i) na *Justiça Comum Federal*, de primeira e de segunda instâncias, têm-se: (a) *Juízes Federais*, atuantes em juízos federais (primeira instância) ou em turmas recursais de juizados especiais federais (segunda instância); (b) *Desembargadores Federais*, atuantes em Tribunais Regionais Federais (segunda instância).

A Justiça Comum Federal de primeira instância constitui-se de *juízos* federais integrantes de circunscrições denominadas *seções judiciárias*, cada qual correspondente ao território de um Estado da Federação. Cada juízo federal pode integrar-se – como normalmente acontece – por mais de um Juiz Federal (o titular e o auxiliar).

Já os cinco Tribunais Regionais Federais são integrados por *Desembargadores Federais*, que exercem jurisdição como órgãos monocráticos (ex: presidente, relator) e, principalmente, em órgãos colegiados fracionários (ex: pleno, turma), de acordo com o regimento interno do tribunal respectivo.

3.1.2. Justiça Comum Estadual

(ii) na *Justiça Comum Estadual*, de primeira e segunda instâncias, têm-se: (a) *Juízes de Direito*, atuantes em juízos de direito (primeira instância) e em turmas recursais de juizados especiais (segunda instância); (b) *Desembargadores*, atuantes nos Tribunais de Justiça dos Estados (segunda instância).

A Justiça Comum Estadual de primeira instância constitui-se de *juízos de direito*, integrantes de circunscrições judiciárias denominadas *comarcas*, cada qual correspondente ao território de um Município. O conjunto de comarcas de um Estado sujeita-se à jurisdição do Tribunal de Justiça respectivo. Cada juízo de direito pode integrar-se por um ou mais Juízes de Direito (titular e auxiliar), a depender da organização judiciária própria do Estado-membro considerado.

3.1.3. Superior Tribunal de Justiça

(iii) no *Superior Tribunal de Justiça*, que exerce jurisdição sobre a Justiça Comum, Federal e Estadual, têm-se: *Ministros* do Superior Tribunal de Justiça.

Os Ministros exercem jurisdição como órgãos monocráticos (ex: presidente do tribunal ou de turma, relator) e, principalmente, em órgãos colegiados fracionários (ex: Corte Especial, Seção, Turma), de acordo com o Regimento Interno do Superior Tribunal de Justiça.

3.2. Justiça Militar

3.2.1. *Justiça Militar da União*

(i) na *Justiça Militar da União*, de primeira e de segunda instâncias, têm-se: **(a)** *primeira instância (circunscrições judiciárias militares)*: *Juízes Militares e Juiz-Auditor dos Conselhos de Justiça da Auditoria Militar* (órgão colegiado de primeira instância); **(b)** segunda instância: *Ministros* do Superior Tribunal Militar (STM).

3.2.2. *Justiça Militar dos Estados*

(ii) na *Justiça Militar Estadual*, têm-se: **(a)** *primeira instância: Juízes de Direito do Juízo Militar e Juízes Militares dos Conselhos de Justiça da Auditoria Militar;* **(b)** *segunda instância: (b.1) nos Estados do Rio Grande do Sul, São Paulo e Minas Gerais: Juízes Militares do Tribunal de Justiça Militar; (b.2) nos demais Estados da Federação: Desembargadores do Tribunal de Justiça.*

3.3. Justiça Eleitoral

Na Justiça Eleitoral, têm-se: (a) primeira instância: *Juízes Eleitorais* das Zonas Eleitorais; (b) segunda instância: *Juízes Eleitorais* dos Tribunais Regionais Eleitorais; (c) no Tribunal Superior Eleitoral: *Ministros* do Tribunal Superior Eleitoral.

3.4. Supremo Tribunal Federal

No *Supremo Tribunal Federal*, que exerce jurisdição sobre todos os juízos e tribunais do Brasil, têm-se: *Ministros* do Supremo Tribunal Federal.

4. IMPEDIMENTO E SUSPEIÇÃO DE JUÍZES

Reclama-se do *juiz*, como titular de órgão de jurisdição, *imparcialidade* no exercício de suas funções. Cuida-se aqui não da vedação de tratamento desigual própria do serviço público, no sentido de *impessoalidade*, mas, com um significado específico, da *imparcialidade*, entendida como a posição de equidistância *entre as partes* integrantes da relação processual.

A impessoalidade é exigida de todo servidor público, emanando, em última análise, do princípio da isonomia. A imparcialidade, por outro lado, é atributo inerente à função jurisdicional, recaindo, como exigência, sobre a pessoa titular dessa função. Nesse sentido, é para a preservação da imparcialidade própria da jurisdição, entendida como poder-dever de aplicação do direito a um caso concreto posto em litígio perante o Estado, que se exige do sujeito titular da função jurisdicional guardar posição de equidistância entre as partes disputantes no processo, de modo a não prestar favorecimento indevido (amparado em sentimentos pessoais) nem à parte titular da pretensão, nem à adversa, que a ela resiste.

Para preservar esse atributo, portanto, a lei institui hipóteses de impedimento (artigos 252 e 253, CPP) e de suspeição (art. 254, CPP) de juízes. Trata-se não de causas de necessária e efetiva afetação da imparcialidade do juiz, mas de circunstâncias que, por reunirem determinadas características, *podem influir* na imparcialidade esperada do sujeito titular de órgão de jurisdição.

As previsões normativas a esse respeito representam garantias de cada uma das partes processuais, destinadas a evitar que, por força de dadas circunstâncias, possa o juiz inclinar-se indevidamente em favor de qualquer delas.

O impedimento ou a suspeição, nessa lógica, não dizem respeito propriamente ao juiz parcial, mas ao *juiz potencialmente parcial* e, por isso, impedido ou suspeito. Por essa razão, entendemos que não é rigorosamente próprio dizer que há, em tais hipóteses, presunção legal de parcialidade do juiz, como afirma parte da doutrina. A lógica, no particular, é a de prevenção e de cautela, frente a circunstâncias que possam afetar a imparcialidade do órgão jurisdicional e que, portanto, impõem o afastamento do juiz. O próprio termo *suspeito*, aliás, sugere essa lógica: suspeito de parcialidade, por força de determinadas circunstâncias. Não se trata, assim, de juiz parcial, por força de alguma presunção legal.

Constituindo matérias de ordem pública, por potencialmente afetarem o atributo essencial da imparcialidade do julgador, as causas de impedimento e de suspeição são cognoscíveis de ofício pelo próprio magistrado, a qualquer momento, conforme preceituam, para o impedimento, o art. 112 e, para a suspeição, o art. 97 do CPP. O art. 112 do CPP alude também ao reconhecimento, de ofício ou a partir de provocação, de *incompatibilidade*, que reúne circunstâncias que, sem estarem especificadas em lei, encerram potencial, assim como as causas de impedimento e de suspeição, para afetar a imparcialidade do juiz.

Sobre o reconhecimento e a declaração judicial de ofício da causa de impedimento e de suspeição, a lei exige apenas que o juiz declare nos autos o motivo legal (artigos 97 e 112, CPP). Não se reclama, todavia, que o juiz demonstre a existência concreta do motivo invocado.

Não havendo o reconhecimento pelo próprio juiz, qualquer das partes poderá arguir o impedimento ou a suspeição, por meio de um procedimento incidental denominado *exceção* (art. 95, I, CPP). Para detalhes acerca das exceções de impedimento e de suspeição, consulte-se o Capítulo X deste Curso, reservado aos incidentes processuais.

4.1. Impedimento de Juízes (artigos 252 e 253, CPP)

4.1.1. *Sentido, alcance e efeitos*

As hipóteses de *impedimento* constituem circunstâncias objetivas encontradas dentro do processo em que atua o juiz. Trata-se, portanto, de circunstâncias *intrínsecas* e *endoprocessuais*, cujas características potencializam a afetação da imparcialidade do julgador, gerando-lhe o impedimento de exercer função jurisdicional no processo.

Os atos praticados pelo juiz impedido padecem de nulidade absoluta, aplicando-se, nesse particular, o disposto no art. 564, inciso I, do Código de Processo Penal, ainda que ali só se contemple expressamente a suspeição.

Parte da doutrina, em sentido diverso, sustenta a *inexistência jurídica* dos atos praticados pelo juiz impedido, amparando-se na disposição do art. 252, *caput*, do CPP, de que "o juiz não poderá exercer jurisdição no processo..." Discordamos dessa orientação, uma vez que a potencial e abstrata afetação à imparcialidade, decorrente da presença da hipótese legal, não desconstitui o caráter jurisdicional da função exercida por pessoa investida para tanto, ainda que sob impedimento legal.

Dizer a lei, por outro lado, que o juiz não poderá exercer jurisdição significa apenas a vedação de exercício, pelo juiz impedido, da competência do órgão jurisdicional respectivo, o que, se efetivado, caracterizará a invalidade do ato. A ofensa à norma que estabelece o impedimento é, assim, causa de nulidade do ato praticado pelo juiz. A circunstância de ter o art. 564, I, do CPP instituído expressamente a nulidade apenas quanto à suspeição não exclui a mesma conclusão quanto ao impedimento, importando asseverar que as nulidades em espécie previstas em lei não são taxativas e comportam extensão interpretativa e ampliação analógica.

A jurisprudência, nessa direção, tem-se inclinado no sentido da nulidade absoluta dos atos praticados pelo juiz legalmente impedido.

4.1.2. Hipóteses legais de impedimento

As causas de impedimento encontram-se previstas nos artigos 252 e 253 do Código de Processo Penal. O primeiro desses dispositivos (art. 252, CPP) diz respeito aos juízes em geral, titulares de órgão jurisdicional monocrático ou integrantes de órgão jurisdicional colegiado. Já o segundo (art. 253, CPP) aplica-se somente aos juízes integrantes de órgão jurisdicional colegiado (juízes de órgãos colegiados como turmas recursais ou tribunais, desembargadores e ministros de tribunais).

Os dois dispositivos estabelecem, em conjunto, rol *taxativo* das hipóteses de impedimento. A impossibilidade de exercício de jurisdição por juiz, com efeito, deve ser objeto de delimitação normativa restrita, não ampliável pelo emprego de métodos de integração. Nessas condições, eventual hipótese que, sem estar legalmente prevista, se assemelhe a qualquer das causas discriminadas nos artigos 252 e 253 do CPP poderá constituir *suspeição ou incompatibilidade* do juiz, mas não impedimento.

Isso não exclui, porém, o emprego de interpretação extensiva da norma descritiva da causa de impedimento, para que se inclua situação não expressa em sua literalidade, mas alcançada por seu sentido.

Expostos esses relevantes pontos, cumpre examinar cada uma das hipóteses legais de impedimento.

(a) *impedimento: atuação prévia do juiz, de cônjuge ou de parente no processo, exercendo certas funções (art. 252, I e II, CPP)*

Nos termos do art. 252, I, do CPP, o juiz não poderá exercer jurisdição no processo em que "tiver funcionado seu cônjuge ou parente, consanguíneo ou afim, em linha reta ou colateral até o terceiro grau, inclusive, como defensor ou advogado, órgão do Ministério Público, autoridade policial, auxiliar da justiça ou perito".

Por seu turno, o inciso II do art. 252 estabelece o impedimento do juiz quando, ele próprio, houver desempenhado qualquer das funções especificadas no inciso I, ou a de testemunha.

A causa diz respeito, assim, ao exercício prévio de determinadas funções processuais ou persecutórias pelo juiz, por seu cônjuge ou por parente: (i) função de delegado de polícia (autoridade policial); (ii) função de defensor do acusado; (iii) função de advogado do ofendido; (iv) função de órgão do Ministério Público; (v) função de auxiliar da justiça; (vi) função de perito.

No caso do juiz, o impedimento configura-se também pela circunstância de haver servido no processo como testemunha (art. 252, II, CPP).

A respeito da literalidade do termo normativo *cônjuge* (art. 252, I, CPP), a hipótese de impedimento do juiz alcança, por interpretação extensiva, a atuação prévia do *companheiro*, figura própria do regime de união estável, em qualquer das funções especificadas.

Com efeito, à vista da equivalência fática e, quanto aos efeitos jurídicos, normativa entre o casamento civil e a união estável, delimita-se o sentido e alcance da hipótese de impedimento examinada em torno das figuras, equivalentes, do cônjuge e do companheiro.

Sobre o parentesco, têm-se, de acordo com os artigos 1.591 a 1.595 do Código Civil: (i) o *parentesco em linha reta, por consanguinidade*, até o terceiro grau, abrangendo o filho, o neto, o bisneto (descendentes), o avô e o bisavô (ascendentes) do juiz; (ii) o *parentesco em linha reta, por afinidade*, abrangendo o genro ou a nora e seus ascendentes e descendentes, assim como o(a) sogro(a) e seus ascendentes e descendentes, em qualquer caso até o terceiro grau; (iii) o *parentesco em linha colateral, por consanguinidade*, abrangendo o irmão e o sobrinho do juiz, assim como os respectivos ascendentes e descendentes, até o terceiro grau; (iv) o *parentesco em linha colateral, por afinidade*, abrangendo o cunhado e seus ascendentes e descendentes, até o terceiro grau.

Há impedimento do juiz, assim, se qualquer desses parentes houver exercido as funções especificadas na norma. De outro lado, não estão alcançados pela hipótese do art. 252, I, do CPP os primos, que são parentes de quarto grau do juiz.

Quanto ao parentesco por afinidade e ao casamento, registre-se que, nos termos do art. 255 do CPP, "o impedimento ou suspeição decorrente de parentesco por afinidade cessará pela dissolução do casamento que lhe tiver dado causa, salvo sobrevindo descendentes; mas, ainda que dissolvido o casamento sem descendentes, não funcionará como juiz o sogro, o padrasto, o cunhado, o genro ou enteado de quem for parte no processo".

Cap. XIII • SUJEITOS DO PROCESSO PENAL

A dissolução do casamento, assim, por preservar certas relações pessoais (sogro, genro, cunhado, padrasto, enteado), mantém o impedimento do juiz na hipótese do art. 252, IV, do CPP: atuação no processo em que o parente seja parte.

Por fim, na hipótese do art. 252, II, do CPP, entendemos que o impedimento do juiz se caracteriza não pelo prévio exercício da função apenas na condição (cargo) *formal* de delegado de polícia, por exemplo, mas também pelo ativismo investigativo do magistrado na fase pré-processual, exercendo *efetivamente* funções próprias da autoridade policial.

Nesse sentido, refira-se precedente da Sexta Turma do Superior Tribunal de Justiça, em julgado proferido no HC 162.970/RJ (STJ, 6ª Turma, HC 162.970, Rel. Min. Sebastião Reis Júnior, julgamento em 06.12.2011, DJ de 21.03.2012): "...O impedimento do magistrado decorrente de sua ativa participação na fase investigatória, inclusive com a realização de interrogatórios e requisição de realização de auditoria no âmbito da Receita Federal, tem natureza objetiva e veda sua atuação em qualquer ação penal que tenha origem nesse procedimento (...) Não cabia ao juiz, *sponte propria*, no âmbito de medida cautelar ajuizada para obtenção de autorização de monitoramento telefônico, expedir ofício requisitando à autoridade administrativa a instauração de auditoria para apuração dos ilícitos investigados. Afronta ao sistema acusatório caracterizada".

(b) impedimento: atuação como juiz de instância diversa (art. 252, III, CPP)

Conforme o art. 252, III, do CPP, há impedimento do magistrado que "tiver funcionado como juiz de outra instância, pronunciando-se, de fato ou de direito, sobre a questão".

Objetiva-se, nesse âmbito: (a) sobretudo, assegurar a imparcialidade do juiz da instância, que poderá ser afetada por prévia decisão sua tomada no mesmo processo, em outra instância; (b) também, em certa esfera, assegurar *a efetividade* do duplo grau de jurisdição, de modo que a garantia da apreciação da causa em primeiro e em segundo graus, por órgãos jurisdicionais distintos, se dê efetivamente por juízes distintos.

Para a configuração da hipótese, exige-se a reunião de dois elementos: (i) atuação do mesmo juiz em outra instância; (ii) na outra instância, existência de pronunciamento do juiz, de fato ou de direito, sobre a questão.

A atuação prévia deve ter sido, conforme o ponto (i) acima, *em outra instância*. Assim foi que a Segunda Turma do Supremo Tribunal Federal já considerou inexistir impedimento na hipótese de juízo de admissibilidade dos recursos especial e extraordinário realizado por magistrado que participara do julgamento do mérito de ação penal originária (STF, 2ª Turma, HC 94.089/SP, Rel. Min. Carlos Britto, julgamento em 14.02.2012, DJ de 05.03.2012). Nesse caso, a atuação prévia do juiz dera-se na mesma instância, além do que a atuação posterior operou-se apenas no plano da admissibilidade de recurso especial e de recurso extraordinário.

Anote-se, ademais, que é comum o presidente do tribunal recorrido participar do julgamento de ação penal originária, cabendo a ele também, nos termos da própria lei, o primeiro juízo da admissibilidade dos recursos excepcionais. Nesse sentido, refira-se também: STJ, 6ª Turma, HC 87.132/SP, Rel. Min. Jane Silva, julgamento em 18.12.2008, DJ de 19.12.2008.

De acordo com a mesma lógica, a Sexta Turma do Superior Tribunal de Justiça já decidiu que a participação de magistrado em segundo julgamento de recurso de apelação, após a anulação do primeiro julgado em sede de revisão criminal, não integra a hipótese de impedimento em foco, pois a atuação, no caso, dá-se na mesma instância. Confira-se: STJ, 6ª Turma, ARESP 16.162/MS, Rel. Min. Marilza Maynard, julgamento em 24.04.2012, DJ de 05.05.2014.

Por outro lado, não se compreende como atuação "em outra instância" a intervenção do juiz em outro processo envolvendo o mesmo acusado, o que de igual modo não caracteriza impedimento.

A hipótese de impedimento não se opera necessariamente na segunda ou na terceira instâncias. Poderá ocorrer, por exemplo, que o juiz, tendo servido como convocado no julgamento de recurso em sentido estrito pelo tribunal de segunda instância, assuma posteriormente a titularidade do juízo competente para o processo e julgamento da ação penal respectiva. Na espécie, tendo atuado previamente em outra instância (segunda instância), o juiz de primeira instância estará impedido de exercer jurisdição no processo. Nesse sentido decidiu a Sexta Turma do STJ no RESP 1.456.189/PE (STJ, 6ª Turma, RESP 1.456/189, Rel. Min. Maria Thereza de Assis Moura, julgamento em 12.02.2015, DJ de 25.02.2015): "1. Nos termos do artigo 252, III, do Código de Processo Penal, ocorre impedimento nos casos em que o juiz já tenha se manifestado, em outra instância, sobre a mesma questão de fato ou de direito. 2. O magistrado que participou do recebimento da denúncia na condição de Desembargador Federal Convocado perante a Corte Regional em face de prerrogativa de foro fica impedido de julgar a ação penal após a remessa ao primeiro grau em virtude da perda do cargo, por força da garantia dos princípios da imparcialidade e do duplo grau de jurisdição".

Por seu turno, em conformidade com o ponto (ii) acima, não caracteriza impedimento a atuação do juiz em outra instância consistente na prática de atos de mero expediente ou de impulso procedimental, pois, nesse caso, o magistrado não terá se manifestado, de fato ou de direito, sobre a questão.

O pronunciamento "sobre a questão" não se restringe ao objeto de mérito do processo, abrangendo também outras matérias e atos relevantes, como a apreciação de medidas cautelares e a prática de atos instrutórios. Assim entendeu a Quinta Turma do STJ no julgado do HC 113.176/AL (STJ, 5ª Turma, HC 113.176, Rel. Min. Arnaldo Esteves Lima, julgamento em 04.08.2009, DJ de 31.08.2009): "...Se o relator do acórdão impugnado atuou em 1ª instância, indeferindo o pedido de revogação da prisão preventiva decretada contra corréu, tendo, ainda, presidido audiência de oitiva de testemunhas de defesa, observa-se patente o seu impedimento para julgar o recurso em sentido estrito interposto contra a sentença de pronúncia".

(c) *impedimento: condição de parte ou de terceiro diretamente interessado no feito (art. 252, IV, CPP)*

Nos termos do art. 252, IV, do CPP, o juiz não poderá exercer jurisdição no processo em que "ele próprio ou seu cônjuge ou parente, consanguíneo ou afim em linha reta ou colateral até o terceiro grau, inclusive, for parte ou diretamente interessado no feito".

Antes de tudo, é absurdo imaginar que o mesmo sujeito seja ao mesmo tempo parte e juiz no processo. Trata-se, aliás, de algo próprio da essência do sistema inquisitório, em que o juiz tem a iniciativa para instaurar o processo e a competência para julgá-lo, enfeixando em si, desta sorte, duas funções processuais.

Nesse particular, inexiste imparcialidade do julgador, nem, portanto, o próprio caráter jurisdicional da função potestativa por ele exercida. A excepcionalidade dessa hipótese, assim, implica a própria inexistência jurídica do ato praticado pelo julgador, diante da efetiva ausência de jurisdição.

Em hipótese mais factível, está o juiz impedido de atuar no processo em que seja parte seu cônjuge (ou companheiro) ou parente. Nesses casos, fica clara a potencialidade de afetação da imparcialidade do juiz, cuja tendência é aproximar-se subjetivamente do polo processual titularizado pela pessoa com quem guarda laços matrimoniais (ou os afetivos próprios da união civil estável) ou parentais.

Por outro lado, a respeito da condição de terceiro diretamente interessado, tem-se o processo por crime de ação pública do qual o juiz seja, em tese, vítima. O ofendido, no processo penal instaurado por ação de iniciativa pública, tem a condição de terceiro interessado, podendo habilitar-se no feito como assistente do Ministério Público (art. 268, CPP).

Assim, o juiz, sendo o próprio ofendido pela prática do crime, está impedido de atuar no processo penal respectivo. Pelas mesmas razões, opera-se o impedimento se o ofendido for empresa de que o juiz seja sócio.

Do mesmo modo, nos moldes do art. 252, IV, do CPP, há impedimento se o ofendido for o cônjuge ou parente do juiz. Sobre a abrangência do parentesco, consulte-se o exposto no tópico (a), *supra*.

Por fim, registre-se que, nessa hipótese do art. 252, IV, do CPP, o impedimento do juiz cessa em caso de dissolução do casamento sem descendentes, salvo quanto às relações de sogro, padrasto, cunhado, genro e enteado, desde que qualquer dessas pessoas seja parte no processo. É o que dispõe a segunda parte do art. 255 do CPP: "... ainda que dissolvido o casamento sem descendentes, não funcionará como juiz o sogro, o padrasto, o cunhado, o genro ou enteado de quem for parte no processo".

Considerou o legislador o potencial específico dessas relações, no sentido de perdurar a afetividade, mesmo quando dissolvido o casamento sem descendentes. O impedimento só existirá, contudo, caso alguma dessas pessoas seja *parte* no processo, não se configurando, portanto, quando a condição da pessoa for apenas a de terceiro juridicamente interessado.

(d) impedimento nos órgãos jurisdicionais colegiados (art. 253, CPP)

O art. 253 do CPP contempla hipótese de impedimento aplicável no âmbito dos órgãos judiciários colegiados, dizendo respeito às relações pessoais existentes entre os juízes que integram o colegiado: "Nos juízos coletivos, não poderão servir no mesmo processo os juízes que forem entre si parentes, consanguíneos ou afins, em linha reta ou colateral até o terceiro grau, inclusive".

Objetiva-se com isso prevenir que a relação pessoal entre os juízes integrantes do colegiado possa interferir na imparcialidade de julgamento de cada um deles.

Por "juízos coletivos" entendem-se, como adiantado, os órgãos jurisdicionais colegiados, a saber: tribunais de segunda instância e tribunais superiores; Conselho de Sentença do Tribunal do Júri; turmas recursais de juizados especiais; juízos colegiados no âmbito dos crimes de organizações criminosas.

4.2. Suspeição de Juízes (art. 254, CPP)

4.2.1. Sentido, alcance e efeitos

Entende-se por *suspeição* a circunstância objetiva ou subjetiva encontrada via de regra fora do processo e apta a prejudicar a imparcialidade do juiz no processo. As hipóteses de suspeição, assim, à diferença das causas de impedimento, constituem *circunstâncias extraprocessuais*, com potencialidade de afetação à imparcialidade esperada do julgador.

A suspeição, de maneira geral, reflete o possível interesse do magistrado na causa em discussão, por força de certas circunstâncias, mesmo não havendo vínculo formal impeditivo entre o juiz e o objeto do processo.

Essas hipóteses estão exemplificativamente discriminadas no art. 254 do Código de Processo Penal. Nesse particular, desponta outra diferença entre o regime legal reservado à suspeição e aquele próprio do impedimento: ao passo que o rol dos artigos 252 e 253 (impedimento) é taxativo, o do art. 254 (suspeição) do CPP revela-se apenas exemplificativo, havendo a possibilidade de identificação de hipóteses semelhantes, fora do processo, que igualmente repercutam de maneira relevante na imparcialidade esperada do julgador.

Parte da doutrina, em sentido diverso, sustenta a taxatividade também do rol das causas de suspeição[3]. Não podemos concordar com esse entendimento. A multiplicidade das situações da vida impossibilita que a lei exaustivamente discrimine todas as hipóteses exógenas (ao processo) de potencial afetação à imparcialidade.

Trata-se de realidade diversa daquela própria do impedimento, cujas hipóteses consistem em situações *endoprocessuais*, de mais estreito âmbito e, portanto, de viável dimensionamento, a justificar que sua previsão se dê em rol taxativo. Com a suspeição, por outro lado, realiza a lei a tarefa de situar, pela discriminação de determinadas circunstâncias extraprocessuais, a lógica adotada quanto ao possível prejuízo à imparcialidade.

O rol não é exclusivo, assim, de situações análogas, que encerrem o mesmo efeito. Não se está sustentando aqui um elastecimento desmesurado das hipóteses de suspeição, e sim apenas a possibilidade de extensão e ampliação limitadas ao emprego de instrumentos interpretativos e integrativos reconhecidos pelo direito.

---

3. Nesse sentido, Guilherme Nucci: "O rol estabelecido no art. 254 do Código de Processo Penal, embora muitos sustentem ser taxativo, é, em verdade, exemplificativo. Afinal, este rol não cuida dos motivos de impedimento, que vedam o exercício jurisdicional, como ocorre com o disposto no art. 252, mas, sim, de enumeração de hipóteses que tornam o juiz não isento". Cfr. Nucci, Guilherme de Souza. *Manual de Processo Penal e Execução Penal*. Rio de Janeiro: Forense, 2014, p. 488.

De toda sorte, ainda que assim não se entenda, o art. 112 do CPP contempla o instituto da *incompatibilidade*, abrangente de outras situações de interferência na imparcialidade do juiz, além do impedimento e da suspeição.

O exemplo mais comum citado pela doutrina é o do motivo de foro íntimo, previsto como suspeição na lei processual civil, mas não na lei processual penal. A incompatibilidade, adicionalmente, pode alcançar outras situações de interferência: mesmo que se considere taxativo o rol do art. 254 do CPP, quanto à suspeição, hipóteses análogas ficam então inseridas no âmbito da incompatibilidade.

Os atos praticados pelo juiz suspeito padecem de nulidade absoluta, a teor do art. 564, I, segunda figura, do CPP.

Esclarecidos esses pontos, passa-se ao exame de cada uma das hipóteses legais de suspeição.

4.2.2. Hipóteses legais de suspeição

(a) *amizade íntima ou inimizade capital do juiz com qualquer das partes (art. 254, I, CPP)*

A primeira causa legal de suspeição do juiz está assim enunciada no art. 254, I, do CPP: "O juiz dar-se-á por suspeito, e, se não o fizer, poderá ser recusado por qualquer das partes: I – se for amigo íntimo ou inimigo capital de qualquer deles".

Trata-se da amizade íntima ou da inimizade capital do juiz *com qualquer das partes*. Apesar dessa restrição encontrada na literalidade do dispositivo, deve-se incluir na hipótese de suspeição a amizade íntima ou a inimizade capital do juiz com o ofendido no âmbito dos crimes de ação penal pública.

O ofendido, nessa esfera, tem a condição jurídica de terceiro interessado na causa penal, mas, do ponto de vista da prática do crime, é a pessoa diretamente afetada. Não se pode pensar que o juiz terá ambiente de isenção no caso em que amigo íntimo ou inimigo capital seu foi vítima da prática do crime objeto de julgamento. Pelas mesmas razões de direito, assim, impõe-se o reconhecimento da suspeição do magistrado também nessa hipótese.

Por outro lado, discute a doutrina se a amizade íntima ou inimizade capital entre o juiz e advogado atuante na causa aperfeiçoaria hipótese de suspeição. No domínio do processo penal, a discussão envolve as relações entre: juiz e membro do Ministério Público; juiz e defensor do acusado; juiz e advogado do querelante ou do assistente.

É antiga a jurisprudência do Supremo Tribunal Federal no sentido de que não há suspeição em virtude da amizade íntima ou inimizade capital entre o juiz e advogado do processo, na medida em que o advogado não se insere no conceito de "parte". Nesse sentido, refira-se clássico julgado da Primeira Turma no HC 53.765/RJ (STF, 1ª Turma, HC 53.765, Rel. Min. RODRIGUES ALCKMIN, DJ de 12.12.1975): "Habeas Corpus. Suspeição. Amizade íntima e inimizade capital entre juiz e os advogados de co-réus, cujas defesas seriam colidentes. Exceção rejeitada pelo tribunal apontado como coator.

Conceito de parte (art. 254, I, do C.P.P), que não abrange o advogado. Matéria de prova cujo exame o 'writ' não comporta. Ordem de habeas corpus indeferida".

Essa é a orientação ainda prevalecente na doutrina[4] e na jurisprudência.

De nossa parte, entendemos que, efetivamente, a hipótese de amizade íntima ou inimizade capital entre o juiz e o advogado não está alcançada pelo sentido da norma do art. 254, I, do CPP. Por outro lado, não se pode recorrer ao mecanismo de ampliação analógica no caso, pois há razões de direito excludentes da hipótese cogitada. É comum, na prática jurídica, as relações de amizade entre operadores do direito, estimuladas pela própria convivência forense. Do mesmo modo, o ambiente de embate processual pode ser causa de acirradas polêmicas, aptas a conduzir a uma possível – e lamentável – inimizade capital entre o juiz e o advogado, independentemente da causa.

Não se pode depreender só disso que o juiz se preste a prejudicar a própria parte do processo, de que o operador (membro do Ministério Público ou advogado) é órgão ou representante. Caso isso, porém, aconteça, há mecanismos legais aptos a arrostar o arbítrio e a parcialidade *efetiva* do juiz no caso concreto. Sem dúvida, haverá casos em que o juiz, pela amizade mantida com o advogado, inclina-se favoravelmente ao cliente deste na causa. Cuida-se, entretanto, de excepcionalidade.

A prática nos mostra, por sinal, que notórias amizades ou inimizades entre juízes e advogados não representam influência indevida no ânimo do juiz ao apreciar a causa. Assim, a nosso juízo, a circunstância da amizade íntima ou da inimizade capital entre juiz e advogado (ou entre juiz e membro do Ministério Público) não é apta a, por si só, criar um ambiente de suspeição do julgador, ao contrário do que acontece com a relação pessoal do juiz com a própria parte (ou assistente) do processo, tratando-se, aqui, do titular da pretensão (ou do interesse) posta em litígio.

De toda sorte, reconhecendo o juiz que sua relação concreta com o advogado da parte tem potencialidade para influir em seu ânimo, poderá declarar incompatibilidade, por motivo de foro íntimo, com fundamento no art. 112 do CPP ou por aplicação subsidiária do art. 145, § 1º, do CPC/2015.

A incompatibilidade, a partir de circunstâncias concretas, pode também ser arguida por qualquer das partes, nos termos do mesmo dispositivo (art. 112, CPP). Nesse último caso, não será a mera existência da amizade íntima ou da inimizade capital bastante ao reconhecimento da incompatibilidade, fazendo-se necessárias circunstâncias adicionais reveladoras da parcialidade do juiz no caso concreto.

(b) existência de discussão análoga de direto interesse do juiz (art. 254, II, CPP)

Nos termos do art. 254, II, do CPP, há suspeição do juiz "se ele, seu cônjuge, ascendente ou descendente, estiver respondendo a processo por fato análogo, sobre cujo caráter criminoso haja controvérsia".

---

4. Em sentido contrário, GUILHERME NUCCI. Cfr. NUCCI, Guilherme de Souza. *Manual de Processo Penal e Execução Penal*. Rio de Janeiro: Forense, 2014, pp. 489-491. Ainda com essa posição divergente: BADARÓ, Gustavo Henrique Righi Ivahy. *Processo Penal*. Rio de Janeiro: Elsevier, 2012, p. 193.

Embora inexista vínculo formal do juiz com o processo em que ele atua, desponta, na hipótese, possível interesse no resultado da causa, de modo a firmar precedente apto a favorecer ao próprio juiz, ao cônjuge ou ao parente em outro processo penal.

Suponha-se, por exemplo, que a esposa do juiz esteja respondendo a processo penal sob a acusação de fraude contra sociedade seguradora, por ter, na condição de médica, após a prestação de serviços, pleiteado, em nome do paciente, reembolso de despesas, sem que, entretanto, haja previamente recebido qualquer valor da pessoa atendida. Nesse caso, a fraude consistiria em postular *reembolso* de valores que só caberiam ao próprio paciente, para que este pudesse se ressarcir das despesas que teve junto ao médico. Como, no entanto, os serviços foram efetivamente prestados, há controvérsia sobre o caráter *criminoso* do fato.

Acontece então de denúncia por fato idêntico, só que envolvendo outro médico, ser distribuída ao juiz em questão. Nessa hipótese, opera-se a suspeição do magistrado, pois tem inevitável interesse na causa, cuja solução poderá repercutir no processo penal em trâmite contra sua esposa. De fato, se o juiz atuar no processo e absolver sumariamente o acusado sob o fundamento da atipicidade penal em tese do fato (art. 397, III, CPP), o precedente assim formado será de notória utilidade para sua esposa no outro processo.

Assevere-se que a controvérsia deve ser *sobre o caráter criminoso do fato*. Depreende-se, dessa fórmula, que a discussão há de recair sobre a existência jurídica do crime, vale dizer, sobre o aperfeiçoamento dos três elementos estruturais próprios do conceito: tipicidade, ilicitude e culpabilidade. Não há suspeição do juiz se a discussão na outra causa disser respeito, por exemplo, à incidência de agravante ou atenuante, ou de causa de aumento ou de diminuição pena.

Nesse particular, a restrição legal ("...processo análogo, *sobre cujo caráter criminoso haja controvérsia*") sugere que a lógica normativa é a de que só a discussão sobre a própria existência jurídica do crime revela-se capaz de criar o ambiente de suspeição. Tenha-se em conta que, a despeito de o parente responder a processo por fato diverso sobre o qual haja a possibilidade de incidência da mesma causa de diminuição de pena discutida no processo conduzido pelo juiz (por exemplo, a do arrependimento posterior, prevista no art. 16 do CP), o interesse principal de qualquer acusado no processo é o de ser absolvido. Apenas circunstâncias de atenuação ou de diminuição da pena, por essa lógica, não são capazes de influenciar o ânimo do juiz, a ponto de impor-lhe suspeição.

Nessa hipótese, se dissolvido o casamento sem descendentes, cessa a suspeição, conforme a primeira parte do art. 255 do CPP.

(c) existência de processo que tenha de ser julgado pela própria parte (art. 254, III, CPP)

Configura-se a suspeição do juiz, nos termos do art. 254, III, do CPP, "se ele, seu cônjuge, ou parente, consanguíneo, ou afim, até o terceiro grau, inclusive, sustentar demanda ou responder a processo que tenha de ser julgado por qualquer das partes".

Objetiva-se, nesse ponto, prevenir a realização de acordo ilícito entre o juiz e a parte do processo penal.

Suponha-se que a esposa de desembargador de Tribunal de Justiça tenha ajuizado demanda de reparação de danos contra determinada empresa. O feito é então distribuído precisamente para o juiz cível que responde a processo penal perante o Tribunal de Justiça (foro por prerrogativa de função). Nessa hipótese, o desembargador é suspeito para atuar no julgamento da ação penal, já que a demanda cível sustentada por sua esposa terá de ser julgada pelo próprio acusado. Do contrário, haveria ambiente para uma "troca de favores".

A mesma lógica aplica-se ao processo penal ou civil em que seja parte parente (consanguíneo ou afim, até o terceiro grau) do juiz criminal, quando a causa tiver que ser julgada pelo próprio acusado no processo onde se opera a suspeição.

A suspeição, a nosso juízo, estende-se ao ofendido, como terceiro juridicamente interessado no processo penal de ação pública. Assim, quando a causa externa (do juiz, do cônjuge ou do parente) tiver de ser julgada pelo próprio ofendido pelo crime objeto do processo penal, há suspeição do juiz criminal respectivo, pelas mesmas razões de direito inspiradoras da regra literal do art. 254, III, do CPP. Por exemplo: o juiz criminal é suspeito para atuar no processo que tenha por objeto crime cuja vítima foi o próprio magistrado que conduz a demanda civil ajuizada pela esposa daquele (do juiz criminal).

Ademais, assevere-se que a norma em exame alude a "sustentar demanda ou responder a processo", não havendo aí restrição à demanda ou ao processo especificamente judiciais. Assim, pode ocorrer que o juiz criminal, a esposa ou o parente responda a processo administrativo que tenha de ser julgado por qualquer das partes.

Na hipótese de suspeição em foco, aplica-se o disposto no art. 255 do CPP, em suas duas partes: dissolvido o casamento sem descendentes, cessa a suspeição; mesmo dissolvido o vínculo matrimonial, mantém-se a suspeição quanto ao sogro, o padrasto, o cunhado, o genro ou o enteado.

(d) aconselhamento prévio a qualquer das partes (art. 254, IV, CPP)

O juiz é suspeito "se tiver aconselhado qualquer das partes", nos termos do art. 254, IV, CPP.

Trata-se de hipótese de difícil comprovação, para fins de recusa do juiz pela parte. O mais comum, assim, é que o próprio juiz reconheça a suspeição, de ofício, por haver previamente aconselhado a parte quanto a algum ponto relevante do processo penal.

Por exemplo, se o juiz aconselhou o investigado em inquérito policial a adotar determinada linha defensiva, e depois a denúncia oferecida contra o sujeito foi distribuída precisamente para ele, deverá declarar-se suspeito para atuar na causa.

Em compreensão mais restritiva, porém, Eugênio Pacelli sustenta que o aconselhamento anterior só pode ter sido o profissional: "O aconselhamento a que se refere o art. 254, IV, diz respeito ao aconselhamento *profissional*, que tenha possibilitado ao juiz um conhecimento mais amplo dos fatos *que aquele constante do processo*, porque veiculado no curso de uma relação cliente-profissional anterior"[5].

> (e) *relação creditícia ou relação de tutela ou curatela com qualquer das partes (art. 254, V, CPP)*

Reputa-se suspeito o juiz, nos termos do art. 254, V, do CPP, "se for credor ou devedor, tutor ou curador, de qualquer das partes".

A relação privada externa, de caráter creditício ou assistencial, reflete o possível interesse do juiz na causa penal que tenha como parte qualquer dos envolvidos. Deve-se inserir na hipótese de suspeição a relação de crédito do juiz com a pessoa natural ou jurídica *vítima* do crime de ação pública, que é terceiro juridicamente interessado no processo penal, podendo inclusive, nessa qualidade, habilitar-se como assistente do Ministério Público.

Assim, há suspeição: (i) se o juiz é credor ou devedor do membro do Ministério Público ou do acusado; (ii) se o juiz é credor ou devedor da pessoa física ou jurídica ofendida, em tese, pela prática do crime objeto do processo.

Quanto às relações de tutela e curatela, a hipótese de suspeição é de rara incidência no processo penal. Trata-se de institutos reservados aos civilmente incapazes, que, por isso, não têm de igual modo capacidade penal.

No caso da tutela, a suspeição só se aplica se o tutelado for a vítima do crime, hipótese em que o tutor é suspeito para atuar como juiz criminal no processo respectivo. Não há hipótese de tutelado "parte" no processo penal, já que o instituto da tutela, de acordo com o regime civil em vigor, está reservado apenas aos menores de 18 (dezoito) anos, que são penalmente inimputáveis já no plano automático. Em todo caso, a suspeição por certo recai sobre o juiz da infância e da juventude que vá apreciar a hipótese de ato infracional imputado a seu próprio tutelado.

A respeito da curatela, porém, há maior incidência. Cuida-se de instituto reservado aos civilmente incapazes, inclusive por doença mental. Nesse caso, instaura-se o processo penal, que poderá ser suspenso com base no art. 149, § 2°, e, em se constatando pericialmente a insanidade mental atual, no art. 152, *caput*, do CPP. Caso constatada a doença mental ao tempo do fato, o processo penal seguirá, com a possibilidade de absolvição imprópria (art. 386, parágrafo único, III, CPP). Em qualquer caso, no processo penal é suspeito de atuar o juiz que seja curador do acusado.

Embora a lei estabeleça a suspeição pela atualidade da relação creditícia ou assistencial ("se for credor ou devedor..."), poderá ser reconhecida a *incompatibilidade* do juiz em virtude de relação pretérita.

> (f) *vínculo com societário com sociedade interessada no processo (art. 254, VI, CPP)*

Nos termos do art. 254, VI, do CPP, considera-se suspeito o juiz "se for sócio, acionista ou administrador de sociedade interessada no processo".

---

5. PACELLI, Eugênio. *Curso de Processo Penal*. São Paulo: Atlas, 2013, p. 452.

A aplicabilidade da hipótese restringe-se à condição do juiz de sócio, que inclui a de acionista, da sociedade interessada. Isso porque a Lei Orgânica da Magistratura (LC nº 35/1979) veda a participação do juiz em sociedade como administrador, o que se depreende do art. 36, inciso I: "É vedado ao magistrado: I – exercer o comércio ou participar de sociedade comercial, inclusive de economia mista, exceto como acionista ou quotista". De resto, a atuação de qualquer servidor público como administrador de sociedade é claramente vedada pelo art. 117, inciso X, da Lei nº 8.112/1990.

A hipótese mais comum de "sociedade interessada no processo" é a da sociedade vítima do crime objeto do processo penal de ação pública, mas que não se habilita como assistente do Ministério Público.

Isso porque, caso a sociedade se habilite como assistente, entendemos que há vínculo formal do juiz com a causa, configurando-se a hipótese de impedimento prevista no art. 252, IV, do CPP: "O juiz não poderá exercer jurisdição no processo em que: IV – *ele próprio* ou seu cônjuge ou parente, consanguíneo ou afim em linha reta ou colateral até o terceiro grau, inclusive, for parte ou *diretamente interessado no feito*".

Nesse ponto, *a nosso juízo*, importa discernir com cuidado: (i) Se a sociedade de que é sócio o juiz se habilita como assistente do Ministério Público no processo penal, tem-se *direto* interesse do juiz no feito, configurando-se, por isso, o impedimento. Dá-se o mesmo na hipótese em que a sociedade é a parte acusadora no âmbito da ação penal de iniciativa privada; (ii) Se, entretanto, a sociedade não se habilita como assistente do Ministério Público, tem-se interesse *indireto* do juiz, inexistindo, nessa hipótese, o vínculo formal próprio do impedimento. Assim, a hipótese é de suspeição, pois a sociedade ofendida não habilitada constitui "sociedade interessada no processo", sem, contudo, qualquer vínculo formal.

4.2.3. Hipótese de não reconhecimento da suspeição (art. 256, CPP)

Nos termos do art. 256 do CPP, "a suspeição não poderá ser declarada nem reconhecida, quando a parte injuriar o juiz ou de propósito der motivo para criá-la".

Pode acontecer que a parte, pretendendo recusar o juiz, tente maliciosamente forçar a causa de suspeição, em particular a do art. 254, I, do CPP, mas também outras circunstâncias análogas.

Nesse caso, não se reconhece a causa legal de afetação potencial à imparcialidade do julgador. A se verificar, porém, a efetiva parcialidade do juiz, refletida em atos concretos e inequívocos, forçoso é declarar a suspeição.

4.3. Incompatibilidade

A lei processual civil contempla o famoso "motivo de foro íntimo" como hipótese de suspeição (art. 145, § 1º, CPC/2015).

Não há essa previsão na lei processual penal. Poderia ser cogitada, então, a aplicabilidade subsidiária da norma do Código de Processo Civil. No entanto, essa hipótese não é análoga a qualquer das situações discriminadas nos incisos do art. 254 do CPP. Mais que isso, depreende-se da lei processual penal que o magistrado deva declarar expressamente nos autos a causa de suspeição, conforme o disposto no art. 97 do CPP: "O juiz que espontaneamente afirmar suspeição *deverá fazê-lo por escrito, declarando o motivo legal...*"

Em verdade, mesmo no processo civil, o motivo de foro íntimo não constitui propriamente hipótese de suspeição, mas *hipótese de reconhecimento da suspeição*, de ofício, pelo juiz, por qualquer motivo que este considere relevante para afetar sua imparcialidade ou seu ânimo (ou ainda, na prática, até mesmo sua conveniência, embora hoje exista controle, como referido adiante).

Por seu turno, no *direito processual penal*, o *motivo de foro íntimo*, ante a impossibilidade (acima demonstrada) de sua inserção no âmbito da suspeição, pode ser invocado como hipótese de reconhecimento de *incompatibilidade* pelo juiz, nos moldes do art. 112 do CPP. Nesse caso, a lei dispõe que o juiz declare a incompatibilidade nos autos, *mas não exige que expresse o respectivo motivo.*

A esse respeito, a Primeira Turma do Supremo Tribunal Federal, no HC 82.798/PR, já teve a oportunidade de decidir: (i) pela aplicabilidade da suspeição por motivo de foro íntimo no âmbito do processo penal; (ii) pela inexistência de dever do juiz de revelar o motivo. Confira-se em STF, 1ª Turma, HC 82.798, Rel. Min. SEPÚLVEDA PERTENCE, DJ de 21.11.2003: "Juiz: suspeição por motivo íntimo: admissibilidade também no processo penal, independentemente de sua revelação pelo juiz e sem prejuízo, no caso, da validade dos atos anteriores".

No que tange ao primeiro ponto (i), já deixamos clara nossa posição no sentido de que se trata de incompatibilidade (art. 112, CPP), e não de suspeição. Uma ou outra posição, entretanto, não modifica os efeitos aplicáveis à hipótese. Em relação ao segundo ponto (ii), parece-nos adequada a posição do STF, já que a lei processual penal (art. 112, CPP) não exige a declaração *do motivo* nos autos (ao contrário do que faz relativamente à suspeição, conforme o art. 97 do CPP), e sim apenas a declaração da existência de incompatibilidade, por motivo de foro íntimo ou por algum especificado motivo.

Quanto ao controle do afastamento do juiz (por incompatibilidade ou por suspeição) em virtude de motivação íntima, entende-se, como visto, segundo a jurisprudência atual do STF, que o magistrado não é obrigado a declarar o motivo nos autos. Em bom caminho, porém, o Conselho Nacional de Justiça instituiu procedimento sigiloso, pelo qual o juiz deve informar, para fins de controle, o motivo que o conduziu a declarar-se suspeito (ou, acrescente-se, no processo penal, incompatível). Com efeito, dispõe a Resolução nº 82/2009 do CNJ: "Art. 1º. No caso de suspeição por motivo íntimo, o magistrado de primeiro grau fará essa afirmação nos autos e, em ofício reservado, imediatamente exporá as razões desse ato à Corregedoria local ou a órgão diverso designado pelo seu Tribunal" [o mesmo procedimento aplica-se ao magistrado de segundo grau, conforme o art. 2º da mesma resolução].

Isso preserva tanto a intimidade do juiz quanto a exigência de controle do afastamento, para que este se efetive realmente em função de circunstâncias aptas a afetar a imparcialidade.

De resto, a incompatibilidade, objeto do art. 112 do CPP, é o mecanismo próprio para o reconhecimento de ofício ou para a arguição de circunstâncias de parcialidade do juiz, que não possam ser inseridas no rol taxativo do art. 252 (impedimento) nem objeto de ampliação analógica do rol exemplificativo do art. 254 (suspeição) do CPP, de modo que a afetação à imparcialidade esperada do julgador não fique sem remédio no caso concreto. Um exemplo seria o fato de a esposa do juiz haver servido como testemunha no processo.

A incompatibilidade, quando o próprio juiz não a reconheça, deve ser objeto de exame em cada caso concreto, segundo o potencial que a circunstância encerre de prejuízo à imparcialidade do julgador.

5. JURADO DO TRIBUNAL DO JÚRI

5.1. Conceito e Regime Jurídico

O *jurado* é o juiz leigo alistado e sorteado na forma da lei, para integrar o Conselho de Sentença na fase de julgamento em plenário do Tribunal do Júri (federal ou estadual).

Por dizerem respeito à investidura de juiz, serão examinadas na presente sede as normas legais atinentes ao alistamento (artigos 425 e 426, CPP), ao sorteio e convocação (artigos 432 a 435, CPP) e à função (artigos 436 a 446, CPP) do jurado, assim como as respectivas causas específicas de impedimento (artigos 448 a 452, CPP) e de suspeição, objeto, respectivamente, das Seções IV, VII, VIII e IX do Capítulo II ("Do Procedimento Relativo aos Processos da Competência do Júri") do Título I ("Do Processo Comum") do Livro II ("Dos Processos em Espécie") do Código de Processo Penal.

5.2. Alistamento e obrigatoriedade do serviço do júri

O *alistamento de jurados* dá-se na forma dos artigos 425 e 426 do CPP (Seção IV).

Podem ser anualmente alistados, pelo juiz-presidente do Tribunal do Júri: de 800 a 1.500 jurados, nas comarcas de mais de 1.000.000 de habitantes; de 300 a 700 jurados, nas comarcas de mais de 100.000 habitantes; de 80 a 400 jurados nas comarcas de menor população (art. 425, *caput*, CPP); sem prejuízo da possibilidade de aumento do número de alistados e ainda da organização de lista de suplentes (art. 425, § 1º, CPP).

O alistamento é feito por ato do juiz-presidente do Tribunal do Júri (art. 425, *caput*, CPP), após requisição, às autoridades locais, associações de classe e de bairro, entidades associativas e culturais, instituições de ensino em geral, universidades, sindicatos, repartições públicas e outros núcleos comunitários, da indicação de pessoas aptas a exercer a função de jurado (art. 425, § 2º, CPP).

Nos termos do art. 426, *caput*, do CPP, "a lista geral dos jurados, com indicação das respectivas profissões, será publicada pela imprensa até o dia 10 de outubro de cada ano e divulgada em editais afixados à porta do Tribunal do Júri".

Trata-se da lista provisória de jurados. A publicação dessa lista destina-se a possibilitar a impugnação, por qualquer pessoa, de jurado inidôneo. A lista provisória deverá estar acompanhada da transcrição dos artigos 436 a 446 do CPP (art. 426, § 2º, CPP), que versam sobre a função do jurado. O fornecimento desses dados e informações também se vincula à finalidade de propiciar a impugnação do alistado por reclamação de qualquer pessoa.

Assim, permite-se a alteração da lista provisória inclusive por "reclamação de qualquer do povo ao juiz presidente até o dia 10 de novembro, data de sua publicação definitiva", conforme o art. 426, § 1º, do CPP. Cabe recurso em sentido estrito contra a decisão do juiz que, de ofício ou a partir de reclamação de qualquer do povo, incluir jurado na lista, assim como da que excluir jurado da lista (art. 581, XIV, CPP). Como abordado no Capítulo XIX, cuida-se de hipótese *sui generis* de recurso, interponível por qualquer do povo contra decisão do juiz proferida fora do processo.

Formada a lista definitiva, devem ser guardados a chave, sob a responsabilidade do juiz-presidente do Tribunal do Júri, os cartões iguais contendo os nomes e endereços dos alistados, "após serem verificados na presença do Ministério Público, de advogado indicado pela Seção local da Ordem dos Advogados do Brasil e de defensor indicado pelas Defensorias Públicas competentes", como preceitua o art. 426, § 3º, do CPP. Essa lista será anualmente completada, em caráter obrigatório (art. 426, § 5º, CPP).

Poderão ser alistados os cidadãos maiores de 18 (dezoito) anos e de notória idoneidade, nos termos do art. 436, *caput*, do CPP, que também estabelece a obrigatoriedade do serviço do júri. Essa obrigatoriedade reflete-se na imposição de multa de um a dez salários mínimos a quem injustificadamente recusar o serviço, de acordo com a norma do art. 436, § 2º, do CPP.

Caso, entretanto, a recusa se fundamente em convicção religiosa, filosófica ou política, impõe-se à pessoa a prestação de serviço alternativo, "sob pena de suspensão dos direitos políticos, enquanto não prestar o serviço imposto", como prescreve o art. 438, *caput*, do CPP. Essa disposição se coaduna com a norma constitucional inscrita no art. 5º, VIII, que garante a liberdade religiosa, filosófica e política, mas sem eximir a pessoa da obrigação legal ou ao menos da prestação do serviço alternativo fixado em lei: "ninguém será privado de direitos por motivo de crença religiosa ou de convicção filosófica ou política, salvo se as invocar para eximir-se de obrigação legal a todos imposta e recusar-se a cumprir prestação alternativa, fixada em lei".

O serviço alternativo consiste no "exercício de atividades de caráter administrativo, assistencial, filantrópico ou mesmo produtivo, no Poder Judiciário, na Defensoria Pública, no Ministério Público ou em entidade conveniada para esses fins" (art. 438, § 1º, CPP). A proporcionalidade e a razoabilidade deverão pautar a avaliação do juiz na fixação do serviço alternativo (art. 438, § 2º, CPP).

Há, no entanto, hipóteses legais de isenção da pessoa ao serviço do júri, fixadas no art. 437 do CPP: (i) Presidente da República e Ministros de Estado; (ii) Governadores e Secretários dos Estados-Membros da Federação; (iii) membros do Congresso Nacional, das Assembléias Legislativas, da Câmara Distrital e das Câmaras Municipais; (iv) Prefeitos Municipais; (v) Magistrados e membros do Ministério Público e da Defensoria Pública; (vi) servidores do Poder Judiciário, do Ministério Público e da Defensoria Pública; (vii) autoridades e servidores da polícia e da segurança pública; (viii) militares em serviço ativo; (ix) cidadãos maiores de 70 (setenta) anos que postulem sua dispensa; (x) aqueles que o requererem, demonstrando justo motivo.

Por outro lado, a lei estabelece uma hipótese de impedimento: não poderá se alistar, ou será excluído da lista, "o jurado que tiver integrado o Conselho de Sentença nos 12 (doze) meses que antecedem à publicação da lista geral", nos termos do art. 426, § 4º, do CPP.

Ressalvadas essas hipóteses especiais, a função de jurado, portanto, pode ser exercida por qualquer pessoa do povo, maior de 18 (dezoito) anos e moralmente idônea. O exercício efetivo da função, a propósito, por sua relevância pública, gera presunção de idoneidade moral, conforme o disposto no art. 439 do CPP (redação conferida pela Lei nº 12.403/2011).

Veda-se, por óbvio, a exclusão de qualquer pessoa dos trabalhos do júri, ou a negativa de alistamento, "em razão de cor ou etnia, raça, credo, sexo, profissão, classe social ou econômica, origem ou grau de instrução", nos termos do art. 436, § 1º, do CPP.

O jurado em efetivo exercício da função tem o direito de "preferência, em igualdade de condições, nas licitações públicas e no provimento, mediante concurso, de cargo ou função pública, bem como nos casos de promoção funcional ou remoção voluntária", nos termos do art. 440 do CPP.

Além disso, como dispõe o art. 441 do CPP, "nenhum desconto será feito nos vencimentos ou salário do jurado sorteado que comparecer à sessão do júri". A regra destina-se a garantir a presença do jurado na sessão de julgamento, para o exercício do serviço obrigatório (art. 436, *caput*, CPP), sem que isso lhe possa acarretar qualquer repercussão remuneratória negativa.

Por outro lado, como reflexo da própria obrigatoriedade do serviço, "ao jurado que, sem causa legítima, não comparecer no dia marcado para a sessão ou retirar-se antes de ser dispensado pelo presidente será aplicada multa de 1 (um) a 10 (dez) salários mínimos, a critério do juiz, de acordo com a sua condição econômica", nos termos do art. 442 do CPP.

Quanto à *causa legítima* justificadora da ausência, como explicita o art. 443 do CPP, "somente será aceita escusa fundada em motivo relevante devidamente comprovado e apresentada, ressalvadas as hipóteses de força maior, até o momento da chamada dos jurados". Trata-se em princípio, portanto, de uma *exigência de justificação prévia*, não suprida por escusa apresentada *a posteriori*, senão em caso de força maior.

A dispensa do jurado do serviço obrigatório, nesse contexto, somente pode se dar "por decisão motivada do juiz presidente, consignada na ata dos trabalhos" (art. 444, CPP).

Essas normas aplicam-se de igual modo aos *suplentes*, quando convocados (art. 446, CPP).

Por serem efetivamente *juízes*, os jurados submetem-se ao mesmo regime de responsabilidade penal e de impedimento e suspeição de juízes togados. Assim, a responsabilidade penal *própria* do exercício da função jurisdicional é aplicável também aos jurados, enquanto titulares de órgãos de competência judiciária. Por exemplo, o jurado pode responder por corrupção passiva, crime próprio do servidor público, inclusive do juiz togado. Confira-se, a esse respeito, a norma do art. 445 do CPP: "O jurado, no exercício da função ou a pretexto de exercê-la, será responsável criminalmente nos mesmos termos em que os juízes togados". Esse regime aplica-se também aos suplentes, quando convocados (art. 446, CPP).

Abordam-se o impedimento e a suspeição de jurados no próximo tópico.

5.3. Impedimento e Suspeição de Jurados (artigos 447 a 451, CPP)

Aplicam-se ao jurado, como titular de função jurisdicional, as hipóteses de impedimento, de suspeição e de incompatibilidade referentes ao juiz togado, previstas nos artigos 112, 252, 253 e 254 do CPP, conforme expressamente preceituado no art. 448, § 2º, do CPP: "Aplicar-se-ão aos jurados o disposto sobre os impedimentos, a suspeição e as incompatibilidades dos juízes togados".

Há, no entanto, *causas específicas de impedimento dos jurados*, especificadas nos artigos 448 e 449 do CPP. Essas causas subdividem-se em: (a) causas de impedimento referentes à composição do órgão colegiado (Conselho de Sentença), objeto do art. 448 do CPP; (b) causas de impedimento dos jurados independentes da composição do órgão colegiado, objeto do art. 449 do CPP.

A lógica das hipóteses de impedimento do art. 448, assim, assemelha-se àquela própria do art. 253 do CPP (impedimento no colegiado). Do mesmo modo, a lógica das hipóteses do art. 449 aproxima-se daquela própria do art. 252 do CPP.

Nos termos do art. 448, *caput*, do CPP, há impedimento de que jurados sirvam *no mesmo Conselho* se presente alguma das seguintes relações pessoais: (i) marido e mulher; (ii) ascendente e descendente; (iii) sogro e genro ou nora; (iv) irmãos e cunhados, durante o cunhadio; (v) tio e sobrinho; (vi) padrasto, madrasta ou enteado.

Quanto ao ponto (i), o impedimento se estende às pessoas que mantenham relação de união estável, conforme preceitua o art. 448, § 1º, do CPP: "O mesmo impedimento ocorrerá em relação às pessoas que mantenham união estável reconhecida como entidade familiar".

O relacionamento de união civil estável, como sustentamos quanto aos juízes togados, insere-se nas causas de impedimento e de suspeição respeitantes ao "cônjuge". No âmbito específico do Tribunal do Júri, porém, há menção expressa no Código de Processo Penal (art. 448, § 1º), por conta do advento da Lei nº 11.689/2008, que conferiu ao parágrafo referido sua redação atual. Considera-se, assim, a relação familiar civil (casamento, união estável e parentesco), do mesmo modo que no art. 253 do CPP, circunstância apta a afetar a imparcialidade do julgador (jurado).

A respeito dos impedidos entre si de servir no mesmo Conselho de Sentença, servirá o jurado que houver sido sorteado em primeiro lugar, conforme o disposto no art. 450 do CPP.

Do art. 449 do CPP, por sua vez, constam as *causas específicas de impedimento do jurado*, independentes da composição do Conselho de Sentença. Assim, não poderá servir: (i) o jurado que tiver funcionado em julgamento anterior do mesmo processo, independentemente da causa determinante do julgamento posterior; (ii) na hipótese de concurso de pessoas, o jurado que houver integrado o Conselho de Sentença que julgou outro acusado; (iii) o jurado que tiver manifestado prévia disposição para condenar ou absolver o acusado.

Sobre o ponto (i), trata-se de causa de impedimento, eis que encontrada dentro do processo em que o jurado está impedido de servir (circunstância objetiva endo-processual). Essa hipótese passou a integrar expressamente o Código de Processo Penal com o advento da Lei nº 11.689/2008, mas já era há muito tempo reconhecida pela doutrina e pela jurisprudência. A propósito, é bem antiga a Súmula nº 206 do STF, sobre esse ponto: "É nulo o julgamento posterior pelo júri com a participação de jurado que funcionou em julgamento anterior do mesmo processo".

Justifica-se a hipótese em função da garantia de que o segundo julgamento se realize sob bases imparciais. Ademais, a causa decorre da própria exigência (garantia) constitucional da incomunicabilidade do jurado após o sorteio, que restaria afetada caso se permitisse que o jurado, já tendo manifestado voto em uma primeira opor-tunidade, participasse de segundo julgamento da mesma causa.

É o que acontece, por exemplo, no caso em que o tribunal de segundo grau dá provimento a recurso de apelação fundado na manifesta contrariedade do veredicto à prova dos autos (art. 593, III, *d* e § 3º, CPP). Nessa hipótese, cassado o veredicto, o acusado será submetido a segundo julgamento (art. 593, § 3º, CPP) *perante novo júri*, no qual não poderá servir o jurado que participou do julgamento anulado.

O impedimento, de resto, independe da causa do segundo julgamento, con-forme expressa o art. 449, I, do CPP. Pode isso ocorrer, assim, inclusive no caso em que o veredicto é invalidado por força de nulidade posterior à pronúncia (art. 593, III, *a*, CPP), hipótese em que a decisão do jurado não é diretamente afetada, em seu mérito. Isso revela que a principal razão de direito do impedimento está mesmo vinculada à preservação dos princípios regentes da instituição do júri, sobretudo a incomunicabilidade do jurado.

Razões semelhantes inspiraram a previsão da causa de impedimento objeto do art. 449, II, do CPP, estando impedido o jurado de participar do julgamento de outro acusado do mesmo processo, se já houver participado do Conselho de Sentença que julgou co-acusado pelos mesmos fatos.

Admite-se, por outro lado, que o mesmo Conselho de Sentença conheça e jul-gue mais de um processo, "no mesmo dia, se as partes aceitarem, hipótese em que seus integrantes devem prestar novo compromisso", nos termos do art. 452 do CPP.

Por fim, tem-se a causa específica de *impedimento* ou de *suspeição* prevista no art. 449, III, do CPP, atinente à predisposição do jurado para condenar ou absolver o acusado. A predisposição pode ter se evidenciado por conduta praticada dentro do processo, quando já sorteado o jurado, ou por atitude manifestada fora do processo. Entendemos que, nesse último caso, tem-se hipótese de *suspeição*, já que a circuns-tância é encontrada fora do processo em que o jurado não pode servir.

Quanto à maneira de arguição de qualquer hipótese, geral ou específica, de suspeição e de impedimento dos jurados, aplica-se o disposto no art. 106 do CPP: "A suspeição dos jurados deverá ser arguida oralmente, decidindo de plano o presidente do Tribunal do Júri, que a rejeitará se, negada pelo recusado, não for imediatamente comprovada, o que tudo constará da ata".

Como se examina melhor no na Seção do Capítulo XVI reservada ao procedimento do júri, os jurados excluídos por impedimento, suspeição ou incompatibilidade serão considerados para a constituição do número mínimo (15 jurados, conforme o art. 463, *caput*, do CPP) necessário à realização da sessão, nos termos do art. 450 do CPP. Se, computados os jurados motivadamente impedidos ou suspeitos e realizado o limite de 3 (três) recusas imotivadas permitido a cada uma das partes, não houver condições de constituir o Conselho de Sentença, integrado por 7 (sete) jurados, será designada nova data para a sessão de julgamento (art. 471, CPP).

5.4. Recusa Imotivada de Jurados

Como instituto próprio da tradição do modelo processual penal de tipo acusatório, tem-se a possibilidade de *recusa imotivada de juízes*, no caso *de jurados*. Essa hipótese harmoniza-se com a figura dos juízes leigos em colegiado e com o sistema da íntima convicção, também próprias da tradição do sistema acusatório.

Como contrapartida sobretudo da intimidade da convicção e da correlata ausência de motivação das decisões proferidas pelo júri, permite-se à parte recusar o juiz por pelo menos uma vez, sem precisar declinar as razões para tanto.

Nesse sentido, a possibilidade de recusa imotivada, no direito brasileiro, está restrita precisamente aos juízes leigos, os jurados, no âmbito do Tribunal do Júri, em que vigora o sistema da íntima convicção. Não há possibilidade, assim, de recusa imotivada de juiz togado, cujo convencimento deverá ser rigorosamente motivado sob a base da prova dos autos, sujeitando-se, portanto, a controle de legalidade sobre as razões de convicção.

A recusa imotivada de jurados está prevista no art. 468, *caput*, do CPP: "À medida que as cédulas forem sendo retiradas da urna, o juiz presidente as lerá, e a defesa e, depois dela, o Ministério Público poderão recusar os jurados sorteados, até três casa parte, sem motivar a recusa". Permite-se, assim, a recusa imotivada de até 3 (três) jurados para cada parte.

O jurado assim recusado será excluído da sessão de julgamento, conforme dispõe o art. 468, parágrafo único, do CPP. O estudo da arguição e das repercussões da recusa imotivada é objeto de análise no Capítulo XVI deste Curso, reservado aos procedimentos penais.

SEÇÃO II
Ministério Público

1. PERFIL INSTITUCIONAL DO MINISTÉRIO PÚBLICO

O Ministério Público é instituição essencial à Justiça, una, indivisível e independente, a que a Constituição reserva determinadas finalidades e funções. Ao Ministério Público cabe, segundo o art. 127, *caput*, da Constituição, "a defesa da ordem jurídica, do regime democrático e dos interesses sociais e individuais indisponíveis".

Em coerência com esses objetivos, o art. 129 da Constituição reserva ao Ministério Público funções institucionais específicas, como a promoção privativa da ação penal de iniciativa pública (art. 127, I, CF) e, na esfera extrapenal, a promoção de inquérito civil público e de ação civil pública destinada à defesa do patrimônio público e social, do meio ambiente e de outros interesses difusos e coletivos (art. 127, III, CF).

Para a realização de seus objetivos, o Ministério Público, como instituição permanente, tem: (i) *capacidade processual ativa*, na condição *autor de demandas judiciais* como a ação penal de iniciativa pública e a ação civil pública; (ii) *atuação como órgão de justiça*, na condição de *fiscal da lei (custos legis)*.

Trata-se de atuação do próprio Estado, por meio de instituição permanente, em defesa de determinados valores fundamentais e coletivos (ordem jurídica, regime democrático, interesses sociais e individuais indisponíveis), sobretudo perante o Poder Judiciário.

Como instituição, à semelhança do Poder Judiciário, o Ministério Público divide-se em diversos órgãos, cada um deles com aptidão para manifestar a vontade institucional una, dentro do respectivo âmbito de atribuições. Cada órgão, assim, realiza a própria presença do Ministério Público, ou, como expressam alguns, *presenta* o Ministério Público.

Não se trata, portanto, de *representação*, eis que o órgão, como parte do Ministério Público, realiza a expressão da vontade do todo, isto é, da vontade, entendida como *posição subjetiva*, da instituição. Revela-se tecnicamente impróprio, nessa lógica, dizer que o Procurador da República ou o Promotor de Justiça é um "representante" do Ministério Público, por mais que isso seja comum na linguagem cotidiana. O órgão é a presença do Ministério Público, no ajuizamento de ação penal, na manifestação de parecer etc.

2. ATRIBUIÇÕES DOS ÓRGÃOS DO MINISTÉRIO PÚBLICO

Assim como o Poder Judiciário, o Ministério Público integra-se por órgãos monocráticos (exemplo: Procurador da República) e por órgãos colegiados (exemplo: Câmara de Coordenação e Revisão Criminal). Entretanto, em termos de atuação concreta no âmbito de processos judiciais, a presença do Ministério Público se realiza essencialmente por órgão monocrático (ou por um conjunto de órgãos monocráticos). Por isso é que, na esfera do Ministério Público, há mais confusão entre a pessoa e o órgão do que acontece no domínio do Poder Judiciário.

De toda sorte, quando se fala em *Promotor de Justiça*, a expressão técnica correspondente é a de órgão monocrático do Ministério Público Estadual com atuação perante juízo estadual de primeira instância (juízo de direito), dentro de determinado plexo de atribuições, o que pode ser designado por *ofício* (órgão ministerial monocrático com determinado plexo de atribuições).

Esse órgão, naturalmente, é titularizado por uma pessoa, investida no cargo respectivo. As *atribuições*, no entanto, são do órgão do Ministério Público (ofício), e não da pessoa do promotor, do mesmo modo que a *competência* é do órgão do Poder Judiciário (*juízo*), e não da pessoa do juiz.

Na abordagem da competência judiciária, e também na do conflito de competência, esclareceu-se que a *competência* consiste especificamente na medida de poder *jurisdicional*, dizendo respeito, portanto, apenas ao Poder Judiciário. Os órgãos do Ministério Público, diversamente, dispõem de *atribuições*, que consistem no *plexo delimitado* do exercício das funções institucionais conferido a cada órgão. Aqui, também, poderá haver conflito, conforme de igual modo se analisou em cotejo com o conflito de competência, no Capítulo X deste Curso, reservado aos incidentes processuais.

Essa feição orgânica própria do Ministério Público, associada ao fato de se tratar de instituição extrajudicial e de caráter administrativo (embora com atuação judicial), conduz-nos a uma linha de abordagem diversa, como *sujeito do processo penal*, daquela reservada ao juiz, na Seção anterior, em que enfocamos a pessoa do magistrado.

Assim, neste tópico, examinaremos o Ministério Público como instituição, englobando tanto a realidade jurídica do órgão quanto a da pessoa do membro do Ministério Público. Nesse sentido, apreciaremos tanto aspectos relacionados à estrutura institucional e às atribuições, no contexto do princípio do promotor natural (atinente ao órgão), quanto causas de impedimento e de suspeição do membro do Ministério Público (atinentes à pessoa titular do órgão).

3. ESTRUTURA ORGÂNICA DO MINISTÉRIO PÚBLICO

No plano mais amplo, a *função essencial à Justiça* designada por *Ministério Público* compreende as instituições *Ministério Público da União* (art. 128, I, CF) e *Ministério Público Estadual* (art. 128, II, CF), vale dizer: (i) a instituição *Ministério Público da União*, composta por determinados órgãos; (ii) a instituição *Ministério Público de cada Estado* da Federação, composta também por determinados órgãos.

Assim, de maneira geral, têm-se órgãos do Ministério Público da União e órgãos do Ministério Público do Estado (unidade da federação). O Ministério Público da União é chefiado pelo órgão Procurador-Geral da República (art. 128, § 1º, CF[6]), ao

---

6. Art. 128, § 1º, CF: "O Ministério Público da União tem por chefe o Procurador-Geral da República, nomeado pelo Presidente da República dentre integrantes da carreira, maiores de trinta e cinco anos, após a aprovação de seu nome pela maioria absoluta dos membros do Senado Federal, para mandato de dois anos, permitida a recondução".

passo que o Ministério Público de cada Estado é chefiado por Procurador-Geral de Justiça (art. 128, §§ 3º e 4º, CF[7]).

A carreira do Ministério Público da União é disciplinada na Lei Complementar nº 75/1993 (Lei Orgânica do Ministério Público da União). A do Ministério Público dos Estados, na Lei nº 8.625/1993 (Lei Orgânica Nacional do Ministério Público dos Estados).

3.1. Ministério Público da União

O Ministério Público da União, nos termos da própria Constituição Federal (art. 128, I), compreende: (a) o *Ministério Público Federal*; (b) o *Ministério Público do Trabalho*; (c) o *Ministério Público Militar*; (d) o *Ministério Público do Distrito Federal e Territórios*.

Cada uma dessas divisões, chefiadas pelo Procurador-Geral da República, é integrada por diversos órgãos.

A estrutura orgânica de cada uma delas, como já afirmado, consta da Lei Complementar nº 75/1993. Faremos aqui uma exposição sintética, que permita identificar com clareza o órgão do Ministério Público oficiante em cada órgão jurisdicional. Trataremos em particular do Ministério Público Federal e do Ministério Público Militar, de maior interesse para o processo penal.

3.1.1. Ministério Público Federal

Ao Ministério Público Federal cabe exercer as funções institucionais próprias do Ministério Público: (i) junto à Justiça Comum Federal; (ii) junto à Justiça Eleitoral (art. 72, LC nº 75).

Quanto ao primeiro âmbito de atuação, o Ministério Público Federal é composto pelos seguintes órgãos: (a) *Procuradores da República*, com ofício (titulares de plexo de atribuições) e atuação junto a juízos federais (primeira instância); (b) *Procuradores Regionais da República*, com ofício e atuação, *normalmente*, junto a Tribunais Regionais Federais (art. 68, LC nº 75); (c) *Subprocuradores-Gerais da República*, órgãos delegados do Procurador-Geral da República para atuação junto ao Supremo Tribunal Federal, ao Superior Tribunal de Justiça e ao Tribunal Superior Eleitoral[8]; (d) *Procurador-Geral da República*, com ofício e atuação direta junto ao Supremo Tribunal Federal.

Esses são os órgãos (monocráticos) com atuação judicial, que aqui nos interessam mais de perto. Há também órgãos colegiados com atuação eminentemente administrativa, quais sejam, o Colégio dos Procuradores da República, o Conselho Superior do Ministério Público Federal, a Corregedoria do Ministério Público Federal e as *Câmaras*

---

7. Art. 128, § 3º, CF: "Os Ministérios Públicos dos Estados e o do Distrito Federal e Territórios formarão lista tríplice dentre integrantes da carreira, na forma da lei respectiva, para escolha de seu Procurador-Geral, que será nomeado pelo Chefe do Poder Executivo, para mandato de dois anos, permitida uma recondução".

8. No plano administrativo, também junto às Câmaras de Coordenação e Revisão Criminal.

Cap. XIII · SUJEITOS DO PROCESSO PENAL

de Coordenação e Revisão Criminal, este último com relevante possibilidade de atuação na fase investigativa do processo penal, ao exercer, por delegação do Procurador-Geral da República, controle sobre o exercício da ação penal em caso de pedido de arquivamento devolvido pelo órgão judiciário competente (art. 28 do CPP e, em particular, art. 62, IV, da LC nº 75/1993).

A respeito da atuação do Ministério Público Federal junto à Justiça Eleitoral, têm-se os seguintes órgãos: (a) *Procurador-Geral Eleitoral*, que é o Procurador-Geral da República, com ofício e atuação junto ao Tribunal Superior Eleitoral (art. 73, *caput*, e art. 74, *caput*, LC nº 75); (b) *Vice-Procurador-Geral Eleitoral e Subprocuradores-Gerais Eleitorais*, que são Subprocuradores-Gerais da República designados pelo Procurador--Geral da República para atuação junto ao Tribunal Superior Eleitoral (art. 73, parágrafo único, e art. 74, parágrafo único, LC nº 75); (c) *Procurador Regional Eleitoral*, designado pelo Procurador-Geral Eleitoral para atuação junto ao Tribunal Regional Eleitoral de cada Estado da Federação (há um Procurador Regional Eleitoral por Estado, podendo ser designados outros membros do Ministério Público Federal para atuarem, junto ao Tribunal Regional Eleitoral, sob a coordenação do Procurador Regional Eleitoral).

A atuação do Ministério Público Federal junto à Justiça Eleitoral, assim, compreende a segunda e a terceira instâncias: Tribunal Superior Eleitoral e Tribunal Regional Eleitoral.

Por outro lado, a atuação do Ministério Público junto à primeira instância da Justiça Eleitoral, constituída pelos juízes e juntas eleitorais, opera-se pelo órgão *Promotor Eleitoral*, que é o Promotor de Justiça (Ministério Público Estadual) que oficia perante o juízo incumbido do serviço eleitoral de cada zona (ou, à sua falta, o Promotor de Justiça substituto indicado pelo Procurador-Geral de Justiça).

Há, portanto, na Justiça Eleitoral, atuação tanto do Ministério Público Federal quanto do Ministério Público Estadual.

3.1.2. Ministério Público Militar

O Ministério Público Militar compreende os seguintes órgãos, com ofício junto à *Justiça Militar da União*: (a) *Procurador-Geral da Justiça Militar*, chefe do Ministério Público Militar, que oficia perante o Superior Tribunal Militar (STM); (b) *Subprocuradores-Gerais da Justiça Militar*, designados pelo Procurador-Geral da Justiça Militar para atuação delegada junto ao Superior Tribunal Militar; (c) *Procuradores da Justiça Militar (segundo grau da carreira)*, que oficiam perante as Auditorias Militares; (d) *Promotores da Justiça Militar (primeiro grau da carreira)*, que oficiam também perante as Auditorias Militares.

3.2. Ministério Público Estadual

No âmbito do Ministério Público de cada Estado, têm-se: (a) o *Procurador-Geral de Justiça*, chefe do Ministério Público do Estado, com ofício perante o Tribunal de Justiça; (b) os *Procuradores de Justiça*, com ofício perante o Tribunal de Justiça; (c) os *Promotores de Justiça*, com ofício perante juízos de direito.

Como já destacado no tópico anterior, os Promotores de Justiça também podem oficiar perante juízos eleitorais (de primeira instância), sob a coordenação do Procurador Regional Eleitoral.

4. PRINCÍPIO DO PROMOTOR OU DO PROCURADOR NATURAL

O *princípio do promotor natural*, em paralelo com o do juízo natural, expressa a garantia de fixação do órgão do Ministério Público e das respectivas atribuições segundo critérios normativos, abstratos, impessoais e previamente estabelecidos.

Esse princípio pode ser desdobrado nas seguintes vertentes: (i) *proibição do promotor de exceção*, ou promotor *ad hoc*, designado para atuação em caso específico, com base na pura discricionariedade; (ii) *garantia do promotor competente*, isto é, garantia do âmbito de atribuições de determinado órgão do Ministério Público, que não pode ser casuisticamente afastado pela intervenção de outro órgão.

Como já abordado, o Ministério Público é instituição permanente que se divide e expressa sua vontade una por diversos órgãos, titulares de âmbitos ou plexos de atribuições. Garantir a atuação concreta do órgão do Ministério Público, fixado com base na definição normativa desse âmbito de atribuições, é impedir a designação concreta de promotor com base na pessoalidade e na discricionariedade, em prejuízo do sujeito que será afetado pela escolha do órgão ministerial.

Interessa asseverar que a garantia é do plexo de atribuições *do órgão do Ministério Público*, e não da pessoa titular dessa unidade, assim como a competência judiciária é de juízos ou de tribunais, e não de magistrados.

Por mais que cada membro do Ministério Público exerça atribuições, isso se dá dentro da órbita fixada abstratamente para o órgão respectivo. Essa realidade técnica é menos perceptível no Ministério Público que no Poder Judiciário, já que os órgãos do Ministério Público com atuação judicial são todos monocráticos, por isso havendo frequente confusão entre o membro e a unidade. Não se descaracteriza, de toda sorte, a fixação normativa de um plexo de atribuições vinculado ao órgão. Tanto é assim que se, por exemplo, o promotor for promovido, o *ofício* (órgão correspondente) continua com suas atribuições preservadas para a causa, cujo exercício ocorrerá pelo próximo membro do Ministério Público que vier a titularizar a unidade.

Os membros do Ministério Público são, assim, titulares de ofícios com âmbitos de atribuições normativamente delimitados, em caráter prévio e abstrato, vedando-se a designação voluntarista de órgãos e de promotores, depois do fato e para atuação na esfera específica.

Precisamente para assegurar o respeito ao princípio do promotor natural é que a Resolução nº 104/2010, do Conselho Superior do Ministério Público Federal, instituiu a fixação do órgão do Ministério Público de acordo com critérios impessoais e abstratos, assentados na distribuição automática[9].

---

9. Art. 1º, Resolução 104/2010, CSMPF: "A repartição de atribuições entre membros do MPF deverá observar: II – definição do membro por livre distribuição de modo a garantir o princípio do promotor natural,

Cap. XIII · SUJEITOS DO PROCESSO PENAL

Ainda que não se espere imparcialidade na atuação do órgão do Ministério Público, nos moldes aplicáveis à competência judiciária, há a exigência de impessoalidade no cumprimento das funções constitucionalmente reservadas à instituição (art. 129, CF).

Constitui direito de toda pessoa, portanto, o de ser investigada ou acusada por promotor ou procurador (órgão do Ministério Público) fixado, com suas respectivas atribuições, de acordo com critérios normativos, abstratos e impessoais. Do contrário, a movimentação do aparato público disponível à persecução penal estará a serviço de interesses pessoais, que inspiraram a escolha voluntarista de determinado órgão e promotor para atuar em certa causa.

5. O MINISTÉRIO PÚBLICO NO PROCESSO PENAL

A atuação do Ministério Público no processo penal pode assumir múltiplas formas, não se limitando à promoção da ação penal pública.

Identificam-se, no sistema, as seguintes funções institucionais cometidas ao Ministério Público no domínio da persecução penal: (i) titularidade privativa da ação penal de iniciativa pública, na forma da lei processual penal (art. 129, I, CF); (ii) controle externo da atividade policial, na forma da lei complementar aplicável (art. 129, VII, CF); (iii) requisição de diligências investigativas e de inquérito policial (art. 129, VIII, CF / artigos 16 e 5º, II, CPP); (iv) investigação em procedimento próprio, independente do inquérito policial, segundo a jurisprudência dominante na atualidade; (v) em geral, atuação como órgão de justiça ou fiscal da lei (*custos legis*).

5.1. Funções do Ministério Público na Fase Pré-Processual

Na fase pré-processual da persecução penal, o Ministério Público pode atuar: (i) instaurando e conduzindo procedimento de investigação criminal; (ii) requisitando diligências investigativas junto à polícia judiciária (art. 16, CPP); (iii) requisitando a instauração de inquérito policial junto à polícia judiciária (art. 5º, II, CPP); (iv) requisitando informações e documentos junto a outros âmbitos públicos, assim como a particulares (art. 47, CPP); (v) ajuizando representações junto ao órgão judiciário competente, pela decretação de medidas cautelares pessoais (prisão temporária, prisão preventiva ou medida cautelar pessoal alternativa), patrimoniais (as assecuratórias, como o sequestro e o arresto) ou probatórias (busca e apreensão, interceptação telefônica, incidente de antecipação de prova), necessárias à garantia da efetividade do virtual processo de ação penal pública; (vi) exercendo o controle externo da atividade policial.

---

inclusive nos processos afetos ao pleno ou órgão especial dos tribunais, ressalvadas as atribuições do Procurador-Geral da República; III – todas as representações, inclusive os procedimentos instaurados de ofício, deverão ser submetidas a procedimento de distribuição por critérios impessoais e objetivos; IV – o órgão do Ministério Público Federal somente poderá instaurar procedimentos relativos a matérias concernentes a sua área de atuação, que obrigatoriamente deverão ser submetidos à livre distribuição, respeitadas as hipóteses de prevenção, nos termos da legislação processual vigente. Em se tratando de matéria diversa, o membro do Ministério Público Federal deverá formular representação ao Procurador-distribuidor, que procederá à livre-distribuição."

Acerca dos poderes de investigação do Ministério Público, consulte-se Seção II do Capítulo V deste Curso. Como titular da ação penal de iniciativa pública, entende-se que o Ministério Público pode atuar conduzindo investigações, independentemente de inquérito policial, para a consecução de subsídios necessários ao exercício da acusação em juízo. Após muita polêmica sobre o assunto, o Supremo Tribunal Federal consolidou orientação nesse sentido. Confira-se: STF, Tribunal Pleno, Rel. p/ Acórdão Min. GILMAR MENDES, julgamento em 14.05.2015, DJ de 08.09.2015.

Independentemente da existência de procedimento de investigação próprio, poderá o Ministério Público requisitar diligências investigativas ao delegado de polícia (art. 16, CPP / art. 7º, II, LC nº 75/1993), assim como a própria instauração de inquérito policial (art. 5º, II, CPP / art. 7º, II, LC nº 75/1993).

Cabe também ao Ministério Público exercer o controle externo da atividade policial, o que, no âmbito do Ministério Público da União, opera-se na forma do art. 9º da Lei Complementar nº 75/1993, mediante os seguintes atos: livre ingresso em estabelecimentos policiais ou prisionais; acesso a quaisquer documentos relativos à atividade-fim policial; representação à autoridade competente pela adoção de providências para sanar a omissão indevida, ou para prevenir ou corrigir a ilegalidade ou abuso de poder; requisição à autoridade competente para a instauração de inquérito policial sobre a omissão ou fato ilícito ocorrido no exercício da atividade policial; promoção de ação penal por abuso de poder.

De igual modo, independentemente da existência de procedimento de investigação autônomo, o Ministério Público poderá diretamente requisitar informações e documentos, no contexto da persecução penal, "de quaisquer autoridades ou funcionários que devam ou possam fornecê-los", nos termos do art. 47 do CPP.

O Ministério Público é também titular de iniciativa para a instauração de procedimentos cautelares na fase pré-processual. No estudo de cada medida cautelar, portanto, verifica-se sempre a legitimidade do Ministério Público para postular a sua decretação, como acontece, por exemplo, nos seguintes dispositivos: art. 127, CPP (sequestro); art. 282, § 2º, CPP (medidas cautelares pessoais); art. 311, CPP (prisão preventiva); art. 2º, Lei nº 7.960/1989 (prisão temporária).

5.2. Funções do Ministério Público na Ação Penal

Nos termos do art. 257 do CPP, "ao Ministério Público cabe: I – promover, privativamente, a ação penal pública, na forma estabelecida neste Código; e II – fiscalizar a execução da lei".

Na fase processual, destaca-se o perfil institucional do Ministério Público como titular da ação penal de iniciativa pública (art. 129, I, CF / art. 24, *caput*, CPP / art. 100, § 1º, CP / art. 257, I, CPP). Essa feição, a propósito, é que sobretudo conforma o sistema processual penal brasileiro como modelo de tipo *acusatório*, na medida em que se concentra a função de acusar em instituição independente do Poder Judiciário.

Nesse particular, o Ministério Público é a *parte acusadora*, titular do *polo ativo* da relação jurídica processual penal própria da ação penal de iniciativa pública, do mesmo modo que o ofendido é o titular da mesma posição subjetiva na relação inerente à ação penal de iniciativa privada.

Além da (i) titularidade da ação penal pública, porém, dispõe o Ministério Público de (ii) atuação como órgão de justiça (*custos legis*), em qualquer tipo de ação penal (art. 257, II, CPP). Nessa condição, cumpre ao Ministério Público, independentemente da titularidade da ação penal, atuar pela emissão de pareceres, previamente à decisão judicial sobre questões relevantes.

O caráter público do objeto do processo penal, ainda que instaurado por iniciativa particular, impõe a atuação do Ministério Público como órgão de justiça, o que, a propósito, está fixado na parte final do art. 45 do CPP: "A queixa, ainda quando a ação penal for privativa do ofendido, poderá ser aditada pelo Ministério Público, a quem caberá intervir em todos os termos subsequentes do processo".

Âmbito específico em que igualmente se verifica a atuação do Ministério Público como órgão de justiça na ação penal privada exclusiva é aquele objeto do art. 48 do CPP, em que se reserva à instituição a função de zelar pelo respeito ao princípio da indivisibilidade: "A queixa contra qualquer dos autores do crime obrigará ao processo de todos, e o Ministério Público velará pela sua indivisibilidade".

A respeito da titularidade da ação penal de iniciativa pública, cumpre refletir especialmente sobre o perfil processual do Ministério Público nesse nicho.

5.3. O Ministério Público como Titular da Ação Penal Pública: Parte Imparcial?

É antiga, na doutrina, a discussão sobre a *imparcialidade* ou *parcialidade* do órgão do Ministério Público.

Antes de tudo, assevere-se que, como órgão de justiça, o Ministério Público é induvidosamente imparcial, estranho a qualquer das posições polarizadas disputantes, atuando apenas em defesa da ordem jurídica, como seu "fiscal". Nessa hipótese, o Ministério Público não titulariza nenhum interesse próprio da parte da relação processual. Emitindo pareceres e até mesmo recorrendo de decisões judiciais, o Ministério Público titulariza imediatamente a posição objetiva emanada da lei, por mais que o resultado vá, de maneira mediata, repercutir na esfera subjetiva das partes em conflito.

Por outro lado, no momento em que o Ministério Público atua (i) ajuizando ação penal ou (ii) promovendo medidas preliminares destinadas ao ajuizamento da ação penal, está titularizando uma posição subjetiva, a de *acusação*, que defenderá na etapa instrutória do processo.

A doutrina contemporânea tende a sustentar a imparcialidade do Ministério Público mesmo quando atua como titular da ação penal. Nesse sentido, fala-se em uma posição de "parte em sentido formal", em uma "perspectiva puramente processual", havendo, entretanto, *imparcialidade* em sua atuação. Tem-se, assim, uma concepção de "parte imparcial" para o Ministério Público[10].

A nosso juízo, essa concepção não se justifica, por maior que seja o esforço dos eminentes doutrinadores que a defendem. Não concebemos uma noção de "parte imparcial", ainda que estejamos conscientes de que assim assumimos a posição hoje minoritária, rechaçada por ilustres e destacados processualistas, do nível de EUGÊNIO PACELLI.

Como antes afirmado, o Ministério Público titulariza uma posição *acusatória*. Para acusar, o órgão do Ministério Público exerce *opinio delicti*, identificando, nos elementos informativos, a materialidade de fato constitutivo de crime e individualizando a respectiva autoria. Em seguida, o Ministério Público vincula, a essa hipótese acusatória, uma *pretensão* em face de alguém. Ora, a dedução da hipótese e da pretensão em juízo vincula o Ministério Público a uma posição subjetiva.

Não se pode acusar alguém sem ser parcial, pois a acusação reflete um interesse, de punir alguém, o qual será posto em litígio para a decisão do juiz. Não muda esse quadro o fato de a acusação do Ministério Público ser exercida na forma da lei, refletindo uma feição pública. Toda pretensão é exercida, *em tese*, de acordo com a lei. Cabe ao juiz, no mérito, dizer quem tem razão, de acordo com a lei.

A atuação do Ministério Público reflete, isto sim, um *interesse* público. Trata-se, portanto, de *interesse*, que só pode ser parcial, como é, por exemplo, a atuação judicial da União ou de outro ente público.

Com essa lógica, não se diminui, em absoluto, o perfil institucional do Ministério Público na defesa da ordem jurídica. Pelo contrário, só uma atuação firme do Ministério Público na defesa da pretensão acusatória, de maneira efetivamente parcial, poderá se mostrar eficaz e efetiva.

O Ministério Público movimenta representações e postula a produção de provas em juízo em defesa da pretensão e da procedência da hipótese acusatória, isto é, em favor de uma pretensão subjetiva, de parte. Um órgão imparcial não poderia encerrar tamanho ativismo na defesa da pretensão acusatória pública.

Parece-nos inconcebível, por essa razão, cogitar de "parte imparcial", até porque a parcialidade é atributo conceitual incindível da própria noção de parte. Não cabe pensar um conceito especial de parte "em sentido formal", sobretudo porque o conceito de parte já é um conceito formal, eis que essa figura constitui uma posição subjetiva própria da relação processual.

---

10. Nesse sentido, EUGÊNIO PACELLI: "Rejeitamos, assim, e inteiramente, pretensões tendentes à parcialização da atuação ministerial. Nem a efetiva preocupação com uma verossimilhança (verdade processual mais consistente justifica a perda da imparcialidade de um órgão público associado à persecução penal. De outro lado, a obrigatoriedade, como já visto, diz respeito à vinculação do órgão do Ministério Público ao seu convencimento (opinio delicti) acerca dos fatos investigados, ou seja, significa apenas ausência de discricionariedade quanto à conveniência ou oportunidade da propositura da ação penal, se presentes o fato (materialidade) criminoso (sua qualificação jurídica) e a autoria. Cfr. PACELLI, Eugênio. *Curso de Processo Penal*. São Paulo: Atlas, 2013, p. 461.

Sustentamos, assim, que, *quanto ao exercício da acusação*, o Ministério Público assume posição parcial, por mais que sua atuação em geral, como instituição pública, reclame imparcialidade.

Merecem referência, nesse cenário, as esclarecedoras ponderações de HÉLIO TORNAGHI: "O Ministério Público é parte como órgão (e não representante) do Estado. O aspecto ritual do processo a tanto leva, porque, além de o Ministério Público ser fiscal da aplicação da lei, ele exerce a função de acusar. Essa última é sua atribuição precípua, uma vez que o processo está organizado de forma contraditória"[11].

Agora, claro, se após a instrução criminal o Ministério Público não visualizar elementos aptos à subsistência de sua pretensão acusatória, deverá atuar como órgão de justiça, requerendo a absolvição do acusado, como permite o art. 385 do CPP. Isso não descaracteriza o ativismo anterior do Ministério Público em defesa da acusação, uma posição subjetiva própria da parte integrante do polo ativo do processo penal. De resto, para pugnar pela absolvição do acusado, o Ministério Público assume outra postura institucional, por força do regime normativo, servindo como órgão de justiça.

Conforme TORNAGHI: "Pode acontecer que durante o processo o Ministério Público se convença da inocência do acusado e peça para ele a absolvição. Mas o contraste inicial, nascido com a denúncia, permanece, uma vez que a lei não dispensa o juiz de apurar a verdade acerca da acusação e de condenar, se entender que o réu é culpado (...) Não há, pois, conflito entre a imparcialidade que o Ministério Público deve observar como *custodio* da lei e o seu caráter de parte. Imparcial ele deve ser apenas na fiscalização, na vigilância, no zelo da lei (...) Mas essa é apenas uma de suas funções e não é a que ele tem como parte. Como tal, cabe-lhe promover a aplicação da lei penal ao acusado, persegui-lo (no sentido técnico, é claro), carrear para o processo todas as provas de sua responsabilidade, chamar a atenção dos julgadores para as circunstâncias (*lato sensu*) que possam onerá-lo, agravando a pena ou qualificando o crime"[12].

Como antes expusemos, essa lógica parece-nos irrecusável. Negá-la é ignorar a própria realidade, inclusive a normativa, do processo de tipo adversarial e acusatório.

5.4. Impedimento e Suspeição de Membros do Ministério Público

Nos termos do art. 258 do CPP, "os órgãos do Ministério Público não funcionarão nos processos em que o juiz ou qualquer das partes for seu cônjuge, ou parente, consanguíneo ou afim, em linha reta ou colateral, até o terceiro grau, inclusive, e a eles se estendem, no que lhes for aplicável, as prescrições relativas à suspeição e aos impedimentos dos juízes".

A acusação pública, em tese, representa significativa invasão à esfera individual da pessoa, além de dispor de robusto aparato estatal. Nessas condições, seu exercício por uma instituição pública deve ser controlado, sujeitando-se inclusive a exigências mínimas de impessoalidade do servidor público titular de atribuições nessa órbita.

---

11. TORNAGHI, Hélio Bastos. *Curso de Processo Penal*. São Paulo: Saraiva, 1991, v. 1, p. 483.
12. TORNAGHI, Hélio Bastos. *Curso de Processo Penal*. São Paulo: Saraiva, 1991, v. 1, pp. 483-484.

Não se trata aqui, porém, da imparcialidade própria da função jurisdicional, entendida como posição de equidistância entre partes titulares de interesses. A "imparcialidade" do Ministério Público emana sobretudo da natureza pública do objeto do processo penal.

Especialmente, no âmbito institucional do Ministério Público, o regime de impedimento e de suspeição justifica-se: (i) pelo caráter público da função exercida; (ii) em particular, pela exigência de que o aparato estatal persecutório, de cunho acusatório, com todas as suas repercussões, não seja movimentado sob a base de interesses pessoais.

Isso não significa, portanto, que o Ministério Público seja imparcial quanto à defesa de sua pretensão em juízo, e sim que sua atuação não pode se pautar em circunstâncias reveladoras de interesse pessoal na causa, diante da feição pública do objeto do processo penal (exercício de poder punitivo privativo do Estado). Com essa lógica, aliás, é que o art. 258 do CPP impõe as causas de impedimento e de suspeição próprias dos juízes apenas *no que for aplicável* aos membros do Ministério Público.

Além das causas de impedimento e de suspeição próprias dos juízes, no que for compatível, o art. 258 do CPP veda expressamente que o membro do Ministério Público atue no processo em que o juiz ou qualquer das partes seja seu cônjuge ou parente. No caso do juiz, trata-se de norma compatível com a causa de impedimento objeto do art. 252, I, do CPP, mas com uma diferença relevante: o juiz está impedido se o cônjuge ou parente *tiver atuado* como órgão do Ministério Público. Se a causa, por outro lado, já está conduzida por determinado juiz, sem atuação prévia do cônjuge, membro do Ministério Público, não poderá este futuramente intervir no processo, nos moldes do art. 254 do CPP. Essa norma, em verdade, visa sobretudo a assegurar a imparcialidade *do juiz*.

Por outro lado, no caso da relação pessoal entre membro do Ministério Público e qualquer das partes, o impedimento justifica-se pelo caráter público do objeto do processo, que não pode ser manipulado, beneficiando a qualquer pretensão, em função de interesses pessoais dos sujeitos envolvidos.

O procedimento para a arguição da suspeição, ou do impedimento, de membro do Ministério Público é encontrado no art. 104 do CPP: "se for arguida a suspeição do órgão do Ministério Público, o juiz, depois de ouvi-lo, decidirá, sem recurso, podendo antes admitir a produção de provas no prazo de 3 (três) dias".

A arguição, nessa lógica, assume a forma de incidente processual, a ser resolvido pelo juiz com a aplicação, no que for compatível, das normas reservadas à exceção de suspeição de juízes.

SEÇÃO III
Acusado e Defensor

A disciplina normativa reservada ao acusado e a seu defensor, como sujeitos do processo, consta conjuntamente do Capítulo III do Título VIII do Livro I do Código de Processo Penal. Em atenção às suas características diferenciadas, no entanto, cumpre examinar separadamente cada uma dessas figuras.

SUBSEÇÃO I
Acusado

1. SENTIDO E ALCANCE

Entende-se por *acusado* o sujeito passivo da relação jurídica processual penal. Trata-se do *imputado* que titulariza a posição subjetiva passiva (polo passivo ou legitimado passivo) do processo.

Nesse sentido, o termo é sinônimo de *réu*, ainda que encerrando carga algo menos negativa, além de mais integrado à realidade do processo penal. Em verdade, o acusado é o réu do processo penal, já que esse último termo pode também ser utilizado para designar o demandado ou promovido no processo civil.

Difere o acusado, nessa perspectiva, do mero *suspeito*, do *investigado* e do *indiciado*. A condição de *acusado* (i) é formal e, ademais, (ii) reflete a existência de uma acusação (ação penal) recebida pelo órgão judiciário, com a instauração de processo penal.

As condições de *suspeito* e de *investigado* não são formais, refletindo apenas uma situação da realidade investigativa, em que atos de apuração voltam-se para determinada pessoa. Por seu turno, condição de *indiciado* (i) é formal, refletindo a prática de um ato de individualização expressa pela autoridade investigadora, mas (ii) extraprocessual, antecedendo ao exercício da acusação pelo titular (Ministério Público ou ofendido) e, portanto, à instauração do processo penal, e ainda (iii) exclusivamente policial.

As condições de investigado, indiciado e acusado são independentes entre si. O sujeito pode vir a figurar como acusado sem nunca haver sido investigado ou indiciado. No primeiro caso, a hipótese é incomum, já que o oferecimento de denúncia ou queixa (acusação) segue-se normalmente a um mínimo de investigação prévia dirigida ao sujeito. Quanto à segunda hipótese, observe-se que o indiciamento é um ato da autoridade investigadora, da polícia judiciária, a que não se vincula a *opinio delicti* do titular da ação penal (acusação). Assim, o indiciado pode nunca vir a ser acusado, o que, aliás, impõe a desconstituição do indiciamento.

O acusado, como legitimado passivo, deve ser compreendido como a pessoa física ou, nos casos determinados por lei, a jurídica, com capacidade penal.

Nessas condições:

(i) Estando a maioridade penal fixada em 18 (dezoito) anos, o menor é penalmente inimputável, não se sujeitando à acusação criminal. O menor de 18 (dezoito) anos submete-se a processo por ato infracional no âmbito do juizado da infância e da juventude. Não há para ele, portanto, a condição de acusado.

(ii) Estando atualmente a maioridade civil fixada em 18 (dezoito) anos, mesma idade da maioridade penal, não há mais hipótese de nomeação de curador para o menor de 21 (vinte e um) anos (antigo limite de capacidade civil plena, objeto do Código Civil de 1916) e maior de 18 (dezoito anos). A norma do art. 262 do CPP, assim, que prevê essa nomeação, foi tacitamente revogada pelo Código Civil vigente.

(iii) No direito brasileiro, em que pesem as opiniões no sentido contrário, há capacidade penal de pessoas jurídicas no âmbito dos crimes ambientais, objeto da Lei nº 9.605/1998. Assim, pessoa jurídica pode ser acusada em processo penal, segundo a jurisprudência dominante, que chancelou o regime legal específico. A orientação recente da Suprema Corte nem sequer mais exige, no caso, a dupla imputação do fato, à pessoa jurídica e à pessoa física envolvida. A pessoa jurídica, desta sorte, pode figurar como acusada de forma isolada, independentemente da imputação a qualquer pessoa física. Nesse sentido, refira-se o julgado da Primeira Turma do STF no RE 548.181/PR (STF, 1ª Turma, RE 548.181, Rel. Min. ROSA WEBER, julgamento em 06.08.2013, DJ de 30.10.2014): "1. O art. 225, § 3º, da Constituição Federal não condiciona a responsabilização penal da pessoa jurídica por crimes ambientais à simultânea persecução penal da pessoa física em tese responsável no âmbito da empresa. A norma constitucional não impõe a necessária dupla imputação. 2. As organizações corporativas complexas da atualidade se caracterizam pela descentralização e distribuição de atribuições e responsabilidades, sendo inerentes, a esta realidade, as dificuldades para imputar o fato ilícito a uma pessoa concreta. 3. Condicionar a aplicação do art. 225, §3º, da Carta Política a uma concreta imputação também a pessoa física implica indevida restrição da norma constitucional, expressa a intenção do constituinte originário não apenas de ampliar o alcance das sanções penais, mas também de evitar a impunidade pelos crimes ambientais frente às imensas dificuldades de individualização dos responsáveis internamente às corporações, além de reforçar a tutela do bem jurídico ambiental".

2. IDENTIFICAÇÃO DO ACUSADO

A respeito da identificação do acusado, considerem-se os termos do art. 259 do CPP: "A impossibilidade de identificação do acusado com o seu verdadeiro nome ou outros qualificativos não retardará a ação penal, quando certa a identidade física. A qualquer tempo, no curso do processo, do julgamento ou da execução da sentença, se for descoberta a sua qualificação, far-se-á a retificação, por termo, nos autos, sem prejuízo da validade dos atos precedentes".

Recomenda-se cuidado na leitura desse dispositivo.

No caso de dúvida sobre a identidade civil do sujeito, deverá ele ser submetido à identificação criminal, datiloscópica ou fotográfica. A Constituição Federal (art. 5º, LVIII) veda a identificação criminal *do civilmente identificado*, ressalvadas as hipóteses excepcionais previstas em lei. *A contrario sensu*, assimila-se da própria norma constitucional, sem a necessidade de recorrência a qualquer lei ordinária, que, não estando o sujeito civilmente identificado, tem-se permitida a identificação criminal.

Havendo dúvida sobre a identidade civil, o sujeito não está, por óbvio, civilmente identificado, impondo-se a identificação criminal, que se processa na forma da Lei nº 12.037/2009, estudada no Capítulo V deste Curso.

Esse quadro permite-nos concluir que ou será realizada a identificação civil, a partir dos documentos adequados (registro de nascimento, carteira de identidade), ou, se mesmo assim houver dúvida, a identificação criminal. Em outros termos, o sujeito estará ou civil ou criminalmente identificado. Do contrário, não haverá condições mínimas de individualização.

Desta sorte, quando a norma do art. 259 do CPP alude a uma "impossibilidade de identificação do acusado", só pode estar se referindo à *impossibilidade de identificação civil*. Essa conclusão é reforçada pela referência à impossibilidade de identificação do sujeito *com o seu verdadeiro nome ou outros qualificativos*, elementos próprios da identificação civil.

Pelo menos a identificação criminal, porém, há de ser feita, como condição para o ajuizamento da ação penal, compreensível a título de justa causa. Essa exigência, a propósito, emana da própria expressão legal *quando certa a identidade física*, algo que se alcança pela identificação criminal.

Nessas condições, a leitura a ser conferida ao art. 259 do CPP é a de que a impossibilidade de identificação *civil* do acusado não retardará a ação penal se o acusado está criminalmente identificado.

Com esses limites, justifica-se a instauração e o trâmite do processo penal, que não pode ser retardado por dificuldades, muito comuns em certas esferas, na identificação civil, o que daria margem a problemas como a prescrição e, de maneira geral, à ineficácia da própria persecução. De fato, em alguns casos revela-se mesmo impossível um dia chegar à identificação civil do acusado. Para isso, aliás, existe a excepcionalidade da identificação criminal.

De toda sorte, alcançada a qualificação correta em momento posterior, basta que seja feita a devida retificação, sem prejuízo da validade dos atos anteriores, conforme disposto na parte final do art. 259 do CPP.

3. CONDUÇÃO COERCITIVA DO ACUSADO

Reserva-se ao acusado, no processo penal, a garantia da ampla defesa na dimensão de *autodefesa*, que compreende o direito de presença e o direito de audiência perante o juiz. O interrogatório, assim, traduz-se em momento de defesa do acusado, por mais que possa ter repercussões probatórias. O acusado, por sinal, pode até mesmo optar pelo não exercício do direito de audiência, invocando seu direito ao silêncio, sem que isso possa representar prejuízo para a sua defesa.

Sob esses parâmetros, não se justifica a previsão legal constante da primeira parte do art. 260, *caput*, do CPP: "*Se o acusado não atender à intimação para interrogatório, reconhecimento ou qualquer outro ato que, sem ele, não possa ser realizado, a autoridade poderá mandar conduzi-lo à sua presença*". Sendo o interrogatório um meio de defesa do acusado, revela-se injustificável a condução coercitiva do acusado para essa finalidade. Nesse particular, parece-nos que a norma legal não foi recepcionada pela ordem constitucional vigente, em virtude do art. 5º, LXIII, da Constituição de 1988, que consagra o direito ao silêncio.

Em que pese isso, prevalece o entendimento de que o acusado é obrigado a comparecer, em razão da parte inicial de qualificação do interrogatório (em que não se pode invocar direito ao silêncio). A jurisprudência do Supremo Tribunal Federal orienta-se nesse sentido, tendo chegado até mesmo a admitir, em julgado isolado, a condução coercitiva por ato da própria autoridade policial, independentemente de ordem do órgão judiciário competente. Confira-se: STF, 1ª Turma, HC 107.644/SP, Rel. Min. RICARDO LEWANDOWSKI, julgamento em 06.09.2011, publicação em 17.10.2011.

De nossa parte, como sustentamos no ponto reservado ao interrogatório, no Capítulo XII deste Curso, não se justifica a condução coercitiva, sobretudo no contexto do procedimento vigente, em que o interrogatório é o último ato da instrução, havendo já as informações possíveis sobre a qualificação do acusado. Assim, se o ato for exclusivamente para fins de interrogatório, insistimos que o acusado não pode ser conduzido coercitivamente à presença do juiz.

Ainda que aceita a posição majoritária, porém, assevere-se que a condução coercitiva só pode ocorrer, como está claro no próprio art. 260, *caput*, do CPP, na hipótese de não comparecimento injustificado. Não se pode aceitar condução coercitiva previamente determinada, antes do aperfeiçoamento do motivo excepcional, sob a presunção de risco de que o acusado não comparecerá.

Por outro lado, quanto aos demais pontos objeto do art. 260, *caput*, do CPP, reputamos admissível, se necessária, a condução coercitiva *para reconhecimento ou qualquer outro ato que, sem o acusado, não possa ser realizado*. Já aqui se está tratando de produção de prova, e não de meio de defesa, como o interrogatório.

Nesse particular, entendemos que o dispositivo encontra-se em vigor. A respectiva leitura, no entanto, deve ser feita com cuidado. O acusado pode, desta sorte, ser conduzido coercitivamente para que esteja presente no ato de reconhecimento de pessoas ou outro que reclame sua presença. Não pode, contudo, ser obrigado a *participar ativamente* de qualquer ato, em virtude de seu direito de não se autoincriminar.

Não se diga, no ponto, que a condução coercitiva para o reconhecimento ofende a garantia contra a autoincriminação. O reconhecimento de pessoas reclama apenas a presença passiva do acusado a ser reconhecido, não se exigindo dele a prática de qualquer ato que possa repercutir na produção de prova contra si mesmo. Inexiste direito que obste, portanto, a condução coercitiva do acusado para que, em posição passiva, seja submetido a reconhecimento efetuado por outra pessoa, para fins de produção de prova.

A nosso juízo, em coerência com as razões expostas, a norma do art. 260, *caput*, do CPP não mais se aplica, por não ter sido recepcionada, apenas na parte em que prevê a condução coercitiva para fins de interrogatório, continuando aplicável nos demais pontos.

No sentido sustentado, confira-se o julgado da Sexta Turma do Superior Tribunal de Justiça no RESP 346.677/RJ (STJ, 6ª Turma, RESP 346.677, Rel. Min. FERNANDO GONÇALVES, DJ de 30.09.2002): "O comparecimento do réu aos atos processuais, em princípio, é um direito e não um dever, sem embargo da possibilidade de sua condução coercitiva, caso necessário, por exemplo, para audiência de reconhecimento. Nem mesmo ao interrogatório estará obrigado a comparecer, mesmo porque as respostas às perguntas formuladas fica ao seu alvedrio".

Advirta-se, porém, que, no procedimento comum (ordinário e sumário) vigente, o reconhecimento de pessoas e coisas é realizado, em tese, na mesma audiência una de instrução e julgamento que o interrogatório. Se for essa a hipótese concreta, o acusado poderá ser coercitivamente conduzido, não por conta do interrogatório, mas pelo fato de se reclamar sua presença para fins de produção da prova vinculada ao reconhecimento de pessoas. Caso, entretanto, a audiência seja apenas para interrogatório, ou se a instrução oral (na audiência una) não envolver (em conformidade com os anúncios prévios das partes, nas oportunidades adequadas) ato que reclame a presença do acusado, não se aplica a condução coercitiva.

Deixe-se claro, de toda sorte, que não é essa a orientação que prevalece na jurisprudência, *quanto ao interrogatório*, entendendo-se majoritariamente pela possibilidade de condução coercitiva mesmo para esse fim.

Por último, quando aplicável, o mandado de condução coercitiva deverá observar os requisitos intrínsecos próprios do mandado de citação (art. 352, CPP), como impõe o art. 260, parágrafo único, do CPP.

SUBSEÇÃO II
Defensor

1. SENTIDO E ALCANCE

Entende-se por *defensor* o profissional com formação técnico-jurídica incumbido da representação processual do acusado, efetivada por instrumento de mandato ou por nomeação judicial.

Com esse sentido, o conceito abrange: (i) o *advogado particular*, "indispensável à administração da justiça, sendo inviolável por seus atos e manifestações no exercício da profissão, nos limites da lei", segundo a norma do art. 133 da Constituição Federal; (ii) o *defensor público*, integrante da carreira da Defensoria Pública, "instituição permanente, essencial à função jurisdicional do Estado, incumbindo-lhe, como expressão e instrumento do regime democrático, fundamentalmente, a orientação jurídica, a promoção dos direitos humanos e a defesa em todos os graus, judicial e extrajudicial, dos direitos individuais e coletivos, de forma integral e gratuita, aos necessitados, na forma do inciso LXXIV do art. 5º desta Constituição Federal" (art. 134, *caput*, CF).

As duas funções estão assim configuradas, porém, de maneira global e abrangente, tanto para a esfera penal quanto para a esfera extrapenal. Mesmo na esfera penal, ademais, o advogado e o defensor público podem atuar na representação quer do acusado, quer do particular ofendido.

Nessas condições, cumpre concentrar esta análise na figura do *defensor do acusado*, no *domínio processual penal*, em consonância com a definição apresentada ao início.

O *defensor técnico*, no processo penal, desempenha *função pública* da maior relevância, de caráter indisponível, que tem por objeto direito fundamental, qual seja, a liberdade de locomoção.

A paridade de armas, como dimensão da garantia do contraditório, impõe que se reserve ao defensor um regime normativo diferenciado no âmbito da persecução penal, sobretudo naquela movimentada pelo Ministério Público. Isso porque o acusador público dispõe de mecanismos estatais reforçados de constrição de direitos individuais, o que reclama uma contrapartida relevante para a reação defensiva, de modo a assegurar condições efetivas de igualdade na relação processual penal.

Naturalmente, apenas no plano ideal se poderia cogitar de um regime de igualdade perfeita entre acusador e acusado. A questão é, em verdade, de um modelo de aproximação, que atenue a real predominância potestativa da acusação pública. Nessa direção, há o exemplo marcante do direito norte-americano, em que normalmente se disponibilizam instrumentos de equalização de oportunidades, inclusive quanto ao serviço do Estado, para o persecutor e para o advogado de defesa, por mais que nem ali se encontre um ideal de igualdade plena.

Por outro lado, nos modelos europeus continentais, em particular como herança da tradição francesa, a figura dominante do acusador público se mostra muito presente. Nesse ponto, é interessante a concepção de Luigi Ferrajoli, criticando os regimes vigentes e propondo um novo modelo.

Um exemplo que ilustra o perfil de nosso sistema é o poder de *requisição direta* pelo Ministério Público de esclarecimentos e de documentos junto a qualquer autoridade ou funcionário, conforme previsto no art. 47 do CPP. Esse poder pode ser empregado para fins probatórios inclusive na fase processual. A defesa, por outro lado, não dispõe de instrumento análogo.

Em que pese a realidade descrita, há pouca esperança de reforma a esse respeito. A tentativa de equalização de oportunidades fica, assim, reservada a condições estruturais concretas, e não à disponibilização de mecanismos legais pelo Estado a ambas as partes.

Seja como for, em virtude (i) da indisponibilidade da defesa técnica no processo penal e (ii) do caráter fundamental próprio do direito de liberdade, afetado pela persecução penal, o defensor, público ou particular, assume uma dimensão de relevância pública, transcendente ao interesse individual do acusado, em perfil diverso do que tem o advogado na esfera do processo civil.

Por essa razão, a título de exemplo, é que o defensor, no processo penal, tem legitimidade autônoma para recorrer, independentemente da manifestação de vontade do representado e até mesmo, se for o caso, contra ela. Para mais detalhes sobre esse ponto, remete-se o leitor ao Capítulo XIX deste Curso, reservado aos meios de impugnação de decisões jurisdicionais.

2. ESPÉCIES DE DEFENSOR E INDISPONIBILIDADE DA DEFESA TÉCNICA

Antes de tudo, tome-se a distinção entre *advogado particular* e *defensor público*, indicada no tópico anterior. Essas duas categorias podem desempenhar suas funções em hipóteses normativas diversificadas, no âmbito do processo penal. Cumpre, assim, examiná-las com atenção e apuro técnico.

Cap. XIII · SUJEITOS DO PROCESSO PENAL

Em uma classificação mais ampla, identificam-se dois tipos de defensor: **(i)** o *defensor constituído*; **(ii)** o *defensor nomeado*, subdividindo-se este em (a) *defensor dativo* e (b) *defensor ad hoc*.

2.1. Defensor Constituído

Entende-se por *defensor constituído* aquele escolhido pelo acusado para representá-lo, patrocinando sua defesa técnica, no procedimento de investigação e/ou no processo penal. O defensor constituído é, assim, mandatário do acusado no processo penal. O acusado, por seu turno, poderá constituir advogado particular ou defensor público, segundo suas condições concretas.

A *constituição do advogado particular* pode ocorrer: (i) por instrumento de mandato, com ou sem poderes especiais (art. 266, CPP / artigos 104 e 105, CPC/2015); (ii) por indicação na oportunidade do interrogatório, hipótese em que a lei processual penal dispensa o instrumento de procuração (art. 266, CPP).

A respeito da *indicação do defensor na oportunidade do interrogatório*, sem dúvida essa hipótese tornou-se menos relevante com o advento da Lei nº 11.719/2008, que situou o momento do interrogatório ao final da instrução oral em audiência. A possibilidade de indicação do defensor no interrogatório justificava-se melhor no regime anterior, em que o acusado era citado para comparecer em audiência destinada à realização desse ato.

De toda sorte, inexistindo por qualquer motivo instrumento prévio de mandato, ou se o acusado estiver sendo representado por defensor dativo e pretender substituí-lo por um de sua confiança, a regularização da representação ou a constituição do novo defensor, respectivamente, poderá ocorrer por indicação na própria audiência una reservada ao interrogatório.

Já a *constituição do defensor público* efetiva-se: (i) *por mandato oral*, na medida em que o art. 16, parágrafo único, da Lei nº 1.060/1950 dispensa o instrumento escrito; (ii) *por instrumento escrito*, quando haja exigência de poderes especiais (por exemplo, para oposição de exceção de suspeição, para aceitação de perdão do ofendido ou para renúncia ao direito de recorrer)[13]; (iii) por indicação na oportunidade do interrogatório (art. 266, CPP).

Sobre o ponto (i), advirta-se que a dispensa legal, quanto à representação por defensor público, diz respeito ao *instrumento* de procuração, não significando isso dizer que o mandato – isto é, a constituição para a representação judicial – não exista.

---

13. A exigência de mandato escrito na hipótese de poderes especiais é ressalva que consta, ainda que de forma casuística, do próprio parágrafo único, letra *b*, do art. 16 da Lei 1.060/1950 (parágrafo incluído pela Lei 6.248/1975): "O instrumento de mandato não será exigido, quando a parte for representada em juízo por advogado integrante de entidade de direito público incumbido na forma da lei, de prestação de assistência judiciária gratuita, ressalvados: b) o requerimento de abertura de inquérito por crime de ação privada, a proposição de ação penal privada ou o oferecimento de representação por crime de ação pública condicionada".

O acusado hipossuficiente pode procurar o defensor e constituí-lo, dispensando a lei apenas a prova escrita da representação, desde que não haja a exigência de poderes especiais.

Nesse sentido, ao contrário da classificação tradicionalmente exposta na doutrina, o defensor público não deve ser apresentado como categoria diversa e autônoma frente ao defensor constituído, nem muito menos concebido apenas como um defensor dativo. Em verdade, o defensor público pode atuar quer como defensor constituído, quer como defensor dativo, assim como o advogado particular.

2.2. Defensor Dativo (ou Defensor Nomeado)

No processo penal, a defesa técnica constitui garantia indisponível, de modo que a atuação de defensor representando o acusado é essencial, sob pena de nulidade. Dispõe o art. 261, *caput*, em particular, que "nenhum acusado, ainda que ausente ou foragido, será processado ou julgado sem defensor".

Assim, caso o acusado, por estar ausente ou mesmo por pura decisão pessoal, não constitua defensor (particular ou público), o juiz deverá nomear-lhe um, conforme o disposto no art. 263, *caput*, do CPP: "Se o acusado não o tiver, ser-lhe-á nomeado defensor pelo juiz, ressalvado o seu direito de, a todo tempo, nomear outro de sua confiança, ou a si mesmo defender-se, caso tenha habilitação".

Trata-se do *defensor dativo*, nomeado pelo juiz para patrocinar a defesa do acusado, quando este não tenha defensor constituído. O defensor dativo, assim como o defensor constituído, pode ser público ou particular.

Com efeito: (a) caso o *acusado hipossuficiente* deixe de constituir advogado, o juiz deverá nomear-lhe *defensor dativo público*; (b) entretanto, se o *acusado com suficiência financeira* deixar de constituir defensor por conveniência pessoal (inclusive com o objetivo indevido de se valer dos serviços da defensoria pública), o juiz deverá nomear-lhe *defensor dativo particular*, e não defensor público, cuja atuação está adstrita à representação de pessoas hipossuficientes.

Nessa última hipótese, o juiz, nomeando defensor particular, arbitrará os respectivos honorários, na forma do art. 263, parágrafo único, do CPP: "O acusado, que não for pobre, será obrigado a pagar os honorários do defensor dativo, arbitrados pelo juiz".

De acordo com essa lógica, revela-se ilegal, a nosso juízo, a nomeação de defensor público a acusado não inserido na categoria de hipossuficiente. Isso não raro acontece na hipótese do art. 396-A, § 2º, do CPP, em que o acusado, citado da ação penal, não constitui advogado para o oferecimento de resposta à acusação, embora tenha condições financeiras para tanto. Não pode haver qualquer dúvida quanto à medida aplicável pelo juiz: nomeação de defensor dativo particular e arbitramento de honorários, nos termos do art. 263, parágrafo único, do CPP.

Será também nomeado defensor dativo particular caso não haja defensoria pública na circunscrição judiciária onde tramita o processo penal. Impõe-se, assim, a nomeação de defensor particular ao hipossuficiente. Nesse caso, o advogado nomeado tem

direito a honorários fixados pelo juiz e arcados pelo Estado, nos termos do art. 22, §
1º, da Lei nº 8.906/1994.

Em qualquer caso de nomeação de defensor dativo particular, o nomeado não poderá recusar o patrocínio da causa, salvo motivo relevante. A esse respeito, dispõe o art. 264 do CPP: "Salvo motivo relevante, os advogados e solicitadores serão obrigados, sob pena de multa de cem a quinhentos mil-réis, a prestar seu patrocínio aos acusados, quando nomeados pelo juiz". Atualmente, já não há a aplicabilidade da multa, por inviabilidade da atualização monetária, mas persiste o dever de patrocínio, cujo descumprimento, aliás, configura infração disciplinar do advogado, prevista no art. 34, XII, da Lei nº 8.906/1994.

Acerca do defensor público e do defensor dativo, o parágrafo único do art. 261 do CPP, acrescentado pela Lei nº 10.792/2003, tem uma disposição curiosa: "A defesa técnica, quando realizada por defensor público ou dativo, será sempre exercida através de manifestação fundamentada".

Não podemos nos omitir da crítica à lógica que orientou a edição dessa norma, assim como à própria redação do dispositivo, em mais de um ponto: (i) em primeiro lugar, a norma dá a entender que a manifestação fundamentada só é sempre exigida do "defensor público ou dativo"; (ii) em segundo lugar, a referência a "defensor público ou dativo" é confusa e despropositada; (iii) em terceiro lugar, tratando-se de reação defensiva à acusação, há circunstâncias estratégicas que não recomendam, em nome da própria efetividade da defesa, manifestação fundamentada em todo e qualquer ato.

Induvidosamente, a preocupação veiculada pela norma foi a de assegurar uma defesa efetiva para o acusado hipossuficiente, assistido pela defensoria pública, e para aquele representado por defensor dativo. O objetivo é o de evitar que o nomeado, em virtude de um maior distanciamento em relação ao acusado, figure como mero defensor formal, sem a realização de uma defesa técnica substancial e efetiva.

Nesse ponto, mostra-se lamentável a necessidade de uma norma legal para expressar que um tipo de defensor deva realizar uma defesa fundamentada. O essencial a observar, porém, é que a defesa substancial e efetiva se exige de todo defensor, inclusive do particular constituído, pois o acusado não pode ser penalizado pela desídia e/ou despreparo técnico de seu mandatário.

Por outro lado, é impróprio exigir, de qualquer defensor, inclusive do dativo, manifestação fundamentada em todo e qualquer ato, o que pode representar prejuízo à defesa, do ponto de vista estratégico.

Um exemplo ilustrará bem esse ponto. Na oportunidade da resposta à acusação (artigos 396 e 396-A, CPP), o acusado poderá suscitar preliminares, juntar documentos e alegar tudo o que interesse à sua defesa. Trata-se de peça essencial ao processo. O defensor dativo nomeado pelo juiz deverá, a teor do disposto no art. 261, parágrafo único, do CPP, sempre exercer manifestação fundamentada, inclusive nessa resposta inicial à acusação.

Pensemos, entretanto, na etapa procedimental seguinte à apresentação da resposta. Poderá o juiz ratificar o recebimento da denúncia, designando assim audiência de instrução e julgamento (art. 399, CPP), rejeitar liminarmente a inicial (art. 395,

CPP) ou absolver sumariamente o acusado (art. 397, CPP). Questões afetas ao mérito probatório, no entanto, só poderão ser apreciadas no momento da sentença, após as alegações finais defensivas.

Nesse contexto, em que consiste uma manifestação fundamentada do defensor? Exclusivamente: alegar circunstâncias preliminares ou causas de absolvição sumária, se houver condições concretas para tanto.

Não se pode exigir do defensor, portanto, que se manifeste fundamentadamente sobre o mérito probatório, o que representaria, aliás, antecipação de tese defensiva ou, pior, fixação de compromisso com vertente que pode ser desmentida pela instrução, sem qualquer contrapartida de benefício para o acusado, eis que o juiz não se pronunciará sobre essas questões senão no momento da sentença.

É dizer: se o defensor tem o momento das alegações finais para analisar detalhadamente a prova, sem que depois disso vá mais se pronunciar o acusador antes da sentença, por qual motivo antecipar, na resposta inicial, "manifestação fundamentada" sobre o mérito probatório, quando a prova nem sequer foi produzida e sem que o juiz possa, naquele momento, apreciar e resolver sobre a alegação?

Assim, se houver espaço para a alegação de causas preliminares ou de absolvição sumária, pode-se exigir manifestação fundamentada do defensor exclusivamente nesse âmbito; se não houver, que se ofereça ao defensor espaço para, estrategicamente, silenciar quanto ao mérito, apresentando peça sucinta, reservada em essência às postulações de produção de prova da parte do acusado.

O mesmo se diga quanto às alegações finais sucintas ao final da primeira fase do júri. Se a materialidade e os indícios de autoria ou participação mostram-se marcantes, pode acontecer que a melhor atitude, para o defensor, constituído ou dativo, seja a de apresentar alegações finais genéricas, em vez de antecipar, por obrigação, sem qualquer eficácia para o efeito do juízo de pronúncia, a tese que apresentará no julgamento em plenário do Tribunal do Júri.

Nada disso pode ser compreendido como falta ou como deficiência de defesa, geradoras de nulidade absoluta ou relativa, respectivamente, nos moldes da Súmula nº 523 do STF. O prejuízo à defesa efetiva só se configura nos casos em que a ausência de manifestação fundamentada sobre pontos relevantes e úteis para o acusado no momento decorre de descaso ou de despreparo técnico do defensor.

2.3. Defensor *Ad Hoc*

O *defensor dativo* representará o acusado até que (i) seja substituído pelo juiz ou (ii) o acusado constitua defensor de sua confiança. Nesse aspecto, distingue-se o defensor dativo de outra forma de defensor nomeado pelo juiz: o *defensor ad hoc*, nomeado apenas para o ato, sempre que o defensor constituído ou o dativo (conforme o caso) do acusado *injustificadamente* não comparecer (art. 265, § 2º, parte final, CPP).

A esse respeito, conforme o art. 265, § 1º, do CPP, a audiência só "poderá ser adiada se, por motivo justificado, o defensor não puder comparecer". Havendo a prova do impedimento do defensor constituído ou dativo, o juiz terá que adiar o ato de audiência, sob pena de nulidade.

Nessa hipótese, não cabe a nomeação de defensor *ad hoc*, pois o acusado tem o direito de estar representado por seu defensor principal, algo que somente pode ser excepcionado em caso de não comparecimento injustificado.

Confira-se, no particular, a disciplina do art. 265, § 2º, do CPP: "Incumbe ao defensor provar o impedimento até a abertura da audiência. Não o fazendo, o juiz não determinará o adiamento de ato algum do processo, devendo nomear defensor substituto, ainda que provisoriamente ou só para o efeito do ato".

O defensor *ad hoc*, portanto, é designado em uma situação particular, na qual o acusado tem defensor constituído ou dativo, que, no entanto, está ausente sem motivo justificado. Cumprido o ato, o acusado continua representado por seu defensor principal.

A nomeação de defensor *ad hoc*, porém, não se restringe ao não comparecimento injustificado em audiência, podendo ocorrer também em relação à inércia do defensor principal quanto a outros atos, como a apresentação de alegações finais escritas no prazo legal, após regular intimação (art. 403, § 3º, ou art. 404, parágrafo único, CPP).

Ao defensor desidioso poderá, a título de abandono do processo, ser aplicada a multa prevista no art. 265 do CPP, independentemente do processo disciplinar adequado, na sede própria: "O defensor não poderá abandonar o processo senão por motivo imperioso, comunicado previamente o juiz, sob pena de multa de dez a cem salários mínimos, sem prejuízo das demais sanções cabíveis".

Tenha-se claro que a nomeação de defensor para a situação particular somente está justificada em situações excepcionais, de inércia, não podendo representar o mero cumprimento de uma formalidade, para suprir omissão de chamamento do defensor regular, constituído ou dativo, do acusado.

O acusado tem o direito de constituir defensor de sua confiança; mesmo que não o faça, o juiz deverá nomear-lhe um em caráter estável, para que a defesa seja exercida de maneira sistemática, abrangente e, portanto, ampla e plena. A nomeação de defensor só para o ato tem potencialidade para prejudicar a avaliação sistemática da defesa. Por isso, somente se aplica sob circunstâncias anômalas[14].

3. IMPEDIMENTO DO DEFENSOR (ART. 267, CPP)

Em coerência com a causa de impedimento de juízes objeto do art. 252, I, o art. 267 do CPP assim dispõe: "Nos termos do art. 252, não funcionarão como defensores os parentes do juiz".

---

14. No sentido da aplicação de um "princípio do defensor natural", enquanto garantia da "presença da defesa técnica independente, indeclinável, inafastável, imparcial e inamovível em todos os momentos da persecução penal (informatio delicti, ação penal) e da execução penal, como forma de validar o ato persecutório estatal em desfavor do imputado", consulte-se: SANTIAGO, Nestor Eduardo Araruna. *O Princípio do Defensor Natural no Processo Penal Brasileiro*. In: LIMA, Marcellus Polastri / SANTIAGO, Nestor Eduardo Araruna (Coord.). *A Renovação Processual Penal após a Constituição de 1988*. Rio de Janeiro: Lumen Juris, 2009, pp. 227-243, esp. 236.

Significa dizer que: (i) se já tiver funcionado na causa (por exemplo, durante a fase de investigação preliminar), o defensor cônjuge ou parente, o juiz estará impedido de atuar no processo penal, conforme o disposto no art. 252, I, do CPP; (ii) se, entretanto, já estiver consolidada a atuação do juiz na causa, sem que tenha havido prévia atuação do defensor cônjuge ou parente, este é que estará impedido de atuar no processo, configurando-se, dessa forma, a causa de impedimento objeto do art. 267 do CPP.

SEÇÃO IV
Ofendido e Assistente

1. O PERFIL NORMATIVO TRADICIONAL DO OFENDIDO

Antes de tudo, faz-se necessário um discernimento terminológico importante. As noções de *vítima* e de *ofendido*, em última análise, confundem-se entre si, designando a mesma pessoa, *em tese*. Ocorre apenas que o termo *vítima* é normalmente utilizado no domínio jurídico *penal*; *ofendido*, no domínio *processual* penal.

Rigorosamente, no entanto, quando se alude ao *ofendido* no processo penal, está-se a designar a vítima hipotética, pois só haverá vítima efetiva quando consolidada a *existência do fato* em decisão judicial transitada em julgado.

Entende-se por *vítima* o *sujeito passivo do crime e titular do bem jurídico vulnerado pela prática do fato*. O *ofendido*, por sua vez, reflete a *expressão processual da vítima hipotética*, titular de *interesse na causa penal*, quer venha a habilitar-se no processo, quer não.

A *vítima* do crime foi tradicionalmente relegada a segundo plano pelos sistemas penais, voltados em essência para as condições de responsabilização individual do agente. Nessa perspectiva, a preocupação punitiva e, depois, também a garantista (material e processual) concentram-se na figura do autor do fato constitutivo de crime, em uma dimensão material, e na figura do imputado, em uma dimensão processual. Preocupações reparatórias e assistenciais com a vítima não integravam as agendas tradicionais. A ofensa já foi consumada; agora resta punir o infrator, após o devido processo legal.

De toda sorte, do ponto de vista processual penal, as atenções com a vítima há tempos existem em um círculo muito restrito: o da recomposição do dano causado pelo crime. Assim, na concepção tradicional, esse objetivo reparatório é que exclusivamente pautava a hipótese legal de habilitação do ofendido como assistente do Ministério Público na ação penal pública, conforme o art. 268 do Código de Processo Penal.

Por outro lado, sob referenciais bem particulares, o sistema processual penal sempre reservou iniciativa persecutória ao ofendido em casos estritamente determinados por lei. Esses referenciais identificavam-se, e ainda se identificam, na noção de *strepitus judicii*, compreendida como a divulgação, a repercussão e a opinião social sobre fatos da esfera íntima da vida do ofendido, a recomendar que se reserve somente a este a avaliação de conveniência e de oportunidade quanto ao ajuizamento da ação penal.

Cap. XIII · SUJEITOS DO PROCESSO PENAL

Há ainda a questão da possibilidade de iniciativa persecutória do ofendido na hipótese de inércia do Ministério Público (ação penal privada subsidiária da pública), o que, entretanto, se justificava também, decisivamente, por um interesse público, transcendendo a mera preocupação com os anseios morais e reparatórios da vítima. Nesse particular, a propósito, o sistema brasileiro até apresentou, em 1988, uma mudança de postura relevante, ao instituir a *ação penal privada subsidiária da pública como direito individual fundamental do ofendido*, consagrado no art. 5º, inciso LIX, da Constituição Federal.

Em que pese esse quadro, a ordem geral das coisas, de toda sorte, mostra sem nenhuma dúvida um *papel marginal* da vítima ou ofendido no processo.

2. NOVO PARADIGMA NORMATIVO

O contexto exposto no tópico anterior, entretanto, tem sido substancialmente modificado na contemporaneidade, por vias de uma *redescoberta* do ofendido, alimentada por certas correntes. Como há já algum tempo referia SCARANCE FERNANDES: "A vítima, se nos primórdios da civilização teve relevante papel na punição dos autores de crimes, foi depois quase inteiramente esquecida do cenário processual penal. Só nos últimos tempos vem sendo objeto de redescoberta em todos os cantos do mundo"[15].

O desenvolvimento e a expressividade de correntes vitimológicas, no âmbito da criminologia, inspirou uma pauta internacional ativa no sentido da compreensão plural do fenômeno da vitimização e da correlata exigência de resguardo normativo de direitos das vítimas, sob múltiplas vertentes, como a reparatória, a assistencial e a preventiva. De acordo com GARCÍA-PABLOS DE MOLINA: "A Vitimologia tem impulsionado durante os últimos lustros um processo de revisão científica do 'papel' da vítima no fenômeno criminal, uma redefinição do mesmo à luz dos conhecimentos atuais e da experiência acumulada. *Protagonismo, neutralização* e *redescoberta* são, pois, três lemas que poderiam refletir o *status* da vítima ao longo da história"[16].

Em particular, o estímulo à mudança partiu da gravidade da *violência de gênero*, com notório potencial de sensibilização para a figura da vítima maior vulnerável, o que acabou movimentando as primeiras iniciativas no sentido de proteção, as quais depois se espraiaram para outras esferas.

Assim, o pioneiro marco relevante de proteção à vítima no processo penal brasileiro foi a Lei nº 11.340/2006, para o âmbito da violência de gênero – designada por "violência doméstica e familiar contra a mulher". Nesse domínio, a proteção à ofendida

---

15. FERNANDES, Antônio Scarance. *O Papel da Vítima no Processo Penal*. São Paulo: Revista dos Tribunais, 1995, p. 11.

16. GARCÍA-PABLOS DE MOLINA, Antonio. *Criminología: una introducción a sus fundamentos teóricos*. Valencia: Tirant lo Blanch, 2005, p. 104: "La Victimología ha impulsado durante los últimos lustros un proceso de revisión científica del 'rol' de la víctima en el fenómeno criminal, una redefinición del mismo a la luz de los conocimientos actuales y de la experiencia acumulada. *Protagonismo, neutralización y redescubrimiento* son, pues, tres lemas que podrían reflejar el estatus de la víctima a lo largo de la historia".

principia pela previsão de medidas cautelares de caráter pessoal, imponíveis ao imputado. Antes disso, proteção reforçada ao ofendido só existia em hipóteses excepcionais, de risco à vida, na esfera do *Programa Federal de Assistência a Vítimas e a Testemunhas Ameaçadas*, instituído pela Lei nº 9.807/1999.

As preocupações dos penalistas e processualistas contemporâneos passam então a considerar, com maior abrangência, a figura da vítima, por mais que a disciplina normativa de mecanismos efetivos de proteção ainda se mostre em fase inicial. WINFRIED HASSEMER assim bem expressou esse marco evolutivo: "o penalista há de abordar na atualidade duas questões: a primeira, analisar por que a vítima ocupa uma posição tão marginal no sistema punitivo, e a segunda, tentar descobrir que evolução e que tendências se detectam na posição da vítima"[17].

Outro fenômeno recente é o da *vitimização difusa*, no contexto da sociedade de riscos, diante da vasta incriminação contemporânea de crimes de perigo, contra bens coletivos. Do ponto de vista processual, em particular, ainda não se articularam mecanismos reparatórios e assistenciais efetivos nessa esfera. Aliás, nem sequer se identifica, a nosso juízo, uma preocupação do legislador, já alcançada em relação à vítima individual, para esse problema da vítima difusa.

A vitimologia pode ser compreendida como *vitimologia do ato* e como *vitimologia da ação*. A primeira reflete uma dimensão penal, preocupada com aspectos como a contribuição e a vulnerabilidade da vítima, a interação entre esta e o ofensor e a oportunidade para a prática do crime. Essa dimensão concentra-se na *compreensão* do fenômeno criminal sob a perspectiva da vítima e de suas interações com o agente. Por sua vez, a segunda reflete as dimensões processual e assistencial, voltadas para a *participação* e para a *recomposição* da vítima, assim como para a *prevenção*[18].

A *dimensão processual*, que aqui nos interessa, envolve as vertentes de *informação, proteção, participação, assistência* e *reparação*.

Esses nortes ingressaram pioneiramente em normas internacionais (tratados e convenções), para então inspirarem a disciplina normativa interna no âmbito de diversos Estados.

Nessa direção, foi paradigmática, na ordem jurídica brasileira, a disciplina normativa instituída para o ofendido pela Lei nº 11.690/2008, que conferiu nova redação ao art. 201 do CPP. Esse dispositivo está inserido no Capítulo V (sob a atual rubrica "Do Ofendido") do Título VII ("Da Prova") do Livro I do Código de Processo Penal.

As inovações introduzidas pela Lei nº 11.690 encerram destacada relevância. A sistemática "aproveitada", porém, com a disciplina do assunto no título reservado à

---

17. HASSEMER, Winfried. *Fundamentos del Derecho Penal*. Traducción de Francisco Muñoz Conde y Luis Arroyo Zapatero. Barcelona: Bosch, 1984, p. 90: "el penalista ha de abordar en la actualidad dos cuestiones: la primera, analizar el porqué la víctima ocupa una posición tan marginal en el sistema punitivo, y la segunda, intentar descubrir que evolución y tendencias se detectan en la posición de la víctima".

18. Sobre as diversas vertentes vitimológicas, designadamente as *tipologias de vítimas*, os *modelos de vitimização* e os *modelos de revitimização ou vitimização múltipla*, consulte-se: MORENO, Myriam Herrera. *Victimación. Aspectos Generales.* In: BALDOMERO, Enrique Baca / ODRIOZOLA, Enrique Echeburúa / SUMALLA, Josep Mª Tamarit (Coord.). *Manual de Victimología*. Valencia: Tirant lo Blanch, 2006, pp. 79-128.

Cap. XIII · SUJEITOS DO PROCESSO PENAL

prova, não se revela adequada. Isso porque, no aludido Capítulo V, o aspecto da produção de prova por intermédio do ofendido tornou-se de segundo plano, constando apenas do *caput* e do § 1º do art. 201 do CPP. Os demais temas tratados, entre os §§ 2º e 6º acrescentados ao art. 201 pela Lei nº 11.690, dizem respeito a mecanismos de informação, de proteção, de assistência e de reparação do ofendido, enquanto sujeito, sem qualquer relação com a atividade de produção de prova no processo.

Houve, assim, significativa mudança de perfil, que justificava, por rigor sistemático e por fortalecimento de uma nova consciência, o tratamento do assunto em outro âmbito. Sintomática a esse respeito, aliás, foi a mudança da rubrica do Capítulo V, de "Das Perguntas ao Ofendido" para "Do Ofendido", operada pela mesma Lei nº 11.690.

Por essa razão, reservou-se a abordagem do assunto a este Capítulo de nosso Curso, diante de uma nova configuração do ofendido como sujeito do processo, ainda que "topograficamente" situada em outro título do Código de Processo Penal. No Capítulo XII deste Curso, analisou-se apenas o aspecto das declarações do ofendido como meio de produção probatória, que, de toda sorte, será aqui também mencionada, mas com outra ênfase.

Esclarecida essa opção, que é sobretudo didática, passa-se em seguida a abordar a disciplina normativa objeto do art. 201 do CPP para o sujeito ofendido, sob os referenciais vitimológicos antes enunciados.

3. O REGIME JURÍDICO INTRODUZIDO PELA LEI Nº 11.690/2008

3.1. Ofendido a serviço da justiça (art. 201, *caput* e § 1º, CPP)

Nos termos do art. 201, *caput*, do CPP: "Sempre que possível, o ofendido será qualificado e perguntado sobre as circunstâncias da infração, quem seja ou presuma ser o seu autor, as provas que possa indicar, tomando-se por termo as suas declarações". A oportunidade para a tomada das declarações dá-se no início da instrução oral em audiência (art. 400, *caput*, CPP).

Nesses pontos, não há novidade essencial. A atuação do ofendido no processo penal guarda similitudes com a condição da testemunha, do ponto de vista do serviço prestado à Justiça, inclusive com a possibilidade de condução coercitiva em caso de não comparecimento injustificado (art. 201, § 1º, CPP).

No entanto, ao contrário do que sucede no direito britânico e no norte-americano, ao ofendido se reserva regime normativo diverso daquele próprio das testemunhas. Sintomaticamente, aliás, a lei fala em "declarações do ofendido" (art. 201, *caput*, e art. 400, *caput*, CPP), mas, por outro lado, em "depoimento" (art. 204, CPP) e "inquirição das testemunhas" (art. 400, *caput*, CPP). O ofendido não está sujeito, por exemplo, a responder por falso testemunho (art. 342, CP) em função das declarações que prestar (por mais que possa responder por denunciação caluniosa, se for o caso).

Para mais detalhes sobre esse ponto, consulte-se a Subseção II da Seção IV do Capítulo XII deste Curso.

3.2. Informação, Participação e Reparação (art. 201, §§ 2º e 3º, CPP; art. 6º, VII, Lei nº 13.344/2016)

Nos termos do art. 201, § 2º, do CPP, "o ofendido será comunicado dos atos processuais relativos ao ingresso e à saída do acusado da prisão, à designação de data para audiência e à sentença e respectivos acórdãos que a mantenham ou modifiquem". Quanto à forma de comunicação, dispõe o art. 201, § 3º: "As comunicações ao ofendido deverão ser feitas no endereço por ele indicado, admitindo-se, por opção do ofendido, o uso de meio eletrônico".

Cumpre asseverar, de início, que as exigências de comunicação ao ofendido, objeto do art. 201, §§ 2º e 3º, do CPP, justificam-se no contexto da persecução movimentada por crime de ação penal pública, em que o ofendido não se habilita como assistente do Ministério Público.

Isso porque: (i) na ação penal de iniciativa privada, o ofendido já deve ser comunicado de todos os atos processuais, dada a sua condição de parte (ativa) da relação jurídica processual; (ii) na ação penal de iniciativa pública em que o ofendido está habilitado como assistente, exige-se de igual modo a sua comunicação quanto aos atos do processo (art. 271, CPP).

Ressalva-se apenas, nesse último ponto, a comunicação relativa ao ingresso e à saída da prisão, uma vez que, na fase pré-processual, ainda não há oportunidade para a habilitação como assistente, cabível apenas quando iniciada a ação penal (art. 268, CPP). Nesse particular, embora o art. 201, § 2º, do CPP aluda à comunicação dos *atos processuais* relativos ao ingresso e à saída *do acusado* da prisão, entendemos que o ato comunicativo deve ser dirigido ao ofendido, quando possível, inclusive na fase pré-processual, por ordem do órgão judiciário competente responsável pela prisão.

A exigência de *informação* associa-se a diversos objetivos relevantes, despontando aí seu aspecto instrumental:

(i) A comunicação dos atos processuais relativos ao ingresso e à saída do acusado da prisão vincula-se sobretudo a uma finalidade de *proteção* ao ofendido, que poderá, se for o caso, adotar medidas de precaução.

(ii) A comunicação a respeito da data da audiência destina-se sobretudo a oferecer ao ofendido a *oportunidade de* se habilitar como assistente (art. 268, CPP) e, dessa forma, *participar* do ato processual, inclusive durante os debates orais (art. 403, § 2º, CPP).

Não se trata, no ponto, de oportunidade para que o ofendido preste suas declarações em juízo, algo já presente no *caput* do art. 201, examinado no tópico anterior, mas de comunicação apta a propiciar outras formas de participação do ofendido no processo, além de deixá-lo ciente do trâmite da persecução penal.

Enfatiza-se, assim, o direito de participação do ofendido, e não sua obrigação de servir à Justiça na produção da prova. Muitas vezes, sobretudo nos meios menos favorecidos, a habilitação do ofendido como assistente e sua correlata participação no ato de audiência deixam de ocorrer por falta de informação.

Inverte-se, assim, o paradigma: se antes o ofendido tinha que tomar a iniciativa de acompanhar o andamento do processo penal, para que assim pudesse exercer seus direitos, agora é sobre a Justiça que recai a iniciativa de comunicação.

(iii) Por fim, a comunicação concernente à sentença e respectivos acórdãos que a mantenham ou modifiquem tem a finalidade de assegurar ao ofendido condições efetivas, *independentemente de habilitação como assistente*: (a) para perseguir a *recomposição do dano* mediante execução da sentença penal condenatória no juízo civil; (b) para exercer o *direito de apelar* da sentença, assegurado no art. 598, *caput*, do CPP, em caso de inércia do Ministério Público.

A respeito do ponto (a), anote-se que o ofendido, independentemente de habilitação como assistente, tem a condição jurídica de terceiro interessado no processo penal, inclusive em virtude de seu direito de postular reparação do dano experimentado. Assim, há de se lhe reservar a devida comunicação permissiva do exercício desse direito.

Quanto ao ponto (b), tenha-se em conta que, embora a lei já assegurasse ao ofendido o exercício de direitos independentemente de sua habilitação como assistente, a exemplo do direito de apelar objeto do art. 598 do CPP, não havia instrumentos propícios à efetividade desses direitos. Tudo estava sempre a depender da iniciativa do próprio ofendido, embora fosse este a pessoa diretamente afetada pela prática do crime.

Assim, na hipótese de sentença condenatória, dificilmente o ofendido não habilitado como assistente poderia, uma vez configurada a inércia do Ministério Público, ter a oportunidade efetiva de recorrer, *em virtude da falta de comunicação a respeito da sentença*, para o exercício do direito previsto no art. 598, *caput*, do CPP.

Sempre entendemos, aliás, independentemente da norma do art. 201, § 2º, do CPP, que o ofendido, mesmo não habilitado como assistente, teria que ser intimado da sentença, somente a partir daí computando-se o prazo (de 15 dias) para apelar. De toda sorte, a norma introduzida pela Lei nº 11.690/2008 dissipa qualquer dúvida quanto a esse aspecto: não só há o dever de comunicação, como o prazo para apelar só tem início a partir desse ato.

Percebe-se bem, assim, que a vertente de *informação* é instrumental ao cumprimento de outros objetivos, como os de *proteção* e de *reparação*.

Quanto à forma de comunicação, deve ocorrer pelos meios tradicionais de intimação pessoal. No entanto, como se trata de comunicação a terceiro não habilitado no processo, entendemos que a intimação poderá ocorrer por carta com aviso de recebimento, na forma da lei processual civil, e não necessariamente por mandado cumprido por oficial de justiça.

O essencial, no ponto, é a efetividade da comunicação. Nessa trilha, desde que por opção do próprio ofendido, admite-se até mesmo, para o cumprimento da finalidade comunicativa, o emprego do meio eletrônico (art. 201, § 3º, CPP), que atualmente se revela, em grande parte dos casos, muito mais eficaz.

Por fim, a dimensão *informativa* encontra-se também resguardada para a vítima em tese de crime de *tráfico de pessoas*, nos termos do art. 6º, inciso VII, da Lei nº 13.344/2016: "A proteção e o atendimento à vítima direta ou indireta do tráfico de pessoas compreendem: VII – *informação* sobre procedimentos administrativos e judiciais".

3.3. Proteção (art. 201, §§ 4º e 6º, CPP; Lei nº 11.340/2006; Lei nº 9.807/1999; art. 6º, II e IV, Lei nº 13.344/2016)

Se a lei reserva proteção às testemunhas do processo, com mais razão deverá fazê-lo em relação à vítima hipotética do crime. Nesse último caso, além do aspecto da efetividade do serviço à Justiça, há as finalidades específicas de *minimização* dos efeitos causados à vítima pela prática do crime e sobretudo de *prevenção* à revitimização.

De acordo com essa lógica, dispõe o art. 201, § 4º, do CPP: "Antes do início da audiência e durante a sua realização, será reservado espaço separado para o ofendido". O recolhimento do ofendido em espaço reservado destina-se: a evitar exposição indevida do ofendido; a protegê-lo contra eventuais interferências intimidantes partidas do acusado.

Identifica-se claramente, no ponto, o cunho protetivo. Assim, por mais que insuficiências estruturais possam impedir o cumprimento da norma objetivamente análoga relativa às testemunhas (art. 210, parágrafo único, CPP, vinculada à garantia da incomunicabilidade), a *finalidade especial protetiva* associada à destinação de espaço reservado *ao ofendido* impõe rigorosa observância da regra do art. 201, § 4º, do CPP.

Com a mesma perspectiva, preceitua o art. 201, § 6º, do CPP: "O juiz tomará as providências necessárias à preservação da intimidade, vida privada, honra e imagem do ofendido, podendo, inclusive, determinar o segredo de justiça em relação aos dados, depoimentos e outras informações constantes dos autos a ser respeito para evitar sua exposição aos meios de comunicação".

Sabe-se que o caráter público do processo penal já implica ou ao menos potencializa, por si mesmo, a exposição do ofendido, em sua vida privada e em seus dados pessoais. Isso representa mais um efeito degradante à esfera individual do ofendido. A persecução penal funciona, assim, como elemento de violação à intimidade, o alto custo a pagar, em muitos casos, como contrapartida a uma perspectiva de reparação do dano ou de assistência, e não raro sem sequer essa perspectiva.

A situação agrava-se nos casos que assumem grande repercussão midiática. Potentes aparatos comunicativos como as redes sociais, por sinal, proporcionam um uma difusão sem precedentes, de abrangência assustadora. A intimidade, assim, encerra inédita feição na vida contemporânea, em virtude do próprio sentimento social moldado pelas novas ferramentas de expressão e de comunicação.

Nesse contexto, é preciso preservar, tanto quanto possível, a esfera pessoal de quem já foi hipoteticamente ofendido pela prática do crime, de modo que a própria ação persecutória do Estado não funcione como um novo elemento de ofensa. Não só os dados pessoais do investigado ou do acusado, integrantes da sua intimidade afastada no interesse da persecução, devem ser protegidos contra a interferência de terceiros. Os do ofendido envolvido no processo devem estar rigorosamente resguardados, com mais razão, aliás.

Assim, impõe-se, conforme o art. 201, § 6º, rígido controle judicial sobre a intimidade, a vida privada, a honra e a imagem do ofendido, de forma a protegê-lo nessas múltiplas vertentes, sobretudo nos âmbitos de maior repercussão midiática e social do objeto do processo. Violações ao sigilo judicialmente decretado sujeitarão os agentes a responsabilidade penal e civil.

Além dos instrumentos previstos no art. 201 do CPP, há, como forma de proteção ao ofendido, a medida cautelar pessoal objeto do art. 319, III, do CPP, consistente na proibição do investigado ou acusado de manter contato com pessoa determinada, normalmente a própria vítima.

No âmbito especial da violência doméstica e familiar contra a mulher, encontram-se medidas específicas de proteção à ofendida, objeto dos artigos 22, *caput*, e 23, III e IV, da Lei n° 11.340/2006, quais sejam: suspensão da posse ou restrição do porte de armas do suposto agressor (art. 22, I); afastamento do agressor do local de convivência com a ofendida (art. 22, II); proibição ao suposto agressor de aproximação da ofendida ou de seus familiares (art. 22, III, *a*); proibição ao suposto agressor de contato com a ofendida ou seus familiares (art. 22, III, *b*); proibição ao suposto agressor de frequência a determinados lugares, a fim de preservar a integridade física e psicológica da ofendida (art. 22, III, *c*); restrição ou suspensão de visitas do suposto agressor aos dependentes menores (art. 22, IV); afastamento da ofendida do lar (art. 23, III) e separação de corpos (art. 23, IV).

Há também as medidas de proteção patrimonial à ofendida, especificadas no art. 24 da Lei n° 11.340/2006, a saber: restituição de bens pelo suposto agressor à ofendida (art. 24, I); proibição temporária ao suposto agressor da celebração de atos e contratos civis, a não ser com autorização judicial (art. 24, II); suspensão das procurações conferidas pela ofendida ao suposto agressor (art. 24, III); prestação de caução provisória pelo agressor por perdas e danos materiais decorrentes da prática da violência (art. 24, IV).

Algumas medidas previstas na Lei n° 11.340/2006, em particular as do art. 23, encerram caráter assistencial e, por isso, serão indicadas no próximo tópico.

Por fim, também como instrumentos protetivos, só que reservados a esferas mais delicadas, têm-se aqueles objeto da Lei n° 9.807/1999, que instituiu o *Programa Federal de Assistência a Vítimas e a Testemunhas Ameaçadas*. Nessas hipóteses, há uma situação de ameaça a justificar medidas específicas de proteção, além daquelas gerais enunciadas no art. 201 do CPP.

Confiram-se então as medidas especificadas no art. 7° da Lei n° 9.807/1999: segurança na residência, incluindo o controle de telecomunicações (art. 7°, I); escolta e segurança nos deslocamentos da residência (art. 7°, II); transferência de residência ou acomodação provisória em local seguro (art. 7°, III); preservação da intimidade, imagem e dados pessoais (art. 7°, IV); sigilo em relação aos atos praticados em virtude da proteção concedida (art. 7°, VIII).

Por outro lado, algumas das medidas previstas no art. 7° da Lei 9.807/1999 encerram caráter assistencial e, por isso, serão indicadas no próximo tópico.

Ainda no plano da vertente de *proteção*, cumpre referir o regime jurídico especial instituído pela Lei n° 13.344, de 6 de outubro de 2016, que versa sobre a prevenção e a repressão do *tráfico interno e internacional de pessoas*, incluindo, em seu Capítulo IV, particulares *medidas de atenção à vítima* desse tipo de crime.

A dimensão *protetiva* reflete-se especialmente no art. 6º, incisos II e IV, da Lei nº 13.344/2016: *acolhimento e abrigo provisório* (art. 6º, I); *preservação da intimidade e da identidade* (art. 6º , IV).

Traduz também caráter protetivo o regime de *concessão de residência permanente à vítima estrangeira de tráfico de pessoas que se encontre em território nacional*, conforme o disposto no art. 18-A acrescentado à Lei nº 6.815/1980 ("Estatuto do Estrangeiro") pelo art. 7º da Lei nº 13.344/2016: "Conceder-se-á residência permanente às vítimas de tráfico de pessoas no território nacional, independentemente de sua situação migratória e de colaboração em procedimento administrativo, policial ou judicial".

3.4. Assistência (art. 201, § 5º, CPP; Lei nº 11.340/2006; Lei nº 9.807/1999; art. 6º, I, III, V e VI, Lei nº 13.344/2016)

O primeiro marco de previsão, no direito brasileiro, de medidas assistenciais ao ofendido *em caráter geral* deu-se com o advento da Lei nº 11.690/2008, que acrescentou o § 5º ao art. 201 do CPP, com a seguinte redação: "Se o juiz entender necessário, poderá encaminhar o ofendido para atendimento multidisciplinar, especialmente nas áreas psicossocial, de assistência jurídica e de saúde, à expensas do ofensor ou do Estado".

Destinam-se as medidas assistenciais a minimizar o impacto físico, psicológico e social causado pelo crime, aos ofendidos necessitados, em função de alguma carência especial. O processo de vitimização decorrente do crime revela-se extremamente doloroso em muitas situações, sobretudo em certos nichos sociais. A assistência ao ofensido, assim, propicia-lhe condições de recuperação e de reinserção em um ambiente de tranquilidade, sempre que necessário. O Estado, que não pôde evitar a prática do crime, há de oferecer instrumentos de assistência idôneos e efetivos ao ofendido.

Além da previsão da hipótese, a legislação de reforma inovou ao contemplar o custeio da assistência pelo próprio ofensor. Embora não esteja expresso, parece-nos que o custeio do Estado só pode ser *subsidiário*, em caso de insuficiência financeira do agente, sempre após a condenação transitada em julgado. A propósito, advirta-se que a assistência "às expensas do ofensor" somente pode ocorrer após a condenação definitiva. Caso, entretanto, seja necessária a aplicação da medida assistencial já durante o processo, deverá o Estado custeá-la, sem prejuízo da ulterior responsabilidade regressa do ofensor, se definitivamente condenado.

Antes do advento da Lei nº 11.690/2008, o sistema brasileiro já previa a aplicabilidade de medidas assistenciais em dois âmbitos particulares: (i) no do *Programa Federal de Assistência a Vítimas e a Testemunhas Ameaçadas*, objeto da Lei 9.807/1999: ajuda financeira mensal para prover as despesas necessárias à subsistência individual ou familiar, sempre que a vítima protegida estiver impossibilitada de desenvolver trabalho particular ou de inexistência de qualquer fonte de renda (art. 7º, V); suspensão temporária das atividades funcionais do ofendido servidor público, sem prejuízo dos respectivos vencimentos e vantagens (art. 7º, VI); apoio e assistência social, médica e psicológica (art. 7º, VII); apoio do órgão executor do programa para o cumprimento de obrigações civis e administrativas que exijam o comparecimento pessoal (art.

7º, IX); (ii) no da violência doméstica e familiar contra a mulher, objeto da Lei nº 11.340/2006: encaminhamento da ofendida e de seus dependentes a programa oficial ou comunitário de proteção ou de atendimento (art. 23, I); recondução da ofendida e de seus dependentes ao respectivo domicílio, após o afastamento do agressor (art. 23, II); serviços públicos de saúde, de educação de assistência social e de segurança, a partir de requisição do Ministério Público (art. 26, I).

Por último, ainda sobre a vertente assistencial, refira-se o abrangente regime estabelecido pela Lei nº 13.344/2016, para o âmbito da vítima de crime de *tráfico de pessoas*. Espelham a dimensão de assistência, com efeito, os incisos I, III, V e VI do art. 6º da Lei nº 13.344/2016: *assistência jurídica, social, de trabalho e emprego e de saúde* (art. 6º, I), devendo a assistência à saúde "compreender os aspectos de recuperação física e psicológica da vítima" (art. 6º, § 3º); *atenção às necessidades específicas da vítima, especialmente em relação a questões de gênero, orientação sexual, origem étnica ou social, procedência, nacionalidade, raça, religião, faixa etária, situação migratória, atuação profissional, diversidade cultural, linguagem, laços sociais e familiares ou outro status* (art. 6º, III); *prevenção à revitimização no atendimento e nos procedimentos investigatórios e judiciais* (art. 6º, V).

A assistência à vítima brasileira de tráfico de pessoas deverá ser prestada inclusive *no exterior*, segundo a forma disposta no art. 6º, § 2º: "No exterior, a assistência imediata a vítimas brasileiras estará a cargo da rede consular brasileira e será prestada independentemente de sua situação migratória, ocupação ou outro status". Todas essas medidas bem traduzem a consolidação, entre nós, das novas tendências vitimológicas, antes referidas.

Já o art. 6º, § 1º, da Lei nº 13.344/2016 expressa uma integração entre as vertentes protetiva e assistencial, desta forma: "A atenção às vítimas dar-se-á com a interrupção da situação de exploração ou violência [*vertente protetiva*], a sua reinserção social, a garantia de facilitação do acesso à educação, à cultura, à formação profissional e ao trabalho e, no caso de crianças e adolescentes, a busca de sua reinserção familiar e comunitária [*vertente assistencial*]".

4. ASSISTENTE

4.1. Aplicabilidade da Habilitação do Ofendido como Assistente

A disciplina da figura do assistente no processo penal de ação pública consta do Capítulo IV ("Dos Assistentes") do Título VIII, reservado aos sujeitos do processo, do Livro I do Código de Processo Penal.

Entende-se por *assistente*, nesse âmbito, o ofendido – ou, nos casos especiais previstos em lei, outro terceiro interessado – formalmente habilitado no processo penal instaurado por ação penal de iniciativa pública, para o exercício de certas faculdades processuais que a lei lhe reserva, além dos direitos gerais que assistem à vítima hipotética do crime.

De acordo com o art. 268 do CPP, "em todos os termos da ação penal pública, poderá intervir, como assistente do Ministério Público, o ofendido ou seu representante legal, ou, na falta, qualquer das pessoas mencionadas no art. 31".

A assistência é forma de intervenção de terceiro no processo penal. Consiste, nesse sentido, em habilitação formal do ofendido (ou de outro sujeito expressamente designado pela lei), decorrente de sua condição jurídica de terceiro interessado na ação penal de iniciativa pública, que tem como partes o Ministério Público e o acusado. Essa natureza de terceiro interessado, segundo a concepção doutrinária tradicional, estaria associada exclusivamente ao interesse civil, de caráter reparatório.

À vista da amplitude das medidas reservadas ao ofendido no processo, entretanto, não se pode limitar a atuação do assistente à mera dimensão civil reparatória. O ofendido assistente tem também, assim, interesse na atuação e na realização da Justiça, pelo sucesso da persecução penal, inclusive para a reconstituição de seu *status dignitatis*, assim como para obter, do ofensor ou do Estado, as medidas assistenciais necessárias.

O ofendido poderá ser menor ou, de outro modo, civilmente incapaz. Nessa hipótese, será representado ou assistido na forma da lei civil, em sua habilitação como assistente do Ministério Público. Sendo o ofendido pessoa jurídica, a *presentação* ou a representação se dará de igual modo na forma da lei civil, em conformidade com o disposto nos atos constitutivos (contrato social ou estatuto) do ente coletivo.

Na hipótese de morte ou ausência declarada do ofendido, poderá habilitar-se como assistente qualquer de seus sucessores legais, preferencialmente na ordem fixada no art. 31 do CPP: cônjuge, ascendente, descendente ou irmão.

A respeito da representação postulatória judicial do ofendido ou de seu sucessor, um esclarecimento mostra-se importante. Embora na prática corrente haja o costume de chamar o advogado do ofendido de assistente, isso não corresponde à realidade técnica do objeto examinado. *Assistente* é o ofendido ou seu sucessor legal. Para atuar em juízo, o assistente constituirá um advogado particular ou defensor público, conforme o caso, a não ser que tenha capacidade postulatória (formação técnica) e opte por agir por conta própria. O procurador constituído é, portanto, o advogado do assistente.

4.2. Aplicabilidade da Habilitação de Outros Sujeitos como Assistentes

Para além do ofendido, porém, a lei pode conferir a possibilidade de habilitação como *assistente* a outras pessoas ou entidades juridicamente interessadas, em hipóteses especiais. É o que acontece na esfera das ações penais por crimes contra o sistema financeiro nacional, conforme dispõe o art. 26, parágrafo único, da Lei nº 7.492/1986: "Sem prejuízo do disposto no art. 268 do Código de Processo Penal, aprovado pelo De.-lei 3.689, de 3 de outubro de 1941, será admitida a assistência da Comissão de Valores Mobiliários – CVM, quando o crime tiver sido praticado no âmbito de atividade sujeita à disciplina e à fiscalização dessa Autarquia, e do Banco Central do Brasil quando, fora daquela hipótese, houver sido cometido na órbita de atividade sujeita à sua disciplina e fiscalização".

Assim, embora a Comissão de Valores Mobiliários e o Banco Central do Brasil não sejam ofendidos pela execução de crime contra o sistema financeiro, há aí a afetação de interesse de algum desses entes, como normatizador, controlador e fiscalizador da atividade envolvida na prática criminosa. Desta sorte, a lei confere a cada um desses entes públicos (autarquias federais), em caráter especial, legitimidade para a habilitação como assistente do Ministério Público, desde que a atividade envolvida esteja afeta ao respectivo âmbito de disciplina e de fiscalização.

Outro exemplo na mesma direção encontra-se no domínio dos *crimes contra as relações de consumo*, definidos na Lei nº 8.078/1990 (Código de Defesa do Consumidor) ou em outras leis especiais. Com efeito, dispõe o art. 80 da Lei nº 8.078: "No processo penal atinente aos crimes previstos neste Código, bem como a outros crimes e contravenções que envolvam relações de consumo, poderão intervir, como assistentes do Ministério Público, os legitimados indicados no art. 82, III e IV, aos quais também é facultado propor ação penal subsidiária, se a denúncia não for oferecida no prazo legal".

Os legitimados aludidos são: (i) as entidades e órgãos da administração pública, direta ou indireta ainda que sem personalidade jurídica, especificamente destinados à defesa dos interesses e direitos protegidos pelo Código de Defesa do Consumidor (art. 82, III, Lei nº 8.078); (ii) as associações legalmente constituídas há pelo menos 1 (um) ano e que incluam entre seus fins institucionais a defesa dos interesses e direitos protegidos pelo Código de Defesa do Consumidor.

Perceba-se que, além da possibilidade de sua habilitação como assistente do Ministério Público, dispõem esses entes de legitimidade até mesmo para o ajuizamento de ação penal de iniciativa privada subsidiária da pública, algo que também reflete um regime excepcional, já que essa legitimidade, de maneira geral, está constitucional e legalmente reservada ao ofendido.

Nenhuma das mencionadas disposições especiais (art. 26, parágrafo único, da Lei nº 7.492/1986 e art. 80 da Lei nº 8.078/1990) impede que o próprio ofendido pela prática do crime se habilite como assistente do Ministério Público, como, aliás, ressalva expressamente o art. 26, parágrafo único, da Lei nº 7.492/1986.

Fora das figuras do ofendido, do sucessor legal do ofendido e dos entes especificamente interessados, não há outro sujeito que possa prestar assistência. O corréu, por óbvio, ainda que se afirme vítima do crime, não pode se habilitar como assistente. O acusado é a parte passiva da relação processual, não podendo atuar, ao mesmo tempo, como assistente da parte ativa.

4.3. Oportunidade da Admissão do Assistente

A admissão do assistente poderá ocorrer a qualquer momento, desde o recebimento da denúncia (instauração do processo penal) até o trânsito em julgado de sentença. Esse termo inicial depreende-se do art. 268 do CPP, que possibilita a intervenção do assistente em todos os termos *da ação pública*.

A assistência, assim, só tem lugar no processo já instaurado, não cabendo na fase pré-processual, de investigação preliminar, por mais que o ofendido (sem qualquer habilitação como assistente) possa atuar nesse âmbito sugerindo diligências à autoridade investigadora (art. 14, CPP).

Quanto à possibilidade de habilitação a qualquer momento desde o início do processo até o trânsito em julgado de sentença, confira-se o disposto no art. 269 do CPP: "O assistente será admitido enquanto não passar em julgado a sentença e receberá a causa no estado em que se achar". Assim, o assistente recebe o feito no estado em que se encontra, não cabendo a repetição de qualquer ato em virtude de eventual habilitação tardia.

A forma de habilitação do assistente é por *decisão judicial*, após manifestação do Ministério Público sobre o pedido, nos termos do art. 272 do CPP: "o Ministério Público será ouvido previamente sobre a admissão do assistente".

A lei dispõe expressamente não caber recurso da decisão que admite, nem da que inadmite, o assistente, conforme o art. 273 do CPP: "Do despacho [em verdade, decisão] que admitir, ou não, o assistente, não caberá recurso, devendo, entretanto, constar dos autos o pedido e a decisão".

A irrecorribilidade da decisão, entretanto, não impede: (i) a impugnação do ato de indeferimento da habilitação por meio de mandado de segurança, ante a hipótese de ofensa ao direito líquido e certo do ofendido de ser admitido como assistente do Ministério Público no processo instaurado por ação penal de iniciativa pública; (ii) a impugnação do ato de deferimento da habilitação por meio de *habeas corpus* impetrado em favor do acusado, se, por exemplo, o juiz admitir como assistente sujeito que não seja, nem mesmo em tese, vítima do suposto crime.

4.4. Faculdades Processuais do Assistente

Como antes abordado, há alguns direitos do ofendido, particularmente o de apelar da sentença penal (art. 598, CPP), cujo exercício independe de sua habilitação como assistente do Ministério Público.

Por outro lado, existem algumas faculdades processuais reservadas apenas ao *assistente*, dependendo seu exercício, portanto, da habilitação. A esse respeito, tome-se o disposto no art. 271, *caput*, do CPP: "Ao assistente será permitido propor meios de prova, requerer perguntas às testemunhas, aditar o libelo e os articulados, participar do debate oral e arrazoar os recursos interpostos pelo Ministério Público, ou por ele próprio, nos casos dos arts. 584, § 1º, e 598".

Antes de tudo, compreenda-se que o assistente, como terceiro interessado, não detém o exercício pleno das faculdades processuais próprias das partes. Assim, sua atuação está limitada aos casos especificados em lei: no art. 271, *caput*, do CPP ou em normas particulares, dentro da disciplina legal própria de cada instituto.

Uma das faculdades que se confere em caráter geral ao assistente é a de *propor meios de prova*. Desta sorte, poderá o assistente, por exemplo, postular a realização de perícia ou indicar testemunhas para inquirição. Nesse particular, "o juiz, ouvido o

Ministério Público, decidirá acerca da realização das provas propostas pelo assistente", nos termos do art. 227, § 1º, do CPP.

Importa observar, todavia, que a participação do assistente na produção da prova só é aplicável se a habilitação houver ocorrido antes ou durante a fase instrutória, dependendo sempre da subsistência de oportunidade, no contexto do procedimento, para a proposição da prova almejada. Se a habilitação for tardia, o exercício da faculdade em exame já não se faz possível.

A participação do assistente na atividade probatória supõe que deva ele ser regularmente intimado para a audiência de instrução e julgamento, oportunidade em que se realiza a instrução oral, com a tomada de declarações do ofendido, a inquirição de testemunhas e a produção dos demais meios de prova possíveis e aplicáveis (vide art. 400, *caput*, CPP).

No entanto, caso o assistente, intimado, deixe injustificadamente de atender a ato do processo, desobriga-se a Justiça em determinar sua intimação para atos futuros, nos termos do art. 271, § 2º, do CPP: "O processo prosseguirá independentemente de nova intimação do assistente, quando este, intimado, deixar de comparecer a qualquer dos atos da instrução ou do julgamento, sem motivo de força maior devidamente comprovado".

No ponto, por mais que a lei processual penal preveja audiência una de instrução e julgamento, o comum é que haja fracionamento da instrução em diversos atos. Assim, caso o assistente deixe injustificadamente de comparecer a um dos atos, os demais poderão ocorrer sem a necessidade de nova intimação. A propósito, regime semelhante se dispensa ao próprio acusado, a teor do art. 367 do CPP.

Não subsiste aplicabilidade à parte do dispositivo do art. 271, *caput*, concernente ao "libelo e os articulados". Com o advento da Lei nº 11.689/2008, que modificou substancialmente o procedimento do júri, eliminou-se de nosso sistema o instituto do "libelo".

Por fim, têm-se as *faculdades recursais*. Nesse particular, a lei processual penal confere ao ofendido legitimidade supletiva para interpor recurso de apelação, em caso de inércia do Ministério Público (art. 598, *caput*, CPP). Assim, o assistente pode supletivamente interpor recurso de apelação, sob qualquer fundamento. Configurada a inércia do Ministério Público, a legitimidade recursal do assistente é plena e abrangente quanto ao objeto. Essa legitimidade, sempre em caráter supletivo, estende-se a uma hipótese específica de recurso em sentido estrito, qual seja, a de recurso contra decisão de extinção da punibilidade do acusado (art. 581, VIII, CPP).

Ademais, o Supremo Tribunal Federal reconhece a legitimidade recursal extraordinária do assistente, *desde que nas hipóteses dos artigos 598 e 584, § 1º, do CPP*, vale dizer: recurso extraordinário, em caráter supletivo, contra acórdão proferido em sede de apelação ou de recurso em sentido estrito (neste último caso, apenas aquele interposto contra decisão extintiva da punibilidade). Nesse sentido, refira-se a Súmula nº 210 do STF: "O assistente do Ministério Público pode recorrer, inclusive extraordinariamente, na ação penal, nos casos dos arts. 584, § 1º, e 598, do Código de Processo Penal".

Pelas mesmas razões de direito, entendemos que deve ser reconhecida a legitimidade supletiva, aplicando-se os mesmos limites (artigos 598 e 584, § 1º, CPP), no âmbito do recurso especial.

Fora dessas hipóteses, não há legitimidade recursal para o assistente. Por exemplo, o STF expressamente rechaçou a legitimidade do assistente para interpor recurso extraordinário contra decisão concessiva de *habeas corpus*, conforme o enunciado de sua Súmula n° 208: "O assistente do Ministério Público não pode recorrer extraordinariamente de decisão concessiva de *habeas corpus*".

Essa orientação tem por fundamento o fato de que nem sequer dispõe o assistente de legitimidade ordinária para interpor recurso em sentido estrito contra decisão concessiva de *habeas corpus* (art. 581, X, CPP), por não estar tal hipótese inserida nos limites do art. 584, § 1°, do CPP. O que se diria então da legitimidade extraordinária para o mesmo fim?

Esse entendimento, no entanto, deverá ser revisto, uma vez que, com o advento da Lei n° 12.403/2011, o assistente passou a ter legitimidade para representar pela prisão preventiva (art. 311, CPP). Assim, havendo o nítido interesse, legalmente reconhecido, não subsiste sentido em recusar ao assistente legitimidade para recorrer da decisão concessiva de *habeas corpus*, concernente a uma prisão decretada a partir de iniciativa do próprio ofendido.

Uma última reflexão mostra-se importante, quanto ao início da contagem do prazo recursal do assistente. O art. 598, parágrafo único, do CPP fixa o prazo de 15 (quinze) dias para apelar, a ser contado "do dia em que terminar o do Ministério Público".

Há julgados antigos do STF no sentido de que o prazo de 15 (quinze) dias estaria reservado apenas ao ofendido não habilitado. Para o assistente, no entanto, o prazo seria o mesmo reservado às partes, de 5 (cinco) dias. Trata-se, contudo, de interpretação *contra legem*, pois a norma fixa o prazo de 15 (quinze) dias para o recurso supletivo do ofendido, esteja ou não habilitado como assistente.

Em todo caso, a teor do citado parágrafo único do art. 598 do CPP, o prazo teria como termo inicial o dia em que terminasse o do Ministério Público, valendo acrescentar: independentemente de intimação do assistente. O STF até editou a Súmula n° 448 reforçando esse entendimento: "O prazo para o assistente recorrer supletivamente começa a correr imediatamente após o transcurso do prazo do Ministério Público".

A nosso juízo, essa orientação não é adequada, em virtude da lógica de contagem dos prazos processuais, *a partir da intimação*, nos termos do art. 798, § 5°, do CPP, por mais que esse dispositivo ressalve "os casos expressos".

SEÇÃO V
Serventuários da Justiça

Os *serventuários* ou *funcionários da Justiça* não são sujeitos do processo, mas dele participam como auxiliares. Trata-se dos servidores públicos do Poder Judiciário com atribuições técnico-administrativas necessárias à movimentação do processo, pela prestação de serviços como o cadastramento, o registro, a autuação e o cumprimento de atos e expedientes sob ordem judicial, como citações e intimações.

Incluem-se aqui funções como a do diretor da secretaria do juízo, responsável por atos como a publicação da sentença, a do analista judiciário e a do técnico judiciário, bem assim a do oficial de justiça.

Nos termos do art. 274 do CPP, "as prescrições sobre suspeição dos juízes estendem-se aos serventuários e funcionários da justiça, no que lhes for aplicável". Apesar do emprego dos dois termos, não há diferença substancial entre serventuário e funcionário da Justiça.

A expressão *serventuários da Justiça* é suficiente para abranger toda a multiplicidade de funções inserida na órbita acima delimitada. Como alternativa, pode-se até utilizar a o designativo *auxiliares da Justiça*, mas nesse caso seria preciso incluir os peritos e intérpretes, objeto de disciplina autônoma no Capítulo VI do Título VIII do Livro I do Código de Processo Penal.

Como servidores públicos, os serventuários da Justiça hão de guardar atuação isenta no exercício de suas funções, sujeitando-se, por isso, ao mesmo regime de suspeição dos magistrados, no que for aplicável.

A forma de arguição da suspeição encontra-se no art. 105 do CPP: "As partes poderão também arguir de suspeitos os peritos, os intérpretes e os serventuários ou funcionários de justiça, decidindo o juiz de plano e sem recurso, à vista da matéria alegada e prova imediata".

SEÇÃO VI
Peritos e Intérpretes

Os *peritos* e os *intérpretes* são *auxiliares da Justiça*, públicos ou particulares sob compromisso, incumbidos de serviços técnicos relevantes à formação da prova no processo.

Designa-se por *perito* o profissional técnico especializado em certa área do conhecimento, que examina vestígios do crime ou outros elementos relevantes para a prova, de modo a oferecer uma conclusão científica, que possa servir às partes na compreensão de determinados âmbitos, de outro modo inalcançáveis.

O perito pode ser oficial ou particular. Não sendo oficial, o perito particular deverá prestar compromisso, estando em todo caso sujeito à disciplina judiciária, nos termos do art. 275 do CPP. Por essa razão, o perito, em qualquer hipótese, é um auxiliar *da Justiça*.

Por seu turno, *intérprete* é o profissional conhecedor de idiomas estrangeiros ou de linguagens específicas (a exemplo da linguagem de sinais), que presta o serviço de transpor o conteúdo de um discurso oral ou gestual para o vernáculo, possibilitando a comunicação entre pessoas de linguagens distintas. A designação *intérprete* é normalmente reservada ao profissional que assimila o conteúdo discursos *orais* da língua desconhecida e o expressa na língua conhecida. Por essa razão, distingue-se do *tradutor*, responsável pela versão de *escritos* para o vernáculo.

Para os efeitos legais, os intérpretes (e os tradutores) equiparam-se aos peritos, como prescreve o art. 281 do CPP. Assim, podem de igual modo ser públicos ou particulares compromissados.

Entende-se que o juiz, ainda que conheça o idioma estrageiro, não pode servir como tradutor ou intérprete. Com efeito, não cabe ao juiz participar da própria produção da prova, arvorando-se de protagonismo técnico incompatível com a natureza da função jurisdicional.

Ademais, a tradução e a interpretação, assim como a perícia, estão reservadas a profissionais com formação técnica e treinamento específicos. Ainda que conheça o idioma, o juiz não dispõe de formação para o exercício das técnicas de tradução e de interpretação, cujo domínio formalmente se exige para a própria investidura do profissional nessas funções públicas de auxílio à Justiça. De toda sorte, conhecendo o idioma, poderá o juiz intervir, se necessário, para fins de controle da fidelidade da prova.

O perito, intérprete ou tradutor exercem funções de ordem pública no processo, já que produzem prova com suas expressões e conclusões, a partir de fontes indecifráveis para as pessoas leigas. O desempenho dessas tarefas, assim, há de ocorrer com imparcialidade e impessoalidade, não se admitindo qualquer interferência das partes na nomeação do profissional (art. 276, CPP), algo reservado exclusivamente ao juiz. Nesse particular, aplicam-se aos peritos, para garantia de sua imparcialidade, as normas sobre suspeição de juízes (art. 280, CPP).

Por outro lado, para assegurar a capacidade e a eficiência técnica, assim como a própria isenção do perito, o art. 279 do CPP contempla algumas causas de impedimento, assim expressas: "Não poderão ser peritos: I – os que estiverem sujeitos à interdição de direito mencionada nos ns. I e IV do art. 69 [atual art. 47, I e II] do Código Penal; II – os que tiverem prestado depoimento no processo ou opinado anteriormente sobre o objeto da perícia; III – os analfabetos e os menores de 21 anos".

Já o art. 277 do CPP impõe alguns deveres ao perito, e por extensão ao tradutor e ao intérprete (art. 281, CPP), a começar pela obrigatoriedade da aceitação do encargo (art. 277, *caput*, CPP). A sanção cominada para o descumprimento desse dever, no entanto, seria a de "multa de cem a quinhentos-mil réis", de impossível atualização.

Ademais, os peritos e intérpretes estão sujeitos a condução coercitiva, em regime semelhante àquele reservado ao ofendido e às testemunhas, conforme o art. 278 do CPP: "No caso de não comparecimento injustificado do perito, sem justa causa, a autoridade poderá determinar a sua condução". Esse dispositivo aplica-se especialmente na hipótese em que o perito tenha de comparecer em juízo para prestar esclarecimentos, na etapa procedimental prevista no art. 400, *caput*, do CPP (para o procedimento ordinário).

CAPÍTULO XIV

Medidas Cautelares de Constrição Pessoal

SEÇÃO I
Teoria Geral das Medidas Cautelares Pessoais

1. SISTEMÁTICA

As diversas medidas componentes do *processo penal cautelar*, enquanto fenômeno processual logicamente individualizável, apesar de não assim sistematizado na legislação, podem encerrar as seguintes características e finalidades especiais:

(i) Privação ou restrição à esfera pessoal, para resguardo da ordem pública, do processo ou da aplicação da lei (*medidas cautelares de constrição pessoal*). São exemplos desse tipo a prisão preventiva (medida cautelar pessoal prisional) e a suspensão temporária de função pública (medida cautelar pessoal não prisional).

(ii) Obtenção de elementos de prova da existência material e da autoria de infrações penais (*medidas cautelares probatórias*), com os objetivos de incriminação e atuação da pretensão estatal de punir. São exemplos desse tipo a busca e apreensão domiciliar e a interceptação telefônica.

(iii) Constrição de patrimônio (em bens móveis ou imóveis) com o objetivo precípuo de resguardar a recomposição do prejuízo causado pelo crime, em caso de condenação (*medidas assecuratórias*). São espécies desse tipo o sequestro e o arresto.

Trata-se neste capítulo do que denominamos *medidas cautelares de constrição pessoal*, que reúnem *providências processuais típicas (nominadas) com caráter restritivo à esfera individual do investigado ou acusado* e vinculadas aos objetivos cautelares de resguardo da ordem pública, da regularidade do processo e/ou da aplicação da lei penal.

Reúnem essas características essenciais as seguintes medidas cautelares típicas: **(a)** *medidas cautelares de privação da liberdade*, tais a *prisão em flagrante* (artigos 301 a 303, CPP), a *prisão preventiva* (artigos 311 a 313, CPP), a *prisão temporária* (artigos 1º e 2º, Lei 7.960/1989), a *prisão domiciliar* (artigos 317 e 318, CPP), o *recolhimento domiciliar no período noturno e nos dias de folga* (art. 319, V, CPP) e a *internação provisória* (art. 319, VII, CPP); **(b)** *medidas cautelares restritivas à esfera pessoal (liberdade ou outro direito) e diversas da prisão*, tais o *comparecimento periódico em juízo* (art. 319, I, CPP), a *proibição de acesso ou frequência a determinados lugares* (art. 319, II, CPP), a *proibição de manter contato com pessoa determinada* (art. 319, III, CPP), a *proibição* *de ausentar-se da circunscrição judiciária* (art. 319, IV, CPP), a *suspensão do exercício de função pública ou de atividade de natureza econômica ou financeira* (art. 319, VI, CPP), a *fiança* (art. 319, VIII, CPP), a *monitoração eletrônica* (art. 319, IX, CPP), a *liberdade provisória sem o pagamento de fiança* (artigos 310, parágrafo único, e 321, CPP) e a *liberdade provisória mediante o pagamento de fiança* (artigos 322 a 324, CPP).

Esses dois níveis de medidas, segundo a classificação aqui proposta, distinguem-se pela *privação da liberdade*, na primeira hipótese, e pela *restrição, quer à liberdade, quer a outro direito subjetivo pessoal*, na segunda hipótese. No exame de cada espécie serão abordadas as características que justificam a sua inserção numa ou noutra categoria.

Cumpre observar que essa sistemática obedece ao regime introduzido pela Lei nº 12.403/2011, que instituiu as medidas cautelares nominadas alternativas à prisão.

Em muitos sistemas contemporâneos, não há medidas cautelares nominadas e típicas com previsão e disciplina específicas na legislação, sendo possível, porém, a decretação da adequada providência cautelar diversa da prisão com base no poder geral de cautela do juiz. É o que sucede, por exemplo, no direito processual penal espanhol.

Entre nós, contudo, até o advento da Lei nº 12.403/2011, prevalecia o regime da "prisão ou liberdade" – ou, como dizem alguns, da "prisão ou nada" – no que concerne às medidas cautelares de constrição pessoal. Não se admitia que o juiz, com base no poder geral de cautela, pudesse identificar a medida cautelar adequada e aplicá-la como alternativa ou substituição à prisão. Parte da jurisprudência, a propósito, rechaçava a hipótese, como revela o julgado da Sexta Turma do Superior Tribunal de Justiça no HC 135.183/RJ (STJ, 6ª Turma, HC 135.183, Rel. Min. MARIA THEREZA DE ASSIS MOURA, julgamento em 15.10.2009, DJ de 09.11.2009): "1. Inexiste previsão legal sobre a possibilidade de revogação do cárcere provisório mediante a retenção de documentos. 2. In casu, determinado pelo Tribunal de origem, por ocasião da revogação da prisão preventiva decretada, o acautelamento das carteiras da Ordem dos Advogados do Brasil, pertencentes aos pacientes, configura-se em evidente constrangimento ilegal. 3. Ordem concedida a fim de determinar que o Juízo da origem proceda a devolução das carteiras da Ordem dos Advogados do Brasil pertencentes aos pacientes"[1].

---

1. É de se registrar, porém, a posição contrária refletida neste julgado da Segunda Turma do Supremo Tribunal Federal, admitindo o poder geral de cautela (Cfr. STF, 2ª Turma, HC 94.147/RJ, Rel. Min. ELLEN GRACIE, julgamento em 27.05.2008, DJ de 13.06.2008): "PROCESSUAL PENAL. IMPOSIÇÃO DE CONDIÇÕES JUDICIAIS (ALTERNATIVAS À PRISÃO PROCESSUAL). POSSIBILIDADE. PODER GERAL DE CAUTELA. PONDERAÇÃO DE INTERESSES. ART. 798, CPC; ART. 3°, CPC. 1. A questão jurídica debatida neste habeas corpus consiste na possibilidade (ou não) da imposição de condições ao paciente com a revogação da decisão que decretou sua prisão preventiva 2. Houve a observância dos princípios e regras constitucionais aplicáveis à matéria na decisão que condicionou a revogação do decreto prisional ao cumprimento de certas condições judicias. 3. Não há direito absoluto à liberdade de ir e vir (CF, art. 5°, XV) e, portanto, existem situações em que se faz necessária a ponderação dos interesses em conflito na apreciação do caso concreto. 4. A medida adotada na decisão impugnada tem clara natureza acautelatória, inserindo-se no poder geral de cautela (CPC, art. 798; CPP, art. 3°). 5. As condições impostas não maculam o princípio constitucional da não-culpabilidade, como também não o fazem as prisões cautelares (ou processuais). 6. Cuida-se de medida adotada com base no poder geral de cautela, perfeitamente inserido no Direito brasileiro, não havendo violação ao princípio da independência dos poderes (CF, art. 2°), tampouco malferimento à regra de competência privativa da União para legislar sobre direito processual (CF, art. 22, I). 7. Ordem denegada".

Nesse regime, portanto, (a) ou o juiz, identificando a necessidade de resguardo à ordem pública, ao processo ou à aplicação da lei, decretava a prisão como única cautela possível, (b) ou, não identificando tal necessidade, deixava o sujeito em liberdade, concedia liberdade provisória ao preso em flagrante ou revogava prisão preventiva ou temporária, conforme o caso. As únicas cautelas diversas da prisão eram representadas pelas obrigações associadas à liberdade provisória e em particular pela fiança.

A Lei nº 12.403/2011 veio modificar tal regime, não para possibilitar ao juiz a decretação de alternativas à prisão pelo poder geral de cautela[2], mas para, na linha de diversos sistemas contemporâneos, instituir abstratamente medidas cautelares nominadas, cuja adequação concreta deverá ser verificada pelo órgão judiciário em cada caso.

Inaugura-se, assim, um regime complexo quanto às medidas cautelares de constrição pessoal, todas orientadas por sua *adequação* aos objetivos gerais associados a esse tipo de medida, quais sejam, o resguardo da ordem pública, da regularidade do processo e da aplicação da lei penal.

Antes do exame particularizado de cada espécie de medida cautelar pessoal, é relevante abordar os princípios gerais regentes das medidas cautelares no processo penal.

2. PRINCÍPIOS ASSOCIADOS ÀS MEDIDAS CAUTELARES NO PROCESSO PENAL

Proporcionalidade é uma noção genérica essencial ao dimensionamento da cautelaridade processual. A nosso juízo, a proporcionalidade deve ser compreendida e dimensionada como postulado de orientação da atividade interpretativa e aplicadora da lei pelo juiz, e não como princípio material que possa regular a constitucionalidade do conteúdo das disposições legais ordinárias.

Com efeito, a proporcionalidade reveste-se de generalidade e abertura adequadas à orientação da atividade ponderativa do órgão judiciário, mas essas mesmas abertura e generalidade podem, como princípio material, conferir ao juiz o papel indevido de "corrigir o legislador" pela adequação do conteúdo das normas legais a pretensos e vagos padrões de proporcionalidade, politizando-se a função judicial em prejuízo da separação dos poderes e do regime democrático.

Esclarecido esse ponto, emprega-se aqui, de toda sorte, a designação corrente de *princípio da proporcionalidade*, compreendido sobretudo como vetor da atividade judicial de interpretação e de aplicação da lei, com objetivos cautelares e, em particular, com as finalidades cautelares próprias das medidas de constrição pessoal.

---

2. A esse respeito, Eugênio Pacelli reserva interessante crítica ao regime do poder geral de cautela: "...a admissão de cautelares *não previstas em lei* pode abrir um perigoso leque de alternativas ao magistrado, dificultando, sobremaneira, o controle de sua pertinência e oportunidade, ficando em mãos do magistrado de primeiro grau a escolha de providências cujo controle de pertinência e de adequação (além da proporcionalidade) seria muito mais difícil, na medida em que sustentamos o não cabimento de *habeas corpus* contra o deferimento de medida cautelar". Cfr. Pacelli, Eugênio. *Curso de Processo Penal*. São Paulo: Atlas, 2013, p. 523.

Em uma perspectiva mais ampla, conforme Aguado Correa, o dito princípio da proporcionalidade desdobra-se nas conhecidas dimensões de *necessidade, adequação* ou *idoneidade* e *proporcionalidade em sentido estrito*, entendidas como requisitos intrínsecos de toda medida processual penal restritiva de direitos fundamentais, exigíveis tanto no momento de sua previsão pelo legislador quanto no de sua adoção pelo órgão correspondente, e ainda no período de sua execução[3].

A seguir serão abordados os chamados subprincípios, ou dimensões, em que se desdobra a proporcionalidade.

2.1. Princípio da Necessidade

2.1.1. *Sentido e alcance*

A dimensão de *necessidade* traduz-se na impossibilidade de se alcançar o fim perseguido por meio menos gravoso[4]. Sabe-se que a necessidade constitui fundamento essencial de qualquer medida cautelar, especialmente no direito processual penal. Isso porque nosso sistema *não comporta a antecipação* de tutela judicial satisfativa, de modo que ordens judiciais de proteção jurídica no curso do processo só podem estar fundadas na *imprescindibilidade concreta*, como único meio apto a assegurar a efetividade da pretensão de punir, caso venha a ser reconhecida a sua procedência.

A tutela jurídica principal almejada pelo autor da ação, nesse sentido, só poderá ser alcançada com a procedência definitiva do pedido, em decisão judicial transitada em julgado. No entanto, por vezes será necessária a concessão de provimentos de urgência, destinados a evitar o perecimento do hipotético direito alegado, quando haja esse risco, e dessa forma a resguardar o resultado útil do processo.

O devido processo legal deve se desenvolver com duração razoável, mas assim mesmo há uma demora inerente ao procedimento de qualquer processo de garantias, o que, ademais, é acentuado pelo maior formalismo da tradição romano-germânica a que ainda pertence nosso sistema (apesar das reformas recentes) e ainda por uma prática judiciária assentada em estruturas e funcionalidades deficientes, além de em larga medida aferrada a ranços formais de difícil superação.

---

3. "Desde nuestro punto de vista (...), se puede hablar de un principio de proporcionalidad en sentido amplio que se decompone en tres subprincipios o, en la terminología del Tribunal Constitucional, hablar de un principio cuya aplicación es regida por tres condiciones: idoneidad, necesidad y proporcionalidad en sentido estricto. Tal y como ha concretado el Tribunal Constitucional estas condiciones, cabe decir que en virtud del primer subprincipio, la medida ha de ser apta para alcanzar el fin pretendido. La necesidad de la medida implica que no se podría optar por otra igualmente eficaz, que no gravase o lo hiciese en menor medida los derechos afestados. En último lugar, el sacrificio que se impone al derecho correspondiente debe guardar un razonable equilibrio o proporción con los bienes jurídicos que se pretenden salvaguardar". Cfr. Correa, Teresa Aguado. *El Principio de Proporcionalidad en el Derecho Penal*. Madrid: Edersa, 1999.

4. Conforme Paulo Bonavides, "pelo princípio ou subprincípio de necessidade, a medida não há de exceder os limites indispensáveis à conservação do fim legítimo que se almeja, ou uma medida para ser admissível deve ser necessária". Cfr. Bonavides, Paulo. *Curso de Direito Constitucional*. São Paulo: Malheiros, 2014, p. 406.

Esse cenário marca ainda mais a importância das medidas cautelares, como instrumentos assecuratórios vigentes no curso demorado do processo, de maneira que, em havendo sucesso do pedido do autor no processo de conhecimento, fique resguardada a efetividade da pretensão de punir.

No âmbito das medidas cautelares de constrição pessoal, a necessidade traduz-se na *imprescindibilidade de uma medida de urgência* para assegurar: (a) a *regularidade e a efetividade da investigação criminal e da instrução probatória do processo penal*, contra a potencialidade, concretamente demonstrada, de atos de turbação à coleta de elementos informativos e de provas, tais como a ameaça ou a manipulação de testemunhas, a destruição de documentos etc.; (b) a *aplicação da lei penal*, contra a potencialidade, concretamente demonstrada, de atos de fuga antecipada à eventual execução de pena; (c) a *ordem pública*, contra a potencialidade, concretamente demonstrada, da prática de infrações penais.

A vinculação da necessidade a esses objetivos está bem expressa no art. 282, inciso I, do Código de Processo Penal: "As medidas cautelares previstas neste Título deverão ser aplicadas observando-se a: I – necessidade para aplicação da lei penal, para a investigação ou a instrução criminal e, nos casos expressamente previstos, para evitar a prática de infrações penais". Essas finalidades encontram-se também, especificamente quanto à prisão preventiva, no art. 312 do CPP.

Assim, a tutela de urgência encontra fundamento na *necessidade* de que, antes do termo do processo, se adotem providências práticas no sentido de *evitar* que novos crimes (sob a *hipótese* de que o crime objeto do processo de fato aconteceu) sejam praticados, que a atividade de apuração criminal seja desvirtuada e/ou que o eventual resultado punitivo deixe de ser executado. A prisão preventiva, por exemplo, pode ser concretamente necessária como único meio apto a assegurar pelo menos alguma dessas finalidades.

Dessa forma compreendida, a necessidade só pode ser concreta, avaliada a partir de circunstâncias de fato próprias do caso considerado. Não há que se cogitar de "necessidade abstrata", emanada da própria existência do processo ou da gravidade hipotética do crime, algo que implicaria negar a própria cautelaridade da medida, para convertê-la em providência de antecipação do resultado do processo, antes do julgamento amparado na prova produzida em contraditório judicial.

2.1.2. Necessidade das medidas cautelares de constrição pessoal: desdobramentos

A necessidade pode ser situada em dois momentos: (i) *necessidade de alguma medida cautelar* para a consecução dos fins legais (art. 282, I, CPP); (ii) *necessidade de uma medida cautelar específica* para a consecução dos fins legais; por exemplo, necessidade da prisão como único meio, eis que uma medida cautelar diversa – digamos, a proibição de se aproximar de pessoa determinada – não se mostra em concreto suficiente como mecanismo assecuratório; ou, na perspectiva inversa, desnecessidade da prisão porque uma medida alternativa, menos extrema, pode igualmente cumprir a finalidade.

Sobre esses dois momentos em que se desdobra a necessidade, pode ser invocado o art. 282, § 5º, do CPP: "O juiz poderá revogar a medida cautelar ou substituí-la quando verificar a falta de motivo para que subsista, bem como voltar a decretá-la, se sobrevierem razões que a justifiquem".

Aqui está bem expresso, inicialmente, que as cautelares em geral têm não apenas sua decretação, mas também sua persistência, condicionadas à necessidade. O que se quer destacar agora, entretanto, é que a *revogação* da medida cautelar expressa o primeiro momento de avaliação antes referido, em que o juiz conclui pela *desnecessidade de qualquer medida cautelar*.

A *substituição*, por seu turno, expressa a *desnecessidade da específica medida cautelar vigente*, mas a necessidade de outra medida. Isso acontece, por exemplo, quando o juiz verifica que a prisão preventiva, mais gravosa, não é mais necessária, pois o mesmo fim pode ser resguardado por meio menos gravoso, bastando a imposição, digamos, da proibição de aproximação de pessoa determinada (art. 319, III, CPP). A necessidade especificamente da prisão preventiva, frente a outras medidas cautelares, é também orientada pelo disposto no art. 316 do CPP, em lógica semelhante àquela do já citado art. 282, § 5º: "O juiz poderá revogar a prisão preventiva se, no correr do processo, verificar a falta de motivo para que subsista, bem como de novo decretá-la, se sobrevierem razões que a justifiquem".

Nesse mesmo contexto, cumpre invocar o art. 282, § 4º, do CPP: "No caso de descumprimento de qualquer das obrigações impostas, o juiz, de ofício ou mediante requerimento do Ministério Público, de seu assistente ou do querelante, poderá substituir a medida, impor outra em cumulação, ou, em último caso, decretar a prisão preventiva". E ainda, em sentido semelhante, o art. 282, § 6º, do CPP: "A prisão preventiva será determinada quando não for cabível a sua substituição por outra medida cautelar (art. 319, CPP)".

Esses dispositivos traduzem a *imposição preferencial*, orientada por parâmetros de necessidade, de medidas cautelares diversas da prisão. A prisão só poderá ser imposta em caso de necessidade extrema. Há aqui, portanto, a pertinência desses parâmetros ao segundo momento de avaliação, em que o juiz verifica a necessidade de uma medida específica, no caso a prisão, mas também, de modo geral, a necessidade de medidas mais gravosas ante a suficiência ou a insuficiência de medidas menos gravosas.

Nesse sentido, o juiz deve primeiro avaliar se há a necessidade de acautelamento da ordem pública, do processo ou da aplicação da lei penal, ou se o processo pode aguardar seu termo sem risco de inefetividade da punição, caso venha a ser reconhecida a sua procedência.

Em sendo positiva essa primeira consideração, deve o juiz seguidamente avaliar *qual a medida necessária*, não só de acordo com parâmetros de *adequação* (estudada no próximo tópico), no sentido da idoneidade da medida para a consecução do fim perseguido, mas, antes disso, da imprescindibilidade concreta do tipo de medida (medida cautelar prisional ou medida cautelar alternativa) escolhida, porque outra menos grave não se mostra suficiente para atingir o mesmo fim.

Com essa lógica, o juiz deve considerar: (a) a imprescindibilidade de alguma medida cautelar para impedir, por exemplo, que acusado por crime de estupro, reincidente e com maus antecedentes, venha a praticar crimes no futuro; (b) a imprescindibilidade da decretação de prisão preventiva para resguardar esse objetivo, uma vez que a mera imposição de medida cautelar alternativa (como a proibição de se aproximar da suposta vítima) não se mostra para tanto suficiente; (c) a adequação, vale dizer, a idoneidade e aptidão da medida escolhida (prisão preventiva) para a consecução do fim.

Nesse último ponto, a adequação revela-se no seguinte raciocínio: o encarceramento, por constituir privação total da liberdade, é adequado e idôneo para impedir que o sujeito cometa infrações penais no futuro; mas a necessidade dessa específica medida (prisão) já foi decidida antes, porque outras menos graves não se mostravam suficientes.

Pode-se dizer que a necessidade de determinada medida conduz à conclusão de que esta medida, e não qualquer outra, deve ser imposta; outra medida seria insuficiente. Já a adequação de determinada medida conduz à conclusão de que esta medida é idônea e efetiva para atingir a finalidade; outra medida poderia ser igualmente adequada, se levar ao mesmo resultado.

Assim, a necessidade de uma medida exclui a de outras, por se mostrarem, as outras, insuficientes. Já a adequação de uma medida é apenas um demonstrativo de que esta medida específica tem aptidão para cumprir a finalidade, sem que isso necessariamente exclua a eventual idoneidade de outra medida cautelar.

2.2. Princípio da Adequação

Pelo subprincípio da *adequação*, as restrições a direitos fundamentais devem ser adequadas, idôneas e viáveis em relação aos fins a que se dirijam. Trata-se, segundo PAULO BONAVIDES, da "pertinência ou aptidão (*Geeignetheit*), que, segundo Zimmerli, nos deve dizer se determinada medida representa 'o meio certo para levar a cabo um fim baseado no interesse público', conforme a linguagem constitucional dos tribunais. Examina-se aí a adequação, a conformidade ou a validade do fim"[5].

A escolhida ingerência na esfera individual deve facilitar a obtenção do objetivo perseguido, em virtude de sua *adequação qualitativa e quantitativa* e de seu âmbito subjetivo de aplicação. Como assinala AGUADO CORREA, "o exame da idoneidade não se esgota na aptidão abstrata de determinada medida para conseguir o fim pretendido, nem na adequação objetiva da mesma tendo em conta as circunstâncias concretas, mas também requer o respeito ao princípio da idoneidade por parte do órgão que decreta a medida, o qual não poderá perseguir uma finalidade distinta daquela prevista pela lei", acrescentando que, "neste sentido, a busca e a apreensão em determinado domicílio serão aptos se do que se trata é de recolher provas, e assim se deduz da própria lei"[6].

No domínio das medidas cautelares de constrição pessoal, a adequação traduz-se na *idoneidade* da providência escolhida (entre aquelas discriminadas no art. 319

---

5. BONAVIDES, Paulo. *Curso de Direito Constitucional*. São Paulo: Malheiros, 2014, p. 405.
6. CORREA, Teresa Aguado. *El Principio de Proporcionalidad en el Derecho Penal*. Madrid: Edersa, 1999.

do CPP) para alcançar os objetivos de evitar a prática de infrações penais, garantir a regularidade da investigação ou do processo ou a aplicação da lei penal.

Não se trata, aqui, da necessidade da medida cautelar, mas de sua aptidão, idoneidade, eficácia facilitadora no que diz respeito à finalidade a que está vinculada e que a justifica. Assim, por exemplo, as medidas de proibição de manter contato com determinada pessoa e de monitoramento eletrônico são idôneas para o objetivo de impedir que o sujeito cometa crimes de lesão corporal ou de ameaça contra aquela pessoa (garantia da ordem pública); a medida de recolhimento do passaporte é idônea e adequada para impedir que o sujeito se evada do país (garantia de aplicação da lei penal).

Nessa perspectiva, a medida pode ser necessária, sem ser idônea; ou idônea, sem ser necessária.

No primeiro caso, imagine-se uma medida cautelar de proibição de ausentar-se da comarca (art. 319, IV, CPP) decretada para impedir que o acusado cometa infrações penais.

Nesse caso, há o reconhecimento da necessidade concreta de uma medida cautelar para impedir que o sujeito cometa infrações penais (ordem pública), mas a medida escolhida não se mostra idônea, porque simplesmente impedir que o sujeito se ausente da comarca não tem em princípio eficácia facilitadora no sentido de prevenir que venha ele a cometer infrações penais.

Na situação colocada, pode-se resolver pela necessidade de decretação de medida prisional (prisão preventiva), porque qualquer meio menos gravoso (medida cautelar alternativa) não se mostra suficiente. Sendo esse o caso, decide-se pela necessidade da medida específica, qual seja, a prisão. Seguidamente, pergunta-se: a medida é idônea? Sim, porque o encarceramento total tem eficácia para impedir o cometimento de infrações.

Pode ser, contudo, que essa mesma finalidade possa ser cumprida por uma medida de proibição de aproximação, com monitoramento eletrônico. Aí temos a desnecessidade da prisão, por haver meio menos gravoso (necessidade do meio menos gravoso), adequado à finalidade almejada (adequação do meio menos gravoso). Disso se conclui que a necessidade da medida específica e a sua adequação são noções conceitualmente diversas, mas logicamente imbricadas.

Já na situação de medida idônea, sem ser necessária, pode-se apontar como exemplo justamente a prisão preventiva para o fim de evitar o cometimento de infrações. Suponha-se que um agente público esteja sendo processado pela suposta prática de crime de corrupção. Em princípio, a medida cautelar não prisional de suspensão da função pública é suficiente para evitar o cometimento de infrações do gênero objeto da acusação (crime contra a administração pública). Não é necessário, portanto, em princípio, chegar-se ao extremo da prisão preventiva.

Nesse contexto, pergunte-se: a prisão preventiva é idônea? Sim, porque cumpre com eficácia o objetivo de impedir a prática de infrações. É necessária? Não, porque há meio menos gravoso (suspensão de função pública) que cumpre a mesma finalidade.

Em síntese, a necessidade de uma específica medida cautelar (por exemplo, a suspensão de função pública) consiste conceitualmente na *escolha do meio idôneo menos gravoso*. Com efeito, poderá haver mais de um meio idôneo. Entre eles, deverá ser escolhido o menos grave, nisso consistindo a necessidade, que se compreende em temos relativos frente ao meio mais grave, isto é: desnecessidade do meio idôneo mais grave correlacionada à necessidade do meio idôneo menos grave.

O art. 282, inciso II, do Código de Processo Penal fixa parâmetros de dimensionamento da adequação, segundo: (a) a gravidade do crime; (b) as circunstâncias do fato; (c) as condições pessoais do indiciado ou acusado. Esses balizamentos devem nortear a avaliação do juiz no momento da escolha do meio que tenha eficácia facilitadora do cumprimento do objetivo legal.

Por exemplo, a natureza e o nível de gravidade de um hipotético crime de concussão podem nortear o juiz na escolha da suspensão de função pública como mecanismo apto a impedir a prática de atos da mesma natureza; as circunstâncias do fato e as condições pessoais do indiciado ou acusado podem nortear o juiz a escolher a medida de retenção de passaporte (art. 320, CPP) como mecanismo idôneo para impedir a fuga do agente (se houver necessidade disso), ou, por outro lado, a escolher a proibição de manter contato com pessoa determinada (art. 319, III, CPP).

2.3. Princípio da Proporcionalidade em Sentido Estrito

Pela dimensão de proporcionalidade em sentido estrito, entende-se a relação razoável e proporcional entre a medida e a importância do interesse estatal que se objetiva resguardar. Como refere PAULO BONAVIDES, na "proporcionalidade mesma, tomada em *stricto sensu*", "a escolha recai sobre o meio ou os meios que, no caso específico, levarem mais em conta o conjunto dos interesses em jogo". E acrescenta o autor, com base em PIERRE MÜLLER, que "quem utiliza o princípio (...) se defronta ao mesmo passo com uma obrigação e uma interdição; obrigação de fazer uso de meios adequados e interdição quanto ao uso de meios desproporcionados"[7].

Trata-se aqui da ponderação entre meios e fins, segundo critérios que foram assim fixados pela jurisprudência alemã: (a) consequência jurídica; (b) importância da causa; (c) grau de imputação; (d) êxito possível da medida. Em sentido semelhante, o Tribunal Constitucional espanhol já assentou, relativamente à lógica e aos critérios de razoabilidade e de proporcionalidade estrita no âmbito cautelar: "Em definitivo, a presunção de inocência é compatível com a aplicação das medidas cautelares sempre que se adotem por resolução fundada no Direito que, quando não regulada, há de basear-se em um *juízo de razoabilidade*, acerca da *finalidade perseguida* e as *circunstâncias concorrentes*, pois uma medida desproporcional ou irrazoável não seria propriamente cautelar, senão que teria um *caráter punitivo quanto ao excesso*"[8].

---

7. BONAVIDES, Paulo. *Curso de Direito Constitucional*. São Paulo: Malheiros, 2014, pp. 406-407.
8. Sentencia 108/1984, de 26 de noviembre de 1984: "En definitiva, la presunción de inocencia es compatible con la aplicación de medidas cautelares siempre que se adopten por resolución fundada en Derecho, que cuando no es reglada ha de basarse en un juicio de razonabilidad acerca de la finalidad perseguida y las circunstancias concurrentes, pues una medida desproporcionada o irrazonable no sería propiamente cautelar, sino que tendría un carácter punitivo en cuanto al excesso".

No particular, com referência ao direito processual penal alemão, o § 112.1, 2, do StPO (Código de Processo Penal alemão) dispõe que a prisão provisória não deverá ser decretada quando não guarde proporção com a importância da causa e da pena ou medida de segurança ou de correção esperada.

Em linha semelhante, pode-se identificar o mesmo nos requisitos do art. 313 do Código de Processo Penal brasileiro, próprios da prisão preventiva, em particular naquele inserto no inciso I, dispondo que será admitida a decretação da prisão preventiva "nos crimes dolosos punidos com pena privativa de liberdade superior a 4 (quatro) anos".

Significa dizer que a lei estabelece uma proporção entre a importância da causa e a medida cautelar, não admitindo prisão preventiva em investigação ou processo que tenha por objeto infração menos grave, culposa ou dolosa com pena máxima inferior a 4 (quatro) anos. Com isso, assegura-se que a finalidade de acautelamento do interesse estatal (resguardo da ordem pública, do processo ou da aplicação da lei) não represente um excesso.

Por outro lado, como se verá, a prisão preventiva é admitida mesmo em infrações menos graves, independentemente do disposto no art. 313, I, do CPP, na hipótese de descumprimento de outra medida cautelar. Já aqui, entretanto, o excesso fica afastado pela necessidade de garantir o objetivo legal, ante a ineficácia do mecanismo menos grave.

Em síntese, as três dimensões de proporcionalidade, conquanto distintas entre si do ponto de vista conceitual, imbricam-se e complementam-se logicamente, uma estabelecendo a imprescindibilidade do meio (pela insuficiência de outra opção), outra a aptidão/eficácia/idoneidade do meio, outra a proporcionalidade, pela proibição de excesso, entre o meio e o fim.

SEÇÃO II
Medidas Cautelares Pessoais Diversas da Prisão

1. APLICABILIDADE

As medidas cautelares de constrição pessoal diversas da prisão podem ser aplicadas: (i) como medidas autônomas (artigos 282, §§ 2º e 3º, 283, 319 e 320, CPP); (ii) como medidas substitutivas da prisão em flagrante, quando não for cabível a prisão preventiva (art. 310, II, CPP); (iii) como medidas substitutivas da prisão preventiva.

Antes de tudo, cumpre examinar se há limitação à aplicabilidade da medida cautelar não prisional no que concerne ao caráter da infração penal imputada. Nesse particular, pergunta-se: (a) é aplicável medida cautelar não prisional no âmbito das infrações penais de menor potencial ofensivo? (b) é aplicável medida cautelar não prisional no âmbito de infrações penais a que seja cominada exclusivamente pena não privativa de liberdade (pena de multa ou pena restritiva de direitos)?

À primeira pergunta responde-se afirmativamente. O art. 282 do CPP não contempla qualquer limitação dessa natureza à aplicabilidade das medidas cautelares não prisionais. Assim, mesmo na hipótese de infração penal de menor potencial ofensivo (pena máxima de 2 anos), da competência dos juizados especiais criminais, possibilita-se a aplicação de medidas de restrição pessoal.

A prisão preventiva não é cabível no âmbito de infrações penais de menor potencial ofensivo, por força do disposto no art. 313, I, do CPP, que limita a aplicabilidade dessa medida prisional às infrações penais dolosas a que seja cominada pena máxima igual ou superior a 4 (quatro) anos.

O mesmo se diga quanto à prisão em flagrante, por força da norma do art. 69, parágrafo único, da Lei nº 9.099/1995, que prescreve para essa esfera a lavratura de termo circunstanciado e a liberação do detido sob o compromisso de comparecimento ao juizado especial criminal. Quanto às cautelares não prisionais, todavia, não há qualquer limitação legal, inexistindo razão idônea para que se negue sua aplicabilidade na esfera das infrações penais de menor potencial ofensivo.

Não se oponha a tanto o fato de o processo sumaríssimo ser de cunho conciliatório. A possibilidade de aplicação de composição civil dos danos e de transação penal não exclui a potencialidade de condenação a pena privativa de liberdade, se pena dessa natureza é cominada à infração penal de menor potencial ofensivo.

De resto, a possibilidade de "conciliação" não pode ser impeditivo à incidência de medida cautelar pessoal destinada ao resguardo da ordem pública, do processo ou da aplicação da lei penal. O que se impede, por desproporcional, é a medida cautelar de natureza prisional.

Assim, em um processo que tenha por objeto a imputação de crime de ameaça, por exemplo, é possível a decretação de medida cautelar de proibição de se aproximar de pessoa determinada, com vistas a impedir a prática de infrações penais. Na espécie, a medida, desde que concretamente necessária, mostra-se razoável, proporcional e adequada.

Quanto à segunda pergunta antes colocada, o art. 283, § 1º, do CPP dispõe claramente que "as medidas cautelares previstas neste Título não se aplicam à infração a que não for isolada, cumulativa ou alternativamente cominada pena privativa de liberdade". Considere-se, por exemplo, o crime de uso de drogas (art. 28, Lei nº 11.343/2006).

Não entraremos aqui na discussão doutrinária acerca de se a conduta constitui mesmo crime ou se mera infração administrativa, após o advento da Lei nº 11.343/2006. Trataremo-la aqui, sendo essa nossa posição, como crime a que se cominam penas restritivas de direitos[9]. É possível a decretação de medida cautelar? Não, por força da vedação expressa do art. 283, § 1º, do CPP.

---

9.   É bem de se ver, de toda sorte, que o Plenário do Supremo Tribunal Federal, no RE 635.659, ainda pendente de julgamento, mas com alguns votos já pronunciados, caminha para a descriminalização da conduta de porte de drogas para uso próprio.

Abordados esses pontos relevantes, passa-se ao exame das três esferas de aplicabilidade das medidas cautelares de constrição pessoal diversas da prisão.

1.1. Medida Cautelar Pessoal Originária: Providência Autônoma

1.1.1. *Aspectos gerais*

A medida cautelar de constrição pessoal diversa da prisão, objeto do art. 319, pode ser decretada a partir da apreciação judicial dos parâmetros fixados no art. 282 do CPP – necessidade e adequação –, sem que previamente esteja o investigado ou acusado sujeito a prisão provisória.

Como *providência autônoma*, o juízo poderá decretar medida(s) cautelar(es) discriminada(s) no art. 319 do CPP, a partir de provocação de qualquer das pessoas especificadas no art. 282, § 2°, ou, se no curso do processo penal, até mesmo de ofício. Do que se trata aqui é, portanto, de *decretação autônoma (porque independente da preexistência de prisão) da medida cautelar alternativa.*

De acordo com o art. 282, *caput*, do CPP, as medidas cautelares previstas no Título IX ("DA PRISÃO, DAS MEDIDAS CAUTELARES E DA LIBERDADE PROVISÓRIA"), inclusive aquelas discriminadas no art. 319 (medidas cautelares alternativas à prisão), "deverão ser aplicadas observando-se a: I – necessidade para aplicação da lei penal, para a investigação ou instrução criminal e, nos casos expressamente previstos, para evitar a prática de infrações penais; II – adequação da medida à gravidade do crime, circunstâncias do fato e condições pessoais do indiciado ou acusado". São esses, assim, os motivos autorizadores da decretação de medida cautelar pessoal, inclusive a medida cautelar diversa da prisão.

Independentemente da preexistência de prisão, o órgão judiciário poderá impor a cautelar alternativa (art. 319, CPP), de forma autônoma, sempre que identificar a necessidade da medida, que poderá ser aplicada isolada ou cumulativamente com outra (art. 282, § 1°, CPP).

1.1.2. *Iniciativa*

Nos termos do art. 282, § 2°, do CPP, acerca da decretação autônoma da *medida cautelar*: "As medidas cautelares serão decretadas pelo juiz, de ofício ou a requerimento das partes ou, quando no curso da investigação criminal, por representação da autoridade policial ou mediante requerimento do Ministério Público".

A lei deixa claro que, durante a investigação criminal, a decretação judicial de medida cautelar só pode ser provocada (art. 282, § 2°, parte final, CPP), pela autoridade policial ou pelo Ministério Público. Com efeito, está disposto que, *quando no curso da investigação criminal*, a atuação do juiz fica condicionada à "representação da autoridade policial" ou ao "requerimento do Ministério Público". A decretação da medida de ofício pelo juiz só pode acontecer após o exercício da ação penal (art. 282,

§ 2º, parte inicial, CPP) – o início do dispositivo refere-se claramente à fase processual ao fixar que o juiz poderá decretar as medidas de ofício ou a requerimento *das partes*.

Não poderia ser diferente. A atuação do juiz no curso do procedimento de investigação deve restringir-se ao controle do respeito a direitos e garantias individuais, não se concebendo, em um sistema acusatório pautado pela imparcialidade do juiz, que este disponha de iniciativa cautelar ou informativa quando nem mesmo está deduzida, pelo órgão legitimado, a eventual acusação que, no futuro, será dada à apreciação do órgão judiciário.

O juiz, assim, deve apreciar a necessidade e adequação de medida cautelar do ponto de vista da possibilidade excepcional de restrição à garantia do estado de inocência, a partir de provocação dos *interessados* em resguardar o resultado de futuro processo penal.

Quando o próprio juiz se imiscui no objeto da investigação para ali encontrar, de ofício, motivo cautelar, de modo a prevenir a prática de infrações penais ou resguardar a aplicação da lei penal ou a regularidade da investigação, potencializam-se indevidos vínculos psicológicos e interessados com a persecução penal, incompatíveis com a imparcialidade do órgão de jurisdição.

Uma vez instaurado o processo penal contraditório, com acusação já deduzida em seus limites objetivos, já nada obstará a atuação judicial de ofício, no sentido de assegurar de forma imediata a ordem pública ou o resultado do processo, o que pelo menos ameniza a potencial afetação à imparcialidade do julgador.

Quanto à iniciativa da provocação, a lei fixa: (a) durante o processo, as *partes* (art. 282, § 2º, parte inicial, CPP); (b) no curso da investigação criminal, a *autoridade policial* e o *Ministério Público* (art. 282, § 2º, parte final, CPP).

Discute a doutrina se a autoridade policial teria capacidade postulatória para provocar diretamente o órgão judiciário no sentido da decretação de medida cautelar, independentemente de manifestação do Ministério Público. Como pondera RENATO BRASILEIRO: "Com a titularidade privativa da ação penal pública por parte do Ministério Público e a consequente adoção do sistema acusatório pela Constituição Federal de 1988 (art. 129, I), nenhuma outra autoridade detém legitimidade para postular medida cautelar para fins de instrumentalizar futura ação penal pública. Assim, no caso de representações da autoridade policial noticiando a necessidade de adoção de medidas cautelares para viabilizar a apuração de infração penal, ou até mesmo para a assegurar a eficácia de futuro e eventual processo penal, é cogente a manifestação do órgão ministerial, a fim de que seja avaliado se a medida sugerida é (ou não) necessária e adequada aos fins da apuração da infração"[10].

De nossa parte, entendemos que o Ministério Público, como titular da ação penal de iniciativa pública (art. 129, I, CF), deve necessariamente se manifestar antes da decretação da medida cautelar. Não há exigência, porém, de que a postulação pela decretação da medida provenha do Ministério Público ou de que a representação

---

10. LIMA, Renato Brasileiro de. *Manual de Processo Penal*. Salvador: JusPodivm, 2015, p. 825.

da autoridade policial, para ser dedutível perante o juiz, tenha de ser ratificada pelo Ministério Público.

A autoridade policial, sem dúvida, conduz a investigação criminal para a coleta de elementos informativos destinados ao titular da ação penal. Na ação penal de iniciativa pública, é o Ministério Público o responsável privativo, portanto, pela iniciativa da acusação e da persecução penal em juízo. Isso impõe que, como legitimado, o Ministério Público seja sempre ouvido antes da decretação de qualquer medida cautelar durante a fase de investigação.

Ocorre que as medidas cautelares destinam-se ao resguardo: *da investigação*, da instrução criminal, da ordem pública, da aplicação da lei penal. Vê-se aí, portanto, que a medida cautelar também pode servir à garantia da regularidade e do resultado da atividade exercida pela autoridade policial. Não há óbice, assim, a que a lei confira, como faz, iniciativa à autoridade policial para provocar o órgão judiciário no sentido de que seja decretada medida cautelar, sempre que esta disser respeito à garantia da investigação, por mais que o destinatário desta seja o Ministério Público.

Nessa hipótese, pela titularidade da ação penal, o Ministério Público deve se manifestar, mas não há dependência de ratificação ou de concordância do órgão acusatório com a representação policial para que esta venha a ser apreciada pelo juiz. O Ministério Público, como destinatário, é obviamente interessado no resultado da investigação; mas não pode ser o único interessado, despontando como tal, por certo, a autoridade policial que a conduz e que precisa dispor, *em tese*, das cautelas necessárias à execução de sua atividade, independentemente da concordância do órgão do Ministério Público.

Em consonância com essa lógica, sustentamos que: (a) se a medida cautelar tiver por objetivo a garantia da investigação, poderá o juiz apreciar a representação policial independentemente da concordância ou de ratificação do Ministério Público, resguardando-se, no entanto, a prévia manifestação deste, como destinatário do procedimento investigativo; (b) se a medida cautelar tiver por objetivo o resguardo da aplicação da lei penal ou a prevenção da prática de infrações penais (ordem pública, vinculada ao processo), mesmo durante a fase de investigação, a postulação perante o juízo deve partir do Ministério Público, como titular da ação penal, ainda que precedida de representação policial; nessa hipótese, reclama-se a anuência do Ministério Público quanto ao teor da representação policial e o oferecimento, por órgão daquela instituição, do pleito em juízo.

A lei não contempla a legitimidade do ofendido para postular a decretação autônoma de medidas cautelares no âmbito da ação penal de iniciativa pública.

De toda sorte, na esfera da ação penal de iniciativa privada, não pode haver dúvida quanto à legitimidade do ofendido para o pedido de decretação autônoma de medidas cautelares. A esse respeito, pontua EUGÊNIO PACELLI: "Note-se que não se abriu à vítima a capacidade para a representação de providência cautelar na fase de investigação, o que não parece adequado e ajustado às hipóteses específicas de *ação penal privada*, que depende do ofendido até mesmo para que se instaure o inquérito policial. Por isso, em face do sistema de persecução penal privada no Brasil, parece-nos irrecusável a legitimidade do ofendido para o requerimento de providências cautelares na fase de investigação"[11].

1.1.3. Contraditório prévio

O art. 282, § 3º, do CPP estabelece a necessidade, como regra, de contraditório prévio à decretação de medida cautelar, nos seguintes termos: "Ressalvados os casos de urgência ou de perigo de ineficácia da medida, o juiz, ao receber o pedido de medida cautelar, determinará a intimação da parte contrária, acompanhada de cópia do requerimento e das peças necessárias, permanecendo os autos em juízo".

Esse dispositivo aplica-se a qualquer forma de decretação de medida cautelar, inclusive à sua imposição como providência autônoma, que ora se examina. Ressalvam-se apenas os casos de urgência ou de perigo de ineficácia, que autorizam excepcionalmente a decretação da medida cautelar sem a oitiva da parte contrária.

1.2. Medida Cautelar Pessoal Substitutiva da Prisão em Flagrante, quando não cabível a Prisão Preventiva (art. 310, II, CPP)

O art. 310, inciso II, do CPP contempla a hipótese de conversão da prisão em flagrante em prisão preventiva, *quando*, presentes os requisitos do art. 312, *revelarem-se inadequadas ou insuficientes as medidas cautelares diversas da prisão*.

A prisão preventiva é medida excepcional e extrema, cuja necessidade deve ser reconhecida em último caso, quando não se mostre suficiente medida alternativa menos gravosa.

Assim, o juiz, ao receber o auto de prisão em flagrante, dispõe de três opções: (i) se convencido da necessidade de continuação de medida de natureza prisional, identificada na existência concreta de qualquer dos motivos especificados no art. 312 do CPP, deverá converter a prisão em flagrante em prisão preventiva; (ii) se convencido da desnecessidade de continuação da medida prisional, e ainda da desnecessidade de imposição de qualquer outra medida cautelar, deverá conceder ao sujeito liberdade provisória, independentemente do pagamento de fiança (art. 310, III, CPP); (iii) se convencido da desnecessidade de persistência de medida cautelar de natureza prisional, por se mostrar adequada e suficiente medida cautelar menos gravosa, deverá substituir a prisão em flagrante por medida cautelar não prisional prevista no art. 319 do CPP. Esta última é a hipótese aqui abordada.

Como medida substitutiva da prisão em flagrante, a medida cautelar não prisional pode ser decretada de ofício pelo juiz. Isso porque a atuação judicial já não se traduzirá como *iniciativa* na fase de investigação, mas como identificação concreta de medidas menos graves que aquela que está a incidir sobre o sujeito.

---

11. PACELLI, Eugênio. *Curso de Processo Penal*. São Paulo: Atlas, 2013, p. 527.

Algumas observações revelam-se importantes, ainda no contexto do dispositivo do art. 310 do CPP, com redação conferida pela Lei nº 12.403/2011:

(a) Se o juiz conceder liberdade provisória mediante o pagamento de fiança (art. 310, III, primeira figura, CPP), estará substituindo a prisão em flagrante por medida cautelar não prisional, eis que a fiança é contemplada como tal no art. 319, VIII, do CPP. A hipótese de liberdade provisória *com fiança*, portanto, integra o âmbito examinado neste tópico (decretação da cautelar alternativa em substituição à prisão em flagrante). Quando desnecessária qualquer medida cautelar, inclusive a fiança – ou quando, desnecessárias as demais cautelares, seja incabível a fiança –, o juiz concederá liberdade provisória sem fiança (art. 310, III, segunda figura, CPP).

(b) Na hipótese de relaxamento da prisão em flagrante ilegal, o juiz poderá, se for o caso, impor medida cautelar não prisional (art. 319, CPP), mas isso a partir de decretação autônoma, se previamente provocado (fase de investigação criminal), nos termos do art. 282, § 2º, do CPP.

Não cabe falar, na espécie, de substituição da prisão em flagrante por medida cautelar não prisional, eis que, se a prisão é ilegal, não comporta *substituição* por medida menos gravosa. A substituição avalia-se segundo parâmetros de necessidade, suficiência e adequação. A prisão ilegal, objeto de relaxamento, não pode estar sujeita a substituição.

Suponha-se um caso de prisão fora das hipóteses legais de flagrância (artigos 302 e 303, CPP). Ora, como poderia essa prisão, manifestamente ilegal, ser "substituída" por medida cautelar menos grave, que se mostre adequada e suficiente? A ilegalidade da prisão elimina qualquer parâmetro comparativo. Poderá o juiz, de toda sorte, decretar a cautelar não prisional como medida autônoma (e não substitutiva), *desde que provocado* pela autoridade policial ou pelo Ministério Público, conforme o art. 282, § 2º, do CPP, já que se está, nesse momento, ainda na fase de investigação criminal.

1.3. Medida Cautelar Pessoal Substitutiva da Prisão Preventiva (art. 316 e art. 282, § 5º, CPP)

1.3.1. Aplicabilidade

O art. 316, primeira parte, do CPP contempla a revogação da prisão preventiva na hipótese de insubsistência dos motivos que a autorizaram: "O juiz poderá revogar a prisão preventiva se, no correr do processo, verificar a falta de motivo para que subsista, bem como de novo decretá-la, se sobrevierem razões que a justifiquem".

Trata-se de dispositivo específico para a hipótese de prisão preventiva decretada autonomamente, isto é, fora da hipótese de conversão de prisão preventiva em prisão em flagrante (art. 310, II, CPP). O teor do dispositivo expressa, quanto à prisão preventiva, a lógica geral instituída para todas as cautelares no art. 282, § 5º, do CPP.

Na hipótese de revogação da prisão preventiva por desnecessidade, nada obsta a que o juiz imponha em substituição medida cautelar não prisional, que em concreto se mostre suficiente para atender aos objetivos aplicáveis (ordem pública, instrução, aplicação da lei).

Assim, mesmo no caso de decretação autônoma de prisão preventiva (artigos 312 e 313, CPP), sem a preexistência de prisão em flagrante, a posterior revogação da medida prisional poderá ser efetuada com a correlata aplicação de medida cautelar não prisional.

Desta sorte, o juiz: (i) se convencido da desnecessidade da continuação da prisão preventiva, por falta de motivo, mas da necessidade de alguma outra cautela, deverá revogar a prisão preventiva, impondo em substituição a adequada medida cautelar alternativa (art. 319, CPP); (ii) se convencido da desnecessidade da continuação da medida prisional, e ainda da desnecessidade de qualquer outra medida, deverá simplesmente revogar a prisão preventiva (art. 316, CPP).

Apesar da ausência de previsão específica, no art. 316 do CPP, a esse respeito, aplica-se o art. 282, § 5º, que respalda plenamente a hipótese cogitada: "O juiz poderá revogar a medida cautelar ou substituí-la quando verificar a falta de motivo para que subsista, bem como voltar a decretá-la, se sobrevierem razões que a justifiquem". Assim, sob esse fundamento, poderá o juiz substituir a prisão preventiva por outra medida cautelar.

1.3.2. Hipótese de imposição de medida cautelar pelo tribunal que conceder liberdade em sede de habeas corpus

É corrente a impugnação por *habeas corpus* de decisões do juízo singular que decretam originariamente prisão preventiva (arts. 312 e 313, CPP) ou que convertem prisão em flagrante em prisão preventiva (art. 310, II, CPP). Nesse contexto, importa considerar se, ao conceder a liberdade, poderá o tribunal, na própria sede do *habeas corpus*, impor medida cautelar diversa da prisão.

Entendemos que, *como regra*, isso não poderá ser feito, sob pena de supressão de instância. Em sede de *habeas corpus* impugnando decisão denegatória de liberdade, o tribunal aprecia a *legalidade* ou não da medida prisional. Se reconhecida a ilegalidade da prisão, concede-se *habeas corpus* para o efeito de desconstituí-la e ordenar a imediata soltura do paciente (no caso do *habeas corpus* liberatório).

Uma vez desconstituída a prisão, por ilegalidade, abre-se a oportunidade de exame da necessidade de imposição de medida cautelar alternativa, questão não apreciada pelo juízo originário, que decretara a medida prisional. Se o tribunal apreciar essa necessidade em sede de *habeas corpus*, ainda que haja pedido expresso nesse sentido pelo impetrante, estará suprimindo a instância originária, em sua apreciação cautelar.

Assim, em princípio, concedido o *habeas corpus*, será o paciente posto em liberdade, podendo o juízo originário, se entender cabível, determinar a imposição de medida cautelar diversa. Caso o sujeito não se conforme com a eventual decisão que vier a impor a medida cautelar alternativa, poderá sempre impugná-la mediante novo *habeas corpus*.

Há diversos julgados do Supremo Tribunal Federal nessa trilha, qual seja: na hipótese de concessão de *habeas corpus*, reserva-se ao juízo originário a avaliação sobre a pertinência de imposição alternativa de medida cautelar não prisional. Assim, consulte-se: STF, 2ª Turma, HC 129.708/MT, Rel. Min. Dias Toffoli, julgamento em 27.10.2015, DJ de 16.12.2015; STF, 1ª Turma, HC 124.707/SP, Rel. Min. Rosa Weber, julgamento em 03.11.2015, DJ de 26.02.2016; STF, 1ª Turma, HC 130.773/SC, Rel. Min. Rosa Weber, julgamento em 27.10.2015, DJ de 23.11.2015. Colhe-se da primeira decisão citada: "...Segundo a jurisprudência consolidada do Supremo Tribunal Federal, para que o decreto de custódia cautelar seja idôneo, é necessário que o ato judicial constritivo da liberdade traga, fundamentadamente, elementos concretos aptos a justificar tal medida. 5. *Ordem de habeas corpus concedida para revogar a prisão preventiva do paciente nos autos do processo nº 888-83.2015.811.0026, determinando que o Juízo de Direito da Vara Única da Comarca de Arenápolis/MT avalie a necessidade, se for o caso, de aplicação de medidas cautelares diversas da prisão (CPP, art. 319)*".

Por outro lado, a despeito dessa lógica geral, pode ocorrer de a necessidade cautelar ser de plano identificada pelo próprio tribunal, ao apreciar o pedido de *habeas corpus*, de tal maneira que a própria concessão da liberdade deva estar associada à contrapartida *imediata* da imposição de medida cautelar alternativa, sob pena de frustração dos objetivos legais. Nessas condições excepcionais, a concessão da liberdade sem a aplicação imediata de medida alternativa poderia representar prejuízo à finalidade de resguardo da ordem pública, da regularidade do processo ou da aplicação da lei penal. Por exemplo, se alguém está preso preventivamente sob temor de fuga, e o tribunal concede o *habeas corpus* por considerar extrema a medida prisional, a não imposição imediata de uma medida alternativa como a retenção de passaporte poderia ensejar a realização do risco, com a fuga do imputado. Na hipótese, se identificada de plano a persistência do risco ao objetivo legal mesmo com o reconhecimento da desproporcionalidade da prisão, o caso é de determinação imediata de medida cautelar diversa, pelo próprio tribunal, ao conceder o *habeas corpus*. Admitir o contrário, além de tudo, representaria desestímulo a que o tribunal concedesse o *habeas corpus* para desconstituir a prisão, sob o receio de que, até que o juízo originário impusesse medida alternativa, a finalidade legal resultasse frustrada.

Encontram-se julgados recentes em que a própria Suprema Corte, ao conceder a ordem de *habeas corpus* para revogar a prisão preventiva, já determinou a aplicação de medidas cautelares alternativas (art. 319, CPP). Nesse sentido, refira-se a decisão da Segunda Turma do STF no HC 130.636/PR (STF, 2ª Turma, HC 130.636/PR, Rel. Min. Teori Zavascki, julgamento em 15.12.2015, DJ de 12.05.2016): "...No caso dos autos, como já afirmado, o longo tempo decorrido desde o decreto de prisão e a significativa mudança do estado do processo e das circunstâncias de fato estão a indicar que a prisão preventiva atualmente pode (e, portanto, deve) ser substituída nos termos dos arts. 282 e 319 do Código de Processo Penal, por medidas cautelares diversas. 6. *Ordem parcialmente concedida, para substituir a prisão preventiva do paciente por medidas cautelares específicas*"[12]. Em igual direção: STF, 2ª Turma, HC 131.555/AL, Rel. Min. Teori Zavascki, julgamento em 08.03.2016, DJ de 26.04.2016.

---

12. No caso citado, a prisão preventiva foi substituída, no próprio acórdão do Supremo Tribunal Federal que concedeu a ordem de *habeas corpus*, pelas seguintes medidas cautelares, como se extrai do inteiro teor da decisão: "a) afastamento da direção e da administração das empresas envolvidas nas

A nosso juízo, portanto: (i) como regra, o tribunal, em sede de *habeas corpus*, deve apreciar somente a legalidade da prisão e revogá-la quando reconheça a desnecessidade da medida extrema, reservando ao juízo originário a avaliação sobre a necessidade ou não de imposição de medida cautelar alternativa (art. 319, CPP); (ii) excepcionalmente, quando já possa identificar, ao lado da desnecessidade da medida extrema, a persistência do risco imediato ao objetivo legal, deverá o tribunal, no próprio acórdão concessivo do *habeas corpus*, aplicar a substituição da prisão por medida cautelar alternativa (art. 319, CPP). Como acima ilustrado, a jurisprudência da Suprema Corte, ainda que de maneira implícita, parece adotar essa lógica.

2. SUBSTITUIÇÃO, CUMULAÇÃO E REVOGAÇÃO DE MEDIDAS CAUTELARES PESSOAIS DIVERSAS DA PRISÃO

2.1. Substituição

A lei contempla duas hipóteses de *substituição* de medidas cautelares diversas da prisão: (i) descumprimento de obrigações impostas (art. 282, § 4º, CPP); (ii) falta de motivo para a subsistência da cautelar (art. 282, § 5º, CPP).

De acordo com o art. 282, § 4º, do CPP, "no caso de descumprimento de qualquer das obrigações impostas, o juiz, de ofício ou mediante requerimento do Ministério Público, de seu assistente ou do querelante, poderá substituir a medida, impor outra em cumulação, ou, em último caso, decretar a prisão preventiva (art. 312, parágrafo único)".

Assim, na hipótese de descumprimento de obrigações associadas à medida cautelar não prisional, o juiz poderá substituir a medida por outra que se revele adequada e eficaz. O art. 282, § 4º, estabelece uma espécie de gradação na atividade apreciativa do juiz, sob os parâmetros de necessidade, suficiência e adequação: (a) substituir a medida por outra >> (b) se isso for insuficiente, cumular a medida com outra >> (c) se isso for insuficiente, em último caso, decretar a prisão preventiva (art. 312, parágrafo único, CPP).

O juiz poderá substituir a medida *de ofício*, a partir do descumprimento, inclusive na fase de investigação. Nessa hipótese, não haverá prejuízo à imparcialidade do juiz, pois a atuação substitutiva foi provocada pelo descumprimento e se dá sob parâmetros exclusivamente cautelares.

---

investigações, ficando proibido de ingressar em quaisquer de seus estabelecimentos, e suspensão do exercício profissional de atividade de natureza empresarial, financeira e econômica; b) recolhimento domiciliar integral até que demonstre ocupação lícita, quando fará jus ao recolhimento domiciliar apenas em período noturno e nos dias de folga; c) comparecimento quinzenal em juízo, para informar e justificar atividades, com proibição de mudar de endereço sem autorização; d) obrigação de comparecimento a todos os atos do processo, sempre que intimado; e) proibição de manter contato com os demais investigados, por qualquer meio; f) proibição de deixar o país, devendo entregar passaporte em até 48 (quarenta e oito) horas; g) monitoração por meio da utilização de tornozeleira eletrônica; destacando-se que o descumprimento injustificado de quaisquer dessas medidas ensejará, naturalmente, decreto de restabelecimento da ordem de prisão (art. 282, § 4º, do CPP)".

De outro modo, poderá a substituição ser requerida pelo Ministério Público ou pelo ofendido (o assistente, se houver ação penal em curso), no âmbito dos crimes de ação penal pública, ou pelo ofendido ou querelante, no domínio dos crimes de ação penal privada.

A esse respeito, a lei discrimina simplesmente o "Ministério Público", "seu assistente" e o "querelante". Por interpretação extensiva, deve-se entender, a nosso juízo: como "assistente", o *ofendido*, especialmente se a medida tiver sido decretada na fase de investigação; como "querelante", de igual modo o *ofendido*, também para abranger a legitimidade durante a fase de investigação criminal. Na verdade, a lei fixa a legitimidade do assistente, que é o próprio ofendido, inclusive durante a fase de investigação; e a do querelante, que é o próprio ofendido, inclusive durante a fase de investigação.

A outra hipótese de substituição está prevista no art. 282, § 5º, do CPP, cabendo quando a medida não mais se mostre necessária (ausência de motivo para que subsista). Se não houver necessidade de qualquer outra cautelar, a medida será simplesmente revogada. Se houver desnecessidade da medida cautelar atual, mas necessidade de outra, a primeira será substituída pela segunda.

2.2. Cumulação

A *cumulação* de medidas cautelares diversas da prisão (art. 282, § 1º, CPP) pode ocorrer na hipótese de descumprimento das obrigações impostas (art. 282, § 4º, do CPP). Essa avaliação reúne três ordens de referência, para que se conclua pela cumulação de medidas cautelares: (i) insuficiência da medida cautelar atual, o que deriva de seu descumprimento injustificado; (ii) insuficiência da simples substituição da medida por outra; (iii) desnecessidade de decretação de prisão preventiva.

Se o juiz verificar a presença desses três fatores, a cumulação de medidas cautelares será a providência adequada.

2.3. Revogação

A *revogação* das medidas cautelares diversas da prisão emana da disciplina geral (para todas as cautelares de caráter pessoal) constante do art. 282, § 5º, do CPP: "O juiz poderá revogar a medida cautelar ou substituí-la quando verificar a falta de motivo para que subsista, bem como voltar a decretá-la, se sobrevierem razões que a justifiquem".

Assim, a revogação motiva-se pela desnecessidade de subsistência da medida atual, sem prejuízo de sua posterior decretação, se sobrevierem razões para tanto.

3. CONSEQUÊNCIAS DO DESCUMPRIMENTO DA MEDIDA CAUTELAR PESSOAL DIVERSA DA PRISÃO

Na hipótese de descumprimento de obrigações associadas a medida cautelar não prisional, o art. 282, § 4º, do CPP fixa as seguintes consequências, em caráter progressivo, de acordo com os parâmetros de necessidade e de adequação: (a) substituição da medida por outra; (b) imposição de outra medida em cumulação; (c) decretação de prisão preventiva.

Como já explicado, há uma gradação restritiva entre essas providências, cabendo ao juiz avaliar a solução aplicável ao caso, em função dos parâmetros de necessidade, suficiência, adequação e proporcionalidade. A cumulação de medidas cautelares será necessária quando não for suficiente a mera substituição da medida descumprida por outra. A decretação de prisão preventiva será necessária quando, em caso de descumprimento da medida não prisional, não for suficiente a substituição nem a cumulação.

No particular, a decretação de prisão preventiva decorrente do descumprimento de medida cautelar está igualmente disciplinada no art. 312, parágrafo único, do CPP: "A prisão preventiva também poderá ser decretada em caso de descumprimento de qualquer das obrigações impostas por força de outras medidas cautelares (art. 282, § 4º)".

Conforme oportunamente abordaremos, a decretação da prisão preventiva na hipótese de descumprimento de medida cautelar alternativa (art. 319, CPP) não depende da existência concreta dos pressupostos estabelecidos no art. 313 do CPP, aplicáveis apenas à imposição *originária* da prisão.

4. ESPÉCIES DE MEDIDAS CAUTELARES DIVERSAS DA PRISÃO

O Capítulo V do Título IX do Livro I do Código de Processo Penal disciplina as medidas cautelares pessoais diversas da prisão, ou medidas cautelares alternativas à prisão.

As diversas medidas cautelares pessoais de constrição pessoal diversas da prisão, instituídas no art. 319 do CPP pela Lei nº 12.403/2011, podem ser distribuídas em três tipos, de acordo com a finalidade associada a cada uma delas:

(i) *medidas destinadas à garantia de aplicação da lei penal*: (a) comparecimento periódico e obrigatório em juízo (art. 319, I, CPP); (b) proibição de ausentar-se da comarca (art. 319, IV, CPP); (c) fiança (art. 319, VIII, CPP); (d) monitoramento eletrônico (art. 319, IX, CPP); (e) proibição de ausentar-se do país (art. 320, CPP).

(ii) *medidas destinadas à garantia da investigação e da instrução criminal*: (a) proibição de ausentar-se da comarca (art. 319, IV, CPP); (b) fiança (art. 319, VIII, CPP).

(iii) *medidas destinadas à prevenção da prática de infrações penais*: (a) proibição de acesso a determinados lugares e proibição de manter contato com determinadas pessoas (art. 319, II, CPP); (b) suspensão do exercício de função pública ou de atividade econômico-financeira (art. 319, VI, CPP).

Destinam-se de igual modo a evitar a prática de infrações penais as medidas de internação provisória do inimputável ou do semi-imputável (art. 319, VII, CPP) e de recolhimento domiciliar (art. 319, V, CPP). Estas, no entanto, classificamo-las como medidas *privativas* de liberdade, conquanto estejam discriminadas no art. 319 do CPP, reservado em geral às medidas cautelares não prisionais. Em todo caso, considerando sua localização, serão essas medidas estudadas no presente tópico.

4.1. Medidas destinadas à Garantia de Aplicação da Lei Penal (art. 319, I, VIII e IX, e art. 320, CPP)

São medidas cautelares pessoais vinculadas à finalidade de garantia de aplicação da lei penal o comparecimento periódico e obrigatório em juízo (art. 319, I, CPP), a proibição de ausentar-se da comarca (art. 319, IV, CPP), a fiança (art. 319, VIII, CPP), o monitoramento eletrônico (art. 319, IX) e a proibição de ausentar-se do país (art. 320, CPP).

4.1.1. Comparecimento periódico em juízo (art. 319, I, CPP)

O "comparecimento periódico e obrigatório em juízo, no prazo e nas condições fixadas pelo juiz, para informar e justificar atividades" (art. 319, I, CPP) é medida cautelar idônea como forma de controle judicial da presença e da participação do imputado no processo.

O comparecimento periódico traduz a intenção do acusado de estar presente e de admitir as consequências jurídicas que possam advir da ação penal. Em particular, a informação sobre atividades reflete também o vínculo do imputado com o território correspondente à circunscrição judiciária do juízo competente para o processo e o julgamento da ação penal.

Essa medida corresponde, no processo penal cautelar, a providências semelhantes previstas em lei a título de "prova" de comportamento adequado no âmbito destes institutos, próprios da execução penal: o regime aberto (art. 115, IV, LEP), a suspensão condicional da pena (art. 158, § 4°, LEP) e o livramento condicional (art. 132, § 1°, b, LEP).

4.1.2. Fiança (art. 319, VIII, CPP)

Por seu turno, o art. 319, VIII, do CPP institui a medida cautelar de "fiança, nas infrações que a admitem, para assegurar o comparecimento a atos do processo, evitar a obstrução do seu andamento ou em caso de resistência injustificada à ordem judicial".

Já estão especificadas, portanto, as finalidades associáveis à imposição de fiança, não restritas, como se vê, à garantia de aplicação da lei penal.

Optou-se por tratar da fiança neste tópico, porém, em virtude do objetivo predominante a ela associado, que é precisamente o de garantir a presença e a participação do imputado no processo, por mais que a mesma garantia real possa servir à regularidade da instrução ("evitar a obstrução de seu andamento") ou à autoridade da ordem judicial ("em caso de resistência injustificada à ordem judicial").

A fiança constitui garantia real oferecida pelo imputado, ou por terceiro em seu benefício, consistente em dinheiro ou outros ativos de valor econômico, segundo a disciplina constante dos artigos 322 a 350 do CPP. Oferecendo bens em valor adequado, proporcional à gravidade do crime objeto do processo (art. 325, CPP), o imputado expressa seu propósito de responder ao processo e de sujeitar-se às suas consequências, sob pena de perda total da disponibilidade econômica fornecida.

Antes do advento da Lei nº 12.403/2011, a fiança estava restrita ao âmbito da prisão em flagrante, como cautela vinculada à liberdade provisória, aplicável às infrações penais afiançáveis (ou seja, todas as infrações, com as ressalvas impostas nos artigos 323 e 324 do CPP, além das vedações constitucionais).

O regime em vigor veio então estabelecer a aplicabilidade da fiança de forma autônoma, para o domínio da prisão preventiva. Assim, poderá o juiz aplicar a fiança, como medida necessária e suficiente, em vez de decretar a prisão preventiva (art. 282, § 6º, CPP) ou quando revogá-la (art. 316, CPP).

De toda sorte, a disciplina própria da fiança, quanto à aplicabilidade, à cassação, ao arbitramento, à quebra ou à perda de valores é aquela mesma estabelecida para a esfera da liberdade provisória em caso de prisão em flagrante. Assim determina, aliás, o art. 319, § 4º, do CPP: "A fiança será aplicada de acordo com as disposições do Capítulo VI deste Título, podendo ser cumulada com outras medidas cautelares".

Por essa razão, para uma abordagem detalhada, remete-se o leitor ao item 6.3 da Subseção I da Seção III deste Capítulo, *infra*.

4.1.3. Monitoramento eletrônico (art. 319, IX, CPP)

O comparecimento periódico ou a fiança poderá, se houver necessidade, ser cumulado(a) com o *monitoramento eletrônico*, objeto do art. 319, IX, do CPP, também com o objetivo de garantir a aplicação da lei penal.

Entende-se por *monitoramento eletrônico* a vigilância estatal, contínua ou periódica, por mecanismos ativos ou passivos, das atividades da pessoa monitorada, para fins de controle. Como exemplo, têm-se os braceletes e as tornozeleiras eletrônicas fixadas no imputado, para que o Estado possa captar e registrar seus passos e, dessa forma, dissuadir o monitorado quanto à prática de atos contra a ordem pública ou de fuga à aplicação da lei penal.

Nesse contexto, o monitoramento eletrônico afigura-se providência adequada a ser imposta *cumulativamente* com outra medida cautelar, para fins sobretudo de fiscalização de seu efetivo cumprimento. Por essa razão, o monitoramento pode ter a finalidade de garantia da ordem pública, de modo a desestimular a prática de atos criminosos pelo imputado, ou, quando associado à fiança ou ao comparecimento periódico, o de garantia da aplicação da lei penal, como na hipótese ora em exame.

Advirta-se, todavia, que o monitoramento eletrônico, como qualquer medida cautelar, só pode ser imposto se houver necessidade *específica*. Se a situação concretamente não impuser essa cautela adicional, basta a decretação da medida cautelar de comparecimento periódico, até mesmo para evitar dispêndio desnecessário de recursos públicos.

Observe-se também que o monitoramento eletrônico constitui inequívoca forma de restrição acentuada à liberdade individual de locomoção, de maneira que, havendo condenação definitiva, deverá entrar na conta de detração, relativamente ao montante de pena definitiva que o condenado terá a cumprir.

4.1.4. Proibição de ausentar-se do país (art. 320, CPP)

Por fim, ainda como medida nitidamente destinada a assegurar a aplicação da lei penal, tem-se a *proibição de ausentar-se do país*, objeto do art. 320 do CPP, cuja efetividade deverá ser assegurada pelo *recolhimento do passaporte* do imputado: "A proibição de ausentar-se do país será comunicada pelo juiz às autoridades encarregadas de fiscalizar as saídas do território nacional, intimando-se o indiciado ou acusado para entregar o passaporte, no prazo de 24 (vinte e quatro) horas". A comunicação da medida, por seu turno, deverá ser dirigida à Polícia Federal, que concentra as "autoridades encarregadas de fiscalizar as saídas do território nacional".

Essa providência cautelar somente se justifica quando haja fundado receio de fuga por parte do imputado, prestando-se à garantia eficaz da aplicação da lei penal, em caráter substitutivo à prisão preventiva.

4.2. Medidas destinadas à Garantia da Investigação e da Instrução Criminal (art. 319, IV e VIII, CPP)

É medida destinada à garantia da investigação e da instrução a de *proibição de ausentar-se da Comarca*. Ao contrário do que sucede com a proibição de ausentar-se do país (art. 320, CPP), a medida ora em foco vincula-se à efetividade das investigações e da instrução processual, e não à aplicação da lei penal. Esse sentido está expresso na própria norma do art. 319, IV, do CPP, que contempla a aplicação da "proibição de ausentar-se da Comarca *quando a permanência seja conveniente ou necessária para a investigação ou instrução*".

Exige-se, portanto, para justificar a medida, essa finalidade específica. A *garantia* de presença do imputado no território da circunscrição judiciária processante, para o seu comparecimento efetivo aos atos processuais instrutórios, pode ser necessária quando o sujeito revele, por circunstâncias concretas, a intenção de se ausentar periodicamente com vistas a opor dificuldades ao andamento regular do processo.

De toda sorte, não se pode impedir que o imputado mude de endereço, exigindo-se apenas, nesse caso, que previamente comunique o fato ao juiz, para fins de manutenção do controle.

A fiança (art. 319, VIII, CPP), por seu turno, constitui medida que pode ser imposta também como forma de garantia da efetividade da instrução criminal, além da finalidade de assegurar a aplicação da lei penal, que lhe é precipuamente associada. Nesse particular, confira-se a análise já desenvolvida em 4.1.2, *supra*.

4.3. Medidas destinadas à Prevenção da Prática de Infrações Penais (art. 319, II, V, VI e VII, CPP)

São medidas cautelares precipuamente destinadas a prevenir a prática de infrações penais (garantia da ordem pública) a proibição de frequência a determinados lugares (art. 319, II, CPP), a proibição de contato com pessoa determinada (art. 319, III, CPP),

Cap. XIV · MEDIDAS CAUTELARES DE CONSTRIÇÃO PESSOAL   859

o recolhimento domiciliar no período noturno e nos dias de folga (art. 319, V, CPP), a suspensão temporária do exercício de função pública ou de atividade econômica ou financeira (art. 319, VI, CPP) e a internação provisória (art. 319, VII, CPP).

4.3.1. Proibição de frequência a determinados lugares (art. 319, II, CPP)

Em primeiro lugar, a proibição de frequência a determinados lugares aplica-se "quando, por circunstâncias relacionadas ao fato, deva o indiciado ou acusado permanecer distante desses locais *para evitar o risco de novas infrações*", como expressa o art. 319, II, do CPP. Está clara, portanto, a finalidade de garantia da ordem pública associada a essa medida cautelar.

Por exemplo, poderá ser cautelarmente determinada ao acusado de prática de diversos crimes de lesão corporal em estádios de futebol a proibição de frequência a lugares desse tipo.

Essa medida cautelar já estava prevista para o âmbito específico da violência de gênero, no art. 22, III, *c*, da Lei nº 11.340/2006, atrelada à finalidade de preservação da integridade física e psicológica da ofendida. A Lei nº 12.403/2011 instituiu, assim, a mesma medida em caráter geral, vinculada ao objetivo de evitar a prática de infrações penais pelo imputado.

4.3.2. Proibição de contato com pessoa determinada (art. 319, III, CPP)

Em seguida, tem-se a medida de proibição de contato com pessoa determinada, "quando, por circunstâncias relacionadas ao fato, deva o indiciado ou acusado dela permanecer distante", nos termos do art. 319, III, do CPP.

Essa medida também guarda correspondência com aquela do mesmo tipo aplicável na esfera da violência de gênero, desde o advento da Lei nº 11.340/2006. No domínio particular da violência doméstica, entretanto, contempla-se maior extensão protetiva, pela previsão de medidas proibitivas não só do contato com a ofendida, seus familiares e testemunhas (art. 22, III, *b*), mas também da mera aproximação, inclusive fixando-se limite mínimo de distância (art. 22, III, *a*).

Como exemplo da medida cautelar prevista no art. 319, III, do CPP, tem-se a hipótese de prática de crime de extorsão, em que o órgão judiciário, se não for necessária a prisão preventiva, poderá determinar contra o imputado a proibição de se aproximar do suposto ofendido.

Outro exemplo, agora vinculado à finalidade de garantia da instrução criminal: a partir da fundada notícia de que o imputado estaria a tentar contato com testemunhas ligadas ao ofendido, pode ser determinada a medida proibitiva em foco, no lugar da prisão preventiva. Está-se diante de uma questão de necessidade específica de medida cautelar pessoal. No mesmo exemplo, se há circunstâncias convincentes no sentido de que o acusado está não apenas em contato, mas praticando efetivamente a intimidação, a manipulação ou o suborno de testemunhas, há um quadro mais grave, apto a justificar a medida cautelar prisional.

A medida em foco, portanto, pode se destinar tanto à prevenção da prática de infrações penais quanto à garantia da regularidade da instrução criminal. Optamos por tratar da espécie neste tópico, porém, por predominarem as hipóteses associadas à primeira dessas finalidades.

4.3.3. Recolhimento domiciliar no período noturno (art. 319, V, CPP)

O recolhimento domiciliar no período noturno ou nos dias de folga, objeto do art. 319, V, do CPP, representou a grande novidade, em termos de medida cautelar pessoal, trazida pela Lei nº 12.403/2011.

Antes de tudo, trata-se de medida privativa de liberdade, ainda que, naturalmente, em grau diverso da prisão preventiva. Tenha-se em conta, no particular, que a medida cautelar em foco corresponde objetivamente ao cumprimento de pena no regime aberto, em prisão albergue domiciliar, quando falte casa de albergado, algo próprio, como se sabe, da execução de *pena privativa de liberdade*.

Desta sorte, não pode haver a menor dúvida quanto ao cômputo do período de recolhimento domiciliar, a título de detração (art. 42, CP), na quantidade de pena a cumprir, em caso de condenação definitiva[13].

De todo modo, o recolhimento domiciliar objeto do art. 319, V, é inconfundível com a prisão domiciliar disciplinada nos artigos 317 e 318 do CPP. Esta última constitui forma especial de imposição de prisão preventiva, cabível em hipóteses excepcionais, reveladoras de vulnerabilidade do imputado ou de pessoa a ele vinculada.

O recolhimento domiciliar, por outro lado, é medida *diversa* da prisão preventiva, imposta em caráter *alternativo*, quando inexistente a necessidade específica da medida extrema. Na prisão domiciliar, há a necessidade de prisão preventiva, que é cumprida, porém, no próprio domicílio do imputado, por força da incidência de uma das situações excepcionais legalmente discriminadas (art. 318, *caput*, CPP).

O recolhimento consiste na privação parcial da liberdade, aplicada no domicílio do imputado, em um período do dia (noite) ou em dias não úteis (dias de folga). No tempo restante, supõe-se que o imputado esteja trabalhando ou estudando. Embora a lei não especifique a finalidade do recolhimento domiciliar, parece-nos induvidoso que se trata precipuamente da prevenção da prática de infrações penais.

O objetivo claro é o de manter o imputado em liberdade apenas quando esteja a desenvolver atividade útil, laboral ou estudantil, recolhendo-o em casa nos períodos normalmente reservados ao descanso ou ao ócio, para impedir, assim, que pratique crimes durante esse tempo.

Por essa razão, entendemos que o órgão judiciário não deve aplicar a medida quando o imputado não disponha de trabalho fixo ou de frequência a curso formal de ensino.

---

13. Com essa orientação: Pacelli, Eugênio. *Curso de Processo Penal*. São Paulo: Atlas, 2013, p. 512.

Cap. XIV · MEDIDAS CAUTELARES DE CONSTRIÇÃO PESSOAL

A efetividade do recolhimento domiciliar, por outro lado, pode depender, em condições normais, de sua cumulação com a medida de monitoramento eletrônico (art. 319, IX, CPP).

O regime de liberdade desvigiada tem-se mostrado um fracasso na prática da execução penal brasileira, no que tange ao cumprimento de pena privativa de liberdade em regime aberto, com prisão albergue domiciliar no período noturno e nos dias de folga.

Em particular, é intuitivo que o recolhimento domiciliar nesses períodos pode padecer dos mesmos problemas, do ponto de vista de sua efetividade. Cuida-se, no entanto, apesar da coincidência objetiva, de medida *cautelar*, e não de regime de cumprimento de pena, podendo revelar-se suficiente sua imposição isolada para resguardo do objetivo de evitar a prática de infrações penais.

Por isso, não se pode cogitar de uma automática e invariável aplicação cumulativa do recolhimento domiciliar com a vigilância eletrônica. Mais uma vez, essa última hipótese depende de verificação concreta em cada caso, na medida da necessidade, até mesmo para evitar o desnecessário e, portanto, indevido dispêndio dos recursos públicos associados ao emprego do monitoramento eletrônico.

Por fim, a doutrina tem destacado a maior adequação da medida de recolhimento domiciliar no período noturno como *substitutiva da prisão preventiva, na hipótese de prisão em flagrante*[14]. Nada impede, porém, sua aplicação também como providência alternativa em caso de revogação da prisão preventiva (art. 316, CPP).

4.3.4. Suspensão temporária de função pública ou de atividade econômica ou financeira (art. 319, VI, CPP)

Seguindo, tem-se a medida de "suspensão do exercício de função pública ou de atividade de natureza econômica ou financeira quando houver justo receio de sua utilização para a prática de infrações penais", nos termos do art. 319, VI, do CPP.

Foi realmente salutar a introdução dessa medida cautelar, como alternativa à prisão, pela Lei nº 12.403/2011.

Antes do regime atual, verificava-se com frequência a manutenção da prisão preventiva de servidores públicos acusados em processo penal da prática de crimes associados ao cargo (por exemplo, corrupção passiva), mesmo quando já afastados de suas funções, em virtude de processo disciplinar.

Sem dúvida, isso sempre constituiu manutenção ilegal de custódia preventiva, diante da ausência de risco à ordem pública. Continuando o servidor no cargo, entretanto, não dispunha o órgão jurisdicional penal de medida cautelar típica diversa da prisão preventiva para enfrentar o risco concreto de prática delitiva igual ou análoga àquela objeto do processo penal.

---

14. Nesse sentido, EUGÊNIO PACELLI: "Pensamos que a medida pode e deve ser utilizada como as demais cautelares, sobretudo quando substitutiva da prisão preventiva, por ocasião de prisão em flagrante, e qualquer que seja a sua finalidade, incluindo a garantia da ordem pública". Cfr. PACELLI, Eugênio. *Curso de Processo Penal*. São Paulo: Atlas, 2013, p. 511.

Atualmente, assim, permite-se que o juízo criminal alcance o objetivo de prevenir a prática de crimes contra a administração pública, em particular os de corrupção passiva e de concussão, pelo afastamento cautelar do acusado de suas funções públicas, não se fazendo necessária, para tanto, a decretação de prisão preventiva.

Em conformidade com esses objetivos, tem-se ainda, prevista na mesma norma (art. 319, VI, CPP), a possibilidade de afastamento cautelar de *atividade de natureza econômica ou financeira*, igualmente quando haja *fundado receio de sua utilização para a prática de infrações penais*.

É o caso, por exemplo, do afastamento do administrador de instituição financeira, no âmbito de persecução penal em que se lhe impute a prática de crime de gestão fraudulenta (art. 4º, Lei nº 7.492/1986). Na medida da necessidade, sob a base de circunstâncias concretas, poderá o juiz determinar a suspensão temporária da função – se a própria instituição financeira não o fizer –, em vez de decretar a prisão preventiva.

Além da finalidade de prevenção da prática de infrações penais, pode a medida de suspensão temporária da função (art. 319, VI, CPP) estar associada também à garantia da instrução criminal, quando houver fundado receio de que o agente, no exercício do cargo, possa destruir provas ou intimidar testemunhas. Tudo dependerá, insista-se, de necessidade concreta e circunstanciadamente demonstrada, não se admitindo qualquer forma de presunção a esse respeito.

4.3.5. *Internação provisória (art. 319, VII, CPP)*

Por fim, tem-se a medida cautelar especial objeto do art. 319, VII, do CPP, consistente na "internação provisória do acusado nas hipóteses de crimes praticados com violência ou grave ameaça, quando os peritos concluírem ser inimputável ou semi-imputável (art. 26 do Código Penal) e houver risco de reiteração".

Não basta, portanto, a constatação pericial da inimputabilidade ou da semi-imputabilidade, exigindo-se a presença concreta do *risco de reiteração*, o que bem expressa a finalidade de prevenir a prática de infrações penais.

A inimputabilidade e a semi-imputabilidade dizem respeito ao momento da prática do fato constitutivo de infração penal (art. 151, CPP, e art. 26, CP), única apta a ensejar a imposição da medida cautelar de internação provisória. Essa constatação pericial poderá conduzir, ao final do processo, à absolvição imprópria, no caso da inimputabilidade, com a imposição de medida de segurança (art. 386, parágrafo único, III, CPP), ou, na hipótese de semi-imputabilidade, à condenação com redução de pena (art. 26, parágrafo único, CP).

Por outro lado, se a inimputabilidade for posterior, no curso do processo, a hipótese é de suspensão do feito, até que o acusado se restabeleça (art. 152, *caput*, CPP), não cabendo, por óbvio, a imposição da medida cautelar de internação provisória.

Assim, em síntese, a medida cautelar de internação provisória corresponde, no plano cautelar, à medida de segurança de internação, imposta após o trânsito em julgado da sentença absolutória imprópria, na hipótese em que, ao tempo da prática da infração penal, o agente, por doença mental ou por desenvolvimento mental incompleto ou retardado, era inteiramente incapaz de entender o caráter ilícito do fato ou de determinar-se de acordo com esse entendimento.

A mesma medida é imponível, igualmente, ao semi-imputável, para quem se aplica redução de pena, em caso de condenação definitiva. Em qualquer dessas hipóteses, não se aplica a suspensão do processo (art. 151, CPP), de modo que, havendo a constatação pericial da inimputabilidade ou da semi-imputabilidade ao tempo do fato, o órgão judiciário poderá impor a medida de internação provisória, desde que o estado mental gere concretamente o risco de reiteração criminosa.

5. IMPUGNAÇÃO DA DECISÃO JUDICIAL QUE IMPÕE MEDIDA CAUTELAR PESSOAL DIVERSA DA PRISÃO

As medidas cautelares diversas da prisão supõem certo grau de restrição à esfera individual, inclusive à liberdade. Considere-se, por exemplo, a proibição de ausentar-se da comarca (art. 319, IV) ou a proibição de acesso a determinados lugares (art. 319, II) como medidas claramente restritivas da liberdade individual.

Por outro lado, a suspensão de função pública ou de atividade econômico-financeira (art. 319, VI) implica restrição ao exercício profissional, outra forma de limitação à liberdade. Sem falar nas medidas efetivamente *privativas* de liberdade, tais a internação provisória do inimputável ou do semi-imputável (art. 319, VII) e o recolhimento domiciliar (art. 319, V).

Essas razões já seriam suficientes para firmar o *habeas corpus* como ação de impugnação cabível em face da decisão judicial que decreta a medida cautelar de constrição pessoal diversa da prisão, em que pesem as opiniões em sentido contrário.

Se não bastasse isso, porém, haveria a potencialidade de decretação de prisão preventiva sob a hipótese de descumprimento da medida cautelar alternativa. Naturalmente, pode-se objetar que essa hipótese seria atribuível ao próprio indivíduo sujeito à medida cautelar e, em caso de efetiva decretação da medida prisional, caberia sempre *habeas corpus* contra essa última decisão.

Apesar desse argumento, o *habeas corpus* não pode ser recusado como instrumento de proteção à liberdade individual nas hipóteses de ofensa imediata, iminente ou mesmo remota a esse direito individual. Paira, sobre o indivíduo sujeito à cautelar pessoal alternativa, a ameaça de prisão, decorrente do suposto descumprimento de obrigação associada à medida aplicada.

Nessa linha, a jurisprudência do Supremo Tribunal Federal firmou orientação no sentido do cabimento de *habeas corpus* contra a decisão que impõe medida cautelar diversa da prisão. Confira-se, nesse particular, o julgamento da Segunda Turma da Suprema Corte no HC 121.089/AP (STF, 2ª Turma, HC 121.089, Rel. Min. GILMAR MENDES, julgamento em 16.12.2014, DJ de 17.03.2015): "As medidas cautelares criminais diversas da prisão são onerosas ao implicado e podem ser convertidas em prisão se descumpridas. É cabível a ação de habeas corpus contra coação ilegal decorrente da aplicação ou da execução de tais medidas".

Em igual direção, eis o julgado da Segunda Turma do STF no RHC 121.046/SP (STF, 2ª Turma, RHC 121.046, Rel. Min. Dias Toffoli, julgamento em 14.04.2015, DJ de 26.05.2015): "O habeas corpus constitui meio idôneo para discutir a legalidade da medida cautelar de proibição de manter contato com pessoa determinada (art. 319, III, CPP). Trata-se de medida cautelar diversa da prisão que incide em menor – mas não menos relevante – grau na liberdade de locomoção do imputado e importa restrição a seu direito de ir, vir e permanecer. Não bastasse isso, seu eventual descumprimento poderá ensejar a decretação da prisão preventiva (arts. 282, § 4º, e 312, parágrafo único, CPP), a justificar o cabimento do habeas corpus".

SEÇÃO III
Medidas Cautelares Prisionais: Prisão Provisória

Entende-se por *medida cautelar prisional* a medida *provisória* de *privação de liberdade*, justificada a *título cautelar* e cabível no curso da investigação criminal ou do processo penal. Cuida-se, portanto, da *prisão provisória*, em suas diversas espécies, e dos institutos a ela associados, como a chamada liberdade provisória e a fiança.

Por constituir privação de liberdade individual independente da existência de titulo judicial condenatório transitado em julgado, com repercussões na garantia individual do estado (ou presunção) de inocência, a prisão provisória sujeita-se a determinados balizamentos constitucionais, insertos no regime de direitos e garantias fundamentais.

Além disso, a própria lei processual penal, animada por objetivos semelhantes, contempla regras gerais, aplicáveis a qualquer forma de prisão provisória, ainda que instituídas com referência particular a determinada espécie.

A seguir serão examinados alguns princípios-garantias constitucionais e as regras gerais aplicáveis no domínio da prisão provisória. Para mais detalhes a respeito das dimensões da garantia do estado de inocência, remete-se o leitor ao Capítulo III deste Curso, reservado aos princípios gerais do direito processual penal.

1. PRINCÍPIOS E REGRAS GERAIS APLICÁVEIS À PRISÃO PROVISÓRIA

Nesta seção, examinam-se alguns princípios e regras gerais, de caráter garantista, associados à prisão provisória. A análise aprofundada de alguns deles, no entanto, será realizada nos tópicos reservados a cada espécie de prisão provisória, em que a garantia assume maior relevância e transcendência.

1.1. Estado ou Presunção de Inocência (ou de Não Culpabilidade): Regra de Tratamento

O princípio do estado ou da presunção de inocência tem dupla dimensão de garantia: (i) como *regra de tratamento*, impondo que toda forma de prisão anterior à condenação definitiva justifique-se a título exclusivamente cautelar, com a vedação de toda forma de execução provisória ou antecipada da pena; (ii) como *regra de julgamento*, impondo que o ônus de provar a hipótese acusatória, desdobrada na existência material do fato constitutivo de crime e na respectiva autoria, recaia exclusivamente sobre o órgão de acusação, não se permitindo qualquer forma de ônus negativo para o acusado.

A primeira dimensão é a que interessa ao domínio da prisão provisória. Como será aprofundado nas subseções reservadas à prisão em flagrante e à prisão preventiva, há uma *condição formal de inocência* que garante o imputado contra toda forma de execução provisória da pena, anteriormente ao trânsito em julgado de sentença penal condenatória.

Assim, a prisão antes da condenação definitiva só pode encerrar natureza cautelar, para o resguardo de determinados objetivos (ordem pública, processo, aplicação da lei), sem constituir, portanto, uma forma de execução antecipada da própria punição associável ao crime objeto do processo.

Segundo parte da jurisprudência, a inadmissibilidade da execução provisória da pena não impede a aplicação de "benefícios" análogos àqueles próprios da execução penal (da pena definitiva), em hipóteses de prisão preventiva mais prolongada. Assim, de acordo com essa lógica, se houve a fixação do regime inicial semiaberto em sentença condenatória recorrível, ou se, em caso de fixação do regime inicial fechado, o sujeito já estiver preso preventivamente por tempo superior ao que seria necessário para a progressão de regime, a prisão preventiva poderia mesmo assim continuar, mas agora nas mesmas condições práticas, menos rigorosas, do regime semiaberto.

A adotar-se tal perspectiva, as Súmulas 716 e 717 do Supremo Tribunal Federal poderiam então ser aplicadas ainda nos tempos atuais, com esse sentido. Súmula nº 716: "Admite-se a progressão de regime de cumprimento da pena ou a aplicação imediata de regime menos severo nela determinada, antes do trânsito em julgado da sentença condenatória". Súmula nº 717: "Não impede a progressão de regime de execução da pena, fixada em sentença não transitada em julgado, o fato de o réu se encontrar em prisão especial".

Por exemplo, na hipótese de crime de roubo simples, o imputado encontra-se preso preventivamente há 1 (um) ano, estando pendente o julgamento de recurso de apelação interposto contra a sentença que o condenou à pena de 5 (cinco) anos, com a fixação do regime semiaberto para o início do cumprimento da pena. No caso, deveria ser aplicado o benefício, *análogo* ao da execução penal, da progressão caute-lar, permitindo-se que a prisão provisória ocorresse em condições menos rigorosas, correspondentes ao regime semiaberto.

Não podemos concordar com semelhante orientação, induvidosamente ofensiva à garantia do estado de inocência, na dimensão de regra de tratamento, como, a propósito, tem reconhecido a Suprema Corte brasileira, em julgados recentes. A prisão preventiva não pode ser "cumprida" em regime semiaberto, por se revelar inerentemente mais grave que essa forma de execução de pena privativa de liberdade. Nessas condições, caso haja a fixação do regime semiaberto para o início do cumprimento da pena, ou se, ainda que fixado o regime fechado, já haja transcorrido tempo suficiente para a progressão, *deve a custódia preventiva ser revogada*, com a imposição, se for o caso, de medida cautelar pessoal alternativa (art. 319, CPP).

Do contrário, a prisão preventiva, empiricamente idêntica ao regime fechado, constituiria medida mais grave que o regime fixado na própria sentença condenatória, para o cumprimento da pena definitiva. Por outro lado, não se pode aceitar que o imputado seja obrigado a desistir do recurso, para iniciar logo o cumprimento da pena no regime semiaberto, menos gravoso que aquele próprio da prisão preventiva incidente. O conteúdo da condenação, na hipótese, evidencia a desnecessidade da prisão preventiva.

Com efeito, a providência cautelar não se pode mostrar mais grave que a própria condenação aplicada na sentença de primeiro grau, mesmo que ainda sujeita a recurso. Se a prisão preventiva, em sua essência, constitui encarceramento análogo ao regime fechado, não é cabível a sua aplicação em condições análogas ao regime semiaberto. A fixação, por sentença, do regime inicial semiaberto, ou a aplicação de pena que, em concreto, já imponha a progressão para esse regime, significa o claro reconhecimento judicial de que a medida cautelar extrema não é mais necessária.

Nessa trilha, refira-se o julgado da Segunda Turma do Supremo Tribunal Federal no HC 132.923/SC (STF, 2ª Turma, HC 132.923, Rel. Min. TEORI ZAVASCKI, julgamento em 05.04.2016, DJ de 26.04.2016): "1. A prisão preventiva é a medida cautelar mais grave no processo penal, que desafia o direito fundamental da presunção de inocência. Não pode, jamais, revelar antecipação de pena. Precedentes. 2. O aspecto cautelar próprio da segregação provisória, do que decorre o enclausuramento pleno do agente, não admite qualquer modulação para adequar-se a regime inicial mais brando (semiaberto) definido em sentença condenatória superveniente. 3. No caso, o Superior Tribunal de Justiça determinou, liminarmente, o cumprimento da prisão preventiva do paciente em estabelecimento condizente com o regime prisional semiaberto, que fora estabelecido na sentença penal condenatória. 4. Ordem concedida para revogar a prisão preventiva do paciente, confirmando-se a medida liminar". Em direção semelhante, confira-se: STF, 2ª Turma, HC 126.704/MG, Rel. Min. GILMAR MENDES, julgamento em 03.05.2016, DJ de 18.05.2016[15][16].

15. "Habeas corpus. 2. Posse ilegal de arma de fogo (art. 12 da Lei n. 10.826/2003). Prisão em flagrante convertida em preventiva. 3. Delito punido com detenção. Previsão legal de cumprimento em regime semiaberto ou aberto (CP, art. 33). 4. Violação ao princípio da proporcionalidade: a custódia cautelar se apresenta como medida mais gravosa do que a própria sanção a ser aplicada no caso de eventual condenação. Precedentes. 5. Constrição cautelar excessivamente gravosa. Decreto prisional com fundamentação precária. 6. Decisão monocrática do STJ. Ausência de interposição de agravo regimental. 7. Habeas Corpus não conhecido, entretanto, ordem concedida, de ofício, para revogar a prisão preventiva decretada em desfavor do paciente, determinando ao Juízo de origem a análise da necessidade de aplicação das medidas cautelares previstas no art. 319 do CPP".

16. Refira-se, porém, que o Supremo Tribunal Federal, no âmbito específico da prisão para fins de extradição, reconheceu a possibilidade de modulação da prisão cautelar, para adaptar sua aplicação às condições do regime semiaberto, quando este seja o regime adequado à situação concreta, para o caso de condenação definitiva. Nesse sentido, consulte-se em STF, 2ª Turma, Ext 893 QO / GER, Rel. Min. GILMAR MENDES, julgamento em 10.03.2015, DJ de 15.05.2015: "Questão de ordem em extradição. 2. Extradição instrutória deferida, aguardando conclusão do cumprimento de pena no Brasil para execução - art. 89 da Lei 6.815/80. 3. Suspensão do curso da prescrição punitiva, na forma do art. 116, II, do Código Penal, e do art. 78B, (5), 1, do Código Penal alemão. 4. Cumulação de títulos de prisão – para execução penal e para extradição. Regime de cumprimento da pena. Compete ao juízo da execução penal determinar a execução da pena no regime definido no título executivo, deferindo, se for o caso, acesso aos regimes semiaberto e aberto. No entanto, essa providência é ineficaz até

De toda sorte, ainda se encontram julgados da Primeira Turma da Suprema Corte no sentido contrário, aplicando a já referida Súmula 716/STF. Com essa orientação, assim decidiu a Turma no HC 101.778/MG (STF, 1ª Turma, HC 101.778, Rel. Min. Dias Toffoli, julgamento em 25.05.2010, DJ de 03.09.2010): "Habeas corpus. Constitucional. Processual penal. Prisão preventiva. Requisitos autorizadores. Revogação. Superveniência de sentença condenatória. Prisão mantida com base nos fundamentos expostos no decreto preventivo. Inocorrência de prejudicialidade. Precedentes. Progressão de regime. Possibilidade antes do trânsito em julgado. Súmula nº 716/STF. Observância dos requisitos objetivos. Cumprimento de mais de 1/6 da reprimenda. Artigo 112 da Lei nº 7.210/84 (Lei de Execução Penal). Concessão da ordem de ofício para que o juízo competente analise os requisitos subjetivos necessários à obtenção do benefício. 1. Sentença que manteve prisão cautelar da paciente com base nos fundamentos expostos no decreto preventivo, nos termos da jurisprudência desta Suprema Corte, 'não é causa de prejudicialidade do habeas corpus a superveniência de sentença condenatória que mantém a prisão cautelar dos pacientes, com base nos fundamentos expostos no decreto preventivo' (HC nº 93.345/RS, Primeira Turma, Relator o Ministro Menezes Direito, DJ de 1º/8/08). 2. Paciente condenada à pena de quatro anos dois meses e vinte dias de reclusão em regime semiaberto que se encontra presa preventivamente há mais de dez meses. Cumprimento de um sexto da reprimenda corporal. 3. Considerando o enunciado da Súmula nº 716/STF, segundo o qual 'admite-se a progressão de regime de cumprimento da pena ou a aplicação imediata de regime menos severo nela determinada, antes do trânsito em julgado da sentença condenatória'; e que o delito praticado pela paciente não se enquadra no rol dos crimes hediondos - Lei nº 8.072/90 - ou equiparados, a regra objetiva para a progressão no regime prisional é a do artigo 112 da Lei de Execução Penal, ou seja, o cumprimento de um sexto da pena no regime em que se encontre. 4. Ordem denegada. 5. Concessão de ofício para que o Juiz competente examine a possibilidade da concessão de progressão de regime".

Como adiantamos, essa orientação parece-nos incompatível com a proteção inerente à regra de tratamento, própria da garantia do estado de inocência. Merece prevalecer, portanto, o entendimento da Segunda Turma do Supremo Tribunal Federal, refletido, a propósito, em julgados mais recentes.

Conforme a essência do princípio-garantia em foco, o imputado deve ser *tratado como inocente* (*regra de tratamento*), e toda forma de privação ou restrição de liberdade que lhe possa ser imposta durante a persecução penal só se justifica a título cautelar, por necessidade concreta e motivada de garantia de determinados objetivos, tais a proteção da ordem pública, da efetividade do processo e da aplicação da lei penal.

---

que o STF delibere acerca das condições da prisão para extradição. *Poderá o Supremo, considerando o caso concreto, alterar os termos da prisão da extradição para adaptá-la ao regime de execução da pena. 5. A adaptação da prisão para extradição parte dos parâmetros da prisão preventiva – art. 312 do Código de Processo Penal – devendo assegurar a entrega do extraditando e garantir a ordem pública e a ordem econômica durante a execução da pena. 6. Indeferida a revogação da prisão para extradição, mas deferida sua adaptação às condições do regime semiaberto".*

Sobre a regra de tratamento, o art. 9°, número 3, segunda parte, do Pacto Internacional de Direitos Civis e Políticos (Decreto n° 592/1992) assim bem expressa seu significado: "...A prisão preventiva de pessoas que aguardam julgamento não deverá constituir a regra geral, mas a soltura poderá estar condicionada a garantias que assegurem o comparecimento da pessoa em questão à audiência, a todos os atos do processo e, se necessário for, para a execução da sentença".

Invertendo o paradigma do princípio da culpabilidade, que inspira o Código de Processo Penal em vigor, o art. 5°, inciso LVII, da Constituição proclama que "ninguém será considerado culpado até o trânsito em julgado de sentença penal condenatória".

A ordem constitucional brasileira, assim, não se valeu do termo *presunção de inocência*, universalizado pela Declaração Francesa dos Direitos do Homem e do Cidadão, de 1789, afirmando, em vez disso, a *ausência de culpabilidade* do imputado durante o processo penal.

Por esse motivo, alguns autores preferem falar em *princípio da não culpabilidade*. Não há, entretanto, diferença semântica essencial entre uma e outra designação, ocorrendo, se muito, uma tênue distinção de ênfase. Com efeito, tratar o imputado como *não culpado* é o mesmo, *do ponto de vista jurídico*, que tratá-lo como inocente.

De mais a mais, o art. 8°, número 2, da Convenção Americana de Direitos Humanos (Decreto n° 678/1992) expressa a garantia como *presunção de inocência*: "Toda pessoa acusada de delito tem direito a que se presuma sua inocência enquanto não se comprove legalmente sua culpa". A mesma fórmula, em idênticos termos, é adotada no art. 14, número 2, do Pacto Internacional de Direitos Civis e Políticos (Decreto n° 592/1992).

No lugar do designativo *presunção* de inocência, de toda sorte, parece-nos mais próprio, pelas razões desenvolvidas no Capítulo IV deste Curso, falar em *estado jurídico de inocência*, equivalente à *não culpabilidade* preferida por alguns doutrinadores.

A despeito de todo esse regime, o Supremo Tribunal Federal recentemente entendeu pela possibilidade de execução imediata da pena antes do trânsito em julgado, a partir da decisão condenatória de tribunal de segunda instância, independentemente da interposição de recursos de natureza excepcional. Consulte-se, a esse respeito, o julgado do Plenário da Suprema Corte no HC 126.292/SP (STF, Tribunal Pleno, HC 126.292, Rel. Min. Teori Zavascki, julgamento em 17.02.2016).

Essa posição ajusta-se ao sentido das normas internacionais, que contemplam a inocência até a "comprovação legal da culpa", mas encontra oposição na própria norma constitucional, que fixa o marco do trânsito em julgado, impedido pela interposição de recurso especial e/ou extraordinário. Para mais detalhes sobre o tema, remete-se o leitor à Seção VI do Capítulo III deste Curso.

1.2. Controle Judicial da Prisão e Motivação do Ato que Decreta a Medida

Para toda forma de prisão provisória, exige-se controle judicial: (i) prévio, nas hipóteses de prisão preventiva, de prisão temporária e de prisão para fins de extradição, dependendo a imposição da custódia de ordem escrita e fundamentada do órgão judiciário competente; (ii) posterior, sem demora (prazo de 24 horas), na hipótese de prisão em flagrante, executável por qualquer pessoa.

Tanto a decretação judicial de prisão temporária ou preventiva quanto a manutenção judicial de prisão realizada em flagrante (a título de conversão em preventiva) reclamam motivação, sob os referenciais próprios da prisão preventiva: garantia da ordem pública, da instrução processual penal e da aplicação da lei penal (art. 312, CPP).

O controle da legalidade e da necessidade da prisão, quer prévio, quer posterior, portanto, deve ser exercido de forma motivada, à base de circunstâncias concretas, sob pena de nulidade da privação cautelar de liberdade.

Esses aspectos serão melhor examinados com referência a cada espécie de prisão provisória.

1.3. Imediata Comunicação da Prisão e Presença perante o Juiz

Para fins de efetividade do controle judicial, exige-se a imediata comunicação da prisão ao órgão judiciário competente. Ademais, as normas internacionais incorporadas ao direito brasileiro impõem, adicionalmente, a imediata presença do preso perante o juiz.

Esses aspectos serão examinados na Subseção I, *infra*, reservada à prisão em flagrante.

1.4. Dia e Horário da Prisão

Nos termos do art. 283, § 2º, do CPP, "a prisão poderá ser efetuada em qualquer dia e a qualquer hora, respeitadas as restrições relativas à inviolabilidade do domicílio".

Antes de tudo, a prisão em flagrante poderá ser realizada em qualquer horário, excepcionando até mesmo a inviolabilidade domiciliar no período noturno. O estado de flagrância justifica o afastamento excepcional e limitado de direitos individuais, como a intimidade e a inviolabilidade do domicílio.

Esse regime está expresso no próprio art. 5º, inciso XI, da Constituição Federal: "a casa é asilo inviolável do indivíduo, ninguém nela podendo penetrar sem consentimento do morador, *salvo em flagrante delito* ou desastre, ou para prestar socorro, *ou, durante o dia, por determinação judicial*".

Na segunda parte, tem-se o regime aplicável à prisão provisória determinada por ordem judicial, fora das hipóteses de flagrante. A execução da prisão, nesse caso, só pode acontecer *durante o dia*. Entende-se por *dia*, segundo a melhor doutrina, o período compreendido entre as seis horas da manhã e as seis horas da noite, independentemente das condições do lugar. Assim, os executores do mandado judicial de prisão deverão aguardar o início da manhã para a efetivação da prisão temporária ou preventiva, não podendo ingressar no domicílio, sem o consentimento do morador, durante a noite.

1.5. Limites Materiais ao Cumprimento da Prisão: o emprego de força e o uso de algemas

Como regra, veda-se o emprego de força na execução da prisão cautelar, qualquer que seja a espécie. Excepcionalmente, no entanto, justifica-se a utilização proporcional da força necessária para arrostar a resistência ou a tentativa de fuga da pessoa a ser presa. É o que expressa o art. 284 do CPP: "Não será permitido o emprego de força, salvo a indispensável no caso de resistência ou de tentativa de fuga do preso".

Caso haja *resistência* por parte da pessoa que tiver de ser presa ou de terceiros, aplica-se, em caráter excepcional, a norma do art. 292 do CPP: "Se houver, ainda que por parte de terceiros, resistência à prisão em flagrante ou à determinada por autoridade competente, o executor e as pessoas que o auxiliarem poderão usar dos meios necessários para defender-se ou para vencer a resistência, do que tudo se lavrará auto subscrito também por duas testemunhas".

Só essas mesmas causas, isto é, a *resistência* ou a *tentativa de fuga*, justificam a excepcionalidade do uso de algemas na execução da prisão. Não se pode, desta sorte, considerar o emprego de algemas como algo inerente ao cumprimento de medida prisional.

O uso de algemas tem cunho invasivo à dignidade e à imagem da pessoa, só podendo ocorrer na estrita medida da necessidade. Se a pessoa a ser presa não opõe nenhuma resistência nem tenta fugir, não há motivo para a utilização de algemas.

Nessas condições, o agente que empregue esse meio, normalmente como forma de espetacularização do cumprimento da medida prisional ou de rebaixamento moral do preso perante o público, estará sujeito a responsabilidade, inclusive penal. Conforma-se, do mesmo modo, a responsabilidade civil do Estado pelos danos causados por seus agentes (art. 37, § 6º, CF).

Mais que isso, o uso desautorizado de algemas caracteriza a ilicitude do próprio ato da prisão, por ofensa à norma do art. 284 do CPP.

A matéria está hoje normativamente pacificada na Súmula Vinculante nº 11 do Supremo Tribunal Federal, que assim expressa a lógica acima descrita: "Só é lícito o uso de algemas em casos de resistência e de fundado receio de fuga ou de perigo à integridade física própria ou alheia, por parte do preso ou de terceiros, justificada a excepcionalidade por escrito, sob pena de responsabilidade disciplinar, civil e penal do agente ou da autoridade e de nulidade da prisão ou do ato processual a que se refere, sem prejuízo da responsabilidade do Estado".

O STF exige, assim, que a excepcionalidade da utilização de algemas seja justificada por escrito, de modo a permitir o devido controle judicial sobre a legalidade do cumprimento da prisão.

A respeito da alusão à nulidade do ato, entretanto, permitimo-nos complementar, do ponto de vista técnico-jurídico, o alcance da Súmula Vinculante nº 11. O uso desautorizado de algemas afeta a dignidade e a imagem do sujeito, tratando-se, portanto, de ofensa a direitos de ordem substancial, e não de mera inobservância de norma de caráter processual. Não há aí simples defeito de forma nem ofensa a garantia processual, e sim transgressão de direito subjetivo material, ocorrida fora do processo. A consequência jurídica associada à ilicitude, assim, só pode ser a *inadmissibilidade* da prisão, sem prejuízo *também* da nulidade "do ato processual a que se refere", como expresso na Súmula Vinculante em foco.

1.6. Mandado de Prisão: requisitos intrínsecos, cumprimento e registro

1.6.1. Mandado de prisão: conceito e requisitos intrínsecos

Qualquer forma de prisão pode ser realizada por mandado. No caso da prisão em flagrante, tem-se a *dispensa ou a prescindibilidade* de ordem e, portanto, de mandado judicial para que seja efetuada a detenção (art. 301, CPP).

Em verdade, normalmente a prisão em flagrante é realizada sem ordem judicial, pela natureza do estado de flagrância, que reclama intervenção imediata. Poderá ocorrer, em todo caso, de a prisão em flagrante ser determinada pelo juiz, sobretudo nos casos de crimes permanentes.

Por outro lado, nas demais espécies de prisão provisória (prisão preventiva, prisão temporária), a efetivação da prisão *depende* de ordem judicial escrita e fundamentada. Assim, uma vez que o juiz decida pela decretação de prisão, fará expedir o respectivo *mandado*, a ser cumprido pelo *executor*, a saber: o oficial de justiça, a autoridade policial ou agentes policiais.

O art. 285, *caput*, do CPP estabelece que "a autoridade que ordenar a prisão fará expedir o respectivo mandado". Por *autoridade* se deve entender, exclusivamente, o órgão judiciário. Não há hipótese de expedição de mandado por autoridade policial. Diversamente, a autoridade policial está incumbida de dar cumprimento ao mandado judicial.

Ainda que se trate de prisão em flagrante, caberá à autoridade policial eventualmente conduzir providências operacionais para efetuar a detenção, não havendo aí, porém, qualquer expedição de *mandado*, entendido como instrumento escrito, para que os agentes policiais o façam.

A propósito, à luz dessa lógica é que se deve atualmente compreender a norma do art. 297 do CPP: "Para o cumprimento de mandado expedido pela autoridade judiciária, a autoridade policial poderá expedir tantos outros quantos necessários às diligências, devendo neles ser fielmente reproduzido o teor do mandado original".

Assim, não há expedição de mandado autônomo pela autoridade policial, e sim mera reprodução do teor do mandado judicial, para fins de cumprimento da diligência de prisão nele determinada.

No mesmo sentido de disponibilização de mecanismos apenas executórios da ordem de prisão, o art. 299 do CPP, já agora com redação determinada pela Lei nº 12.403/2011, disciplina a *requisição da captura* à autoridade policial, à vista do mandado judicial, nestes termos: "A captura poderá ser requisitada, à vista de mandado judicial, por qualquer meio de comunicação, tomadas pela autoridade, a quem se fizer a requisição, as precauções para averiguar a autenticidade desta". Cuida-se, nessa hipótese, de mera transmissão de ordem de captura, como forma de viabilizar o cumprimento da prisão.

O *mandado* é, assim, o instrumento escrito e formal que corporifica a ordem judicial de prisão provisória. Como tal, sujeita-se a requisitos intrínsecos, fixados no parágrafo único do art. 285 do CPP: (a) lavratura pelo escrivão e assinatura da autoridade judiciária; (b) designação do nome, da alcunha ou de sinais característicos, assim como da qualificação completa, se possível, da pessoa que tiver de ser presa; (c) indicação da infração penal que motivar a prisão; (d) declaração do valor da fiança arbitrada, quando afiançável a infração; (e) direção a quem tiver qualidade para executar o mandado.

A respeito do item (d), está atualmente limitado à hipótese de decretação judicial de prisão que tenha de se realizar em flagrante. Isso porque, se o juiz decreta prisão preventiva, a fiança é incabível, nos termos do art. 324, IV, do CPP. Com efeito, havendo motivo para a prisão preventiva, decretada pelo juiz, não cabe fiança.

Tratando-se, entretanto, de infração penal afiançável, o mandado judicial de prisão em flagrante deverá conter o arbitramento de fiança, se inexistente motivo para a prisão preventiva. Por exemplo, se o juiz determina, por mandado, que se prenda em flagrante determinada pessoa pela prática de associação criminosa (art. 288, CP) destinada à pratica de estelionato, deverá constar do instrumento da prisão o arbitramento da fiança, desde que o magistrado repute ausentes os motivos da prisão preventiva.

1.6.2. *Cumprimento do mandado de prisão*

A par dos requisitos intrínsecos, objeto do parágrafo único do art. 285, o art. 286 do CPP estabelece formalidades próprias do cumprimento do mandado, nestes termos: "O mandado será passado em duplicata, e o executor entregará ao preso, logo depois da prisão, um dos exemplares com declaração do dia, hora e lugar da diligência. Da entrega deverá o preso passar recibo no outro exemplar; se recusar, não souber ou não puder escrever, o fato será mencionado em declaração, assinada por duas testemunhas".

Identificam-se aí três exigências:

(i) *Mandado em duas vias*, ambas assinadas pela autoridade judiciária. Essa providência destina-se a garantir a autenticidade da ordem de prisão e a dar ao preso ciência sobre os responsáveis por sua prisão, direito assegurado no art. 5º, LXIV, da Constituição Federal, a fim de que possa, se for o caso, buscar a fixação de responsabilidade por eventual prisão ilegal.

(ii) *Entrega de uma das vias do mandado, com recibo do preso*, que poderá ser suprido por declaração de duas *testemunhas instrumentárias*.

(iii) *Declaração do dia, hora e lugar da diligência*, providência destinada sobretudo a garantir o controle do prazo da privação cautelar de liberdade, a partir da fixação de seu termo inicial.

Como regra, a prisão por mandado entende-se cumprida "desde que o executor, fazendo-se conhecer do réu [imputado], lhe apresente o mandado e o intime a acompanhá-lo", nos moldes do art. 291 do CPP.

Excepcionalmente, a lei admite o cumprimento da prisão cautelar *sem a exibição imediata* do respectivo mandado. Consulte-se, a respeito, o disposto no art. 287 do CPP: "Se a infração for inafiançável, a falta de exibição do mandado não obstará a prisão, e o preso, em tal caso, será imediatamente apresentado ao juiz que tiver expedido o mandado".

A aplicação dessa hipótese excepcional supõe, portanto, a imediata apresentação do preso ao órgão judiciário competente, que fez expedir o mandado não exibido no momento da prisão. A previsão legal destina-se a garantir a oportunidade da realização da prisão por crime inafiançável, sempre que, já existindo mandado expedido contra o sujeito, não se encontre esse instrumento em poder dos agentes. Por óbvio, a execução da prisão sem a preexistência de mandado, para que o juiz faça expedir o instrumento em momento posterior, caracteriza, além da ilegalidade da privação da liberdade, abuso de autoridade dos agentes públicos envolvidos.

Se o cumprimento da prisão pode excepcionalmente dispensar a exibição do mandado, o mesmo não se aplica ao *recolhimento do preso ao cárcere*. Nessa hipótese, garante-se *sempre* ao preso a exibição do mandado, como condição para que seja recolhido ao cárcere, sob pena de ilegalidade da custódia.

Com efeito, nos termos do art. 288, *caput*, do CPP, "ninguém será recolhido à prisão, sem que seja exibido o mandado ao respectivo diretor ou carcereiro, a quem será entregue cópia assinada pelo executor ou apresentada a guia expedida pela autoridade competente, devendo ser passado recibo da entrega do preso, com declaração de dia e hora". Da parte do carcereiro, tem-se, com a exibição do mandado pelo executor, a certeza da legalidade da prisão pela qual ficará responsável a partir do recolhimento.

Por outro lado, o recibo da entrega, com declaração de dia e hora, fixa essa responsabilidade do carcereiro pela custódia, além de garantir ao advogado e à família do preso condições para que possam localizá-lo e reclamá-lo junto ao custodiante. O recibo, nos termos do art. 288, parágrafo único, do CPP, "poderá ser passado no próprio exemplar do mandado, *se este for o documento exibido*". O dispositivo abrange também, portanto, a hipótese de prisão em flagrante, em que normalmente não há mandado judicial, e sim guia de recolhimento expedida pela autoridade policial, respaldada em auto de prisão em flagrante.

O cumprimento do mandado de prisão poderá ser deprecado sempre que o imputado esteja fora do alcance da competência territorial do órgão judiciário que o fez expedir. Aplica-se, a respeito, o disposto no art. 289, *caput*, do CPP, com redação determinada pela Lei nº 12.403/2011: "Quando o acusado estiver no território nacional, fora da jurisdição do juiz processante, será deprecada a sua prisão, devendo constar da precatória o inteiro teor do mandado". Nesse caso, o juízo deprecado, nos autos da carta precatória, apõe o "cumpra-se" no mandado, de modo que as autoridades e agentes locais providenciem o cumprimento da prisão.

Em caso de urgência – algo comum, em se tratando de prisão *cautelar* –, o procedimento da precatória mostra-se burocrático e demorado. Na verdade, a nosso juízo, o sistema da precatória revela-se mesmo incompatível com uma medida que tem a urgência como fator inerente.

Assim, a "exceção" disposta no art. 289, § 1º, do CPP (acrescentado pela Lei nº 12.403/2011) deveria ser compreendida como regra, desburocratizando, assim, a execução de ordens prisionais, à vista da natureza da medida, inconfundível, obviamente, com meros atos de comunicação processual, para os quais se aplica o procedimento da carta precatória. Confira-se (art. 289, § 1º, CPP): "Havendo urgência, o juiz poderá requisitar a prisão por qualquer meio de comunicação, do qual deverá constar o motivo da prisão, bem como o valor da fiança se arbitrada".

Devem ser admitidos, assim, inclusive os meios eletrônicos disponíveis, na medida de sua aptidão de garantia da autenticidade da comunicação. Nesse particular, dispõe o art. 289, § 2º, do CPP (acrescentado pela Lei nº 12.403/2011) que "a autoridade a quem se fizer a requisição tomará as precauções necessárias para averiguar a autenticidade da comunicação".

A propósito, essa cautela deve ser adotada em qualquer caso, inclusive no âmbito do procedimento da carta precatória (art. 289, *caput*, CPP). Atualmente, há instrumentos eletrônicos rápidos, eficientes e seguros de transmissão, que devem ser preferencialmente utilizados para a requisição da prisão, diante da natureza urgente dessa medida. Basta que, para tanto, sejam adotadas cautelas pela autoridade judiciária local no sentido de confirmar a autenticidade.

Nesse ponto, quando implantado o sistema unificado de banco de dados de que trata o art. 289-A do CPP, adiante examinado, a aplicabilidade do art. 289 ficará muito restrita, apenas aos casos de maior urgência.

Uma vez executada a prisão, por ordem do órgão judiciário do foro em cujos limites se encontrava o imputado, ficará o preso, inicialmente, sob a custódia de autoridade local. Nesse caso, o § 3º do art. 289 do CPP, acrescentado pela Lei nº 12.403/2011, fixa o prazo de 30 (trinta) dias para a remoção, a cargo do juízo processante: "O juiz processante deverá providenciar a remoção do preso no prazo máximo de 30 (trinta) dias, contados da efetivação da medida". O descumprimento desse prazo caracteriza constrangimento ilegal, por mais que se conheçam as dificuldades operacionais associadas à remoção no Poder Judiciário brasileiro.

1.6.3. Registro e autenticidade do mandado de prisão

Quanto ao *registro do mandado*, a Lei nº 12.403/2011 acrescentou o art. 289-A ao Código de Processo Penal, disciplinando, assim, um sistema unificado de banco de dados, a cargo do Conselho Nacional de Justiça. Esse sistema eletrônico propicia maior racionalidade, efetividade e segurança na distribuição e no cumprimento de mandados de prisão, sobretudo quando tenham de ser executados fora da competência territorial do órgão judiciário expedidor. Ademais, criou-se com isso mecanismo de comunicação eficaz acerca de mandados de prisão em aberto.

Nesse contexto, o art. 289-A, *caput*, do CPP prescreve que "o juiz competente providenciará o imediato registro do mandado de prisão em banco de dados mantido pelo Conselho Nacional de Justiça para essa finalidade". Registrado o mandado no sistema unificado, qualquer agente policial poderá efetuar a prisão, "ainda que fora da competência territorial do juiz que o expediu", nos termos do art. 289-A, § 1º, do CPP.

Nessas condições, tem-se *alternativa* até mesmo à expedição de carta precatória e à requisição judicial do cumprimento da prisão, objeto do art. 289, *caput* e § 1º, do CPP. Com efeito, uma vez implantado[17] o sistema unificado no âmbito do Conselho Nacional de Justiça, basta ao juízo processante determinar o registro do mandado, que poderá ser cumprido por agente policial do território em que se encontre o imputado, independentemente de requisição.

No ponto, a lei chega a dispensar até mesmo o registro *para fins de cumprimento imediato da prisão*, desde que, nesse caso, sejam adotadas as devidas cautelas de verificação da autenticidade do mandado de prisão, conforme dispõe o art. 289-A, § 2º, do CPP: "Qualquer agente policial poderá efetuar a prisão decretada, ainda que sem registro no Conselho Nacional de Justiça, adotando as precauções necessárias para averiguar a autenticidade do mandado e comunicando ao juiz que a decretou, devendo este providenciar, em seguida, o registro do mandado na forma do *caput* deste artigo".

O registro, portanto, deverá ser feito posteriormente, por ordem do *juízo expedidor do mandado*, até como forma de conferência última de autenticidade. De acordo com o dispositivo, a comunicação ao juízo competente dá-se por ato do próprio agente policial executor.

Havendo o registro, no entanto, a prisão cumprida deverá ser comunicada ao juízo do foro do local da execução, que, por sua vez, providenciará a extração de certidão do registro do Conselho Nacional de Justiça, para fins de comunicação imediata ao juiz expedidor, na forma do art. 289, § 3º, do CPP.

Em se tratando de prisão em flagrante efetivada por mandado, para a qual de igual modo se aplicam as normas em estudo (art. 294, CPP), o auto respectivo deverá ser comunicado ao juízo expedidor no prazo de 24 (vinte e quatro) horas (art. 306, *caput* e § 1º, CPP), conforme detalhamos na Subseção I (prisão em flagrante), *infra*.

Em qualquer caso, cumprido o mandado, "o preso será informado de seus direitos, nos termos do inciso LXIII do art. 5º da Constituição Federal e, caso o autuado não informe o nome de seu advogado, será comunicado à Defensoria Pública", nos termos do art. 289-A, § 4º, do CPP. O mesmo regime aplica-se ao âmbito da prisão em flagrante (sem mandado), por força da norma específica do art. 306 do CPP.

Caso haja dúvida das autoridades do foro territorial de cumprimento do mandado de prisão a respeito da legitimidade da pessoa do agente executor ou ainda sobre a identidade do preso, este deverá ser posto em custódia, até que se esclareça a dúvida, segundo dispõe o art. 289-A, § 5º, c/c art. 290, § 2º, do CPP.

---

17. A implantação efetiva do sistema depende de regulamentação do Conselho Nacional de Justiça, conforme dispõe o art. 289-A, § 6º, do CPP. Essa regulamentação operou-se já pela Resolução n. 137, de 13 de julho de 2011, pouco após o advento da Lei 12.403/2011, que incluiu o art. 289-A no CPP.

Não há, nesse particular, qualquer forma ilícita de "prisão para averiguação". Isso porque a dúvida, na espécie, não é quanto à autenticidade do mandado de prisão ou à efetiva existência de ordem judicial para essa finalidade, mas sim quanto à legitimidade *do executor* ou à identidade do preso.

A medida de custódia para averiguação, pressupondo a licitude da prisão decretada, constitui ato de proteção ao imputado, até que se verifique a real legitimidade de quem apareceu para cumprir o mandado. Naturalmente, na hipótese de dúvida sobre a identidade do preso, se for depois verificado que se custodiou a pessoa errada, caberá para esta reparação do dano causado pelo agente estatal.

1.6.4. Cumprimento do mandado após perseguição

É possível, e em algumas esferas até comum, que os agentes encontrem dificuldades no cumprimento do mandado de prisão, em virtude de fuga do imputado. Assim, pode acontecer que, após perseguição empreendida contra o sujeito, a prisão tenha de efetuar-se fora dos limites do foro territorial do juízo que a decretou.

Na hipótese, aplica-se o disposto no art. 290, *caput*, do CPP: "Se o réu, sendo perseguido, passar ao território de outro município ou comarca, o executor poderá efetuar-lhe a prisão no lugar onde o alcançar, apresentando-o imediatamente à autoridade local, que, depois de lavrado, se for o caso, o auto de flagrante, providenciará para a remoção do preso".

Com efeito, não haveria sentido em exigir que os executores do mandado, ao transporem os limites territoriais da competência do órgão judiciário expedidor, tivessem, para o cumprimento da diligência, que pedir autorização ao juízo do foro territorial em que for alcançado o imputado.

Assim, a prisão pode ocorrer no lugar onde se alcance o sujeito perseguido, bastando que a autoridade local, a quem for apresentado o preso, providencie a remoção, no prazo de 30 (trinta) dias contados da efetivação da medida, nos termos do art. 289, § 3º, do CPP, já analisado.

Em se tratando de prisão em flagrante, a lavratura do respectivo auto caberá à autoridade policial do local do cumprimento do mandado, com a posterior remessa do expediente à autoridade do lugar da infração, para fins de condução do inquérito policial. Esse ponto particular será melhor examinado na subseção reservada à prisão em flagrante.

Para a aplicação da hipótese legal (art. 290, *caput*, CPP), no entanto, exige-se a ocorrência de efetiva *perseguição* à pessoa que tiver de ser presa. Como forma de propiciar segurança nesse aspecto, o art. 290, § 1º, do CPP estabelece parâmetros objetivos em torno dos quais se pode identificar a perseguição: "Entender-se-á que o executor vai em perseguição do réu, quando: a) tendo-o avistado, for perseguindo-o sem interrupção, embora depois o tenha perdido de vista; b) sabendo, por indícios ou informações fidedignas, que o réu tenha passado, há pouco tempo, em tal ou qual direção, pelo lugar em que o procure, for no seu encalço".

Fora desses parâmetros, não há perseguição, devendo a autoridade judiciária requisitar a prisão ao órgão judiciário do foro onde se encontre o imputado, por qualquer meio de comunicação (art. 289, § 1º, CPP), sem prejuízo de que qualquer agente policial local efetue a prisão, se o mandado estiver registrado no sistema unificado mantido pelo CNJ (art. 289-A, § 1º, CPP), ou, não estando registrado, efetuá-la assim mesmo, com a adoção das precauções necessárias para averiguar a autenticidade do instrumento, inclusive a comunicação ao juízo expedidor, que providenciará o devido registro (art. 289-A, § 2º, CPP).

Havendo dúvida sobre a legitimidade da pessoa do executor ou sobre a legalidade do mandado, deverá o preso ser posto em custódia, até que se esclareça o ponto nebuloso, nos termos do art. 290, § 2º, do CPP. Como já observamos, não se trata de custódia ilícita para averiguação, e sim de medida de proteção ao próprio imputado, para resguardá-lo da execução ilegítima de prisão ou de mandado inautêntico. No último caso, se não houver qualquer ordem de prisão, caberá para a pessoa presa indevidamente a adequada reparação, de responsabilidade do Estado.

1.6.5. Cumprimento do mandado e inviolabilidade domiciliar

Antes de tudo, refira-se o disposto no art. 293, *caput*, do CPP: "Se o executor do mandado verificar, com segurança, que o réu entrou ou se encontra em alguma casa, o morador será intimado a entregá-lo, à vista da ordem de prisão. Se não for obedecido imediatamente, o executor convocará duas testemunhas e, sendo dia, entrará à força na casa, arrombando as portas, se preciso; sendo noite, o executor, depois da intimação do morador, se não for atendido, fará guardar todas as saídas, tornando a casa incomunicável, e, logo que amanheça, arrombará as portas e efetuará a prisão".

Esse regime está harmonizado com o direito fundamental à inviolabilidade domiciliar, objeto do art. 5º, inciso XI, da Constituição Federal.

A norma constitucional excepciona o ingresso no domicílio, independentemente do consentimento do morador, por ordem judicial, *durante o dia*. O cumprimento do mandado judicial, portanto, caso não haja consentimento do titular do domicílio (ou de quem por ele se apresente como responsável), somente pode ocorrer durante o dia, isto é, no período compreendido entre as seis horas da manhã e as seis horas da tarde.

Durante a noite, os agentes podem até tentar o cumprimento da diligência, mas, se houver recusa do morador, seja ou não o próprio imputado, terão que esperar o amanhecer para que possam efetuar a prisão, de acordo com a segunda parte do *caput* do art. 293 do CPP.

Tratando-se, porém, de prisão em flagrante, o ingresso no domicílio pode acontecer a qualquer hora do dia, independentemente de consentimento do morador, conforme expresso na própria norma do art. 5º, XI, da Constituição. Esse ponto será detalhado na Subseção I desta Seção III, reservada à prisão em flagrante.

Em qualquer hipótese, o ingresso no domicílio deverá ser objeto de auto circunstanciado, assinado por suas testemunhas. A nosso juízo, a elaboração de auto circunstanciado com a descrição da diligência deverá acontecer em todo caso de ingresso domiciliar *durante a noite*, ainda que consentido pelo morador. Isso para prevenir a adoção, pelos agentes, de mecanismos de intimidação ou de manipulação ao morador, fraudando-lhe, dessa forma, o direito à inviolabilidade domiciliar no período noturno. Com efeito, pode acontecer de os agentes policiais afirmarem um consentimento do morador que, na prática, não existiu ou foi viciado.

Para ao menos dificultar a prática desse expediente ilícito, deve-se exigir a narrativa circunstanciada a diligência, assinada por duas testemunhas, até como forma de proteção aos próprios agentes contra futuras alegações indevidas no sentido de que não teria havido consentimento da parte do morador. Essa providência, assim, atende tanto à proteção constitucional à intimidade domiciliar durante a noite quanto ao interesse estatal de realizar uma persecução penal lícita, sob pena de inadmissibilidade da prova resultante (art. 157, *caput*, CPP).

Por fim, *sendo a diligência realizada durante o dia*, "o morador que se recusar a entregar o réu oculto em sua casa será levado à presença da autoridade, para que se proceda contra ele como for de direito", nos termos do art. 293, parágrafo único, do CPP. Nesse caso, poderá o morador ser detido e responder pela prática do crime de favorecimento pessoal, tipificado no art. 348 do Código Penal: "Auxiliar a subtrair-se à ação de autoridade pública autor de crime a que é cominada pena de reclusão". Por se tratar de infração penal de menor potencial ofensivo (pena máxima de 6 meses), não se imporá prisão em flagrante ao sujeito, quando assuma o compromisso de comparecimento aos atos processuais, aplicando-se apenas a lavratura de termo circunstanciado.

Na hipótese de recusa *justificada* do morador, entretanto, não há que se cogitar da prática de crime de favorecimento pessoal. Como bem observam Pacelli e Fischer, "em algumas situações, o ato de franquear o acesso da autoridade na casa, pelo morador, pode implicar risco a sua segurança pessoal", de modo que, "para que o crime se caracterize, a livre manifestação da vontade é de rigor"[18].

1.7. Prisão Especial

1.7.1. Contexto, conceito e alcance

Antes de tudo, observe-se que é garantia de todas as pessoas presas provisoriamente, a título cautelar, a sua separação física em relação aos presos definitivos em virtude de decisão judicial condenatória transitada em julgado. Trata-se de regime inerente ao princípio-garantia do estado de inocência ou da não culpabilidade. Com efeito, permitir que os presos provisórios estejam nas mesmas dependências carcerárias dos presos definitivos é tratar os primeiros como culpados, em transgressão, portanto, à regra de tratamento própria da garantia do estado de inocência.

Nesse contexto, andou muito bem a Lei nº 12.403/2011 ao modificar a redação do art. 300 do CPP para exigir *sempre* a separação entre presos provisórios e presos

---

18. Pacelli, Eugênio / Fischer, Douglas. *Comentários ao Código de Processo Penal e sua Jurisprudência*. São Paulo: Atlas, 2015, p. 615.

definitivos, nestes termos (redação atual do *caput* do art. 300): "As pessoas presas provisoriamente ficarão separadas das que já estiverem definitivamente condenadas, nos termos da lei de execução penal".

A alteração foi eloquente ao eliminar a antiga ressalva do "sempre que possível", constante da redação originária do art. 300, o que acabava por autorizar a violação à garantia do estado de inocência a pretexto de insuficiência estrutural carcerária. De toda sorte, em igual sentido, o art. 84, *caput*, da Lei nº 7.210/1984 (Lei de Execuções Penais) já proclamava, na mesma linha, que "o preso provisório ficará separado do condenado por sentença transitada em julgado".

No regime atual, portanto, não se pode admitir qualquer forma de tratamento físico que signifique a convivência entre presos provisórios e presos definitivos, sob pena de ilegalidade da prisão cautelar, a impor o seu relaxamento. Não se pode fazer nenhuma concessão ao tratamento constitucional e garantista do inocente ou não culpado, sob pena de nítido desvirtuamento das finalidades da prisão cautelar.

Observada essa distinção, que encerra caráter de garantia de toda e qualquer pessoa, cumpre examinar agora a natureza e o alcance do tratamento diferenciado conhecido pelo nome de *prisão especial*, objeto de disciplina nos artigos 295, 296 e 300, parágrafo único, do CPP, e também em dispositivos esparsos de leis especiais.

É próprio do sistema normativo brasileiro, infelizmente, criar distinções de tratamento sob a base do puro privilégio vinculado a cargo ou função pública, ou a alguma categoria profissional, sem qualquer justificação apta a excepcionar o princípio da isonomia. No que tange em particular à prisão especial, o sistema existe assumidamente como forma de exclusão de certas classes dos problemas associados à estrutura carcerária brasileira.

Nesse contexto, há uma tolerância generalizada às hipóteses legais de prisão especial, e só será seriamente pensada uma mudança de quadro no tempo em que o sistema penal brasileiro dispuser de instalações carcerárias e de funcionalidade adequadas, no sentido de assegurar a custódia prisional para todos em condições próprias, de maneira compartimentada, segundo a natureza e a gravidade do crime. Um tempo que parece bem distante, portanto.

De toda sorte, a própria legislação (vide art. 295, §§ 1º e 2º, CPP, com redação determinada pela Lei nº 10.258/2001), assim como a doutrina e a jurisprudência, têm em tempos mais recentes pelo menos atenuado essa feição de privilégio, pela delimitação do conceito de prisão especial em torno apenas da exigência de cumprimento da custódia em lugar reservado e separado, enfatizando-se, dessa forma, o aspecto da *separação*, e não as características ambientais da cela (comodidades e confortos). Não se elimina, com isso, a injustiça do tratamento desigual, mas ficam ao menos abandonadas as antigas noções de prisão especial como uma instalação exclusiva e equipada de comodidades em benefício do preso.

Por certo, casos há em que esse cumprimento em separado da custódia revela-se efetivamente justificado, como acontece em relação aos titulares de funções ligadas à prevenção e à persecução penal, especialmente os agentes policiais, civis e militares.

Postas essas observações, cumpre precisar o *conceito de prisão especial*.

Segundo o regime normativo em vigor, entende-se por prisão especial a *custódia cautelar em ambiente distinto daquele próprio da prisão comum*. Nesse particular, tome-se a norma do § 1° acrescentado ao art. 295 do CPP pela Lei n° 10.258/2001: "A prisão especial, prevista neste Código ou em outras leis, consiste exclusivamente no recolhimento em local distinto da prisão comum".

Esse ambiente pode consistir em *estabelecimento específico* ou, na falta de um, em *cela distinta do mesmo estabelecimento reservado à prisão comum*. É o que se encontra no art. 295, § 2°, do CPP (acrescentado pela Lei n° 10.258/2001): "Não havendo estabelecimento específico para o preso especial, este será recolhido em cela distinta do mesmo estabelecimento".

Não se trata de cela exclusiva, equipada com comodidades indevidas, incompatíveis com a própria natureza de uma medida forçada de privação de liberdade. A propósito, a cela especial pode até mesmo consistir em *alojamento coletivo*, desde que composto por outros presos especiais, de forma separada da prisão comum.

O art. 295, § 3°, do CPP exige ainda que sejam "atendidos os requisitos de salubridade do ambiente, pela concorrência dos fatores de aeração, insolação e condicionamento térmico adequados à existência humana". Essa previsão nos parece injustificada como algo próprio de uma prisão especial. Ora, toda forma de prisão deve atender a condições ambientais adequadas "à existência humana", não se justificando uma exigência específica a esse respeito apenas para a prisão especial. À luz do princípio da isonomia, portanto, a norma do art. 295, § 3°, do CPP é de aplicação geral, e não apenas ao âmbito da prisão especial.

De outro lado, para garantia da especialidade de tratamento, a lei veda que o preso especial seja transportado juntamente com o preso comum (art. 295, § 4°, CPP).

Por fim, cumpridos os direitos especiais fixados pelas normas dos §§ 1°, 2° e 4°, "os demais direitos e deveres do preso especial serão os mesmos do preso comum", a teor do disposto no § 5° do art. 295 do CPP, também acrescentado pela Lei n° 10.258/2001.

Quanto à *aplicabilidade*, deve-se associar a prisão especial, ao menos como regra, às formas de prisão provisória: prisão em flagrante, prisão temporária, prisão preventiva. Isso está expresso na parte final do *caput* do art. 295 do CPP: "Serão recolhidos a quartéis ou a prisão especial, à disposição da autoridade competente, *quando sujeitos a prisão antes de condenação definitiva...*"

Condenado definitivamente o acusado, portanto, o cumprimento da pena privativa de liberdade deverá ocorrer em estabelecimento penitenciário comum, sem qualquer tratamento especial, ressalvadas apenas algumas categorias, como a dos agentes policiais, em que a efetivação da custódia em lugar separado subsiste mesmo após o trânsito em julgado, conforme será oportunamente abordado.

1.7.2. Beneficiários de prisão especial

A respeito dos *beneficiários* da prisão especial, confira-se a discriminação constante dos artigos 295, *caput*, 296 e 300, parágrafo único, do CPP, assim como de determinadas

Cap. XIV · MEDIDAS CAUTELARES DE CONSTRIÇÃO PESSOAL — 881

leis especiais, com as devidas adaptações à ordem constitucional vigente: (i) Ministros de Estado (art. 295, I, CPP); (ii) Governadores de Estados-Membros da Federação e do Distrito Federal, bem como os respectivos Secretários, inclusive o de Segurança Pública, que seria um Chefe de Polícia (art. 295, II, CPP); (iii) Prefeitos e Vereadores Municipais (art. 295, II, CPP); (iv) Senadores e Deputados Federais (art. 295, III, CPP[19]); (v) Deputados Estaduais e Distritais (art. 295, III, CPP); (vi) Cidadãos inscritos no "Livro de Mérito" (art. 295, IV, CPP[20]); (vii) Oficiais das Forças Armadas e Militares dos Estados, do Distrito Federal e dos Territórios (artigos 295, V, 296 e 300, parágrafo único, CPP; art. 1º, Lei nº 799/1949[21]); (viii) Magistrados (art. 295, VI, CPP; artigos 33, III, e 112, § 2º, Lei Complementar nº 35/1979); (ix) Diplomados por qualquer das faculdades superiores da República (art. 295, VII, CPP); (x) Ministros de confissão religiosa (art. 295, VIII, CPP); (xi) Ministros dos Tribunais de Contas (art. 295, IX, CPP); (xii) Cidadãos que já tiverem exercido efetivamente a função de jurado, salvo quando excluídos da lista por motivo de incapacidade para o exercício daquela função (art. 295, X, CPP); (xiii) Delegados de Polícia e Guardas-Civis dos Estados e Territórios, ativos e inativos (art. 295, XI, CPP); (xiv) Advogados (art. 7º, V, Lei nº 8.906/1994); (xv) Membros do Ministério Público (art. 40, V, Lei nº 8.625/1993; art. 18, II, e, LC nº 75/1993); (xvi) Agentes policiais civis, federais (art. 1º, I, Lei nº 3.313/1957) e estaduais (art. 1º, Lei nº 5.350/1967); (xvii) Professores do Ensino Fundamental (1º Grau) e do Ensino Médio (2º grau) (Lei nº 7.172/1983); (xviii) Pilotos de Aeronaves Mercantes Nacionais (art. 1º, Lei nº 3.988/1961); (xix) Dirigentes de entidades sindicais de todos os graus e empregados eleitos para função de representação profissional ou para cargo de administração sindical (artigos 1º e 2º, Lei nº 2.860/1956).

O art. 295, *caput*, do CPP sugere uma distinção entre "quartéis" e "prisão especial": "Serão recolhidos a quartéis *ou a* prisão especial..." Em verdade, porém, os *quartéis*, entendidos como estabelecimentos militares, constituem uma das formas de prisão especial, aplicável aos militares (art. 295, V, e art. 296, CPP), inclusive quando presos em flagrante, como expressa especificamente o art. 300, parágrafo único, do CPP (acrescentado pela Lei nº 12.403/2011): "O militar preso em flagrante delito, após a lavratura dos procedimentos legais, será recolhido a quartel da instituição a que pertencer, onde ficará preso à disposição das autoridades competentes".

Advirta-se que, para os militares, o recolhimento especial *em quartel* restringe-se ao âmbito da prisão cautelar. Subsiste um regime especial de prisão mesmo para o cumprimento de pena pelo agente policial militar – em virtude de condenação definitiva, portanto –, mas não em quartel.

O policial militar definitivamente condenado, assim, deve cumprir pena em local separado da prisão comum, e não em estabelecimento militar, prerrogativa que

---

19. Inexiste, na estrutura política vigente, o órgão "Conselho de Economia Nacional", contemplado no art. 295, III, do CPP.

20. A inscrição em *Livro do Mérito* está disciplinada no art. 1º do Decreto-Lei 1.706/1939. O último exemplo de que se tem notícia foi o da honraria concedida em 21 de abril de 1985 à senhora Risoleta Guimarães Tolentino Neves, viúva de Tancredo Neves.

21. O art. 1º da Lei 799/1949 prevê a prisão especial dos Oficiais da Marinha Mercante Nacional que tenham efetivamente exercido função de comando.

lhe assiste apenas a título de prisão provisória. Esse regime emana da norma do art. 84, § 2°, da Lei n° 7.210/1984 (Lei de Execuções Penais): "O preso que, ao tempo do fato, era funcionário da administração da Justiça criminal ficará em dependência separada". O policial militar considera-se, para esse efeito, agente da administração da Justiça criminal, razão pela qual lhe deve ser reservada *dependência separada* da prisão comum. Com a condenação definitiva, portanto, modifica-se a *prisão especial do tipo quartel (estabelecimento militar)*, a título cautelar, para a *prisão especial consistente no mero lugar separado das dependências comuns*, a título de cumprimento de pena pelo policial militar.

Não se vá estranhar a ausência, na lista dos agraciados com a prisão especial, do Presidente da República. Nesse particular, recorde-se que não poderá ser imposta a prisão do Presidente da República por crime comum enquanto persistir o exercício do mandato, conforme garante o art. 86, § 3°, da Constituição Federal: "Enquanto não sobrevier sentença condenatória, nas infrações comuns, o Presidente da República não estará sujeito a prisão". Estando constitucionalmente vedada a prisão cautelar do Presidente da República, não se há de cogitar, por óbvio, de prisão especial.

1.7.3. Sala de Estado Maior

Entre os titulares de prisão especial descritos ao início desta exposição, cumpre analisar algumas situações particulares, concernentes às características da prisão especial, para além da hipótese estritamente reservada aos militares (recolhimento em quartéis).

Cuida-se da prisão especial de *magistrados*, de *advogados* e de *membros do Ministério Público*. Essas categorias têm em comum o direito à *Sala de Estado Maior*, que singulariza a prisão especial de magistrados, advogados e membros do Ministério Público, frente às demais formas, consistentes na mera cela separada da prisão comum.

O art. 33, III, da Lei Complementar n° 35/1979 (Lei Orgânica da Magistratura), inicialmente, contempla a prerrogativa do magistrado de "ser recolhido a prisão especial, ou a sala especial de Estado-Maior, por ordem e à disposição do Tribunal ou do órgão especial competente, quando sujeito a prisão antes do julgamento final".

Da mesma prerrogativa dispõem os membros do Ministério Público, a teor do art. 40, V, da Lei n° 8.625/1993: "ser custodiado ou recolhido à prisão domiciliar ou à sala especial de Estado Maior, por ordem e à disposição do Tribunal competente, quando sujeito a prisão antes do julgamento final".

Embora essa última norma refira a prisão domiciliar, deve-se entender pela aplicabilidade, *em primeiro plano*, da Sala de Estado-Maior. Apenas a falta de sala com essas características enseja a imposição excepcional da prisão domiciliar, como, aliás, acontece também quanto ao magistrado e ao advogado. A prisão domiciliar, portanto, será sempre subsidiária.

Com efeito, o art. 7°, V, da Lei n° 8.906/1994 assegura ao advogado a prerrogativa de "não ser recolhido preso, antes de sentença transitada em julgado, senão em sala de Estado Maior, com instalações e comodidades condignas (...) e, na sua falta, em prisão domiciliar". Na ADI 1.127, o Supremo Tribunal Federal, a nosso juízo corretamente, fez excluir dessa norma a expressão "assim reconhecidas pela OAB", com referência às instalações e comodidades condignas.

Relativamente ao conceito de *Sala de Estado Maior*, tem-se algo deveras distinto das outras formas de prisão especial. A hipótese, antes de tudo, é mesmo de *sala*, e não de *cela*, significando o compartimento com as características próprias da espécie (sala) instalado em estabelecimento militar.

Sobre o significado e o alcance desse instituto, consulte-se a elucidativa decisão da Primeira Turma do STF proferida no HC 91.089/SP (STF, 1ª Turma, HC 91.089, Rel. Min. CARLOS BRITTO, julgamento em 04.09.2007, DJ de 19.10.2007): "Aos profissionais da advocacia é assegurada a prerrogativa de confinamento em Sala de Estado-Maior, até o trânsito em julgado de eventual sentença condenatória. Prerrogativa, essa, que não se reduz à prisão especial de que trata o art. 295 do Código de Processo Penal. A prerrogativa de prisão em Sala de Estado-Maior tem o escopo de mais garantida-mente preservar a incolumidade física daqueles que, diuturnamente, se expõem à ira e retaliações de pessoas eventualmente contrariadas com um labor advocatício em defesa de contrapartes processuais e da própria Ordem Jurídica. A advocacia exibe uma dimensão corporativa, é certo, mas sem prejuízo do seu compromisso institu-cional, que já é um compromisso com os valores que permeiam todo o Ordenamento Jurídico brasileiro. A Sala de Estado-Maior se define por sua qualidade mesma de sala e não de cela ou cadeia. Sala, essa, instalada no Comando das Forças Armadas ou de outras instituições militares (Polícia Militar, Corpo de Bombeiros) e que em si mesma constitui tipo heterodoxo de prisão, porque destituída de portas ou janelas com essa específica finalidade de encarceramento".

As mesmas características ambientais devem ser reservadas a magistrados e a membros do Ministério Público, por razões semelhantes.

Faltando sala com essas características, impõe-se o direito à prisão domiciliar, conforme decidido, quanto ao advogado, pela Segunda Turma do STF no HC 109.213/SP (STF, 2ª Turma, HC 109.213, Rel. Min. CELSO DE MELLO, julgamento em 28.08.2012, DJ de 17.09.2012).

ESPÉCIES DE PRISÃO PROVISÓRIA

SUBSEÇÃO I
Prisão em Flagrante e Liberdade Provisória

1. SENTIDO E ALCANCE DA PRISÃO EM FLAGRANTE

A disciplina legal da prisão em flagrante consta do Capítulo II ("DA PRISÃO EM FLAGRANTE") do Título IX ("DA PRISÃO, DAS MEDIDAS CAUTELARES E DA LIBERDADE PROVISÓRIA") do Livro I, entre os artigos 301 e 310 do Código de Processo Penal.

A prisão em flagrante é a única forma de privação da liberdade que independe de ordem judicial para a sua efetivação (art. 5º, LXI, CF). O controle judicial da legalidade e da necessidade de continuação da medida prisional realiza-se somente *a posteriori*, após a imediata comunicação do fato ao órgão judiciário competente (art. 5º, LXII, CF).

Essa excepcionalidade justifica-se em função: (i) do estado de evidência *atual* da prática do crime; e (ii) da necessidade da tomada de providências imediatas, de sorte a assegurar a eficácia (inclusive a informativa) da persecução penal.

Refletindo o mesmo caráter excepcional, tem-se que qualquer pessoa *poderá* efetuar a prisão em flagrante. Nessa hipótese, apesar da prática de constrangimento pessoal, identifica-se, desde que presente situação legal de flagrância (artigos 302 e 303, CPP), o exercício regular de *direito* por parte do executor da prisão em flagrante. Trata-se do denominado *flagrante facultativo*.

As autoridades e agentes policiais, por seu turno, têm o *dever* legal de realização da prisão em flagrante, se presente qualquer dos estados de flagrância normativamente delimitados (artigos 302 e 303, CPP). Cuida-se, nesse particular, do chamado *flagrante obrigatório*.

Essa distinção encontra-se clara no art. 301 do CPP: "Qualquer do povo poderá e as autoridades policiais e seus agentes deverão prender quem quer que seja encontrado em flagrante delito".

2. HIPÓTESES LEGAIS DE FLAGRANTE: ESTADOS DE FLAGRÂNCIA DELITIVA

Os artigos 302 e 303 do CPP delimitam as hipóteses de *flagrância*, que, como tais, autorizam (flagrante facultativo) ou impõem (flagrante obrigatório) a efetivação da prisão.

Trata-se das situações de fato nas quais se considera o indivíduo *em flagrante*, o que viabiliza a privação excepcional da liberdade, independentemente de ordem judicial.

2.1. Flagrante Próprio (art. 302, I e II, CPP)

A categoria doutrinária do *flagrante próprio* corresponde às hipóteses descritas nos incisos I e II do art. 302 do CPP: "Considera-se em flagrante delito quem: I – está cometendo a infração penal; II – acaba de cometê-la".

Cuida-se do flagrante propriamente dito, em que o indivíduo é surpreendido no momento em que está a praticar o fato em tese constitutivo de crime ou no instante em que o acabou de executar. Efetivamente, em ambas as hipóteses, há a certeza visual de que o indivíduo praticou a conduta incriminada.

Assim, se o agente é surpreendido no instante em que está a subtrair coisa alheia de determinado lugar (art. 302, I, CPP), há certeza visual quanto à autoria do crime de furto: na forma tentada, caso seja efetuada a prisão antes que o crime se consume; ou na forma consumada, quando, não obstante haja sido surpreendido no momento da ação, o agente só seja preso ao se encontrar na posse estável da coisa.

Do mesmo modo, se o agente é surpreendido ao desferir tiros em outra pessoa, efetuando-se no ato sua prisão em flagrante, a hipótese é a do art. 302, I, do CPP, quer haja a consumação do crime, quer não.

Por outro lado, se o agente já ultimou, sem ser visto, a execução do homicídio, sendo então surpreendido logo em seguida, aplica-se a hipótese do art. 302, II, do CPP.

2.2. Flagrante Impróprio (art. 302, III, CPP)

A hipótese de *flagrante impróprio* é aquela delimitada no art. 302, III, do CPP, em que o sujeito "é perseguido logo após, pela autoridade, pelo ofendido ou por qualquer pessoa, em situação que faça presumir ser autor da infração". Essa hipótese é também tradicionalmente chamada de "quase-flagrante", denominação "quase incompreensível", como bem observado por EUGÊNIO PACELLI[22].

Na situação do flagrante impróprio, o sujeito não é surpreendido ao cometer a infração penal, ou tendo acabado de cometê-la. Diversamente, surpreende-se o sujeito "em situação que faça presumir ser autor da infração", *logo após* a prática, o que justifica a perseguição movimentada contra o provável agente.

Não há propriamente, do ponto de vista empírico, um flagrante, mas a lei equipara a hipótese, por sua força probatória, às formas próprias, permitindo a prisão mesmo sem a evidência, no sentido de certeza visual, da prática do crime.

Assevere-se que, se o agente for surpreendido ao cometer o crime ou tendo acabado de cometê-lo, o caso é de flagrante próprio, ainda que haja perseguição empreendida logo após a prática do crime. A situação examinada neste tópico reflete a *presunção*

---

22. PACELLI, Eugênio. *Curso de Processo Penal*. São Paulo: Atlas, 2013, p. 533.

do flagrante pela situação em que se encontra o agente logo depois da prática e pela imediatidade da perseguição a partir desse ponto.

Para a validade do flagrante, a perseguição deve ter-se iniciado de imediato, sem intervalo considerável desde a execução do crime, e seguir ininterrupta até a captura do sujeito. Como diz Delmanto Júnior, "a perseguição há que ser *imediata* e *ininterrupta*, não restando ao indigitado autor do delito qualquer momento de tranquilidade"[23].

A perseguição, desde que iniciada logo após a execução e desde que ininterrupta, pode durar horas ou mesmo dias. Adotam-se como referenciais, a esse respeito, os parâmetros delimitados no art. 290, § 1º, do CPP: "Entender-se-á que o executor vai em perseguição do réu, quando: a) tendo-o avistado, for perseguindo-o sem interrupção, embora depois o tenha perdido de vista; b) sabendo, por indícios ou informações fidedignas, que o réu tenha passado, há pouco tempo, em tal ou qual direção, pelo lugar em que o procure, for no seu encalço".

Caso o provável agente, durante a perseguição, passe ao território de outra circunscrição judiciária, "o executor poderá efetuar-lhe a prisão no lugar onde o alcançar, apresentando-o imediatamente à autoridade local, que, depois de lavrado, se for o caso, o auto de flagrante, providenciará para a remoção do preso", nos termos do art. 290, *caput*, do CPP.

2.3. Flagrante Presumido (art. 302, IV, CPP)

Na hipótese de flagrante presumido, o indivíduo "é encontrado, logo depois, com instrumentos, armas, objetos ou papeis que façam presumir ser ele autor da infração", nos moldes do art. 302, inciso IV, do CPP.

Trata-se de mais uma forma de flagrante presumido, assim como o flagrante dito impróprio, objeto de análise no tópico anterior. À diferença do outro, porém, no flagrante presumido objeto do art. 302, IV, do CPP, não há perseguição ao sujeito, que, entretanto, é encontrado momentos depois do crime com materiais que justificam a presunção de ter sido ele autor do fato.

Como bem observa Delmanto Júnior, "devido à maior fragilidade probatória, a expressão 'logo depois' do inciso IV deve ser interpretada (...) de forma mais restritiva do que a expressão 'logo após' do inciso III"[24]. Com efeito, a perseguição *ininterrupta*, prevista no art. 302, inciso III, do CPP, permite lapso temporal maior para a efetivação da prisão em flagrante, algo diferente do fato de ser o sujeito encontrado com objetos suspeitos, sem anterior perseguição: nessa última hipótese, para garantia da força vinculativa da situação posterior (sujeito encontrado com materiais suspeitos), é necessário que isso ocorra instantes após o crime, sem a flexibilidade temporal aplicável ao flagrante impróprio.

Encontra-se também na doutrina, designando a espécie em foco, as expressões "flagrante ficto" e até "flagrante assimilado".

---

23. Delmanto Júnior, Roberto. *As Modalidades de Prisão Provisória e seu Prazo de Duração*. Rio de Janeiro: Renovar, 2001, p. 101.

24. Delmanto Júnior, Roberto. *As Modalidades de Prisão Provisória e seu Prazo de Duração*. Rio de Janeiro: Renovar, 2001, p. 105.

2.4. Inadmissibilidade do Flagrante em caso de Apresentação Espontânea

As hipóteses antes examinadas supõem todas uma captura do sujeito surpreendido em estado de flagrância delitiva, quer no próprio ato, quer após perseguição, quer em situação suspeita, pela posse de objetos.

A apresentação espontânea do sujeito perante a autoridade, confessando a prática do crime, não enseja, portanto, a prisão em flagrante. Isso decorre, a nosso juízo, da própria falta de incidência de qualquer das hipóteses legais objeto do art. 302 do CPP, por mais que outros argumentos possam ser invocados.

De toda sorte, a impossibilidade de imposição da prisão em flagrante não impede, na hipótese, *se houver necessidade*, a decretação de prisão preventiva[25].

2.5. Flagrante nos Crimes Permanentes (art. 303, CPP) e nos Crimes Habituais

O estado de flagrância nos crimes permanentes existe enquanto perdurar no tempo a prática da conduta delituosa. Conforme o art. 303 do CPP, "nas infrações permanentes, entende-se o agente em flagrante delito enquanto não cessar a permanência".

É o caso, por exemplo, do crime de extorsão mediante sequestro. A consumação dos crimes permanentes perdura no tempo, enquanto persistir a ação típica. No exemplo citado, a conduta de sequestro encerra inerentemente essa característica de persistência no tempo, o que mantém o crime em consumação constante, até que a ação cesse. Nessas condições, a prisão em flagrante pode ser efetuada a qualquer momento, durante a ação de sequestro.

O Supremo Tribunal Federal já reconheceu, em diversos julgados, a permanência do crime de tráfico de drogas (cfr. STF, 2ª Turma, HC 127.457/BA, Rel. Min. DIAS TOFFOLI, julgamento em 09.06.2015, DJ de 01.07.2015), assim como a do crime de organização criminosa destinada ao tráfico (cfr. STF, 1ª Turma, HC 97.463/MG, Rel. Min. RICARDO LEWANDOWSKI, julgamento em 06.10.2009, DJ de 20.11.2009). A jurisprudência do Superior Tribunal de Justiça, por sua vez, orienta-se no mesmo sentido (cfr. 6ª Turma, HC 146.839/SP, Rel. Min. MARIA THEREZA DE ASSIS MOURA, julgamento em 16.02.2012, DJ de 05.03.2012; 5ª Turma, HC 225.792/SP, Rel. Min. MARCO AURÉLIO BELLIZZE, julgamento em 25.03.2012, DJ de 24.05.2012).

Quanto aos *crimes habituais*, entretanto, não se pode cogitar de possibilidade de estado de flagrância. Isso porque, nesse âmbito, a consumação depende

---

25. Nesse sentido, NESTOR TÁVORA e ROSMAR ALENCAR assim bem assinalam: "Embora não disponha mais o Código sobre a apresentação espontânea, como antes fazia expressamente o art. 317, CPP (redação alterada pela Lei nº 12.403/2011), permanece ínsita ao nosso ordenamento jurídico a possibilidade de requerimento do Ministério Público ou de representação da autoridade policial para o fim de ser decretada a prisão preventiva, se presentes as condições do art. 312, CPP. Em outras palavras, como a apresentação espontânea é incompatível com a prisão em flagrante, andou bem o legislador em não mais tratar do que naturalmente é óbvio: a livre apresentação do agente obsta o flagrante, mas não impede a decretação da prisão preventiva de acordo com o caso concreto". Cfr. TÁVORA, Nestor / ALENCAR, Rosmar Rodrigues. *Curso de Direito Processual Penal*. Salvador: JusPodivm, 2015, p. 837.

da prática reiterada de atos, cada um dos quais, isoladamente considerado, não aperfeiçoa o crime[26].

3. LEGALIDADE E ILEGALIDADE DA PRISÃO EM FLAGRANTE

É ilegal a prisão em flagrante efetivada fora das hipóteses dos artigos 302 e 303 do CPP. Tratando-se de forma excepcional de privação de liberdade, independente de ordem judicial e realizável por qualquer pessoa, a medida só pode ser cumprida nas situações de fato estritamente delimitadas pela lei.

Há clara ilegalidade da medida privativa de liberdade, por exemplo, na hipótese de prisão em flagrante do indivíduo um dia após o crime, por ter sido ele apontado como suspeito da prática do fato, sem que haja sido surpreendido ao cometê-lo (art. 302, I, CPP) ou tendo acabado de cometê-lo (art. 302, II, CPP), sem anterior perseguição imediata e ininterrupta logo em seguida à prática (art. 302, III, CPP) e sem que se tenha encontrado o sujeito com objetos suspeitos logo depois da prática (art. 302, IV, CPP). Inexiste, na situação cogitada, estado de flagrância a autorizar a prisão, que deve, portanto, ser imediatamente relaxada pela autoridade judiciária competente, conforme o disposto no art. 5º, inciso LXV, da Constituição Federal, e no art. 310, I, do CPP.

3.1. Flagrante Preparado ou Provocado

A doutrina concebeu algumas categorias empíricas a refletirem situações concretas especiais de ilegalidade da prisão em flagrante: *flagrante preparado ou provocado* e *flagrante forjado*.

O *flagrante preparado ou provocado* ocorre na hipótese de prática do crime em decorrência de provocação (induzimento, instigação ou auxílio) do(s) próprio(s) sujeito(s) que efetua a prisão. Significa dizer que o *agente provocador* leva o indivíduo, *por erro provocado*, a cometer o crime, *preparando* a prisão em flagrante, que se realiza tão logo seja o ato praticado.

O Supremo Tribunal Federal tem orientação consolidada no sentido da impossibilidade de crime nessa hipótese. É o que dita o enunciado da Súmula nº 145 da Suprema Corte: "Não há crime quando a preparação do flagrante pela polícia torna impossível a sua consumação". Caracteriza-se, assim, o crime impossível objeto do art. 17 do Código

---

26. Nesse sentido, como bem exposto por GUILHERME NUCCI: "[No crime habitual] uma única ação é irrelevante para o Direito Penal e somente o conjunto se torna figura típica, o que é fruto da avaliação subjetiva do juiz, dependente das provas colhidas, para haver condenação. Logo, inexiste precisão [no crime habitual] para determinar ou justificar o momento do flagrante, tornando inviável a prisão. Diversamente, o crime permanente, com o qual é frequentemente confundido – a ponto de alguns sustentarem que existe crime habitual permanente –, consuma-se em uma única conduta, capaz de determinar o resultado, sendo que este se arrasta sozinho, sem a interferência do agente, que se omite". Cfr. NUCCI, Guilherme de Souza. *Manual de Processo Penal e Execução Penal*. Rio de Janeiro: Forense, 2014, p. 542. Com o mesmo entendimento: TOURINHO FILHO, Fernando da Costa. *Processo Penal*. São Paulo: Saraiva, 2013, v. 3, p. 509; TÁVORA, Nestor / ALENCAR, Rosmar Rodrigues. *Curso de Direito Processual Penal*. Salvador: JusPodivm, 2015, p. 838.

Penal: "Não se pune a tentativa quando, por ineficácia absoluta do meio ou por absoluta impropriedade do objeto, é impossível consumar-se o crime". Não havendo crime, a prisão em flagrante, na hipótese, revela-se ilegal, devendo ser imediatamente relaxada pelo órgão judiciário competente (art. 5°, LXV, CF, e art. 310, I, CPP).

Embora a doutrina brasileira em geral não questione esse entendimento, há orientação interessante em sentido diverso. É que o art. 20, § 3°, do Código Penal, proclama que "responde pelo crime o terceiro que determina o erro", em categoria jurídica legalmente designada como *erro determinado por terceiro*. Por outro lado, sabe-se que o erro quanto a elementos secundários do tipo não exclui o dolo. No flagrante provocado, tem-se justamente um terceiro provocador do erro do agente, quanto a dados não essenciais ao tipo, o que acarreta a responsabilização do agente provocador e do agente provocado, ambos a título de dolo[27].

Com efeito, não se pode, apenas para justificar um flagrante, levar alguém a cometer um crime, com ofensa ao menos tentada a bem jurídico normativamente tutelado. Se o agente policial opta por proceder dessa forma, induzindo a prática de um fato punível, com ofensa potencial ao bem tutelado, deverá responder por esse ato, como agente provocador. O flagrante, assim, seria legal, diante da existência do estado de flagrância, por mais que a realização da prisão se desse por ato de um partícipe, o qual, por isso, deveria responder penalmente pelo fato (art. 29, CP). Essa, de toda sorte, não é a orientação do STF, que, como visto, identifica crime impossível na hipótese.

Assevere-se, porém, que o flagrante provocado é lícito se preexistente a consumação do crime. Por exemplo, na hipótese de crime de tráfico de drogas, o agente policial pode provocar o indivíduo tão somente a evidenciar a prática já consumada do delito. Nesse caso, não foi o agente policial que levou o sujeito, por erro, a cometer o crime, e sim, apenas, a revelar prática que já fora cometida e consumada. Desta sorte, se o indivíduo já portava consigo drogas para fins de comercialização – conduta suficiente para o aperfeiçoamento do tipo do art. 33 da Lei n° 11.343/2006 –, e o agente policial apenas o induz a apresentá-las, passando-se por comprador, não vemos ilegalidade no flagrante. Na espécie, a ação policial não foi decisiva para o cometimento do crime, já antes consumado.

---

27. Cogita-se, porém, de exclusão da culpabilidade do provocado, por inexigibilidade de conduta diversa. Para Arthur Kalil: "...a atuação do agente provocador acarreta erro ao provocado, que age ludibriado pelas circunstâncias. Aliás, o erro do agente permeia toda hipótese de crime impossível, incidindo ora sobre o objeto material, ora sobre a idoneidade do meio empregado. A conduta do provocado, nessa consideração, a par de ensejar o crime impossível, poderia também ser enfocada pelo § 2° do art. 20 do CP, que disciplina o erro determinado por terceiro. Através dessa fundamentação, restaria impunível a conduta do provocado. Sob o ângulo da culpabilidade, não mereceria censura a conduta do provocado submetido, à guisa de provocação, a apelos de amizade, à simpatia, a uma relação pessoal próxima, e até mesmo ao sexo. A inexibilidade de conduta diversa, nos casos em que o ardil empregado pelo provocador desvanece os freios inibitórios do provocado, é de ser considerada". Cfr. Kalil, José Arthur Di Spiritto. *A Prova Obtida por Agente Provocador*. In: Lima, Marcellus Polastri / Santiago, Nestor Eduardo Araruna (Coord.). *A Renovação Processual Penal após a Constituição de 1988 - Estudos em Homenagem ao Professor José Barcelos de Souza*. Rio de Janeiro: Lumen Juris, 2009, pp. 155-178, esp. 164.

Nesse sentido é a orientação da Primeira Turma do STF, como revela o julgado proferido no HC 81.970/SP (STF, 1ª Turma, HC 81.970, Rel. Min. GILMAR MENDES, julgamento em 28.06.2002, DJ de 30.08.2002): "Habeas corpus. Tráfico de entorpecentes. Art. 12, caput da Lei nº 6.368/76 [correspondente ao atual art. 33, *caput*, da Lei 11.343/2006]. Flagrante preparado. Não ocorrência. Paciente que, no momento dos fatos, se encontrava em local considerado ponto de tráfico, tendo ido buscar a droga após a solicitação de compra. A ser verídica a versão dos policiais, o paciente, após o pedido, teria ido buscar a droga em local onde a estava depositando, conduta que incidiria no art. 12, caput da Lei nº 6.368/76, na modalidade 'ter em depósito', como capitulado na denúncia, inexistindo o flagrante preparado porque, a exemplo do entendimento esposado no HC nº 72.824/SP (Min. Moreira Alves), o crime, de caráter permanente, já se teria consumado"[28].

Não se aplica nessa hipótese, portanto, a Súmula nº 145 do STF.

3.2. Flagrante Esperado

Por outro lado, não há *ilegalidade* na hipótese do assim denominado *flagrante esperado*. Nesse caso, não há qualquer provocação da prática do fato criminoso. O agente policial, antevendo a prática do crime pelo agente, espera o início da execução para efetuar a prisão em flagrante.

Inexistindo qualquer forma de participação ativa da Polícia, no sentido de levar o sujeito a praticar o fato, a atitude passiva de espera, justificada pela consecução de uma medida de evidência probatória (flagrante), é plenamente legal.

Uma forma de flagrante esperado é o chamado *flagrante diferido* ou *flagrante postergado*, objeto de previsão na Lei nº 10.409/2002 e na Lei nº 12.850/2013.

3.3. "Flagrante Forjado"

Trata-se o "flagrante forjado" de uma simulação de flagrante feita por agentes policiais. Naturalmente, não só a prisão é totalmente ilegal, como há responsabilidade penal dos agentes que simularam o estado de flagrância.

3.4. Flagrante Diferido, Postergado ou Retardado

Admite-se, como técnica especial de investigação, o flagrante *diferido, postergado ou retardado*. Trata-se mesmo de adiar ou retardar a realização da prisão em flagrante para o momento mais oportuno, do ponto de vista da efetividade na obtenção da prova.

---

28. Com o mesmo entendimento, na doutrina, NESTOR TÁVORA e ROSMAR ALENCAR: "Questão delicada é a existência do flagrante provocado na hipótese de crime permanente. Se o delito já vinha se consumando quando incidentalmente ocorreu a provocação, esta não será decisiva para caracterização da infração, sendo apenas fator de constatação do crime que preexistia, de sorte que não só a prisão será válida, como também a responsabilidade penal pela conduta é de todo cabível". TÁVORA, Nestor / ALENCAR, Rosmar Rodrigues. *Curso de Direito Processual Penal*. Salvador: JusPodivm, 2015, p. 838.

Cap. XIV • MEDIDAS CAUTELARES DE CONSTRIÇÃO PESSOAL

Encontra-se previsão dessa modalidade excepcional de flagrante em dois âmbitos normativos: (i) o dos crimes de drogas, objeto da Lei nº 11.343/2006, atualmente de aplicação muito restrita e (ii) o das organizações criminosas, objeto da Lei nº 12.850/2013, que fixou condições mais propícias ao emprego desse formato, como técnica investigativa especial.

Antes de tudo, tome-se a previsão constante do art. 53, II e parágrafo único, da Lei nº 11.343/2006, para o domínio dos crimes de drogas: "Em qualquer fase da persecução criminal relativa aos crimes previstos nesta Lei, são permitidos, além dos previstos em lei, mediante autorização judicial e ouvido o Ministério Público, os seguintes procedimentos investigatórios: II – a não atuação policial sobre os portadores de drogas, seus precursores químicos ou outros produtos utilizados em sua produção, que se encontrem no território brasileiro, com a finalidade de identificar e responsabilizar maior número de integrantes de operações de tráfico e distribuição, sem prejuízo da ação penal cabível".

Assim, apesar do estado de flagrância, a *Lei nº 11.343/2006* permite, *sob autorização judicial*, o retardamento da prisão em flagrante, para que se realize na melhor oportunidade. Com efeito, há casos, especialmente no âmbito dos crimes de drogas, que a efetuação da prisão em flagrante em momento inicial poderá prejudicar a apuração e a repressão a esferas de criminalidade mais amplas e multifacetadas.

Por exemplo, se a polícia realiza a prisão em flagrante de pessoa que transporta drogas em um aeroporto (chamada vulgarmente de "mula"), dificilmente poderia alcançar maiores informações sobre a organização criminosa financiadora da operação, já advertida da presença policial a partir da prisão de sua parte mais superficial.

Tem-se presente, na espécie, regime que excepciona o dever legal da polícia de efetuar imediatamente a prisão de quem se encontre em flagrante (art. 301, segunda parte, CPP). Por esse motivo, o art. 53, II, da Lei nº 11.343/2006 exige prévio controle judicial como condição para a aplicabilidade da técnica, mediante autorização, "que será concedida desde que sejam conhecidos o itinerário provável e a identificação dos agentes do delito ou de colaboradores", nos termos do art. 53, parágrafo único, da Lei nº 11.343/2006.

Para a esfera das organizações criminosas, porém, a *Lei nº 12.850/2013* estabeleceu regime diverso, *exigindo apenas a prévia comunicação ao órgão judiciário*, em vez da autorização. Cuida-se do instituto da *ação controlada*, que corresponde precisamente, do ponto de vista da privação de liberdade, ao flagrante postergado.

Nos termos do art. 8º, *caput*, da Lei nº 12.850/2013, "consiste a ação controlada em retardar a intervenção policial ou administrativa relativa à ação praticada por organização criminosa ou a ela vinculada, desde que mantida sob observação e acompanhamento para que a medida legal se concretize no momento mais eficaz à formação de provas e obtenção de informações".

A respeito do controle judicial, que é posteriormente exercido a partir da comunicação prévia, dispõe o art. 8º, § 1º, da Lei nº 12.850/2013: "O retardamento da intervenção policial ou administrativa será previamente comunicado ao juiz competente que, se for o caso, estabelecerá seus limites e comunicará ao Ministério Público".

Assim, para o âmbito das organizações criminosas, aplica-se o regime do art. 8º da Lei nº 12.850/2013, por força da especialidade, ainda que a organização seja destinada ao tráfico de drogas, e não o do art. 52 da Lei nº 11.343/2006, que fica atualmente reservado apenas aos crimes de drogas praticados fora do contexto da organização criminosa (algo raro).

O sistema da ação controlada objeto da Lei nº 12.850/2013 revela-se mais adequado, do ponto de vista da exigência de agilidade da ação policial de controle, que não poderia ficar sujeita a uma autorização (prévia) do juiz.

Por outro lado, esse regime preserva a exigência de controle judicial do retardamento do flagrante, diante da excepcionalidade da postergação do cumprimento de um dever legal (art. 301, CPP) e também do caráter invasivo a direitos individuais inerente à diligência investigativa em foco.

Para mais detalhes sobre a matéria, confira-se a subseção *técnicas especiais de investigação* (Subseção VIII da Seção V) no Capítulo XII deste Curso, reservado à prova.

4. AUTO DE PRISÃO EM FLAGRANTE: APLICABILIDADE, FORMALIDADES E PROCEDIMENTO

A prisão em flagrante é a única forma excepcional de privação cautelar de liberdade independente de decisão fundamentada da autoridade judiciária competente. Sobretudo por essa razão é que a lei exige o cumprimento de formalidades estritas, de modo a assegurar ao preso o respeito a seus direitos e garantias fundamentais, especialmente o controle judicial posterior da legalidade da prisão. Essas formalidades, como garantia individual, consubstanciam-se no *auto de prisão em flagrante*.

A inobservância das formalidades legais é causa de nulidade absoluta do auto, atingindo a prisão flagrante enquanto instrumento de coação cautelar, ainda que não afete seu valor probatório no que tange ao mérito da causa.

A lógica da prisão obedece às etapas de *detenção*, a partir da existência concreta de estado de flagrância delimitado em lei, e de *condução* do detido à presença da autoridade, que lavrará o respectivo *auto de prisão em flagrante*.

Desponta aí a figura do *condutor*, isto é, a pessoa, agente policial ou não, que conduz coercitivamente o detido à presença da autoridade policial responsável pela lavratura do auto de prisão em flagrante, se for o caso.

Pode acontecer, porém, de o estado de flagrância aperfeiçoar-se na presença de *autoridade*, aí incluída a autoridade judiciária. A nosso juízo, o termo *autoridade* compreende: (i) a autoridade incumbida da presidência de procedimento de investigação criminal (autoridade policial, órgão do Ministério Público); (ii) a autoridade judiciária titular de órgão com competência penal.

Nessa hipótese, inexiste a figura do condutor, aplicando-se o disposto na norma específica do art. 307 do CPP: "Quando o fato for praticado em presença da autoridade, ou contra esta, no exercício de suas funções, constarão do auto a narração deste fato, a voz de prisão, as declarações que fizer o preso e os depoimentos das testemunhas, sendo tudo assinado pela autoridade, pelo preso e pelas testemunhas e remetido imediatamente ao juiz a quem couber tomar conhecimento do fato delituoso, se não o for a autoridade que houver presidido o auto". É o que acontece, por exemplo, na hipótese de falso testemunho ou de falsa identidade cometidos perante a própria autoridade.

Nos termos do art. 304, *caput*, do CPP, com redação conferida pela Lei nº 11.113/2005: "Apresentado o preso à autoridade competente, ouvirá esta o condutor e colherá, desde logo, sua assinatura, entregando a este cópia do termo e recibo de entrega do preso. Em seguida, procederá à oitiva das testemunhas que o acompanharem e ao interrogatório do acusado sobre a imputação que lhe é feita, colhendo, após cada oitiva suas respectivas assinaturas, lavrando, a autoridade, afinal, o auto".

Antes de tudo, mostra-se imprópria a designação "autoridade *competente*". Isso porque a autoridade incumbida da lavratura do auto de prisão em flagrante é normalmente a policial, exercente de função administrativa, portanto. A *competência*, como detalhado no Capítulo VIII deste Curso, é inerente à função jurisdicional, não podendo qualificar a atividade de autoridades administrativas, cujas incumbências designam-se por *atribuições*.

Assim, deve-se compreender, por "autoridade competente", a *autoridade policial* com atribuição para a lavratura do auto de prisão em flagrante, vale dizer, o *delegado de polícia*.

Nem mesmo na hipótese de prática do fato constitutivo de crime na presença da autoridade judiciária (art. 307, CPP) se poderá falar em competência. Isso porque a hipótese é de atribuição administrativa do juiz para a lavratura do auto de prisão em flagrante, em substituição à autoridade policial por conta das circunstâncias em que praticado o fato, algo inconfundível com a função jurisdicional de controle da legalidade do auto e da própria custódia.

A autoridade policial é a do lugar onde se realizou a prisão, independentemente do local onde praticado o fato em estado de flagrância. Assim, caso a prática da infração penal tenha ocorrido em um lugar e a prisão em outro, a atribuição para a lavratura do auto de prisão recai sobre a autoridade policial oficiante na circunscrição judiciária correspondente ao último lugar. Já se não houver autoridade policial no lugar da prisão, "o preso será logo apresentado à do lugar mais próximo", nos termos do art. 308 do CPP.

A atribuição para a presidência do inquérito policial, entretanto, é da autoridade do *lugar da prática da infração penal*. Por exemplo, praticado crime de roubo em Fortaleza/CE, os agentes são imediatamente perseguidos pela polícia, que efetua a prisão em flagrante (art. 302, III, CPP) na cidade de Juazeiro do Norte/CE. No caso, o auto de prisão em flagrante será lavrado por autoridade policial da Comarca de Juazeiro de Norte/CE; o inquérito policial respectivo, porém, deverá ser instaurado por delegado de polícia de Fortaleza/CE, lugar da infração penal.

É o que claramente emana da norma do art. 304, § 1º, parte final, do CPP: "Resultando das respostas fundada a suspeita contra o conduzido, a autoridade mandará recolhê-lo à prisão, exceto no caso de livrar-se solto ou de prestar fiança, *e prosseguirá nos atos do inquérito ou processo, se para isso for competente; se não o for, enviará os autos à autoridade que o seja*".

De toda sorte, não se tratando propriamente de competência, inexiste nulidade decorrente da lavratura de auto de prisão em flagrante por autoridade de lugar diverso daquele onde foi efetuada a prisão. Tem-se aí simples irregularidade, sem qualquer efeito de invalidação do auto de prisão em flagrante.

Quanto à imposição de prisão em flagrante à pessoa detida e conduzida à presença da autoridade, devem ser observados certos parâmetros e limites, objeto de regimes excepcionais previstos em lei.

Em primeiro lugar, reserva-se à autoridade policial apreciação preliminar e precária acerca da tipicidade do fato. Assim, para o efeito de formalização da prisão em flagrante, a autoridade policial deverá concluir pela existência de fato constitutivo de crime para o qual se mostre cabível a medida prisional. É isso o que resulta da norma do art. 304, § 1º, parte inicial, do CPP, em sua primeira parte: "*Resultando das respostas fundada a suspeita contra o conduzido*, a autoridade mandará recolhê-lo à prisão, exceto no caso de livrar-se solto ou de prestar fiança, e prosseguirá nos atos do inquérito ou processo, se para isso for competente; se não o for, enviará os autos à autoridade que o seja".

A apreciação policial de tipicidade dá-se, a nosso juízo, tanto formal quanto materialmente. A esse respeito, deve-se abandonar a noção tradicional respeitante ao aspecto estritamente formal da tipicidade.

Nesse contexto, não se pode reservar a apreciação da tipicidade material apenas ao órgão judiciário. Se a própria autoridade policial, que dispõe de formação jurídico--penal para o exercício da persecução investigativa, identificar lesão insignificante ao bem jurídico objeto de tutela normativa, poderá deixar de lavrar o auto de prisão em flagrante, por atipicidade material do fato. Reforçando essa lógica, o art. 2º, *caput*, da Lei nº 12.830/2013 proclama a natureza *jurídica* das funções exercidas pelo delegado de polícia, a quem cabe, acrescentamos, a apreciação da incidência ou não de tipo penal, em todos os seus níveis, formal e material.

Isso, por óbvio, não prejudica o exercício posterior de ação penal por parte do legitimado ativo (Ministério Público ou ofendido), se identificar avaliação equivocada da autoridade policial quanto à tipicidade material do fato. De toda sorte, se ao delegado de polícia cabe o exame da tipicidade formal (juízo de cunho jurídico), não haveria o menor sentido que se lhe recusasse a apreciação da tipicidade material.

Por outro lado, sustenta-se tradicionalmente que não cabe à autoridade policial qualquer apreciação sobre a licitude ou sobre a culpabilidade, incumbindo-lhe apenas o exame preliminar da tipicidade penal.

Com efeito, *em princípio*, o exame dessas questões, mais complexas e aprofundadas, não deve acontecer no momento preliminar e provisório da formalização da prisão em flagrante, devendo ser objeto de apreciação judicial, para o efeito de concessão ou não de liberdade provisória sem fiança, nos moldes do art. 310, parágrafo único, do CPP. Nesse particular, compreenda-se que a existência de causa de exclusão da ilicitude é causa específica de liberdade provisória sem fiança (art. 310, parágrafo único, CPP), algo reservado à apreciação judicial, não cabendo ao delegado de polícia, em princípio, imiscuir-se nessa análise já no momento da formalização da prisão em flagrante.

Cuidando-se, porém, de *excludente manifesta*, pensamos que a autoridade policial poderá deixar de lavrar o auto de prisão, como sustentam PACELLI e FISCHER[29]. Mais uma vez, a função do delegado de polícia tem caráter jurídico (art. 2º, *caput*, Lei nº 12.830/2013), ao menos para esses fins de constatação preliminar manifesta de aspectos penais relevantes.

A par desse exame preliminar de tipicidade, há hipóteses específicas em que a lei proíbe a imposição de prisão em flagrante à pessoa detida e conduzida pela autoridade policial.

Nas *infrações penais de menor potencial ofensivo*, desde que o envolvido preste o compromisso de comparecimento aos atos processuais, há apenas as etapas de detenção e de condução, mas não a de lavratura do auto de prisão em flagrante (art. 69, parágrafo único, Lei nº 9.099/1995). No caso, aplica-se, em caráter substitutivo, a lavratura de termo circunstanciado de ocorrência, com a liberação imediata do detido, sob o compromisso de comparecimento aos atos processuais, quando regularmente intimado (art. 69, *caput*, Lei nº 9.099/1995).

Como expressamente disposto no art. 48, § 1º, da Lei nº 11.343/2006, esse regime se aplica de igual modo à infração de porte de drogas para consumo pessoal (art. 28, Lei 11.343/2006), ressalvada a hipótese de concurso com os crimes tipificados nos artigos 33 a 37 da mesma lei[30].

Outra situação excepcional é contemplada no art. 301 da Lei nº 9.503/1997 (que instituiu o Código de Trânsito Brasileiro): "Ao condutor de veículo, nos casos de acidentes de trânsito de que resulte vítima, não se imporá prisão em flagrante, nem se exigirá fiança, se prestar pronto e integral socorro àquela".

Essa norma especial visa a estimular que o agente permaneça no local do acidente e preste socorro à vítima, ao invés de se evadir sob o temor de ser preso e autuado em flagrante. Desta sorte, nas hipóteses de lesão corporal culposa (art. 303) e de homicídio culposo (art. 302) praticados no contexto da direção de veículo automotor, a permanência do imputado no lugar do fato impede que lhe seja imposta prisão em flagrante. Nesse âmbito, portanto, o agente poderá ser conduzido à presença da autoridade policial, para prestar suas declarações, mas não autuado em flagrante, sob pena de constrangimento ilegal.

Nos casos gerais, o detido deverá ser apresentado à autoridade, que procederá inicialmente à audiência do condutor, coletando-lhe em seguida a assinatura e fornecendo-lhe recibo de entrega do preso (art. 304, *caput*, parte inicial, CPP). Após, deverá a autoridade ouvir as testemunhas do fato e, por último, o próprio conduzido. A ordem de inquirição é imperativa, dado o seu caráter de garantia da autodefesa do imputado.

---

29. PACELLI, Eugênio / FISCHER, Douglas. *Comentários ao Código de Processo Penal e sua Jurisprudência*. São Paulo: Atlas, 2015, p. 637.

30. Nesse particular, advirta-se que pende de julgamento no Supremo Tribunal Federal a discussão sobre a descriminalização do porte de drogas para consumo pessoal.

Adicionalmente, como acontece com qualquer forma de prisão, o preso, antes de prestar depoimento à autoridade policial, deverá ser "informado de seus direitos, entre os quais o de permanecer calado, sendo-lhe assegurada a assistência da família e de advogado", nos termos do art. 5º, inciso LXIII, da Constituição Federal.

Estando após isso caracterizada, em tese, a prática de fato penalmente típico, deverá a autoridade policial formalizar a prisão em flagrante, pela lavratura do respectivo auto (art. 304, *caput*, parte final, CPP), que é efetivada pelo escrivão ou, na sua falta ou impedimento, por qualquer pessoa designada pela autoridade, "depois de prestado o compromisso legal", conforme dispõe o art. 305 do CPP.

A eventual falta de testemunhas não impede a lavratura do auto, desde que haja elementos de convicção bastantes à evidência informativa quanto à prática de fato penalmente típico. A esse respeito, aliás, a jurisprudência consolidou-se no sentido de conferir valor testemunhal à palavra do condutor. Confira-se, no ponto, a regra do art. 304, § 2º, do CPP: "A falta de testemunhas da infração não impedirá o auto de prisão em flagrante; mas, nesse caso, com o condutor, deverão assiná-lo pelo menos duas pessoas que hajam testemunhado a apresentação do preso à autoridade". A lei permite, portanto, a substituição excepcional de testemunhas presenciais do fato, quando não existam, por testemunhas da apresentação do preso à autoridade policial.

Uma vez lavrado o auto de prisão em flagrante, deverá a autoridade policial, na hipótese de infração cuja pena máxima não exceda a 4 (quatro) anos, arbitrar fiança para a concessão de liberdade provisória ao preso (art. 304, § 1º, c/c art. 322, *caput*, CPP).

Advirta-se que não há mais, em nosso sistema, hipóteses de "livrar-se solto" o imputado (art. 304, § 1º, CPP), o que era objeto da antiga norma do art. 321 do CPP (infrações a que não fosse cominada pena privativa de liberdade; infrações a que fosse cominada pena máxima não superior a três meses).

Em todo caso, subsiste a impossibilidade de imposição de qualquer medida cautelar pessoal "à infração a que não for isolada, cumulativa ou alternativamente cominada pena privativa de liberdade" (art. 283, § 1º, CPP). Esta, entretanto, é hipótese de infração penal de menor potencial ofensivo, sujeita ao regime da Lei nº 9.099/1995, em que sequer há a atuação em flagrante do detido.

O auto de prisão em flagrante deverá ser, via de regra, assinado pelo preso. Quando este, porém, "se recusar a assinar, não souber ou não puder fazê-lo, o auto de prisão em flagrante será assinado por duas testemunhas, que tenham ouvido sua leitura na presença deste", nos termos do art. 304, § 3º, do CPP, com redação conferida pela Lei nº 11.113/2005. Trata-se das chamadas *testemunhas de leitura*, que não presenciaram os fatos nem (necessariamente) a apresentação do preso à autoridade, mas que reconhecem e atestam a leitura do auto de prisão ao imputado.

Verifica-se já por aí a necessidade de dar ciência efetiva ao imputado a respeito do conteúdo do auto de prisão em flagrante. Exige-se adicionalmente, nesse contexto, a expedição de *nota de culpa*, documento em que se dá notícia ao detido dos motivos determinantes da prisão, do nome da autoridade, do condutor e das testemunhas, de modo a permitir o controle da legalidade da custódia realizada sem prévia ordem judicial[31].

A nota de culpa deverá ser entregue ao preso, mediante recibo, no prazo de 24 (vinte e quatro) horas, conforme dispõe o art. 306, § 2º, do CPP: "No mesmo prazo [prazo de 24 horas para a comunicação do flagrante], será entregue ao preso, mediante recibo, a nota de culpa, assinada pela autoridade, com o motivo da prisão, o nome do condutor e os das testemunhas".

Essa providência destina-se, no mesmo contexto, a assegurar ao preso o "direito à identificação dos responsáveis por sua prisão ou por seu interrogatório policial", nos termos do art. 5º, LXIV, da Constituição Federal, inclusive para que possa buscar providências em função de eventuais abusos.

Acerca do direito de ser informado sobre as razões da prisão, refira-se ainda a garantia expressa no art. 7º, número 4, da Convenção Americana de Direitos Humanos (Decreto nº 678/1992): "Toda pessoa detida ou retida deve ser informada das razões da sua detenção e notificada, sem demora, da acusação ou acusações formuladas contra ela".

5. COMUNICAÇÃO DA PRISÃO EM FLAGRANTE E DIREITO DE PRESENÇA PERANTE O JUIZ

5.1. Exigência de Comunicação Imediata: Sentido, Finalidades e Alcance do Controle Judicial

Como já pontuado, o controle judicial da legalidade e da necessidade da prisão me flagrante realiza-se *a posteriori*.

Para assegurar a efetividade desse controle diante de um caso de privação da liberdade individual de locomoção, exige-se, como garantia do preso, a pronta comunicação do flagrante ao órgão judiciário competente, conforme expressa o art. 5º, inciso LXII, da Constituição Federal: "a prisão de qualquer pessoa e o local onde se encontre serão comunicados imediatamente ao juiz competente e à família do preso ou à pessoa por ele indicada".

Na mesma direção, tem-se a norma ordinária do art. 306, *caput*, do CPP, com o seguinte teor conferido pela Lei nº 12.403/2011: "A prisão de qualquer pessoa e o local onde se encontre serão comunicados imediatamente ao juiz competente, ao Ministério Público e à família do preso ou à pessoa por ele indicada".

O art. 306, § 1º, do CPP, por seu turno, estabelece o prazo de 24 (vinte e quatro) horas para a comunicação do flagrante ao órgão judiciário competente: "Em até 24 (vinte e quatro) horas após a realização da prisão, será encaminhado ao juiz competente

---

31. Conforme TOURINHO FILHO, *nota de culpa* é "o meio pelo qual o conduzido toma conhecimento dos motivos que lhe determinaram a prisão". Cfr. TOURINHO FILHO, Fernando da Costa. *Processo Penal*. São Paulo: Saraiva, 2013, v. 3, p. 519.

o auto de prisão em flagrante e, caso o autuado não informe o nome de seu advogado, cópia integral para a Defensoria Pública".

Trata-se de prazo estrito e improrrogável, que tem como termo inicial a data da efetivação da prisão em flagrante, independentemente da data da lavratura do respectivo auto. O desrespeito ao prazo implica constrangimento ilegal, vale dizer, a prisão em flagrante torna-se ilegal por excesso de prazo.

A norma destina-se a evitar que a prisão em flagrante fique sem controle judicial por período superior a 24 (vinte e quatro) horas. Impõe-se, assim, a estrita observância do prazo.

A jurisprudência do Superior Tribunal de Justiça, entretanto, tem relativizado essa exigência legal, como revela o julgado da Quinta Turma no HC 149.875/SP (STJ, 5ª Turma, HC 149.875, Rel. Min. FELIX FISCHER, julgamento em 04.05.2010, DJ de 31.05.2010): "I - Na linha de precedentes desta Corte, não há que se falar em vício formal na lavratura do auto de prisão em flagrante se sua comunicação, mesmo tendo ocorrido a destempo da regra prevista no art. 306, § 1º, do Código de Processo Penal, foi realizada em lapso temporal que está dentro dos limites da razoabilidade (precedentes)".

O lapso temporal de 24 (vinte e quatro) horas já era previsto na redação anterior do art. 306, § 1º, dada pela Lei nº 11.449/2007. Com o advento da Lei nº 12.403/2011, acrescentou-se a exigência de comunicação do flagrante ao Ministério Público e, caso o preso não indique advogado, à Defensoria Pública.

5.2. Direito de Presença perante o Juiz: a Audiência de Custódia

Para além da mera exigência de comunicação do flagrante, o art. 7º, número 5, da Convenção Americana de Direitos Humanos (Decreto nº 678/1992) declara garantia individual de ainda maior transcendência, refletida no direito do preso de estar presente perante o juiz, após a prisão e sem demora: "Toda pessoa detida ou retida deve ser conduzida, sem demora, à presença de um juiz ou outra autoridade autorizada pela lei a exercer funções judiciais e tem direito a ser julgada dentro de um prazo razoável ou a ser posta em liberdade, sem prejuízo de que prossiga o processo. Sua liberdade pode ser condicionada a garantias que assegurem o seu comparecimento em juízo".

No mesmo passo, o art. 9, número 3, primeira parte, do Pacto Internacional de Direitos Civis e Políticos (Decreto nº 592/1992) assegura o direito de presença, nestes termos: "Qualquer pessoa presa ou encarcerada em virtude de infração penal deverá ser conduzida, sem demora, à presença do juiz ou de outra autoridade habilitada por lei a exercer funções judiciais e terá o direito de ser julgada em prazo razoável ou de ser posta em liberdade. A prisão preventiva de pessoas que aguardam julgamento não deverá constituir a regra geral, mas a soltura poderá estar condicionada a garantias que assegurem o comparecimento da pessoa em questão à audiência, a todos os atos do processo e, se necessário for, para a execução da sentença."

Como abordado no Capítulo II deste Curso, o Decreto nº 592/1992 e o Decreto nº 678/1992, que incorporam, respectivamente, o Pacto Internacional de Direitos Civis e Políticos e a Convenção Americana de Direitos Humanos, encerram nível normativo

Cap. XIV · MEDIDAS CAUTELARES DE CONSTRIÇÃO PESSOAL

supralegal, conquanto infraconstitucional, por versarem sobre direitos humanos e serem anteriores ao advento da Emenda Constitucional nº 45/2004.

Há muito se reclamava, portanto, a adoção de mecanismos aptos à efetivação da garantia de presença perante o juiz declarada nas normas internacionais em foco. Com efeito, apesar da inequívoca declaração normativa das garantias, não havia qualquer incidência concreta da proteção. Vigorava o que recentemente se designou por *estado inconstitucional de coisas*.

Nesse contexto é que surge o instituto da *audiência de custódia*, destinado a efetivar a pronta presença do preso perante o juiz, de modo que, a partir do exame do auto de prisão em flagrante e das declarações do imputado, seja melhor realizado o controle da legalidade e da necessidade da custódia cautelar. Esse instituto, antes de tudo, tem o duplo aspecto assecuratório do direito de presença e do direito de audiência do imputado, sempre acerca das circunstâncias da prisão.

A esse respeito, pende de aprovação no Senado o Projeto de Lei nº 554/2011, em que se propõe a modificação do art. 304 do CPP, para nele inserir um § 5º com a seguinte redação: "No prazo máximo de 24 (vinte e quatro) horas após a lavratura do auto de prisão em flagrante, o preso será conduzido à presença do juiz para ser ouvido, com vistas às medidas previstas no art. 310 e para que se verifique se estão sendo respeitados seus direitos fundamentais, devendo a autoridade judiciária tomar as medidas cabíveis para preservá-los e para apurar eventual violação".

Desponta aí um aspecto essencial da audiência de custódia, para além da finalidade de controle da legalidade e da necessidade da prisão em flagrante: a verificação do respeito a direitos individuais do preso, inclusive a integridade física.

Ainda não entrou em vigor qualquer lei disciplinando a aplicação da audiência de custódia. De toda sorte, pergunta-se: será necessária nova legislação sobre a matéria, considerando a existência da garantia já proclamada em dispositivos que têm plena vigência em nosso sistema (art. 7.5, CADH e art. 9.3, PIDCP), com *status* supralegal?

Diante disso, para conferir *efetividade* às normas internacionais, o Conselho Nacional de Justiça apresentou, no início de 2015, *Projeto de Audiência de Custódia*, de modo a regulamentar e a sistematizar a realização de audiências de custódia nas diversas circunscrições judiciárias brasileiras.

Segundo a lógica adequada, entendeu-se que a questão era apenas a de criação e de regulamentação de um instrumento idôneo na estrutura judiciária brasileira, na medida em que a existência do direito já emana de disposição normativa expressa. A regulamentação em nível nacional foi inspirada por iniciativas regionais significativas, como a do Tribunal de Justiça do Maranhão.

Paralelamente a isso, o Plenário do Supremo Tribunal Federal, em 9 de setembro de 2015, deferiu medida cautelar na Arguição de Descumprimento de Preceito Fundamental nº 347/DF (STF, Tribunal Pleno, ADPF 347, Rel. Min. MARCO AURÉLIO, julgamento em 09.09.2015, DJ de 19.02.2016), para determinar que os diversos Estados da Federação estruturassem *audiências de custódia* aptas a assegurar o respeito efetivo à garantia de presença do preso, sem demora (24 horas), perante o juiz, objeto das normas internacionais já referenciadas: "O Tribunal, apreciando os pedidos de medida cautelar formulados na inicial, por maioria e nos termos do voto do Ministro Marco Aurélio (Relator), deferiu a cautelar em relação à alínea 'b', para determinar aos juízes e tribunais que, observados os artigos 9.3 do Pacto dos Direitos Civis e Políticos e 7.5 da Convenção Interamericana de Direitos Humanos, realizem, em até noventa dias, audiências de custódia, viabilizando o comparecimento do preso perante a autoridade judiciária no prazo máximo de 24 horas, contados do momento da prisão (...) Plenário, 09.09.2015"[32].

Sob essa inspiração, o Projeto de Audiência de Custódia culminou na edição da Resolução nº 213, de 15 de dezembro de 2015, do Conselho Nacional de Justiça, na qual resultou regulamentada a apresentação de toda pessoa presa ao órgão judiciário competente, no prazo de 24 (vinte e quatro) horas.

Todas essas iniciativas foram movimentadas no sentido de enfrentar o dito "estado inconstitucional de coisas", por meio de mecanismo prático (audiência de custódia) adequado à realização da proteção nuclear própria da garantia de imediata presença do preso perante o juiz.

Engendra-se atualmente, assim, panorama estrutural apto à efetivação do direito de presença e de audiência, sem demora, perante o juiz, com a fixação de prazo para tanto. As audiências de custódia, portanto, já integram a rotina judiciária nos diversos Estados da Federação, havendo inclusive juízos com competência penal privativa nesse nicho.

É bem de se advertir, nesse contexto, que a implementação de audiências de custódia deverá implicar a efetividade do direito de presença do preso perante o juiz no prazo estrito de 24 (vinte e quatro) horas, sob pena de constrangimento ilegal, por excesso de prazo da prisão.

A audiência de custódia tem finalidade eminentemente cautelar, restringindo-se as declarações do preso às circunstâncias em que efetivada a prisão. Destina-se o ato

---

32. Complemento: "...com a ressalva do voto da Ministra Rosa Weber, que acompanhava o Relator, mas com a observância dos prazos fixados pelo CNJ, vencidos, em menor extensão, os Ministros Teori Zavascki e Roberto Barroso, que delegavam ao CNJ a regulamentação sobre o prazo da realização das audiências de custódia; em relação à alínea 'h', por maioria e nos termos do voto do Relator, deferiu a cautelar para determinar à União que libere o saldo acumulado do Fundo Penitenciário Nacional para utilização com a finalidade para a qual foi criado, abstendo-se de realizar novos contingenciamentos, vencidos, em menor extensão, os Ministros Edson Fachin, Roberto Barroso e Rosa Weber, que fixavam prazo de até 60 (sessenta) dias, a contar da publicação desta decisão, para que a União procedesse à adequação para o cumprimento do que determinado; indeferiu as cautelares em relação às alíneas "a", "c" e "d", vencidos os Ministros Relator, Luiz Fux, Cármen Lúcia e o Presidente, que a deferiam; indeferiu em relação à alínea "e", vencido, em menor extensão, o Ministro Gilmar Mendes; e, por unanimidade, indeferiu a cautelar em relação à alínea "f"; em relação à alínea "g", por maioria e nos termos do voto do Relator, o Tribunal julgou prejudicada a cautelar, vencidos os Ministros Edson Fachin, Roberto Barroso, Gilmar Mendes e Celso de Mello, que a deferiam nos termos de seus votos. O Tribunal, por maioria, deferiu a proposta do Ministro Roberto Barroso, ora reajustada, de concessão de cautelar de ofício para que se determine à União e aos Estados, e especificamente ao Estado de São Paulo, que encaminhem ao Supremo Tribunal Federal informações sobre a situação prisional, vencidos os Ministros Marco Aurélio (Relator), que reajustou seu voto, e os Ministros Luiz Fux, Cármen Lúcia e Presidente. Ausente, justificadamente, o Ministro Dias Toffoli. Presidiu o julgamento o Ministro Ricardo Lewandowski."

a fornecer de forma idônea elementos para que o juiz resolva sobre o relaxamento da prisão em flagrante, a concessão de liberdade provisória, com ou sem a imposição de medida cautelar alternativa, ou a conversão da prisão em flagrante em preventiva.

Não se trata de momento adequado, portanto, para a discussão aprofundada do mérito da causa, o que será objeto de tratamento no interrogatório do acusado, já em sede de ação penal, como último ato da instrução oral em audiência. A antecipação de versões defensivas, nesse momento, mostra-se temerária e, se induzida sem prévia advertência, gera nulidade do ato.

Adicionalmente, como antes destacado, a audiência cumpre também uma dimensão preventiva da maior relevância, concernente ao controle judicial do respeito policial a direitos fundamentais do preso, sobretudo a integridade física e psicológica. O instituto em foco, portanto, tem destacado aspecto de prevenção de tortura e de abuso de autoridade.

Da audiência deverá participar o Ministério Público e, se o imputado (hipossuficiente) não indicar advogado, também o Defensor Público. Em qualquer hipótese, não poderá o preso prestar depoimento sem a assistência de advogado. Caso, tendo condições financeiras, o preso não constitua advogado, deverá o juiz nomear-lhe defensor dativo particular, arbitrando os respectivos honorários.

6. LIBERDADE PROVISÓRIA

6.1. Conceito, Natureza, Sentido e Alcance

Nos termos do art. 5º, inciso LXVI, da Constituição Federal, "ninguém será levado à prisão ou nela mantido, quando a lei admitir a liberdade provisória, com ou sem fiança". No nível da legislação ordinária, esse instituto é objeto de disciplina nos artigos 310 e, dentro do Capítulo VI ("Da Liberdade Provisória, com ou sem Fiança") do Título IX do Livro I, entre os artigos 321 e 350 do Código de Processo Penal.

A *liberdade provisória*, de maneira geral, é *medida de contracautela* vinculada à prisão em flagrante licitamente efetuada, em que se põe o preso em liberdade quando ausentes os motivos próprios da custódia preventiva (art. 312, CPP), inclusive quando verificada de imediato a provável incidência de causa de exclusão da ilicitude, em todo caso sob o compromisso do indivíduo de comparecimento aos atos processuais.

Nesse sentido, reúne a liberdade provisória os seguintes elementos essenciais: (i) cabimento na hipótese de prisão em flagrante; (ii) cabimento na hipótese de flagrante legal (lícito); (iii) concessão condicionada à inexistência concreta de motivo próprio da prisão preventiva (garantia da ordem pública ou da ordem econômica, da instrução processual penal ou da aplicação da lei penal); (iv) concessão de liberdade sob o compromisso de comparecimento aos atos processuais.

A concessão de liberdade provisória, contudo, *poderá* envolver, *adicionalmente*, a imposição de fiança ou de outra medida cautelar diversa da prisão (art. 319, CPP), de acordo com a regra do art. 321 do CPP (redação conferida pela Lei nº 12.403/2011): "Ausentes os requisitos que autorizam a decretação da prisão preventiva, o juiz deverá conceder liberdade provisória, impondo, se for o caso, as medidas cautelares previstas no art. 319 deste Código e observados os critérios constantes do art. 282 deste Código".

Quando se trata de *liberdade provisória sem fiança*, isso pode significar: (i) concessão de liberdade ao preso em flagrante quando ausentes motivos para a prisão preventiva e também para a aplicação de medida cautelar pessoal alternativa, sob o compromisso de comparecimento aos atos processuais; (ii) concessão de liberdade ao preso em flagrante quando ausentes os motivos próprios da prisão preventiva, com a imposição de medida cautelar pessoal alternativa (art. 319, CPP), exceto a fiança, mas sempre sob o compromisso do sujeito de comparecimento aos atos processuais.

Por outro lado, na hipótese de *liberdade provisória com fiança*, concede-se ao preso em flagrante liberdade mediante o pagamento de fiança (hoje espécie de medida cautelar pessoal alternativa à prisão, conforme o art. 319, VIII, CPP) e também sob o compromisso de comparecimento aos atos processuais, sempre que verificada a ausência de motivo para a prisão preventiva e também a ausência concreta de outra hipótese constitucional ou legal de inafiançabilidade.

Em qualquer caso, a liberdade provisória é aplicada *no lugar* da conversão da prisão em flagrante em prisão preventiva. Com efeito, recebido pelo órgão judiciário competente o auto de prisão em flagrante, abrem-se três opções, a teor do art. 310, *caput* e parágrafo único, do CPP: (i) *relaxamento*, em caso de ilegalidade da prisão em flagrante; (ii) *concessão de liberdade provisória*, com ou sem fiança, com ou sem a imposição de medida cautelar pessoal diversa da prisão (art. 319, CPP), caso se identifique a desnecessidade da prisão preventiva; (iii) *conversão da prisão em flagrante em prisão preventiva*, se presente qualquer dos motivos do art. 312, assim como os pressupostos do art. 313 do CPP.

Em conformidade com esses parâmetros, se lícita a prisão em flagrante, o juiz poderá ou conceder a liberdade provisória ou converter a prisão em flagrante em prisão preventiva, o que significa, nesse último caso, manter a medida prisional, ainda que lhe modificando o título (de flagrante para preventiva).

Importa enfatizar que a liberdade provisória pressupõe a legalidade da prisão em flagrante. Do contrário, a hipótese é de relaxamento da prisão ilegal, com fundamento no art. 5º, LXV, da Constituição Federal ("a prisão ilegal será imediatamente relaxada pela autoridade judiciária") e no art. 310, I, do CPP.

A legalidade do flagrante, a propósito, é que justifica a feição de medida de *contracautela* própria da liberdade provisória, concedida, em qualquer caso, *sob o compromisso de comparecimento aos atos processuais*, ainda que não haja a imposição de fiança ou de qualquer outra medida cautelar pessoal alternativa (art. 319, CPP).

Por outro lado, mostra-se de igual modo relevante assimilar que a *liberdade provisória* é instituto aplicável apenas no âmbito da *prisão em flagrante*. Só a força probatória do flagrante justifica a concessão de liberdade em um regime de contracautela, com o compromisso de comparecimento aos atos processuais.

Se a hipótese for de *prisão preventiva*, assim, aplica-se a *revogação* da medida em caso de desnecessidade superveniente, de acordo com a norma do art. 316 do CPP:

Cap. XIV · MEDIDAS CAUTELARES DE CONSTRIÇÃO PESSOAL

"O juiz poderá revogar a prisão preventiva se, no correr do processo, verificar a falta de motivo para que subsista..."

A Lei nº 12.403/2011 estabeleceu a hipótese de conversão da prisão em flagrante em preventiva, quando presentes os requisitos do art. 312 e "se revelarem inadequadas ou insuficientes as medidas cautelares diversas da prisão", nos termos do art. 310, II, do CPP.

Assim, uma vez efetivada a conversão, a concessão de liberdade por ausência superveniente de motivo para a custódia decorrerá de revogação, com fundamento no art. 316 do CPP, não havendo que se cogitar, nessa hipótese, de liberdade provisória.

6.2. Liberdade Provisória Sem Fiança

Em sua redação originária, o art. 310 do CPP previa a concessão de liberdade provisória sem fiança sempre que o juiz identificasse, pelo auto de prisão flagrante, hipótese de excludente de ilicitude. Na situação especial, concede-se a liberdade provisória independentemente do pagamento de fiança, mediante termo de comparecimento da todos os atos do processo, sob pena de revogação[33].

Essa era a única hipótese de liberdade provisória sem fiança até o advento da Lei nº 6.416/1977, que acrescentou ao art. 310 parágrafo único com os seguintes termos: "Igual procedimento será adotado quando o juiz verificar, pelo auto de prisão em flagrante, a inocorrência de qualquer das hipóteses que autorizam a prisão preventiva (arts. 311 e 312)".

Passou-se a admitir a liberdade provisória sem fiança, portanto, diante da ausência de motivo para a manutenção da prisão em flagrante, sob a referência dos parâmetros do art. 312 do CPP. Paralelamente, a mesma Lei nº 6.416/1977 fez inserir um inciso IV no art. 324 do CPP prevendo o não cabimento de fiança quando presente motivo para a prisão preventiva. A motivação própria da prisão preventiva, assim, passou a ser a referência básica para a liberdade provisória, lógica que persiste até o presente no direito processual penal brasileiro.

A Lei nº 12.403/2011, no entanto, conferiu nova redação ao art. 310 do CPP, inclusive ao parágrafo único, instituindo assim novo regime, de características especiais.

Em primeiro lugar, manteve-se a aplicação da liberdade provisória sem fiança, mediante termo de comparecimento a todos os atos processuais, na hipótese, inferida a partir do auto de prisão em flagrante, de excludente de ilicitude (art. 23, CP). Essa hipótese, que antes constava do *caput* do art. 310 do CPP, foi transportada para o parágrafo único, deduzido nos seguintes termos: "Se o juiz verificar, pelo auto de prisão em flagrante, que o agente praticou o fato nas condições constantes dos incisos I a III do *caput* do art. 23 do Decreto-Lei 2.848, de 7 de dezembro de 1940 – Código Penal,

---

33. Redação originária do art. 310 do CPP: "Quando o juiz verificar pelo auto de prisão em flagrante que o agente praticou o fato, nas condições do art. 19, I, II e III, do Código Penal, poderá, depois de ouvir o Ministério Público, conceder ao réu liberdade provisória, mediante termo de comparecimento a todos os atos do processo, sob pena de revogação".

poderá, fundamentadamente, conceder ao acusado liberdade provisória, mediante termo de compromisso a todos os atos processuais, sob pena de revogação".

Por outro lado, como já visto, o *caput* do art. 310 do CPP passou a contemplar as hipóteses alternativas de relaxamento da prisão em flagrante, de conversão da prisão em flagrante em preventiva e de liberdade provisória, com ou sem fiança. Nesse novo regime, o juiz, recebendo o auto da prisão em flagrante legalmente efetuada, poderá, sob a referência dos motivos próprios da prisão preventiva: (i) identificando a presença concreta de qualquer desses motivos, converter a prisão em flagrante em preventiva, sempre que se revelarem inadequadas ou insuficientes as medidas cautelares pessoais alternativas (art. 319, CPP); (ii) não identificando a presença concreta de qualquer desses motivos, conceder a liberdade provisória, impondo, se for o caso, medida cautelar diversa da prisão, inclusive a fiança.

O novo regime levou alguns doutrinadores à conclusão de que estaria "revogado" o instituto da liberdade provisória sem fiança pela inexistência de motivo para a prisão preventiva, objeto do antigo parágrafo único do art. 310 do CPP. De acordo com essa concepção, a única hipótese de subsistência da liberdade provisória sem fiança é a do atual art. 310, parágrafo único, do CPP, concernente à exclusão de ilicitude. Para os demais casos, caberá ao juiz conceder a liberdade provisória mediante fiança ou outra medida cautelar diversa da prisão.

Com esse entendimento, sustenta RENATO BRASILEIRO o seguinte: "Portanto, com as modificações produzidas pela Lei n. 12.403/11, a liberdade provisória sem fiança, e apenas com a obrigação de o acusado comparecer a todos os atos do processo, volta ao regime anterior à vigência da Lei n. 6.416/77, ou seja, de aplicação exclusiva aos casos em que o juiz verificar ter o agente praticado o fato sob o amparo de uma das causas excludentes da ilicitude. Para as demais hipóteses, o juiz poderá conceder liberdade provisória, impondo as medidas cautelares previstas no art. 319, observados os critérios da necessidade e da adequação do art. 282, I e II, do CPP, quando considerar que tais medidas são suficientes para produzir o mesmo resultado que a prisão preventiva (CPP, art. 321, com redação determinada pela Lei 12.403/11). Em caso de descumprimento de alguma das obrigações ou medidas cautelares impostas, o juiz poderá substituir a medida, impor outra em cumulação ou, em último caso, decretar a prisão preventiva, desde que presentes os pressupostos do art. 312 do CPP"[34].

Não podemos concordar com a orientação exposta pelo ilustre processualista, que em verdade supõe ou a obrigatoriedade de o juiz, ao conceder liberdade provisória, aplicar medida cautelar diversa da prisão prevista no art. 319 do CPP, ou então a admissibilidade de uma forma autônoma de liberdade após o flagrante, diversa da liberdade provisória.

A nosso juízo, a liberdade provisória sem fiança continua possível se reunidas as seguintes hipóteses: (i) ausência de motivo para a prisão preventiva; (ii) ausência de motivo para qualquer outra medida cautelar pessoal, prevista no art. 319 do CPP.

---

34. LIMA, Renato Brasileiro de. *Manual de Processo Penal*. Salvador: JusPodivm, 2015, p. 1036.

Cap. XIV · MEDIDAS CAUTELARES DE CONSTRIÇÃO PESSOAL   905

Ora, se não há motivo para a imposição de medida cautelar alternativa, deverá o juiz obrigatoriamente escolher alguma para conceder a liberdade provisória? Haveria, em particular, uma obrigatoriedade de imposição de fiança quando ausentes motivos para a prisão preventiva e para outra medida cautelar pessoal?

Isso nos parece inconcebível. Em primeiro lugar, o art. 324, inciso IV, do CPP apenas prescreve que a fiança não será cabível quando presente motivo para a prisão preventiva. Não significa isto dizer, por óbvio, que a fiança é obrigatória quando ausentes tais motivos.

Em segundo lugar, o art. 321 do CPP estabelece que, ausentes os motivos da prisão preventiva, o juiz deverá conceder liberdade provisória, impondo, *se for o caso*, as medidas cautelares previstas no art. 319. Apenas por aí já se constata claramente que a liberdade provisória pode ser concedida sem a imposição de qualquer das medidas cautelares alternativas, objeto do art. 319 do CPP, cuja aplicação, aliás, depende de necessidade concreta (art. 282, I, CPP).

Com efeito, não se pode conceber a imposição de qualquer medida cautelar, inclusive a fiança, sem necessidade concreta e justificada. Essa necessidade não pode simplesmente ser presumida apenas a partir da existência de uma prisão em flagrante. Não há necessidade apriorística, abstrata, automática, em decorrência do fato de o imputado ter sido legalmente preso em flagrante. O que a força probatória gera invariavelmente é a aplicação do *termo de comparecimento a todos os atos processuais*, como algo inerente à liberdade provisória sem fiança.

Por outro lado, o fato de atualmente a lei referir, no parágrafo único do art. 310 do CPP, apenas a hipótese de exclusão da ilicitude não pode significar que a liberdade provisória sem fiança esteja restrita a essa espécie. A previsão apartada justifica-se em função da especialidade da hipótese, não sugerindo, em nenhuma medida, exclusividade da causa para fins de liberdade provisória sem fiança.

O art. 310, incico III, do CPP, a propósito, contempla a possibilidade de concessão de liberdade provisória com ou sem fiança, o que deve ser aferido precisamente em função dos motivos da prisão preventiva e das cautelares pessoais em geral, algo reforçado pela norma do art. 321 do CPP.

Não se diga tampouco que a inexistência de motivo para medida cautelar pessoal geraria a concessão de liberdade provisória sem fiança e ainda sem o termo de comparecimento aos atos processuais objeto do art. 310, parágrafo único, do CPP. A propósito, é esta a posição de ANDRÉ NICOLITT: "A liberdade provisória tem natureza cautelar, quando concedida mediante fiança ou cumulada com outra medida cautelar (art. 321, parte final, do CPP), ou ainda, quando não cumulada, estiver vinculada a obrigações como a de comparecer aos atos do processo (art. 310, parágrafo único, do CPP), ou não mudar de endereço (art. 350 c/c art. 328 do CPP). Todavia, a chamada liberdade provisória e sem vinculação tem natureza de liberdade plena, produzindo os mesmos efeitos decorrentes do relaxamento da prisão e da revogação da prisão preventiva"[35].

---

35. NICOLITT, André. *Manual de Processo Penal*. São Paulo: Revista dos Tribunais, 2014, pp. 776-777.

O ilustre processualista distingue então entre liberdade provisória e "liberdade plena", segundo a incidência ou não do compromisso de comparecimento aos atos processuais.

Ocorre que, embora a lei só contemple essa aplicação nas hipóteses de exclusão da ilicitude e de ausência de informação do endereço, *o compromisso em foco, de comparecimento aos atos processuais, é algo próprio da liberdade provisória sem fiança, enquanto medida de contracautela.*

A força probatória de uma prisão em flagrante supõe que o imputado, ao ser liberado provisoriamente por desnecessidade da prisão e de qualquer outra medida pessoal prevista no art. 319 do CPP, firme ao menos um compromisso de comparecimento aos atos processuais.

Esse termo de comparecimento é inconfundível com qualquer das medidas cautelares objeto do art. 319 do CPP, constituindo algo que se deduz da própria essência, e do próprio nome, da liberdade *provisória*. Não faria o menor sentido, por sinal, aplicar a liberdade provisória sem fiança, *sob termo de comparecimento*, apenas para o imputado que, pelo próprio auto de prisão em flagrante, teria praticado o fato amparado por excludente de ilicitude, mas não para o imputado liberado por ausência de motivo próprio das medidas cautelares pessoais. Seria uma diferença de tratamento injustificável, não comportada, a nosso juízo, pela sistemática introduzida pela Lei nº 12.403/2011.

Nessas condições, o regime em vigor, segundo nos parece, é o seguinte, pressupondo-se a legalidade da prisão em flagrante: **(i)** se presente motivo previsto no art. 312 e obedecidos os parâmetros do art. 313 do CPP, o juiz deverá converter a prisão em flagrante em preventiva; **(ii)** se ausente motivo para a prisão preventiva, deverá o juiz, alternativamente: (a) se afiançável a infração penal, conceder a liberdade provisória com fiança, desde que necessária essa garantia, impondo ou não, cumulativamente à fiança, outra medida cautelar prevista no art. 319 do CPP; (b) ainda que afiançável a infração penal, conceder a liberdade provisória sem fiança, mediante termo de comparecimento a todos os atos processuais, sempre que desnecessária a imposição de qualquer medida cautelar pessoal (incluída a fiança) ou quando deva ser dispensada a fiança em virtude da situação econômica do preso (art. 350, CPP); (c) se inafiançável a infração penal, conceder a liberdade provisória sem fiança, impondo ou não medida cautelar alternativa prevista no art. 319 do CPP, em qualquer caso sob o compromisso do liberado de comparecimento aos atos processuais, sob pena de revogação; (d) afiançável ou não a infração penal, conceder a liberdade provisória sem fiança, apenas mediante termo de comparecimento aos atos processuais, na hipótese de constatação de excludente de ilicitude (art. 310, parágrafo único, CPP).

Observe-se, relativamente ao ponto (ii)(b), que a liberdade provisória sem fiança é cabível inclusive para infrações penais afiançáveis, sempre que desnecessária a fiança. Isso porque qualquer medida cautelar, inclusive a fiança, tem sua aplicação concretamente condicionada à necessidade e à adequação.

Ademais, a lei contempla, como se examina no próximo tópico, hipótese de dispensa da fiança, diante da situação econômica do imputado, a teor do disposto nos artigos 325, § 1º, inciso I, e 350 do CPP.

6.3. Liberdade Provisória Com Fiança

6.3.1. Regime jurídico

A Lei n° 12.403/2011 eliminou em definitivo as antigas hipóteses de infrações das quais o acusado se livrava solto, independentemente de fiança: infração a que não fosse cominada, isolada, cumulativa ou alternativamente, pena privativa de liberdade; infração com pena máxima privativa de liberdade não superior a 3 (três) meses.

Em verdade, porém, já com o advento da Lei n° 9.099/1995 essa disposição perdera qualquer sentido, na medida em que as infrações penais de menor potencial ofensivo sequer comportam, ao menos como regra, prisão em flagrante, quando o detido assuma o compromisso de comparecer ao juizado especial criminal (art. 69, parágrafo único, Lei n° 9.099/1995).

De toda sorte, teoricamente, subsistia, até o advento da Lei n° 12.403/2011, a excepcionalíssima possibilidade de, havendo autuação em flagrante diante da recusa do detido por infração de menor potencial ofensivo em firmar compromisso de comparecer aos atos processuais, aplicar-se a concessão de liberdade sob a base das restritas hipóteses do antigo art. 321 do Código de Processo Penal.

Nesse contexto, resultou tacitamente revogada, em última análise pela Lei n° 12.403/2011, também a norma do art. 309 do CPP ("Se o réu se livrar solto, deverá ser posto em liberdade, depois de lavrado o auto de prisão em flagrante").

Com isso, a soltura da pessoa após a lavratura de auto de prisão em flagrante restringe-se atualmente, fora do âmbito do relaxamento por ilegalidade, às hipóteses de liberdade provisória, com ou sem a imposição de medida cautelar pessoal alternativa, inclusive a fiança, segundo a atual redação do art. 321 do CPP: "Ausentes os requisitos da prisão preventiva, o juiz deverá conceder liberdade provisória, impondo, se for o caso, as medidas cautelares previstas no art. 319 deste Código e observados os critérios constantes do art. 282 deste Código".

Conforme já abordado, a *fiança* constitui uma das medidas cautelares de caráter pessoal objeto do art. 319 (inciso VIII) do CPP. Nesse ponto, a lei especificou as finalidades da imposição de fiança: "assegurar o comparecimento a atos do processo, evitar a obstrução do seu andamento ou em caso de resistência injustificada à ordem judicial".

Esses parâmetros normativos conformam a fiança, em geral, como alternativa à prisão provisória, de qualquer espécie. Impõe-se o pagamento de valor a título de fiança (garantia real) por parte do investigado ou do acusado preso, para assegurar sua presença e participação no processo, bem assim para prevenir eventual resistência.

Ao presente tópico, porém, reserva-se a abordagem da *disciplina normativa da fiança particularmente no âmbito da liberdade provisória* e, portanto, no da *prisão em flagrante*, por mais que as regras respectivas possam aplicar-se, quando haja compatibilidade, também à concessão de fiança como alternativa à prisão preventiva.

Assim, o objeto de estudo, neste momento, concentra-se no instituto da *liberdade provisória mediante o pagamento de fiança*, disciplinada no Capítulo VI ("Da Liberdade Provisória, com ou sem Fiança") do Título XI do Livro I, entre os artigos 322 e 350, do Código de Processo Penal.

6.3.2. Concessão de liberdade mediante fiança pela autoridade policial

A Lei nº 12.403/2011 ampliou significativamente a aplicabilidade da concessão de liberdade provisória com fiança pela própria autoridade policial, o que antes estava reservado apenas a casos de prisão simples e de infrações penais punidas com detenção.

Nos termos do art. 322, *caput*, do CPP, "a autoridade policial somente poderá conceder fiança nos casos de infração cuja pena privativa de liberdade máxima não seja superior a 4 (quatro) anos". Fora dessa hipótese, a concessão de liberdade provisória com fiança só pode advir da autoridade judiciária, "que decidirá [a respeito] em 48 (quarenta e oito) horas" (art. 322, parágrafo único, CPP), a partir da comunicação do flagrante.

Em primeiro lugar, a norma do art. 322, *caput*, do CPP, ao estabelecer a concessão do benefício pela própria autoridade policial, tem aplicabilidade restrita à esfera da liberdade provisória mediante o pagamento de fiança e, desta sorte, à hipótese de prisão em flagrante.

Como alternativa à prisão preventiva (art. 319, IV, CPP), por outro lado, a fiança só pode ser concedida pela autoridade judiciária competente. Não se pode, por óbvio, cogitar de concessão de fiança pelo delegado de polícia se o imputado está preso preventivamente, em decorrência, portanto, de ordem judicial.

Por isso mesmo, o art. 322 do CPP limita a concessão de fiança pela autoridade policial às infrações cuja pena máxima não exceda a 4 (quatro) anos, para as quais não cabe a decretação de prisão preventiva, a teor do art. 313, I, do CPP.

De toda sorte, ainda que cumprida a hipótese do art. 322 do CPP, a autoridade policial, obviamente, jamais poderá conceder fiança em caso de prisão preventiva, decretada pelo órgão judiciário. É o que sucede na hipótese de decretação de prisão preventiva por força de descumprimento de medida cautelar alternativa, o que não se sujeita aos limites do art. 313 do CPP.

Assim, por exemplo, tome-se o caso de lesão corporal leve praticada no contexto de violência doméstica, a que é cominada a pena de 3 (três) meses a 3 (três) anos (art. 129, § 9º, CP). Imposta a medida cautelar de proibição de aproximação de pessoa determinada (art. 319, III, CPP), o investigado a descumpre reiteradamente, o que conduz o juízo a decretar-lhe a prisão preventiva (derivada). Na espécie, ainda que a infração se insira, pelo limite máximo de pena, na hipótese do art. 322 do CPP, não poderá haver a concessão de fiança pela autoridade policial, porque a prisão foi decretada por autoridade judiciária, não se tratando, portanto, de prisão em flagrante.

Esclarecido esse ponto, aborda-se na sequência o perfil e os limites da concessão policial de fiança, nos casos de prisão em flagrante.

A hipótese é de flagrante por infração penal cuja pena privativa de liberdade não excede o patamar de 4 (quatro) anos. Nesse caso, a concessão de liberdade provisória, mediante o pagamento de fiança, não depende de decisão judicial, cabendo ao próprio delegado de polícia, portanto, o arbitramento da fiança.

Esse regime se justifica sobretudo pelo fato de apenas caber a conversão da prisão em flagrante em preventiva precisamente "nos crimes dolosos punidos com pena privativa de liberdade máxima superior a 4 (quatro) anos", conforme disposto no art.

313, I, do CPP. Desta sorte, como é incabível a conversão do flagrante em preventiva por parte do órgão judiciário competente, deverá a própria autoridade policial, de maneira antecipada, arbitrar a fiança.

Assoma aí uma primeira pergunta: trata-se de dever ou de faculdade do delegado de polícia? A norma do art. 322, *caput*, do CPP utiliza a expressão "*poderá* conceder fiança". Essa disposição, entretanto, precisa ser lida de maneira sistemática.

Ora, tratando-se de infração penal afiançável com pena máxima de até 4 (quatro) anos (inclusive), não poderá a autoridade judiciária competente converter a prisão em flagrante em prisão preventiva, por força da norma do art. 313, I, do CPP. Se não cabe a prisão preventiva, por que condicionar a concessão de fiança a uma decisão judicial?

A sistemática introduzida pela Lei nº 12.403/2011, por sinal, justamente para afastar esse condicionamento, instituiu a hipótese de arbitramento policial da fiança (art. 322, CPP) em paralelo com a referida vedação da prisão preventiva (art. 313, I, CPP).

À luz desses parâmetros, como cogitar de mera discricionariedade policial na concessão da fiança? Fosse isso, nem haveria sentido em prever a hipótese, que, se existe legalmente, não pode ter sua aplicação reservada à conveniência do delegado de polícia, na medida em que se trata de objeto concernente à liberdade de locomoção.

De toda sorte, havendo recusa injustificada ou retardamento da concessão de fiança pela autoridade policial, o órgão judiciário competente poderá arbitrar a fiança e conceder a liberdade provisória condicionada à prestação da garantia, no prazo de 48 (quarenta e oito) horas, conforme dispõe o art. 335 do CPP: "Recusando ou retardando a autoridade policial a concessão da fiança, o preso, ou alguém por ele, poderá prestá-la, mediante simples petição, perante o juiz competente, que decidirá em 48 (quarenta e oito) horas".

Por outro lado, uma segunda pergunta: havendo concurso entre as infrações penais imputadas à pessoa, que resulte em pena máxima abstrata de patamar superior a 4 (quatro) anos, caberá o arbitramento de fiança pela autoridade policial?

A resposta parece-nos ser negativa, mais uma vez sob a referência da norma do art. 313, I, do CPP. Ora, na hipótese de conexão ou de continência entre infrações penais que implique pena máxima total maior que 4 (quatro) anos para determinada pessoa, possibilita-se a decretação de sua prisão preventiva. Em outros termos, tem-se aperfeiçoado, na hipótese, o pressuposto do art. 313, I, do CPP, cabendo ao juiz apreciar a existência dos demais pressupostos e ainda da necessidade cautelar para, se for o caso, converter a prisão em flagrante em prisão preventiva. Nesse particular, toma-se o dimensionamento da punição hipotética como parâmetro para a aferição do cabimento da prisão preventiva, e não a tipologia das infrações penais envolvidas.

Assim, por exemplo, na hipótese de imputação de dois crimes de furto simples a determinada pessoa, não cabe o arbitramento de fiança pela autoridade policial. Fosse o caso de um só crime de furto, que tem pena máxima de 4 (quatro) anos, caberia a concessão da liberdade com fiança pela própria autoridade policial. Independentemente, porém, da tipologia da infração penal (furto simples), a prática de dois furtos implica punição hipotética no patamar máximo de 8 (oito) anos, havendo, portanto, um contexto de maior gravidade, permissivo, *como pressuposto*, da imposição de prisão preventiva.

Nessas condições, se há a *possibilidade* da conversão de prisão em flagrante em preventiva, deverá essa análise ser reservada ao órgão judiciário, não podendo a autoridade policial antecipar a concessão de fiança.

Ressalte-se, entretanto, que não é toda hipótese de conexão e de continência entre infrações penais, ainda que implicando pena total máxima superior a 4 (quatro) anos, que impede o arbitramento policial da fiança[36]. Faz-se necessário, ademais, que a punição hipotética máxima superior a 4 (quatro) anos de privação de liberdade recaia sobre o mesmo preso em flagrante.

De tal sorte, por exemplo, na hipótese de conexão teleológica entre crime de furto e crime de receptação, imputados cada qual a uma pessoa diferente, caberá o arbitramento policial de fiança para cada um dos imputados, pois, embora a somatória das penas ultrapasse o limite legal, individualmente o patamar máximo punitivo de pena equivale a 4 (quatro) anos de privação de liberdade.

6.3.3. Inafiançabilidade originária: hipóteses constitucionais e legais

A Constituição Federal, nos incisos XLII, XLIII e XLIV do art. 5°, estabelece *hipóteses especiais de inafiançabilidade*, integrantes de uma órbita intangível ao legislador ordinário, à vista do perfil dos bens jurídicos envolvidos. As hipóteses de inafiançabilidade originária traduzem o sentimento de repulsa qualificada que incide sobre determinados crimes, o que justifica a vedação apriorística da concessão de liberdade mediante o pagamento de fiança.

Assim, nos termos do art. 5°, XLII, da Constituição da República, "a prática do racismo constitui crime inafiançável e imprescritível, sujeito à pena de reclusão, nos termos da lei". De igual modo, conforme o art. 5°, XLII, "a lei considerará crimes inafiançáveis e insuscetíveis de graça ou anistia a prática da tortura, o tráfico ilícito de entorpecentes e drogas afins, o terrorismo e os definidos em lei como crimes hediondos, por eles respondendo os mandantes, os executores e os que, podendo evitá-los, se omitirem". Na mesma linha, o art. 5°, XLIV, dispõe que "constitui crime inafiançável e imprescritível a ação de grupos armados, civis ou militares, contra a ordem constitucional e o Estado Democrático".

Esses são casos de *inafiançabilidade originária, de fonte constitucional*, não podendo o legislador ordinário dispor de forma diversa, prevendo a concessão de liberdade provisória com fiança nesses âmbitos.

Nesse sentido, o que faz a legislação ordinária é essencialmente reproduzir a vedação constitucional originária da liberdade provisória mediante fiança. Assim: (i) em conformidade com a norma do art. 5°, XLII, da Constituição, o art. 323, I, do CPP estabelece a inafiançabilidade originária no âmbito dos crimes de racismo; (ii) em

---

36. Por isso mesmo, aliás, preferimos falar em hipótese de concurso de infrações, em vez de, genericamente, conexão e continência.

conformidade com a norma do art. 5°, XLIII, da Constituição, o art. 323, II, do CPP, o art. 2°, II, da Lei n° 8.072/1990 (crimes hediondos e equiparados a hediondos) e o art. 44, *caput*, da Lei n° 11.343/2006 (tráfico de drogas) estabelecem a inafiançabilidade originária no âmbito dos crime hediondos (art. 1°, Lei n° 8.072/1990) e no dos crimes equiparados a hediondos, quais sejam, a tortura, o tráfico de drogas e o terrorismo; (iii) em conformidade com a norma do art. 5°, XLIV, da Constituição, o art. 323, III, do CPP estabelece a inafiançabilidade originária no âmbito dos "crimes cometidos por grupos armados, civis ou militares, contra a ordem constitucional e o Estado Democrático".

Por outro lado, *fora das hipóteses constitucionais*, o legislador não pode fixar, em caráter originário, vedações abstratas e aprioristicas da fiança, se nisto não houver razoabilidade.

Assim foi que o Plenário do Supremo Tribunal Federal, na ADI 3.112/DF (STF, Tribunal Pleno, ADI 3.112, Rel. Min. RICARDO LEWANDOWSKI, julgamento em 02.05.2007, DJ 26.10.2007) declarou a inconstitucionalidade do art. 14, parágrafo único, e do art. 15, parágrafo único, da Lei n° 10.826/2003, que previam inafiançabilidade originária, em caráter abstrato, no domínio dos crimes de porte ilegal de arma de fogo de uso permitido e disparo de arma de fogo. Confira-se: "A proibição de estabelecimento de fiança para os delitos de 'porte ilegal de arma de fogo de uso permitido' e de 'disparo de arma de fogo', mostra-se desarrazoada, porquanto são crimes de mera conduta, que não se equiparam aos crimes que acarretam lesão ou ameaça de lesão à vida ou à propriedade."

Advirta-se, conforme já abordado, que não há a possibilidade de vedação abstrata da liberdade provisória. Assim, a inafiançabilidade originária implica apenas que, no âmbito de certas infrações penais, a liberdade não poderá ser concedida *mediante o pagamento de fiança*.

Como dito ao início deste tópico, a inafiançabilidade reflete um sistema especial reservado a crimes que atentam contra bens jurídicos de perfil diferenciado, o que não impede, porém, que ao imputado seja concedida a liberdade provisória, se não houver necessidade de que continue preso.

A cautelaridade de qualquer forma de prisão provisória, em um regime fundado no princípio da não culpabilidade, supõe que, antes de condenação definitiva, o imputado só possa ser preso ou continuar preso na estrita medida da necessidade.

O regime específico da inafiançabilidade originária apenas proíbe, em última análise, que alguém possa obter liberdade provisória em troca do oferecimento de ativos financeiros a título de fiança. Este é o sentido essencial inerente às normas constitucionais estudadas.

Nesse contexto, são conhecidas as críticas à previsão normativa de hipóteses de inafiançabilidade, o que somente significa, na esfera das infrações penais originariamente inafiançáveis, a possibilidade de concessão de liberdade provisória *sem fiança*, caso inexistente motivo para a prisão preventiva.

Por outro lado, se presente algum motivo cautelar, sequer poderá ser concedida a fiança, mesmo no domínio das infrações originariamente afiançáveis, por força do disposto no art. 324, IV, do CPP (inafiançabilidade superveniente).

Propõe-se, assim, que todas infrações penais deveriam ser afiançáveis, graduando-se o valor da fiança de acordo com a natureza da infração e condicionando-se, em todo caso, a concessão da liberdade (com imposição da garantia real) à inexistência concreta de motivo próprio da prisão preventiva.

Essa concepção parece-nos adequada. Com efeito, se há a liberdade provisória *sem fiança* quando inexistente motivo para a prisão preventiva, mesmo na hipótese de infração inafiançável, a inafiançabilidade originária não oferece nenhum regime processual reforçado para os restritos crimes por ela abrangidos. Pelo contrário, dá a possibilidade de o sujeito liberar-se sem ter que pagar fiança.

A inafiançabilidade originária de algumas infrações penais só teria efeito diferencial se não fosse possível a liberdade provisória sem fiança nas mesmas hipóteses. É inadmissível, porém, a vedação abstrata de liberdade provisória[37].

No tópico 6.3.5, *infra*, reservado à inafiançabilidade superveniente, veremos como a existência de motivo para a prisão preventiva também impede a concessão da fiança (art. 324, IV, CPP). Isso por certo cria uma situação deveras embaraçosa em nosso direito processual penal: ora, se inexistente motivo para a prisão, poderá ser concedida a liberdade provisória *sem fiança*! Por qual motivo, então, existiria um instituto como a fiança, de que dependa a concessão da liberdade provisória?

6.3.4. Inafiançabilidade originária no âmbito extrapenal

A hipótese do art. 324, II, do CPP também reflete inafiançabilidade originária. Trata-se da vedação da fiança nas esferas da prisão civil e da prisão militar. Nesse ponto, há razões especiais que justificam a vedação do benefício da liberdade mediante fiança.

Antes de tudo, assevere-se que as causas em foco estão fora da órbita da jurisdição criminal e, portanto, do processo penal. Desta sorte, a privação da liberdade em caráter provisório, nessas espécies, não se justifica pelos objetivos cautelares próprios da persecução penal (garantia da ordem pública, da instrução e da aplicação da lei), e sim por finalidades bem especiais.

Na *prisão civil*, a finalidade é coercitiva, servindo a privação provisória da liberdade como meio apto a compelir o preso ao cumprimento de uma obrigação. Cuida-se de uma excepcionalidade, apenas autorizada na hipótese de inadimplemento voluntário e inescusável de obrigação alimentar. É este o único caso de prisão civil admitido em nosso direito. Sabe-se, a propósito, que atualmente não se admite sequer a prisão civil do depositário infiel, por força do regime fixado na Convenção Americana de Direitos Humanos, incorporada ao direito brasileiro com nível supralegal.

Por outro lado, a *prisão militar* justifica-se pelos princípios de hierarquia e disciplina próprios das instituições militares. Trata-se, portanto, de uma finalidade disciplinar. É este o único caso de prisão disciplinar admitido no direito brasileiro.

---

37. Na ADI 3.112, por exemplo, o STF declarou a inconstitucionalidade do art. 21 da Lei nº 10.826/2003, que estabelecia que determinados crimes eram insuscetíveis de liberdade provisória.

Nessas condições, inexistindo finalidade cautelar criminal em qualquer das medidas em foco, não se justifica a aplicabilidade de fiança, instituto destinado à garantia precisamente de certos objetivos inerentes à persecução penal: ordem pública, instrução processual penal, aplicação da lei penal.

6.3.5. Inafiançabilidade superveniente

Embora o crime seja originariamente afiançável (em abstrato), por não se inserir nas hipóteses do art. 5º, incisos XLII, XLIII e XLIV, da Constituição Federal, pode acontecer que, no plano das *circunstâncias concretas*, não se mostre cabível a liberdade provisória com fiança.

Essas são as causas previstas no art. 324, I e IV, do CPP, que traduzem hipóteses de *inafiançabilidade superveniente*: não cabe a fiança por força de motivos concretos, independentes da natureza da infração penal e apreciados em momento posterior, quando o órgão judiciário for decidir (art. 310, CPP) se relaxa a prisão em flagrante, se a converte em preventiva ou se concede ao preso liberdade provisória (com ou sem a imposição de medida cautelar pessoal alternativa).

a) quebra de fiança (art. 324, I, CPP)

Nos termos do art. 324, I, do CPP: "Não será, igualmente, concedida a fiança: I – aos que, no mesmo processo, tiverem quebrado a fiança anteriormente concedida ou infringido, sem motivo justo, qualquer das obrigações a que se referem os arts. 327 e 328 deste Código".

A *quebra de fiança*, como abordado em detalhes no tópico 6.3.12 (*infra*), decorre: (i) do *descumprimento de obrigações* próprias da liberdade provisória com fiança, a saber: comparecimento perante a autoridade (artigos 327 e 341, I, CPP) e comunicação de mudança de endereço ou de ausência por mais de 8 (oito) dias (art. 328, CPP); (ii) da prática de *ato de obstrução do processo* (art. 341, II, CPP); (iii) do *descumprimento de medida cautelar cumulativamente imposta com a fiança* (art. 341, III, CPP); (iv) de *resistência injustificada* ao cumprimento de ordem judicial (art. 341, IV, CPP); (v) da prática dolosa de *nova infração penal*. Os efeitos da quebra, por seu turno, são os seguintes: perda da metade do valor da fiança; se houver necessidade, decretação de prisão preventiva (art. 312, CPP).

A anterior quebra de fiança imposta ao imputado gera o fundado receio de que este volte a praticar atos incompatíveis com as finalidades do instituto. O mero descumprimento das obrigações objeto dos artigos 327 e 328, expressamente referido no art. 324, I, do CPP, já produz a quebra de fiança.

Por qual motivo, então, a norma do art. 324, I, prescreve a inafiançabilidade por quebra de fiança *ou* por descumprimento das obrigações previstas nos arts. 327 e 328 do CPP? Quer-nos parecer que a inafiançabilidade, quanto ao descumprimento de obrigações associadas à liberdade provisória com fiança, configura-se independentemente de haver sido decretada, em concreto, a quebra como efeito disso.

Justifica-se esse tratamento particular por se tratar, especificamente, do descumprimento das mesmas obrigações que seriam impostas ao imputado em vinculação com a nova fiança. Nessas condições, opera-se a inafiançabilidade superveniente, qualquer que seja a natureza do crime, por força das circunstâncias concretas enunciadas no art. 324, I, do CPP.

b) motivo que autoriza a prisão preventiva (art. 324, IV, CPP)

A outra hipótese de inafiançabilidade superveniente é a da *presença concreta dos motivos que autorizam a decretação da prisão preventiva (art. 312), conforme o disposto no art. 324, IV, do CPP.*

Essa causa nos conduz a uma reflexão importante.

Ora, antes de tudo, sabe-se que ninguém poderá continuar preso se não houver motivo concreto, de natureza cautelar, para tanto. Assim, caso o órgão judiciário verifique, ao analisar o auto de prisão em flagrante, a inexistência dos motivos que autorizariam a decretação de prisão preventiva, deverá conceder ao preso liberdade provisória, independentemente do pagamento de fiança.

A pergunta que então desponta é: se inexistente motivo para a prisão preventiva, por qual motivo impor fiança ao imputado, como condição para a liberdade provisória?

Antes do advento da Lei nº 12.403/2011, não havia explicação clara para isso, diante do regime introduzido no Código de Processo Penal pela Lei nº 6.416/1977, que acrescentou precisamente o inciso IV ao art. 324, condicionando a concessão da fiança, portanto, à inexistência dos motivos da prisão preventiva. Significa dizer isto: na redação originária do art. 324 do CPP, não existia a hipótese de inafiançabilidade do art. 324, IV, do CPP, o que justificava a diferença entre a liberdade provisória sem fiança, cabível quando inexistentes os motivos do art. 312, e a liberdade provisória com fiança, incidente quando afiançável a infração penal, independentemente da existência dos motivos próprios da prisão preventiva.

Mesmo no regime anterior à Lei nº 12.403/2011, porém, já cabia a compreensão de que a fiança só deveria ser imposta: (i) se originariamente afiançável a infração penal; (ii) se necessária como garantia do comparecimento do acusado aos atos processuais.

Assim, ainda que afiançável o crime, o órgão judiciário deveria conceder liberdade provisória *sem fiança*, quando concretamente não houvesse necessidade de imposição da garantia real para assegurar a presença do imputado no processo. Explica-se, dessa forma, que a concessão da liberdade provisória com fiança também dependa da inexistência concreta dos motivos da prisão preventiva.

Desta sorte, no regime posterior à Lei nº 6.416/1977 e anterior à Lei nº 12.403/2011, o juiz deveria seguir estas etapas lógicas, a partir do auto de prisão em flagrante: (i) primeiramente verificar a existência ou não de motivo para a prisão preventiva; (ii) inexistente qualquer motivo para a prisão preventiva, verificar a afiançabilidade originária ou não do crime imputado; (iii) se inafiançável a infração penal, conceder a liberdade provisória sem fiança, já que inexistente motivo para a prisão, ainda que não cabível a fiança; (iv) se afiançável a infração penal, verificar se há necessidade de imposição de

Cap. XIV • MEDIDAS CAUTELARES DE CONSTRIÇÃO PESSOAL

fiança para assegurar o comparecimento do imputado aos atos do processo; (v) havendo essa necessidade, conceder liberdade provisória mediante fiança; (vi) não havendo essa necessidade, conceder liberdade provisória sem fiança.

Esse sempre nos pareceu o regime aplicável na vigência da Lei nº 6.416/1977.

De toda sorte, com o advento da Lei nº 12.403/2011, a lógica exposta não mudou: apenas ficou mais nítida e abrangente. A fiança está claramente situada como medida cautelar pessoal alternativa à prisão. Assim, enquanto medida cautelar, sua incidência depende de necessidade específica, como já abordamos.

Nessas condições, caberá ao órgão judiciário, sob os parâmetros do art. 310 do CPP, verificar, em caso de concessão de liberdade provisória, por desnecessidade de persistência da medida prisional, se há ou não a necessidade de imposição da fiança ou ainda de qualquer outra medida cautelar pessoal alternativa (art. 319, CPP).

6.3.6. Valor da fiança

A respeito do valor da fiança, o art. 325 do CPP estabelece os seguintes parâmetros e limites: (i) 1 (um) a 100 (cem) salários mínimos, quando se tratar de infração penal com pena máxima não superior a 4 (quatro) anos de privação de liberdade; (ii) 10 (dez) a 200 (duzentos) salários mínimos, quando se tratar de infração penal com pena máxima superior a 4 (quatro) anos de privação de liberdade.

O arbitramento da fiança, portanto, levará em conta, primeiramente, o limite máximo de pena privativa de liberdade cominada à infração penal imputada ao preso, para o efeito de definição dos patamares aplicáveis. A autoridade policial sempre observará os limites (um a cem salários mínimos) fixados no art. 325, I, do CPP, já que sua atribuição para o arbitramento de fiança restringe-se exatamente à infração penal cuja pena máxima não exceda a 4 (quatro) anos.

Em seguida, uma vez definidos os patamares aplicáveis, a autoridade arbitrará o *quantum* específico da fiança, de acordo com as circunstâncias do caso concreto, inclusive a natureza da infração penal e a capacidade financeira do preso. As circunstâncias para a quantificação do valor da fiança estão enunciadas no art. 326 do CPP: "Para determinar o valor da fiança, a autoridade terá em consideração a natureza da infração, as condições pessoais de fortuna e vida pregressa do acusado, as circunstâncias indicativas de sua periculosidade, bem como a importância provável das custas do processo, até final julgamento".

À vista da distância entre os patamares mínimo e máximo legalmente estabelecidos, há ampla margem de discricionariedade no arbitramento da fiança pela autoridade. No que concerne em particular à capacidade financeira do preso, a lei processual penal ainda oferece as alternativas de dispensa e de redução, sempre que o patamar mínimo ainda se mostre elevado, assim como a de aumento, quando o patamar máximo ainda se revele baixo. Nessa direção, dispõe o art. 325, § 1º, do CPP: "Se assim recomendar a situação econômica do preso, a fiança poderá ser: I – dispensada, na forma do art. 350 deste Código; II – reduzida até o máximo de 2/3 (dois terços); ou III – aumentada em até 1.000 (mil) vezes".

Percebe-se, assim, que o valor da fiança pode chegar até ao patamar de 200.000 (duzentos mil) salários mínimos, algo superior a R$ 140.000.000,00 (cento e quarenta) milhões de reais.

Antes do advento da Lei nº 12.403/2011, a doutrina criticava, com razão, os patamares do valor da fiança, que só poderia ser aumentado até o décuplo. Esse limite máximo, com efeito, podia mostrar-se notoriamente incompatível com certas esferas da criminalidade econômica, que envolvem valores de cifras milionárias, assim como imputados de elevada capacidade financeira.

Nesse particular, a fixação da fiança, mesmo no patamar legal máximo, não oferecia o efeito de garantia próprio de sua natureza e finalidade. Em concreto, a ausência desse efeito poderia estimular, mesmo diante da desnecessidade da prisão, a negativa de liberdade provisória ao preso, quando inadequada outra medida cautelar pessoal alternativa. É preciso que a fiança constitua garantia de idônea aplicabilidade para todas as esferas, cumprindo seu efeito dissuasório, apto a realmente assegurar a presença do sujeito no processo, sempre que haja necessidade[38]. Para tanto, os patamares legais mostram-se atualmente adequados à realidade contemporânea, com mecanismos flexíveis de individualização.

Não se perca de vista, por outro lado, que o valor da fiança deve necessariamente corresponder, de maneira proporcional, à capacidade financeira do preso. Fixar um valor de fiança em nível superior às possibilidades patrimoniais do preso é o mesmo que, reflexamente, negar a liberdade provisória, de maneira ilegal, por ofensa à norma do art. 326 do CPP. Assim, a fiança tem a função de garantia da efetividade do processo, não podendo funcionar como instrumento de burla à concessão da liberdade provisória, se inexiste necessidade de persistência da medida prisional.

Com essa lógica, a propósito, é que o art. 325, § 1º, II, do CPP contempla a possibilidade de redução do valor da fiança para aquém do limite abstrato mínimo objeto do art. 325, I ou II, justamente para atender às condições pessoais do preso. Por exemplo, 10 (dez) salários mínimos de fiança, limite mínimo previsto no art. 325, II, é valor elevado demais para muitas pessoas. Permite-se à autoridade, assim, à vista da situação concreta, reduzir esse valor em até 2/3 (dois terços).

Mais que isso, a fiança pode até mesmo ser dispensada, conforme permite o art. 325, § 1º, I, aplicando-se, no particular, a norma do art. 350, *caput*, do CPP: "Nos casos em que couber fiança, o juiz, verificando a situação econômica do preso, poderá conceder-lhe liberdade provisória, sujeitando-o às obrigações constantes dos arts. 327 e 328 deste Código e a outras medidas cautelares, se for o caso". Como se vê, a liberdade provisória jamais pode deixar de ser concedida em razão de impossibilidade financeira do preso quanto ao pagamento de fiança.

---

38. Naturalmente, está-se discutindo aqui a insuficiência da fiança sob o pressuposto de sua necessidade concreta. Inexistindo necessidade de medida cautelar pessoal, a liberdade total do imputado durante o processo é medida que se impõe, em virtude da regra de tratamento inerente ao princípio do estado de inocência, não havendo sequer que se cogitar de valor de fiança.

Cap. XIV • MEDIDAS CAUTELARES DE CONSTRIÇÃO PESSOAL   917

No caso particular da dispensa, parece-nos que tanto apenas pode se dar por força de decisão do órgão judiciário, e jamais por ato da autoridade policial. Isso porque essa hipótese envolve ato de caráter decisório concernente à aplicação do instituto, sob os parâmetros do art. 350 do CPP, e não apenas de arbitramento ou dimensionamento de valor.

Embora dimensionada em montantes pecuniários (salários mínimos), a fiança pode ser prestada também em outros bens, direitos e valores equivalentes, como expressa o art. 330, *caput*, do CPP: "A fiança, que será sempre definitiva, consistirá em depósito de dinheiro, pedras, objetos ou metais preciosos, títulos da dívida pública, federal, estadual ou municipal, ou em hipoteca inscrita em primeiro lugar".

Para garantia da efetiva equivalência, "a avaliação de imóvel, ou de pedras, objetos ou metais preciosos será feita imediatamente por perito nomeado pela autoridade", nos termos do art. 330, § 1º, do CPP. Por outro lado, na mesma lógica, "quando a fiança consistir em caução de títulos da dívida pública, o valor será determinado pela sua cotação em Bolsa, e, sendo nominativos, exigir-se-á prova de que se acham livres de ônus", conforme o disposto no art. 330, § 2º, do CPP.

Por fim, a prestação do valor da fiança, quer em dinheiro, quer em outros ativos, pode ser feita pelo próprio preso ou por alguém em seu benefício.

6.3.7. Oportunidade para a prestação de fiança

A liberdade provisória mediante fiança pode ser concedida a qualquer momento, antes, por óbvio, do trânsito em julgado. Naturalmente, a fiança é instituto vinculado à liberdade provisória ou à revogação de prisão preventiva, como forma de garantia do resultado do processo, não havendo qualquer sentido que pudesse ser prestada quando já finalizada a persecução penal.

Obedecidos esses parâmetros, a garantia poderá ser prestada inclusive em grau de recurso, quando já proferida sentença condenatória em primeira instância. Com efeito, nos termos do art. 334 do CPP, "a fiança poderá ser prestada enquanto não transitar em julgado a sentença condenatória".

6.3.8. Reforço da fiança

Prestada a fiança, em dinheiro ou outros ativos, de acordo com o valor arbitrado pela autoridade, faz-se possível, porém, por força de circunstâncias especiais, a exigência de *reforço da fiança*. Essas circunstâncias excepcionais estão discriminadas no art. 340, *caput*, do CPP: "Será exigido o reforço da fiança: I – quando a autoridade tomar, por engano, fiança insuficiente; II – quando houver depreciação material ou perecimento dos bens hipotecados ou caucionados, ou depreciação dos metais ou pedras preciosas; III – quando for inovada a classificação do delito".

O regime legal destina-se a preservar a efetividade da fiança como instrumento de garantia, sempre que sobrevenha o reconhecimento de (i) erro de fato quanto ao valor, (ii) modificação do quadro fático quanto ao valor ou (iii) nova classificação do fato, para crime de maior gravidade.

As hipóteses dos incisos I e III do art. 340, *caput*, portanto, traduzem a retificação de erro, de fato (I) ou de direito (II), que conduz à exigência do reforço da fiança.

No caso do art. 340, I, do CPP, identifica-se claramente que a exigência do reforço só está justificada na situação de efetivo *engano na tomada* da fiança. Não se inclui aí, a nosso juízo, suposto engano quanto ao arbitramento da fiança.

Ora, a análise das circunstâncias do art. 326 do CPP, para o efeito de arbitramento do valor da fiança, deve ser fundamentada juridicamente, estando a decisão respectiva inclusive sujeita a recurso em sentido estrito (art. 581, IV, CPP). Não impugnada oportunamente a decisão, opera-se preclusão quanto aos fundamentos de base, só podendo haver reforço do valor arbitrado na hipótese do art. 340, II, do CPP, respeitante à depreciação material ou perecimento dos bens. Eis um caso claro de coisa julgada formal, a nosso juízo. O art. 340, I, do CPP, por seu turno, diz respeito apenas ao erro quanto ao valor efetivamente recebido, não podendo alcançar a simples retratação da autoridade quanto ao valor arbitrado[39].

Assim, no que diz respeito à reconfiguração de fatos, permite-se o reforço da fiança apenas por erro incidente sobre a quantidade recebida ou por depreciação ou perecimento superveniente dos bens objeto da garantia. Exemplo da primeira hipótese é o recebimento, pela autoridade, de valor inferior ao arbitrado ou de avaliação errônea do bem prestado como fiança.

Por último, tem-se hipótese do art. 340, III, do CPP, concernente à reclassificação jurídica do fato, o que pode ocorrer tanto por força de *emendatio libelli* quanto de *mutatio libelli*, em qualquer fase do processo.

Por exemplo, classificado inicialmente o fato como furto simples (art. 155, *caput*, CP), a autoridade policial arbitra fiança de 1 (um) salário mínimo, nos termos do art. 325, I, do CPP. Posteriormente, durante a instrução, sobrevém prova nova da prática de violência na subtração, o que conduz ao aditamento da denúncia, conferindo-se ao fato a classificação de roubo simples, cuja pena máxima é de 10 (dez) anos. Com isso, impõe-se o reforço da fiança, para a aplicação dos patamares previstos no art. 325, II, do CPP, cujo limite mínimo é de 10 (dez) salários mínimos.

O reforço da fiança, como dito, destina-se a preservar a efetividade do instituto como garantia. Assim, configurada a situação excepcional impositiva da exigência, a não prestação do reforço pelo imputado tornará sem efeito a fiança, nos termos do art. 340, parágrafo único, do CPP: "A fiança ficará sem efeito e o réu será recolhido à prisão, quando, na conformidade deste artigo, não for reforçada". Trata-se de hipótese de *revogação da fiança*.

---

39. Contra essa orientação, sustentam PACELLI e FISCHER: "...constatado o erro, nada impede, após sua demonstração, seja o afiançado obrigado a *reforçar* o valor oferecido, nos limites legais. Importante salientar que não existe, no caso, preclusão *consumativa* (exercício de faculdade processual, bem ou mal realizado) e tampouco *direito adquirido*, quando ao valor oferecido e inicialmente aceito. Passível e possível a correção". Cfr. PACELLI, Eugênio / FISCHER, Douglas. *Comentários ao Código de Processo Penal e sua Jurisprudência*. São Paulo: Atlas, 2015, p. 727.

6.3.9. Forma de pagamento do valor da fiança

Quanto à forma de pagamento do valor, consulte-se a norma do art. 331, *caput*, do CPP: "O valor em que consistir a fiança será recolhido à repartição arrecadadora federal ou estadual, ou entregue ao depositário público, juntando-se aos autos os respectivos conhecimentos".

Modernamente, há diversas formas, sobretudo as eletrônicas, de efetuação do pagamento *em dinheiro*, o que proporciona maior agilidade e segurança às operações. Assim, as transferências eletrônicas, por exemplo, representam mecanismo eficiente de pagamento, possibilitando, assim, a rápida concessão da liberdade provisória, quando seja o caso. Tanto quanto possível, portanto, deve-se evitar a forma tradicional da tradição do dinheiro, sobretudo em se tratando de fiança arbitrada em patamar elevado.

Não havendo essa possibilidade, aplica-se a regra do art. 331, parágrafo único, do CPP: "Nos lugares em que o depósito não se puder fazer de pronto, o valor será entregue ao escrivão ou pessoa abonada, a critério da autoridade, e dentro de 3 (três) dias dar-se-á ao valor o destino que lhe assina este artigo, o que tudo constará do termo de fiança".

6.3.10. Competência jurisdicional e atribuição policial para a concessão de liberdade provisória mediante fiança

A autoridade policial tem atribuição para o arbitramento de fiança na hipótese do art. 322, *caput*, do CPP (infração penal cuja pena máxima não exceda a 4 anos de privação de liberdade).

Por seu turno, o órgão judiciário para o qual for distribuído o auto de prisão em flagrante tem a competência para conceder liberdade provisória mediante o pagamento de fiança.

Caso a prisão em flagrante seja efetuada a partir de mandado judicial, o arbitramento da fiança e a concessão da liberdade provisória caberão ao juiz que o houver expedido.

Confira-se, a respeito, o disposto no art. 332 do CPP: "Em caso de prisão em flagrante, será competente para conceder a fiança a autoridade que presidir ao respectivo auto, e, em caso de prisão por mandado, o juiz que o houver expedido, ou a autoridade judiciária ou policial a quem tiver sido requisitada a prisão".

Algumas observações mostram-se relevantes. Antes de tudo, a norma do art. 332 do CPP refere-se exclusivamente a hipóteses de prisão em flagrante, eis que inserida no âmbito da liberdade provisória. A propósito, essa norma é originária do próprio Código de Processo Penal e não poderia, portanto, alcançar hipóteses de fiança como alternativa à prisão preventiva, algo que só ingressou em nosso sistema com o advento da Lei nº 12.403/2011.

Nessas condições, quando o dispositivo versa sobre a "prisão por mandado", está se referindo à prisão em estado de flagrância determinada por ordem judicial. No particular, considere-se que o art. 285, parágrafo único, *e*, do CPP exige que o mandado (que hoje só pode ser judicial) de prisão já contenha o valor da fiança arbitrada, quando afiançável a infração penal.

Cuida-se, igualmente, de prisão em flagrante, mas determinada por ordem do juiz. Não poderia ser o caso de prisão preventiva, pois atualmente, desde a Lei nº 6.416/1977, descabe fiança se estiver presente motivo para a prisão preventiva, nos termos do art. 324, IV, do CPP. Assim, o juiz, por óbvio, não poderia decretar prisão preventiva, com base em motivo do art. 312 do CPP, e fazer constar no respectivo mandado o arbitramento de fiança.

Desta sorte, a combinação entre as normas do art. 332 e do art. 285, parágrafo único, e, do CPP conduz-nos à conclusão de que a "prisão por mandado" só pode mesmo ser a prisão em flagrante, determinada por ordem do juiz. Isso não é de causar qualquer sorte de estranhamento. Faz-se possível que a autoridade judiciária, tomando conhecimento de situação de flagrância delitiva, faça expedir mandado de prisão. Nesse caso, a concessão da fiança caberá precisamente a essa autoridade.

Em todo caso, tratando-se de *revogação* de prisão preventiva, por cessação dos motivos que a determinaram, a imposição da fiança como medida cautelar alternativa caberá, por óbvio, ao órgão judiciário que a tiver decretado.

6.3.11. *Procedimento da liberdade provisória mediante o pagamento de fiança*

A autoridade policial, presente a hipótese prevista em lei (art. 322, CPP), deverá conceder liberdade provisória mediante o pagamento de fiança arbitrada em conformidade com os parâmetros e limites dispostos no art. 325 do CPP. Nesse caso, não cabe apreciação quanto à presença ou à ausência de motivo para a prisão preventiva (art. 324, IV, CPP), eis que falta *pressuposto* essencial dessa forma de prisão provisória, qual seja, a hipótese de crime doloso punido com pena privativa de liberdade máxima superior a 4 (quatro) anos (art. 313, I, CPP). Com efeito, a autoridade policial só poderá conceder fiança se a pena máxima da infração considerada for igual ou inferior a 4 (quatro) anos de privação de liberdade (art. 322, *caput*, CPP).

Igual regime aplica-se à concessão de liberdade provisória mediante fiança pela autoridade judiciária, sob a mesma hipótese de base: infração penal a que se comina pena máxima não superior a 4 (quatro) anos. Efetivamente, por mais que a autoridade policial tenha o dever de conceder a fiança nesse caso, pode ser que concretamente não o faça, aplicando-se, portanto, o disposto no art. 335 do CPP: "Recusando ou retardando a autoridade policial a concessão da fiança, o preso, ou alguém por ele, poderá prestá-la, mediante simples petição, perante o juiz competente, que decidirá em 48 (quarenta e oito) horas".

Nos demais casos (infração penal afiançável com pena máxima superior a 4 anos), deverá ser apreciada a existência ou não de motivo para a prisão preventiva (art. 324, IV, CPP).

Não cabível a prisão preventiva (art. 313, CPP) ou inexistente motivo para a conversão do flagrante em preventiva (art. 312, CPP), deverá a autoridade judiciária conceder a liberdade provisória, impondo, se necessário, a fiança como medida cautelar.

Nesse caso, arbitra-se então o valor da fiança (art. 325, *caput*, e art. 326, CPP), que poderá excepcionalmente ser aumentado, reduzido ou dispensado (art. 325, § 1º, CPP). A concessão da liberdade provisória fica condicionada à prestação do valor da fiança arbitrada, o que pode se dar em dinheiro ou em outros ativos (art. 330, CPP).

Prestada a fiança, o valor será recolhido à repartição arrecadadora própria (art. 331, CPP). Deverá então ser lavrado *termo de fiança*, para integrar livro especial mantido nas delegacias de polícia e nos juízos criminais, extraindo-se ainda certidão para juntada aos autos, tudo na forma do art. 329, *caput*, do CPP: "Nos juízos criminais e delegacias de polícia, haverá um livro especial, com termos de abertura e de encerramento, numerado e rubricado em todas as suas folhas pela autoridade, destinado especialmente aos termos de fiança. O termo será lavrado pelo escrivão e assinado pela autoridade e por quem prestar a fiança, e dele extrair-se-á certidão para juntar-se aos autos".

Cumprida assim a medida, a autoridade, *independentemente de prévia manifestação do Ministério Público*, concederá ao preso liberdade provisória (art. 333, CPP), mediante o compromisso de comparecimento aos atos procedimentais e aos processuais, sob pena de quebra da fiança (art. 327, CPP). O imputado e quem prestar a fiança deverão ser notificados das obrigações e da sanção (de quebra) previstas nos artigos 327 e 328, conforme o disposto no art. 329, parágrafo único, do CPP. Depois de prestada a fiança e concedida a liberdade provisória pelo órgão judiciário competente, o Ministério Público "terá vista do processo a fim de requerer o que julgar conveniente", nos termos do art. 333 do CPP.

Ao contrário do que sucede com a liberdade provisória sem fiança, portanto, a lei dispensa a prévia manifestação do Ministério Público para fins de concessão da liberdade provisória mediante o pagamento de fiança. Parece-nos que, de fato, a concessão da liberdade não pode ser retardada por qualquer exigência de atuação prévia do Ministério Público como órgão de justiça. A propósito, pensamos o mesmo quanto à liberdade provisória sem fiança. Nessas hipóteses, basta que se assegure a manifestação posterior do órgão do Ministério Público – como, aliás, expressamente preceituado na parte final do art. 333 do CPP –, o qual poderá, se for o caso, impugnar a decisão por recurso em sentido estrito (art. 581, V, CPP).

6.3.12. Quebra da fiança

Entende-se por *quebra da fiança* a consequência jurídica de perda da metade do valor prestado como garantia, com a possibilidade adicional de decretação de outra medida cautelar de natureza pessoal, inclusive a prisão preventiva, em decorrência do descumprimento de obrigação associada à liberdade provisória mediante fiança.

Como já abordado, a concessão de liberdade provisória encerra caráter cautelar, estando associada ao cumprimento de determinadas obrigações por parte do liberado, especialmente o compromisso de comparecimento aos atos processuais. O descumprimento dessas obrigações traduz prejuízo às finalidades que, mediante a fiança, se objetiva resguardar.

De acordo com essa lógica, opera-se a quebra de fiança:

(i) Quando, regularmente intimado para ato do procedimento investigativo ou do processo penal, o afiançado não comparecer, sem motivo justo (art. 327 e art. 341, I, CPP).

(ii) Quando o afiançado mudar de endereço sem prévia *comunicação* à autoridade judiciária competente (art. 328, primeira parte, CPP).

(iii) Quando o afiançado ausentar-se de sua residência por mais de 8 (oito) dias, sem comunicar à autoridade judiciária competente o lugar onde será encontrado (art. 328, segunda parte, CPP).

(iv) Quando o afiançado deliberadamente praticar ato de obstrução ao andamento do processo (art. 341, II, CPP).

(v) Quando o afiançado descumprir medida cautelar imposta cumulativamente com a fiança (art. 341, III, CPP).

(vi) Quando o afiançado resistir injustificadamente a ordem judicial (art. 341, IV, CPP).

(vii) Quando o afiançado praticar nova infração dolosa (art. 341, V, CPP).

A respeito da mudança de endereço, acima descrita em (ii), a primeira parte do art. 328 do CPP alude a uma prévia "permissão" da autoridade processante. Na espécie, entretanto, não se pode, apenas em função da incidência de liberdade provisória mediante fiança, limitar a tal ponto a livre escolha do afiançado quanto a seu domicílio.

Assim, parece-nos que o dispositivo deva ser lido como exigência de *comunicação prévia* ao órgão judiciário competente. Com efeito, a autoridade judiciária não poderia impedir que o afiançado mudasse de endereço. A finalidade legal é a de assegurar o controle do órgão judiciário quanto à presença e à participação do afiançado no processo, o que se cumpre com a devida comunicação do endereço.

Quanto à hipótese acima descrita em (vii), objeto do art. 341, V, do CPP, a causa consiste propriamente em *imputação ao afiançado de nova infração dolosa*. Não se exige, nesse particular, que o afiançado seja definitivamente condenado por infração penal dolosa, para que se lhe imponha a consequência de quebra da fiança no outro processo. A fiança é instituto processual, aplicável por necessidade cautelar, sob a base hipotética, em tese, da prática de crime. Assim, a quebra da fiança, também a título cautelar, pode ocorrer de igual modo sob a base hipotética da prática de nova infração penal dolosa.

As consequências da quebra de fiança estão assim enunciadas no art. 343 do CPP: "O quebramento injustificado da fiança importará na perda de metade do seu valor, cabendo ao juiz decidir sobre a imposição de outras medidas cautelares ou, se for o caso, a decretação da prisão preventiva".

Como consequência invariável da quebra, qualquer que seja a hipótese de base, dá-se a perda de metade do valor da fiança. O valor perdido deverá, ao final do processo, ser recolhido ao fundo penitenciário (art. 346, CPP). Assevere-se que a perda de metade do valor da fiança subsiste ainda que sobrevenha sentença absolutória, não se aplicando, no ponto, a norma do art. 337 do CPP[40]. Isso porque a quebra decorre

---

40. Nesse sentido, Tourinho Filho: "...E se vier a ser absolvido? Pensamos que somente sera devolvida a metade a quem a prestou [a quem prestou a fiança], a despeito da regra contida no art. 337. A outra

Cap. XIV • MEDIDAS CAUTELARES DE CONSTRIÇÃO PESSOAL

da constatação do descumprimento de uma obrigação processual, independentemente, portanto, do mérito da pretensão punitiva.

Trata-se de sanção meramente processual. Do mesmo modo que não cabe, via de regra, indenização do Estado por motivo de prisão processual do imputado, quando este resulte absolvido, a sanção de quebra da fiança subsiste, por estar baseada na certeza empírica do descumprimento de deveres impostos ao afiançado, para fins de assegurar a regularidade do processo.

Deve-se ressalvar, porém, a hipótese do art. 341, V, do CPP, que diz respeito, como visto, à mera imputação ao afiançado de nova infração dolosa. Ora, nesse particular, inexiste certeza quanto à prática da infração. Assim, o afiançado não poderá ser penalizado por uma imputação equivocada, sempre que esta se mostrar improcedente. Sendo esse o motivo da quebra, portanto, entendemos que a perda de metade do valor da fiança não poderá subsistir, em caso de absolvição do acusado.

Adicionalmente, poderá ser imposta medida cautelar pessoal, inclusive a prisão preventiva, se houver necessidade. Essa última consequência deverá ser avaliada pelo órgão judiciário caso a caso, cabendo a decretação da prisão preventiva apenas como medida extrema e última alternativa, de acordo com os parâmetros do art. 282, § 4º, do CPP. Confira-se, a respeito, a norma do art. 350, parágrafo único, do CPP: "Se o beneficiado descumprir, sem motivo justo, qualquer das obrigações ou medidas impostas, aplicar-se-á o disposto no § 4º do art. 282 deste Código".

É o que pode acontecer, por exemplo, na hipótese do art. 341, II, do CPP, em que o afiançado deliberadamente pratica ato de obstrução ao andamento do processo, gerando-se assim a necessidade de outra medida pessoal para assegurar a regularidade da instrução criminal. O mesmo se diga quanto à causa do art. 341, III, do CPP, em que o afiançado descumpre medida cautelar imposta cumulativamente com a fiança. Em última análise, se não houver outra medida cautelar pessoal que suficientemente cumpra a finalidade de resguardo da efetividade do processo, há a necessidade de decretação da prisão preventiva (art. 282, § 4º, e art. 312, parágrafo único, CPP).

Contra a decisão de quebra da fiança cabe recurso em sentido estrito (art. 581, VII, CPP). Esse recurso tem efeito suspensivo apenas quanto à consequência de perda da metade do valor da fiança (art. 584, § 3º, CPP). Relativamente à consequência de decretação de prisão ou de outra medida cautelar pessoal, não há efeito de suspensividade na interposição do recurso em sentido estrito, mas o ato decisório poderá ser impugnado, nesse particular, por *habeas corpus*.

Em todo caso, "se vier a ser reformado o julgamento em que se declarou quebrada a fiança, esta subsistirá em todos os seus efeitos", nos termos do art. 342 do CPP, que, por sinal, apenas expressa o óbvio.

---

metade será perdida e recolhida aos cofres públicos, conforme vimos, como sanção ao descumprimento das obrigações a que se sujeitara o afiançado". Cfr. TOURINHO FILHO, Fernando da Costa. *Processo Penal*, v. 3. São Paulo: Saraiva, 2003, p. 644.

6.3.13. Cassação da fiança

A *cassação* da fiança aplica-se quando o instituto não for cabível, por força de inafiançabilidade originária da infração penal (art. 323, CPP) ou de inafiançabilidade superveniente, reconhecida sob a base de circunstâncias concretas do caso (art. 324, CPP).

Com efeito, segundo dispõe o art. 338 do CPP, "a fiança que se reconheça não ser cabível na espécie será cassada em qualquer fase do processo". Assim, por exemplo, se o órgão judiciário concede liberdade provisória mediante o pagamento de fiança para preso em flagrante pela suposta prática de crime de estupro, a fiança poderá ser cassada a qualquer momento, por se tratar de infração penal originariamente inafiançável, já que constitui crime hediondo.

Do mesmo modo, sempre que houver desclassificação do fato, para infração penal que não comporte fiança, aplica-se a cassação desta, conforme dispõe o art. 339 do CPP: "Será também cassada a fiança quando reconhecida a existência de delito inafiançável, no caso de inovação na classificação do delito". Por exemplo, se ao fato inicialmente classificado como lesão corporal é conferida depois a classificação jurídica de tortura, tem-se inafiançabilidade superveniente, por força da natureza da infração penal (crime equiparado a hediondo e, portanto, inafiançável).

Entenda-se que a cassação da fiança não conduzirá automaticamente à decretação de prisão preventiva. Ao cassar a fiança, o juiz deverá verificar, no caso concreto, qual a medida cautelar adequada para manter asseguradas as finalidades legais.

Assim, como resultado dessa avaliação, poderá o juiz manter a liberdade provisória, mas impondo outra medida cautelar pessoal (por exemplo, o comparecimento periódico em juízo cumulado com monitoramento eletrônico), ou, em última instância, decretar a prisão preventiva, desde que presente a necessidade específica.

Nesse particular, a decretação de prisão preventiva teria que se basear em alguma circunstância nova, adicional à cassação da fiança, pois a própria concessão da garantia, ocorrida em momento anterior, já pressupõe a inexistência dos motivos do art. 312, por força do disposto no art. 324, IV, do CPP (*a contrario sensu*).

Ora, se o juiz concedeu a fiança, ainda que no âmbito de infração inafiançável (por força de classificação equivocada), é porque reconheceu a inexistência de motivo para a prisão preventiva. Do contrário, não teria concedido a liberdade provisória, por força da vedação do art. 324, IV, do CPP. Cassada a fiança, como poderia automaticamente surgir motivo, só por isso, para a prisão preventiva? A natureza da infração penal não é elemento idôneo para, por si só, justificar a prisão preventiva.

Desta sorte, entendemos que somente a superveniência de motivo novo, adicionalmente à cassação da fiança, poderá ensejar a decretação de prisão preventiva. Do contrário, caberá ao juiz substituir a fiança por outra medida cautelar pessoal, diversa da prisão, para manter a garantia de resguardo do objetivo legal envolvido.

6.3.14. Perda do valor da fiança

Ressalvada a hipótese de quebra, a superveniência de absolvição do acusado ou de extinção da punibilidade antes da sentença acarreta a restituição integral do valor da fiança prestada, conforme prescreve o art. 337 do CPP.

Por outro lado, se houver condenação definitiva do acusado, podem ocorrer duas situações: (i) restituição integral do valor da fiança prestada, se o acusado voluntariamente se apresentar para o cumprimento da pena; (ii) perda do valor da fiança, se o acusado não se apresentar para o cumprimento da pena. É o que se encontra na norma do art. 344 do CPP: "Entender-se-á perdido, na totalidade, o valor da fiança, se, condenado, o acusado não se apresentar para o início do cumprimento da pena definitivamente imposta".

Mesmo condenado o sujeito, assim, o valor da fiança lhe poderá ser restituído, depois de todas as deduções aplicáveis (custas processuais, reparação do dano causado pelo crime, multa, prestação pecuniária), desde que o afiançado se apresente para o início do cumprimento da pena. Efetivamente, conforme dispõe o art. 347 do CPP, se não houver perda da fiança (e não haverá se o condenado se apresentar para o início do cumprimento da pena), "o saldo será entregue a quem houver prestado a fiança, depois de deduzidos os encargos a que o réu estiver obrigado".

Assim, à diferença da quebra, a perda do valor da fiança é total e decorre do descumprimento de dever surgido com o trânsito em julgado da sentença penal condenatória, e não do descumprimento de obrigações vinculadas ao processo.

O valor perdido, deduzidas as custas e mais encargos a que o acusado estiver submetido, inclusive a recomposição do prejuízo causado pelo crime, deverá ser destinado ao fundo penitenciário, na forma da lei (art. 345, CPP).

6.3.15. Destinação do valor da fiança ao final do processo

Quanto à destinação do valor da fiança ao final do processo, aplica-se o seguinte regime: (i) a restituição do valor da fiança a quem a tiver prestado, deduzidas as custas e demais encargos a que estiver sujeito o condenado, desde que este compareça para o início do cumprimento da pena (art. 336, *caput*, e art. 344, CPP, *a contrario sensu*); (ii) a restituição total ao próprio afiançado ou a quem tiver prestado a fiança, nos casos de absolvição ou de extinção da punibilidade antes da sentença (art. 337, CPP), desde que não tenha ocorrido quebra da fiança; (iii) em caso de quebra da fiança, qualquer que seja a decisão final: (a) a restituição de metade do valor a quem houver prestado a garantia; (b) deduzidas as custas e demais encargos a que está sujeito o afiançado, a destinação do valor restante ao fundo penitenciário, na forma da lei (art. 346, CPP); (iv) em caso de perda da fiança, aplicada quando o condenado não comparecer para o início do cumprimento da pena, a destinação do valor, após as deduções aplicáveis, ao fundo penitenciário nacional, na forma da lei (art. 344 e art. 345, CPP).

Sobre o ponto (i), mesmo condenado definitivamente o acusado, não haverá perda da fiança se o sujeito comparecer para o início do cumprimento da pena (art. 344,

CPP). Nessa hipótese, "o dinheiro ou objetos dados como fiança servirão ao pagamento das custas, da indenização do dano, da prestação pecuniária e da multa, se o réu for condenado", nos termos do art. 336, *caput*, do CPP.

Quanto ao ponto (ii), como examinado ao início, observe-se que a fiança constitui garantia real destinada a assegurar a presença do imputado e, nesse passo, o cumprimento das respectivas obrigações associadas à prática do crime e à efetividade da persecução penal, em caso, naturalmente, de condenação.

Durante a persecução penal, o imputado deve ser tratado como inocente, não se permitindo qualquer forma de execução provisória de pena. Pode haver, no entanto, necessidade cautelar, justificada por circunstâncias concretas, do oferecimento de valores a título de fiança, como garantia de que, *se condenado*, o imputado estará presente para cumprir a pena e reparar o dano causado pela prática do crime.

Nessas condições, a superveniência de absolvição, por certo, impõe a restituição integral do valor da fiança prestada: o imputado ofereceu a garantia durante a persecução penal; se a imputação foi ao final declarada improcedente, dissolve-se a característica assecuratória própria da fiança.

Por seu turno, o art. 336, parágrafo único, dispõe que "este dispositivo [isto é, o do art. 336, caput] terá aplicação ainda no caso da prescrição depois da sentença condenatória (art. 110 do Código Penal)". A destinação legal do valor da fiança, assim, persiste ainda que, após a condenação definitiva, ocorra extinção da punibilidade em virtude de prescrição da pretensão executória.

Note-se bem: a hipótese é de prescrição *executória*, entendida como o transcurso do prazo para o exercício da pretensão estatal de executar a pena aplicada em sentença penal transitada em julgado. Tratando-se de prescrição da pretensão punitiva, ainda que calculado o prazo respectivo pela pena concreta fixada na sentença penal condenatória recorrível, o valor da fiança deverá ser restituído ao imputado. Aplica-se, nesse ponto, a regra expressa no art. 337 do CPP: "Se a fiança for declarada sem efeito ou passar em julgado a sentença que houver absolvido o acusado *ou declarada extinta a ação penal*, o valor que a constituir, atualizado, será restituído sem desconto, salvo o disposto no parágrafo único do art. 336 deste Código".

Isso porque a prescrição da pretensão punitiva, mesmo que pela pena concreta (prescrição retroativa ou prescrição intercorrente), impede a formação do título judicial condenatório definitivo. Do ponto de vista jurídico-penal, a propósito, a extinção da punibilidade antes do trânsito em julgado equivale à absolvição, como hoje ficou ainda mais claro na norma do art. 397, IV, do CPP.

A base para a destinação legal (art. 336, *caput*, CPP) do valor da fiança é a condenação definitiva, desde que o acusado não se apresente para o início do cumprimento da pena (art. 344, CPP). Nesse particular, ainda que sobrevenha a prescrição da pretensão executória, a pretensão punitiva já está consolidada, firmando-se a certeza judicial da responsabilidade penal do condenado. Desta sorte, justifica-se plenamente a destinação do valor da fiança ao pagamento das custas e à recomposição civil dos danos, assim como à prestação pecuniária e à multa.

Diversamente, a prescrição antes da sentença condenatória, mesmo com a aplicação do art. 110 do Código Penal para fins de cálculo do prazo em função da pena concreta fixada na sentença recorrível não impugnada pelo órgão de acusação, impede o trânsito em julgado e, portanto, a certeza da responsabilidade penal do imputado.

Por fim, sobre a destinação da fiança prestada em ativos diversos do dinheiro, quando haja condenação, considerem-se as normas dos artigos 348 e 349 do CPP, acerca, respectivamente, da hipoteca e das pedras, objetos ou metais preciosos.

No primeiro caso (hipoteca), o art. 348 do CPP contempla a execução da garantia pelo Ministério Público no juízo civil. Essa execução pelo Ministério Público, entretanto, está limitada às custas processuais, pois aquela instituição não dispõe de legitimidade para postular a reparação do dano patrimonial causado pelo crime, a cargo apenas do ofendido, ainda que se trate do Estado. Assim, por exemplo, sendo a vítima um particular, caberá a ele promover a execução da hipoteca no juízo cível, no que tange à recomposição do prejuízo causado pelo crime. Caso o ofendido seja hipossuficiente, poderá ser representado pela Defensoria Pública para fins de promoção da execução da hipoteca. Se for a União o ofendido, caberá a ela própria, por sua Advocacia-Geral, promover a execução.

Refira-se, de toda sorte, posicionamento da jurisprudência do Supremo Tribunal Federal, em hipótese análoga, no sentido de que, não havendo Defensoria Pública no lugar, caberá ao Ministério Público representar o ofendido hipossuficiente. Confira-se, a respeito do art. 68 do CPP (que contempla o ajuizamento de ação civil *ex delicto* pelo Ministério Público, em favor do ofendido pobre), o julgado do Plenário do STF no RE 135.328/SP (STF, Tribunal Pleno, RE 135.328, Rel. Min. MARCO AURÉLIO, julgamento em 29.06.1994, DJ de 20.04.2001), melhor examinado no tópico próprio do Capítulo VII deste Curso, reservado à ação civil *ex delicto*.

Por fim, nos termos do art. 349 do CPP, "se a fiança consistir em pedras, objetos ou metais preciosos, o juiz determinará a venda por leiloeiro ou corretor".

SUBSEÇÃO II
Prisão Preventiva

1. CONCEITO E ELEMENTOS ESSENCIAIS

Entende-se por *prisão preventiva* a modalidade de medida *cautelar* pessoal *privativa de liberdade* imposta (decretada ou mantida) por órgão judiciário, *sem prazo predeterminado*, ao *investigado* ou *acusado* contra quem pesem subsídios probatórios mínimos quanto à prática de infração penal (materialidade e indícios de autoria ou participação) e motivada pela necessidade asseguratória da ordem pública, da regularidade e do resultado do processo penal e/ou da aplicação da lei penal.

Identificam-se, na ordem jurídica brasileira, os seguintes elementos essenciais e *gerais* da prisão preventiva: (i) natureza de medida cautelar pessoal, como espécie de prisão provisória; (ii) prisão provisória aplicável no curso de procedimento de investigação criminal ou de processo penal; (iii) prisão provisória imposta (decretada ou mantida) por juiz, de ofício (se no curso da ação penal) ou a partir de requerimento do Ministério Público ou do ofendido, ou de representação da autoridade policial; (iv) prisão provisória imposta sem prazo predeterminado; (v) prisão provisória imposta sob os *pressupostos* da materialidade de fato constitutivo de crime e de indícios de autoria e participação a pesarem contra o destinatário da medida; (vi) prisão provisória motivada pela garantia da ordem pública, da instrução processual ou da aplicação da lei penal.

Esses elementos serão abordados nos tópicos seguintes.

2. OPORTUNIDADE E INICIATIVA PARA A DECRETAÇÃO DA PRISÃO PRE-VENTIVA

Nos termos do art. 311 do CPP: "Em qualquer fase da investigação policial ou do processo penal, caberá a prisão preventiva decretada pelo juiz, de ofício, se no curso da ação penal, ou a requerimento do Ministério Público, do querelante ou do assistente, ou por representação da autoridade policial".

A prisão preventiva é decretável, para começar, tanto no curso de procedimento de investigação criminal quanto no de ação (processo) penal.

Como forma de prisão provisória diversa da prisão em flagrante, a prisão preventiva só pode ser imposta por juiz ("caberá a prisão preventiva decretada *pelo juiz*"), o que corresponde à garantia individual consagrada no art. 5º, inciso LXI, da Constituição da República: prisão por ordem escrita e fundamentada de autoridade *judiciária* competente.

Desde o advento da reforma introduzida pela Lei nº 12.403/2011, a mesma disposição resultou fixada, com maior detalhamento, na norma do art. 283, *caput*, do CPP: "Ninguém poderá ser preso senão em flagrante delito ou por ordem escrita e fundamentada da autoridade judiciária competente, em decorrência de sentença condenatória transitada em julgado ou, no curso da investigação ou do processo, em virtude de prisão temporária ou prisão preventiva". Assim, a prisão preventiva ficou também *legalmente* dimensionada como medida decorrente de ordem escrita e fundamentada da autoridade *judiciária* competente.

No exame das medidas cautelares pessoais em geral, já se analisou o tema da *iniciativa* quanto ao requerimento de imposição da medida. As mesmas observações aplicam-se à iniciativa postulatória pela decretação de prisão preventiva, razão pela qual remetemos o leitor, para mais detalhes, à abordagem realizada no tópico 1.1.2 da Seção II deste Capítulo.

Em todo caso, observe-se sinteticamente, com referência especial à prisão preventiva, que:

(a) A imposição judicial *ex officio* da prisão preventiva somente se aplica no curso do processo penal, de modo a não afetar a imparcialidade do órgão judiciário no curso de procedimento de investigação criminal, quando se-quer há acusação deduzida pelo titular da ação. Salutar, a esse respeito, foi a reforma introduzida no art. 311 do CPP pela Lei nº 12.403/2011, ao pelo menos restringir a possibilidade de decretação judicial de ofício ao "curso da ação penal".

(b) A iniciativa do ofendido é possível no curso de procedimento de investigação criminal ou de processo penal, quer se trate de crime de ação pública, quer de crime de ação privada. Pode-se dizer, assim, que: o *ofendido* pode requerer a imposição da medida prisional no curso do procedimento de investigação criminal; o *assistente* pode requerê-la no curso da ação penal de iniciativa pública; o *querelante* pode pleiteá-la no curso da ação penal de iniciativa privada.

(c) A iniciativa do Ministério Público é possível tanto no curso de procedimento de investigação criminal quanto no de ação penal de iniciativa pública.

(d) A iniciativa da autoridade policial *perante o órgão judiciário*, por representação, só é possível, a nosso juízo, se o motivo da prisão preventiva guardar pertinência temática com a atividade de investigação policial, ante a necessidade de garanti-la.

Conforme a posição que expressamos no tópico 1.1.2 da Seção II, a autoridade policial só pode ter iniciativa direta perante o juiz quanto à imposição de medida cautelar se a motivação disser respeito ao resguardo da regularidade e/ou efetividade do inquérito policial, como acontece com algumas medidas cautelares alternativas (art. 319) e, claramente, com a prisão temporária. Não sendo este o caso, deverá a autoridade policial representar ao Ministério Público, como titular da ação penal, o qual, por sua vez, concordando, ajuizará o requerimento próprio.

Em todo caso, deverá sempre o Ministério Público previamente se manifestar, inclusive quando a motivação diga respeito ao inquérito em si, como, por exemplo, no caso em que o investigado estaria a ameaçar testemunhas.

Adicionalmente, ao menos a concordância do Ministério Público, se não a promoção direta junto ao juiz a partir da representação policial, é necessária para que se efetive a iniciativa pela imposição da medida cautelar.

Adotamos, nesse particular, posição intermediária entre aquela que sustenta a possibilidade irrestrita de iniciativa policial quanto à prisão preventiva e a que defende que, em qualquer caso, a iniciativa só poderá partir do Ministério Público. A titularidade da ação pelo Ministério Público impõe, em princípio, que a iniciativa só possa partir dessa instituição; não se pode recusar, porém, a iniciativa da autoridade policial quando a necessidade da prisão repercuta na própria efetividade do inquérito policial.

As mesmas observações aplicam-se à iniciativa do querelante no âmbito da ação penal de iniciativa privada.

3. PRAZO

No sistema vigente, a prisão preventiva, uma vez imposta, não tem prazo determinado de duração. Existe proposta legislativa, a do último Projeto de Código de Processo Penal, contemplando prazos para a prisão preventiva. Atualmente, entretanto, não há qualquer norma a esse respeito, dando-se a aferição de *excesso de prazo* segundo *parâmetros de razoabilidade*, orientados por critérios concebidos pela doutrina e pela jurisprudência, sob a *referência* dos prazos aplicáveis ao encerramento da instrução processual.

Nesse contexto, a garantia individual que em última análise fundamenta o reconhecimento de excesso de prazo e o consequente relaxamento da prisão por ilegalidade é a da duração razoável do processo (art. 5°, inciso LXXVIII, CF)[41].

Em conformidade com essa lógica, refira-se a decisão da Quinta Turma do Superior Tribunal de Justiça no RHC 55.107/PE (STJ, 5ª Turma, RHC 55.107, Rel. Min. FELIX FISCHER, julgamento em 07.04.2015, DJ de 29.04.2015): "O prazo para a conclusão da instrução criminal não tem as características de fatalidade e de improrrogabilidade, fazendo-se imprescindível raciocinar com o juízo de razoabilidade para definir o excesso de prazo, não se ponderando a mera soma aritmética dos prazos para os atos processuais (Precedentes)".

Os parâmetros de identificação ou rechaço do excesso de prazo reconhecidos pela jurisprudência são essencialmente os seguintes: complexidade do feito, com elevado número de acusados e necessidade de expedição de cartas precatórias; ausência de desídia do Poder Judiciário; demora imputável à defesa.

Nessa direção, rechaçando o excesso de prazo no caso concreto, confira-se o julgado da Sexta Turma do STJ no HC 298.330/MG (STJ, 6ª Turma, HC 298.330, Rel. Min. SEBASTIÃO REIS JÚNIOR, julgamento em 25.11.2014, DJ de 28.04.2015): "A circunstância de tratar-se de feito complexo, com catorze acusados, defensores distintos e necessidade de expedição de cartas precatórias, aliada à verificação de inexistência de desídia do Judiciário na condução da ação penal, afasta a alegação de constrangimento ilegal por excesso de prazo, devendo ser observado o princípio da razoabilidade. Precedentes".

De igual modo, tem-se o julgado da Segunda Turma do Supremo Tribunal Federal no HC 94.661/SP (STF, 2ª Turma, HC 94.661, Rel. Min. ELLEN GRACIE, DJ de 21.10.2008): "Esta Corte tem considerado tratar-se de hipótese de constrangimento ilegal, corrigível via habeas corpus, a prisão cautelar mantida em razão da mora processual provocada exclusivamente em razão da atuação da acusação ou em razão do próprio (mau) funcionamento do aparato judicial (HC 85.237/DF, rel. Min. Celso de Mello, Pleno, DJ 29.04.2005). Não é a hipótese dos autos, em que ficou patenteado que a demora na realização da instrução foi provocada pelas circunstâncias que envolveram a causa com número elevado de réus, presos em penitenciárias distintas devido a razões fundamentadas, entre outros motivos".

Quanto à demora atribuível à defesa, a descaracterizar o excesso de prazo, veja-se a Súmula n° 64 do STJ: "Não constitui constrangimento ilegal o excesso de prazo na instrução, provocado pela defesa".

Por outro lado, *reconhecendo o excesso de prazo na situação concreta*, tome-se o julgado da Sexta Turma do STJ no RHC 38.372/BA (STJ, 6ª Turma, Rel. Min. ROGÉRIO SCHIETTI CRUZ, julgamento em 22.05.2014, DJ de 26.08.2014): "Segundo entendimento

---

41. Para mais detalhes sobre esse princípio-garantia, consulte-se a Seção respectiva no Capítulo III deste Curso.

consolidado nos tribunais, os prazos indicados na legislação processual penal para a conclusão dos atos processuais não são peremptórios, de maneira que eventual demora no término da instrução criminal deve ser aferida dentro dos critérios da razoabilidade, levando-se em conta as peculiaridades do caso concreto. Na espécie, está caracterizado o excesso de prazo na prisão cautelar, pois o recorrente - denunciado por crime de roubo simples - aguarda há pouco mais de dois anos, sem qualquer justificativa razoável, o encerramento do feito. As audiências de instrução e julgamento foram redesignadas por quatro vezes, sem sucesso na colheita do depoimento das testemunhas e no inter-rogatório do recorrente. Novo ato processual está agendado para a longínqua data de 8.10.2014, o que corrobora a desídia do Estado em assegurar ao recorrente a celeridade processual (art. 5º, LXXVIII, da CF)".

É importante assimilar que a ilegalidade da prisão por excesso de prazo decorre essencialmente da ofensa à razoável duração do processo, razão pela qual o relaxamento da medida independe da aferição de sua necessidade cautelar. Pode ocorrer, assim, que a medida prisional se mostre concretamente necessária, mas padeça de superveniente ilegalidade em virtude do excessivo prazo de sua *duração*, fora da margem de razoa-bilidade que a pudesse justificar. Com essa lógica foi que o Supremo Tribunal Federal consolidou a orientação refletida em sua Súmula nº 697: "A proibição de liberdade provisória nos processos por crimes hediondos não veda o relaxamento da prisão processual por excesso de prazo"[42].

A jurisprudência tem entendido que o encerramento da instrução processual, a superveniência de sentença condenatória recorrível ou, no procedimento do júri, de decisão de pronúncia, tornam prejudicada a alegação de excesso de prazo. Nesse sentido, eis a Súmula nº 52 do STJ: "Encerrada a instrução criminal, fica superada a alegação de constrangimento ilegal por excesso de prazo". De igual modo, quanto à superveniência de pronúncia, consulte-se a Súmula nº 21 do STJ: "Pronunciado o réu, fica superada a alegação do constrangimento ilegal da prisão por excesso de prazo na instrução".

Por fim, cumpre referir o âmbito específico do processo penal que tenha por objeto infração relacionada a organização criminosa, em que o art. 22, parágrafo único, da Lei nº 12.850/2013 estabelece o prazo de 120 (cento e vinte) dias, prorrogável por igual período em caso de complexidade da causa ou de fato procrastinatório atribuível ao acusado, para o encerramento da instrução processual: "A instrução criminal deverá ser encerrada em prazo razoável, o qual não poderá exceder a 120 (cento e vinte) dias quando o réu estiver preso, prorrogáveis em até igual período, por decisão fundamen-tada, devidamente motivada pela complexidade da causa ou por fato procrastinatório atribuível ao réu".

Nessa esfera, tem-se fixado verdadeiro prazo para a prisão preventiva (originária ou derivada), no patamar de 120 (cento e vinte) dias, prorrogável apenas uma vez por até igual período, em decisão motivada do órgão judiciário. Expirado o lapso total,

---

42. Sobre o significado da Súmula, observe-se que apenas subsiste, no âmbito dos crimes hediondos, a vedação da liberdade provisória *com fiança*, de acordo com o art. 2º, inciso II, da Lei nº 8.072/1990. Não mais se veda a liberdade provisória sem fiança, como no regime originário, anterior à Lei nº 11.464/2007, o qual, de toda sorte, já vinha sendo considerado inconstitucional.

incluindo a prorrogação motivada, opera-se irrecusável excesso de prazo e, portanto, a ilegalidade da prisão.

4. ESPÉCIES

4.1. Prisão Preventiva Originária (art. 312 c/c art. 313 c/c art. 282, § 6°, CPP)

4.1.1. *Pressupostos e motivos: justa causa e necessidade específica da prisão preventiva*

Conforme o art. 312, *caput*, do CPP, "a prisão preventiva poderá ser decretada como garantia da ordem pública, da ordem econômica, por conveniência da instrução criminal, ou para assegurar a aplicação da lei penal, quando houver prova da existência do crime e indício de autoria".

Esses parâmetros refletem os requisitos próprios das medidas cautelares em geral: (i) o *fumus boni juris*, ou *fumus comissi delicti*, na prova da existência do fato constitutivo de crime e nos indícios de autoria ou de participação (art. 312, *caput*, parte final, CPP); (ii) o *periculum in mora*, ou *periculum libertatis*, na garantia da ordem pública, da instrução criminal ou da aplicação da lei penal (art. 312, *caput*, parte inicial, CPP).

Ademais, a decretação da prisão preventiva condiciona-se à insuficiência de qualquer das medidas cautelares pessoais alternativas (art. 319), conforme o disposto no art. 282, § 6°, do CPP: "A prisão preventiva será determinada quando não cabível a sua substituição por outra medida cautelar (art. 319)". Trata-se de expressão da *necessidade* concreta da prisão preventiva para a consecução dos objetivos cautelares especificados na parte inicial do art. 312, *caput*, do CPP. Assim, não basta a necessidade genérica de assegurar a ordem pública, o processo ou a aplicação da lei, reclamando-se a *necessidade específica da prisão preventiva* para qualquer desses fins, por conta da insuficiência preventiva de outra medida cautelar.

Nessa lógica, a aferição judicial quanto à pertinência concreta da decretação da prisão preventiva deve considerar não apenas o art. 312, mas também, desde o advento da Lei n° 12.403/2011, o art. 282, § 6°, do CPP. A necessidade da prisão, assim, não é autônoma nem isolada, e sim relacional, à vista da efetividade concreta, ou não, de medida cautelar alternativa[43].

A título de exemplo, não se pode prender preventivamente servidor público sob o único argumento de que, no exercício da função pública, poderá ele continuar a cometer

---

43. No julgado do HC 126.846/SP, a Segunda Turma do STF expressou essa lógica (STF, 2ª Turma, HC 126.846, Rel. Min. Teori Zavascki, julgamento em 17.03.2015, DJ de 06.04.2015): "Segundo o art. 312 do Código de Processo Penal, a preventiva poderá ser decretada quando houver prova da existência do crime (materialidade) e indício suficiente de autoria, mais a demonstração de um elemento variável: (a) garantia da ordem pública; ou (b) garantia da ordem econômica; ou (c) por conveniência da instrução criminal; ou (d) para assegurar a aplicação da lei penal. Para qualquer dessas hipóteses, é imperiosa a demonstração concreta e objetiva de que tais pressupostos incidem na espécie, *assim como deve ser insuficiente o cabimento de outras medidas cautelares, nos termos do art. 282, § 6°, do Código de Processo Penal*". (destacamos)

crimes, por mais que o motivo exista em concreto (necessidade geral) e que a prisão seja meio eficaz em saná-lo (adequação). Nesse caso, basta que se decrete a medida cautelar pessoal de suspensão da função pública (art. 319, VI, CPP), providência menos gravosa (proporcionalidade em sentido estrito) que, por ser suficiente para o mesmo fim, torna desnecessária a prisão preventiva (ausência de necessidade específica)[44].

Cuida-se aqui da decretação originária de prisão preventiva, isto é, da hipótese em que o juiz, identificando a existência concreta dos requisitos legais, impõe a prisão preventiva ao investigado ou acusado solto e não sujeito a qualquer medida cautelar alternativa.

Como será abordado nos próximos tópicos, a prisão preventiva pode também *derivar* do descumprimento de medida cautelar alternativa (art. 312, parágrafo único, CPP) ou de conversão de prisão em flagrante (art. 310, II, CPP), no regime inaugurado pela Lei nº 12.403/2011.

A respeito do *fumus comissi delicti*, entende-se por "prova da existência do crime" a *materialidade* do fato em tese constitutivo de tipo penal. O "indício de autoria", por sua vez, abrange a prova indiciária da participação do investigado, indiciado ou acusado no fato. Trata-se da *justa causa* para a prisão preventiva, isto é, dos subsídios probatórios mínimos a autorizarem a constrição cautelar privativa de liberdade.

Outro âmbito que se insere na análise acerca da justa causa como pressuposto para a decretação da prisão preventiva é o da possível incidência de *causa de exclusão da ilicitude*, conforme o disposto no art. 314 do CPP: "A prisão preventiva em nenhum caso será decretada se o juiz verificar pelas provas constantes dos autos ter o agente praticado o fato nas condições previstas nos incisos I, II e III do *caput* do art. 23 do Decreto-Lei 2.848, de 7 de dezembro de 1940 – Código Penal".

Dá-se, na espécie, avaliação a título de justa causa porque a hipótese em foco (excludente de ilicitude) envolve condição para o próprio exercício da ação penal. Efetivamente, a existência manifesta de causa de justificação (exclusão da ilicitude)[45] enseja o arquivamento do procedimento investigativo, a rejeição liminar da inicial ou a absolvição sumária do acusado, com o encerramento antecipado do processo, não se justificando, assim, a possibilidade de imposição de qualquer medida cautelar, muito

---

44. Em decisão proferida em sede de agravo regimental interposto no Inquérito 3.842/DF, a Primeira Turma do STF (STF, 1ª Turma, INQ 3.842, Rel. Min. Dias Toffoli, julgamento em 07.10.2014, DJ de 03.02.2015) entendeu pela desnecessidade e desproporcionalidade da prisão preventiva em caso no qual as medidas cautelares de proibição de manter contato com pessoa determinada (art. 319, II, CPP), de suspensão do exercício de função pública (art. 319, V, CPP) e de proibição de ausentar-se do país (art. 320, CPP) revelavam-se suficientes: "1. A prisão preventiva é a ultima ratio, a derradeira medida a que se deve recorrer, e somente poderá ser imposta se as outras medidas cautelares dela diversas não se mostrarem adequadas ou suficientes para a contenção do periculum libertatis (art. 282, § 6º, CPP). 2. Na espécie, as medidas cautelares diversas da prisão previstas nos arts. 319, II a V; e 320, ambos do Código de Processo Penal, se mostram suficientes para obviar o periculum libertatis (...) 4. Se a medida cautelar de proibição de manter contato com pessoa determinada se mostra adequada e suficiente para eliminar a situação de risco gerada pelo estado de liberdade do imputado, a prisão preventiva, para evitar que esses contatos prejudiquem a investigação, se mostra desproporcional".

45. Estado de necessidade (arts. 23, I, e 24, CP), legítima defesa (arts. 23, II, e 25, CP), estrito cumprimento do dever legal e exercício regular de direito (art. 23, III, CP).

menos de prisão preventiva. Diz-se, nessa hipótese, faltar justa causa em sentido amplo para a ação penal.

As hipóteses postas no art. 313 do CPP também constituem pressupostos da prisão preventiva, mas como, a nosso juízo, não se aplicam a toda e qualquer espécie, serão examinadas em tópico próprio, *infra*.

Por seu turno, a *motivação* da medida prisional preventiva corresponde ao risco incidente (*periculum in mora* ou *periculum libertatis*) sobre qualquer das finalidades associáveis à persecução penal e especificadas no art. 312 do CPP. É o *periculum libertatis* que traduz a necessidade cautelar, embora sozinho não expresse a necessidade específica da prisão preventiva, o que, de sua parte, depende da aferição da suficiência ou não de medida cautelar pessoal alternativa.

Compreenda-se, por outro lado, que todos os motivos legais, sendo de ordem cautelar, situam-se no plano da *excepcionalidade* e, ademais, refletem a feição, inerente à medida prisional, de *prevenção*, voltada, portanto, para o *futuro*, e não para o fato *pretérito* em tese constitutivo de crime, o qual constitui o objeto nuclear do mérito da persecução penal.

Nesse sentido, não pode representar a prisão preventiva, nem no plano teórico nem no prático, qualquer forma de punição antecipada do imputado. É segundo essa perspectiva que se compreende a proteção formal inscrita no art. 5º, inciso LVII, da Constituição da República: "ninguém será considerado culpado até o trânsito em julgado de sentença penal condenatória".

Em interessante e escorreita análise da questão, fixou a Segunda Turma do Supremo Tribunal Federal, na oportunidade do julgamento do HC 89.501/GO (STF, 2ª Turma, HC 89.501, Rel. Min. CELSO DE MELLO, julgamento em 12.12.2006, DJ de 16.03.2007): "A prisão preventiva não pode – e não deve – ser utilizada, pelo Poder Público, como instrumento de punição antecipada daquele a quem se imputou a prática do delito, pois, no sistema jurídico brasileiro, fundado em bases democráticas, prevalece o princípio da liberdade, incompatível com punições sem processo e inconciliável com condenações sem defesa prévia. A prisão preventiva – que não deve ser confundida com a prisão penal – não objetiva infligir punição àquele que sofre a sua decretação, mas destina-se, considerada a função cautelar que lhe é inerente, a atuar em benefício da atividade estatal desenvolvida no processo penal". Em idêntico sentido, confira-se: STF, 2ª Turma, HC 93.498/MS, Rel. Min. CELSO DE MELLO, julgamento em 16.09.2008, DJ de 18.10.2012.

A *gravidade abstrata* do crime, assim, não pode servir de motivo para a decretação de prisão preventiva, na medida em que diz respeito ao próprio mérito da persecução penal, isto é, do fato *pretérito* pelo qual será julgado o imputado. Tratando-se do próprio objeto da imputação e da pretensão de responsabilidade penal, não se presta a medida prisional a dele se servir como base, sob pena de se converter em instrumento de condenação antecipada, ainda que a pretexto cautelar.

Na hipótese, a prisão não está a servir a finalidade de acautelar a ordem pública, e sim a de punir antecipadamente o imputado, algo vedado pelo art. 5º, LVII, da Constituição Federal. Nessa direção, refira-se o julgado da Segunda Turma do STF no HC 92.751/SP (STF, 2ª Turma, HC 92.751, Rel. Min. CELSO DE MELLO, julgamento em 09.08.2011, DJ de 23.10.2012): "A GRAVIDADE EM ABSTRATO DO CRIME NÃO CONSTITUI FATO DE LEGITIMAÇÃO DA PRIVAÇÃO CAUTELAR DA LIBERDADE. – A natureza da infração penal não constitui, por si só, fundamento justificador da prisão cautelar daquele que sofre a persecução penal instaurada pelo Estado".

A mera circunstância de versar o caso sobre crime hediondo, portanto, não constitui motivação idônea para justificar a prisão preventiva. A propósito, não há qualquer óbice, sequer na legislação ordinária (desde o advento da Lei nº 11.464/2007), à concessão de liberdade provisória sem fiança no âmbito dos crimes hediondos.

4.1.2. Garantia da ordem pública

O primeiro motivo autorizador da prisão é a *garantia da ordem pública ou da ordem econômica*. Consiste esse requisito na potencialidade concreta da consumação de crime tentado ou da prática de outras condutas criminosas. Assim, para resguardo da ordem pública, concretamente ameaçada pela prática de novos crimes, decreta-se a prisão preventiva do imputado.

A alusão, introduzida pela Lei nº 8.884/1994, à *ordem econômica* diz respeito a determinados tipos de crime, que afetem esse bem jurídico, como os crimes contra a ordem econômica, os crimes contra o sistema financeiro nacional, os crimes de *lavagem de capitais* e outros próprios do que se convencionou chamar *direito penal econômico*.

Não é simples a conciliação do requisito da garantia da ordem pública com um regime constitucional que consagra a presunção formal ou estado jurídico de inocência (art. 5º, LVII, CF).

A garantia da ordem pública, seja como for, restringe-se à potencialidade da prática de infrações penais. Não se insere nesse conceito, assim, o *clamor ou a comoção pública* causada pelo fato criminoso, por mais que se encontrem, aqui e acolá, decisões dos tribunais superiores respaldando esse tipo de motivo como justificador da decretação da prisão. Conforme bem fixado pela Segunda Turma do Supremo Tribunal Federal no julgado do HC 92.751/SP (STF, 2ª Turma, HC 92.751, Rel. Min. CELSO DE MELLO, julgamento em 09.08.2011, DJ de 23.10.2012): "O CLAMOR PÚBLICO NÃO CONSTITUI FATOR DE LEGITIMAÇÃO DA PRIVAÇÃO CAUTELAR DA LIBERDADE. – O estado de comoção e de eventual indignação popular, motivado pela repercussão da prática da infração penal, não pode justificar, só por si, a decretação da prisão cautelar do suposto autor do comportamento delituoso, sob pena de completa e grave aniquilação do postulado fundamental da liberdade. – O clamor público – precisamente por não constituir causa legal de justificação da prisão processual (CPP, art. 312) – não se qualifica como fator de legitimação da privação cautelar da liberdade do indiciado ou do réu".

No mesmo sentido, consultem-se estes julgados: STF, 2ª Turma, HC 89.501/ GO, Rel. Min. CELSO DE MELLO, julgamento em 12.12.2006, DJ de 16.03.2007; STF,

2ª Turma, HC 126.846/SP, Rel. Min. Teori Zavascki, julgamento em 17.03.2015, DJ de 06.04.2015[46].

Tampouco constitui motivação idônea o alardeado argumento da credibilidade das instituições públicas, como mantenedoras da ordem. Assim: STF, 2ª Turma, HC 92.751/SP, Rel. Min. Celso de Mello, julgamento em 09.08.2011, DJ de 23.10.2012[47]. Em igual linha, acrescentando a inidoneidade dos motivos da "repercussão nacional de certo episódio" e do "sentimento de indignação da sociedade", confira-se: STF, 1ª Turma, HC 101.537/MS, Rel. Min. Marco Aurélio, julgamento em 11.10.2011, DJ de 14.11.2011[48].

Que parâmetros objetivos podem então ser adotados para que se identifique a necessidade de resguardo à ordem pública pela prisão do investigado ou acusado? Como já terá ficado claro, a avaliação dessa necessidade não deixa de constituir, em certa medida, uma identificação subjetiva de risco, mas concebida, *justificadamente*, de acordo com as circunstâncias do caso concreto.

A respeito da motivação do ato judicial que decreta a custódia, entenda-se que, no particular, *a necessidade de garantia da ordem pública não pode simplesmente ser presumida pelo juiz*[49]. O convencimento sobre a necessidade da prisão deve estar justificado em elementos concretos próprios do caso, não se podendo respaldar em dados inerentes ao próprio tipo penal imputado, integrante do mérito da persecução penal.

Se elementos próprios do tipo penal imputado pudessem servir de motivo para a prisão preventiva, esta por certo perderia seu caráter de excepcionalidade. Nessa direção, assim decidiu a Sexta Turma do Superior Tribunal de Justiça no HC 315.886/SP (STJ, 6ª Turma, HC 315.886, Rel. Min. Rogério Schietti Cruz, julgamento em

---

46. "O decreto prisional não descreve, com base em informações concretas, a necessidade de resguardar a ordem pública, não sendo suficiente, para esse fim, a invocação da gravidade abstrata do delito. Precedentes. As afirmações de possibilidade de reiteração delitiva e de interferência na instrução criminal não estão apoiadas em nenhum elemento dos autos, tratando-se, portanto, de meras presunções, o que é rechaçado categoricamente pela jurisprudência desta Corte".

47. "A PRESERVAÇÃO DA CREDIBILIDADE DAS INSTITUIÇÕES NÃO SE QUALIFICA, SÓ POR SI, COMO FUNDAMENTO AUTORIZADOR DA PRISÃO CAUTELAR. - Não se reveste de idoneidade jurídica, para efeito de justificação do ato excepcional da prisão cautelar, a alegação de que essa modalidade de prisão é necessária para resguardar a credibilidade das instituições".

48. Mais recentemente, reafirmando essa posição: STF, Segunda Turma, HC 127.186/PR, Rel. Min. Teori Zavascki, julgamento em 28.04.2015, DJ de 03.08.2015: "Não se nega que a sociedade tem justificadas e sobradas razões para se indignar com notícias de cometimento de crimes como os aqui indicados e de esperar uma adequada resposta do Estado, no sentido de identificar e punir os responsáveis. Todavia, a sociedade saberá também compreender que a credibilidade das instituições, especialmente do Poder Judiciário, somente se fortalecerá na exata medida em que for capaz de manter o regime de estrito cumprimento da lei, seja na apuração e no julgamento desses graves delitos, seja na preservação dos princípios constitucionais da presunção de inocência, do direito a ampla defesa e do devido processo legal, no âmbito dos quais se insere também o da vedação de prisões provisórias fora dos estritos casos autorizados pelo legislador".

49. Nesse sentido, STF, 2ª Turma, HC 126.846/SP, Rel. Min. Teori Zavascki, julgamento em 17.03.2015, DJ de 06.04.2015: "As afirmações de possibilidade de reiteração delitiva e de interferência na instrução criminal não estão apoiadas em nenhum elemento dos autos, tratando-se, portanto, de meras presunções, o que é rechaçado categoricamente pela jurisprudência desta Corte".

14.04.2015, DJ de 22.04.2015): "...a prisão provisória mostra-se legítima e compatível com a presunção de inocência somente se adotada em caráter excepcional, mediante decisão suficientemente motivada. Não basta invocar, para tanto, aspectos genéricos, posto que relevantes, relativos à modalidade criminosa atribuída ao acusado ou às expectativas sociais em relação ao Poder Judiciário, decorrentes dos elevados índices de violência urbana. O Juiz de primeiro grau entendeu devida a prisão preventiva do paciente, com base tão somente em elementos inerentes aos próprios tipos penais em tese violados (como a plena consciência da origem espúria da coisa e a instabilidade nas relações comerciais causadas pelos ilícitos em questão), sem, no entanto, ter apontado nenhum elemento concreto que, efetivamente, evidenciasse que o paciente, solto, pudesse colocar em risco a ordem pública ou a ordem econômica, ou mesmo se furtar à aplicação da lei penal. A prevalecer a argumentação dessas decisões, todos os crimes de receptação e de adulteração de sinal identificador de veículo automotor ensejariam a prisão cautelar de seus respectivos autores, o que não se coaduna com a excepcionalidade da prisão preventiva, princípio que há de ser observado para a convivência harmônica da cautela pessoal extrema com a presunção de não culpabilidade".

A *primariedade* e os *bons antecedentes* do investigado ou acusado funcionam como importantes elementos objetivos na avaliação sobre a necessidade da medida, conquanto não decisivos por si só. As certidões de antecedentes criminais, dessa forma, constituem relevantes documentos de instrução de qualquer pedido de liberdade. O fato de o sujeito não ter sofrido condenação anterior pela prática de crime conduz à probabilidade de que não vá ele, solto, representar risco à ordem pública.

Como dito, porém, esses elementos não se prestam em toda situação, por si sós, a descaracterizar o requisito da garantia da ordem pública, quando outros fatores concretos demonstrem a necessidade da prisão preventiva. Nesse sentido, refira-se o julgado da Segunda Turma do STF no HC 123.172/MG (STF, 2ª Turma, HC 123.172, Rel. Min. GILMAR MENDES, julgamento em 03.02.2015, DJ de 19.02.2015): "Primariedade, bons antecedentes do réu, residência fixa e ocupação lícita, por si sós, não afastam a possibilidade da prisão preventiva"[50].

De toda sorte, não se há de perder de vista que critérios outros como a gravidade abstrata do crime, o clamor público ou a credibilidade das instituições persecutórias, na linha da própria jurisprudência do Supremo Tribunal Federal, não têm idoneidade para justificar a custódia preventiva.

O risco à ordem pública deve ser identificado em outros elementos concretos, como a forma de execução da conduta e a atitude posterior do investigado ou acusado, por exemplo. Não havendo outro indicador idôneo de necessidade, a primariedade e os bons antecedentes bastarão a demonstrar a desnecessidade da medida prisional.

---

50. Igualmente: STF, Primeira Turma, HC 106.474/BA, Rel. Min. ROSA WEBER, julgamento em 06.03.2012, DJ de 30.03.2012; STF, Primeira Turma, HC 108.314/MA, Rel. Min. LUIZ FUX, julgamento em 13.09.2011, DJ de 05.10.2011; STF, Primeira Turma, HC 120.865 AgR/RJ, Rel. Min. LUIZ FUX, julgamento em 19.08.2014, DJ de 11.09.2014.

4.1.3. Garantia da instrução processual penal

A "conveniência da instrução criminal" expressa-se melhor por *garantia da instrução criminal*, consistindo na necessidade concreta de se assegurar a regularidade, a efetividade e o resultado da fase instrutória do processo, contra atos que a possam prejudicar ou turbar. Há necessidade de assegurar a instrução processual, por exemplo, nos casos em que o imputado tenta destruir provas, ameaçar, manipular ou corromper testemunhas, influenciar peritos etc.

A necessidade cautelar, sob esses parâmetros, fica evidente, desde que respaldada em elementos concretos (base empírica concreta) indicadores da efetividade das ações de turbação ao curso regular do procedimento de investigação ou do processo penal.

Não basta, por óbvio, que o juiz presuma, sem base empírica, que o sujeito "poderá destruir provas ou ameaçar testemunhas". A se admitir a prisão sob essa lógica, restaria esvaziada a excepcionalidade da medida cautelar, legitimando-se o puro subjetivismo judicial, totalmente imotivado, com a movimentação de atos constritivos à esfera pessoal com base na mera presunção ou suposição abstrata. Como bem firmado pelo Supremo Tribunal Federal no HC 92.751/SP (STF, 2ª Turma, Rel. Min. CELSO DE MELLO, julgamento em 09.08.2011, DJ de 23.10.2012), especialmente quanto ao requisito da garantia da instrução criminal: "A mera suposição, fundada em simples conjecturas, não pode autorizar a decretação da prisão cautelar de qualquer pessoa. – A decisão que ordena a privação cautelar da liberdade não se legitima quando desacompanhada de fatos concretos que lhe justifiquem a necessidade, não podendo apoiar-se, por isso mesmo, na avaliação puramente subjetiva do magistrado de que a pessoa investigada ou processada, se em liberdade, poderá delinquir, *ou interferir na instrução probatória*, ou evadir-se do distrito da culpa, *ou, então, prevalecer-se de sua particular condição social, funcional ou econômico-financeira para obstruir, indevidamente, a regular tramitação do processo penal de conhecimento*. – Presunções arbitrárias, construídas a partir de juízos meramente conjecturais, porque formuladas à margem do sistema jurídico, não podem prevalecer sobre o princípio da liberdade, cuja precedência constitucional lhe confere posição eminente no domínio do processo penal".

É importante registrar que, quando haja base empírica idônea, a demonstrar o risco concreto à efetividade da instrução processual penal, o STF não hesita em reconhecer a legalidade da prisão, como no julgado do HC 101.309/PE (STF, 1ª Turma, HC 101.309, Rel. Min. CARLOS BRITTO, julgamento em 24.03.2010, DJ de 07.05.2010): "Idoneidade do decreto prisional para a conveniência da instrução criminal e garantia da aplicação da lei penal. As peças que instruem o processo revelam que o paciente interferiu no ânimo tanto da vítima quanto de testemunhas do processo. Peças que também evidenciam que o acusado se evadiu do distrito da culpa, logo após a prática delituosa. O que representa a clara intenção de frustrar a aplicação da lei penal. A preencher, nesses dois pontos específicos, a finalidade do art. 312 do Código de Processo Penal".

Por outro lado, a manutenção da medida prisional com fundamento no requisito da garantia da instrução criminal tem sua *continuidade* condicionada à subsistência dos fatos concretos que justificaram a decretação. Desaparecidos os motivos – como, aliás, pode acontecer com qualquer requisito do art. 312, porém mais claramente com

Cap. XIV • MEDIDAS CAUTELARES DE CONSTRIÇÃO PESSOAL

o da garantia da instrução processual penal –, a prisão deve ser revogada, nos termos do art. 316 do CPP. Nesse sentido, confira-se em STF, Segunda Turma, HC 127.186/ PR, Rel. Teori Zavascki, julgamento em 28.04.2015, DJ de 03.08.2015: "No que se refere à garantia da instrução criminal, a prisão preventiva exauriu sua finalidade. Não mais subsistindo risco de interferência na produção probatória requerida pelo titular da ação penal, não se justifica, sob esse fundamento, a manutenção da custódia cautelar. Precedentes".

4.1.4. Garantia de aplicação da lei penal

O motivo da garantia de aplicação da lei penal diz respeito ao risco *concreto* de que o imputado venha a se evadir do "distrito da culpa", frustrando a execução de eventual sentença condenatória.

São indicadores objetivos da ausência de intenção de fuga, conquanto não decisivos por si só, a *residência fixa* e a *profissão definida*. De fato, se o sujeito mantém vínculos estáveis com o lugar correspondente ao "distrito da culpa", em princípio não há motivação razoável para supor que vá ele se evadir.

De toda sorte, a depender das circunstâncias específicas do caso, poderá o indivíduo ter motivação concreta para fugir, de modo que a residência fixa e a profissão definida são apenas referenciais para a apreciação judicial da necessidade ou não da cautela.

Por outro lado, há que se verificar, com fundamento no art. 282, § 6º, do CPP, se não é suficiente para garantir a aplicação da lei penal qualquer das medidas cautelares pessoais menos graves de proibição de ausentar-se da Comarca (art. 319, IV, CPP) e de proibição de ausentar-se do país (art. 320, CPP). A prisão preventiva só deve ser decretada em último caso, como medida extrema, sempre que se mostrem insuficientes as medidas cautelares pessoais alternativas.

Como ocorre com qualquer dos requisitos do art. 312 do CPP, a prisão há de estar justificada em elementos concretos indicadores da probabilidade da fuga do imputado, não bastando a mera suposição abstrata, concebida a partir de dados como o poder político, as condições financeiras do sujeito ou vínculos que este tenha no exterior, de que poderia ele se furtar à aplicação da lei penal.

É inadmissível, assim, como base para a medida prisional, a simples presunção de fuga. Nesse sentido, o Supremo Tribunal Federal já decidiu que o mero fato de o indivíduo ser administrador de empresa que tenha filial no exterior não se presta suficientemente a justificar a prisão sob o fundamento da garantia de aplicação da lei penal. Consulte-se, a esse respeito, o julgado da Segunda Turma no HC 127.186/PR (STF, 2ª Turma, HC 127.186, Rel. Teori Zavascki, julgamento em 28.04.2015, DJ de 03.08.2015): "No caso, o decreto prisional não indicou atos concretos e específicos atribuídos ao paciente que demonstrem sua efetiva intenção de furtar-se à aplicação da lei penal. O fato de o agente ser dirigente de empresa que possua filial no exterior, por si só, não constitui motivo suficiente para a decretação da prisão preventiva. A jurisprudência desta Corte é firme no sentido da impossibilidade de decretação da prisão preventiva com base apenas em presunção de fuga. Precedentes".

Igualmente inidônea é a circunstância de o indiciado ou acusado manter dinheiro no exterior, conforme decidiu a Segunda Turma do STF no HC 125.555/PR (STF, 2ª Turma, HC 125.555, Rel. Min. Teori Zavascki, julgamento em 10.02.2015, DJ de 14.04.2015): "No caso, o decreto prisional restringiu-se a valorar a existência de indícios de que o investigado manteria expressiva quantidade de dinheiro no exterior e poderia, em razão disso, fugir do país, subtraindo-se à jurisdição criminal. 6. A jurisprudência desta Corte é firme no sentido da impossibilidade de decretação da prisão preventiva com base apenas em presunção de fuga. Precedentes"[51].

De outro lado, acerca do *risco concreto*, há de se dimensionar com precisão *qual fuga* constitui motivo idôneo para a decretação da prisão preventiva como forma de garantia de aplicação da lei penal.

Isso porque, tendo sido decretada prisão, não se pode negar ao destinatário o direito de questioná-la judicialmente nem se lhe pode impor, para tanto, submissão a medida que considere ilegal.

Cumpre então distinguir: (a) uma coisa é a fuga do sujeito logo após a prática do fato em tese constitutivo de crime, o que, em princípio, denota intenção de escapar à punição; (b) outra coisa é a fuga do sujeito diante da ciência da decretação de prisão por ele reputada ilegal, para que possa questioná-la pelos instrumentos adequados (*habeas corpus*) sem ter que, para isso, submeter-se ao cumprimento da ordem de custódia preventiva.

Na primeira hipótese (a), o Supremo Tribunal Federal tem reiteradamente reconhecido a necessidade da prisão. Veja-se, a respeito, o julgado da Primeira Turma no HC 101.309/PE (STF, 1ª Turma, HC 101.309, Rel. Min. Carlos Britto, julgamento em 24.03.2010, DJ de 07.05.2010): "Peças que também evidenciam que o acusado se evadiu do distrito da culpa, logo após a prática delituosa. O que representa a clara intenção de frustrar a aplicação da lei penal. A preencher, nesses dois pontos específicos, a finalidade do art. 312 do Código de Processo Penal".

Por outro lado, no caso em que o sujeito permanece *foragido*, reconhece a Suprema Corte, de igual modo, a legalidade da medida prisional, como na decisão da Primeira Turma no HC 115.045/SP (STF, 1ª Turma, HC 115.045, Rel. Min. Rosa Weber, julgamento em 23.04.2013, DJ de 20.05.2013): "O fato de o Paciente permanecer foragido, tendo ciência do processo, há quase 5 anos, constitui causa suficiente para caracterizar risco à aplicação da lei penal, autorizando a preventiva".

Na segunda hipótese cogitada (b), entretanto, a *fuga do sujeito, para fins de questionamento da legalidade da prisão, constitui exercício regular de direito*, não podendo justificar a custódia cautelar como forma de garantia da aplicação da lei penal. Não é admissível exigir do destinatário da ordem de prisão que a ela se submeta para que só

---

51. No mesmo sentido, inadmitindo a presunção de fuga: STF, Primeira Turma, HC 122.572/SP, Rel. Min. Roberto Barroso, julgamento em 10.06.2014, DJ de 04.08.2014; STF, Segunda Turma, HC 87.343/SP, Rel. Min. Cezar Peluso, julgamento em 24.04.2007, DJ de 22.06.2007.

assim possa questioná-la. É legítimo que o acusado se furte à prisão enquanto a questiona pelo instrumento próprio, sem que isso represente qualquer intenção de esquiva à aplicação da lei penal, em caso de condenação.

Nesse sentido, assim fixou a Primeira Turma do STF no HC 87.838/RR (STF, 1ª Turma, Rel. Min. CEZAR PELUSO, julgamento em 21.03.2006, DJ de 04.06.2006): "Prisão preventiva. Fuga do réu do distrito da culpa. Fato irrelevante. Precedentes. É legítima a fuga do réu para impedir prisão preventiva que considere ilegal, porque não lhe pesa ônus de se submeter a prisão cuja legalidade pretende contestar. Daí, a fuga não justificar decretação da prisão preventiva".

Em igual direção decidiu a Quinta Turma do Superior Tribunal de Justiça no HC 69.350/BA (STJ, 5ª Turma, HC 69.350, Rel. Min. LAURITA VAZ, julgamento em 24.04.2007, DJ de 04.06.2007): "A fuga do acusado é elemento suficiente para embasar a custódia cautelar, quando denota a intenção de furtar-se à aplicação da lei penal. Não é o caso dos autos, contudo. Há de se fazer uma distinção necessária: por um lado, quem foge, após o cometimento do crime, para não ser pego ou simplesmente evade-se, com claro intuito de evitar o processo, dá ensejo à decretação de prisão preventiva, como medida cautelar para garantir a aplicação da lei penal; de outro lado, quem se mostra diligente, atento aos chamamentos da Justiça, não deve ser compelido a submeter-se à prisão cautelar para, só então, discutir sua legalidade. Neste último caso, a rejeição ao imediato cumprimento da medida constritiva, considerada injusta, é compreensiva e legítima quando, prontamente, o réu se insurge contra o ato, deduzindo suas razões em instrumento próprio para desconstituir a coação tida por ilegal, mormente se, de fato, ela se mostra desprovida de motivação idônea".

A Suprema Corte, de outra parte, tem também admitido a fuga para fins de evitar o flagrante, além do intuito de questionar a legalidade da prisão. Nesse sentido, confira-se em STF, 2ª Turma, HC 89.501/GO, Rel. Min. CELSO DE MELLO, julgamento em 12.12.2006, DJ de 16.03.2007: "A mera evasão do distrito da culpa – seja para evitar a configuração do estado de flagrância, seja, ainda, para questionar a legalidade e/ou a validade da própria decisão de custódia cautelar – não basta, só por si, para justificar a decretação ou a manutenção da medida excepcional de privação cautelar da liberdade individual do indiciado ou do réu". Em qualquer caso, porém, há de ficar clara a ausência da intenção de se esquivar à aplicação da lei penal.

4.2. Pressupostos de admissibilidade da Prisão Preventiva (art. 313, CPP)

Os pressupostos da prisão preventiva estabelecidos no art. 313 do CPP aplicam-se: (i) à prisão preventiva originária; (ii) à prisão preventiva derivada de conversão de prisão em flagrante (art. 310, CPP). Não se aplicam, contudo, à prisão preventiva derivada do descumprimento de medida cautelar pessoal alternativa (art. 319, CPP), com exceção daquele pressuposto objeto do art. 313, III, do CPP.

Os pressupostos em foco, para começar, não são cumulativos. Basta, portanto, o aperfeiçoamento de uma das hipóteses delimitadas nos incisos do art. 313 do CPP para que se tenha por admissível a decretação de prisão preventiva.

Por outro lado, tenha-se em conta que as hipóteses são de *admissibilidade* da prisão preventiva. A necessidade da medida, por seu turno, uma vez configurada sua admissibilidade, deverá ser apreciada pelo juiz em concreto, sob os parâmetros do art. 312 do CPP.

A lógica que basicamente orienta as hipóteses de admissibilidade ou pressupostos da prisão preventiva é a virtualidade da aplicação final de pena privativa de liberdade, à vista da situação considerada. Assim, mesmo que visualizável alguma necessidade cautelar, não se pode admitir a prisão se a pena final puder ser objeto de substituição por pena restritiva de direitos, ou puder ser cumprida em regime semiaberto ou aberto, ou puder ser condicionalmente suspensa. Do contrário, estaria sendo admitida medida cautelar mais grave que a própria consequência jurídica final atrelada à condenação definitiva.

4.2.1. Crimes dolosos com pena máxima superior a 4 (quatro) anos (art. 313, I, CPP)

Em primeiro lugar, o art. 313, I, do CPP fixa a admissibilidade da decretação da prisão preventiva "nos crimes dolosos punidos com pena privativa de liberdade máxima superior a 4 (quatro) anos". Significa isso dizer que não cabe prisão preventiva no âmbito da persecução penal: (i) por crime culposo; (ii) por crime doloso cuja pena privativa de liberdade máxima seja igual ou inferior a 4 (quatro) anos[52].

a) crimes culposos

A respeito do primeiro ponto, cogite-se da hipótese de reiteração da prática de homicídio culposo na direção de veículo automotor. Será cabível a prisão preventiva *originária* nesse caso? Evidente que não, diante da norma do art. 313, I, do CPP. Deveria ser cabível?

No ponto, sempre nos impressionou a tolerância do sistema brasileiro com a culpa em sentido estrito, a que se reserva toda sorte de mecanismos despenalizadores, a começar pela inaplicabilidade, em princípio, de pena privativa de liberdade (art. 44, I, parte final, CP).

O regime legal, na prática, tem conduzido a lamentáveis distorções técnicas, tomando-se casos de nítida culpa (imprudência) como hipóteses de dolo eventual, na tentativa de oferecer uma resposta reputada compatível com a gravidade da situação concreta. É o que acontece, por exemplo, na generalização, como hipótese de dolo eventual, do caso do homicídio praticado por condutor embriagado na direção de veículo automotor.

Sustentamos, de nossa parte, que a questão do tratamento normativo da culpa, especialmente no âmbito dos crimes de trânsito, está a merecer uma reflexão importante. É difícil encontrar um sistema efetivo que responda à imprudência no trânsito

---

52. Advirta-se mais uma vez que, no caso de prisão preventiva derivada do descumprimento de outra medida cautelar pessoal, esse pressuposto não se aplica. Isso porque, nesta situação particular, a prisão preventiva funciona como garantia de efetividade da medida cautelar pessoal e dos objetivos a ela associados. Para mais detalhes, consulte-se o tópico 4.3 desta Subseção.

Cap. XIV • MEDIDAS CAUTELARES DE CONSTRIÇÃO PESSOAL

de forma tão complacente. Desnaturar os institutos jurídicos para "fazer justiça" no caso concreto, por outro lado, é uma solução perigosa, que acaba por generalizar, numa fórmula simplista (de dolo eventual), situações diferentes.

Postas essas considerações, assevere-se que, *de lege lata*, não cabe prisão preventiva *originária* no domínio dos crimes culposos. Como visto, o art. 313, I, do CPP veda a prisão preventiva na hipótese de crime culposo. A razão disso é de fácil assimilação: o art. 44, I, do Código Penal estabelece a substituição da pena privativa de liberdade por pena restritiva de direitos no âmbito dos crimes culposos, "qualquer que seja a pena aplicada".

Do ponto de vista objetivo, portanto, não se faz possível a imposição de pena privativa de liberdade no âmbito dos crimes culposos, razão pela qual não há sentido em cogitar da decretação de prisão preventiva, medida cautelar mais gravosa que a própria pena aplicável ao caso.

Ocorre que, *do ponto de vista subjetivo*, a lei exige ainda, para a substituição da pena privativa de liberdade por pena restritiva de direitos, a presença de circunstâncias judiciais favoráveis ao condenado. No ponto, dispõe o art. 44, III, do CP que a substituição será cabível quando "a culpabilidade, os antecedentes, a conduta social e a personalidade do condenado, bem como os motivos e as circunstâncias indicarem que essa substituição seja suficiente".

É possível, portanto, mesmo na hipótese de crime culposo, que o juiz aplique pena privativa de liberdade, fixando regime inicial de cumprimento, sem substituí-la por pena restritiva de direitos, diante das circunstâncias judiciais desfavoráveis ao condenado.

A Primeira Turma do Supremo Tribunal Federal, a propósito, já teve a oportunidade de afirmar a legalidade de procedimento judicial nesse sentido, como se verifica no julgado do HC 120.145/SP (STF, 1ª Turma, HC 120.145, Rel. Min. Luiz Fux, julgamento em 13.05.2014, DJ de 10.06.2014): "...In casu, a) O agravante/paciente foi condenado à pena de 4 (quatro) anos de detenção, em regime inicial semiaberto, pela prática do crime de homicídio culposo tipificado no art. 121, § 3º, do Código Penal, com a causa de aumento do § 4º do mesmo preceito (omissão de socorro), pois conduzia uma embarcação com motor de popa, sem possuir habilitação e de forma manifestamente imprudente, em razão da alta velocidade e das manobras perigosas que realizava próximo à faixa de areia e dos banhistas, quando, com a embarcação, atingiu a cabeça da vítima, produzindo-lhe ferimentos. O paciente, então, colocou a vítima dentro da embarcação, afastou-se um pouco do local e jogou-a dentro da água. A vítima faleceu em virtude dos ferimentos e da ausência de socorro. b) Conforme destacado na sentença condenatória, 'as circunstâncias e as consequências do delito autorizam a fixação da pena base maior do que o patamar mínimo, pois acusado dirigia, sem habitação, uma embarcação nas proximidades de uma praia na qual estavam presentes inúmeros banhistas. Ademais, além de não ter socorrido a vítima, tem-se como provado que o réu conduziu-a em sua embarcação e, posteriormente, lançou-a ao mar novamente'. c) O regime inicial semiaberto para cumprimento da pena foi fixado em razão das circunstâncias judiciais desfavoráveis reconhecidas na sentença condenatória, bem como foi vedada a substituição da pena privativa de liberdade por restritivas de direitos, em razão da 'extrema culpabilidade e personalidade deformada do réu', que não indicaram que a substituição seria suficiente, no termos do art. 44, III, do Código Penal."

Nessas condições, se virtualmente é cabível a imposição de pena privativa de liberdade *máxima* superior a 4 (quatro) anos, mesmo no caso de crime culposo, parece--nos que deveria ser possível a decretação de prisão preventiva, *em caso de necessidade específica*. Isso porque a *ratio legis* própria do art. 313, I, do CPP é a de não permitir a imposição de medida cautelar mais gravosa que a própria pena aplicável. Se, em função da imputação e das circunstâncias hipotéticas, há a possibilidade de imposição de pena privativa de liberdade, em patamar virtual superior a 4 (quatro) anos, revela-se aplicável a prisão preventiva em caráter cautelar.

Assim, tome-se, a título de exemplo, a hipótese de prática de homicídio culposo na direção de veículo automotor, com a causa de aumento da omissão de socorro. Nesse caso, do ponto de vista objetivo, caberia a substituição da pena privativa de liberdade por pena restritiva de direitos (art. 44, I, CP). Suponha-se, entretanto, que o indivíduo seja reincidente na prática de crime da mesma espécie, culposo, incidindo, ainda, circunstâncias desfavoráveis do tipo daquelas consideradas no caso objeto do julgado da Suprema Corte acima referido.

Consideradas em tese, essas circunstâncias impediriam a substituição, sob a base da norma do art. 44, III, do CP. Ademais, tanto só será possível se o órgão judiciário já dispuser de elementos probatórios bastantes à aferição das circunstâncias do art. 44, III, do CP. Desta sorte, parece-nos, *de lege ferenda*, que excepcionalmente *deveria ser* admissível a prisão preventiva nessa esfera, *desde que, por óbvio, demonstrada a sua necessidade concreta, à luz dos motivos do art. 312 do CPP.* Não se está aqui, obviamente, defendendo a aplicação automática de prisão preventiva, e sim a sua admissibilidade, como pressuposto. A efetiva decretação da custódia cautelar, como visto, depende de motivação idônea (art. 312, CPP).

Em que pesem esses argumentos, a norma do art. 313, I, do CPP deve ser interpretada restritivamente, por dizer respeito à liberdade de locomoção, de sorte que, como estão excluídos da admissibilidade da prisão os crimes culposos, não há que se falar de prisão preventiva *originária* nessa esfera, ainda que haja a potencialidade de condenação definitiva a pena privativa de liberdade.

De toda sorte, imposta, no caso acima cogitado (reiteração de crime culposo na direção de veículo automotor), medida cautelar pessoal alternativa, o descumprimento desta poderá conduzir à prisão preventiva *derivada*, cuja imposição não depende da existência de qualquer dos pressupostos do art. 313 do CPP, conforme se aborda no tópico 4.3, *infra*.

b) crimes dolosos com pena máxima superior a 4 (quatro) anos

Quanto ao segundo ponto do art. 313, I, do CPP, a prisão preventiva só é admissível no âmbito dos crimes com pena máxima privativa de liberdade superior a 4 (quatro) anos.

Na hipótese de concurso material de crimes, deve-se levar em conta o máximo de pena total em tese. Por exemplo, havendo concurso material entre dois crimes de furto simples, é admissível a decretação de prisão preventiva. Embora a pena máxima cominada isoladamente ao furto simples seja de 4 (quatro) anos, a aplicação do sistema da cumulação, próprio do concurso material (art. 69, CP), conduz a pena virtual máxima ao patamar de 8 (oito) anos, fazendo-se possível, assim, a prisão preventiva. A mesma lógica se aplica ao concurso formal próprio e ao crime continuado, assim como às demais causas de aumento de pena, sempre que o limite máximo seja elevado, em tese, a patamar superior ao de 4 (quatro) anos de privação de liberdade.

Mesmo quanto à imputação isolada de crime com pena máxima igual ou inferior a 4 (quatro) anos, entretanto, há algumas hipóteses excepcionais em que se deve admitir a prisão preventiva, por força da regra da especialidade.

Assim, além dos demais pressupostos fixados pelo art. 313 do CPP, examinados a seguir, têm-se as hipóteses para as quais, apesar de a pena máxima da infração penal ser igual ou inferior a 4 (quatro) anos, a lei admite a prisão temporária. É o caso dos crimes de *associação criminosa* (art. 288, *caput*, CP, com pena máxima de 3 anos) e de *sequestro ou cárcere privado* (art. 148, *caput*, CP, com pena máxima de 3 anos), ambos na forma básica.

Nessas situações, poderá a prisão preventiva ser imposta ao final do prazo da prisão temporária, se houver necessidade, nos termos do art. 2º, § 7º, da Lei nº 7.960/1989. Aplica-se, portanto, o regime instituído pela Lei nº 7.960/1989, que não tem nenhuma incompatibilidade com a norma posterior do art. 313, I, do CPP, tratando-se apenas de regulamentação diferenciada para esferas particulares de criminalidade.

Advirta-se, todavia, que nesse âmbito não poderá haver decretação originária de prisão preventiva. Apenas, de acordo com a lei específica (art. 2º, § 7º, Lei nº 7.960/1989), se houver necessidade que justifique a decretação de prisão temporária para garantia da investigação de qualquer dessas infrações, ao final do prazo poderá ser imposta prisão preventiva, em caso de necessidade.

Essa é a solução que, a nosso juízo, melhor concilia a norma do art. 313, I, do CPP, de um lado, com as do art. 1º, III, *b* e *l*, e do art. 2º, § 7º, da Lei nº 7.960/1989, de outro.

4.2.2. Reincidência em crime doloso (art. 313, II, CPP)

Seguindo, o art. 313, II, do CPP estabelece a admissibilidade da prisão preventiva quando o imputado houver sido "condenado por outro crime doloso, em sentença transitada em julgado, ressalvado o disposto no inciso I do *caput* do art. 64 do Decreto-lei 2.848, de 7 de dezembro de 1940 – Código Penal".

Trata-se da hipótese de reincidência em crime doloso. Nos termos do art. 63 do CP, "verifica-se a reincidência quando o agente comete novo crime, depois de transitada em julgado a sentença que, no País ou no estrangeiro, o tenha condenado por crime anterior". Exige-se, portanto, (i) a condenação anterior *definitiva* e, ademais, (ii) o cumprimento ou a extinção da pena *nos últimos 5 (cinco) anos* antes da prática em tese da nova infração penal, por força do disposto no art. 64, I, do CP: "Para efeito de reincidência: I – não prevalece a condenação anterior, se entre a data do cumprimento do cumprimento ou extinção da pena e a infração posterior tiver decorrido período de tempo superior a 5 (cinco) anos, computado o período de prova da suspensão ou do livramento condicional, se não ocorrer revogação".

A hipótese do art. 313, II, do CPP, de reincidência em crime doloso, aplica-se ainda que à infração penal nova seja cominada pena igual ou inferior a 4 (quatro) anos. Isso porque a reincidência, além de impedir a substituição da pena privativa de liberdade por pena restritiva de direitos (art. 44, II, CP), ainda possibilita a imposição inicial de regime fechado. Desta sorte, apesar da menor gravidade abstrata da infração penal objeto de persecução, é admissível a prisão preventiva.

4.2.3. Prisão preventiva derivada: crimes praticados no contexto da violência doméstica e familiar (art. 313, III, CPP)

Por seu turno, no art. 313, III, do CPP, tem-se a admissibilidade de prisão preventiva, independentemente da pena máxima cominada, no domínio especial dos crimes que envolvam "violência doméstica e familiar contra a mulher, criança, adolescente, idoso, enfermo ou pessoa com deficiência, para garantir a execução das medidas protetivas de urgência".

Essa hipótese tem uma característica singular, pois se exige, como pressuposto de admissibilidade da prisão preventiva, a finalidade de *garantia da execução das medidas protetivas de urgência*. Assim, cuida-se propriamente de *pressuposto especial da prisão preventiva derivada do descumprimento de medida protetiva de urgência*, no âmbito de criminalidade delimitado.

Não é admissível, portanto, a prisão preventiva originária nessa hipótese. Vale dizer, não cabe a prisão preventiva originariamente decretada em caso de violência doméstica e familiar (por exemplo, lesão corporal simples contra mulher), sendo exigido, para tanto, o descumprimento de medida protetiva (por exemplo, a proibição de aproximar-se da vítima, objeto do art. 22, II, *a*, da Lei nº 11.340/2006) previamente imposta ao imputado.

Na redação anterior do art. 313, III, do CPP, conferida pela Lei nº 11.340/2006, contemplava-se apenas a esfera da violência doméstica e familiar contra a mulher. Com o advento da Lei nº 12.403/2011, ampliou-se o alcance protetivo, para incluir outras vítimas de violência doméstica e familiar, quais sejam, a criança, o adolescente, o idoso, o enfermo e a pessoa com deficiência.

4.2.4. Dúvida sobre a identidade civil (art. 313, parágrafo único, CPP)

O art. 313, parágrafo único (acrescentado pela Lei nº 12.403/2011), do CPP estabelece ainda a admissibilidade da prisão preventiva "quando houver dúvida sobre a identidade civil da pessoa ou quando esta não fornecer elementos suficientes para esclarecê-la, devendo o preso ser colocado imediatamente em liberdade após a identificação, salvo se outra hipótese recomendar a manutenção da medida". Trata-se da hipótese chamada na doutrina de *prisão preventiva utilitária*.

Sabe-se que a dúvida sobre a identidade civil da pessoa e a ausência de suficientes elementos esclarecedores a esse respeito são causas de aplicabilidade da *identificação criminal*, nos moldes do art. 3º da Lei nº 12.037/2009. Pode haver concretamente, no entanto, em função dessas causas, a necessidade de decretação de prisão preventiva. Desta sorte, admite-se a prisão cautelar ainda que ao crime seja cominada pena máxima igual ou inferior a 4 (quatro) anos, diante do objetivo especial de garantia da correta identificação do imputado, necessária à efetividade da aplicação da lei penal.

Por fim, em paralelo com a concessão de liberdade provisória sem fiança na esfera da prisão em flagrante (art. 310, parágrafo único), o art. 314 do CPP veda a decretação originária de prisão preventiva "se o juiz verificar pelas provas constantes dos autos ter o agente praticado o fato nas condições previstas nos incisos I, II e III do caput do art. 23 do Decreto-lei 2.848, de 7 de dezembro de 1940 – Código Penal".

Embora comumente apresentada como pressuposto, a hipótese na verdade caracteriza, a nosso juízo, ausência de motivo para a constrição cautelar da liberdade. Assim, a existência de excludente da ilicitude do fato reflete a ausência de motivo para a decretação da prisão preventiva (art. 312, CPP).

4.3. Prisão Preventiva Derivada: descumprimento de medida cautelar (art. 282, § 4º, e art. 312, parágrafo único, CPP) e conversão de prisão em flagrante (art. 310, *caput*, inciso II, CPP)

4.3.1. *Prisão preventiva na hipótese de descumprimento de medida cautelar pessoal alternativa (art. 282, § 4º, art. 312, parágrafo único, e art. 313, III, CPP)*

Com o regime instituído pela Lei nº 12.403/2011, a prisão preventiva passou a ser cabível apenas quando insuficientes, para a consecução das finalidades legais, as medidas cautelares alternativas especificadas no art. 319 do CPP. Com efeito, nos termos do art. 282, § 6º, do CPP, "a prisão preventiva será determinada quando não for cabível a sua substituição por outra medida cautelar".

Uma vez imposta a medida cautelar pessoal alternativa (art. 319, CPP), pode ocorrer de a *insuficiência* desta, refletida na sua ineficácia em realizar o objetivo a ela associado, resultar concretamente de seu *descumprimento* por parte do investigado ou acusado.

De fato, o descumprimento das condições inerentes à medida cautelar alternativa bem demonstra sua ineficácia e, portanto, insuficiência para garantir o objetivo (necessidade) legal de prevenção da prática de infrações penais, de resguardo da regularidade e efetividade da instrução processual ou de garantia da aplicação da lei penal (art. 282, I, CPP).

Cumpre aferir, portanto, se será eficaz outra medida cautelar alternativa, imposta em cumulação ou em substituição à primeira. Se o juiz verificar que persistiria a ineficácia e a insuficiência mesmo assim, deve partir para a última via. Exsurge, dessa forma, a *necessidade da prisão preventiva* como medida extrema, justificada pela insuficiência de *qualquer* outra medida cautelar. Conforme o art. 282, § 4º, do CPP: "No caso de descumprimento de qualquer das obrigações impostas, o juiz, de ofício ou mediante requerimento do Ministério Público, de seu assistente ou do querelante, poderá substituir a medida, impor outra em cumulação, ou, em último caso, decretar a prisão preventiva (art. 312, parágrafo único, CPP".

Assim, a necessidade da prisão preventiva *não* surge *automaticamente* do descumprimento das obrigações próprias de *uma* medida cautelar, mas do reconhecimento da ineficácia de qualquer medida cautelar alternativa na situação concreta, como meio adequado à consecução das finalidades legais.

Pode acontecer, claro, de a prisão preventiva se revelar de plano necessária ante o descumprimento da primeira medida cautelar alternativa, sempre que o juiz verifique a insuficiência da substituição ou da cumulação. Nem sempre será necessário, portanto, que o juiz, diante do descumprimento da medida cautelar, primeiro aplique a substituição ou cumulação e só depois, se persistir a ineficácia, decrete a prisão preventiva.

No ponto, o art. 282, § 4º, do CPP fixa *alternativas* passíveis de adoção pelo juiz em caso de descumprimento da cautelar: a imposição de outra em cumulação ou substituição, ou a decretação de prisão preventiva. Inexiste um sequenciamento necessário. A escolha judicial recairá sobre a medida necessária e adequada, inclusive, se for o caso, a prisão preventiva[53].

Nesse sentido, dois são os parâmetros cumulativos de avaliação judicial no que se refere à verificação da necessidade de prisão preventiva na hipótese de descumprimento de cautelar alternativa: (i) *insuficiência* da medida cautelar alternativa concreta; (ii) *insuficiência* da substituição ou da cumulação, aferível hipoteticamente em função de critérios de necessidade e adequação, ou constatada na prática, pela persistência do descumprimento mesmo depois da substituição ou cumulação.

Nunca se perca de vista, porém, o caráter de *ultima ratio* da prisão preventiva, ainda mesmo no caso de descumprimento da medida cautelar alternativa imposta. Só será adotada a medida prisional extrema se insuficiente a cumulação ou substituição da medida alternativa com ou por outra. É esta a posição da Sexta Turma do Superior Tribunal de Justiça, como reflete o julgado do RHC 46.493/RS (STJ, 6ª Turma, RHC 46.493, Rel. Min. SEBASTIÃO REIS JÚNIOR, julgamento em 23.09.2014, DJ de 10.10.2014): "No caso, o recorrente descumpriu uma das medidas cautelares impostas pela magistrada singular, consistente em não se afastar do distrito da culpa sem comunicar ao Juízo, para ir a uma festa. 4. Verificada a existência de outras medidas cautelares suficientes a evitar a reiteração delitiva e a garantir o êxito da instrução criminal, percebe-se a ocorrência de constrangimento ilegal no restabelecimento da prisão cautelar do recorrente. No caso, além de o denunciado ter-se apresentado ao balcão da secretaria da Vara para comunicar que iria se ausentar do distrito da culpa,

---

53. No mesmo sentido, RENATO BRASILEIRO: "O magistrado não está obrigado a seguir a ordem indicada no art. 282, § 4º, do CPP. Na verdade, incumbe a ele analisar qual das medidas é mais adequada para a situação concreta". Cfr. LIMA, Renato Brasileiro de. *Manual de Processo Penal*. Salvador: *Jus*Podivm, 2015, p. 828.

existem outras medidas cautelares diversas da prisão suficientes a evitar a reiteração delitiva e garantir a instrução criminal, consistentes em: a) proibição de frequentar bares e festas (art. 319, II, do CPP); b) proibição de ausentar-se da comarca (art. 319, IV, do CPP); e c) recolhimento domiciliar no período noturno e nos dias de folga (art. 319, V, do CPP). Com o advento da Lei n. 12.403/2011, a prisão cautelar passou a ser, mais ainda, a mais excepcional das medidas, devendo ser aplicada somente quando comprovada a inequívoca necessidade, devendo-se sempre verificar se existem medidas alternativas à prisão adequadas ao caso concreto. Precedente."

É sob essa luz que se deve assimilar o disposto no art. 312, parágrafo único, do CPP: "A prisão preventiva também poderá ser decretada em caso de descumprimento de qualquer das obrigações impostas por força de outras medidas cautelares (art. 282, § 4º)".

Assevere-se que a prisão preventiva *derivada* de descumprimento de medida cautelar alternativa só pode ser decretada, *em princípio*, após o devido processo legal, oportunizando-se o exercício do contraditório pelo investigado ou acusado sujeito à medida cautelar, conforme prescreve o art. 282, § 3º, do CPP: "Ressalvados os casos de urgência ou de perigo de ineficácia da medida, o juiz, ao receber o pedido de medida cautelar, determinará a intimação da parte contrária, acompanhada de cópia do requerimento e das peças necessárias, permanecendo os autos em juízo".

A existência ou não do descumprimento deve ser verificada em contraditório, para que só então decida o órgão judiciário a esse respeito. Esse regime só poderá ser excepcionado se o juiz, a partir de base empírica idônea, justificar que a intimação prévia do investigado ou acusado poderá acarretar risco de ineficácia do cumprimento da prisão decretada.

A Quinta Turma do STJ, contudo, já decidiu em sentido contrário, entendendo que em qualquer caso não há necessidade de prévia intimação do investigado ou acusado, para a decretação da prisão preventiva derivada do descumprimento de outra medida cautelar (STJ, 5ª Turma, HC 255.621/AM, Rel. Min. MARCO AURÉLIO BELLIZZE, julgamento em 12.03.2013, DJ de 18.03.2013): "Nos termos do § 4º do art. 282 do Código de Processo Penal não há necessidade de intimação do paciente para a conversão da medida cautelar em prisão preventiva, em caso de descumprimento injustificado daquela".

Viu-se no tópico anterior que a decretação *originária* de prisão preventiva sujeita-se, para além dos motivos cautelares do art. 312, também a pelo menos um dos requisitos estabelecidos no art. 313 do CPP: crime doloso punido com pena privativa de liberdade máxima superior a quatro anos, *ou* condenação definitiva anterior por outro crime doloso, *ou* crime cometido no contexto de violência doméstica e familiar contra mulher, criança, adolescente, idoso, enfermo ou deficiente.

Discute a doutrina se o art. 313 do CPP deve ser aplicado para condicionar a decretação da prisão preventiva *derivada* do descumprimento de medida cautelar alternativa (arts 282, § 6º, e 312, parágrafo único, CPP).

Por exemplo, o crime de lesão corporal leve tem pena máxima cominada de 1 (um) ano de detenção (art. 129, CP); o crime de ameaça, a de 6 (seis) meses (art. 147, CP). Por essa razão, desde que tais crimes não sejam praticados no contexto doméstico e que o investigado ou acusado não seja reincidente em crime doloso, não cabe a decretação originária de prisão preventiva, eis que a pena máxima cominada a esses crimes é inferior a 4 (quatro) anos (art. 313, inciso I, CPP). Sabe-se, porém, que é aplicável, na espécie, medida cautelar pessoal diversa da prisão (art. 319, CPP) a qualquer infração penal a que seja cominada pena privativa de liberdade (art. 283, § 1º, CPP), independentemente do *quantum*.

Assim, indaga-se: caso descumprida obrigação associada a medida cautelar alternativa imposta a investigado ou acusado por crimes de lesão corporal leve e/ou ameaça, caberá a decretação de prisão preventiva com base no art. 282, § 4º, e no art. 312, parágrafo único, do CPP? Em outros termos, aplicam-se a essa esfera os condicionantes do art. 313 do CPP?

Entendemos que a prisão preventiva como medida derivada do descumprimento de outra medida cautelar não se sujeita aos pressupostos do art. 313 (I e II) do CPP. Isso porque, reconhecida a necessidade de providência provisória destinada ao resguardo da ordem pública, do processo ou da aplicação da lei (art. 282, I, e art. 312, CPP), a insuficiência das medidas alternativas objeto do art. 319 do CPP não pode ficar sem salvaguarda no sistema.

Para as hipóteses do art. 313 do CPP, há a possibilidade de decretação de prisão preventiva para satisfazer a qualquer dos objetivos de ordem cautelar. Para as infrações com pena máxima inferior a 4 (quatro) anos, há sempre a possibilidade de imposição de medida cautelar pessoal alternativa (art. 319), *de modo que a necessidade processual não fique sem solução*. Mas e se, nesse último caso, a medida for descumprida, e se mostrar insuficiente a cumulação ou a substituição? A não admissão da possibilidade de prisão preventiva representaria o reconhecimento da ineficácia estatal no cumprimento de objetivos cautelares cuja necessidade já se reconheceu.

Assim, parece-nos que os requisitos do art. 313 do CPP apenas se adéquam à decretação originária de prisão preventiva e também, como veremos, à hipótese de conversão da prisão em flagrante em prisão preventiva. Ainda mesmo que se trate de infração penal de menor potencial ofensivo (pena máxima de até dois anos), assim, é cabível a decretação de prisão preventiva em caso de descumprimento injustificado de medida cautelar alternativa.

Essa é a orientação adotada pelo Superior Tribunal de Justiça, como no julgado da Quinta Turma no RHC 52.314/SP (STJ, 5ª Turma, RHC 52.314, Rel. Min. JORGE MUSSI, julgamento em 23.10.2014, DJ de 04.11.2014): "A prisão preventiva decretada em razão do descumprimento de medida cautelar anteriormente imposta não está submetida às circunstâncias e hipóteses previstas no art. 313 do CPP, de acordo com a sistemática das novas cautelares pessoais". No mesmo sentido: STJ, 5ª Turma, HC 281.472/MG, Rel. Min. JORGE MUSSI, julgamento em 05.06.2014, DJ de 18.06.2014.

Atente-se apenas para o pressuposto do art. 313, III, do CPP, referente aos crimes praticados no contexto de violência doméstica e familiar. Nesse caso, está prevista na própria norma a decretação de prisão preventiva derivada do descumprimento de medida protetiva, para o fim de garantir-lhe a eficácia, segundo a mesma lógica das regras dos artigos 282, § 6º, e 312, parágrafo único, do CPP.

4.3.2. Conversão da prisão em flagrante em prisão preventiva

A Lei nº 12.403/2011 instituiu a figura jurídica da *conversão da prisão em flagrante em prisão preventiva*. Nos termos do art. 310, inciso II, do CPP: "Ao receber o auto de prisão em flagrante, o juiz deverá fundamentadamente: II – converter a prisão em flagrante em preventiva, quando presentes os requisitos constantes do art. 312 deste Código, e se revelarem inadequadas ou insuficientes as medidas cautelares diversas da prisão".

Efetuada a prisão em flagrante e conduzido o preso à presença da autoridade policial, deverá ser lavrado o respectivo auto (art. 304, *caput*, CPP), com remessa ao juízo competente (art. 306, § 1º, CPP). Ao receber o auto de prisão em flagrante, o juiz tem três opções (art. 310, *caput*, CPP): (i) relaxamento da prisão, na hipótese de ilegalidade do flagrante; (ii) conversão da prisão em flagrante em preventiva; (iii) concessão de liberdade provisória, com ou sem fiança.

Em síntese, portanto, deverá o juiz resolver se mantém a prisão ou se, em caso de desnecessidade ou de ilegalidade, concede ao preso a liberdade. Com o regime introduzido pela Lei nº 12.403/2011, a manutenção da custódia dá-se a título de *conversão* da modalidade prisional: flagrante em preventiva.

Os parâmetros de avaliação judicial acerca da subsistência de medida constritiva de liberdade são, *quanto aos motivos e aos pressupostos (art. 313)*, os mesmos considerados para fins de decretação originária da prisão preventiva (art. 312 e art. 282, § 6º, CPP): (a) garantia da ordem pública ou da ordem econômica; (b) garantia da instrução processual penal; (c) garantia de aplicação da lei penal; (d) insuficiência ou inadequação das medidas cautelares diversas da prisão (art. 310, II, CPP); (e) existência concreta de uma das hipóteses do art. 313 do CPP.

Os pressupostos da materialidade e dos indícios de autoria, de outro lado, já são inerentes à prisão em flagrante, se legal esta (art. 302, CPP). O *fumus comissi delicti*, portanto, já está pressuposto na legalidade do flagrante, uma vez reconhecida. Poderá ser descaracterizado pelo reconhecimento imediato da incidência de causa de exclusão da ilicitude (art. 23, CP), hipótese que, retirando justa causa à manutenção da custódia, impõe a concessão de liberdade provisória sem fiança, nos termos do art. 310, parágrafo único, do CPP.

Assim, o juiz poderá: (i) se reunidos os requisitos acima descritos, converter a prisão em flagrante em prisão preventiva (art. 310, II, CPP); (ii) se não presente qualquer dos motivos objeto do art. 312 do CPP, ou ainda se inexistente algum dos pressupostos do art. 313 do CPP, conceder ao preso liberdade provisória, com ou sem fiança (art. 310, III, CPP); (iii) se, mesmo presente algum motivo especificado no art. 312 do CPP, revelar-se suficiente medida cautelar alternativa (art. 319, CPP), conceder ao acusado a liberdade, impondo a medida cautelar pessoal adequada (art. 310, II, CPP); (iv) se ilegal a medida, por inexistência de qualquer das hipóteses do art. 302 do CPP, relaxar a prisão em flagrante (art. 310, I, CPP); (v) se incidente causa de exclusão da ilicitude verificada de plano, conceder ao preso liberdade provisória, sem fiança (art. 310, parágrafo único, CPP).

Sinteticamente: (a) em caso de necessidade, mantém-se a privação de liberdade, convertendo-a de flagrante em preventiva; (b) em caso de desnecessidade, concede-se a liberdade provisória, com ou sem fiança, com ou sem a aplicação de outra medida cautelar pessoal (art. 319, CPP); (c) em caso de ilegalidade, relaxa-se a prisão.

A conversão da prisão em flagrante em prisão preventiva, embora isto não esteja expresso especificamente no inciso II do art. 310, pressupõe a existência de uma das hipóteses do art. 313 do CPP: (i) crime doloso com pena máxima cominada superior a 4 (quatro) anos; ou (ii) reincidência do preso em crime doloso; ou (iii) crime praticado no contexto de violência doméstica e familiar.

Assim tem decidido o Superior Tribunal de Justiça, como revela o julgado da Quinta Turma no RHC 47.149/RS (STJ, 5ª Turma, RHC 47.149, Rel. Min. MOURA RIBEIRO, julgamento em 08.05.2014, DJ de 14.05.2014): "O Juízo processante, ao receber o auto de prisão em flagrante, verificando sua legalidade e inviabilidade de sua substituição por medida diversa, deverá convertê-la em preventiva ao reconhecer a existência dos requisitos preconizados nos arts. 312 e 313, do CPP, independente de representação ou requerimento". Em igual sentido: STJ, 5ª Turma, RHC 41.235/MG, Rel. Min. MOURA RIBEIRO, julgamento em 07.11.2013, DJ de 14.11.2013.

A prisão em flagrante, como visto, só se efetiva na esfera das infrações penais com pena máxima cominada superior a 2 (dois) anos de privação de liberdade – não cabe, portanto, a autuação em flagrante no âmbito das infrações penais de menor potencial ofensivo.

Se a infração pela qual o sujeito foi preso, porém, tiver pena máxima superior a 2 (dois) anos e até 4 (quatro) anos, o flagrante não poderá ser convertido em prisão preventiva, por força do disposto no art. 313, inciso I, do CPP – desde, claro, que não presente qualquer das hipóteses dos incisos II e III do mesmo art. 313.

Nesse caso, restará ao juiz conceder a liberdade provisória, com ou sem fiança, mediante termo de compromisso de comparecimento aos atos processuais, ou conceder a liberdade aplicando medida cautelar diversa da prisão. Para mais detalhes, confira-se o tópico 6 da Subseção I, reservado à prisão em flagrante e à liberdade provisória.

5. PRISÃO PREVENTIVA DECRETADA OU MANTIDA NA SENTENÇA CONDENATÓRIA RECORRÍVEL OU NA DECISÃO DE PRONÚNCIA

Com o advento da Lei nº 12.736/2012, resultou definitivamente assentada a natureza *preventiva* da prisão decretada ou mantida em sentença condenatória recorrível (de primeira instância), algo sempre muito claro na doutrina, em função da garantia do estado de inocência (*regra de tratamento*). Assim, a medida prisional, imposta nesse ato decisório, não pode decorrer do mérito da causa, como uma antecipação de execução de pena, sujeitando-se aos motivos próprios da prisão preventiva, objeto do art. 312 do CPP, no que for aplicável.

A respeito da sentença penal condenatória recorrível, dispõe o art. 387, § 1º, do CPP: "O juiz decidirá, fundamentadamente, sobre a manutenção ou, se for o caso, a imposição de prisão preventiva ou de outra medida cautelar, sem prejuízo do conhecimento da apelação que vier a ser interposta".

Nessas condições, além de fixar o caráter eminentemente cautelar e preventivo da prisão decretada ou mantida na sentença condenatória recorrível, a norma referida exige ainda *fundamentação (motivação)* específica quanto à necessidade *superveniente (para a decretação)* ou *persistente (para a manutenção)* da medida prisional.

Esse regime traduz a inteira cautelaridade da prisão, sob os parâmetros do art. 312 do CPP, independentemente da condenação exarada na sentença, cujo mérito só poderá ser objeto de execução após o trânsito em julgado. No que for aplicável, portanto, a medida prisional só se justifica por motivo inerente à prisão preventiva: garantia da ordem pública ou da ordem econômica e garantia de aplicação da lei penal, eis que a necessidade da instrução criminal, no momento da sentença, já está exaurida.

A mesma lógica se aplica ao âmbito da decisão de pronúncia, já expressamente assim fixado pela Lei nº 11.689/2008, que acrescentou ao art. 413 seu § 3º atual, com esta redação: "O juiz decidirá, motivadamente, no caso de manutenção, revogação ou substituição da prisão ou medida restritiva de liberdade anteriormente decretada e, tratando-se de acusado solto, sobre a necessidade da decretação da prisão ou imposição de qualquer das medidas previstas no Título IX do Livro I deste Código".

Quanto à motivação, enfatize-se que está exigida não apenas para a imposição de prisão na sentença, mas também para a sua manutenção. Não basta, assim, que o magistrado se reporte aos anteriores fundamentos da medida, devendo justificar a necessidade *da persistência* da prisão.

A propósito, nesse particular, o Supremo Tribunal Federal já tinha posição firmada em tal sentido antes mesmo das reformas introduzidas pela Lei nº 11.689/2008 e pela Lei nº 12.736/2012, como revela este julgado da Primeira Turma no HC 86.019/RS (STF, 1ª Turma, HC 86.019, Rel. Min. CARLOS BRITTO, julgamento em 27.09.2005, DJ de 07.04.2006): "A superveniência de pronúncia que reitera os fundamentos da prisão preventiva, sem agregar nenhuma outra motivação, não enseja a prejudicialidade do habeas corpus. Concessão da ordem para determinar o retorno dos autos ao Superior Tribunal de Justiça, a fim de que aprecie as alegações do impetrante quanto aos requisitos da custódia cautelar".

Naturalmente, não se exigirá do órgão judiciário a mesma extensão e profundidade de motivação própria da decretação da medida cautelar. Isso porque o juiz, no caso, não está demonstrando o surgimento de motivos impositivos da custódia preventiva, e sim a persistência de motivos já existentes. Deverá o órgão judiciário, assim, demonstrar, por circunstâncias concretas, que os motivos *ainda* existem, sob pena de nulidade da manutenção da custódia cautelar.

Por último, examine-se a relevante questão da (in)admissibilidade da execução provisória da pena na hipótese de pendência de recurso extraordinário e/ou de recurso especial interposto(s) contra acórdão condenatório proferido em segunda instância.

Ora, por força da regra de tratamento própria do princípio-garantia do estado de inocência, com o significado que lhe conferiu a norma do art. 5º, LVII, da Constituição, não haveria qualquer possibilidade de execução de pena antes do trânsito em julgado de sentença penal condenatória. A interposição de recurso especial e/ou de recurso extraordinário, bem assim a de agravo contra a decisão de inadmissibilidade de qualquer desses recursos, constituem exercício de direito recursal do imputado, com eficácia obstativa do trânsito em julgado, até que essas impugnações excepcionais sejam definitivamente apreciadas, em sua admissibilidade ou, superada essa etapa preliminar, em seu mérito.

Nessas condições, a prisão imposta ou mantida em acórdão condenatório de segunda instância só poderia ter natureza cautelar, estando justificada, precisamente, por motivo previsto no art. 312 do CPP, no que fosse aplicável. Não teria sido recepcionada pela ordem constitucional vigente, portanto, a norma do art. 637 do CPP: "O recurso extraordinário não tem efeito suspensivo, e uma vez arrazoados pelo recorrido os autos do traslado, os originais baixarão à primeira instância, para a execução da sentença". Esse dispositivo jamais poderia ter aplicabilidade em um sistema que consagra a garantia do estado de inocência *nos termos em que o faz o art. 5º, LVII, da Constituição Federal*. Nenhuma dificuldade estrutural do sistema seria apta a justificar que se excepcionasse esse regime constitucional garantista.

O Plenário do Supremo Tribunal Federal, entretanto, recentemente modificou sua jurisprudência, para, reconhecendo vigência ao art. 637 do CPP, admitir a execução imediata da pena após o julgamento condenatório em segunda instância, independentemente da interposição de recursos de natureza excepcional.

Como já expusemos em outras oportunidades, essa solução, que seria admissível diante do sentido e alcance da garantia do estado de inocência emanado das normas internacionais, contraria o texto expresso da norma do art. 5º, LVII, da Constituição. Só uma interpretação muito restritiva, em torno de uma noção de "trânsito em julgado *ordinário*", poderá conduzir à posição hoje adotada pela Suprema Corte, a qual, se nos parece *de lege ferenda* adequada, é de difícil sustentação *de lege lata*.

Em todo caso, como sustentamos na Seção VI do Capítulo III, há de se atenuar o rigor dessa orientação permitindo ao relator o exercício do poder geral de cautela, para o fim de, considerando a relevância da fundamentação objeto do recurso especial e/ou extraordinário, conferir-lhe excepcionalmente efeito suspensivo.

6. MOTIVAÇÃO DA DECISÃO QUE DECRETA A PRISÃO PREVENTIVA (ART. 315, CPP)

A exigência de fundamentação da ordem judicial de prisão emana, antes de tudo, do art. 5º, inciso LXI, da Constituição da República. No mesmo caminho, tem-se o disposto no art. 283, *caput*, do CPP, com redação determinada pela Lei nº 12.403/2011, aplicável a qualquer espécie de prisão provisória.

Especificamente quanto à prisão preventiva, nos termos do art. 315 do CPP, "a decisão que decretar, substituir ou denegar a prisão preventiva será sempre motivada".

A motivação diz respeito à explicitação dos fatos que conduziram o juiz a um determinado convencimento quanto à necessidade da prisão preventiva. Como já visto, a motivação da decisão judicial sobre a custódia preventiva envolverá a análise dos seguintes elementos:

(i) na *decretação originária de prisão preventiva* (artigos 282, § 6º, 312, *caput*, 313 e 314, CPP): (a) existência dos *pressupostos* de materialidade e indícios de autoria ou participação (art. 312, *caput*, parte final, CPP); (b) configuração de pelo menos um dos *pressupostos* do *art. 313* do CPP: crime com pena máxima cominada superior a 4 (quatro) anos, ou investigado/acusado reincidente em crime doloso, ou dúvida sobre a identidade; (c) não incidência concreta de causa de exclusão da ilicitude (art. 314, CPP); (d) existência concreta de *necessidade* da imposição da prisão para garantia da ordem pública, da instrução processual penal ou da aplicação da lei penal (art. 312, *caput*, parte inicial, CPP); (e) insuficiência de outra medida cautelar pessoal para a consecução dos objetivos especificados no art. 312 do CPP (art. 282, § 6º, CPP).

(ii) na *conversão da prisão em flagrante em prisão preventiva* (art. 310, *caput*, II, e parágrafo único, CPP): (a) preexistência de prisão em flagrante, a caracterizar os pressupostos de materialidade e indícios de autoria; (b) configuração de pelo menos um dos *pressupostos* do *art. 313* do CPP: crime com pena máxima cominada superior a 4 (quatro) anos, ou investigado/acusado reincidente em crime doloso, ou dúvida sobre a identidade; (c) não incidência concreta de causa de exclusão da ilicitude (art. 310, parágrafo único, CPP); (d) existência concreta da necessidade de manutenção da prisão para garantia da ordem pública, da instrução processual penal ou da aplicação da lei penal (artigos 310, II, e 312, *caput*, parte inicial, CPP); (e) insuficiência de outra medida cautelar pessoal para a consecução dos objetivos especificados no art. 312 do CPP (artigos 310, II, e 282, § 6º, CPP).

(iii) na *decretação de prisão preventiva derivada do descumprimento de obrigação associada a medida cautelar pessoal alternativa* (artigos 282, § 4º e 312, parágrafo único, CPP): (a) existência dos *pressupostos* de materialidade e indícios de autoria ou participação (art. 312, *caput*, parte final, CPP); (b) descumprimento de obrigação associada a medida cautelar pessoal alternativa (art. 319, CPP) ou de medida protetiva no contexto da violência doméstica ou familiar (art. 313, III, CPP); (c) insuficiência da substituição da medida descumprida ou de sua cumulação com outra, a gerar a necessidade concreta da imposição da prisão para garantia da ordem pública, da instrução processual penal ou da aplicação da lei penal (artigos 282, § 4º, e 312, parágrafo único, CPP).

Esses elementos, já detalhadamente estudados nos tópicos anteriores, devem ser objeto da motivação judicial quanto à imposição (decretação originária, decretação derivada, conversão) da custódia preventiva. Reclama-se, quanto a cada um deles, a justificação do convencimento judicial em base empírica idônea, não sendo admissíveis, como visto, suposições ou presunções abstratas.

Dois, assim, são os elementos centrais da motivação: (i) verificação judicial apenas dos elementos legais idôneos para a justificação da medida aplicável, conforme a especificação descrita acima para cada espécie; (ii) identificação de tais elementos no caso concreto a partir de dados empíricos (fáticos), e não com base em presunções.

No primeiro ponto (i), veda-se, por exemplo, a invocação do clamor público como motivo, ainda que concretamente exista, pois a lei não institui esse requisito como idôneo, já no plano abstrato e hipotético, para caracterizar a necessidade cautelar. No segundo ponto (ii), veda-se, por exemplo, que o juiz presuma, apenas pelo poder econômico do acusado, a necessidade de garantia de aplicação da lei penal, sem que exista base empírica idônea a caracterizar risco concreto de evasão.

Acerca do segundo aspecto indicado, é oportuno referir esta clássica formulação de HÉLIO TORNAGHI: "Na hipótese de *prisão discricionária*, o juiz deve mencionar de maneira clara e precisa os *fatos* que o levam a considerar *necessária* a prisão para garantia da ordem pública ou para assegurar a instrução criminal ou a aplicação da lei penal substantiva. Não basta de maneira alguma, não é fundamentação, frauda a finalidade da lei e ilude as garantias da liberdade o fato de o juiz dizer apenas: 'considerando que a prisão é necessária para a garantia da ordem pública...' Ou então: 'a prova dos autos revela que a prisão é conveniente para a instrução criminal...' Fórmulas como essas são a mais rematada expressão da prepotência, do arbítrio e da opressão. Revelam displicência, tirania ou ignorância, pois além de tudo envolvem petição de princípio: com elas o juiz toma por base exatamente aquilo que deveria demonstrar"[54].

A ausência de motivação é causa de nulidade absoluta do ato que determina a custódia preventiva, por força da determinação geral do art. 93, inciso IX, da Constituição da República e, em especial, pela transgressão às normas dos artigos 5º, inciso LXI, da Constituição, 283, *caput*, e 315 do Código de Processo Penal. Nesse sentido, refira-se o julgado da Primeira Turma do STF no HC 128.334/SP (STF, 1ª Turma, HC 128.334, Rel. Min. ROSA WEBER, julgamento em 09.06.2015, DJ de 06.08.2015): "A motivação genérica e abstrata, sem elementos concretos ou base empírica idônea a amparar o decreto prisional, esbarra na jurisprudência consolidada deste Supremo Tribunal Federal, que não lhe reconhece validade. Precedentes".

O constrangimento ilegal à liberdade de locomoção decorrente da carência de motivação do ato impositivo da medida prisional, assim, pode ser sanado por *habeas corpus* impetrado com fundamento no art. 648, inciso VI, do CPP (nulidade).

É interessante observar, nesse contexto, que o tribunal não poderá, em sede de *habeas corpus*, reforçar a fundamentação/motivação do ato impositivo da medida prisional, na intenção de sanar o vício. O *habeas corpus*, como ação destinada ao resguardo da liberdade individual, não pode servir de instrumento para a correção do próprio ato impugnado, piorando a situação do paciente. Ademais, a admissão dessa hipótese implicaria supressão de instância, imiscuindo-se o tribunal no exame do mérito da prisão, quando, preliminarmente, o ato do juízo de primeira instância padece de nulidade.

No sentido da impossibilidade de suplementação do ato decisório impugnado em sede de *habeas corpus*, veja-se o julgado da Segunda Turma do STF no HC 125.555/PR

---

54. TORNAGHI, Hélio Bastos. *Manual de Processo Penal (Prisão e Liberdade)*, v. 1. Rio de Janeiro: Freitas Bastos, 1963, p. 423.

(STF, 2ª Turma, HC 125.555, Rel. Min. Teori Zavascki, julgamento em 10.02.2015, DJ de 14.04.2015): "A invocação, por instância superior, de outros fundamentos para justificar a decretação da prisão preventiva impugnada representa não um mero reforço argumentativo, mas a inovação da causa determinante da cautelar, com o objetivo de suplementar a decisão originária, o que não tem o beneplácito da jurisprudência do Supremo Tribunal Federal"[55].

7. REVOGAÇÃO (ART. 316, CPP)

A manutenção de prisão, quando já cessado o motivo que antes a justificava, é causa de constrangimento ilegal, sanável por *habeas corpus*, com fundamento no art. 648, inciso IV, do CPP. Ninguém poderá ser mantido preso sem a persistência da necessidade cautelar (art. 312, CPP).

Nessas condições, sobrevindo a desnecessidade da medida prisional para a garantia dos objetivos legais, o órgão judiciário deverá revogar a prisão preventiva, com fundamento na primeira parte da norma do art. 316 do CPP: "O juiz poderá revogar a prisão preventiva se, no correr do processo, verificar a falta de motivo para que subsista..."

A desnecessidade posterior da prisão pode consistir em: (i) desnecessidade de qualquer medida cautelar de caráter pessoal para a garantia dos objetivos legais; (ii) desnecessidade especificamente da medida prisional para a garantia dos objetivos legais, já que, em virtude de circunstância superveniente, medida cautelar alternativa passou a ser bastante para o enfrentamento do risco.

Na hipótese (i), o órgão judiciário determinará simplesmente a revogação da prisão preventiva, sob pena de ilegalidade superveniente da medida. Por exemplo: decretada a prisão do acusado com base na notícia de que estaria a intimidar testemunhas de acusação, a necessidade da prisão cessa quando encerrada a instrução criminal, dissipando-se assim, portanto, o risco à regularidade da fase instrutória.

Por seu turno, na hipótese (ii), o órgão judiciário revoga a prisão, mas impõe no mesmo ato medida cautelar pessoal alternativa (art. 319, CPP). Por exemplo: decretada a prisão preventiva de acusado estrangeiro não residente, em virtude de seu passaporte não ter sido encontrado para retenção, cessa a necessidade quando a própria defesa do acusado apresenta o passaporte, dissipando-se assim o risco à aplicação da lei penal. Nesse caso, deverá o órgão judiciário revogar a prisão preventiva, impondo a medida cautelar alternativa de proibição do acusado de ausentar-se do país, com retenção do passaporte (art. 320, CPP).

---

55. Com a mesma lógica, o STF já decidiu pela impossibilidade de suplementação do título condenatório em sede de *habeas corpus*. Cfr. STF, 2ª Turma, HC 109.678/PR, Rel. Min. Marco Aurélio, julgamento em 16.10.2012, DJ de 08.11.2012: "HABEAS CORPUS – SUPLEMENTAÇÃO DO TÍTULO JUDICIAL CONDENATÓRIO – IMPROPRIEDADE. O habeas corpus não é ação de mão dupla, decorrendo dessa premissa a impossibilidade de órgão julgador vir a suplementar, em termos de fundamentos, o título judicial condenatório".

8. PRISÃO DOMICILIAR

8.1. Sentido e Alcance: Forma Excepcional de Execução de Prisão Preventiva

A Lei nº 12.403/2011 introduziu, no âmbito do processo penal cautelar, os institutos da *prisão domiciliar* (artigos 317 e 318, CPP) e do *recolhimento domiciliar no período noturno e nos dias de folga* (art. 319, V, CPP). Antes de tudo, assinale-se que ambas são propriamente medidas de natureza *prisional*, ainda que com diferentes graus de privação da liberdade.

O art. 319 do CPP, entretanto, classifica o *recolhimento domiciliar* como medida cautelar diversa da prisão (inciso V). Parece-nos, de toda sorte, que isso não subtrai dessa medida seu caráter eminentemente privativo da liberdade. Com efeito, o imputado está sujeito, na espécie, a uma privação de liberdade durante a noite e nos dias de folga. Dá-se, assim, uma prisão temporalmente limitada. A propósito, a título de comparação, considere-se que o cumprimento de pena *privativa de liberdade* em regime aberto ocorre mediante liberdade desvigiada durante o dia e recolhimento durante a noite em casa de albergado (ou excepcionalmente no próprio domicílio do condenado). Assim, mesmo que em menor extensão e com características especiais, tem-se induvidosamente medida privativa de liberdade na hipótese do art. 319, V, do CPP, consistente no "recolhimento domiciliar no período noturno e nos dias de folga quando o investigado ou acusado tenha residência e trabalho fixos". A privação cautelar de liberdade inclusive entrará na conta da detração, em caso de posterior condenação definitiva do imputado[56].

A *prisão domiciliar cautelar*, por sua vez, tem extensão e finalidade distintas do recolhimento domiciliar objeto do art. 319, V, do CPP. Trata-se, em primeiro lugar, de forma especial de execução de prisão preventiva, e não de medida cautelar pessoal alternativa, com caráter substitutivo. Tem-se, na espécie, a efetivação da custódia preventiva no próprio domicílio do imputado, cabível caso incidente alguma das hipóteses excepcionais de vulnerabilidade pessoal, previstas em lei.

A cautelaridade, nesse particular, é própria da prisão preventiva, e não do fato de ser esta cumprida no domicílio do sujeito. Daí porque a prisão domiciliar não constitui, em última análise, medida cautelar autônoma, e sim mera forma de execução de medida cautelar prisional, designadamente a prisão preventiva[57].

---

56. De todo modo, por razões didáticas, tratamos do recolhimento domiciliar objeto do art. 319, V, no tópico deste Capítulo reservado às medidas cautelares alternativas, no que atendemos à sistemática do Código de Processo Penal.

57. Em coerência com esse sentido, não nos parece adequada a concepção de que seria a prisão domiciliar medida substitutiva da prisão preventiva, como disposto no próprio art. 318, *caput*, do CPP e ainda sustentado por Pacelli e Fischer neste trecho de sua excelente obra: "Um primeiro esclarecimento se impõe: a prisão domiciliar, introduzida pela Lei n. 12.403/11, *não constitui medida cautelar* propriamente dita, não se esquiparando ao *recolhimento* domiciliar do art. 319, V, CPP. A prisão domiciliar aparece como *substitutiva* da prisão preventiva anteriormente decretada e somente será cabível quando rigorosamente cumpridos os requisitos legais alinhados no art. 318, CPP". Cfr. Pacelli, Eugênio / Fischer, Douglas. *Comentários ao Código de Processo Penal e sua Jurisprudência*. São Paulo: Atlas, 2015, p. 693. Quanto ao primeiro ponto, estamos de pleno acordo, como já exposto no texto principal. Na segunda

À luz desses parâmetros é que devem ser compreendidas as disposições do Capítulo IV – "Da Prisão Domiciliar" do Título IX do Livro I do Código de Processo Penal, segundo a disciplina introduzida pela Lei nº 12.403/2011.

Nos termos do art. 317 do CPP, "a prisão domiciliar consiste no recolhimento do indiciado ou acusado em sua residência, só podendo dela ausentar-se com autorização judicial".

Por seu turno, o art. 318, *caput*, do CPP especifica as hipóteses em que "poderá o juiz substituir a prisão preventiva pela domiciliar". Como antes sustentamos, o que há em verdade é a execução da prisão preventiva de maneira excepcional, na residência do imputado, e não substituição de uma medida pela outra, já que a prisão domiciliar não encerra qualquer cautelaridade autônoma, em sua essência.

Deve-se ressaltar, de todo modo, que a prisão domiciliar vincula-se legalmente apenas à prisão preventiva, não podendo constituir, ao menos não sob as hipóteses do art. 318 do CPP, forma de execução de prisão temporária. Nesse particular, entenda-se que o regime especial domiciliar apenas está justificado, em certas situações, no âmbito de prisão com prazo indeterminado, caso da prisão preventiva, em que realmente haveria risco às situações de vulnerabilidade discriminadas no art. 318 do CPP (idade avançada, gravidez, necessidade de cuidados especiais).

Tratando-se, porém, de prisão com prazo predeterminado, justificada por finalidades de cunho investigativo, não há em princípio necessidade de recorrência ao regime especial, o que, aliás, poderia implicar prejuízo ao próprio objetivo cautelar associado à prisão temporária. De toda sorte, havendo excepcionalidade concretamente justificada, pela ciência prévia acerca de alguma das hipóteses legais de vulnerabilidade (art. 318, II e IV, CPP), poderá ser aplicada por analogia a prisão domiciliar ao domínio da prisão temporária.

8.2. Hipóteses de Prisão Domiciliar

As hipóteses de prisão domiciliar são as seguintes (art. 318, *caput*, CPP): (i) o imputado é maior de 80 (oitenta) anos; (ii) o imputado está extremamente debilitado por motivo de doença grave; (iii) o imputado é imprescindível aos cuidados especiais de pessoa menor de 6 (seis) anos de idade ou com deficiência; (iv) a imputada é gestante; (v) a imputada é mulher com filho de até 12 (doze) anos de idade incompletos; (vi) o imputado é o único responsável pelos cuidados do filho de até 12 (doze) anos de idade incompletos. As hipóteses (iv), (v) e (vi) foram inseridas pela Lei nº 13.257/2016, no contexto da disciplina das políticas públicas para a primeira infância.

A existência dessas situações deverá ser objeto de prova idônea, conforme exigido no art. 318, parágrafo único, do CPP, que apenas expressa o óbvio, mas com a funcionalidade de deixar claro o caráter restrito e excepcional da prisão domiciliar.

---

parte, entretanto, a nosso juízo, a prisão domiciliar constitui, na verdade, mera forma especial de execução da prisão preventiva, apesar da literalidade da norma do art. 318, *caput*, do CPP.

Aperfeiçoada a hipótese legal, o imputado tem o direito de cumprir a prisão cautelar em seu domicílio. As situações excepcionais já refletem vulnerabilidade suficiente para justificar a aplicação da prisão domiciliar.

Contra esse entendimento, PACELLI e FISCHER sustentam que o Poder Judiciário deverá guardar "um mínimo de reserva crítica quanto ao sentido e a amplitude da prisão domiciliar, de modo a não se frustrarem os objetivos perseguidos na decretação da prisão preventiva". E exemplificam: "...uma pessoa de 80 (oitenta) anos nem sempre se mostrará debilitada o suficiente para ainda não representar risco à instrução criminal ou de reiteração criminosa. Pense-se, por exemplo, em um líder de organização criminosa recolhido em suas confortáveis acomodações, com amplo poder de manobra e de comunicação com outros membros. Como evitar a *permanência* dos riscos que fundamentaram a decretação da prisão preventiva?"[58]

Com o devido respeito aos eminentes processualistas, discordamos dessa lógica. Necessidade da prisão preventiva sempre existirá em qualquer causa de prisão domiciliar. Ora, se o maior de 80 (oitenta) anos, pela idade, não representa risco à ordem pública, ao processo ou à aplicação da lei, sequer será cabível a decretação de prisão preventiva, não havendo que se cogitar, portanto, de prisão domiciliar. Por outro lado, se o maior de 80 anos representa risco aos objetivos legais, o juiz deverá decretar-lhe a prisão preventiva. Nesse caso, nos termos do art. 318, *caput*, I, do CPP, "substitui-se" a prisão preventiva por prisão domiciliar.

Não há mais, nesse momento, avaliação judicial sobre a persistência de motivo para a prisão preventiva, o que já foi resolvido antes, em sentido positivo. Se não persiste motivo para a prisão preventiva, não há aplicabilidade da prisão domiciliar. A lei impõe a prisão domiciliar sob o pressuposto da necessidade de prisão preventiva, em virtude de uma situação especial, qual seja, a idade avançada do preso. Trata-se de regra de tratamento da pessoa, pela idade.

Assim, para o líder de organização criminosa com poder de manobra e de comunicação, aplica-se a prisão preventiva, cumprida no domicílio do sujeito, se for maior de 80 (oitenta) anos. Se o indivíduo não reúne as características indicadas, nem sequer cabe a decretação de sua prisão preventiva.

De resto, havendo necessidade cautelar adicional, que se imponha cumulativamente a medida de monitoramento eletrônico, que se mostra compatível com a prisão domiciliar. Nesse ponto, observe-se que, ao contrário do que acontece com a prisão preventiva regular, cumprida em cárcere público, o monitoramento eletrônico pode ser aplicado juntamente com a prisão domiciliar, em que o indivíduo não se acha sob a custódia do Estado.

Seguindo, acerca da hipótese do art. 318, II, do CPP, compreenda-se que não basta, para o aperfeiçoamento do direito à prisão domiciliar, a existência de doença grave, exigindo a lei que o imputado esteja extremamente debilitado em razão dessa enfermidade, como já decidiu a Quinta Turma do STJ no RHC 48.446/ES (STJ, 5ª

---

58. PACELLI, Eugênio / FISCHER, Douglas. *Comentários ao Código de Processo Penal e sua Jurisprudência*. São Paulo: Atlas, 2015, pp. 693-694.

Turma, Rel. Min. LAURITA VAZ, julgamento em 05.08.2014, DJ de 22.08.2014). Essa circunstância deverá ser objeto de prova idônea (art. 318, parágrafo único, CPP), de natureza pericial, não sendo suficiente, para tanto, a mera subjetividade interpretativa do juiz, a partir do diagnóstico de uma doença grave.

Quanto à hipótese do art. 318, III, do CPP, não basta a existência da situação objetiva (menoridade ou deficiência), exigindo-se ainda a *imprescindibilidade* do imputado aos *cuidados especiais* da pessoa menor de 6 (seis) anos ou com deficiência. Nessa hipótese, não há a exigência de que o imputado seja pai ou mãe do menor de 6 (seis) anos ou do deficiente, bastando que se faça imprescindível a seus cuidados especiais.

Por outro lado, relativamente à hipótese do art. 318, IV, do CPP, com o advento da Lei nº 13.257/2016, a mera condição de *gestante* já é suficiente para aperfeiçoar o direito à prisão domiciliar. No regime anterior, exigia-se a condição de gestante a partir do sétimo mês ou a gravidez de alto risco, o que era demonstrável a partir de laudo médico. Agora, a simples prova do estado gravídico basta à configuração da hipótese legal, independentemente do mês de gestação e do risco da gravidez. Objetiva-se, com isso, a proteção à primeira infância, o que nos parece salutar, dentro da lógica que inspirou a edição da Lei nº 13.257/2016.

O novo regime também trouxe mais duas hipóteses de prisão domiciliar, agora destinadas à proteção do menor de 12 (doze) anos, pela mãe ou pelo pai. Manteve-se a hipótese do art. 319, III, do CPP, mais restritiva, concernente à imprescindibilidade do preso aos cuidados de menor de 6 (seis) anos ou com deficiência. Justifica-se a manutenção dessa causa, já que o imputado, sem ser pai ou mãe do menor de 6 (seis) anos, pode se mostrar imprescindível aos cuidados especiais da pessoa. Além disso, quanto ao *deficiente*, não há limitação de idade, podendo o pai ou a mãe, ou outra pessoa (familiar, parente, tutor, curador), ser imprescindível aos cuidados especiais inclusive de deficiente maior.

Já as hipóteses novas (art. 318, V e VI) dizem respeito especificamente ao pai e à mãe do menor de 12 (doze) anos: mulher com *filho* de até 12 (doze) anos de idade incompletos (art. 318, V, CPP); homem, caso seja o único responsável pelos cuidados do *filho* de até 12 (doze) anos de idade incompletos (art. 318, VI, CPP).

Na disciplina atual, basta que a mulher tenha filho de 12 (doze) anos de idade, independentemente da necessidade de "cuidados especiais". Parece-nos, todavia, que a mulher há de deter pelo menos a guarda, *exclusiva ou compartilhada*, do filho – de outro modo, não haveria qualquer justificação razoável para a custódia domiciliar.

Quanto ao homem, exige a lei que seja *o único* responsável pelos cuidados do filho menor de 12 (doze) anos, existindo aí, portanto, caráter mais restritivo que o da disciplina reservada à mulher. Assim, se a mãe também for responsável pelos cuidados do filho, por conviver com o pai ou por de outra forma exercer guarda compartilhada, o homem não pode se beneficiar com a prisão domiciliar. Exige-se para o homem, portanto, *exclusividade* no que tange aos cuidados.

Já para a mulher é suficiente que tenha a guarda, ainda que não a exerça de forma exclusiva, quando o pai *também* seja responsável pelos cuidados do menor. A mulher há de pelo menos deter, portanto, alguma participação nos cuidados do filho. Não fosse assim, poderia ocorrer de, em caso de prisão do pai e da mãe, ambos se beneficiarem da custódia domiciliar, quando apenas o primeiro detenha a guarda *exclusiva* do menor[59].

Além das situações objeto do art. 318 do CPP, há outros casos excepcionais em que se impõe a prisão domiciliar, sempre que, por ausência ou insuficiência estrutural, não seja concretamente possível assegurar ao imputado regime especial de prisão previsto em lei. Assim é que a jurisprudência tem amplamente reconhecido para o advogado o direito à prisão domiciliar, quando falte no local a *Sala de Estado Maior* que lhe assegura a Lei nº 8.906/1994, como prerrogativa de função. No particular, entende-se que o art. 7º, V, da Lei nº 8.906/1994 prevalece, por força do princípio da especialidade, sobre a norma mais geral do art. 295 do CPP, que contempla hipóteses de prisão especial para diversos sujeitos.

Nesse sentido, confira-se o julgado da Segunda Turma do STF no HC 109.213/SP (STF, 2ª Turma, HC 109.213, Rel. Min. CELSO DE MELLO, julgamento em 28.08.2012, DJ de 17.09.2012): "O Estatuto da Advocacia (Lei nº 8.906/94), em norma não derrogada pela Lei nº 10.258/2001 (que alterou o art. 295 do CPP), garante, ao Advogado, enquanto não transitar em julgado a sentença penal que o condenou, o direito de 'não ser recolhido preso (...), senão em sala de Estado-Maior (...) e, na sua falta, em prisão domiciliar' (art. 7º, inciso V). – Trata-se de prerrogativa de índole profissional – qualificável como direito público subjetivo do Advogado regularmente inscrito na OAB – que não pode ser desrespeitada pelo Poder Público e por seus agentes, muito embora cesse com o trânsito em julgado da condenação penal. Doutrina. Jurisprudência. (...) A inexistência, na comarca ou nas Seções e Subseções Judiciárias, de estabelecimento adequado ao recolhimento prisional do Advogado confere-lhe, antes de consumado o trânsito em julgado da sentença penal condenatória, o direito de beneficiar-se do regime de prisão domiciliar (RTJ 169/271-274 – RTJ 184/640), não lhe sendo aplicável, considerado o princípio da especialidade, a Lei nº 10.258/2001. - Existe, entre o art. 7º, inciso V, do Estatuto da Advocacia (norma anterior especial) e a Lei nº 10.258/2001 (norma posterior geral), que alterou o art. 295 do CPP, situação reveladora de típica antinomia de segundo grau, eminentemente solúvel, porque superável pela aplicação do critério da especialidade ('lex posterior generalis non derogat priori speciali'), cuja incidência, no caso, tem a virtude de preservar a essencial coerência, integridade e unidade sistêmica do ordenamento positivo (RTJ 172/226-227), permitindo, assim, que coexistam, de modo harmonioso, normas em relação de (aparente) conflito. Doutrina. Consequente subsistência, na espécie, não obstante o advento da Lei nº 10.258/2001, da norma inscrita no inciso V do art. 7º do Estatuto da Advocacia, ressalvada, unicamente, por inconstitucional (ADI 1.127/DF), a expressão 'assim reconhecidas pela OAB' constante de referido preceito normativo".

O mesmo regime aplica-se a magistrados e a membros do Ministério Público, aos quais as respectivas leis orgânicas, de igual modo, asseguram a prisão processual em Sala de Estado Maior.

---

59. Ademais, a se pensar que basta, ao reconhecimento do direito à prisão domiciliar, que a mulher seja mãe de menor de 12 (doze) anos, independentemente de guarda (mesmo que apenas parcial), quando o mesmo regime não está reservado ao homem, ter-se-ia *injustificável* diferença normativa de tratamento entre os gêneros, algo incompatível com a igualdade de direitos e deveres proclamada pelo art. 5º, inciso I, da Constituição Federal.

SUBSEÇÃO III
Prisão Temporária

1. SENTIDO E ALCANCE

A prisão temporária constitui forma de *prisão provisória com prazo diretamente predeterminado* pela lei e que se destina em essência à *garantia da efetividade da investigação criminal no âmbito de crimes considerados mais graves*. Com esse perfil, a prisão temporária foi instituída pela Lei nº 7.960/1989, parcialmente alterada pela Lei nº 11.464/2007 (que, por sua vez, modificou a Lei nº 8.072/1990) para o domínio específico dos crimes hediondos e dos crimes equiparados a hediondos.

Tratando-se de medida teleologicamente vinculada à eficácia da investigação, não há hipótese de decretação da prisão temporária quando já instaurado o processo penal.

A prisão temporária foi criada pouco depois do advento da Constituição de 1988, em um contexto de proscrição da chamada "prisão para averiguação" e de qualquer forma de prisão administrativa. Instituiu-se então uma medida adequada a resguardar a apuração de infrações penais na fase pré-processual, estando a serviço, portanto, das autoridades investigativas, mas cuja necessidade e atuação concreta, em consonância com o regime constitucional vigente, dependem de estrita avaliação e controle judicial, ao contrário das formas prisionais antigas com objetivos semelhantes.

Refletindo, no plano da legislação ordinária, a exigência constitucional de controle jurisdicional *prévio*, dispõe o art. 2º, § 5º, da Lei nº 7.960/1989 que "a prisão somente poderá ser executada depois da expedição de mandado judicial".

2. HIPÓTESES

O art. 1º da Lei nº 7.960/1989 discrimina as hipóteses de decretação judicial da prisão temporária: (i) imprescindibilidade da medida para as investigações do inquérito policial (inciso I); (ii) ausência de residência fixa do indiciado (inciso II, primeira parte); (iii) ausência dos elementos necessários ao esclarecimento da identidade do indiciado (inciso II, segunda parte); (iv) existência de fundadas razões, de acordo com qualquer prova admitida na legislação penal, de autoria ou participação do indiciado nos crimes especificados nas alíneas *a* até *o*.

Não há transparência legal no que diz respeito à exigência ou não de cumulação dos requisitos e pressupostos especificados, como base para a decretação da custódia temporária.

Depreendem-se do dispositivo, de toda sorte, três hipóteses atinentes ao *periculum in mora* ou *periculum libertatis*, indicadoras da necessidade e do objetivo cautelares (art. 1º, incisos I e II, Lei nº 7.960/1989), e uma referente ao *fumus boni juris* ou *fumus comissi delicti*, indicadora de pressuposto indiciário suficiente a justificar a decretação da medida prisional (art. 1º, inciso III, Lei nº 7.960/1989).

Nessas condições, compreende-se como autorizadora da prisão temporária a hipótese de reunião do pressuposto indiciário (art. 1º, III) (*fumus comissi delicti*) com pelo menos uma necessidade cautelar (art. 1º, I *ou* II) (*periculum libertatis*).

As situações possíveis, assim, são as seguintes:

(a) *requisito* (i) da imprescindibilidade para as investigações do inquérito policial (art. 1º, I) (*periculum libertatis*), sob o *pressuposto* (ii) da (+) existência de fundadas razões (base indiciária) de autoria ou participação do indiciado nos crimes especificados (art. 1º, III) (*fumus comissi delicti*).

(b) *requisito* da (i) ausência de residência fixa do investigado (art. 1º, II, 1ª parte), sob o *pressuposto* (ii) da (+) existência de fundadas razões (base indiciária) de autoria ou participação do investigado nos crimes especificados (art. 1º, III).

(c) *requisito* da (i) ocultação da identidade do investigado (art. 1º, II, 2ª parte), sob o *pressuposto* (ii) da (+) existência de fundadas razões (base indiciária) de autoria ou participação do investigado nos crimes especificados (art. 1º, III).

Essa é a orientação que nos parece emergir com mais propriedade da disciplina legal. Registramos, porém, a existência de correntes doutrinárias posicionando-se em sentidos diversos, quer no de que cada hipótese isoladamente autorizaria a prisão (algo incompatível com a ordem constitucional em vigor, que desautoriza qualquer forma de prisão sem necessidade cautelar), quer no de que a existência do requisito da imprescindibilidade das investigações é sempre necessário.

De acordo com essa última corrente, a qualquer das hipóteses acima especificadas em (b) e (c) deve-se somar o requisito do art. 1º, inciso I. Assim, têm-se estas situações possíveis: (a) art. 1º, inciso I + art. 1º, inciso III (este suficiente); (b) art. 1º, inciso I + art. 1º, inciso III + art. 1º, inciso II, 1ª parte (ausência de residência fixa) ou art. 1º, inciso II, 2ª parte (ausência de esclarecimento da identidade).

De nossa parte, entendemos que essa corrente implica ignorar a previsão legal inscrita no art. 1º, inciso II. Ora, se já basta, para a decretação da prisão temporária, a combinação acima referida em (a) – base indiciária de autoria ou participação + imprescindibilidade para as investigações –, qual a necessidade de previsão das situações especificadas no inciso II? Se o requisito do art. 1º, I, precisasse sempre estar presente, não haveria motivo para a previsão de situações específicas.

Por outro lado, trata-se de uma controvérsia apenas aparente, uma vez que, se está presente qualquer das hipóteses do inciso II, há inerentemente a imprescindibilidade para as investigações: de fato, a ausência de informação sobre a residência ou sobre a identidade do investigado torna a prisão imprescindível para a efetividade da investigação criminal.

De resto, além dessas situações específicas, contempla-se em caráter geral o motivo da imprescindibilidade das investigações. É como se a lei dissesse: cabe a prisão, havendo base indiciária quanto à prática de certos crimes, na hipótese de ausência de informação sobre a residência do investigado ou na de dados sobre sua identidade, ou nos demais casos de necessidade da medida para garantia da eficácia das investigações.

Esclarecidos esses pontos, cumpre em seguida examinar cada uma das hipóteses normativas.

Cap. XIV · MEDIDAS CAUTELARES DE CONSTRIÇÃO PESSOAL   965

2.1. *Fumus Comissi Delicti*: o pressuposto indiciário quanto à prática de crimes considerados particularmente graves (art. 1º, III, Lei nº 7.960/1989)

Exige-se, como pressuposto para a decretação de prisão temporária, base probatória mínima quanto à autoria ou participação do investigado em determinados crimes. Trata-se do *fumus comissi delicti* ou da justa causa em sentido estrito: lastro probatório mínimo quanto à existência material do fato constitutivo de certos crimes e à respectiva autoria, o que se traduz em *materialidade do fato* e *indícios de autoria ou participação* do investigado.

A prisão temporária, enquanto medida excepcional destinada à garantia da eficácia da investigação, só é cabível no âmbito de determinados crimes, considerados de particular gravidade. Esses crimes estão especificados em rol legal taxativo, objeto das alíneas do inciso III do art. 1º da Lei nº 7.960/1989.

Estão incluídos nesse rol os crimes hediondos, os crimes equiparados a hediondos e algumas outras espécies delitivas:

(a) *Homicídio doloso* (art. 121, *caput*, e § 2º, Código Penal): Trata-se do *homicídio simples* (art. 121, *caput*, CP) e do *homicídio qualificado* (art. 121, § 2º, CP).

(b) *Sequestro ou cárcere privado* (art. 148, *caput*, e §§ 1º e 2º, CP): Compreendem-se aí a forma *simples* (art. 148, *caput*, CP) e as formas *qualificadas* (art. 148, §§ 1º e 2º, CP) do crime de sequestro.

(c) *Roubo* (art. 157, *caput*, e §§ 1º, 2º e 3º, Código Penal): Compreendem-se aí a forma *simples* (art. 157, *caput*, CP), a forma simples *equiparada* (art. 157, § 1º, CP), as formas *majoradas* (art. 157, § 2º, CP) e as formas *qualificadas* (art. 157, § 3º, CP) do crime de roubo.

(d) *Extorsão* (art. 158, *caput*, e §§ 1º e 2º, Código Penal): Compreendem-se aí a forma *simples* (art. 158, *caput*, CP) e as formas *qualificadas* (art. 158, §§ 1º e 2º, CP) do crime de extorsão. Deve-se incluir no rol legal a forma qualificada da extorsão consistente no *sequestro relâmpago*, objeto do § 3º do art. 158 do Código Penal, acrescentado pela Lei nº 11.923/2009. Embora essa forma não conste expressamente do art. 1º, III, *d*, da Lei nº 7.960/1989, já que a modificação do art. 158 do CP foi bem posterior, trata-se de forma qualificada, do mesmo modo que aquelas contempladas nos §§ 1º e 2º. Na espécie, se é admissível a decretação de prisão temporária até mesmo para a extorsão simples, com mais razão se aplica a medida prisional para a nova forma qualificada (art. 158, § 3º, CP).

(e) *Extorsão mediante sequestro* (art. 159, *caput*, e §§ 1º, 2º e 3º, Código Penal): Compreendem-se aí a forma simples (art. 159, *caput*, CP) e as formas qualificadas (art. 159, §§ 1º, 2º e 3º, CP) do crime de extorsão mediante sequestro.

(f) *Estupro* (art. 213, *caput*, e §§ 1º e 2º, Código Penal): A lei (art. 1º, III, *f*, Lei 7.960/1989) indica o art. 213, *caput*, "e sua combinação com o art. 223, *caput*, e parágrafo único", que tipificava as formas qualificadas do estupro e do antigo atentado violento ao pudor. Com a reforma introduzida pela Lei nº 12.015/2009, que revogou a norma incriminadora do atentado violento ao pudor (art. 214), incorporando a conduta correspondente no tipo do estupro (art. 213, *caput*), as formas qualificadas desse crime passaram a constar do § 1º do art. 213, correspondentes àquelas antes previstas no art. 223, o qual resultou revogado. Pelas mesmas razões, tem-se por tacitamente revogada a norma do art. 1º, III, g, da Lei nº 7.960, que contempla no rol da prisão temporária o crime de atentado violento ao pudor, objeto do revogado art. 214 do Código Penal.

A abrangência da hipótese de cabimento da temporária, assim, deve ser delimitada, atualmente, de acordo com o art. 213, *caput* e § 1º, que compreende a forma *simples* e as formas *qualificadas* do crime de estupro.

Deve-se incluir no rol legal o crime de *estupro de vulnerável*, objeto do art. 217-A do Código Penal, acrescentado pela Lei nº 12.015/2009. Embora essa forma não conste expressamente do art. 1º, III, *f*, da Lei nº 7.960/1989, já que a aludida modificação do Código Penal foi bem posterior, trata-se de forma típica de estupro, que incorpora as antigas hipóteses de "violência presumida" (objeto do revogado art. 224 do CP).

Na espécie, se é admissível a decretação de prisão temporária até mesmo para o estupro simples, com mais razão se aplica a medida prisional para a forma, mais grave, do estupro de vulnerável (art. 217-A, CP). Tenha-se em conta, nesse particular, que o *estupro de vulnerável* é uma forma de estupro, ainda que incriminada em tipo autônomo, não havendo aí, portanto, qualquer alargamento indevido do alcance do art. 1º, III, *f*, da Lei nº 7.960/1989.

(g) *Revogação da norma incriminadora (art. 214, CP) do atentado violentado ao poder pela Lei nº 12.015/2009, tendo a conduta correspondente sido incorporada ao crime de estupro (art. 213, CP).*

(h) *Revogação do art. 219 do Código Penal, que incriminava o "rapto violento", pela Lei nº 12.015/2009, do que resulta a inaplicabilidade atual da hipótese de prisão temporária objeto do art. 1º, III, h, da Lei nº 7.960, tacitamente revogado pela Lei nº 12.015.*

(i) *Epidemia com resultado morte* (art. 267, § 1º, Código Penal): Compreende-se aí apenas a *forma qualificada* (resultado morte) do crime (contra a saúde pública) *epidemia*. É inaplicável a prisão temporária, assim, para a forma simples (art. 267, *caput*, CP) da epidemia.

(j) *Envenenamento de água potável ou substância alimentícia ou medicinal qualificado pela morte* (art. 270, *caput*, combinado com o art. 285, Código Penal): Compreende-se aí apenas a *forma qualificada* (pela morte) do crime de *envenenamento de água potável ou substância alimentícia ou medicinal*, o que resulta da combinação do tipo básico do art. 270, *caput*, com a qualificadora da morte prevista no art. 258, a que faz remissão o art. 285 do Código Penal.

(k) *Associação criminosa* (art. 288, Código Penal): O art. 1º, III, *l*, da Lei nº 7.960/1989 contempla o crime de "quadrilha ou bando", tipificado no art. 288 do Código Penal. O *nomem juris* do crime, entretanto, foi modificado para *associação criminosa* pela Lei nº 12.850/2013, que também instituiu nova definição típica, fixando o aperfeiçoamento do crime com a reunião de pelo menos três pessoas (ao contrário da redação originária da norma, que incriminava a associação de mais de três pessoas).

Ademais, devem ser incluídas no dispositivo do art. 1º, III, *l*, da Lei nº 7.960 também as formas de *organização criminosa* tipificadas no art. 2º da Lei nº 12.850/2013:

forma simples (art. 2º, *caput*), forma equiparada (art. 2º, § 1º), formas majoradas (art. 2º, §§ 2º e 4º) e forma agravada (art. 2º, § 3º). Embora essas formas não constem expressamente do art. 1º, III, *l*, da Lei nº 7.960, já que o advento da Lei nº 12.850/2013 (organização criminosa) foi bem posterior, trata-se de tipos do mesmo teor básico da associação criminosa (pena de 1 a 3 anos), com alguns elementos especiais de maior gravidade (pena de 3 a 8 anos).

Na espécie, se é admissível a decretação de prisão temporária até mesmo para a associação criminosa, com mais razão se aplica a medida prisional para a – mais grave – organização criminosa, a encerrar o mesmo elemento da reunião de pessoas para a prática de crimes, com alguns componentes adicionais de maior potencialidade lesiva. Não se trata aqui de qualquer emprego de analogia, e sim de inserção do crime do art. 2º no âmbito da "quadrilha", atualmente lida como "associação criminosa", objeto do art. 1º, III, *l*, da Lei nº 7.960.

Por outro lado, não se pode incluir nessa órbita o crime de "constituição de milícia privada", objeto do art. 288-A do Código Penal, acrescentado pela mesma Lei nº 12.850/2013, eis que, este sim, constitui crime diverso, embora assemelhado à – e até mais grave que a – associação criminosa.

Assevere-se, a propósito, que a prisão temporária pode concretamente constituir elemento especial de estrita necessidade para garantir a eficácia da investigação que tenha por objeto uma estrutura funcional complexa como a organização criminosa, cuja definição se encontra, ainda que com feição aberta, no art. 1º, § 1º, da Lei nº 12.850/2013.

(l) *Genocídio* (arts. 1º, 2º e 3º, Lei nº 2.889, de 1.10.1956), em qualquer de suas formas típicas.

(m) *Tráfico de drogas* (art. 33, Lei nº 11.343/2006): O art. 1º, III, *n*, da Lei nº 7.960 indica o "art. 12 da Lei 6.368, de 21.10.1976", hoje revogado. O crime de tráfico de drogas está atualmente tipificado no art. 33 da Lei nº 11.343/2006, que deve, portanto, ser tomado como referência para fins de decretação da prisão temporária.

GUILHERME NUCCI entende que, embora a lei repute equiparados a hediondos também os crimes definidos nos artigos 34 a 37 da Lei nº 11.343/2006, para fins de decretação da prisão temporária deve ser considerado, em conformidade com o art. 1º, III, *n*, da Lei nº 7.960, apenas o crime propriamente de *tráfico de drogas*, objeto do art. 33[60]. RENATO BRASILEIRO, por seu turno, sustenta que os crimes em questão, por serem equiparados a hediondos, devem ser considerados como "tráfico de drogas" para fins de decretação de prisão temporária[61].

Parece-nos correto o entendimento de NUCCI no sentido de que o cabimento da prisão temporária não deve ser apreciado em necessário paralelo com a equiparação a crime hediondo.

Pensamos, entretanto, que os tipos penais objeto dos artigos 34 (petrechos para o tráfico de drogas), 35 (associação criminosa destinada ao tráfico) e 36 (financiamento

---

60. Nucci, Guilherme de Souza. *Manual de Processo Penal e Execução Penal*. Rio de Janeiro: Forense, 2013.

61. Lima, Renato Brasileiro de. *Manual de Processo Penal*. Salvador: JusPodivm, 2015, p. 984.

ao tráfico) encerram clara *vinculação* direta à *execução* do crime de tráfico de drogas. Assim, estão essas condutas abrangidas pelo sentido e alcance da norma do art. 1º, III, *n*, da Lei no 7.960, ao aludir a "tráfico de drogas". Nesse ponto, portanto, estamos de acordo com BRASILEIRO.

Por outro lado, a *associação para o tráfico*, objeto do art. 35 da Lei nº 11.343/2006, pode ser incluída no rol com fundamento no art. 1º, III, *l* (quadrilha ou bando), da Lei nº 7.960/1989. *Não assim, porém, o crime de mera colaboração com organização criminosa destinada ao tráfico.* Nesse caso, há um distanciamento evidente da conduta de colaboração, como informante (caráter acessório), com a organização criminosa (art. 37, Lei nº 11.343/2006), relativamente à execução efetiva do tráfico, algo que se reflete, aliás, na pena cominada, de menor gravidade que qualquer outra com a nota efetiva de tráfico de drogas.

Assim, sustentamos que os tipos dos artigos 33, 34, 35 e 36 da Lei nº 11.343/2006 comportam prisão temporária, mas o tipo do art. 37 da mesma lei não constitui hipótese de imposição dessa modalidade de medida prisional, eis que não pode ser inserido na designação "tráfico de drogas", senão por indevida ampliação analógica ofensiva à garantia da reserva legal.

(n) *Crimes contra o sistema financeiro nacional* (Lei nº 7.492/1986): Trata-se dos crimes previstos dos artigos 2º a 23 da Lei nº 7.492/1986. Como o próprio art. 1º, III, *o*, da Lei nº 7.960/1989 especifica a lei de regência dos crimes designados por *contra o sistema financeiro nacional* (no caso a Lei nº 7.492/1986), não podem ser assim considerados, para fins de decretação da prisão temporária, outros delitos, ainda que possam atentar (ou sempre atentem) contra o sistema financeiro, como os de *lavagem* de ativos (Lei nº 9.613/1998) e aqueles contra o mercado de capitais (Lei nº 6.385/1976).

Por fim, refira-se a norma do art. 2º, § 4º, da Lei nº 8.072/1990: "A prisão temporária, sobre a qual dispõe a Lei n. 7.960, de 21 de dezembro de 1989, *nos crimes previstos neste artigo*, terá o prazo de 30 (trinta) dias, prorrogável por igual período em caso de extrema e comprovada necessidade". Cuida-se de parágrafo (§ 4º) incluído no art. 2º da Lei nº 8.072/1990 pela Lei nº 11.464/2007.

O dispositivo trata da prisão temporária *nos crimes previstos neste artigo*. Que crimes são esses? O art. 2º, *caput*, assim os especifica: "Os crimes hediondos, a prática da tortura, o tráfico ilícito de entorpecentes e drogas afins e o terrorismo..."

Nessas condições, por força de norma posterior (Lei nº 11.464/2007), devem ser incluídos no rol de cabimento da prisão temporária: (a) crimes *hediondos* não especificamente contemplados nos incisos do art. 1º da Lei nº 7.960, tratando-se, atualmente, apenas do *crime de falsificação, corrupção, adulteração de produto destinado a fins terapêuticos ou medicinais*, definido no art. 273, *caput*, e §§ 1º, 1º-A e 1º-B, do Código Penal (os demais crimes hediondos já estão discriminados nos incisos do art. 1º da Lei nº 7.960); (b) o *crime, equiparado a hediondo, de tortura*, definido no art. 1º da Lei nº 9.455/1997; (c) o crime, equiparado a hediondo, de terrorismo.

Quanto ao crime, equiparado a hediondo, de "tráfico ilícito de entorpecentes e drogas afins", devem ser consideradas, a nosso juízo, as condutas *imediatamente* relacionadas ao tráfico e, portanto, comportáveis nesse conceito. Não é a equiparação

Cap. XIV · MEDIDAS CAUTELARES DE CONSTRIÇÃO PESSOAL

a hediondo, e sim a inserção do tipo penal no conceito de "tráfico", que conforma o cabimento da prisão temporária.

Assim, por mais que o art. 44 da Lei nº 11.343/2006 disponha que os crimes dos artigos 33, e 34 a 37 (da mesma lei) são insuscetíveis de "sursis, graça, indulto, anistia e liberdade provisória, vedada a conversão de suas penas em restritivas de direitos", impondo a esses tipos penais o regime próprio dos crimes equiparados a hediondos, não se pode daí concluir que todos eles se inserem no conceito de tráfico de drogas, indicado no art. 1º da Lei nº 7.960/1989 e também no art. 2º da Lei nº 8.072/1990.

Como omissão eloquente, anote-se que a Lei nº 11.343/2006 estabeleceu uma série de restrições para esses crimes, nada dispondo, porém, sobre a prisão temporária. Assim, o tipo do art. 37 da Lei nº 11.343/2006, por não se inserir no conceito de *tráfico*, eis que se trata apenas de colaboração como informante de organização (o que supõe algo externo à organização), não comporta prisão temporária, conforme já expusemos acima, ressalvando o entendimento doutrinário em sentido diverso (por todos, RENATO BRASILEIRO).

2.2. *Periculum Libertatis*: a necessidade cautelar

Como antes assinalado, a necessidade de decretação da prisão temporária encontra-se: (i) especificamente, na (a) ausência de residência fixa do investigado ou na (b) ocultação de identidade do investigado (art. 1º, inciso II, Lei nº 7.960/1989); ou (ii) genericamente, na imprescindibilidade da medida, por motivo diverso daqueles especificados em (a), para as investigações do inquérito policial (art. 1º, inciso I, Lei nº 7.960/1989).

Em qualquer hipótese, desponta claramente a destinação da medida prisional temporária a resguardar a eficácia da investigação policial.

Importa enfatizar, em primeiro plano, que a prisão temporária se vincula à proteção da efetividade não de qualquer investigação criminal, mas especificamente da investigação *policial*. É o que claramente emana do inciso I do art. 1º da lei de regência, que dispõe sobre a imprescindibilidade da medida para as investigações *do inquérito policial*.

Por mais que em direito se admitam outros procedimentos de investigação criminal, como aquele conduzido por órgão do Ministério Público, é inviável o emprego de analogia *in malam partem* para inserir na disciplina legal hipótese não prevista. O inquérito policial constitui procedimento de investigação específico, objeto de disciplina legal própria, nos artigos 4º a 23 do Código de Processo Penal.

O procedimento de investigação criminal instaurável por órgão do Ministério Público escapa a esse alcance. No particular, quando a jurisprudência passou a admitir o poder de investigação do Ministério Público, a mais expressiva objeção levantada foi justamente a da falta de disciplina normativa, o que só realça a diferença essencial desse procedimento de investigação frente ao inquérito policial, por mais que a finalidade seja a mesma.

Em se tratando de procedimentos assemelhados, mas inconfundíveis entre si, só a analogia poderia suprir a "lacuna" legal (ausência de previsão do procedimento de investigação a cargo do Ministério Público), para fins de prisão temporária. Ocorre que a norma em foco tem caráter híbrido, com nítido cunho material, por envolver privação da liberdade de individual, razão pela qual se veda o emprego de mecanismo integrativo (analogia) em prejuízo do investigado.

3. INICIATIVA PARA POSTULAR A PRISÃO

Em bom caminho, a Lei nº 7.960/1989 não previu hipótese de decretação de prisão temporária de ofício pelo órgão judiciário, o que, a propósito, seria inconstitucional. Nos termos do art. 2º, *caput*, primeira parte, da Lei nº 7.960/1989: "A prisão temporária será decretada pelo Juiz, em face da representação da autoridade policial ou de requerimento do Ministério Público..."

Assim, a decretação judicial da medida depende de (i) representação da autoridade policial e/ou de (ii) requerimento do Ministério Público. Em se tratando de representação policial, "o Juiz, antes de decidir, ouvirá o Ministério Público", nos termos do art. 2º, § 1º, da Lei 7.960.

A necessidade de prévia manifestação do Ministério Público justifica-se em virtude de ser essa instituição a legitimada para acusar com base nos elementos que forem colhidos na investigação cuja eficácia se objetiva resguardar com a prisão. No entanto, por se tratar de garantia da investigação, entendemos que não há necessidade de chancela postulatória, pelo Ministério Público, da representação policial, para que se faça possível a decretação judicial da medida.

Como sustentamos quanto à prisão preventiva, a necessidade de efetiva postulação do Ministério Público justifica-se em função do motivo da prisão (por exemplo, quando se tratar de garantia da ordem pública ou de aplicação da lei penal), pois é essa instituição a interessada e, ademais, a que dispõe de efetiva legitimidade e capacidade postulatória para acusar perante o juízo.

Por outro lado, se o motivo da prisão visa a resguardar a própria efetividade da apuração policial, tem o delegado de polícia interesse em identificar essa necessidade e de representar ao juiz pela decretação das medidas pertinentes.

Tenha-se em conta que a prisão temporária é cabível apenas na fase de investigação, quando sequer existe acusação deduzida. Assim, a exigência de provocação para o fim de decretação judicial da prisão temporária, assim como a correlata impossibilidade de imposição da medida por iniciativa do próprio juiz, atendem à lógica do sistema acusatório e preservam a imparcialidade do órgão judiciário.

Durante certo tempo, portanto, desde 1989 até 2011, o sistema processual penal brasileiro conviveu com a incoerência da possibilidade *legal* de decretação de prisão preventiva *ex officio* mesmo durante a fase de investigação, conforme a redação originária do art. 311 do CPP, e a impossibilidade da mesma hipótese no âmbito da prisão temporária (art. 2º, *caput*, Lei nº 7.960/1989).

A Lei nº 12.403/2011, todavia, corrigiu essa distorção, em nova redação conferida ao art. 311 do CPP, que atualmente permite a decretação judicial *ex officio* da prisão preventiva apenas no curso do processo penal, vedando a mesma hipótese, por conseguinte, no curso da fase pré-processual de investigação, quando sequer há acusação formada.

4. CONTROLE JUDICIAL E EXECUÇÃO DA MEDIDA PRISIONAL

O órgão judiciário não tem iniciativa para, de ofício, decretar a prisão temporária, dependendo, para tanto, de provocação da autoridade policial ou do Ministério Público, conforme abordado no tópico anterior. A função judicial de controle, assim, justifica-se em virtude da privação a um direito fundamental, o de liberdade de locomoção.

Nos termos do art. 2º, § 2º, da Lei nº 7.960/1989, "o despacho que decretar a prisão temporária deverá ser fundamentado e prolatado dentro de 24 (vinte e quatro) horas, contadas a partir do recebimento da representação ou do requerimento". Embora a lei se refira a um "despacho", trata-se efetivamente de ato jurisdicional *decisório*, que, como tal, reclama motivação e fundamentação.

Tem-se aí a expressão legal da garantia constitucional de que ninguém será preso, fora das hipóteses de flagrante, senão por "ordem escrita *e fundamentada* de autoridade judiciária competente" (art. 5º, inciso LXI, CF). Como forma de viabilizar o respeito ao prazo de 24 (vinte) quatro horas para a apreciação do pedido, dispõe o art. 5º da Lei nº 7.960/1989: "Em todas as comarcas e seções judiciárias haverá um plantão permanente de 24 (vinte e quatro) do Poder Judiciário e do Ministério Público para apreciação dos pedidos de prisão temporária".

Para fins de controle de legalidade quanto ao cumprimento da prisão, poderá o juiz, "de ofício, ou a requerimento do Ministério Público e do Advogado, determinar que o preso lhe seja apresentado, solicitar informações e esclarecimentos da autoridade policial e submetê-lo a exame de corpo de delito".

É relevante asseverar que essa previsão se destina a resguardar a legalidade da execução da prisão e as garantias do preso, não podendo ser invocada para justificar a prática de atos de investigação pelo próprio juiz, o que, além de degenerar a finalidade associada ao dispositivo, representa afronta ao sistema acusatório.

Com essa lógica, assim lucidamente já decidiu a Sexta Turma do Superior Tribunal de Justiça, no RHC 23.945/RJ (STJ, 6ª Turma, RHC 23.945, Rel. Min. Jane Silva, julgamento em 05.02.2009, DJ de 16.03.2009): "1. Hipótese em que o Juiz, antes de haver, sequer, o oferecimento da denúncia, estando ainda no curso da investigação preliminar, se imiscuir nas atividades da polícia judiciária e realizar o interrogatório do réu, utilizando como fundamento o artigo 2º, § 3º, da Lei 7.960/1989. 2. A lei da prisão temporária permite ao magistrado, de ofício, em relação ao preso, determinar que ele lhe seja apresentado e submetê-lo a exame de corpo de delito. Em relação à autoridade policial o Juiz pode solicitar informações e esclarecimentos. 3. A Lei 7.960/1989 não disciplinou procedimento em que o Juiz pode, como inquisidor, interrogar o réu. 4. O magistrado que pratica atos típicos da polícia judiciária torna-se impedido para proceder ao julgamento e processamento da ação penal, eis que perdeu, com a prática dos atos investigatórios, a imparcialidade necessária ao exercício da atividade jurisdicional. 5. O sistema acusatório regido pelo princípio dispositivo e contemplado pela Constituição da República de 1988 diferencia-se do sistema inquisitório porque nesse a gestão da prova pertence ao Juiz e naquele às partes. 6. No Estado Democrático de Direito, as garantias processuais de julgamento por Juízo imparcial, obediência ao contraditório e à ampla defesa são indispensáveis à efetivação dos direitos fundamentais do homem."

Igualmente para o fim de assegurar a eficácia do controle judicial, dispõe o § 4º do art. 2º da Lei 7.960 que, "decretada a prisão temporária, expedir-se-á mandado de prisão, em duas vias, uma das quais será entregue ao indiciado e servirá como nota de culpa", ao passo o § 5º do mesmo dispositivo prescreve que "a prisão somente poderá ser executada depois da expedição do mandado de prisão".

Por outro lado, a respeito da execução da medida, o art. 2º, § 6º, determina que, "efetuada a prisão, a autoridade policial informará o preso dos direitos previstos no art. 5º da Constituição Federal". Cuida-se de expressão legal da garantia inscrita no art. 5º, inciso LXIII, da Constituição Federal: "o preso será informado de seus direitos, entre os quais o de permanecer calado, sendo-lhe assegurada a assistência da família e de advogado".

Finalmente, refletindo a especificidade e o caráter precário da prisão temporária, o art. 3º dispõe que "os presos temporários deverão permanecer, obrigatoriamente, separados dos demais detentos". Trata-se não apenas da separação do preso provisório do preso definitivo, objeto do art. 300, *caput*, do CPP, mas da separação *do preso temporário* realtivamente a pessoas detidas em virtude de outra forma de prisão processual (em flagrante, preventiva).

5. PRAZOS

5.1. Aspectos Gerais

Como afirmado ao início, a prisão temporária tem prazo legalmente predeterminado: "5 (cinco) dias, prorrogável por igual período, em caso de extrema e comprovada necessidade", nos termos do art. 2º, *caput*, parte final, da Lei nº 7.960/1989.

A prorrogação só se faz possível, assim, em caso de extrema e comprovada necessidade, o que deve ser objeto de decisão motivada do órgão judiciário competente, não bastando a mera reiteração dos motivos inicialmente invocados para a decretação da prisão temporária. É necessária, assim, uma *motivação quanto à subsistência* da necessidade inicial, a justificar a prorrogação do prazo da prisão.

Expirado o prazo, se não houver decisão judicial de prorrogação, deverá o indiciado ser imediatamente posto em liberdade, independentemente de nova ordem, ressalvada também a decretação de prisão preventiva, conforme o disposto no art. 2º, § 7º, da Lei nº 7.960/1989: "Decorrido o prazo de 5 (cinco) dias de detenção, o preso deverá ser posto imediatamente em liberdade, salvo se já tiver sido decretada sua prisão preventiva".

Assim, uma vez transcorrido o prazo inicial de 5 (cinco) dias, o preso será automaticamente posto em liberdade, a não ser que sobrevenha decisão judicial (i) de prorrogação do prazo ou (ii) de decretação de prisão preventiva.

A não restituição imediata da liberdade, se dolosa, configura o crime de abuso de autoridade definido no art. 4°, i, da Lei n° 4.898/1965 (alínea incluída pela Lei n° 7.960/1989): "Constitui também abuso de autoridade: i) prolongar a execução de prisão temporária, de pena ou de medida de segurança, deixando de expedir em tempo oportuno ou de cumprir imediatamente ordem de liberdade".

O prazo não poderá ser prorrogado mais de uma vez, cabendo, entretanto, a decretação de prisão preventiva, se presentes os motivos próprios dessa medida (art. 312, CPP), ao final do tempo total (incluindo a prorrogação) da prisão temporária.

No âmbito dos crimes hediondos e no dos crimes equiparados a hediondos, o prazo da prisão temporária é de 30 (trinta) dias, prorrogáveis por igual período em caso de extrema e comprovada necessidade, nos termos do art. 2°, § 4°, da Lei n° 8.072/1990. Ressalvado o prazo especial, aplicam-se aos crimes hediondos e equiparados, quanto ao mais, o regime estabelecido pelo art. 2° da Lei n° 7.960/1989.

Caso se verifique a desnecessidade superveniente da prisão, ainda no curso do prazo, poderá o juiz revogá-la. Com efeito, não se pode manter qualquer pessoa presa sem necessidade. Assim, deixando de existir o motivo que autorizou a prisão, deverá o órgão judiciário revogá-la, sob pena de constrangimento ilegal, sanável por *habeas corpus* (art. 648, inciso IV, CPP).

É o que acontecerá, por exemplo, na hipótese em que a autoridade policial encerra o inquérito antes do transcurso do prazo legal de 30 (trinta) dias da prisão temporária (âmbito dos crimes hediondos). Encerrado o inquérito, deixou de existir motivo para a prisão, que deverá ser imediatamente revogada.

Por fim, anote-se que o prazo da prisão temporária, em se tratando de período de privação da liberdade individual, constitui *prazo penal*, computado, portanto, de acordo com o art. 10 do Código Penal, incluindo-se o dia de início e desprezando-se as frações de hora.

5.2. Prazo da Prisão Temporária e Prazo do Inquérito Policial

Alguns doutrinadores, como EUGÊNIO PACELLI, sustentam que o prazo para o encerramento do inquérito policial só terá início a partir da decretação da prisão preventiva, se for o caso, não incluindo o prazo da prisão temporária.

Não podemos concordar com essa orientação. A prisão temporária destina-se a garantir a eficácia das investigações. Assim, enquanto durar a prisão, a autoridade policial deverá conduzir as atividades investigativas, livre da potencial influência perniciosa do indiciado.

O prazo fixado para a temporária constitui um período legalmente fixado de privação de liberdade, independentemente do lapso de que dispõe a autoridade policial para a conclusão de sua atividade investigativa. Não há sentido, assim, em que o prazo para investigar fique suspenso em um período no qual a autoridade policial está investigando, para fluir apenas após o transcurso do prazo da prisão temporária.

De outro lado, a suspensão de prazo legal (no caso, para a conclusão do inquérito) depende de previsão expressa, não podendo ser simplesmente deduzida a partir da fixação de outro prazo voltado com exclusividade para a privação de liberdade, sem relação com disciplina temporal da própria atividade de investigação.

SUBSEÇÃO IV
Prisão para Fins de Extradição

A Lei n° 6.815/1980, que instituiu o *Estatuto do Estrangeiro*, contempla *modalidade especial de prisão cautelar*, para fins de garantia da efetividade do processo de extradição.

Nos termos do art. 82, *caput*, da Lei n° 6.815/1980, com redação conferida pela Lei n° 12.878/2013, "o Estado interessado na extradição poderá, em caso de urgência e antes da formalização do pedido de extradição, ou conjuntamente com este, requerer a prisão cautelar do extraditando por via diplomática ou, quando previsto em tratado, ao Ministério da Justiça, que, após exame da presença dos pressupostos formais de admissibilidade exigidos nesta Lei ou em tratado, representará ao Supremo Tribunal Federal".

Na sua redação originária, esse dispositivo previa a prisão preventiva do extraditando em caso de urgência (antigo art. 82, *caput*), podendo o respectivo pedido "fundamentar-se em sentença condenatória, auto de prisão em flagrante, mandado de prisão, ou, ainda, em fuga do indiciado" (antigo art. 82, § 1°).

Com o advento da Lei n° 12.878/2013, manteve-se a urgência como motivação apta a ensejar a *prisão cautelar* do extraditando, fixando-se ainda a possibilidade de decretação da custódia antes mesmo da formalização do pedido extradicional[62]. A designação *prisão cautelar*, no lugar de prisão preventiva (como no regime anterior), revela-se mesmo mais adequada, pois a modalidade prisional em foco obedece a requisitos específicos de admissibilidade. Trata-se, assim, de modalidade de prisão autônoma relativamente à prisão preventiva disciplinada nos artigos 311 a 313 do CPP.

No particular, o Supremo Tribunal Federal sempre situou essa espécie de prisão como *condição de procedibilidade* para o processo de extradição. Com efeito, segundo afirmado pelo Plenário da Suprema Corte ao apreciar Questão de Ordem suscitada na da EXT 579-República Federal da Alemanha (STF, Tribunal Pleno, EXT 579, Rel. Min. CELSO DE MELLO, julgamento em 01.07.1993, DJ de 10.09.1993), a prisão cautelar em foco "destina-se, em sua precípua função instrumental, a assegurar a execução de eventual ordem de extradição".

---

62. Nessa hipótese, "o Estado estrangeiro deverá, no prazo de 90 (noventa) dias contado da data em que tiver sido cientificado da prisão do extraditando, formalizar o pedido de extradição", nos termos do art. 82, § 3°, da Lei 6.815/1980 (redação conferida pela Lei 12.878/2013). Não formalizado o pedido nesse prazo, "o extraditando deverá ser posto em liberdade, não se admitindo novo pedido de prisão cautelar pelo mesmo fato sem que a extradição haja sido devidamente requerida", conforme dispõe o art. 82, § 4°, da Lei 6.815/1980 (redação conferida pela Lei 12.878/2013).

A respeito da motivação, portanto, a prisão cautelar tem a finalidade específica de assegurar a efetividade do processo extradicional. Nesse ponto, a Lei nº 12.878/2013 instituiu um regime mais amplo quanto à fundamentação, sem especificar causas idôneas para ensejar a decretação da prisão (sentença condenatória, auto de prisão etc.). O atual art. 82, § 1º, da Lei nº 12.878/2013, com efeito, dispõe que "o pedido de prisão cautelar noticiará o crime cometido e deverá ser fundamentado, podendo ser apresentado por correio, fax, mensagem eletrônica ou qualquer outro meio que assegure a comunicação por escrito".

Em que pese a exigência legal de fundamentação, e a cautelaridade expressamente associada a essa forma de prisão, compreenda-se que os motivos de base dizem respeito aos próprios requisitos da extradição, como, por exemplo, o da dupla tipicidade. Se o pedido de extradição está adequadamente fundamentado em seu cabimento, a cautelaridade da prisão revela-se algo inerente à própria natureza do instituto, já que o perseguido encontra-se em Estado estrangeiro, em contexto de recusa ao alcance da jurisdição do Estado solicitante. Por isso é que, na concepção do STF, a prisão cautelar constitui *condição de procedibilidade* para o processo de extradição.

Quanto à duração da medida prisional, dispõe o art. 84, parágrafo único, da Lei nº 6.815/1980 que "a prisão perdurará até o julgamento final do Supremo Tribunal Federal, não sendo admitidas a liberdade vigiada, a prisão domiciliar, nem a prisão albergue". Esse dispositivo traduz, mais uma vez, a cautelaridade da prisão associada à própria existência do processo extradicional, para o fim de assegurar-lhe a efetividade.

Por outro lado, a especificidade do regime impede até mesmo a aplicação de mecanismos como a prisão domiciliar. Nesse ponto, o STF já teve a oportunidade de afirmar a constitucionalidade da norma do art. 84, parágrafo único, da Lei nº 6.815/1980, ao apreciar Questão de Ordem suscitada na EXT 785-México (STF, Tribunal Pleno, EXT 785, Rel. Min. Néri da Silveira, julgamento em 29.06.2000, DJ de 05.10.2001).

De toda sorte, nesse âmbito, admitem-se a liberdade provisória e a prisão domiciliar apenas em casos excepcionais, como reconhecido (embora não aplicado) no julgado da EXT 1.313/DF (STF, 1ª Turma, EXT 1.313, Rel. Min. Dias Toffoli, julgamento em 19.11.2013, DJ de 16.12.2013)[63].

Toda a jurisprudência referida, inclusive a que considera a prisão em foco *condição de procedibilidade* para o processo extradicional, manteve-se após o advento da Lei nº 12.878/2013, como revelam diversos julgados da Suprema Corte, servindo de exemplo aquele proferido na EXT 1.351/DF (STF, 1ª Turma, EXT 1.351, Rel. Min. Luiz Fux, julgamento em 18.08.2015, DJ de 28.10.2015).

O tempo da prisão cautelar, de outro lado, deverá ser computado a título de detração, firmando o Estado solicitante compromisso nesse sentido, como reiteradamente decidido pelo STF, a exemplo do julgado proferido na EXT 1.368/DF (STF, 2ª Turma, EXT 1.368, Rel. Min. Gilmar Mendes, julgamento em 17.11.2015, DJ de 30.11.2015).

---

63. Em igual sentido: STF, 1ª Turma, Ext 1.274/DF, Rel. Min. Dias Toffoli, julgamento em 16.10.2012, DJ de 12.11.2012.

CAPÍTULO XV

Comunicação
dos Atos Processuais

A comunicação dos atos praticados no processo a determinados sujeitos intervenientes é essencial à efetividade dos princípios do devido processo legal, do contraditório e da ampla defesa.

Por essa razão, os atos comunicativos devem obedecer a determinadas formalidades, destinadas a assegurar a efetividade e a plenitude da transmissão de informações relevantes.

Essas formalidades variam de acordo com: (a) a *relevância do ato* à luz do devido processo legal e da *ampla defesa*; (b) o *destinatário da comunicação*, se órgão público (ou pessoa que exerça *munus* público) ou se pessoa privada.

No direito processual penal brasileiro, distinguem-se essencialmente duas formas de comunicação de atos do processo: (i) a citação; (ii) a intimação. Essas espécies serão estudadas nas seções a seguir.

SEÇÃO I
Citação

1. SENTIDO, ALCANCE E EFEITOS

No direito processual penal, a *citação* é ato que encerra dupla finalidade: (i) comunicar ao acusado a existência de ação penal contra ele ajuizada, *de modo a integralizar a relação jurídica processual*; (ii) convocar o acusado a responder à ação penal. Trata-se, portanto, do ato comunicativo de *chamamento do acusado a juízo*, para responder à ação penal.

A primeira finalidade está claramente lançada no art. 363 do Código de Processo Penal: "O processo terá completada a sua formação quando realizada a citação do acusado". De forma algo mais técnica, a mesma lógica encontra-se no art. 238 do Código de Processo Civil de 2015: "Citação é o ato pelo qual são convocados o réu, o executado ou o interessado para integrar a relação processual".

Por seu turno, a segunda finalidade emana do art. 396 do CPP, que examinaremos com mais detalhes no Capítulo XVII, reservado ao procedimento comum (ordinário e sumário): "Nos procedimentos ordinário e sumário, oferecida a denúncia ou queixa, o juiz, se não a rejeitar liminarmente, recebê-la-á e ordenará a citação do acusado para responder à acusação, por escrito, no prazo de 10 (dez) dias"[1].

Nesse sentido, a citação pressupõe a instauração de um processo penal, vale dizer, uma acusação já admitida contra o sujeito que será convocado enquanto integrante do polo passivo da ação.

Assim, nos procedimentos em que haja contraditório prévio ao recebimento judicial da denúncia ou da queixa, a comunicação feita ao denunciado ou querelado em fase preliminar designa-se propriamente por intimação, e não por citação. É o que acontece, por exemplo: no procedimento dos crimes funcionais (art. 514, CPP), no procedimento dos crimes de responsabilidade de prefeitos e vereadores (art. 2º, Decreto-Lei nº 201/1967) e no procedimento das ações penais de competência originária dos tribunais (Lei nº 8.038/1990).

Tomando-se o primeiro caso como referência, há uma comunicação prévia – *intimação* – do denunciado em etapa pré-processual, nos moldes do art. 514 do CPP, para fins de apresentação de *defesa preliminar*, e após, se recebida a denúncia, será então *citado* o acusado para *responder por escrito à ação penal* no prazo de 10 (dez) dias, de acordo com o art. 396 do CPP. A mesma lógica rege os dois outros procedimentos mencionados.

Como ato necessário ao aperfeiçoamento da relação jurídica processual e ao exercício do contraditório e da ampla defesa, a citação é essencial ao processo, e sua falta constitui causa de nulidade absoluta, nos termos do art. 564, III, *e*, primeira parte, do CPP: "A nulidade ocorrerá nos seguintes casos: III – por falta das fórmulas ou dos termos seguintes: e) *a citação do réu para ver-se processar*, o seu interrogatório, quando presente, e os prazos concedidos à acusação e à defesa".

O efeito da citação *por mandado* válida, ao completar a relação jurídica processual (art. 363, CPP), é o de estabelecer para o acusado: (i) a oportunidade de apresentação de resposta à acusação por intermédio de defensor por ele constituído; em havendo inércia do acusado a esse respeito, será nomeado pelo juiz defensor dativo para a mesma finalidade (art. 396-A, § 2º, CPP); (ii) o ônus de comparecer aos atos para os quais for intimado e de comunicar ao juízo qualquer mudança de endereço ou ausência superior a 8 (oito) dias, conforme o art. 367 do CPP: "O processo seguirá sem a presença do acusado que, citado ou intimado pessoalmente para qualquer ato, deixar de comparecer sem motivo justificado, ou, no caso de mudança de residência, não comunicar o novo endereço ao juízo".

---

1. Antes da reforma introduzida pela Lei 11.719/2008, a citação era realizada para o fim de convocar o acusado para comparecer em audiência de interrogatório, e não para responder por escrito à ação penal. Com a reforma, o interrogatório passou a ser o último ato da instrução criminal, e a primeira manifestação do acusado no processo agora se dá por ato de seu defensor técnico.

Quanto ao ponto (ii), cuida-se de hipótese de *revelia*, que, no processo penal, obviamente não implica qualquer forma de confissão ficta. Conforme HÉLIO TORNAGHI: "O Código de Processo Penal usa sempre a palavra *revelia*; nunca o vocábulo *contumácia*, que aparece em algumas leis brasileiras antigas. *Contumácia*, em latim, é o teimoso, obstinado, arrogante. Tanto pode ser o réu como o autor, enquanto a palavra revelia é reservada ao réu"[2]. Os efeitos legais associados à revelia, entendida como a *inatividade do acusado* regularmente comunicado[3], são os seguintes:

(a) Na hipótese em que o sujeito, pessoalmente *citado*, não constituir defensor para apresentar a resposta à acusação, haverá a nomeação judicial de defensor dativo para esse fim (art. 396-A, § 2º, CPP).

(b) Na hipótese em que o acusado, pessoalmente *intimado* para um ato processual, deixar de comparecer, o processo seguirá sem a sua presença (art. 367, CPP), não havendo mais a exigência de intimação pessoal sua para os próximos atos, o que, por óbvio, só terá relevância se a audiência (una) de instrução e julgamento for fracionada em diversas datas. Na espécie, se o ato de audiência for destinado ao interrogatório, a posição dominante ainda é no sentido da possibilidade de condução coercitiva do acusado, em caso de não comparecimento injustificado.

(c) Em qualquer das duas primeiras hipóteses, a inatividade injustificada do afiançado acarretará o quebramento da fiança, com a perda de metade do valor prestado (art. 341, I, CPP, com redação conferida pela Lei nº 12.403/2011, e art. 343, CPP).

Por sua vez, o efeito da citação por edital igualmente estabelece para o acusado a obrigação de comparecimento e a oportunidade de resposta à ação penal. Os efeitos de sua inatividade (ficta), entretanto, são outros: se o acusado não comparecer nem constituir defensor, "ficarão suspensos o processo e o curso do prazo prescricional, podendo o juiz determinar a produção antecipada das provas consideradas urgentes e, se for o caso, decretar prisão preventiva, nos termos do disposto no art. 312" (art. 366, CPP). Essa hipótese será melhor examinada no tópico desta Seção reservado à citação por edital.

---

2. TORNAGHI, Hélio Bastos. *Curso de Processo Penal*. São Paulo: Saraiva, 1990, v. 2, pp. 147-148.

3. Para DELMANTO JÚNIOR: "A inatividade nada mais é do que a *materialização*, no mundo exterior e sensível, da conduta ou comportamento processual penal omissivo que se consuma com o transcorrer do tempo, ou seja, da vontade de quedar-se inativo". Cfr. DELMANTO JÚNIOR, Roberto. *Inatividade no Processo Penal Brasileiro*. São Paulo: Revista dos Tribunais, 2004, p. 66.

2. FORMAS DE CITAÇÃO

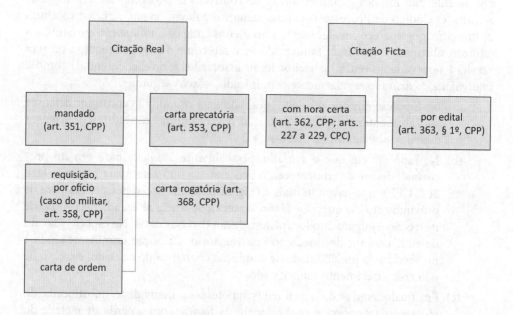

2.1. Citação Real

Entende-se por *citação real* aquela feita diretamente ao acusado, consistindo em comunicação pessoal que, no processo penal, se faz ordinariamente por *mandado*, conforme o art. 351 do CPP: "*A citação inicial far-se-á por mandado*, quando o réu estiver no território sujeito à jurisdição do juiz que a houver ordenado". Nessa hipótese, há a certeza de que o acusado efetivamente tomou conhecimento do objeto da comunicação. Não há no processo penal, por outro lado, a citação pela via postal[4].

A citação real pode ser: (i) por mandado diretamente expedido por ordem do juízo da causa; (ii) por carta precatória; (iii) por carta de ordem; (iv) por requisição; (v) por carta rogatória.

2.1.1. *Citação por mandado diretamente expedido por ordem do juízo da causa*

No processo penal, a forma ordinária de citação é a por mandado expedido pelo próprio juízo da causa. Esse formato é cabível quando o acusado se encontrar nos limites do território sujeito à competência jurisdicional do próprio órgão processante.

Assim, se, por exemplo, a ação penal tramitar perante o Juízo de Direito da 10ª Vara Criminal de Fortaleza/CE, e o acusado residir nos limites da comarca de Fortaleza,

---

4. No direito processual civil, admite-se a citação pessoal por diversos meios, como prevê o art. 246, *caput*, I, II e III, do NCPC (2015): "A citação será feita: I - pelo correio; II - por oficial de justiça; III - pelo escrivão ou chefe de secretaria, se o citando comparecer em cartório; IV - por edital; V - por meio eletrônico, conforme regulado em lei".

o próprio juízo da causa determinará a expedição do mandado de citação. Do mesmo modo, se a ação penal tramitar perante o Juízo da 11ª Vara Federal da Seção Judiciária do Ceará, e o acusado se encontrar nos limites dessa circunscrição, o próprio juízo da causa fará expedir o mandado[5].

Os requisitos *intrínsecos* do mandado, destinados a garantir a efetividade comunicativa do ato, estão discriminados no art. 352 do CPP: "O mandado de citação indicará: I – o nome do juiz; II – o nome do querelante nas ações iniciadas por queixa; III – o nome do réu, ou, se for desconhecido, os seus sinais característicos; IV – a residência do réu, se for conhecida; V – o fim para que é feita a citação; VI – o juízo e o lugar, o dia e a hora em que o réu deva comparecer; VII – a subscrição do escrivão e a rubrica do juiz".

A hipótese do inciso VI não tem mais aplicabilidade, eis que, desde o advento da Lei nº 11.719/2008, a citação do acusado dá-se para o fim de apresentação de resposta à ação penal, e não mais para comparecimento em audiência (de interrogatório), como no regime revogado.

Os requisitos do art. 352 do CPP destinam-se a garantir o completo conhecimento, pelo acusado, da origem, do conteúdo, da extensão e da autenticidade do processo penal e da imputação.

Nessa lógica, embora não esteja especificado no art. 352 (requisitos do mandado de citação) nem no art. 357 (requisitos da citação por mandado), entende-se que cópia da denúncia ou da queixa deverá acompanhar o mandado entregue ao citando, de modo a melhor prestigiar o exercício da defesa, já que a partir da citação o acusado terá o prazo de 10 (dez) dias para oferecer resposta à acusação deduzida na inicial (art. 396, CPP).

De igual modo, deverá ser especificado, no mandado, o prazo do art. 396, *caput*, do CPP, de maneira a dar plena ciência ao acusado de que deverá constituir advogado para o oferecimento de resposta escrita dentro desse lapso (10 dias), sob pena de nomeação de defensor dativo para a mesma finalidade (art. 396-A, § 2º, CPP), advertência que também precisa constar do instrumento de citação.

Em síntese, com o regime inaugurado pela Lei nº 11.719/2008, a citação destina-se não só a dar plena ciência ao acusado acerca da existência da ação penal e do inteiro teor da acusação contra ele deduzida, mas também, nesse contexto, o de lhe informar adequadamente sobre o exercício imediato do direito de constituir defensor (sob pena de nomeação de defensor dativo) e de apresentar resposta escrita à acusação.

A ausência de indicador essencial no mandado pode acarretar a nulidade da citação, sempre que o acusado não comparecer, por seu defensor, para acompanhar a ação penal. Como bem pontuam EUGÊNIO PACELLI e DOUGLAS FISCHER: "A ausência do requisito atinente à finalidade do ato é o exemplo mais eloquente dessa situação. O réu tem o direito de constituir livremente o seu advogado. Por isso, se não constar do

---

5. Na estrutura da Justiça Comum Federal, é possível a descentralização da seção judiciária, circunscrição correspondente ao território de um Estado da Federação, em subseções judiciárias, com jurisdição (competência de foro) sobre um conjunto de cidades de certa (demarcada) região, hipótese em que se tem adotado a expedição de carta precatória de uma subseção para outra.

mandado o prazo para resposta, o processo será nulo, a partir daí, devendo ser reaberto o prazo para apresentação da defesa escrita"[6].

Além dos requisitos *do mandado* de citação, a lei fixa os requisitos a serem observados, *na diligência de citação por mandado*, pelo oficial de justiça executor. São os requisitos da citação por mandado, estabelecidos no art. 357 do CPP: "I – leitura do mandado ao citando pelo oficial e entrega da contrafé, na qual se mencionarão dia e hora da citação; II – declaração do oficial, na certidão, da entrega da contrafé, e sua aceitação ou recusa".

O oficial de justiça deverá então, após a leitura, entregar ao citando cópia do mandado (a "contrafé") e também a cópia da inicial acusatória, que, segundo entendemos, deverá acompanhar o mandado. No mandado de citação deverão ficar registrados o dia e a hora da citação (art. 357, I, CPP), embora o prazo para resposta à acusação só comece a correr no primeiro dia útil seguinte, excluindo-se, portanto, o dia do cumprimento do mandado (art. 798, CPP). Prescreve-se também o registro, no mandado, da aceitação ou recusa da contrafé pelo citando (art. 357, II, CPP).

A inobservância de requisito essencial da diligência de citação poderá implicar nulidade processual, sempre que o acusado não comparecer, por meio de sua defesa técnica, para participar do processo.

2.1.2. Citação por carta precatória

Nos processos da competência de juízo singular, o acusado que se encontre fora dos limites da circunscrição judiciária será citado por carta precatória. Nos termos do art. 353 do CPP, "quando o réu estiver fora do território da jurisdição do juiz processante, será citado mediante carta precatória".

Nessa hipótese, portanto, será *deprecada* a citação para outro juízo, com jurisdição sobre o território em que se encontrar o acusado. Assim, se o processo tramita perante o Juízo da 12ª Vara Federal da Seção Judiciária do Ceará, e o acusado reside na cidade de Natal/RN, o juízo federal da causa (deprecante) fará expedir carta precatória para o Juízo Federal da Seção Judiciária do Rio Grande do Norte (deprecado), que, por sua vez, expedirá mandado para a citação do acusado, na forma dos artigos 351, 352 e 257 do CPP[7].

A citação por carta precatória, portanto, em última análise implica, via de regra, uma citação por mandado, pois o juízo deprecado procederá na forma do art. 351 do CPP (expedição de mandado pelo juízo sob cuja jurisdição estiver o território onde se encontrar o acusado), conforme a parte final do art. 355, *caput*, do CPP; a menos,

---

6. PACELLI, Eugênio / FISCHER, Douglas. *Comentários ao Código de Processo Penal e sua Jurisprudência*. São Paulo: Atlas, 2015, p. 735.

7. Na Justiça Comum Federal, com o fracionamento da seção judiciária em subseções, adota-se a expedição de carta precatória de uma subseção para outra, se nos limites da jurisdição desta última residir o acusado. Assim, se, por exemplo, o sujeito residir na cidade de Campina Grande/PB e o processo tramitar na subseção judiciária de João Pessoa/PB, o juízo da causa fará expedir carta precatória para a subseção judiciária de Campina Grande, que efetivará a citação por mandado.

claro, que se aplique ao caso alguma forma de citação especial (réu preso, funcionário público, militar), hipótese em que incidirá a disciplina legal própria, a ser observada pelo juízo deprecado.

O art. 354 do CPP fixa os requisitos intrínsecos da carta precatória, que deverá conter os seguintes indicadores: "I – o juiz deprecado e o juiz deprecante; II – a sede da jurisdição de um e de outro; III – o fim para que é feita a citação, com todas as especificações; IV – o juízo do lugar, o dia e a hora em que o réu deverá comparecer". A última hipótese não mais se aplica, pois no regime atual (a partir da entrada em vigor da Lei nº 11.719/2008) a citação se opera para o fim imediato de apresentação de resposta à acusação, no prazo de 10 (dez) dias (art. 396, CPP). Quanto ao mais, a citação por carta precatória sujeita-se aos requisitos próprios da citação por mandado, ordenada pelo juízo deprecado (artigos 352 e 357, CPP), já examinados.

O art. 355, *caput*, do CPP dispõe que "a precatória será devolvida ao juiz deprecante, independentemente de traslado, depois de lançado o 'cumpra-se' e de feita a citação por mandado do juiz deprecado".

Não se deve identificar aí, porém, uma determinação de retorno imediato da precatória, logo após a realização do ato citatório. Assim, efetivada a citação, o acusado poderá, por seu defensor, apresentar a resposta à acusação nos autos da própria carta precatória, de modo que esta seja devolvida ao juízo deprecante após o cumprimento também da oportunidade disciplinada nos artigos 396 e 396-A do CPP. Com efeito, não faz sentido que a carta precatória seja expedida apenas para a citação, com devolução imediata, sujeitando-se assim o acusado a apresentar sua resposta perante o juízo deprecante, cuja sede se situa em outro território.

Nada obsta, claro, que o acusado opte por apresentar a resposta diretamente no juízo deprecante. Diante do regime da Lei nº 11.719/2008, porém, deverá ser oportunizado ao acusado oferecer sua resposta perante o próprio juízo deprecado (da mesma forma que, no regime revogado, a audiência de interrogatório se efetivava no âmbito da carta precatória).

Conforme o art. 355, § 1º, do CPP, "verificado que o réu se encontra em território sujeito à jurisdição de outro juiz, a este remeterá o juiz deprecado os autos para efetivação da diligência, desde que haja tempo para fazer-se a citação". É o que a doutrina chama de *carta precatória itinerante*, em que o próprio juízo deprecado, sem a necessidade de ordem do juízo de origem, depreca a citação para outro juízo, sob cuja jurisdição estiver o território onde se encontre o acusado.

A carta precatória comporta também, se for o caso, a efetivação da citação por hora certa, objeto do art. 362 do CPP. Nesse ponto, o art. 355, § 2º, do CPP dispõe que "certificado pelo oficial de justiça que o réu se oculta para não ser citado, a precatória será imediatamente devolvida, para o fim previsto no art. 362". O art. 362 a que se refere o art. 355, § 2º, é o de redação anterior ao advento da Lei nº 11.719/2008, o qual versava sobre a *citação por edital* (prazo de cinco dias) na hipótese em que o réu se oculta para não ser citado. Atualmente, contudo, a mesma hipótese impõe a citação por hora certa, a ser realizada pelo próprio oficial de justiça durante o cumprimento do mandado, na forma dos artigos 252 a 254 do Código de Processo Civil de 2015 (correspondentes aos artigos 227 a 229 do CPC de 1973), conforme disposto no atual art. 362 do CPP.

Assim, segundo o regime vigente, não haverá devolução da carta precatória em caso de ocultação do acusado, devendo o próprio oficial de justiça executor do mandado aplicar o procedimento da citação por hora certa (artigos 252 a 254, CPC/2015).

Por fim, o art. 356 do CPP dispõe que "se houver urgência, a precatória, que conterá em resumo os requisitos enumerados no art. 354, poderá ser expedida por via telegráfica, depois de reconhecida a firma do juiz, o que a estação expedidora mencionará".

Inicialmente, com o regime introduzido pela Lei nº 11.719/2008, no qual o acusado é citado para apresentar resposta escrita, e não mais para interrogatório, faz-se difícil pensar em uma situação de urgência a justificar a expedição de precatória fora dos parâmetros ordinários.

De toda sorte, em havendo urgência, poderão ser adotados meios mais modernos para atender ao objetivo de celeridade: por certo não a via telegráfica, e sim o *meio eletrônico* (Lei nº 11.419/2006) ou o de *fac-símile.*

2.1.3. Citação por carta de ordem

A citação por carta de ordem tem cabimento no âmbito das ações penais de competência originária dos tribunais. Nessa hipótese, o tribunal competente para o processo e o julgamento da ação penal *delega* a citação para órgão judiciário inferior, mediante a expedição de carta de *ordem* a ele dirigida.

Trata-se, portanto, de modalidade semelhante à carta precatória, da qual se distingue apenas por emanar de órgão colegiado de jurisdição (tribunais de segundo grau, tribunais superiores, Supremo Tribunal Federal) com destino a órgão de jurisdição de grau inferior (normalmente o juízo singular), que, por sua vez, determinará a citação pessoal por mandado (art. 351, CPP) ou por outro meio especial, se aplicável.

A propósito, o art. 9º, § 1º, da Lei nº 8.038/1990 (que disciplina o procedimento das ações penais de competência originária dos tribunais) dispõe: "O relator poderá delegar a realização do interrogatório ou de ato da instrução ao juiz ou membro de tribunal com competência no local de cumprimento da carta de ordem". Esse dispositivo pode ser aplicado aos atos de comunicação processual em geral, e não apenas à citação.

2.1.4. Formas especiais de citação pessoal

a) citação do acusado preso

De acordo com o art. 360 do CPP, "se o réu estiver preso, será pessoalmente citado". Esse dispositivo teve sua redação atual conferida pela Lei nº 10.792/2003. A forma de citação do acusado preso, portanto, é a ordinária, por mandado (art. 351, CPP), abrindo-se o prazo para o oferecimento de resposta à acusação (art. 396, CPP).

Cap. XV · COMUNICAÇÃO DOS ATOS PROCESSUAIS

O aspecto especial que singulariza essa hipótese, entretanto, parece-nos ser a *exigência* de que o acusado preso seja *pessoalmente* citado, por mandado, *vedando-se qualquer forma de citação ficta (por hora certa ou por edital)*. Essa exigência foi inscrita no art. 360 do CPP pela Lei nº 10.792/2003.

Com efeito, se o acusado está preso, encontra-se à disposição do Estado, que deve dispor de plenos meios para localizá-lo. Não se pode conceber, nesse caso, hipótese de citação fundada na *não localização* do acusado. Ora, se o acusado se acha sob a custódia do Estado, como dizer que não foi encontrado para citação? É irrelevante, na espécie, o fato de achar-se o acusado custodiado em outra unidade da Federação, pois o Estado deve dispor de meios idôneos de integração. Não faz o menor sentido determinar a citação por edital do acusado sob o motivo de que não foi encontrado, quando o sujeito esteja preso em outra unidade da Federação.

A nosso juízo, constitui exigência hoje inscrita no art. 360 do CPP a de que o acusado preso será sempre pessoalmente citado, de modo que resulta superada a orientação jurisprudencial expressa na Súmula nº 351 do STF: "É nula a citação por edital de réu preso na mesma unidade da Federação em que o juiz exerce sua jurisdição".

Exigindo a lei a citação pessoal (art. 360, CPP), e não havendo mais, por isso, hipótese de citação por edital, tem-se por nula a realização de citação por esse formato, esteja ou não o acusado preso na mesma unidade da Federação do juízo da causa.

Apesar disso, o Superior Tribunal de Justiça, mesmo depois do advento da Lei nº 10.792/2003, já decidiu por reiteradas vezes no sentido da possibilidade de citação por edital quando o acusado esteja preso em outra unidade da Federação e não seja encontrado, desde que esgotadas as diligências para a sua localização. Nesse sentido, confira-se: STJ, 5ª Turma, HC 126.583/PE, Rel. Min. JORGE MUSSI, julgamento em 18.08.2011, DJ de 01.09.2011[8]; STJ, 5ª Turma, HC 55.975/PB, Rel. Min. GILSON DIPP, julgamento em 17.08.2006, DJ de 18.09.2006. A mesma Corte Superior, por outro lado, firmou que, estando o paradeiro informado nos autos, a citação editalícia é ilegal, ainda que o acusado se encontre preso em outra unidade da Federação. Assim: STJ, 5ª Turma, HC 256.981/MG, Rel. NEWTON TRISOTTO, julgamento em 06.11.2014, DJ de 12.11.2014[9].

Por fim, só se poderia cogitar da subsistência da *citação* por meio de requisição judicial de apresentação do acusado preso para interrogatório (objeto da originária

---

8. "Esta Corte Superior de Justiça possui jurisprudência uniforme no sentido de que a Súmula 351 da Suprema Corte, que prevê a nulidade da 'citação por edital de réu preso na mesma unidade da Federação em que o juiz exerce a sua jurisdição', só tem incidência nos casos de réu segregado no mesmo Estado em que Juiz processante atua, não se estendendo às hipóteses em que o acusado se encontra custodiado em localidade diversa daquela em que tramita o processo no qual se deu a citação por edital".

9. "...NULIDADE DA CITAÇÃO POR EDITAL DE RÉU QUE, EMBORA PRESO EM OUTRA UNIDADE DA FEDERAÇÃO, TINHA O PARADEIRO INFORMADO NOS AUTOS (...) É ilegal a citação por edital de réu que, conquanto não estivesse preso em estabelecimento penal da unidade da federação – o que afasta a aplicação da Súmula 351 do Supremo Tribunal Federal ('é nula a citação por edital de réu preso na mesma unidade da federação em que o juiz exerce a sua jurisdição') –, tinha o paradeiro informado no processo".

redação do art. 360 do CPP, antes do advento da Lei nº 10.792/2003) em procedimento especial que preveja a citação para esse fim, tal como no procedimento das ações penais de competência originária dos tribunais, disciplinado na Lei nº 8.038/1990. No procedimento comum (ordinário e sumário), desde o advento da Lei nº 11.719/2008, a citação se dá para o fim de resposta à acusação (art. 396, CPP), e não mais para comparecimento em audiência de interrogatório, como no regime revogado[10].

Mesmo no âmbito do procedimento especial objeto da Lei nº 8.038/1990, porém, o Supremo Tribunal Federal e o Superior Tribunal de Justiça entendem que, com o advento da Lei nº 11.719/2008, o interrogatório passou a ser o último ato da instrução, aplicando-se o art. 400, *caput*, do CPP. Para mais detalhes a respeito, confira-se o a Seção própria do Capítulo XVII deste Curso, sobre os procedimentos especiais. Subsiste nessa esfera, de todo modo, a aplicabilidade da *intimação* por meio de requisição do acusado preso, para a audiência de interrogatório.

b) citação do militar

Nos termos do art. 358 do CPP, "a citação do militar far-se-á por intermédio do chefe do respectivo serviço". Afasta-se, portanto, nesse caso particular, a forma ordinária de citação por mandado a ser cumprido por oficial de justiça (art. 351, CPP). Em vez disso, determinará o juízo a expedição de ofício ao chefe do serviço militar, que por sua vez se encarregará da comunicação. Com efeito, a lei prescreve a citação *por intermédio* da chefia do serviço, não havendo, portanto, comunicação direta da ordem do juízo ao militar citando. A disciplina específica justifica-se pelos princípios de hierarquia e disciplina próprios da esfera militar.

Na hipótese de o militar servir em unidade situada em circunscrição judiciária diversa daquela do juízo da causa, este deprecará a citação ao juízo do lugar de residência do acusado (art. 353, CPP), que por sua vez procederá na forma do art. 358 do CPP.

c) citação do funcionário público

A citação do funcionário público se dá na forma ordinária, por mandado (art. 351, CPP). Entretanto, como *providência especial*, a lei prescreve a notificação ao chefe da repartição pública em que o acusado exerce sua função. Conforme o art. 359 do CPP: "O dia designado para funcionário público comparecer em juízo, como acusado, será notificado assim a ela como ao chefe de sua repartição".

Esse dispositivo deverá ser adaptado ao procedimento instituído pela Lei nº 11.719/2008, que lhe é superveniente. Hoje, o acusado é citado para apresentar resposta à acusação, no prazo de 10 (dez) dias (art. 396, CPP), e não mais para audiência de interrogatório. Assim, entende-se que o art. 359 do CPP funciona atualmente como exigência legal de que a citação do funcionário público seja comunicada por notificação ao chefe da repartição pública respectiva.

---

10. Para a audiência de interrogatório do réu preso, como último ato da instrução, continua aplicável a intimação por meio de requisição judicial ao estabelecimento prisional. Mas aí já não se trata de citação. A hipótese será examinada na Seção II deste Capítulo, reservada às intimações.

Ressalva-se apenas a citação no âmbito das ações penais de competência originária dos tribunais, objeto da Lei nº 8.038/1990, de acordo com o entendimento do STJ, no sentido de que, mesmo após o advento da Lei nº 11.719/2008, o interrogatório continua a ser ato realizado em audiência própria, anterior à instrução. Na hipótese, acolhida essa orientação, a citação persiste a ser para audiência de interrogatório, no procedimento especial aludido. Assim, o funcionário público será citado na forma literal do art. 359 do CPP, comunicando-se também ao chefe da repartição o dia designado para o comparecimento do acusado.

Note-se bem a diferença entre a forma de citação examinada e a forma de citação do militar, abordada no tópico anterior: a citação do militar opera-se *por intermédio* do chefe da unidade, mediante a expedição de ofício, sem contato direto, portanto, entre oficial de justiça (essa forma de citação sequer envolve a expedição de mandado) e o militar; já a citação do funcionário público dá-se pela via ordinária, mediante a expedição de mandado a ser cumprido por oficial de justiça, mas a lei estabelece como providência adicional a comunicação do ato também ao chefe da repartição pública.

A medida adicional legalmente contemplada (art. 359, CPP) destina-se a permitir a adoção, se for o caso, de providências administrativas, no âmbito disciplinar, em face do funcionário público. O Estado tem interesse de conhecer a existência de processos criminais em curso contra seus servidores, para que possa examinar não só a pertinência do objeto do processo com o exercício da função pública, mas também o cumprimento, pelo servidor, dos deveres pessoais inerentes ao cargo (por exemplo, conduta pessoal irrepreensível, reputação ilibada etc.).

d) citação por carta rogatória

O acusado que estiver no exterior, em lugar conhecido, deverá ser citado por meio de carta rogatória, com a suspensão do prazo prescricional até o cumprimento do ato. Nos termos do art. 368 do CPP (redação conferida pela Lei nº 9.271/1996): "Estando o acusado no estrangeiro, em lugar sabido, será citado mediante carta rogatória, suspendendo-se o curso do prazo de prescrição até o seu cumprimento".

Nessa hipótese, não poderá ser utilizada a citação por edital, exigindo-se a expedição de carta rogatória. Note-se, porém, que a carta rogatória é o procedimento aplicável desde que o acusado se encontre, no exterior, *em lugar conhecido*. Não se conhecendo o paradeiro do acusado, a citação por edital é a forma adequada (art. 361, CPP).

Outra hipótese de citação por carta rogatória é aquela dirigida à legação estrangeira, como prevê o art. 369 do CPP (redação conferida pela Lei nº 9.271/1996): "As citações que houverem de ser feitas em legações estrangeiras serão efetuadas mediante carta rogatória". Trata-se da citação dirigida a pessoa que se encontre em embaixada ou consulado estrangeiro situado no Brasil.

Não significa isso dizer que essas legações constituam território estrangeiro. Cuida-se apenas de locais especialmente protegidos por força de normas internacionais, em função da imunidade diplomática de seus titulares. Desta sorte, não poderá o oficial de justiça executor de mandado ingressar nesses âmbitos. Por isso é que a citação deverá ser cumprida por carta rogatória dirigida à autoridade diplomática, que por sua vez providenciará a comunicação ao acusado.

2.2. Citação Ficta

Diversamente do que acontece no âmbito da citação real, não há nas hipóteses de *citação ficta* certeza quanto à efetividade da comunicação processual. Nesses casos excepcionais, o conhecimento do acusado quanto à existência da ação e ao chamamento judicial para a resposta à acusação é *normativamente presumido*, sob a base de certas situações empíricas anômalas, sintetizáveis na *não localização do acusado*.

Nesse sentido, são espécies de citação ficta: (i) a *citação com hora certa*, instituída no direito processual penal brasileiro pela Lei nº 11.719/2008; (b) a *citação por edital*.

2.2.1. Citação com hora certa

A citação *com* hora certa, ou citação *por* hora certa, aplica-se ao caso em que o acusado se oculta para não ser citado, conforme o art. 362, *caput*, do CPP: "Verificando que o réu se oculta para não ser citado, o oficial de justiça certificará a ocorrência e procederá à citação com hora certa, na forma estabelecida nos arts. 227 a 229 da Lei n. 5.869, de 11 de janeiro de 1973 – Código de Processo Civil".

Antes da Lei nº 11.719/2008, a mesma hipótese ensejava a citação por edital, hoje reservada apenas aos outros casos de não localização, por motivo diverso daquele especificado no art. 362 do CPP (ocultação deliberada do acusado, no intuito de evitar a citação pessoal).

Assim, quando a não localização do acusado pelo oficial de justiça executor do mandado derivar de ocultação deliberada do próprio destinatário, aplica-se o procedimento da citação com hora certa. Nesse ponto, a lei processual penal, como visto acima, faz remissão ao procedimento disciplinado no Código de Processo Civil de 1973, artigos 227 a 229. Esses dispositivos correspondem aos artigos 252 a 255 do Novo Código de Processo Civil, de 2015.

Quanto à aplicabilidade da citação com hora certa, o art. 252, *caput*, do CPC/2015 dispõe: "Quando, por 2 (duas) vezes, o oficial de justiça houver procurado o citando em seu domicílio ou residência sem o encontrar, deverá, havendo suspeita de ocultação, intimar qualquer pessoa da família ou, em sua falta, qualquer vizinho de que, no dia útil imediato, voltará a fim de efetuar a citação, na hora que designar". O regime anterior estabelecia a procura do citando pelo oficial de justiça por 3 (três) vezes, antes da aplicação do procedimento (art. 227, CPC/1973).

Da norma do art. 252 do CPC/2015 já se depreende que o procedimento da citação com hora certa é aplicável por iniciativa do próprio oficial de justiça executor do mandado, sempre que identifique suspeita de ocultação após por *duas* vezes tentar cumprir a diligência de citação pessoal. Essa iniciativa independe de qualquer ordem judicial, algo reforçado pela regra do art. 253, *caput*, do CPC/2015: "No dia e hora designados, o oficial de justiça, *independentemente de novo despacho*, comparecerá ao domicílio ou à residência do citando a fim de realizar a diligência".

O próprio oficial de justiça, assim, não conseguindo cumprir a diligência de citação pessoal por mandado (regra inscrita no art. 351 do CPP), deverá tomar a iniciativa de aplicar o procedimento da citação com hora certa. Para tanto, deverão estar reunidos um requisito objetivo, qual seja, o do comparecimento por 2 (duas) vezes no domicílio do acusado, e um requisito subjetivo, isto é, a fundada suspeita de ocultação.

Por se tratar de hipótese excepcional de cumprimento de diligência essencial à formação do processo enquanto relação jurídica processual, entendemos que a suspeita de ocultação deverá ser motivada pelo oficial no mandado, de modo a justificar a pertinência da citação com hora certa.

Caso, na hora informada pelo oficial de justiça ao familiar ou vizinho (art. 252, CPC/2015), o acusado esteja presente, o oficial de justiça efetuará a sua citação pessoal, na forma já estudada, de acordo com o art. 357 do CPP: leitura do mandado ao citando pelo oficial de justiça e entrega da contrafé, na qual se mencionarão dia e hora da citação; declaração do oficial, na certidão, da entrega da contrafé, e sua aceitação ou recusa.

Por outro lado, caso o acusado não esteja presente na hora marcada, será efetuada a citação com hora certa, nos moldes do art. 253, § 1º, do CPC/2015: "Se o citando não estiver presente, o oficial de justiça procurará informar-se das razões da ausência, ainda que o citando se tenha ocultado em outra comarca, seção ou subseção judiciárias". Nesse momento, a efetividade da citação com hora certa independe da presença ou da concordância do familiar ou vizinho em receber o mandado, conforme o art. 253, § 2º, do CPC/2015: "A citação com hora certa será efetivada mesmo que a pessoa da família ou o vizinho que houver sido intimado esteja ausente, ou se, embora presente, a pessoa da família ou o vizinho se recusar a receber o mandado".

Acerca da formalização da diligência, assim preceitua o art. 253, § 3º, do CPC/2015: "Da certidão da ocorrência, o oficial de justiça deixará contrafé com qualquer pessoa da família ou vizinho, conforme o caso, declarando-lhe o nome".

A lei ainda prescreve a cautela da posterior expedição de "carta, telegrama ou correspondência eletrônica" dando ciência ao acusado quanto à efetivação da citação com hora certa, nos termos do art. 254 do CPC/2015: "Feita a citação com hora certa, o escrivão ou chefe de secretaria enviará ao réu, executado ou interessado, no prazo de 10 (dez) dias, contado da data da juntada do mandado aos autos, carta, telegrama ou correspondência eletrônica, dando-lhe de tudo ciência". Mesmo sob o regime do CPC de 1973, cujo art. 229 previa essa comunicação por "telegrama ou radiograma", já entendíamos pela aplicabilidade de recursos tecnológicos mais avançados para o cumprimento da finalidade legal.

Efetivada a citação com hora certa, abre-se o prazo de 10 (dez) dias para resposta à acusação (art. 396, CPP). Caso o acusado não compareça nem constitua defensor para apresentação da resposta, deverá o juiz nomear-lhe defensor dativo, nos termos do art. 362, parágrafo único, do CPP: "Completada a citação com hora certa, se o acusado não comparecer, ser-lhe-á nomeado defensor dativo". Aplica-se a essa hipótese a norma geral do art. 396-A, § 2º, do CPP, que contempla a nomeação de defensor dativo para a apresentação da resposta à acusação, em caso de inatividade do acusado.

Aury Lopes, em sentido diverso, sustenta que, no caso de não constituição de defensor pelo acusado e, portanto, da não apresentação da resposta escrita, "o melhor caminho é determinar a citação por edital e, persistindo a inatividade do imputado, determinar a suspensão do processo e da prescrição, nos termos do art. 366 do CPP"[11].

Em que pese a formulação do ilustrado processualista, não podemos concordar com esse entendimento. A citação com hora certa foi instituída no processo penal brasileiro justamente com a finalidade de assegurar o aperfeiçoamento da relação jurídica processual na hipótese em que o acusado esteja se esquivando da citação pessoal.

Nessas condições, realizada a citação com hora certa, inclusive com a cautela da posterior expedição de "telegrama" ou meio tecnológico mais avançado que cumpra a mesma finalidade comunicativa, abre-se o prazo para o oferecimento de resposta à acusação (art. 396, CPP). Não constituído defensor nem apresentada a resposta, deverá o juiz aplicar o disposto no art. 396-A, § 2º, nomeando defensor dativo para esse fim.

O art. 396-A, § 2º, *não* restringe a hipótese de nomeação de defensor ao caso de inatividade do acusado *pessoalmente* citado. Assim, o mesmo regime aplica-se à citação com hora certa, como, aliás, emana do próprio art. 362, parágrafo único, do CPP, que prescreve a nomeação de defensor dativo para o acusado citado com hora certa que não comparecer – esse dispositivo, por sinal, foi acrescentado pela própria Lei nº 11.719/2008.

Apenas quanto à citação por edital há regime específico de suspensão do processo (art. 366, CPP), em caso de não comparecimento do acusado para tomar ciência da acusação e, dessa forma, ter aberto para si o prazo da resposta escrita.

Ademais, a posição do eminente processualista dá margem a que o acusado, pretendendo que o processo fique suspenso nos termos do art. 366, simplesmente deixe de apresentar a resposta à acusação no prazo de 10 (dez) dias, o que ensejaria, segundo o autor, a citação por edital.

De resto, não há na lei processual hipótese de citação por edital como efeito da inatividade do acusado citado com hora certa. Não se pode, assim, criar uma solução que a lei não contempla. Diversamente, o regime legal é de que a inatividade do acusado *citado* – por qualquer meio, excepcionado-se apenas o regime específico da citação por edital (art. 366, CPP) – acarreta a nomeação judicial de defensor dativo, nos termos do art. 396-A, § 2º, e também do próprio art. 362, parágrafo único, do CPP.

Por fim, tampouco cabe a eventual objeção de que o acusado poderia ser prejudicado pela aplicação indevida de um procedimento de citação com hora certa. Nesse particular, assevere-se que o ato de citação com hora certa realizado sem justa causa padece de nulidade, que deve ser reconhecida e declarada quando verificado o vício.

___

11. Lopes Jr, Aury. *Direito Processual Penal*. São Paulo: Saraiva, 2014, p. 765.

2.2.2. Citação por edital

Quando o motivo da não localização do acusado seja diverso daquele previsto no art. 362 do CPP, aplica-se a citação por edital. A Lei nº 11.719/2008 simplificou o cabimento da citação por edital, eliminando as fórmulas casuísticas do regime revogado, para simplesmente estabelecer que "se o réu não for encontrado, será citado por edital, com o prazo de 15 (quinze) dias". Igual caminho consta do art. 363, § 1º, do CPP: "Não sendo encontrado o acusado, será procedida a citação por edital".

Trata-se da forma mais remota de citação ficta, em que o conhecimento do acusado é presumido em face da publicação de instrumento comunicativo (edital). Costuma-se dizer que a hipótese caracteriza um artifício do legislador para viabilizar a persecução criminal. Na verdade, operada a citação por edital, a persecução penal não poderá desenvolver-se, a não ser que, como raramente acontece, o acusado desde logo compareça (art. 363, §4º, CPP).

Pode-se afirmar, assim, que a citação por edital permite que o processo penal subsista *suspenso*, até que o acusado compareça ou seja encontrado, sem prejuízo da produção imediata, por antecipação e em contraditório judicial, das provas consideradas urgentes e relevantes (art. 366, CPP).

O prazo de dilação do edital é de 15 (quinze) dias, conforme o disposto no art. 362, parte final, do CPP. Esse prazo tem como termo inicial a publicação do edital e, uma vez transcorrido, efetiva o ato de citação, para o fim de comparecimento do acusado em juízo, pessoalmente ou por seu advogado constituído (art. 366, parte inicial, CPP). O prazo de dilação, assim, é o lapso entre a publicação do instrumento e a efetivação do ato citatório.

Nesse contexto, o art. 364 do CPP, que contempla os prazos de 15 e 90 dias para a hipótese do art. 363, I, e de 30 dias para a do art. 363, II, foi tacitamente revogado pela Lei nº 11.719/2008, uma vez que, a partir de então, não mais subsistem os casos dos incisos I e II do art. 363. A revogação expressa desses incisos, assim, implicou a revogação tácita do art. 364, que deles dependia. Aplica-se como único prazo de dilação, portanto, aquele (de 15 dias) especificado no art. 361 do CPP.

Diante do regime que se depreende dos artigos 365, 366 e 396, parágrafo único, do CPP, parece-nos claro que a citação *não* se dá para, *imediatamente*, o oferecimento de resposta à acusação (art. 396, CPP), e sim para o comparecimento do acusado em juízo, de modo que, só então, seja aberto o prazo de 10 (dez) dias para a resposta escrita. É o que emana já da parte inicial do art. 366 do CPP: "Se o acusado, citado por edital, não comparecer nem constituir advogado, o processo será..." O art. 396, parágrafo único, porém, é que fixa, fora de qualquer dúvida, o termo inicial do prazo para resposta: "No caso de citação por edital, o prazo para a defesa começará a fluir a partir do comparecimento pessoal do acusado ou do defensor constituído".

A par disso, na citação por edital não há disponibilização imediata da inicial acusatória, como na citação pessoal, tratando-se, ademais, de ato de comunicação remota, com precária eficácia, devendo ser oportunizado ao acusado, antes da abertura de prazo, o comparecimento em juízo para tomar ciência efetiva do conteúdo da acusação[12].

De resto, há a possibilidade de o acusado não comparecer, hipótese em que o processo deverá ser suspenso, nos termos do art. 366, de modo que dificilmente se pode explicar a abertura do prazo de 10 (dez) dias (art. 396, CPP) sem que depois, por inatividade (não comparecimento) do acusado, vá a resposta ser de fato apresentada. Desta sorte, em que pese a posição contrária[13], o prazo para a resposta à acusação (art. 396, CPP) não começa a fluir automaticamente após o transcurso do prazo (15 dias) de dilação.

O art. 365, *caput*, do CPP, estabelece os seguintes requisitos intrínsecos do edital: (i) o nome do juiz que houver determinado a citação por edital; (ii) o nome do acusado, ou, se não for conhecido, os seus sinais característicos, bem como sua residência e profissão, se constarem do processo; (iii) o fim para que é feita a citação, vale dizer, o comparecimento do acusado em juízo, para tomar ciência da acusação e, assim, ter aberto o prazo para o oferecimento de resposta à acusação (art. 396, parágrafo único, CPP); (iv) o prazo, que será contado do dia da publicação do edital na imprensa, se houver, ou da sua afixação.

O edital deverá ser "afixado à porta do edifício onde funcionar o juízo" e "publicado pela imprensa, onde houver, devendo a afixação ser certificada pelo oficial que a tiver feito e a publicação provada por exemplar do jornal ou certidão do escrivão, da qual conste a página do jornal com a data da publicação", nos termos do art. 365, parágrafo único, do CPP.

Quanto à finalidade da citação (art. 365, *caput*, IV, CPP), poderá ficar especificada no edital a oportunidade de apresentação de resposta à acusação (art. 396 do CPP), o que, de todo modo, apenas será efetivado por determinação posterior do juiz após o comparecimento do acusado, pessoalmente ou por seu advogado. Não há mais, como no regime anterior à Lei nº 11.719/2008, a citação para audiência de interrogatório, de modo que fica em princípio prejudicado o disposto no art. 365, *caput*, inciso V, no sentido de que se indique "o juízo e o dia, a hora e o lugar em que o réu deverá comparecer".

De toda sorte, subsiste a oportunidade de comparecimento do acusado em juízo, independentemente da fixação de dia e hora, para tomar ciência da acusação e, dessa

---

12. Em sentido semelhante, pondera Aury Lopes: "A expressão não comparecimento prevista nos arts. 366 e 367 deve ser lida à luz das reformas levadas a cabo pela Lei n. 11.719/2008. Até então, o réu era citado para ser interrogado. Agora, é citado para apresentar resposta à acusação. Logo, esse não comparecimento significa que, no prazo fixado no edital, o réu não comparece no fórum para tomar ciência da acusação. Caso o imputado não compareça pessoalmente, mas fizer-se presente seu advogado, devidamente constituído através de instrumento procuratório, haverá a citação e abertura do prazo de 10 dias para apresentação de resposta à acusação". Cfr. Lopes Jr, Aury. *Direito Processual Penal*. São Paulo: Saraiva, 2014, p. 767.

13. Renato Brasileiro entende em sentido contrário ao por nós sustentado: "...no âmbito do procedimento comum, o prazo de 10 (dez) dias para apresentação da resposta à acusação será contado a partir do término do prazo editalício, que nesse caso é de 15 (quinze) dias". Cfr. Lima, Renato Brasileiro de. *Manual de Processo Penal*. Salvador: JusPodivm, 2015, p. 1252. *Esse entendimento, no entanto, contrasta com a disposição do art. 396, parágrafo único, do CPP.*

forma, consolidar a citação (pessoal). Isso pode ser feito pelo acusado pessoalmente ou por intermédio de seu advogado constituído. Nessa hipótese, efetivado o comparecimento, o juízo abrirá o prazo para resposta à acusação (art. 396, CPP), se o acusado, no próprio ato de comparecimento, não a tiver apresentado.

Caso o acusado, no prazo de dilação, não compareça nem constitua advogado, aplica-se o art. 366 do CPP: "Se o acusado não comparecer, nem constituir advogado, ficarão suspensos o processo e o curso do prazo prescricional, podendo o juiz determinar a produção antecipada das provas consideradas urgentes e, se for o caso, decretar prisão preventiva, nos termos do disposto no art. 312".

Assim, no direito processual penal, a frustração da finalidade da citação por edital impede que o processo tenha seu curso regular. O processo, portanto, não poderá seguir à revelia do acusado. Diversamente do que acontece no âmbito da citação com hora certa, em que a partir da citação já há a abertura do prazo de 10 (dez) dias para resposta escrita (art. 396, CPP), na citação por edital o não comparecimento do acusado acarreta a suspensão do processo e do prazo prescricional.

Na citação com hora certa, a inatividade do acusado implica a nomeação de defensor dativo para a apresentação da resposta (art. 396-A, § 2º, CPP)[14], do mesmo modo que ocorre na citação pessoal. Na citação por edital, contudo, não há abertura do prazo para resposta antes do comparecimento do acusado em juízo e, se isso não acontecer, o processo deverá ser suspenso.

Sobre a suspensão do prazo prescricional, não se trata de suspensão por tempo indeterminado. Conforme orientação consolidada na Súmula nº 415 do STJ, "o período de suspensão do prazo prescricional é regulado pelo máximo da pena cominada".

Significa isso dizer que, transcorrido o tempo de prescrição aplicável ao crime objeto do processo penal, cessa a suspensão do prazo prescricional, que volta a fluir. Assim, por exemplo, se o crime imputado é o de homicídio culposo (art. 121, § 3º, CP), cuja pena máxima é de 3 (três) anos, fixa-se o prazo prescricional de 8 (oito) anos, de acordo com o art. 109, IV, do CP. O prazo, nesse caso, poderá então ficar suspenso por 8 (oito) anos, voltando a fluir, uma vez transcorrido esse tempo, ainda que subsista a suspensão do processo, em face da não localização do acusado.

Há outras correntes sobre o tema. Uma delas orienta-se no sentido de que o prazo de suspensão corresponde ao tempo máximo previsto no Código Penal, a saber, 20 (vinte) anos (art. 109, I, CP). Outra, encontrada em precedentes do STF, anteriores à Súmula nº 415 do STJ, sustenta que a suspensão do prazo se dá por tempo indeterminado.

Sobre a possibilidade de *produção antecipada de provas* consideradas urgentes, o juiz há de guardar extrema cautela nessa avaliação. Isso porque se trata de *incidente* de caráter antecipatório, com a produção de *prova* em *contraditório judicial*, que encerra, assim, natureza e força iguais à prova produzida durante o processo penal.

---

14. Ressalva-se, mais uma vez, a posição de Aury Lopes, no sentido de que a inatividade do acusado em caso de citação com hora certa implica a realização de citação por edital, e não a aplicação do art. 396-A, § 2º, do CPP.

A aplicação dessa hipótese, portanto, só pode ser excepcional, fundada na necessidade e na urgência, eis que tanto se opera à revelia do acusado, que não compareceu para tomar ciência da acusação e participar ativamente do processo[15]. No incidente probatório de antecipação, haverá a nomeação de defensor dativo para a exclusiva finalidade de produção da prova, de modo a resguardar o contraditório, diante dessa situação excepcional.

É o que ocorre, por exemplo, nos casos de testemunha com idade avançada ou doença grave, cuja inquirição deve ser desde logo determinada, diante do risco de perecimento da prova.

Por outro lado, preliminarmente à avaliação da urgência, entendemos que deverá o juiz apreciar a justa causa do virtual processo em cujo âmbito se pretende antecipar a produção de prova. Não há sentido, com efeito, mesmo em uma hipótese de urgência, que se antecipe a produção de prova equivalente à prova processual sem que para a ação penal respectiva sequer haja justa causa.

Já aqui, porém, a avaliação se fará no plano de juízo de prelibação, com caráter precário, como todo juízo de admissibilidade, devendo prevalecer, na dúvida, a oportunidade da antecipação, em havendo a urgência.

Na mesma hipótese, em se tratando de incidente de caráter *probatório*, efetivado em contraditório judicial, a título de antecipação, não há óbice a que o juiz determine a providência de ofício. Nesse particular, entendemos que o juiz não está a assumir qualquer posição de órgão investigador, mas apenas antecipando a produção de prova, em contraditório, o que em condições normais seria feito durante o processo. A providência, entretanto, quando determinada de ofício, deve se limitar ao esclarecimento de dúvida sobre ponto relevante, que é o parâmetro em torno do qual se admite a iniciativa instrutória do juiz.

Assim, se, com essa finalidade, o juiz pode determinar a diligência de ofício no curso do processo (art. 156, II, CPP), nada impede que o faça a título de antecipação, se a natureza do elemento é a mesma. O que não pode é o juiz tomar a iniciativa, *ex officio*, de determinar diligências para coletar elementos investigativos, durante a fase pré-processual. Nesse sentido, entendemos, na linha sustentada por GOMES FILHO, que o comando do art. 156, inciso I, do CPP apenas autoriza a iniciativa judicial (de ofício) no âmbito da antecipação de prova considerada urgente e relevante, em contraditório, sem alcançar a prova unilateralmente produzida (por exemplo, busca e apreensão, interceptação telefônica etc.), hipótese em que a autorização judicial há de ser provocada[16]. Para mais detalhes a respeito, remete-se o leitor ao Capítulo XII deste Curso, reservado à *prova*.

---

15. Sobre a posição jurisprudencial a respeito da aplicabilidade da antecipação de prova testemunhal na hipótese de suspensão do processo com fundamento no art. 366 do CPP, consulte-se o item 8.2 da Subseção III da Seção IV do Capítulo XII deste Curso.

16. Cfr. GOMES FILHO, Antônio Magalhães. *Provas. Lei 11.690, de 09.06.2008.* In: MOURA, Maria Thereza de Assis (Coord.). *As Reformas no Processo Penal.* São Paulo: Revista dos Tribunais, 2008, pp. 246-297, esp. 261: "Ao dizer, assim, que o juiz pode determiner produção antecipada de *provas consideradas urgentes e relevantes,* a lei não contempla outra coisa senão a iniciativa judicial para a antecipação

Por fim, quanto à possibilidade de decretação de prisão preventiva, nunca é demais ressaltar que a imposição da medida só pode se embasar na necessidade extrema. Não é o mero fato da não localização do acusado que vai ensejar, automaticamente, a decretação de prisão.

Trata-se apenas de uma oportunidade de verificação judicial da necessidade de medida prisional, *se for o caso*, na dicção da lei (art. 366, CPP), isto é, se presente algum dos motivos cautelares especificados no art. 312 do CPP. Há de se repudiar a decretação da prisão preventiva como mecanismo para a localização do acusado, quando dispõe o Estado de múltiplos meios para tanto, conquanto deles não faça uso.

A propósito, quanto à localização do acusado, nada obsta que sejam sistematicamente empreendidas diligências nesse sentido, após a suspensão, por iniciativa do titular da ação penal.

SEÇÃO II
Intimação

1. INTIMAÇÃO E NOTIFICAÇÃO

Parte da doutrina distingue a *intimação* da *notificação* (por todos, Fabrini Mirabete). Para essa vertente, a intimação consiste em dar ao destinatário simples ciência a respeito de ato processual já praticado, ao passo que a notificação encerra a característica especial de instar o destinatário ao cumprimento de determinada providência.

Nesse sentido, seriam exemplos de *intimação* a ciência quanto a decisão de indeferimento de pedido de produção de prova ou quanto à sentença; e de *notificação*, a ciência dada ao acusado quanto a despacho de designação de audiência de instrução e julgamento, que contém, portanto, a convocação do destinatário para comparecimento ao ato, bem assim a comunicação à defesa acerca da abertura da fase de alegações finais, a qual contém, portanto, a convocação do defensor para o oferecimento dessa peça.

Não há, porém, qualquer relevância funcional nessa distinção, motivo pelo qual aqui consideramos sinônimos os dois termos, preferindo o emprego do designativo *intimação* para abarcar todos os atos de comunicação processual diversos da citação.

A forma de intimação varia em função de quem seja o destinatário. O regime legal das intimações consta do Capítulo II do Título X do Livro I, entre os artigos 370 e 372, do Código de Processo Penal.

Em primeiro lugar, a lei estabelece a *aplicação subsidiária*, às intimações, das normas referentes à citação. Assim dispõe o art. 370, *caput*, do CPP: "Nas intimações dos acusados, das testemunhas e demais pessoas que devam tomar conhecimento de qualquer ato, será observado, no que for aplicável, o disposto no Capítulo anterior". É

---

de atos tendentes à formação de provas – não de elementos de investigação –, diante do risco de desaparecimento ou deterioração das *fontes* de informação".

o que ocorre, por exemplo, quanto aos requisitos intrínsecos do mandado de citação (art. 352, CPP), aplicáveis, de igual modo, ao mandado de intimação dirigido ao acusado ou à testemunha.

2. A INTIMAÇÃO DO MINISTÉRIO PÚBLICO E A DO QUERELANTE

A intimação do Ministério Público, quer como titular da ação penal de iniciativa pública, quer como órgão de justiça (*custos legis*) em qualquer espécie de ação penal, deverá ser pessoal (art. 370, § 4º, CPP).

Intima-se pessoalmente o órgão do Ministério Público (Procurador da República, Promotor de Justiça) mediante vista pessoal dos autos, ou em audiência. No primeiro caso, ao órgão do Ministério Público serão encaminhados os autos para vista pessoal e ciência, assim cumprindo-se a intimação.

De acordo com a jurisprudência do Supremo Tribunal Federal, a intimação reputa-se realizada a partir do ingresso formal dos autos nas dependências do setor administrativo da instituição Ministério Público, independentemente da data de recebimento e de ciência que o órgão destinatário (Procurador da República, Promotor de Justiça) vier posteriormente a exarar nos autos. Nesse sentido, refira-se o julgado do Plenário da Suprema Corte no HC 83.255/SP (STF, Tribunal Pleno, HC 83.255, Rel. Min. MARCO AURÉLIO, julgamento em 05.11.2003, DJ de 12.03.2004): "A entrega de processo em setor administrativo do Ministério Público, formalizada a carga pelo servidor, configura intimação direta, pessoal, cabendo tomar a data em que ocorrida como a da ciência da decisão judicial. Imprópria é a prática da colocação do processo em prateleira e a retirada à livre discrição do membro do Ministério Público, oportunidade na qual, de forma juridicamente irrelevante, apõe o 'ciente', com a finalidade de, somente então, considerar-se intima e em curso o prazo recursal. Nova leitura do arcabouço normativo, revisando-se a jurisprudência predominante e observando-se os princípios consagradores da paridade de armas".

Sempre que haja, por outro lado, vista pessoal na própria Secretaria, à qual compareça o titular do órgão do Ministério Público, tem-se por efetivado o ato de comunicação, com todos os efeitos legais aplicáveis, independentemente da posterior remessa dos autos ao setor administrativo da instituição. Nesse sentido, eis o julgado da Terceira Seção do Superior Tribunal de Justiça no ERESP 1.347.303/GO (STJ, 3ª Seção, ERESP 1.347.303, Rel. Min. GURGEL DE FARIA, julgamento em 10.12.2014, DJ de 17.12.2014): "O prazo recursal para o Ministério Público inicia-se na data da sua intimação pessoal, realizada em cartório e cientificada nos autos, e não no dia da remessa dos autos ao seu departamento administrativo".

O mesmo se diria quanto à ciência dada em audiência, efetivando-se, nessa oportunidade, a intimação, independentemente da remessa posterior dos autos ao departamento administrativo próprio do Ministério Público. Cumpre observar, porém, que recentemente a Segunda Turma do Supremo Tribunal Federal, no HC 125.270/DF (STF, 2ª Turma, HC 125.270, Rel. Min. TEORI ZAVASCKI, julgamento em 23.06.2015, DJ de 03.08.2015), decidiu que o defensor público só será intimado com a vista pessoal dos autos, mesmo que presente na audiência em que praticado o ato. Embora o julgado se refira ao defensor público, invocou-se na oportunidade, como razão de decidir, o art. 370, § 4º, do CPP, que estabelece a intimação pessoal também do Ministério Público. Assim, considerada a posição do STF, não vemos como aplicar ao Ministério Público regime diverso daquele que se entendeu reservado à Defensoria Pública, eis que se trata, num e noutro caso, de prerrogativa *funcional* de intimação pessoal.

De sua parte, a *intimação do querelante*, titular da ação penal de iniciativa privada, dá-se por intermédio de seu advogado, mediante publicação no diário da justiça próprio, devendo o ato de comunicação incluir o nome do acusado, sob pena de nulidade (art. 370, § 1º, CPP). Não há, portanto, intimação pessoal do querelante.

3. A INTIMAÇÃO DO OFENDIDO NA AÇÃO PENAL DE INICIATIVA PÚBLICA

Se estiver habilitado como assistente na ação penal de iniciativa pública, o ofendido será intimado por intermédio de seu advogado, por publicação no diário da justiça ("órgão incumbido da publicidade dos atos judiciais da comarca"), devendo o ato incluir, sob pena de nulidade, o nome do acusado (art. 370, § 1º, CPP). Não há, portanto, intimação pessoal do assistente.

Inexistindo órgão de publicação dos atos judiciais na circunscrição judiciária, "a intimação far-se-á diretamente pelo escrivão, por mandado, ou via postal com comprovante de recebimento, ou por qualquer outro meio idôneo", nos termos do art. 370, § 2º, do CPP.

Em caso de intimação pessoal feita na secretaria do juízo, à qual compareça o destinatário (aqui, o ofendido), dispensa-se, naturalmente, a publicação no diário da justiça, conforme o art. 370, § 3º, do CPP.

Se a intimação for para o comparecimento em audiência em que deva o ofendido prestar depoimento, será ele pessoalmente intimado, por mandado, esteja ou não habilitado como assistente. Nessa hipótese, o não comparecimento injustificado acarretará a condução coercitiva do ofendido à presença da autoridade judiciária (art. 201, § 1º, CPP), aplicando-se, no particular, o mesmo regime reservado às testemunhas (art. 218, CPP).

Independentemente de sua habilitação como assistente, por fim, o ofendido deverá ser intimado acerca de certos atos processuais, nos termos do art. 201, § 2º, do CPP: "O ofendido será comunicado dos atos processuais relativos ao ingresso e à saída do acusado da prisão, à designação de data para audiência e à sentença e respectivos acórdãos que a mantenham ou modifiquem".

Quanto à forma de intimação nessas hipóteses, dispõe o art. 201, § 3º, do CPP: "As comunicações ao ofendido deverão ser feitas no endereço por ele indicado, admitindo-se, por opção do ofendido, o uso de meio eletrônico". Trata-se, assim, de intimação pessoal, no endereço do ofendido, devendo ser empregada, para tanto, a forma do mandado ou a postal, ou ainda, por opção ofendido, a eletrônica.

4. A INTIMAÇÃO DO ACUSADO E A DO SEU DEFENSOR

A intimação do acusado, quanto aos atos a que for aplicável, deverá ser pessoal, por mandado, aplicando-se subsidiariamente (art. 370) o art. 351 do CPP. Assim, por exemplo, a intimação para comparecimento em audiência de instrução e julgamento na qual será realizado o interrogatório e a intimação da sentença, incidindo, nesse último caso, a norma do art. 392, incisos I e II, do CPP: "A intimação da sentença será feita: I – ao réu, pessoalmente, se estiver preso; II – ao réu, pessoalmente, ou ao defensor por ele constituído, quando se livrar solto, ou, sendo afiançável a infração, tiver prestado fiança". Quanto à norma do art. 392, inciso II, contudo, entendemos que a intimação da sentença deverá ser feita ao acusado, pessoalmente, *e também* ao seu defensor. Para mais detalhes sobre esse ponto, remete-se o leitor ao Capítulo XVI deste Curso, no tópico reservado à intimação da sentença.

A respeito da intimação do defensor do acusado, cumpre distinguir: (i) a do *defensor particular constituído*, que deve ser realizada por publicação no diário da justiça circulante na circunscrição judiciária, conforme o art. 370, § 1º, do CPP; (ii) a do *defensor público constituído* (art. 5º, § 4º, Lei nº 1.060/1950), que deve ser efetivada mediante vista pessoal dos autos concedida ao destinatário, por força de prerrogativa funcional de que dispõem os membros da Defensoria Pública, nos termos do art. 5º, § 5º, da Lei nº 1.060/1950: "Nos Estados onde a Assistência Judiciária seja organizada e por eles mantida, o Defensor Público, ou quem exerça cargo equivalente, será intimado pessoalmente de todos os atos do processo, em ambas as Instâncias, contando-se-lhes em dobro todos os prazos"; (iii) a do *defensor dativo (nomeado), seja público, seja particular*, que deve ser feita por vista pessoal dos autos, conforme o art. 370, § 4º, do CPP ("a intimação do Ministério Público e do defensor nomeado será pessoal") e, no caso do defensor público, também o já citado art. 5º, § 5º, da Lei nº 1.060/1950.

Ainda no caso do defensor público, o Supremo Tribunal Federal decidiu recentemente que a intimação se considera realizada apenas mediante a remessa dos autos ao destinatário, ainda que previamente tenha sido dada ciência do ato ao defensor em audiência. Confira-se, a esse respeito, o julgado da Segunda Turma da Suprema Corte no HC 125.270/DF (STF, 2ª Turma, HC 125.270, Rel. Min. Teori Zavascki, julgamento em 23.06.2015, DJ de 03.08.2015): "Constitui prerrogativa a intimação pessoal da Defensoria Pública para todos os atos do processo, estabelecida pelo art. 370, § 4º, do Código de Processo Penal; art. 5º, § 5º, da Lei 1.060/1950; e art. 44, I, da Lei Complementar 80/1994, sob pena de nulidade processual. A intimação da Defensoria Pública, a despeito da presença do defensor na audiência de leitura da sentença condenatória, se perfaz com a intimação pessoal mediante remessa dos autos".

No caso do defensor particular constituído, inexistindo órgão de publicação dos atos judiciais na circunscrição judiciária, "a intimação far-se-á diretamente pelo escrivão, por mandado, ou via postal com comprovante de recebimento, ou por qualquer outro meio idôneo", nos termos do art. 370, § 2º, do CPP.

Ainda quanto ao defensor particular constituído, em caso de intimação pessoal feita na secretaria do juízo, à qual compareça o destinatário, dispensa-se, naturalmente, a publicação no diário da justiça, conforme o art. 370, § 3º, do CPP. Entendemos que esse

Cap. XV · COMUNICAÇÃO DOS ATOS PROCESSUAIS

mesmo regime deva ser aplicado ao Ministério Público e ao defensor dativo (público ou particular), com a dispensa da posterior remessa dos autos ao setor administrativo próprio da instituição, considerando que a intimação na secretaria já é pessoal e com vista dos autos.

5. A INTIMAÇÃO DA TESTEMUNHA E A DO PERITO OU INTÉRPRETE

As testemunhas, aí incluso o ofendido, devem ser intimadas por mandado judicial cumprido por oficial de justiça, de modo a permitir, em caso de não comparecimento injustificado, a condução coercitiva do destinatário à presença da autoridade (art. 218 e art. 201, § 1º, CPP). O mesmo deve ser a aplicado a peritos (art. 278, CPP[17]), intérpretes (art. 281, CPP[18]) e demais auxiliares da justiça, quando chamados a depor em audiência.

A testemunha tem o dever de comunicar ao juiz, dentro de 1 (um) ano, qualquer mudança de endereço, para o caso de necessidade de posterior intimação para novo depoimento. Nesse caso, sujeita-se a testemunha, se omitir a comunicação quanto ao novo endereço, às medidas coercitivas (art. 218, CPP) e punitivas (art. 219, CPP) associadas ao não comparecimento injustificado, conforme o art. 224 do CPP: "As testemunhas comunicarão ao juiz, dentro de 1 (um) ano, qualquer mudança de residência, sujeitando-se, pela simples omissão, às penas do não comparecimento".

Na hipótese de adiamento da instrução oral, por qualquer motivo, a intimação para o próximo ato será feita desde logo, com registro da ciência das partes e das testemunhas (assim como de peritos e intérpretes) no próprio termo de audiência, por todos assinado, conforme o art. 372 do CPP: "Adiada, por qualquer motivo, a instrução criminal, o juiz marcará desde logo, na presença das partes e das testemunhas, dia e hora para seu prosseguimento, do que se lavrará termo nos autos".

Caso a testemunha resida no território correspondente a circunscrição judiciária diversa daquela em que tramita o processo penal, será intimada por carta precatória, cabendo ao juízo deprecado fazer expedir o mandado de intimação e oportunamente conduzir a audiência. Nesse sentido, tem-se o disposto no art. 222, *caput*, do CPP: "A testemunha que morar fora da jurisdição do juiz será inquirida pelo juiz do lugar de sua residência, expedindo-se, para esse fim, carta precatória, com prazo razoável, intimadas as partes".

A defesa do acusado deve ser intimada da expedição da precatória, para que possa, querendo, acompanhar a diligência, dispensando-se, porém, a intimação quanto à data do ato de audiência designada pelo juízo deprecado. Este é o entendimento consolidado na Súmula nº 273 do STJ: "Intimada a defesa da expedição da carta precatória, torna-se desnecessária intimação da data da audiência no juízo deprecado".

Por fim, a testemunha residente no exterior deve ser intimada por *carta rogatória*, cuja expedição depende de demonstração de imprescindibilidade e de custeio pelo

---

17. Art. 278, CPP: "No caso de não comparecimento do perito, sem justa causa, a autoridade poderá determinar a sua condução".
18. Art. 281, CPP: "Os intérpretes são, para todos os efeitos, equiparados aos peritos".

interessado, nos moldes do art. 222-A do CPP: "As cartas rogatórias só serão expedidas se demonstrada previamente a sua imprescindibilidade, arcando a parte requerente com os custos de envio".

6. INTIMAÇÃO NA HIPÓTESE DE DECISÃO IMEDIATA

O art. 371 do CPP dispõe o seguinte: "Será admissível a intimação por despacho na petição em que for requerida, observado o disposto no art. 357".

Trata-se de dispositivo adequado aos casos de sigilo e/ou de urgência, em que a parte formula o requerimento e comparece pessoalmente à presença do juiz, para fins de apreciação imediata, que, quando realizada, deverá ser desde logo, por despacho exarado na própria petição, comunicada ao postulante. É o que ocorre nas hipóteses de pedido sigiloso de medida cautelar e de pedido de liberdade.

CAPÍTULO XVI
Sentença Penal

Neste capítulo concentraremos nossa análise na *sentença* como ato jurisdicional decisório que encerra o processo com resolução do mérito da causa (mérito em sentido estrito), compreendendo-se aí a sentença penal condenatória e a sentença penal absolutória (do mesmo modo, o acórdão condenatório e o acórdão absolutório).

A funcionalidade da árdua classificação dos atos judiciais no processo penal – que abrange as espécies *sentença, decisão definitiva, decisão com força de definitiva, decisão interlocutória, despacho* – manifesta-se precipuamente na identificação do recurso cabível, razão pela qual será abordada no Capítulo XIX deste Curso.

Naturalmente, os aspectos conceituais, dos pontos de vista estrutural e finalístico, abordados em relação à sentença estendem-se, no que for aplicável, aos demais atos jurisdicionais decisórios.

SEÇÃO I
Sentença

1. CONCEITO E PARTES

1.1. Conceito de Sentença Penal

FREDERICO MARQUES definia *sentença* como o "ato de composição do litígio ou causa penal, em que o preceito normativo abstrato, imposto pela ordem jurídica, se transforma em preceito concreto e específico"[1].

No sistema processual vigente, entretanto, a *sentença penal* tem um significado mais restrito que o da sentença civil.

Com efeito, sabe-se que, no direito processual civil, *sentença* consiste no ato judicial decisório terminativo, com ou sem resolução do mérito. Nos termos do art. 203, § 1º, do Código de Processo Civil de 2015: "Ressalvadas as disposições expressas dos procedimentos especiais, sentença é o pronunciamento por meio do qual o juiz, com fundamento nos arts. 485 [sem resolução de mérito] e 487 [com resolução de mérito], põe fim à fase cognitiva do procedimento comum, bem como extingue a execução".

---

1. MARQUES, José Frederico. *Elementos de Direito Processual Penal*. Rio de Janeiro: Forense, 1962, v. III, p. 19.

No processo penal, contudo, em virtude de a lei aludir às espécies *decisão definitiva* e *decisão com força de definitiva*, reservou-se à *sentença* limites conceituais mais estreitos, restritos ao *ato terminativo de mérito em sentido estrito*, vale dizer, de procedência (condenação) ou de improcedência (absolvição) da pretensão[2]. Por outro lado, agora do mesmo modo que no processo civil, limita-se a designação *sentença* ao ato terminativo do juízo singular de primeiro grau[3].

Entende-se por *sentença penal*, nesse sentido, o *ato decisório do juízo monocrático que encerra o processo em primeira instância, com resolução do mérito da causa, julgando procedente (sentença penal condenatória) ou improcedente (sentença penal absolutória) a hipótese de acusação deduzida em juízo e a pretensão de punir a ela correlata.*

As demais decisões terminativas, que encerram o processo sem resolução do mérito (por exemplo, decisão de rejeição liminar da denúncia ou da queixa) ou com resolução do mérito em sentido amplo (por exemplo, decisão de extinção da punibilidade), inserem-se nas categorias da decisão com força de definitiva e da decisão definitiva, conforme será abordado no Capítulo XIX deste Curso.

1.2. Partes da Sentença Penal

O art. 381 do Código de Processo Penal contempla as seguintes *partes* da sentença: (a) *relatório* (art. 381, I e II, CPP); (b) *motivação e fundamentação* (art. 381, III, CPP); (c) *dispositivo* (art. 381, V, CPP); (d) *autenticação* (art. 381, VI, CPP).

1.2.1. Relatório (art. 381, I e II, CPP)

O *relatório* consiste na descrição resumida das diversas etapas do procedimento, para a fixação sintética da matéria que constituirá objeto de análise judicial no momento da motivação. Trata-se de histórico do processo, com resumo da marcha do procedimento e de seus incidentes mais relevantes. Como bem observava Espínola Filho, "um bom histórico, na sentença, fornece elementos precisos para o tribunal, ao julgar o recurso, apreender, sem desperdício de tempo, toda a causa, nos seus mínimos detalhes, controlando a fidelidade da argumentação do juiz"[4].

De acordo com o art. 381, incisos I e II, do CPP, a sentença conterá: (i) "os nomes das partes ou, quando não possível, as indicações necessárias para identificá-las"; (b) "a exposição sucinta da acusação e da defesa". Esses indicadores compõem o relatório, enquanto etapa *informativa* da sentença.

---

2.   Conforme Espínola Filho: "A sentença é a decisão proferida, afinal, pelo juiz, dando, diretamente, solução à causa". Cfr. Espínola Filho, Eduardo. *Código Penal Brasileiro Anotado*. Rio de Janeiro: Editora Rio, 1980, v. II, p. 47.

3.   Assim: Marques, José Frederico. *Elementos de Direito Processual Penal*. Rio de Janeiro: Forense, 1962, v. III, p. 27.

4.   Espínola Filho, Eduardo. *Código Penal Brasileiro Anotado*. Rio de Janeiro: Editora Rio, 1980, v. II, p. 50.

Assim, no relatório não deve haver antecipação do convencimento do juiz quanto a eventuais preliminares nem quanto ao mérito da causa penal, elementos próprios das partes subsequentes, a *motivação*, em que o juiz fará a apreciação da prova, e a *fundamentação*, na qual serão por ele oferecidas as razões de direito.

Compreende-se que a sentença, como ato terminativo do processo, deva conter a síntese da matéria objeto da demanda, de modo não só a fixar os pontos que integraram a análise judicial, mas também a oferecer informações consolidadas sobre a causa, em seu conteúdo essencial e etapas mais importantes.

No procedimento comum sumaríssimo, a lei dispensa o relatório, o que é compatível com a simplificação própria desse âmbito, inclusive como estímulo para que causas de pequena complexidade sejam apreciadas e decididas em audiência. É o que dispõe o art. 81, § 3º, da Lei nº 9.099/1995: "A sentença, dispensado o relatório, mencionará os elementos de convicção do juiz".

1.2.2. *Motivação e Fundamentação (art. 381, III, CPP)*

A *motivação* é uma etapa inerente ao sistema do livre convencimento motivado ou da persuasão racional. Como visto no Capítulo III, o juiz, conquanto livre para se convencer num ou noutro sentido, está constitucionalmente obrigado a expor os motivos que o conduziram à convicção ao final proclamada.

Essa exposição analítica de motivos coincide com a apreciação e valoração judicial dos elementos de prova consolidados nos autos. É nisto que consiste a motivação: explicitação analítica dos motivos que concorreram para a formação do convencimento judicial, com base nos elementos de prova produzidos ou confirmados em contraditório.

Por isso mesmo, não cabe falar na figura absurda da "motivação implícita", eis que a nota inerente e invariável à motivação consiste precisamente na explicitação do que está implícito. Nesse particular, refira-se o lúcido pensamento de GIUSEPPE BETTIOL: "Tratando-se de uma das matérias mais delicadas de todo o processo penal, é necessário sublinhar ainda o perigo de uma motivação implícita. Sendo a nota verdadeiramente típica da motivação tornar explícito o que é implícito, bem pode dizer-se que a motivação implícita não é uma motivação. Considerações idênticas merece a motivação genérica a que, dadas as amplas possibilidades de evasão, muitas vezes se acolhe a nossa jurisprudência. Também para ela se impõem reservas decisivas. Há uma motivação genérica sempre que a motivação é apodítica, axiomática, decisória; todas as vezes que o magistrado renuncia a examinar analiticamente os resultados da discussão e das provas, para se limitar a exprimir um juízo de caráter assertório e global, não procedendo à devida análise de cada elemento, momento, circunstância ou pedido emergentes no decurso do processo"[5].

---

5. BETTIOL, Giuseppe. *Instituições de Direito e de Processo Penal*. Trad. de Manuel da Costa Andrade. Coimbra: Coimbra Editora, 1974, p. 306. Em sentido semelhante, GOMES FILHO: "Sem pretender exaurir as hipóteses em que a motivação é apenas aparente (o que equivale a dizer inexistente, pois falta, na realidade, um documento com função justificativa), basta lembrar as fórmulas pré-fabricadas, em que o juiz reproduz afirmações genéricas e vazias de conteúdo, que podem ser aplicadas de modo indiscriminado a uma

É no momento da motivação que o juiz faz a análise, o cotejo, a ponderação, o sopesamento dos diversos elementos de prova disponíveis no processo, cumprindo assim seu dever constitucional de oferecimento, aos jurisdicionados, das razões de fato que baseiam a conclusão lançada na etapa dispositiva. Espínola Filho realçava, com procedência, a feição de *controlabilidade* do ato jurisdicional motivado: "A sentença deve ser *motivada*. Com o sistema do *livre convencimento motivado*, adotado pelo presente projeto, é a *motivação* da sentença que oferece garantia contra os excessos, os erros de apreciação, as falhas do raciocínio ou de lógica e os demais vícios de julgamento"[6].

Assim compreendida, a motivação diz respeito, portanto, aos elementos ou razões de fato que levaram o juiz a uma conclusão condenatória ou absolutória (ou, de resto, a outra conclusão de caráter terminativo).

Difere a motivação, nesse sentido, da *fundamentação*, que por seu turno diz respeito a elementos *jurídicos*. Uma vez expostos os motivos de fato, com base na prova, de seu convencimento, poderá o juiz expor o direito aplicável à situação empírica examinada.

É aqui que ingressam, a título de exemplo: o juízo de tipicidade, em que se verifica a adequação dos fatos ao tipo penal incidente; a verificação da ilicitude da conduta, inclusive pelo exame da eventual incidência de causa excludente, em seus aspectos jurídicos (por exemplo, injustiça ou não da agressão e moderação da reação na legítima defesa); a verificação da culpabilidade do sujeito, inclusive pelo exame da incidência de causa exculpante, em seus aspectos jurídicos (por exemplo, exigibilidade ou não de conduta de diversa).

O exame da materialidade do fato e da respectiva autoria, com base na prova, pertence à fase de motivação; o da tipicidade objetiva do fato (sua adequação a um tipo penal de injusto), à fase de fundamentação. O exame do elemento subjetivo do agente em seus aspectos fáticos (elementos de prova indicadores da intencionalidade ou não na conduta do acusado), à fase de motivação; o exame dos aspectos jurídicos do dolo (elementos intelectivo e volitivo, dolo direto ou dolo eventual etc.), à etapa de fundamentação. O exame da existência concreta de pressupostos de fato de eventual causa de justificação (por exemplo, atualidade ou iminência da agressão na legítima defesa), à fase de motivação; o dos pressupostos jurídicos (injustiça ou não da agressão na legítima defesa), à fundamentação. E assim por diante.

Claro que essa diferenciação se dá do ponto de vista lógico e conceitual, mas com frequência o juiz as realiza em conjunto, em um tópico único e em uma mesma exposição argumentativa. De toda sorte, há diferenciação clara entre as duas espécies, inclusive em suas finalidades. O próprio art. 381, incisos III e IV, do CPP expressa

---

série de situações, independentemente da efetiva análise dos elementos concretos que se apresentam no caso decidido". Cfr. Gomes Filho, Antonio Magalhães. *A Motivação das Decisões Penais*. São Paulo: Revista dos Tribunais, 2001, p. 186.

6. Espínola Filho, Eduardo. *Código Penal Brasileiro Anotado*. Rio de Janeiro: Editora Rio, 1980, v. II, p. 56. Em perspectiva semelhante, assinala Montoro-Ballesteros: "La motivación de la decisión judicial desarrolla una múltiple finalidad: cumple una función paidética; facilita el control de la función jurisdiccional, constituyendo un límite y un freno a la arbitrariedad; posibilita la defensa de las pretensiones de las partes por medio de los recursos". Cfr. Montoro-Ballesteros, Alberto. *Conflicto Social, Derecho y Proceso*. Murcia: Universidad de Murcia, 1993, p. 48.

essa separação, ao dispor que a sentença conterá "a indicação dos motivos de fato e de direito em que se fundar a decisão" e "a indicação dos artigos de lei aplicados".

Por fim, em bom caminho, o Novo Código de Processo Civil (2015) fixou exigências destinadas a garantir a *efetiva* motivação da sentença. Com efeito, nos termos do art. 489, § 1º, do CPC/2015: "Não se considera fundamentada qualquer decisão judicial, seja ela interlocutória, sentença ou acórdão, que: I – se limitar à indicação, à reprodução ou à paráfrase do ato normativo, sem explicar sua relação com a causa ou a questão decidida; II – empregar conceitos jurídicos indeterminados, sem explicar o motivo concreto de sua incidência no caso; III – invocar motivos que se prestariam a justificar outra decisão; IV – não enfrentar todos os argumentos deduzidos no processo capazes de, tem tese, infirmar a conclusão adotada pelo julgador; V – se limitar a invocar precedente ou enunciado de súmula, sem identificar seus fundamentaos determinantes nem demonstrar que o caso sob julgamento se ajusta àqueles fundamentos; VI – deixar de seguir enunciado de súmula, jurisprudência ou precedente invocado pela parte, sem demonstrar a existência de distinção no caso em julgamento ou a superação do entendimento".

1.2.3. Dispositivo (art. 381, V, CPP)

O *dispositivo* corresponde à conclusão lançada na sentença, a partir da motivação e da fundamentação desenvolvidas pelo julgador. Para ESPÍNOLA FILHO, o dispostivo "constitui, propriamente, o julgado, concretizado na subsunção do caso concreto ao preceito de direito objetivo, o qual o disciplina, pelo que tem que ser baseado na aplicação, à espécie de fato, de dispositivos aplicáveis"[7].

Na sentença condenatória, o dispositivo compreende a constituição da *procedência* da pretensão, a aplicação da pena concreta e seus consectários (art. 387, *caput*, I, II e III, CPP), assim como a possível fixação de valor mínimo a título de recomposição do dano causado pelo crime (art. 387, *caput*, IV, CPP).

Por outro lado, na sentença absolutória, o dispositivo expressa simplesmente a declaração da absolvição do acusado, com a menção da causa aplicável (art. 386, *caput*, CPP).

As demais providências determináveis têm caráter cautelar ou acessório, não integrando o âmbito do dispositivo, que fixa os limites da coisa julgada.

1.2.4. Autenticação (art. 381, VI, CPP)

A *autenticação* da sentença consiste simplesmente na assinatura do juiz (art. 381, VI, CPP). Sendo "datilografada" ou, na generalidade dos casos atuais, *digitada* a sentença, e lançada em documento impresso, "o juiz a rubricará em todas as folhas", nos termos do art. 388 do CPP. Dada em processo virtual, por outro lado, bastará a assinatura eletrônica do juiz, com a adoção das cautelas adequadas, na forma da

---

7. ESPÍNOLA FILHO, Eduardo. *Código Penal Brasileiro Anotado*. Rio de Janeiro: Editora Rio, 1980, v. II, p. 52.

legislação específica. Expressando esse aspecto, dispõe o art. 205, § 2º, do CPC/2015: "A assinatura dos juízes, em todos os graus de jurisdição, pode ser feita eletronicamente, na forma da lei".

Ocorre a autenticação, portanto, antes da *publicação*, entendida como a disponibilidade geral, da sentença, por ato formal do diretor de secretaria, com termo nos autos. Trata-se ainda de um ato concernente à esfera individual do sujeito investido na função de julgar, cuja assinatura confere autenticidade à sentença.

2. PUBLICAÇÃO E REGISTRO DA SENTENÇA

A *publicação* consiste no ato formal de transferência da sentença desde a esfera pessoal do juiz até a disponibilidade pública, com o efeito de exaurimento da jurisdição do órgão judiciário quanto ao caso decidido. Segundo a definição de FREDERICO MARQUES, "a *publicação da sentença*, como o próprio nome o indica, é o momento em que ela adquire publicidade, para tornar-se, assim, um ato processual completo e devidamente formalizado"[8].

Esse ato se exerce pelo *diretor da secretaria do juízo*, mediante termo nos autos. Com isso, a sentença adquire publicidade, estando disponível ao acesso de todos[9]. Nos termos do art. 389, primeira parte do CPP, "a sentença será publicada em mãos do escrivão, que lavrará nos autos o respectivo termo..."

A sentença assinada pelo juiz, nesse contexto, ainda não existe como ato formal exauriente do exercício da função jurisdicional enquanto não for publicada[10]. Até então, poderá ainda ser modificada em qualquer ponto.

Uma vez publicada, porém, a sentença só pode ser modificada pelo próprio juiz que a proferiu: (i) para a correção de mero erro material; (ii) em sede de embargos de declaração com efeitos modificativos. Como dispõe o art. 494 do CPC/2015: "Publicada a sentença, o juiz só poderá alterá-la: I – para corrigir-lhe, de ofício ou a requerimento da parte, inexatidões materiais ou erros de cálculo; II – por meio de embargos de declaração".

Acerca da norma do art. 494, inciso I, do CPC/2015, pode-se referir, no processo penal, a mera correção de erro de cálculo na quantificação da pena concreta, em caso de sentença condenatória. Assim, por exemplo, se o juiz, ao aplicar aumento de pena-base de 3 (três) anos em 1/3 (um terço), chega ao montante final de 5 (cinco) anos, há claro erro de cálculo, que poderá ser corrigido mesmo após a publicação, inclusive de ofício, independentemente, portanto, de embargos declaratórios. Há quem sustente,

---

8. MARQUES, José Frederico. *Elementos de Direito Processual Penal*. Rio de Janeiro: Forense, 1962, v. III, p. 57.
9. Conforme HÉLIO TORNAGHI: "A partir do momento em que o juiz entrega a sentença em cartório, ela se torna pública, isto é, pode ser conhecida por qualquer pessoa...". Cfr. TORNAGHI, Hélio Bastos. *Curso de Processo Penal*. São Paulo: Saraiva, 1991, v. 2, p. 404.
10. Como expressava FREDERICO MARQUES: "Enquanto não publicada, a sentença é mero trabalho intelectual de seu prolator. A publicidade é que lhe imprime existência jurídica como ato processual". Cfr. MARQUES, José Frederico. *Elementos de Direito Processual Penal*. Rio de Janeiro: Forense, 1962, v. 3, p. 57.

porém, que o mesmo não poderá acontecer em prejuízo do acusado, em virtude do princípio do *favor rei*.

Assevere-se que a *publicidade* da sentença, adquirida com o ato formal objeto do art. 389 do CPP, é inconfundível com a intimação realizada por meio de publicação na imprensa oficial. Este último ato destina-se à intimação dos advogados constituídos nos autos processuais, e não ao aperfeiçoamento da publicidade da sentença, já antes ocorrida.

Assim, considerando a fórmula do "publique-se, registre-se, intime-se", a *publicação* em mão do diretor de secretaria corresponde ao primeiro ato, ao passo que a publicação na imprensa oficial vincula-se ao exclusivo objetivo de intimar os advogados acerca da sentença.

O *registro*, por seu turno, consiste no ato de assentamento ou de anotação formal da sentença em livro especial próprio, o *livro de registro de sentenças*, mantido em cada secretaria de juízo. Confira-se, no ponto, a segunda parte da norma do art. 389 do CPP: "A sentença será publicada em mão do escrivão, que lavrará nos autos o respectivo termo, registrando-a em livro especial destinado a esse fim". Como assinala WALTER ACOSTA: "O *registro da sentença* é feito em cartório, depois da publicação e de outras providências mais urgentes, mediante transcrição literal, autenticada pelo escrivão, em livro oficialmente destinado a esse fim. É medida obrigatória, de imensa valia, principalmente em caso de vir a ser feita a restauração de autos extraviados e também como fonte de certidões ou informações. Não confere autenticidade à sentença, mas tem a finalidade de conservá-la e perpetuá-la"[11].

Publicada e registrada a sentença, restam os expedientes de intimação às partes e/ou a seus representantes. É o que se aborda no próximo tópico.

3. INTIMAÇÃO DA SENTENÇA

Nos termos do art. 392, *caput*, do CPP: "a intimação da sentença será feita: I – ao réu, pessoalmente, se estiver preso; II – ao réu, pessoalmente, ou ao defensor por ele constituído, quando se livrar solto, ou, sendo afiançável a infração, tiver prestado fiança; III – ao defensor constituído pelo réu, se este, afiançável, ou não, a infração, expedido o mandado de prisão, não tiver sido encontrado, e assim o certificar o oficial de justiça; IV – mediante edital, nos casos do n. II, se o réu e o defensor que houver constituído não forem encontrados, e assim o certificar o oficial de justiça; V – mediante edital, nos casos do n. III, se o defensor que o réu houver constituído também não for encontrado, e assim o certificar o oficial de justiça; VI – mediante edital, se o réu, não tendo constituído defensor, não for encontrado, e assim o certificar o oficial de justiça".

Em primeiro lugar, não há dúvida sobre a necessidade de intimação *pessoal* do *acusado preso* quanto à sentença, condenatória ou absolutória (art. 392, I, CPP), independentemente da intimação do defensor, constituído ou dativo.

---

11. ACOSTA, Walter P. *O Processo Penal*. Rio de Janeiro: Editora do Autor, 1991, p. 321.

Relativamente ao acusado solto, entretanto, estabelece o art. 392, II, do CPP uma exigência alternativa de intimação ou do acusado, pessoalmente, ou do defensor constituído. Assim, se intimado o defensor constituído do acusado, estaria dispensada a intimação pessoal. Desprende-se dessa norma que, na hipótese de defensor dativo, a intimação pessoal do acusado solto é necessária, independentemente da intimação do defensor. A parte final do dispositivo do art. 392, II, com a referência "quando se livrar solto, ou, sendo afiançável a infração, tiver prestado fiança", designa, no sistema atual, simplesmente a hipótese de liberdade do acusado durante o processo.

Do mesmo modo, a lei dispensa a intimação pessoal do acusado, exigindo apenas a do defensor constituído, quando aquele não for encontrado, nos moldes do art. 392, III, do CPP.

Assim, pelo regime legal, fixado nos incisos I, II e III do art. 392, *caput*, do CPP, tem-se a seguinte situação: (i) acusado preso: necessidade de intimação pessoal, quer esteja representado por defensor constituído, quer por defensor dativo, independentemente da intimação do defensor; (ii) acusado solto: necessidade de intimação pessoal apenas se estiver representado por defensor dativo; de outro modo, basta a intimação do defensor constituído.

Não nos parece que esse regime atenda aos reclamos da garantia da ampla defesa, diante de um ato tão relevante como a sentença. Assevere-se, nesse ponto, que a legitimação para recorrer e a capacidade postutória para tanto são atributos normativos não apenas do defensor, mas do próprio acusado, independentemente de habilitação jurídica. Desta sorte, para que possa exercer em pessoa seu direito de recorrer, deverá o acusado ser intimado da sentença em qualquer hipótese, ainda que solto e representado por defensor constituído.

Nessa lógica, sustentamos que o acusado solto e representado por defensor constituído deve ser pessoalmente intimado da sentença, condenatória ou absolutória, *por mandado*, instruído com cópia da sentença. Esta tem sido a prática, a propósito, no âmbito da Justiça Comum Federal, encontrando-se bons exemplos inclusive de mandados judiciais já contendo um campo destinado ao registro do exercício do direito de recorrer pelo próprio acusado. Ainda que se trate de sentença absolutória, tem o acusado o direito de conhecê-la independemente da comunicação dirigida a seu defensor constituído (inclusive porque há casos de interesse recursal do acusado contra sentença absolutória, como reconhece a doutrina).

Na jurisprudência dos tribunais superiores, porém, outra é a orientação adotada, entendendo-se pela inexigência de intimação pessoal do acusado solto, quando representado por defensor constituído. Confira-se, nessa linha, o julgado da Quinta Turma do Superior Tribunal de Justiça no HC 190.529/RN (STJ, 5ª Turma, HC 190.529, Rel. Min. Laurita Vaz, julgamento em 18.10.2012, DJ de 24.10.2012): "Segundo o que prevê o art. 392, incisos I e II, do Código de Processo Penal, a obrigatoriedade da intimação pessoal do acusado somente ocorre se este se encontrar preso, podendo ser dirigida unicamente ao patrocinador da defesa na hipótese de réu solto. Precedentes".

Com a mesma lógica, entende-se pela inexigência de intimação pessoal do acusado solto a respeito do acórdão condenatório, em segundo grau, ainda que reformando sentença absolutória, como decidiu a Primeira Turma do Supremo Tribunal Federal no HC 98.218/SC (STF, 1ª Turma, HC 98.218, Rel. Min. MARCO AURÉLIO, julgamento em 12.02.2011, DJ de 04.05.2011): "Em se tratando de acórdão que transforma absolvição em condenação, somente se cogita da intimação pessoal do acusado se este encontrar--se sob a custódia do Estado – inteligência do art. 392 do Código de Processo Penal".

Em sentido semelhante, o STJ tem decidido pela não aplicabilidade do art. 392 do CPP às decisões de segundo grau, como no julgado do HC 211.935/PR (STJ, 5ª Turma, HC 211.935, Rel. Min. LAURITA VAZ, julgamento em 06.12.2011, DJ de 19.12.2011): "A necessidade de intimação pessoal do réu, a que se refere o artigo 392, do Código de Processo Penal, só tem aplicabilidade nas decisões de primeiro grau, não alcançando, pois, as intimações em segundo grau e das instâncias superiores. Precedentes desta Corte".

Perceba-se que o STJ não faz distinção entre o acusado preso e o acusado solto, orientando-se pela não aplicabilidade do art. 392 do CPP às decisões de segundo grau. Nesse ponto, porém, diversa é a orientação do STF, no sentido da exigência de intimação pessoal do *acusado preso* a respeito do acórdão condenatório de segundo grau, como emana do já referido julgado da Primeira Turma no HC 98.218/SC.

De nossa parte, entendemos que o acusado *deveria ser* pessoalmente intimado, preso ou solto, representado por defensor constituído ou dativo: da sentença de primeiro grau, condenatória ou absolutória; do acórdão de segundo grau, desde que converta absolvição em condenação; do acórdão de tribunal superior, desde que converta absolvição em condenação.

Nas hipóteses do art. 392, incisos II e III, não se encontrando nem o acusado nem o defensor constituído para intimação pessoal, deverá o ato ser realizado por *edital*, conforme o disposto nos incisos IV e V do mesmo artigo. Considere-se, entretanto, que o defensor constituído é intimado por publicação na imprensa oficial (diário da justiça), não fazendo sentido em se cogitar de não localização nem, portanto, de intimação por edital, senão em casos raros, onde não exista imprensa. Onde baste a intimação do defensor constituído, isso se dará, em condições normais, por publicação no diário da justiça.

Estando o acusado representado por defensor dativo, deverá ser, aí sim, intimado por *edital*, caso não seja encontrado para intimação pessoal, como dispõe o art. 392, inciso VI, do CPP. Nesse caso, "o prazo do edital será de 90 (noventa) dias, se tiver sido imposta pena privativa de liberdade por tempo igual ou superior a 1 (um) ano, e de 60 (sessenta) dias, nos outros casos", nos termos do art. 392, § 1º, do CPP. Também nesse ponto, "o prazo para apelação correrá após o término do fixado no edital, salvo se, no curso deste, for feita a intimação por qualquer das outras formas estabelecidas neste artigo", como preceitua o art. 392, § 2º, do CPP.

O defensor particular constituído deve ser intimado por publicação na imprensa oficial, não se exigindo outra forma de intimação pessoal. Já o defensor dativo deve ser pessoalmente intimado da sentença, por vista dos autos. O mesmo se diga quanto ao defensor público, constituído ou dativo.

De igual modo, o Ministério Público, quer como parte, quer como órgão de justiça, deve ser pessoalmente intimado da sentença, por vista dos autos. Nesse particular, dispõe o art. 390 do CPP que "o escrivão, dentro de 3 (três) dias após a publicação, e sob pena de suspensão de 5 (cinco) dias, dará conhecimento da sentença ao órgão do Ministério Público". É curiosa essa previsão, na lei processual penal, de sanção disciplinar ao serventuário da Justiça, especificamente como resposta à inércia quanto à intimação do Ministério Público.

Quanto ao querelante, na ação penal de iniciativa privada, e ao assistente do Ministério Público, na ação penal de iniciativa pública, aplica-se a norma do art. 391 do CPP: "O querelante ou o assistente será intimado da sentença, pessoalmente ou na pessoa de seu advogado. Se nenhum deles for encontrado no lugar da sede do juízo, a intimação será feita por edital, com o prazo de 10 (dez) dias, afixado no lugar de costume". Assim, não se exige intimação pessoal do querelante nem do assistente, bastando a intimação do respectivo advogado. Atente-se, porém, que o ofendido não habilitado como assistente deverá ser comunicado da sentença e respectivos acórdãos que a matenham ou modifiquem, nos termos do art. 201, § 2º, do CPP. Essa comunicação deverá ser feita no endereço indicado pelo ofendido, admitindo-se, por opção deste, o meio eletrônico (art. 201, § 3º, CPP).

4. COISA JULGADA

4.1. Conceito: coisa julgada material e coisa julgada formal

Segundo CÂNDIDO DINAMARCO: "Em direito processual, *coisa julgada é imutabilidade*. Quando proferida a sentença, ela própria e seus efeitos ainda são mera *proposta* de solução do litígio (sentenças de mérito) ou simplesmente proposta de extinção do processo (terminativas), uma vez que ainda é possível a substituição da sentença e a alteração do teor do julgamento, em caso de recurso interposto pela parte vencida"[12].

Entende-se por *coisa julgada material* o atributo de imutabilidade ou de estabilidade da decisão judicial terminativa de mérito, que se tornou definitiva pela ausência ou pelo esgotamento dos meios de impugnação recursal (preclusão)[13]. No processo penal, a *sentença*, como ato terminativo de mérito em sentido estrito (condenação ou absolvição) e a *decisão definitiva*, como ato terminativo de mérito em sentido amplo (por exemplo, extinção da punibilidade), fazem coisa julgada material.

Já o conceito de *coisa julgada formal* é impreciso, tendo provocado intensas controvérsias na doutrina. Diante da multiplicidade de posições, compreendemos esse fenômeno como o atributo de estabilidade da decisão terminativa sobre *questão processual* (preliminar) – sem, portanto, qualquer caráter de mérito – que se torna *relativamente definitiva* pela ausência ou pelo esgotamento dos meios de impugnação. Diz-se *relativamente* definitiva porque a decisão pode ser revista na hipótese de mudança do quadro (probatório, por exemplo) em que baseada. Como detalha DINAMARCO: "Coisa

---

12. DINAMARCO, Cândido Rangel. *Instituições de Direito Processual Civil*. São Paulo: Malheiros, 2002, v. III, p. 295.
13. Como diz sinteticamente DINAMARCO: "Coisa julgada material é a *imutabilidade dos efeitos substanciais da sentença de mérito*". Cfr. DINAMARCO, Cândido Rangel. *Instituições de Direito Processual Civil*. São Paulo: Malheiros, 2002, v. III, p. 301.

julgada formal é a *imutabilidade da sentença como ato jurídico processual*. Consiste no impedimento de qualquer recurso ou expediente forçado destinado a impugná-la, de modo que, naquele processo, nenhum outro julgamento se fará (...) A coisa julgada formal é um dos dois aspectos do instituto da coisa julgada e opera exclusivamente no interior do processo em que se situa a sentença sujeita a ela. Tem, portanto, uma feição e uma missão puramente técnico-processuais"[14].

No processo penal, a *decisão com força de definitiva* faz coisa julgada formal. Sirvam como exemplos: decisão de rejeição liminar da denúncia com base na inépcia; decisão de impronúncia no procedimento do júri; decisão declaratória de nulidade por ilegitimidade de parte.

4.2. Coisa Julgada *Pro et Contra*, Coisa Julgada *Secundum Eventum Litis* e Coisa Julgada *Secundum Eventum Probationis*

A coisa julgada *pro et contra* é aquela que se forma em qualquer hipótese de decisão sobre o mérito em sentido estrito da causa, quer de procedência, quer de improcedência.

Por seu turno, a coisa julgada *secundum eventum litis* forma-se apenas a depender do resultado do processo: somente em caso de procedência ou somente em caso de improcedência. Cria-se, dessa forma, uma situação de desigualdade entre as partes.

Há quem diga que a sentença penal faz coisa julgada *secundum eventum litis*, uma vez que: (a) a sentença penal absolutória (improcedência) faz coisa julgada, não estando sujeita a revisão; (b) a sentença penal condenatória (procedência) não faz coisa julgada, estando sujeita a revisão.

Não entendemos assim. A sentença penal, quer a condenatória, quer a absolutória, faz sempre coisa julgada material. Admite-se a rescisão, apenas a título excepcional, da sentença penal condenatória, por desconstituição da coisa julgada. A sentença penal absolutória é que não está sujeita a rescisão, por força de garantia individual, qual seja, a da vedação da revisão criminal *pro societate*.

Por mais que isso crie uma situação de desigualdade entre as partes, nisto consistindo a semelhança da hipótese em foco com a coisa julgada *secundum litis*, é inexato dizer que a sentença penal condenatória não faz coisa julgada. A própria existência da revisão criminal, como ação de caráter rescisório, traduz a excepcionalidade da desconstituição da estabilidade do julgado. O que há, de outra parte, na sentença penal absolutória é o atributo da *imutabilidade absoluta*, sem igual no direito brasileiro.

Assim, compreendemos que a sentença penal, de procedência ou de improcedência, faz coisa julgada material *pro et contra*, inserindo-se, portanto, na situação mais comum.

Finalmente, a coisa julgada *secundum eventum probationis* opera-se na hipótese de exaurimento de provas, permitindo-se a revisão do próprio julgado ou de seus efeitos ante a superveniência de prova nova. É o que acontece, por exemplo, com a decisão de

---

14. DINAMARCO, Cândido Rangel. *Instituições de Direito Processual Civil*. São Paulo: Malheiros, 2002, v. III, p. 297.

impronúncia no procedimento do júri – inadmissibilidade da acusação com base na prova disponível, podendo o feito ser reaberto na hipótese de superveniência de prova nova.

SUBSEÇÃO I
Sentença Penal Absolutória

1. CONCEITO

Entende-se por *sentença penal absolutória* o ato judicial decisório que julga o mérito em sentido estrito da hipótese acusatória e da pretensão punitiva, com resultado de *improcedência*, para o efeito de *absolvição* do acusado quanto à imputação contra ele deduzida. Trata-se de sentença de natureza meramente *declaratória*, representando a confirmação do estado jurídico de inocência do acusado.

A absolvição, nesse sentido, restringe-se ao mérito *stricto sensu* da causa, envolvendo os seguintes aspectos, todos intrínsecos à infração penal objeto do processo e à prova da respectiva prática pelo imputado: (i) prova da existência material do fato em tese constitutivo de infração penal; (ii) prova da autoria ou da participação do imputado no fato; (iii) tipicidade objetiva e subjetiva do fato; (iv) ilicitude do fato; (v) culpabilidade.

Com essa abrangência, pode a *absolvição* ser *própria*, sem a imposição de qualquer consequência jurídica, ou *imprópria*, com a imposição de medida de segurança. Esta última hipótese reserva-se ao provimento absolutório baseado na inimputabilidade do acusado ao tempo da prática da conduta penalmente típica.

Por outro lado, aspectos jurídicos exógenos à infração penal, ainda que decisivos para a aplicabilidade da pena, não integram propriamente o âmbito da sentença absolutória. Desta sorte, a *extinção da punibilidade*, por fatores externos ao fato, como a morte do agente, a descriminalização da conduta ou a prescrição, dizem respeito ao mérito em sentido amplo, alheio à absolvição. Apesar disso, como se examina no Capítulo XVII deste Curso, reservado aos procedimentos penais, o art. 397, inciso IV, do CPP equiparou normativamente a extinção da punibilidade, quanto aos efeitos jurídico-penais, à absolvição.

2. FUNDAMENTOS DE ABSOLVIÇÃO

Como já pontuado, a absolvição pode dizer respeito, *em sentido negativo*: (i) à prova do fato em tese constitutivo de crime; (ii) à prova da autoria ou da participação do imputado no fato; (iii) à tipicidade penal objetiva e subjetiva do fato; (iv) à ilicitude do fato; (v) à culpabilidade do acusado.

Em conformidade com esses parâmetros, encontram-se *fundamentos absolutórios de caráter probatório* e *fundamentos absolutórios de caráter predominantemente jurídico-penal*.

Os fundamentos possíveis de absolvição estão especificados no art. 386, *caput*, do CPP, desta forma: "O juiz absolverá o réu, mencionando a causa na parte dispositiva, desde que reconheça: I – estar provada a inexistência do fato; II – não haver prova da existência do fato; III – não constituir o fato infração penal; IV – estar provado que o réu não concorreu para a infração penal (redação conferida pela Lei 11.690/2008); V – não existir prova de ter o réu concorrido para a infração penal; VI – existirem circunstâncias que excluam o crime ou isentem o réu de pena (arts. 20, 21, 22, 23, 26 e § 1º do art. 28, todos do Código Penal), ou mesmo se houver fundada dúvida quanto à sua existência (redação conferida pela Lei 11.690/2008); VII – não existir prova suficiente para a condenação".

Examina-se a seguir cada um desses fundamentos.

2.1. Existência Material do Fato (art. 386, I e II, CPP)

Relativamente à existência material do fato em tese constitutivo de tipo penal, têm-se duas causas, ambas de caráter probatório (art. 386, *caput*, I e II, CPP): prova efetiva e certeza da inexistência do fato (art. 386, *caput*, I, CPP); ausência de prova da existência do fato (art. 386, *caput*, II, CPP). Na primeira hipótese, declara-se a *inexistência do fato*, amparada em convicção judicial (certeza) construída a partir da prova; na segunda, declara-se a *inexistência de prova* do fato.

Como a materialidade integra a justa causa para a própria ação penal, por óbvio a inicial acusatória não deveria sequer ter sido admitida pelo órgão judiciário em caso de ausência de certeza quanto à existência do fato. A materialidade própria da justa causa, porém, faz-se a título precário, com base em elementos informativos unilaterais, podendo ser desconstituída a partir da prova produzida em contraditório judicial. Assim, se os elementos alcançados na instrução em juízo conduzirem à convicção de inexistência do fato, ou de ausência de prova, em contraste com a materialidade antes concluída sob a base de meros elementos informativos, deverá o órgão judiciário absolver o acusado.

Do ponto de vista dos efeitos jurídico-penais, ambos os fundamentos são equivalentes entre si. Nos dois casos, a absolvição faz coisa julgada material no domínio jurídico-penal, impedindo-se, assim, a rediscussão da causa, por força da garantia da vedação de revisão criminal *pro societate*.

Só o primeiro deles, entretanto, tem aptidão para constituir certeza substancial da inexistência do fato, produzindo, assim, coisa julgada também na esfera civil. Absolvido o acusado com fundamento no art. 386, I, *caput*, do CPP, portanto, impede-se a rediscussão sobre a existência do fato no juízo civil. Se o fundamento, por outro lado, for a inexistência *de prova*, este ponto pode ser objeto de discussão no âmbito civil, diante da ausência de certeza do juízo penal a respeito do fato. Para mais detalhes sobre esse ponto, consulte-se o tópico respectivo no Capítulo VII deste Curso, reservado à ação civil *ex delicto*.

2.2. Autoria ou Participação do Imputado no Fato (art. 386, IV, V e VII, CPP)

Quanto à *autoria ou participação do imputado no fato*, têm-se mais duas causas, ambas também de caráter probatório (art. 386, *caput*, IV e V, CPP): prova efetiva e certeza de que o imputado não foi autor nem partícipe do fato (art. 386, *caput*, IV, CPP); inexistência de prova de que o imputado foi autor ou partícipe do fato (art. 386, *caput*, V, CPP). Na primeira hipótese, declara-se a *inexistência de autoria e de participação*, amparada em convicção judicial (certeza) construída a partir da prova; na segunda, declara-se a *inexistência de prova* da autoria ou da participação[15].

Como a justa causa para a ação penal aperfeiçoa-se suficientemente por meros indícios de autoria ou de participação, pode acontecer que tais indícios, extraídos de elementos unilaterais, sejam desconstituídos pela prova produzida em contraditório judicial, impondo-se assim a absolvição, sob a base da certeza negativa ou da inexistência de prova.

Sirva de exemplo do primeiro ponto: a prova dos autos elucida com precisão que o autor único do fato típico de lesão corporal foi outra pessoa, e não o acusado; testemunhas e mídias audiovisuais *certificam* que a execução da conduta deu-se por outro sujeito, fisicamente assemelhado ao acusado. Exemplo do segundo ponto: não existe, nos autos, prova capaz de elucidar a autoria; testemunhas confirmam a existência do fato, mas não oferecem luzes para a identificação do agente, nem reconhecem o acusado como tal; o Ministério Público, em tais condições, não se desincumbiu do seu ônus de demonstrar que o acusado foi autor ou partícipe do fato. Na primeira situação, há a certeza de que o acusado não foi autor nem partícipe do crime; na segunda, o acusado pode até ter sido autor do fato, mas não há, nos autos, prova que autorize essa conclusão.

Outro fundamento probatório pertinente sobretudo ao âmbito da autoria ou da participação é aquele objeto do art. 386, *caput*, inciso VII, do CPP, concernente à *insuficiência de prova para a condenação*. Este é o famoso fundamento do *in dubio pro reo*. Em verdade, a insuficiência probatória não diz respeito especificamente à materialidade ou à autoria, associando-se, de maneira genérica, à condenação. Quer isto dizer que a apreciação judicial encerra acentuado matiz valorativo, de suficiência ou não do acervo disponível para justificar um juízo condenatório criminal. A avaliação, aqui,

---

15. Como elucida Espínola Filho: "Pode ter ficado provada a não contribuição do acusado para a infração penal: A foi denunciado, porque, trafegando entre o meio fio e um bonde parado, na direção do automóvel X, atropelou e matou B; prova-se que, no dia e na hora do fato, A fazia uma conferência num instituto educacional, assistida por centenas de pessoas; o juiz absolve, à vista da prova de que A não participou da infração penal. A é acusado de ter retirado do bolso de B um relógio; nega o fato, o relógio não é encontrado em seu poder; ninguém, nem mesmo B, o viu praticar o crime, havendo simples suspeitas, porque A é um punguista conhecido, que B notara ao seu lado, pouco antes de ter dado pela falta do objeto; o juiz absolve A, por não ter ficado provada a sua autoria. Nesse ponto, é de assinalar que a prova da autoria de outrem, que não o denunciado, se terá a virtude de afastar, completamente, a deste último, quando fora de dúvida ser o crime obra de uma única pessoa, não implica a demonstração da sua não participação na infração penal, quando possível o concurso de coautores". Cfr. Espínola Filho, Eduardo. *Código de Processo Penal Anotado*. Rio de Janeiro: Editora Rio, 1980, v. II, pp. 126-127.

não é mais sobre a existência ou a ausência de prova; é sobre a suficiência da prova disponível para condenar o acusado, impondo-se-lhe uma sanção penal.

Cumpre então bem distinguir a ausência de prova da existência do fato (art. 386, *caput*, II, CPP) ou da participação do imputado (art. 386, *caput*, V, CPP), por um lado, da insuficiência de prova para a condenação (art. 386, *caput*, VII, CPP), por outro.

Antes de tudo, tem-se no primeiro caso *ausência ou inexistência de prova*. Nesse particular, não se trata da falta de elementos bastantes ou suficientes, mas da falta mesmo de qualquer elemento conducente à prova da existência material do fato ou da respectiva autoria. Por outro lado, na hipótese do art. 386, *caput*, inciso VII, a *insuficiência* pressupõe a existência de algum elemento, mas que não se revela bastante para justificar uma condenação criminal.

Essa hipótese, portanto, é própria da natureza do processo penal, enquanto instrumento potencializador da privação de liberdade, a mais grave das sanções. Justifica-se tal regime, em última análise, na máxima de que é melhor absolver um condenado do que condenar um inocente, em um contexto de dúvida. Em tais condições, poderá até existir elemento de prova a pesar contra o acusado, respaldando de algum modo a imputação que lhe é inflingida, mas a condenação só se justifica, a partir daí, se esse elemento for *suficiente*.

Essa reflexão nos conduz, assim, à forma de apreciação da suficiência probatória. Inevitavelmente, haverá aqui margem mais elástica que a ordinária de discricionariedade judicial na apreciação da prova. Com efeito, a suficiência e a insuficiência são parâmetros mais abertos, e menos objetivamente controláveis, que a identificação de presença ou de ausência de elementos de prova. No entanto, para fins de garantia em última análise do direito de liberdade, reserva-se essa margem ao órgão judiciário, de poder considerar não bastantes os elementos disponíveis para justificar a consequência condenatória extrema. De toda sorte, essa discricionariedade é regrada, ainda que em menor medida, pela própria objetividade dos elementos probatórios presentes nos autos.

Nesse sentido, os parâmetros de suficiência ou não da prova só podem ser aplicados a partir de um contexto de *dúvida* gerada a partir de elementos objetivos. Não de dúvida íntima do juiz sobre se deve ou não condenar o acusado, mas de dúvida emanada do *contraste objetivo entre elementos de prova*. Assim, por exemplo, se duas testemunhas apontam o sujeito como autor do fato, e outras duas indicam pessoa diversa, têm-se aí elementos de prova contrastantes. Não pode o juiz, nesse caso, concluir pela *inexistência* de prova da autoria. De fato, há prova testemunhal no sentido de que o acusado foi o autor do fato, não se aplicando, no ponto, a causa de absolvição do art. 386, *caput*, inciso V, do CPP. Havendo, porém, outra prova em sentido contrário, gera-se dúvida a partir do contraste objetivo, conduzindo-se o juiz à absolvição pelo *in dubio pro reo*, correspondente à insuficiência de prova para a condenação, objeto do art. 386, *caput*, inciso VII, do CPP.

Por outro lado, exige-se, para a aplicação da hipótese, *dúvida razoável*, não bastando a simples dúvida especulativa, sem base concreta, ou que se produza com extrema desproporcionalidade entre os elementos de prova em contraste. Assim, quando a prova pericial, a documental e parte da testemunhal subsidiem a hipótese acusatória, não será o depoimento de uma testemunha isolada apto (a depender, claro, das circunstâncias do caso) a gerar dúvida razoável.

2.3. Tipicidade Penal do Fato (art. 386, III, CPP)

Na sequência, cumpre examinar o fundamento predominantemente jurídico-penal expresso no art. 386, inciso III, do CPP: *não constituir o fato infração penal.*

Trata-se, antes de tudo, de *atipicidade penal* do fato objeto do processo. A atipicidade penal *em tese* é causa de absolvição *sumária*, prevista no art. 397, inciso III, do CPP. Assim, identificando-se a *atipicidade da própria hipótese* acusatória, o acusado deverá ser antecipadamente absolvido, após a resposta à acusação e antes, portanto, a abertura da fase instrutória.

Nessas condições, a causa do art. 386, inciso III, do CPP diz respeito, *predominantemente*, a um aspecto jurídico, referente ao juízo de tipicidade penal a incidir *sobre o fato*. Como, entretanto, há causa de absolvição sumária de aplicação anterior também sob a base da atipicidade, entende-se que a causa do art. 386, inciso III, expressa também um *viés probatório*: a convicção de que o fato não constitui infração penal emana não meramente da hipótese de acusação, mas do fato efetivamente provado, ao final da fase instrutória.

Nesse ponto, para concluir pela atipicidade, o juiz deve considerar a prova consolidada nos autos quanto ao fato, e não a mera hipótese deduzida na inicial acusatória, já apreciada quando do juízo sobre a absolvição sumária. Assim, enquanto a absolvição sumária incide sobre a mera hipótese, a absolvição final incide *normalmente* sobre o fato objeto da prova, por mais que este corresponda com precisão à hipótese deduzida pelo acusador.

De toda sorte, poderá acontecer de a própria hipótese acusatória não oferecer tipicidade penal, sendo isso percebido somente na oportunidade do julgamento do feito, depois da fase instrutória. Nesse caso, de igual modo, será aplicada, ainda que de maneira anômala (fora da oportunidade adequada), a absolvição com fundamento no art. 386, III, do CPP.

A inexistência típica da infração penal também pode ocorrer no plano subjetivo. Assim, ausente dolo ou culpa em sentido estrito na conduta, deverá o acusado ser absolvido com fundamento no art. 386, *caput*, III, do CPP.

2.4. Exclusão da Ilicitude ou da Culpabilidade (art. 386, VI, CPP)

Por fim, tem-se a hipótese do art. 386, *caput*, inciso VI, do CPP, a impor a absolvição quando incidente circunstância que exclua o crime ou isente o acusado de pena, "ou mesmo se houver fundada dúvida quanto à sua existência".

Incluem-se nessa hipótese: (i) as *causas excludentes de ilicitude*, também designadas por *causas de justificação*, gerais (legítima defesa, estado de necessidade, estrito cumprimento do dever legal e exercício regular de direito) ou especiais; (ii) as *causas de exclusão da culpabilidade*, também designadas por *causas exculpantes*, gerais (inimputabilidade, obediência hierárquica, coação moral irresistível, erro de proibição inevitável, inexigibilidade de conduta diversa) e especiais.

Na primeira parte do dispositivo em foco, têm-se: (a) a prova efetiva, isto é, a evidência e a certeza quanto à existência dos pressupostos fáticos da causa de exclusão da ilicitude ou da culpabilidade; (b) apreciação normativa quanto à existência dos requisitos jurídicos da causa excludente de ilicitude ou de culpabilidade.

A Lei nº 11.690/2008 acrescentou então uma segunda parte ao dispositivo, contemplando a hipótese de *dúvida fundada* quanto à existência da causa excludente. Essa causa já era reconhecida pela doutrina, antes mesmo da inovação legal, como decorrente do próprio princípio *in dubio pro reo*. Com efeito, havendo dúvida séria e fundada quanto à existência de causa excludente, inexiste prova bastante para a condenação criminal (art. 386, *caput*, VI, CPP). De toda sorte, a especificação em causa autônoma dissipa qualquer controvérsia sobre a aplicação do princípio *in dubio pro reo* quanto à existência de causa excludente da ilicitude ou da culpabilidade.

3. EFEITOS IMEDIATOS DA SENTENÇA PENAL ABSOLUTÓRIA

Como dito ao início desta Subseção, a sentença penal absolutória tem natureza meramente declaratória, representando a reafirmação do estado de inocência do acusado. Desta sorte, seus efeitos são imediatos no sentido de eliminar qualquer constrição cautelar decorrente do processo penal. Ainda que interposto recurso pelo acusador, portanto, a contundência de uma declaração judicial no sentido da inocência do acusado impede a perduração de qualquer medida constritiva.

Com essa lógica, assim dispõe o art. 386, parágrafo único, incisos I e II, do CPP: "Na sentença absolutória, o juiz: I – mandará, se for o caso, pôr o réu em liberdade; II – ordenará a cessação das medidas cautelares e provisoriamente aplicadas (redação conferida pela Lei 11.690/2008)".

Quanto ao inciso I, por "se for o caso" deve ser entendido, naturalmente, *se o acusado estiver preso (prisão preventiva)* quando da prolação da sentença. Sendo este o caso, deverá sempre ser o acusado posto em liberdade, como conquência da própria declaração judicial absolutória, independentemente de qualquer pleito nesse sentido. Com efeito, a absolvição é elemento forte o bastante para firmar a completa desnecessidade da prisão cautelar.

Relativamente ao inciso II, pelas mesmas razões, devem ser levantadas quaisquer medidas cautelares incidentes, compreendendo-se nesse âmbito: as medidas cautelares pessoais diversas da prisão, objeto do art. 319 do CPP; as medidas cautelares assecuratórias, como o sequestro e o arresto de bens móveis ou imóveis.

4. ABSOLVIÇÃO IMPRÓPRIA

Na hipótese de sentença absolutória própria, o acusado é absolvido da imputação, com efeito impeditivo da imposição de qualquer consequência jurídica constritiva de liberdade, quer se trate de pena, quer de medida de segurança. Esse tipo de absolvição compreende as hipóteses gerais, fundadas na inexistência do fato, na ausência de autoria ou de participação, na atipicidade penal, na exclusão de ilicitude ou de culpabilidade. Excluído o crime, em qualquer de seus elementos estruturais (tipicidade, ilicitude, culpabilidade), ou ausente a prova da prática do fato, o acusado deve ser *propriamente* absolvido.

Existe regime normativo específico, porém, para a *inimputabilidade por doença mental ou desenvolvimento mental incompleto ou retardado* (art. 26, *caput*, CP). Nessa hipótese, exige-se, uma vez constatada a causa no incidente próprio (artigos 149 e 151, CPP), a imposição de *medida de segurança*, de internação ou de sujeição a tratamento ambulatorial (arts. 96, *caput*, I e II, e 97, *caput* e § 1°, CP).

A imputabilidade, rigorosamente, não constitui uma exclusão de culpabilidade, mas um pressuposto da própria responsabilidade penal. Assim, quando constatada a inimputabilidade, tem-se como penalmente irresponsável o acusado, que deve, por isso, ser absolvido.

A absolvição, porém, nesse caso, apenas implica a não aplicabilidade de pena, que, por sua finalidade também pedagógica, pressupõe o entendimento do sujeito a respeito da ilicitude do comportamento. O estado de doença mental exige, de toda sorte, a adoção da medida administrativa adequada, sob a base da periculosidade, apurada por perícia: a medida de segurança, como consequência jurídica do delito diversa da sanção penal.

Tal é a hipótese contemplada no art. 386, parágrafo único, inciso III, do CPP: "Na sentença absolutória, o juiz: III – aplicará medida de segurança, se cabível".

Quanto à admissibilidade da imposição de medida de segurança mesmo em caso de absolvição, refira-se a orientação consolidada na Súmula n° 422 do Supremo Tribunal Federal: "A absolvição criminal não prejudica a medida de segurança, quando couber, ainda que importe privação de liberdade".

No caso de semi-imputabilidade objeto do art. 26, parágrafo único, do Código Penal, a lei possibilita a substituição da pena privativa de liberdade por medida de segurança, nos moldes do art. 98 do mesmo código. Já aqui, contudo, não se trata de absolvição imprópria, e sim de condenação, substituindo-se a pena (já reduzida em função de minorante) por medida de segurança, quando esta se mostre mais adequada, em concreto, às finalidades de prevenção e de repressão, diante do estado de apenas parcial imputabilidade do sujeito, por motivo de doença mental, durante a prática do fato.

SUBSEÇÃO II
Sentença Penal Condenatória

1. CONCEITO

Sentença penal condenatória é a decisão terminativa de mérito em sentido estrito em cuja parte dispositiva, a partir do reconhecimento da configuração concreta da responsabilidade penal do imputado, julga-se procedente a pretensão punitiva, com a aplicação das consequências jurídico-penais daí resultantes.

A ação penal tem por objeto uma hipótese de acusação, que embasa a pretensão de punir. A existência ou não dessa hipótese é que constituirá o objeto da prova e a matéria nuclear de verificação judicial.

Adicionalmente, porém, podem concorrer outros elementos relevantes para a configuração da responsabilidade penal, tais as hipóteses empíricas que correspondam a excludentes de ilicitude e de culpabilidade. Sendo este o caso, tais elementos entram igualmente na apreciação judicial quanto ao mérito da demanda.

Assim, o que o juiz verifica, como base para a avaliação sobre a procedência ou não da pretensão de punir, são as elementos de fato relevantes para o aperfeiçoamento da responsabilidade penal. Se, após a apreciação da prova, o juiz concluir pela existência concreta da responsabilidade penal, julgará procedente a pretensão de punir, para o efeito de *condenar* o acusado.

A condenação, por seu turno, representa a aplicação da pena correspondente aos limites da responsabilidade penal judicialmente reconhecida e declarada.

Uma vez proferido o julgamento condenatório, o juiz aplicará a pena adequada ao crime reconhecido, com base nos limites de sanção penal legalmente cominados. A fixação concreta da pena, dentro dos limites legais abstratos, deve obedecer aos critérios estabelecidos nos artigos 59 (circunstâncias para a pena-base) e 68 (sistema trifásico) do Código Penal.

Após a aplicação da pena concreta privativa de liberdade, o juiz fixará o regime inicial de cumprimento, com base nos critérios do art. 33 do Código Penal. Seguidamente, poderá aplicar a suspensão condicional da pena privativa de liberdade ou a substituição desta por pena(s) restritiva de direitos, se presentes os respectivos pressupostos e requisitos.

2. ELEMENTOS DA SENTENÇA PENAL CONDENATÓRIA

Nos termos do art. 387 do Código de Processo Penal, "o juiz, ao proferir sentença condenatória: I – mencionará as circunstâncias agravantes ou atenuantes definidas no Código Penal, cuja existência reconhecer; II – mencionará as outras circunstâncias apuradas e tudo o mais que deva ser levado em conta na aplicação da pena, de acordo com o disposto nos arts. 59 e 60 do Decreto-lei 2.848, de 7 de dezembro de 1940 – Código Penal (redação conferida pela Lei 11.719/2008); III – aplicará as penas de acordo com essas conclusões (redação conferida pela Lei 11.719/2008); IV – fixará valor mínimo para reparação dos danos causados pela infração, considerando os prejuízos sofridos pelo ofendido (redação conferida pela Lei 11.719/2008); V – *tacitamente revogado*; VI – determinará se a sentença deverá ser publica na íntegra ou em resumo e designará o jornal em que será feita a publicação (art. 73, § 1º, do Código Penal)".

A respeito do art. 387, *caput*, incisos I, II e III, do CPP, considere-se a incidência do *sistema trifásico* no que tange à aplicação da pena concreta pelo juiz. Nesse particular, assim preceitua o art. 68, *caput*, do Código Penal: "A pena base será fixada atendendo-se ao critério do art. 59 deste Código; em seguida serão consideradas as circunstâncias atenuantes e agravantes; por último, as causas de diminuição e de aumento".

Têm-se, assim, três etapas de aplicação: (i) pena-base; (ii) atenuantes e agravantes; (iii) causas de diminuição e de aumento.

Os parâmetros normativos aplicáveis ao cumprimento de cada uma dessas etapas integram o objeto de estudo do direito penal, e não o do direito processual penal. De toda sorte, ilustra-se aqui a atuação judicial nesta seara, de modo a melhor elucidar a estrutura da sentença penal condenatória, quanto a seus elementos integrantes, os quais obedecem à forma emanada da lei penal.

2.1. Fixação da Pena-Base (art. 59, CP)

A primeira etapa do método, portanto, consiste na *fixação da pena-base*, de acordo com as chamadas *circunstâncias judiciais* objeto do art. 59 do Código Penal: "O juiz, atendendo à culpabilidade, aos antecedentes, à conduta social, à personalidade do agente, aos motivos, às circunstâncias e consequências do crime, bem como ao comportamento da vítima, estabelecerá, conforme seja necessário e suficiente para reprovação e repressão do crime: I – as penas aplicáveis dentre as cominadas; II – a quantidade de pena aplicável, dentro dos limites previstos; III – o regime inicial de cumprimento da pena privativa de liberdade; IV – a substituição da pena privativa de liberdade aplicada, por outra espécie de pena, se cabível".

Antes de tudo, deverá o juiz fixar o tipo de pena aplicável (art. 59, I, CP) e a quantidade básica (art. 59, II, CP), dentro dos limites legalmente cominados (art. 68, *caput*, primeira parte, CP).

Por exemplo, no crime de lesão corporal seguida de morte (art. 129, § 3º, CP), tem-se cominada somente pena do tipo *privativa de liberdade*, da espécie *reclusão* (i), com o limite mínimo de 4 (quatro) anos e o máximo de 12 (doze) anos (ii). Assim, (i) quanto à etapa do art. 59, I, do CP, caberá ao juiz somente fixar a pena privativa de liberdade (tipo) de reclusão (espécie); (ii) seguidamente, nos termos do art. 59, II, do CP, cumpre-lhe fixar uma *quantidade concreta de pena-base*, dentro dos limites de 4 (quatro) a 12 (doze) anos; para tanto, deverá considerar as circunstâncias discriminadas no art. 59, *caput*, do CP.

Por outro lado, havendo cominação alternativa de pena privativa de liberdade ou multa, caberá ao juiz, na primeira etapa (art. 59, I, CP), escolher o tipo de pena aplicável, também de acordo com as circunstâncias indicadas no art. 59, *caput*, do CP.

É o que ocorre, por exemplo, no crime de constrangimento ilegal (art. 146, *caput*, do CP), para o qual a norma comina pena de detenção, de 3 (três) meses a 1 (um) ano, *ou* multa. Aplicando a pena privativa de liberdade, da espécie *detenção* (art. 59, I, CP), o juiz deverá então, em um segundo momento (art. 59, II, CP), fixar a quantidade concreta (art. 59, *caput*, CP). Aplicando, porém, só a pena de multa, o juiz deverá levar em conta, para a fixação do respectivo valor, os critérios especiais objeto do art. 60, *caput* e § 1º, do CP.

No plano mais complexo, tem-se a aplicação cumulativa de pena privativa de liberdade *e* de pena de multa. É o que ocorre, por exemplo, quanto ao crime de apropriação indébita (art. 168, *caput*, CP), a que se comina pena de reclusão, de 1 (um) a

4 (quatro) anos, e multa. Nesse caso, deverá o juiz: (i) aplicar as penas dos dois *tipos*, privativa de liberdade, da espécie *reclusão*, e multa (art. 59, I, CP); (ii) em seguida, fixar a quantidade concreta de reclusão (art. 59, *caput*, CP) e a quantidade concreta de multa (artigos 59, *caput*, e 60, *caput* e § 1°, CP).

Com isso, cumpre-se a primeira etapa do sistema trifásico, fixando o juiz a *pena-base*.

Observe-se, nesse particular, que as circunstâncias judiciais objeto do art. 59, *caput*, do CP, não são dados inerentes ao tipo penal imputado ao acusado, já utilizados para a convicção judicial quanto à existência da responsabilidade penal.

Por outro lado, a existência concreta das circunstâncias apontadas pelo juiz, como fator de fixação da pena em um determinado patamar, deve ser objeto de motivação específica, inconfundível com a motivação que serviu de base para o próprio dispositivo condenatório.

A discricionariedade judicial para a fixação da pena concreta radica em uma *quantificação regrada*, reservando-se uma margem de arbitramento limitada por certos parâmetros normativos. Assim, por exemplo, a existência de antecedentes favoráveis ao acusado (primariedade, bons antecedentes), associada à ausência de outras circunstâncias desfavoráveis, impõe em princípio que o juiz fixe a pena no patamar mínimo.

O cotejo analítico de circunstâncias concorrentes, nesse contexto, integra a discricionariedade do juiz: havendo, por exemplo, antecedentes favoráveis juntamente com graves consequências do crime, caberá ao juiz, de forma motivada, apreciá-los para o efeito de fixar a pena concreta, em patamar superior ao mínimo. Na sequência, firmado que a pena será superior ao mínimo, há discricionariedade do juiz (arbitramento regrado) para a definição do patamar aplicável.

Em um crime de estelionato, por exemplo, o juiz está vinculado às circunstâncias concretas, cuja apreciação e valoração lhe cabem. Uma vez motivadamente concluído, a partir daí, que a pena deve ser superior ao mínimo (1 ano), a definição do patamar em 1 ano e 6 meses, ou 2 anos, ou 2 anos e 6 meses, é algo próprio da margem de arbitramento do juiz, com expressivo cunho de subjetividade, segundo a valoração da gravidade da circunstância considerada.

Nesse ponto, incidem os critérios de razoabilidade e, sobretudo, de proporcionalidade. À parte interessada reserva-se a impugnação em duplo grau para o questionamento de mérito dessa apreciação judicial (quando ocorra em primeira instância). Como pressuposto de tudo isso, porém, deverá o juiz oferecer (i) *motivação idônea* (considerar circunstâncias efetivas que não constituam dados inerentes à própria configuração da responsabilidade penal) e (ii) *aplicação adequada dessa motivação* (vinculação do juiz à fixação da pena no mínimo quando só existam circunstâncias favoráveis).

Considerem-se as circunstâncias judiciais aplicáveis: (i) culpabilidade; (ii) antecedentes; (iii) conduta social; (iv) personalidade do agente; (v) motivos do crime; (vi) circunstâncias do crime; (vii) consequências do crime; (viii) comportamento da vítima.

A respeito da culpabilidade, importa esclarecer que *não* se trata da *existência da própria culpabilidade*, e *sim* do *grau de culpabilidade*. Com efeito, a existência de culpabilidade já constitui o suporte jurídico para a própria condenação. Sem a culpabilidade, o acusado teria sido absolvido. Se a condenação pressupõe a culpabilidade, esse mesmo dado não pode incidir também como *circunstância desfavorável*, por ser inerente ao próprio aperfeiçoamento concreto da responsabilidade penal do acusado. Nesse momento, não se está cogitando mais sobre se o sujeito é culpável, questão já respondida no início do dispositivo da sentença, pela procedência do pedido. Cogita-se, diversamente, de que nível foi a culpabilidade, como parâmetro para a quantificação da pena em concreto aplicável.

Nessas condições, são inadmissíveis, a título de culpabilidade enquanto circunstância judicial, fórmulas como "culpabilidade caracterizada pela consciência da ilicitude do fato e pela possibilidade de agir de outro modo". Ora, sem a consciência da ilicitude e a possibilidade de agir de outra forma, não haveria culpabilidade nem, portanto, responsabilidade penal. Cuida-se de elementos inerentes à própria responsabilidade penal, sem os quais a absolvição resultaria a única solução judicial possível.

Por outro lado, não se admitem fórmulas vagas quanto ao nível de culpabilidade, do tipo "culpabilidade exacerbada" ou "elevada consciência da ilicitude", sem a indicação de elementos concretos, não inerentes ao próprio tipo penal, que justifiquem essas conclusões. Aliás, "elevada consciência da ilicitude" é mesmo um despropósito lógico, ou que supõe um poder sobrenatural do juiz, capaz inclusive de mensurar o grau da consciência do sujeito.

A respeito da circunstância (ii) *antecedentes*, interessam os conceitos da primariedade, da reincidência e dos bons antecedentes. Nesse ponto, os antecedentes do sujeito aferem-se por prova documental, em particular a certidão de antecedentes criminais, dando conta da existência, ou não, de anterior condenação transitada em julgado. Também na oportunidade do interrogatório, em sua primeira etapa (art. 187, § 1º, CPP), poderá o juiz obter informação a esse respeito.

Assevere-se que a mera existência de procedimentos investigativos ou de ações penais em curso não pode ser considerada a título de maus antecedentes, por força da garantia do estado de inocência. Nesse sentido, confira-se o enunciado da Súmula nº 444 do Superior Tribunal de Justiça: "É vedada a utilização de inquéritos policiais e ações penais em curso para agravar a pena base".

Por outro lado, os antecedentes favoráveis devem necessariamente influir na fixação da pena-base, em cotejo com as demais circunstâncias, não cabendo ao juiz, a pretexto de discricionariedade, deixar de considerá-los no caso concreto.

Sobre a circunstância (iii) *conduta social*, sua aferição pode se dar a partir de dados obtidos na prova testemunhal ou no próprio interrogatório do acusado (art. 187, § 1º, CPP), dentre outras fontes possíveis. Como pontua CEZAR BITTENCOURT, acerca da circunstância em foco: "Deve-se analisar o conjunto do comportamento do agente em seu meio social, na família, na sociedade, na empresa, na associação de bairro etc. Embora sem antecedentes criminais, um indivíduo pode ter sua vida recheada de deslizes, infâmias, imoralidades, reveladores de desajuste social. Por outro lado, é possível que determinado indivíduo, mesmo portador de antecedentes criminais, possa ser autor de atos beneméritos, ou de grande relevância social ou moral"[16].

A (iv) *personalidade* diz respeito à índole e ao caráter do sujeito, assim como sua sensibilidade moral e social. É preciso que o juiz disponha de dados idôneos, na prova dos autos, para que possa dizer algo sobre a personalidade do condenado, não se admitindo simples especulações nem apreciações puramente subjetivas a esse respeito.

De maneira geral, não podem ser aceitas fórmulas, a título de (v) *motivos do crime*, que em última análise remetam à própria essência do tipo penal objeto do julgamento anterior à fixação da pena.

Assim, por exemplo, em casos de crimes que envolvam fraude, como o estelionato, não se admitem fórmulas como "a busca de dinheiro fácil", a "ganância", ou o "aproveitamento da boa-fé e da ingenuidade das pessoas". Esses elementos podem aplicar-se a todos os casos de crimes praticados com fraude, não podendo constituir motivação idônea para a fixação de pena concreta. O agente do estelionato sempre buscará obter "dinheiro fácil", aproveitando-se da ingenuidade de alguém.

As (vi) *circunstâncias* do crime representam uma previsão residual, de modo que o juiz possa considerar dados específicos do caso julgado, como relevantes para a dosimetria da pena. Essas são as circunstâncias de tempo, lugar, modo de execução e outras especificamente relacionadas à prática criminosa concreta.

Relativamente à circunstância (vii) *consequências* do crime, cumpre ao juiz considerar, quando possível, a extensão do potencial lesivo ou da lesão efetiva associados à prática criminosa. Entendemos que as consequências do crime não abrangem apenas a ofensa efetiva, alcançando também o nível do potencial ofensivo, quanto aos crimes de perigo. Assim, se o crime de tráfico de drogas afeta em abstrato o bem jurídico *saúde pública*, circunstâncias do caso concreto, por outro lado, poderão demonstrar o impacto causado pela conduta, a partir de dados como a natureza e a quantidade da droga em circulação, por exemplo. Do mesmo modo, se o crime de poluição afeta em abstrato o meio ambiente, o juiz poderá considerar dados concretos sobre os danos ambientais causados (desde que efetivos e dimensionados).

Isso permite ao juiz individualizar a pena justa, dentro dos limites legais, em função das consequências ofensivas concretas da prática criminosa, isto é, do nível da lesão ou da potencial lesão causada ao bem jurídico normativamente tutelado. Aqui, mais uma vez, não se permite que o juiz tome consequências inerentes à própria prática criminosa, nem tampouco que especule, em abstrato, sobre possíveis danos causados. Sobre o primeiro ponto: dizer o juiz simplesmente que a consequência do crime de homicídio é grave, pois a família ficará privada da presença da vítima. Trata-se aí, por óbvio, de um dano inerente à ofensividade do crime de homicídio, que atenta contra a vida. Agora, se o juiz, com base no caso concreto, verifica que a vítima era provedora do lar, e que a família ficará desassistida em decorrência da morte, já temos consequências gravíssimas, que deverão influir na dosimetria.

---

16. Bittencourt, Cezar Roberto. *Tratado de Direito Penal, Parte Geral.* São Paulo: Saraiva, 2015, v. 1, pp. 776-777.

Por fim, tem-se o (viii) *comportamento da vítima* como circunstância judicial relevante para a dosimetria da pena. A vitimologia é o ramo da criminologia que oferece estudos sobre a influência do comportamento da vítima na prática do crime. Em casos mais complexos, é importante que o juiz recorra a esses subsídios.

De toda sorte, verificando-se empiricamente que a vítima, por sua conduta provocativa, facilitou o desencadeamento da ação pela qual foi o agente condenado, isso deverá influir na quantificação concreta da pena. Se o evento não justifica, por óbvio, a prática do crime, ao menos a circunstancia de forma diferencial, devendo o juiz proceder à adequada individualização, do ponto de vista do nível de gravidade concreta do fato.

2.2. Atenuantes e Agravantes

Na segunda fase do sistema trifásico (art. 68, *caput*, CP), têm-se as circunstâncias atenuantes, objeto dos artigos 65 e 66 do Código Penal, e as circunstâncias agravantes, especificadas nos artigos 61 e 62 do Código Penal.

Trata-se de circunstâncias genéricas, em que a lei impõe ao juiz a atenuação ou a agravação da pena-base, reservando-lhe, porém, discricionariedade no que concerne à quantidade do aumento ou da diminuição.

Exemplos de circunstâncias agravantes são: a reincidência (art. 61, I, CP), a prática do crime por motivo fútil ou torpe (art. 61, II, *a*, CP), com abuso de poder ou violação de dever inerente ao cargo, ofício, ministério ou profissão (art. 61, II, *g*, CP), a prática do crime contra ascendente, descendente, irmão ou cônjuge (art. 61, II, *e*, CP).

Constituindo circunstâncias genéricas, não serão aplicadas como tais se houver previsão da mesma hipótese como qualificadora ou causa de aumento de pena, em função do princípio da especialidade. É o que ocorre, por exemplo, no caso do homicídio qualificado pelo motivo torpe ou fútil, em que a motivação constitui circunstância qualificadora, considerada já na pena-base (primeira fase da dosimetria), e não a circunstância agravante do art. 61, II, *a*, do CP.

Outro exemplo: no crime de lesão corporal *grave* (art. 129, § 1º, CP) contra mulher, o contexto da violência doméstica e familiar é causa de aumento de pena (art. 129, § 10, CP), em 1/3 (um terço), incidente na terceira fase da dosimetria, e não a circunstância agravante do art. 61, II, *f*, do CP, aplicável aos crimes contra a mulher para os quais não haja disposição especial.

Por outro lado, são exemplos de circunstâncias atenuantes: desconhecimento da lei (art. 62, II, CP), crime cometido por motivo de relevante valor moral ou social (art. 62, III, *a*, CP), confissão espontânea da autoria do crime (art. 62, III, *d*, CP). Do mesmo modo que acontece com as agravantes, também as atenuantes, por serem genéricas, só se aplicam como tais quando não haja disposição especial prevendo a mesma hipótese como circunstância de privilégio (por exemplo, o relevante valor moral ou social, no crime de homicídio) ou como causa de diminuição de pena.

O reconhecimento de agravantes e de atenuantes pelo juiz poderá ocorrer independentemente de alegação da parte interessada. Isso porque se trata de circunstâncias judiciais, aplicadas no âmbito da dosimetria da pena concreta, não estando sua incidência sujeita à provocação de qualquer das partes. Refletindo esse ponto, preceitua a parte final do art. 385 do CPP que o juiz poderá "reconhecer agravantes, embora nenhuma tenha sido arguida". O mesmo se diga, por óbvio, quanto às circunstâncias atenuantes.

Importa observar que, segundo a orientação predominante, a aplicação da circunstância atenuante não poderá reduzir a pena para aquém do mínimo legal, nem a da agravante poderá elevá-la para além do máximo. Com esse entendimento, veja-se o enunciado da Súmula n° 231 do Superior Tribunal de Justiça: "A incidência de circunstância atenuante não pode conduzir à redução da pena abaixo do mínimo legal". O Supremo Tribunal Federal orienta-se na mesma direção, como revela o julgado da Primeira Turma no HC 94.646/RS (STF, 1ª Turma, HC 94.646, Rel. Min. Ricardo Lewandowski, julgamento em 31.03.2009, DJ de 24.04.2009), firmando a "impossibilidade de que a pena venha a ser fixada, por conta de reconhecimento de circunstância atenuante, em patamar inferior ao mínimo legal".

Encontram-se, na doutrina, severas críticas a essa orientação, sob variados argumentos: ofensa ao princípio da individualização da pena, ao se impor ao juiz um excesso apesar da incidência de uma causa legal; ofensa ao próprio sistema trifásico estabelecido no art. 68, *caput*, do CP, ao anular a incidência da atenuante na situação cogitada; ofensa à própria norma do art. 65, *caput*, do CP, que institui circunstâncias "que *sempre* atenuam a pena".

Em que pese a exuberância argumentativa dessas correntes, não podemos concordar com a posição defendida.

Antes de tudo, observe-se que as circunstâncias atenuantes não têm *quantum* legalmente fixado. Esse é um dado essencial para fixar que o juiz, ao atenuar, está sujeito a limites. Em outros termos, a lei só estabelece circunstâncias atenuantes sem fixar limites em virtude do pressuposto de que esses limites já estão impostos, no preceito secundário da norma penal incriminadora.

Não se pode conceber, nesse contexto, que o juiz disponha de poderes amplos quanto à extensão da atenuante. A tarefa de definição de crimes e de cominação de penas está constitucionalmente reservada ao legislador, que só institui, quanto à sanção, limites abstratos em face da exigência de individualização concreta da pena. Isso não supõe admitir que o juiz possa individualizar de maneira ilimitada, nem mesmo sob a base da incidência de causa legal genérica. Do contrário, a própria primariedade do agente, por exemplo, poderia servir de motivo para que o juiz fixasse a pena abaixo do mínimo legal, por considerar que, em concreto, a quantidade de pena por ele cogitada já atenderia suficientemente aos reclamos de repressão e de prevenção. A individualização da pena, invariavelmente, está regrada por limites abstratos, e não é diferente na hipótese em foco.

A aceitar-se a corrente referida, o juiz poderia, por exemplo, fixar uma pena de 30 (trinta) dias de reclusão em decorrência da prática de crime de favorecimento à prostituição (pena mínima de 3 anos, nos termos do art. 228 do CP), apenas porque o agente confessou a prática do crime. A ofensividade abstrata do crime, assim, ficaria prejudicada, assim como inteiramente fora de controle a discricionariedade judicial na fixação da pena concreta.

Quanto ao argumento de ofensa ao sistema trifásico, não é minimamente aceitável. Inexistindo circunstâncias atenuantes ou agravantes, como, aliás, é comum, simplesmente deixará de ser aplicada uma das etapas do sistema trifásico. Se as circunstâncias judiciais do art. 59, *caput*, do CP, já levaram o juiz a fixar a pena no mínimo, deixará de ser aplicada a segunda fase do sistema.

Relativamente ao alegado "excesso", não vemos dessa forma. A incidência das circunstâncias do art. 59, *caput*, e das circunstâncias atenuantes integra a *discricionariedade judicial* quanto à dosimetria da pena. Essa é a margem de apreciação subjetiva motivada do juiz, de acordo com os parâmetros normativos genericamente disponíveis.

Ocorre que a lei impõe limites a esse exercício. O juiz pode considerar que a primariedade e as consequências leves do crime deveriam conduzir a uma pena menor que o mínimo. Poderá ele, por isso, fixar a pena-base abaixo do mínimo? Obviamente que não. E se pode falar de excesso aí? Tampouco. Está-se apenas diante de discricionariedade regrada: o juiz chegou a seu limite de redução.

É o mesmo quanto à circunstância atenuante, com a única diferença, irrelevante no caso, de que a lei empresta maior especificidade à definição da causa (art. 65, CP). Aliás, nesse particular, há até a previsão de atenuantes inominadas (art. 66, CP), com mesmo (ou até maior) grau de abertura que o das circunstâncias judiciais do art. 59, *caput*, do CP. Se o juiz, ao considerar essa causa, já chegou ao limite de sua discricionariedade, não poderá mais atenuar.

Por fim, quanto à disposição do art. 65 do CP de que a causa *sempre* atenua a pena, trata-se aí de impor ao juiz a atenuação quando aplicável, e não de desconsiderar os limites legalmente impostos. Dizer a lei que a causa sempre atenuará significa que o juiz não pode, a pretexto de discricionariedade, desconsiderá-la, quando aplicável.

A interpretação do ordenamento jurídico deve ser sistemática: não está a lei, no ponto específico, permitindo que o juiz reduza em quanto achar desejável a pena, quando incidente uma circunstância atenuante, independentemente dos limites fixados pela própria norma incriminadora.

Diversa é a situação das minorantes ou causas de diminuição de pena, em que a lei já estabelece a quantidade da redução, controlando-se, assim, a discricionariedade do julgador e preservando-se a integridade do papel do legislador de cominação da pena aplicável. Esse ponto será examinado no próximo tópico.

2.3. Causas de Diminuição (Minorantes) e de Aumento (Majorantes) de Pena

Na terceira fase de aplicação da pena concreta, deverá o juiz considerar as *causas de diminuição*, também conhecidas como *minorantes*, e as *causas de aumento*, também conhecidas como *majorantes*.

Trata-se aqui de causas gerais ou especiais de aumento ou de diminuição, em que a própria lei estabelece o *quantum* de majoração ou de minoração da pena. A previsão legal do *quantum* pode se dar em montante fixo ou em limites mínimo e máximo.

Cap. XVI · SENTENÇA PENAL

Como exemplos de causas gerais de diminuição, têm-se as hipóteses de crime tentado (diminuição de 1/3 a 2/3, nos termos do art. 14, parágrafo único, do CP) e de arrependimento posterior (diminuição de 1/3 a 2/3, nos termos do art. 16 do CP). É exemplo de causa específica de diminuição a hipótese de homicídio privilegiado (diminuição de 1/6 a 1/3, nos termos do art. 121, § 1º, do CP).

Por outro lado, como exemplos de causas gerais de aumento, têm-se as hipóteses de concurso formal próprio (aumento de 1/6 até 1/2, nos termos do art. 70, *caput*, primeira parte, do CP) e de crime continuado (aumento de 1/6 a 2/3, nos termos do art. 71, parágrafo único, do CP). São exemplos de causas especiais de aumento as hipóteses de furto durante o repouso noturno (aumento de 1/3, nos termos do art. 155, § 1º, do CP) e de roubo majorado (aumento de 1/3 até 1/2, nos termos do art. 157, § 2º, do CP).

As causas de aumento de pena ou majorantes diferem, portanto, das circunstâncias qualificadoras, que implicam a cominação autônoma de novos limites de pena privativa de liberdade básica. O furto qualificado, assim, cuja pena autônoma cominada é de reclusão, de 2 a 8 anos (art. 155, § 4º, CPP), difere do furto majorado objeto do art. 155, § 1º, que contempla o aumento de 1/3 sobre a pena-base (ou sobre a pena fixada após a segunda etapa do sistema trifásico).

Havendo concurso entre causas de aumento ou entre causas de diminuição *previstas na parte especial*, "pode o juiz limitar-se a um só aumento ou a uma só diminuição, prevalecendo, todavia, a causa que mais aumente ou diminua", nos termos do art. 68, parágrafo único, do Código Penal.

2.4. Fixação do Regime Inicial de Cumprimento da Pena

Após a fixação da pena privativa de liberdade definitiva, cumpridas as etapas do sistema trifásico (art. 68, *caput*, CP), deverá o juiz fixar o regime inicial de cumprimento da pena, de acordo com os parâmetros estabelecidos nos artigos 33, §§ 2º e 3º, e 59 do Código Penal. O § 2º do art. 33 do CP fixa as seguintes regras: "As penas privativas de liberdade serão executadas de forma progressiva, segundo o mérito do condenado, observados os seguintes critérios e ressalvadas as hipóteses de transferência a regime mais rigoroso: a) o condenado a pena superior a 8 (oito) anos deverá começar a cumpri-la em regime fechado; b) o condenado reincidente, cuja pena seja superior a 4 (quatro) anos e não exceda a 8 (oito), poderá, desde o princípio, cumpri-la em regime semi-aberto; c) o condenado não reincidente, cuja pena seja igual ou inferior a 4 (quatro) anos, poderá, desde o início, cumpri-la em regime aberto". Do ponto de vista subjetivo, por seu turno, o art. 33, § 3º, prescreve que "a determinação do regime inicial de cumprimento da pena far-se-á com observância dos critérios previstos no art. 59 deste Código".

Ainda que seja caso de substituição por pena restritiva de direitos, o juiz deverá, em seguida à aplicação da pena concreta privativa de liberdade, fixar o regime inicial de cumprimento. Assim é em virtude da possibilidade de *conversão* da pena restritiva de direitos em pena privativa de liberdade, aplicável nas hipóteses previstas nos §§ 4º

1028 CURSO DE DIREITO PROCESSUAL PENAL – *Sérgio Rebouças*

(descumprimento injustificado da restrição imposta) e 5º (superveniência de condenação a pena privativa de liberdade) do art. 44 do CP.

2.5. Cômputo do Tempo de Prisão Provisória na fixação do Regime Inicial

Na fixação do regime inicial de cumprimento da pena privativa de liberdade,
deverá o juiz, quando seja o caso, considerar o disposto no art. 387, § 2º, do Código
de Processo Penal: "O tempo de prisão provisória, de prisão administrativa ou de
internação no Brasil ou no estrangeiro, será computado para fins de determinação do
regime inicial de pena privativa de liberdade".

Esse parágrafo foi acrescentado ao art. 387 do CPP pela Lei nº 12.736/2012, tendo
gerado desde então algumas discussões na doutrina.

Cuida-se, em primeiro lugar, de norma híbrida, a impor a consideração de um
elemento de tempo de prisão processual na determinação do regime inicial de cumprimento da pena, em geral disciplinada pelo art. 33, §§ 2º e 3º, do Código Penal.
Assemelha-se a hipótese em foco ao instituto da *detração*, objeto do art. 42 do Código
Penal, com a diferença de que o cômputo do tempo de prisão provisória não se faz
para a definição do montante de pena privativa de liberdade a cumprir, e sim para a
própria determinação do regime inicial de cumprimento da pena, em conformidade
com os critérios objetivos estabelecidos no art. 33, § 2º, do Código Penal.

Significa a norma do art. 387, § 2º, do CPP, nesse contexto, que o juiz deverá abater
o tempo de prisão provisória para, com base no tempo restante, fixar o regime inicial
de cumprimento da pena privativa de liberdade, conforme o § 2º do art. 33 do CP.

Por exemplo, se o acusado está preso há 1 (um) ano na data da sentença, que lhe
impõe condenação de 5 (cinco) anos, o juiz deverá chegar ao montante de 4 (quatro)
anos para, nessa base, fixar o regime inicial de cumprimento de pena, vale dizer, o regime aberto, sob o ponto de vista objetivo, nos moldes do art. 33, § 2º, *c*, do CP. Antes
da reforma pontualmente introduzida pela Lei nº 12.736/2012, o juiz teria que fixar,
em princípio, o regime semiaberto (art. 33, § 2º, *b*, CP), mas o acusado só cumpriria 4
(quatro) anos de privação de liberdade, consoante a norma do art. 42 do CP (detração),
de forma progressiva. Isto é: se antes o cômputo do tempo provisório só influía na
quantidade de pena a cumprir, hoje afeta a própria fixação do regime prisional inicial
para o cumprimento da pena.

2.6. Substituição da Pena Privativa de Liberdade por Pena Restritiva de Direi-
tos ou por Pena de Multa

Aplicada a pena concreta, e fixado o respectivo regime inicial de cumprimento,
faz-se possível, na sequência, a substituição da pena privativa de liberdade por pena
restritiva de direitos ou por multa, nos moldes do art. 44, *caput*, do Código Penal: "As
penas restritivas de direitos são autônomas e substituem as privativas de liberdade, quando: I – aplicada pena privativa de liberdade não superior a 4 (quatro) anos e o crime
não for cometido com violência ou grave ameaça à pessoa ou, qualquer que seja a pena

Cap. XVI • SENTENÇA PENAL   1029

aplicada, se o crime for culposo; II – o réu não for reincidente em crime doloso; III – a culpabilidade, os antecedentes, a conduta social e a personalidade do condenado, bem como os motivos e as circunstâncias indicarem que essa substituição seja suficiente".

Como já destacado em tópico anterior, a substituição, quando aplicável, deve ser feita, na sentença, somente após a fixação do regime inicial de cumprimento da pena privativa de liberdade, diante da possibilidade de conversão da pena restritiva de direitos em pena privativa de liberdade, nas hipóteses do art. 44, §§ 4º e 5º, do CP, devendo já estar estabelecido, nesse caso, o regime inicial.

2.7. Suspensão Condicional da Pena

Aplicada a pena concreta, e fixado o respectivo regime inicial de cumprimento, faz-se possível, na sequência, a *suspensão condicional* da execução da pena privativa de liberdade, designada tradicionalmente pelo termo francês *sursis*, na hipótese do art. 77, *caput*, do Código Penal: "A execução da pena privativa de liberdade, não superior a 2 (dois) anos, poderá ser suspensa, por 2 (dois) a 4 (quatro) anos, desde que..."

A suspensão aplica-se caso não seja cabível, ante a falta de algum dos requisitos do art. 44 do CP, a substituição da pena privativa de liberdade por pena restritiva de direitos. Por exemplo, a lesão corporal dolosa, por mais que conduza à aplicação de pena inferior a 2 (dois) anos, não comporta substituição por pena restritiva de direitos, por envolver violência contra a pessoa (art. 44, I, CP). Pode ser aplicada, porém, a suspensão condicional da pena, na própria sentença condenatória.

2.8. Imposição de Medidas Cautelares na Sentença Penal Condenatória

Acerca da aplicabilidade de medidas cautelares, *poderá* o juiz, *na própria sentença condenatória, se for o caso*: (i) decretar prisão preventiva, se houver necessidade e adequação concretas, sob os parâmetros dos artigos 312 e 313 do CPP; (ii) manter prisão preventiva já incidente, se subsistir a necessidade específica dessa medida; (iii) impor medida cautelar pessoal diversa da prisão (art. 319, CPP), desde que haja necessidade e adequação concretas; (iv) substituir prisão preventiva já incidente por medida cautelar pessoal alternativa (art. 319, CPP), quando identifique que a subsistência da medida prisional não é mais necessária ou adequada (ou não mais aplicável), cumprindo-se a necessidade cautelar por meio de providência menos gravosa; (v) decretar ou manter medida assecuratória de sequestro ou arresto.

Sirva de exemplo da hipótese referida em (iv) o caso em que, estando o acusado preso preventivamente, o juiz profira sentença condenatória fixando o regime inicial semiaberto. De acordo com a jurisprudência do Supremo Tribunal Federal, em tal caso a prisão preventiva não pode subsistir, por ser mais grave que as próprias condições fixadas na sentença para o cumprimento da pena[17]. Na espécie, poderá o juiz, *desde*

---

17. Consulte-se, por todos, este julgado (STF, 2ª Turma, HC 132.923, Rel. Min. Teori Zavascki, julgamento em 05.04.2016, DJ de 26.04.2016): "1. A prisão preventiva é a medida cautelar mais grave no processo

que identifique a subsistência de necessidade (por exemplo, para garantir a aplicação da lei penal), impor em substituição medida cautelar alternativa (por exemplo, a retenção de passaporte), já que a prisão preventiva não se mostra mais cabível e, se mantida, acarretaria constrangimento ilegal.

Em qualquer caso, a imposição ou a manutenção das medidas em foco na sentença depende de *motivação específica*, a título cautelar, não podendo decorrer automaticamente só da condenação, ainda sujeita a recurso. Sobre as características da motivação judicial, consultem-se os tópicos respectivos no Capítulo XIV deste Curso, reservado às medidas cautelares de constrição pessoal. Ademais, o conhecimento de recurso de apelação que vier a ser interposto pela defesa é independente da aplicação de medidas cautelares, pessoais ou patrimoniais.

Todo esse panorama está assim expresso na norma do art. 387, § 1º, do CPP: "O juiz decidirá, fundamentadamente, sobre a manutenção ou, se for o caso, a imposição de prisão preventiva ou de outra medida cautelar, sem prejuízo do conhecimento de apelação que vier a ser interposta". Esse dispositivo, incluído pela Lei nº 12.736/2012, veio consolidar a natureza estritamente cautelar da medida prisional e de outras providências imponíveis na sentença, exigindo, portanto, a devida motivação.

2.9. Fixação de Valor Mínimo a Título de Reparação do Dano

O art. 387, inciso IV, do CPP contempla a possibilidade de fixação, na sentença condenatória, de "valor mínimo para reparação dos danos causados pela infração, considerando os prejuízos sofridos pelo ofendido".

Trata-se de relevante inovação introduzida pela Lei nº 11.719/2008, prestigiando o objetivo de recomposição à vítima. Assim, concordando com o valor fixado, poderá o ofendido promover desde logo a execução da quantia certa no juízo civil. Não concordando, poderá promover o processo de liquidação destinado à apuração do valor adequado, em caráter preparatório à execução.

Por outro lado, a fixação do valor mínimo a título de reparação do dano depende de pedido expresso do acusador ou do ofendido, em virtude do princípio do contraditório, sendo essa a posição dominante na jurisprudência.

Por dizer o tema respeito ao exercício de ação civil *ex delicto* pelo ofendido, remete-se o leitor, para mais detalhes (inclusive as referências jurisprudenciais) sobre a norma do art. 387, IV, do CPP, à abordagem desenvolvida no número 2 do Capítulo VII deste Curso.

---

penal, que desafia o direito fundamental da presunção de inocência. Não pode, jamais, revelar antecipação de pena. Precedentes. 2. O aspecto cautelar próprio da segregação provisória, do que decorre o enclausuramento pleno do agente, não admite qualquer modulação para adequar-se a regime inicial mais brando (semiaberto) definido em sentença condenatória superveniente. 3. No caso, o Superior Tribunal de Justiça determinou, liminarmente, o cumprimento da prisão preventiva do paciente em estabelecimento condizente com o regime prisional semiaberto, que fora estabelecido na sentença penal condenatória. 4. Ordem concedida para revogar a prisão preventiva do paciente, confirmando-se a medida liminar".

2.10. Publicação sobre a Sentença Condenatória em Órgãos de Comunicação de grande circulação ou audiência

Nos termos do art. 387, *caput*, inciso VI, do CPP: "o juiz, ao proferir sentença condenatória: VI – determinará se a sentença deverá ser publicada na íntegra ou em resumo e designará o jornal em que será feita a publicação (art. 73, § 1º, do Código Penal)".

Como norma geral, entretanto, não subsiste a aplicabilidade dessa hipótese de publicação da sentença, na íntegra ou em resumo, em jornal. Nesse particular, a regra do art. 73, § 1º, do Código Penal foi revogada pela reforma da Parte Geral introduzida pela Lei nº 7.209/1984.

De toda sorte, *no âmbito específico dos crimes contra as relações de consumo*, é aplicável, como consequência do juízo condenatório, a publicação em órgãos comunicativos de grande circulação ou audiência, nos termos do art. 78, inciso II, da Lei nº 8.078/1990: "Além das penas privativas de liberdade e de multa, podem ser impostas, cumulativa ou alternadamente, observado o disposto nos arts. 44 a 47 do Código Penal: II – a publicação em órgãos de comunicação de grande circulação ou audiência, às expensas do condenado, de notícia sobre os fatos e a condenação".

Assevere-se que, em virtude da garantia do estado jurídico de inocência, essa providência não poderá ser aplicada senão após o trânsito em julgado da sentença penal condenatória, evitando-se, dessa forma, exposição antecipada do acusado nos órgãos de comunicação, em decorrência de um ato que ainda poderá ser anulado ou reformado.

SEÇÃO II
Correlação entre Acusação e Sentença

1. A REGRA DA CORRELAÇÃO ENTRE ACUSAÇÃO E SENTENÇA

A regra da *correlação entre acusação e sentença* consiste na estrita correspondência entre a hipótese de fato objeto da sentença e a hipótese de fato imputada ao acusado (objeto da acusação). Designa-se também a hipótese por *princípio da congruência*, que, conforme a definição de MIGUEL FENECH, é "a conformidade que deve existir entre o conteúdo da sentença e a pretensão ou pretensões que constituem o objeto do processo que naquele se dita"[18].

A imputação da prática de um fato em tese constitutivo de crime – isto é, a hipótese fática objeto da acusação – efetiva-se em peça de caráter acusatório: inicial acusatória (denúncia ou queixa) e eventual aditamento à inicial acusatória. A hipótese de fato assim deduzida (em peça acusatória) conforma os limites empíricos objetivos da acusação, aos quais deve se restringir o objeto da sentença proferida pelo órgão judiciário.

---

18. FENECH, Miguel. *El Proceso Penal*. Barcelona: Labor, 1952, p. 335: "...la conformidad que debe existir entre el contenido de la sentencia y la pretensión o pretensiones que constituyen el objeto del proceso en que aquella se dicta".

Essa regra pode ser traduzida em duas dimensões: (i) a sentença não pode ter por base hipótese de fato alheia ao objeto da imputação (acusação); (ii) a sentença deve exaurir a(s) hipótese(s) de fato objeto de imputação, apreciando-a(s) integralmente. Só assim haverá a exata correspondência entre imputação fática e julgamento.

Nessa perspectiva, GUSTAVO BADARÓ pontua que "a regra da correlação entre o fato imputado e o fato constante na sentença implica que o objeto do processo permaneça inalterado, durante todo o desenvolver do *iter* procedimental", acrescentando que, "porém, se no curso do processo a instrução revelar a existência de fatos diversos, que alterem o objeto do processo, para que tais fatos possam ser considerados pelo juiz, é necessário respeitar determinadas regras que visam a evitar surpresas para a defesa, assegurar o respeito ao princípio do contraditório e, até mesmo, evitar que o juiz venha a julgar quebrando o princípio da inércia da jurisdição"[19].

Assim, a estrita correspondência do objeto da sentença não se dá necessariamente *apenas* com a hipótese de fato deduzida na inicial acusatória. Pode ser que, ante a superveniência de fato no curso da instrução, nova peça acusatória, de aditamento, amplie o objeto da acusação. O que a regra examinada exige é que o objeto de julgamento corresponda aos supostos fatos *acusados*, quer apenas na inicial, quer também em eventual aditamento à inicial.

Como veremos adiante, no estudo da *mutatio libelli*, o sistema processual penal contempla mecanismo para a ampliação do objeto de fato da acusação, por iniciativa do titular da ação penal (mediante aditamento), como condição para que o juiz possa, na sentença, apreciar hipóteses fáticas supervenientemente conhecidas e, portanto, não integrantes do conteúdo da inicial acusatória. Importa, assim, que a *acusação fática formulada até o momento da sentença seja estritamente respeitada em seus limites*, sem possibilidade de extrapolação.

O *desrespeito à regra da correlação* acontece:

(a) Na sentença *extra petita*, em que há condenação por crime autônomo não imputado ao acusado. Por exemplo: imputado na inicial acusatória fato constitutivo de crime de furto simples (art. 155, CP), o juiz, na sentença, condena o acusado pela prática do crime imputado e também pela prática de crime de estelionato (art. 171, CP) identificado na instrução criminal, mas não acusado pelo titular da ação.

(b) Na sentença *ultra petita*, em que a condenação, embora sob a mesma *base* de fato, abrange *circunstâncias* empíricas alheias ao objeto da acusação. Por exemplo: imputado ao acusado fato em tese constitutivo de furto simples (art. 155, *caput*, CP), o juiz, na sentença, profere condenação por furto qualificado pelo rompimento de obstáculo essencial à subtração da coisa, sem que a hipótese fática correspondente a essa circunstância qualificadora haja sido objeto de acusação.

---

19. BADARÓ, Gustavo Henrique. *Correlação entre Acusação e Sentença*. São Paulo: Revista dos Tribunais, 2000, pp. 110-111.

Em qualquer caso, a inexistência de imputação quanto ao fato julgado implica que o próprio juízo formulou a acusação, para depois julgá-la na sentença, o que representa incompatibilidade com a característica essencial do processo de tipo acusatório, em que as funções de acusar, defender e julgar estão distribuídas entre sujeitos diversos, sobretudo para preservação da imparcialidade do órgão judiciário.

Ademais, como assevera GUSTAVO BADARÓ, a regra impõe "que a sentença julgue somente o que foi objeto de imputação, mas também tudo o que foi objeto de imputação", isto é, "a sentença deve esgotar o conteúdo da pretensão, resolvendo-a totalmente, e nada resolvendo que esteja fora da mesma". Assim, representa igualmente ofensa à regra da correlação: (c) a sentença *citra petita*, "quando o juiz deixar de considerar ou omitir um ou alguns dos fatos contidos na imputação"[20].

Observa-se, quanto aos julgamentos *extra* e *ultra petita*, a apreciação judicial, na sentença, de fatos alheios aos limites objetivos da acusação e que, por isso mesmo, não puderam ser objeto do contraditório e da reação defensiva do acusado. Dessa forma, surpreende-se o acusado com situação nova, que não integrou o âmbito fático por ele questionado no exercício de sua defesa. Nesse sentido, além do desrespeito à inércia da jurisdição, pela apreciação de fatos alheios à ação penal examinada, há de igual modo ofensa às garantias individuais do contraditório e da ampla defesa[21].

Quanto aos efeitos, a apreciação judicial de fatos alheios ao objeto da acusação implica nulidade processual absoluta da sentença, na parte excedente (*extra* ou *ultra petita*)[22].

Por seu turno, no julgamento *citra petita*, opera-se negativa de jurisdição quanto a hipótese de fato objeto da persecução penal em juízo. Sobre os efeitos dessa hipótese, identifica-se vício intrínseco de omissão sanável por meio do recurso de embargos de declaração (art. 382, CPP).

---

20. BADARÓ, Gustavo Henrique. *Correlação entre Acusação e Sentença*. São Paulo: Revista dos Tribunais, 2000, p. 140.

21. Enfatizando o aspecto, inerente ao princípio da correlação ou da congruência, de garantia da defesa do acusado, tome-se esta formulação do Tribunal Supremo da Espanha (Cfr. STS de 23 de março de 2009, RJ/2009/2307): "...La acusación ha de ser precisa y clara respecto del hecho y del delito por el que se formula y *la sentencia ha de ser congruente con tal acusación sin introducir ningún elemento nuevo del que no hubiera existido antes posibilidad de defenderse*".

22. Não se trata de "inexistência jurídica", e sim de nulidade absoluta. A respeito, confira-se a doutrina de GUSTAVO BADARÓ: "O fato de o julgamento *extra petita* significar uma modalidade de ação penal *ex officio* não quer dizer que isso leve à inexistência do processo ou da sentença. Independentemente da teoria adotada sobre o direito de ação, o certo é que, atualmente, propugna-se, cada vez mais, pela ampliação do acesso ao judiciário. Assim, ainda que se entenda que em tal caso teríamos verdadeira ação penal exercida por órgão diverso do Ministério Público e, mais precisamente, pelo próprio juiz, não se pode falar que o juiz 'não tenha ação', ou que, sendo a ação proposta por órgão diverso do Ministério Público, o processo seja inexistente (...) O problema é de ilegitimidade e, por conseguinte, de falta de condição da ação, visto que o juiz não pode figurar como legitimado ativo na relação processual penal. Porém, ver em tal caso inexistência do processo ou da sentença é confundir pressuposto processual, como requisito de existência da relação jurídica processual, com condições da ação, como requisito do direito de ação". Cfr. BADARÓ, Gustavo Henrique. *Correlação entre Acusação e Sentença*. São Paulo: Revista dos Tribunais, 2000, pp. 146-147.

2. HIPÓTESE DE SENTENÇA CONDENATÓRIA MESMO DIANTE DE PEDIDO DE ABSOLVIÇÃO FORMULADO PELO MINISTÉRIO PÚBLICO (ART. 385, CPP)

A hipótese será aqui examinada por sua potencial pertinência com a regra da correlação entre acusação e sentença.

O art. 385 do Código de Processo Penal dispõe o seguinte: "Nos crimes de ação pública, o juiz poderá proferir sentença condenatória, ainda que o Ministério Público tenha opinado pela absolvição, bem como reconhecer agravantes, embora nenhuma tenha sido alegada".

Assim, nos termos da lei, poderia o órgão judiciário exarar juízo condenatório em sentença, mesmo na hipótese de o próprio órgão de acusação haver postulado a absolvição do acusado.

Sabe-se que a ação penal de iniciativa pública é regida pelos princípios da obrigatoriedade e da indisponibilidade, significando isso dizer que, presentes os pressupostos e condições essenciais, o Ministério Público está obrigado a promover a persecução penal em juízo (obrigatoriedade), não podendo, ademais, dela desistir, uma vez exercida (indisponibilidade).

Pertence ao Ministério Público, de outro lado, a titularidade privativa da ação penal de iniciativa pública (art. 129, I, CF). Esse dado essencial é fundamento básico da conformação do sistema brasileiro como um modelo de processo penal de tipo *acusatório*, em que as funções de acusar e de julgar estão conferidas a sujeitos diversos.

Como antes examinado, esse fundamento, dentre outros (contraditório), impõe que o julgamento na sentença corresponda ao objeto da acusação. A sentença deve conter a apreciação integral da acusação e não extrapolá-la; vale dizer, não pode estar aquém nem além da acusação, nisto consistindo a regra da correlação entre acusação e sentença.

Ora, se a titularidade da acusação pública é privativa do Ministério Público, disso resulta que o *objeto* de julgamento *apreciável* na sentença só pode ser dimensionado pelo Ministério Público. O objeto entregue à apreciação judicial o é pelo Ministério Público, na acusação. O juízo não pode afastar-se desse objeto.

Nessas condições, o que dizer do pedido de absolvição formulado pelo Ministério Público? Haveria aí mudança do objeto da acusação?

A lei dispõe que o Ministério Público não pode desistir da ação penal (art. 42, CPP). O pleito de absolvição, entretanto, não configura desistência, e sim reconhecimento expresso, pela instituição autora da ação penal, da improcedência da causa de pedir e do pedido. De toda sorte, a acusação em si não foi modificada e, ante a impossibilidade de desistência, está entregue ao juiz, na fase de julgamento, tal qual formulada pela instituição acusadora.

O art. 385 prevê então a possibilidade de condenação pelo juiz "ainda que o Ministério Público tenha opinado pela absolvição". Fala-se, portanto, em *opinião*, o que sugere a função de *custos legis* do Ministério Público, também exercida no processo penal. Ainda que se dimensione a hipótese, porém, na função de titularidade da ação penal, o que há é um pedido do Ministério Público de julgamento de improcedência da acusação por ele formulada, com a consequente absolvição do acusado.

Sinceramente, não vemos aí ofensa à regra da correlação entre acusação e sentença. A acusação, diante da impossibilidade de desistência, subsiste tal e qual deduzida pelo Ministério Público e nesses limites é entregue à apreciação judicial, para julgamento. Adicionalmente, tem-se a manifestação do próprio Ministério Público no sentido de que o juiz julgue improcedente a acusação.

Não podemos aceitar o entendimento, sustentado por Aury Lopes, de que "o pedido de absolvição equivale ao não exercício da pretensão acusatória, isto é, o acusador está abrindo mão de proceder contra alguém"[23].

Ora, o Ministério Público não pode desistir da ação penal (art. 42, CPP), vale dizer, não pode "abrir de mão de proceder contra alguém". Dizer o contrário é negar o princípio da indisponibilidade da ação penal pública. Pode o Ministério Público, sim, pedir que a pretensão seja julgada improcedente, com a absolvição do acusado. Essa possibilidade deriva do perfil particular da instituição Ministério Público.

Sem dúvida, é inusitado que o juiz possa condenar mesmo diante de pedido do próprio acusador pela absolvição. No entanto, o Ministério Público, na sua apreciação, não pode vincular o julgamento do juiz, o que violaria a própria independência e o livre convencimento motivado próprios dos órgãos do Poder Judiciário. É impróprio, assim, dizer que o juiz está obrigado a absolver o acusado, sempre que o Ministério Público o peça.

A solução que defendemos, *de lege ferenda*, é que possa haver disposição motivada do Ministério Público quanto ao exercício da ação penal, permitindo-se, assim, a desistência, sob a exigência de motivação e com controle dentro da instituição titular da ação penal de iniciativa pública. Em um sistema processual de tipo acusatório, é mais adequada (embora não obrigatória) a livre disposição do direito de ação por seu titular exclusivo, justamente para evitar situações inusitadas como a que aqui se aborda.

Em que pesem as vozes doutrinárias dissonantes, portanto, sustentamos a vigência do art. 385 do CPP, diante: (a) do princípio da indisponibilidade da ação penal; (b) da impossibilidade de vinculação do convencimento judicial à manifestação opinativa do Ministério Público. Isso ainda que, *de lege ferenda*, não consideremos adequada a vedação de que o acusador público desista da ação.

Expressando a mesma conclusão, confira-se a jurisprudência do Superior Tribunal de Justiça, como no julgado do HC 229.331/SP (STJ, 5ª Turma, HC 229.331, Rel. Min. Laurita Vaz, julgamento em 27.03.2012, DJ de 03.04.2012): "O fato de o Ministério Público manufestar-se pela absolvição do réu, nas alegações finais e nas contrarrazões de apelação, não vincula o julgador, por força do princípio do livre convencimento motivado, nos termos do art. 385 do Código de Processo Penal". Em igual sentido: STJ, 6ª Turma, HC 106.308/DF, Rel. Min. Celso Limongi, julgamento em 03.09.2009,

---

23. Lopes Jr, Aury. *Direito Processual Penal*. São Paulo: Saraiva, 2014, p. 1144.

DJ de 21.09.2009; STJ, 5ª Turma, HC 197.068/SP, Rel. Min. Jorge Mussi, julgamento em 16.04.2013, DJ de 24.04.2013.

Na doutrina, defendendo a mesma vertente, tem-se a posição de Eugênio Pacelli e Douglas Fischer[24].

Acerca da segunda parte da norma do art. 385 do CPP, que permite o reconhecimento de circunstâncias agravantes na sentença mesmo quando não alegadas pelo órgão acusador, temos que esse dispositivo viola a garantia do contraditório, assim como a regra da correlação entre acusação e sentença. Assim, para que o órgão judiciário possa reconhecer a agravante, exige-se, a nosso juízo, que a circunstância haja sido suscitada na inicial acusatória, ou em aditamento, não cabendo o reconhecimento judicial *ex officio*[25].

Encontra-se, porém, julgado da Segunda Turma da Suprema Corte refletindo o sentido contrário. Confira-se (STF, 2ª Turma, HC 93.211/DF, Rel. Min. Eros Grau, julgamento em 12.02.2008, DJ de 24.04.2008): "...As agravantes, ao contrário das qualificadores, sequer precisam constar da denúncia para serem reconhecidas pelo Juiz. É suficiente, para que incidam no cálculo da pena, a existência de elementos que as identifiquem"[26].

3. CORREÇÃO E MODIFICAÇÃO DA ACUSAÇÃO: *EMENDATIO LIBELLI* E *MUTATIO LIBELLI*

Antes de tudo, cumpre registrar nosso entendimento de que os institutos da *emendatio libelli* (art. 383, CPP) e da *mutatio libelli* (art. 384, CPP), adiante analisados, não são necessariamente vinculados à sentença penal condenatória, apesar do enfoque tradicional reservado ao tema.

---

24. Pacelli, Eugênio. *Processo e Hermenêutica na Tutela Penal dos Direitos Fundamentais*. Belo Horizonte: Del Rey, 2004, p. 105. Igualmente: Pacelli, Eugênio / Fischer, Douglas. *Comentários ao Código de Processo Penal e sua Jurisprudência*. São Paulo: Atlas, 2015, p. 809: "...embora produzida em terreno impregnado de obscurantismo – relembre-se, no ponto, que havia previsão de defesa na Inquisição espanhola –, nada há que impeça a aplicação do citado art. 385, no âmbito de um modelo processual orientado pela *objetividade* da atuação do Ministério Público. Observe-se que a citada legislação, especificamente no ponto em que classifica a atuação do Ministério Público na fase final (alegações finais) do processo, como verdadeira atividade de *custos legis*".

25. Com essa orientação: Badaró, Gustavo Henrique. *Processo Penal*. São Paulo: Revista dos Tribunais, 2016, p. 547.

26. A matéria não é pacífica. Há, além da referida decisão do STF, julgados de tribunais de segundo grau entendendo de igual modo pela aplicabilidade da parte final do art. 385 do CPP, no que respeita, portanto, à imposição de circunstância agravante de ofício pelo juiz. Refiram-se, como exemplos nesse sentido, estes julgados: Tribunal de Justiça de Santa Catarina (TJ/SC), 1ª Câmara Criminal, Proc. 20130079294/SC, Rel. Paulo Roberto Sartorato, DJ de 09.06.2014; Tribunal de Justiça de Minas Gerais (TJ/MG), Rel. Vieira de Melo, Proc. 1.0145.04.186877-2, DJ de 31.05.2008. O Superior Tribunal de Justiça, de toda sorte, já decidiu que o tribunal pode reconhecer, a partir de pedido formulado em sede de recurso de apelação do Ministério Público, a circunstância agravante, ainda quando não arguida na denúncia. Cfr. STJ, 6ª Turma, HC 92.650/RS, Rel. Jane Silva, julgamento em 11.12.2007, DJ de 07.02.2008. Na esfera do Tribunal do Júri, entretanto, o STJ já resolveu pela não aplicação da regra do art. 385 do CPP. Cfr. STJ, 6ª Turma, HC 130.310/MS, Rel. Min. Nefi Cordeiro, julgamento em 18.06.2015, DJ de 01.07.2015.

Isso porque as operações de correção e de modificação incidem sobre a *hipótese acusatória*, e não sobre o fato provado, significando dizer que os mecanismos em foco são prévios à apreciação judicial do mérito probatório da causa. Pode ser, com efeito, que o juiz efetue *emendatio libelli*, atribuindo à hipótese a definição típica considerada adequada, para depois, no mérito estrito, absolver o acusado, por ausência de prova da autoria do fato, a título de mero exemplo. O mesmo se diga quanto à *mutatio libelli*.

Os institutos aludidos serão examinados a seguir, nessa linha, em suas repercussões frente à regra da correlação entre acusação e sentença e em sua vinculação com a sentença penal (sem associação necessária com a sentença condenatória), sem prejuízo, porém, de sua aplicabilidade (ou da aplicabilidade de procedimentos análogos) em anteriores etapas do procedimento penal.

3.1. *Emendatio Libelli* (art. 383, CPP)

3.1.1. *Sentido e alcance*

Dispõe o art. 383, *caput*, do Código de Processo Penal (redação conferida pela Lei nº 11.719/2008): "O juiz, sem modificar a descrição do fato contida na denúncia ou queixa, poderá atribuir-lhe definição jurídica diversa, ainda que, em consequência, tenha de aplicar pena mais grave".

Trata-se de instituto aplicável no âmbito de qualquer espécie de ação penal (de iniciativa pública ou de iniciativa privada), eis que não há a esse respeito qualquer restrição legal. Esse procedimento, pela forma disciplinada no art. 383 do CPP, aplica-se quando da sentença (o art. 383 integra o "Título XII – Da Sentença", do CPP). Será oportunamente discutida, contudo, sua aplicabilidade em outro momento.

Permite-se ao órgão judiciário, assim, o exercício de juízo de tipicidade sobre a hipótese de fato objeto da acusação, para o efeito de conferir a esse objeto definição típica diversa daquela indicada pelo acusador. Pode o juiz, nessa lógica, divergir da imputação *jurídica* lançada pelo acusador e, por conseguinte, modificá-la, sob a mesma base fática. É nisso que consiste a denominada *emendatio libelli*, em que a modificação incide sobre a definição jurídica do fato, sem alterá-lo.

Cuida-se, nesse sentido, de procedimento de correção ou "emenda" jurídica, sob a base de suposto *erro* da classificação jurídica lançada pelo acusador. SCARANCE FERNANDES, com procedência, identificou três erros que podem ensejar a correção da classificação jurídica lançada na inicial acusatória, *com diferentes efeitos*: (i) *classificação atípica*, em que o fato imputado não constitui crime nem mesmo em tese; (ii) *classificação errônea*, em que a hipótese de fato não corresponde ao tipo penal juridicamente imputado; e (iii) *classificação excessiva*, em que a definição jurídica é de tipo penal mais severo que aquele adequado à hipótese narrada (excesso de acusação)[27].

---

27. FERNANDES, Antônio Scarance. *A Reação Defensiva à Imputação*. São Paulo: Revista dos Tribunais, 2002, p. 220: "Ora, se a análise da classificação está inserida no caminho a ser percorrido pelo juiz para resolver tais questões, torna-se impossível impedi-lo de corrigir a adequação do fato feita pelo promotor, embora o faça de maneira incidental e apenas para devidir o fato principal. São três os vícios principais

No primeiro caso (*classificação atípica*), a inicial deverá ser liminarmente rejeitada, com fundamento no art. 395, III, do CPP (falta de justa causa), ou, na fase do juízo de ratificação, deverá o acusado ser sumariamente absolvido, com fundamento no art. 397, III, do CPP (o fato narrado não constitui crime).

Na segunda e terceira hipóteses (*classificação errônea* e *classificação excessiva*), aplica-se a *emendatio libelli* para adequar a classificação jurídica à hipótese de fato narrada. Acontece, por exemplo, *classificação errônea* no seguinte exemplo: o Ministério Público, descrevendo hipótese de subtração violenta de coisa alheia móvel, classifica o fato como furto. Por outro lado, há *classificação excessiva* neste caso: o Ministério Público, descrevendo hipótese de lesão corporal seguida de morte, inclusive com alusão ao arrependimento do agente antes do resultado, classifica o fato como homicídio; ou quando o acusador público, narrando hipótese em que o sujeito tenta lesionar alguém com pontapés e ele próprio resolve cessar a conduta, classifica o fato como homicídio tentado.

Sobretudo na hipótese de excesso de acusação, como será melhor examinado adiante, é possível, e até impositivo, o juízo de reclassificação do fato em caráter antecipado, e não apenas no momento da sentença.

O procedimento judicial da *emendatio libelli* não implica qualquer ofensa à regra da correlação entre acusação e sentença, eis que *a hipótese de fato objeto da acusação permanece inalterada*, modificando-se exclusivamente a classificação jurídica emprestada ao fato.

É o que acontece, por exemplo, no caso em que o Ministério Público, narrando hipótese de prática de adulteração de medidor de energia elétrica para que registre quantidade menor do que aquela efetivamente consumida, classifica esse fato como furto de energia elétrica qualificado pela fraude (art. 155, §§ 3º e 4º, II, CP). Poderá o juiz, na sentença, emprestar à hipótese de fato a definição jurídica adequada, classificando-o como estelionato (art. 171, *caput*, CP). O fato objeto da acusação não foi de nenhuma forma alterado, mas sim apenas a compreensão jurídica – juízo de tipicidade – sobre ele incidente.

A lei processual penal permite que o juiz altere a classificação jurídica ainda que, em consequência disso, "tenha de aplicar pena mais grave" (art. 383, *caput*, CPP). Suponha-se, por exemplo, o caso em que o Ministério Público, deduzindo hipótese de ligação clandestina para fins de subtração de energia elétrica, classifique o fato como estelionato (art. 171, *caput*, CP), cuja pena cominada é de 1 (um) a 5 (cinco) anos. Poderá o juiz, na sentença, emprestar à hipótese de fato a definição jurídica adequada, classificando-o como furto mediante fraude (art. 155, §§ 3º e 4º, II, CP).

3.1.2. Contraditório prévio

É controversa, à míngua de previsão legal específica, a questão de se o juiz deverá intimar as partes para manifestação antes de proceder à *emendatio libelli*, sempre que identificar a possibilidade de reclassificação jurídica do fato. Parte da doutrina, em

---

que podem macular a classificação e eventualmente exigir a sua correção: ser atípica, errônea ou excessiva".

corrente à qual nos filiamos, orienta-se no sentido positivo, para resguardo ao princípio do contraditório, de sorte que: (a) o acusador não seja surpreendido com a atribuição ao fato de definição jurídica diversa que importe a aplicação de pena menos severa que aquela objeto da pretensão; (b) o acusado não seja surpreendido por imputação, mesmo apenas a jurídica, com limites punitivos mais severos que aqueles pretendidos pelo acusador.

Como bem o deduz GUSTAVO BADARÓ: "A permissão dada ao juiz para mudar a qualificação jurídica do fato não significa que possa fazê-lo, diretamente, sem qualquer comunicação às partes. Os princípios *iura novit curia* e *narra mihi factum, dabo tibi ius* apenas asseguram que o juiz pode alterar a capitulação dos fatos constantes da denúncia. Poderá, outro princípio, o do contraditório, impõe-lhe a comunicação prévia às partes, antes de tomar uma decisão, ainda que se trate daquelas que podem ser tomadas de ofício. O respeito ao contraditório visa, também, a evitar surpresas às partes. O contraditório não se aplica apenas à matéria fática, principalmente aos dados probatórios, mas também diz respeito às questões de direito"[28].

Os argumentos contrários sustentam que:

(a) O acusado se defende dos fatos, e não da classificação jurídica que lhes é emprestada. Como dizem EUGÊNIO PACELLI e DOUGLAS FISCHER: "...deve a defesa, a partir da precisa delimitação dos fatos, operar com todas as possibilidades de sua definição jurídica, não havendo razão alguma para limitar-se à capitulação feita na inicial. O exercício da ampla defesa impõe ao defensor técnico o dever das cogitações possíveis acerca do juízo de subsunção (adequação do tipo ao fato) a ser feito em relação à conduta imputada, até como questionamento essencial à questão de direito. Não pode ele se limitar à impugnação *dos fatos*; impõe-se-lhe, também, especular sobre o *direito* cabível"[29].

(b) O juiz não poderia antecipar seu convencimento quanto ao fato, apenas manifestável na sentença, pela prévia intimação das partes sobre a *emendatio libelli*. Nessa linha, afirmam PACELLI e FISCHER: "A sentença não é ato processual *fracionado* nem *fracionável*, implicando, na verdade, a elaboração do pensamento e a articulação do raciocínio que se desenvolve a partir de uma imputação, de sua impugnação, das provas produzidas em juízo e da correta aplicação do direito cabível à espécie. Não se quebra, em etapas, o *convencimento judicial*"[30].

---

28. BADARÓ, Gustavo Henrique Righi Ivahy. *Correlação entre Acusação e Sentença*. São Paulo: Revista dos Tribunais, 2000, p. 162. No mesmo sentido, AURY LOPES, sugerindo também que, pelo menos, "se não houver consulta prévia, devem as partes ser intimadas após a *emendatio libelli*, para que, em nome do contraditório, conheçam e se manifestem sobre a nova classificação jurídica do fato". Cfr. LOPES JR, Aury. *Direito Processual Penal*. São Paulo: Saraiva, 2014, p. 1131. Igualmente: Fernandes, Antônio Scarance. *A Reação Defensiva à Imputação*. São Paulo: Revista dos Tribunais, 2002, p. 221; LIMA, Renato Brasileiro de. *Manual de Processo Penal*. Salvador: JusPodivm, 2015, p. 1532. *Em sentido contrário*: PACELLI, Eugênio. *Curso de Processo Penal*. São Paulo: Atlas, 2013; TÁVORA, Nestor / ALENCAR, Rosmar Rodrigues. *Curso de Direito Processual Penal*. Salvador: JusPodivm, 2015, p. 1012.

29. PACELLI, Eugênio / FISCHER, Douglas. *Comentários ao Código de Processo Penal e sua Jurisprudência*. São Paulo: Atlas, 2015, p. 793.

30. PACELLI, Eugênio / FISCHER, Douglas. *Comentários ao Código de Processo Penal e sua Jurisprudência*. São Paulo: Atlas, 2015, p. 793.

Em que pese a autoridade dos doutrinadores, não podemos concordar com qualquer dos argumentos invocados.

No primeiro caso, não se pode exigir da defesa, em um contexto de contraditório, que cogite de todas as operações de tipicidade passíveis de comparecimento no plano da subjetividade do juiz. Isso alheia-se inteiramente à lógica do processo. Com efeito, a defesa e o contraditório exercem-se sobre a hipótese deduzida na inicial acusatória e sobre a respectiva classificação atribuída pelo acusador – não sobre todas as possíveis hipóteses jurídicas porventura incidentes.

Ademais, basta considerar que o juiz poderia eventualmente aplicar classificação inusitada, inimaginável, teratológica, com a imposição de pena mais gravosa e todos os consectários que daí possam advir, restando ao acusado apenas a via recursal para impugnar o ato, o que constitui vazio de contraditório prévio ao julgamento, noção elementar. O contraditório se exerce sobre os limites alegados pelo autor da ação e, mesmo que mais relevantemente incida sobre o material fático-probatório, alcança as hipóteses jurídicas levantadas pelo acusador.

Já no que concerne ao segundo argumento, tampouco pode ser aceito. A operação de *emendatio libelli* é prévia ao julgamento do mérito *probatório* da causa, eis que se trata de procedimento *exclusivamente jurídico*, consistente em *juízo de tipicidade* a incidir sobre *a hipótese*, e não sobre o fato provado.

Nessas condições, poderá o magistrado exercer previamente juízo de tipicidade, no plano potencial, sobre *a hipótese acusatória*, sem ainda emitir convencimento, de caráter probatório, sobre a materialidade e a autoria do fato. Por outro lado, não há antecipação do *convencimento quanto à classificação jurídica*, eis que o juiz apenas identifica a potencialidade oportunizando manifestação às partes, antes de resolver a questão, diante do hipotético prejuízo que a operação acarretará para uma delas.

Trata-se apenas de, tomado o fato tal qual narrado na inicial acusatória, identificar a classificação jurídica adequada, *no plano potencial*, e instar as partes a previamente dizerem sobre o tema, antes da prolação de sentença. É algo análogo, por exemplo, ao que acontece na situação em que o juiz visualiza a possibilidade de atribuição de efeito modificativo aos embargos de declaração, como consequência lógica do saneamento do vício alegado (mesmo que a parte não tenha pedido a atribuição de efeitos infringentes), hipótese na qual deverá ser previamente ouvida a parte embargada.

O magistrado pode realizar juízo de tipicidade, no plano hipotético, em diversas etapas do processo, prévias à sentença, como, por exemplo, para absolver sumariamente o acusado (art. 397, III, CPP) e mesmo para efetuar *emendatio libelli* antecipada, de modo a permitir a aplicabilidade de benefício que imediatamente assista ao acusado – por exemplo: na hipótese em que o juiz reclassifica o fato de crime com pena mínima de 2 (dois) anos para crime com pena mínima de 1 (um) ano, que permite, ao contrário do primeiro, a aplicação imediata da suspensão condicional do processo (art. 89, Lei nº 9.099/1995).

Não nos parece haver óbice lógico, assim, a que o juiz, visualizando a possível inadequação jurídica da classificação atribuída à hipótese, chame as partes a se manifestarem a respeito, antes de decidir sobre esse ponto na sentença.

Não é essa, entretanto, a posição que tem prevalecido na jurisprudência.

Na direção contrária à que sustentamos, com efeito, refira-se o julgado da Quinta Turma do Superior Tribunal de Justiça no AGARESP 653.174/TO (STJ, 5ª Turma, AGA-RESP 653.174, Rel. Min. JORGE MUSSI, julgamento em 12.05.2015, DJ de 19.05.2015): "...tendo o togado singular pura e simplesmente atribuído definição jurídica diversa aos fatos devidamente narrados na inicial acusatória, não se pode falar em violação ao princípio da correlação entre a acusação e a sentença, tampouco em violação ao princípio do contraditório, uma vez que o acusado se defende das condutas que lhe são imputadas na peça vestibular, e não da capitulação jurídica a elas dada pelo Ministério Público".

Em igual sentido orienta-se a jurisprudência da Sexta Turma do STJ, como no julgado do HC 155.193/RS (STJ, 6ª Turma, HC 155.193, Rel. Min. SEBASTIÃO REIS JÚNIOR, julgamento em 16.08.2012, DJ de 29.08.2012): "EMENDATIO LIBELLI (ART. 383 DO CPP). OPORTUNIZAÇÃO DO CONTRADITÓRIO. DESNECESSIDADE. RÉU SE DEFENDE DOS FATOS...". Confira-se também o julgado da mesma Sexta Turma no HC 161.282/SP (STJ, 6ª Turma, HC 161.282, Rel. Min. OG FERNANDES, julgamento em 23.02.2012, DJ de 07.03.2012): "Ao réu cabe defender-se dos fatos expostos na denúncia e ao juiz examinar esses fatos, não importando se a capitulação penal será distinta".

3.1.3. Oportunidade

Está claro que a *emendatio libelli*, tal qual disciplinada no art. 383 do CPP, constitui instituto aplicável no momento da sentença. O procedimento é objeto de disciplina, com efeito, no Título (XII do Livro I) reservado à sentença penal.

Discutem a doutrina e a jurisprudência, no entanto, a aplicabilidade do instituto em momento anterior, por exemplo, já quando do juízo de admissibilidade da ação penal, para o efeito de recebimento ou rejeição liminar da inicial acusatória.

Embora se diga que o instituto da *emendatio libelli*, de acordo com sua disciplina legal, esteja vinculado à sentença, sendo correntemente associado, em particular, à sentença penal *condenatória*, vemos com reserva essa perspectiva. Isso porque a operação de *emendatio* é exclusivamente jurídica, recaindo sobre *a hipótese de fato acusada*, e não sobre o fato provado. Cuida-se, portanto, de operação prévia à apreciação judicial do mérito probatório da causa.

Assim, pode ser que o juiz, após proceder à *emendatio libelli*, emprestando nova definição jurídica à hipótese de acusação, absolva o acusado da imputação, diante da análise *da prova* do fato.

Nesse sentido, a *emendatio libelli* não está necessariamente associada à sentença penal *condenatória*, como se o juiz, ao reclassificar o fato, fosse sempre aplicar a pena do novo crime considerado.

Por outro lado, tratando-se de operação prévia de *tipificação penal da hipótese*, não há qualquer razão para que se limite a oportunidade do procedimento da *emendatio* ao momento da sentença penal, apenas em virtude da localização da disciplina do instituto (no Título reservado à sentença).

Ainda que se entenda que o art. 383 do CPP diz respeito apenas à sentença, por força de sua localização, não há óbice, só por isso, a que o órgão judiciário faça juízo de tipicidade, inclusive para adequar a hipótese à definição jurídica adequada, em momento anterior.

Isso porque o art. 383 do CPP, ao dispor sobre a *emendatio* na sentença, não contém qualquer nota de exclusividade. Na sentença, o juiz poderá proceder à operação, o que não significa que já não pudesse ter feito o mesmo em momento anterior. Dizer que o art. 383 do CPP veda o procedimento correspondente à *emendatio* em momento anterior do processo é transcender os limites do dispositivo e identificar nele o que decididamente não está disposto.

Por outro lado, a não readequação jurídica *imediata* da hipótese pode representar prejuízo ao processo, ao titular da ação penal ou ao acusado. Sirvam de exemplo estas hipóteses:

(a) O Ministério Público oferece denúncia imputando ao acusado fato correspondente a crime de ação penal privada, mas classificado equivocadamente na inicial como crime de ação penal pública. Nesse caso, se a readequação só for feita no momento da sentença, provavelmente já não disporá o ofendido, titular da ação penal, de prazo (decadencial) para o oferecimento da queixa (*prejuízo ao titular da ação penal*).

(b) O Ministério Público oferece denúncia perante o juízo criminal comum, imputando ao acusado fato correspondente a infração penal de menor potencial ofensivo, da competência dos juizados especiais criminais. Nesse caso, se a reclassificação não for feita no início do feito, haverá significativo atraso no andamento do processo, pois a *emendatio libelli* e a modificação de competência acarretarão a remessa dos autos ao juizado especial criminal (art. 383, § 2º, CPP), para a aplicação do procedimento sumaríssimo e dos institutos prévios (transação penal, por exemplo) próprios deste âmbito, tudo isso depois que o processo penal já foi instruído e chegou à fase de julgamento perante o juízo criminal comum (*prejuízo à celeridade e à efetividade do processo*).

(c) O Ministério Público oferece denúncia contra o sujeito imputando-lhe fato classificado na inicial como crime a que seja cominada pena privativa de liberdade de reclusão, que comporta prisão preventiva, em vez da classificação correta, que seria a de crime apenado com detenção, não comportando, assim, medida prisional. Nesse caso, há o risco de decretação ilegal de prisão preventiva se a *emendatio* não for feita desde logo.

Do mesmo modo, impõe-se a *emendatio* imediata se a classificação correta importar a aplicação de benefícios que assistam imediatamente ao indivíduo, como a transação penal (vide exemplo oferecido no item *b* acima) e a suspensão condicional do processo (art. 89, Lei nº 9.099/1995) (*prejuízo ao acusado*).

De resto, parece-nos que, independentemente da aplicabilidade imediata de benefícios ou da mudança de titularidade da ação penal ou de competência judiciária, o processo penal há de se desenvolver sob hipótese adequadamente classificada, para ampla garantia do direito de defesa.

Cap. XVI · SENTENÇA PENAL 1043

Caso o órgão de acusação discorde da classificação emprestada antecipadamente pelo juízo da causa, terá a via do mandado de segurança para impugnar o ato (à falta de previsão legal de recurso), não sendo invocável, assim, o argumento de que a *emendatio* imediata impediria o questionamento da operação pelo acusador, que, ademais, pode deduzir a matéria como preliminar de apelação interposta contra a futura sentença.

O Supremo Tribunal Federal, sobre o tema, posiciona-se no sentido de que, *sempre que da qualificação jurídica do fato depender a fixação da competência ou a eleição do procedimento a seguir*, poderá ser antecipado o juízo de *emendatio libelli*. Nesse sentido, confira-se o julgado da Segunda Turma da Suprema Corte no HC 94.226/SP (STF, 2ª Turma, HC 94.226, Rel. Min. Ayres Britto, julgamento em 28.06.2011, DJ de 29.11.2011): "A emendatio libelli autoriza ao magistrado, na sentença, a corrigir e adequar a classificação da conduta imputada ao paciente (art. 383 do CPP). A jurisprudência do Supremo Tribunal Federal admite a possibilidade de o magistrado processante antecipar o juízo desclassificatório, sempre que 'da qualificação jurídica do fato imputado depender a fixação da competência ou a eleição do procedimento a seguir'. Na mesma direção, tem-se o julgado da Primeira Turma no HC 115.831/MA (STF, 1ª Turma, HC 115.831, Rel. Min. Rosa Weber, julgamento em 22.10.2013, DJ de 19.11.2013).

Esse entendimento teve expressão pioneira na Suprema Corte quando do julgamento (em 02.08.2005) pela Primeira Turma do HC 84.653/SP, de que foi relator o então Ministro Sepúlveda Pertence. Ali se fixou, com percuciência (STF, 1ª Turma, HC 84.653, Rel. Min. Sepúlveda Pertence, julgamento em 02.08.2005, DJ de 14.10.2005): "Se se tem, na denúncia, simples erro de direito na tipificação da imputação de fato idoneamente formulada, é possível ao juiz, sem antecipar formalmente a desclassificação, afastar de logo as consequências processuais ou procedimentais decorrentes do equívoco e prejudiciais ao acusado. Na mesma hipótese de erro de direito na classificação do fato descrito na denúncia, é possível, de logo, proceder-se à desclassificação e receber a denúncia com a tipificação adequada à imputação fática veiculada, se, por exemplo, da qualificação jurídica do fato imputado depender a fixação da competência ou a eleição do procedimento a seguir".

Deve-se advertir, de toda sorte, que o mesmo STF rechaça, *como regra*, a reclassificação judicial do fato na oportunidade do juízo de admissibilidade da ação penal, como no julgado da Primeira Turma no HC 87.324/SP (STF, 1ª Turma, HC 87.324, Rel. Min. Cármen Lúcia, julgamento em 10.04.2007, DJ de 18.05.2007): "1. Não é lícito ao Juiz, no ato de recebimento da denúncia, quando faz apenas juízo de admissibilidade da acusação, conferir definição jurídica aos fatos narrados na peça acusatória. Poderá fazê-lo adequadamente no momento da prolação da sentença, ocasião em que poderá haver a emendatio libelli ou a mutatio libelli, se a instrução criminal assim o indicar".

Isso deve ser compreendido, entretanto, para os casos gerais, fora da hipótese de *"da qualificação jurídica do fato imputado depender a fixação da competência ou a eleição do procedimento a seguir"*, em que sim poderá haver antecipação do "juízo desclassificatório", conforme fixado pela mesma Primeira Turma do STF inclusive em julgado mais recente (HC 115.831/MA, de 22.10.2013) que o do HC 87.324/SP (10.04.2007).

O Superior Tribunal de Justiça, contudo, já decidiu por diversas vezes em sentido contrário, como no julgado da Quinta Turma no HC 213.043/MS (STJ, 5ª Turma, HC 213.043, Rel. Min. Laurita Vaz, julgamento em 06.08.2013, DJ de 13.08.2013): "A emendatio libelli e a mutatio libelli – previstas, respectivamente, nos arts. 383 e 384 do Código de Processo Penal – são institutos de que o Juiz pode valer-se quando da prolação da sentença. Não há previsão legal para utilização destes em momento anterior da instrução". Apesar disso, há entendimento do mesmo STJ no sentido da *possibilidade da imediata desclassificação*, na hipótese de erro manifesto e de excesso de acusação, como decidido pela Corte Especial na APn 290/PR (STJ, Corte Especial, AP 290, Rel. Min. Felix Fischer, julgamento em 19.05.2004, DJ de 16.03.2005): "Não há vedação a que se altere a capitulação logo no recebimento da exordial, nos casos em que é flagrante que a conduta descrita não se amolda ao tipo penal indicado na denúncia. Tal possibilidade acentua-se ainda mais quando o tipo indicado e aquele aparentemente cometido possuem gravidades completamente diversas, com reflexos jurídicos imediatos na defesa do acusado. Nessas hipóteses, é patente o abuso na acusação (...) A imputação de tentativa de homicídio, no presente caso, constitui flagrante excesso de acusação, uma vez que o lastro probatório coligido não enseja a referida capitulação típica".

Diante desse último julgado, proferido pelo maior órgão fracionário (fora o Pleno) do STJ (Corte Especial), não se pode dizer, como se tem dito, que a posição desse tribunal superior é no sentido da impossibilidade de reclassificação do fato no momento do juízo de admissibilidade da acusação. Assim como o Supremo Tribunal Federal, o Superior Tribunal de Justiça já reconheceu situações excepcionais impositivas da antecipação do juízo desclassificatório.

Na doutrina, tem prevalecido mais recentemente a orientação de que poderá haver aplicação antecipada da reclassificação jurídica do fato, mesmo na oportunidade do juízo de admissibilidade da ação penal, *quer em caráter irrestrito*, para resguardo do contraditório, como sustenta Aury Lopes[31], em posição à qual nos filiamos, *quer pelo menos para garantir a aplicabilidade imediata de procedimentos e de hipóteses modificadoras de competência*, como se depreende, por exemplo, das posições de Eugênio Pacelli[32] e de Renato Brasileiro[33].

Em síntese, consideradas doutrina e jurisprudência do Supremo Tribunal Federal (e até a do Superior Tribunal de Justiça), prevalece a última orientação apontada.

De toda sorte, ainda que não operada de forma antecipada a *emendatio* para o efeito de modificação de competência ou de eleição de procedimento a seguir, tanto pode acontecer, ainda que com demora normalmente injustificada, no momento da sentença, como agora está expresso nos §§ 1º e 2º do art. 383 do CPP, acrescentados pela Lei nº 11.719/2008.

---

31. Lopes Jr, Aury. *Direito Processual Penal*. São Paulo: Saraiva, 2014, pp. 1132-1133.
32. Pacelli, Eugênio. Curso de Processo Penal. São Paulo: Atlas, 2013.
33. Lima, Renato Brasileiro de. *Manual de Processo Penal*. Salvador: JusPodivm, 2015, p. 1528.

No art. 383, § 1°, está disposto: "Se, em consequência de definição jurídica diversa, houver possibilidade de proposta de suspensão condicional do processo, o juiz procederá de acordo com o disposto na lei". Assim, reconhecendo *no momento* da sentença, por efeito da *emendatio*, a aplicabilidade da suspensão condicional do processo, o juiz, em vez de prosseguir no julgamento para apreciar o mérito probatório da causa, deverá determinar a intimação do Ministério Público para os fins do art. 89 da Lei n° 9.099/1995. É o que acontece, por exemplo, na reclassificação de furto mediante fraude (pena mínima de 2 anos) para estelionato (pena mínima de 1 ano, a comportar *sursis* processual).

Disposição análoga é a do art. 383, § 2°, para a hipótese de mudança de competência por efeito da *emendatio*: "Tratando-se de infração da competência de outro juízo, a este serão encaminhados os autos". Assim, se o juízo comum reclassificar o fato de lesão corporal seguida de morte para homicídio doloso, deverá determinar a remessa dos autos ao juízo do júri, competente para a causa.

3.1.4. Aplicabilidade em segunda instância

Sobre a aplicabilidade da *emendatio libelli* (art. 383, CPP) em segunda instância, mostra-se plenamente possível, nos termos do art. 617, primeira parte, do CPP. Deverá ser respeitado, todavia, o princípio recursal da personalidade e a correlata proibição da *reformatio in pejus*, nos termos da regra do art. 617 do CPP: "O tribunal, câmara ou turma atenderá nas suas decisões ao disposto nos arts. 383, 386 e 387, no que for aplicável, não podendo, porém, ser agravada a pena, quando somente o réu houver apelado da sentença".

Assim, na hipótese de recurso exclusivo da defesa, fica obstada a *emendatio libelli* com o efeito de agravamento da pena, por força da proibição da *reformatio in pejus*. Se a acusação houver também recorrido, porém, poderá o tribunal proceder à *emendatio*, na sede do recurso do acusador. O mesmo na hipótese de recurso exclusivo da acusação.

De acordo com nossa posição (minoritária), deverá o acusado/recorrido ser intimado para manifestação (contraditório) antes que o tribunal proceda à *emendatio libelli* que importe na aplicação de pena mais grave, assim como o Ministério Público (recorrente), em qualquer caso, se a *emendatio* for acarretar a aplicação de pena menos grave.

Em amparo a essa nossa orientação, há inclusive a regra do art. 933, *caput*, do Novo Código de Processo Civil (2015): "Se o relator constatar a ocorrência de fato superveniente à decisão recorrida ou a existência de questão apreciável de ofício ainda não examinada que devam ser considerados no julgamento do recurso, intimará as partes para que se manifestem dentro do prazo de 5 (cinco) dias".

Diante desse regime, aplicável subsidiariamente ao processo penal, pensamos que a matéria está a reclamar da jurisprudência a reformulação inclusive do tradicional entendimento referido no tópico 3.1.2 (contraditório prévio), *supra*, no sentido da inexigência de manifestação prévia da parte prejudicada pela *emendatio libelli*.

3.2. *Mutatio Libelli* (art. 384, CPP)

3.2.1. *Sentido e alcance*

O instituto da *mutatio libelli* consiste no procedimento de inclusão, no objeto do processo penal (objeto da acusação), pelo acusador, por sua própria iniciativa ou a partir de provocação judicial, de hipótese de fato (elemento ou circunstância de infração penal) modificadora da imputação fática deduzida na inicial acusatória e supervenientemente identificada no seio da instrução processual.

A nova hipótese de fato, cujo conhecimento se alcançou a partir da instrução probatória, tem o efeito, assim, de modificar o objeto fático originário, deduzido na inicial acusatória, o que reclama um ato postulatório adicional (aditamento) da parte do titular da ação penal, para o fim de integrá-la na acusação a que está adstrito o julgamento a ser exarado na sentença.

De acordo com o art. 384, *caput*, do CPP: "Encerrada a instrução probatória, se entender cabível nova definição jurídica do fato, em consequência de prova existente nos autos, de elemento ou circunstância da infração penal não contida na acusação, o Ministério Público deverá aditar a denúncia ou queixa, no prazo de 5 (cinco) dias, se em virtude desta houver sido instaurado o processo em crime de ação pública, reduzindo-se a termo o aditamento, quando feito oralmente".

A hipótese de *mutatio libelli* tem por base superveniente elemento ou circunstância que *modifique* a imputação de fato objeto da inicial acusatória. Entende-se por *elementar* o dado natural ou normativo essencial à configuração do crime; e por *circunstância*, o dado acessório, não essencial ao aperfeiçoamento do tipo penal, mas relevante para a aplicação da pena.

A aplicação do procedimento da *mutatio* supõe que a nova hipótese guarde relação com o fato originariamente imputado, por ela modificado. É o que acontece, por exemplo, no caso em que, imputada na denúncia a prática de furto, a instrução desvela que a conduta foi praticada mediante grave ameaça. O dado novo surgido na fase de instrução probatória, qual seja, a *elementar* "grave ameaça" do crime de roubo (art. 157, *caput*, CP) modifica a hipótese de fato originária. Por aditamento à denúncia, o acusador fará incluir o elemento superveniente.

Ou, outro exemplo, no caso em que, imputada na denúncia a prática de furto simples (art. 155, *caput*, CP), a instrução desvela que a subtração teria sido feita com rompimento de obstáculo essencial à subtração da coisa (circunstância qualificadora do crime de furto, conforme o art. 155, § 4º, I, CP), dado fático este não narrado na inicial. O acusador público fará incluir a *circunstância* diversa, objeto da instrução probatória, por aditamento à denúncia.

A doutrina preocupa-se em distinguir entre *fato novo* e *fato diverso*, indicando que a *mutatio libelli*, tal qual disciplinada no art. 384, se aplica apenas a este último. O *fato novo* seria aquele que, conquanto descoberto na instrução probatória, não guarda relação com a hipótese de fato objeto da inicial. É o que se dá no caso, por exemplo, em que, imputada a prática de crime de apropriação indébita contra o *sujeito X*, a instrução desvela a suposta prática de crime de estelionato contra o *sujeito Y*.

Nessa hipótese, o fato originário, objeto da inicial, não foi de nenhuma forma modificado pelos novos dados. Assim, apesar da conexão entre os crimes, não há aí hipótese de aplicabilidade da *mutatio libelli*, cujo procedimento instrutório simplificado (art. 384, § 3º, CPP) é adequado apenas para discutir elementos ou circunstâncias *modificadoras* da imputação originária, e não para tratar de elementos autônomos, que configuram outro(s) crime(s), ainda que conexo ao originário.

No caso cogitado, se houver aditamento do Ministério Público (possível com fundamento no art. 569 do CPP), a instrução terá que ser reaberta, para alcançar os dados autônomos descobertos. Como diz Gustavo Badaró: "...se o fato novo não guardar qualquer relação com o fato inicialmente imputado, possibilitando uma nova imputação autônoma, não haverá porque se aplicar a regra do art. 384. Os aspectos fáticos que surjam no curso da instrução e que indiquem alteração do fato originariamente imputado devem ser incluídos na imputação, aditando-se a denúncia ou queixa. Mas o fato novo, dissociado do fato imputado e que dê origem a delito diverso, deverá ser objeto de novo processo, formulando-se uma pretensão autônoma"[34]. Ressalvamos apenas, quanto à última parte, a possibilidade de aditamento do Ministério Público (art. 569, CPP), com a reabertura da instrução, sempre que o fato autônomo for conexo àquele imputado na inicial.

Em todo caso, parece-nos mais adequado falar em *fato modificador da imputação*, em contraposição ao *fato autônomo*, o primeiro ensejando a aplicação da *mutatio libelli* (art. 384, CPP), o segundo comportando a instauração de novo processo, pelo oferecimento de nova inicial, ou, se conexo à imputação originária, o aditamento à inicial nos termos do art. 569 do CPP. Carece da necessária precisão, a nosso juízo, a proposta diferença entre "fato novo" e "fato diverso", eis que o fato autônomo, por óbvio, é também diverso daquele imputado na inicial. Ademais, ressalte-se que *novo* não é o fato, e sim o conhecimento que dele se obtém, na instrução probatória.

O dispositivo do art. 384 realça o aspecto da "nova definição do jurídica do fato", imprecisão que pode gerar algum desconforto interpretativo. Em verdade, na hipótese examinada, o que há é o superveniente conhecimento, durante a instrução probatória, de fato em tese constitutivo de elementar ou circunstância de crime, mas não integrante dos limites objetivos da inicial acusatória.

Trata-se, portanto, de fato "novo", que por óbvio terá sua própria definição jurídica. A novidade, assim, é do fato ("elemento ou circunstância da infração penal"), e não da definição jurídica, como impropriamente dispõe a norma ("nova definição jurídica do fato").

Na *emendatio libelli*, aí sim, modifica-se apenas a definição jurídica; na *mutatio*, porém, modifica-se o fato e, em consequência disso, agrega-se nova definição jurídica. Como observa Gustavo Badaró, "deve-se entender a expressão 'nova definição jurídica do fato' como alteração do fato imputado, e não como alteração de sua classificação

---

34. Badaró, Gustavo Henrique. *Correlação entre acusação e sentença*. São Paulo: Revista dos Tribunais, 2000, pp. 188-189.

jurídica", acrescentando que "é possível, ainda, que os fatos se alterem, sem que haja nova definição jurídica e, mesmo assim, será necessária a alteração da acusação" [35].

3.2.2. *Mutatio libelli e correlação entre acusação e sentença*

Já se abordou que, por força da regra da correlação entre acusação e sentença, a apreciação judicial da causa deve corresponder estritamente ao conteúdo da hipótese acusatória, tal qual deduzida pelo titular da ação penal. O objeto da acusação é normalmente deduzido, em sua integralidade, na inicial acusatória, mas pode acontecer integração, nesse objeto, de outros fatos, cujo conhecimento se alcance em momento posterior. O aditamento à inicial, como ato postulatório de caráter acusatório, pode ter essa finalidade.

O que não se permite é que o juiz, na sentença, aprecie e profira julgamento de hipótese de fato não integrante da acusação. Por outro lado, a inclusão do objeto superveniente só pode ser efetivada pelo titular da acusação, em um sistema processual de tipo acusatório, no qual as funções de acusar, defender e julgar estão cometidas a sujeitos distintos.

Não cabe ao juiz, identificando fato supostamente constitutivo de crime, considerá-lo na sentença, sem que a hipótese haja sido objeto de aditamento e, portanto, sem que a hipótese faça parte da acusação. Do contrário, haveria desrespeito à regra da correlação entre acusação e sentença, com a consequente transgressão à imparcialidade do juiz (a figura do juiz-acusador) e às garantias do contraditório e da ampla defesa. Com efeito, quanto a esse último ponto, o acusado estaria sendo julgado com base em fato que, por não compor os limites objetivos da imputação/acusação, não integrou o objeto do contraditório e da reação defensiva.

Nesse sentido, o art. 384, *caput*, do CPP prescreve que, na hipótese de superveniência de prova de elemento ou circunstância de infração penal não integrante da acusação, "deverá o Ministério Público aditar a denúncia ou queixa, no prazo de 5 (cinco) dias, se em virtude desta houver sido instaurado o processo em crime de ação pública". O aditamento à inicial é, assim, necessário para que o juiz possa apreciar, na sentença, o fato superveniente, em tese constitutivo de crime.

Isso porque, diversamente da *emendatio libelli*, a *mutatio libelli* constitui modificação da própria hipótese de fato objeto da acusação, e não apenas alteração de sua definição jurídica. Por isso, ao contrário do que ocorre na *emendatio*, a definição jurídica

---

35. BADARÓ, Gustavo Henrique. *Correlação entre acusação e sentença*. São Paulo: Revista dos Tribunais, 2000, pp. 171: "Inicialmente, cumpre assinalar a absoluta imprecisão terminológica. Querendo disciplinar uma situação em que ocorre alteração dos fatos imputados, e não da qualificação jurídica de tais fatos, o legislador menciona 'possibilidade de nova definição jurídica do fato'. Ora, o que é novo ou diverso é o fato e não apenas a sua classificação legal. Alterando-se os fatos, normalmente, haverá alteração de sua definição jurídica, mas a mudança desta é apenas consequência da alteração fática. Ao mais, é possível que ocorra uma mudança da base fática da imputação, sem que isso implique alteração da definição jurídica".

diversa não poderá ser feita exclusivamente pelo juiz, sem prévio ato de postulação acusatória (aditamento) manifestado pelo Ministério Público.

À luz dos parâmetros em foco, já antes referimos nossa posição no sentido da inaplicabilidade da parte final do art. 385 do CPP, que permite o reconhecimento de circunstância agravante de ofício pelo juiz, por violar a garantia do contraditório e a regra da correlação entre acusação e sentença. Isso porque, se o fato correspondente à agravante não integra a acusação, é inadmissível que o acusado seja surpreendido com o seu reconhecimento em uma sentença condenatória, sem a anterior oportunidade de exercício de defesa quanto a esse ponto particular, por mais que se trate de circunstância genérica. Assim, caso surja na instrução dado probatório novo acerca de circunstância agravante, seu reconhecimento pelo juiz, na sentença, depende da aplicação prévia da *mutatio libelli*, mediante aditamento do Ministério Público, sob pena de ofensa ao contraditório. Ressalva-se, porém, a orientação dominante em sentido contrário, inclusive encontrada em um julgado da Suprema Corte[36].

Em qualquer caso, o aditamento pode ocorrer: (i) por iniciativa (espontânea) do próprio órgão do Ministério Público (art. 384, *caput*, CPP); (ii) ou, de acordo com a lei, a partir de provocação judicial ao órgão do Ministério Público (art. 384, § 1º, CPP).

Na última hipótese, o juiz, verificando no resultado da instrução probatória a existência de hipótese de fato que em tese constitui elemento ou circunstância de infração penal, determina a intimação do Ministério Público para que proceda ao aditamento à inicial. A iniciativa judicial é bastante questionável, por repercutir na imparcialidade do órgão de jurisdição e na própria essência do sistema acusatório, de maneira semelhante à discordância do juiz quanto ao pedido de arquivamento do procedimento de investigação, ainda na fase pré-processual[37].

Nosso sistema, contudo, ainda adota a lógica do controle judicial sobre o princípio da obrigatoriedade da ação penal. A redação originária do art. 384, *caput* e parágrafo único, previa uma iniciativa judicial ainda mais ampla, reservando ao juiz a identificação da possibilidade da *mutatio* e a provocação *direta* da defesa (*caput*) e, quando houvesse potencialidade de aplicação de pena mais grave, a provocação do Ministério Público.

---

36. Já pontuamos, ao final do tópico 2 desta Seção, que a matéria ainda é controversa na doutrina, encontrando-se, porém, um julgado do Supremo Tribunal Federal no sentido contrário ao que sustentamos, ao admitir a possibilidade de imposição da agravante de ofício pelo juiz, com o que se reconheceu aplicabilidade à parte final da regra do art. 385 do CPP. Cfr. STF, 2ª Turma, HC 93.211/DF, Rel. Min. Eros Grau, julgamento em 12.02.2008, DJ de 24.04.2008. Há julgados do Superior Tribunal de Justiça com lógica semelhante, mas envolvendo outras questões, o que não permite ainda certificar a posição daquela Corte sobre o tema.

37. Aury Lopes chega a sustentar a inconstitucionalidade do § 1º do art. 384, que contempla a aplicação pelo juiz do art. 28 do CPP (remessa dos autos à chefia do Ministério Público), no caso de recusa do órgão oficiante do Ministério Público em promover o aditamento: "A aplicação do art. 28 é bastante burocrática e não se revela, na prática, uma boa solução. Daí por que, dificilmente, será utilizada, até porque, são raríssimos os casos em que os juízes, ao receber o pedido de arquivamento, lançam mão do art. 28 do CPP. Para além disso, o parágrafo primeiro revela-se substancialmente inconstitucional, pois é manifesta a violação das regras do sistema acusatório com a utilização do art. 28 do CPP". Cfr. Lopes Jr, Aury. *Direito Processual Penal*. São Paulo: Saraiva, 2014, p. 1134. No mesmo sentido: Badaró, Gustavo Henrique. *Processo Penal*. São Paulo: Revista dos Tribunais, 2016, p. 546.

No regime atual, inaugurado pela Lei nº 11.719/2008, moldura-se a iniciativa do Ministério Público sem alusão à provocação judicial, cuja possibilidade, no entanto, ainda subsiste, agora respaldada pelo § 1º do art. 384, dispondo que, se o órgão ministerial não aditar a inicial, o juiz determinará a remessa do feito à chefia da instituição acusadora (art. 28, CPP).

Assim, caso o órgão do Ministério Público, provocado pelo juízo, manifeste recusa em promover o aditamento (por exemplo, por não identificar tipicidade do fato novo), a lei prescreve a aplicação do art. 28 do CPP, com a remessa dos autos, portanto, à chefia da instituição (Procuradoria Geral de Justiça ou Procuradoria Geral da República, pela Câmara de Coordenação e Revisão criminal), para que resolva a respeito, cabendo a última palavra, como se sabe, ao Ministério Público (e não poderia ser diferente). É o que dispõe o art. 384, § 1º, do CPP: "Não procedendo o órgão do Ministério Público ao aditamento, aplica-se o art. 28 deste Código"[38].

3.2.3. Aplicabilidade da mutatio libelli

Nos termos do art. 384, *caput*, do CPP, o Ministério Público deverá promover o aditamento da denúncia ou da queixa, "se em virtude desta houver sido instaurado o processo em crime de ação pública". O dispositivo expressa, portanto, a aplicabilidade da *mutatio libelli* no âmbito da ação penal de iniciativa pública e no da ação penal privada subsidiária da pública.

Discute a doutrina, no entanto, o cabimento do instituto no domínio da ação penal privada exclusiva.

Nesse particular, é conhecida a posição de HÉLIO TORNAGHI em sentido negativo: "Se o crime for de ação penal privada, a lei subentende que o querelante, ao omitir na queixa a circunstância elementar, usou de seu poder dispositivo. Por isso o parágrafo único do art. 384 [disposição atualmente integrada no *caput* do art. 384] não aplica-se nesse caso"[39]. Essa posição também é expressa por parte da doutrina mais recente, como EUGÊNIO PACELLI e DOUGLAS FISCHER[40].

Parte da doutrina contemporânea, de outro lado, sustenta o cabimento da *mutatio* na esfera da ação penal de exclusiva iniciativa privada, como GUSTAVO BADARÓ[41], RENATO BRASILEIRO[42], NESTOR TÁVORA e ROSMAR ALENCAR[43].

A nosso juízo, a lei processual penal exclui a incidência da *mutatio libelli* do âmbito da ação penal de exclusiva iniciativa privada. Está disposto, com efeito, que o

---

38. Esse parágrafo foi acrescentado ao art. 384 pela Lei 11.719/2008. Antes mesmo da reforma, entretanto, já se entendia pela aplicação analógica do art. 28 do CPP, na mesma hipótese.

39. TORNAGHI, Hélio Bastos. *Instituições de Processo Penal*, v. 2. Rio de Janeiro: Forense, 1959, pp. 170-171.

40. Cfr. PACELLI, Eugênio / FISCHER, Douglas. *Comentários ao Código de Processo Penal e sua Jurisprudência*. São Paulo: Atlas, 2015, p. 798.

41. BADARÓ, Gustavo Henrique Righi Ivahy. *Correlação entre acusação e sentença*. São Paulo: Revista dos Tribunais, 2000, pp. 175-176.

42. LIMA, Renato Brasileiro de. *Manual de Processo Penal*. Salvador: JusPodivm, 2015.

43. TÁVORA, Nestor / ALENCAR, Rosmar Rodrigues. *Curso de Direito Processual Penal*. Salvador: JusPodivm, 2015.

Ministério Público, *sem previsão da figura do querelante*, aditará a denúncia ou a queixa, nesse último caso somente *se em virtude desta houver sido instaurado o processo em crime de ação pública.*

Por interpretação sistemática do direito processual penal brasileiro, em princípio, sempre que se pretende a aplicabilidade de institutos à ação penal privada exclusiva, a lei o expressa, ou então não restringe, como faz no art. 384, *caput*, com o adicional de que o Ministério Público aditará a queixa *apenas se* em virtude desta houver sido instaurado o processo em crime de ação pública.

Ora, na hipótese, a lei versou sobre a ação penal privada, para restringir o cabimento do dispositivo à queixa subsidiária. O silêncio quanto à queixa exclusiva, passível de aditamento pelo querelante, revela-se, assim, eloquente, devendo ser claramente compreendido como a posição legal inequívoca de excluir dessa esfera a aplicabilidade do instituto.

E não se trata de exclusão gratuita. O instituto da *mutatio libelli* atende à conveniência de conferir unidade de processo e de julgamento a situações conexas, dentro de um procedimento simplificado. O instituto foi previsto como mecanismo *específico* de tratamento processual, que se reputou justificável promover apenas em processo por crime de ação penal pública. A disponibilidade e a menor relevância da ação penal privada exclusiva não justificariam o mesmo tratamento.

Independentemente de se concordar ou não com as razões associadas ao regime legal, o certo é que os termos expressos do art. 384, *caput*, não contemplam (e mesmo excluem) o cabimento do instituto da *mutatio libelli* no âmbito da ação penal de exclusiva iniciativa privada. A nosso juízo, portanto, só é próprio defender tal aplicabilidade *de lege ferenda*, em sentido propositivo, vale dizer, de como deveria ser (mas não é, por opção legislativa).

3.2.4. Hipóteses especiais de mutatio libelli: modificação de crime culposo para crime doloso, de crime consumado para crime tentado, de autoria para participação, ou vice-versa

É interessante examinar a questão da necessidade de *mutatio libelli* nas seguintes hipóteses especiais: (i) modificação de crime culposo para crime doloso, ou vice-versa; (ii) modificação de crime consumado para crime tentado, ou vice-versa; (iii) modificação de autoria para participação em sentido estrito, ou vice-versa.

Na hipótese (i), o surgimento de subsídios probatórios indicadores de elemento subjetivo diverso daquele afirmado na denúncia (ou na queixa subsidiária) impõe a aplicação da *mutatio libelli*, sob pena de ofensa à regra da correlação entre acusação e sentença. Isso porque tais subsídios, na situação cogitada, efetivamente modificam a hipótese acusatória deduzida na inicial, reclamando-se, portanto, o aditamento integrativo, de maneira que o órgão judiciário possa apreciar e decidir a causa dentros dos limites fáticos acusados.

Suponha-se, por exemplo, que o Ministério Público, na denúncia, deduza hipótese de crime de peculato culposo, definido no art. 312, § 2º, do Código Penal, narrando que o acusado X, por negligência, concorreu para a prática de desvio perpetrada por outro servidor público, o acusado Y. No curso da instrução, porém, surge prova testemunhal no sentido de que o acusado X, na verdade, teria concorrido para a prática de maneira dolosa, aderindo conscientemente à conduta do outro autor.

Nesse caso, está claro que a denúncia deve ser aditada, para inclusão do elemento modificador da acusação originária, aplicando-se o procedimento da *mutatio libelli*. O tipo penal compreende-se não só em sua dimensão objetiva, mas também como tipo subjetivo, em correspondência com uma base empírica (de intencionalidade, de assunção de risco ou de imprudência, negligência ou imperícia). Tanto é assim que a modificação do elemento subjetivo do agente implica a incidência de outro tipo penal: no exemplo citado, em vez da originária imputação do tipo culposo do art. 312, § 2°, passa a incidir, para a nova hipótese, o tipo doloso do art. 312, *caput*, do Código Penal.

Dá-se na espécie, portanto, efetivo surgimento de nova *elementar* do tipo de injusto, a saber: o elemento subjetivo implícito em todo tipo penal, qual seja, o dolo. Opera-se aí a superveniência de dados probatórios objetivos reveladores da intencionalidade do agente, com aptidão para modificar o conteúdo da acusação originária[44]. Se a hipótese acusada era a de um fato culposo, de negligência, a instrução modificou o quadro deduzido na inicial, ao desvelar um fato de intencionalidade do acusado, que não poderá ser apreciado pelo órgão judiciário senão após incluído, por aditamento, no objeto da acusação.

A mesma lógica aplica-se à situação inversa, de modificação de crime doloso para crime culposo. Assim, por exemplo, se a imputação é de peculato doloso (art. 312, *caput*, CP), mas a instrução desvela que o acusado teria agido com negligência ou imprudência, o juiz não pode simplesmente proferir sentença condenatória com base no tipo culposo (art. 312, § 2°, CP). No caso, a modificação do quadro fático descrito na denúncia impõe a aplicação do procedimento da *mutatio libelli*, oportunizando-se ao acusado o exercício de defesa quanto à nova hipótese empírica, ainda que menos grave que a originária.

Nesse sentido, eis o julgado proferido pela Sexta Turma do Superior Tribunal de Justiça no RESP 1.388.440/ES (STJ, 6ª Turma, RESP 1.388.440, Rel. Min. Nefi Cordeiro, julgamento em 05.03.2015, DJ de 17.03.2015): "...2. O fato imputado aos réus na inicial acusatória, em especial a forma de cometimento do delito, da qual se infere o elemento subjetivo, deve guardar correspondência com aquele reconhecido na sentença, a teor do princípio da correlação entre acusação e a sentença. 3. Encerrada a instrução criminal, concluindo-se que as condutas dos recorrentes subsumem-se à modalidade culposa do tipo penal e ausente a descrição de circunstância elementar, atinente ao elemento subjetivo do injusto na denúncia, imperativa a observância da regra inserta no art. 384, caput, do CPP, ainda que a nova modalidade de delito comine

---

44. Conforme Gustavo Badaró: "O element subjetivo, a vontade do agente, somente pode ser aferido a partir de dados objetivos. Na investigação da subjetividade do agente, é o fato externo que indica o elemento interno. E, em tal conceituação, dificilmente um mesmo fato poderá indicar a prática de um ato doloso ou culposo, simultaneamente". Cfr. Badaró, Gustavo Henrique. *Correlação entre acusação e sentença*. São Paulo: Revista dos Tribunais, 2000, p. 222.

pena inferior, baixando-se os autos ao Ministério Público para aditar a inicial, sob pena de violação ao princípio da ampla defesa e contraditório".

O mesmo aspecto do efeito modificador proporcionado pelos novos dados probatórios oferece solução também para as hipóteses (ii) e (iii) cogitadas ao início deste tópico, ambas impondo a aplicação da *mutatio libelli*, como condição para que o órgão judiciário possa considerar, na sentença, a hipótese modificada.

Assim, na hipótese (ii), se dados da instrução revelam a não ocorrência do resultado típico afirmado na inicial acusatória (alegação de crime consumado), a nova hipótese, de crime tentado, deve ser objeto de aditamento, ainda que menos grave que a originária, de maneira a garantir o exercício do contraditório e da ampla defesa pelo acusado[45]. Vale o mesmo para a situação inversa, de modificação de crime tentado para crime consumado.

Por fim, na hipótese (iii), de igual modo a modificação de autoria para participação de menor importância, ou vice-versa, impõe a aplicação do procedimento da *mutatio libelli*.

Com efeito, se na denúncia está afirmado que o acusado foi o executor material da conduta típica, mas surgem na instrução dados no sentido de que sua participação consistira, na verdade, em simples auxílio material (participação de menor importância, nos termos do art. 29, § 1º, do CP), impõe-se o aditamento da denúncia, para a dedução da hipótese modificada, conquanto menos grave que a originária. Isso porque se há de assegurar, ao acusado, o contraditório e a ampla defesa quanto à hipótese nova, em que teria ele atuado como partícipe, auxiliando materialmente a execução do crime. A persistir a imputação originária de autoria, o acusado só exercerá sua defesa em relação a essa hipótese, não podendo ser surpreendido por sentença judicial condenando-o na condição de partícipe, se não houve prévio aditamento à denúncia nesse sentido.

Nesse ponto, cumpre observar que a regra da correlação ou congruência traduz-se na exigência de *homogeneidade substancial* entre a hipótese acusatória e o objeto da sentença, de modo que se haja permitido ao acusado, antes do julgamento, exercer sua defesa no que se refere aos fatos contra ele considerados no ato final, ainda que tais dados reflitam crime menos grave que aquele originariamente acusado.

De outro lado, por mais fortes razões, exige-se a *mutatio libelli* em caso de mudança de participação de menor importância (hipótese fática originária) para autoria (hipótese modificada), com base em novos dados alcançados durante a fase instrutória, só podendo o novo quadro fático ser considerado na sentença se estiver deduzido em aditamento oferecido pelo acusador.

Importa considerar, na espécie, que a concorrência do sujeito como autor material, de um lado, e como partícipe de menor importância (art. 29, § 1º, CP), de outro, refletem situações empiricamente diversas. Não se trata, portanto, de pura apreciação

---

45. Com a mesma orientação: BADARÓ, Gustavo Henrique. *Correlação entre acusação e sentença.* São Paulo: Revista dos Tribunais, 2000, p. 219.

jurídica da mesma hipótese, mas de substancial modificação desta, a impor a aplicação da *mutatio libelli*, sob pena de ofensa à regra da correlação entre acusação e sentença[46].

3.2.5. *Oportunidade e procedimento da mutatio libelli*

Como já exposto, ante a superveniência de hipótese de fato constitutiva de elemento ou circunstância de infração penal, o Ministério Público deverá promover o aditamento da denúncia ou da queixa subsidiária, a fim de incluir a situação nova no objeto da acusação.

A respeito da oportunidade (momento procedimental) da *mutatio libelli*, a lei fixa o momento posterior ao encerramento da instrução criminal: "Encerrada a instrução criminal..." (art. 384, *caput*, CPP).

Isso atende à lógica de audiência una e concentrada instituída pela Lei nº 11.719/2008. Assim, concluída a audiência, pode-se em seguida verificar a existência ou não de fato novo em tese constitutivo de elemento ou circunstância da infração penal, que modifique a acusação originária.

A audiência poderá, contudo, ser fracionada em diferentes datas, caso em que não identificamos qualquer óbice, em sendo desde logo verificada hipótese fática nova, à imediata realização da *mutatio*, pelo aditamento, antes do final da instrução, até mesmo em nome da racionalidade do processo. Com efeito, se já se identificou a hipótese, por que esperar o fim da instrução para, então, reabri-la e aplicar o procedimento – instrutório – da *mutatio libelli*?[47]

O aditamento deverá ser oferecido no prazo de 5 (cinco) dias (art. 384, *caput*, CPP).

Nos termos do art. 384, § 2º, do CPP, "ouvido o defensor do acusado no prazo de 5 (cinco) dias e admitido o aditamento, o juiz, a requerimento de qualquer das partes, designará dia e hora para continuação da audiência, com inquirição de testemunhas, novo interrogatório do acusado, realização de debates e julgamento".

Trata-se de procedimento postulatório simplificado, em que se oportuniza ao acusado manifestação escrita de defesa em face do aditamento, no prazo de 5 (cinco) dias. Caso admitido o aditamento, abre-se *instrução simplificada*, com a inquirição de testemunhas e o interrogatório do acusado, seguindo-se a *fase de debates e julgamento*.

Quanto à instrução, de caráter complementar, cada uma das partes poderá indicar até 3 (três) testemunhas, nos termos do art. 384, § 4º, 1ª parte, do CPP: "Havendo aditamento, cada parte poderá arrolar até 3 (três) testemunhas, no prazo de 5 (cinco) dias..." O acusador deverá indicar suas testemunhas no próprio aditamento, no prazo de 5 (cinco) dias (art. 384, *caput*, CPP), não havendo a abertura de novo prazo para

---

46. Conforme GUSTAVO BADARÓ: "Não se pode admitir, portanto, que o acusado tenha sido denunciado como autor de um delito e venha a ser condenado como partícipe, ou vice-versa, sem que se apliquem as regras da *mutation libelli*. O fato que caracteriza a conduta do autor, necessariamente, é diferente do fato que caracteriza a conduta do partícipe de um mesmo delito". Cfr. BADARÓ, Gustavo Henrique. *Correlação entre acusação e sentença*. São Paulo: Revista dos Tribunais, 2000, pp. 220-221.

47. Com o mesmo entendimento: LOPES JR, Aury. *Direito Processual Penal*. São Paulo: Saraiva, 2014, p. 1135.

Cap. XVI · SENTENÇA PENAL 1055

essa finalidade. Nesse particular, o dispositivo do § 4º do art. 384 apenas fixa o limite de testemunhas numerárias, ainda que repita o prazo de manifestação (5 dias), que coincide com o prazo para o próprio aditamento. O acusado disporá de igual prazo, na resposta ao aditamento (art. 384, § 2º, CPP), para a indicação de suas testemunhas. Em qualquer caso, a não indicação de testemunhas pela parte acarreta preclusão temporal.

Caso o aditamento, oferecido por iniciativa do Ministério Público, seja rejeitado liminarmente pelo juiz, o processo prosseguirá, com base na imputação originária. Confira-se, a respeito, o disposto no art. 384, § 5º, do CPP: "Não recebido o aditamento, o processo prosseguirá". O aditamento poderá ser liminarmente rejeitado, após a manifestação do acusado (art. 384, § 2º, CPP), com fundamento nas mesmas causas impositivas da rejeição liminar da denúncia ou da queixa, fixadas no art. 395 do CPP.

Contra a decisão de rejeição liminar do aditamento cabe recurso em sentido estrito, por interpretação extensiva do art. 581, I, do CPP. Essa hipótese de cabimento diz respeito a juízo de admissibilidade negativo de peça acusatória, no caso a inicial. Ora, se a rejeição liminar da peça acusatória inicial desafia recurso em sentido estrito, estende-se o mesmo regime à rejeição, aplicável sob os mesmos fundamentos (art. 395, CPP), da peça acusatória de aditamento.

Encerrada a instrução complementar fixada no art. 384, § 2º, o processo segue para a fase de debates orais e de sentença, que ficará restrita aos termos do aditamento, conforme o art. 384, § 4º, parte final, do CPP: "Havendo aditamento, cada parte poderá arrolar até 3 (três) testemunhas, no prazo de 5 (cinco) dias, *ficando o juiz, na sentença, adstrito aos termos do aditamento*".

Com efeito, o aditamento, no contexto da *mutatio libelli*, é peça acusatória modificativa da imputação originária. Cuida-se, assim, de peça que, incorporando a hipótese de fato deduzida na inicial, corrige-a ou agrega-lhe dados empíricos (elementar ou circunstância de infração penal) alcançados no curso da instrução. Ao final, portanto, o aditamento será a peça acusatória de base para a apreciação judicial, o que justifica a disposição legal de que o juiz, na sentença, ficará "adstrito aos termos do aditamento".

Por fim, o art. 384, § 3º, dispõe sobre a aplicabilidade das hipóteses dos §§ 1º e 2º do art. 383 do CPP, reservadas à *emendatio libelli*, ao âmbito da *mutatio libelli*. Assim, se, por efeito da elementar ou circunstância desveladas na instrução probatória, a nova imputação obtida for de crime da competência de outro juízo, "a este serão encaminhados os autos" (art. 384, § 3º, c/c art. 383, § 2º, CPP).

Já no que tange à possibilidade de suspensão condicional do processo (art. 383, § 1º, CPP), a situação merece uma reflexão mais apurada. Normalmente, a *mutatio libelli* acarreta um reforço de acusação, agregando-lhe elemento ou circunstância de infração penal, de modo que a suspensão condicional do processo, mostrando-se cabível quanto à imputação nova, já o era antes, com base na imputação originária. Significa isso dizer que já era para ter sido oferecida a proposta de suspensão condicional do processo, bem antes da aplicação de qualquer *mutatio libelli*.

Pode acontecer, porém, de o elemento novo surgido na instrução criminal ser de crime diverso, menos grave, com aptidão para descaracterizar a imputação originária, mais grave. Por exemplo, na hipótese de imputação por crime de furto de energia elétrica qualificado pela fraude (art. 155, § 4º, II, CP), com pena mínima de 2 (dois) anos, sobrevém na instrução criminal prova de que, em vez de subtração fraudulenta, ocorreu em verdade uma adulteração do medidor de energia, em prejuízo da vítima, o que configura o crime de estelionato (art. 171, *caput*, CP), cuja pena mínima é de 1 (um) ano, a permitir, portanto, a suspensão condicional do processo (art. 89, Lei nº 9.099/1995). Nesse caso, a elementar nova, surgida na instrução, é de crime menos grave, de modo que a modificação da hipótese acusatória dá-se em benefício do próprio acusado. Aplica-se à espécie, assim, a norma do art. 383, § 1º, do CPP.

3.2.6. Inaplicabilidade da mutatio libelli na segunda instância

Sendo instituto embasado na instrução criminal, desponta desde logo que a *mutatio libelli* não se aplica em segunda instância, quando já julgada a causa em primeiro grau. A razão decisiva dessa inaplicabilidade, entretanto, radica no princípio do duplo grau de jurisdição, a impor a apreciação da causa *em primeira* e em segunda instâncias.

Assim, não se admite que o órgão do Ministério Público oficiante no tribunal de segundo grau, ao identificar na instrução criminal originária elemento ou circunstância modificadora da acusação, promova aditamento em sede recursal. Isso porque a modificação da acusação em segundo grau implica que essa hipótese nova não foi apreciada e decidida pelo órgão judiciário de primeiro grau, antes que fosse submetida ao tribunal, em sede de recurso.

Refletindo essa irrecusável orientação, confira-se o enunciado da Súmula nº 453 do Supremo Tribunal Federal: "Não se aplicam à segunda instância o art. 384 e parágrafo único do Código de Processo Penal, que possibilitam dar nova definição jurídica ao fato delituoso, em virtude de circunstância elementar não contida explícita ou implicitamente na denúncia ou queixa".

CAPÍTULO XVII

Procedimentos Penais

INTRODUÇÃO

Conforme abordado no Capítulo I deste Curso, o processo pode ser compreendido como relação jurídica ou como procedimento. Nessa última dimensão, processo é um *complexo ordenado de atos*, que se sucedem de acordo com o rito prefixado em lei. O procedimento, assim, traduz-se na ordenação lógica e cronológica de atos processuais, segundo determinada técnica, forma e finalidade[1].

O aspecto de *ordenação lógica*, regida pela *causalidade*, é essencial para individualizar o fenômeno procedimental, não bastando a mera *sucessividade* de atos, pois, como bem pontua SCARANCE FERNANDES: "O procedimento não é a única entidade jurídica de formação sucessiva. Há outras. O que distingue o procedimento de outras realidades de mesma natureza é a especialidade do vínculo entre os seus diversos atos, segundo o qual um é consequência do precedente e pressuposto e condição necessária do sucessivo. Em outras palavras, há, entre os atos da série, uma ordem preestabelecida"[2]. Com essa mesma perspectiva, FRANCESCO CARNELUTTI já definia o procedimento como "uma combinação de atos cujos efeitos jurídicos são causalmente relacionados"[3].

A *unidade de fim* também se revela elemento fundamental, pois orienta a ordenação dos atos sucessivos de determinada maneira, traduzindo, assim, a lógica associada às formas procedimentais[4].

Essa sucessão ordenada de atos não é única, podendo variar, no processo penal, de acordo com a infração penal imputada ou, em certo âmbito, com o órgão judiciário competente para o processo e julgamento da ação. Não há, portanto, um só procedimento, mas procedimentos típicos e nominados, cuja aplicabilidade se fixa com base em determinados critérios legais, a serem oportunamente abordados.

---

1. Segundo CARNELUTTI, *procedimento* é uma "coordinazione di più atti autonomi in vista della produzione di un effeto complessivo o finale" ou uma "combinazione di atti i cui effetti giuridici sono causalmente collegati". Cfr. CARNELUTTI, Francesco. *Sistema di Diritto Processuale Civile*. Padova: Cedam, 1938, v. II, p. 428.

2. FERNANDES, Antônio Scarance. *Teoria Geral do Procedimento e O Procedimento no Processo Penal*. São Paulo: Revista dos Tribunais, 2005, p. 32.

3. CARNELUTTI, Francesco. *Sistema di Diritto Processuale Civile*. Padova: Cedam, 1938, v. II, p. 428: "...una combinazione di atti i cui effetti giuridici sono causalmente collegati".

4. Realçando esse aspecto, SABATINI assinala o seguinte: "Atto continuato è l'atto a formazione progressiva caratterizzata dall'unità del fine. Il procedimento non è altro che una figura di continuazione o di atto continuato e può distinguersi in procedimento necessatio (o continuazione necessaria) e procedimento eventuale (o continuazione eventuale)". Cfr. SABATINI, Giuseppe. *Trattato dei Procedimento Incidentali nel Processo Penale*. Torino: Editrice Torinese, 1953, p. 12.

Em conformidade com esses parâmetros, é possível identificar no *procedimento*: (a) *atos processuais típicos*, a exemplo da audiência preliminar no procedimento comum sumaríssimo, das alegações finais por memorial no procedimento comum ordinário e da sessão de deliberação sobre a admissibilidade da acusação no procedimento especial das ações penais de competência originária dos tribunais; (b) uma *sequência determinada de atos processuais*, como as etapas sucessivas > recebimento da inicial > citação > resposta à ação penal, no procedimento comum de ritos ordinário e sumário, de um lado, e as etapas sucessivas > oferecimento da denúncia > defesa preliminar > recebimento da denúncia, no procedimento especial aplicável aos crimes de drogas (Lei nº 11.343/2006), de outro.

A natureza dos atos aplicáveis e sua ordenação legal, segundo determinada técnica e certa lógica, são os componentes essenciais dos diversos procedimentos estabelecidos pela lei processual penal.

Os atos aplicáveis e sua sequência legal, vale dizer, a forma pela qual devem ser praticados determinados atos no processo, obedecem a alguns princípios e finalidades. Por exemplo: a prática de atos processuais de instrução oral em audiência una obedece ao princípio da concentração e, em última análise, ao objetivo de celeridade processual; a ordem legal de inquirição de testemunhas, as de acusação e só depois as de defesa, obedece às garantias da ampla defesa e do contraditório; a excepcionalidade das alegações finais escritas mesmo no procedimento comum ordinário atende ao princípio da oralidade; a exigência de que o acusador seja intimado para se manifestar sobre preliminares e documentos apresentados na resposta à acusação atende ao princípio do contraditório; e assim por diante.

Não se trata, assim, de formas vazias. Os atos estão fixados na lei processual de determinada forma e em dada sequência por força de princípios regentes do sistema, os quais se traduzem em última análise no princípio do *devido* processo legal. O órgão judiciário, portanto, deve obediência às formas legais abstratas, devendo aplicá-las *integralmente*, sem a possibilidade de adoção de procedimento diverso daquele fixado na lei processual penal.

PROCEDIMENTO COMUM E PROCEDIMENTO ESPECIAL

Na classificação mais geral, o procedimento pode ser *comum* ou *especial*. O sistema processual penal, em virtude da natureza da infração penal objeto do processo ou da competência originária de tribunal, contempla ritos procedimentais específicos, com *forma* parcialmente diversa daquela estabelecida para o procedimento comum. Há hipóteses assim tanto no próprio Código de Processo Penal (por exemplo, procedimento especial do júri e procedimento relativo aos crimes contra a honra) quanto na legislação especial (por exemplo, procedimento especial para os crimes de drogas, objeto da Lei nº 11.343/2006, e procedimento especial para as ações penais da competência originária dos tribunais, objeto da Lei nº 8.038/1990).

O procedimento comum é o aplicável na ausência de previsão legal de procedimento específico. Mesmo quanto aos procedimentos especiais, no entanto, há aplicação subsidiária (em caso de omissão no regime específico) do procedimento comum (art. 394, § 2º, CPP) e, em particular, do procedimento comum ordinário (art. 394, § 5º, CPP).

Para a identificação do procedimento aplicável a determinada hipótese, assim, deve-se antes de tudo verificar se o Código de Processo Penal ou a legislação extravagante disciplinam procedimento específico. Em caso negativo, fixa-se a aplicação do procedimento comum.

A etapa seguinte é a identificação, dentro do procedimento comum, do rito aplicável. Há três ritos *comuns* possíveis, com *diferentes graus de complexidade*: *ordinário*, *sumário* e *sumaríssimo*. O critério legal de fixação do rito é a gravidade abstrata da infração penal (ou das infrações penais) objeto da ação, o que se afere pela pena máxima abstratamente cominada, conforme se aborda na Seção I, em seguida.

SEÇÃO I
Procedimento Comum

1. PROCEDIMENTO COMUM: ASPECTOS GERAIS

1.1. Procedimento Comum e Procedimento Especial

Como adiantado, o procedimento comum pode ser de rito ordinário, sumário ou sumaríssimo, em sequência progressiva quanto à simplificação formal e à celeridade. Os ritos ordinário e sumário do procedimento comum, ambos objeto de substancial reformulação operada pela Lei nº 11.719/2008, estão disciplinados: (i) o *procedimento comum ordinário*, nos artigos 396 a 404 do CPP; (ii) o *procedimento comum sumário*, nos artigos 531 a 538 do CPP. Já o (iii) *procedimento comum sumaríssimo (ou, na língua culta tradicional, sumariíssimo)* é objeto de disciplina na Lei nº 9.099/1995, por dizer respeito às infrações penais de menor potencial ofensivo, da competência dos juizados especiais criminais.

Algumas observações mostram-se importantes:

(a) O rito sumário integra o procedimento comum, por força do disposto no art. 394, § 1º, do CPP, *não* constituindo procedimento especial, apesar de sua disciplina, à luz da sistemática originária do Código de Processo Penal, constar do Capítulo V ("Do Processo Sumário") do Título II ("Dos Processos Especiais") do Livro II. Não pode haver dúvida a esse respeito, diante do § 1º acrescentado ao art. 394 pela Lei nº 11.719/2008: "O procedimento comum será ordinário, sumário e sumaríssimo".

(b) Pelas mesmas razões, o procedimento do júri, apesar de regulado no Capítulo II ("Do Procedimento relativo ao Processos da Competência do Tribunal do Júri") do Título I ("Do Processo Comum") do Livro II, constitui procedimento especial.

(c) Pelas mesmas razões, o procedimento sumaríssimo, conquanto disciplinado em lei especial (Lei nº 9.099/1995), constitui procedimento comum.

A sistemática adotada pela legislação de reforma (Lei nº 11.719/2008) é a mais adequada. Com efeito, o procedimento comum é aquele aplicável à generalidade das infrações penais, que não encerrem *natureza* ou *vinculação a regime constitucional* particular a que a lei reserve tratamento procedimental específico. A diferença entre os ritos justifica-se apenas em função da gravidade da pena cominada à infração penal, mas não em função de sua natureza e/ou em função do regime constitucional que se lhe deva vincular.

Nesse contexto, mesmo o procedimento sumaríssimo, reservado às infrações penais ditas de menor potencial ofensivo, é fixado para infrações menos graves em virtude da pena máxima a elas cominada (até 2 anos). Daí que também esse rito integre o procedimento comum.

Já o procedimento do júri, por exemplo, está reservado a infrações penais de natureza específica, vale dizer, os crimes dolosos contra a vida. Não se trata de particularização efetuada em função somente da pena máxima abstrata, mas da natureza e do regime constitucional associado à infração penal, que, por força de tais e quais características (especialmente a competência de julgamento do tribunal popular), reclama uma forma diversa da comum.

Assim sucede também no âmbito dos crimes de drogas (Lei nº 11.343/2006), em que a natureza da infração ditou a necessidade de uma disciplina específica.

Pode acontecer, por outro lado, de apenas o regime constitucional vinculado ao processo penal ensejar a especialidade do procedimento. É a hipótese do procedimento especial das ações penais de competência originária dos tribunais, objeto da Lei nº 8.038/1990, o qual se aplica a infrações penais em geral, quando imputadas a acusados com foro especial por prerrogativa de função.

1.2. Aplicabilidade Geral dos Ritos do Procedimento Comum

Conforme já terá ficado claro, a definição do rito aplicável dentro do procedimento comum depende da pena máxima privativa de liberdade cominada à infração objeto do processo: (i) se a pena máxima for igual ou superior a 4 (quatro) anos de pena privativa de liberdade (reclusão ou detenção), aplica-se o rito ordinário (art. 394, § 1º, I, do CPP); (ii) se a pena máxima for inferior a 4 (quatro) anos e superior a 2 (dois) anos de pena privativa de liberdade (reclusão ou detenção), aplica-se o rito sumário (art. 394, § 1º, II, do CPP); (iii) se a pena máxima for igual ou inferior a 2 (dois) anos de pena privativa de liberdade (reclusão, detenção ou prisão simples), hipótese das infrações penais de menor potencial ofensivo (art. 66, Lei nº 9.099/1995), aplica-se o procedimento comum sumaríssimo.

Na hipótese de *concurso de infrações penais*, as respectivas penas máximas devem ser somadas para fins de identificação do limite. A título de exemplo, se a ação penal tiver por hipótese acusatória a prática de homicídio culposo (art. 121, § 3º, CP) contra uma pessoa em concurso com lesão corporal culposa (art. 129, § 6º, CP) contra outra, o procedimento aplicável é o comum ordinário (3 anos da pena máxima do homicídio culposo + 1 ano da pena máxima da lesão corporal culposa = 4 anos), embora isoladamente ao homicídio culposo fosse aplicável o rito sumário e à lesão culposa o rito sumaríssimo.

De igual modo, se houver causa de aumento de pena imputada ao acusado, deve ser considerada na quantificação do limite máximo de pena, para fins de identificação do rito procedimental aplicável. Por exemplo, se a imputação for de lesão corporal culposa no trânsito (art. 303, *caput*, Lei nº 9.503/1997), mas com a causa de aumento de pena (1/3) da omissão de socorro (art. 303, parágrafo único, Lei nº 9.503/1997), o procedimento aplicável é o sumário (2 anos da pena máxima da lesão corporal + 1/3 da causa de aumento da omissão de socorro = 2 anos e 4 meses), e não o sumaríssimo, que seria o aplicável isoladamente à lesão corporal em sua forma simples (sem imputação de circunstância majorante).

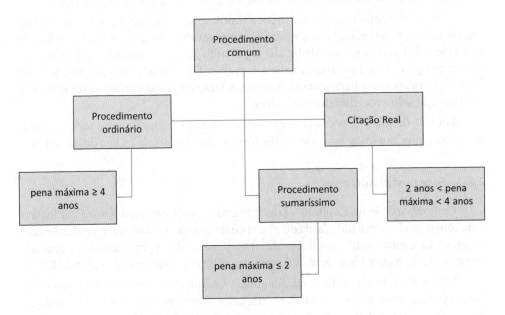

2. PROCEDIMENTO COMUM ORDINÁRIO

2.1. Aplicabilidade

De acordo com o regime inaugurado pela Lei nº 11.719/2008, aplica-se o procedimento comum ordinário ao processo que tenha por objeto infração penal com pena máxima cominada igual ou superior a 4 (quatro) anos de privação de liberdade (reclusão ou detenção), nos termos do art. 394, § 1º, I, do Código de Processo Penal.

Mais propriamente, o procedimento comum ordinário é aplicável ao processo cuja hipótese acusatória vincule-se a pretensão punitiva em montante máximo igual ou superior a 4 (quatro) anos de pena privativa de liberdade. Assim, ainda que a infração isoladamente tenha pena máxima inferior a 4 (quatro) anos, se a imputação de uma pluralidade de crimes, ou de causa(s) de aumento de pena de um crime isolado, elevar o patamar máximo da pretensão de punir do acusador a nível igual ou superior a 4 (quatro) anos, aplica-se o procedimento comum ordinário.

2.2. Características e Etapas Procedimentais

2.2.1. Características

Fixada a aplicabilidade, cumpre agora examinar as características do procedimento ordinário. Nesse contexto, importa observar que, com a reforma introduzida pela Lei n° 11.719/2008, os *princípios da concentração e da oralidade* foram consagrados inclusive no âmbito do procedimento comum ordinário. De toda sorte, persiste nesse rito a possibilidade excepcional de atos mais complexos como a realização de diligências complementares e o oferecimento de alegações finais na forma de memoriais.

O procedimento comum ordinário, assim, ainda representa o rito de maior complexidade, elaboração e completude. Por isso mesmo, reserva-se ao rito ordinário aplicação subsidiária em caso de lacuna legal tanto na esfera dos ritos sumário e sumaríssimo quanto na dos procedimentos especiais. É o que dispõe o art. 394, § 5°, do CPP: "Aplicam-se subsidiariamente aos procedimentos especial, sumário e sumaríssimo as disposições do procedimento ordinário".

Pode-se dividir o procedimento comum ordinário, como de resto todo procedimento, em três eixos ou fases: a fase postulatória, a fase instrutória e a fase de julgamento.

2.2.2. Fase postulatória

Como abordado no Capítulo VI deste Curso, o processo penal tem-se por instaurado com o recebimento judicial da denúncia ou da queixa, fundado no reconhecimento da presença concreta das condições da ação penal e dos pressupostos processuais, assim como da regularidade formal da peça acusatória (requisitos do art. 41 do CPP)[5].

Oferecida a inicial acusatória (denúncia ou queixa), o juiz poderá recebê-la, instaurando assim o processo penal, ou rejeitá-la liminarmente, se presente qualquer das causas do art. 395 do CPP (inépcia da inicial, falta de pressuposto processual ou condição para o exercício da ação penal, falta de justa causa).

A decisão de rejeição liminar desafia recurso em sentido estrito para o acusador, nos termos do art. 581, I, do CPP, conforme se detalha no Capítulo XIX deste Curso.

a) recebimento da inicial acusatória

O *recebimento da inicial acusatória* está disciplinado no art. 396, *caput*, do CPP: "Nos procedimentos ordinários e sumário, oferecida a denúncia ou queixa, o juiz, se não a rejeitar liminarmente, recebê-la-á e ordenará a citação do acusado para responder à acusação, por escrito, no prazo de 10 (dez) dias".

Quanto ao recebimento da inicial, discute-se, como já abordado no Capítulo VI, sobre a necessidade ou não de motivação e fundamentação. Entendemos que, como

---

5.   Ressalva-se a corrente contrária no sentido de que o mero oferecimento da denúncia ou da queixa já instaura o processo. Assim, por todos: Nucci, Guilherme de Souza. *Manual de Processo Penal e Execução Penal*. Rio de Janeiro: Forense, 2014.

ato jurisdicional decisório, o recebimento da inicial reclama a devida motivação, nos termos do art. 93, IX, da Constituição da República. Não é essa, entretanto, a posição do Supremo Tribunal Federal, que considera esse ato desvestido de matiz decisório, não havendo necessidade de fundamentação. Para maiores detalhes quanto ao tema, remete-se o leitor ao Capítulo VI deste Curso.

b) citação do acusado, resposta à acusação e exceções (incidentes processuais)

A primeira etapa processual do procedimento comum ordinário é, portanto, o recebimento da inicial, seguido da citação do acusado para *resposta à acusação*, no prazo de 10 (dez) dias. O regime anterior à Lei nº 11.719/2008 previa a citação para audiência de interrogatório, abrindo-se ali o prazo de 5 (cinco) dias para *defesa prévia*. O regime atual aproxima o processo penal à técnica procedimental própria do direito processual civil brasileiro, que igualmente contempla a citação para resposta escrita do réu à ação (art. 335, *caput*, III, CPC/2015).

Sobre essa defesa inicial, a denominação legal, como destacado, é a de *resposta à acusação*, que nos parece adequada. Não há impropriedade, no entanto, em designá-la por *defesa prévia*, como no regime anterior à Lei nº 11.719/2008, mas é preciso compreender que desde a reforma ocorreu significativa mudança de feição e de abrangência desse ato processual.

Em todo caso, não recomendamos as designações "resposta preliminar", "manifestação preliminar" e "defesa preliminar", que podem gerar confusão relativamente à defesa ou resposta, prevista em alguns procedimentos, que é oportunizada ao denunciado ou querelado antes do juízo de admissibilidade da inicial, vale dizer, antes do recebimento ou rejeição liminar da peça acusatória, como acontece, por exemplo, no procedimento relativo aos crimes funcionais, objeto do art. 514 do CPP, e no procedimento das ações penais da competência originária dos tribunais, objeto da Lei nº 8.038/1990.

Deve ser enfatizado que a *resposta à acusação*, contemplada no art. 396, *caput*, do CPP, é *ato posterior ao recebimento da denúncia*. No procedimento comum ordinário, não há oportunidade de manifestação do denunciado ou do querelado antes do recebimento judicial da denúncia ou da queixa. Com a citação, uma vez instaurado o processo, oportuniza-se ao acusado a primeira manifestação, nos moldes dos artigos 396 e 396-A do CPP.

A respeito da mudança de feição e de abrangência, *a antiga defesa prévia*: (a) Destinava-se essencialmente à indicação das testemunhas numerárias (limite legal máximo de oito testemunhas) do acusado, assim como à especificação de outros meios de prova, e à arguição de questões preliminares (inépcia, falta de condição da ação penal ou de pressuposto processual etc.), embora pudessem sempre ser suscitadas questões de mérito e apresentados documentos; (b) Era peça dispensável, operando-se a preclusão temporal na hipótese de inércia do acusado em apresentá-la no prazo legal.

Por seu turno, a nova *resposta à acusação*:

(a) Destina-se à arguição de preliminares, à alegação de tudo o que interesse à defesa, ao oferecimento de documentos e justificações, à especificação de provas pretendidas e à indicação de 8 (oito) testemunhas numerárias (limite máximo legal para o procedimento ordinário), conforme o art. 396-A, *caput*, do CPP.

Há que se destacar, nesse ponto, a oportunidade de alegação de causas de absolvição sumária (art. 397, CPP), que, se for o caso, deverão ser apreciadas pelo juiz na etapa procedimental seguinte. Trata-se de relevante novidade introduzida pela Lei nº 11.719/2008, pela qual se possibilita o julgamento antecipado do processo penal em favor do acusado, com juízo absolutório, se incidente qualquer das causas legais (art. 397, CPP), que serão oportunamente examinadas.

(b) Até mesmo por conta dessa abrangência, é *peça essencial de defesa*. Assim, na hipótese de inércia do acusado em constituir advogado para apresentar a resposta à acusação ou em caso de inércia do defensor constituído quanto ao mesmo fim, deverá o juiz nomear defensor (dativo), a quem se devolve o prazo de 10 (dez) dias para oferecer a peça defensiva, tudo de acordo com o art. 396-A, § 2º, do CPP: "Não apresentada a resposta no prazo legal, ou se o acusado, citado, não constituir defensor, o juiz nomeará defensor para oferecê-la, concedendo-lhe vista dos autos por 10 (dez) dias".

A falta de apresentação da nova resposta à acusação compreende-se como falta de defesa técnica, o que é causa de nulidade absoluta (Súmula nº 523, STF).

Ademais, a gama de matérias suscitáveis na resposta ampliou-se, comportando agora a arguição de causas de absolvição sumária (art. 397, CPP), que não existiam no regime anterior à Lei nº 11.719/2008.

Há algo, porém, que não mudou: a resposta à acusação continua peça inapropriada para incursões no mérito probatório da causa. Não há, por óbvio, impedimento invariável de que o acusado realize, na oportunidade, ampla discussão do mérito, mas essa etapa procedimental é para tanto estrategicamente inadequada, por ser anterior à fase de instrução, não havendo motivo para a antecipação de teses de defesa respeitantes ao objeto da prova – o que poderá até ser bastante prejudicial ao acusado.

Enfatize-se, de todo modo, que mesmo a essencialidade da resposta à acusação não impõe à defesa a discussão do mérito da causa. A efetividade da defesa técnica neste momento diz respeito à aprofundada discussão de questões preliminares e de causas de absolvição sumária, assim como à especificação de provas para a fase instrutória (perícias, testemunhas etc.).

Nesse sentido, se não houver a viabilidade de arguição de causas assim (questões preliminares, questões prejudiciais, causas de absolvição sumária), a resposta pode sim ser uma peça estrategicamente sucinta, que se limita à indicação de testemunhas, para que não haja antecipação de teses defensivas quanto ao mérito da causa, objeto da prova.

Não se deve identificar aí ausência ou deficiência de defesa técnica. Nesse particular, a resposta à acusação assemelha-se à antiga defesa prévia, bem conhecida como peça sucinta de mera indicação de testemunhas e de declaração genérica de inocência quanto ao mérito.

Cap. XVII · PROCEDIMENTOS PENAIS   1065

A respeito da indicação de testemunhas, deve-se destacar que o limite legal de testemunhas numerárias para cada parte, no procedimento comum ordinário, é de 8 (oito) testemunhas compromissadas, conforme o art. 401, *caput*, do CPP.

Assim, em se tratando de procedimento comum ordinário, o acusador na inicial (denúncia ou queixa) e o acusado na resposta à acusação podem cada qual arrolar até 8 (oito) testemunhas numerárias – excluídas desse limite as que não prestam compromisso (art. 401, § 1°, CPP) –, sob pena de preclusão temporal.

Trata-se aqui apenas de testemunhas numerárias, ou seja, aquelas que podem ser indicadas pela parte em uma dada oportunidade processual (inicial, resposta à acusação), dentro de um limite legalmente fixado de acordo com o procedimento aplicável. As testemunhas referidas não se incluem, por conseguinte, nesse cômputo (art. 401, § 1°, CPP).

Duas observações mostram-se ainda importantes sobre o ponto examinado, uma acerca da citação e da abertura da oportunidade para a resposta à acusação, outra a respeito do termo inicial do prazo.

Em primeiro lugar, a oportunidade para a resposta à ação penal só se efetivará nas seguintes hipóteses: (a) citação pessoal por mandado; (b) citação por hora certa; (c) citação por edital, *desde que haja comparecimento pessoal do acusado ou de defensor constituído*, conforme o art. 396, parágrafo único, do CPP: "No caso de citação por edital, o prazo para a defesa começará a fluir a partir do comparecimento pessoal do acusado ou do defensor constituído".

Na hipótese de citação por edital em que o acusado nem comparece nem constitui advogado, deverá o juiz suspender o processo e o curso do prazo prescricional, podendo determinar desde logo a produção de provas consideradas urgentes e relevantes e, se presentes os requisitos legais próprios (artigos 312 e 313, CPP), decretar prisão preventiva, nos termos do art. 366 do CPP.

Nesse caso, portanto, não há abertura do prazo para resposta à acusação, devendo o processo ficar suspenso até que o acusado compareça ou seja encontrado. Recorde-se que o prazo prescricional ficará suspenso pelo tempo correspondente à prescrição abstrata da pretensão punitiva no que respeita ao(s) crime(s) objeto da ação, voltando a correr após o transcurso desse lapso temporal. Para maiores detalhes a esse respeito, remete-se o leitor ao Capítulo XV deste Curso, reservado aos atos de comunicação processual.

A outra anunciada observação diz respeito ao termo inicial do prazo de 10 (dez) dias para resposta à acusação. Diversamente do que sucede no direito processual civil (vide art. 231, II, CPC/2015), os prazos processuais penais computam-se a partir da ciência, e não a partir da juntada do mandado aos autos. Assim, o termo inicial do prazo do art. 396, *caput*, do CPP é a ciência certificada pelo oficial de justiça no mandado de citação, independentemente da data em que este venha a ser juntado aos autos processuais. Aplica-se, na espécie, o disposto no art. 798, § 1°, *a*, do CPP, assim como, em particular, o enunciado da Súmula n° 710 do STF: "No processo penal, contam-se os prazos da data da intimação, e não da juntada aos autos do mandado ou da carta precatória ou de ordem".

Mas a resposta à acusação não é a única defesa inicial que o acusado pode apresentar no prazo de 10 (dez) dias a partir da citação. Poderá o acusado, se for o caso, apresentar qualquer das *exceções* legais, a saber: *exceção de incompetência* (para arguição de incompetência relativa do juízo), *exceção de suspeição, de impedimento ou incompatibilidade, exceção de litispendência, exceção de coisa julgada.*

Em princípio, essa é a oportunidade própria para o oferecimento de exceção, embora, pela matéria objeto do incidente, possa haver posterior alegação, por outro meio, em se tratando de questão cognoscível de ofício (como, por exemplo, a litispendência e a coisa julgada). Se apresentada exceção, "será processada em apartado, nos termos dos arts. 95 a 112 deste Código", conforme dispõe o art. 396-A, § 1º, do CPP.

Duas, portanto, são as manifestações possíveis do acusado no prazo de 10 (dez) dias a partir da citação: *resposta à acusação* (artigos 396 e 396-A, *caput* e § 2º, CPP) e *exceção* (art. 396-A, § 1º, CPP). Não há no processo penal, naturalmente, a *reconvenção*, própria do direito processual civil, nem mesmo na esfera da ação penal de iniciativa privada.

Até aqui, dá-se a seguinte sequência procedimental: (i) recebimento da inicial acusatória >> (ii) citação do acusado >> (iii) resposta à acusação (essencial) e exceção (eventual).

c) intimação do acusador para réplica

A etapa seguinte, apesar da ausência de previsão legal específica, é a intimação da parte acusadora para *manifestação* sobre preliminares e causas de absolvição sumária arguidas e sobre documentos oferecidos pelo acusado na resposta à acusação. Cuida-se de algo equivalente a uma *réplica*, necessária sempre que haja alegação de preliminares ou de causas de absolvição sumária, ou a juntada de documentos na oportunidade da resposta à acusação.

Especialmente no primeiro ponto, a arguição de preliminares e/ou causas de absolvição sumária gera a potencialidade imediata de rejeição liminar da inicial (art. 395, CPP) e de julgamento antecipado do processo penal em favor do acusado (art. 397, CPP).

Deve, portanto, ser observado o contraditório, com a devida intimação do acusador, que não pode ser surpreendido por provimento em seu desfavor sem a oportunidade de prévia manifestação.

Não existe previsão a esse respeito para o procedimento ordinário, nem para o sumário. Contempla-se a oportunidade de réplica do acusador, entretanto, no âmbito da primeira fase do procedimento especial do júri, conforme dispõe o art. 409 do CPP: "Apresentada a defesa, o juiz ouvirá o Ministério Público ou o querelante sobre preliminares e documentos, em 5 (cinco) dias".

Embora o dispositivo diga respeito a procedimento especial, não sendo por isso invocável a subsidiariedade, entendemos que se deve aplicá-lo por analogia, para o devido resguardo do princípio do contraditório.

Assim, no procedimento ordinário, tem-se que, após a apresentação da resposta à acusação em que tenham sido suscitadas questões preliminares ou causas de absolvição sumária e/ou juntados documentos, deverá o juiz intimar a parte acusadora (Ministério Público ou querelante) para manifestação ou réplica, no prazo de 5 (cinco) dias.

d) juízo de ratificação do recebimento da inicial: ratificação, rejeição liminar, extinção do processo, suspensão do processo, declinação de competência ou absolvição sumária

A etapa seguinte é a que designamos por *juízo de ratificação do recebimento da inicial acusatória.* Tome-se como referência, nesse particular, a norma do art. 399, *caput,* do CPP: "*Recebida a denúncia ou queixa,* o juiz designará dia e hora para a audiência, ordenando a intimação do acusado, de seu defensor, do Ministério Público e, se for o caso, do querelante e do assistente".

À primeira vista, o dispositivo poderia sugerir que só nesse momento, após a resposta do acusado, haveria recebimento da denúncia. Há inclusive orientação doutrinária nesse sentido, embora francamente minoritária. Não é assim, porém. O recebimento da inicial dá-se após o oferecimento (ajuizamento) e antes da citação do acusado, conforme enunciado claramente no art. 396, *caput,* do CPP: "*...o juiz, se não a rejeitar liminarmente, recebê-la-á e ordenará a citação do acusado...*"

Por outro lado, a expressão "recebida a denúncia ou queixa" do art. 399, *caput,* do CPP deve ser compreendida, a nosso juízo, não como um mero indicativo de que a inicial já foi recebida em momento anterior (a lei não emprega expressões inúteis), mas como estipulação legal de uma *oportunidade de ratificação ou não do recebimento da peça acusatória, antes que se inaugure a fase instrutória.*

Significa isso dizer que, após a resposta à acusação (e a eventual réplica do acusador), o juiz, de ofício ou a partir de provocação na resposta do acusado, examinará circunstâncias (questões preliminares e causas de absolvição sumária) relevantes para resolver se ratifica ou não o recebimento da peça acusatória, que foi realizado antes da manifestação defensiva.

Nessa oportunidade, poderá o juiz, alternativamente: **(i)** *ratificar o recebimento da inicial acusatória,* se verificar, mesmo após a resposta do acusado, a regularidade formal da peça e a presença efetiva de todos os pressupostos processuais e condições para o exercício da ação penal (art. 399, CPP); **(ii)** *rejeitar liminarmente a inicial,* se verificar a incidência de questão preliminar suscitada na resposta à acusação (inépcia ou falta de pressuposto processual ou de condição para o exercício da ação penal – art. 395, CPP), ou mesmo de ofício; **(iii)** *extinguir o processo com ou sem resolução do mérito,* nas hipóteses de extinção da punibilidade do acusado (extinção com resolução de mérito – art. 107, CP) ou de acolhimento de exceção peremptória (extinção sem resolução de mérito; por exemplo, exceção de litispendência ou de coisa julgada – aplicação subsidiária do art. 485, *caput,* V, CPC/2015); **(iv)** *suspender o processo,* na hipótese de acolhimento de questão prejudicial suscitada pelo acusado, ou mesmo de ofício (suspensão obrigatória ou facultativa – artigos 92 e 93, CPP) e na de acolhimento de exceção de suspeição, impedimento ou incompatibilidade; **(v)** *determinar a remessa* *dos autos ao juízo competente*, na hipótese de acolhimento de exceção de incompetência (art. 108, § 1°, CPP) ou de preliminar de incompetência absoluta; **(vi)** *absolver sumariamente o acusado*, se reconhecer a existência de qualquer das hipóteses previstas no art. 397, I, II e III, do CPP.

Na hipótese descrita em (i), há a *ratificação do recebimento da inicial*, inaugurando-se a partir daí a fase instrutória do procedimento, nos moldes do art. 399 do CPP, sendo isso o que se deve entender, segundo nos parece, pela expressão "recebida a denúncia ou queixa..."

Já nas hipóteses descritas de (ii) a (vi), não há ratificação do recebimento da inicial, mas, em vez disso, a adoção da providência apontada em cada número. Não concebemos outra sistemática, de vez que a própria lei processual penal (art. 399, CPP) contempla a ratificação do recebimento da inicial seguida imediatamente da designação de audiência de instrução e julgamento, havendo assim uma imbricação lógica entre as duas providências.

Assim, se por qualquer dos motivos indicados em (ii) até (vi), não houver inauguração da fase instrutória, tampouco terá previamente ocorrido a ratificação, o que conduziria à designação de audiência em ato contínuo. Em vez disso, operou-se qualquer das providências acima especificadas (rejeição liminar, suspensão, absolvição sumária etc.), impeditivas da ratificação, compreendida esta como ato instaurador da fase instrutória do processo.

No sentido de que o juiz poderá, *em vez de ratificar,* (iii) ainda rejeitar liminarmente a inicial, com fundamento no art. 395 do CPP, cumpre referir os julgados do Tribunal Regional Federal da 4ª Região[6] e do Tribunal Regional Federal da 1ª Região[7] já citados no Capítulo VI deste Curso. Há ainda, em idêntica direção, o julgado da Sexta Turma do Superior Tribunal de Justiça proferido no RESP 1.318.180/DF[8].

---

6. TRF4, 7ª Turma, RSE 2009.71.02.000450-0, Rel. Des. TAADAQUI HIROSE, julgamento em 26.05.2009, DJ de 08.07.2009: "Nessa linha, a partir das alterações produzidas pela aludida Lei [Lei 11.719/2008], após o oferecimento da peça acusatória, não sendo caso de rejeição liminar (art. 395), cabe ao juiz propiciar a apresentação de resposta por escrito, oportunidade em que o denunciado poderá alegar tudo o que interesse à sua defesa (art. 396 e 396-A). Dessa forma, os fatos narrados na peça incoativa passam a ser examinados em cotejo com os argumentos apontados pela defesa (art. 396) para, somente assim, sob os auspícios do contraditório e da ampla defesa, aferir o julgador se, efetivamente, há justa causa para a ação penal, iniciando-a, se for o caso, com o recebimento da denúncia *[em verdade, a nosso juízo, ratificação do recebimento da denúncia]* (...) Portanto, não há mácula na decisão que, após a apresentação das respostas preliminares, realiza novo juízo de prelibação para, revendo decisão anterior, concluir pela ausência de justa causa ao exercício da ação penal. Até porque, inexiste utilidade no prosseguimento do feito quando não evidenciado um suporte probatório mínimo acerca da autoria e da materialidade..."

7. TRF1, 3ª Turma, Rel. Des. TOURINHO NETO, julgamento em 15.02.2011, DJ de 28.02.2011: "A Lei 11.719/08 inovou no processo penal ao introduzir a possibilidade de absolvição sumária do réu. Em sendo assim, tornou-se perfeitamente factível que o Juiz reveja a decisão pela qual recebeu a denúncia, para rejeitá-la em seguida, quando sua convicção é modificada por algum elemento trazido pela defesa em sua resposta escrita".

8. STJ, 6ª Turma, RESP 1.318.180/DF, Rel. Min. SEBASTIÃO REIS JÚNIOR, julgamento em 16.05.2013, DJ de 29.05.2013: "1. O fato de a denúncia já ter sido recebida não impede o Juízo de primeiro grau de, logo após o oferecimento da resposta do acusado, prevista nos arts. 396 e 396-A do Código de Processo Penal, reconsiderar a anterior decisão e rejeitar a peça acusatória, ao constatar a presença de uma

e) absolvição sumária

Detenhamo-nos agora na última alternativa antes discriminada, qual seja, o *exame judicial sobre causas de absolvição sumária*. Nesse momento, deverá o juiz verificar se há ou não hipótese de julgamento antecipado do processo penal, com a absolvição do acusado.

Com o advento da Lei nº 11.719/2008, a lei processual penal passou a contemplar causas de absolvição antecipada no procedimento comum[9], quando puder ser constatada de plano a inviabilidade da hipótese acusatória. Trata-se de opção salutar. Não há sentido em que o acusado fique sujeito ao fardo e estigma do processo penal e ao desgaste próprio da instrução se sua inocência já pode ser verificada de plano. Por outro lado, não faz sentido que a máquina judiciária se movimente inutilmente, quando haja a possibilidade de julgamento antecipado.

As hipóteses estão discriminadas no art. 397 do CPP: (i) a existência manifesta de *causa excludente da ilicitude do fato* (inciso I); (ii) a existência manifesta de *causa excludente da culpabilidade do agente*, salvo a inimputabilidade (inciso II); (iii) a manifesta *atipicidade penal em tese* do fato (inciso III); (iv) a *extinção da punibilidade* (inciso IV).

Como se abordou no Capítulo XVI, reservado à sentença penal, a *absolvição* supõe juízo sobre o mérito em sentido estrito, vale dizer, o mérito da causa (*meritum causae*), com o efeito de declaração de inocência do acusado (mesmo que seja por insuficiência de provas). Por essa razão, revela-se imprópria a previsão legislativa da *extinção da punibilidade* como causa de absolvição sumária (art. 397, IV, CPP).

Na verdade, trata-se não só de uma impropriedade, mas de uma impropriedade injustificável, eis que a extinção da punibilidade constitui matéria de ordem pública e, como tal, cognoscível em qualquer tempo (art. 61, *caput*, CPP), não havendo razão para fixá-la como hipótese de absolvição antecipada em um momento processual determinado (após a resposta do acusado, conforme o art. 397, *caput*, do CPP). De toda sorte, é preciso fixar a interpretação adequada a tal previsão legal, em prestígio à sistematicidade e à coerência do ordenamento jurídico.

A nosso juízo, a extinção da punibilidade, tal qual prevista no art. 397, IV, do CPP, funciona como indicativo de que o juiz deverá examinar as hipóteses do art. 107 do Código Penal (causas de extinção da punibilidade) em um contexto de julgamento antecipado do processo penal. É tecnicamente impróprio pensar que o juiz declara a extinção da punibilidade, absolvendo sumariamente o acusado, pois na decisão de extinção da punibilidade o que há é extinção do processo com resolução de mérito em

---

das hipóteses elencadas nos incisos do art. 395 do Código de Processo Penal, suscitada pela defesa. 2. As matérias numeradas no art. 395 do Código de Processo Penal dizem respeito a condições da ação e pressupostos processuais, cuja aferição não está sujeita à preclusão (art. 267, § 3º, do CPC, c/c o art. 3º do CPP). 3. Hipótese concreta em que, após o recebimento da denúncia, o Juízo de primeiro grau, ao analisar a resposta preliminar do acusado, reconheceu a ausência de justa causa para a ação penal, em razão da ilicitude da prova que lhe dera suporte".

9. Antes das reformas de 2008, a absolvição antecipada só estava prevista ao final da fase instrutória do procedimento do júri, algo que, aliás, persiste até o presente, mas com causas específicas (art. 415, CPP).

sentido amplo, e não do mérito estrito da causa, como ocorre em qualquer hipótese de efetiva absolvição.

O que se está a indicar é que o juiz, "após o cumprimento do disposto no art. 396-A, e parágrafos, deste Código", deverá *em julgamento antecipado* (e não como absolvição sumária) extinguir a punibilidade do acusado, desde que identifique qualquer das causas do art. 107 do Código Penal (por exemplo, prescrição, *abolitio criminis* etc.). Estamos conscientes de que a interpretação literal deve ser, na espécie, superada por uma interpretação sistemática, para que se confira harmonia e coerência a um sistema tão combalido por tantas impropriedades técnicas pontuais que, se levadas ao pé da letra, acabariam por desvirtuá-lo.

Em coerência com essas noções, dizemos que, na hipótese de prescrição (por exemplo – art. 107, IV, CP), deverá o juiz declarar a extinção da punibilidade, e não absolver sumariamente o acusado. Aliás, se verificar isso em qualquer fase do processo, deverá o juiz assim proceder. Não faz sentido que o juiz, *apenas* na etapa do art. 397 do CPP, absolva sumariamente o acusado com base na extinção da punibilidade, mas que em qualquer outra fase do processo somente declare a extinção da punibilidade.

Em todo caso, não recusamos uma *equiparação normativa da absolvição à extinção da punibilidade, para efeitos penais*, como algo que emana da norma do art. 397, IV, do CPP.

Esclarecido esse ponto, cumpre brevemente analisar cada uma das efetivas hipóteses de absolvição sumária, quais sejam, as contempladas nos incisos I, II e III do art. 397 do CPP.

O inciso I refere-se à *existência manifesta de causa de exclusão da ilicitude ou antijuricidade*, também conhecida como *causa de justificação*. Incluem-se aqui: as causas gerais, a saber, a legítima defesa, o estado de necessidade, o estrito cumprimento do dever legal e o exercício regular de direito; e as causas especiais de exclusão da ilicitude, previstas com relação a um crime (ou uma classe de crimes) em particular.

A presença da causa deve ser manifesta e inequívoca, independente de qualquer necessidade de dilação probatória. Se houver dúvida, o juiz deverá reservar a apreciação à fase de julgamento, após as alegações finais das partes, com base na prova coligida aos autos processuais.

A mesma lógica rege a causa do inciso II, qual seja, a existência manifesta de *causa de exclusão da culpabilidade*, também conhecida como *causa exculpante*. Incluem-se aqui: as causas gerais, isto é, a coação moral irresistível, a obediência hierárquica, o erro de proibição inevitável, a inexigibilidade de conduta diversa; e também causas especiais de "isenção de pena" previstas com pertinência a um crime (ou a uma classe de crimes) particular.

No âmbito da exclusão da culpabilidade como hipótese de absolvição antecipada, deve-se reservar atenção especial à inimputabilidade. É que, nos termos do art. 397, II, o juiz deverá absolver sumariamente o acusado se verificar a existência manifesta de causa exculpante, "salvo inimputabilidade".

Sabe-se que, ao final do processo, se o juiz verificar a inimputabilidade, deverá absolver o acusado, mas aplicar medida de segurança, no que se convencionou chamar *sentença absolutória imprópria*, que tem fundamento no art. 386, parágrafo único, III, do CPP. A aplicação de medida de segurança representa restrição relevante à esfera individual do sujeito, embora sem natureza punitiva. A lei (art. 397, II, CPP) ressalva a inimputabilidade como motivo de absolvição antecipada ante a possibilidade de, depois da instrução, vir a ser reconhecida causa mais favorável ao sujeito – por exemplo, a ausência de provas –, a ensejar a absolvição *própria*, sem medida de segurança.

Por isso, mesmo que o juiz verifique de plano a inimputabilidade no momento da prática do fato, deverá oportunizar ao sujeito a possibilidade de uma absolvição própria (fundada em qualquer das hipóteses dos incisos I a IV do art. 386 do CPP), sem a aplicação de medida de segurança, o que obviamente será mais favorável ao acusado.

Ora, mas isso só tem sentido se houver outra tese de defesa diferente da inimputabilidade, ou se a defesa não houver antecipado qualquer tese de mérito. Nesses casos, haverá a potencialidade efetiva de absolvição própria. Se, entretanto, o único e exclusivo argumento da defesa for a inimputabilidade, não há motivo para que o juiz deixe de declarar, de imediato, a absolvição. Nesse sentido, a propósito, é o regime aplicável ao procedimento do júri, a teor do art. 415, parágrafo único, parte final, do CPP: "Não se aplica o disposto no inciso IV do *caput* deste artigo ao caso de inimputabilidade prevista no *caput* do art. 26 do Decreto-lei n. 2.848, de 7 de dezembro de 1940 – Código Penal, *salvo quando esta for a única tese de defesa*" (destacamos). Deve ser esse o regime a aplicar também ao procedimento comum, a nosso juízo.

Registre-se que as causas de inimputabilidade consideráveis nessa esfera são: por doença mental ou desenvolvimento mental incompleto ou retardado; por embriaguez involuntária, resultante de caso fortuito ou força maior. Não se cogita, na espécie, da inimputabilidade do menor de 18 (dezoito) anos, eis que nesse caso há sujeição do caso ao regime disciplinado no Estatuto da Criança e do Adolescente, e não ao do processo penal comum, ora abordado.

Por fim, no inciso III do art. 397 há a previsão da atipicidade penal manifesta do fato como causa de absolvição sumária, dispondo-se que o juiz absolverá sumariamente o acusado quando verificar "que o fato narrado evidentemente não constitui crime".

A rigor, do que se trata é de *atipicidade penal em tese da hipótese de acusação*. Significa dizer que a hipótese de acusação, em seus limites objetivos, tais quais deduzidos na inicial acusatória, não constitui crime nem mesmo em tese, isto é, não corresponde a qualquer tipo de injusto criminal.

Se a própria hipótese em si é penalmente atípica, não há sentido em que o processo siga para a fase de instrução, de modo que se verifique ou não a existência do fato alegado. Com efeito, mesmo provada a hipótese (materialidade do fato e autoria do acusado), não há possibilidade de condenação. Essa causa confunde-se com a impossibilidade normativa, vale dizer, a inviabilidade hipotética da causa de pedir, e consequentemente do próprio pedido, tomados em tese, frente ao ordenamento jurídico.

Nesse particular, o exame judicial recai mesmo *sobre a hipótese* ou, em outros termos, sobre o fato hipotético, à vista dos limites objetivos da acusação. Cuida-se de hipótese algo diversa, portanto, da hipótese de absolvição final contemplada no art. 386, III ("não constituir o fato infração penal"), do CPP, pois nesta última etapa já terá o juiz condições de aferir, pela análise da prova, a existência do fato objeto da acusação. Claro que, mesmo como absolvição final, poderá o juiz tomar por base só a hipótese, mas neste caso teríamos uma situação em que a inviabilidade da acusação já deveria ter sido reconhecida antes mesmo do início da fase instrutória, e prejudicialmente a ela.

Ainda que incidente sobre a mera hipótese de acusação, o juízo de atipicidade constitui juízo de mérito, e a absolvição sumária sob esse fundamento, uma vez tornada definitiva, faz coisa julgada material. Nosso sistema processual penal abraçou a corrente de que a impossibilidade jurídica caracterizada pela atipicidade penal do fato constitui questão de mérito. A mesma lógica foi acolhida no Novo Código de Processo Civil (2015), em linha diversa daquela do CPC de 1973, que contemplava a impossibilidade jurídica como hipótese de carência de ação, ensejando a extinção do processo sem resolução do mérito.

Acerca do processo penal, já se tem reconhecido amplamente (inclusive a jurisprudência do STF) que a atipicidade penal em tese é questão de mérito, revelando-se de mérito e com eficácia de coisa julgada material a decisão que a reconhece, seja qual for o momento. Assim, por exemplo, reputam-se de mérito a decisão de arquivamento do inquérito policial e a decisão de rejeição liminar da inicial fundadas na atipicidade penal da hipótese. Para mais detalhes a respeito, remete-se o leitor aos Capítulos V (procedimentos de investigação criminal – arquivamento) e VI (ação penal – condições essenciais da ação penal) deste Curso.

f) suspensão condicional do processo (art. 89, Lei nº 9.099/1995)

Caso ratificado o recebimento da inicial, abre-se a oportunidade para a designação de audiência de instrução e julgamento (art. 399, CPP). Entretanto, se houver proposta de suspensão condicional do processo (art. 89, Lei nº 9.099/1995), deverá o juiz designar audiência específica para esse fim, antes da fase instrutória. Em condições normais, a proposta de suspensão condicional do processo consta da própria inicial acusatória.

Deve-se cumprir, porém, antes do oferecimento do benefício ao acusado, a fase de admissibilidade da acusação: recebimento da inicial (art. 396, CPP) > resposta à acusação (art. 396-A, CPP) > ratificação do recebimento da inicial (art. 399, CPP), rejeição liminar (art. 395, CPP) ou absolvição sumária (art. 397, CPP).

Com efeito, não se pode negar ao acusado, antes de qualquer proposta de suspensão do processo, a oportunidade prévia de inadmissão da inicial ou de absolvição sumária. Apenas se ratificado o recebimento da inicial, portanto, abre-se a oportunidade para o oferecimento da proposta de suspensão do processo, o que deve ser cumprido em audiência específica.

A suspensão condiconal do processo aplica-se ao processo por crime cuja pena mínima não exceda a 1 (um) ano de privação de liberdade (requisito objetivo), "desde que o acusado não esteja sendo processado ou não tenha sido condenado por outro crime" (requisito subjetivo), "presentes os demais requisitos que autorizariam a suspensão condicional da penal (art. 77 do Código Penal)" (art. 89, *caput*, Lei nº 9.099/1995).

Esse paralelo com a suspensão condicional da pena conduz à designação frequente do instituto em foco como *sursis processual*.

Antes de tudo, advirta-se que o instituto da suspensão condicional do processo não é aplicável no domínio da ação penal de iniciativa privada, em função da existência, nessa órbita, de formas específicas de disponibilidade do direito de acusar. Assim entendeu a Primeira Turma do Supremo Tribunal Federal no HC 115.432/BA (STF, 1ª Turma, HC 115.432, Rel. Min. Rosa Weber, julgamento em 28.05.2013, DJ de 27.06.2013): "Não há falar em nulidade pela inobservância do art. 89 da Lei 9.099/95. Em ação penal privada, não há suspensão condicional do processo, uma vez previstos meios de encerramento da persecução criminal pela renúncia, decadência, reconciliação, perempção, perdão e retratação". No mesmo sentido: STF, 1ª Turma, HC 83.412/ GO, Rel. Min. Sepúlveda Pertence, julgamento em 03.08.2004, DJ de 01.10.2004.

Quanto à aplicabilidade na ação penal de iniciativa pública, assevere-se que deve ser considerada a integralidade da imputação e o limite potencial total de pena aplicável, para fins de verificação do requisito objetivo. Assim, se a soma das penas mínimas cominadas aos tipos penais imputados exceder o limite de 1 (um) ano, objeto do art. 89, *caput*, Lei nº 9.099/1995, não é cabível a suspensão condicional. Refletindo essa orientação, confira-se o enunciado da Súmula nº 723 do STF: "Não se admite a suspensão condicional do processo por crime continuado, se a soma da pena mínima da infração mais grave com o aumento mínimo de 1/6 (um sexto) for superior a 1 (um) ano".

Presentes os requisitos, deverá o Ministério Público ofertar a proposta. Caso não o faça mesmo assim, cabe ao órgão judiciário aplicar, por analogia, o art. 28 do CPP, devolvendo a apreciação da matéria à chefia do Ministério Público, a quem caberá a última palavra. Nesse sentido é o enunciado da Súmula nº 696 do STF: "Reunidos os pressupostos legais permissivos da suspensão condicional do processo, mas se recusando o Promotor de Justiça a propô-la, o Juiz, dissentindo, remeterá a questão ao Procurador-Geral, aplicando-se por analogia o art. 28 do Código de Processo Penal". Com isso, afasta-se a posição doutrinária no sentido de que a suspensão condicional seria direito subjetivo do imputado.

Na audiência específica, se aceita a proposta pelo acusado, o processo será suspenso pelo de prazo de 2 (dois) a 4 (quatro) anos, na forma do art. 89, *caput*, da Lei nº 9.099/1995:

(a) O tempo de suspensão é um *período de prova*, durante o qual o acusado fica sujeito ao cumprimento de certas condições (art. 89, § 1º, Lei nº 9.099/1995): reparação do dano, salvo impossibilidade (inciso I); proibição de frequentar determinados lugares (inciso II); proibição de ausentar-se da circunscrição judiciária em que reside, sem autorização do juiz (inciso III); comparecimento pessoal e obrigatório em juízo, mensalmente, para informar e justificar atividades (inciso IV).

O juiz poderá especificar outras condições, em função de circunstâncias concretas, objetivas ou subjetivas (art. 89, § 2º, Lei nº 9.099/1995). Essas outras condições podem consistir inclusive em providências equivalentes a penas restritivas de direitos, como firmou a jurisprudência da Terceira Seção do Superior Tribunal de Justiça (STJ, 3ª Seção,

RESP 1.498.034, Rel. Min. Rogério Schietti Cruz, julgamento em 25.11.2015, DJ de 02.12.2015): "Não há óbice a que se estabeleçam, no prudente uso da faculdade judicial disposta no art. 89, § 2º, da Lei n. 9.099/1995, obrigações equivalentes, do ponto de vista prático, a sanções penais (tais como a prestação de serviços comunitários ou a prestação pecuniária), mas que, para os fins do sursis processual, se apresentam tão somente como condições para sua incidência. (...) A jurisprudência de ambas as Turmas do STJ e do STF é firme em assinalar que o § 2º do art. 89 da Lei n. 9.099/1995 não veda a imposição de outras condições, desde que adequadas ao fato e à situação pessoal do acusado."

Nesses aspectos já desponta o caráter de "despenalização" indireta próprio da suspensão condicional do processo. Como alternativa ao processo tradicional, admite-se que o imputado seja submetido a um "teste de comportamento", que, se cumprido a contento, acarretará a extinção da punibilidade (art. 89, § 5º, Lei nº 9.099/1995).

(b) A suspensão do processo implica também a do prazo prescricional da pretensão punitiva (art. 89, § 6º, Lei nº 9.099/1995).

(c) Se descumprida qualquer condição, ou na hipótese de superveniência de processo penal no curso do período de prova, revoga-se a suspensão (art. 89, §§ 3º e 4º, Lei nº 9.099/1995). Mesmo após o encerramento do período de prova, ainda é possível promover a revogação, se verificado que o imputado descumpriu condição do benefício no curso daquele tempo. Nesse sentido, refira-se o julgado da Terceira Seção do STJ no RESP 1.498.034/RS (STJ, 3ª Seção, RESP 1.498.034, Rel. Min. Rogério Schietti Cruz, julgamento em 25.11.2015, DJ de 02.12.2015): "Da exegese do § 4º do art. 89 da Lei n. 9.099/1995 ('a suspensão poderá ser revogada se o acusado vier a ser processado, no curso do prazo, por contravenção, ou descumprir qualquer outra condição imposta'), constata-se ser viável a revogação da suspensão condicional do processo ante o descumprimento, durante o período de prova, de condição imposta, mesmo após o fim do prazo legal."

(d) Cumpridas as condições no período de prova, extingue-se a punibilidade do acusado (art. 89, § 5º, Lei nº 9.099/1995).

Se recusada a proposta de suspensão condicional do processo, quando cabível e efetivamente oferecida pelo Ministério Público, aí sim designará o juiz a audiência de instrução e julgamento, conforme o disposto no art. 399 do CPP.

g) síntese da fase postulatória

Até aqui, tem-se esta sequência de atos processuais: **(i)** recebimento da inicial acusatória >> **(ii)** citação do acusado >> **(iii)** resposta à acusação (essencial) e exceção (eventual), em 10 (dez) dias >> **(iv)** manifestação/réplica do acusador, em 5 (cinco) dias >> **(v)** juízo de ratificação ou não do recebimento da inicial, o que pode acarretar, alternativamente: (a) ratificação do recebimento da inicial (art. 399, CPP); (b) rejeição liminar da inicial (art. 395, CPP); (c) absolvição sumária (art. 397, CPP); (d) extinção da punibilidade (art. 107, CP; art. 397, IV, CPP); (e) extinção do processo sem resolução do mérito; (f) suspensão do processo por questão prejudicial; (g) remessa dos autos ao juízo competente >> **(vi)** na hipótese (a), ratificação do recebimento da inicial e:

Cap. XVII · PROCEDIMENTOS PENAIS

(vi.1) designação de audiência específica para oferecimento de proposta de suspensão condicional do processo (art. 89, Lei nº 9.099/1995), se aplicável; *ou* (vi.2) designação de audiência de instrução e julgamento (art. 399, CPP).

Até o presente, a única característica diferenciadora do procedimento comum ordinário frente ao sumário é o limite de testemunhas numerárias indicadas na peça acusatória inicial e na resposta à acusação, qual seja, o de 8 (oito) testemunhas que prestam compromisso. Veremos que no procedimento sumário esse limite é de 5 (cinco) testemunhas.

2.2.3. Fase instrutória: audiência de instrução e julgamento

Prosseguindo, ingressa-se na *fase instrutória* do procedimento ordinário.

A audiência de instrução e julgamento, em inovação trazida pela Lei nº 11.719/2008, pretende-se *una*, tal qual configurada no art. 400, *caput*, do CPP: "Na audiência de instrução e julgamento, a ser realizada no prazo máximo de 60 (sessenta) dias, proceder-se-á à tomada de declarações do ofendido, à inquirição das testemunhas arroladas pela acusação e pela defesa, nesta ordem, ressalvado o disposto no art. 222 deste Código, bem como aos esclarecimentos dos peritos, às acareações e ao reconhecimento de pessoas e coisas, interrogando-se, em seguida, o acusado". E especialmente no art. 400, § 1º, do CPP: "*As provas serão produzidas numa só audiência*, podendo o juiz indeferir as consideradas irrelevantes, impertinentes ou protelatórias" (destacamos).

Para essa audiência deverão ser intimados (art. 399, *caput*, parte final, e § 1º, CPP): (a) o próprio acusado, que, se estiver preso, deverá ser requisitado para comparecer ao interrogatório, cabendo ao poder público providenciar sua apresentação (art. 399, § 1º, CPP); (b) o defensor constituído ou dativo; (c) na ação penal de iniciativa pública, o Ministério Público e o eventual assistente; (d) na ação penal de iniciativa privada, o querelante e o Ministério Público.

A *unidade* da audiência, declarada em especial no art. 400, § 1º, do CPP, compreende-se como unidade lógica e tipológica, enquanto *audiência de instrução e julgamento*. Naturalmente, se não for possível concluir a produção de prova na data designada para a audiência, esta continuará em outro dia. Do ponto de vista lógico, enquanto categoria jurídico-processual, a audiência é a mesma, mas continuará em outra data.

Pensar que a lei está prevendo a audiência em uma única data é conceber algo impossível do ponto de vista prático, considerando que cada uma das partes, no procedimento ordinário, pode indicar até 8 (oito) testemunhas. Se, por exemplo, houver dois acusados em um processo (para ficarmos em patamar baixo), há a potencialidade de inquirição de 32 (trinta e duas) testemunhas, se cada parte se valer do quantitativo máximo (o acusador pode indicar 16 testemunhas para cada acusado, e cada um deles 8 testemunhas). Sem falar da possibilidade de tomada de esclarecimento de peritos, acareações etc., e ainda dos dois interrogatórios. E isso só na etapa instrutória, pois seguidamente teremos, via de regra, debates orais e sentença, tudo em audiência.

Não se pode admitir que a lei esteja formatando, já no plano hipotético, algo inviável, por mais que haja em nosso sistema disposições assim. Em tais condições, o que se deve assimilar do dispositivo é uma unidade lógica, no sentido de que as provas se produzem em um mesmo tipo de audiência, cujo desenvolvimento poderá ocorrer, se for o caso, em diferentes datas.

A audiência deve ser designada pelo juiz no prazo de 60 (sessenta) dias (art. 400, *caput*, CPP), contados – a nosso juízo – da data da ratificação do recebimento da inicial (art. 399, CPP), o que é outra característica peculiar ao procedimento ordinário, já que no procedimento sumário esse prazo é de 30 (trinta) dias (art. 531, CPP).

Se é no momento da ratificação do recebimento da inicial (art. 399 – "recebida a denúncia ou queixa...") que o juiz designa a audiência, e se o art. 400, *caput*, fixa que esta deverá se realizar em 60 (sessenta) dias, parece-nos claro que o termo inicial do prazo é a ratificação do recebimento da inicial.

A respeito da instrução probatória, observa-se o seguinte:

(i) As testemunhas de acusação devem ser ouvidas antes das testemunhas de defesa. O art. 400, *caput*, do CPP fixa a inquirição das testemunhas de acusação e de defesa, *nesta ordem*. Ressalva-se, quanto à inversão da ordem de inquirição, apenas o disposto no art. 222 do CPP: testemunha ouvida por carta precatória.

Com efeito, se testemunha de defesa tiver de ser ouvida por carta precatória, faz-se possível que isso aconteça antes da inquirição das (ou de) testemunhas arroladas pela acusação perante o juízo da causa. Fora essa hipótese, a inversão arbitrária da ordem de inquirição caracteriza ofensa ao devido processo legal, à ampla defesa e ao contraditório, constituindo causa de nulidade, como tem sido amplamente reconhecido na jurisprudência, inclusive a do Supremo Tribunal Federal.

Apenas se observe, neste ponto, que há julgados recentes da Primeira Turma da Suprema Corte fixando que a hipótese é de *nulidade relativa*, cujo reconhecimento depende, portanto, de arguição oportuna e de demonstração do prejuízo. Nesse sentido, consulte-se: STF, 1ª Turma, HC 112.212/SP, Rel. Min. Luiz Fux, julgamento em 04.02.2014, DJ de 18.02.2014. Advirta-se, porém, que o caso apreciado nessa decisão dizia respeito à expedição de carta precatória, hipótese em que a própria lei processual penal permite a inversão (art. 400, *caput*, c/c art. 222, CPP)[10]. Por outro lado, garantindo a inquirição das testemunhas em primeiro lugar, eis o julgado do Plenário do STF no

---

10. Confira-se: "...2. In casu, a defesa sustenta que a oitiva de uma das testemunha de defesa antes da inquirição das testemunhas de acusação consubstanciaria causa de nulidade. Contudo, 'a inversão ocorreu em virtude da expedição de carta precatória para oitiva de testemunha residente em outra comarca, não gerando nenhum prejuízo para a paciente, notadamente porque a testemunha da defesa ouvida antes das de acusação (senhor Pedro Gonzalez) se identificou como ex-cunhado da ré e afirmou desconhecer totalmente os fatos descritos na denúncia. Em suma, seu depoimento foi totalmente irrelevante para o esclarecimento dos fatos'. 3. Destarte, o fato de uma testemunha da defesa ter sido inquirida antes da oitiva das testemunhas de acusação não implica, por si só, a nulidade do processo, dado que a inversão na ordem do depoimento das testemunhas somente geraria nulidade se demonstrado, de modo efetivo e concreto, o prejuízo (pas de nullité sans grief). Daí a aplicação do disposto no artigo 563 do Código de Processo Penal – 'Nenhum ato processual será declarado nulo, se da nulidade não tiver resultado prejuízo para uma das partes' –, porquanto a desobediência às formalidades estabelecidas pelo legislador somente deve conduzir ao reconhecimento da invalidade do ato quando a sua própria finalidade estiver comprometida por causa do vício (Grinover, Ada Pellegrini. As nulidades no processo penal, Editora Revista dos Tribunais, São Paulo, 2001, p. 28)".

HC 87.297/MT (STF, Tribunal Pleno, HC 87.297, Rel. Min. CEZAR PELUSO, julgamento em 03.05.2006, DJ de 10.08.2006): "AÇÃO PENAL. Originária. Prova. Testemunhas de acusação e da defesa. Ordem de inquirição. Audiência prévia das testemunhas da acusação. Aplicação do art. 396, caput, do CPP. Sob pena de nulidade do processo, as testemunhas da acusação devem ser ouvidas em primeiro lugar". Nesse julgado, de toda sorte, ficou afirmado, como se verifica no inteiro teor do respectivo acórdão, que a hipótese é de nulidade relativa.

A jurisprudência do Superior Tribunal de Justiça, por seu turno, inclina-se com uniformidade no sentido de configurar, a inversão da ordem legal de inquirição de testemunhas fora da hipótese do art. 222 do CPP, *nulidade relativa*. Nessa trilha, consulte-se o julgado da Sexta Turma no HC 159.885/SP (STJ, 6ª Turma, HC 159.885, Rel. Min. ROGÉRIO SCHIETTI CRUZ, julgamento em 21.06.2016, DJ de 01.07.2016): 2. Embora o art. 411 [correspondente no procedimento do júri, ao art. 400] do Código de Processo Penal haja estabelecido uma ordem de inquirição das testemunhas, 'a inversão da oitiva de testemunhas de acusação e defesa não configura nulidade quando a inquirição é feita por meio de carta precatória, cuja expedição não suspende a instrução criminal' (HC n. 160.794/RS, Rel. Ministro Jorge Mussi, 5ª T., DJe 4/5/2011). *Ainda que assim não fosse, a não observância dessa regra acarreta, no máximo, nulidade relativa, sendo necessária, também, a demonstração de efetivo prejuízo (pas de nullité sans grief), por se tratar de mera inversão.* 3. O uso das algemas em todo o processo foi devidamente fundamentado pelo Juiz, razão pela qual não há descumprimento da Súmula Vinculante n. 11 do STF" [destacamos]. Com o mesmo entendimento: STJ, 5ª Turma, HC 160.794/RS, Rel. Min. JORGE MUSSI, julgamento em 12.04.2011, DJ de 04.05.2011.

Pode-se afirmar, portanto, a posição da jurisprudência no sentido de que a inquirição de testemunha de defesa antes do encerramento da ouvida das testemunhas de acusação, fora da hipótese do art. 222 do CPP, constitui nulidade relativa, cognoscível quando haja oportuna demonstração de prejuízo à defesa.

Assim, suponha-se o caso em que o Ministério Público haja indicado 4 (quatro) testemunhas, das quais apenas 2 (duas) compareçam à audiência, na qual se fazem presentes 3 (três) testemunhas indicadas pela defesa. Nessa situação, caso o órgão do Ministério Público insista na inquirição das duas testemunhas ausentes, a audiência deverá ser suspensa, para continuar na data designada pelo juiz. Não poderá, na espécie, haver antecipação do depoimento das três testemunhas de defesa, para, em outra data, ouvir-se as testemunhas restantes arroladas pelo Ministério Público, o que significaria inversão da ordem fixada no art. 400, *caput*, do CPP. Caso operada a inversão, mesmo fora da hipótese do art. 222 do CPP, dá-se vício processual que, quando cause prejuízo à parte, oportunamente suscitado, impõe a invalidação do processo, segundo a orientação assentada na jurisprudência.

Não se confunda a hipótese cogitada com aquela, diversa, da inversão da ordem de participação dos sujeitos processuais na formulação de perguntas, objeto do art. 212 do CPP: "As perguntas serão formuladas pelas partes diretamente à testemunha, não admitindo o juiz aquelas que puderem induzir a resposta, não tiverem relação com a causa ou importarem na repetição de outra já respondida (*caput*). Sobre os pontos não esclarecidos, o juiz poderá completar a inquirição (parágrafo único)". Dessa norma se depreende esta sequência, quanto à inquirição: (i) parte que indicou a testemunha (exame direto); (ii) parte contrária (exame cruzado); (iii) juiz, a título suplementar.

Também aqui a inversão da ordem legal, quando, por exemplo, o juiz comece perguntando, é causa de nulidade relativa, com reconhecimento dependente da oportuna demonstração de prejuízo experimentado pela parte suscitante, segundo a jurisprudência do Supremo Tribunal Federal e a do Superior Tribunal de Justiça. Nessa direção, consulte-se, da Suprema Corte: STF, 2ª Turma, HC 114.789/SP, Rel. Min. ROBERTO BARROSO, julgamento em 19.08.2014, DJ de 30.09.2014; STF, 2ª Turma, HC 115.266/ES, Rel. Min. GILMAR MENDES, julgamento em 10.09.2013, DJ de 24.09.2013; STF, 2ª Turma, HC 112.212/SP, Rel. Min. RICARDO LEWANDOWSKI, julgamento em 18.08.2012, DJ de 03.10.2012. Da Corte Superior: STJ, 6ª Turma, HC 183.696/ES, Rel. Min. MARIA THEREZA DE ASSIS MOURA, julgamento em 14.02.2012, DJ de 27.02.2012[11].

(ii) Quanto à prova testemunhal, de acordo com o art. 401, § 2º, do CPP, qualquer das partes poderá desistir da inquirição da testemunha que tiver arrolado, ressalvado o disposto no art. 209 do CPP, que versa sobre a determinação judicial, *ex officio*, da inquirição de testemunhas (as chamadas testemunhas do juízo). Significa isso dizer que, mesmo havendo desistência pela parte que tiver arrolado a testemunha, o juiz, de ofício, poderá determinar a inquirição.

(iii) Ainda quanto à prova testemunhal, a Lei nº 11.719/2008 revogou a antiga disposição do art. 405 do CPP, que previa a possibilidade de substituição de testemunha pela parte, em caso de ausência da testemunha arrolada, no prazo de 3 (três) dias.

Mesmo à falta de disposição a esse respeito, entendemos cabível a substituição, desde que a parte indique a nova testemunha na própria audiência em que se der a ausência. Nesse particular, a substituição deve ser justificada, pois a ausência injustificada da testemunha enseja ordinariamente não a sua substituição, mas a condução coercitiva, nos termos do art. 218 do CPP. De toda sorte, na hipótese de fundamentação relevante, parece-nos que poderá o juiz excepcionalmente conceder prazo à parte, para a substituição, desde que isso não prejudique o andamento normal da instrução oral em audiência una.

(iii) A *ordem de produção probatória* em audiência é: (a) tomada de declarações do *ofendido* >> (b) inquirição das *testemunhas* (até 8) arroladas pelo *acusador* >> (c) inquirição das *testemunhas* (até 8) arroladas pelo *acusado* >> (d) esclarecimentos de *peritos*, se isso tiver sido oportunamente requerido (art. 400, § 2º, CPP) na forma do art. 159, § 5º, I, do CPP: "Durante o curso do processo judicial, é permitido às partes, quanto à perícia: I – requerer a oitiva dos peritos para esclarecerem a prova ou para responderem a quesitos, desde que o mandado de intimação e os quesitos ou questões a serem esclarecidas sejam encaminhados com antecedência mínima de 10 (dez) dias, podendo apresentar as respostas em laudo complementar" >> (e) inquirição de

---

11. "1. O entendimento que prevaleceu nesta Corte é de que, invertida a ordem de perguntas, na colheita de prova testemunhal (CPP, art. 212, redação conferida pela Lei n. 11.690/2008), tem-se caso de nulidade relativa, a depender de demonstração de prejuízo – o que não se apontou. Ressalva de entendimento da Relatora".

assistente técnico quanto à perícia, o que, embora não expresso no *caput* do art. 400 do CPP, está previsto no art. 159, § 5°, II, do CPP ("Durante o curso do processo judicial, é permitido às partes, quanto à perícia: II – indicar assistentes técnicos que poderão apresentar pareceres em prazo a ser fixado pelo juiz ou *ser inquiridos em audiência*"), mostrando-se adequado que o assistente técnico seja ouvido logo após a oportunidade de esclarecimentos dos peritos oficiais >> (f) *acareações*, se for o caso, na forma dos artigos 229 e 230 do CPP; (g) *reconhecimento de pessoas e coisas*, se for o caso, na forma dos artigos 226 a 228 do CPP; (h) *interrogatório* do acusado, cuidando-se aqui, no entanto, de meio de defesa, e não propriamente de meio de prova, embora o exercício da autodefesa pelo acusado possa ter repercussões probatórias, tanto para ele próprio, quanto para co-acusado(s)[12].

Com o advento da Lei n° 11.719/2008, o interrogatório passou a ser o último ato da instrução oral, o que sem dúvida prestigia a ampla defesa, na dimensão de autodefesa (direito de presença e direito de audiência), na medida em que o acusado prestará seu depoimento já conhecendo e dispondo de toda a prova produzida no processo. No regime anterior, havia uma audiência inicial reservada só ao interrogatório e outra(s) audiência(s) de instrução, em momento posterior. A inovação mostra-se, portanto, salutar[13].

---

12. Discute a doutrina se o acusado está ou não obrigado a comparecer à audiência de instrução e julgamento em que será realizado seu interrogatório. A nosso juízo, o direito ao silêncio constitucionalmente assegurado ao acusado o exime de comparecer ao interrogatório. A autodefesa, compreendida como direito de presença e direito de audiência, é a dimensão disponível da garantia da ampla defesa. O sujeito tem o direito de ser ouvido (direito de audiência), mas pode renunciar ao exercício desse direito ao optar por guardar silêncio, sem que isso possa implicar qualquer prejuízo à sua defesa. O mesmo se deve dizer do direito de presença, cuja renúncia pelo acusado representa igualmente uma forma de exercício do direito ao silêncio. Não é essa, contudo, a posição dominante. Argumenta-se que o acusado não pode invocar o direito ao silêncio quanto à primeira parte do interrogatório, reservada ao fornecimento de dados pessoais. Assim, entende-se que poderá haver condução coercitiva do acusado, para o fim de realização de seu interrogatório judicial, em caso de não comparecimento injustificado. De toda sorte, alinhado com a melhor tendência, o regime do procedimento do júri instituído pela Lei n° 11.689/2008 já contempla a possibilidade de não comparecimento do acusado à sessão de julgamento pelo tribunal popular, o que implica a não realização do interrogatório na fase de instrução em plenário do júri (art. 474, *caput*, do CPP, que dispõe que o interrogatório será realizado *se o acusado estiver presente*). Se é assim no procedimento do júri, não há motivo para se entender de modo diverso no procedimento comum, embora nesse último caso, ressaltamos, prevaleça na jurisprudência a corrente contrária à que aqui sustentamos. Para mais detalhes, remete-se o leitor à abordagem sobre o interrogatório no Capítulo XII deste Curso.

13. Se é assim no procedimento comum, ainda há alguma discussão na jurisprudência sobre se a oportunidade do interrogatório como último ato da instrução oral aplica-se ou não a procedimentos especiais em que a lei disponha de forma diversa. Por exemplo, no procedimento especial das ações penais da competência originária dos tribunais, a Lei n° 8.038/1990 continua a contemplar o interrogatório em uma primeira audiência. A esse respeito, a jurisprudência do Supremo Tribunal Federal já se posicionou no sentido da aplicação do art. 400, *caput*, do CPP, fixando-se o interrogatório como último ato da instrução oral. O Superior Tribunal Militar, por outro lado, chegou a editar súmula acerca da questão no sentido contrário, a saber, a Súmula 15 (STM), nestes termos: "A alteração do art. 400 do CPP, trazida pela Lei n. 11.719, de 20 de junho de 2008, que passou a considerar o interrogatório como último ato da instrução criminal, não se aplica à Justiça Militar da União". Detalharemos esses pontos na abordagem de cada procedimento especial.

A expedição da precatória não suspende a instrução criminal (art. 222, § 1º, CPP), mas o interrogatório do acusado, como abordado no Capítulo XII deste Curso, só poderá ser realizado após a conclusão da diligência deprecada, com a inquirição da testemunha, ou após exaurido o prazo fixado para o cumprimento da precatória, por força da garantia de autodefesa, na lógica do procedimento instituído pela Lei nº 11.719/2008 (art. 400, CPP), que contempla o interrogatório como último ato da instrução, precisamente sob esse fundamento.

Assim, enquanto estiver em curso o prazo para o cumprimento da precatória, não poderá o juiz realizar o interrogatório do acusado. Expirado esse prazo, contudo, o processo terá regular seguimento, inclusive com o interrogatório e até com o julgamento em primeira instância, mas a carta precatória poderá ser juntada aos autos a qualquer tempo, depois de cumprida. Caso juntada a carta aos autos após o interrogatório e antes do julgamento em primeira instância, poderá o acusado, se for de seu interesse, ser novamente interrogado (art. 196, CPP), em particular sobre pontos tratados no depoimento testemunhal prestado em sede de precatória.

Para detalhes a respeito das características de cada um desses meios de prova e do interrogatório, remete-se o leitor ao Capítulo XII deste Curso, reservado à prova.

(iv) A respeito do registro da instrução oral, de todo o "ocorrido em audiência será lavrado termo em livro próprio, assinado pelo juiz e pelas partes, contendo breve resumo dos fatos relevantes nela ocorridos" (art. 405, *caput*, CPP). Inovações introduzidas pela Lei nº 11.719/2008 estabelecem a possibilidade de registro da instrução oral e do interrogatório por gravação magnética, estenotipia, digital ou técnica similar, "destinada a obter maior fidelidade das informações" (art. 405, § 1º, CPP). Na hipótese de registro audiovisual, deverá ser disponibilizada e encaminhada às partes cópia do registro original, "sem necessidade de transcrição" (art. 405, § 2º, CPP). Esse registro, na verdade, é de toda a audiência de instrução *e julgamento*.

(v) Encerrada, com o interrogatório, a fase de instrução oral, ingressa-se na fase de diligências complementares. De acordo com o art. 402 do CPP, "produzidas as provas, ao final da audiência, o Ministério Público, o querelante e o assistente e, a seguir, o acusado poderão requerer diligências cuja necessidade se origine de circunstâncias ou fatos apurados na instrução".

Importa assinalar que as diligências complementares devem ter sua pertinência justificada em elementos surgidos na fase instrutória. Na dicção clara da lei, com efeito, a necessidade da diligência há de se ter originado em circunstâncias ou fatos apurados durante a instrução criminal.

Se a motivação para a diligência radica em elementos pretéritos à instrução judicial, deveria ter sido postulada na oportunidade da inicial acusatória (art. 41, CPP) ou da resposta à acusação (art. 396-A, *caput*, CPP), conforme o caso. Opera-se, assim, preclusão quanto à diligência justificada em elementos prévios à fase de instrução judicial, se não foi requerida na oportunidade própria.

2.2.4. Fase de debates e de julgamento: alegações finais e sentença

a) debates orais e sentença

Se não houver diligência complementar – porque o juiz não determinou de ofício nem qualquer das partes requereu, ou porque o requerimento foi indeferido –, a audiência deve continuar, ingressando-se na fase de *alegações finais orais*, os também chamados *debates orais*.

Nessa hipótese, concede-se à palavra sucessivamente ao acusador e ao defensor, por 20 (vinte) minutos para cada um, prorrogáveis por mais 10 (dez) minutos (art. 403, *caput*, primeira parte, CPP).

Em caso de pluralidade de acusados, o tempo previsto para a defesa de cada um será individual (art. 403, § 1º, CPP). Nessa hipótese, o tempo da acusação será igual ao tempo total da defesa: por exemplo, se há dois acusados, a acusação dispõe de 40 (quarenta) minutos, prorrogáveis por mais 20 (vinte) minutos, ao passo que cada um dos defensores dispõe de 20 (vinte) minutos, prorrogáveis por mais 10 (dez) minutos, resultando em um tempo total de 1 (uma) hora.

Ainda a respeito do caso de pluralidade de acusados, note-se que o art. 403, § 1º, do CPP fixa o tempo de 20 (vinte) minutos "para a defesa de cada um". Quer isso dizer que cada acusado contará com esse tempo, ainda que todos sejam representados pelo mesmo defensor.

Em havendo assistente do Ministério Público na ação penal de iniciativa pública, disporá o advogado respectivo de 10 (dez) minutos além do tempo do acusador público, prorrogando-se por igual lapso o tempo de manifestação oral da defesa (art. 403, § 2º, CPP).

Realizados os debates orais, o juiz deve proferir a sentença em audiência, nos termos do art. 403, *caput*, do CPP: "Não havendo requerimento e diligências, ou sendo indeferido, serão oferecidas alegações finais orais por 20 (vinte) minutos, respectivamente, pela acusação e pela defesa, prorrogáveis por mais 10 (dez), *proferindo o juiz, a seguir, sentença*".

Ao contrário do que acontece no procedimento do júri, a lei processual penal *não* contempla, na hipótese de alegações finais orais, a prolação da sentença em momento posterior à audiência (no prazo de 10 dias). Assim, caso as alegações finais sejam realizadas por meio oral (debates orais), a sentença deve ser proferida na própria audiência.

É preciso compreender a razão disso. A Lei nº 11.719/2008, como já se teve a oportunidade de afirmar, consagrou os princípios da oralidade e da concentração de atos, sob a inspiração dos sistemas processuais anglo-americanos. Tem este regime o propósito de assegurar o contato direto do juiz com a prova e a imediatidade de apreciação.

O sistema foi implantado entre nós com maior força no âmbito do procedimento sumaríssimo, próprio dos juizados especiais criminais, pela Lei nº 9.099/1995. Agora o temos também no procedimento ordinário. Não faz sentido, nessa lógica, que o juiz ouça as alegações finais orais e resolva decidir em outro momento, por escrito. Há que se assegurar às partes a oralidade real e a imediatidade de apreciação da causa pelo juiz a partir de dados oralmente assimilados.

Essas são as claras finalidades associadas ao novo regime legal, que não contempla a possibilidade de prolação de sentença em momento posterior à audiência, quando as alegações finais hajam sido orais. Dispôs-se diversamente no âmbito da primeira fase (instrutória) do procedimento do júri porque ali há maior complexidade decorrente dos quatro pronunciamentos judiciais possíveis (pronúncia, impronúncia, absolvição sumária ou desclassificação), o que concretamente pode gerar a necessidade de mais detida apreciação, a justificar a prolação da sentença em 10 (dez) dias. Não assim, porém, no procedimento ordinário. Nesse particular, se reconhecida a complexidade do feito, que as alegações finais sejam tomadas por escrito (memoriais), como permite o art. 403, § 3º, do CPP, hipótese em que a sentença, por óbvio, também fica para momento posterior. A aplicação dos debates orais, porém, significa o reconhecimento da falta de complexidade, não havendo motivo para que o juiz resolva encerrar a audiência e proferir a sentença apenas em outro momento, por escrito, expediente que, como sustentado, viola frontalmente a regra do art. 403, *caput,* do CPP, assim como os princípios da oralidade e da concentração, que a justificam.

b) alegações finais escritas e sentença

Há duas exceções em que as alegações finais poderão ser oferecidas na forma de memoriais, e não em audiência, hipóteses em que a sentença será proferida em momento posterior.

A primeira delas, a da *realização de diligência complementar,* consta do art. 404, *caput* e parágrafo único, do CPP: "Art. 404. Ordenado diligência considerada imprescindível, de ofício ou a requerimento da parte, a audiência será concluída sem as alegações finais. Parágrafo único. Realizada, em seguida, a diligência determinada, as partes apresentarão, no prazo sucessivo de 5 (cinco) dias, suas alegações finais, por memorial, e, no prazo de 10 (dez) dias, o juiz proferirá a sentença".

Assim, nessa hipótese, em que as alegações finais serão apresentadas por memoriais (alegações finais escritas), aí sim deverá o juiz proferir a sentença em 10 (dez) dias.

A outra exceção diz respeito à *complexidade do caso* ou o *elevado número de acusados,* hipótese em que de igual modo as alegações finais serão escritas, e a sentença proferida em 10 (dez) dias, nos termos do art. 403, § 3º, do CPP: "O juiz poderá, considerada a complexidade do caso ou o número de acusados, conceder às partes o prazo de 5 (cinco) dias sucessivamente para a apresentação de memoriais. Nesse caso, terá o prazo de 10 (dez) dias para proferir a sentença".

Entende-se por *alegações finais por memoriais* a peça de alegações finais realizada por memória do que ficou consolidado no processo, basicamente em termos probatórios, mas aqui há maior amplitude, pois o ato se presta de igual modo à dedução de todas as teses jurídicas aplicáveis e invocáveis por cada uma das partes.

Por essa razão, preferimos o termo *alegações finais escritas.* Deve ser enfatizado, de todo modo, que as alegações finais encerram mesmo a feição de referência descritiva e analítica do passado processual (sugerida pelo termo *memoriais*), não se prestando à produção de elementos novos.

Assim, não é esta a oportunidade própria para a juntada de documentos, embora a jurisprudência aceite tal apresentação por parte do acusador, ao argumento de que desse modo não haverá prejuízo para a defesa, que terá a oportunidade de se manifestar (inclusive sobre os dados novos) logo em seguida, em suas alegações escritas[14]. Por outro lado, caso a defesa, em suas alegações finais, apresente novos documentos, deverá ser intimado o acusado para sobre eles se manifestar, em respeito ao princípio do contraditório, como reconheceu a Primeira Turma do Supremo Tribunal Federal no julgado do HC 107.644/SP (STF, 1ª Turma, HC 107.644, Rel. Min. RICARDO LEWANDOWSKI, julgamento em 06.09.2011, DJ de 18.10.2011): "X – É desprovido de fundamento jurídico o argumento de que houve inversão na ordem de apresentação das alegação finais, haja vista que, diante da juntada de outros documentos pela defesa nas alegações, a magistrada processante determinou nova vista dos autos ao Ministério Público e ao assistente de acusação, não havendo, nesse ato, qualquer irregularidade processual. Pelo contrário, o que se deu na espécie foi a estrita observância aos princípios do devido processo legal e do contraditório".

Na sequência, ressalte-se que a abertura do prazo para as alegações finais escritas é sempre sucessiva, devendo o acusador ser intimado para apresentar suas alegações, seguindo-se a intimação da defesa. Não se admite o expediente de concessão de prazo comum para esse fim, como acontece no direito processual civil.

Tampouco se admite o expediente de intimar o acusador para alegações finais e já deixar a defesa intimada para apresentar as suas logo em seguida, começando o prazo da defesa automaticamente com a apresentação dos memoriais da acusação. Isso porque, em primeiro lugar, não se pode dar tratamento diferenciado às partes: o acusador está intimado de imediato para apresentar suas alegações; mas a defesa teria que ficar acompanhando o retorno dos autos, isto é, acompanhando o início do decurso de seu prazo, o que representa fardo processual não imposto, no caso, à outra parte.

Não bastasse isso, o art. 403, § 3º, do CPP estabelece a sucessividade *da intimação* para alegações finais. Veja-se: "o juiz poderá (...) *conceder às partes o prazo de 5 (cinco) dias sucessivamente* para a apresentação de memoriais..." Vale dizer: a concessão de prazo é que é sucessiva: concede-se o prazo de 5 (cinco) dias para a acusação; depois, *sucessivamente*, concede-se o prazo de 5 (cinco) dias para a defesa. Não é somente a apresentação da peça, em si mesma, que é sucessiva, como se o juiz pudesse abrir o prazo do acusador e, a partir daí, a defesa devesse acompanhar o transcurso desse prazo para, sucessivamente, apresentar as suas. Em caminho diverso, a lei impõe a sucessividade da abertura do prazo, isoladamente para cada uma das partes. Parece-nos tudo isso muito claro.

---

14. Nesse sentido, consulte-se, da Suprema Corte (STF, 2ª Turma, HC 75.636/RS, Rel. Min. NÉRI DA SILVEIRA, julgamento em 10.02.1998, DJ de 28.04.2000): "...Alegada nulidade do processo, em face da juntada de carta precatória com segundo depoimento da ofendida, bem assim de documentos pelo Ministério Público. 3. Inexistência de ofensa ao princípio do contraditório. Oportunidade de manifestação, nas alegações finais. 4. Quanto aos documentos juntados pelo Ministério Público, cumpre anotar, ainda, que não se constituíram em apoio à sentença condenatória, porque relativos a outro processo a que responde o paciente, perante o mesmo Juízo, com o patrocínio do mesmo defensor que o assistiu no feito criminal".

De resto, pela regra geral inscrita no art. 798, § 5º, do CPP, os prazos processuais contam-se a partir *da intimação*, entenda-se, da intimação direta para o ato específico.

Na hipótese de *pluralidade de acusados*, o prazo para a defesa (5 dias) diz-se comum, como é próprio da lógica de todo o processo, sem que isso signifique prejuízo ao contraditório, pois cada defensor disporá do mesmo prazo de que dispôs o acusador.

De toda sorte, como cada defensor, na hipótese, não poderá fazer carga dos autos processuais, pensamos que, em se tratando de autos físicos, a secretaria, por ordem do juiz, deverá disponibilizar cópia eletrônica dos autos a todos os defensores, de modo que o exercício da defesa não fique de qualquer forma turbado.

Como ato de acusação, as alegações finais não constituem peça essencial, em que pese o que sustenta a maioria da doutrina. A nosso juízo, se, regularmente intimado, o acusador deixar de apresentá-la, opera-se a preclusão e, no caso da ação penal de iniciativa privada, a perempção, à falta do essencial pedido condenatório (art. 60, III, parte final, CPP).

A preclusão para o Ministério Público, por óbvio, não significará qualquer forma de inviabilização da pretensão de punir, eis que o pedido condenatório já consta da própria denúncia. Quanto à possibilidade de pleito absolutório pelo Ministério Público, entendemos que pode ser feito por petição própria, mesmo preclusa a oportunidade de oferecimento de alegações finais. Com efeito, a lei contempla a possibilidade de que o Ministério Público *opine* pela absolvição (art. 385, CPP), não havendo isso que necessariamente ocorrer em sede de alegações finais.

Outra orientação invocável seria a aplicação subsidiária do art. 28 do CPP na hipótese de inércia do Ministério Público quanto à apresentação das alegações finais. Assim, o juiz intimaria a chefia da instituição para se manifestar a respeito, designando outro órgão do Ministério Público para apresentar as alegações finais.

Entretanto, não nos parece aceitável tal aplicação analógica. Isso porque, ao contrário da denúncia, que quando for o caso (materialidade e indícios de autoria ou participação) diz respeito à obrigatoriedade da ação penal, as alegações finais da acusação não representam peça essencial ao processo. Trata-se apenas de oportunidade de reafirmação da hipótese e do pedido de condenação com base na prova.

Claro que, se não houver intimação válida do Ministério Público para o oferecimento de alegações finais, configura-se nulidade processual, nos termos do art. 564, III, *e*, parte final, do CPP.

Estamos conscientes, porém, de que nossa orientação é a minoritária, prevalecendo o entendimento de que a inércia do Ministério Público quanto às alegações finais enseja, da parte do juiz, a concessão de vistas ao órgão substituto do Ministério Público ou a aplicação subsidiária do art. 28 do CPP nos moldes acima descritos, por se tratar de peça essencial. Nesse sentido, sustenta RENATO BRASILEIRO: "Sob a ótica do Ministério Público, a não apresentação de memoriais pode ser tratada pelo magistrado como tentativa de desistência do processo, o que se apresenta incompatível com o princípio da indisponibilidade da ação penal pública (CP, art. 42). Como o órgão do Ministério Público tem o dever legal de agir e sua intervenção é obrigatória na ação penal pública, cabe ao juiz, diante da recusa de manifestação, dar vista dos autos ao Promotor de

Justiça substituto automático, sem prejuízo de, aplicando-se subsidiariamente o art. 28 do CPP, determinar a remessa dos autos ao Procurador-Geral de Justiça"[15].

Já em se tratando de ação penal privada subsidiária da pública, em que não há aplicabilidade da perempção por ausência de requerimento de condenação pelo querelante, a inércia deste quanto às alegações finais ensejará a retomada da titularidade da ação como parte principal pelo Ministério Público, que então será intimado para o oferecimento dos memoriais.

Como peça de defesa, porém, é incontroverso que as alegações finais sim constituem ato essencial, em virtude da garantia individual da defesa técnica (art. 5º, LIII, CF).

Trata-se do momento mais abrangente e profundo de expressão da defesa técnica, não podendo o acusado ser prejudicado por qualquer desídia de seu defensor. Assim, caso o defensor (constituído ou dativo), regularmente intimado, deixe de apresentar as alegações finais, o juiz deverá nomear em favor do acusado defensor *ad hoc*, para essa finalidade, bem como comunicar a inércia à Ordem dos Advogados do Brasil ou à Defensoria Pública, conforme o caso, para adoção das medidas disciplinares adequadas, quando seja o caso. Ademais, poderá o juiz aplicar ao defensor desidioso a multa prevista no art. 265, *caput*, do CPP.

Por último, observe-se que as alegações finais escritas constituem exceção restrita às hipóteses dos artigos 403, § 3º, e 404, parágrafo único, do CPP, e não a regra.

Já chegou o tempo de a doutrina se insurgir com mais vigor contra a prática de resistência às tentativas normativas de desburocratização do processo e de implantação da oralidade e da concentração. A regra, agora, é o oferecimento de alegações finais *orais* e a correlata prolação de sentença em audiência, inclusive no procedimento ordinário.

Infelizmente, até por atender à conveniência de todos (partes e juiz), assiste-se com muita frequência a uma inversão, em que, independentemente dos motivos legais excepcionantes (realização de diligências, complexidade do feito ou elevado número de acusados), há a coleta de alegações finais por memoriais, o que sem dúvida contribui para a lamentável morosidade do Poder Judiciário, com um elevado número de processos, sem nenhuma complexidade, pendentes de julgamento.

Agora, deveras alarmante é a coleta de alegações finais por memoriais, não infrequente, até mesmo no âmbito do procedimento comum sumaríssimo! Não se pode deixar de atribuir a isso a injustificável burocratização e morosidade dos juizados especiais criminais. A propósito, uma observação superficial bem revela que os juizados especiais cíveis e criminais mais céleres e dinâmicos são aqueles que aplicam a oralidade e a concentração nos termos da lei.

c) sentença e princípio da identidade física do juiz

Outra inovação relevante introduzida pela Lei nº 11.719/2008 foi o *princípio da identidade física* do juiz. Em prestígio aos princípios procedimentais da oralidade e da concentração, dispõe o art. 399, § 2º, do CPP que "o juiz que presidiu a instrução deverá proferir a sentença".

---

15. LIMA, Renato Brasileiro de. *Manual de Processo Penal*. Salvador: JusPodivm, 2015, pp. 1309-1310.

Essa norma privilegia a oralidade e a concentração de atos próprias da lógica procedimental vigente. Considera-se que o juiz que tomou contato direto e oral com a prova tem melhores condições e melhor sensibilidade para proferir o julgamento, sob base real e mais fidedigna, e não apenas indireta.

2.3. Síntese de Procedimento Comum Ordinário

Diante das etapas analisadas, tem-se esta sequência de atos processuais, esquematicamente expressa ao final deste tópico:

(i) recebimento da inicial acusatória >>

(ii) citação do acusado >>

(iii) resposta à acusação (essencial) e exceção (eventual), em 10 (dez) dias >>

(iv) manifestação/réplica do acusador, em 5 (cinco) dias >>

(v) juízo de ratificação ou não do recebimento da inicial, o que pode acarretar, alternativamente: (a) ratificação do recebimento da inicial (art. 399, CPP); (b) rejeição liminar da inicial (art. 395, CPP); (c) absolvição sumária (art. 397, CPP); (d) extinção da punibilidade (art. 107, CP; art. 397, IV, CPP); (e) extinção do processo sem resolução do mérito; (f) suspensão do processo por questão prejudicial; (g) remessa dos autos ao juízo competente >>

(vi) na hipótese (a) > ratificação do recebimento da inicial e: (vi.1) designação de audiência específica para o oferecimento de proposta de suspensão condicional do processo, se cabível ou (vi.2) designação de audiência de instrução e julgamento (art. 399, CPP) >>

(vii) instrução oral na audiência una de instrução e julgamento (art. 400, *caput*, CPP): declarações do ofendido > inquirição das testemunhas de acusação > inquirição das testemunhas de defesa > esclarecimentos de peritos, se tiver sido requerido (art. 400, § 2º, CPP) > inquirição de assistente técnico > acareações > reconhecimento de pessoas e coisas > interrogatório >>

(viii.1) Não havendo diligências complementares > alegações finais orais >> (ix) Sentença em audiência.

OU

(viii.2) Havendo diligências complementares, ou nas hipóteses de complexidade do caso ou elevado número de acusados > alegações finais escritas (alegações finais por memoriais) > (ix) Sentença no prazo de 10 (dez) dias.

3. PROCEDIMENTO COMUM SUMÁRIO

3.1. Aplicabilidade

Como visto ao início, de acordo com o regime inaugurado pela Lei nº 11.719/2008, aplica-se o *procedimento comum de rito sumário* ao processo que tenha por objeto infração penal com pena máxima cominada superior a 2 (dois) e inferior a 4 (quatro) anos de privação de liberdade (reclusão ou detenção), nos termos do art. 394, § 1°, II, do Código de Processo Penal.

Mais propriamente, o procedimento comum sumário é o aplicável ao processo cuja hipótese acusatória vincule-se a pretensão punitiva total em montante máximo superior a 2 (dois) e inferior a 4 (quatro) anos de pena privativa de liberdade.

Assim, ainda que a infração isoladamente tenha pena máxima inferior a 2 (dois) anos, se a imputação de uma pluralidade de crimes, ou de causa(s) de aumento de pena de um crime isolado, elevar o patamar máximo da pretensão de punir a nível superior a 2 (dois) anos, aplica-se o procedimento comum sumário. É o caso, por exemplo, da lesão corporal no trânsito (pena máxima de 2 anos), com a causa de aumento de pena da omissão de socorro (aumento de 1/3).

Ainda quanto à aplicabilidade do procedimento comum sumário, existe hipótese excepcional de aplicação desse rito ao processo por infração penal de menor potencial ofensivo, quando o juizado especial criminal encaminhar ao juízo comum as peças existentes para a adoção de outro procedimento, conforme o art. 538 do CPP: "Nas infrações penais de menor potencial ofensivo, quando o juizado especial criminal encaminhar ao juízo comum as peças existentes para a adoção de outro procedimento, observar-se-á o procedimento sumário previsto neste Capítulo".

Cuida-se do processo no juizado especial criminal em que o acusado não é encontrado para ser citado, hipótese em que "o juiz encaminhará as peças existentes ao juízo comum para adoção do procedimento previsto em lei", nos termos do art. 66, parágrafo único, do CPP. Assim sucede porque a citação por edital, cabível na hipótese de não ser o réu encontrado, não se aplica na esfera dos juizados especiais criminais, razão pela qual devem os autos ser encaminhados ao juízo comum para a adoção das providências de comunicação processual adequadas (nova tentativa de citação por mandado, citação com hora certa, edital). No caso, não se justificando o retorno dos autos ao juizado especial criminal uma vez que venha a ser encontrado o acusado, permanece o feito tramitando no juízo comum, pelo rito mais simplificado, o sumário (art. 538, CPP).

Acontece o mesmo quando a complexidade e as circunstâncias do caso não permitirem o oferecimento de denúncia por infração penal de menor potencial ofensivo na audiência preliminar, hipótese em que deverão as peças ser encaminhadas ao juízo comum, nos termos do art. 77, § 2°, da Lei n° 9.099/1995.

3.2. Características e Etapas Procedimentais

O procedimento sumário, disciplinado especificamente entre os artigos 531 e 538 do CPP, encerra *cinco diferenças básicas*, a seguir detalhadas, em relação ao procedimento ordinário:

(i) O *limite máximo de testemunhas numerárias*, que no procedimento sumário é de 5 (cinco) testemunhas compromissadas (art. 532, CPP), ao passo que no procedimento ordinário, como visto, é de 8 (oito) testemunhas (art. 401, *caput*, CPP).

(ii) O *prazo máximo para a realização da audiência una de instrução e julgamento*, que no procedimento sumário é de 30 (trinta) dias (art. 531, CPP), ao passo que no procedimento ordinário, como visto, o prazo é de 60 (sessenta) dias (art. 400, *caput*, CPP). Em qualquer caso, conta-se o prazo da ratificação do recebimento da inicial (art. 399, CPP).

(iii) A *ausência de fase de diligências no procedimento sumário*, ao passo que, no procedimento ordinário, há a oportunidade de postulação e de deferimento de diligências complementares (art. 402, CPP).

(iv) As *alegações finais*, que no procedimento sumário são sempre orais (debates orais em audiência, conforme o art. 534 do CPP), ao passo que, no procedimento ordinário, há a possibilidade excepcional de alegações finais escritas, na forma de memoriais (artigos 403, § 3º, e 404, parágrafo único, CPP).

(v) Em virtude da diferença anterior, no procedimento sumário a sentença deverá ser proferida em audiência (art. 534, *caput*, parte final, CPP), ao passo que, no procedimento ordinário, quando as alegações finais forem escritas, a sentença deverá ser proferida no prazo de 10 (dez) dias (arts. 403, § 3º, e 404, parágrafo único, CPP).

Quanto ao mais, o procedimento sumário desenvolve-se essencialmente pelos mesmos atos e termos do procedimento ordinário. Nesse particular, enfatize-se a aplicação também ao procedimento sumário das disposições constantes dos artigos 395 a 399 do CPP, relativas à fase postulatória, além da disciplina específica objeto dos artigos 531 a 538 do CPP.

A partir da fase instrutória é que basicamente se evidenciam as diferenças entre os ritos ordinário e sumário. Com efeito, a disciplina específica do procedimento ordinário começa no art. 400 do CPP, e a do sumário no art. 531 do CPP, ambos versando sobre a audiência una de instrução e julgamento.

A seguir serão analisadas as etapas procedimentais, com foco nas características que singularizam o procedimento sumário frente ao ordinário.

Acerca da fase postulatória, tem-se esta sequência (estão em itálico as etapas comuns entre os ritos ordinário e sumário):

(i) *recebimento da inicial acusatória (art. 396, CPP)* (na inicial poderão ser arroladas até 5 testemunhas, aí não incluídas as que não prestam compromisso – art. 532, CPP) >>

(ii) *citação do acusado para resposta à acusação (art. 396, CPP)* >>

(iii) *resposta à acusação (essencial) (art. 396-A, CPP) e exceção (eventual), em 10 (dez) dias* (na resposta do acusado poderão ser arroladas até 5 testemunhas, aí não incluídas as que não prestam compromisso – art. 532, CPP) >>

(iv) *manifestação/réplica do acusador*, em 5 (cinco) dias, apesar da ausência de previsão legal, conforme examinado quanto ao procedimento ordinário >>

(v) *juízo de ratificação ou não do recebimento da inicial acusatória*, o que pode acarretar, alternativamente: (a) ratificação do recebimento da inicial (art. 399, CPP); (b) rejeição liminar da inicial (art. 395, CPP); (c) absolvição sumária (art. 397, CPP); (d) extinção da punibilidade (art. 107, CP; art. 397, IV, CPP); (e) extinção do processo sem resolução do mérito; (f) suspensão do processo em virtude de questão prejudicial; (g) remessa dos autos ao juízo competente >>

(vi) na hipótese (a) > *ratificação do recebimento da inicial* e (vi.1) *designação de audiência específica para o oferecimento de proposta de suspensão condicional do processo* (art. 89, Lei nº 9.099/1995), quando aplicável, ou (vi.2) *designação de audiência de instrução e julgamento* (art. 399, CPP) >>

(vii) *instrução oral na audiência una de instrução e julgamento* (art. 531, CPP): declarações do ofendido, "se possível", não havendo aqui diferença frente ao procedimento ordinário, eis que também ali, por óbvio, o ofendido só será ouvido se possível, apesar da ausência de referência legal a esse respeito > inquirição das testemunhas de acusação (limite de 5) > inquirição das testemunhas de defesa (limite de 5) > esclarecimentos de peritos, se tiver sido requerido (art. 533, c/c art. 400, § 2º, CPP) > inquirição de assistente técnico > acareações > reconhecimento de pessoas e coisas > interrogatório >>

(viii) *alegações finais orais*, ou "debates" (na dicção da lei), em audiência (arts. 531 e 534, CPP) >>

(ix) *sentença em audiência* (art. 534, *caput*, parte final, CPP).

O prazos aplicáveis às alegações finais orais são os mesmos fixados para o procedimento ordinário: 20 (vinte) minutos, prorrogáveis por mais 10 (dez) minutos (art. 534, *caput*, CPP), computando-se o tempo individualmente para cada acusado, em caso de pluralidade (art. 534, § 1º, CPP). Havendo assistente, disporá de 10 (dez) minutos após a manifestação do Ministério Público, prorrogando-se por igual tempo a manifestação da defesa (art. 534, § 2º, CPP).

A respeito das diferenças, algumas observações mostram-se relevantes:

(i) De início, examine-se uma suposta diferença de tratamento normativo. O art. 535 do CPP dispõe: "Nenhum ato será adiado, salvo quando imprescindível a prova faltante, determinando o juiz a condução coercitiva de quem deva comparecer".

Há quem sustente, com base nesse dispositivo, a possibilidade de que seja desde logo ouvida testemunha de defesa quando ausente testemunha de acusação, cuja inquirição, considerada imprescindível, fique designada para outra data. É o que afirma NORBERTO AVENA: "Isto significa que a eventual ausência de alguma testemunha de acusação e a necessidade aprazamento de outra data para sua oitiva (caso inviabilizada a condução) não impede o depoimento das testemunhas de defesa que estejam presentes, ainda que não haja concordância expressa da defesa"[16].

Discordamos veementemente desse entendimento, com o devido respeito ao autor. Ora, o que o dispositivo prescreve é simplesmente que o ato não será adiado, salvo se imprescindível a prova faltante. Se o ato for adiado, porque se reconheceu a imprescindibilidade da prova faltante (testemunha de acusação), por qual motivo e sob que respaldo ouvir logo as testemunhas de defesa, em ofensa à ordem legal de inquirição fixada no art. 531 do CPP? Nada há no dispositivo do art. 535 do CPP que respalde semelhante orientação.

---

16. AVENA, Norberto. *Processo Penal Esquematizado*. São Paulo: Método, 2014, p. 733.

Na hipótese cogitada, deverá a testemunha de acusação ser ouvida na nova data, seguindo-se a inquirição da(s) testemunha(s) de defesa, em respeito à ordem legal de inquirição, isto é, ao devido processo legal. A antecipação do depoimento da testemunha de defesa, tal qual defendido por AVENA, além de tudo, não se justifica sequer por razões de economia processual, pois, se o ato já foi adiado, ante a imprescindibilidade da prova faltante (testemunha de acusação), que utilidade trará a inquirição imediata de testemunhas de defesa?

Em síntese, o dispositivo do art. 535 do CPP é apenas uma referência específica a algo que igualmente se aplica ao procedimento ordinário e aos procedimentos em geral. Em caso de ausência injustificada de quem deva comparecer, determina-se a condução coercitiva do ausente, em vez do simples adiamento do ato, a não ser que, justificada a ausência ou impossibilitada a condução, a prova se mostre imprescindível. Por que tal regime não se aplicaria a todo e qualquer procedimento penal?

(ii) A audiência una deverá se realizar em 30 (trinta) (art. 531, CPP), e não em 60 (sessenta) dias, mas o termo inicial é o mesmo, qual seja, a ratificação do recebimento da denúncia ou da queixa (art. 399, CPP).

(iii) Não há previsão legal de uma fase de diligências complementares para o procedimento sumário. Tampouco há previsão de alegações finais escritas, nem de sentença em momento posterior à audiência.

Pode excepcionalmente acontecer, no entanto, de uma providência complementar, cuja necessidade haja surgido no curso da instrução oral, revelar-se imprescindível para o esclarecimento de questão relevante à apreciação judicial do mérito da causa.

Nessa hipótese, entendemos que o juiz poderá determinar a diligência com fundamento no art. 156, II, do CPP. A nosso juízo, o que não há é uma fase ou oportunidade de requerimento de diligências, como no procedimento ordinário (art. 402, CPP), existindo, porém, a possibilidade de provocação excepcional do juiz ou mesmo a determinação judicial de ofício nessa direção (art. 156, II, CPP), quando haja necessidade.

Seja como for, segundo nos parece, nem por isso as alegações finais deverão ser apresentadas por memoriais, algo incompatível com o rito sumário, por força do próprio regime legal. Nessa hipótese, deverá o juiz determinar a diligência e designar outra data para a continuação da audiência, aplicando o devido processo legal fixado no art. 531 do CPP, com a realização, na nova oportunidade, dos debates orais, seguidos da sentença em audiência.

Estamos conscientes, claro, de que na prática a alternativa mais cômoda será sempre a intimação das partes para memoriais. De fato, é o que se espera de uma prática em que, infelizmente, até mesmo na esfera de alguns juizados especiais criminais (rito sumaríssimo) costuma-se colher alegações finais na forma de memoriais, e isso sem qualquer justificação concreta.

Há que se estimular, de toda sorte, a aplicação dos princípios da oralidade e da concentração, assim como, em última análise, a do devido processo legal.

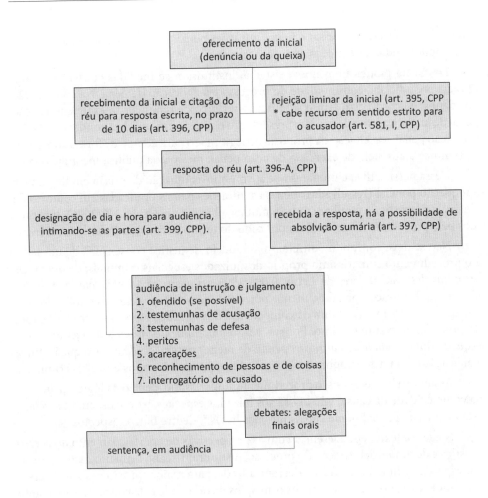

4. PROCEDIMENTO COMUM SUMARÍSSIMO

4.1. Contexto e Significado

O procedimento sumaríssimo foi instituído com vinculação aos juizados especiais criminais pela Lei nº 9.099/1995, sob a inspiração dos sistemas anglo-saxões, em um *contexto normativo* de *justiça penal consensual* e de *procedimento simplificado*, com as seguintes características: (i) aplicabilidade de mecanismos conciliatórios, tais a composição dos danos civis e a transação penal, no âmbito de infrações penais reputadas menos graves; (ii) aplicação dos princípios da oralidade e da concentração dos atos processuais.

Entre nós, essa lógica fundamenta-se na norma do art. 98, I, da Constituição Federal, que abrange os aspectos essenciais que viriam a integrar a disciplina da Lei nº 9.099/1995: instituição de juizados especiais criminais para, em procedimento simplificado e célere, processar e julgar infrações penais de menor potencial ofensivo, com a aplicabilidade de mecanismos consensuais.

De forma pioneira em nosso sistema, instituíram-se medidas consensuais com eficácia prejudicial à continuidade do processo e à aplicação de pena. Na composição dos danos, o acordo civil tem o significado jurídico de renúncia ao exercício da ação penal de iniciativa privada ou da representação na ação penal pública condicionada. Na transação penal, a aceitação da proposta do legitimado para acusar, de forma consensual, significa a ausência de exercício da ação penal, mesmo da pública incondicionada.

Nessa perspectiva, eliminaram-se até mesmo a autuação de prisão em flagrante e o inquérito policial (ressalvadas apenas as infrações penais praticadas em contexto de violência doméstica e familiar contra a mulher, objeto da Lei n° 11.340/2006), substituídos pelo procedimento policial simplificado do termo circunstanciado de ocorrência.

Não se deve confundir, entretanto, o modelo de justiça consensual, de um lado, e o procedimento sumaríssimo próprio dos juizados especiais criminais, de outro. Os *institutos despenalizadores* da Lei n° 9.099/1995 associam-se ao *nível ofensivo da infração penal* (infração penal de menor potencial ofensivo), podendo ser aplicados em qualquer âmbito, inclusive fora da competência dos juizados especiais criminais e fora do procedimento sumaríssimo. Por sua vez, o *procedimento sumaríssimo* associa-se à *pequena complexidade das infrações penais* de menor potencial ofensivo, o que justifica a aplicação de um rito simplificado e mais célere, perante juizados especiais criminais.

Assim, em linhas gerais, o procedimento sumaríssimo, dentro da lógica da pequena complexidade da causa, vincula-se aos juizados especiais criminais, cuja existência está justificada parcialmente sob as mesmas bases[17], dentre outros aspectos.

Nesse contexto, em coerência com as perspectivas de aperfeiçoamento do acesso à justiça e de desburocratização do processo, instituíram-se, no primeiro caso, os juizados especiais criminais, de forma descentralizada, para maior aproximação às diversas comunidades, e, no segundo caso, os princípios da oralidade e da concentração quanto ao procedimento.

Infelizmente, a prática tem subvertido a ótima ideia dos juizados especiais criminais, à vista do ranço de processo escrito e burocrático que ainda rege os mecanismos judiciários nacionais. Não raro se observam juizados especiais criminais mais lentos que os próprios juízos comuns, o que se deve em larga medida à não observância dos princípios da *oralidade*[18], da simplicidade, da celeridade e da concentração de atos processuais, conforme expressa o art. 62 da Lei n° 9.099/1995: "O processo perante o

---

17. Há apenas uma hipótese, atualmente, em que se aplica o procedimento sumaríssimo fora da competência dos juizados especiais criminais: crimes previstos no Estatuto do Idoso que, em virtude da pena máxima cominada (maior que 2 anos), não constituem infração penal de menor potencial ofensivo. Essa hipótese será oportunamente examinada.

18. Conforme MIRABETE, o *princípio da oralidade* "preconiza a adoção da forma oral no tratamento da causa, ou seja, a afirmação de que as declarações perante os juízes e tribunais possuem mais eficácia quando formuladas verbalmente, sem que se exclua por completo, evidentemente, a utilização da escrita, imprescindível na documentação de todo o processado. Ao impor esse critério, quis o legislador aludir não à exclusão do procedimento escrito, mas à superioridade da forma oral à escrita na condução do processo". Cfr. MIRABETE, Julio Fabbrini. *Juizados Especiais Criminais*. São Paulo: Atlas, 1997, pp. 22-23.

Juizado Especial orientar-se-á pelos critérios da oralidade, informalidade, economia processual e celeridade, objetivando, sempre que possível, a reparação dos danos sofridos pela vítima e a aplicação de pena não privativa de liberdade".

Sobre o *princípio da oralidade*, cumpre enfatizar que não apenas impõe a realização dos atos processuais preferencialmente pela maneira oral, como também supõe que a decisão judicial da causa deve estar baseada na prova produzida por esse meio. Com essa perspectiva, Miguel Fenech definia o princípio da oralidade como "aquele em virtude do qual os atos processuais se expressam pela voz, e a resolução do objeto processual há que se fundar exclusivamente no material de corte fático expresso dessa forma"[19].

Por isso é que nos parece inadequada a transcrição do conteúdo de atos orais, quando gravados, o que estimularia o juiz a ler os depoimentos, em vez de ouvi-los, sempre que sua decisão houver de se realizar em momento posterior. A finalidade própria do princípio é a de permitir a sensibilidade imediata do juiz sobre o ato oral, com seus aspectos modais (tom, intensidade etc.), jamais reproduzíveis em uma transcrição (degravação).

4.2. Aplicabilidade

4.2.1. Aspectos gerais: infrações de menor potencial ofensivo e juizados especiais criminais

Observe-se, de início, que a aplicabilidade do procedimento comum sumaríssimo vincula-se essencialmente à competência dos juizados especiais criminais, ressalvada apenas previsão específica constante do Estatuto do Idoso. Para a identificação dessa aplicabilidade, portanto, deve-se considerar a existência ou não de competência *ratione materiae* dos juizados especiais criminais. Para mais detalhes a esse respeito, remete-se o leitor ao tópico respectivo no Capítulo VIII deste Curso, sobre a competência penal.

Em coerência com essas noções, o procedimento comum sumaríssimo (art. 394, § 1º, III, CPP) aplica-se às causas que tenham por objeto *infração penal de menor potencial ofensivo*, aí compreendidas as contravenções penais e os crimes a que seja cominada pena máxima igual ou inferior a 2 (dois) anos, cumulada ou não com multa, nos termos do art. 61 da Lei nº 9.099/1995: "Consideram-se infrações penais de menor potencial ofensivo, para os efeitos desta Lei, as contravenções penais e os crimes a que a lei comine pena máxima não superior a 2 (dois) anos, cumulada ao não com multa".

No caso de concurso de crimes ou de causa de aumento de pena, que impliquem elevação da pena máxima para acima do patamar de 2 (dois) anos, não se aplica o procedimento sumaríssimo, e sim o sumário ou o ordinário, conforme o caso.

Ademais, em caso de conexão ou continência da infração de menor potencial ofensivo com infração penal da competência de outro juízo (que não o juizado especial

---

19. Fenech, Miguel. *Derecho Procesal Penal.* Barcelona: Labor, 1952, v. I, p. 507: "...aquel en virtud del cual los actos procesales se expresan de palabra, y la resolución del objeto procesal se ha de fundar exclusivamente en el material de corte fáctico expresado en esta forma".

criminal), em que há a reunião dos processos neste último, não se aplica o procedimento sumaríssimo, embora possam ser aplicados os institutos (transação, composição civil) estabelecidos pela Lei nº 9.099/1995.

A própria lei ressalva, quanto à competência dos juizados especiais criminais, as hipóteses de conexão de continência, nos termos do art. 60, *caput*, da Lei nº 9.099/1995: "O Juizado Especial Criminal, provido por juízes togados ou togados e leigos, tem competência para a conciliação, o julgamento e a execução das infrações penais de menor potencial ofensivo, respeitadas as regras de conexão e de continência".

Nesse particular, mesmo estando o procedimento sumaríssimo reservado em princípio somente aos juizados especiais criminais, poderá haver a aplicação de institutos consensuais mesmo perante o juízo comum, independentemente do procedimento adequado, como se verifica no art. 60, parágrafo único, da Lei nº 9.099/1995: "Na reunião de processos, perante o juízo comum ou o tribunal do júri, decorrentes da aplicação das regras de conexão e continência, observar-se-ão os institutos da transação penal e da composição dos danos civis".

Ademais, a suspensão condicional do processo, também disciplinada na Lei nº 9.099/1995 (art. 89), aplica-se a processos da competência de outros juízos, por transcender ao âmbito das infrações penais de menor potencial ofensivo, já que a exigência é de que a pena *mínima* da infração penal seja igual ou inferior a 1 (um) ano.

Além da conexão e da continência, há outras hipóteses em que, mesmo afastada, pelo critério da especialidade, a competência dos juizados especiais criminais, restam aplicáveis os institutos de justiça consensual contemplados na Lei nº 9.099/1995:

(i) Competência originária dos tribunais para ação penal contra acusado titular de foro especial por prerrogativa de função, em que se aplica o procedimento especial disciplinado na Lei nº 8.038/1990, tendo o Supremo Tribunal Federal já fixado a incidência, nesse domínio, de institutos como a composição dos danos civis, a transação penal e a suspensão condicional do processo.

(ii) Competência da Justiça Eleitoral, em que os institutos previstos na Lei nº 9.099/1995 igualmente se aplicam ao processo por crime eleitoral, ressalvados, como bem identificou RENATO BRASILEIRO, "*os crimes que contam com um sistema punitivo especial*, entre eles aqueles a cuja pena privativa de liberdade se cumula a cassação do registro se o responsável for candidato, a exemplo do tipificado no art. 334 do Código Eleitoral"[20].

(iii) Já quanto ao procedimento especial para os crimes militares, há disposição expressa na Lei nº 9.099/1995 no sentido da não aplicação dos institutos, conforme o art. 90-A: "As disposições desta Lei não se aplicam no âmbito da Justiça Militar".

Apesar disso, o Plenário da Suprema Corte, no julgamento do HC 99.743/RJ (STF, Tribunal Pleno, HC 99.743, Rel. Min. MARCO AURÉLIO, julgamento em 06.10.2011, DJ de 21.08.2012), limitou a eficácia desse dispositivo aos crimes cometidos por militares, remanescendo a aplicabilidade dos institutos da Lei nº 9.099/1995 aos crimes militares

---

20. LIMA, Renato Brasileiro de. *Manual de Processo Penal*. Salvador: JusPodivm, 2015, p. 1421.

Cap. XVII • PROCEDIMENTOS PENAIS

cometidos por civis[21]. A lógica acolhida, que nos parece adequada, é a de que o regime especial militar que justifica a não incidência da Lei nº 9.099/1995 não se estende aos civis em tempo de paz.

Por outro lado, no âmbito das infrações penais cometidas em contexto de violência doméstica e familiar contra a mulher, não se aplicam os institutos despenalizadores da Lei nº 9.099/1995, ainda que a pena máxima cominada ao crime seja igual ou inferior a 2 (dois) anos. É o que prescreve o art. 41 da Lei nº 11.340/2006, cuja constitucionalidade já está declarada pelo Supremo Tribunal Federal (STF, Tribunal Pleno, ADC 19/DF, Rel. Min. MARCO AURÉLIO, julgamento em 09.02.2012, DJ de 29.04.2014[22]). Entende-se que o contexto específico, incompatível com os institutos de justiça consensual, justifica o tratamento normativo diferenciado.

Para mais detalhes a respeito da competência dos juizados especiais criminais, remete-se o leitor ao tópico respectivo do Capítulo VIII deste Curso, reservado à competência penal.

4.2.2. Hipótese especial de aplicação do procedimento sumaríssimo: Lei nº 10.741/2003

O art. 94 da Lei nº 10.741/2003 (Estatuto do Idoso) instituiu hipótese especial de aplicação do procedimento sumaríssimo, objeto da Lei nº 9.099/1995, *mesmo não se tratando de infração penal de menor potencial ofensivo*, nos seguintes termos: "Aos crimes previstos nesta Lei, cuja pena máxima não ultrapasse 4 (quatro) anos, aplica-se o procedimento previsto na Lei 9.099, de 26 de setembro de 1995, e, subsidiariamente, no que couber, as disposições do Código Penal e do Código de Processo Penal".

Assevere-se que a norma examinada *não* estabeleceu hipótese especial de infração penal de menor potencial ofensivo, sob bases diversas daquelas fixadas no art. 61, *caput*, da Lei nº 9.099/1995 (limite máximo de 4 anos de pena, em vez de 2 anos). Cuida-se apenas de hipótese especial de aplicação *do procedimento sumaríssimo*, para os crimes contra o idoso (tipificados na própria Lei nº 10.741/2003) cuja pena máxima seja igual ou inferior a 4 (quatro) anos.

---

21. Confira-se: "Ementa: Penal Militar. Habeas corpus. Deserção – CPM, art. 187. Crime militar próprio. Suspensão condicional do processo - art. 90-A, da Lei n. 9.099/95 – Lei dos Juizados Especiais Cíveis e Criminais. Inaplicabilidade, no âmbito da Justiça Militar. Constitucionalidade, face ao art. 98, inciso I, § 1º, da Carta da República. Obiter dictum: inconstitucionalidade da norma em relação a civil processado por crime militar. O art. 90-A, da n. 9.099/95 - Lei dos Juizados Especiais Cíveis e Criminais -, com a redação dada pela Lei n. 9.839/99, não afronta o art. 98, inciso I, § 1º, da Carta da República no que veda a suspensão condicional do processo ao militar processado por crime militar. In casu, o pedido e a causa de pedir referem-se apenas a militar responsabilizado por crime de deserção, definido como delito militar próprio, não alcançando civil processado por crime militar. Obiter dictum: inconstitucionalidade da norma que veda a aplicação da Lei n. 9.099 ao civil processado por crime militar. Ordem denegada".

22. Confira-se: "...O artigo 41 da Lei nº 11.340/06, a afastar, nos crimes de violência doméstica contra a mulher, a Lei nº 9.099/95, mostra-se em consonância com o disposto no § 8º do artigo 226 da Carta da República, a prever a obrigatoriedade de o Estado adotar mecanismos que coíbam a violência no âmbito das relações familiares".

Assim, mesmo não havendo hipótese de infração penal de menor potencial ofensivo, aplica-se o procedimento sumaríssimo a esse âmbito particular, qual seja, o do crime contra idoso com pena máxima superior a 2 (dois) anos e igual ou inferior a 4 (quatro) anos.

Note-se bem que o dispositivo legal alude ao "*procedimento* previsto na Lei 9.099..." Claramente, a referência aí é ao procedimento sumaríssimo, cuja aplicação ao domínio dos crimes definidos na Lei n° 10.741/2003 justifica-se em função do sujeito (idoso) particularmente protegido com a incriminação, a exigir que o processo respectivo siga rito célere e simplificado.

Não se entenda daí, por outro lado, que a norma especial esteja prevendo a aplicação dos institutos consensuais e despenalizadores da Lei n° 9.099/1995, que são exclusivamente reservados às infrações penais de menor potencial ofensivo. Nesse particular, o Supremo Tribunal Federal, quando do julgamento da ADI 3.096/DF (STF, Tribunal Pleno, ADI 3.096, Rel. Min. Cármen Lúcia, DJ de 03.09.2010), fixou orientação conforme à Constituição no sentido acima exposto: "...Art. 94 da Lei n. 10.741/2003: interpretação conforme à Constituição do Brasil, com redução de texto, para suprimir a expressão 'do Código Penal e'. Aplicação apenas do procedimento sumaríssimo previsto na Lei n. 9.099/95: benefício do idoso com a celeridade processual. *Impossibilidade de aplicação de quaisquer medidas despenalizadoras e de interpretação benéfica ao autor do crime*".

4.3. Fase Preliminar

4.3.1. *Termo circunstanciado de ocorrência*

Antes do estudo do procedimento sumaríssimo no juizado especial criminal, é relevante abordar o regime jurídico específico da fase pré-processual no âmbito das infrações penais de menor potencial ofensivo.

Como antes afirmado, não há instauração de inquérito policial nem, via de regra, prisão em flagrante, na hipótese de prática de infração penal de menor potencial ofensivo. Em vez disso, prescreve-se a lavratura de *termo circunstanciado de ocorrência*, que traduz procedimento policial simplificado. Invoque-se, a respeito, o disposto no art. 69, *caput*, da Lei n° 9.099/1995: "A autoridade policial que tomar conhecimento da ocorrência lavrará termo circunstanciado e o encaminhará imediatamente ao Juizado, com o autor do fato e a vítima, providenciando-se as requisições dos exames periciais necessários".

Advirta-se que o *termo circunstanciado de ocorrência (TCO)* não se confunde com o conhecido *boletim de ocorrência*. O termo circunstanciado constitui o próprio procedimento policial, em formato simplificado, servindo, portanto, de peça de informação ao titular da ação penal, para fins de exercício desta, se for o caso. O boletim de ocorrência, diversamente, representa o mero registro da notícia de fato relevante à autoridade policial, o que poderá ensejar a instauração de inquérito ou a lavratura de termo circunstanciado, conforme o caso.

A atribuição para a lavratura do termo circunstanciado é legalmente conferida à *autoridade policial* (art. 69, *caput*, Lei nº 9.099/1995), vale dizer, à autoridade com função de polícia judiciária, de caráter investigativo: o *delegado de polícia* (art. 2º, *caput*, Lei nº 12.830/2013). Não se compreende nessa expressão a autoridade vinculada à Polícia Militar, conforme já resolveu o Supremo Tribunal Federal, na ADI 3.614/PR (STF, Tribunal Pleno, ADI 3.614, Rel. p/ acórdão Min. CÁRMEN LÚCIA, julgamento em 20.09.2007, DJ de 23.11.2007), assentando a orientação de que a lavratura de termo circunstanciado pela Polícia Militar constitui usurpação de atribuição exclusiva da Polícia Judiciária.

O termo circunstanciado deverá ser lavrado, nos termos do art. 69, *caput*, da Lei nº 9.099/1995, sempre que a autoridade policial tomar conhecimento de fato que em tese configure infração penal de menor potencial ofensivo. A autoridade pode tomar conhecimento do fato de ofício, ou por notícia de crime postulatória (registro de ocorrência, requerimento ou representação do ofendido), ou em virtude de condução coercitiva do agente surpreendido em estado de flagrância.

No termo circunstanciado, em qualquer hipótese, deverão ser relatadas as declarações do suposto autor e as da suposta vítima, assim como os depoimentos das testemunhas do fato.

Por seu turno, o art. 69, *caput*, da Lei nº 9.099/1995 prescreve o imediato encaminhamento do termo ao juizado especial, "com o autor do fato e a vítima". Ao contrário do que acontece correntemente nos sistemas anglo-americanos, porém, não há na prática tal encaminhamento imediato, e sim a assunção pelo agente do compromisso de comparecer ao juizado quando intimado[23]. Paralelamente ao imediato encaminhamento do termo, a autoridade policial, se for o caso, requisitará os exames periciais próprios.

Em relação ao sujeito que for surpreendido, em estado de flagrância (artigos 302 e 303, CPP), a cometer o fato constitutivo da infração penal, deverá ser imediatamente conduzido à presença da autoridade policial, mas não estará sujeito a prisão em flagrante se, após a lavratura do termo circunstanciado, for imediatamente encaminhado ao juizado especial (o que na prática não acontece) ou se assumir o compromisso de a ele comparecer, uma vez convocado.

Assim, embora aplicada a condução à autoridade policial em virtude do estado de flagrância, não se lavra auto de prisão quando o sujeito assuma o compromisso de comparecer ao juizado. É o que dispõe o art. 69, parágrafo único, 1ª parte, do CPP: "Ao autor do fato que, após a lavratura do termo, for imediatamente encaminhado ao juizado ou assumir o compromisso de a ele comparecer, não se imporá prisão em flagrante, nem se exigirá fiança".

---

23. Em todo caso, a lei estabelece (art. 70, Lei 9.099/1995), que, "comparecendo o autor do fato e a vítima, e não sendo possível a realização imediata da audiência preliminar, será designada para data próxima, da qual ambos sairão cientes". Trata-se da hipótese de encaminhamento imediato em que, entretanto, não se faz possível a realização imediata da audiência preliminar. Do mesmo modo, se não houver o comparecimento imediato dos envolvidos, "a Secretaria providenciará sua intimação e, se for o caso, a do responsável civil, na forma dos arts. 67 e 68" (art. 71, Lei 9.099/1995).

No âmbito dos crimes praticados no contexto de violência doméstica e familiar contra a mulher, contudo, há tratamento normativo específico. Em primeiro lugar, nessa esfera, ainda que se trate de infração penal com pena máxima de até 2 (dois) anos, deve ser instaurado inquérito policial, com a adoção, a partir do registro da ocorrência, de todas as providências especificadas no art. 12 da Lei nº 11.340/2006.

Em segundo lugar, é possível a prisão em flagrante e até mesmo a decretação de prisão preventiva, nos termos do art. 20, *caput*, da Lei nº 11.340/2006.

Em terceiro lugar, há a aplicabilidade de medidas cautelares pessoais específicas, as chamadas *medidas protetivas de urgência*, objeto do art. 22 da Lei nº 11.340/2006.

Em quarto lugar, a competência para o processo e julgamento é dos Juizados Especiais de Violência Doméstica e Familiar contra a Mulher, conforme o art. 14 da Lei nº 11.340/2006.

Antes mesmo do advento da Lei nº 11.340/2006, a Lei nº 10.455/2002 já havia conferido nova redação ao parágrafo único do art. 69 da Lei nº 9.099/1995, prevendo, na hipótese de *violência doméstica*, a possibilidade de concessão contra o sujeito de medida cautelar de afastamento do lar, domicílio ou local de convivência com a vítima. No entanto, essa matéria se acha atualmente regulada pela Lei nº 11.340/2006, que prevê a mesma medida em seu art. 22, II.

4.3.2. Audiência preliminar, composição civil dos danos e transação penal

Uma vez lavrado o termo circunstanciado de ocorrência, deverá ser encaminhado à unidade competente dos juizados especiais criminais, designando-se ali audiência preliminar[24].

Assim, no juizado especial criminal, o primeiro ato, ainda em nível pré-processual, é a *audiência preliminar*, reservada à *composição dos danos civis* e, sucessivamente, à *transação penal*. Como afirmado de início, o regime dos juizados especiais criminais caracteriza-se por um modelo de justiça consensual, com a possibilidade de aplicação de mecanismos conciliatórios, de feição despenalizadora. A oportunidade para a aplicação de tais institutos dá-se justamente, em uma primeira tentativa, na audiência preliminar.

Para a audiência preliminar deverão ser intimados os envolvidos (autor do fato, vítima) e o Ministério Público (arts. 71 e 72, Lei nº 9.099/1995).

De acordo com o art. 72 da Lei nº 9.099/1995, "na audiência preliminar, presente o representante do Ministério Público, o autor do fato e a vítima, se possível, o responsável civil, acompanhados por seus advogados, o Juiz esclarecerá sobre a possibilidade da composição dos danos e da aceitação da proposta de aplicação imediata de pena não privativa de liberdade". A "proposta de aplicação imediata de pena não privativa de liberdade" consiste na *transação penal*.

---

24. No caso de encaminhamento imediato do autor e da vítima do fato, será desde logo realizada a audiência ou, em caso de impossibilidade de realização imediata, será o ato designado para data próxima (art. 70, Lei 9.099/1995). Trata-se, entretanto, de hipótese de raríssima aplicação.

Antes de tudo, anote-se que a audiência preliminar é presidida por um juiz, ou por conciliador[25] sob sua orientação (art. 73, *caput*, Lei nº 9.099/1995), e não pelo órgão do Ministério Público. A função judicial nessa etapa é a de conduzir os procedimentos conciliatórios, inclusive exercendo o controle de legalidade sobre as propostas de composição dos danos civis e de transação penal.

De início, o juiz deve esclarecer sobre a possibilidade de *composição civil dos danos e de transação penal* (art. 72, Lei nº 9.099/1995). Tenta-se em primeiro lugar a composição, isto é, o acordo civil entre o suposto autor e a suposta vítima. O acordo pode consistir no pagamento de um valor a título de reparação do dano ou em uma retratação formal, por exemplo, a depender da natureza da causa.

(i) Na hipótese de *sucesso da composição civil*, deverá ser reduzida a escrito e homologada pelo juiz em sentença irrecorrível, com eficácia de título executivo, conforme o art. 74, *caput*, da Lei nº 9.099/1995. Nessa hipótese, há consequências distintas, de acordo com o tipo de ação penal aplicável:

(a) Em se tratando de *ação penal de iniciativa privada*, o acordo civil homologado implica renúncia do ofendido ao exercício do direito de queixa (art. 74, parágrafo único, 1ª parte, Lei nº 9.099/1995). A composição civil exitosa, assim, uma vez homologada pelo juiz, tem o efeito de impedir o exercício da ação penal pelo ofendido, já que a renúncia é causa de extinção da punibilidade (art. 107, V, 1ª parte, CP).

(b) Em se tratando de *ação penal pública condicionada à representação*, o acordo civil homologado implica renúncia do ofendido ao exercício do direito de representação (art. 74, parágrafo único, 2ª parte, Lei nº 9.099/1995). A composição civil exitosa, assim, uma vez homologada pelo juiz, tem o efeito de impedir o exercício da ação penal pelo Ministério Público, já que a representação, na hipótese, é condição essencial de procedibilidade.

(c) Em se tratando de *ação penal pública incondicionada*, o acordo civil não impede a continuação do procedimento penal, com a oportunidade sucessiva de transação penal e, frustrada ou não cabível esta, o oferecimento de denúncia (se presentes os requisitos próprios da ação penal).

O efeito da composição homologada, nesse último caso (c), é apenas o de consolidar a reparação do dano causado pelo fato em tese criminoso e quantificar o respectivo valor, que já pode ser executado no juízo cível.

Pergunta-se então: qual a vantagem para o suposto autor do fato em celebrar acordo civil nessas condições? Na maioria dos casos, nenhuma. Mas pode acontecer de, em uma situação de clareza quanto à materialidade e à autoria, o sujeito pretender se beneficiar da causa de diminuição de pena própria do arrependimento posterior, disciplinado no art. 16 do Código Penal: "Nos crimes cometidos sem violência ou grave ameaça à pessoa, reparado o dano ou restituída a coisa, até o recebimento da denúncia ou da queixa, por ato voluntário do agente, a pena será reduzida de um a dois terços".

---

25. "Os conciliadores são auxiliares da Justiça, recrutados, na forma da lei local, preferencialmente entre bacharéis em Direito, excluídos os que exerçam funções na administração da Justiça Criminal" (art. 73, parágrafo único, Lei 9.099/1995).

De toda sorte, a composição civil dos danos reveste-se de bem menor importância e, por razões óbvias, menor incidência no âmbito da ação penal pública incondicionada.

(ii) *Não obtida a composição civil dos danos*:

(a) Em se tratando de *ação penal de iniciativa privada*, abre-se a oportunidade de proposta de transação penal, se cabível, a ser formulada pelo ofendido ou pelo Ministério Público com a anuência do ofendido (oportunamente examinaremos essas possibilidades). Não realizada a proposta, ou não aceita esta pelo suposto autor do fato, poderá ser oferecida queixa oral pelo ofendido, ou ratificada eventual queixa escrita previamente apresentada.

(b) Em se tratando de *ação penal pública condicionada*, abre-se para o ofendido a oportunidade de exercício da representação, nos termos do art. 75, *caput*, da Lei nº 9.099/1995: "Não obtida a composição dos danos civis, será dada imediatamente ao ofendido a oportunidade de exercer o direito de representação verbal, que será reduzida a termo". Ou, de outro modo, poderá ser ratificada eventual representação que haja sido previamente manifestada (por exemplo, na sede policial). Nessa última hipótese, a manifestação prévia da representação já caracteriza exercício do direito, inclusive para fins de aferição de observância do prazo decadencial de 6 (seis) meses.

Por outro lado, mesmo que o ofendido não tenha exercido previamente a representação nem a exerça em audiência após a fase de composição dos danos, poderá fazê-lo em momento posterior, desde que respeitado o prazo decadencial de 6 (seis) meses.

A mera ausência de exercício do direito na audiência preliminar, assim, não caracteriza renúncia, nem decadência. É o que dispõe o art. 75, parágrafo único, da Lei 9.099/1995: "O não oferecimento da representação na audiência preliminar não implica decadência do direito, que poderá ser exercido no prazo previsto em lei".

Exercido o direito de representação, passa-se à etapa da proposta de transação penal, se cabível, a cargo do Ministério Público. Não oferecida a proposta de transação (por incabível), ou em caso de recusa, poderá o Ministério Público, se presentes os requisitos próprios da ação penal, oferecer denúncia oral em audiência.

(c) Em se tratando de *ação penal pública incondicionada*, obtida ou não a composição civil dos danos, passa-se à etapa da proposta de transação penal, se cabível, a cargo do Ministério Público. Não oferecida a proposta, por incabível, ou em caso de recusa, poderá o Ministério Público, se presentes os requisitos próprios da ação penal, oferecer denúncia oral em audiência.

Fixados superficialmente esses parâmetros, examina-se a seguir com mais detalhes o instituto da transação penal, fundamentada no art. 98, inciso I, da Constituição da República[26], e disciplinada no art. 76 da Lei nº 9.099/1995.

---

26. Art. 98. A União, no Distrito Federal e nos Territórios, e os Estados criarão: I – juizados especiais, providos por juízes togados, ou togados e leigos, competentes para a conciliação, o julgamento e a execução de causas cíveis de menor complexidade e infrações penais de menor potencial ofensivo, mediante os procedimentos oral e sumariíssimo, permitidos, nas hipóteses previstas em lei, a transação e o julgamento de recursos por turmas de juízes de primeiro grau.

4.3.3. Transação penal: natureza, aplicabilidade, oportunidade, procedimento

a) natureza jurídica da transação penal

Inicialmente, assevere-se que a proposta de transação penal não pode ser compreendida como uma etapa automática após a oportunidade da composição dos danos civis. O Ministério Público deve, antes de tudo, verificar a existência concreta das condições da ação penal, sobretudo da justa causa em sentido estrito, isto é, da materialidade e de indícios da autoria de fato em tese constitutivo de infração penal.

Em sendo negativa a *opinio delicti*, deverá o órgão do Ministério Público, em vez de formular proposta de transação penal, requerer o arquivamento do termo circunstanciado de ocorrência (peça informativa). O juiz, se discordar do pleito, deverá provocar a chefia da instituição (Ministério Público), aplicando o art. 28 do CPP.

Não faz sentido, com efeito, que o Ministério Público formule proposta de "aplicação antecipada de pena restritiva de direitos" mesmo quando sequer haja identificado justa causa para a ação penal, que será promovida no caso de recusa da proposta. O próprio art. 76, *caput*, da Lei nº 9.099/1995 acolhe essa lógica, ao dispor que a proposta de transação penal será formulada *quando não for o caso de arquivamento*.

Assim, em caso de *opinio delicti* positiva, poderá ser ofertada a transação penal. Apesar da prática em caminho diverso, o Ministério Público deve, previamente à oferta da transação penal, formar sua convicção quanto à existência ou não de elementos suficientes para o exercício da ação penal.

Entendendo que a ação penal pode ser exercida, o Ministério Público, contudo, antes disso, formula proposta de acordo de transação penal, cuja aceitação pelo agente e homologação pelo juiz acarretam o não exercício da acusação pública e, cumpridas as condições especificadas no acordo, a extinção da punibilidade do sujeito.

Cuida-se, assim, de instituto com repercussões na esfera da obrigatoriedade da ação penal. No procedimento sumaríssimo, não há aplicação plena desse princípio, instituindo a lei um modelo especial de *discricionariedade regrada*, em que o Ministério Público poderá avaliar a conveniência e a oportunidade de, em vez de oferecer a denúncia, propor um acordo em que se apliquem condições equivalentes a penas restritivas de direitos ou à pena de multa.

De acordo com a lei, consiste a transação penal na "aplicação imediata de penas restritivas de direitos ou multa", conforme o art. 76, *caput*, da Lei nº 9.099/1995: "Havendo representação ou tratando-se de ação penal pública incondicionada, não sendo caso de arquivamento, o Ministério Público poderá propor a aplicação imediata de pena restritiva de direitos ou multas, a ser especificada na proposta".

É preciso, no entanto, bem compreender a *natureza* do instituto da transação penal. Trata-se de medida de cunho consensual e conciliatório, entre o titular da ação penal e o suposto autor do fato constitutivo da infração penal, pelo qual este aceita, sem assunção de culpa, sujeitar-se às condições especificadas na proposta, para em troca obter a extinção de sua punibilidade.

Assim, a "aplicação antecipada de pena" não significa que haja um juízo conde-natório prévio, com a imposição de penas menos graves que a privativa de liberdade. Na hipótese, as condições do acordo de transação penal é que correspondem a penas restritivas de direitos ou multa, não havendo propriamente, portanto, aplicação ante-cipada, com efeitos penais. O sujeito, para não responder ao processo nem correr o risco de ser condenado, aceita submeter-se a condições especiais correspondentes a penas restritivas de direitos ou multa.

A transação penal, assim, tem natureza de acordo, sujeito à homologação judicial, não implicando qualquer assunção de culpa (art. 76, §§ 4º e 6º, Lei 9.099/1995). Acre-ditamos superada, no particular, a antiga controvérsia doutrinária sobre o tema, em-bora haja autores sustentando a natureza condenatória imprópria (PAZZAGLINI FILHO, ALEXANDRE DE MORAES, SMANIO e VAGGIONE) e a natureza declaratória constitutiva (CEZAR BITTENCOURT[27]) da *sentença judicial* que aplica a transação penal. Parece-nos fora de dúvida, em consonância com essa última orientação doutrinária, que se cuida de *sentença declaratória, de caráter meramente homologatório.*

No sentido sustentado, refira-se o julgado do Plenário do Supremo Tribunal Fe-deral no RE 795.567/PR (STF, Tribunal Pleno, RE 795.567, Rel. Min. TEORI ZAVASCKI, julgamento em 28.05.2015, DJ de 09.09.2015): "1. Tese: os efeitos jurídicos previstos no art. 91 do Código Penal são decorrentes de sentença penal condenatória. Tal não se verifica, portanto, quando há transação penal (art. 76 da Lei 9.099/95), cuja sentença tem natureza homologatória, sem qualquer juízo sobre a responsabilidade criminal do aceitante. As consequências da homologação da transação são aquelas estipuladas de modo consensual no termo de acordo. 2. Solução do caso: tendo havido transação penal e sendo extinta a punibilidade, ante o cumprimento das cláusulas nela estabelecidas, é ilegítimo o ato judicial que decreta o confisco do bem (motocicleta) que teria sido utilizado na prática delituosa. O confisco constituiria efeito penal muito mais gravoso ao aceitante do que os encargos que assumiu na transação penal celebrada (fornecimento de cinco cestas de alimentos)".

b) aplicabilidade da transação penal: ação penal de iniciativa pública e ação penal de iniciativa privada

Nos termos do art. 76, *caput*, da Lei nº 9.099/1995, a transação penal será proposta *pelo Ministério Público*, o que sugere a aplicabilidade do instituto apenas no âmbito da ação penal de iniciativa pública.

A doutrina e jurisprudência, entretanto, fixaram a aplicabilidade da transação penal também no domínio da ação penal de iniciativa privada. Com efeito, tratando-se de instituto despenalizador a beneficiar o suposto autor de fato constitutivo de infração penal, não há fundamento que justifique a restrição de sua aplicabilidade a um tipo de ação penal. Essa posição está hoje pacificada.

---

27. "Em nossa concepção, a *decisão* que aplica pena transacionada é *homologatória* e tem natureza *de-claratória constitutiva...*" Cfr. BITTENCOURT, Cezar Roberto. *Juizados Especiais Criminais Federais*. São Paulo: Saraiva, 2003, p. 12.

Entendemos que, aceita a aplicabilidade da transação no âmbito da ação penal privada, a iniciativa da proposta só pode caber ao ofendido, titular da acusação. Afigura-se-nos impróprio, portanto, este entendimento expresso no Enunciado 112 do Fórum Nacional de Juizados Especiais (FONAJE): "Na ação penal de iniciativa privada, cabem transação penal e a suspensão condicional do processo, mediante proposta do Ministério Público".

Ora, se a iniciativa para a acusação é exclusiva do ofendido, não se compreende a possibilidade de formulação *pelo Ministério Público* de proposta cuja aceitação acarretará o não exercício da ação penal. De resto, a formulação de proposta de transação penal integra a discricionariedade do órgão legitimado para acusar, pois diz respeito ao exercício ou não do direito de ação. A titularidade para a transação penal emana, assim, da titularidade para a ação penal.

A jurisprudência do Superior Tribunal de Justiça orienta-se no sentido de que: (i) é cabível a transação penal no âmbito da ação penal de iniciativa privada; (ii) nessa hipótese, caberá ao ofendido a formulação da proposta.

Nessa trilha, refira-se o julgado da Corte Especial do STJ na APn 632/RJ (STJ, Corte Especial, APn 634, Rel. Min. Felix Fischer, julgamento em 21.03.2012, DJ de 03.04.2012): "A jurisprudência dos Tribunais Superiores admite a aplicação da transação penal às ações penais privadas. Nesse caso, a legitimidade para formular a proposta é do ofendido, e o silêncio do querelante não constitui óbice ao prosseguimento da ação penal. Isso porque, a transação penal, quando aplicada nas ações penais privadas, assenta-se nos princípios da disponibilidade e da oportunidade, o que significa que o seu implemento requer o mútuo consentimento das partes".

Reserva-se ao ofendido, assim, a oportunidade quanto ao oferecimento ou não de proposta de transação penal. Caso o ofendido resolva não formular a proposta, o instituto não será aplicado. Acolhe-se, dessa forma, o entendimento de que a transação penal não é direito subjetivo do imputado.

Ainda que se entenda poder o Ministério Público formular a proposta de transação na esfera da ação penal de iniciativa privada, como admitido em alguns julgados antigos do STJ, e também em voto vencido da Ministra Maria Thereza de Assis Moura na aludida APn 632[28], isso apenas poderá ocorrer *mediante a anuência do ofendido*. Não

---

28. A Ministra Maria Thereza, em verdade, registrou entendimento no sentido do cabimento da transação por proposta do Ministério Público *no caso de silêncio do ofendido*: "Tem legitimidade o Ministério Público para propor a transação penal na ação penal privada na hipótese em que o querelante permanece silente diante da intimação para realizar a proposta de transação ao querelado, pois se o instituto da transação é aplicável, analogicamente, ao rito da ação penal privada, há violação ao princípio da isonomia ao se entender que o Ministério Público deve realizar a proposta de transação ou justificar a sua não proposição na ação penal pública, e, noutro lado, que o querelante não se sujeita à mesma imposição. Tem legitimidade o Ministério Público para propor a transação penal na ação penal privada na hipótese em que o querelante permanece silente diante da intimação para realizar a proposta de transação ao querelado, pois se é certo que o querelante na ação penal privada é parte legítima para dar início à persecutio criminis e detém, inclusive, a discricionariedade de fazê-lo, isso não lhe transfere o poder absoluto de, por ato unilateral, impedir a realização da proposta de transação penal, que tem cunho despenalizante e, portanto, de política criminal, além do que, o querelado tem o direito de saber os motivos pelos quais não se permite a transação penal".

há hipótese, assim, de proposta de transação penal pelo Ministério Público independentemente da vontade do titular da ação penal.

c) *transação penal: direito subjetivo do imputado ou discricionariedade do titular da ação penal?*

Em qualquer espécie de ação penal, é a transação direito subjetivo do indivíduo ou faculdade (discricionária) do titular do direito de acusar?

No domínio da *ação penal de iniciativa pública*, como visto, a proposta caberá exclusivamente ao Ministério Público (art. 129, I, CF, e art. 76, *caput*, Lei nº 9.099/1995). Não poderá o juiz, portanto, aplicar a transação penal quando não haja manifestação propositiva do órgão do Ministério Público nesse sentido.

Na hipótese de recusa do órgão do Ministério Público oficiante no juizado em oferecer a transação penal, poderá o juiz aplicar subsidiariamente o art. 28 do CPP, provocando a chefia da instituição (Procurador-Geral de Justiça, na esfera estadual), para que resolva acerca do oferecimento ou não da proposta. O Supremo Tribunal Federal já sumulou orientação jurisprudencial nesse sentido quanto à proposta de suspensão condicional do processo, com razões de igual modo aplicáveis à proposta de transação penal. Consulte-se, no particular, a Súmula nº 696 da Suprema Corte: "Reunidos os pressupostos legais permissivos da suspensão condicional do processo, mas se recusando o Promotor de Justiça a propô-la, o Juiz, dissentindo, remeterá a questão ao Procurador-Geral, aplicando-se por analogia o art. 28 do Código de Processo Penal".

Assim, remetida a questão à chefia do Ministério Público, poderá o Procurador--Geral de Justiça (no âmbito estadual) insistir na posição do Promotor de não ofertar a proposta, ou, concordando com o juiz, designar outro Promotor para oferecer a transação. Na primeira hipótese, o juiz está obrigado a aceitar a manifestação final de vontade da instituição Ministério Público.

Como antes afirmado, na esfera da *ação penal de iniciativa privada*, a proposta integra a discricionariedade do ofendido. Tampouco nessa esfera, portanto, haverá a possibilidade de aplicação judicial do instituto da transação independentemente da vontade do ofendido.

Nessa lógica, conclui-se que a transação penal integra a discricionariedade do titular da ação penal, ainda que com a possibilidade, no âmbito da ação penal de iniciativa pública, de controle judicial junto à chefia do Ministério Público. Não poderia ser diferente, em se tratando de modelo *consensual*, cuja aplicabilidade, ademais, envolve condição de caráter subjetivo, qual seja, a suficiência da medida diante dos antecedentes, da conduta social e da personalidade do agente, assim como dos motivos e circunstâncias (art. 76, § 2º, III, Lei nº 9.099/1995).

Essa avaliação, *em uma fase preliminar*, não deve ficar a cargo do juiz senão no plano hipotético e sempre que haja formulação de proposta pelo titular da ação e aceitação pelo agente. Nessas condições, o Ministério Público poderá entender que a medida não é adequada diante das circunstâncias específicas do caso e deixar de oferecê-la.

Nesse caso, o juiz poderá regrar a discricionariedade provocando a chefia da instituição, a quem cabe, de todo modo, a última palavra. Fica claro, assim, que o sistema reservou ao Ministério Público a aferição da hipótese do art. 76, § 2º, III, da Lei nº 9.099/1995, para o efeito de oferecer ou não a proposta, que, consistindo em modelo consensual, não lhe pode ser imposta. Ao juiz se reservou a aferição da mesma hipótese *quando haja proposta*, para o efeito de homologá-la ou não.

Tenha-se em conta, porém, que o caso é de *discricionariedade*, o que impõe a devida fundamentação, pelo Ministério Público (e também pelo ofendido, na ação penal de iniciativa privada), do não exercício da proposta, sob pena de nulidade do ato de acusação (denúncia ou queixa).

d) cabimento da transação penal

A transação penal é cabível no âmbito de qualquer processo por infração penal de menor potencial ofensivo (art. 61, Lei nº 9.099/1995), ainda que, por força de regra de conexão ou de continência, seja a competência deslocada para o juízo comum (art. 60, parágrafo único, Lei nº 9.099/1995).

Nesse sentido, mesmo que a competência para o processo e julgamento da infração penal de menor potencial ofensivo seja modificada, saindo o feito da esfera dos juizados especiais criminais, ainda assim se aplica a transação penal (e também, previamente, a composição civil dos danos). A conexão entre infrações penais, portanto, não impede a aplicabilidade da transação penal quanto à infração penal de menor potencial ofensivo conexa, que deve ser considerada isoladamente para esse efeito.

A título de exemplo, na hipótese de conexão entre lesão corporal grave contra o *sujeito A* e lesão corporal leve contra o *sujeito B*, a competência para o processo e julgamento desta última, infração de menor potencial ofensivo, pode ser fixada no juízo comum. Nesse caso, poderão ser sucessivamente aplicadas a composição civil dos danos e a transação penal quanto à lesão corporal leve, considerada independentemente da lesão corporal grave conexa, para esse fim. É o que dispõe o art. 60, parágrafo único, da Lei nº 9.099/1995: "Na reunião de processos, perante o juízo comum ou o tribunal do júri, decorrentes da aplicação das regras de conexão e continência, observar-se-ão os institutos da transação penal e da composição civil dos danos".

Mesmo se tratando de infração penal de menor potencial ofensivo, contudo, a lei fixa exceções à aplicabilidade da transação penal. Nesse particular, o art. 76, § 2º, da Lei nº 9.099/1995 veda a transação nas seguintes hipóteses: (i) "ter sido o autor da infração condenado, pela prática de crime, à pena privativa de liberdade, por sentença definitiva"; (ii) "ter sido o agente beneficiado anteriormente, no prazo de 5 (cinco) anos, pela aplicação de pena restritiva ou multa, nos termos deste artigo"; (iii) "não indicarem os antecedentes, a conduta social e a personalidade do agente, bem como os motivos e as circunstâncias, ser necessária e suficiente a adoção da medida". As hipóteses dos incisos I e II são objetivas; a do inciso III, subjetiva.

A prévia condenação a pena privativa de liberdade (inciso I) deve ser definitiva, em sentença transitada em julgado. Têm-se, assim, dois elementos próprios da vedação: (a) condenação *definitiva*; (b) condenação a *pena privativa de liberdade*. Nessas condições, a mera existência de outro processo penal não é impeditiva da oferta e da aplicação do instituto da transação. De outra parte, tampouco constitui impeditivo a condenação definitiva a pena restritiva de direito ou exclusivamente a pena de multa.

É irrelevante a circunstância de se o trânsito em julgado da sentença condenatória a pena privativa de liberdade ocorreu antes ou após a suposta prática da infração penal de menor potencial ofensivo. A preexistência da condenação definitiva há de ser considerada *na oportunidade própria para a oferta da transação penal*, independentemente de quando haja sido praticado o fato constitutivo da infração penal de menor potencial ofensivo.

Assim, mesmo que o trânsito em julgado da condenação anterior tenha ocorrido posteriormente ao fato (infração penal de menor potencial ofensivo), veda-se a transação nos termos do art. 76, § 2°, I, da Lei n° 9.099/1995.

Outro seria o regime caso a lei vedasse a transação *para o reincidente*, hipótese em que, se o trânsito em julgado da condenação anterior ocorreu depois do fato (infração penal de menor potencial ofensivo) objeto do novo processo, *seria*, aí sim, possível a transação (nesse caso não se teria réu reincidente, pois a reincidência só se caracteriza pela prática de novo crime após o trânsito em julgado da primeira condenação, conforme o art. 63 do Código Penal).

Por outro lado, se o agente houver celebrado acordo de transação penal nos últimos 5 (cinco) anos, não poderá se beneficiar novamente do instituto (inciso II).

Por fim, como vedação de caráter subjetivo, a transação não será aplicada se os antecedentes, a conduta social e a personalidade do agente, bem como os motivos e as circunstâncias do fato, não a recomendarem como medida suficiente (inciso III).

Deve-se advertir que essa avaliação há de ser feita no plano hipotético, considerados em tese os fatos objeto do termo circunstanciado. Isso porque, na fase preliminar, obviamente não poderá haver antecipação de juízo condenatório, para o efeito de impedir a aplicação de instituto de caráter consensual.

Não se pode esquecer que a hipótese é de acordo, instituto próprio da justiça consensual, e não de aplicação antecipada de pena, a partir de juízo de condenação prévio ao devido processo legal.

As condições de aplicabilidade deverão ser consideradas tanto pelo titular da ação penal na formulação da proposta quanto pelo juiz quando da homologação. Poderá o juiz, assim, verificando a incidência de qualquer das hipóteses do art. 76, § 2°, da Lei n° 9.099/1995, deixar de homologar a proposta, em decisão que desafia *habeas corpus* para o beneficiário e mandado de segurança para o Ministério Público, segundo nossa posição, e não recurso de apelação, como defende RENATO BRASILEIRO. Isso porque, ao contrário da sentença homologatória, a decisão de não homologação tem natureza de interlocutória, a qual, não estando prevista no rol do art. 581 do CPP, é irrecorrível, sujeitando-se, porém, à impugnação pela ação autônoma adequada.

e) conteúdo da proposta de transação penal

De acordo com o art. 76, *caput*, da Lei n° 9.099/1995, o Ministério Público poderá propor a aplicação imediata de *pena restritiva de direitos ou multa*. A proposta, em verdade, consistirá no cumprimento de obrigações *correspondentes* a penas restritivas de direitos ou multa, já que, como adiantado, não há condenação do sujeito, e sim acordo homologado em sentença judicial, sem qualquer assunção de culpa. Não há propriamente, assim, aplicação antecipada de pena, e sim a proposição de acordo tendo por objeto obrigações cuja natureza corresponde àquela própria das penas restritivas de direitos ou da multa.

Esclarecido esse ponto, poderá o titular da ação penal propor obrigações correspondentes a: (i) penas restritivas de direitos, isto é, aquelas discriminadas no art. 43 do Código Penal, a saber: prestação pecuniária; perda de bens e valores; prestação de serviço à comunidade ou a entidades públicas; interdição temporária de direitos; limitação de fim de semana; (ii) pena de multa, objeto de disciplina no art. 49 do Código Penal.

A pena deverá ser *especificada* na proposta, conforme dispõe a parte final do art. 76, *caput*, da Lei nº 9.099/1995. Não se trata de mera indicação do tipo de pena proposto, e sim do conteúdo *específico e concreto* da proposta. Assim, se o Ministério Público propuser o pagamento de 6 (seis) salários mínimos a título de "aplicação antecipada" da pena restritiva de direitos de prestação pecuniária, a específica oferta, e não apenas o tipo de pena (prestação pecuniária), deverá constar do termo, de modo a possibilitar: (a) o controle judicial da legalidade da proposta concreta quando da decisão sobre a homologação, sobretudo quando a audiência preliminar tiver sido conduzida por conciliador (como permite o art. 73, *caput*, da Lei nº 9.099/1995); (b) o pleno conhecimento pelo sujeito do exato conteúdo da proposta, para a efetividade do cumprimento do acordo; (c) a verificação concreta e exata do cumprimento ou do descumprimento do acordo, efetivando-se no primeiro caso a extinção da punibilidade e, no segundo, a oportunidade da persecução penal em juízo (Súmula Vinculante nº 35, STF).

Sendo a multa a única medida proposta, poderá o juiz reduzi-la até a metade, nos termos do art. 76, § 1º, da Lei nº 9.099/1995.

f) aceitação da proposta de transação penal e consequências do descumprimento das condições

Aceita a proposta pelo suposto autor do fato, *poderá* ser a transação homologada pelo juiz. O juiz não está obrigado a homologar a transação penal aceita e submetida à sua apreciação (art. 76, § 3º, Lei nº 9.099/1995).

É possível que o juiz repute não cabível a proposta, ante a incidência de qualquer dos impeditivos discriminados no art. 76, § 2º, da Lei nº 9.099/1995. Nesse caso, recusará a homologação, cabendo ao titular da acusação exercer a *opinio delicti* para o efeito de oferecimento da denúncia ou da queixa.

Caso acolha a proposta de transação penal aceita, "o Juiz aplicará a pena restritiva de direitos ou multa, que não importará em reincidência, sendo registrada apenas para impedir novamente o mesmo benefício no prazo de cinco anos", nos termos do art. 76, § 4º, da Lei nº 9.099/1995.

Como antes assinalado, a sentença que aplica a transação penal tem natureza *meramente homologatória*, sem qualquer caráter condenatório (ainda que "impróprio", como sustenta parte – minoritária – da doutrina)[29]. O registro da sentença dá-se apenas para impedir nova possibilidade de transação penal para o mesmo sujeito nos próximos cinco anos (art. 76, § 4º, Lei nº 9.099/1995).

Não há, portanto, reincidência, *nem* a "imposição" da pena "constará de certidão de antecedentes criminais", salvo para o fim especificado no § 4º do art. 76 (impedimento de nova concessão do benefício no prazo de 5 anos), "e não terá efeitos civis, cabendo aos interessados propor ação cabível no juízo cível", tudo nos termos do art. 76, § 6º, da Lei nº 9.099/1995.

Por muito tempo se discutiu sobre os efeitos do não cumprimento, pelo beneficiário, das condições fixadas na sentença homologatória da transação aceita. Uma corrente sustentava a conversão da pena restritiva de direitos ou da multa em pena privativa de liberdade, posição que, além de representar franca ofensa ao devido processo legal, esbarra até mesmo no comando do art. 51 do Código Penal, que veda a conversão da pena de multa em prisão no caso em que o condenado, podendo, deixar de pagá-la.

Outra corrente defendia que, descumprido o acordo, restava ao titular da proposta a promoção da execução civil do título. Essa posição se coaduna com a identificação, na sentença, da natureza condenatória, com eficácia de coisa julgada formal e também de coisa julgada material. Há diversos julgados do Superior Tribunal de Justiça nesse sentido.

O Supremo Tribunal Federal, entretanto, pacificou a matéria com a edição da Súmula Vinculante nº 35: "A homologação da transação penal prevista no art. 76 da Lei 9.099/1995 não faz coisa julgada material e, descumpridas suas cláusulas, retoma-se a situação anterior, possibilitando-se ao Ministério Público a continuidade da persecução penal mediante oferecimento de denúncia ou requisição de inquérito policial".

Essa parece-nos ser a posição mais adequada. Descumprido o acordo homologado em ato com eficácia apenas de coisa julgada formal, o feito terá prosseguimento de acordo com o rito procedimental disciplinado em lei. Assim, caberá ao titular da ação penal, na hipótese de descumprimento do acordo, exercer o direito de acusar, pelo oferecimento da denúncia ou da queixa, ou, se precisar de maiores elementos de informação, requisitar previamente a instauração de inquérito policial.

A sentença homologatória da transação penal desafia recurso de apelação, nos termos do art. 76, § 5º, da Lei nº 9.099/1995. Quanto à *decisão do juiz que se nega a homologar a transação penal*, é irrecorrível. Nesse particular, Renato Brasileiro sustenta que a decisão é impugnável por apelação, com base no art. 593, II, do CPP, "por se tratar de decisão interlocutória mista não terminativa"[30].

---

29. Alguns autores sustentam que a sentença que aplica a transação penal tem natureza "condenatória imprópria", impondo a aplicação de pena como efeito da condenação, mas sem reconhecimento da culpabilidade do sujeito.

30. Lima, Renato Brasileiro de. *Manual de Processo Penal*. Salvador: JusPodivm, 2015, p. 1444.

Discordamos dessa orientação, como já antes aludido. Ora, o art. 593, II, do CPP, abrange as decisões definitivas ou com força de definitivas não previstas no rol do art. 581. O ato decisório em exame não tem qualquer caráter terminativo, como reconhece BRASILEIRO, cuidando-se mesmo de decisão *interlocutória*, à qual se aplica a regra geral de irrecorribilidade, por não estar prevista no rol do art. 581 do CPP.

A decisão, no entanto, pode ser impugnada: (a) pelo suposto autor do fato, por meio de *habeas corpus*; (b) pelo titular da ação (Ministério Público ou ofendido), por meio de mandado de segurança, eis que o autor da proposta dispõe, em tese, do direito líquido e certo de tê-la efetivada.

g) aplicabilidade e oportunidade da transação penal no juízo comum

A proposta de transação penal, quando cabível, deverá ser formulada na audiência preliminar, sucessivamente à etapa da composição dos danos civis.

Entretanto, há previsão legal de aplicabilidade do instituto após o oferecimento da denúncia, na oportunidade da audiência de instrução e julgamento, sempre que "não tiver havido possibilidade de tentativa de conciliação e de oferecimento de proposta pelo Ministério Público", nos termos do art. 79 da Lei nº 9.099/1995.

Ademais, após a reforma introduzida pela Lei nº 11.719/2008, o art. 383, § 2º, do CPP passou a contemplar expressamente a aplicabilidade de transação penal quando, na hipótese de *emendatio libelli* operada em princípio no momento da sentença, a nova definição jurídica atribuída ao fato corresponder a infração penal de menor potencial ofensivo. Nesse caso, dispõe a lei que serão os autos remetidos ao juizado especial criminal.

Apesar disso, entendemos não haver qualquer impedimento de que a transação penal seja aplicada no próprio juízo comum, por proposta do Ministério Público (ou do querelante, conforme o caso).

De resto, a transação penal é aplicável no juízo comum, quando reunidas as condições próprias do instituto, em outras hipóteses excepcionais, disciplinadas na própria Lei nº 9.099/1995: (a) remessa dos autos ao juízo comum no caso em que o denunciado ou querelado não tenha sido encontrado para citação (art. 66, parágrafo único, Lei nº 9.099/1995); (b) remessa dos autos ao juízo comum em virtude da complexidade ou das circunstâncias do caso (art. 77, § 2º, Lei nº 9.099/1995); (c) reunião de processos no juízo comum por força da aplicação de regras de modificação de competência (conexão ou continência), hipótese em que o art. 60, parágrafo único, da Lei nº 9.099/1995, fixa expressamente a aplicabilidade da composição civil dos danos e da transação penal no que se refere à infração penal de menor potencial ofensivo.

A própria sistemática legal, portanto, viabiliza a aplicação dos institutos regulados na Lei nº 9.099/1995, inclusive a transação, perante o juízo comum, dentro do procedimento sumário.

Nessas condições, cogite-se do exemplo em que, não encontrado o sujeito para citação, hajam os autos sido remetidos para o juízo comum. Se acontecer de, por mandado do juízo criminal comum, ser o sujeito citado para apresentar resposta à ação penal (arts. 396 e 396-A, CPP), deverá o órgão judiciário, antes de inaugurar a fase instrutória, dar vista dos autos ao Ministério Público para fins de oferta da transação penal.

Como, em decorrência da remessa dos autos ao juízo comum, deverá ser aplicado o procedimento sumário (art. 538, CPP), o recebimento da inicial acusatória e a citação *efetivada* têm como efeito correlato a abertura do prazo para resposta à acusação (art. 396, CPP). Essa etapa, portanto, deve ser cumprida, assim como as subsequentes, de réplica do acusador e de análise judicial sobre a ratificação ou não do recebimento da inicial, com a possibilidade de rejeição liminar (art. 395, CPP) e de absolvição sumária (art. 397, CPP).

Todas essas etapas são próprias do procedimento sumário e, *por dizerem respeito à admissibilidade da própria acusação em tese*, devem a nosso juízo ser cumpridas antes da aplicabilidade de qualquer instituto previsto na Lei nº 9.099/1995, isto é, transação penal (art. 76) e suspensão condicional do processo (art. 89).

Assim, entendemos que, nas hipóteses de remessa dos autos ao juízo comum (art. 66, parágrafo único, e art. 77, § 1º, Lei nº 9.099/1995), uma vez ratificado o recebimento da inicial acusatória (art. 399, CPP), deverá o juiz designar audiência específica para a oferta de transação penal e, sucessivamente, de suspensão condicional do processo. Tudo isso, portanto, após o encerramento da fase postulatória e de admissibilidade, com a ratificação do recebimento da inicial acusatória[31].

Essa solução parece-nos a que melhor se ajusta a uma compatibilização da sistemática da Lei nº 9.099/1995 com a do Código de Processo Penal reformado pela Lei nº 11.719/2008.

4.3.4. Não oferecimento da transação pelo titular da ação penal ou recusa da proposta pelo imputado: oferecimento oral da denúncia ou da queixa e "citação"

Se não oferecida a transação penal pelo titular da ação, ou se recusada a proposta pelo imputado, ou ainda em caso de ausência deste, poderá ser oferecida denúncia ou queixa oral, ainda na audiência preliminar, desde que não haja a necessidade de diligências imprescindíveis (art. 77, *caput*, Lei nº 9.099/1995).

Por outro lado, caso a transação penal seja oferecida e aceita, mas tenha sua homologação recusada pelo juiz na própria audiência preliminar, aplica-se o mesmo regime e, se posteriormente a decisão vier a ser reformada, ficam prejudicados os atos praticados a partir do oferecimento da denúncia ou queixa oral, pois nessa hipótese (reforma) será aplicada a transação e, cumpridas as condições do acordo, extingue-se a punibilidade o agente.

---

31. Sobre a suspensão condicional do processo (art. 89, Lei 9.099/1995), já expusemos, no estudo do procedimento ordinário, que o juiz, sempre que aplicável o benefício, deverá, *quando da ratificação do recebimento da inicial* (art. 399, CPP), designar audiência específica para a efetivação da proposta, antes de abrir a fase seguinte, com a designação de audiência de instrução e julgamento.

Quando o juiz recuse a homologação em momento posterior ao da audiência preliminar, poderá o legitimado oferecer denúncia ou queixa por escrito, sem prejuízo da impugnação da decisão judicial, seguindo-se a citação do acusado nos moldes legais.

De tudo quanto se expôs, o Ministério Público dispõe das seguintes alternativas até a oportunidade da audiência preliminar:

(i) pleito de *arquivamento* do termo circunstanciado.

(ii) se não for caso de arquivamento: *oferta de transação penal.*

(iii) se não aplicada a transação penal (não cabimento; ausência ou recusa do autor do fato; não homologação da proposta aceita pelo juiz): *oferecimento de denúncia.*

(iv) na hipótese de a complexidade e as circunstâncias do caso impedirem a formulação de denúncia: requerimento de *remessa das peças ao juízo comum*, onde será adotado o procedimento sumário (art. 77, § 2°, Lei n° 9.099/1995).

O mesmo regime aplica-se para o querelante na ação penal de iniciativa privada.

Quanto ao oferecimento da inicial acusatória, dispôs-se que esta se baseará no termo circunstanciado, dispensado o exame de corpo de delito "quando a materialidade do crime estiver atestada por boletim médico ou prova equivalente" (art. 77, § 1°, Lei n° 9.099/1995).

Na hipótese de complexidade do feito, ou na de impossibilidade de oferecimento de denúncia em virtude de circunstâncias específicas do caso, o Ministério Público poderá requerer ao juiz o encaminhamento das peças ao juízo comum, conforme o art. 77, § 2°, c/c art. 66, parágrafo único, da Lei n° 9.099/1995, hipótese em que se aplica o procedimento comum sumário, nos termos do art. 538 do CPP.

Oferecida a denúncia ou a queixa em audiência, o denunciado ou querelado, se presente, já fica citado, no mesmo ato, para a audiência de instrução e julgamento, "da qual também tomarão ciência o Ministério Público, o ofendido, o responsável civil e seus advogados" (art. 78, *caput*, Lei n° 9.099/1995). Se não presentes na audiência preliminar o ofendido e o responsável civil, deverão ser intimados para a audiência de instrução (art. 78, § 2°, Lei n° 9.099/1995) na forma do art. 67 da Lei n° 9.099/1995: "A intimação far-se-á por correspondência, com aviso de recebimento pessoal ou, tratando-se de pessoa jurídica ou firma individual, mediante entrega ao encarregado da recepção, que será obrigatoriamente identificado, ou, sendo necessário, por oficial de justiça, independentemente de mandado ou carta precatória, ou ainda por qualquer meio idôneo de comunicação". O mesmo formato de intimação (art. 67, Lei n° 9.099/1995) será aplicado para as testemunhas indicadas pelas partes, conforme o art. 78, § 3°, da Lei n° 9.099/1995.

Se não estiver presente, na audiência preliminar, o denunciado ou o querelado, aplica-se a citação por mandado a ser cumprido por oficial de justiça (artigos 66 e 68, Lei n° 9.099/1995), cientificando-se o destinatário acerca "da data da audiência de instrução e julgamento, devendo a ela trazer suas testemunhas ou apresentar requerimento para intimação, no mínimo 5 (cinco) dias antes de sua realização".

No procedimento sumaríssimo, portanto, a citação do sujeito, quanto à audiência de instrução em julgamento (art. 78, *caput* e § 1º, Lei nº 9.099/1995), está prevista para antes mesmo do recebimento da inicial acusatória, algo que só ocorrerá, como abordaremos adiante, na própria audiência de instrução, após a reposta oral formulada pelo defensor do denunciado ou querelado. Isto poderia conduzir ao entendimento de que o processo se inicia, *no procedimento sumaríssimo*, já com o oferecimento da denúncia ou da queixa.

Com efeito, pela sistemática da Lei nº 9.099/1995, o procedimento sumaríssimo (Seção III) começa com o oferecimento de denúncia oral pelo Ministério Público (art. 77), dando-se a citação em seguida, nos moldes do art. 78, *caput* (sujeito presente) ou § 1º (sujeito ausente). No entanto, a admissibilidade da acusação só será efetivada pelo juiz na audiência de instrução e julgamento, após resposta oral preliminar apresentada pelo defensor.

Não existe tecnicamente, porém, *citação* antes da instauração do processo pelo recebimento da denúncia. Assim, entendemos que a "citação" a que se refere a norma legal é, em verdade, uma *intimação*. Na audiência de instrução, poderá o juiz ou rejeitar liminarmente a denúncia ou a queixa, após a defesa prévia oral, ou recebê-la, inaugurando assim a a instrução.

4.4. Síntese da Fase Preliminar

(**i**) lavratura de termo circunstanciado de ocorrência >>

(**ii**) remessa ao juizado especial criminal >>

(**iii**) designação de audiência preliminar >>

(**iv**) na audiência preliminar > tentativa de composição dos danos civis >

(iv.1) se obtida a composição dos danos civis na ação penal pública condicionada ou na ação penal privada > homologação do acordo > renúncia ao direito de representação ou ao direito de queixa > extinção da punibilidade (fim).

(iv.2) não obtida a composição dos danos civis na ação penal pública condicionada ou na ação penal privada / obtida ou não a composição civil na ação penal pública incondicionada > arquivamento OU oferta de transação penal, se cabível, OU oferecimento de denúncia ou queixa oral >

(a) arquivamento (fim).

(b) oferta de transação penal > aceitação OU recusa pelo imputado >

(b.1) aceitação da proposta > homologação ou não pelo juiz > em caso de não homologação: oferecimento da denúncia ou queixa (c) > em caso de homologação: cumprimento ou não das condições pelo imputado > em caso de cumprimento das condições: extinção da punibilidade > em caso de não cumprimento das condições: retomada do feito, com o oferecimento da denúncia ou queixa (c).

(b.2) não aceitação da proposta > oferecimento de denúncia ou queixa (c).

(c) oferecimento de denúncia ou queixa oral > citação > fase instrutória.

4.5. Fase de Instrução

O art. 79 da Lei n° 9.099/1995 contempla nova oportunidade de composição dos danos civis e, sucessivamente, de transação penal *no dia e hora designados para a audiência de instrução e julgamento*, sempre que "na fase preliminar não tiver havido possibilidade de tentativa de conciliação e de oferecimento de proposta pelo Ministério Público". É o que acontece, por exemplo, na hipótese de ausência do sujeito na audiência preliminar.

Embora a lei só contemple a nova tentativa de composição e de transação em caso de impossibilidade de proposição de qualquer desses institutos na audiência preliminar, entendemos que o modelo de justiça consensual deve estimular a renovação do esforço, ainda que já tentada, sem sucesso, a conciliação em uma primeira oportunidade. É como sustentam ADA GRINOVER, GOMES FILHO, SCARANCE FERNANDES e FLÁVIO GOMES: "A simples leitura do texto legal [art. 79, Lei 9.099/1995] dá a entender que não se trata aqui de uma *segunda* tentativa de conciliação, nos casos em que as partes (ou partícipes) não chegaram a uma composição na audiência preliminar, mas sim de uma *primeira* oportunidade para a transação, quando a ausência de um dos envolvidos, ou outro motivo qualquer, inviabilizou as tratativas naquela fase prévia. Entretanto, dentro do espírito que informa o novo sistema, não deve ser excluída essa possibilidade, mesmo nos casos em que ficaram frustradas as tentativas de composição, civil e penal, realizadas na fase inicial. Se durante o tempo decorrido entre essas duas ocasiões houve melhor reflexão por parte dos interessados, no sentido de efetivar um acordo, nada deve obstar a composição, que constitui o primeiro objetivo da lei"[32].

Não aplicada a transação penal, abre-se a audiência de instrução e julgamento, disciplinada no art. 81 da Lei n° 9.099/1995: "Aberta a audiência, será dada a palavra ao defensor para responder à acusação, após o que o juiz receberá, ou não, a denúncia ou queixa; havendo recebimento, serão ouvidas as vítimas e as testemunhas de acusação e de defesa, interrogando-se a seguir o acusado, se presente, passando-se imediatamente aos debates orais e à prolação de sentença".

Na audiência de instrução e julgamento, portanto, cumpre-se ainda uma etapa de admissibilidade da acusação, com as seguintes características: (a) *resposta preliminar* apresentada *oralmente* pelo defensor técnico do denunciado ou do querelado; (b) recebimento ou não da inicial acusatória.

Sobre a abertura da oportunidade de "responder à acusação", há dois fatores que diferenciam essa defesa da *resposta à acusação* objeto do art. 396-A do CPP:

(i) Trata-se de resposta apresentada em contraditório prévio à admissibilidade judicial da ação penal, ainda, portanto, em uma etapa pré-processual, de modo que preferimos designar este ato por *resposta preliminar* ou *defesa preliminar*. Já a resposta à acusação própria dos procedimentos ordinário e sumário, como visto, é apresentada após o recebimento da inicial acusatória.

---

32. GRINOVER, Ada Pellegrini / GOMES FILHO, Antônio Magalhães / FERNANDES, Antônio Scarance / GOMES, Luiz Flávio. *Juizados Especiais Criminais*. São Paulo: Revista dos Tribunais, 2002, pp. 174-175.

(ii) Cuida-se de defesa *oral*, apresentada em audiência, embora cumpra finalidade semelhante à da resposta *escrita* à acusação objeto do art. 396-A do CPP.

No plano da finalidade, as diferenças entre a defesa oral preliminar do art. 81 da Lei nº 9.099/1995 e a resposta à acusação do art. 396-A do CPP traduzem-se assim:

(a) A primeira destina-se a influir no convencimento do juiz no sentido de conduzi-lo a rejeitar liminarmente a inicial acusatória, *ao invés de recebê-la*; a segunda destina-se a, *mesmo já recebida a inicial*, influir no convencimento do juiz no sentido de *rejeitá-la liminarmente, ao invés de ratificar o recebimento.*

(b) A segunda é a etapa própria para a indicação de testemunhas numerárias (art. 396-A, *caput*, CPP); a primeira não cumpre essa função, eis que, no procedimento sumaríssimo, as testemunhas de defesa devem ser levadas à audiência independentemente de intimação ou ter sua intimação postulada com pelo menos 5 (cinco) dias de antecedência em relação à data da audiência de instrução e julgamento (art. 78, § 1º, Lei nº 9.099/1995).

(c) A segunda associa-se a outras oportunidades de preparação de prova, como a juntada de documentos e o requerimento de perícias.

Quanto aos demais pontos finalísticos, as respostas prestam-se de igual modo à arguição de causas preliminares de rejeição da denúncia ou da queixa (art. 395, CPP) e de causas de absolvição sumária (art. 397, CPP). Quanto a essa última hipótese, assevere-se que a previsão do art. 397 do CPP, de caráter geral, aplica-se a qualquer procedimento para o qual não haja disciplina diversa, por força do disposto no art. 394, § 4º, do CPP: "As disposições dos arts 395 a 398 deste Código aplicam-se a todos os procedimentos penais de primeiro grau, ainda que não regulados neste Código".

Há disciplina específica quanto a causas de absolvição sumária, como se verá, para o procedimento do júri, conforme o art. 415 do CPP, só por isso se afastando a aplicabilidade do art. 397. Para os demais procedimentos, inclusive o sumaríssimo, são aplicáveis as hipóteses de absolvição sumária do art. 397, assim como as causas de rejeição liminar do art. 395, conforme expresso no art. 394, § 4º, do CPP.

Assim, apresentada a defesa oral, cuja essência repousa na admissibilidade da ação penal, o juiz decidirá se recebe a inicial acusatória ou se a rejeita liminarmente (art. 395, CPP). A oportunidade do recebimento da denúncia ou da queixa no procedimento sumaríssimo, assim, dá-se após a apresentação de resposta oral, formulada em audiência pelo defensor técnico do denunciado ou do querelado.

A decisão que rejeitar a inicial acusatória desafia recurso de apelação para turma recursal dos juizados especiais criminais (art. 82, *caput*, Lei nº 9.099/1995), a ser interposto, já com as respectivas razões, no prazo de 10 (dez) dias (art. 82, § 1º, Lei nº 9.099/1995). Não se aplica, nesse particular, o regime geral de cabimento do recurso em sentido estrito (art. 581, I, CPP) contra a decisão de rejeição liminar da denúncia ou da queixa.

Recebendo a inicial, poderá o juiz desde logo absolver sumariamente o acusado, se incidente qualquer das causas previstas no art. 397 do CPP, aplicáveis ao procedimento sumaríssimo, conforme acima demonstrado.

Não sendo o caso de absolvição sumária, deverá o juiz, recebendo a inicial na audiência: (a) conceder a palavra ao Ministério Público ou ao querelante, para fins de proposta de suspensão condicional do processo (art. 89, Lei nº 9.099/1995); ou (b) caso tenha sido formulada a proposta de suspensão condicional do processo na própria denúncia, conceder a palavra ao acusado e a seu defensor para dizer se a aceitam.

Pelo regime literal da Lei nº 9.099/1995, em particular ao que consta do art. 89, § 1º, a oportunidade de aceitação ou não da proposta de suspensão seria anteriormente ao recebimento da denúncia: "Aceita a proposta pelo acusado e seu defensor, na presença do juiz, este, recebendo a denúncia, poderá suspender o processo, submetendo o acusado a período de prova, sob as seguintes condições..." Assim, interpretação literal do dispositivo conduziria a esta sequência ritual: proposta de suspensão >> aceitação ou recusa >> em caso de aceitação >> recebimento ou rejeição da denúncia >> suspensão do processo.

Isso daria margem a que, após a aceitação pelo acusado da proposta de suspensão do processo, o juiz viesse a rejeitar a denúncia. A melhor técnica processual, assim, recomenda que primeiro o juiz faça a admissibilidade da ação penal e depois, recebida a denúncia, com o processo assim consolidado, aplique o procedimento de suspensão objeto do art. 89 da Lei nº 9.099/1995: oferecimento da proposta e, em caso de aceitação pelo acusado e seu defensor, suspensão do processo.

Por outro lado, não faz sentido que o processo seja suspenso na hipótese de acusação inadmissível. A suspensão do processo, portanto, pressupõe que o juízo antes haja admitido a acusação, pelo recebimento da denúncia. Com efeito, a suspensão do processo só é viável se houver processo instaurado, o que apenas ocorre com o recebimento da denúncia. É o que se firma, de resto, pela interpretação sistemática do art. 89, § 1º, conjugado com o art. 81, *caput*, da Lei nº 9.099/1995, dispondo que o juiz deverá (se for caso) receber a denúncia após a resposta oral do defensor do acusado. A oportunidade de aplicação do art. 89, assim, deve-se interpor entre o recebimento da denúncia a o início da instrução.

Recebida a inicial, e se não aplicada a suspensão condicional do processo (por incabível ou por ter sido recusada a proposta pelo acusado), abre-se a fase de instrução oral em audiência, composta basicamente pelas declarações da vítima e depoimentos das testemunhas de acusação e de defesa e pelo interrogatório do acusado, se presente.

De acordo com o art. 81, § 1º, "todas as provas serão produzidas na audiência de instrução e julgamento, podendo o juiz limitar ou excluir as que considerar excessivas, impertinentes ou protelatórias". A instrução do processo no procedimento sumaríssimo, assim, é toda oral, em audiência. Maior complexidade que ensejasse instrução mais ampla e multifacetada constitui hipótese de remessa das peças ao juízo comum, ainda na fase postulatória, conforme o art. 77, § 2º, da Lei nº 9.099/1995.

Na mesma lógica hoje vigente para os procedimentos ordinário e sumário, a Lei nº 9.099/1995 já instituíra pioneiramente, em nosso sistema, o interrogatório como último ato da instrução, prestigiando assim o exercício da autodefesa pelo acusado. Em outro salutar caminho, dispõe-se que o acusado será interrogado *se presente*, o que firma a possibilidade de o sujeito optar por não comparecer, no exercício de seu direito de não declarar (direito ao silêncio), sem que sua ausência vá acarretar condução coercitiva. Há clara dispensa legal, portanto, do comparecimento do acusado.

Nos termos do art. 80 da Lei n° 9.099/1995, "nenhum ato será adiado, determinando o juiz, quando imprescindível a condução coercitiva de quem deva comparecer". Só poderá ser determinada a condução coercitiva *de quem deva comparecer*, vale dizer, as testemunhas intimadas.

A ausência do acusado acarretará apenas a não realização da oportunidade de conciliação e, nos termos claros do art. 81, *caput*, a não realização do interrogatório. Já no caso do ofendido e de seu responsável civil, que devem ser intimados na forma do art. 78, § 2°, sua ausência acarretará apenas a não realização da oportunidade da composição civil dos danos, na ação penal de iniciativa pública. Sendo o caso de ação penal de iniciativa privada, entretanto, a ausência do ofendido acarretará perempção, conforme o art. 60, III, do CPP.

Após a instrução, passa-se imediatamente aos *debates orais*, na mesma audiência (art. 81, *caput*, Lei n° 9.099/1995). Não há *fase* de diligências no procedimento dos juizados especiais, por incompatível com a simplicidade da causa. De toda sorte, havendo diligência que o juiz considere imprescindível para o esclarecimento do fato, poderá, determinando-a, designar nova data para a continuação da audiência.

Não há tampouco a aplicabilidade de alegações finais por memoriais no procedimento sumaríssimo, por total incompatibilidade. Nesse ponto, observe-se que nem mesmo no procedimento sumário está prevista essa hipótese. Sabe-se que, na prática, não são raros os casos de coleta de alegações finais por memoriais mesmo no âmbito dos juizados especiais criminais, o que, sem dúvida, é um dos fatores de desvirtuamento do instituto e de seus princípios, em prejuízo da razoável duração do processo e, em particular, dos princípios inscritos no art. 62 da Lei n° 9.099/1995.

Por último, após o debates orais, tem-se a sentença, também na própria audiência. A sentença deve necessariamente ser proferida na própria audiência, sob pena de prejuízo aos princípios da oralidade e da concentração, próprios do procedimento sumaríssimo.

Não há sentido em ouvir o juiz os debates orais das partes e deixar para julgar o processo em momento posterior, o que, além de contrariar diretamente o devido processo legal (art. 81, *caput*, Lei n° 9.099/1995), ainda gera ofensa ao contraditório, no sentido do direito da parte de ter suas razões efetivamente consideradas pelo julgador.

Assim, exige-se imediatidade entre os debates orais e a sentença. Justamente para assegurar esse ponto é que se dispensa até mesmo o relatório da sentença, como fixa o art. 81, § 3°, da Lei n° 9.099/1995.

Em síntese, na lógica dos artigos 80 e 81, *caput* e § 1°, a audiência de instrução e julgamento do procedimento sumaríssimo é, em princípio, única, o que não exclui, entretanto, a possibilidade excepcional (mais excepcional que nos procedimentos ordinário e sumário) de fracionamento do ato em diferentes datas, se houver necessidade.

É o caso, por exemplo, da expedição de precatória para a inquirição de testemunha, hipótese que enseja a suspensão da audiência até que, cumprida a diligência deprecada, continue o ato em outra data, com a fase de debates orais e julgamento. Assim, mesmo no caso de expedição de carta precatória posteriormente ao início da audiência, entendemos que isso não justifica o afastamento do princípio da oralidade, com a intimação das partes para memoriais e a sucessiva prolação de sentença.

Como já pontuado, a lei não contempla exceção quanto ao oferecimento de alegações finais pela forma de memoriais, de modo que, para preservar o princípio da oralidade, em caso de pendência de diligência no curso da instrução que torne inviável o encerramento da audiência, esta deve continuar em momento posterior, com os debates e a sentença oral.

SEÇÃO II
Procedimentos Especiais

SUBSEÇÃO I
Procedimento do Júri

O procedimento do júri foi substancialmente modificado pela Lei n° 11.689/2008. Desde o advento dessa lei, o procedimento desdobra-se em três fases: (i) fase de *formação da culpa* ou *sumário da culpa* ou *fase instrutória*, também designada por *judicium accusationis* (juízo de acusação); (ii) fase de *preparação para o plenário*; (iii) fase do *juízo de mérito* ou *fase de julgamento*, também designada por *judicium causae* (juízo da causa).

A reforma modificou diversos elementos dentro das fases de instrução e de julgamento, assim como instituiu a fase intermediária, de preparação para o plenário.

Antes, porém, do estudo individualizado do rito procedimental aplicável em cada uma dessas fases, cumpre examinar os princípios constitucionais regentes da instituição do júri.

1. PRINCÍPIOS RELATIVOS À INSTITUIÇÃO DO JÚRI

O art. 5°, inciso XXXVIII, da Constituição Federal assim dispõe: "é reconhecida a instituição do júri, com a organização que lhe der a lei, assegurados: a) a plenitude de defesa; b) o sigilo das votações; c) a soberania dos veredictos; d) a competência para o julgamento dos crimes dolosos contra a vida".

Trata-se de princípios insertos no regime de direitos e garantias individuais, assegurados inclusive pela cláusula da imutabilidade (art. 60, § 4°, IV, CF). Nessa lógica, a *plenitude de defesa*, o *sigilo das votações*, a *soberania dos veredictos* e a *competência para o julgamento dos crimes dolosos contra a vida*, como situações jurídicas de matiz constitucional, constitutem *garantias individuais* do investigado e do acusado. Por essa razão, não podem ser invocadas, não com o mesmo significado e transcendência constitucionais, contra o próprio acusado. As repercussões particulares dessa orientação serão examinadas em diversos problemas analisados nesta Subseção, assim como no Capítulo XIX deste Curso.

A *plenitude de defesa* é a feição da garantia da ampla defesa na esfera do procedimento do júri. Guilherme Nucci sustenta que a defesa *plena* no júri tem significado protetivo mais forte que a ampla defesa assegurada aos acusados em geral[33].

Por mais que entendamos que a garantia da ampla defesa (art. 5º, LV, CF) seria também a de uma defesa plena, deve-se reconhecer que há previsões no procedimento do júri que efetivamente revelam uma feição diferenciada da defesa nesse âmbito particular: considere-se, por exemplo, a possibilidade de dissolução do Conselho de Sentença, a designação de nova data para o julgamento e a nomeação de novo defensor, sempre que o juiz considere indefeso o acusado, de acordo com o art. 497, V, do CPP. Como bem observa Nucci, "no Tribunal do Júri, onde as decisões são tomadas pela íntima convicção dos jurados, sem qualquer fundamentação, onde prevalece a oralidade dos atos e a concentração da produção de provas, bem como a identidade física do juiz, torna-se indispensável que a defesa atue de modo completo e perfeito – logicamente dentro das limitações impostas pela natureza humana"[34].

O *sigilo das votações* deve ser estritamente preservado de modo a resguardar a independência dos jurados. A lei contempla diversas medidas destinadas a garantir o sigilo, como no art. 487 do CPP: "Para assegurar o sigilo do voto, o oficial de justiça recolherá em urnas separadas as cédulas correspondentes aos votos e as não utilizadas".

A *soberania dos veredictos* atende ao resguardo da própria *competência* da *instituição do júri* para o julgamento dos crimes dolosos contra a vida. O veredicto do tribunal popular, assim, é soberano, não estando sujeito a revisão de mérito. Apenas vícios excepcionais, especificados no art. 593, III, *a* e *d*, do CPP (nulidade posterior à pronúncia e decisão manifestamente contrária à prova dos autos), ensejam a cassação ou anulação de veredicto do Conselho de Sentença, e assim mesmo com a submissão do acusado a novo julgamento perante o tribunal popular (art. 593, § 3º, CPP), dessa forma preservando-se a competência *da instituição* do júri.

Ademais, ainda no caso excepcional de anulação, contra a decisão proferida no novo julgamento não caberá mais recurso pelo mesmo motivo (art. 593, § 3º, parte final, CPP), o que reafirma o princípio constitucional da soberania dos veredictos.

Prestigia-se, assim, a livre convicção dos jurados na apreciação e decisão da causa. Ao convencimento íntimo e imotivado, até porque partido de um juiz leigo, associa-se a soberania da resolução proclamada pelo colegiado, sujeita apenas a um controle extremo, por uma vez, e assim mesmo sem incursão no mérito. Em última análise, a soberania pode conduzir até mesmo a soluções francamente contrárias aos parâmetros

---

33. Nucci, Guilherme de Souza. *Manual de Processo Penal e Execução Penal*. Rio de Janeiro: Forense, 2014, p. 36: "Enquanto aos réus em processos criminais comuns assegura-se a *ampla defesa*, aos acusados e julgados pelo Tribunal do Júri garante-se a *plenitude de defesa*. Os vocábulos são diversos e também o seu sentido. *Amplo* quer dizer vasto, largo, muito grande, rico, abundante, copioso; *pleno* significa repleto, completo, absoluto, cabal, perfeito. O segundo é, evidentemente, mais forte que o primeiro..."

34. Nucci, Guilherme de Souza. *Manual de Processo Penal e Execução Penal*. Rio de Janeiro: Forense, 2014, p. 36.

de responsabilidade penal dimensionados pela ordem jurídica, construídas a partir de sentimentos comuns de justiça.

É nesse contexto que se discute, por exemplo, a viabilidade da *absolvição por clemência*, quando os jurados, à vista de características especiais do caso concreto, ignorem a incidência técnica da responsabilidade penal, que levaria à condenação do acusado, para absolvê-lo mesmo assim. Nesse ponto, o próprio quesito principal disposto no art. 483, § 2º, do CPP ("O jurado absolve o acusado?"), depois da resposta afirmativa aos quesitos de materialidade e de autoria, sugere a tomada de decisão independente da alegação concreta de causas legais de exclusão da responsabilidade penal, algo que, em geral, decorre da própria natureza da instituição do júri, assentada no sistema da íntima convicção[35].

Por outro lado, cuidando-se de garantia individual, a soberania dos veredictos não pode ser invocada contra o acusado para possibilitar a *reformatio in pejus* indireta. Assim, se anulado o primeiro julgamento por manifesta contrariedade à prova dos autos, o segundo veredicto, ainda que reconheça número maior de qualificadoras, não poderá ensejar a fixação de pena maior que a aplicada com base no veredicto anulado. Nessa hipótese, em que pese a posição em sentido diverso, concilia-se (a) a soberania do julgamento popular quanto à condenação com (b) a proibição do agravamento, mesmo que indireto, da situação do acusado em decorrência reflexa de recurso exclusivo seu.

Não se pode perder de vista que a soberania dos veredictos, como princípio fundamental, é garantia individual do acusado, não podendo ser contra ele invocada para o fim de impedir a atuação da outra garantia, reconhecida pela jurisprudência nos demais casos, atinente à proibição da *reformatio in pejus* indireta. Há julgados antigos do Supremo Tribunal Federal em sentido contrário, mas a posição mais recente da Corte Suprema reflete o sentido que sustentamos. Nessa direção, refira-se o julgado

---

35. Pende de julgamento pela Terceira Seção do Superior Tribunal de Justiça o HC 350.895/RJ, que tem por objeto caso com estas características: A defesa do acusado suscitou, no plenário do Tribunal do Júri, tese de negativa de autoria. O Conselho de Sentença, por seu turno, respondeu afirmativamente aos quesitos da materialidade e da autoria, o que significaria, portanto, o rechaço da tese defensiva; entretanto, ao terceiro quesito ("O jurado absolve o acusado"?), respondeu o Conselho afirmativamente, o que reflete um julgado de clemência, em que os jurados, mesmo tendo reconhecido a autoria do fato imputada ao acusado, e sem a presença de causa de exclusão de responsabilidade, resolveram pela absolvição. Diante desse quadro, o Tribunal de Justiça do Rio de Janeiro deu provimento ao recurso de apelação interposto pelo Ministério Público, cassando o julgado, por manifesta contrariedade à prova dos autos. Contra esse acórdão foi impetrado *habeas corpus* perante o Superior Tribunal de Justiça, invocando essencialmente a possibilidade do julgamento de clemência. Como se pode notar, o *habeas corpus*, em concreto, é substitutivo do recurso especial então cabível em face do acórdão do TJ/RJ. Essa circunstância já conduziu a Relatora, a Ministra MARIA THEREZA DE ASSIS MOURA, ao início do julgamento na Terceira Seção, a votar pelo não conhecimento do *habeas corpus*, após o que pediu vistas o Ministro FÉLIX FISCHER, em 24.08.2016. Aguarda-se a conclusão do julgamento. Antes de o feito ser, pela relevância da matéria, afetado à Terceira Seção, o que ocorreu pelo acolhimento de Questão de Ordem suscitada pelo Ministro NEFI CORDEIRO (14.06.2016), na Sexta Turma se tinha o seguinte quadro: votos dos Ministros MARIA THEREZA DE ASSIS MOURA e NEFI CORDEIRO não conhecendo do *habeas corpus*; votos dos Ministros SEBASTIÃO REIS JÚNIOR e ROGÉRIO SCHIETTI CRUZ não conhecendo do *habeas corpus, mas concedendo a ordem de ofício*. Pode ser que a questão formal obste, no HC 350.895/RJ, a afirmação de interessante tese pelo Superior Tribunal de Justiça, mas há alguma sinalização no sentido da concessão da ordem de ofício. A acontecer isso, restará firmada a tese de que a absolvição por resposta positiva ao terceiro quesito ("O jurado absolve o acusado"), compreensível como clemência em virtude de não haver alegação de causa de exclusão de responsabilidade penal, não constitui julgamento manifestamente contrário à prova dos autos. Resta-nos aguardar.

da Segunda Turma no HC 89.544/RN (STF, 2ª Turma, HC 89.544, Rel. Min. CEZAR PELUSO, julgamento em 14.04.2009, DJ de 15.05.2009): "Anulados o julgamento pelo tribunal do júri e a correspondente sentença condenatória, transitada em julgado para a acusação, não pode o acusado, na renovação do julgamento, vir a ser condenado a pena maior do que a imposta na sentença anulada, ainda que com base em circunstância não ventilada no julgamento anterior"[36].

Assim, mesmo que reconhecidas circunstâncias qualificadoras novas, no segundo julgamento soberano, a pena não poderá exceder aquela fixada no primeiro veredicto. A soberania dos veredictos não pode ser invocada contra o próprio acusado, para o efeito de permitir uma *reformatio in pejus* indireta.

Para mais detalhes sobre o tema, remete-se o leitor ao Capítulo XIX deste Curso.

2. COMPETÊNCIA DO TRIBUNAL DO JÚRI

Como já referido, a própria Constituição (art. 5º, XXXVIII, *d*) estabelece a competência do Tribunal do Júri para o *julgamento* dos crimes dolosos contra a vida. Por sua vez, o art. 74, § 1º, do CPP, mais analiticamente dispõe: "Compete ao Tribunal do Júri o julgamento dos crimes previstos nos arts. 121, §§ 1º e 2º, 122, parágrafo único, 123, 124, 125, 126 e 127 do Código Penal, consumados ou tentados".

Em primeiro lugar, a competência é de *julgamento*, não abrangendo, naturalmente, a instrução do processo, que, como veremos, é conduzida na primeira fase do procedimento do júri por um juiz técnico, togado.

Quanto ao âmbito material, são os seguintes os crimes dolosos contra a vida, consumados ou tentados (art. 74, § 1º, CPP): (i) homicídio doloso, nos formatos simples (art. 121, *caput*, CP), privilegiado (art. 121, § 1º, CP) e qualificado (art. 121, § 2º, CP); (ii) participação em suicídio (art. 122, CP); (iii) infanticídio (art. 123, CP); (iv) aborto (arts. 124 a 127, CP)[37]. O Tribunal do Júri é também foro de atração para o julgamento das infrações penais conexas a crimes dolosos contra a vida (art. 78, I, CPP).

Para mais detalhes sobre a competência do júri, remete-se o leitor ao Capítulo VIII deste Curso, reservado à competência penal.

3. FASES DO PROCEDIMENTO DO JÚRI

Como de início afirmado, três são as fases do procedimento do júri, de acordo com o regime jurídico introduzido pela Lei nº 11.689/2008[38]:

---

36. O Superior Tribunal de Justiça firmou a mesma orientação: STJ, 6ª Turma, HC 170.850/RS, Rel. Min. ASSUSETE MAGALHÃES, julgamento em 15.08.2013, DJ de 13.09.2013.

37. O Supremo Tribunal Federal, em sua Súmula 603, fixou a orientação de que a competência para o processo e julgamento do crime de roubo seguido de morte, ou "latrocínio", é do juízo singular, e não do Tribunal do Júri, por se tratar de crime contra o patrimônio, ainda que qualificado pela morte, e ainda que a morte haja sido ocasionada dolosamente.

38. Não desconhecemos a doutrina, minoritária, no sentido de que, mesmo após o advento da Lei 11.689/2008, o procedimento do júri continuaria bifásico, com a fase do sumário da culpa e a do

Cap. XVII • PROCEDIMENTOS PENAIS 1121

(i) fase de formação da culpa ou sumário da culpa, ou *fase de instrução*, também correntemente designada pela expressão latina *judicium accusationis* (*fase do juízo de admissibilidade da acusação*): desde o recebimento da denúncia ou da queixa (subsidiária) até o juízo de admissibilidade da acusação (pronúncia, impronúncia, absolvição sumária ou desclassificação).

(ii) *fase de preparação para o julgamento em plenário*: desde a pronúncia confirmada (preclusa) até o momento da instalação da sessão em plenário do Tribunal do Júri.

(iii) fase do juízo de mérito ou *fase de julgamento*, também correntemente designada pela expressão latina *judicium causae* (*fase do juízo da causa*): desde a instalação da sessão em plenário até a sentença proferida pelo juiz-presidente com base no veredicto.

4. PROCEDIMENTO DA FASE DO JUÍZO DE ADMISSIBILIDADE DA ACUSAÇÃO (JUDICIUM ACCUSATIONIS)

4.1. Etapas Postulatória e Instrutória

Oferecida a denúncia ou a queixa subsidiária, que deve obedecer aos requisitos formais do art. 41 do CPP, o juízo decidirá se a recebe (art. 396, CPP) ou se a rejeita liminarmente (art. 395, CPP). Na inicial acusatória poderão ser arroladas até 8 (oito) testemunhas, do mesmo modo que no procedimento comum ordinário, de acordo com o art. 406, § 2º, do CPP.

As causas de rejeição liminar do art. 395 aplicam-se ao procedimento do júri (art. 394, § 4º, CPP). Não se aplica, porém, o art. 397 do CPP, referente às causas de absolvição sumária próprias do procedimento comum, uma vez que há dispositivo específico a esse respeito no procedimento do júri (art. 415, CPP).

Quanto ao mais, o procedimento do júri está disciplinado nos artigos 406 a 497, conforme expressamente fixado no art. 394, § 3º, do CPP.

Nessas condições, recebida a inicial acusatória, o juiz determinará a citação do acusado para resposta à acusação, no prazo de 10 (dez) dias (art. 406, *caput*, semelhante ao art. 396, *caput*, CPP), contado da data da ciência, registrada no mandado (Súmula 710/STF). Quando, citado por mandado, o acusado não constitua defensor para apresentar a resposta à acusação, o juiz deverá nomear-lhe defensor dativo, que cumpra essa finalidade, eis que se trata de peça essencial. Em caso de citação por edital, o prazo começa a correr do comparecimento em juízo do acusado ou de seu defensor constituído (art. 406, § 1º, semelhante ao art. 396, parágrafo único, CPP); não comparecendo o acusado nem seu defensor, aplica-se o art. 366 do CPP, com a suspensão do processo e do prazo prescricional e, se for caso, a produção antecipada de provas

---

julgamento em plenário. Nesse sentido, cfr. LIMA, Renato Brasileiro de. *Manual de Processo Penal*. Salvador: *Jus*Podivm, 2015, p. 1321. Essa doutrina não reconhece autonomia à fase intermediária instituída pela Lei 11.689/2008. De toda sorte, preferimos, até mesmo por razões didáticas, seguir a linha da sistemática afirmada pela reforma, identificando uma fase intermediária de contornos e etapas próprias, ainda que logicamente vinculadas às outras, sobretudo à última.

consideradas urgentes, assim como, se houver motivo (art. 312, CPP), a decretação de prisão preventiva.

Citado o acusado pessoalmente ou com hora certa, abre-se o prazo de 10 (dez) dias para resposta, que se presta à arguição de preliminares, à alegação de tudo o que possa interessar à defesa, ao oferecimento de documentos e justificações e à especificação de provas, inclusive a indicação de testemunhas, até o máximo de 8 (oito) (art. 406, § 3º, semelhante ao art. 396-A, *caput*, CPP).

Não apresentada a resposta, o juiz nomeará ao acusado defensor dativo, para essa finalidade (art. 408, semelhante ao art. 396-A, § 2º, CPP).

No prazo para a resposta, poderá ser apresentada qualquer das exceções previstas em lei, autuada em apartado (art. 407, semelhante ao art. 396-A, § 1º, CPP).

Até aqui, portanto, não há qualquer diferença entre o procedimento do júri e o procedimento comum *ordinário*, considerando que os artigos 406, 407 e 408 do CPP contêm disposições idênticas, no essencial, às dos artigos 396, 396-A e 401, *caput*, do CPP.

A primeira disposição específica do procedimento do júri é a do art. 409 do CPP, que contempla a oportunidade de manifestação (réplica) do Ministério Público ou do querelante, no prazo de 5 (cinco) dias, sobre preliminares e documentos apresentados na resposta à acusação. Já se viu, no entanto, que a mesma providência deve ser aplicada ao procedimento comum, de ritos ordinário e sumário, apesar da ausência de previsão expressa, em prestígio ao princípio do contraditório.

Após a oportunidade de manifestação do acusador (art. 409, CPP), "o juiz determinará a inquirição das testemunhas e a realização das diligências requeridas pelas partes, no prazo máximo de 10 (dez) dias", nos termos do art. 410 do CPP. No procedimento do júri, não há oportunidade, nesse momento, para a absolvição sumária, o que apenas poderá ocorrer ao final da fase instrutória, com base nas causas específicas do art. 415 do CPP. Assim, após o momento da réplica, o juiz já inaugura a fase instrutória, na forma do art. 410.

A audiência de instrução e julgamento do procedimento do júri, assim como a do procedimento comum, é uma do ponto de vista lógico, sem prejuízo de que possa ser fracionada em diferentes datas, se houver necessidade. De acordo com o art. 411 do CPP, "na audiência de instrução e julgamento, proceder-se-á à tomada de declarações do ofendido, se possível, à inquirição das testemunhas arroladas pela acusação e pela defesa, nesta ordem, bem como aos esclarecimentos dos peritos, às acareações e ao reconhecimento de pessoas e coisas, interrogando-se, em seguida, o acusado e procedendo-se o debate".

Tem-se, portanto, a seguinte ordem quanto à instrução, que será uma, vale dizer, realizada em uma só audiência (art. 411, § 2º, CPP), salvo em caso de necessidade de fracionamento, como, por exemplo, quando haja diligência a ser cumprida por carta precatória: (a) declarações do *ofendido*, se possível, na hipótese de crime tentado; (b) inquirição das *testemunhas* de acusação e de defesa, *nesta ordem*, sendo tal sequência de observância obrigatória (art. 411, § 8º, CPP), ressalvada a hipótese do art. 222 do CPP, isto é, a de inquirição de testemunha por carta precatória; (c) esclarecimentos de *peritos*, o que dependerá de prévio pleito (na forma do art. 159, § 5º, I, CPP) e de deferimento pelo juiz, nos termos do art. 411, § 1º, do CPP; (d) *acareações* (artigos 229 e 230, CPP); (e) *reconhecimento de pessoas e coisas* (artigos 226 a 228, CPP); *interrogatório* do acusado (artigos 185 a 196, CPP). Também no procedimento do júri, assim, o interrogatório é o último ato da instrução.

A respeito da unicidade da instrução, fixa o art. 411, § 7º, que "nenhum ato será adiado, salvo quando imprescindível à prova faltante, determinando o juiz a condução coercitiva de quem deva comparecer", ao passo que o art. 411, § 8º, prescreve que "a testemunha que comparecer será inquirida, independentemente de suspensão da audiência, observada em qualquer caso a ordem estabelecida no *caput* deste artigo".

O último dispositivo sugere que a audiência não será suspensa para a inquirição de testemunha faltante. Isso, entretanto, deve ser compreendido como regra, sem excluir a possibilidade excepcional da necessidade da prova faltante – como, aliás, prevê o art. 411, § 7º –, considerando também que nem sempre há (frequentemente não há) mecanismos para a imediata aplicação do procedimento de condução coercitiva da testemunha injustificadamente ausente.

Por seu turno, o art. 411, § 3º, do CPP fixa a aplicabilidade do procedimento da *mutatio libelli*, objeto do art. 384, ao procedimento do júri.

Encerrada a instrução, passa-se, ainda na audiência, à fase de alegações finais (debates orais), na forma do art. 411, § 4º, do CPP: "As alegações serão orais, concedendo-se a palavra, respectivamente, à acusação e à defesa, pelo prazo de 20 (vinte) minutos, prorrogáveis por mais 10 (dez)". Na hipótese de pluralidade de acusados, "o tempo previsto para a acusação e a defesa de cada um deles será individual", nos termos do art. 411, § 5º. Se houver assistente, o respectivo procurador disporá do tempo de 10 (dez) minutos, após o Ministério Público, "prorrogando-se por igual período o tempo de manifestação da defesa", conforme o art. 411, § 6º. Cuida-se de regime de todo semelhante, portanto, à disciplina das alegações finais orais reservada aos procedimentos ordinário (art. 403, CPP) e sumário (art. 534, CPP).

No procedimento do júri, assim como no procedimento comum sumário, não há a previsão, sequer em caráter excepcional, de hipótese de apresentação de alegações finais escritas, na forma de memoriais. Assim, de acordo com o regime legal, as alegações finais no procedimento do júri devem ser sempre orais, em audiência.

Isso nos leva a concluir, do mesmo modo que o fizemos em relação aos procedimentos sumário e sumaríssimo, que, se por força de necessidade excepcional a audiência vier a ser encerrada com a instrução pendente, ou de outro modo sem que a realização dos debates orais, o juiz deverá designar nova data para a continuação do ato, de modo que se viabilize o cumprimento do devido processo disciplinado no art. 411 do CPP.

Sustentamos isso em prestígio aos princípios da oralidade e da concentração, que orientaram as reformas do procedimento comum e do procedimento especial do júri. Na prática, porém, haverá sempre o expediente mais cômodo da intimação sucessiva das partes para a apresentação de alegações finais escritas.

Por fim, diversamente dos procedimentos sumário e sumaríssimo, em que só se contempla a prolação da sentença em audiência, no procedimento do júri a decisão judicial cabível ao final da fase de formação da culpa pode ser proferida: (a) na própria audiência, após as alegações finais orais; (b) ou no prazo de 10 (dez) dias. É o que dispõe o art. 411, § 9º, do CPP: "Encerrados os debates, o juiz proferirá a sua decisão, ou o fará em 10 (dez) dias, ordenando que os autos para isso lhe sejam conclusos".

A lei conferiu ao juiz, assim, a opção entre decidir em audiência ou dentro do prazo de 10 (dez) dias.

Normalmente, a apresentação de alegações finais orais pelas partes supõe que o juiz decida logo em seguida, na própria audiência. É o que acontece no procedimento ordinário, quando as alegações sejam orais, e sempre nos procedimentos sumário e sumaríssimo. A opção reservada ao juiz do júri de decidir em 10 (dez) dias, mesmo em se tratando (como sempre se trata) de debates orais, justifica-se pela maior complexidade, refletida nas alternativas decisórias disponíveis nessa etapa.

Com efeito, quatro são os pronunciamentos judiciais decisórios aplicáveis ao final da fase instrutória do procedimento do júri. Trata-se de quatro alternativas, isto é, a adoção de um dos pronunciamentos implica necessariamente a não aplicação dos demais: pronúncia, impronúncia, absolvição sumária, desclassificação. Cada uma dessas espécies será estudada nos próximos tópicos, de forma individualizada.

Por fim, o art. 412 do CPP fixa o prazo de 90 (noventa) dias para a conclusão do procedimento do júri na primeira fase.

4.2. Pronúncia

4.2.1. Sentido, alcance e efeitos

Nos termos do art. 413, *caput*, do CPP: "O juiz, fundamentadamente, pronunciará o acusado, se convencido da materialidade do fato e da existência de indícios suficientes de autoria ou de participação".

A *pronúncia* é a decisão interlocutória que conforma juízo de admissibilidade positivo da acusação, fundado na materialidade do fato em tese constitutivo de crime doloso contra a vida e em indícios suficientes de autoria ou participação do imputado, a partir dos elementos de prova consolidados na fase instrutória do procedimento do júri, e que tem como consequência jurídica a sujeição do pronunciado a julgamento perante o tribunal popular.

Trata-se, portanto, de juízo de *admissibilidade* da acusação, assim como o primeiro juízo de admissibilidade efetivado quando da avaliação judicial sobre o recebimento ou a rejeição liminar da inicial acusatória. À diferença desse primeiro momento, no entanto:

(a) O juízo de pronúncia baseia-se em elementos de *prova*, produzidos em contraditório judicial, na primeira fase do procedimento do júri, e não em elementos informativos da fase pré-processual.

(b) Os indícios de autoria ou participação para o juízo de pronúncia devem ser mais incisivos que aqueles reclamados para o recebimento da inicial, o que se depreende da expressão legal "indícios *suficientes* de autoria ou participação".

(c) O juízo de pronúncia, uma vez confirmado, fixa os limites objetivos da acusação dedutível no plenário do Tribunal do Júri, a cujo julgamento submete o acusado. Sob a referência desse último ponto, a propósito, é que se deve compreender a *suficiência* dos indícios de autoria ou participação, vale dizer, indícios bastantes para o efeito de permitir e autorizar que o acusado seja levado a julgamento perante o tribunal popular.

Como decisão de admissibilidade, a pronúncia não encerra qualquer avaliação de mérito, produzindo apenas os efeitos próprios da coisa julgada formal. O mérito da causa é da competência exclusiva de julgamento do tribunal popular. Para resguardo dessa competência, aliás, é que o art. 413, § 1º, do CPP institui um regime de *motivação moderada*, no mero plano da admissibilidade, para a pronúncia, com o objetivo de evitar influência indevida no convencimento de mérito reservado aos jurados: "A fundamentação da pronúncia limitar-se-á à indicação da materialidade do fato e da existência de indícios suficientes de autoria ou de participação, devendo o juiz declarar o dispositivo legal em que julgar incurso o acusado e especificar as circunstâncias qualificadoras e as causas de aumento de pena".

Assim, ainda que, como ato decisório, deva a pronúncia ser motivada (art. 93, IX, CF, e art. 413, *caput*, CPP), reclama-se cautela na explicitação das razões de convencimento, adstritas à materialidade do fato e à probabilidade de autoria ou participação do imputado, sem apreciação de mérito quanto à existência de responsabilidade penal.

Nesse sentido, o excesso de linguagem da decisão de pronúncia, que potencialize a expressividade e o efeito persuasivo da acusação, de maneira apta a repercutir no convencimento de mérito dos jurados, é causa de nulidade processual.

A pronúncia fixa os limites objetivos da acusação dedutível no plenário do Tribunal do Júri, e os quesitos formulados aos jurados com ela devem guardar correspondência, nos termos do art. 482, parágrafo único, parte final, do CPP: "Na sua [dos quesitos] elaboração, o presidente levará em consideração os termos da pronúncia ou das decisões posteriores que tornaram admissível a acusação, do interrogatório e das alegações das partes"[39].

Observe-se que, nos termos da parte final da norma do art. 413, § 1º, do CPP, a pronúncia deverá especificar as qualificadoras e as causas de aumento de pena. O juízo de admissibilidade, portanto, não recai apenas sobre a materialidade e a autoria do fato típico básico, mas também sobre a imputação de circunstâncias qualificadores e de causas de aumento de pena, que poderão ou não ser admitidas, total ou parcialmente, também em função da suficiência dos subsídios probatórios disponíveis. A título de exemplo, se o Ministério Público imputa ao acusado a prática de homicídio qualificado

---

39. No sentido de que os quesitos devem guardar correspondência com a pronúncia, confira-se a decisão da Primeira Turma do STF no HC 82.980/DF (STF, 1ª Turma, HC 82.980, Rel. Min. Carlos Britto, DJ de 23.10.2009): "O procedimento do Júri, marcado por duas fases distintas e procedimentos específicos, exige a correlação obrigatória entre pronúncia-libelo-quesitação. Correlação, essa, que decorre não só da garantia da ampla defesa e do contraditório do réu -- que não pode ser surpreendido com nova imputação em plenário --, mas também da necessidade de observância à paridade de armas entre acusação e defesa. Daí a impossibilidade de alteração, na segunda fase do Júri (judicium causae), das teses balizadas pelas partes na primeira fase (judicium accusationis), não dispondo o Conselho de Sentença dos amplos poderes da mutatio libelli conferidos ao juiz togado."

pelo motivo torpe e pelo meio que impossibilitou a defesa do ofendido (art. 121, § 2º, I e IV, CP), o juiz sumariante poderá pronunciar o acusado com estes limites: presença de materialidade do fato constitutivo do homicídio e de indícios suficientes de autoria contra o acusado; presença de prova bastante a subsidiar a imputação da qualificadora do meio que impossibilitou a defesa do ofendido; ausência de elementos suficientes acerca do motivo do crime, ou impertinência jurídica da qualificadora alegada, de acordo com a hipótese acusatória deduzida. Neste caso, o juiz apenas parcialmente admitirá a acusação, pronunciando o acusado por homicídio qualificado pelo meio que impossibilitou a defesa do ofendido (art. 121, § 2º, IV, CP), excluindo, assim, a qualificadora do motivo torpe. A esses limites ficará adstrito o julgamento de mérito a ser proferido, na última fase do procedimento do júri, pelo Conselho de Sentença, em resposta a quesitos que devem guardar correspondência com a pronúncia (art. 482, parágrafo único, CPP).

A respeito da exclusão de qualificadoras ou de causas de aumento de pena, porém, advirta-se que isso só poderá ocorrer quando a circunstância for manifestamente inaplicável ou inadmissível, por atipicidade ou por ausência de subsídios probatórios. Do contrário, a análise sobre a incidência do gravame reserva-se à competência do Tribunal do Júri. A jurisprudência do Supremo Tribunal Federal é firme nesse sentido, valendo referir, por todos, o julgado da Primeira Turma no HC 108.374/DF (STF, 1ª Turma, HC 108.374, Rel. Min. LUIZ FUX, julgamento em 06.03.2012, DJ de 29.03.2012): "1. As qualificadoras não são circunstâncias da pena, mas elementos acidentais do crime, uma vez que, ao contrário das elementares estruturantes do tipo (essentialia delicti), influem sobre a sua gravidade e, por via de consequência, acarretam o aumento da pena. Consectariamente, posto integrarem o tipo, o afastamento ou reconhecimento da existência de qualificadoras situa-se no âmbito da competência funcional do Tribunal do Júri, órgão constitucionalmente competente para apreciar e julgar os crimes dolosos contra a vida (HC nº 66.334-6/SP, Tribunal Pleno, redator para o acórdão o Ministro Moreira Alves, publicado no DJ de 19/05/89), salvo se forme manifestamente improcedentes ou incabíveis". Em igual direção: STF, 2ª Turma, HC 115.171/PI, Rel. Min. GILMAR MENDES, julgamento em 27.11.2012, DJ de 14.12.2012; STF, 2ª Turma, HC 100.673/RN, Rel. Min. ELLEN GRACIE, julgamento em 27.04.2010, DJ de 14.05.2010.

Na situação inversa, por óbvio, não poderá haver pronúncia considerando circunstância qualificadora não imputada na denúncia ou em aditamento, sob pena de ofensa ao princípio da congruência (correlação). Aplica-se, na espécie, o procedimento da *mutatio libelli*, disciplinado no art. 384 do CPP.

Por outro lado, na hipótese de *crime conexo ao crime doloso contra a vida*, a pronúncia deverá necessariamente abrangê-lo, já que está alcançado pela competência do Tribunal do Júri (art. 78, I, CPP). Nesse ponto, cabe ao juízo sumariante examinar os elementos respeitantes ao crime doloso contra a vida e, se for caso de pronúncia, incluir automaticamente o crime conexo. Não lhe cabe, portanto, impronunciar ou absolver sumariamente o acusado apenas em relação ao crime conexo, já admitido quando do recebimento da denúncia. Isso porque, no juízo de pronúncia, a reserva do crime doloso contra a vida ao julgamento do Tribunal do Júri, à base de uma acusação já preliminarmente admitida, é inseparável do exame do mérito também do crime conexo.

Assim, por exemplo, se a imputação é de homicídio doloso em conexão com crime de estupro, a pronúncia, desde que presentes subsídios probatórios quanto ao primeiro, deverá incluir o segundo. A doutrina orienta-se nesse sentido, como revela esta exposição de GUILHERME NUCCI: "Havendo infração penal conexa, incluída na denúncia ou queixa, devidamente recebida, pronunciando o réu pelo delito doloso contra a vida, deve o juiz remeter a julgamento pelo Tribunal Popular os conexos, sem proceder a qualquer análise de mérito ou de admissibilidade quanto a eles. Aliás, se eram grotescas, atípicas ou inadmissíveis as caracterizações dos delitos conexos, tão logo foi oferecida a denúncia ou queixa, cabia ao magistrado rejeitá-la. Se acolheu a acusação, deve repassar ao juiz natural da causa o seu julgamento"[40]. Na hipótese, a apreciação do juiz sumariante opera-se somente em relação à conexidade hipotética entre as infrações, e não quanto à admissibilidade ou ao mérito do crime conexo. Em igual direção posicionam-se GUSTAVO BADARÓ[41] e AURY LOPES JR, o último assim muito bem assinalando: "Concordamos com NASSIF quando leciona que o(s) crime(s) conexo(s) ao(s) da competência do júri não são objetos da pronúncia, além dos estritos limites da declaração da conexidade. Ou seja, não faz o juiz uma valoração da prova da autoria e materialidade (como o faz em relação ao crime prevalente [doloso contra a vida]) do crime conexo. Limita-se a declarar sua conexidade e determinar o julgamento pelo júri, juntamente com o crime prevalente" [42].

De outro vértice, note-se que a regra do art. 413, § 1º, parte final, do CPP, acerca das causas consideráveis na pronúncia, não menciona circunstâncias agravantes e atenuantes, que, por serem genéricas e concernentes à aplicação da pena, após juízo de mérito condenatório do Tribunal do Júri, estão fora da abrangência da admissibilidade da acusação.

Em síntese de todo o exposto até aqui, a pronúncia admite total ou parcialmente a acusação deduzida na inicial e em eventual aditamento e, dentro dos estritos limites objetivos admitidos, autoriza a sujeição do pronunciado a julgamento perante o tribunal popular.

A decisão de pronúncia tem imediato efeito interruptivo do curso do prazo prescricional (art. 117, II, CP) e desafia recurso em sentido estrito (art. 581, IV, CPP). O recurso interposto contra a pronúncia tem efeito suspensivo, de modo que o procedimento não poderá alcançar a fase de julgamento antes da confirmação do juízo de admissibilidade (art. 584, § 2º, CPP).

Preclusa, isto é, confirmada a decisão de pronúncia, inaugura-se a fase de preparação para o julgamento em plenário do júri, segunda fase do procedimento em foco. Nos termos do art. 421, *caput*, do CPP, "preclusa a decisão de pronúncia, os autos serão encaminhados ao juiz-presidente do Tribunal do Júri", precisamente para que se dê sequência ao procedimento, nas fases intermediária e final.

---

40. NUCCI, Guilherme de Souza. *Manual de Processo Penal e Execução Penal*. Rio de Janeiro: Forense, 2014, p. 691.

41. BADARÓ, Gustavo Henrique. *Processo Penal*. Rio de Janeiro: Campus/Elsevier, 2012, p. 477.

42. LOPES JR, Aury. *Direito Processual Penal*. São Paulo: Saraiva, 2014, p. 1030.

Já se pode perceber, portanto, que a pronúncia é a única decisão apta a dar sequência ao procedimento do júri em suas posteriores fases. As demais decisões, que abordaremos nos próximos tópicos, *encerram* o procedimento do júri: (a) produzindo os efeitos de coisa julgada formal, com a possibilidade de reabertura no caso de superveniência de novos elementos informativos – caso da *impronúncia*; (b) produzindo os efeitos de coisa julgada material, com o encerramento definitivo do feito – caso da *absolvição sumária*; (c) determinando a remessa dos autos para outro juízo, a fim de que o processo, de objeto alheio à competência do júri, siga de acordo com o procedimento próprio aplicável – caso da *desclassificação*.

Mesmo após a preclusão da pronúncia, no entanto, poderá haver a remessa dos autos ao Ministério Público, se sobrevier circunstância que altere a classificação do crime (art. 421, § 1º, CPP), hipótese em que será proferida nova decisão de admissibilidade (art. 421, § 2º, CPP).

Cuida-se de caso especial de *mutatio libelli*, superveniente à confirmação do juízo de pronúncia. Assim, modificado o objeto fático da acusação por aditamento do Ministério Público, deve ser aplicado o procedimento disciplinado no art. 384 do CPP, com a realização do rito instrutório simplificado próprio da *mutatio libelli*: oitiva do defensor do acusado em 5 (cinco) dias >> admissão do aditamento >> designação de dia e hora para audiência > na audiência: inquirição de testemunhas (até três para cada parte), novo interrogatório, debates e decisão (art. 384, §§ 2º e 4º, CPP). É o que acontece, por exemplo, no caso de pronúncia por homicídio tentado em que sobrevém, à confirmação do juízo, a morte da vítima.

4.2.2. Providências sobre prisão e liberdade na pronúncia

A lei contempla a possibilidade, na decisão de pronúncia: (a) da concessão ou manutenção de liberdade provisória, com ou sem fiança (art. 413, § 2º, CPP); (b) da imposição, manutenção, revogação ou substituição de medida cautelar de caráter pessoal (art. 413, § 3º, CPP).

A decisão judicial sobre a medida cautelar deve ser motivada (artigos 282 e 312, CPP), não constituindo efeito automático do juízo de pronúncia. Desta sorte, estando o acusado solto, poderá o juiz, ao exarar a pronúncia, decretar a prisão preventiva, se presente algum dos motivos legais autorizadores dessa medida (art. 312, CPP).

É pertinente observar que não há, como figura autônoma, uma "prisão decorrente de pronúncia", tratando-se apenas de prisão *preventiva* decretada na oportunidade do juízo de pronúncia. Nesse caso, há de se considerar que o fato de o acusado estar solto no momento da pronúncia é normalmente um indicador da desnecessidade da medida prisional. A mera proclamação da pronúncia, assim, não é situação jurídica apta, por si só, a criar a necessidade de prisão.

De toda sorte, pode ser que o juiz considere motivo superveniente – por exemplo, para garantir a aplicação da lei penal – e o tome como base para a decretação de prisão na oportunidade da pronúncia.

Por outro lado, se o acusado já está preso no momento da pronúncia, a manutenção da medida prisional também deve ser motivada. Nessa hipótese, o juiz deverá explicitar os motivos da necessidade de continuação da medida prisional, mesmo já encerrada a fase instrutória do procedimento do júri. Naturalmente, aqui uma alusão motivada à persistência das razões que autorizaram a decretação da prisão será suficiente.

De outra parte, poderá o juiz, ao pronunciar o acusado preso: (a) revogar a prisão preventiva, se verificar a falta de motivo para que subsista (art. 316, CPP); (b) substituir a prisão preventiva por medida cautelar alternativa (art. 319, CPP) que repute suficiente (artigos 282, § 5º, e 413, § 3º, CPP).

Para os casos de prisão originariamente realizada em flagrante, confira-se o disposto no art. 413, § 2º, do CPP: "Se o crime for afiançável, o juiz arbitrará o valor da fiança para a concessão ou manutenção da liberdade provisória".

Trata-se de hipótese bastante rara, aplicável, por exemplo, se o juiz, por força de *emendatio libelli*, atribuir a definição de crime de participação em suicídio com resultado lesão corporal grave (crime afiançável), ao invés de homicídio qualificado na forma tentada (crime inafiançável, por ser hediondo).

Nesse caso, ao pronunciar o acusado, o juiz poderia conceder-lhe a liberdade provisória mediante o pagamento de fiança, diante da ausência de pressuposto para a prisão preventiva (art. 313, I, do CPP, pois o crime considerado tem pena máxima de 3 anos – art. 122, *caput*, CP), cabendo, portanto, considerar o flagrante originário (por isso a hipótese é mesmo de liberdade provisória, e não de revogação de prisão preventiva).

Do mesmo modo, também nos casos de prisão em flagrante, poderá o juiz manter liberdade provisória mediante fiança já inicialmente concedida ao acusado (art. 413, § 2º, CPP).

Independentemente da norma do art. 413, § 2º, do CPP, poderá o juiz *manter liberdade provisória sem fiança* já concedida ao acusado preso em flagrante. Por exemplo, o acusado, preso em flagrante por homicídio, teve em seu favor concedida liberdade provisória, sem fiança, nos termos do art. 310, *caput*, II, do CPP, jamais havendo ocorrido, portanto, conversão em prisão preventiva. No momento da pronúncia, o juiz analisará a manutenção dessa liberdade provisória.

Por outro lado, a *concessão* de liberdade provisória sem fiança no momento da pronúncia já não é mais cogitável. Isso porque, *no momento da pronúncia*, a única hipótese possível de custódia a incidir sobre o acusado é a prisão preventiva. Ainda que preso em flagrante, a manutenção do encarceramento somente poderá ocorrer a título de conversão do flagrante em prisão preventiva, nos termos do art. 310, *caput*, II, do CPP. Nessa hipótese, por conseguinte, a concessão da liberdade somente poderá ocorrer como *revogação da prisão preventiva*, e não como liberdade provisória, só aplicável à prisão em flagrante ainda presente.

Na hipótese de *acusado solto*, poderá o juiz, ao pronunciá-lo, sempre motivadamente (art. 413, § 3º, CPP): (a) decretar medida cautelar diversa da prisão (art. 319, CPP), sob os parâmetros do art. 282, *caput*, do CPP, se identificar motivo superveniente para a imposição da cautela; (b) revogar medida cautelar diversa da prisão (art. 319, CPP) que esteja a incidir sobre o acusado, se identificar a falta de motivo para que subsista (art.

282, § 5º, CPP); (c) substituir a medida cautelar diversa da prisão (art. 319, CPP) por outra que considere mais adequada; (d) decretar, em último caso, a prisão preventiva, se identificar a necessidade específica dessa medida cautelar pessoal, diante da insuficiência das demais para a consecução do objetivo concretamente invocado (nessa etapa, garantia da ordem pública ou da aplicação da lei penal, por força de motivo *superveniente*, já que até a pronúncia o acusado encontrava-se solto, na hipótese cogitada).

4.2.3. Indícios de autoria ou participação contra terceiro

Se o juiz, ao pronunciar o acusado, reconhecer a existência de indícios de autoria ou de participação a pesar contra terceiro não incluso na acusação, deverá determinar a remessa dos autos ao Ministério Público, pelo prazo de 15 (quinze) dias, nos termos do art. 417 do CPP: "Se houver indícios de autoria ou de participação de outras pessoas não incluídas na acusação, o juiz, ao pronunciar ou impronunciar o acusado, determinará o retorno dos autos ao Ministério Público, por 15 (quinze) dias, aplicável, no que couber, o art. 80 deste Código".

Trata-se de iniciativa judicial semelhante àquela possível por ocasião do juízo de admissibilidade inicial da denúncia ou da queixa, diante da inexistência da figura do "arquivamento implícito" quanto a terceiros não incluídos na acusação. Se o órgão do Ministério Público, depois da pronúncia, se recusar a aditar a inicial para a inclusão do terceiro indicado pelo juiz, este poderá aplicar, por analogia, o art. 28 do CPP, provocando a chefia da instituição, para que resolva a respeito da acusação[43].

Se houver nova acusação contra o terceiro, poderá ser aplicado o art. 80 do CPP, com o desmembramento do feito, de modo a não prejudicar a continuação do procedimento quanto ao acusado já pronunciado (art. 417, parte final). A nova acusação, em todo caso, sujeita-se à aplicação das etapas postulatória e instrutória do procedimento, com o recebimento judicial, a citação, a resposta escrita do acusado, a réplica do acusador, a instrução probatória, os debates e a decisão do juiz. Nesse caso, portanto, mais adequada será a separação dos processos, nos termos do art. 80 do CPP.

4.2.4. Intimação sobre a pronúncia

Por fim, sobre a intimação da decisão de pronúncia, de acordo com o art. 420 do CPP: (a) A intimação do acusado (preso ou solto), a do defensor dativo (nomeado) e a do Ministério Público deverá ser pessoal (art. 420, I, CPP). O acusado pessoalmente será intimado por mandado; o defensor dativo (público ou particular) e o órgão do

---

43. Se a hipótese for de *impronúncia*, a que de igual modo se aplica a norma do art. 417 do CPP, naturalmente os autos seguirão ao Ministério Público para o fim de oferecimento de nova denúncia, e não de aditamento. Como observa Gustavo Badaró: "No caso da impronúncia, com a extinção do processo, por óbvio, o Ministério Público deverá oferecer nova denúncia contra aquele que a prova indica responsabilidade. Já no caso de pronúncia a referência ao art. 80, que trata da separação do processo em que há corréus, indica que deverá haver simples aditamento da denúncia, incluindo-se o novo coautor ou partícipe". Cfr. Badaró, Gustavo Henrique. *Processo Penal*. Rio de Janeiro: Campus/Elsevier, 2012, p. 477.

Ministério Público serão intimados com vista pessoal dos autos; (b) A intimação do defensor constituído, a do querelante (por seu advogado) e a do assistente (por seu advogado) deverá ser realizada por publicação no diário da justiça (art. 420, II, que faz remissão ao art. 370, § 1°, do CPP); (c) A intimação do acusado solto que não for encontrado deverá ser realizada por edital (art. 420, parágrafo único, CPP).

4.3. Impronúncia

Entende-se por *impronúncia* a decisão de encerramento do processo, sem resolução de mérito, com juízo de admissibilidade negativo da acusação por crime doloso contra a vida, sob o motivo da ausência de materialidade do fato ou de suficientes indícios de autoria ou de participação do imputado.

A decisão de impronúncia, de caráter terminativo e sem resolução do mérito, tem natureza de *decisão com força de definitiva* (ou, conforme alguns autores, decisão interlocutória mista). Não se trata, em conformidade com a *sistemática* do nosso ordenamento jurídico processual penal, de sentença, embora, no art. 416 do CPP, a lei assim a designe.

Efetivamente, conforme se abordou no Capítulo XVI, *sentença* é a decisão judicial que encerra o processo com resolução do mérito da causa (mérito em sentido estrito), para o efeito de condenar ou de absolver o acusado. Os demais atos terminativos inserem-se nas categorias da decisão definitiva (ou decisão terminativa de mérito), quando haja resolução do mérito em sentido amplo (por exemplo, decisão de extinção da punibilidade), e da decisão com força de definitiva, quando não haja resolução de mérito. É neste último tipo decisório que se inclui, portanto, a impronúncia.

Nos termos do art. 414, *caput*, do CPP: "Não se convencendo da materialidade do fato ou da existência de indícios suficientes de autoria ou de participação, o juiz, fundamentadamente, impronunciará o acusado".

Assim como a decisão de pronúncia, portanto, a impronúncia deverá ser motivada (art. 93, IX, CF, e art. 414, *caput*, CPP), sob os mesmos parâmetros da prova da existência do fato em tese constitutivo de crime doloso contra a vida e da prova indiciária da autoria ou da participação do imputado.

Na oportunidade do juízo de pronúncia ou impronúncia, é corrente afirmar que predominaria o assim denominado princípio *in dubio pro societate*. Significa dizer que, se houver dúvida quanto à admissibilidade da acusação, isto é, quanto à existência de elementos probatórios mínimos, a solução haveria de ser a pronúncia, reservando-se ao Tribunal do Júri a apreciação do objeto do processo, na fase de julgamento de mérito.

Sempre nos pareceu indevida a concepção de um "princípio" *in dubio pro societate*, quer na admissibilidade da própria ação penal em geral, quer na do juízo de pronúncia. Semelhante princípio não encontra previsão em qualquer norma do sistema, nem pode ser assimilado, com o significado que frequentemente se lhe empresta, da lógica da ordem jurídica brasileira, em suas bases constitucionais contemporâneas.

O início do processo penal reclama, como visto no Capítulo VI deste Curso, *justa causa*, vale dizer, suporte probatório mínimo, que justifique o movimento da persecução penal. Não há nessa esfera margem para se aceitar que a dúvida conduziria à instauração do processo. Ou há elementos *indiciários* bastantes, ou não os há. A admissibilidade da ação penal afere-se em torno da suficiência ou não de subsídios informativos, e não de uma dúvida sobre a existência ou a autoria do fato. E se dúvida houver a esse respeito, o caso é de inadmissibilidade da acusação, por refletir *insuficiência informativa*. Dá-se o mesmo no juízo de pronúncia, enquanto apreciação judicial de admissibilidade da acusação.

Em bom caminho, a Sexta Turma do Superior Tribunal de Justiça, no julgamento do HC 175.639/AC, rechaçou a aplicabilidade de um princípio *in dubio pro societate*, no âmbito da admissibilidade da ação penal, em solução aplicável, até por mais fortes razões, ao juízo de pronúncia ou impronúncia. Confira-se (STJ, 6ª Turma, HC 175.639, Rel. Min. MARIA THEREZA DE ASSIS MOURA, julgamento em 20.03.2012, DJ de 11.04.2012): "A acusação, no seio do Estado Democrático de Direito, deve ser edificada em bases sólidas, corporificando a justa causa, *sendo abominável a concepção de um chamado princípio in dubio pro societate*. In casu, não tendo sido a denúncia amparada em rígida prova da materialidade e autoria, mas em delação, posteriormente tida por viciada, é patente a carência de justa causa"[44].

Na doutrina, interessa referir a precisa reflexão de SÉRGIO MARCOS DE MORAES PITOMBO, em artigo sobre o ponto discutido: "O tema é mero aforismo – não um princípio de direito – *in dubio pro societate*, como eventual fundamento da decisão interlocutória de pronúncia, emergente no procedimento especial de Júri (art. 408, *caput*, do CPP) (...) Se os meios de prova, ao término da formação da culpa, despontam conflitantes, a acusação mal suportou o ônus de demonstrar que: (a) o fato concreto exibe-se ilícito e típico; (b) estão presentes, ao menos, indícios veementes de autoria – indícios, pois, acrescidos no juízo de acusação –; e (c) irrompe alguma prova – conforme a razão – da culpabilidade do imputado. Ficou-se, portanto, no que, tão-só, bastava para acusar, incoando o procedimento especial. Ora, a única solução técnico-jurídica cabente acha-se na impronúncia, que abriga os casos de não-convencimento, por motivo das provas obtidas ou produzidas (art. 409 do CPP). Vale renitir: aflorando provas em sentido contrário – uma não desmentindo, ou infirmando a outra, inobstante opostas –, tal sucesso implica falta de prova, causando hipótese de impronúncia. Jamais seria, pois, de pronunciar-se o acusado, em base do adágio *in dubio pro societate*, mais fictício de que seu inverso, ou adverso, porque fora de toda razão e proporção" [45].

---

44. É bem de asseverar, em todo caso, que a lógica do *in dubio pro societate* tem fortes raízes na tradição da doutrina e da jurisprudência brasileiras, como refletido em diversos julgados, inclusive da Suprema Corte. Já é tempo, porém, de reformulação, para rechaço de uma lógica de pensamento que em verdade jamais constituiu um princípio, como emana de forma contundente do julgado do STJ a que fizemos referência.

45. PITOMBO, Sérgio Marcos de Moraes. "Pronúncia *in dubio pro societate*". In: Revista da Escola Paulista da Magistratura, Ano 4, Número 1, Janeiro/Junho 2013, pp. 09-23, esp. 9, 13 e 14-15. Tome-se mais da exposição do ilustrado jurista: "...a expressão *in dubio pro societate* não exibe o menor sentido técnico. Em tema de direito probatório, afirmar-se *'na dúvida, em favor da sociedade'* consiste em absurdo lógico-jurídico. Veja-se"em face da contingente dúvida, sem remédio, no tocante à prova – ou melhor, imaginada incerteza – decide-se em prol da sociedade. Dizendo de outro modo: se o acusado não conseguiu comprovar o fato, constitutivo do direito afirmado, posto que conflitante despontou

A impronúncia, nessa perspectiva, é a medida terminativa adequada quando o juiz não identifique a materialidade do fato ou suficientes indícios de autoria ou de participação do imputado. Independentemente de qualquer dúvida, assim, poderá o juiz identificar parcos indícios, mas não a prova indiciária suficiente, séria a ponto de ensejar a submissão do acusado a julgamento perante o tribunal popular, hipótese em que a solução deverá ser a impronúncia.

A decisão de impronúncia produz os efeitos próprios da coisa julgada formal, ou seja, de resolução definitiva *limitada ao material probatório presente e disponível*. Na hipótese de *superveniência* de elementos de prova (da materialidade ou da autoria/participação), poderá haver nova acusação, como, a propósito, dispõe o art. 414, parágrafo único, do CPP: "Enquanto não ocorrer a extinção da punibilidade, poderá ser formulada nova denúncia ou queixa se houver prova nova". Por *prova nova* se deve entender a não disponível nos autos processuais quando proferida a decisão de impronúncia.

A decisão de impronúncia, proferida pelo juízo de primeiro grau, desafia recurso de apelação, de acordo com previsão específica do art. 416 do CPP. Ainda que não existisse tal previsão, contudo, a mesma conclusão se depreende da norma geral do art. 593, II, do CPP, eis que a impronúncia constitui decisão com força de definitiva não constante do rol do recurso em sentido estrito (art. 581, CPP).

Na jurisprudência e em parte da doutrina é comum encontrar o termo "despronúncia" para designar a situação de reforma, pelo tribunal de segundo grau, em sede de recurso de apelação, da decisão de pronúncia proferida pelo juízo de primeiro grau. Cuida-se essencialmente, por óbvio, da mesma decisão de impronúncia (art. 414, CPP), proclamada após a reforma da decisão de pronúncia.

Por fim, do mesmo modo que na pronúncia, poderá o juiz, ao impronunciar o acusado, reconhecer a existência de indícios de autoria ou participação a pesarem contra terceiro não incluso na acusação, e com isso aplicar o disposto no art. 417 do CPP, determinando a remessa dos autos ao órgão do Ministério Público, para manifestação, no prazo de 15 (quinze) dias. Em caso de nova peça acusatória, poderá ser o feito desmembrado nos termos do art. 80 do CPP. Em caso de recusa do órgão do Ministério Público em denunciar, aplica-se o art. 28 do CPP. Consulte-se, a respeito, o exposto quanto ao art. 417 do CPP no tópico 4.2.3, *supra*.

4.4. Absolvição Sumária

4.4.1. Conceito

A *absolvição sumária* constitui julgamento antecipado do processo penal, com resolução de mérito, pela improcedência da pretensão deduzida na inicial acusatória, sempre que o juiz identificar presente qualquer das hipóteses especificadas no art. 415 do CPP.

---

a prova, então se soluciona a seu favor, por absurdo. Ainda porque não provou ele o alegado, em face do acusado, deve decidir-se contra o último. Ao talante, por mercê judicial o vencido vence, a pretexto de que se favorece a sociedade: *in dubio contra reum*".

A decisão declaratória de absolvição sumária tem natureza de *sentença*, eis que há julgamento do mérito da causa (mérito em sentido estrito), de forma antecipada. Por ser decisão de mérito, a sentença de absolvição sumária faz coisa julgada material, impedindo, portanto, a reabertura do feito, sob qualquer motivo (inclusive a superveniência de prova nova). O acusado está resguardado, nessa esfera, pela garantia da proibição da revisão criminal *pro societate*, ao contrário do que sucede no âmbito da impronúncia.

4.4.2. Oportunidade

No procedimento do júri, a oportunidade da absolvição sumária não se dá após a resposta escrita do acusado e antes da instrução, como no procedimento comum, e sim ao final da fase instrutória, momento em que o juiz decidirá se pronuncia ou impronuncia o acusado, se desclassifica a acusação, ou se julga antecipadamente o processo penal, com a absolvição do acusado. Não se aplica ao procedimento do júri, portanto, o art. 397 do CPP, que contempla a absolvição sumária na oportunidade do juízo de ratificação do recebimento da inicial, ainda na etapa postulatória[46].

Parte da doutrina discorda dessa orientação, entendendo pela aplicabilidade do art. 397 do CPP ao procedimento do júri, apesar da existência de momento específico para a absolvição sumária, ao final da fase instrutória (art. 415, CPP), e não na oportunidade do juízo de ratificação do recebimento da inicial (art. 397, CPP). Para essa corrente, há duas oportunidades de absolvição sumária no procedimento do júri: uma com base nas causas do art. 397; outra, nas do art. 415 do CPP; antes e depois da fase instrutória, portanto[47].

O Superior Tribunal de Justiça, entretanto, firmou entendimento no sentido da inaplicabilidade da norma geral, em virtude do princípio da especialidade, como revela o julgado da Quinta Turma no RHC 52.086/MG (STJ, 5ª Turma, RHC 52.086, Rel. Min. JORGE MUSSI, julgamento em 18.12.2014, DJ de 03.02.2015): "...em estrita observância ao princípio da especialidade, existindo rito próprio para a apuração do delito atribuído ao recorrente, afastam-se as regras do procedimento comum ordinário previstas no Código de Processo Penal, cuja aplicação pressupõe, por certo, a ausência de regramento específico para a hipótese (...) Se as normas que regulam o processo e o julgamento dos crimes dolosos contra a vida determinam que o exame da viabilidade de absolvição sumária do réu só deve ocorrer após o término da fase instrutória, não há dúvidas de que deve ser aplicado o regramento específico, pois, como visto, as regras do rito comum ordinário só têm lugar no procedimento especial quando nele houver omissões ou lacunas".

Parece-nos adequada, em princípio, essa orientação da Corte Superior, diante da existência não só de uma oportunidade específica, mas também de causas especiais de absolvição sumária no art. 415 do CPP.

De toda sorte, a nosso juízo, caso o órgão judiciário, quando da ratificação ou não do recebimento da inicial, verifique de plano a existência de causa de absolvição sumária

---

46. Nesse sentido: LIMA, Renato Brasileiro de. *Manual de Processo Penal*. Salvador: JusPodivm, 2015, p. 1323.
47. Nessa direção: BADARÓ, Gustavo Henrique. *Processo Penal*. Rio de Janeiro: Campus/Elsevier, 2012, pp. 470-471; DEZEM, Guilherme Madeira. *Curso de Processo Penal*. São Paulo: Revista dos Tribunais, 2016, p. 891.

Cap. XVII • PROCEDIMENTOS PENAIS   1135

prevista do art. 415 do CPP, não pode haver óbice a que a aplique desde logo, independentemente da fase instrutória. Nessa hipótese, não há a aplicação da regra geral do art. 397, e sim a da norma específica do art. 415, só que em caráter antecipado[48], em face da desnecessidade da instrução. Não há sentido, segundo nos parece, que o juiz tenha que realizar a fase instrutória mesmo já tendo constatado a causa de absolvição, de plano. Em todo caso, a natureza especial do procedimento do júri conduz, em condições normais, a que o juiz firme a convicção absolutória sumária sob a base dos elementos coletados na fase instrutória, de modo que a aludida antecipação somente pode ocorrer em caráter excepcional.

4.4.3. Hipóteses

As hipóteses de absolvição sumária aplicáveis ao procedimento do júri – que só parcialmente coincidem com aquelas aplicáveis ao procedimento comum (art. 397) – são as seguintes, de acordo com o art. 415 do CPP: (i) prova da inexistência do fato, correspondente à causa de absolvição final prevista no art. 386, I, do CPP; (ii) prova de não ser o acusado autor ou partícipe do fato, correspondente à hipótese de absolvição final objeto do art. 386, IV, do CPP; (iii) atipicidade penal manifesta do fato imputado (art. 415, III, CPP), correspondente à causa de absolvição final objeto do art. 386, III, do CPP (e à causa de absolvição sumária no procedimento comum objeto do art. 397, III, do CPP); (iv) existência manifesta de causa excludente de ilicitude ou de culpabilidade, ressalvada a inimputabilidade, senão quando esta constitua a única tese de defesa (art. 415, parágrafo único, CPP).

Cumpre asseverar que a absolvição antecipada com fundamento no art. 415 supõe juízo de *certeza* quanto à inexistência do fato (i), quanto à ausência de autoria ou de participação do imputado (ii) ou quanto à incidência da excludente de ilicitude ou de culpabilidade.

Isso é o que distingue a absolvição sumária da impronúncia, em que o juiz inadmite a acusação por não haver prova da existência do fato ou indícios suficientes de autoria ou participação. Nesse último caso, não há juízo de certeza negativa; a acusação é que é inadmitida por ausência de prova mínima, a autorizar que o feito siga para a fase de julgamento. Por essas razões, a absolvição sumária, uma vez confirmada, faz coisa julgada material; a impronúncia, apenas coisa julgada formal.

Segundo a compreensão tradicional, se houver dúvida quanto à existência de prova suficiente ou quanto à incidência da excludente de ilicitude ou de culpabilidade, deverá o juiz pronunciar o acusado, reservando a resolução da dúvida à apreciação de mérito do Tribunal do Júri, à luz de um suposto "princípio" *in dubio pro societate*. Como já tivemos ocasião de pontuar, inclusive com amparo em julgado do Superior Tribunal de Justiça (HC 175.639/AC), essa concepção, como princípio, não pode ser aceita. No primeiro plano, ou há elementos bastantes para a pronúncia, ou não os há; no segundo, ou há prova bastante à afirmação da causa de absolvição sumária, ou não existem elementos suficientes. A questão é que a lei exige um suporte probatório contundente para a afirmação da causa absolutória *em caráter antecipado*. Eventual dúvida significará

---

48.   Com semelhante compreensão: RANGEL, Paulo. *Tribunal do Júri: visão linguística, histórica, social e jurídica*. São Paulo: Atlas, 2012, p. 101.

a ausência de tal suporte; mas o *fundamento* idôneo que ampara a pronúncia, em vez da absolvição, é a presença ou a ausência do lastro probatório legalmente exigido, e não um contexto de dúvida, que autorizasse pensar em um "princípio" desfavorável ao acusado, o que nosso sistema não contempla nem comporta[49].

Acerca da causa do art. 415, III, do CPP, trata-se da mesma hipótese do art. 397, III, aplicável ao procedimento comum: atipicidade manifesta do fato imputado. Nessa hipótese, verifica o juiz, a partir dos limites objetivos da acusação deduzida na inicial e à luz dos elementos de prova coletados na fase instrutória do procedimento do júri, que a hipótese acusatória não é penalmente típica.

É o que pode acontecer, por exemplo, com uma hipótese de "aborto culposo", quando o fato, da forma como narrado e/ou à luz da prova colhida na fase instrutória, não corresponda a qualquer dos tipos penais, todos dolosos, de aborto, valendo lembrar que o aborto culposo não constitui crime, por falta de previsão específica (art. 18, parágrafo único, CP).

Se, entretanto, a verificação for de hipótese de homicídio culposo, que sim constitui crime (art. 121, § 3º, CP), mas não da competência do júri, a decisão deverá ser a de desclassificação (estudada no próximo tópico), com a remessa dos autos ao juízo próprio.

Quanto à hipótese de existência manifesta de causa de exclusão de ilicitude ou de culpabilidade, objeto do art. 415, IV, do CPP, o parágrafo único do mesmo artigo ressalva a inimputabilidade, nos seguintes termos: "Não se aplica o disposto no inciso IV do *caput* deste artigo ao caso de inimputabilidade prevista no *caput* do art. 26 do Decreto-lei n. 2.848, de 7 de dezembro de 1940 – Código Penal, salvo quando esta for a única tese defensiva".

Qual a razão de ser dessa ressalva? Se o acusado, como matéria de defesa na fase instrutória, deduz a inimputabilidade por doença mental ou por desenvolvimento mental completo ou retardado (art. 26, CP), a causa, se acolhida, acarretará a absolvição, em face da exclusão da culpabilidade ou, como diz a lei, isenção de pena (art. 386, VI, CPP), mas com a aplicação da medida de segurança adequada (art. 386, parágrafo único, III, CPP).

Trata-se da chamada sentença absolutória *imprópria*. Essa hipótese, portanto, apesar do juízo absolutório, implica medida restritiva à esfera individual do sujeito (internação ou tratamento). Se a matéria for a única alegada pela defesa, não há óbice a que o juiz desde logo, ao final da fase instrutória do procedimento do júri, absolva sumariamente o acusado, aplicando a medida de segurança.

No entanto, se a defesa estrategicamente nada alegar quanto ao mérito, ou se deduzir junto com a inimputabilidade teses alternativas (por exemplo, legítima defesa), deverá o juiz pronunciar o acusado, se presentes os requisitos do art. 413 do CPP, pois haverá sempre a possibilidade de acolhimento pelo Tribunal do Júri de tese mais favorável, de absolvição própria, sem, portanto, a imposição de medida de segurança. Apenas se aplica a absolvição sumária com fundamento do art. 415, IV, assim, caso esteja claro ser esta a única alegação da defesa do acusado.

---

49. Para mais detalhes a esse respeito, consulte-se a abordagem desenvolvida no tópico 4.3, *supra*.

A jurisprudência do Supremo Tribunal Federal anterior ao advento da Lei n° 11.689/2008 considerava que a apreciação sobre a inimputabilidade deveria ser feita exclusivamente pelo júri, inclusive na hipótese em que a inimputabilidade fosse a única tese defensiva. Essa jurisprudência, no entanto, foi construída quando não havia o dispositivo do art. 415, parágrafo único, do CPP.

A absolvição sumária, por qualquer fundamento, quanto ao crime doloso contra a vida impede que o juízo sumariante se pronuncie sobre o crime conexo, o que deverá ficar reservado à esfera do juízo originariamente competente. Em outros termos, a absolvição antecipada declarada pelo juízo do júri, relativamente ao crime doloso contra a vida, acarreta a sua própria incompetência para apreciar o crime subsistente, conexo. Como bem exposto por GUSTAVO BADARÓ: "Havendo um crime conexo ao crime doloso contra a vida (p. ex.: resistência e homicídio), se o acusado for absolvido sumariamente pelo homicídio, o juiz não poderá julgar o crime conexo, devendo aguardar o fim do prazo de eventual recurso contra a decisão de absolvição sumária, para somente então, se não for interposto recurso nos termos do art. 416, remeter o processo para o juízo competente para julgar outro crime (no caso, a resistência). Interposto o recurso, que não terá efeito suspensivo (CPP, art. 596, *caput*), o juiz não precisará aguardar o trânsito em julgado da sentença de absolvição sumária para, somente então, remeter o feito ao juiz competente para o crime conexo"[50].

Por fim, a sentença de absolvição sumária, assim como a decisão de impronúncia, desafia recurso de apelação, conforme a previsão específica do art. 416 do CPP. Ainda que não existisse tal previsão, o mesmo cabimento emana da norma geral do art. 593, I, do CPP, eis que se trata de sentença de absolvição proferida por juiz singular.

4.5. Desclassificação

A *desclassificação* constitui forma de *emendatio libelli* na qual, em consequência de nova definição jurídica atribuída ao fato, opera-se a incompetência do Tribunal do Júri para o julgamento da causa. *Desclassificar*, assim, é nada mais que conferir à hipótese acusatória classificação jurídica diversa daquela atribuída pelo acusador, com o efeito, na espécie que particularmente agora nos interessa, de firmar a incompetência do juízo do júri.

Inicialmente, nos termos do art. 418 do CPP, "o juiz poderá dar ao fato definição jurídica diversa da constante da acusação, embora o acusado fique sujeito a pena mais grave", o que representa apenas previsão de aplicabilidade do mesmo regime do art. 383 do CPP (*emendatio libelli*) ao procedimento do júri.

Seguidamente, de acordo com o art. 419, *caput*, do CPP: "Quando o juiz se convencer, em discordância com a acusação, da existência de crime diverso dos referidos no § 1° do art. 74 deste Código e não for competente para o julgamento, remeterá os autos ao juiz

---

50. BADARÓ, Gustavo Henrique. *Processo Penal*. Rio de Janeiro: Campus/Elsevier, 2012, p. 481. No mesmo sentido: LIMA, Renato Brasileiro de. *Manual de Processo Penal*. Salvador: JusPodivm, 2015, pp. 1338-1339; LOPES JR, Aury. *Direito Processual Penal*. São Paulo: Saraiva, 2014, p. 1038. Entendendo da mesma forma quanto à competência, mas afirmando que o juiz sumariante deverá esperar o trânsito em julgado da sentença de absolvição sumária para só então remeter o processo ao juízo competente para julgar o crime conexo, consulte-se: RANGEL, Paulo. *Direito Processual Penal*. São Paulo: Atlas, 2014, p. 678.

que o seja". No mesmo sentido dispõe o art. 74, § 3º, parte inicial, do CPP: "Se o juiz da pronúncia desclassificar a infração para outra atribuída à competência de juiz singular, observar-se-á o disposto no art. 410 [correspondente, após a reforma introduzida pela Lei 11.689/2008, ao atual art. 419]".

Dessa forma, se a *emendatio libelli* (art. 418, CPP) resultar na classificação jurídica de infração não alheia à competência do Tribunal do Júri (art. 74, § 1º, CPP), deverá o juiz sumariante, ao *desclassificar* a hipótese de fato, determinar a remessa dos autos ao juízo que considerar competente. Por exemplo, se o juízo do júri desclassificar a infração penal de homicídio doloso para lesão corporal seguida de morte (art. 129, § 3º, CPP), deverá determinar a remessa dos autos para distribuição ao juízo criminal comum. Se o acusado estiver preso, ficará à disposição do novo juízo (art. 419, parágrafo único, CPP).

A desclassificação tem natureza de decisão interlocutória simples e desafia recurso em sentido estrito, com base no art. 581, II, do CPP. Essa hipótese recursal consiste em decisão que conclui pela incompetência do juízo, sendo esse o caso do ato presentemente examinado.

Remetidos os autos ao juízo reputado competente (art. 419, *caput*, parte final, CPP), pode ser, no entanto, que este, por considerar equivocada a classificação jurídica dada ao fato pelo juízo do júri, recuse competência para o processo e julgamento da causa. Tem-se, assim, hipótese de conflito negativo de competência, que deverá ser resolvido pelo tribunal próprio, a depender de quais forem os órgãos em conflito. Por exemplo, se o juízo da 3ª Vara do Júri da Comarca de Fortaleza/CE desclassifica o fato de homicídio doloso para latrocínio e com isso determina a remessa do feito ao juízo da 9ª Vara Criminal da mesma comarca (fixado por distribuição), mas este recusa a competência por discordar da classificação, o conflito negativo deverá ser resolvido pelo Tribunal de Justiça do Ceará.

Mas e se a desclassificação houver sido confirmada pelo próprio tribunal de segunda instância, em sede de recurso em sentido estrito (art. 581, II, CPP)? Poderá o juízo criminal comum, para o qual sejam remetidos os autos, recusar a competência?

Entendemos que sim, uma vez que, conforme a disciplina regimental corrente nos tribunais brasileiros, o recurso em sentido estrito, em cuja sede a desclassificação foi proclamada, é julgado pelo menor órgão colegiado do tribunal (*câmara* ou *turma*), ao passo que o conflito de competência é julgado pelo órgão especial ou pelo *plenário*, composto, portanto, por um maior número de desembargadores. Pode ser, portanto, que o tribunal venha a adotar, em sede de conflito negativo de competência, solução diversa da que adotara em sede de recurso em sentido estrito. Com mais razão, aplica-se a mesma lógica à hipótese de conflito entre juízo estadual e juízo federal, em que a competência para resolver sobre a controvérsia é do Superior Tribunal de Justiça (art. 105, I, *d*, CF). Obviamente, a Corte Superior poderá chegar a solução diversa daquela antes proclamada pelo tribunal de segunda instância, em sede de recurso em sentido estrito[51].

---

51. Nesse sentido: Nucci, Guilherme de Souza. *Manual de Processo Penal e Execução Penal*. Rio de Janeiro: Forense, 2014, pp. 695-696.

O mesmo se diga para os demais casos, em que a desclassificação venha a ser confirmada em sede recursal por tribunal superior – por exemplo, pelo Superior Tribunal de Justiça em sede de recurso especial. De acordo com o regimento interno do STJ, o recurso especial é da competência de *turma*, menor órgão colegiado da Corte. O conflito de competência, por sua vez, deve ser apreciado pela *seção*, composta por duas turmas.

Assim, se, por exemplo, o conflito for entre o juízo estadual do júri e o Tribunal Regional Federal da 5ª Região (ou entre juízo estadual e juízo federal), poderá haver recusa de competência pelo juízo destinatário, que suscitará o conflito negativo perante o Superior Tribunal de Justiça, ainda que este haja previamente resolvido, em sede de recurso especial, pela desclassificação.

Como se aborda também no Capítulo XIX, não há previsão legal de recurso contra a decisão que *indefere* o pedido de desclassificação, formulado pelo próprio Ministério Público ou pelo acusado. Incide, portanto, a regra geral da irrecorribilidade das decisões interlocutórias, ficando o ato sujeito à impugnação, de toda sorte, por mandado de segurança do Ministério Público ou por *habeas corpus* em favor do acusado.

Assevere-se que a desclassificação de que aqui se trata é aquela realizável ao final da fase instrutória do procedimento do júri, pelo juízo técnico, togado, vale dizer, o juízo da pronúncia. Pode acontecer, como veremos, que a desclassificação seja efetuada por decisão dos próprios jurados, em resposta ao quesito próprio.

Nessa hipótese, ocorrendo a desclassificação já na etapa avançada do julgamento, não há mais remessa dos autos ao juízo considerado competente, devendo o juiz-presidente do Tribunal do Júri, desde logo, proferir a sentença quanto ao fato reclassificado, nos termos do art. 74, § 3º, parte final ("...se a desclassificação for feita pelo próprio Tribunal do Júri, a seu presidente caberá proferir a sentença...") e do art. 492, §§ 1º ("Se houver desclassificação da infração para outra, de competência do juiz singular, ao presidente do Tribunal do Júri caberá proferir sentença em seguida, aplicando-se, quando o delito resultante da nova tipificação for considerado pela lei como infração penal de menor potencial ofensivo, o disposto nos arts. 69 e seguintes da Lei n. 9.099, de 26 de setembro de 1995") e 2º ("Em caso de desclassificação, o crime conexo que não seja doloso contra a vida será julgado pelo juiz-presidente do Tribunal do Júri, aplicando-se, no que couber, o disposto no § 1º deste artigo"), ambos do CPP.

4.6. *Mutatio Libelli* superveniente à Confirmação da Pronúncia

O art. 421, *caput*, do CPP determina que, "preclusa a decisão de pronúncia, os autos serão encaminhados ao juiz presidente do Tribunal do Júri". Essa providência destina-se a movimentar o procedimento do júri para as demais fases, a de preparação e, finalmente, a de efetivo julgamento em plenário.

Pode ocorrer, no entanto, a *superveniência de prova* (elemento ou circunstância) que altere a classificação do crime. Trata-se de hipótese especial de *mutatio libelli*, em que o aparecimento da prova nova se deu, porém, depois de já encerrada a fase instrutória do procedimento do júri e de já confirmada a decisão de pronúncia do acusado.

Como antes estudado, a *decisão de pronúncia*, uma vez confirmada, faz *coisa julgada apenas formal*, isto é, com base nos elementos probatórios disponíveis ao tempo de sua prolação. Sobrevindo prova nova, portanto, poderá a decisão ser modificada.

Nessas condições, conforme o disposto no art. 421, § 1º, do CPP, "ainda que preclusa a decisão de pronúncia, havendo circunstância superveniente que altere a classificação do crime, o juiz ordenará a remessa dos autos ao Ministério Público". Essa remessa dos autos ao Ministério Público destina-se à modificação da denúncia, por meio de aditamento, que será submetido à apreciação do juiz, para fins de nova decisão: "Em seguida, os autos serão conclusos ao juiz para decisão" (art. 421, § 2º, CPP).

Por exemplo, após a confirmação da pronúncia, sobrevém prova nova no sentido de que o homicídio teria sido praticado para garantir a impunidade de outro crime, incidindo em tese, assim, a qualificadora da conexão teleológica ou instrumental, objeto do art. 121, § 2º, V, do Código Penal.

Deverão os autos ser remetidos ao órgão do Ministério Público (art. 421, § 1º, CP). Caso o órgão do Ministério Público se recuse a aditar a denúncia, por não identificar justa causa para tanto, à vista da fragilidade da circunstância nova, poderá o juiz aplicar, analogicamente, o art. 28 do CPP, provocando a chefia da instituição, a qual: (i) se concordar com o promotor, insistirá em não aditar, cabendo ao juiz aceitar essa negativa; (ii) se concordar com o juiz, designará outro promotor para oferecer o aditamento.

Outro exemplo, correntemente citado pela doutrina: a superveniência da morte da vítima, na hipótese de pronúncia por homicídio tentado. Nesse caso, de forma muito clara, tem-se a necessidade de modificação da pronúncia, cabendo ao Ministério Público oferecer o aditamento, para acusar o imputado por homicídio consumado.

Se a circunstância nova alterar a própria competência do júri, caberá ao juiz, após a manifestação do Ministério Público, determinar a remessa dos autos ao juízo criminal comum, aplicando, nesse particular, por analogia, a norma do art. 384, § 3º, c/c art. 383, § 2º, do CPP.

4.7. Desaforamento

O *desaforamento* consiste em forma de modificação da competência jurisdicional fixada pelo critério territorial, sempre que presente alguma das circunstâncias especificadas no art. 427, *caput*, do CPP: "Se o interesse da ordem pública o reclamar ou houver dúvida sobre a imparcialidade do júri ou a segurança pessoal do acusado, o Tribunal, a requerimento do Ministério Público, do assistente, do querelante ou do acusado ou mediante representação do juiz competente, poderá determinar o desaforamento do julgamento para outra comarca da mesma região, onde não existam aqueles motivos, preferindo-se as mais próximas".

Trata-se, assim, de forma de alteração ou deslocamento da competência de *foro*. Se incidente algum dos motivos legais, o processo, por decisão do tribunal, deverá ser deslocado do foro originário, onde incida a circunstância excepcional, para foro próximo, de preferência na mesma região, onde não exista a mesma situação anômala, mostrando-se comum, na prática, o deslocamento para a comarca da capital.

As hipóteses de cabimento do instituto são as seguintes (art. 427, *caput*, CPP): (a) interesse da ordem pública; (b) dúvida sobre a imparcialidade do júri; (c) segurança pessoal do acusado. Destina-se o desaforamento, assim, a garantir a regularidade do julgamento e a imparcialidade do juízo natural, afastando a apreciação da causa de ambiente anômalo, perturbado por atos de desordem ou de ameaça ao acusado, ou no qual a comunidade haja sido de algum modo influenciada a formar convencimento antecipado sobre os fatos.

Sirvam como exemplos estas situações: a difusão desenfreada de notícias desvirtuadas pela imprensa sobre quem teria sido o autor do fato; a prática de atos de comoção pública contra o acusado, antecipadamente convicto como autor do crime; a prática atos de aliciamento de jurados para influenciá-los no sentido da absolvição do acusado; a influência marcante e abrangente, em uma pequena comunidade, da família do acusado ou da vítima etc.

A oportunidade do desaforamento apenas se aperfeiçoa com a confirmação (preclusão) da pronúncia. Na pendência de recurso contra a decisão de pronúncia, assim, é incabível o pedido de desaforamento. Já o termo final da aplicabilidade do instituto é o julgamento pelo Tribunal do Júri. A partir daí, portanto, não mais se admitirá o pleito de desaforamento, senão quanto a fato anômalo (art. 427, *caput*, CPP) ocorrido durante ou após julgamento anulado. É o que dispõe o art. 427, § 4º, do CPP: "Na pendência de recurso contra a decisão de pronúncia ou quando efetivado o julgamento, não se admitirá o pedido de desaforamento, salvo, nesta última hipótese, quando a fato ocorrido durante ou após a realização de julgamento anulado".

A iniciativa: (a) para o *pedido* de desaforamento é do Ministério Público, do assistente, do querelante ou do acusado; (b) para a *representação* pelo desaforamento, do juiz da causa (art. 427, *caput*, CPP).

Já a competência para a apreciação do pedido ou da representação de desaforamento é do tribunal de segundo grau, particularmente da turma ou câmara própria, fixada de acordo com as normas regimentais (art. 427, *caput* e § 1º, CPP).

A mera apresentação do pedido de desaforamento não tem o efeito automático de suspender o julgamento pelo júri. O relator no tribunal, entretanto, poderá conceder efeito suspensivo, fundamentadamente, se forem "relevantes os motivos alegados", nos termos do art. 427, § 2º, do CPP.

Se o desaforamento não tiver sido solicitado por representação do próprio juiz--presidente do Tribunal do Júri, deverá ele ser ouvido antes que o tribunal de segundo grau resolva sobre a questão suscitada (art. 427, § 3º, CPP). De outro lado, mesmo à falta de previsão legal a respeito, faz-se necessária, por força do princípio do contraditório, a prévia audiência da parte contrária à que pediu o desaforamento, conforme a orientação consolidada na Súmula nº 712 do STF: "É nula a decisão que determina o desaforamento de processo da competência do Júri sem audiência da defesa".

Além das circunstâncias anômalas influentes na regularidade do julgamento ou na imparcialidade do júri, a lei contempla a hipótese excepcional do desaforamento por excesso de serviço na comarca originária, se o julgamento, por esse motivo, não puder ocorrer nos seis meses seguintes à data da confirmação (preclusão) da pronúncia.

Confira-se, a respeito, a regra do art. 428, *caput*, do CPP: "O desaforamento também poderá ser determinado, em razão comprovado excesso de serviço, ouvidos o juiz-presidente e a parte contrária, se o julgamento não puder ser realizado no prazo de 6 (seis) meses, contado do trânsito em julgado da decisão de pronúncia". Não se computa, nesse prazo de 6 (seis) meses, "o tempo de adiamentos, diligências ou incidentes de interesse da defesa". Entretanto, "não havendo excesso de serviço ou existência de processos aguardando julgamento em quantidade que ultrapasse a possibilidade de apreciação pelo Tribunal do Júri, nas reuniões periódicas previstas para o exercício, o acusado poderá requerer ao Tribunal que determine a imediata realização do julgamento", nos termos do art. 428, § 2º, do CPP.

Quadro esquemático da fase instrutória do procedimento do júri

Oferecimento da inicial acusatória (denúncia ou queixa – requisitos do art. 41, CPP).

Recebimento da inicial, caso não seja rejeitada liminarmente (art. 395, CPP) e citação do réu para resposta escrita, no prazo de 10 (dez) dias (art. 406, CPP).

Resposta do réu (defesa prévia): arguição de preliminares, alegação de tudo o que interesse à defesa, oferecimento de documentos e justificações, especificação de provas e arrolamento de testemunhas (art. 406, § 3º, CPP).

Recebida a resposta, será intimado o autor da ação para se manifestar sobre preliminares e documentos, no prazo de 05 (cinco) dias (art. 409, CPP).

Audiência de instrução (art. 411, CPP):
1. tomada de declarações do ofendido, se possível – inquirição das testemunhas arroladas pela acusação e pela defesa, nesta ordem – esclarecimento de peritos, se requerido (art. 411, § 1º, CPP) – acareações – reconhecimento de pessoas e coisas – interrogatório do acusado.
2. debates orais – prazo de 20 (vinte) minutos, prorrogáveis por mais dez, para cada parte (art. 411, § 4º, CPP) – contado o prazo individualmente para acusação e defesa, no caso de pluralidade de acusados (art. 411, § 5º, CPP) – prazo de 10 (dez) minutos para o assistente, prorrogando-se por igual período o prazo da defesa (art. 411, § 6º, CPP).
3. decisão em audiência, ou no prazo de 10 (dez) dias (art. 411, § 9º, CPP).

Decisão de pronúncia (art. 413, CPP).

Decisão ou sentença de impronúncia (art. 414, CPP).

Sentença de absolvição sumária (art. 415, CPP).

Decisão de desclassificação (art. 419, CPP).

5. PROCEDIMENTO DA FASE DE PREPARAÇÃO PARA O JULGAMENTO EM PLENÁRIO

A fase intermediária do procedimento do júri, instituída pela Lei nº 11.689/2008, vai desde a confirmação (preclusão) da pronúncia até a abertura da sessão de julgamento em plenário do Tribunal do Júri.

De acordo com o regime do Código de Processo Penal, a condução dessa fase preparatória já cabe ao juiz presidente do Tribunal do Júri, mas a lei local de organização judiciária pode dispor de forma diversa. Se for esse o caso, aplica-se o disposto no art. 424 do CPP: "Quando a lei local de organização judiciária não atribuir ao presidente do Tribunal do Júri o preparo para julgamento, o juiz competente remeter-lhe-á os autos do processo preparado até 5 (cinco) dias antes do sorteio a que se refere o art. 433 deste Código".

Assim, pode ser que a lei de organização judiciária (como, aliás, é frequente) atribua ao próprio juízo da fase instrutória a condução da fase intermediária. Nesse caso, uma vez preparado o processo (isto é, uma vez concluída a fase preparatória), o juiz sumariante determinará a remessa dos autos ao presidente do Tribunal do Júri (art. 433, CPP).

O procedimento da fase intermediária de preparação para o julgamento em plenário, disciplinado na Seção III (artigos 422 a 424, CPP) do Capítulo II (Procedimento do Júri) do Título I do Livro II do Código de Processo Penal, tem início com a intimação do Ministério Público ou do querelante, conforme o caso, e do defensor do acusado para, no prazo de 5 (cinco) dias, oferecer rol de testemunhas, até o máximo de 5 (cinco), a serem ouvidas em plenário, podendo apresentar documentos para juntada e requerer diligências (art. 422, CPP).

Observe-se que, diversamente do que ocorre na fase instrutória, o limite de testemunhas numerárias, indicadas para inquirição no plenário do júri, é de 5 (cinco), e não de 8 (oito).

Trata-se de etapa preparatória da instrução em plenário, que, por sua vez, será realizada na terceira fase do procedimento. Oportuniza-se a cada uma das partes a produção de prova perante o Tribunal do Júri, na fase do juízo de mérito, para o que os meios de prova pretendidos deverão ser indicados e apreciados pelo juiz na fase intermediária em foco.

Com o advento da Lei nº 11.689/2008, eliminou-se o instituto do *libelo* e, consequentemente, o da *contrariedade ao libelo*, que eram os instrumentos pelos quais as partes especificavam os meios de prova que pretendiam produzir para e no julgamento em plenário, inclusive a indicação de testemunhas. O *libelo*, porém, traduzia a dedução dos limites da acusação a ser apresentada pelo Ministério Público (ou pelo querelante) em plenário (vide antiga redação do art. 417, CPP), razão pela qual deveriam os quesitos formulados aos jurados com ele guardar correspondência (vide antiga redação do art. 484, I, CPP).

Com esse sentido e abrangência, o libelo cumpria função desnecessária, eis que a pronúncia já fixava os limites objetivos da acusação dedutível em plenário, servindo apenas como instrumento de marcante potencial gerador de nulidades, por defeitos intrínsecos ou pela falta de correspondência com a pronúncia ou com os quesitos. A única funcionalidade real desse instrumento, assim, radicava na oportunidade de indicação de testemunhas e de outros meios de prova.

Assim, mostra-se salutar a reforma ao, eliminando um instrumento inútil, fixar a oportunidade de indicação de meios de prova por simples manifestação das partes, sucessivamente intimadas para o exercício dessa faculdade, no prazo de 5 (cinco) dias, conforme o vigente art. 422 do CPP.

A etapa seguinte é a de deliberação judicial sobre os requerimentos das partes de provas a serem produzidas ou exibidas em plenário. Nesse exercício, poderá o juiz presidente (ou o juiz fixado de acordo com a lei local de organização judiciária) determinar as diligências necessárias ao saneamento do feito e/ou ao esclarecimento de fato relevante. Nesse sentido, dispõe o art. 423, *caput* e inciso I, do CPP: "Deliberando sobre os requerimentos de provas a serem produzidas ou exibidas no plenário do júri, e adotadas as providências devidas, o juiz-presidente: I – ordenará as diligências necessárias para sanear qualquer nulidade ou esclarecer fato que interesse ao julgamento da causa".

Logo em seguida, o juiz fará *relatório* do processo, para inclusão na pauta de julgamento, conforme o art. 423, II, do CPP: "Deliberando sobre os requerimentos de provas a serem produzidas ou exibidas no plenário do júri, e adotadas as providências devidas, o juiz-presidente: II – fará relatório sucinto do processo, determinando sua inclusão em pauta da reunião do Tribunal do Júri".

O relatório destina-se precipuamente a dar conhecimento aos jurados da *síntese* do objeto do processo. Há de se ter em conta que o Conselho de Sentença é formado na própria sessão de julgamento, por jurados que presumivelmente travam o primeiro contato com o processo nessa mesma oportunidade. Por outro lado, a tecnicidade dos múltiplos atos e incidentes do processo pode se mostrar inapreensível para os jurados, enquanto juízes leigos.

Assim, revela-se de boa inspiração a disciplina legal, introduzida pela Lei nº 11.689/2008, de um *relatório sucinto*, exarado em termos claros, tanto quanto possível desvestidos dos padrões técnicos próprios da linguagem jurídica. De outra parte, o relatório substitui com maior efetividade a leitura de peças em plenário, hoje restrita a hipóteses excepcionais (art. 473, § 3º, CPP), uma vez que: (a) constitui alternativa de descrição do processo em linguagem sintética e mais simples; (b) elimina a amplitude de procedimento (a leitura de peças) antes responsável pela extenuante demora da instrução em plenário do júri. De fato, a leitura de qualquer peça do processo, antes do advento da Lei nº 11.689/2008, ensejava expedientes cansativos, com frequência prolongados por várias horas, sem, ademais, propiciar eficácia comunicativa. Na ânsia de dar aos jurados conhecimento integral do processo (ou como estratégia), as partes se valiam indiscriminadamente da leitura de peças (até mesmo, por exemplo, das razões de recurso especial interposto contra a pronúncia).

Com a designação de data e hora para a sessão de julgamento, encerra-se a fase intermediária do procedimento do júri, podendo excepcionalmente, no entanto, ser realizada diligência preparatória até a abertura da sessão.

Quadro esquemático do procedimento da fase de preparação para o julgamento em plenário

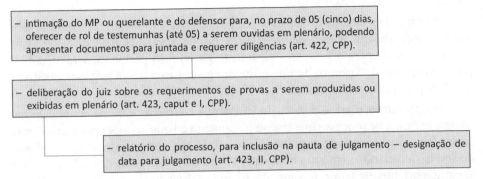

6. PROCEDIMENTO DA FASE DE JULGAMENTO EM PLENÁRIO (*JUDICIUM CAUSAE*)

O procedimento da fase do juízo de mérito (*judicium causae*) inicia-se com a instalação da sessão de julgamento do *Tribunal do Júri*, este "composto por um juiz togado, seu presidente e por 25 jurados que serão sorteados dentre os alistados, sete dos quais constituirão o Conselho de Sentença em cada sessão de julgamento", nos termos do art. 447 do CPP.

Devem ser preliminarmente examinados, porém, aspectos referentes à *organização da pauta*, ao *sorteio* e *convocação* de jurados e à *reunião e sessões* do Tribunal do Júri. Por outro lado, aspectos relacionados à investidura de jurados, assim como os respectivos direitos e causas de impedimento e de suspeição, estão abordados no Capítulo XIII deste Curso, reservado aos sujeitos do processo penal, em particular na seção destinada ao jurado, para a qual remetemos o leitor.

6.1. Organização da Pauta de Julgamentos

Como ato final da fase de preparação para o julgamento em plenário, deverá o juiz emitir relatório sucinto do processo, "determinando sua inclusão em pauta da reunião do Tribunal do Júri", na forma do art. 423, II, do CPP.

A *organização dessa pauta*, por seu turno, dá-se segundo a disciplina fixada nos artigos 429 a 431 do CPP, inseridos na Seção VI ("Da organização da pauta") do Capítulo II.

Antes de tudo, o art. 429, *caput*, do CPP estabelece uma *ordem de preferência* quanto aos julgamentos do Tribunal do Júri, da seguinte forma: "Salvo motivo relevante que autorize alteração na ordem dos julgamentos, terão preferência: I – os acusados presos; II – dentre os acusados presos, aqueles que estiverem há mais tempo na prisão; III – em igualdade de condições, os precedentemente pronunciados".

Deverá o juiz zelar, portanto, para que não haja qualquer privilégio de precedência no julgamento. Havendo *motivo relevante*, todavia, a própria lei autoriza a modificação da ordem normal de julgamentos.

Para fins de publicidade da pauta, permitindo-se assim inclusive o controle sobre a observância da ordem legal de preferência, dispõe o art. 429, § 1º, do CPP: "Antes do dia designado para o primeiro julgamento da reunião periódica, será afixada na porta do edifício do Tribunal do Júri a lista dos processos a serem julgados, obedecida a ordem prevista no *caput* deste artigo".

Por seu turno, o art. 429, § 2º, do CPP fixa a *reserva de data na pauta* pelo juiz, "para a inclusão de processo que tiver o julgamento adiado". A reserva de data, entretanto, dependerá sempre de disponibilidade, sendo isso algo próprio da administração do serviço judiciário, do mesmo modo que a organização da pauta de audiências. Nem sempre, portanto, poderá o julgamento adiado realizar-se já na sessão seguinte, em tempo especialmente reservado na reunião periódica.

Uma vez organizada a pauta, e "estando o processo em ordem, o juiz presidente mandará intimar as partes, o ofendido, se possível, as testemunhas e os peritos, quando houver requerimento, para a sessão de instrução e julgamento, observando-se, no que couber, o disposto no art. 420 deste Código", como preceitua o art. 431 do CPP.

Assim, (i) as partes do processo e (ii) os sujeitos intervenientes como meios de prova deverão ser intimados da data da sessão de julgamento, conforme registrado na respectiva pauta. A remissão ao art. 420 do CPP concerne à forma de intimação das partes, terceiro interessado e seus representantes para a sessão de julgamento: pessoalmente ao acusado, ao defensor nomeado (defensor dativo) e ao Ministério Público; por publicação na imprensa oficial (art. 370, § 1º, CPP), ao defensor constituído, ao querelante e ao assistente do Ministério Público.

No domínio da ação penal de iniciativa privada, subsidiária da pública, o ofendido (crime tentado) ou seu sucessor legal deverá necessariamente ser intimado, como *parte (querelante)*.

No âmbito da ação penal de iniciativa pública, a intimação do "ofendido, se possível", diz respeito à sua contribuição como meio de prova (art. 201, *caput* e § 1º, CPP), funcionando também, de toda sorte, como adequado instrumento de *informação* (art. 201, § 2º, CPP). A intimação do ofendido será possível, claro, apenas em se tratando de crime doloso contra a vida na forma tentada. Na hipótese de crime consumado, poderá ser intimado para a sessão o sucessor legal do ofendido (cônjuge, ascendente, descendente ou irmão), independentemente de habilitação como assistente do Ministério Público.

A respeito do ofendido ou do sucessor na qualidade de *assistente do Ministério Público*, sua intervenção em plenário, representado por advogado, dependerá de requerimento apresentado "até 5 (cinco) dias antes da data da sessão na qual pretenda atuar", nos termos do art. 430 do CPP. Naturalmente, se a habilitação já houver ocorrido em momento anterior, na fase inicial do procedimento do júri, ou na fase intermediária, está assegurada a atuação do assistente em plenário. No caso contrário, o ofendido ou o sucessor tem até o limite de 5 (cinco) dias antes da sessão para requerer a habilitação

Cap. XVII • PROCEDIMENTOS PENAIS   1147

como assistente, sob pena de não poder atuar *como tal* durante o julgamento em plenário, inclusive para fins de debates orais. Não havendo tempestiva habilitação, restará ao ofendido ou ao sucessor apenas a intervenção como meio de prova, na fase de instrução em plenário.

6.2. Sorteio e Convocação dos Jurados para a Reunião Periódica

A Seção VII do Capítulo II, compreendendo os artigos 432 a 435 do CPP, versa sobre o sorteio e a convocação dos jurados para a sessão de julgamento em plenário do Tribunal do Júri.

Nos termos do art. 432 do CPP: "Em seguida à organização da pauta, o juiz presidente determinará a intimação do Ministério Público, da Ordem dos Advogados do Brasil e da Defensoria Pública para acompanharem, em dia e hora designados, o sorteio dos jurados que atuarão na reunião periódica".

Trata-se aqui não ainda do sorteio dos 7 (sete) jurados que integrarão o Conselho de Sentença, o que somente ocorrerá no próprio dia da sessão de julgamento. Antes disso, em *audiência própria*, haverá o sorteio de 25 (vinte e cinco) jurados, *para a reunião periódica ou extraordinária*. Conforme dispõe o art. 433, *caput*, do CPP: "O sorteio, presidido pelo juiz, far-se-á a portas abertas, cabendo-lhe retirar as cédulas até completar o número de 25 (vinte e cinco) jurados, para a reunião periódica ou extraordinária".

Essa audiência de sorteio, aberta ao público, deverá ocorrer entre o 15º e o 10º dia útil anterior à data da instalação *da reunião periódica* (art. 433, § 1º, CPP).

Cumpre distinguir a *reunião periódica* (art. 433, CPP) da *sessão de julgamento*. A reunião periódica designa o período ordinário em que o Tribunal do Júri se reúne para uma série de julgamentos. Para essa reunião é que se efetua o sorteio de 25 (vinte e cinco) jurados, na forma do art. 433 do CPP. Já em cada sessão é realizado o sorteio de 7 (sete) jurados para a composição do Conselho de Sentença.

De maneira a garantir a lisura do sorteio objeto do art. 433 (reunião periódica), passou-se a exigir, a partir da reforma introduzida pela Lei nº 11.689/2008, a intimação do Ministério Público, da Ordem dos Advogados do Brasil e da Defensoria Pública (art. 432, CPP), de modo que cada uma dessas instituições possa designar órgão ou representante para acompanhar a audiência[52].

Não se exige, porém, a presença das partes. Assim, "a audiência de sorteio não será adiada pelo não comparecimento das partes", nos termos do art. 433, § 2º, do CPP.

Sorteado o jurado para compor a lista dos 25 (vinte e cinco), não poderá ter o seu nome novamente incluído para as audiências futuras (art. 433, § 3º, CPP).

A convocação dos jurados sorteados para a sessão de julgamento dá-se na forma prescrita no art. 434, *caput*, do CPP: "Os jurados sorteados serão convocados pelo

---

52. No regime revogado, o art. 428 do CPP estabelecia apenas a realização do sorteio sob a presidência do juiz, retirando as cédulas um menor de 18 (dezoito) anos...

correio ou por qualquer outro meio hábil para comparecer no dia e hora designados para a reunião, sob as penas da lei".

Admite-se, assim, a convocação por correio ou por qualquer outro meio idôneo: carta com aviso de recebimento, carta registrada etc. A previsão desse meios destina-se a evitar a mobilização de diversos oficiais de justiça para a intimação por mandado de vinte e cinco jurados para cada processo.

Devem ser aplicados, assim, meios mais dinâmicos de convocação, até mesmo porque, em última análise, é suficiente o comparecimento de 15 (quinze) jurados como quórum mínimo para a instalação da sessão de julgamento (art. 463, *caput*, CPP).

No expediente da convocação, deverão estar transcritas as normas dos artigos 436 a 446 do CPP (art. 434, parágrafo único, CPP). Essa providência destina-se a dar ciência ao jurado convocado acerca dos deveres inerentes à função, sobretudo da obrigatoriedade do serviço (art. 436, *caput*, CPP) e da imposição de multa em caso de não comparecimento injustificado (art. 442, CPP).

As "penas da lei" para o não comparecimento injustificado do jurado regularmente convocado consistem em *multa de 1 (um) a 10 (dez) salários mínimos* (art. 442, CPP). De toda sorte, não se prejudica a realização da sessão pela falta, justificada ou não, de alguns jurados, se pelo menos 15 (quize) comparecerem ao ato, como já referido acima (art. 463, *caput*, CPP).

Por fim, com o objetivo precípuo de permitir a verificação de possíveis causas de impedimento, de suspeição ou de incompatibilidade, o art. 435 do CPP determina a publicidade dos nomes dos jurados convocados, em relação própria afixada na porta do recinto do Tribunal do Júri, que conterá também o nome do acusado e o dos procuradores das partes, bem como o dia, a hora e o local das sessões, associando-se os jurados convocados, desta forma, aos respectivos processos concretos a serem julgados: "Serão afixados na porta do edifício do Tribunal do Júri a relação dos jurados convocados, os nomes do acusado e dos procuradores das partes, além do dia, hora e local das sessões de instrução e julgamento".

6.3. Composição do Tribunal do Júri

O *Tribunal do Júri* integra-se: (i) pelo Conselho de Sentença, composto por 7 (sete) jurados; (ii) pelo juiz presidente (art. 447, CPP).

O Conselho de Sentença, responsável pelo veredicto do Tribunal do Júri, constitui-se a cada sessão de julgamento, podendo o mesmo colegiado "conhecer de mais de um processo, no mesmo dia, se as partes o aceitarem, hipótese em que seus integrantes deverão prestar novo compromisso", nos termos do art. 452 do CPP.

O juiz presidente, por seu turno, dispõe das seguintes funções, conforme discriminado no art. 497 do CPP, inserido na Seção XVI do Capítulo II: "São atribuições do juiz presidente do Tribunal do Júri, além de outras expressamente referidas neste Código: I – regular a polícia das sessões e prender os desobedientes; II – requisitar o auxílio da força pública, que ficará sob sua exclusiva autoridade; III – dirigir os debates, intervindo em caso de abuso, excesso de linguagem ou mediante requerimento de uma das partes; IV – resolver as questões incidentes que não dependam de pronunciamento do júri; V – nomear defensor ao acusado, quando considerá-lo indefeso, podendo, neste caso, dissolver o Conselho e designar novo dia para o julgamento, com a nomeação ou a constituição de novo defensor; VI – mandar retirar da sala o acusado que dificultar a realização do julgamento, o qual prosseguirá sem a sua presença; VII – suspender a sessão pelo tempo indispensável à realização das diligências requeridas ou entendidas necessárias, mantida a incomunicabilidade dos jurados; VIII – interromper a sessão por tempo razoável, para proferir sentença e para repouso ou refeição dos jurados; IX – decidir, de ofício, ouvidos o Ministério Público e a defesa, ou a requerimento de qualquer destes, a arguição de extinção da punibilidade; X – resolver as questões de direito suscitadas no curso do julgamento; XI – determinar, de ofício ou a requerimento das partes ou de qualquer jurado, as diligências destinadas a sanar nulidade ou a suprir falta que prejudique o esclarecimento da verdade; XII – regulamentar, durante os debates, a intervenção de uma das partes, quando a outra estiver com a palavra, podendo conceder até 3 (três) minutos para cada aparte requerido, que serão acrescidos ao tempo desta última".

Além dessas funções discriminadas no art. 497, há outras previstas pelo Código de Processo Penal em âmbitos específicos. É o caso da prolação de sentença, pelo juiz presidente, com base no veredicto dos jurados integrantes do Conselho de Sentença (art. 492, CPP).

Constata-se que algumas *funções do juiz presidente* do Tribunal do Júri são (i) de *caráter jurisdicional*, relativas a questões materiais ou processuais, ao passo que outras encerram (ii) *natureza administrativa*, sobretudo destinadas à *manutenção da ordem* dos trabalhos.

Dentre as funções jurisdicionais acerca de questões materiais, têm-se a decisão sobre causa de extinção da punibilidade (art. 497, IX, CPP) e, parcialmente, as questões de direito suscitadas no curso do julgamento (art. 497, X, CPP), quando sua solução não integre a competência do Conselho de Sentença. Há especialmente, como função jurisdicional sobre questão material, a prolação de sentença, com base na decisão dos jurados, sobretudo no que se refere à aplicação da pena concreta, em caso de veredicto condenatório (art. 492, *caput*, I, CPP).

Por outro lado, são exemplos funções jurisdicionais sobre questões processuais: a resolução das questões incidentes que não dependam de pronunciamento do júri (art. 497, IV, CPP); a nomeação de defensor para o acusado indefeso (art. 497, V, CPP); por envolver o exercício do direito de presença, a ordem de retirada do acusado da sala (art. 497, VI, CPP); a suspensão da sessão para a realização de diligências (art. 497, VII, CPP); a determinação de diligências para o saneamento do feito (art. 497, XI, CPP); a apreciação sobre a concessão de aparte, pelo prazo de 3 (três) minutos (art. 497, XII, CPP).

Algumas dessas funções serão abordadas com mais detalhes, no ponto específico a que cada uma se refira, quando do estudo da instrução e do julgamento em plenário.

Por fim, são exemplos de funções administrativas, de manutenção da ordem, a cargo do juiz presidente: regulação da polícia dos debates (art. 497, I, CPP); requisição do auxílio da força pública (art. 497, II, CPP); direção dos debates, intervindo para conter abuso ou excesso de linguagem (art. 497, III, CPP).

Essas funções especiais, mais realçadas e abrangentes que no âmbito da condução dos processos em geral pelo juiz, justificam-se em virtude da natural repercussão social e carga emocional comuns nos julgamentos realizados pelo júri.

6.4. Providências Prévias à Abertura da Sessão de Julgamento

Nos termos do art. 453 do CPP, "o Tribunal do Júri reunir-se-á para as sessões de instrução e julgamento nos períodos e na forma estabelecida pela lei local de organização judiciária".

Antes de declarar instalada a sessão de julgamento, deverá o juiz presidente do Tribunal do Júri adotar algumas providências preliminares, se nenhuma dessas questões já não houver sido resolvida em momento anterior: (i) decisão sobre eventuais casos de isenção e dispensa de jurados convocados na forma do art. 434, *caput*, do CPP (art. 454, CPP); (ii) decisão sobre eventual pleito de adiamento de julgamento (art. 454, CPP).

Em seguida, ainda antes da abertura da sessão, dá-se a verificação pelo juiz presidente da presença dos jurados convocados, assim como das partes e de seus representantes.

Em princípio, espera-se que estejam presentes para a sessão de julgamento: o juiz presidente; as partes (Ministério Público ou o querelante e o acusado) e seus representantes (defensor do acusado); eventual assistente do Ministério Público (ofendido ou sucessor legal) e seu representante (advogado do assistente); 25 (vinte e cinco) jurados sorteados na oportunidade prevista no art. 433, *caput*, do CPP, todos regularmente convocados para a sessão (art. 434, *caput*, CPP); o ofendido e as testemunhas indicadas pelas partes na fase intermediária.

Na hipótese de não comparecimento do órgão do Ministério Público, "o juiz presidente adiará o julgamento para o primeiro dia desimpedido da mesma reunião, cientificadas as partes e as testemunhas", como dispõe o art. 455, *caput*, do CPP. Tem-se, assim, a imprescindibilidade da presença do Ministério Público, sob pena de nulidade (art. 563, III, *d*, CPP).

No regime especial do julgamento em plenário do júri, o adiamento da sessão aplica-se *ainda que injustificada* a ausência do Ministério Público. Nesse caso, incide a norma do art. 455, parágrafo único, do CPP: "Se a ausência não for justificada, o fato será imediatamente comunicado ao Procurador-Geral de Justiça com a data designada para a nova sessão".

A falta de justificação da ausência, portanto, resolve-se no plano disciplinar, mas a comunicação ao Procurador-Geral de Justiça destina-se especialmente a instá-lo a designar órgão do Ministério Público para atuar na data designada para a nova sessão. Como essa nova data já é informada ao Procurador-Geral, não há mais intimação de

Cap. XVII · PROCEDIMENTOS PENAIS

qualquer órgão do Ministério Público a esse respeito. Cabe ao Procurador-Geral, assim, providenciar para que órgão do Ministério Público compareça na nova data designada.

O mesmo tratamento normativo – como não poderia deixar de ser, em virtude da paridade de armas própria do princípio do contraditório – está reservado à ausência, justificada ou não, do defensor particular do acusado. Nesse ponto, assim prescreve o art. 456, *caput*, do CPP: "Se a falta, sem escusa legítima, for do advogado do acusado, e se outro não for por este constituído, o fato será imediatamente comunicado ao presidente da seccional da Ordem dos Advogados do Brasil, com a data designada para a próxima sessão". Deverá então o Presidente da Seccional da OAB providenciar a comunicação ao advogado constituído e adotar as medidas processuais disciplinares adequadas.

Igual regime deve ser aplicado à hipótese de ausência do defensor público, constituído ou dativo, hipótese em que a comunicação da nova data se destinará ao Defensor Público Geral.

Não mais se admite, portanto, a mera nomeação de defensor *ad hoc*, para o ato, na hipótese de ausência injustificada do defensor constituído (ou a do dativo) do acusado. O julgamento deve necessariamente ser adiado, com a devida comunicação ao órgão de classe pertinente, a respeito da nova data.

Nessa nova oportunidade, porém, o julgamento deve ser realizado, independentemente da presença do defensor constituído. Como preceitua o art. 456, § 1º, do CPP: "Não havendo escusa legítima, o julgamento será adiado somente uma vez, devendo o acusado ser julgado quando chamado novamente".

Na segunda data, aí sim, poderá ser nomeado defensor para o ato, na hipótese de nova ausência injustificada do defensor constituído (ou dativo). Para conferir efetividade a essa norma, estabelece o § 2º do art. 456 do CPP que, "na hipótese do § 1º deste artigo, o juiz intimará a Defendoria Pública para o novo julgamento, que será adiado para o primeiro dia desimpedido, observado o prazo mínimo de 10 (dez) dias".

Entendemos que essa intimação da Defensoria Pública funciona como *precaução* para o caso de nova ausência injustificada do defensor constituído do acusado, na nova data designada para a sessão. A providência não se destina, portanto, apenas a propiciar tempo de preparação ao profissional nomeado. Nossa posição se coaduna, aliás, com o disposto no *caput* do art. 456 do CPP, que estabelece a comunicação da nova data ao Presidente da Seccional da OAB, justamente para que dela se dê conhecimento ao advogado faltante, sem prejuízo, claro, da adoção das medidas disciplinares aplicáveis. Este, a propósito, é o mesmo regime aplicável à ausência do Ministério Público.

Sobre o ponto, confira-se o julgado da Quinta Turma do Superior Tribunal de Justiça no HC 106.317/PR (STJ, 5ª Turma, HC 106.317, Rel. Min. Félix Fischer, julgamento em 19.08.2010, DJ de 25.10.2010): "Constatada a ausência injustificada do defensor constituído, não obstante intimado, é dever do Juiz Presidente do Tribunal do Júri adiar o julgamento e nomear outro profissional para patrocinar a defesa do réu (Precedente)".

Em que pesem os termos da decisão, não se trata, a nosso juízo, de nomeação para patrocínio automático e necessário da defesa do acusado, independentemente do comparecimento de seu próprio defensor constituído (ou do dativo que acompanha o processo desde o início). A nomeação prévia tem a finalidade de permitir a preparação do defensor com antecedência razoável (10 dias, como expresso no art. 496, § 2º, do CPP), *para o caso de ser necessária sua atuação em plenário*, quando ausente, outra vez, o advogado constituído.

Essa é a solução que nos parece mais adequada à preservação do direito do acusado de ser assistido por defensor da sua confiança, o que só se afasta como medida extrema. De toda sorte, o profissional que *injustificadamente* faltou da primeira vez fica sujeito às sanções adequadas, inclusive aquela objeto do art. 265, *caput*, do CPP: multa de dez a cem salários mínimos.

Por outro lado, quanto à nomeação de defensor público, nessa situação excepcional, entendemos adequada apenas na hipótese de acusado hipossuficiente. Se o acusado tiver condições financeiras, deverá ser nomeado defensor particular, às suas custas, no montante dos honorários arbitrados pelo juiz presidente do Tribunal do Júri. Por óbvio, permite-se ao acusado, de toda sorte, constituir novo advogado (ou defensor público, conforme o caso) para patrocinar sua defesa, afastando assim a nomeação judicial.

De toda sorte, caso nomeado defensor público para o acusado que disponha de condições financeiras para custear o patrocínio de sua defesa, deverá, de toda sorte, ser o sujeito condenado em honorários em favor do Fundo de Aparelhamento da Defensoria Pública. Na espécie, cogita-se de "hipossuficiência jurídica" do acusado, o que justificaria a representação pela Defensoria Pública, resolvendo-se a questão financeira pela condenação do sujeito em honorários destinados àquela instituição. *Esta, no entanto, não nos parece ser a solução adequada*, diante do que dispõe o art. 263, parágrafo único, do CPP: "O acusado, que não for pobre, será obrigado a pagar os honorários do defensor dativo". Há que se considerar, ademais, o perfil constiticional da Defensoria Pública, claramente dimensionado em torno da hipossuficiência financeira, não cabendo um exercício ampliativo para a concepção de uma "hipossuficiência jurídica".

Em tais condições, parece-nos que deva o juiz discernir as situações: na hipótese de insuficiência financeira do acusado, que se lhe nomeie defensor público dativo, quando ausente o constituído; caso contrário, o caso é de nomeação de defensor particular constituído, com o arbitramento concreto de honorários, nos moldes do art. 263, parágrafo único, do CPP[53]. Em todo caso, como antes pontuado, se por alguma circunstância vier a ser nomeado defensor público para o acusado não hipossuficiente, por óbvio deverão ser arbitrados honorários em favor do fundo próprio da Defensoria Pública.

Se a presença do Ministério Público e a do defensor do acusado são essenciais, no sentido acima explicitado, o mesmo não se diga quanto à do acusado solto e à do advogado do assistente ou do querelante. Nesse particular, se regularmente intimados esses sujeitos do processo, o julgamento será realizado, com ou sem sua presença,

---

53. No mesmo sentido: PACELLI, Eugênio / FISCHER, Douglas. *Comentários ao Código de Processo Penal e sua Jurisprudência*. São Paulo: Atlas, 2015, pp. 548-549: "Se o réu tem condições econômicas ou financeiras de custear um advogado, deve o juiz designar a ele um advogado *dativo*, impondo-lhe (ao réu) o dever de remuneração, nos termos do art. 263, parágrafo único, CPP. A Defensoria Pública deve cuidar apenas daqueles – milhares e milhões – que dependem dela para ter acesso ao Judiciário".

conforme o disposto no art. 457, *caput*, do CPP: "O julgamento não será adiado pelo não comparecimento do acusado solto, do assistente ou do advogado do querelante, que tiver sido regularmente intimado".

Qualquer desses sujeitos poderá, entretanto, justificar a ausência, nos moldes do art. 457, § 1º, do CPP: "Os pedidos de adiamento e as justificações de não comparecimento deverão ser, salvo comprovado motivo de força maior, previamente submetidos à apreciação do juiz presidente do Tribunal do Júri". Exige-se, portanto, o oferecimento prévio da justificação, para que seja possível o adiamento, com a ressalva do motivo de força maior: por exemplo, o advogado do assistente sofreu um acidente no caminho para o fórum ou teve, ou um familiar próximo seu, que se submeter a cirurgia de urgência, casos em que, por óbvio, a justificação poderá ser posteriormente apresentada.

Quanto ao *acusado preso*, o poder público deverá providenciar sua condução ao fórum e à sala da sessão de julgamento. Não acontecendo isso, o julgamento deverá ser adiado, conforme dispõe o art. 457, § 2º, do CPP: "Se o acusado preso não for conduzido, o julgamento será adiado para o primeiro dia desimpedido da mesma reunião, salvo se houver pedido de dispensa de comparecimento subscrito por ele e seu defensor".

Se o acusado está preso, por óbvio não tem a opção de decidir se vai ou não ao julgamento. O Estado é que tem a tutela e a responsabilidade sobre ele, devendo providenciar sua apresentação, sob pena de adiamento do julgamento. Ressalva-se apenas a manifestação de vontade, subscrita pelo próprio acusado e por seu defensor, no sentido da dispensa de comparecimento pessoal.

Nesse particular, importante novidade inserida pela Lei nº 11.689/2008 foi justamente esta de permitir ao acusado optar por não comparecer à sessão de julgamento, o que implica o não exercício da garantia de autodefesa no interrogatório, durante a instrução em plenário. Isso vale tanto para o acusado solto, bastando que não compareça mesmo regularmente intimado (art. 457, *caput*, CPP), quanto para o acusado preso, que deve, nesse caso, subscrever junto com seu defensor pedido de dispensa de comparecimento (art. 457, § 2º, CPP), para que não seja determinada sua condução.

Nessas condições, não se admite qualquer forma de condução coercitiva do acusado, solto ou preso, para comparecimento à sessão de julgamento em plenário do júri.

Quanto à ausência injustificada da testemunha, porém, diante do dever de depor (art. 206, CPP), é aplicável de imediato a *condução coercitiva*, prevista no art. 461, § 1º, do CPP: "Se, intimada, a testemunha não comparecer, o juiz presidente suspenderá os trabalhos e mandará conduzi-la ou adiará o julgamento para o primeiro dia desimpedido, ordenando a sua condução".

Como regra, o julgamento não será adiado em virtude da ausência da testemunha, a menos que uma das partes haja requerido, na fase intermediária, sua intimação por mandado em caráter imprescindível, indicando a sua localização (art. 461, *caput*, CPP). Havendo a imprescindibilidade, duas são as opções: (i) condução coercitiva imediata da testemunha; (ii) adiamento do julgamento para o primeiro dia desimpedido, com a condução coercitiva da testemunha (art. 461, § 1º, CPP). Por questões funcionais, a segunda alternativa é a mais viável na prática.

Em qualquer caso, porém, "o julgamento será realizado mesmo na hipótese de a testemunha não ser encontrada no local indicado, se assim for certificado pelo oficial de justiça", conforme o art. 461, § 2º, do CPP.

Além da aplicabilidade da condução coercitiva, nos moldes do art. 461, impõe-se à testemunha faltosa e sem escusa legítima, sem prejuízo da ação penal por crime de desobediência, a multa de um a dez salários mínimos prevista no art. 436, § 2º, a que faz remissão o art. 458 do CPP.

As três consequências são, portanto, cumulativamente aplicáveis: condução coercitiva; responsabilidade penal por crime de desobediência; multa. Com efeito, apesar da noção geral de que, quando exista sanção específica para a falta, não se configura o crime de desobediência, na hipótese em foco é a própria lei que, como regime especial, estabelece com clareza as consequências em exame, nos artigos 458 e 461 do CPP.

Por outro lado, assiste à testemunha o mesmo direito do jurado de não experimentar qualquer desconto em sua remuneração, por conta de seu comparecimento à sessão de julgamento do júri (art. 459 c/c art. 441, CPP).

Ainda como providência prévia associada às testemunhas, aplica-se a regra da incomunicabilidade, nos termos do art. 460 do CPP: "Antes de constituído o Conselho de Sentença, as testemunhas serão recolhidas a lugar onde umas não possam ouvir os depoimentos das outras". Essa norma especial aplica-se em conjunto com a geral inserta no art. 210, parágrafo único, do CPP: "Antes do início da audiência e durante a sua realização, serão reservados espaços separados para a garantia da incomunicabilidade das testemunhas". Por questões estruturais, essa regra é até, na prática, mais efetiva no âmbito do julgamento em plenário do Tribunal do Júri. Objetiva-se, por essas normas, evitar qualquer influência que uma testemunha possa extrair do depoimento da outra, quer por ouvir a inquirição, quer por conversar previamente com ela.

6.5. Instalação da Sessão de Julgamento

Realizadas todas as diligências prévias abordadas no tópico anterior, "o juiz presidente verificará se a urna contém as cédulas dos 25 jurados sorteados, mandando que o escrivão proceda à chamada deles", nos termos do art. 462 do CPP.

Ressalte-se que a chamada só deve ser realizada depois das providências prévias, inclusive a verificação da presença das partes e das testemunhas, ainda que já constatado de plano não haver jurados bastantes para a abertura da sessão. Isso porque eventual designação de nova data para a sessão, em virtude da falta de quórum mínimo, não impede que todos os presentes já fiquem devidamente intimados.

Tem-se, dessa forma, a etapa da *chamada dos 25 jurados sorteados (na forma do art. 433 do CPP) e regularmente convocados para a sessão*. Não se trata ainda do sorteio dos jurados que vão integrar o Conselho de Sentença, mas de simples chamada, destinada a verificar a presença dos jurados convocados.

Após essa chamada, se presentes pelo menos 15 (quinze) jurados, dá-se a *instalação da sessão*. É o que dispõe o art. 463, *caput*, do CPP: "Comparecendo, pelo menos,

15 (quinze) jurados, o juiz presidente declarará instalados os trabalhos, anunciando o processo que será submetido a julgamento". O pregão para esse cômputo será feito pelo oficial de justiça, certificando-se a diligência nos autos (art. 463, § 1º, CPP).

Há, desta sorte, um *quorum mínimo* de jurados necessário à abertura da sessão. Nesse limite mínimo incluem-se os jurados excluídos por impedimento ou suspeição (art. 463, § 2º, CPP), por mais que não vão estes, obviamente, integrar o Conselho de Sentença. Neste mesmo sentido estabelece o art. 451 do CPP: "Os jurados excluídos por impedimento, suspeição ou incompatibilidade serão considerados para a constituição do número legal exigível para a realização da sessão".

Não havendo o número mínimo de jurados, deverão no ato ser sorteados os *suplentes*, tantos quantos necessários, designando o juiz presidente nova data para a sessão do júri (art. 464, CPP). Os nomes dos suplentes sorteados deverão ser consignados em ata, remetendo-se o expediente de convocação com observância da forma disposta nos artigos 434 e 435 do CPP: convocação por correio ou outro meio hábil; afixação da relação de suplentes convocados na porta do edifício do Tribunal do Júri, juntamente com o nome do acusado e dos procuradores habilitados (art. 465, CPP).

Antes da formação do Conselho de Sentença, o juiz presidente deverá *advertir* os jurados presentes sobre (i) *causas de impedimento, de suspeição e de incompatibilidade*, gerais e específicas (art. 466, *caput*, c/c arts. 448 e 449, CPP), assim como sobre (ii) o *dever de incomunicabilidade*, após o sorteio (art. 466, § 1º, CPP).

A incomunicabilidade entre os jurados emana do princípio do *sigilo das votações*, regente da instituição do júri e inscrito no art. 5º, inciso XXXVIII, *b*, da Constituição da República. A medida destina-se também a evitar o intercâmbio de influências entre os jurados. O descumprimento do dever de incomunicabilidade acarretará, portanto, a exclusão do jurado do Conselho de Sentença, sem prejuízo de multa de um a dez salários mínimos, conforme estabelece o art. 466, § 1º, com remissão ao art. 436, § 2º, do CPP.

Ao oficial de justiça cabe fiscalizar a incomunicabilidade entre os jurados e, nos termos do art. 466, § 2º, do CPP, certificá-la nos autos. Se por qualquer motivo a sessão tiver de ser suspensa, mantém-se a incomunicabilidade dos jurados, como expressa o art. 497, VII, do CPP, sempre sob o controle do oficial de justiça.

Na sequência, tem-se o *sorteio dos jurados para a formação do Conselho de Sentença*, a partir de urna contendo as cédulas relativas aos presentes, tudo verificado pelo juiz presidente (art. 467, CPP). Assim, dentre os pelo menos 15 (quinze) jurados relacionados, com uma cédula para cada um na urna, deverão ser sorteados 7 (sete), para a composição do Conselho de Sentença, conforme o art. 467 do CPP.

Reserva-se a cada parte, *durante o sorteio*, o direito de *recusa imotivada* de até 3 (três) jurados, na forma do art. 468, *caput*, do CPP: "À medida que as cédulas forem sendo retiradas da urna, o juiz presidente as lerá, e a defesa e, depois dela, o Ministério Público poderão recusar os jurados sorteados, até três cada parte, sem motivar a recusa". O jurado recusado será imediatamente excluído "daquela sessão de instrução e julgamento, prosseguindo-se o sorteio para a composição do Conselho de Sentença com os jurados remanescentes", conforme preceitua o art. 468, parágrafo único, do CPP.

Assim, além da possibilidade de *recusa motivada* em causas de impedimento, de suspeição ou incompatibilidade, cada parte poderá recusar até 3 (três) jurados, sem explicitar qualquer razão para tanto, apenas com base em algum critério de foro íntimo.

Esse sistema é próprio da tradição do modelo *acusatório* de processo penal, em que se confere à parte alguma oportunidade de recusar o julgador leigo, que aprecia a causa e forma seu convencimento de forma íntima. A recusa motivada funciona como um contraponto ao sistema da íntima convicção do juiz leigo. Se o jurado não pode explicitar as razões de seu convencimento, de maneira a oferecer alguma possibilidade de controle nesse particular, que se permita à parte, sobretudo ao acusado, a recusa a partir de impressão íntima sobre a idoneidade do juiz, dentro de um certo limite. Como a figura do juiz leigo também é própria da tradição do processo penal acusatório, da mesma maneira assim desponta a possibilidade de recusa imotivada, aplicada até o presente nos sistemas anglo-saxões, que adotam a instituição do júri com muito maior abrangência que entre nós.

Nesse contexto, durante o sorteio, cada parte poderá oferecer: (i) *recusa imotivada*, de até 3 (três) jurados (art. 468, CPP); (ii) *recusa motivada*, em causa de impedimento, suspeição ou incompatibilidade, as dos juízes togados, no que for aplicável (art. 448, § 2º, CPP), e as especificamente reservadas aos jurados (artigos 448, *caput* e § 1º, e 449, CPP).

Há sempre a possibilidade, ademais, de reconhecimento da causa de impedimento, suspeição ou incompatibilidade pelo próprio jurado, de ofício.

Caso, em virtude do número de recusas imotivadas e motivadas, assim como da aplicação de hipótese(s) de dispensa, não se possa alcançar a composição de 7 (sete) jurados para o Conselho de Sentença, deverá o juiz presidente do Tribunal do Júri, sucessivamente: (i) sortear os jurados suplentes, com observância do art. 464 do CPP; (ii) adiar o julgamento, designando-o para o primeiro dia desimpedido (art. 471, CPP).

Suponha-se, por exemplo, que estejam presentes 15 (quinze) jurados convocados, aí incluídos possíveis impedidos, suspeitos ou incompatíveis (artigos 451 e 463, § 2º, CPP). Dois deles estão impedidos por haverem participado de julgamento de co-acusado, na mesma causa (art. 449, II, CPP); outro suspeito por haver previamente manifestado a intenção de condenar o acusado (art. 449, III, CPP). Excluídos de plano os dois primeiros, e o terceiro após arguição motivada da defesa, subsistem apenas 12 (doze) jurados. Durante o sorteio, a defesa de um dos acusados recusa imotivadamente mais três (art. 468, CPP) e o Ministério Público outros três. Com isso, restaram apenas 6 (seis) jurados, número insuficiente para a formação do Conselho dos sete, aplicando-se, assim, o disposto no art. 471 do CPP. Opera-se, na espécie, o chamado "estouro de urna", a impossibilitar a composição do Conselho e, portanto, o julgamento na sessão.

Quanto à recusa motivada, se desacolhida a arguição, o julgamento não será suspenso, devendo, entretanto, constar da ata as razões apresentadas e a decisão do juiz presidente (art. 470, CPP), de modo a possibilitar a devida impugnação pelo interessado.

Na hipótese de pluralidade de acusados, as recusas poderão ser feitas por um só defensor (art. 469, *caput*, CPP), que patrocine os interesses de todos. Pode ocorrer, nessas condições, a recusa quanto a um dos acusados, mas não quanto ao outro. O titular do direito à recusa é o acusado, individualmente considerado. Apenas o *exercício* desse direito se dá por seu defensor técnico, com capacidade postulatória para tanto. Assim, mesmo que os diversos acusados estejam representados por um só defensor, pode haver a recusa como ato pessoal de apenas um deles. Ademais, pelas mesmas razões, o limite legal de recusas imotivadas (até 3) incide isoladamente para cada um dos acusados, ainda que representados pelo mesmo defensor. Nessa trilha, consulte-se este julgado da Sexta Turma do Superior Tribunal de Justiça, proferido no RESP 1.540.151/ MT (STJ, 6ª Turma, RESP 1.540.151, Rel. Min. Sebastião Reis Júnior, julgamento em 08.09.2015, DJ de 29.09.2015): "1. O direito às três recusas imotivadas é garantido ao acusado, e não à defesa, ou seja, cada um dos réus terá direito às suas três recusas imotivadas, sob pena de violação da plenitude de defesa. 2. Recurso especial provido [para anular o julgamento do Tribunal do Júri]".

Sob tais circunstâncias, possibilita-se que haja número suficiente para a formação do Conselho de Sentença apenas quanto a um dos acusados, mas não quanto a outro(s). Aproveitando o exemplo anterior, tome-se a subsistência de 12 (doze) jurados, dentre os 15 (quinze) iniciais, após as recusas motivadas. Desses 12 (doze), a defesa do acusado *A* recusa 3 (três) jurados; a do acusado *B*, ainda que representado pelo mesmo defensor, apenas 1 (um) jurado; e o Ministério Público, outros 2 (dois) jurados. Com isso, quanto ao acusado *A*, não há número suficiente para a formação do Conselho de Sentença, pois restaram apenas 6 (seis) jurados. Para o acusado *B*, entretanto, que recusou um só jurado, subsistiriam 9 (nove) jurados, mesmo computadas as recusas do Ministério Público.

Nessas condições, aplica-se a *separação dos processos*, pois, em conformidade com o regime legal, devem ser contabilizadas todas as recusas, tomando-se o número final para fins de aferição da suficiência dos jurados subsistentes para a composição do Conselho de Sentença.

No regime anterior ao advento da Lei nº 11.689/2008, bastava a não coincidência quanto à recusa de jurados entre os diversos acusados para que operasse a separação de processos, conforme a redação originária do art. 461, *caput*, do CPP (revogado): "Se os réus forem dois ou mais, poderão incumbir das recusas um só defensor; não convindo nisto e se não coincidirem as recusas, dar-se-á a separação de julgamentos, prosseguindo-se somente no do réu que houver aceito o jurado, salvo se este, recusado por um réu e aceito por outro, for também recusado pela acusação". Isso possibilitava que os defensores técnicos ajustassem entre si a recusa e a aceitação de jurados de modo que não coincidissem as recusas, manipulando assim a separação dos julgamentos.

Atualmente, dificultou-se essa prática: ainda que não exista a coincidência de recusas, o julgamento só será separado se, ao final, depois de computadas todas as recusas, não houver número suficiente para a composição do Conselho de Sentença.

Confira-se, a respeito, a norma do art. 469, § 1º, do CPP: "A separação dos julgamentos somente ocorrerá se, em razão das recusas, não for obtido o número mínimo de sete jurados para compor o Conselho de Sentença". Nessa hipótese, portanto, *separam-se os julgamentos* dos acusados, o que acarreta a observância de uma ordem legal de preferência, estabelecida no § 2º do art. 469 do CPP: "Determinada a separação dos julgamentos, será julgado em primeiro lugar o acusado a quem foi atribuída a autoria do fato ou, em caso de coautoria, aplicar-se-á o critério de preferência disposto no art. 429 deste Código".

Verifica-se aí a preocupação expressa na norma de julgamento do autor antes do partícipe. Em princípio, essa posição se justifica pela possível repercussão do veredicto absolutório do autor no julgamento do partícipe. A regra, no entanto, não pode ser tomada como algo invariável e inafastável. GUILHERME NUCCI reserva interessante crítica à norma em foco, extensível, de modo geral, a todos os critérios de ordem de preferência estabelecidos pela lei: "Há alguns pontos olvidados pela reforma [a da Lei 11.689/2008]. Em primeiro lugar, menospreza-se a soberania dos vereditos populares. Pouco importa quem será julgado em primeiro lugar, pois todos os corréus são, igualmente, pronunciados e devem ser levados a julgamento pelo Tribunal Popular, competente constitucionalmente para tanto. Por isso, se o executor foi absolvido, por qualquer razão, o mandante pode ser, em julgamento posterior, condenado. São dois Conselhos de Sentença diversos, com soberanias individualizadas"[54].

Caso, depois de todo esse procedimento, se consiga formar o Conselho de Sentença, a etapa seguinte é a do *juramento solene* dos jurados, realizado na forma do art. 472, *caput*, do CPP: "Formado o Conselho de Sentença, o presidente, levantando-se, e, com ele, todos os presentes, fará aos jurados a seguinte exortação: *Em nome da lei, concito-vos a examinar esta causa com imparcialidade e a proferir a vossa decisão de acordo com a vossa consciência e os ditames da justiça*. Os jurados, nominalmente chamados pelo presidente, responderão: *Assim o prometo*".

Tem-se aí um componente tradicional importante, destinado a firmar nos juízes leigos a consciência da dignidade e da importância da função a ser desempenhada, assim como a responsabilidade que isso implica. Não se pode desprezar, de nenhuma maneira, a relevância da solenidade da exortação e do respectivo juramento manifestado por cada jurado, individualmente.

Cumpre sempre lembrar que se está diante de juízes leigos, convocados para o julgamento de uma causa específica e sorteados na hora. Precisa-se de um "rito de passagem" marcante: aliás, é esse momento solene que está na essência da própria palavra *jurado*, vale dizer, o julgador sob juramento. Importa muito, assim, que o juiz presidente confira a esse momento a maior solenidade possível, na forma da lei.

Após o juramento, cada jurado, como dispõe o art. 472, parágrafo único, do CPP, deverá receber cópias: (i) da *decisão de pronúncia*, aí compreendidas eventuais "decisões posteriores que julgaram admissível a acusação" (acórdão de pronúncia, por exemplo, proferido por tribunal de segundo grau); (ii) do *relatório do processo*, lançado pelo juiz presidente na fase intermediária de preparação para o plenário, conforme previsto no art. 423, II, do CPP.

Cumpridas essas etapas, dá-se o início da *instrução em plenário* (art. 473, *caput*, CPP), objeto do próximo tópico.

---

54. NUCCI, Guilherme de Souza. *Tribunal do Júri*. São Paulo: Revista dos Tribunais, 2012, p. 190.

6.6. Instrução em Plenário

A instrução em plenário do Tribunal do Júri está disciplinada na Seção XI do Capítulo II, entre os artigos 473 e 475, do Código de Processo Penal.

Como já abordado, o Conselho de Sentença constitui-se a cada sessão de julgamento, com o sorteio de 7 (sete) jurados.

Esses jurados tomam conhecimento da causa na mesma oportunidade, não tendo, em princípio, qualquer contato prévio com as peças que integram os autos processuais.

Desta sorte, sob a regência do princípio da oralidade, reclama-se a realização de atos instrutórios perante os jurados, antes dos debates orais e do veredicto.

Os atos de instrução praticados nessa oportunidade são aqueles anunciados, postulados e deferidos pelo juiz presidente na fase de preparação para o plenário, conforme previsto no art. 422 do CPP: inquirição de até 5 (cinco) testemunhas para cada parte e eventuais outros meios de prova. Ademais, realiza-se, ao final da instrução em plenário, o interrogatório do acusado, caso presente.

A ordem de produção de prova em instrução oral, pelo que se depreende do disposto nos artigos 473 e 474 do CPP, é a seguinte: (i) declarações do *ofendido*, se possível (art. 473, *caput*, CPP); (ii) depoimento das *testemunhas* indicadas pela acusação e pela defesa (art. 473, *caput* e §§ 1º e 2º, CPP); (iii) *se requerido pelas partes ou pelos jurados*: *acareações, reconhecimento de pessoas e coisas e esclarecimento de peritos* (art. 473, § 3º, CPP); (iv) *leitura de peças* (art. 473, § 3º, CPP); (v) *interrogatório do acusado*, se estiver presente, realizado nos termos dos artigos 186 e seguintes do CPP (art. 474, CPP).

A forma de realização desses atos instrutórios, à exceção da leitura de peças, é a geral prescrita nas respectivas normas inseridas na disciplina legal dos meios de prova em espécie, mas com modificações específicas em certos âmbitos.

Sobre as etapas (i) e (ii) acima descritas, confira-se o disposto no art. 473, *caput*, do CPP: "Prestado o compromisso pelos jurados, será iniciada a instrução plenária quando o juiz presidente, o Ministério Público, o assistente, o querelante e o defensor do acusado tomarão, sucessiva e diretamente, as declarações do ofendido, se possível, e inquirirão as testemunhas arroladas pela acusação". Quanto às testemunhas de defesa, preceitua o art. 473, § 1º, do CPP, o seguinte: "Para a inquirição das testemunhas arroladas pela defesa, o defensor do acusado formulará as perguntas antes do Ministério Público e do assistente, mantidos no mais a ordem e os critérios estabelecidos neste artigo".

Assim, adota-se, também no procedimento do júri, o *método do exame direto e cruzado* no que tange à inquirição das testemunhas (art. 212, CPP). As perguntas serão primeiro formuladas à testemunha, de forma direta, pela parte que a indicou (exame direto), passando-se em seguida a palavra à parte adversa, para o exame cruzado. Tem-se aí a essência do contraditório em moldes adversariais, no momento da inquirição de testemunhas.

Desponta, porém, uma mudança específica importante, desde logo: o juiz presidente é o primeiro a perguntar, passando a a palavra em seguida às partes, conforme a ordem estabelecida no *caput* do art. 473 do CPP. O regime é diverso, portanto, daquele fixado no art. 212, parágrafo único, do CPP, em que a inquirição do juiz se dá a título apenas complementar, após as perguntas das partes. Como o juiz presidente não julga o mérito concernente à existência concreta de responsabilidade penal do imputado, não vemos qualquer óbice a esse formato.

Por outro lado, quanto aos jurados, a lei contempla a possibilidade também de formulação de perguntas, sem, entretanto, estabelecer em qual momento. Consulte-se a norma do art. 473, § 3º, do CPP: "Os jurados poderão formular perguntas ao ofendido e às testemunhas, por intermédio do juiz presidente". Como os jurados apreciarão o mérito do feito, estando assim sujeitos, de forma plena, à imparcialidade própria da função jurisdicional, entendemos que mais adequada, do ponto de vista do sistema adversarial acusatório, é a sua intervenção a título meramente suplementar, depois das perguntas das partes.

Outra diferença importante em relação ao regime geral (art. 212, CPP) é a formulação das perguntas pelos jurados não diretamente ao ofendido ou às testemunhas, e sim *por intermédio do juiz presidente* (art. 473, § 3º, CPP). Essa posição normativa justifica-se por ser o jurado um juiz leigo, que pode não ter o preparo técnico para a formulação de pergunta em bases adequadas, recomendando-se, nesse ponto, o filtro do juiz presidente. A título de exemplo, poderia acontecer de o jurado, inadvertidamente, perguntar uma opinião pessoal da testemunha a respeito de determinado evento, o que, como se sabe, é inadmissível (art. 213, CPP).

Claro, isso pode acontecer também por ato de um profissional, mas não (em condições normais) por despreparo, e sim por malícia. Com efeito, espera-se ordinariamente que um profissional formule a pergunta de maneira adequada. Do jurado, leigo, nem ordinariamente se pode esperar isso. Essa é a lógica do regime fixado no art. 473, § 3º, do CPP.

De toda sorte, entendemos que não há aí uma disposição absoluta. Poderá o juiz presidente, à vista das circunstâncias concretas, e desde que com a concordância das partes, permitir que o jurado se expresse diretamente à testemunha, quando isso represente fator de melhor comunicação e compreensão.

Em síntese, nas condições fixadas pelo art. 473, *caput* e §§ 1º e 2º, do CPP: (i) quanto às declarações do ofendido, perguntam, nesta ordem, o juiz presidente, o órgão do Ministério Público, o assistente ou querelante (conforme o caso), o defensor do acusado (art. 473, *caput*, CPP), todos de maneira direta, e finalmente, por intermédio do juiz presidente (em princípio), os jurados (art. 473, § 2º, CPP); (ii) quanto às testemunhas de acusação, perguntam, nesta ordem, o juiz presidente, o Ministério Público (exame direto), o assistente ou o querelante (exame direto), o defensor do acusado (exame cruzado) (art. 473, *caput*, CPP), e finalmente, a título complementar, os jurados (art. 473, § 2º, CPP); (iii) quanto às testemunhas de defesa, perguntam, nesta ordem, o juiz presidente, o defensor do acusado (exame direto), o Ministério Público (exame cruzado) (art. 473, § 1º, CPP), o assistente ou o querelante, e finalmente, a título complementar, os jurados (art. 473, § 2º, CPP).

Recorde-se que o assistente, para atuar nesta fase, deve ter apresentado requerimento de habilitação com antecedência mínima de 5 (cinco) dias relativamente à data da sessão de julgamento (art. 430, CPP).

Em seguida, na etapa (iii), tem-se a possibilidade dos seguintes meios de instrução oral: *acareações, reconhecimento de pessoas e de coisas* e *esclarecimento de peritos*. A aplicabilidade de qualquer desses meios depende de requerimento das partes ou dos jurados, conforme expressa a primeira parte do art. 473, § 3º, do CPP: "As partes e os jurados poderão requerer acareações, reconhecimento de pessoas e coisas e esclarecimento dos peritos..."

O procedimento para cada um desses meios é o geral. Assim, a acareação rege-se pela norma do art. 229 do CPP. O requerimento para tanto pode ser feito na oportunidade da fase de preparação para o plenário (art. 422, CPP) ou no curso da própria instrução oral, se a necessidade surgir aí, pela divergência entre depoimentos testemunhais (por exemplo). O mesmo se diga quanto ao reconhecimento de pessoas e coisas, disciplinado no art. 226 do CPP.

Quanto ao esclarecimento de peritos, reclama-se *das partes* postulação prévia nesse sentido (art. 159, § 5º, CPP), em particular na fase intermediária preparatória, ressalvada a necessidade posterior, mas a mesma providência pode ser provocada por iniciativa dos jurados, como antes pontuado.

Na sequência, tem-se a etapa da *leitura de peças*, assim prevista na segunda parte do art. 473 do CPP: "As partes e os jurados poderão requerer (...) a leitura de peças que se refiram, exclusivamente, às provas colhidas por carta precatória e às provas cautelares, antecipadas ou não repetíveis".

Nesse ponto, a Lei nº 11.689/2008 instituiu uma inovação salutar, restringindo a aplicabilidade da leitura de peças durante a instrução em plenário. Durante a vigência do regime anterior, possibilitava-se a leitura de qualquer peça dos autos, bastando a indicação pela parte interessada do que reputasse necessário. Este era um fator decisivo para a marcante demora da instrução em plenário, cansando-se ainda os jurados com a leitura de peças inúteis ou, por seu caráter eminentemente técnico, de difícil compreensão para os jurados (por exemplo, razões de recurso especial contra o acórdão confirmatório da pronúncia). Eram conhecidas as sessões que se arrastavam por várias horas apenas com a leitura de peças do processo, sendo que em determinado ponto já não se alcançava a atenção de qualquer pessoa.

Atualmente, a leitura de peças está limitada a: (i) provas colhidas em carta precatória; (ii) provas cautelares, antecipadas ou não repetíveis (art. 473, § 3º, segunda parte, CPP). Estas são peças produzidas em circunstâncias especiais, com o contraditório potencialmente limitado (carta precatória) ou diferido (provas cautelares, antecipadas ou não repetíveis), a justificar sua leitura em plenário como meio de informação aos jurados, diante da impossibilidade de sua reprodução perante o Conselho de Sentença.

O regime especial justifica-se, portanto, pelo fato de que essas provas (carta precatória, cautelares) não podem ser produzidas presencialmente em plenário do júri. Com efeito, uma testemunha residente na comarca, cuja inquirição se considere relevante, poderá ser ouvida em plenário.

Do mesmo modo, são possíveis, perante o júri, o esclarecimento de peritos, as acareações, o reconhecimento de pessoas e coisas. O que for relevante pode ser construído na instrução oral em plenário. Agora, se a testemunha reside fora da comarca, por óbvio não poderá ser inquirida perante os jurados. Daí que se permita a leitura de seu depoimento. Por outro lado, as provas cautelares, antecipadas e não repetíveis são unilateralmente produzidas, na fase de investigação, sujeitando-se a um contraditório apenas diferido ou postergado. Assim, por sua própria natureza, não poderão ser reproduzidas em plenário, perante os jurados, razão pela qual de igual modo se permite a leitura das peças que lhes diga respeito.

Quanto às demais peças, no entanto, inexiste razão para o seu pronunciamento oral já durante a instrução em plenário. A leitura de peças é um momento de informação geral aos jurados, de cunho instrutório, hoje justamente restrito a elementos especiais, pelas razões já mencionadas. As demais provas julgadas relevantes poderão ser produzidas em plenário, como visto, não havendo a necessidade de leitura das peças consolidadas durante a fase inicial do procedimento do júri.

De outro lado, se a parte considerar relevante a peça, poderá referi-la a analisá-la no momento dos debates orais, não havendo qualquer prejuízo.

Ademais, quanto ao aspecto informativo ao jurado sorteado momentos antes e que em princípio tomou assim seu primeiro contato com a causa, a Lei nº 11.689/2008 introduziu a exigência do relatório do juiz presidente, lançado ainda na fase preparatória (art. 423, II, CPP) e que deverá ser distribuído aos jurados logo após o juramento solene, conforme determina o art. 472, parágrafo único, do CPP. O relatório, exarado pelo juiz nos termos mais claros possíveis e especificamente destinado aos jurados, representa instrumento muito mais eficaz, em sua finalidade informativa, que as demoradas e cansativas leituras da integralidade de peças processuais produzidas, em princípio, sem preocupação comunicativa voltada para leigos.

Como último ato da instrução em plenário, tem-se o interrogatório do acusado, se presente, realizado segundo a forma geral estabelecida nos artigos 185 a 196 do CPP, com as alterações impostas para o procedimento do júri (art. 474, *caput*, CPP). O interrogatório constitui, de igual modo, oportunidade de exercício de autodefesa pelo acusado, por mais que possa ter repercussões probatórias. Essa feição de meio de defesa, por sinal, manifesta-se de forma particular no procedimento do júri, em que a lei expressamente dispensa a presença do acusado no julgamento em plenário, reservando-lhe livre opção a esse respeito. De toda sorte, independentemente do regime especial, esta é uma característica própria do interrogatório, em seu perfil atual.

Outro ponto, agora relativo ao procedimento do interrogatório, é a adoção expressa do método do exame direto, como prescrito no art. 474, § 1º, do CPP: "O Ministério Público, o assistente, o querelante e o defensor, nessa ordem, poderão formular, diretamente, perguntas ao acusado". No regime geral do interrogatório, o art. 188 do CPP não especifica o modo de formulação de perguntas, apenas prevendo essa possibilidade pelas partes. Pode, de toda sorte, ser aplicado, no que couber, a norma do art. 212 do CPP, quanto à forma, mas não quanto à ordem de inquirição, não havendo qualquer óbice a que as perguntas sejam efetuadas diretamente ao acusado. No que se refere à instrução em plenário do júri, porém, a lei (art. 474, § 1º, CPP) deixou isso expresso, como visto. Ficou de igual modo expressa a possibilidade de formulação de perguntas pelo assistente, algo não contemplado no art. 188 do CPP, mas também aplicável, de toda sorte, ao interrogatório em geral.

As perguntas dos jurados, entretanto, deverão ser formuladas por intermédio do juiz presidente, pelas mesmas razões já antes indicadas acerca da inquirição de testemunhas. Com efeito, segundo dispõe o art. 474, § 2º, do CPP: "Os jurados formulação suas perguntas por intermédio do juiz presidente". Persiste a aplicação, portanto, do sistema presidencialista, no que concerne ao interrogatório do acusado pelos jurados.

A respeito da ordem de inquirição, à vista da natureza do próprio interrogatório e ainda do regime disciplinado no art. 474 do CPP, tem-se o seguinte: juiz presidente; jurados (por intermédio do juiz presidente); Ministério Público ou querelante (exame direto); advogado do assistente, se houver (exame direto); defensor do acusado (exame direto).

Em se tratando de acusado preso, o art. 474, § 3º, do CPP contém norma especial a respeito do *uso de algemas* em plenário pelo acusado, antes, durante e após o interrogatório: "Não se permitirá o uso de algemas no acusado durante o período em que permanecer no plenário do júri, salvo se absolutamente necessário à ordem dos trabalhos, à segurança das testemunhas ou à garantia da integridade física dos presentes".

A norma em foco obedece a uma lógica semelhante à que inspirou a edição da Súmula Vinculante nº 11 do Supremo Tribunal Federal: "Só é lícito o uso de algemas em casos de resistência e de fundado receio de fuga ou de perigo à integridade física própria ou alheia, por parte do preso ou de terceiros, justificada a excepcionalidade por escrito, sob pena de responsabilidade disciplinar, civil e penal do agente ou da autoridade e de nulidade da prisão ou do ato processual a que se refere, sem prejuízo da responsabilidade civil do Estado".

Essa lógica de excepcionalidade aplica-se a qualquer esfera de prisão, quer quando de sua execução pela polícia, quer quando da exibição do acusado em audiência ou em plenário de julgamento. De toda sorte, o regime está especificamente expresso no âmbito do procedimento do júri, e não sem fundamento particular: o uso de algemas tem caráter estigmatizante do acusado, o que pode influenciar negativamente o ânimo dos jurados, enquanto juízes leigos.

Assim, se em geral a excepcionalidade do uso de algemas justifica-se suficientemente pela dignidade da pessoa, no domínio do procedimento do júri, em sua terceira fase, há uma razão adicional, consistente na potencial influência indevida, consciente ou não, sobre os jurados. Nessas condições, pensamos que, ainda quando utilizadas excepcionalmente as algemas, o juiz presidente deve esclarecer os jurados a esse respeito, no sentido de orientá-los quanto à independência entre a necessidade da cautela e o mérito da própria causa posta em julgamento.

A excepcionalidade do uso de algemas, nesse contexto, deve estar justificada, inclusive com o registro das respectivas razões em ata, de modo a possibilitar o devido controle.

Por fim, disciplina a lei o registro da instrução oral em plenário, em consonância com a disponibilidade de instrumentos tecnológicos aptos a conferir maior fidelidade, celeridade e dinamismo aos atos. Como dispõe, a esse respeito, o art. 475, *caput*, do CPP:

"O registro dos depoimentos e do interrogatório será feito pelos meios ou recursos de gravação magnética, eletrônica, estenotipia ou técnica similar, destinada a obter maior fidelidade e celeridade na colheita da prova".

Esse dispositivo vai na linha da norma geral do art. 405, § 1º, do CPP (redação conferida pela Lei nº 11.719/2008). Ao contrário do regime geral, entretanto, objeto do art. 405, § 2º, o art. 475, parágrafo único, determina, quanto à instrução em plenário do júri, a *transcrição do registro*, após a degravação. Houve, nesse ponto, um descompasso entre as reformas introduzidas pela Lei nº 11.719/2008 (procedimento comum), de um lado, e pela Lei nº 11.689/2008 (procedimento do júri), de outro. No particular, o regime especial parece-nos mais adequado, pois a transcrição posterior permitirá maior facilidade na análise da prova consolidada nos autos.

6.7. Debates

6.7.1. Aspectos gerais

Concluída a instrução em plenário, chega o tempo dos *debates*, momento crucial da terceira fase do procedimento do júri. Essa etapa está disciplinada na Seção XII do Capítulo II, entre os artigos 476 e 481, do Código de Processo Penal.

Os debates perante o Conselho de Sentença assumem uma forma diferenciada, inclusive quanto à duração. Diante das peculiaridades do julgamento realizado por jurados leigos, cujo primeiro contato com a causa se dera ao início da mesma sessão, tem-se uma importância particular do momento dos debates, diversa daquela que lhe é reservada no procedimento comum. Nesse ponto é que desponta o peculiar viés persuasivo próprio da atuação em plenário do júri, o que reclama também a interveniência de mecanismos de controle de abusos, a cargo do juiz presidente (confira-se, por exemplo, a atribuição contemplada no art. 497, III, do CPP).

Nos termos do art. 476, *caput*, do CPP: "Encerrada a instrução, será concedida a palavra ao Ministério Público, que fará a acusação, nos limites da pronúncia ou das decisões posteriores que julgaram admissível a acusação, sustentando, se for o caso, a existência de circunstância agravante".

Em primeiro lugar, portanto, restringe-se a sustentação oral do Ministério Público aos limites da *pronúncia*, isto é, da *acusação admitida*. Se a pronúncia tem abrangência mais restrita, por haver apenas parcialmente admitido a hipótese de fato deduzida na denúncia, não poderá o Ministério Público fazer alusões à parte rejeitada da inicial. Por exemplo: o Ministério Público ofereceu denúncia contra o sujeito X, imputando-lhe a prática de homicídio qualificado pelo motivo fútil e pelo meio que impossibilitou a defesa do ofendido; na pronúncia, o juízo da causa admitiu a acusação por homicídio qualificado pelo motivo fútil, rechaçando, porém, a qualificadora da surpresa.

A pronúncia tem o efeito de delimitar a matéria posta em julgamento perante o Conselho de Sentença do Tribunal do Júri, independentemente da acusação de início deduzida na denúncia ou na queixa. No regime anterior ao advento da Lei nº 11.689/2008, existia o instituto do libelo, pelo qual o acusador delimitava, *de acordo com a pronúncia*, a acusação a ser deduzida em plenário. A Lei nº 11.689/2008 eliminou esse inútil instituto, firmando a pronúncia como instrumento único de delimitação da hipótese acusatória objeto de discussão no plenário do júri. Nessa lógica, os quesitos a serem formulados aos jurados devem de igual modo guardar correspondência com a pronúncia, sob pena de nulidade.

Ainda no art. 476, *caput*, do CPP, encontra-se referência à possibilidade arguição de circunstância agravante em plenário. Nesse particular, compreenda-se que a agravante não deve constar da pronúncia, eis que se trata de circunstância genérica, podendo até ser estranha ao fato.

Entendemos que a agravante deve ser objeto de quesitação aos jurados, não podendo o juiz presidente reconhecê-la sem isso. Com efeito, a *existência* de qualquer causa integra a competência do júri, reservando-se ao juiz presidente, se reconhecida a agravante, apenas a *quantificação* do aumento, de acordo com as circunstâncias aplicáveis. No sentido aqui sustentado, tem-se a jurisprudência do Superior Tribunal de Justiça, como revela o julgado da Sexta Turma no HC 130.310/MS (STJ, 6ª Turma, HC 130.310, Rel. Min. NEFI CORDEIRO, julgamento em 18.06.2015, DJ de 01.07.2015): "A aplicação de circunstâncias agravantes ou atenuantes depende de prévia quesitação e reconhecimento pelos jurados, sob pena de nulidade por ofensa à soberania dos veredictos. Precedentes".

A acusação dispõe do tempo de 1 (uma) hora e meia para sua sustentação (art. 477, *caput*, CPP). Se houver assistente, falará depois do Ministério Público, nos termos do art. 476, § 1º, do CPP, mas *dentro do tempo reservado à acusação*. O tempo de 1 (uma) hora e meia, com efeito, destina-se à acusação, conforme o disposto no art. 477, *caput*, do CPP. Assim, havendo assistente, caberá ao órgão do Ministério Público e ao advogado dividirem o tempo reservado à acusação, o que pode ocorrer por comum acordo. Não havendo, porém, consenso a esse respeito, caberá ao juiz presidente a distribuição, mostrando-se razoável destinar pelo menos 30 (trinta) minutos do tempo total ao assistente. Confira-se, no ponto, o disposto no art. 477, § 1º, do CPP: "Havendo mais de um acusador ou mais de um defensor, combinarão entre si a distribuição do tempo, que, na falta de acordo, será dividido pelo juiz presidente, de forma a não exceder o determinado neste artigo".

Na hipótese de ação penal de iniciativa privada, subsidiária da pública, de igual modo o tempo de 1 (uma) hora e meia é reservado à acusação, falando primeiro o querelante e, em seguida, o Ministério Público, conforme livre distribuição do tempo entre esses dois sujeitos do processo ou, na falta de consenso, por determinação do juiz (art. 477, § 1º, CPP), mostrando-se razoável, nesse caso, a divisão igualitária do tempo, eis que ambos são partes. Ressalva-se, de toda sorte, a pretérita retomada da titularidade da ação, *em caráter exclusivo*, pelo Ministério Público, nos moldes do art. 29 do CPP, o que prejudica a atuação do querelante em plenário do júri. Confira-se, a respeito, o disposto no art. 476, § 2º, do CPP: "Tratando-se de ação penal de iniciativa privada, falará em primeiro lugar o querelante e, em seguida, o Ministério Público, salvo se este houver retomado a titularidade da ação, na forma do art. 29 deste Código". Perceba-se que o dispositivo fala em *houver retomado*. Diante disso, parece-nos inadmissível que o Ministério Público, invocando suposta negligência anterior, resolva retomar a titularidade da ação na própria oportunidade do julgamento em plenário, quando já intimado, presente e preparado o querelante, por seu advogado. A lei não fixa limite para essa retomada, mas não se pode simplesmente considerar a referência genérica "a todo tempo", objeto do art. 29, sobretudo à vista do disposto no art. 476, § 2°, do CPP. Não bastasse isso, nos moldes do art. 29, a retomada da ação pelo Ministério Público depende da constatação de "negligência do querelante".

Entendemos, nesse contexto, que a retomada da titularidade da ação pelo Ministério Público deverá ter ocorrido até a confirmação pronúncia. Depois disso, tem-se a admissão de uma acusação privada, cuja dedução em plenário deve ser garantida à parte que a formulou, cabendo, de todo modo, a intervenção do Ministério Público, enquanto titular abstrato do direito de ação penal.

Encerrada a acusação, abre-se a palavra à defesa (art. 476, § 3°, CPP), pelo igual tempo de 1 (uma) hora e meia (art. 477, *caput*, CPP).

Se houver mais de um acusado, o tempo total da acusação será acrescido de 1 (uma) hora, assim como o tempo total da defesa. Nessas condições: (i) disporá a acusação do tempo de 2 (duas) horas e meia, a ser dividido entre o querelante e o Ministério Público ou entre o Ministério Público e o assistente, se for o caso; (ii) disporá a defesa dos acusados do tempo total de 2 (duas) horas e meia, a ser dividido entre os defensores, se diversos. A esse respeito, tome-se a primeira parte da norma do art. 477, § 2°, do CPP: "Havendo mais de um acusado, o tempo para a acusação e a defesa será acrescido de uma hora..."

Concluída a palavra da defesa, a acusação poderá ou não pedir *réplica* (art. 476, § 4°, CPP), pelo tempo de 1 (uma) hora (art. 477, *caput*, CPP). Se for esse o caso, a defesa disporá de *tréplica* (art. 476, § 4°, CPP), pelo mesmo tempo (art. 477, *caput*, CPP). Na hipótese de pluralidade de acusados, o tempo de réplica e de tréplica será elevado ao dobro (art. 477, § 2°, segunda parte, CPP), dividindo-se o tempo total, se houver mais de um acusador e/ou mais de um defensor (art. 477, § 1°, CPP).

Aplica-se, assim, no caso de mais de um acusado: o tempo total de 2 (duas) horas e meia para a sustentação oral da acusação e para a da defesa, sucessivamente; o tempo total de 2 (duas) horas para a réplica da acusação; o tempo total de 2 (duas) horas para a réplica da defesa.

O regime instituído pela Lei n° 11.689/2008, quanto à duração, aumentou o tempo principal e reduziu o da réplica e da tréplica, o que se revela salutar.

Assevere-se, quanto à réplica, que após a palavra da defesa deverá o juiz presidente indagar do Ministério Público se deseja replicar. Nesse momento, cabe ao órgão acusador simplesmente manifestar *sim* ou *não*, sem qualquer outra apreciação. É comum, em julgamentos do júri, a ânsia de falar por último. Não se deve esquecer, porém, que esse direito é da defesa, mostrando-se inadmissível qualquer expediente ou artifício para burlar isso. Assim, caso o Promotor de Justiça manifeste que não deseja réplica *porque a culpa do sujeito já foi devidamente demonstrada no tempo da acusação*, tem-se aí uma postura de utilização do tempo em caráter ativo, acusatório, devendo o juiz conceder a palavra à defesa, para fins de tréplica.

Na réplica e na tréplica poderá haver inclusive a reinquirição de testemunha já ouvida em plenário, como permite o art. 476, § 4º, do CPP. Pode acontecer, efetivamente, de o acusador considerar necessário, para replicar o que disse a defesa, ou a defesa para treplicar o que disse a acusação, ouvir certa testemunha sobre determinado ponto, durante o tempo da sustentação oral.

A respeito da palavra da defesa, a lei processual penal reserva ao juiz presidente o poder de "nomear defensor ao acusado, quando considerá-lo indefeso, podendo, neste caso, dissolver o Conselho e designar novo dia para o julgamento, com a nomeação ou a constituição de novo defensor" (art. 497, V, CPP). Essa norma atende à garantia da *plenitude de defesa*, assegurada de forma qualificada ao acusado no âmbito do Tribunal do Júri, como declarado no art. 5º, inciso XXXVIII, *a*, da Constituição da República. A falta de defesa técnica efetiva nos debates, assim, enseja até mesmo a dissolução do Conselho de Sentença, com a designação de nova data para o julgamento. Trata-se de relevante função do juiz de fiscalização da *qualidade* da defesa técnica do acusado.

6.7.2. Regras do debate

Sabe-se que é comum o emprego de diversos artifícios durante os debates no plenário do júri. Tratando-se de juízes leigos, as partes disputantes buscam diversificados meios persuasivos, alguns deles maliciosos e indevidos, para conduzir o jurado a um determinado convencimento. Cabe ao juiz presidente, de ofício ou a partir de fiscalização da outra parte, controlar as manifestações e impedir os abusos.

Com efeito, para começar, reserva-se ao juiz presidente a atribuição de "dirigir os debates, intervindo em caso de abuso, excesso de linguagem ou mediante requerimento de uma das partes", nos termos do art. 497, inciso III, do CPP.

A lei processual penal, nesse contexto, fixa regras destinadas a garantir a regularidade do julgamento, diante das peculiaridades da instituição do júri.

Um primeiro aspecto atualmente regrado é o do *aparte*. Este sempre constituiu ponto de acirrados problemas durante os debates orais. Cuida-se das intervenções de uma parte durante o tempo de palavra da outra, para questionamento imediato ou tentativa de pronta correção. Em muitas oportunidades, os apartes são utilizados com o propósito de desconcentrar o sujeito que está com a palavra. Cabe ao juiz presidente coibir esse tipo de abuso (art. 497, III, CPP).

Antes do advento da Lei nº 11.689/2008, não havia qualquer norma regulamentando a concessão de aparte, o que ficava, portanto, decidido segundo os mais diversos critérios de conveniência e de oportunidade. Em geral, muitos promotores de justiça e advogados optavam por não efetuar qualquer aparte, reservando-se, em contrapartida, o direito de não permitir nenhum durante sua fala, o que se afigurava, a nosso juízo, inteiramente adequado.

Agora, porém, o art. 497, inciso XII, do CPP contempla a admissão do aparte pelo juiz presidente, a título de regulamentação, "podendo conceder até 3 (três) minutos para cada aparte requerido, que serão acrescidos ao tempo desta última [o da parte que estiver com a palavra]".

Não significa isso dizer, porém, que o sujeito poderá obter aparte por 3 (três) minutos em qualquer situação. Cabe ao juiz presidente *regulamentar* isso antes do início dos debates, estabelecendo inclusive critérios e examinando-os a cada vez, de modo a evitar abusos.

Por outro lado, o art. 478 do CPP preceitua o seguinte: "Durante os debates, as partes não poderão, sob pena de nulidade, fazer referências: I – à decisão de pronúncia, às decisões posteriores que julgaram admissível a acusação ou à determinação do uso de algemas como argumento de autoridade que beneficiem ou prejudiquem o acusado; II – ao silêncio do acusado ou à ausência de interrogatório por falta de requerimento, em seu prejuízo".

A norma vincula-se à finalidade de impedir o pronunciamento de elementos indevidos que podem, no fim das contas, interferir no veredicto dos jurados, sem que se tenha mais controle sobre isso, diante do sistema da íntima convicção. Como bem observa GUSTAVO BADARÓ: "O novo art. 478, que não encontra correspondente na sistemática anterior [à Lei 11.689/2008], consubstancia-se em importante regra para evitar que argumentos não necessariamente corretos, mas com fortíssimo poder de persuasão, principalmente perante os juízes leigos, possam levar a um resultado injusto"[55].

Quanto ao art. 478, inciso I, trata-se de eventos que, fora da compreensão técnica adequada, podem conduzir a influências negativas sobre o ânimo dos jurados quando do julgamento. A decisão de pronúncia é de mera admissibilidade da acusação, mas pode ser compreendida pelos jurados como declaração antecipada de culpa do acusado, realizada por um juiz togado. Por respeito à autoridade do juiz, o jurado pode se curvar ao veredicto condenatório por inexata compreensão da natureza da pronúncia. Por isso mesmo, já se exige que a pronúncia seja exarada nos termos mais comedidos possíveis, sem sugestões quanto ao mérito da causa.

Adicionalmente, não poderá a pronúncia ser invocada pelo acusador em contexto diverso daquele emanado de sua natureza legal, de modo a conduzir os jurados a erro. Do mesmo modo, não pode o uso de algemas, justificado apenas do ponto de vista cautelar, ser invocado como elemento de culpa do sujeito, para infundir nos jurados essa compreensão equivocada. Aliás, como já pontuamos, parece-nos que o juiz presidente deverá sempre esclarecer os jurados quanto à natureza e à finalidade dessa medida excepcional e sobretudo que ela não significa qualquer forma de declaração estatal da culpa do acusado.

Igualmente em virtude de compreensão técnica diversa do senso comum, o silêncio do acusado ou a ausência de interrogatório não podem ser invocados para incriminar o sujeito, segundo a lógica comum, juridicamente inadmissível, do "quem cala consente".

De igual modo, deverá mesmo o juiz presidente esclarecer aos jurados que o silêncio não pode de qualquer forma ser usado como elemento de convicção no veredicto, em prejuízo do acusado. Naturalmente, isso se situa no plano ideal, já que a íntima

---

55. BADARÓ, Gustavo Henrique. *Tribunal do Júri. Lei 11.689, de 09.06.2008*. In: MOURA, Maria Thereza de Assis (Coord.). *As Reformas no Processo Penal*. São Paulo: Revista dos Tribunais, 2008, pp. 50-245, esp. 188.

convicção dos jurados não permite saber que elementos influíram na conclusão. Por isso mesmo, a propósito, é que se veda a referência a elementos indevidos, de modo a evitar que o convencimento dos jurados seja contaminado, de maneira incorrigível.

Feita a referência indevida, opera-se a *nulidade* do ato, devendo o Conselho ser imediatamente desconstituído, ou, caso o reconhecimento da invalidade ocorra em momento posterior, submetendo-se o acusado a novo julgamento. Isso porque a referência indevida, uma vez feita, já não pode ter sua extensão controlada, pois os jurados julgam com base em sua íntima convicção.

A lei processual penal também institui regras destinadas a resguardar o princípio do contraditório durante os debates. Nos termos do art. 479, *caput*, do CPP: "Durante o julgamento não será permitida a leitura de documento ou a exibição de objeto que não tiver sido juntado aos autos com a antecedência mínima de 3 (três) dias úteis, dando-se ciência à outra parte". Já de acordo com o art. 479, parágrafo único, "compreende-se na proibição deste artigo a leitura de jornais ou qualquer outro escrito, bem como a exibição de vídeos, gravações, fotografias, laudos, quadros, croqui ou qualquer outro meio assemelhado, cujo conteúdo versar sobre matéria de fato submetida à apreciação e julgamento dos jurados".

Essa disposição associa-se à finalidade de evitar surpresa à parte adversa, sem condições de questionar a legitimidade ou a informação propiciada pelo documento ou objeto, por não ter alcançado de um ou de outro prévio conhecimento, com antecedência razoável. Não é dado à parte guardar documento para exibição apenas em plenário, surpreendendo a outra parte, sob pena de clara ofensa ao contraditório.

Caso o documento ou o objeto só apareça na véspera do julgamento, cabe à parte pugnar pelo adiamento da sessão, com base na superveniência de prova relevante, desde logo apresentada para juntada, de modo que a parte contrária possa dela tomar conhecimento, preparando-se assim, de forma plena, para os debates.

Quanto ao sentido e alcance da norma do art. 479, parágrafo único, do CPP, observe-se que está a se referir à exibição de vídeos, gravações e fotografias que constituam prova a respeito da matéria de fato objeto de julgamento. Não se veda, por óbvio, nem se exige oferecimento antecipado, de meras mídias de apresentação, destinadas à melhor exposição dos pontos da acusação ou da defesa, desde que não contenham qualquer elemento novo de fato.

Por outro lado, com o objetivo de evitar que a parte faça referência, durante os debates, a elementos de prova inexistentes ou não oportunamente juntados aos autos, dispõe o art. 480, *caput*, do CPP: "A acusação, a defesa e os jurados poderão, a qualquer momento e por intermédio do juiz presidente, pedir ao orador que indique a folha dos autos onde se encontra a peça por ele lida ou citada, facultando-se, ainda, aos jurados solicitar-lhe, pelo mesmo meio, o esclarecimento de fato por ele alegado".

Essa norma visa especialmente a impedir qualquer forma de burla ao disposto no art. 479 do CPP, que exige a referência apenas a elementos juntados aos autos com a antecedência mínima de 3 (três) dias úteis.

6.8. Julgamento

6.8.1. Preliminares

Após a conclusão dos debates, o juiz presidente deverá indagar dos jurados se estão aptos a julgar ou se necessitam de mais esclarecimentos (art. 480, § 1º, CPP).

Na hipótese de dúvida sobre questão de fato, o próprio juiz presidente a poderá elucidar, à vista dos autos processuais (art. 480, § 2º, CPP).

Se necessário, cada jurado poderá ter acesso direto aos autos, assim como aos instrumentos do crime, se assim solicitar ao juiz presidente (art. 480, § 3º, CPP).

Caso o esclarecimento da dúvida demande a verificação de fato essencial que não possa ser imediatamente efetivada, "o juiz presidente dissolverá o Conselho, ordenando a realização das diligências entendidas necessárias", nos termos do art. 481, *caput*, do CPP.

Naturalmente, só a necessidade de esclarecimento de dado fundamental ao julgamento da causa poderá ensejar medida tão excepcional como a dissolução do Conselho, já nesta fase do procedimento, quando encerrados os debates orais.

Trata-se, em princípio, de necessidade superveniente, surgida no curso da própria instrução em plenário e evidenciada nos debates. Com efeito, os esclarecimentos anteriores à fase de julgamento devem ter sido sanados por determinação judicial na fase intermediária do procedimento do júri, conforme previsto no art. 423, inciso I, do CPP.

Consistindo a diligência em prova pericial, "o juiz presidente, desde logo, nomeará perito e formulará quesitos, facultando às partes também formulá-los e indicar assistentes técnicos, no prazo de 5 (cinco) dias", como determina o art. 481, parágrafo único, do CPP.

Dissolvido o Conselho de Sentença em virtude da obscuridade de algum fato essencial ao julgamento da causa, o juiz presidente deverá imediatamente determinar as diligências necessárias ao esclarecimento do ponto, inclusive adiantando, no caso de perícia, a prática dos atos próprios da produção desse meio de prova em contraditório judicial.

6.8.2. Quesitos

A disciplina normativa dos *quesitos* é objeto da Seção XIII, sob a rubrica "Do questionário e sua votação", do Capítulo II, entre os artigos 482 e 491, do Código de Processo Penal.

Os quesitos são as perguntas formuladas aos jurados para fins de composição do *veredicto*, isto é, da decisão de mérito a respeito da causa posta em julgamento. O veredicto do Conselho de Sentença é, nesse sentido, construído a partir das respostas dadas pelos jurados, em votação secreta, aos quesitos a eles formulados.

Como expressa o art. 482, parágrafo único, do CPP: "Os quesitos serão redigidos em proposições afirmativas, simples e distintas, de modo que cada um deles possa ser respondido com suficiente clareza e necessária precisão. Na sua elaboração, o presidente levará em conta os termos da pronúncia ou das decisões posteriores que julgaram admissível a acusação, do interrogatório e das alegações das partes".

Exige-se, assim, clareza e objetividade dos quesitos, além de sua correspondência com os limites da acusação admitida. A deficiência, a obscuridade ou a contradição dos quesitos são causas de nulidade processual, como fixa o art. 564, parágrafo único, do CPP.

Não há, ao contrário do sistema norte-americano (por exemplo), um pronunciamento de veredicto por um dos próprios jurados, *guilty* ou *not-guilty*. Diversamente, elaboram-se perguntas, na forma de quesitos, cujas respostas só podem ser *sim* ou *não*, para que, dessa forma, a partir das respostas apuradas, pronuncie o juiz presidente qual foi o veredicto dos jurados. De toda sorte, esse veredicto já é percebido pelas partes de acordo com o próprio resultado da votação.

Os quesitos, naturalmente, só podem envolver matéria de fato, mas não se limitam ao pronunciamento sobre a condenação ou a absolvição do acusado, alcançando também questões como o grau de participação, a desclassificação do fato, a incidência de qualificadoras, de causas de aumento e de diminuição de pena, circunstâncias agravantes e atenuantes, dentre outras. Como pontuado por ESPÍNOLA FILHO: "O questionário desdobra-se numa, ou em várias séries de quesitos, isto é, de perguntas, que, sob a forma escrita, o juiz presidente dirige aos jurados, versando sobre o fato principal, as circunstâncias que o integram ou o modificam, as que podem excluir a respectiva criminalidade, ou a punibilidade ou a responsabilidade do réu, cuja situação se examina, as que exasperam ou diminuem a responsabilidade"[56].

A Lei nº 11.689/2008, sob a inspiração dos modelos anglo-americanos, em boa hora simplificou o perfil da quesitação aos jurados, conforme se depreende do art. 482, *caput*, do CPP: "O Conselho de Sentença será questionado sobre matéria de fato e se o acusado deve ser absolvido". A arguição, em primeiro lugar, restringe-se à matéria de fato. Além disso, aqui despontando a relevante inovação, o quesito limita-se, no que tange à existência ou não de responsabilidade penal, à mera pergunta sobre se o acusado deve ser absolvido.

Dessa forma, abandona-se o modelo anterior de quesitação detalhada a respeito de cada aspecto de causa de justificação ou de exclusão da culpabilidade, por exemplo. Com efeito, antigamente, se alegada legítima defesa, havia quesitos concernentes a cada um dos pressupostos de fato dessa causa de justificação: o acusado estava em situação de agressão atual ou iminente?; o acusado reagiu com os meios necessários?; o acusado fez uso moderado desses meios?

Essa lógica acabava por complicar, sob a base de parâmetros técnicos, os quesitos formulados aos jurados. Contituía também um recorrente fator de nulidade oriunda da má formulação de quesitos.

---

56. ESPÍNOLA FILHO, Eduardo. *Código de Processo Penal Anotado*. Rio de Janeiro: Editora Rio, 1980, v. II, pp. 493-494.

No modelo atual, uma vez fixada a materialidade e a autoria ou participação, os jurados simplesmente respondem, com base na situação concreta, se o acusado deve ou não ser absolvido (art. 482, *caput*, CPP). Nessas condições, se múltiplas forem as teses de defesa, não haverá como saber qual delas serviu de base ao convencimento do jurado, o que, aliás, é próprio do sistema da íntima convicção.

De toda sorte, persistem, antes da pergunta sobre a absolvição, os quesitos a respeito da materialidade do fato (art. 483, *caput*, I, CPP) e da autoria ou participação do imputado (at. 483, *caput*, II, CPP).

Entre os *quesitos*, há aqueles *obrigatórios*, impostos pela lei para qualquer situação, respeitada determinada ordem de indagação. A falta de quesito obrigatório é causa de nulidade absoluta do processo (art. 562, III, *k*, CPP).

O teor e ordem de cada quesito é objeto de disciplina no art. 483 do CPP. Depois de elaborados os quesitos conforme esses parâmetros, o juiz presidente deverá ler cada um deles e indagar das partes se têm requerimento ou reclamação a fazer, tudo a esse respeito constando em ata (art. 484, *caput*, CPP).

De acordo com o art. 483, *caput*, do CPP: "Os quesitos serão formulados na seguinte ordem, indagando sobre: I – a materialidade do fato; II – a autoria ou participação; III – se o acusado deve ser absolvido; IV – se existe causa de diminuição de pena alegada pela defesa; V – se existe circunstância qualificadora ou causa de aumento de pena reconhecidas na pronúncia ou em decisões posteriores que julgaram admissível a acusação".

É o que se examina a seguir.

a) quesito sobre a materialidade do fato

O primeiro quesito é sobre se o fato objeto da causa aconteceu (art. 483, *caput*, I, CPP). Esse quesito deve ser formulado de maneira clara e objetiva (art. 482, parágrafo único, CPP), especificando-se as circunstâncias do fato, em conformidade com a hipótese acusatória admitida na pronúncia. Se a resposta da maioria dos jurados for negativa (*não*), ficam prejudicados os demais quesitos, devendo o juiz presidente pronunciar veredicto absolutório, conforme o disposto no art. 483, § 1º, do CPP: "A resposta negativa, por mais de 3 (três) jurados, a qualquer dos quesitos referidos nos incisos I e II do *caput* deste artigo encerra a votação e implica a absolvição do acusado".

Nesse caso, identifica-se o motivo da absolvição, consistente na falta de prova da existência material ou na prova da inexistência do fato.

b) quesito sobre a autoria ou participação do acusado

Em seguida, indaga-se aos jurados se o imputado foi autor ou partícipe do fato (art. 483, *caput*, II, CPP), conforme a hipótese de acusação: (i) se a imputação for de autoria, formula-se o quesito de fato correspondente a essa hipótese: o acusado desferiu os tiros que levaram à morte da vítima?; (ii) se a imputação for de participação de menor importância, formula-se o quesito de fato correspondente a essa hipótese: o acusado emprestou ao agente a arma utilizada na prática do fato? (por exemplo)

A resposta negativa da maioria dos jurados ao quesito sobre autoria ou participação torna prejudicados os demais, implicando a absolvição do acusado (art. 483, § 1º, CPP).

Havendo divergência a esse respeito, sempre que a defesa alegue participação de menor importância, quando a imputação seja de autoria, a questão se resolveria apenas no quesito sobre a incidência de causa de diminuição de pena (no caso a do art. 29, § 1º, do CP), previsto no art. 483, § 3º, I, do CPP? Não, uma vez que, a teor do art. 483, II, do CPP, a questão da autoria ou da participação já deve ficar resolvida no segundo quesito.

Assim, na hipótese cogitada (alegação pela defesa de participação de menor importância), a matéria se resolve por desdobramento do segundo quesito em dois: (i) o acusado executou os tiros que levaram à morte da vítima?; (ii) em caso negativo: o acusado emprestou ao agente a arma utilizada na prática do fato? A resposta positiva ao primeiro ponto já rechaça a participação de menor importância, devendo ficar previamente esclarecida aos jurados a diferença entre as duas hipóteses.

c) quesito sobre tentativa e quesito sobre desclassificação

Se houver tese no sentido (i) da ocorrência do crime na forma tentada ou (ii) de divergência sobre a tipificação do fato, *persistindo de toda sorte a competência do júri*, o juiz presidente formulará quesito a ser respondido depois daquele concernente à autoria do fato, nos termos do art. 483, § 5º, do CPP: "Sustentada a tese de ocorrência do crime na sua forma tentada ou havendo divergência sobre a tipificação do delito, sendo este da competência do Tribunal do Júri, o juiz formulará quesito acerca destas questões, para ser respondido após o segundo quesito".

Na hipótese (i) de tentativa, portanto, o quesito respectivo deverá vir após os da materialidade e da autoria (art. 483, *caput*, I e II, CPP), mas antes daquele sobre a absolvição (art. 483, *caput*, III, CPP). Isso porque, antes da pergunta sobre o mérito da defesa, é preciso que já se tenha fixada a competência do Tribunal do Júri, restrita aos crimes dolosos contra a vida. No particular, perceba-se que, *não* tendo ocorrido o evento *morte*, a resposta positiva da maioria dos jurados sobre a materialidade e a autoria implicará apenas o reconhecimento da prática de lesões corporais contra a vítima. Caso então se passe logo para a pergunta sobre a absolvição (art. 483, *caput*, III, CPP), o Tribunal do Júri, respondendo-a positivamente, estará absolvendo o acusado ou de uma tentativa de homicídio *ou* de uma lesão corporal – não se sabe, porque ainda não questionado –, com exorbitância, nesse último caso, de sua competência constitucional[57].

---

57. ADRIANO MARREY assim já muito bem sustentava, ainda sob a égide do regime anterior ao instituído pela Lei 11.689/2008: "A razão [da ordem dos quesitos] é que o Júri somente poderia julgar o réu pelo crime doloso contra a vida. Se o quesito a ele concernente (a tentativa de homicídio não consumada por circunstância alheia à vontade do agente – Parte Geral/84 do CP, art. 14, II) não lhe foi submetido para decisão, resulta que somente o referente às lesões corporais foi votado, mas não o da tentativa de morte. Ora, aquela infração seria da competência de juiz de direito e não do Tribunal do Júri, salvo a hipótese de conexão ou continência. Não é, pois, admissível antepor ao da tentativa

É preciso, assim, antes do quesito sobre a absolvição, que se indague dos jurados se houve ou não tentativa. A resposta positiva significará a fixação da competência do Tribunal do Júri, diante do reconhecimento da prática de crime doloso contra a vida, na forma tentada. A resposta negativa, porém, implicará a *desclassificação do fato*, de homicídio tentado para lesão corporal. Nessa hipótese, caberá ao juiz presidente, desde logo, proferir a sentença (art. 492, § 1º, CPP). A pergunta sobre a tentativa, em última análise, diz respeito ao dolo do agente, repercutindo assim na classificação do fato posto sob julgamento e, desta sorte, na própria competência jurisdicional.

Além dessa hipótese de desclassificação, consistente na resposta negativa ao quesito acerca da tentativa, há outras possíveis, que devem, se alegadas, ser objeto de questionamento ao Conselho de Sentença. São os casos de (ii) *divergência sobre a tipificação*, a que se refere a segunda parte do art. 483, § 5º, do CPP.

Por exemplo, a defesa alegou que o fato objeto da causa corresponderia ao tipo penal da participação em suicídio, e não ao de homicídio doloso, como acusado. Caso os jurados respondam positivamente (*sim*) ao primeiro quesito, o segundo deverá versar sobre a tipificação, devendo os jurados decidir se o fato configura em tese o tipo do art. 121 ou o do art. 122 do Código Penal.

Assevere-se, porém, que o quesito deverá versar sobre a matéria de fato (art. 482, *caput*, CPP) correspondente à tipificação discutida, não cabendo simplesmente perguntar aos jurados, por óbvio, qual tipo penal incide no caso. No exemplo citado, deve-se perguntar se houve ou não suicídio, isto é, se o acusado foi morto por ação de outra pessoa ou se, diversamente, deu cabo da própria vida, sob indução, instigação ou auxílio de terceiro.

Por outro lado, caso sustentada pela defesa a (iii) *desclassificação do fato para tipo penal da competência de outro órgão jurisdicional*, "será formulado quesito a respeito, para ser respondido após o 2º (segundo) ou 3º (terceiro) quesito, conforme o caso", nos termos do art. 483, § 4º, do CPP.

A título de exemplo, se a defesa alega lesão corporal seguida de morte, deve ser indagado aos jurados a respeito da existência ou não da intenção de matar. Caso a resposta seja negativa, firmando-se assim a conclusão quanto à prática de lesão corporal seguida de morte, alheio ao âmbito da competência do júri, deverá o juiz presidente, desde logo, proferir sentença de mérito quanto ao crime subsistente, nos moldes do art. 492, § 1º, do CPP: "Se houver desclassificação da infração para outra, de competência do juiz singular, ao presidente do Tribunal do Júri caberá proferir sentença em seguida, aplicando-se, quando o delito resultante da nova tipificação for considerado pela lei como infração penal de menor potencial ofensivo, o disposto nos arts. 69 e seguintes da Lei 9.099, de 26 de setembro de 1995".

___

os quesitos da defesa e, acolhidos estes, considerar o juiz prejudicado o que diz respeito àquela. O Júri, dessa forma, fica sem julgar o crime de sua estrita competência". Cfr. Marrey, Adriano / Marrey, Luiz Antonio Guimarães. *Teoria do Júri. Doutrina do Júri*. In: Franco, Alberto Silva / Stoco, Rui. *Teoria e Prática do Júri*. São Paulo: Revista dos Tribunais, 2000, p. 387.

Na hipótese de desclassificação do crime doloso contra a vida, também os crimes conexos devem ser julgados pelo juiz presidente. Por exemplo: na hipótese de conexão entre crime de lesão corporal leve contra uma pessoa e crime de homicídio contra outra; se desclassificado o segundo fato de homicídio para lesão corporal seguida de morte, o julgamento deste e também o do crime conexo (lesão corporal leve) fica a cargo do juiz presidente. Aplica-se, no ponto, o disposto no art. 492, § 2º, do CPP: "Em caso de desclassificação, o crime conexo que não seja doloso contra a vida será julgado pelo juiz presidente do Tribunal do Júri, aplicando-se, no que couber, o disposto no § 1º deste artigo".

Em qualquer caso, se o crime subsistente ou o conexo constituir infração de menor potencial ofensivo, o juiz presidente deverá aplicar os institutos próprios da Lei nº 9.099/1995, como a transação penal. GUILHERME NUCCI considera o dispositivo, nesse particular, inconstitucional, por violar a competência dos juizados especiais criminais[58]. Não entendemos assim. Em diversas situações excepcionais, é possível a aplicação do regime da Lei nº 9.099/1995 fora dos juizados especiais criminais. Por medida de racionalidade processual, não vemos por que o mesmo não possa acontecer nesta fase avançada do procedimento do júri – em que a instrução e as alegações das partes já foram todas efetivadas, com maior amplitude que no procedimento sumaríssimo, aliás – perante o juízo comum. A orientação prevalecente *na doutrina*, entretanto, é no sentido da inconstitucionalidade da norma do art. 492, § 1º, do CPP, defendendo-se a remessa dos autos ao juizado especial criminal em caso de desclassificação, decidida pelo Tribunal do Júri, para infração penal de menor potencial ofensivo[59].

d) quesito sobre a absolvição do acusado

Respondidos afirmativamente (*sim*) os dois primeiros quesitos, têm-se firmadas a materialidade do fato e a autoria ou a participação do acusado.

O quesito seguinte indaga simplesmente se o jurado absolve o acusado (art. 483, *caput*, III, CPP). A esse respeito, assim prescreve o art. 483, § 2º, do CPP: "Respondidos afirmativamente por mais de 3 (três) jurados os quesitos relativos aos incisos I [materialidade] e II [autoria ou participação] do *caput* deste artigo será formulado quesito com a seguinte redação: *O jurado absolve o acusado*". A própria lei, portanto, fixa a redação do quesito.

Esse regime, introduzido pela Lei nº 11.689/2008, simplifica a quesitação aos jurados, ao excluir indagações sobre desdobramentos técnicos de teses defensivas como a legítima defesa, por exemplo. Independentemente da tese alegada, o jurado expressará

---

58. Nucci, Guilherme de Souza. *Manual de Processo Penal e Execução Penal*. Rio de Janeiro: Forense, 2014, pp. 759-760.

59. Assim, também: Badaró, Gustavo Henrique. *Tribunal do Júri. Lei 11.689, de 09.06.2008*. In: Moura, Maria Thereza de Assis (Coord.). *As Reformas no Processo Penal*. São Paulo: Revista dos Tribunais, 2008, pp. 50-245, esp. 239-240. Sobre os fundamentos da sustentada exigência de remessa ao juizado especial criminal, consulte-se ainda, de antes da reforma (Lei 11.689/2008): Grinover, Ada Pellegrini / Gomes Filho, Antônio Magalhães / Fernandes, Antônio Scarance / Gomes, Luiz Flávio. *Juizados Especiais Criminais*. São Paulo: Revista dos Tribunais, 2002, p. 80.

seu convencimento pela resposta a um quesito genérico. Esse modelo, inspirado no direito norte-americano, prestigia a íntima convicção dos jurados, como juízes leigos, em torno de padrões de justiça. Naturalmente, se os jurados responderem *não* ao primeiro (materialidade) ou ao segundo quesito (autoria), ficará claro o fundamento da absolvição. Superados esses quesitos, entretanto, o terceiro surge de maneira autônoma, sem vinculação de mérito com as respostas anteriores.

Assim, ainda que múltiplas as teses de defesa, ou restritas estas à negativa de autoria, os jurados respondem, nesse terceiro momento, a quesito único, não havendo aí maneira de alcançar qual o exato fundamento de base para a convicção de cada um, em caso de veredicto absolutório.

Em verdade, as respostas a esse quesito independem de qualquer tese, julgando-se a hipótese de acordo com o sentimento de justiça dos jurados, em veredicto soberano. Desta sorte, poderá o Conselho de Sentença chegar a uma convicção absolutória ainda que antes haja reconhecido a materialidade do fato e a autoria do acusado, independentemente de qualquer tese de defesa.

Já antes se abordou a viabilidade do chamado julgamento de *clemência*, em que os jurados, mesmo reconhecendo a materialidade e a autoria, e ante a ausência de hipótese de causa de exclusão da responsabilidade penal (quando, por exemplo, a tese defensiva seja apenas a de negativa de autoria), ainda assim podem chegar a um veredicto absolutório, pela resposta positiva ao terceiro quesito.

Nesse caso, como antes sustentamos, sequer cabe cogitar de manifesta contrariedade à prova dos autos, na medida em que é o próprio regime legal (art. 483, § 2º, CPP) que permite a afirmação absolutória mesmo após o reconhecimento da materialidade e da autoria do fato[60]. De todo modo, ainda que admitida a hipótese da manifesta contrariedade à prova dos autos, prevalecerá, em última análise, a decisão final do júri, qualquer que seja ela, no segundo julgamento, em face da soberania dos veredictos[61].

Em tais condições, respondido afirmativamente (*sim*) pela maioria dos jurados o terceiro quesito, ficam prejudicados os demais, devendo ser pronunciado veredicto de absolvição. Inversamente, a resposta negativa (*não*) da maioria dos jurados a esse quesito implica a condenação do acusado. Trata-se, portanto, do quesito decisivo a respeito do principal resultado do veredicto.

---

60. Difere a hipótese cogitada daquela outra em que, tendo a existência do fato sido reconhecida pelo próprio acusado, cuja defesa suscita em plenário uma tese de negativa de autoria ou de legítima defesa, os jurados respondem *não* ao primeiro quesito, sobre se o fato aconteceu. Identifica-se aí franca contrariedade da decisão à prova dos autos, em torno de parâmetros puramente fáticos, empíricos. Diversa é a situação, porém, em que os jurados, conscientes da materialidade do fato e da autoria do acusado, resolvem ainda assim absolvê-lo, por força de circunstâncias especiais do caso, em torno de critérios de justiça, que se podem considerar, na percepção dos jurados, prevalentes sobre os parâmetros técnicos de aperfeiçoamento da responsabilidade penal.

61. Como referimos no tópico 1 desta Subseção, pende de julgamento, pela Terceira Seção do Superior Tribunal de Justiça, o HC 350.895/RJ, em que se discute a viabilidade do dito julgamento de clemência, debatendo-se em particular se pode o Conselho de Sentença, sem incorrer em manifesta contrariedade à prova dos autos, responder positivamente ao terceiro quesito, pela absolvição, mesmo após o reconhecimento do fato e da autoria, quando a tese defensiva manifestada em plenário limite-se à negativa de autoria.

e) quesito sobre causa de diminuição de pena

Estabelecida a convicção condenatória, o quesito seguinte versará sobre a incidência de eventual causa de diminuição (ou minorante) alegada pela defesa (art. 483, *caput*, IV, CPP). Confira-se, no ponto, a norma do art. 483, § 3º, I, do CPP: "Decidindo os jurados pela condenação, o julgamento prossegue, devendo ser formulados quesitos sobre: I – causa de diminuição de pena alegada pela defesa". Por exemplo, se a defesa alegou a prática do homicídio por motivo de relevante valor moral (hipótese de homicídio privilegiado, objeto do art. 121, § 1º, do CP), os jurados deverão ser indagados a respeito, no quarto quesito.

Assevere-se que as causas de diminuição particulares, como a decorrente de crime na forma tentada (art. 14, parágrafo único, CP) e a de participação de menor importância (art. 29, § 1º, CP), deverão ser objeto de quesitos específicos: na hipótese de tentativa, após o segundo quesito (art. 483, § 5º, CPP); na hipótese de participação de menor importância, ainda no segundo quesito (art. 483, *caput*, II, CPP).

f) quesito sobre circunstância qualificadora e causa de aumento de pena

Ainda no caso de condenação, o *quinto quesito*, após a incidência da causa de diminuição, deverá versar sobre circunstância qualificadora ou causa de aumento de pena (majorante) reconhecida na pronúncia (art. 483, *caput*, V, CPP). Como preceitua o art. 483, § 3º, II, do CPP: "Decidindo os jurados pela condenação, o julgamento prossegue, devendo ser formulados quesitos sobre: I – causa de diminuição de pena alegada pela defesa; II – circunstância qualificadora ou causa de aumento de pena, reconhecidas na pronúncia ou em decisões posteriores que julgaram admissível a acusação". Nessas condições, se não houver minorante alegada pela defesa (quarto quesito), passa-se diretamente, por óbvio, ao quinto quesito.

Assim, está expressa a exigência de que os quesitos, quanto às circunstâncias qualificadoras e às majorantes, guardem correspondência com os limites da pronúncia, o que, aliás, já emana da norma do art. 482, parágrafo único, segunda parte, do CPP.

A título de exemplo, na hipótese de homicídio qualificado pelo motivo fútil (art. 121, § 2º, I, CP), os jurados, se houverem respondido *sim* ao primeiro quesito, *sim* ao segundo e *não* ao terceiro, deverão ser indagados a respeito da incidência ou não da qualificadora imputada.

O mesmo regime é adotado quanto à causa de aumento de pena, ou majorante. Sirva como exemplo a hipótese de imputação da majorante (aumento de 1/3) do § 6º (acrescentado pela Lei nº 12.720/2012) do art. 121 do CP: homicídio praticado por milícia privada, sob o pretexto de prestação de serviço de segurança, ou por grupo de extermínio.

g) quesitos sobre circunstâncias agravantes e atenuantes

As circunstâncias agravantes e atenuantes, quando alegadas, têm que ser objeto de quesitação aos jurados, não cabendo seu reconhecimento de ofício pelo juiz presidente. Nesse sentido, confira-se STJ, 6ª Turma, HC 130.310/MS, Rel. Min. NEFI CORDEIRO, julgamento em 18.06.2015, DJ de 01.07.2015: "A aplicação de circunstâncias agravantes ou atenuantes depende de prévia quesitação e reconhecimento pelos jurados, sob pena de nulidade por ofensa à soberania dos vereditos. Precedentes".

Quanto às agravantes, não há dúvida sobre a desnecessidade de que constem da decisão de pronúncia, por constituírem circunstâncias judiciais, em geral externas ao fato, ao menos no que tange aos crimes dolosos contra a vida. O art. 483 do CPP, por outro lado, não contempla quesito sobre a incidência de agravante, o que leva alguns a sustentar que a aplicação da causa está afeta ao juiz presidente, e não aos jurados. Não aderimos a essa orientação – nem a jurisprudência do Superior Tribunal de Justiça, como acima referido.

Veja-se que o art. 476, *caput*, do CPP estabelece que o Ministério Público poderá sustentar em plenário, se for o caso, "a existência de circunstância agravante". Ora, se há a sustentação em plenário, a matéria, objeto de delimitação legal (artigos 61 e 62, CP), integra a competência do júri. Ao juiz presidente caberá apenas, se reconhecida a incidência da agravante, a respectiva quantificação.

Não se trata aqui de simples aspectos atinentes à culpabilidade, aos antecedentes ou à conduta social do acusado (art. 59, CP), por exemplo, mas de circunstâncias objetivas especiais, cujo reconhecimento se reserva ao juízo natural do feito.

Assim, pelo menos no regime especial do júri, não se aplica a lógica do art. 385 do CPP, que permite ao juiz reconhecer agravante mesmo que não tenha sido alegada pela acusação. Confirmando claramente essa realidade, dispõe o art. 492, *caput*, I, *b*, do CPP, que o juiz, no caso de condenação, considerará *as circunstâncias agravantes* e atenuantes *alegadas nos debates*. Essa norma especial inequivocamente excepciona a norma geral do art. 385 do CPP, que, aliás, entendemos não se aplicar nem mesmo no regime comum, por violar o princípio do contraditório. De resto, qualquer matéria interferente na quantificação da pena deve ter sido objeto de decisão dos jurados.

Desta sorte, deverão ser formulados quesitos específicos sobre agravantes e atenuantes, quando sustentadas em plenário.

h) quesitos em séries distintas, no caso de pluralidade de imputações e/ou de acusados

Por fim, anote-se que, em caso de multiplicidade de imputações e/ou de acusados, "os quesitos serão formulados em séries distintas", como exige o art. 483, § 6º, do CPP. Veda-se, dessa maneira, qualquer forma de generalização objetiva ou subjetiva quanto aos quesitos, que impeça os jurados de conferir tratamento diferenciado a situações reputadas diversas.

6.8.3. Procedimento da votação

Elaborados os quesitos de acordo com os parâmetros fixados no art. 483 do CPP, deverá o juiz presidente aplicar o procedimento da votação junto aos jurados, pela leitura sucessiva de cada quesito e a coleta do voto de cada jurado. Antes disso, deverá indagar das partes se têm requerimento ou reclamação a fazer a respeito dos quesitos elaborados (art. 484, *caput*, CPP).

De maneira individualizada, o juiz presidente deverá explicar em detalhes o significado de cada quesito, de modo a não levar o jurado a erro quanto ao voto pronunciado. Como expressa o art. 484, parágrafo único, do CPP: "Ainda em plenário, o juiz presidente explicará aos jurados o significado de cada quesito".

Infelizmente, não são incomuns no âmbito do júri respostas negativas (*não*), ainda que vencidas, sobre a existência do fato (primeiro quesito, objeto do art. 483, *caput*, I, do CPP), quando isso se mostrava totalmente incontroverso, radicando a tese do acusado apenas na negativa de autoria ou na legítima defesa, por exemplo. A explicação do juiz presidente deverá ser a mais didática possível, expondo inclusive, em termos simples, o que ocorrerá se o jurado responder *sim* e o que ocorrerá se responder *não*.

Após todos os esclarecimentos necessários, inaugura-se a etapa da votação em sala especial, tradicionalmente chamada de sala secreta (art. 485, *caput*, CPP). Faltando no lugar sala especial, o juiz presidente deverá determinar que o público se retire, permanecendo apenas os jurados, o Ministério Público, o assistente, o querelante, o defensor do acusado, o escrivão e o oficial de justiça (art. 485, § 1º, CPP).

Dá-se então a advertência do juiz presidente às partes "de que não será permitida qualquer intervenção que possa perturbar a livre manifestação do Conselho", fazendo "retirar da sala quem se portar inconvenientemente", nos termos do art. 485, § 2º, do CPP.

A votação, em consonância com a natureza dos quesitos, opera-se pelo fornecimento, por cada jurado, em resposta a cada quesito, de uma cédula contendo oculta a palavra *sim* ou a palavra *não*. Para tanto, aplica-se previamente a forma estabelecida no art. 486 do CPP: "Antes de proceder-se à votação de cada quesito, o juiz presidente mandará distribuir aos jurados pequenas cédulas, feitas de papel opaco e facilmente dobráveis, contendo sete delas a palavra *sim*, sete a palavra *não*".

A cédula apresentada pelo jurado, após a leitura do quesito e à autorização do juiz presidente para o início dos votos, deve ser recolhida pelo oficial de justiça em uma urna. Em seguida, para a preservação do sigilo das votações (art. 5º, XXXVIII, *b*, CF), deve ser recolhida, *em outra urna*, a cédula remanescente. É o que determina o art. 487 do CPP: "Para assegurar o sigilo do voto, o oficial de justiça recolherá em urnas separadas as cédulas correspondentes aos votos e as não utilizadas".

As decisões do Conselho de Sentença, para cada quesito, são tomadas por maioria de votos (art. 489, CPP), de modo que cabe ao juiz presidente, a partir da apuração das cédulas de votos, assim como das não utilizadas (art. 488, parágrafo único, CPP), determinar o registro em termo da votação de cada quesito e o resultado do julgamento (art. 488, *caput*, CPP). Esse termo deverá ser assinado pelo juiz presidente, pelos jurados e pelas partes (art. 491, CPP).

Relevante inovação, no sentido de aperfeiçoar o resguardo ao sigilo das votações, foi a introduzida pela Lei nº 11.689/2008 nos §§ 2º e 3º do art. 483 do CPP, que fixam o *encerramento imediato da votação* a partir da resposta de *mais de 3 (três) jurados*. Assim, já estabelecida a maioria em determinada direção, as demais cédulas não serão apuradas, devendo o juiz presidente, desde logo, proclamar o resultado. Com isso, não há mais a possibilidade de verificação de julgamento por 7 (sete) votos a 0 (zero), por exemplo, na medida em que, obtido o quarto voto em certo sentido, está encerrada a votação. A ausência do "placar" final de votação em muitos casos preserva de maneira mais sofisticada o sigilo das votações.

Especial atenção deve ser reservada à norma do art. 490, *caput*, do CPP: "Se a resposta a qualquer dos quesitos estiver em contradição com outra ou outras já dadas, o presidente, explicando aos jurados em que consiste a contradição, submeterá novamente à votação os quesitos a que se referirem tais respostas".

Essa regra, antes de tudo, há de ser lida à luz do princípio da soberania dos veredictos. Assim, não se pode tomar por contradição as respostas dadas pelos jurados a determinado quesito, a pretexto de contrariar a evidência dos autos ou a lógica comum do instituto jurídico envolvido na indagação.

Por outro lado, há casos em que a contradição pode ser causada pelo próprio juiz presidente e pelas partes, e não somente pelos jurados. A título de exemplo, suponha-se que, em resposta ao quarto quesito (art. 483, *caput*, IV, CPP), a maioria dos jurados reconheça a prática de homicídio por motivo de relevante valor moral. Nesse caso, fica prejudicado eventual quesito a respeito da existência de motivo torpe, diante da incompatibilidade entre esta qualificadora e a causa de diminuição de pena antes reconhecida. Deve o juiz presidente, então, aplicar o disposto no art. 490, parágrafo único, do CPP: "Se, pela resposta dada a um dos quesitos, o presidente verificar que ficam prejudicados os seguintes, assim o declarará, dando por finda a votação". Caso, mesmo diante do reconhecimento do relevante valor moral, ainda assim seja apresentado aos jurados o quesito sobre o motivo torpe, a contradição foi potencializada pelo próprio juiz presidente[62].

De toda sorte, existe a possibilidade de respostas contraditórias sanáveis, como decidiu a Primeira Turma do Supremo Tribunal Federal no HC 85.150/SP (STF, 1ª Turma, HC 85.150, Rel. Min. Marco Aurélio, julgamento em 03.03.2005, DJ de 21.10.2005), julgando caso em que os jurados, depois de reconhecerem a autoria imputada ao acusado, entenderam pela inexistência da prática de crime de falso testemunho pela testemunha que oferecera determinado álibi: "JÚRI - QUESITOS - RESPOSTAS - CONTRADIÇÃO. Ante contradição nas respostas a quesitos, incumbe ao juiz, esclarecidos os jurados, proceder a nova votação - artigo 489 do Código de Processo Penal. JÚRI - QUESITOS - RESPOSTAS - CONTRADIÇÃO. Surge contradição, a ensejar a observância do artigo 489 do Código de Processo Penal, quando testemunha revela dados incompatíveis com a presença do acusado no horário e local do crime, afastando os jurados o crime de falso testemunho e concluindo pela autoria".

---

62. No mesmo sentido, Gustavo Badaró: "...é de se observar que a hipótese de respostas logicamente contraditórias decorre de o juiz presidente colocar em votação um quesito desnecessário, ante a resposta de um quesito anterior. Ou seja, a contradição decorre de terem sido indevidamente submetidos à votação quesitos logicamente incompatíveis. Se o juiz presidente utilizar corretamente o novo art. 490, parágrafo único, do CPP, impedindo a votação de quesitos prejudicados, dificilmente haverá tal contradição". Cfr. Badaró, Gustavo Henrique. *Lei 11.689, de 09.06.2008*. In: Moura, Maria Thereza de Assis. *As Reformas no Processo Penal*. São Paulo: Revista dos Tribunais, 2008, pp. 50-245, esp. 223.

De fato, no caso referido, o reconhecimento da autoria implica que a testemunha faltara com a verdade. Nessa hipótese, deverá o juiz presidente, aplicando a regra do art. 490, *caput*, do CPP, submeter os quesitos a nova votação, depois de explicar aos jurados a incongruência entre as respostas. Prevalece em última análise, porém, a soberania dos veredictos.

Por toda a forma examinada neste tópico, obtém-se o *veredicto do Conselho de Sentença* (art. 488, CPP) em conformidade com as respostas dadas pela maioria dos jurados para cada um dos quesitos formulados (art. 483, CPP).

6.8.4. Sentença do juiz presidente

Uma vez formado o veredicto, cabe ao juiz presidente constituí-lo em *sentença*, disciplinada na Seção XIV do Capítulo II do Título I do Livro II, entre os artigos 492 e 493, do Código de Processo Penal.

Na hipótese de *veredicto absolutório*, o juiz presidente deverá, quanto ao mérito da causa, apenas declarar a absolvição na sentença, determinando também o levantamento de medidas cautelares pessoais (prisão ou medida cautelar pessoal alternativa) ou patrimoniais porventura incidentes, conforme dispõe o art. 492, II, *a* e *b*, do CPP: "Em seguida, o presidente proferirá sentença que: II – em caso de absolvição: a) mandará colocar em liberdade o acusado se por outro motivo não estiver preso; b) revogará as medidas restritivas provisoriamente decretadas".

Há também a possibilidade de imposição, quando seja o caso, de *medida de segurança*, como expressa o art. 492, II, *c*, do CPP. Tem-se, no particular, hipótese de *sentença absolutória imprópria*.

A esse respeito, deve-se considerar que os jurados decidem o mérito da causa com base em sua íntima convicção. Desta sorte, não será possível determinar, sobretudo em face do regime de quesito único objeto do art. 483, *caput*, III, e § 2º, do CPP, qual o fundamento da absolvição, senão quando haja apenas uma tese de defesa. Sirvam de exemplos: sendo a única tese a de negativa de autoria, os jurados respondem negativamente ao segundo quesito; sendo a única tese da de legítima defesa, os jurados respondem positivamente ao terceiro quesito (embora se deva observar, neste último caso, que a generalidade do quesito, em princípio, assume independência frente à tese de defesa).

Nessas condições, se o acusado, em plenário, suscitou, em caráter alternativo, as teses de legítima defesa e de inimputabilidade por doença mental, não se poderá saber qual foi a causa de absolvição, impedindo-se, desta sorte, a aplicação de medida de segurança.

Com efeito, se o fundamento foi a legítima defesa, não há que se cogitar de absolvição imprópria nem, portanto, de imposição de medida de segurança. Se, entretanto, a tese única de defesa foi a inimputabilidade por doença mental, aí sim se faz aplicável a medida de segurança adequada (internação ou tratamento), diante da possibilidade de se individualizar com exclusividade o fundamento de absolvição, nessa hipótese excepcional.

Em tal caso, de tese única, o acusado poderia ter sido sumariamente absolvido pelo próprio juiz da pronúncia, ao final da primeira fase do procedimento do júri, com fundamento do art. 415, *caput*, IV, e parágrafo único, do CPP, *se presentes ao tempo elementos manifestos e contundentes.*

Não aplicada essa hipótese, poderá o acusado, de toda sorte, ser absolvido pelos jurados, diante da tese única de inimputabilidade objeto do art. 26, *caput*, do CP. Sendo esse o caso, aplica-se a medida de segurança adequada (art. 492, *caput*, II, c, CPP).

Por outro lado, na hipótese de *veredicto condenatório*, o juiz presidente deverá constituir o dispositivo em sentença com a aplicação da pena concreta privativa de liberdade e a fixação do regime inicial de cumprimento, além das consequências penais acessórias, assim como, *em caso de necessidade*, decretar ou manter prisão preventiva ou outra medida cautelar de constrição pessoal.

Consulte-se, a esse respeito, o disposto no art. 492, *caput*, I, do CPP: "Em seguida, o presidente proferirá sentença que: I – em caso de condenação: a) fixará a pena base; b) considerará as circunstâncias agravantes ou atenuantes alegadas nos debates; c) imporá os aumentos ou diminuições da pena, em atenção às causas admitidas pelo júri; d) observará as demais disposições do art. 387 deste Código; e) mandará recolher-se ou recomendá-lo-á à prisão em que se encontra, se presentes os requisitos da prisão preventiva; f) estabelecerá os efeitos genéricos e específicos da condenação".

A sentença deve guardar correspondência com o veredicto dos jurados, em todos os pontos. A hipótese contrária enseja a interposição de recurso de apelação com fundamento no art. 593, III, *b*, do CPP.

Como já antes abordado, diverge a doutrina quanto ao reconhecimento de circunstâncias agravantes e atenuantes. A teor do art. 492, *caput*, I, *b*, do CPP, não há dúvida de que o juiz presidente só poderá reconhecer agravantes e atenuantes *alegadas em plenário*.

No mais, para detalhes sobre a aplicação da pena concreta na sentença condenatória, remete-se o leitor ao Capítulo XVI deste Curso.

Após a lavratura, "a sentença será lida em plenário pelo presidente antes de encerrada a sessão de instrução e julgamento", nos termos do art. 493 do CPP. Dessa forma se dá, em caráter especial, a publicidade da sentença, com a intimação das partes e de seus representantes no próprio ato.

6.9 Ata da Sessão de Julgamento

Nos termos do art. 494 do CPP, "de cada sessão de julgamento o escrivão lavrará ata, assinada pelo presidente e pelas partes". A ata contém o registro de tudo o que aconteceu na sessão (art. 495, *caput*, CPP), dando-se assim publicidade ao julgamento e permitindo o controle de legalidade e de regularidade de todas as suas etapas, inclusive por meio de impugnação da parte interessada.

A respeito do conteúdo da ata, tem-se a seguinte especificação *obrigatória* no art. 495 do CPP: "A ata descreverá fielmente todas as ocorrências, mencionando obrigatoriamente: I – a data e a hora da instalação dos trabalhos; II – o magistrado que presidiu a sessão e os jurados presentes; III – os jurados que deixaram de comparecer, com escusa ou sem ela, e as sanções aplicadas; IV – o ofício ou requerimento de isenção ou dispensa; V – o sorteio dos jurados suplentes; VI – o adiamento da sessão, se houver ocorrido, com a indicação do motivo; VII – a abertura da sessão e a presença do Ministério Público, do querelante e do assistente, se houver, e a do defensor do acusado; VIII – o pregão e a sanção imposta, no caso de não comparecimento; IX – as testemunhas dispensadas de depor; X – o recolhimento das testemunhas a lugar de onde umas não pudessem ouvir o depoimento das outras; XI – a verificação das cédulas pelo juiz presidente; XII – a formação do Conselho de Sentença, com o registro dos nomes dos jurados sorteados e recusas; XIII – o compromisso e o interrogatório, com simples referência ao termo; XIV – os debates e as alegações das partes com os respectivos fundamentos; XV – os incidentes; XVI – o julgamento da causa; XVII – a publicidade dos atos de instrução plenária, das diligências e da sentença".

A lavratura da ata é obrigatória, nos moldes do art. 496 do CPP: "A falta de ata sujeitará o responsável a sanções administrativa e penal". A responsabilidade penal seria por crime de prevaricação. Trata-se, entretanto, de hipótese muito remota.

Quadro esquemático do procedimento da fase do juízo de mérito (*judicium causae*).

- instalação da sessão de julgamento do tribunal do júri: juiz presidente e 25 jurados (quorum mínimo de 15 para início dos trabalhos (arts. 447 e 463, caput, CPP).

- verificação do comparecimento das partes (arts. 455 a 457, CPP).

- colocação das testemunhas de acusação e de defesa em salas próprias, permanecendo incomunicáveis (art. 460, CPP).

- antes da formação do Conselho de Sentença: advertência aos jurados presentes sobre as causas de impedimento e de suspeição e sobre o dever de incomunicabilidade, após o sorteio (art. 466, CPP).

- formação do Conselho de Sentença: sorteio de 07 jurados, podendo haver até 03 recusas imotivadas por cada uma das partes (arts. 467 e 468, CPP).

- juramento solene (art. 472, CPP) – declarações do ofendido (art. 473, CPP) – testemunhas de acusação e de defesa (art. 473, CPP) – se requerido pelas partes ou pelos jurados: acareações, reconhecimento de pessoas e coisas e esclarecimento de peritos (art. 473, § 3º, CPP) – leitura de peças (art. 473, § 3º, CPP) – interrogatório do réu, se estiver presente, nos termos dos arts. 186 e ss. (art. 474, CPP).

- debates orais: palavra da acusação (1 hora e meia ou, em caso de pluralidade de réus, 2 horas e meia) – palavra da defesa (1 hora e meia ou, em caso de pluralidade de réus, 2 horas e meia) – réplica (1 hora ou, em caso de pluralidade de réus, 2 horas) – tréplica (1 hora ou, em caso de pluralidade de réus, 2 horas) – art. 477, CPP.

- após os debates, o juiz indaga se os jurados estão habilitados a julgar (art. 480, § 1º, CPP) – leitura dos quesitos (arts. 480, § 2º, e 484, CPP).

- sala especial: juiz, MP ou querelante, defensor, jurados, assistente (se houver), oficial de justiça e escrivão (art. 485, CPP).

- votação e decisão (arts. 486 e ss., CPP).

- sentença do juiz presidente, baseada no veredicto dos jurados, a ser lida e publicada em plenário (art. 492, CPP).

- elaboração de ata (art. 495, CPP).

SUBSEÇÃO II
Procedimentos de Ação Penal por Crime Funcional

1. PROCEDIMENTO DA AÇÃO PENAL POR CRIME FUNCIONAL CONTRA A ADMINISTRAÇÃO PÚBLICA

O Código de Processo Penal, no Capítulo II do Título II, disciplina o *procedimento especial reservado ao processo e ao julgamento de crimes funcionais*, assim entendidos os imputados a funcionário público no exercício da função. A rubrica do capítulo, entretanto, não é exata, referindo-se a "crimes de responsabilidade dos funcionários públicos". A mesma referência consta do início do art. 513 do CPP: "Nos crimes de responsabilidade dos funcionários públicos, cujo processo e julgamento competirão aos juízes de direito..."

Ora, os *crimes de responsabilidade* constituem infrações político-administrativas, cujo processo e julgamento está reservado, em determinadas situações, ao Supremo Tribunal Federal ou a instâncias parlamentares como o Senado. Não se trata propriamente de crimes, portanto, sendo o respectivo procedimento alheio ao direito processual penal.

O que, em verdade, disciplinam as normas procedimentais do Capítulo II do Título II do CPP é o procedimento relativo a processos por *crimes funcionais*, contra a administração pública, imputados a funcionários públicos, no exercício da função ou a pretexto de exercê-la. Incluem-se aí crimes como o de peculato, o de corrupção passiva, o de concussão, o de prevaricação, dentre outros.

Em primeiro lugar, tome-se o disposto no art. 513 do CPP: "Nos crimes de responsabilidade dos funcionários públicos, cujo processo e julgamento competirão aos juízes de direito, a queixa ou a denúncia será instruída com documentos ou justificação que façam presumir a existência do delito ou com declaração fundamentada da impossibilidade de apresentação de qualquer dessas provas".

A norma expressa a dispensabilidade do inquérito policial para o oferecimento da denúncia, bastando que a inicial esteja embasada em prova pré-constituída idônea e suficiente. De toda sorte, naturalmente, não se dispensa a justa causa para a ação penal, entendida como o lastro probatório mínimo para a admissibilidade do processo. Apenas está especificamente fixada a dispensabilidade do inquérito policial, ou de outro procedimento investigativo, para o aperfeiçoamento da justa causa.

Esse regime especial conduziu, como contrapartida em benefício do funcionário público denunciado, à instituição de um procedimento de *contraditório prévio ao recebimento da denúncia*, segundo a forma disposta no art. 514, *caput*, do CPP: "Nos crimes afiançáveis, estando a denúncia ou queixa em devida forma, o juiz mandará autuá-la e ordenará a notificação do acusado, para responder por escrito, dentro do prazo de 15 (quinze) dias".

Cuida-se aqui de *resposta preliminar*, ou de *defesa preliminar*, apresentada antes da instauração do processo penal, no prazo de 15 (quinze) dias a partir da regular intimação do funcionário público denunciado, podendo a peça ser instruída com documentos e justificações (art. 515, parágrafo único, CPP). Durante esse prazo, "os autos permanecerão em cartório [na secretaria do juízo], onde poderão ser examinados pelo acusado ou por seu defensor", nos termos do art. 515, *caput*, do CPP.

Como firmou a Primeira Turma do Supremo Tribunal Federal no julgado do HC 72.198/PR (STF, 1ª Turma, HC 72.198, Rel. Min. ILMAR GALVÃO, julgamento em 14.03.1995, DJ de 26.05.1995) e também no do HC 97.033/SP (STF, 1ª Turma, Rel. Min. CÁRMEN LÚCIA, julgamento em 12.05.2009, DJ de 12.06.2009), essa oportunidade preliminar vincula-se ao objetivo de "dar ao réu-funcionário a possibilidade de evitar a instauração de processo temerário, com base em acusação que já a defesa prévia ao recebimento da denúncia poderia, de logo, demonstrar de todo infundada"[63].

Assim, já que a denúncia pode ser oferecida com base em prova documental pré-constituída, sem a necessidade de inquérito policial, o funcionário público deverá ser preliminarmente ouvido, antes do recebimento da inicial pelo órgão judiciário, para que tenha a oportunidade de demonstrar a temeridade da projetada ação penal. Essa é a lógica.

Por isso mesmo, o Superior Tribunal de Justiça firmou entendimento pela dispensabilidade da aplicação da norma do art. 514 do CPP quando a denúncia esteja instruída por inquérito policial, hipótese em que não poderia o funcionário público ser surpreendido com uma denúncia em seu desfavor. Confira-se, nesse sentido, o teor da Súmula nº 330 do STJ: "É desnecessária a resposta preliminar de que trata o art. 514 do Código de Processo Penal, na ação penal instruída por inquérito policial".

O *Supremo Tribunal Federal*, entretanto, tem posição diversa, no sentido da *indispensabilidade da aplicação do art. 514, mesmo quando a denúncia esteja instruída por inquérito policial*, como revela o julgado da Primeira Turma no HC 95.969/SP (STF, 1ª Turma, Rel. Min. RICARDO LEWANDOWSKI, julgamento em 12.05.2009, DJ de 10.06.2009): "A partir do julgamento do HC 85.779/RJ, passou-se a entender, nesta Corte, que é indispensável a defesa preliminar nas hipóteses do art. 514 do Código de Processo Penal, mesmo quando a denúncia é lastreada em inquérito policial (Informativo 457/STF)."

A posição atual da Suprema Corte parece-nos a correta, diante da ausência de qualquer restrição quanto à aplicabilidade do rito fixado no art. 514 do CPP. Onde a lei não distingue, não cabe ao intérprete distinguir.

Entende-se, porém, pela dispensabilidade da notificação prévia na hipótese de imputação de crimes comuns conexos ao crime funcional. Nesse sentido, refira-se o próprio julgado da Primeira Turma do STF no HC 95.969/SP, antes citado. Em igual direção, eis o julgado da Primeira Turma, mais antigo (e mais detalhado), proferido no HC 73.099/SP (STF, 1ª Turma, Rel. Min. MOREIRA ALVES, julgamento em 03.10.1995, DJ de 17.05.1996): "Tendo a denúncia imputado ao ora paciente crimes funcionais e

---

63. Em sentido semelhante, identificou o STF a finalidade de "permitir que o denunciado apresente argumentos capazes de induzir à conclusão de inviabilidade da ação penal" (STF, 2ª Turma, HC 89.517/RJ, Rel. Min. CEZAR PELUSO, DJ de 12.02.2010).

não funcionais, não se aplica o disposto no artigo 514 do C.P.P., como entendeu esta Corte no julgamento do HC 50664 (RTJ 66/365 e segs.), ao salientar: 'Bastante e que a denúncia classifique que a conduta do réu em norma que defina crime não funcional, embora nela inclua também o de responsabilidade, para se afastar a medida prevista no art. 514 do C.Pr. Penal'." Ainda no mesmo caminho, em julgado mais recente, confira-se: STF, 2ª Turma, RHC 127.296/PR, Rel. Min. DIAS TOFFOLI, julgamento em 02.06.2015, DJ de 01.07.2015.

A lógica desse entendimento radica no fato de que, havendo também a imputação de crime não funcional, em princípio a denúncia pode lastrear-se em elementos mais contundentes que a mera prova pré-constituída.

Por outro lado, a aplicação da oportunidade preliminar restringe-se, como está expresso na própria norma, aos *crimes afiançáveis*. Tratando-se de crime inafiançável, não incide a regra do art. 514, *caput*, do CPP. Com esse entendimento, tem-se o julgado do Plenário da Suprema Corte no HC 85.779/RJ (STF, Tribunal Pleno, HC 85.779, Rel. p/ Acórdão Min. CÁRMEN LÚCIA, julgamento em 28.02.2007, DJ de 29.06.2007): "A jurisprudência do Supremo Tribunal Federal põe-se no sentido de não violar o princípio do contraditório e ampla defesa a não-apresentação de defesa prévia (art. 514 do Código de Processo Penal) quando o crime praticado por servidor público é exercido com violência e grave ameaça, por ser inafiançável."

De outra parte, tampouco se aplica o rito do art. 514 do CPP se a pessoa deixou de exercer a função pública na qual estava investido, como decidiu o Plenário do STF na AP 465/DF (STF, Tribunal Pleno, AP 465, Rel. Min. CÁRMEN LÚCIA, julgamento em 24.04.2014, DJ de 30.10.2014). Em igual sentido: STF, 2ª Turma, HC 110.361/SC, Rel. Min. RICARDO LEWANDOWSKI, julgamento em 05.06.2012, DJ de 01.08.2012. Esse mesmo entendimento tem sido adotado no que tange ao particular apontado como co-autor do crime funcional (art. 30, CP), como refletem estes julgados do Superior Tribunal de Justiça: STJ, 5ª Turma, HC 78.984, Rel. Min. JORGE MUSSI, DJ de 13.12.2010; STJ, 5ª Turma, HC 196.409, Rel. Min. MARCO AURÉLIO BELLIZZE, DJ de 23.08.2012. No primeiro deles ficou assentado: "1. A notificação do acusado para apresentar defesa antes do recebimento da denúncia, prevista no artigo 514 do Código de Processo Penal, somente se aplica ao funcionário público, não se estendendo ao particular que seja coautor ou partícipe".

Em todo caso, a não aplicação do rito preliminar estabelecido no art. 514 do CPP, *quando exigida*, é causa de *nulidade* apenas *relativa*, segundo a orientação jurisprudencial dominante. Nesse sentido: STF, 1ª Turma, HC 73.099/SP, Rel. Min. MOREIRA ALVES, julgamento em 03.10.1995, DJ de 17.05.1996; STF, 1ª Turma, HC 97.033/SP, Rel. Min. CÁRMEN LÚCIA, julgamento em 12.05.2009, DJ de 10.06.2009.

Em tais condições, o reconhecimento do vício depende de arguição oportuna e de demonstração do prejuízo. Em particular, confira-se recente julgado da Segunda Turma do STF no HC 128.109/MG (STF, 2ª Turma, HC 128.109, Rel. Min. TEORI ZAVASCKI, julgamento em 08.09.2015, DJ de 22.09.2015): "1. É pacífica a jurisprudência desta Corte no sentido de que, para o reconhecimento de nulidade decorrente da inobservância da regra prevista no art. 514 do CPP, é necessária a demonstração do efetivo prejuízo causado à parte. Improcede, pois, pedido de renovação de todo o procedimento criminal com base em alegações genéricas sobre a ocorrência de nulidade absoluta. 2. Ademais, se a finalidade da defesa preliminar está relacionada ao interesse público de evitar persecução criminal temerária contra funcionário público, a superveniência de sentença condenatória, que decorre do amplo debate da lide penal, prejudica a preliminar de nulidade processual, sobretudo se considerado que essa insurgência só foi veiculada nas razões de apelação." De igual modo: STF, 1ª Turma, RHC 121.094/GO, Rel. Min. ROBERTO BARROSO, julgamento em 19.08.2014, DJ de 15.09.2014.

Assevere-se que a resposta preliminar objeto do art. 514 do CPP não é peça imprescindível. Caso, *após regular intimação*, o funcionário público não apresente a resposta preliminar, a denúncia pode ser recebida mesmo assim. Nesse ponto, há apenas a exigência da concessão de *oportunidade* para a resposta preliminar, podendo o funcionário público, entretanto, deixar de exercer esse direito.

Refletindo a exigência ao menos da oportunidade para a resposta, a lei impõe a nomeação de defensor dativo na hipótese de *não localização* do funcionário público, por desconhecimento de seu paradeiro. A esse respeito, dispõe o art. 514, parágrafo único, do CPP: "Se não for conhecida a residência do acusado, ou este se achar fora da jurisdição do juiz, ser-lhe-á nomeado defensor, a quem caberá apresentar a resposta preliminar". Quanto à segunda parte do dispositivo, referente à nomeação de defensor dativo quando o acusado encontrar-se "fora da jurisdição do juiz", reputamo-la inaplicável, por afrontar a garantia da ampla defesa. Ora, residindo o funcionário em outra circunscrição judiciária, deverá ser expedida carta precatória para intimá-lo, de modo que, querendo, possa oferecer sua resposta preliminar por intermédio de defensor de sua confiança (defensor constituído).

Oferecida, porém, a resposta preliminar, o órgão judiciário deve apreciá-la, assim como eventuais documentos e justificações que a instruam (art. 515, parágrafo único, CPP), *em decisão motivada*, sob pena de nulidade. Nesse particular, diante da aplicação de contraditório preliminar, exige-se a devida motivação do ato judicial de recebimento da denúncia. Não haveria sentido, com efeito, em assegurar ao funcionário público a resposta preliminar, se pudesse o juiz simplesmente receber a denúncia ignorando as razões expostas na manifestação.

Com esse entendimento, assim decidiu a Segunda Turma do STF no HC 84.919/SP (STF, 2ª Turma, HC 84.919, Rel. Min. CEZAR PELUSO, julgamento em 02.02.2010, DJ de 26.03.2010): "Oferecida defesa preliminar, é nula a decisão que, ao receber a denúncia, desconsidera as alegações apresentadas." Desta sorte, excepciona-se o regime comum, em que, segundo o entendimento dominante, não se exige motivação do ato judicial de recebimento da denúncia ou da queixa.

Recebida motivamente a inicial, "será o acusado citado, na forma estabelecida no Capítulo I do Título X do Livro I", nos termos do art. 517 do CPP. Tem-se, então, a oportunidade de (agora sim) resposta à acusação ou defesa prévia, para os fins contemplados no art. 396-A do CPP, inclusive a indicação de testemunhas e eventuais outros meios de prova. Esta já é uma peça essencial. A partir desse ponto, aplicam-se as normas relativas ao procedimento comum, conforme expressamente firmado no art. 518 do CPP.

Por outro lado, exige-se motivação, naturalmente, também da decisão de rejeição liminar da denúncia ou da queixa, com base na resposta, como preceitua o art. 516 do CPP: "O juiz rejeitará a queixa ou denúncia, em despacho fundamentado, se convencido, pela resposta do acusado ou do seu defensor, da inexistência do crime ou da improcedência da ação".

Perceba-se, no particular, que a norma permite inclusive o julgamento antecipado do mérito da ação penal, se houver elementos suficientes para tanto. Nessa hipótese, tem-se decisão de mérito, com efeito de coisa julgada formal e material.

2. PROCEDIMENTO DA AÇÃO PENAL POR CRIME FUNCIONAL IMPUTADO A PREFEITO OU VEREADOR (DECRETO-LEI Nº 201/1967)

Todas as questões discutidas no tópico anterior aplicam-se igualmente aos processos por crimes funcionais imputados a prefeitos e vereadores, cuja disciplina legal sobre a resposta preliminar obedece à mesma lógica refletida nos artigos 513 e seguintes do CPP, como revela a norma do art. 2º, I, do Decreto-lei nº 201/1967: "O processo dos crimes definidos no artigo anterior é o comum do juízo singular, estabelecido pelo Código de Processo Penal, com as seguintes modificações: I – antes de receber a denúncia, o juiz ordenará a notificação do acusado para apresentar defesa prévia, no prazo de 5 (cinco) dias. Se o acusado não for encontrado para a notificação, ser-lhe-á nomeado defensor, a quem caberá apresentar a defesa, dentro do mesmo prazo".

Embora o dispositivo aluda a uma "defesa prévia", trata-se propriamente da mesma resposta ou defesa *preliminar*, eis que anterior ao recebimento da denúncia. De resto, a única diferença relevante, quanto à resposta preliminar objeto do art. 2º, I, do Decreto-lei nº 201.1967, diz respeito ao prazo, de 5 (cinco) dias, e não o de 15 (quinze) dias previsto no art. 514 do CPP.

SUBSEÇÃO III
Procedimento da Ação Penal por Crime contra a Honra

No Capítulo III do Título II do Livro II, entre os artigos 519 e 523, o Código de Processo Penal disciplina o procedimento "dos crimes de calúnia e injúria, da competência do juiz singular". Esse procedimento alcança também o processo por crime de difamação, que não era definida em tipo autônomo ao tempo da entrada em vigor do Código de Processo Penal.

Trata-se, portanto, de procedimento especial referente aos *crimes contra a honra*. Ademais, à vista do conteúdo das normas procedimentais, cuida-se de rito aplicável aos crimes contra a honra objeto de *ação penal de iniciativa privada*, não abrangendo os crimes que, por alguma circunstância especial, se processem por ação de iniciativa pública.

Antes de tudo, assevere-se que o rito em foco tem na atualidade aplicação bastante restrita, na medida em que os crimes contra a honra, em virtude da pena máxima cominada a cada um deles, constituem *infrações penais de menor potencial ofensivo*, sujeitas à competência dos juizados especiais criminais e, portanto, ao rito sumaríssimo.

Embora em princípio o procedimento especial devesse prevalecer sobre o procedimento comum, na hipótese se entende que predomina o critério de definição de infrações penais em virtude da pena máxima cominada, a vincular a aplicação do procedimento comum sumaríssimo, disciplinado na Lei (especial) nº 9.099/1995. Confirma essa orientação o disposto no art. 519 do CPP, que estabelece a aplicabilidade do rito em foco quando não haja outra forma estabelecida *em lei especial*.

Persiste, entretanto, a aplicação do rito especial objeto dos artigos 519 a 523 do CPP quando, por incidência de circunstância excepcional legalmente contemplada, deva o feito ser deslocado do juizado especial criminal para o juízo comum: (i) não localização do acusado para ser citado (art. 66, parágrafo único, Lei nº 9.099/1995); (ii) complexidade ou circunstância especial do caso (art. 77, § 2º, Lei nº 9.099/1995); (iii) concurso material de crimes, ou incidência de causa de aumento, que eleve a pena máxima, em tese, a patamar superior ao de 2 (dois) anos de privação de liberdade; (iv) incidência de elemento incompatível com o rito sumaríssimo.

Como regra, o encaminhamento dos autos ao juízo comum implica a aplicação do procedimento comum sumário, a teor do art. 538 do CPP. De toda sorte, se houver procedimento especial estabelecido para o objeto da causa, este será o aplicável. É justamente o que ocorre para os crimes contra a honra. Assim, remetidos os autos ao juízo comum, aplica-se o procedimento especial disciplinado nos artigos 519 a 523 do CPP.

Sobre o ponto (iii), assim já decidiu a Quinta Turma do Superior Tribunal de Justiça, no HC 143.500/PE (STJ, 5ª Turma, HC 143.500, Rel. Min. NAPOLEÃO MAIA, julgamento em 31.05.2011, DJ de 27.06.2011): "É pacífica a jurisprudência desta Corte de que, no caso de concurso de crimes, a pena considerada para fins de fixação da competência do Juizado Especial Criminal será o resultado da soma, no caso de concurso material, ou a exasperação, no caso de concurso formal ou crime continuado, das penas máximas cominadas aos delitos; destarte, se desse somatório resultar um apenamento superior a 2 (dois) anos, fica afastada a competência do Juizado Especial. No caso dos autos imputa-se ao paciente a prática de crimes de calúnia, injúria e difamação cuja soma das penas ultrapassa o limite apto a determinar a competência do Juizado Especial Criminal".

Acerca do ponto (iv), entendemos que, por exemplo, o ajuizamento de ação penal de iniciativa privada por *pessoa jurídica*, potencial vítima de difamação, impõe que a competência seja fixada no juízo comum, e não no juizado especial.

Conforme o art. 519 do CPP, "no processo por crime de calúnia e injúria [inclua-se a difamação], para o qual não haja outra forma estabelecida em lei especial, observar-se-á o disposto nos Capítulos I e III, Título I, deste Livro, com as modificações constantes dos artigos seguintes".

Fica estabelecida, portanto, a aplicabilidade do procedimento comum, mas com algumas modificações especiais, impostas pelos artigos 520 a 523 do CPP.

Ressalvam-se, de toda sorte, as previsões objeto de *lei especial*, a saber: (a) procedimento comum sumaríssimo, no âmbito dos juizados especiais criminais, de acordo com a disciplina da Lei nº 9.099/1995; (b) procedimento especial para os crimes contra a honra praticados no contexto eleitoral; (c) procedimento especial para os crimes contra a honra definidos no Código Penal Militar; (d) procedimento especial das ações penais de competência originária dos tribunais, objeto da Lei nº 8.038/1990. Não integra mais essa ressalva o procedimento especial para os crimes contra a honra previstos na Lei de Imprensa, diante da não recepção dessa lei pela Constituição de 1988, como decidido pela Suprema Corte na ADPF 130/DF.

Fora dessas hipóteses, em particular quando do encaminhamento dos autos do juizado especial criminal para o juízo comum, aplica-se o rito em exame.

Nos termos do art. 520 do CPP, "antes de receber a queixa, o juiz oferecerá às partes oportunidade para se reconciliarem, fazendo-as comparecer em juízo e ouvindo-as, separadamente, sem a presença dos seus advogados, não se lavrando termo". Tem-se, assim, uma etapa preliminar de *audiência de conciliação*, antes do recebimento da queixa.

Nessa oportunidade, o juiz poderá promover a reconciliação e o entendimento entre o querelante e o querelado (art. 521, CPP), algo inteiramente compatível com o princípio da disponibilidade próprio da ação penal privada exclusiva.

Conforme o art. 522 do CPP, "no caso de reconciliação, depois de assinado pelo querelante o termo da desistência, a queixa será arquivada". Na hipótese, embora o processo não haja ainda sido instaurado pelo recebimento da inicial, o direito de queixa já foi exercido pelo querelante, de modo que se trata mesmo de desistência, e não de renúncia. Nada impede, porém, a aplicabilidade também do perdão, se assim acordarem querelante e querelado.

Por fim, o art. 523 do CPP assim disciplina o instituto da *exceção da verdade*: "Quando for oferecida a exceção da verdade ou da notoriedade do fato imputado, o querelante poderá contestar a exceção no prazo de 2 (dois) dias, podendo ser inquiridas as testemunhas arroladas na queixa, ou outras indicadas naquele prazo, em substituição às primeiras, ou para completar o máximo legal".

Trata-se de norma de particular relevância, por ser aplicável também no âmbito das ações penais de competência originária dos tribunais, quando imputado crime de calúnia ou (em caso restrito) difamação ao querelado.

A exceção da verdade consiste em incidente processual destinado à prova da verdade: (i) no caso da calúnia, do fato supostamente falso definido como crime, em qualquer caso; (ii) do fato ofensivo objeto de difamação, desde que relativo a funcionário público no exercício da função.

Oferecida a exceção, deverá ser processada em apartado, com a resposta do excepto (o próprio querelante) e a prática de atos instrutórios por ambas as partes.

Poderá a exceção da verdade ser oposta no âmbito dos juizados especiais? Entendemos que não, diante da reduzida complexidade da causa, incompatível com a aplicabilidade de um procedimento incidental. Assim, em condições normais, a prova da verdade poderá ser feita pelo querelado no exercício de sua própria defesa, dentro do procedimento sumaríssimo. Caso haja necessidade de atos mais complexos para tanto, tem-se a situação objeto do art. 77, § 2º, da Lei nº 9.099/1995, a impor o encaminhamento dos autos ao juízo comum, onde, aí sim, poderá ser manejado o incidente.

SUBSEÇÃO IV
Procedimento da Ação Penal por Crime contra a Propriedade Imaterial

1. APLICABILIDADE

A lei processual penal disciplina procedimento específico para o processamento de ação penal que tenha por objeto crime contra a propriedade imaterial. Nesse âmbito, aplica-se o procedimento comum ordinário, mas com algumas modificações previstas no Capítulo IV ("Do Processo e do Julgamento dos Crimes contra a Propriedade Imaterial") do Título I do Livro II, entre os artigos 525 e 530-I, do Código de Processo Penal. É o que determina o art. 524 do CPP: "No processo e julgamento dos crimes contra a propriedade imaterial, observar-se-á o disposto nos Capítulos I e III do Título I deste Livro, com as modificações constantes dos artigos seguintes".

Entretanto, na hipótese de infração penal de menor potencial ofensivo – por exemplo, o crime de violação de direito autoral definido no art. 184, *caput*, do CP –, fixa-se a competência do juizado especial criminal e, por conseguinte, a aplicação do procedimento comum sumaríssimo, com as modificações prescritas nos artigos 525 a 530-I do CPP, à vista da natureza particular (crime contra a propriedade imaterial) da espécie.

São crimes contra a propriedade imaterial: (i) os *crimes contra a propriedade intelectual* definidos no art. 184 do Código Penal (*formas típicas da violação de direito autoral*); (ii) os *crimes contra a propriedade industrial* definidos: (a) nos artigos 183 a 185 da Lei nº 9.279/1996 (*crimes contra as patentes*); (b) nos artigos 187 e 188 da Lei nº 9.279/1996 (*crimes contra os desenhos industriais*); (c) nos artigos 189 e 190 da Lei nº 9.279/1996 (*crimes contra as marcas*); (d) no art. 191 da Lei nº 9.279/1996 (*crimes cometidos por meio de marca, título de estabelecimento e sinal de propaganda*); (e) nos artigos 192 a 194 da Lei nº 9.279/1996 (*crimes contra indicações geográficas e demais indicações*); (f) no art. 195 da Lei nº 9.279/1996 (*crimes de concorrência desleal*).

2. PROCEDIMENTO

2.1. Procedimento aplicável aos Crimes contra a Propriedade Imaterial de Ação Penal Privada

Os artigos 525 a 530 disciplinam o procedimento aplicável aos crimes contra a propriedade imaterial processáveis por ação penal de exclusiva iniciativa privada, como expressa o art. 530-A acrescentado ao Código de Processo Penal pela Lei nº 10.695/2003: "O disposto nos arts. 524 a 530 será aplicável aos crimes em que se proceda mediante queixa".

Como referido no Capítulo VI deste Curso, o art. 525 do CPP institui específica condição de justa causa para o exercício da ação penal: exame pericial dos objetos que constituam o exame de corpo de delito.

Ademais, na hipótese de ação penal de exclusiva iniciativa privada, o oferecimento da queixa sujeita-se ao prazo decadencial especial de 30 (trinta) dias, contado da data da homologação do laudo pericial (art. 529, CPP). Nessa esfera se exige também do ofendido a *prova* idônea de sua legitimidade ativa, inclusive já na fase pré-processual, como condição de admissibilidade da ação, de acordo com o art. 526 do CPP: "Sem a prova de direito à ação, não será recebida a queixa, nem ordenada qualquer diligência preliminarmente requerida pelo ofendido".

A especificidade do procedimento aplicável ao processo por crime contra a propriedade imaterial radica (i) na apreensão do objeto do fato, que materializa a suposta transgressão à propriedade e (ii) no exame pericial desse objeto, de que depende o exercício da ação penal.

Acerca do primeiro aspecto (i), como preceitua o art. 527, *caput*, do CPP: "A diligência de busca ou de apreensão será realizada por dois peritos nomeados pelo juiz, que verificarão a existência de fundamento para a apreensão, e quer esta se realize, quer não, o laudo pericial será apresentado dentro de 3 (três) dias após o encerramento da diligência". A própria aplicabilidade da apreensão, portanto, sujeita-se a avaliação pericial. Em caso de avaliação negativa, "o requerente da diligência poderá impugnar o laudo contrário à apreensão, e o juiz ordenará que esta se efetue, se reconhecer a improcedência das razões aduzidas pelos peritos", nos termos do art. 527, parágrafo único, do CPP.

Em qualquer caso, após o encerramento de todas as diligências, tem-se a homologação judicial do laudo (art. 528, CPP).

Homologado o laudo, o ofendido dispõe do prazo decadencial de 30 (trinta) dias para oferecer a queixa, na hipótese de ação penal de exclusiva iniciativa privada (art. 529, *caput*, CPP) – caso, por exemplo, do crime de violação de direito autoral, em sua forma básica (art. 184, *caput*, c/c art. 186, I, CP). Esse prazo reduz-se para 8 (oito) dias, na hipótese de indiciado preso (art. 530, CPP).

É possível que, tendo havido a iniciativa do ofendido para postular a busca e apreensão do objeto, depois se constate hipótese de ação penal de iniciativa pública. Nesse caso, aplica-se a norma do art. 529, parágrafo único, do CPP: "Será dada vista ao Ministério Público dos autos de busca e apreensão requeridas pelo ofendido, se o crime for de ação pública e não tiver sido oferecida queixa no prazo fixado neste artigo".

2.2. Procedimento para os crimes de violação de direito autoral definidos no art. 184, §§ 1°, 2° e 3°, do Código Penal, e demais Crimes de Ação Penal Pública

Os artigos 530-B a 530-H, acrescentados ao Código de Processo Penal pela Lei n° 10.695/2003, contemplam procedimento específico aplicável (i) aos crimes de violação de direito autoral objeto do art. 184, §§ 1° a 3°, do Código Penal (art. 530-B, CPP), e (ii) aos demais crimes processáveis por ação penal de iniciativa pública, incondicionada ou condicionada (art. 530-I, CPP).

No primeiro caso, trata-se: (a) da reprodução desautorizada de obra intelectual, interpretação, execução ou fonograma (art. 184, § 1º, CP); (b) da exploração econômica desautorizada de obra intelectual ou fonograma (art. 184, § 2º, CP); (c) do oferecimento desautorizado de obra ou produção ao público (art. 184, § 3º, CP). Essas três formas típicas são processáveis por ação penal de iniciativa pública: as duas primeiras, por ação penal pública incondicionada (art. 186, II, CP); a última, por ação penal pública condicionada à representação do ofendido (art. 186, IV, CPP), salvo quando este seja ente público, caso em que a ação é pública incondicionada (art. 186, III, CP)[64].

O procedimento aplicável a essa órbita estende-se aos outros crimes contra a propriedade imaterial processáveis por ação penal pública (incondicionada ou condicionada), conforme preceitua o art. 530-I do CPP.

Antes de tudo, ainda na fase processual, independentemente de qualquer iniciativa do titular da ação penal, o delegado de polícia deverá proceder à apreensão dos objetos e instrumentos do crime. Como prescreve o art. 530-B do CPP: "Nos casos das infrações previstas nos §§ 1º, 2º e 3º do art. 184 do Código Penal, a autoridade policial procederá à apreensão dos bens ilicitamente produzidos, em sua totalidade, juntamente com os equipamentos, suportes e materiais que possibilitaram a sua existência, desde que estes se destinem precipuamente à prática do ilícito". Essa apreensão instrumentaliza-se pela lavratura de termo descritivo dos bens apreendidos, na forma do art. 530-C do CPP.

Dá-se então, dentro da lógica procedimental adequada aos crimes contra a propriedade imaterial, a perícia oficial sobre os bens apreendidos, formalizada em laudo técnico, de acordo com o art. 530-D do CPP: "Subsequente à apreensão será realizada, por perito oficial, ou, na falta deste, por pessoa tecnicamente habilitada, perícia sobre todos os bens apreendidos e elaborado o laudo que deverá integrar o inquérito policial ou o processo".

O depositário fiel dos objetos apreendidos é o próprio titular do direito autoral tido por violado, que deve disponibilizar ao juízo o que for necessário, uma vez ajuizada a ação penal pelo Ministério Público, como se extrai do art. 530-E do CPP: "Os titulares de direito de autor e os que lhe são conexos serão os fieis depositários de todos os bens apreendidos, devendo colocá-los à disposição do juiz quando do ajuizamento da ação". Trata-se de forma particular de participação do ofendido, ainda na fase pré-processual, como terceiro legitimamente interessado na ação penal de iniciativa pública.

Outra forma de intervenção do ofendido é a iniciativa para postular a destruição da produção ou da reprodução apreendida, de modo a evitar a persistência de prejuízos, sempre que não haja impugnação quanto à sua ilicitude (o que a reclamaria como meio de apuração de responsabilidade penal) ou quando não existam elementos de autoria bastantes ao início da ação penal (art. 530-F, CPP). Com efeito, se a persecução penal não puder ser iniciada por falta de lastro probatório mínimo sobre a autoria, não há

---

64. Qualquer crime de violação de direito autoral, inclusive o do *caput* do art. 184 do Código Penal, é de ação penal pública incondicionada se o ofendido for entidade de direito público, autarquia, empresa pública, sociedade de economia mista ou fundação instituída pelo Poder Público\o (art. 186, III, CP).

sentido em que subsista, em seu potencial lesivo, o objeto material da ofensa ao direito do autor (produção ou reprodução desautorizada).

Ainda uma forma especial de participação do ofendido é aquela contemplada no art. 530-H do CPP: "As associações de titulares de direitos de autor e os que lhe são conexos poderão, em seu próprio nome, funcionar como assistente de acusação nos crimes previstos no art. 184 do Código Penal, quando praticado em detrimento de qualquer de seus associados". Cuida-se de hipótese particular de *assistência* titularizada por pessoa diversa do ofendido, como abordado no Capítulo XIII deste Curso, referente aos sujeitos do processo penal.

Acerca da fase processual, nos momentos postulatório e instrutório, não há disposições especiais para o âmbito que aqui nos ocupa, aplicando-se o procedimento comum. Institui-se apenas regime específico quanto às consequências associáveis à sentença de condenação, nos moldes fixados no art. 530-G do CPP: "O juiz, ao prolatar a sentença condenatória, poderá determinar a destruição dos bens ilicitamente produzidos ou reproduzidos e o perdimento dos equipamentos apreendidos, desde que precipuamente destinados à produção e reprodução dos bens, em favor da Fazenda Nacional, que deverá destruí-los ou doá-los aos Estados, Municípios e Distrito Federal, a instituições públicas de ensino e pesquisa ou de assistência social, bem como incorporá-los, por economia ou interesse público, ao patrimônio da União, mas não poderão retorná-los aos canais de comércio".

Destinam-se tais providências à eliminação do potencial ofensivo dos objetos materiais do crime. Assim, a norma em foco, ao menos quanto à medida de destruição determinada pelo juiz (parte inicial), deve ser aplicada em qualquer processo por crime contra a propriedade imaterial, inclusive naquele objeto de ação penal de exclusiva iniciativa privada.

SUBSEÇÃO V
Procedimento da Ação Penal de Competência Originária dos Tribunais (Lei nº 8.038/1990)

1. APLICABILIDADE

O procedimento aplicável às ações penais da competência originária dos tribunais está disciplinado nos artigos 1º a 12 da Lei nº 8.038/1990 (Capítulo I – AÇÃO PENAL ORIGINÁRIA do Título I – PROCESSOS DE COMPETÊNCIA ORIGINÁRIA).

A Lei nº 8.038/1990 "institui normas procedimentais para os processos que especifica, perante o Superior Tribunal de Justiça e o Supremo Tribunal Federal". Por força do art. 1º da Lei nº 8.658/1993, contudo, foi a aplicabilidade dos artigos 1º a 12 da Lei nº 8.038/1990, relativos ao *procedimento*, estendidos às ações penais de competência originária dos Tribunais de Justiça e dos Tribunais Regionais Federais. O procedimento aplica-se, de igual modo, às ações da competência originária dos Tribunais Regionais Eleitorais, à falta de disciplina específica da matéria na esfera da Justiça Eleitoral.

Aborda-se, portanto, o procedimento a ser observado no âmbito das ações penais iniciadas, em virtude de competência originária, perante tribunais superiores, regionais e estaduais. A competência penal originária dos tribunais, constitucionalmente estabelecida, traduz-se nas hipóteses de *foro especial por prerrogativa de função*, tratando-se, portanto, de competência fixada pelo critério funcional (*ratione muneris*).

A competência penal *originária* do Supremo Tribunal Federal para o processo e julgamento de ações penais (processo penal de viés condenatório) está fixada no art. 102, I, *b* e *c*, da Constituição do Brasil; a do Superior Tribunal de Justiça, no art. 105, I, *a*; a dos Tribunais Regionais Federais, no art. 108, I, *a*; a dos Tribunais de Justiça, no art. 29, X, da Constituição Federal (hipótese do prefeito municipal), e na Constituição do Estado respectivo (art. 125, § 1º, CF). Para mais detalhes a respeito, remete-se o leitor ao Capítulo VIII deste Curso, reservado à competência penal.

Por ser *especial* o procedimento disciplinado na Lei nº 8.038/1990, não se aplicam às ações penais originárias, *senão subsidiariamente*, as normas do procedimento comum ordinário, ainda que instituídas por lei posterior, isto é, a Lei nº 11.719/2008. De toda sorte, há hipótese, que será oportunamente analisada, em que a jurisprudência do Supremo Tribunal Federal, apesar da disciplina especial constante da Lei nº 8.038/1990, entende aplicável à ação penal de sua competência a disciplina geral do procedimento comum, trazida pela Lei nº 11.719/2008: o interrogatório como último ato da instrução.

2. PROCEDIMENTO

2.1. Fase Pré-Processual

2.1.1. *Exigência de autorização e supervisão do tribunal competente para a ação penal*

A competência originária do tribunal para o processo e o julgamento da ação penal abrange a supervisão e o controle dos procedimentos preparatórios de investigação. Mais que isso, segundo a jurisprudência do Supremo Tribunal Federal (STF, Tribunal Pleno, INQ 2.411/MT, Rel. Min. GILMAR MENDES, julgamento em 10.10.2007, DJ de 25.04.2008), a própria instauração do procedimento investigativo depende de autorização do tribunal competente para a ação penal: "A prerrogativa de foro é uma garantia voltada não exatamente para os interesses do titulares de cargos relevantes, mas, sobretudo, para a própria regularidade das instituições. Se a Constituição estabelece que os agentes políticos respondem, por crime comum, perante o STF (CF, art. 102, I, b), não há razão constitucional plausível para que as atividades diretamente relacionadas à supervisão judicial (abertura de procedimento investigatório) sejam retiradas do controle judicial do STF. A iniciativa do procedimento investigatório deve ser confiada ao MPF contando com a supervisão do Ministro-Relator do STF. 5. A Polícia Federal não está autorizada a abrir de ofício inquérito policial para apurar a conduta de parlamentares federais ou do próprio Presidente da República (no caso do

STF). No exercício de competência penal originária do STF (CF, art. 102, I, 'b' c/c Lei nº 8.038/1990, art. 2º e RI/STF, arts. 230 a 234), a atividade de supervisão judicial deve ser constitucionalmente desempenhada durante toda a tramitação das investigações desde a abertura dos procedimentos investigatórios até o eventual oferecimento, ou não, de denúncia pelo dominus litis".

No domínio em foco, tem-se algo mais que o mero controle judicial sobre a atividade investigativa e sobre diligências restritivas de direitos individuais praticáveis no curso da investigação (diligências probatórias, como a busca e apreensão e a quebra do sigilo bancário, e outras medidas cautelares, como a prisão), presente em todos os âmbitos, mas também um *controle especial* do tribunal sobre a própria instauração do procedimento e ainda sobre o indiciamento operado pela autoridade investigadora, que de igual modo depende da autorização da Corte judiciária competente para a ação penal.

Assim, a autoridade policial não pode instaurar inquérito, nem o Ministério Público pode instaurar procedimento de investigação criminal, sem a prévia autorização do tribunal competente para o processo e o julgamento da ação penal. Do mesmo modo, nenhum indiciamento poderá ser efetuado sem a autorização do tribunal. Isso segundo o Supremo Tribunal Federal, que fixou essa orientação ao resolver questão de ordem suscitada no aludido Inquérito nº 2.411/MT. O Superior Tribunal de Justiça, por seu turno, segue a mesma linha, como se verifica, por exemplo, no julgado da Quinta Turma proferido no HC 99.773/RJ (STJ, 5ª Turma, Rel. Min. Napoleão Maia, julgamento em 04.03.2008, DJ de 17.03.2008).

Há entendimento no sentido de que o início da investigação pela autoridade *não* depende de autorização prévia do tribunal (nessa direção, confira-se: TRF3, Pet 757, Órgão Especial, Rel. Des. Therezinha Cazerta, DJ de 23.08.2011). Quanto à autorização *para o indiciamento*, entretanto, não se identifica divergência.

De toda sorte, prevalece francamente, como é natural, a jurisprudência do Supremo Tribunal Federal e a do Superior Tribunal de Justiça.

No tribunal, a autorização e a supervisão cabe ao *relator*, não havendo qualquer reserva de colegiado a esse respeito, conforme bem assentado na jurisprudência do STF e na do STJ.

Esclarecido esse ponto inicial, passa-se ao exame das normas procedimentais aplicáveis à fase pré-processual, já que também nesse particular há disciplina específica estabelecida pela Lei nº 8.038/1990.

2.1.2. Procedimento da fase pré-processual: características da supervisão exercida pelo relator

De acordo com o art. 2º, *caput*, da Lei nº 8.038/1990, "o relator, escolhido na forma regimental, será o juiz da instrução, que se realizará segundo o disposto neste capítulo, no Código de Processo Penal, no que for aplicável, e no Regimento Interno do Tribunal". O relator "terá as atribuições que a legislação processual confere aos juízes singulares", nos termos do art. 2º, parágrafo único, da Lei nº 8.038/1990.

Nesse contexto, o relator para quem seja distribuído o procedimento de investigação, ou qualquer procedimento de natureza cautelar, fica prevento para a ação penal, na forma do regimento do tribunal competente.

Ao relator cabe, além da autorização e da supervisão do procedimento investigativo, realizar os atos praticáveis monocraticamente, como a resolução de certas matérias ainda na fase pré-processual (art. 3º, I e II, Lei nº 8.038), a condução dos atos instrutórios no curso da ação penal (artigos 2º e 3º, III, Lei nº 8.038) e a decretação de medidas cautelares, em caso de urgência, *ad referendum* do colegiado, por exemplo.

A competência do órgão colegiado regimentalmente fixado (plenário ou órgão especial) recai sobre os atos para os quais se aplica a *reserva de colegiado*: deliberação sobre o recebimento ou a rejeição liminar da inicial (art. 6º, *caput*, Lei nº 8.038); julgamento antecipado de improcedência da acusação (art. 6º, *caput*, Lei nº 8.038); julgamento final da ação penal (art. 12, Lei nº 8.038).

De acordo com o art. 3º da Lei nº 8.038/1990, compete ao relator: "I – determinar o arquivamento do inquérito ou de peças informativas, quando o requerer o Ministério Público, ou submeter o requerimento à decisão competente do Tribunal; II – decretar a extinção da punibilidade, nos casos previstos em lei; III – convocar desembargadores de Turmas Criminais dos Tribunais de Justiça ou dos Tribunais Regionais Federais, bem como juízes de varas criminais da Justiça dos Estados e da Justiça Federal, pelo prazo de 6 (seis) meses, prorrogável por igual período, até o máximo de 2 (dois) anos, para a realização do interrogatório e de outros atos da instrução, na sede do tribunal ou no local onde se deva produzir o ato". O último inciso (III) foi acrescentado pela Lei nº 12.019/2009.

Há uma série de atos, portanto, que podem ser praticados monocraticamente pelo relator, sem a necessidade submissão ao órgão colegiado competente. Contra a decisão monocrática, de toda sorte, caberá recurso de agravo interno para o órgão colegiado (plenário, órgão especial), no prazo de 5 (cinco) dias, conforme o art. 39 da Lei nº 8.038/1990.

Na hipótese de arquivamento do inquérito ou das peças de informação, o relator poderá optar por decidir monocraticamente ou submeter o pedido ao órgão colegiado (art. 3º, I, Lei nº 8.038).

O mesmo se diga, apesar a ausência de disposição expressa nesse sentido, quanto à declaração de extinção da punibilidade (art. 3º, II, Lei nº 8.038), se presente qualquer das causas do art. 107 do Código Penal.

O art. 231, § 4º, do Regimento Interno do Supremo Tribunal Federal[65] elenca as causas possíveis de arquivamento, incluindo a extinção da punibilidade, nos seguintes termos: "O Relator tem competência para determinar o arquivamento, quando o requerer o Procurador-Geral da República ou quando verificar: a) a existência manifesta de causa excludente da ilicitude do fato; b) a existência manifesta de causa excludente da

---

65. Embora se trate de norma regimental do STF, pode ser adotada como referência de plena aplicação a procedimento em curso no âmbito de qualquer tribunal, assim como ao próprio arquivamento na esfera do procedimento comum.

Cap. XVII · PROCEDIMENTOS PENAIS

culpabilidade do agente, salvo inimputabilidade; c) que o fato narrado evidentemente não constitui crime; d) extinta a punibilidade do agente; ou e) ausência de indícios mínimos de autoria ou materialidade, nos casos em que forem descumpridos os prazos para a instrução do inquérito ou para o oferecimento de denúncia".

Se o motivo do arquivamento for "a ausência de indícios mínimos de autoria ou materialidade" (art. 231, § 4º, e, RISTF), o inquérito "poderá ser reaberto, caso surjam novos elementos" (art. 231, § 6º, RISTF). Nos demais casos (art. 231, § 4º, "a" até "d"), a contrario sensu do disposto no art. 231, § 6º, do RISTF, e na linha da jurisprudência da Suprema Corte, a decisão faz coisa julgada material, não havendo possibilidade de reabertura. Para mais detalhes, consulte-se a abordagem sobre o arquivamento do inquérito policial no Capítulo V deste Curso.

Quanto à realização de atos instrutórios (art. 3º, III, Lei nº 8.038), o relator poderá convocar desembargadores ou juízes para esse fim, de modo que a diligência seja realizada na sede do próprio tribunal competente ou no local onde se deva produzir o ato.

De toda sorte, subsiste a possibilidade de expedição de carta de ordem para a efetivação de atos instrutórios, nos termos do art. 9º, § 1º, da Lei nº 8.038/1990: "O relator poderá delegar a realização do interrogatório ou de outro ato da instrução ao juiz ou membro de tribunal com competência territorial no local de cumprimento da carta de ordem"[66].

Além dos atos previstos no art. 3º, poderá o relator, em princípio, praticar aqueles que forem próprios do juízo singular (art. 2º, parágrafo único, Lei nº 8.038), exceto quanto aos assuntos para os quais a lei estabeleça a reserva de colegiado (artigos 6º e 12, Lei nº 8.038).

Assim, poderá o relator, por exemplo, em caso de urgência, decidir sobre a imposição ou a revogação de medidas cautelares, quer as probatórias (busca e apreensão, quebra de sigilo bancário etc.), quer as assecuratórias (sequestro ou arresto de bens), quer as de caráter pessoal (prisão preventiva, medida cautelar alternativa etc.).

A urgência própria das cautelares é que justifica sua apreciação em juízo monocrático do relator. Nessas hipóteses, porém, por se tratar de constrição de direitos individuais, a decisão monocrática do relator deve ser necessária e imediatamente submetida à ratificação pelo colegiado, independentemente da interposição do recurso de agravo previsto no art. 39 da Lei nº 8.038/1990.

Essa é a disciplina, aliás, que se depreende do Regimento Interno do STF, cujo art. 230-C contempla a apreciação pelo relator, em autos apartados e sob sigilo, dos requerimentos de prisão, busca e apreensão, quebra de sigilo telefônico, bancário, fiscal,

---

66. *Art. 21, II, RISTF* (ER 41/2010): "São atribuições do Relator: II – executar e fazer cumprir os seus despachos, suas decisões monocráticas, suas ordens e seus acórdãos transitados em julgado, bem como determinar às autoridades judiciárias e administrativas providências relativas ao andamento e à instrução dos processos de sua competência, *facultada a delegação de atribuições para a prática de atos processuais não decisórios a outros Tribunais e a juízos de primeiro grau de jurisdição*". *Art. 21-A, caput, RISTF* (ER 36/2009): "Compete ao relator convocar juízes ou desembargadores para a realização do interrogatório e de outros atos da instrução dos inquéritos criminais e ações penais originárias, na sede do tribunal ou no local onde se deva produzir o ato, bem como definir os limites de sua atuação".

e telemático, interceptação telefônica, "além de outras medidas invasivas", sujeitando-se a decisão, contudo, à posterior apreciação (*ad referendum*) do colegiado competente, segundo a norma geral do art. 21, V, do mesmo regimento, ao dispor que compete ao relator "determinar, em caso de urgência, as medidas do inciso anterior, *ad referendum* do Plenário ou da Turma".

2.1.3. Oferecimento da denúncia ou da queixa e resposta preliminar

O prazo do Ministério Público para oferecimento de denúncia ou postulação de arquivamento é de 15 (quinze) dias, se o investigado estiver solto (art. 1°, *caput*, Lei n° 8.038), ou de 5 (cinco) dias, se estiver preso (art. 1°, § 2°, Lei n° 8.038). Na hipótese de pedido de diligências complementares, seu deferimento pelo relator acarreta a interrupção do prazo para o oferecimento de denúncia (art. 1°, § 1°, Lei n° 8.038), se o investigado estiver solto. Se o investigado estiver preso, o deferimento de pleito de diligências complementares somente interrompe o prazo para a denúncia caso o relator, no mesmo ato, determine o relaxamento da prisão (art. 1°, § 2°, *b*, Lei n° 8.038).

Por outro lado, o prazo para o oferecimento de queixa é o decadencial de 6 (seis) meses, a partir do dia em que o ofendido vier a saber quem seja o autor do fato, conforme a norma geral do art. 38 do CPP.

Oferecida a denúncia ou a queixa ao tribunal e distribuída ao relator, este determinará a intimação – ou, como disposto na lei, a *notificação* – do denunciado ou querelado para oferecer resposta escrita, no prazo de 15 (quinze) dias, conforme o art. 4°, *caput*, da Lei n° 8.038/1990.

Trata-se de resposta ou defesa *preliminar*, anterior, portanto, ao recebimento da inicial acusatória pelo tribunal. Há nesse procedimento especial, assim, *contraditório prévio* ao recebimento da denúncia ou da queixa e à correlata instauração do processo penal. A notificação será pessoal, por mandado expedido pelo próprio relator ou pelo órgão judiciário delegado (por carta de ordem) sob cuja jurisdição se encontre o acusado. Nos termos do art. 4°, § 1°, da Lei n° 8.038/1990, "com a notificação, serão entregues ao acusado cópia da denúncia ou da queixa, do despacho do relator e dos documentos por este indicados".

Caso o denunciado ou querelado não seja encontrado, ou se "criar dificuldades para que o oficial cumpra a diligência, proceder-se-á a sua notificação por edital, contendo o teor resumido da acusação, para que compareça ao Tribunal, em 5 (cinco) dias, onde terá vista dos autos pelo prazo de 15 (quinze) dias, a fim de apresentar a resposta prevista neste artigo". Está incluído aí o caso em que o denunciado ou querelado se oculta para não receber a notificação. A lei estabelece regime específico de notificação para essa hipótese, aplicável no âmbito pré-processual de contraditório prévio ao recebimento da inicial. Não se trata de citação, pelo que não se há de cogitar da aplicabilidade ao caso do procedimento da citação com hora certa, instituído para o procedimento comum pela Lei n° 11.719/2008.

No caso de notificação por edital, se não apresentada a resposta, o feito terá regular seguimento, com a aplicação do art. 6°, *caput*, da Lei n° 8.038/1990, pedindo o relator

Cap. XVII · PROCEDIMENTOS PENAIS 1201

"dia para que o tribunal delibere sobre o recebimento, a rejeição da denúncia ou da queixa, ou a improcedência da acusação, se a decisão não depender de outras provas".

A defesa preliminar objeto do art. 4º da Lei nº 8.038/1990, como instrumento de contraditório prévio ao recebimento da inicial, não é peça essencial, de modo que, realizada a notificação pelos meios legais, seu não oferecimento acarreta a continuação do feito em seus ulteriores termos, de acordo com o rito legalmente disciplinado. Nessa linha, refira-se o art. 234 do Regimento Interno do STF, ao dispor que, "apresentada, *ou não*, a resposta, o Relator pedirá dia para que o Plenário delibere sobre o recebimento..."

Apresentada a resposta preliminar, se houver a apresentação de novos documentos, "será intimada a parte contrária para sobre eles se manifestar, no prazo de 5 (cinco) dias", nos termos do art. 5º, *caput*, da Lei nº 8.038/1990.

Embora a lei só preveja a réplica na hipótese de apresentação de novos documentos, a mesma oportunidade deverá ser concedida à parte contrária também se houver, na resposta, arguição de preliminares (ou de causas de absolvição sumária), que podem conduzir à rejeição liminar da inicial (ou à absolvição antecipada do acusado) quando da sessão de deliberação sobre a admissibilidade da acusação (art. 6º, *caput*, Lei nº 8.038). Isso se justifica em prestígio ao princípio do contraditório.

O Ministério Público será intimado para manifestação – em 5 (cinco) dias – inclusive no âmbito da ação penal de iniciativa privada, em que atua como órgão de justiça (*custos legis*), conforme o disposto no art. 5º, parágrafo único, da Lei nº 8.038/1990.

2.1.4. *Deliberação do colegiado sobre a admissibilidade da ação penal*

Apresentada a manifestação/réplica pelo acusador, ou se não aplicável essa oportunidade, "o relator pedirá dia para que o tribunal delibere sobre o recebimento, a rejeição da denúncia ou da queixa, ou a improcedência da acusação, se a decisão não depender de outras provas", nos termos do art. 6º, *caput*, da Lei nº 8.038/1990. Trata-se da sessão de deliberação sobre a admissibilidade da inicial e da acusação nela deduzida.

A lei reserva ao colegiado, portanto, e não ao relator, o juízo de admissibilidade, para o efeito de receber a inicial ou de rejeitá-la liminarmente, e ainda o potencial exercício de juízo de mérito, com o julgamento antecipado de improcedência da acusação.

Nessa oportunidade, poderá o tribunal, pelo órgão competente nos termos regimentais (plenário ou órgão especial): (i) receber a inicial acusatória, hipótese em que o processo, instaurado, seguirá para sua etapa subsequente, na forma do art. 7º da Lei nº 8.038/1990; (ii) rejeitar liminarmente a inicial acusatória, se identificar a presença de qualquer das causas especificadas no art. 395 do CPP (inépcia; falta de pressuposto ou de condição essencial da ação penal; falta de justa causa), aplicável ao procedimento em foco; (iii) julgar improcedente a acusação, se identificar a presença de qualquer das hipóteses de absolvição sumária objeto do art. 397 do CPP.

A decisão de rejeição liminar não comporta recurso ordinário (a não ser o de embargos de declaração), desafiando, porém, se presentes os requisitos excepcionais próprios, recurso especial e/ou recurso extraordinário.

A hipótese de *improcedência da acusação* constitui antecipado julgamento de mérito, o que só pode *equivaler* à *absolvição sumária*, conquanto antes do recebimento da inicial e, portanto, antes da instauração do processo. Reputamos aplicáveis, para o fim de *improcedência da acusação*, as causas de absolvição sumária do art. 397 do CPP (existência manifesta de causa de exclusão da ilicitude ou da culpabilidade, exceto a inimputabilidade; atipicidade penal em tese do fato imputado; extinção da punibilidade), ainda que como referência, por analogia.

Assim, sob as mesmas hipóteses do art. 397 do CPP, poderá o tribunal, na sessão inicial, julgar improcedente a acusação, já que propriamente uma *absolvição* sumária só poderia ocorrer após a instauração do processo. Na lógica do regimento interno do STF, por outro lado, a questão é dimensionada como *arquivamento* – determinável pelo relator ou pelo colegiado –, cujas causas correspondem precisamente às do art. 397 do CPP, conforme consta do art. 231, § 4º, *a*, *b*, *c* e *e*, do RISTF. Em qualquer caso, porém, a decisão que acolher a causa faz coisa julgada material.

Na sessão de julgamento sobre a admissibilidade da acusação, "será facultada sustentação oral pelo prazo de 15 (quinze) minutos, primeiro à acusação, depois à defesa" (art. 6º, § 1º, Lei nº 8.038) e, "encerrados os debates, o Tribunal passará a deliberar, determinando o Presidente as pessoas que poderão permanecer no recinto" (art. 6º, § 2º, Lei nº 8.038). A deliberação será tomada, via de regra, em sessão pública, mas o Presidente poderá "limitar a presença no recinto às partes e seus advogados, ou somente a estes, se o interesse público o exigir", nos termos do art. 12, II, a que faz remissão o art. 6º, § 2º, parte final, da Lei nº 8.038/1990.

A decisão efetiva-se por maioria de votos. Em caso de empate, aplica-se *por analogia*, a nosso juízo, o disposto no art. 615, § 1º, do CPP (próprio do âmbito recursal ordinário): "Havendo empate de votos no julgamento de recursos, se o presidente do tribunal, câmara ou turma, não tiver tomado parte na votação, proferirá o voto de desempate; no caso contrário, prevalecerá a decisão mais favorável ao réu".

Parece-nos inaplicável, na espécie, o dito "princípio" *in dubio pro societate*. Isso porque o empate na votação não pode ser equiparado a uma dúvida, consistindo apenas, diversamente, em uma situação objetiva de *divergência* entre membros do tribunal.

Assim, devem ser aplicados os caminhos normais, *no processo penal*, para a solução da divergência, de modo a que se possa proclamar a decisão coletiva do tribunal. É corrente que, em processo de caráter restritivo à esfera individual, a solução do empate se dê pelo voto de qualidade do Presidente, sempre que este não haja concorrido para a votação. E apenas como última medida, quando o Presidente já tenha participado da votação empatada, deverá prevalecer a solução mais favorável ao acusado.

Não se há de cogitar nesse âmbito, assim, de "dúvida", quer para prejudicar, quer para favorecer o acusado. Existe apenas uma divergência que deve ser solucionada e, para tanto, diante da falta de previsão específica, só resta a aplicação analógica da norma do art. 615, § 1º, do CPP.

Haverá sempre quem argumente que a sessão em foco é apenas para deliberação sobre a admissibilidade, ao passo que a sessão objeto do at. 615, § 1º, do CPP, é a de julgamento de mérito. Não há, contudo, razão para tratamento diferenciado. A norma de regência chama o voto do Presidente para desempatar, sem qualquer privilégio ao acusado. Apenas como medida extrema, quando o Presidente já haja participado da votação empatada, é que se contempla a prevalência do voto mais favorável ao denunciado ou querelado.

2.1.5. Recebimento da denúncia e defesa prévia

a) interrogatório?

O art. 7º da Lei nº 8.038/1990 dispõe que, "recebida a denúncia ou a queixa, o relator designará dia e hora para o interrogatório, mandando citar o acusado ou querelado e intimar o órgão do Ministério Público, bem como o querelante ou o assistente, se for o caso". Prevê-se, assim, uma audiência inicial de interrogatório do acusado, previamente à audiência de instrução e julgamento, destinada à inquirição de testemunhas e à prática dos demais atos de instrução oral.

Com o advento da Lei nº 11.719/2008, que fixou o interrogatório como último ato da instrução oral, em audiência una de instrução e julgamento (art. 400, CPP), surgiu a discussão sobre a aplicabilidade de regime geral, próprio do procedimento comum, ao procedimento especial disciplinado na Lei nº 8.038/1990.

O Supremo Tribunal Federal e o Superior Tribunal de Justiça têm entendido que, apesar da previsão específica constante do art. 7º da Lei nº 8.038/1990, deve ser aplicada à ação penal originária, nesse particular, a disciplina introduzida pela Lei nº 11.719/2008, fixando-se o interrogatório como último ato da instrução oral, por ser o tratamento normativo que melhor atende à garantia da ampla defesa.

Da Suprema Corte, consulte-se o precedente firmado no julgamento de AgRg na AP 528/DF (STF, Tribunal Pleno, APN 528 AgR, Rel. Min. RICARDO LEWANDOWSKI, julgamento em 24.03.2011, DJ de 08.06.2011): "O art. 400 do Código de Processo Penal, com a redação dada pela Lei 11.719/2008, fixou o interrogatório do réu como ato derradeiro da instrução penal. Sendo tal prática benéfica à defesa, deve prevalecer nas ações penais originárias perante o Supremo Tribunal Federal, em detrimento do previsto no art. 7º da Lei 8.038/90 nesse aspecto. Exceção apenas quanto às ações nas quais o interrogatório já se ultimou"[67].

Da Sexta Turma do STJ, confira-se o julgado proferido no HC 307.017/PB (STJ, 6ª Turma, HC 307.017, Rel. Min. SEBASTIÃO REIS JÚNIOR, julgamento em 12.05.2015, DJ de 25.05.2015): "Este Superior Tribunal, na linha do entendimento firmado no Supremo Tribunal Federal, tem reiteradamente decidido que a previsão de interrogatório do réu como último ato da instrução deve ser aplicada também às ações penais originárias, por ser mais favorável ao acusado, inobstante a previsão contida no art. 7º da Lei n. 8.038/1990". No mesmo sentido, da Quinta Turma do STJ, refira-se o julgado do HC 205.364/MG (STJ, 5ª Turma, Rel. Min. JORGE MUSSI, julgamento em 06.12.2011, DJ de 19.12.2011).

---

67. Com isso, modificou o STF a orientação anterior, no sentido da especialidade do art. 7º da Lei 8.038/1990, como decidido no julgado, mais antigo, da oitava Questão de Ordem suscitada na AP 470/MG (Tribunal Pleno, Rel. Min. JOAQUIM BARBOSA, julgamento em 07.10.2010, DJ de 02.05.2011).

Entretanto, se já iniciado o processo e realizado o interrogatório nos moldes do art. 7º da Lei nº 8.038/1990 anteriormente à vigência da Lei nº 11.719/2008, o STF e o STJ entendem que não há a oportunidade de novo interrogatório com base no art. 400 do CPP. Assim expressou o Plenário do STF, no mesmo julgado da APn 528: "...Sendo tal prática benéfica à defesa, deve prevalecer nas ações penais originárias perante o Supremo Tribunal Federal, em detrimento do previsto no art. 7º da Lei 8.038/90 nesse aspecto. *Exceção apenas quanto às ações nas quais o interrogatório já se ultimou*".

Em igual direção, tem-se o julgado da Quinta Turma do STJ no HC 239.314/RS (STJ, 5ª Turma, Rel. Min. JORGE MUSSI, julgamento em 11.03.2014, DJ de 25.03.2014): "... No caso dos autos, ainda que se admita a incidência do artigo 400 do Código de Processo Penal, constata-se que o paciente foi ouvido em 7.4.2008, quando ainda não vigia a Lei 11.719/2008, que inseriu o interrogatório do réu como último ato da audiência de instrução, razão pela qual não é possível a aplicação retroativa do referido diploma legal, que trata de norma procedimental. Apesar de as leis processuais aplicarem-se de imediato, desde a sua vigência, devem ser respeitados os atos realizados sob o império da legislação anterior, sendo, portanto, plenamente válida a inquirição do paciente pelo Juízo de primeiro grau, quando ainda não possuía foro por prerrogativa de função, e antes da vigência da Lei 11.719/2008. Precedente do STJ". Se é assim quanto ao interrogatório inicial realizado pelo juízo de primeiro grau, segue a mesma lógica, para o STJ, o interrogatório realizado nos termos do art. 7º da Lei nº 8.038/1990, antes do advento da Lei nº 11.719/2008 (art. 400, CPP).

Em que pese a posição dos tribunais superiores, entendemos que deveria ao menos ser oportunizada a realização de novo interrogatório, sem prejuízo da validade do primeiro, uma vez que a lei processual tem aplicabilidade imediata (art. 2º, CPP) e também que, nos termos do art. 196 do CPP, "a todo tempo o juiz poderá proceder a novo interrogatório de ofício ou a pedido fundamentado de qualquer das partes".

b) defesa prévia

De acordo com o art. 8º da Lei nº 8.038/1990, a etapa procedimental seguinte é a da apresentação de *defesa prévia* pelo acusado, no prazo de 5 (cinco) dias, "contado do interrogatório ou da intimação do defensor dativo".

Deslocado o interrogatório para o final da instrução, porém, em virtude do disposto no art. 400 do CPP, o novo regime deve ser, em seguida ao recebimento da inicial acusatória na primeira sessão de julgamento, o de citação do acusado (art. 7º, Lei nº 8.038) – via de regra, na forma do art. 351 do CPP, podendo excepcionalmente aplicar-se a citação com hora certa (art. 362, CPP) ou por edital (art. 361, CPP) – para o oferecimento da defesa prévia em 5 dias, oportunidade em que poderá o acusado, por aplicação subsidiária do art. 396-A, *caput*, do CPP, "alegar tudo o que interesse à sua defesa, oferecer documentos e justificações, especificar as provas pretendidas e arrolar testemunhas, qualificando-as e requerendo sua intimação, quando necessário".

Nessa resposta podem ser suscitadas preliminares ou causas de absolvição sumária, por constituírem matéria de ordem pública, mas a oportunidade *procedimental* para o reconhecimento, *no plano inicial de admissibilidade*, dessas hipóteses já transcorreu, com a sessão de deliberação disciplinada no art. 6º da Lei nº 8.038/1990.

Assim, a finalidade da defesa objeto do art. 8º da Lei nº 8.038/1990 traduz-se melhor como reação inicial *preparatória da instrução*, em que o acusado poderá indicar suas testemunhas, assim como especificar e requerer os demais meios de prova que pretende produzir. Por isso mesmo, aliás, é que a lei, ao contrário do que ocorre quanto à resposta preliminar (art. 4º, Lei nº 8.038), não contempla a intimação da parte contrária para réplica à defesa prévia – precisamente por não ser o ato normal e adequado para a arguição preliminares.

De toda sorte, subsiste a possibilidade de arguição, em sede preliminar, de questões supervenientemente conhecidas ou de outro modo não apreciadas por ocasião da sessão de deliberação sobre a admissibilidade da ação penal. Sendo esse o caso, ou se apresentados documentos novos na oportunidade da defesa prévia, deverá a parte contrária ser intimada para manifestação, por força do princípio do contraditório.

2.2. Fase de Instrução

Apresentada a defesa prévia, inaugura-se em seguida a fase de instrução, que, segundo o art. 9º, *caput*, da Lei nº 8.038/1990, "obedecerá, no que couber, ao procedimento comum do Código de Processo Penal".

Com isso, firma-se que o acusador, na inicial, e o acusado, na defesa prévia, podem cada qual arrolar até 8 (oito) testemunhas para inquirição na fase instrutória, limite legalmente fixado para o procedimento comum ordinário (art. 401, CPP), à falta de previsão específica a esse respeito na Lei nº 8.038/1990.

De resto, aplica-se tanto quanto possível a disciplina da *instrução oral* fixada no art. 400, *caput*, do CPP: (a) tomada de declarações do *ofendido* >> (b) inquirição das *testemunhas* de acusação e de defesa, nesta ordem >> (c) esclarecimentos dos *peritos* >> (d) *acareações* >> (e) *reconhecimento de pessoas e coisas* >> *interrogatório* do acusado (a não ser que já tenha sido realizado antes do advento da Lei nº 11.719/2008, conforme o entendimento do STF e do STJ).

Como já visto, o relator, por carta de ordem, poderá delegar a condução de ato instrutório e do interrogatório "a juiz ou membro de tribunal com competência territorial no local de cumprimento" (art. 9º, § 1º, Lei nº 8.038). Em caso de testemunhas residentes em territórios diversos, não será possível, claro, a realização de instrução una nos moldes do art. 400, *caput*, do CPP.

As intimações para a audiência, se isto for expressamente determinado pelo relator, "poderão ser feitas por carta registrada com aviso de recebimento", nos termos do art. 9º, § 2º, da Lei nº 8.038/1990.

2.3. Alegações Finais e Sessão de Julgamento

Ao contrário do que acontece parcialmente com a instrução, não se aplica a disciplina do procedimento comum ordinário quanto às *diligências complementares* nem quanto às *alegações finais*, pois há normas específicas da Lei nº 8.038/1990 nesse particular.

Quanto às diligências complementares, dispõe o art. 10 da Lei nº 8.038/1990: "Concluída a inquirição de testemunhas, serão intimadas a acusação e a defesa, para requerimento de diligências no prazo de 5 (cinco) dias".

No que concerne às alegações finais, de acordo com o art. 11, *caput*, da Lei nº 8.038/1990: "Realizadas as diligências, ou não sendo estas requeridas nem determinadas pelo relator, serão intimadas a acusação e a defesa para, sucessivamente, apresentarem, no prazo de 15 (quinze) dias, alegações escritas".

As alegações finais no procedimento especial examinado, assim, são sempre escritas, no prazo de 15 (quinze) dias. A sucessividade é da intimação, e não apenas do oferecimento da peça de alegações, vale dizer, primeiro se intima o acusador e, apenas quando transcorrido o prazo para este, procede-se à intimação da defesa para o mesmo fim.

O prazo para o acusador público e o assistente, de um lado, assim como para os corréus, de outro, será comum (art. 11, § 1º, Lei nº 8.038). Na ação penal de iniciativa privada, o Ministério Público, como órgão de justiça (*custos legis*), "terá vista, por igual prazo, após as alegações das partes". Nesse caso, a manifestação do Ministério Público tem natureza de parecer, e não propriamente de alegações finais no sentido que se atribui ao termo.

As alegações finais constituem a peça escrita de finalidade exauriente, com ampla análise do material probatório coligido aos autos e dedução de todas as teses de interesse da acusação e da defesa. Sobre as características gerais acerca da natureza e da essencialidade desta peça, consulte-se o tópico 2.2.4 da Seção I deste Capítulo, reservado às alegações finais no procedimento comum.

Se, mesmo após as alegações finais, ainda houver a necessidade da realização de diligências imprescindíveis ao julgamento da causa, o relator poderá determiná-las, inclusive de ofício, conforme o disposto no art. 11, § 3º, da Lei nº 8.038/1990.

Seguidamente, ingressa-se na fase de julgamento, a ser realizado em sessão própria do órgão colegiado competente, na forma estabelecida pelo art. 12 da Lei nº 8.038/1990 e pelo regimento interno do tribunal. Tome-se como referência, a título ilustrativo, a disciplina do Regimento Interno do Supremo Tribunal Federal.

Encerrada a fase instrutória, o relator lançará o relatório e passará os autos ao revisor, que pedirá dia para o julgamento (art. 243, RISTF). Na Suprema Corte, o regimento autoriza que as partes postulem a realização de atos instrutórios na sessão de julgamento. Veja-se, a respeito, a norma regimental do art. 244: "A requerimento das partes ou do Procurador-Geral, o Relator poderá admitir que deponham, na sessão de julgamento, testemunhas arroladas com antecedência de quinze dias, intimadas na forma da lei e do Regimento".

Se for esse o caso, na sessão de julgamento haverá uma fase inicial instrutória, com as seguintes etapas: apresentação do relatório lavrado, com eventual aditamento do revisor >> inquirição das testemunhas arroladas >> esclarecimentos de peritos (art. 245, RISTF).

Não aplicada ou concluída essa etapa inicial de instrução, passa-se à etapa de *sustentação oral* na sessão de julgamento. Essa etapa tem lugar após a leitura do relatório – ou, se for o caso, após a realização dos atos instrutórios –, obedecendo ao regime disposto no art. 12, I, da Lei nº 8.038/1990 (art. 245, V, RISTF): "a acusação e a defesa terão, sucessivamente, nessa ordem, prazo de 1 (uma) hora para sustentação oral, assegurado ao assistente ¼ (um quarto) do tempo da acusação". Na ação penal de iniciativa privada, o RISTF (art. 245, VI) fixa o tempo de 30 (trinta) minutos para sustentação oral do Procurador-Geral da República.

Na hipótese de pluralidade de acusados, o Ministério Público disporá do tempo de 1 (uma) hora para cada um, sendo igual, portanto, o tempo total da defesa.

Se ausente o defensor constituído do acusado, deverá ser nomeado defensor dativo para a sustentação oral, adiando-se a sessão no caso de impossibilidade de imediata nomeação ou no caso de pedir o nomeado tempo para exame dos autos (art. 245, § 2º, RISTF).

Encerrados os debates, "o Tribunal passará a proferir o julgamento, podendo o Presidente limitar a presença no recinto às partes e seus advogados, ou somente a estes, se o interesse público exigir", nos termos do art. 12, II, da Lei nº 8.038/1990 (art. 245, VII, RISTF). Se necessário, o julgamento poderá ser proferido em mais de uma sessão (art. 245, § 1º, RISTF).

Em caso de empate na votação, aplica-se por analogia o disposto no art. 615, § 1º, do CPP: (i) se o Presidente não houver tomado parte na votação empatada, proferirá ele o voto de desempate; (ii) se o Presidente já houver tomado parte na votação empatada, prevalecerá o voto mais favorável ao acusado.

A aplicação analógica do art. 615, § 1º, do CPP, ao julgamento da ação penal originária foi fixada pelo Supremo Tribunal Federal na AP 470/MG (STF, Tribunal Pleno, AP 470, Rel. Min. Joaquim Barbosa, julgamento em 17.12.2012, DJ de 22.04.2013).

Há uma observação importante acerca do julgamento, ensejada pelo que aconteceu na AP 470/MG.

A metodologia adotada pelo STF no famoso "Caso Mensalão", justificada pela complexidade do feito, foi a de coletar os votos dos Ministros para cada acusado e crime (ou grupo de crimes), no sentido da condenação ou da absolvição, proclamando-se assim já o resultado, para só depois abrir nova votação, nas hipóteses de juízo condenatório, para a fixação da pena concreta.

Essa metodologia difere da comum, em que, por exemplo, o Ministro ou Desembargador profere seu voto completo, que, se for condenatório, já conterá a fixação da pena, passando-se a palavra em sequência aos demais membros votantes.

A metodologia especial gerou uma questão de ordem, na sede da AP 470, sobre se o Ministro que antes tivesse votado pela absolvição poderia participar da votação quanto à dosimetria da pena. Acabou por prevalecer a posição óbvia em sentido negativo. Em condições normais, se o relator, por exemplo, vota pela absolvição, e os demais pela condenação, não se retorna a palavra ao relator para participar da votação sobre a dosimetria. Cada membro profere seu voto completo. Mostra-se evidente que tenha de ser assim, por força da própria técnica das votações.

E se não fosse isso, restaria o completo absurdo de o membro (Ministro ou Desembargador) que votou pela absolvição ter de considerar circunstâncias judiciais como a culpabilidade e as consequências do crime (art. 59, CP) para aplicar uma pena ao acusado.

Mais recentemente, o Plenário da Suprema Corte reafirmou essa posição, ao apreciar Questão de Ordem suscitada na AP 432/MG (STF, Tribunal Pleno, AP 432, Rel. Min. Luiz Fux, julgamento em 10.10.2013, DJ de 30.04.2014): "...9. É requisito legal da condenação a fixação da dosimetria da pena imposta ao delito que se julgou comprovado. 10. O fato de uma condenação enquadrar a conduta do réu em inciso diverso daquele que a maioria do Plenário considera aplicável ao caso concreto não atrai a jurisprudência da Corte, *que apenas afasta a participação, na votação da dosimetria da pena, daqueles que tenham votado pela absolvição do acusado, já que um juízo absolutório não comporta qualquer dosimetria da pena*".

Nesse julgado, como se vê, o STF fixou também a possibilidade de participação, na dosimetria da pena, do Ministro que proferiu voto condenatório, ainda que por tipo penal diverso daquele reconhecido pela maioria do Plenário, posição que nos parece correta. Com efeito, tendo lançado voto pela condenação, nada impede que o Ministro considere as circunstâncias judiciais incidentes na dosimetria da pena concreta[68].

SUBSEÇÃO VI
Procedimento da Ação Penal por Crime praticado em contexto de Violência Doméstica e Familiar contra a Mulher (Lei nº 11.340/2006)

Há normas procedimentais especificamente aplicáveis à ação penal por crime que envolva violência doméstica e familiar contra a mulher.

No Capítulo VIII (Competência Penal) deste Curso, abordou-se a competência do Juizado de Violência Doméstica e Familiar contra a Mulher (art. 33, *caput*, Lei nº 11.340/2006), com o exame dos parâmetros normativos de definição dessa competência especial em razão da matéria.

Já no Capítulo VI (Ação Penal), analisou-se o regime especial de retratabilidade da representação da ofendida, disciplinado no art. 16 da Lei nº 11.340/2006, quando aplicável a ação penal pública condicionada.

---

68. Por isso, a decisão finalmente proclamada na referida questão de ordem (AP 432/MG) foi a seguinte: "11. Questão de ordem resolvida para autorizar o Ministro Dias Toffoli a participar da dosimetria da pena, considerado o voto condenatório proferido por Sua Excelência".

Por seu turno, as medidas protetivas de urgência à mulher foram objeto de exame no Capítulo XIV (Medidas Cautelares de Constrição Pessoal).

Além de todo esse regime especial, despontam ainda algumas características procedimentais importantes, cuja análise reservamos a esta Seção.

Assim, para finalizar, em que consiste a especial proteção procedimental proporcionada pelo regime jurídico da Lei nº 11.340/2006?

O marco decisivo a esse respeito está presente na norma do art. 41 da Lei nº 11.340/2006: "Aos crimes praticados com violência doméstica e familiar contra a mulher, independentemente da pena prevista, não se aplica a Lei 9.099, de 26 de setembro de 1995".

Esse dispositivo teve a sua constitucionalidade declarada pelo Supremo Tribunal Federal na já referida ADC 19/DF (STF, Tribunal Pleno, ADC 19, Rel. Min. Marco Aurélio, julgamento em 09.02.2012, DJ de 29.04.2014), sob o argumento da viabilidade jurídica de excepcionar o regime consensual e despenalizador da Lei nº 9.099/1995 no âmbito diferencial da *violência de gênero*, objeto de especial proteção decorrente do art. 226, § 8º, da Constituição Federal.

Significa isso dizer, sobretudo, que: (i) independentemente da pena cominada, o crime praticado no contexto de violência contra a mulher não constitui infração de menor potencial ofensivo, não se aplicando, nesse ponto, o disposto no art. 61 da Lei nº 9.099/1995; (ii) por isso mesmo, não se aplicam a esses crimes os institutos consensuais e despenalizadores, próprios das infrações de menor potencial ofensivo, da transação penal e da exigência de representação do ofendido como condição da ação penal de iniciativa pública por crime de lesão corporal leve; (iii) pelas mesmas razões, não se aplica o procedimento sumaríssimo objeto da Lei nº 9.099/1995, próprio das infrações penais de menor potencial ofensivo (art. 394, § 1º, III, CPP), incidindo, em vez disso, quanto ao procedimento, o disposto na norma especial do art. 13 da Lei nº 11.340/2006; (iv) *não se aplica sequer o instituto da suspensão condicional do processo (art. 89, Lei 9.099/1995)*, ainda que esse instituto não se vincule necessariamente à hipótese de prática de infração penal de menor potencial ofensivo, podendo, como regra (aqui excepcionada), ser aplicado em qualquer procedimento, desde que a pena *mínima* cominada ao crime seja igual ou inferior a 1 (um) ano de privação de liberdade.

Acerca do ponto (ii), parte final, o Supremo Tribunal Federal já decidiu que a ação penal aplicável ao crime de lesão corporal leve contra mulher, no contexto específico, é a *pública incondicionada* (STF, Tribunal Pleno, ADI 4.424/DF, Rel. Min. Marco Aurélio, julgamento em 09.02.2012, DJ de 01.08.2014): "AÇÃO PENAL – VIOLÊNCIA DOMÉSTICA CONTRA A MULHER – LESÃO CORPORAL – NATUREZA. A ação penal relativa a lesão corporal resultante de violência doméstica contra a mulher é pública incondicionada – considerações". O fundamento para tanto foi justamente a inaplicabilidade, ao âmbito da violência contra a mulher, do disposto no art. 88 da Lei nº 9.099/1995, que estabelece, para o crime lesão corporal, a ação penal pública condicionada à representação, sendo este um aspecto despenalizador próprio da lei dos juizados especiais.

Nesse particular, assevere-se que ao crime de lesão corporal *culposa* contra a mulher continua aplicável o art. 88 da Lei nº 9.099/1995: ação penal pública condicionada à representação da ofendida. Isso porque tal crime, por ser culposo, alheia-se ao contexto da violência doméstica e familiar contra a mulher, não se sujeitando ao regime especial objeto da Lei nº 11.340/2006, em particular à excepcionalidade fixada no art. 41 dessa lei.

Observe-se também que ser o crime de lesão corporal (dolosa) leve de ação penal pública incondicionada decorre apenas da não aplicação da Lei nº 9.099/1995, estabelecida no art. 41 da Lei nº 11.340. Assim, tratando-se, por exemplo, de crime de ameaça, ainda que praticado no contexto de violência doméstica e familiar contra a mulher, a ação penal aplicável é a pública condicionada à representação. Isso porque a ação penal, nesse ponto, é objeto de disciplina no próprio Código Penal, e não na Lei 9.099/1995, inexistindo aí qualquer contexto consensual ou despenalizador[69].

Sobre o ponto (iv), o Superior Tribunal de Justiça já decidiu reiteradas vezes pela não aplicação, à esfera da violência doméstica e familiar contra a mulher, do instituto da suspensão condicional do processo, objeto do art. 89 da Lei nº 9.099/1995. Confira-se, a respeito, o julgado da Quinta Turma no HC 184.863/MS (STJ, 5ª Turma, HC 184.863, Rel. Min. JORGE MUSSI, julgamento em 06.03.2012, DJ de 20.03.2012). A mesma conclusão decorre, em última análise, do próprio julgado do STF na ADC 19/DF, acerca da constitucionalidade do art. 41 da Lei nº 11.340/2006.

Advirta-se que, mesmo quando a lei de organização judiciária estadual conferir a juizado especial criminal competência para funcionar como juizado de violência doméstica e familiar contra a mulher, o objeto da causa penal, consistente na hipótese de prática de crime nesse contexto especial, impedirá a aplicação de qualquer instituto previsto na Lei nº 9.099/1995, por força do disposto no art. 41 da Lei nº 11.340/2006.

Quanto aos demais pontos, aplicam-se subsidiariamente, à ação penal por crime em tese praticado no contexto da violência doméstica e familiar, as regras próprias do procedimento comum, ordinário ou sumário, a depender da quantidade total de pena máxima cominada às infrações penais imputadas.

SUBSEÇÃO VII
Procedimento da Ação Penal por Crimes de Drogas (Lei nº 11.343/2006)

A Lei nº 11.343/2006 institui procedimento especial para as ações penais relacionadas a crimes de drogas.

Sobre os aspectos especiais afetos ao inquérito policial, remete-se o leitor ao Capítulo V deste Curso. No presente tópico será abordado o procedimento da fase judicial.

O primeiro aspecto diferencial do procedimento em foco é o do *contraditório anterior ao recebimento da denúncia*. Assim, ao passo que no procedimento comum

---

69. Conforme ROGÉRIO SANCHES e RONALDO BATISTA: "Em suma: apenas não há mais lugar para a audiência do artigo em estudo [art. 16, Lei 11.340/2006] para o crime de lesão corporal leve que – insiste-se – é de ação penal pública incondicionada, nos termos da aludida decisão do STF. Para os demais delitos que sempre exigiram e continuam a exigir a representação da vítima, a retratação, antes da denúncia, é ainda admitida e, por consequência, é necessária a realização da audiência". Cfr. CUNHA, Rogério Sanches / PINTO, Ronaldo Batista. *Violência Doméstica – Lei Maria da Penha*. São Paulo: Revista dos Tribunais, 2012, p. 105.

Cap. XVII · PROCEDIMENTOS PENAIS

pode a denúncia ser recebida desde logo, com a citação do acusado para resposta à acusação (art. 396, CPP), no procedimento especial para os crimes de drogas o órgão judiciário, antes do juízo de admissibilidade da inicial, deverá intimar o acusado para *resposta ou defesa preliminar*, conforme o art. 55, *caput*, da Lei nº 11.343/2006: "Oferecida a denúncia, o juiz ordenará a notificação do acusado para oferecer defesa prévia, por escrito, no prazo de 10 (dez) dias".

Essa resposta – melhor designada por *defesa preliminar*, em vez de defesa prévia, para evitar confusão com a peça objeto dos artigos 396 e 396-A do CPP – serve à arguição de preliminares, ao oferecimento de documentos e justificações, à especificação de provas, inclusive a indicação de testemunhas numerárias, até o limite de 5 (cinco), e à alegação de tudo o mais que interesse à defesa (art. 55, § 1º, Lei nº 11.343/2006). Quanto às finalidades, portanto, trata-se de peça da mesma natureza daquela prevista no art. 396-A do CPP. A diferença diz respeito ao momento de apresentação, que no âmbito especial examinado é anterior ao recebimento da denúncia.

Deve-se acrescentar, quanto aos objetos suscitáveis na resposta, as causas de absolvição sumária previstas no art. 397 do CPP, aplicáveis no procedimento da ação penal por crimes de drogas.

Cuida-se também de peça essencial ao processo, de modo que a sua não apresentação no prazo de 10 (dez) dias implicará a nomeação de defensor dativo para o denunciado (art. 55, § 3º, Lei nº 11.343/2006).

Igualmente ao que acontece no procedimento comum, eventual exceção oposta no mesmo prazo de 10 (dez) dias deverá ser autuada e processada em apartado (art. 55, § 2º, Lei nº 11.343/2006).

Uma vez oferecida a defesa, o juiz decidirá em 5 (cinco) dias sobre o recebimento ou a rejeição liminar da denúncia (art. 395, CPP), ou ainda sobre a absolvição sumária do denunciado (art. 397, CPP). Poderá o juiz determinar a realização de diligências, exames e perícias, se assim entender necessário, antes de decidir (art. 55, § 5º, Lei nº 11.343/2006).

Nesse particular, como anota SAMUEL ARRUDA: "Tais diligências realizam-se em uma fase ainda pré-processual, o que constitui uma novidade do procedimento. Trata-se de elemento(s) a ser(em) colhido(s) com o propósito de aferir a presença dos requisitos exigidos para instauração da ação penal. Pode ser necessário, por exemplo, realizar uma perícia para determinar a materialidade do delito, apurando a natureza da substância apreendida (...) Enfim, nesse momento pré-processual o juiz poderá dirimir dúvidas eventualmente existentes acerca da admissibilidade da peça acusatória, evitando-se que profira uma decisão de recebimento da denúncia sem haver sanado lacunas do conjunto indiciário que acompanha a peça inicial"[70].

Com o recebimento da denúncia, dá-se propriamente o início do processo penal[71], seguindo-se a citação pessoal do acusado, assim como a intimação do Ministério

---

70. ARRUDA, Samuel Miranda. *Drogas – aspectos penais e processuais penais*. São Paulo: Método, 2007, p. 150.

71. Ressalva-se a posição doutrinária no sentido de que o processo já se inicia com o oferecimento da denúncia.

Público e, se houver, do assistente, para audiência de instrução e julgamento (art. 56, *caput*, Lei nº 11.343/2006). De igual modo, deverá o juiz requisitar os laudos periciais necessários, de que depende a materialização dos crimes de drogas. A audiência de instrução e julgamento deve ser realizada no prazo de 30 (trinta) dias, ou de 90 (noventa) dias se determinada a avaliação para verificar dependência de drogas, como fixa o art. 56, § 2º, da Lei nº 11.343/2006.

Nas hipóteses de crimes de tráfico de drogas ou de matéria-prima destinada à sua preparação (art. 33, *caput* e § 1º), de petrechos para a produção de drogas (art. 34), de associação para o tráfico (art. 35), de financiamento ao tráfico (art. 36) e de colaboração como informante de organização criminosa (art. 37), a Lei nº 11.343/2006 contempla, com o recebimento da denúncia, a possibilidade de afastamento cautelar do acusado de suas funções, se for funcionário público (art. 56, § 1º, Lei nº 11.343/2006).

Segue-se então a fase de instrução oral em audiência, com a prática dos seguintes atos: interrogatório do acusado e inquirição de testemunhas, conforme o art. 57, *caput*, da Lei nº 11.343/2006. Nada impede, porém, a aplicação de outros meios de prova, como os esclarecimentos de peritos, o reconhecimento de pessoas e coisas e a acareação. Por outro lado, não parece que o art. 57, *caput*, fixe com rigidez uma ordem de inquirição com o interrogatório em primeiro lugar e das testemunhas apenas depois. Assim, em prestígio à ampla defesa e à lógica instituída pela Lei nº 11.719/2008, também no procedimento especial devem ser primeiro inquiridas as testemunhas, assim como produzidos eventuais outros meios de prova em audiência, interrogando-se por último o acusado.

Quanto ao interrogatório, da mesma forma que no regime geral, há a oportunidade de formulação de perguntas pelo Ministério Público, pelo advogado do assistente, se houver, pelo defensor do próprio acusado e, se for caso, pelos defensores de outros acusados, como se depreende do art. 57, parágrafo único, da Lei nº 11.343/2006.

Encerrada a instrução oral, ingressa-se na fase de debates orais ou sustentação oral, em audiência, da seguinte forma: sustentação oral do Ministério Público e depois do defensor do acusado, sucessivamente, pelo prazo de 20 (vinte) minutos cada um, prorrogáveis por mais 10 (dez) minutos, a critério do juiz (art. 57, *caput*, Lei nº 11.343/2006).

Não há previsão de alegações finais escritas no procedimento especial em foco, do mesmo modo que acontece no procedimento comum, o que prestigia os princípios da oralidade e da concentração.

Em seguida aos debates, deverá o juiz proferir sentença em audiência ou no prazo de 10 (dez) dias (art. 58, Lei nº 11.343/2006), de forma semelhante à aplicável ao final da fase instrutória do procedimento do júri.

O art. 59 da Lei nº 11.343/2006 estabelece que em alguns crimes "o réu não poderá apelar sem recolher-se à prisão, salvo se for primário e de bons antecedentes, assim reconhecido na sentença condenatória". Trata-se de norma claramente inconstitucional, por ofensa à garantia da ampla defesa. O juiz decidirá caso a caso, sob a referência dos motivos do art. 312 do CPP, se decreta ou não a prisão preventiva do acusado na sentença condenatória (art. 387, § 1º, CPP), não sendo admissível condicionar o exercício do direito de recorrer ao recolhimento à prisão, o que, ademais, implicaria execução antecipada de pena.

SUBSEÇÃO VIII
Procedimento da Ação Penal por Crime que envolva Organização Criminosa (Lei nº 12.850/2013)

A Lei nº 12.850/2013 "define organização criminosa e dispõe sobre a investigação criminal, os meios de obtenção da prova, infrações penais correlatas e o procedimento criminal a ser aplicado" (art. 1º).

No art. 22, inserido no Capítulo III ("Disposições Finais") da Lei nº 12.850/2013, ficou estabelecida a aplicação do *procedimento comum ordinário* (art. 22, *caput*), *mas com algumas disposições especiais* (art. 22, parágrafo único), para as ações penais que tenham por objeto qualquer dos seguintes âmbitos de criminalidade: (i) *infrações penais de organização criminosa*, definidas no art. 2º, *caput* e § 1º, da Lei nº 12.850 (com as causas de aumento de pena e agravantes contempladas nos §§ 2º, 3º e 4º do mesmo art. 2º); (ii) *infrações penais praticadas por organizações criminosas*, que correspondem às infrações *correlatas ou conexas* àquelas previstas no art. 2º, *caput* e § 1º, da Lei nº 12.850.

É o que se depreende do art. 22, *caput*, da Lei nº 12.850/2013: "Os crimes previstos nesta Lei e as infrações penais conexas serão apurados mediante procedimento ordinário previsto no Decreto-lei 3.689, de 3 de outubro de 1941 (Código de Processo Penal), observado o disposto no parágrafo único deste artigo".

A respeito da disciplina especial frente ao procedimento comum ordinário, dispõe o art. 22, parágrafo único, da Lei nº 12.850: "A instrução criminal deverá ser encerrada em prazo razoável, o qual não poderá exceder a 120 (cento e vinte) dias quando o réu estiver preso, prorrogáveis por até igual período, por decisão fundamentada, devidamente motivada pela complexidade da causa ou por fato procrastinatório atribuível ao réu".

Trata-se de regime mais adequado àquele antes fixado na revogada Lei nº 9.034/1995, que previa o famigerado prazo de 81 (oitenta e um) dias para o encerramento da instrução criminal, o qual já vinha sendo amplamente relativizado pela jurisprudência.

A nova lei permite, assim, a aplicação do princípio-garantia da razoável duração do processo, sob parâmetros objetivos concretamente praticáveis, ao estabelecer o lapso temporal de 120 (cento e vinte) dias, com a possibilidade de prorrogação em caso de necessidade, justificada por demora decorrente da complexidade da causa e/ou de fato procrastinatório.

Esse regime diferencia-se daquele próprio do procedimento comum ordinário, em que o art. 400, *caput*, do CPP fixa o prazo de 60 (sessenta) dias para a realização da audiência de instrução *e julgamento*, o que pode ser estendido de modo a abranger o prazo sucessivo de 5 (cinco) dias para alegações finais pelas partes e o prazo de 10 (dez) dias para a prolação de sentença pelo juiz (art. 403, § 3º, e art. 404, parágrafo único, CPP).

Diversamente, no procedimento aplicável às organizações criminosas, aplica-se o prazo diferenciado de 120 (cento e vinte) dias, prorrogável por igual período, para o encerramento *da instrução*. Encerrada a instrução, aplicam-se de igual modo as hipóteses de diligências complementares, alegações finais no prazo sucessivo de 5 (cinco) dias e sentença no prazo de 10 (dez) dias, objeto dos artigos 403 e 404 do CPP. A esse respeito, remete-se o leitor à Seção deste Capítulo reservada ao procedimento comum ordinário.

CAPÍTULO XVIII

Nulidades

Neste Capítulo, aborda-se a teoria geral das nulidades no processo penal, com o estudo do conceito, das características, dos princípios e dos efeitos da invalidação de atos processuais.

Já as nulidades em espécie, por dizerem respeito a âmbitos diversos do processo penal – a condições da ação e a pressupostos processuais, ao procedimento, à comunicação processual, à produção de prova –, estão examinadas nos Capítulos reservados aos temas a que se referirem.

SEÇÃO I

Conceito e Características Gerais

1. INVALIDADE DOS ATOS PROCESSUAIS

Um sistema processual penal garantista há de pautar-se pela *formalidade*, como único instrumento *objetivo* apto a assegurar o respeito às proteções normativas individuais (garantias) vinculadas ao processo.

A não observância das formalidades objetivadas na lei processual dá margem ao subjetivismo e ao substancialismo no processo, excluindo o efeito de controle da atividade judicial próprio das garantias processuais.

O *devido processo legal*, nesse contexto, constitui o princípio mais amplo de respeito às formas legais preestabelecidas, como condição necessária ao resguardo das diversas garantias individuais próprias do processo, como a do contraditório e a da ampla defesa.

Por outro lado, as formas legais vinculam-se, de maneira geral, a objetivos de garantia de uma prestação jurisdicional adequada e justa, fundada na verdade, de modo que a pretensão do órgão acusador e a reação defensiva do acusado possam ser examinadas em um ambiente de igualdade e de regularidade.

Todos esses fatores deixam claro que o formalismo do processo penal garantista não significa o respeito estrito a formalidades vazias, desvinculadas de qualquer finalidade. O *princípio da instrumentalidade das formas* supõe que as formalidades legais hajam sido instituídas para assegurar objetivos processuais relevantes[1].

---

1. Segundo ENRICO LIEBMAN: "L'atto processuale à viziato se manca di taluni dei requisiti di forma prescritti dalla legge o necessari per il raggiungimento del suo scopo. Ma non sempre il vizio dell'atto induce

Como bem asseveram ADA GRINOVER, SCARANCE FERNANDES e GOMES FILHO, "a regulamentação das formas, quando bem aplicada, longe de representar um mal, constitui para as partes a garantia de uma efetiva participação na série de atos necessários à formação do convencimento do juiz e, para o próprio juiz, instrumento útil para alcançar a verdade sobre os fatos que deve decidir"[2].

A finalidade, assim, é algo a se ter em foco quando da análise da forma legal prescrita a seguir. A inobservância de forma legal essencial gera ou pode gerar a invalidade do ato processual, que se reputa *viciado*. Nessa hipótese, a invalidação do ato justifica-se pela prejudicialidade do fim a ele associado, ocasionada pelo desrespeito à forma legal.

De outro lado, a inobservância de formalidade desassociada de qualquer finalidade relevante para o processo não acarreta a invalidação nem a ineficácia do ato, que se reputa meramente irregular. Como diz EUGÊNIO PACELLI, "a não observância da forma prescrita em lei somente terá relevância na exata medida em que possa impedir a realização do justo processo, seja promovendo o desequilíbrio na participação e efetiva contribuição das partes, seja afetando o adequado exercício da função estatal jurisdicional"[3].

Segundo essa lógica, as formas (devido processo legal) devem ser observadas na medida e nos limites em que sejam necessárias para alcançar as finalidades que justificam sua existência: assegurar as posições subjetivas das partes, a objetividade do procedimento, a regular formação do convencimento judicial, o resultado justo e adequado do processo. Nessa trilha, conforme já fixou a Primeira Turma do Supremo Tribunal Federal, "o processo penal rege-se pelo princípio da instrumentalidade das formas, do qual se extrai que as formas, ritos e procedimentos não existem como fins em si mesmos, mas como meios de se garantir um processo justo, equânime, que confira efetividade aos postulados da ampla defesa, do contraditório, e do devido processo legal" (STF, 1ª Turma, HC 100.795/PR, Rel. Min. LUIZ FUX, julgamento em 06.09.2011, DJ de 20.09.2011).

O próprio art. 564, inciso IV, do CPP fixa a ocorrência de nulidade por omissão de formalidade *que constitua elemento essencial do ato*, o que afasta desse regime, portanto, os atos praticados sem obediência a formas alheias às finalidades que atualmente norteiam o processo penal.

É com esses parâmetros que se deve dimensionar a *teoria geral das nulidades no processo penal*, não abrangente do âmbito das imprecisões formais geradoras de mera irregularidade. De outra parte, a invalidação processual pressupõe que o ato, apesar de viciado por não corresponder ao modelo formal típico prescrito em lei, exista na órbita jurídica. Essas vertentes recomendam uma distinção preliminar, antes do exame das espécies e dos princípios regentes das nulidades.

---

la sua invalidità. Cfr. LIEBMAN, Enrico Tullio. *Manuale di Diritto Processuale Civile*. Milano: Giuffrè, 1957, v. I, p. 213.

2. GRINOVER, Ada Pellegrini / FERNANDES, Antônio Scarance / GOMES FILHO, Antônio Magalhães. *As Nulidades no Processo Penal*. São Paulo: Revista dos Tribunais, 2007, p. 19.

3. PACELLI, Eugênio. *Curso de Processo Penal*. São Paulo: Atlas, 2013, p. 855.

Cap. XVIII · NULIDADES   1217

2. INEXISTÊNCIA JURÍDICA, NULIDADE E IRREGULARIDADE

2.1. Inexistência jurídica

A categoria da *inexistência jurídica* é abrangente de atos carentes de elementos básicos exigidos em lei como condição para seu ingresso na órbita jurídica. Trata-se de atos não jurídicos, não processuais ou "não-atos", que só existem no mundo dos fatos.

Em relação a esses atos, não se cogita de invalidação (anulação), eis que, não tendo sequer ingressado no mundo jurídico, não comportam discussões de validade, nem encerram aptidão para produzir qualquer efeito. Um exemplo comum citado pela doutrina é o da sentença proferida por sujeito não titular de poder jurisdicional, ou a sentença a que falte a parte dispositiva. Não se discutirá a validade, pois sequer existe a condição básica de conformação da sentença como ato jurídico-processual, qual seja, o fato de ter sido proferida por órgão jurisdicional[4].

De toda sorte, nem sempre é simples a identificação da inexistência jurídica de atos, havendo dissenso na doutrina quanto aos critérios de definição, que em última análise se mostram imprecisos.

De acordo com CÂNDIDO DINAMARCO: "Em cinco situações básicas o ato processual é juridicamente inexistente: (a) quando não esteja ligado à vontade de seu aparente autor (falta de assinatura); (b) quando o agente não mínimas condições, perante o direito, para realizar o ato; (c) quando o ato não contém conclusão alguma; (d) quando dita um resultado materialmente impossível ou (e) quando o resultado ditado afronta normas superiores de proteção ao Estado ou ao ser humano"[5].

Assim compreendida, a inexistência jurídica diz respeito à falta de pressuposto essencial de existência do processo. As nulidades, por seu turno, suscitam problemas de validade do ato.

Ao contrário do que sucede com o ato juridicamente inexistente, o ato nulo produz efeitos até que seja declarada a sua invalidade e, mesmo então, encerra ainda consequências processuais relevantes. Já o ato inexistente não tem aptidão para produzir

---

4.   Como expõe DINAMARCO: "A existência de um ato jurídico depende invariavelmente da presença de seus elementos essenciais (os *essentialia negotti*, do direito privado), sem os quais ele não é o que talvez aparente ser. Como todo ato jurídico, o processual só existirá juridicamente quando espelhar em concreto a *situação típica* resultante da aplicação das normas relativas a ele (Tullio Ascarelli). Essa situação típica é composta pela *forma* determinada em lei, pelo *sujeito* qualificado a realizar o ato, pela *vontade* do agente e pelo *objeto* admissível em direito. (...) Diante disso, diz-se *juridicamente inexistente* o ato processual quando lhe falta algum dos requisitos mínimos caracterizadores do *tipo* que ele aparenta reproduzir. Sem a presença cumulativa de todos esses *mínimos*, ele jamais poderia chegar ao resultado proposto. Materialmente, existe. Uma sentença não-assinada ou proferida por não-juiz é algo que em si mesmo tem realidade material e histórica, porque o ato aconteceu: alguém a escreveu e a compôs com relatório, motivação e conclusão (CPC, art. 458), *como se fosse uma sentença*". Cfr. DINAMARCO, Cândido Rangel. *Instituições de Direito Processual Civil*. São Paulo: Malheiros, 2002, v. II, pp. 582-583.

5.   DINAMARCO, Cândido Rangel. *Instituições de Direito Processual Civil*. São Paulo: Malheiros, 2002, v. II, p. 605.

qualquer efeito jurídico, nem sequer depende de declaração judicial para que venha a ser considerado como tal[6].

É conhecida a posição de ADA GRINOVER, SCARANCE FERNANDES e GOMES FILHO no sentido de que o desrespeito à competência jurisdicional constitucionalmente estabelecida traduz inexistência jurídica. Assim, a sentença proferida por juiz constitucionalmente incompetente, com desrespeito à garantia do juízo natural, constituiria ato inexistente[7]. Em sentido contrário, eis a posição de EUGÊNIO PACELLI: "...a *unidade da jurisdição*, como manifestação do Poder Público, impede a elaboração de qualquer teoria que pretenda incluir a competência jurisdicional como pressuposto de existência do processo. O processo é precisamente o veículo da atuação do poder jurisdicional, independentemente do foro em que tiver tramitação e do acerto ou do equívoco praticado pelo agente do Poder Público (o juiz) no desempenho de seus funções, sobretudo e particularmente no que respeita à decisão acerca de sua competência"[8].

A nosso juízo, cumpre distinguir. Como visto no Capítulo II, o princípio-garantia do juízo natural traduz-se em três dimensões: garantia da proscrição de tribunais de exceção; garantia do juízo competente; garantia da predeterminação exclusivamente legal (reserva de lei) da competência judiciária.

De nossa parte, pensamos que se a sentença for proferida por órgão de exceção, com designação voluntarista para o caso concreto (*juízo ou tribunal ad hoc*), a hipótese é de inexistência jurídica, ainda que o órgão seja titular de função jurisdicional. A designação de tribunal especial, fora dos parâmetros normativos abstratos, impede, segundo nos parece, o ingresso do ato na órbita jurídica.

No entanto, em se tratando de desrespeito ao conteúdo do critério legal, para o efeito, por exemplo, de fixar o juízo de direito (Justiça Comum Estadual), quando competente seria juiz federal (Justiça Comum Federal), a hipótese é de nulidade absoluta.

Nesse último caso, a fixação da competência foi feita com referência a parâmetros normativos, ainda que tenha havido apreciação equivocada do conteúdo desses critérios. O ato ingressou no mundo jurídico, mas encerra vício de validade, por haver sido praticado por órgão cuja competência se fixou com inobservância de regra constitucional específica – no exemplo, a do art. 109 da Constituição da República (competência da Justiça Comum Federal).

Não há o mesmo na hipótese de designação voluntarista e administrativa de juízo para atuar no feito, quando, por exemplo, se fixa, por portaria do Tribunal Regional

---

6. "O ato processual é inválido quando realizado sem observância dos requisitos de forma exigidos pela lei (modo, lugar e tempo) (...) Diferentemente do que se dá em caso de inexistência jurídica do ato, em si mesma a invalidade formal não é suficiente para excluir-lhe a capacidade intrínseca de produzir os efeitos desejados (...) Fala-se em *nulidade* quando se tem presente a imperfeição *dos atos do juiz e de seus auxiliares*, os quais devem ser conformes à lei para serem portadores de segurança para os litigantes". Cfr. DINAMARCO, Cândido Rangel. *Instituições de Direito Processual Civil*. São Paulo: Malheiros, 2002, v. II, p. 586.

7. GRINOVER, Ada Pellegrini / FERNANDES, Antônio Scarance / GOMES FILHO, Antônio Magalhães. *As Nulidades no Processo Penal*. São Paulo: Revista dos Tribunais, 2006, p. 26.

8. PACELLI, Eugênio. *Curso de Processo Penal*. São Paulo: Atlas, 2013, p. 849.

Federal próprio, o juízo federal X para processar e julgar determinada causa. Aqui, houve afastamento completo de qualquer regra legal de competência, adotando-se como paradigma a fixação judiciária, e não a legal, da competência do órgão. Assim, o ato sequer tem aptidão para ingressar na órbita jurídica.

Em síntese, quando a competência haja sido fixada com base em norma legal, mas com apreciação potencialmente equivocada do conteúdo, vale dizer, dos parâmetros dessa norma, a discussão é de validade ou nulidade; já quando a competência seja empiricamente fixada, sem a invocação de qualquer parâmetro legal, a discussão é de existência ou inexistência jurídica do ato.

2.2. Irregularidade

As simples irregularidades, decorrentes da inobservância de formalidades inúteis, desvinculadas de qualquer finalidade relevante, não implicam nulidade processual. Como dizem ADA GRINOVER, SCARANCE FERNANDES e GOMES FILHO, "o desacordo com o modelo legal é mínimo, ou se trata de formalismo inútil, residual de outras fases do direito processual"[9].

São exemplos de atos meramente irregulares: oferecimento de denúncia fora do prazo legal; deficiência do instrumento de mandato do defensor do acusado.

De acordo com o art. 564 do CPP, a nulidade poderá ocorrer "por omissão de formalidade que constitua elemento essencial do ato". *A contrario sensu*, portanto, a mera omissão de formalidade *que não* constitua elemento essencial não repercute na validade do ato.

De toda sorte, a irregularidade, por omissão de ato não essencial, comporta saneamento a qualquer tempo, sempre que possível. Assim, apesar de não caber a declaração da invalidade do ato, o saneamento da irregularidade deverá ser efetivado, se possível. É o que ocorre no caso de ausência de instrumento de procuração outorgado ao defensor do acusado. Os atos praticados pelo defensor reputam-se válidos, devendo a irregularidade ser sanada pela apresentação do instrumento de mandato.

O Superior Tribunal de Justiça já decidiu que a ausência de procuração configura defeito de representação processual sanável pela intimação do defensor para fins de juntada do instrumento. Assim, refira-se o julgado da Quinta Turma no HC 189.513/SP (STJ, 5ª Turma, HC 189.513, Rel. Min. JORGE MUSSI, julgamento em 11.10.2011, DJ de 28.10.2011): "...REVISÃO CRIMINAL AJUIZADA POR ADVOGADA DA FUNAP. AUSÊNCIA DE JUNTADA DE PROCURAÇÃO. PETIÇÃO NÃO ASSINADA PELO CONDENADO. ARQUIVAMENTO DOS AUTOS NA ORIGEM. NECESSIDADE DE DESIGNAÇÃO DE PRAZO PARA A CORREÇÃO DO DEFEITO. CONSTRANGIMENTO ILEGAL (...) Mesmo que evidenciado, de início, o desrespeito ao preceito contido no artigo 623 do Código de Processo Penal, constata-se que o simples arquivamento da inicial, tal como procedido na origem, não se coaduna com os princípios

---

9. GRINOVER, Ada Pellegrini / FERNANDES, Antonio Scarance / GOMES FILHO, Antônio Magalhães. *As Nulidades no Processo Penal*. São Paulo: Revista dos Tribunais, 2006, p. 20.

da ampla defesa e da instrumentalidade das formas. É que o artigo 13 do Código de Processo Civil, aplicado subsidiariamente ao processo penal (artigo 3º do Código de Processo Penal), prescreve que 'verificando a incapacidade processual ou a irregularidade da representação das partes, o juiz, suspendendo o processo, marcará prazo razoável para ser sanado o defeito'. Desse modo, constatada a irregularidade na representação processual do réu, deveria o Desembargador Presidente da Seção Criminal do Tribunal de Justiça do Estado de São Paulo assinalar prazo para a correção do defeito, e não simplesmente arquivar a revisão criminal ajuizada em seu favor, mormente em face dos interesses e valores envolvidos".

Em sede de recurso especial, entretanto, a jurisprudência da mesma Corte Superior reputa "inexistente" o ato praticado por advogado sem habilitação nos autos, conforme a Súmula nº 115: "Na instância especial é inexistente recurso interposto por advogado sem procuração nos autos". Sobre a aplicação dessa súmula inclusive no âmbito do processo penal, confira-se o julgado da Sexta Turma no Ag 1.051.794/RS (STJ, 6ª Turma, Ag 1.051.794, Rel. Min. MARIA THEREZA DE ASSIS MOURA, julgamento em 02.09.2010, DJ de 27.09.2010).

Com o devido respeito, discordamos desse entendimento. O mero defeito de representação processual, que se fez efetiva em duas instâncias ordinárias, antes que se alcançasse a instância especial, poderia ser facilmente sanado mediante a apresentação do instrumento de mandato. Trata-se de simples irregularidade que não poderia interferir na validade dos atos praticados, sobretudo quando se considera que houve atuação do mandatário em um contexto consentido pelo constituinte, apesar da ausência de *prova* da representação formal.

Parece-nos, assim, que esse problema não pode sempre ser erigido à categoria de pressuposto processual de *existência*, nem sequer à de pressuposto de *validade*. Compreendemos a ausência do instrumento como simples pressuposto da *eficácia* dos atos praticados. Uma coisa é a *ausência de prova* da representação processual; outra é a ausência efetiva de consentimento quanto à representação.

Assim, sempre que inexista autorização do sujeito quanto à representação processual, os atos praticados pelo advogado consolidam-se como ineficazes. Por outro lado, quando haja a juntada do instrumento de mandato, provando-se a efetividade da representação, a ineficácia tem-se por sanada. Nessa hipótese, o que inexistia era a *prova* da representação, que, no entanto, era efetiva, não havendo espaço, portanto, para que se cogite aí de (in)existência jurídica.

O próprio STJ, no julgado do HC 189.513/SP, acima referido, decidiu pela necessidade prévia de concessão da oportunidade de regularização da representação processual, afastando assim o entendimento de que se trataria de pressuposto de existência, embora a jurisprudência sumulada da mesma Corte (Súmula nº 115), "na instância especial", oriente-se em sentido diverso.

De resto, não compreendemos como o problema possa ser um (pressuposto de validade ou pressuposto de eficácia) nas instâncias ordinárias e outro (pressuposto de existência) na instância especial.

2.3. Nulidade

A *nulidade* processual diz respeito a vício ou defeito passível de influir na *validade* do ato. Uma vez reconhecida, na prática do ato processual, a desobediência à forma modelar legalmente fixada (*tipicidade processual*), identifica-se o vício processual, a ensejar, em princípio, a *invalidação* do ato[10], sob as seguintes condições: (i) repercussão do vício na efetividade do procedimento enquanto realidade unitária de formação sucessiva[11]; (ii) repercussão do vício na finalidade justificadora do modelo formal típico; (iii) prejuízo a uma das partes.

Não presentes essas condições, o ato, conquanto viciado, produz os mesmos efeitos de um ato válido. Conforme CONDE CORREA: "Um acto defeituoso, ligado a certos eventos posteriormente estabelecidos pelo legislador (tais como: a falta de arguição do vício num determinado período de tempo, a aceitação do acto imperfeito ou de seus efeitos pelo interessado ou a realização de sua finalidade) acaba por produzir os efeitos que teria produzido se fosse, desde o início, perfeito)"[12].

Antes de tudo, advirta-se que a *nulidade* é a *consequência* processual da atipicidade formal de um ato, aplicável desde que incidentes as condições antes especificadas. Não integra a nulidade, assim, a própria essência intrínseca do ato. Desobedecido o modelo legal típico, o ato se diz viciado e, partir daí, poderá vir a ser declarada a sua nulidade. Em outros termos, o ato viciado *poderá* vir a ser invalidado, se presentes certas condições adicionais. A nulidade só produz os efeitos que lhe são próprios depois de declarada, não sendo o simples vício formal suficiente para tanto[13].

A título de exemplo, o art. 93, inciso IX, da Constituição Federal estabelece a exigência de que as decisões judiciárias sejam motivadas/fundamentadas, sob pena

---

10. Conforme CONDE CORREA: "Os actos processuais penais são válidos se corresponderem ao seu modelo normativo, respeitando as condições formais, substanciais e temporais nele previstas, e inválidos se não integrarem aquele esquema. Portanto, segundo uma lógica formal, os actos perfeitos são válidos e devem produzir os efeitos que lhes são atribuídos por lei e os actos imperfeitos – por lhes faltar, pelo menos, um dos elementos previstos – são inválidos e não devem produzir aqueles efeitos". Cfr. CORREA, João Conde. *Contributo para a Análise da Inexistência e das Nulidades Processuais Penais*. Coimbra: Coimbra Editora, p. 99.

11. Nesse sentido, ADA GRINOVER, SCARANCE FERNANDES e GOMES FILHO, segundo quem se caminha "para o exame da invalidação não mais com base apenas na atipicidade do ato, visto isoladamente, mas em face de sua função dentro do procedimento, realidade unitária de formação sucessiva (...)", acrescentando que, portanto, "importa (...) verificar os reflexos de eventuais vícios que o ato contenha sobre o conjunto formado pelo procedimento". Cfr. GRINOVER, Ada Pellegrini / FERNANDES, Antônio Scarance / GOMES FILHO, Antônio Magalhães. *As Nulidades no Processo Penal*. São Paulo: Revista dos Tribunais, 2006, pp. 22-23.

12. CORREA, João Conde. *Contributo para a Análise da Inexistência e das Nulidades Processuais Penais*. Coimbra: Coimbra Editora, p. 101.

13. "Com a declaração de nulidade – em qualquer uma de suas fases – e mesmo de inexistência jurídica, o juiz estabelece a ligação entre o plano jurídico, onde se move a invalidade, e o plano real da efectiva ineficácia dos actos processuais penais inválidos. Só com esta decisão judicial são destruídos os efeitos que o acto inválido, eventualmente, tenha produzido e reposta a legalidade processual. O acto imperfeito torna-se também ineficaz. Compreende-se, portanto, a extrema importância da declaração de nulidade, quer no que respeita ao acto inválido, quer no que respeita a outros actos dele dependentes ou que aquele tornou possíveis". Cfr. CORREA, João Conde. *Contributo para a Análise da Inexistência e das Nulidades Processuais Penais*. Coimbra: Coimbra Editora, p. 131.

de nulidade. A não obediência a essa forma (motivação e fundamentação) de decidir encerra as seguintes características: (i) não correspondência do ato concreto à forma constitucional; (ii) o vício da decisão imotivada repercute na efetividade do procedimento como um todo, pois na fase de julgamento o juiz não analisou os elementos probatórios colhidos na etapa procedimental de instrução, ou eventuais teses lançadas pelas partes na fase de alegações finais; (iii) o vício da decisão imotivada repercute na finalidade associada à forma, que é a de garantir aos jurisdicionados o conhecimento das razões que conduziram o órgão judiciário a um dado convencimento e a de propiciar o controle da legalidade e da justiça da convicção judicial; (iv) o ato decisório viciado gera prejuízo à parte sucumbente, ao não lhe permitir a adequada impugnação recursal, pelo exame analítico e o questionamento dos motivos da convicção judicial.

Outro exemplo: o art. 400, *caput*, do CPP fixa como regra a inquirição das testemunhas de acusação e das testemunhas de defesa, *nesta ordem*. Se houver inversão arbitrária da ordem de inquirição, o ato respectivo (a) não correspondeu ao formato modelar legal (atipicidade), (b) repercutiu na efetividade do procedimento enquanto realidade unitária, pela ofensa ao devido processo legal e (c) à finalidade associada à forma, qual seja, a de assegurar o contraditório e a ampla defesa na produção da prova em juízo, assim como (d) gerou – ou pode ter gerado – prejuízo à defesa, que teve testemunhas suas inquiridas sem a possibilidade de, nessa oportunidade, contrapor eventuais elementos coletados, apenas depois, na inquirição de testemunha de acusação[14].

A respeito do prejuízo, como será adiante aprofundado, assevere-se desde logo que se trata de elemento essencial para o efeito de invalidação do ato. Não há nulidade sem prejuízo, conforme a clássica formulação francesa: *pas de nullité sans grief*. A efetividade do prejuízo decorrente do vício é necessária à configuração e à declaração da nulidade. Apenas, em alguns casos, a própria norma jurídica já modela uma situação formal cujo desrespeito já, em si mesmo, caracteriza prejuízo. É o que se pode chamar de *prejuízo evidente*. Ocorre, nessa esfera, *nulidade absoluta*.

Nessas hipóteses, o prejuízo, segundo nos parece, não precisa ser demonstrado, dada a sua *evidência*, apesar do que vem decidindo o Supremo Tribunal Federal. Por exemplo, a exigência de motivação das decisões jurisdicionais (art. 93, IX, CF) constitui forma essencial cujo desrespeito gera prejuízo evidente. Não é necessário que a parte interessada demonstre o prejuízo por ela experimentado em consequência dessa omissão judicial. Precisa demonstrar, claro, a existência do vício, que já em si mesmo contém o prejuízo.

Dá-se o mesmo no caso de inobservância de regra constitucional de competência absoluta (*ratione materiae, ratione muneris*). Cuidando-se de matéria de ordem pública, o prejuízo já está *normativamente* configurado, vindo junto com o vício, sem que

---

14. Advirta-se que, segundo a jurisprudência do STF, a hipótese é de *nulidade relativa*, cujo reconhecimento e declaração depende da oportuna demonstração do prejuízo pela parte interessada, no caso o acusado. Cfr. STF, 1ª Turma, HC 116.569/SP, Rel. Min. Luiz Fux, julgamento em 04.02.2014, DJ de 18.02.2014: "...o fato de uma testemunha da defesa ter sido inquirida antes da oitiva das testemunhas de acusação não implica, por si só, a nulidade do processo, dado que a inversão na ordem do depoimento das testemunhas somente geraria nulidade se demonstrado, de modo efetivo e concreto, o prejuízo (pas de nullité sans grief)".

Cap. XVIII · NULIDADES   1223

o reconhecimento e a declaração da nulidade, portanto, dependam de demonstração *empírica*, no caso concreto, desse prejuízo.

Apesar disso, como se verá, a Suprema Corte vem decidindo que, mesmo na situação de nulidade absoluta, há a necessidade de *demonstração* do prejuízo. Para mais detalhes a esse respeito, confira-se, *infra*, o tópico reservado à nulidade absoluta.

3. NULIDADE E ILICITUDE

É pertinente distinguir os fenômenos *nulidade* e *ilicitude*, como já fizemos no Capítulo XII deste Curso, reservado à prova.

A *nulidade*, como consequência processual de invalidação de um ato viciado, suscita problemas de *validade formal* e, portanto: (a) configura-se a partir da prática de um ato *no processo*, quer de produção, quer de inserção; (b) consiste em uma desobediência *formal*, ainda que possa dizer respeito a garantias individuais (juízo natural, devido processo legal, contraditório, ampla defesa); (c) produz efeitos de *caráter exclusivamente processual*.

Os efeitos próprios da declaração de nulidade, objeto de exame mais minucioso no tópico próprio deste Capítulo, consistem na renovação do ato processual, desta vez com a observância da forma legal prescrita, assim como na renovação de todos os atos que dependam ou que sejam consequência do ato processual viciado (princípio da causalidade), nos termos do art. 573, *caput* e § 1º, do CPP.

A ilicitude, por sua vez, tem essência e efeitos diversos. Trata-se, já aqui, de ofensa de caráter *substancial* e, portanto: (a) configura-se a partir da prática de um ato *fora do processo*, ainda que seu resultado venha a ser posteriormente inserido nos autos processuais; (b) consiste em uma ofensa a *direito subjetivo material* (por exemplo, liberdade, intimidade e sigilo de dados, inviolabilidade domiciliar), e não a uma forma processual; (c) produz *efeitos de caráter substancial e também de caráter processual*, eis que reconhecidos e declarados dentro de um processo.

Os efeitos próprios do reconhecimento da ilicitude de um ato no processo variam de acordo com a natureza da ofensa ao direito material. Já vimos que, em relação à ilicitude da prova produzida fora e inserida no processo, o efeito é o de *inadmissibilidade*, com o consequente *desentranhamento* (art. 157, CPP). Essa prova gera consequências tanto materiais quanto processuais: a responsabilidade civil e/ou penal de quem praticou o ato ilícito, no primeiro caso; a inadmissibilidade processual e o desentranhamento, no segundo.

Assim, a prova produzida no processo sem obediência à forma legal aplicável – por exemplo, inquirição de testemunha em audiência para a qual não foi intimado o defensor constituído do acusado – está sujeita à *invalidação*, isto é, à declaração de nulidade. Essa prova foi produzida dentro do processo, e o desrespeito foi a uma norma de caráter exclusivamente formal, ainda que atinente a uma *garantia* processual, qual seja, a da ampla defesa. Declarada a nulidade, será o ato renovado de acordo com a forma legal exigida (intimação do defensor constituído para a audiência), conforme o art. 573, *caput*, do CPP. O ato viciado não será, portanto, desentranhado dos autos processuais, estando sujeito apenas à renovação pela forma correta.

De outro lado, a prova produzida fora do processo com ofensa a direito individual material – por exemplo, a confissão obtida sob tortura – está sujeita à inadmissibilidade, a partir do reconhecimento de sua ilicitude. Não haverá qualquer renovação, e sim a exclusão – com o desentranhamento – do resultado do ato ilícito, conforme o art. 157, *caput*, do CPP.

Em síntese, a nulidade é a *consequência* de invalidação de um ato (causa) que padece de vício processual, ensejando a renovação do ato; a ilicitude, a característica intrínseca de um ato que viole direito material, como causa da consequência específica chamada de *inadmissibilidade*, a impor a *exclusão* do ato[15].

4. NULIDADE ABSOLUTA

Nulidade absoluta é a consequência processual de invalidação que deve ser declarada pelo órgão judiciário, independentemente de provocação, contra o ato manifesta e gravemente viciado, cuja inobservância ao modelo legal prejudica interesse de ordem pública, e não apenas interesse individual da parte a quem aproveite a declaração da nulidade. Como bem assinala Eugênio Pacelli, os atos absolutamente nulos afetam "não só o interesse de algum litigante, mas o de todo e qualquer (presente, passado e futuro) acusado, em todo e qualquer processo"[16].

Pode-se desdobrar a nulidade absoluta nos seguintes elementos: (a) vício processual de extrema gravidade, por afetar *interesse de ordem pública*; (b) *prejuízo manifesto*, inerente à própria prática do ato viciado (ressalve-se, nesse particular, o entendimento do STF, exposto *infra*); (c) *cognoscibilidade de ofício*, podendo o seu reconhecimento e declaração ser concretizados pelo órgão judiciário independentemente de provocação de qualquer das partes; (d) *cognoscibilidade em qualquer tempo*, não se sujeitando seu reconhecimento e declaração a qualquer forma de preclusão temporal.

Assevere-se que, mesmo na hipótese de nulidade absoluta, a invalidação efetiva do ato depende, naturalmente, de declaração judicial, aperfeiçoando-se a nulidade a partir do momento em que for declarada.

São exemplos de nulidades absolutas: a falta de defesa, de acordo com a Súmula nº 523 do STF, o que se pode traduzir, por exemplo, na ausência de resposta à acusação ou de alegações finais do acusado (peças defensivas essenciais) ou na realização de audiência de instrução e julgamento sem que o defensor constituído do acusado, por falta de intimação regular, estivesse presente; ausência de citação válida (art. 564, III, *e*, primeira parte, CPP); ausência de motivação da sentença penal, condenatória ou absolutória (art. 489, § 1º, CPC/2015); ato praticado por juiz absolutamente incompetente, por ofensa a regra constitucional de fixação da competência jurisdicional.

---

15. Para mais detalhes sobre a diferença entre ilicitude e nulidade, consulte-se o tópico 1.2 da Seção II do Capítulo XII deste Curso. *Não adotando a distinção proposta*: Nucci, Guilherme de Souza. *Manual de Processo Penal e Execução Penal*. Rio de Janeiro: Forense, 2014, p. 338.

16. Pacelli, Eugênio. *Curso de Processo Penal*. São Paulo: Atlas, 2013, p. 856.

O reconhecimento da nulidade absoluta pode ocorrer até mesmo após o trânsito em julgado de sentença penal *condenatória*. Não cabe, por outro lado, o reconhecimento de nulidade, ainda que absoluta, após a sentença penal absolutória definitiva, em virtude da garantia da vedação da revisão criminal *pro societate*.

Em que pese, no âmbito da nulidade absoluta, ser o prejuízo evidente, por estar imbricado à própria gravidade do vício formal, a Primeira Turma da Suprema Corte vem decidindo no sentido de que a declaração da nulidade depende de demonstração do prejuízo. Isso revisa a orientação doutrinária tradicional, da qual participamos, de que o prejuízo, na nulidade absoluta, é evidente e *presumido*. Confira-se, a respeito, o julgado da Turma do HC 107.784/SP (STF, 1ª Turma, HC 107.784, Rel. Min. RICARDO LEWANDOWSKI, julgamento em 09.08.2011, DJ de 05.09.2011): "Entendimento desta Corte no sentido de que, para o reconhecimento de eventual nulidade, ainda que absoluta, faz-se necessária a demonstração do efetivo prejuízo, o que não ocorreu na espécie". Na mesma direção, tem-se o julgado proferido também pela Primeira Turma da Suprema Corte no RHC 106.397/MS, que faz referência a outro adotando igual orientação (STF, 1ª Turma, RHC 106.397, Rel. Min. RICARDO LEWANDOWSKI, julgamento em 15.02.2011, DJ de 05.04.2011): "Esta Suprema Corte igualmente assentou o entendimento de que 'a demonstração de prejuízo, a teor do art. 563 do CPP, é essencial à alegação de nulidade, seja ela relativa ou absoluta' (HC nº 85.155/SP, de relatoria da Min. Ellen Gracie, DJ de 15/4/05)".

É preciso elucidar bem essa questão. Não há dúvida de que o *princípio do prejuízo*, consagrado na fórmula francesa *pas de nullité sans grief* e expresso no art. 563 do CPP, fixa *a existência* de prejuízo como condição para a declaração de nulidade, sem distinguir, nesse particular, a absoluta da relativa. Veja-se o teor do dispositivo: "Nenhum ato será declarado nulo, se da nulidade não resultar prejuízo para a acusação ou para a defesa".

Com essa lógica, a Suprema Corte já assinalou, com procedência, que "o âmbito normativo do dogma fundamental da disciplina das nulidades – pas de nullité sans grief – compreende as nulidades absolutas" (STF, 1ª Turma, HC 81.510/PR, Rel. Min. SEPÚLVEDA PERTENCE, julgamento em 11.12.2001, DJ de 12.04.2002).

Ora, mas não quer isso dizer que se vá impor a quem alega a nulidade o ônus de provar a existência de prejuízo. O princípio apenas expressa que a declaração da nulidade depende *da existência* de prejuízo. E, conceitualmente, na nulidade absoluta, o prejuízo é em tese evidente, porque indissociável do próprio vício.

Em outros termos, a inobservância formal ao modelo legal já inerentemente gera um prejuízo, não sendo concebível um vício sem essa nota essencial, ainda que tal prejuízo possa, depois, vir a ser desconstituído por algum ato processual.

Não há margem, assim, a que se imponha ao suscitante o ônus de provar a existência do prejuízo: ou o vício alegado é de nulidade absoluta, e nesse caso o prejuízo existe e está evidente; ou o vício alegado é de nulidade relativa, e aí sim a existência do prejuízo deve ser demonstrada.

Efetivamente, não há nulidade sem prejuízo. O prejuízo é uma nota constante, por mais que possa ter cessado. Na nulidade absoluta, indissociável do próprio vício; na relativa, dependente de demonstração.

O que se impõe ao suscitante, aí sim, é a demonstração da existência *do vício* (não do prejuízo), dentro da regra geral de que recai sobre o autor da alegação o ônus de demonstrá-la. Se a existência do vício foi comprovada, o prejuízo já está configurado como algo inerente a isso. Não se pode impor ao suscitante, adicionalmente, provar outra situação de fato para que, assim, tenha reconhecido o prejuízo, como acontece no âmbito da nulidade relativa.

A exigência de uma "demonstração" do prejuízo, se existe, não pode ser uma demonstração probatória de prejuízo de fato oriundo do defeito, e sim uma elucidação jurídica, indicando-se qual o prejuízo que se depreende do vício de nulidade suscitado.

Por outro lado, pode acontecer que o prejuízo inerente ao vício deixe, *a posteriori*, de existir. Isso não descaracteriza sua indissociabilidade do vício, nem o fato de que o prejuízo existiu. O fato de o prejuízo haver cessado, porém, impede a declaração da nulidade, que depende, como visto, *da existência, que inclui a subsistência, de prejuízo*. É o que ocorre na hipótese de vício gravemente prejudicial à defesa, mas que depois deixa de existir por força de absolvição do acusado.

O mesmo se diga quanto à hipótese excepcional de manifesta *inexistência* de prejuízo, apesar do vício. Foi nesse sentido, a propósito, que o Supremo Tribunal Federal decidiu no HC 81.510/PR, já antes citado: "Nulidade por incompetência do Juizado Especial: declaração sujeita à existência de prejuízo. O âmbito normativo do dogma fundamental da disciplina das nulidades – pas de nullité sans grief – compreende as nulidades absolutas – qual, no caso, a incompetência do Juizado Especial – se a falta do inquérito policial – que não é garantia de defesa –, e a sequência do procedimento da L. 9.099/95, perante Juíza que, na comarca, era a titular exclusiva da jurisdição penal, nenhum prejuízo em concreto acarretou à defesa do paciente. Declaração de nulidade restrita, em consequência, ao acórdão confirmatório da sentença condenatória exarado por Turma Recursal dos Juizados Especiais".

Esse julgado vem sendo invocado em decisões mais recentes da Primeira Turma do STF para o efeito de justificar a exigência de demonstração do prejuízo também no âmbito da nulidade absoluta. Ora, não é isso que se depreende do julgado do HC 81.510/PR pela Suprema Corte. Não se está a exigir que o suscitante demonstre a existência de prejuízo. A *inexistência concreta* do prejuízo é que impede a declaração da nulidade.

Não se concebe a exigência de que o acusado demonstre prejuízos posteriores à sua defesa em função da ausência de resposta à acusação ou de alegações finais. A própria falta da peça defensiva já traduz um prejuízo evidente. Pode ocorrer, porém, que, mesmo faltando as alegações finais de defesa, sobrevenha para o acusado uma sentença absolutória. Essa realidade *descaracteriza* o prejuízo necessário à declaração da nulidade. O que não se pode, a nosso juízo, é impor ao acusado um ônus de demonstrar o prejuízo que, em tese, revela-se inerente ao vício suscitado, por mais que o prejuízo possa em concreto ser desconstituído por alguma situação *posterior* favorável, como a absolvição ou a extinção da punibilidade.

Por outro lado, é inconcebível que o acusado tenha que demonstrar prejuízo decorrente de atos praticados por um juiz estadual em caso de competência da Justiça Federal, em que há, portanto, ofensa objetiva a uma norma-regra constitucional (art. 109, CF), de ordem pública, a configurar prejuízo evidente e normativamente presumido.

De toda sorte, ressalte-se que a orientação da Primeira Turma do STF, teoricamente, vai em sentido diverso à que aqui sustentamos.

5. NULIDADE RELATIVA

A *nulidade relativa* consiste na anulabilidade de um ato processual em decorrência de vício formal de interesse do suscitante, cujo reconhecimento e declaração judicial dependem de arguição (provocação) oportuna e de demonstração da existência de prejuízo efetivo. Segundo ENRICO LIEBMAN: "São *relativas* as nulidades que podem ser pronunciadas a pedido da parte interessada; são, portanto, nulidades essencialmente sanáveis, porque a falta de arguição oportuna da nulidade convalida o ato viciado: quando um determinado requisito é estabelecido no interesse de uma parte, a lei considera que a aquiescência desta valha como sintoma suficiente para comprovar que a ausência daquele requisito não lesou de maneira expressiva seu legítimo interesse..."[17]

Identificam-se nessa espécie os seguintes elementos: (i) vício processual de interesse do suscitante, sem repercussões de ordem pública; (ii) *prejuízo não inerente ao próprio vício suscitado e, portanto, dependente de demonstração concreta*; (iii) declaração da nulidade dependente de provocação do interessado; (iv) declaração da nulidade dependente de arguição oportuna, sob pena de preclusão.

A falta de arguição da nulidade pelo interessado na oportunidade própria acarreta a *convalidação* do ato processual formalmente viciado, que se torna, assim, insuscetível de invalidação. A convalidação consiste no saneamento da nulidade, em virtude da falta de arguição oportuna, conforme estabelece o art. 572, inciso I, do CPP: "As nulidades previstas no art. 564, III, *d* e *e*, segunda parte, *g* e *h*, e IV, considerar-se-ão sanadas: I – se não forem arguidas, em tempo oportuno, de acordo com o disposto no artigo anterior".

A oportunidade para a arguição da nulidade relativa está disciplinada nos incisos do art. 571 do CPP, que merece a seguinte adaptação, a nosso juízo, de modo a adequá-lo ao regime normativo vigente:

(i) As nulidades em tese ocorridas durante a fase instrutória do procedimento do júri deverão ser arguidas na oportunidade das alegações finais, que atualmente são apresentadas de maneira oral, em audiência (art. 411, CPP), e não mais por escrito, como no regime anterior (o revogado art. 406 do CPP, referido no art. 571, I, em exame). De toda sorte, caso o juiz abra prazo para apresentação de alegações finais

---

17. LIEBMAN, Enrico Tullio. *Manuale di Diritto Processuale Civile*. Milano: Giuffrè, 1957, v. I, p. 215: "Sono *relative* le nullità che possono pronunciarsi soltanto ad istanza della parte interessata; sono perciò nullità essenzialmente sanabili, perché il mancato rilievo della nullità convalida l'atto viziato: quando un determinato requisito è stabilito nell'interesse di una parte, la legge ritiene che l'acquiescenza di questa valga come sintomo sufficiente a comprovare che la mancanza di quel requisito non abbia leso in modo apprezzabile il suo legittimo interesse..."

por escrito, esta será igualmente a oportunidade para a arguição de nulidades da fase instrutória do procedimento do júri.

(ii) As nulidades em tese ocorridas na fase instrutória do procedimento comum ordinário e dos procedimentos especiais deverão ser arguidas, de igual modo, na fase de alegações finais, quer sejam orais (art. 403, *caput*, CPP), quer sejam escritas (art. 403, § 3º, ou art. 404, parágrafo único, CPP).

(iii) As nulidades em tese ocorridas na fase instrutória do procedimento comum sumário, em vista da revogação do art. 537 do CPP (referido no art. 571, III), também devem ser suscitadas na oportunidade das alegações finais orais (art. 531, parte final, CPP), o que se aplica igualmente ao procedimento comum sumaríssimo.

(iv) A hipótese do inciso IV fica prejudica pela revogação tácita dos artigos 549 a 555 do CPP, pela Lei nº 7.209/1984 (não há mais a possibilidade de aplicação de "medida de segurança por fato não criminoso").

(v) As nulidades em tese ocorridas após a confirmação da decisão de pronúncia devem ser suscitadas "depois de anunciado o julgamento e apregoadas as partes", o que corresponde ao ato atualmente previsto no art. 463 do CPP (correspondente ao antigo art. 447, citado no art. 571, V, em exame).

(vi) As nulidades em tese ocorridas no âmbito das ações penais de competência originária dos tribunais devem ser suscitadas na fase de alegações finais escritas, disciplinada no art. 11, *caput*, da Lei nº 8.038/1990 (desde o advento dessa lei, já não se aplicava o hoje revogado art. 500, citado no art. 571, VI, em exame).

(vii) As nulidades verificadas após a decisão de primeira instância devem ser suscitadas "nas razões de recurso ou logo depois de anunciado o julgamento do recurso e apregoadas as partes".

(viii) As nulidades em tese acontecidas durante o julgamento em plenário do júri devem ser suscitadas "logo depois de ocorrerem".

Sintetizando: (a) as nulidades em tese ocorridas durante a fase instrutória devem ser alegadas na fase de alegações finais, quer orais, quer escritas, conforme o procedimento aplicável; (b) as nulidades em tese ocorridas após a confirmação da pronúncia no procedimento do júri devem ser suscitadas até o anúncio do julgamento em plenário pelo juiz presidente do Tribunal do Júri; (c) as nulidades em tese acontecidas durante o julgamento em plenário devem ser suscitadas logo depois de sua ocorrência.

Ressalte-se que a oportunidade de arguição, de acordo com a disciplina do art. 571 do CPP, aplica-se às nulidades relativas, mas não às absolutas, que podem ser suscitadas a qualquer momento e reconhecidas inclusive de ofício pelo órgão judiciário.

São exemplos de nulidades relativas: intervenção do Ministério Público em todos os termos da ação por ele intentada e nos da intentada pela parte ofendida, quando se tratar de crime de ação pública (art. 564, III, *d*, CPP); deficiência de defesa, conforme a Súmula nº 523 do STF, o que se pode traduzir, por exemplo, na ausência de arguição de questões preliminares na resposta à acusação apresentada pelo defensor do acusado, ou em outra deficiência da peça defensiva (resposta à acusação, alegações finais).

Em particular, a hipótese de incompetência relativa do juízo – configurada, por exemplo, na inobservância de critério territorial de fixação de competência – caracteriza nulidade processual relativa, razão pela qual a falta de arguição oportuna acarreta a preclusão temporal e, assim, a convalidação do ato viciado. No entanto, em tal situação, o art. 109 do CPP permite que o juízo reconheça e declare sua incompetência, inclusive a relativa, a qualquer momento, o que por certo atenua os efeitos do ônus de arguição, sem, contudo, descaracterizá-lo. Com efeito, poderá eventualmente o interessado ser favorecido pelo posterior reconhecimento judicial, de ofício, da incompetência, sem que isso descaracterize a preclusão da oportunidade de provocação judicial.

Por outro lado, quanto à deficiência de defesa, considerada pelo STF hipótese de nulidade relativa (Súmula nº 523), tenha-se em conta que, em determinadas situações, a própria lei processual penal pode estabelecer específicas medidas judiciais de saneamento do defeito, de modo a assegurar ao acusado defesa efetiva e de qualidade.

É o que ocorre na hipótese do art. 261, parágrafo único, do CPP, que assim dispõe: "A defesa técnica, quando realizada por defensor público ou dativo, será sempre exercida através de manifestação fundamentada". Assim, caso não haja manifestação fundamentada, poderá o juiz interferir nomeando novo defensor, para complementar ou aperfeiçoar a defesa, ou mesmo para apresentar outra em substituição.

Ressalte-se, de outra parte, que a hipótese (também de interferência judicial na defesa) do art. 497, inciso V, do CPP, que dispõe sobre a nomeação de novo defensor para o acusado, sempre que o juiz o considerar indefeso, expressa nulidade absoluta, e não relativa. Se o acusado está *indefeso*, nos termos da própria lei, o caso é de falta, e não de deficiência, da defesa.

SEÇÃO II
Princípios Gerais

1. PRINCÍPIO DO PREJUÍZO

Pelo *princípio do prejuízo*, a desobediência às formalidades legais só deve conduzir à invalidação do ato quando a própria finalidade em função da qual se instituiu o modelo formal resultar prejudicada pelo vício. É o que se expressa pela conhecida fórmula francesa *pas de nullité sans grief*. Como bem assinalam ADA GRINOVER, SCARANCE FERNANDES e GOMES FILHO, "o prejuízo que autoriza o reconhecimento da nulidade do ato processual imperfeito pode ser visto sob um duplo aspecto: de um lado, o dano para a garantia do contraditório, assegurada pela Constituição; sob outra ótica, o comprometimento da correção da sentença"[18].

Em coerência com essas noções, estabelece o art. 563 do CPP que "nenhum ato será declarado nulo, se da nulidade não resultar prejuízo para a acusação ou para a

---

18. GRINOVER, Ada Pellegrini / FERNANDES, Antônio Scarance / GOMES FILHO, Antônio Magalhães. *As Nulidades no Processo Penal*. São Paulo: Revista dos Tribunais, 2006, p. 30.

defesa". No mesmo passo, o art. 566 do CPP prescreve que "não será declarada a nulidade de ato processual que não houver influído na apuração da verdade substancial ou na decisão da causa". De igual modo, expressando a prevalência da finalidade e dos efeitos sobre o aspecto puramente formal do ato, o art. 572, incisos II e III, do CPP fixa que "as nulidades previstas no art. 564, III, *d* e *e*, segunda parte, *g* e *h*, e IV, considerar-se-ão sanadas: II – se, praticado de outra forma, o ato tiver atingido o seu fim; III – se a outra parte, ainda que tacitamente, tiver aceito os seus efeitos".

Há também disposição específica a esse respeito, para a esfera dos juizados especiais criminais, no art. 65 da Lei nº 9.099/1995: "Art. 65, *caput*. Os atos processuais serão válidos sempre que preencherem as finalidades para as quais foram realizados, atendidos os critérios indicados no art. 62 [trata-se dos critérios da oralidade, da informalidade, da economia processual e da celeridade]; § 1º. "Não se pronunciará qualquer nulidade sem que tenha havido prejuízo".

Adotando a mesma lógica, a Suprema Corte já consolidou entendimento, em sua Súmula nº 366, no sentido de que "não é nula a citação por edital que indicar o dispositivo da lei penal, embora não transcreva a denúncia ou queixa, ou não resuma os fatos em que se baseia". Apesar da omissão da formalidade prescrita em lei, a inexistência do prejuízo impede a declaração da nulidade do ato.

Já se discorreu detalhadamente, em tópico anterior, acerca da exigência de *demonstração do prejuízo*. Ressalte-se que o aspecto essencial que rege o reconhecimento e a declaração da nulidade é a *existência* do prejuízo. Sendo a nulidade absoluta, o prejuízo presume-se, por mais que essa presunção possa ser desconstituída pela demonstração da inexistência concreta, como aconteceu no caso julgado pela Primeira Turma do STF no HC 81.510/PR, ou da insubsistência do prejuízo.

Ressalva-se, a esse respeito, entendimento recente da Primeira Turma do STF, no sentido de que também no âmbito da nulidade absoluta é necessária a demonstração do prejuízo. Sendo a nulidade relativa, por outro lado, o prejuízo deve sempre ser demonstrado pelo suscitante, como condição para a invalidação do ato.

2. EFEITOS DA INVALIDAÇÃO E PRINCÍPIO DA CAUSALIDADE

Antes de tudo, assinale-se que a consequência geral aplicável às nulidades é a de renovação ou retificação do(s) ato(s) invalidado(s), seguindo-se a forma correta para a sua realização. É o que proclama o art. 573, *caput*, do CPP: "Os atos, cuja nulidade não tiver sido sanada, na forma dos artigos anteriores, serão renovados ou retificados".

Ocorre que a invalidação de um ato viciado pode resvalar para outros que com ele encerrem relação de causalidade, gerando-se a necessidade de renovação ou retificação não só do ato defeituoso, mas também de todos os outros, dependentes ou consequentes.

O *princípio da causalidade* diz respeito à *extensão* dos efeitos da declaração de nulidade de um ato processual defeituoso.

Nos termos do art. 573, § 1º, do CPP, "a nulidade de um ato, uma vez declarada, causará a dos atos que dele diretamente dependam ou sejam consequência".

Como princípio, portanto, a invalidação de um ato processual (*nulidade origi-nária*) acarreta a de outros que com ele guardem uma relação de dependência ou de consequência (*nulidade derivada*).

Costuma-se pensar que a declaração de nulidade de um ato viciado alcança todos os atos posteriores. Embora seja muito frequente que isso aconteça, o que realmente dita a invalidação *derivada* é uma relação *lógica*, de antecedente e de consequente, e não necessariamente uma relação cronológica[19]. A teor do art. 573, § 2º, do CPP, a propósito, "o juiz que pronunciar a nulidade declarará os atos a que ela se estende".

Por fim, cumpre referir, ainda quanto aos efeitos da declaração de nulidade, a situação particular do vício de incompetência do juízo.

De acordo com o art. 564, inciso I, ocorrerá nulidade por *incompetência* do juízo praticante do(s) ato(s) processual(is). Com isso, a consequência processual normal, nos termos do *caput* do art. 573 do CPP, *seria* a renovação de todos os atos praticados pelo juízo incompetente. Ocorre que a norma especial do art. 567 do CPP assim dispõe: "A incompetência do juízo anula somente os atos decisórios, devendo o processo, quando for declarada a nulidade, ser remetido ao juiz competente".

Assevere-se, entretanto, que a regra do art. 567 do CPP só pode ser aplicada, à vista da ordem constitucional vigente, à incompetência relativa (por exemplo, a que deriva da inobservância de critério territorial de fixação da competência). Em se tra-tando de incompetência absoluta, fixada com base em critérios estabelecidos na própria Constituição, não há qualquer possibilidade de aproveitamento dos atos, decisórios ou não decisórios, do juízo absolutamente incompetente.

Nesse sentido, assinalam ADA GRINOVER, SCARANCE FERNANDES e GOMES FILHO que "em face do texto expresso da Constituição de 1988, que erige em garantia do juiz natural a competência para *processar e julgar* (art. 5º, LIII, CF), não há como aplicar-se a regra do art. 567 do Código de Processo Penal aos casos de incompetência consti-tucional: não poderá haver aproveitamento dos atos não decisórios, quando se tratar de competência de jurisdição, como também de competência funcional (hierárquica e recursal), ou de qualquer outra, estabelecida pela Lei Maior"[20].

Na mesma esteira, sustenta EUGÊNIO PACELLI que "quando o vício referir-se à in-competência absoluta, não se poderá, em princípio, falar-se em ratificação de quaisquer

---

19. Como bem explicam ADA GRINOVER, SCARANCE FERNANDES e GOMES FILHO: "Normalmente, sendo os vários atos processuais ordenados cronologicamente, a decretação da nulidade acarreta o recuo do procedimento ao momento em que se constatou o vício de forma, decorrendo daí a necessidade de se ordenar a renovação do processo a partir do ato originariamente nulo (...) Todavia, nem sempre a invalidação dos atos subsequentes ao anulado é automática (...) afirma-se, com razão, que a nulidade dos atos da *fase postulatória* do processo se propaga sempre para os demais atos, enquanto a invalidade dos *atos de instrução*, em regra, não contamina os outros atos de produção de prova validamente reali-zados". Cfr. GRINOVER, Ada Pellegrini / FERNANDES, Antônio Scarance / GOMES FILHO, Antônio Magalhães. *As Nulidades no Processo Penal*. São Paulo: Revista dos Tribunais, 2006.

20. GRINOVER, Ada Pellegrini / FERNANDES, Antônio Scarance / GOMES FILHO, Antônio Magalhães. *As Nulidades no Processo Penal*. São Paulo: Revista dos Tribunais, 2006, pp. 45-46.

atos processuais, ainda que não decisórios, tratando-se, na verdade, de processo nulo desde o início"[21].

Nesse contexto, interessam duas questões relevantes: (i) sobre a necessidade de ratificação, por parte do órgão do Ministério Público que oficia perante o juízo competente, da denúncia oferecida pelo órgão do Ministério Público oficiante no juízo incompetente; (ii) sobre o aproveitamento, no órgão judiciário competente, do ato de recebimento da denúncia praticado pelo juízo incompetente.

Considerem-se estes exemplos:

(i) Promotor de Justiça oferece denúncia ao juízo da comarca de Caucaia/CE, com base em fato ocorrido em Fortaleza/CE, ocorrendo o recebimento da peça acusatória pelo juízo incompetente. Remetidos os autos a juízo criminal da comarca de Fortaleza, com distribuição ao Juízo de Direito da 10ª Vara Criminal, será necessária ratificação da denúncia pelo Promotor de Justiça oficiante no juízo competente?

(ii) Procurador da República oficiante na Seção Judiciária do Ceará oferece denúncia contra prefeito municipal, em face do suposto desvio de verbas federais, ocorrendo o recebimento da denúncia pelo Juízo da 11ª Vara Federal (juízo incompetente). Reconhecida posteriormente a incompetência e remetidos os autos ao Tribunal Regional Federal da 5ª Região, há necessidade de ratificação da denúncia pelo Procurador Regional da República ali oficiante?

(iii) Procurador Regional da República oferece denúncia perante o Tribunal Regional Federal da 5ª Região contra pessoa não titular de foro especial por prerrogativa de função; reconhecida a incompetência do tribunal após o recebimento da denúncia pelo Pleno, há necessidade de ratificação da denúncia pelo Procurador da República oficiante no Juízo Federal para o qual hajam sido remetidos os autos?

Nos três exemplos formulados, pergunta-se ainda: o ato de recebimento da denúncia, causa interruptiva do prazo prescricional, poderá ser aproveitado no órgão judiciário competente?

Cumpre responder por partes:

Exemplo **(i)**. O primeiro exemplo reflete um caso de incompetência relativa, por se tratar competência de foro fixada pelo critério territorial. Nessa hipótese:

(a) Não há necessidade de ratificação do ato pelo órgão do Ministério Público oficiante no juízo competente, considerando a *unidade e a indivisibilidade institucionais* do Ministério Público, conforme decidiu a Primeira Turma da Suprema Corte no HC 85.137/MT (STF, 1ª Turma, HC 85.137, Rel. Min. Cezar Peluzo, julgamento em 13.09.2005, DJ de 28.10.2005): "O ato processual de oferecimento da denúncia, praticado, em foro incompetente, por um representante prescinde, para ser válido e eficaz, de ratificação por outro do mesmo grau funcional e do mesmo Ministério Público, apenas lotado em foro diverso e competente, porque o foi em nome da instituição, que é una e indivisível".

---

21. Pacelli, Eugênio. *Curso de Processo Penal*. São Paulo: Atlas, 2013, p. 870.

Decorre dessa orientação que, se a incompetência, mesmo a de foro, importar a atuação de órgão de outro Ministério Público, será necessária a ratificação. É o que acontece, por exemplo, na hipótese em que o declínio de competência se dá de juízo de direito da comarca de Fortaleza/CE para juízo de direito da comarca de Natal/RN. Nesse caso, o órgão do Ministério Público do Estado do Rio Grande do Norte deverá ratificar o ato do Ministério Público do Estado do Ceará. Tratando-se de declínio de competência realizado pelo juízo federal de uma seção judiciária (por exemplo, do Juízo Federal da 12ª Vara da Seção Judiciária do Ceará) para o de outra (por exemplo, para o Juízo Federal da 5ª Vara da Seção Judiciária de São Paulo), não há necessidade de ratificação, pois os órgãos oficiantes em cada uma das seções (primeiro grau de jurisdição) integram a mesma instituição, qual seja, o Ministério Público Federal.

(b) Quanto ao aproveitamento do ato praticado pelo juízo do foro incompetente, a resposta é negativa. O recebimento da denúncia constitui *ato decisório* e, como tal, tem-se por anulado em consequência do reconhecimento da incompetência do juízo que o praticou, nos moldes do art. 567, primeira parte, do CPP: a incompetência do juízo anula somente os atos decisórios. Por mais que a jurisprudência haja se consolidado no sentido da prescindibilidade de motivação desse ato, isso não lhe subtrai o caráter decisório, com efeito de instauração do processo após juízo de admissibilidade positivo da acusação.

Exemplo **(ii)**. No segundo exemplo considerado, tratando-se de incompetência absoluta, eis que fixada de acordo com o critério funcional (de fonte constitucional), não há possibilidade nem de ratificação nem de aproveitamento do ato de recebimento da denúncia praticado pelo juízo incompetente:

(a) Em primeiro lugar, nem sequer se cogita de desnecessidade de ratificação. Nem mesmo a mera ratificação é possível. Deve haver novo exercício de *opinio delicti* pelo órgão do Ministério Público Federal oficiante no tribunal. O processo é nulo de pleno direito desde o início, por se cuidar de nulidade absoluta, recaindo a invalidade sobre a própria denúncia, portanto. É incabível a ratificação de ato nulo. Só poderia ser ratificado, no sentido de *confirmado*, um ato aproveitável.

(b) Pela mesma razão de se tratar de nulidade absoluta, não cabe o aproveitamento do ato de recebimento da denúncia praticado pelo juízo incompetente. Adicionalmente, existe procedimento próprio quanto ao recebimento da denúncia no âmbito das ações penais de competência originária dos tribunais, reclamando-se, para tanto, decisão do colegiado, assegurado o contraditório prévio ao denunciado.

Exemplo **(iii)**. No caso, trata-se igualmente de inobservância de regra de competência absoluta, em razão da função. Nessas condições:

(a) Entendemos que o Procurador da República oficiante no juízo federal de primeira instância deverá proceder a exercício de nova *opinio delicti*, não havendo que se cogitar de ratificação.

(b) O ato de recebimento da denúncia, praticado pelo plenário do tribunal, tem-se por nulo, não podendo ser aproveitado, quer por constituir ato decisório, quer por estar viciado por nulidade absoluta. Se inexiste aproveitamento de ato decisório proferido por juiz relativamente incompetente (art. 567, CPP), com mais razão não há forma de aproveitamento de ato decisório proferido por órgão judiciário absolutamente incompetente.

A nulidade do ato decisório, seja a absoluta, seja a relativa, desconstitui inclusive o efeito interruptivo do prazo prescricional, próprio da decisão de recebimento da inicial acusatória. Como bem assinala EUGÊNIO PACELLI: "A nosso aviso, mesmo tratando-se de incompetência relativa, ou seja, de denúncia recebida por juiz relativamente incompetente, o reconhecimento da nulidade da decisão (que recebeu a denúncia) impedirá a interrupção do prazo prescricional, na linha, aliás, da jurisprudência de nossos tribunais superiores. É bem verdade, porém, que o apontado entendimento (dos tribunais) tem em vista a nulidade da decisão de recebimento da denúncia por vício de incompetência absoluta, em razão da matéria ou da prerrogativa de função, e não territorial, como estamos sustentando (...) Mas, para nós, a questão de fundo é a mesma: o recebimento da denúncia, como ato decisório que é, deverá ser anulado"[22].

3. PRINCÍPIO DO INTERESSE

Em consonância com o princípio do interesse, *aplicável às nulidades relativas*, a invalidação do ato processual condiciona-se à inobservância de uma formalidade legalmente instituída para a garantia de *interesse* do próprio *suscitante* (ou seja, interesse próprio de quem invocar a nulidade). Assim, em se tratando de formalidade instituída no interesse de uma das partes, só esta (parte interessada) poderá suscitar a nulidade. Em outros termos, não se declara a nulidade de ato processual em função de vício invocado pelo suscitante, quando a inobservância da forma só a este, em tese, aproveite.

É o que emana do art. 565, parte final, do CPP: "Nenhuma das partes poderá arguir nulidade a que haja dado causa, ou para que tenha concorrido, *ou referente a formalidade cuja observância só à parte contrária interesse*".

Tome-se, como exemplo, a nulidade prevista no art. 564, inciso III, *d*, do CPP: ausência de "intervenção do Ministério Público em todos os termos da ação por ele intentada e nos da intentada pela parte ofendida, quando se tratar de ação pública". Cuida-se de nulidade instituída no interesse do Ministério Público enquanto legitimado ativo para a ação penal de iniciativa pública.

Em tese, a ausência do Ministério Público, como órgão de acusação, representa vantagem para o acusado. Não cabe à defesa, assim, suscitar nulidade em virtude da ausência do Ministério Público em uma audiência de instrução, por exemplo, pois esse vício aproveita ao próprio acusado. Só o Ministério Público tem interesse em suscitar a nulidade, aplicando-se, nesse particular, o disposto no art. 565, parte final, do CPP.

O Supremo Tribunal Federal tem precedentes nesse sentido, como revela o julgado da Segunda Turma no HC 73.650/RS (STF, 2ª Turma, HC 73.650, Rel. Min. NÉRI DA SILVEIRA, julgamento em 30.04.1996, DJ de 04.04.1997): "1. Habeas Corpus. 2. Alegação de ausência do agente do Ministério Público quando de audiência em que ouvida testemunha de acusação. 3. Nulidade do processo inexistente, no caso, porque

---

22. PACELLI, Eugênio. *Curso de Processo Penal*. São Paulo: Atlas, 2013, pp. 868-869.

houve regular intimação do MP, não existindo alegação, nesse sentido, nas razões finais e na apelação. Código de Processo Penal, arts. 572, I, e 565, última parte. Nenhuma das partes pode arguir nulidade, 'referente a formalidade, cuja observância só à parte contrária interesse'. 4. Habeas corpus indeferido". Em igual direção, confira-se: STF, 2ª Turma, HC 71.198/GO, Rel. Min. MAURÍCIO CORRÊA, julgamento em 21.02.1995, DJ de 30.06.2000[23].

A nulidade por ausência do Ministério Público, portanto, só pode ser suscitada pelo próprio órgão de acusação.

Advirta-se, todavia, que, se o Ministério Público houver dado causa ao "vício", por injustificadamente deixar de comparecer ao ato para o qual fora intimado, não cabe o reconhecimento de nulidade, aplicando-se, no ponto, a máxima do *nemo auditur propriam turpidinem allegans*: não se reconhece interesse a quem tenha dado causa à nulidade.

Nessa hipótese, o juiz não está obrigado a determinar o adiamento da audiência em virtude do não comparecimento *injustificado* do Ministério Público. No caso, a audiência poderá ser realizada sem a presença do membro do Ministério Público, do mesmo modo que acontece quanto à ausência injustificada do advogado constituído do acusado (art. 265, § 2º, CPP). Apenas, nesse último caso, deverá ser nomeado defensor *ad hoc*, em função da indisponibilidade da defesa.

Quanto ao Ministério Público, porém, apesar do que resolveu o STF no acima citado HC 71.198/GO, não há a possibilidade de nomeação de promotor *ad hoc*, o que ofenderia o princípio do promotor natural. A audiência, então, deverá ser realizada sem a presença do Ministério Público, não cabendo ao juiz, obviamente, substituir-se ao órgão de acusação na atividade instrutória[24].

---

23. "1. O art. 129, I e seu § 2º, da Constituição diz que é função institucional do Ministério Público 'promover, privativamente, a ação penal pública, na forma da lei'; o art. 55, 'caput', da Lei Complementar nº 40/91, proíbe a nomeação de promotor 'ad hoc'; e o art. 448 do C.P.P., ao tratar do julgamento pelo Júri, dispõe, em 'caráter excepcional', que pode haver nomeação de promotor 'ad hoc' quando houver ausência ilegal do Ministério Público. 2. Em casos excepcionais, como este, é possível dar um rendimento residual ao art. 448 do C.P.P., sob pena de se permitir, como consequência de movimento paredista ilegal, a paralização do Poder Judiciário, o que seria um mal maior. 3. Conquanto isto não fosse possível, tal nulidade não poderia ser arguida pelo impetrante, mas, apenas, pelo órgão acusador, como dispõe a parte final do art. 565 do C.P.P. 4. Embora o art. 564, III, 'd', do C.P.P. diga expressamente que é nula a nomeação de promotor 'ad hoc', não cuida de nulidade cominada ou absoluta, mas de nulidade relativa e, assim, sanável. Tal nulidade deve ser arguida 'logo depois de ocorrer', sob pena de ficar sanada (art. 572 e incisos do C.P.P.)".

24. Nesse sentido, consulte-se a decisão da Quinta Turma do STJ no RESP 1.259.482/RS (STJ, 5ª Turma, Rel. Min. MARCO AURÉLIO BELLIZZE, julgamento em 04.10.2011, DJ de 21.10.2011): "...diante da peculiaridade do caso concreto, mostra-se irretocável o acórdão recorrido, que anulou o processo desde a audiência de instrução, já que o Juiz, na verdade, colheu toda a prova utilizada para embasar a sentença condenatória, diante da ausência do membro do Ministério Público na audiência de instrução. Assim, na hipótese, não se mostra relevante sequer a questão da inversão da ordem de inquirição, pois mesmo que o magistrado tivesse formulado perguntas às testemunhas arroladas pelo órgão de acusação em momento posterior à defesa, mas de tais depoimentos tenha extraído os elementos de convicção exclusivos que sustentaram a decisão condenatória, irrecusável reconhecer que a inquirição, pelo juiz, não se deu em caráter complementar, mas sim principal, em verdadeira substituição ao órgão incumbido da acusação, situação que configura indisfarçável afronta ao sistema penal acusatório e

Justificado o não comparecimento do membro do Ministério Público, porém, a realização da audiência pelo juiz configura nulidade, nos termos do art. 564, III, *d*, do CPP, desde que o vício seja suscitado pela própria parte interessada. Nesse sentido, confira-se a decisão da Sexta Turma do Superior Tribunal de Justiça no HC 210.878/MG (STJ, 6ª Turma, Rel. Min. Sebastião Reis Júnior, julgamento em 17.05.2012, DJ de 04.06.2012): "1. É nula a decisão no processo de execução penal que dá por justificada falta grave imputada ao condenado e que procede à remissão de dias de pena proferida em audiência de que não participou o Ministério Público. No caso concreto, as promotoras de Justiça requereram previamente o adiamento da audiência em razão da impossibilidade de comparecem ao ato. Ausência que não decorreu de desídia ou má-fé do representante do Ministério Público".

Nessas condições: (i) a nulidade só se configura caso a ausência do Ministério Público seja justificada (por exemplo: falta de regular intimação ou impedimento do membro oficiante); (ii) mesmo justificada a ausência, a nulidade só pode ser suscitada pelo próprio Ministério Público, em virtude do princípio do interesse.

Por outro lado, se o Ministério Público atua como órgão de justiça (*custos legis*), a ausência de intervenção é de interesse de ambas as partes, podendo qualquer delas suscitar a nulidade. Assim, por exemplo: o Tribunal de Justiça nega provimento a recurso de apelação do acusado, sem o prévio parecer do Ministério Público. Nesse caso, é de interesse do acusado a manifestação prévia do Ministério Público como órgão de justiça, que reflete atuação imparcial da instituição.

No mesmo exemplo, porém, se a hipótese for de não apresentação de contrarrazões pelo Ministério Público, cabe distinguir: (a) se o Ministério Público não apresentou as contrarrazões porque jamais fora intimado para tanto, tem-se nulidade relativa; (b) se o Ministério Público, regularmente intimado, deixa transcorrer o prazo sem a apresentação das contrarrazões, cabe ao Tribunal de Justiça proceder ao julgamento da apelação assim mesmo (a dialeticidade, para o órgão de acusação, é disponível, conforme será estudado no tópico próprio do Capítulo XIX, reservado aos recursos)[25].

Por derradeiro, ocorrendo vício no que concerne à ausência da intervenção do Ministério Público (art. 570, *caput*, c/c art. 564, III, *d*, CPP), a nulidade diz-se relativa, podendo ser sanada em qualquer das seguintes hipóteses, objeto do art. 570 do CPP: (i) se não for oportunamente arguida (sobre a oportunidade da arguição, confira-se o art. 571 do CPP); (ii) se atingida a finalidade do ato; (iii) se o Ministério Público, ainda que tacitamente, aceitar os efeitos do ato.

---

evidencia o prejuízo efetivo do recorrido. Não se verificou, no caso concreto, a indispensável separação entre o papel incumbido ao órgão acusador e ao julgador, principal característica do sistema acusatório, pois a fundamentação exposta na sentença condenatória permite concluir que os elementos do convencimento judicial decorreram, exclusivamente, de provas colhidas pelo julgador na audiência de instrução, hipótese de nulidade insanável, não sujeita, portanto, à preclusão".

25. Entretanto, nesse último caso, a posição corrente da doutrina e da jurisprudência tem sido no sentido de que cabe ao relator intimar o Procurador-Geral de Justiça, para designar outro órgão do Ministério Público para o oferecimento das contrarrazões (aplicação analógica do art. 28 do CPP), posição da qual discordamos, pelos fundamentos já apresentados. Mais detalhes sobre esse ponto encontram-se no Capítulo XIX deste Curso.

Cap. XVIII · NULIDADES   1237

4. PRINCÍPIO DA CONVALIDAÇÃO

4.1. Sentido e Alcance

A *convalidação* expressa o *saneamento* da nulidade *relativa*, sempre que atingida a *finalidade* da norma inobservada e desde que *não subsista prejuízo* para as partes.

Os artigos 568, 570 e 572 do CPP contemplam algumas hipóteses de saneamento de nulidade, convalidando-se o ato ou a omissão viciado(a).

Assim, nos termos do art. 568 do CPP, "a nulidade por ilegitimidade do representante da parte poderá ser a todo tempo sanada, mediante ratificação dos atos processuais". Nessas condições, convalidam-se os atos praticados pelo defensor do acusado, ainda que inexistente ou inepto o instrumento de mandato ao tempo de sua prática, desde que sanado esse defeito, a qualquer momento.

Sirva de exemplo a hipótese de ajuizamento de ação penal de iniciativa privada sem que a queixa seja instruída por procuração *com poderes especiais*, como preceitua o art. 44 do CPP. Suprido o defeito, têm-se por ratificados os atos anteriormente praticados.

Por seu turno, o art. 570 do CPP dispõe o seguinte: "A falta ou a nulidade da citação, da intimação ou notificação estará sanada, desde que o interessado compareça, antes de o ato consumar-se, embora declare que o faz para o único fim de argui-la. O juiz ordenará, todavia, a suspensão ou o adiamento do ato, quando reconhecer que a nulidade poderá prejudicar direito da parte".

Verifica-se, nesse ponto, maior cautela legal no que respeita ao "saneamento" da nulidade. É preciso refletir com cuidado sobre o sentido dessa norma. A falta de citação válida é causa de nulidade absoluta, prevista no art. 564, III, *e*, do CPP. O que o art. 570 do CPP, por sua vez, expressa é que a ausência da forma legal prevista para a citação pode ser suprida caso o próprio acusado compareça em juízo, antes da consumação do ato formal citatório. Assim, a convalidação não recai sobre a ausência de citação e sim sobre a falta de observância da forma legal própria do ato citatório, quando a própria citação resulte efetivada, em virtude do comparecimento do acusado. A finalidade do ato, desta sorte, revela-se alcançada, pois, diante do comparecimento, há a certeza de que o acusado está citado e, portanto, consciente da acusação que pesa contra si. Dispensa-se a forma em virtude da efetividade da própria citação. A mesma lógica se aplica às intimações.

Por outro lado, o art. 572 do CPP contempla hipóteses de convalidação de nulidades em virtude: (i) de sua não arguição oportuna, o que acarreta preclusão temporal; (ii) do alcance da finalidade da forma instituída para o ato; ou (iii) da aceitação dos efeitos do ato ou da omissão pela parte interessada.

As espécies de nulidade passíveis de convalidação sob esses parâmetros são as seguintes: a intervenção do Ministério Público (art. 564, III, *d*, CPP); a citação do acusado (art. 564, III, *e*, CPP), observado, nesse ponto, também o disposto no art. 570 do CPP; a intimação do acusado para a sessão de julgamento pelo Tribunal do Júri (art. 564, III, *g*, CPP); a intimação das testemunhas indicadas pelas partes na fase de preparação para o plenário do júri (*atualização* do disposto no art. 564, III, *h*, CPP); a omissão de formalidade que constitua elemento essencial do ato (art. 564, IV, CPP).

Além das hipóteses objeto da lei processual penal, merece especial referência a norma do art. 282, § 2º, do Novo Código de Processo Civil (2015): "Quando puder decidir o mérito a favor da parte a quem aproveite a decretação da nulidade, o juiz não a pronunciará nem madará repetir o ato ou suprir-lhe a falta"[26]. Esse dispositivo tem aplicabilidade subsidiária ao processo penal (art. 3º, CPP), cumprindo examinar-lhe o sentido e o alcance.

Cuida-se, induvidosamente, de hipótese de convalidação, ensejada pela possibilidade de decisão de mérito favorável à parte a quem aproveitaria a declaração de nulidade. Supre-se a forma, assim, com a decisão de mérito favorável à parte prejudicada pelo vício.

Assim, por exemplo: em hipótese de cerceamento de defesa na fase instrutória, percebida pelo juiz no momento da sentença, se puder pronunciar provimento absolutório, essa decisão de mérito deverá ser adotada, em vez da declaração de nulidade, ainda que constatado o vício.

O dispositivo, portanto, além de inspirado pelo princípio da instrumentalidade das formas, prestigia a economia processual, possibilitando ao juiz encerrar o processo com resolução do mérito, dando por convalidado, sob esse fundamento, o vício de nulidade.

A norma pode, de igual modo, ser aplicada na esfera recursal, em que ainda maior prejuízo haveria pela invalidação do processo, com seu retorno ao juízo de origem, quando o mérito pudesse ser resolvido em favor da própria parte em tese beneficiada pela declaração de nulidade.

4.2. Hipótese Especial de Convalidação de Nulidade Absoluta

A nulidade absoluta, como terá ficado claro no tópico anterior, em geral não se sujeita à convalidação. Essa é uma noção básica do direito processual geral. Como princípio, apenas as nulidades relativas podem ser, sob os referenciais do art. 570 do CPP (preclusão, alcance da finalidade ou aceitação dos efeitos), sanadas e, portanto, convalidadas.

No processo penal, entretanto, a nulidade absoluta *prejudicial ao acusado* não pode ser reconhecida pelo tribunal, em sede de recurso da acusação, se o recorrente não a suscitou como preliminar. Tem-se, assim, a impossibilidade de reconhecimento, *ex officio* pelo tribunal, de nulidade absoluta contra o acusado. Nesse sentido, confira-se o teor da Súmula nº 160 do STF: "É nula a decisão do Tribunal que acolhe contra o réu nulidade não arguida no recurso da acusação, ressalvados os casos de recurso de ofício"[27].

---

26. Disposição quase idêntica à do art. 249, § 2º, do Código de Processo Civil de 1973.

27. Como, sobre o tema, expressam ADA GRINOVER, SCARANCE FERNANDES e GOMES FILHO: "...mesmo em relação às irregularidades que levam à nulidade absoluta, a possibilidade de reconhecimento pelo tribunal *ex officio* está restrita às situações em que o desrespeito à forma tiver prejudicado a defesa; ao contrário,

Cap. XVIII · NULIDADES

A título de exemplo: na hipótese de recurso do Ministério Público interposto em face de sentença absolutória, o tribunal não pode reconhecer de ofício nulidade decorrente da ausência de alegações finais da acusação ou da falta de motivação da sentença, se o recorrente não suscitou expressamente qualquer desses vícios.

Nessas condições, identifica-se aí caso especial de convalidação de nulidade absoluta, sempre que reunidas as seguintes condições: (i) nulidade desfavorável ao acusado; (ii) ausência de arguição do vício pelo acusador, como preliminar do recurso de apelação.

---

quando se tratar de vício cujo reconhecimento favoreça a acusação, será indispensável a arguição do vício como preliminar do recurso". Cfr. GRINOVER, Ada Pellegrini / FERNANDES, Antônio Scarance / GOMES FILHO, Antônio Magalhães. *As Nulidades no Processo Penal*. São Paulo: Revista dos Tribunais, 2006, p. 41.

CAPÍTULO XIX
Recursos e Ações Autônomas de Impugnação

SEÇÃO I
Teoria Geral dos Recursos e das Ações Autônomas de Impugnação

1. CONCEITO E FUNDAMENTOS

Entende-se por *recurso* o meio voluntário de impugnação de decisão jurisdicional, manejável antes da coisa julgada ou da preclusão, dentro de um processo e sem a instauração de nova relação jurídica processual, com o objetivo de reformar, invalidar, esclarecer ou integrar o ato decisório impugnado.

1.1. Fundamentos

O direito ao recurso fundamenta-se, em larga medida, no próprio direito de ação e no direito de defesa, associado um ou outro pelo menos a um dos seguintes elementos adicionais: (i) princípio do duplo grau de jurisdição; (ii) exigência de clareza e de integridade das decisões judiciais; (iii) integridade e uniformidade do direito federal.

Com efeito:

(i) O autor da ação, a quem se concede o direito subjetivo de provocar o Poder Judiciário para arguir violação ou ameaça a direito material e postular a proteção correspondente, dispõe de igual modo do direito de obter, ao menos uma vez, a revisão por um órgão jurisdicional superior do ato decisório que lhe for desfavorável (direito de ação e duplo grau de jurisdição). Do mesmo modo, o acusado, que tem o direito de se defender da pretensão contra ele formulada, dispõe igualmente do direito de continuar sua defesa impugnando perante órgão superior a decisão que lhe for desfavorável (garantia da ampla defesa e duplo grau de jurisdição).

(ii) O acusador ou o acusado, que têm respectivamente o direito de ação e o direito de defesa, dispõem de igual modo do direito de obter uma decisão clara e sem lacunas (exigência de clareza e de integridade das decisões judiciais), sendo esse o fundamento que justifica entre nós a existência do recurso de embargos de declaração, apreciado e julgado pelo próprio órgão prolator da decisão impugnada.

(iii) Em algumas hipóteses, independentemente do duplo grau, o direito ao recurso se justifica, além de seu caráter invariável de derivação ou desdobramento do direito de ação ou do direito de defesa, pela exigência de uniformidade ou de integridade do direito federal, o que acontece no recurso especial para o Superior Tribunal de Justiça e no recurso extraordinário para o Supremo Tribunal Federal.

Em qualquer espécie recursal contemplada em nosso sistema, é possível identificar ao menos uma das características apontadas.

Há que se referir, porém, ainda dois fundamentos adicionais possíveis: (iii) a proteção de direito de terceiro juridicamente interessado no processo; (iv) a proteção da ordem jurídica objetiva. Em virtude de (iii) é que se admite, excepcionalmente, a legitimidade do ofendido para interpor recurso no processo penal instaurado por ação de iniciativa pública. Já pelo fundamento (iv) é que se confere legitimidade recursal ao Ministério Público mesmo quando atue na condição de órgão de justiça, e não de parte.

Expostos esses fundamentos, que serão aprofundados no momento oportuno, cumpre analisar, a seguir, cada um dos elementos integrantes do conceito de recurso apresentado ao início.

1.2. Meio voluntário de Impugnação de Decisão Judicial

O primeiro dos elementos essenciais situa o recurso como um *meio de impugnação*. Efetivamente, o recurso é espécie do gênero meio de impugnação, que alcança também a ação autônoma[1].

Trata-se, ademais, de um meio de impugnação *voluntária*, característica que também há na ação autônoma.

Adicionalmente, a impugnação recai sobre uma *decisão judicial*.

Até aqui não temos elemento diferenciador do recurso frente à ação autônoma de impugnação.

Importa, de todo modo, identificar o sentido e o alcance de cada um desses elementos conceituais comuns ao recurso e à ação autônoma: (i) ser o recurso um meio de *impugnação* significa que se presta a questionar a decisão, apontando-lhe algum vício (direto ou indireto), equívoco ou injustiça; (ii) ser o recurso um meio *voluntário* de impugnação significa que a sua interposição deriva de um ato de vontade de qualquer das partes ou dos demais legitimados, não podendo se realizar por qualquer ato oficial ou automático; (iii) ser o recurso um meio de impugnação de *decisão* judicial significa que não se presta a impugnar mero despacho, sem conteúdo decisório, conquanto emane de um órgão judiciário.

Pela característica da *voluntariedade*, a interposição do recurso depende sempre de manifestação de vontade do recorrente. Em se tratando de meio *voluntário* de impugnação, o que significa dizer que cabe ao legitimado resolver se interpõe ou não o recurso, tem-se que este constitui ônus processual, vale dizer, uma faculdade processual

---

1. Não interessam nessa órbita o recurso administrativo e a ação de impugnação de ato administrativo, embora uma ou outra figura possa estar regida pelos mesmos ou por similares princípios. No contexto de um processo judicial, nossa análise restringe-se aos atos impugnativos de decisões jurisdicionais.

Cap. XIX • RECURSOS E AÇÕES AUTÔNOMAS DE IMPUGNAÇÃO 1243

que, se não exercida na forma e na oportunidade legalmente estabelecidas, pode ocasionar preclusão temporal[2].

Considerando igualmente a voluntariedade, há que se situar fora do âmbito conceitual do recurso as impropriamente chamadas hipóteses de "recurso de ofício" ou "recurso *ex officio*", assim ainda previstas pela lei processual penal (art. 574, I e II, CPP, e art. 7º, Lei nº 1.521/1951). Trata-se aqui, em verdade, de hipóteses de duplo grau obrigatório, que serão abordadas no próximo subtópico.

Por sua vez, o objeto de impugnação deve ser um ato judicial de conteúdo *decisório*. Aqui estão abrangidas, de acordo com a classificação geral prevista no Código de Processo Civil, as *decisões interlocutórias* e as *sentenças*, mas não os despachos. Se tomarmos em conta as imprecisas denominações utilizadas no Código de Processo Penal, *podem* ser objeto de impugnação recursal as decisões interlocutórias, as decisões definitivas, as decisões com força de definitivas e as sentenças, mas não, de igual modo, os despachos.

Um despacho de mero expediente, destinando-se ao simples impulso oficial do processo (determinação de citação ou de intimação, designação de audiência etc.), não tem aptidão decisória, razão pela qual não comporta recurso, espécie que se presta a discutir *o que se decidiu* em desfavor do legitimado.

Se o ato judicial tem conteúdo decisório, embora em um caso eventual haja sido impropriamente denominado *despacho*, poderá desafiar recurso (se houver previsão legal), uma vez que sua real natureza é a de decisão. Não importa, assim, a denominação que se dá ao ato judicial, mas sua real natureza jurídica, para o efeito de situá-lo ou não como possível objeto de recurso.

1.3. Interposição antes da Preclusão ou da Coisa Julgada

Não há, na ordem jurídica brasileira, espécie recursal apta a impugnar decisão judicial transitada em julgado. Para tanto existem ações autônomas com aptidão rescisória de julgados, tais como, invariavelmente, a revisão criminal e, em caráter excepcional, o *habeas corpus*, assim como, no processo civil, a ação rescisória. De sua parte, assim, os recursos compreendem-se como meios impugnativos de decisões ainda não tornadas definitivas, traduzindo, aliás, o efeito imediato e o objetivo de impedir a preclusão ou o trânsito em julgado do ato decisório impugnado.

A interponibilidade *antes da preclusão* diz respeito aos recursos de impugnação de *decisões interlocutórias*. Por seu turno, a interponibilidade *antes da coisa julgada, material ou formal*, aplica-se aos recursos de impugnação de *sentenças* e de *decisões definitivas ou com força de definitivas*.

---

2.   Nesse sentido, como pontuam ADA GRINOVER, GOMES FILHO e SCARANCE FERNANDES: "Exatamente por se tratar de meios *voluntários* de impugnação, os recursos, quanto à sua interposição, configuram ônus processual, representando uma faculdade que, se não exercida, pode acarretar consequências desfavoráveis". Cfr. GRINOVER, Ada Pellegrini / GOMES FILHO, Antônio Magalhães / FERNANDES, Antônio Scarance. *Recursos no Processo Penal*. São Paulo: Revista dos Tribunais, 2011, p. 30.

Assim, a interposição de recurso em sentido estrito, por exemplo, impede a preclusão da decisão (interlocutória) de indeferimento de pedido de prisão preventiva (art. 581, V, CPP). Não impugnado esse ato pelo recurso próprio, opera-se a preclusão. Por outro lado, a interposição de recurso de apelação contra sentença impede o trânsito em julgado desse ato judicial terminativo (art. 593, I, CPP). Não impugnada tal decisão mediante o recurso próprio, opera-se a coisa julgada material. Por fim, a interposição pelo Ministério Público de recurso em sentido estrito (art. 581, I, CPP) impede a formação de coisa julgada formal da decisão de rejeição liminar da denúncia (classificável como decisão com força de definitiva).

No processo penal, ainda que operada a preclusão ou a coisa julgada, restará ao acusado o manejo de ação autônoma de impugnação do mesmo ato, quer até mesmo com maior eficácia, quer com limites de cognição mais estreitos, que os do recurso cabível. Sirva de exemplo do primeiro caso: preclusa a decisão de indeferimento de pedido de extinção da punibilidade, a impetração do *habeas corpus* (art. 648, VII, CPP) pelo acusado, à vista da natureza da hipótese, encerrará até maior efetividade e celeridade que o recurso em sentido estrito (art. 581, IX, CPP). E do segundo caso: transitada em julgado a sentença penal condenatória, o acusado ainda poderá ajuizar revisão criminal (art. 621, CPP) ou mesmo *habeas corpus*, mas apenas para a discussão limitada de determinadas hipóteses, sem amplitude comparável, portanto, à que teria o recurso de apelação (art. 593, I, CPP).

1.4. Continuidade de Relação Jurídica Preexistente

O próximo elemento que desponta no conceito de recurso, essencial para distinguir essa espécie da ação autônoma de impugnação, é o aspecto de mera *continuação de relação jurídica preexistente*, sem a instauração de processo novo. Com efeito, a interposição do recurso não conforma novo processo ou nova relação jurídica processual, limitando-se a situar a relação jurídica preexistente perante o órgão jurisdicional de instância superior (com a ressalva, por exemplo, dos embargos de declaração), para fins de reexame.

Diversamente, as ações autônomas, a exemplo do *habeas corpus* e do mandado de segurança, mesmo quando se destinem a impugnar decisão judicial (âmbito que aqui nos interessa), instauram processo novo, com nova relação jurídica processual, ainda que a decisão proferida nessa sede repercuta no processo originário em que fora prolatado o ato impugnado.

Em uma ação de *habeas corpus* destinada a impugnar decisão judicial de recebimento de denúncia, com vistas ao trancamento da ação penal, instaura-se relação jurídica nova, entre o impetrante do *habeas corpus* (polo ativo) e o juízo prolator da decisão impugnada (polo passivo). Essa relação é diversa daquela própria do processo (ação penal) originário, entre o acusador (polo ativo) e o acusado (polo passivo). A decisão que vier a ser proferida no *habeas corpus*, entretanto, repercute na ação penal originária, inclusive para o fim de encerrá-la, se concedida a ordem. Instaurando novo processo, de toda sorte, não pode o *habeas corpus* ser considerado recurso, apesar de vir disciplinado pelo Código de Processo Penal no Título reservado aos recursos.

1.5. Objetivos possíveis: Reforma, Invalidação, Esclarecimento, Integração

Por fim, resta considerar os possíveis objetivos associados aos recursos: *reforma, invalidação, esclarecimento* e *integração* do ato decisório impugnado.

Por *reforma* entende-se a modificação do ato decisório em seu mérito, na hipótese de *error in judicando*. O mérito a que aqui se alude é o da própria causa de pedir da demanda originária, a respeito de sua procedência ou improcedência. No processo penal, almeja-se a reforma quando o Ministério Público persegue, por exemplo, uma decisão condenatória como resultado da modificação de uma sentença absolutória; ou quando a defesa persegue uma decisão absolutória como resultado da modificação de uma sentença condenatória.

A apreciação de mérito depende de uma avaliação da procedência ou não da hipótese de acusação objeto da ação penal ou, em outros termos, da pretensão punitiva. Quando as razões do recurso disserem respeito a essa avaliação, está-se diante de uma finalidade de *reforma*.

A *invalidação*, também designável por *anulação*, tem por base o reconhecimento de vício formal (causa de nulidade) presente no próprio ato impugnado ou que de outro modo o contamine. Trata-se, portanto, de *error in procedendo*, gerador de nulidade processual. É princípio regente das nulidades o da *causalidade*, pelo qual a invalidação de um ato acarreta a dos outros que dele derivem ou que dele dependam; na maioria dos casos, a declaração de nulidade de um ato processual conduz à anulação dos atos posteriores.

Assim, se o objeto do recurso for a desconstituição da sentença impugnada por falta de motivação (vício do próprio ato impugnado), a finalidade perseguida no recurso será a invalidação da sentença. Do mesmo modo, se o objeto do recurso for cerceamento de defesa ocorrido durante a instrução processual (decorrente, por exemplo, do indeferimento de prova testemunhal), a finalidade será igualmente a invalidação da sentença impugnada, renovando-se todos os atos processuais a partir da configuração do vício alegado.

Cumpre esclarecer que o mérito do recurso não se confunde necessariamente com o mérito da própria causa (mérito da hipótese de acusação, no processo penal). Um recurso que tenha por objeto a invalidação da sentença por incompetência do juízo prolator terá por *mérito* (mérito do recurso) uma questão processual, diversa do mérito da causa, que por sua vez diz respeito à procedência ou à improcedência da hipótese de acusação, para o efeito de condenar ou de absolver o acusado.

Já o *esclarecimento* e a *integração* constituem finalidades próprias de um recurso específico, qual seja, o de embargos de declaração. Os vícios suscitáveis em sede de embargos declaratórios são a *omissão*, a *contradição* e a *obscuridade*. Quando o vício alegado for o de omissão, o objetivo vinculado aos embargos será o de integração – integrar, com efeito, significa suprir uma lacuna ou omissão. Por seu turno, quando o vício arguido for o de contradição ou o de obscuridade, o objetivo perseguido nos embargos será o de esclarecimento – efetivamente, tanto a contradição quanto a obscuridade geram uma impossibilidade de compreensão que reclama solução pelo devido esclarecimento.

Assim, a integração e o esclarecimento são formas de saneamento dos vícios invocáveis em sede de embargos de declaração, a primeira destinando-se a assegurar a completude, e a segunda a clareza, da decisão embargada.

2. A VOLUNTARIEDADE COMO CARACTERÍSTICA ESSENCIAL DOS RECURSOS E SUAS ATENUAÇÕES

Abordou-se que a voluntariedade é característica inerente ao conceito de recurso e que o configura como *faculdade* e ônus que, se não exercido na oportunidade e forma prescritas em lei, sujeita-se à preclusão.

Existem, entretanto, especialmente no direito processual penal, atenuações à voluntariedade própria dos recursos. Seriam atenuações da voluntariedade, conforme identificado por ADA GRINOVER, SCARANCE FERNANDES e GOMES FILHO[3]:

(i) *necessidade do duplo grau de jurisdição*, impropriamente chamada pelo Código de Processo Penal de "recurso de ofício".

(ii) possibilidade de *extensão dos efeitos da decisão de recurso ao corré*u que não recorreu, nos termos do art. 580 do CPP.

(iii) possibilidade de revisão, no recurso exclusivo da acusação, para favorecer ao acusado, ainda que este não haja recorrido, o que se justifica com base no princípio do *favor rei* ou *favor libertatis*, como fundamento da chamada *reformatio in melius* (*reformatio in pejus* para o acusador).

(iv) *mitigação do ônus de recorrer* pela possibilidade de utilização, a qualquer tempo, de ações autônomas de impugnação (*habeas corpus*, revisão criminal).

2.1. Necessidade do duplo grau de jurisdição (artigos 574 e 746, CPP)

Em relação ao ponto (i), estão fora do domínio conceitual do recurso as impropriamente denominadas hipóteses de "recurso de ofício" ou "recurso *ex officio*". Essas hipóteses movimentariam, na verdade, o que se chama de *duplo grau obrigatório* ou *remessa obrigatória*, abrangendo decisões judiciais que, por encerrarem alguma característica peculiar, a lei sujeita automaticamente a obrigatório reexame pelo órgão judiciário superior, independentemente de interposição de recurso pela parte sucumbente ou pelos demais legitimados. Não se trata aqui de recurso, e sim da providência, que a lei determina ao juízo prolator da decisão, de remessa do ato ao órgão de instância superior para fins de reexame.

---

3. GRINOVER, Ada Pellegrini / GOMES FILHO, Antônio Magalhães / SCARANCE FERNANDES, Antônio. *Recursos no Processo Penal*. São Paulo: Revista dos Tribunais, 2011, p. 30.

Uma vez que todo recurso é inerentemente voluntário, não se justifica a disposição do art. 574, *caput*, do CPP, de que "os recursos serão voluntários, excetuando-se os seguintes casos, em que deverão ser interpostos, de ofício, pelo juiz..."

Na verdade, não se trata de exceções à voluntariedade própria dos recursos, mas de hipóteses alheias à esfera recursal, as quais, se atenuam os rigores próprios da voluntariedade enquanto ônus de recorrer, não lhe afetam como elemento conceitual inerente ao fenômeno *recurso*. Cuida-se apenas de se estabelecer a revisão independentemente do exercício do direito de recorrer pelo legitimado.

É consoante essa lógica que se deve considerar as matérias objeto dos incisos I e II do art. 574 do CPP. As hipóteses de duplo grau obrigatório ("recurso de ofício") contempladas no Código de Processo Penal são as seguintes: (a) decisão concessiva de *habeas corpus* (art. 574, I, CPP); (b) decisão absolutória e de arquivamento de inquérito no âmbito dos crimes contra a economia popular, previstos na Lei nº 1.521/1951; (c) decisão concessiva de reabilitação (art. 746, CPP).

No entanto, como bem assevera EUGÊNIO PACELLI, não há como aceitar a vigência de qualquer dessas hipóteses, "dentro de um contexto normativo garantista, e em cujo interior se reserva ao Ministério Público a titularidade da ação pública"[4]. Com efeito, em um sistema processual de tipo acusatório, fundado na inércia da jurisdição penal e que, além de tudo, assegura o estado de inocência e o contraditório, entendido este como paridade de armas, não se pode conceber que atos judiciais favoráveis ao investigado ou acusado estejam sujeitos ao duplo grau obrigatório.

No mais, as hipóteses foram construídas sob bases casuísticas e aleatórias, tomando-se uma decisão concessiva de *habeas corpus* ou de reabilitação em especial, e ainda mais particularmente uma decisão de arquivamento de um inquérito instaurado para apurar crime contra a economia popular. Ora, se é assim, por que não estariam sujeitas ao duplo grau obrigatório as demais situações semelhantes? E, para preservar a paridade de armas entre acusação e defesa, também atos desfavoráveis ao acusado?

Apesar disso, na prática ainda se tolera, atualmente, a remessa obrigatória com base nos artigos 574 e 746 do CPP.

2.2. Extensão dos Efeitos de Decisão proferida no Recurso de Corréu (art. 580, CPP)

Sobre o ponto (ii), representa, aí sim, atenuação à voluntariedade a *possibilidade de extensão dos efeitos subjetivos da decisão* proferida no recurso em favor do acusado que não recorreu, com fundamento no art. 580 do CPP.

A voluntariedade é que conforma o recurso como ônus, o que sujeita o acusado inerte à preclusão e, portanto, à impossibilidade em tese de rediscutir o assunto, devendo arcar com os efeitos da decisão que lhe é desfavorável. Pode mesmo assim,

---

4. PACELLI, Eugênio. *Curso de Processo Penal*. São Paulo: Atlas, 2013.

entretanto, esse acusado inerte vir a ser favorecido por decisão proferida em sede de recurso interposto por outro acusado e que, por extensão subjetiva, lhe possa aproveitar.

Por exemplo: Em primeira instância é proferida sentença condenatória, com base na suposta prática de crime de estelionato, contra o *acusado A* e contra o *acusado B*. O acusado A não interpõe o recurso cabível, operando-se para ele, portanto, a preclusão, com o significado concreto de coisa julgada material. O acusado B, por sua vez, interpõe o recurso cabível, sede em que o tribunal revisor reconhece a inexistência objetiva do crime. Ora, não se tratando de circunstância de caráter pessoal, e sim de motivo puramente objetivo, a decisão aproveita ao acusado A, devendo a ele ser estendida a absolvição, nos termos do art. 580 do CPP. O ônus de recorrer, decorrente da voluntariedade, fica assim atenuado.

2.3. Princípio do *Favor Rei* ou *Favor Libertatis*

Quanto ao ponto (iii), o princípio do *favor rei* impõe a prevalência da orientação mais favorável ao acusado, ainda que em sede de recurso exclusivo da acusação. Assim, se puder ser de plano visualizada pelo tribunal revisor circunstância favorável ao acusado (atipicidade penal ou inexistência do fato, ou ausência de dolo, por exemplo), não será o critério puramente formal da ausência de impugnação pela defesa que impedirá o órgão judiciário de reconhecer a causa e declarar a absolvição, hipótese em que se configura *reformatio in pejus* para o acusador, que em recurso exclusivo seu contra sentença condenatória (destinado, por exemplo, à majoração da pena), tem sua situação piorada.

Nessas condições, o acusado, que não se desincumbiu de seu ônus de recorrer, ainda assim tem sua situação melhorada dentro do recurso exclusivo do acusador. Há aqui um afastamento excepcional do princípio da personalidade dos recursos, pelo qual a parte que recorreu não poderá ter sua situação piorada, se não houve recurso da parte contrária. O fundamento de tudo isso é o princípio do *favor rei*, também designado por *favor libertatis*.

2.4. Mitigação do Ônus Recursal pelo cabimento de Ação Autônoma de Impugnação

Por fim, acerca do ponto (iv), no processo penal há uma destacada amplitude de cabimento do *habeas corpus*, que permite a utilização desse meio autônomo de impugnação como sucedâneo de recurso.

Assim, por exemplo, ainda que o acusado não se desincumba de seu ônus de interpor recurso em sentido estrito contra decisão que indefira pedido de reconhecimento de causa de extinção da punibilidade (por exemplo, a prescrição), poderá perseguir essa mesma finalidade e conseguir a providência impetrando, a qualquer tempo, *habeas corpus* contra o mesmo ato decisório, sob a invocação da hipótese de constrangimento ilegal prevista no art. 648, VII, do CPP (extinção da punibilidade).

Cap. XIX • RECURSOS E AÇÕES AUTÔNOMAS DE IMPUGNAÇÃO   1249

Pode-se identificar um panorama semelhante na esfera da revisão criminal, apesar da tendência jurisprudencial mais restritiva quanto ao cabimento dessa ação de cunho rescisório.

3. CLASSIFICAÇÃO

Há diversas formas de classificação dos recursos. Apresentam-se aqui as mais relevantes.

3.1. Extensão

Quanto à *extensão*, os recursos dizem-se *totais*, quando questionam a integralidade, com abrangência de todos os capítulos decisórios, do ato judicial impugnado; ou *parciais*, quando a impugnação incida apenas sobre parte do ato recorrido[5].

Sirva de exemplo do primeiro tipo: recurso de apelação da defesa contra sentença condenatória, em que nas razões recursais se impugna tanto o juízo condenatório em si (objetivando-se correspondentemente a absolvição) quanto a dosimetria da pena (objetivando-se alternativamente a redução da quantidade de pena).

São exemplos do segundo tipo: recurso do Ministério Público contra sentença condenatória, em que o recorrente impugne apenas a dosimetria da pena, ou apenas a aplicação do benefício da suspensão condicional do processo; recurso da defesa contra sentença condenatória impugnando somente o capítulo da dosimetria da pena, mas não o juízo condenatório em si.

3.2. Fundamentos: Fundamentação Livre e Fundamentação Vinculada

Quanto aos *fundamentos*, os recursos se dividem em: (i) de *fundamentação livre*, quando não haja restrição normativa a respeito do tipo de fundamento que possa servir de base à impugnação; (ii) de *fundamentação vinculada*, quando haja restrição/especificação legal quanto ao fundamento que possa servir de base à impugnação, exigindo-se que a hipótese/objeto do recurso corresponda em tese a pelo menos um deles.

Exemplos de recursos de fundamentação livre são a apelação (art. 593, *caput*, I e II, CPP) e o recurso em sentido estrito (art. 581, CPP). Com efeito, qualquer fundamento juridicamente idôneo (nulidade por cerceamento de defesa, erro na apreciação da prova, erro na dosimetria da pena, inexistência do crime por atipicidade ou incidência de causa justificante etc.) é suscitável em sede de apelação.

Por outro lado, a taxatividade quanto às decisões impugnáveis por recurso em sentido estrito (rol taxativo do art. 581 do CPP) não subtrai dessa espécie o caráter de recurso de *fundamentação livre*. Nesse caso, a restrição legal é quanto às decisões passíveis de recurso (algo que, em maior ou menor medida, existe em todo recurso), e não quanto aos fundamentos.

---

5.   Art. 1.002, CPC/2015: "A decisão pode ser impugnada no todo ou em parte".

Por exemplo, a decisão de rejeição liminar da denúncia ou da queixa é impugnável por recurso em sentido estrito (art. 581, I, CPP). Uma vez fixada essa base, qualquer fundamento aplicável é passível de arguição pela parte recorrente (falta de motivação da decisão impugnada, existência de materialidade e/ou de indícios de autoria etc.). Claro, à vista da natureza da decisão impugnada, a aplicabilidade do fundamento do recurso poderá mostrar-se mais restrita, não cabendo identificar aí, porém, uma vinculação do cabimento recursal a certos e determinados fundamentos.

Identifica-se aí a mesma lógica aplicável à hipótese de apelação contra sentença condenatória. Uma vez estabelecido que essa específica decisão é impugnável por apelação, qualquer fundamento idôneo faz-se passível de alegação pelo recorrente.

Em uma e outra hipótese, a lei não especifica qual ou quais fundamentos podem ser suscitados na impugnação, fixando apenas qual ou quais decisões estão sujeitas ao recurso.

O mesmo raciocínio aplica-se a recursos como o de embargos infringentes, que, a nosso juízo sem razão, tem sido apontado por alguns autores como exemplo de recurso de fundamentação vinculada.

Por sua vez, são exemplos de recursos de fundamentação vinculada: recurso de apelação contra as decisões do júri (art. 593, III, CPP), embargos de declaração (art. 382 e art. 509, CPP), recurso especial (art. 105, III, CF) e recurso extraordinário (art. 102, III, CF).

A interposição do recurso de apelação contra sentença judicial em tese fundada em veredicto do Tribunal do Júri sujeita-se à invocação de fundamentos especiais, legalmente discriminados. Significa isso dizer que a apelação contra as decisões do júri não pode se basear em qualquer fundamento/motivo, mas apenas em um daqueles restritivamente indicados pela lei, que são, por exemplo, a nulidade posterior à pronúncia, a injustiça no tocante à aplicação da pena e o julgamento manifestamente contrário à prova dos autos (art. 593, III, CPP).

Não se pode interpor recurso de apelação contra a decisão do júri, portanto, se o recorrente simplesmente invocar que o veredicto foi descurado na apreciação da prova, sem afirmar que o julgamento dissociou-se inteiramente da prova dos autos (fundamento vinculado).

Cumpre asseverar, nesse ponto, que a aferição do fundamento dá-se *in statu assertionis*, vale dizer, de acordo com e nos limites do que for alegado e deduzido pelo recorrente nas razões do recurso. Assim, se o recorrente interpõe recurso de apelação contra decisão do júri afirmando que o julgamento se revelou manifestamente contrário à prova dos autos, mas o que houve na verdade foi uma escolha do Tribunal do Júri entre duas vertentes probatórias conflitantes, tem-se que o recurso é admissível, conquanto improcedente em seu mérito.

É que, nos limites da *hipótese* alegada pelo recorrente, o recurso obedece em tese ao fundamento restritivamente exigido pela lei. Já a verificação da procedência ou não da hipótese pertence à análise do mérito recursal.

O mesmo se diga quanto aos demais recursos, especialmente os de fundamentação vinculada. Prosseguindo em nossa análise, destaque-se que apenas a omissão, a obscuridade e a contradição são erros/fundamentos invocáveis em sede de embargos de declaração; e apenas a ofensa ao direito federal é invocável em sede de recurso especial e de recurso extraordinário, sujeitos um e outro à alegação de qualquer das hipóteses (fundamentos) discriminadas, respectivamente, no art. 105, III (por exemplo, ofensa à lei federal ou divergência de interpretação da lei federal) e no art. 102, III (por exemplo, ofensa a norma constitucional ou declaração de inconstitucionalidade de lei), da Constituição da República. Por isso é que classificamos essas espécies recursais como recursos de fundamentação vinculada.

3.3. Recursos Ordinários e Recursos Extraordinários

Finalmente, outra classificação corrente na doutrina é a que divide os recursos em *ordinários* e *extraordinários*. Nesse âmbito, há diversos critérios para discernir uma espécie em comparação com a outra, conforme bem sintetizado por ADA GRINOVER, GOMES FILHO e SCARANCE FERNANDES:

(a) O recurso ordinário tem como objeto próximo o direito subjetivo, ao passo que o recurso extraordinário tem como objeto imediato o direito objetivo e só mediatamente o direito subjetivo do recorrente. Critica-se esse critério porque o recurso, ainda que dito ordinário, se interposto pelo Ministério Público na condição de *custos legis*, também visa imediatamente à proteção do direito objetivo. O mesmo ocorre, no processo penal, quando o Ministério Público apela em benefício do acusado. De toda sorte, o critério, apesar de insuficiente, serve como referencial de distinção.

(b) No recurso ordinário podem ser discutidas matérias de fato ou de direito, ao passo que no recurso extraordinário só é possível a discussão de matéria de direito.

(c) Recursos ordinários são os de admissibilidade geral, não sujeitos a requisitos especialíssimos (apelação, recurso em sentido estrito), ao passo que os extraordinários sujeitam-se a regras estritas de cabimento excepcional[6].

Os autores citados consideram mais adequado o último dos critérios descritos, mas nos parece que o melhor caminho é a combinação desses três elementos, de maneira que a classificação efetivamente reflita, a um só tempo, a natureza singular e a excepcionalidade da impugnação.

De acordo com essa lógica, apenas o recurso especial e o recurso extraordinário seriam recursos extraordinários (em sentido amplo), por reunirem as características de imediatidade e preponderância do direito objetivo, discussão de matéria apenas de direito e sujeição a regras estritas de cabimento excepcional.

Nesse sentido, a apelação das decisões do júri, apesar de baseada em regras estritas de cabimento excepcional (art. 593, § 4º, CPP), seria um recurso ainda assim ordinário, visto que o direito imediatamente visado é o subjetivo e que a impugnação

---

6.   GRINOVER, Ada Pellegrini / GOMES FILHO, Antônio Magalhães / SCARANCE FERNANDES, Antônio. *Recursos no Processo Penal*. São Paulo: Revista dos Tribunais, 2011, pp. 31-32.

pode envolver tanto questões de fato quanto questões de direito. Cuida-se, portanto, de recurso de fundamentação vinculada, mas ainda assim ordinário (uma apelação, afeta ao exercício do direito ao duplo grau).

4. PRINCÍPIOS

Os recursos criminais regem-se essencialmente pelos mesmos princípios do direito processual civil. Esses princípios, entretanto, assumem em sua maioria uma feição peculiar em nosso campo de estudo, à vista da disciplina imposta por específicos princípios da esfera processual penal. A seguir analisamos o significado, o alcance e as limitações especiais de cada princípio.

4.1. Duplo Grau de Jurisdição

Acerca do *duplo grau de jurisdição*, remete-se o leitor à Seção XII do Capítulo III deste Curso, reservado aos princípios gerais do direito processual penal, em que se faz análise aprofundada do sentido e do alcance desse objeto, inclusive em seu aspecto de garantia individual.

4.2. Taxatividade

De acordo com o princípio da *taxatividade*, (i) o rol dos recursos e (ii) as respectivas hipóteses de cabimento conformam um elenco estrito, o que, entretanto, não exclui, no último caso (ii), a possibilidade de interpretação extensiva e de integração analógica da norma processual penal, segundo a regra geral inserta no art. 3º do CPP.

A taxatividade, portanto, envolve tanto a relação dos recursos, segundo a tipicidade estabelecida pela lei (por exemplo, apelação, recurso em sentido estrito, carta testemunhável, embargos infringentes) quanto, em princípio, as respectivas hipóteses de cabimento (por exemplo, o recurso em sentido estrito é cabível em face das decisões taxativamente discriminadas no rol do art. 581 do CPP; a apelação é cabível nas hipóteses taxativamente elencadas nos incisos I e II do *caput* do art. 593). Como bem sintetiza Gustavo Badaró: "A taxatividade, nesse sentido, apresenta dupla face. De um lado, a lei deve estabelecer quais são as decisões recorríveis, qual o recurso adequado para impugná-la[s]. Trata-se, pois, de uma taxatividade dos *casos* de impugnação e dos *meios* de impugnação"[7]. É certo, porém, que a taxatividade entende-se *precipuamente* em função do rol *de recursos* disponíveis no sistema.

Em tal contexto, o princípio não impede o emprego excepcional de interpretação extensiva e até de analogia para a definição do sentido e alcance *das hipóteses de cabimento* de recursos existentes no sistema e também para o suprimento de lacunas nesse mesmo âmbito. Assim, não poderá ser empregada a analogia para criar um recurso

---

7. Badaró, Gustavo Henrique. *Manual dos Recursos Penais*. São Paulo: Revista dos Tribunais, 2016, p. 83.

Cap. XIX • RECURSOS E AÇÕES AUTÔNOMAS DE IMPUGNAÇÃO

não previsto, mas o mesmo método integrativo serve à definição ou à ampliação de hipótese de cabimento de um recurso instituído e disciplinado pela lei.

A título de exemplo, a lei processual penal (art. 382, CPP) só prevê o recurso de embargos de declaração (na primeira instância) em face de sentença, mas por integração analógica se fixa o cabimento do mesmo recurso, pelas mesmas razões de direito (exigência de clareza e de completude), também em face de decisão interlocutória e ainda, considerando a tipologia emanada do Código de Processo Penal, em face de decisão definitiva ou com força de definitiva.

Não há qualquer ofensa, nesse particular, ao princípio da taxatividade. O que se veda é a criação, sem qualquer base normativa, de recursos ou de hipóteses (inteiramente novas e autônomas) de cabimento (decisões impugnáveis ou fundamentos) não previstas em lei, nem alcançáveis por seu sentido.

4.3. Unirrecorribilidade

O *princípio da unirrecorribilidade* impõe que a cada decisão corresponde um único recurso. Identifica-se manifestação específica dessa lógica no art. 593, § 4º, do Código de Processo Penal: "Quando cabível a apelação, não poderá ser usado o recurso em sentido estrito, ainda que somente de parte da decisão se recorra".

Por essa norma, que assegura a unirrecorribilidade, mesmo quando um capítulo de uma sentença contenha pronunciamento decisório que por si só desafiaria recurso em sentido estrito, a apelação será o único recurso cabível, ainda que a impugnação somente alcance aquele capítulo.

A título de exemplo, suponha-se uma sentença que, em uma parte (capítulo), contenha juízo condenatório quanto à prática de crime de estelionato e, em outra, a declaração de extinção da punibilidade, pela prescrição abstrata, quanto a um crime de ameaça. Nessa hipótese, ainda que o Ministério Público pretenda impugnar apenas a parte da sentença em que se declara a extinção da punibilidade, que por si só comportaria recurso em sentido estrito (art. 581, VII, CPP), a apelação é o único recurso cabível, eis que a extinção da punibilidade foi pronunciada em *sentença* (art. 593, *caput*, I, e § 4º, CPP).

Entendida a unirrecorribilidade como princípio, devem ser ressalvados os casos de decisões objetivamente complexas, que comportam a interposição simultânea de recursos diversos. São cogitáveis exceções nas seguintes hipóteses: (a) interposição simultânea de recurso especial e de recurso extraordinário contra a mesma decisão; (b) interposição simultânea de embargos infringentes da parte não unânime e de recurso especial e/ou extraordinário da parte unânime. Essa última hipótese, especialmente por ser rechaçada no Código de Processo Civil de 1973, recomenda-nos uma reflexão mais cuidadosa.

A esse respeito, o art. 498 do hoje revogado Código de Processo Civil de 1973, na redação que lhe conferiu a Lei nº 10.352/2001, dispunha o seguinte: "Quando o dispositivo do acórdão contiver julgamento por maioria de votos e julgamento unânime, e forem interpostos embargos infringentes, o prazo para recurso extraordinário ou recurso especial, relativamente ao julgamento unânime, ficará sobrestado até a intimação da decisão nos embargos". A redação original, por seu turno, era: "Quando o dispositivo do acórdão contiver julgamento por maioria de votos e julgamento unânime e forem interpostos simultaneamente embargos infringentes e recurso extraordinário ou recurso especial, ficarão estes sobrestados até o julgamento daquele".

Assevere-se que o Novo Código de Processo Civil (2015) não mais contempla o recurso de embargos infringentes, resultando superada, portanto, naquele âmbito, a discussão aqui em foco. De toda sorte, como persiste no direito processual penal esse recurso, é importante referir as normas processuais civis (hoje revogadas) como base para a análise do regime aplicável ao processo penal[8].

Aprofundaremos essa análise na Subseção reservada ao estudo dos embargos infringentes, mas, desde logo, pode-se identificar pela comparação entre os dois dispositivos que a lei processual civil não admitia a interposição simultânea de embargos infringentes contra a parte não unânime do acórdão, de um lado, e de recurso especial e/ou extraordinário contra a parte unânime, de outro. Ao contrário, os embargos infringentes admissíveis tinham o efeito de interromper o prazo para a interposição de recurso especial e/ou extraordinário, mesmo no que se referia à parte unânime do acórdão.

Há que se considerar, entretanto, a orientação jurisprudencial refletida na Súmula nº 355 do Supremo Tribunal Federal: "Em caso de embargos infringentes parciais, é tardio o recurso extraordinário interposto após o julgamento dos embargos, quanto à parte da decisão embargada que não fora por eles abrangida". Isso supõe a exigência de que, se o acórdão for em parte unânime e em parte não unânime, devem ser *simultaneamente* interpostos recurso extraordinário no primeiro caso e embargos infringentes no segundo.

Pelo entendimento do STF, portanto, se forem apenas interpostos os embargos infringentes, não haverá efeito interruptivo do prazo para o recurso extraordinário *quanto à parte unânime do acórdão*.

É certo que a súmula era *bem* anterior à Lei nº 10.352/2001[9], que modificou o dispositivo do art. 498 do CPC de 1973. Atualmente, a súmula não tem mais nenhuma aplicação ao processo civil, já que o Novo Código, de 2015, *não* instituiu um *recurso de embargos infringentes*.

Em todo caso, não há disciplina específica na lei processual *penal* a respeito do assunto, de modo que cabe ainda considerar se a Súmula nº 355 continua aplicável no âmbito do *processo penal*.

Como veremos, o Superior Tribunal de Justiça, de sua parte, entendia que a lei processual civil (o revogado art. 498, CPC/1973) era subsidiariamente aplicável ao processo penal, de modo que, quanto ao recurso especial, não poderia haver a discutida

---

8. Em todo caso, registre-se que Código de Processo Civil de 2015 extinguiu os embargos infringentes enquanto espécie recursal, mas manteve um regime de *técnica processual* fundada nos mesmos parâmetros.

9. Na verdade, a súmula (de 1963) é anterior ao próprio Código de Processo Civil de 1973.

Cap. XIX • RECURSOS E AÇÕES AUTÔNOMAS DE IMPUGNAÇÃO

interposição simultânea, encerrando os embargos infringentes efeito interruptivo geral do prazo, inclusive quanto à parte unânime. Revogado o art. 498 do CPC de 1973, pelo CPC de 2015, não há mais, porém, a norma subsidiária, o que por certo imporá mudança de orientação – ou ao menos de sua base normativa – da parte do STJ.

Discutiremos essa tormentosa questão no momento próprio. Por ora importa considerar, *no processo penal*, a possibilidade de interposição simultânea de embargos infringentes contra a parte não unânime do acórdão e de recurso extraordinário contra a parte unânime (Súmula n° 355, STF), o que configura exceção ao princípio da unirrecorribilidade.

4.4. Variabilidade e Preclusão Consumativa

Aborda-se aqui princípio a nosso juízo não aplicável, ao menos não com o pleno significado que se lhe associa, na ordem jurídica brasileira.

A *variabilidade* permite a *substituição* de um recurso por outro recurso, desde que dentro do prazo. Com fundamento nesse princípio, a parte pode, ainda no prazo da impugnação, substituir o recurso antes interposto por outro recurso.

A título de exemplo: o legitimado interpõe apelação (com as razões) logo no segundo dia do prazo. Ainda dentro do prazo recursal (5 dias), a parte poderia, pelo princípio da variabilidade, interpor outra apelação para substituir a primeira (por qualquer motivo – porque considerou frágil ou incompleta a primeira, por exemplo). Esse princípio não se aplica no direito brasileiro, em virtude do instituto da *preclusão consumativa*[10].

Parte da doutrina admite, no entanto, a mera *suplementação* do recurso. Isso aconteceria no caso, por exemplo, em que o acusado impugnasse os pontos X e Y da sentença condenatória (referentes à condenação em si, por exemplo) e depois, ainda no prazo, suplementasse o recurso (pela interposição de outro recurso, na verdade) com a inclusão do ponto Z (referente à dosimetria da pena, por exemplo).

Nessa hipótese, segundo parte da doutrina, não ocorre a preclusão consumativa, pois não se trata de substituição do recurso, mas de simples suplementação. Com esse entendimento, assim sustentam ADA GRINOVER, GOMES FILHO e SCARANCE FERNANDES: "Quando (...) se trate de *suplementação* de um recurso com outro, não vige a regra da preclusão consumativa (...) Imagine-se que o recorrente interponha apelação, visando ao reexame da sentença do juiz-presidente do júri – isso não obsta a que, ainda no prazo, se interponha outra apelação contra o veredicto dos jurados. O mesmo ocorre quando a apelação impugne apenas um capítulo da sentença (por exemplo, a questão da dosagem da pena), e a segunda a própria condenação"[11].

---

10. O princípio tinha respaldo entre nós sob a égide do Código de Processo Civil de 1939, cujo art. 809 assim dispunha: "A parte poderá variar de recurso dentro do prazo legal, não podendo, todavia, usar, ao mesmo tempo, de mais de um recurso".

11. GRINOVER, Ada Pellegrini / GOMES FILHO, Antônio Magalhães / FERNANDES, Antônio Scarance. *Recursos no Processo Penal.* São Paulo: Revista dos Tribunais, 2011, pp. 35-36.

Em decisão monocrática proferida no AI 579.987/RS, o então Ministro JOAQUIM BARBOSA, do Supremo Tribunal Federal, assim rechaçou a aplicabilidade do princípio em foco no direito brasileiro e, em particular, no processo penal (STF, AI 579.987, Rel. Min. JOAQUIM BARBOSA, decisão monocrática em 20.11.2007, DJ de 01.02.2008): "O recorrente invoca a aplicação do princípio da variabilidade recursal para a interposição de Recurso Extraordinário Substitutivo. Ocorre, primeiramente, que esse princípio não tem previsão expressa no Código de Processo Penal e nem no Código de Processo Civil vigente. A alusão ao princípio em comento existiu apenas no Código de Processo Civil de 1939, em seu art. 809. Ainda que previsão houvesse, esta não teria o alcance pretendido pelo recorrente, pois a possibilidade invocada teria o condão de permitir a substituição apenas do recurso interposto equivocadamente pelo que seria apropriado para o caso concreto, desde, é claro, que ainda estivesse dentro do prazo. Não é esse o caso retratado no Recurso Extraordinário substitutivo. O Recurso Extraordinário interposto pelo então defensor constituído era da espécie cabível na circunstância; não houve, portanto, equívoco na escolha da modalidade recursal. Assim, operou-se a preclusão consumativa, motivo pelo qual é descabida a interposição de outro recurso substitutivo, ainda que no prazo legal"[12].

A variabilidade, portanto, é inaplicável em nossa ordem jurídica. A *complementaridade*, entretanto, aplica-se sob certas condições. É o que se examina no próximo tópico.

4.5. Complementaridade

Pelo *princípio da complementaridade*, o recorrente poderá complementar a fundamentação de seu recurso se houver modificação do julgado, em virtude do acolhimento de embargos de declaração opostos pela parte adversa.

A título de exemplo, suponha-se que, em face de uma sentença condenatória, o acusado interponha recurso de apelação já com as respectivas razões (ou então apresente as razões pouco após a interposição, no prazo do art. 600, *caput*, do CPP), ao passo que o Ministério Público oponha à sentença embargos de declaração. Na hipótese de acolhimento dos embargos de declaração do Ministério Público, a sentença tem-se por integrada, esclarecida ou reformada, de modo que o acusado, que já apresentou suas razões de impugnação, terá o direito de complementar seu recurso, inclusive agregando-lhe novos fundamentos.

---

12. Igualmente rechaçando a variabilidade, embora chamando-a "complementaridade", eis a decisão do Tribunal Regional Federal da 5ª Região na AC 500.091 (TRF5, 3ª Turma, Rel. Des. RUBENS DE MENDONÇA CANUTO, DJ de 05.08.2010): "PROCESSUAL CIVIL. ADMINISTRATIVO. PRINCÍPIO DA COMPLEMENTARI-DADE. INAPLICABILIDADE. SERVIDOR PÚBLICO. GDASUS. GDPTS. CUMULAÇÃO. IMPOSSIBILIDADE. 1. *Interposto o apelo, não é possível à parte emendá-lo ou apresentar novas razões, exceto quando, depois de prolatada, a sentença é modificada por meio de embargos de declaração, hipótese não configurada. (...)* Complementação das razões do apelo não conhecida". Em verdade, a nosso juízo, o que o Tribunal decidiu foi pela não aplicação do princípio da variabilidade, a título de suplementação do recurso ainda dentro do prazo. De toda sorte, afirmou-se a aplicação do princípio da complementaridade apenas se o julgado foi modificado em sede de embargos de declaração, o que está rigorosamente correto e se examina no tópico 4.5.

A nosso juízo, a modificação em foco é de qualquer ordem, em sentido amplo, podendo consistir inclusive em mera integração ou esclarecimento. Não se trata necessariamente, portanto, da realização de efeitos infringentes dos embargos de declaração, com a reforma ou a invalidação do julgado.

Trata-se aqui de mera complementação, e não de nova interposição do recurso, que estaria impedida em virtude da preclusão consumativa.

O princípio da complementaridade está expressamente admitido no art. 1.024, § 4º, do Código de Processo Civil de 2015: "Caso o acolhimento dos embargos de declaração implique modificação da decisão embargada, o embargado que já tiver interposto outro recurso contra a decisão originária tem o direito de complementar ou alterar suas razões, nos exatos limites da modificação, no prazo de 15 (quinze) dias, contado da intimação da decisão dos embargos de declaração". Essa regra tem aplicação subsidiária (art. 3º, CPP) ao processo penal.

Por outro lado, não havendo modificação (no sentido antes exposto) do julgado após os embargos, a parte embargada não poderá complementar nem terá que ratificar o recurso anteriormente interposto. Como o expressa o art. 1.024, § 5º, do CPC/2015: "Se os embargos de declaração forem rejeitados ou não alterarem a conclusão do julgamento anterior, o recurso interposto pela outra parte antes da publicação do julgamento dos embargos de declaração será processado independentemente de ratificação".

4.6. Fungibilidade

Conforme o *princípio da fungibilidade*, o recurso equivocadamente interposto poderá ser conhecido e processado como se fosse o recurso cabível, desde que não haja má-fé na escolha do recurso manejado. É o que se depreende do art. 579, *caput*, do CPP: "Salvo a hipótese de má-fé, a parte não será prejudicada pela interposição de um recurso por outro". Já o parágrafo único do mesmo art. 579 prescreve: "Se o juiz, desde logo, reconhecer a impropriedade do recurso interposto pela parte, mandará processá-lo de acordo com o rito do recurso cabível".

O art. 1.024, § 3º, do Código de Processo Civil de 2015 contempla hipótese especial de fungibilidade, nestes termos: "O órgão julgador conhecerá dos embargos de declaração como agravo interno se entender ser este o recurso cabível, desde que determine previamente a intimação do recorrente para, no prazo de 5 (cinco) dias, complementar as razões recursais, de modo a ajustá-las às exigências do art. 1.021, § 1º [impugnação específica dos fundamentos da decisão agravada]".

Associa-se a fungibilidade, na espécie, à exigência de complementação das razões do recurso. Cuida-se de salutar avanço. A especificidade do recurso cabível, assim, não é mais impeditiva da aplicação da fungibilidade: admite-se o recurso considerado errôneo e intima-se o recorrente para adaptar a impugnação ao perfil normativo próprio do recurso cabível.

Ressalva-se, porém, à aplicação da fungibilidade, a má-fé do recorrente (art. 579, *caput*, CPP).

Segundo clássica elaboração de Pontes de Miranda, podem ser citadas algumas possíveis situações de má-fé. A principal delas acha-se no expediente de usar do recurso equivocado no prazo maior, por estar perdido o prazo do recurso cabível. No processo penal, pode-se cogitar da hipótese no caso em que o legitimado interpõe recurso em sentido estrito (prazo de 5 dias), manifestamente incabível, por ter perdido o prazo para a interposição de carta testemunhável (48 horas), recurso que serve para impugnar, por exemplo, decisão que nega seguimento a recurso em sentido estrito: seria outro recurso em sentido estrito interposto de má-fé para impugnar decisão denegatória de seguimento a recurso em sentido estrito[13].

A só interposição do recurso errado fora do prazo do recurso cabível, no entanto, não deveria servir automaticamente a uma identificação de má-fé. É que, se existirem divergências doutrinárias e jurisprudenciais quanto ao recurso efetivamente cabível, pode o recorrente ter interposto o recurso supostamente errôneo por acreditar ser este o correto, e não o outro cujo prazo já expirou. Nesse sentido, para Ada Grinover, Gomes Filho e Scarance Fernandes: "Parece (...) poder-se concluir que, se houver realmente incerteza quanto ao recurso adequado – seja pelo próprio sistema, seja por controvérsias doutrinárias ou jurisprudenciais –, o recurso impróprio pode ser aproveitado, mesmo se interposto fora do prazo do cabível". E acrescentam: "Mas, se essa dúvida não existir, a interposição de um recurso por outro, dentro do prazo maior, será claro indício de má-fé"[14].

Refletindo de alguma maneira esse aspecto, tem-se o já citado art. 1.024, § 3º, do CPC/2015, ao dispor que o "órgão julgador conhecerá dos embargos de declaração como agravo interno *se entender ser este o recurso cabível...*" De forma adequada, a regra enfatiza o aspecto da divergência, em vez do erro, como base para a aplicação da fungibilidade.

No entanto, como precisamente advertem os mesmos autores, a jurisprudência do Supremo Tribunal Federal inclina-se no sentido do aproveitamento do recurso impróprio *apenas se interposto no prazo do recurso cabível.*

Diante desse posicionamento, recomenda-se que, em havendo dúvida quanto ao recurso cabível, seja a impugnação apresentada no prazo menor, de modo a garantir a fungibilidade, na hipótese de o recurso interposto vir a ser considerado incabível pelo órgão de julgamento.

No processo civil, com o advento do novo Código, ficam prejudicados os casos de má-fé em função de prazo, já que se estabeleceu, para quase todas as espécies recursais, o prazo único de 15 (quinze) dias (art. 1.003, § 5º, CPC/2015). A única exceção é o recurso de embargos de declaração, que tem prazo de 5 (cinco) dias. Mas caso esse recurso seja erroneamente interposto, no lugar de agravo interno, não haverá óbice à

---

13. A questão do prazo reflete a mais comum forma de má-fé. Outras, porém, foram ainda cogitadas por Pontes de Miranda: valer-se de recurso de maior devolutividade para escapar à coisa julgada formal; protelar o processo, ao lançar mão de recurso mais demorado; provocar apenas divergência jurisprudencial, para assegurar-se, depois, outro recurso.

14. Grinover, Ada Pellegrini / Gomes Filho, Antônio Magalhães / Fernandes, Antônio Scarance. *Recursos no Processo Penal.* São Paulo: Revista dos Tribunais, 2011, p. 38.

Cap. XIX • RECURSOS E AÇÕES AUTÔNOMAS DE IMPUGNAÇÃO   1259

fungibilidade, já que o prazo dessa última impugnação é de 15 (quinze) dias e, portanto, terá sido respeitado. A exclusiva situação cogitável, como má-fé, é a de interposição de agravo interno no lugar dos embargos de declaração, por já estar expirado o prazo para este último. Nesse caso, a aplicação da fungibilidade já fica obstada por outro motivo, qual seja, a natureza de recurso de fundamentação vinculada própria dos embargos declaratórios, conforme se examina ainda neste tópico. Ademais, na espécie, se o recorrente suscitar, nas razões do recurso errôneo (agravo interno), fundamento próprio do recurso cabível (embargos de declaração), ficará nítida a má-fé, quando já expirado o prazo do último.

Além da má-fé como impeditivo da aplicação da fungibilidade, encontra-se na jurisprudência a invocação do *erro grosseiro*, com base em antiga regra constante do revogado Código de Processo Civil de 1939 (art. 810). Pensamos que essa exceção não pode ser aplicada, à míngua de previsão legal, sobretudo no direito processual penal, em que a lei expressamente excepciona *apenas* a má-fé (art. 579, *caput*, CPP). Não se pode, por óbvio, aceitar a inaplicação de princípios gerais com base em critérios extralegais.

O Superior Tribunal de Justiça, no entanto, tem posição diversa, no sentido da não aplicação da fungibilidade em caso de erro grosseiro, *mesmo no âmbito do processo penal*. Refira-se, em particular, o julgado da Sexta Turma no RHC 25.277/SP (STJ, 6ª Turma, RHC 25.277, Rel. Min. SEBASTIÃO REIS JÚNIOR, julgamento em 13.05.2014, DJ de 02.06.2014): "RECURSO EM SENTIDO ESTRITO/RECURSO ORDINÁRIO EM HABEAS CORPUS. ERRO GROSSEIRO. PRINCÍPIO DA FUNGIBILIDADE. INAPLICABILIDADE. (...) Utilizado recurso em sentido estrito em lugar do ordinário constitucional, impossível a fungibilidade recursal (RHC n. 9.780/RS, Ministro Fontes de Alencar, DJ 5/2/2001)". Na mesma esteira, confira-se: STJ, 6ª Turma, HC 279.882/MS (AgR), Rel. Min. MARIA THEREZA DE ASSIS MOURA, julgamento em 04.02.2014, DJ de 18.02.2014[15].

A Segunda Turma do Supremo Tribunal Federal, por seu turno, já invocou o erro grosseiro como impeditivo da fungibilidade, mas de alguma maneira acenando para a possibilidade de concessão de *habeas corpus* de ofício. Refira-se, no ponto, o julgado da Turma no RHC 120.363/RJ (AgR) (STF, 2ª Turma, RHC 120.363, Rel. Min. GILMAR MENDES, julgamento em 25.02.2014, DJ de 19.03.2014): "Recurso ordinário interposto em face de acórdão proferido pelo TSE em sede de recurso ordinário em habeas corpus. Impossibilidade. Inaplicabilidade do princípio da fungibilidade em razão de erro grosseiro. Ausência de argumentos capazes de infirmar a decisão agravada. Mesmo que a petição fosse conhecida como habeas corpus, não seria caso de concessão da ordem de ofício. 6. Agravo regimental a que se nega provimento".

Em todo caso, advirta-se que a posição das Cortes foi afirmada com referência a âmbitos particulares, de recurso ordinário constitucional e de *habeas corpus*. Por outro

---

15. "PROCESSO PENAL. AGRAVO REGIMENTAL NO HABEAS CORPUS. INTERPOSIÇÃO CONTRA ACÓRDÃO DE TURMA. IMPOSSIBILIDADE. 1. O recurso de agravo regimental tem por finalidade atacar decisão monocrática, não sendo cabível como forma de impugnação do acórdão proferido pelo colegiado, conforme expressa regulação no art. 258 desta Corte, sendo inaplicável, na espécie, o princípio da fungibilidade, por restar caracterizado erro grosseiro. 2. Agravo regimental não conhecido".

lado, tratando-se, por exemplo, de interposição errônea de recurso em sentido estrito no lugar de recurso de apelação, não nos parece invocável o erro grosseiro como impeditivo da fungibilidade, sobretudo quando se trate de impugnação da defesa.

Finalmente, pode-se inferir de toda essa exposição que a fungibilidade só é aplicável a recursos *de fundamentação livre*. Nos recursos de *fundamentação vinculada*, a invocação de um dos fundamentos restritamente fixados em lei é, *in statu assertionis*, condição de admissibilidade (possibilidade jurídica) da impugnação recursal.

Na hipótese de interposição de um recurso impróprio, não faz o menor sentido que as razões deste contemplem os fundamentos vinculantes do recurso cabível. De fato, se o sujeito que interpõe erroneamente recurso em sentido estrito contra veredicto do júri alegando que o julgamento foi manifestamente contrário à prova dos autos (fundamento vinculante estabelecido no art. 593, § 3º, *d*, do CPP), por qual razão, mesmo identificando uma hipótese de cabimento específica (art. 593, § 3º, CPP), não interpôs o recurso correto, no caso a apelação (de fundamentação vinculada)?

Se o recorrente identificar o fundamento vinculante, a ponto de expô-lo e invocá-lo de forma admissível, correlatamente interporá o recurso correspondente, não sendo aceitável (podendo até, dependendo do caso, indicar má-fé) que interponha, em vez disso, outro recurso.

De outra parte, pelo caráter de especificidade do recurso especial e do recurso extraordinário, sujeitos ambos a requisitos estritos de caráter excepcional, não se pode aceitar que um recurso ordinário erroneamente interposto seja recebido e processado como recurso excepcional.

Como visto, o Código de Processo Civil de 2015 só prevê a complementação das razões recursais para fins de cumprimento de ônus específico aplicável ao recurso cabível, na hipótese de fungibilidade entre embargos de declaração e agravo interno (art. 1.024, § 3º, CPC/2015): oposição de embargos de declaração (recurso errôneo) em lugar do agravo interno (recurso cabível). Nesse caso, a fungibilidade justifica-se não em virtude de fundamentação vinculada, inexistente na espécie, mas em torno do cumprimento de *exigência* peculiar ao recurso cabível (agravo interno), independente do cabimento, qual seja, o ônus de impugnação específica dos fundamentos (quaisquer que sejam) da decisão agravada (art. 1.021, § 1º, CPC/2015).

4.7. Dialeticidade

O *princípio da dialeticidade*, configurando o recurso como relação dialética entre recorrente e recorrido, diz respeito ao *contraditório no âmbito recursal*, garantindo ao recorrido o conhecimento e a possibilidade de reação às razões de impugnação apresentadas pelo recorrente.

Para o exercício do contraditório pelo recorrido, é necessário que o recorrente efetivamente ofereça suas razões de impugnação, já que somente assim ficará viabilizada a apresentação de contrarrazões.

Por esse motivo, ADA GRINOVER, SCARANCE FERNANDES e GOMES FILHO criticam o disposto no art. 601, *caput*, do CPP, por permitir que o recurso de apelação suba e seja julgado sem as razões, infringindo-se assim contraditório: "No processo penal, as razões de apelação podem ser oferecidas em primeiro e em segundo grau (art. 600, § 4º, CPP). Por outro lado, o art. 601 CPP permite que a apelação suba ao tribunal e seja julgada sem as razões, o que infringe o princípio do contraditório"[16].

Pensamos, no entanto, que o dispositivo em análise deve ser interpretado apenas no sentido de permitir a subida, mas não o julgamento, do recurso sem as razões. Antes de prosseguir em nossa reflexão, assevere-se que, no processo penal, é possível e mesmo normal que o legitimado, no prazo de 5 (cinco) dias (art. 593, *caput*, CPP), apenas manifeste a interposição do recurso de apelação, pugnando pela abertura de prazo para a apresentação das razões em momento posterior (art. 600, *caput*, CPP).

É isso que possibilita a hipótese de "recurso sem razões", sempre que o recorrente, uma vez já interposta a apelação, deixe de oferecer as razões mesmo intimado para tanto (não se trata de intempestividade, que incide apenas sobre a interposição do recurso, ao passo que o desrespeito ao prazo para o oferecimento de razões, por sua vez, configura mera irregularidade). Discute-se aqui, portanto, se pode ser julgado o recurso que, na forma do art. 601, *caput*, do CPP, subiu sem as razões.

Se o recorrente for o acusado, a jurisprudência tem sido firme no sentido da imprescindibilidade das razões, em face da garantia da ampla defesa e da correlata indisponibilidade da defesa técnica, abrangente inclusive da impugnação recursal de sentença condenatória.

Com efeito, se a ampla defesa alcança todos os meios e recursos a ela inerentes, reclama-se efetividade defensiva do acusado também na esfera recursal, o que somente se pode atingir pelo oferecimento de razões de impugnação ao ato desfavorável ao acusado. Não haveria defesa efetiva, realmente, na hipótese de mera impugnação formal, com vazia manifestação de inconformismo, sem a indicação de fundamentos aptos a questionar o resultado condenatório.

Nesse particular, se então o defensor constituído, intimado para a apresentação das razões do recurso, deixar de fazê-lo, o acusado deverá ser pessoalmente intimado para indicar novo defensor, que cumpra essa finalidade. Caso o acusado, intimado para tanto, fique inerte, deverá o órgão judiciário, como última medida, nomear defensor dativo para que apresente as razões recursais. Ressalte-se, no ponto discutido, que o acusado tem direito a dispor de defensor da sua confiança, não sendo cabível, sob pena de nulidade, a nomeação direta de defensor dativo, sem antes se oportunizar ao recorrente a constituição de novo defensor.

Apenas (i) a inércia do defensor constituído quanto à apresentação das razões somada à (ii) inércia do acusado, intimado pessoalmente, para a constituição de novo defensor, ensejam da parte do órgão judiciário (tribunal competente para a apreciação do recurso) a nomeação de defensor dativo. É o que entende, com propriedade,

---

16. GRINOVER, Ada Pellegrini / GOMES FILHO, Antônio Magalhães / FERNANDES, Antônio Scarance. *Recursos no Processo Penal*. São Paulo: Revista dos Tribunais, 2011, p. 38.

o Superior Tribunal de Justiça, conforme se verifica nos seguintes julgados: STJ, 5ª Turma, HC 225.292/MG, Rel. Min. JORGE MUSSI, julgamento em 02.02.2012, DJ de 15.02.2012[17]; STJ, 5ª Turma, HC 278.193/SC, Rel. Min. MARCO AURÉLIO BELLIZZE, julgamento em 20.02.2014, DJ de 27.02.2014.

Assim, no caso do recurso da defesa, não há a possibilidade de julgamento da apelação sem as respectivas razões, devendo a regra do art. 601, *caput*, do CPP ser compreendida como mera autorização de *subida* do recurso sem as razões. Chegado o recurso ao tribunal nesse estado, deverá a Corte tomar as medidas necessárias ao oferecimento das razões de impugnação, inclusive em última instância nomeando defensor dativo para essa finalidade. É o que impõe não apenas o princípio da dialeticidade, para assegurar ao recorrido (Ministério Público ou querelante) o exercício das contrarrazões, mas particularmente a própria garantia da ampla defesa.

E se o recurso for do Ministério Público? O princípio da dialeticidade, de igual modo, impõe a apresentação das razões. Na espécie, entendemos da mesma forma que o art. 601, *caput*, do CPP autoriza apenas a subida do recurso sem as razões, mas não o seu julgamento.

Nessa hipótese, deverá ser intimado o órgão do Ministério Público oficiante no tribunal revisor (Procuradoria de Justiça ou Procuradoria Regional da República, na Justiça Comum) para que apresente as razões. A hipótese não pode ser considerada *desistência* do Ministério Público, ante a vedação inserta no art. 576 do CPP, de modo que, em último caso, a chefia da instituição deverá ser judicialmente instada a designar órgão do Ministério Público para o oferecimento das razões do recurso, em face também do princípio da indisponibilidade[18].

---

17. "1. Em respeito às garantias constitucionais ao contraditório e à ampla defesa, esta Corte Superior de Justiça tem decidido que 'não ofertadas as razões de recurso pelo patrono constituído, devidamente intimado para tanto, deve-se intimar o acusado para que indique novo patrono. Somente em caso de inércia, será viável a nomeação de defensor público' (HC 145.148/PA, Rel. Ministro OG FERNANDES, SEXTA TURMA, julgado em 19/11/2009, DJe 14/12/2009). 2. No caso dos autos, embora constatada a inércia do patrono constituído pelo paciente para oferecer as razões do recurso, a Corte Estadual deixou de intimá-lo para manifestar o seu desejo de constituir um defensor de sua confiança, determinando o prosseguimento do feito sem a apresentação das devidas razões recursais, violando, assim, a garantia constitucional à ampla defesa, circunstância que dá ensejo ao reconhecimento da nulidade do acórdão objurgado. 3. Ordem concedida para anular o julgamento da Apelação Criminal nº 1.0512.03.016277-4/001, do Tribunal de Justiça do Estado de Minas Gerais, determinando-se que outro seja realizado, restituindo-se o prazo para o oferecimento das razões recursais, devendo a Corte de origem providenciar a intimação do paciente para que constitua novo advogado, sob pena de, verificada nova inércia, lhe ser nomeado defensor público ou dativo para a prática do ato, nos termos do artigo 263 do Código de Processo Penal".

18. Teoricamente, é cogitável que o Ministério Público permaneça inerte mesmo após a adoção de todas essas medidas. Nesse caso, entendemos que a apelação não deverá ser conhecida, por falta de interesse recursal, na vertente de *utilidade*, pois um recurso sem razões *não tem aptidão* para propiciar qualquer resultado útil ao recorrente. Com orientação parcialmente semelhante, AURY LOPES: "Outra opção, mais adequada, pensamos, é o tribunal não conhecer do recurso interposto pelo Ministério Público sem razões, por violação da regra da 'motivação dos recursos', do contraditório e do direito de defesa. Ademais, não está demonstrado o interesse recursal, na medida em que inexiste fundamentação hábil a evidenciar o gravame". Cfr. LOPES JR, Aury. *Direito Processual Penal*. São Paulo: Saraiva, 2014, p. 1277.

Em caso, entretanto, de não apresentação das razões de recurso supletivo (art. 598, CPP) pelo ofendido, a hipótese, a nosso juízo, é de desistência tácita.

Em qualquer dessas hipóteses, portanto, o princípio da dialeticidade é impeditivo do julgamento do recurso sem as respectivas razões.

Outro aspecto essencial do princípio é a exigência de intimação do recorrido para contrarrazões *em qualquer hipótese que potencialize a modificação do julgado*. Assim:

(i) Na hipótese de possibilidade de atribuição de efeitos modificativos aos embargos de declaração, reclama-se a intimação do embargado para contrarrazões, sob pena de nulidade. O amplo reconhecimento jurisprudencial da exigência adquiriu agora caráter normativo expresso e específico no art. 1.023, § 2º, do Código de Processo Civil de 2015, aplicável subsidiariamente ao processo penal: "O juiz intimará o embargado para, querendo, manifestar-se, no prazo de 5 (cinco) dias, sobre os embargos opostos, caso seu eventual acolhimento implique a modificação da decisão embargada".

(ii) A exigência de intimação do recorrido para contrarrazões aplica-se inclusive em fase pré-processual. Assim foi que a Suprema Corte, em sua Súmula nº 707, firmou orientação no sentido da imprescindibilidade da intimação do denunciado (também a do querelado) para responder ao recurso (em sentido estrito) interposto contra a decisão de rejeição liminar da denúncia (ou da queixa) (art. 581, I, CPP): "Constitui nulidade a falta de intimação do denunciado para oferecer contra-razões ao recurso interposto da rejeição da denúncia, não a suprindo a nomeação de defensor dativo".

Por fim, é interessante ainda referir, sobre o princípio da dialeticidade, julgado do Superior Tribunal de Justiça, em que se deixou de analisar questão suscitada em *habeas corpus* (atipicidade penal em tese) impetrado contra acórdão proferido em sede de apelação, por não haver sido a matéria objeto das razões do recurso, o que, além de implicar supressão de instância, transgrediria o próprio contraditório (a dialeticidade), pois o apelado não pôde se manifestar sobre o assunto na instância originária. Confira-se em STJ, 5ª Turma, HC 195.007/MG, Rel. Min. JORGE MUSSI, julgamento em 16.05.2011, DJ de 01.09.2011: "1. *O efeito devolutivo do recurso de apelação criminal encontra limites nas razões expostas pelo recorrente, em respeito ao princípio da dialeticidade que rege os recursos no âmbito processual penal pátrio, por meio do qual se permite o exercício do contraditório pela parte que defende os interesses adversos, garantindo-se, assim, o respeito à cláusula constitucional do devido processo legal. 2. Da análise dos autos, verifica-se que a Corte de origem não emitiu juízo de valor sobre a aventada atipicidade material da conduta atribuída ao paciente à luz do princípio da insignificância, tendo em vista que não foi alvo de insurgência nas razões recursais ofertadas, circunstância que evidencia a impossibilidade de análise da impetração por este Sodalício, sob pena de indevida prestação jurisdicional em supressão de instância*".

4.8. Oportunidade e Disponibilidade

O *princípio da disponibilidade* significa a possibilidade de disposição voluntária do recurso, por renúncia ou desistência, da parte do recorrente. Melhor, porém, é que se desdobre essa ideia em dois princípios: o da *oportunidade* e o da *disponibilidade*.

O primeiro diz respeito à possibilidade de *renúncia* do legitimado sucumbente à interposição do recurso; a renúncia, assim, acarreta o não exercício do direito de recorrer, conforme uma avaliação de oportunidade do legitimado. O segundo diz respeito à possibilidade de desistência do recurso, uma vez já interposto; a desistência, assim, acarreta o não prosseguimento da impugnação, por livre disposição do recorrente.

Esses princípios sujeitam-se a diversas limitações no direito processual penal. Quanto à *oportunidade*, tanto o acusador quanto o acusado podem renunciar, expressa ou tacitamente, ao direito de recorrer, embora, no caso do Ministério Público, tanto se faça de forma presumivelmente fundada, e não por simples voluntarismo, mediante a ausência de interposição de recurso.

Na *posição da defesa*, entretanto, há um aspecto relevante a ser considerado, especialmente no que tange ao recurso de apelação. É que, no processo penal, o defensor técnico (constituído ou dativo) do acusado não só tem a função de procurador judicial do acusado, como também constitui-se em legitimado autônomo para a interposição do recurso. Isso gera a possibilidade de conflito de vontades entre o próprio acusado e seu defensor quanto ao exercício do direito de recorrer.

Em consonância com essa lógica, eis o enunciado da Súmula nº 705 do Supremo Tribunal Federal: "A renúncia do réu ao direito de apelação, manifestada sem a assistência do defensor, não impede o conhecimento da apelação por este interposta".

Na hipótese em foco, a orientação geral é a de que deve prevalecer a vontade de recorrer, seja ela do acusado, seja do procurador, por melhor prestigiar o direito de defesa. Nesse sentido, ao menos como princípio, sustentam ADA GRINOVER, SCARANCE FERNANDES e GOMES FILHO: "Parece que se pode fixar, como regra geral, a a de que a vontade de recorrer deve prevalecer, pois pelos recursos, ao menos em tese, só pode ser alcançada situação mais favorável, proibida que é, entre nós, a *reformatio in pejus* (...) Todavia, é possível que, no caso concreto, o recurso não leve nenhuma vantagem prática para o acusado: neste caso, virá a falta o interesse em recorrer, visto como interesse-utilidade..."[19].

EUGÊNIO PACELLI tem uma posição particular, de caráter prático, a respeito da questão: "Do ponto e vista teórico, nada a objetar. Mas, na prática, quando se tratar de réu preso, poderá ocorrer que o início do efetivo cumprimento da pena em regime penitenciário se revelará mais vantajoso para o acusado. Assim, a desistência do recurso interposto permitiria o início da execução da pena, no curso da qual poderia fazer uso de alguns benefícios ali previstos"[20].

---

19. GRINOVER, Ada Pellegrini / GOMES FILHO, Antônio Magalhães / FERNANDES, Antônio Scarance. *Recursos no Processo Penal*. São Paulo: Revista dos Tribunais, 2011, p. 69. Os ilustrados processualistas, ainda em outras passagens de sua já clássica obra, admitem algum temperamento à regra, quando, pelas circunstâncias concretas, não se identifique, no recurso, vantagem prática (interesse-utilidade) para o acusado: "Deve, como regra geral, prevalecer a vontade de recorrer, só se admitindo solução diversa quando, por ausência do interesse-utilidade, não seja possível vislumbrar, em face de circunstâncias do caso, vantagem prática para o acusado". Cfr. GRINOVER, Ada Pellegrini / GOMES FILHO, Antônio Magalhães / FERNANDES, Antônio Scarance. *Recursos no Processo Penal*. São Paulo: Revista dos Tribunais, 2011, p. 110.

20. PACELLI, Eugênio. *Curso de Processo Penal*. São Paulo: Atlas, 2013, p. 896.

Não podemos concordar com essa orientação. Ora, se "o início do efetivo cumprimento da pena em regime penitenciário se revelará mais vantajoso para o acusado" do que a sua permanência em prisão cautelar enquanto se aguarda a apreciação do recurso, está-se diante de ilegalidade da prisão cautelar, o que deve ser combatido pelos meios próprios, em particular a impetração de *habeas corpus*.

Não se pode conceber a admissibilidade de uma prisão cautelar mais grave que o próprio regime de cumprimento da pena, a ponto de levar o acusado a não interpor ou a desistir de recurso para "alcançar" melhor situação ao começar a cumprir a pena. Por exemplo, se o acusado, preso cautelarmente, é condenado em primeira instância, com a fixação do regime semiaberto para o início do cumprimento da pena, está claro que a prisão cautelar não se justifica, devendo ser desconstituída.

A posição referida, a nosso juízo, significa para o acusado render-se ao imediato início de cumprimento da pena para se livrar da prisão cautelar ilegal, ao invés de questioná-la pela ação própria.

Assim, entendemos que o direito de recurso deve ser garantido, se o defensor técnico assim considerar, mesmo contra a vontade do acusado. A inadmissibilidade do recurso só poderá incidir caso não se identifique interesse-utilidade, no sentido de proveito prático (dimensão prospectiva) para o acusado. Obviamente, de resto, em se tratando de defensor constituído, poderá sempre o acusado revogar-lhe o mandato, com vistas a realizar sua vontade contrária à do defensor.

De outra parte, na *posição do acusador*, o princípio da oportunidade aplica-se plenamente, inclusive no âmbito da ação penal de iniciativa pública. Com efeito, o Ministério Público não está obrigado a recorrer da sentença penal. O mesmo se diga, naturalmente, do ofendido, habilitado ou não como assistente.

Em todo caso, entendemos que a avaliação a ser feita pelo Ministério Público, ao resolver se impugna ou não o ato decisório, é algo diversa do mero juízo de conveniência e oportunidade próprio das relações privadas, o que significaria puro voluntarismo incompatível com o caráter público da atuação dessa instituição do Estado.

Nesse particular, o que deve orientar a opção concreta do Ministério Público quanto a apelar ou não de uma sentença absolutória, por exemplo, é a convicção sobre o acerto da decisão em foco ou, de outro modo, a convicção sobre a inviabilidade de sua reforma, em face das vertentes doutrinárias e/ou jurisprudenciais dominantes. Seja como for, *não* há nesse âmbito recursal o controle (art. 28, CPP) aplicável ao órgão do Ministério Público quanto ao exercício da ação penal pública, regida pelo princípio da obrigatoriedade.

Quanto à *disponibilidade*, vale para a defesa o mesmo que se disse em relação à oportunidade. Em caso de conflito de vontades entre o acusado e seu defensor técnico, portanto, prevalece a vontade de prosseguir no recurso.

Já na posição do acusador, a disponibilidade não se aplica ao Ministério Público, que não poderá desistir do recurso já interposto, nos termos do art. 576 do CPP ("O Ministério Público não poderá desistir do recurso que haja interposto"). Assim, o Ministério Público, embora possa deixar de recorrer (aplicação da oportunidade), não pode desistir do recurso interposto (inaplicação da disponibilidade).

A indisponibilidade do recurso pelo Ministério Público alcança toda a impugnação já exercida, de modo que não pode o órgão da instituição restringir, nas razões recursais, o objeto do recurso fixado quando da interposição.

Para a compreensão exata desse ponto, deve-se adiantar que, em alguns recursos penais (designadamente a apelação e o recurso em sentido estrito), é possível, por opção do recorrente, cindir o momento da interposição do momento da apresentação das razões.

Na apelação, por exemplo, o legitimado pode simplesmente, no prazo de 5 (cinco) dias desde a intimação, interpor o recurso, manifestando sua irresignação em face da sentença (art. 593, I, do CPP) e pedindo a abertura de prazo (8 dias) para a apresentação das razões de impugnação em outro momento (art. 600, *caput*, do CPP).

Nessas condições, a indisponibilidade do recurso pelo Ministério Público (art. 576, CPP) impede também que esse recorrente, depois de haver interposto recurso contra dois pontos da sentença, restrinja depois nas razões o objeto recursal, ao impugnar apenas um desses pontos. Por exemplo, o Ministério Público interpõe apelação em face da sentença condenatória declarando seu inconformismo quanto à dosimetria da pena e quanto à aplicação da suspensão condicional da pena. Posteriormente, nas razões, o Ministério Público não pode restringir o alcance da impugnação limitando-se a expor fundamentos respeitantes à dosimetria da pena, pois isso implicaria desistência parcial do recurso (desistência quanto à suspensão condicional da pena), impedida pela regra do art. 576 do CPP. Caso o Ministério Público não especifique os limites da irresignação quando interposto o recurso, considera-se ampla a impugnação, não podendo depois o órgão da instituição, no momento das razões, restringir o objeto ao especificar um ponto, deixando outro(s) de fora.

Nesse sentido, refira-se o interessante julgado da Segunda Turma do Supremo Tribunal Federal no HC 71.066/RJ (STF, 2ª Turma, HC 71.066, Rel. Min. FRANCISCO RESEK, julgamento em 15.03.1994, DJ de 13.06.1997): "É defeso ao Ministério Público desistir total ou parcialmente do recurso interposto (art. 576 do CPP). Não deve ele restringir nas razões a amplitude do apelo, o que importaria em desistência parcial. Os limites da apelação são fixados pela peça de interposição. Oferecido sem restrições, o apelo devolve o conhecimento integral da acusação à segunda instância".

Em igual direção, tem-se a jurisprudência do Superior Tribunal de Justiça, como no julgado do HC 166.529/PR (STJ, 5ª Turma, HC 166.529, Rel. Min. NAPOLEÃO NUNES MAIA, julgamento em 22.02.2011, DJ de 21.03.2011): "A extensão do efeito devolutivo do recurso interposto pelo Ministério Público, se amplo ou restrito, será estabelecido a partir do termo de Apelação, que poderá restringir a matéria que pretende ver revista ou estender a todos as questões tratadas na sentença recorrida. Uma vez consignado em sua petição recursal a revisão ampla da sentença de primeiro grau, eventual especificação da matéria nas razões ulteriormente apresentadas não restringe a plena devolutividade do recurso já estabelecida, sob pena de infringência à norma do art. 576 do Código de Ritos que impede a desistência até mesmo parcial de recurso interposto pelo Parquet. Precedente do STF. In casu, o egrégio Tribunal a quo não extrapolou os contornos do recurso ministerial, uma vez que o Ministério Público Federal, ao apresentar o termo de Apelação não limitou o âmbito de revisão do recurso, conferindo, pois, legitimidade àquela Corte para o reexame de toda a sentença recorrida".

4.9. Personalidade e Proibição da *Reformatio in Pejus*

4.9.1. *Personalidade e vedação da reformatio in pejus direta*

De acordo com o *princípio da personalidade*: (i) o recurso só pode beneficiar à parte que o interpôs, não aproveitando à parte que não recorreu; (ii) quem recorreu não pode ter sua situação agravada, se não houve recurso da parte contrária.

Fala-se correntemente em um "princípio da proibição da *reformatio in pejus*" como expressão da vertente acima descrita em (ii). A proibição da *reformatio in pejus*, no entanto, representa em verdade uma consequência lógica do princípio da personalidade, pelo qual, sendo o recurso um ato pessoal, seu resultado só pode aproveitar a quem o interpôs.

Nessa lógica, não pode a parte contrária ter sua situação melhorada se não interpôs qualquer recurso em face da decisão. Ora, se é assim, a parte que interpôs o recurso não pode ter sua situação piorada, pois isso necessariamente implicaria a melhora da situação da parte contrária, que não recorreu.

Cogitar-se da proibição da reforma para pior, assim, só tem sentido em um sistema que consagra o princípio da personalidade, que fundamenta aquela proibição. Suponha-se, no processo civil, um caso em que a parte A (ré/demandada) interpõe recurso contra a sentença impugnando uma condenação à reparação de danos e também o *quantum* fixado (por exemplo, R$ 10.000,00), e a parte B (contrária) não interpõe recurso. Nesse caso, pelo princípio da personalidade, o recurso só pode aproveitar à parte A, que o interpôs, significando isso dizer que, na pior das hipóteses (não provimento do recurso), a situação mantém-se como está (condenação à reparação de danos no patamar de R$ 10.000,00). Como a parte B não interpôs recurso, não poderá ter sua situação melhorada. Caso isso acontecesse, com o aumento do *quantum* indenizatório para R$ 20.000,00, por exemplo, o recurso exclusivo da parte A estaria aproveitando à parte B e teríamos, para a parte A, *reformatio in pejus*. Se, no entanto, as duas partes impugnam a decisão, cada qual poderá ter sua situação melhorada no seu próprio recurso, pelo princípio da personalidade. Nesse caso, não há *reformatio in pejus*, pois a piora não se deu no recurso da própria parte (por exemplo, o da parte A), mas como efeito reflexo da melhora da situação da parte (B) no recurso desta.

Para que isso fique mais claro, basta pensar no princípio contraposto ao da personalidade, qual seja, o do *benefício comum* (*communio remedii*). Em conformidade com esse princípio, o recurso interposto por uma das partes pode beneficiar a ambas, e não apenas à parte que recorreu, como no princípio da personalidade. Essa situação permite, assim, a reforma para pior, pois a parte que recorreu poderá ter sua situação piorada em benefício da parte contrária, que não recorreu.

No direito processual penal, o princípio da personalidade, e a correlata proibição da *reformatio in pejus*, aplicam-se em plenitude para o acusado, nos moldes do art. 617

do CPP: "O tribunal, câmara ou turma atenderá nas suas decisões ao disposto nos arts. 383, 386 e 387, no que for aplicável, *não podendo, porém, ser agravada a pena, quando somente o réu houver apelado da sentença*".

Assim, se, por exemplo, o acusado interpuser apelação contra a sentença condenatória que tenha fixado pena concreta de 1 (um) ano de detenção, essa pena não poderá ser agravada se não houve recurso do acusador (ou do ofendido/assistente). O recurso da defesa só a ela pode aproveitar, caso provido; e se improvido, a situação fica como está.

Não se aplica o princípio, entretanto, para o acusador, em face da concorrência de outro princípio, o do *favor rei* ou *favor libertatis*. Sob esse fundamento, a situação do acusado pode ser melhorada no âmbito do recurso *exclusivo* da acusação. Há, assim, a possibilidade de *reformatio in melius* para o acusado e, portanto, *reformatio in pejus* para a acusação.

Nessas condições, se apenas o Ministério Público interpõe recurso de apelação em face de sentença condenatória que tenha fixado a pena concreta de 2 (dois) anos pela prática de um crime de estelionato, poderá o tribunal revisor reconhecer hipótese favorável ao acusado, para o efeito de reduzir-lhe a pena ou até mesmo absolvê-lo.

Suponha-se, por exemplo, que nesse caso o tribunal reconheça a atipicidade penal da conduta que serviu de base para a sentença: nessa hipótese, declara-se a absolvição do acusado, mesmo na sede do recurso exclusivo do Ministério Público. Para ADA GRINOVER, SCARANCE FERNANDES e GOMES FILHO, "militam em prol desse entendimento vários argumentos, desde o *favor rei* ou *favor libertatis* – que ditaram a regra do art. 617, *in fine*, CPP apenas para beneficiar a defesa – até princípios como o da simplicidade e da economia processual, pois o mesmo resultado poderia sempre ser obtido por intermédio do *habeas corpus* ou da revisão criminal"[21].

Essa é a orientação dominante na doutrina. A divergência relevante que há, no entanto, é mais de ordem *técnica* que prática. Alguns autores entendem que não há, na hipótese examinada, exceção ao princípio da personalidade e à proibição da *reformatio in pejus*, eis que a decisão favorável ao acusado dá-se não propriamente dentro do recurso da acusação, mas de forma autônoma, representando uma concessão de *habeas corpus* de ofício. Como bem asseveram ADA GRINOVER, SCARANCE FERNANDES e GOMES FILHO, contudo, "mas mesmo essa tese não consegue evitar a possibilidade de *reformatio in pejus*, quando se trata de matéria cognoscível de ofício (por exemplo, condições da ação"[22], ou, acrescente-se, como exemplo, a declaração de nulidade absoluta.

Interessante desdobramento da vedação da *reformatio in pejus*, no plano *reflexo*, foi a reconhecida pelo Superior Tribunal de Justiça no julgado do HC 251.417/MG (STJ, 6ª Turma, HC 251.417, Rel. Min. ROGÉRIO SCHIETTI CRUZ, julgamento em 03.11.2015, DJ de 19.11.2015): "A proibição da reforma para pior garante ao réu o direito de não

---

21. GRINOVER, Ada Pellegrini / GOMES FILHO, Antônio Magalhães / SCARANCE FERNANDES, Antônio. *Recursos no Processo Penal*. São Paulo: Revista dos Tribunais, 2011, p. 42.

22. GRINOVER, Ada Pellegrini / GOMES FILHO, Antônio Magalhães / SCARANCE FERNANDES, Antônio. *Recursos no Processo Penal*. São Paulo: Revista dos Tribunais, 2011, p. 42.

Cap. XIX • RECURSOS E AÇÕES AUTÔNOMAS DE IMPUGNAÇÃO

ver sua situação agravada, direta ou indiretamente, em recurso exclusivo da defesa, mas não obsta que o Tribunal, para dizer o direito – exercendo, portanto, sua soberana função de juris dictio –, encontre fundamentos e motivação própria para manter a condenação, respeitadas, à evidência, a imputação deduzida pelo órgão de acusação e as questões debatidas na sentença condenatória. Para o exame das fronteiras que delimitam a proibição da reforma para pior deve ser analisado cada item do dispositivo da pena e não apenas a quantidade total da reprimenda. Assim, se o tribunal exclui, em apelo exclusivo da defesa, circunstância judicial do art. 59 do CP erroneamente valorada na sentença, deve reduzir, como consectário lógico, a pena básica e não mantê-la inalterada, pois, do contrário, estará agravando o quantum atribuído anteriormente a cada uma das vetoriais. Deve ser reconhecido o constrangimento ilegal no ponto em que o Tribunal de origem, na apelação da defesa, considerou desfavoráveis ao paciente duas circunstâncias judiciais – em vez das três valoradas na sentença –, mas não reduziu a pena básica, aumentando a quantidade de pena atribuída às vetoriais remanescentes".

Com efeito, se no recurso exclusivo da defesa o tribunal considerou base empírica menos grave (duas circunstâncias judiciais, em vez de três), a manutenção da mesma pena aplicada para a hipótese mais grave implica um agravamento da situação do recorrente, em ofensa ao princípio da personalidade dos recursos e à correlata proibição da *reformatio in pejus*.

4.9.2. *Vedação da reformatio in pejus indireta, inclusive no âmbito do Tribunal do Júri*

Por fim, resta-nos analisar a chamada proibição da *"reformatio in pejus indireta".* Trata-se da hipótese em que se declara a nulidade do processo e da sentença condenatória em decorrência do recurso exclusivo do acusado: nulidade direta da sentença ou nulidade de ato anterior à sentença.

Nesse caso, como a consequência jurídica da declaração de nulidade é a renovação dos atos processuais a partir da configuração do vício, será proferida nova sentença. A questão reside então em saber se a nova sentença, caso igualmente condenatória, poderá agravar a situação do acusado, fixando-lhe pena de natureza e/ou patamar mais gravosos que a pena aplicada na sentença invalidada, o que representaria, indiretamente, reforma do ato para piorar a condenação do recorrente.

Tecnicamente, não é justificável atribuir a uma sentença *nula* aptidão para impor limites à atividade cognitiva do julgador quanto ao novo ato decisório. No entanto, por razões de política criminal, a jurisprudência do Supremo Tribunal Federal orienta-se no sentido de que a nova sentença fica limitada à quantidade de pena imposta na sentença anulada, não podendo ser agravada a situação do acusado (proibição da *reformatio in pejus* indireta). Nesse sentido, confira-se: STF, 2ª Turma, HC 107.731/PE, Rel. Min. Ayres Britto, julgamento em 13.09.2011, DJ de 02.03.2012; STF, 2ª Turma, HC 109.298/DF, Rel. Min. Ayres Britto, julgamento em 03.04.2012, DJ de 06.08.2012.

Enfatize-se, porém, que essa imposição só é aplicável se o recurso que deu ensejo à anulação da sentença houver sido exclusivo da defesa. Se o Ministério Público tiver igualmente impugnado a sentença condenatória, com o objetivo de majorar a pena, haveria já ali uma possibilidade de agravamento da situação do acusado, de modo que não se justifica que a sentença anulada, antes impugnada pelas duas partes, possa limitar a dosimetria da pena efetivada na nova sentença (quando seja o caso de condenação).

Assim, se apenas o acusado impugna a sentença condenatória com pena concreta fixada em 1 (um) ano, e a sentença resta anulada em virtude desse recurso exclusivo, a nova sentença que vier a ser proferida, se condenatória, fica limitada ao patamar máximo se 1 (um) ano. Se, porém, a mesma sentença for impugnada por acusação e defesa, não há razão aceitável, em caso de invalidação desse ato decisório, para que a nova sentença esteja de igual modo limitada ao patamar máximo de 1 (um) ano. Esse sentido, aliás, é o adotado pela jurisprudência da Suprema Corte, como ficou expresso, por exemplo, no já referido julgado do HC 109.298/DF: "...aprisionamento que ultrapassou até mesmo a *pena anulada em recurso exclusivo da defesa* (...) ...eventual condenação do paciente, agora sob o devido rito processual, não poderá ultrapassar a reprimenda anteriormente fixada, pena de indisfarçável reformatio in pejus indireta".

Afirmando a mesma orientação de forma ainda mais clara, tem-se o julgado da Sexta Turma do Superior Tribunal de Justiça no HC 177.808/TO (STJ, 6ª Turma, HC 177.808, Rel. Min. SEBASTIÃO REIS JÚNIOR, julgamento em 05.06.2014, DJ de 27.06.2014): "No caso dos autos, a anulação do primeiro julgamento, além de ter acolhido pedido expresso da defesa, não se originou exclusivamente do recurso defensivo, tendo ocorrido também recurso da acusação. Nesse contexto, não há óbice ao agravamento da pena em razão de um segundo julgamento. Precedentes deste Tribunal e do Supremo Tribunal Federal".

A vedação da *reformatio in pejus indireta* aplica-se inclusive na hipótese de anulação de sentença proferida com base em veredicto do Tribunal do Júri. Abandonou-se, no particular, a antiga jurisprudência no sentido de que não se poderia limitar a soberania do Tribunal do Júri que voltasse a julgar a causa.

Na espécie, a soberania dos veredictos constitui garantia individual do acusado (art. 5º, XXXVIII, *c*, CF), não podendo ser invocada para justificar a *reformatio in pejus* indireta, se essa aplicação está vedada nas demais esferas.

Compreenda-se que a piora da situação do acusado não poderá acontecer mesmo que o Tribunal do Júri, no novo julgamento, reconheça circunstâncias qualificadoras, causas de aumento de pena e/ou agravantes não contempladas no veredicto anterior cassado.

O julgado paradigmático a esse respeito foi o da Segunda Turma do Supremo Tribunal Federal no HC 89.544/RN (STF, 2ª Turma, HC 89.544, Rel. Min. CEZAR PELUSO, julgamento em 14.04.2009, DJ de 15.05.2009): "...Homicídio doloso. Tribunal do Júri. Três julgamentos da mesma causa. Reconhecimento da legítima defesa, com excesso, no segundo julgamento. Condenação do réu à pena de 6 (seis) anos de reclusão, em regime semi-aberto. Interposição de recurso exclusivo da defesa. Provimento para cassar a decisão anterior. Condenação do réu, por homicídio qualificado, à pena de 12 (doze) anos de reclusão, em regime integralmente fechado, no terceiro julgamento. Aplicação de pena mais grave. Inadmissibilidade. Reformatio in pejus indireta. Caracterização. Reconhecimento de outros fatos ou circunstâncias não ventilados no julgamento anterior. Irrelevância. Violação consequente do justo processo da lei (due processo of law), nas cláusulas do contraditório e da ampla defesa. Proibição compatível com a regra constitucional da soberania relativa dos veredictos. HC concedido para restabelecer a pena menor (...) *Anulados o julgamento pelo tribunal do júri e a correspondente sentença condenatória, transitada em julgado para a acusação, não pode o acusado, na renovação do julgamento, vir a ser condenado a pena maior do que a imposta na sentença anulada, ainda que com base em circunstância não ventilada no julgamento anterior"*.

Mais recentemente, essa posição foi reafirmada pela Primeira Turma da Suprema Corte no julgado do HC 115.428/RJ (STF, 1ª Turma, HC 115.428, Rel. Min. DIAS TOFFOLI, julgamento em 11.06.2013, DJ de 23.08.2013).

O Superior Tribunal de Justiça, por seu turno, adotou a mesma orientação: STJ, 5ª Turma, HC 174.564/RS, Rel. Min. JORGE MUSSI, julgamento em 21.06.2012, DJ de 01.08.2012[23]; STJ, 6ª Turma, HC 132.487/MG, Rel. Min. SEBASTIÃO REIS JÚNIOR, julgamento em 15.10.2013, DJ de 16.12.2013; STJ, 6ª Turma, HC 170.850/RS, Rel. Min. ASSUSETE MAGALHÃES, julgamento em 15.08.2013, DJ de 13.09.2013.

4.10. Irrecorribilidade das Decisões Interlocutórias

No direito processual penal, é reconhecida a regra da irrecorribilidade das decisões interlocutórias, com as exceções previstas em lei.

Sabe-se que, sob a égide do Código de Processo Civil de 1973, toda decisão interlocutória era desafiável por recurso de agravo, de instrumento ou retido (art. 522, *caput*, CPC/1973). Com o advento do Código de Processo Civil de 2015, porém, instituiu-se um regime mais restritivo nesse particular, cabendo o agravo de instrumento somente em face das decisões interlocutórias discriminadas no art. 1.015, *caput* e parágrafo único, além de outros casos referidos em lei (art. 1.015, *caput*, XIII, CPC/2015). As demais decisões interlocutórias, por seu turno, podem ter a respectiva matéria suscitada em sede de preliminar das razões ou das contrarrazões ao recurso de apelação eventualmente interposto contra a sentença, nos termos do art. 1.009, § 1º, do CPC/2015: "As questões resolvidas na fase de conhecimento, se a decisão a seu respeito não comportar agravo de instrumento, não são cobertas pela preclusão e devem ser suscitadas em preliminar de apelação, eventualmente interposta contra a decisão final, ou nas contrarrazões". Eliminou-se, dessa forma, o antigo recurso do agravo retido.

No processo penal, sempre se aplicou regime semelhante ao agora instituído pelo Código de Processo Civil de 2015. Há atos jurisdicionais penais decisórios, portanto,

---

23. Curioso é que ainda haja julgado da QuintaTurma do STJ, e ainda recente, no sentido contrário. Cfr. STJ, 5ª Turma, AGRESP 1.290.847/RJ, Rel. Min. LAURITA VAZ, julgamento em 19.06.2012, DJ de 28.06.2012: "1. Em crimes de competência do Tribunal do Júri, a garantia da vedação à reformatio in pejus indireta sofre restrições, em respeito à soberania dos veredictos. 2. Os jurados componentes do segundo Conselho de Sentença não estarão limitados pelo que decidido pelo primeiro, ainda que a situação do acusado possa ser agravada, em face do princípio da soberania dos veredictos, disposto no art. 5.º, inciso XXXVIII, alínea c, da Constituição Federal". A posição francamente consolidada, inclusive pela própria Quinta Turma do STJ, entretanto, é a outra, como indicado no texto principal.

que não desafiam recurso: as decisões interlocutórias para as quais não haja previsão legal de recurso contra elas cabível. A recorribilidade de decisão interlocutória, assim, depende de previsão legal específica, assim como no novo regime processual civil.

No rol taxativo do art. 581 do Código de Processo Penal estão *especificadas* as decisões (algumas interlocutórias, outras definitivas ou com força de definitivas) impugnáveis por recurso em sentido estrito. As decisões interlocutórias ali discriminadas, portanto, são questionáveis por esse recurso. As que ali não constem, nem estejam contempladas em lei especial, são irrecorríveis, segundo a regra geral, mas a matéria respectiva poderá ser suscitada em sede de preliminar de eventual recurso de apelação interposto contra a sentença, ou nas contrarrazões, conforme o caso[24]. Assim sempre se entendeu no domínio do direito processual penal. Agora há ainda a aplicação subsidiária do referido art. 1.009, § 1º, do CPC/2015.

De toda sorte, independentemente da possibilidade de arguição da matéria como preliminar de recurso de apelação, as decisões interlocutórias irrecorríveis são desde logo impugnáveis por ações autônomas, como o *habeas corpus* e o mandado de segurança. A título de exemplo, a decisão que indefere pedido de perícia formulado pela defesa – que, por não constar do rol do art. 581 do CPP, é irrecorrível – pode ser impugnada por *habeas corpus*. Dá-se o mesmo com a decisão de indeferimento do pleito de habilitação do ofendido como assistente do Ministério Público – interlocutória não contemplada no rol do art. 581 do CPP –, a qual desafia mandado de segurança.

5. EFEITOS DOS RECURSOS

A decisão judicial, só pelo fato de estar sujeita a recurso, não tem eficácia imediata. Daí que se diga que a decisão já nasce com eficácia suspensa. A mera *recorribilidade*, assim, tem o efeito de suspender a eficácia do ato decisório sujeito a impugnação, até que sobrevenha: (a) a preclusão consumativa, pela interposição efetiva do recurso; (b) a preclusão temporal ou a coisa julgada, pela não interposição do recurso.

No primeiro caso, a interposição do recurso pode acarretar o *prolongamento da situação de ineficácia do ato recorrido*, até que a impugnação seja apreciada na sede própria. No processo penal, a regra, ao menos no âmbito da maioria das impugnações ordinárias, é a da existência de *efeito suspensivo* do recurso, havendo situações excepcionais de ausência desse efeito.

No processo civil, o Novo Código (2015) estabeleceu a regra geral de eficácia imediata das decisões jurisdicionais, instituindo o efeito suspensivo como exceção. Refira-se, no particular, a norma do art. 995, *caput*, do CPC/2015: "Os recursos não impedem a eficácia da decisão, salvo disposição legal ou decisão judicial em sentido

---

24. Caso suscitada a matéria objeto da decisão interlocutória em sede de contrarrazões ao recurso de apelação eventualmente interposto contra a sentença, aplica-se o disposto no art. 1.009, § 2º, do CPC/2015: "Se as questões referidas no § 1º forem suscitadas em contrarrazões, o recorrente será intimado para, em 15 (quinze) dias, manifestar-se a respeito delas". Essa disposição visa a resguardar o princípio da dialeticidade, permitindo-se a manifestação do recorrente, quando haja a arguição de matéria nova (ainda não decidida) na oportunidade das contrarrazões do recorrido.

diverso". Quanto ao caráter do efeito suspensivo, dispõe o parágrafo único do mesmo art. 995: "A eficácia da decisão recorrida poderá ser suspensa por decisão do relator, se da imediata produção de seus efeitos houver risco de dano grave, de difícil ou impossível reparação, e ficar demonstrada a probabilidade de provimento do recurso".

Em recursos como a apelação (art. 1.012, *caput*, CPC/2015) e os embargos declaratórios, porém, dá-se regime diverso do geral, impondo-se como regra a atribuição do efeito suspensivo. A eficácia imediata da decisão como regra, em última análise, aplica-se somente a determinadas impugnações, como os recursos de natureza extraordinária e, apenas no processo penal, o recurso em sentido estrito.

Importa sublinhar desde logo, em todo caso, que a *eficácia imediata* de que se trata diz respeito à *providência principal* objeto do ato decisório, e não a eventuais medidas acessórias (por exemplo, de viés cautelar, no caso da sentença) nele eventualmente determinadas. A questão relevante, portanto, é a de saber se a recorribilidade e a interposição do recurso suspendem ou não o cumprimento imediato da providência nuclear, de mérito, emanada do ato recorrido.

O *efeito devolutivo* dos recursos expressa a extensão e a profundidade cognitivas do órgão jurisdicional revisor, no âmbito recursal. Diz-se então, em princípio, que a apreciação do órgão revisor recai sobre a *matéria impugnada* no recurso. Como disposto no art. 1.013, *caput*, do CPC/2015, acerca da apelação: "A apelação devolverá ao tribunal o conhecimento da matéria impugnada". Essa é a *devolutividade* quanto à extensão: o órgão revisor analisa a matéria delimitada na impugnação recursal. Compreende-se ainda na extensão, porém, a *matéria cognoscível de ofício*: são as matérias de ordem pública (por exemplo: nulidades absolutas, condições essenciais da ação), cujo conhecimento não depende de provocação de qualquer das partes.

Além da devolutividade quanto à extensão, há ainda o aspecto da *profundidade cognitiva*. Significa isso dizer que, nos limites da matéria impugnada, o órgão revisor poderá aprofundar a análise, apreciando e utilizando aspectos não suscitados pelo recorrente. Em alguma medida, é o que expressa a norma do art. 1.013, § 1º, do CPC/2015: "Serão, porém, objeto de apreciação e julgamento pelo tribunal todas as questões suscitadas e discutidas no processo, ainda que não tenham sido solucionadas, *desde que relativas ao capítulo impugnado*". Respeitando os limites do capítulo impugnado, poderá o tribunal aprofundar a análise, apreciando e julgando questões debatidas no processo originário e, mais que isso, poderá considerar aspectos jurídicos relevantes para a análise da matéria, ainda que não hajam sido suscitados pelas partes. Trataremos do tema com mais detalhes no estudo do recurso de apelação, *infra*.

Por outro lado, o *efeito suspensivo* do recurso expressa a continuidade da suspensão da eficácia imediata da providência de mérito do julgado (execução antecipada ou provisória), até que a impugnação seja apreciada e decidida. Conforme antes afirmado, a aplicabilidade do efeito suspensivo, como regra ou exceção, dependerá da espécie recursal incidente, razão pela qual reservamos a análise desse efeito à órbita particular de cada recurso.

Alude a doutrina ainda a um "efeito iterativo" (ou "efeito regressivo") e um "efeito extensivo" de certos recursos. A referência é despropositada.

No primeiro caso, trata-se apenas da possibilidade de exercício de juízo de retratação, existente no recurso em sentido estrito e no agravo contra a decisão proferida no processo da execução penal. Não se trata de um efeito do recurso ("efeito iterativo"), e sim da aplicabilidade de revisão do julgado pelo próprio órgão jurisdicional recorrido, à vista das razões e contrarrazões recursais.

No segundo caso, cuida-se, em verdade, da possibilidade de extensão dos efeitos *da decisão* proferida em sede recursal, prevista no art. 580 do CPP. Não se trata de "efeito extensivo" do recurso, e sim da decisão nele proferida, desde que presentes os parâmetros legais.

6. PRESSUPOSTOS E CONDIÇÕES DE ADMISSIBILIDADE

Toda interposição de recurso envolve um juízo de admissibilidade e um juízo de mérito. A admissibilidade da impugnação traduz, na maioria dos casos: (i) a sua recepção pelo órgão judiciário recorrido, em primeiro juízo de admissibilidade; (ii) o seu conhecimento pelo órgão judiciário revisor, em segundo juízo de admissibilidade. O juízo de admissibilidade expressa sempre uma apreciação preliminar, sobre a existência dos pressupostos e das condições recursais.

De nossa parte, adotando a classificação mais recente, preferimos falar em (i) condições de admissibilidade, por um lado, e de (ii) pressupostos de admissibilidade, por outro, em vez da antiga classificação entre pressupostos objetivos e pressupostos subjetivos de admissibilidade.

As *condições de admissibilidade* são compreendidas em paralelo com as condições da ação: *cabimento*; *legitimidade para recorrer*; *interesse de recorrer*.

O *cabimento* abrange as vedações apriorísticas (sentido negativo), as decisões passíveis de impugnação e os fundamentos suscitáveis (sentido positivo), pertinente, este último aspecto, aos recursos de fundamentação vinculada.

A *legitimidade* para recorrer expressa a titularidade ativa e passiva do recurso: ordinariamente, detêm-na as partes, estabelecendo a lei, porém, hipóteses de legitimação de outros sujeitos, a exemplo do ofendido na ação penal de iniciativa pública. Legitimado passivo é a parte vencedora, em face de quem se interpõe o recurso[25].

Por fim, o *interesse* de recorrer traduz-se: (a) em uma *dimensão perspectiva*, no sentido de *sucumbência*, entendendo-se que tem interesse a parte desfavorecida, total ou parcialmente, com a decisão; (b) em uma *dimensão prospectiva*, no sentido de *proveito prático efetivo* que o recurso propiciará à parte recorrente, caso provido. O primeiro

---

25. Como bem observa MAURÍCIO ZANOIDE, a parte, como sujeito interessado, é quem titulariza a posição passiva no recurso, e não o juízo que tem sua decisão impugnada: "...as partes (ativa e passiva) do recurso serão aquelas a quem a decisão favoreça ou não. A parte desfavorecida figurará como sujeito agente (recorrente) e a parte favorecida como sujeito paciente (recorrido). Feitos esses reparos, e se olvidando a posição do Estado-juiz como sujeito desinteressado no resultado do processo, entende-se a razão de se excluir o juiz como sujeito ativo ou passivo do recurso". Cfr. MORAES, Maurício Zanoide. *Interesse e Legitimação para Recorrer no Processo Penal Brasileiro*. São Paulo: Revista dos Tribunais, 2000, p. 255.

aspecto, de sucumbência, traduz o *interesse-necessidade* de recorrer: quem perdeu tem a necessidade de interpor o recurso, para reverter sua posição de vencido. Já o segundo aspecto reflete o *interesse-utilidade* de recorrer: aqui, o interesse na impugnação justifica-se pelo benefício efetivo que o recurso tem aptidão para propiciar, se provido for.

Suponha-se, a título de exemplo, que em determinado processo penal seja proferida, pelo juízo singular de primeira instância, sentença absolutória, fundada no *in dubio pro reo*. O Ministério Público interpõe então recurso de apelação, pretendendo a modificação do julgado, de modo que sobrevenha juízo condenatório. Ocorre que, antes de tudo, a pretensão punitiva do Estado já está prescrita em abstrato – o juízo poderia (ou deveria) tê-lo reconhecido prejudicialmente ao exame de mérito, mas, em vez disso, absolveu o acusado. Pergunta-se: tem o Ministério Público interesse de recorrer? Na dimensão perspectiva, identifica-se o interesse, pois a absolvição significa a sucumbência do acusador. Não assim, porém, na dimensão prospectiva, porque, mesmo provido o recurso do Ministério Público, nenhum proveito prático lhe poderia favorecer, diante da já aperfeiçoada extinção da punibilidade pela prescrição abstrata da pretensão punitiva.

Anote-se, quanto a esse exemplo, que os efeitos *jurídico-penais* da absolvição e da extinção da punibilidade são os mesmos, por mais que, do ponto de vista jurídico-civil, possa haver diferença. Esse quadro tem-se por reforçado desde o advento da reforma introduzida pela Lei 11.719/2008, que estabeleceu uma equivalência normativa entre as duas espécies, ao fixar a extinção da punibilidade como causa de absolvição sumária (art. 397, IV, CPP). Assim, ainda que a absolvição fundamente-se no reconhecimento categórico de que o acusado não foi autor nem partícipe do fato (art. 386, IV, CPP), decisão que faz coisa julgada também na esfera civil, não tem o Ministério Público interesse-utilidade de recorrer, se a punibilidade do sujeito já está extinta. Nesse caso, entretanto, haverá interesse-utilidade *para o ofendido*, em caráter supletivo (art. 598, *caput*, CPP): isso porque, obtendo, pelo provimento do recurso, a reforma da sentença absolutória, transformada em extinção da punibilidade, conseguirá o ofendido o resultado útil de impedir a formação da coisa julgada na esfera civil.

Por seu turno, os *pressupostos de admissibilidade* envolvem os demais aspectos: *capacidade postulatória, regularidade formal da interposição, tempestividade* e *ausência de circunstância impeditiva* (por exemplo, a *renúncia*, que é uma forma de preclusão lógica) ou *extintiva* (por exemplo, a *desistência*) do direito do recorrente. Essas causas serão examinadas no estudo de cada espécie recursal.

A ordem jurídica brasileira estabelece, para a maioria dos casos, um *duplo juízo de admissibilidade*, a cargo do órgão jurisdicional recorrido (*juízo a quo*), em primeiro lugar, e do órgão jurisdicional revisor (*juízo ad quem*), por último. O próprio órgão jurisdicional recorrido, portanto, já pode rechaçar de plano a impugnação recursal, diante da falta de pressuposto ou de condição de admissibilidade. Caberá contra essa decisão de não recebimento, ou de inadmissão, naturalmente, outro recurso, de modo a se assegurar a efetividade do duplo grau de jurisdição. Mesmo superado o primeiro juízo de admissibilidade, porém, poderá o próprio tribunal revisor, verificando a falta de pressuposto ou de condição, *não conhecer* do recurso.

Por outro lado, quanto ao *mérito do recurso*, reserva-se esse juízo apenas ao órgão jurisdicional revisor (tribunal *ad quem*). O mérito do recurso nem sempre se confunde com o mérito da causa, já que o recurso poderá ter como objetivo apenas a invalidação, fundada em uma questão processual e, portanto, preliminar (não meritória) da causa originária.

Mais detalhes acerca desses pontos encontram-se na análise de cada recurso, objeto da Seção II deste Capítulo, *infra*.

7. DECISÕES SUJEITAS A RECURSO

Árdua é a tarefa de discernir conceitualmente os atos jurisdicionais penais, de acordo com a nomenclatura utilizada no Código de Processo Penal. À falta de um critério preciso, múltiplas têm sido as classificações propostas pela doutrina. Adotaremos aqui a que nos parece melhor atender à finalidade que nos orienta, qual seja, a de identificação do recurso cabível.

No direito processual civil, a classificação dos atos jurisdicionais conhece limites conceituais claros. Nessa esfera, distinguem-se o *despacho*, a *decisão interlocutória* e a *sentença*. O *despacho* é o ato jurisdicional *não decisório* que se destina ao mero *impulso oficial* do processo (por exemplo, determinação judicial de citação ou de intimação, designação judicial de audiência etc.). Não encerrando conteúdo decisório, o despacho não se sujeita a recurso, meio de impugnação que tem por objeto decisão judicial. A *decisão interlocutória*, por seu turno, é o ato jurisdicional decisório pelo qual se resolve questão incidente, sem o encerramento do processo. No processo civil, essa decisão desafia recurso de agravo de instrumento, nos casos previstos em lei, segundo o regime instituído pelo novo Código (2015). Por fim, a *sentença* é o ato jurisdicional decisório pelo qual se encerra o processo, com ou sem resolução de mérito. A sentença, em qualquer de suas formas (sentença de mérito *stricto sensu*, sentença de extinção do processo sem resolução do mérito, sentença de extinção do processo com resolução do mérito), desafia recurso de apelação.

Diante dessa técnica precisa de distinção entre os atos jurisdicionais, não há qualquer dificuldade na identificação da recorribilidade e do recurso cabível em relação a cada ato.

No direito processual penal, entretanto, a classificação é mais complexa e menos clara. Depreendem-se do Código de Processo Penal (artigos 593 e 800) seis atos jurisdicionais, a saber: *despacho, decisão interlocutória simples, decisão interlocutória mista, decisão definitiva, decisão com força de definitiva* e *sentença*.

Em coerência com nossos objetivos, reduzimos essa tipologia a cinco categorias: (a) *despacho*; (b) *decisão interlocutória*; (c) *decisão definitiva*; (d) *decisão com força de definitiva*; (e) *sentença*.

O conceito de *despacho* confunde-se com aquele próprio do direito processual civil: ato de mero expediente, sem conteúdo decisório e, portanto, irrecorrível.

A decisão interlocutória, também na mesma linha do direito processual civil, é o ato jurisdicional decisório pelo qual se resolve questão incidente, sem o encerramento do processo. A doutrina, com base na nomenclatura do Código de Processo Penal, distingue a categoria da *decisão interlocutória mista*, que resolve sobre o mérito de uma questão incidente (por exemplo, unificação de pena na execução), sem encerrar o processo, ao passo que a *decisão interlocutória simples* resolve sobre questão incidente de natureza processual. Ademais, parte da doutrina equipara conceitualmente a decisão interlocutória mista à decisão com força de definitiva, no mesmo sentido de resolver sobre o mérito de questão incidente. Em nossa análise, porém, fixamos apenas a categoria da decisão interlocutória, que resolva sobre questão incidente, quer se trate de questão processual, quer de questão de mérito, *sem encerrar o processo*. Essa sistemática atende à finalidade funcional que nos anima, qual seja, a de identificação do recurso adequado, sem por outro lado alhear-se às amplas possibilidades oferecidas pela nomenclatura do Código de Processo Penal.

Nesse sentido, são exemplos de decisões interlocutórias: decisão de pronúncia, decisão de rejeição da exceção de coisa julgada, decisão que decreta prisão preventiva, decisão que indefere pedido de perícia, decisão que resolve sobre o incidente de unificação de pena, decisão que resolve pelo livramento condicional etc.

Já se sabe que, no processo penal, a regra é a irrecorribilidade das decisões interlocutórias, ressalvadas as que estiverem contempladas no rol do art. 581 do Código de Processo Penal, que reúne as hipóteses de cabimento do recurso em sentido estrito. Regime semelhante, nesse particular, foi instituído pelo Código de Processo Civil de 2015, cujo art. 1.015 fixa, *se bem que com maior amplitude*, as decisões interlocutórias impugnáveis por agravo de instrumento. Em um e outro domínio, a matéria objeto da decisão interlocutória irrecorrível pode ser suscitada como preliminar de eventual recurso de apelação interposto contra a sentença, ou nas contrarrazões a esse recurso, como agora ficou expresso no art. 1.009, § 1º, do CPC/2015.

Entende-se por *decisão definitiva* o ato jurisdicional decisório terminativo de mérito *lato sensu*, vale dizer, o ato pelo qual se encerra o processo resolvendo questão de mérito em sentido amplo, não o mérito estrito da própria causa (absolvição ou condenação). A doutrina designa essa categoria também pelo nome de *decisão terminativa de mérito*. Incluem-se nesse âmbito, por exemplo: a decisão de extinção da punibilidade, a decisão proferida em sede de *habeas corpus* etc.

A decisão definitiva é sempre recorrível: (a) quer por recurso em sentido estrito, se estiver contemplada no rol do art. 581 do Código de Processo Penal, como é o caso da decisão de extinção da punibilidade (art. 581, VII, CPP); (b) quer por apelação, se não estiver contemplada no rol do art. 581 do Código de Processo Penal (art. 593, II, CPP), como é o caso, por exemplo, da decisão denegatória de *habeas corpus*.

Por seu turno, a *decisão com força de definitiva* é a que encerra o processo sem resolução do mérito. Embora parte da doutrina situe a decisão com força de definitiva como sinônimo da decisão definitiva (decisão de mérito *lato sensu*) e da decisão interlocutória mista (decisão que resolve sobre o mérito de questão incidental), não vemos sentido funcional nessa lógica, que além de tudo é confusa, estabelecendo múltiplos alcances conceituais, distintos entre si, dentro da mesma expressão. Como categoria distinta da decisão interlocutória e da decisão definitiva, a decisão com força de definitiva compreende-se melhor como ato decisório terminativo sem resolução do mérito. Incluem-se nessa espécie: a decisão de impronúncia, a decisão de rejeição liminar da denúncia ou da queixa, a decisão de extinção do processo sem resolução do mérito. Apesar disso, prevalece na doutrina a orientação que inclui, no âmbito da decisão com força de definitiva, o ato decisório que encerra procedimentos e processos incidentais, por exemplo: decisão que encerra o procedimento incidental de restituição de coisas apreendidas; decisão que julga improcedente exceção de litispendência.

Para efeitos recursais, a decisão com força de definitiva obedece à mesma disciplina reservada à decisão definitiva, sendo sempre recorrível: (a) quer por recurso em sentido estrito, se estiver prevista no rol do art. 581, como é o caso da decisão de rejeição liminar da denúncia (art. 581, I, CPP); (b) quer por apelação, nas demais hipóteses, como é o caso da decisão de extinção do processo sem resolução do mérito (art. 593, II, CPP) e da impronúncia (art. 593, II, e art. 416, CPP).

Finalmente, o conceito de *sentença* no processo penal tem significado mais restrito, compreendendo o ato jurisdicional que encerra o processo com resolução do mérito em sentido estrito (mérito *stricto sensu*), para o efeito de condenar ou de absolver o acusado. Com esse significado, a sentença desafia sempre o recurso de apelação, conforme o art. 593, I, do Código de Processo Penal.

SEÇÃO II
Recursos em Espécie

SUBSEÇÃO I
Apelação

1. CONCEITO E CABIMENTO GERAL

Apelação, no direito processual penal, é o recurso apto à impugnação: (i) de sentença, em qualquer caso; (ii) de decisão definitiva ou com força de definitiva *não desafiável por recurso em sentido estrito*. É o que expressa o art. 593, *caput*, do CPP: "Caberá apelação no prazo de 5 (cinco) dias: I – das sentenças definitivas de condenação ou absolvição proferidas por juiz singular; II – das decisões definitivas, ou com força de definitivas, proferidas por juiz singular nos casos não previstos no capítulo anterior". Verifica-se desde logo, portanto, que nem toda decisão terminativa desafia apelação.

No direito processual civil, o conceito de sentença abrange toda decisão que encerra o processo, com ou sem resolução do mérito (art. 203, § 1º, CPC/2015), e a apelação é o recurso cabível em face de qualquer sentença (art. 1.009, *caput*, CPC/2015). O recurso de apelação serve também à arguição, como preliminar, de matéria objeto de decisão interlocutória irrecorrível (art. 1.009, § 1º, CPC/2015).

No direito processual penal, entretanto, o conceito de sentença é tradicionalmente restrito, abrangendo apenas o ato decisório que encerra o processo com resolução do mérito da causa (mérito em sentido estrito), para o efeito de condenar (sentença condenatória) ou de absolver (sentença absolutória) o acusado. Esse é o conceito geral que se depreende da sistemática do Código de Processo Penal, embora eventualmente a lei, desprezando esse critério, possa designar por "sentença" um ato como a *impronúncia* (art. 416, CPP), que encerra o processo sem resolução do mérito. A sentença, aí compreendidas a sentença de condenação e a sentença de absolvição, sempre desafia recurso de apelação.

Sentença de condenação ou *sentença condenatória* é o ato decisório terminativo de mérito *stricto sensu* pelo qual o órgão judiciário monocrático de primeira instância ("juiz singular") julga procedente a hipótese de acusação e a pretensão punitiva a ela associada, aplicando a consequência jurídico-penal (sanção penal) correspondente.

Sentença de absolvição ou *sentença absolutória* é o ato decisório terminativo de mérito *stricto sensu* pelo qual o órgão judiciário monocrático de primeira instância ("juiz singular") julga improcedente a hipótese de acusação e a pretensão punitiva a ela associada, ainda que possa em hipótese excepcional aplicar medida de segurança (sentença absolutória imprópria).

Incluem-se nessa categoria:

(i) A absolvição como ato final do procedimento em primeira instância, por sentença judicial proferida com base em qualquer dos fundamentos especificados no art. 386 do Código de Processo Penal (*sentença de absolvição*).

(ii) A absolvição sumária (antecipada) aplicável no procedimento comum, ordinário e sumário, assim como nos procedimentos especiais para os quais não exista disposição em sentido diverso, com fundamento em qualquer das hipóteses contempladas no art. 397 do Código de Processo Penal (*sentença de absolvição sumária*).

(iii) A absolvição sumária (antecipada) aplicável no procedimento do júri, ao final da primeira fase (fase de instrução), com fundamento em qualquer das hipóteses previstas no art. 415 do Código de Processo Penal. Insere-se na situação descrita em (i) a dita "absolvição imprópria", em que o juízo, apesar de julgar improcedente a pretensão, aplica medida de segurança, diante do reconhecimento de hipótese de inimputabilidade, com fundamento no art. 386, parágrafo único, III, do CPP.

Como já visto, os demais atos terminativos – além da sentença – praticáveis no processo penal entram na categoria das decisões definitivas ou com força de definitivas. Essas decisões definitivas ou com força de definitivas podem ser impugnadas: (a) por recurso em sentido estrito, se houver previsão específica no rol do art. 581 do Código de Processo Penal; (b) por apelação, se não houver previsão no rol do art. 581 do CPP, conforme o art. 593, II, do CPP.

No primeiro caso, por exemplo, pode-se citar a decisão de extinção da punibilidade, que encerra o processo com resolução do mérito em sentido amplo, com base em qualquer das causas contempladas no art. 107 do Código Penal (morte do agente, *abolitio criminis*, prescrição, decadência etc.), ou em causas especiais. Essa decisão é impugnável por recurso em sentido estrito, por estar contemplada no art. 581, VII, do Código de Processo Penal.

No segundo caso, sirvam de exemplo a decisão de extinção do processo sem resolução do mérito (decisão com força de definitiva), a decisão do juízo de primeira instância que julga procedente ou improcedente mandado de segurança (decisão definitiva, na sistemática da lei processual penal) e a decisão concessiva de reabilitação, que, por não estarem contempladas no rol do art. 581 do CPP, subsidiariamente desafiam apelação, nos termos do art. 593, II, do CPP.

A doutrina, contudo, considera decisão com força de definitiva também aquela que encerra procedimentos e processos incidentais. Assim, por exemplo, a decisão que soluciona o incidente de restituição de coisas apreendidas, por não integrar o rol do art. 581 do CPP, desafia apelação, nos termos do art. 593, II, do CPP. Outro exemplo é a decisão que autoriza o levantamento de bens objeto de arresto cautelar.

Por fim, devem ser referidas as disposições especiais da Lei n° 9.099/1995, que disciplina o procedimento sumaríssimo, no âmbito dos juizados especiais criminais. De acordo com esse regime jurídico específico, são impugnáveis ainda por apelação:

(i) A *decisão* que acolhe proposta de *transação penal* (art. 76, § 5°, c/c art. 82, *caput*, primeira parte, Lei n° 9.099/1995).

(ii) A *decisão de rejeição liminar da denúncia ou da queixa* (art. 82, *caput*, Lei n° 9.099/1995). Atente-se que, nos demais procedimentos, essa mesma decisão desafia recurso em sentido estrito, segundo a regra geral do art. 581, I, do CPP.

(iii) A *sentença condenatória* e a *sentença absolutória* (art. 82, *caput*, segunda parte, Lei n° 9.099/95).

2. CABIMENTO DA APELAÇÃO CONTRA AS DECISÕES DO JÚRI

A apelação, à vista das hipóteses de cabimento examinadas até aqui, constitui recurso de fundamentação livre. Qualquer fundamento jurídico idôneo, assim, pode ser invocado como base para a impugnação de sentença (art. 593, I, CPP) ou de decisão definitiva ou com força de definitiva nas condições do art. 593, II, do CPP. Não há restrição legal quanto às razões que podem ser invocadas para o questionamento da decisão terminativa recorrida. Contra uma sentença condenatória que contenha fixação de pena concreta no patamar de 3 (três) anos, por exemplo, poderá o acusado suscitar, nas razões do recurso, nulidade por cerceamento de defesa, falta de prova suficiente para a condenação, existência de excludente de ilicitude ou de culpabilidade, excesso na pena aplicada e/ou qualquer outro fundamento que entenda adequado à situação concreta.

Por outro lado, o recurso de apelação interposto contra sentença do juiz presidente do Tribunal do Júri sujeita-se a regras estritas de cabimento excepcional, no que diz respeito aos fundamentos suscitáveis, especificados no art. 593, inciso III, do Código de Processo Penal. Trata-se, portanto, de recurso de *fundamentação vinculada*.

Cap. XIX · RECURSOS E AÇÕES AUTÔNOMAS DE IMPUGNAÇÃO

Significa isso dizer que o recorrente não poderá invocar qualquer fundamento para impugnar a sentença proferida ao final do procedimento do júri, mas apenas aqueles estritamente fixados no art. 593, III, do CPP. A razão de ser desse especial regime jurídico radica sobretudo no princípio da soberania dos veredictos, que rege a instituição do júri (art. 5º, XXXVIII, c, CF).

A impugnação das decisões do júri, nessa lógica, é restrita quanto ao seu alcance, quanto à sua profundidade e quanto às suas consequências: (i) quanto ao alcance, porque via de regra incide sobre questões alheias ao mérito da decisão do Tribunal do Júri, a saber: nulidade posterior à pronúncia (art. 593, III, a, CPP), sentença do juiz presidente contrária à lei expressa ou à decisão dos jurados (art. 593, III, b, CPP), erro ou injustiça no tocante à aplicação da pena ou da medida de segurança (art. 593, III, c, CPP); (ii) quanto à profundidade, porque, mesmo na única hipótese em que a impugnação incide diretamente sobre o mérito do veredicto do tribunal popular (art. 593, III, d, CPP), a revisão está limitada à manifesta contrariedade da decisão à prova dos autos, não se podendo examiná-la para além disso; (iii) quanto às consequências, porque, mesmo na hipótese do exame restrito do veredicto em sua contrariedade à prova dos autos (art. 593, III, d, CPP), o provimento do recurso acarretará não a reforma do julgado, mas a sua cassação, de modo que o acusado seja submetido a novo julgamento perante outro Conselho de Sentença do Tribunal do Júri (art. 593, § 3º, CPP).

Expostos esses parâmetros, passa-se a analisar cada um dos fundamentos vinculados suscitáveis nas razões do recurso de apelação interposto contra sentença do juiz presidente do Tribunal do Júri.

2.1. Nulidade posterior à pronúncia (art. 593, III, a, CPP)

A nulidade processual ocorrida após a *confirmação da pronúncia* (preclusão da decisão de pronúncia) pode ser suscitada no recurso de apelação interposto contra a sentença do juiz presidente do Tribunal do Júri, nos termos do art. 593, III, a, do CPP.

Sabe-se que a pronúncia constitui o juízo de admissibilidade positivo da acusação, ao final da primeira fase do procedimento do júri (fase de instrução ou de formação da culpa). Uma vez confirmada a decisão, firma-se a certeza de que o acusado/pronunciado será submetido a julgamento perante o Tribunal do Júri, na última fase do procedimento. A pronúncia confirmada tem o efeito de inaugurar a fase intermediária do procedimento do júri (fase de preparação para o plenário) e de fixar os limites objetivos da acusação a ser deduzida em plenário na terceira e última fase.

Nesse contexto, qualquer nulidade ocorrida na fase de preparação para o plenário e na fase de julgamento é suscitável no recurso de apelação interposto contra a sentença do juiz presidente, que deve ser proferida com base no veredicto dos jurados. As nulidades potencialmente ocorridas na primeira fase do procedimento devem ser arguidas no recurso em sentido estrito (art. 581, IV, CPP) interposto contra a decisão de pronúncia, e não no recurso de apelação aqui examinado, próprio para suscitar vícios *posteriores* à confirmação do juízo de pronúncia.

De toda sorte, em se tratando de nulidade absoluta, cognoscível de ofício e a qualquer tempo, poderá ser objeto de apreciação pelo tribunal revisor, já que é suscetível até mesmo de conhecimento como *habeas corpus* de ofício.

São exemplos de nulidades ocorridas após a confirmação da pronúncia: ausência de formulação de quesito obrigatório, ausência de defesa técnica do acusado na sessão de julgamento do júri, impedimento ou suspeição de jurado, violação ao sigilo das votações etc.

Caso o recurso sob o fundamento em foco seja provido, a consequência é a declaração da nulidade do ato viciado e reflexamente a dos que dele forem dependentes ou que dele sejam consequência, inclusive, em especial, o próprio veredicto do Tribunal do Júri.

Assim, embora a impugnação possa não recair diretamente sobre o veredicto em si, este resulta atingido pela invalidação de ato anterior, segundo o princípio geral da causalidade, regente das nulidades no processo penal, nos termos do art. 573, § 1º, do CPP: "A nulidade de um ato, uma vez declarada, causará a dos atos que dele diretamente dependam ou sejam consequência".

2.2. Sentença do juiz presidente contrária à lei expressa ou ao veredicto dos jurados (art. 593, III, *b*, CPP)

Impugna-se, na hipótese do art. 593, III, *b*, do CPP, exclusivamente a sentença do juiz presidente, e não o veredicto dos jurados. As duas hipóteses contempladas nesse dispositivo são: (a) contrariedade à lei expressa; (b) contrariedade à decisão dos jurados.

Na primeira hipótese, a sentença do juiz presidente, embora corresponda ao veredicto do Tribunal do Júri, contraria a lei. É o que acontece, por exemplo, quando o juiz presidente, após condenar o acusado por homicídio simples, em conformidade com a decisão dos jurados, e aplicar a pena concreta no patamar de 7 (sete) anos, fixa o regime fechado para o início do cumprimento da pena, *sob o argumento de que a sanção concretamente aplicada não comportaria o regime semiaberto*. Nessa situação, a sentença viola o disposto no art. 33, § 2º, *b*, do Código Penal, que permite a fixação do regime semiaberto para o início de cumprimento da pena aplicada no patamar entre 4 e 8 anos.

Na segunda hipótese, a sentença do juiz presidente contraria a decisão dos jurados, em ofensa ao princípio da soberania dos veredictos e, em última análise, à própria competência constitucional do Tribunal do Júri para o julgamento dos crimes dolosos contra a vida (art. 5º, XVIII, CF).

É o que ocorre, por exemplo, no caso em que o juiz presidente: aplica pena concreta de acordo com os limites cominados para o homicídio qualificado (art. 121, § 2º, CP), quando o veredicto foi por homicídio simples; exara condenação por homicídio simples, aplicando a pena correspondente (art. 121, *caput*, CP), quando no veredicto se reconheceu a prática de homicídio qualificado (art. 121, § 2º, CP); deixa de aplicar causa de diminuição de pena própria do homicídio privilegiado (art. 121, § 1º, CP)

Cap. XIX • RECURSOS E AÇÕES AUTÔNOMAS DE IMPUGNAÇÃO

que haja sido reconhecida pelos jurados, ou a aplica quando os jurados não a tenham reconhecido.

Interessante situação é aquela em que o veredicto dos jurados fixa a prática de homicídio dupla – ou triplamente – qualificado, por exemplo, pelo motivo torpe (art. 121, § 2º, I, CP) *e* pela utilização de meio que impossibilitou a defesa do ofendido (art. 121, § 2º, II, CP), e o juiz presidente aplica a pena concreta no patamar mínimo cominado no art. 121, § 2º, do Código Penal, qual seja, 12 (doze) anos. Entendemos que, no caso, há contrariedade da sentença à decisão dos jurados, e não mera injustiça no tocante à aplicação da pena (hipótese do art. 593, III, *c*, do CPP, que será estudada no próximo tópico).

Com efeito, a fixação da pena concreta no mínimo legal aplicável ao homicídio qualificado importa desprezo a pelo menos uma das qualificadoras reconhecidas pelos jurados. Ora, se a condenação no mesmo caso tivesse sido por homicídio qualificado uma vez – digamos, pelo motivo torpe –, a pena concreta não seria a mesma? Só poderia sê-lo, eis que a pena já está no mínimo. No caso, a fixação da pena no mínimo legal equipara o homicídio uma vez qualificado ao homicídio dupla e ao triplamente qualificado. O reconhecimento da segunda e o da terceira qualificadora pelo Tribunal do Júri não foi considerado pelo juiz presidente. Assim, mais que mera injustiça no que tange à aplicação da pena, já que a sanção foi quantificada em patamar muito baixo à vista da quantidade de qualificadoras, o que ocorre na hipótese cogitada é franca ofensa ao veredicto dos jurados, incidindo a hipótese de cabimento da apelação prevista no art. 593, III, *b*, segunda parte, do CPP (e não a do art. 593, III, *c*). O mesmo se diga na situação inversa, em que o juiz fixa pena próxima ao patamar máximo quando apenas uma qualificadora tiver sido reconhecida pelos jurados.

O provimento do recurso de apelação na hipótese do art. 593, III, *b*, acarretará a retificação da sentença do juiz presidente pelo próprio tribunal revisor, para adequá-la quer à lei expressa, quer ao veredicto dos jurados, conforme o caso. É o que dispõe o art. 593, § 1º, do CPP: "Se a sentença do juiz-presidente for contrária à lei expressa ou divergir das respostas dos jurados aos quesitos, o tribunal *ad quem* fará a devida retificação".

2.3. Erro ou injustiça no tocante à aplicação da pena (art. 593, III, c, CPP)

A apelação contra as decisões do júri é também admitida quando haja erro ou injustiça no tocante à aplicação da pena (art. 593, III, *c*, CPP). Do mesmo modo que a hipótese examinada no tópico anterior, aqui também se impugna a sentença do juiz presidente, e não o veredicto do Tribunal do Júri.

Há *erro* na aplicação da pena quando o juiz presidente fixar a pena *equivocadamente*, não quanto à sua dosimetria, portanto, mas quanto à sua própria aplicação em desconformidade com a lei diante da situação concreta. É o que acontece quando o juiz aplica pena abaixo do mínimo legal: por exemplo, se o juiz presidente fixa a pena concreta por homicídio simples no patamar de 4 (quatro) anos, quando o mínimo cominado é de 6 (seis) anos (art. 121, *caput*, CP).

Já a *injustiça* diz respeito à apreciação das circunstâncias judiciais (art. 59, CP) aplicáveis no processo de quantificação (dosimetria) da pena, para o efeito de sua fixação concreta, dentro dos limites legalmente cominados. Nesse sentido, poderá o acusado recorrer impugnando a sentença do juiz presidente que fixou a pena em patamar elevado, diante das circunstâncias incidentes (por exemplo, primariedade, bons antecedentes, comportamento da vítima etc.); do mesmo modo, poderá o Ministério Público interpor recurso impugnando a pena fixada no patamar mínimo, alegando, por exemplo, que as circunstâncias incidentes (consequências do crime, culpabilidade etc.) foram graves e impunham a aplicação de pena em patamar superior. Não há aqui qualquer afetação ao veredicto dos jurados. Se a injustiça da pena aplicada chegar ao ponto de evidenciar disparidade entre a sentença e o veredicto, quando por exemplo o juiz aplica a pena no mínimo legal (art. 121, § 2º, CP) mesmo tendo os jurados reconhecido a incidência de três qualificadoras, a hipótese de cabimento aplicável é a do art. 593, III, *b*, segunda parte, conforme já visto.

Caso provido o recurso de apelação interposto com fundamento no art. 593, III, *c*, o próprio tribunal modificará a pena ou a medida de segurança aplicada, nos termos do art. 593, § 2º, do CPP: "Interposta a apelação com fundamento no n. III, *c*, deste artigo, o tribunal *ad quem*, se lhe der provimento, retificará a aplicação da pena ou da medida de segurança".

2.4. Manifesta contrariedade à prova dos autos (art. 593, III, *d*, CPP)

Esta é a única hipótese de cabimento da apelação em que há impugnação *direta* ao veredicto dos jurados.

Sabe-se que um dos princípios regentes da instituição do júri é o da soberania dos veredictos (art. 5º, XXXVIII, *b*, CF), inclusive como garantia individual do acusado submetido a julgamento perante o tribunal popular.

A desconstituição do veredicto dos jurados, nesse sentido, só pode ocorrer em hipótese excepcional e, assim mesmo, em caráter estritamente limitado, preservando-se a competência da instituição do júri para o julgamento dos crimes dolosos contra a vida.

Desta sorte, mesmo quando reconhecida a excepcionalidade apta a desconstituir o veredicto dos jurados, a consequência jurídica a tanto associada é a cassação, e não a reforma, do julgado, e a correlata submissão do acusado a novo julgamento perante o tribunal popular.

Não tem o tribunal que julga a apelação, portanto, competência para a revisão do mérito do veredicto, para o efeito de reformá-lo, convertendo-o de absolutório em condenatório, ou de condenatório em absolutório. Ademais, a excepcionalidade apenas se aplica uma vez, prevalecendo o segundo julgamento, qualquer que seja ele, como uma reafirmação da soberania da decisão do júri.

A hipótese excepcional de cabimento em foco consiste na manifesta contrariedade do veredicto do Conselho de Sentença à prova dos autos. O caráter estrito desse fundamento supõe que a possibilidade de desconstituição do julgamento do Tribunal do Júri limite-se à completa e integral dissonância entre a conclusão do veredicto e a situação de fato inequívoca descortinada pela prova consolidada nos autos.

De acordo com essa lógica, a existência de duas vertentes probatórias conflitantes não autoriza o recurso de apelação sob esse fundamento excepcional, quando o Tribunal do Júri opte por uma dessas vertentes. Assim consolidou a jurisprudência do Supremo Tribunal Federal, como revela a decisão do Ministro Celso de Mello proferida no HC 107.906/SP (julgamento em 08.04.2015, DJ de 13.04.2015): "O julgamento efetuado pelo Conselho de Sentença realiza-se sob a égide do sistema da íntima convicção (RTJ 132/307), que, além de dispensar qualquer fundamentação, acha-se constitucionalmente resguardado tanto pelo sigilo das votações quanto pela soberania dos veredictos (CF, art. 5º, inciso XXXVIII, "b" e "c"). Embora ampla a liberdade de julgar reconhecida aos jurados, estes somente podem decidir com apoio nos elementos probatórios produzidos nos autos, a significar que, havendo duas ou mais teses ou versões, cada qual apoiada em elementos próprios de informação existentes no processo, torna-se lícito ao Conselho de Sentença, presente esse contexto, optar por qualquer delas, sem que se possa imputar a essa decisão dos jurados a ocorrência de contrariedade manifesta à prova dos autos. A decisão do júri somente comportará reforma, em sede recursal (CPP, art. 593, III, "d"), se não tiver suporte em base empírica produzida nos autos, pois, se o veredicto do Conselho de Sentença refletir a opção dos jurados por uma das versões constantes do processo, ainda que ela não pareça a mais acertada ao Tribunal 'ad quem', mesmo assim a instância superior terá que a respeitar. Precedentes do Supremo Tribunal Federal e dos Tribunais em geral."

A discordância, portanto, há de ser integral e inequívoca. Sirvam como exemplos:

(a) Toda a prova dos autos aponta categoricamente no sentido de que o acusado não foi o autor do fato, e mesmo assim o Conselho de Sentença resolve pela condenação. Não assim se há depoimentos testemunhais favoráveis do sujeito, no sentido da inexistência de autoria, mas também há outra vertente testemunhal conflitante apontando que o acusado teria sido o autor, hipótese em que cabe ao Tribunal do Júri resolver sobre o mérito, em julgamento soberano.

(b) A única tese alegada pelo acusado foi a de legítima defesa, tendo havido, portanto, assunção quanto à existência e à autoria do fato, corroborada de resto pela prova testemunhal, mas o Tribunal do Júri, em resposta ao primeiro (art. 483, I, CPP) ou ao segundo (art. 483, II, CPP) quesito obrigatórios, resolve que o fato não aconteceu ou que o acusado não foi o autor do fato, o que impõe desde logo a absolvição (art. 483, § 1º, CPP). Dá-se aí o caso de julgamento manifestamente contrário à prova dos autos; a absolvição por acolhimento da tese da legítima defesa poderia se dar pela resposta positiva ao terceiro quesito (se o acusado deve ser absolvido, nos termos do art. 483, III e § 2º, CPP), mas não pela negativa do fato ou de sua autoria, quando essa questão seja incontroversa nos autos.

Por outro lado, há de se considerar, em algumas hipóteses, a admissibilidade do chamado *julgamento de clemência*, em que o Tribunal do Júri poderá, mesmo reconhecendo a autoria imputada ao acusado, ainda assim absolvê-lo por força de uma apreciação de justiça comum. Como em outros momentos deste Curso tivemos a oportunidade de referir, pende de julgamento no Superior Tribunal de Justiça o HC 350.895/RJ (Terceira Seção, Rel. Min. Maria Thereza de Assis Moura), com esta discussão: sendo a única tese de defesa a de negativa de autoria, o Conselho de Sentença, reconhecendo a autoria imputada ao acusado (pela resposta positiva ao quesito), mesmo assim resolve absolvê-lo (pela resposta positiva ao terceiro quesito). Ora, permitindo a ordem jurídica brasileira (art. 483, III, CPP) que o Conselho absolva o acusado (no terceiro quesito) mesmo tendo reconhecido a materialidade e a autoria, independentemente de qualquer tese de defesa, a hipótese poderia ser considerada como manifesta contrariedade à prova dos autos? Parece-nos claro que não. Para mais detalhes a esse respeito, consulte-se o tópico 1 da Seção II do Capítulo XVII deste Curso.

Cumpre asseverar que a aferição do cabimento da apelação quanto a essa hipótese, como de resto nas demais, deve se dar *in statu assertionis*, ou seja, de acordo com o que for deduzido pelo recorrente nas razões do recurso. Se o apelante declara nas razões que o julgamento dos jurados foi manifestamente contrário à prova dos autos, o recurso deve ser admitido. Nesse caso, se a situação real (mérito recursal) for a existência de duas vertentes probatórias em conflito, e não manifesta contrariedade, deverá ser negado provimento à apelação.

De outro lado, se o apelante declara nas razões que os jurados deveriam ter aplicado o princípio *in dubio pro reo* diante da dúvida gerada por elementos probatórios conflitantes, razão pela qual o julgamento foi injusto, a apelação não merece admissibilidade, pois não deduzido como hipótese recursal o fundamento vinculante estabelecido no art. 593, III, *d*, do CPP (manifesta contrariedade do veredicto à prova inequívoca dos autos).

Como adiantado ao início deste tópico, o provimento da apelação com base no fundamento examinado acarreta a cassação (anulação) do veredicto, sujeitando-se o acusado a novo julgamento perante o Tribunal do Júri, de acordo com a primeira parte do art. 593, § 3º, do CPP: "Se a apelação se fundar no n. III, *d*, deste artigo, e o tribunal *ad quem* se convencer de que a decisão dos jurados é manifestamente contrária à prova dos autos, dar-lhe-á provimento para sujeitar o réu a novo julgamento...". O tribunal *ad quem*, assim, não pode revisar o mérito da decisão dos jurados, reformando-a. Trata-se mesmo de juízo de desconstituição, cassação, anulação.

Já a parte final do art. 593, § 3º, do CPP dispõe que "não se admite, porém, pelo mesmo motivo, segunda apelação". Entende-se por "mesmo motivo" o idêntico fundamento vinculante, isto é, a mesma hipótese de cabimento, a do art. 593, III, *d*: manifesta contrariedade à prova dos autos.

Ainda que a causa seja diferente, assim, não se admite a invocação, no recurso contra o segundo veredicto, do fundamento da manifesta contrariedade à prova dos autos. Pode ocorrer, por exemplo, de o acusado ser absolvido no primeiro julgamento em virtude de resposta negativa ao segundo quesito obrigatório (art. 483, II, CPP): reconhecimento de que o acusado não foi autor nem partícipe do fato. Interposto e provido recurso de apelação do Ministério Público em face do primeiro veredicto, no segundo julgamento o Tribunal do Júri responde positivamente aos dois primeiros quesitos obrigatórios (materialidade e autoria), mas negativamente ao terceiro quesito obrigatório (se o acusado deve ser absolvido), em um caso no qual o defensor técnico do acusado invocou a tese da legítima defesa.

Na hipótese cogitada, não poderá o Ministério Público novamente recorrer invocando o fundamento da manifesta contrariedade à prova dos autos, sob o argumento de que a causa mudou, recaindo agora o julgamento dissonante sobre a existência da legítima defesa, e não a da autoria. Há que se preservar, estritamente, a soberania do julgamento do tribunal popular contra sucessivas cassações decorrentes sempre da manifesta contrariedade à prova dos autos, por múltiplas causas. Só se admite uma vez a cassação do julgado por manifesta contrariedade à prova.

Sendo outra a hipótese de cabimento (nulidade posterior à pronúncia, erro ou injustiça na aplicação da pena etc.), porém, não há impedimento à interposição do recurso de apelação contra a segunda sentença. Nessas hipóteses, já não haverá repercussões diretas à soberania dos veredictos, já que o que se impugna são questões alheias ao mérito da decisão dos jurados, por mais que, no caso do art. 593, III, *a*, a declaração da nulidade de ato anterior vá acarretar indiretamente a invalidação do próprio veredicto, por força do princípio da causalidade, próprio do regime jurídico das nulidades (art. 573, § 1º, CPP).

2.5. A *reformatio in pejus* indireta no âmbito do recurso interposto contra a decisão do júri

Como visto no tópico 4.9 da Seção I deste Capítulo, não se admite a *reformatio in pejus* (piora da situação do recorrente no âmbito de seu próprio recurso), norma que, entretanto, no processo penal, obedece a limitações impostas pelo princípio do *favor rei* ou *favor libertatis*. Trata-se, seja como for, da *reformatio in pejus* direta, em que, na apreciação do recurso exclusivo da defesa, o tribunal da apelação não pode modificar o julgado recorrido para o efeito de piorar a situação do acusado.

Por outro lado, já se aludiu também, quando do estudo do mesmo princípio da personalidade, à chamada proibição da *"reformatio in pejus* indireta": na hipótese de anulação de sentença condenatória no âmbito do recurso de apelação da defesa, a nova sentença que vier a ser proferida pelo juízo da causa, se condenatória, não pode fixar pena mais grave que aquela aplicada na sentença anulada.

A *reformatio in pejus*, na hipótese, é apenas indireta ou reflexa, eis que a piora da situação do acusado/apelante não se deu no âmbito de seu próprio recurso, mas em posterior decisão proferida para substituir a decisão anulada por força desse recurso. Embora tecnicamente não seja apropriada essa solução, pois importa conferir efeitos jurídicos (limitação da quantidade de pena a ser aplicada pelo juiz na segunda sentença) a um ato nulo, a jurisprudência consolidou orientação no sentido da proibição da dita *reformatio in pejus*, por razões de política criminal.

Já se viu, nesse contexto, que a jurisprudência pacificou a orientação no sentido da vedação da *reformatio in pejus indireta* mesmo no domínio das decisões do Tribunal do Júri, na medida em que a soberania dos veredictos, constituindo garantia individual do acusado, não pode ser contra ele invocada, para o efeito de permitir agravamento da pena no segundo julgamento, quando anulado o primeiro em sede de recurso exclusivo da defesa.

Nesse sentido: STF, 2ª Turma, HC 89.544/RN, Rel. Min. CEZAR PELUSO, julgamento em 14.04.2009, DJ de 15.05.2009 (julgado paradigmático); STF, 1ª Turma, HC 115.428, Rel. Min. DIAS TOFFOLI, julgamento em 11.06.2013, DJ de 23.08.2013; STJ, 5ª Turma, HC 174.564/RS, Rel. Min. JORGE MUSSI, julgamento em 21.06.2012, DJ de 01.08.2012[26]; STJ, 6ª Turma, HC 132.487/MG, Rel. Min. SEBASTIÃO REIS JÚNIOR, julgamento em 15.10.2013, DJ de 16.12.2013; STJ, 6ª Turma, HC 178.850/RS, Rel. Min. ASSUSETE MAGALHÃES, julgamento em 15.08.2013, DJ de 13.09.2013. Com a mesma lógica, mas expressando mais claramente que a vedação só incide em caso de anulação ocorrida em sede de recurso exclusivo da defesa: STJ, 6ª Turma, HC 177.808/TO, Rel. Min. SEBASTIÃO REIS JÚNIOR, julgamento em 05.06.2014, DJ de 27.06.2014.

3. LEGITIMIDADE PARA APELAR

A legitimidade para recorrer assume características especiais no direito processual penal.

No que tange particularmente à apelação, cumpre identificar:

(i) A *legitimidade recursal plena* das *partes (acusador e acusado)*, segundo a regra geral do art. 577, *caput*, do CPP.

(ii) A *legitimidade recursal supletiva* ou *subsidiária* do *ofendido*, enquanto terceiro juridicamente interessado na ação penal de iniciativa pública, aplicável na hipótese de ausência de recurso do titular da acusação (Ministério Público), nos termos do art. 598 do CPP.

(iii) A *legitimidade autônoma do defensor técnico* (constituído ou nomeado) do acusado.

(iv) A *legitimidade especial do Ministério Público*, como órgão de justiça, no âmbito da *ação penal de exclusiva iniciativa privada*.

(v) A suposta *"legitimidade do curador"*.

Examinemos detalhadamente cada uma dessas hipóteses.

3.1. Legitimidade recursal plena das partes

O direito de recorrer constitui desdobramento do direito de ação e do direito de defesa, de modo que tanto o titular do polo ativo (acusador) quanto o do polo passivo (acusado) dispõem de legitimidade plena para a interposição de qualquer recurso,

---

26. Curioso é que ainda haja julgado da 5ª Turma do STJ, e ainda recente, no sentido contrário. Cfr. STJ, 5ª Turma, AGRESP 1.290.847/RJ, Rel. Min. LAURITA VAZ, julgamento em 19.06.2012, DJ de 28.06.2012: "1. Em crimes de competência do Tribunal do Júri, a garantia da vedação à reformatio in pejus indireta sofre restrições, em respeito à soberania dos veredictos. 2. Os jurados componentes do segundo Conselho de Sentença não estarão limitados pelo que decidido pelo primeiro, ainda que a situação do acusado possa ser agravada, em face do princípio da soberania dos veredictos, disposto no art. 5.º, inciso XXXVIII, alínea c, da Constituição Federal". A posição francamente consolidada, inclusive pela própria 5ª Turma do STJ, entretanto, é a outra, como indicado no texto principal.

Cap. XIX · RECURSOS E AÇÕES AUTÔNOMAS DE IMPUGNAÇÃO

independentemente de previsão legal específica. A regra geral do art. 577, *caput*, do CPP segue essa lógica, ainda que indicando outros sujeitos, além das partes.

Aí se incluem: (i) Ministério Público e acusado, na ação penal de iniciativa pública; (ii) ofendido (querelante) e acusado (querelado), na ação penal de iniciativa privada.

No caso particular do Ministério Público, não há a obrigatoriedade da interposição do recurso (não há, de outro lado, possibilidade de desistência, se o recurso já foi interposto, nos termos do art. 576 do CPP). Por outro lado, a legitimidade do Ministério Público abrange inclusive o recurso de apelação em favor do acusado, conforme orientação jurisprudencial consolidada. Nesse sentido: STF, 2ª Turma, HC 80.933/MG, Rel. Min. NELSON JOBIM, julgamento em 14.08.2001, DJ de 28.09.2001; STF, 2ª Turma, RE 91.836/PR, Rel. Min. LEITÃO DE ABREU, julgamento em 31.10.1980, DJ de 12.12.1980.

Na hipótese de recurso do Ministério Público em favor do acusado, a apelação fica prejudicada, por ausência de interesse-necessidade, se o próprio acusado exercitou seu direito de apelar na mesma extensão. Nesse sentido, conforme ADA GRINOVER, GOMES FILHO e SCARANCE FERNANDES: "Mais uma observação, quanto ao recurso do MP em benefício do réu: havendo recurso da defesa, com o mesmo objeto que o do MP, o recurso deste deve ser considerado prejudicado, prevalecendo o do acusado"[27].

3.2. Legitimidade Recursal Supletiva do Ofendido

No âmbito da ação penal de iniciativa pública, o ofendido, esteja ou não habilitado como assistente de acusação, dispõe de legitimidade *supletiva*, na hipótese de inércia do Ministério Público quanto à interposição de recurso de apelação. A legitimidade se transfere aos sucessores do ofendido (cônjuge, ascendente, descendente ou irmão, nos termos do art. 31 do CPP), em caso de morte ou de ausência deste.

Confira-se, a esse respeito, o disposto no art. 598, *caput*, do CPP: "Nos crimes de competência do Tribunal do Júri, ou do juiz singular, se da sentença não for interposta apelação pelo Ministério Público no prazo legal, o ofendido ou qualquer das pessoas enumeradas no art. 31, ainda que não se tenha habilitado como assistente, poderá interpor apelação, que não terá, porém, efeito suspensivo".

A *supletividade* ou *subsidiariedade* da legitimação recursal do ofendido justifica-se segundo a lógica do interesse-necessidade. Com efeito, se já houve interposição de recurso pelo órgão de acusação, não subsiste qualquer necessidade de impugnação da sentença pelo ofendido. O exercício da apelação pelo Ministério Público já realiza o efeito de impugnação da sentença pela acusação, não havendo necessidade de nova movimentação do ofendido para o mesmo fim.

Observe-se que o ofendido habilitado como assistente poderá sempre apresentar suas razões ao recurso de apelação interposto pelo Ministério Público, nos termos dos artigos 271 e 600, § 1º, do CPP, não havendo necessidade, para esse fim, de que ele próprio interponha a apelação, se a parte acusadora já o fez.

---

27. GRINOVER, Ada Pellegrini / GOMES FILHO, Antônio Magalhães / FERNANDES, Antônio Scarance. *Recursos no processo penal*. São Paulo: Revista dos Tribunais, 2005, p. 87.

Assevere-se, de todo modo, que, se o recurso do Ministério Público tiver sido parcial, o ofendido disporá de legitimidade supletiva quanto à parte da sentença não impugnada pelo acusador público.

Por fim, ressalte-se que a legitimidade supletiva independe da habilitação do ofendido como assistente. Importa referir, a esse respeito, a exigência de intimação do ofendido quanto à sentença, destinada precisamente a garantir a oportunidade de exercício do recurso de apelação, quando haja necessidade (legitimidade supletiva). Veja-se, no particular, o disposto no art. 201, § 2º, do CPP, com a redação conferida pela Lei nº 11.690/2008: "O ofendido será comunicado dos atos processuais relativos ao ingresso e à saída do acusado da prisão, à designação de data para audiência e à sentença e respectivos acórdãos que a mantenham ou modifiquem".

Se habilitado como assistente, o ofendido já terá que ser intimado da sentença, por força da própria habilitação como terceiro interveniente no processo. A disposição do art. 201, § 2º, do CPP, assim, visa a assegurar para o ofendido não habilitado como assistente o conhecimento de atos relevantes praticados no processo, especialmente a sentença, de modo que seja possível o exercício do direito ao recurso na hipótese prevista em lei (art. 598, *caput*, do CPP).

3.3. Legitimidade Recursal autônoma do Defensor Técnico

O defensor técnico, constituído ou dativo, assume condição peculiar no processo penal, para além da mera função de representante do acusado. Isso deriva do valor fundamental da ampla defesa e, sobretudo, da liberdade de locomoção, de modo que o defensor pugna no processo penal não somente pelo mero interesse individual do defendido, mas pela própria liberdade enquanto princípio fundamental.

Nessa esteira, diz-se que o defensor tem legitimidade autônoma para a interposição de recurso de apelação, independentemente da vontade do acusado. Assim, o defensor é titular também do direito de recorrer, em condição autônoma frente ao direito do acusado que ele representa. Em particular, depreende-se do art. 577, *caput*, do CPP, a dita posição autônoma do defensor como legitimado. Neste sentido, como assinalam Ada Grinover, Gomes Filho e Scarance Fernandes: "O defensor, constituído ou nomeado, não tem apenas capacidade postulatória para interpor recurso em nome do acusado, como seria natural: a lei processual penal parece ter ido mais longe, atribuindo-lhe uma verdadeira legitimação aos recursos, conquanto costumeiramente exercida em nome do réu, 'por seu procurador ou seu defensor'"[28].

Essa situação potencializa conflito de vontades entre o acusado e seu defensor, considerando também que o primeiro dispõe não apenas de legitimidade para recorrer, mas também de *capacidade postulatória* para tanto. Significa isso dizer que *o acusado pode, pessoalmente, efetivar a interposição do recurso*, cujas razões serão no momento oportuno apresentadas pela defesa técnica. Cuida-se de hipótese especial de capacidade

---

28. Grinover, Ada Pellegrini / Gomes Filho, Antônio Magalhães / Scarance Fernandes, Antônio. *Recursos no Processo Penal*. São Paulo: Revista dos Tribunais, 2011, p. 68.

postulatória, em que a atuação da parte em juízo, no caso o acusado, pode se dar sem a intermediação de seu representante judicial. Os valores supremos da liberdade individual e da ampla defesa é que concedem ao acusado essa capacidade especial, independente da atividade do defensor técnico.

Assim, pergunta-se: e se houver conflito entre o acusado e seu defensor quanto ao exercício do direito de apelar? A posição predominante na doutrina e na jurisprudência é a de que prevalece a vontade de recorrer, por melhor prestigiar a ampla defesa.

Nessas condições: (i) se o acusado interpõe pessoalmente o recurso, mesmo ante a discordância de seu defensor (que acreditava não haver qualquer chance de êxito, sendo mais vantajoso o início imediato do cumprimento da pena), prevalecerá a vontade do primeiro; (ii) se o acusado deseja iniciar imediatamente o cumprimento da pena, mas o defensor resolve de forma autônoma interpor o recurso, prevalecerá a vontade do último. Quanto a esse último ponto, dispõe a Súmula nº 705 do STF: "A renúncia do réu ao direito de apelação, manifestada sem a assistência do defensor, não impede o conhecimento da apelação por este interposta".

3.4. Legitimidade Recursal do Ministério Público no âmbito da Ação Penal de iniciativa Privada

O Ministério Público, como fiscal da lei (*custos legis*) ou órgão de justiça, intervém em todos os termos da ação penal privada exclusiva. Nesse âmbito, é irrecusável a legitimação recursal do Ministério Público, como acontece, de modo geral, em todos os processos nos quais essa instituição atua como *custos legis*.

No entanto, a legitimidade do Ministério Público nesse domínio experimenta limitações ditadas pelo interesse de recorrer e orientadas particularmente pelos princípios da oportunidade e da disponibilidade, que regem a ação penal privada exclusiva.

Assim, não poderá o Ministério Público interpor apelação em face de sentença absolutória. Nessa hipótese: ou o querelante, parte na ação, interpõe o recurso, e já não há interesse-necessidade do Ministério Público; ou o querelante não interpõe o recurso, caso em que estará dispondo de seu direito de prosseguir na ação, não cabendo ao Ministério Público fazê-lo.

A legitimidade recursal do Ministério Público no âmbito examinado, portanto, restringe-se ao recurso de apelação em favor do querelado, sempre que identifique ofensa ao direito objetivo na sentença sujeita à impugnação.

3.5. "Legitimidade Recursal do Curador"

O Código de Processo Penal estabelece a nomeação de curador para assistir ao acusado menor de 21 (vinte e um) anos, assim como ao acusado inimputável ou semi-imputável.

Antes de tudo, desde o advento do Código Civil de 2002, que fixou a maioridade civil em 18 anos – e não mais em 21 (vinte e um) anos –, perdeu o sentido e resulta inaplicável atualmente a nomeação de curador para o menor de 21 (vinte e um) anos. Persiste, no entanto, a exigência do curador para assistir ao acusado inimputável ou semi-imputável, segundo perícia médica.

Nessa última hipótese, porém, entendemos que não há legitimação autônoma do curador. No particular, a legitimidade continua sendo do acusado, mas, por incapacidade deste, pode o direito de recorrer ser exercitado pelo curador, a quem se concede em todo caso a mesma capacidade postulatória para o exercício pessoal da interposição do recurso de apelação. As condições de inimputabilidade e de semi-imputabilidade não subtraem ao acusado a legitimidade para recorrer, mas apenas a possibilidade de seu exercício direto, isto é, a capacidade, impondo-se a manifestação do direito por meio do curador.

4. INTERESSE DE APELAR

O interesse recursal traduz-se essencialmente nas vertentes de necessidade e de utilidade, já que o interesse-adequação se confunde com o próprio cabimento do recurso. Para detalhes sobre os conceitos de interesse-necessidade (sucumbência – dimensão perspectiva) e de interesse-utilidade (benefício ou proveito útil e efetivo – dimensão prospectiva), consulte-se a abordagem desenvolvida no tópico 6 da Seção I deste Capítulo, reservado também às condições gerais de admissibilidade dos recursos.

No domínio específico da apelação, discute-se se há interesse do acusado na interposição de recurso contra sentença absolutória, com o objetivo de modificar o fundamento da absolvição.

Sabe-se que as hipóteses de absolvição constam do art. 386 do Código de Processo Penal: reconhecimento categórico de que o fato não ocorreu (art. 386, I) ou de que o acusado não concorreu para o fato (art. 386, IV); ausência de prova de que o fato ocorreu (art. 386, II) ou de que o acusado foi autor ou partícipe do fato (art. 386, V); atipicidade penal do fato (art. 386, III); incidência de excludente de ilicitude (art. 386, VI, primeira parte); incidência de excludente de culpabilidade (art. 386, VI, primeira parte); fundada dúvida sobre a existência de excludente de ilicitude ou de culpabilidade (art. 386, VI, parte final); ausência de prova suficiente para a condenação (art. 386, VII).

A depender do fundamento de base da absolvição, a sentença, tornada definitiva, pode ou não fazer coisa julgada também na esfera cível, impedindo ou não, portanto, o ajuizamento de ação civil *ex delicto*. Por exemplo, a sentença absolutória fundada nas hipóteses do art. 386, incisos I ou IV, faz coisa julgada na esfera cível. Já a sentença absolutória fundada nas hipóteses do art. 386, II, III, V ou VII, não faz coisa julgada na esfera cível.

Indaga-se então se o acusado, tendo sido absolvido sob o fundamento de ausência de prova suficiente para a condenação (art. 386, VII, CPP), por exemplo, tem interesse de apelar da sentença, com o objetivo, digamos, de reconhecimento categórico da inexistência do fato (art. 386, I, CPP), hipótese que, fazendo coisa julgada também na esfera cível, impediria a propositura de ação destinada à recomposição do dano por parte do virtual ofendido.

Cap. XIX · RECURSOS E AÇÕES AUTÔNOMAS DE IMPUGNAÇÃO

Além do efeito impeditivo do ajuizamento de ação civil *ex delicto*, próprio de alguns fundamentos de absolvição, há que se referir também o efeito de recondução do acusado ao serviço público, quando a demissão haja tido por base o mesmo fato objeto da ação penal.

A título de exemplo, suponha-se que o sujeito X seja denunciado sob a imputação de prática de corrupção passiva (art. 317, CP). Em processo administrativo disciplinar, vem ele a ser demitido com base nessa hipótese. Ao final do processo penal, porém, resulta absolvido por ausência de prova suficiente para a condenação (art. 386, VII, CPP).

O fundamento de base da sentença absolutória, se tornada definitiva, faz coisa julgada apenas na esfera penal, não tendo repercussões vinculantes na esfera civil, de modo que a demissão administrativa não seria desconstituída nessa hipótese. Tem então o acusado interesse de recorrer da sentença absolutória, com a finalidade, por exemplo, de que se reconheça categoricamente que ele não concorreu para o fato (art. 386, IV, CPP)?

A existência de interesse *jurídico* de recorrer é inegável, e assim tem reconhecido a doutrina. Confira-se, por todas, a posição de ADA GRINOVER, GOMES FILHO e SCARANCE FERNANDES: "Como se sabe, no sistema jurídico brasileiro, apesar de ser adotado o princípio da independência entre as ações civil e penal, atribui-se eficácia extrapenal à sentença criminal. A sentença condenatória constitui título executivo e a absolutória impede, se houver negativa de autoria, afirmação da inexistência do fato ou aceitação de determinadas excludentes de antijuridicidade, que a vítima se utilize da via civil para pleitear a reparação do dano. Ainda, a absolvição nestas hipóteses poderá ser causa de recondução do acusado ao serviço público se foi demitido pelo mesmo fato criminoso. Tudo isso serve para mostrar que há interesse do acusado em obter reforma da sentença absolutória para que possa ficar definitivamente impedida a via civil para a vítima ou para que retorne à função pública"[29].

Não se exigiria, assim, que o interesse de recorrer fosse *jurídico-penal*, bastando que seja jurídico, ainda que limitado a impedir o ajuizamento de uma ação civil ou desconstituir os efeitos de decisão na esfera civil ou administrativa.

Essa, a nosso juízo, não é a melhor orientação. Não parece próprio, com efeito, a movimentação da jurisdição penal com o objetivo exclusivo de discussão de questões de natureza civil, sem qualquer mudança quanto às consequências criminais aplicadas.

---

29. No mesmo sentido, em outro momento: "A pretensão do ofendido pode estar limitada à mudança do fundamento de uma sentença absolutória. Apesar de entre nós ter sido adotado o sistema da independência entre as ações civil e penal, a coisa julgada penal tem repercussões de natureza civil, tanto em caso de condenação como de absolvição. Interessa aqui a sentença absolutória. Dependendo do fundamento em que se apóia a sentença, a vítima não poderá ajuizar a ação civil ex delicto – assim, por exemplo, vedada estará a via civil se o juiz absolver porque o réu agiu em legítima defesa própria (art. 65 CPP e art. 188, I, CC), ou porque ficou provado que o fato inexistiu (art. 66 CPP e art. 935 CC). Terá, nestes casos, interesse em alterar tal situação, pretendendo que o Tribunal mude o fundamento da absolvição, a fim de, por exemplo, declarar que não há prova suficiente para a condenação, pois desta forma seria possível a ação civil". Cfr. GRINOVER, Ada Pellegrini / GOMES FILHO, Antônio Magalhães / FERNANDES, Antônio Scarance. *Recursos no processo penal*. São Paulo: Revista dos Tribunais, 2005.

Chega-se ao ponto de admitir recurso de apelação cujo efeito, na melhor das hipóteses, será o de evitar a propositura de uma ação civil; ou seja, o interesse se dá na pura base de um impedimento abstrato de uma possível ação do ofendido. Para os efeitos penais, a absolvição tem a mesma força, quer pelo fundamento do reconhecimento categórico de que o acusado não foi autor do fato, quer por aquela da ausência de prova para a condenação. A diferença entre um e outro fundamento compreende-se apenas na esfera do interesse moral e jurídico-civil do virtual ofendido. Não há mais a discutir, portanto, qualquer questão de interesse penal. Por que então admitir-se um recurso contra uma sentença penal absolutória?

O interesse jurídico-civil do absolvido poderá ser objeto de discussão na esfera própria, caso ajuizada ação civil pelo virtual ofendido. E se já houver decisão tomada na esfera civil, os meios de impugnação ou de rescisão desse ato são aqueles disponibilizados pela lei processual civil.

O mesmo se diga quanto à situação do servidor público, que poderá se valer dos meios disponíveis para a desconstituição de ato administrativo de demissão, inclusive com base na absolvição pelo *in dubio pro reo*, porém sem efeitos vinculantes. O que não se admite, em nossa opinião, é que se movimente a jurisdição criminal para a discussão *exclusiva* de questões alheias à esfera jurídico-penal.

A matéria, entretanto, é controversa, havendo posições num e noutro sentido.

De toda sorte, é de se ver que até mesmo na hipótese de sentença condenatória em que haja, por ausência de recurso do Ministério Público ou do querelante, trânsito em julgado para a acusação, a jurisprudência tem resolvido no sentido de que a prescrição pela pena concreta deve ser apreciada e se for o caso reconhecida prejudicialmente ao mérito do recurso de apelação.

Esse entendimento tem por base antiga súmula do extinto Tribunal Federal de Recursos, de ampla aplicação nos tribunais de segundo grau brasileiros. Trata-se da Súmula nº 241 do TFR, com o seguinte enunciado: "A extinção da punibilidade pela prescrição da pretensão punitiva prejudica o exame do mérito da apelação criminal".

Assim, sirva de exemplo o caso em que o sujeito X é condenado em primeira instância pela suposta prática de crime de estelionato, fixando-se a pena concreta no patamar de 1 (um) ano. A defesa interpõe recurso de apelação, mas não o Ministério Público. Nessa hipótese, como se sabe, a prescrição regula-se pela pena aplicada, com base na qual (1 ano) se fixa o prazo prescricional de 4 (quatro) anos (art. 109, V, CP).

Entende então a jurisprudência que a prescrição, sendo questão prejudicial, deve ser desde logo apreciada e, se incidente, deve ser declarada a extinção da punibilidade do acusado/apelante. Ora, mas não haveria interesse do acusado em ter apreciado o mérito de seu recurso, com vistas a, conseguindo a absolvição, impedir o ajuizamento de ação civil ou desconstituir condenação civil? E o servidor público, nessa situação, não teria interesse de obter a absolvição para desconstituir ato de demissão?

A questão não é simples. Com o advento da Lei nº 11.719/2008, a extinção da punibilidade passou a ser contemplada como causa de absolvição sumária, nos termos do art. 397, IV, do Código de Processo Penal. Há, portanto, equivalência normativa entre a extinção da punibilidade e a absolvição.

Do ponto de vista penal, assim, não há diferença, por mais que subsista notória diferença de caráter moral (ainda mais considerando a prévia condenação em primeira instância) e jurídico-civil. Em se tratando de prescrição da pretensão punitiva, não chegou a haver qualquer constituição de título condenatório, à vista da impugnação recursal da sentença de primeira instância.

Assim, do ponto de vista puramente jurídico-penal, não houve condenação, e sim, ao invés disso, extinção da punibilidade, normativamente equiparada à absolvição (art. 397, IV, CPP). Essa situação é a mesma, quanto aos seus efeitos, daquela de reconhecimento da prescrição em abstrato no curso do processo, antes da sentença de primeiro grau.

Do mesmo modo, inexiste condenação, equiparando-se a extinção da punibilidade à própria absolvição do sujeito. Não há, em última análise, interesse de recorrer nessas hipóteses. Numa e noutra, nenhum juízo positivo de mérito na esfera criminal poderá ser utilizado contra o sujeito na esfera civil.

Pode-se sempre discutir, claro, a respeito dos efeitos reflexos de uma condenação de primeira instância, quando depois haja declaração de extinção da punibilidade sem apreciação do mérito da causa, sobre a esfera individual do sujeito: trata-se aqui sobretudo de repercussões sobre a imagem do indivíduo. Entendemos que, *em havendo dano concreto e efetivo*, o indivíduo tem direito à reparação civil respectiva perante o Estado, cuja demora levou à prescrição da pretensão punitiva e à correlata perda de oportunidade pelo sujeito de discussão do mérito da causa na sede recursal, em que poderia ter-lhe sido declarada a absolvição.

Do ponto de vista jurídico-penal, no entanto, não há por que se reformar extinção da punibilidade por absolvição, se os efeitos penais são os mesmos. Tanto se diz *de lege lata*, considerando a equiparação normativa entre extinção da punibilidade e absolvição, operada pelo art. 397, IV, do CPP, por mais que, *de lege ferenda*, entendamos que não deveria existir dita equivalência.

5. PRESSUPOSTOS DE ADMISSIBILIDADE: REGULARIDADE FORMAL E TEMPESTIVIDADE

O recurso de apelação pode ser interposto por petição ou por termo, segundo a regra geral do art. 578 do CPP. A forma mais comum de interposição é por ato postulatório escrito (petição), mas pode haver interposição por termo nos autos assinado pelo recorrente ou por seu representante.

Há diversas maneiras de interposição, no entanto, que em última análise se traduzem nas formas especificadas pelo art. 578, por exemplo: manifestação oral de recurso pela parte logo após a sentença proferida em audiência no procedimento ordinário, no procedimento sumário ou na primeira fase do procedimento do júri; manifestação oral de recurso pela parte logo após a leitura da sentença do juiz presidente do Tribunal do Júri; manifestação oral de recurso pelo acusado ao oficial de justiça ou ao diretor de secretaria no ato da intimação da sentença. Nesses exemplos, a manifestação oral será reduzida a termo, o que formaliza o ato de interposição do recurso de apelação.

O prazo de interposição é de 5 (cinco) dias, nos termos do art. 593, *caput*, do CPP. Aplica-se esse prazo: (i) para as partes (Ministério Público ou querelante e acusado), em qualquer tipo de ação penal; (ii) para o Ministério Público como *custos legis* na ação penal de iniciativa privada. O termo inicial, numa e noutra hipótese, é a data da intimação da sentença.

Entende-se que o prazo para apelar, no caso da defesa, conta-se da intimação do acusado ou de seu defensor, a que ocorrer por último. De todo modo, o recurso considera-se interposto por manifestação do acusado[30] ou do acusado, ainda que a intimação do outro venha a ocorrer em momento posterior.

Na ação penal de iniciativa pública, o prazo de interposição para o ofendido, *esteja ou não habilitado como assistente*, é de 15 (quinze) dias, contados da data em que terminar o prazo recursal do Ministério Público, nos termos do art. 598, parágrafo único, do CPP: "O prazo para interposição desse recurso será de 15 (quinze) dias e correrá do dia em que terminar o do Ministério Público".

O termo inicial do prazo, nessa hipótese, é o dia em que terminar o prazo do Ministério Público para a interposição do recurso, já que, como visto, a legitimidade do ofendido é subsidiária ou supletiva.

Cumpre observar, a esse respeito, que não haverá intimação posterior do assistente, começando o prazo a correr imediatamente após o término do prazo do Ministério Público, conforme a Súmula nº 448 do STF: "O prazo para o assistente recorrer, supletivamente, começa a correr imediatamente após o transcurso do prazo para o Ministério Público". Vale dizer: o assistente deve ser apenas intimado da sentença, começando o prazo para a apelação supletiva a correr automaticamente a partir do término do prazo do Ministério Público.

Note-se que a súmula versa apenas a respeito do prazo para o *assistente*, não referindo a situação do ofendido não habilitado. Entendemos que, não estando o ofendido habilitado como assistente, deve ser cumprida pelo menos a exigência legal de intimação da sentença estabelecida pelo art. 201, § 2º, do CPP, de modo a assegurar a efetividade da legitimação supletiva nessa hipótese.

Assim, intimado da sentença absolutória, por exemplo, poderá o ofendido acompanhar a atuação do Ministério Público e, não havendo recurso deste, terá 15 (quinze) dias para interpor o seu, nos termos do art. 598, parágrafo único, do CPP.

Há controvérsia doutrinária e jurisprudencial quanto ao prazo aplicável para o ofendido habilitado como assistente do Ministério Público. A despeito da clareza da lei processual penal ao fixar o prazo de 15 (quinze) dias, *esteja ou não o ofendido habilitado como assistente*, há entendimento no sentido de que, estando o ofendido habilitado como assistente, o prazo é o mesmo aplicável às partes, qual seja, o de 5 (cinco) dias (art. 593, *caput*, CPP).

O Supremo Tribunal Federal tem julgados antigos nessa direção. Confira-se, a respeito, o da Segunda Turma no HC 69.439/RJ (STF, 2ª Turma, HC 69.439/RJ, Rel.

---

30. Sabe-se que o acusado, além de legitimidade para apelar, dispõe de capacidade postulatória para tanto, podendo pessoalmente interpor o recurso.

Min. Néri da Silveira, julgamento em 27.10.1992, DJ de 27.11.1992): "Se o assistente está habilitado no processo, o prazo para recorrer é de cinco dias, não se aplicando à hipótese o parágrafo único do art. 598 do Código de Processo Penal, devendo ser intimado da sentença. Se o assistente não estiver habilitado no processo, aplica-se o disposto no parágrafo único do art. 598 (...), sendo o prazo para interposição do recurso de quinze dias..." Na mesma trilha, mais recente: STF, 1ª Turma, HC 74.242/PA, Rel. Min. Octávio Gallotti, julgamento em 05.11.1996, DJ de 07.03.1997.

O Superior Tribunal de Justiça, por seu turno, tem reiterados julgados em igual sentido: STJ, 5ª Turma, HC 237.574/SP, Rel. Min. Laurita Vaz, julgamento em 13.11.2012, DJ de 23.11.2012; STJ, 5ª Turma, RESP 708.169/RJ, Rel. Min. Gilson Dipp, julgamento em 26.04.2005, DJ de 23.05.2005.

Essa mesma posição é sustentada por Gustavo Badaró: "Correta a segunda posição [no sentido de que o prazo para o assistente é de 5 dias]. Somente em relação ao ofendido não habilitado há justificativa para que o prazo recursal seja mais dilatado, pois este não é intimado da sentença e, quando dela vier a tomar conhecimento, o prazo de cinco dias poderá já ter se esgotado. No caso do assistente, por ser ele parte no processo, é intimado da sentença e tem como controlar o prazo recursal que, por tais motivos, não precisa ser de 15 dias"[31].

Em primeiro lugar, o ofendido não habilitado como assistente *deve* ser intimado da sentença, nos termos do art. 201, § 2º, do CPP, acrescentado pela Lei nº 11.690/2008, pelo que não se justifica a parte inicial do raciocínio do ilustrado processualista. De resto, poderíamos até concordar com esse entendimento apenas *de lege ferenda*, uma vez que, *de lege lata*, o art. 598 do CPP não deixa dúvidas quanto ao prazo aplicável na hipótese: "Art. 598. Nos crimes de competência do Tribunal do Júri, ou do juiz singular, se da sentença não for interposta apelação pelo Ministério Público, *o ofendido ou qualquer das pessoas enumeradas no art. 31*, ainda que não se tenha habilitado como assistente, poderá interpor apelação... Parágrafo único. *O prazo para interposição desse recurso será de 15 (quinze) dias e correrá do dia em que terminar o do Ministério Público*".

Trata-se, portanto, de interpretação *contra legem*.

Assim, pensamos que não se justifica, à vista da literalidade e da finalidade da lei, estabelecer prazo de 5 (cinco) dias para o ofendido habilitado como assistente. Como indicado, porém, essa posição é minoritária.

Os prazos de que se trata neste tópico (5 dias e 15 dias) são apenas o de interposição do recurso de apelação. A inobservância do prazo de interposição acarreta a intempestividade e a consequente inadmissibilidade da impugnação.

No processo penal, contudo, é possível, por opção do recorrente, separar o momento da interposição do momento da apresentação das razões do recurso de apelação. Significa isso dizer que o recorrente não precisa apresentar as razões já em conjunto com a petição ou o termo de interposição, como acontece no processo civil. O recorrente poderá, assim, interpor a apelação, manifestando seu conformismo total

---

31. Badaró, Gustavo Henrique. *Processo Penal*. Rio de Janeiro: Campus/Elsevier, 2012, p. 619.

ou parcial frente à sentença, e pedir a abertura de prazo para o oferecimento das razões de impugnação. Trata-se do assunto no próximo tópico.

6. PROCEDIMENTO QUANTO À INTERPOSIÇÃO E AO OFERECIMENTO DE RAZÕES

De acordo com o regime jurídico disciplinado nos artigos 593, *caput*, e 600 do Código de Processo Penal, identificam-se três procedimentos possíveis quanto à apresentação das razões do recurso de apelação: (i) oferecimento das razões recursais na mesma oportunidade da interposição do recurso, dentro do prazo de 5 (cinco) dias (art. 593, *caput*, CPP); (ii) oferecimento das razões recursais perante o juízo apelado, no prazo de 8 (oito) dias (art. 600, *caput*, CPP); (iii) oferecimento das razões recursais perante o tribunal revisor, no prazo de 8 (oito) dias (art. 600, § 4º, CPP).

Observa-se, desde logo, que a lei processual penal fixa prazo específico para a apresentação das razões, independentemente do prazo para a interposição do recurso. É o que dispõe o art. 600, *caput*, do CPP: "Assinado o termo de apelação, o apelante e, depois dele, o apelado terão prazo de oito dias cada um para oferecer razões, salvo nos processos de contravenção, em que o prazo será de três dias".

Há, dessa forma, a possibilidade de cisão entre o momento da interposição do recurso e aquele do oferecimento das razões recursais. Tudo dependerá de opção do recorrente, que poderá, já no ato de interposição da apelação, desde logo apresentar as razões, ou, ao interpor a apelação, postular a abertura do prazo do art. 600, *caput*, para o oferecimento das razões. Nessa última hipótese, o legitimado interpõe o recurso manifestando seu inconformismo total ou parcial com a sentença (art. 593, *caput*) e pedindo que seja intimado para, no prazo legal (art. 600, *caput*), apresentar as razões da apelação *perante o próprio juízo recorrido*.

Na prática, portanto, o recorrente disporá de extenso prazo para a apresentação das razões recursais, eis que o lapso temporal do art. 600, *caput* (8 dias) só começa a correr da intimação do apelante, após a admissão do recurso pelo juízo.

Por fim, note-se que, na mesma hipótese, o órgão judiciário recorrido fará o juízo de admissibilidade (cabimento, interesse, legitimidade, tempestividade etc.) da apelação com base na peça ou no termo de interposição.

Uma vez admitido o recurso, o juízo determinará a intimação do apelante para o oferecimento das razões recursais e, seguidamente, a do apelado para o oferecimento de contrarrazões, em igual prazo (8 dias).

Assevere-se que, mesmo na primeira hipótese cogitada, a de apresentação das razões em anexo ao próprio ato de interposição, no prazo de 5 (cinco) dias, o apelado disporá do prazo de 8 (oito) dias para o oferecimento de contrarrazões. O fato de o recorrente haver renunciado à faculdade de apresentar as razões posteriormente em 8 (oito) dias não exclui esse prazo para o apelado, estabelecido de igual modo no art. 600, *caput*, do CPP.

Cap. XIX · RECURSOS E AÇÕES AUTÔNOMAS DE IMPUGNAÇÃO   1299

Quanto ao prazo de 3 (três) dias fixado para a apresentação de razões recursais em processo tendo por objeto contravenção penal, trata-se de hipótese sem interesse na atualidade, uma vez que as contravenções ainda vigentes conformam infrações penais de menor potencial ofensivo (art. 66, Lei n° 9.099/1995), sujeitas, assim, ao regime da Lei n° 9.099/1995, que prevê a interposição de recurso de apelação, *já com as razões*, no prazo de 10 (dez) dias. A parte final do art. 600, *caput*, assim, foi tacitamente revogada pela Lei n° 9.099/1995.

Finalmente, assevere-se que o prazo de 8 (oito) dias para a apresentação de razões, estabelecido no art. 600, *caput*, do CPP, aplica-se a qualquer legitimado que concretamente interponha o recurso de apelação.

Assim, podem se valer dessa faculdade – de apresentar as razões em momento posterior, dentro do prazo de 8 (oito) dias: na ação penal de iniciativa pública, o Ministério Público (parte ativa) e o acusado (parte passiva), como partes, mas também o ofendido, a quem a lei (art. 598) confere legitimidade supletiva para a interposição de recurso de apelação, no prazo de 15 (quinze) dias.

Nessa última hipótese, portanto, interposto o recurso no prazo de 15 (quinze) dias – ou de 5 (cinco) dias, no caso do assistente, segundo a posição dominante –, terá o ofendido, esteja ou não habilitado como assistente, o prazo de 8 (oito) dias para a apresentação das razões recursais.

Nesse particular, ressalte-se que o prazo de 3 (três) dias para a apresentação de razões pelo assistente, fixado no art. 600, § 1°, do CPP, diz respeito à faculdade do ofendido habilitado como assistente de arrazoar o recurso interposto pelo Ministério Público. Se o próprio assistente, no entanto, é o apelante, aplica-se a ele o prazo de 8 (oito) dias do art. 600, *caput*, do CPP.

A terceira possibilidade (iii) de início cogitada consiste na apresentação das razões recursais, também no prazo de 8 (oito) dias, mas apenas perante o próprio tribunal revisor, conforme a previsão do art. 600, § 4°, do CPP: "Se o apelante declarar, na petição ou no termo, ao interpor a apelação, que deseja arrazoar na superior instância serão os autos remetidos ao tribunal *ad quem* onde será aberta vista às partes, observados os prazos legais, notificadas as partes pela publicação oficial". Nesse caso, o legitimado interpõe o recurso de apelação perante o juízo recorrido, pugnando pela apresentação das razões recursais perante o tribunal competente para julgar a apelação. Ocorrendo isso, o órgão judiciário recorrido, se admitir a apelação, determinará desde logo a remessa dos autos ao tribunal *ad quem*. Então, distribuído o feito para um desembargador relator, este determinará a intimação do apelante para o oferecimento das razões em 8 (oito) dias e, em seguida, a do apelado, para a apresentação de contrarrazões em igual prazo.

Cuida-se de faculdade processual, cujo exercício não se sujeita a qualquer motivação, bastando que o apelante declare a opção pelo oferecimento de razões apenas perante a superior instância. Tem-se correntemente criticado a previsão do art. 600, § 4°, do CPP, que na prática oferece ao recorrente extraordinário tempo para a elaboração das razões do recurso. De fato, o prazo de 8 (oito) dias só correrá da intimação do recorrente determinada pelo relator da apelação. Desde a interposição do recurso até esse momento, têm-se: a admissão do recurso pelo juízo apelado, a remessa dos autos ao tribunal revisor, a distribuição para um relator.

Ademais, para a defesa a faculdade pode representar ainda uma vantagem prática adicional: é que a apresentação das razões no tribunal supõe que as contrarrazões do recurso serão oferecidas pelo órgão do Ministério Público oficiante na segunda instância (Procurador de Justiça, Procurador Regional da República), e não pelo órgão que atuou na causa originária e presumivelmente tem conhecimento mais abrangente do objeto da ação penal.

Ainda na hipótese do art. 600, § 4º, do CPP, uma limitação deve ser considerada: a não aplicação dessa faculdade ao Ministério Público, conforme fixado pela jurisprudência. Com efeito, seria impróprio que órgão do Ministério Público (Promotor de Justiça, Procurador da República) oficiante no juízo de primeira instância pudesse simplesmente manifestar a interposição do recurso, pugnando pela apresentação das razões perante o tribunal revisor, o que necessariamente teria de ser feito pelo órgão do Ministério Público (Procurador de Justiça, Procurador Regional da República) oficiante na segunda instância. Imagine-se, nesse contexto, se o Promotor de Justiça ou o Procurador da República sempre invocasse o art. 600, § 4º, CPP, para se livrar do trabalho de elaborar as razões de impugnação, transferindo-o para o Procurador de Justiça ou o Procurador Regional da República.

Por outro lado, não há qualquer limitação quanto ao exercício da faculdade do art. 600, § 4º, pelo ofendido na ação penal de iniciativa pública, quando supletivamente legitimado para apelar, na hipótese de inércia do Ministério Público (art. 598, CPP). O ofendido pode, assim, no prazo de 15 (quinze) dias após o transcurso do prazo do Ministério Público (art. 598, parágrafo único, CPP), interpor o recurso de apelação e no ato pugnar pela apresentação das razões apenas perante a superior instância, conforme o art. 600, § 4º, do CPP.

Nesse sentido, refira-se o julgado da Quinta Turma do Superior Tribunal de Justiça no RESP 649.665/BA (STJ, 5ª Turma, RESP 649.665, Rel. Min. GILSON DIPP, julgamento em 02.02.2006, DJ de 06.03.2006): "I. O assistente de acusação é parte secundária, adesiva à atuação do órgão acusador, agindo de maneira a reforçar a acusação. II. Atuando na qualidade de auxiliar da acusação, a intervenção do assistente da acusação é ampla, sendo-lhe conferidas quase todas as prerrogativas do órgão ministerial. III. Se o art. 600, § 4º, do CPP prevê expressamente a possibilidade do apelante de apresentar as razões recursais em segundo grau, sem qualquer ressalva, é legítima atuação do assistente de acusação que, interpondo recurso de apelação, requer a apresentação de suas razões em segunda instância".

Além da apresentação das razões do próprio recorrente, a lei contempla a possibilidade de oferecimento de razões pelo *assistente*, em complemento às do Ministério Público. Nessa hipótese, o recorrente é o Ministério Público, que apresenta as razões de seu recurso no ato de interposição ou no prazo de 8 (oito) dias. A título suplementar é que se concede ao assistente a faculdade de apresentar também as suas razões, no prazo de 3 (três) dias, após o Ministério Público, de acordo com o art. 600, § 1º, do CPP. Trata-se de faculdade exclusiva do ofendido *habilitado como assistente*, diversamente da legitimidade supletiva para apelar (art. 598, CPP), cujo exercício não depende de habilitação.

O Ministério Público, na ação penal de iniciativa privada, deverá se manifestar no prazo de 3 (três) dias, de acordo com o art. 600, § 2º, do CPP: "Se a ação for movida pela parte ofendida, o Ministério Público terá vista dos autos, no prazo do parágrafo anterior". Cuida-se aí de atuação do Ministério Público como *custos legis* na ação penal de privativa iniciativa do ofendido. Na espécie, a manifestação do Ministério Público constituirá parecer, e não razões do recurso.

Em se tratando, no entanto, de ação penal privada subsidiária da pública, o Ministério Público ainda reveste a condição abstrata de titular ativo da ação. Nesse caso, cumpre distinguir:

(i) O Ministério Público é legitimado para recorrer como parte. Se foi o Ministério Público, então, que interpôs o recurso, disporá do prazo de 8 (oito) dias para a apresentação das respectivas razões, aplicando-se, portanto, o art. 600, *caput*, do CPP;

(ii) Se o próprio querelante interpôs o recurso de apelação, disporá ele, como parte, do prazo do art. 600, *caput*, do CPP, seguindo-se a intimação do Ministério Público para manifestação, no prazo – de 3 (três) dias – do art. 600, § 2º. No caso, não sendo o Ministério Público o recorrente, entendemos que não se justifica a aplicação do art. 600, *caput*, do CPP, apenas porque a instituição tem ainda no plano abstrato a titularidade ativa da ação.

Na hipótese de pluralidade de recorrentes, o prazo para a apresentação das razões e das contrarrazões é comum, a teor do art. 600, § 3º, do CPP: "Quando forem dois ou mais os apelantes ou apelados, os prazos serão comuns".

Por fim, cumpre asseverar que o desrespeito a qualquer dos prazos para a apresentação de razões recursais não interfere na tempestividade – nem, portanto, na admissibilidade – da apelação. O recurso é tempestivo se foi interposto no prazo do art. 593, *caput*, do CPP. Se as respectivas razões, contudo, não foram apresentadas no prazo, configura-se mera irregularidade.

A esse respeito, o art. 601, *caput*, do CPP dispõe: "Findos os prazos para razões, os autos serão remetidos à instância superior, com as razões ou sem elas, no prazo de 5 (cinco) dias, salvo no caso do art. 603, segunda parte, em que o prazo será de trinta dias".

Conforme já expusemos no tópico 4.7 da Seção I deste Capítulo, parece-nos que, em virtude do princípio da dialeticidade, os autos podem até subir à instância superior sem as razões, mas o recurso não pode ser julgado nessas condições. É que o contraditório em matéria recursal só pode ser exercido pela parte recorrida, que pode vir a ter sua situação modificada para pior em função do recurso, se o recorrente houver apresentado suas razões de impugnação.

A interpretação adequada do dispositivo do art. 601, *caput*, do CPP, portanto, é a de que, findos os prazos para razões, os autos serão remetidos à instância superior, com ou sem elas, o que não significa dizer, porém, que o recurso poderá ser julgado pelo tribunal sem a apresentação das razões pelo recorrente e sem que seja correlatamente ao menos oportunizada ao recorrido a apresentação de contrarrazões.

Assim, chegados os autos ao tribunal sem as razões, por inércia do recorrente na oportunidade própria, cumpre distinguir: (i) Se o recurso de apelação for da defesa, o relator deverá determinar a intimação pessoal do acusado/apelante para que constitua outro defensor para apresentar as razões recursais, sob pena de lhe ser nomeado um para essa finalidade. Nessa hipótese, o próprio defensor já constituído nos autos poderá apresentar as razões do recurso. Caso o defensor do acusado já seja dativo, o relator deverá insistir na intimação desse advogado (particular ou público) ou nomear outro para que apresente as razões recursais; (ii) Se o recurso de apelação for do Ministério Público na ação penal de iniciativa pública, ou na privada subsidiária da pública, o relator deverá determinar a intimação do órgão do Ministério Público oficiante no tribunal para que apresente as razões do recurso. Em face também do princípio da indisponibilidade do recurso do Ministério Público (art. 576, CPP), é essa a providência adequada, podendo a chefia da instituição designar Promotor de Justiça ou Procurador da República (conforme o caso) para a apresentação das razões recursais, por analogia ao art. 28 do CPP; (iii) Se o recurso for exclusivo do ofendido, qualquer que seja a espécie de ação penal de iniciativa privada, entendemos que a falta de apresentação das razões recursais configura desistência tácita, devendo o processo ser extinto sem resolução do mérito, de acordo com o art. 485, *caput*, VIII, do Novo Código de Processo Civil (2015).

Deve-se ressaltar, no entanto, que em qualquer hipótese a apresentação efetiva das razões, ainda que de forma extemporânea, configura mera irregularidade, não repercutindo na admissibilidade do recurso. Trata-se aqui tão somente da falta de oferecimento das razões recursais no momento em que o relator da apelação for aplicar a providência procedimental cabível logo (intimação do Ministério Público para o parecer, como se verá) após as manifestações do recorrente (razões) e do recorrido (contrarrazões).

7. COMPETÊNCIA

Em seu art. 582, inserido no capítulo reservado ao recurso em sentido estrito, o Código de Processo Penal contém a designação "Tribunal de Apelação". Trata-se do órgão judiciário colegiado de segunda instância (tribunal), com competência revisora das decisões monocráticas dos juízos de primeira instância abrangidos nos limites da jurisdição do tribunal.

Não há em nosso sistema, por óbvio, um órgão denominado "Tribunal de Apelação". Compreendem-se nessa expressão, de toda sorte, os seguintes órgãos judiciários, que dispõem de competência recursal relativamente a decisões de juízes de primeiro grau: (i) no âmbito da Justiça Comum Estadual, os Tribunais de Justiça; (ii) no âmbito da Justiça Comum Federal, os Tribunais Regionais Federais; (iii) no âmbito da Justiça Eleitoral, os Tribunais Regionais Eleitorais; (iv) no âmbito da Justiça Militar da União, o Superior Tribunal Militar; (v) no âmbito da Justiça Militar dos Estados, o Tribunal de Justiça Militar Estadual, onde houver (e só há em São Paulo, Minas Gerais e Rio Grande do Sul), ou o Tribunal de Justiça estadual, nos demais casos.

Cap. XIX • RECURSOS E AÇÕES AUTÔNOMAS DE IMPUGNAÇÃO   1303

Dentro do tribunal, a competência do órgão colegiado fracionário depende do que dispuser o respectivo regimento interno. A remissão às leis de organização judiciária para esse fim está disposta no art. 609, *caput*, do CPP: "Os recursos, apelações e embargos serão julgados pelos Tribunais de Justiça, câmaras ou turmas criminais, de acordo com a competência estabelecida nas leis de organização judiciária". Normalmente, a competência para o julgamento da apelação é do menor órgão colegiado do tribunal: câmara ou turma.

8. PROCEDIMENTO NO TRIBUNAL

Dois são os procedimentos aplicáveis quanto à tramitação do recurso de apelação no tribunal, a depender do tipo de pena privativa de liberdade cominada à infração penal objeto do processo: (i) o *procedimento ordinário*, disciplinado no art. 613 do CPP, aplica-se aos processos por infração penal a que a lei comine pena de reclusão; (ii) o *procedimento sumário*, disciplinado no art. 610 do CPP, aplica-se aos processos por infração penal a que a lei comine pena de detenção.

8.1. Procedimento Ordinário

O procedimento ordinário compõe-se das seguintes etapas:

(a) registro, distribuição e sorteio do relator.

(b) intimação do órgão do Ministério Público para parecer, a ser proferido no prazo de 10 (dez) dias – prazo do procedimento sumário aplicado em dobro, conforme o art. 613, II, c/c art. 610, *caput*, do CPP.

(c) exame pelo relator (art. 613, I, CPP).

(d) exame pelo revisor, a quem cabe pedir a designação de dia para julgamento (art. 613, I, CPP).

(e) designação de data para julgamento (art. 613, I, CPP).

(f) intimação das partes, do Ministério Público (independentemente de ser parte) e, se for o caso, do assistente, quanto à data de julgamento.

(g) na sessão de julgamento: leitura do relatório; sustentação oral do apelante, do apelado e do órgão do Ministério Público, se houver solicitação e se estiverem presentes, no prazo de 15 (quinze) minutos cada um (art. 613, III, CPP); votos dos integrantes do órgão julgador (turma ou câmara); julgamento; lavratura do acórdão; intimação das partes, do Ministério Público (independentemente de ser parte) e do eventual assistente, quanto ao acórdão.

A respeito da etapa (a), na hipótese de aplicação do art. 600, § 4º, do CPP, o relator para quem for o recurso distribuído deverá, antes de tudo, determinar a intimação do apelante para razões e do apelado para contrarrazões, a serem apresentadas no prazo legal (8 dias, conforme o art. 600, *caput*, do CPP).

Nessa mesma hipótese, o órgão do Ministério Público que apresentar as contrarrazões não poderá ser o mesmo a ofertar o parecer na etapa (b). Assim, os autos seguirão inicialmente com vista ao Ministério Público para contrarrazões, no prazo de 8 (oito) dias, hipótese em que um Procurador de Justiça ou Procurador Regional República, conforme o caso, apresentará a manifestação. Após isso, com nova vista dos autos, será distribuído o feito, na estrutura interna do Ministério Público, para outro Procurador de Justiça ou Procurador Regional República, que por sua vez apresentará o parecer.

No primeiro caso, o Ministério Público atua como titular da ação penal; no segundo, como órgão de justiça (*custos legis*).

O Supremo Tribunal Federal, em algumas oportunidades, já reconheceu a legalidade dessa dupla atuação, diante da diferença de finalidade de cada uma das manifestações, ambas próprias do perfil institucional do Ministério Público. Nessa esteira, refira-se o julgado da Primeira Turma da Suprema Corte no RHC 107.584/SP (STF, 1ª Turma, RHC 107.584, Rel. Min. Luiz Fux, julgamento em 14.06.2011, DJ de 28.09.2011): "...Nítida distinção entre a atuação do Ministério Público como dominus litis, ao oferecer contrarrazões à apelação da defesa e, como custos legis, ao ofertar parecer nos autos do recurso. Ausência de ofensa aos princípios do devido processo legal e do contraditório. 1. O Procurador de Justiça, ao ofertar parecer em recurso de apelação no qual o Promotor de Justiça oferecera contrarrazões, não viola os princípios do devido processo legal e do contraditório. 2. O Ministério Público tem como uma de suas funções essenciais à garantia da ordem jurídica, atuando em prol dela como custos legis (Constituição Federal, art. 127), mercê do exercício de uma das funções institucionais que é a de promover, privativamente, a ação penal pública (Constituição Federal, art. 129, I), situações que não se confundem. 3. Precedentes: HC n. 81.436/MG, Rel. o Ministro Néri da Silveira, Segunda Turma, j. em 11/12/2001, e RE n. 99.116-6/ MT, Rel. o Ministro Alfredo Buzaid, Primeira Turma, DJ de 16/03/84".

Acerca da etapa (f), o defensor deve ser regularmente intimado da pauta, na qual se fixa o dia da sessão, sob pena de nulidade do julgamento da apelação, conforme a jurisprudência do Superior Tribunal de Justiça. Sobre a exigência de intimação do defensor particular: STJ, 6ª Turma, HC 327.426/SC, Rel. Min. Nefi Cordeiro, julgamento em 03.03.2016, DJ de 10.03.2016. Quanto à exigência de intimação *pessoal* do defensor dativo, salvo quando este, sendo particular, opte pela intimação via diário da justiça: STJ, 6ª Turma, HC 334.161/SP, Rel. Min. Maria Thereza de Assis Moura, julgamento em 16.02.2016, DJ de 24.02.2016. Isso porque a parte tem o direito de, por seu advogado ou defensor público, realizar manifestação oral na sessão de julgamento, antes que os votos sejam proferidos. O mesmo se diga quanto ao Ministério Público. Além dos referidos julgados da Corte Superior sobre a comunicação ao defensor, consulte-se a Súmula nº 431 do STF, contemplando em caráter geral a exigência de intimação, sob pena de nulidade: "É nulo o julgamento de recurso criminal, na segunda instância, sem prévia intimação, ou publicação da pauta, salvo em *habeas corpus*".

A respeito da etapa (g), anote-se antes de tudo que a sustentação oral poderá ser feita por cada uma das partes, mediante pedido manifestado no início da sessão. Não se trata de um ato obrigatório, mas de uma faculdade das partes. Importa observar a ordem de sustentação oral, em prestígio ao contraditório: recorrente e recorrido. O Ministério Público poderá depois do recorrente e do recorrido quando sirva como *custos legis*. Se o recurso for do Ministério Público, este terá a palavra em primeiro lugar, falando a defesa em seguida. A propósito, a Suprema Corte já reconheceu a nulidade processual do ato de inversão dessa ordem, por ofensa às garantias da ampla defesa e do contraditório, como revela o julgado do Plenário no HC 87.926/SP (STF, Tribunal Pleno, HC 87.926, Rel. Min. CEZAR PELUSO, julgamento em 20.02.2008, DJ de 25.04.2008): "...Apelação exclusiva do Ministério Público. Sustentações orais. Inversão na ordem. Inadmissibilidade. Sustentação oral da defesa após a do Ministério Público. Provimento do recurso. Condenação do réu. Ofensa às regras do contraditório e da ampla defesa, elementares do devido processo legal. Nulidade reconhecida. HC concedido. Precedente. Inteligência dos arts. 5°, LIV e LV, da CF, 610, § único, do CPP, e 143, § 2°, do RI do TRF da 3ª Região. No processo criminal, a sustentação oral do representante do Ministério Público, sobretudo quando seja recorrente único, deve sempre preceder à da defesa, sob pena de nulidade do julgamento".

Ainda relativamente à etapa (g), a decisão do tribunal será tomada por maioria de votos (art. 615, *caput*, CPP). Havendo empate na votação, o presidente do órgão julgador (câmara ou turma), se não tiver tomado parte na votação, proferirá o voto de desempate; caso contrário, prevalecerá o voto mais favorável ao réu, conforme o art. 615, § 1°, do CPP.

Por fim, deve-se aludir à possibilidade de conversão – pelo relator após o exame descrito na etapa (c) – do julgamento em diligência, para a realização de algum ato instrutório destinado ao esclarecimento de dúvida subsistente. É o que prevê o art. 616 do CPP: "No julgamento das apelações poderá o tribunal, câmara ou turma proceder a novo interrogatório do acusado, reinquirir testemunhas ou determinar outras diligências".

8.2. Procedimento Sumário

Sobre o *procedimento sumário*, valem todas essas observações oferecidas acerca do procedimento ordinário, aplicando-se as seguintes etapas:

(a) registro, distribuição e sorteio de relator.

(b) vista ao órgão do Ministério Público, pelo *prazo de 5 (cinco) dias* (art. 610, *caput*, CPP).

(c) designação de data para julgamento (art. 610, *caput*, CPP).

(d) intimações quanto à pauta de julgamento.

(e) na sessão de julgamento: relatório, sustentação oral do apelante, do apelado e do órgão do Ministério Público, se houver solicitação e se estiverem presentes, no prazo de 10 (dez) minutos cada um (art. 610, parágrafo único, CPP); votos dos integrantes do órgão julgador (turma ou câmara); julgamento; lavratura do acórdão; intimação das partes, do Ministério Público (independentemente de ser parte) e do eventual assistente, quanto ao acórdão.

As diferenças entre o procedimento ordinário e o sumário são, assim: (i) exigência de exame pelo revisor no procedimento ordinário, o que não há no procedimento ordinário; (ii) prazo de 10 (dez) dias no procedimento ordinário e de 5 (cinco) dias no procedimento sumário para manifestação (parecer) do Ministério Público; (iii) prazo de 15 (quinze) minutos no procedimento ordinário e de 10 (dez) minutos no procedimento sumário para sustentação oral.

9. EFEITOS

9.1. Efeito Devolutivo

A apelação, como recurso ordinário por excelência, devolve ao tribunal revisor o conhecimento de toda a matéria objeto de impugnação (*tantum devolutum quantum apelatum*) e também da matéria cognoscível de ofício.

A devolutividade, como indicado na teoria geral dos recursos, pode ser compreendida quanto à extensão e quanto à profundidade de cognição.

9.1.1. Devolutividade quanto à extensão

No que concerne à extensão, fora da matéria cognoscível de ofício, o apelante é que fixa o limite de devolução do recurso, ao especificar a abrangência da impugnação.

Por exemplo, o acusado pode interpor apelação contra sentença condenatória impugnando apenas a condenação em si, mas não a quantificação (dosimetria da pena) em caráter alternativo; ou apenas a quantificação (dosimetria da pena), mas não o juízo condenatório em si.

Nessas hipóteses, o apelante dimensionou a extensão/abrangência e, portanto, o âmbito de devolutividade, de seu recurso. A essa extensão – por exemplo, apenas a quantificação de pena operada pelo juízo recorrido, com base no sistema trifásico de aplicação da pena (art. 68, CP) – fica limitada a análise do tribunal revisor.

Não poderá o tribunal, no exemplo considerado, apreciar o mérito em si da condenação, a não ser que se trate de questão cognoscível de ofício (por exemplo, a atipicidade penal em tese do fato ou a falta de condição essencial para o exercício da ação penal).

Cumpre meditar, no entanto, sobre o primeiro exemplo acima proposto, qual seja, aquele em que o recorrente impugna apenas a condenação em si, postulando a absolvição, *mas não* a quantificação de pena. A título de exemplo, em uma condenação por estelionato com fixação da pena concreta de 2 (dois) anos de reclusão, o recurso de apelação discute apenas a justiça da condenação, postulando a reforma da sentença para o fim de que seja declarado juízo absolutório em favor do apelante. Não há impugnação, nas razões do recurso, quanto à pena aplicada.

Indaga-se então: a apelação devolve ao tribunal a apreciação também desse ponto, vale dizer, o tribunal *deve* apreciar, em caráter alternativo, no caso de manutenção do juízo condenatório, a possível redução da pena (digamos, de 2 para 1 ano), sem que isso tenha sido impugnado pelo recorrente?

Atente-se para o princípio: a apelação devolve ao tribunal a matéria impugnada e a matéria cognoscível de ofício. Remanesce então a pergunta: a redução de pena é matéria de ordem pública e, portanto, cognoscível de ofício?

A resposta, a nosso juízo, é negativa, em princípio. Se o recorrente não impugnou esse ponto da sentença (dosimetria da pena), não há razões para que o tribunal se imiscua na pertinência de mérito, isto é, na discricionariedade da motivação utilizada pelo juiz quanto à aplicação da pena concreta. Não há aí questão de ordem pública.

Agora, se o tribunal constatar falta de motivação acerca da pena aplicada, aí sim poderá, de ofício, reconhecer a nulidade da sentença e declará-la em favor do recorrente. Isso porque a ausência de motivação constitui, ela sim, matéria de ordem pública, cognoscível de ofício. O mesmo se diga quanto à motivação contraditória ou de outro modo inidônea. Por exemplo, quando o juiz aponta apenas dados inerentes ao tipo para a aplicação da pena, indicando de resto apenas circunstâncias favoráveis ao acusado (primariedade, bons antecedentes), mas assim mesmo fixa pena bem acima do mínimo legal. Nesse ponto tem-se a ilegalidade da pena aplicada, cognoscível de ofício, eis que até mesmo pela via do *habeas corpus* o interessado poderia suscitá-la[32].

Não sendo esse, porém, o caso, o mérito da motivação do juiz sobre a pena aplicada não encerra transcendência pública a ponto de constituir matéria cognoscível de ofício. A dosimetria da pena, de acordo com as circunstâncias do art. 59 do Código Penal (culpabilidade, antecedentes, consequências do crime, comportamento da vítima etc.), integra a discricionariedade do juiz, devendo ser respaldada na prova, e se a motivação utilizada não traduz ilegalidade de plano, a pertinência de mérito do ato, com base nos elementos de prova, só pode ser revisada se houver sido objeto de impugnação.

Por exemplo: o juiz fixa motivos idôneos acerca das consequências do crime e do grau de culpabilidade, apontando elementos de prova em respaldo a essa convicção, para o fim de fixar a pena de um crime de estelionato em 3 (três) anos. Nesse caso, a revisão da sentença depende de incursão na prova e de formulação de novo juízo discricionário para dimensionamento da quantidade de pena a partir daí.

Em suma, a justiça na quantificação da pena não é matéria cognoscível de ofício; a falta ou ilegalidade (contradição, inidoneidade) da motivação, sim. Pensar o contrário é admitir que toda questão de caráter penal seria matéria cognoscível de ofício, o que, a nosso juízo, não procede.

Por outro lado, ainda a respeito da devolutividade quanto à extensão, no direito processual penal há limites à cognição de matéria de ordem pública, ditados pelo princípio do *favor rei* ou *favor libertatis*. Assim, se o Ministério Público interpõe recurso de apelação contra sentença absolutória, alegando apenas questões de mérito nas razões recursais, o tribunal revisor não poderá reconhecer e declarar nulidade, de ofício, contra o apelado.

---

32. Com esse entendimento, STJ, 6ª Turma, HC 251.417/MG, Rel. Min. Rogério Schietti Cruz, julgamento em 03.11.2015, DJ de 19.11.2015: "A revisão da dosimetria da pena no habeas corpus somente é permitida nas hipóteses de falta de fundamentação concreta ou quando a sanção aplicada é notoriamente desproporcional e irrazoável diante do crime cometido".

Nesse sentido, excepciona-se, com fundamento no princípio do *favor rei*, a regra de que a apelação devolve ao tribunal a revisão da matéria impugnada e da que pode ser conhecida de ofício. Mesmo cognoscível de ofício (como é a nulidade absoluta), a matéria não pode ser apreciada e pronunciada contra o réu, se não foi objeto de impugnação. É esse o entendimento consolidado na Súmula nº 160 do STF: "É nula a decisão do tribunal que acolhe contra o réu nulidade não arguida no recurso da acusação, ressalvados os casos de recurso de ofício".

9.1.2. Devolutividade quanto à profundidade

Respeitada a extensão (abrangência) do objeto de impugnação, o tribunal poderá, em função da profundidade da devolução, apreciar fundamentos não suscitados pelas partes. A título exemplificativo, pontuam ADA GRINOVER, GOMES FILHO e SCARANCE FERNANDES que, "dentro da profundidade decorrente da devolução, é possível ao tribunal aplicar o art. 383 do CPP, dando ao fato definição jurídica diversa da que constou da sentença, não estando autorizado, porém, a agravar a pena quando somente o réu houver apelado (art. 617, CPP)"[33].

Com efeito, é possível a aplicação da *emendatio libelli* (art. 383, CPP) em sede de recurso de apelação, independentemente de o instituto haver sido suscitado por qualquer das partes. Isso porque o fato objeto da nova classificação jurídica é matéria de impugnação, vale dizer, integra a extensão do recurso.

A novidade existe apenas quanto à fundamentação jurídica, consistente em concreto no juízo de tipicidade sobre o fato, o que pertence à órbita da profundidade decorrente da devolução. O tribunal revisor não está limitado aos argumentos jurídicos invocados pelas partes, devendo aprofundar o direito aplicável à espécie, desde que respeite a abrangência da matéria impugnada.

Por exemplo, se o Ministério Público interpõe recurso contra sentença condenatória por crime de furto mediante fraude, objetivando o aumento da pena, assim como o acusado, objetivando a absolvição, poderá o tribunal, reconhecendo que o fato objeto da causa corresponde em verdade ao estelionato, proceder à *emendatio libelli* (art. 383, CPP), independentemente de esse fundamento jurídico haver sido suscitado e requerido pela defesa, pois o fato em si, e o respectivo capítulo da sentença, foram objeto de impugnação.

Na situação considerada, mesmo na hipótese de recurso exclusivo do Ministério Público impugnando tão somente a dosimetria da pena, poderá haver a *emendatio libelli* de ofício, na medida em que o tribunal, ao apreciar o recurso da acusação, deverá aprofundar a pertinência da aplicação da pena em si, podendo chegar à conclusão de que a pena aplicável não é a do furto mediante fraude, e sim a do estelionato.

Não faz sentido que o tribunal, percebendo que a sanção abstrata (objeto da pena concreta) não é aplicável, ficasse limitado a discutir a dosimetria nos termos postulados pelo Ministério Público. Não fosse isso, ainda que não se aceite essa orientação, o juízo

---

33. GRINOVER, Ada Pellegrini / GOMES FILHO, Antônio Magalhães / FERNANDES, Antônio Scarance. *Recursos no processo penal*. São Paulo: Revista dos Tribunais, 2005.

Cap. XIX • RECURSOS E AÇÕES AUTÔNOMAS DE IMPUGNAÇÃO   1309

de tipicidade penal constitui matéria de ordem pública, de apreciação prévia, podendo ser efetuado de ofício pelo tribunal.

Por outro lado, a *emendatio libelli* não poderá ser aplicada para agravar a pena na hipótese de recurso exclusivo da defesa, mas aí já por força de outro princípio, o da personalidade, que impede a *reformatio in pejus*. Assim, se apenas o acusado interpõe recurso de apelação contra a sentença que o condenou por estelionato (pena de 1 a 5 ano), objetivando a absolvição ou a redução da pena, o tribunal não poderá aplicar o art. 383 do CPP para reclassificar o fato como furto mediante fraude (pena de 2 a 6 anos), pois, embora isso componha a profundidade da devolução do recurso, representa de outra parte o agravamento da situação do réu dentro de recurso exclusivo seu, com ofensa à proibição da *reformatio in pejus* (art. 617, CPP).

Na mesma situação, se tiver havido recurso do Ministério Público pretendendo a majoração da pena-base (por conta de circunstâncias judiciais desfavoráveis ao acusado), poderá o tribunal proceder à reclassificação do fato (art. 383, CPP), aplicando a pena do furto mediante fraude, mesmo que isso não tenha sido suscitado pelo apelante. Nesse caso, já não há o impedimento do art. 617 do CPP, e o tribunal estará respeitando a extensão do recurso, para apenas aprofundar a apreciação, dentro dos limites da devolutividade.

Por fim, ressalte-se que, ao contrário do que sucede com a *emendatio libelli* (art. 383, CPP), o tribunal revisor não poderá aplicar *mutatio libelli* (art. 384, CPP) em sede de apelação, tenha ou não esse instituto sido invocado pela parte acusadora no recurso.

Nessa hipótese, não se pode dizer que a *mutatio* integre a profundidade da devolutividade do recurso, pois se trata aqui de apreciação de fato novo, que, portanto, nem integrou a análise em primeira instância nem muito menos o objeto de impugnação. Aplicar a *mutatio*, assim, representaria tanto transbordamento da extensão do recurso quanto supressão de instância. Com essa lógica, eis o entendimento consolidado pelo Supremo Tribunal Federal na Súmula nº 384: "Não se aplicam à segunda instância o art. 384 e parágrafo único do CPP, que possibilitam dar nova definição jurídica ao fato delituoso, em virtude de circunstâncias elementar não contida explícita ou implicitamente na denúncia ou queixa".

9.2. Efeito Suspensivo

Quanto ao efeito suspensivo da apelação, cumpre distinguir a sentença absolutória da sentença condenatória.

A apelação contra a sentença penal absolutória não tem efeito suspensivo, devendo o acusado preso ser posto imediatamente em liberdade, nos termos do art. 596 do CPP: "A apelação da sentença absolutória não impedirá que o réu seja posto imediatamente em liberdade". Em igual sentido dispõe o art. 386, parágrafo único, I, do CPP: "Na sentença absolutória, o juiz: mandará, se for o caso, pôr o réu em liberdade".

O "se for caso" aí, naturalmente, deve ser compreendido como "se o acusado estiver preso", não comportando qualquer possibilidade de o juiz, mesmo absolvendo o acusado, mantê-lo preso. Além disso, com a prolação de sentença absolutória, deverão ser imediatamente levantadas outras medidas cautelares porventura incidentes, nos moldes do art. 386, parágrafo único, II, do CPP: "Na sentença absolutória, o juiz: ordenará a cessação das medidas cautelares e provisoriamente aplicadas". Esses dispositivos bem realçam a ausência de efeito suspensivo do recurso interposto contra a sentença absolutória.

Por seu turno, o recurso de apelação interposto contra a sentença penal condenatória tem efeito suspensivo, ainda quando naquela haja sido decretada ou mantida prisão preventiva, ou medida cautelar pessoal diversa da prisão (art. 387, parágrafo único, CPP). É o que dispõe o art. 597 do CPP: "A apelação de sentença condenatória tem efeito suspensivo".

Acerca da possibilidade de decretação ou de manutenção de prisão provisória, não descaracteriza o efeito suspensivo do recurso de apelação, uma vez que a medida prisional, no caso, não tem nem pode ter caráter antecipatório da execução da pena, por força das garantias individuais do estado de inocência e da ampla defesa, na dimensão de duplo grau de jurisdição.

A questão do efeito suspensivo do recurso deve ser apreciada na perspectiva da possibilidade ou não de execução provisória, e não quanto à eventual incidência de medidas cautelares, cuja incidência se restringe à necessidade excepcional de resguardo de certas finalidades até o final do processo, e não à antecipação dos efeitos do provimento de mérito exarado na sentença[34]. Assim é que, por outro lado, o recurso extraordinário não tem efeito suspensivo, nos termos do art. 637 do CPP, o que permitiria a execução antecipada da pena fixada no acórdão de segundo grau, conforme a orientação atual da Suprema Corte, firmada no julgamento do HC 126.292/SP.

Nessas condições, pode-se reafirmar que a apelação contra a sentença condenatória sempre tem efeito suspensivo, o que não exclui a possibilidade da imposição de medidas provisórias, como aquelas contempladas no art. 387, parágrafo único, do CPP: "O juiz decidirá, fundamentadamente, sobre a manutenção ou, se for o caso, imposição de prisão preventiva ou de outra medida cautelar, sem prejuízo do conhecimento da apelação que vier a ser interposta".

SUBSEÇÃO II
Recurso em Sentido Estrito

1. CONCEITO

Recurso em sentido estrito é o recurso apto à impugnação das decisões interlocutórias e das decisões definitivas ou com força de definitivas taxativamente discriminadas

---

34. Com a mesma perspectiva: BADARÓ, Gustavo Henrique. *Manual dos Recursos Penais*. São Paulo: Revista dos Tribunais, 2016, p. 172: "Isto [o efeito suspensivo da apelação] que o acusado não possa ser preso antes do trânsito em julgado da condenação penal. Tal prisão é possível, desde que esteja presente uma das hipóteses que autorizam a prisão cautelar (CPP, art. 312). Se no momento da sentença penal condenatória surgir motivo autorizador da prisão preventiva (por exemplo, o acusado dá sinais concretos [de] que intenta fugir), o juiz deverá decretar a sua prisão preventiva. A prisão, contudo, não dependerá de o recurso não ter efeito suspensivo, mas sim da decretação da prisão preventiva".

no rol do art. 581 do CPP. Assim como a apelação, o recurso em sentido estrito é recurso da primeira para a segunda instância.

Já se viu que, no direito processual penal, vige a regra da irrecorribilidade das decisões interlocutórias, com as exceções previstas em lei, vale dizer, precisamente no rol do art. 581 do CPP. Assim, o recurso em sentido estrito não se presta a impugnar qualquer decisão interlocutória, mas apenas aquelas especificadas nos incisos do art. 581 do CPP. Regime semelhante foi instituído pelo Código de Processo Civil de 2015 (art. 1.015), diverso do sistema anterior (CPC/1973), em que qualquer decisão interlocutória era impugnável por agravo.

O sistema processual penal reservou, portanto, esse tratamento peculiar às decisões interlocutórias. Mesmo quanto às decisões interlocutórias irrecorríveis, entretanto, poderá a matéria respectiva ser objeto de preliminar de recurso de apelação que vier a ser interposto contra a sentença ao final do processo em primeira instância. Esse ponto ficou agora expresso no art. 1.009, § 1º, do CPC/2015.

Por exemplo, a decisão interlocutória que indefere pedido de produção de prova formulado pela parte, ou pedido de reconhecimento de nulidade, é irrecorrível, por não integrar o rol do art. 581 do CPP. A matéria objeto da decisão (produção de prova, nulidade), no entanto, poderá eventualmente ser suscitada como preliminar do recurso de apelação interposto pela parte sucumbente contra a sentença, ou ainda nas contrarrazões da parte vencedora.

De resto, a decisão interlocutória poderá ser imediatamente impugnada por *habeas corpus* ou mandado de segurança, conforme o caso, ou mesmo por correição parcial (obedecida a hipótese particular de cabimento).

Quanto às decisões definitivas ou com força de definitivas, são sempre recorríveis, quer por recurso em sentido estrito, caso daquelas constantes do rol do art. 581 do CPP, quer por apelação, nos demais casos, conforme o art. 593, II, do CPP. Esse aspecto singulariza o recurso em sentido estrito frente ao agravo de instrumento do processo civil, já que o primeiro impugna tanto decisões interlocutórias quanto decisões definitivas ou com força de definitivas, bastando que uma ou outra conste do rol legal.

Assim, quanto às decisões com caráter definitivo, o sistema processual penal instituiu um regime duplo, a depender da decisão concreta, fixando um rol casuístico de decisões para a órbita do recurso em sentido estrito e estabelecendo o cabimento residual da apelação.

Em que pese a taxatividade do rol do art. 581 do CPP, não há qualquer impedimento ao emprego da interpretação extensiva quanto às hipóteses de cabimento (art. 3º, CPP), não sendo em princípio possível, entretanto, a integração analógica, pois o próprio ordenamento jurídico fixa, quanto às "lacunas", a irrecorribilidade das decisões interlocutórias e o cabimento residual da apelação (art. 593, II, CPP) para as decisões definitivas ou com força de definitivas. De toda sorte, quando se trate de integração analógica incidente sobre parte da hipótese de cabimento, para alcançar situações normativamente instituídas por reformas ao sistema processual penal, não vemos óbice à aplicação excepcional do procedimento integrativo da analogia.

2. CONDIÇÕES E PRESSUPOSTOS DE ADMISSIBILIDADE

2.1. Cabimento

Como dito, o art. 581 do CPP fixa taxativamente as hipóteses de cabimento do recurso. Embora, sem qualquer apuro técnico, o *caput* do art. 581 refira como objeto do recurso "decisão, despacho ou sentença", deve-se ressaltar que os atos decisórios previstos constituem apenas decisões interlocutórias e decisões definitivas ou com força de definitivas, como já terá ficado claro em nossa abordagem realizada no tópico anterior. O *vigente* rol do art. 581, portanto, prevê:

(i) Recurso contra decisões definitivas ou com força de definitivas: decisão (com força de definitiva) de rejeição liminar (não recebimento) da denúncia ou da queixa (art. 581, I, do CPP); decisão (com força de definitiva) de acolhimento das exceções de ilegitimidade de parte, de litispendência e de coisa julgada (art. 581, III, CPP); decisão (definitiva) declaratória de extinção da punibilidade (art. 581, VIII, CPP); decisão (definitiva) concessiva e decisão (definitiva) denegatória de *habeas corpus* (art. 581, X, CPP); decisão que nega seguimento a recurso de apelação (art. 581, XV, CPP).

(ii) Recurso contra decisões interlocutórias: decisão que conclui pela incompetência do juízo (art. 581, II, CPP); decisão de pronúncia (art. 581, IV, CPP); decisões sobre prisão e liberdade (art. 581, V e VII, CPP); decisão que indefere pedido de extinção da punibilidade (art. 581, IX, CPP); decisão declaratória de nulidade do processo, no todo ou em parte (art. 581, XIII, CPP); decisão que inclui ou exclui jurado de lista (art. 581, XIV, CPP); decisão do incidente de falsidade (art. 581, XVIII, CPP).

Uma vez fixada a classificação acima, a seguir se examina cada uma das hipóteses de cabimento do recurso em sentido estrito, de acordo com o rol *vigente* do art. 581 do CPP, na ordem de discriminação legal.

2.1.1. *Decisão de rejeição liminar da denúncia ou da queixa (art. 581, I / art. 395, CPP)*

O art. 581, inciso I, do CPP contempla, como hipótese de cabimento do recurso em sentido estrito, a "decisão que não receber a denúncia ou a queixa". A norma tem aplicabilidade geral, com uma ressalva importante: o domínio dos *juizados especiais criminais* e do respectivo *procedimento sumaríssimo*, em que contra a mesma decisão de não recebimento (decisão de rejeição liminar) cabe o recurso de apelação, nos termos da regra especial do art. 82, *caput*, da Lei nº 9.099/1995: "Da decisão de rejeição da denúncia ou queixa e da sentença caberá apelação, que poderá ser julgada por turma composta de três Juízes em exercício no primeiro grau de jurisdição, reunidos na sede do Juizado". Examina-se neste tópico a regra geral[35].

Trata-se de decisão com força de definitiva, que em princípio encerra o processo sem resolução do mérito, com fundamento em qualquer das causas do art. 395 do CPP.

---

35. A disposição especial já foi objeto de referência no tópico I da Subseção I, reservada ao recurso de apelação.

A decisão de não recebimento, assim, confunde-se com a decisão de rejeição liminar da inicial acusatória. Essa última denominação deve ser a preferida, pois, como visto no Capítulo VI, a decisão de rejeição liminar pode ocorrer ainda quando do juízo de ratificação ou não do recebimento da inicial (oportunidade prevista no art. 399, CPP). Significa dizer: mesmo já recebida a denúncia ou a queixa, poderá tal recebimento não ser ratificado na oportunidade própria, ocorrendo, nesse caso, rejeição liminar. Por interpretação extensiva, inclui-se facilmente essa etapa no âmbito da expressão legal "decisão que não receber a denúncia ou a queixa", que abrange a decisão que não ratificar o recebimento.

De outro vértice, por extensão, cabe o recurso em sentido estrito também em face da decisão de rejeição liminar do *aditamento* à denúncia ou à queixa, por de igual modo constituir peça postulatória de caráter acusatório. Nesse sentido, consulte-se: STF, 1ª Turma, RE 104.659/PR, Rel. Min. NÉRI DA SILVEIRA, julgamento em 20.09.1985, DJ de 07.03.1986. A rejeição impugnável, assim, é a da inicial acusatória ou a de peça de aditamento.

Pode-se perguntar: e quanto à decisão de extinção do processo sem resolução do mérito? Mesmo que possa ser fundada nas mesmas causas (art. 395, CPP), a decisão de extinção do processo sem resolução do mérito, por aplicação subsidiária do art. 485 do CPC/2015, constitui decisão diversa, passível de ocorrência em momento posterior à ratificação do recebimento da inicial acusatória. Ocorre aqui, portanto, algo diverso, embora análogo, ao não recebimento (rejeição liminar) da inicial.

Nessa hipótese, a inicial foi recebida, e o recebimento ratificado, ocorrendo, no entanto, pelo reconhecimento de matéria de ordem pública (cognoscível a qualquer tempo), a extinção do processo, por aplicação subsidiária do art. 485 do CPC/2015. Como não há a possibilidade de integração analógica das hipóteses de cabimento do recurso em sentido estrito, pois a lei fixa disposição residual quanto às "lacunas", indaga-se: o recurso cabível contra a decisão de extinção do processo sem resolução do mérito *seria* a apelação, nos termos do art. 593, II, do CPP, já que se trata de decisão com força de definitiva não prevista no art. 581 do CPP?

Ocorre que causas de rejeição liminar como a inépcia (art. 395, I, CPP) e a ilegitimidade de parte (art. 395, II, CPP) conduzem à declaração de nulidade do processo, caso reconhecidas somente após a ratificação do recebimento da inicial. Incidem, na espécie, as normas do art. 563, II e III, *a*, do CPP. Nessas hipóteses, então, cabe o recurso em sentido estrito, com fundamento no art. 581, XIII, do CPP, examinado *infra*.

Por outro lado, acerca da falta da justa causa como condição da ação penal (art. 395, III, CPP), compreensível como interesse de agir, bem assim da ausência de pressuposto processual (art. 395, II, CPP), a inexistência de previsão legal dos efeitos conduz à aplicação subsidiária do art. 485 do CPC/2015, com o efeito de extinção do processo sem resolução do mérito.

Parece-nos sem sentido, contudo, admitir recursos diversos para situações geradoras dos mesmos efeitos. No particular, anote-se que a extinção do processo sem resolução do processo funcionalmente equivale a uma declaração de nulidade total. Desta sorte, pode-se compreender a falta de justa causa, por aplicação analógica do art. 564, II, do CPP (nulidade por ilegitimidade de parte), como hipótese de nulidade processual, estando a decisão respectiva sujeita a recurso em sentido estrito, nos termos do art. 581, XIII, do CPP.

Seguindo, observe-se que, na hipótese examinada, de interposição de recurso em sentido estrito contra a decisão de rejeição liminar pelo denunciante ou querelante, o denunciado ou o querelado deverá ser pessoalmente intimado para o oferecimento de contrarrazões ao recurso, sob pena de nulidade. Nesse caso, não basta a simples nomeação de defensor dativo, reservando-se ao denunciado ou ao querelado a oportunidade de escolha do defensor de sua confiança (constituído), para o exercício do contraditório nesse momento (princípio da dialeticidade). É o que se depreende do enunciado da Súmula nº 707 do Supremo Tribunal Federal: "Constitui nulidade a falta de intimação do denunciado para oferecer contra-razões ao recurso interposto da rejeição da denúncia, não a suprindo a nomeação de defensor dativo".

Provido o recurso em sentido estrito interposto contra a decisão de rejeição liminar da peça acusatória, o acórdão respectivo, do tribunal de segunda instância, já vale como ato de recebimento, não havendo a necessidade de outro pronunciamento do juízo de origem nesse particular. Ressalva-se apenas a nulidade da decisão de não recebimento, hipótese em que o ato deverá ser renovado pelo juízo recorrido (art. 573, § 1º, CPP). Eis, a respeito, o teor da Súmula nº 709 do STF: "Salvo quando nula a decisão de primeiro grau, o acórdão que provê o recurso contra a rejeição da denúncia vale, desde logo, pelo recebimento dela".

Por fim, anote-se que a decisão contrária à examinada, a de recebimento da denúncia ou da queixa, não está prevista no rol do art. 581 do CPP, sujeitando-se à regra geral da irrecorribilidade, por constituir decisão interlocutória. Este ato poderá, de toda sorte, ser impugnado por *habeas corpus* impetrado com o objetivo de trancamento da ação penal por falta de justa causa (art. 648, I, CPP) ou o de declaração de nulidade do processo (art. 648, VI, CPP).

2.1.2. Decisão que concluir pela incompetência do juízo (art. 581, II, CPP)

A decisão do juízo declaratória de incompetência, quer pelo reconhecimento de incompetência absoluta, quer pela procedência de exceção de incompetência (relativa), é impugnável por recurso em sentido estrito, com fundamento no art. 581, inciso II, do CPP. Qualquer forma de reconhecimento de incompetência pelo juízo de primeiro grau, assim, desafia recurso em sentido estrito. Aí se incluem:

(i) A hipótese de *emendatio libelli* na qual, em consequência da nova definição jurídica atribuída ao fato, torne-se incompetente o juízo (art. 383, § 2º, CPP). Por exemplo, se o juiz modifica a definição jurídica conferida ao fato de lesão corporal grave para lesão corporal leve, a competência, em virtude da nova classificação, é dos juizados especiais criminais, para onde devem ser remetidos os autos. A decisão reconhecendo a incompetência e determinando a remessa dos autos desafia recurso em sentido estrito.

(ii) Igualmente como hipótese especial de *emendatio libelli* (art. 419, *caput*, CPP), a decisão de desclassificação proferível ao final da primeira fase (instrutória) do procedimento do júri. Nessa hipótese, a desclassificação do fato de homicídio doloso para lesão corporal seguida de morte, por exemplo, implica a incompetência do juízo do júri, devendo os autos ser encaminhados ao juízo considerado competente (art. 419, *caput*, CPP). Essa decisão desafia recurso em sentido estrito. O mesmo não ocorre com a desclassificação operada por decisão do próprio tribunal popular na terceira fase do procedimento (fase de julgamento), hipótese em que o juiz presidente proferirá de imediato a *sentença* (artigos 74, § 3°, e 492, § 1°, CPP), impugnável por apelação (art. 593, III, CPP).

Quanto à decisão de desclassificação na primeira fase do procedimento do júri, *não* pode ser aceito o entendimento de que equivaleria à impronúncia, desafiando, por isso, apelação (art. 416, CPP). A impronúncia constitui decisão específica, com juízo de admissibilidade negativo da acusação, sob os motivos da ausência de materialidade ou de indícios suficientes de autoria e participação (art. 414, *caput*, CPP). Na hipótese de desclassificação, não há qualquer juízo de admissibilidade, pois antes disso o órgão judiciário, por força de operação de *emendatio libelli*, declara-se incompetente, em decisão que, assim, desafia recurso em sentido estrito (art. 581, II, CPP).

Por fim, quanto à decisão do juízo declarando-se competente para o processo e julgamento da ação penal (ao rejeitar exceção de incompetência ou pedido preliminar de reconhecimento de incompetência absoluta), não há previsão de cabimento de recurso. Poderá o ato, no entanto, ser impugnado por *habeas corpus*, com base na hipótese de constrangimento ilegal do art. 648, III, do CPP, ante a ameaça de constrangimento ilegal representada pela potencialidade de condenação a pena privativa de liberdade por decisão de juízo incompetente.

2.1.3. Decisão que julgar procedentes as exceções, salvo a de suspeição (art. 581, III, CPP)

As exceções oponíveis no processo penal são as de: suspeição, incompetência do juízo, litispendência, ilegitimidade de parte e coisa julgada (art. 95, CPP). A decisão terminativa (decisão com força de definitiva) que julgar procedente a exceção de litispendência, ilegitimidade de parte ou coisa julgada desafia recurso em sentido estrito, com base no art. 581, inciso III, do CPP. Isso porque:

(i) A procedência de exceção de incompetência do juízo implica a declaração de incompetência, sendo em face da decisão cabível de igual modo o recurso em sentido estrito, mas com fundamento no art. 581, *inciso II*, do CPP, por força do princípio da especialidade.

(ii) O dispositivo do art. 581, III, ressalva a exceção de suspeição, o que se justifica pelo fato de que, oposta esta exceção, o juiz deverá suspender o processo e ordenar a remessa dos autos ao substituto legal, se reconhecida a suspeição objeto do incidente (art. 99, CPP), ou a remessa dos autos da exceção ao tribunal de segunda instância, se não aceita a suspeição, hipótese em que a apreciação do incidente caberá ao tribunal (art. 100, *caput*, CPP). Não há impugnação possível, pela lógica do sistema, contra o reconhecimento pelo magistrado de sua suspeição para atuar no feito. Por outro lado, quanto ao não reconhecimento da suspeição pelo magistrado, já se aplica de automático, na hipótese, a remessa dos autos ao órgão de segundo grau. Em tal caso, ademais, o julgamento da exceção, pela procedência ou pela improcedência, integra a competência do tribunal de segunda instância, não sendo o recurso em sentido estrito meio de impugnação apto em face de decisão proferida no segundo grau.

Por outro lado, assevere-se que, caso a *ilegitimidade* de parte, a *litispendência* ou a *coisa julgada*, como matéria de ordem pública, seja reconhecida pelo juízo em outro momento do processo, fora do âmbito da exceção, o ato decisório respectivo entende-se como decisão definitiva ou com força de definitiva não prevista no rol do art. 581, firmando-se assim o cabimento residual da apelação, nos termos do art. 593, *caput*, II, do CPP[36]. Diversamente, como visto em 2.1.2, o reconhecimento da *incompetência* pelo juízo, ainda que fora do domínio da exceção, desafia recurso em sentido estrito, com fundamento no art. 581, II, do CPP[37].

A respeito da decisão que julga *improcedente* a exceção de incompetência do juízo, a de ilegitimidade, a de litispendência ou a de coisa julgada, não está contemplada no rol do art. 581 do CPP. Como se trata, em qualquer caso, de decisão *interlocutória* simples, por não encerrar caráter terminativo, incide a regra geral da irrecorribilidade[38]. Em todo caso, pela natureza das matérias objeto das exceções, poderá sempre haver impugnação da decisão de improcedência por meio de *habeas corpus*, no caso do acusado, ou de mandado de segurança do Ministério Público.

2.1.4. Decisão de pronúncia (art. 581, IV, CPP)

Entende-se por *pronúncia* o juízo de admissibilidade positivo da acusação, proferível ao final da fase instrutória e fundado na materialidade do fato e em indícios suficientes de autoria ou de participação, no âmbito dos crimes dolosos contra a vida, da competência do Tribunal do Júri. A decisão de pronúncia é objeto de disciplina no art. 413, *caput*, do CPP: "O juiz, fundamentadamente, pronunciará o acusado, se convencido da materialidade do fato e da existência de indícios suficientes de autoria ou de participação".

Trata-se de decisão interlocutória – mista, por encerrar uma fase do procedimento e dar início a outra –, impugnável por recurso em sentido estrito, conforme o art. 581, inciso IV, do CPP.

---

36. Com esse entendimento: BADARÓ, Gustavo Henrique. *Manual dos Recursos Penais*. São Paulo: Revista dos Tribunais, 2016, p. 257.

37. Conforme ESPÍNOLA FILHO: "Se, em regra, a afirmação dessas causas dilatórias ou peremptórias da ação penal, quando feita, de ofício, pelo juiz, e não sob provocação da parte, com a interposição de exceção, não autoriza o recurso em sentido estrito (frisamos [...] que, em se tratando de coisa julgada, a apelação pode ser interposta com fundamento no art. 593, nº II, pois a solução importa em perempção da ação penal), outro tanto não ocorre a respeito da incompetência do juízo, cujo reconhecimento, mesmo não sendo em atenção à exceção oposta pela parte, é razão de oferecer o interessado, com base no art. 581, nº II, o recurso *stricto sensu*..." Cfr. ESPÍNOLA FILHO, Eduardo. *Código de Processo Penal Brasileiro Anotado*. Campinas: Bookseller, 2000, v. 6, pp. 123-124.

38. Nesse sentido: TOURINHO FILHO, Fernando da Costa. *Processo Penal*. São Paulo: Saraiva, 2013, v. 4, p. 451; BADARÓ, Gustavo Henrique. *Manual dos Recursos Penais*. São Paulo: Revista dos Tribunais, 2016, p. 257; PACELLI, Eugênio / FISCHER, Douglas. *Comentários ao Código de Processo Penal e sua Jurisprudência*. São Paulo: Atlas, 2015, p. 1169.

Cap. XIX • RECURSOS E AÇÕES AUTÔNOMAS DE IMPUGNAÇÃO   1317

Assevere-se que não tem mais aplicabilidade a norma do art. 585 do CPP: "O réu não poderá recorrer da pronúncia senão depois de preso, salvo se prestar fiança, nos casos em que a lei admitir". Sucessivas reformas ao Código de Processo Penal deixaram passar a oportunidade de revogar expressamente esse dispositivo, que, de toda sorte, não foi recepcionado pela Constituição de 1988. Não se pode condicionar o exercício de direito ao recurso, integrante da garantia da ampla defesa, ao recolhimento à prisão, como, aliás, há muito tempo já decidira o Supremo Tribunal Federal, antes mesmo das reformas ocorridas na esfera das medidas cautelares pessoais.

Quanto à decisão de impronúncia, objeto do art. 414 do CPP, é impugnável por apelação, nos termos atuais do art. 416 do CPP, após o advento da Lei nº 11.689/2008, que modificou substancialmente o procedimento do júri. Ainda que não existisse essa disposição expressa (art. 416, CPP), em se tratando de decisão com força de definitiva (a impronúncia, constituindo juízo de admissibilidade negativo da acusação, encerra o processo sem resolução do mérito), o só fato de não mais constar do rol do art. 581 (exclusão operada também pela Lei nº 11.689/2008) já seria suficiente para firmar o cabimento do recurso de apelação, nos moldes do art. 593, II, do CPP.

2.1.5. Decisão sobre fiança (art. 581, V, 1ª parte, e VII, CPP)

A primeira parte do art. 581, inciso V, do CPP fixa o cabimento do recurso em sentido estrito contra decisão "que conceder, negar, arbitrar, cassar ou julgar inidônea a fiança". Por sua vez, o art. 581, inciso VII, também sobre a fiança, estabelece o cabimento do mesmo recurso contra decisão "que julgar quebrada a fiança ou perdido o seu valor".

A *concessão* de fiança pode ocorrer como medida cautelar autônoma (art. 319, VIII, CPP) ou como medida associada à liberdade provisória (artigos 310, II, primeira parte, e 321, CPP).

A *negativa* de fiança significa essencialmente a não concessão ou o indeferimento de pleito de liberdade provisória com fiança (artigos 310, II, e 321, CPP). Essa decisão, entretanto, pode ser mais efetivamente impugnada por *habeas corpus*, ação impetrável ainda que haja recurso cabível contra o mesmo ato jurisdicional. Cuida-se obviamente da negativa *judicial* da fiança, pois os atos de autoridade policial (em particular aquele objeto do art. 322, CPP) não são impugnáveis por recurso em sentido estrito. Se houver negativa da fiança pela autoridade policial, deverá o sujeito pedir ao juízo que a arbitre (art. 335, CPP).

O *arbitramento* de fiança opera-se de acordo com os parâmetros fixados nos artigos 325 e 326 do CPP. Mais uma vez, trata-se, por óbvio, do arbitramento judicial da fiança, eis que o recurso em sentido estrito, como meio de impugnação recursal, incide apenas sobre atos jurisdicionais. O arbitramento da fiança pela autoridade policial (art. 322, CPP) pode ser questionado por petição ao juízo da causa[39].

---

39. No mesmo sentido, Gustavo Badaró, ressalvando a posição contrária de parte da doutrina, sustenta o seguinte: "Ainda que assim fosse nos primórdios da vigência do Código [recurso em sentido estrito contra ato da autoridade policial], é de se reconhecer que recurso é meio de impugnação de ato judicial, endereçado, em regra, à instância superior do Poder Judiciário. Delegado de Polícia não é

A *cassação* da fiança justifica-se pelo superveniente reconhecimento judicial de não cabimento desse instituto (artigos 338 e 339, CPP). Por exemplo, quando o juiz constate a concessão de fiança no âmbito de processo por crime de estupro (crime hediondo, conforme o art. 1°, V, Lei n° 8.072/1990), hipótese em que a lei veda a fiança (art. 323, II, parte final, CPP), a cassação será aplicada com fundamento no art. 338 do CPP: "A fiança que se reconheça não ser cabível na espécie será cassada em qualquer fase do processo". Dá-se o mesmo quando o juiz verifique a concessão de fiança no âmbito de persecução penal por crime inafiançável, conforme o art. 339 do CPP: "Será também cassada a fiança quando reconhecida a existência de delito inafiançável, no caso de inovação da classificação do delito". A decisão de cassação poderá ser impugnada por recurso em sentido estrito (art. 581, V, quarta figura, CPP).

O julgamento de *inidoneidade* da fiança respalda-se na omissão do sujeito quanto à exigência de reforço da fiança (nas hipóteses do art. 340, *caput*, CPP), nos termos do art. 340, parágrafo único, do CPP: "A fiança ficará sem efeito e o réu será recolhido a prisão, quando, na conformidade deste artigo, não for reforçada".

A *quebra* da fiança aplica-se na hipótese de descumprimento das obrigações associadas à liberdade provisória concedida mediante o pagamento de fiança. Essas obrigações estão fixadas no art. 327 do CPP: "A fiança tomada por termo obriga o afiançado a comparecer perante a autoridade, todas as vezes que for intimado para atos do inquérito e da instrução criminal e para o julgamento. Quando o réu não comparecer, a fiança será havida como quebrada"; no art. 328 do CPP: "O réu afiançado não poderá, sob pena de quebramento da fiança, mudar de residência, sem prévia permissão da autoridade processante, ou ausentar-se por mais de 8 (oito) dias de sua residência, sem comunicar àquela autoridade o lugar onde será encontrado"; e no art. 341 do CPP: "Julgar-se-á quebrada a fiança quando o acusado: I – regularmente intimado para ato do processo, deixar de comparecer, sem motivo justo; II – deliberadamente praticar ato de obstrução ao andamento do processo; III – descumprir medida cautelar imposta cumulativamente com a fiança; IV – resistir injustificadamente a ordem judicial; V – praticar nova infração dolosa".

A quebra da fiança acarreta a perda de metade do seu valor e, se for o caso, a imposição de outra medida cautelar pessoal, inclusive a prisão preventiva, nos termos do art. 343 do CPP: "O quebramento injustificado da fiança importará na perda de metade do seu valor, cabendo ao juiz decidir sobre a imposição de outras medidas cautelares ou, se for o caso, a decretação da prisão preventiva".

A decisão de quebra da fiança poderá ser impugnada por recurso em sentido estrito (art. 581, VII, 1ª parte, CPP). Nessa hipótese, o recurso só terá efeito suspensivo quanto à parte da decisão de quebra da fiança que julga perdido metade do valor desta, nos termos do art. 584, § 3°, do CPP: "O recurso do despacho que julgar quebrada a fiança suspenderá unicamente o efeito de perda da metade de seu valor".

---

autoridade judiciária, não está investido da jurisdição e não pratica atos jurisdicionais. Assim sendo, embora seus atos sejam passíveis de controle pelo juiz de direito, o veículo para tanto não será o recurso, mas um simples requerimento". Cfr. BADARÓ, Gustavo Henrique. *Manual dos Recursos Penais.* São Paulo: Revista dos Tribunais, 2016, p. 259.

Assim, se houver como consequência da quebra a decretação de prisão preventiva ou de medida cautelar restritiva de liberdade, será mais efetiva a impugnação do ato por *habeas corpus*, em vez do recurso em sentido estrito.

Recorde-se que qualquer dessas decisões, se adotada na própria sentença judicial, será objeto de impugnação por recurso de apelação, por força do princípio da unirrecorribilidade e em particular do disposto no art. 593, § 4º, do CPP.

Há, por fim, a decisão de perdimento do valor integral da fiança, o que se dá com fundamento no art. 344 do CPP: "Entender-se-á perdido, na totalidade, o valor da fiança, se, condenado, o acusado não se apresentar para o início do cumprimento da pena definitivamente imposta".

Nos termos da segunda parte do inciso VII do art. 581 do CPP, a decisão de perdimento do valor da fiança (art. 344 do CPP) seria impugnável por recurso em sentido estrito. Parece-nos, entretanto, que o dispositivo foi tacitamente revogado pelo art. 197 da Lei nº 7.210/1984 (Lei de Execução Penal), na medida em que a decisão de perdimento, dando-se por causa superveniente ao trânsito em julgado da sentença penal condenatória (art. 344, CPP), é ato afeto à esfera de competência do juízo da execução penal e, como tal, impugnável por agravo (art. 197, CPP). O agravo, nessa hipótese, tem efeito suspensivo, por força de aplicação subsidiária do art. 584, *caput*, do CPP.

2.1.6. Decisão sobre prisão preventiva, liberdade provisória sem fiança e relaxamento de prisão em flagrante (art. 581, V, parte final, CPP)

O art. 581, inciso V, parte final, do CPP fixa o cabimento do recurso em sentido estrito contra: (a) a decisão de indeferimento de pleito de prisão preventiva; (b) a decisão de revogação de prisão preventiva; (c) a decisão concessiva de liberdade provisória, sem fiança; (d) a decisão de relaxamento da prisão em flagrante.

Trata-se de decisões favoráveis ao investigado ou acusado. As decisões reversas a cada uma daquelas especificadas no art. 581, V, parte final, do CPP – a saber: *decisão concessiva de prisão preventiva, decisão que indefere pleito de revogação de prisão preventiva; decisão que indefere pleito de concessão de liberdade provisória sem fiança; decisão que indefere pleito de relaxamento de prisão em flagrante* – não estão contempladas no rol do art. 581 e, assim, por constituírem todas decisões interlocutórias simples, são *irrecorríveis*, mas podem ser impugnadas por *habeas corpus*.

Apenas a decisão que indefere pedido de liberdade provisória com fiança é desafiável por recurso em sentido estrito (cabível igualmente o *habeas corpus*), por força do disposto na primeira parte do art. 581, V, conforme examinado no tópico anterior.

A decisão de *indeferimento de pedido de prisão preventiva* formulado pelo titular da ação penal é desafiável por recurso em sentido estrito. A nosso juízo, o termo prisão preventiva deve ser extensivamente interpretado como prisão provisória, cabendo de igual modo o recurso em sentido estrito contra a decisão que indefere o pedido de prisão temporária.

Quanto ao indeferimento de pedido de imposição ou de substituição de medida cautelar pessoal objeto do art. 319 do CPP, há que se considerar que a análise judicial sobre medidas cautelares alternativas à prisão provisória se dá de forma inseparável da valoração quanto à necessidade concreta desta.

Nessa perspectiva, se o juiz decide impor uma medida cautelar alternativa, é porque concluiu pela inviabilidade da prisão preventiva, podendo caber o recurso contra a decisão que não aplica (ou que indefere pleito) de prisão preventiva. Assim, entendemos que a expressão legal "indeferir pleito de prisão preventiva" inclui a decisão que impõe medida cautelar alternativa em vez da prisão (decisão que não decreta a prisão preventiva, aplicando em vez disso medida cautelar diversa, por entender que esta é suficiente).

Por outro lado, se o juiz indefere o pedido de imposição de medida cautelar alternativa, a avaliação judicial quanto à matéria incluiu o juízo sobre a necessidade ou não de medidas cautelares em geral. Nessa lógica, o indeferimento do pedido de prisão preventiva, como espécie, estende-se ao indeferimento do pedido de aplicação de qualquer medida cautelar de constrição pessoal, como gênero, sendo a decisão respectiva desafiável por recurso em sentido estrito.

Por iguais razões, a decisão de revogação da prisão preventiva inclui a da prisão temporária, assim como a de qualquer medida cautelar de constrição pessoal (art. 319, CPP).

Entendemos que em qualquer desses casos a interpretação extensiva é suficiente para fixar a aplicabilidade da hipótese do art. 581, V, primeira parte, à prisão temporária e às demais medidas cautelares de constrição pessoal, não havendo que se recorrer, para tanto, à integração analógica[40].

A decisão concessiva de liberdade provisória sem fiança é também impugnável por recurso em sentido estrito, de acordo com a ora examinada segunda parte do inciso V do art. 581 do CPP. Quanto à concessão de liberdade provisória com fiança, o recurso é de igual modo cabível, mas agora com fundamento na expressão "que conceder (...) fiança", objeto da primeira parte do inciso V do art. 581, abordada no tópico anterior.

Por derradeiro, a decisão de relaxamento, fundada na ilegalidade da prisão em flagrante (art. 5º, LXV, CF), desafia recurso em sentido estrito. Estende-se essa hipótese de cabimento ao relaxamento da prisão preventiva e ao da prisão temporária, como espécies de prisão provisória, e ao de qualquer medida cautelar de constrição pessoal.

2.1.7. Decisão declaratória de extinção da punibilidade e decisão denegatória de pleito de extinção da punibilidade (art. 581, VIII e IX, CPP)

a) declaração de extinção da punibilidade (art. 581, VIII, CPP)

O art. 581, inciso VIII, do CPP fixa o cabimento do recurso em sentido estrito contra a decisão "que decretar a prescrição ou julgar, por outro modo, extinta a

---

40. Seria questionável, aliás, a possibilidade de integração analógica à espécie, eis que a norma em exame tem natureza híbrida, por versar sobre hipótese de privação de liberdade, vedando-se, por isso, o emprego da analogia *in malam partem*.

punibilidade". Bastaria a previsão da hipótese de *decisão de extinção da punibilidade*, o que pode se dar com fundamento: (a) em qualquer das causas gerais objeto do art. 107 do Código Penal: morte do agente; anistia, graça ou indulto; *abolitio criminis*; prescrição, decadência ou perempção; renúncia ao direito de queixa e perdão aceito, nos crimes de ação penal de iniciativa privada; retratação; perdão judicial; (b) em causa especial prevista para certos âmbitos, como, por exemplo, o cumprimento das condições vinculadas à transação penal ou à suspensão condicional do processo (art. 89, § 5º, Lei nº 9.099/1995), e o pagamento do débito fiscal, nos crimes contra a ordem tributária (art. 83, § 4º, Lei nº 9.430/1996, com redação determinada pela Lei nº 12.382/2011).

Cabe para o titular da ação penal, assim como para o assistente do Ministério Público (art. 584, § 1º, CPP), recurso em sentido estrito contra a decisão declaratória de extinção da punibilidade.

Trata-se de *decisão definitiva*, também chamada pela doutrina de *decisão terminativa de mérito*, com resolução do mérito *lato sensu*.

Eugênio Pacelli sustenta a revogação tácita dessa hipótese pelo art. 397, IV, com a redação que lhe conferiu a Lei nº 11.719/2008, e pelo art. 416, com a redação que lhe atribuiu a Lei nº 11.689/2008[41]. O dispositivo do art. 397, IV, contempla a extinção da punibilidade como causa de absolvição sumária, sendo a *sentença* respectiva impugnável por apelação, conforme o art. 593, *caput*, I, do CPP. Isso estaria reforçado pelo art. 416 do CPP, que prevê a apelação como recurso cabível contra a sentença de absolvição sumária (art. 415, CPP) proferida no procedimento do júri.

Discordamos desse entendimento, pelas seguintes razões:

(i) Como já abordado no capítulo reservado ao procedimento comum, a previsão da extinção da punibilidade como causa de absolvição sumária compreende-se enquanto oportunidade de julgamento antecipado do processo penal por decisão favorável ao acusado, com resolução do mérito em sentido amplo (a correntemente denominada *decisão terminativa de mérito*). Não havendo juízo sobre o mérito da causa, a extinção da punibilidade não pode constituir absolvição, à vista da própria interpretação sistêmica do ordenamento processual penal. A previsão do art. 397, IV, do CPP, deve ser interpretada como oportunidade de verificação judicial, após a resposta à acusação (arts 396 e 396-A, CPP), da extinção da punibilidade, o que, a propósito, pode ser reconhecido a qualquer tempo, sem que isso vá representar absolvição sumária.

(ii) A extinção da punibilidade, independentemente do momento da absolvição sumária e da orientação que se possa ter sobre esse ponto, é cognoscível a qualquer tempo, subsistindo cabível o recurso em sentido estrito contra a decisão que a declarar em outra etapa do processo: por exemplo, durante a fase instrutória ou na fase de julgamento, em que o juiz, ao invés de sentenciar (condenação ou absolvição), declara a extinção da punibilidade. Nessa hipótese, a extinção da punibilidade é declarada fora do contexto da

---

41. Pacelli, Eugênio. *Curso de Processo Penal*. São Paulo: Atlas, 2013, p. 929: "...embora não tenha havido a revogação expressa do citado dispositivo [o do art. 581, VIII, CPP], o fato de se prever a apelação para a absolvição sumária – e também para a impronúncia (art. 416, CPP) – implica a revogação implícita da referida disposição, a salvo de qualquer dúvida".

absolvição sumária, em decisão definitiva com resolução do mérito em sentido amplo, a qual desafia recurso em sentido estrito, nos termos do art. 581, VIII, do CPP.

(iii) O art. 593, I, do CPP, prevê a apelação contra sentença de absolvição proferida pelo juiz singular, o que, como já visto, inclui a sentença de absolvição sumária. No entanto, como antes sustentado, trata-se aí de efetiva absolvição sumária, por *sentença*, que no processo penal só alcança o ato terminativo com resolução do mérito em sentido estrito, não abrangendo, por conseguinte, a extinção da punibilidade, que se opera em decisão definitiva, de mérito em sentido amplo, ainda que possa ser proferida *na oportunidade* da absolvição sumária.

(iv) O art. 415 do CPP, que por sinal não prevê a extinção da punibilidade como causa de absolvição sumária, aplica-se ao procedimento do júri, sendo contra essa sentença de absolvição, alheia a qualquer hipótese de extinção da punibilidade, que se prevê com especificidade o cabimento da apelação.

Assim, concluímos que a decisão de extinção da punibilidade, mesmo quando declarada *na oportunidade* procedimental da absolvição sumária, constitui decisão autônoma, diversa da absolvição, sem julgamento do mérito estrito da causa, e que, como tal, sem a natureza de sentença, desafia recurso em sentido estrito, conforme o art. 581, VIII, do CPP, que permanece em pleno vigor. Contra a sentença de absolvição sumária efetiva, fundada nas hipóteses dos incisos I, II e III, do art. 397 do CPP (procedimento comum), assim como nas hipóteses do art. 415 do CPP (procedimento do júri), aí sim é cabível o recurso de apelação, com fundamento, respectivamente, no art. 593, I, e no art. 416, ambos do CPP[42].

Nessa direção, consulte-se o seguinte julgado do Tribunal Regional Federal da 2ª Região (TRF2, 2ª Turma, SER 2895, Rel. Des. MESSOD AZULAY NETO, DJ de 05.03.2012): "I - Esta Turma já se manifestou pelo cabimento de recurso em sentido estrito, nos termos do art. 581, VIII, do CPP, e não de apelação criminal contra decisão que declara extinta a punibilidade em razão da prescrição da pretensão punitiva estatal, *mesmo em se tratando de absolvição sumária (art. 397, IV, do CPP)*".

Por outro lado, ainda que adotado o entendimento de que a sentença de absolvição sumária, mesmo quando fundada em extinção da punibilidade, é desafiável por apelação, diante do regime instituído pelo art. 397, inciso IV, do CPP, ainda assim remanesce a hipótese de recurso em sentido estrito do art. 581, inciso VIII, para a declaração de extinção da punibilidade ocorrida em outro momento do processo, de modo que não houve revogação tácita[43]. Nesse sentido, refira-se este julgado do Tribunal Regional Federal da 1ª Região (TRF1, 4ª Turma, ACR 2003.39.00.005050-4, Rel. Des. OLINDO MENEZES, DJ de 02.05.2014): "Cabe recurso em sentido estrito da sentença que decretar a prescrição ou julgar, por outro motivo, extinta a punibilidade (art. 581, VIII - CPP). A interposição de apelação traduz erro grosseiro, isto é, quando nada justifica o manejo de um recurso

---

42. Com o mesmo entendimento, na doutrina: BADARÓ, Gustavo Henrique. *Manual dos Recursos Penais*. São Paulo: Revista dos Tribunais, 2016, p. 260; LOPES JR, Aury. *Direito Processual Penal*. São Paulo: Saraiva, 2014, p. 1244.

43. Com essa perspectiva, na doutrina: GRINOVER, Ada Pellegrini / GOMES FILHO, Antonio Magalhães / FERNANDES, Antonio Scarance. *Recursos no Processo Penal*. São Paulo: Revista dos Tribunais, 2011, p. 134.

pelo outro, por não haver nenhuma controvérsia sobre o tema. *Todavia, em caso de absolvição sumária em razão da extinção da punibilidade do agente (art. 397, IV - CPP), o recurso adequado é a apelação (art. 416 - CPP)".* Mais uma vez, parece-nos imprópria a referência ao art. 416 do CPP, aplicável apenas ao procedimento especial do júri.

De toda sorte, como se percebe, a questão ainda é marcantemente controversa na doutrina e na jurisprudência, o que impõe a aplicação princípio da fungibilidade, pelo menos na situação específica da decisão de extinção da punibilidade/sentença de absolvição sumária fundada no art. 397, IV, do CPP.

Por outro lado, caso declarada a extinção da punibilidade pelo juízo da execução penal, o recurso cabível é o agravo, nos termos do art. 197 da Lei nº 7.210/1984.

b) indeferimento de pedido de extinção da punibilidade (art. 581, IX, CPP)

Por fim, também a decisão de indeferimento de pedido de reconhecimento de causa de extinção da punibilidade (art. 107, CP, inclusive a prescrição, especificada no art. 581, IX, CPP) desafia recurso em sentido estrito. Aí estão incluídas as causas gerais (art. 107, CP) e as especiais (por exemplo, a do art. 89, § 5º, da Lei nº 9.099/1995[44]) de extinção da punibilidade.

Nessa hipótese, porém, maior efetividade haverá pela impetração de *habeas corpus* contra o ato de indeferimento do pleito de reconhecimento da extinção da punibilidade, com base na causa de constrangimento ilegal contemplada no art. 648, VII, do CPP ("quando extinta a punibilidade").

2.1.8. Decisão concessiva ou denegatória de habeas corpus (art. 581, X, CPP)

A decisão do juízo de primeiro grau que concede e a que denega ordem de *habeas corpus* constituem ambas decisões definitivas (de mérito *lato sensu*), desafiando recurso em sentido estrito por estarem previstas no art. 581, inciso X, do CPP. Se o *habeas corpus* for concedido ou denegado por tribunal de segunda instância, obviamente não caberá, em face do acórdão, recurso em sentido estrito, limitado a impugnações de atos do juízo de primeiro grau para apreciação pelo tribunal de segundo grau. Em se tratando de ato de tribunal de segunda instância da Justiça Comum, *apenas no caso de denegação da ordem,* caberá recurso ordinário para o Superior Tribunal de Justiça (art. 105, II, *a*, CF), conforme será oportunamente examinado.

É relativamente rara a impetração de *habeas corpus* perante o juízo de primeira instância, o que ocorre, por exemplo, quando o ato impugnado for de Delegado de Polícia, autoridade sujeita à jurisdição do órgão judiciário singular. Assim, se, por exemplo, impetra-se *habeas corpus* com vistas ao trancamento de inquérito policial instaurado de ofício por portaria de Delegado de Polícia Federal, a competência para o processo e o julgamento da ação é do juízo federal de primeira instância. Concedida ou denegada a ordem, é cabível em face da decisão o recurso em sentido estrito.

---

44. Cumprimento das condições vinculadas à suspensão condicional do processo.

a) decisão concessiva de habeas corpus

Na hipótese de concessão da ordem de *habeas corpus*, caberá recurso em sentido estrito do Ministério Público, do assistente[45] e, na esfera da ação penal de iniciativa privada, do querelante.

Para quem sustenta a vigência do art. 574, I, do CPP, haverá, independentemente do recurso em sentido estrito, a remessa obrigatória (impropriamente designada na lei por "recurso *ex officio*") ao tribunal de segunda instância, para fins de reexame (duplo grau obrigatório).

Não tem efeito suspensivo o recurso em sentido estrito interposto contra a decisão concessiva de *habeas corpus* (art. 584, CPP, *a contrario sensu*).

b) decisão denegatória de habeas corpus

A decisão que denega ordem de *habeas corpus* é também desafiável por recurso em sentido estrito. Poderá o sujeito, porém, diante da potencial situação de constrangimento ilegal à liberdade de locomoção (art. 648, CPP), impetrar novo *habeas corpus*, desta vez perante o tribunal de segunda instância, independentemente do cabimento do recurso em sentido estrito.

Entendemos que a "denegação" deve ser interpretada como abrangente do não conhecimento e do julgamento pela prejudicialidade do *habeas corpus*, e as decisões respectivas igualmente desafiam recurso em sentido estrito, sob o fundamento do art. 581, X, do CPP.

2.1.9. Decisão declaratória de nulidade (art. 581, XIII, CPP)

O art. 581, inciso XIII, do CPP dispõe sobre o cabimento do recurso em sentido estrito contra a decisão "que anular o processo da instrução criminal, no todo ou em parte". O dispositivo abrange, portanto, a declaração de nulidade parcial ou total do processo. Entende-se extensivamente, a partir da expressão "processo da instrução criminal", o procedimento como um todo, em suas fases de postulação, de instrução e de julgamento.

Cuida-se, em qualquer caso, de decisão interlocutória. Mesmo a decisão que declara a nulidade de todo o processo tem essa natureza, por não se revestir de caráter terminativo, na medida em que a consequência legal da invalidação é a renovação ou a retificação dos atos anulados e dos que dele dependam ou sejam consequência (princípio da causalidade), nos termos do art. 573, *caput* e § 1º, do CPP: "Art. 573. Os atos, cuja nulidade não tiver sido sanada, na forma dos artigos anteriores, serão renovados

---

45. A legitimidade recursal do assistente emana de sua legitimidade, fixada pela Lei 12.403/2011 no art. 311 do CPP, para postular a aplicação de prisão preventiva e de medidas cautelares diversas da prisão. Com efeito, se o assistente tem legitimidade para requerer a prisão, logicamente terá legitimidade para impugnar a decisão judicial que, em sede de *habeas corpus*, desconstitui a medida prisional.

ou retificados. § 1º. A nulidade de um ato, uma vez declarada, causará a dos atos que dele dependam ou sejam consequência".

A lei não contempla o cabimento do recurso contra a decisão que indefere pedido de reconhecimento de nulidade. Nessa hipótese, porém, caberá em princípio *habeas corpus* para impugnar a decisão, fundado na causa de constrangimento ilegal prevista no art. 648, VI, do CPP (processo manifestamente nulo).

Discute a doutrina o cabimento do recurso em sentido estrito contra a decisão interlocutória que determina o desentranhamento de prova declarada ilícita ou derivada de ilícita (art. 157, *caput* e § 1º, CPP), por analogia à decisão declaratória de nulidade processual.

Como a disciplina legal a respeito da prova ilícita só foi introduzida em nosso sistema pela Lei nº 11.690/2008 (e, portanto, não poderia estar prevista no art. 580 do CPP), sustentamos a aplicação à hipótese do procedimento de integração analógica, afastando-se a regra geral da irrecorribilidade das decisões interlocutórias não previstas no rol do art. 581 do CPP.

Isso porque, embora diversa, a decisão de desentranhamento de prova ilícita é análoga à decisão declaratória de nulidade processual, devendo-se reservar a ambas o mesmo regime recursal. Aplica-se, assim, à decisão não prevista (desentranhamento de prova ilícita, originária ou derivada) o mesmo regime recursal (art. 581, XIII, CPP) previsto para a decisão que declara a nulidade do processo.

Entendemos que a hipótese só pode ser de analogia, e não de interpretação extensiva, eis que as decisões comparadas são diversas entre si em sua essência e em seus efeitos: a decisão prevista é de invalidação processual, por motivo de vício formal e tem como efeito a renovação dos atos invalidados, observando-se a forma correta; a decisão não prevista tem por base a ilicitude de prova, ocorrida fora do processo e com ofensa ao direito material, encerrando como consequência a inadmissibilidade e seu consectário físico, qual seja, o desentranhamento.

Não se pode dizer, assim, que por mera extensão do sentido e alcance da norma do art. 581, XIII, se inclui a hipótese da decisão de desentranhamento da prova ilícita. Apenas por analogia é possível alcançar a hipótese, efetivamente não prevista, pois a mesma razão de direito a justificar o cabimento do recurso contra a decisão de nulidade impõe igual regime para a decisão, análoga, de desentranhamento da prova ilícita.

Ressaltamos nosso entendimento de que, via de regra, não há a possibilidade de emprego de analogia quanto ao rol do art. 581 do CPP, pois o próprio sistema contempla soluções para as "lacunas" (ausência de prisão): irrecorribilidade para as interlocutórias; apelação para as definitivas ou com força de definitivas. No entanto, excepcionalmente se justifica o emprego da analogia, para alcançar hipóteses semelhantes às expressas, mas que foram introduzidas no sistema por força de norma superveniente, como no caso examinado.

De toda sorte, na hipótese cogitada, caso se entenda não caber recurso em sentido estrito para impugnar a decisão de desentranhamento da prova ilícita ou derivada de ilícita, é utilizável o mandado de segurança para o mesmo fim, com base no direito líquido e certo do acusador, em tese, de ter disponível nos autos prova em seu benefício.

2.1.10. Decisão que incluir jurado na lista própria ou desta o excluir (art. 581, XIV, CPP)

O art. 581, inciso XIV, do CPP contempla hipótese anômala de cabimento do recurso em sentido estrito, contra decisão "que incluir jurado na lista geral ou desta o excluir". Reputa-se anômala e *sui generis* a hipótese porque não constitui decisão propriamente jurisdicional, exarada dentro do processo, mas sim decisão administrativa do juiz atinente à organização do júri.

Parte da doutrina sustenta que já não há vigência dessa hipótese, por força de revogação tácita operada pela Lei n° 11.689/2008, que modificou o procedimento do júri. Nesse sentido, RENATO BRASILEIRO defende que "se o art. 426, § 1°, do CPP, com redação determinada pela Lei 11.689/08, passou a prever instrumento específico para impugnação da lista geral dos jurados – reclamação de qualquer do povo ao juiz presidente até o dia 10 de novembro –, isso significa dizer que houve a revogação tácita do art. 581, XIV, do CPP, que previa o cabimento do recurso em RESE contra a decisão que incluísse jurado na lista geral ou dela o excluísse"[46]. Na mesma trilha, pontuam NESTOR TÁVORA e ROSMAR ALENCAR: "Não é mais cabível recurso em sentido estrito contra a lista geral de jurados. Pensamos que a Lei 11.689/2008 revogou tacitamente o inciso XIV, do art. 581, CPP. Agora, contra a lista geral publicada em 10 de outubro de cada ano, caberá reclamação interposta por qualquer do povo e dirigida ao juiz presidente do tribunal do júri (art. 426, *caput*, CPP, nova redação)"[47]. A mesma posição é sustentada por GUSTAVO BADARÓ[48].

Em sentido contrário, pela continuidade da vigência da norma do art. 581, XIV, posicionam-se EUGÊNIO PACELLI, DOUGLAS FISCHER[49] e AURY LOPES[50].

De nossa parte, entendemos que a hipótese de cabimento subsiste vigente. A redação originária do art. 439, parágrafo único, do CPP já dispunha a respeito da reclamação de qualquer do povo quanto à lista geral, prevendo adicionalmente hipótese de recurso "dentro de vinte dias, para a superior instância, sem efeito suspensivo".

O novo art. 426, § 1°, do CPP dispõe, em linha semelhante, sobre a possibilidade de reclamação de qualquer do povo, mas já não contempla o recurso no prazo de vinte dias. Daí assimilamos:

(a) O instituto da reclamação por qualquer do povo quanto à lista geral, *para o efeito de sua alteração* (objeto do revogado art. 439, parágrafo único, e do vigente art. 426, § 1°, do CPP), já existia antes da Lei n° 11.689/2008, não podendo ser invocado como instrumento novo que teria vindo para substituir o recurso em sentido estrito

---

46. LIMA, Renato Brasileiro de. *Manual de Processo Penal*. Salvador: JusPodivm, 2015, p. 1689.
47. TÁVORA, Nestor / ALENCAR, Rosmar Rodrigues. *Curso de Direito Processual Penal*. Salvador: JusPodivm, 2015, p. 1327.
48. BADARÓ, Gustavo Henrique. *Manual dos Recursos Penais*. São Paulo: Revista dos Tribunais, 2016, pp. 264-265.
49. PACELLI, Eugênio / FISCHER, Douglas. *Comentários ao Código de Processo Penal e sua Jurisprudência*. São Paulo: Atlas, 2015, pp. 1186-1187.
50. LOPES JR, Aury. *Direito Processual Penal*. São Paulo: Saraiva, 2014, p. 1246.

Cap. XIX · RECURSOS E AÇÕES AUTÔNOMAS DE IMPUGNAÇÃO   1327

contra a *decisão que inclui jurado na lista ou que desta o exclui* (no regime revogado, subsistiam em conjunto, no mesmo artigo, a reclamação por qualquer do povo e o recurso).

(b) A ausência de previsão específica de cabimento de recurso *na vigente norma do art. 426, § 1º*, não implica revogação tácita do disposto no art. 581, XIV. Com efeito, a exclusão se deu, a nosso juízo, justamente por já existir norma prevendo o cabimento do recurso em sentido estrito em face da decisão de modificação da lista (art. 581, XIV, CPP).

(c) O instituto da reclamação por qualquer do povo não tem natureza de recurso, não podendo ser invocado como instrumento substitutivo do recurso em sentido estrito.

(d) A possibilidade de reclamação por qualquer do povo não exclui *do ponto de vista lógico* o recurso em sentido estrito. Suponha-se, por exemplo, que a lista geral seja alterada de ofício pelo juiz. Nesse caso, mesmo não tendo havido reclamação de qualquer do povo quanto à lista geral, a modificação (inclusão ou exclusão de jurado) operada pelo juiz pode ser impugnada por recurso. E mesmo que a modificação da lista pelo juiz se dê a partir de reclamação de qualquer do povo, subsiste a possibilidade de *impugnação recursal*, que será apreciada pelo tribunal de segundo grau.

2.1.11. Decisão que nega seguimento a recurso de apelação (art. 581, XV, CPP)

O art. 581, inciso XV, do CPP dispõe sobre o cabimento do recurso em sentido estrito contra a decisão "que denegar a apelação ou a julgar deserta".

A expressão "denegar a apelação", por sugerir juízo de mérito, não é adequada. Trata-se aqui da decisão do órgão judiciário recorrido que nega seguimento à apelação, em juízo de admissibilidade negativo, por identificar a falta de pressuposto ou condição recursal. Sabe-se já que, no âmbito da apelação, há duplo juízo de admissibilidade, o primeiro deles exercido pelo próprio órgão recorrido. É a decisão negativa em primeiro juízo de admissibilidade que desafia recurso em sentido estrito.

A respeito da segunda figura prevista no dispositivo, atinente à deserção, algumas observações se mostram importantes.

No regime processual penal originário, existiam duas causas de deserção: a falta de preparo (recolhimento das custas recursais) e a fuga do réu após a sentença condenatória recorrível, esta última prevista no hoje revogado art. 595 do CPP. Antes mesmo de sua revogação pela Lei nº 12.403/2011, o dispositivo do art. 595 do CPP havia sido declarado inconstitucional pelo Supremo Tribunal Federal (STF, Tribunal Pleno, HC 85.961/SP, Rel. Min. MARCO AURÉLIO, julgamento em 05.03.2009, DJ de 17.04.2009). Não há qualquer subsistência, assim, sobretudo por força da ordem constitucional vigente, de hipótese de deserção recursal por fuga.

Já a deserção por falta de preparo deve ser apreciada com bastante cuidado no domínio processual penal. A garantia da ampla defesa não admite que o exercício de direito a ela inerente (o direito de recorrer) possa ser inadmitido pela mera falta de recolhimento de custas recursais.

Informe-se, nesse particular, que até mesmo na esfera dos recursos excepcionais, isto é, o recurso extraordinário e o recurso especial, o Supremo Tribunal Federal e o Superior Tribunal de Justiça já consolidaram em seus respectivas normas internas a isenção de custas recursais em matéria criminal, o que sem dúvida prestigia o amplo exercício da defesa técnica. Não se pode, portanto, admitir deserção por falta de preparo na apelação do acusado.

Sobre a inaplicabilidade da deserção por falta de preparo nessa hipótese (recurso do acusado), assim já decidiu a Primeira Turma da Suprema Corte, no HC 95.128/RJ (STF, 1ª Turma, HC 95.128, Rel. Min. DIAS TOFFOLI, julgamento em 09.02.2010, DJ de 05.03.2010): "Esta Suprema Corte já consolidou o entendimento de que, em se tratando de crime sujeito à ação penal pública, como no presente caso, as custas só se tornam exigíveis depois do trânsito em julgado da condenação, motivo pelo qual não pode o recurso do réu deixar de ser admitido pela ausência de preparo".

Remanesce, no entanto, para discussão, a hipótese de preparo da apelação interposta pelo querelante na ação penal de iniciativa privada. EUGÊNIO PACELLI e DOUGLAS FISCHER sustentam que, mesmo nessa esfera, não há a aplicabilidade da deserção por falta de preparo: "Igualmente, não há sentido para nós no reconhecimento da deserção da apelação ante a ausência de pagamento de eventuais despesas processuais. O processo penal é, marcantemente, de interesse público, mesmo naquelas hipóteses em que a titularidade da ação penal está exclusivamente vinculada ao interesse individual de determinada pessoa (ações penais privadas propriamente ditas)"[51].

A maior parte da doutrina, entretanto, defende a subsistência da deserção por falta de preparo no âmbito da ação penal de iniciativa privada, como AURY LOPES: "...além de tempestiva, a apelação, nos crimes de ação penal de iniciativa privada, deverá ser previamente 'preparada', ou seja, deverá o recorrente pagar as custas judiciais previstas para que a impugnação possa ser conhecida e julgada, sob pena de deserção"[52]. Com a mesma orientação, sustenta RENATO BRASILEIRO: "Subsiste uma única hipótese de deserção no CPP, a saber, a deserção por falta de preparo do recurso do querelante em crime de ação penal exclusivamente privada..."[53]

A nosso juízo, assiste razão a PACELLI e a FISCHER. Mesmo no âmbito das ações penais de iniciativa privada, discute-se no processo a atuação do poder punitivo do Estado, de caráter público, não havendo sentido que se condicione a iniciativa acusatória e a recursal do ofendido ao pagamento de custas, a ponto de se lhe impor a deserção do recurso em caso de omissão a esse respeito.

A jurisprudência do Superior Tribunal de Justiça, contudo, tem se orientado no sentido da exigência de custas recursais ao ofendido na ação penal de iniciativa privada, sob pena de deserção. Mesmo nessa hipótese, entretanto, a deserção não poderá ser pronunciada antes que se oportunize ao recorrente, mediante a devida intimação,

---

51. PACELLI, Eugênio / FISCHER, Douglas. *Comentários ao Código de Processo Penal e sua Jurisprudência*. São Paulo: Atlas, 2015, pp. 1189-1190.

52. LOPES JR, Aury. *Direito Processual Penal*. São Paulo: Saraiva, 2014, p. 1274.

53. LIMA, Renato Brasileiro de. *Manual de Processo Penal*. Salvador: JusPodivm, 2015, p. 1690.

o recolhimento das custas, conforme decidido pela Sexta Turma no RESP 399.051/ RS (STJ, 6ª Turma, RESP 399.051, Rel. Min. HAMILTON CARVALHIDO, julgamento em 26.05.2004, DJ de 02.08.2004): "A regência normativa da deserção no recurso criminal tem sede no art. 806, parágrafo 2º, do Código de Processo Penal. A jurisprudência deste Superior Tribunal de Justiça, em matéria processual penal, é firma no sentido de que só se julgará deserto o recurso interposto após a intimação do recorrido [recorrente] para que proceda ao pagamento das custas devidas".

É de se aplicar subsidiariamente, nesse âmbito, a norma do art. 1.007, § 4º, do Código de Processo Civil de 2015: "O recorrente que não comprovar, no ato de interposição do recurso, o recolhimento do preparo, inclusive porte de remessa e retorno, será intimado, na pessoa de seu advogado, para realizar o recolhimento em dobro, sob pena de deserção".

2.1.12. Decisão de suspensão do processo por questão prejudicial (art. 581, XVI, CPP)

A decisão que ordena a suspensão do processo em virtude de questão prejudicial desafia recurso em sentido estrito, nos termos do art. 581, inciso XVI, do CPP. O dispositivo abrange tanto a suspensão obrigatória, fundada no art. 92 do CPP (controvérsia sobre o estado civil das pessoas), quanto a suspensão facultativa, fundada no art. 93 do CPP (controvérsia relevante e essencial sobre outra matéria a ser resolvida no juízo cível).

Não há previsão de recurso contra a decisão que deixa de suspender o processo. A respeito da questão prejudicial facultativa, o não cabimento de recurso está até mesmo expresso no art. 93, § 2º, do CPP: "Do despacho que denegar a suspensão não caberá recurso". Quanto à questão prejudicial obrigatória, embora inexista dispositivo do mesmo teor (expressando o não cabimento), não há previsão legal de qualquer recurso.

Assim, se o juiz nega a suspensão mesmo diante de hipótese de questão prejudicial obrigatória (art. 92, CPP) – que só pode ser resolvida pelo juízo cível –, o ato respectivo é irrecorrível.

Para ADA GRINOVER, SCARANCE FERNANDES e GOMES FILHO, nessa hipótese, "para superar a falha, resta a correição parcial"[54]. RENATO BRASILEIRO, por seu turno, defende que "a despeito de não haver previsão legal de recurso adequado contra o indeferimento da suspensão do processo em virtude de questão prejudicial, a matéria poderá ser questionada em preliminar de futura e eventual apelação, sem prejuízo da utilização dos *writs* constitucionais – mandado de segurança e habeas corpus"[55].

Sem dúvida, em se tratando de decisão interlocutória irrecorrível, a matéria objeto do ato poderá ser suscitada, se for o caso, como preliminar de apelação. Quanto ao mais, estamos igualmente de acordo com RENATO BRASILEIRO, acrescentando que

---

54. GRINOVER, Ada Pellegrini / GOMES FILHO, Antonio Magalhães / FERNANDES, Antonio Scarance. *Recursos no Processo Penal*. São Paulo: Revista dos Tribunais, 2005, p. 179.

55. LIMA, Renato Brasileiro de. *Manual de Processo Penal*. Salvador: JusPodivm, 2015, p. 1690.

a não suspensão do processo por questão prejudicial a ser obrigatoriamente resolvida pelo juízo cível gera nulidade processual e potencialidade de incriminação ilegal (porque o próprio juízo penal resolverá a controvérsia), o que justifica o cabimento do *habeas corpus*, diante da ofensa potencial à liberdade de locomoção (possibilidade de condenação a pena privativa de liberdade com ofensa ao devido processo legal).

2.1.13. Decisão de suspensão condicional do processo (art. 89, Lei no 9.099/1995) e decisão de suspensão do processo e do prazo prescricional na hipótese do art. 366 do CPP

A jurisprudência do Superior Tribunal de Justiça fixou o cabimento de recurso em sentido estrito contra a decisão de suspensão condicional do processo (art. 89, Lei nº 9.099/1995), apesar de essa hipótese não estar prevista no art. 581, XVI, do CPP. Considerou-se, no particular, o art. 581, *inciso XI*, do CPP, que contempla o recurso contra a decisão "que conceder, negar ou revogar a suspensão condicional da pena". Aplicou-se analogia, portanto, entre o instituto da suspensão condicional *da pena* e o da suspensão condicional *do processo*. Nesse sentido: STJ, 5ª Turma, RMS 23.516/RJ, Rel. Min. Félix Fischer, julgamento em 17.12.2007, DJ de 03.03.2008. Segundo a mesma lógica, cabe recurso em sentido estrito também contra a decisão que negar ou revogar a suspensão condicional do processo. Assim: STJ, 5ª Turma, HC 90.584/RS, Rel. Min. Laurita Vaz, julgamento em 14.10.2008, DJ de 03.11.2008. Esse tema será detalhado no tópico 2.1.14, *infra*.

Por outro lado, entende a Corte Superior também pelo cabimento do recurso em sentido estrito em face da decisão de suspensão do processo com base no art. 366 do CPP, como decidido pela Sexta Turma no RESP 260.217/SP (STJ, 6ª Turma, RESP 260.217, Rel. Min. Fernando Gonçalves, julgamento em 12.09.2000, DJ de 02.10.2000).

Parece-nos correta a orientação, em virtude do emprego de integração analógica (e não interpretação extensiva), justificado pelo fato de a hipótese de suspensão do art. 366 do CPP só ter sido introduzida em nosso sistema pela Lei nº 9.271/1996 (razão pela qual não poderia ter sido contemplada, originariamente, no rol do art. 581).

Assim, pela mesma razão de direito que instituiu o regime recursal para a hipótese prevista (suspensão por questão prejudicial), aplica-se a mesma disposição à hipótese não prevista (art. 366 do CPP), que só ingressou no sistema *a posteriori*, por força de legislação de reforma.

2.1.14. Decisão do incidente de falsidade (art. 581, XVIII, CPP)

O incidente de falsidade constitui procedimento incidental disciplinado nos artigos 145 a 148 do CPP. A decisão sobre o incidente tem natureza de interlocutória. Por seu turno, a hipótese de cabimento do recurso em sentido estrito fixada no art. 581, inciso XVIII, do CPP abrange tanto a decisão de procedência quanto a de improcedência do incidente. Como lembram Ada Grinover, Scarance Fernandes e Gomes Filho: "São bem diversos os efeitos da decisão que reconhece e da que nega a falsidade. Se o juiz reconhece a falsidade, 'mandará desentranhar o documento e remetê-lo, com os autos do processo incidente, ao Ministério Público' (art. 145, IV). Contudo, se conclui que inexistiu a falsidade alegada, o documento permanecerá nos autos e terá, no momento da sentença, a devida avaliação em face do conjunto da prova. No tocante ao recurso, todavia, não há diferença. Em uma ou outra hipótese, cabível o recurso em sentido estrito"[56].

2.1.15. Cabimento limitado do recurso em sentido estrito na hipótese do art. 581, XI, CPP – decisão que conceder, negar ou revogar a suspensão da pena. Cabimento do recurso em sentido estrito contra a decisão relativa à suspensão condicional do processo

O instituto da suspensão condicional da pena, também conhecido pelo termo francês *sursis*, está disciplinado nos artigos 77 a 80 do Código Penal. Trata-se da suspensão da execução da pena privativa de liberdade não superior a 2 (dois) anos, desde que reunidas as condições especificadas nos incisos I a III do art. 77, *caput*, do Código Penal.

No regime vigente, é remotíssimo, embora teoricamente cogitável, o cabimento do recurso em sentido estrito na hipótese do art. 581, inciso XI, do CPP: decisão que concede, nega ou revoga suspensão condicional da pena.

A uma porque, sendo a suspensão condicional da pena aplicada na própria sentença condenatória, o recurso cabível será a apelação, a teor do art. 593, § 4º, do CPP.

A duas porque, se a concessão do benefício for feita pelo juízo da execução penal, o recuso cabível será o agravo, nos termos do art. 197 da Lei nº 7.210/1984 (LEP).

Restaria manejável o recurso em sentido estrito apenas na hipótese de o benefício ser concedido pelo juízo da causa (do processo de conhecimento) após a sentença condenatória.

Nesse caso, porém, com a prolação da sentença condenatória, opera-se o exaurimento da jurisdição do órgão de primeiro grau, não havendo a possibilidade jurídica da prática de atos posteriores. Nos termos do art. 494 do Código de Processo Civil (2015), uma vez publicada a sentença, o juiz só poderá alterá-la: "I – para lhe corrigir-lhe, de ofício ou a requerimento da parte, inexatidões materiais ou erros de cálculo; II – por meio de embargos de declaração".

Mesmo nessas hipóteses excepcionais de modificação, cuida-se de atos integrativos da sentença, que permanece sujeita a recurso de apelação. Assim, caso o juízo da causa conceda ou revogue a suspensão condicional da pena em ato próprio, após a publicação da sentença, essa segunda decisão padece de nulidade absoluta, o que pode ser reconhecido inclusive de ofício, servindo o recurso em sentido estrito exclusivamente para esse fim (declaração de nulidade).

---

56. GRINOVER, Ada Pellegrini / GOMES FILHO, Antonio Magalhães / FERNANDES, Antonio Scarance. *Recursos no Processo Penal*. São Paulo: Revista dos Tribunais, 2005, p. 174.

Suponha-se que, contra sentença penal condenatória, haja o acusado interposto recurso de apelação, após o que o juízo da causa profere novo ato concedendo o benefício da suspensão condicional da pena. Nessa hipótese, o Ministério Público (ou o ofendido) tem interesse de recorrer em sentido estrito, para o fim de anular a decisão proferida quando já exaurida a jurisdição do órgão de primeiro grau.

De toda sorte, como visto no tópico anterior, sustenta a jurisprudência do Superior Tribunal de Justiça, e parte da doutrina, o *cabimento do recurso em sentido estrito* contra a decisão que concede, nega ou revoga suspensão condicional *do processo*, instituto disciplinado no art. 89 da Lei nº 9.099/1995.

Nesse sentido, confiram-se os já referidos julgados da Quinta Turma do STJ no RMS 23.516/RJ e no HC 90.584/RS. RENATO BRASILEIRO, por sua vez, defende que assim se conclui por *interpretação extensiva* do disposto no art. 581, XI (decisão quanto à suspensão condicional *da pena*) ou XVI (decisão de suspensão do processo, por questão prejudicial), do CPP[57].

De nossa parte, entendemos que é cabível o recurso em sentido estrito contra a decisão que concede, nega ou revoga suspensão condicional do processo (art. 89, Lei nº 9.099/1995), mas não por emprego de interpretação extensiva, e sim por integração analógica.

Já dissemos, quanto à ausência de previsão legal, que as "lacunas" do rol do art. 581 do CPP têm soluções claras no sistema: (a) se a decisão não prevista for interlocutória, não há impugnação recursal possível (regra geral da irrecorribilidade das decisões interlocutórias); (b) se a decisão não prevista for definitiva ou com força de definitiva, o recurso cabível é a apelação (art. 593, II, CPP). No entanto, como já tivemos a oportunidade de afirmar, faz-se possível o emprego de analogia (integração analógica), nos moldes da regra do art. 3º do CPP, para alcançar institutos objeto de reforma ao sistema processual penal, posteriores, assim, à norma do art. 581 do CPP. Nesse caso, justifica-se o emprego excepcional de analogia, ao menos quanto às interlocutórias, com o afastamento da regra geral de irrecorribilidade.

Na hipótese em exame, a decisão que concede, nega ou revoga suspensão condicional do processo, por não ter caráter terminativo, é decisão interlocutória. Já o instituto da suspensão condicional do processo, disciplinado no art. 89 da Lei nº 9.099/1995, representa instituto análogo, mas essencialmente diverso, do instituto da suspensão condicional da pena.

Trata-se do benefício de suspensão do processo penal, aplicável no âmbito de infrações penais com pena mínima de até 1 (um) ano, atendidas as demais condições estabelecidas no art. 89 da Lei nº 9.099/1995. Não se pode, por mera extensão do sentido e do alcance da norma do art. 581, XI, do CPP, dizer que os limites objetivos dessa norma alcançam a suspensão condicional do processo, pois o objeto de suspensão e os requisitos são diferentes.

A norma do art. 581, XI, do CPP não previu a situação da suspensão condicional do processo; nem poderia ter previsto, já que esse benefício só foi instituído pela Lei nº

---

57. LIMA, Renato Brasileiro de. *Manual de Processo Penal*. Salvador: JusPodivm, 2015, p. 1691.

Cap. XIX · RECURSOS E AÇÕES AUTÔNOMAS DE IMPUGNAÇÃO   1333

9.099/1995. Assim, só pelo emprego de integração analógica (aplicar para o caso não previsto a mesma disciplina do caso análogo previsto) se pode concluir pelo cabimento do recurso em sentido estrito contra a decisão que concede, nega ou revoga suspensão condicional do processo.

O mesmo se diga da hipótese do art. 581, inciso XVI, do CPP, que prevê a decisão de suspensão do processo, *por questão prejudicial*. Não se pode, diante de tal especificação, concluir que a norma se estende a qualquer decisão de suspensão do processo. Apenas por analogia é viável chegar a esse regime.

Assim, concluímos, na linha da jurisprudência do Superior Tribunal de Justiça e da maior parte da doutrina, que o recurso em sentido estrito é o cabível contra a decisão sobre suspensão condicional do processo, *mas isso por força do emprego de analogia*, com base na norma do art. 581, XI e XVI, do CPP, justificada pelo fato de o instituto aludido ter sido criado com o advento de lei posterior (Lei n° 9.099/1995).

Ainda que se sustente a não aplicação quer da interpretação extensiva, quer da integração analógica, para o efeito de fixar a irrecorribilidade da decisão de concessão, negativa ou revogação da suspensão condicional do processo, não ficará o sucumbente sem impugnação em face do ato. Na hipótese de concessão, poderá o titular da ação penal impetrar mandado de segurança contra o ato jurisdicional. Em caso de negativa ou de revogação, poderá o acusado, por sua vez, impetrar *habeas corpus* contra a decisão. Nesse último caso, há o cabimento do *habeas corpus* independentemente da recorribilidade do ato.

2.1.16. Hipóteses tacitamente revogadas pelo art. 197 da Lei 7.210/1984 (Lei de Execução Penal): Art. 581, XI (parcialmente), XII, XVII, XIX, XX, XXI, XXII e XXIII, CPP. Cabimento atual do recurso de agravo na execução.

O rol do art. 581 do CPP contempla algumas decisões próprias do juízo da execução penal, as quais, atualmente, só são impugnáveis por agravo, nos termos do art. 197 da Lei n° 7.210/1984 (LEP).

São elas:

(a) *decisão que conceder, negar ou revogar a suspensão condicional da pena (art. 581, XI, CPP).*

Se a decisão sobre suspensão condicional da pena (art. 77, CP) for proferida pelo juízo da execução penal, o recurso cabível será o agravo (art. 197, LEP), conforme já antes examinado, no tópico 2.1.15.

(b) *decisão que conceder, negar ou revogar livramento condicional (art. 581, XII, CPP).*

A decisão sobre livramento condicional, disciplinado no art. 83 do Código Penal e nos artigos 131 a 146 da Lei n° 7.210/1984, só pode ser proferida pelo juízo da execução penal (art. 66, III, *e*, LEP), na medida em que o condenado terá que cumprir certa parcela da pena para fazer jus ao benefício. Assim, o dispositivo do art. 581, XII, foi em sua integralidade tacitamente revogado pelo art. 197 da LEP, que prevê o recurso de agravo contra qualquer decisão do juízo da execução penal.

(c) *decisão sobre unificação de penas (art. 581, XVII, CPP).*

Na hipótese de instauração de processos distintos mesmo diante de conexão ou continência de infrações penais, haverá a reunião posterior dos feitos para o fim de soma ou unificação das respectivas penas, nos termos da parte final do art. 82 do CPP: "Neste caso, a unidade dos processos se dará, ulteriormente, para o efeito de soma ou de unificação da penas".

De acordo com o art. 66, III, *a*, da LEP, compete ao juízo da execução penal decidir sobre soma ou unificação de penas.

Assim, a norma do art. 581, XVII, do CPP foi tacitamente revogada pelo art. 197 da LEP, que prevê o agravo como recurso cabível contra qualquer decisão do juízo da execução penal, inclusive aquela contemplada no art. 66, III, *a*, da mesma lei.

(d) *decisões sobre medidas de segurança (art. 581, XIX, XX, XXI, XXII e XXIII, CPP).*

São as seguintes: decisão "que decretar medida de segurança, depois de transitar a sentença em julgado" (XIX); decisão "que impuser medida de segurança por transgressão de outra" (XX); decisão "que mantiver ou substituir medida de segurança, nos casos do art. 774" (XXI); decisão "que revogar medida de segurança" (XXII) ou a que "deixar de revogar a medida de segurança, nos casos em que a lei admita a revogação" (XXIII).

Todas essas decisões, disciplinadas nos artigos 175 a 179, 183 e 184 da Lei nº 7.210/1984, integram atualmente a competência do juízo da execução penal, conforme o art. 66, V, *d* e *e*, daquela lei. Assim, as normas do art. 581, XIX, XX, XXI, XXII e XXIII, do CPP foram tacitamente revogadas pelo art. 197 da LEP, que prevê o agravo como recurso cabível contra qualquer decisão do juízo da execução penal, inclusive aquelas contempladas no art. 66, III, *d* e *e*, da mesma lei.

2.1.17. Hipótese revogada pela Lei nº 9.268/1996: "decisão que converter a multa em detenção ou prisão simples" (art. 581, XXIV, CPP)

Esse dispositivo foi tacitamente revogado pelo art. 51 do Código Penal, com a redação que lhe conferiu a Lei nº 9.268/1996: "Transitada em julgado a sentença condenatória, a pena de multa será considerada dívida de valor, aplicando-se-lhe as normas da legislação relativa à dívida ativa da Fazenda Pública, inclusive no que concerne às causas interruptivas e suspensivas da prescrição".

Não há, portanto, a possibilidade de conversão de multa em detenção ou prisão simples, de modo que não subsiste aplicabilidade para a norma do art. 581, XXIV, do CPP. Inexiste, portanto, recurso cabível contra decisão que o próprio sistema já deixou de contemplar como possível. Se, apesar disso, o juízo da execução penal converter a pena de multa em prisão, o ato poderá ser impugnado por *habeas corpus*, diante da nítida ilegalidade da medida prisional.

2.2. Legitimidade e Interesse

2.2.1. Legitimidade

As partes dispõem de legitimidade plena para a interposição de recurso em sentido estrito, segundo a regra geral do art. 577, *caput*, do CPP. Assim: (i) o Ministério Público e o acusado, na ação penal de iniciativa pública; (ii) o querelante e o querelado, na ação penal de iniciativa privada.

O que dizer, porém, do *ofendido*, habilitado ou não como assistente, na ação penal de iniciativa pública? Ao contrário do que acontece na esfera do recurso de apelação, o ofendido não tem, via de regra, legitimidade para recorrer em sentido estrito, nem mesmo em caráter supletivo.

Como visto, na apelação, o ofendido sempre tem legitimidade para recorrer de qualquer sentença, mas sempre em caráter supletivo, na hipótese de não interposição do recurso pelo Ministério Público (art. 598, *caput*, CPP).

No recurso em sentido estrito, porém, a regra é a ausência de legitimidade recursal do ofendido. Contempla-se, todavia, exceção a essa regra no art. 584, § 1º, do CPP: "Ao recurso interposto de sentença de impronúncia ou no caso dos n. VIII do art. 581, aplicar-se-á o disposto no art. 596 e 598".

Essa norma ainda teve seu alcance expressivamente reduzido pela Lei nº 11.689/2008, que passou a contemplar a impronúncia como hipótese de cabimento da apelação, segundo a redação atual do art. 416 do CPP. Assim, o ofendido continua a ter legitimidade supletiva para recorrer da sentença de impronúncia, mas agora essa legitimidade é para apelar (art. 598, *caput*, CPP), e não mais para interpor recurso em sentido estrito.

Subsiste ainda, de toda sorte, a hipótese do art. 581, VIII, do CPP: *decisão de extinção da punibilidade*. Nesse caso, *e apenas nele*, dispõe o ofendido de legitimidade para interpor recurso em sentido estrito. E ainda mesmo nesse caso, a legitimação é *supletiva*, pois o art. 584, § 1º, manda aplicar o art. 598, *caput*, do CPP: "...se da sentença não for interposta apelação pelo Ministério Público no prazo legal, o ofendido ou qualquer das pessoas enumeradas no art. 31, ainda que não se tenha habilitado como assistente, poderá interpor apelação, que não terá, porém, efeito suspensivo".

Assim, só no caso de decisão de extinção da punibilidade, poderá o ofendido, esteja ou não habilitado como assistente, interpor recurso em sentido estrito, desde que o Ministério Público não o faça (legitimação supletiva). Caso haja recurso do Ministério Público, entendemos que o ofendido, *se estiver habilitado como assistente*, poderá arrazoar a impugnação, aplicando-se analogicamente o art. 600, § 1º, do CPP.

Advirta-se que há na doutrina, como já referido, quem entenda que a hipótese do art. 581, VIII, do CPP está revogada. Acolhida essa orientação, já não haverá qualquer hipótese de legitimidade do ofendido para interpor recurso em sentido estrito. Como já sustentamos, porém, a decisão de extinção da punibilidade, ao menos quando aplicada fora dos momentos da absolvição sumária e da execução penal, continua a desafiar recurso em sentido estrito.

Por fim, deve ser também reconhecida a legitimidade do ofendido para interpor recurso em sentido estrito contra a decisão que inadmitiu a apelação por ele interposta (art. 581, XV, CPP). Nesse caso, a legitimidade extraordinária do ofendido, para o recurso em sentido estrito, decorre logicamente de sua legitimidade supletiva para apelar[58].

2.2.2. Interesse

O interesse de recorrer compreende-se nas vertentes de necessidade e de utilidade, pois a adequação se confunde com o próprio cabimento do recurso[59].

Questão de particular relevância diz respeito à admissibilidade de recurso do próprio acusado contra decisão de extinção da punibilidade – fundada, por exemplo, na prescrição da pretensão punitiva pela pena em abstrato (art. 107, IV, CP) –, com o objetivo de obter a absolvição.

Pode haver, sem dúvida, interesse moral do acusado em demonstrar sua inocência, no lugar de ter antecipadamente extinta sua punibilidade em virtude de uma causa como a prescrição abstrata. Pode existir, inclusive, interesse jurídico-civil, no sentido de formar a coisa julgada também na esfera cível, com o reconhecimento de causa categórica de absolvição.

Não se reconhece, todavia, a possibilidade de impugnação do ato pelo próprio acusado, diante da possibilidade de, como efeito reflexo do recurso exclusivo da defesa, venha a ser piorada a sua situação. Efetivamente, se provido o recurso em sentido estrito do acusado, interposto contra a decisão de extinção da punibilidade do juízo de primeiro grau, o processo retomará seu curso normal, com instrução e, no final, sentença. Essa sentença, por seu turno, poderá ser condenatória, hipótese em que terá ocorrido consequência mais gravosa em consequência da impugnação do acusado contra o ato que extinguira sua punibilidade.

Não bastasse isso, haveria que se considerar que, a partir do regime instituído pela Lei nº 11.719/2008, nosso sistema convive com a equiparação normativa entre a absolvição (sumária) e a extinção da punibilidade, por força da norma atual do art. 397, IV, do CPP. Assim, do ponto de vista jurídico-penal, há plena equivalência entre os dois atos, quanto a seus efeitos.

Ademais, na hipótese cogitada, não houve juízo concluindo pela culpa do sujeito, o que pelo menos atenua o interesse jurídico-civil. A extinção da punibilidade após

---

58. Como sustenta MAURÍCIO ZANOIDE: "Pelas mesmas razões lógico-sistêmicas deve-se aceitar a legitimação extraordinária para o ofendido recorrer em sentido estrito na hipótese de ter sua apelação julgada deserta ou denegada. Se o ofendido estava autorizado a apelar nos termos do art. 598 do CPP e teve seu direito denegado ou julgado deserto, é intuitivo que àquele substituto processual está estendida a legitimação para impugnar a decisão que obstou seu ato recursal (apelação) por meio de interposição de recurso em sentido estrito segundo previsão do inc. XV, do art. 581, daquele diploma legal". Cfr. MORAES, Maurício Zanoide de. Interesse e Legitimação para Recorrer no Processo Penal Brasileiro. São Paulo: Revista dos Tribunais, 2000, p. 340. No mesmo sentido: BADARÓ, Gustavo. Manual dos Recursos Penais. São Paulo: Revista dos Tribunais, 2016, p. 266.

59. Para mais detalhes sobre o interesse como condição geral de admissibilidade dos recursos, em suas duas vertentes, consulte-se o tópico 6 da Seção I deste Capítulo.

juízo condenatório é tema reservado, e já abordado, à apelação. Aqui se está tratando de extinção da punibilidade impugnável por recurso em sentido estrito, o que ocorre previamente à sentença, até por força da regra inscrita no art. 593, § 4º, do CPP.

Nessas condições, não pode haver dúvida quanto à falta de interesse do acusado para a interposição de recurso em sentido estrito contra a decisão de extinção da punibilidade (art. 581, VIII, CPP).

2.3. Pressupostos de Admissibilidade

Aplicam-se ao recurso em sentido estrito os pressupostos gerais de admissibilidade, dentro da mesma lógica própria da apelação: capacidade postulatória, regularidade formal, tempestividade, ausência de fato impeditivo ou extintivo. Remete-se o leitor, nesse particular, à abordagem realizada na Subseção I desta Seção II. Ademais, esses pressupostos serão evidenciados no estudo do procedimento do recurso em sentido estrito, analisado no tópico 5, *infra*.

3. EFEITO SUSPENSIVO

A regra geral é a de ausência de efeito suspensivo do recurso em sentido estrito. O art. 584, *caput*, do CPP, porém, especifica casos de existência de efeito suspensivo: "Os recursos terão efeito suspensivo nos casos de perda da fiança, de concessão de livramento condicional e dos ns. XV, XVII e XXIV do art. 581". Ademais, os §§ 2º e 3º do art. 584 estabelecem ainda estas hipóteses de efeito suspensivo: suspensão do julgamento em caso de recurso contra a decisão de pronúncia (art. 584, § 2º, CPP); suspensão da perda de metade do valor em caso de recurso contra a decisão de quebra de fiança (art. 584, § 3º, CPP).

Considerando a revogação tácita das regras dos incisos XVII e XXIV do art. 581, subsistem para o recurso em sentido estrito as seguintes hipóteses de efeito suspensivo, em caráter excepcional: (i) recurso contra a decisão de inadmissibilidade da apelação (art. 584, *caput*, c/c art. 581, XV, CPP); (ii) recurso contra a pronúncia (art. 584, § 2º, c/c art. 581, IV, CPP), quanto ao julgamento pelo Tribunal do Júri; (iii) recurso contra a decisão de quebra de fiança (art. 584, § 3º, c/c art. 581, VII, CPP), quanto à perda de metade do valor (art. 343, CPP). Nos demais casos, não há efeito suspensivo.

Cumpre apreciar, em especial, a hipótese de recurso em sentido estrito contra a decisão concessiva de *habeas corpus*, que não tem efeito suspensivo, o que se conclui por interpretação *a contrario sensu* do disposto no art. 584, *caput*, do CPP, além, claro, do fato de se tratar de decisão mandamental de liberdade, que não pode ter sua eficácia suspensa sob qualquer pretexto.

Esse regime, entretanto, torna possível a impugnação do ato concessivo de *habeas corpus* também por mandado de segurança. De acordo com o art. 5º, inciso II, da Lei nº 12.016/2009 (Lei do Mandado de Segurança), "não se concederá mandado de segurança quando se tratar: de decisão judicial da qual caiba recurso com efeito suspensivo".

O Supremo Tribunal Federal reconhece genericamente a legitimidade do Ministério Público para a impetração do mandado de segurança no processo penal, conforme enuncia a Súmula nº 701 da Corte Suprema: "No mandado de segurança impetrado pelo Ministério Público contra decisão proferida em processo penal, é obrigatória a citação do réu como litisconsorte passivo". Esse entendimento é extensível ao ofendido na ação penal de iniciativa privada.

Revela-se controversa na doutrina e na jurisprudência a questão de se o mandado de segurança pode ser impetrado para conferir efeito suspensivo ao recurso em sentido estrito, inclusive no caso de decisão concessiva de *habeas corpus* – ocorrendo o mesmo no âmbito das decisões de liberdade previstas no art. 581, V, do CPP.

O Supremo Tribunal Federal já decidiu em sentido positivo, no julgamento do HC 70.392/DF (STF, 1ª Turma, HC 70.392, Rel. Min. CELSO DE MELLO, julgamento em 31.08.1993, DJ de 01.10.1993): "Reveste-se de legitimidade a decisão do tribunal que, deferindo mandado de segurança impetrado por Promotor de Justiça, outorga efeito suspensivo a recurso em sentido estrito deduzido pelo Ministério Público contra ato judicial concessivo de liberdade provisória".

O Superior Tribunal de Justiça, no entanto, tem julgados nas duas direções, identificando-se divergência entre as duas turmas criminais daquela Corte Superior.

Na Quinta Turma do STJ, há julgados nos dois sentidos: (a) pelo *não cabimento* de mandado de segurança para conferir efeito suspensivo a recurso em sentido estrito, confira-se o julgado do HC 154.422/SP (STJ, 5ª Turma, HC 154.422, Rel. Min. GILSON DIPP, julgamento em 15.02.2011, DJ de 28.02.2011): "O mandado de segurança não se presta para atribuir efeito suspensivo a recurso em sentido estrito interposto pelo Ministério Público contra decisão que concede liberdade (...) Não obstante ser cabível a utilização de mandado de segurança na esfera criminal, deve ser observada a presença dos seus requisitos constitucionais autorizadores"; há numerosos outros julgados na mesma direção; (b) pelo *cabimento* do mandado de segurança para atribuir efeito suspensivo a recurso, especificamente o agravo na execução, confira-se o julgado do HC 90.107/RJ (STJ, 5ª Turma, HC 90.107, Rel. Min. NAPOLEÃO MAIA, julgamento em 11.03.2008, DJ de 06.04.2008): "O MP detém legitimidade subjetiva ativa e interesse recursal para interpor MS visando obter efeito suspensivo ao Agravo em Execução (art. 197 da LEP), ou qualquer outra medida capaz de produzir tal efeito..."

Por sua vez, a Sexta Turma do STJ vem uniformemente resolvendo pelo *não cabimento* do mandado de segurança para o fim de atribuir efeito suspensivo a recurso que não o tenha, conforme o julgado proferido no HC 296.848/SP (STJ, 6ª Turma, HC 296.848, Rel. Min. ROGÉRIO SCHIETTI CRUZ, julgamento em 16.09.2014, DJ de 29.09.2014): "A jurisprudência desta Corte é firme no sentido do não cabimento de mandado de segurança para conferir efeito suspensivo a determinado recurso que não o possui". No mesmo sentido, eis o julgado do HC 226.043/MT (STJ, 6ª Turma, HC 226.043, Rel. Min. MARIA THEREZA DE ASSIS MOURA, julgamento em 11.04.2013, DJ de 23.04.2013): "Conforme vem reiteradamente decidindo este Superior Tribunal de Justiça, é incabível a impetração de mandado de segurança pelo Ministério Público para conferir efeito suspensivo a recurso cabível interposto".

Identifica-se, assim, apesar de alguma divergência em poucos julgados mais antigos, a posição mais recente do STJ no sentido do não cabimento do mandado de segurança para o fim de atribuir efeito suspensivo a recurso em sentido estrito. Na doutrina, há autorizadas vozes, como a de Renato Brasileiro[60], sustentando o cabimento do mandado de segurança na hipótese examinada, com base no art. 5º, II, da Lei nº 12.016/2009.

De nossa parte, parece-nos que o dispositivo do art. 5º, II, da Lei nº 12.016/2009 não respalda propriamente a impetração de mandado de segurança *para atribuir efeito suspensivo a recurso que não o tem*. É inegável, porém, o cabimento do mandado de segurança *para impugnar o mesmo ato decisório*.

Com efeito, a disposição em referência é de que o mandado de segurança não será concedido quando se tratar "de decisão judicial da qual caiba recurso com efeito suspensivo". *A contrario sensu*, firma-se que o mandado de segurança poderá ser concedido quando se tratar de decisão judicial da qual caiba recurso sem efeito suspensivo.

Fixado esse ponto, hão de ser observados os requisitos de cabimento próprios do mandado de segurança: "direito líquido e certo, não amparado por habeas corpus ou habeas data, sempre que, ilegalmente ou com abuso de poder, qualquer pessoa física ou jurídica sofrer violação ou houver justo receio de sofrê-la por parte e autoridade, seja de que categoria for e sejam quais forem as funções que exerça" (art. 1º, Lei nº 12.016/2009).

Se observados esses requisitos, não vemos como recusar cabimento ao mandado de segurança para impugnar ato decisório potencialmente lesivo a direito líquido e certo, *sempre que o recurso cabível contra o ato não disponha, por força do regime legal, de efeito suspensivo*.

Não significa isso dizer, porém, que o mandado de segurança possa ser impetrado para conferir efeito suspensivo ao recurso. Teríamos, na hipótese, uma ação autônoma destinada a dar suspensividade a um recurso que, por disposição legal clara, não encerra efeito suspensivo, o que é inadmissível e deve ser rechaçado, nisto assistindo razão, segundo nos parece, à posição predominante no Superior Tribunal de Justiça.

No entanto, por força do disposto no art. 5º, II, da Lei nº 12.016/2009, o mesmo ato decisório impugnável por recurso sem efeito suspensivo é passível de impugnação por mandado de segurança, em cujos limites de cognição poderá ser discutida a legalidade e a justiça da decisão questionada.

Significa dizer que o legitimado poderá optar ou por interpor o recurso sem efeito suspensivo ou por impetrar mandado de segurança contra o mesmo ato. Se escolher a primeira via, não poderá depois se valer do mandado de segurança para o fim de atribuir um efeito suspensivo inaplicável à esfera recursal.

Nada obsta, porém, que o legitimado, escolhendo a segunda via para impugnar o ato, postule e excepcionalmente obtenha medida liminar autônoma para suspender a eficácia do ato. Por exemplo, se o Ministério Público identificar urgência na suspensão

---

60.   Lima, Renato Brasileiro de. *Manual de Processo Penal*. Salvador: JusPodivm, 2015, pp. 1813-1814.

de decisão concessiva de liberdade, que impetre mandado de segurança postulando medida liminar suspensiva do ato impugnado, em vez de se valer de meio recursal não revestido dessa eficácia. Sendo esse o caso, tribunal competente conhecerá do mandado de segurança, examinando a presença concreta ou não dos requisitos próprios da medida cautelar postulada.

Essa é a posição que, a nosso juízo, melhor se ajusta à hipótese em foco.

4. COMPETÊNCIA

A competência de julgamento do recurso em sentido estrito, do mesmo modo que na apelação, é do tribunal de segundo grau: (i) na Justiça Comum Estadual, o Tribunal de Justiça; (ii) na Justiça Comum Federal, o Tribunal Regional Federal; (iii) na Justiça Eleitoral, o Tribunal Regional Eleitoral; (iv) na Justiça Militar da União, o Superior Tribunal Militar; (v) na Justiça Militar dos Estados, o Tribunal de Justiça Militar, onde houver (São Paulo, Minas Gerais, Rio Grande do Sul), ou o Tribunal de Justiça, nos demais casos.

Dentro do tribunal, a fixação da competência consta do respectivo regimento interno, recaindo normalmente sobre o menor órgão fracionário: câmara ou turma (do mesmo modo que a apelação).

5. PROCEDIMENTO

O recurso em sentido estrito deve ser interposto no prazo de 5 (cinco) dias (art. 586, *caput*, CPP), por petição ou termo nos autos (art. 578, *caput*, CPP). Ressalva-se apenas o recurso interposto com fundamento no art. 581, XIV, do CPP (decisão que incluir jurado na lista, ou desta o excluir), em que o prazo recursal é de 20 (vinte) dias, "contado da data da publicação definitiva da lista de jurados" (art. 586, parágrafo único, CPP).

Há duas formas de processamento do recurso em sentido estrito: (i) nos próprios autos; (ii) por instrumento e traslado.

Considerando que o recurso se presta a impugnar também decisões terminativas, há hipóteses em que seu processamento *nos próprios autos* se revela adequado, como se de apelação se tratasse. A título de exemplo, o recurso interposto contra a decisão de rejeição liminar da denúncia ou da queixa (art. 581, I, CPP) poderá subir nos próprios autos, na medida em que, como o julgado sob impugnação tem caráter terminativo, nenhum ato será praticado no processo até que o recurso seja apreciado e decidido. A mesma lógica aplica-se às decisões terminativas em geral, a exemplo da decisão de extinção da punibilidade (art. 581, VIII, CPP) e da decisão de concessão ou de denegação de *habeas corpus* (art. 581, X, CPP).

Bastaria, assim, que a lei dispusesse que o recurso em sentido estrito será processado e subirá nos próprios autos quando não prejudicar o andamento do processo. Assim, aliás, está disposto no art. 583, *caput*, III, do CPP: "Subirão nos próprios autos os recursos: III – quando o recurso não prejudicar o andamento do processo".

A lei, porém, cuidou de especificar, no art. 583, *caput*, II, do CPP, algumas hipóteses de processamento do recurso nos próprios autos: decisão de rejeição liminar da inicial acusatória (art. 581, I, CPP); decisão de procedência de qualquer das exceções previstas em lei, salvo a de suspeição (art. 581, III, CPP); decisão de pronúncia (art. 581, IV, CPP); decisão de extinção da punibilidade (art. 581, VIII, CPP); decisão concessiva ou denegatória de *habeas corpus* (art. 581, X, CPP).

Tem-se aí uma forma de interpretação analógica, em que a lei (art. 583, *caput*, II, CPP) discrimina alguns casos, a título exemplificativo, empregando quanto ao mais uma fórmula residual (art. 583, *caput*, III, CPP). Como expressa TOURINHO FILHO: "Em todas as hipóteses previstas nos incisos I e II do art. 583, o recurso não prejudica o andamento do processo. Sem embargo, como norma de encerramento, o legislador lançou mão da regra contida no inciso III do art. 583, ante a possibilidade de haver outro, ou outros casos, em que o recurso não causará nenhum prejuízo ao andamento do processo, como, por exemplo, na hipótese prevista no inciso XVI. Na verdade, se o Juiz determina a suspensão do processo enquanto não julgada a prejudicial, nada impede que o recurso se processe nos próprios autos"[61].

A única decisão interlocutória especificada (art. 583, *caput*, II, CPP) é a de *pronúncia*. Nessa hipótese, porém, o processamento nos próprios autos justifica-se pelo *efeito suspensivo* do recurso contra a pronúncia, no que se refere ao julgamento do acusado pelo Tribunal do Júri (art. 584, § 2º, CPP). Assim, enquanto não for apreciado e decidido o recurso em sentido estrito, o procedimento do júri não poderá seguir para a fase de julgamento.

A respeito da pronúncia, entretanto, há uma ressalva legal, objeto do art. 583, parágrafo único, do CPP: "O recurso da pronúncia subirá em traslado, quando, havendo dois ou mais réus, qualquer deles se conformar com a decisão ou todos não tiverem sido ainda intimados da pronúncia". Na hipótese de pluralidade de acusados, portanto, se pelo menos um aceitou a decisão de pronúncia, o recurso em sentido estrito dos demais deverá subir por traslado, após formado o devido instrumento com as peças necessárias, de modo que, assim, não seja prejudicado o julgamento do acusado que não interpôs recurso. O mesmo regime se aplica na hipótese em que pelo menos um dos acusados não foi ainda intimado da pronúncia, diante da possibilidade de, quando isso aconteça, pretender o indivíduo sujeitar-se desde logo a julgamento perante o Tribunal do Júri.

Por outro lado, mesmo quanto a decisões como a de extinção da punibilidade (art. 581, VIII, CPP), o recurso deve subir por traslado sempre que a declaração judicial ocorra em benefício apenas de um dos acusados. No caso, para evitar que o processamento do recurso do Ministério Público prejudique o andamento do feito quanto aos demais acusados, a impugnação seguirá mediante traslado, aplicando-se à espécie a regra do art. 583, *caput*, III, do CPP, *a contrario sensu*.

O processamento do recurso em sentido estrito por instrumento, que sobe por traslado, está reservado às situações em que, se o recurso fosse encaminhado nos

---

61. TOURINHO FILHO, Fernando da Costa. *Processo Penal*. São Paulo: Saraiva, 1996, v. 2, p. 264.

próprios autos, haveria prejuízo ao andamento regular do processo. É o que acontece, por exemplo, no caso da decisão que anula o processo apenas em parte (art. 581, XIII, CPP), da decisão que julga o incidente de falsidade (art. 581, XVIII, CPP) e da decisão de pronúncia, quando pelo menos um dos pronunciados deixa de interpor recurso (art. 583, parágrafo único, CPP).

O instrumento forma-se por cópias de peças dos autos, conforme indicado pelo recorrente (art. 587, *caput*, CPP) e determinado pelo juiz (art. 589, *caput*, CPP). A partir daí é que se extrai o traslado, que será encaminhado ao tribunal competente para o julgamento do recurso em sentido estrito, permanecendo os autos principais no juízo de origem. Nos termos do art. 587, *caput*, do CPP: "Quando o recurso houver de subir por instrumento, a parte indicará, no respectivo termo, ou em requerimento avulso, as peças dos autos de que pretenda traslado". A indicação das peças pelo recorrente, assim, pode ocorrer na própria petição ou termo de interposição, ou mesmo em requerimento posterior, avulso. Também se admite a indicação ou a juntada de peças, para fins de formação do instrumento, na oportunidade das razões do recurso[62].

Por sua vez, dispõe o parágrafo único do mesmo art. 587 que "o traslado será extraído, conferido e concertado no prazo de 5 (cinco) dias, e dele constarão sempre a decisão recorrida, a certidão de sua intimação, se por outra forma não for possível verificar-se a oportunidade do recurso, e o termo de interposição".

O dispositivo especifica, portanto, peças obrigatórias. Entenda-se que a subida do recurso por instrumento reclama a prova e o registro da data da intimação do recorrente, de modo que se possa verificar a tempestividade da impugnação. Assim, à diferença do que ocorre quanto ao processamento nos próprios autos (onde é possível facilmente verificar o termo inicial), para instruir o traslado se exige *certidão de intimação*, dispensada apenas quando viável a verificação da oportunidade do recurso a partir das próprias peças instrumentalizadas. A exigência de cópia da decisão recorrida, por seu turno, é elementar.

A interposição do recurso em sentido estrito, como dito ao início, sujeita-se ao prazo de 5 (cinco) dias. Nessa mesma oportunidade, já podem ser apresentadas as razões recursais. Faculta-se ao recorrente, entretanto, fazê-lo em outro momento, no prazo de 2 (dois) dias, em regime parecido com o da apelação, disciplinado no art. 600, *caput*, do CPP. Essa possibilidade está sempre presente, qualquer que seja a forma de processamento do recurso, nos autos ou por traslado.

Nos termos do art. 588, *caput*, do CPP, "dentro de 2 (dois) dias, contados da interposição do recurso, ou do dia em que o escrivão, extraído o traslado, o fizer com vista ao recorrente, este oferecerá as razões e, em seguida, será aberta vista ao recorrido por igual prazo".

---

62. Conforme Gustavo Badaró: "Doutrinariamente admite-se que, mesmo não tendo havido a indicação de peças na petição de interposição, o recorrente poderá indicá-las, ou já juntá-las, na oportunidade em que oferecer as razões recursais, pois muitas vezes somente quando a parte vai arrazoar o recurso percebe a necessidade de juntada de alguma outra peça, cujo traslado não foi solicitado, não sendo justo privá-la de tal elemento". Cfr. Badaró, Gustavo Henrique. *Manual dos Recursos Penais*. São Paulo: Revista dos Tribunais, 2016, p. 270.

A despeito de a norma fixar, como termo inicial do prazo para o oferecimento das razões, a data da interposição do recurso, entende-se que este prazo só tem início a partir da intimação do recorrente. Esta é uma conclusão emanada da própria lógica geral de contagem dos prazos, tendo como termo inicial a intimação (art. 798, § 5º, *a*, CPP). Assim, o prazo para as razões (quando não oferecidas já na interposição) computa-se desde o primeiro dia útil posterior à data da intimação (art. 798, § 1º, CPP). No que concerne ao traslado, aliás, essa lógica está expressa na própria norma especial, ao fixar como termo inicial a data de extração do traslado *com vista ao recorrente*. Não há razão para tratamento diverso no que respeita ao recurso processado nos próprios autos.

Assevere-se que, realizada a intimação, deverá o recorrente oferecer as razões ao próprio juízo recorrido, não havendo a possibilidade de protesto pela apresentação de razões apenas perante o tribunal revisor, ao contrário do que sucede no âmbito da apelação (art. 600, § 4º, CPP). No recurso em sentido estrito só há duas possibilidades: (i) interposição do recurso, por petição ou por termo, já com o oferecimento das respectivas razões, na mesma oportunidade; (ii) interposição do recurso, por petição ou por termo, pugnando-se pela abertura do prazo de 2 (dois) dias para o oferecimento de razões, contando-se o prazo a partir da intimação.

Em qualquer caso, deverá o recorrido ser intimado para oferecer contrarrazões, no mesmo prazo de 2 (dois) dias (art. 588, *caput*, CPP). Conquanto a lei fixe o exíguo prazo de 2 (dois) dias para a resposta ao recurso, entendemos que, em virtude da paridade de armas, deve-se assegurar ao recorrido pelo menos o prazo de 5 (cinco) dias, de que dispôs o recorrente para a interposição.

Se o recorrido for o acusado, intima-se seu defensor (art. 588, parágrafo único, CPP). Ressalve-se, porém, a hipótese do art. 581, I, do CPP, qual seja, a de rejeição liminar da denúncia ou da queixa: neste caso, ocorrendo a decisão ainda em um momento pré-processual, pode não haver defensor constituído do denunciado ou querelado, motivo pelo qual deve o recorrido ser pessoalmente intimado, de modo que possa constituir defensor para oferecer as contrarrazões. Essa intimação não pode ser suprida pela nomeação de defensor dativo, cabível apenas em caso de inércia do denunciado ou querelado, uma vez regularmente intimado. Nesse sentido, refira-se o enunciado da Súmula nº 707 do STF: "Constitui nulidade a falta de intimação do denunciado para oferecer contrarrazões ao recurso interposto da rejeição da denúncia, não a suprindo a nomeação de defensor dativo".

Oferecidas ou não as contrarrazões ao recurso, abre-se a oportunidade de exercício de *juízo de retratação* pelo órgão jurisdicional recorrido. É possível, nesse ponto, que o juízo, à vista das razões, se convença do acerto da pretensão recursal, reconhecendo, assim, a pertinência da reforma ou da invalidação de seu próprio julgado. Este é o que parte da doutrina chama de "efeito iterativo", "efeito regressivo" ou "efeito diferido" do recurso em sentido estrito.

Segundo a disciplina do art. 589, *caput*, do CPP: "Com a resposta do recorrido ou sem ela, será o recurso concluso ao juiz, que, dentro de 2 (dois) dias, reformará ou sustentará o seu despacho, mandando instruir o recurso com os traslados que lhe parecerem necessários".

É o momento procedimental em que o juiz resolve, à vista das razões e das contrarrazões, se mantém o julgado, ou se o reforma, em exercício de retratação. Pode-se designar tal oportunidade por *juízo de confirmação ou retratação* do órgão jurisdicional quanto ao ato recorrido.

Nos termos do art. 589, parágrafo único, do CPP: "Se o juiz reformar o despacho recorrido [a decisão recorrida], a parte contrária, por simples petição, poderá recorrer da nova decisão, se couber recurso, não sendo mais lícito [válido] ao juiz modificá-la. Neste caso, independentemente de novos arrazoados, subirá o recurso nos próprios autos ou em traslado".

O novo ato proferido pelo órgão jurisdicional no exercício de retratação pode ou não estar sujeito a recurso.

A título de exemplo da primeira hipótese, refira-se a decisão de extinção da punibilidade, exarada a pedido da defesa. À vista das razões do recurso em sentido estrito interposto pelo Ministério Público (art. 581, VIII, CPP), poderá o juiz, retratando-se, desconstituir a decisão, o que significa, no novo ato, indeferir o pleito da defesa de reconhecimento de causa extintiva da punibilidade. Nesse caso, cabe recurso em sentido estrito contra a nova decisão, de indeferimento do pedido de causa extintiva da punibilidade, com fundamento no art. 581, IX, do CPP. Esse recurso poderá ser interposto por simples petição e subirá, nos autos ou por traslado, independentemente de novas razões (art. 589, parágrafo único, CPP).

Por outro lado, tome-se a decisão de rejeição liminar da denúncia, desafiável por recurso em sentido estrito (art. 581, I, CPP). Nessa hipótese, o exercício do juízo de retratação conduz ao ato de recebimento da denúncia, que, como visto, não se sujeita a recurso. Na espécie, resta à defesa, para impugnar o novo ato, apenas a via do *habeas corpus*, impetrado contra o recebimento da inicial acusatória com vistas ao trancamento da ação penal por falta de justa causa (art. 648, I, CPP) ou a declaração de nulidade do processo (art. 648, VI, CPP).

Por último, os artigos 590 a 592 do CPP contêm regras disciplinadoras do processamento do recurso pelo juiz e pelo diretor de secretaria. Nos termos do art. 590 do CPP: "Quando for impossível ao escrivão extrair o traslado no prazo da lei, poderá o juiz prorrogá-lo até o dobro". O prazo de extração do traslado seria o de 2 (dois) dias (art. 588, *caput*, CPP).

Trata-se de prazos impróprios e sem nenhuma efetividade prática, pois tudo está a depender das condições concretas de funcionamento das secretarias, assim como do número de processos em tramitação. Assim é também quanto às regras dos artigos 591 e 592 do CPP: "Os recursos serão apresentados ao juiz ou tribunal *ad quem*, dentro de 5 (cinco) dias da publicação da resposta do juiz *a quo*, ou entregues ao Correio dentro do mesmo prazo" (art. 591). "Publicada a decisão do juiz ou do tribunal *ad quem*, deverão os autos ser devolvidos, dentro de 5 (cinco) dias, ao juiz *a quo*" (art. 592).

SUBSEÇÃO III
Carta Testemunhável

A *carta testemunhável* é o recurso destinado à impugnação subsidiária de decisão do juízo de primeira instância que nega seguimento a recurso ou obsta sua expedição ou seguimento para o tribunal revisor.

Nos termos do art. 639 do CPP: "Dar-se-á carta testemunhável: I – da decisão que denegar o recurso; II – da que, admitindo embora o recurso, obstar à sua expedição e seguimento para o juízo *ad quem*".

Considerando que a decisão de inadmissibilidade da apelação desafia recurso em sentido estrito, por força da norma do art. 581, XV, do CPP, o cabimento subsidiário da carta testemunhável está praticamente restrito à impugnação do ato judicial que inadmite ou que obsta a expedição ou seguimento de recurso em sentido estrito.

As partes dispõem de legitimidade plena para a interposição da carta, segundo a regra geral do art. 577 do CPP. O ofendido, por seu turno, só tem legitimidade para a carta na hipótese de interposição supletiva de recurso em sentido estrito contra a extinção da punibilidade (art. 584, § 1º, c/c art. 598, CPP), sempre que o juízo recorrido negue seguimento ou obste a expedição do recurso supletivo interposto.

O prazo de interposição é de 48 (quarenta e oito) horas, nos termos do art. 640 do CPP: "A carta testemunhável será requerida ao escrivão, ou ao secretário do tribunal, conforme o caso, nas 48 (quarenta e oito) horas seguintes ao despacho que denegar o recurso, indicando o requerente as peças do processo que deverão ser trasladadas".

Já o prazo para a apresentação das razões recursais, quando assim opte o recorrente, é de 2 (dois) dias, conforme o art. 643 do CPP, que faz remissão ao procedimento aplicável ao recurso em sentido estrito. Por força das normas dos artigos 640 e 643 do CPP, o recurso subirá por instrumento, mediante traslado, aplicando-se a mesma lógica do recurso em sentido estrito. Também nessa mesma trilha, há a possibilidade de exercício de juízo de retratação pelo órgão *a quo*, à vista das razões e das contrarrazões recursais.

A carta tem efeito devolutivo limitado ao exame da admissibilidade ou do processamento efetivo do recurso em sentido estrito (art. 639, CPP) e não tem efeito suspensivo (art. 646, CPP).

Por fim, o procedimento aplicável é o mesmo do recurso inadmitido ou não expedido (art. 645, CPP).

SUBSEÇÃO IV
Embargos de Declaração

1. CONCEITO

Os *embargos de declaração* constituem o recurso destinado ao esclarecimento ou à integração do julgado, mediante o saneamento de vício de *obscuridade*, de *contradição* ou de *omissão*.

Nas hipóteses recursais de *obscuridade* e de *contradição*, os embargos destinam-se ao *esclarecimento* da decisão recorrida; na de *omissão*, por sua vez, o recurso visa à *integração*, no sentido de suprimento de lacuna, do julgado. No caso do esclarecimento, obtém-se um julgado mais claro e compreensível; no da integração, um julgado completo.

Em sua essência, portanto, os embargos são um meio de impugnação recursal voltado ao saneamento de vícios intrínsecos do julgado, com aptidão corretiva. Não se trata de recurso que vise *imediatamente* à reforma ou à invalidação do julgado, ainda que, no plano reflexo, possa advir, do acolhimento dos embargos, alguma dessas consequências.

Como mecanismo de elucidação ou de completude do julgado, os embargos direcionam-se à apreciação de mérito recursal do próprio órgão jurisdicional emissor da decisão embargada, que terá, assim, a oportunidade de esclarecer pontos obscuros ou contraditórios e de integrar pontos omissos.

2. CABIMENTO

2.1. Decisões Embargáveis

Antes de tudo, anote-se que são embargáveis, *no processo penal*: (i) em juízo monocrático, a *sentença* e a *decisão interlocutória*; (ii) em tribunal, apenas o *acórdão*.

No âmbito do juízo singular de primeira instância, o cabimento dos embargos de declaração está contemplado no art. 382 do CPP: "Qualquer das partes poderá, no prazo de 2 (dois) dias, pedir ao juiz que declare a sentença, sempre que nela houver obscuridade, ambiguidade, contradição ou omissão".

Esse dispositivo integra o Título (XII) do Livro I reservado à sentença, fora, portanto, da disciplina normativa dos recursos. Não é de estranhar, assim, que só esteja prevista a sentença como ato jurisdicional decisório embargável. De toda sorte, é pacífico na doutrina e na prática o cabimento desse recurso também em face de decisão interlocutória, de decisão definitiva e de decisão com força definitiva. Em última análise, qualquer ato decisório do juízo monocrático é embargável.

No domínio dos juizados especiais criminais, há disposição legal específica prevendo o cabimento dos embargos de declaração, como revela o art. 83, *caput*, da Lei nº 9.099/1995: "Caberão embargos de declaração quando, em sentença ou acórdão, houver obscuridade, contradição, omissão ou dúvida". Igualmente, contempla-se aqui, quanto à primeira instância, apenas a sentença. Nesse âmbito, porém, a norma é compreensível, pois todos os atos jurisdicionais decisórios praticam-se, em tese, na audiência única de instrução e julgamento, não havendo espaço para decisões interlocutórias, incompatíveis com o rito sumaríssimo, próprio dos juizados especiais criminais. Não por acaso, aliás, inexiste hipótese de recurso em sentido estrito nessa esfera.

No nível dos órgãos jurisdicionais colegiados, por outro lado, apenas uma espécie de ato decisório é embargável: o *acórdão*. Confira-se, a respeito, o disposto no art. 619 do CPP: "Aos acórdãos proferidos pelos Tribunais de Apelação, câmaras ou turmas, poderão ser opostos embargos de declaração, no prazo de 2 (dois) dias contado da sua publicação, quando houver na sentença ambiguidade, obscuridade, contradição ou omissão".

Esse dispositivo está inserido no Capítulo VI do Título (II) do Livro III reservado aos recursos e aplica-se à esfera dos *tribunais de segunda instância*. Em igual sentido, tem-se a previsão de embargos oponíveis apenas a *acórdão*, no já citado art. 83, *caput*, da Lei nº 9.099/1995, aplicável, nesse particular, às decisões das *turmas recursais (segunda instância dos juizados especiais criminais)*.

Quanto aos *tribunais superiores*, os respectivos regimentos internos igualmente contemplam o cabimento de embargos somente em face de *acórdão*. A título de exemplo, dispõe o art. 337, *caput*, do Regimento Interno do STF: "Cabem embargos de declaração, quando houver *no acórdão* obscuridade, dúvida, contradição ou omissão que devam ser sanadas".

Significa isso dizer que as *decisões monocráticas* do Presidente do Tribunal ou de Relator não estão sujeitas a embargos de declaração. Esse regime justifica-se pela previsão única do recurso de *agravo interno* ou *agravo regimental* contra decisão monocrática, nos termos do art. 39 da Lei nº 8.038/1990 (além de nos próprios regimentos internos dos tribunais): "Da decisão do Presidente do Tribunal, de Seção, de Turma ou de Relator que causar gravame à parte, caberá agravo para o órgão especial, Seção ou Turma, conforme o caso, no prazo de 5 (cinco) dias".

Nessas condições, estando a decisão monocrática sujeita a revisão pelo colegiado competente para o julgamento da ação ou do recurso, a única impugnação admissível é o agravo interno, ainda que o objetivo perseguido seja o esclarecimento ou a integração do ato do Presidente ou do Relator. Caso improvido o agravo pelo colegiado, aí sim haverá oportunidade para a oposição de embargos declaratórios, com o objetivo de sanar vício do acórdão.

Apesar desse regime, a doutrina tem sustentado o cabimento dos embargos declaratórios em face de *qualquer decisão judicial*, inclusive as monocráticas proferidas no âmbito dos tribunais. Assim, conforme ADA GRINOVER, GOMES FILHO e SCARANCE FERNANDES: "...apesar de o Código referir-se apenas aos acórdãos proferidos pelos tribunais de apelação (art. 619 CPP) e às sentenças de primeiro grau (art. 382 CPP), o certo é que os embargos de declaração podem ser interpostos contra *qualquer* decisão judicial. É inconcebível que fique sem remédio a obscuridade, a ambiguidade, a contradição ou a omissão existentes no pronunciamento, que podem chegar até a compreender a possibilidade prática de cumpri-lo"[63].

Assevere-se, porém, que a jurisprudência tem rechaçado o cabimento dos embargos de declaração contra ato decisório monocrático de membro de tribunal, ainda que aplicando a fungibilidade para recebê-los como agravo interno, reputado o recurso cabível na espécie, posição que nos parece alinhada ao específico regime processual penal.

---

63. GRINOVER, Ada Pellegrini / GOMES FILHO, Antonio Magalhães / FERNANDES, Antonio Scarance. *Recursos no Processo Penal*. São Paulo: Revista dos Tribunais, 2011, p. 172.

É certo que o Código de Processo Civil de 2015 instituiu regime diverso a esse respeito, admitindo os embargos inclusive contra decisão monocrática de relator. Confira-se, no ponto, a norma do art. 1.022, *caput*, prevendo o cabimento dos embargos *contra qualquer decisão judicial*, e a do art. 1.024, § 2º, ainda mais explícita, dispondo que "quando os embargos de declaração forem opostos contra decisão de relator ou outra decisão unipessoal proferida em tribunal, o órgão prolator da decisão embargada decidi-los-á monocraticamente".

Ocorre que esse regime, embora a nosso juízo mais adequado, não se aplica, em princípio, ao processo penal, diante da existência de normas especiais (artigos 382 e 619, CPP) em sentido diverso.

De toda sorte, como já dito, os tribunais superiores têm reiteradamente aplicado o princípio da fungibilidade na hipótese (comum) de embargos de declaração equivocadamente opostos a decisão monocrática de relator. No caso, recebem-se os embargos de declaração como agravo regimental. Nesse sentido, por exemplo, eis o julgado da Primeira Turma do STF no ARE 866.518/PR (ED) (STF, 1ª Turma, ARE 866.518, Rel. Min. LUIZ FUX, julgamento em 17.03.2015, DJ de 08.04.2015): "Os embargos de declaração opostos objetivando a reforma da decisão do relator, com caráter infringente, devem ser convertidos em agravo regimental, que é o recurso cabível, por força do princípio da fungibilidade".

No processo civil, não haverá qualquer problema a esse respeito, pois o prazo para interposição de agravo interno é o mesmo dos embargos de declaração (5 dias). No processo penal, tampouco, eis que o prazo dos embargos de declaração (oposição errônea) é menor (2 dias) que o do agravo regimental (5 dias), de modo que, em qualquer caso, estará respeitado o prazo do recurso efetivamente cabível.

A aplicação da fungibilidade nessa hipótese específica tem atualmente previsão expressa no art. 1.024, § 3º, do CPC/2015: "O órgão julgador conhecerá dos embargos de declaração como agravo interno se entender ser este o recurso cabível, desde que determine previamente a intimação do recorrente para, no prazo de 5 (cinco) dias, complementar as razões recursais, de modo a ajustá-las às exigências do art. 1.021, § 1º". Contempla-se, assim, caso de fungibilidade associada à complementação de razões, de modo a observar requisito próprio do recurso cabível: em particular, a impugnação específica dos fundamentos da decisão agravada, como exige o art. 1.021, § 1º, do CPC/2015, para o agravo interno.

Em todo caso, a jurisprudência deverá modificar-se para o processo civil, diante do novo regime, de cabimento de embargos contra decisão monocrática. Não assim, porém, para o processo penal, já que permanecem em vigor os artigos 382 e 619 do CPP.

2.2. Hipóteses de Cabimento: vícios intrínsecos do julgado

A teor dos artigos 382 e 619, *caput*, do CPP, cabem embargos de declaração nas seguintes hipóteses, correspondentes aos *vícios suscitáveis*: (i) ambiguidade; (ii) obscuridade; (iii) contradição; (iv) omissão. O art. 83, *caput*, da Lei nº 9.099/1995, sem prever a ambiguidade, *contemplava* a *dúvida* como hipótese de cabimento, até ser modificado pelo CPC/2015.

Esses vícios, entretanto, são redutíveis aos três já anunciados no primeiro tópico: (i) obscuridade; (ii) contradição; (iii) omissão. A *ambiguidade* é uma espécie de obscuridade; a *dúvida*, um efeito da obscuridade ou da contradição.

Já o Código de Processo Civil de 2015, em previsão subsidiariamente aplicável ao processo penal, contempla ainda o *erro material* como hipótese de cabimento dos embargos declaratórios (art. 1.022, *caput*, III, CPC/2015)[64]. Por mais que o próprio órgão judiciário possa de ofício corrigir o erro material (art. 494, I, CPC/2015; art. 83, § 3º, Lei nº 9.099/1995), é sempre cabível o saneamento desse vício por meio de embargos de declaração[65].

Antes da análise individualizada dos vícios suscitáveis, assevere-se que a aferição do cabimento dos embargos declaratórios, como em qualquer recurso, deve operar-se *in statu assertionis*, isto é, de acordo com a hipótese *alegada* pelo embargante na peça recursal, como disciplina o art. 620, *caput*, do CPP: "Os embargos de declaração serão deduzidos em requerimento de que constem os pontos em que o acórdão é ambíguo, obscuro, contraditório ou omisso".

Assim, o recuso só não será conhecido, por falta de cabimento, se não houver sequer a alegação de uma das hipóteses de vício legalmente previstas. Como expressa o art. 620, § 2º, do CPP: "Se não preenchidas as condições enumeradas neste artigo [essencialmente a alegação do vício], o relator indeferirá desde logo o requerimento". Caso o embargante invoque a existência de vício de obscuridade, de contradição ou de omissão, os embargos devem ser conhecidos, ainda que esteja clara a intenção meramente protelatória ou de rediscussão do próprio mérito do julgado.

É frequente, na prática, o manejo de embargos declaratórios opostos com a nítida intenção de obstar o trânsito em julgado ou de suscitar a revisão do ato pelo órgão recorrido. Se o embargante, no entanto, disse estar presente um vício no julgado, os embargos mostram-se admissíveis, devendo ser conhecidos e, evidenciada a intenção apenas protelatória ou revisionista, rejeitados.

Os abusos do recorrente quanto ao exercício do direito de embargar podem ser arrostados com a imposição de multa, quando aplicável, mas o recurso deve ser admitido (conhecido), se a hipótese de cabimento foi invocada. Agora, caso o recorrente, na peça recursal, limite-se a pedir a reconsideração do julgado, sem sequer apontar qualquer vício intrínseco, os embargos devem ser inadmitidos, uma vez que nem mesmo a causa de pedir hipotética permite a utilização dessa espécie recursal.

---

64. No sentido da aplicação subsidiária (dita analógica) ao processo penal da norma do art. 1.022, *caput*, III, do CPC/2015: BADARÓ, Gustavo Henrique. *Manual dos Recursos Penais*. São Paulo: Revista dos Tribunais, 2016, p. 298.

65. O art. 83, *caput* e § 1º, da Lei 9.099/1995, modificado pelo CPC/2015, instituiu um regime ligeiramente diverso para os embargos de declaração opostos no âmbito dos juizados especiais criminais: cabimento dos embargos para arguição dos vícios de obscuridade, contradição e omissão (art. 83, *caput*); cognoscibilidade de ofício do erro material (art. 83, *caput*). Em todo caso, se o erro material é até mesmo cognoscível de ofício, nada há que obste sua invocação em sede de embargos.

Fixado esse ponto, cumpre dimensionar o conceito de *obscuridade*. Esse vício tem o sentido de ausência de clareza, a tornar incompreensível ou pelo menos ambíguo o julgado[66]. A ambiguidade, assim, entendida como o duplo ou o múltiplo significado sugerido pelas expressões linguísticas essenciais à decisão, é uma forma, ou um nível, de obscuridade. O julgado obscuro reclama *esclarecimento*, em sede de embargos de declaração.

A *contradição* traduz a existência de proposições logicamente incompatíveis ou inconciliáveis entre si. Cumpre asseverar, nesse ponto, que se trata aqui de um *vício intrínseco*, não havendo contradição na hipótese em que se utiliza um parâmetro comparativo externo, como acontece na mera discordância da parte quanto às conclusões do julgado, a pretexto de "contraditórias" frente ao direito ou à prova dos autos (uma contradição dita "externa" ou "extrínseca"), ou ainda diante de outra decisão judicial[67]. A contradição como vício revela-se dentro do próprio julgado, cuja leitura já gera a incompreensão por força das próprias premissas utilizadas, inconciliáveis entre si.

Há contradição, por exemplo, quando o juiz, reconhecendo na motivação a inexistência de prova da autoria, exara, no dispositivo, conclusão condenatória[68]. Como indica a doutrina, a contradição pode ocorrer entre: (a) a motivação/fundamentação e o dispositivo/conclusão[69]; (b) entre partes da motivação/fundamentação; (c) entre partes do dispositivo[70]; (d) entre a ementa e o corpo do acórdão[71], havendo neste último caso, entretanto, divergência jurisprudencial. A nosso juízo, sobre o ponto (d), a ementa representa mera síntese do teor do julgado, de maneira que, se houver divergência entre uma e outro, prevalece o conteúdo do último, podendo a ementa ser corrigida a

---

66. Conforme Hélio Tornaghi, obscuridade "é a falta de clareza na redação, de tal modo que não é possível saber com certeza qual o pensamento do juiz, que é que ele pretendeu dizer". Cfr. Tornaghi, Hélio Bastos. *Curso de Processo Penal*. São Paulo: Saraiva, 1990, v. 2, p. 165.

67. Como já decidiu a Segunda Turma do Superior Tribunal de Justiça: "Eventual dissenso pretoriano, ainda que ocorrido entre julgados, por representar circunstância externa ao corpo do acórdão embargado, também denominado 'contradição externa', não autoriza o acolhimento do recurso integrativo, pois sua motivação denota objetivo exclusivamente infringente". Cfr. STJ, 2ª Turma, EDcl no AgRg no AResp 804.065/DF, Rel. Min. Mauro Campbell Marques, julgamento em 07.04.2016, DJ de 15.04.2016.

68. Trata-se da chamada *sentença suicida*, denominação cunhada pela doutrina italiana, conforme refere Hélio Tornaghi: "Sentença suicida. É a denominação dada por alguns autores italianos à sentença cujo dispositivo contraria as razões invocadas na fundamentação. O juiz encaminha a argumentação num sentido e conclui em sentido oposto". Cfr. Tornaghi, Hélio Bastos. *Curso de Processo Penal*. São Paulo: Saraiva, 1990, v. 2, p. 164.

69. Inclui-se aí a contradição entre as razões do voto condutor do julgado e o resultado do julgamento colegiado. Nesse sentido, cfr. STJ, 3ª Turma, EDcl no REsp 1.391.526/AM, Rel. Min. João Otávio de Noronha, julgamento em 17.09.2015, DJ de 22.09.2015.

70. Como expressam Ada Grinover, Gomes Filho e Scarance Fernandes: "Pode haver contradição entre afirmações contidas na motivação, ou entre proposições da parte decisória. E pode ocorrer contradição entre alguma afirmação enumerada nas razões de decidir e o dispositivo". Cfr. Grinover, Ada Pellegrini / Gomes Filho, Antonio Magalhães / Fernandes, Antonio Scarance. *Recursos no Processo Penal*. São Paulo: Revista dos Tribunais, 2011, p. 174.

71. Assim, Gustavo Badaró: "...tem-se admitido também a contradição entre a ementa e o corpo do acórdão, ou mesmo a contradição entre proposições constantes da ementa porque, embora o vício na ementa não comprometa o alcance do julgado, convém afastá-lo, evitando que futuras leituras provoquem impressões equivocadas, e o acórdão sirva de perigoso precedente jurisprudencial". Cfr. Badaró, Gustavo Henrique. *Manual dos Recursos Penais*. São Paulo: Revista dos Tribunais, 2016, p. 294.

partir de simples provocação da parte, ou por iniciativa do próprio órgão jurisdicional, de ofício. Em outros termos, o erro material *da ementa* não tem aptidão para viciar *o julgado*, de modo que os embargos declaratórios não parecem a via adequada para esse saneamento. Por óbvio, para evitar a difusão de informações equivocadas sobre o teor do julgado, deve-se retificar a ementa, não sendo necessária nem adequada para tanto, contudo, a interposição de um recurso.

A contradição, do mesmo modo que a obscuridade, reclama *esclarecimento*, em sede de embargos de declaração.

Por seu turno, consiste a *omissão* na falta de apreciação judicial de questões suscitadas pelas partes ou cognoscíveis de ofício. Nesse particular, tem-se não um julgado incompreensível, mas incompleto, a reclamar, portanto, *integração*. Como pontuam Ada Grinover, Gomes Filho e Scarance Fernandes: "Decorre da garantia de motivação das decisões judiciárias o dever de o juízo ou tribunal pronunciar-se sobre todas provas e argumentos, relevantes e pertinentes, trazidos pelas partes (*garantia de motivação extrínseca*). Assim, o órgão jurisdicional deverá expressar sua convicção, ainda que de maneira sucinta, sobre todos os elementos existentes no processo, salvo de forem irrelevantes ou impertinentes"[72].

Entenda-se, porém, que o dever do órgão jurisdicional é o de apreciar as questões relevantes para o processo e, em particular, as *matérias* suscitadas pelas partes. Trata-se de apreciação do *objeto* do recurso, e não necessariamente dos argumentos levantados pelas partes a esse respeito.

Assim, por exemplo, se a defesa suscitou, em recurso de apelação, preliminar de nulidade processual, essa questão (matéria, objeto) deverá ser apreciada pelo tribunal. Do contrário, tem-se omissão sanável por embargos declaratórios.

O mesmo se diga quanto à alegação da defesa no sentido de que, caso mantida a condenação, seja apreciada a redução da pena aplicada, sob certos fundamentos. A apreciação do juízo ou do tribunal vincula-se à matéria impugnada, e não aos argumentos invocados pelas partes. Apreciando o ponto impugnado, o órgão jurisdicional pode considerar inaplicáveis ou irrelevantes os argumentos alegados e, por isso, deixar de mencioná-los, invocando outros.

Por exemplo, o tribunal deve analisar a preliminar de nulidade por incompetência da Justiça Federal, mas não está obrigado a considerar todos os argumentos propostos pelo recorrente quanto a esse ponto. Poderá o tribunal, assim, invocar fundamentos bastantes a firmar a competência da Justiça Federal, rechaçando assim a nulidade suscitada, sem precisar recorrer aos argumentos alegados, se os considerar inaplicáveis ou irrelevantes.

Devem-se ressalvar, no entanto, os fundamentos jurídicos de direito federal, isto é, os fundamentos de suposta violação a norma constitucional ou legal. Nesse particular, *o fundamento* é relevante para a admissibilidade de recurso extraordinário e de recurso especial, que constituem ambos recursos de *fundamentação vinculada*. Assim, para que se tenha aperfeiçoado o *prequestionamento*, é necessário que o tribunal

---

72. Grinover, Ada Pellegrini / Gomes Filho, Antonio Magalhães / Fernandes, Antonio Scarance. *Recursos no Processo Penal*. São Paulo: Revista dos Tribunais, 2011, p. 176.

ordinário aprecie *os fundamentos suscitados* pela parte, sob pena de se lhe negar acesso às impugnações extraordinárias.

2.3. Embargos de Declaração para fins de Prequestionamento

A existência de vício de omissão assume particular relevância no âmbito do *prequestionamento*, como requisito de admissibilidade do recurso especial e do recurso extraordinário.

Nesse ponto, a admissibilidade dos recursos excepcionais está condicionada à apreciação, pelas instâncias ordinárias, da questão de direito federal objeto de impugnação. Assim, desde que alegada essa matéria perante o tribunal recorrido, a ausência de pronunciamento a esse respeito implica vício de omissão, sanável por embargos declaratórios, que se mostram imprescindíveis, nesse caso, à consolidação do *prequestionamento*.

Desta sorte, se não opostos embargos de declaração para que o tribunal recorrido se manifeste sobre a questão de direito federal omitida, não poderá ser admitido o recurso extraordinário e/ou o especial, ante a falta de prequestionamento da matéria nas instâncias ordinárias. Como fixou o Supremo Tribunal Federal em sua Súmula n° 356: "O ponto omisso da decisão, sobre o qual não foram opostos embargos declaratórios, não pode ser objeto de recurso extraordinário, por faltar o requisito do prequestionamento". Seguindo a mesma lógica, eis o enunciado da Súmula n° 282 do STF: "É inadmissível o recurso extraordinário, quando não ventilada, na decisão recorrida, a questão federal suscitada".

Naturalmente, se o tribunal houver apreciado a matéria em primeiro julgamento, já está prequestionada a questão de direito federal, não havendo a necessidade de oposição de embargos declaratórios para esse fim. Nesse sentido, como bem assinala SCARPINELLA BUENO: "Na exata medida em que o recurso extraordinário e também o recurso especial não devem ser conhecidos quando fundamento *suficiente* não é atacado, o acórdão local deve, necessariamente – sob pena de incidir em *error in procedendo* –, analisar, um a um, os fundamentos e as teses levantadas pelo recorrente, seja para acolhê-las ou para rejeitá-las e, nesta proporção, decidir acerca de cada uma delas. Decidindo-as, mesmo que para rejeitá-las, a matéria está prequestionada. Se não forem decididas de uma forma ou de outra, entretanto, o acórdão é omisso, sendo cabíveis os embargos de declaração para corrigir *este vício*"[73].

As razões associadas ao prequestionamento encontram-se não apenas no impedimento da supressão de instância, mas também na própria finalidade inerente aos recursos extraordinário e especial: assegurar a integridade e a uniformidade de interpretação do direito federal. Ora, se o tribunal ordinário não apreciou a matéria, inexiste interpretação do direito federal passível de revisão ou de uniformização.

A oposição de embargos declaratórios para fins de prequestionamento sempre foi objeto de controvérsia e incompreensões na jurisprudência brasileira.

---

73. BUENO, Cássio Scarpinella. *Quem tem medo do prequestionamento?* In: Revista Dialética de Direito Processual, v. 1. São Paulo: Dialética, 2003, pp. 23-53, esp. 44.

Em primeiro lugar, importa a distinção entre *prequestionamento explícito* e *prequestionamento implícito*. O prequestionamento explícito significa a apreciação da matéria com a indicação expressa do dispositivo de direito federal tido por violado. Já o prequestionamento implícito traduz a efetiva apreciação da matéria de direito federal pelo tribunal recorrido, mas sem a referência explícita ao dispositivo constitucional ou legal. Assevere-se, entretanto, que não há uniformidade de entendimentos quanto a esses conceitos, havendo quem proponha a distinção sob outras bases.

Apesar da equivocidade da jurisprudência sobre o assunto, não se pode recusar admissibilidade ao recurso excepcional se a questão foi efetivamente apreciada pelo tribunal recorrido, ainda que não expressamente indicado o dispositivo legal tido por violado. Como bem enfatiza RODOLFO MANCUSO: "Desde que se possa, sem esforço, aferir no caso concreto que o objeto do recurso está razoavelmente demarcado nas instâncias precedentes, cremos que é o bastante para satisfazer essa exigência que, de resto, não é excrescente, malgrado não conste, às expressas, nos permissivos constitucionais que os regem. É que os Tribunais Superiores, não se constituindo em '3ª ou 4ª instâncias', apenas conhecem da matéria jurídica bem delineada na extensão e compreensão do que lhes foi devolvido pelo recurso de tipo excepcional"[74].

Por outro lado, tem-se a noção de *prequestionamento ficto*. Nessa hipótese, mesmo após a oposição de embargos declaratórios, o tribunal ordinário não aprecia a questão de direito federal que se objetiva prequestionar. A inexistência de prequestionamento real, assim, decorre de recusa do tribunal ordinário, que rejeita os embargos declaratórios sob o argumento de que visariam à mera rediscussão da causa ou encerrariam caráter apenas protelatório. A discussão aqui é sobre a viabilidade de dar-se por efetuado o prequestionamento, na hipótese cogitada. Um prequestionamento presumido ou ficto, portanto.

A Súmula nº 211 do Superior Tribunal de Justiça expressamente rechaça a figura em foco, nestes termos: "Inadmissível recurso especial quanto à questão que, a despeito da oposição de embargos declaratórios, não foi apreciada pelo tribunal *a quo*".

Assim, o prequestionamento não se realizaria quando, opostos embargos de declaração ao acórdão, o tribunal embargado insistisse em não apreciar a questão de direito federal suscitada.

É comum encontrar referências no sentido de que o STF admitiria o prequestionamento ficto, a partir de certa interpretação do texto da Súmula nº 356, que só rechaça o recurso extraordinário quanto ao "ponto omisso da decisão, *sobre o qual não foram opostos os embargos de declaração*". Assim, *a contrario sensu*, se opostos os embargos declaratórios, admite-se o recurso extraordinário, do que se infere a aceitação do prequestionamento ficto da questão de direito federal. O enunciado da Súmula nº 356, nesse sentido, temperaria o da Súmula nº 282 do STF, que declara a inadmissibilidade do recurso extraordinário "quando não ventilada, na decisão recorrida, a questão federal suscitada".

---

74. MANCUSO, Rodolfo de Camargo. *Recurso Extraordinário e Recurso Especial*. São Paulo: Revista dos Tribunais, 2010.

Consulta aos julgados do STF sobre o assunto, entretanto, dá conta de que a reiterada orientação não é essa. Com efeito, o *prequestionamento ficto, chamado também de "implícito" (em sentido diverso daquele que expusemos acima)*, vem sendo reiteradamente rechaçado pela Suprema Corte, como revela, a título de exemplo, o julgado da Primeira Turma no AI 739.580/SP (AgR) (STF, 1ª Turma, AI 739.580, Rel. Min. Rosa Weber, julgamento em 11.12.2012, DJ de 05.02.2013): "...a questão atinente à violação do arquétipo constitucional do ICMS sequer foi prequestionada, porquanto não foi analisada pelas instâncias ordinárias e tampouco nos embargos de declaração opostos para satisfazer o requisitos do prequestionamento. *Esta Corte não tem procedido à exegese a contrario sensu da Súmula STF 356 e, por consequência, somente considera prequestionada a questão constitucional quando tenha sido enfrentada, de modo expresso, pelo Tribunal de origem. A mera oposição de embargos declaratórios não basta para tanto.* Aplicável o entendimento jurisprudencial vertido na Súmula 282/STF: 'É inadmissível o recurso extraordinário, quando não ventilada, na decisão recorrida, a questão suscitada.'" Em igual sentido: STF, 1ª Turma, RE 629.943/RJ (AgR), Rel. Min. Rosa Weber, julgamento em 05.02.2013, DJ de 25.02.2013; STF, RE 383700/PR (AgR), Rel. Min. Dias Toffoli, julgamento em 22.09/2015, DJ de 06.11.2015.

O que restaria então ao embargante fazer, na hipótese em que o tribunal ordinário insiste em não apreciar a questão de direito federal, se a jurisprudência não vem, até agora, admitindo o prequestionamento ficto?

Deveria o embargante interpor recurso especial ao Superior Tribunal de Justiça alegando violação ao dispositivo de lei federal que prevê o cabimento de embargos declaratórios para sanear vício de omissão do julgado. Trata-se, na espécie, de transgressão em tese à norma do art. 619, *caput*, do CPP, ante a recusa do tribunal em sanar a omissão. Nesse caso, o recurso especial estaria restrito à negativa de vigência à norma federal de previsão dos embargos como instrumento integrativo, não alcançando, portanto, a questão de direito federal que, por meio deles, se objetivava prequestionar. Caso o STJ desse provimento ao recurso especial, voltariam os autos ao tribunal de origem, para fins de julgamento efetivo dos embargos, com a devida integração do julgado, realizando-se, dessa forma, o prequestionamento real.

Confira-se, quanto a esse ponto, o julgado da Quinta Turma do STJ no RESP 1.188.469/RJ (STJ, 5ª Turma, Rel. Min. Gilson Dipp, julgamento em 10.04.2012, DJ de 19.04.2012): "I - Ofende o art. 619 do CPP o acórdão que deixa de analisar as teses lançadas pelo recorrente em sede de embargos de declaração, acerca de contradições, omissões e obscuridades existentes no julgado. II - Nulidade do acórdão recorrido, por apresentar violação do dever de pronunciar-se acerca das questões suscitadas ou explicitar as justificativas porque não o fez, devendo ser devolvido ao Tribunal a quo, para que se proceda à apreciação das questões levantadas. III - Demais aspectos levantados julgados prejudicados. IV - Recurso parcialmente provido, determinar a anulação do acórdão proferido em sede de embargos de declaração, a fim de o julgamento seja renovado pelo Tribunal a quo com a adequada apreciação do recurso. PENAL E PROCESSO PENAL. HOMICÍDIO CULPOSO. INEXISTÊNCIA DE NEXO ENTRE A CONDUTA E O RÉU. INADEQUADA FUNDAMENTAÇÃO DA SENTENÇA. AUSÊNCIA DE PREQUESTIONAMENTO. RECURSO DE FELICIANO SILVA DE

AZEVEDO NÃO CONHECIDO. EXTENSÃO DOS EFEITOS DO PARCIAL PROVIMENTO DO RECURSO DOS CORRÉUS. INTELIGÊNCIA DO ART. 580 DO CPP. I - Alegação de negativa de vigência ao art. 13 do Código Penal e ao art. 381 do Código de Processo Penal. Dispositivos que não foram objeto de discussão e deliberação pelo Tribunal a quo, a despeito de oposição de declaratórios. Incidência da Súmula n.º 211/STJ. II - Recurso não conhecido. Extensão dos efeitos do parcial provimento do recurso dos corréus, para determinar novo julgamento dos embargos declaratórios, com a adequada apreciação do recurso..."

Essa orientação, no entanto, terá que ser revista, diante da norma do art. 1.025 do Novo Código de Processo Civil (2015): "Consideram-se incluídos no acórdão os elementos que o embargante suscitou, para fins de pré-questionamento, ainda que os embargos de declaração sejam inadmitidos ou rejeitados, caso o tribunal superior considere existentes erro, omissão, contradição ou obscuridade".

Passa-se a admitir, assim, o prequestionamento nas condições discutidas, em virtude de norma subsidiariamente aplicável ao processo penal. Assim, opostos os embargos declaratórios, a matéria tem-se por prequestionada ainda que o tribunal recorrido os inadmita ou rejeite, desde que o tribunal superior reconheça a existência do vício suscitado. Os fundamentos de direito federal suscitados pelo embargante, na hipótese, integram o acórdão recorrido, dando-se, por essa forma, o prequestionamento. Por essa razão, parece-nos que não se trata de prequestionamento "ficto", eis que os fundamentos do embargante fazem parte do próprio acórdão recorrido, como matéria vencida e, portanto, prequestionada.

Em virtude de lógica semelhante, outra orientação jurisprudencial sobre prequestionamento que terá de ser revista é aquela objeto da Súmula nº 320 do STJ: "A questão federal ventilada no voto vencido não atende ao requisito do prequestionamento". Nesse particular, refira-se a norma do art. 941, § 3º, Código de Processo Civil de 2015: "O voto vencido será necessariamente declarado e considerado parte integrante do acórdão para todos os fins legais, inclusive o pré-questionamento". Em tais condições, quando a questão de direito federal estiver versada no voto vencido, tem-se por prequestionada a matéria.

2.4. Embargos de Declaração nos Embargos de Declaração

Cabem embargos de declaração contra decisão proferida nos embargos? Sim, na hipótese, o recurso tem-se por cabível, desde que os vícios suscitados nos novos embargos sejam os da última decisão, e não os da primeira, objeto dos embargos passados. Do contrário, a simples alusão do embargante a vícios antigos implicará a inadmissibilidade dos novos embargos[75].

Em todo caso, aplica-se subsidiariamente ao processo penal a norma do art. 1.026, § 4º, do Código de Processo Civil de 2015, para arrostar a reiteração abusiva da oposição

---

75. Nesse sentido: GRINOVER, Ada Pellegrini / GOMES FILHO, Antonio Magalhães / FERNANDES, Antonio Scarance. *Recursos no Processo Penal*. São Paulo: Revista dos Tribunais, p. 181. Como asseveram os ilustres processualistas: "O que não pode haver é a reprodução, nos segundos embargos, da crítica feita nos primeiros à decisão contra a qual o recurso havia sido interposto".

de embargos declaratórios: "Não serão admitidos novos embargos de declaração se os 2 (dois) anteriores houverem sido considerados protelatórios". De forma louvável, fica estabelecido agora em nosso direito um marco eficiente contra os expedientes de oposição sucessiva de embargos para impedir o trânsito em julgado da decisão. Essa regra assume especial relevância, como único mecanismo contra os abusos, no processo penal, em que não se faz possível a aplicação da multa por embargos protelatórios prevista no art. 1.026, §§ 2º e 3º, do CPC/2015, à falta, no âmbito penal, da base de cálculo própria do processo civil (valor da causa).

3. LEGITIMIDADE E INTERESSE

3.1. Legitimidade

A legitimidade para embargar é do Ministério Público, do querelante, do acusado, do defensor, aplicando-se a regra geral do art. 577 do CPP. Em termos mais sintéticos, qualquer das partes pode opor embargos de declaração.

Não está expressamente contemplada a legitimidade recursal do ofendido, no âmbito da ação penal de iniciativa pública.

Observe-se, porém, que o ofendido, habilitado ou não como assistente, dispõe de legitimidade supletiva para apelar da sentença absolutória (art. 598, CPP). Do mesmo modo, na hipótese especial da extinção da punibilidade, tem o ofendido legitimidade para interpor recurso em sentido estrito (art. 584, § 1º, CPP, parcialmente em vigor). Nessas condições, a legitimidade para apelar ou recorrer em sentido estrito implica a legitimidade para previamente opor embargos de declaração ao mesmo ato decisório. De modo geral, a legitimidade para os embargos emana da legitimidade especificamente atribuída ao ofendido quanto à interposição de determinado recurso.

Ademais, o assistente do Ministério Público, como terceiro habilitado no processo penal, poderá também opor embargos de declaração a decisões interlocutórias. Neste caso, porém, assevere-se que a legitimidade é apenas a do ofendido *habilitado como assistente* na ação penal de iniciativa pública.

Com posição semelhante, registra GUSTAVO BADARÓ: "O assistente de acusação e o ofendido podem interpor embargos das decisões em relação às quais tenham legitimidade recursal (p. ex.: apelação contra sentença absolutória ou recurso em sentido estrito contra decisão extintiva da punibilidade...). Também poderão interpor embargos de declaração contra decisões interlocutórias"[76]. Apenas enfatizamos, quanto à posição do eminente processualista, que a legitimidade para embargar de decisão interlocutória só existe, a nosso juízo, para o assistente (isto é, para o ofendido habilitado na ação penal de iniciativa pública).

A mesma orientação é assim sinteticamente exposta por ADA GRINOVER, GOMES FILHO e SCARANCE FERNANDES: "Os embargos declaratórios podem ser interpostos

---

76. BADARÓ, Gustavo Henrique. *Processo Penal*. Rio de Janeiro: Campus/Elsevier, 2012, p. 635.

por qualquer pessoa legitimada aos recursos. Assim, nada obsta a que o assistente de acusação os interponha, quando legitimado a recorrer"[77].

3.2. Interesse

Segundo ADA GRINOVER, GOMES FILHO e SCARANCE FERNANDES, "o interesse a embargar mensura-se, como para todos os recursos, em termos de utilidade, entendida como proveito que a decisão, expurgada dos vícios da obscuridade (ou ambiguidade), contradição ou omissão, seja capaz de propiciar à parte". Nesse sentido, "é perfeitamente possível (...) que a parte vencedora embargue de declaração", como acrescentam os mesmos processualistas[78].

Com efeito, a própria efetividade da decisão favorável a determinada parte pode depender de esclarecimento ou de integração, havendo interesse-utilidade de ambas as partes, portanto, para a oposição de embargos, na hipótese de vício intrínseco do julgado.

4. COMPETÊNCIA

A competência para o julgamento dos embargos declaratórios, como já terá ficado claro, é do próprio juízo ou tribunal prolator da decisão embargada.

5. PROCEDIMENTO

No processo penal, os embargos de declaração devem ser opostos no prazo de 2 (dois) dias (artigos 382 e 619, CPP), já com as respectivas razões, em petição dirigida ao próprio órgão jurisdicional embargado.

Há, porém, uma ressalva importante: no âmbito dos juizados especiais criminais, o prazo recursal é de 5 (cinco) dias, e os embargos podem ser opostos por escrito ou oralmente (art. 83, § 1º, Lei nº 9.099/1995).

Por outro lado, o Regimento Interno do STF estabelece também o prazo de 5 (cinco) dias para a oposição de embargos declaratórios na esfera daquele tribunal (art. 337, § 1º, RISTF). O Regimento Interno do STJ, entretanto, fixa o prazo de 2 (dois) dias, seguindo o regime do art. 619 do CPP (art. 263, *caput*, RISTJ).

Quanto à forma, em geral se exige a oposição mediante peça escrita, como prescrito no art. 620, *caput*, do CPP: "Os embargos de declaração serão deduzidos em requerimento de que constem os pontos em que o acórdão é ambíguo, obscuro, contraditório

---

77. GRINOVER, Ada Pellegrini / GOMES FILHO, Antonio Magalhães / FERNANDES, Antonio Scarance. *Recursos no Processo Penal*. São Paulo: Revista dos Tribunais, 2011, p. 176. Com o mesmo entendimento, AURY LOPES: "No que tange aos requisitos subjetivos, estão legitimados a embargar o Ministério Público, o assistente da acusação, o querelante e o réu (querelado)". Cfr. LOPES JR, Aury. *Direito Processual Penal*. São Paulo: Saraiva, 2014, p. 1294.

78. GRINOVER, Ada Pellegrini / GOMES FILHO, Antonio Magalhães / FERNANDES, Antonio Scarance. *Recursos no Processo Penal*. São Paulo: Revista dos Tribunais, 2011, p. 177.

ou omisso". Excepciona-se, porém, o procedimento sumaríssimo, aplicado nos juizados especiais criminais, em que se permite a oposição oral de embargos declaratórios (art. 83, § 1º, Lei nº 9.099/1995).

No domínio dos tribunais de segunda instância, oferecidos os embargos, "o requerimento será apresentado pelo relator e julgado, independentemente de revisão, na primeira sessão", nos termos do art. 620, § 1º, do CPP. Na hipótese de ausência de condição ou pressuposto de admissibilidade do recurso, deverá o relator indeferi-lo liminarmente (art. 620, § 2º, CPP), em decisão monocrática que desafia recurso de agravo interno (aplicação analógica do art. 39 da Lei nº 8.038/1990; aplicação subsidiária do art. 1.021, *caput*, do CPC/2015; regimento interno do tribunal).

Caso haja nos embargos pedido de atribuição de efeitos modificativos (efeitos infringentes), ou se o relator de outro modo identificar essa possibilidade como consequência do saneamento do vício suscitado, deverá a parte embargada ser intimada para se manifestar, no mesmo prazo legal de oposição do recurso.

Essa providência se impõe em virtude da potencialidade de modificação do julgado em prejuízo da parte antes vencedora, que pode, como efeito do esclarecimento ou da integração do julgado, vir a se tornar vencida. A falta dessa oportunidade de manifestação ofende o princípio da dialeticidade (contraditório no âmbito recursal) e gera a nulidade do julgamento dos embargos de declaração.

Do contrário, não havendo potencialidade modificativa, poderá o relator levar o processo a julgamento na primeira sessão, sem precisar, antes disso, ouvir a parte embargada. O mero esclarecimento ou a integração do julgado, como formas de correção de vício intrínseco, não justificam a intervenção da parte embargada, se não encerram aptidão modificativa do julgado.

Quanto aos embargos de declaração em primeira instância, o procedimento é do mesmo modo simplificado, exigindo a dialeticidade apenas se houver a possibilidade de modificação do julgado objeto dos embargos.

Por fim, no âmbito do Supremo Tribunal Federal e no do Superior Tribunal de Justiça, aplicam-se as regras procedimentais fixadas nos respectivos regimentos, as quais, de todo modo, não diferem essencialmente do regime instituído pelo art. 620 do CPP.

6. EFEITOS DA OPOSIÇÃO DOS EMBARGOS

O principal efeito da oposição dos embargos declaratórios é o da *interrupção* do prazo para a interposição de outros recursos (art. 1.025, *caput*, CPC/2015[79]). Essa interrupção é para as duas partes, e não apenas para aquela que opôs os embargos. Mesmo havendo a interrupção do prazo para ambas as partes, porém, não há a necessidade de ratificação do recurso anteriormente interposto, quando o julgamento dos embargos não conduziu a qualquer modificação da decisão recorrida. É assim

---

79. Art. 1.025, CPC/2015: "Os embargos de declaração não possuem efeito suspensivo e interrompem o prazo para a interposição de recurso". À vista dessa norma, aplicável subsidiariamente ao processo penal (art. 3º, CPP), *não* se há de cogitar de *suspensão de prazo*, tratando-se mesmo de *interrupção*.

que dispõe, a propósito, o art. 1.024, § 5º, do Código de Processo Civil de 2015: "Se os embargos de declaração forem rejeitados ou não alterarem a conclusão do julgamento anterior, o recurso interposto pela outra parte antes da publicação do julgamento dos embargos de declaração será processado e julgado independentemente de ratificação". Essa norma tem aplicação subsidiária ao processo penal.

A título de exemplo, se em face de sentença penal condenatória interpõe o Ministério Público recurso de apelação, ao passo que a defesa opõe embargos de declaração ao mesmo ato, há a interrupção do prazo da apelação para ambas as partes, como efeito da oposição de embargos pela defesa. A despeito disso, não há necessidade de que o Ministério Público ratifique o recurso de apelação já interposto, quando os embargos da defesa venham a ser rejeitados ou, de outro modo, mesmo providos, não conduzam à modificação do julgado.

Observe-se que o efeito em foco é de interrupção *de prazo*, como expressa o art. 1.025, *caput*, do CPC/2015: "Os embargos de declaração não possuem efeito suspensivo e *interrompem o prazo* para a interposição de recurso". Não há que se cogitar, assim, de *efeito suspensivo* da eficácia do julgado, senão quando o tenha o próprio recurso cujo prazo de interposição ficou interrompido pela oposição dos embargos. Nessa hipótese, compreenda-se o seguinte: (i) a decisão judicial, pelo mero fato de estar sujeita a recurso com efeito suspensivo, já nasce com a eficácia suspensa; (ii) a oposição dos embargos declaratórios, interrompendo o prazo para a interposição do recurso de efeito suspensivo, acaba por prolongar essa suspensão. O efeito suspensivo, assim, não é propriamente dos embargos de declaração, mas do recurso cujo prazo de interposição ficou interrompido pela oposição dos embargos.

O mesmo regime aplica-se atualmente também ao âmbito dos juizados especiais criminais, por força da nova redação conferida ao art. 83, § 2º, da Lei nº 9.099/1995 pelo Código de Processo Civil de 2015: "Os embargos de declaração *interrompem* o prazo para a interposição de recurso". Com isso, reserva-se hoje ao domínio dos juizados especiais, cíveis e criminais[80], sistema idêntico ao geral, objeto da regra do art. 1.025, *caput*, do CPC/2015: *interrupção do prazo*, e não mais suspensão, como no regime anterior[81].

---

80. A regra do art. 83, § 2º, da Lei 9.099/1995, ainda que alterada pelo CPC/2015, é específica dos embargos opostos no procedimento sumaríssimo dos juizados especiais *criminais*. De toda sorte, para os juizados especiais *cíveis*, há a regra, de idêntico teor, do art. 50 da Lei 9.099/1995, também modificada pelo CPC/2015.

81. Na esfera dos juizados especiais criminais, a *antiga redação* do art. 83, § 2º, da Lei nº 9.099/1995 dispunha que, "quando opostos contra sentença, os embargos de declaração suspenderão o prazo para o recurso". Aludia-se aí a uma suspensão, portanto, em vez de interrupção. Não se tratava, em todo caso, de efeito suspensivo da execução do julgado, e sim apenas do prazo. A única diferença no particular era a de que a suspensão *implicava* que, julgados os embargos, o prazo suspenso do outro recurso voltaria a correr a partir de quando tinha parado, ao passo que, na interrupção, o prazo volta a contar desde o início. Por exemplo, se opostos embargos contra sentença do juízo singular comum no segundo dia desde a intimação, fica interrompido o prazo (de 5 dias) para a interposição de apelação, significando isso dizer que, julgados os embargos, volta a correr desde o início o prazo de cinco dias para a apelação. Por outro lado, *antes do advento do CPC/2015*, se opostos embargos contra sentença do juizado especial criminal no segundo dia, o prazo (de 10 dias) para a apelação ficava meramente suspenso, implicando isso que, julgados os embargos, o prazo da apelação voltava a correr do segundo dia, restando mais oito (do total de 10 dias). No sistema em vigor, entretanto, o efeito é o mesmo para os embargos opostos em todas as esferas: *interrupção* do prazo.

7. EFEITOS DA DECISÃO PROFERIDA NOS EMBARGOS

Em princípio, o provimento dos embargos declaratórios não conduz à modificação do julgado embargado, limitando-se a seu esclarecimento ou integração.

Pode ocorrer, entretanto, modificação do julgado como desdobramento da correção do vício. Por exemplo, é possível que, ao suprir a omissão em sede de embargos, o órgão jurisdicional, apreciando o ponto omisso, chegue a uma conclusão diversa daquela lançada na decisão embargada. Do mesmo modo, a modificação pode derivar do esclarecimento do julgado viciado por contradição ou obscuridade.

Esses são os denominados *efeitos infringentes* dos embargos de declaração ou, mais propriamente, da decisão proferida nesta sede.

O Código de Processo Civil de 2015 contém pelo menos dois dispositivos importantes acerca dos efeitos da decisão proferida em sede de embargos declaratórios, em normas subsidiariamente aplicáveis ao processo penal.

Nas hipóteses de rejeição dos embargos, ou de provimento apenas para esclarecer ou integrar, sem modificação do julgado, aplica-se o disposto no art. 1.024, § 5°, do CPC/2015: "Se os embargos de declaração forem rejeitados ou não alterarem a conclusão do julgamento anterior, o recurso interposto pela outra parte antes da publicação do julgamento dos embargos de declaração será processado e julgado independentemente de ratificação". Elimina-se de uma vez por todas, assim, a exigência puramente formal de ratificação do recurso anterior, como efeito da decisão proferida nos embargos, mesmo quando não encerrasse qualquer caráter modificativo.

Por outro lado, se o julgamento dos embargos levar à modificação, incide a norma do art. 1.024, § 4°, do CPC/2015: "Caso o acolhimento dos embargos de declaração implique modificação da decisão embargada, o embargado que já tiver interposto outro recurso contra a decisão originária tem o direito de complementar ou alterar suas razões, nos exatos limites da modificação, no prazo de 15 (quinze) dias, contado da intimação da decisão dos embargos de declaração". Cuida-se aqui de disciplina expressa da aplicação do *princípio da complementaridade*, que permite à parte embargada complementar as razões do recurso já interposto quando o julgado venha a ser alterado por força de embargos de declaração com efeitos infringentes. Na verdade, parece-nos que o simples esclarecimento ou integração do julgado (compreensível como "modificação" no sentido da regra em exame) já enseja a aplicação do art. 1.024, § 4°, do CPC/2015, dando-se oportunidade ao recorrente de complementar suas razões após o saneamento do vício; mas o recurso anterior será processado independentemente de ratificação, nos moldes do art. 1.024, § 5°, do CPC/2015.

Por fim, no processo penal, há quem sustente a impossibilidade de embargos de declaração com efeitos modificativos para o fim de aumento da pena aplicada na sentença. Assim, por exemplo, quando o Ministério Público oponha embargos declaratórios à sentença condenatória, sob o argumento de omissão quanto à consideração de circunstância desfavorável ao acusado, o juiz, ainda que reconhecendo o ponto omisso, não poderia modificar o julgado para o efeito de exasperar a pena. Não vemos o menor sentido nessa orientação. Ora, se a correção de um vício intrínseco conduz, na sede de um recurso, à modificação do julgado, o que poderia impedir isso? Trata-se aqui de revisão do julgado *em sede recursal ordinária* (antes do trânsito em julgado), não havendo que se cogitar de aplicação do princípio do *favor libertatis*.

SUBSEÇÃO V
Embargos Infringentes

1. CONCEITO

No direito processual penal, os *embargos infringentes* constituem o recurso cabível contra acórdão não unânime, desfavorável ao acusado e proferido por tribunal de segundo grau em sede de apelação ou de recurso em sentido estrito. Esse é o recurso de embargos infringentes que emana do regime estabelecido pelo Código de Processo Penal, no art. 609, parágrafo único, e nos regimentos internos dos tribunais de segunda instância (tribunais de justiça e tribunais regionais federais).

Há, no entanto, recurso de *embargos infringentes* disciplinado no Regimento Interno do Supremo Tribunal Federal, com algumas características diferenciais, que serão oportunamente estudadas.

Inicialmente, aborda-se o recurso de embargos infringentes de acordo com o art. 609, parágrafo único, do CPP.

2. EMBARGOS INFRINGENTES EM TRIBUNAL DE SEGUNDA INSTÂNCIA (ART. 609, PARÁGRAFO ÚNICO, CPP)

2.1. Cabimento

Nos termos do art. 609, parágrafo único, do CPP: "Quando não for unânime a decisão de segunda instância, desfavorável ao réu, admitem-se embargos infringentes e de nulidade, que poderão ser opostos dentro de 10 (dez) dias, a contar da publicação de acórdão, na forma do art. 613. Se o desacordo for parcial, os embargos serão restritos à matéria objeto de divergência".

A designação legal do recurso, assim, é a de *embargos infringentes e de nulidade*, o gerou a preocupação doutrinária de distinguir uma espécie da outra. Nesse sentido, dizem-se os embargos *infringentes* sempre que a matéria impugnada for de mérito, e *de nulidade* sempre que o objeto de impugnação for questão de natureza processual. Assim, por exemplo, se a divergência envolver a competência jurisdicional, os embargos dizem-se *de nulidade* (para impugnar acórdão condenatório quando haja um voto vencido no sentido da incompetência do juízo originário e do próprio tribunal). Entende-se, nessa perspectiva, a designação *infringentes* em correspondência com o objetivo de *infringir*, no sentido de *modificar* ou *reformar*; e o designativo *de nulidade* em vinculação com o objetivo de *anular* ou *invalidar*[82].

---

82. Como assinala Tourinho Filho: "Quando a decisão do Tribunal, desfavorável ao réu, não for unânime, e versar a divergência sobre matéria estritamente processual, capaz de tornar inválido o processo,

A distinção, entretanto, não assume relevância do ponto de vista funcional, motivo pelo qual, em nossa abordagem, será utilizada apenas a expressão *embargos infringentes*.

O art. 609, parágrafo único, do CPP está inserido no Capítulo V do Título II do Código de Processo Penal, com a seguinte designação: "DO PROCESSO E DO JULGAMENTO DOS RECURSOS EM SENTIDO ESTRITO E DAS APELAÇÕES, NOS TRIBUNAIS DE APELAÇÃO".

Por essa razão, o cabimento dos embargos infringentes restringe-se aos acórdãos proferidos em sede de apelação e de recurso em sentido estrito. Não cabem embargos infringentes, portanto, em sede de *habeas corpus*, de ação penal originária, de mandado de segurança contra ato jurisdicional e de revisão criminal, por exemplo, mesmo que o acórdão seja não unânime, desfavorável ao acusado e proferido por tribunal de segundo grau.

Tampouco cabem embargos infringentes, por outro lado, contra decisão não unânime e desfavorável ao acusado proferida por turma recursal de juizado especial criminal, ainda que em sede de apelação, por se tratar de recurso próprio de *tribunal*, disciplinado no respectivo regimento interno, sem, ademais, previsão específica desse recurso para a esfera do procedimento comum sumaríssimo.

Nessas condições, podem ser individualizados os seguintes requisitos como próprios dos embargos infringentes em segunda instância no direito processual penal: (i) acórdão proferido por *tribunal* de segunda instância; (ii) acórdão proferido em sede de *apelação* ou de *recurso em sentido estrito*; (iii) acórdão não unânime; (iv) acórdão desfavorável ao acusado.

Não se aplica no processo penal a exigência, constante do Código de Processo Civil de 1973[83], de que o acórdão não unânime haja reformado a sentença de primeiro grau. Assim, por exemplo, o acórdão que, por maioria, mantenha condenação de primeiro grau é impugnável por embargos infringentes, do mesmo modo que o acórdão que, por maioria, reforme sentença absolutória, eis que ambos são desfavoráveis ao acusado.

Os embargos infringentes, por tudo quanto abordado, constituem recurso oponível no exclusivo benefício da defesa, não podendo servir, em nenhuma hipótese, a interesse do órgão de acusação, ainda que não unânime o acórdão.

---

os embargos são denominados *de nulidade*, porquanto não visam à modificação, mas à anulação do feito, possibilitando sua renovação". Cfr. Tourinho Filho, Fernando da Costa. *Código de Processo Penal Comentado*. São Paulo: Saraiva, 1996, v. 2, p. 311.

83. O Código de Processo Civil de 2015 não instituiu o recurso de embargos infringentes. Em vez disso, disciplina-se agora a aplicabilidade, em caso de resultado não unânime, de uma técnica processual de julgamento, com a suspensão do feito e sua continuidade em momento posterior, quando integrado o órgão colegiado por um maior número de julgadores. Como preceitua o art. 942, *caput*, do CPC/2015: "Quando o resultado da apelação for não unânime, o julgamento terá prosseguimento em sessão a ser designada com a presença de outros julgadores, que serão convocados nos termos previamente definidos no regimento interno, em número suficiente para garantir a possibilidade de inversão do resultado inicial, assegurado às partes e a eventuais terceiros o direito de sustentar oralmente suas razões perante os novos julgadores". Cumpre asseverar que, mesmo sob a vigência do Código revogado (1973), as normas processuais civis jamais se aplicaram ao processo penal, em virtude da existência de disciplina específica. A referência no texto principal ao CPC/1973, portanto, foi realizada a título de mera comparação.

Cap. XIX • RECURSOS E AÇÕES AUTÔNOMAS DE IMPUGNAÇÃO

A essência dos embargos infringentes consiste em propiciar um julgamento, a ser proferido por órgão fracionário integrado por maior número de desembargadores, ao acusado que teve pelo menos um voto em seu favor no julgamento da apelação ou do recurso em sentido estrito. Com efeito, uma vez que o julgamento da apelação e do recurso em sentido estrito integra a competência do menor órgão fracionário do tribunal (turma ou câmara), permite-se ao acusado um segundo julgamento perante o órgão fracionário competente de acordo com o regimento do tribunal – normalmente as *câmaras* ou *turmas criminais reunidas*, ou o órgão especial, ou ainda, onde não haja um, o *pleno*.

De toda sorte, como o órgão fracionário maior é composto inclusive por aqueles desembargadores integrantes do órgão fracionário menor, desponta nos embargos infringentes também um aspecto de possível retratação, já que o julgador que antes, na turma (apelação ou recurso em sentido estrito), proferiu voto em determinado sentido pode, nas turmas reunidas, órgão especial ou pleno (embargos infringentes), votar em sentido diverso[84].

Por fim, cumpre anotar que, se a divergência for apenas parcial, o cabimento dos embargos infringentes fica restrito à matéria controvertida, conforme o art. 609, parágrafo único, parte final, do CPP. Isso gera intensa discussão a respeito da impugnação *imediata* da parte unânime do acórdão, por recurso especial e/ou recurso extraordinário. É do que se trata no próximo tópico.

2.2. Embargos Infringentes contra a Parte Não Unânime do Acórdão: Recurso Especial e/ou Extraordinário Imediato contra a Parte Unânime?

Cuida-se aqui da hipótese de acórdão em parte unânime e em parte não unânime. Por exemplo, em sede de apelação, a turma do tribunal decide: (a) por unanimidade, manter a condenação contra o acusado/apelante; (b) por maioria, manter a pena aplicada (digamos, de 4 anos de reclusão), com um voto vencido no sentido de reduzi-la para o patamar de 2 anos de reclusão.

De acordo com o art. 609, parágrafo único, parte final, do CPP, em caso de desacordo parcial, "os embargos serão restritos à matéria objeto de divergência", significando isso dizer que, no exemplo apresentado, os embargos só impugnam a dosimetria da pena (parte não unânime), e não a condenação (parte unânime).

Surge, assim, a questão de saber se a parte unânime do acórdão deve ser desde logo impugnada, sob pena de preclusão, por recurso especial e/ou extraordinário.

---

84. Conforme TOURINHO FILHO: "...a decisão embargada será apreciada por um órgão composto de vários Juízes, incluindo-se, nesse número, os mesmos que prolataram o acórdão embargado. Assim, se esse órgão é integrado, também, pelos Juízes que proferiram a decisão que se procura *infringir* ou *anular*, evidente perdurar seu caráter de retratação". E acrescenta o ilustrado processualista, sobre o exercício de retratação: "Homens de reputação ilibada que são, podem os Juízes, em vez de insistir em seu voto, reconhecer a força dos argumentos aduzidos pelo embargante. E, nesse recuo, não haverá nenhum aviltamento; pelo contrário: o Juiz se sublima". Cfr. TOURINHO FILHO, Fernando da Costa. *Código de Processo Penal Comentado*. São Paulo: Saraiva, 1996, v. 2, pp. 310 e 313.

A resposta positiva implica fixar a interposição simultânea de embargos infringentes contra a parte não unânime (dosimetria da pena) e de recurso especial e/ou extraordinário contra a parte unânime (condenação). Na hipótese, se negado provimento aos embargos opostos à parte não unânime do acórdão, caberá novo recurso especial e/ou extraordinário contra esse acórdão. Nessa lógica, os embargos infringentes só interrompem o prazo para a interposição de recurso especial e de recurso extraordinário quanto à parte não unânime do acórdão, por eles abrangida.

Assim, no exemplo considerado, o acusado deve desde logo, simultaneamente: (a) opor embargos infringentes para impugnar a parte do acórdão relativa à dosimetria da pena, com o objetivo de fazer prevalecer o voto vencido; (b) interpor recurso especial e/ou extraordinário contra a parte do acórdão relativa à condenação, se pretender impugná-la. A não interposição de recurso especial nem de recurso extraordinário contra a parte unânime implicará o trânsito em julgado da decisão nesse particular, não podendo mais o acusado discutir a condenação por meio desses recursos excepcionais após o julgamento dos embargos infringentes, restritos à dosimetria da pena. Poderá o legitimado, de toda sorte, impugnar por recurso especial e por recurso extraordinário o acórdão proferido nos embargos infringentes, *no que diz respeito à dosimetria da pena*.

Por outro lado, a posição contrária implica dizer que os embargos infringentes, ainda que restritos a parte do acórdão, interrompem o prazo para a interposição de recurso especial e de recurso extraordinário quanto a todas as matérias, inclusive quanto à parte unânime.

Aplicada essa lógica, a oposição de embargos infringentes quanto à dosimetria da pena interrompe o prazo para a interposição de recurso especial e de recurso extraordinário quanto a todo o acórdão, inclusive no que diz respeito à condenação (parte unânime). Uma vez julgados os embargos infringentes, digamos, pelo *pleno* do tribunal, e se não acolhidos, poderá o acusado, seguidamente, impugnar tanto o acórdão dos embargos (do *pleno*), relativo à dosimetria da pena, quanto o acórdão da apelação (da turma ou câmara), na parte relativa à condenação (unânime).

Do mesmo modo, se acolhidos os embargos infringentes, com a redução da pena, poderá o acusado impugnar por recurso especial e/ou recurso extraordinário, seguidamente, a parte do acórdão (unânime) referente à condenação, em relação à qual houve de igual modo interrupção de prazo.

Qual a solução aplicável?

O art. 498, *caput*, do Código de Processo Civil *de 1973* (redação dada pela Lei nº 10.352/2001) adotava a segunda solução descrita, nos seguintes termos: "Quando o dispositivo do acórdão contiver julgamento por maioria de votos e julgamento unânime, e forem interpostos embargos infringentes, o prazo para recurso extraordinário ou recurso especial, relativamente ao julgamento unânime, ficará sobrestado até a intimação da decisão nos embargos".

O Superior Tribunal de Justiça tem a orientação de que esse dispositivo se aplica subsidiariamente ao processo penal. Assim, o sobrestamento do prazo, como efeito da oposição dos embargos infringentes, se daria inclusive quanto à parte unânime do acórdão.

O Supremo Tribunal Federal, no entanto, orienta-se no sentido da interposição simultânea dos embargos infringentes e do recurso extraordinário, sob o fundamento de que o sobrestamento do prazo para o recurso extraordinário, como efeito da oposição dos embargos infringentes, opera-se apenas quanto à parte não unânime do acórdão, por eles abrangida. De acordo com esse entendimento, não se aplica ao direito processual penal o art. 498 do CPC de 1973. Essa orientação está consolidada em duas súmulas da Suprema Corte: a Súmula nº 354: "Em caso de embargos infringentes parciais, é definitiva a parte da decisão embargada em que não houve divergência na votação"; e a Súmula nº 355 do STF: "Em caso de embargos infringentes parciais, é tardio o recurso extraordinário após o julgamento dos embargos, quanto à parte da decisão que não fora por eles abrangida".

Identifica-se, assim, clara divergência entre a posição do STF e a do STJ, no âmbito do direito processual penal.

Ante a inexistência de norma processual penal específica a esse respeito, deve-se considerar que o Código de Processo Civil de 2015 não mais contempla (como recurso) os embargos infringentes, inexistindo, portanto, dispositivo correspondente ao art. 498 do Código de Processo Civil de 1973. Assim, fica inviabilizada, vigente o CPC de 2015, a aplicação subsidiária até então sustentada pelo Superior Tribunal de Justiça[85].

Essas razões levam-nos a concluir que há de prevalecer mesmo, no processo penal, a orientação consolidada na Súmula nº 355 do STF[86].

No exemplo proposto, portanto, o acusado que pretenda impugnar a parte unânime (condenação) do acórdão deve fazê-lo desde logo, por recurso especial e/ou extraordinário, simultaneamente à oposição de embargos infringentes à parte não unânime (dosimetria), sob pena de trânsito em julgado da parte unânime, restando apenas, na espécie, a possibilidade de impugnação por recurso especial e recurso extraordinário, se for o caso, do próprio acórdão proferido nos embargos, apenas quanto à dosimetria da pena.

Caso não sejam providos os embargos infringentes, caberá a interposição de novo recurso de natureza extraordinária contra o novo acórdão, além daquele que já tiver sido interposto em face da parte unânime do acórdão da apelação.

2.3. Não Interrupção de Prazo na Hipótese de Recurso Inadmissível

O recurso inadmissível não tem o efeito legal de interrupção do prazo para a interposição de outros recursos. Assim, quanto ao tema em foco, o não conhecimento dos embargos infringentes acarretará o trânsito em julgado (retroativo) do acórdão

---

85. Ressalva-se apenas a possibilidade de invocação, pelo Superior Tribunal de Justiça, do princípio da unirrecorribilidade, para o efeito de manter a mesma orientação antes respaldada diretamente na regra do revogado art. 498 do CPC/1973. O tempo dirá.

86. Gustavo Badaró tem compreensão semelhante: "...o CPC de 2015 não tem regra semelhante [à do art. 498 do CPC/1973], até mesmo porque, extinguiu os embargos infringentes. Diante do vazio legislativo do Novo Código de Processo Civil, mais seguro será a interposição do recurso especial e extraordinário, em relação à parte unânime do acórdão, tendo por termo inicial a data de sua publicação. Isto é, a partir do mesmo *dies a quo*, começam a correr os prazos de 10 dias para os embargos infringentes, quanto à parte não unânime, e o prazo de 15 dias para recurso especial e extraordinário, quanto ao capítulo unânime". Cfr. Badaró, Gustavo Henrique. *Manual dos Recursos Penais*. São Paulo: Revista dos Tribunais, 2016, p. 284.

1366   CURSO DE DIREITO PROCESSUAL PENAL – *Sérgio Rebouças*

embargado (acórdão da apelação ou do recurso em sentido estrito), sem a possibilidade de interposição, em face deste, do recurso especial e do recurso extraordinário. Poderá apenas haver a impugnação, por recurso de natureza extraordinária, do acórdão que não conheceu os embargos infringentes, para o fim de discutir a própria admissibilidade do recurso.

Suponha-se o seguinte exemplo: ao acórdão não unânime que, em sede de ação penal originária, condenou o acusado à pena de 4 (quatro) anos de reclusão, opôs-se o recurso de embargos infringentes no prazo legal; por ausência de cabimento, o tribunal não conhece do recurso.

Nesse caso, o acusado poderá impugnar, por recurso especial, o último acórdão que não conheceu dos embargos, para o fim de discutir a admissibilidade do recurso. Mas já não poderá, após o julgamento dos embargos, impugnar, por recurso especial ou recurso extraordinário, o acórdão não unânime da ação penal originária, pois, em virtude da inadmissão dos infringentes, não houve interrupção de prazo para os recursos excepcionais.

Se subsistente ainda fosse a orientação do Superior Tribunal de Justiça pela aplicação subsidiária do art. 498, *caput*, do CPC/1973 (hoje revogado) ao processo penal, no sentido de que a oposição dos embargos interrompe o prazo dos recursos excepcionais quanto a todo o acórdão, ter-se-ia que o não conhecimento dos embargos quanto à parte não unânime acarretaria a intempestividade do recurso especial e do recurso extraordinário inclusive quanto à parte unânime, pois, em virtude da inadmissão do recurso, não houve sobrestamento de prazo. Há quem sustente, de toda sorte, que o não conhecimento só eliminaria o sobrestamento do prazo quanto à parte não unânime, apreciada nos embargos, persistindo, após isso, a possibilidade de interposição tempestiva de recurso de natureza extraordinária. Alude-se ainda a essa posição diante da possibilidade de que ainda se venha a afirmar a aplicação do mesmo regime objeto do revogado art. 498 do CPC/1973, mas agora com base suficiente no princípio da unirrecorribilidade.

Como visto no tópico anterior, entretanto, prevalece atualmente a posição do Supremo Tribunal Federal, consolidada nas súmulas nº 354 e 355, no sentido de que os embargos só interrompem o prazo quanto à parte não unânime, devendo desde logo ser interposto o recurso excepcional quanto à parte unânime. Assim, acolhido esse entendimento, não há margem para a situação cogitada no parágrafo anterior.

2.4. Legitimidade e Interesse

A legitimidade recursal para a oposição dos embargos infringentes é aquela emanada genericamente do art. 577 do CPP: Ministério Público, querelante, acusado. O Ministério Público pode opor os embargos infringentes como órgão de justiça, no interesse do acusado, para fazer prevalecer voto que beneficie a defesa[87].

---

87. Nesse sentido: Grinover, Ada Pellegrini / Gomes Filho, Antonio Magalhães / Fernandes, Antonio Scarance. *Recursos no Processo Penal*. São Paulo: Revista dos Tribunais, 2011, p. 168. Admitindo a legitimidade

Cap. XIX • RECURSOS E AÇÕES AUTÔNOMAS DE IMPUGNAÇÃO

O interesse recursal identifica-se na existência de voto favorável ao acusado, cuja prevalência, e consequente proveito prático à defesa, se objetiva com a oposição do recurso.

2.5. Pressupostos Recursais: regularidade formal e tempestividade

O prazo para a oposição dos embargos infringentes é o de 10 (dez) dias, a partir da publicação do acórdão (art. 609, parágrafo único, CPP).

A forma de interposição encontra-se no regimento interno de cada tribunal de segunda instância, assim como a competência interna e o procedimento, examinados adiante.

2.6. Competência

A *competência* para o julgamento dos embargos infringentes fixa-se de acordo com as normas do regimento interno do tribunal de segunda instância. Normalmente, a competência é do *pleno* (como, por exemplo, no Tribunal Regional Federal da 5ª Região), do órgão especial ou das câmaras ou turmas criminais reunidas (como é comum nos Tribunais de Justiça).

2.7. Procedimento

Não havendo disciplina na lei processual penal, o *procedimento* rege-se pelas normas do regimento do tribunal de segunda instância. Toma-se como referência aqui, a título meramente ilustrativo, o regimento interno do Tribunal Regional Federal da 5ª Região, assemelhado ao dos demais Tribunais Regionais Federais.

Normalmente, o recurso de embargos infringentes é oposto perante o relator da apelação ou do recurso em sentido estrito, para um primeiro juízo de admissibilidade, com o posterior encaminhamento à distribuição para o sorteio de novo relator, se admitidos os embargos. De acordo com o art. 211 do RITRF5, "juntada a petição de embargos, serão os autos conclusos ao Relator do acórdão embargado, que indeferirá aqueles, se intempestivos, ou se contrariarem súmula ou jurisprudência dominante do Tribunal, do Superior Tribunal de Justiça ou do Supremo Tribunal Federal".

Se inadmitidos os embargos pelo relator da apelação ou do recurso em sentido estrito, a decisão monocrática respectiva desafia recurso de agravo interno ou regimental (art. 212, RITRF5). Admitidos os embargos pelo relator da apelação ou do recurso em sentido estrito, "far-se-á sorteio do Relator, que recairá, quando possível, em Desembargador que não haja participado do julgamento anterior" (art. 213, RITRF5).

A etapa seguinte é a concessão de vista dos autos ao Ministério Público, pelo prazo de 10 (dez) dias (art. 213, § 1º, RITRF5), para contrarrazões.

---

do Ministério Público apenas em caráter extraordinário, quando o defensor do acusado fique omisso: LOPES JR, Aury. *Direito Processual Penal*. São Paulo: Saraiva, 2014, p. 1285-1286.

Por fim, nos termos do art. 213, § 2°, do RITRF5, "devolvidos os autos, o Relator, em dez dias, lançando relatório nos autos, encaminhá-los-á, se for o caso, ao Revisor, que, em igual prazo, pedirá dia para o julgamento". Entende-se que os autos só serão encaminhados ao revisor se a apelação originária for a de procedimento ordinário (art. 613, CPP).

2.8. Efeitos

Os embargos infringentes encerram os efeitos devolutivo e suspensivo. Sobre o efeito devolutivo, restrito aos limites do voto vencido, pontuam ADA GRINOVER, GOMES FILHO e SCARANCE FERNANDES: "A oposição de embargos infringentes *devolve* ao órgão competente o conhecimento da matéria que porventura tenha sido objeto de divergência no julgamento do recurso anterior – à vista disso, a devolução poderá ser total ou parcial, sendo neste último caso limitada pelo voto vencido"[88].

Por outro lado, apesar da ausência de previsão legal, entendemos que os embargos infringentes têm efeito suspensivo, quando opostos a acórdão não unânime proferido em sede de apelação ou de recurso em sentido estrito que, por seu turno, encerre o mesmo efeito. Considere-se, nesse particular, que: (a) os embargos representam uma continuação do julgado do recurso de apelação ou em sentido estrito, devolvendo a matéria à apreciação de órgão integrado por maior número de julgadores; (b) os embargos são recurso exclusivo da defesa, cabíveis em hipótese excepcional. Desta sorte, unidos esses fatores, parece-nos não haver como negar efeito suspensivo aos embargos infringentes, que discutem o próprio mérito do recurso originário, sobretudo quando este já haja produzido o mesmo efeito, e que representam uma forma de exercício *ordinário* de ampla defesa. É inadmissível, por exemplo, que após o julgamento de apelação por dois votos a um em prejuízo do acusado, já possa haver execução do julgado condenatório, quando ainda ordinariamente cabíveis embargos infringentes contra o acórdão, para a discussão do mérito do recurso (e, no caso exemplificado, do mérito da própria causa originária)[89].

Ademais, a oposição dos embargos infringentes *interrompe* o prazo para a interposição do recurso especial e do recurso extraordinário. No processo penal, como examinado no tópico 2.3, a *interrupção* de prazo para o recurso extraordinário é apenas quanto à parte não unânime do acórdão, de acordo com a jurisprudência do Supremo Tribunal Federal (Súmulas n° 354 e 355).

3. EMBARGOS INFRINGENTES NO SUPREMO TRIBUNAL FEDERAL

O regimento interno do Supremo Tribunal Federal contempla modalidade *sui generis* de embargos infringentes, em regime e lógica diversos daqueles disciplinados no art. 609, parágrafo único, do CPP para o recurso oponível em tribunal de segunda

---

88. GRINOVER, Ada Pellegrini / GOMES FILHO, Antonio Magalhães / FERNANDES, Antonio Scarance. *Recursos no Processo Penal*. São Paulo: Revista dos Tribunais, 2011, p. 170.

89. Também sustentando a existência de efeito suspensivo, embora com fundamentos parcialmente diversos dos que expusemos, cfr. BADARÓ, Gustavo Henrique. *Manual dos Recursos Penais*. São Paulo: Revista dos Tribunais, 2016, pp. 288-289. Assim, também: LOPES JR, Aury. *Direito Processual Penal*. São Paulo: Saraiva, 2014, p. 1291.

instância. A vigência dessa previsão regimental foi intensamente discutida, e ao final reconhecida, na esfera da AP 470/MG ("Caso Mensalão").

Antes de tudo, considere-se que o Regimento Interno do STF foi instituído em 27 de outubro de 1980, ainda sob a égide da Constituição de 1967 (com a Emenda Constitucional de 1969), que atribuía poder normativo primário à Suprema Corte em relação a certas matérias. Assim, dispunha a Suprema Corte de competência normativa para instituir e disciplinar os recursos em seu próprio âmbito.

O art. 333 do RISTF, que contempla os embargos infringentes, foi materialmente recepcionado pela Constituição de 1988. Não há, efetivamente, qualquer incompatibilidade material entre a disciplina regimental dos embargos infringentes e a Constituição Federal de 1988. Apenas, atualmente, a criação e a disciplina de recursos integram a reserva de lei ordinária (art. 22, *caput*, I, CF).

Ocorre que, com o advento da Lei n° 8.038/1990 – em cujos artigos 26 a 37 há a disciplina de recursos próprios dos tribunais superiores (recurso extraordinário, recurso especial, recurso ordinário em *habeas corpus*, recurso ordinário em mandado de segurança, apelação cível e agravo de instrumento) –, passou-se a discutir sobre a revogação tácita da norma do art. 333 do RISTF, pois a lei de 1990 não contempla os embargos infringentes como recurso interno oponível no âmbito do Supremo Tribunal Federal (diversamente do que acontece, por exemplo, com o recurso de embargos de divergência, para o qual há a previsão do art. 29 da Lei n° 8.038). O argumento baseia-se no art. 2°, § 1°, da Lei de Introdução ao Código Civil, pelo qual a lei posterior revoga a anterior "quando regule inteiramente a matéria de que tratava a lei anterior".

Acabou por prevalecer a orientação de que a Lei n° 8.038/1990 não revogou tacitamente o art. 333 do RISTF, só pelo fato de não haver previsto o recurso de embargos infringentes. A Suprema Corte firmou esse entendimento em diversos julgados, como finalmente na AP 470/MG, oportunidade em que o assunto ganhou grande repercussão, tornando a expressão "embargos infringentes" de uso comum entre muitos brasileiros.

A orientação do STF parece-nos irrecusável. De nossa parte, observamos que o art. 2°, § 2°, da LICC não poderia incidir no caso, em que houve, por parte da Lei n° 8.038/1990, disciplina de um tema geral (recursos), abrangente de diversas matérias específicas. O só fato de a lei haver versado sobre determinados recursos não significa dizer que quaisquer recursos específicos, disciplinados em outros âmbitos normativos, tenham simplesmente deixado de existir. Haveria revogação ou se a lei posterior (Lei n° 8.038/1990) o dispusesse expressamente, ou se instituísse nova, diversa e autônoma regulamentação sobre a matéria *embargos infringentes* (revogação tácita)[90].

Superado esse ponto, cumpre examinar a disciplina dos embargos infringentes no Supremo Tribunal Federal, constante dos artigos 333 e 334 de seu regimento interno.

Sobre o cabimento do recurso, dispõe o art. 333 do RISTF: "Cabem embargos infringentes à decisão não unânime do Plenário ou da Turma: I – que julgar procedente

---

90. A propósito, observe-se que as normas do CPP sobre recurso extraordinário (artigos 637 e 638) não tacitamente revogadas só pelo fato de a Lei 8.038/1990 dispor sobre recurso extraordinário. Ao contrário, a vigência do art. 637 do CPP foi recentemente reafirmada pelo Plenário do STF (HC 126.292/SP).

ação penal; II – que julgar improcedente a revisão criminal; V – que, em recurso criminal ordinário, for desfavorável ao acusado".

Percebe-se desde logo que o cabimento dos embargos infringentes no STF está restrito a acórdãos não unânimes e desfavoráveis ao acusado, nesses pontos se assemelhando aos embargos infringentes regulados no art. 609, parágrafo único, do CPP.

As semelhanças, no entanto, param por aí. Os embargos infringentes objeto do art. 333 do RISTF são oponíveis no âmbito de ação penal originária, revisão criminal e recurso ordinário em *habeas corpus* ou em mandado de segurança criminal, diversamente dos embargos infringentes objeto do art. 609, parágrafo único, do CPP, que só cabem em sede de apelação ou de recurso em sentido estrito.

Outra diferença: quando a decisão impugnada seja do Plenário, não é qualquer divergência que conforma o cabimento dos embargos infringentes na Suprema Corte, mas apenas uma *divergência qualificada*, nos moldes do art. 333, parágrafo único, do RISTF: "O cabimento dos embargos, em decisão do Plenário, depende da existência, no mínimo, de quatro votos divergentes, salvo nos casos de julgamento criminal em sessão secreta".

Essa previsão, entretanto, perdeu parte de sua anterior relevância com o advento da Emenda Regimental n° 49/2014, que, alterando o Regimento Interno do STF, transferiu do Plenário para a Turma a competência para processar e julgar ação penal originária contra Deputados e Senadores (art. 9°, I, *j*, RISTF), e contra Ministros de Estado, Comandantes da Marinha, do Exército e da Aeronáutica, Ministros do Tribunal de Contas da União e chefes de missão diplomática de caráter permanente (art. 9°, I, *k*, RISTF).

Nos demais casos de competência originária, porém, a competência permanece do Plenário (art. 5°, I, RISTF): Presidente da República, Vice-Presidente da República, Presidente do Senado Federal, Presidente da Câmara dos Deputados, Ministros do Supremo Tribunal Federal, Procurador-Geral da República. Nessas hipóteses, continua-se a exigir, para o cabimento dos embargos infringentes, a divergência qualificada prevista no art. 333, parágrafo único, do RISTF.

Nesse particular, importa distinguir: (a) nas hipóteses de ação penal originária prevista no art. 5°, I, do RISTF (art. 333, I, RISTF) e de revisão criminal de julgado proferido nesse tipo de ação penal originária (art. 6°, I, *b*, RISTF) (art. 333, II, RISTF), em que a competência de julgamento é do Pleno, o cabimento dos embargos infringentes depende da existência de pelo menos 4 (quatro) votos divergentes; (b) nas hipóteses de revisão criminal de julgado proferido em recurso criminal ordinário[91] (art. 333, II, RISTF), de recurso criminal ordinário e de ação penal originária contra as pessoas especificadas no art. 9°, I, *j* e *k*, do RISTF, em que a competência de julgamento é da Turma, basta o acórdão não unânime e desfavorável ao acusado para que se firme o cabimento dos embargos infringentes, que serão apreciados pelo Pleno.

Observe-se que, nas hipóteses acima especificadas em (a), a decisão impugnada é do próprio Pleno do STF, vale dizer, o mesmo órgão competente para o julgamento dos

---

91. Essa hipótese consiste na revisão de decisão do STF que *mantenha* condenação em sede de recurso criminal ordinário (recurso ordinário em *habeas corpus*), estando prevista no art. 263 do RISTF: "Será admitida a revisão, pelo Tribunal, dos processos criminais findos, em que a condenação tiver sido por ele proferida ou mantida no julgamento de ação penal originária ou recurso criminal ordinário".

Cap. XIX · RECURSOS E AÇÕES AUTÔNOMAS DE IMPUGNAÇÃO

embargos infringentes. Justifica-se, assim, que apenas uma divergência qualificada (art. 333, parágrafo único, RISTF) no Plenário enseje a oposição de embargos infringentes, apreciados e decididos pelo mesmo órgão embargado[92].

É relevante observar também que, em condições normais, no âmbito das ações penais da competência originária (art. 5°, I, RISTF), não cabe qualquer recurso, quer ordinário, quer extraordinário, contra a decisão tomada pelo Pleno (com a exceção, claro, dos embargos de declaração).

Justifica-se, portanto, que exista a previsão de um recurso ordinário na hipótese de divergência *qualificada* na decisão tomada pelo Plenário, de modo a propiciar para o acusado, privado do duplo grau, uma segunda oportunidade de julgamento em tais circunstâncias excepcionais.

O mesmo, por certo, não acontece nas ações penais de competência originária do Superior Tribunal de Justiça e dos tribunais de segundo grau, mas nesses casos haverá sempre a oportunidade de recurso, embora de limitada cognição, para tribunal superior (para o STF, no primeiro caso; para o STJ e para o STF, no último caso).

Quanto à *tempestividade*, nos termos do art. 334 do RISTF, os embargos infringentes "serão opostos no prazo de quinze dias, perante a Secretaria, e juntos aos autos, independentemente de despacho".

Sobre o *procedimento*, uma vez interpostos os embargos infringentes, o relator do acórdão embargado concederá vistas ao recorrido, pelo prazo de 15 (quinze) dias, para contrarrazões (art. 335, *caput*, RISTF) e, transcorrido esse prazo, "apreciará a admissibilidade do recurso" (art. 335, § 1°, RISTF). Contra a decisão que inadmitir os embargos cabe o recurso de agravo regimental, no prazo de 5 (cinco) dias, para o Pleno (art. 335, § 2°, RISTF).

---

92. Se o STF reconhece a vigência da norma regimental (art. 333, parágrafo único, RISTF) que instituiu a exigência dessa divergência qualificada, por ter sido editada ao tempo em que a Suprema Corte dispunha de poderes normativos para tanto, não admite, porém, que o mesmo restritivo conste de regimento interno de outro tribunal, por ofensa à reserva de lei e à ampla defesa. Assim foi que o Plenário do STF declarou a inconstitucionalidade formal do art. 119, § 1°, do Regimento Interno do Superior Tribunal Militar (STM), por estabelecer a mesma exigência constante do art. 33, parágrafo único, do RISTF, sem, entretanto, dispor o STM do mesmo poder normativo para tanto. Confira-se, a respeito, o julgado do Pleno no HC 125.768/SP (STF, Tribunal Pleno, HC 125.768, Rel. Min. Dias Toffoli, julgamento em 24.06.2015, DJ de 29.09.2015): "Embargos infringentes e de nulidade. Superior Tribunal Militar. Norma regimental que exige no mínimo 4 (quatro) votos minoritários divergentes para seu cabimento. Inadmissibilidade. Requisito não previsto nos arts. 538 e 539 do Código de Processo Penal Militar. Tribunal que não dispõe de poderes normativos para disciplinar matéria recursal em contrariedade à lei. Inteligência do art. 96, I, a, da Constituição Federal. Inconstitucionalidade formal da alteração regimental (...) Violação dos princípios constitucionais do devido processo legal e da ampla defesa (art. 5°, LIV e LV, da CF). Ilegalidade flagrante. Impossibilidade de analogia com o art. 333, parágrafo único, do Regimento Interno do Supremo Tribunal Federal, que exige no mínimo 4 (quatro) votos vencidos para o cabimento dos embargos infringentes. Norma editada à época em que o art. 119, § 3°, c, da Carta de 1969 expressamente outorgava à Suprema Corte poderes para dispor, em seu regimento interno, sobre o processo e o julgamento dos feitos de sua competência originária ou recursal. Ordem concedida para se determinar ao Superior Tribunal Militar que processe os embargos infringentes interpostos pelo paciente. Declarada a inconstitucionalidade incidental do art. 119, § 1°, do Regimento Interno do Superior Tribunal Militar, na redação dada pela Emenda Regimental n° 24, publicada no DJe de 10/6/14".

Admitidos os embargos, será o feito encaminhado à distribuição para sorteio de novo relator (art. 335, § 3º, RISTF), sob os seguintes parâmetros: (a) se a decisão embargada for de uma das duas Turmas do STF, o sorteio do novo relator se dará entre os Ministros da outra Turma; (b) se a decisão embargada for do Pleno, serão excluídos da distribuição o relator e o revisor (art. 76, RISTF).

Para a sessão de julgamento, por sua vez, devem ser observadas as regras do processo ordinário (art. 336, RISTF), prevalecendo, em caso de empate, o voto mais favorável ao acusado (artigos 336 e 146, parágrafo único, RISTF).

SUBSEÇÃO VI
Agravo Interno ou Regimental

O agravo interno, ou agravo regimental, tem diversas aplicações, servindo, de maneira geral, à impugnação de decisão monocrática do relator, destinada ao órgão colegiado competente para julgar a ação ou o recurso em que interposto o agravo.

Neste curso, examina-se a impugnação em foco, disciplinada nos regimentos internos dos tribunais, durante a abordagem de cada espécie na qual possa ela ser aplicada (por exemplo, no âmbito do *habeas corpus* e no da revisão criminal, sob certas condições).

De toda sorte, o cabimento geral do agravo interno está previsto no art. 39 da Lei nº 8.038/1990: "Da decisão do Presidente do Tribunal, de Seção, de Turma ou de Relator que causar gravame à parte, caberá agravo para o órgão especial, Seção ou Turma, conforme o caso, no prazo de cinco dias".

Diante da ausência de disciplina detalhada na lei processual penal acerca do processamento do recurso, há que se recorrer à aplicação subsidiária do art. 1.021 do Código de Processo Civil de 2015, assim como à própria regulamentação constante dos regimentos internos dos tribunais.

Quanto ao prazo, aplica-se o específico de 5 (cinco) dias (art. 39, Lei nº 8.038/1990), e não o de 15 (quinze) dias fixado pela lei processual civil. Por outro lado, não pode ser imposta a multa prevista no art. 1.029, §§ 4º e 5º, do CPC/2015, em caso de agravo manifestamente inadmissível ou improcedente, por não incidir no processo penal a base de cálculo própria da esfera processual civil (valor atualizado da causa).

De resto, aplica-se ao processo penal a disciplina objeto do art. 1.021, §§ 1º a 3º, do CPC/2015: "§ 1º. Na petição de agravo interno, o recorrente impugnará especificadamente os fundamentos da decisão agravada. § 2º. O agravo será dirigido ao relator, que intimará o agravado para manifestar-se sobre o recurso no prazo de 15 (quinze) dias [5 (cinco) dias, no processo penal], ao final do qual, não havendo retratação, o relator levá-lo-á a julgamento pelo órgão colegiado, com inclusão em pauta. § 3º. É vedado ao relator limitar-se à reprodução dos fundamentos da decisão agravada para julgar improcedente o agravo interno".

SUBSEÇÃO VII
Recurso Extraordinário, Recurso Especial e Embargos de Divergência

1. CONSIDERAÇÕES INICIAIS

Os recursos de natureza extraordinária – *recurso extraordinário* para o Supremo Tribunal Federal e *recurso especial* para o Superior Tribunal de Justiça – vinculam-se à *finalidade imediata* de resguardo da higidez do sistema, pela garantia da efetividade e da uniformidade de interpretação do *direito federal*. Apenas mediatamente a decisão tomada em sede recursal repercute na esfera subjetiva das partes integrantes da relação processual.

Nesse contexto, a existência de recursos excepcionais não encontra fundamento no duplo (ou em um "triplo") grau de jurisdição, nem pode constituir mais uma oportunidade de impugnação para a parte sucumbente, sob qualquer razão juridicamente idônea, em defesa de seu direito subjetivo. O que há, em virtude da transgressão em tese do direito objetivo federal, é a admissibilidade de impugnação extraordinária (em sentido amplo), para que órgãos jurisdicionais de perfil especial – o Supremo Tribunal Federal e o Superior Tribunal de Justiça – sejam chamados a resolver sobre a hipotética ofensa[93].

Disso já se assimila que os recursos de caráter excepcional devem ter por exclusivo objeto *questões de direito*, não comportando dilação nem rediscussão de provas. O exame da matéria de fato fica exaurido nas instâncias ordinárias, com a decisão do tribunal de segunda instância. Assim, com base em *matéria de fato incontroversa*, os recursos extraordinários veiculam o objetivo de situar o direito federal aplicável e uniformizar a respectiva interpretação.

O recurso extraordinário e o recurso especial, por óbvio, não são recursos exclusivamente criminais. Trata-se, na verdade, de impugnações utilizáveis na esfera penal e na extrapenal, sempre que suscitada a afetação específica, em tese, de norma constitucional ou de dispositivo de lei federal. Por essa razão, abordaremos a seguir cada uma dessas espécies pelo exame de seus pressupostos e requisitos *gerais* de admissibilidade, reportando-nos, porém, a aplicações no âmbito do processo penal.

2. RECURSO EXTRAORDINÁRIO

2.1. Conceito e Regime Jurídico

Recurso extraordinário é o recurso de natureza excepcional que tem por objeto a impugnação de decisões jurisdicionais potencialmente ofensivas à Constituição da

---

93. Conforme Rodolfo Mancuso: "Compreende-se que os recursos excepcionais não sejam vocacionados à reparação da alegada injustiça no caso concreto: é que essa injustiça derivaria de uma má subsunção do fato à norma, erronia corrigível pelos recursos comuns; ao passo que o móvel dos recursos extraordinário e especial se restringe à readequação do julgado recorrido aos parâmetros constitucionais ou do direito federal, respectivamente". Cfr. Mancuso, Rodolfo Camargo. *Recurso Extraordinário e Recurso Especial*. São Paulo: Revista dos Tribunais, 1998, p. 100.

República, concernentes a questões jurídicas de ampla repercussão social, vinculando-se à finalidade de resguardo do sistema constitucional por seu guardião precípuo e último, o Supremo Tribunal Federal.

Nos termos do art. 102, inciso III, da Constituição do Brasil: "Compete ao Supremo Tribunal Federal, precipuamente, a guarda da Constituição, cabendo-lhe: III – julgar, mediante recurso extraordinário, as causas decididas em única ou última instância, quando a decisão recorrida: a) contrariar dispositivo desta Constituição; b) declarar a inconstitucionalidade de tratado ou lei federal; c) julgar válida lei ou ato de governo local contestado em face desta Constituição; d) julgar válida lei local contestada em face de lei federal".

No domínio do processo penal, por força de revogação expressa operada pelo art. 1.072, inciso IV, do Código de Processo Civil de 2015, não mais se aplicam as normas dos artigos 26 a 29 da Lei nº 8.038/1990, que disciplinavam o regime de admissibilidade e de processamento do recurso extraordinário e do recurso especial. Em tais condições, aplicam-se também ao processo penal, atualmente, as normas dos artigos 1.029 a 1.044 do CPC/2015[94].

2.2. Condições e Pressupostos de Admissibilidade

2.2.1. Cabimento

a) decisões impugnáveis

Antes de tudo, o recurso extraordinário é cabível contra qualquer decisão proferida em segunda ou terceira instância, não se restringindo à impugnação de acórdãos de tribunais. Com efeito, o art. 102, III, da Constituição alude simplesmente a "causas decididas em única ou última instância", não exigindo, ao contrário do que faz quanto ao recurso especial o art. 105, III, que a decisão impugnada seja de tribunal. Assim, cabe recurso extraordinário, por exemplo, contra acórdão de turma recursal dos juizados especiais criminais.

Nessas condições, desde que respeitados os demais requisitos de admissibilidade, é possível a interposição de recurso extraordinário contra: (i) acórdão de tribunal de segunda instância proferido em sede de apelação ou de recurso em sentido estrito (acórdão de tribunal de segundo grau em última instância); (ii) acórdão de tribunal de segunda instância proferido em sede de *habeas corpus*, de revisão criminal ou de mandado de segurança (acórdão de tribunal de segundo grau em única instância); (iii) acórdão de tribunal superior proferido em sede de recurso especial (acórdão de tribunal superior em última instância); (iv) acórdão de tribunal superior proferido em sede de *habeas corpus*, de revisão criminal ou de mandado de segurança (acórdão de tribunal superior em única instância); (v) acórdão de turma recursal dos juizados

---

94. É importante advertir que tais normas foram substancialmente modificadas pela Lei 13.256, de 4 de fevereiro de 2016, que entrou em vigor junto com o próprio Código de Processo Civil (Lei 13.105/2015).

especiais criminais proferido em sede de apelação (acórdão de turma recursal em última instância); (vi) acórdão de turma recursal dos juizados especiais criminais proferido em sede de *habeas corpus* (acórdão de turma recursal em única instância).

Note-se particularmente, nesses exemplos, que o recurso extraordinário só é admissível se não couber recurso ordinário contra a mesma decisão.

b) hipóteses de cabimento

As hipóteses de cabimento estão enunciadas no art. 102, III, da Constituição Federal: (i) contrariedade a dispositivo constitucional (art. 102, III, *a*); (ii) declaração da inconstitucionalidade de tratado ou de lei federal (art. 102, III, *b*); (iii) declaração da validade de tratado ou de lei federal contestado em face da Constituição (art. 102, III, *c*); (iv) declaração da validade de lei local contestada em face de lei federal (art. 102, III, *d*).

Acerca da primeira hipótese (art. 102, III, *a*), a contrariedade à norma constitucional deve ser direta e frontal, não bastando a alusão a dispositivos de grande alcance e amplitude. Nesse sentido, refira-se a decisão da Segunda Turma do STF no RE 257.533/RS (AgR) (STF, 2ª Turma, RE 257.533, Rel. Min. CARLOS VELLOSO, julgamento em 11.06.2002, DJ de 28.06.2002), na trilha de numerosos outros julgados: "...RECURSO EXTRAORDINÁRIO. OFENSA À CONSTITUIÇÃO. (...) Alegação de ofensa ao devido processo legal: C.F., art. 5º, LV: se ofensa tivesse havido, seria ela indireta, reflexa, dado que a ofensa direta seria a normas processuais. E a ofensa a preceito constitucional que autoriza a admissão do recurso extraordinário é a ofensa direta, frontal".

No caso de ofensa reflexa, porém, aplica-se atualmente o art. 1.033 do CPC/2015: "Se o Supremo Tribunal Federal considerar como reflexa a ofensa à Constituição afirmada no recurso extraordinário, por pressupor a revisão da interpretação de lei federal ou de tratado, remetê-lo-á ao Superior Tribunal de Justiça para julgamento como recurso especial". Cuida-se de interessante exemplo de fungibilidade.

A segunda hipótese (art. 102, III, *b*) reflete o perfil do Supremo Tribunal Federal de guardião precípuo e último da Constituição. Assim, havendo a declaração de inconstitucionalidade de lei ou de tratado (incorporado à ordem jurídica brasileira por decreto presidencial), em sede de controle difuso (*incidenter tantum*), admite-se o recurso extraordinário para que a Suprema Corte possa se pronunciar sobre a questão constitucional envolvida, inclusive uniformizando a interpretação.

Por seu turno, a terceira hipótese (art. 102, III, *c*) é a reversa da segunda: as instâncias ordinárias declaram a constitucionalidade da lei ou do tratado, admitindo-se o recurso extraordinário também para que o Supremo Tribunal Federal possa resolver sobre a matéria constitucional envolvida, quando haja questionamento dos atos normativos infraconstitucionais.

Por fim, a quarta hipótese (art. 102, III, *d*) foi inserida pela Emenda Constitucional nº 45/2004. Antes integrante da admissibilidade do recurso especial, a hipótese está agora afeta ao cabimento do recurso extraordinário, e com propriedade. É que o questionamento de lei local em face de lei federal supõe necessariamente um conflito federativo entre a União e o Estado-Membro, cuja solução cabe ao Supremo Tribunal Federal, nos termos do art. 102, I, *f*, da Constituição. Com efeito, considerando que há a distribuição constitucional de competências entre os diversos entes federativos, a lei local que for questionada em face de lei federal estará, em tese, invadindo a competência normativa da União, o que conforma um conflito de natureza federativa.

Como se verifica claramente, o cabimento do recurso extraordinário está restrito à discussão de questões de direito, não havendo espaço, por óbvio, para o exame de matéria de fato, o que decorre do já aludido caráter excepcional e de fundamentação vinculada próprio da impugnação em foco. Assim o expressa a Súmula nº 279 do Supremo Tribunal Federal: "Para simples reexame de prova não cabe recurso extraordinário".

Por outro lado, o recurso extraordinário vincula-se a uma causa concreta, na qual repercute a decisão sobre a matéria constitucional. Não se presta a impugnação extraordinária, portanto, à simples discussão abstrata sobre a constitucionalidade de normas. Refletindo esse ponto, eis o enunciado da Súmula nº 283 do STF: "É inadmissível o recurso extraordinário, quando a decisão recorrida assenta em mais de um fundamento suficiente e o recurso não abrange todos eles". É que, se o recurso só impugna um ponto da decisão, quando outro ponto já basta a justificar a conclusão do julgado recorrido, a discussão do objeto recursal seria apenas doutrinária, pois, qualquer que fosse a decisão da Suprema Corte, não teria efetividade concreta no sentido de modificar a conclusão, assentada em outro fundamento, autônomo e suficiente.

2.2.2. A repercussão geral

A Emenda Constitucional nº 45/2004 instituiu novo regime em que a admissibilidade do recurso extraordinário fica condicionada à *repercussão geral* da questão constitucional suscitada. Nos termos do art. 102, § 3º, da Constituição: "No recurso extraordinário o recorrente deverá demonstrar a repercussão geral das questões discutidas no caso, nos termos da lei, a fim de que o Tribunal examine a admissão do recurso, somente podendo recusá-lo pela manifestação de dois terços de seus membros".

Não basta mais, portanto, a mera ofensa potencial à Constituição, exigindo-se a ampla repercussão do tema no corpo social.

Atualmente, o tema da repercussão geral está disciplinado no art. 1.035 do Código de Processo Civil de 2015, aplicável também ao processo penal (art. 3º, CPP).

Antes de tudo, o art. 1.035, *caput*, do CPC/2015 situa a repercussão geral como condição de admissibilidade do recurso extraordinário, o que já emanava claramente do art. 102, § 3º, da Constituição: "O Supremo Tribunal Federal, em decisão irrecorrível, não conhecerá do recurso extraordinário quando a questão constitucional nele versada não tiver repercussão geral, nos termos deste artigo".

Trata-se de exame de admissibilidade de caráter especial, por estar reservado ao colegiado do Plenário do Supremo Tribunal Federal.

Entenda-se desde logo o seguinte:

Cap. XIX • RECURSOS E AÇÕES AUTÔNOMAS DE IMPUGNAÇÃO

(i) A *alegação* pelo recorrente da repercussão geral da matéria constitucional suscitada é pressuposto de admissibilidade do recurso. Não havendo sequer a arguição, o recurso poderá ser inadmitido na origem, pelo presidente do tribunal recorrido, ou pelo relator do Supremo Tribunal Federal, em decisão monocrática. Refletindo essa lógica, hoje o art. 1.035, § 2º, do CPC/2015 assim dispõe: "O recorrente deverá demonstrar a existência de repercussão geral para apreciação exclusiva pelo Supremo Tribunal Federal".

(ii) Da norma do art. 1.035, § 2º, do CPC/2015 se depreende que, *tendo sido alegada a repercussão geral*, somente o Supremo Tribunal Federal, por seu colegiado pleno, poderá apreciar essa matéria. A própria regra do art. 102, § 3º, da Constituição já deixa claro esse ponto, expressando que somente a manifestação de dois terços dos membros da Suprema Corte poderá recusar o recurso, sob o motivo de ausência de repercussão geral. Assim, se alegada a repercussão geral pelo recorrente, o recurso não poderá ser inadmitido nem pelo tribunal de origem nem pelo relator do STF, monocraticamente.

O que se entende por *repercussão geral*? O regime de repercussão geral é apto a fortalecer o perfil do Supremo Tribunal Federal de Corte Constitucional, incumbida da apreciação só das questões mais relevantes.

O dimensionamento do sentido e do alcance dessa expressão não é simples. Como expressa o art. 1.035, § 1º, do CPC/2015: "Para o efeito de repercussão geral, será considerada a existência ou não de questões relevantes do ponto de vista econômico, político, social ou jurídico que ultrapassem os interesses subjetivos do processo". Por mais que se exija adequada motivação, a amplitude dos critérios oferece larga margem de apreciação discricionária.

Atualmente, contudo, o art. 1.035, § 3º, do CPC/2015 enuncia parâmetros normativos mais dimensionáveis: "Haverá repercussão geral sempre que o recurso impugnar acórdão que: I – contrarie súmula ou jurisprudência dominante do Supremo Tribunal Federal; II – tenha sido proferido em julgamento de casos repetitivos; III – tenha reconhecido a inconstitucionalidade de tratado ou de lei federal, nos termos do art. 97 da Constituição Federal". Cuida-se de referências que melhor situam o caráter da espécie em foco.

2.2.3. Exaurimento das instâncias ordinárias e prequestionamento

Como impugnação de natureza excepcional, o recurso extraordinário só poderá ser interposto quando exaurida a discussão da matéria constitucional nas instâncias recorridas, o que se destina também a impedir a supressão de instância.

Significa isso dizer que: (i) se ainda couber recurso ordinário contra a decisão, ainda não cabe recurso extraordinário; (ii) a matéria constitucional suscitada no recurso extraordinário já deve ter sido apreciada e decidida pelas instâncias ordinárias.

Quanto ao primeiro aspecto (i), refira-se a orientação consolidada na Súmula nº 281 do Supremo Tribunal Federal: "É inadmissível o recurso extraordinário, quando couber, na Justiça de origem, recurso ordinário da decisão impugnada". Refletindo também esse aspecto, mas no plano reverso, eis a Súmula nº 355 do STF: "Em caso de embargos infringentes parciais, é tardio o recurso extraordinário após o julgamento dos embargos, quanto à parte da decisão que não fora por eles abrangida". Fundamenta-se esse entendimento no fato de que, quanto à parte unânime do acórdão, já foram exauridas as impugnações ordinárias, cabendo já o recurso extraordinário, que deve ser interposto desde logo, no prazo aplicável.

Sobre o segundo ponto (ii), tem-se a exigência de *prequestionamento* da matéria constitucional nas instâncias ordinárias. Esse aspecto está refletido em algumas súmulas da Suprema Corte. Confira-se: "*Súmula 282*: É inadmissível o recurso extraordinário, quando não ventilada, na decisão recorrida, a questão federal suscitada. *Súmula 356*. O ponto omisso da decisão, sobre o qual não foram opostos embargos de declaração, não pode ser objeto de recurso extraordinário, por faltar o requisito do prequestionamento".

Atualmente, admite-se o prequestionamento implícito, quando opostos embargos de declaração ao acórdão, ainda que o tribunal, nesta sede, insista em não se pronunciar sobre a questão federal. É o que preceitua o art. 1.025 do CPC/2015: "Consideram-se incluídos no acórdão os elementos que o embargante suscitou, para fins de pré-questionamento, ainda que os embargos de declaração sejam inadmitidos ou rejeitados, caso o tribunal superior considere existentes erro, omissão, contradição ou obscuridade".

O tema do prequestionamento foi melhor analisado no tópico 2.3 da Subseção IV, reservada aos embargos declaratórios, para onde remetemos o leitor.

2.2.4. Legitimidade

No processo penal, são legitimadas para interpor recurso extraordinário as partes, vale dizer: o Ministério Público (ação penal de iniciativa pública) ou o querelante (ação penal de iniciativa privada) e o acusado. Ademais, o Ministério Público poderá interpor recurso extraordinário como órgão de justiça (*custos legis*), independentemente da titularidade da ação penal.

Quanto ao ofendido na ação penal de iniciativa pública, esteja ou não habilitado como assistente do Ministério Público, dispõe de legitimidade supletiva para interpor recurso extraordinário, mas apenas nas hipóteses em que já tenha legitimação ordinária: apelação, em geral, e recurso em sentido estrito contra decisão de extinção da punibilidade. É o que fixa a Súmula nº 210 do STF: "O assistente do Ministério Público pode recorrer, inclusive extraordinariamente, nos casos dos arts. 584, § 1º, e 598, do Código de Processo Penal".

Fora dessas hipóteses, não se reconhece legitimidade extraordinária para o ofendido/assistente. Por exemplo, não pode o ofendido recorrer extraordinariamente contra decisão concessiva de *habeas corpus*, nos termos da Súmula nº 208 do STF: "O assistente do Ministério Público não pode recorrer extraordinariamente de decisão concessiva de *habeas corpus*".

2.2.5. Regularidade formal e procedimento

a) prazo, preparo e requisitos da peça recursal

O recurso extraordinário deverá ser interposto por petição ao presidente do tribunal recorrido, dentro do prazo de 15 (quinze) dias, conforme o art. 1.003, § 5º, do

CPC/2015: "Excetuados os embargos de declaração, o prazo para interpor os recursos e para responder-lhes é de 15 (quinze) dias". O art. 1.072, inciso IV, do CPC/2015 revogou expressamente a norma do art. 26, *caput*, da Lei nº 8.038/1990, que estabelecia o mesmo prazo, desta forma: "Os recursos extraordinário e especial, nos casos previstos na Constituição Federal, serão interpostos no prazo comum de 15 (quinze) dias, perante o Presidente do Tribunal recorrido, em petições distintas..." Diante da revogação expressa da norma processual penal, é de se aplicar atualmente, ao processo penal, a regra sobre prazo do art. 1.003, § 5º, da nova lei processual civil.

No processo penal, não há preparo nem porte de remessa e retorno para os recursos extraordinário e especial, conforme dispõem os normativos internos tanto do Supremo Tribunal Federal[95] e do Superior Tribunal de Justiça[96]. Ressalva-se apenas a exigência de custas recursais e do porte de remessa e retorno para o ofendido (querelante) na ação penal de iniciativa privada.

Os requisitos da peça recursal estão assim discriminados nos incisos do art. 1.029, *caput*, do CPC/2015: (i) exposição do fato e do direito; (ii) demonstração do cabimento do recurso interposto; (iii) razões do pedido de reforma ou invalidação da decisão recorrida[97].

Em geral, a inobservância de algum requisito formal não acarreta necessariamente a inadmissão do recurso, desde que tempestivo, podendo o tribunal *ad quem* desconsiderar o vício ou determinar ao recorrente sua correção, se não for grave, como agora fixa o art. 1.029, § 1º, do CPC/2015, aplicável subsidiariamente ao processo penal: "O Supremo Tribunal Federal e o Superior Tribunal de Justiça poderá desconsiderar vício formal de recurso tempestivo ou determinar sua correção, desde que não o repute grave".

b) *procedimento em caso de interposição simultânea de recurso extraordinário e de recurso especial*

Nos termos do art. 1.030, *caput*, do CPC/2015 (redação conferida pela Lei nº 13.256/2016): "Recebida a petição do recurso pela secretaria do tribunal, o recorrido será intimado para apresentar contrarrazões no prazo de 15 (quinze) dias, findo o qual os autos serão conclusos ao presidente ou ao vice-presidente do tribunal recorrido..."[98]. Transcorrido o prazo para contrarrazões, portanto, havendo ou não manifestação do

---

95. Consulte-se o art. 3º, I, da Resolução n. 581, de 8 de junho de 2016, do Presidente do Supremo Tribunal Federal: "Haverá isenção de custas e do porte de remessa e retorno dos autos (Tabela 'D') nos seguintes casos: I – nos processos criminais, salvo os de natureza privada; (art. 61 do RISTF)".

96. Vide o art. 3º, II, da Resolução n. 3, de 5 de fevereiro de 2015, do Presidente do Superior Tribunal de Justiça: "Haverá isenção do preparo nos seguintes casos: II – nos processos criminais, salvo na ação penal privada e sua revisão criminal". Entende-se por preparo as custas e o porte de remessa e retorno, conforme o art. 2º, § 1º, da mesma resolução.

97. Em idêntico sentido dispunha o art. 26, *caput*, da Lei 8.038/1990, expressamente revogado pelo art. 1.072, IV, do CPC/2015.

98. Em sentido semelhante dispunha o art. 27, *caput*, da Lei 8.038/1990, expressamente revogado pelo art. 1.072, IV, do CPC/2015: "Recebida a petição pela Secretaria do Tribunal a aí protocolada, será intimado o recorrido, abrindo-se-lhe vista pelo prazo de 15 (quinze) dias para apresentar contrarrazões".

recorrido, deverão os autos seguir conclusos para juízo de admissibilidade da presidência do tribunal.

Se admitido o recurso extraordinário, serão os autos remetidos ao Supremo Tribunal Federal. Caso, porém, haja a interposição também de recurso especial, a remessa será ao Superior Tribunal de Justiça. Nesse caso, aplica-se o disposto no art. 1.031, § 1º, do CPC/2015: "Concluído o julgamento do recurso especial, os autos serão remetidos ao Supremo Tribunal Federal para apreciação do recurso extraordinário, se este não estiver prejudicado"[99].

Pode ocorrer também, contudo, de o relator no STJ considerar o julgamento do recurso extraordinário prejudicial ao do recurso especial. Nessa hipótese, os autos serão remetidos desde logo ao STF, sobrestando-se o julgamento do recurso especial, como preceitua o art. 1.031, § 2º, do CPC/2015: "Se o relator do recurso especial considerar prejudicial o recurso extraordinário, em decisão irrecorrível, sobrestará o julgamento e remeterá os autos ao Supremo Tribunal Federal"[100].

Se, chegados os autos ao STF, o relator do recurso extraordinário discordar da prejudicialidade concluída pelo relator do recurso especial no STJ, aplica-se a norma do art. 1.031, § 3º, do CPC/2015: "Na hipótese do § 2º, se o relator do recurso extraordinário, em decisão irrecorrível, rejeitar a prejudicialidade, devolverá os autos ao Superior Tribunal de Justiça para o julgamento do recurso especial"[101].

c) inadmissão do recurso extraordinário pelo tribunal recorrido e agravo

Contra a decisão da presidência do tribunal *a quo* que *inadmitir* o recurso extraordinário cabe *agravo* para o Supremo Tribunal Federal (art. 1.042, *caput*, CPC/2015), no prazo de 15 (quinze) dias (art. 1.003, § 5º, CPC/2015). Com efeito, nos termos do art. 1.042, *caput*, do CPC/2015 (redação conferida pela Lei nº 13.256/2016): "Cabe agravo contra decisão do presidente ou do vice-presidente do tribunal recorrido que inadmitir recurso extraordinário ou recurso especial, salvo quando fundada na aplicação de entendimento firmado em regime de repercussão geral ou em julgamento de recursos repetitivos".

O *agravo para o tribunal superior* é o recurso cabível apenas na hipótese de *inadmissão* do recurso extraordinário, *prevista no art. 1.030, inciso V, do CPC/2015* (redação conferida pela Lei nº 13.256/2016): "Recebida a petição do recurso pela secretaria do tribunal, o recorrido será intimado para apresentar contrarrazões no prazo de 15

---

99. Com quase idêntica redação, o art. 27, § 4º, da Lei 8.038/1990, expressamente revogado pelo art. 1.072, IV, do CPC/2015: "Concluído o julgamento do recurso especial, serão os autos remetidos ao Supremo Tribunal Federal para apreciação do recurso extraordinário, se este não estiver prejudicado".

100. Com quase idêntica redação, o art. 26, § 5º, da Lei 8.038/1990, expressamente revogado pelo art. 1.072, IV, do CPC/2015: "Na hipótese de o relator do recurso especial considerar que o recurso extraordinário é prejudicial daquele em decisão irrecorrível, sobrestará o seu julgamento e remeterá os autos ao Supremo Tribunal Federal, para julgar o extraordinário".

101. Com quase idêntica redação, o art. 26, § 6º, da Lei 8.038/1990, expressamente revogado pelo art. 1.072, IV, do CPC/2015: "No caso do parágrafo anterior, se o relator do recurso extraordinário, em despacho irrecorrível, não o considerar prejudicial, devolverá os autos ao Superior Tribunal de Justiça, para o julgamento do recurso especial".

(quinze) dias, findo o qual os autos serão conclusos ao presidente ou ao vice-presidente do tribunal recorrido, que deverá: V – realizar o *juízo de admissibilidade* e, se positivo, remeter o feito ao Supremo Tribunal Federal ou ao Superior Tribunal de Justiça, desde que: a) o recurso ainda não tenha sido submetido ao regime de repercussão geral ou de julgamento de recursos repetitivos; b) o recurso tenha sido selecionado como representativo da controvérsia; ou c) o tribunal recorrido tenha refutado o juízo de retratação".

Que o cabimento do *agravo para o tribunal superior* está restrito a essa hipótese (art. 1.030, V, CPC/2015) dispõe-no claramente o art. 1.030, § 1º, do CPC/2015 (redação conferida pela Lei nº 13.256/2016): "Da decisão de inadmissibilidade proferida com fundamento no inciso V caberá agravo ao tribunal superior, nos termos do art. 1.042".

Aplica-se o *agravo nos próprios autos, para o tribunal superior (STF)*, assim, *na hipótese de juízo de admissibilidade negativo do presidente do tribunal recorrido*. Na espécie, portanto, a decisão da presidência do tribunal recorrido deve estar fundada na *falta de pressuposto ou de condição de admissibilidade do recurso extraordinário*.

Nos demais casos de negativa de seguimento, refletidos no art. 1.030, inciso I, o recurso cabível é o de *agravo interno*, nos termos do art. 1.030, § 2º, do CPC/2015 (redação conferida pela Lei nº 13.256/2016). Trata-se aqui *não* das hipóteses de decisão de inadmissibilidade do recurso extraordinário, e *sim de negativa de seguimento fundamentada em determinadas causas, basicamente relacionadas à (i) ausência de repercussão geral da matéria ou à contrariedade (da pretensão veiculada no recurso) a entendimento da Suprema Corte firmado no regime de repercussão geral e à (ii) contrariedade a entendimento exarado pela Suprema Corte no regime de recursos repetitivos.*

Assim, o presidente do tribunal de origem poderá negar seguimento ao recurso extraordinário nas seguintes hipóteses, dispostas no art. 1.030, inciso I, *a* e *b*, do CPC/2015 (redação conferida pela Lei nº 13.256/2016): "Recebida a petição do recurso pela secretaria do tribunal, o recorrido será intimado para apresentar contrarrazões no prazo de 15 (quinze) dias, findo o qual os autos serão conclusos ao presidente ou ao vice-presidente do tribunal recorrido, que deverá: I – negar seguimento: a) a recurso extraordinário que discuta questão constitucional à qual o Supremo Tribunal Federal não tenha reconhecido a existência de repercussão geral ou a recurso extraordinário interposto contra acórdão que esteja em conformidade com entendimento do Supremo Tribunal Federal exarado no regime de repercussão geral; b) a recurso extraordinário ou a recurso especial interposto contra acórdão que esteja em conformidade com entendimento do Supremo Tribunal Federal ou do Superior Tribunal de Justiça, respectivamente, exarado no regime de julgamento de recursos repetitivos". Como dito, a lei processual civil prevê contra essa decisão o recurso de agravo interno (art. 1.030, § 2º, CPC/2015), e não o de agravo ao tribunal superior.

Por força do art. 1.030, § 2º, do CPC/2015 (redação conferida pela Lei nº 13.256/2016), é igualmente impugnável por *agravo interno* a decisão do presidente do tribunal *a quo* que "sobrestar o recurso que versar sobre controvérsia de caráter repetitivo ainda não decidida pelo Supremo Tribunal Federal ou pelo Superior Tribunal de Justiça, conforme se trate de matéria constitucional ou infraconstitucional".

Esse regime hoje tem plena aplicabilidade ao processo penal, diante da *revogação expressa*, pelo art. 1.072, inciso IV, do CPC/2015, da antiga regra processual penal inscrita no art. 28, *caput*, da Lei n° 8.038/1990: "Denegado o recurso extraordinário ou o recurso especial, caberá agravo de instrumento, no prazo de 5 (cinco) dias, para o Supremo Tribunal Federal ou para o Superior Tribunal de Justiça, conforme o caso".

Embora esse artigo (Lei n° 8.038/1990) tratasse de *agravo de instrumento*, havia sido firmada a orientação, desde o advento da Lei n° 12.322/2010, ainda sob a égide do Código de Processo Civil de 1973, pela aplicabilidade do *agravo nos próprios autos (ao tribunal superior)* também ao processo penal. Tal entendimento amparava-se na aplicação subsidiária ao processo penal do art. 544 do CPC de 1973, com redação determinada pela Lei n° 12.322/2010: "Não admitido o recurso extraordinário ou o recurso especial, caberá agravo nos próprios autos, no prazo de 10 (dez) dias". Essa aplicação ficou até expressa no art. 1° da Resolução n° 410/2010 do Supremo Tribunal Federal: "A alteração promovida pela Lei n° 12.322, de 9 de setembro de 2010, também se aplica aos recursos extraordinários e agravos que versem sobre matéria penal e processual penal".

A Suprema Corte entendia, porém, que a aplicação subsidiária era só quanto ao recurso em si, mas não quanto ao prazo, devendo-se observar, a esse respeito, o disposto na regra específica do art. 28, *caput*, da Lei n° 8.038/1990: prazo de 5 (cinco) dias, e não de 10 (dez) dias (fixado no art. 544 do revogado CPC de 1973). Eis, nesse sentido, o enunciado da Súmula n° 699 do STF: "O prazo para interposição de agravo, em processo penal, é de cinco dias, de acordo com a Lei 8.038/1990, não se aplicando o disposto a respeito nas alterações da Lei 8.950/1994 ao Código de Processo Civil". Entendendo pela aplicabilidade dessa Súmula mesmo na vigência da Lei n° 12.322/2010, confira-se: STF, 2ª Turma, ARE 896.066/SP (AgR), Rel. Min. DIAS TOFFOLI, julgamento em 06.10.2015, DJ de 10.11.2015[102].

Agora, com o advento do Código de Processo Civil de 2015, não mais está em vigor nem o art. 544 do CPC/1973, que contemplava o agravo nos próprios autos, *nem o art. 28, caput, da Lei n° 8.038/1990, expressamente revogado pelo art. 1.072, inciso IV, da nova lei processual civil*, ficando prejudicada, assim, a Súmula n° 699 do STF. Esse último evento deixa fora de dúvida que atualmente deve ser aplicado ao processo penal o mesmo regime disciplinado para o processo civil no novo código. Como visto, para algumas decisões de negativa de seguimento pela presidência do tribunal recorrido o Código de Processo Civil de 2015 fixa o agravo interno (art. 1.030, § 2°), mas, *para a hipótese de juízo de admissibilidade negativo (falta de pressuposto ou condição de admissibilidade do recurso extraordinário)*, continua a prever o agravo nos próprios autos (art. 1.030, § 1°).

---

102. "Agravo regimental em recurso extraordinário com agravo. Matéria criminal. Agravo. Prazo recursal iniciado com a publicação da decisão recorrida na imprensa oficial. Precedentes. Não observância. Prazo legal de 5 (cinco) dias (art. 28 da Lei n° 8.038/90) transcorrido in albis. Incidência da Súmula n° 699/STF. Regimental não provido. 1. O agravo interposto em face da decisão de inadmissibilidade de recurso extraordinário é intempestivo, já que a agravante não observou o prazo de 5 (cinco) dias para sua interposição, conforme estabelece o art. 28 da Lei n° 8.038/90, o qual não foi revogado, em matéria penal, pela Lei n° 8.950/94, de âmbito normativo restrito ao Código de Processo Civil. Incidência na espécie do enunciado da Súmula n° 699/STF".

Assim, também quanto ao processo penal, tem-se o seguinte regime: (i) *agravo nos próprios autos*, ao tribunal superior, interponível dentro do prazo de 15 (quinze) dias (art. 1.003, § 5°, CPC/2015), na hipótese de *juízo de admissibilidade negativo* emanado da presidência do tribunal recorrido, sob o argumento de falta de condição ou de pressuposto de admissibilidade do recurso extraordinário (art. 1.042, *caput*, c/c art. 1.030, § 1°, CPC/2015); (ii) *agravo interno*, para o órgão colegiado do tribunal recorrido (art. 1.021, *caput*, CPC/2015), no caso o Plenário, interponível dentro do prazo de 15 (quinze) dias (art. 1.003, § 5°, CPC/2015), na hipótese de *negativa de seguimento baseada no fato de o recurso extraordinário: (a) discutir questão constitucional à qual o Supremo Tribunal Federal não tenha reconhecido a existência de repercussão geral; ou (b) ter sido interposto contra acórdão que esteja em conformidade com entendimento do Supremo Tribunal Federal exarado no regime de repercussão geral;* (art. 1.021 c/c 1.030, *caput*, I, *a*, e § 2°, CPC/2015); (c) *impugnar acórdão que esteja em conformidade com entendimento já firmado pelo Supremo Tribunal Federal no julgamento de recursos repetitivos* (art. 1.021 c/c art. 1.030, *caput*, I, *b*, e § 2°, CPC/2015).

d) procedimento no Supremo Tribunal Federal

Admitido o recurso extraordinário pelo tribunal recorrido, e remetidos os autos ao Supremo Tribunal Federal, o relator fará um primeiro exame de admissibilidade, podendo negar seguimento ao recurso em caso de ausência de pressuposto ou condição de admissibilidade, salvo a repercussão geral, cuja existência, se alegada, só poderá ser apreciada pelo colegiado. É possível que o relator, porém, negue seguimento ao recurso que tenha por objeto causa sobre a qual o colegiado já resolveu não haver repercussão geral. Em qualquer caso, caberá contra a decisão monocrática do relator o recurso de *agravo interno* (art. 39, Lei n° 8.038/1990, *não revogado pelo CPC/2015*).

Admitido o recurso pelo relator, ingressa-se na etapa de apreciação da repercussão geral.

A esse respeito, o relator poderá autorizar a manifestação de terceiros, como prevê o art. 1.035, § 4°, do CPC/2015.

Se reconhecida a repercussão geral pelo colegiado, "o relator no Supremo Tribunal Federal determinará a suspensão do processamento de todos os processos pendentes, individuais ou coletivos, que versem sobre a questão e tramitem no território nacional", nos termos do art. 1.035, § 5°, do CPC/2015.

A etapa seguinte é o julgamento do mérito do recurso pelo Supremo Tribunal Federal, o que deverá ocorrer no prazo de 1 (um) ano, com preferência sobre os demais feitos, "ressalvados os que envolvam réu preso e os pedidos de habeas corpus", conforme o art. 1.035, § 9°, do CPC/2015.

2.3. Efeitos

O recurso extraordinário deve ser recebido no efeito devolutivo. Como regra, não há efeito suspensivo, segundo expressa o art. 637 do CPP, cuja vigência foi recentemente afirmada pelo Supremo Tribunal Federal (HC 126.292/SP): "O recurso extraordinário não tem efeito suspensivo, e uma vez arrazoados pelo recorrido os autos do traslado, os originais baixarão à primeira instância, para a execução da sentença".

Pode o efeito suspensivo, no entanto, ser excepcionalmente atribuído ao recurso extraordinário, com fundamento no art. 995, parágrafo único, do Código de Processo Civil de 2015: "A eficácia da decisão recorrida poderá ser suspensa por decisão do relator, se da imediata produção de seus efeitos houver risco de dano grave, de difícil ou impossível reparação, e ficar demonstrada a probabilidade de provimento do recurso".

Diante do recente julgado da Suprema Corte no HC 126.292/SP, o efeito suspensivo do recurso extraordinário não existe nem mesmo na hipótese de acórdão condenatório em segundo grau, admitindo-se a execução imediata da pena, independentemente da interposição e do processamento da impugnação de natureza excepcional. Para mais detalhes sobre essa posição jurisprudencial, remete-se o leitor à Seção sobre o princípio-garantia do estado de inocência, no Capítulo III deste Curso.

De toda sorte, mesmo não havendo em regra o efeito suspensivo, poderá este ser atribuído em caráter excepcional, como previsto no art. 995, parágrafo único, do CPC/2015, aplicável subsidiariamente ao processo penal (art. 3º, CPP).

Disciplinando esse ponto na esfera específica dos recursos extraordinário e especial, assim preceitua o art. 1.029, § 5º, do CPC/2015 (redação conferida pela Lei nº 13.256/2016): "O pedido de concessão de efeito suspensivo a recurso extraordinário ou a recurso especial poderá ser formulado por requerimento dirigido: I – ao tribunal superior respectivo, no período compreendido entre a publicação da decisão de admissão do recurso e sua distribuição, ficando o relator designado para seu exame prevento para julgá-lo; II - ao relator, se já distribuído o recurso; III – ao presidente ou vice-presidente do tribunal local, no caso de o recurso ter sido sobrestado, nos termos do art. 1.037; IV – ao presidente ou ao vice-presidente do tribunal recorrido, no período compreendido entre a interposição do recurso e a publicação da decisão de admissão do recurso, assim como no caso de o recurso ter sido sobrestado, nos termos do art. 1.037".

Se o efeito suspensivo é excepcionalmente admitido até mesmo no âmbito do processo civil (art. 995, parágrafo único, c/c art. 1.029, § 5º, CPC/2015), com muito mais razão no processo penal, em que está envolvido o direito à liberdade de locomoção.

3. RECURSO ESPECIAL

3.1. Conceito e Regime Jurídico

Recurso especial é o recurso de natureza excepcional que tem por objeto a impugnação de decisões de tribunais de segunda instância potencialmente ofensivas à lei federal ou a tratado, vinculando-se à finalidade de garantia da efetividade e da uniformidade de interpretação do direito federal infraconstitucional, reservadas ao Superior Tribunal de Justiça.

Nos termos do art. 105, inciso III, da Constituição Federal: "Compete ao Superior Tribunal de Justiça: III – julgar, em recurso especial, as causas decididas, em única ou última instância, pelos Tribunais Regionais Federais ou pelos Tribunais dos Estados, do Distrito Federal e Territórios, quando a decisão recorrida: a) contrariar tratado ou lei federal, ou negar-lhes vigência; b) julgar válido ato de governo local contestado em face de lei federal; c) der a lei federal interpretação divergente da que lhe haja atribuído outro tribunal".

No âmbito do processo penal, por força de revogação expressa operada pelo art. 1.072, inciso IV, do Código de Processo Civil de 2015, não mais se aplicam as normas dos artigos 26 a 29 da Lei nº 8.038/1990, que disciplinavam o regime de admissibilidade e de processamento do recurso extraordinário e do recurso especial. Em tais condições, aplicam-se também ao processo penal, atualmente, as normas dos artigos 1.029 a 1.044 do CPC/2015.

3.2. Condições e Pressupostos de Admissibilidade

3.2.1. Cabimento

a) decisões impugnáveis

Ao contrário do recurso extraordinário, o recurso especial não se presta a impugnar qualquer decisão de segunda instância, mas apenas aquelas proferidas pelos tribunais especificados no art. 105, III, da Constituição: Tribunal Regional Federal; Tribunal de Justiça estadual; Tribunal de Justiça do Distrito Federal. Assim, *não cabe* recurso especial, por exemplo, contra acórdão de turma recursal dos juizados especiais criminais. Isso está expresso no enunciado da Súmula nº 203 do STJ: "Não cabe recurso especial contra decisão proferida por órgão de segundo grau dos Juizados Especiais".

Trata-se, em última análise, de recurso destinado a impugnar decisão (i) de tribunal (ii) integrante da estrutura da Justiça *Comum*.

Nessas condições, desde que respeitados os demais requisitos de admissibilidade, é possível a interposição de recurso especial contra: (a) acórdão de Tribunal Regional Federal ou de Tribunal de Justiça proferido em sede de apelação ou de recurso em sentido estrito (acórdão de tribunal de segundo grau em última instância); (b) acórdão de Tribunal Regional Federal ou de Tribunal de Justiça proferido em sede de *habeas corpus*, de revisão criminal ou de mandado de segurança (acórdão de tribunal de segundo grau em única instância).

Note-se particularmente, quanto a esses exemplos, que o recurso especial só é admissível se não couber recurso ordinário contra a mesma decisão.

b) hipóteses de cabimento

As hipóteses de cabimento do recurso especial estão enunciadas no art. 105, III, da Constituição Federal: (i) contrariedade ou negativa de vigência à lei federal ou a tratado (art. 105, III, *a*); (ii) declaração da validade de ato de governo local questionado em face de lei federal (art. 105, III, *b*); (iii) divergência de interpretação da lei federal entre tribunais (art. 105, III, *c*).

Acerca da primeira hipótese (art. 105, III, *a*), tem-se a ofensa ou a negativa de vigência à lei federal ou a tratado. Nesse ponto, reclama-se a individualização dos dispositivos violados, de maneira a demonstrar com clareza a ofensa direta ao direito federal.

A previsão da ofensa a tratado justifica-se em virtude de a norma internacional, em condições normais, assumir o nível normativo de lei ordinária ao ser incorporada à ordem jurídica brasileira, por meio de decreto presidencial.

A doutrina distingue entre *contrariar* e *negar vigência ao tratado ou à lei federal*. Esta última espécie diz respeito à negativa de aplicação do direito federal, sob o pretexto de que o dispositivo não está em vigor, alcançando também, contudo, a aplicação *desvirtuada* da norma, para estabelecer providência diversa da que dela emana, como bem esclareceu o Supremo Tribunal Federal neste trecho do julgado do RE 45.255/GO (STF, Tribunal Pleno, RE 45.255, Rel. Min. Prado Kelly, julgamento em 05.04.1967, DJ de 20.12.1967)[103]: "Nega vigência à lei federal não só a decisão que afirma não estar ela em vigor, porque já não vigora, ou ainda não vigora, mas também a que não a aplica, quando ela é aplicável, ou pretendendo ou fingindo aplicá-la, faz o frontalmente oposto do que diz, na letra e no espírito, o texto traído".

A segunda hipótese (art. 105, III, *b*) reflete de igual modo a proteção à lei federal. Essa hipótese foi modificada pela Emenda Constitucional nº 45/2004. Trata-se agora de contrariedade apenas entre *ato* de governo local e a lei federal. Se o questionamento for de lei local em face da lei federal, dá-se hipótese de recurso extraordinário (art. 102, III, *d*), justificada pela existência, nesse âmbito, de conflito entre entes da Federação.

Por último, a terceira hipótese (art. 105, III, *c*) sugere o objetivo de uniformidade interpretativa do direito federal infraconstitucional, tarefa reservada ao Superior Tribunal de Justiça. Assim, quando houver divergência, *quanto à interpretação da lei federal*, entre a decisão impugnada e o julgado proferido por outro tribunal, o recurso especial presta-se à uniformização da matéria pelo Superior Tribunal de Justiça.

Na espécie, o recorrente terá que apresentar *cotejo analítico* entre o julgado recorrido e o julgado tomado como paradigma, de modo a demonstrar a divergência frontal e inequívoca, sem a qual o recurso especial não poderá ser admitido[104]. Com essa orientação, refira-se o julgado da Quinta Turma do STJ no RESP 1.549.735/RN (AgR) (STJ, 5ª Turma, RESP 1.549.735, Rel. Min. Gurgel de Faria, julgamento em 15.12.2015, DJ de 17.02.2016): "Nos termos do art. 255, § 2º, do RISTJ, para a comprovação da

---

103. O julgado é do tempo em que o recurso extraordinário para o STF era a impugnação cabível para fins de proteção do direito federal infraconstitucional, tarefa hoje reservada ao recurso especial. Como se verifica claramente, porém, a lógica adotada conserva sua atualidade, de significado e de alcance, na hipótese atual do art. 105, III, *a*, da Constituição de 1988.

104. Como bem enfatizado por Rodolfo Mancuso: "...a exigência da *demonstração analítica* está igualmente justificada pelo próprio *interesse* na interposição do recurso especial quando fundado em divergência jurisprudencial. Essa hipótese de cabimento (alínea *c* do art. 105, III, CF) não é 'axiologicamente neutra', para usar a expressiva locução de Barbosa Moreira. O fato de o recorrente colocar em confronto a tese da decisão recorrida e outra(s), de outro(s) Tribunal(is), *não basta* para a aceitação, pelo STJ, de que a *alegada* divergência é efetivamente *real*. Por certo, não é tarefa do STJ fazer ilações ou esforços de argumentação para chegar à conclusão de que a afirmada divergência é de fato real. Isso é ônus do recorrente..." Cfr. Mancuso, Rodolfo Camargo. *Recurso Extraordinário e Recurso Especial*. São Paulo: Revista dos Tribunais, 1998, p. 182.

divergência jurisprudencial, não basta ao recorrente transcrever trechos de ementas dos julgados apontados como paradigmas, sendo necessária a realização do cotejo analítico, a fim de evidenciar a similitude fática das situações e a divergência de interpretações entre os julgados confrontados, podendo-se acrescer que a jurisprudência desta Corte não admite como paradigma, para fins de comprovação do dissídio jurisprudencial, acórdão proferido em sede de habeas corpus/mandado de segurança, visto que não guarda o mesmo objeto e extensão material do REsp".

A exigência do cotejo analítico ficou hoje expressa no art. 1.029, § 1º, *parte final*, do CPC/2015: "Quando o recurso fundar-se em dissídio jurisprudencial, o recorrente fará a prova da divergência com a certidão, cópia ou citação do repositório de juris-prudência, oficial ou credenciado, inclusive em mídia eletrônica, em que houver sido publicado o acórdão divergente, ou ainda com a reprodução de julgado disponível na rede mundial de computadores, com indicação da respectiva fonte, *devendo-se, em qualquer caso, mencionar as circunstâncias que identifiquem ou assemelhem os casos confrontados*".

Ademais, reclama-se a indicação do dispositivo legal sobre o qual recai a diver-gência, sob pena de deficiência de fundamentação impeditiva do conhecimento do recurso, aplicando-se, no caso, a Súmula nº 284 do STF. Nesse sentido, eis o julgado da Sexta Turma do STJ no ARESP 753.887/SC (STJ, 6ª Turma, ARESP 753.887, Rel. Min. MARIA THEREZA DE ASSIS MOURA, julgamento em 13.10.2015, DJ de 03.11.2015): "Aplicável o enunciado 284 da Súmula do Supremo Tribunal Federal quando não apon-tada a norma contrariada pelo aresto vergastado, frisando-se que mesmo nas hipóteses de interposição do apelo especial pela alínea 'c' do permissivo constitucional, faz-se imperiosa a indicação do dispositivo da legislação infraconstitucional federal sobre o qual recai a alegada divergência, sob pena de deficiência na fundamentação recursal".

Ainda na hipótese do art. 105, inciso III, *c*, mesmo presente a divergência entre julgados de tribunais de segunda instância, não se admite o recurso quando a Corte Superior já haja firmado jurisprudência no mesmo sentido expresso na decisão re-corrida. Com essa lógica, eis o enunciado da Súmula nº 83 do STJ: "Não se conhece do recurso especial pela divergência, quando a orientação do Tribunal se firmou no mesmo sentido da decisão recorrida". Com efeito, se o STJ é a Corte constitucional-mente incumbida da uniformização, não há sentido em admitir o recurso especial se a jurisprudência sobre o assunto já está ali uniformizada.

Como se vê, o cabimento do recurso especial está restrito à discussão de questões de direito, não havendo espaço, por óbvio, para o exame de matéria de fato, o que decorre do já aludido caráter excepcional e de fundamentação vinculada próprio da impugnação em foco. Assim o expressa a Súmula nº 7 do Superior Tribunal de Justiça: "A pretensão de simples reexame de prova não enseja recurso especial".

Nesse cenário, o Superior Tribunal de Justiça distingue entre *reexame de prova* e *revaloração de prova*, admitindo o recurso especial na última hipótese. A revaloração significa a apreciação jurídica incidente sobre a prova tomada como incontroversa, para o efeito de verificar a legalidade e a idoneidade do meio, sem incursão em seu conteúdo. Como bem expresso pela Sexta Turma do STJ no julgado do RESP 1.258.233/TO (AgR)

(STJ, 6ª Turma, RESP 1.258.233, Rel. Min. Sebastião Reis Júnior, julgamento em 16.06.2015, DJ de 29.06.2015): "...Se as instâncias ordinárias consideraram que as provas eram suficientes para a condenação dos recorrentes pela prática do crime do art. 297 do Código Penal, é inviável rever a conclusão em recurso especial, dada a necessidade de reexame do acervo fático-probatório, vedado nessa via recursal, por força da Súmula 7/STJ. A pretensão dos agravantes não é a revaloração das provas, mas sim a análise do seu conteúdo, sendo correta a aplicação da Súmula 7/STJ. Valorar juridicamente a prova é aferir se, diante da legislação pertinente, um determinado meio probatório é apto para provar algum fato, ato, negócio ou relação jurídica. No caso concreto, não se debate se determinado tipo de prova pode ser juridicamente utilizado como meio probatório para dar suporte a uma condenação criminal. O que se pretende é que esta Corte verifique se o conteúdo do conjunto probatório autorizaria a condenação dos agravantes. Isso não é valoração jurídica da prova, mas reexame do acervo de provas, vedado pela Súmula 7/STJ".

Por outro lado, o recurso especial vincula-se a uma causa concreta, na qual repercute a decisão sobre a matéria constitucional. Não se presta a impugnação especial, portanto, à simples discussão abstrata sobre a interpretação da lei federal.

Refletindo esse ponto, eis o enunciado da Súmula nº 126 do STJ: "É inadmissível recurso especial, quando o acórdão recorrido assenta em fundamentos constitucional e infraconstitucional, qualquer deles suficiente, por si só, para mantê-lo, e a parte vencida não manifesta recurso extraordinário". É que, na hipótese de interposição apenas do recurso especial (sem a simultânea interposição de recurso extraordinário), quando a questão constitucional já basta a justificar a conclusão do julgado recorrido, a discussão do objeto recursal seria apenas doutrinária, pois, qualquer que fosse a decisão do STJ, não teria efetividade concreta para modificar a conclusão, assentada também em fundamento constitucional, autônomo e suficiente.

3.2.2. Exaurimento das instâncias ordinárias e prequestionamento

Como impugnação de natureza excepcional, o recurso especial só poderá ser interposto quando exaurida a discussão da matéria nas instâncias ordinárias, o que se destina também a impedir a supressão de instância.

Significa isso dizer que: (i) se ainda couber recurso ordinário contra a decisão, ainda não cabe recurso especial; (ii) a matéria de direito federal suscitada no recurso especial já deve ter sido apreciada e decidida pelas instâncias ordinárias.

Quanto ao primeiro aspecto (i), refira-se a orientação consolidada na Súmula nº 207 do Superior Tribunal de Justiça: "É inadmissível o recurso especial quando cabíveis embargos infringentes [recurso ordinário] contra o acórdão proferido no tribunal de origem".

Ainda quanto a esse ponto, tem-se como exemplo a decisão proferida por tribunal de segundo grau em sede de *habeas corpus*: se concessiva, desafia recurso especial do Ministério Público, por não haver impugnação ordinária cabível; se denegatória, não cabe recurso especial, ante a incidência de hipótese de recurso ordinário constitucional, conforme o art. 105, II, *a*, da Constituição Federal.

Cap. XIX • RECURSOS E AÇÕES AUTÔNOMAS DE IMPUGNAÇÃO

Sobre o segundo ponto (ii), tem-se a exigência de *prequestionamento* da matéria nas instâncias ordinárias.

Atualmente, admite-se o prequestionamento implícito, quando opostos embargos de declaração ao acórdão, ainda que o tribunal, nessa sede, insista em não se pronunciar sobre a questão federal. É o que preceitua o art. 1.025 do CPC/2015: "Consideram-se incluídos no acórdão os elementos que o embargante suscitou, para fins de pré-questionamento, ainda que os embargos de declaração sejam inadmitidos ou rejeitados, caso o tribunal superior considere existentes erro, omissão, contradição ou obscuridade".

O tema do prequestionamento foi melhor analisado no tópico 2.3 da Subseção IV (Seção II), reservada aos embargos declaratórios, para onde remetemos o leitor.

3.2.3. Legitimidade

No processo penal, são legitimadas para interpor recurso especial as partes, vale dizer: o Ministério Público (ação penal de iniciativa pública) ou o querelante (ação penal de iniciativa privada) e o acusado. Ademais, o Ministério Público poderá interpor recurso especial como órgão de justiça (*custos legis*), independentemente da titularidade da ação penal.

Quanto ao ofendido na ação penal de iniciativa pública, esteja ou não habilitado como assistente do Ministério Público, dispõe de legitimidade supletiva para interpor recurso especial, mas apenas nas hipóteses em que já tenha legitimação ordinária: apelação (em geral) e recurso em sentido estrito contra decisão de extinção da punibilidade. É o que fixa a Súmula n° 210 do STF, aplicável por analogia ao recurso especial: "O assistente do Ministério Público pode recorrer, inclusive extraordinariamente, nos casos dos arts. 584, § 1°, e 598, do Código de Processo Penal". Nesse sentido, eis o julgado da Sexta Turma do STJ no HC 287.948/DF (STJ, 6ª Turma, HC 287.948, Rel. Min. SEBASTIÃO REIS JÚNIOR, julgamento em 02.09.2014, DJ de 22.09.2014): "A lei permite ao assistente de acusação interpor recurso de apelação, inclusive contra decisão de impronúncia, e recurso em sentido estrito na hipótese de o juiz julgar extinta a punibilidade, tendo o Supremo Tribunal Federal sumulado o entendimento de que ele possui legitimidade, ainda, para interpor recursos especial e extraordinário, desde que nas hipóteses previstas nos arts. 584, § 1°, art. 598 do Código de Processo Penal (Súmula 210/STF)".

Fora dessas hipóteses, não se reconhece legitimidade especial para o ofendido/ assistente. Por exemplo, não pode o ofendido interpor recurso especial contra decisão concessiva de *habeas corpus*, segundo a mesma lógica expressa na Súmula n° 208 do STF: "O assistente do Ministério Público não pode recorrer extraordinariamente de decisão concessiva de *habeas corpus*".

3.2.4. Regularidade formal e procedimento

O recurso especial deverá ser interposto por petição ao presidente do tribunal recorrido, dentro do prazo de 15 (quinze) dias, conforme o art. 1.003, § 5°, CPC/2015: "Excetuados os embargos de declaração, o prazo para interpor os recursos e para responder-lhes é de 15 (quinze) dias". O art. 1.072, inciso IV, do CPC/2015 revogou expressamente a norma do art. 26, *caput*, da Lei n° 8.038/1990, que estabelecia o mesmo prazo, desta forma: "Os recursos extraordinário e especial, nos casos previstos na Constituição Federal, serão interpostos no prazo comum de 15 (quinze) dias, perante o Presidente do Tribunal recorrido, em petições distintas..." Diante da revogação expressa da norma processual penal, é de se aplicar atualmente, ao processo penal, a regra sobre prazo do art. 1.003, § 5°, da nova lei processual civil.

No processo penal, não há preparo nem porte de remessa e retorno para os recursos extraordinário e especial, conforme os normativos internos tanto do Supremo Tribunal Federal e do Superior Tribunal de Justiça, como já aludido no tópico 2.2.5, *a*, desta Subseção.

Os requisitos da peça recursal estão assim discriminados nos incisos do art. 1.029, *caput*, do CPC/2015: (i) exposição do fato e do direito; (ii) demonstração do cabimento do recurso interposto; (iii) razões do pedido de reforma ou invalidação da decisão recorrida[105].

Na hipótese de cabimento do art. 105, III, *c*, há ainda imposta ao recorrente estas exigências do art. 1.029, § 1°, do CPC/2015: "Quando o recurso fundar-se em dissídio jurisprudencial, o recorrente fará a prova da divergência com a certidão, cópia ou citação do repositório de jurisprudência, oficial ou credenciado, inclusive em mídia eletrônica, em que houver sido publicado o acórdão divergente, ou ainda com a reprodução de julgado disponível na rede mundial de computadores, com indicação da respectiva fonte, devendo-se, em qualquer caso, mencionar as circunstâncias que identifiquem ou assemelhem os casos confrontados".

Assim, além da exigência de cotejo analítico entre os julgados na peça recursal, reclama-se ainda a prova do dissídio, por certidão ou indicação do número e da prática do diário oficial ou do repertório autorizado de jurisprudência.

Em geral, a inobservância de algum requisito formal não acarreta necessariamente a inadmissão do recurso, desde que tempestivo, podendo o tribunal *ad quem* desconsiderar o vício ou determinar ao recorrente sua correção, se não for grave, como agora fixa o art. 1.029, § 1°, do CPC/2015, aplicável subsidiariamente ao processo penal: "O Supremo Tribunal Federal e o Superior Tribunal de Justiça poderá desconsiderar vício formal de recurso tempestivo ou determinar sua correção, desde que não o repute grave".

Sobre o procedimento aplicável na hipótese de interposição simultânea de recurso extraordinário e de recurso especial, confira-se a abordagem realizada no tópico 2.2.5, *b*, *supra*, desta Subseção.

Acerca da *inadmissão* do recurso especial pelo Tribunal recorrido, a impugnação cabível contra a decisão da presidência é o *agravo* nos próprios autos para o Superior Tribunal de Justiça (art. 1.042, *caput*, c/c art. 1.030, § 1°, CPC/2015). Para mais detalhes sobre esse ponto, remete-se o leitor ao tópico 2.2.5, *c*, aplicando-se ao recurso especial o mesmo regime próprio do recurso extraordinário. À diferença do que ocorre

---

105. Em idêntico sentido dispunha o art. 26, *caput*, da Lei 8.038/1990, expressamente revogado pelo art. 1.072, IV, do CPC/2015.

Cap. XIX • RECURSOS E AÇÕES AUTÔNOMAS DE IMPUGNAÇÃO

no âmbito do recurso extraordinário, porém, não há a aplicabilidade do recurso de agravo *interno* contra a decisão de negativa de seguimento baseada no art. 1.030, inciso I, alínea *a*, do CPC/2015, pois o fundamento, nesse caso, relaciona-se ao instituto da repercussão geral. Aplica-se o agravo interno, porém, contra a decisão de negativa de seguimento baseada na causa do art. 1.030, inciso I, alínea *b*, do CPC/2015: recurso especial interposto contra acórdão que esteja em conformidade com entendimento do Superior Tribunal de Justiça firmado no julgamento de recursos repetitivos.

Tem-se, portanto, este regime: (i) *o agravo nos próprios autos, para o tribunal superior (STJ), no prazo de 15 (quinze) dias, contra a decisão da presidência do tribunal recorrido que inadmitir o recurso especial, com base na falta de pressuposto ou de condição de admissibilidade;* (ii) *o agravo interno, para o colegiado do tribunal recorrido, no prazo de 15 (quinze) dias, contra a decisão da presidência que negar seguimento ao recurso especial sob o argumento de que o acórdão impugnado está em conformidade com entendimento do STJ exarado no regime de julgamento de recursos repetitivos.*

Admitido o recurso especial pelo tribunal recorrido, e remetidos os autos ao Superior Tribunal de Justiça, o relator fará um primeiro exame de admissibilidade, podendo negar seguimento ao recurso em caso de ausência de pressuposto ou condição de admissibilidade. Caberá contra a decisão monocrática do relator do STJ o recurso de agravo interno (art. 39, Lei nº 8.038/1990, *não* revogada pelo CPC/2015).

Caso o relator do recurso especial entenda que o objeto recursal envolve questão constitucional, aplica-se o disposto no art. 1.032, *caput*, do CPC/2015: "Se o relator, no Superior Tribunal de Justiça, entender que o recurso especial versa sobre questão constitucional, deverá conceder prazo de 15 (quinze) dias para que o recorrente demonstre a existência de repercussão geral e se manifeste sobre a questão constitucional". Nesse caso, deverá o relator do STJ remeter o recurso ao STF, que poderá devolvê-lo, conforme o art. 1.032, parágrafo único, do CPC/2015: "Cumprida a diligência de que trata o caput, o relator remeterá o recurso ao Supremo Tribunal Federal, que, em juízo de admissibilidade, poderá devolvê-lo ao Superior Tribunal de Justiça".

Não aplicado o art. 1.032 do CPC/2015, *ou* devolvido o feito pelo STF (art. 1.032, parágrafo único), a etapa seguinte é o julgamento do mérito do recurso pelo Superior Tribunal de Justiça, o que deverá ocorrer no prazo de 1 (um) ano, com preferência sobre os demais feitos, "ressalvados os que envolvam réu preso e os pedidos de habeas corpus", conforme o art. 1.035, § 9º, do CPC/2015.

3.3. Efeitos

O recurso especial deve ser recebido no efeito devolutivo. Como regra, não há efeito suspensivo, que pode, no entanto, ser atribuído à impugnação com fundamento no art. 995, parágrafo único, do Código de Processo Civil de 2015: "A eficácia da decisão recorrida poderá ser suspensa por decisão do relator, se da imediata produção de seus efeitos houver risco de dano grave, de difícil ou impossível reparação, e ficar demonstrada a probabilidade de provimento do recurso".

Diante do recente julgado da Suprema Corte no HC 126.292/SP, o efeito suspensivo do recurso especial não existe nem mesmo na hipótese de acórdão condenatório em segundo grau, admitindo-se a execução imediata da pena, independentemente da interposição e do processamento da impugnação de natureza excepcional. Com isso, readquire força a Súmula nº 267 do STJ: "A interposição de recurso, sem efeito suspensivo, não obsta a expedição de mandado de prisão". Para mais detalhes sobre a posição da Suprema Corte, remete-se o leitor à Seção sobre a garantia do estado de inocência, no Capítulo III deste Curso.

De toda sorte, mesmo não havendo em regra o efeito suspensivo, poderá este ser excepcionalmente atribuído, como previsto no art. 995, parágrafo único, do CPC/2015, aplicável ao processo penal (art. 3º, CPP).

Disciplinando esse ponto especificamente na esfera dos recursos extraordinário e especial, assim preceitua o art. 1.029, § 5º, do CPC/2015 (redação conferida pela Lei nº 13.256/2016): "O pedido de concessão de efeito suspensivo a recurso extraordinário ou a recurso especial poderá ser formulado por requerimento dirigido: I – ao tribunal superior respectivo, no período compreendido entre a publicação da decisão de admissão do recurso e sua distribuição, ficando o relator designado para seu exame prevento para julgá-lo; II - ao relator, se já distribuído o recurso; III – ao presidente ou vice-presidente do tribunal local, no caso de o recurso ter sido sobrestado, nos termos do art. 1.037; III – ao presidente ou ao vice-presidente do tribunal recorrido, no período compreendido entre a interposição do recurso e a publicação da decisão de admissão do recurso, assim como no caso de o recurso ter sido sobrestado, nos termos do art. 1.037".

Se o efeito suspensivo é admitido em caráter excepcional até mesmo no âmbito do processo civil (art. 995, parágrafo único, c/c art. 1.029, § 5º, CPC/2015), com muito mais razão no processo penal, em que está envolvido o direito à liberdade de locomoção.

4. EMBARGOS DE DIVERGÊNCIA

Os *embargos de divergência* constituem forma de impugnação recursal adequada à uniformização de jurisprudência dentro do Supremo Tribunal Federal e do Superior Tribunal de Justiça, quando haja dissídio entre órgãos fracionários de qualquer desses tribunais, aperfeiçoado em sede de recurso extraordinário ou de recurso especial, conforme o caso.

Como pondera ATHOS CARNEIRO: "A uniformidade das decisões dos tribunais e dos juízes é altamente conveniente à segurança jurídica e, pois, ao interesse público. Aos cidadãos e às pessoas jurídicas, postos em situação de conflito potencial ou efetivo, interessa saber, e muito, as consequências de determinadas condutas na vida pessoal e no âmbito dos negócios. A instabilidade na aplicação do direito é fator de indecisão, e conspira contra o progresso de uma comunidade"[106]. Para tanto é que se disponibiliza às partes o recurso de embargos de divergência.

---

106. CARNEIRO, Athos Gusmão. *Recurso Especial, Agravos e Agravo Interno*. Rio de Janeiro: Forense, 2008, p. 143.

Esse recurso está previsto no art. 29 da Lei nº 8.038/1990: "É embargável, no prazo de quinze dias, a decisão da turma que, em recurso especial, divergir do julgamento de outra turma, da seção ou do órgão especial, observando-se o procedimento estabelecido no regimento interno". A normal legal só contempla os embargos de divergência na esfera do recurso especial.

No âmbito do recurso extraordinário, porém, os embargos de divergência estão disciplinados no art. 330 do Regimento Interno do Supremo Tribunal Federal, estabelecido ao tempo em que a Suprema Corte dispunha de poderes normativos para instituir seus próprios recursos (sob a égide da Constituição de 1967). Confira-se: "Cabem embargos de divergência à decisão de Turma que, em recurso extraordinário ou em agravo de instrumento, divergir de julgado de outra Turma ou do Plenário na interpretação do direito federal".

Anote-se antes de tudo que os embargos só são manejáveis em sede de recurso extraordinário ou de recurso especial (ou agravo contra a decisão de inadmissibilidade de qualquer desses recursos). Isso se explica pelo fato de só essas esferas recursais propiciarem amplitude cognitiva bastante à afirmação de uma tese jurídica abrangente sobre o direito federal.

Assim, ainda que haja divergência entre turmas do Superior Tribunal de Justiça, por exemplo, os embargos não poderão ser manejados em sede de *habeas corpus* nem de mandado de segurança.

No Supremo Tribunal Federal, a divergência poderá ocorrer (art. 330, RISTF): (i) entre julgado de Turma e julgado do Plenário; (ii) entre julgado da 1ª Turma e julgado da 2ª Turma. Em qualquer caso, compete ao Plenário o julgamento dos embargos de divergência.

Como preceitua o art. 331 do RISTF: "A divergência será comprovada mediante certidão, cópia autenticada ou pela citação do repositório de jurisprudência, oficial ou credenciado, inclusive em mídia eletrônica, em que tiver sido publicada a decisão divergente, ou ainda pela reprodução de julgado disponível na internet, com indicação da respectiva fonte, mencionando, em qualquer caso, as circunstâncias que identifiquem ou assemelhem os casos confrontados".

No Superior Tribunal de Justiça, a divergência poderá ocorrer, no que interessa ao processo penal (art. 266, RISTJ): (i) entre julgado da 5ª Turma e julgado da 6ª Turma (a 5ª e 6ª Turmas do STJ são as que têm competência penal); (ii) entre julgado da 5ª ou da 6ª Turma e julgado da 3ª Seção (que reúne a 5ª e a 6ª Turmas); (iii) entre julgado da 5ª ou da 6ª Turma e julgado da 1ª ou da 2ª Seção; (iv) entre julgado da 5ª ou da 6ª Turma e julgado da 1ª, da 2ª, da 3ª ou da 4ª Turma; (v) entre julgado da 5ª ou da 6ª Turma e julgado da Corte Especial.

Nessas hipóteses, a competência para julgar os embargos de divergência é: no ponto (i), da 3ª Seção (divergência entre julgados de Turmas da mesma Seção); no ponto (ii), da 3ª Seção (divergência entre julgado de Turma e julgado da Seção de que faz parte essa Turma); no ponto (iii), da Corte Especial (divergência entre julgado de Turma e de Seção diversa da integrada pela Turma); no ponto (iv), da Corte Especial (divergência entre julgado de Turmas pertencentes a Seções diversas); no ponto (v), da Corte Especial (divergência entre julgado de Turma e julgado da Corte Especial). Todas essas regras encontram-se no art. 266, *caput*, do RISTJ[107].

Sobre o procedimento dos embargos de divergência na Corte Superior, aplicam-se as regras dos §§ 1º a 4º do art. 266 do RISTJ: "§ 1º. A divergência indicada deverá ser comprovada na forma do disposto no art. 255, §§ 1º e 2º, deste Regimento. § 2º. Os embargos serão juntados aos autos independentemente de despacho e não terão efeito suspensivo. § 3º. Sorteado o relator, este poderá indeferi-los, liminarmente, quando intempestivos, ou quando contrariarem Súmula do Tribunal, ou não se comprovar ou não se configurar a divergência jurisprudencial. § 4º. Se for caso de ouvir o Ministério Público, este terá vista dos autos por vinte dias".

SEÇÃO III
Ações Autônomas de Impugnação

SUBSEÇÃO I
Habeas Corpus

1. CONCEITO E PREVISÃO CONSTITUCIONAL

O *habeas corpus* é a ação constitucional adequada ao resguardo da liberdade de locomoção, entendida como o direito de ir, vir e ficar, contra ofensa atual ou potencial. Nos termos do art. 5º, inciso LXVIII, da Constituição, "conceder-se-á *habeas corpus* sempre que alguém sofrer ou se achar ameaçado de sofrer violência ou coação em sua liberdade de locomoção, por ilegalidade ou abuso de poder". Dimensionamento semelhante consta do art. 647 do CPP: "Dar-se-á *habeas corpus* sempre que alguém sofrer ou se achar na iminência de sofrer violência ou coação ilegal na sua liberdade de ir e vir, salvo nos casos de punição disciplinar".

Insere-se o *habeas corpus* na categoria dos chamados *remédios constitucionais*, isto é, ações de caráter mandamental destinadas à proteção mais efetiva de certas situações jurídicas subjetivas. Essas ações integram o regime de direitos e garantias individuais, objeto do art. 5º da Constituição: além do *habeas corpus*, o mandado de segurança, o *habeas data* e o mandado de injunção.

Mais particularmente, trata-se de garantias processuais reforçadas, cada qual vinculada à proteção efetiva de determinado direito subjetivo, de direitos subjetivos de caráter constitucional ou de direitos subjetivos dotados de certo nível de afirmação probatória: para o direito à liberdade de locomoção, a garantia do *habeas corpus*; para direito líquido e certo diverso da liberdade de locomoção, a garantia do mandado de

---

107. Art. 266, RISTJ: "Das decisões da Turma, em recurso especial, poderão, em quinze dias, ser interpostos embargos de divergência, que serão julgados pela Seção competente, quando as Turmas divergirem entre si ou de decisão da mesma Seção. Se a divergência for entre Turmas de Seções diversas, ou entre Turma e outra Seção ou com a Corte Especial, competirá a esta o julgamento dos embargos".

segurança; para o direito de acesso a dados pessoais, o *habeas data*; para os direitos subjetivos cuja efetividade ainda depende de regulamentação legal, o mandado de injunção.

2. NATUREZA JURÍDICA

O *habeas corpus* tem a natureza jurídica de ação autônoma de impugnação, inclusive de decisões judiciais, e não a de recurso, apesar da classificação que lhe reservou o Código de Processo Penal, no Capítulo X do Título II ("DOS RECURSOS EM GERAL")[108]. Como medida apta a impugnar decisão jurisdicional, o *habeas corpus* constitui-se como ação autônoma, pois instaura processo e relação jurídica processual novas.

Com efeito, o *habeas corpus* não faz impugnação do ato decisório dentro do mesmo processo, preservando-se a mesma relação jurídica. Impetrado o *habeas corpus* contra decisão, por exemplo, de juízo federal, instaura-se nova relação jurídica processual entre o impetrante (no polo ativo) e o juízo federal como autoridade impetrada (no polo passivo), aos quais se superpõe o tribunal regional federal competente. Essa relação é diversa daquela própria da ação penal em que proferida a decisão impugnada, entre o Ministério Público (polo ativo), o acusado (polo passivo) e o juízo federal.

Ademais, o *habeas corpus* pode ser impetrado contra atos administrativos e até contra atos de particulares, independentemente, portanto, da existência de qualquer processo, o que igualmente dimensiona esta ação como instituto jurídico diverso dos recursos, embora análogo a estes, com sujeição aos mesmos ou a correlatos princípios.

Tem o *habeas corpus*, ainda, natureza de ação autônoma *mandamental*, que, quando julgada procedente, implica a automática expedição de ordem dirigida ao órgão impetrado, no sentido de imediatamente fazer cessar o constrangimento ilegal ou a ameaça.

3. ESPÉCIES

O *habeas corpus*, conforme a efetividade ou a mera potencialidade da ofensa à liberdade de locomoção, divide-se em duas categorias convencionais, de acordo com a tradicional distinção entre *habeas corpus liberatório* e *habeas corpus preventivo*: o primeiro destinando-se à proteção da liberdade frente a uma ofensa ilegal presente, atual, efetiva; o segundo objetivando a proteção da liberdade frente a uma ofensa iminente, prestes a acontecer, segundo fundado e justificado receio. Nessa lógica, o *habeas corpus liberatório*, uma vez concedido, implica a imediata expedição de alvará de soltura, para a liberação do sujeito ilegalmente preso. Já o *habeas corpus preventivo*, uma vez concedido, implica a expedição de ordem de salvo-conduto, destinada a impedir que a prisão temida se concretize.

Não obstante adequada, essa classificação é incompleta. Isso porque o *habeas corpus* destina-se à proteção da liberdade individual não só contra *prisão* atual ou

---

108. Nesse sentido, Frederico Marques: "Sob o ângulo estritamente processual, o *habeas corpus* não pode qualificar-se como *recurso*, embora assim o conceitue o Cód. de Proc. Penal". Cfr. Marques, José Frederico. *Elementos de Direito Processual Penal*. Rio de Janeiro: Forense, 1965, v. IV, p. 390.

iminente. Para além desse âmbito, a ação é apta a resguardar o direito à liberdade de locomoção até mesmo frente à potencialidade mais distante de ofensa, realizável apenas na hipótese de condenação criminal definitiva. Nesse sentido, a ação é cabível para o questionamento da legalidade de qualquer procedimento criminal que possa conduzir a uma condenação a pena privativa de liberdade, independentemente da atualidade ou da iminência de uma medida prisional. Por essa razão, é mais próprio dizer que o *habeas corpus* se presta a resguardar a liberdade de locomoção, contra lesão ou ameaça (ainda que distante) de lesão.

Sem dúvida, na situação considerada, o *habeas corpus* terá uma feição preventiva. Cuida-se, no entanto, de caráter preventivo remoto, diverso daquele próprio da lesão iminente, que inclusive enseja a expedição de salvo-conduto. No *habeas corpus* em que se objetive a declaração de nulidade ou o trancamento de um processo penal, sem que exista prisão atual ou temida no futuro próximo, não há a expedição de salvo-conduto em caso de concessão da ordem.

Esse contexto nos leva a propor uma classificação que divide o *habeas corpus* em duas categorias: (a) *habeas corpus* destinado à impugnação direta de medida de constrição pessoal, atual ou iminente; (b) *habeas corpus* destinado à impugnação de procedimento criminal ou de ação penal.

3.1. *Habeas Corpus* destinado à impugnação direta de medida de constrição pessoal

3.1.1. Liberatório

O *habeas corpus* diz-se *liberatório* sempre que veicular o objetivo de desconstituição de medida cautelar pessoal que efetivamente já incida sobre o paciente. Tradicionalmente, essa espécie vem sendo compreendida como a adequada à restituição da liberdade de quem já se encontre preso. No entanto, como veremos, o *habeas corpus* presta-se também à desconstituição de medida cautelar diversa da prisão, em que há caráter *restritivo* à liberdade de locomoção. Assim, a propósito, vem entendendo o Supremo Tribunal Federal, sob os fundamentos da restrição à liberdade e da potencialidade de medida prisional na hipótese de descumprimento da cautelar. Nesse caso, parece-nos claro que o *habeas corpus* é de cunho liberatório, uma vez que se trata de medida *atual* e efetivamente *restritiva* do direito (liberdade) cuja proteção se pretende na ação.

No *habeas corpus* liberatório, a concessão da ordem implica a expedição de *alvará de soltura*, em se tratando de prisão, ou de documento análogo apto ao levantamento da medida cautelar de caráter pessoal.

3.1.2. Preventivo

O *habeas corpus* preventivo é cabível na hipótese de fundado receio de prisão, objetivando-se, portanto, a concessão de tutela antecipada, apta a impedir que a medida prisional tida por iminente venha a se concretizar. A concessão da ordem, nessa espécie, implica *normalmente* a expedição de *salvo-conduto*, isto é, do documento que materializa a ordem de que a prisão por certo motivo não seja efetuada, para porte do paciente e apresentação em caso de necessidade. É o que dispõe o art. 660, § 4º, do CPP: "Se a ordem de *habeas corpus* for concedida para evitar ameaça de violência ou coação ilegal, dar-se-á ao paciente salvo-conduto assinado pelo juiz".

A despeito dessa associação entre o *habeas corpus* preventivo e o *salvo-conduto*, não se trata de elemento invariável. Pode ser, com efeito, que o mero recolhimento de mandado de prisão, no caso em que esta já esteja decretada mas ainda não executada, bastará para que a ameaça do constrangimento ilegal desapareça, não havendo necessidade, portanto, da expedição de salvo-conduto[109].

A iminência da prisão pode se caracterizar por diversos elementos, mais ou menos contundentes, que justifiquem o receio. É comum, por exemplo, a impetração de *habeas corpus* preventivo em favor de investigado chamado a depor em Comissão Parlamentar de Inquérito (CPI) na condição de testemunha. O investigado, em procedimento de apuração como aquele conduzido por CPI, dispõe do direito ao silêncio, pois não está obrigado a produzir prova contra si mesmo.

Diante disso, mostra-se corrente a intimação, como testemunha, de pessoa que, na realidade, é investigada no inquérito parlamentar, para que desse modo se firme a obrigação de depor, sob pena de prisão por falso testemunho. O investigado, por outro lado, tem o direito à assistência por advogado, inclusive à comunicação com este durante a sessão, o que pode ser igualmente assegurado em sede de *habeas corpus* preventivo. Como decidiu o Plenário do Supremo Tribunal Federal no HC 100.200/DF (STF, Tribunal Pleno, Rel. Min. Joaquim Barbosa, julgamento em 08.04.2010, DJ de 27.08.2010): "É jurisprudência pacífica desta Corte a possibilidade de o investigado, convocado para depor perante CPI, permanecer em silêncio, evitando-se a auto-incriminação, além de ter assegurado o direito de ser assistido por advogado e de comunicar-se com este durante a sua inquirição. Precedentes. Considerando a qualidade de investigado convocado por CPI para prestar depoimento, é imperiosa a dispensa do compromisso legal inerente às testemunhas. Direitos e garantias inerentes ao privilégio contra a auto-incriminação podem ser previamente assegurados para exercício em eventuais reconvocações. Precedentes. Ordem concedida".

Assim, pode ser impetrado *habeas corpus* para a expedição de salvo-conduto em favor do investigado, de modo a evitar que a ameaça de prisão, presente no fato de a convocação haver se dado para depoimento como testemunha, se concretize. De toda sorte, *mesmo à testemunha* o Supremo Tribunal Federal tem reconhecido a possibilidade de invocação do direito ao silêncio, sempre que a resposta a determinada pergunta possa levar o depoente à autoincriminação.

---

109. Nesse sentido, Frederico Marques: "Nem sempre o *habeas corpus* preventivo torna necessária a expedição de salvo-conduto. Em alguns casos, basta que se recolha o mandado de prisão. Em outros, a simples ordem da terminação do processo, ou da anulação do ato que constitua ameaça à liberdade de ir e vir, são providências mais que suficientes para pôr-se termo à ameaça que pesa sobre o paciente". Marques, José Frederico. *Elementos de Direito Processual Penal*. Rio de Janeiro: Forense, 1965, v. IV, p. 420.

Com esse sentido, refira-se o julgado do Plenário da Suprema Corte no HC 79.812/SP (STF, Tribunal Pleno, HC 79.812, Rel. Min. CELSO DE MELLO, julgamento em 08.11.2000, DJ de 16.02.2011): "O privilégio contra a auto-incriminação – que é plenamente invocável perante as Comissões Parlamentares de Inquérito – traduz direito público subjetivo assegurado a qualquer pessoa, que, na condição de testemunha, de indiciado ou de réu, deva prestar depoimento perante órgãos do Poder Legislativo, do Poder Executivo ou do Poder Judiciário. – O exercício do direito de permanecer em silêncio não autoriza os órgãos estatais a dispensarem qualquer tratamento que implique restrição à esfera jurídica daquele que regularmente invocou essa prerrogativa fundamental. Precedentes. O direito ao silêncio – enquanto poder jurídico reconhecido a qualquer pessoa relativamente a perguntas cujas respostas possam incriminá-la (nemo tenetur se detegere) – impede, quando concretamente exercido, que aquele que o invocou venha, por tal específica razão, a ser preso, ou ameaçado de prisão, pelos agentes ou pelas autoridades do Estado". Na mesma trilha, consulte-se, mais recente, a decisão da Segunda Turma no HC 119.941/DF (STF, 2ª Turma, HC 119.941, Rel. Min. CÁRMEN LÚCIA, julgamento em 25.03.2014, DJ de 29.04.2014).

Em outras hipóteses, a iminência da medida é bem mais concreta, como no caso em que a prisão já foi judicialmente decretada, mas ainda não cumprida. Em tal caso, a jurisprudência do STF e a do STJ firmaram orientação no sentido de que é legítima a fuga do sujeito enquanto questiona a legalidade da prisão. Não se justifica, nessa hipótese, a prisão para garantia de aplicação da lei penal. Distingue-se a fuga do sujeito após o suposto cometimento do crime, que justifica a prisão cautelar, da fuga destinada a impedir a efetivação de uma medida privativa de liberdade reputada ilegal e questionada pelo sujeito mediante o instrumento próprio, precisamente o *habeas corpus*.

Nessa esteira, refira-se o julgado da Primeira Turma do STF no HC 87.838/RR (STF, 1ª Turma, HC 87.838, Rel. Min. CEZAR PELUSO, julgamento em 23.03.2006, DJ de 04.08.2006): "1. Prisão preventiva. Decreto fundado na gravidade do delito. Inadmissibilidade. Razão que não autoriza a prisão cautelar. Constrangimento ilegal caracterizado. HC concedido. Precedentes. 2. Prisão preventiva. Fuga do réu do distrito da culpa. Fato irrelevante. Precedentes. É legítima a fuga do réu para impedir prisão preventiva que considera ilegal, porque não lhe pesa ônus de se submeter a prisão cuja legalidade pretende contestar. Daí, a fuga não justificar a decretação da prisão preventiva". [destacamos]

Se a ameaça de prisão concretiza-se durante a tramitação do *habeas corpus* preventivo, este se converte automaticamente em *liberatório*. Não há, na espécie, necessidade de impetração de novo *habeas corpus*. Nessa direção, eis o julgado do Plenário do STF no HC 95.009/SP (STF, Tribunal Pleno, HC 95.009, Rel. Min. EROS GRAU, julgamento em 06.11.2008, DJ de 19.12.2008): "O habeas corpus preventivo diz com o futuro. Respeita ao temor de futura violação do direito de ir e vir. Temor que, no caso, decorrendo do conhecimento de notícia veiculada em jornal de grande circulação, veio a ser concretizado. Justifica-se a conversão do habeas corpus preventivo em liberatório em razão da amplitude do pedido judicial e porque abrange a proteção mediata e imediata do direito de ir e vir".

Cap. XIX • RECURSOS E AÇÕES AUTÔNOMAS DE IMPUGNAÇÃO

3.2. *Habeas Corpus* destinado à impugnação de procedimento ou de ação penal

Nos termos do art. 651 do CPP, "a concessão do *habeas corpus* não obstará, nem porá termo ao processo, desde que este não esteja em conflito com os fundamentos daquela". Acerca da ressalva contida na parte final do dispositivo, portanto, pode ser que o próprio fundamento afete diretamente a própria validade ou a justa causa *do processo penal*, que está sujeito, nessas hipóteses, à extinção ou ao encerramento anômalos ou prematuros, por força da decisão concessiva de *habeas corpus*.

No que tange em particular à validade (art. 648, VI, CPP), dispõe o art. 652 do CPP que, "se o *habeas corpus* for concedido em virtude de nulidade do processo, este será renovado", o que representa nada mais que aplicação, à esfera do *habeas corpus*, da regra geral relativa aos efeitos da invalidação de atos processuais, inscrita no art. 573, *caput*, do CPP.

O *habeas corpus*, assim, é também instrumento adequado à declaração de nulidade ou ao trancamento de procedimento investigativo ou de ação penal, independentemente da atualidade ou da iminência de prisão ou outra medida cautelar de caráter pessoal.

Dizemos, nesse ponto, que o *habeas corpus* se presta a resguardar a liberdade de locomoção frente a uma ameaça remota, fundada na existência de um procedimento investigativo ou de processo penal de alguma forma viciado (nulidade) ou sem justa causa (em sentido amplo, abrangendo a falta de qualquer condição essencial da ação).

A título de exemplo, o processo instaurado a partir de denúncia inepta é processo nulo desde a origem, cabendo o *habeas corpus* para o fim de, reconhecida a inaptidão formal da inicial acusatória, obter-se a declaração de nulidade.

Por outro lado, a ação penal sem justa causa (por exemplo, atipicidade penal do fato, ausência de lastro probatório mínimo, extinção da punibilidade) enseja o *trancamento*, entendido como a ordem de *encerramento*, do processo penal, em sede de *habeas corpus*. Detalharemos a abordagem dos efeitos da decisão de trancamento ainda nesta Subseção.

4. CONDIÇÕES DA AÇÃO DE *HABEAS CORPUS*

4.1. Cabimento

O cabimento do *habeas corpus* pode ser dimensionado nas vertentes *negativa* e *positiva*. A primeira diz respeito a caso de vedação excepcional do cabimento do *habeas corpus* mesmo diante de hipótese de constrangimento ilegal à liberdade de locomoção. A segunda, por sua vez, reúne as hipóteses legais de cabimento, que consistem em situações legalmente configuradas como coação ou constrangimento ilegal à liberdade de locomoção, todas discriminadas no art. 648 do CPP.

4.1.1. *Vertente negativa*

Trata-se aqui da vedação constitucional do *habeas corpus* na hipótese de prisão imposta em decorrência de transgressão disciplinar militar. A esse respeito, dispõe o art.

142, § 2º, da Constituição do Brasil: "Não caberá *habeas corpus* em relação a punições disciplinares militares". Essa ressalva consta também da parte final do art. 647 do CPP.

A vedação excepcional justifica-se pelos princípios de hierarquia e disciplina que regem as instituições militares, âmbito em que medidas prisionais podem ser impostas como sanções administrativas disciplinares. De toda sorte, advirta-se que a vedação abrange apenas o *mérito* da punição disciplinar, algo compreendido na esfera da discricionariedade do órgão próprio das forças armadas, a partir da análise da prática de infração militar. A *legalidade* da prisão, entretanto, pode sim ser questionada em sede de *habeas corpus*[110].

Nesse sentido, tem-se o julgado da Primeira Turma do Supremo Tribunal Federal no HC 70.648/RJ (STF, 1ª Turma, HC 70.648, Rel. Min. MOREIRA ALVES, julgamento em 09.11.1993, DJ de 04.03.1994), entendendo que o *habeas corpus* é cabível para examinar os quatro pressupostos de legalidade das transgressões disciplinares militares: a hierarquia, o poder disciplinar, o ato ligado à função e a pena suscetível de ser aplicada disciplinarmente[111].

Não é diversa a orientação do Superior Tribunal de Justiça, como revela o julgado da Quinta Turma no HC 129.466/RO (STJ, 5ª Turma, HC 129.466, Rel. Min. FELIX FISCHER, julgamento em 03.11.2009, DJ de 01.02.2010): "Esta e. Corte entendeu, por ocasião do julgamento do HC 80.852/RS, que 'a punição disciplinar por transgressão militar tem a natureza jurídica de ato administrativo, e o seu exame, por meio de habeas corpus, embora possível, fica restrito à regularidade formal do ato (competência, cerceamento de defesa, cumprimento de formalidades legais)'".

Assim, questões como a prisão imposta por autoridade incompetente, a prisão fora das hipóteses previstas na lei específica ou o excesso de prazo da prisão podem ser objeto de impugnação por meio de *habeas corpus*, pois em qualquer desses casos não se discute o mérito da infração disciplinar nem o da respectiva punição, mas apenas a legalidade da privação de liberdade.

4.1.2. Vertente positiva: a liberdade como objeto de proteção no habeas corpus

Como em qualquer ação judicial, a aferição do cabimento do *habeas corpus* se dá *in statu assertionis*, isto é, de acordo com o que estiver deduzido pelo impetrante na inicial. Cuida-se, portanto, de aferição do cabimento da *hipótese*, independentemente de sua procedência, reservada ao mérito da demanda.

---

110. Com esse entendimento, ADA GRINOVER, GOMES FILHO e SCARANCE FERNANDES: "O que parece mais razoável é impedir, através do *habeas corpus*, o exame do mérito da punição disciplinar, não a análise de sua legalidade". Cfr. GRINOVER, Ada Pellegrini / GOMES FILHO, Antonio Magalhães / FERNANDES, Antonio Scarance. *Recursos no Processo Penal*. São Paulo: Revista dos Tribunais, 2011, p. 276.

111. "'Habeas corpus'. O sentido da restrição dele quanto às punições disciplinares militares (artigo 142, par. 2., da Constituição Federal). – O entendimento relativo ao par.20 do artigo 153 da Emenda Constitucional n. 1/69, segundo o qual o princípio, de que nas transgressões disciplinares não cabia 'habeas corpus', não impedia que se examinasse, nele, a ocorrência dos quatro pressupostos de legalidade dessas transgressões (a hierarquia, o poder disciplinar, o ato ligado a função e a pena susceptível de ser aplicada disciplinarmente), continua válido para o disposto no par. 2. do artigo 142 da atual Constituição que é apenas mais restritivo quanto âmbito dessas transgressões disciplinares, pois limita as de natureza militar."

De acordo com o art. 647 do CPP, "dar-se-á **habeas corpus** sempre que alguém sofrer ou se achar na iminência de sofrer violência ou coação ilegal na sua liberdade de ir e vir, salvo nos casos de punição disciplinar".

Nesse particular, o impetrante deve deduzir na inicial uma hipótese de constrangimento ilegal, atual ou potencial, à liberdade de locomoção. Uma vez descrita hipótese assim, o *habeas corpus* tem-se por cabível, ficando o exame sobre a procedência da causa de pedir reservado à etapa da análise de mérito. O *habeas corpus* não é cabível, por outro lado, se deduzida uma hipótese de constrangimento ilegal a direito diverso da liberdade de locomoção. Nesse caso, nem mesmo em tese a ação de *habeas corpus* é adequada à proteção do suposto direito afirmado pelo impetrante.

a) habeas corpus e pena de multa

Distinguem-se, na espécie, duas hipóteses: (i) *habeas corpus* impetrado para a anulação ou o trancamento de processo penal que tenha por objeto infração a que seja cominada exclusivamente a pena de multa; (ii) *habeas corpus* impetrado contra decisão condenatória a pena de multa (exclusivamente).

Em ambas as hipóteses, não há qualquer potencialidade de ofensa à liberdade individual de locomoção.

A pena de multa tem caráter exclusivamente pecuniário, sem repercussões na esfera do direito de ir, vir e ficar. Assim, a impugnação de processo que tenha por objeto infração penal a que seja cominada somente a pena de multa pode ocorrer por mandado de segurança, na hipótese de direito líquido e certo e se não couber recurso com efeito suspensivo em face do ato (para detalhes a respeito, confira-se o tópico reservado ao mandado de segurança), mas não por *habeas corpus*.

Do mesmo modo sucede com a impugnação de sentença que condene o indivíduo apenas ao pagamento de multa. Nesse sentido é a orientação jurisprudencial consolidada na Súmula n° 693 do STF: "Não cabe *habeas corpus* contra decisão condenatória a pena de multa, ou relativo a processo em curso por infração penal a que a pena pecuniária seja a única cominada".

Deve-se concluir o mesmo quanto às penas restritivas de direitos, que tampouco encerram repercussões à esfera da liberdade de locomoção, *desde que não haja a potencialidade de conversão em pena privativa de liberdade*. Cuida-se aqui, à vista do regime atual, apenas da hipótese do crime de uso de drogas, definido no art. 28 da Lei n° 11.343/2006.

Não ingressaremos na polêmica doutrinária de se o tipo em questão constitui mesmo crime ou se apenas infração administrativa. Adotamos a corrente a sustentar que se trata de crime, a que são cominadas somente penas restritivas de direitos, ao menos à vista do regime atual. As penas aplicáveis são as de advertência sobre os efeitos das drogas (I), prestação de serviços à comunidade (II), medida educativa de comparecimento a programa ou curso educativo (III). Por mais que se possa defender o contrário, não vemos em qualquer dessas medidas caráter constritivo da liberdade individual.

Fique registrado, de toda sorte, que a Suprema Corte caminha para a descriminalização da conduta de porte de drogas para uso pessoal, como sinalizado pelo início e o estado atual do julgamento do RE 635.659/SP (STF, Tribunal Pleno, Rel. Min. GILMAR MENDES).

b) *habeas corpus impetrado para questionar a legalidade de medida cautelar de caráter pessoal diversa da prisão (art. 319, CPP)*

As medidas cautelares de caráter pessoal diversas da prisão, objeto do art. 319 do CPP, implicam certo grau de restrição à liberdade individual. Trata-se (i) da obrigação de comparecimento periódico em juízo, (ii) da proibição de acesso ou de frequência a determinados lugares, (iii) da proibição de manter contato com pessoa determinada, (iv) da proibição de ausentar-se da Comarca, (v) da suspensão do exercício de função pública ou de atividade econômica ou financeira, (vi) da fiança, (vii) da monitoração eletrônica e (viii) da proibição de ausentar-se do País.

É certo, porém, que medidas como a suspensão do exercício de função pública ou de atividade econômica ou financeira (art. 319, VI) e a fiança (art. 319, VIII) poderiam suscitar discussões quanto ao seu *real* e *direto* caráter restritivo à liberdade individual.

Deve-se, porém, considerar que: (a) no primeiro caso, cuida-se de impedimento incidente sobre a liberdade de exercício profissional, com claras restrições, ainda que de menor entidade e grau, ao direito de ir, vir e ficar, no que concerne a essa esfera específica; (b) a fiança normalmente vem associada a outras medidas cautelares de restrição da liberdade, como a obrigação de comparecimento periódico em juízo ou a proibição de ausentar-se da Comarca.

Não fosse isso, porém, haveria ainda a se considerar a potencialidade de prisão na hipótese de descumprimento da medida cautelar alternativa (art. 312, parágrafo único, CPP). Assim, mesmo que por hipótese a decretação da medida prisional derive de conduta do próprio sujeito, há a potencialidade de privação da liberdade individual *associada* à imposição da medida cautelar alternativa. Paira sobre o indivíduo sujeito à medida cautelar alternativa, assim, a ameaça de prisão, conformando-se, desta sorte, a essência do cabimento do *habeas corpus*.

A Suprema Corte, em pelo menos duas oportunidades, já decidiu pelo cabimento do *habeas corpus* para impugnar a aplicação de medida cautelar de caráter pessoal diversa da prisão. Confira-se, nesse sentido: STF, 2ª Turma, HC 121.089/AP, Rel. Min. GILMAR MENDES, julgamento em 16.12.2014, DJ de 17.03.2015[112]; STF, 2ª Turma, RHC 121.046, Rel. Min. DIAS TOFFOLI, julgamento em 14.04.2015, DJ de 26.05.2015[113].

---

112. "Habeas Corpus. 2. Cabimento. Proteção judicial efetiva. As medidas cautelares criminais diversas da prisão são onerosas ao implicado e podem ser convertidas em prisão se descumpridas. É cabível a ação de habeas corpus contra coação ilegal decorrente da aplicação ou da execução de tais medidas. 3. Afastamento cautelar de funcionário público. Conselheiro de Tribunal de Contas. Excesso de prazo da medida. Ausência de admissão da acusação. Há excesso de prazo no afastamento cautelar de Conselheiro de Tribunal de Contas, por mais de dois anos, sem que a denúncia tenha sido admitida. 4. Ação conhecida por maioria. Ordem concedida".

113. "Habeas corpus. Ato impugnado. Medida cautelar diversa da prisão (art. 319, III, CPP). Meio idôneo para questionar a sua legalidade. Proibição de a recorrente manter contato com o companheiro preso.

Cap. XIX · RECURSOS E AÇÕES AUTÔNOMAS DE IMPUGNAÇÃO 1403

O Superior Tribunal de Justiça, por seu turno, já adotou ao menos parcialmente a mesma lógica, como revela este julgado da Sexta Turma, tomado ainda antes do advento da Lei nº 12.403/2011, mas em relação à medida hoje prevista no art. 320 do CPP, qual seja, a retenção de passaporte (STJ, 6ª Turma, HC 128.938/SP, Rel. Des. Conv. CELSO LIMONGI, julgamento em 04.08.2009, DJ de 24.08.2009)[114]. Sucedeu algo parecido quanto à medida cautelar de afastamento de funcionário público do cargo, hoje prevista no art. 319, VI, do CPP (STJ, 6ª Turma, HC 128.599/PR, Rel. Min. MARIA THEREZA DE ASSIS MOURA, julgamento em 07.12.2010, DJ de 17.12.2010[115]).

De outro lado, dá-se o mesmo quanto às medidas protetivas de urgência aplicáveis ao domínio da violência doméstica e familiar contra a mulher, objeto do art. 22, *caput*, incisos II, III e IV, da Lei nº 11.340/2006: afastamento do lar, domicílio ou local de convivência com a ofendida (II); proibição de aproximação da ofendida, de seus familiares e das testemunhas (III, *a*); proibição de contato com a ofendida, seus familiares ou testemunhas por qualquer meio de comunicação (III, *b*); proibição de frequência a determinados lugares (III, *c*); restrição ou suspensão de visitas aos dependentes menores (IV). Além da restrição de liberdade própria de tais medidas, há ainda a potencialidade de prisão preventiva decretada em virtude da hipótese de seu descumprimento (artigos 313, *caput*, III, e 312, CPP).

Por fim, deixou-se de mencionar, entre as medidas contempladas no art. 319 do CPP, aquelas objeto dos incisos V e VII: recolhimento domiciliar no período noturno e nos dias de folga (V) e internação provisória do acusado (VII). É que tais medidas revelam-se efetivamente *prisionais*, ainda que em menor grau que o da prisão preventiva. A esse respeito, portanto, não pode haver dúvida quanto ao cabimento do *habeas corpus* contra a decisão que decretar qualquer delas.

c) habeas corpus impetrado quando já extinta a pena privativa de liberdade

A pena integralmente cumprida pelo condenado deve ser declarada extinta pelo juízo da execução penal. Uma vez extinta a pena cumprida, não subsiste

---

Admissibilidade (...) 1. O habeas corpus constitui meio idôneo para discutir a legalidade da medida cautelar de proibição de se manter contato com pessoa determinada (art. 319, III, CPP). 2. Trata-se de medida cautelar diversa da prisão que incide em menor – mas não menos relevante – grau na liberdade de locomoção do imputado e importa restrição a seu direito de ir, vir e permanecer. 3. Não bastasse isso, seu eventual descumprimento poderá ensejar a decretação da prisão preventiva (arts. 282, § 4º, e 312, parágrafo único, CPP), a justificar o cabimento do habeas corpus".

114. "1. O paciente, devidamente autorizado, viajou para a Suíça e cumpriu, no retorno, o compromisso de comparecer à Justiça Federal e apresentar seu passaporte. 2. É indevida a retenção desse documento, pois não há lei que a autorize, ao mesmo tempo que a Constituição Federal, em seu artigo 5º, inciso XV, preceitua que 'é livre a locomoção no território nacional em tempo de paz, podendo qualquer pessoa, nos termos da lei, nele entrar, permanecer ou dele sair com seus bens. 3. O novo termo de compromisso assinado pelo paciente não reitera a obrigação de devolver à Justiça Federal seu passaporte, de modo que o presente remédio é hábil a reparar essa coação ilegal violadora do direito de ir e vir, ainda que de modo oblíquo. 4. Ordem concedida, para determinar a entrega definitiva do passaporte".

115. Nesse julgado, o STJ concedeu a ordem por considerar indevido o exercício de poder geral de cautela no processo penal, já que, ao tempo do julgamento (dezembro de 2010), a medida de suspensão de função pública não estava contemplada como medida cautelar pessoal típica, algo só ocorrido com o advento da Lei 12.403/2011. Seja como for, reconheceu-se o habeas corpus como via adequada à revogação da medida de afastamento de funcionário do cargo público.

qualquer potencialidade de ofensa à liberdade de locomoção, a não ser que o sujeito continue preso.

Extinta a pena e liberado o indivíduo, eventual constrangimento ilegal já se consumou e se exauriu, não havendo mais a possibilidade jurídica de impetração de *habeas corpus* para impugnar a sentença condenatória ou atos do juízo da execução penal.

A ofensa ao *status dignitatis*, decorrente de uma condenação indevida (por injusta ou porque exarada em processo nulo), poderá ser discutida em sede de revisão criminal, mas não por meio de *habeas corpus*. É o entendimento consolidado na Súmula nº 695 do STF: "Não cabe *habeas corpus* quando já extinta a pena privativa de liberdade".

d) habeas corpus impetrado para anular ou trancar processo penal suspenso com base no art. 89 da Lei nº 9.099/1995

O *habeas corpus* presta-se a questionar a validade ou a justa causa de processo penal, ainda que este esteja condicionalmente suspenso com base no art. 89 da Lei nº 9.099/1995.

Mesmo que o sujeito aceite a proposta de suspensão processual, assim, poderá por meio de *habeas corpus* discutir nulidade processual ou buscar o trancamento do processo por falta de justa causa. Isso porque a suspensão é *condicional*, podendo ser desfeita na hipótese de descumprimento das condições, o que gera a potencialidade de condenação futura a pena privativa de liberdade. Há, assim, hipótese de ameaça à liberdade de locomoção. De resto, se o processo padece de justa causa ou de nulidade absoluta, a própria suspensão condicional nele aplicada não tem razão de ser.

Orienta-se nesse sentido a jurisprudência do Supremo Tribunal Federal, a exemplo do julgado da Segunda Turma no RHC 82.365/SP (STF, 2ª Turma, RHC 82.365, Rel. Min. Cezar Peluso, julgamento em 27.05.2008, DJ de 27.06.2008): "A aceitação de proposta de suspensão condicional do processo não subtrai ao réu o interesse jurídico para ajuizar pedido de habeas corpus para trancamento da ação penal por falta de justa causa". Igualmente, eis o julgado da Segunda Turma do STF no HC 88.393/RJ (STF, 2ª Turma, HC 88.393, Rel. Min. Cezar Peluso, julgamento em 03.04.2007, DJ de 08.06.2007): "Não se cogita de suspensão condicional do processo, quando, à vista da atipicidade da conduta, a denúncia já devia ter sido rejeitada".

O Superior Tribunal de Justiça tem o mesmo entendimento, como revela o julgado da Quinta Turma no HC 245.677/RJ (STJ, 5ª Turma, HC 245.677, Rel. Min. Jorge Mussi, julgamento em 18.09.2013, DJ de 18.09.2013): "A aceitação da suspensão condicional do processo não prejudica a análise de habeas corpus em que se pleiteia o trancamento da ação penal, pois durante todo o período de prova o acusado fica submetido ao cumprimento das condições impostas, cuja inobservância enseja o restabelecimento do curso do processo".

Em sentido contrário, porém, já se posicionou a Sexta Turma do STJ, no julgado do AGRHC 180.119/SP (STJ, 6ª Turma, AGRHC 180.119, Rel. Min. Maria Thereza de Assis Moura, julgamento em 14.05.2013, DJ de 23.05.2013): "1 - Nos termos de iterativa jurisprudência desta Corte, efetivada suspensão condicional do processo (art. 89 da Lei nº 9.099/1995), fica prejudicado, por falta de objeto, o habeas corpus que visa o trancamento da ação penal".

4.1.3. Hipóteses de Constrangimento Ilegal (art. 648, CPP)

O cabimento do *habeas corpus*, em sua forma positiva, afere-se essencialmente pelas hipóteses de constrangimento ou coação ilegal discriminadas no art. 648 do CPP. Algumas dessas hipóteses são mais genéricas, como a falta de justa causa (i) e a nulidade do processo (vi); outras mais específicas, como o excesso de prazo (ii) e a negativa de fiança (v).

Pode-se até discutir se o rol seria exemplificativo ou taxativo, caso em que a amplitude da proteção à liberdade individual de locomoção recomendaria concluir pela primeira via. De toda sorte, a amplitude da fórmula legal inscrita no art. 648, inciso I, ou seja, o constrangimento ilegal por *falta de justa causa*, confere à previsão abrangência bastante para não deixar descoberta, a nosso juízo, qualquer hipótese de ofensa ao direito de ir, vir e ficar. Esclarecido esse ponto, examina-se a seguir cada uma das situações de constrangimento ou coação ilegal.

a) falta de justa causa (art. 648, I, CPP)

O art. 648, inciso I, do CPP contempla a hipótese de constrangimento ilegal por *falta de justa causa*. De acordo com FREDERICO MARQUES: "...faltará justa causa para a coação, sempre que esta se apresente *contra jus* (...) O ato coativo não pode ser contra a lei e nesta encontrar, até mesmo, dispositivo que o ampare: se, apesar disso, o constrangimento vulnerar princípio geral da ordem jurídica vigente, causando assim moléstia injusta ao direito de locomoção, haverá *coação ilegal*"[116].

A justa causa, como motivo de constrangimento ou coação ilegal sanável por *habeas corpus*, pode *faltar*: (i) a uma medida prisional, isto é, privativa de liberdade (prisão provisória ou prisão definitiva); (ii) a uma medida cautelar pessoal diversa da prisão; (iii) a uma medida cautelar probatória (por exemplo, busca e apreensão, quebra de sigilo telefônico, bancário, fiscal); (iv) a um procedimento de investigação criminal (por exemplo, o inquérito policial); (v) a um processo penal.

Nas hipóteses especificadas em (i) e (ii), o constrangimento ilegal à liberdade de locomoção pode ser atual ou iminente, ensejando a impetração de *habeas corpus* liberatório ou preventivo, respectivamente. Já nas hipóteses discriminadas em (iii), (iv) e (v), a ofensa à liberdade de locomoção se dá no plano da *potencialidade*, como ameaça mais distante, quando do encerramento da medida, procedimento ou processo impugnado. A ilegalidade de uma medida cautelar como a busca e apreensão é impugnável e sanável por *habeas corpus*, se faltar justa causa ao ato, porque essa diligência pode conduzir à coleta de elementos de prova (buscados e apreendidos) aptos a embasar uma condenação a pena privativa de liberdade contra o sujeito.

Assim, se a medida for ilegal, por carecer de justa causa, poderá ser desconstituída em sede de *habeas corpus*, justificado pela ameaça de constrangimento ilegal à liberdade de locomoção, ao final do processo penal instaurado sob a base do material

---

116. MARQUES, José Frederico. *Elementos de Direito Processual Penal*. Rio de Janeiro: Forense, 1965, v. IV, p. 397.

coletado no cumprimento da diligência cautelar. O mesmo se diga quanto ao indiciamento em procedimento de investigação criminal, que, se carente de justa causa, poderá conduzir no futuro a um constrangimento *ilegal* à liberdade de locomoção. De igual modo, com mais razão ainda, acontece quanto à instauração de processo penal, sempre que careça de justo motivo, o que poderá acarretar uma condenação ilegal a pena privativa de liberdade.

Nessas condições, no que concerne à prisão ou às medidas cautelares pessoais alternativas, o *habeas corpus*, sob o fundamento do art. 648, I, do CPP (falta de justa causa), pode servir: (a) à impugnação de ato que negue liberdade provisória, independentemente do pagamento de fiança (para a negativa de liberdade provisória com fiança, há a hipótese específica de constrangimento ilegal prevista no art. 648, V); (b) à impugnação de ato que negue o relaxamento de prisão em flagrante ilegal, por ausência de estado de flagrância (falta de justa causa para a prisão em flagrante); (c) à impugnação de ato que decrete prisão temporária ou prisão preventiva sem que exista qualquer dos motivos legais autorizadores (falta de justa causa para a prisão provisória, temporária ou preventiva); (d) à impugnação de ato que decrete medida cautelar diversa da prisão, mesmo não havendo motivo idôneo para tanto (falta de justa causa para a medida cautelar pessoal alternativa à prisão); (e) à decretação de prisão como consequência de condenação definitiva (prisão-pena).

Assevere-se que o *habeas corpus* se destina a impugnar a prisão ilegal, podendo a ilegalidade ocorrer na origem ou na continuidade da medida. Quanto ao ponto (a) acima, a liberdade provisória sem fiança é cabível nos casos de prisão em flagrante em tese legal, mas cuja *continuidade* não se mostra necessária. Assim, se o objetivo é o de obter liberdade provisória, o acusado deve antes de tudo postulá-la ao juízo competente. Nesse caso, o juiz, ao invés de converter a prisão em flagrante em prisão preventiva, poderá conceder ao acusado a liberdade provisória, independentemente do pagamento de fiança. Não há aí, antes da decisão do juízo competente quanto à *continuidade da prisão*, qualquer ilegalidade, se o objetivo é apenas o de conseguir a liberdade provisória, que pressupõe a legalidade em tese da prisão na sua origem.

É incabível, assim, a impetração de *habeas corpus* para impugnar a prisão se o pedido for exclusivamente o de liberdade provisória. Agora, se o juízo competente nega a liberdade provisória, decidindo pela conversão da prisão em flagrante em prisão preventiva, já aí haverá uma ilegalidade presente na continuação da medida prisional, o que possibilita a impugnação desse ato judicial por meio de *habeas corpus*. Por isso é que, no item (a), se dimensionou o *habeas corpus* como impugnação do ato judicial que nega a liberdade provisória, cujo fundamento (hipótese de constrangimento ilegal) será precisamente a falta de justa causa para a continuação da medida prisional. Em tal caso, o *habeas corpus*, contra ato de juiz singular, deve ser impetrado perante o tribunal de segundo grau.

Por outro lado, quanto ao item (b) acima, se a impugnação é da própria prisão em flagrante, por não haver qualquer das situações de flagrância legalmente moldadas, a providência judicial cabível é o relaxamento da medida ilegal. Pode-se falar, no caso, de ilegalidade do flagrante, por falta de justa causa, a ensejar o relaxamento da prisão respectiva. Basta, assim, que se postule ao juízo competente o relaxamento, não havendo ainda a necessidade de impetração de *habeas corpus*, que, de toda sorte, se mostra cabível, ante o constrangimento à liberdade de locomoção representado pelo flagrante ilegal (aliás, o pedido de relaxamento, na espécie, terá autêntica essência de *habeas corpus*). Neste caso, o *habeas corpus* será impetrado contra o ato da autoridade que realizou a autuação em flagrante, perante o juízo singular competente. Insistimos, porém, que em tal hipótese basta postular ao juízo competente o relaxamento da prisão. Negado o relaxamento pelo juízo, aí sim assoma a importância prática do *habeas corpus*, como instrumento de impugnação do ato perante o tribunal de segunda instância.

Por seu turno, quanto aos pontos (c), (d) e (e) acima, a decretação judicial de prisão ou de outra medida pessoal restritiva de liberdade sem justo motivo enseja a impugnação do ato por meio de *habeas corpus*. A falta de motivo que autoriza a medida já a contamina desde a origem. Assim, não há a necessidade de que o sujeito, antes de impugnar a decisão por *habeas corpus*, peça a revogação da medida pelo próprio juízo que a decretou, a menos que o fundamento do pedido seja a *insubsistência* dos motivos autorizadores da prisão (hipótese examinada abaixo, quanto à previsão do art. 648, IV).

Uma coisa é alegar que os motivos da prisão nunca existiram, sendo a medida ilegal desde a sua origem. Nesse caso, o próprio ato judicial de decretação mostra-se em tese ilegal e, portanto, sujeito à impugnação por *habeas corpus*.

Outra coisa é alegar que os motivos que autorizaram a prisão, se é que um dia existiram, não mais subsistem. Nesse caso, impugna-se a *continuidade* da prisão, objetivando-se a sua revogação. Não havendo ilegalidade da prisão em sua origem, é preciso antes de tudo pedir ao juízo competente que *revogue* a medida, antes da impetração de *habeas corpus* perante o tribunal. A ilegalidade só acontece se o juízo negar a revogação, com o que se estabelece a falta de justo motivo para a continuidade da medida. De outra parte, postular ao tribunal a revogação de prisão preventiva (por exemplo) sem que antes o juízo da causa haja examinado esse ponto representaria, se admitida a ação sob a essa base, supressão de instância.

Estudados esses pontos relevantes quanto à impugnação de prisão ou outra medida restritiva de liberdade, examina-se a seguir o *habeas corpus* impetrado para questionar a legalidade de medida cautelar probatória, de procedimento de investigação criminal ou de processo penal.

Aqui cabe uma distinção relevante.

Se a alegação é de vício apenas formal no processo, a hipótese diz-se de *invalidação*, incidindo o art. 648, VI, do CPP: constrangimento ilegal por ser o processo manifestamente nulo. Sirva de exemplo o caso de realização de audiência sem a intimação nem a presença do defensor constituído do acusado. Nesse caso, o processo nulo, por cerceamento de defesa, poderá no futuro acarretar uma privação ilegal da liberdade de locomoção.

Se, entretanto, a hipótese for de falta de justo motivo para a própria existência do procedimento de investigação ou do processo penal, não se há de cogitar de nulidade. No particular, a falta de justa causa enseja o *trancamento*, isto é, o encerramento antecipado do procedimento ou do processo penal. Nesse sentido, a justa causa deve ser compreendida em sentido amplo, significando essencialmente a viabilidade hipotética da acusação.

A carência de justa causa, nessa lógica, pode acontecer nas seguintes hipóteses: (a) falta de legitimidade ou de interesse de agir, como condições para o exercício da ação penal; (b) ausência de materialidade do fato ou de indícios de autoria ou participação do imputado no fato; (c) atipicidade penal em tese da hipótese de acusação; (d) existência manifesta de causa excludente de ilicitude ou de culpabilidade; (e) extinção da punibilidade.

Todas essas hipóteses conformam a falta de justa causa para a ação penal, ensejando o *trancamento* do processo. A decisão de trancamento sob qualquer dos fundamentos descritos em (a) e (b) não contém juízo de mérito, fazendo coisa julgada apenas formal – o encerramento do processo dá-se sem resolução do mérito. Já a decisão de trancamento sob qualquer dos fundamentos descritos de (c) a (e) contém juízo de mérito, fazendo coisa julgada material – o encerramento do processo opera-se com resolução do mérito (estrito ou amplo).

Como exemplo de hipótese de trancamento do processo penal por falta de justa causa, tem-se a ação em que se imputa a prática de crime material contra a ordem tributária (ex.: art. 1º, Lei nº 8.137/1990), sem que tenha ocorrido ainda o lançamento definitivo do crédito tributário. Nesse caso, como ainda não houve o lançamento definitivo, não se aperfeiçoou a elementar típica *tributo devido*, faltando justa causa para a ação penal, e até mesmo, como têm decidido os tribunais superiores, para o inquérito policial. Nesse caso, a decisão de trancamento não faz coisa julgada material.

Outro exemplo: o princípio da insignificância é causa excludente da tipicidade material, de modo que deve ser trancado o processo penal instaurado com base na imputação de conduta que em tese tenha infimamente lesionado o bem jurídico protegido. No caso, a decisão de trancamento faz coisa julgada material. Mais exemplos: descrição fática, na inicial, de conduta de dano culposo, classificada juridicamente pelo autor como crime doloso; imputação de crime quando já extinta a punibilidade pela prescrição da pretensão punitiva; instauração de processo com base em denúncia do Ministério Público, quando a parte legítima seja o ofendido (ação penal de exclusiva iniciativa privada) etc.

Quando, porém, a admissibilidade da acusação seja recusada por um *defeito formal* não da acusação em si, mas da peça acusatória (denúncia ou queixa), na descrição da hipótese ou no cumprimento dos demais requisitos essenciais do art. 41 do CPP, o caso é de nulidade, e não de trancamento. A inépcia ou inaptidão formal da inicial, assim, enseja a invalidação do processo, e não o seu trancamento. Sempre que o *habeas corpus* contiver alegação de inépcia da inicial acusatória, assim, a hipótese de constrangimento incidente é a do art. 648, VI, do CPP, declarando-se a nulidade do processo desde a denúncia ou a queixa, quando concedida a ordem.

Se, por outro lado, a ilegalidade da medida decorre da violação de um direito material, a hipótese é mais grave, de ilicitude. A realização de uma prisão em flagrante fora dos casos legais de flagrante ofende diretamente a liberdade individual do sujeito;

o cumprimento de diligência de busca e apreensão desautorizada afeta a inviolabilidade domiciliar; a interceptação telefônica afeta a intimidade. E assim por diante.

A ilicitude da medida enseja a impetração de *habeas corpus* por falta de justa causa (art. 648, I, CPP), quer pela inexistência efetiva do justo motivo (primeiro exemplo), quer porque não houve a necessária avaliação judicial quanto à existência do justo motivo (segundo e terceiro exemplos).

Assim, entendemos que o *habeas corpus* destinado à declaração de ilicitude de prova deve ser impetrado sob o fundamento do art. 648, I (falta de justa causa), e não sob o do art. 648, VI (nulidade), do CPP. Como efeito adicional do *habeas corpus*, nessa hipótese, tem-se a determinação de desentranhamento da prova declarada ilícita ou derivada de ilícita (art. 157, CPP).

b) excesso de prazo da prisão (art. 648, II, CPP)

O art. 648, inciso II, do CPP dispõe que há constrangimento ilegal à liberdade de locomoção "quando alguém estiver preso por mais tempo do que determina a lei".

Cuida-se aqui de excesso de prazo especificamente da prisão, quer a prisão provisória, como providência cautelar, quer a prisão definitiva, como cumprimento de pena. O excesso de prazo acarreta a ilegalidade da prisão, que deverá ser imediatamente relaxada. Trata-se, portanto, de ilegalidade *superveniente*, conquanto, em suas origens, não padeça a medida de qualquer vício.

O excesso de prazo da prisão em flagrante pode ocorrer: (a) com o transcurso do prazo para a conclusão do inquérito policial ou outro procedimento de investigação (10 dias), estando o investigado preso; (b) com o transcurso do prazo para o oferecimento de denúncia (5 dias), estando o investigado preso. Nesses casos, como visto no Capítulo VI deste Curso, a conclusão do procedimento investigativo ou o oferecimento de denúncia, ainda que extemporâneo, tem o efeito de purgar o excesso, como tem decidido o Superior Tribunal de Justiça. Se, no entanto, houver expirado o prazo, sem que tenha sido ainda concluído o procedimento ou oferecida a denúncia, configura-se o excesso da prisão em flagrante.

A prisão temporária tem prazos de duração legalmente fixados: de 5 (cinco) dias, nas investigações de crimes não hediondos; de 30 (trinta) dias, nas investigações de crimes hediondos ou equiparados a hediondos. Expirado o prazo, sem prorrogação, configura-se o excesso se o indivíduo não for imediatamente posto em liberdade.

Quanto à prisão preventiva, que não tem prazo de duração legalmente fixado, a aferição do excesso é mais delicada, dependendo do exame de cada caso concreto à luz de parâmetros de razoabilidade. Os prazos legais para a conclusão do procedimento são meros referenciais, não servindo como parâmetro absoluto para a caracterização do excesso.

A jurisprudência tem se orientado no sentido de que, quando já haja transcorrido longo lapso temporal sem que a instrução tenha sequer se iniciado, ou quando esteja sem previsão de término, por circunstâncias não imputáveis à defesa, caracteriza-se o excesso de prazo da prisão. Com efeito, não pode o acusado, sujeito a uma prisão provisória, aguardar indefinidamente o fim do processo, devendo o excesso ser reconhecido em caso de demora injustificável. Para mais detalhes, consulte-se o Capítulo XIV deste Curso, reservado inclusive ao estudo da prisão provisória.

O excesso também por recair sobre a prisão definitiva. É o que ocorre quando o sujeito já tenha cumprido integralmente sua pena e ainda assim continue preso, como infelizmente não é incomum na realidade brasileira.

Por fim, o excesso de prazo de medida cautelar pessoal diversa da prisão igualmente acarreta a sua ilegalidade, impondo-se o relaxamento da medida. Já se viu que o *habeas corpus* é cabível inclusive para impugnar decisão que decreta ou mantém medida cautelar restritiva à liberdade de locomoção e, sempre que ocorra excesso de prazo, é imperativo o relaxamento da medida cautelar alternativa, do mesmo modo que sucede com a prisão. Aplica-se analogicamente, a esse caso, o art. 648, II, do CPP.

c) incompetência da autoridade coatora (art. 648, III, CPP)

Há constrangimento ilegal sempre que a ordem respectiva emanar de autoridade incompetente (art. 648, inciso III, CPP).

Sirvam de exemplos: (a) o caso em que juízo de direito (estadual) decreta prisão preventiva vinculada a procedimento de investigação por crime da competência da Justiça Federal, ou o caso de fundado receio de decretação de prisão pelo mesmo órgão judiciário, incompetente; (b) a hipótese de *habeas corpus* destinado ao trancamento ou à anulação de processo penal em trâmite perante juízo ou tribunal incompetente: ação penal contra Deputado Federal em curso perante o juízo federal de primeira instância; ação penal por crime contra o sistema financeiro nacional em curso perante juízo estadual etc.

Relativamente ao ponto (a), tenha-se em conta que o art. 5°, inciso LXI, da Constituição declara que "ninguém será preso senão em flagrante delito ou por ordem escrita e fundamentada da autoridade judiciária *competente*..." Há inequívoco constrangimento ilegal, assim, com transgressão até mesmo a garantia fundamental, quando a ordem de prisão parta de órgão jurisdicional incompetente.

Quanto ao ponto (b), dá-se nos casos cogitados a potencialidade de sentença condenatória a pena privativa de liberdade proferida por órgão judiciário incompetente (ameaça de constrangimento ilegal à liberdade de locomoção).

d) cessação do motivo que autorizou a prisão (art. 648, IV, CPP)

O art. 648, inciso IV, do CPP fixa a existência de constrangimento à liberdade de locomoção "quando houver cessado o motivo que autorizou a coação".

Essa hipótese diz respeito à persistência ou continuidade de prisão ou outra medida restritiva de liberdade. Em sua origem, a medida constritiva de liberdade pode ter sido justificada, não havendo, porém, motivo idôneo para que subsista.

Sobre as cautelares pessoais em geral, dispõe o art. 282, § 5°, parte inicial, do CPP que "o juiz poderá revogar a medida cautelar ou substituí-la quando verificar a falta de motivo para que subsista..." Relativamente à prisão preventiva em particular, prescreve o art. 316 do CPP que "o juiz poderá revogar a prisão preventiva se, no correr do processo, verificar a falta de motivo para que subsista..."

As medidas cautelares justificam-se, antes de tudo, pela *necessidade*, vinculada aos objetivos que lhes são próprios. Não se pode admitir, assim, a continuação de medida privativa ou restritiva da liberdade individual quando cesse a necessidade, por mais que sua imposição haja sido justificada. Cessado o motivo que autorizou a decretação da medida, a subsistência desta conforma constrangimento *ilegal* (ilegalidade superveniente) à liberdade de locomoção.

Sirva de exemplo o seguinte caso: a prisão preventiva foi decretada com fundamento na garantia da instrução criminal (art. 312, CPP), sob o motivo concreto de que estaria o acusado a ameaçar as testemunhas de acusação; encerrada a instrução processual, com a inquirição das testemunhas arroladas pelo acusador, exaure-se o motivo que autorizou a decretação da medida prisional. No exemplo citado, o juízo deve, com fundamento no art. 316 do CPP, *revogar* a prisão preventiva. Se não o fizer, conforma-se a hipótese de ilegalidade (superveniente) da privação da liberdade, o que enseja a impetração de *habeas corpus* com fundamento no art. 648, IV, do CPP.

e) negativa de liberdade provisória com fiança (art. 648, V, CPP)

A lei contempla hipótese *específica* de constrangimento ilegal consistente na negativa de liberdade provisória mediante o pagamento de fiança. Há coação ilegal, assim, "quando alguém não for admitido a prestar fiança, nos casos em que a lei a autoriza" (art. 648, inciso V, CPP).

Já se viu que a negativa de liberdade provisória independentemente do pagamento de fiança caracteriza a hipótese geral de constrangimento ilegal prevista no art. 648, I, do CPP: falta de justa causa. A hipótese do art. 648, V, por sua vez, diz respeito à liberdade provisória no âmbito das infrações penais afiançáveis, quando haja a negativa de liberdade mediante o pagamento de fiança arbitrada pela autoridade.

Os artigos 323 e 324 do CPP contemplam as hipóteses de *inafiançabilidade*: crimes de racismo (art. 323, I); crimes hediondos (Lei nº 8.072/1990) e crimes equiparados a hediondos (tortura, tráfico ilícito de entorpecentes e drogas afins, terrorismo) (art. 323, II); crimes cometidos por grupos armados, civis ou militares, contra a ordem constitucional e o Estado Democrático (art. 323, III); anterior quebra de fiança ou desobediência injustificada a qualquer das obrigações próprias da liberdade provisória (art. 324, I); prisão civil ou militar (art. 324, II); existência concreta dos motivos autorizadores da prisão preventiva (art. 324, IV).

Fora dessas hipóteses, a infração penal diz-se, em princípio, *afiançável*. Negada a fiança pelo órgão judiciário competente, opera-se, em tese, constrangimento ilegal sanável por *habeas corpus*, para o fim de assegurar ao paciente a liberdade provisória mediante o pagamento da fiança que for arbitrada.

Na hipótese em que a autoridade policial negue a fiança, mesmo sendo a pena privativa de liberdade máxima cominada à infração penal igual ou inferior a 4 (quatro) anos (art. 322, *caput*, CPP), basta que se postule ao juízo competente a liberdade provisória mediante o pagamento de fiança. Nesse caso, de toda sorte, é teoricamente cabível o *habeas corpus*, ante a hipotética situação de ilegalidade presente na injustificada negativa de fiança pela autoridade policial (nos termos do art. 322, *caput* e parágrafo único, do CPP: "A autoridade policial somente poderá conceder fiança nos casos de infração cuja pena privativa de liberdade máxima não seja superior a 4 (quatro) anos (...) Nos demais casos, a fiança será requerida ao juiz, que decidirá em 48 (quarenta e oito) horas").

Por fim, na hipótese em exame, a procedência do *habeas corpus* importará o arbitramento da fiança pelo próprio órgão judiciário que concedeu a ordem, perante o qual o respectivo valor também já poderá ser prestado, com fundamento no art. 660, § 3º, do CPP: "Se a ilegalidade decorrer do fato de não ter sido o paciente admitido a prestar fiança, o juiz arbitrará o valor desta, que poderá ser prestada perante ele, remetendo, neste caso, à autoridade os respectivos autos, para serem anexados aos do inquérito policial ou aos do processo judicial".

Em se tratando de *habeas corpus* concedido por tribunal, no entanto, poderá na prática se mostrar mais efetiva e célere a prestação de fiança perante o próprio juízo da causa. Nessa linha, prevê o art. 198 do RISTF a possibilidade de delegação, pelo relator, do processamento da prestação da fiança: "As fianças que se tiverem de prestar perante o Tribunal, em virtude de habeas corpus, serão processadas pelo Relator, a menos que este delegue essa atribuição a outro magistrado".

f) nulidade do processo (art. 648, VI, CPP)

Ocorre constrangimento ilegal à liberdade de locomoção "quando o processo for manifestamente nulo" (art. 648, inciso VI, CPP).

Como antes afirmado, o *habeas corpus* se presta à invalidação do processo, no todo ou em parte, diante da potencialidade de decretação de medida cautelar pessoal e de condenação final a pena privativa de liberdade em processo que padeça de vício de nulidade.

É o que ocorre, por exemplo, nas hipóteses: de inépcia da inicial acusatória, por desrespeito a requisito essencial fixado no art. 41 do CPP (narrativa do fato, com todas as suas circunstâncias), cumprindo ressaltar que este caso é de vício ou defeito formal da peça, e não de carência da própria ação penal (o que, por seu turno, ensejaria o trancamento, e não a nulidade, do processo); de nulidade por cerceamento de defesa no curso do processo (ex.: ausência de intimação do defensor constituído do acusado para a audiência de instrução e julgamento; inversão arbitrária da ordem de inquirição de testemunhas etc.).

Tomem-se como referência, a esse respeito, as hipóteses de nulidade processual fixadas no art. 564 do CPP.

g) extinção da punibilidade (art. 648, VII, CPP)

Por fim, há específica hipótese de constrangimento ilegal "quando extinta a punibilidade" (art. 648, inciso VII, CPP). Independentemente de tal disposição, o constrangimento ilegal na espécie já se depreende do disposto no art. 648, I, do CPP, eis que a extinção da punibilidade conforma claramente a falta de justa causa para a ação e para o processo penal.

Cap. XIX • RECURSOS E AÇÕES AUTÔNOMAS DE IMPUGNAÇÃO

As causas gerais de extinção da punibilidade estão discriminadas no art. 107 do Código Penal: morte do agente; anistia, graça ou indulto; *abolitio criminis*; prescrição, decadência ou perempção; renúncia ao direito de queixa ou perdão aceito, nas ações de exclusiva iniciativa privada; perdão judicial, nos casos previstos em lei. Além das hipóteses gerais, há causas especiais de extinção da punibilidade, aplicáveis a esferas particulares (ex.: o cumprimento das condições vinculadas à suspensão condicional do processo, nos termos do art. 89, § 5º, da Lei nº 9.099/1995; o pagamento integral do débito tributário no âmbito dos crimes contra a ordem tributária).

O art. 581, IX, do CPP fixa o cabimento do recurso em sentido estrito contra a decisão "que indeferir o pedido de reconhecimento da prescrição ou de outra causa extintiva da punibilidade". De toda sorte, independentemente da possibilidade de interposição do recurso em sentido estrito (ou de outro recurso – por exemplo, em face da sentença que contenha a negativa de extinção da punibilidade), cabe a impetração de *habeas corpus*, de modo a sanar o constrangimento ilegal, mediante a declaração da extinção da punibilidade do paciente.

Nesse particular, assevere-se que o cabimento do *habeas corpus*, ao contrário do que sucede com o mandado de segurança, não é afetado pela possibilidade de interposição de recurso em face do mesmo ato (com a ressalva da hipótese do *habeas corpus* substitutivo de recurso ordinário, que será oportunamente examinada, ainda neste capítulo).

Até mesmo após o trânsito em julgado de sentença penal condenatória, desde que antes da extinção da pena, o *habeas corpus* é cabível para sanar constrangimento ilegal à liberdade de locomoção, podendo inclusive cumprir a finalidade da ação de revisão criminal, pela desconstituição do título judicial definitivo.

Assim, por exemplo, se o sujeito está a cumprir pena fixada em sentença penal definitiva, quando já extinta a punibilidade pela prescrição em abstrato da pretensão punitiva (artigos 107, IV, e 109, CP), o *habeas corpus* pode servir ao reconhecimento da causa, com a consequente rescisão do título condenatório transitado em julgado, independentemente do cabimento, no mesmo caso, da revisão criminal.

A proteção à liberdade de locomoção, assim, assume relevância bastante para firmar, em princípio, o cabimento do *habeas corpus* mesmo quando impugnável o ato por outros meios, menos céleres e efetivos, disponíveis no sistema.

4.2. Interesse de Agir

De modo geral, falta de interesse de agir quando no *habeas corpus* o impetrante objetive a proteção de direitos diversos da liberdade de locomoção, como o patrimônio e o *status dignitatis*.

Há situações, com efeito, nas quais, ainda que impetrado o *habeas corpus* contra procedimento criminal, não há a potencialidade de lesão à liberdade individual. É o que acontece, por exemplo, na impugnação da decisão do juízo criminal que decreta o sequestro ou o arresto cautelar de bens (art. 125, CPP). Nesse caso, apenas o patrimônio poderá ser afetado, pois a medida se destina a assegurar bens bastantes a, em caso de condenação, recompor o prejuízo financeiro causado pelo crime. O mandado de segurança é a ação adequada para impugnar a decisão, diante do hipotético direito líquido e certo do sujeito de não ter seus bens constritos sem justa causa.

Com essa mesma lógica, a Segunda Turma do Supremo Tribunal Federal (STF, 2ª Turma, HC 127.685/DF, Rel. Min. DIAS TOFFOLI, julgamento em 30.06.2015, DJ de 21.08.2015) decidiu recentemente não ser o *habeas corpus* a ação adequada para que apenado possa obter autorização de visita de sua companheira no estabelecimento prisional, o que fora negado por decisão do juízo da execução penal.

Outras hipóteses não impugnáveis por *habeas corpus*, pelas mesmas razões, são as de aplicação de pena de exclusão de militar ou de perda de patente ou de função pública, conforme orientação consolidada na Súmula nº 694 do STF: "Não cabe *habeas corpus* contra a imposição da pena de exclusão de militar ou de perda de patente ou de função pública".

Por outro lado, se existente ao menos a potencialidade de lesão à liberdade, há interesse para o *habeas corpus* ainda mesmo que caiba recurso contra o mesmo ato, pois a via mandamental se mostra mais célere e eficaz para o resguardo do direito fundamental.

Cumpre examinar também, quanto ao interesse de agir no *habeas corpus*, três situações relevantes: falta de interesse quando já extinta a pena privativa de liberdade; interesse após o trânsito em julgado de sentença penal condenatória, desde que antes da extinção da pena; falta de interesse quando a multa seja a única pena aplicável.

Não há de interesse de agir no *habeas corpus* quando já extinta a pena privativa de liberdade. Como visto, o *habeas corpus* se presta ao resguardo da liberdade de locomoção contra lesão efetiva ou potencial. A extinção da pena, após o cumprimento, exaure qualquer potencialidade lesiva à liberdade de locomoção. A ofensa, nessa hipótese, já se consumou, de modo que o *habeas corpus* já não poderá propiciar ao sujeito qualquer proveito prático (interesse-utilidade). De outro lado, não há necessidade de impetração de *habeas corpus* nesse caso (interesse-necessidade), eis que existe ação própria adequada (interesse-adequação) ao cumprimento da finalidade de resguardo do *status dignitatis* mesmo após a extinção da pena, qual seja, a revisão criminal. Assim, tratando-se de pretensão de anular o processo de conhecimento quando já esteja extinta a pena, a ação adequada é a revisão criminal. Nesse sentido, eis o teor da Súmula nº 695 do STF: "Não cabe *habeas corpus* quando já extinta a pena privativa de liberdade".

Não há impedimento, entretanto, à impetração do *habeas corpus* após o trânsito em julgado de sentença penal condenatória, inclusive para fins de rescisão do título judicial definitivo, desde que antes da extinção da pena, quando ainda presente a ofensa à liberdade de locomoção.

O *habeas corpus*, assim, pode cumprir a função revisional quando haja hipótese de ofensa à liberdade de locomoção, para além da mera lesão ao *status dignitatis*. O interesse-necessidade, no caso, justifica-se por constituir o *habeas corpus* via mais célere e eficaz, além de adequada, à proteção da liberdade de locomoção, mesmo quando também cabível a revisão criminal.

Pode-se impetrar *habeas corpus* durante a execução penal, por exemplo, para rescindir sentença condenatória definitiva, quando já extinta a *punibilidade* do condenado (por exemplo, pela prescrição da pretensão punitiva); para obter progressão de regime prisional ou livramento condicional, quando haja negativa ilegal do benefício pelo juízo da execução; dentre outros casos.

Por inexistir potencialidade de ofensa à liberdade de locomoção, não há interesse de agir no *habeas corpus* quando a pena de multa seja a única aplicável ou aplicada. Assim, conforme a Súmula nº 693 do STF: "Não cabe *habeas corpus* contra decisão condenatória a pena de multa, ou relativo a processo em curso por infração a que a pena pecuniária seja a única cominada". Nesse caso, haverá outros instrumentos adequados à impugnação do ato, como o mandado de segurança, destinado, por exemplo, à anulação de processo em curso por infração a que a pena de multa seja a única cominada.

Outra hipótese que reflete a falta de interesse de agir, desta feita no plano superveniente, é a de prejudicialidade do *habeas corpus* quando cessada a situação de fato que caracterizaria o constrangimento ilegal. Nesse sentido, dispõe o art. 659 do CPP: "Se o juiz ou tribunal verificar que já cessou a violência ou coação ilegal, julgará prejudicado o pedido".

4.3. Legitimidade

4.3.1. Legitimidade ativa

A legitimidade ativa para a ação de *habeas corpus* constitui, *normalmente*, uma hipótese de *substituição processual*, em que o *impetrante*, em nome próprio, postula direito alheio, o do *paciente*. O impetrante é o titular ativo do *habeas corpus*, que postula a concessão de ordem apta a sanar a situação de constrangimento ilegal alegada, a recair sobre o *paciente*, titular do direito à liberdade de locomoção. Nessa hipótese, o paciente pode intervir como litisconsorte ativo. Pode ocorrer, no entanto, que o impetrante seja o próprio paciente.

De acordo com o art. 654 do CPP, "o *habeas corpus* poderá ser impetrado por qualquer pessoa, em seu favor ou de outrem, bem como pelo Ministério Público".

O impetrante, portanto, pode ser qualquer pessoa, física ou jurídica. No *habeas corpus*, não há margem para representação processual, por instrumento de mandato, na medida em que ou se trata de substituição processual, ou o impetrante é o próprio paciente. No primeiro caso, o comum é que o defensor do sujeito impetre o *habeas corpus*, como substituto processual, com o que assume a própria titularidade ativa da ação. Assim, o defensor, no *habeas corpus*, não é procurador judicial do paciente, e sim seu substituto processual, legitimado ativo para o ajuizamento da ação mandamental.

A lei contempla a legitimidade do Ministério Público para a impetração do *habeas corpus*, igualmente na condição de substituto processual do paciente, que, também aqui, poderá intervir no feito como litisconsorte ativo.

O Supremo Tribunal Federal, entretanto, orienta-se no sentido de que não cabe a impetração de *habeas corpus* pelo Ministério Público para resolver situação que, mesmo reflexamente, aproveite ao próprio acusador público. Nessa hipótese, poderá o paciente desautorizar o *habeas corpus*, que, por essa razão, não será conhecido. Assim decidiu a Primeira Turma da Suprema Corte no HC 69.889/ES (STF, 1ª Turma, HC 69.889, Rel. Min. CELSO DE MELLO, julgamento em 22.02.1994, DJ de 10.06.1994): "Não se conhece do pedido de habeas corpus quando este, ajuizado originariamente perante o Supremo Tribunal Federal, é expressamente desautorizado pelo paciente (RISTF, art. 192, parágrafo único). O remédio processual do habeas corpus não pode ser abusivamente utilizado pelo Ministério Público como instrumento de promoção dos interesses da acusação. Esse writ constitucional há de ser considerado em função de sua específica destinação tutelar: a salvaguarda do estado de liberdade individual do paciente. A impetração do habeas corpus, com desvio de sua finalidade jurídico-constitucional, objetivando satisfazer os interesses da Acusação, descaracteriza a essência desse instrumento, exclusivamente vocacionado à proteção da liberdade individual". Na hipótese, além da falta de legitimidade do Ministério Público decorrente da desautorização do paciente, o não conhecimento do *habeas corpus* justifica-se também pelo não cabimento, eis que a pretensão deduzida no pedido não se destina, nem mesmo em tese, ao resguardo da liberdade individual.

Anote-se que a configuração do polo ativo do *habeas corpus* como hipótese de substituição processual potencializa o conflito de vontades entre o impetrante e o paciente. Os regimentos internos dos tribunais, para evitar o processamento de ação desautorizada pelo titular do direito de liberdade, estabelecem o *não conhecimento* do *habeas corpus* quando haja oposição do paciente. É o que fixa, por exemplo, o art. 192, § 3º, do Regimento Interno do STF: "Não se conhecerá de pedido desautorizado pelo paciente".

Por último, uma questão jurídica relevante: tem a pessoa jurídica legitimidade para a *impetração* de *habeas corpus*? Já se disse que o *habeas corpus* pode ser impetrado por *qualquer pessoa* (art. 654, CPP), aí incluída a pessoa jurídica. Quanto a isso não há dúvida[117]. Assim, por exemplo, poderá uma pessoa jurídica impetrar *habeas corpus* em favor de certo paciente, pessoa natural, cuja liberdade de locomoção esteja ilegalmente violada ou ameaçada.

A questão mais discutível, no entanto, consiste em saber se pode a pessoa jurídica ser *paciente* do *habeas corpus*. Já aqui há alguma controvérsia.

Como princípio, o *habeas corpus* presta-se ao resguardo da liberdade de locomoção, atributo inerente à pessoa natural. Por outro lado, em um âmbito muito restrito, no direito brasileiro, admite-se a responsabilidade penal da pessoa jurídica, pela prática de crimes ambientais, embora ainda sob parâmetros imprecisos. Assim, pergunta-se: poderia a pessoa jurídica impetrar, ou ter impetrado em seu favor, *habeas corpus* com vistas ao trancamento da ação penal contra ela ajuizada sob a imputação da prática de crime ambiental?

---

117. Nesse sentido, ADA GRINOVER, GOMES FILHO e SCARANCE FERNANDES: "...qualquer *pessoa* pode ser *impetrante* da ordem de *habeas corpus*, não sendo exigível qualquer outro requisito especial: tanto a pessoa física, nacional ou estrangeira, ainda que sem a plena capacidade civil, quanto a jurídica, mesmo que não regularmente constituída ou domiciliada no País, podem postular a tutela da liberdade perante os órgãos de jurisdição". Cfr. GRINOVER, Ada Pellegrini / GOMES FILHO, Antonio Magalhães / FERNANDES, Antonio Scarance. *Recursos no Processo Penal*. São Paulo: Revista dos Tribunais, 2011, p. 280.

Em relevante julgado sobre o tema, a Primeira Turma do Supremo Tribunal Federal firmou posição no sentido da impossibilidade de a pessoa jurídica ser paciente de *habeas corpus*. A despeito do texto da ementa, que sugere ter sido o *habeas corpus* admitido inclusive quanto à pessoa jurídica (entendimento este do ilustre relator), consulte-se a proclamação do resultado (STF, 1ª Turma, HC 92.921/BA, Rel. Min. RICARDO LEWANDOWSKI, julgamento em 19.08.2008, DJ de 26.09.2008): "A Turma, preliminarmente, por maioria de votos, deliberou quanto à exclusão da pessoa jurídica do presente habeas corpus, quer considerada a qualificação como impetrante, quer como paciente; vencido o Ministro Ricardo Lewandowski, Relator".

O Superior Tribunal de Justiça tem a mesma orientação, como revelam estes julgados: STJ, 6ª Turma, RHC 48.172/PA, Rel. Min. SEBASTIÃO REIS JÚNIOR, julgamento em 20.10.2015, DJ de 10.11.2015; STJ, 5ª Turma, RHC 32.253/SP, Rel. Min. JORGE MUSSI, julgamento em 13.08.2013, DJ de 28.08.2013.

A posição jurisprudencial parece-nos irrecusável. Não se presta o *habeas corpus* ao resguardo de direitos diversos da liberdade de locomoção, atributo este exclusivo da pessoa natural, por óbvio. Antes já referimos outras situações em que, justamente pela falta de potencial lesivo à liberdade individual (por exemplo, cominação exclusiva de pena de multa), não é cabível o *habeas corpus*. Dá-se o mesmo na hipótese em exame, ainda que o objetivo perseguido seja o trancamento do processo penal[118].

Assim, no caso de impetração do *habeas corpus* em favor da pessoa natural e da pessoa jurídica acusadas por crime ambiental, a ação só deve ser conhecida em relação à primeira, cabendo, para a segunda, a impetração de *mandado de segurança*, ação apta ao resguardo de direito líquido e certo diverso da liberdade de locomoção. Advirta-se, no ponto, que mesmo trancada a ação quanto à pessoa natural, pode o processo subsistir contra a pessoa jurídica, diante da orientação atual do STF e do STJ no sentido da desnecessidade da dupla imputação (cfr. STF, 1ª Turma, RE 548.181/PR, Rel. Min. ROSA WEBER, julgamento em 06.08.2013, DJ de 30.10.2014; STJ, 6ª Turma, RHC 48.172/PA, Rel. Min. SEBASTIÃO REIS JÚNIOR, julgamento em 20.10.2015, DJ de 10.11.2015).

Capacidade postulatória do impetrante

Qualquer pessoa, independentemente de qualificação jurídica formal, tem capacidade postulatória para impetrar o *habeas corpus*. O impetrante, assim, seja quem for, não precisa estar representado por advogado. Sujeito sem habilitação jurídica, o próprio paciente ou terceiro pode pessoalmente subscrever a inicial da ação. De toda sorte, como visto, o advogado do paciente costuma ser o impetrante.

Na hipótese de *habeas corpus* tramitando em tribunal, se o impetrante não for diplomado em direito, poderá, desde que relevante a matéria, ser nomeado advogado para a sustentação oral, por ocasião da sessão de julgamento da ação. É o que dispõe,

---

118. Contra essa orientação, na doutrina, tem-se a posição AURY LOPES: "...em sendo a pessoa jurídica ré em processo-crime está, a nosso sentir, plenamente autorizada a impetrar HC ou figurar como paciente em *writ* interposto por outra pessoa". Cfr. LOPES JR, Aury. *Direito Processual Penal*. São Paulo: Saraiva, 2014, p. 1382.

por exemplo, o art. 191, I, do Regimento Interno do STF: "O Relator requisitará informações do apontado coator e, sem prejuízo do disposto no art. 21, IV e V, poderá: I – sendo relevante a matéria, nomear advogado para acompanhar e sustentar oralmente o pedido, se o impetrante não for diplomado em direito".

4.3.2. Legitimidade passiva

O legitimado passivo do *habeas corpus* designa-se correntemente por *autoridade impetrada* ou *autoridade coatora*. Prefere-se, no entanto, simplesmente o termo *impetrado*, por duas razões: (i) o polo passivo do *habeas corpus* não se restringe a autoridades públicas, podendo ser ocupado por um particular; (b) órgão colegiado poderá integrar o polo passivo do *habeas corpus*, ao contrário da individualidade que o termo "autoridade" possa sugerir.

Pode o *habeas corpus* ser impetrado contra ato de particular? Sim, é possível, embora raro. O *habeas corpus* destina-se ao resguardo da liberdade de locomoção, não estando seu cabimento restrito a atos ilegais praticados por autoridades ou órgãos públicos.

Naturalmente, a privação de liberdade efetuada por um particular configura crime (vide os crimes contra a liberdade pessoal, objeto da Seção I do Capítulo VI do Título I da Parte Especial do Código Penal – arts. 146 a 149), revelando-se mais eficaz o acionamento imediato da polícia para a efetuação de prisão em flagrante.

O estado de flagrância, certamente, torna mais eficaz a prisão do coator como meio de libertação da vítima, por qualquer pessoa, do que a impetração de *habeas corpus*. Entretanto, há casos especiais em que o *habeas corpus* poderá se mostrar via judicial relevante e efetiva, como aquele do paciente impedido de deixar o hospital sem o pagamento das despesas de internação. Gustavo Badaró refere alguns casos especiais encontrados na jurisprudência: "Muito antes da Lei 12.403/2011, a jurisprudência já era rica em casos de concessão de *habeas corpus* em favor de pessoas que, embora não estivessem presas, encontravam-se ilegalmente internadas em asilos, em clínica para tratamento de dependentes químicos, ou fossem impedidas de deixar o hospital, por não pagarem as despesas hospitalares. Até mesmo no caso de colonos que eram impedidos de deixar a fazenda, por estarem em débito com o empregador, foi concedido *habeas corpus*. Concedeu-se o *writ*, inclusive, para assegurar a liberdade de locomoção da proprietária de um apartamento, que estava sendo impedida de entrar no aludido edifício pelo fato de existir débito condominial sobre a referida unidade"[119].

Assim, o impetrado pode ser órgão público ou pessoa privada. Discute a doutrina se o impetrado é o órgão ou a pessoa. No caso do particular, claro, só pode ser a pessoa. Por outro lado, em se tratando do âmbito público, entendemos que o impetrado é o órgão, não a pessoa[120]. Pode ser um órgão monocrático, como, por exemplo, o *Juízo*

---

119. Badaró, Gustavo Henrique. *Manual de Recursos Penais*. São Paulo: Revista dos Tribunais, 2016, p. 478.

120. Frederico Marques entende que o sujeito passivo, na hipótese, é o Estado. Cfr. Marques, José Frederico. *Elementos de Direito Processual Penal*. Rio de Janeiro: Forense, 1965, v. IV, p. 410: "...desde que o

Federal da 11ª Vara da Seção Judiciária do Ceará (independentemente da pessoa do juiz); ou um órgão colegiado, como a Terceira Turma do Tribunal Regional Federal da 5ª Região ou a Quinta Turma do Superior Tribunal de Justiça. De toda sorte, a dimensão pessoal não deve ser desprezada, diante do próprio regime disciplinado no Código de Processo Penal, cujo art. 653 prescreve a condenação nas custas, determinável na sede do próprio processo de *habeas corpus*, da autoridade responsável pela coação, em caso de má-fé ou abuso de poder[121].

Por fim, advirta-se que o impetrado não se confunde necessariamente com o *detentor*. A autoridade impetrada, como legitimado passivo da ação de *habeas corpus*, é a pessoa responsável pela coação, por tê-la ordenado. O detentor, por sua vez, é a pessoa que tem a guarda física do paciente preso. A distinção resulta clara no art. 658 do CPP, o qual dispõe que "o detentor declarará à ordem de quem o paciente estiver preso". Pode ocorrer, naturalmente, que o impetrado se confunda com o próprio detentor, se este for o responsável pela coação. A legitimidade passiva da ação de *habeas corpus*, de toda sorte, determina-se não pela guarda física do preso, e sim pela autoridade ou controle sobre a prisão.

5. RELAÇÃO JURÍDICA DO *HABEAS CORPUS* E INTERVENÇÃO DE TERCEIROS

Pelo exposto até aqui, compreende-se assim a relação jurídica própria da ação de *habeas corpus*: (i) polo ativo: *impetrante*, que pode ser o próprio paciente ou terceiro, pessoalmente, sem a exigência de habilitação jurídica formal para postular; (ii) polo passivo: *impetrado*, que pode ser órgão público ou pessoa privada. Na estrutura triangular da relação processual, a essas partes se superpõe, em posição de equidistância, o órgão judiciário competente para o processo e o julgamento do *habeas corpus*. O paciente, se não for o próprio impetrante, poderá intervir como litisconsorte ativo.

Verifica-se, portanto, que o Ministério Público não necessariamente integra a relação do *habeas corpus*, senão quando seja o impetrante (art. 654, CPP) ou o apontado responsável pelo constrangimento ilegal. Nos demais casos, a intervenção do Ministério Público no *habeas corpus* se dá apenas como órgão de justiça (*custos legis*)[122].

---

habeas corpus não seja contra ato de particular, o autor da coação, violência ou ameaça não passa de representante do Estado, o qual, na realidade, é o verdadeiro sujeito passivo no processo de habeas corpus".

121. Como ponderam ADA GRINOVER, GOMES FILHO e SCARANCE FERNANDES: "...alguns doutrinadores consideram parte a própria pessoa a que se atribui a violação do direito, enquanto outros sustentam tratar-se de hipótese em que a legitimação passiva é do órgão público a cujos quadros pertence o coator (...) No caso do habeas corpus a solução deve ser diferente [daquela própria do mandado de segurança], não só porque (...) é admissível a impetração de habeas corpus contra ato de particular, mas também diante da expressa disposição do CPP, que prevê a condenação nas custas da autoridade que, por má-fé ou evidente abuso de poder, tiver determinado a coação (art. 653). Porém, desde que o coator seja órgão ou autoridade pública, inegável que haverá litisconsórcio entre este e o Estado, representado na ação de habeas corpus pelo Ministério Público". Cfr. GRINOVER, Ada Pellegrini / GOMES FILHO, Antonio Magalhães / FERNANDES, Antonio Scarance. Recursos no Processo Penal. São Paulo: Revista dos Tribunais, 2011, p. 282.

122. Em sentido contrário, entendendo que o Ministério Público é litisconsorte passivo sempre que o habeas corpus seja impetrado contra órgão ou autoridade pública: GRINOVER, Ada Pellegrini / GOMES FILHO,

Poderá o ofendido intervir na ação de *habeas corpus*?

Cumpre aqui distinguir. No âmbito da ação penal de iniciativa privada, tem-se reconhecido a possibilidade excepcional de intervenção do querelante no julgamento do *habeas corpus*, sempre que esta ação repercuta no exercício do direito de acusação pelo ofendido, como ocorre, por exemplo, no *habeas corpus* em que o impetrante objetive o trancamento do processo instaurado pela ação penal de iniciativa privada. Nesse sentido, eis o julgado do Plenário do Supremo Tribunal Federal na PET 423/ SP (AgR) (STF, Tribunal Pleno, Pet 423, Rel. Min. CELSO DE MELLO, julgamento em 26.04.1991, DJ de 13.03.1992): "Em 'habeas-corpus' impetrado em favor do querelado contra decisão que recebeu a queixa, é irrecusável a intervenção do querelante, que comparece ao feito para oferecer razões escritas e sustentá-las oralmente. Diferentemente do assistente do Ministério Público, que não é parte no processo da ação penal pública, o querelante – ainda que não seja o sujeito da pretensão punitiva, sempre estatal –, é titular do direito de ação penal privada e parte na consequente relação processual. Ainda que, formalmente, o querelante não seja parte na relação processual, não se lhe pode negar a qualidade de litigante, se, dado o objeto da impetração, no julgamento se poderá decidir da ocorrência das condições da ações penal privada, direito público subjetivo do qual o querelante se afirma titular; similitude do problema com a questão do litisconsórcio passivo, em mandado de segurança, entre a autoridade coatora e o beneficiário do ato impugnado".

Em igual direção decidiu a Sexta Turma do Superior Tribunal de Justiça, na linha de precedentes mais antigos, quando do julgamento do HC 180.679/RJ (AgR) (STJ, 6ª Turma, Rel. Min. SEBASTIÃO REIS JÚNIOR, julgamento em 08.10.2013, DJ de 21.10.2013): "Em habeas corpus oriundo de ação penal privada, cabe permitir, excepcionalmente, a intervenção do querelante no julgamento do writ, porquanto a decisão repercute em seu interesse de agir".

A concorrência do querelante nessa hipótese de *habeas corpus*, entretanto, dá-se a título de *intervenção de terceiro*, e não como litisconsorte passivo, como acontece com o paciente no polo ativo (o paciente é o titular do direito objeto da ação). Isso porque o ofendido não é, em tese, o responsável pela situação de constrangimento ilegal (no caso, o órgão judiciário que, pelo recebimento da queixa, instaurou o processo penal). Apenas a decisão que for tomada no *habeas corpus*, se concedida a ordem, terá repercussões no âmbito do exercício do direito de ação titularizado pelo ofendido, aperfeiçoando-se aí a típica hipótese a ensejar a intervenção de terceiros no processo.

Não podendo o *habeas corpus* repercutir no exercício do direito de ação pelo ofendido, entretanto, não se justifica a intervenção, ainda que se trate de ação penal de iniciativa privada. É o caso, por exemplo, do *habeas corpus* impetrado em favor do preso, com objetivo liberatório.

Por outro lado, em se tratando de ação penal de iniciativa pública, não se admite em nenhuma hipótese a intervenção do ofendido no *habeas corpus*, ainda que habilitado

---

Antonio Magalhães / FERNANDES, Antonio Scarance. *Recursos no Processo Penal*. São Paulo: Revista dos Tribunais, 2011, p. 282.

como assistente no processo originário. Com efeito, na ação penal pública, o assistente já participa do processo na condição de terceiro interessado. Não se justifica, assim, a sua intervenção no *habeas corpus*, nem mesmo naquele destinado ao trancamento do processo penal, cuja decisão só poderá repercutir na esfera do direito de ação do Ministério Público, e apenas reflexamente no âmbito da posição subjetiva do ofendido.

Essa é a posição da jurisprudência, pelo que se depreende *a contrario sensu* do já citado julgado do Plenário do STF na PET 423/SP e também, agora expressamente, da decisão da Segunda Turma no HC 84.022/CE (STF, 2ª Turma, HC 84.022, Rel. Min. CARLOS VELLOSO, julgamento em 03.08.2004, DJ de 01.10.2004): "O assistente de acusação não possui legitimidade para intervir no processo de habeas corpus ajuizado pelo réu em crime de ação penal pública"[123]. A posição do Superior Tribunal de Justiça é a mesma, como neste julgado da Sexta Turma, proferido no AGRHC 55.631/DF (STJ, AGRHC 55.631, Rel. Min. HAMILTON CARVALHIDO, julgamento em 12.12.2006, DJ de 29.09.2008): "Em tema de liberdade, a interpretação há de ser sempre em seu obséquio e, portanto, restritiva, excluindo, por certo, qualquer outra, assim como a aplicação analógica ou subsidiária de norma, devendo ser afirmada, por isso, a inadmissibilidade da assistência de acusação, no processo de habeas corpus".

6. PRESSUPOSTOS PROCESSUAIS

O pressuposto processual da capacidade postulatória já foi comentado quando do exame da legitimidade ativa. Qualquer sujeito tem capacidade para, pessoalmente, impetrar a ação de *habeas corpus*, sem a exigência de habilitação jurídica formal: advogados, membros do Ministério Público, o próprio paciente; qualquer outra pessoa (art. 654, *caput*, CPP).

O art. 654, § 1º, do CPP, por seu turno, estabelece os requisitos da petição de *habeas corpus*, que também podem ser compreendidos na esfera dos pressupostos processuais: "A petição de *habeas corpus* conterá: a) o nome da pessoa que sofre ou está ameaçada de sofrer violência ou coação e o de quem exercer a violência, coação ou ameaça; b) a declaração da espécie de constrangimento ou, em caso de simples ameaça de coação, as razões em que se funda o seu temor; c) a assinatura do impetrante, ou de alguém a seu rogo, quando não souber ou não puder escrever, e a designação das respectivas residências".

Já se sustentou que os requisitos da petição de *habeas corpus* devem ser estritamente observados quando o impetrante tenha qualificação jurídica formal, não se exigindo o mesmo do impetrante leigo. Não se pode, no entanto, penalizar o paciente em função de eventual desídia ou despreparo técnico do impetrante, ainda que diplomado este em direito, considerando a importância do direito de liberdade, cuja proteção se almeja na ação de *habeas corpus*.

---

123. Igualmente, eis o julgado da Segunda Turma no HC 74.203/DF (STF, 2ª Turma, HC 74.203, Rel. Min. MARCO AURÉLIO, julgamento em 17.12.1996, DJ de 22.09.2000): "O assistente da acusação, tal como o Estado-acusador, não possui legitimidade para opor-se a medida formalizada em habeas-corpus, sendo descabida tal intervenção".

Os requisitos fixados no art. 654, § 1º, do CPP, assim, devem ser compreendidos como parâmetros. Por mais que se trate de requisitos simplificados, a inadmissibilidade da inicial ante a obediência a qualquer deles só deve ser adotada como última medida, quando realmente não for possível ao órgão judiciário competente alcançar o conhecimento da situação de fato em tese caracterizadora de constrangimento ilegal.

Assim dimensionados, são estes os requisitos da inicial:

(i) Indicação do nome e da qualificação do impetrante e do impetrado (art. 654, § 1º, *a*, CPP).

(ii) Indicação da hipótese de constrangimento ilegal, dentre aquelas discriminadas no art. 648 do CPP (art. 654, § 1º, *b*, CPP). Antes, claro, da indicação do dispositivo próprio do art. 648 do CPP, há que se narrar a situação de fato que em tese corresponde à hipótese normativa de constrangimento ilegal.

(iii) Assinatura do impetrante, ou de alguém a seu rogo (art. 654, § 1º, *c*, CPP).

Ademais, há outros pontos próprios da inicial do *habeas corpus*, pertinentes à natureza desta ação constitucional.

Sabe-se que o *habeas corpus* é ação mandamental de procedimento simplificado, de modo a propiciar celeridade e efetividade à proteção do direito à liberdade de locomoção. Assim, como se verá no tópico próprio, não há uma fase instrutória no procedimento do *habeas corpus*, embora possam *excepcionalmente* ser determinados atos de instrução pelo juiz ou pelo relator.

Diante disso, o *habeas corpus* reclama *prova documental pré-constituída*, em princípio substanciada na própria oportunidade da impetração, devendo acompanhar a inicial, portanto, os documentos que demonstram a situação de fato alegada pelo impetrante e que em tese constitui a hipótese de constrangimento ilegal (art. 648, CPP).

Por fim, observe-se a inaplicabilidade de quaisquer custas judiciais no âmbito da ação de *habeas corpus*, por força da gratuidade estabelecida pelo art. 5º, LXXVII, da Constituição Federal.

7. COMPETÊNCIA

A definição constitucional da competência originária para o processo e o julgamento da ação de *habeas corpus* orienta-se pelos critérios de *hierarquia* e *territorialidade*. É o que se depreende da norma do art. 650, *caput*, do CPP, *que reclama expressiva adaptação ao sistema judiciário vigente*: "Competirá conhecer, originariamente, do pedido de habeas corpus: I – ao Supremo Tribunal Federal, nos casos previstos no art. 101, I, *g*, da Constituição [art. 102, I, *d* e *i*, CF-88]; II – aos Tribunais de Apelação, sempre que os atos de violência ou coação forem atribuídos aos governadores ou interventores dos Estados ou Territórios e ao prefeito do Distrito Federal, ou a seus secretários, ou aos chefes de Polícia". Em verdade, no regime atual, as normas sobre competência para o *habeas corpus* encontram-se na Constituição da República: em função disso mesmo, tem-se por inútil a regra do art. 650, *caput*, I, do CPP, e por não recepcionada a do inciso II do mesmo artigo, servindo apenas o dispositivo como referência da lógica de hierarquia própria da definição da competência no domínio em foco.

Bem refletindo, de igual modo, o critério de hierarquia, dispõe o art. 650, § 1º, do CPP: "A competência do juiz cessará sempre que a violência ou coação provier de autoridade judiciária de igual ou superior jurisdição".

Em linhas gerais, pode-se fixar que é competente para o processo e julgamento do *habeas corpus* o órgão judiciário a cuja jurisdição esteja diretamente sujeito o *impetrado*. Adicionalmente, contudo, a Constituição fixa a competência do Supremo Tribunal Federal e do Superior Tribunal de Justiça em função de quem seja o *paciente* do *habeas corpus*, o que em última análise também reflete uma apreciação de hierarquia. A título de exemplo, quando a Constituição estabelece competir ao Superior Tribunal de Justiça o processo e o julgamento do *habeas corpus* quando seja paciente um desembargador de Tribunal Regional Federal (art. 105, I, *c*), é porque: esse paciente tem foro especial por prerrogativa de função no Superior Tribunal de Justiça, a que compete, portanto, o processo e o julgamento de ação penal ajuizada contra tal autoridade; o tribunal de segunda instância está sujeito à jurisdição da Corte Superior, particularmente quando figure como impetrado em ação de *habeas corpus*.

Situados esses parâmetros gerais, cumpre em seguida examinar as hipóteses de competência para o *habeas corpus*.

Inicialmente, a *competência dos Juízos de Direito* envolve os atos de constrangimento ilegal à liberdade de locomoção imputados: (a) a autoridades públicas sujeitas à jurisdição dos Juízos de Direito, como os Delegados de Polícia Civil (estadual); (b) a particulares. No mesmo passo, a *competência dos Juízos Federais* compreende os atos de constrangimento ilegal imputados: (a) a autoridades públicas sujeitas à jurisdição dos juízos federais de primeira instância, como os Delegados de Polícia Federal; (b) a particulares, sempre que incidente alguma causa de fixação da competência da Justiça Federal (art. 109, CF). O mesmo se diga quanto aos juízos de primeira instância em geral.

Assim, por exemplo, o *habeas corpus* impetrado contra ato de indiciamento efetuado por Delegado de Polícia Federal, ou de outro modo com o objetivo de trancamento do inquérito policial instaurado por portaria dessa mesma autoridade, integra a competência dos juízos federais de primeira instância.

Quanto aos tribunais de segunda instância, os critérios orientadores são os mesmos. Compete ao órgão de segundo grau processar e julgar o *habeas corpus* impetrado contra ato do órgão ou autoridade de primeira instância. Assim, compete aos *tribunais de segundo grau* o *habeas corpus* contra ato de *juízos de primeiro grau*. Por outro lado, compete às *turmas recursais dos juizados especiais criminais*, como órgãos de segunda instância, processar e julgar os *habeas corpus* impetrados contra ato de *juizado especial criminal* (primeira instância).

Os *Tribunais de Justiça* são competentes para processar e julgar *habeas corpus* impetrado contra ato de autoridade sujeita à sua jurisdição, como os Juízes de Direito e os Promotores de Justiça (membros do Ministério Público oficiantes na primeira instância). Integra também a competência originária dos Tribunais de Justiça o *habeas corpus* impetrado contra ato de turma recursal dos juizados especiais criminais. Nesse particular, foi cancelada a Súmula nº 690 do STF, que estabelecia a competência da Suprema Corte para o processo e o julgamento do *habeas corpus* impetrado contra decisão de turma recursal dos juizados especiais criminais. A mudança de orientação ocorreu no julgamento, pelo Plenário da Suprema Corte, do HC 86.834/SP (STF, Tribunal Pleno, HC 86.834, Rel. Min. MARCO AURÉLIO, julgamento em 23.08.2006, DJ de 09.03.2007): "...Estando os integrantes das turmas recursais dos juizados especiais submetidos, nos crimes comuns e de responsabilidade, à jurisdição do tribunal de justiça ou do tribunal regional federal, incumbe a cada qual, conforme o caso, julgar os habeas impetrados contra ato que tenham praticado".

Por seu turno, os *Tribunais Regionais Federais* são competentes para processar e julgar *habeas corpus* contra atos de autoridades como os Juízes Federais e os Procuradores da República (membros do Ministério Público oficiantes em primeira instância). A competência originária dos Tribunais Regionais Federais para o processo e o julgamento de *habeas corpus* está fixada no art. 108, I, *d*, da Constituição: "Compete aos tribunais regionais federais: I – processar e julgar, originariamente: d) os *habeas corpus*, quando a autoridade coatora for juiz federal".

Apesar de não estar expresso, a competência dos tribunais de segunda instância alcança os *habeas corpus* impetrados contra atos dos membros do Ministério Público que oficiem perante juízo de primeira instância: Promotores de Justiça, que oficiam perante Juízos de Direito; Procuradores da República, que oficiam perante Juízos Federais. Nesse sentido, consulte-se: STF, 1ª Turma, RE 141.209/SP, Rel. Min. SEPÚLVEDA PERTENCE, julgamento em 04.02.1992, DJ de 20.03.1992[124].

Nesse contexto, deve ser registrado que a competência para julgar o *habeas corpus* impetrado contra o ato de determinada autoridade recai, pelo menos em regra, sobre o tribunal competente para processar e julgar a ação penal ajuizada em face dessa mesma autoridade, como decidiu a Primeira Turma do Supremo Tribunal Federal no RE 418.852/DF (STF, 1ª Turma, RE 418.852, Rel. Min. CARLOS BRITTO, julgamento em 06.12.2005, DJ de 10.03.2006): "A jurisprudência desta Casa de Justiça firmou a orientação de que, em regra, a competência para o julgamento de habeas corpus contra ato de autoridade é do Tribunal a que couber a apreciação da ação penal contra essa mesma autoridade. Precedente: RE 141.209, Relator o Ministro Sepúlveda Pertence (Primeira Turma). Partindo dessa premissa, é de se fixar a competência do Tribunal Regional Federal da 1ª Região para processo e julgamento de ato de Promotor de Justiça do Distrito Federal e dos Territórios com atuação em primeira instância". Resta fácil assimilar, portanto, a razão de direito pela qual se fixa a competência do tribunal de segunda instância para julgar o *habeas corpus* impetrado contra ato de membro do Ministério Público oficiante junto a juízo de primeiro grau.

---

124. "'Habeas-corpus': competência originária do Tribunal de Justiça de São Paulo: coação imputada a membro do Ministério Público Estadual. 1. Da Constituição do Estado de São Paulo (art. 74, IV), em combinação com o art. 96, III, da Constituição Federal, resulta a competência originária do Tribunal de Justiça para julgar 'habeas-corpus' quando a coação ou ameaça seja atribuída a membro do Ministério Público local..."

De outra parte, como acontece em todo caso, concorre para a definição do tribunal competente o critério da *territorialidade*. Assim, o Tribunal Regional Federal da 4ª Região é competente para processar e julgar *habeas corpus* impetrado contra ato de Juízo Federal da Seção Judiciária do Rio Grande do Sul ou de Procurador da República que oficie perante esse juízo; o Tribunal de Justiça de Pernambuco é competente para processar e julgar *habeas corpus* impetrado contra ato de Juízo de Direito da Comarca do Recife/PE ou de Promotor de Justiça oficiante nesse órgão judiciário; e assim por diante.

O *habeas corpus* destinado ao trancamento ou à anulação do processo penal deve ser impetrado contra o ato do juízo que recebeu a inicial acusatória e, dessa forma, fez instaurar o processo, pelo qual é responsável. Na hipótese do trancamento, a impugnação recai sobre a decisão judicial de recebimento da inicial acusatória.

Por outro lado, é da competência do tribunal de segunda instância processar e julgar *habeas corpus* em que se impugne: procedimento de investigação criminal instaurado por membro do Ministério Público oficiante na primeira instância (Promotor de Justiça ou Procurador da República); inquérito policial instaurado por requisição de membro do Ministério Público oficiante na primeira instância (Promotor de Justiça ou Procurador da República). Nesse último caso, como a autoridade policial está legalmente obrigada a atender à requisição, o responsável pela instauração do inquérito é o membro do Ministério Público que a requisitou – sendo este a autoridade coatora. Ressalva-se apenas o caso de requisição manifestamente ilegal, que o Delegado de Polícia não está obrigado a atender, hipótese em que são autoridades coatoras tanto o requisitante quanto o requisitado.

Até mesmo a Justiça do Trabalho dispõe atualmente de competência para processar e julgar *habeas corpus* sempre que o ato questionado envolva matéria sujeita à sua jurisdição (art. 114, IV, CF[125]). Por exemplo, a decisão de juízo do trabalho que decreta a prisão civil do depositário infiel é impugnável por *habeas corpus* perante o Tribunal Regional do Trabalho respectivo. Antes do advento da Emenda Constitucional 45/2004, a competência nessa hipótese era do Tribunal Regional Federal.

A *competência originária do Superior Tribunal de Justiça* para processar e julgar *habeas corpus* está fixada considerando, por um lado, o *paciente* e, por outro, a *autoridade impetrada* (art. 105, I, *c*, CF). Em qualquer caso, porém, trata-se de pessoa ou órgão sujeita à jurisdição do STJ. São as seguintes as hipóteses de competência: (a) quando o *paciente* ou o *coator* seja: Governador de Estado e do Distrito Federal; Desembargador de Tribunal de Justiça de Estado e do Distrito Federal; membro de Tribunal Regional Federal, de Tribunal Regional Eleitoral e de Tribunal Regional do Trabalho; membro de Conselho ou Tribunal de Contas de Município; membro do Ministério Público da União que oficie perante tribunal, inclusive Subprocurador-Geral da República oficiante

---

125. No julgamento da ADI 3.684, o STF adotou interpretação conforme à Constituição para o efeito de fixar que "o disposto no art. 114, incs. I, IV e IX, da Constituição da República, acrescidos pela Emenda Constitucional n. 45, não atribui à Justiça do Trabalho competência para processar e julgar ações penais". O *habeas corpus* referido no dispositivo poderia ser exemplificado, por exemplo, como aquele impetrado no Tribunal Regional do Trabalho contra ato de decretação de prisão emanado de juízo do trabalho (ex.: no caso de prisão civil do depositário infiel).

junto ao próprio STJ[126]; (b) quando o *impetrado* (*coator*) seja: tribunal sujeito à jurisdição do STJ (Tribunal de Justiça, Tribunal Regional Federal); Ministro de Estado ou Comandante da Marinha, do Exército ou da Aeronáutica, ressalvada a competência da Justiça Eleitoral.

Por fim, refira-se a *competência originária do Supremo Tribunal Federal* para processar e julgar *habeas corpus*, fixada pela Constituição de acordo com o *paciente* (art. 102, I, *d*), da *autoridade impetrada* (art. 102, I, *i*) ou do *crime* envolvido (art. 102, I, *i*, parte final). Compreendem-se nesse domínio as seguintes hipóteses: (a) quando o *paciente* seja: o Presidente da República; o Vice-Presidente da República; membro do Congresso Nacional (Senador, Deputado Federal); Ministro do Supremo Tribunal Federal; o Procurador-Geral da República; Ministro de Estado; Comandante da Marinha, do Exército e da Aeronáutica; membro de Tribunal Superior; chefe de missão diplomática de caráter permanente (art. 102, I, *d*, CF); autoridade ou funcionário cujos atos estejam sujeitos diretamente à jurisdição do Supremo Tribunal Federal (art. 102, I, *i*, CF); (b) quando o *coator* seja: Tribunal Superior; funcionário cujos atos estejam sujeitos diretamente à jurisdição do Supremo Tribunal Federal (art. 102, I, *i*, CF); (c) quando se trate de *crime* sujeito à jurisdição do Supremo Tribunal Federal em instância única (art. 102, I, *i*, parte final, CF).

Acerca da competência para julgar o *habeas corpus* impetrado contra ato do Procurador-Geral da República, o Supremo Tribunal Federal firmou entendimento no sentido de que não basta ao aperfeiçoamento da hipótese (art. 102, I, *d*, CF) a mera designação de Subprocurador-Geral da República para a instauração de procedimento investigatório criminal. No caso, a competência para o *habeas corpus* é do Superior Tribunal de Justiça, nos moldes do art. 105, I, *c*, da Constituição Federal. A esse respeito, consulte-se o julgado da Segunda Turma da Suprema Corte no HC 107.327/DF (STF, 2ª Turma, HC 107.327, Rel. Min. Ayres Britto, julgamento em 24.05.2011, DJ de 04.11.2011): "1. A designação subscrita pelo Procurador-Geral da República, nos termos da Portaria PGR nº 96, de 19 de março de 2010, não descola a competência da causa para o Supremo Tribunal Federal. Não-ocorrência de ato concreto praticado pelo Procurador-Geral da República a justificar a regra do art. 102 da Constituição Federal de 1988. 2. É pacífica a jurisprudência do Supremo Tribunal Federal no sentido de que os membros do Ministério Público da União que oficiem em Tribunais estão sujeitos à jurisdição penal do Superior Tribunal de Justiça (parte final da alínea 'a' do inciso I do art. 105 da CF/88). Tribunal a quem compete processá-los e julgá-los nos ilícitos penais comuns (RE 418.852, da minha relatoria".

8. PROCEDIMENTO (CARACTERÍSTICAS)

O procedimento do *habeas corpus*, adequando-se à natureza mandamental da ação, tem as características da *simplicidade* e da *sumariedade*.

---

126. Aplica-se aqui a mesma premissa, antes exposta, no sentido de que o tribunal competente para julgar o *habeas corpus* é o mesmo que detém competência para processar e julgar a autoridade impetrada em ação penal.

Cap. XIX • RECURSOS E AÇÕES AUTÔNOMAS DE IMPUGNAÇÃO 1427

A petição inicial deve, em princípio, atender aos requisitos do art. 654, § 1º, do CPP: qualificação do impetrante e do impetrado; declaração da hipótese de constrangimento ilegal, atual ou potencial; assinatura do impetrante.

Ademais, devem acompanhar a inicial os documentos que demonstrem a situação de fato alegada, o que se designa por *prova documental pré-constituída*.

De acordo com o art. 660, § 2º, do CPP, "*se os documentos que instruírem a petição evidenciarem a ilegalidade da coação*, o juiz ou o tribunal ordenará que cesse imediatamente o constrangimento". A ilegalidade, portanto, deverá estar demonstrada nos documentos que instruem a inicial do *habeas corpus*.

O *habeas corpus* tem limites cognitivos estreitos, não comportando discussão aprofundada de provas. Com efeito, sequer há, no procedimento mandamental, uma fase instrutória, cabendo ao impetrante pré-constituir, na inicial, pelos documentos próprios, a prova da hipótese de fato por ele deduzida. De toda sorte, faz-se excepcionalmente possível a determinação de diligências instrutórias pelo órgão judiciário, sempre que a deficiência probatória do pedido não for imputável ao próprio impetrante. É o que admite, por exemplo, o art. 191, II, do Regimento Interno do STF, ao dispor poder o relator do *habeas corpus* "ordenar diligências necessárias à instrução do pedido, no prazo que estabelecer, se a deficiência deste não for imputável ao impetrante".

Por outro lado, a natureza sumária da ação, além de incompatível com uma fase instrutória, impede que se transportem para o *habeas corpus* as discussões probatórias próprias do mérito da causa originária.

É impróprio dizer, porém, que o *habeas corpus* não admite *qualquer* discussão de prova. O que os limites cognitivos estreitos da ação mandamental não comportam é a discussão *aprofundada* de provas, própria da avaliação do mérito probatório do processo penal originário. Com efeito, não poderá ser utilizado o *habeas corpus*, por exemplo, para impugnar sentença condenatória com o objetivo de, pela análise da prova consolidada nos autos originários, alcançar a absolvição do paciente.

Qualquer que seja o ato impugnado, o *habeas corpus* se presta à verificação de condições da ação penal, especialmente a justa causa, e de nulidades do processo, algo que não depende de incursão no mérito probatório da causa. Nesse sentido, eis o julgado da Primeira Turma do Supremo Tribunal Federal no HC 70.193/RS (STF, 1ª Turma, HC 70.193, Rel. Min. CELSO DE MELLO, julgamento em 21.09.1993, DJ de 06.11.2006): "A jurisprudência do Supremo Tribunal Federal tem acentuado que o exame aprofundado das provas não encontra sede juridicamente adequada no processo de 'habeas corpus'. A postulação que objetive ingressar na análise, discussão e valoração da prova será plenamente admissível na via recursal ordinária, de espectro mais amplo, ou, ainda, na via revisional (...) O caráter sumaríssimo de que se reveste a via processual do 'habeas corpus' não permite que, no âmbito estreito do 'writ' constitucional, discutam-se questões de natureza essencialmente probatória, tais como aquelas pertinentes à materialidade do delito ou à configuração de sua autoria".

Por outro lado, é possível, em sede de *habeas corpus*, aferir a existência ou não de suporte probatório mínimo a justificar a instauração do processo penal (justa causa em sentido estrito), o que demanda, naturalmente, o exame do material probatório questionado, mas um *exame superficial*, no plano da admissibilidade, e não um exame aprofundado, no plano do mérito.

Deve-se advertir, em todo caso, que a jurisprudência tem sido relutante em efetuar qualquer exame de natureza probatória na sede do *habeas corpus*. De toda sorte, não se pode perder de vista o princípio de que a apreciação sobre as condições da ação, inclusive a justa causa em sentido estrito, é cabível na via do *habeas corpus*, cuja incompatibilidade se restringe à apreciação de fatos e provas referentes ao mérito da própria causa.

Assim, mesmo quando a Suprema Corte afirma que "o caráter sumaríssimo da via jurídico-processual do 'habeas corpus' não permite que se proceda, no âmbito estreito desse 'writ' constitucional de ordem probatória, notadamente se a impetração objetivar a análise, discussão e valoração da prova penal", o faz para inadmitir a ação mandamental que objetive discutir questões de mérito como "o exame da alegação de ausência de dolo na conduta imputada ao agente" (STF, 2ª Turma, HC 84.021/SC, Rel. Min. CELSO DE MELLO, julgamento em 04.05.2004, DJ de 20.04.2006). O controle de *legalidade* sobre a existência de prova mínima não se insere na vedação.

De outra parte, o Supremo Tribunal Federal já afirmou a possibilidade, em tese, de trancamento de inquérito policial ou de ação penal "diante de prova robusta e inquestionável acerca da flagrante ilegalidade da atividade persecutória" (STF, 1ª Turma, HC 91.399/RJ, Rel. Min. RICARDO LEWANDOWSKI, julgamento em 11.09.2007, DJ de 11.10.2007), o que reafirma a aptidão do *habeas corpus* para fins de controle de legalidade, ainda quando isso implique considerar, desde que superficialmente, os elementos de prova disponíveis.

Retoma-se o estudo do procedimento do *habeas corpus* no tópico 10, *infra*, após o exame de algumas questões relevantes.

9. MEDIDA LIMINAR

9.1. Cabimento

A despeito da falta de previsão legal, a jurisprudência reconhece, em hipóteses excepcionais, a possibilidade de medida cautelar ou de medida antecipatória dos efeitos da tutela em sede de *habeas corpus*. Como explicitam ADA GRINOVER, GOMES FILHO e SCARANCE FERNANDES: "Apesar da sumariedade do procedimento do *habeas corpus*, certas situações excepcionais recomendam a antecipação da restituição da liberdade ao paciente ou, então, tratando-se de ordem requerida em caráter preventivo, da adoção de providências urgentes para o resguardo do direito de ir, vir e ficar. Assim, embora não prevista em lei para o remédio aqui analisado, a concessão de liminar vem sendo admitida pela jurisprudência, em caráter excepcional, sempre que presentes os requisitos das medidas cautelares em geral (*fumus boni juris* e *periculum in mora*), por analogia com a previsão existente em relação ao mandado de segurança"[127].

---

127. GRINOVER, Ada Pellegrini / GOMES FILHO, Antônio Magalhães / FERNANDES, Antônio Scarance. *Recursos no Processo Penal*. São Paulo: Revista dos Tribunais, 2011, p. 298.

Cap. XIX · RECURSOS E AÇÕES AUTÔNOMAS DE IMPUGNAÇÃO

A hipótese mais clara de *urgência* (*periculum in mora*) a autorizar a concessão de tutela liminar é sem dúvida a do *habeas corpus* preventivo, em que, se justificado e fundado o receio, supõe inerentemente a *iminência* de uma prisão ilegal, que precisa ser evitada de imediato.

Por isso é que, nessa hipótese, o Regimento Interno do STF contempla expressamente a possibilidade de expedição liminar de salvo-conduto, no art. 191, inciso IV, ao dispor que pode o relator, "no *habeas corpus* preventivo, expedir salvo-conduto em favor do paciente, até decisão do feito, se houver grave risco de consumar-se a violência".

Se já consumada a prisão, porém, e houver plausibilidade na fundamentação quanto à sua ilegalidade, naturalmente existirá um *periculum in mora* na perduração da medida, o que de igual modo comporta, em caráter excepcional, a tutela antecipada.

Tratando-se de prisão atual ou iminente, portanto, a hipótese é de medida satisfativa, pois a restituição da liberdade, ou a expedição imediata de salvo-conduto, coincide com a própria pretensão de mérito do *habeas corpus*. De toda sorte, cuida-se de medida em tese reversível, caso o juízo ou o colegiado do tribunal venha a entender em sentido diverso. Observe-se, porém, a admissibilidade da *concessão liminar da própria ordem de habeas corpus*, por decisão monocrática do relator, cabível em determinadas situações, conforme será discutido no tópico 9, *infra*.

Nesse particular, entenda-se que uma coisa é (i) o deferimento de medida liminar, em caráter precário e provisório, como antecipação de tutela, para a imediata concessão da liberdade ou a expedição de salvo-conduto. Na espécie, o juízo ou relator deverá verificar a presença dos requisitos adequados: *fumus boni juris* e *periculum in mora*. Quando do julgamento do mérito da ação de *habeas corpus*, poderá sobrevir decisão em sentido diverso, revogando a liminar. Outra coisa, diversa, é (ii) a concessão liminar do próprio *habeas corpus*, possível em determinadas situações especiais (além da urgência), no âmbito dos tribunais, pelo relator, como, por exemplo, quando o ato impugnado contrariar a jurisprudência dominante da Corte. Neste caso, a decisão do mérito já está tomada, monocraticamente. Caberá, da parte do Ministério Público, apenas a interposição de agravo interno para o colegiado, quando pretenda a reforma do ato. Discute-se essa matéria no tópico 9.

Na primeira hipótese (i), tem-se tutela provisória; na segunda (ii), tutela definitiva, caso não impugnada[128].

No plano geral da tutela provisória, demonstrada a plausibilidade concreta da situação de fato alegada e o fundado receio de dano grave e de difícil reparação ao

---

128. É a uma tutela definitiva que, no trecho seguinte, parece aludir HERÁCLITO MOSSIN, ainda que sob a referência *apenas* dos requisitos próprios das medidas cautelares: "...quando estiver efetivamente delineado pela prova que instrui o pedido de *habeas corpus* o constrangimento ilegal incidente sobre o paciente (*fumus boni iuris*), o pedido deve ser liminarmente concedido, já que se aguardar *in casu* a futura decisão a ser prolatada no processo, gerará como resultante imutável grave dano de difícil ou mesmo de impossível reparação à liberdade física do paciente (*periculum in mora*). É que prolongando-se no tempo o estado de coação ilegal que incide sobre o *ius libertatis* do paciente esta situação jamais poderá ser corrigida pela sentença que der provimento ao pedido liberatório". Cfr. MOSSIN, Heráclito. *Habeas Corpus*. São Paulo: Atlas, 1995, pp. 159-160. *De nossa parte, insistimos em que a concessão da própria ordem (decisão de mérito) reclama a incidência de condições e fundamentos específicos, discutidos no tópico 9, como a ofensa à jurisprudência dominante, e não apenas o fumus boni juris e o periculum in mora. Se presentes apenas estes últimos requisitos, a tutela é provisória e, portanto, reversível.*

direito de liberdade, pode ser liminarmente concedida tutela provisória, a título cautelar ou antecipatório.

Nesse sentido, poderá o relator do *habeas corpus* impetrado perante tribunal determinar, por exemplo: *a título antecipatório*, a expedição de alvará de soltura para imediata restituição da liberdade ao paciente, ou a expedição de salvo-conduto destinado a evitar que a prisão se consume, até que a ação mandamental seja apreciada em seu mérito pela turma ou câmara competente; *a título cautelar*, a suspensão do curso de processo penal, até que o órgão colegiado aprecie o pedido final de trancamento.

Quanto a esse último caso, portanto, mesmo o *habeas corpus* destinado ao trancamento ou à anulação do processo comporta *excepcionalmente* o deferimento de tutela suspensiva, sempre que o relator possa de plano verificar a relevância e plausibilidade da fundamentação (*fumus boni juris*) e o risco de algum dano grave e de difícil reparação (*periculum in mora*).

No *habeas corpus* fundado em ameaça mais remota à liberdade de locomoção (trancamento ou nulidade), por certo a excepcionalidade da tutela liminar é ainda mais marcante, à vista do requisito do *periculum in mora*, podendo acontecer, contudo, em casos como a iminência de sentença, ou quando já haja a condenação em primeiro grau, por exemplo.

A medida liminar justifica-se também nas hipóteses de manifesta (flagrante) ilegalidade ou teratologia identificadas de plano na decisão impugnada, ou sempre que esta se mostrar claramente contrária à jurisprudência do Supremo Tribunal Federal ou do Superior Tribunal de Justiça, conforme o caso.

Outros motivos cogitáveis como suporte para a tutela liminar são a grave enfermidade do paciente e a incidência de hipótese legal de prisão domiciliar, que justificam a substituição da medida prisional por outra medida cautelar pessoal, inclusive a título liminar e, portanto, provisório, até que o mérito seja apreciado pelo órgão colegiado competente.

9.2. Impugnação da Decisão de Indeferimento do Pleito de Medida Liminar

Não cabe recurso contra a decisão do relator que defere ou indefere pedido de medida liminar em *habeas corpus*. A própria falta de previsão legal da medida liminar e a sua excepcionalidade explicam (e justificam) a ausência de impugnação recursal.

Assim tem reiteradamente decidido o Superior Tribunal de Justiça, como no HC 22.059/SP (AgR) (STJ, 6ª Turma, HC 22.059, Rel. Min. HAMILTON CARVALHIDO, julgamento em 28.05.2002, DJ de 10.03.2003): "A liminar em sede de habeas corpus é medida excepcional, admitida tão-somente pela doutrina e jurisprudência e sem dispensa da satisfação cumulativa dos requisitos do fumus boni iuris e do periculum in mora. A excepcionalidade da medida tem sido relacionada ao constrangimento ilegal manifesto, perceptível primus ictus oculi, inocorrente na espécie, não se prestando, de qualquer modo, a provisão cautelar à supressão de competência da Turma Julgadora, que há de julgar o writ, concedendo-o ou negando-o. Esta Corte Superior de Justiça, na esteira dos precedentes do Excelso Supremo Tribunal Federal, firmou já entendimento

Cap. XIX • RECURSOS E AÇÕES AUTÔNOMAS DE IMPUGNAÇÃO

no sentido de que não cabe recurso contra decisão de Relator que, em habeas corpus, defere ou indefere, fundamentadamente, pedido de medida liminar". Na mesma trilha, tem-se a decisão da Sexta Turma no HC 295.562/SP (AgR) (STJ, HC 295.562, Rel. Min. MARIA THEREZA DE ASSIS MOURA, julgamento em 18.06.2014, DJ de 04.08.2014)[129].

Pode a decisão ser impugnada por outro *habeas corpus*, impetrado perante tribunal superior? Por exemplo, é possível impugnar, por *habeas corpus* dirigido ao STJ, decisão monocrática de indeferimento de liminar proferida por Desembargador relator de *habeas corpus* em curso em tribunal de segunda instância? No mesmo passo, cabe a impetração de *habeas corpus* perante o Supremo Tribunal Federal contra decisão monocrática de indeferimento de liminar em *habeas corpus*, proferida por Ministro do Superior Tribunal de Justiça?

Em princípio, a reposta a essas perguntas é negativa, conforme a Súmula n° 691 do Supremo Tribunal Federal: "Não compete ao Supremo Tribunal Federal conhecer de *habeas corpus* impetrado contra decisão do relator que, em *habeas corpus* requerido a tribunal superior, indefere a liminar".

A Suprema Corte, entretanto, admite o afastamento excepcional da Súmula n° 691 nas seguintes hipóteses: (i) manifesta ilegalidade ou abuso de poder; (ii) decisão que diverge da jurisprudência dominante do STF. Nesse sentido, eis o julgado da Segunda Turma no HC 92.751/SP (STF, 2ª Turma, HC 92.751, Rel. Min. CELSO DE MELLO, julgamento em 09.08.2011, DJ de 23.10.2012): "A jurisprudência do Supremo Tribunal Federal, sempre em caráter extraordinário, tem admitido o afastamento, 'hic et nunc', da Súmula 691/STF, em hipóteses nas quais a decisão questionada divirja da jurisprudência predominante nesta Corte ou, então, veicule situações configuradores de abuso de poder ou de manifesta ilegalidade". Na mesma direção, dentre vários outros, tem-se o julgado da Segunda Turma no HC 112.889/SP (STF, 2ª Turma, HC 112.889, Rel. Min. CÁRMEN LÚCIA, julgamento em 12.03.2013, DJ de 26.03.2013): "Este Supremo Tribunal tem admitido, em casos excepcionais e em circunstâncias fora do ordinário, o temperamento na aplicação da Súmula n. 691 do Supremo Tribunal ("Não compete ao Supremo Tribunal Federal conhecer de habeas corpus impetrado contra decisão do Relator que, em habeas corpus requerido a tribunal superior, indefere a liminar"). Essa excepcionalidade fica demonstrada nos casos em que se patenteie flagrante ilegalidade ou contrariedade a princípios constitucionais ou legais na decisão questionada, como se tem na espécie vertente. Na sentença condenatória foi concedido ao Paciente o direito de apelar em liberdade, por ter respondido solto ao processo. Ao julgar recurso de apelação criminal exclusivo da defesa, a 13ª Câmara de Direito Criminal do Tribunal de Justiça de São Paulo determinou a expedição de mandado de prisão sem apresentar fundamento cautelar".

O Superior Tribunal de Justiça adota o mesmo entendimento quanto ao *habeas corpus* impetrado contra decisão monocrática de indeferimento de medida liminar por Desembargador relator de *habeas corpus* em tribunal de segunda instância. Nessa

---

129. "1. Conforme pacífico entendimento deste Superior Tribunal de Justiça, não cabe agravo regimental contra decisão de deferimento ou indeferimento de liminar em habeas corpus ou em recurso em habeas corpus. 2. Agravo regimental não conhecido".

esteira, confira-se o julgado da Quinta Turma no HC 291.856/SP (AgR) (STJ, 5ª Turma, HC 291.856, Rel. Min. REGINA HELENA COSTA, julgamento em 06.05.2014, DJ de 12.05.2014): "Incabível habeas corpus contra indeferimento de medida liminar, salvo em casos de flagrante ilegalidade ou teratologia da decisão impugnada, sob pena de indevida supressão de instância (Súmula n. 691 do STF)".

10. INDEFERIMENTO LIMINAR DO *HABEAS CORPUS* PELO RELATOR E SUA IMPUGNAÇÃO

Diversa da hipótese de indeferimento de pleito de medida liminar formulado na inicial do *habeas corpus* é a de indeferimento liminar do próprio *habeas corpus*, cabível por decisão monocrática do relator, com fundamento, quanto aos tribunais superiores, no art. 38 da Lei nº 8.038/1990: "O Relator, no Supremo Tribunal Federal ou no Superior Tribunal de Justiça, decidirá o pedido ou o recurso que haja perdido o seu objeto, bem como negará seguimento a pedido ou recurso manifestamente intempestivo, incabível ou improcedente, ou ainda, que contrariar, nas questões predominantemente de direito, Súmula do respectivo Tribunal".

O indeferimento liminar, assim, pode estar motivado: (i) por falta de condição ou de pressuposto de admissibilidade do *habeas corpus* (cabimento, legitimidade, interesse, por exemplo); (ii) por manifesta improcedência do *habeas corpus*; (iii) nas questões predominantemente de direito, por contrariedade da pretensão objeto do *habeas corpus* a Súmula do respectivo Tribunal.

Em princípio, a mera desobediência a requisito *formal da petição* do *habeas corpus* (art. 654, § 1º, CPP) não enseja o indeferimento liminar, devendo o relator, em vez disso, intimar o impetrante para fins de emenda à inicial, conforme claramente disposto no art. 662 do CPP: "Se a petição contiver os requisitos do art. 654, § 1º, o presidente [leia-se, o relator], se necessário, requisitará da autoridade indicada como coatora informações por escrito. *Faltando, porém, qualquer desses requisitos, o presidente [leia-se, o relator] mandará preenchê-lo, logo que lhe for apresentada a petição*".

Essa decisão monocrática é desafiável por recurso de agravo interno, nos termos do art. 39 da Lei nº 8.038/1990: "Da decisão do Presidente do Tribunal, de Seção, de Turma ou de Relator que causar gravame à parte, caberá agravo para o órgão especial, Seção ou Turma, conforme o caso, no prazo de 5 (cinco) dias".

A respeito dos tribunais de segunda instância, pode-se identificar a possibilidade de indeferimento liminar do *habeas corpus* no art. 663 do CPP: "As diligências do artigo anterior não serão ordenadas, se o presidente entender que o *habeas corpus* deva ser indeferido *in limine*. Nesse caso, levará a petição ao tribunal, câmara ou turma, para que delibere a respeito". Embora a lei se refira ao "presidente", sabe-se que no regime atual a ação deverá ser imediatamente distribuída a um relator, que tomará as providências iniciais de processamento.

Da leitura do dispositivo do art. 663 do CPP se depreende que o indeferimento liminar do *habeas corpus* só pode se realizar por decisão do colegiado, e não por ato monocrático do relator. Com efeito, o disposto no artigo é que, se o "presidente" (leia-se, o *relator*) *entender* que o *habeas corpus* deva ser indeferido *in limine*, "levará a petição ao tribunal, câmara ou turma, para que delibere a respeito".

Conclui-se, então, pela impossibilidade de indeferimento liminar do *habeas corpus* por decisão monocrática de Desembargador relator *em tribunal de segunda instância*, estabelecendo a lei, para tanto, reserva de colegiado. Nesse sentido, eis o julgado da Sexta Turma do Superior Tribunal de Justiça no RHC 24.945/MG (STJ, 6ª Turma, Rel. Des. Conv. JANE SILVA, julgamento em 11.12.2008, DJ de 02.02.2009): "No *habeas corpus* de competência originária de Tribunal de Justiça, não cabe indeferimento liminar da impetração por decisão monocrática, devendo, nessa hipótese, ser o *writ* submetido ao órgão colegiado para deliberação a respeito (art. 663, Código de Processo Penal)".

De toda sorte, pode acontecer de o regimento interno do tribunal de segunda instância autorizar o indeferimento liminar do *habeas corpus*. Nessa hipótese, porém, deverá o relator submeter a matéria à apreciação do colegiado, independentemente de recurso do impetrante, por aplicação da norma do art. 663 do CPP, em pleno vigor.

Observe-se, no ponto, que o art. 666 do CPP autoriza a disciplina do processo e do julgamento do *habeas corpus* pelos regimentos internos apenas a título *complementar*: "Os regimentos internos dos Tribunais de Apelação estabelecerão as normas complementares para o processo e julgamento do pedido de *habeas corpus* de sua competência originária". Não podem as normas internas dos tribunais, portanto, fixar regime diverso e contraposto àquele do art. 666 do CPP, mas apenas complementar, preservando-se a compatibilidade. Nessas condições, o indeferimento liminar do *habeas corpus* em tribunal de segunda instância só pode ser decidido pelo órgão colegiado competente para o julgamento da ação mandamental.

Apesar disso, cogitava-se da aplicação subsidiária e analógica do art. 557, § 1º-A, do Código de Processo Civil de 1973, para permitir que o relator monocraticamente negasse seguimento ao *habeas corpus* manifestamente inadmissível, improcedente, prejudicado ou em confronto com jurisprudência dominante do respectivo tribunal. Agora, sob a égide do Novo Código de Processo Civil, de 2015, o dispositivo correspondente é o do art. 932, incisos III e IV: "Incumbe ao relator: III – não conhecer de recurso inadmissível, prejudicado ou que não tenha impugnado especificamente os fundamentos da decisão recorrida; IV – negar provimento a recurso que for contrário a: a) súmula do Supremo Tribunal Federal, do Superior Tribunal de Justiça ou do próprio tribunal; b) acórdão proferido pelo Supremo Tribunal Federal ou pelo Superior Tribunal de Justiça em julgamento de recursos repetitivos; c) entendimento firmado em incidente de resolução de demandas repetitivas ou de assunção de competência". A mesma lógica, então, persiste.

De nossa parte, também invocando o julgado do STJ no RHC 24.945/MG (acima citado), discordamos dessa orientação, eis que há norma *processual penal específica* (art. 666, CPP) a estabelecer regime diverso, não havendo qualquer margem para aplicação *subsidiária* da lei processual civil.

Outro, porém, como visto, é o regime jurídico aplicável no âmbito do Supremo Tribunal Federal e no do Superior Tribunal de Justiça, eis que nesse caso a Lei nº 8.038/1990 contempla a possibilidade de indeferimento liminar do *habeas corpus* por decisão monocrática do relator (art. 38), instituindo o agravo interno como recurso cabível contra esse ato (art. 39)[130]. Na mesma linha, têm-se o Regimento Interno do STF (artigos 192 e 317) e o Regimento Interno do STJ (artigos 34, XVIII, e 258).

Por essa razão, entende-se que, em princípio, não cabe *habeas corpus* para impugnar decisão monocrática de relator, pelo indeferimento de medida liminar, cabendo apenas a interposição de agravo interno (agravo regimental) destinado a exaurir a jurisdição do tribunal quanto à questão prévia (medida liminar). Somente o acórdão do órgão colegiado em sede de agravo interno, portanto, está sujeito a impugnação por *habeas corpus*.

Nesse sentido, como bem assentado pela Segunda Turma do Supremo Tribunal Federal no HC 113.797/SP (STF, 2ª Turma, HC 113.797, Rel. Min. Teori Zavascki, julgamento em 26.08.2014, DJ de 09.09.2014): "Em casos tais, o exaurimento da jurisdição e o atendimento ao princípio da colegialidade, pelo tribunal prolator, se dá justamente mediante o recurso de agravo interno, previsto em lei, que não pode simplesmente ser substituído pela ação de habeas corpus, de competência de outro tribunal. A se admitir essa possibilidade estar-se-á atribuindo ao impetrante a faculdade de eleger, segundo conveniências próprias, qual tribunal irá exercer o juízo de revisão da decisão monocrática: se o STJ, juízo natural indicado pelo art. 39 da Lei 8.038/1990, ou o STF, por via de habeas corpus substitutivo. O recurso interno para o órgão colegiado é medida indispensável não só para dar adequada atenção ao princípio do juiz natural, como para exaurir a instância recorrida, pressuposto para inaugurar a competência do STF".

11. CONCESSÃO OU DENEGAÇÃO DA ORDEM EM DECISÃO MONOCRÁTICA DO RELATOR

O art. 192, *caput*, do Regimento Interno do STF autoriza ao relator a decidir monocraticamente o mérito do *habeas corpus*, sempre que haja jurisprudência consolidada da Suprema Corte a respeito do objeto da ação: "Quando a matéria for objeto de jurisprudência consolidada do Tribunal, o Relator poderá desde logo conceder a ordem, ainda que de ofício, à vista da documentação da petição inicial ou do teor das informações".

Encontra-se fundamento para essa orientação na aplicação subsidiária, ao processo penal (art. 3º, CPP), do art. 932, incisos IV e V, do Código de Processo Civil de 2015: "Incumbe ao relator: IV – negar provimento a recurso que for contrário a: a) súmula do Supremo Tribunal Federal, do Superior Tribunal de Justiça ou do próprio tribunal; b) acórdão proferido pelo Supremo Tribunal Federal ou pelo Superior Tribunal de Justiça em julgamento de recursos repetitivos; c) entendimento firmado em incidente de resolução de demandas repetitivas ou de assunção de competência; V

---

130. Assevere-se que os Capítulos II a V do Título I (artigos 13 a 25), o Título II (artigos 26 a 37) e o Título III (artigos 38 a 44) da Lei 8.038/1990 aplicam-se apenas ao Superior Tribunal de Justiça e ao Supremo Tribunal Federal. O art. 1º da Lei 8.658/1993 estendeu aos Tribunais de Justiça e aos Tribunais Regionais Federais apenas a aplicação do procedimento das ações penais originárias, objeto do Capítulo I do Título I (artigos 1º a 12).

Cap. XIX • RECURSOS E AÇÕES AUTÔNOMAS DE IMPUGNAÇÃO 1435

– depois de facultada a apresentação de contrarrazões, dar provimento ao recurso se a decisão recorrida for contrária a: a) súmula do Supremo Tribunal Federal, do Superior Tribunal de Justiça ou do próprio tribunal; b) acórdão proferido pelo Supremo Tribunal Federal ou pelo Superior Tribunal de Justiça em julgamento de recursos repetitivos; c) entendimento firmado em incidente de resolução de demandas repetitivas ou de assunção de competência".

Esse dispositivo corresponde ao revogado art. 557, *caput* ("O relator negará seguimento a recurso manifestamente inadmissível, improcedente, prejudicado ou em confronto com súmula ou com jurisprudência dominante do respectivo tribunal, do Supremo Tribunal Federal, ou de Tribunal Superior") e § 1º-A ("Se a decisão recorrida estiver em manifesto confronto com súmula ou com jurisprudência dominante do Supremo Tribunal Federal, ou de Tribunal Superior, o relator poderá dar provimento ao recurso"), do CPC de 1973.

Assim, tem-se que o art. 932, inciso IV, do CPC/2015 autoriza o relator, em decisão monocrática, a *denegar* de plano a ordem de *habeas corpus*, ao passo que o inciso V do mesmo dispositivo contempla a possibilidade de *concessão* imediata da ordem, *depois de observado o contraditório*. Nesse último caso, portanto, a concessão da ordem em decisão monocrática só se aplica depois de ouvida a autoridade impetrada (no âmbito do *habeas corpus*), previsão (de contraditório prévio) que antes não constava do dispositivo correspondente (art. 557, § 1º-A) do CPC de 1973.

A respeito do art. 192 do RISTF, a decisão do Ministro CELSO DE MELLO no HC 96.418/CE bem expõe os fundamentos permissivos da denegação ou da concessão da ordem em decisão monocrática (decisão de 20.10.2010, DJ de 26.10.2010): "Registro, preliminarmente, por necessário, que o Supremo Tribunal Federal, mediante edição da Emenda Regimental nº 30, de 29 de maio de 2009, delegou expressa competência ao Relator da causa, para, em sede de julgamento monocrático, denegar ou conceder a ordem de 'habeas corpus', 'ainda que de ofício', desde que a matéria versada no 'writ' em questão constitua 'objeto de jurisprudência consolidada do Tribunal' (RISTF, art. 192, 'caput', na redação dada pela ER nº 30/2009). Ao assim proceder, fazendo-o mediante interna delegação de atribuições jurisdicionais, esta Suprema Corte, atenta às exigências de celeridade e de racionalização do processo decisório, limitou-se a reafirmar princípio consagrado em nosso ordenamento positivo (RISTF, art. 21, § 1º; Lei nº 8.038/90, art. 38; CPC, art. 557) que autoriza o Relator da causa a decidir, monocraticamente, o litígio, sempre que este referir-se a tema já definido em 'jurisprudência dominante' no Supremo Tribunal Federal. Nem se alegue que essa orientação implicaria transgressão ao princípio da colegialidade, eis que o postulado em questão sempre restará preservado ante a possibilidade de submissão da decisão singular ao controle recursal dos órgãos colegiados no âmbito do Supremo Tribunal Federal, consoante esta Corte tem reiteradamente proclamado (RTJ 181/1133-1134, Rel. Min. CARLOS VELLOSO – AI 159.892-AgR/SP, Rel. Min. CELSO DE MELLO, v.g.). A legitimidade jurídica desse entendimento decorre da circunstância de o Relator da causa, no desempenho de seus poderes processuais, dispor de plena competência para exercer, monocraticamente, o controle das ações, pedidos ou recursos dirigidos ao Supremo Tribunal Federal, justificando-se, em consequência, os atos decisórios que, nessa condição, venha a praticar

(RTJ 139/53 - RTJ 168/174-175 - RTJ 173/948), valendo assinalar, quanto ao aspecto ora ressaltado, que o Plenário deste Tribunal, ao apreciar questão de ordem, em recente decisão (HC 96.821/SP, Rel. Min. RICARDO LEWANDOWSKI, 14/04/2010), reafirmou a possibilidade processual do julgamento monocrático do próprio mérito da ação de 'habeas corpus', desde que observados os requisitos estabelecidos no art. 192 do RISTF, na redação dada pela Emenda Regimental nº 30/2009".

Contra a decisão monocrática de concessão ou de denegação da ordem caberá recurso de agravo interno, com fundamento no art. 39 da Lei nº 8.038/1990.

No Regimento Interno do STJ não há dispositivo semelhante ao do art. 192 do RISTF, prevendo-se apenas o indeferimento liminar em decisão monocrática do relator (art. 210, RISTJ). A Corte Superior, entretanto, tem entendido que o relator poderá inclusive conceder a ordem em decisão monocrática, com fundamento no art. 557, § 1º-A, do CPC de 1973, hoje sucedido pelo art. 932, inciso V, do CPC/2015, agora com a exigência de contraditório prévio (antes, na esfera que nos ocupa, da concessão monocrática do *habeas corpus*).

O mesmo se sustenta quanto aos tribunais de segunda instância, em que pode ser aplicado, subsidiariamente, o art. 932, V, do CPC/2015, mas apenas no tocante à concessão da ordem. Por outro lado, no que diz respeito à denegação da ordem, assim como ao indeferimento liminar, entendemos que o dispositivo aplicável é o do art. 666 do CPP, devendo o Desembargador relator submeter a matéria à apreciação do colegiado, independentemente de recurso do impetrante.

12. PROCEDIMENTO (RITO)

Recebida a inicial do *habeas corpus* impetrado em tribunal[131], o relator poderá: (i) indeferir liminarmente a inicial, ante a falta de requisito essencial, levando-a em seguida ao órgão colegiado competente, para que delibere a respeito (art. 663, CPP); (ii) recebendo a inicial, requisitar informações à autoridade impetrada (art. 662, CPP).

No último caso, poderá também o relator: (a) como abordado no tópico anterior, deferir pleito liminar que tenha sido formulado, antes ou depois das informações da autoridade impetrada; ou indeferir o pleito liminar, em decisão que desafia agravo interno (art. 39, Lei nº 8.030/1990); (b) se for relevante a matéria, nomear advogado para acompanhar e defender oralmente o pedido; (c) ordenar diligências necessárias à instrução do pedido, se a deficiência probatória não for imputável ao próprio impetrante; (d) se julgar necessário, ordenar a apresentação do paciente, conforme o art. 656, *caput*, do CPP: "Recebida a petição de *habeas corpus*, o juiz, se julgar necessário, e estiver preso o paciente, mandará que este lhe seja imediatamente apresentado em dia e hora que designar".

---

131. Enfatizaremos o procedimento do *habeas corpus* nos tribunais, por ser a situação mais comum. O rito, porém, aplica-se, sob a mesma lógica e as mesmas fases, também para o *habeas corpus* impetrado em primeira instância.

Quanto ao ponto descrito em (d) acima, o relator pode determinar a apresentação do paciente à sessão de julgamento (como previsto no art. 191, inciso III, do RISTF), o que está em harmonia com o disposto no art. 656, *caput*, do CPP. A não apresentação do preso implicará a responsabilidade penal do detentor por crime de desobediência (art. 330, CP), devendo o relator providenciar para que o paciente seja tirado da prisão e apresentado, em conformidade com o art. 656, parágrafo único, do CPP: "Em caso de desobediência, será expedido mandado de prisão contra o detentor, que será processado na forma da lei, e o juiz providenciará para que o paciente seja tirado e apresentado em juízo".

Apenas se observe que, atualmente, desde o advento da Lei nº 9.099/1995, não mais se admite a autuação em flagrante por crime de desobediência, que constitui infração penal de menor potencial ofensivo, subsistindo, porém, a possibilidade, em havendo estado de flagrância, de condução do agente à presença da autoridade policial, para fins de lavratura de termo circunstanciado, com a posterior liberação sob o compromisso de comparecimento ao juizado especial criminal (art. 69, parágrafo único, Lei nº 9.099/1995).

O art. 657, *caput*, do CPP, entretanto, contempla causas excepcionais de escusa quanto à apresentação do paciente preso: grave enfermidade do paciente (I); não estar o paciente sob a guarda da pessoa a quem se atribui a detenção (II); se o comparecimento não tiver sido determinado pelo juiz ou pelo tribunal (III). Na hipótese de doença, que impeça a apresentação do preso, "o juiz poderá ir ao local em que o paciente se encontrar", nos termos do art. 657, parágrafo único, do CPP.

Examinados os pontos legais relativos à apresentação do paciente preso, cumpre advertir que se trata de providência em franco desuso na atualidade.

Cumpridas ou não as providências preliminares pelo relator, a etapa seguinte é a de *requisição de informações* ao impetrado. A peça de informações pode representar verdadeira contestação da autoridade ou do particular impetrado, realizando-se, assim, o contraditório na ação de *habeas corpus*.

É possível, no entanto, que o impetrado se limite mesmo a prestar informações, eventualmente acompanhadas por documentos, a respeito da situação de fato alegada pelo impetrante, sem opor argumentos jurídicos à pretensão nem pugnar por sua improcedência, por mais que tanto resulte implícito.

Por outro lado, não se trata de etapa obrigatória, podendo o relator dispensar as informações, sempre que a situação de fato esteja suficientemente demonstrada a partir da prova pré-constituída na inicial, sem que isso necessariamente implique a procedência da pretensão do impetrante. Conforme o art. 662, primeira parte, do CPP: "Se a petição contiver os requisitos do art. 654, § 1º, o presidente, *se necessário*, requisitará da autoridade indicada como coatora informações por escrito". Por sua vez, dispõe o art. 664 do CPP: "Recebidas as informações, *ou dispensadas*, o *habeas corpus* será julgado na primeira sessão...".

Assim, não há, na ação de *habeas corpus*, o contraditório pleno próprio das ações de conhecimento, o que se justifica pelos atributos da sumariedade e simplicidade desse remédio de caráter mandamental, assim como pela fundamentalidade do direito material objeto de proteção.

Como já afirmado, não há fase de instrução probatória no *habeas corpus*, podendo apenas ser aplicada excepcionalmente a determinação de atos instrutórios pelo relator, para o esclarecimento de pontos lacunosos, quando a omissão não seja imputável ao próprio impetrante.

Apresentadas ou dispensadas as informações do impetrado, assim, o feito já está em princípio apto a julgamento, conforme o art. 664 do CPP: "Recebidas as informações, ou dispensadas, o *habeas corpus* será julgado na primeira sessão, podendo, entretanto, adiar-se o julgamento para a sessão seguinte".

Antes disso, porém, reclama-se a intervenção do Ministério Público, para fins de parecer, na qualidade de órgão de justiça (*custos legis*). Trata-se de providência prevista na generalidade dos regimentos internos dos tribunais, embora, em condições excepcionais, possa a ordem ser concedida ou denegada sem que o Ministério Público haja sido previamente intimado para se manifestar.

A título de exemplo, o art. 192, § 1º, do RISTF, dispõe: "Não se verificando a hipótese do caput [concessão ou denegação da ordem pelo relator, ainda que de ofício, à vista da petição inicial ou do teor das informações], instruído o processo e ouvido o Procurador-Geral em dois dias, o Relator apresentará o feito em mesa para julgamento na primeira sessão da Turma..."

A teor do art. 664 do CPP, assim como do acima transcrito art. 192, § 1º, do RISTF, o julgamento do *habeas corpus* não depende de prévia inclusão em pauta. É o que se depreende, igualmente, da Súmula nº 431 do STF: "É nulo o julgamento de recurso criminal na segunda instância sem prévia intimação ou publicação da pauta, *salvo em habeas corpus*". Basta, portanto, que o *habeas corpus* seja *apresentado em mesa* para julgamento na primeira sessão.

Não sendo o *habeas corpus* apresentado na primeira sessão (seguinte à manifestação do Ministério Público), de acordo com a rotina mais comum, o impetrante poderá pedir ao relator para ser previamente comunicado da data em que o processo será levado a julgamento, de modo a assim garantir a efetividade de sua participação durante a sessão, por meio de sustentação oral. Assim dispõe, a propósito, o art. 192, § 2º, do RISTF: "Não apresentado o processo na primeira sessão, o impetrante poderá requerer seja cientificado pelo Gabinete, por qualquer via, da data do julgamento". A forma mais comum de comunicação é a eletrônica.

Ainda quanto a esse ponto, o Supremo Tribunal Federal tem jurisprudência consolidada no sentido de que a falta de prévia comunicação do impetrante quanto à data, sempre que isto haja sido postulado, acarreta a nulidade absoluta do julgamento. Confira-se, a respeito, o julgado da Segunda Turma da Suprema Corte no HC 106.927/GO (STF, 2ª Turma, HC 106.927, Rel. Min. JOAQUIM BARBOSA, julgamento em 15.02.2011, DJ de 31.03.2011): "Havendo requerimento para prévia cientificação da data do julgamento do writ, objetivando a realização de sustentação oral, a ausência de notificação da sessão de julgamento consubstancia nulidade absoluta, ante o cerceamento do direito de defesa". No mesmo sentido: STF, 1ª Turma, RHC 116.691/RS, Rel.

Min. Rosa Weber, julgamento em 09.04.2014, DJ de 01.08.2014; STF, 2ª Turma, RHC 124.313/SP, Rel. Min. Teori Zavascki, julgamento em 10.03.2015, DJ de 15.05.2015.

A respeito do julgamento do *habeas corpus* por juízo de primeira instância, dispõe a norma geral do art. 660, *caput*, do CPP: "Efetuadas as diligências, e interrogado o paciente, o juiz decidirá, fundamentadamente, dentro de 24 (vinte e quatro) horas". Observe-se apenas, como já destacado, que a apresentação e o interrogatório do paciente estão em desuso.

13. DECISÃO CONCESSIVA DE *HABEAS CORPUS* E COISA JULGADA

13.1. *Habeas Corpus* Liberatório e *Habeas Corpus* Preventivo

A decisão concessiva de *habeas corpus* pode ter natureza de *decisão definitiva* ou de *decisão com força de definitiva*, a depender da questão examinada.

Antes de tudo, assevere-se que a decisão proferida na ação de *habeas corpus*, quer a concessiva, quer a denegatória, envolve: (a) cognição ampla quanto à extensão, podendo o órgão judiciário conceder a ordem até mesmo de ofício; (b) cognição *secundum eventum probationis*, isto é, cognição segundo o evento provado nos documentos da impetração (prova documental pré-constituída), quanto à profundidade, significando isso dizer que o exame exauriente do mérito depende da demonstração documental da existência concreta de hipótese de constrangimento ilegal à liberdade.

A concessão da ordem pelo órgão judiciário incumbido da causa terá os seguintes efeitos, de acordo com a espécie de *habeas corpus* considerada:

(i) Tratando-se de *habeas corpus* liberatório, a concessão da ordem acarretará a imediata determinação de que se restitua a liberdade ao paciente, salvo se por outro motivo não se encontrar preso, nos termos do art. 660, § 1º, do CPP: "Se a decisão for favorável ao paciente, será logo posto em liberdade, salvo se por outro motivo dever ser mantido na prisão".

Nesse caso, conforme o art. 660, § 5º, do CPP, "será incontinenti enviada cópia da decisão à autoridade que tiver ordenado a prisão ou tiver o paciente à sua disposição, a fim de juntar-se aos autos do processo".

O cumprimento da ordem de *habeas corpus* efetiva-se pela expedição de alvará de soltura, destinado ao *detentor*, a cuja disposição esteja o paciente. Na hipótese de concessão de *habeas corpus* por tribunal, o presidente do órgão colegiado deverá imediatamente comunicar a decisão à autoridade a quem couber cumpri-la, vale dizer, a que tiver o paciente à sua disposição. Nessa linha, a título de exemplo, dispõe o art. 194, *caput*, do RISTF: "A decisão concessiva de *habeas corpus* será imediatamente comunicada às autoridades a quem couber cumpri-la, sem prejuízo da remessa de cópia autenticada do acórdão".

Compreende-se, assim, que o próprio tribunal adotará as providências de: (a) expedir o alvará de soltura com a determinação de que o paciente seja imediatamente posto em liberdade pelo *detentor*, se por outro motivo não estiver preso (art. 660, § 1º, CPP); (b) comunicar a ordem à autoridade que tiver ordenado a prisão ou tiver o paciente à sua disposição (art. 660, § 5º, CPP), mediante ofício (telegrama ou radiograma) e remessa de cópia autenticada do acórdão. O tribunal tem jurisdição sobre os limites do território do juízo que houver determinado a coação, não se justificando que tenha antes que comunicar a concessão da ordem ao juízo, para que este faça expedir o alvará. Deve o tribunal, assim, expedir a ordem de soltura diretamente ao detentor do paciente preso.

Nesse sentido, como dispõe o próprio art. 665, *caput*, do CPP: "O secretário do tribunal lavrará a ordem que, assinada pelo presidente do tribunal, câmara ou turma, será dirigida, por ofício ou telegrama, ao detentor, ao carcereiro ou autoridade que exercer ou ameaçar exercer o constrangimento"[132].

Por sua vez, o parágrafo único do art. 665 estabelece que transmissão da ordem por telegrama obedecerá ao disposto no art. 289, parágrafo único, ao passo que a norma geral do art. 660, § 6º, dispõe, ainda quanto à forma de comunicação, que "quando o paciente estiver preso em lugar que não seja o da sede do juízo ou do tribunal que conceder a ordem, o alvará de soltura será expedido pelo telégrafo, se houver, observadas as formalidades estabelecidas no art. 289, parágrafo único, *in fine*, ou por via postal".

Ocorre que, atualmente, devem ser adotados os meios tecnológicos mais avançados de comunicação eletrônica *oficialmente certificada*, de modo a assegurar a imediatidade da transmissão da ordem com os mecanismos disponíveis. Como bem assinalam Eugênio Pacelli e Douglas Fischer, "em dias atuais, a comunicação por ser feita por fax ou até mesmo por *e-mails* entre os tribunais que possuam sistema de segurança e certificação com os juízos de primeiro grau"[133].

O art. 655 do CPP prevê a aplicação de multa nas hipóteses de embaraço ou retardamento da expedição da ordem, da prestação das informações, da condução e apresentação do paciente, ou de sua soltura: "O carcereiro ou o diretor da prisão, o escrivão, o oficial de justiça ou a autoridade judiciária ou policial que embaraçar ou procrastinar a expedição de ordem de *habeas corpus*, as informações sobre a causa da prisão, a condução e apresentação do paciente, ou a sua soltura, será multado na quantia de duzentos mil-réis a um conto de réis, sem prejuízo das penas em que incorrer. As multas serão impostas pelo juiz do tribunal que julgar o *habeas corpus*, salvo quando se tratar de autoridade judiciária, caso em que caberá ao Supremo Tribunal Federal ou ao Tribunal de Apelação impor as multas". Em virtude da desatualização dos valores fixados, mostra-se inviável, na atualidade, a aplicação da multa, havendo ainda, contudo, a possibilidade de responsabilização penal, pelos crimes de prevaricação (art. 319, CP) e de desobediência (art. 330, CP), conforme o caso, de quem embaraçar ou retardar o cumprimento das providências especificadas.

---

132. Como explicita Pinto Ferreira: "Tanto o alvará ou ordem de soltura como o salvo-conduto serão lavrados imediatamente pela secretaria e assinados pelo presidente do tribunal se o julgamento coube ao tribunal pleno; ou ainda pelo da câmara ou turma responsável pelo acórdão. A ordem pode ser transmitida por telegrama (art. 665, parágrafo único), obedecendo ao disposto no art. 289, parágrafo único, *in fine*, e com a declaração do expedidor de que lhe foi apresentado e exibido o original com a firma do presidente legalmente autenticada". Cfr. Ferreira, Pinto. *Teoria e Prática do Habeas Corpus*. São Paulo: Saraiva, 1988, p. 65.

133. Pacelli, Eugênio / Fischer, Douglas. *Comentários ao Código de Processo Penal e sua Jurisprudência*. São Paulo: Atlas, 2015, p. 1505.

Por outro lado, nos termos do art. 653, *caput*, do CPP, "ordenada a soltura do paciente em virtude de *habeas corpus*, será condenada nas custas a autoridade que, por má-fé ou evidente abuso de poder, tiver determinado a coação". Esse dispositivo, no entanto, é incompatível com a norma do art. 5º, LXXVII, da Constituição do Brasil, conforme o qual "são gratuitas as ações de *habeas corpus* e *habeas data*", o que impossibilita qualquer condenação em custas, que sequer podem ser exigidas. Subsiste, contudo, a possibilidade de remessa ao Ministério Público de cópia das peças necessárias à promoção, em caso de má-fé ou *evidente* abuso de poder, da responsabilidade do impetrado, como disposto no art. 653, parágrafo único, do CPP: "Neste caso [má-fé ou evidente abuso de poder], será remetida ao Ministério Público cópia das peças necessárias para ser promovida a responsabilidade da autoridade".

(ii) Tratando-se de *habeas corpus* preventivo, a concessão da ordem implica a expedição de salvo-conduto destinado a impedir que a ameaça de prisão se concretize, nos termos do art. 660, § 4º, do CPP: "Se a ordem de *habeas corpus* for concedida para evitar ameaça de coação ilegal, dar-se-á ao paciente salvo-conduto assinado pelo juiz".

O salvo-conduto, como já visto, constitui documento a ser portado pelo paciente e apresentado em caso de necessidade, para evitar que a prisão por determinado motivo venha a se efetivar. De toda sorte, aplicam-se a essa espécie de *habeas corpus* as providências legais de comunicação imediata, ao impetrado, sobre a concessão da ordem.

13.2. Coisa Julgada da Decisão Concessiva de *Habeas Corpus* destinado ao Trancamento ou à Anulação do Processo Penal

As decisões concessivas dos *habeas corpus* liberatório e preventivo não afetam, em princípio, a existência do procedimento ou do processo vinculado à prisão questionada, senão quando haja nulidade ou falta de justa causa para o próprio processo, ou ainda quando já extinta a punibilidade. Nessa lógica, dispõe o art. 651 do CPP que "a concessão do *habeas corpus* não obstará nem porá termo ao processo, desde que este não esteja em conflito com os fundamentos daquela". Quando os fundamentos da impetração afetem o próprio processo, portanto, haverá, além da providência desconstitutiva ou preventiva quanto à prisão, trancamento ou invalidação desse processo penal.

Nas hipóteses de *habeas corpus* para trancamento ou anulação do procedimento ou do processo penal, identificam-se estes possíveis efeitos da concessão da ordem: (i) *trancamento e extinção do processo penal originário, sem resolução do mérito*, na hipótese de falta de justa causa em sentido estrito (subsídios probatórios mínimos) quanto à ação penal questionada pelo *habeas corpus*; (ii) *trancamento e extinção do processo penal originário, com resolução do mérito*, nas hipóteses de atipicidade penal em tese (impossibilidade jurídica da causa de pedir) e de extinção da punibilidade (art. 107, CP) incidentes no âmbito da ação penal questionada pelo *habeas corpus*; (iii) *invalidação do processo penal originário, no todo ou em parte*, nas hipóteses de nulidade processual (por exemplo: inépcia da denúncia, ilegitimidade de parte, cerceamento de defesa).

O *trancamento* consiste na extinção anormal e antecipada do processo penal. Poderá haver trancamento, assim, com base nas situações de constrangimento ilegal objeto do art. 648, incisos I (falta de justa causa) e VII (extinção da punibilidade). A decisão respectiva pode ou não ter os efeitos de coisa julgada material, a depender de sua causa: (a) questão de mérito, como a atipicidade penal em tese da hipótese acusatória da ação penal questionada e a extinção da punibilidade, casos em que o trancamento se opera com resolução do mérito da causa originária; (b) ou questão processual, como a falta de justa causa em sentido estrito, compreendida como o suporte probatório mínimo (materialidade e indícios de autoria ou participação) para a ação penal questionada, caso em que o trancamento se opera sem resolução do mérito da causa originária. No primeiro caso, coisa julgada material; no segundo, coisa julgada apenas formal, *secundum eventum probationis*.

Por seu turno, a *invalidação ou declaração de nulidade do processo* consiste em providência específica, sem resolução de mérito, cabível nas hipóteses de nulidade processual, a exemplo da inépcia da inicial acusatória (art. 564, III, *a*, CPP), da incompetência do juízo (art. 564, I, CPP) e da ilegitimidade de parte (art. 564, II, CPP). Haverá invalidação do processo penal, assim, com base na situação de constrangimento ilegal objeto do art. 648, VI, do CPP. Declarada a nulidade do processo, "este será renovado", nos termos do art. 652, que traduz nessa esfera específica a norma geral do art. 573, *caput*, do CPP.

O *habeas corpus*, assim, poderá conduzir ao encerramento definitivo, com resolução de mérito, do processo penal em que praticado o ato potencialmente lesivo à liberdade de locomoção, mesmo que a partir de exame limitado da causa originária. Isso porque as hipóteses conducentes ao encerramento com coisa julgada material não dizem respeito ao mérito *probatório* da causa originária, podendo, assim, ser examinadas mesmo na via instrutória estreita (*secundum eventum probationis*) do *habeas corpus*. Apenas no tocante a questões de prova a cognição própria do *habeas corpus* se diz limitada, podendo no máximo levar à extinção do processo sem resolução do mérito (ou à sua invalidação).

13.3. *Habeas Corpus* de Ofício (*Ex officio*)

O art. 654, § 2º, do CPP versa sobre a possibilidade de concessão *de ofício* de ordem de *habeas corpus* pelo órgão judiciário, nos seguintes termos: "Os juízes e os tribunais têm competência para expedir de ofício ordem de *habeas corpus*, quando no curso de processo verificarem que alguém sofre ou está na iminência de sofrer coação ilegal".

Mesmo no caso de não conhecimento da ação de *habeas corpus*, assim, a ordem pode ser concedida de ofício pelo órgão jurisdicional competente, quando verificado de plano o constrangimento ilegal.

13.4. Extensão dos Efeitos da Decisão Proferida no *Habeas Corpus*

No âmbito das disposições gerais acerca dos recursos, o art. 580 do CPP preceitua o seguinte: "No caso de concurso de agentes (Código Penal, art. 25) [correspondente ao atual art. 29 do Código Penal], a decisão do recurso interposto por um dos réus, se fundado em motivos que não sejam de caráter exclusivamente pessoal, aproveitará aos outros".

As disposições gerais objeto do Capítulo I do Título II ("DOS RECURSOS EM GERAL") aplicam-se, no que couber, tanto aos recursos quanto às ações autônomas de impugnação, dentre as quais o *habeas corpus*. De resto, na sistemática do Código de Processo Penal, como já visto, as ações de *habeas corpus* (Capítulo X) e de revisão criminal (Capítulo VII) estão inseridas no Título (II) reservado aos recursos.

Assim, concedida a ordem de *habeas corpus* em favor de determinado paciente, o benefício pode ser estendido a outros que se encontrem em situação análoga na causa originária. Sirva de exemplo a hipótese de *habeas corpus* concedido para trancar a ação penal ajuizada contra o paciente, sob o fundamento da atipicidade penal em tese do fato imputado. Se houver outros acusados na mesma ação penal, a ordem deve ser a eles estendida, de ofício ou a requerimento, pois o fundamento de base, de caráter objetivo, a todos aproveita.

14. DECISÃO DENEGATÓRIA DE *HABEAS CORPUS*

A denegação da ordem de *habeas corpus*, segundo a jurisprudência corrente, não faz coisa julgada.

Em verdade, a nosso juízo, trata-se de coisa julgada apenas formal, impeditiva da reiteração do pleito com base nos mesmos fatos, motivos e fundamentos. Modificando-se o plano empírico, porém, fica admitida nova impetração de *habeas corpus*.

15. PREJUDICIALIDADE DO *HABEAS CORPUS*

O *habeas corpus* diz-se prejudicado quando, na pendência do processo, o órgão judiciário verificar que já cessou a situação ou a ameaça de constrangimento ilegal. Conforme o art. 659 do CPP: "Se o juiz ou o tribunal verificar que já cessou a violência ou coação ilegal, julgará prejudicado o pedido".

Mesmo resolvendo pela prejudicialidade do pedido, no entanto, poderá o juízo ou tribunal declarar a ilegalidade do ato impugnado, para o efeito de responsabilização do agente coator. Nessa linha, a título ilustrativo, dispõe o art. 199 do RISTF: "Se, pendente o processo de habeas corpus, cessar a violência ou coação, julgar-se-á prejudicado o pedido, podendo, porém, o Tribunal declarar a ilegalidade do ato e tomar as providências cabíveis para a punição do responsável".

Relembre-se que, no âmbito do STF e no do STJ, o próprio relator poderá, já em primeiro juízo de admissibilidade, indeferir liminarmente o *habeas corpus* sempre que, dentre outras hipóteses, considerar prejudicado o pedido, com fundamento no art. 38 da Lei nº 8.038/1990. No STF e no STJ, a decisão desafia agravo interno (art. 39, Lei nº 8.038/1990). Já na esfera dos tribunais de segunda instância, se o relator "entender que o *habeas corpus* deva ser indeferido *in limine*", submeterá a matéria ao órgão colegiado, "para que delibere a respeito" (art. 663, CPP).

16. RECURSO ORDINÁRIO EM *HABEAS CORPUS*

O recurso ordinário tem disciplina normativa na Constituição Federal (artigos 102, II, *a*, e 105, II, *a*) e na Lei nº 8.038/1990 (artigos 30 a 32).

Há duas espécies de recurso ordinário contra decisão *denegatória* de *habeas corpus*: (i) o recurso ordinário para o Superior Tribunal de Justiça, contra decisão denegatória de *habeas corpus* proferida em única ou em última instância por Tribunal Regional Federal ou por Tribunal de Justiça (art. 105, II, *a*, CF); (ii) o recurso ordinário para o Supremo Tribunal Federal, contra decisão denegatória de *habeas corpus* proferida em única instância por tribunal superior (art. 102, II, *a*, CF).

Percebe-se, desde logo, que o recurso *ordinário* tem seu cabimento restrito à decisão *denegatória* de *habeas corpus*. Trata-se de recurso de fundamentação livre, significando isso dizer que qualquer fundamento juridicamente idôneo e aplicável ao caso concreto pode ser deduzido como razão de impugnação da decisão recorrida. Prevista impugnação ordinária contra a decisão denegatória, esta não é impugnável por recurso especial nem por recurso extraordinário. Eis o enunciado da Súmula nº 281 do STF: "É inadmissível o recurso extraordinário, quando couber, na Justiça de origem, recurso ordinário da decisão impugnada". Aplicando a Súmula à espécie examinada, confira-se: STF, 1ª Turma, AI 145.395/SP (AgR), Rel. Min. CELSO DE MELLO, julgamento em 29.03.1994, DJ de 25.11.1994[134].

Por outro lado, contra a decisão concessiva de *habeas corpus* só caberão as impugnações excepcionais, vale dizer, o recurso especial para o STJ e/ou o recurso extraordinário para o STF, condicionados ambos à dedução dos fundamentos vinculados estabelecidos, respectivamente, nos artigos 105, III, e 102, III, da Constituição Federal.

Na decisão denegatória inclui-se, por interpretação extensiva, a decisão de *não conhecimento* do *habeas corpus*. É essa a posição da jurisprudência do STF, como revela o julgado proferido pela Primeira Turma no HC 74.006/RJ (STF, 1ª Turma, Rel. Min. CELSO DE MELLO, julgamento em 13.08.1996, DJ de 19.12.1996): "A jurisprudência do Supremo Tribunal Federal, para efeito de utilização do recurso ordinário, equipara a decisão que não conhece do writ ao próprio ato jurisdicional que, apreciando o meritum causae, indefere o pedido de habeas corpus". No mesmo sentido: STF, 1ª Turma, AI 145.395/SP (AgR), Rel. Min. CELSO DE MELLO, julgamento em 29.03.1994, DJ de 25.11.1994[135].

Nesse caso, naturalmente, o objeto do recurso ordinário ficará restrito ao exame da admissibilidade do *habeas corpus*, não podendo o órgão revisor apreciar o mérito da ação mandamental, sob pena de supressão de instância. Conforme decidiu a Primeira Turma da Suprema Corte no RHC 93.808/SP (STF, 1ª Turma, RHC 93.808, Rel. Min. CÁRMEN

---

134. O STF tem inclusive considerado *inaplicável* o princípio da fungibilidade na hipótese de interposição de recurso extraordinário contra decisão denegatória de *habeas corpus*, por se tratar de erro grosseiro. Confira-se, nesse sentido, o julgado da Segunda Turma no AI-AgR 552.762/CE (STF, 2ª Turma, AI 552.762, Rel. Min. GILMAR MENDES, julgamento em 12.02.2008, DJ de 07.03.2008).

135. "O sentido da expressão constitucional 'decisão denegatória', comum tanto às ações de mandado de segurança quanto às ações de habeas corpus, reveste-se de conteúdo amplo, abrangendo, em seu domínio conceitual, os pronunciamentos jurisdicionais que apreciem o fundo da controvérsia jurídica suscitada ou que, sem julgamento do mérito, impliquem extinção do processo".

Cap. XIX • RECURSOS E AÇÕES AUTÔNOMAS DE IMPUGNAÇÃO   1445

LÚCIA, julgamento em 23.09.2008, DJ de 30.10.2008): "É incabível o exame de fundamentos ainda não apreciados pelos órgãos judiciários antecedentes, mormente quando o recurso ordinário em habeas corpus for interposto contra decisão do Superior Tribunal de Justiça que, sem adentrar ao mérito da impetração, negou conhecimento ao habeas corpus lá impetrado, considerando a aplicação da Súmula 691 deste Supremo Tribunal Federal, em razão de não se conhecer de habeas corpus impetrado contra decisão do Relator que, em habeas corpus requerido a Tribunal Regional Federal, indefere a liminar. Precedentes. Recurso Ordinário em Habeas Corpus ao qual se nega provimento".

A *decisão* denegatória de *habeas corpus* impugnável por recurso ordinário só pode ser um *acórdão* do tribunal. Não está sujeita a recurso ordinário, assim, decisão monocrática de relator que liminarmente indefere ou denega o *habeas corpus* (art. 38, Lei nº 8.038/1990; art. 932, III, IV e V, CPC/2015). Nessa hipótese, caberá contra a decisão monocrática, no Superior Tribunal de Justiça, o recurso de agravo interno (agravo regimental) previsto no art. 39 da Lei nº 8.038/1990. No âmbito dos tribunais de segunda instância, por outro lado, a lei processual penal (art. 663, CPP) institui a reserva de colegiado para o indeferimento liminar, mas se o relator, sob o amparo do regimento interno, decidir monocraticamente a respeito, caberá sempre para o impetrante o mesmo recurso de agravo regimental.

Em qualquer caso, o recurso ordinário não poderá ser interposto em face da decisão monocrática, havendo-se que exaurir a instância em sede de agravo interno ao órgão competente, em respeito ao princípio da colegialidade. Nesse sentido, eis o julgado da Primeira Turma do STF no RHC 111.639/DF (STF, 1ª Turma, RHC 111.639, Rel. Min. DIAS TOFFOLI, julgamento em 06.03.2012, DJ de 30.03.2012): "Segundo o entendimento da Corte 'não se conhece de recurso ordinário em habeas corpus contra decisão monocrática proferida no Superior Tribunal de Justiça' (RHC nº 107.877/SP, Primeira Turma, Relatora a Ministra Cármen Lúcia, DJe de 19/10/11) (...) O princípio da colegialidade assentado pela Suprema Corte não autoriza o relator a negar seguimento ao habeas corpus enfrentando diretamente o mérito da impugnação. Ordem de habeas corpus concedida de ofício para cassar a decisão monocrática proferida no âmbito do Superior Tribunal de Justiça e determinar que o writ seja levado ao órgão colegiado para a devida apreciação do mérito"[136].

De toda sorte, como se verifica no julgado acima referido, mesmo não conhecido o *habeas corpus*, poderá a ordem ser concedida de ofício (art. 654, § 2º, CPP).

Esclarecidos esses pontos gerais, examina-se a seguir cada espécie.

16.1. Recurso Ordinário para o Superior Tribunal de Justiça (art. 105, II, *a*, CF)

De acordo com o art. 105, inciso II, *a*, da Constituição da República, cabe recurso ordinário para o Superior Tribunal de Justiça contra decisões denegatórias de *habeas*

---

136. No mesmo sentido: STF, 1ª Turma, RHC 117.268/SP, Rel. Min. ROSA WEBER, julgamento em 09.04.2014, DJ de 13.05.2014; STF, 1ª Turma, RHC 111.935/DF, Rel. Min. LUIZ FUX, julgamento em 10.09.2013, DJ de 30.09.2013.

corpus proferidas por tribunais de segunda instância, em única (competência originária) ou em última (competência recursal) instância.

Cabe recurso ordinário para o STJ, portanto: (a) contra a decisão denegatória proferida em sede de *habeas corpus* originariamente impetrado no tribunal de segunda instância; (b) contra a decisão denegatória de *habeas corpus* proferida pelo tribunal em sede recursal, isto é, em sede de recurso em sentido estrito interposto contra decisão de juízo de primeira instância que tenha negado *habeas corpus*.

No plano da legislação ordinária, conforme o art. 30 da Lei nº 8.038/1990, "o recurso ordinário para o Superior Tribunal de Justiça, das decisões denegatórias de *habeas corpus*, proferidas pelos Tribunais Regionais Federais ou pelos Tribunais dos Estados e do Distrito Federal, será interposto no prazo de 5 (cinco) dias, com as razões do pedido de reforma".

O prazo recursal, assim, é de 5 (cinco) dias. De outro lado, a interposição do recurso ordinário, dentro desse prazo, já deverá conter as respectivas razões.

O órgão de interposição, *no próprio tribunal recorrido*, depende do que dispuser o respectivo regimento interno. De modo geral, a interposição se dá perante o Presidente do tribunal recorrido, que fará o primeiro juízo de admissibilidade[137]. Admitido o recurso, serão os autos remetidos ao Superior Tribunal de Justiça.

À vista da natureza do *habeas corpus*, é de se admitir a formulação de pleito liminar nas razões do recurso ordinário, para apreciação imediata do Ministro relator no Superior Tribunal de Justiça, a quem cabe excepcionalmente conceder a medida adequada, ou indeferir a postulação.

Não há, no âmbito do recurso ordinário em *habeas corpus*, oportunidade legalmente prevista para contrarrazões do impetrado ou do órgão do Ministério Público oficiante no tribunal recorrido. Contempla-se apenas a manifestação do órgão do Ministério Público oficiante no tribunal revisor (Superior Tribunal de Justiça), isto é, da Subprocuradoria-Geral da República, no prazo de 2 (dois) dias, em algo imediatamente compreendido como *parecer*. Veja-se, no ponto, o disposto no art. 31 da Lei nº 8.038/1990: "Distribuído o recurso, a Secretaria, imediatamente, fará os autos com vista ao Ministério Público, pelo prazo de 2 (dois) dias".

Por essa razão, o Superior Tribunal de Justiça tem resolvido pela prescindibilidade da intimação *do órgão do Ministério Público oficiante no tribunal recorrido*, para esse fim. A esse respeito, confira-se o julgado da Sexta Turma no RHC 38.624/MG (STJ, 6ª Turma, RHC 38.624, Rel. Min. SEBASTIÃO REIS JÚNIOR, julgamento em 07.11.2013, DJ de 04.08.2014): "Na Lei n. 8.038/1990, não há previsão de contrarrazões ao recurso ordinário em habeas corpus, sendo prescindível a intimação do Ministério Público estadual para apresentar resposta ao recurso da defesa, suprida essa falta pela manifestação do Subprocurador-Geral da República em sede de parecer". Em igual sentido

---

137. Assim, por exemplo, nos regimentos internos dos tribunais regionais federais, como no do Tribunal Regional Federal da 5ª Região (art. 217) e no do Tribunal Regional Federal da 4ª Região (art. 298), em idêntica redação: "Interposto o recurso, serão os autos conclusos ao Presidente do Tribunal, que decidirá sobre o seu recebimento".

orienta-se a Quinta Turma, como no julgado do RHC 53.675/RJ (STJ, 5ª Turma, RHC 53.675, Rel. Min. JORGE MUSSI, julgamento em 16.12.2014, DJ de 03.02.2015): "Não há no ordenamento jurídico vigente a previsão de oferecimento de contrarrazões ao recurso ordinário em habeas corpus, já que ao disciplinar o seu procedimento a Lei 8.038/1990 não fez qualquer menção à necessidade de apresentação da referida peça processual, explicitando no seu artigo 31 que após a distribuição da insurgência o órgão que atua perante o Tribunal ad quem terá vista dos autos pelo prazo de dois dias".

De toda sorte, encontra-se com frequência o expediente prático de intimação do Ministério Público para o oferecimento de contrarrazões ao recurso. Essa solução parece-nos adequada à vista do princípio da dialeticidade, a garantir o contraditório no âmbito recursal. Por outro lado, não se há de esquecer que o legitimado passivo da ação de *habeas corpus* é o impetrado, não o Ministério Público, por mais que este detenha claro interesse jurídico no resultado da demanda.

Deve-se considerar, claro, que na ação de *habeas corpus* o impetrado presta *informações*, por mais que estas possam encerrar, em maior ou menor medida, uma efetiva contestação ao pedido. Assim, poderia se mostrar mais adequado, do ponto de vista prático, que o legitimado para a ação penal condenatória originária fosse chamado a se manifestar, em resposta (contrarrazões) ao recurso ordinário: o Ministério Público (ação penal de iniciativa pública) ou o querelante (ação penal de iniciativa privada).

Em que pese esse último ponto, o legitimado passivo do *habeas corpus* é que, a nosso juízo, deve ser intimado para contrarrazões, independentemente de previsão legal específica, por força do *princípio da dialeticidade*. Esse é o regime aplicável, aliás, ao recurso ordinário em mandado de segurança, como se verá na próxima Subseção, com fundamento no art. 34 da Lei nº 8.038/1990 c/c art. 1.028 c/c art. 1.010, §§ 1º e 2º, do CPC/2015. Pelas mesmas razões de direito, haveria de se aplicar o mesmo procedimento ao recurso ordinário em *habeas corpus*.

Seja como for, com fundamento no mesmo princípio da dialeticidade, deve-se compreender a manifestação do Ministério Público prevista no art. 31, *caput*, da Lei nº 8.038/1990 como *contrarrazões*, ainda que em caráter *sui generis*, já que prestadas por quem não é parte na relação jurídica do *habeas corpus*.

Atua o Ministério Público, nesse particular, como agente da pessoa jurídica de direito público correspondente ao órgão impetrado. Por exemplo, se o impetrado for o Tribunal de Justiça do Estado do Ceará, o ente público envolvido, como parte, deveria ser o Estado do Ceará, mas, em face da vinculação do *habeas corpus* com a ação penal condenatória originária, intervém para prestar as contrarrazões o próprio Ministério Público, como titular da acusação direta ou reflexamente questionada no recurso ordinário. Entretanto, no caso de *habeas corpus* vinculado a ação penal de iniciativa privada, entendemos que deva ser intimado para contrarrazões a pessoa jurídica de direito público correspondente ao órgão impetrado: o Estado de São Paulo, se a denegação da ordem ocorreu por decisão do Tribunal de Justiça de São Paulo. Não é demais sustentar, de toda sorte, que o próprio querelante, desde que habilitado no *habeas corpus*, possa ser intimado para o mesmo fim. Em qualquer caso, aí sim terá a manifestação do Ministério Público prevista no art. 31 da Lei nº 8.038/1990 caráter de *parecer*, emanado de órgão de justiça.

Outro ponto de vista, refletido no rito da Lei nº 8.038/1990 e na posição jurisprudencial do próprio STJ, situa o recurso ordinário em *habeas corpus* como espécie distinta do regime geral, quanto ao ponto em foco, não havendo mesmo oportunidade para contrarrazões, já que o impetrado participa do processo a mero título informativo. Nesse caso, há apenas a manifestação do Ministério Público como órgão de justiça (*custos legis*), excepcionando-se, no domínio do *habeas corpus*, por força das peculiaridades do caráter mandamental dessa ação, a aplicação do princípio da dialeticidade.

Assim como no *habeas corpus* originário, o julgamento do recurso ordinário não depende de prévia inclusão em pauta, conforme o art. 31, parágrafo único, da Lei nº 8.038/1990. Quanto ao mais, aplicam-se subsidiariamente ao recurso ordinário as disposições próprias do pedido originário de *habeas corpus*, nos termos do art. 32 da Lei nº 8.038/1990.

16.2. Recurso Ordinário para o Supremo Tribunal Federal (art. 102, II, *a*, CF)

O art. 102, inciso II, *a*, da Constituição da República fixa a competência do Supremo Tribunal Federal para julgar recurso ordinário contra decisão denegatória de *habeas corpus* proferida *em única instância* por tribunal superior. Diversamente do que ocorre no âmbito do recurso ordinário para o STJ, assim, *não* cabe recurso ordinário para o STF contra decisão proferida *em última instância* por tribunal superior.

Significa isso dizer que: (a) cabe recurso ordinário para o STF contra decisão denegatória proferida em sede de *habeas corpus* originariamente impetrado no tribunal superior (por exemplo, no STJ) – decisão em única instância; (b) não cabe recurso ordinário para o STF contra decisão proferida pelo tribunal superior em sede de recurso ordinário em *habeas corpus* – decisão em última instância.

Nessas condições, cumpre discutir se, contra a decisão denegatória proferida pelo STJ em sede de recurso ordinário em *habeas corpus* (decisão em última instância), é possível a impetração originária de novo *habeas corpus*, já que, induvidosamente, não cabe recurso ordinário, a teor do art. 102, II, alínea *a*, da Constituição.

A Suprema Corte tem a isso respondido negativamente, como no julgado da Segunda Turma no HC 125.811/SP (AgR) (STF, 2ª Turma, HC 125.811, Rel. Min. CÁRMEN LÚCIA, julgamento em 03.03.2015, DJ de 13.03.2015): "Não é cabível habeas corpus contra decisão proferida em recurso ordinário em habeas corpus pelo Superior Tribunal de Justiça". No mesmo sentido, eis o julgado da Primeira Turma no HC 126.254/SP (STF, 1ª Turma, HC 126.254, Rel. Min. DIAS TOFFOLI, julgamento em 03.03.2015, DJ de 08.04.2015): "Habeas corpus. Processual penal. Nova impetração contra acórdão do Superior Tribunal de Justiça em recurso ordinário constitucional em habeas corpus, em substituição a recurso extraordinário. Inadmissibilidade. Inadequação da via eleita. Precedente da Primeira Turma. Flexibilização circunscrita às hipóteses de flagrante ilegalidade, abuso de poder ou teratologia (...) A Primeira Turma do Supremo Tribunal Federal não admite a impetração de novo writ, em substituição a recurso extraordinário, contra acórdão em que o Superior Tribunal de Justiça julga recurso ordinário constitucional em habeas corpus. Precedente. Nada impede, entretanto, que a Suprema Corte, quando o manejo inadequado do habeas corpus como substitutivo, analise a questão de ofício nas hipóteses de flagrante ilegalidade, abuso de poder ou teratologia, o que não é o caso". De igual modo: STF, 1ª Turma, HC 121.390/MG, Rel. Min. ROSA WEBER, julgamento em 24.02.2015, DJ de 13.03.2015[138].

Com o devido respeito, não podemos concordar com essa orientação. O recurso extraordinário tem caráter excepcional, destinando-se imediatamente à proteção do direito objetivo (direito federal constitucional) e apenas por via reflexa do direito subjetivo à liberdade de locomoção. Nessa lógica, não cabe propriamente falar em "substituição" do recurso extraordinário pelo habeas corpus, pois os objetos de proteção jurídica são diversos. O recurso extraordinário sujeita-se a requisitos estritos de cabimento excepcional.

O mesmo se diga quanto ao recurso especial. A propósito, é interessante notar que o STF já se pronunciou pelo cabimento do habeas corpus contra acórdão proferido por tribunal de segunda instância, rechaçando entendimento do STJ no sentido da impossibilidade de substituição do recurso especial por habeas corpus. Nesse sentido: STF, 1ª Turma, RHC 119.149/RS, Rel. Min. DIAS TOFFOLI, julgamento em 10.02.2015, DJ de 07.04.2015. Entendemos que as mesmas razões de direito imporiam regime idêntico quanto ao recurso extraordinário, cujo cabimento não pode ser impeditivo da impetração de habeas corpus.

Ademais, conforme a jurisprudência da Segunda Turma do STF, é cabível a impetração do habeas corpus até mesmo para substituir recurso ordinário, como se verá no próximo tópico. Com muito mais razão, portanto, cabe a mesma ação para substituir recurso extraordinário. Por outro lado, a Primeira Turma do STF entende caber novo habeas corpus para substituir recurso ordinário na hipótese de paciente preso (vide próximo tópico). Por iguais razões, nos mesmos limites (paciente preso), há de se aceitar o cabimento de novo habeas corpus contra a decisão denegatória proferida pelo STJ em sede de recurso ordinário (última instância).

Em todo caso, pode-se sempre objetar que a situação específica aqui examinada estaria impedida pela razão particular de a Constituição só prever impugnação como habeas corpus, pela via do recurso ordinário para o STF, na hipótese de decisão do STJ em única instância. Reconhecemos a diferença entre as situações, mas continuamos a compreender que, no essencial, os mesmos fundamentos impõem o cabimento de novo habeas corpus, ainda que admissível, contra o mesmo ato, recurso especial e recurso extraordinário.

Seja como for, pelo menos quanto ao acórdão proferido por tribunal de segunda instância, o cabimento de recurso especial e de recurso extraordinário não impede a impetração de habeas corpus contra o mesmo ato, como emana de forma clara do

---

138. "Contra acórdão exarado em recurso ordinário em habeas corpus remanesce a possibilidade de manejo do recurso extraordinário previsto no art. 102, III, da Constituição Federal. Diante da dicção constitucional, inadequada a utilização de novo habeas corpus, em caráter substitutivo".

julgado da Primeira Turma da Suprema Corte no RHC 119.149/RS, acima citado. O que o STF (HC 121.390/MG, acima citado, por exemplo) rechaça é o cabimento de novo *habeas corpus especificamente* na situação do julgado do STJ (ou outro tribunal superior) proferido na sede do recurso ordinário em *habeas corpus* (julgamento em última instância), cabendo, nessa hipótese, apenas o recurso extraordinário.

De toda sorte, poderá sempre, na mesma hipótese, ser concedida a ordem, de ofício, em caso de manifesta ilegalidade ou abuso de poder, ou ainda de teratologia da decisão impugnada, como expresso no julgado da Primeira Turma no HC 126.254/SP (também acima citado).

Quanto ao prazo e ao procedimento, a Lei nº 8.038/1990 não contém a disciplina do recurso ordinário em *habeas corpus* para o STF, limitando-se a regular o mesmo recurso para o STJ, como abordado no tópico anterior (art. 30, Lei nº 8.038/1990). A disciplina procedimental do recurso em foco, portanto, encontra-se apenas no Regimento Interno do STF.

A respeito do prazo para o recurso ordinário, à falta de regra legal específica, aplica-se a norma subsidiária do art. 586 do Código de Processo Penal: "O recurso voluntário poderá ser interposto no prazo de 5 (cinco) dias". Essa é a orientação refletida na Súmula nº 319 do STF: "O prazo do recurso ordinário para o Supremo Tribunal Federal, em *habeas corpus* ou mandado de segurança, é de 5 (cinco) dias".

O art. 310 do RISTF fixa o mesmo prazo, em disposição semelhante à do art. 30 da Lei nº 8.038/1990 (aplicável ao recurso ordinário para o STJ): "O recurso ordinário para o Tribunal, das decisões denegatórias de habeas corpus, será interposto no prazo de cinco dias, nos próprios autos em que se houver proferido a decisão recorrida, com as razões do pedido de reforma".

O recurso ordinário deverá ser dirigido ao Presidente do tribunal recorrido, que fará o primeiro juízo de admissibilidade, conforme dispõe, por exemplo, o art. 275, *caput*, do Regimento Interno do Superior Tribunal de Justiça. O mesmo RISTJ, em seu art. 275, parágrafo único, contempla o recurso de agravo de instrumento para o STF contra a decisão do Presidente que não admitir o recurso ordinário.

Como já observado quanto ao recurso ordinário para o STJ, deve-se igualmente admitir a formulação de pedido de liminar nas razões do recurso ordinário para o STF, o que se justifica pela natureza da ação de *habeas corpus*.

Não há, no RISTJ, nem no RISTF, previsão de oportunidade para contrarrazões. O Superior Tribunal de Justiça, no entanto, tem adotado a prática de intimar a Subprocuradoria-Geral da República, órgão do Ministério Público Federal, para esse fim[139]. Para mais detalhes sobre esse ponto, remete-se o leitor ao que expusemos a respeito no tópico anterior, relativo ao recurso ordinário para o STJ.

Já na Suprema Corte, "distribuído o recurso, a Secretaria, imediatamente, fará os autos com vista ao Procurador-Geral, pelo prazo de dois dias", conforme o art. 311

---

139. Do mesmo modo, o Superior Tribunal Militar (STM), como se verifica no julgado do STF no RHC 114.926/CE (STF, 1ª Turma, Rel. Min. Luiz Fux, DJ de 10.05.2013): "O próprio Ministério Público Militar, em contrarrazões a este recurso ordinário reconhece a inépcia da peça acusatória".

do RISTF, em disposição idêntica à do art. 31, *caput*, da Lei nº 8.038/1990. O relator submeterá então o feito ao julgamento do órgão colegiado competente (Plenário ou Turma, conforme o caso[140]).

Por fim, aplica-se subsidiariamente ao processamento do recurso ordinário o disposto quanto ao pedido originário de *habeas corpus* (art. 312, RISTF), inclusive quanto ao julgamento independentemente de prévia inclusão em pauta.

17. *HABEAS CORPUS* SUBSTITUTIVO DE RECURSO ORDINÁRIO

A Primeira Turma do Supremo Tribunal Federal firmou orientação no sentido do não cabimento de ação de *habeas corpus* impetrada contra decisão impugnável por recurso ordinário. Em outros termos, não cabe a impetração de novo *habeas corpus* para substituir a impugnação recursal ordinária prevista nos artigos 102, II, *a*, e 105, II, *a*, em face de decisão denegatória de *habeas corpus*. O caso paradigmático a esse respeito foi o HC 109.956/PR (STF, 1ª Turma, HC 109.956, Rel. Min. MARCO AURÉLIO, DJ de 11.09.2012): "A teor do disposto no artigo 102, inciso II, alínea 'a', da Constituição Federal, contra decisão, proferida em processo revelador de habeas corpus, a implicar a não concessão da ordem, cabível é o recurso ordinário. Evolução quanto à admissibilidade do substitutivo do habeas corpus".

O denominado *habeas corpus* substitutivo de recurso ordinário vinha até então sendo amplamente admitido pela jurisprudência dos tribunais superiores, tanto a do STF quanto a do STJ. A admissibilidade fundava-se na amplitude e maior efetividade do *habeas corpus* como instrumento de proteção à liberdade de locomoção, não podendo, assim, ter seu cabimento impedido pelo só fato de estar a decisão sujeita a recurso. Poderia o *habeas corpus*, nessa linha, substituir inclusive o recurso ordinário constitucional. Resolveu a Primeira Turma da Suprema Corte, no entanto, modificar essa posição, na oportunidade do julgamento do referido HC 109.956/PR, para conferir efetividade à previsão constitucional do recurso ordinário contra a decisão denegatória de *habeas corpus*.

Desde então, a Primeira Turma do STF vem reiteradamente decidindo pela não admissibilidade do *habeas corpus* substitutivo de recurso ordinário. Nesse sentido: STF, 1ª Turma, HC 114.889/SP, Rel. Min. LUIZ FUX, julgamento em 10.09.2013, DJ de 24.09.2013; STF, 1ª Turma, HC 114.282/MS, Rel. Min. LUIZ FUX, julgamento em 18.06.2013, DJ de 07.08.2013; STF, 1ª Turma, HC 113.136/DF, Rel. Min. LUIZ FUX, julgamento em 13.08.2013, DJ de 27.08.2013.

Na hipótese em exame, a Turma não conhece do *habeas corpus*, podendo conceder a ordem de ofício em caso de manifesto constrangimento ilegal e/ou de teratologia da decisão impugnada. Nessa trilha, refira-se a decisão da Primeira Turma no HC 108.433/ MG (AgR) (STF, 1ª Turma, HC 108.433, Rel. Min. LUIZ FUX, DJ de 15.08.2013): "HABEAS CORPUS SUBSTITUTIVO DE RECURSO ORDINÁRIO CONSTITUCIONAL.

---

140. Normalmente, a competência é da Turma. Há, entretanto, duas hipóteses de competência do Pleno: (a) o *habeas corpus* originário foi denegado pelo Tribunal Superior Eleitoral (art. 6º, III, *a*, RISTF); (b) o coator do *habeas corpus* originário é Ministro de Estado (art. 6º, III, *b*, RISTF).

INADMISSIBILIDADE. COMPETÊNCIA DO SUPREMO TRIBUNAL FEDERAL PARA JULGAR HABEAS CORPUS: CRFB/88, ART. 102, I, D E I. HIPÓTESE QUE NÃO SE AMOLDA AO ROL TAXATIVO DE COMPETÊNCIA DESTA SUPREMA CORTE (...) A competência originária do Supremo Tribunal Federal para conhecer e julgar habeas corpus está definida, exaustivamente, no artigo 102, inciso I, alíneas 'd' e 'i', da Constituição da República, sendo certo que o paciente não está arrolado em qualquer das hipóteses sujeitas à jurisdição desta Corte. A concessão, ex officio, da ordem para trancar a ação penal se justifica ante a atipicidade da conduta". Igualmente: STF, 1ª Turma, HC 115.558/SP, Rel. Min. LUIZ FUX, julgamento em 11.06.2013, DJ de 27.06.2013[141].

Posteriormente, porém, a Primeira Turma da Suprema Corte passou a admitir o *habeas corpus* substitutivo na hipótese de paciente *preso*, em que o constrangimento ilegal se faz mais grave, e a tutela, urgente. Nesse sentido, eis o julgado proferido no HC 118.710/SP (STF, 1ª Turma, HC 118.710, Rel. Min. ROBERTO BARROSO, julgamento em 22.10.2013, DJ de 18.11.2013): "Estando o paciente preso, admite-se o processamento de habeas corpus substitutivo de recurso ordinário constitucional".

Com efeito, a mera possibilidade de impugnação por recurso ordinário não se revela via efetiva no caso de privação de liberdade. O recurso ordinário deve ser interposto perante o próprio tribunal recorrido, que remeterá os autos ao tribunal competente para julgar a impugnação, tratando-se, portanto, de procedimento mais demorado. Ademais, há maiores dificuldades para a apreciação de medida liminar em sede de recurso ordinário. Assim, ao menos na hipótese do paciente preso, tem admitido a Primeira Turma da Suprema Corte a impetração do *habeas corpus* substitutivo.

Apesar disso, ainda existem decisões da Primeira Turma inadmitindo o *habeas corpus* substitutivo mesmo na hipótese de paciente sujeito a prisão cautelar. Confira-se, nesse sentido, o julgado do HC 117.894/SP (STF, 1ª Turma, HC 117.894, Rel. Min. LUIZ FUX, julgamento em 11.02.2014, DJ de 28.03.2014), que versa sobre caso de conversão de prisão em flagrante em prisão preventiva, não tendo a Turma, mesmo assim, conhecido do *habeas corpus* substitutivo, "por inadequação da via eleita".

Por outro lado, a Segunda Turma do Supremo Tribunal Federal mantém sua orientação no sentido do cabimento do *habeas corpus* substitutivo de recurso ordinário. Nesse sentido, confira-se o julgamento da Turma no HC 112.836/SE (STF, 2ª Turma, HC 112.836, Rel. Min. CÁRMEN LÚCIA, julgamento em 25.06.2013, DJ de 15.08.2013): "IMPETRAÇÃO DE HABEAS CORPUS SUBSTITUTIVO DE RECURSO. ADMISSIBILIDADE. PECULIARIDADES DO CASO CONCRETO (...) O eventual cabimento de recurso não constitui óbice à impetração de habeas corpus, desde que o objeto esteja direta e imediatamente ligado à liberdade de locomoção física do Paciente. Precedentes".

---

141. "Deveras, mercê de incabível o habeas corpus substitutivo do recurso ordinário, é juridicamente possível a concessão da ordem de ofício. 5. Habeas corpus extinto por inadequação da via processual eleita e concedida a ordem de ofício para ratificar a liminar deferida, no sentido de assegurar aos pacientes o direito de aguardarem em liberdade o trânsito em julgado de eventual sentença condenatória, salvo se por outro motivo devam permanecer presos e sem prejuízo de nova decretação de prisão preventiva fundamentada ou de uma ou mais das medidas cautelares previstas no art. 319 do Código de Processo Penal, caso seja necessário".

Cap. XIX • RECURSOS E AÇÕES AUTÔNOMAS DE IMPUGNAÇÃO

Embora o julgado particular acima referido admita o cabimento do *habeas corpus* substitutivo "desde que o objeto esteja direta e imediatamente ligado à liberdade de locomoção física do Paciente", a orientação da Segunda Turma da Suprema Corte, refletida em numerosas decisões, não fixa esse condicionamento. Assim, admitindo a impetração originária de *habeas corpus* em substituição ao recurso, refira-se o julgado da Turma no HC 122.268/MG (STF, 2ª Turma, HC 122.268, Rel. Min. DIAS TOFFOLI, julgamento em 27.03.2015, DJ de 04.08.2015): "Habeas corpus. Substitutivo de recurso ordinário. Admissibilidade. Precedentes da Segunda Turma. Crime de descaminho (CP, art. 334). Pretendida extinção da punibilidade da paciente em razão de decretação administrativa da perda dos bens provenientes do ilícito penal (...) A Segunda Turma do Supremo Tribunal Federal admite a impetração de habeas corpus em substituição ao recurso ordinário constitucional (art. 102, II, a, da Constituição Federal). Precedentes". Na mesma esteira: STF, 2ª Turma, HC 125.841/SP, Rel. Min. DIAS TOFFOLI, julgamento em 24.03.2015, DJ de 17.04.2015[142].

A Segunda Turma tem admitido o *habeas corpus* substitutivo mesmo nas hipóteses de intempestividade e de interposição direta do recurso ordinário perante o STF. Em tais casos, recebe-se o recurso ordinário como *habeas corpus* originário, por aplicação do princípio da fungibilidade. Nesse rumo, em caso de intempestividade do recurso, consulte-se o julgado proferido no RHC 120.551/MT (STF, 2ª Turma, RHC 120.551, Rel. Min. RICARDO LEWANDOWSKI, julgamento em 08.04.2014, DJ de 28.04.2014): "O recurso é intempestivo, uma vez que o acórdão impugnado foi publicado em 28/8/2013 e o recurso foi protocolizado em 4/11/2013, fora, portanto, do prazo de cinco dias previsto no art. 310 do Regimento Interno do Supremo Tribunal Federal. Contudo, em homenagem aos princípios da fungibilidade e da economia processual, bem como à firme orientação desta Turma, que admite a impetração de habeas corpus substitutivo de recurso ordinário, o caso é de receber este recurso como impetração originária de habeas corpus". Com idêntica posição: STF, 2ª Turma, RHC 111.931/DF, Rel. Min. GILMAR MENDES, julgamento em 04.06.2013, DJ de 19.06.2013[143].

De igual modo, na hipótese de interposição do recurso ordinário diretamente perante o STF, veja-se o julgado proferido no RHC 85.112/SC (STF, 2ª Turma, RHC 85.112, Rel. Min. JOAQUIM BARBOSA, julgamento em 08.03.2005, DJ de 05.08.2005): "O recurso ordinário em habeas corpus, quando interposto diretamente a esta Corte, deve ser conhecido como habeas corpus substitutivo de recurso ordinário".

Diante dos posicionamentos divergentes da Primeira e Segunda Turmas, aguarda-se a definição do Plenário da Corte Suprema a respeito dessa relevante questão.

O Superior Tribunal de Justiça, por seu turno, tem seguido a orientação da Primeira Turma do STF, não admitindo o *habeas corpus* substitutivo, sem prejuízo da concessão da ordem de ofício, nos casos de manifesto constrangimento ilegal ou teratologia da decisão impugnada. Nessa linha, eis o julgado da Sexta Turma no HC 249.068/SP (STJ, 6ª Turma, HC 249.068, Rel. Min. ASSUSETE MAGALHÃES, julgamento em 19.11.2012, DJ de

---

142. Neste caso, o *habeas corpus* não foi conhecido, mas por outra razão, a saber, o fato de a matéria (arguição de nulidade) não haver sido objeto de apreciação pelo STJ (impetrado).

143. "Possibilidade de conhecimento de recurso ordinário em habeas corpus intempestivo como habeas corpus substitutivo. Precedentes".

29.11.2012): "A Primeira Turma do Supremo Tribunal Federal, ao julgar, recentemente, os HCs 109.956/PR (DJe de 11/09/2012) e 104.045/RJ (DJe de 06/09/2012), considerou inadequado o writ, para substituir recurso ordinário constitucional, em Habeas corpus julgado pelo Superior Tribunal de Justiça, reafirmando que o remédio constitucional não pode ser utilizado, indistintamente, sob pena de banalizar o seu precípuo objetivo e desordenar a lógica recursal. O Superior Tribunal de Justiça também tem reforçado a necessidade de cumprir as regras do sistema recursal vigente, sob pena de torná-lo inócuo e desnecessário (art. 105, II, a, e III, da CF/88), considerando o âmbito restrito do habeas corpus, previsto constitucionalmente, no que diz respeito ao STJ, sempre que alguém sofrer ou se achar ameaçado de sofrer violência ou coação em sua liberdade de locomoção, por ilegalidade ou abuso de poder, nas hipóteses do art. 105, I, c, e II, a, da Carta Magna. Nada impede, contudo, que, na hipótese de habeas corpus substitutivo de recursos especial e ordinário ou de revisão criminal - que não merece conhecimento -, seja concedido habeas corpus, de ofício, em caso de flagrante ilegalidade, abuso de poder ou decisão teratológica". Em idêntico sentido: STJ, 6ª Turma, HC 230.608/SP, Rel. Min. ALDERITA RAMOS DE OLIVEIRA, julgamento em 19.11.2012, DJ de 29.11.2012. A Quinta Turma da Corte Superior tem a mesma posição, como revela o julgado do HC 253.224/MG (STJ, 5ª Turma, HC 253.224, Rel. Min. LAURITA VAZ, julgamento em 13.11.2012, DJ de 23.11.2012).

Parece-nos que critérios de ordem prática não podem ter idoneidade para impedir a aplicação de garantia constitucional, de caráter fundamental. O recurso ordinário não se presta com a mesma efetividade ao resguardo da liberdade de locomoção, devendo ser preservada a impetração do *habeas corpus* substitutivo, ao menos nos casos mais extremos, de prisão atual ou iminente (*habeas corpus* liberatório e *habeas corpus* preventivo).

18. *HABEAS CORPUS* "SUBSTITUTIVO" DE RECURSO ESPECIAL?

O Superior Tribunal de Justiça não tem admitido a impetração de *habeas corpus* contra decisão impugnável ou impugnada por recurso especial, orientando-se pela concessão da ordem de ofício quando haja ilegalidade manifesta. Rechaça a Corte Superior, nessa linha, o que designa por *habeas corpus substitutivo de recurso especial*.

Há numerosos julgados assumindo esse posicionamento, como o da Sexta Turma no HC 140.807/SP (STJ, 6ª Turma, HC 140.807, Rel. Min. MARIA THEREZA DE ASSIS MOURA, julgamento em 13.12.2011, DJ de 19.12.2011): "É imperiosa a necessidade de racionalização do habeas corpus, a bem de se prestigiar a lógica do sistema recursal. As hipóteses de cabimento do writ são restritas, não se admitindo que o remédio constitucional seja utilizado em substituição a recursos ordinários (apelação, agravo em execução, recurso especial), tampouco como sucedâneo de revisão criminal. 2. Não é possível a impetração de habeas corpus substitutivo de recurso especial. Para o enfrentamento de teses jurídicas na via restrita, imprescindível que haja ilegalidade manifesta, relativa a matéria de direito, cuja constatação seja evidente e independa de qualquer análise probatória. 3. O writ não foi criado para as finalidades aqui empregadas, de discutir a dosimetria da pena e o regime prisional fixado. Há que se utilizar o recurso cabível ou, após o trânsito em julgado, a revisão criminal, se for o caso. A prevalecer tal postura, o recurso especial tornar-se-á totalmente inócuo".

Sobre a possibilidade de concessão da ordem de ofício, confira-se o recente julgado da Sexta Turma do STJ no HC 149.025/SP (STJ, 6ª Turma, HC 149.025, Rel. Min. NEFI CORDEIRO, julgamento em 30.06.2015, DJ de 07.08.2015): "Ressalvada pessoal compreensão diversa, uniformizou o Superior Tribunal de Justiça ser inadequado o writ em substituição a recursos especial e ordinário, ou de revisão criminal, admitindo-se, de ofício, a concessão da ordem ante a constatação de ilegalidade flagrante, abuso de poder ou teratologia". No mesmo sentido: STJ, 6ª Turma, HC 115.501/MG, Rel. Min. NEFI CORDEIRO, julgamento em 23.06.2015, DJ de 03.08.2015.

Não é essa, contudo, a posição do Supremo Tribunal Federal. A esse respeito, no julgamento do RHC 119.149/RS, a Primeira Turma da Suprema Corte assim decidiu (STF, 1ª Turma, RHC 119.149, Rel. Min. DIAS TOFFOLI, julgamento em 10.02.2015, DJ de 07.04.2015): "Recurso ordinário em habeas corpus. Impetração da qual não conheceu o Superior Tribunal de Justiça, por ser ela substitutiva de recurso especial. Entendimento que não se coaduna com o entendimento da Corte. Precedentes. (...) A Corte não tem admitido a rejeição da impetração perante o Superior Tribunal de Justiça a pretexto de se cuidar de substitutivo de recurso especial de recurso especial cabível (HC nº 115.715/CE, Primeira Turma, Rel. p/ o ac. Min. Marco Aurélio, julgado em 11/6/13)".

Parece-nos que a razão está com o Supremo Tribunal Federal. O recurso especial constitui impugnação excepcional, destinada imediatamente a assegurar a autoridade e a uniformidade de interpretação da lei federal. O *habeas corpus*, por seu turno, constitui ação independente, destinada ao resguardo imediato da liberdade de locomoção, não podendo ter seu cabimento obstado em função de estar o mesmo ato sujeito a via menos efetiva para essa proteção.

No âmbito do recurso especial, o direito subjetivo de liberdade tem proteção apenas reflexa, mediata, pois o cabimento dessa impugnação excepcional concentra-se primariamente no direito objetivo (direito federal). Considere-se, nessa esfera, que o recurso especial interpõe-se, pelo acusado, contra acórdão condenatório proferido por tribunal de segunda instância, quando, portanto, a ameaça de constrangimento ilegal (hipotético) à liberdade de locomoção já está prestes a se consumar.

Como então, em tais circunstâncias, recusar cabimento ao *habeas corpus*, instrumento ordinário mais efetivo de resguardo à liberdade? Respeitados, assim, os limites cognitivos da ação mandamental, não se pode deixar de conhecê-la só por ser a mesma decisão impugnável por *habeas corpus*. Uma coisa é inadmitir o *habeas corpus* por caber recurso *ordinário* contra a decisão. Outra, bem diversa, é adotar a mesma posição diante do cabimento de recurso *excepcional* (especial ou extraordinário).

Na verdade, quanto ao ponto discutido, pensamos que nem sequer se pode cogitar de *substituição* do recurso especial por *habeas corpus*. Isso porque o recurso especial tem por objeto imediato e primário a proteção do direito federal e apenas mediatamente repercute na esfera individual (liberdade de locomoção) do sujeito. O *habeas corpus*, diversamente, já encerra, como objeto primário, a proteção ao direito subjetivo de liberdade. Sendo distintas as esferas de proteção, portanto, não cabe falar em "substituição" do recurso especial pelo *habeas corpus*.

19. *HABEAS CORPUS* COMO SUCEDÂNEO DE REVISÃO CRIMINAL

A jurisprudência dos tribunais superiores tem reiteradamente afirmado que o *habeas corpus* não pode ser utilizado como sucedâneo de revisão criminal. Nesse sentido, confira-se o julgado da Segunda Turma do STF no RHC 92.886/SP (AgR) (STF, 2ª Turma, Rel. Min. JOAQUIM BARBOSA, julgamento em 21.09.2010, DJ de 22.10.2010): "A jurisprudência deste Supremo Tribunal Federal não admite a impetração de habeas corpus como sucedâneo de recursos ou de revisão criminal. A realização de aprofundado reexame do conjunto fático-probatório coligido nos autos é inviável na estreita via do habeas corpus. O mero inconformismo com o resultado do julgamento não pode ser objeto de apreciação por meio de habeas corpus, instrumento processual este que não constitui via adequada para avaliar a justiça ou injustiça de condenação suficientemente fundamentada"[144].

Não significa isso dizer, porém, que o *habeas corpus* não se preste a impugnar decisão transitada em julgado. O impedimento do *habeas corpus* como substitutivo de revisão criminal deriva dos estreitos limites cognitivos próprios da ação mandamental, que não comporta rediscussão aprofundada de provas. Por mais que a revisão criminal também reclame prova documental pré-constituída, essa via é adequada à rediscussão dos elementos de prova que serviram de base à sentença rescindenda. Por exemplo, no caso de superveniência de prova da inocência do condenado (art. 621, III, CPP), será discutido na sede da revisão criminal o mérito da causa, para fins de rescisão da sentença condenatória. Esse tipo de incursão, entretanto, não é cabível em sede de *habeas corpus*. Assim é que se compreende a orientação de que o *habeas corpus* não serve como sucedâneo de revisão criminal.

Por outro lado, nas hipóteses de controle de legalidade, respeitados os limites cognitivos do *habeas corpus*, poderá esta ação constitucional ser utilizada para o efeito de rescisão de sentença condenatória transitada em julgado, desde que presente a ofensa à liberdade de locomoção. Assim, antes da extinção da pena, poderá o *habeas corpus* ser impetrado, por exemplo, para o reconhecimento de nulidade processual absoluta, mesmo após o trânsito em julgado. Em hipóteses assim, o *habeas corpus* presta-se, como via mais eficaz, a cumprir a finalidade própria da ação revisional, qual seja, a de rescisão da sentença, resguardando-se dessa forma o direito de liberdade. Outra situação cognoscível em sede de *habeas corpus*, a título de exemplo, é a de extinção da punibilidade pela prescrição da pretensão punitiva.

No sentido de que, em caso de ilegalidade manifesta, pode o *habeas corpus* ser utilizado como sucedâneo de revisão criminal, consulte-se o julgado da Primeira Turma do STF no HC 104.408/MS (STF, 1ª Turma, HC 104.408, Rel. Min. RICARDO LEWANDOWSKI, julgamento em 05.10.2010, DJ de 28.10.2010): "É pacífica a jurisprudência desta Corte no sentido de que o habeas corpus não pode ser manejado como sucedâneo de revisão criminal, salvo na hipótese de ilegalidade flagrante em condenação com trânsito em julgado. Precedentes". Na mesma direção: STF, 1ª Turma, HC 98.906/SP, Rel. Min. RICARDO

---

144. No STJ, adotando a mesma posição: 6ª Turma, HC 183.889/MS, Rel. Min. MARIA THEREZA DE ASSIS MOURA, DJ de 26.08.2013; 6ª Turma, HC 263.627/SP, Rel. Min. SEBASTIÃO REIS JÚNIOR, DJ 16.09.2013; 6ª Turma, HC 253.383/SP, Rel. Min. OG FERNANDES, DJ 16.09.2013.

LEWANDOWSKI, julgamento em 27.04.2010, DJ de 14.05.2010[145]; STF, 2ª Turma, HC 98.949/MS, Rel. Min. JOAQUIM BARBOSA, julgamento em 07.12.2010, DJ de 01.02.2011[146].

SUBSEÇÃO II
Mandado de Segurança

1. CONSIDERAÇÕES INICIAIS

Enfatizaremos aqui o mandado de segurança como ação autônoma de impugnação *de decisões judiciais*, por mais que a mesma ação mandamental possa também ser movimentada contra atos administrativos na esfera da persecução penal.

Importa identificar, nesse contexto, em que condições se presta o mandado de segurança a impugnar atos jurisdicionais penais, sujeitos ou não a recurso.

Inicialmente, diante da amplitude do cabimento do *habeas corpus*, por certo muito restrita é a possibilidade de utilização do *mandado de segurança* no processo penal, considerando que esta ação se destina a resguardar *direito líquido e certo diverso da liberdade de locomoção*.

Por outro lado, mesmo na esfera processual civil é restrito e excepcional o cabimento de mandado de segurança contra atos jurisdicionais, pois a ação mandamental não pode, via de regra, ser utilizada como sucedâneo de recurso.

Existem no processo penal, porém, situações de cabimento do mandado de segurança em função dos seguintes fatores: (i) ausência de repercussão do ato jurisdicional na esfera do direito à liberdade de locomoção, sendo a hipotética ofensa a direito líquido e certo de outra natureza, como, por exemplo, o direito de propriedade do investigado ou acusado, o direito à prova do acusador ou o direito do ofendido de participar do processo penal por crime de ação pública; (ii) ato jurisdicional não sujeito a recurso *ou* ato jurisdicional sujeito a recurso sem efeito suspensivo.

A seguir abordaremos cada um desses pontos.

2. NATUREZA JURÍDICA E CABIMENTO GERAL DO MANDADO DE SEGURANÇA

O mandado de segurança, assim como o *habeas corpus*, o *habeas data* e o mandado de injunção, insere-se na categoria das ações (ou remédios) constitucionais de natureza

---

145. "Inexistindo nulidade ou ilegalidade flagrante a ser sanada, não se pode admitir o habeas corpus como sucedâneo de revisão criminal, ante a verificação do trânsito em julgado do acórdão que tornou definitiva a condenação. IV - Writ não conhecido".

146. "Impossibilidade de admitir-se o writ constitucional como sucedâneo de revisão criminal. É pacífica a jurisprudência desta Corte no sentido de que o habeas corpus não pode ser manejado como sucedâneo de revisão criminal à ausência de ilegalidade flagrante em condenação com trânsito em julgado. No caso, o reconhecimento da continuidade delitiva demanda, necessariamente, o revolvimento aprofundado do conjunto fático-probatório contido nos autos da ação penal de origem, o que é inviável na estreita via do habeas corpus. Precedentes. Ordem denegada".

mandamental, com rito célere e simplificado, para maior efetividade da proteção ao direito invocado.

Se, no *habeas corpus*, a importância do direito à liberdade de locomoção é que essencialmente justifica a existência e o caráter da ação, no mandado de segurança é a *certeza* e a *liquidez* do direito alegado, de um lado, assim como a ilegalidade e abuso de poder da autoridade pública, de outro, que conferem consistência e razão de ser ao viés mandamental da demanda.

Nos termos do art. 5º, inciso LXIX, da Constituição da República, "conceder-se-á mandado de segurança para proteger direito líquido e certo, não amparável por *habeas corpus* ou *habeas data*, quando o responsável pela ilegalidade ou abuso de poder for autoridade pública ou agente de pessoa jurídica no exercício de atribuições do Poder Público". Por sua vez, em linha semelhante, dispõe o art. 1º da Lei nº 12.016/2009: "Conceder-se-á mandado de segurança para proteger direito líquido e certo, não amparado por habeas corpus ou habeas data, sempre que, ilegalmente ou com abuso de poder, qualquer pessoa física ou jurídica sofrer violação ou houver justo receio de sofrê-la por parte de autoridade, seja de que categoria for e sejam quais forem as funções que exerça".

A respeito do primeiro elemento, entende-se por *direito líquido e certo*, segundo Hely Lopes Meirelles, Arnoldo Wald e Gilmar Mendes, "o que se apresenta manifesto na sua existência, delimitado na sua extensão e apto a ser exercitado no momento da impetração". A existência concreta do direito e a possibilidade de sua aplicação imediata devem estar comprovadas de plano, em prova documental pré-constituída na inicial da impetração. Se a existência do direito "for duvidosa; se sua extensão ainda não estiver delimitada; se seu exercício depender de situações e fatos ainda indeterminados, não rende ensejo à segurança, embora possa ser defendido por outros meios judiciais"[147].

Quatro dimensões, portanto, revelam-se essenciais quanto ao direito líquido e certo: (i) direito claramente emanado de norma legal (dimensão jurídica); (ii) direito comprovado de plano em prova documental pré-constituída (dimensão probatória); (iii) extensão do direito bem delimitada; (iv) aplicabilidade imediata do direito na extensão pretendida.

Relativamente ao outro elemento próprio do mandado de segurança, o da *ilegalidade ou abuso de poder*, é preciso que qualquer deles provenha de *autoridade*, entendida como a pessoa investida de função pública, em caráter permanente ou provisório. De acordo com o art. 1º, § 1º, da Lei nº 12.016/2009, "equiparam-se às autoridade, para os efeitos desta Lei, os representantes ou órgãos de partidos políticos e os administradores de entidades autárquicas, bem como os dirigentes de pessoas jurídicas ou as pessoas naturais no exercício de atribuições do poder público, somente no que disser respeito a essas atribuições". De outro lado, a teor do art. 1º, § 2º, da Lei nº 12.016/2009, "não cabe mandado de segurança contra os atos de gestão comercial praticados pelos administradores de empresas públicas, de sociedade de economia mista e de concessionárias de serviço público".

---

147. Meirelles, Hely Lopes / Wald, Arnoldo / Mendes, Gilmar Ferreira. *Mandado de Segurança e Ações Constitucionais*. São Paulo: Malheiros, 2014, p. 34.

Cap. XIX · RECURSOS E AÇÕES AUTÔNOMAS DE IMPUGNAÇÃO 1459

Ao contrário do que ocorre no âmbito do *habeas corpus*, assim, o *legitimado passivo* do mandado de segurança deve estar no exercício de atribuições do poder público, o que justifica sempre designá-lo por *autoridade*.

Quanto ao *legitimado ativo*, pode ser impetrante do mandado de segurança qualquer pessoa, física ou jurídica, titular do hipotético direito líquido e certo objeto da ação mandamental. Já o *habeas corpus*, como visto, por envolver direito próprio da pessoa natural (liberdade de ir, vir e ficar), não pode ser impetrado em favor de pessoa jurídica.

3. CABIMENTO DO MANDADO DE SEGURANÇA CONTRA DECISÃO JUDICIAL

De modo geral, o mandado de segurança só é ação apta à impugnação de decisões judiciais *não sujeitas a recurso*. Com efeito, se cabível recurso contra o ato jurisdicional, *em princípio* não haverá motivo para a admissão do mandado de segurança.

Pode ocorrer, no entanto, de a urgência justificar a necessidade de utilização da via *mais célere, simplificada e efetiva* do mandado de segurança, independentemente da impugnação recursal. De fato, em situações nas quais o ato jurisdicional determine a *aplicação imediata de medidas restritivas à esfera individual, sem que o recurso previsto em face da decisão encerre efeito suspensivo*, resulta clara e justificada a necessidade de impetração do mandado de segurança.

Nesse sentido, o art. 5º, inciso II, da Lei nº 12.016/2009 dispõe que "não se concederá mandado de segurança quando se tratar de decisão judicial da qual caiba recurso com efeito suspensivo". Assim, *a contrario sensu*, conclui-se o seguinte: (i) cabe mandado de segurança contra ato judicial irrecorrível; (ii) cabe mandado de segurança contra ato judicial sujeito a recurso sem efeito suspensivo[148].

De outro lado, como visto no tópico anterior, o direito líquido e certo invocado não pode ser amparável por *habeas corpus* (nem por *habeas data*), requisito a se cumular com qualquer um dos dois – (i) ou (ii) – acima descritos.

Examinemos cada uma das hipóteses, a partir de exemplos concretos na esfera processual penal.

3.1. Mandado de Segurança contra Ato Jurisdicional Irrecorrível

Se o ato jurisdicional não se sujeita a recurso, cabe o mandado de segurança, desde que o direito não seja amparável por *habeas corpus* (art. 5º, inciso LXIX, CF).

É o que acontece, no processo penal, com o mandado de segurança impetrado contra decisão judicial que indefere o pleito do ofendido de habilitação como assistente do Ministério Público na ação penal de iniciativa pública. Cuida-se de decisão interlocutória irrecorrível, como expressa o art. 273 do CPP: "Do despacho que admitir, ou

---

148. Em caso de ato administrativo, aplica-se o mesmo regime, conforme o art. 5º, inciso I, da Lei 12.016/2009. Por outro lado, o mandado de segurança não encerra aptidão rescisória de decisão judicial transitada em julgado (art. 5º, inciso III, Lei 12.016/2009), sujeita apenas à ação rescisória (esfera civil) ou à revisão criminal (esfera penal).

não, o assistente, não caberá recurso, devendo, entretanto, constar dos autos o pedido e a decisão".

Além disso, o direito afetado, tendo como titular o ofendido, não diz respeito à liberdade de locomoção. O direito líquido e certo em foco emana do art. 268 do CPP, que contempla a habilitação do ofendido como assistente, para que possa intervir como terceiro juridicamente interessado no processo penal de ação pública, praticando os atos que lhe são facultados (art. 271, CPP).

Nessas condições, com fundamento (*a contrario sensu*) no art. 5º, inciso II, da Lei nº 12.016/2009, é impetrável o mandado de segurança contra o ato em tese ilegal de negativa da habilitação do ofendido como assistente.

Por outro lado, mesmo impugnável por *habeas corpus* do investigado, pode acontecer de o ato, à vista da afetação a direito de terceiro, igualmente estar sujeito a mandado de segurança. É o que ocorre, por exemplo, com o ato judicial de indeferimento do acesso do investigado e de seu advogado aos autos de procedimento investigativo sigiloso.

Nesse caso, afeta-se em tese, a um só tempo, o direito do investigado, associável em última análise à liberdade de locomoção, e o direito do advogado, como profissional, de consultar os autos do procedimento, ainda que sob sigilo, quanto a peças que digam respeito à defesa de seu constituinte. Conforme a Súmula Vinculante nº 14 do STF: "É direito do defensor, no interesse do representado, ter acesso amplo aos elementos de prova que, já documentados em procedimento investigatório realizado por órgão com competência de polícia judiciária, digam respeito ao exercício do direito de defesa".

Pode haver, assim, tanto a impetração de *habeas corpus* em favor do investigado quanto a de mandado de segurança para a defesa do direito do advogado.

Outra hipótese de utilização do mandado de segurança contra ato judicial irrecorrível e para a defesa de direito líquido e certo não amparável por *habeas corpus* é a da pretensão *da pessoa jurídica* de trancamento ou de anulação do processo penal. Sabe-se que o *habeas corpus* só se presta ao resguardo da liberdade de locomoção, atributo inerente à pessoa natural.

Assim, na hipótese de responsabilidade penal da pessoa jurídica, cabível entre nós no âmbito dos crimes ambientais, não poderá o *habeas corpus* ser manejado *em favor da pessoa jurídica* com o objetivo de trancar ou de anular o processo.

Nesse sentido, confira-se o julgado da Primeira Turma do Supremo Tribunal Federal no HC 88.747/ES (AgR) (STF, 1ª Turma, HC 88.747, Rel. Min. Ayres Britto, julgamento em 15.09.2009, DJ de 29.10.2009): "O habeas corpus é via de verdadeiro atalho que só pode ter por alvo -- lógico -- a 'liberdade de locomoção' do indivíduo, pessoa física. E o fato é que esse tipo de liberdade espacial ou geográfica é o bem jurídico mais fortemente protegido por uma ação constitucional. Não podia ser diferente, no corpo de uma Constituição que faz a mais avançada democracia coincidir com o mais depurado humanismo. Afinal, habeas corpus é, literalmente, ter a posse desse bem personalíssimo que é o próprio corpo. Significa requerer ao Poder Judiciário um salvo-conduto que outra coisa não é senão uma expressa ordem para que o requerente preserve, ou, então, recupere a sua autonomia de vontade para fazer do seu corpo um instrumento de geográficas idas e vindas. Ou de espontânea imobilidade, que já corresponde ao direito de nem ir nem vir, mas simplesmente ficar. Autonomia de vontade, enfim, protegida contra 'ilegalidade ou abuso de poder' -- parta de quem partir --, e que somente é de cessar por motivo de 'flagrante delito ou por ordem escrita e fundamentada de autoridade judiciária competente, salvo nos casos de transgressão militar ou crime propriamente militar, definidos em lei' (inciso LXI do art. 5º da Constituição). Na concreta situação dos autos, a pessoa jurídica da qual o paciente é representante legal se acha processada por delitos ambientais. Pessoa Jurídica que somente poderá ser punida com multa e pena restritiva de direitos. Noutro falar: a liberdade de locomoção do agravante não está, nem mesmo indiretamente, ameaçada ou restringida"[149].

A posição do Superior Tribunal de Justiça é a mesma. Veja-se, por exemplo, o julgado da Quinta Turma no RHC 51.488/SP (STJ, 5ª Turma, RHC 51.488, Rel. Min. JORGE MUSSI, julgamento em 14.10.2014, DJ de 22.10.2014): "Prevalece na doutrina e na jurisprudência o entendimento de que a pessoa jurídica não pode figurar como paciente em habeas corpus, uma vez que o remédio constitucional configura instrumento destinado a tutelar a liberdade de locomoção, bem jurídico não titularizado pelos entes morais".

Isso não exclui a possibilidade de a pessoa jurídica ser a impetrante do *habeas corpus*, ajuizado em favor de pessoa natural (por exemplo, administrador ou procurador) acusada no processo penal. Quando a pessoa jurídica seja a acusada no processo penal, todavia, a ação adequada será o mandado de segurança, eis que o direito envolvido não é amparável por *habeas corpus*.

Com efeito, as penas aplicáveis à pessoa jurídica, como a dissolução e a multa, por exemplo, afetam direitos líquidos e certos diversos da liberdade, de modo que a ameaça a tais direitos pode ser deduzida em mandado de segurança impetrado para o encerramento antecipado ou a invalidação do processo penal. Nesse rumo tem-se orientado a jurisprudência, como a da Quinta Turma do STJ no ROMS 20.601/SP (STJ, 5ª Turma, ROMS 20.601, Rel. Min. FELIX FISCHER, julgamento em 29.06.2006, DJ de 14.08.2006), em que se resolveu dar provimento a recurso ordinário em mandado de segurança para o efeito de trancar ação penal ajuizada contra pessoa jurídica, sob o fundamento de ofensa ao sistema da dupla imputação[150].

---

149. Em sentido contrário, veja-se a posição *vencida* do Ministro RICARDO LEWANDOWSKI no julgado da Primeira Turma do STF proferido no HC 92.921/BA (DJ de 26.09.2008), em que resultou vencedora a posição no sentido da inadmissibilidade do *habeas corpus* em favor de pessoa jurídica (consulte-se a proclamação do resultado, apesar do que expressa a respectiva ementa): "Responsabilidade penal da pessoa jurídica, para ser aplicada, exige alargamento de alguns conceitos tradicionalmente empregados na seara criminal, a exemplo da culpabilidade, estendendo-se a elas também as medidas assecuratórias, como o habeas corpus. Writ que deve ser havido como instrumento hábil para proteger pessoa jurídica contra ilegalidades ou abuso de poder quando figurar como co-ré em ação penal que apura a prática de delitos ambientais, para os quais é cominada pena privativa de liberdade".
150. "PROCESSUAL PENAL. RECURSO ORDINÁRIO EM MANDADO DE SEGURANÇA. CRIMES CONTRA O MEIO AMBIENTE. DENÚNCIA. INÉPCIA. SISTEMA OU TEORIA DA DUPLA IMPUTAÇÃO. NULIDADE DA CITAÇÃO. PLEITO PREJUDICADO. I - Admite-se a responsabilidade penal da pessoa jurídica em crimes ambientais desde que haja a imputação simultânea do ente moral e da pessoa física que atua em seu nome ou em seu benefício, uma vez que 'não se pode compreender a responsabilização do ente moral

3.2. Mandado de segurança contra Ato Judicial sujeito a Recurso Sem Efeito Suspensivo

Ainda que recorrível a decisão judicial, o mandado de segurança poderá ser utilizado se o recurso cabível não tiver efeito suspensivo (art. 5º, inciso II, CPP).

Nesse ponto, é conhecida a discussão sobre se cabe mandado de segurança contra a decisão judicial que decreta o *sequestro* cautelar de bens, objeto do art. 125 do CPP, e contra a que decreta o *arresto* cautelar de bens imóveis, objeto do art. 137 do CPP.

Em primeiro lugar, essas decisões, conquanto decretadas por órgão jurisdicional penal, não repercutem de qualquer forma na liberdade de locomoção do investigado ou acusado. Isso porque a finalidade das medidas cautelares de sequestro e arresto é essencialmente a de assegurar bens suficientes à recomposição do prejuízo causado pelo crime, para o caso de sobrevir juízo condenatório. Não se trata, portanto, de medida cautelar de cunho probatório, para a coleta de elementos incriminadores, e sim de ato meramente *assecuratório*, incidente sobre o patrimônio do investigado ou acusado, como forma de garantia de reparação do suposto prejuízo causado pelo crime. No caso do sequestro, o objetivo adicional de eliminação do proveito causado pelo crime reflete a mesma lógica, afetando apenas os bens do imputado.

Inexistindo reflexo na liberdade individual, o *habeas corpus* não é manejável em favor do titular dos bens constritos. O direito líquido e certo de natureza patrimonial, entretanto, pode em tese ser amparado por mandado de segurança.

Surge, assim, a questão de se o ato jurisdicional de decretação do sequestro (art. 125, CPP) ou do arresto desafia ou não recurso.

O art. 130, *caput*, inciso I, do CPP contempla a oposição, pelo acusado, de *embargos*, "sob o fundamento de não terem os bens sido adquiridos com os proventos da infração". Não se trata, porém, de *recurso*, e sim de *meio de defesa do investigado ou acusado*. Ademais, como dispõe o art. 130, parágrafo único, do CPP, "não poderá ser pronunciada decisão nesses embargos antes de passar em julgado a sentença condenatória".

Não se pode, portanto, invocar a oponibilidade de embargos como impeditivo do cabimento do mandado de segurança. A uma, porque não se trata de recurso. A duas, porque, ainda que de recurso se cuidasse, não tem esse meio de defesa qualquer efeito suspensivo da decisão de sequestro.

Há uma vertente, contudo, no sentido do cabimento de recurso de apelação em face da decisão judicial de sequestro, com base no art. 593, inciso II, do CPP. Em que

---

dissociada da atuação de uma pessoa física, que age com elemento subjetivo próprio' cf. Resp nº 564960/SC, 5ª Turma, Rel. Ministro Gilson Dipp, DJ de 13/06/2005 (Precedentes). II - No caso em tela, o delito foi imputado tão-somente à pessoa jurídica, não descrevendo a denúncia a participação de pessoa física que teria atuado em seu nome ou proveito, inviabilizando, assim, a instauração da persecutio criminis in iudicio (Precedentes). III - Com o trancamento da ação penal, em razão da inépcia da denúncia, resta prejudicado o pedido referente à nulidade da citação. Recurso provido". *Quanto ao mérito do mandado de segurança, todavia, assevere-se que a jurisprudência atual do Supremo Tribunal Federal orienta-se no sentido da inexigência da dupla imputação. Cfr. STF, RE 548.181/PR, 1ª Turma, Rel. Min.* Rosa Weber, *julgamento em 06.08.2013, DJ de 30.10.2014.*

Cap. XIX • RECURSOS E AÇÕES AUTÔNOMAS DE IMPUGNAÇÃO

pese ser essa a posição prevalecente na jurisprudência, não podemos com ela concordar. A posição jurisprudencial baseia-se na caracterização do ato jurisdicional que decreta o sequestro como *decisão com força de definitiva*, a qual, por não estar contemplada no rol do art. 581 do CPP, desafiaria apelação, com fundamento na regra do art. 593, inciso II.

Ocorre que a decisão cautelar de sequestro não pode ser classificada como decisão com força de definitiva. Trata-se, na verdade, de *decisão interlocutória*.

Entende-se por decisão com força de definitiva aquela que encerra o processo penal, sem resolução de mérito. Cuida-se de ato terminativo, não sujeito, *em condições normais*, a revisão por parte do próprio órgão jurisdicional que o proferiu. Com efeito, na decisão com força definitiva, há eficácia terminativa, com os efeitos de coisa julgada formal, só podendo o ato ser revisado na hipótese de superveniência de novos elementos de prova.

Esse não é o caso da decisão de sequestro, medida *provisória* de caráter assecuratório, revisável a qualquer tempo, por simples avaliação de necessidade, adequação e proporcionalidade, como é próprio das medidas cautelares. A propósito, a lei processual penal contempla diversas hipóteses de levantamento da medida cautelar (artigos 131, 136 e 141, CPP).

A provisoriedade do ato, assim, impede que nele se identifique qualquer caráter terminativo, que o constitua como decisão com força de definitiva. A admitir o contrário, teriam a mesma natureza as decisões de decretação de prisão preventiva ou outra medida cautelar pessoal, que estariam sujeitas de igual modo a recurso de apelação.

Assim, com esse argumento, entendemos que a decisão de sequestro e ou de arresto cautelar de bens proferida pelo juízo criminal é irrecorrível, por se tratar de decisão interlocutória não prevista no rol do art. 581 do CPP (recurso em sentido estrito). Por essa razão, mostra-se contra ela cabível o mandado de segurança (art. 5º, II, Lei nº 12.011/2009), para resguardo do direito líquido e certo de ordem patrimonial, a assistir em tese ao investigado ou acusado.

A jurisprudência, entretanto, inclina-se no sentido de admitir contra esse ato jurisdicional o recurso de apelação (art. 593, inciso II, CPP). Mesmo assim, subsiste a pergunta: cabe o mandado de segurança, considerando que a mera interposição de recurso de apelação não é apta a suspender a eficácia imediata da decisão de sequestro ou arresto?

A clássica jurisprudência do Supremo Tribunal Federal já se posicionava em sentido positivo, *desde que interposto também o recurso cabível*, diante da ausência de caráter recursal dos embargos (art. 130, CPP), da ausência de eficácia suspensiva do recurso de apelação (art. 593, II, CPP) e da maior efetividade da utilização do mandado de segurança, para garantia do direito líquido e certo do sujeito de não ter seus bens ilegalmente constritos, evitando-se, dessa forma, prejuízo irreparável à esfera individual. Confira-se, nessa direção, o precedente da Primeira Turma da Suprema Corte firmado no RE 106.738/MT (STF, 1ª Turma, RE 106.738, Rel. Min. RAFAEL MAYER, DJ 01.08.1986): "Mandado de Segurança. Decisão judicial. Cabimento. Art. 5., II, da Lei 1533/51. Recurso cabível do decreto do sequestro criminal (art. 125 e 593, II, do CPP). Decisão trânsita em julgado. Súmula 268. 1. Recurso cabível da decisão que decreta o sequestro de bens, em processo-crime, nos termos do art. 125 do CPP, é a apelação criminal, nos termos do art. 597, com efeito simplesmente devolutivo, não tendo o caráter de recurso os embargos previstos nos arts. 129, 130, I e II. 2. Sem que se interponha o recurso pertinente à decisão impugnada, a impetração do mandado de segurança não se beneficia da jurisprudência da Corte, que dá pelo cabimento do 'writ' quando o recurso não tem efeito suspensivo e há possibilidade de prejuízo irreparável, pois sem o tempestivo recurso a decisão transita em julgado e o mandado de segurança enfrenta a Súmula 268".

Segundo essa orientação, portanto, se não interposto o recurso cabível contra a decisão, esta transitará em julgado, impedindo-se o mandado de segurança por força da Súmula n° 268 do STF, cujo enunciado é este: "Não cabe mandado de segurança contra decisão judicial com trânsito em julgado". Esse enunciado corresponde ao atual texto expresso do art. 5°, inciso III, da Lei n° 12.016/2009.

De outro lado, se interposto o recurso, poderá ser impetrado o mandado de segurança, como se depreende do julgado acima, inclusive, *a contrario sensu*, do seguinte trecho: "*sem que se interponha o recurso pertinente à decisão impugnada*, o mandado de segurança não se beneficia da jurisprudência da Corte, que dá pelo cabimento do 'writ' quando o recurso não tem efeito suspensivo e há possibilidade de prejuízo irreparável...". Nos termos do julgado, o impedimento do mandado de segurança dá-se apenas quando não interposto o recurso cabível, pois nessa hipótese haveria trânsito em julgado, incidindo o óbice da Súmula n° 268 do STF.

Sucede que, não fazendo coisa julgada material, a decisão de sequestro não transita em julgado, ocorrendo simples preclusão. Não se há de reduzir a coisa julgada à simples preclusão, embora a coisa julgada, como espécie, encerre eficácia preclusiva. Entenda-se que a coisa julgada, material ou formal, só incide sobre atos judiciais terminativos. Tratando-se de coisa julgada formal, o ato terminativo é imutável sob a base dos elementos disponíveis (*secundum eventum probationis*), podendo, porém, ser revisado no caso de superveniência de novos elementos. Já os atos não terminativos, caso das decisões interlocutórias, sujeitam-se apenas à preclusão, e não à coisa julgada, nem sequer a formal.

Assim, como a decisão de sequestro não é ato terminativo, inexiste trânsito em julgado. Mas ainda mesmo que se entenda, como a jurisprudência hoje dominante, ser terminativo o ato (decisão com força de definitiva), de igual modo não cabe falar em *trânsito em julgado*, que traduz a ideia de coisa julgada material, algo não identificado na espécie, em que não há resolução de mérito. Dessa forma, não pode incidir a vedação da Súmula n° 268 do STF nem a do atual art. 5°, inciso III, da Lei n° 12.016/2009, ainda que não interposto contra o ato jurisdicional o recurso de apelação.

A evolução jurisprudencial resultou, atualmente, na posição de: (i) continuar a admitir a apelação contra a decisão que decreta o sequestro (art. 593, inciso II, CPP); (ii) admitir *excepcionalmente* o mandado de segurança, *ainda que não interposto o recurso próprio*, nas hipóteses de ilegalidade manifesta, perigo de prejuízo irreparável ou teratologia da decisão impugnada.

A esse respeito, confira-se o julgado da Quinta Turma do Superior Tribunal de Justiça no RMS 28.210/RJ (AgR) (STJ, 5ª Turma, RMS 28.210, Rel. Min. JORGE MUSSI, julgamento em 03.05.2012, DJ de 21.05.2012): "Acerca do cabimento de mandado de segurança como sucedâneo recursal, a jurisprudência firme desta Corte Superior de Justiça e do Pretório Excelso é no sentido de que a ação mandamental visa a proteção de direito líquido e certo contra ato abusivo ou ilegal de autoridade pública, não podendo ser utilizada de forma substitutiva, sob pena de se desnaturar a sua essência constitucional. Somente é cabível o excepcional instrumento do writ of mandamus contra ato eivado de ilegalidade, teratologia ou abuso de poder, que decorram ao paciente irreparável lesão ao seu direito líquido e certo. 'Não cabe mandado de segurança contra ato judicial passível de recurso ou correição' (Súmula 267 do STF). Não há olvidar que o mandado de segurança é ação mandamental que tem por objetivo a tutela do direito não amparado por habeas corpus ou habeas data, possuindo cognição sumária e rito célere, razão pela qual se exige que todas as provas sejam pré-constituídas".

Assim, também, eis o julgado da Quinta Turma no RESP 1.155.085/MT (AgR) (STJ, 5ª Turma, RESP 1.155.085, Rel. Min. MARCO AURÉLIO BELLIZZE, julgamento em 22.05.2014, DJ de 02.06.2014): "Embora, em regra, não caiba mandado de segurança quando o ato judicial é passível de recurso próprio, conforme disciplina a Súmula 267/ STF, esta Corte Superior tem abrandado esse entendimento nas hipóteses de decisão teratológica, de manifesta ilegalidade ou abuso de poder. No caso, o Tribunal Regional Federal da 1ª Região entendeu que a hipótese era justamente de teratologia da decisão que decretou o sequestro e indisponibilidade dos bens do impetrante, não havendo que se falar em ofensa ao dispositivo legal indicado"[151].

Em igual sentido é a posição da Sexta Turma do STJ, como no RESP 921.940/RS (STJ, 6ª Turma, RESP 921.940, Rel. Min. CELSO LIMONGI, julgamento em 17.02.2011, DJ de 09.03.2011): "Iterativa a jurisprudência do Superior Tribunal quanto à possibilidade de concessão de ordem mandamental ante manifesta ilegalidade de ato judicial que decreta sequestro de bens".

A orientação jurisprudencial é, assim, no sentido de que o mandado de segurança, como sucedâneo do recurso de apelação, só cabe excepcionalmente, nas hipóteses de manifesta ilegalidade ou teratologia da decisão impugnada.

Por outro lado, a discussão de prova que poderia ser feita na apelação é inviável na sede mandamental. Nessa trilha, consulte-se o julgado da Quinta Turma no RMS 45.707/ PR (STJ, 5ª Turma, RMS 45.707, Rel. Min. FELIX FISCHER, julgamento em 05.05.2015, DJ de 15.05.2015): "Não se evidencia o direito líquido e certo do agravante, denunciado pelo crime de peculato-furto, previsto no art. 312, do Código Penal, a não ter os bens

---

151. Assim, igualmente, STJ, 5ª Turma, RMS 43.231/RJ, Rel. Min. FELIX FISCHER, julgamento em 24.02.2015, DJ de 06.03.2015: "Não cabe mandado de segurança contra ato judicial passível de recurso, a teor do disposto no art. 5º, inciso II, da Lei n. 12.016/2009 (Súmula 267/STF). A jurisprudência desta eg. Corte, contudo, tem afastado, em hipóteses excepcionais, essa orientação, em casos de decisões judiciais teratológicas ou flagrantemente ilegais. Ausência de teratologia da r. decisão que mantém a indisponibilidade de contas bancárias que, segundo a denúncia, seriam destinadas ao depósito de valores advindos do crime de lavagem de dinheiro".

sequestrados, uma vez que a apreciação do argumento de que o bem objeto da medida cautelar assecuratória foi adquirido com recursos lícitos demandaria dilação probatória, que se revela inviável na via mandamental, onde a prova deve ser pré-constituída".

Nossa discordância da orientação sobre o não cabimento da ação mandamental radica no ponto essencial de que a apelação, ainda que compreendida como recurso cabível em face da decisão de sequestro, não tem efeito suspensivo, razão pela qual o mandado de segurança se mostra ordinariamente cabível, a teor do art. 5°, inciso II, da Lei n° 12.016/2009. Se há ou não a ilegalidade ou abuso de poder invocados, a análise do mérito da impetração é que o dirá. Reclama-se sempre, claro, a prova documental pré-constituída da situação de fato correspondente ao direito líquido e certo alegado[152].

De toda sorte, em havendo da parte do impetrante alegação de manifesta ilegalidade ou de teratologia, hipóteses fixadas pelo STJ como justificadoras do excepcional cabimento, deverá o mandado de segurança ser admitido (aferição *in statu assertionis*, isto é, de acordo com o alegado na inicial) e, caso conclua a Corte pela inexistência concreta da hipótese suscitada, a solução é, no mérito, a denegação da segurança almejada. Daí se pode concluir pelo cabimento, ainda que a título excepcional, do mandado de segurança, conforme a jurisprudência do STJ.

Na mesma direção orienta-se a jurisprudência do Tribunal Regional Federal da 1ª Região[153] e a do Tribunal Regional Federal da 4ª Região[154].

Assim, conclui-se que o mandado de segurança é excepcionalmente cabível como sucedâneo de recurso sem efeito suspensivo, para evitar prejuízo irreparável, na hipótese de manifesta ilegalidade do ato impugnado.

---

152. Com a mesma orientação, na doutrina, sustenta GUSTAVO BADARÓ: "Uma corrente nega a possibilidade de utilização do mandado de segurança porque seria cabível a apelação, porque a decisão que decreta o sequestro seria decisão 'com força de definitiva', nos termos do inc. II do *caput* do art. 593 do CPP. Discorda-se de tal interpretação (...) De qualquer forma, é de se ver que o recurso de apelação, em tal caso, não terá efeito suspensivo. E, mesmo que tivesse, para que fosse considerado um recurso efetivo em sua aptidão para afastar o dano ou seu perigo, causado pela decretação do sequestro seria necessário que houvesse a possibilidade de pedido de antecipação total ou parcial da pretensão recursal, que inexiste na sistemática do Código de Processo Penal. Por outro lado, como já visto, o art. 5°, II, da Lei 12.016/2009 veda o mandado de segurança contra ato judicial do qual caiba recurso com *efeito suspensivo*..." Cfr. BADARÓ, Gustavo Henrique. *Manual dos Recursos Penais*. São Paulo: Revista dos Tribunais, 2016, p. 510.

153. Cfr. TRF1, Segunda Seção, MS 2008.01.00.022658-0/MT, Rel. Des. ROSIMAYRE GONÇALVES DE CARVALHO, DJ de 25.08.2008: "O cabimento de mandado de segurança contra ato judicial condiciona se à inexistência de recurso específico previsto nas Leis processuais apto a impedir a ilegalidade eventualmente apontada (art. 5°, inciso II, da Lei n° 1.533/51). O Código de Processo Penal prevê procedimento específico para a medida assecuratória de sequestro bens e recurso próprio para a hipótese de indeferimento do pedido, qual seja, apelação (art. 593, inciso II). Todavia, mitigando-se o rigor da Súmula n° 267, do STF, tem sido admitida a impetração de mandado de segurança contra ato judicial de flagrante ilegalidade, ou abuso de poder, em que ocorra violação de direito líquido e certo do impetrante, como é o caso deste processo".

154. Cfr. TRF 4, Oitava Turma, MS 2009.04.00.046405-6/PR, Rel. Des. PAULO AFONSO BRUM VAZ, DJ de 11.03.2010: "Admite-se mandado de segurança contra decisão que determina o arresto de bens para garantir a execução da sentença penal condenatória, nos casos de flagrante ilegalidade ou teratologia". Igualmente: TRF4, Oitava Turma, MS 0029792-98.2010.404.0000/PR, Rel. Des. PAULO AFONSO BRUM VAZ, DJ de 02.12.2010.

4. RECURSO ORDINÁRIO EM MANDADO DE SEGURANÇA

4.1. Recurso Ordinário em Mandado de Segurança para o STJ (art. 105, II, *b*, CF)

O Superior Tribunal de Justiça tem competência constitucional para julgar recurso ordinário interposto em face de decisão denegatória de mandado de segurança proferida *em única instância* por Tribunal Regional Federal ou por Tribunal de justiça, nos moldes do art. 105, inciso II, *b*, da Constituição da República.

Em nível de legislação ordinária, o recurso está disciplinado nos artigos 33 a 35 da Lei nº 8.038/1990. Essas disposições aplicam-se ao mandado de segurança contra ato jurisdicional penal originariamente impetrado no tribunal de segunda instância. Em se tratando de mandado de segurança em matéria civil (extrapenal), porém, aplica-se o disposto nos artigos 1.027 e 1.028 do Código de Processo Civil de 2015.

As normas processuais civis, de toda sorte, aplicam-se ao mandado de segurança em matéria criminal "quanto aos requisitos de admissibilidade e ao procedimento no Tribunal recorrido", nos termos do art. 34 da Lei nº 8.038/1990.

O prazo de interposição do recurso, acompanhado das respectivas razões, é de 15 (quinze) dias (art. 33, Lei nº 8.038/1990). O órgão de interposição é o tribunal recorrido, em particular o seu presidente, como fixado na generalidade dos regimentos internos dos tribunais de segunda instância. Interposto o recurso, a presidência do tribunal recorrido determinará a intimação do recorrido para contrarrazões.

Esse procedimento decorre do art. 1.028, § 2º, do CPC/2015, aplicável ao processo penal por força do disposto no art. 34 da Lei nº 8.038/1990. A norma processual civil referida tem a seguinte redação: "O recurso previsto no art. 1.027, incisos I e II, alínea 'a' [recurso ordinário em mandado de segurança], deve ser interposto perante o tribunal de origem, cabendo ao seu presidente ou vice-presidente determinar a intimação do recorrido para, em 15 (quinze) dias, apresentar as contrarrazões".

O presidente do tribunal recorrido, portanto, deverá determinar a intimação do recorrido (autoridade impetrada) para fins de contrarrazões ao recurso ordinário, nos termos do art. 1.028, § 2º, do CPC/2015 c/c art. 34 da Lei nº 8.038/1990. O STJ já decidiu no sentido da imprescindibilidade da intimação do recorrido para o oferecimento de contrarrazões ao recurso ordinário, no julgado do RMS 25.927/SP (STJ, 5ª Turma, RMS 25.927, Rel. Min. LAURITA VAZ, julgamento em 22.02.2011, DJ de 28.03.2011): "RECURSO ORDINÁRIO EM MANDADO DE SEGURANÇA. AUSÊNCIA DE INTIMAÇÃO DO RECORRIDO PARA APRESENTAÇÃO DE CONTRARRAZÕES. IMPRESCINDIBILIDADE. INTELIGÊNCIA DOS ARTS. 518 E 540 DO CÓDIGO DE PROCESSO CIVIL *[Dispositivos do CPC de 1973 correspondentes ao art. 1.028, § 2º, do NCPC/2015]*. CONVERSÃO DO JULGAMENTO EM DILIGÊNCIA. ART. 168 DO REGIMENTO DESTA CORTE. 1. Configura nulidade absoluta a ausência de intimação da parte contrária para apresentar contrarrazões ao recurso interposto, em face do evidente cerceamento de defesa decorrente da não observância dos princípios do contraditório e da ampla defesa que norteiam o devido processo legal. Precedentes. 2. Julgamento convertido em diligência, a teor do art. 168 do RISTJ, com a remessa dos autos ao Tribunal de origem para que seja a Fazenda Pública Estadual intimada a apresentar contrarrazões ao presente recurso ordinário".

Nesse caso, considerando que o recorrido é tribunal de segunda instância, deve ser intimado o ente público (pessoa jurídica de direito público) correspondente ao órgão impetrado: como na situação concreta (RMS 25.927/SP[155]) o recorrido era o Tribunal de Justiça do Estado de São Paulo, foi intimado para contrarrazões o Estado de São Paulo; já na hipótese de impugnação ordinária contra ato de Tribunal Regional Federal, deverá ser intimada para contrarrazões a União.

Conquanto o julgado trate de matéria civil, o mesmo regime aplica-se ao mandado de segurança contra ato jurisdicional penal, eis que a aplicação do art. 1.028, § 2º, do CPC/2015 – correspondente aos artigos 518 e 540 do CPC de 1973 – quanto ao procedimento está expressamente determinada pelo art. 34 da Lei nº 8.038/1990.

Transcorrido o prazo das contrarrazões, os autos deverão seguir de imediato para o Superior Tribunal de Justiça. Não há mais juízo de admissibilidade pelo órgão recorrido, como no regime revogado, do CPC de 1973. Com efeito, assim prescreve o art. 1.028, § 3º, do CPC/2015: "Findo o prazo referido no § 2º, os autos serão remetidos ao respectivo tribunal superior, independentemente de juízo de admissibilidade".

No Superior Tribunal de Justiça, "distribuído o recurso, a Secretaria, imediatamente, fará os autos com vista ao Ministério Público, pelo prazo de 5 (cinco) dias" (art. 35, *caput*, Lei nº 8.038/1990; art. 248, *caput*, RISTJ). Trata-se de atuação do órgão do Ministério Público oficiante no STJ – qual seja, a Subprocuradoria-Geral da República, como delegada do Procurador-Geral da República – na condição de *custos legis*, mediante a emissão de parecer.

Nos termos do art. 35, *caput*, da Lei nº 8.038/1990 (e art. 248, parágrafo único, do RISTJ), "conclusos os autos ao relator este pedirá dia para julgamento". Ao contrário do que ocorre com o recurso ordinário em *habeas corpus*, assim, o julgamento do recurso ordinário em mandado de segurança dependerá de prévia inclusão em pauta, com a intimação das partes.

4.2. Recurso Ordinário em Mandado de Segurança para o STF (art. 102, II, *a*, CF)

O art. 102, inciso II, *a*, da Constituição da República fixa a competência do Supremo Tribunal Federal para julgar recurso ordinário contra decisão denegatória de mandado de segurança proferida em única instância por tribunal superior.

A Lei nº 8.038/1990 (artigos 33 a 35) disciplina apenas o recurso ordinário para o Superior Tribunal de Justiça, fazendo remissão (art. 34), quanto aos requisitos de admissibilidade e ao procedimento, à disciplina constante do Código de Processo Civil (artigos 1.027 a 1.028, CPC/2015), em regras aplicáveis ao recurso ordinário, quer para o STJ, quer para o STF.

---

155. Há diversos outros julgados do Superior Tribunal de Justiça no mesmo sentido, como estes: STJ, 5ª Turma, EDcl no RMS 19.291/PA, Rel. Min. Felix Fischer, julgamento em 03.08.2006, DJ de 02.10.2006; STJ, 1ª Turma, EDcl no RMS 21.471/PR, Rel. Min. José Delgado, julgamento em 10.04.2007, DJ de 10.05.2007.

Não há, no Regimento do Supremo Tribunal Federal, normas a respeito do recurso ordinário em mandado de segurança. A jurisprudência da Suprema Corte tem então se inclinado pela aplicação subsidiária, inclusive quanto ao prazo, das regras da Lei nº 8.038/1990. Nesse sentido, eis o julgado do Plenário do STF no RMS 22.307/DF (STF, Tribunal Pleno, Rel. Min. MARCO AURÉLIO, julgamento em 19.02.1997, DJ de 13.06.1997): "O silêncio da legislação sobre o prazo referente ao recurso ordinário contra decisões denegatórias de segurança, ou a estas equivalentes, como é o caso da que tenha implicado a extinção do processo sem julgamento do mérito - mandado de segurança nº 21.112-1/PR (AGRG), relatado pelo Ministro Celso de Mello, perante o Plenário, cujo acórdão foi publicado no Diário da Justiça de 29 de junho de 1990, à página 6.220 - é conducente à aplicação analógica do artigo 33 da Lei nº 8.038/90. A oportunidade do citado recurso submete-se à dilação de quinze dias". Essa posição vale para o recurso em mandado de segurança no processo penal, pois, para o processo civil, deve ser aplicado, agora, o disposto no art. 1.028 do CPC/2015, que, de toda sorte, institui regime semelhante ao da Lei nº 8.038/1990.

Assim, remete-se o leitor, quanto ao procedimento, à análise empreendida no tópico anterior, sobre o recurso ordinário em mandado de segurança para o STJ.

SUBSEÇÃO III
Revisão Criminal

1. COISA JULGADA E RESCISÃO DA SENTENÇA

1.1. Justiça e Segurança

O direito orienta-se essencialmente pelos valores *justiça* e *segurança* (ou *certeza*).

Nesse contexto, todo sistema jurídico há que estruturar suas bases e sua funcionalidade de maneira a garantir um julgamento justo e certo. *Do ponto de vista lógico*, a segurança (certeza) como valor antecede, sem ser mais importante, aos demais valores, pois a primeira é que cria as condições para a realização dos últimos. Como elucida RECASÉNS SICHES, "...a motivação radical que impulsiona o homem a estabelecer regras de Direito é a urgência de criar uma ordem *certa* (nas relações sociais mais importantes) e de *seguro* cumprimento", acrescentando que "ainda quando o Direito esteja vinculado à realização de valores de caráter superior – a cuja luz deve justificar-se –, sem embargo, deve, antes de tudo, e previamente, criar uma situação de segurança"[156].

No plano concreto e judicial, por outro lado, a afirmação do valor justiça, quando exista uma relação intersubjetiva litigiosa, precede à *realização* segura e efetiva da providência definitiva declarada pelo juiz, cujas condições de segurança já estavam

---

156. RECASÉNS SICHES, Luis. *Vida Humana, Sociedad y Derecho: Fundamentación de la Filosofía del Derecho.* México: Porrua, 1952, p. 546: "...la motivación radical que impulsa al hombre a establecer reglas de Derecho es la urgencia de crear un orden *cierto* (en las relaciones sociales más importantes) y de *seguro* cumprimiento. (...) ...aun cuando el Derecho está avocado a la realización de valores de rango superior – a cuya luz debe justificarse –, sin embargo, debe, ante todo, y, previamente, crear una situación de seguridad".

aprioristicamente assimiladas pelo corpo social e pela ordem jurídica. Nessa perspectiva, deve estruturar-se antes de tudo uma ordem jurídica de seguro cumprimento do que, em última análise, resultar concretamente decidido.

No cenário do processo de conhecimento, assim, em que se deve percorrer um rito conducente a uma *decisão* jurisdicional sobre a relação litigiosa, a preocupação maior é com o valor *justiça*. O devido processo legal, com a participação dos sujeitos em uma relação de contraditório, sobretudo no que tange à produção de prova, orienta-se no sentido de propiciar ao juiz uma convicção fiel sobre a realidade fática (verdade), de sorte a viabilizar uma solução justa para o conflito. A decisão que for tomada, por sua vez, sujeita-se a impugnação pela parte sucumbente (duplo grau), de modo a, mediante a apreciação da causa por outro órgão judiciário, diminuir o risco de um julgamento injusto. Nesse âmbito, a busca pela justiça convive com a instabilidade, isto é, a insegurança quanto ao destino das partes.

Percorridos regularmente, porém, todos os caminhos do processo de conhecimento, exauriram-se em princípio as condições permissivas de um julgamento justo. Assim, uma vez que seja proferida a decisão final sobre a causa, sem mais a possibilidade de impugnação recursal, o sistema jurídico propicia à parte vencedora a *estabilidade* de sua situação, nos termos em que reconhecida na sentença judicial. É nesse momento que desponta a *coisa julgada*, como instituto apto a consolidar a situação definitivamente decidida, conferindo-lhe estabilidade e segurança.

A *coisa julgada*, portanto, diz respeito à *imutabilidade* das decisões judiciais definitivas[157], para garantia de estabilidade do direito concretamente reconhecido. De acordo com ENRICO LIEBMANN, a razão prática que justifica a existência desse instituto é a necessidade de se pôr fim ao litígio, de assegurar a certeza do direito e a estabilidade do julgado e de assim propiciar a pacificação social[158]. Em consonância com essa lógica, o art. 5º, inciso XXXVI, da Constituição do Brasil resguarda a coisa julgada inclusive contra a retroatividade de lei posterior à sentença, que de outro modo a modificaria.

A partir desse momento, o valor segurança passa, em princípio, a prevalecer sobre o valor justiça. A estabilidade da situação julgada impede, via de regra, a rediscussão da causa. É nesse sentido que se fala em *autoridade* da coisa julgada, o que decorre da estabilidade por ela proporcionada. Outra vez conforme LIEBMAN, *a autoridade da coisa julgada constitui uma forma particularmente estável da imperatividade dos atos estatais*[159].

---

157. Segundo CÂNDIDO DINAMARCO: "Em direito processual, *coisa julgada é imutabilidade*. Quando proferida a sentença, ela própria e seus efeitos ainda são mera *proposta* de solução do litígio (sentenças de mérito) ou simplesmente proposta de extinção do processo (terminativas), uma vez que ainda é possível a substituição da sentença e a alteração do teor do julgamento, em caso de recurso interposto pela parte vencida". Cfr. DINAMARCO, Cândido Rangel. *Instituições de Direito Processual Civil*. São Paulo: Malheiros, 2002, v. III, p. 295.

158. "L'autorità della cosa giudicata va considerata come una forma particolarmente stabile della imperatività degli atti statali, e perciò espressione della disciplina che l'ordinamento ha dato al rapporto giuridico su cui la sentenza ha pronunciato, con lo scopo di porre fine alle liti e di dare certezza al diritto". Cfr. LIEBMANN, Enrico Tullio. *Manuale di Diritto Processuale Civile: Principi*. Milano: Giuffrè, 2007, p. 292.

159. LIEBMANN, Enrico Tullio. *Manuale di Diritto Processuale Civile: Principi*. Milano: Giuffrè, 2007, p. 292: "L'autorità della cosa giudicata va considerata come una forma particolarmente stabile della imperatività degli atti statali".

Situações excepcionais há, contudo, que reclamam a *prevalência do valor justiça sobre o valor segurança mesmo quando já consolidada a coisa julgada*. Cogita-se, então, da excepcionalidade da desconstituição da coisa julgada, mediante a rescindibilidade da sentença transitada em julgado, quando essa decisão encerre vícios extremamente graves.

Na verdade, a excepcionalidade da rescisão obedece também a um parâmetro de segurança, indentificado na exigência de realização do direito, ainda que para tanto seja necessária a desconstituição da estabilidade do julgado. Gustav Radbruch assim bem expressava essa perspectiva: "...contra a força da coisa julgada da sentença exigida pela segurança jurídica, eleva-se a exigência, igualmente nascida da mesma ideia de segurança, da realização do Direito material e formal"[160].

É essa exigência, fundada na justiça ou em uma dimensão particular de segurança, que justifica a utilização, em nosso sistema, das ações de caráter rescisório, em particular a revisão criminal.

1.2. Coisa Julgada Material e Coisa Julgada Formal

Entende-se por coisa julgada material o atributo de imutabilidade ou de estabilidade da decisão judicial terminativa de mérito, que se tornou definitiva pela ausência ou pelo esgotamento dos meios de impugnação recursal. No processo penal, a *sentença*, como ato terminativo de mérito em sentido estrito (condenação ou absolvição) e a *decisão definitiva*, como ato terminativo de mérito em sentido amplo (por exemplo, extinção da punibilidade), fazem coisa julgada material.

Já o conceito de coisa julgada formal é impreciso, tendo provocado diversas controvérsias na doutrina. Diante da multiplicidade de posições, compreendemos esse fenômeno como o atributo de estabilidade da decisão terminativa sobre questão processual (preliminar) – sem, portanto, qualquer caráter de mérito – que se torna relativamente definitiva pela ausência ou pelo esgotamento dos meios de impugnação. Diz-se *relativamente* definitiva porque a decisão pode ser revista na hipótese de mudança do quadro (probatório, por exemplo) em que baseada. No processo penal, a *decisão com força de definitiva* faz coisa julgada formal. Sirvam de exemplos: decisão de rejeição liminar da denúncia com base na inépcia; decisão de impronúncia no procedimento do júri; decisão declaratória de nulidade por ilegitimidade de parte.

A revisão criminal só pode ter por objeto atos judiciais terminativos com efeito de coisa julgada material. Os atos terminativos que fazem coisa julgada formal podem estar sujeitos a outros meios de impugnação, como o *habeas corpus*, além da possibilidade de revisão por simples postulação do interessado, baseada na superveniência de novos elementos.

---

160. Radbruch, Gustav. *Filosofía del Derecho*. Trad. de J. Medina. Granada: Comares, 1999, p. 236: "...contra la fuerza de la cosa juzgada de la sentencia exigida por la seguridad jurídica, se eleva la exigencia, igualmente nacida de la misma idea de seguridad, de la realización del Derecho material y formal".

1.3. Coisa Julgada Pro et Contra, Coisa Julgada Secundum Eventum Litis e Coisa Julgada Secundum Eventum Probationis

A coisa julgada *pro et contra* é aquela que se forma em qualquer hipótese de decisão sobre o mérito em sentido estrito da causa, quer de procedência, quer de improcedência.

Por seu turno, a coisa julgada *secundum eventum litis* forma-se apenas a depender do resultado do processo: somente em caso de procedência ou somente em caso de improcedência. Cria-se, dessa forma, uma situação de desigualdade entre as partes.

Há quem diga que a sentença penal faz coisa julgada *secundum eventum litis*, uma vez que: (a) a sentença penal absolutória (improcedência) faz coisa julgada, não estando sujeita a revisão; (b) a sentença penal condenatória (procedência) não faz coisa julgada, estando sujeita a revisão.

Não entendemos assim. A sentença penal, quer a condenatória, quer a absolutória, faz sempre coisa julgada material. Admite-se a rescisão, apenas a título excepcional, da sentença penal condenatória, por *desconstituição* da coisa julgada. A sentença penal absolutória é que não está sujeita a rescisão, por força de garantia individual, qual seja, a da vedação da revisão criminal *pro societate*. Por mais que isso crie uma situação de desigualdade entre as partes, nisto consistindo a semelhança da hipótese em foco com a coisa julgada *secundum eventum litis*, é inexato dizer que a sentença penal condenatória não faz coisa julgada. A própria existência da revisão criminal, como ação de caráter rescisório, traduz a excepcionalidade da desconstituição da estabilidade do julgado. O que há, de outra parte, na sentença penal absolutória é o atributo da *imutabilidade absoluta*, sem igual no direito brasileiro.

Assim, compreendemos que a sentença penal, de procedência ou de improcedência, faz coisa julgada material *pro et contra*, inserindo-se, portanto, na situação mais comum.

Finalmente, a coisa julgada *secundum eventum probationis* opera-se na hipótese de exaurimento de provas, permitindo-se a revisão do próprio julgado ou de seus efeitos ante a superveniência de prova nova. É o que acontece, por exemplo, com a decisão de impronúncia no procedimento do júri, a refletir a inadmissibilidade da acusação com base na prova disponível, podendo o feito ser reaberto na hipótese de superveniência de prova nova.

No processo penal, como veremos neste Capítulo, apenas a sentença condenatória e a sentença absolutória imprópria estão sujeitas a rescisão, pela via da revisão criminal. Trata-se, portanto, de atos terminativos de mérito em sentido estrito que fazem coisa julgada material e *pro et contra*.

1.4. Desconstituição da Coisa Julgada

A desconstituição excepcional da coisa julgada opera-se por meio de ação de caráter rescisório.

No âmbito extrapenal, tem-se a *ação rescisória*, disciplinada nos artigos 966 a 975 do Código de Processo Civil de 2015. O ajuizamento dessa ação sujeita-se ao prazo preclusivo de 2 (dois) anos, conforme fixado no art. 975, *caput*, do CPC/2015.

No processo penal, por seu turno, aplica-se a *revisão criminal*, como remédio exclusivo da defesa. Com efeito, como abordado no Capítulo III deste Curso, é garantia individual a vedação da revisão criminal *pro societate*, razão pela qual a sentença absolutória não está sujeita a qualquer forma de rescisão. Ademais, à vista da transcendência da dignidade e da liberdade individuais, não se sujeita, a revisão criminal, a qualquer prazo preclusivo. Como bem o expressam ADA GRINOVER, GOMES FILHO e SCARANCE FERNANDES: "No campo penal, onde está em jogo o valor liberdade, a revisão não se sujeita a prazos preclusivos, podendo ser ajuizada a qualquer tempo (mesmo após a morte do condenado), mas é, em grande parte dos sistemas processuais, privativa da defesa"[161].

Reflita-se algo mais sobre a vedação da revisão criminal *pro societate*, no tópico seguinte.

1.5. Proibição da revisão criminal *pro societate*

O artigo 8, número 4, da Convenção Americana de Direitos Humanos (Decreto nº 678/1992) dispõe que "o acusado absolvido por sentença passada em julgado não poderá ser submetido a novo processo pelos mesmos fatos". Trata-se da garantia de proibição da revisão criminal *pro societate*, que impede a desconstituição da coisa julgada absolutória declarada em favor do acusado e, por conseguinte, a reabertura do respectivo processo penal.

De acordo com ADA GRINOVER, GOMES FILHO e SCARANCE FERNANDES, "melhor atende aos interesses do bem comum a manutenção de uma sentença injusta proferida em prol do réu, do que a instabilidade e insegurança a que ficaria submetido o acusado absolvido, se o pronunciamento absolutório pudesse ser objeto de revisão"[162]. Nesse particular, portanto, com fundamento último no direito de liberdade, prevalece o valor segurança sobre o valor justiça.

Importa observar que a garantia em foco resguarda apenas o acusado definitivamente *absolvido*. O ato judicial insuscetível de rescisão, *por força da garantia examinada*, é a sentença definitiva de improcedência da pretensão condenatória, com julgamento de mérito em sentido estrito, para o efeito de declarar a absolvição do acusado. Os demais atos terminativos, ainda que favoráveis ao acusado, não estão resguardados pela garantia de proibição de revisão criminal *pro societate*, por mais que sua irrescindibilidade possa, a depender da decisão, estar justificada por outros fundamentos. Para mais detalhes a esse respeito, consulte-se a Seção IX do Capítulo III deste Curso, reservada ao princípio-garantia em foco.

De toda sorte, independentemente da garantia, o certo é que a ação de revisão criminal constitui instrumento utilizável no exclusivo benefício do condenado ou no do impropriamente absolvido. Não há hipótese de revisão criminal destinada à

---

161. GRINOVER, Ada Pellegrini / GOMES FILHO, Antonio Magalhães / FERNANDES, Antonio Scarance. *Recursos no Processo Penal*. São Paulo: Revista dos Tribunais, 2011, p. 240.

162. GRINOVER, Ada Pellegrini / GOMES FILHO, Antonio Magalhães / FERNANDES, Antonio Scarance. *Recursos no Processo Penal*. São Paulo: Revista dos Tribunais, 2011, p. 241.

desconstituição, por exemplo, de decisão definitiva de extinção da punibilidade com base em certidão de óbito falsa, por mais que esse ato não esteja resguardado especificamente pela garantia objeto deste tópico. Assim, mesmo admitida a reabertura de processo penal em que proferida decisão definitiva de extinção da punibilidade, isso jamais poderá ocorrer por meio de revisão criminal.

2. NATUREZA JURÍDICA

Conquanto disciplinada pelo Código de Processo Penal entre os recursos, a revisão criminal tem, na verdade, natureza jurídica de *ação autônoma de impugnação* da sentença condenatória ou absolutória imprópria transitada em julgado.

Já se abordou, na teoria geral dos recursos, que não há, em nosso sistema, a possibilidade de interposição de recurso contra decisão judicial transitada em julgado. Com efeito, é característica essencial e invariável dos recursos a interponibilidade *antes da preclusão* – e antes da coisa julgada, portanto.

Desta sorte, apenas por ação judicial própria, de caráter rescisório, poderá realizar-se a impugnação de ato judicial decisório já consolidado pela coisa julgada material.

3. JUÍZO RESCINDENTE E JUÍZO RESCISÓRIO

Como ação de cunho rescisório, a revisão criminal poderá compreender dois tipos de provimento judicial: (i) o *juízo rescindente ou revidente*, que consiste na *desconstituição* da sentença transitada em julgado, encerrando, portanto, natureza constitutiva, em caráter negativo; (ii) o *juízo rescisório ou revisório*, que consiste na *substituição da sentença por outra*, encerrando natureza declaratória.

A procedência da ação revisional implica invariavelmente a emissão de um juízo rescindente, desconstitutivo da sentença impugnada. A depender do fundamento da revisão criminal, o provimento poderá (a) ser apenas rescindente ou, de outro modo, (b) implicar a emissão subsequente de um provimento rescisório, substitutivo da decisão impugnada. A título de exemplo, se a procedência da revisão criminal, por seu fundamento de base, implica a nulidade da sentença impugnada (art. 626, *caput*, inciso III, CPP), o provimento se exaure no juízo rescindente, desconstitutivo do ato, reabrindo-se o processo para o efeito, em último termo, de prolação de nova sentença. Por outro lado, se a procedência da ação revisional se fundamenta na superveniência de prova nova da inocência do acusado (art. 626, *caput*, inciso I, CPP), o provimento seguirá as etapas lógicas de desconstituição da sentença (juízo rescindente) e de subsequente substituição da sentença rescindida por outra, de caráter absolutório (juízo rescisório). O juízo rescisório, assim, consiste em um provimento de mérito substitutivo do provimento de mérito objeto da sentença rescindida.

Sob a base do princípio do *favor rei*, poderá o tribunal reconhecer e declarar a absolvição ou a redução de pena independentemente dos limites do pedido formulado na ação de revisão criminal. Assim, se postulada a absolvição com fundamento na superveniência de prova nova, poderá o tribunal, julgando improcedente essa pretensão, resolver, no entanto, pela redução da pena, ainda que isso não tenha sido objeto da ação revisional. Ou, de outro modo, se o objeto da revisão for apenas a superveniência de prova nova de circunstância que reduza a pena, poderá o tribunal, de ofício, reconhecer e declarar a absolvição do acusado, se identificar, por exemplo, a atipicidade penal do fato ou a suficiência da prova nova para o efeito de desconstituir a própria condenação.

4. CONDIÇÕES E PRESSUPOSTOS DE ADMISSIBILIDADE DA AÇÃO REVISIONAL

4.1. Legitimidade

Nos termos do art. 623 do CPP, "a revisão poderá ser pedida pelo próprio réu ou por procurador legalmente habilitado, ou, no caso de morte do condenado, do cônjuge, ascendente, descendente ou irmão".

Têm-se, portanto, como legitimados ativos: (i) o *condenado*; (ii) na hipótese de morte do condenado, o *cônjuge, ascendente, descendente ou irmão*.

4.1.1. Legitimidade e capacidade postulatória

A doutrina e a jurisprudência dominantes interpretam a norma do art. 623 do CPP no sentido de que o próprio réu, além de legitimado ativo, dispõe também de capacidade para em pessoa postular a revisão. Nessa trilha, por exemplo, eis a posição da Quinta Turma do Superior Tribunal de Justiça firmada no HC 80.038/SP (STJ, 5ª Turma, Rel. Min. ARNALDO ESTEVES LIMA, julgamento em 09.08.2007, DJ de 10.09.2007): "A revisão criminal, nos termos do art. 623 do Código de Processo Penal, pode 'ser pedido pelo próprio réu ou por procurador legalmente habilitado'; portanto, a exigência de capacidade postulatória do autor caracteriza constrangimento ilegal (...) Habeas corpus, de ofício, concedido para que o Tribunal a quo, dispensando a exigência de capacidade postulatória, analise o pedido formulado pelo impetrante/paciente na revisão criminal ali ajuizada". Em igual sentido é a orientação do Supremo Tribunal Federal, como decidido no HC 73.827/SP (STF, 2ª Turma, HC 73.827, Rel. Min. MARCO AURÉLIO, julgamento em 18.06.1996, DJ de 04.10.1996): "CAPACIDA-DE POSTULATÓRIA – REVISÃO CRIMINAL. O disposto no artigo 623 do Código de Processo Penal – a revisão poderá ser pedida pelo próprio réu ou por procurador legalmente habilitado ou, no caso de morte do réu, pelo cônjuge, ascendente, descen-dente ou irmão – foi recepcionado, considerada a capacidade postulatória direta, pela Carta de 1988 – Precedentes: revisão criminal nº 4.886- SP, relatada pelo Ministro Celso de Mello perante o Plenário, cujo acórdão foi veiculado na Revista Trimestral de Jurisprudência nº 146/49; Habeas-Corpus nº 73.355-7/SP, Segunda Turma, pelo Ministro Carlos Velloso, com aresto veiculado no Diário de Justiça de 29 de março de 1996, à página 9.347 e habeas-corpus 70.903-6/MG, do qual fui relator, cujo acórdão foi publicado no Diário da Justiça em 7 de outubro de 1996".

Em se reconhecendo a possibilidade de o condenado pessoalmente pedir a revisão criminal, a fundamentação do pedido deverá, de toda sorte, ser feita por profissional com habilitação técnica, nomeado para o ato. Nessa hipótese, por óbvio, não cabe ao defensor se pronunciar contra o pedido de revisão, conforme já decidiu a Sexta Turma do STJ, no HC 40.354/SP (STJ, 6ª Turma, HC 40.354, Rel. Min. NILSON NAVES, julgamento em 03.05.2005, DJ de 01.08.2005): "A revisão pode ser requerida pelo próprio réu, é verdade. Quando assim for, há de ser nomeado defensor para o réu. Não é lícito ao defensor nomeado – defensor público, no caso – pronunciar-se contra o pedido formulado, sob pena, evidentemente, de o réu ficar sem defesa".

No caso de morte do condenado, ou de ausência judicialmente declarada, a legitimidade para pedir a revisão ou prosseguir na ação revisional transmite-se aos sucessores legais: cônjuge, ascendente, descendente ou irmão.

4.1.2. Legitimidade do Ministério Público?

Diante da ausência de previsão legal (art. 623, CPP), há na doutrina duas correntes sobre a hipótese de legitimidade do Ministério Público para o ajuizamento de revisão criminal, em favor do condenado:

(i) No sentido de que o Ministério Público tem legitimidade, argumenta-se que a ausência de previsão legal é explicada por ser a ação revisional prevista no CPP como recurso, incidindo a regra geral do art. 577, que contempla o Ministério Público entre os legitimados para recorrer. Essa posição sustenta-se essencialmente na possibilidade de atuação do Ministério Público em defesa do réu, inclusive pela via do *habeas corpus*, não se justificando a falta de legitimidade para o manejo de ação de caráter rescisório, com a mesma finalidade[163].

(ii) No sentido de que o Ministério Público não tem legitimidade, argumenta-se que, em caso contrário, haveria confusão entre os polos ativo e passivo da revisão criminal. Com efeito, a ação revisional, que é autônoma, ajuíza-se precisamente em face do Ministério Público. Isso não acontece no âmbito do *habeas corpus*, em que o Ministério Público combate ato em tese ilegal praticado por autoridade pública fora de sua órbita institucional ou, hipoteticamente, contra ato de particular. A ausência de previsão legal quanto à revisão criminal, portanto, tem razão de ser[164].

Adotamos a segunda posição (ii), enfatizando que a ação de revisão criminal é ajuizada precisamente em face do Ministério Público, como instituição do Estado, este o titular da pretensão punitiva que resultou exitosa na sentença rescindenda. Mesmo

---

163. Sustentando a legitimidade do Ministério Público para o ajuizamento da revisão criminal: GRINOVER, Ada Pellegrini / GOMES FILHO, Antonio Magalhães / FERNANDES, Antonio Scarance. *Recursos no Processo Penal*. São Paulo: Revista dos Tribunais, 2011, p. 245; PACELLI, Eugênio. *Curso de Processo Penal*. São Paulo: Atlas, 2013, p. 964; LIMA, Renato Brasileiro de. *Manual de Processo Penal*. Salvador: JusPodivm, 2015, p. 1787; RANGEL, Paulo. *Direito Processual Penal*. São Paulo: Atlas, 2014, pp. 1092-1093.

164. Pela *ilegitimidade* ativa do Ministério Público: MARQUES, José Frederico. *Elementos de Direito Processual Penal*. Rio de Janeiro: Forense, 1965, v. IV, pp. 343-344; ESPÍNOLA FILHO, Eduardo. *Código de Processo Penal Brasileiro Anotado*. Campinas: Bookseller, 2000, v. 6, p. 458; LOPES JR, Aury. *Direito Processual Penal*. São Paulo: Saraiva, 2014, pp. 1351-1352; BADARÓ, Gustavo Henrique. *Processo Penal*. São Paulo: Revista dos Tribunais, 2016, p. 979; NUCCI, Guilherme de Souza. *Manual de Processo Penal e Execução Penal*. Rio de Janeiro: Forense, 2014, p. 867.

Cap. XIX • RECURSOS E AÇÕES AUTÔNOMAS DE IMPUGNAÇÃO

na ação penal de iniciativa privada, não há previsão legal de atuação do Ministério Público em defesa de interesse do condenado, para o fim específico, e peculiar, de desconstituição da coisa julgada formada em favor do ofendido, titular do direito de ação, e do Estado, titular da pretensão punitiva julgada procedente. Independentemente desse ponto, o caráter rescisório da ação revisional supõe que o Estado, titular da pretensão punitiva, esteja sempre no polo passivo, mesmo quando tal pretensão material, antes do trânsito em julgado, haja sido deduzida por iniciativa do ofendido. Nessas condições, a representação de interesse do Estado, em âmbito criminal, só pode caber ao Ministério Público, de modo que, mesmo quando a revisão pretenda rescindir sentença definitiva tomada em sede de ação penal de iniciativa privada, o legitimado *passivo* é o Ministério Público. Como explica FREDERICO MARQUES, baseando-se em JORGE AMERICANO, "por ser uma ação rescisória, a revisão tem no Estado o réu da ação, pois que o sujeito passivo desta é aquele para quem a decisão rescindenda fez coisa julgada"[165]. Assim, o ajuizamento da revisão pelo Ministério Público implicaria mesmo uma confusão entre os polos ativo e passivo.

Por outro lado, sobre a falta de previsão legal da hipótese cogitada, uma coisa é poder o Ministério Público interpor recurso de apelação em favor do acusado; neste caso, a legitimidade *recursal* constitui desdobramento da condição de *custos legis*, cujo exercício ocorre no processo já instaurado. Outra coisa, bem diversa, é ter o Ministério Público legitimidade para o *ajuizamento* de ação nova e autônoma, voltada à rescisão de julgado, sem que a lei o preveja[166]. Parece-nos irrecusável, sob esses parâmetros, a *ilegitimidade* ativa do Ministério Público para a revisão criminal.

Na jurisprudência, encontra-se apenas um julgado isolado da Segunda Turma do Supremo Tribunal Federal no sentido da ausência de legitimidade do Ministério Público para o ajuizamento de revisão criminal, ainda que concretamente travestida de *habeas corpus*. Confira-se (STF, 2ª Turma, RHC 80.796/SP, Rel. Min. MARCO AURÉLIO, julgamento em 29.05.2001, DJ de 10.08.2001): "O Estado-acusador, ou seja, o Ministério Público, não tem legitimidade para formalizar a revisão criminal, pouco importando haver emprestado ao pedido o rótulo de *habeas corpus*, presente o fato de a sentença já ter transitado em julgado há mais de quatro anos da impetração e a circunstância de haver-se arguido a competência da Justiça Federal, e não da Justiça Estadual, sendo requerente o Procurador da República".

4.2. Interesse de Agir

O interesse de agir no âmbito da revisão criminal aperfeiçoa-se com a formação da coisa julgada, isto é, o trânsito em julgado da sentença penal condenatória ou da sentença

---

165. MARQUES, José Frederico. *Elementos de Direito Processual Penal*. Rio de Janeiro: Forense, 1965, v. IV, p. 336.

166. TOURINHO FILHO, mesmo defendendo, apenas *de lege ferenda*, a legitimidade do Ministério Público, reconhece que a hipótese não está contemplada em nosso sistema. De toda sorte, o ilustre processualista sustenta a possibilidade de impetração de *habeas corpus*, ainda que com objetivo rescisório, pelo Ministério Público, em favor do condenado. Cfr. TOURINHO FILHO, Fernando da Costa. *Processo Penal*. São Paulo: Saraiva, 2008, v. 4, pp. 644-645.

absolutória imprópria. Antes disso, não há *necessidade* de manejo da ação revisional, ante a existência de outros meios de impugnação, *adequados* à decisão judicial ainda não alcançada pela preclusão. Por exemplo, contra sentença penal condenatória não transitada em julgado caberá ainda apelação, e/ou *habeas corpus*, não havendo necessidade de ajuizamento de ação de natureza rescisória, adequada à impugnação de título judicial definitivo.

Em conformidade com essa lógica, a primeira parte do *caput* do art. 621 do CPP dispõe: "A revisão dos *processos findos* será admitida..." Na mesma linha, o art. 625, § 1°, exige que o pedido revisional seja instruído com certidão do trânsito em julgado da sentença: "O requerimento será instruído com a *certidão de haver passado em julgado a sentença condenatória...*" Cuida-se de indicadores claros do interesse de agir – nas dimensões de necessidade e de adequação – próprio da ação revisional, como instrumento apto e idôneo à impugnação de decisões já consolidadas pela coisa julgada.

Por outro lado, há interesse de agir mesmo na revisão criminal ajuizada após a extinção da pena. A revisão criminal é a ação adequada à proteção do *status dignitatis*, independendo, portanto, da subsistência de privação da liberdade do condenado. Assim é que o art. 622, *caput*, do CPP prescreve: "A revisão poderá ser requerida em qualquer tempo, antes da extinção da pena ou após".

Nesse cenário, o interesse de agir aperfeiçoa-se não apenas em virtude da re-composição do *status dignitatis* do condenado, mas também em função dos efeitos civis atrelados à desconstituição do decreto condenatório, consistentes em indenização reparatória do dano causado pelo erro judiciário.

De acordo com a mesma lógica, admite-se o ajuizamento (art. 623, parte final, CPP) ou a continuidade (art. 631, CPP) da ação revisional mesmo em caso de morte do condenado.

4.3. Cabimento

4.3.1. Revisão de sentença condenatória ou absolutória imprópria

O primeiro aspecto do cabimento da revisão criminal traduz-se na impugnação de *sentença penal condenatória* ou de *sentença penal absolutória imprópria*. Esse ponto conforma a ação revisional como instrumento que serve exclusivamente à defesa: (i) ao condenado ou (ii) ao absolvido a quem tenha sido aplicada medida de segurança.

Não se admite revisão criminal contra sentença absolutória própria, ajuizada com o objetivo de modificar o fundamento da absolvição, de modo a alcançar-se a coisa julgada também na esfera civil.

Seria o caso, por exemplo, do ajuizamento da ação revisional impugnando sentença em que se absolveu o sujeito sob o fundamento do *in dubio pro reo* (art. 386, VI, CPP), com a finalidade de se obter, em vez disso, o fundamento da inexistência categórica do fato (art. 386, I, CPP), a impedir o ajuizamento ou a continuidade de ação civil *ex delicto*, destinada à recomposição do suposto prejuízo causado pelo fato.

Em que pese a posição minoritária no sentido contrário, não se pode aceitar a desconstituição da coisa julgada penal em função de mero interesse civil. Na verdade, como expusemos no tópico próprio, sequer nos parece aceitável admitir interesse de apelar contra sentença absolutória recorrível para mudar o fundamento da absolvição, eis que a instância penal não pode ser movimentada em função do simples fim de impedir ao ofendido acesso à jurisdição civil.

De toda sorte, ainda que a doutrina venha admitindo o interesse de apelar, não se pode chegar ao ponto de conceber a desconstituição da coisa julgada, com o afastamento excepcional do valor segurança jurídica (ainda que, como no caso, por iniciativa do próprio condenado), apenas para conferir definitividade à questão também na esfera cível. Assim tem entendido a maior parte da doutrina[167].

Com efeito, o condenado, absolvido pelo fundamento do *in dubio pro reo* ou pelo da atipicidade penal do fato (por exemplo), não tem interesse jurídico-*penal* de agir, na medida em que, para fins de criminais, a absolvição encerra os mesmos efeitos, qualquer que seja o fundamento de base. Se dispõe o absolvido de novas provas aptas a dar reconhecimento categórico em seu favor, em nome de um interesse puramente civil, que as apresente no âmbito da ação civil que vier a ser ajuizada, ou que esteja em curso.

4.3.2. Revisão do veredicto do Tribunal do Júri

Antes que se passe ao exame de cada uma das hipóteses de cabimento da revisão especificadas nos incisos do art. 621 do CPP, cumpre abordar a possibilidade jurídica da ação revisional contra veredicto do júri, diante da imutabilidade estabelecida no art. 5º, inciso XXXVIII, *c*, da Constituição Federal.

Apesar de a questão ter sido objeto de muitos debates, não pode haver qualquer dúvida quanto à plena possibilidade de rescisão da decisão do Tribunal do Júri[168]. É que a soberania dos veredictos constitui garantia constitucional do indivíduo, não podendo servir como impeditivo ao ajuizamento de ação revisional, que apenas aproveita ao próprio condenado.

Estabelecida a possibilidade de rescisão do veredicto do júri, questão interessante radica na extensão da decisão do tribunal que julga procedente o pedido revisional. Trata-se de saber se o tribunal, ao julgar procedente a revisão criminal, profere apenas o juízo rescindente, desconstitutivo do veredicto, ou se também o juízo rescisório, substitutivo da decisão dos jurados.

Se o fundamento da revisão criminal for a nulidade da sentença proferida com base no veredicto (art. 621, II, CPP), não há qualquer dúvida quanto à prolação apenas do juízo rescindente, com a desconstituição do julgado, de modo que o indivíduo seja submetido a julgamento perante novo júri. Nesse ponto, não há diferença em relação ao regime geral da revisão.

---

167. Contra a aplicação da hipótese em nosso sistema, mas defendendo-a *de lege ferenda*: Grinover, Ada Pellegrini / Gomes Filho, Antonio Magalhães / Fernandes, Antonio Scarance. *Recursos no Processo Penal*. São Paulo: Revista dos Tribunais, 2011, pp. 247-248.

168. Admitindo a revisão criminal do veredicto do júri: STF, 1ª Turma, HC 71.878/RS, Rel. Min. Celso de Mello, julgamento em 19.03.1996, DJ de 17.03.2011; STF, 1ª Turma, HC 70.193/RS, Rel. Min. Celso de Mello, julgamento em 21.09.1993, DJ de 06.11.2006.

No entanto, caso o fundamento da revisão seja, por exemplo, a superveniência de prova nova da inocência do condenado, discute-se se a procedência da revisão conduzirá apenas à desconstituição do veredicto, de maneira que o indivíduo se sujeite a novo julgamento pelo júri, ou se compete ao tribunal proferir também decisão de mérito substitutiva do veredicto dos jurados, proclamando a absolvição do acusado. A discussão justifica-se em virtude da competência constitucional do tribunal popular para o julgamento dos crimes dolosos contra a vida (art. 5º, XXXVIII, *d*, CF).

Parte da doutrina[169] e da jurisprudência, tradicionalmente, têm adotado o entendimento no sentido de que cabe ao tribunal, em caso de procedência da revisão, tanto o juízo rescindente quanto o juízo rescisório. É o que se verifica em diversos julgados antigos de tribunais de segunda instância e neste julgado mais recente da Quinta Turma do Superior Tribunal de Justiça (STJ, 5ª Turma, RESP 964.978/SP, Rel. p/ Acórdão Des. Conv. ADILSON VIEIRA MACABU, julgamento em 14.08.2012, DJ de 30.08.2012): 1. É possível, em sede de revisão criminal, a absolvição, por parte do Tribunal de Justiça, de réu condenado pelo Tribunal do Júri. (...) 3. Diante do conflito entre a garantia da soberania dos veredictos e o direito de liberdade, ambos sujeitos à tutela constitucional, cabe conferir prevalência a este, considerando-se a repugnância que causa a condenação de um inocente por erro judiciário. 4. Não há falar em violação à garantia constitucional da soberania dos veredictos por uma ação revisional que existe, exclusivamente, para flexibilizar uma outra garantia de mesma solidez, qual seja, a segurança jurídica da Coisa Julgada. 5. Em uma análise sistemática do instituto da revisão criminal, observa-se que entre as prerrogativas oferecidas ao Juízo de Revisão está expressamente colocada a possibilidade de absolvição do réu, enquanto a determinação de novo julgamento seria consectário lógico da anulação do processo".

Essa orientação, no entanto, implica ofensa tanto à garantia da competência constitucional do júri para o julgamento dos crimes dolosos contra a vida quanto à da soberania dos veredictos. Com efeito, pudesse o tribunal, além de desconstituir o veredicto (juízo rescindente), proferir decisão de mérito substitutiva (juízo rescisório), não só a competência do júri estaria afetada, mas a própria soberania do julgado. Não por outro motivo, a propósito, é que o art. 593, § 3º, do CPP prescreve que, se o tribunal der provimento a recurso de apelação interposto sob o fundamento da manifesta contrariedade do veredicto à prova dos autos, a consequência será a sujeição do "réu a novo julgamento". Se é assim no âmbito da apelação, deverá sê-lo, de igual modo, na esfera da revisão criminal, de sorte a preservar a competência constitucional da instituição do júri e a soberania de seus veredictos.

Nessa trilha, refira-se o julgado da Quinta Turma do Superior Tribunal de Justiça no HC 19.419/DF (STJ, 5ª Turma, HC 19.419, Rel. Min. JORGE SCARTEZZINI, julgamento em 25.06.2002, DJ de 18.11.2002): "Como se sabe, as decisões proferidas pelo Tribunal do Júri não podem ser alteradas, relativamente ao mérito, pela instância ad quem, podendo, tão-somente, dentro das hipóteses previstas no art. 593, do Código de Processo Penal, ser cassadas para que novo julgamento seja efetuado pelo Conselho de Sentença,

---

169. Nesse sentido: GRINOVER, Ada Pellegrini / GOMES FILHO, Antonio Magalhães / FERNANDES, Antonio Scarance. *Recursos no Processo Penal*. São Paulo: Revista dos Tribunais, 2011, p. 249; LOPES JR, Aury. *Direito Processual Penal*. São Paulo: Revista dos Tribunais, 2014, p. 1357.

sob pena de usurpar a soberania do Júri. Na verdade, o veredicto não pode ser retificado ou reparado, mas sim, anulado. - O cerne da questão, no presente pedido, situa-se no fato de que a decisão do Júri foi reformada, em seu mérito, em sede revisional que, diferentemente da apelação, cuja natureza é recursal, trata-se de verdadeira ação que é ajuizada sob o manto do trânsito em julgado. - A meu sentir, seguindo a exegese da melhor doutrina, o reconhecimento pelo Tribunal a quo, de que a decisão do Júri foi manifestamente contrária à prova dos autos, ainda que em sede revisional, não tem o condão de transferir àquela Corte, a competência meritória constitucionalmente prevista como sendo do Tribunal do Júri. Portanto, entendo que cabe ao Tribunal, mesmo em sede de revisão criminal, somente a determinação de que o paciente seja submetido a novo julgamento (...) - Ante o exposto, concedo parcialmente a ordem, para anular o v. acórdão objurgado, determinando a realização de novo julgamento pelo Tribunal do Júri mantendo-se a constrição do acusado".

Na doutrina, em igual sentido, eis a posição de GUILHERME NUCCI: "Atribuiu-se, constitucionalmente, soberania aos veredictos populares e tal preceito deve ser assegurado sempre, sob pena de se esvaziar, por completo, a eficiência do Tribunal do Júri. O fato de ser a revisão criminal uma garantia individual, para corrigir eventuais erros judiciários, não afasta, em hipótese alguma, o direito que o povo tem de proceder à necessária revisão do julgado, quando for necessário (...) Por isso, entendendo-se ter sido o réu indevidamente condenado, poderá ocorrer o ajuizamento de revisão criminal, mas apenas para que o tribunal togado proceda ao juízo rescindente, devolvendo ao júri o juízo rescisório. Cabe ao Tribunal Popular a decisão de mérito, avaliando se houve ou não o mencionado erro judiciário"[170].

Estabelecidos esses parâmetros iniciais, abordam-se a seguir as hipóteses de cabimento da revisão.

4.4. Hipóteses de Cabimento

As hipóteses de cabimento especificadas nos incisos do art. 621 do CPP conformam o que se pode designar por *possibilidade jurídica da causa de pedir*.

Antes de tudo, é relevante sublinhar que a aferição do cabimento da revisão criminal deve ocorrer *in statu assertionis*, isto é, de acordo com a causa de pedir deduzida e alegada pelo autor na inicial da ação, como ocorre com qualquer meio de impugnação de decisões judiciais. A existência concreta da hipótese deduzida, por sua vez, integra o mérito da ação revisional. Assim, se o autor, por exemplo, alega expressamente na inicial a superveniência de prova da inocência do condenado (art. 621, III, CPP), instruindo o pedido com elementos apresentados como se fossem novos, a revisão criminal deverá ser admitida (conhecida), ainda que a pretensão encoberta seja a de simples rediscussão da causa já julgada, sob a base de fatores já conhecidos.

Do mesmo modo, se existe a alegação de que a sentença rescindenda é manifestamente contrária a texto legal (art. 621, I, CPP), ainda que a pretensão encoberta seja a

---

170. NUCCI, Guilherme de Souza. *Tribunal do Júri*. São Paulo: Revista dos Tribunais, 2012, p. 463.

de rediscutir a causa definitivamente julgada, a revisão criminal deverá ser conhecida e, no mérito, julgada improcedente.

Por outro lado, se o autor não invocou nenhuma das hipóteses discriminadas no art. 621 do CPP, pretendendo com a revisão expressamente reabrir o processo para fins de rediscussão da causa, como se de apelação se tratasse, a revisão não deverá ser conhecida. Em síntese, a admissibilidade da ação revisional há de ser apreciada com base nos limites da hipótese tal qual deduzida na inicial, ficando a existência concreta dessa hipótese reservada ao exame do mérito da causa de pedir.

4.4.1. *Contrariedade a texto expresso de lei ou à evidência dos autos (art. 621, I, CPP)*

As ações de caráter rescisório, enquanto aptas à desconstituição da coisa julgada, só são admissíveis quando incidente alguma das hipóteses estritamente dispostas em lei, de modo a justificar o afastamento excepcional do valor *segurança* (certeza), essencial ao direito.

Nessas condições, a ação rescisória não pode se prestar à simples rediscussão da causa, como se recurso fosse. Apenas hipótese de ordem pública, justificadora da prevalência da justiça sobre a segurança, poderá ensejar a rescisão de sentença definitiva. Ademais, pelas mesmas razões, a hipótese legal deverá ser estritamente dimensionada, de maneira a impedir ampliações indevidas, que acabariam por converter a ação excepcional em impugnação recursal ordinária.

Esse quadro não muda no âmbito da revisão criminal, por mais que se trate de instrumento a serviço da defesa. Não se pode ignorar a natureza rescisória da ação de revisão criminal, a imprimir-lhe o atributo de excepcionalidade, ainda que inserida em um contexto de proteção à dignidade e à liberdade individual. Durante o devido processo legal, foram em tese garantidos ao acusado o contraditório e a ampla defesa, até que sobreviesse sentença penal condenatória proferida por juízo competente.

De outro lado, o que justifica o ajuizamento de revisão criminal é precipuamente a proteção do *status dignitatis* do condenado, inclusive para o fim de lhe assegurar o direito à recomposição do dano causado pelo erro judiciário, por mais que possa esse instrumento servir também ao resguardo da liberdade de locomoção (atributo que, entretanto, não lhe é essencial). Para a proteção do direito de liberdade, a propósito, existe o *habeas corpus*, excepcionalmente impetrável inclusive contra sentença transitada em julgado, como já visto no capítulo próprio.

Assim, o resguardo ao *status dignitatis* do sujeito só justifica o afastamento da coisa julgada em caráter excepcional, se presente alguma das hipóteses discriminadas no art. 621 do CPP, a refletir clara e objetivamente uma condenação em tese nula ou injusta. Nesse sentido, se, por exemplo, não foram asseguradas garantias individuais durante o processo, pode ser utilizada a via da revisão criminal (art. 621, I, CPP) para o fim de rescindir a sentença resultante. Não se pode, pela assimilação ampla das fórmulas legais, degenerar a revisão criminal em simples apelação, com vistas a reabrir e rediscutir a prova integrada em processo já estabilizado pela coisa julgada.

Dito isso, é preciso reconhecer que, *em sua literalidade*, a norma do art. 621, inciso I, do CPP oferece hipótese com alguma amplitude, ao admitir a revisão dos processos findos "quando a sentença condenatória for contrária ao texto expresso da lei penal ou à evidência dos autos". Como proclamado no próprio *caput* do art. 621, no entanto, a revisão é dos *processos findos*, o que reforça o cunho de excepcionalidade e, portanto, a exigência de interpretação restritiva do conteúdo do dispositivo.

Nessa lógica, a *contrariedade a texto expresso de lei* deve ser frontal e inequívoca, não bastando alusões a respeito de ofensas genéricas ao direito, ou de ofensa que seja objeto de divergência doutrinária e/ou jurisprudencial. Nesse contexto, a Súmula nº 343 do Supremo Tribunal Federal fixou, para o âmbito do processo civil, que "não cabe ação rescisória por ofensa a literal disposição de lei, quando a decisão rescindenda se tiver baseado em texto legal de interpretação controvertida dos tribunais". Não vemos razão para deixar de aplicar a mesma lógica à revisão criminal, em que, à semelhança do que acontece com a ação civil rescisória, a hipótese é de contrariedade a *texto expresso de lei*.

O Superior Tribunal de Justiça, por outro lado, orienta-se no sentido de inadmitir a revisão criminal na hipótese de *mudança jurisprudencial sobre questão de direito*, conforme se verifica no julgado do RESP 706.042/RS (STJ, RESP 706.042, 5ª Turma, Rel. Min. José Arnaldo da Fonseca, julgamento em 28.09.2005, DJ de 07.11.2005): "O art. 621, inciso I, do Código de Processo Penal, determina que caberá revisão criminal 'quando a sentença condenatória for contrária a texto expresso da lei', o que não pode ser confundido com mudança de orientação jurisprudencial a respeito da interpretação de determinado dispositivo legal"[171].

A Suprema Corte tem precedentes antigos adotando essa mesma orientação, como se constata, por exemplo, nos seguintes julgados: STF, 1ª Turma, RE 113.601/SP, Rel. Min. Moreira Alves, julgamento em 12.06.1987, DJ de 25.09.1987[172]; STF, Tribunal Pleno, RvC 4.645/SP, Rel. Min. Neri da Silveira, julgamento em 01.04.1982, DJ de 17.08.1984[173]; STF, 2ª Turma, RE 95.401/SP, Rel. Min. Décio Miranda, julgamento em 17.12.1981, DJ de 26.02.1982[174]; STF, RvC 4.636/SP, Rel. Min. Rafael Mayer, julgamento em 23.09.1981, DJ de 16.10.1981.

---

171. Na doutrina, adotando a mesma orientação, Tourinho Filho: "Se a decisão não afrontar o texto da lei, descabe a revisão com fulcro na primeira parte do inciso I do artigo em comentário [art. 621, CPP]. Se por acaso houver mudança na jurisprudência, não se poderá dizer que a decisão afrontou a lei". Cfr. Tourinho Filho, Fernando da Costa. *Código de Processo Penal Comentado*. São Paul: Saraiva, 1996, v. 2, p. 347.

172. "O Supremo Tribunal Federal já afirmou o entendimento de que não cabe revisão criminal sob alegação de que a sentença condenatória é contrária a texto expresso da lei penal ainda quando há mudança de jurisprudência em favor da tese sustentada pelo condenado. No caso, o não-cabimento da revisão ainda é mais evidente, uma vez que a questão continua controvertida, não havendo sequer fixação nítida de jurisprudência com relação a qualquer das teses em confronto".

173. "O SUPREMO TRIBUNAL FEDERAL TEM SE ORIENTADO NO SENTIDO DE NÃO ADMITIR A REVISÃO CRIMINAL, COM BASE NO ART. 621, I, DO CÓDIGO DE PROCESSO PENAL, QUANDO O REQUERENTE SUSTENTA, APENAS, A MUDANCA DE JURISPRUDÊNCIA SOBRE A MATÉRIA, RELATIVAMENTE A ÉPOCA EM QUE OCORREU A DECISÃO REVISANDA. PRECEDENTES DO STF".

174. "CONSOANTE ORIENTAÇÃO DO SUPREMO TRIBUNAL FEDERAL, DESCABE REVISÃO CRIMINAL, SOB O EXCLUSIVO FUNDAMENTO DE MUDANCA DE ENTENDIMENTO JURISPRUDENCIAL".

A nosso juízo, cumpre distinguir a controvérsia jurisprudencial, por um lado, da mudança de orientação jurisprudencial sobre a interpretação do dispositivo de lei, por outro.

No primeiro caso, a interpretação controvertida do texto pelos tribunais subtrai deste a certeza e inequivocidade reclamada pela hipótese excepcional de rescisão contemplada no inciso I do art. 621 do CPP.

Por outro lado, a mudança jurisprudencial poderá ou acirrar uma controvérsia preexistente, ou implicar o abandono de anterior orientação, de modo que novo entendimento sobre o assunto se revele incontroverso e reinante. Nesse último caso, pensamos que se deve admitir a revisão criminal, apesar da orientação em sentido contrário dos tribunais superiores.

Ora, todo texto legal, para sua aplicação, reclama precedentemente o exercício de interpretação pelo órgão judiciário. Com efeito, aplica-se o texto legal consoante determinada interpretação. Se determinada interpretação é dominante na jurisprudência, ainda que haja orientação minoritária em sentido diverso, pode-se tê-la como clara e inequivocamente dimensionada.

Assim, se a interpretação vai no sentido de considerar, em determinada hipótese, frontalmente violado dispositivo de lei, a revisão criminal deve ser admitida, ainda que outro haja sido o entendimento dominante ao tempo da prolação da sentença rescindenda. Não se pode prejudicar o condenado, em sua dignidade e liberdade individuais, se os tribunais fixaram, inequivocamente, entendimento que tem por consequência concluir pela frontal e irrecusável ofensa a dispositivo de lei expressa, operada por sentença já transitada em julgado.

Com essa perspectiva, pensamos que, se a modificação jurisprudencial conduzir à consolidação de novo entendimento em caráter incontroverso, deve ser admitida a revisão criminal. *Não é essa, entretanto, a posição do STF nem a do STJ, como informam os precedentes antes referidos.*

Acerca da *contrariedade à evidência dos autos*, deve de igual modo mostrar-se frontal e inequívoca. De outro modo, a revisão criminal se prestaria à mera rediscussão da causa, por cotejo analítico entre elementos de prova controversos, como se de apelação se tratasse, o que não pode ser admitido. Nesse sentido, confira-se o elucidativo julgado do Plenário do Supremo Tribunal Federal na RvC 5.437/RO (STF, Tribunal Pleno, RvC 5.437, Rel. Min. Teori Zavascki, julgamento em 17.12.2014, DJ de 18.03.2015): "A ação revisional não é instrumento viável para mera reiteração de teses jurídicas já vencidas na jurisdição ordinária, nem para simples revisão da matéria probatória. A procedência da ação, nas hipóteses indicadas, tem por pressuposto necessário e indispensável, quanto à matéria de direito, a constatação de ofensa 'ao texto expresso da lei penal', ou, quanto à matéria de fato, o desprezo 'à evidência dos autos'".

Cuida-se de dissonância irrecusável entre a realidade *uniforme* objetivamente dimensionada e consolidada nos autos, por um lado, e a sentença rescindenda[175], por

_____

175. Como pontuava Bento de Faria, em clássica passagem: "A *evidência* significa a clareza exclusiva de qualquer dúvida, por forma a demonstrar de modo incontestável a certeza do que emerge dos autos em favor do condenado. A decisão que a contrariar é, portanto, injusta por ser dissonante do

outro, em hipótese semelhante àquela da apelação extraordinária contra o veredicto do júri, objeto do art. 593, § 1º, *d*, do CPP, consistente na manifesta contrariedade da decisão à prova dos autos. Conforme FREDERICO MARQUES: "Contrária à evidência dos autos é a sentença de condenação que desatende à real configuração dos fatos, por isso que se fundou em atos ou eventos não suficientemente demonstrados, ou que, se fossem aglutinados com adequação, imporiam sentença absolutória"[176].

NILO BATISTA, por sua vez, enfatizava o significado da *evidência dos autos* como uma resultante da apreciação global da prova: "A 'evidência dos autos' só pode ser alguma coisa que resulte de uma apreciação conjunta e conjugada da prova (...) Assim, não basta que o decisório se firme em qualquer prova: é mister que a prova que o ampare seja oponível, formal e logicamente, às provas que militem em sentido contrário (...) Essa é uma linha comum em decisões dos Tribunais: 'Defere-se a revisão criminal em que se mostra ter sido a condenação baseada em prova que se mostra absolutamente duvidosa em face da prova contraditória' (RF 147/909)"[177].

Assim, cabe a revisão se prova substancial e inequívoca emanada dos autos contrariar os atos e eventos inidôneos ou inconcludentes em que se basear a sentença rescindenda.

Julgada procedente a revisão sob o fundamento da ofensa a dispositivo de lei, o tribunal poderá proferir tanto o juízo rescindente quanto o juízo rescisório, ou apenas o juízo rescindente, a depender da situação concreta. Por exemplo, se a ofensa for a dispositivo concernente à fixação da pena concreta, o tribunal, julgando procedente a ação revisional, desconstituirá parcialmente a sentença rescindenda (juízo rescindente) e proferirá decisão substitutiva (juízo rescisório) reduzindo a pena aplicada. Se, por outro lado, o dispositivo violado disser respeito a nulidade processual, o tribunal proferirá apenas o juízo rescindente, invalidando a sentença rescindenda, de modo que outra seja prolatada, uma vez sanado o vício.

De outro vértice, se o fundamento da ação revisional for a contrariedade à evidência dos autos, a procedência do pedido implicará a prolação do juízo rescindente e do juízo rescisório, proferindo o tribunal decisão substitutiva da sentença rescindenda, de sorte a adequar o provimento jurisdicional à realidade probatória dos autos.

4.4.2. Prova falsa como fundamento da sentença rescindenda (art. 621, II, CPP)

A segunda hipótese de cabimento da revisão está assim enunciada no art. 621, inciso II, do CPP: "quando a sentença condenatória se fundar em depoimentos, exames ou documentos comprovadamente falsos".

Trata-se, assim, de falsidade de elementos de prova, especificando a lei a prova testemunhal ("depoimentos"), a prova pericial ("exames") e a prova documental

---

que resultou provado. Decorre daí que se a prova produzida não demonstrar por aquela forma a inculpabilidade do sentenciado, não se poderá sustentar que a sua condenação haja contrariado a evidência dos autos". Cfr. FARIA, Antônio Bento de. *Código de Processo Penal*. Rio de Janeiro: Record, 1960, v. II, p. 345.

176. MARQUES, José Frederico. *Elementos de Direito Processual Penal*. Rio de Janeiro: Forense, 1965, v. IV, p. 347.

177. BATISTA, Nilo. *Decisões Criminais Comentadas*. Rio de Janeiro: Liber Juris, 1984, p. 116.

("documentos"). Qualquer meio de prova viciado de falsidade poderá ensejar a revisão criminal.

Alguns doutrinadores pontuam que, embora as hipóteses de cabimento da ação revisional sejam taxativas, admite-se o emprego de interpretação extensiva e de integração analógica (*in bonam partem*) quanto a elementos de cada uma delas. De toda sorte, no ponto discutido, a amplitude da expressão "documentos" já é bastante para abranger os elementos de prova juridicamente admitidos, como, por exemplo, a prova telefônica (transcrições de diálogos), não havendo necessidade do emprego de interpretação extensiva ou de analogia. Nesse particular, reafirmamos nossa posição quanto à interpretação restritiva das hipóteses de cabimento, sem margens extensivas ou integrativas.

Assevere-se que a ilicitude da prova não deve ser confundida com a sua falsidade. A ilicitude produz-se por ofensa ao direito material, ocorrida fora do processo. Caso essa prova, obtida por meios ilícitos, influa no convencimento do juiz exarado na sentença, poderá esta ser impugnada em sede de revisão criminal, mas sob o fundamento da ofensa a literal dispositivo de lei (art. 621, I, CPP).

A falsidade da prova diz respeito à falta de correspondência entre o conteúdo expresso na prova e a realidade objetiva, independentemente do meio pelo qual a prova foi obtida. Por exemplo, em uma interceptação telefônica feita por agentes policiais sem autorização judicial, o conteúdo da prova pode ser verdadeiro, radicando a inadmissibilidade no meio de obtenção.

Naturalmente, haverá casos em que a ilicitude e a falsidade se conjugam, como na situação do flagrante forjado. Nesse ponto, para efeito de cabimento da revisão com base no art. 621, inciso II, do CPP, importa a falsidade, e não a ilicitude. Se houver ilicitude sem falsidade, a revisão é admissível, mas, como dito, sob o fundamento do art. 621, inciso I, do CPP (ofensa a dispositivo de lei).

A comprovação da falsidade poderá ter sido feita em outro processo, e, nessa hipótese, os documentos respectivos deverão instruir a inicial da revisão. O mesmo se diga quanto à situação de falsidade suficientemente demonstrada por documentos produzidos na esfera extrajudicial, os quais, de igual modo, deverão instruir a inicial. No entanto, se não houver tais elementos, mas apenas indícios de falsidade, a prova respectiva deverá ser produzida em procedimento cautelar de justificação prévia (a denominada *justificação criminal*), de maneira a consolidar a prova documental pré--constituída necessária ao ajuizamento da revisão.

A ação revisional, embora comporte discussão de prova, não admite dilação probatória, inexistindo sequer uma fase instrutória, conforme se verá no estudo do procedimento (a seguir). Por essa razão, somos contrários ao entendimento de que a prova da falsidade poderá ser produzida na sede da própria revisão, a não ser, claro, que se trate de prova unicamente documental, pré-constituída.

A prova falsa deverá ter sido relevante para a formação do convencimento judicial proclamado na sentença rescindenda, reclamando, assim, a prolação de outra decisão de mérito pelo órgão judiciário competente, sem essa influência.

Na hipótese em exame, a procedência da revisão implicará o exercício apenas do juízo rescindente, de modo que o feito retorne à origem para que outra sentença seja proferida, desta vez sem a influência da prova falsa.

4.4.3. Superveniência de prova em favor do condenado (art. 621, III, CPP)

De acordo com o art. 621, inciso III, do CPP, é cabível a revisão criminal "quando, após a sentença, se descobrirem novas provas de inocência do condenado ou de circunstância que determine ou autorize diminuição especial da pena".

Cuida-se da superveniência de prova em favor do condenado. Entende-se por *prova nova* a prova *inédita*, vale dizer: (i) a prova já existente ao tempo do processo de conhecimento, mas nele não apresentada nem discutida; (ii) a prova formada após o trânsito em julgado da sentença penal condenatória.

Mais próprio é falar, assim, em *superveniência de prova*, designando o aparecimento de elementos inéditos, desconhecidos ao tempo do processo em que proferida a sentença condenatória rescindenda.

Por outro lado, a prova pode dizer respeito tanto a fato já alegado e discutido no processo quanto a fato desconhecido, desde que em uma e outra hipótese a *informação*, vale dizer, o *dado probatório*, seja novo, e desde que haja influência decisiva no mérito da pretensão punitiva ou no da pena aplicada.

Como bem pontuado por FREDERICO MARQUES: "É irrelevante, no caso, que os elementos instrutórios, levados ao juízo da revisão, já existissem ou pudessem ter sido produzidos quando da instrução do processo condenatório. Sob a designação de novas provas, o cânon legal quer referir-se a provas diferentes daquelas colhidas no processo em que o réu foi condenado. Desde que, neste, a prova não foi apresentada, e com isso acabou não sendo demonstrada a inocência do acusado, cabe a revisão, com fundamento no art. 621, n.º III, do Cód. de Proc. Penal, se o réu fizer a prova que anteriormente deixara de produzir, pouco importando que sua omissão decorresse de não conhecimento dessa prova, ou de sua impossibilidade de então fazê-la, ou ainda de sua negligência em providenciar a produção do ato instrutório"[178].

Sirva de exemplo da hipótese de prova nova de fato já alegado e discutido: o *sujeito X*, acusado da prática do fato, imputa a autoria a terceiro, sem, no entanto, conseguir provar essa alegação; depois do trânsito em julgado, surgem mídias com o registro audiovisual do lugar do crime no momento da ação, revelando a veracidade da versão da defesa apresentada ao tempo do processo.

Por outro lado, tome-se este exemplo da hipótese de prova de fato novo, desconhecido ao tempo do processo de conhecimento: durante o processo, testemunhas afirmaram a participação do acusado no fato criminoso, o que serviu de base para a condenação; depois do trânsito em julgado, contudo, ocorre a confissão (prova nova)

---

178. MARQUES, José Frederico. *Elementos de Direito Processual Penal*. Rio de Janeiro: Forense, 1965, v. IV, pp. 350-351.

do real autor da conduta (fato novo), que ademais desmente a presença do condenado no momento da ação.

Ressalte-se que a revisão criminal não pode servir de veículo para a simples redis-cussão da causa com base na prova já disponível no processo de conhecimento. Quer diga respeito a fato já alegado e discutido, quer a fato novo, a prova tem que ser *inédita*.

Já se disse que a revisão criminal reclama prova documental pré-constituída, não havendo em seu procedimento uma fase instrutória. Nessas condições, se a prova su-perveniente reclamar, para a sua constituição documental, alguma dilação, a produção probatória deverá ser realizada em procedimento cautelar de justificação prévia (também designada por justificação criminal). Por exemplo, se a prova nova for testemunhal, re-clama-se a sua produção, em contraditório, dentro de um procedimento cautelar, a fim de que essa instrução oral se consolide em um documento com idoneidade probatória.

Deverá o condenado, assim, previamente ao ajuizamento da revisão, promover perante juízo criminal ação cautelar de justificação prévia, de modo que, em audiência, seja colhido o depoimento, assegurado o exercício do contraditório pelo legitimado passivo da revisão criminal (ação principal), isto é, o Ministério Público ou o querelante, conforme o caso. Pode ser também que a consolidação da prova reclame a realização de perícia, o que de igual modo deve ser objeto de procedimento de justificação prévia.

Esse instituto, à falta de disciplina específica na lei processual penal, rege-se pelo art. 381, *caput*, III, e §§ 2º a 5º, do Novo Código de Processo Civil (2015): "A produção ante-cipada da prova será admitida nos casos em que: III – o prévio conhecimento dos fatos possa justificar ou evitar o ajuizamento de ação. § 2º. A produção antecipada da prova é da competência do juízo do foro onde esta deva ser produzida ou do foro de domicílio do réu. § 3º. A produção antecipada da prova não previne a competência do juízo para a ação que venha a ser proposta[179]. § 4º. O juízo estadual tem competência para produção antecipada de prova requerida em face da União, de entidade autárquica ou de empresa pública federal se, na localidade, não houver vara federal. § 5º. Aplica-se o disposto nesta Seção àquele que pretender justificar a existência de algum fato ou relação jurídica para simples documento e sem caráter contencioso, que exporá, em petição circunstanciada, a sua intenção".

Acerca do procedimento aplicável, dispõe o art. 382 do NCPC/2015: "Na petição, o requerente apresentará as razões que justificam a necessidade de antecipação da prova e mencionará com precisão os fatos sobre os quais a prova há de recair. § 1º. O juiz determinará, de ofício ou a requerimento da parte, a citação de interessados na produção da prova ou no fato a ser provado, salvo se inexistente caráter contencioso. § 2º. O juiz não se pronunciará sobre a ocorrência ou a inocorrência do fato, nem sobre as respectivas consequências jurídicas. § 3º. Os interessados poderão requerer a produção de qualquer prova no mesmo procedimento, desde que relacionada ao mesmo fato, salvo se a sua produção conjunta acarretar excessiva demora. § 4º. Neste procedimento, não se admitirá defesa ou recurso, salvo contra decisão que indeferir totalmente a produção da prova pleiteada pelo requerente originário".

---

179. No âmbito da revisão criminal, isso sequer é cogitável, considerando que a competência originária para o processo e julgamento dessa ação recai sempre sobre tribunal.

O procedimento cautelar deverá ser realizado *em contraditório judicial*, diante do caráter eminentemente contencioso da revisão criminal.

Produzida a prova em sede de justificação, aplica-se o disposto no art. 383 do CPC/2015: "Os autos permanecerão em cartório durante 1 (um) mês para extração de cópias e certidões pelos interessados. Parágrafo único. Findo o prazo, os autos serão entregues ao promovente da medida".

Dessa forma, disporá o interessado de prova documental pré-constituída em juízo e, portanto, apta ao ajuizamento da revisão criminal.

No sentido da exigência do procedimento prévio da justificação criminal, como condição para ajuizamento da revisão criminal com base no art. 621, III, do CPP, refira-se o julgado da Sexta Turma do Superior Tribunal de Justiça no HC 187.343/ES (STJ, 6ª Turma, HC 187.343, Rel. Min. MARIA THEREZA DE ASSIS MOURA, julgamento em 07.02.2013, DJ de 20.02.2013): "O pedido de revisão criminal, calcado existência de prova oral nova, pressupõe o ajuizamento de justificação criminal, dada a necessidade de sujeição dos novéis elementos probatórios ao eficiente e democrático filtro do contraditório. Na espécie, a alegação de que a vítima de homicídio se encontraria viva, e mantendo contato com sua madrasta, não foi submetida à realização da justificação, daí o Tribunal local ter deixado de conhecer, acertadamente, do pleito revisional. Também com propriedade, no aresto hostilizado, constou que não se prestaria a revisão criminal a ensejar o reexame de prova, como se fosse uma segunda apelação".

No mesmo sentido, consulte-se: STJ, 3ª Seção, RvC 197/SP, Rel. Min. FERNANDO GONÇALVES, julgamento em 09.04.1997, DJ de 05.05.1997[180].

4.5. Desnecessidade de Recolhimento à Prisão

Não é pressuposto de admissibilidade da revisão criminal o recolhimento do condenado à prisão. Assim, mesmo consolidada a coisa julgada em sentido condenatório, poderá o condenado tentar rescindi-la, por meio da ação revisional, sem que para tanto precise se apresentar para o início do cumprimento da pena.

Essa é a orientação assentada na Súmula nº 393 do STF: "Para requerer revisão criminal o condenado não é obrigado a recolher-se à prisão".

O entendimento prestigia a garantia da ampla defesa, atendendo de resto à lógica de que a admissibilidade de recurso ou ação autônoma não se condiciona à submissão da pessoa a uma medida privativa de sua liberdade de locomoção.

5. COMPETÊNCIA

A revisão criminal constitui ação reservada à competência originária de tribunal. Não há hipótese de competência de órgão judiciário monocrático.

---

180. Sustentando, por outro lado, que "a nova prova poderá também ser produzida no próprio curso da revisão": GRINOVER, Ada Pellegrini / GOMES FILHO, Antonio Magalhães / FERNANDES, Antonio Scarance. *Recursos no Processo Penal*. São Paulo: Revista dos Tribunais, 2011, p. 254.

As regras de competência, parcialmente estranhas à estrutura judiciária instituída pela Constituição de 1988, constam do art. 624 do CPP, que estabelece: a competência do Supremo Tribunal Federal "quanto às condenações por ele proferidas" (inciso I); a competência do "Tribunal Federal de Recursos, Tribunais de Justiça ou de Alçada, nos demais casos" (inciso II). O Tribunal Federal de Recursos foi extinto com o advento da Constituição de 1988. Ademais, inexiste atualmente qualquer Tribunal de Alçada. Assim, subsiste aplicável, nos moldes do regime legal, apenas a competência do Supremo Tribunal Federal e a dos Tribunais de Justiça dos Estados e do Distrito Federal.

De toda sorte, a competência originária da Suprema Corte para a revisão de seus próprios julgados resultou fixada no art. 102, inciso I, alínea *j*, da Constituição Federal, ao qual se adéqua, portanto, o dispositivo do art. 624, I, do CPP.

A competência do STF abrange: (i) a revisão dos julgados proferidos pelo próprio Supremo Tribunal Federal em sede de ação penal originária; (ii) a revisão dos julgados proferidos pela Suprema Corte em sede de recurso extraordinário, desde que, nesse caso, o objeto da revisão corresponda à matéria constitucional versada no recurso extraordinário. Assim, nas condenações *proferidas* pelo STF incluem-se as *mantidas* desde que a causa de pedir da revisão encerre pertinência temática com o objeto do recurso extraordinário.

A competência do Superior Tribunal de Justiça para a revisão de seus próprios julgados, por seu turno, está fixada no art. 105, I, *e*, da Constituição Federal. Na mesma lógica exposta quanto à Suprema Corte, a competência do STJ abrange: (i) a revisão dos julgados proferidos pelo próprio Superior Tribunal de Justiça em sede de ação penal originária; (ii) a revisão dos julgados proferidos pelo STJ em sede de recurso especial, desde que, nesse caso, o objeto da revisão corresponda à questão de direito federal versada no recurso especial.

Como exemplo, considere-se o seguinte caso: o sujeito *X*, condenado em segunda instância (Tribunal de Justiça do Ceará) pela prática de roubo qualificado pelo uso de arma de fogo, interpôs recurso especial para o Superior Tribunal de Justiça, com a exclusiva pretensão de excluir a qualificadora da arma de fogo (já que na conduta teria sido usada uma "arma de brinquedo", segundo a acusação). O STJ conheceu e deu provimento ao recurso, para o fim de, mantendo no mais a condenação por crime de roubo exarada pelo TJ/CE, excluir a qualificadora da arma de fogo. O acórdão do STJ transitou em julgado e, dois anos depois, *X* ajuizou ação de revisão criminal, com fundamento no art. 621, III, do Código de Processo Penal, alegando que surgira prova nova da inocência do condenado em relação à prática do roubo. Nesse caso, é competente o Tribunal de Justiça do Ceará para o processo e julgamento da revisão criminal, e não o Superior Tribunal de Justiça.

No sentido de que o Superior Tribunal de Justiça não é competente para processar e julgar revisão criminal ajuizada com fundamento no art. 621, III, do CPP, quando a Corte, em sede de recurso especial, haja se limitado a valorar juridicamente os fatos, sem incursão na prova, refira-se o julgado da Terceira Seção na RvC 197/SP (STJ, 3ª Seção, RvC 197, Rel. Min. FERNANDO GONÇALVES, julgamento em 09.04.1997, DJ de 05.05.1997): "Processo Penal. Revisão Criminal. Descabimento. 1. Incabível o exame por esta Corte de julgado por ela não proferido, eis que o Superior Tribunal de Justiça, no julgamento do recurso especial, apenas qualificou juridicamente os fatos, afirmando a existência do concurso material. Não fez qualquer exame de prova".

A competência dos Tribunais de Justiça, por sua vez, persiste unicamente no art. 624, II, do CPP, além de nos respectivos regimentos internos, claro. Nesse particular, assevere-se que cabe aos Tribunais de Justiça a revisão de seus próprios julgados e também daqueles definitivamente proferidos por juízos de direito sujeitos à jurisdição do tribunal.

Já a competência dos Tribunais Regionais Federais tem sede apenas na Constituição Federal, cujo art. 108, I, *b*, dispõe caber às Cortes regionais federais a revisão de seus próprios julgados, assim como os dos juízos federais sujeitos à sua jurisdição.

Por último, a competência revisional da Justiça Militar e a da Justiça Eleitoral devem ser concebidas de acordo com a mesma lógica exposta: competência do Superior Tribunal Militar e do Tribunal Superior Eleitoral para a revisão de seus próprios julgados; competência dos tribunais de segunda instância para a revisão de seus próprios julgados e daqueles proferidos pelos órgãos judiciários de primeira instância.

Dentro do tribunal, a competência do órgão colegiado fracionário é definida no respectivo regimento interno. A competência pode recair no plenário, no órgão especial ou nas turmas ou câmaras criminais reunidas.

Quanto aos Tribunais de Justiça, em dispositivo aplicável também aos Tribunais Regionais Federais, fixa o art. 624, § 2º, do CPP: "Nos Tribunais de Justiça ou de Alçada, o julgamento será efetuado pelas câmaras ou turmas criminais, reunidas em sessão conjunta, quando houver mais de uma, e, no caso contrário, pelo tribunal pleno".

Assim, tem-se a seguinte síntese:

(i) *Competência do Supremo Tribunal Federal*: revisão de julgados proferidos em sede de ação penal originária e revisão de julgados proferidos em sede de recurso extraordinário, desde que, nesse último caso, o fundamento da revisão corresponda à questão discutida no recurso. Competência interna: Plenário (art. 6º, I, *b*, RISTF);

(ii) *Competência do Superior Tribunal de Justiça*: revisão de julgados proferidos em sede de ação penal originária e revisão de julgados proferidos em sede de recurso especial, desde que, nesse último caso, o fundamento da revisão corresponda à questão discutida no recurso. Competência interna: Corte Especial, se o julgado for originariamente do próprio Superior Tribunal de Justiça (art. 11, V, RISTJ); Terceira Seção, se o julgado for de Turma ou da própria Seção, em sede de recurso especial (artigos 9º, § 3º, e 12, II, RISTJ).

(iii) *Competência dos Tribunais de Justiça*: revisão de julgados proferidos em sede de ação penal originária ou em sede recursal, sempre que o trânsito em julgado ocorra no âmbito do próprio tribunal ou, ainda que ocorra em tribunal superior, sempre que o fundamento da ação revisional não coincidir com a questão versada no recurso extraordinário ou especial; revisão dos julgados proferidos por juízos de direito, com trânsito em julgado na primeira instância. Competência interna: turmas ou câmaras criminais reunidas ou pleno (art. 624, § 2º, CPP), conforme o que dispuser o regimento interno do tribunal.

(iv) *Competência dos Tribunais Regionais Federais*: revisão de julgados proferidos em sede de ação penal originária ou em sede recursal, sempre que o trânsito em julgado ocorra no âmbito do próprio tribunal ou, ainda que ocorra em tribunal superior, sempre que o fundamento da ação revisional não coincidir com a questão versada no recurso extraordinário ou especial; revisão dos julgados proferidos por juízos federais, com trânsito em julgado na primeira instância. Competência interna: turmas ou câmaras criminais reunidas ou pleno (art. 624, § 2º, CPP), ou ainda a seção, conforme o que dispuser o regimento interno do tribunal.

6. PROCEDIMENTO E DECISÃO

A revisão criminal, em coerência com a excepcionalidade de seu caráter rescisório, tem procedimento simplificado, que pode ser dividido, mais amplamente, em uma fase postulatória e em uma fase de julgamento. Como já dito, não há fase de instrução.

A petição inicial deverá ser instruída, *sob pena de indeferimento liminar* (art. 625, § 3º, CPP), com: (i) certidão do trânsito em julgado da sentença rescindenda (art. 625, § 1º, primeira parte, CPP), de maneira a comprovar o interesse (necessidade) de agir; (ii) prova da representação processual (art. 623, CPP), se o pedido for formulado por advogado, não havendo necessidade da outorga de poderes especiais no instrumento de mandato; (iii) prova documental pré-constituída, consistente nas peças necessárias à demonstração da hipótese de fato alegada (art. 625, § 1º, segunda parte, CPP).

É viável a formulação de pedido de medida liminar suspensiva da execução da pena, o que poderá ser deferido pelo relator com base no poder geral de cautela, à falta de previsão legal específica a esse respeito. Como bem sustentam ADA GRINOVER, GOMES FILHO e SCARANCE FERNANDES, "em determinadas hipóteses, a seriedade dos argumentos trazidos pelo réu, e até mesmo um começo de prova, poderão ser, num juízo sumário e provisório, tão convincentes que afetem substancialmente a certeza do direito estabelecida pela coisa julgada"[181], o que autoriza a concessão excepcional de medida suspensiva, por mais que deva ser acompanhada de providência de contracautela, conforme pontuam os mesmos autores. Essa medida de contracautela, no regime atual, pode ser encontrada no rol legal (art. 319, CPP) das medidas cautelares pessoais alternativas à prisão.

De toda sorte, independentemente disso, em se tratando de ofensa em tese à liberdade de locomoção, poderá sempre ser utilizado o *habeas corpus* como ação apta a perseguir a suspensão da execução da pena.

Por se cuidar de ação integrante da competência originária de tribunal, a revisão criminal será distribuída "a um relator e a um revisor, devendo funcionar como relator

---

181. GRINOVER, Ada Pellegrini / GOMES FILHO, Antônio Magalhães / FERNANDES, Antônio Scarance. *Recursos no Processo Penal*. São Paulo: Revista dos Tribunais, 2011, p. 260.

um desembargador que não tenha pronunciado decisão em qualquer fase do processo", nos termos do art. 625, *caput*, do CPP.

O relator, ao receber os autos: (a) deverá, se for o caso, apreciar pedido de medida liminar suspensiva da execução, com base no poder geral de cautela; (b) poderá determinar o apensamento à revisão dos autos originais, se disto não advier dificuldade para a execução normal da sentença (art. 625, § 2º, CPP); (c) poderá, se o pedido estiver insuficientemente instruído e se nesse caso não for adequado o apensamento dos autos principais, indeferir liminarmente a revisão criminal, em decisão monocrática que desafia o recurso inominado contemplado no art. 625, §§ 3º e 4º, do CPP.

Assim, em caso de insuficiência instrutória do pedido, terá o relator dois caminhos: (i) determinação do apensamento dos autos principais, se não advier daí prejuízo à execução da pena; (ii) se não for adequado o apensamento, por representar prejuízo à execução normal da sentença, indeferir liminarmente o pedido. O indeferimento liminar significa propriamente a inadmissão ou a negativa de seguimento ao pedido revisional, por ausência dos elementos informativos minimamente necessários à propositura da ação.

O recurso inominado referido nos parágrafos 3º e 4º do art. 625 tem semelhanças com o agravo interno ou regimental, por constituir impugnação de decisão monocrática do relator, destinando-se ao órgão colegiado competente para o julgamento da ação revisional. No entanto, há diferença relevante desse recurso em relação ao agravo regimental: o recurso inominado em foco deverá ser julgado pelo órgão colegiado *sem que o relator tome parte na discussão*, conforme o disposto no art. 625, § 4º, do CPP.

Ainda quanto a esse ponto, advirta-se que, embora o § 3º do art. 625 expresse que o relator indeferirá liminarmente o pedido, "*dando recurso para as câmaras reunidas ou para o tribunal*", não se trata, aqui, de remessa obrigatória, ao contrário do que a redação poderia sugerir, algo, aliás, imediatamente esclarecido pelo § 4º do mesmo artigo, ao dispor que "*interposto o recurso por petição e independentemente de termo, o relator apresentará o processo em mesa para o julgamento e o relatará, sem tomar parte na discussão*". Trata-se efetivamente, portanto, de impugnação *recursal* e, como tal, dependente de manifestação voluntária do autor do pedido de revisão criminal.

De acordo com o art. 625, § 5º, do CPP, o relator, recebendo (admitindo) a revisão, deverá abrir vista dos autos ao "procurador-geral" para, no prazo de 10 (dez) dias, dar parecer.

Como já visto, o Ministério Público é o legitimado passivo da revisão criminal, inclusive quando o objeto de impugnação seja sentença condenatória (ou absolutória imprópria) proferida em sede de ação penal de iniciativa privada, diante do caráter rescisório da ação revisional e da titularidade da pretensão punitiva (sempre) pelo Estado. Assim, reclama-se a intimação do órgão do Ministério Público oficiante no tribunal competente, para fins de exercício do contraditório, em *resposta* à revisão criminal, ainda que a lei se refira a um "parecer".

Em verdade, na lógica do direito processual penal brasileiro, reclama-se mesmo dupla e sucessiva intimação do Ministério Público, uma como titular da ação penal combatida na revisão, outra como fiscal da lei, para, nesse último caso, proferir parecer. É o que acontece em recursos como a apelação, conforme estudado. Assim, portanto, é que se deveria proceder, ainda que as duas manifestações, resposta e parecer, partam em última análise da mesma fonte (Procuradoria de Justiça ou Procuradoria Regional da República), mas de órgãos monocráticos (Procurador de Justiça ou Procurador Regional da República) distintos.

Se houver pedido de indenização por erro judiciário, entendemos que deve ser intimado para fins de manifestação o ente público envolvido, por mais que tradicionalmente se sustente que o Ministério Público seria o responsável pelo contraditório também quanto a esse ponto.

A nosso juízo, não se coaduna com a lógica constitucional vigente, em particular no que concerne à feição institucional do Ministério Público, que este se preste à defesa de interesses puramente patrimoniais do ente público, contra o qual se deduza pleito reparatório em sede de revisão criminal. Para essa finalidade, há os órgãos próprios de advocacia pública no âmbito do Poder Executivo.

Assim, caso a revisão se dê na esfera da Justiça Comum Federal, parece-nos que deverá a União ser intimada para responder ao pedido de indenização por erro judiciário, por meio de sua Advocacia-Geral. Do mesmo modo, caso a revisão se processe na esfera da Justiça Comum estadual, deverá o Estado respectivo ser intimado, para que responda ao pleito específico por meio de sua Procuradoria-Geral[182].

Assevere-se, a esse respeito, que se o interessado, em vez de postular a indenização na própria sede revisional, ajuizar a ação própria para esse fim, por certo não será o Ministério Público, e sim o próprio ente demandado, o sujeito chamado a responder. Assim, por que seria diferente na esfera revisional, em que o Ministério Público titulariza apenas o interesse de manter intacta a sentença proferida como resultado de uma ação penal pública?

Após as etapas postulatórias (inicial e resposta) e o parecer, os autos seguirão para exame sucessivo pelo relator e pelo revisor (prazo de dez dias), antes do julgamento.

Caso o condenado faleça no curso do processo revisional, a lei reclama a nomeação de curador para a defesa (art. 631, CPP). Não se esqueça de que o direito essencialmente protegido pela revisão criminal é o *status dignitatis*, que não perece com o falecimento do condenado, hipótese em que deverá prosseguir na ação o sucessor legal: cônjuge, ascendente, descendente ou irmão.

Para o julgamento, adotam-se as regras gerais próprias dos recursos.

Como algo próprio da revisão criminal, já se viu o exercício logicamente sucessivo dos juízos rescindente (desconstituição da sentença rescindenda) e rescisório (decisão substitutiva da sentença rescindida), na hipótese de procedência do pedido. Nos termos do art. 629 do CPP, "à vista da certidão do acórdão que cassar a sentença condenatória, o juiz mandará juntá-la imediatamente aos autos, para inteiro cumprimento da decisão".

A depender do fundamento da revisão, poderá ser exercido, em caso de procedência, apenas o juízo rescindente, cabendo ao juízo da causa proferir nova decisão.

---

182. *Contra* essa orientação, entendendo que o Ministério Público atua, na hipótese, como substituto processual da Fazenda Pública: BADARÓ, Gustavo Henrique. *Manual dos Recursos Penais*. São Paulo: Revista dos Tribunais, 2016, p. 462.

É o que acontecerá nos casos de reconhecimento de causas de nulidade absoluta da sentença rescindenda ou do processo que a precedeu.

Questão de particular interesse é a da proibição da *reformatio in pejus* indireta, quando em sede revisional seja proferido apenas o juízo rescindente, reservando-se ao juízo da causa a prolação de novo julgado de mérito.

Nos termos do art. 626, parágrafo único, do CPP, "de qualquer maneira, não poderá ser agravada a pena imposta pela decisão revista". Sob essa base, a jurisprudência se consolidou no sentido de que a expressão "de qualquer maneira" inclui a hipótese de anulação da sentença (juízo rescindente), de modo que o novo julgado proferido pelo juízo da causa não poderá agravar a situação do condenado, o que representaria *reformatio in pejus*, ainda que indireta ou reflexa, já que foi em consequência de ação exclusiva do próprio condenado que se operou a prolação da nova sentença.

Entende-se, portanto, pela aplicação subsidiária do art. 617 do CPP, próprio do recurso de apelação. Assim, caso se anule a sentença, por ter se baseado em documento falso, a nova sentença proferida, se condenatória, não poderá fixar pena mais grave (reclusão em vez de detenção, por exemplo), nem em patamar superior àquela aplicada na sentença rescindida.

No âmbito do Tribunal do Júri, já se sustentou que a procedência da revisão implicará a submissão do condenado a novo julgamento pelo tribunal popular, vale dizer, o tribunal competente para a revisão profere apenas o juízo rescindente, ficando a nova decisão de mérito reservada ao próprio júri popular. Tratando-se a soberania dos veredictos de garantia individual, não é invocável contra o próprio condenado, de modo a permitir que sob esse fundamento pudesse o Tribunal do Júri, no novo julgamento, proferir decisão mais gravosa ao indivíduo.

Nessas condições, o juiz presidente, ainda que no segundo julgado o Tribunal do Júri reconheça mais circunstâncias qualificadoras, majorantes ou agravantes, não poderá aplicar pena mais grave que aquela fixada no primeiro julgado. Em sustento a essa orientação, invoque-se a lógica refletida em sucessivos julgados do Supremo Tribunal Federal e do Superior Tribunal de Justiça, para o âmbito da apelação, já referidos e analisados na Subseção I da Seção II deste Capítulo (paradigma: HC 89.544/ RN, do Plenário do STF).

7. ÔNUS DA PROVA

Na revisão criminal, o ônus da prova recai sobre o autor, como ocorre em qualquer ação. Trata-se de aplicação da regra geral de que incumbe ao autor provar o fato constitutivo de seu direito (art. 373, *caput*, I, CPC/2015), assim como ao réu a existência de fato impeditivo, modificativo ou extintivo do direito do autor (art. 373, *caput*, II, CPC/2015).

Essa regra tem vigência também no âmbito processual penal, como expressa o art. 156, *caput*, do CPP: *o ônus da prova da alegação incumbirá a quem a fizer.* Se é o autor da revisão quem deduz hipótese em tese desconstitutiva da coisa julgada, a ele caberá demonstrar a existência do fato respectivo, como base de sua pretensão rescisória.

Como, na revisão criminal, trabalha-se com a possibilidade de desconstituição da coisa julgada, em detrimento do valor segurança, não há incidência, nessa esfera, do princípio *in dubio pro reo*, uma vez firmada a certeza judicial quanto à base empírica justificadora do juízo condenatório estabilizado. A excepcionalidade da revisão desse quadro é que impõe ao autor a prova *inequívoca* da situação empírica impositiva da rescisão do julgado.

Por outro lado, não nos parece próprio cogitar, na espécie ou em qualquer outra, de incidência da lógica tradicional do *in dubio pro societate*. Há apenas a imposição de um ônus ao condenado, de demonstração do fato constitutivo de seu direito. Caso se desincumba desse fardo, terá a procedência. Caso não, reafirma-se a estabilidade do julgado.

8. INDENIZAÇÃO POR ERRO JUDICIÁRIO (ART. 630, CPP)

É direito individual do condenado o de ser indenizado pelo erro judiciário que lhe rendeu condenação criminal injusta. Assim assegura o art. 10 da Convenção Americana de Direitos Humanos (Decreto nº 678/1992): "Toda pessoa tem direito de ser indenizada conforme a lei, no caso de haver sido condenada em sentença passada em julgado, por erro judiciário". Na mesma trilha, eis a norma do art. 14, número 6, do Pacto Internacional de Direitos Civis e Políticos (Decreto nº 572/1992): "Se uma sentença condenatória passada em julgado for posteriormente anulada ou se um indulto for concedido, pela ocorrência ou descoberta de fatos novos que provem cabalmente a existência de erro judicial, a pessoa que sofreu a pena decorrente dessa condenação deverá ser indenizada, de acordo com a lei, a menos que fique provado que se lhe pode imputar, total ou parcialmente, a não revelação dos fatos desconhecidos em tempo útil".

A lei processual penal admite o reconhecimento do direito à reparação do dano causado pelo erro judiciário, na sede da própria revisão criminal julgada procedente. Com efeito, nos termos do art. 630, *caput*, do CPP, "o tribunal, se o interessado o requerer, poderá reconhecer o direito a uma justa indenização pelos prejuízos sofridos".

Da leitura do dispositivo se depreende que a hipótese é de *reconhecimento do direito* à indenização. Transitado em julgado o acórdão de procedência da revisão, constitui-se título judicial apto à execução no juízo civil, mas dependente, ainda, de prévia liquidação. A esse respeito, como expressa o art. 630, § 1º, do CPP, "por essa indenização, que será liquidada no juízo cível, responderá a União, se a condenação tiver sido proferida pela justiça do Distrito Federal ou de Território, ou o Estado, se o tiver sido pela respectiva justiça".

Também do *caput* do art. 630 se assimila que o reconhecimento do direito à indenização depende de pedido expresso do interessado, vale dizer, do próprio autor da ação revisional. O pedido expresso é condição imprescindível ao reconhecimento do direito, de sorte a assegurar o exercício do contraditório pelo ente público afetado pelas repercussões patrimoniais da revisão criminal.

Como antes assinalado, embora tradicionalmente a doutrina sustente caber ao Ministério Público o exercício do contraditório quanto a esse pedido, entendemos que apenas o ente público civilmente responsável poderá atuar nesse sentido. Não cabe ao Ministério Público zelar pela defesa de interesses puramente patrimoniais do ente público. Se o interessado optar pelo ajuizamento de ação autônoma de conhecimento, em vez de pedir o reconhecimento do direito na sede da própria ação revisional, o ente público demandado, União ou Estado da Federação, deverá se fazer representar em juízo por sua procuradoria própria (Advocacia-Geral da União ou Procuradoria do Estado), e não pelo Ministério Público, por mais que a origem do pleito indenizatório seja um erro imputado à jurisdição criminal.

Ao Ministério Público cabe apenas exercer o contraditório quanto à pretensão rescisória de sentença em que a instituição figurou como parte vencedora. Não lhe cabe contraditar pretensão indenizatória, independentemente de sua origem. A propósito, o próprio art. 630, § 1º, do CPP, acima transcrito, deixa claro que a *União* e o *Estado* é que responderão pela indenização.

Assim, parece-nos fora de dúvida que, em havendo pedido de reconhecimento de direito a uma justa indenização formulado pelo autor da revisão, deverá o ente público envolvido ser intimado para se habilitar nos autos, na condição de terceiro juridicamente interessado, podendo, nessa qualidade, contestar o pleito.

O art. 630, § 2º, do CPP, por seu turno, trata de hipóteses em que *a indenização não será devida*. Seriam duas: (i) se o erro ou a injustiça da condenação proceder de ato ou falta imputável ao próprio impetrante, como a confissão ou a ocultação de prova em seu poder; (ii) se a acusação houver sido meramente privada.

A segunda exceção não pode ser aceita. O erro judiciário independe da titularidade da ação. Se a ação em que proferida a sentença rescindenda foi de iniciativa privada, isso significa que a titularidade passiva da ação revisional é do querelante. Não quer isso dizer, porém, que será o querelante o responsável por suportar a reparação de um dano produzido pelo Estado, pois o objeto da rescisão é uma sentença, errada ou injusta.

Juridicamente, como bem sustentam ADA GRINOVER, GOMES FILHO e SCARANCE FERNANDES, o dispositivo em foco não foi recepcionado pela Constituição de 1988, que estabelece, em seu art. 37, § 6º, a responsabilidade objetiva do Estado pelos danos causados por seus agentes[183]. Desta sorte, não pode a lei ordinária excepcionar caso em que, conquanto haja o *Estado* produzido dano (erro judiciário), não seja por isso responsável.

A única excepcionante oponível à regra do reconhecimento do direito à indenização, assim, é a do art. 630, § 2º, *a*, do CPP, respeitante à culpa do próprio condenado, que por conduta sua (confissão, ocultação de prova) deu causa à condenação.

---

183. GRINOVER, Ada Pellegrini / GOMES FILHO, Antonio Magalhães / FERNANDES, Antonio Scarance. *Recursos no Processo Penal*. São Paulo: Revista dos Tribunais, 2011, p. 265.

Bibliografia

ACOSTA, Walter P. *O Processo Penal*. Rio de Janeiro: Editora do Autor, 1991.

ALCALÁ-ZAMORA Y CASTILLO, Niceto. *Derecho Procesal Penal*. Buenos Aires: Guillermo Kraft, 1945, v. 1.

ALMEIDA, Joaquim Canuto Mendes de. *Processo Penal, Ação e Jurisdição*. São Paulo: Revista dos Tribunais, 1975.

ALMEIDA JÚNIOR, João Mendes. *O Processo Criminal Brasileiro*. Rio de Janeiro: Livraria Freitas Bastos, 1959.

AMBOS, Kai. *Processo Penal Europeu*. Trad. de Marcellus Polastri de Lima. Rio de Janeiro: Lúmen Juris, 2008.

AMBOS, Kai / LIMA, Marcellus Polastri. *O Processo Acusatório e a Vedação Probatória – perante as realidades alemã e brasileira*. Porto Alegre: Livraria do Advogado, 2009.

ARANHA, Adalberto José Q. T. De Camargo. *Da Prova no Processo Penal*. São Paulo: Saraiva, 1987.

ARRUDA, Samuel Miranda. *Drogas – aspectos penais e processuais penais*. São Paulo: Método, 2007.

AVENA, Norberto. *Processo Penal Esquematizado*. São Paulo: Método, 2014.

BADARÓ, Gustavo Henrique. *Processo Penal*. Rio de Janeiro: Campus, 2012.

_____. *Correlação entre Acusação e Sentença*. São Paulo: Revista dos Tribunais, 2000.

_____. *Direito Processual Penal*. Rio de Janeiro: Campus/Elsevier, 2008, t. I e II.

_____. *Tribunal do Júri. Lei 11.689, de 09.06.2008*. In: MOURA, Maria Thereza Rocha de Assis (Coord.). *As Reformas no Processo Penal*. São Paulo: Revista dos Tribunais, 2009, pp. 50-245.

_____. *Juiz Natural no Processo Penal*. São Paulo: Revista dos Tribunais, 2014.

_____. *Processo Penal*. São Paulo: Revista dos Tribunais, 2016.

_____. *Manual dos Recursos Penais*. São Paulo: Revista dos Tribunais, 2016.

BARAÚNA, José Roberto. *Lições de Processo Penal*. São Paulo: José Bushatsky, 1978.

BARROS, Marco Antônio de. *A Busca da Verdade no Processo Penal*. São Paulo: Revista dos Tribunais, 2013.

_____. *Lavagem de Capitais e Obrigações Civis Correlatas*. São Paulo: Revista dos Tribunais, 2007.

BATISTA, Nilo. *Decisões Criminais Comentadas*. Rio de Janeiro: Liber Juris, 1984.

BECCARIA, Cesare. *Dos Delitos e das Penas*. Trad. de Marcilio Teixeira. Rio de Janeiro: Editora Rio, 1979.

BERTOLINO, Pedro J. *El Debido Proceso Penal*. La Plata: Platense, 1986.

BETTIOL, Giuseppe. *Instituições de Direito e de Processo Penal*. Trad. de Manuel da Costa Andrade. Coimbra: Coimbra Editora, 1974.

_____. *La Regola 'In Dubio Pro Reo' nel Diritto e nel Processo Penale*. In: Rivista Italiana di Diritto Penale, 1937. In: Scritti Giuridici, v. I, Padova, 1966.

_____. *Direito Penal. Parte Geral*. Trad. de Fernando de Miranda. Coimbra: Coimbra Editora, 1970, t. I.

BITTENCOURT, Cezar Roberto. *Tratado de Direito Penal. Parte Geral*. São Paulo: Saraiva, 2015, v. I.

_____. *Juizados Especiais Criminais Federais*. São Paulo: Saraiva, 2003.

BOBBIO, Norberto. *A Era dos Direitos*. Rio de Janeiro: Campus, 1992.

BONAVIDES, Paulo. *Curso de Direito Constitucional*. São Paulo: Malheiros, 2014.

BRICHETTI, Giovanni. *L'Evidenza nel Diritto Processuale Penale*. Napoli: Casa Editrice Dott. Eugenio Jovene, 1950.

BUENO, Cássio Scarpinella. *Quem tem medo do prequestionamento?* In: Revista Dialética de Direito Processual, v. 1. São Paulo: Dialética, 2003, pp. 23-53.

CANOTILHO, José Joaquim Gomes. *Direito Constitucional e Teoria da Constituição*. Coimbra: Almedina, 2002.

_____. *Estado de Direito*. Lisboa: Grávida Publicações, 1999.

_____. *Estudos sobre Direitos Fundamentais*. Coimbra: Coimbra Editora. São Paulo: Revista dos Tribunais, 2008.

CARNEIRO, Athos Gusmão. *Recurso Especial, Agravos e Agravo Interno*. Rio de Janeiro: Forense, 2008.

CARNELUTTI, Francesco. *Diritto e Processo*. Napoli: Morano, 1958.

CARRARA, Francesco. *Programa do Curso de Direito Criminal*. Trad. de José Luiz V. de A. Franceschini e J. R. Prestes Barra. São Paulo: Saraiva, 1957, v. II.

CARVALHO FILHO, Aloysio de. *Comentários ao Código Penal*. Rio de Janeiro: Forense, 1944, v. IV.

CINTRA, Antônio Carlos de Araújo / GRINOVER, Ada Pellegrini / DINAMARCO, Cândido Rangel. *Teoria geral do processo*. São Paulo: Revista dos Tribunais, 1991 e 2002.

Código Filipino, ou, Ordenações e Leis do Reino de Portugal: recopiladas por mandado del-Rei D. Filipe I. – Ed. fac-similar da 14ª ed., segundo a primeira, de 1603, e a nona, de Coimbra, de 1821 / por Cândido Mendes de Almeida. Brasília: Senado Federal, Conselho Editorial, 2004.

CONDE, Francisco Muñoz / ARÁN, Mercedes García. *Derecho Penal, Parte General*. Valencia: Tirant lo Blanch, 2010.

CORREA, João Conde. *Contributo para a Análise da Inexistência e das Nulidades Processuais Penais*. Coimbra: Coimbra Editora, 1999.

CORREA, Teresa Aguado. *El Principio de Proporcionalidad en el Derecho Penal*. Madrid: Edersa, 1999.

CUNHA, Rogério Sanches / PINTO, Ronaldo Batista. *Violência Doméstica – Lei Maria da Penha*. São Paulo: Revista dos Tribunais, 2012.

DALLARI, Pedro Bohomoletz de Abreu. *Tratados Internacionais na Emenda Constitucional 45*. In: TAVARES, André Ramos / LENZA, Pedro / ALARCÓN, Pietro de Jesús Lora. *Reforma do judiciário – analisada e comentada*. São Paulo: Método, 2005.

DELMANTO JÚNIOR, Roberto. *As Modalidades de Prisão Provisória e seu Prazo de Duração*. São Paulo: Renovar, 2001.

_____. *Inatividade no Processo Penal Brasileiro*. São Paulo: Revista dos Tribunais, 2004.

DEZEM, Guilherme Madeira. *Curso de Processo Penal*. São Paulo: Revista dos Tribunais, 2016.

DIAS, Jorge de Figueiredo. *Direito Processual Penal*. Coimbra: Coimbra Editora, 1974, v. I.

DINAMARCO, Cândido Rangel. *Instituições de Direito Processual Civil*. São Paulo: Malheiros, 2001, v. II.

_____. *Instituições de Direito Processual Civil*. São Paulo: Malheiros, 2002, v. III.

DINAMARCO, Cândido Rangel / LOPES, Bruno Vasconcelos Carrilho. *Teoria Geral do Novo Processo Civil*. São Paulo: Malheiros, 2016.

DWORKIN, Ronald. *Taking Rights Seriously*. Cambridge, Massachusetts: Harvard University Press, 1978.

ESPINAR, José Miguel Zugaldía. *Fundamentos de Derecho Penal*. Valencia: Tirant lo Blanch, 1993.

ESPÍNOLA FILHO, Eduardo. *Código de Processo Penal Brasileiro Anotado*. Rio de Janeiro: Editora Rio, 1980, vs. I, II, III e IV.

_____. *Código de Processo Penal Brasileiro Anotado*. Campinas: Bookseller, 2000, v. 6.

FARIA, Antônio Bento de. *Código de Processo Penal*. Rio de Janeiro: Record, 1960, v. II.

FENECH, Miguel. *El Proceso Penal*. Barcelona: Bosch, 1956.

_____. *Derecho Procesal Penal*. Barcelona: Labor, 1952, vols. I e II.

FERNANDES, Antônio Scarance. *Processo Penal Constitucional*. São Paulo: Revista dos Tribunais, 2007.

_____. *O Papel da Vítima no Processo Criminal*. São Paulo: Revista dos Tribunais, 1995.

_____. *A Reação Defensiva à Imputação*. São Paulo: Revista dos Tribunais, 2002.

_____. *Teoria Geral do Procedimento e O Procedimento no Processo Penal*. São Paulo: Revista dos Tribunais, 2005.

_____. *Prova e Sucedâneos da Prova no Processo Penal*. In: Revista Brasileira de Ciências Criminais, n. 66. São Paulo: Revista dos Tribunais, mai/jun 2007.

_____. *O Sigilo Financeiro e a Prova Criminal*. In: SILVA, Marco Antônio Marques da / COSTA, José de Faria (Coord.). *Direito penal especial, processo penal e direitos fundamentais*. São Paulo: Quartier Latin, 2006.

FERRAJOLI, Luigi. *Diritto e Ragione – Teoria del Garantismo Penale*. Roma-Bari: Laterza, 2004.

BIBLIOGRAFIA

FERREIRA, Pinto. *Teoria e Prática do Habeas Corpus*. São Paulo: Saraiva, 1988.

FORBES, Jessica. *The Inevitable Discovery Exception, Primary Evidence, and the Emasculation of the Fourth Amendment*. In: 55 Fordham L. Rev. 1221, 1987.

FRANCISCO, José Carlos. *Bloco de constitucionalidade e recepção dos tratados internacionais*. In: TAVARES, André Ramos / LENZA, Pedro / ALARCÓN, Pietro de Jesús Lora (Coord.). *Reforma do Judiciário – analisada e comentada*. São Paulo: Método, 2005.

FROSALI, Raul Alberto. *Sistema Penale Italiano – Diritto Processuale Penale*. Torino: Editrice Torinese, 1958.

GARCIA, Basileu. *Instituições de Direito Penal*. São Paulo: Max Limonad, 1952, v. I, t. I.

GARDNER, Thomas J. / ANDERSON, Terry M. *Criminal Evidence: Principles and Cases*. Belmont: Wadsworth, 2012.

GARLATI, Loredana. *'Contro il Sentimentalismo'. L'Impianto Inquisitorio del Sistema delle Prove nel C.P.P. del 1930*. In: Criminalia – Annuario di Scienze Penalistiche (2012), 2013, pp. 181-227.

GOMES FILHO, Antônio Magalhães. *A Motivação das Decisões Penais*. São Paulo: Revista dos Tribunais, 2001.

_____. *Notas sobre a terminologia da prova (reflexões no processo penal brasileiro*. In: YARSHELL, Flávio Luiz / MORAES, Maurício Zanoide de (Org.). *Estudos em Homenagem à Professora Ada Pellegrini Grinover*. São Paulo: DPJ, 2005, pp. 303-318.

_____. *Provas. Lei 11.690, de 09.06.2008*. In: MOURA, Maria Thereza Rocha de Assis (Coord.). *As Reformas no Processo Penal*. São Paulo: Revista dos Tribunais, 2009, pp. 246-297.

_____. *O princípio da presunção de inocência na Constituição de 1988 e na Convenção Americana sobre Direitos Humanos (Pacto de São José da Costa Rica)*. In: Revista do Advogado, n. 42. São Paulo: AASP, abr. 1994.

GOMES, Luiz Flávio. *Natureza Jurídica da Serendipidade nas Interceptações Telefônicas*. Disponível em http://www.lfg.com.br. 18 de março de 2009.

GOMES, Luiz Flávio / CERVINI, Raúl. *Interceptação Telefônica*. São Paulo: Revista dos Tribunais, 1996.

GRAU, Eros Roberto. *O Direito Posto e o Direito Pressuposto*. São Paulo: Malheiros, 2008.

GRECO FILHO, Vicente. *Manual de Direito Processual Penal*. São Paulo: Saraiva, 1991.

_____. *Interceptação Telefônica*. São Paulo: Saraiva, 1996.

GRINOVER, Ada Pellegrini. *Liberdades Públicas e Processo Penal*. São Paulo: Revista dos Tribunais, 1982.

_____. *As Garantias Constitucionais do Processo*. In: *Novas tendências do direito processual – de acordo com a Constituição de 1988*. Rio de Janeiro: Forense Universitária, 1990.

_____. *A Marcha do Processo*. Rio de Janeiro: Forense Universitária, 2000.

_____. *Prova Emprestada*. In: Revista Brasileira de Ciências Criminais, v. 1, n. 4. São Paulo: Revista dos Tribunais, out/dez 1993, pp. 60-69.

_____. *O Regime Brasileiro das Interceptações Telefônicas*. In: Revista do Conselho da Justiça Federal, v. 3.

GRINOVER, Ada Pellegrini / FERNANDES, Antônio Scarance / GOMES FILHO, Antônio Magalhães. *As Nulidades no Processo Penal*. São Paulo: Revista dos Tribunais, 2006.

GRINOVER, Ada Pellegrini / GOMES FILHO, Antônio Magalhães / FERNANDES, Antônio Scarance. *Recursos no Processo Penal*. São Paulo: Revista dos Tribunais, 2005 e 2011.

GRINOVER, Ada Pellegrini / GOMES FILHO, Antônio Magalhães / FERNANDES, Antônio Scarance / GOMES, Luiz Flávio. *Juizados Especiais Criminais*. São Paulo: Revista dos Tribunais, 2002.

HASSEMER, Winfried. *Fundamentos del Derecho Penal*. Traducción de Francisco Muñoz Conde y Luis Arroyo Zapatero. Barcelona: Bosch, 1984.

HOBBES, Thomas. *Do Cidadão*. Trad. de Renato Janine Ribeiro. São Paulo: Martins Fontes, 2002.

HUNGRIA, Nelson. *Comentários ao Código Penal*. Rio de Janeiro: Forense, 1958, v. I, t. I.

_____. *Comentários ao Código Penal*. Rio de Janeiro: Forense, 1955, v. IV.

_____. *Oração do Patrono*. Fortaleza: Separata da Revista da Faculdade de Direito da UFC, 1955.

_____. *Novas Questões Jurídico-Penais*. Rio de Janeiro: Nacional de Direito, 1945.

INGRAM, Jefferson L. *Criminal Evidence*. Waltham: Elsevier/Anderson Publishing, 2014.

JARDIM, Afrânio Silva. *Direito Processual Penal*. Rio de Janeiro: Forense, 2002.

JAUME, Lucien (Org. e Pref.). *Les Déclarations des Droits de l'Homme (du débat 1789-1793 au préambule de 1946)*. Paris: Flammarion, 1989.

KALIL, José Arthur Di Spiritto. *A Prova Obtida por Agente Provocador*. In: LIMA, Marcellus Polastri / SANTIAGO, Nestor Eduardo Araruna (Coord.). *A Renovação Processual Penal após a Constituição de 1988 - Estudos em Homenagem ao Professor José Barcelos de Souza*. Rio de Janeiro: Lumen Juris, 2009, pp. 155-178.

KARAM, Maria Lúcia. *Competência no Processo Penal*. São Paulo: Revista dos Tribunais, 2005.

LA CHINA, Sergio. *L'Esecuzione Forzata e le Disposizioni Generali del Codice di Procedura Civile*. Milano: Giuffrè, 1970.

LANGBEIN, John H. *Understanding the Short Story of Plea Bargaining*. In: Yale Law School Scholarship Repository, Faculty Scholarship Series, Paper 544, 1979, pp. 261-272.

LASPRO, Oreste Nestor de Souza. *Duplo Grau de Jurisdição no Direito Processual Civil*. São Paulo: Revista dos Tribunais, 1995.

LIEBMAN, Enrico Tullio. *Manuale di Diritto Processuale Civile*. Milano: Giuffrè, 1957, v. I.

_____. *Manuale di Diritto Processuale Civile: Principi*. Milano: Giuffrè, 2007.

LIMA, Renato Brasileiro de. *Manual de Processo Penal*. Salvador: *Jus*Podivm, 2015.

_____. *Código de Processo Penal Comentado*. Salvador: *Jus*Podivm, 2016.

LOPES JR, Aury. *Direito Processual Penal*. São Paulo: Saraiva, 2014.

SOARES, Fernando Luso. *O Processo Penal como Jurisdição Voluntária*. Coimbra: Coimbra Editora, 1981.

NORONHA, Edgard Magalhães. *Curso de Direito Processual Penal*. São Paulo: Saraiva, 1978.

MALATESTA, Nicola Framarino dei. *A Lógica das Provas em Matéria Criminal*. Trad. de Alexandre Augusto Correia. São Paulo: Saraiva, 1960, vs. I e II.

MANCUSO, Rodolfo Camargo. *Recurso Extraordinário e Recurso Especial*. São Paulo: Revista dos Tribunais, 1998 e 2010.

MANZINI, Vicenzo. *Tratado de Derecho Procesal Penal*. Trad. de Santiago Sentís Melendo y Marino Ayerra Redín. Buenos Aires: Ediciones Jurídicas Europa-América, 1951, t. I.

_____. *Tratado de Derecho Procesal Penal*. Trad. de Santiago Sentís Melendo y Marino Ayerra Redín. Buenos Aires: Ediciones Jurídicas Europa-América, 1951, t. II.

MARINONI, Luiz Guilherme / ARENHART, Sérgio Cruz. *Processo de Conhecimento*. São Paulo: Revista dos Tribunais, 2008.

MARQUES, José Frederico. *Elementos de Direito Processual Penal*. Rio de Janeiro: Forense, 1961, v. I.

_____. *Elementos de Direito Processual Penal*. Rio de Janeiro: Forense, 1961, v. II.

_____. *Elementos de Direito Processual Penal*. Rio de Janeiro: Forense, 1962, v. III.

_____. *Elementos de Direito Processual Penal*. Rio de Janeiro: Forense, 1965, v. IV.

_____. *Tratado de Direito Processual Penal*. São Paulo: Saraiva, 1980, v. 1.

MARREY, Adriano / MARREY, Luiz Antonio Guimarães. *Teoria do Júri. Doutrina do Júri*. In: FRANCO, Alberto Silva / STOCO, Rui. *Teoria e Prática do Júri*. São Paulo: Revista dos Tribunais, 2000.

MAXIMILIANO, Carlos. *Hermenêutica e Interpretação do Direito*. Rio de Janeiro: Forense, 1981.

_____. *Direito Intertemporal ou Teoria da Retroatividade das Leis*. Rio de Janeiro: Freitas Bastos, 1955.

MENDES DE ALMEIDA, Joaquim Canuto. *Princípios Fundamentais do Processo Penal*. São Paulo: Revista dos Tribunais, 1973.

MEIRELLES, Hely Lopes / WALD, Arnoldo / MENDES, Gilmar Ferreira. *Mandado de Segurança e Ações Constitucionais*. São Paulo: Malheiros, 2014.

MIRABETE, Júlio Fabbrini. *Processo Penal*. São Paulo: Atlas, 2005.

_____. *Juizados Especiais Criminais*. São Paulo: Atlas, 1997.

MITTERMAIER, C. J. A. *Tratado da Prova em Matéria Criminal*. Trad. de Herbert Wüntzel Heinrich. Campinas: Bookseller, 1997.

MOLINA, Antonio García-Pablos de. *Criminología: una introducción a sus fundamentos teóricos*. Valencia: Tirant lo Blanch, 2005.

MORAES, Maurício Zanoide de. *Interesse e Legitimação para Recorrer no Processo Penal Brasileiro*. São Paulo: Revista dos Tribunais, 2000.

_____. *Crônica de uma Inconstitucionalidade Anunciada: análise crítica da LC 105, de 10.01.2001, que institui as hipóteses de quebra do sigilo financeiro*. In: Boletim do Instituto Brasileiro de Ciências Criminais, v. 100, n. 8, pp. 1-4. São Paulo: Revista dos Tribunais, mar. 2001.

MORENO, Myriam Herrera. *Victimación. Aspectos Generales.* In: BALDOMERO, Enrique Baca / ODRIOZOLA, Enrique Echeburúa / SUMALLA, Josep Mª Tamarit (Coord.). *Manual de Victimología.* Valencia: Tirant lo Blanch, 2006.

MOSSIN, Heráclito Antônio. *Habeas Corpus.* São Paulo: Atlas, 1995.

MOURA, Maria Thereza de Assis. *A Justa Causa para a Ação Penal.* São Paulo: Revista dos Tribunais, 2002.

_____. (Coord.). *As Reformas no Processo Penal.* São Paulo: Revista dos Tribunais, 2008.

NICOLITT, André. *Manual de Processo Penal.* São Paulo: Revista dos Tribunais, 2014.

NUCCI, Guilherme de Souza. *Manual de Processo Penal e Execução Penal.* Rio de Janeiro: Forense, 2014.

_____. *Código de Processo Penal Comentado.* São Paulo, Revista dos Tribunais, 2012.

_____. *Tribunal do Júri.* São Paulo: Revista dos Tribunais, 2012.

_____. *Código de Processo Penal Militar Comentado.* São Paulo: Revista dos Tribunais, 2013.

_____. *Leis Processuais e Processuais Penais Comentadas,* v. 2. São Paulo: Revista dos Tribunais, 2013.

NUVOLONE, Pietro. *Il Sistema del Diritto Penale.* Padova: Cedam, 1975.

_____. *Le Prove Vietate nel Processo Penale nei Paesi di Diritto Latino.* In: Rivista di Diritto Processuale, v. XXI, s. II, Padova, 1966, pp. 442-475.

OLMEDO, Jorge A. Clariá. *Bases completas para orientar en Latinoamérica la Unificación Legislativa en Materia Procesal Penal.* Córdoba: Universidad Nacional de Córdoba, 1978.

ORFANEL, Germán Gómez. *Las Constituciones de los Estados de la Unión Europea.* Madrid: Centro de Estudios Constitucionales, 1996.

OSTOS, José Martín. *Manual de Derecho Procesal Penal.* Sevilla: Astigi, 2011.

PACELLI, Eugênio. *Curso de Processo Penal.* São Paulo: Atlas, 2013.

_____. *Processo e Hermenêutica na Tutela Penal dos Direitos Fundamentais.* Belo Horizonte: Del Rey, 2004.

_____. FISCHER, Douglas. *Comentários ao Código de Processo Penal e sua Jurisprudência.* São Paulo: Atlas, 2015.

PALMA, Maria Fernanda. *O Problema Penal do Processo Penal.* In: PALMA, Maria Fernanda (Coord.). *Jornadas de direito processual penal e direitos fundamentais.* Coimbra: Almedina, 2004.

PENTEADO, Jaques de Camargo. *Duplo Grau de Jurisdição no Processo Penal – garantismo e efetividade.* São Paulo: Revista dos Tribunais, 2006.

PENTEADO, Jaques de Camargo / RIBAS, Júlio César / UZEDA, Clóvis Almir Vital de. *O Aditamento no Processo Penal.* São Paulo: Saraiva, 1992.

PISAPIA, Gean Domenico. *Apunti di Procedura Penale.* Milano: Cisapino-Goliardica, 1973, v. I.

PITOMBO, Cleunice Bastos. *Da Busca e da Apreensão no Processo Penal.* São Paulo: Revista dos Tribunais, 2005.

PITOMBO, Sérgio Marcos de Moraes. *Pronúncia in dubio pro societate.* In: Revista da Escola Paulista da Magistratura, Ano 4, Número 1, Janeiro/Junho 2013, pp. 09-23.

POE, Edgar Allan. *Tales of Mystery and Imagination by Edgar Allan Poe with Illustrations by Harry Clarke.* New York: Calla, 2008.

_____. *Ficção Completa, Poesia & Ensaios.* Trad. de Oscar Mendes. Rio de Janeiro: Nova Aguilar, 2001.

POPPER, Karl. *Conjectures and Refutations: the growth of scientific knowledge.* New York: Routledge, 2002.

PORTELA, Paulo Henrique Gonçalves. *Direito Internacional Público e Privado.* Salvador: JusPodivm, 2013.

PRADO, Luiz Regis. *Comentários ao Código Penal.* São Paulo: Revista dos Tribunais, 2013.

RADBRUCH, Gustav. *Filosofía del Derecho.* Trad. de J. Medina. Granada: Comares, 1999.

RANGEL, Paulo. *Direito Processual Penal.* São Paulo: Atlas, 2014.

_____. *A Coisa Julgada no Processo Penal Brasileiro como Instrumento de Garantia.* São Paulo: Atlas, 2012.

_____. *Tribunal do Júri: visão linguística, histórica, social e jurídica.* São Paulo: Atlas, 2012.

RECASENS SICHES, Luis. *Nueva Filosofía de la Interpretación del Derecho.* México: Porrúa, 1973.

_____. *Vida Humana, Sociedad y Derecho: Fundamentación de la Filosofía del Derecho.* México: Porrúa, 1952.

RESEK, Francisco. *Direito Internacional Público:* Curso Elementar. São Paulo: Saraiva, 2014.

SABATINI, Giuseppe. *Trattato dei Procedimento Incidentali nel Processo Penale.* Torino: Editrice Torinese, 1953.

SANTIAGO, Nestor Eduardo Araruna. *O Princípio do Defensor Natural no Processo Penal Brasileiro*. In: LIMA, Marcellus Polastri / SANTIAGO, Nestor Eduardo Araruna (Coord.). *A Renovação Processual Penal após a Constituição de 1988*. Rio de Janeiro: Lumen Juris, 2009, pp. 227-243.

SARLET, Ingo Wolfgang. *Dignidade da Pessoa Humana e Direitos Fundamentais*. Porto Alegre: Livraria do Advogado, 2002.

SIDOU, José Maria Othon. *Habeas Corpus, Mandado de Segurança e Ação Popular*: as garantias ativas dos direitos coletivos. Rio de Janeiro: Forense, 1983.

SILVA, José Afonso da. *Curso de Direito Constitucional Positivo*. São Paulo: Malheiros, 2008.

SOBRINHO, Mário Sérgio. *A Identificação Criminal*. São Paulo: Revista dos Tribunais, 2003.

SOBRINHO, Mário Sérgio / LACAVA, Thaís Aroca Datcho. *Sigilo Profissional e a Produção de Prova*. In: FERNANDES, Antônio Scarance / ALMEIDA, José Raul Gavião de / MORAES, Maurício Zanoide de (Coord.). *Sigilo no Processo Penal – Eficiência e Garantismo*. São Paulo: Revista dos Tribunais, 2008, pp. 171-202.

STRECK, Lenio Luiz. *As Interceptações Telefônicas e os Direitos Fundamentais*. Porto Alegre: Livraria do Advogado, 1997.

TÁVORA, Nestor / ALENCAR, Rosmar Rodrigues. *Curso de Direito Processual Penal*. Salvador: *Jus*Podivm, 2015.

TOLEDO, Francisco de Assis. *Princípios Básicos de Direito Penal*. São Paulo: Saraiva, 1991.

TORNAGHI, Hélio Bastos. *Instituições de Processo Penal*. São Paulo: Saraiva, 1977, v. 1.

_____. *Instituições de Processo Penal*. São Paulo: Saraiva, 1977, v. 2.

_____. *Instituições de Processo Penal*. São Paulo: Saraiva, 1978, v. 3.

_____. *Instituições de Processo Penal*. São Paulo: Saraiva, 1978, v. 4.

_____. *Manual de Processo Penal (Prisão e Liberdade)*, v. 1. Rio de Janeiro: Freitas Bastos, 1963.

_____. *Curso de Processo Penal*. São Paulo: Saraiva, 1991, vols. 1 e 2.

TOURINHO FILHO, Fernando da Costa. *Processo Penal*. São Paulo: Saraiva, 2013, v. 1.

_____. *Processo Penal*. São Paulo: Saraiva, 2003, v. 2.

_____. *Processo Penal*. São Paulo: Saraiva, 2013, v. 3.

_____. *Processo Penal*. São Paulo: Saraiva, 2008 e 2012, v. 4.

_____. *Código de Processo Penal Comentado*. São Paulo: Saraiva, 1996, vols. 1 e 2.

TUCCI, Rogério Lauria. *Persecução Penal, Prisão e Liberdade*. São Paulo: Saraiva, 1980.

_____. *Jurisdição, Ação e Processo – subsídios para uma teoria geral do direito processual penal*. Belém: CEJUP, 1984.

_____. *Direitos e Garantias Individuais no Direito Processual Penal Brasileiro*. São Paulo: Revista dos Tribunais, 2009.

_____. *Busca e Apreensão (Direito Processual Penal)*. In: Enciclopédia Saraiva do Direito, v. 12. São Paulo: Saraiva, 1978.

_____. *Do Corpo de Delito no Direito Processual Penal Brasileiro*. São Paulo: Saraiva, 1978.

_____. CRUZ E TUCCI, José Rogério. *Constituição de 1988 e Processo – regramentos e garantias constitucionais do processo*. São Paulo: Saraiva, 1989.

_____. CRUZ E TUCCI, José Rogério. *Devido Processo Legal e Tutela Jurisdicional*. São Paulo: Revista dos Tribunais, 1993.

ZILLI, Marcos Alexandre Coelho. *A Iniciativa Instrutória do Juiz no Processo Penal*. São Paulo: Revista dos Tribunais, 2003.